本书的出版得到

国家重点文物保护专项补助经费

资　助

南洼遗址的发掘和研究得到
国家社会科学基金 2010 年度项目(编号 10BKG008)
——"登封南洼:2004~2006 年田野考古报告"资助

科技部"中华文明探源工程"(一)之
"聚落形态反映的社会结构"课题资助

郑州大学"十五""211"重点学科建设项目
——"中国古代文明与考古学"资助

郑州大学"211"三期重点学科建设项目
——"考古学与中原文化"资助

郑州大学重点学科振兴行动计划资助

本报告同时为
首批河南省高等学校哲学社会科学创新团队
——中原考古创新团队成果之一

"考古学与中原文化"研究丛书之四

登封南洼

——2004~2006年田野考古报告

（上）

郑州大学历史文化遗产保护研究中心　编著

韩国河　张继华　主编

科学出版社

北京

内 容 简 介

本书系统地报道了郑州大学考古学系于2004~2006年在登封南洼遗址进行的考古发掘所获资料，包括二里头文化、殷墟文化、春秋时期、汉代、唐宋及金元诸时期文化遗存，以及各时期的植物和动物等自然遗存。其中，二里头文化遗存最为丰富，基本涵盖了该文化的各个阶段，尤以带有两道环壕的防御设施与丰富的白陶遗存为其显著特征，为进一步探讨二里头文化分期、聚落形态及白陶生产中心等课题提供了重要资料。

本书可供从事考古学、历史学、科技史等领域研究的科研与教学人员阅读、参考。

图书在版编目(CIP)数据

登封南洼：2004~2006年田野考古报告／郑州大学历史文化遗产保护研究中心编著．—北京：科学出版社，2014.10

("考古学与中原文化"研究丛书；4)

ISBN 978-7-03-039727-0

Ⅰ.①登… Ⅱ.①郑… Ⅲ.①文化遗址－考古发掘－发掘报告－登封市 Ⅳ.①K878.05

中国版本图书馆CIP数据核字（2014）第022346号

责任编辑：张亚娜／责任校对：钟 洋
责任印制：肖 兴／封面设计：美光设计

科学出版社 出版
北京东黄城根北街16号
邮政编码：100717
http://www.sciencep.com

中国科学院印刷厂 印刷
科学出版社发行 各地新华书店经销

*

2014年10月第 一 版　开本：889×1194　1/16
2014年10月第一次印刷　印张：64 1/4　插页：62
字数：1 766 000

定价：680.00元（上、下）
（如有印装质量问题，我社负责调换）

"考古学与中原文化"研究丛书编委会

主　编　韩国河

编委会　(以姓名笔画为序)
　　　　　　王星光　安国楼　许俊平
　　　　　　张民服　罗家湘　徐正英
　　　　　　韩国河

总　　序

考古学是一个常挖常新的学科，它的魅力就在于我们可以通过一件件实物或者一个个遗迹单位去透视古代先民内心深处的灵动。郑州大学地处中原，先天赋予了考古学科成长及发展的天时地利，从1976年设立考古专业，许多先辈和教师们都付出了艰辛的努力和劳动。屈指算来，经郑州大学师生发掘过的遗址已有三十多处，其中郑州小双桥、孟津妯娌、鹤壁刘庄入选了"全国十大考古发现"。尤其是，由郑州大学考古专业等编写的《豫东杞县发掘报告》一书，已成为先商文化研究的一个硕果。

自2000年以来，郑州大学考古专业的田野考古工作主要有两个方面组成，一是师生独立进行的考古发掘，二是与相关文物考古单位合作发掘。前者的发掘又分为两个方向，一个是纯粹的教学实习发掘，如新乡李大召遗址和登封南洼遗址的发掘；一个是配合"三峡"、"南水北调"等国家大型建设工程的发掘。而后者的发掘主要是与郑州市文物考古研究院合作共同发掘了郑州西北郊的蒋寨和娘娘寨遗址等。通过发掘和整理，《新乡李大召——仰韶文化至汉代遗址发掘报告》、《忠县仙人洞与土地岩》等得以出版，成为相关考古研究的必读资料。

值得总结的是，伴随着考古发掘工作的进行，郑州大学考古学科的发展得到了巨大支撑，主要表现在四个方面：一是汇聚了一批高水平的师资队伍，除学科自身的造血功能外（即学科老师在郑州大学学位点博士毕业），田野考古及博物馆学的教师梯队分别从北京大学、南开大学、武汉大学、山东大学等博士、硕士毕业生中得以补充，陶瓷、冶金等科技考古方向的教师也能够快速成长；二是考古学科表现出自己鲜明的中原特色和优势，既有对中原地区古代都城、陵墓和陶瓷、金属器以及考古学文化的深入研究，也有对中原考古教学和人才培养规律与模式的深度探讨；三是构筑了大中原考古及文化遗产学科的研究平台，许多教师在进行传统考古学研究的同时，也开展历史与考古相结合的研究，尤为可喜的是文化遗产学的介入，将古代与现代的科学思想元素融为一体，而基础医学、核物理学、冶金学、材料学等自然科学与考古学的结合更加彰显出考古学科的强劲凝聚力；四是培养出一批具有扎实考古功底的高级人才，这些毕业生奔赴于文物、考古、博物馆、管理、教学、科研等行业的第一线，成为郑州大学考古学科生命的持续和延伸。

郑州大学考古学科的根本在中原，"中原考古"既是一个区域考古的划定，也是一个具有无比丰富内涵的学科概念，更是一个与"中原经济区"相匹配的战略课题之一。郑州大学的考古学人今后有责任和义务对此进行深入认识和研究，这些认识和探索不仅仅停留于教学与科研相长的田野发掘，也不在于一城一池、一文一字的释读，更重要的是发挥"古为今用"的传统，让古老的中原文化遗产在保护研究的前提下，发挥出更多更大的社会能量和功用。

这次由科学出版社出版的几部著作中，既有博士论文，也有考古发掘报告，每一部著作毫无疑问都凝结了作者"十年寒窗"的心血，也从不同角度折射出郑大考古学科的特点和优势。著作的出版，得益于郑州大学"十五""211"三期重点学科建设项目"考古学与中原文化"的支持，作为项目负责人，在这里追溯历史、总结经验，更想表达一种今后学科建设的理念。

"考古学与中原文化"项目的实施，旨在推动中原考古的探源、中原文明的解析和中原文化现代化的研究。河南省是文化和文物大省，随着国家"中部崛起"战略和"中原经济区"战略的确立和实施，中原考古、历史、文化的研究显得尤为重要，国家和地方对高素质的考古人才需求也越来越多。因此，充分挖掘中原历史文化的丰富资源，发展历史学、考古学及相关交叉学科体系，促进"中部崛起"战略的实施和河南省和谐社会的构建，具有重要的理论价值和社会意义。这一目标也符合郑州大学建成区域示范性、国内一流、国际知名大学的努力方向。

"巍巍乎志在高山""洋洋乎志在流水"，是为序。

韩国河

2011年2月26日

目　　录

总序	(i)
第一章　概述	(1)
第一节　遗址位置与区域自然环境	(1)
一、地理位置	(1)
二、区域地质地理特征	(2)
三、植被与动物	(4)
第二节　登封市历史沿革	(4)
第三节　登封及其周围古文化遗址的分布	(6)
第四节　遗址的发现、调查、发掘与资料整理	(7)
一、遗址的微观地貌	(7)
二、遗址的发现与发掘经过	(7)
三、资料整理、研究与公布	(10)
四、报告编写	(11)
第二章　遗址的地层堆积	(12)
第一节　钻探概况与探方分布	(12)
第二节　Ⅰ区北组发掘区地层堆积	(13)
一、2004ⅠT6640～ⅠT7041	(13)
二、2004ⅠT7037～ⅠT7438	(14)
三、2005ⅠT6635～ⅠT7036	(16)
四、2005ⅠT7341～ⅠT7842	(17)
第三节　Ⅰ区中组发掘区地层堆积	(17)
第四节　Ⅱ区南组发掘区地层堆积	(18)
第三章　二里头文化遗存	(20)
第一节　文化遗迹	(20)
一、壕沟	(20)
二、房址	(29)
三、陶窑	(32)
四、水井	(36)

五、灰坑 …………………………………………………………………………………… （40）
　　六、墓葬 …………………………………………………………………………………… （61）
 第二节　文化遗物 ………………………………………………………………………………… （69）
　　一、石器 …………………………………………………………………………………… （69）
　　二、骨角器 ………………………………………………………………………………… （103）
　　三、蚌器 …………………………………………………………………………………… （111）
　　四、铜器 …………………………………………………………………………………… （115）
　　五、陶器 …………………………………………………………………………………… （116）
 第三节　动植物遗存 ……………………………………………………………………………… （586）
　　一、动物遗骸 ……………………………………………………………………………… （586）
　　二、植物遗存 ……………………………………………………………………………… （611）
 第四节　小结 ……………………………………………………………………………………… （619）
　　一、文化分期与年代 ……………………………………………………………………… （619）
　　二、文化因素与文化性质 ………………………………………………………………… （631）
　　三、动植物遗存反映的经济特征 ………………………………………………………… （632）

第四章　殷墟文化遗存 ……………………………………………………………………………… （635）
 第一节　遗迹 ……………………………………………………………………………………… （635）
　　一、房址 …………………………………………………………………………………… （635）
　　二、灰坑 …………………………………………………………………………………… （638）
　　三、墓葬 …………………………………………………………………………………… （647）
 第二节　遗物 ……………………………………………………………………………………… （650）
　　一、石器 …………………………………………………………………………………… （650）
　　二、骨器 …………………………………………………………………………………… （653）
　　三、蚌器 …………………………………………………………………………………… （655）
　　四、陶器 …………………………………………………………………………………… （655）
 第三节　动、植物遗存 …………………………………………………………………………… （689）
　　一、动物遗骸 ……………………………………………………………………………… （689）
　　二、植物遗存 ……………………………………………………………………………… （693）
 第四节　小结 ……………………………………………………………………………………… （695）
　　一、分段与年代 …………………………………………………………………………… （695）
　　二、动植物遗存反映的经济特征 ………………………………………………………… （700）

第五章　春秋至金元时期遗存 ……………………………………………………………………… （702）
 第一节　概述 ……………………………………………………………………………………… （702）
 第二节　春秋时期文化遗存 ……………………………………………………………………… （705）
　　一、遗迹 …………………………………………………………………………………… （705）
　　二、遗物 …………………………………………………………………………………… （717）

三、动、植物遗存 …………………………………………………………………………（754）
　　四、小结 ……………………………………………………………………………………（757）
　第三节　汉代文化遗存 …………………………………………………………………………（762）
　　一、2006H5 …………………………………………………………………………………（763）
　　二、2006H9 …………………………………………………………………………………（763）
　　三、小结 ……………………………………………………………………………………（765）
　第四节　唐宋及金元时期文化遗存 ……………………………………………………………（765）
　　一、灰坑 ……………………………………………………………………………………（766）
　　二、墓葬 ……………………………………………………………………………………（768）
　　三、小结 ……………………………………………………………………………………（778）

第六章　结语 ………………………………………………………………………………………（781）
　第一节　遗址各时期聚落演进分析 ……………………………………………………………（781）
　　一、二里头文化的环壕聚落 ………………………………………………………………（781）
　　二、殷墟以后的聚落变迁 …………………………………………………………………（782）
　第二节　遗址各时期农业概况分析 ……………………………………………………………（783）
　　一、植物遗存分析 …………………………………………………………………………（783）
　　二、动物遗存分析 …………………………………………………………………………（788）

附表 …………………………………………………………………………………………………（796）
　附表一　南洼遗址发掘探方层位关系图 ………………………………………………………（796）
　附表二　南洼遗址2004年发掘探方文化层分期表 …………………………………………（817）
　附表三　南洼遗址2005年发掘探方文化层分期表 …………………………………………（817）
　附表四　南洼遗址探沟及2006年发掘探方文化层分期表 …………………………………（818）
　附表五　2004年南洼遗址灰坑登记表 ………………………………………………………（819）
　附表六　2004年南洼遗址墓葬登记表 ………………………………………………………（855）
　附表七　2005年南洼遗址灰坑登记表 ………………………………………………………（861）
　附表八　2005年南洼遗址墓葬登记表 ………………………………………………………（888）
　附表九　2006年南洼遗址灰坑登记表 ………………………………………………………（891）
　附表一○　南洼遗址窑址登记表 ………………………………………………………………（896）
　附表一一　南洼遗址房址登记表 ………………………………………………………………（900）
　附表一二　南洼遗址灶登记表 …………………………………………………………………（900）
　附表一三　南洼遗址水井登记表 ………………………………………………………………（901）
　附表一四　2004ⅠT6740H231陶系纹饰统计表 ……………………………………………（902）
　附表一五　2004ⅠT6741H363陶系纹饰统计表 ……………………………………………（902）
　附表一六　2004ⅠT6840H228陶系纹饰统计表 ……………………………………………（902）
　附表一七　2004ⅠT6841H208陶系纹饰统计表 ……………………………………………（903）
　附表一八　2004ⅠT6940H71陶系纹饰统计表 ………………………………………………（903）

附表一九	2004ⅠT6941H78 陶系纹饰统计表	(903)
附表二〇	2004ⅠT6941H136 陶系纹饰统计表	(903)
附表二一	2004ⅠT6941H163 陶系纹饰统计表	(904)
附表二二	2004ⅠT7041H166 陶系纹饰统计表	(904)
附表二三	2004ⅠT7041H242 陶系纹饰统计表	(904)
附表二四	2004ⅠT7041J2 陶系纹饰统计表	(904)
附表二五	2004ⅠT7137H331 陶系纹饰统计表	(905)
附表二六	2004ⅠT7138H379 陶系纹饰统计表	(905)
附表二七	2004ⅡT6502H19 陶系纹饰统计表	(905)
附表二八	2004ⅡT6502J1 陶系纹饰统计表	(906)
附表二九	2004ⅡT6602H20 陶系纹饰统计表	(906)
附表三〇	2005ⅠT4719H206 陶系纹饰统计表	(906)
附表三一	2005ⅠT4719H207 陶系纹饰统计表	(907)
附表三二	2005ⅠT4720H253 陶系纹饰统计表	(907)
附表三三	2005ⅠT4721H217 陶系纹饰统计表	(907)
附表三四	2005ⅠT4823H147 陶系纹饰统计表	(908)
附表三五	2005ⅠT6636H122 陶系纹饰统计表	(908)
附表三六	2005ⅠT6636H166 陶系纹饰统计表	(908)
附表三七	2005ⅠT6636H167 陶系纹饰统计表	(909)
附表三八	2005ⅠT6735H96 陶系纹饰统计表	(909)
附表三九	2005ⅠT6936H69 陶系纹饰统计表	(909)
附表四〇	2005ⅠT6936H133 陶系纹饰统计表	(910)
附表四一	2005ⅠT7342H128 陶系纹饰统计表	(910)
附表四二	2005ⅠT7541H66 陶系纹饰统计表	(910)
附表四三	2005ⅠT7641H67 陶系纹饰统计表	(911)
附表四四	2005ⅠT7642⑤陶系纹饰统计表	(911)
附表四五	2005ⅠT7642H55 陶系纹饰统计表	(911)
附表四六	2005ⅠT7742H85 陶系纹饰统计表	(912)
附表四七	2005ⅠT7742H126 陶系纹饰统计表	(912)
附表四八	2006ⅡT6205H22 陶系纹饰统计表	(912)
附表四九	2004ⅠT6840H87 陶系纹饰统计表	(913)
附表五〇	2005ⅠT7342H26 陶系纹饰统计表	(913)
附表五一	2005ⅠT7342H91 陶系纹饰统计表	(913)
附表五二	2005ⅠT7342H158 陶系纹饰统计表	(913)
附表五三	2005ⅠT7542H146 陶系纹饰统计表	(914)
附表五四	T9⑤陶系纹饰统计表	(914)

附表五五	2004ⅠT6741H51陶系纹饰统计表	（914）
附表五六	2004ⅠT7037③陶系纹饰统计表	（915）
附表五七	2004ⅠT7037H123陶系纹饰统计表	（915）
附表五八	2004ⅠT7037H212陶系纹饰统计表	（915）
附表五九	2004ⅠT7438H361陶系纹饰统计表	（915）
附表六〇	二里头时期植物种子统计表	（916）
附表六一	殷墟时期植物种子统计总表	（924）
附表六二	春秋时期植物遗存统计表	（925）
附表六三	南洼遗址二里头时期出土骨器的原料鉴定	（926）
附表六四	南洼遗址殷墟与春秋时期出土骨器的原料鉴定	（931）
附表六五	南洼遗址^{14}C测年数据	（933）

附录 ……（934）

- 附录一　登封南洼遗址出土部分金属器物分析 ……（934）
- 附录二　登封南洼遗址二里头文化石器生产及其工艺的初步观察 ……（937）
- 附录三　登封南洼遗址二里头文化制陶检测报告 ……（955）
- 附录四　登封南洼遗址出土骨器原料、制作工艺及用途的初步研究 ……（970）
- 附录五　登封南洼遗址出土人骨鉴定 ……（975）

后记 ……（980）

插 图 目 录

图 1-1　南洼遗址地理位置示意图 ……………………………………………………（1）
图 1-2　嵩箕地质构造示意图 …………………………………………………………（3）
图 1-3　南洼遗址沟状遗迹与探方分布图………………………………………………（插页）
图 2-1　2004ⅠT6741 西壁剖面图 ……………………………………………………（13）
图 2-2　2004ⅠT6940、2004ⅠT6941 西壁剖面图 ……………………………………（14）
图 2-3　2004ⅠT7137 东、南壁剖面图 ………………………………………………（15）
图 2-4　2004ⅠT7437 西壁剖面图 ……………………………………………………（16）
图 2-5　2005ⅠT6936 东壁剖面图 ……………………………………………………（16）
图 2-6　2005ⅠT7841 东壁剖面图 ……………………………………………………（17）
图 2-7　2005ⅠT4821 西壁剖面图 ……………………………………………………（17）
图 2-8　2006ⅠT4717、T4718 西壁剖面图 …………………………………………（18）
图 2-9　2004ⅡT6302 北壁剖面图 ……………………………………………………（19）
图 2-10　2006ⅡT6206～T6306 南壁剖面图 …………………………………………（19）
图 3-1A　Ⅰ区北组探方遗迹图（2004T6640～2004T7041、2004T7037～2004T7438、2004T6635～
　　　　2004T7438、2004T7341～2004T7842）……………………………………（插页）
图 3-1B　Ⅰ区中组探方遗迹图（2006T9、2006T4718～T4823）……………………（插页）
图 3-1C　Ⅱ区南组探方遗迹图（2006T6204～2006T6306、2006T6101～T6602）…（插页）
图 3-1D　2004T1～T6 内遗迹图 ………………………………………………………（21）
图 3-1E　2006T7 与 T8 内遗迹图 ……………………………………………………（22）
图 3-2　2004T1 东壁剖面图 ……………………………………………………………（22）
图 3-3　2005T5 西壁剖面图 ……………………………………………………………（23）
图 3-4　2005T5G1 平面图 ………………………………………………………………（24）
图 3-5　2004T7 西壁剖面图 ……………………………………………………………（24）
图 3-6　2004T8 东壁剖面图 ……………………………………………………………（24）
图 3-7　2004T2 东壁剖面图 ……………………………………………………………（25）
图 3-8　2006T9 东壁剖面图 ……………………………………………………………（26）
图 3-9　2005T4G1 北壁剖面图 …………………………………………………………（27）
图 3-10　2005T6 西壁剖面图 …………………………………………………………（28）
图 3-11　2005T3G3 东壁剖面图 ………………………………………………………（29）

图 3-12	2004F3 平、剖面图	(30)
图 3-13	2005F1 平、剖面图	(31)
图 3-14	2005H156 平、剖面图	(31)
图 3-15	2004Y1 平、剖面图	(33)
图 3-16	2004Y2 平、剖面图	(34)
图 3-17	2005Y1 平、剖面图	(35)
图 3-18	2005Y6 平、剖面图	(36)
图 3-19	2006Y1 平、剖面图	(36)
图 3-20	2004J1 平、剖面图	(37)
图 3-21	2004J2 平、剖面图	(38)
图 3-22	2004H438 平、剖面图	(39)
图 3-23	2005H126 平、剖面图	(39)
图 3-24	2005H133 平、剖面图	(40)
图 3-25	2006H13 平、剖面图	(40)
图 3-26	2004H19 平、剖面图	(41)
图 3-27	2004H72 平、剖面图	(41)
图 3-28	2004H239 平、剖面图	(42)
图 3-29	2004H245 平、剖面图	(42)
图 3-30	2004H425 平、剖面图	(42)
图 3-31	2005H130 平、剖面图	(42)
图 3-32	2005H206 平、剖面图	(43)
图 3-33	2006H24 平、剖面图	(43)
图 3-34	2004H20 平、剖面图	(44)
图 3-35	2004H35 平、剖面图	(44)
图 3-36	2004H71 平、剖面图	(44)
图 3-37	2004H78 平、剖面图	(45)
图 3-38	2004H136 平、剖面图	(45)
图 3-39	2004H163 平、剖面图	(46)
图 3-40	2004H180 平、剖面图	(46)
图 3-41	2004H208 平、剖面图	(47)
图 3-42	2004H242 平、剖面图	(48)
图 3-43	2004H331 平、剖面图	(48)
图 3-44	2004H342 平、剖面图	(49)
图 3-45	2004H379 平、剖面图	(49)
图 3-46	2005H55 平、剖面图	(49)
图 3-47	2005H65 平、剖面图	(49)

图 3-48	2005H69 平、剖面图	(50)
图 3-49	2005H79 平、剖面图	(50)
图 3-50	2005H116 平、剖面图	(50)
图 3-51	2005H122 平、剖面图	(50)
图 3-52	2005H128 平、剖面图	(51)
图 3-53	2005H207 平、剖面图	(51)
图 3-54	2005H253 平、剖面图	(52)
图 3-55	2006H30 平、剖面图	(52)
图 3-56	2006H40 平、剖面图	(52)
图 3-57	2004H17 平、剖面图	(53)
图 3-58	2004H32 平、剖面图	(53)
图 3-59	2004H166 平、剖面图	(54)
图 3-60	2004H224 平、剖面图	(54)
图 3-61	2004H228 平、剖面图	(55)
图 3-62	2004H231 平、剖面图	(56)
图 3-63	2004H363 平、剖面图	(56)
图 3-64	2005H15 平、剖面图	(56)
图 3-65	2005H66 平、剖面图	(56)
图 3-66	2005H90 平、剖面图	(57)
图 3-67	2005H166 平、剖面图	(57)
图 3-68	2005H167 平、剖面图	(57)
图 3-69	2004H120 平、剖面图	(58)
图 3-70	2005H67 平、剖面图	(58)
图 3-71	2005H96 平、剖面图	(59)
图 3-72	2005H217 平、剖面图	(59)
图 3-73	2005H147 平、剖面图	(59)
图 3-74	2005H22 平、剖面图	(60)
图 3-75	2005H241 平、剖面图	(60)
图 3-76	2005H141 平、剖面图	(60)
图 3-77	2004M1 平、剖面图	(61)
图 3-78	2004M2 平、剖面图	(61)
图 3-79	2004M3 平、剖面图	(62)
图 3-80	2004M4 平、剖面图	(62)
图 3-81	2004M5 平、剖面图	(63)
图 3-82	2004M6 平、剖面图	(63)
图 3-83	2004M7 平、剖面图	(63)

图 3-84	2004M8 平、剖面图	(63)
图 3-85	2004M9 平、剖面图	(64)
图 3-86	2004M10 平、剖面图	(64)
图 3-87	2004M11 平、剖面图	(65)
图 3-88	2004M12 平、剖面图	(65)
图 3-89	2004M14 平、剖面图	(65)
图 3-90	2004M20 平、剖面图	(65)
图 3-91	2004M22 平、剖面图	(66)
图 3-92	2004M25 平、剖面图	(66)
图 3-93	2004M27 平、剖面图	(67)
图 3-94	2004M30 平、剖面图	(67)
图 3-95	2005M5 平、剖面图	(67)
图 3-96	2005M6 平、剖面图	(67)
图 3-97	2005M8 平、剖面图	(68)
图 3-98	2006H38 平、剖面图	(68)
图 3-99	二里头时期出土 A 型石铲（一）	(71)
图 3-100	二里头时期出土 A 型石铲（二）	(72)
图 3-101	二里头时期出土 B 型石铲	(73)
图 3-102	二里头时期出土石铲	(75)
图 3-103	二里头时期出土石钺	(76)
图 3-104	二里头时期出土 Aa 型石斧	(77)
图 3-105	二里头时期出土 Ab 型石斧	(77)
图 3-106	二里头时期出土 Ba 型石斧（一）	(78)
图 3-107	二里头时期出土 Ba 型石斧（二）	(79)
图 3-108	二里头时期出土 Bb 型石斧（一）	(80)
图 3-109	二里头时期出土 Bb 型石斧（二）	(81)
图 3-110	二里头时期出土 Aa 型石锛	(82)
图 3-111	二里头时期出土 Ab 型石锛	(83)
图 3-112	二里头时期出土 Ba 型石锛	(83)
图 3-113	二里头时期出土 Bb 型石锛	(84)
图 3-114	二里头时期出土石凿（一）	(85)
图 3-115	二里头时期出土石凿（二）	(87)
图 3-116	二里头时期出土 Aa 型石刀	(88)
图 3-117	二里头时期出土石刀（一）	(90)
图 3-118	二里头时期出土石刀（二）	(91)
图 3-119	二里头时期半月形石刀及出土残石刀	(92)

图 3-120	二里头时期出土 Aa 型石镰	(93)
图 3-121	二里头时期出土 Aa 型、Ab 型石镰	(94)
图 3-122	二里头时期出土 Ab 型、Ac 型石镰	(95)
图 3-123	二里头时期出土 B 型石镰	(95)
图 3-124	二里头时期出土石戈、石镰	(96)
图 3-125	二里头时期出土石镞和石球	(97)
图 3-126	二里头时期出土研磨工具和三角形器	(98)
图 3-127	二里头时期出土石（玉）饰品和网坠	(99)
图 3-128	二里头时期出土石毛坯（一）	(99)
图 3-129	二里头时期出土石毛坯（二）	(100)
图 3-130	二里头时期出土石毛坯（三）	(101)
图 3-131	二里头时期出土石毛坯（四）	(101)
图 3-132	二里头时期出土其他石毛坯	(102)
图 3-133	二里头时期出土石片	(102)
图 3-134	二里头时期出土骨锥	(104)
图 3-135	二里头时期出土骨簪及骨针	(106)
图 3-136	二里头时期出土骨匕	(107)
图 3-137	二里头时期出土骨镞	(108)
图 3-138	二里头时期出土骨器、牙器	(110)
图 3-139	二里头时期出土蚌器	(113)
图 3-140	二里头时期出土扇贝和铜器	(115)
图 3-141	A 型篮纹	(122)
图 3-142	B 型篮纹	(123)
图 3-143	B 型篮纹、A 型绳纹、B 型绳纹	(124)
图 3-144	C 型、D 型绳纹	(125)
图 3-145	方格纹、菱格纹	(126)
图 3-146	箅纹、弦纹、指甲纹	(127)
图 3-147	指甲纹、楔点纹、云纹	(128)
图 3-148	云纹、雷纹、菱形印纹、刻划图案	(130)
图 3-149	刻画图案	(131)
图 3-150	南洼遗址二里头文化深腹罐型式划分	(134)
图 3-151	南洼遗址二里头文化深腹罐、圆腹罐型式划分	(135)
图 3-152	南洼遗址二里头文化圆腹罐型式划分	(137)
图 3-153	南洼遗址二里头文化鼎型式划分	(138)
图 3-154	南洼遗址二里头文化甑型式划分	(139)
图 3-155	南洼遗址二里头文化刻槽盆型式划分	(140)

图 3-156	南洼遗址二里头文化深腹盆型式划分	（141）
图 3-157	南洼遗址二里头文化平底盆、三足盘、圈足盘型式划分	（143）
图 3-158	南洼遗址二里头文化豆型式划分	（144）
图 3-159	南洼遗址二里头文化小口尊、大口尊型式划分	（145）
图 3-160	南洼遗址二里头文化瓮型式划分	（146）
图 3-161	南洼遗址二里头文化缸型式划分	（147）
图 3-162	南洼遗址二里头文化器盖型式划分	（148）
图 3-163	南洼遗址二里头文化敛口罐型式划分	（149）
图 3-164	南洼遗址二里头文化捏口罐、觚型式划分	（150）
图 3-165	2004ⅠT6640H90 出土陶器（一）	（152）
图 3-166	2004ⅠT6640H90 出土陶器（二）	（154）
图 3-167	2004ⅠT6740③出土陶器	（154）
图 3-168	2004ⅠT6740H224 出土陶器	（155）
图 3-169	2004ⅠT6740H231 出土深腹罐	（156）
图 3-170	2004ⅠT6740H231 出土陶器	（157）
图 3-171	2004ⅠT6741H236 出土陶器	（158）
图 3-172	2004ⅠT6741H363 出土深腹罐	（159）
图 3-173	2004ⅠT6741H363 出土陶罐	（161）
图 3-174	2004ⅠT6741H363 出土陶器（一）	（162）
图 3-175	2004ⅠT6741H363 出土陶器（二）	（163）
图 3-176	2004ⅠT6741H363 出土陶器（三）	（164）
图 3-177	2004ⅠT6840H228 出土陶罐	（165）
图 3-178	2004ⅠT6840H228 出土陶器（一）	（167）
图 3-179	2004ⅠT6840H228 出土陶器（二）	（168）
图 3-180	2004ⅠT6841③出土深腹罐	（170）
图 3-181	2004ⅠT6841③出土陶器（一）	（172）
图 3-182	2004ⅠT6841③出土陶器（二）	（173）
图 3-183	2004ⅠT6841③出土陶器（三）	（174）
图 3-184	2004ⅠT6841③出土陶器（四）	（175）
图 3-185	2004ⅠT6841H94 出土陶罐	（176）
图 3-186	2004ⅠT6841H94 出土陶器（一）	（178）
图 3-187	2004ⅠT6841H94 出土陶器（二）	（180）
图 3-188	2004ⅠT6841H108 出土陶器	（181）
图 3-189	2004ⅠT6841H142 出土陶器（一）	（183）
图 3-190	2004ⅠT6841H142 出土陶器（二）	（184）
图 3-191	2004ⅠT6841H149 出土陶罐	（185）

图 3-192	2004ⅠT6841H149 出土陶器（一）	(187)
图 3-193	2004ⅠT6841H149 出土陶器（二）	(188)
图 3-194	2004ⅠT6841H174 出土陶器（一）	(190)
图 3-195	2004ⅠT6841H174 出土陶器（二）	(191)
图 3-196	2004ⅠT6841H208 出土陶罐	(192)
图 3-197	2004ⅠT6841H208 出土陶器（一）	(193)
图 3-198	2004ⅠT6841H208 出土陶器（二）	(194)
图 3-199	2004ⅠT6940H71 出土深腹罐	(195)
图 3-200	2004ⅠT6940H71 出土陶罐	(197)
图 3-201	2004ⅠT6940H71 出土陶器（一）	(198)
图 3-202	2004ⅠT6940H71 出土陶器（二）	(199)
图 3-203	2004ⅠT6940H136 出土深腹罐	(201)
图 3-204	2004ⅠT6940H136 出土圆腹罐	(202)
图 3-205	2004ⅠT6940H136 出土陶器（一）	(203)
图 3-206	2004ⅠT6940H136 出土陶器（二）	(205)
图 3-207	2004ⅠT6940H153 出土陶器	(206)
图 3-208	2004ⅠT6940H175 出土陶器	(207)
图 3-209	2004ⅠT6940H279 出土陶器	(209)
图 3-210	2004ⅠT6940H287 出土陶器	(210)
图 3-211	2004ⅠT6940H306 出土陶器	(211)
图 3-212	2004ⅠT6940Y2 出土陶器	(212)
图 3-213	2004ⅠT6941H72 出土深腹罐	(214)
图 3-214	2004ⅠT6941H72 出土陶器（一）	(215)
图 3-215	2004ⅠT6941H72 出土陶器（二）	(216)
图 3-216	2004ⅠT6941H78 出土深腹罐	(218)
图 3-217	2004ⅠT6941H78 出土陶罐	(219)
图 3-218	2004ⅠT6941H78 出土陶器（一）	(221)
图 3-219	2004ⅠT6941H78 出土陶器（二）	(222)
图 3-220	2004ⅠT6941H120 出土陶器（一）	(223)
图 3-221	2004ⅠT6941H120 出土陶器（二）	(224)
图 3-222	2004ⅠT6941H163 出土深腹罐	(225)
图 3-223	2004ⅠT6941H163 出土陶罐	(227)
图 3-224	2004ⅠT6941H163 出土陶器（一）	(228)
图 3-225	2004ⅠT6941H163 出土陶器（二）	(229)
图 3-226	2004ⅠT6941H163 出土陶器（三）	(231)
图 3-227	2004ⅠT6941H180 出土陶罐	(232)

图3-228	2004ⅠT6941H180 出土陶器（一）	(233)
图3-229	2004ⅠT6941H180 出土陶器（二）	(234)
图3-230	2004ⅠT6941H184 出土陶器	(235)
图3-231	2004ⅠT6941H209 出土陶器	(237)
图3-232	2004ⅠT6941H216 出土陶器（一）	(238)
图3-233	2004ⅠT6941H216 出土陶器（二）	(240)
图3-234	2004ⅠT6941H229 出土陶器	(241)
图3-235	2004ⅠT6941M9、M11 出土陶器	(242)
图3-236	2004ⅠT7038H412 出土陶器	(243)
图3-237	2004ⅠT7038H430 出土陶器	(244)
图3-238	2004ⅠT7038H438 出土陶罐、缸	(245)
图3-239	2004ⅠT7038H438 出土陶器	(247)
图3-240	2004ⅠT7041H166 出土陶器（一）	(248)
图3-241	2004ⅠT7041H166 出土陶器（二）	(249)
图3-242	2004ⅠT7041H242 出土深腹罐	(250)
图3-243	2004ⅠT7041H242 出土圆腹罐	(251)
图3-244	2004ⅠT7041H242 出土刻槽盆	(252)
图3-245	2004ⅠT7041H242 出土深腹盆	(253)
图3-246	2004ⅠT7041H242 出土陶器（一）	(254)
图3-247	2004ⅠT7041H242 出土陶器（二）	(255)
图3-248	2004ⅠT7041H242 出土陶器（三）	(256)
图3-249	2004ⅠT7041J2 出土深腹罐（一）	(258)
图3-250	2004ⅠT7041J2 出土深腹罐（二）	(259)
图3-251	2004ⅠT7041J2 出土深腹罐（三）	(260)
图3-252	2004ⅠT7041J2 出土深腹罐（四）	(261)
图3-253	2004ⅠT7041J2 出土圆腹罐（一）	(262)
图3-254	2004ⅠT7041J2 出土圆腹罐（二）	(264)
图3-255	2004ⅠT7041J2 出土圆腹罐（三）	(265)
图3-256	2004ⅠT7041J2 出土圆腹罐（四）	(266)
图3-257	2004ⅠT7041J2 出土陶器（一）	(267)
图3-258	2004ⅠT7041J2 出土陶器（二）	(269)
图3-259	2004ⅠT7041J2 出土深腹盆	(270)
图3-260	2004ⅠT7041J2 出土陶器	(271)
图3-261	2004ⅠT7041J2 出土陶瓮	(272)
图3-262	2004ⅠT7041J2 出土陶缸	(273)
图3-263	2004ⅠT7041J2 出土陶盖纽、器盖	(274)

图 3-264	2004ⅠT7041J2 出土陶罐	(275)
图 3-265	2004ⅠT7041J2 出土陶器	(276)
图 3-266	2004ⅠT7137⑤出土陶罐、盆	(278)
图 3-267	2004ⅠT7137⑤出土陶器	(278)
图 3-268	2004ⅠT7137H263 出土陶罐	(281)
图 3-269	2004ⅠT7137H263 出土陶缸	(282)
图 3-270	2004ⅠT7137H331 出土深腹罐	(283)
图 3-271	2004ⅠT7137H331 出土陶罐（一）	(284)
图 3-272	2004ⅠT7137H331 出土陶罐（二）	(285)
图 3-273	2004ⅠT7137H331 出土陶器	(286)
图 3-274	2004ⅠT7137H331 出土陶盂、盆	(288)
图 3-275	2004ⅠT7137H331 出土陶器（一）	(289)
图 3-276	2004ⅠT7137H331 出土陶器（二）	(290)
图 3-277	2004ⅠT7138⑤出土深腹罐	(291)
图 3-278	2004ⅠT7138⑤出土陶器（一）	(293)
图 3-279	2004ⅠT7138⑤出土陶器（二）	(294)
图 3-280	2004ⅠT7138H332 出土陶器	(296)
图 3-281	2004ⅠT7138H360 出土陶罐	(297)
图 3-282	2004ⅠT7138H360 出土陶器	(298)
图 3-283	2004ⅠT7138H373 出土陶罐	(300)
图 3-284	2004ⅠT7138H373 出土陶器	(301)
图 3-285	2004ⅠT7138H379 出土陶罐	(302)
图 3-286	2004ⅠT7138H379 出土陶器	(303)
图 3-287	2004ⅠT7138H441 出土陶器	(304)
图 3-288	2004ⅠT7238H359 出土陶器	(306)
图 3-289	2004ⅠT7238H415 出土陶器	(307)
图 3-290	2004ⅠT7238H425 出土陶器	(308)
图 3-291	2004ⅠT7238H431 出土陶器	(310)
图 3-292	2004ⅠT7238H432 出土陶器	(311)
图 3-293	2004ⅡT6302H8 出土陶器	(312)
图 3-294	2004ⅡT6302H9 出土陶器	(314)
图 3-295	2004ⅡT6302H9 出土小口尊	(315)
图 3-296	2004ⅡT6502H17 出土陶罐	(316)
图 3-297	2004ⅡT6502H19 出土深腹罐（一）	(317)
图 3-298	2004ⅡT6502H19 出土深腹罐（二）	(318)
图 3-299	2004ⅡT6502H19 出土深腹罐（三）	(319)

图 3-300	2004Ⅱ T6502H19 出土圆腹罐（一）	（320）
图 3-301	2004Ⅱ T6502H19 出土圆腹罐（二）	（321）
图 3-302	2004Ⅱ T6502H19 出土陶鼎	（322）
图 3-303	2004Ⅱ T6502H19 出土陶器	（323）
图 3-304	2004Ⅱ T6502H19 出土陶盆	（324）
图 3-305	2004Ⅱ T6502H19 出土陶器	（326）
图 3-306	2004Ⅱ T6502H19 出土陶鬶	（327）
图 3-307	2004Ⅱ T6502H19 出土陶器	（328）
图 3-308	2004Ⅱ T6502H19 出土陶瓮	（330）
图 3-309	2004Ⅱ T6502H19 出土陶器（一）	（331）
图 3-310	2004Ⅱ T6502H19 出土陶器（二）	（332）
图 3-311	2004Ⅱ T6502H19 出土陶器（三）	（333）
图 3-312	2004Ⅱ T6502H19 出土陶器（四）	（334）
图 3-313	2004Ⅱ T6502M1 出土陶器	（336）
图 3-314	2004Ⅱ T6502J1 出土深腹罐	（337）
图 3-315	2004Ⅱ T6502J1 出土圆腹罐	（338）
图 3-316	2004Ⅱ T6502J1 出土陶器（一）	（339）
图 3-317	2004Ⅱ T6502J1 出土陶器（二）	（340）
图 3-318	2004Ⅱ T6602H20 出土深腹罐	（341）
图 3-319	2004Ⅱ T6602H20 出土陶罐	（343）
图 3-320	2004Ⅱ T6602H20 出土圆腹罐	（344）
图 3-321	2004Ⅱ T6602H20 出土陶器（一）	（345）
图 3-322	2004Ⅱ T6602H20 出土陶器（二）	（347）
图 3-323	2004Ⅱ T6602H20 出土陶器（三）	（348）
图 3-324	2004Ⅱ T6602H20 出土陶器（四）	（349）
图 3-325	2004Ⅱ T6602H20 出土陶器（五）	（351）
图 3-326	2004Ⅱ T6602H32 出土陶罐	（352）
图 3-327	2004Ⅱ T6602H32 出土陶器（一）	（354）
图 3-328	2004Ⅱ T6602H32 出土陶器（二）	（355）
图 3-329	2004Ⅱ T6602H36 出土甑、圆腹罐	（356）
图 3-330	2004Ⅱ T1G1 出土陶器	（357）
图 3-331	2004Ⅰ T2G2 出土陶罐	（358）
图 3-332	2004Ⅰ T2G2 出土陶器（一）	（360）
图 3-333	2004Ⅰ T2G2 出土陶器（二）	（361）
图 3-334	2004Ⅰ T3G2 出土陶器	（362）
图 3-335	2004Ⅰ T4G1 与 2004Ⅰ T6G1 出土陶器	（364）

图 3-336	2004ⅠT6H453 出土陶器	(365)
图 3-337	2004ⅠT6H456 出土陶器	(365)
图 3-338	2004ⅠT6H458 出土陶器	(366)
图 3-339	2004ⅡT5G1 出土陶器	(367)
图 3-340	2005ⅠT4719H206 出土深腹罐	(368)
图 3-341	2005ⅠT4719H206 出土圆腹罐（一）	(369)
图 3-342	2005ⅠT4719H206 出土圆腹罐（二）	(370)
图 3-343	2005ⅠT4719H206 出土圆腹罐（三）	(371)
图 3-344	2005ⅠT4719H206 出土陶器（一）	(372)
图 3-345	2005ⅠT4719H206 出土陶器（二）	(373)
图 3-346	2005ⅠT4719H206 出土陶器（三）	(374)
图 3-347	2005ⅠT4719H206 出土陶器（四）	(375)
图 3-348	2005ⅠT4719H207 出土深腹罐	(376)
图 3-349	2005ⅠT4719H207 出土圆腹罐	(377)
图 3-350	2005ⅠT4719H207 出土陶器（一）	(378)
图 3-351	2005ⅠT4719H207 出土陶器（二）	(379)
图 3-352	2005ⅠT4719H207 出土陶器（三）	(380)
图 3-353	2005ⅠT4719H207 出土陶缸	(381)
图 3-354	2005ⅠT4719H207 出土陶器	(382)
图 3-355	2005ⅠT4720H247 出土陶器	(383)
图 3-356	2005ⅠT4720H253 出土深腹罐	(384)
图 3-357	2005ⅠT4720H253 出土陶罐	(385)
图 3-358	2005ⅠT4720H253 出土陶器（一）	(386)
图 3-359	2005ⅠT4720H253 出土陶器（二）	(387)
图 3-360	2005ⅠT4721H217 出土深腹罐、瓿	(388)
图 3-361	2005ⅠT4823H147 出土深腹罐（一）	(389)
图 3-362	2005ⅠT4823H147 出土深腹罐（二）	(390)
图 3-363	2005ⅠT4823H147 出土陶罐	(391)
图 3-364	2005ⅠT4823H147 出土陶器（一）	(392)
图 3-365	2005ⅠT4823H147 出土陶器（二）	(394)
图 3-366	2005ⅠT4823H147 出土大口尊、瓮	(395)
图 3-367	2005ⅠT4823H147 出土器盖	(396)
图 3-368	2005ⅠT4823H147 出土敛口罐、杯	(397)
图 3-369	2005ⅠT6636H18 出土陶器	(397)
图 3-370	2005ⅠT6636H49 出土陶器	(398)
图 3-371	2005ⅠT6636H121 出土陶器	(399)

图 3-372	2005ⅠT6636H122 出土深腹罐	(400)
图 3-373	2005ⅠT6636H122 出土陶罐	(401)
图 3-374	2005ⅠT6636H122 出土陶罐、盆	(403)
图 3-375	2005ⅠT6636H122 出土陶器	(404)
图 3-376	2005ⅠT6636H122 出土小口尊	(404)
图 3-377	2005ⅠT6636H166 出土陶器（一）	(406)
图 3-378	2005ⅠT6636H166 出土陶器（二）	(407)
图 3-379	2005ⅠT6636H166 出土陶器（三）	(408)
图 3-380	2005ⅠT6636H167 出土陶罐	(409)
图 3-381	2005ⅠT6636H167 出土圆腹罐（一）	(411)
图 3-382	2005ⅠT6636H167 出土圆腹罐（二）	(412)
图 3-383	2005ⅠT6636H167 出土陶器	(413)
图 3-384	2005ⅠT6636H167 出土深腹盆	(414)
图 3-385	2005ⅠT6636H167 出土陶器	(415)
图 3-386	2005ⅠT6636H167 出土小口尊	(416)
图 3-387	2005ⅠT6636H167 出土陶器（一）	(417)
图 3-388	2005ⅠT6636H167 出土陶器（二）	(418)
图 3-389	2005ⅠT6735④出土陶器	(420)
图 3-390	2005ⅠT6735H50 出土陶器	(421)
图 3-391	2005ⅠT6735H96 出土深腹罐	(422)
图 3-392	2005ⅠT6735H96 出土圆腹罐	(424)
图 3-393	2005ⅠT6735H96 出土陶器（一）	(425)
图 3-394	2005ⅠT6735H96 出土陶器（二）	(427)
图 3-395	2005ⅠT6735H96 出土陶器（三）	(428)
图 3-396	2005ⅠT6735H112 出土陶器（一）	(430)
图 3-397	2005ⅠT6735H112 出土陶器（二）	(431)
图 3-398	2005ⅠT6736H47 出土陶罐、尊	(431)
图 3-399	2005ⅠT6736H47 出土陶器	(432)
图 3-400	2005ⅠT6736H47 出土陶缸	(433)
图 3-401	2005ⅠT6835④出土陶器	(433)
图 3-402	2005ⅠT6836④出土陶罐、小口尊	(434)
图 3-403	2005ⅠT6836H145 出土陶器	(435)
图 3-404	2005ⅠT6836H145 出土陶罐	(436)
图 3-405	2005ⅠT6836H145 出土陶器	(437)
图 3-406	2005ⅠT6936H69 出土深腹罐	(438)
图 3-407	2005ⅠT6936H69 出土陶罐	(439)

图 3-408	2005ⅠT6936H69 出土陶器（一）	（440）
图 3-409	2005ⅠT6936H69 出土陶器（二）	（441）
图 3-410	2005ⅠT6936H69 出土陶器（三）	（443）
图 3-411	2005ⅠT6936H133 出土深腹罐（一）	（444）
图 3-412	2005ⅠT6936H133 出土深腹罐（二）	（446）
图 3-413	2005ⅠT6936H133 出土圆腹罐	（447）
图 3-414	2005ⅠT6936H133 出土陶器	（448）
图 3-415	2005ⅠT6936H133 出土深腹盆	（449）
图 3-416	2005ⅠT6936H133 出土陶盆、鬶	（450）
图 3-417	2005ⅠT6936H133 出土小口尊、瓮	（450）
图 3-418	2005ⅠT6936H133 出土陶器（一）	（450）
图 3-419	2005ⅠT6936H133 出土陶器（二）	（451）
图 3-420	2005ⅠT7036④出土陶罐	（452）
图 3-421	2005ⅠT7036④出土陶盆、缸	（452）
图 3-422	2005ⅠT7036H199 出土陶罐、盆	（453）
图 3-423	2005ⅠT7036H199 出土敛口罐、盅	（454）
图 3-424	2005ⅠT7036H241 出土陶罐、鼎	（455）
图 3-425	2005ⅠT7036H241 出土陶盆、尊	（456）
图 3-426	2005ⅠT7342③出土陶器（一）	（457）
图 3-427	2005ⅠT7342③出土陶器（二）	（458）
图 3-428	2005ⅠT7342H128 出土深腹罐	（459）
图 3-429	2005ⅠT7342H128 出土陶器（一）	（461）
图 3-430	2005ⅠT7342H128 出土陶器（二）	（462）
图 3-431	2005ⅠT7342H128 出土陶器（三）	（463）
图 3-432	2005ⅠT7342H130 出土陶器	（464）
图 3-433	2005ⅠT7441H79 出土陶器	（466）
图 3-434	2005ⅠT7441H251 出土陶器	（467）
图 3-435	2005ⅠT7442③出土陶器	（468）
图 3-436	2005ⅠT7442H65 出土陶罐、鼎	（470）
图 3-437	2005ⅠT7442H94 出土陶器	（471）
图 3-438	2005ⅠT7442H135 出土陶器	（472）
图 3-439	2005ⅠT7442H136 出土陶器	（474）
图 3-440	2005ⅠT7442H137 出土陶器	（475）
图 3-441	2005ⅠT7541H15 出土深腹罐（一）	（476）
图 3-442	2005ⅠT7541H15 出土深腹罐（二）	（477）
图 3-443	2005ⅠT7541H15 出土圆腹罐、瓮	（479）

图 3-444	2005ⅠT7541H15 出土陶器（一）	(480)
图 3-445	2005ⅠT7541H15 出土陶器（二）	(481)
图 3-446	2005ⅠT7541H15 出土高领罐、器盖	(482)
图 3-447	2005ⅠT7541H66 出土深腹罐	(483)
图 3-448	2005ⅠT7541H66 出土圆腹罐	(485)
图 3-449	2005ⅠT7541H66 出土陶器（一）	(486)
图 3-450	2005ⅠT7541H66 出土陶器（二）	(487)
图 3-451	2005ⅠT7641H67 出土陶罐、盆	(489)
图 3-452	2005ⅠT7641H67 出土陶罐	(490)
图 3-453	2005ⅠT7641H67 出土陶器	(491)
图 3-454	2005ⅠT7642⑤出土陶罐、甑	(492)
图 3-455	2005ⅠT7642⑤出土陶器	(493)
图 3-456	2005ⅠT7642H55 出土深腹罐	(494)
图 3-457	2005ⅠT7642H55 出土圆腹罐	(495)
图 3-458	2005ⅠT7642H55 出土陶器	(497)
图 3-459	2005ⅠT7642H55 出土深腹盆、豆	(498)
图 3-460	2005ⅠT7642H55 出土陶器	(499)
图 3-461	2005ⅠT7741H185 出土深腹罐、器盖	(500)
图 3-462	2005ⅠT7742H56 出土陶器	(501)
图 3-463	2005ⅠT7742H85 出土陶罐	(502)
图 3-464	2005ⅠT7742H85 出土陶器	(503)
图 3-465	2005ⅠT7742H116 出土陶器	(504)
图 3-466	2005ⅠT7742H126 出土陶罐、盆	(506)
图 3-467	2005ⅠT7742H126 出土陶器（一）	(507)
图 3-468	2005ⅠT7742H126 出土陶器（二）	(508)
图 3-469	2005ⅠT7841H90 出土深腹罐（一）	(510)
图 3-470	2005ⅠT7841H90 出土深腹罐（二）	(511)
图 3-471	2005ⅠT7841H90 出土深腹罐（三）	(512)
图 3-472	2005ⅠT7841H90 出土圆腹罐	(513)
图 3-473	2005ⅠT7841H90 出土陶器	(514)
图 3-474	2005ⅠT7841H90 出土陶豆	(514)
图 3-475	2005ⅠT7841H90 出土刻槽盆	(515)
图 3-476	2005ⅠT7841H90 出土深腹盆（一）	(516)
图 3-477	2005ⅠT7841H90 出土深腹盆（二）	(517)
图 3-478	2005ⅠT7841H90 出土陶瓮（一）	(517)
图 3-479	2005ⅠT7841H90 出土陶瓮（二）	(518)

图 3-480	2005ⅠT7841H90 出土陶器	(519)
图 3-481	2005ⅠT7841H90 出土陶缸	(520)
图 3-482	2005ⅠT7841H90 出土陶器盖	(521)
图 3-483	2005ⅠT7742H90 出土陶鼎	(521)
图 3-484	2005ⅠT7841H141 出土陶罐	(522)
图 3-485	2005ⅠT7841H141 出土陶器（一）	(523)
图 3-486	2005ⅠT7841H141 出土陶器（二）	(524)
图 3-487	2005ⅠT7841H141 出土大口尊、瓮	(525)
图 3-488	2005ⅠT7841H180 出土陶器	(526)
图 3-489	2005ⅠT7841H180 出土陶器	(527)
图 3-490	2005ⅠT7842④出土陶器	(528)
图 3-491	2005ⅠT7842H83 出土陶罐	(530)
图 3-492	2005ⅠT7842H83 出土陶器	(531)
图 3-493	2005ⅠT7842H83 出土陶缸、壶	(533)
图 3-494	2006ⅡT6101H10 出土陶器	(533)
图 3-495	2006ⅡT6202H14 出土陶器	(534)
图 3-496	2006ⅡT6205H24 出土陶器	(535)
图 3-497	2006ⅡT6205H22 出土陶罐	(537)
图 3-498	2006ⅡT6205H22 出土陶器	(538)
图 3-499	2006ⅡT6206H40 出土深腹罐（一）	(540)
图 3-500	2006ⅡT6206H40 出土深腹罐（二）	(541)
图 3-501	2006ⅡT6206H40 出土陶器	(542)
图 3-502	2006ⅡT6206H40 出土 陶缸、壶	(543)
图 3-503	2006ⅡT6305H30 出土陶罐	(544)
图 3-504	2006ⅡT6305H30 出土陶器	(545)
图 3-505	2006ⅡT6305H31 出土陶罐、鼎	(546)
图 3-506	2006ⅡT6305H31 出土陶器	(547)
图 3-507	2006ⅡT6306H36 出土陶罐	(547)
图 3-508	2006ⅠT9G3④出土陶罐	(549)
图 3-509	2006ⅠT9G3④出土陶器	(550)
图 3-510	2006ⅠT9G3④出土陶罐	(550)
图 3-511	2006ⅡT6201H16 出土陶罐	(551)
图 3-512	2006ⅡT6207H16 出土陶器（一）	(553)
图 3-513	2006ⅡT6207H16 出土陶器（二）	(554)
图 3-514	2004ⅡT6502H11、H3、H6 出土陶器	(555)
图 3-515	2004ⅠT6641M16 填土、H317 出土陶器	(556)

图 3-516	2004ⅠT6740④、H80、H245、H244、H55 出土陶器	(558)
图 3-517	2004ⅠT6741④、H45、H399 和 T6841H97、H173 出土器物	(559)
图 3-518	2004ⅠT6740H245、T6640H289、T6740② 出土陶器	(561)
图 3-519	2004ⅡT1、T4、T6301、T6302 出土器物	(562)
图 3-520	2004ⅠT6940、T6941 出土陶器（一）	(564)
图 3-521	2004ⅠT6940、T6941 出土陶器（二）	(565)
图 3-522	2004ⅠT6940、T6941 出土陶器（三）	(567)
图 3-523	2004ⅠT7037、T7038 出土陶器	(569)
图 3-524	2004ⅠT7040、T7041 出土陶器	(570)
图 3-525	2004ⅠT7041 出土陶器	(571)
图 3-526	2004ⅠT6941、T7137、T7237、T7238、T7338 出土陶器	(573)
图 3-527	2004ⅠT7138 出土陶器（一）	(575)
图 3-528	2004ⅠT7138 出土陶器（二）	(576)
图 3-529	2005ⅠT4719H156、H209 出土陶器	(577)
图 3-530	2005ⅠT6735H95 出土陶器	(578)
图 3-531	2005ⅠT6736H106、H134、T6736④ 出土陶器	(579)
图 3-532	2005ⅠT6836 出土陶器	(580)
图 3-533	2005ⅠT6935H54、T6936H107、T7642③ 出土陶器	(580)
图 3-534	2005ⅠT7341、T7342、T7441、T7542、T7842 出土陶器	(581)
图 3-535	2005ⅠT7741③ 出土陶器	(583)
图 3-536	2006ⅡT6306H38、H34 出土陶罐	(584)
图 3-537	2006ⅡT6206H37 出土陶罐	(585)
图 3-538	猪下颌臼齿磨蚀级别图	(587)
图 4-1A	2004T6640～T7041、T7037～T7438、T7341～T7842 内遗迹图	(插页)
图 4-1B	2006T4717～2005T4823、2006T9 内遗迹图	(636)
图 4-1C	2004T1、T2 内遗迹图	(637)
图 4-2	2004F1 平、剖面图	(637)
图 4-3	2004F4 平、剖面图	(638)
图 4-4	2006H50 平、剖面图	(639)
图 4-5	2004H232 平、剖面图	(639)
图 4-6	2004H366 平、剖面图	(639)
图 4-7	2004H338 平、剖面图	(640)
图 4-8	2004H143 平、剖面图	(640)
图 4-9	2004H345 平、剖面图	(640)
图 4-10	2004H407 平、剖面图	(641)
图 4-11	2004H260 平、剖面图	(641)

图4-12	2005H91平、剖面图	(642)
图4-13	2005H146平、剖面图	(642)
图4-14	2005H26平、剖面图	(642)
图4-15	2005H4平、剖面图	(642)
图4-16	2004H193平、剖面图	(643)
图4-17	2004H272平、剖面图	(643)
图4-18	2004H330平、剖面图	(644)
图4-19	2005H219平、剖面图	(644)
图4-20	2004H387平、剖面图	(644)
图4-21	2005H158平、剖面图	(644)
图4-22	2004H251平、剖面图	(645)
图4-23	2004H346平、剖面图	(645)
图4-24	2004H356平、剖面图	(646)
图4-25	2005H249平、剖面图	(646)
图4-26	2004H98平、剖面图	(646)
图4-27	2004H87平、剖面图	(647)
图4-28	2005H220平、剖面图	(647)
图4-29	2004M16平、剖面图	(648)
图4-30	2004M29平、剖面图	(648)
图4-31	2005M10平、剖面图	(649)
图4-32	2004M17平、剖面图	(649)
图4-33	2004M19平、剖面图	(650)
图4-34	2004M32平、剖面图	(650)
图4-35	殷墟时期出土石器	(651)
图4-36	殷墟时期出土石刀、石镰	(652)
图4-37	殷墟时期出土石斧毛坯	(653)
图4-38	殷墟时期出骨器	(654)
图4-39	殷墟时期出土蚌镰	(655)
图4-40	殷墟文化陶器纹饰拓片	(658)
图4-41	殷墟甲类鬲型式图	(660)
图4-42	殷墟乙类鬲型式图	(661)
图4-43	殷墟陶簋、盆型式图	(662)
图4-44	殷墟陶瓮、小口罐型式图	(663)
图4-45	殷墟陶甗、豆、钵、纺轮型式图	(664)
图4-46	2004M17、M19、M16、M32出土陶鬲	(665)
图4-47	2004ⅠT6840H87出土陶器（一）	(667)

图 4-48	2004ⅠT6840H87 出土陶器（二）	（668）
图 4-49	2004ⅠT6840H87 出土陶器（三）	（668）
图 4-50	2004ⅠT7038 出土陶器（一）	（670）
图 4-51	2004ⅠT7038 出土陶器（二）	（671）
图 4-52	2004ⅠT7437 出土陶器	（673）
图 4-53	2004ⅠT7437H366 出土陶器	（674）
图 4-54	2004H232、2004H251 出土陶器	（675）
图 4-55	2004ⅠT2F1 出土陶鬲、盆	（676）
图 4-56	2005ⅠT4823H146 出土陶鬲、簋	（677）
图 4-57	2005ⅠT4823H146 出土陶甗、瓮	（678）
图 4-58	2005ⅠT7432H91 出土陶器	（679）
图 4-59	2005ⅠT7432H26 出土陶器（一）	（680）
图 4-60	2005ⅠT7432H26 出土陶器（二）	（681）
图 4-61	2005ⅠT7542H158 出土陶器	（682）
图 4-62	2006T9G3②出土陶器	（684）
图 4-63	2006T9G3②出土陶小口瓮、器纽	（685）
图 4-64	2006T9G3②出土陶盆	（685）
图 4-65	2006T9G3③出土陶器（一）	（686）
图 4-66	2006T9G3③出土陶器（二）	（687）
图 4-67	2006T9G3③出土陶器（三）	（687）
图 4-68	2006T9H50 出土陶器	（688）
图 4-69	2006T9Y7 出土陶簋、甗	（689）
图 5-1A	2004T3、T5 内春秋时期遗迹图	（702）
图 5-1B	T6635～T7438、T7341～T7842 内春秋时期遗迹图	（插页）
图 5-1C	2004T6640～T7041、T6635～T7438、2005T7341～T7642 内汉至金元时期遗迹图	（703）
图 5-1D	2006T6101～T6202 内汉至金元时期遗迹图	（704）
图 5-2	2004Y3 平、剖面图	（706）
图 5-3	2005Y3 平、剖面图	（707）
图 5-4	2005Y4 平、剖面图	（707）
图 5-5	2004F2 平、剖面图	（707）
图 5-6	2004H128 平、剖面图	（708）
图 5-7	2004H103 平、剖面图	（708）
图 5-8	2004H304 平、剖面图	（708）
图 5-9	2004H48 平、剖面图	（709）
图 5-10	2004H68 平、剖面图	（709）
图 5-11	2004H140 平、剖面图	（709）

图号	名称	页码
图5-12	2004H445平、剖面图	(710)
图5-13	2004H126平、剖面图	(710)
图5-14	2004H205平、剖面图	(710)
图5-15	2005H51平、剖面图	(711)
图5-16	2004H361平、剖面图	(711)
图5-17	2004H44平、剖面图	(711)
图5-18	2004H51平、剖面图	(712)
图5-19	2004H122平、剖面图	(712)
图5-20	2004H123平、剖面图	(713)
图5-21	2004H177平、剖面图	(713)
图5-22	2004H132平、剖面图	(713)
图5-23	2004H190平、剖面图	(713)
图5-24	2004H291平、剖面图	(714)
图5-25	2005H249平、剖面图	(714)
图5-26	2004H2平、剖面图	(714)
图5-27	2004H204平、剖面图	(714)
图5-28	2004H70平、剖面图	(715)
图5-29	2004H215平、剖面图	(715)
图5-30	2004M15平、剖面图	(715)
图5-31	2005M9平、剖面图	(716)
图5-32	2004M21平、剖面图	(717)
图5-33	2004M33平、剖面图	(717)
图5-34	春秋时期出土石斧、石铲	(718)
图5-35	春秋时期出土石器（一）	(719)
图5-36	春秋时期出土石器（二）	(721)
图5-37	春秋时期出土骨器	(722)
图5-38	春秋时期出土蚌器	(724)
图5-39	春秋陶器纹饰拓片	(726)
图5-40	春秋陶鬲型式划分图	(727)
图5-41	春秋陶豆型式划分图	(728)
图5-42	春秋陶盆型式划分图	(729)
图5-43	春秋陶盂型式划分图	(730)
图5-44	春秋陶罐型式划分图	(731)
图5-45	春秋陶甑型式划分图	(732)
图5-46	春秋陶器小件类型图	(733)
图5-47	2004ⅠT6641H54出土陶器	(734)

图 5-48	2004ⅠT6641Y3 出土陶盆、鬲	（735）
图 5-49	2004ⅠT6641Y3 出土陶器	（735）
图 5-50	2004ⅠT6741H44、ⅠT6840H57 出土陶器	（736）
图 5-51	2004ⅠT6741H51 出土陶器	（738）
图 5-52	2004ⅠT7037 出土陶器	（739）
图 5-53	2004ⅠT7037H123 出土陶器	（741）
图 5-54	2004ⅠT7137 出土陶器	（742）
图 5-55	2004ⅠT7237 出土陶器	（744）
图 5-56	2004ⅠT7338H103 出土陶器	（745）
图 5-57	2004ⅠT7437H230 出土陶盂、豆	（745）
图 5-58	2004ⅠT7438H361 出土陶器	（746）
图 5-59	2004ⅠT7438 出土陶器	（747）
图 5-60	2005ⅠT6635H123 出土陶器	（748）
图 5-61	2005ⅠT6935H51 出土陶鬲、盆	（748）
图 5-62	2005ⅠT6935H51 出土陶器	（749）
图 5-63	2005ⅠT6935H51 出土陶甑	（750）
图 5-64	2004 年出土陶纺轮（一）	（751）
图 5-65	2004 年出土陶纺轮（二）	（752）
图 5-66	2004、2005 年出土陶器、铜器	（753）
图 5-67	2006H5 平、剖面图	（763）
图 5-68	2006 年汉代遗存出土遗物	（764）
图 5-69	2006H9 平、剖面图	（765）
图 5-70	2004H275 平、剖面图	（766）
图 5-71	宋金元时期灰坑出土遗物	（767）
图 5-72	2004H69 平、剖面图	（768）
图 5-73	2005H14 平、剖面图	（768）
图 5-74	2004M18 平、剖面图及随葬品	（769）
图 5-75	2004M243 平、剖面图	（770）
图 5-76	2004M26 平、剖面图	（771）
图 5-77	2004M26 出土遗物	（772）
图 5-78	2004M31 平、剖面图	（774）
图 5-79	2004M31 出土遗物	（775）
图 5-80	2004M31 出土铜镜	（776）
图 5-81	2005M1 平、剖面图	（777）
图 5-82	2005M1 出土铜钱	（777）
图 5-83	2005M3 平、剖面图	（779）

图6-1	南洼遗址二里头各期植物遗存百分比示意图	(783)
图6-2	南洼遗址二里头各期植物遗存百分比示意图（二三期合并）	(784)
图6-3	南洼遗址各时期各类遗存百分比示意图	(786)
图6-4	南洼遗址出土猪下颌所反映的死亡年龄结构	(794)

彩 版 目 录

彩版一　主要发掘人员
彩版二　环境风貌
彩版三　主要发掘区现场（一）
彩版四　主要发掘区现场（二）
彩版五　探方剖面
彩版六　二里头文化沟状遗迹
彩版七　T2 内 G3 解剖及洭水东岸 G1、G3 剖面
彩版八　二里头文化房址与墓葬
彩版九　二里头文化墓葬
彩版一〇　二里头文化墓葬
彩版一一　二里头文化陶窑
彩版一二　二里头文化陶窑、水井及灰坑
彩版一三　二里头文化灰坑
彩版一四　二里头文化石饰与绿松石饰
彩版一五　二里头文化石器、蚌贝及饰品
彩版一六　二里头文化白陶鬶和爵
彩版一七　二里头文化白陶盉盖、觚、罐和铃
彩版一八　二里头文化白陶器底、实足及网坠
彩版一九　二里头文化陶器与原始瓷器
彩版二〇　二里头文化陶器和青铜工具
彩版二一　殷墟文化灰坑
彩版二二　殷墟文化墓葬
彩版二三　殷墟文化墓葬
彩版二四　殷墟文化石器和骨制品
彩版二五　春秋时期房址及陶窑
彩版二六　春秋时期灰坑及墓葬
彩版二七　春秋时期墓葬
彩版二八　春秋时期遗物
彩版二九　唐至元代遗物

彩版三〇　宋代墓葬
彩版三一　宋代墓葬
彩版三二　金代墓葬（2005M3）
彩版三三　遗址出土绵羊、猪、狗、貉、麂、猫和狍遗骸
彩版三四　遗址出土黄牛、梅花鹿、竹鼠、兔、雉和鳖遗骸
彩版三五　遗址出土狗獾、丽蚌、射线裂脊蚌和圆田螺遗骸
彩版三六　遗址出土二里头时期骨镞、锥和凿
彩版三七　遗址出土二里头时期骨匕和刀
彩版三八　遗址出土二里头时期骨簪和管
彩版三九　遗址出土二里头时期骨柄和针
彩版四〇　遗址出土二里头时期贝制品
彩版四一　遗址出土卜骨（2004H78:5）
彩版四二　遗址出土卜骨和骨锥
彩版四三　遗址出土骨凿（2005T6835③:3）
彩版四四　二里头文化石器制作工艺
彩版四五　二里头文化石器制作工艺
彩版四六　二里头文化石器制作工艺
彩版四七　二里头文化石器制作工艺
彩版四八　二里头文化石器制作工艺
彩版四九　二里头文化石器制作工艺
彩版五〇　二里头文化石器制作工艺
彩版五一　二里头文化石器制作工艺
彩版五二　二里头文化石器制作工艺

图 版 目 录

图版一　二里头文化石铲和石斧
图版二　二里头文化石锛和石钺
图版三　二里头文化石凿和石镞
图版四　二里头文化石刀和石戈
图版五　二里头文化石镰、石球和石饰
图版六　二里头文化骨锥、骨凿和卜骨
图版七　二里头文化骨器和蚌器
图版八　二里头文化一期 2004J1 和 2004H228 出土陶器
图版九　二里头文化一期 2004H231、2005H217 和二期 2004H149、2004H306 及 2004H242 出土陶器
图版一〇　二里头文化二期 2004H438 和 2004H19 出土陶器
图版一一　二里头文化二期 2004H19 出土陶器
图版一二　二里头文化二期 2004H19 出土陶器
图版一三　二里头文化二期 2004H19 出土陶器
图版一四　二里头文化二期 2004H19、2004H11 和 2004H17 出土陶器
图版一五　二里头文化二期 2005H96 和 2005H167 出土陶器
图版一六　二里头文化二期 2005H96 和 2006H16 出土陶器
图版一七　二里头文化二期 2005H107、2005H130、2005H137 和 2005H261 出土陶器
图版一八　二里头文化二期 2005H9、2005H55、2005T7642⑤和 2006H14 出土陶器
图版一九　二里头文化三期 2004J2 出土陶器
图版二〇　二里头文化三期 2004J2、2004H72 和 2004T6740③出土陶器
图版二一　二里头文化三期 2004H32、2004H142、2004H173、2004H412 和 2004T6841③出土陶器
图版二二　二里头文化三期 2004H20、2004H32 和 2004H36 出土陶器
图版二三　二里头文化三期 2004M1 和 2005H16 出土陶器
图版二四　二里头文化三期 2005H47、2005H69、2005H133 和 2005H166 出土陶器
图版二五　二里头文化三期 2005H56 和 2005H79 出土陶器
图版二六　二里头文化三期 2005H116 和 2005H126 出土陶器
图版二七　二里头文化三期 2006H36 及四期 2004H41、2004H71、2004M9 及 2004M11 出土陶器
图版二八　二里头文化四期 2004H360、2004T7138⑤、2005H19、2005H65 和 2005H115 出土陶器
图版二九　二里头文化四期 2005H15 出土陶器

图版三〇　二里头文化四期2005H15出土陶器
图版三一　二里头文化四期2005H15和2005H90出土陶器
图版三二　二里头文化四期2005H90出土陶器
图版三三　二里头文化四期2005T7036④、2006H32、2006H37和五期2005H206出土陶器
图版三四　二里头文化2005H206和2005H207出土陶器
图版三五　二里头文化2005H147和2005H253出土陶器
图版三六　二里头文化2005H147出土陶器
图版三七　二里头文化陶器成形工艺
图版三八　二里头文化陶器成形工艺
图版三九　二里头文化陶器修整工艺
图版四〇　殷墟文化陶鬲
图版四一　殷墟文化陶器
图版四二　春秋时期遗物
图版四三　春秋时期陶器
图版四四　春秋时期陶器
图版四五　春秋时期、唐宋时期出土遗物
图版四六　遗址出土粟和黍等
图版四七　遗址出土黍、小麦和大豆
图版四八　遗址出土大豆、藜科（属）植物和水稻
图版四九　遗址出土水稻基盘、狗尾草属、黍属、马唐属和春麦娘属植物
图版五〇　遗址出土牛筋草、野大豆、豆科决明、绿豆和藜科植物
图版五一　遗址出土莎草科、苋科、菊科、马齿苋属、茄科和伞形科植物
图版五二　遗址出土旋花科、唇形科水棘针、唇形科紫苏、唇形科益母草、石竹科繁缕和蔷薇科龙牙草（？）
图版五三　遗址出土豆科胡枝子属、豆科苜蓿属、蓼科、稗属和蔷薇科悬钩子属植物
图版五四　遗址出土块茎、桃核碎片、枣核碎片、胚组织（？）和植物枝芽、茎秆、穗轴、纤维部
图版五五　二里头时期植硅体
图版五六　二里头时期植硅体
图版五七　遗址出土部分金属金相照片
图版五八　遗址出土部分金属金相照片
图版五九　遗址金属样品SEM及能谱分析
图版六〇　遗址金属样品SEM及能谱分析

第一章 概 述

第一节 遗址位置与区域自然环境[①]

一、地 理 位 置

南洼遗址所在的南洼村，行政上隶属于河南省登封市君召乡。遗址南临郑洛公路（S323省道），向北约1千米即为君召乡政府所在地，东距登封市区约20.2千米（图1-1）。遗址面积44万余平方米，2013年被公布为国家重点文物保护单位。地理坐标为北纬34°24.2′，东经112°48.6′，海拔在461米左右。

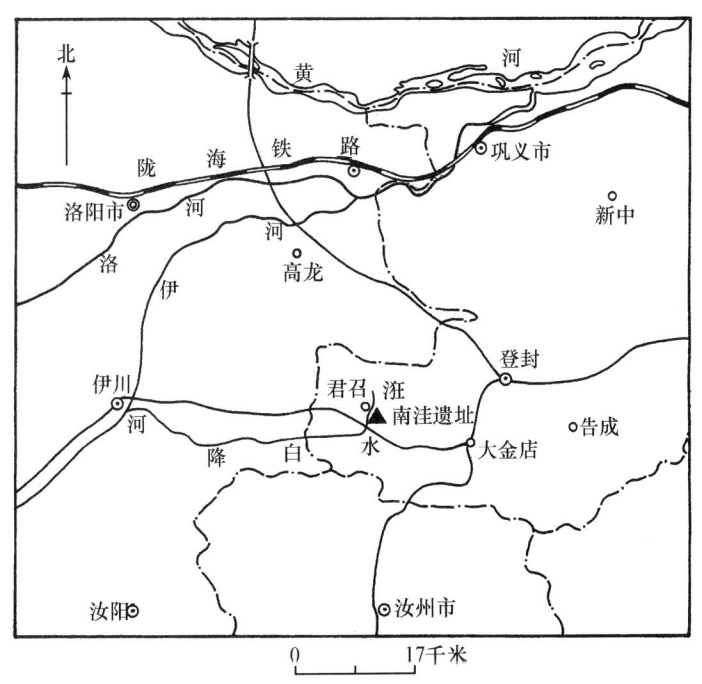

图1-1 南洼遗址地理位置示意图

---

① 有关地理环境的内容参考登封市地方志编纂委员会编：《登封市志》，中州古籍出版社，2009年；崔炎寿编著：《中岳嵩山》，黄河水利出版社，2000年。

遗址北依属于少室山的马鞍山，南望伏牛山余脉，东部为地势较高的岗地，向西地势开阔。洼水自东北向西南穿越遗址北部和西部，南流约2千米后西折汇入伊河支流白降河。

二、区域地质地理特征

1. 地貌

登封市地处豫西中部山地向豫东平原过渡的嵩箕地区，北与黄土丘陵相连，南至汝河谷地北侧，东接豫东平原，西到伊河谷地右侧边缘。境内地貌类型复杂多样，可分为北部山地丘陵区，南部山地丘陵区和登封宽谷三部分。南洼遗址位于登封宽谷的西部，地势较为平坦，中部稍高，地表现为农田，种植有玉米、小麦、油菜等。

2. 区域地质特征

嵩箕地区是指豫西嵩山箕山地区，行政区划包括登封、密县、巩义、荥阳、颍阳、伊川、临汝、禹县等。其中嵩山海拔约1440米，箕山海拔约721米。该区自太古代至新生代均有地层出露，岩性复杂多样。出露岩性地层有封登组（斜长石角闪片岩、角山变粒岩、薄层大理岩、角闪石大理岩等）、下元古界嵩山群地层（罗汉洞组、五指岭组、庙坡山组、花峪组［岩性有粗粒石英岩、中细粒石英岩、千枚岩、白云石大理岩、赤铁矿]）、中元古界的汝阳群（页岩、石英砂岩、安山玢岩等）、洛峪群（石英砂岩、页岩等）及寒武系的白云岩、灰岩等（图1-2）。

本区地层出露的岩石为本区古人的活动提供了较为稳定的石料来源和坚实基础。

3. 水系

嵩山大致呈东西走向。嵩山主体的太室、少室地区处于淮河与黄河两流域的分水岭区，地势较高，没有入境水和过境水的补给。山区地段河床切割深，浅层地下水径流主要由河川排泄，深层地下水接受补给较远，又由于各地区地质构造复杂，河流所属水系也有很大差异。

该地区河流分属淮河和黄河两大水系。淮河水系的总流域面积为1067.5平方公里。属于淮河水系的有颍河、洗耳河、洧河等。颍河是嵩山地区最大的支流，发源于石道乡西1千米的珍珠泉（又名颍源），登封境内全长57千米，出白沙水库后经许昌、周口及安徽省颍上县等地入淮河。其支流有后河、石崖河、顾家河、少阳河、双溪河、五渡河、石淙河、王堂河、白坪河、马峪河等。

黄河水系总流域面积为140.3平方千米，集中位于今登封市西部。属于黄河水系的有白降河及其支流洼水等。洼水发源于君召乡北的马鞍山，自北而南至胥店村附近向西折汇入伊河支流白降河。南洼遗址位于洼水上游，向东约6千余米即石道乡的颍源。

4. 土壤

嵩山地区主要是褐土、棕壤土2个土类，5个亚类，18个土属，26个土种。褐土类多分布在海拔800米以下地区，棕壤土多分布在800米以上高山地带，酸碱度为6.5～7.5，通常山南呈弱酸性，酸碱度为7～7.5。山北呈弱酸性，酸碱度为6.5～7，适合树木、草类、中药材生长。褐土类又分为褐土、酸碱盐褐土、潮褐土、淋溶褐土和堆垫碳酸盐褐土等。在耕地中，红黄土面积占耕地的30%，褐土面积占22%，立黄土面积占18.4%，白善土面积占14%，其余各土类面积都不太大。

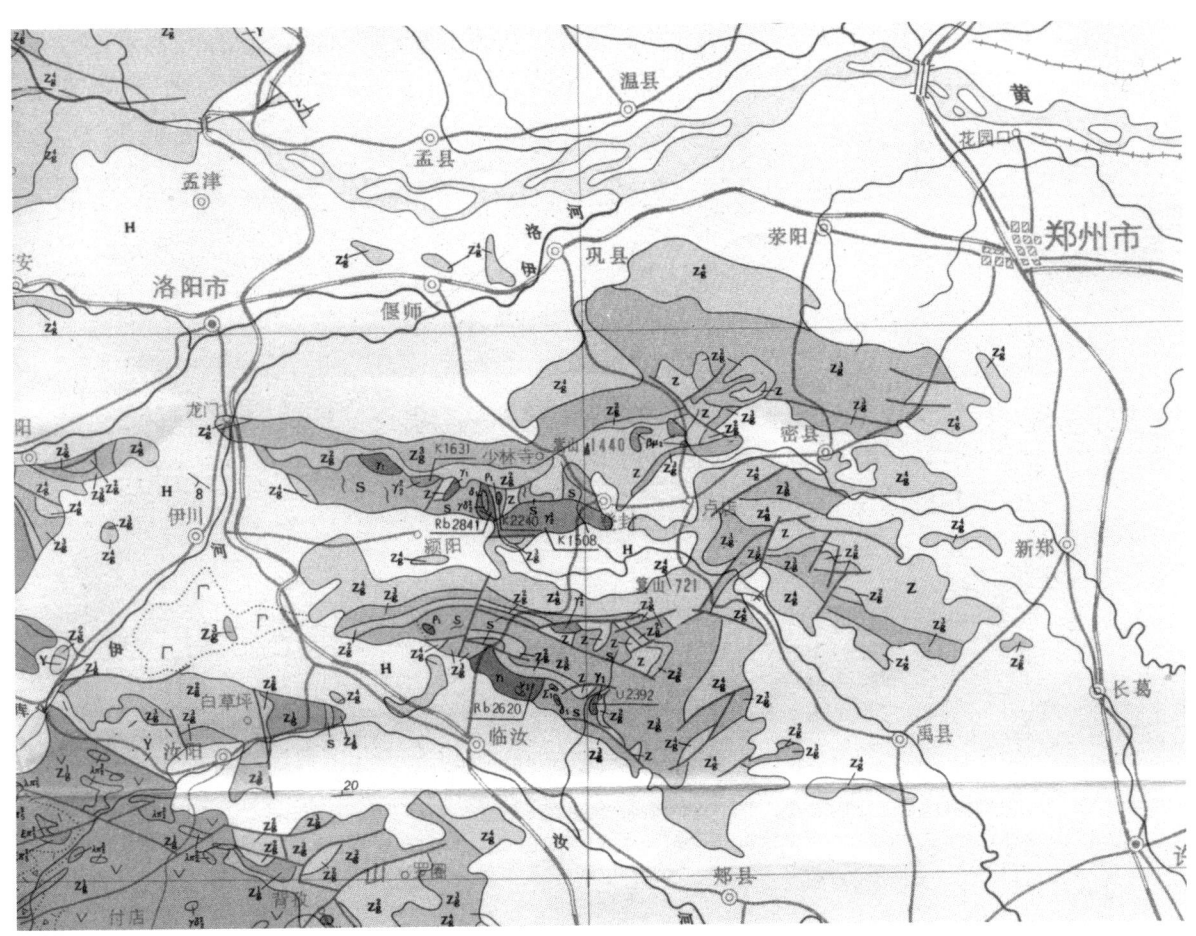

图 1-2　嵩箕地质构造示意图

(采自《河南省区域地质志》附图一，1989 年)

根据 205 个土样化验结果，耕地肥力是富钾、少氮，缺磷，有机质含量较低。

5. 气候

遗址所处地区属于暖温带大陆性气候，四季分明，寒暖适中。春季干燥少雨，温度回升，常遇大风天气。夏天炎热多雨，降水集中。秋季凉爽。冬季是一年中最长的季节，寒冷干燥。

① 气温

年平均温度为 14.2℃。7 月份最热，平均温度 26.6℃。1 月份最冷，平均温度 0.2℃。4~10 月高于平均温度，11 月至次年 3 月低于平均温度。极端最高气温曾达到 40.5℃，最低温度为 -15.1℃。该地区基本能满足一般农作物对热量条件的要求，植物生长期可达 265 天。

② 日照

嵩山地区向阳面年平均日照时数 2275 小时。山沟背阴面日照时数短，气温及地温低，作物生长季节长，成熟晚。但嵩山阳坡，湿度、温度、光照等都利于各种花草树木的栽培发育。

③ 降水及蒸发量

年降水量 525.4 毫米，由于山地对东南暖湿气流的屏障作用，降水量自东南向西北减少。夏季历年平均降水量为253毫米，占全年的48%，是雨量较为集中的季节，特别是7月份为全年降雨之冠。冬季受蒙古高压控制，降水量仅为26.5毫米，占全年的5%，是一年中最少的。

年平均蒸发量为1300毫米。5~6月最大蒸发量为380毫米，占全年蒸发量的29%。12月份至1月份蒸发量最小，为105.3毫米，占全年蒸发量的8%。年干燥度为0.4，属半干旱。除7月份较湿润外，其余各月均为半湿润月。

④ 霜期

初霜日出现在10月23日，最晚11月30日。终霜日出现在3月14日，最早2月14日，最晚3月28日。无霜期238天。地区内因地形地势影响也有一定差异。

⑤ 风

山上风速大于山下。山口、河谷狭窄地区风速更大。年平均风速3米每秒，各月份风速2.4~3.8米每秒，冬季最大3.3米每秒。嵩山南麓夏季多东风，冬季多西北风。

三、植被与动物

1. 植物

嵩山地区因群山环绕，丘陵起伏，形成了多种小气候环境，给植物种群提供各种变异性的生态环境条件，因而植物种群繁多。果类树种有银杏、酸枣和柿等，其中有观赏和经济价值的有120多种。嵩山地区盛产药材。酸枣漫山遍野可见，枣仁是珍贵中药。其他还有紫苏、荆芥、黄菊花、野大豆、黄芪、马齿苋和苦楝等。林木有侧柏、水杉、枫杨、黄檀、麻栎、柳树和毛竹等。油料植物有25种，包括核桃、栎树和紫苏等。淀粉植物有20多种，产量较大的有栓皮栎，果实淀粉可达50%~65%，葛条根部淀粉含量达47.9%。植物的纤维存于根、茎、叶之中，可供纺织用，其中荆条、紫穗槐、胡枝子等可编篮筐。

2. 动物

家畜类有牛、驴、骡、马、猪、羊、兔、狗和猫等。家禽以鸡为主，还有鸭、鹅和鸽等。野生动物有小家鼠、松鼠、田鼠、野兔、狼、獾、狐狸、黄鼠狼、蝎虎、麻雀、喜鹊、斑鸠、鸽子、呱呱鸡、猫头鹰、山鹰、座山雕、啄木鸟、布谷、白鹭、黄鹂、大雁、家燕，以及金钱豹、金雕、娃娃鱼、乌龟和中华鳖等。

第二节 登封市历史沿革

登封市地处中原，历史悠久，据文献记载，上古时期已有建置①。

五帝至夏、商、周三代，登封境内有负黍、阳城和纶国。据《帝王世纪》载："舜迁于负黍"。

---

① 此节参阅登封市地方志编纂委员会编：《登封市志》，中州古籍出版社，2009年。

汉代《显志赋》记载，舜与许由曾相遇于负黍。

《史记·夏本纪》："禹辞辟舜之子商均于阳城。"《集解》引刘熙曰："今颍川阳城是也。"注引《世本》载："禹都阳城。"《河东赋》颜师古注云："尧曾游于阳城"。一般认为，阳城治所在今登封告城镇。1977年告城镇王城岗遗址龙山时代城址的发现，遂成为探讨阳城地望的重要对象[①]。2002年以来有关王城岗城址的重要发现及进一步研究，为上述判断提供了新的支持[②]。

《竹书纪年》云："少康自纶归于夏邑。"《括地志》载："洛洲纶氏，本夏之纶国也。"古纶国治所在今颍阳镇。

东周时期阳城也称颍邑，且多有战事。《左传·昭公九年》载周景王十三年（公元前532年），晋国大夫梁丙率阴戎以伐颍邑。《史记·周本纪》载有周赧王五十九年（公元前256年）秦将攻韩夺取阳城等事。

《左传·定公六年》载郑伐周负黍事。《括地志》云："负黍在阳城西南，故周邑也。"负黍故城在今大金店乡南城子村。

古本《竹书纪年》记载："楚吾德帅师及秦伐郑，取纶氏。"

秦代，在今登封境内置阳城县（今告成）、颍阳县（今东金店）和纶氏县（今颍阳镇），均属颍川郡。

西汉时又置崇高县，元封元年（公元前110年），汉武帝巡游嵩山，划嵩高山下原属阳城县的三百户置崇高县，属颍川郡，治所在今市区西北部。东汉初，废崇高县入阳城县。章帝建初四年（79年）置纶氏县，隶属颍川郡，治所在今颍阳镇。

三国时河南尹领阳城县，豫州颍川郡领纶氏县，同时废颍阳县。西晋置阳城县和缑氏县。阳城治所今告成镇，辖今登封东部地区，缑氏治所今偃师缑氏，辖今登封西部地区。十六国时，阳城县一度又归前后赵、前后燕和前后秦，皆隶属河南郡。

北魏天安二年（467年）又置颍阳县，治所今颍阳，隶属中川郡。孝昌二年（526年）置阳城郡，又划阳城县西南部置康城县。阳城郡辖阳城、康城、颍阳三县。东魏、北齐时沿用北魏辖区。北周时废颍阳县入湮阳，治所在今颍阳镇。

隋开皇六年（586年）改湮阳县为武林县，开皇十八年（598年）又改武林为纶氏县，大业元年（605年）改纶氏为嵩阳县，属河南郡。又废阳城郡，阳城县改属河南郡。开皇十六年（596年）以阳城郡地置嵩州。仁寿四年（604年）废嵩州，阳城县改属汝南郡，同时废康城县入阳城县。

唐高祖武德四年（621年），以阳城、嵩阳县、阳翟（今禹州）地置嵩州，治所在今告成。后划嵩阳、阳城、阳翟三县复置康城县，阳城、嵩阳改属洛州。贞观十七年（643年）废嵩阳县入阳城县。高宗永淳元年（682年），拟封中岳，划阳城县地复置嵩阳县，治所在今登封市区西北，属洛州。武则天载初元年（689年）又划河南、伊阙、嵩阳县地复置武林县，治所在今颍阳。武则天万岁登封元年（696年），封禅中岳，以登封中岳大功告成，改嵩阳县为登封县，改阳城县为告成

---

① 河南省文物研究所、中国历史博物馆考古部：《登封王城岗与阳城》，文物出版社，1992年。
② 北京大学考古文博学院、河南省文物考古研究所：《登封王城岗考古发现与研究（2002~2005）》，大象出版社，2007年。

县。玄宗开元十五年（727年）改武林县为颍阳县，属河南府。五代后周显德五年（958年）废阳城县入登封县。

宋初于乾德元年（963年）废所建望陵县，并入登封，隶属河南府。庆历三年（1043年）废颍阳为镇，并入登封。四年（1044年）复置颍阳县。熙宁二年（1069年）废颍阳入登封，元祐二年（1087年）复置颍阳县。

金代废颍阳县，并入登封县，隶属河南府（后改为金昌府）。元代至清代，登封县隶属河南府，辖区一直未发生变化。

第三节　登封及其周围古文化遗址的分布

登封是闻名全国的文物之乡，市区及周邻有丰富的古代文化遗址[①]。

旧石器时代遗址有荥阳织机洞、巩义洪沟和许昌人发现地的许昌灵井遗址[②]等。

新石器时代早期有近年来新发现的新密李家沟遗址[③]。新石器时代中期有新郑裴李岗、唐户[④]，长葛石固，新密莪沟，汝州中山寨等。新石器时代晚期有郑州大河村、林山寨、西山，荥阳点军台、青台，巩义水地河，汝州阎村，登封颍阳等。新石器时代末期有郑州站马屯、马庄、牛砦，荥阳竖河，新密新砦，登封程窑、王城岗，禹州瓦店，洛阳王湾，偃师灰嘴等。

二里头文化遗存相当丰富。重要的遗址有偃师二里头，巩义稍柴，偃师灰嘴，郑州洛达庙，荥阳大师姑[⑤]、薛村[⑥]，新郑望京楼，洛阳皂角树[⑦]，伊川南寨，登封王城岗、程窑、玉村、石道、石羊关等。

二里岗文化遗址有郑州商城、上街，荥阳薛村，新郑望京楼，偃师商城，巩义稍柴，焦作府城，登封王城岗等。

殷墟文化遗址有安阳殷墟，汤阴朝歌，辉县孟庄，郑州人民公园，荥阳西史村、竖河，洛阳大寺，登封王城岗，舞阳玉皇庙等。

周代遗址有郑州洼刘[⑧]，荥阳娘娘寨[⑨]，登封负黍故城、阳城故城、黄城城址等。

汉晋时期登封市境内有告成铸铁遗址、崇高故城、颍阳县故城等，以及晋代的君召墓群等。

唐宋时期登封市境内墓葬有西十里铺唐墓、告成宋墓、太古城宋墓、南庄宋墓和箭沟宋墓等，冶铁遗址有宋代冶上和杨林遗址，瓷窑址有宋代曲河、豹沟和郑庄窑址等。

---

① 主要参见国家文物局主编：《中国文物地图集·河南分册》，中国地图出版社，1991年。新发现者另行注明。
② 河南省文物考古研究所：《河南许昌灵井"许昌人"考古发现与探索》，《华夏考古》2009年3期。
③ 北京大学考古文博学院、郑州市文物考古研究院：《河南新密市李家沟遗址发掘简报》，《考古》2011年4期。
④ 中国社会科学院考古研究所河南一队：《河南新郑唐户新石器时代遗址试掘简报》，《考古》1984年3期。
⑤ 郑州市文物考古研究院编著：《郑州大师姑》，科学出版社，2004年。
⑥ 河南省文物考古研究所：《河南荥阳市薛村遗址2005年度发掘简报》，《华夏考古》2007年3期。
⑦ 洛阳市文物工作队编：《洛阳皂角树——1992～1993年洛阳皂角树二里头文化聚落遗址发掘报告》，科学出版社，2002年。
⑧ 郑州市文物考古研究所：《郑州洼刘西周贵族墓出土青铜器》，《中原文物》2001年2期。
⑨ 张松林、张家强、黄富成：《河南荥阳娘娘寨遗址发掘出两周重要城址》，《中国文物报》2009年2月18日2版。

第四节 遗址的发现、调查、发掘与资料整理

一、遗址的微观地貌

南洼遗址位于登封市君召乡南洼村、君召村和胥店村三个行政村之间。遗址所在区域现为耕地，其主体部分属于南洼村，北部和南部有部分范围分属于君召村和隶属于胥店村的后孟村（图1-3）。

遗址西部与北部为洰水环绕。向西、北越过洰水分别为南洼村和君召村及君召乡政府所在地。洰水发源于北部的陈家沟附近，向东南不远流经战国时期的黄城遗址。但从君召村自南洼、胥店村一段，略呈东北—西南走向，越过胥店村至王庄附近西折汇入白降河段。洰水目前虽几近断流，但宽陡的河岸却显示出历史上有着相当大的水量，成为影响遗址范围及地理景观的一个重要因素。20世纪60~70年代，当地曾经依托遗址西部偏北处的洰水河段修建过一个小型水库，为建造堤坝在遗址中部有过大规模的取土行为。水库堤坝、水闸及横贯遗址中部的断坎今日仍清晰可辨。根据调查与钻探情况，遗址主要分布于洰水以东、以南区域，中心区域堆积较厚，向西部河岸而逐渐变薄。越过洰水则甚少有遗物发现（彩版二，1~3）。

二、遗址的发现与发掘经过

南洼遗址最初由当地村民赵如一发现。1992年8月，他向上级文物部门进行了较为详细的汇报。登封市文物局副研究员王雪宝在《河南日报》上对此进行了报道。

2004年伊始，郑州大学将"登封南洼遗址的发掘与研究"列为学校"十五""211"重点学科建设项目——"中国古代文明与考古学"的子课题之一，为启动该课题的研究，并为下半年2002级考古专业本科生开展田野考古实习作准备。2004年3~6月，郑州大学历史学院和郑州市文物考古研究院联合对该遗址进行了全面勘探、测绘与试掘①，领队为韩国河，参加调查和试掘的人员有郑州大学教师张继华，研究生胡赵建、张贺君、陈钦龙、崔天兴，郑州市文物考古研究院张松林、王海军，登封市文物局耿建北和陈英敏等。

为便于测绘及定位，首先选取遗址中部洰水西岸的一个配电房东南角南一米处，确立该遗址的测绘基点。以此为中心，将东北区域作为遗址Ⅰ区，然后按顺时针方向将东南、西南和西北区域分别编为Ⅱ区、Ⅲ区和Ⅳ区，并采用坐标法进行钻探布孔和布方。通过调查和钻探，一是大体确定了遗址的分布范围及中心区域。二是在遗址南部和东部发现两段沟状遗迹。遗址南部的沟状遗迹为东

---

① 已公布成果有：A. 韩国河、张继华、张松林：《2004年春季登封南洼遗址钻探试掘工作概述》，《中原地区文明化进程学术研讨会论文集》，韩国河、张松林主编，科学出版社，2006年；B. 郑州大学历史学院考古系、郑州市文物考古研究所：《河南登封南洼遗址2004年试掘简报》，《中原文物》2006年3期。

西向，后编号为G1。遗址东部的沟状遗迹为南北向，后编号为G2。这些发现为探讨该遗址的聚落布局提供了重要线索。

调查中了解到，20世纪60~70年代南洼村为修筑水库堤坝及村民建房需要，曾于遗址中部（即Ⅰ、Ⅱ区相接处）进行了大规模取土，至今尚可见到南北两道断坎。南侧断坎现高约1米左右，中部暴露出7座墓葬。为保护这些遗存免遭更大破坏及了解遗址的文化内涵，便选择此处进行试掘。共布探方四个，分别为ⅡT6301、ⅡT6302、ⅡT6502和ⅡT6602。除ⅡT6602为5米×5米外，其余皆为5米×10米。同时，为判断G1时代及性质，在Ⅱ区西南部布探沟一条，编号为T1，规格为2米×20米。本次试掘面积约300平方米，确认G1属二里头文化时期遗迹，并发现二里头文化墓葬8座、水井1处、二里头文化及殷墟时期灰坑四十余座，出土了丰富的陶器、石器和骨角器等遗物，尤其以2004ⅡT6502H19所出的数件白陶鬶最为重要（图1-3）。

2004年10月至2005年元月，结合2002级考古专业考古实习，郑州大学历史学院和郑州市文物考古研究院联合对该遗址进行了进一步勘探及正式发掘。参加此次发掘的人员有郑州大学考古专业教师韩国河、张继华、朱君孝，研究生朱思红、胡赵建，技工刘俭，郑州市文物考古研究院张松林、王海军以及登封市文物局陈英敏等。实习学生为郑州大学考古专业2002级本科生申文、周国哲、董义理、曹艳朋、席奇峰、李兴隆、任广岭、杨鑫、赵卓、张自强、杨宁波、王振宇、黄志超、孙贤、翟森森、李静、燕睿、尤悦、张丽敏、董千和毋洁婷等21人。

本次选取Ⅰ区东北部地势较高、且发现较多烧土块的地方进行发掘。共布方20个，皆为5米×5米。编号从ⅠT6640~ⅠT7041、ⅠT7037~ⅠT7438。同时，继续勘探G1和G2的走向与分布。在探索G1向东北方向的延伸时，又于其内侧发现了第三条较宽深且走向规则的沟状遗迹，编号为G3。为判断G3的时代及性质，在Ⅰ区北部近洼水河岸处布探沟一条，编号为T2，规格为5米×15米。本次发掘总面积约600平方米，发现了二里头文化、殷墟文化、春秋时期和唐宋（金）时期丰富的遗存。其中，尤以二里头文化遗存最为丰富，发现围沟（G1与G3）2条，陶窑3座，墓葬6座，水井1眼及灰坑140余座。出土了丰富的白陶制品以及少量青铜工具。确认G3为二里头文化时期遗迹。殷墟文化遗存也较丰富，包括房址1处，墓葬8座及灰坑60多座。春秋时期的遗存有陶窑1座、墓葬6座及众多灰坑等。唐宋时期主要为两座洞室墓。本次发掘因天寒结冰，部分探方未发掘完毕。鉴于上述重要发现，南洼遗址的发掘与研究作为子课题之一，被纳入科技部"中华文明探源工程（一）——聚落形态反映的社会结构"课题之中。

2005年4月至8月，为完成上次发掘遗留的任务，并探讨G1与G3之间的关系，又进行了补充发掘。参加此次发掘的主要有郑州大学考古专业教师张继华、朱君孝，研究生张贺君、蔡亚林，本科生申文、董义理、曹艳朋、杨鑫、席奇峰、王振宇和任广岭等，登封市文物局陈英敏等。

本次在Ⅰ区东南G1和G3相交处布探沟三条，分别为T3、T4和T6。三者东壁在同一直线上，呈曲尺形分布，皆以宽1米的隔梁隔开。T3居北，T6居中，为正南北向，T4位于南侧，为正东西向。T3、T6和T4规格分别为2米×14米、3米×7米和2米×7米。为进一步验证G1的年代，又于T1以西20米处的洼水东岸布探沟一条，编号为T5，规格为2米×10米。以上新布探沟发掘面积为83平方米。通过发掘，确认了G3打破G1的地层关系。在上年未发掘完的探方内新发现3座二里头文化墓葬和200余座灰坑，除白陶外，又新发现一把较完整的青铜刀。此外，还发现3座殷

图1-3 南洼遗址沟状遗迹与探方分布图

墟文化墓葬和 1 座唐宋时期洞室墓等。至此，上述工作及发现大致勾勒出了南洼遗址主要历史阶段的文化面貌，初步揭示了二里头文化时期聚落的基本布局和鲜明特征。

2005 年 10 月至 12 月，结合 2003 级考古专业考古实习，郑州大学历史学院对该遗址进行了第二次发掘。参加此次发掘的考古专业教师有张国硕、朱君孝、孙危，实习生包括研究生潘复生、吴倩、汪培梓、张鸿亮、李曼、尚咏 6 人，2003 级本科生马耀、朱津、郑万泉、赵俊杰、王凯、王子孟、赵志强、杨洋、苏东、孙鼎、司久玉、扈增林、刘强、李昶、杨晓静、岳亚莉、范文娟等 17 人。

本次发掘区域皆在Ⅰ区，分为两部分。一是位于 2004 年秋季发掘区南北两侧，共布探方 21 个，均 5 米×5 米，分作南北二组，主要目的是进一步观察制陶手工业区的聚落布局情况。南组探方编号为ⅠT6635~ⅠT6935、ⅠT6636~ⅠT7036，北组探方编号为ⅠT7341~ⅠT7841、ⅠT7342~ⅠT7842。二是位于水库闸门及断坎以南、G3 北侧。此处因早年取土而遭受较大破坏，又曾因水库决堤而冲出大量陶器和石器，至今地表尚能清晰见到大片灰土痕迹和较丰富的陶器等遗物。为探索该区域遗存的保存状况并了解 G3 与其他遗存的关系，在该处布探方（5 米×5 米）6 个，编号分别为ⅠT4719~ⅠT4721、ⅠT4821~ⅠT4823。此次发掘总面积约 650 平方米，共清理灰坑 260 余座、墓葬 16 座、陶窑 6 座和房基 1 座等。其中，仍以二里头文化时期最为丰富，新发现陶窑、水井和房址各两处、墓葬三座以及部分出土丰富遗物的偏晚阶段的灰坑等遗迹，另有青铜刀和带箅白陶鬶等重要遗物。此次发掘深化了对该聚落内涵的认识，新发现的汉代及以后遗存使该遗址不同历史阶段的文化面貌更加完整和丰富。

2006 年 11 月到 2007 年 1 月，为进一步确认 G1 和 G3 的形制与年代，扩大对二里头文化聚落的了解，郑州大学考古系和郑州市文物考古研究院联合对该遗址进行了第三次调查和发掘。参加人员主要是郑州大学教师韩国河、朱君孝、张继华，本科生朱津、王子孟、司久玉，郑州市文物考古研究院刘明森、苗保胜和登封市文物局陈英敏等。本次发掘区分为三处。第一处选择在Ⅱ区的 2004 年春季试掘区西侧和南侧，共布探方（5 米×5 米）9 个，编号分别为ⅡT6101、ⅡT6201、ⅡT6202、ⅡT6204~ⅡT6306。第二处在Ⅱ区的 G1 南部的缺口处，布探方（10 米×10 米）2 个，编号为 T7 和 T8。第三处在Ⅰ区的 G3 南段偏西，即 2005 年秋季发掘区的西南，布探沟（4 米×15 米）1 个，编号为 T9，对 G3 作进一步解剖。因 T9 紧邻 2005 年秋季发掘的ⅠT4719，故与之邻近的ⅠT4718、ⅠT4717、ⅠT4618 也进行了发掘，以便综合观察 G3 与里侧遗存的关系。T9 西距ⅠT4717 约 4.85 米。本次发掘总面积约 510 平方米，使我们对 G3 的年代有了进一步认识，并确认了 G1 南段缺口的存在。

发掘工作结束后，朱君孝、张继华、朱津和王子孟四人又对附近区域进行了初步踏查，以便观察南洼遗址所处小区域遗址群的分布情况，并寻找制造白陶的原料来源。通过调查，在洼水上游仅 5 公里上下的范围内即发现了仰韶时代、龙山时代、殷代和周代等多处遗址，增进了我们对南洼遗址时空环境的理解。

发掘期间，中国社会科学院考古研究所、北京大学、山东大学等单位及澳大利亚拉楚布大学的专家曾到现场参观指导。

三、资料整理、研究与公布

南洼遗址考古资料的室内整理基本上是与田野工作同步进行的。2004年7月至9月，在韩国河教授的主持下，即开始对当年春季发掘的资料进行了初步整理。参加人员有教师张继华、许俊平，研究生赵海洲、陈钦龙、张贺君等，技工刘俭、寇小石等。2004年9月，由中国社会科学院古代文明研究中心和郑州大学联合举办的"中原地区文明化进程学术研讨会"在郑州大学召开。我们在此会议上初步公布了南洼遗址2004年春季的田野考古成果①。

从2005年1月开始，韩国河、张继华和朱君孝指导2002级考古专业本科生，以及研究生蔡亚林、技工刘俭和张清池等，利用假期和课余时间，对2004年秋季的发掘资料进行了初步整理。2005年下半年，韩国河和张继华等完成并提交了中华文明探源工程项目要求的有关结项报告，后于2006年8月在北京通过了验收。同时，完成并公布了2004年春季南洼遗址的试掘简报②。

从2005年12月开始至2006年初，韩国河、朱君孝等指导参加当年实习的2003级本科生和部分研究生，对本年度的发掘资料进行了初步整理。

2007年7月，在韩国河教授主持下，开始对2004~2006年的田野考古资料进行系统整理。张继华具体负责2004年试掘、第一次发掘和2005年补充发掘的资料，朱君孝具体负责2005年第二次发掘和2006年第三次发掘的资料。从当年暑期直至2009年底，韩国河、张继华和朱君孝带领部分本科生和研究生，利用假期及课余时间，核对了全部田野记录资料，拼对、修复了大量陶器标本，完成各单位陶系和纹饰统计，以及各类典型遗物的卡片登记及线图绘制等工作，并形成了有关该遗址分期框架的基本认识等。先后参与整理工作的考古系教师还有郜向平和赵海洲，本科生和研究生有赵志强、唐丽雅、朱津、王凯、张龙丹、李静兰、于成龙、吴文婉、白书升、张华、李文会、刘亦方、王莹、王双双、李志鹏、周润山、王龙霄、郑龙龙、崔启龙、曹永歌、崔鸿彦、程浩、席奇峰、徐征、贾宾、齐磊、崔宗亮、贾耀祺和张智尚等。

在此期间，韩国河等公布了南洼遗址白陶原料产地的初步研究成果③。朱君孝和贾宾完成了《登封南洼遗址二里头文化制陶工艺研究报告》，提交给"中华文明探源工程（二）"子项目"3500BC~1500BC中国文明形成与早期发展阶段的经济技术研究"的负责人袁靖教授；并利用本遗址的部分资料，发表了《陶器轮制法辨识》④和《二里头文化陶器成型工艺初步观察》⑤两文；另完成了《南洼遗址二里头文化制陶原料初步研究》和《南洼遗址白陶制作工艺研究》两文的初稿。

2010年朱君孝因工作调动，其所负责发掘资料的后续整理工作转交张继华完成。此外，姚智辉参与并负责南洼遗址发现的金属器的检测与分析工作。同年7月，崔天兴开始参与南洼遗址出土石器的整理工作。先后参加的本科生和研究生主要有张龙丹、李静兰、李凡、连锐、王双双、曹永歌、郭晓蓉、王璐、贾秀敏、刘文辉、李玉忠、赵欢、朱津、申文、崔宗亮、项文、李昆仑、栗夏蒙、徐旸和华玥等。

---

① 韩国河、张继华、张松林：《2004年春季登封南洼遗址钻探试掘工作概述》，《中原地区文明化进程学术研讨会论文集》，韩国河、张松林主编，科学出版社，2006年。
② 郑州大学历史学院考古系、郑州市文物考古研究所：《河南登封南洼遗址2004年试掘简报》，《中原文物》2006年3期。
③ 韩国河、赵维娟、张继华、朱君孝：《用中子活化分析研究南洼白陶的原料产地》，《中原文物》2007年6期。
④ 见《中国文物报》2009年12月25日。
⑤ 见《文物鉴定与鉴赏》2010年3月号（总第一期）。

第一章 概 述

2010年6月，南洼遗址田野考古报告获得国家社会科学基金项目立项。2011年下半年，韩国河、张继华和朱君孝等公布了南洼遗址2004年正式发掘以来发现的有关殷墟和二里头文化遗存的简报[①]。

在南洼遗址田野考古资料的整理和研究过程中，我们同中国社会科学院考古研究所、山东大学考古系、郑州大学基础医学院等进行了密切合作。其中，动物遗存的鉴定和分析交付中国社科院考古研究所科技考古中心，由袁靖研究员指导余翀完成。植物遗存的提取和分析交付山东大学第四纪环境考古实验室，由靳桂云教授负责并指导吴文婉和陈松涛完成。人骨标本交由郑州大学基础医学院马钊博士等进行鉴定。2014年，吴文婉、张继华、靳桂云等公布了南洼遗址浮选的植物大遗存的初步研究成果[②]。

四、报 告 编 写

本报告是集体合作的结果，主编为韩国河和张继华。通过本报告的编撰，我们首先力图客观、全面、详细介绍田野考古发现状况，其次提出编著者自身的初步认识，并尽可能使这些认识在报告公布资料范围内具备可检验性。与之相关，无论在田野资料公布还是分析研究部分，都通过具有不同专业背景的多位学者合作，努力实现多学科协作研究。正文各章节内容的具体执笔情况如下：

第一章、第六章第一节由韩国河执笔。第四章第一节，第二节"四、陶器"部分，第四节"一、分段与年代"；第五章第一节，第二节"一、遗迹"，"二、遗物"中"（四）陶器""（五）小结"部分，第三节，第四节由韩国河、朱津执笔。第二章，第三章第一节、第二节"五、陶器"之"（二）器类及型式"，第三章第四节中"一、文化分期与年代"，"二、文化因素与文化性质"由张继华执笔。第三章第二节"五、陶器"中"（三）典型单位出土陶器"、（四）一般单位出土陶器"由张继华、朱君孝执笔。第三章第二节"五、陶器"中"（一）概述"由朱君孝、张继华执笔。第三至五章石器部分由崔天兴、曹永歌执笔，骨角蚌器和铜器部分由曹永歌、侯彦峰（河南省文物考古研究院）执笔。第三至六章涉及动物遗存的内容由余翀（中国社科院考古研究所）执笔，涉及植物大遗存的内容由吴文婉（常德博物馆）、靳桂云（山东大学历史文化学院暨文化遗产研究院）执笔。第三、四章涉及植硅体的内容由靳桂云（山东大学历史文化学院暨文化遗产研究院）、陈松涛（山东大学历史文化学院）执笔。附录部分已分别注明作者及工作单位。

绘图：寇小石、申文、张龙丹、王双双、焦建涛、孙广贺。

田野摄影：张继华、朱君孝、张国硕、孙危、胡赵建、张贺君、陈钦龙、蔡亚林。

器物摄影：祝贺、崔天兴、侯彦峰。

拓片：朱津、赵海洲。

另外说明的是，本报告中探沟按自然序号编排，探方按照坐标法编排。探方前的Ⅰ、Ⅱ分别代表遗址的分区。遗址的代码为"DN"，为"登封南洼"的简称。考虑到行文简洁，一般不出现在探方（沟）及遗迹单位代码之前。各遗迹单位（除壕沟外）分别按年度重新编号。遗迹单位前的2004、2005和2006代表发掘年度。沟状堆积按照发现顺序编号。

[①] 郑州大学历史学院考古系、郑州市文物考古研究院：《河南登封南洼遗址殷墟文化遗存发掘简报》，《中原文物》2011年5期；《登封南洼2004~2006年二里头文化聚落发掘简报》，《中原文物》2011年6期。

[②] 吴文婉、张继华、靳桂云：《河南登封南洼遗址二里头到汉代聚落农业的植物考古证据》，《中原文物》2014年1期。

第二章　遗址的地层堆积

第一节　钻探概况与探方分布

2004年春季对南洼遗址进行了地面踏查和普探，对其分布范围和地层堆积有了基本了解。2004年秋季针对G1、G2和G3进行了重点勘探，以了解三条沟状遗迹的基本情况。从调查及钻探情况来看，南洼遗址主要分布于洰水和东部岗地之间，南至后孟村附近，即遗址的Ⅰ区和Ⅱ区。中心部位处于地势稍高的中部，呈东北—西南向，大体与洰水及G1和G3东段走向一致，堆积较厚，而向东部土岗和西部河岸逐渐变薄。文化层厚度一般在0.8~1.2米，超过此深度者多为含较多草木灰和烧土粒的灰坑，深可达两米以上。遗址堆积一般分为四层。耕土层下为夹暗灰色土斑的灰褐土，包含遗物较多。其下为夹青色土斑的褐青土，少见包含物。最下为黄灰色生土。另外，遗址东部近土岗处耕土层下分布有夹黑色土块的褐黑土，叠压于褐青土之上，较为纯净。遗址东南部耕土层下发现有夹杂有白色土斑灰褐色土层。当然，钻探中划分的文化层是比较粗疏的，只能提供有关遗址堆积的大致情形。

从2004年至2006年，南洼遗址经过一次试掘和三次正式发掘，共开挖探方63个，探沟9条。应用坐标法编号的探方可以分为北、中、南三组。北组探方共41个，位于Ⅰ区中心部位，包括2004年发掘的ⅠT6640~ⅠT7041、ⅠT7037~ⅠT7438等20个探方，以及2005年发掘的ⅠT6635~ⅠT7036、ⅠT7341~ⅠT7842等21个探方。中组探方共9个，位于Ⅰ区西南部，包括2005年发掘的ⅠT4719~ⅠT4721、ⅠT4821~ⅠT4823等6个探方，2006年发掘的ⅠT4718、ⅠT4717、ⅠT4618 3个探方。南组探方共13个，位于Ⅱ区东北，包括2004年春季发掘的ⅡT6301、ⅡT6302、ⅡT6502和ⅡT6602等4个探方，2006年发掘的ⅡT6101、ⅡT6201、ⅡT6202、ⅡT6204~ⅡT6306等9个探方。

探沟按照布方顺序进行编号。为解剖G1，共布设探沟5条。其中，T1、T5、T7和T8位于G1南段，T4位于G1东段中部。另在T3和T6内，也有G1分布。为解剖G3，分别在其北段和南段西部布设了T2和T9。为了解G1和G3的关系，在二者相交处布设了T3和T6。G2因故未及解剖。

上述探方内的地层堆积，我们分成北、中、南三组分别叙述。探沟内地层堆积以G1和G2为主，将在第三章的第一节叙述。所有探方与探沟的层位关系详情，请参见附表一。

第二节　Ⅰ区北组发掘区地层堆积

北组探方可以分为四部分，每部分皆南北两排。兹按发掘年度进行叙述。需要说明的是，每个探方的文化层在发掘过程中是单独编号的。尽管诸探方基本上连续分布，但由于时间限制，多数隔梁没有发掘。而且，部分探方遗迹现象异常复杂，致使一些文化层支离破碎，这些都不利于判断相邻探方间文化层的对应关系。因此，不同探方的文化层即便序号一致，并不一定意味着时代一致。

一、2004ⅠT6640～ⅠT7041

此批探方地层较浅，一般深一米左右。综合各探方文化层的具体情况，可概括为五大层次。第一层次为褐色耕土层。第二层次为黄褐色，属近代，普遍见于遗址各处。第三层次为黑褐色，属春秋时期，仅见于ⅠT6840、ⅠT6940和ⅠT7040南部。第四层次为深褐色或灰褐色，普遍见于各方。其下在少数探方内有褐青色文化层，为二里头文化时期。第五层次为红色和黄灰色地层，属生土。这五大层次大致可与钻探结果相呼应。具体到各探方，情况会有所差异。现举部分剖面加以说明。

1. 2004ⅠT6741西壁（图2-1）

第1层，耕土层。褐色，质地疏松，有少量烧土粒、炭屑、料姜石及石块。全方分布。厚0.12～0.18米。

第2层，黄褐色，疏松，包含物同上。全方分布。厚0.13～0.25米。为近现代文化层。其下叠压有春秋时期2004H51和H57、殷墟时期H193和H237等。

第3层，深褐色，夹杂较多黑褐色土斑，土质疏松，含较多炭粒和烧土粒等。全方分布。厚0.27～0.36米。出有二里头文化的白陶鬶鋬等。其下叠压有二里头文化晚期2004H236等。

第4层，褐青色，土质略疏松，含较多炭屑和烧土粒。全方分布。厚0.24～0.38米。出有二里头文化的白陶爵足和鬶等。其下叠压有二里头文化早期的2004H363和H399等。

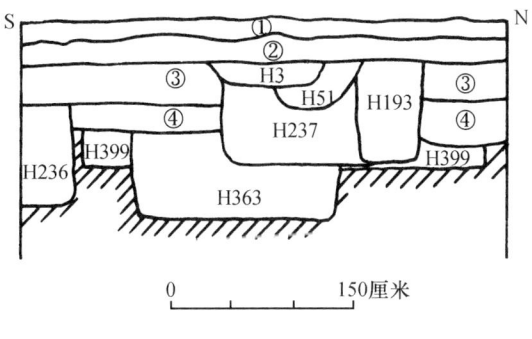

图2-1　2004ⅠT6741西壁剖面图

2. 2004ⅠT6940 西壁（图 2-2）

第 1 层，耕土层。褐色，质地疏松，有少量烧土粒、炭屑、料姜石及石块。全方分布。厚 0.12～0.21 米。

第 2 层，黄褐色，疏松，包含物同上。全方分布。厚 0.15～0.2 米。为近现代文化层。其下叠压有春秋时期 2004H82 等。

第 3 层，黑褐色，土质黏细，包含物同上。分布于探方南部。厚 0～0.25 米。出有春秋时期陶豆等。其下叠压有殷墟时期 2004M29 和二里头文化早期 H228 等。

第 4 层，褐色，土质较软，包含物同上。分布于探方北部，厚 0～0.45 米。出有二里头文化偏晚阶段的深腹罐、圆腹罐、刻槽盆、捏口罐、深腹盆、三足盘、豆、绳纹白陶片和白陶袋足等。其下叠压有 2004H120、2004H241 等灰坑，以及红色生土等。2004H228 被④层下 2004M20 等打破。

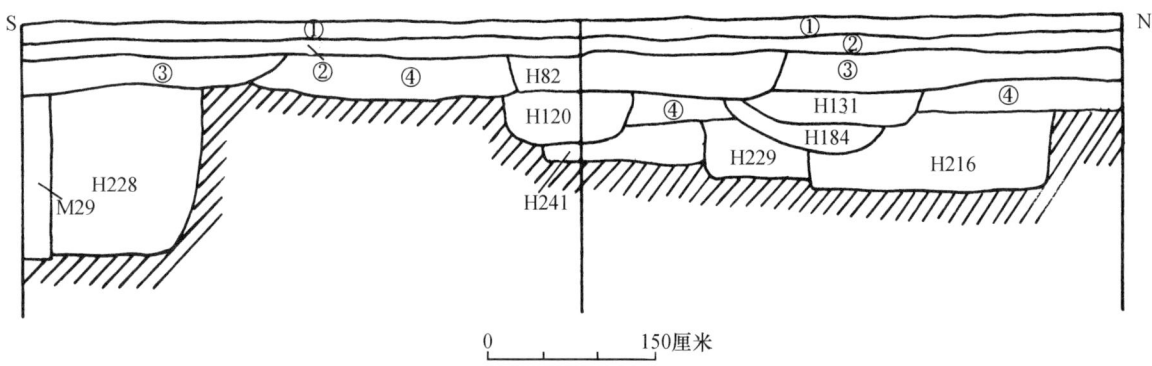

图 2-2 2004ⅠT6940、2004ⅠT6941 西壁剖面图

3. 2004ⅠT6941 西壁（图 2-2）

第 1 层，耕土层，同ⅠT6940①。

第 2 层，厚 0.1～0.2 米。其余同ⅠT6940②。

第 3 层，深褐色，致密，含较多红烧土粒或青色烧土块、炭屑等。分布于探方中部和北部厚 0.2～0.3 米。出有二里头文化深腹罐、圆腹罐、鼎、刻槽盆、捏口罐、深腹盆、小盆、豆、三足盘、尊和缸等。其下叠压有 2004H131、H184 等。

第 4 层，褐青色，土质疏松，含有部分草拌泥烧土块及少量炭屑和料姜石等。分布于探方西北部，厚 0.2～0.25 米。出有二里头文化深腹罐、圆腹罐、深腹盆、三足盘、钵、尊、豆柄、白陶袋足和绿松石管饰等。其下叠压有 2004H216、H229 和 H241 等以及红色生土。

二、2004ⅠT7037～ⅠT7438

此处探方地层较深，尤其是南侧一排，在ⅠT7437 内最深可达 2.25 米左右。自②层（近现代文化层）以下，普遍可见到春秋时期、殷墟时期和二里头时期的诸文化层。但从ⅠT7337～ⅠT7338 往东，二里头文化遗存明显减少，春秋和殷墟时期遗存显著增加，尤其春秋文化遗存异常丰富，其文化层可划分为3~5层。这种变化可能与地势渐低有关，从而能够保留较多殷墟文化以后遗存。但也可能反映了不同时期人们活动区域重心的转移。现举部分剖面予以说明。

1. 2004 I T7137 东壁和南壁（图2-3）

第1层，耕土层，褐色，土质疏松，含少量烧土块、炭屑、料姜石及石块等。厚0.09~0.2米。

第2层，黄褐色，疏松，包含物同上，全方分布，厚0.05~0.25米。为近现代文化层。其下叠压有宋代时期洞室墓2004M26等。

第3层，黑褐色，土质致密且较黏，含有少量红烧土及炭屑。全方分布，厚0.08~0.2米。出有春秋时期的鬲、盆、甑和豆等。

第4层，青褐色，土质致密，含有烧土块和炭屑等。全方分布。厚0.17~0.6米。出有殷墟文化的鬲、簋、盆和罐等。其下叠压有二里头文化偏晚阶段的2004 I H188和H283等灰坑。

第5层，青灰色，较致密，含有烧土粒及炭屑。全方分布。厚0.2~0.7米。出有二里头文化偏晚阶段的深腹罐、圆腹罐、鼎、鬲足、捏口罐、敛口罐、豆、器盖、大口尊、瓮、缸以及白陶爵足等。

第6层，青色，含褐色斑块，含有烧土粒和炭屑等。分布于探方北部。厚0~0.4米。出有二里头文化偏晚阶段的深腹罐、圆腹罐、鼎、平底盆和瓮等。其下叠压有2004H263和H389等。

第7层，青灰色，含少量炭屑与烧土粒。分布于探方南部。厚0~0.35米。出有二里头文化的深腹罐等。其下叠压有二里头文化偏早阶段的2004H288、H311、H331和H342等灰坑，以及黄灰色生土。

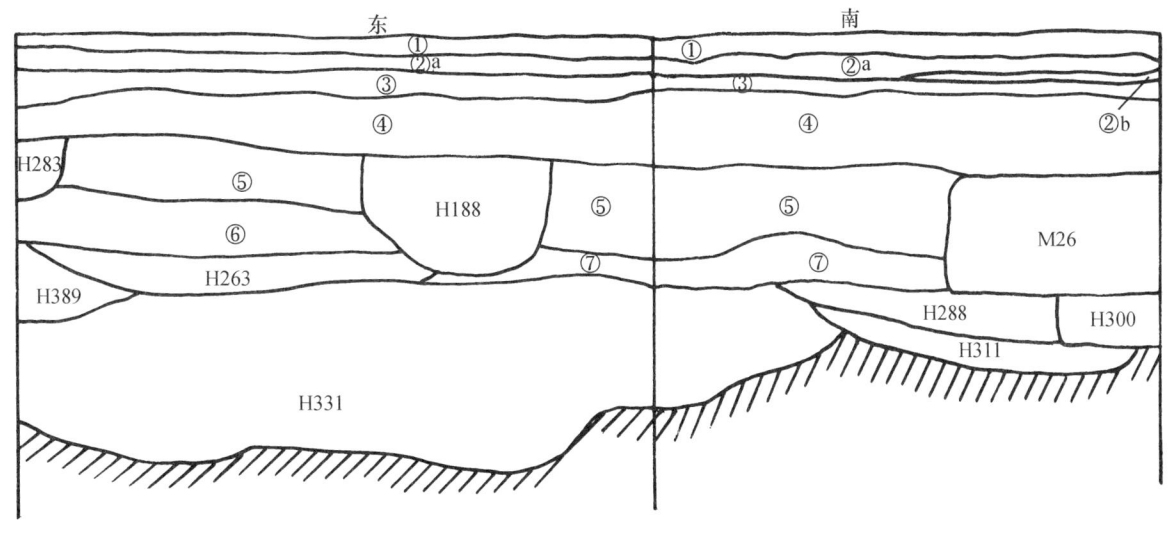

图2-3　2004 I T7137东、南壁剖面图

2. 2004 I T7437 西壁（图2-4）

第1层，耕土层，深褐色，质地疏松，含少量红烧土块、炭屑、料姜石和石块等。厚0.12~

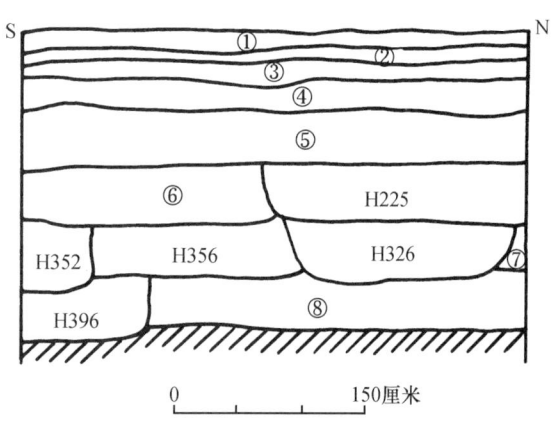

图 2-4 2004ⅠT7437 西壁剖面图

0.2 米。

第 2 层，黄褐色，稍致密，含少量烧土块、炭屑、砂粒和石块等。全方分布，厚 0.08～0.12 米。为近现代文化层。

第 3 层，黑褐色，土质致密且黏，含有烧土块及炭屑、砂粒等。全方分布，厚 0.13～0.18 米。出有。出有春秋时期的鬲、豆和罐等。

第 4 层，深褐色，较致密，含有较多烧土块及炭屑，以及少量料姜石等。全方分布，厚 0.2～0.3 米，出有春秋时期的鬲、豆和罐等。

第 5 层，深褐色，夹杂大量的黄褐色土斑，土质疏松，含有大量烧土块和炭屑，以及少量料姜石和石块等。全方分布，厚 0.35～0.4 米。出有春秋时期的鬲、豆和罐等。其下叠压有殷墟时期的 2004H225 和 H326 等。

第 6 层，青灰色，土质疏松，含有少量烧土粒、炭屑和料姜石。全方分布，厚 0.25～0.5 米。出有殷墟时期的鬲与罐等。其下叠压有殷墟时期的 2004H352 和 H356 等。

第 7 层，浅青灰色，土质稍致密，含有少量红烧土粒、炭屑及石块等。全方分布，厚 0.3～0.45 米。出有殷墟时期的鬲与罐等。

第 8 层，浅青褐色，土质稍致密，含有少量烧土粒和炭屑。全方分布，厚 0.3～0.4 米。被二里头文化偏晚阶段的 2004H396 等打破，其下为黄灰色生土。

三、2005ⅠT6635～ⅠT7036

此处探方文化层堆积较浅，一般不足 1 米，向西逐渐变浅至 0.5 米左右。一般划分为四个层次，即现代耕土层、近现代文化层、春秋时期和二里头文化层，甚少见到殷墟时期遗迹或文化层。现以ⅠT6936 东壁为例予以说明（图 2-5）。

第 1 层，耕土层。灰褐色，土质疏松，厚 0.1～0.2 米。

第 2 层，黄褐色，土质较疏松，含有烧土粒和石块等，全方分布，厚 0.15～0.2 米。为近现代文化层。

第 3 层，浅黑褐色，土质较致密，含有烧土粒、炭屑和石块等。全方分布，厚 0.2～0.3 米。出有春秋时期的鬲、盆和豆等陶器以及石圭等。

第 4 层，黑褐色，含有少量烧土粒、炭屑和石块等。全方分布，厚 0.03～0.3 米。出有二里头文化的深腹罐、圆腹罐、豆、深腹盆和高领罐等。其下叠压有 2005H133 及黄色生土。

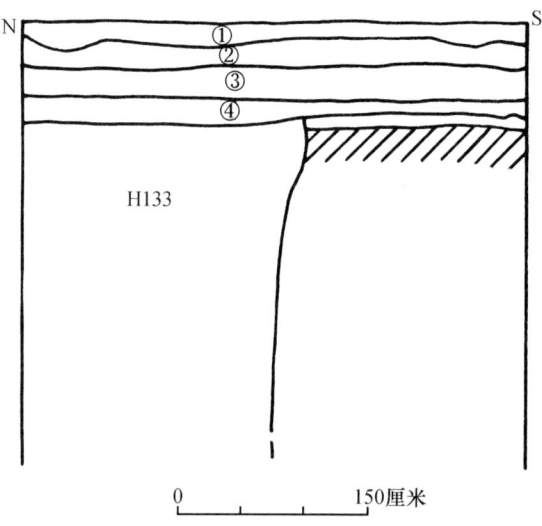

图 2-5 2005ⅠT6936 东壁剖面图

四、2005ⅠT7341～ⅠT7842

此处探方文化层堆积较浅，西部较浅，不足0.5米，向东逐渐变深，但也不过1米左右。总体上分为四个文化层次，即现代耕土层、近现代文化层、春秋时期和二里头文化层。仍未见单纯的殷墟文化层，但遗迹较ⅠT6635～ⅠT7036诸方多见。春秋时期文化层主要分布于ⅠT7641和ⅠT7642以东六个方，向西延伸至ⅠT7541东南角和ⅠT7542东北角。因此，ⅠT7341～ⅠT7442四方近现代文化层下即为二里头文化层。现以ⅠT7841东壁为例予以说明（图2-6）。

第1层，耕土层。灰褐色，土质疏松。厚0.15～0.23米。

第2层，黄褐色，土质较疏松，含有烧土粒和砂石等。全方分布，厚0.15～0.2米。为近现代文化层。

第3层，浅黑褐色，土质较致密，含有烧土粒、炭屑和石块等。全方分布，厚0.2～0.3米。出有春秋时期的鬲、盆和罐等。其下叠压有二里头时期的2005H90和H193等灰坑。

第4层，黑褐色，含有烧土粒、炭屑和砂石等。全方分布，厚0.25～0.3米。出有二里头文化的深腹罐、圆腹罐、鬲、深腹盆、甑、矮领瓮等。其下为黄色生土。

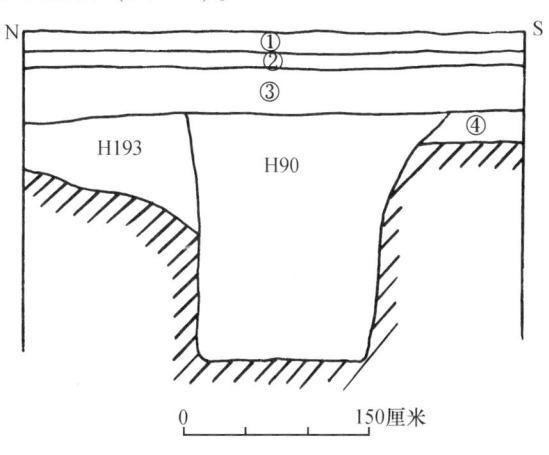

图2-6　2005ⅠT7841东壁剖面图

第三节　Ⅰ区中组发掘区地层堆积

此组探方所处区域曾遭严重破坏，除2005ⅠT4721～ⅠT4821相邻处北部有部分殷墟至二里头文化时期的文化层外，其余诸方耕土层下即为殷墟和二里头文化遗迹。现以部分探方剖面为例予以说明。

1. 2005ⅠT4821西壁（图2-7）

第1层，耕土层。灰褐色，土质疏松。厚0.15～0.2米。其下叠压有二里头文化时期的2005H148和H149等。

第2层，黄色，土质致密，包含大量石块。分布于探方西北角，厚0～0.45米。在ⅠT4721内被殷墟时期的2005H151打破，其下叠压有二里头偏晚阶段的2005H150及黄灰色生土。

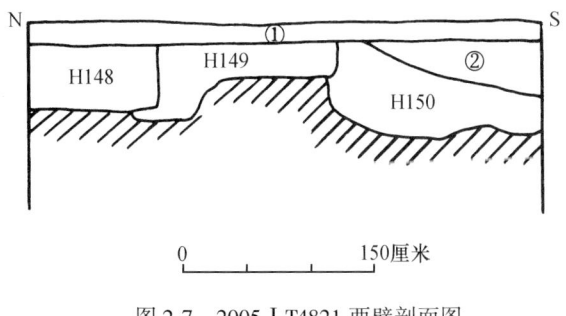

图2-7　2005ⅠT4821西壁剖面图

2. 2006 I T4717~I T4718 西壁 (图 2-8)

第1层，耕土层。灰褐色，土质疏松。厚 0.16~0.18 米。其下叠压有殷墟文化的 2006Y9 及二里头文化时期的 2006H44、H46 和 G3 等。以下为黄灰色生土。值得注意的是，此处 G3 内堆积属殷墟文化时期。

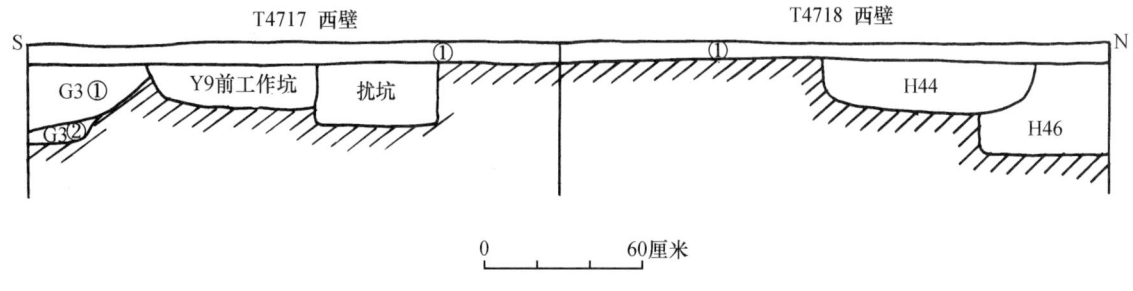

图 2-8 2006 I T4717、T4718 西壁剖面图

第四节 II 区南组发掘区地层堆积

此处探方文化层较浅。2006 II T6101、T6205、T6305、T6206 和 T6306 诸方在耕土和近现代文化层下即为部分遗迹和生土。2006 II T6201 探方近现代文化层下局部有汉代地层。其余探方在近现代层下普遍分布有二里头文化层。现以部分探方剖面为例予以说明。

1. 2004 II T6302 北壁剖面 (图 2-9)

第1层，耕土层。灰褐色，土质疏松，厚 0.1~0.2 米。

第2层，灰黄色，土质稍致密，含有炭屑、烧土块和料姜石等。全方分布，厚 0.1~0.25 米。为近现代文化层。其下叠压有二里头文化偏早阶段的 2004H19 和 J1 等。

第3层，黄褐色，土质致密，含有炭屑、烧土块和料姜石等。全方分布。厚 0.25~0.4 米。出有二里头文化的深腹罐及少量白陶片等。其下为青灰色生土。

2. 2006 II T6206~T6306 南壁剖面 (图 2-10)

第1层，耕土层。灰褐色，土质疏松。厚 0.2~0.25 米。

第2层，黄褐色，土质疏松，较纯净。全方分布，厚 0.08~0.12 米。为近现代文化层。其下叠压有二里头文化的 2006H33、H34 和 H39 等灰坑，以及黄灰色生土。

综合上述遗存分布及地层堆积情况，南洼遗址考古遗存分属于二里头文化、殷墟文化、春秋时期、汉代、唐宋至金元时期等五大阶段。而且，各阶段发现的遗存数量随着时代的发展而逐渐减少。除了因历史上不同时期人们在此地活动的性质及规模可能有重要差别外，晚期遗存因靠近地表而易遭破坏也应是导致这一现象的一个重要原因。现依时代顺序，依次公布发现的上述诸时期的考古遗存。

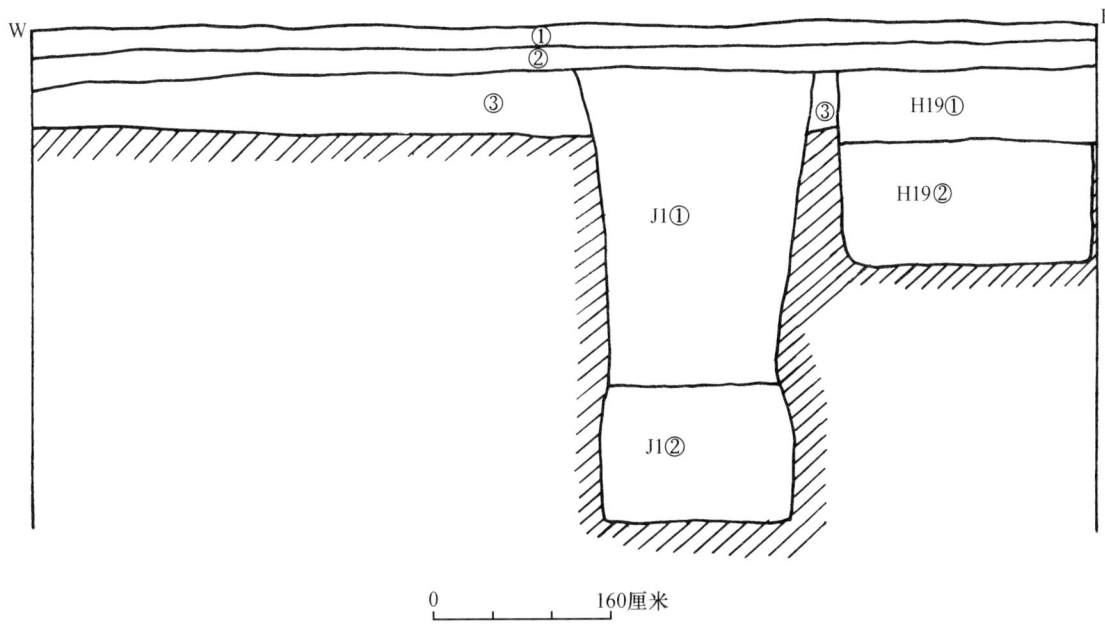

图 2-9 2004ⅡT6302 北壁剖面图

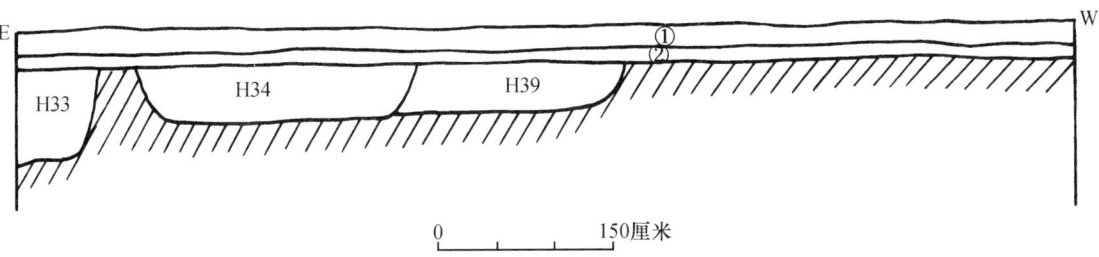

图 2-10 2006ⅡT6206～T6306 南壁剖面图

第三章 二里头文化遗存

第一节 文化遗迹

二里头文化时期的遗迹包括壕沟、房址及灶、窑、水井、灰坑和墓葬等类型（图3-1，A-E）。

一、壕　　沟

南洼遗址共发现三条沟状遗迹（图1-3）。其中，G2仅做过勘探，未经解剖。根据钻探资料，G2沟口距地表深约1.2米，宽10米，沟底距地表深3.2~4.3米，沟壁上部较缓，下部较陡。洰水以南钻探出的长度约488米。沟内填土褐青色，较纯净，含有部分细沙。该沟南端消失于遗址东南的洼地，北部越过洰水后继续向北延伸。由于未经解剖，G2性质及时代不明。但从其走向及结构来看，很可能是一条河道。现着重介绍属于二里头文化时期的G1和G3。

G1和G3位于遗址南部和东部，止于遗址西部和北部的洰水河岸。G1在外侧。G3在内侧。由于洰水历史上东西摆幅较大，形成了较为低洼宽广的河床，我们在洰水西岸的勘探中并未发现两条壕沟的踪迹。G1、G3的西部和北部很可能已被洰水冲毁，但也不能完全排除二者曾以洰水为西界和北界的可能。从年代来看，G3略晚于G1，且在遗址东南部打破G1。根据G1和G3的解剖情况，G1口部较G3窄，且走向弯曲，不甚规则，但与洰水环围的聚落面积较大，约11.3万平方米。G3较宽深，走向比较规整，近长方形，具有较强的规划性和防御性，与洰水环围面积约4.6万平方米。从两沟时间及规模上的差别来看，它们应有不同的功能。

1. G1

现存总长度约820余米。南段较平直，长约220米。东段略曲折，长约604米。为解剖G1，共布设探沟5条，分别是T1、T4、T5、T7和T8。另在T3和T6内，也有G1分布。各探沟内G1解剖情况如下。

T1　位于遗址西南部，面积为2米×20米，正北向。探沟内堆积自上而下可分四层。①层为耕土层，黄灰色，质地松散，全方分布，厚0.3米。②层为黄褐色，较软，全方分布，厚0.25~0.5米。出有近代砖瓦残块等。③层为灰褐色，较致密，含烧土粒，炭屑和石块等。全方分布，厚0.3~0.5米。出有春秋时期鬲、盆和豆等。其下叠压有2004H21等。④层为褐色，较致密，含炭屑、烧土块、石块和料姜等，分布于探方中部和北部，厚0.25~0.6米。出有春秋时期鬲和盆等。其下叠压有2004Z1和G1。

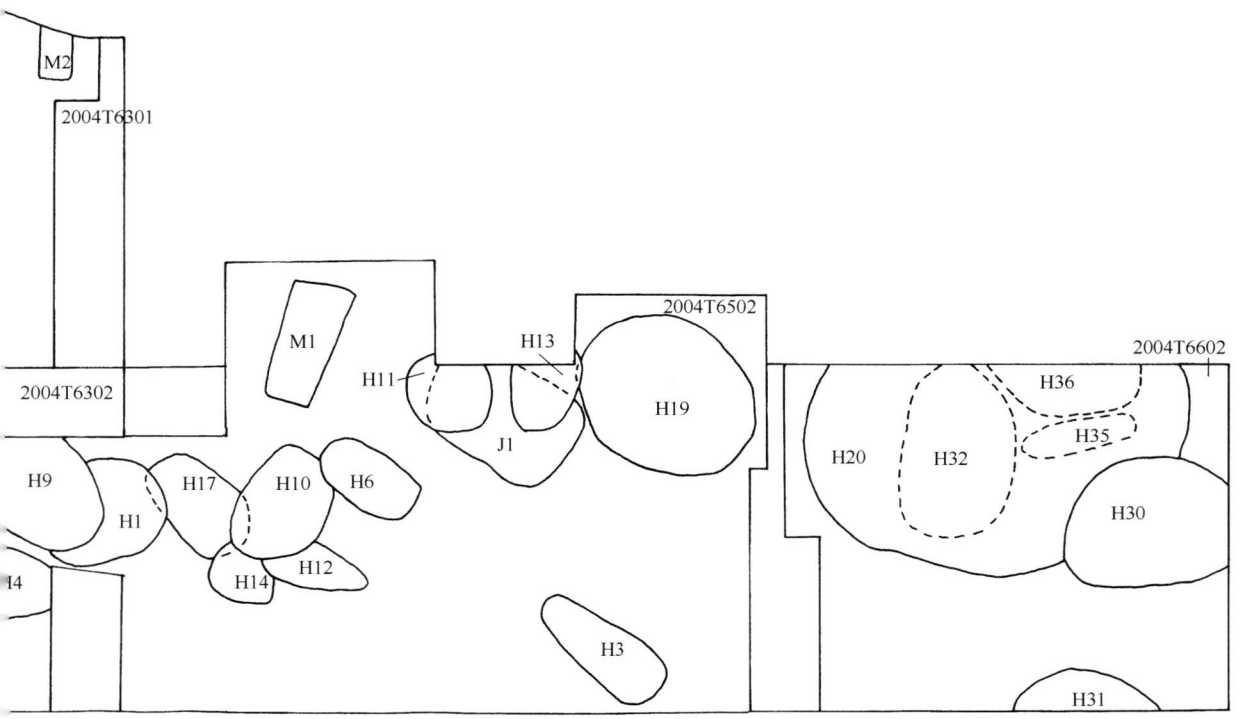

0　　250厘米

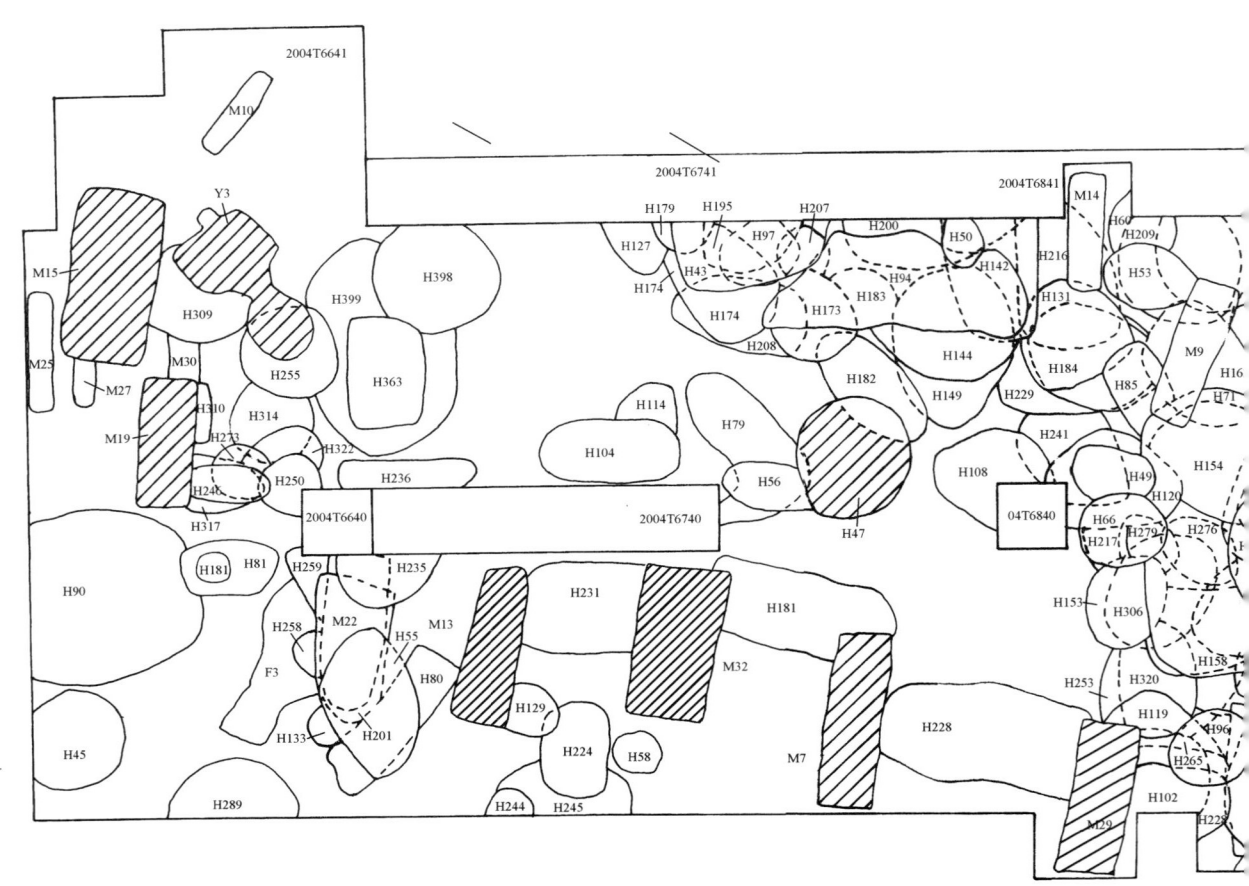
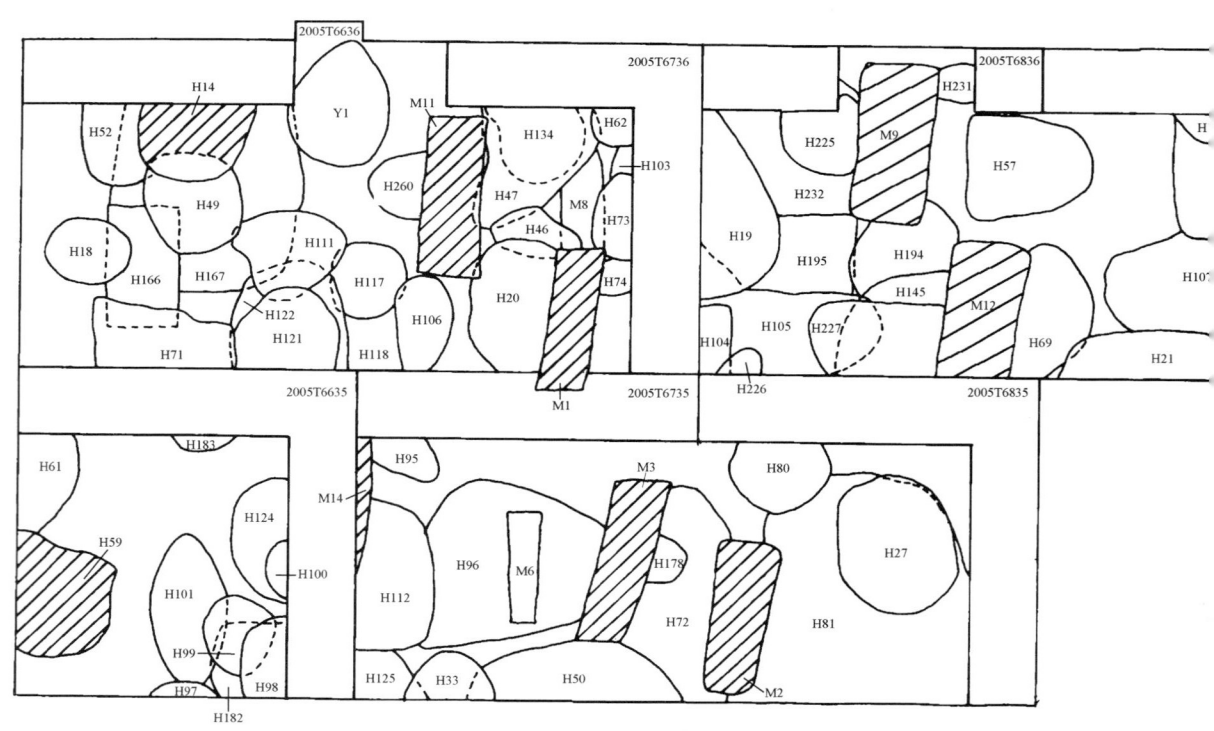

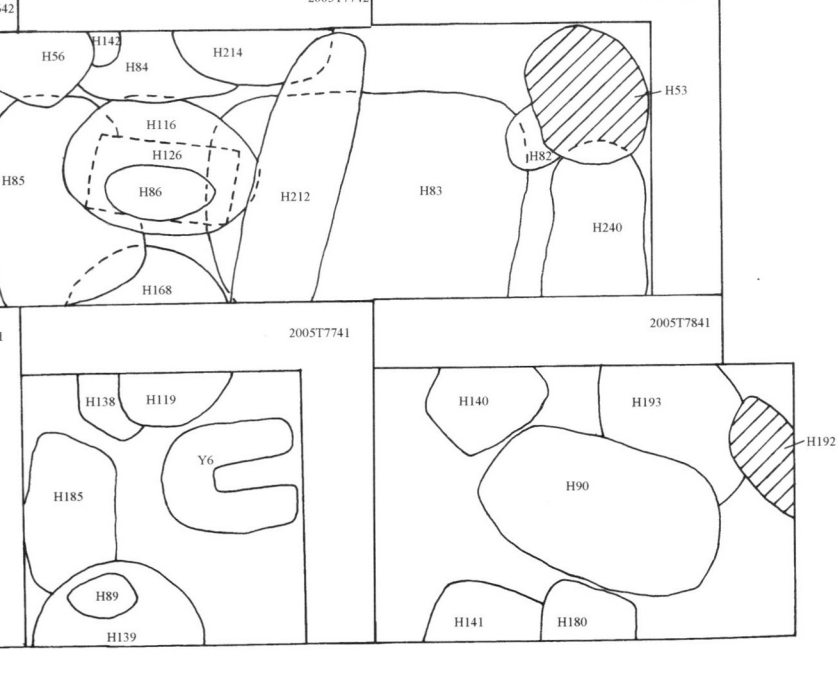

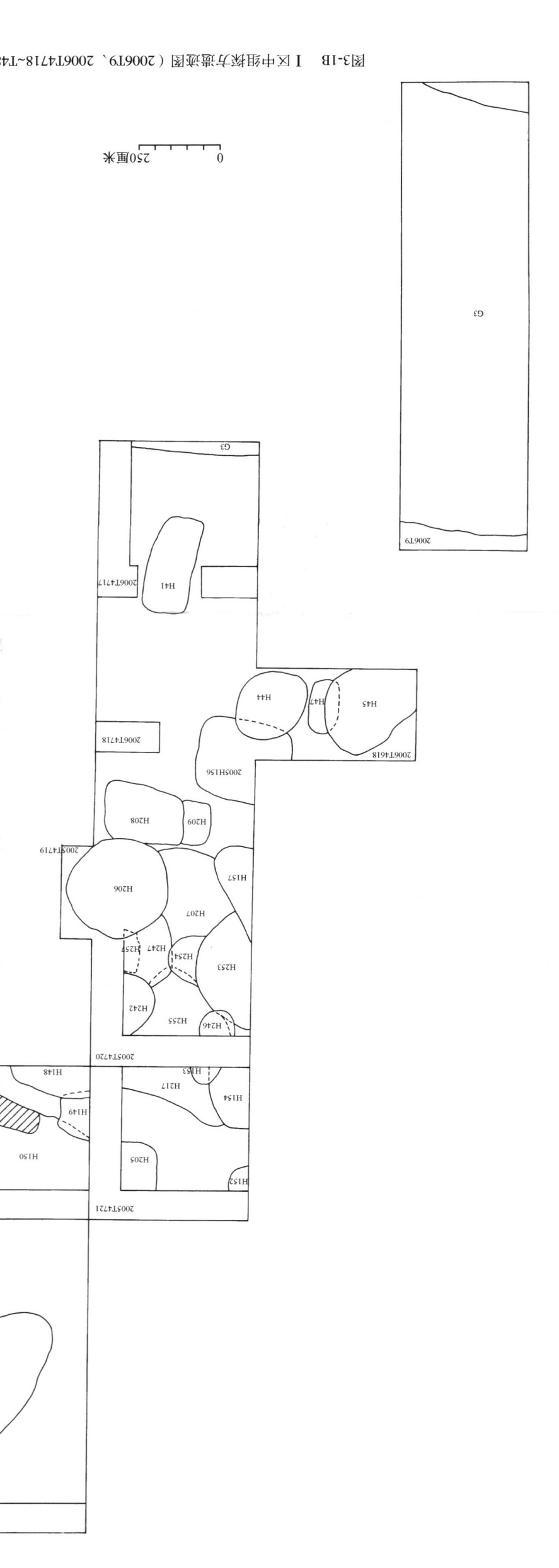

图3-1B Ⅰ区中组探方遗迹图（2006T9、2006T718~T4...）

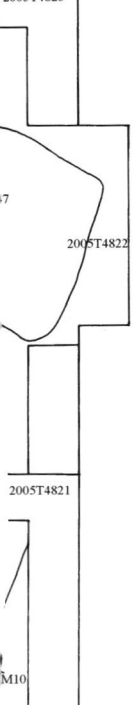

2005T4823

2005T4822

2005T4821

M10

图3-1A Ⅰ区北组探方遗迹图(2004T6640~2004T7041、2004T7037~2004T7438、2005T（

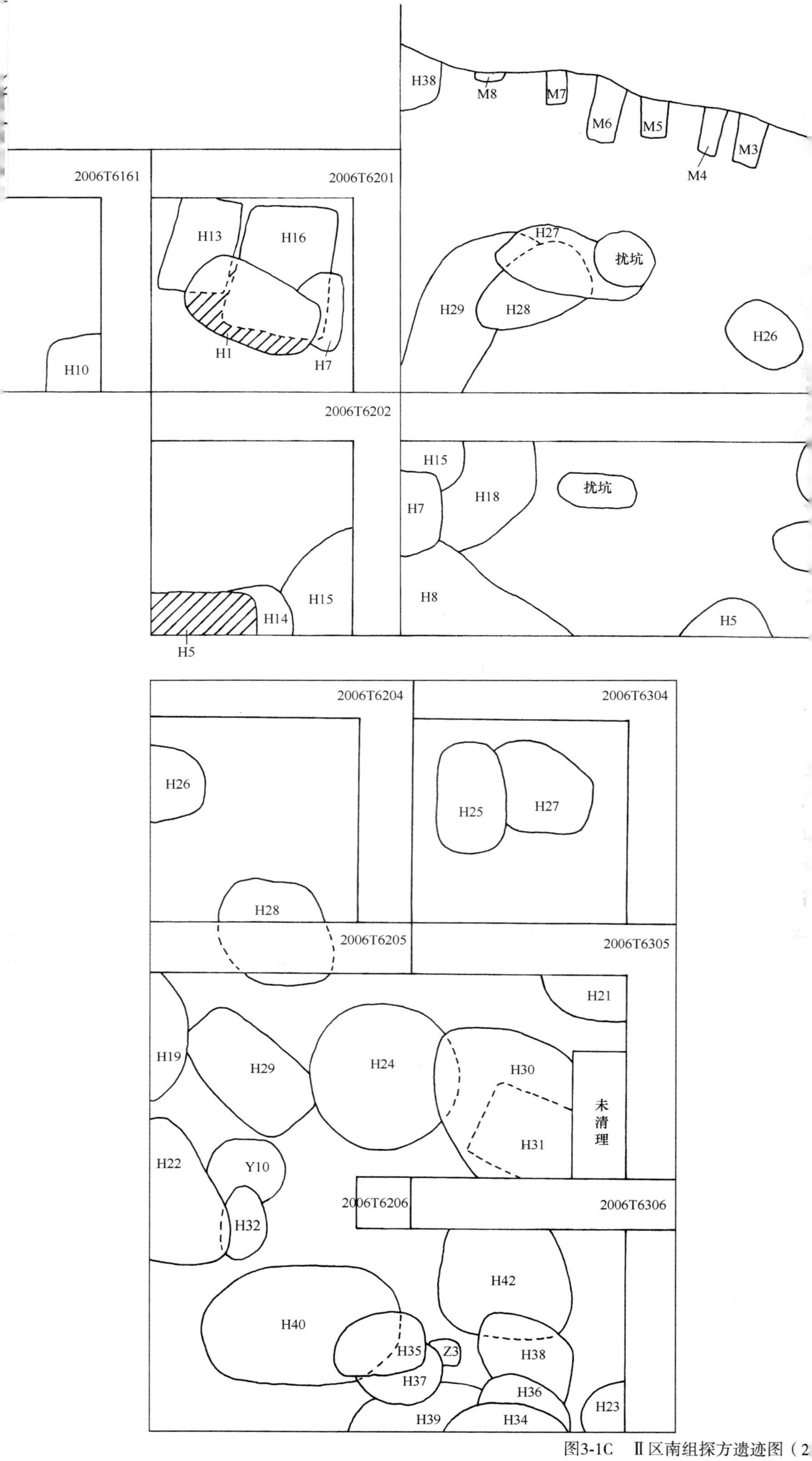

图3-1C Ⅱ区南组探方遗迹图（2）

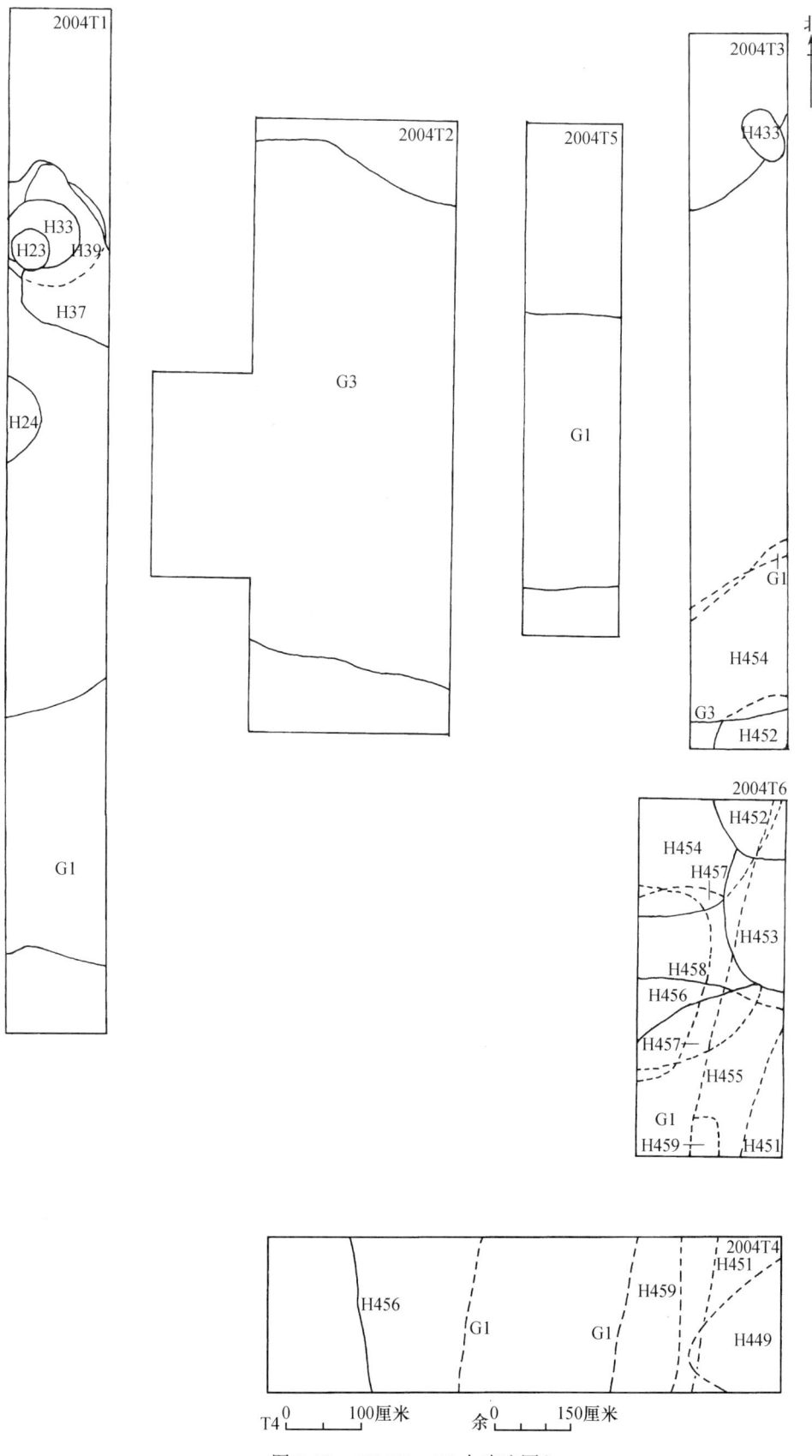

图 3-1D 2004T1~T6 内遗迹图*

*：T1~T6 之间的距离非实际相对距离

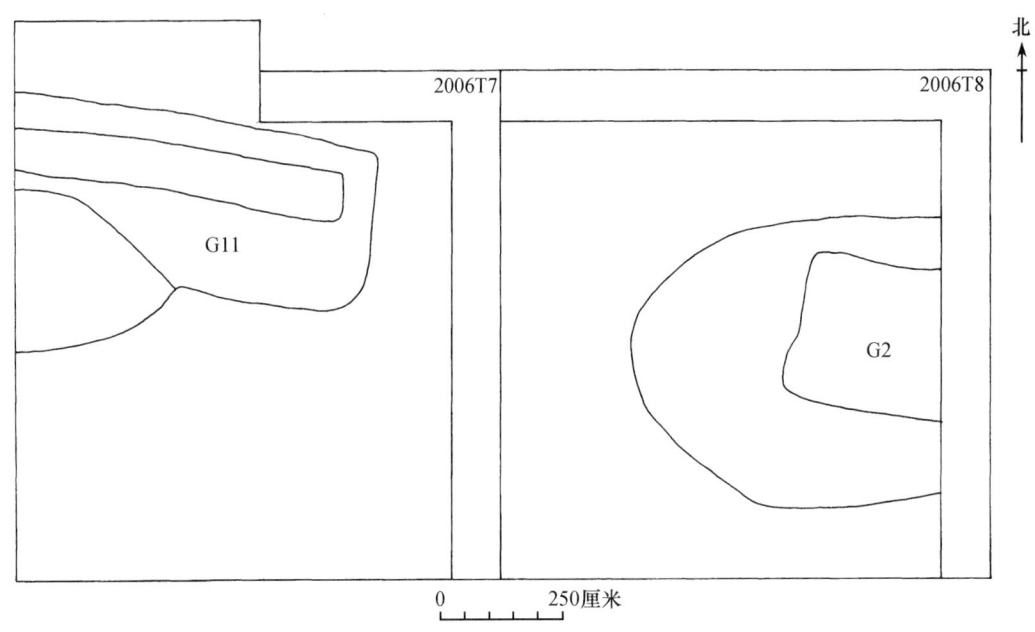

图 3-1E 2006T7 与 T8 内遗迹图

G1 位于 T1 南部，开口于④层下，被 2004H21 打破，向下打破生土。沟口距地表深 0.5~0.75 米，宽 4.5~5.6 米，沟底宽 0.8~1.0 米，深 2.1~2.35 米。沟壁上部略陡，中下部呈缓坡，圜底。沟内堆积至上而下可分七层。①层为深褐色，较致密，含炭屑及料姜石，厚 0.2~0.6 米，出土零星陶片。②层为黄褐色，较硬，含烧土颗粒、石块等。厚 0.15~0.4 米，出土少量陶片。③层为黄灰色，略疏松，含烧土块、炭屑及少量砂石粒，厚 0.2~0.4 米，出土物较为丰富。④层为灰褐色，较松软，含炭块、石块及砂石粒，有淤积薄层，厚 0.2~0.5 米。出土物较为丰富。⑤层为黑灰色，较松软，含砂石、炭屑及料姜石等，出土物明显减少。⑥层为黄灰色，松软，含料姜石块及水锈，厚 0.1~0.2 米。出土陶片极少。⑦层为灰褐色，较松软。含石块及砂石粒，有明显淤积痕迹。厚 0.1~0.2 米，出土陶片极少（图 3-2）。

G1 内出土遗物以③、④层较为丰富。遗物多为陶片，以灰陶为主，褐陶次之，有少量白陶片；纹饰多见绳纹，另有部分弦纹、附加堆纹及刻划纹等；器类有圆腹罐、深腹盆、小口尊、高领罐、捏口罐和白陶爵等。

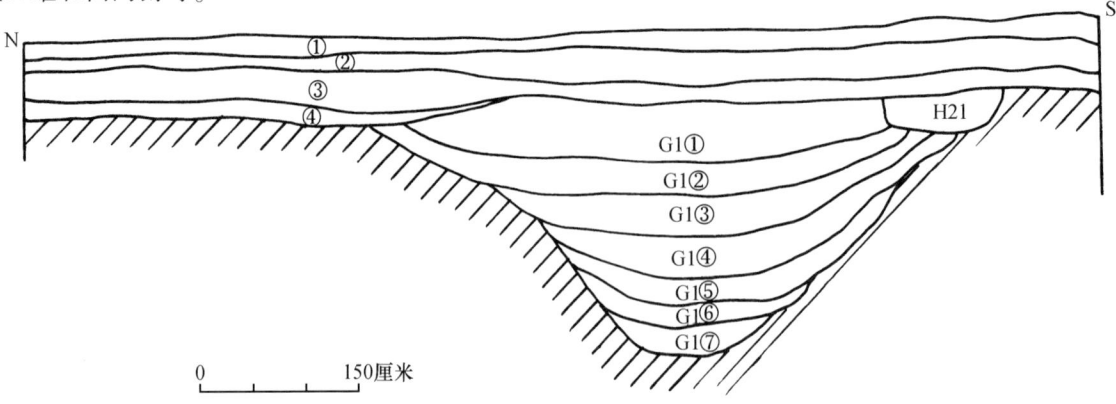

图 3-2 2004T1 东壁剖面图

T5 邻近洴水河岸，西距T1约20米，面积为2米×10米，正北向。T5内堆积分为四层。①层为耕土，褐色，质地疏松，含少量红烧土、炭屑、石块和料姜石。全方分布，厚为0.15米。②层为黄褐色，疏松，含少量红烧土、炭屑和料姜石。出有近现代砖瓦及瓷片等。其下叠压有2004H400。③层为黑褐色，土质较硬，夹有大量料姜石。出有春秋时期罐等。其下叠压有2004H420和G1。④层为青褐色，土质较纯，无文化遗物出土（图3-3）。

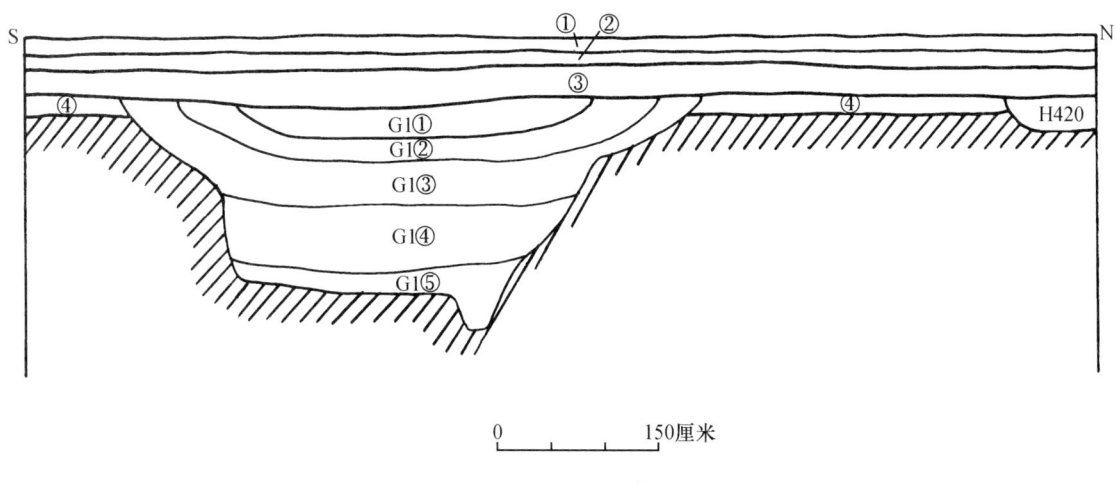

图3-3 2005T5西壁剖面图

G1 开口于③层下，被H400打破，向下打破生土。沟口距地表约0.55米，宽约5.4米。沟底距沟口深约1.75米，宽约2.4米。沟壁略呈阶梯状。沟底北侧有一条窄浅沟槽，宽约0.4米，深约0.3米。G1沟内填土分为5层：①层为黑褐色，较硬，夹杂有较多料姜石，出土少量陶片。该层在探沟东部暴露出一大型动物骨架后部，背部向南，两后肢骨伸直向北，前肢骨横置（图3-4）。②层为深褐色，稍软，夹杂少量料姜石，石块略多，出土少量陶片。③层为浅褐色，较软，夹杂有较多料姜石，出有花边圆腹罐、高领罐等。④层为灰褐色，土质稍软，夹杂少量料姜石，出有蚌贝等。⑤层为灰褐色，较软，为淤积土，未见文化遗物。填土内出有圆腹罐、豆和缸等。

T7、T8 位于G1南段缺口处，皆为10米×10米。为完整揭露G1，T7西北部向北扩2米。G1在两探方内皆开口于③层下。T7内G1口部略呈"凸"字形，北侧沟边较规整，南侧沟边偏西处外凸，可能与沟壁坍塌有关。沟口最宽处约5.2米，较窄处3~3.2米。沟底呈较规则的长条形，宽仅0.9~1.1米。沟底至沟口深2.7~2.9米。南侧沟壁较缓，北侧较陡直。沟内堆积分为两层，土色灰褐，较硬，出土陶片极少（图3-5）。

T8中G1口部近似半长圆形，最宽处约5.7米。沟底近长条形，宽2.6~2.7米。沟底至沟口深2.35~2.8米。沟壁西侧较缓，南北两侧较陡。G1内堆积分为6层。出有极少量陶片。①层土色黑褐，较硬，夹有少量料姜石。②~⑥层土色逐渐变为灰褐色（图3-6）。

G1在此处的缺口最窄处宽约4.5米，平面上未见踩踏面或路面，估计被后期破坏（见图3-1E）。

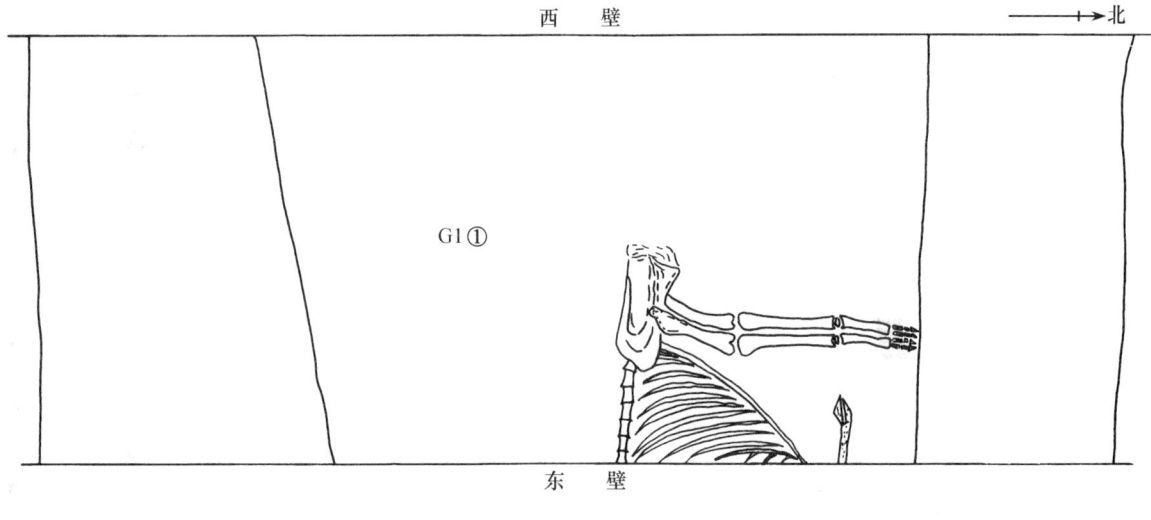

图 3-4 2005T5G1 平面图

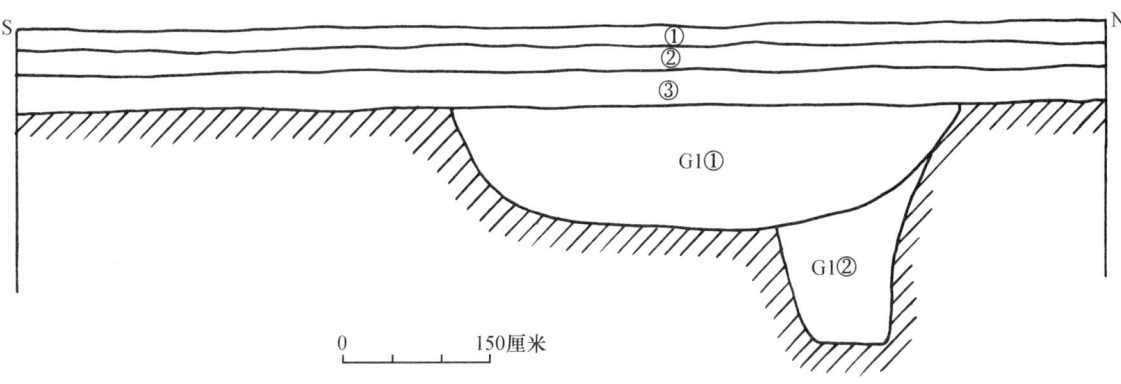

图 3-5 2004T7 西壁剖面图

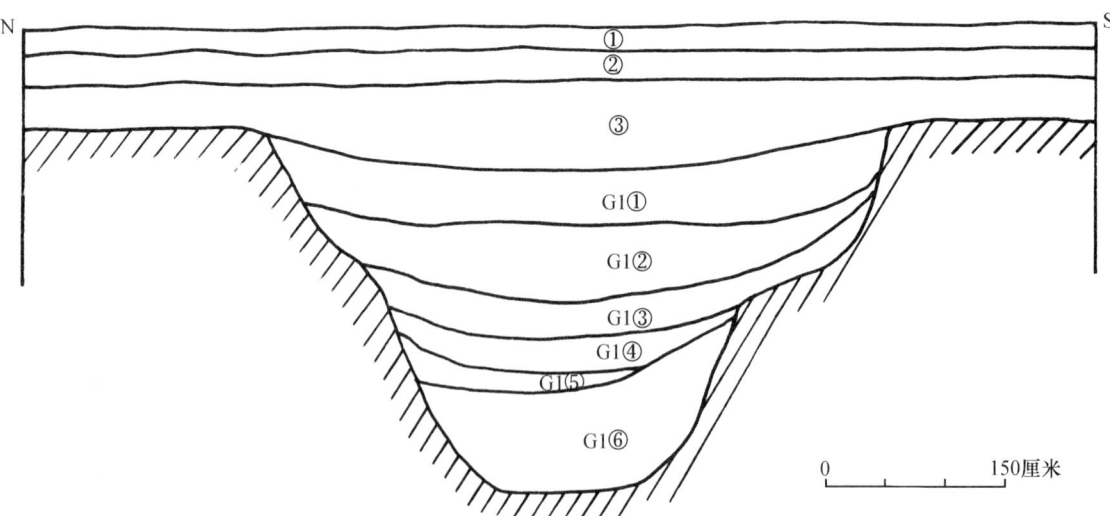

图 3-6 2004T8 东壁剖面图

2. G3

现存长度约 536 米。其中，南段和东段分别为 216 米和 195 米。北段近洰水河岸处因地势渐低而消失，现存长度为 125 米。针对 G3 布设探沟 3 条，分别为 T2、T3 和 T9。T2 和 T9 内 G3 解剖情况如下。

T2　位于 G3 北段偏西处。T2 地层堆积分为两层。①层为耕土，褐色，质地疏松，含有少量的炭屑、红烧土粒和料姜石。全方分布，厚 0.12～0.22 米。其下叠压有 2004H99、H233、H251 和 F1 等。②层为深褐色，稍疏松，含有少量炭屑、烧土粒和料姜石。仅分布于探沟西北角，厚 0～0.22 米。为近现代文化层。其下叠压 G3 及黄灰色生土。

G3 位于探沟中部，开口②层下，被 H99、H106、H143、H232、H233、H251 和 F1、Z2 及 Z3 等打破，向下打破 H456 及生土。沟口略呈西北—东南向，距地表深为 0.16 米，宽 9.5～10.2 米。沟壁大致呈斜坡状，南壁稍陡，坡度约 35°，北壁稍缓，坡度约 25°。沟底近平，西部略高于东部，沟底距沟口深 1.1～1.5 米，宽 5.05～6.5 米。沟内填土分七层，其中①～③、⑥层基本上全沟分布，④a 层分布于 G3 南部，④b 层分布于 G3 北部。⑤层和⑦层分布于 G3 东部。①层为黄褐色土，较细腻，含较多的植物根须和极少量炭屑。②层为黄褐色土，夹杂有浅黄褐色的土斑。土质较细腻致密，含有极少量的炭屑。③层为黄褐色土，较硬，夹杂有少量的料姜石、炭屑和红烧土粒。④a 层为黑褐色土，较疏松，含有较多的红烧土粒、炭屑和少量料姜石。④b 层为黑褐色土，较疏松，含有较多的炭屑和碎小的料姜石，未有陶片出土。⑤层为黑褐色土，土质致密，较硬，极其纯净，未见文化遗物。⑥层浅黄褐色，很硬。含有少量炭屑，大量料姜石以及较多石块。该层西部含沙较多，而东部仅局部有沙。⑦层为黄黑色，夹有较大的白褐色土块，土色较杂，含细沙，比较细腻纯净，稍疏松，基本上不见文化遗物（图 3-7）。沟内填土中出有陶深腹罐、圆腹罐、深腹盆、平底盆、三足盘、豆、器盖纽、敛口罐、刻槽盆和捏口罐等。

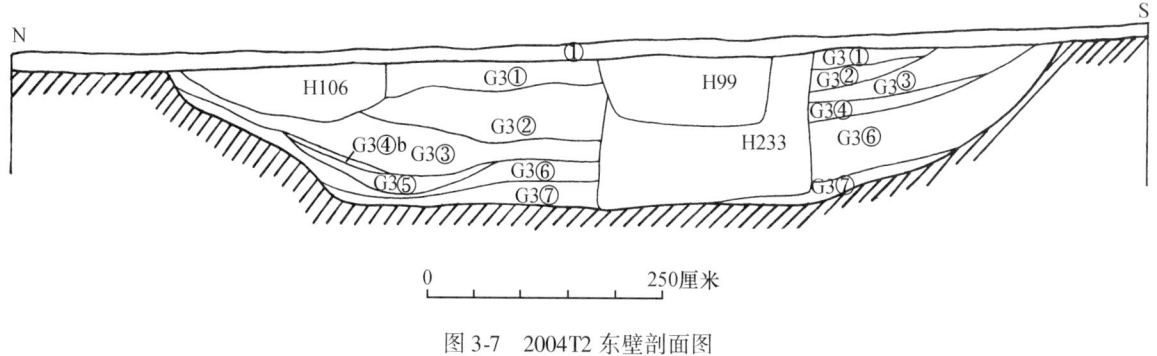

图 3-7　2004T2 东壁剖面图

T9　位于 G3 南段偏西处，面积 4 米×15 米。T9 内堆积可分为三层。①层为耕土层，灰褐色，土质较松散，全方分布，厚 0.1～0.15 米。②层为浅灰褐色，土质略硬，含有少量料姜等，全方分布，厚 0.05～0.1 米。为近现代文化层。其下叠压有 2006H17 和 H20。③层为灰褐色，致密，含有少量烧土粒、炭屑和料姜等。分布于探沟南部和中部，厚 0～0.8 米。出有殷墟时期的鬲、甑和罐等。其下叠压有 G3 及黄灰色生土。

G3 位于探沟中部，沟口东南角部分延伸到探沟外。开口于③层下，被 H17 和 H20 等打破，打破生土。沟口暴露宽度为 12.9~14.2 米，距地表深 0.25~0.55 米。沟底宽约 6 米，沟底至沟口深度约 3.2 米。沟壁略呈阶梯状。沟内填土可分为六层：①层为灰褐色，较致密，含有烧土粒、炭屑和料姜石，厚 0~0.85 米。出土遗物有盆、甑等。该层下于探方北部发现一西北向的墓葬；②层土色灰褐，较硬，含有烧土块及木炭，厚 0~0.7 米。出土遗物有鬲、甗、簋、盆和甑等。该层下遗迹有 H48、H49、H50 和 Y7 等；③层土色浅灰，略疏松，厚 0~1 米。出土遗物有鬲、甗、簋、盆和罐等；④层为黄色，略硬，厚 0~0.4 米。出土遗物有深腹罐、圆腹罐、三足盘、高领罐、豆、深腹盆等；⑤层为灰褐色，含有料姜石等，厚 0~0.4 米。无文化遗物；⑥层为青灰色淤积土，厚 0~0.2 米。无文化遗物。其中，①~③层属殷墟文化时期。④~⑥层为二里头文化时期。值得注意的是，G3②层下发现了殷墟时期的窖穴、烧土坑和陶窑等遗迹。表明 G3 至殷墟文化时期还远未填平，并被改作它用（图 3-8）。

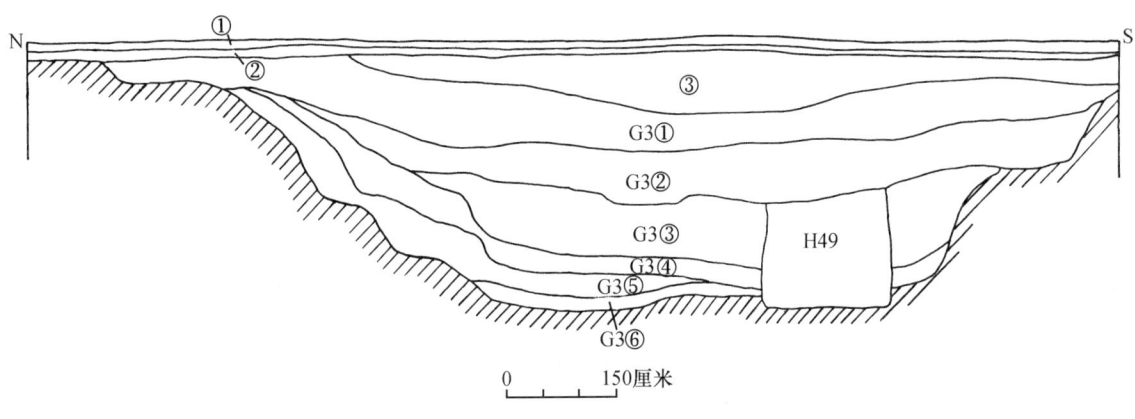

图 3-8　2006T9 东壁剖面图

3. T4、T6 和 T3 内 G3 打破 G1 的解剖

在 G1 与 G3 的钻探中，发现二者在遗址 I 区南部有局部重叠的现象。为进一步了解详情，在此处布设探沟三条，即 T3、T6 和 T4。T3 与 T6 在一条直线上，为正南北向，仅以宽 1 米的隔梁隔开。T4 位于 T6 南侧 1 米处，为正东西向，与 T3、T6 呈曲尺形分布。T3 为 2 米×14 米，T6 为 3 米×7 米，T4 为 2 米×7 米。从解剖情况看，G1 由南至北穿过 T4 和 T6 后，在 T3 南部被 G3 打破。

T4　探沟堆积可分为七层：①层为耕土层，褐色，较疏松，全方分布，厚 0.17~0.28 米；②层为黄色，较紧密，含有少量红烧土粒、炭屑和石块等，全方分布，厚 0.2~0.34 米，出土有少量近现代瓷片；③层为褐色，较疏松，含有红烧土粒、炭屑、料姜及小石块等，全方分布，厚 0.15~0.2 米。其下叠压 2004H455；④层为黑褐色，致密，较纯净，含有少量红烧土粒，分布于探沟西北部，厚 0~0.21 米；⑤层为深褐色，致密，含有红烧土粒、炭屑和料姜石等，分布于除东南角外的探沟大部，厚 0~0.29 米；⑥层为深灰色，致密，含有少量烧土粒和料姜石等，分布于探沟西部，厚 0~0.31 米。出土有深腹罐等；⑦层为灰褐色，较疏松，含有烧土粒、炭屑和料姜石等，分布于探沟西部，厚 0~0.3 米。出土遗物为少量陶片，器形不明。其下叠压有 2004H456、H449、H451、H459 和 G1。其下为黄灰色生土。

G1 位于 T4 中部，近南北向，略偏东北。开口⑦层下，被 2004H456 打破，打破 2004H459 及生土。沟口距地表深 1.85～2.0 米，宽约 2.05 米。沟底近平，宽约 1.25 米，沟底距沟口深 0.7～1.2 米。沟东壁略缓，西壁较陡。由于 T4 等三探沟所处部位地势较低，而且 G1 上部已被完全破坏，现存 G1 实为原来围沟的底部。沟内堆积分为四层：①层为深褐色，较疏松，含有红烧土粒、炭屑及料姜石和石块。厚 0.18～0.2 米。②层为黄灰色，疏松，包含物同上。厚 0.14～0.2 米。③层为青灰色，细密，较软，包含少量炭屑及料姜，应为淤积而成。厚 0～0.16 米。④层为灰褐色，疏松，包含有烧土粒、炭屑及料姜石等。厚 0.5～0.3 米。上述堆积出土遗物有深腹罐和三足盘等（图 3-9）。

T6 探沟内堆积分为四层：①层为耕土层，褐色，质地疏松，含少量红烧土粒。全方分布，厚 0.19～0.26 米。②层为黄色，质地较疏松，含有红烧土粒、炭屑及料姜石等，全方分布，厚 0.2～0.31 米。出有近现代瓷片及砖块等。其下叠压有扰坑等。③层为黄褐色，较紧密，含有大量细砂粒及少量红烧土粒和炭屑等，分布于探方中部和北部，厚 0～0.29 米。出土有瓷片及少量夹砂绳纹陶片。④层为灰褐色，质地疏松，含有红烧土粒、炭屑及料姜石等，全方分布，厚 0.2～0.31 米。出土遗少量陶片。其下叠压有 H454～H458、G1 和黄灰色生土等。

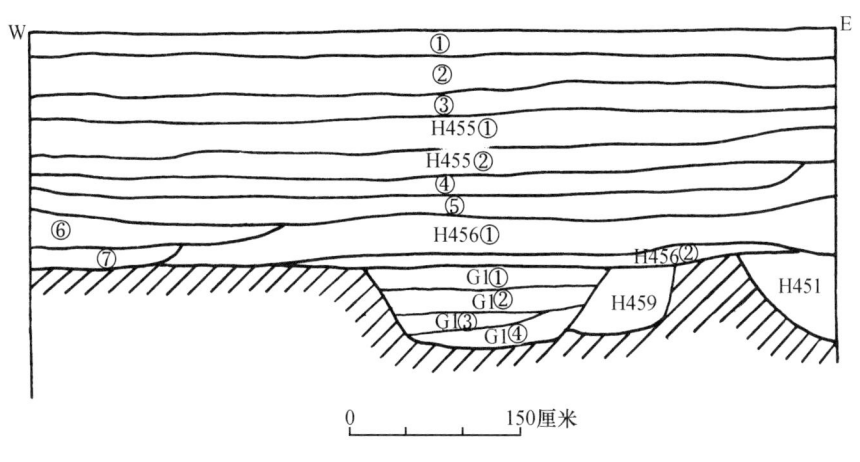

图 3-9 2005T4G1 北壁剖面图

G1 位于 T6 西部，仅暴露出东部沟壁，西侧沟壁尚在探沟以外。走向与 T4 内一致。开口于 ④层下，被 2004H454～2004H458 打破，打破 2004H459 及生土。沟口距地表深 1.7～2.15 米，暴露宽度为 1.1～2.75 米。G1 底部略呈北高南低，暴露宽度 0.5～2.4 米，沟底至沟口深 0.1～0.98 米。沟内堆积分为三层：①层为黄灰色，较疏松，含有烧土粒、炭屑及料姜石，厚 0.23～0.31 米，相当于 T4G1②层。②层为青灰色，细密，较软，包含物同上，厚 0.05～0.17 米，相当于 T4G1③层。③层为灰褐色，疏松，包含物同上，厚 0.11～0.21 米。相当于 T4G1④层。上述堆积出土遗物有深腹罐、高领罐、器盖、敛口罐和白陶器等（图 3-10）。

T3 探沟内堆积分为四层：①层为耕土层，褐色，质地疏松，含有少量红烧土粒和炭屑等，全方分布，厚 0.17～0.28 米；②层为黄色，较紧密，含有石块、红烧土粒及炭屑等，全方分布，厚 0.2～0.37 米。为近现代文化层。其下叠压有扰坑及 2004H442 等；③层为黄褐色，较疏松，含有

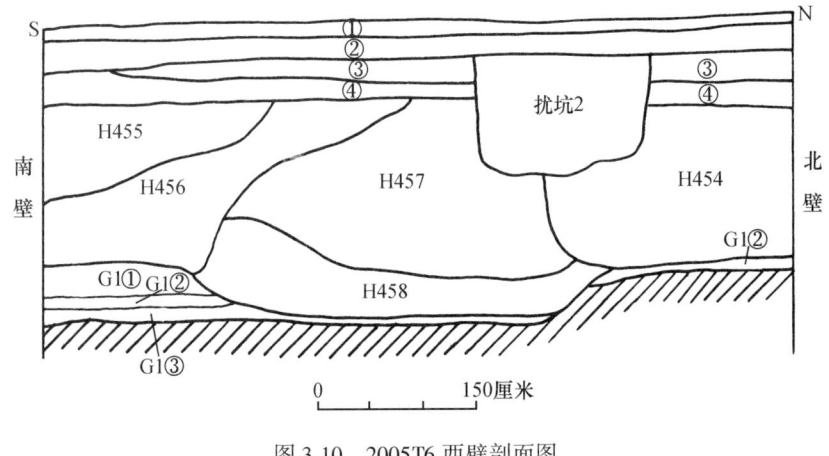

图 3-10 2005T6 西壁剖面图

大量细沙粒及少量红烧土和炭屑等，分布于探沟中部和南部，厚 0～0.2 米。出土少量绳纹陶片，器形不明。其下叠压有 G3 等；④层为灰褐色，质地较硬，含有红烧土粒，炭屑及料姜石等，仅分布于探沟南部，厚 0～0.43 米。出土遗物有深腹罐等。其下叠压 2004H452、H454 和 G1 等。

G3 开口于③层下，位于探沟中部，被 2004H433、2004H442 打破，打破④层、2004H452、2004H454 和 G1。沟口近东西向，距地表深 0.5～0.73 米，宽 10.25～11.7 米。沟底距沟口深 2.42～2.54 米，宽 5.5 米。沟北壁较斜直，南壁略斜弧。沟内堆积可分为 16 层，大多包含有烧土粒、炭屑及料姜石。①～④层各层分布面积较大，较水平。⑤～⑫层各层分布范围较小，略显杂乱。⑬～⑯层各层分布范围又较大。①层为黄褐色，较疏松，厚 0～0.28 米。②层为灰褐色，较疏松，包含少量烧土粒、炭屑和料姜石，厚 0～0.39 米。③层浅褐色，较疏松，包含物同上，厚 0～0.17 米。④层为黄褐色，较疏松，分布于 G3 中部及南部，厚 0～0.37 米。⑤层为黑褐色，较硬，较纯净，含少量烧土粒和炭屑，厚 0～0.41 米。⑥层为浅褐色，较疏松，含少量烧土粒和炭屑，以及大量砂粒，分布于 G3 北部，厚 0～0.15 米。⑦层为灰褐色，较疏松，包含少量烧土粒、炭屑和料姜石，分布于 G3 北部，厚 0～0.38 米。⑧层为深褐色，较硬，包含大量料姜石及少量烧土粒和炭屑，分布于 G3 中部偏北，厚 0～0.3 米。⑨层为黑褐色，较疏松，分布于 G3 中部，厚 0～0.31 米。⑩层为浅褐色，较致密，分布于 G3 中南部，厚 0～0.27 米。⑪层为红褐色，较致密，分布于 G3 南部，厚 0～0.32 米。⑫层为红褐色，夹有黄斑，较致密，分布于 G3 南部，厚 0～0.31 米。⑬层为深褐色，较疏松，含有大石块，分布于 G3 中部和南部，厚 0～0.5 米。⑭层为灰褐色，较疏松，分布于 G3 中部偏南处，厚 0～0.21 米。⑮层为深褐色，较疏松，分布于 G3 中南部，厚 0～0.48 米。⑯层为黄褐色，较疏松，分布于 G3 中北部，厚 0～0.41 米。上述堆积出土遗物有深腹罐、圆腹罐、鼎足、捏口罐、深腹盆、平底盆、三足盘、豆、矮领尊和白陶片等（图 3-11）。

G1 开口于④层下，位于探沟南部，被 G3、H452 和 H454 打破，打破生土。西侧沟边露出，东侧沟边在探沟以外。走向与 T4 和 T6 内有明显区别，近东西向而略偏北。现存部分亦为围沟底部，沟内堆积同 T6G1③层（图 3-11）。

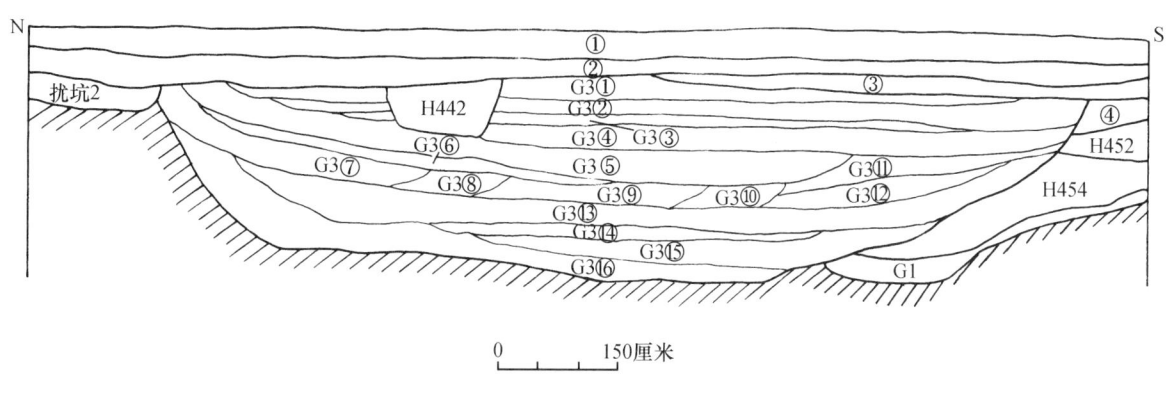

图 3-11　2005T3G3 东壁剖面图

二、房　　址

发现较少，共三处，保存状况较差。

1. 2004F3

位于 2004ⅠT6640 的东北部，部分叠压于东隔梁下。开口③层下，被 2004H258、2004H259、2004H201 和 2004M22 等打破，打破④层及生土。

房址被周围遗迹打破较甚，完整形状不明。残存部分不太规则，南北长约 2.94 米，东西宽约 1.12 米。房址可能为地面建筑，建筑材料为草泥土，经灼烧而成红烧土。房址中北部覆盖一层坍塌的红烧土块堆积，厚 0.16 米。该堆积下南部为一近圆角长方形的灶坑，北部为平整的红烧土面。灶坑东西边较直，南北边呈弧形，南北长约 1.12 米，东西宽约 0.88 米，深 0.18~0.24 米。灶底部及周壁均为黑色的烧结面，较硬，厚 0.02 米。灶内填土为黑褐色，疏松，含较多红烧土和炭屑。灶坑以北烧土面致密而坚硬，南部长约 1.56，东西宽约 0.92 米，厚 0.1~0.2 米。门道及墙壁等情况不明（图 3-12）。

2. 2005F1

位于 2005ⅠT7341 西南角，局部越出探方南壁和西壁外。开口于③层下，被近代扰坑、2005H191 和 2005Y2 打破，打破生土。

房址为地面式建筑，现存部分呈长方形，包括居住面、柱洞以及房内"8"字形遗迹等。现存范围南北长约 2.8 米，东西宽 2.23 米。居住面采用料姜石与土相搅和的混合土铺垫而成，厚 0.05 米，坚硬且较平整。

房址西侧和北侧共发现柱洞 6 个，其中西侧 4 个，北侧 2 个，皆竖直打破居住面。南侧和东侧没有发现柱洞，可能被破坏，或者未到房址边界。柱洞直径在 0.06~0.07 米，深在 0.15 米以上。柱洞之间距离不完全一致，在 0.5~0.7 米。西侧柱洞联线方向约北偏东 18 度。

房址中部居住面下有两个相连的圆形遗迹，近似"8"字形，东西长径约 1.14 米，可能与奠基有关。西侧较大，为一直壁圆坑，直径约 0.7 米，深 0.25 米，中心有一直径约 0.15 米、深约 0.09

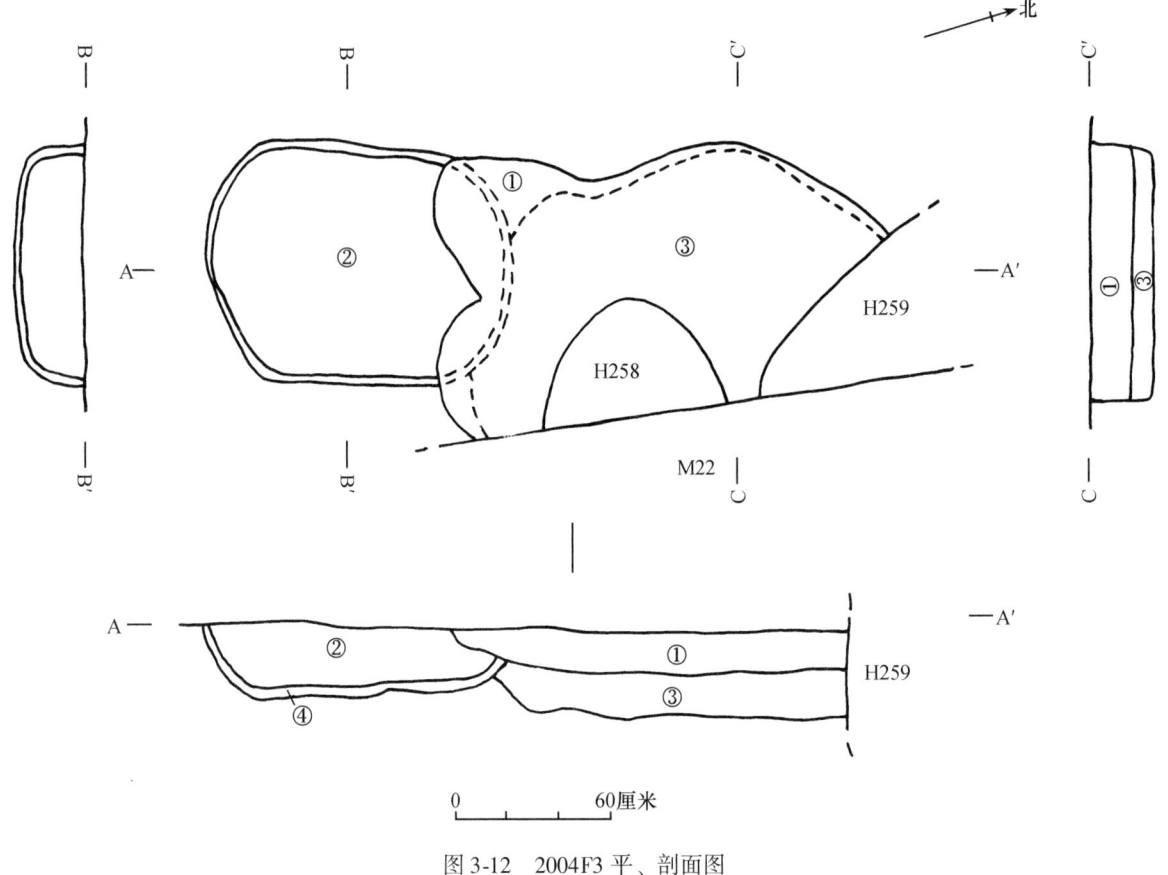

图 3-12　2004F3 平、剖面图
①红烧土堆积　②黑褐色堆积　③烧土面　④黑色烧结面

米的小圆坑。东侧较小，直径约0.46米，中部为一直径约0.26米、高约0.21米的圆形土柱。西侧圆坑及东侧圆环内堆积有与居住面类似的富含料姜石的灰白色土，西侧圆坑下部的小圆坑内为黑灰色堆积。

灶及墙壁没有发现。房址西边与北边相对完整，没有门道痕迹。而房址东边与南边都被破坏，所以门道可能处于这两侧（图3-13；彩版八，1、2）。

3. 2005H156

位于2005ⅠT4719西南角，以及2006ⅠT4618和ⅠT4718北部，开口于耕土层下，被2006H44打破，打破生土。

该单位西北部延伸出探方外，总体应近圆角方形。东西壁近南北向，南北壁略呈西北—东南向。南北长约2.8米，东西长约3米，坑底至坑口深0.7～0.8米。底部近平，四壁近竖直，比较规整。就此结构来看，很可能为一半地穴式房址。但未发现门道、柱洞等迹象（图3-14）。

其内填土呈灰黑色，含有烧土块、炭屑、石头等。该单位出土陶器有深腹罐、圆腹罐、甑、刻槽盆、捏口罐、豆、小口尊、缸和器盖等，以及大量藜科种子，可能是特意储存的结果。

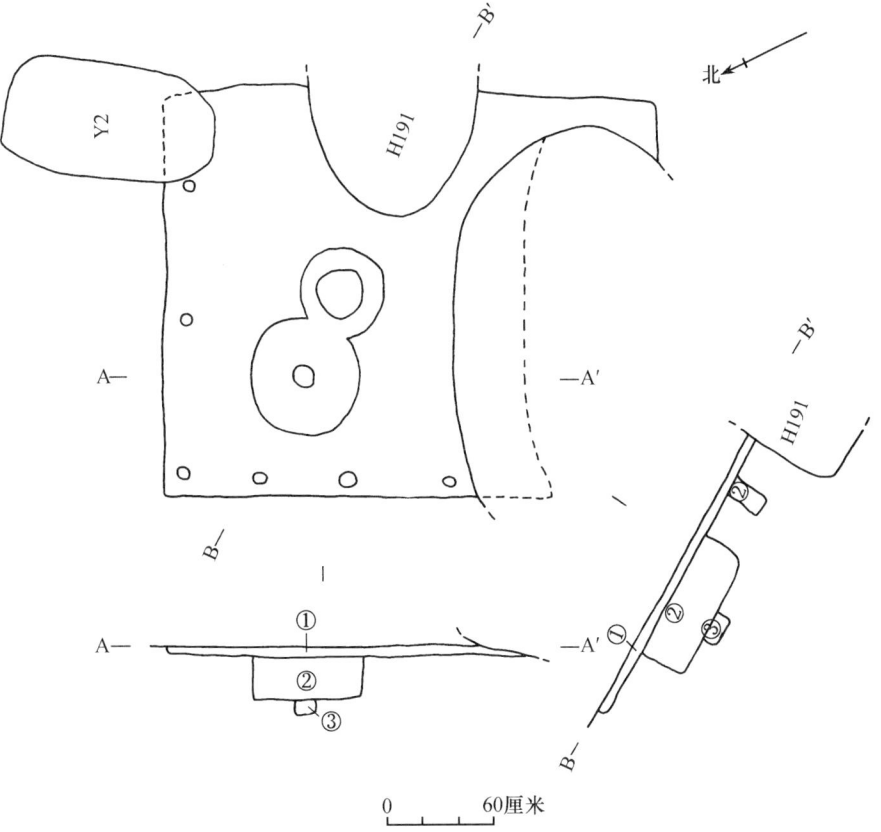

图 3-13　2005F1 平、剖面图
①居住面　②料姜石灰白土　③黑灰色堆积

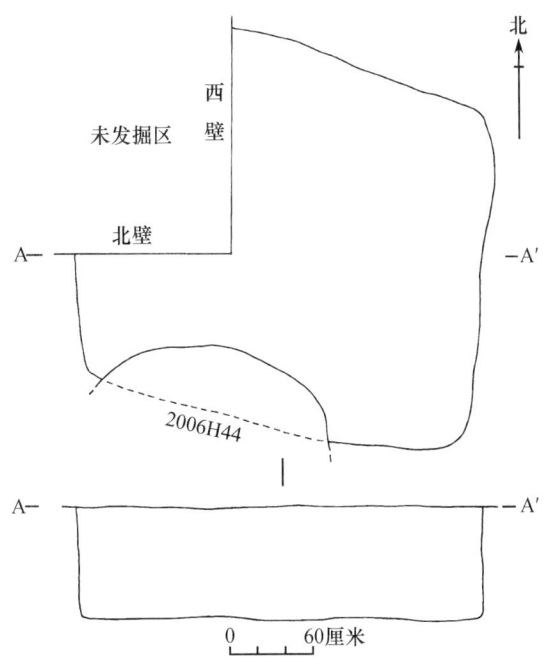

图 3-14　2005H156 平、剖面图

三、陶　窑

共发现 7 座。其中，2004 年发现 4 座，有 2 座仅揭露至倒塌堆积，没有往下清理，分别位于 ⅠT6741 东北角和 ⅠT7037 西南部。2005 年发现 2 座，2006 年发现 1 座。从已发掘的窑址来看，皆为竖穴式，仅存火膛部分，未见保持原状的窑箅、窑门及窑室。火膛平面皆呈一端略大一端较小的马蹄形或鸭梨形，其内有一长条形窑柱与火膛较宽的一端相连。窑门应位于火膛较窄的一端，但全都未见，可能应在更高的位置。据此，陶窑有南向、北向和西向等不同。火膛内多见窑箅和窑壁等残块。除一座位于遗址Ⅱ区 T6205~T6206 内，其余集中分布于 G3 内侧遗址Ⅰ区的中心部位，构成该聚落的一个陶器烧造作业区。各座已发掘陶窑具体情况如下。

1. 2004Y1

位于ⅠT7041 西部，大部分伸入ⅠT6941 内。开口于 T6941③层下及 T7041④层下，打破生土。

陶窑残存部分主要是火膛，窑体呈北端略大南端略小的鸭梨形，南端窑壁上部被 2004H88 打破部分，北端及窑柱被 2004H78 打破至底部，且东北角窑壁向外裂开。火膛南北残长约 2 米，东西宽约 1.45 米，残深 0.5~0.7 米。残存窑壁近直。窑壁厚度不均，厚 0.15~0.25 米，内侧因受热温度较高而被烧结，呈蓝青色，十分坚硬，厚 0.07~0.11 米。而外侧因受热温度低，且受氧化，呈砖红色，质地不太坚硬，厚 0.06~0.09 米。

火膛底部南侧平坦，为红色烧土面，向北抬起呈坡状，为青色烧结面。火门不见，应在南端窑壁的上部，已被 2004H88 破坏。窑柱位于火膛北部，东西宽约 0.27 米，南北长约 0.54 米，高约 0.6 米。以窑柱为界，火膛南部南北宽 0.75 米，东西长 0.9 米。北部被窑柱分为两块槽状空间：西侧东西宽 0.38 米，南北残长 0.55 米，东侧东西宽约 0.45 米，南北长约 0.68 米。窑箅已不存在，从倒塌堆积中发现有些块状物较薄，表面光滑，形状规整，应当属于窑箅。窑顶不存，根据窑壁走向及倒塌部分推测应为穹隆形。

工作面应位于陶窑南侧，但因南端被 2004H88 所打破，相关情况不甚清楚。但紧邻南侧窑壁，在 2004H88 底部有一处不规则分布的红烧土块堆积，东西长约 0.85 米，南北宽约 0.8 米，厚 0.02~0.03 米。这部分红烧土堆积没有烧结，而呈散粒状。可能与窑前工作面有关。

窑址堆积分为三层：①层为褐黄色，土质疏松，分布于窑内及窑址东侧，夹杂部分大块的红烧土块、草拌泥烧结块和石块等，应为窑的废弃堆积。出土遗物有深腹罐。②层为草木灰，呈灰白色，间杂有黑灰色炭灰、红烧土粒及少量草拌泥烧结块。分布于火膛南部，厚 0.23 米。③层为黑灰色，夹杂少许炭屑，分布于火膛南部，甚薄，约 0.03 米。②、③层应为窑的使用堆积。这两层堆积的范围及窑底北高南低的趋势，也是判断窑门位于南端的佐证（图 3-15；彩版一一，1）。

2. 2004Y2

位于ⅠT6940 东南部及ⅠT7040 西南。开口于④层下，打破生土。现存部分为火膛，包括窑壁、窑柱和窑底等部分。

火膛平面形状大体呈马蹄形，东北部被 H92 打破至底。现存窑壁西端呈圆弧形，东壁较直，南

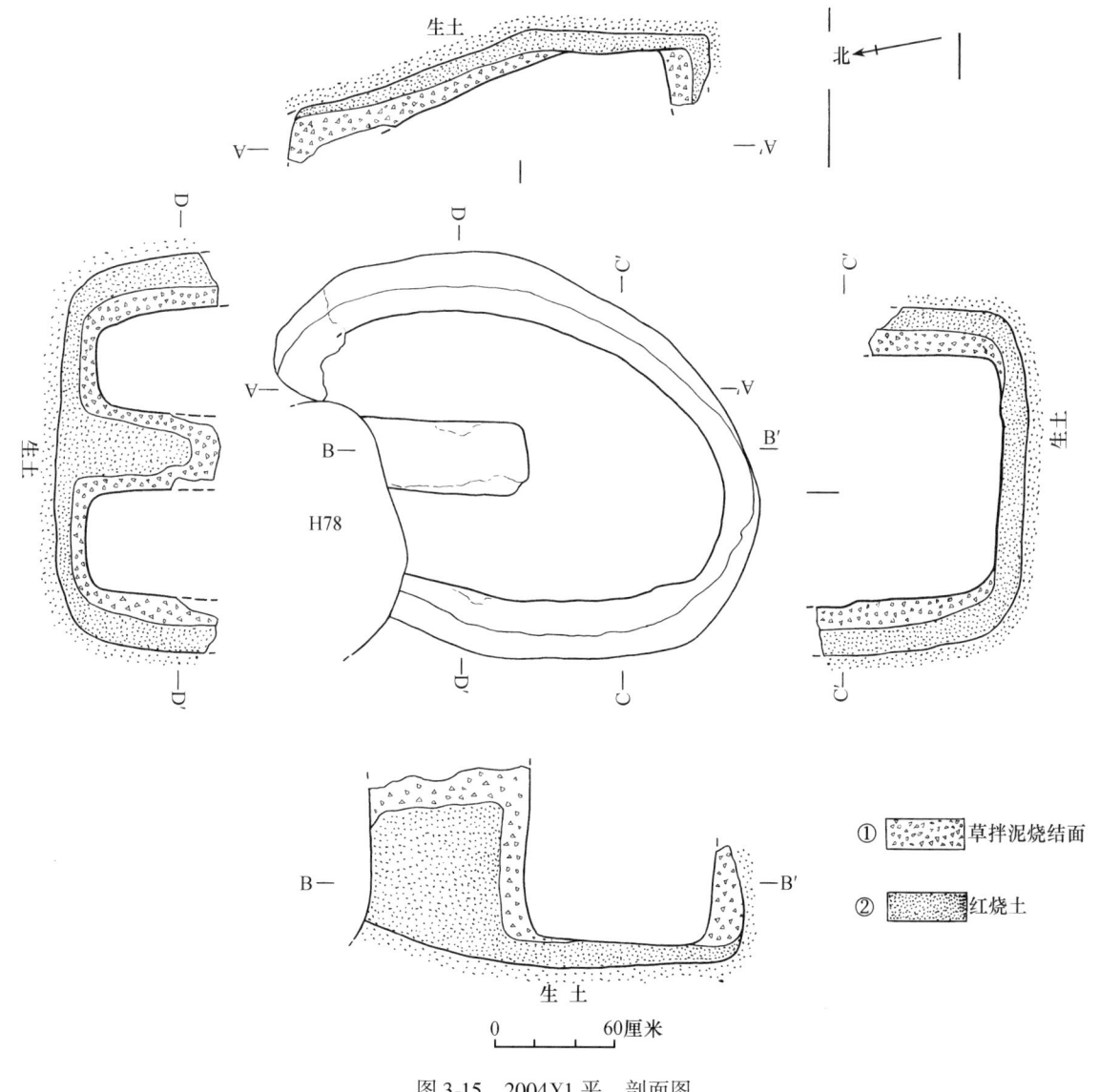

图 3-15　2004Y1 平、剖面图

北壁弧形近直。东西向长约 2 米，南北向宽约 1.34 米，残深 0.45~0.7 米。窑壁厚 0.16~0.22 米。现存窑壁由下至上略有收分，尤以北壁与西壁明显。火膛内侧窑壁呈青色，较坚硬，厚 0.08~0.1 米，外侧不如内侧坚硬，呈红色，厚 0.06~0.08 米。与 2004Y1 相比较，Y2 火膛内的烧造温度似乎略低，窑壁内侧许多部分呈红色，不像前者那样全呈蓝青色。另外，Y2 内壁发现多条呈狭长柳叶形的工具痕迹。

窑顶不存，其高度及形状不明。根据现存窑体及窑壁结构推测，窑顶可能为馒头形。火膛底部较平，由西向东略微抬升。火膛底部未烧结，为红褐色烧土，厚 0.04~0.06 米。窑柱位于火膛东部，其西部火膛东西长约 0.82 米，南北宽约 1.34 米。窑柱平面近长方形，东西长约 1.16 米，南北宽约 0.3 米，高 0.3~0.7 米。窑柱外侧呈青色，中间呈红色，青色烧结面平均厚度约 0.04 米。窑柱将火膛东部分为南北两块，北部东西长约 1.2 米，南北宽约 0.5 米；南部东西长约 1.16 米，南北宽约 0.54 米。

窑址残毁较严重，窑门不存，推测应在窑体西端上部。窑箅应置于火膛之上，借助窑柱来搭建，其形状和结构等情况不明。工作面应位于火膛西侧。在 Y2 以西 0.1 米处的 M20 墓室填土中发现了较多烧土块及草拌泥烧结块。由此看来，工作面应被 M20 破坏。

火膛内堆积可分为三层：①层为黄褐色，较软，夹有少量料姜石，烧土颗粒等。为窑废弃后填入的堆积。在窑柱西南侧近火膛南壁处发现交叉摆放的肢骨骨骼。另出有饰细绳纹的白陶片等；②层为含大量青灰色烧结块和部分红烧土块的倒塌堆积。主要分布在火膛内，少数压在窑柱上。有些为人工制成的草拌泥块，有些则是纯粹的烧土块；③层主要呈灰白色，夹有大量烧土颗粒和炭灰等，极为疏松，应为燃烧后留下的灰烬，主要分布在窑的西半部分，厚 0.06 ~ 0.08 米。在窑柱南侧还发现了部分灰黑色土，夹有较多炭灰。这些应属窑址的使用堆积。该层多见于窑西部，相应窑底西部形成的烧土也较东部略厚，表明燃料主要在西端使用，窑门也应在西端。上述堆积中出有陶深腹罐、圆腹罐、深腹盆和器盖等（图 3-16；彩版一一，3、4）。

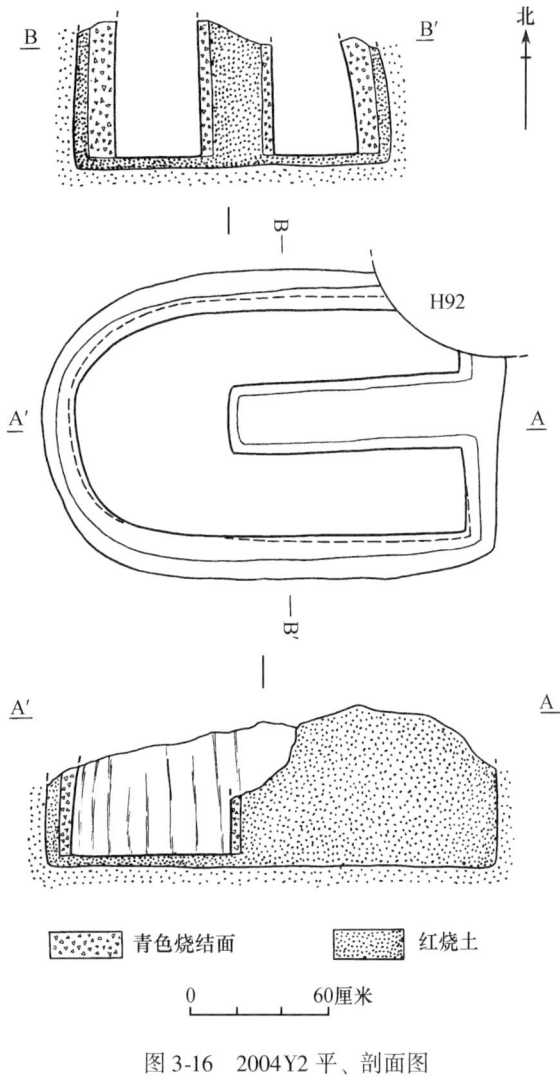

图 3-16　2004Y2 平、剖面图

3. 2005Y1

位于ⅠT6636 东北和ⅠT6736 西北。开口③层下，打破 2005H167 和ⅠT6736④层。

现存部分为火膛，呈梨形，北端较尖。现存部分南北长约 2 米，东西宽约 1.27 米。窑壁由内侧青色烧结面和外侧红色烧土组成，分别厚 0.06 米和 0.07 米，残高深 0.7 ~ 0.9 米。东西壁略弧，近底处略内收。南壁向下收缩明显，呈斜坡状，坡度为 60°~ 62°。火膛底部基本为红色烧土。

窑柱位于火膛南部，南北长约 0.79 米，东西宽 0.3 ~ 0.36 米，高约 0.9 米。窑柱侧面及顶部大部为青色烧结面，且顶部局部较平整，仅南端中间部位暴露出范围较小的红烧土，可知窑柱基本保持了原来的高度。火膛内发现有两块带穿孔的青灰色草拌泥烧土块，一面抹平，另一面为粗糙不平整的断裂面，厚度在 0.12 米以上。穿孔略呈圆角方形，抹平面上孔径略大，0.05 ~ 0.06 米；断裂面上孔径小，约 0.04 米，似由木棍类工具从抹平面向断裂面方向穿刺而成，间距不小于 0.12 米。这些烧结块应属窑箅残块，抹平面应是朝上与待烧制陶器间的承接面。

窑内主要是窑壁和窑箅残块等废弃堆积。近底部有一层灰白色土，较硬且有块状残渣，应为使

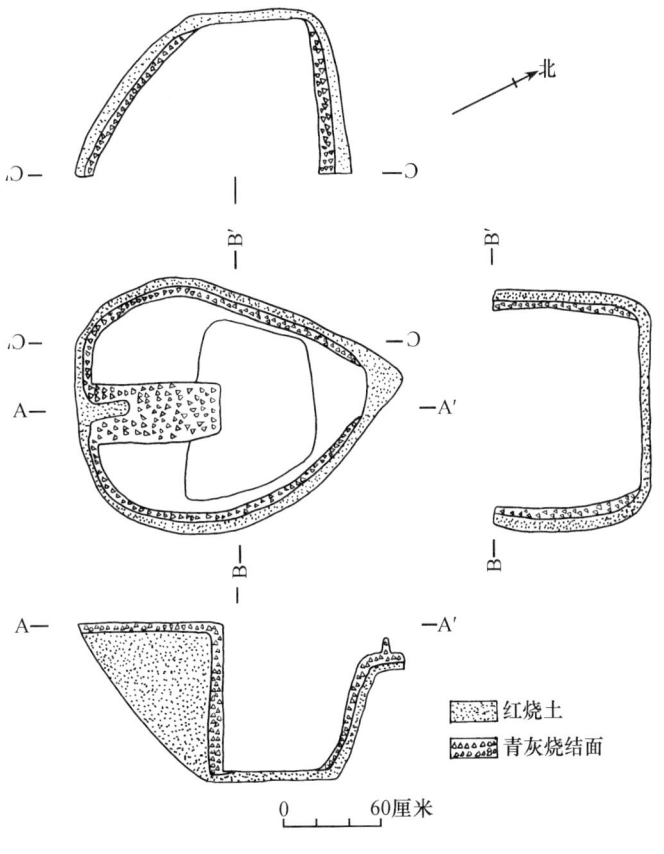

图3-17　2005Y1 平、剖面图

用过程中形成的灰烬层。上述堆积中有部分泥质灰陶片及烧坏的陶器残片。窑前工作面应位于北端，情况不明（图3-17；彩版一一，2）。

4. 2005Y6

位于ⅠT7741的中部偏东。开口于④层下，打破生土。现存火膛下部，为一未经使用过陶窑。

火膛平面呈马蹄形，东西长1.8米，南北宽1.2米，残深0.26～0.3米。直壁，平底。窑柱位于火膛东端，为长方形，长1.06米，宽0.4米，残高0.2米。

窑内填土分两部分，窑柱以西主要为疏松的灰褐土，包含有较多的红烧土粒和炭屑。窑柱两侧填土较纯净，为较硬的黄黑土。窑内填土出有甑、缸、高领罐和器盖等（图3-18；彩版一二，1）。

5. 2006Y1

位于ⅡT6205和ⅡT6206内，开口于②层下，打破生土。

现存部分为火膛，平面为马蹄形，西部窑壁外侧烧土被2006H22打破部分，南段窑壁被2006H51打破至底。参考2006H51底部残留的窑壁烧土痕迹范围，火膛南北长约1.2米，东西宽约1.2米，残深约0.3米。窑壁向下略内收。底部近平，东西宽约1.1米。窑柱位于火膛北端，呈长条形，长0.7米，宽0.3～0.4米，残高0.2～0.3米。

火膛内壁、窑底及窑柱表面为一层厚0.03米的青色烧结面，向外为厚0.02～0.03米的红色烧土。窑壁红烧土外围还有一层富含料姜石的加固层，厚 0.03 米，较为特殊。火膛内壁及窑柱侧面有竖向印痕，可能为建造窑室时遗留的工具痕。

窑内堆积主要为烧土块和窑壁残块等。窑门及工作坑等情况不明（图 3-19）。

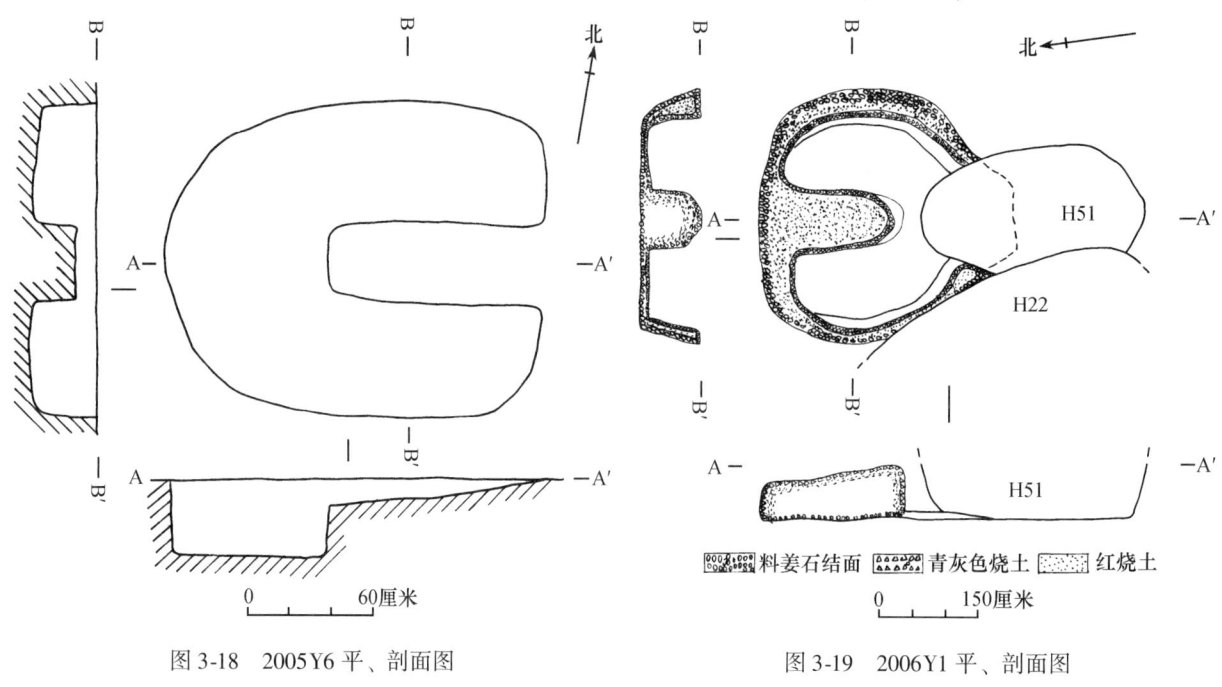

图 3-18　2005Y6 平、剖面图

图 3-19　2006Y1 平、剖面图

四、水　井

发现水井 6 处，井壁横截面皆为长方形，但有的井口近似椭圆形，可能系坍塌所致。多为直壁，个别发现有脚窝。各水井情况分述如下。

1. 2004J1

位于ⅡT6502 北部，部分伸至北隔梁下。开口于②层下，被 H2、H11、H13 打破，打破③层及生土。平面呈圆角长方形，井壁呈束腰状，上半部斜直，下部呈袋状，井壁加工规整，底近平。井口长 2.25 米、宽 1.55 米。井底长 1.45 米、宽 1.35 米、深 3.6 米。井内填土分两层，①层呈浅灰色，土质松软，包含大量的烧土块、草木灰、炭屑、石块及料姜等，厚 2.5 米。②层呈青灰色，土质稍硬，包含少量的石块、料姜和草木灰。厚 1.1 米。出土遗物较丰富，陶器有深腹罐、圆腹罐、刻槽盆、三足盘、圈足盘、瓠、盂、铲形器、小陶杯等，石器有斧、凿和铲，以及骨锥及蚌器等（图 3-20）。

2. 2004J2

位于ⅠT7041 北部，开口于③层下，被 2004H75 打破，打破 2004H78、2004H166 和 2004H206 及生土。井口近椭圆形，长径 2.2 米，短径 1.8 米。井底呈较规整的长方形，南北长 1.9 米，东西宽约 1.2 米。井口距地表约 0.9 米。清理至距井口 4 米处遇地下水而停止发掘。井壁较直但不规整，

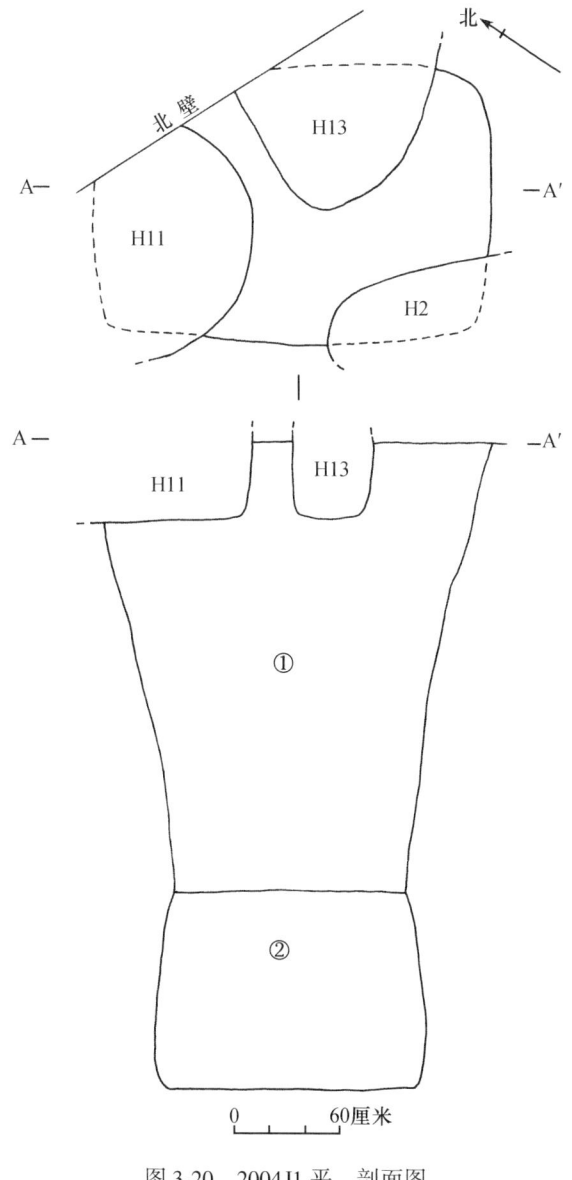

图 3-20 2004J1 平、剖面图

一些部位由于坍塌而凸凹不平。其中西壁较光滑，下部见有三个相距 0.2 米的小坑，可能与脚窝有关。井内填土比较复杂，分为六层：①层厚 2.45 米，为灰黑色土与黄褐色土相间分布，黄褐土呈片状，灰黑土呈条带状，土质极为松软，包含物丰富，有大量的烧土粒、炭屑、料姜及草木灰等；②层厚 0.25 米，土色青灰，土质致密，包含物同上但较少；③层厚 0.45 米，呈灰黑色，土质较软，包含物仍为烧土粒、炭屑、料姜等；④层厚 0.85 米，青灰土，土质相对致密，仍见有条带状的灰黑土，包含物不多；⑤层厚 0.5 米，为条带状分布的灰黑土、草木灰、红烧土以及小部分的青灰土，土质松软，包含物丰富；⑥层厚 0.4 米，为青灰土，土质较硬，几乎不见包含物。填土内出土遗物丰富，陶器以灰陶为主，少量红褐陶、泥制黑皮磨光陶及白陶；纹饰以绳纹为主，其次为少量附加堆纹、弦纹、篮纹、"S"形纹、刻划纹等；器类有深腹罐、圆腹罐、捏口罐、尊、盆、三足

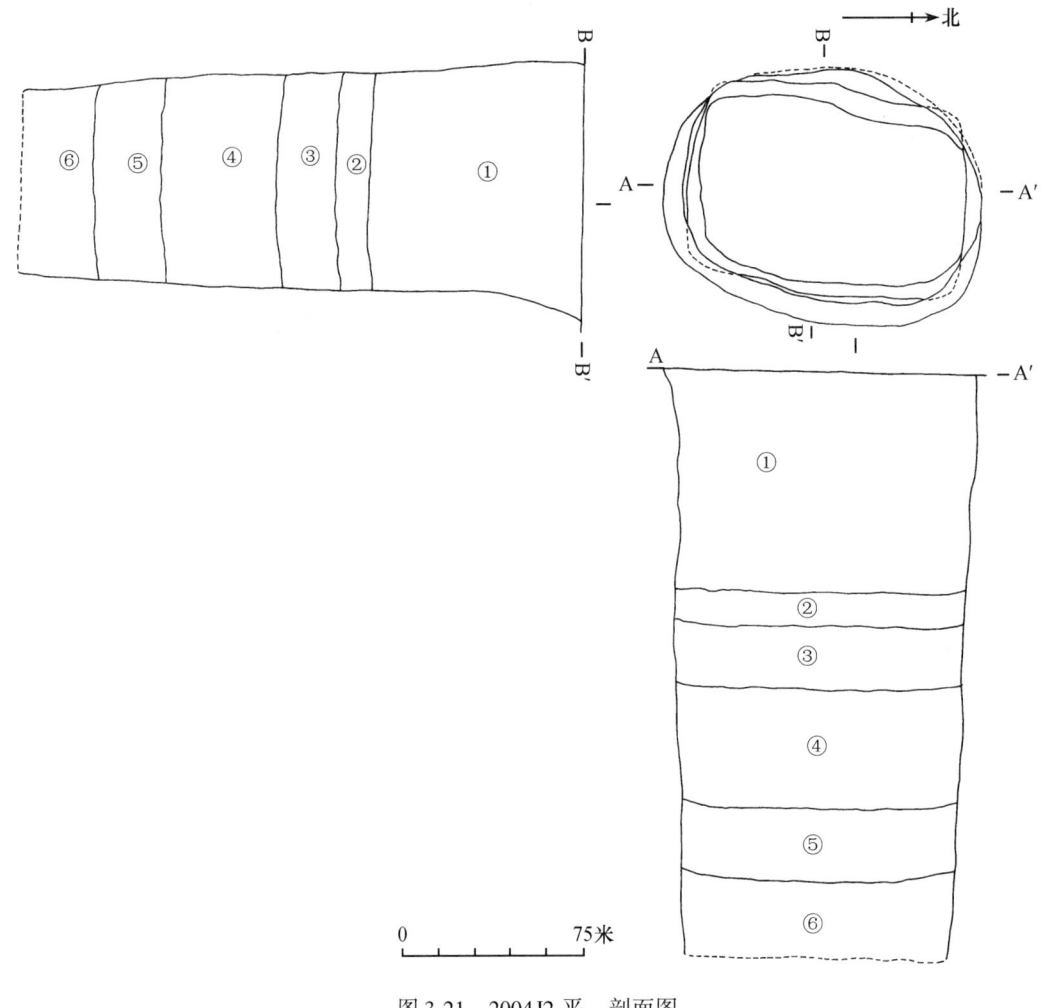

图 3-21 2004J2 平、剖面图

盘、平底盘、鼎、白陶爵足、鬶（或盉）足、盉顶和网坠等。此外，还发现青铜工具一个，锈甚，器形不辨（图 3-21；彩版一二，2）。

3. 2004H438

位于ⅠT7038的西南部，部分延伸至南壁外。开口于④层下，打破2004H450和生土。井口平面呈长方形，探方内已暴露部分长1.5米、宽0.85米，直壁。从井口往下清理至1.2米时遇地下水而停止。井内填土呈青灰色，土较松软，包含物较杂，有大量的红烧土粒、炭屑以及石块等。出土遗物丰富，陶片以夹砂灰陶居多，也有较多的夹砂灰黑陶。器类有深腹罐、圆腹罐、平底盆、器盖、小口尊、甑和缸等（图3-22；彩版一二，3）。

4. 2005H126

位于ⅠT7742中部。开口于④层下，被2005H86和2005H116打破，打破2005H83和2005H85。井口平面为长方形，长2米，宽1.15米，井口距地表深0.85米。坑壁规整，直壁，南北两壁发现五对脚窝。从井口往下发掘至3.5米时因工作难度较大而停止。井内填土分两层：①层为黄褐色，土质疏松，包含有少量红烧土块；②层为青灰色，疏松，包含水锈土、大石块和料姜石等、兽骨、鹿角。出土遗物丰富包括陶器、骨器、蚌器以及卜骨、兽骨和鹿角等。陶器有深腹罐、圆腹罐、鼎、甗、深腹盆、豆、瓮、缸和器盖等。卜骨有明显的灼烧痕迹（图3-23）。

5. 2005H133

位于ⅠT6936东北部，部分延伸于北隔梁与东隔梁内。开口于④层下，被2005H131打破，打破H107及生土。口部揭露部分近方形，长约2.01米，宽约1.98米。井壁上部略侈，下部竖直。发掘至深2.94米暂停。井内填土呈灰褐色，土质疏松，含有红烧土颗粒、炭屑和石块等。出有深腹罐、圆腹罐、鼎、甗、刻槽盆、深腹盆、豆、三足盘、敛口罐、瓮、缸和白陶带箅甗、爵足等（图3-24）。

6. 2006H13

位于ⅡT6201西北部，局部延伸于隔梁下。开口②层下，被2006H1、H3、H4和H8打破，打破③层。井口平面近长方形，长约2.2米，宽1.24～1.5米。直壁，平底。发掘至深2.3米时因故停止。填土呈黑褐色，疏松，含较多烧土、炭屑及兽骨等。出有深腹罐、圆腹罐、刻槽盆、豆、小口尊和瓮等（图3-25）。

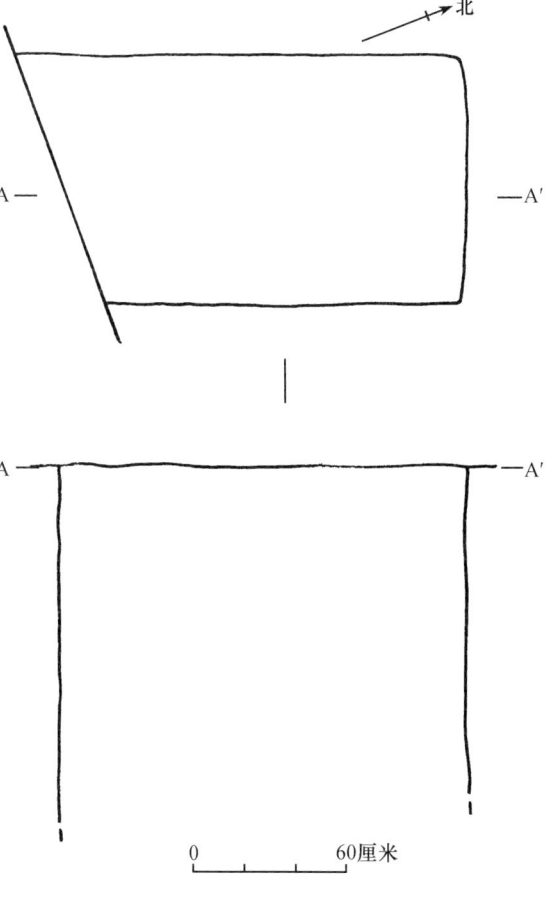

图3-22　2004H438平、剖面图

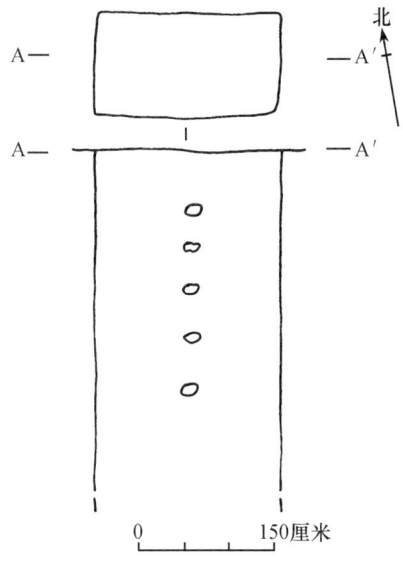

图3-23　2005H126平、剖面图

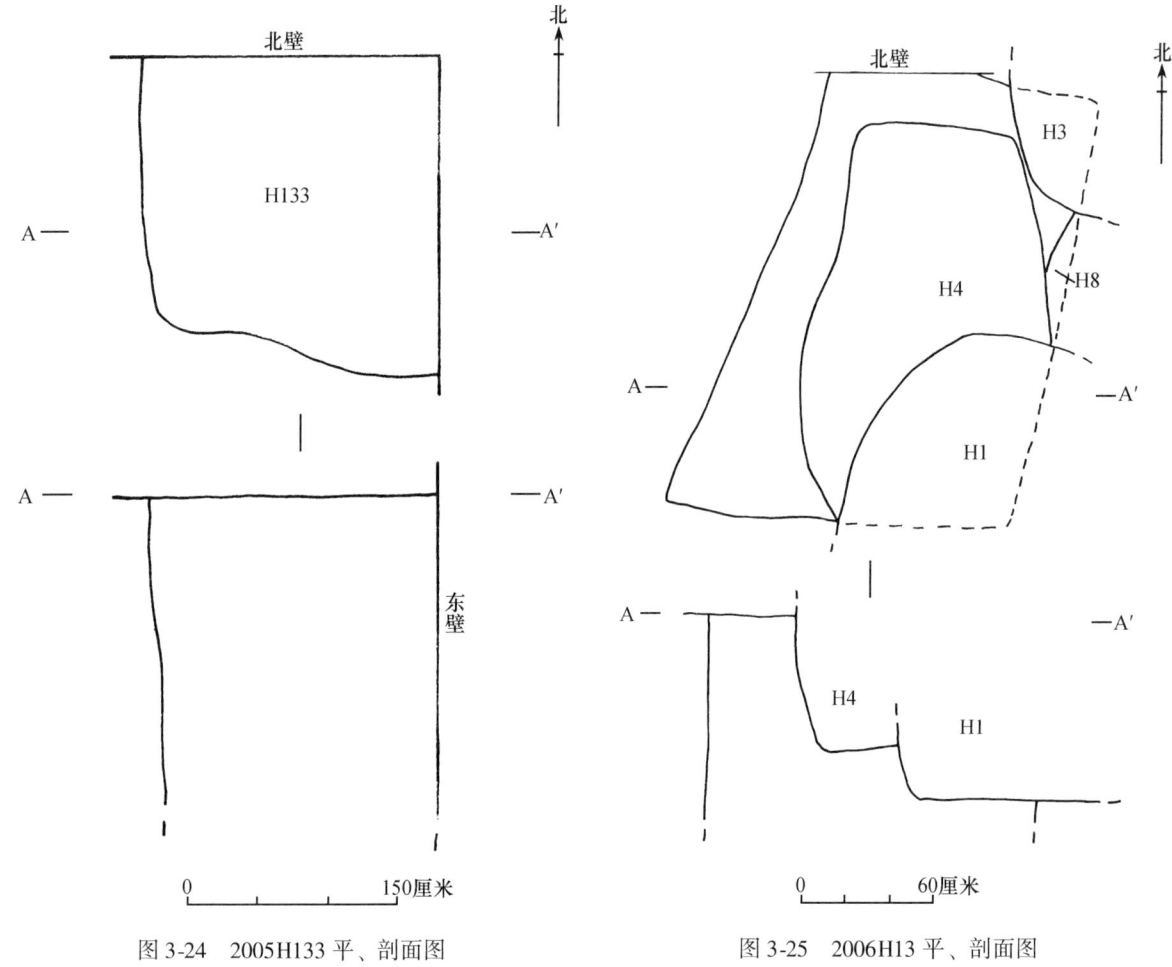

图 3-24 2005H133 平、剖面图

图 3-25 2006H13 平、剖面图

五、灰　坑

共发现灰坑七百余座，坑口形状可分为近圆形、椭圆形、长方形或长条形和不规则四类。一般为直壁或斜壁，偶见袋状者。

（一）近圆形

现举 8 例。

2004H19　位于ⅡT6502 内，开口②层下，被 H13 打破，打破③层及生土。向西 5 厘米处即为 2004J1。整理时发现 2004H19 内有部分陶片可与 2004J1 拼对，推测 2004H19 原应打破 2004J1，后因地势渐低而失去打破关系。坑口距地表深 0.37 米，直径为 2.7 米。坑底直径 2.5 米，至坑口深 1.6 米。坑壁近竖直，较规整，平底。坑内填土分两层：①层为灰褐色土，含有灰烬、烧土块、料姜石、石块等，厚 0.6 米；②层为深灰色土，包含物同上，厚 1 米。出土陶器包括鼎、鼓腹罐、深腹罐、捏口罐、甗、深腹盆、浅腹盆、豆、三足盘、器盖、小口尊、灶等，以及白陶鬶、爵和觚等。此外，还出有部分石器及少量玉器等（图3-26；彩版一二，4）。

2004H72　位于ⅠT6941北部，部分延伸于北隔梁下。开口②层下，打破③层，被2004H53、2004H60和2004M9打破。从揭露部分看，坑口近圆形，直径为1.8米，近直壁，坑底呈斜坡状，东高西低，坑底径约1.6米，坑深0.22米。坑内填土分两层：①层为深褐土，土质稍硬，含有大量青色草拌泥和红烧土块。出有深腹罐、圆腹罐、刻槽盆和捏口罐等；②层为草拌泥烧结块，质硬，近底部有白色似炉渣状物。出土陶器有深腹罐、圆腹罐、刻槽盆、深腹盆、小口尊、缸和瓮等。从坑内出土较多烧土块来看，应与窑址有关（图3-27）。

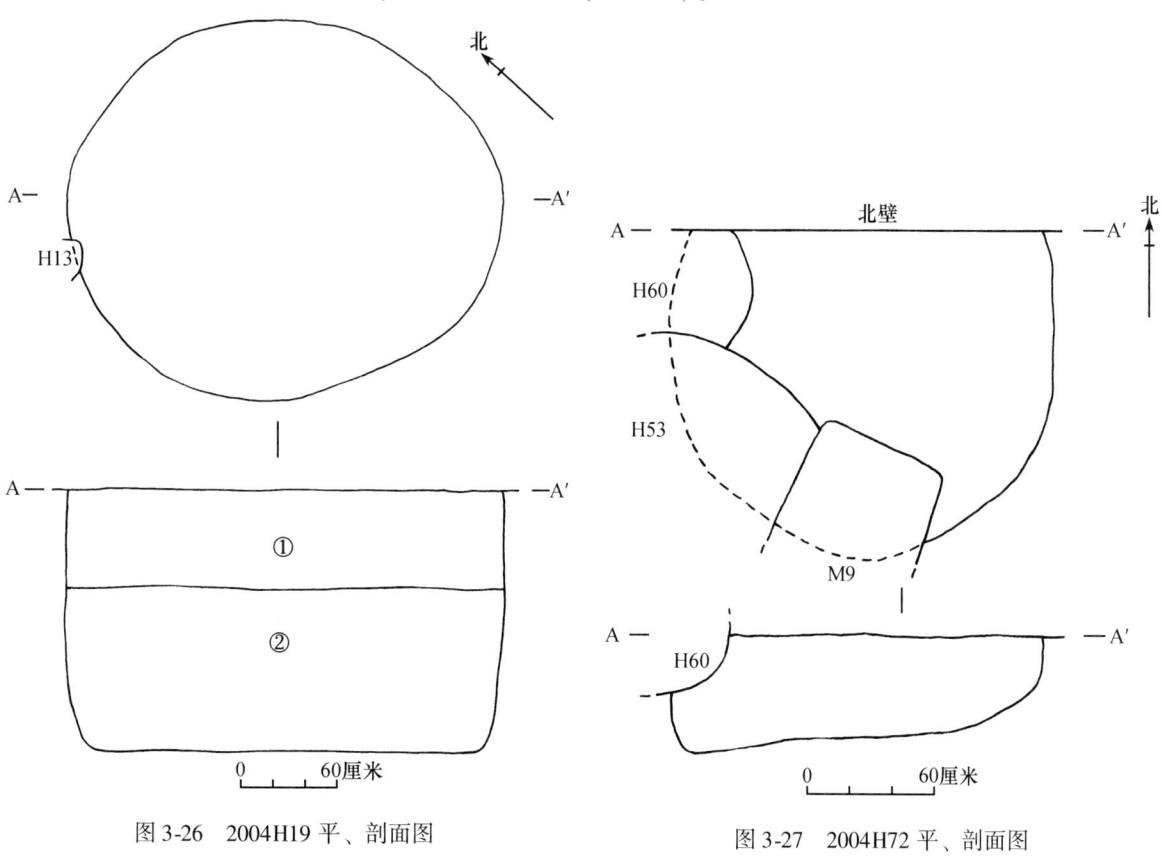

图3-26　2004H19平、剖面图

图3-27　2004H72平、剖面图

2004H239　位于ⅠT7041的东部。开口于③层下，被2004H176、2004H186和2004M31打破，打破2004H242。坑口近圆形，直径约0.9米。斜弧壁，圜底。深0.65米。填土呈黄褐色，土质较软，包含有少量的红烧土粒、草木灰、木炭屑及石块等。出有深腹盆、高领罐、器盖和豆等（图3-28）。

2004H245　位于ⅠT6740南部，南部延伸于探方外。开口于③层下，被2004H224和H244打破，打破④层及生土。已揭露部分近半圆形，近直壁，平底。坑口直径约1.57米，坑底直径约1.55米。填土为灰褐色土，夹杂部分灰色土，含有大量炭屑和红烧土以及少量料姜石。出土陶器有深腹罐等（图3-29）。

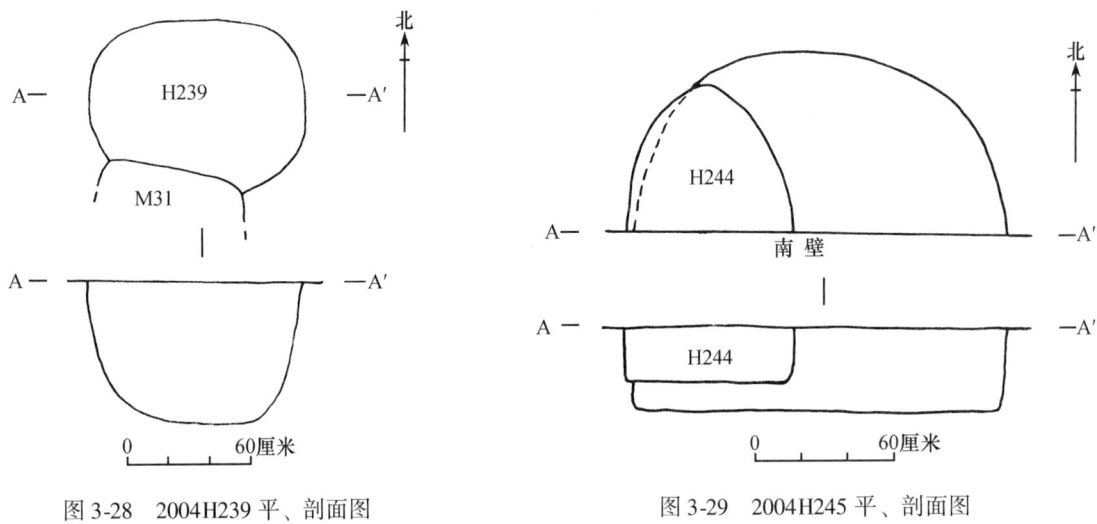

图 3-28　2004H239 平、剖面图　　　　　　　图 3-29　2004H245 平、剖面图

2004H425　位于ⅠT7238 的西南部，开口于⑥层下，打破⑦层及生土，被 2004H243、H358、H359、H406、H415 和 H431 等打破。坑口平面近圆形，斜壁，底部不平。坑口直径约 1.75~2 米，坑深 1~1.2 米。填土为褐色，土质疏松，含有较多红烧土、炭屑及少量料姜石。出土深腹罐、圆腹罐和甑等（图 3-30）。

2005H130　位于ⅠT7342 的西北部，北部延伸于北隔梁下。开口于②层下，被 2005H23 和 H129 打破，打破③层。探方内揭露范围近半圆形，斜直壁，坑底不平，坑口东西径约 1.6 米，坑底约 1.4 米。坑内填土为夹杂有白灰渣及红烧土粒的浅褐色黏土，土质疏松。出土有圆腹罐、鼎和甑等陶器，以及灼烧过的兽骨和石刀、石斧等（图 3-31）。

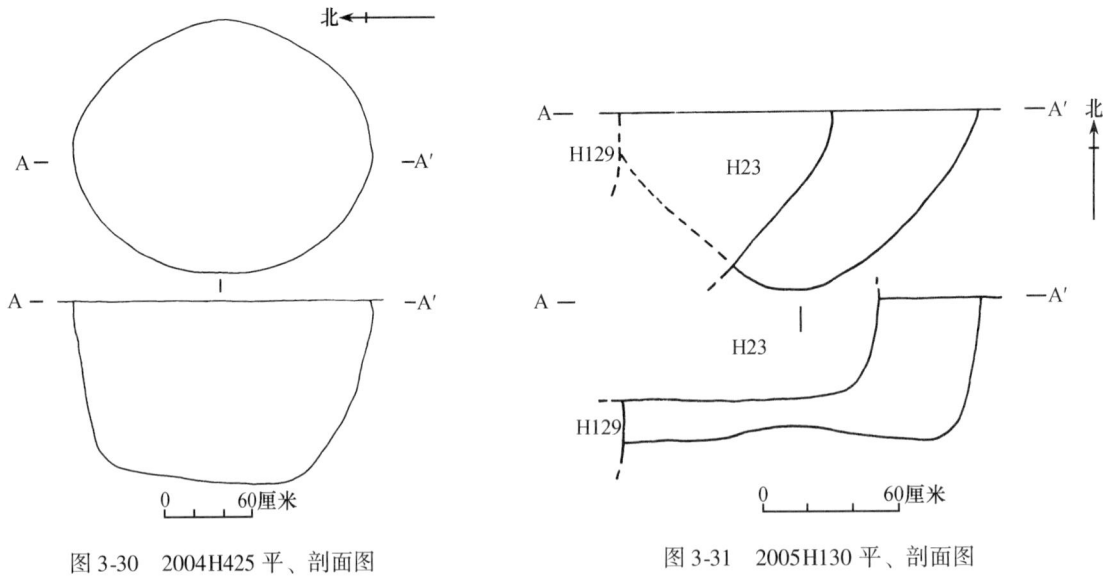

图 3-30　2004H425 平、剖面图　　　　　　　图 3-31　2005H130 平、剖面图

2005H206　位于ⅠT4719 东北角，部分延伸于东隔梁下和ⅠT4720 内。开口于①层下，打破 2005H207 和 H208。坑口近圆形，直径约 3.21 米。坑壁斜直，坑底平整，直径约 2.2 米。坑深 2.1

米。坑内堆积为黑灰色土，土质疏松，包含较多草木。出土陶器有深腹罐、圆腹罐、鼎、甗、刻槽盆、深腹盆、大口尊、瓮、缸和器盖等。骨器有锥和针，石器有铲、斧和刀等（图3-32）。

2006H24　位于ⅡT6205和ⅡT6305内。开口于②层下，被2006H30打破，打破2006H29及生土。坑口近圆形，直径约2.8米。斜直壁，坑底较平，直径约2.7米。坑深0.45米。坑内填土为灰褐色，较硬。出有深腹罐、圆腹罐、鼎、甗、刻槽盆、捏口罐和豆等（图3-33）。

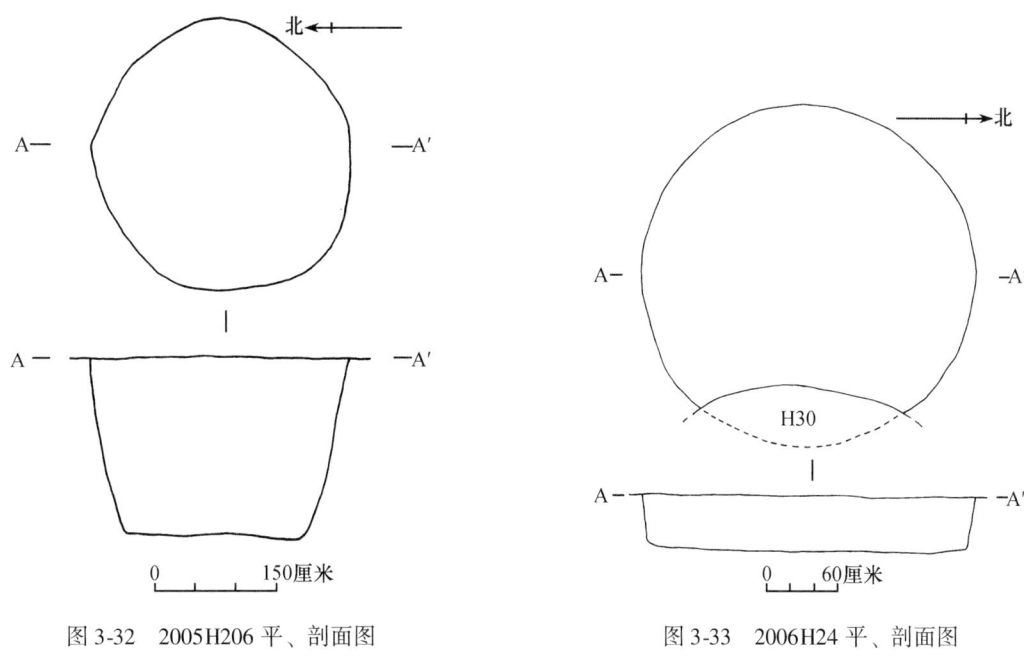

图3-32　2005H206平、剖面图　　　　图3-33　2006H24平、剖面图

（二）椭圆形

现举23例。

2004H20　位于ⅡT6602北部，开口于②层下，被2004H30打破，其下叠压有2004H32、H35和H36，打破③层和生土。部分范围延伸于北隔梁下。探方内揭露部分坑口东西长径为5.04米，南北最大径约2.96米，斜壁略弧，坑底近平，长径约4.3米，坑深1.3米。坑底中部和东南部各发现一块较大石头。坑内填土分三层：①层为灰黄色土，土质较硬，含有大量料姜、少量灰烬和烧土块等，厚0.2米；②层为灰黑色土，含有大量灰烬、烧土块、石块、料姜和兽骨等，土质疏松，厚0.5米；③层为深灰色土，含有丰富的灰烬及烧土块，土质更疏松，厚0.6米。出土陶器有深腹罐、圆腹罐、鼎、甗、深腹盆、豆、圈足盘、尊和瓮等。另有少量的石器和骨器（图3-34）。

2004H35　位于ⅡT6602北部。开口于2004H20下，打破生土。坑口近椭圆形，长径1.8米，短径0.7米。坑壁斜直，底近平。坑深约0.38米。坑内填土为浅灰色，土质松软，含有灰烬、炭屑、烧土块和石块等。出有豆及石球等。该灰坑可能为2004H20的一部分（图3-35）。

2004H71　位于ⅠT6940北部及ⅠT6941南部。开口于②层下，被2004H46、H49、H59、H61、M9和M11等打破，打破ⅠT6940④层和ⅠT6941③层等。坑口近椭圆形，长径4.35米，短径约2.6米。

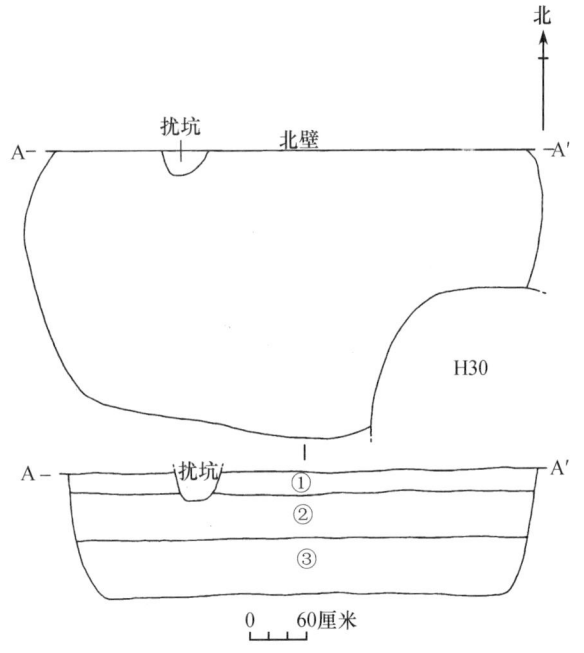

图 3-34　2004H20 平、剖面图

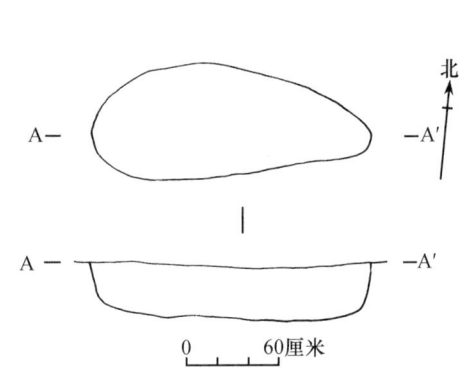

图 3-35　2004H35 平、剖面图

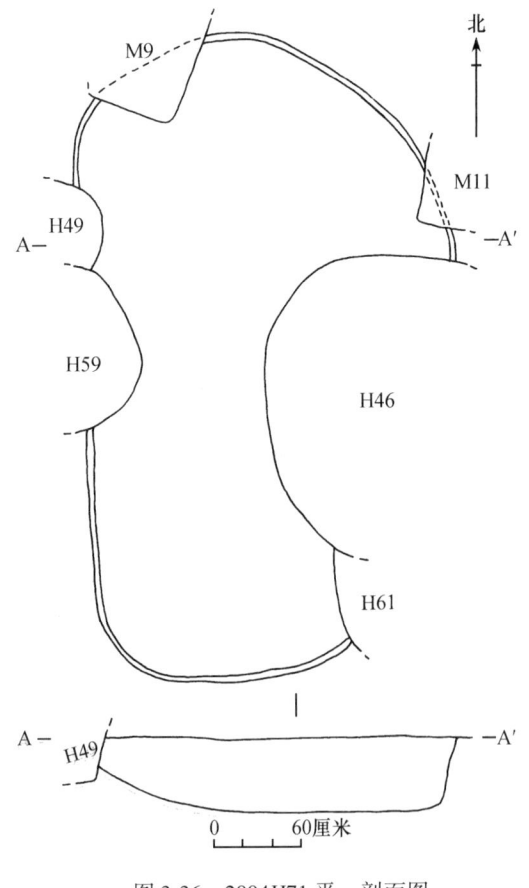

图 3-36　2004H71 平、剖面图

斜直壁。底部西高东低。坑深约 0.5 米。填土为灰褐色，夹有红烧土粒和炭屑，坑底有许多石块。出土陶器有深腹罐、圆腹罐、鼎、刻槽盆、捏口罐、深腹盆、圈足盘、豆、高领罐、大口尊和纺轮等。另有石凿、骨镞、骨簪和蚌贝等（图3-36）。

2004H78　位于ⅠT6941东北部，北部延伸到隔梁下，东部延伸到ⅠT7041内。开口于ⅠT7041③层下，打破ⅠT6941③层及生土。坑口近椭圆形，揭露部分长径1.38米，短径1.28米。斜弧壁，平底。坑底长径1.3米，短径0.96米。深0.78米。坑内填土分为四层：①为深褐色，土质较软，含有红烧土粒和炭屑；②为灰色，含有大量红烧土粒；③为青灰色，土质较软，含有许多草拌泥烧土块；④为黄灰色，夹杂有黄土，土质较软，含有水锈。出土有深腹罐、圆腹罐、刻槽盆、深腹盆、尊、瓮、陶杯和器盖等，另有骨匕和石器等（图3-37）。

2004H136　位于ⅠT6940和ⅠT6941东部，开口于ⅠT6940④层和ⅠT6941③层下，被2004H46、H71、H89和H154等打破。坑口近椭圆形，长径约2.4米，

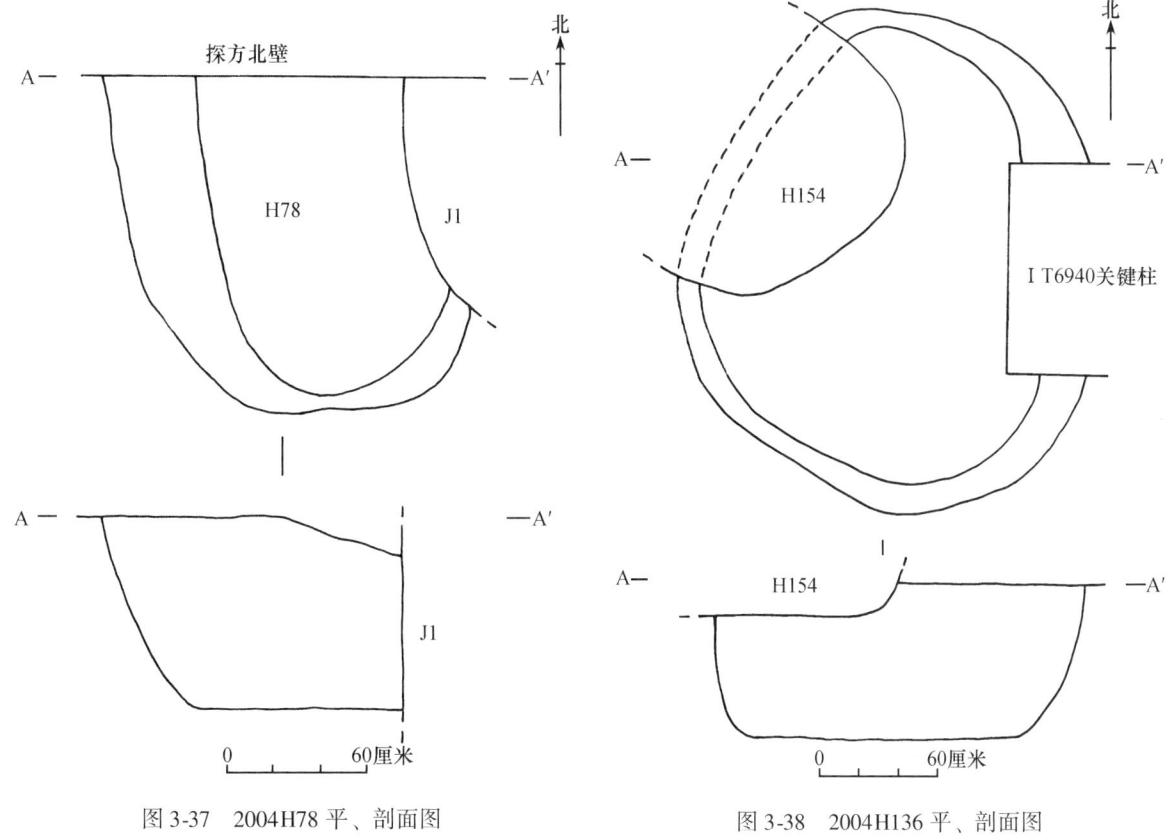

图 3-37　2004H78 平、剖面图　　　　　图 3-38　2004H136 平、剖面图

短径约 2.06 米。斜弧壁。平底。长径 2.16 米，短径约 1.76 米。坑深约 0.76 米。坑内填土呈灰褐色，土质疏松，夹杂有大量红烧土块、料姜石及炭灰等。出有深腹罐、圆腹罐、鼎、刻槽盆、深腹盆、豆、高领罐、缸和大口尊等。另有青铜镞 1 件（图 3-38）。

2004H163　位于ⅠT6941 中部。开口于③层下，被 2004H72、H85 和 H154 打破，打破 2004H180、H184、H209 和④层等。坑口近似椭圆形，长径 2.2 米，短径 1.54 米。弧壁，圜底，坑深 0.62 米。坑内填土为灰褐色，夹杂有许多草拌泥烧土块和红烧土块，以及少量炭屑、砂子和石块。出土陶器有深腹罐、圆腹罐、甑、刻槽盆、深腹盆、平底盆、捏口罐、三足盘、小口尊和器盖等（图 3-39）。

2004H180　位于ⅠT6941 东部，开口于③层下，被 2004H72、H163 和 H89 打破，打破⑤层。坑口近椭圆形，长径 2.48 米，短径 1.64 米。直壁，平底。深 0.38 米。填土为灰白色，含有大量的草木灰、白色物质以及较多的红烧土粒和炭屑。底部有一层厚 0～15 厘米的白色板结物，似由坑内白土和料姜混合形成。出有深腹罐、圆腹罐、鼎、深腹盆、平底盆、豆、觚、小口尊和白陶鬶等。另有石镞和蚌刀等（图 3-40）。

2004H208　位于ⅠT6841 西北部，向西延伸到ⅠT6741 东部。开口于③层下，被 2004H173、H174 打破，打破生土。坑口近椭圆形，长径 3.74 米，短径 2.28 米。南壁斜直，北壁略呈台阶状。由于下部不规则，未发掘至底。填土为浅褐色，较松软，包含有石块、炭屑、烧土和兽骨等，出土有深腹罐、圆腹罐、深腹盆、平底盆和圈足盘等。坑内发现有较集中分布的兽骨（图 3-41）。

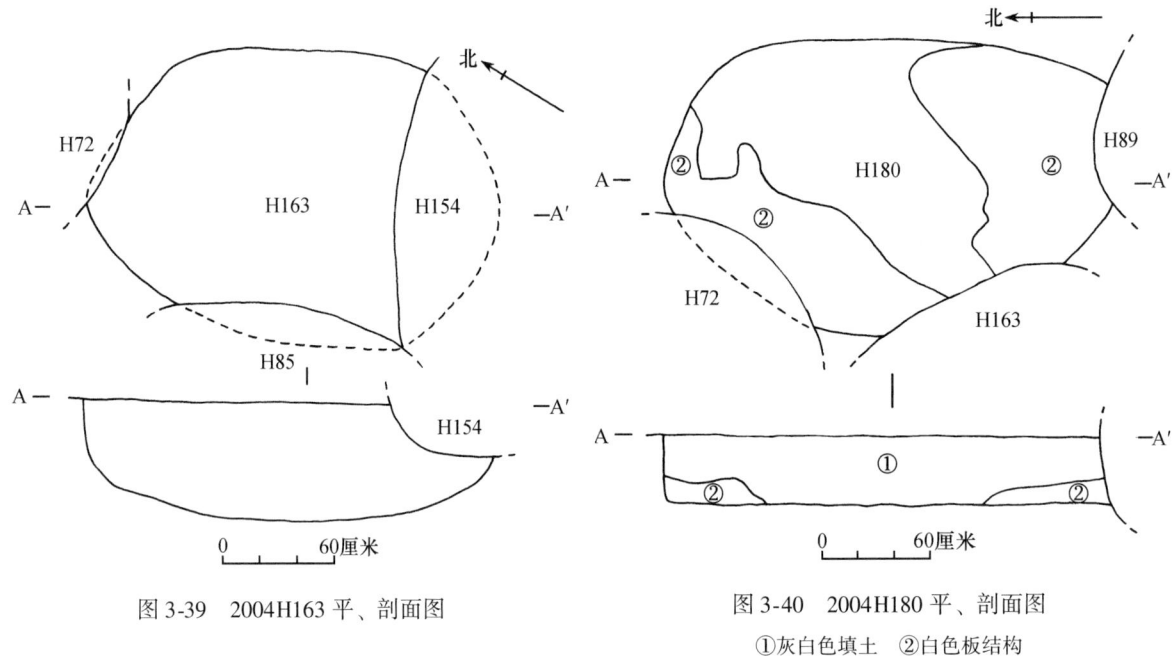

图3-39 2004H163平、剖面图

图3-40 2004H180平、剖面图
①灰白色填土 ②白色板结构

2004H242 位于ⅠT7041的东南部。开口于④层下，被2004M31、H176、H186和H239打破，打破生土。坑口近椭圆形，长径2.6米，短径1.5米。坑壁不规整，南壁呈斜弧状，北壁近底部呈台阶状，底部凸凹不平。深1.7～1.95米。填土主要呈青灰色，含较多红烧土和草木灰等，以及片状分布的黄褐色土和一些石块，极为疏松，坑底有一薄层灰白色土。出土有深腹罐、圆腹罐、鼎、刻槽盆、捏口罐、深腹盆、圈足盘、三足盘、器盖、豆、缸、瓮以及白陶鬶（或盉）袋足、爵及绳纹陶片等（图3-42）。

2004H331 位于ⅠT7137和ⅠT7138东部，向东、南分别延伸于邻方及探方外。开口于⑦层下，打破2004H342、H410及生土，被2004H267、H281、H288、H311、H379和H389等打破。斜弧壁、圜底。已揭露坑口南北长径为5.3米，东西短径2米，深1.5米，坑内填土呈青灰及灰黑色，夹杂有炭屑和红烧土粒，出有深腹罐、圆腹罐、鼎、刻槽盆、深腹盆、三足盘、豆和瓮等（图3-43）。

2004H342 位于ⅠT7137东部，叠压于⑦层下灰坑2004H331之下，打破生土。坑口近椭圆形，南北长径约2.25米，东西短径为1.85米，坑深0.22～1.7米，直壁平底。填土呈青黑色，质疏松，夹杂有较多炭屑和红烧土粒。出有圆腹罐和石镰等（图3-44）。

2004H379 位于ⅠT7138南部，向南延伸到ⅠT7137内。开口于⑥层下，被2004H263和H376打破，打破2004H331、H389、H410和⑦层等。坑口近椭圆形，长径2.9米，短径2.34米。斜壁平底，坑深0.9米。填土呈青灰色，夹杂少量红烧土粒和炭屑，另有几块较大石头。出土陶器有深腹罐、圆腹罐、刻槽盆、深腹盆、圈足盘、豆、瓮和器盖等，另有石铲、蚌器和绿松石饰件等（图3-45）。

2005H55 位于T7642中部偏西，开口于②层下，被2005H3和H243打破，打破⑤层及生土。坑口呈椭圆形，长径2.5米，短径1.55米。斜壁略弧。底近平，坑底长径1.7米，短径1米。深

1.35米。坑内填土呈深灰褐色，较疏松，夹杂有较多灰烬和烧土块。出土陶器有深腹罐、圆腹罐、鼎、甑、刻槽盆、豆、小口尊和捏口罐等。坑底有一侧立石块（图3-46；彩版一三，2）。

2005H65　位于Ⅰ T7442中部。开口于②层下，被2005H34、H38打破，打破2005H137和③层。坑口近椭圆形，长径2米，短径1.7米。斜壁，圆底。深0.36米。坑内填土为灰褐色，较疏松，包含有烧土块、石块、料姜、碎骨、蚌壳、螺壳和炭屑等。出土陶器有深腹罐、圆腹罐、鼎、捏口罐、深腹盆和瓮等（图3-47）。

2005H69　位于Ⅰ T6936的西南部，西部被Ⅰ T6836内2005M13打破，向南延伸到探方外。开口于③层下。坑口应近椭圆形，已揭露部分长径2.03米，短径0.7米。斜直壁，平底。坑深2.4米。填土为含有大量红烧土粒和炭屑的黑褐色土，土质疏松。出土陶器有深腹罐、圆腹罐、鼎、深腹盆、平底盆、三足盘和豆等（图3-48）。

2005H79　位于Ⅰ T7441北部偏西，部分延伸于Ⅰ T7442内。开口于②层下，被2005H34、H38、H43和M5打破，打破2005H188和③层。坑口近椭圆形，残存长径约1.72米，短径约2.2米。直壁，坑底不平，深0.5~0.7米。坑内填土为红褐色，较致密，包含红烧土、炭屑、料姜石、碎骨和螺壳等。出有深腹罐、甑、深腹盆、三足盘和大口尊等（图3-49）。

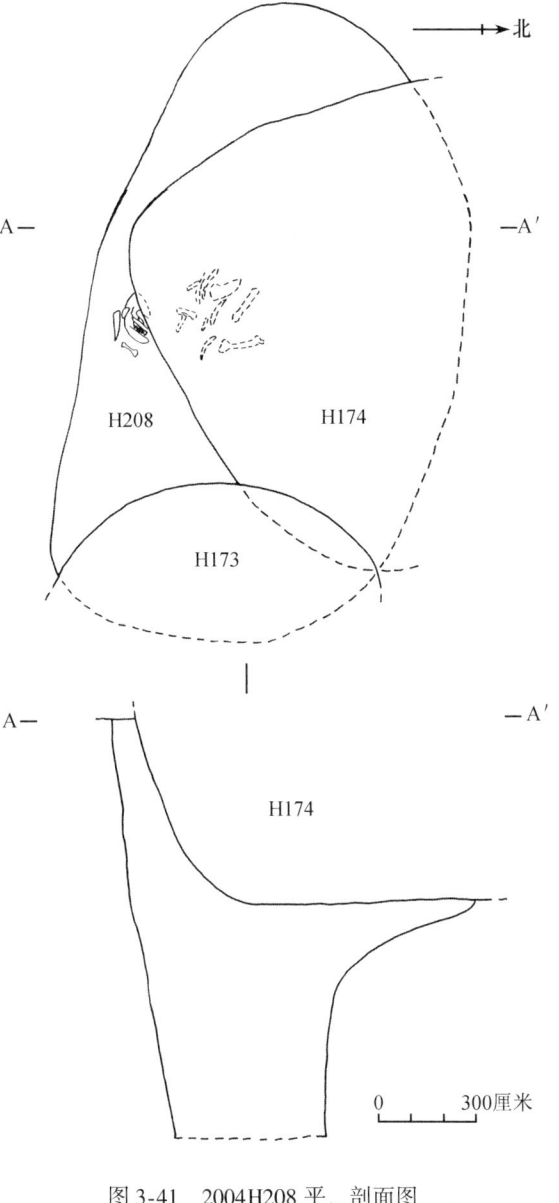

图3-41　2004H208平、剖面图

2005H116　位于Ⅰ T7742中部。开口于④层下，被2005H84打破，打破2005H126、H83和H85。坑口近椭圆形，长径2.65米，短径1.6米。斜弧壁，平底。深0.65米。坑内填土为黄色，土质疏松。出土有深腹罐、圆腹罐、鼎、深腹盆、豆、刻槽盆、缸和器盖等（图3-50）。

2005H122　位于Ⅰ T6636东南角，开口于③层下，被2005H29、H71、H111和H121等打破，打破2005H117及生土等。平面近椭圆形，斜壁，平底。坑口长径1.6米，短径0.87米。坑底长径1.4米，短径0.62米。坑深约1.03米。坑内填土呈灰黑色，夹杂有红烧土块、炭屑、骨头和石块等。出土陶器有深腹罐、圆腹罐、深腹盆、平底盆、缸、器盖和白陶鬶等。另有骨簪、骨锥和石铲等（图3-51）。

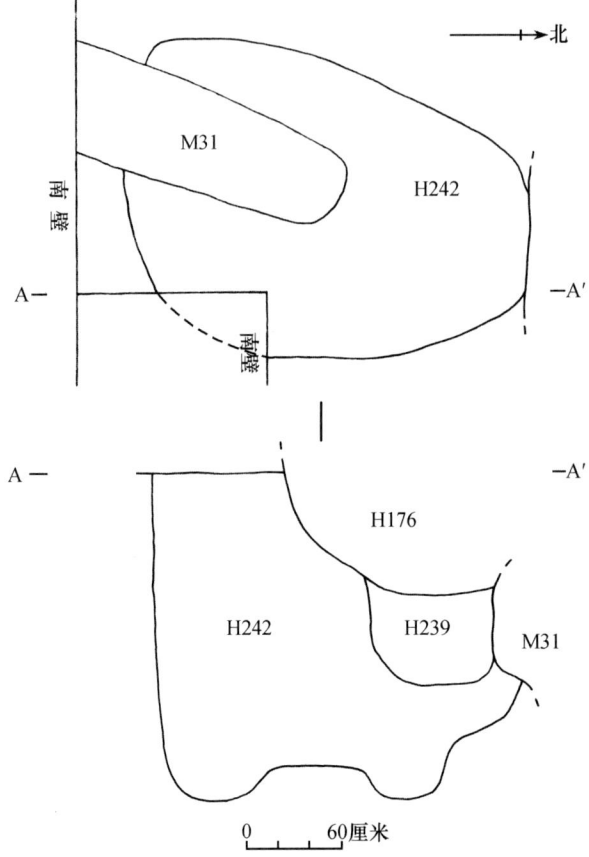

图 3-42　2004H242 平、剖面图

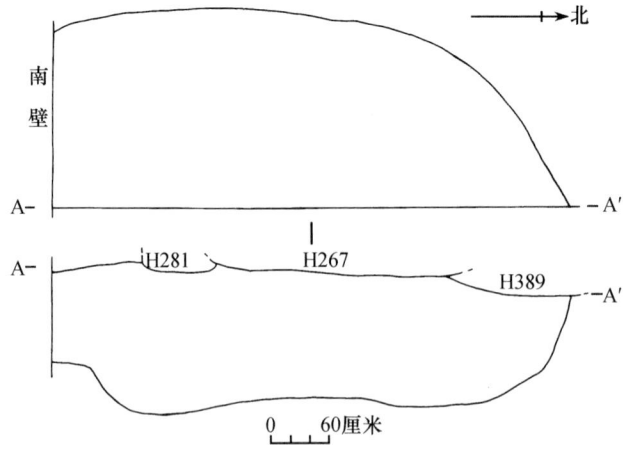

图 3-43　2004H331 平、剖面图

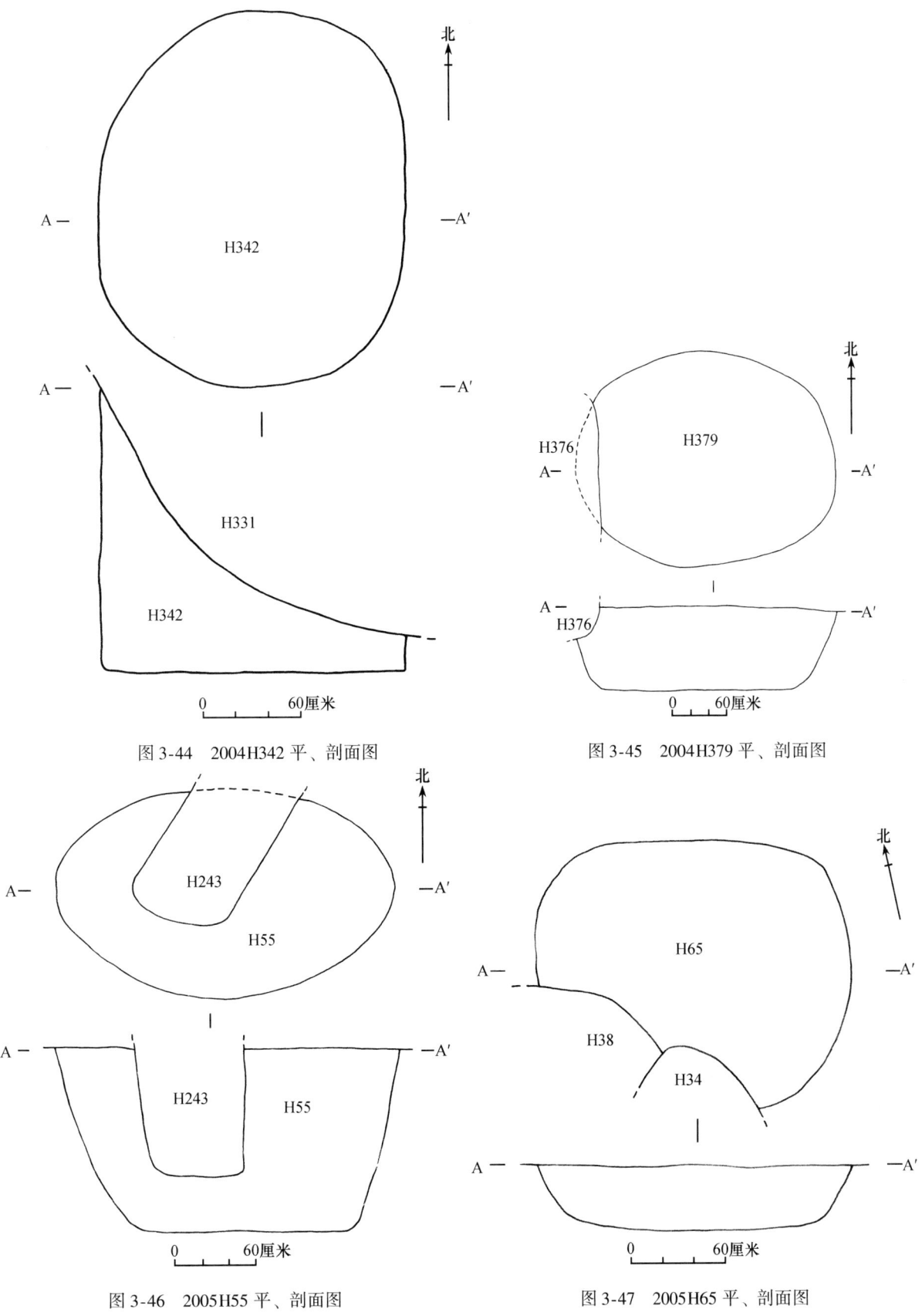

图 3-44　2004H342 平、剖面图

图 3-45　2004H379 平、剖面图

图 3-46　2005H55 平、剖面图

图 3-47　2005H65 平、剖面图

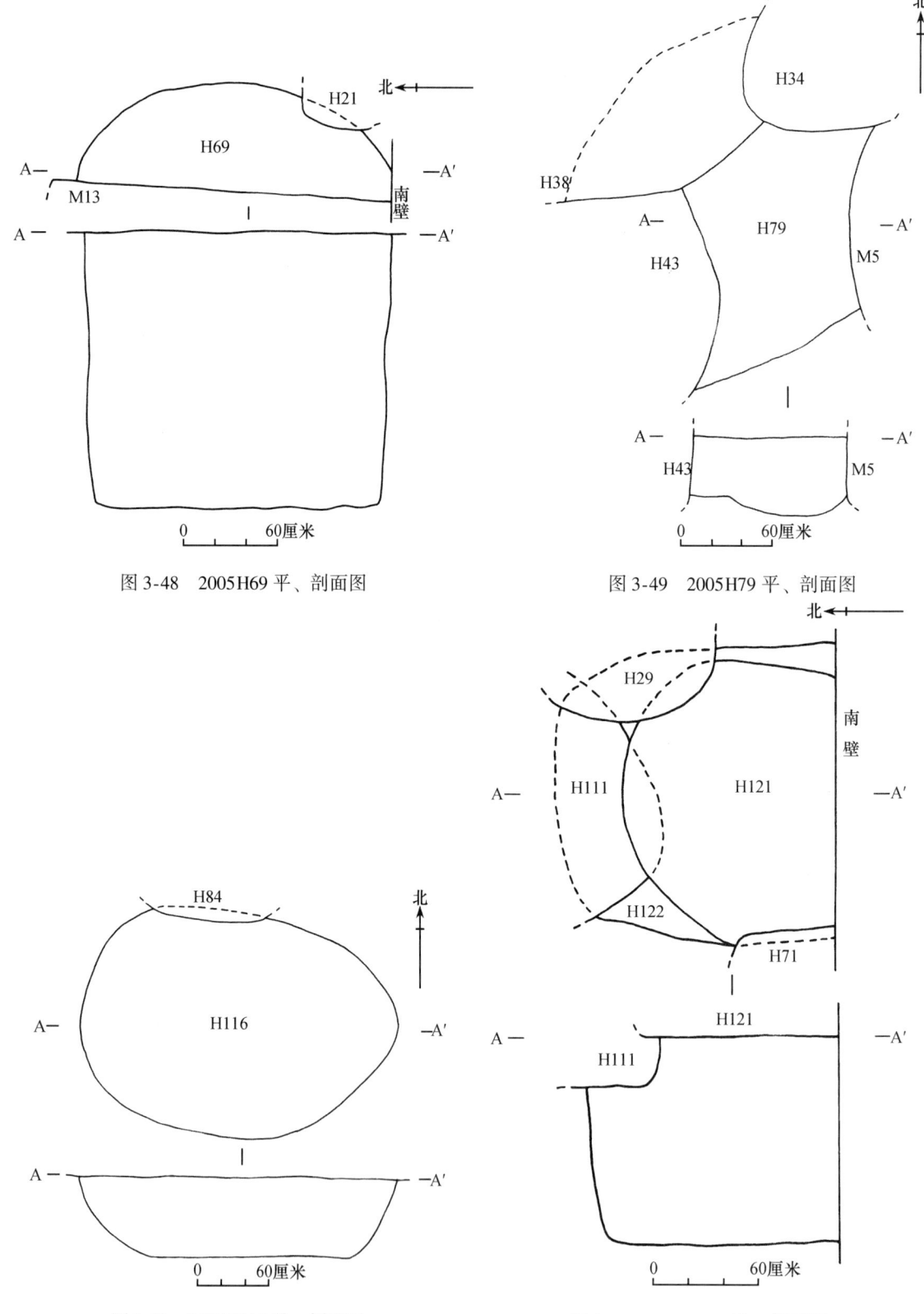

图 3-48　2005H69 平、剖面图

图 3-49　2005H79 平、剖面图

图 3-50　2005H116 平、剖面图

图 3-51　2005H122 平、剖面图

2005H128　位于ⅠT7342东部，向东延伸到ⅠT7442西部。开口于②层下，被2005H38和H91打破，打破H110及③层。坑口近椭圆形，南端略大，长径约2.86米，短径约2.31米。坑壁略呈袋状，坑底较平。坑底深度约2.17米。坑内填土三层：①层为褐色土，较致密，夹有红烧土块和炭屑；②层为灰色土，土质疏松，常见炭屑，但红烧土块较少；③层为褐色夹杂黄色土，致密坚硬，少见炭屑和红烧土粒。三层都夹杂有石块。H128出土遗物较为丰富，有陶器、兽骨、石器及蚌器等。出土陶器有深腹罐、圆腹罐、鼎、深腹盆、平底盆、豆、瓮、尊和敛口罐等。另有石铲、石刀以及蚌刀等（图3-52）。

2005H207　位于ⅠT4719北部和ⅠT4720南部。开口于①层下，被2005H157、H206、H247、H253和H254等打破，打破生土。坑口近椭圆形，长径残长2.8米，短径2.85米。斜壁，底部不平。坑深1.22米。填土呈灰褐色，土质疏松，夹杂有红烧土块、炭屑和石头。出土有深腹罐、圆腹罐、鼎、甑、捏口罐、深腹盆、豆、缸、瓮和器盖等（图3-53；彩版一三，3）。

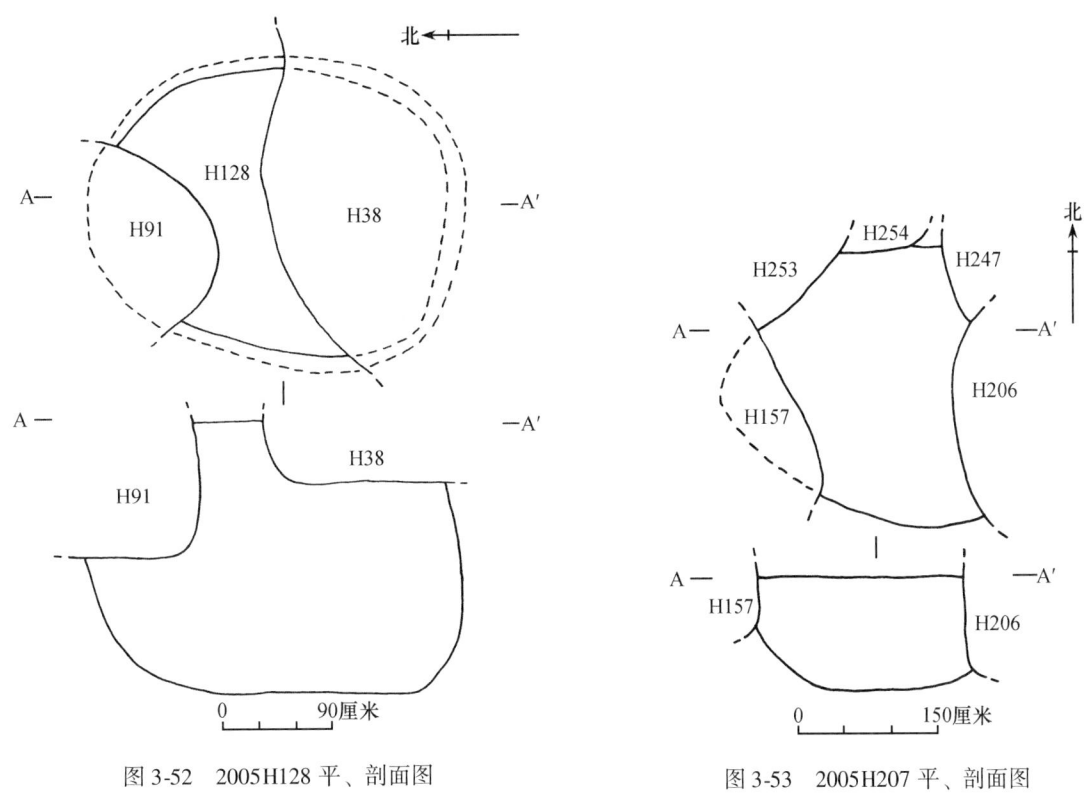

图3-52　2005H128平、剖面图　　　　　图3-53　2005H207平、剖面图

2005H253　位于ⅠT4720西部，向西延伸于探方外。开口于①层下，被2005H157、H246打破。打破2005H207、H254和H255。坑口为椭圆形，揭露部分长径为3.8米，短径为1.7米。北壁略斜直，其余弧壁，圜底。深1.45米。坑内填土为灰色，疏松，包含有大量的红烧土块、草木灰等。出土有深腹罐、圆腹罐、鼎、深腹盆、刻槽盆、高领罐、三足盘、大口尊、缸、豆和捏口罐等（图3-54）。

2006H30　位于ⅠT6305中部，东部因被晚期墓葬打破而未发掘，向南延伸于探方外。开口于②层下，打破2006H24及H31。坑口近椭圆形，斜壁，平底。探方内揭露部分坑口南北长为3米，

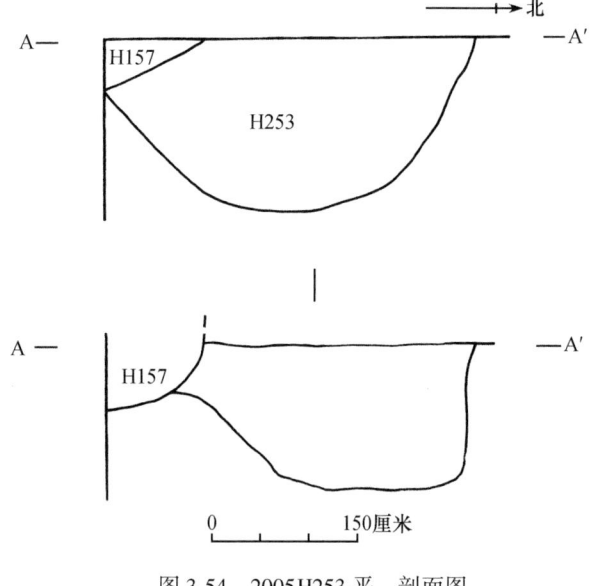

图3-54 2005H253 平、剖面图

东西宽2.56米。坑底长2.9米，宽2.45米，坑深0.7米。坑内填土为夹杂有红烧土颗粒的灰褐色土。出土陶器有深腹罐、圆腹罐、鼎、敛口罐、大口尊和平底盆等（图3-55）。

2006H40 位于ⅠT6206中部。开口于②层下，被2006H35和H37打破，打破生土。坑口近椭圆形，长径3.65米，短径2.35米。壁斜直，底不平，西部下凹。深1.6~2.2米。坑内填土分为两层：①层为灰褐色，较硬，厚1.5米；②层为黑褐色，较松散，厚0.1~0.74米。出土有深腹罐、圆腹罐、刻槽盆、深腹盆、缸、三足盘和壶等（图3-56）。

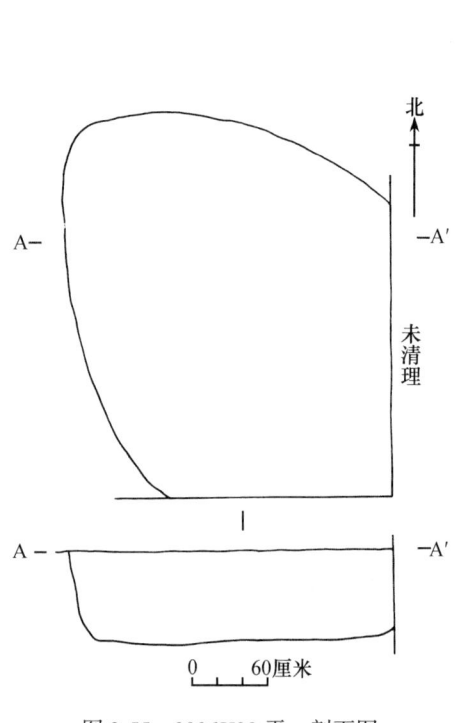

图3-55 2006H30 平、剖面图

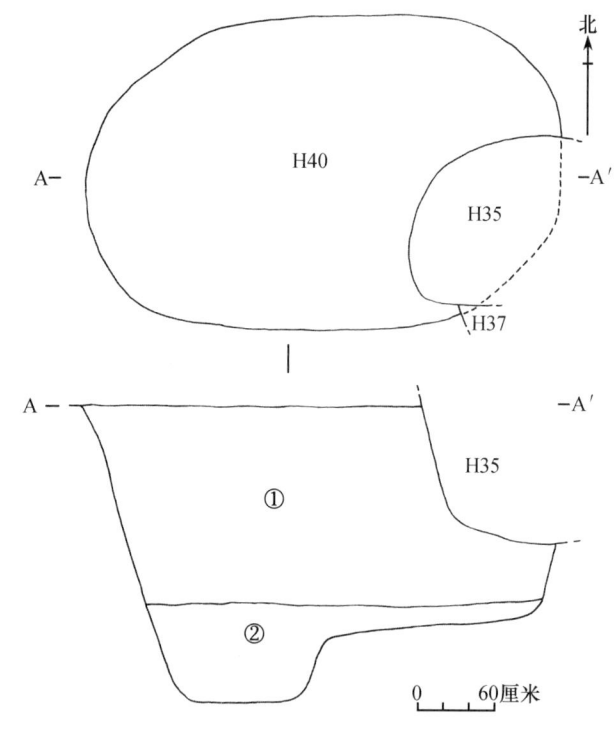

图3-56 2006H40 平、剖面图

（三）长方形或长条形

现举12例。

2004H17 位于ⅡT6502西部，开口于②层下，被2004H1、H10和H14打破，打破③层及生

土。坑口平面近长条形，长2米，宽1.2米。弧壁，底部略圜。坑深约1.2米。填土为浅灰色，土质松软，含有大量的炭屑和部分料姜石、石块及螺壳等。出土陶器有深腹罐、圆腹罐、刻槽盆以及白陶鬹、觚等。石器有凿、铲、斧和刀等，以及少量蚌镞和骨器等（图3-57）。

2004H32　位于ⅡT6602西北部，部分延伸于北壁外。开口于H20下，打破生土。坑口近长条形，长2.5米，宽1.6米。坑壁近竖直，底近平，坑深1.14米。坑内填土为深灰色，土质松软，含有大量炭屑和烧土块等。出土有深腹罐、圆腹罐、甑、鬶和刻槽盆等，另有石球等。该单位或为2004H20一部分（图3-58）。

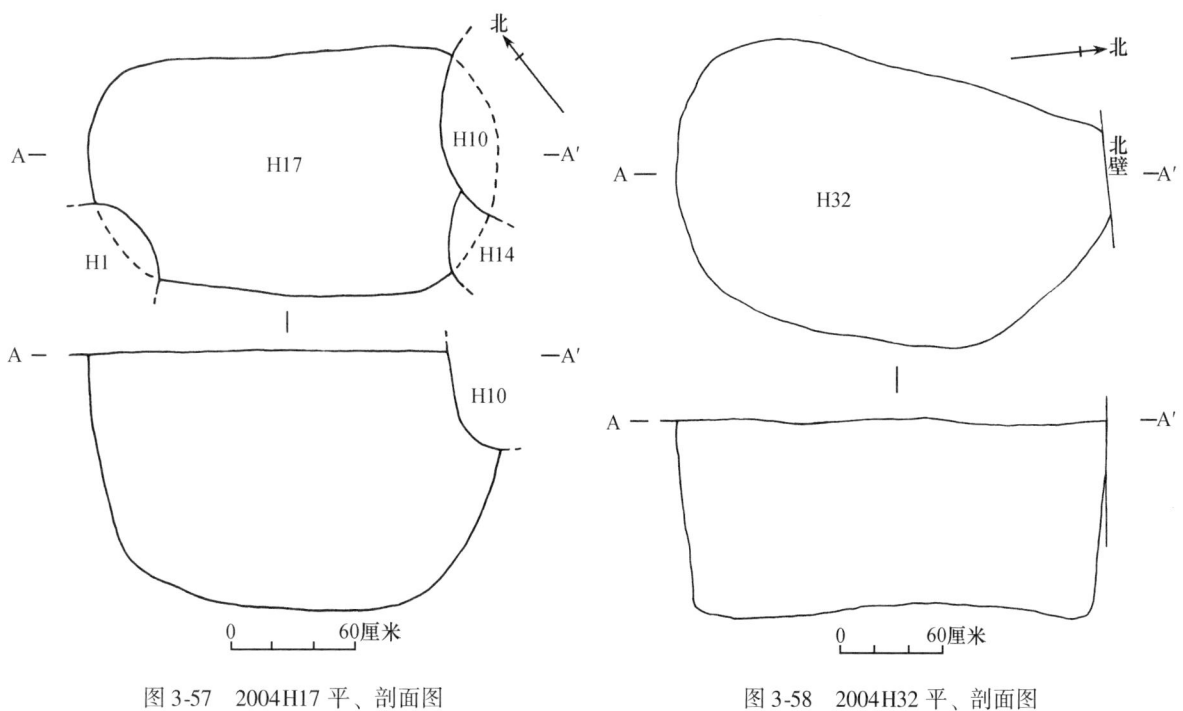

图3-57　2004H17平、剖面图　　　　　图3-58　2004H32平、剖面图

2004H166　位于ⅠT7041东北部。开口于④层下，被2004J2和H187打破，打破生土。坑口近长条形，西窄东宽，长1.45米，宽1米，坑深0.7米。斜壁，底不规则，西高东低。坑内填土甚杂，除西侧分布有灰褐色土外，其余大部分为成片分布的红烧土和草木灰，土质极疏松，包含有较多的草拌泥烧结块和大块的红烧土块、木炭及石块。出有深腹罐、圆腹罐、深腹盆、平底盆、捏口罐、器盖和白陶鬹、绳纹罐等。另有少量蚌壳及兽骨等。该单位或与2004Y1有关（图3-59）。

2004H224　位于ⅠT6740的东南部。开口于③层下，被2004H73、H129打破，打破H245和④层。坑口近似长方形，长1.5米，宽1.06米。南北壁稍斜，东西壁竖直。平底，长1.06米，宽0.8米，深0.84米。坑内填土分四层：①层为青花土，土质较硬，厚0.3米；②层为青灰土，较疏松，包括较多草木灰，厚0.18米；③层为深青灰土，土质较软，包含有黄沙、红烧土粒和大量炭屑，厚0.18米；④层为灰褐土，表面有一层厚5~10厘米的白灰，土质松软，厚0.18米。出有深腹罐、圆腹罐、豆、三足盘、尊和器盖等（图3-60）。

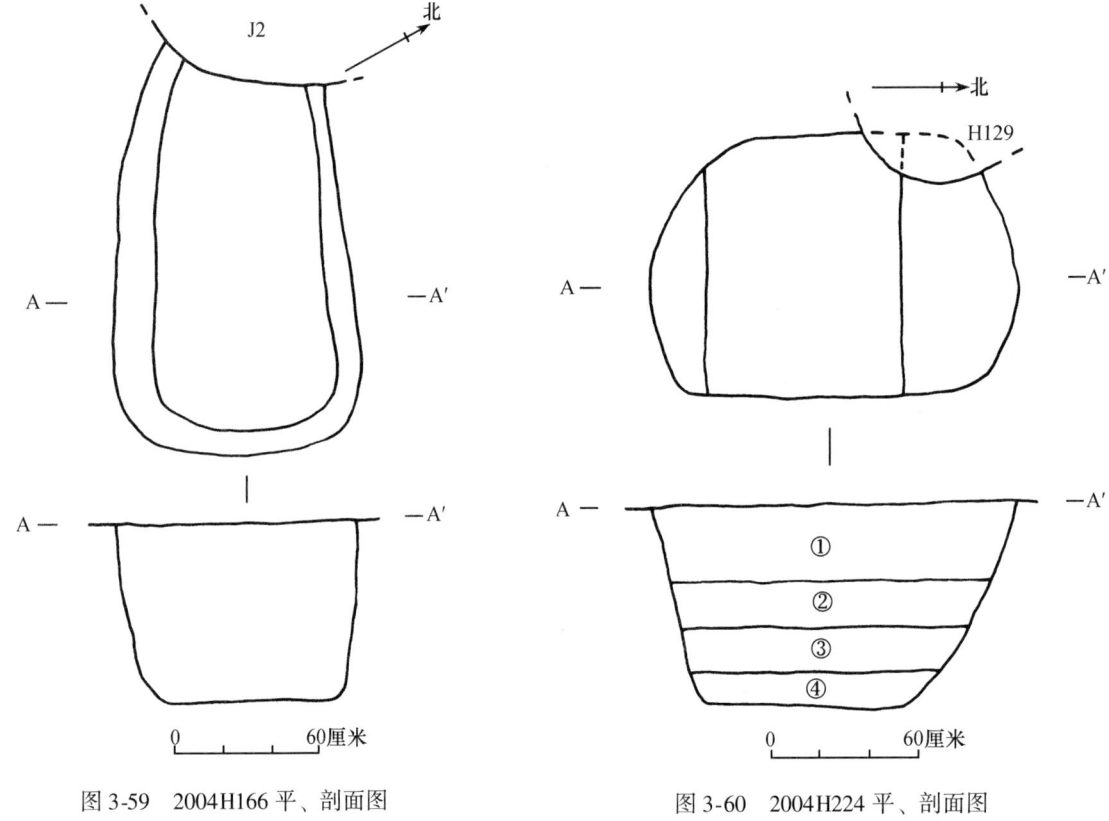

图 3-59　2004H166 平、剖面图　　　　　图 3-60　2004H224 平、剖面图

2004H228　位于ⅠT6840东南部和ⅠT6940西南部。开口于④层下，打破生土。东中西部分别被2004M20、M29和M17打断，东部还被2004H102、H109、H119和H265等打破。坑口平面为长条形，东西长2.76米，南北宽1.5米，深0.7~1.01米。壁较直，平底。填土较杂，ⅠT6840内填土分为六层：①层为青色，含白色粉块；②层为红褐色；③层为灰褐色，致密；④层为深褐色，含青褐色土块；⑤层基本上都是白色粉末；⑥层为深青色。①~③层少见陶片等遗物，④~⑤层出土陶片较多，⑥层不见陶片等遗物。ⅠT6940内填土全为灰白色，含有大量炭屑、烧土粒，较疏松。上述堆积中出土遗物有深腹罐、圆腹罐、甗、深腹盆、三足盘、瓮和器盖等以及白陶鬶（或盉）、爵足与罐底等（图3-61）。

2004H231　位于ⅠT6740的东北部。开口于③层下，被2004M13和M32打破，打破④层。坑口残余部分近似长方形，残长1.63米，宽1.6米，深0.8米。近直壁，平底。坑内填土分三层：①层主要为草木灰及红烧土，土质松软，厚0.15米；②层为红土，土质较硬，较为纯净，包含少量的红烧土块和炭屑，厚0.2米；③层为白灰土，极为疏松，包含有大量的红烧土粒和炭屑，厚约0.45米。出土有深腹罐、圆腹罐、豆、尊、高领罐和缸等（图3-62）。

2004H363　位于ⅠT6741西部和ⅠT6641东部。开口于④层下，被2004H193和H237打破，打破H398和H399。坑口近长条形，长1.77米，宽0.97米，坑深约0.71米。近直壁，平底。填土分两层：①层为灰白色，含较多红烧土和炭屑，少量料姜石，厚0.24米；②层为黄灰色，含少量红烧土、炭屑和料姜石。出土有深腹罐、圆腹罐、甗、刻槽盆、三足盘、豆、器盖、尊、瓮、缸和白

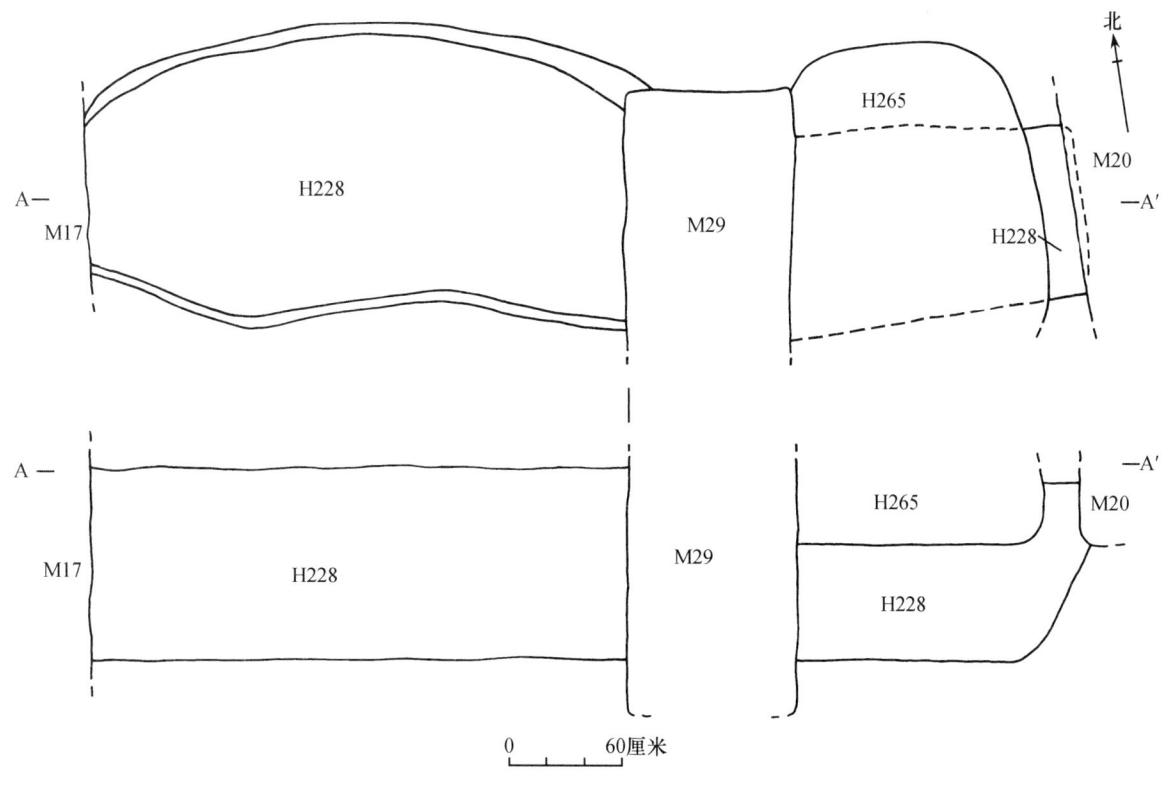

图 3-61　2004H228 平、剖面图

陶鬶等（图 3-63）。

2005H15　位于ⅠT7541 东部和ⅠT7641 西部。开口于③层下，被 2005H35 打破，打破④层。坑口近长方形，长 1.9 米，宽 1.58 米，深 1.5 米。坑壁近竖直。平底，唯西侧有一部分凸起。坑内填土呈褐色，土质较疏松，含大量草木灰。出土有陶深腹罐、圆腹罐、鼎、甑、刻槽盆、豆、深腹盆、高领罐、捏口罐、大口尊、瓮和缸等。另有三块窑壁残块（图 3-64；彩版一三，1）。

2005H66　位于ⅠT7541 中部，少部分向西延伸入ⅠT7441 内。开口于③层下，被 2005H5、H6 和 H45 打破，打破④层。坑口近长条形，揭露部分长 3.25 米，宽 1.8 米，深 1.1 米。坑壁略斜直。平底。坑内填土分两层：①层为灰褐色，含有较多的红烧土粒和炭屑；②层黑褐色，含大量草木灰，土质比上层疏松。出土有陶深腹罐、圆腹罐、甑、深腹盆、豆、高领罐、敛口罐、瓮、缸和器盖等（图 3-65）。

2005H90　位于ⅠT7841 中部。开口于③层下，打破 H193。坑口呈长条形，长 3.4 米，宽 1.8 米，深 2.1 米。坑壁较直，坑底较平。坑内填土分两层：①层为灰褐土，厚 0.7 米；②层为疏松的草木灰，夹杂有较硬的黄土。出土陶器有深腹罐、圆腹罐、鼎、刻槽盆、深腹盆、平底盆、三足盘、瓮、器盖和大口尊等。骨器有锥。石器有凿、刀和铲等（图 3-66）。

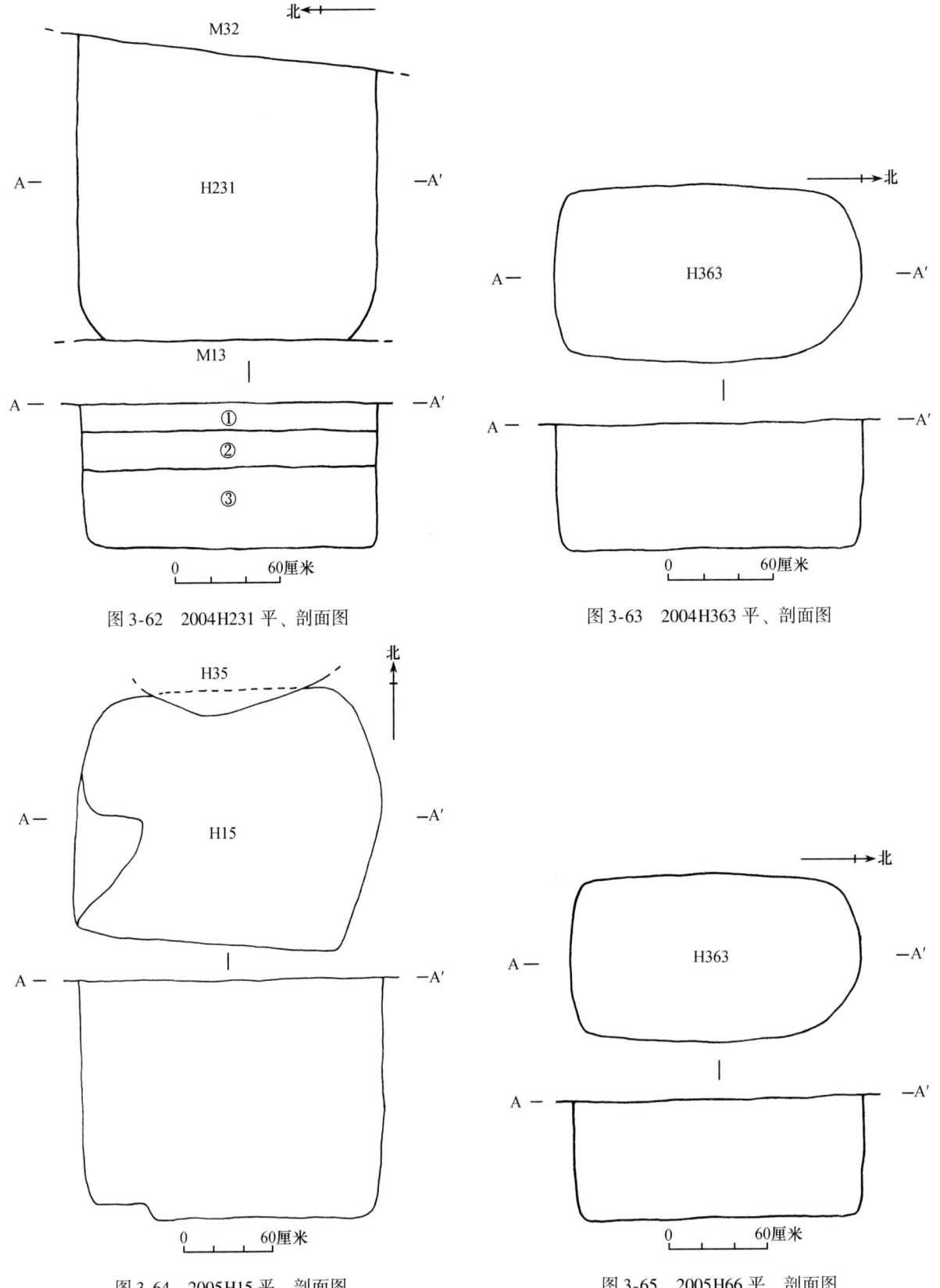

图 3-62　2004H231 平、剖面图

图 3-63　2004H363 平、剖面图

图 3-64　2005H15 平、剖面图

图 3-65　2005H66 平、剖面图

2005H166 位于ⅠT6636中部。开口于③层下，被2005H18、H49和H71打破，打破H167。坑口为长方形，长为1.66米，宽约为0.96米，深约1.5米。直壁，坑底较平。坑内填土呈灰黑色，土质松软，含大量烧土块和成层的草木灰等。出土有陶深腹罐、圆腹罐、鼎、甑、深腹盆、平底盆、豆、圈足盘、瓮、器盖和白陶爵、鬶等。就其规整的结构来看，原初应为一窖穴（图3-67）。

2005H167 位于ⅠT6636中部，向北延伸于隔梁内。开口于③层下，被2005H14、H49、H52、H71、H111、H122、H166和Y1等打破，打破生土。坑口揭露部分近长方形，长3米，宽2.6米。深约0.88米。斜壁，底略圜。坑内填土呈灰黑色，较疏松，包含物有大量烧土块、草木灰和料姜石等。出土有陶深腹罐、圆腹罐、甑、深腹盆、平底盆、圈足盘、豆、敛口罐、捏口罐、瓮、器盖和白陶爵、鬶等（图3-68）。

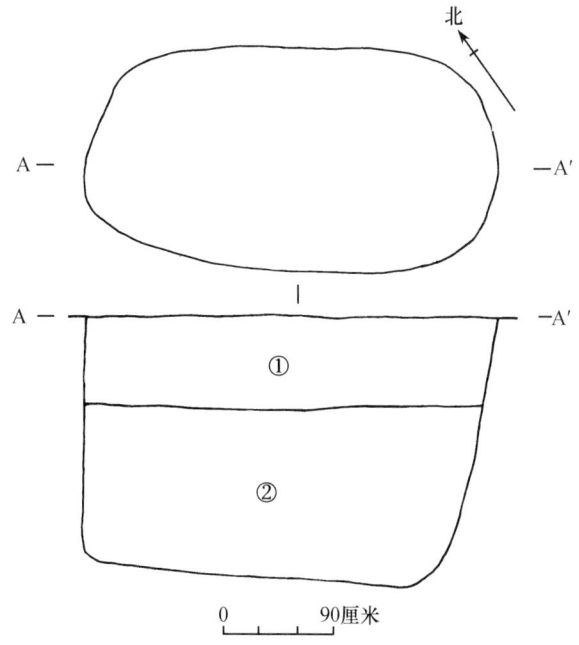

图3-66 2005H90平、剖面图

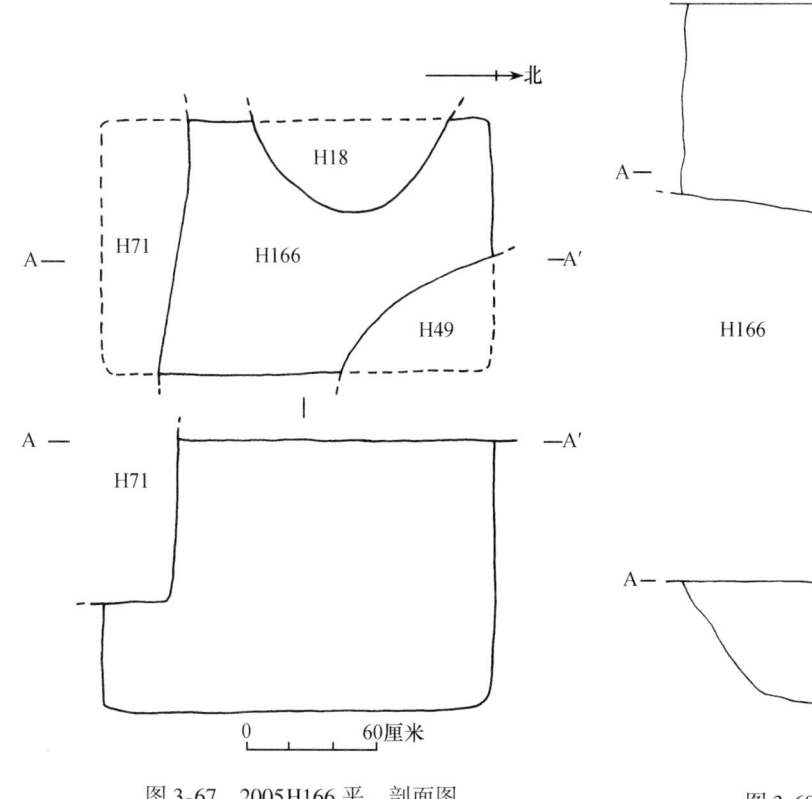

图3-67 2005H166平、剖面图

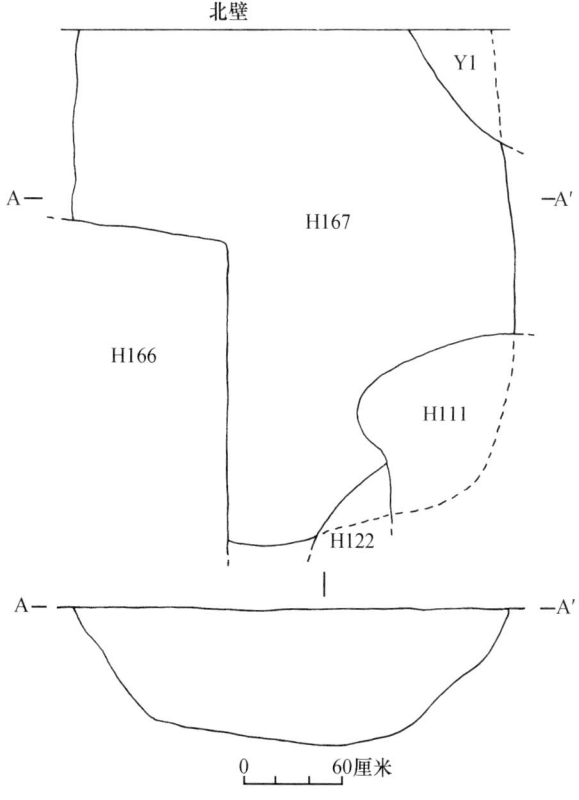

图3-68 2005H167平、剖面图

（四）不规则形

现举六例。

2004H120 位于ⅠT6941西南部，部分延伸到ⅠT6940、ⅠT6841和ⅠT6840内。开口②层下，被2004H49、H59、H71、H82等打破，打破H154、H158、H217和H241等。坑口不规则，东西长1.95米，南北长1.48米，深0.46米。斜弧壁，底较平。填土褐青色，含有沙子、炭屑和红烧土粒。底部北侧有较多石块。出有陶深腹罐、圆腹罐、捏口罐、深腹盆、三足盘和小口尊等，另外还出有白陶绳纹罐口残片和青铜刀1把（图3-69）。

2005H67 位于ⅠT7641南部，向南延伸于探方外。开口于③层下，打破④层及生土，被2005H13打破。坑口不规整，揭露部分长2.81米，宽2.1米。东壁斜直，西壁呈台阶状。平底。深约1.2米。填土分两层：①层为灰褐色，厚约1米；②层为浅灰色，有部分黑灰色土，厚约0.2米。皆包含有红烧土、炭屑和料姜石等。出土陶器有深腹罐、圆腹罐、刻槽盆、深腹盆、缸和器盖等，另有部分白陶鬶（图3-70）。

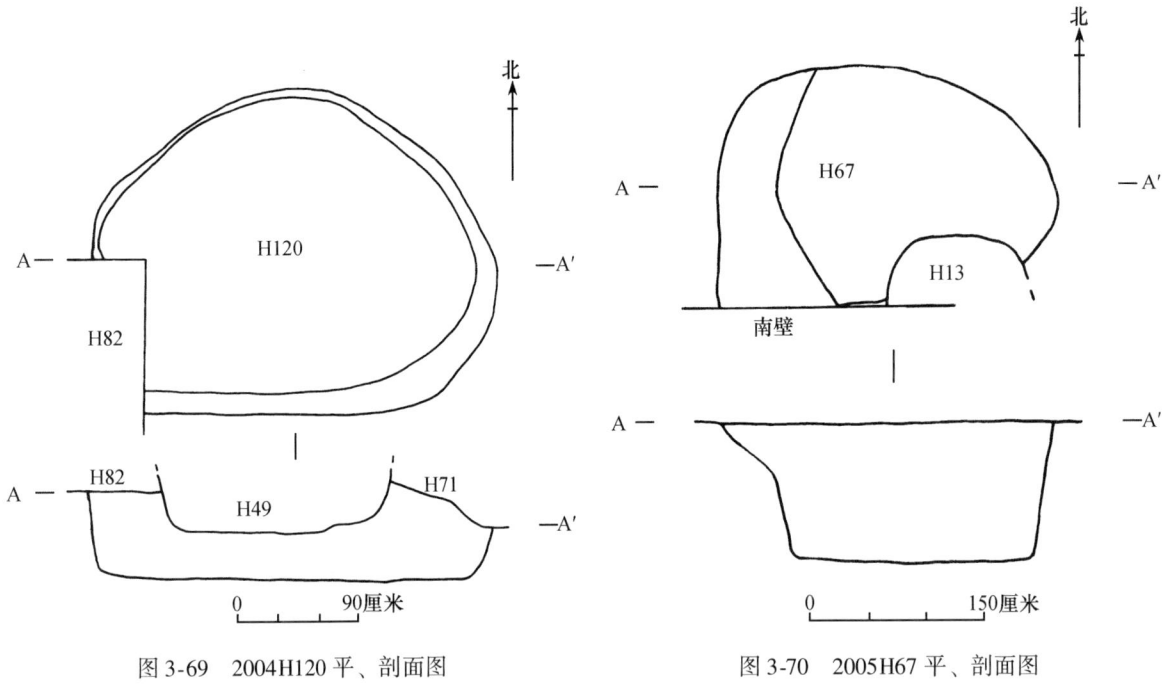

图3-69 2004H120平、剖面图　　　图3-70 2005H67平、剖面图

2005H96 位于ⅠT6735中部。开口于④层下，被2005M3和H112打破，打破生土。坑口不规整，残长2.72米，宽2.52米。壁较直，圜底。深0.84米。坑内填土呈灰黑色，较疏松，包含有石头、大量炭屑和红烧土。出有陶深腹罐、圆腹罐、鼎、刻槽盆、深腹盆、平底盆、圈足盘、豆、小口尊和缸等（图3-71）。

2005H217 位于ⅠT4721南部，向南延伸到ⅠT4720内。开口于①层下，被2004H153和H154打破，打破生土。坑呈不规则形，揭露部分残长3.25米，宽1.9米，深0.6米。直壁，坑底东部

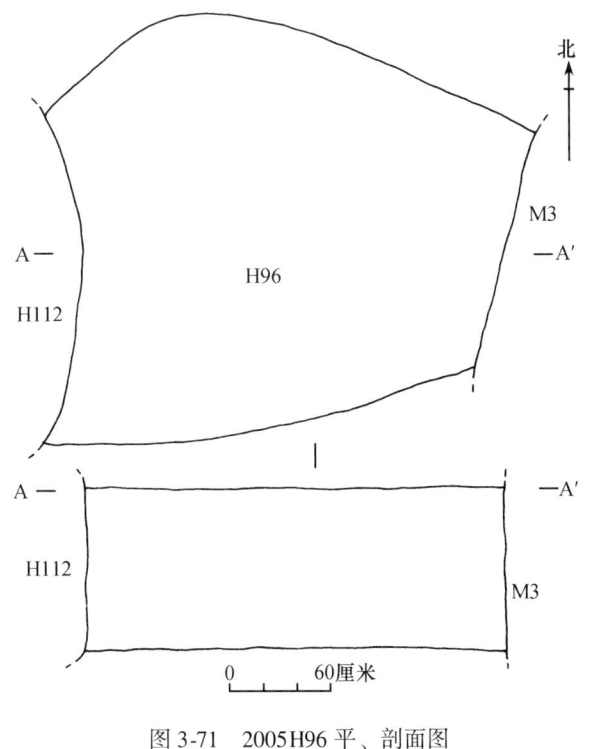

图 3-71　2005H96 平、剖面图

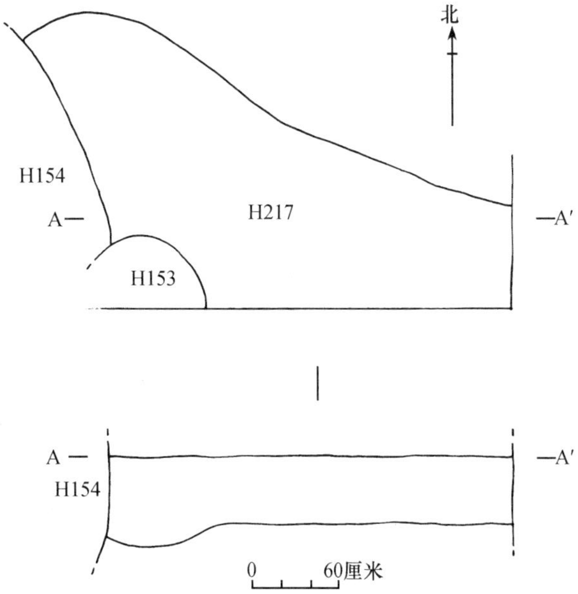

图 3-72　2005H217 平、剖面图

较西部略浅。坑内填土呈褐色，较致密，含少量石块和料姜石。出有陶深腹罐、鼎、甗、折肩高领瓮、深腹盆和豆等（图 3-72）。

2005H147　位于ⅠT4823 东南部和ⅠT4822 东北部。开口②层下，被 2005H146 和 H222 打破，打破生土。坑口形状不规则，南北长 4.45 米，东西宽 3.55 米。东、北、西三壁近直，南壁呈斜坡状。深 1.5~1.78 米。坑内堆积为灰褐色，上部土质疏松，下部土质较紧密，包含物较少。出土陶器有深腹罐、圆腹罐、鼎、甗、刻槽盆、深腹盆、三足盘、大口尊、豆和瓮等。还出有一件较完整的铜刀。另有石、骨、蚌器和卜骨、牛角等（图 3-73）。

2006H22　位于ⅡT6205 西南角和ⅡT6206 西北部，向西延伸到探方外。开口于②层下，打破2006Y1、H51 和生土。坑口不规则，南段较宽。揭露部分南北长 2.81 米，东西宽 1.7 米，深约 0.8 米。斜壁内敛，底略圜。坑内填土为灰褐色，含有较多的红烧土块，较致密。出有陶深腹罐、圆腹罐、深腹盆、碗、缸和尊等。另出土有残石斧（图 3-74）。

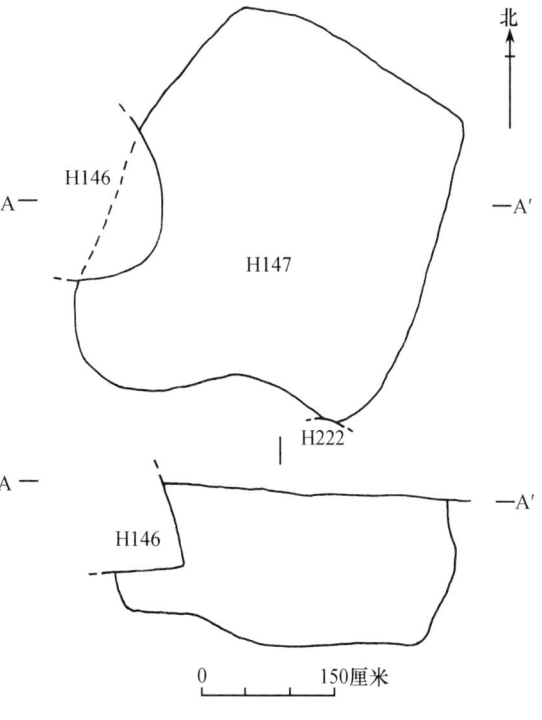

图 3-73　2005H147 平、剖面图

（五）形状不明

一般是因被其他单位打破或延伸出探方外。现举两例。

2005H241 位于ⅠT7036东北部，部分延伸于隔梁下。开口于④层下，被2005H184和H204、H63打破，打破2005Z4和生土。坑口完整形状不明，揭露部分东西长2.1米，东西宽1.18米。直壁，平底。深1.55米。坑内填土呈褐色，较疏松，包含有较多红烧土块、炭灰和少量石头及兽骨。出有陶深腹罐、圆腹罐、鼎、刻槽盆和大口尊等（图3-75）。

2005H141 位于ⅠT7841南部，向南延伸于探方外。开口于③层下，被2005H180打破，打破④层。坑口形状不明。揭露部分长约1.8米，宽约0.98米。直壁，底不平，西部较深，东部较浅，深0.7~0.9米。坑内填土呈灰褐色，较为疏松，包含有较多红烧土，炭屑和石块等。出有陶深腹罐、圆腹罐、鼎、甑、深腹盆、捏口罐、高领瓮、杯和大口尊等（图3-76）。

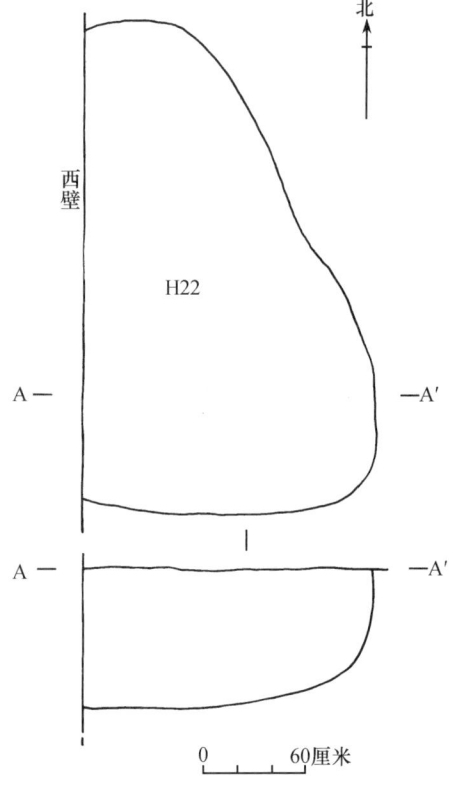

图3-74　2005H22平、剖面图

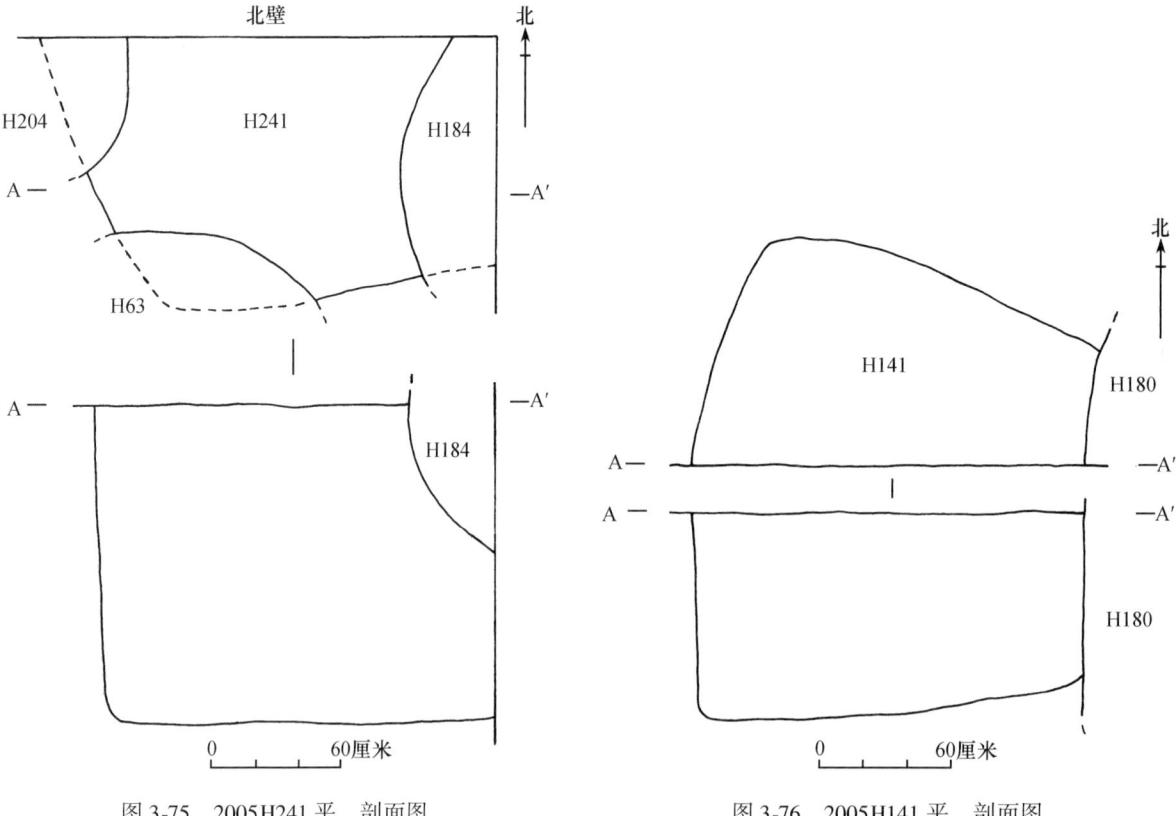

图3-75　2005H241平、剖面图

图3-76　2005H141平、剖面图

六、墓　　葬

共发现 22 座。除两座为灰坑葬外，其余皆是土坑竖穴墓。各墓具体情况如下。

2004M1　位于ⅡT6502的西北部。开口于②层下，打破③层。长方形竖穴土坑墓，方向为18°。直壁，平底。墓长1.9米、宽0.9米、深0.2米。墓内填土呈浅黄灰色，较致密，含有炭屑、红烧土块、料姜石及碎陶片等。骨架1具，保存较好，仰身直肢，头向南，面向右，两臂置于身体两侧。未发现葬具。面部覆盖一大扇贝，头下置有7枚海贝。随葬陶器有爵、豆、瓮各一件，皆破碎散于骨架之上及周围（图3-77；彩版九，1、2）。

2004M2　位于ⅡT6301东北角断坎处，西邻2004M3。开口于②层下，打破③层。长方形竖穴土坑墓，方向为182°。直壁，底部南高北低。残长0.76米、宽0.52米、深0.33～0.36米。填土为黑黄花土，致密。骨架1具，盆骨以下不存。仰身，头向南，面向右。未发现葬具。颈部随葬有带穿孔的绿松石项饰一件（图3-78）。

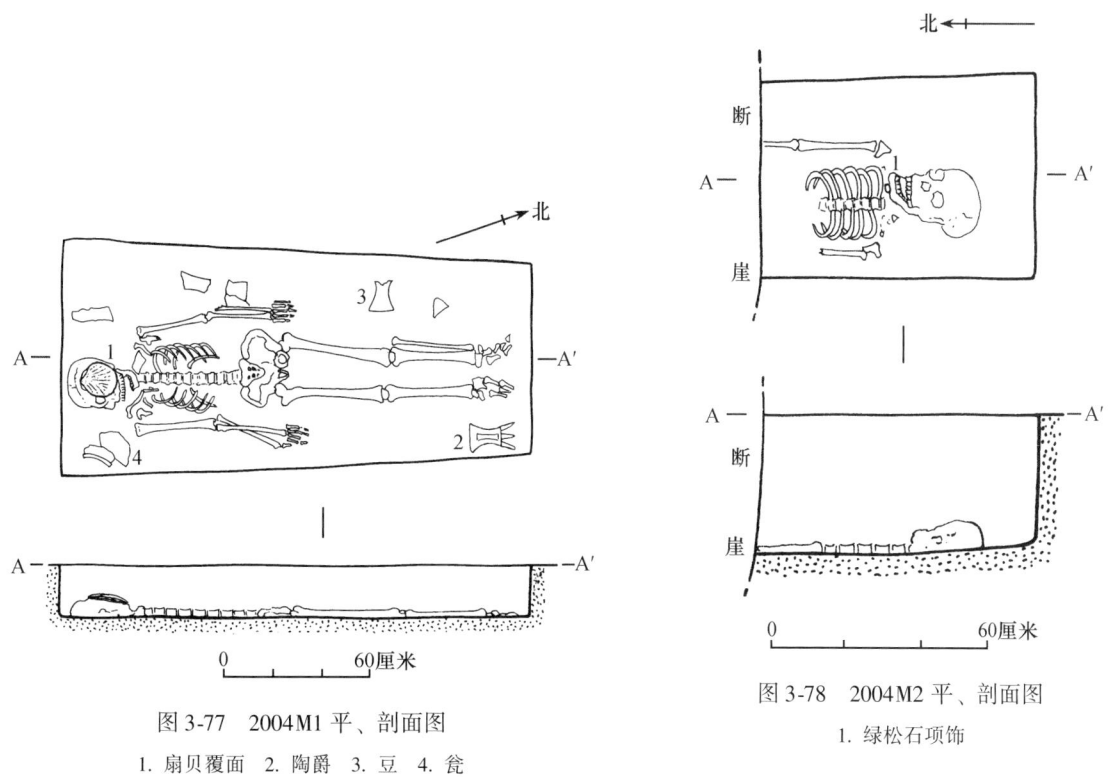

图3-77　2004M1平、剖面图
1. 扇贝覆面　2. 陶爵　3. 豆　4. 瓮

图3-78　2004M2平、剖面图
1. 绿松石项饰

2004M3　位于ⅡT6301东北部。东邻2004M2，西邻2004M4。开口于②层下，打破③层。长方形竖穴土坑墓，方向为200°，直壁，底部南高北低。残长1.23米、宽0.6米、深0.62～0.67米。填土为褐色花土，致密。骨架1具，股骨以下不存，仰身直肢，头向南，面向右。未发现葬具和随葬品（图3-79）。

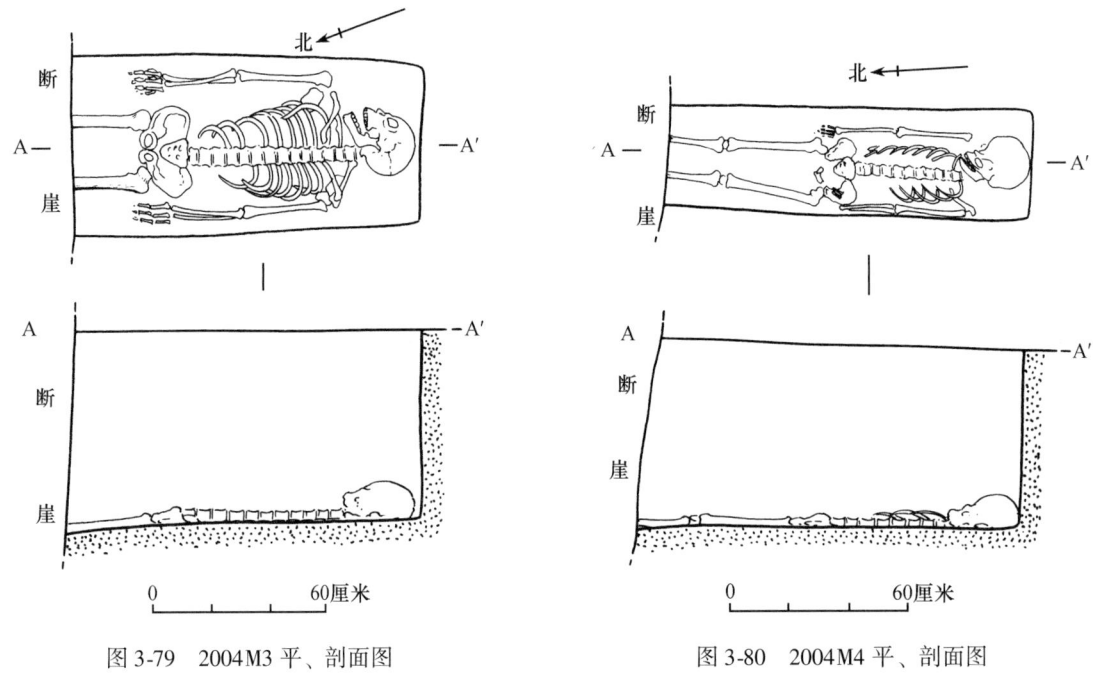

图 3-79　2004M3 平、剖面图　　　　图 3-80　2004M4 平、剖面图

2004M4　位于ⅡT6301东北部。东邻2004M3，西邻M5。开口于②层下，打破③层。长方形竖穴土坑墓，方向为184°。直壁，底部南高北低，墓室极为狭窄，仅容骨架。残长1.22米、宽0.34米，深0.56~0.61米。填土为黑黄色花土，致密，含少量料姜石。骨架1具，胫骨以下不存。仰身直肢，头向南，面向右。未发现葬具和随葬品（图3-80）。

2004M5　位于ⅡT6301北部。东邻2004M4，西邻2004M6。开口于②层下，打破③层。长方形竖穴土坑墓，方向为182°。直壁，底部南高北低，墓室极为狭窄，仅容骨架。残长1.14米、宽0.44米，深0.5~0.53米。填土为黑黄色花土，致密，含少量料姜石。骨架1具，股骨以下不存。仰身直肢，头向南，面向右。未发现葬具和随葬品（图3-81）。

2004M6　位于ⅡT6301北部。东邻2004M5，西邻2004M7。开口于②层下，打破③层。长方形竖穴土坑墓，方向为190°。直壁，底部南高北低，墓室极为狭窄，仅容下一具骨架。残长1.47米、宽0.5米，深0.66~0.7米。填土为黑黄色花土，致密。骨架1具，胫骨以下不存。仰身直肢，头向南，面向上略偏右。未发现葬具和随葬品（图3-82）。

2004M7　位于ⅡT6301西北部。东邻2004M6，西邻2004M8。开口于②层下，打破③层。长方形竖穴土坑墓，方向为180°。直壁，底部南高北低，墓室极为狭窄，仅容骨架。残长0.78米、宽0.44米，深0.3~0.32米。填土为黑黄色花土，致密。骨架1具，盆骨以下不存。仰身直肢，头向南，面向右。未发现葬具和随葬品（图3-83）。

2004M8　位于ⅡT6301西北部。东邻2004M7。开口于②层下，打破③层。长方形竖穴土坑墓，方向为185°。直壁，底部南高北低，墓室狭窄。残长0.3米、宽0.5米，深0.2~0.22米。填土为黑黄色花土，致密。骨架1具，仅存部分颅骨。仰身直肢。未发现葬具和随葬品（图3-84）。

2004M9　位于ⅠT6941中部。开口于②层下，打破2004H53、H71、H72、H85和③层。长方形

竖穴土坑墓，方向为20°。直壁，平底。长2.25米、宽0.69米，深0.29米。填土为褐色花土，夹杂有草拌泥烧土块和灰土。骨架1具，保存较好。仰身直肢葬，头向北，面向右，两手并拢于腹部。未发现葬具。随葬陶器有圆腹罐、豆和深腹盆各一件，皆破碎。圆腹罐摆放于头骨东侧，豆柄置于头骨西侧，豆盘置于头骨北侧，深腹盆分成两半，分别置于左肩和右胸前。颈下发现一枚绿松石管饰（图3-85；彩版九，3）。

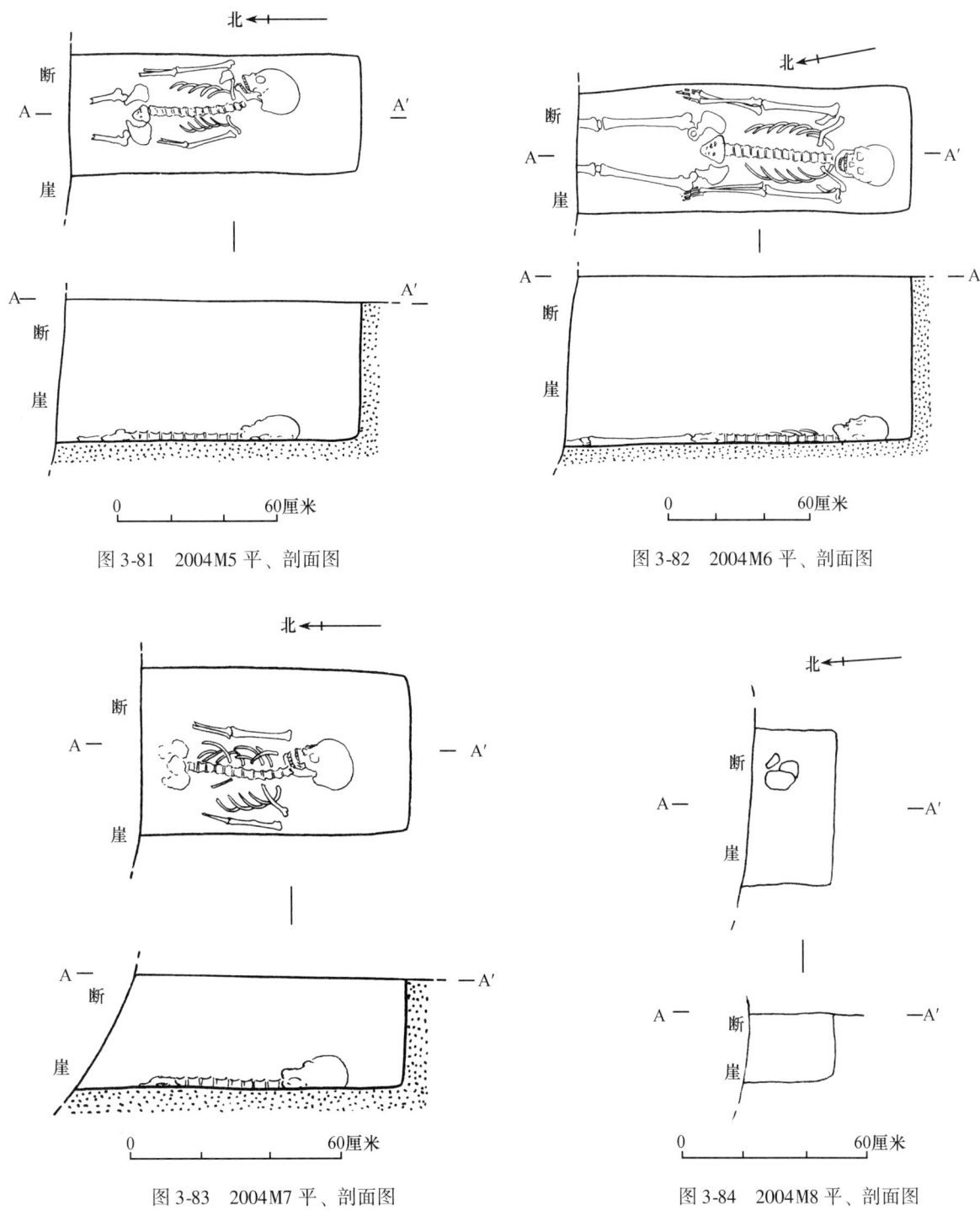

图3-81 2004M5 平、剖面图

图3-82 2004M6 平、剖面图

图3-83 2004M7 平、剖面图

图3-84 2004M8 平、剖面图

2004M10　位于ⅠT6641东北部，开口②层下，打破H86和③层，东北角被M16打破。为长方形土坑竖穴墓，方向为199°。直壁，平底。墓圹长130、宽34、深12厘米。填土为花土，夹杂有红烧土和炭粒，较疏松。骨架1具，盆骨和左手不存，仰身直肢，头向南，面向右，两手臂置于身体两侧。未发现葬具和随葬器（图3-86）。

2004M11　位于ⅠT6941M11东南部。开口于②层下，打破2004H71、H89、Y1壁外红烧土和③层。长方形竖穴土坑墓，方向为10°。直壁，平底，北部略高。长1.65米、宽0.54～0.62米、深0.27米。填土为深褐色，夹杂有较多的红烧土，土质较软。骨架1具，面部遭破坏，右脚不存。仰身直肢，头向北，面向右，左手置于身体左侧，右手置于腹部。未发现葬具。填土中出有一件破碎的圆腹罐（图3-87）。

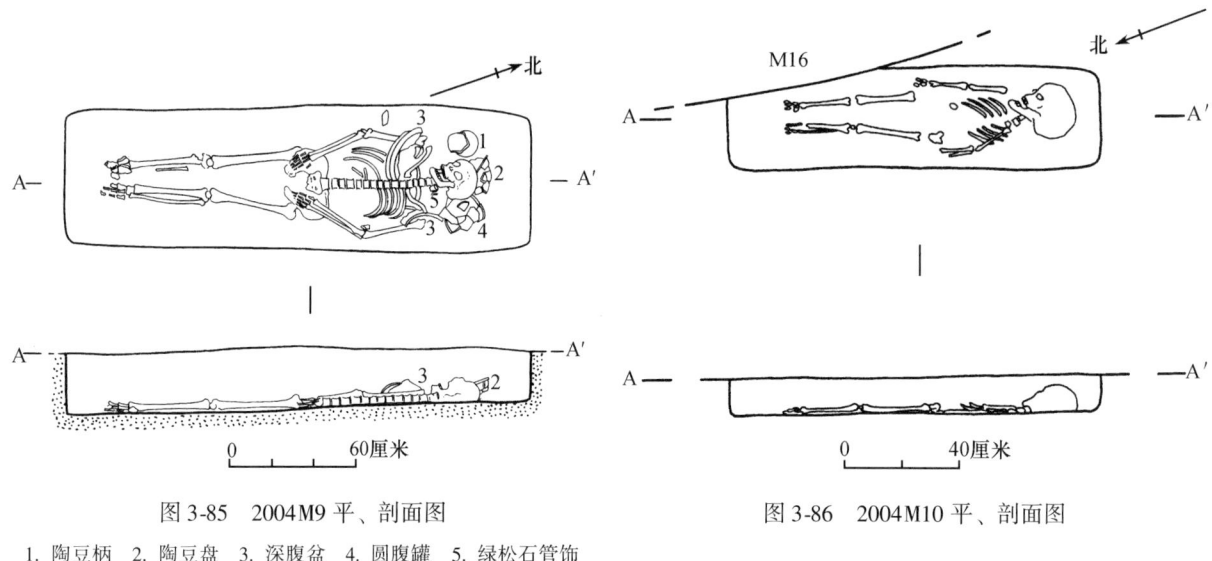

图3-85　2004M9平、剖面图
1. 陶豆柄　2. 陶豆盘　3. 深腹盆　4. 圆腹罐　5. 绿松石管饰

图3-86　2004M10平、剖面图

2004M12　位于ⅠT6641北扩方中部偏西。开口于②层下，被2004H86和M15打破，打破③层。长方形竖穴土坑墓，方向为8°。直壁，平底。残长0.4米、宽0.54米、深0.16米。填土为黄褐土。骨架1具，仅余头骨和部分碎骨，葬式不清，头向北，面向左。未发现葬具和随葬品（图3-88）。

2004M14　位于ⅠT6941西北部。开口于③层下，打破2004H131和④层。长方形竖穴土坑墓，方向为192°。直壁，平底，墓底南部略高。长1.74米、宽0.52～0.54、深0.28米。填土为灰褐土，夹杂有少量的红烧土粒和青色烧土块。骨架1具，保存较好。仰身直肢，头向南，面向右，两手交叠放于腹部，右手在上。未发现葬具及随葬陶器。唯墓底头骨右侧发现一方形石块，部分叠压于头骨之下（图3-89；彩版一〇，1）。

2004M20　位于ⅠT6940东南部，东邻2004Y2。开口于④层下，被2004H96、H102、H109和H119打破，打破2004H287和H228等。长方形竖穴土坑墓，方向为355°。墓口西北部坍塌变形。墓口长2.12～2.2米、宽0.75～0.88米。壁近直，平底，墓底长1.90米、宽0.55米、深0.34米。填土呈黑褐色，夹有红烧土颗粒和料姜石等，有部分较大烧土块，可能与Y2有关。骨架1具，仰身直肢，头向北，面向左，两手交叉置于盆骨上，肋骨上有一层薄薄的绿色土。似有葬具，在骨架周围形成较疏松的土圹，长约1.9米、宽0.56～0.6米、深约0.1米。未发现随葬品（图3-90）。

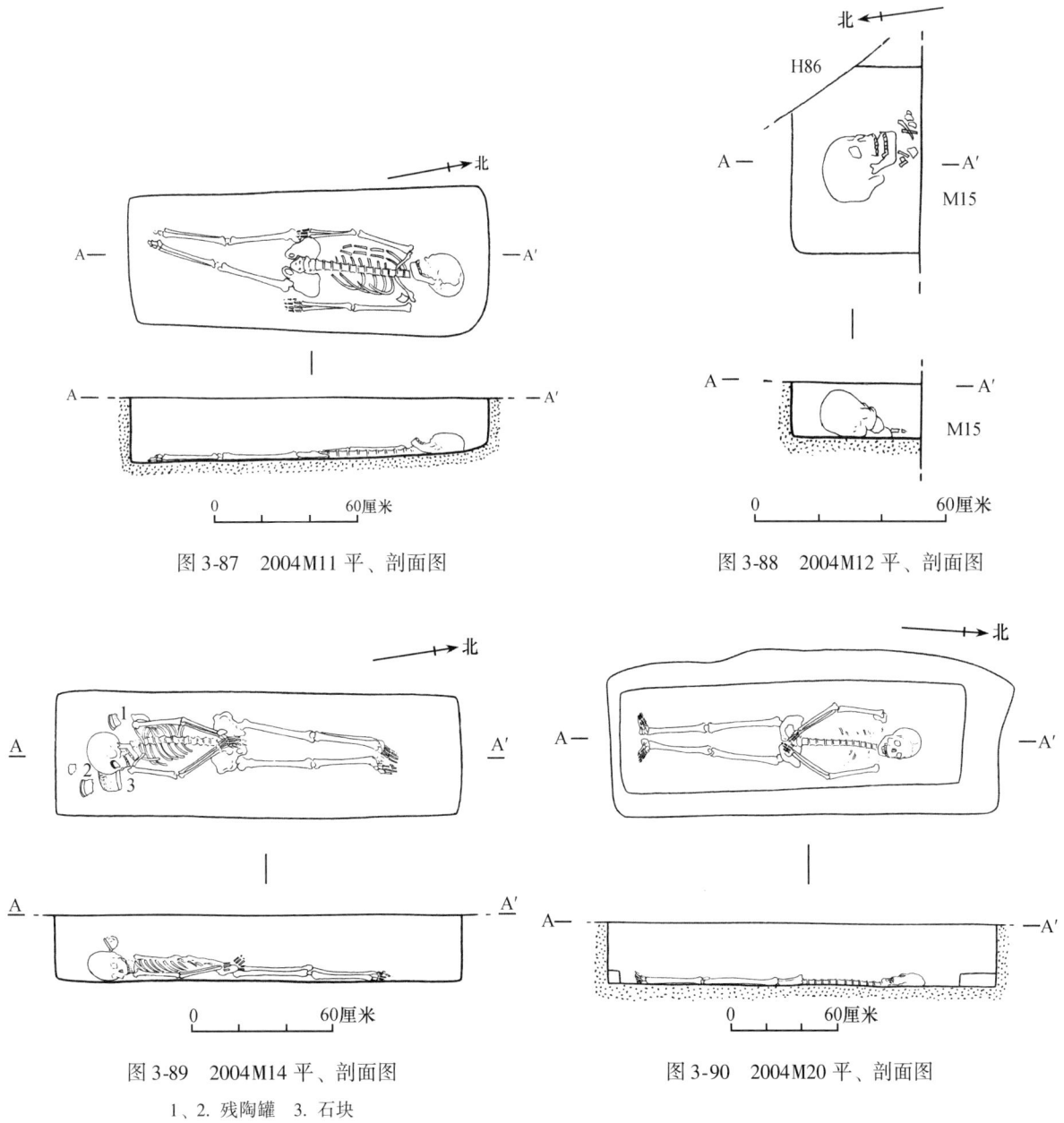

图 3-87　2004M11 平、剖面图

图 3-88　2004M12 平、剖面图

图 3-89　2004M14 平、剖面图
1、2. 残陶罐　3. 石块

图 3-90　2004M20 平、剖面图

2004M22　位于ⅠT6640东部，西北角延伸到北隔梁下。开口于③层下，被2004H201和H235打破，打破2004H258、H259、F3和④层。竖穴土坑墓，方向为191°。墓口受上部H201破坏，略呈不甚规则的圆角长方形，长2.4米，宽约0.76~1米。东、西和北壁竖直，南壁向下略内收，墓地长2.28米。平底。深0.56米。填土为花土，夹杂有红烧土和木炭，以及大量料姜石。土质疏松。骨架1具，保存完整。仰身直肢，头向南，面向右，两前臂交叠于腹部，左臂在上。似有葬具，骨架周围填土疏松，形成的土圹范围长约1.96米，宽约0.46米，深约0.16米。头骨下部两侧及右脚上部各有兽骨若干，应为随葬所用。口中含贝一枚（图3-91）。

2004M25 位于ⅠT6641西部。开口于③层下，打破生土。长方形竖穴土坑墓，方向为180°。直壁，平底，墓室狭窄。长1.82米、宽0.4米、深0.18米。填土呈黑褐色，质地疏松，包含物少。骨架1具，保存完好，仰身直肢，头向南，面向左。未发现葬具和随葬品（图3-92）。

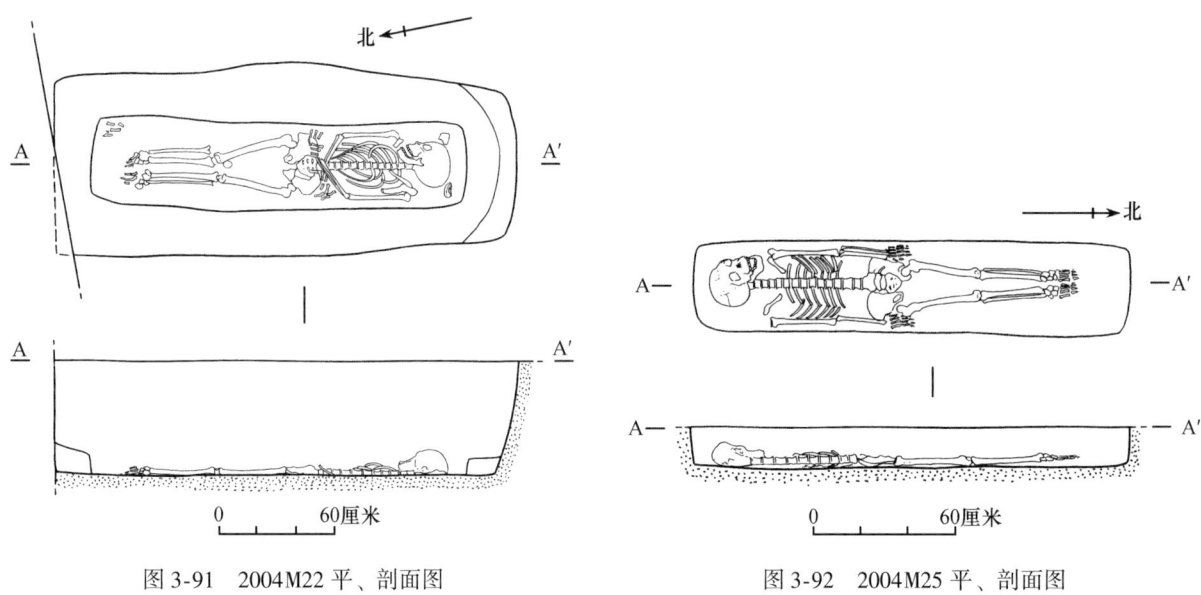

图3-91　2004M22平、剖面图　　　　　图3-92　2004M25平、剖面图

2004M27　位于ⅠT6641中部偏西。开口于③层下，被2004M15打破，打破生土。长方形竖穴土坑墓，方向为180°。壁近直，平底，墓室狭窄。墓口残长0.7米、宽0.38米；墓底残长0.58米、宽0.28米、深0.18米。填土呈黑褐色，质地疏松，包含物少。骨架1具，腰部以下不存。仰身直肢，头向南，面向左。未发现葬具和随葬品（图3-93）。

2004M30　位于ⅠT6641中部。开口于③层下，被2004H309、H310和M19打破，打破生土。长方形竖穴土坑墓，方向为0°。直壁，平底，墓室狭窄。长0.62米、宽0.44米、深0.28米。填土呈黄黑褐色，致密，包含物少。骨架1具，头颈部及盆骨以下不存。仰身直肢，头向北。未发现葬具和随葬品（图3-94）。

2005M5　位于T7441的东北角，部分延伸于ⅠT7442内。开口于②层下，被2005H34打破，打破2005H76、H79、H251和③层等。平面近椭圆形，壁近直，平底，为灰坑葬。坑口长径为2.5米，短径为1.8米，坑底距坑口深0.4米。填土呈红褐色，土质较松软，包含红烧土块和炭屑，以及白陶鬶、盉与杯残片等。发现儿童骨架两具，保存较差，头向南，面向上，一为仰身直肢，一为仰身屈肢。未发现葬具及随葬品（图3-95；彩版一〇，2）。

2005M6　位于ⅠT6735中部。开口于③层下，打破④层。长方形竖穴土坑墓，方向为200°。直壁，平底。北端略宽，长1.50米、宽0.4~0.52米。深0.11米。墓内填土呈灰黑色，较疏松，包含有炭屑、红烧土块、石块和碎骨等。骨架1具，下肢缺失，侧身直肢，头向西南，面向东，未发现葬具和随葬品（图3-96）。

2005M8　位于ⅠT6736东部。开口于③层下，被2005H46、H47、H73和M1打破，打破④层。长方形竖穴土坑墓，方向为5°。直壁，平底。残长1.5米、宽0.45~0.6米、深0.5米。墓内填土

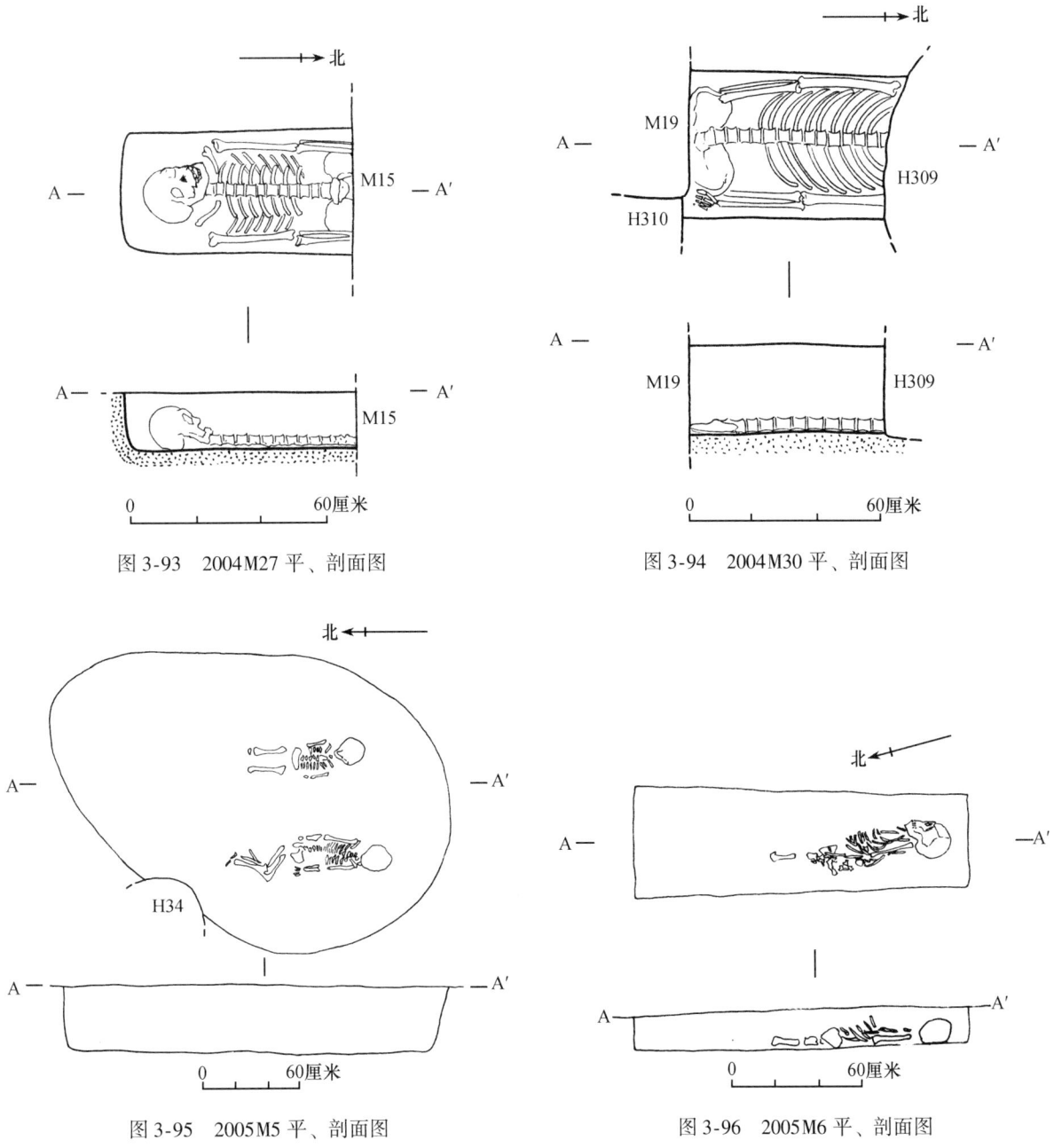

图 3-93　2004M27 平、剖面图

图 3-94　2004M30 平、剖面图

图 3-95　2005M5 平、剖面图

图 3-96　2005M6 平、剖面图

为黄褐色土，致密，含有少量炭屑和红烧土粒。骨架 1 具，仰身直肢，头向北，面向上，右臂和下肢被破坏。未发现葬具及随葬品。但在墓主头部右侧发现有六块呈半环状分布的小石块，一块为红色，其余为白色（图 3-97）。

2006H38　位于ⅡT6306 中部。开口于②层下，被 2006H36 打破，打破 H42 及生土。为灰坑葬。坑口近椭圆形，长径为 1.94 米，短径约 1.2 米。斜直壁，平底略凹。深 0.4～0.44 米。坑内填土为灰褐色，较致密。坑内北部有一儿童遗骸侧身曲肢，头向西北，面向左侧。两前臂相并于腹部。填土内出有陶深腹罐、圆腹罐、鼎、甑和敛口罐等（图 3-98）。

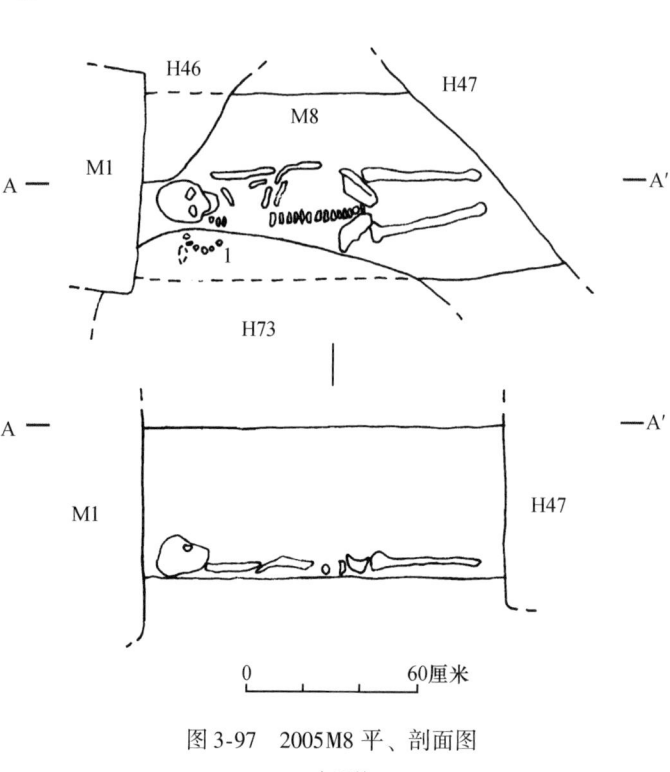

图 3-97 2005M8 平、剖面图
1. 小石块

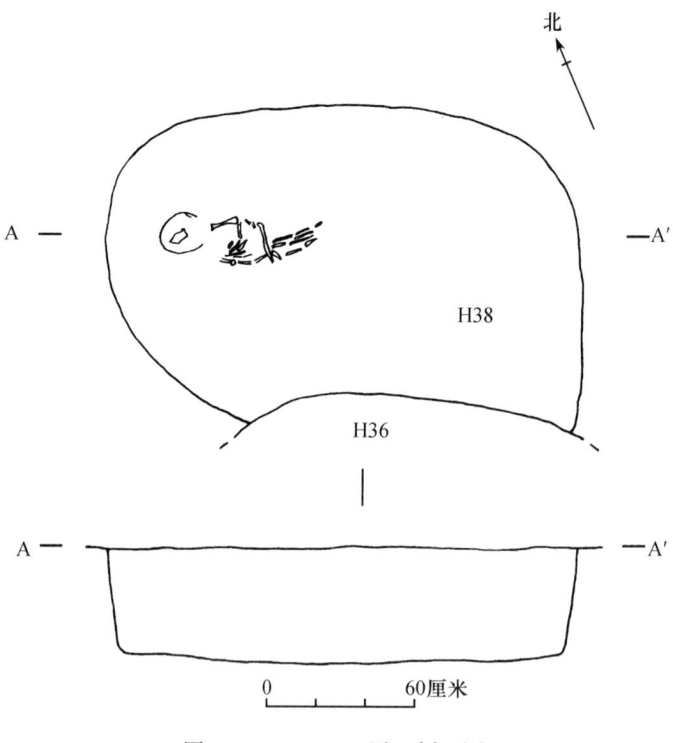

图 3-98 2006H38 平、剖面图

第二节 文化遗物

一、石　　器

南洼遗址二里头时期出土数量较多石制品，共414件（块）。所有的石制品可分为成品、石坯、废料等三类。

成品，指磨制石器生产系统的目标产品，经过打制成型、琢制、边缘修整、磨制、刃缘加工、钻孔等加工程序，或者是指刃缘部位的磨制加工；也包括破损折断后而可以拼合的石器等。

石坯，主要指磨制石器生产的半成品，即经过打制等初级生产过程，产品表现为"加工成一定石器的形状，有时甚至能分辨出是何种目的器类"，但并未最终完成。

第三类为石器加工和使用过程中所形成的残损品，断块和石片等废料。

（一）成品

南洼二里头时期成品种类大致有铲、斧、钺、锛、凿、镰、刀、戈、镞、研磨工具、石球、网坠、饰品及其他等十四类。其中数量最多的是斧和刀，其次为铲，再次是锛、镰和凿，其他器类的数量都不是很多。

1. 原料

南洼二里头石器出土的、可看出器形的成品共197件，初步对其岩性进行了鉴定（表3-1）。

表3-1　二里头石器出土石器岩性统计表　　　　单位：件

岩性＼器类	铲	斧	锛	镰	刀	凿	钺	镞	戈	石球	研磨工具	其他	合计	百分比（%）
灰岩	24	1	3	2	2	7	1			2		2	44	22.34
鲕粒灰岩	2												2	1.02
石英岩	1		1		9								11	5.58
石英砂岩				3	5								8	4.06
砂岩			2	11	17							1	31	15.74
细砂岩	2			3	2		3	1					11	5.58
粉砂岩	1	10	2	2	4	1				3			23	11.68
浅粒岩			1		1								2	1.02
变粒岩		3	3		1	5							12	6.10
细碧岩						1							1	0.51
片岩	1	6	3	2		1	2						15	7.61

续表

岩性＼器类	铲	斧	锛	镰	刀	凿	钺	镞	戈	石球	研磨工具	其他	合计	百分比（%）
叶岩					1								1	0.51
安山玢岩		2										1	3	1.52
安山岩		10	6	1		2							19	9.64
闪角岩		1											1	0.51
白云岩			1										1	0.51
长石斑岩			2										2	1.02
伊利石												1	1	0.51
大理岩		1			1							2	4	2.03
天河石												1	1	0.51
绿松石												4	4	2.03
合计	31	34	24	24	34	23	6	3	1	6	1	10	197	
百分比（%）	15.73	17.26	12.18	12.18	17.26	11.68	3.05	1.52	0.51	3.05	0.51	5.1		100

石斧共 34 件，取材较为广泛，涉及表中的 8 种岩性。其中以安山岩和安山玢岩居多，共 12 件，占石斧总数的 35.29%；其次粉砂岩，共 10 件，占石斧总数的 29.41%；片岩为第三位，共 6 件，占石斧总数的 17.65%；其他有闪角岩、灰岩和大理岩。

石刀 34 件，取材也较为广泛，涉及表中的 9 种岩性。其中以砂岩居多，共 17 件，占刀总数的 50%；其次为石英砂岩和粉砂岩，分别占刀总数的 14.71% 和 11.76；其他有细砂岩、浅粒岩、变粒岩和大理岩。

石铲 31 件，涉及表中的 6 种岩性。其中以灰岩或鲕粒灰岩居多，共 26 件，占铲总数的 83.87%；其他有细砂岩、粉砂岩、石英岩和片岩。

石锛共 24 件，涉及统计表中的 10 种岩性，其中安山岩、变粒岩、浅粒岩、片岩、灰岩、石英岩等共 18 件，占锛总数的 75%；其他有砂岩、白云岩等。

石镰共 24 件，涉及统计表中的 10 种岩性，其中砂岩、细砂岩、粉砂岩、石英砂岩居多，共 19 件，占镰总数的 79.16%；其他有灰岩、片岩和安山岩。

石凿 23 件，其原料岩性涉及统计表中 5 种，其中石英岩居多，共 9 件，占凿总数的 39.13%；其次为灰岩，共 7 件，占凿总数的 30.43%；变粒岩共 5 件，占凿总数 21.73%；其他有粉砂岩和片岩。

2. 制作工艺

从上述 197 件标本中，挑选较为完整的标本，对其制作方法进行观察研究。大多石器为先打制成型，有的边缘和局部经琢制修整，再磨制，有的通体磨光，有的仅刃部磨光。

石刀、石钺常见有钻孔，基本均为两面对钻，如标本 2005H166:100（图 3-103，1）。

石铲和石钺的制作方法一般是先打制出一扁平的长方形或梯形石坯，然后通体磨制。

石刀的制作方法也是将石片先打制出基本形状，再加以磨制，最后钻孔。

石斧、石锛，先打制成坯，再琢制修整，然后磨制修整出的刃部。

石凿，先打制出梯形或长条形坯，再通体磨制。

石镰，先打制出形状，磨制修整尖端、尾部及刃部。

3. 器类及型式

石铲

共31件。有单面刃和双面刃，刃缘圆弧，根据平面形状可分为两型。

A型　11件，平面形状整体呈梯形。

标本2004H19:3，灰岩，浅灰色。通体磨制，器身宽扁，横截面为长方形，平顶略残，刃部圆弧，单面刃。长13.9、宽8.3、厚1.2厘米（图3-99，1）。

标本2005H206:228，灰岩，灰白色，磨制精细，横截面为扁长方形，顶部略残，刃部圆弧，单面刃，刃缘上见有连续的小崩疤。长11.5、宽7.6、厚1.1厘米（图3-99，2）。

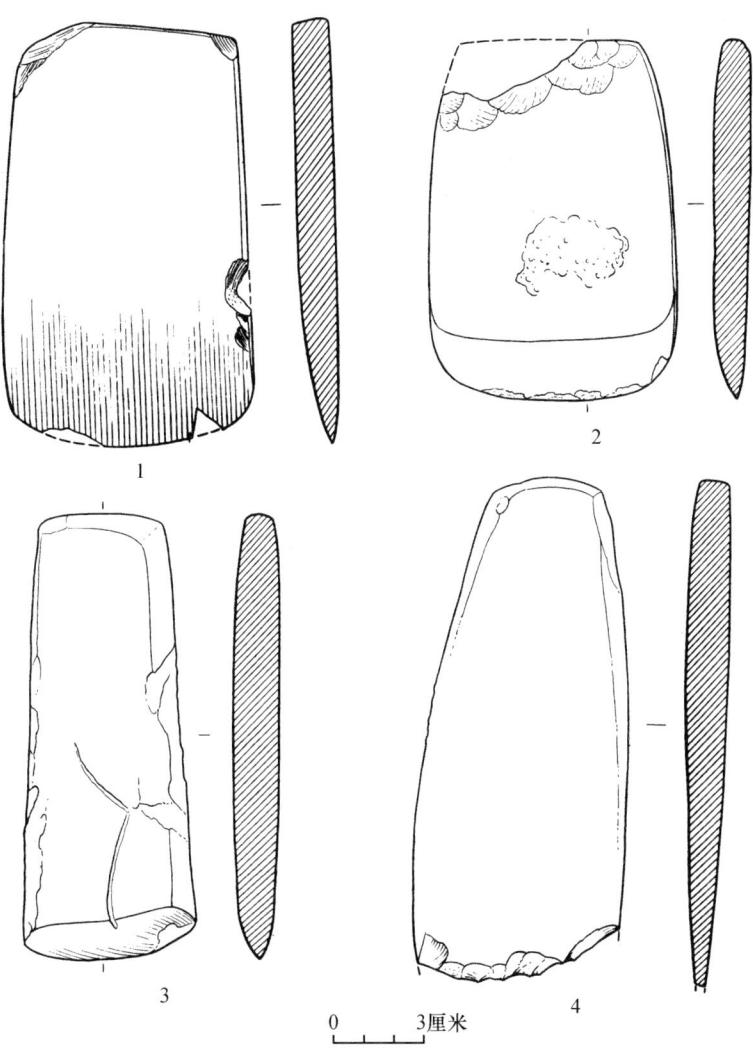

图3-99　二里头时期出土A型石铲（一）

1. 2004H19:3　2. 2005H206:228　3. 2005H15:72　4. 2004H438:2

标本2005H15：72，灰岩，土黄色，磨制精细，器身窄长，平顶，刃部圆弧，双面刃。长14.4、宽4.2~6、厚1厘米（图3-99，3；图版一，1）。

标本2004H438：2，灰岩，灰白色。器体扁长，横截面为圆角长方形，平顶，舌状刃略残。残长16.5、宽3.5~7、厚1.0厘米（图3-99，4）。

标本2005H128：63，灰岩，灰色，横截面为扁平长方形，边缘、刃部和端部破损严重，刃部残。残长8、宽6.5~7.5、厚1.6厘米（图3-100，1）。

标本2004H9：20，灰岩，灰白色。通体磨制，顶部残，边缘见有琢制痕迹，横剖面为圆角长方形，双面刃，刃部圆弧。长8.1、宽6.6、厚1.5厘米（图3-100，2）。

标本2004H19：70，灰岩，灰白色。器体扁平，顶部残，边缘见有琢制痕迹，顶部缺失，双面刃呈舌状。残长7.8、宽7.2、厚1.4厘米（图3-100，3）。

标本2005H128：61，灰岩，深灰色。通体磨光，器身宽扁，横截面为长方形，上部残，刃部斜弧，双面刃较锋利，刃缘上见有连续的半月形崩疤。残长11、宽9、厚1.4厘米（图3-100，4）。

标本2004H136：3，灰岩，灰白色，上端平整，下部残。残长7.8、宽5.6~7、厚1.2厘米。

标本2005H23：36，灰岩，深灰色，横截面为圆角长方形，上部残，刃部圆弧，双面刃，刃部略残。残长8.5、宽8.4、厚1.4厘米。

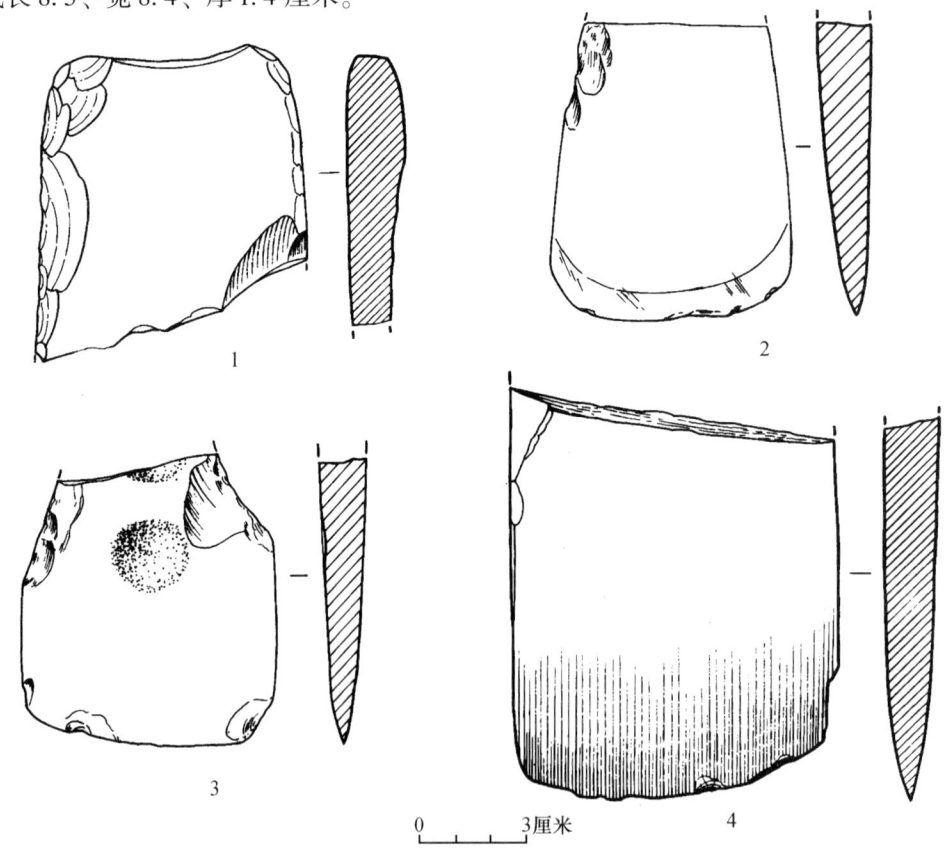

图3-100　二里头时期出土A型石铲（二）
1. 2005H128：63　2. 2004H9：20　3. 2004H19：70　4. 2005H128：61

B型 8件，平面形状呈长方形。

标本 2004H19:7，灰岩，浅灰色。器体呈扁平状，横剖面为长方形，器身经磨光，平顶，刃为单面刃，圆弧。长12.1、宽8.9、厚1.3厘米（图3-101，1；图版一，2）。

标本 2005H90:222，灰岩，灰色。通体磨光，器身宽扁，横截面为长方形，平顶，刃部略残，双面刃。残长16.1、宽8.3、厚1.2厘米（图3-101，2）。

标本 2004H216:3，细砂岩，褐色。磨制粗糙，横截面为长方形，顶部残缺，单面刃。残长10.1、宽8、厚1.2厘米（图3-101，3）。

标本 2004J2:24，鲕粒灰岩，灰色。磨制精细，横截面为扁长方形，顶部残缺，双面刃，刃部整体呈舌状，其上见有连续的崩疤。残长7.2、宽8.2、厚1.2厘米（图3-101，4）。

标本 2004H201:11，灰岩，深灰色。器身磨光，横截面为长方形，顶部残缺，双面刃，刃部整体呈舌状，其上见有连续的崩疤。残长10.5、宽8、厚1.8厘米。

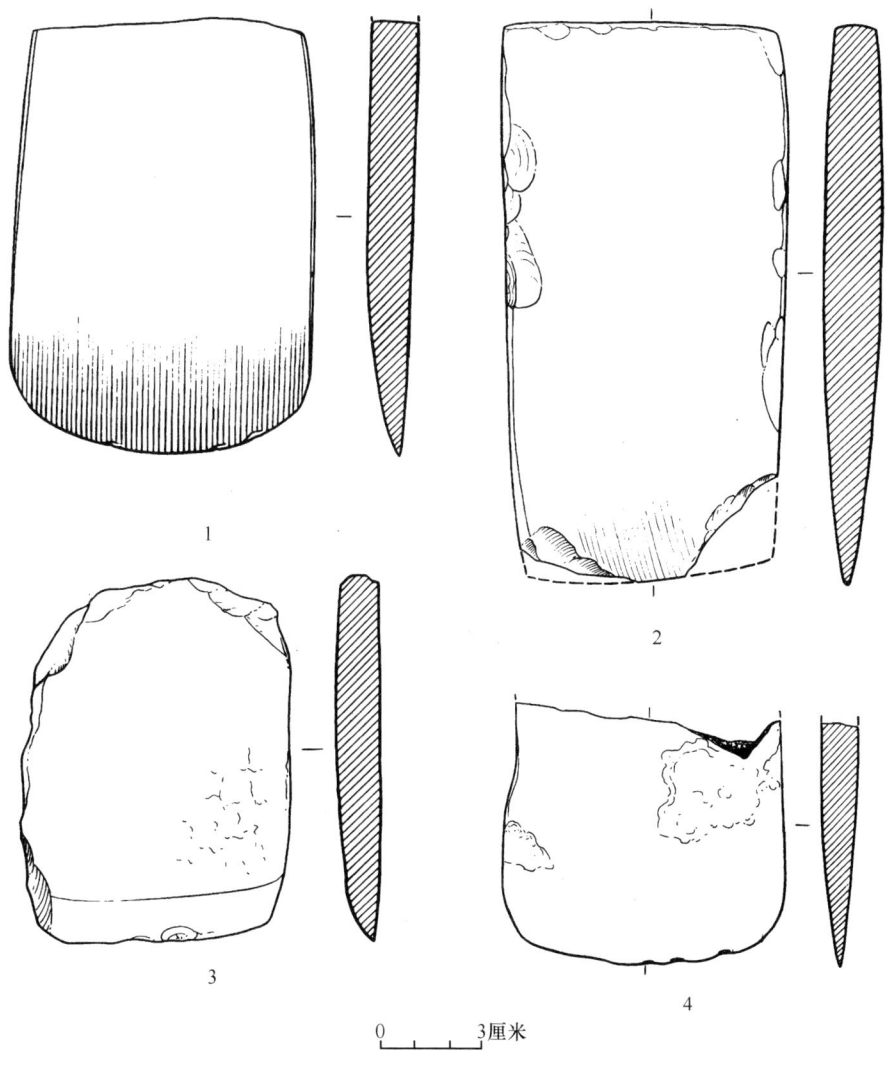

图 3-101 二里头时期出土 B 型石铲

1. 2004H19:7　2. 2005H90:222　3. 2004H216:3　4. 2004J2:24

标本2004H142：21，灰岩，灰色。磨制精细，横截面为圆角方形，上部残缺，双面刃，刃部圆弧，其上见有较大的半月形崩疤。残长6.2、宽7.2、厚1.6厘米。

标本2004H89：3，灰岩，灰色，平顶，两面磨光，边缘见有琢制痕迹，下部残。残长8.4、宽7.3、厚1.4厘米。

残器12件，现举8件为例。

标本2005H122：152，灰岩，浅灰色。磨制精细，器身宽扁，上部残缺，双面刃，刃部圆弧，较锋利。残长7.7、宽10.9、厚1厘米（图3-102，1）。

标本2004H136：2，灰岩，灰白色，横截面为长方形，平顶，下部残。残长6.5、宽7.6、厚1.7厘米（图3-102，2）。

标本2004H136：8，灰岩，浅褐色，磨制精细，上部和右端残，刃部圆弧，单面刃较锋利。残长9、残宽5.3、厚1.5厘米（图3-102，3）。

标本2004H17：1，石英砂岩，白色。磨制精细，双面刃。残长3.8、残宽3.2、厚1.6厘米。

标本2004H417：1，灰岩，灰色。磨制精细，斜弧顶，下部残。残长6.2、残宽5.6、厚1.6厘米。

标本2004G2：1，砂岩，褐色。器身较薄，制作粗糙，端部见有琢制痕迹，上部残，刃部圆弧，单面刃。残长5.7、残宽6.7、厚0.8厘米。

标本2004H379：3，灰岩，灰色，磨制精细，上部和右端残，刃部上见有连续的不规则崩疤，单面刃。残长8.2、残宽5.1、厚1.3厘米。

标本2005H93：30，灰岩，灰色，磨制精细，尖顶，上部一端圆弧，一端斜直，向下两端平直，下部残。残长13.4、宽9.2、厚1.6厘米。

石钺

共6件，多为残器，器身中部均见有一两面对钻孔，标本5件。

标本2005H166：100，安山岩，绿色，磨制精细。平面形状呈梯形，横截面为圆角方形，顶平顶，刃部圆弧，双面刃，器体中部见有一圆形钻孔，铤钻，双面对钻。长11.2、宽5.3~7.2、厚1.8、孔径0.9厘米（图3-103，1；图版二，6）。

标本2004H321：2，变粒岩，绿色，残。磨制精细，横截面为扁长方形，顶部残，器体中部偏上残见有一钻孔，系双面对钻，双面刃，刃部圆钝。残长10.5、宽6.3、厚2厘米（图3-103，2）。

标本2005H69：84，安山岩，绿色，残。器身厚重，横截面为圆角方形，平顶，器体中部残见有一钻孔，系双面对钻。残长6、宽7.6、厚2.3厘米（图3-103，3）。

标本2005H15：74，片岩，青灰色，残。器身磨制精细，横截面为长方形，上部残，刃部略弧，双面刃。残长5、宽8.1、厚1.6厘米（图3-103，4）。

标本2005H47：532，片岩，青灰色，残。磨制精细，双面刃，刃部上见有小片崩疤。残长6、宽4.5、厚1.7厘米。

石斧

共34件，双面刃，磨制，大部分保留有琢制痕迹，依据器体大小可分为两型。

A型　器体较大，器身厚重，标本8件。依其横截面的形状又可分为两亚型。

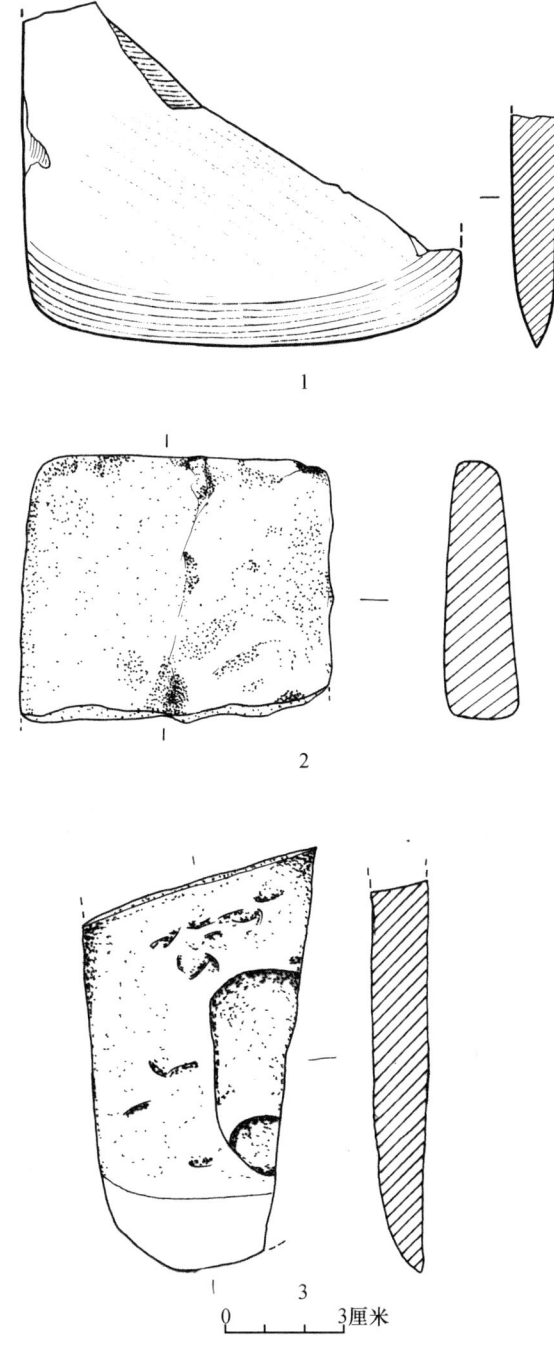

图 3-102 二里头时期出土石铲
1. 2005H122:152 2. 2004H136:2 3. 2004H136:8

Aa 型 5 件，横截面呈扁椭圆形或圆角长方形，举 4 件为例。

标本 2004H19:1，安山玢岩，青灰色，刃部磨光，平面呈梯形，平顶略圆，双面刃，刃部圆弧，其上见有连续的崩疤。长 17.3、宽 6.9、厚 5.0 厘米（图 3-104，1；图版一，3）。

标本 2004H19:36，粉砂岩，绿色，刃部磨光，两侧边缘见有打制痕迹，平面呈梯形，圆顶，

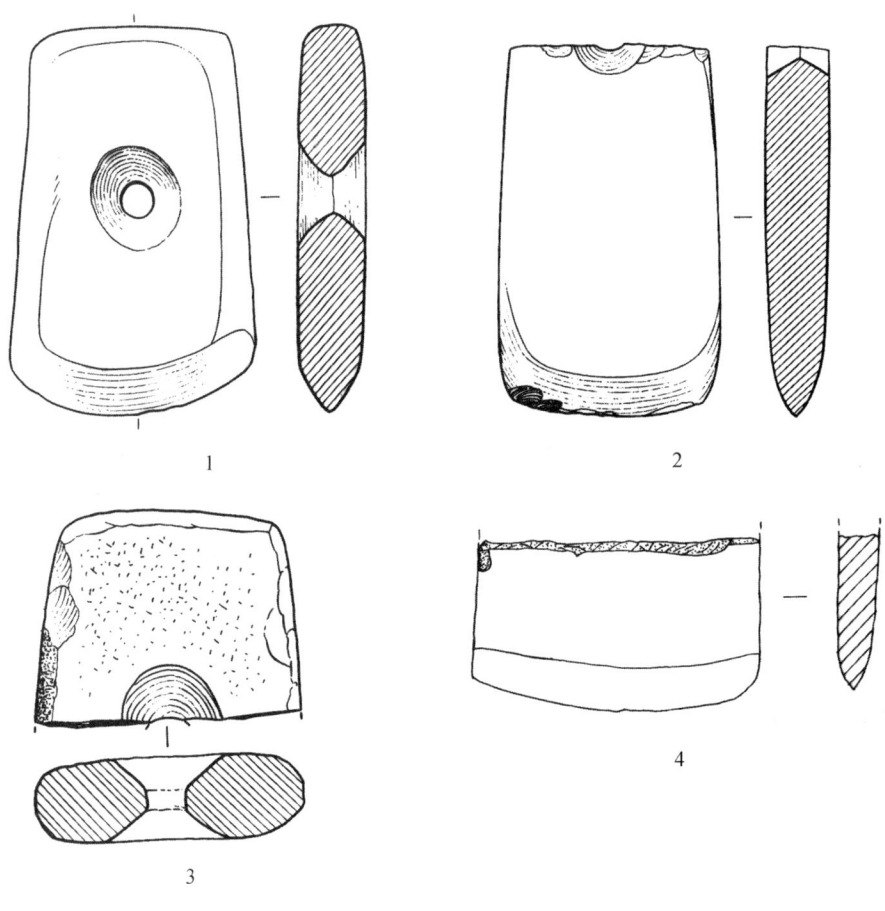

图 3-103 二里头时期出土石钺
1. 2005H166:100 2. 2004H321:2 3. 2005H69:84 4. 2005H15:74

双面刃，一端略残，刃缘较锋利。长 18.9、宽 7.2、厚 4.5 厘米（图 3-104，2）。

标本 2004H32:3，安山玢岩，青灰色，平面呈梯形，顶部残损，双面刃，刃部圆弧，刃部较钝。残长 16.4、宽 7.2、厚 4.5 厘米（图 3-104，3）。

标本 2004H17:4，安山岩，青灰色，一面经火烧后呈灰褐色，平面形状为圆角长方形，顶部残损，双面刃，刃缘保存较好。残长 14.3、宽 7.2、厚 3.9 厘米。

Ab 型　3 件，横截面近方形。

标本 2005H43:35，安山岩，绿色夹白斑，局部磨光，平面形状成梯形，圆顶，双面刃，一面残，刃缘左偏。残长 21、宽 4.2~6、厚 5 厘米（图 3-105，1）。

标本 2005H206:230，粉砂岩，绿色，两面和顶部磨光，尖圆顶，下部残。残长 11.2、宽 6.4、厚 5.7 厘米（图 3-105，2）。

标本 2006H42:39，安山岩，青绿色，器身方正，其上见有琢制痕迹，顶部不甚规整。残长 11.5、宽 5.8、厚 5.4 厘米。

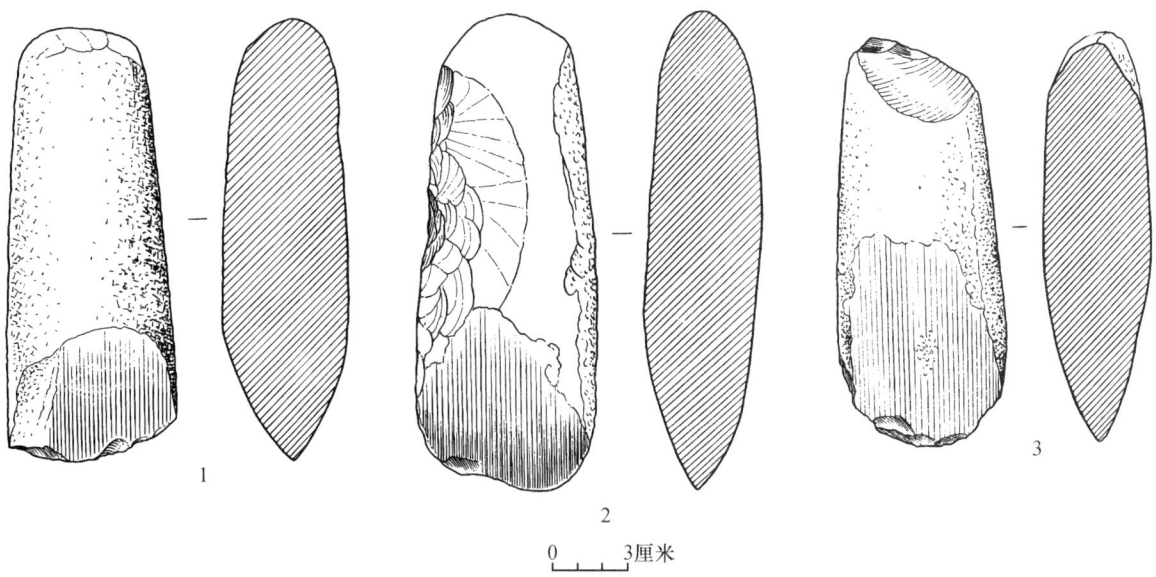

图 3-104　二里头时期出土 Aa 型石斧
1. 2004H19:1　2. 2004H19:36　3. 2004H32:3

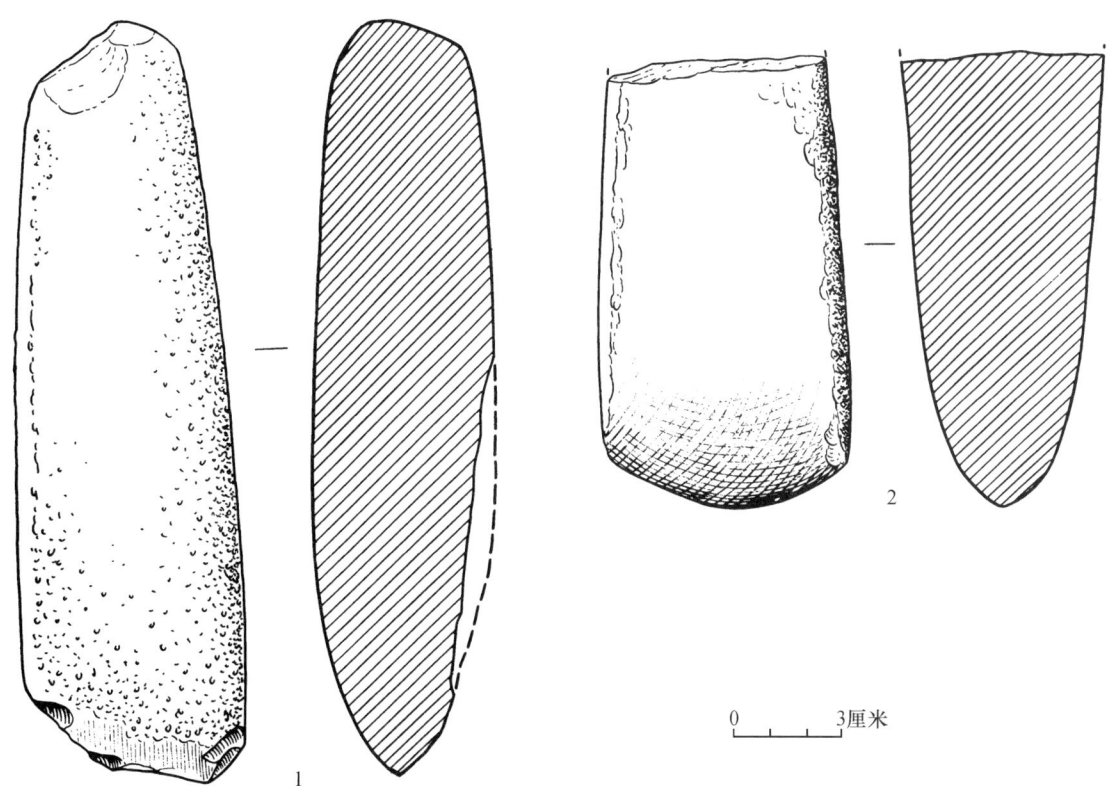

图 3-105　二里头时期出土 Ab 型石斧
1. 2005H43:35　2. 2005H206:230

B型　器体略小，器身较短。标本17件，依其平面形状可分为两亚型。

Ba型　8件，平面形状呈梯形。

标本2004H19:69，粉砂岩，青绿色，刃部磨光，圆顶，双刃面，刃缘较钝。长13.2、宽3.9~6、厚3.5厘米（图3-106，1）。

标本2004H19:2，片岩，青绿色，刃部磨光，平顶，双刃面，刃部略残。长12.7、宽3.5~5.3、厚4厘米（图3-106，2）。

标本2004H90:2，钙质粉砂岩，灰褐色，通体磨制，圆顶，双刃面，直刃较锋利。长15.1、宽4.3~5.2、厚3.5厘米（图3-106，3；图版一，4）。

标本2005T7841④:8，粉砂岩，绿色，通体磨制，圆顶，亚腰，双刃面，刃缘较钝。长10、宽4~5、厚3.2厘米（图3-106，4）。

标本2004J1:2，粉砂岩，青灰色，磨制精细，器体两侧经打磨，圆弧顶，刃部圆弧，双面刃，刃面和刃缘见有大片崩疤。残长10.8、宽4.5~5.8、厚3厘米（图3-107，1）。

标本2005H96:96，安山岩，青绿色，刃部磨光，圆弧顶略残，双面刃，刃部微弧。长9.8、宽4~5.5、厚3.1厘米（图3-107，2；图版一，5）。

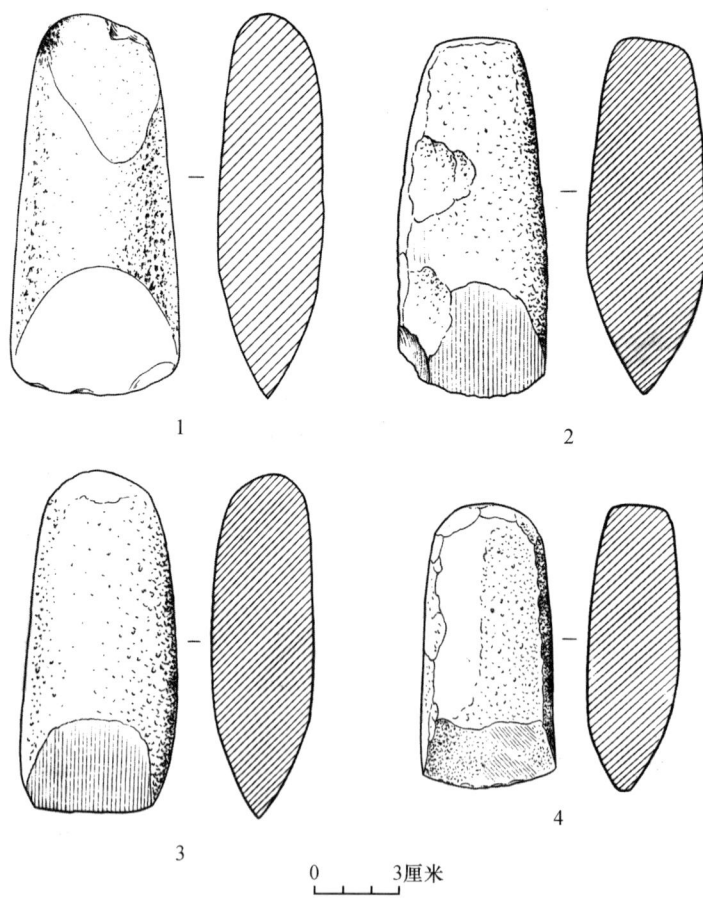

图3-106　二里头时期出土Ba型石斧（一）
1. 2004H19:69　2. 2004H19:2　3. 2004H90:2　4. 2005T7841④:8

标本 2004G2⑦:1，安山玢岩，青绿色，刃部磨光，一面略磨光，一面残，圆弧顶，双面刃，刃部略残。残长13.6、宽4~6.3、厚4.1厘米（图3-107，3）。

标本 2004H331:3，粉砂岩，浅青色，两面和刃部磨光，横截面呈扁长方形，上端略窄呈有肩状，刃部残缺较甚。残长14.5、宽4.8~6.5、厚3厘米（图3-107，4）。

Bb型 9件，平面形状为长方形或近长方形。

标本 2004H11:3，片岩，青灰色，刃部磨光，横截面为扁椭圆形，圆弧顶，双面刃，刃缘残。残长13.6、宽5.3、厚2.8厘米（图3-108，1）。

标本 2004H19:51，安山岩，青绿色，刃部磨光，横截面呈长方形，平顶，中部略鼓，双面刃，刃缘稍钝。长12、宽5、厚3.8厘米（图3-108，2）。

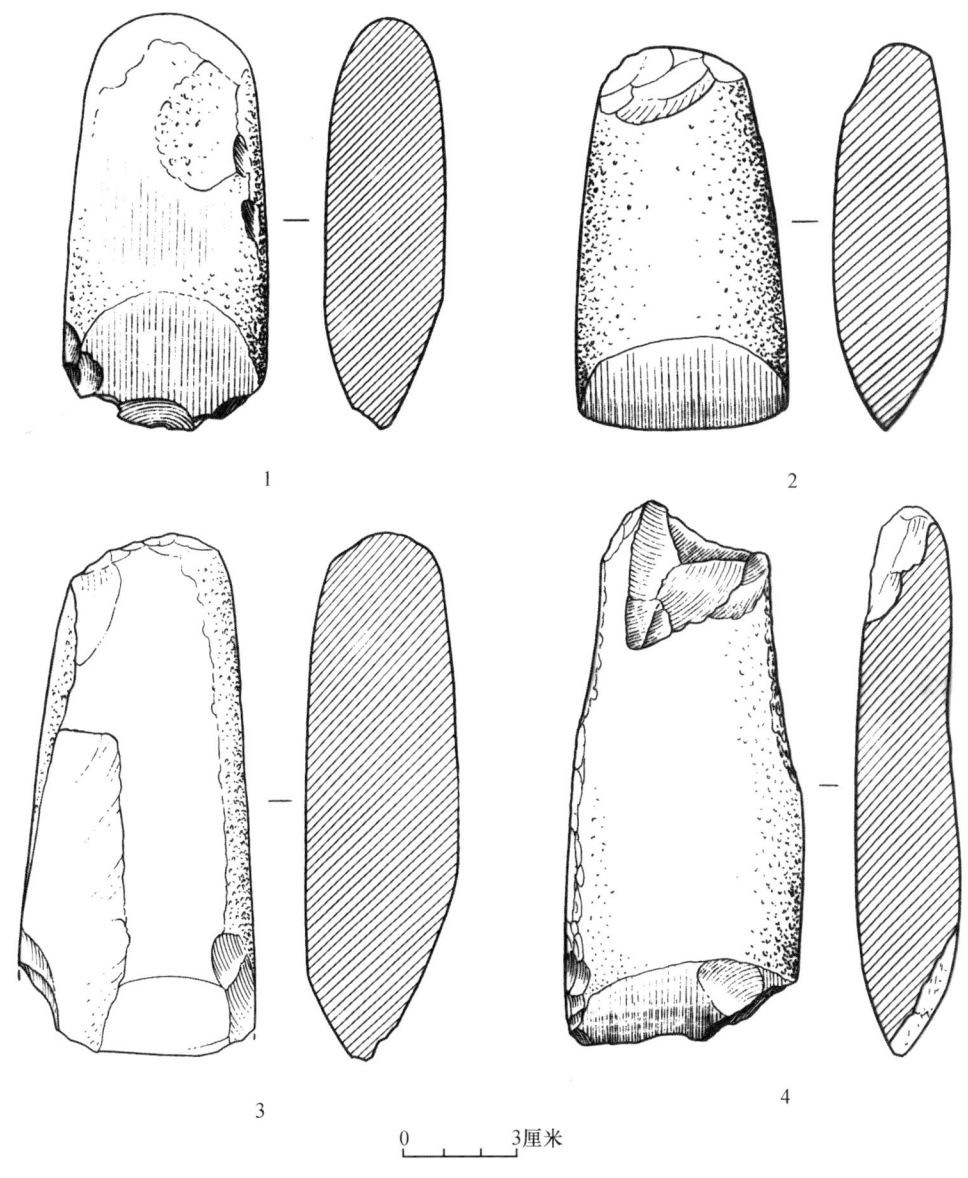

图 3-107 二里头时期出土 Ba 型石斧（二）
1. 2004J1:2 2. 2005H96:96 3. 2004T2G2⑦:1 4. 2004H331:3

标本 2005H69:73，角闪石片岩，褐色，通体磨光，横截面为椭圆形，平顶略残，双面刃，刃下部残。残长 11.6、宽 5.4、厚 3.5 厘米（图 3-108，3）。

标本 2004J1:1，安山岩，灰绿色，刃部磨制精细，弧顶，双面刃，刃缘圆钝。长 11.0、宽 4.5、厚 3.5 厘米（图 3-108，4；图版一，6）。

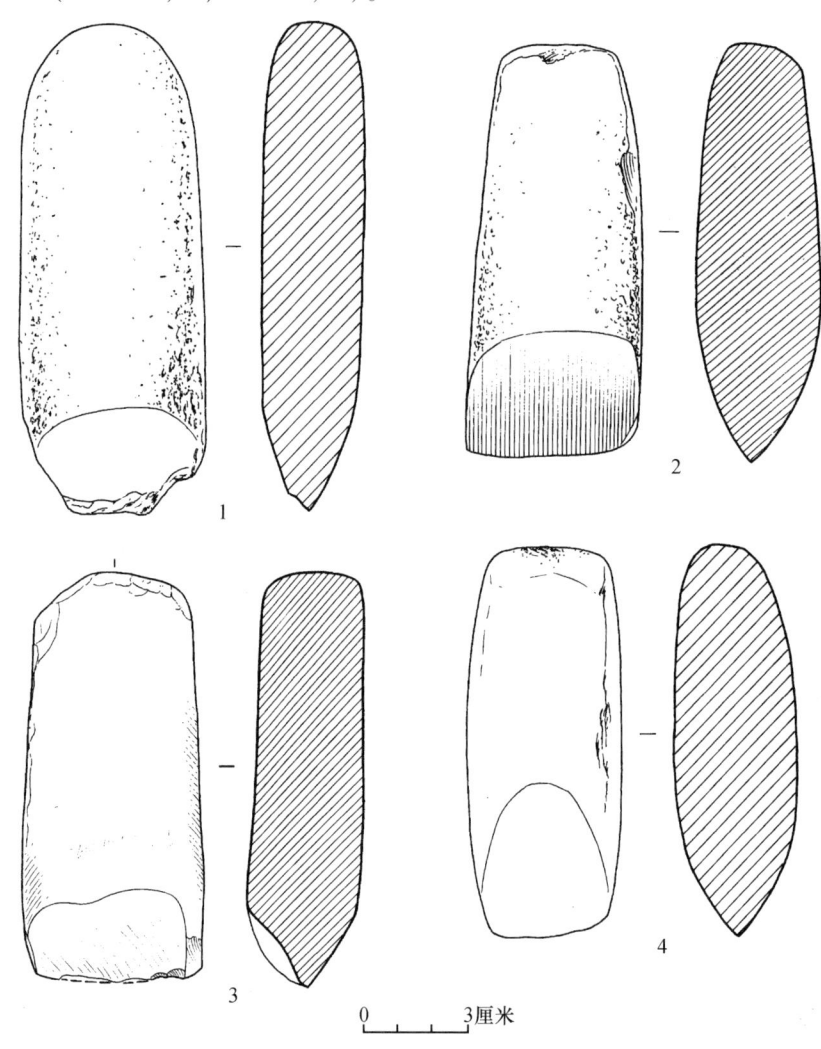

图 3-108　二里头时期出土 Bb 型石斧（一）
1. 2004H11:3　2. 2004H19:51　3. 2005H69:73　4. 2004J1:1

标本 2005H147:518，长石斑岩，青色夹白斑，保留石材原貌，平面形状为长方形，顶部残，单面刃，刃缘较钝。残长 13.2、宽 6.6、厚 3.8 厘米（图 3-109，1）。

标本 2004H19:50，安山岩，黑色，通体磨光，横截面为椭圆形，顶部残，中部一边略凹，双面刃，刃部较锋利。残长 11.5、宽 4.3、厚 3.6 厘米（图 3-109，2）。

标本 2004H19:60，安山岩，绿色，通体磨制，横截面为扁长方形，平顶，双面刃，刃缘圆弧。长 9.1、宽 5、厚 2.2 厘米（图 3-109，3）。

标本 2004H363:2，灰岩，灰白色，通体磨制，顶部残，上部稍窄呈有肩状，双面刃略残，刃缘斜弧。残长 10.5、宽 5.2、厚 3.6 厘米。

标本 2004T4④:1，角闪石，青灰色，边缘见有琢制痕迹，上部残，双面刃，直刃较锋利。残长 8.9、宽 5.3、厚 3.2 厘米。

另有 9 件标本残缺较甚，不能划分亚型，举 1 件为例。

标本 2004H177:19，粉砂岩，绿色，边缘略经磨制，横截面呈椭圆形，圆顶，刃部残。残长 5.2、宽 5、厚 4.2 厘米。

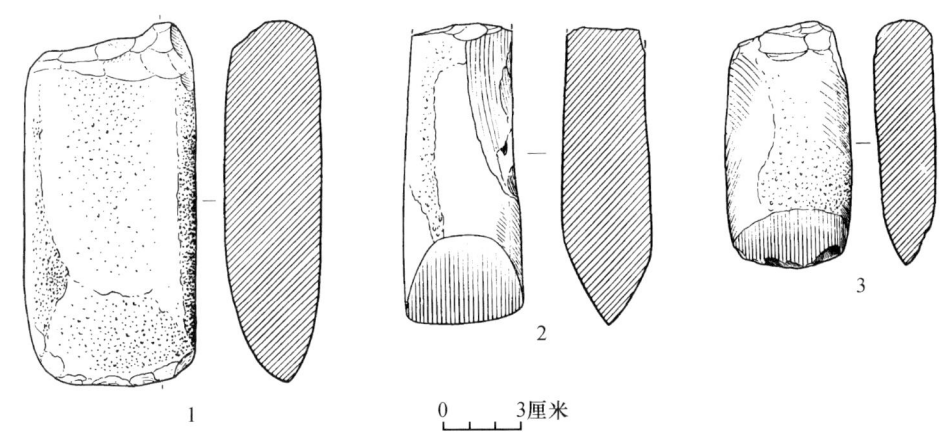

图 3-109　二里头时期出土 Bb 型石斧（二）
1. 2005H147:518　2. 2004H19:50　3. 2004H19:60

石锛

共 24 件。磨制，做工较精细，依据器体的大小可分两型。

A 型　器体较大，器身厚重。标本 9 件。依断面的特征又可分为两亚型。

Aa 型　4 件，横截面呈梯形。

标本 2005H167:150，变粒岩，青灰色，局部粗略打磨，器身仍较多保留琢制痕迹，横截面为梯形，平顶，单面刃。长 11、宽 2.5~4、厚 2.7 厘米（图 3-110，1）。

标本 2005H147:520，安山岩，黑色，磨制精细，顶部和右端残，单面刃，刃缘上见有密集的不规则形崩疤。残长 8、宽 5.5、厚 3.5 厘米（图 3-110，2）。

标本 2005H22:40，钙质粉砂岩，青灰色，磨制精细，单面刃。残长 8.7、宽 4.8、厚 3 厘米（图 3-110，3）。

标本 2006H10:2，安山玢岩，深灰色，磨制较粗糙，边缘还保留毛坯状，平面形状为梯形，单面刃。长 14、宽 4~5.6、厚 2.8 厘米（图 3-110，4）。

Ab 型　5 件，举 3 件为例，横截面近长方形或圆角方形。

标本 2004H19:33，凝灰岩，深灰色，平面形状为梯形，背面和刃面磨制精细，平顶稍残，单面刃，刃部略残。长 16.5、宽 4.2~6、厚 2.8 厘米（图 3-111，1；图版二，1）。

标本 2005H107:103，片岩，黑灰色，磨制精细，上部残，横截面为长方形，单面刃，刃部上见有连续的小崩疤。残长 5.5、宽 5、厚 4.1 厘米（图 3-111，2）。

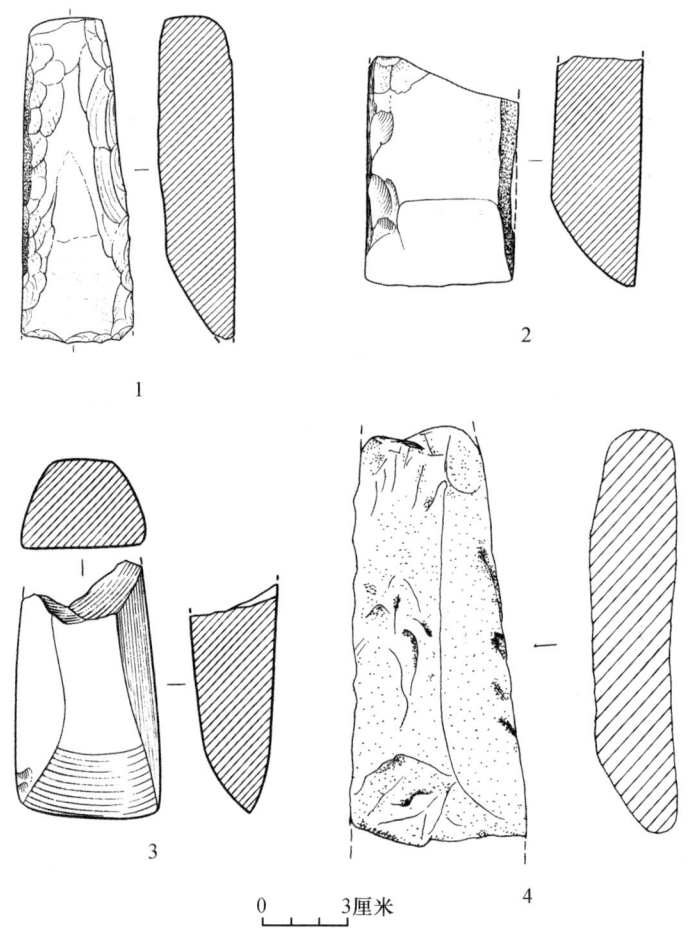

图 3-110　二里头时期出土 Aa 型石锛
1. 2005H167∶150　2. 2005H147∶520　3. 2006H22∶40　4. 2006H10∶2

标本 2005H109∶103，白云岩，灰白色，上部残，横截面近方形，单面刃，刃部上见有连续的小崩疤。残长 7、宽 4、厚 3.8 厘米。

B 型　器体较小，器身扁薄。标本 14 件。依平面形状可分为两亚型。

Ba 型　7 件，平面形状呈梯形，器粗短。

标本 2005H122∶151，变粒岩，黑色，正面保留有打制和琢制痕迹，边缘、刃部及背面磨制精细，弧顶，正面中部微凹，单面刃较直，刃面呈半月形。长 6.7、宽 3～3.4、厚 1 厘米（图 3-112，1）。

标本 2005H67∶1，灰岩，深灰色略泛褐，器体磨光，平顶，单面刃，刃缘上见有连续的小崩疤。长 6.1、宽 2.6～3.4、厚 1.2 厘米（图 3-112，2）。

标本 2004ⅠT6841③∶108，片岩，黑灰色，磨制精细，平顶，单面刃，刃缘上见有断续的小崩疤。长 8、宽 2.9、厚 1.2 厘米（图 3-112，3；图版二，4）。

标本 2004H30∶4，片岩，青灰色，器身磨制精细，顶部略弧，单面刃，刃部较锋利。长 6.1、宽 3～4、厚 1.1 厘米（图 3-112，4；图版二，3）。

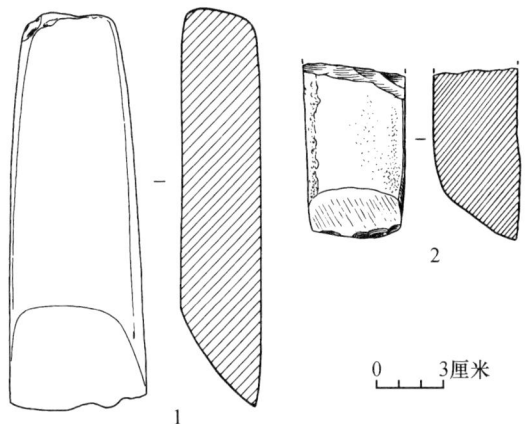

图 3-111 二里头时期出土 Ab 型石锛
1. 2004H19:33　2. 2005H107:103

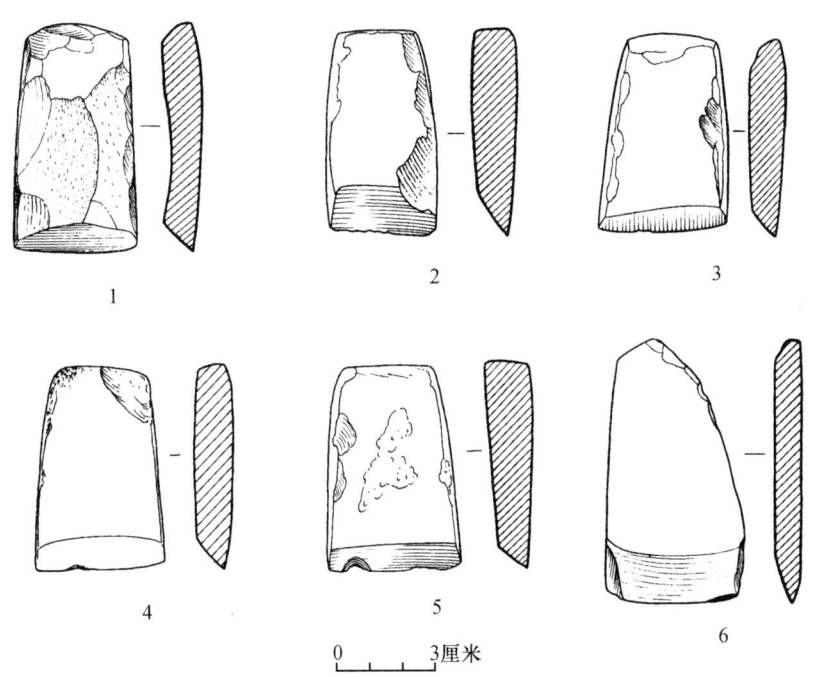

图 3-112 二里头时期出土 Ba 型石锛
1. 2005H122:151　2. 2005H67:1　3. 2004T6841③:108　4. 2004H30:4　5. 2006H10:5　6. 2005H241:21

标本 2006H10:5，变粒岩，灰褐色，器身磨制精细，平顶，单面刃，刃部较锋利，其上见有不规则形崩疤。长 6.1、宽 2.9~4、厚 1.2 厘米（图 3-112，5）。

标本 2005H241:21，灰岩，灰色，磨制精细，弧顶，右上侧残，背面刃部也稍经磨制，略偏锋。长 7.8、残宽 4.3、厚 0.8 厘米（图 3-112，6）。

标本 2005H81:1，石英岩，白色局部略泛灰，器身磨制精细，顶部略弧，横截面为扁长方形，单面刃。长 6.5、宽 3.2~4、厚 1 厘米（彩版一五，1）。

Bb 型 7件，标本5件，平面形状为长条形。

标本2005H69:75，砂岩，黑色，磨制精细，平顶，单面刃，刃部略残。长9.2、宽4、厚1.6厘米（图3-113，1；图版二，5）。

标本2005H85:30，砂岩，青灰色，磨制粗糙，仅刃部经打磨，顶部略弧，平顶，单面刃，刃部较钝。长9、宽3.4、厚1.3厘米（图3-113，2）。

标本2005H180:38，粉砂岩，青灰色，磨制精细，上部残，刃部保存较好，单面刃、背面刃部也稍经磨制略偏锋。残长4.6、宽3.7、厚1厘米（图3-113，3）。

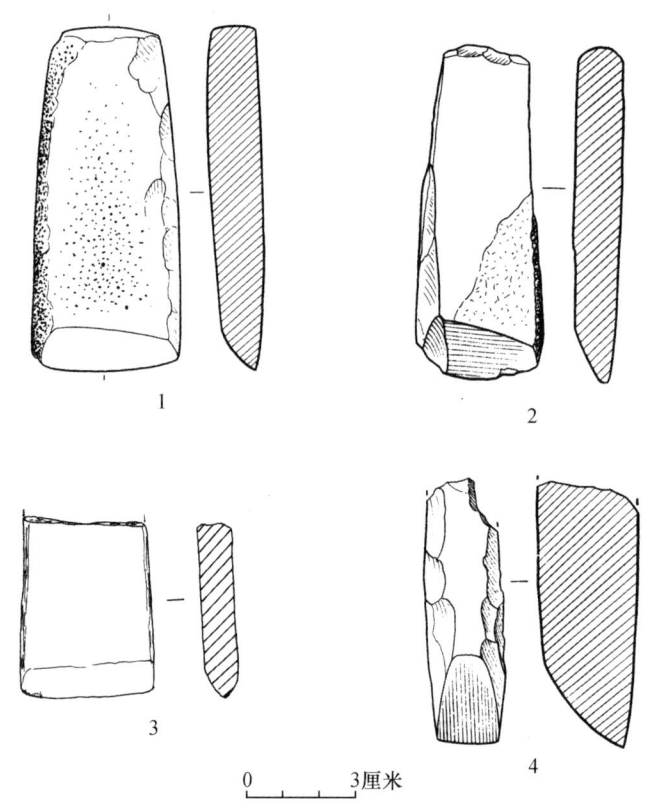

图3-113 二里头时期出土Bb型石锛
1. 2005H69:75 2. 2005H85:30 3. 2005H180:38 4. 2006H10:4

标本2006H10:4，浅粒岩，灰色，磨制精细，顶部略弧，单面刃，刃部微弧。长8.9、宽3.7、厚1.8厘米（图3-113，4；图版二，2）。

标本2005H149:521，变粒岩，黑色，磨制精细，横截面近半椭圆形，上部残，单面刃，刃面和背面见有崩疤。残长5.1、宽4、厚1.8厘米。

石凿

共23件，器体较小，做工精细，以刃部情况可分为两型。

A型 单面刃，依据横截面的形状可分为四亚型。

Aa型 9件，标本5件，横截面为扁长方形。

标本2005H15:73，片岩，青灰色，平面形状呈梯形，平顶略残，单面刃，平刃，刃部较锋利。长6.5、宽2.8、厚1.6厘米（图3-114，1）。

标本2004H19:22，石英岩，青灰色，磨制精细，平面呈长条形，平顶有残损，单面刃，刃缘锋利。长6.0、宽1.7、厚1.6厘米（图3-114，2；图版三，1）。

标本2004H19:37，石英岩，青灰色夹红斑，通体磨光，平面呈长方形，圆弧顶，单面刃。残长7.5、宽2.4、厚1.9厘米（图3-114，3）。

标本2004G2④:63，片岩，黑灰色，器体呈长方体形，器身上见有较多的崩疤，直刃略残。长7.0、宽2.6、厚1.4厘米（图3-114，4）。

标本2005T7542③:51，石英岩，青灰色，制作粗糙，仅刃面和背面磨光，器体为长条形，平顶，单面刃。长5.8、宽1.2、厚1.3厘米。

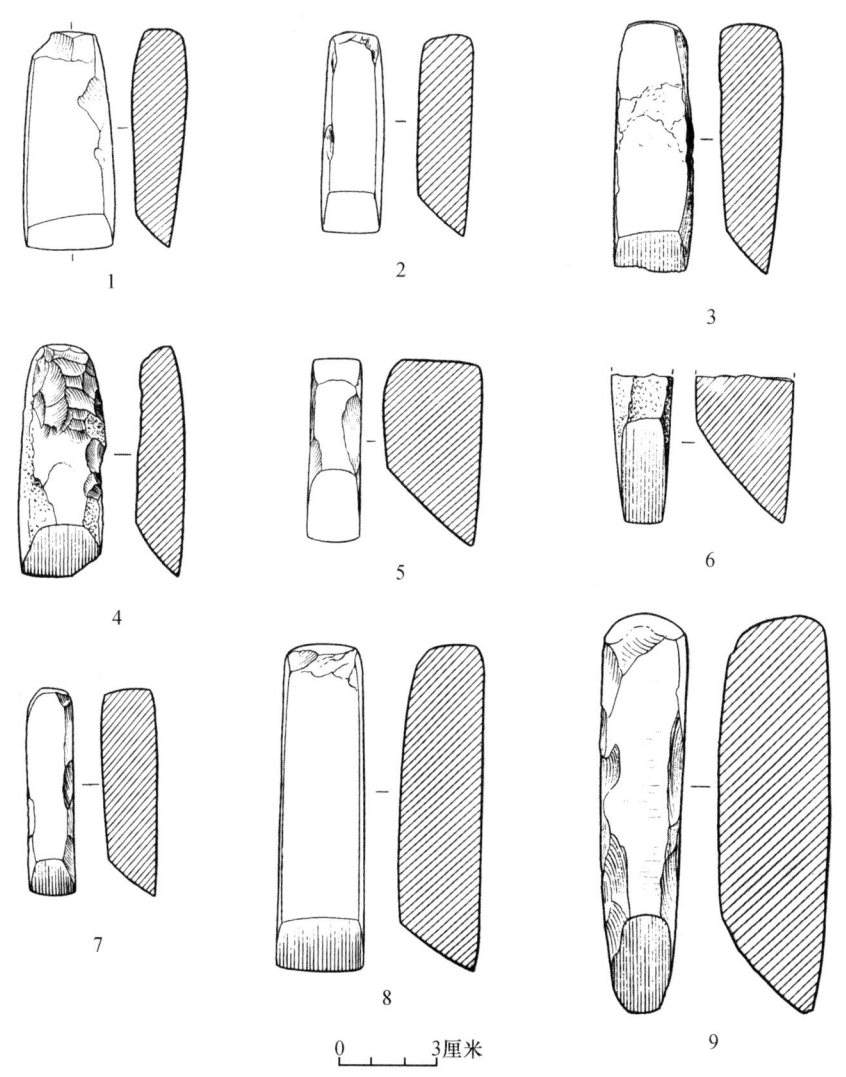

图3-114 二里头时期出土石凿（一）

1～4. Aa型（2005H15:73、2004H19:22、2004H19:37、2004T3G2④:63） 5. Ab型（2005H147:519）
6、9. Ab型（2004H19:8、2005H180:34） 7、8. Ac型（2004H373:1、2004H3:1）

Ab型 6件，横截面呈纵长方形。

标本2005H147：519，硅质灰岩，黑灰色，磨制精细，局部有打制痕迹，平顶，刃部较平，刃缘略钝。长5.1、宽1.3、厚3厘米（图3-114，5）。

标本2005H180：34，变粒岩，棕绿色，磨制粗糙，器体呈长条形，顶部圆弧，单面刃较圆钝。长12、宽2.5、厚3.5厘米（图3-114，9）。

标本2004H19：8，石英岩，青灰色，器身残损较甚，刃部磨制精细，较锋利。残长4.2、宽1.3、厚3厘米（图3-114，6）。

标本2005H180：34，变粒岩，棕绿色，磨制粗糙，器体呈长条形，顶部圆弧，单面刃较圆钝。长12、宽2.5、厚3.5厘米。

标本2006H10：4，石英岩，青灰色，磨制粗糙，上部残，刃部磨制精细，较锋利。残长7、宽1.8、厚2.6厘米。

标本2006H34：1，石英岩，青灰色夹红斑，器体为长条形，平顶，单面刃，刃缘圆弧。长4.8、宽1.1、厚1.3厘米。

Ac型 5件，横截面近方形。

标本2004H3：1，灰岩，青灰色，器体呈长条形，顶斜有残损平顶略弧，单面刃。长9.4、宽2.6、厚2.4厘米（图3-114，8；图版三，3）。

标本2004H373：1，凝灰岩，灰色，器体呈长条形，器体圆鼓，顶部圆弧，刃部圆弧，刃缘锋利。长6.2、宽1.4、厚1.5厘米（图3-114，7）。

标本2005H133：92，变粒岩，黑色，磨制精细，器体为长条形，平顶，单面刃，刃缘略残。长6、宽1.2、厚1.1厘米（图3-115，1）。

标本2004H4：1，灰岩，墨绿色，磨制精细，上部残，平刃，刃缘较钝。残长4、宽2.2、厚1.9厘米（图3-115，2）。

标本2004H216：4，灰岩，青灰色，器身呈梯形，顶部圆弧，部分保留有石材原貌，单面刃较圆钝。长11.5、宽3.8、厚3.7厘米。

Ad型 1件，横截面呈横半椭圆形。

标本2004H20：15，石英岩，青绿色，保留石片原貌，刃部略加磨制。长12、宽3.9、厚1.5厘米（图3-115，3）。

B型 2件，双面刃。

标本2005H133：27，变粒岩，棕绿色，器身磨光，整体呈梭形，平顶，两端圆弧，刃缘保存较好。长9.4、宽2.2、厚2.9厘米（图3-115，4；图版三，5）。

标本2004H250：1，粉砂岩，青黄色，由石铲改制而成，器表磨光，制作精细。一面中部钻孔，铤钻，未钻透，形体较小，平面近长条形，保留有切割痕迹。横剖面略呈长方形，平刃。残长8.3、宽3.3、厚1.5厘米（图3-115，5；彩版一五，2；图版三，4）。

石刀

共34件。基本为单面刃，一般通体磨光制，中部多有一个两面对钻孔，根据平面形状可分为三型。

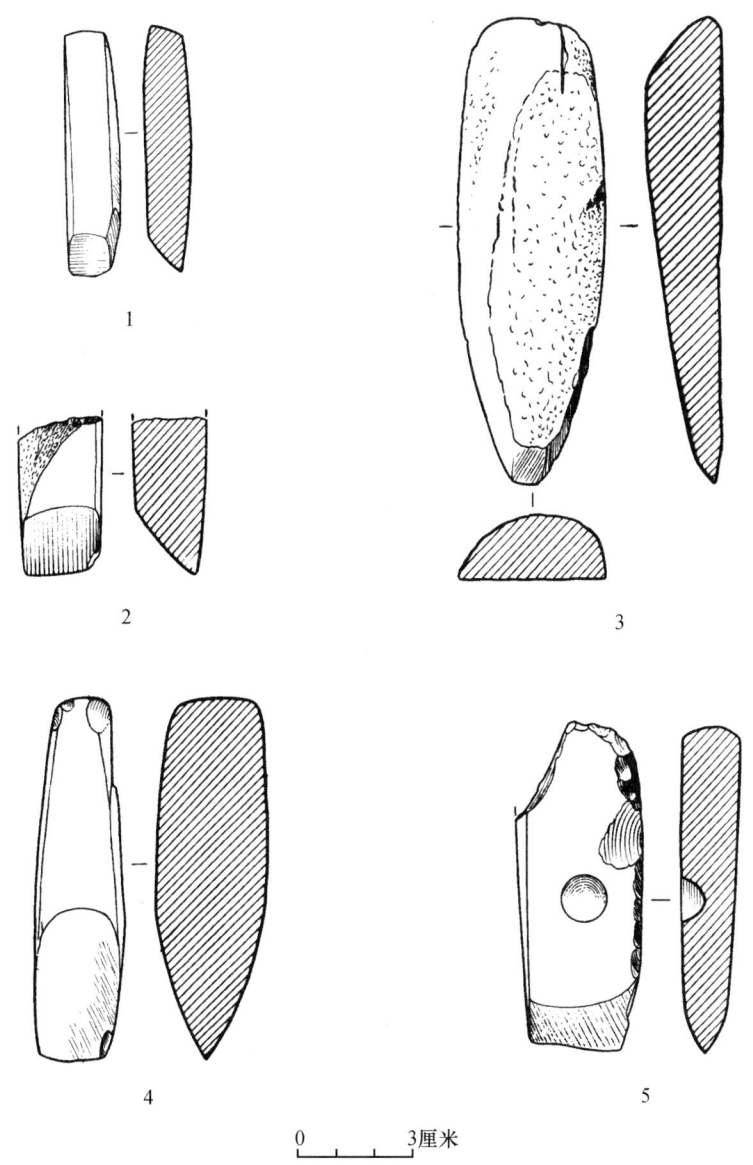

图 3-115　二里头时期出土石凿（二）
1、2. Ac 型（2005H133：92、2004T6941H4：1）　3. Ad 型（2004H20：15）
4、5. B 型（2005H133：27、2004H250：1）

A 型　17 件。平面形状大体呈梯形，根据两端与背部边缘的折弧度又可分为两亚型。

Aa 型　15 件，两端与背部边缘折棱明显。

标本 2004H208：25，蛇纹岩，黑色，磨制精细，边缘略残，弧背，直刃，单面刃较锋利，刀身近刃缘处残见有一钻孔，两面对钻。残长 5.7、宽 4.5、厚 0.8 厘米。（图 3-116，1）。

标本 2004H142：2，砂岩，灰色，脊背微弧，单面刃较直，两面对钻孔。长 9.5～11.5、宽 5.4、厚 0.5 厘米，孔径：0.5 厘米（图 3-116，2；图版四，2）。

图 3-116　二里头时期出土 Aa 型石刀

1. 2005H208:25　2. 2004H142:2　3. 2005H86:11　4. 2005H241:22　5. 2004H431:2　6. 2004H78:4
7. 2004H270:1　8. 2004H19:68

标本 2005H86:11，细砂岩，青灰色，弧背直刃，边缘较弧，刀身中部偏上残见有一钻孔，系两面对钻。残长 5、宽 14、厘米，厚 0.7 厘米（图 3-116，3）。

标本 2005H241:22，石英砂岩，青灰色，通体磨光，单面刃较锋利，刀面上残见有一钻孔，系两面对钻。残长 5.5、宽 5、厚 0.8 厘米（图 3-116，4）。

标本2004H431:2，粉砂岩，浅青色，脊背略弧，单面刃较直，中间有一铤钻穿孔，系两面对钻。残长6.2、宽4.5、厚0.7、孔径0.5厘米（图3-116，5）。

标本2004H78:4，砂岩，青灰色，直背直刃，边缘较弧，单面刃，刀身中部偏上残见有一钻孔，系两面对钻。残长6.5、宽5.7、厚0.5厘米（图3-116，6）。

标本2004H270:1，细砂岩，棕色，弧背直刃，边缘略弧，单面刃，刀身中部偏上残见有一钻孔，系两面对钻。残长5.5、宽4.3、厚1厘米（图3-116，7）。

标本2004H19:68，砂岩，褐色。刀背圆弧，单面刃较直，位于刀身中部偏下位置有一双面对钻穿孔。长11.2、宽4.5、厚1.0、孔径0.5厘米（图3-116，8；图版四，1）。

标本2004ⅠT6741④:2，砂岩，灰色，弧背直刃，刀身中部靠上有一双面对钻穿孔。残长4.5、宽4.7、厚0.8、孔径0.5厘米（图3-117，1）。

标本2005H85:31，石英砂岩，浅棕色，面部和边缘磨制工整，弧背，背部见有连续的打击片疤，直刃，单面刃较锋利，背面边缘也打磨呈锋利的刃缘。残长7.8、宽3.1～5.4、厚1厘米（图3-117，2）。

标本2006H19:12，灰岩，深灰色，直背直刃，单面刃，刀身中部近刃部残见有一钻孔，系两面对钻。残长6、宽4.5、厚1厘米（图3-117，3）。

标本2006H19:2，灰岩，深灰色，背部微弧、直刃，单面刃，刀身中部近刃部残见有一钻孔，系两面对钻。残长5.2、宽4.3、厚0.8厘米（图3-117，4）。

标本2004H90:4，砂岩，深棕色，通体磨光，弧背直刃，单面刃锋利，刀面上残见有一钻孔，系单面钻。残长4.7、宽3.6-4.5、厚0.9厘米（图3-117，5）。

标本2005H290:225，砂岩，青灰色，通体磨制但未磨光，器身较薄，单面刃锋利，刀面上残见有一钻孔，系两面对钻。残长5.3、宽5、厚0.3厘米。

Ab型　2件，两端与背部边缘交接较为圆弧，大体呈圆角梯形。

标本2005H90:21，砂岩，淡黄色，通体打磨但未磨光，弧背直刃，下端也打磨出锋利的刃部，单面刃较锋利，刀面上残见有一钻孔，系单面钻孔。残长5.5、宽4.5、厚0.8厘米（图3-117，6）。

标本2005H147:533，粉砂岩，青灰色，磨制精细，弧背直刃，单面刃较锋利，刀面上残见有一钻孔，系单面钻孔。残长5.5、宽4、厚0.8厘米。

B型　5件，平面形状近长方形，刃部长与边缘长大体相等。

标本2005H117:10，砂岩，青灰色，直背直刃，单面刃，刀身中部偏刃部见有一钻孔，系两面对钻，正面和刃部见有使用形成的磨损痕迹和崩疤。长9、宽4.8、厚1、孔径0.8厘米（图3-118，1；图版四，3）。

标本2004H32:4，砂岩，青灰色，背部略弧，直刃，单面刃，刀身中部偏上残见有一钻孔，系两面对钻。残长5.4、宽4.6、厚0.7厘米（图3-118，2）。

标本2004H90:7，砂岩，青灰色，通体打磨但未磨光，直背直刃，单面刃，刀面上残见一钻孔，系单面钻孔。残长6.5、宽5.5、厚0.5厘米（图3-118，3）。

标本2004ⅠT6735④:53，细砂岩，青灰色，背部略弧，直刃，单面刃，刃缘较窄，刀身中部偏上残见有一钻孔，系两面对钻。残长5.7、宽5.2、厚0.7厘米（图3-118，4）。

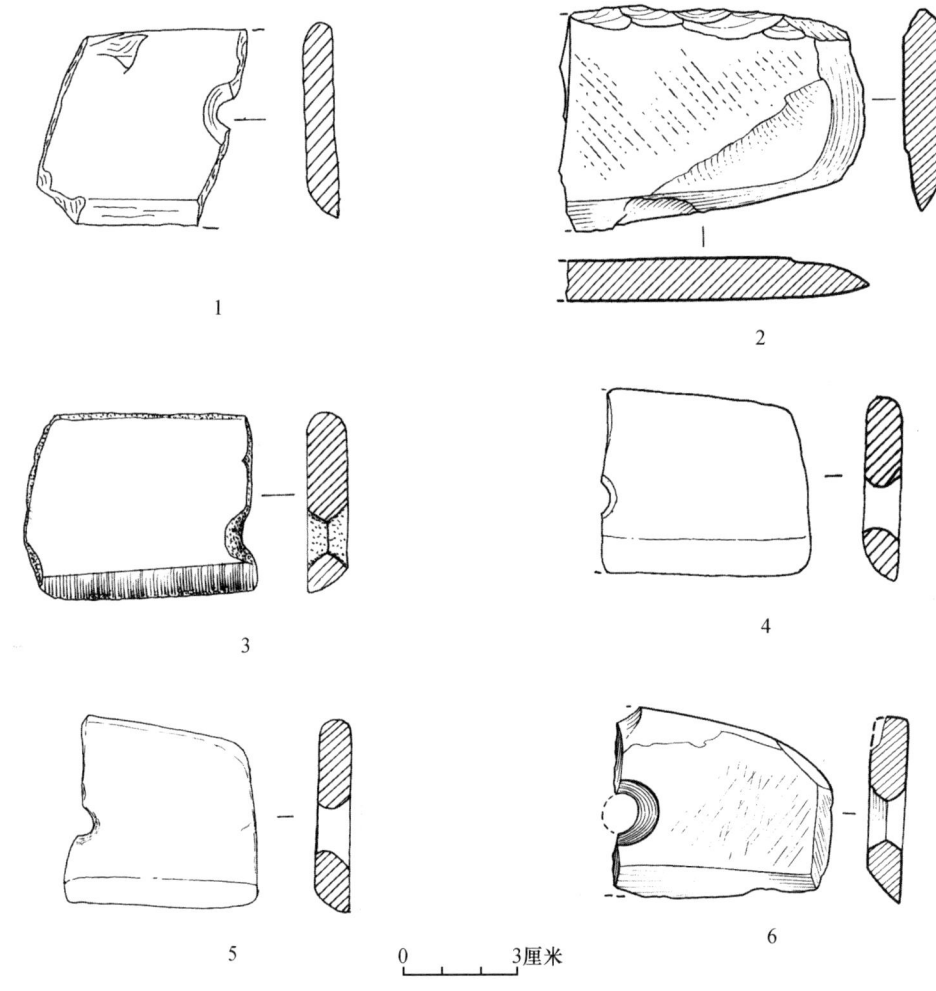

图 3-117 二里头时期出土石刀（一）

1～5. Aa 型（2004ⅠT6741④:2、2005H85:31、2006H19:12、2006H19:2、2004H90:4） 6. Ab 型（2005H90:21）

标本 2005H13:9，粉砂岩，青灰色，直背直刃，背部略残，单面刃，刀面上残见有一钻孔，系双面对钻。残长 5.5、残宽 4.5、厚 0.2～0.4 厘米（图 3-118，6）。

C 型 1 件，平面形状不规则。

标本 2005H251:27，叶岩，棕褐色，边缘磨制精细，可能为后期使用修整所致，直背，刃部略呈波浪状，单面刃，刀身中部近刃部见有一钻孔，系两面对钻。长 10.3、宽 5.2、厚 0.5 厘米（图 3-118，5；图版四，4）。

另有不能辨认型式的残器标本 11 件。现举 8 件为例。

标本 2005H56:33，砂岩，灰色，大部分已残，刃部较直，刀面上残见有一钻孔，系双面对钻。残长 5.9、残宽 3、厚 0.4 厘米（图 3-119，2）。

标本 2005H241:24，砂岩，青灰色，通体磨制，器身稍厚重，弧背直刃，两端残。残长 7.5、宽 5.5、厚 1.3 厘米（图 3-119，3）。

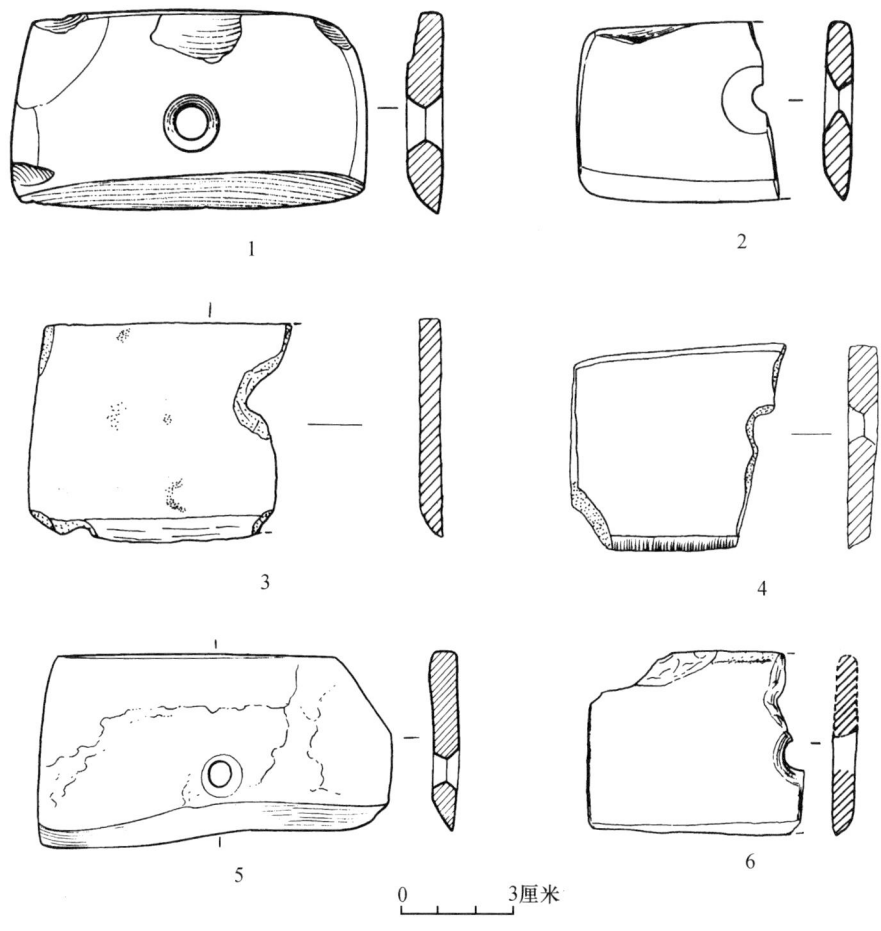

图 3-118　二里头时期出土石刀（二）

1~4、6. B型（2005H117：10、2004H32：4、2004H90：7、2005ⅠT6735④：53、2005H13：9）　5. C型（2005H251：27）

标本 2005H47：23，浅粒岩，青灰色，大部分已残，弧背直刃，单面刃。残长5、残宽4.5、厚1厘米（图3-119，4）。

标本 2004H191：2，灰岩，浅灰色，磨制精细，形似镰，背部微弧，双面刃略弧，较锋利，刀身中部和边缘残见有两钻孔，均为双面对钻。残长6、宽4.2、厚0.8厘米（图3-119，5）。

标本 2005H241：23，石英砂岩，棕褐色，磨制精细，残缺较多，单面刃较直，刃部上见有连续的半月形崩疤。残长6.5、残宽3.6、厚0.8厘米（图3-119，6）。

标本 2004H339：1，砂岩，青灰色，磨制，单面刃，弧背直刃，刃缘较宽，器身厚重，残长6.3、宽5.2、厚1.5厘米。

标本 2004G1①：6，粉砂岩，青灰色，残余部分刃部和背部较直，单面刃，刃缘锋利，双面钻孔。残长6、宽5.4、厚0.8、孔径1厘米。

标本 2004ⅠT7138⑥：1，砂岩，青灰色，通体磨制，器身稍厚重，两端残。残长6、宽5.5、厚1.3厘米。

另见有春秋时期单位出土的二里头时期的半月形石刀，标本2004H66：1，片岩，黑色，磨制精

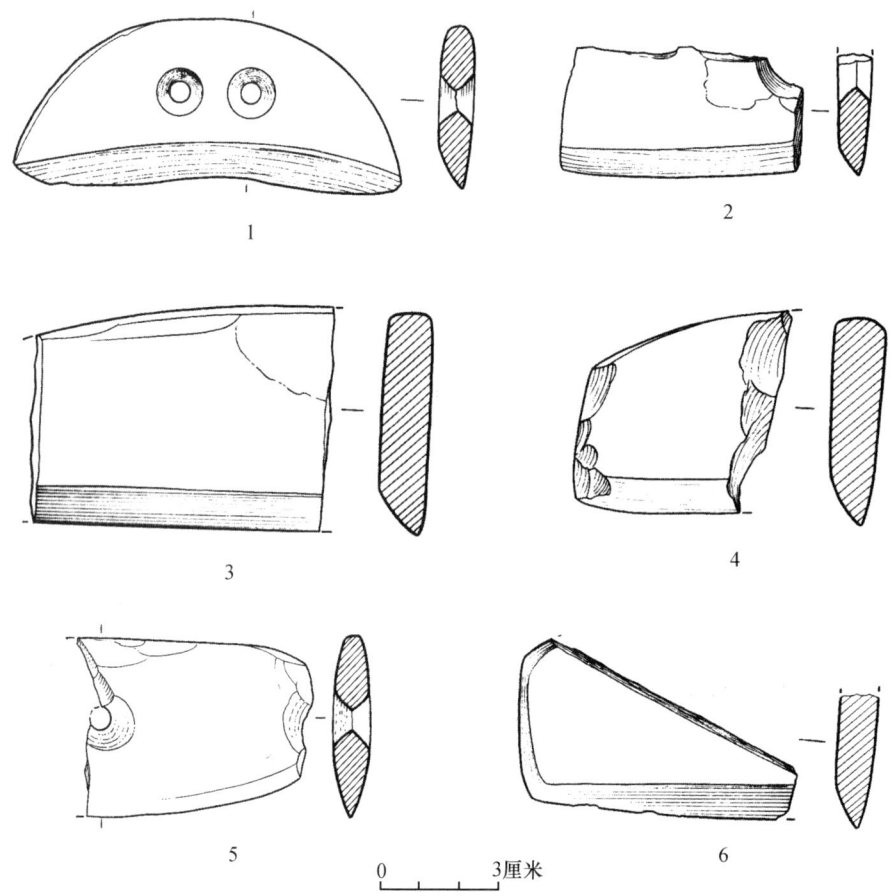

图 3-119　二里头时期半月形石刀及出土残石刀
1. 半月形石刀（2004H66∶1）　2～6. 残石刀（2005H56∶33、2005H241∶24、
2005H47∶23、2004H191∶2、2005H241∶23）

细，平面形状呈半月形，单面刃，刀身中部有两对称的钻孔，系双面对钻，间距为 1 厘米。长 9.7、宽 3.8、厚 0.8、孔径 0.5 厘米（图 3-119，1；图版四，5）。

石镰

共 24 件，均为磨制，基本为单面刃，也见有少量的双面刃，器身多不见穿孔，大体可分为两型。

A 型　15 件，尾部与刃面齐平，根据刃部形状可分为三亚型。

Aa 型　7 件，平刃。

标本 2004H17∶5，细砂岩，青灰色，磨制较细，器身较长，弧背直刃，单面刃，刃部较锋利，尾部略残。残长 16.5、宽 4.5、厚 0.7 厘米（图 3-120，1）。

标本 2005H15∶76，砂岩，灰色，磨制精细，器身短胖，弧背平刃，单面刃较锋利，方尾圆尖，尾部较短。长 14、宽 5、厚 1 厘米（图 3-120，2；图版五，1）。

标本 2005H15∶78，砂岩，灰色，打磨粗糙，尖端略残，弧背平刃，单面刃，尾部缺失。残长 11.6、宽 4.7、厚 0.7 厘米（图 3-120，3）。

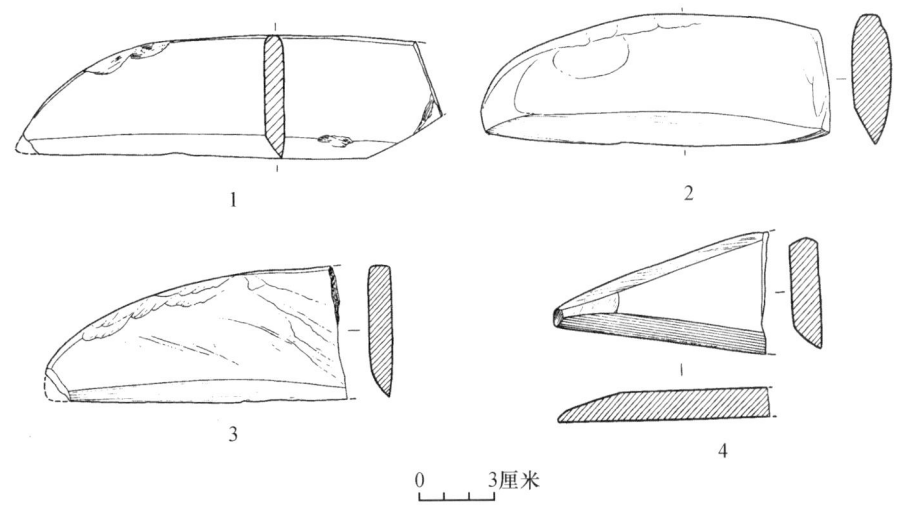

图 3-120　二里头时期出土 Aa 型石镰
1. 2004H17:5　2. 2005H15:76　3. 2005H15:78　4. 2005H50:26

标本 2005H50:26，石英砂岩，棕红色，磨制精细，尖端呈尖头形，斜背平刃，单面刃，尾部缺失。残长 8.4、宽 4.6、厚 1.1 厘米（图 3-120，4）。

标本 2005H206:227，砂岩，浅灰色，磨制精细，弧背平刃，单面刃较锋利，圆尖，尾部残。残长 8.3、宽 5.5、厚 1 厘米（图 3-121，1）。

标本 2004H19:52，砂岩，灰色，磨制较细，器身较厚，弧背，单面刃，刃部较锋利。残长 8.4、宽 6、厚 1.4 厘米。

标本 2005H110:25，砂岩，灰色，磨制较细，器身较厚，弧背，单面刃，刃部较锋利。残长 6.3、宽 4.7、厚 1.2 厘米。

Ab 型　7 件，刃部内凹。

标本 2004H19:62，砂岩，青色，通体磨制，器身较长，弧背，单面刃微凹，刃部较锋利，尖端略残，方尾。残长 20、宽 5.2、厚 0.9 厘米（图 3-121，2）。

标本 2004H30:6，安山岩，灰色，刃部磨制精细，刀身及尾部见有较多的不规则片疤，器身较长，斜弧背，单面刃内凹，刃部较锋利，尖端残，圆尾。残长 18.5、宽 4.7、厚 0.8 厘米（图 3-121，3；图版五，2）。

标本 2005H18:10，细砂岩，灰色，弧背，单面刃微凹，刃部较钝，首尾均残。残长 6.5、宽 4.7、厚 0.9 厘米（图 3-121，4）。

标本 2005H56:32，钙质粉砂岩，深灰色，磨制精细，斜弧背，单面刃弧凹，刃部较锋利，尖端略圆，尾部残。残长 12、宽 4.6、厚 0.9 厘米（图 3-122，1）。

标本 2004H438:1，片岩，浅褐色，磨制精细，斜弧背，双面刃微凹，刃部见有连续的呈锯齿状的小崩疤，前端残，方尾微弧。残长 10.2、宽 6、厚 0.9 厘米（图 3-122，2）。

标本 2006H33:11，片岩，绿色，磨制精细，弧背，单面刃弧凹，尖部和尾部均残。残长 6、宽 4.5、厚 1.2 厘米。

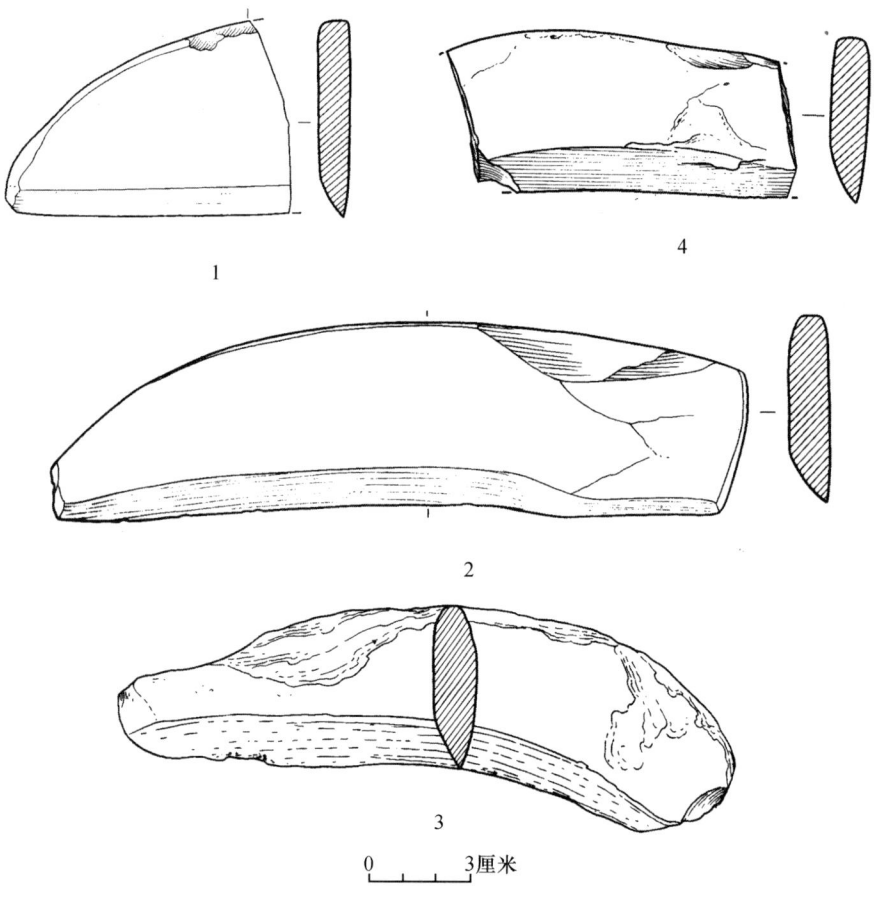

图 3-121 二里头时期出土 Aa 型、Ab 型石镰
1. Aa 型（2005H206：227） 2~4. Ab 型（2004H19：62、2004H30：6、2005H18：10）

标本 2005H180：35，灰岩，灰色，磨制粗糙，弧背，单面刃略凹，尖端和尾部缺失。残长 9、宽 6.2、厚 0.8 厘米。

Ac 型 1 件，弧刃。

标本 2004H19：67，粉砂岩，浅灰色局部呈暗黄色，磨制精细，背部微弧，单面刃略弧，尖端稍残，尾部缺失。残长 6.5、宽 4、厚 0.6 厘米（图 3-122，3）。

B 型 3 件，尾部较宽，凸出刃面。

标本 2004H97：1，砂岩，浅棕色，，磨制精细，器短小，尾部宽长，方尾，弧背，单面刃，短刃内曲，尖部较细。长 13.8、宽 4.5、厚 0.9 厘米（图 3-123，1；图版五，3）。

标本 2005H253：99，砂岩，深灰色，器短小，尾部宽长，方尾，斜弧背，单面刃较锋利，短刃内曲，尖段残缺。残长 11.5、宽 3.7、厚 0.9 厘米（图 3-123，2）。

标本 2005H128：160，砂岩，青灰色，残。残长 7.2、宽 4.5、厚 0.9 厘米（图 3-123，3）。

另有不能辨认型式的残器标本 6 件。现举 3 件为例。

标本 2005H66：66，砂岩，土黄色，器身打磨粗糙，单面刃，短刃较钝，尖部和尾部残。残长 11、宽 4.7、厚 0.8 厘米（图 3-124，2）。

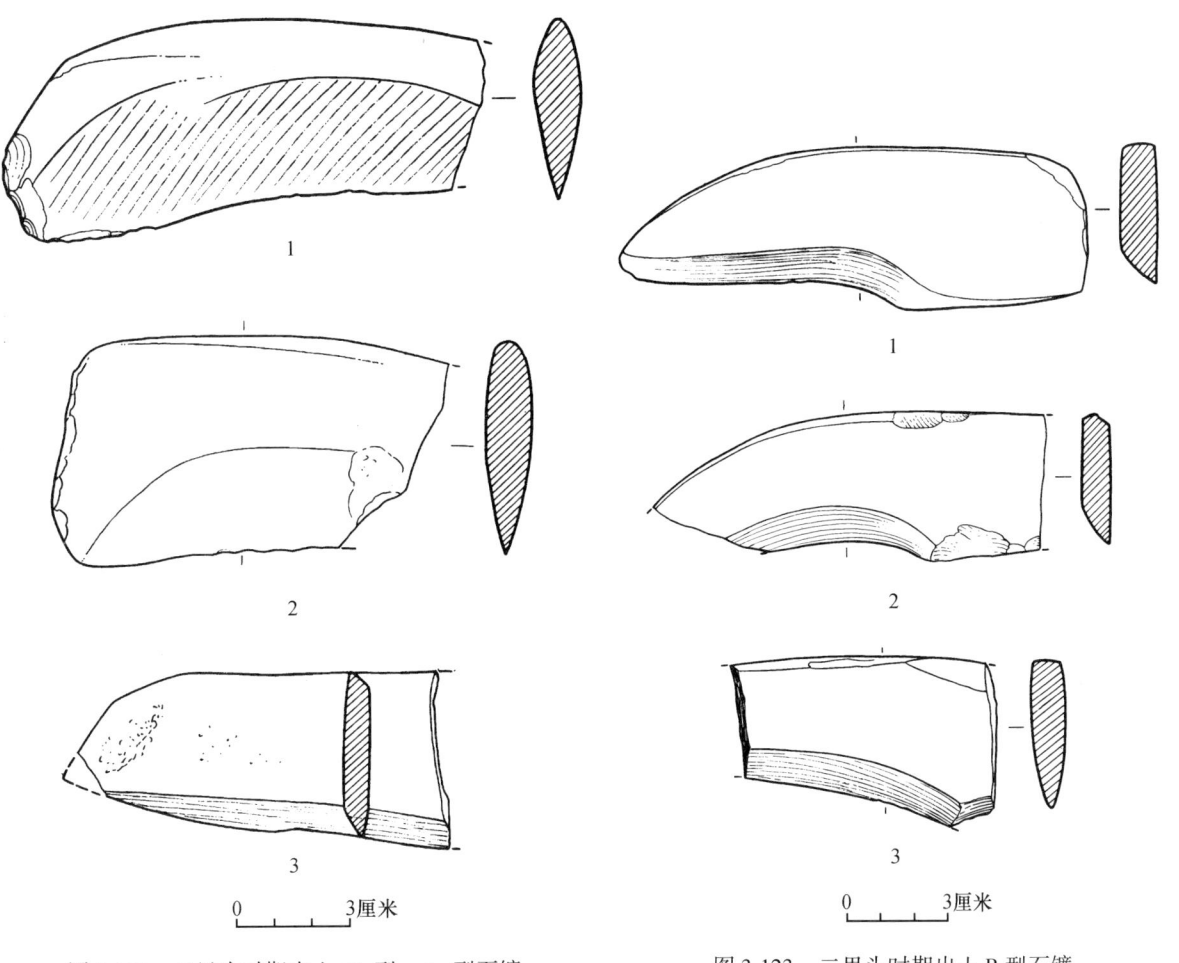

图 3-122　二里头时期出土 Ab 型、Ac 型石镰
1、2. Ab 型（2005H56∶32、2004H438∶1）
3. Ac 型（2004H19∶67）

图 3-123　二里头时期出土 B 型石镰
1. 2004H97∶1　2. 2005H253∶99　3. 2005H128∶160

标本 2004T3G2⑩∶64，砂岩，棕灰色，磨制精细，仅余尖端，圆尖，弧背，单面刃。残长 4、宽 4.2、厚 0.5 厘米（图 3-124，3）。

标本 2004ⅠT6841③∶64，砂岩，土黄色，仅余尖端，圆尖，弧背，双面刃。残长 4.2、宽 5、厚 0.6 厘米。

石戈　1 件。标本 2004H19∶72，细砂岩，青灰色，磨制精细，体扁平，两边缘均有刃，双面刃微弧，圆头，内残，其上见有两处双面对钻钻孔痕迹，未钻透。残长 15.2、宽 5.7、厚 0.8 厘米（图 3-124，1）。

石镞

共 3 件，可分为两型。

A 型　三棱形，1 件。

标本 2004T3G2⑬∶65，粉砂岩，青灰色，磨制精细，镞身为三棱柱形，三翼和锋部较锋利，短圆柱铤。长 5 厘米（图 3-125，1；图版三，6）。

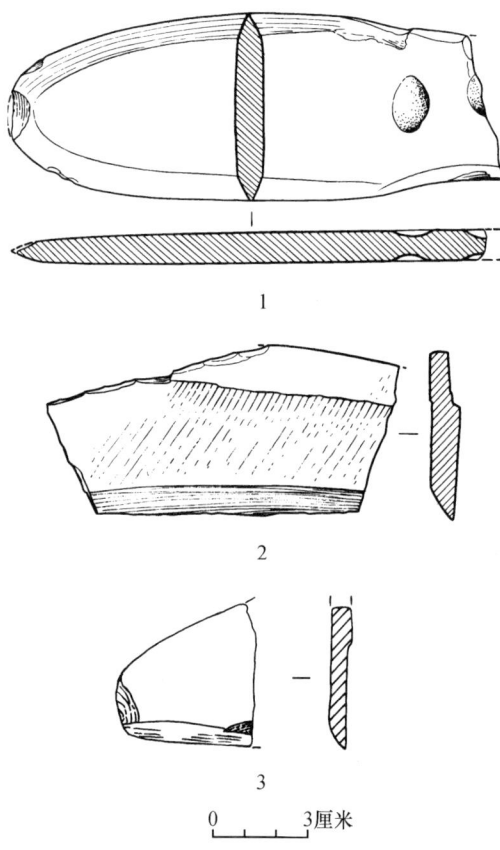

图 3-124 二里头时期出土石戈、石镰
1. 石戈（2004H19:72） 2、3. 石镰（2005H66:66、2005T3G2⑩:64）

B 型　2 件，扁平三角形。

标本 2004ⅠT6841③:109，粉砂岩，红褐色，磨制精细，器身较短，呈扁平三角形，无铤，两侧弧边，尖部残，凹底略残。残长 2.7 厘米（图 3-125，2）。

标本 2005H147:510，粉砂岩，青灰色，磨制精细，器身扁平长三角形，无铤，两侧弧边，圆尖，凹底。长 3.3 厘米。

石球

共 6 件，未经加工或略经加工，大多保留河卵石原貌，依据形态大小可分为两型。

A 型　2 件，器体较大。

标本 2004H30:10，钙质粉砂岩，白色，球体，未见有加工痕迹。直径 6.8 厘米（图 3-125，3；图版五，4）。

标本 2004H30:11，钙质粉砂岩，灰色，球体略经加工，略呈圆柱状。长 5.8、宽 4.7 厘米（图 3-125，4）。

B 型　4 件，器体较小。

标本 2004H288:1，灰岩，灰白色，器体为球体，表面不甚规整。直径 3.3 厘米（图 3-125，5；图版五，5）。

标本 2004H19:46，钙质粉砂岩，灰色，器体为球体，未见人工痕迹。直径 4 厘米（图 3-125，6）。

标本 2004H35:2，安山岩，青灰色，器体为鹅卵形。长径 3.5、短径 2.7 厘米（图 3-125，7）。

标本 2004H20:26，灰岩，灰色，球体略经加工，器体有几个平面。直径 3.8 厘米（图 3-125，8）。

研磨工具

1 件。标本 2005H90:223，砂岩，灰色略泛红，器体为兽蹄状。顶部和底部较平。顶径 4.3、高 11.5、底径 6.4 厘米（图 3-126，1）。

三角形器

1 件。标本 2005H10:6，伊利石，棕红色，器体为三角形。两边磨平，下端刃缘经磨制，顶边残。残高 4.3、顶边长 4、厚 1.1 厘米（图 3-126，2）。

石（玉）饰

3 件。标本 2004ⅡT6301③:2，大理岩，白色，器体为亚腰形，上部较细，下部较粗，中间内凹，有一孔贯穿器身。长 3.3、宽 2.3 厘米（图 3-127，1；图版五，6）。

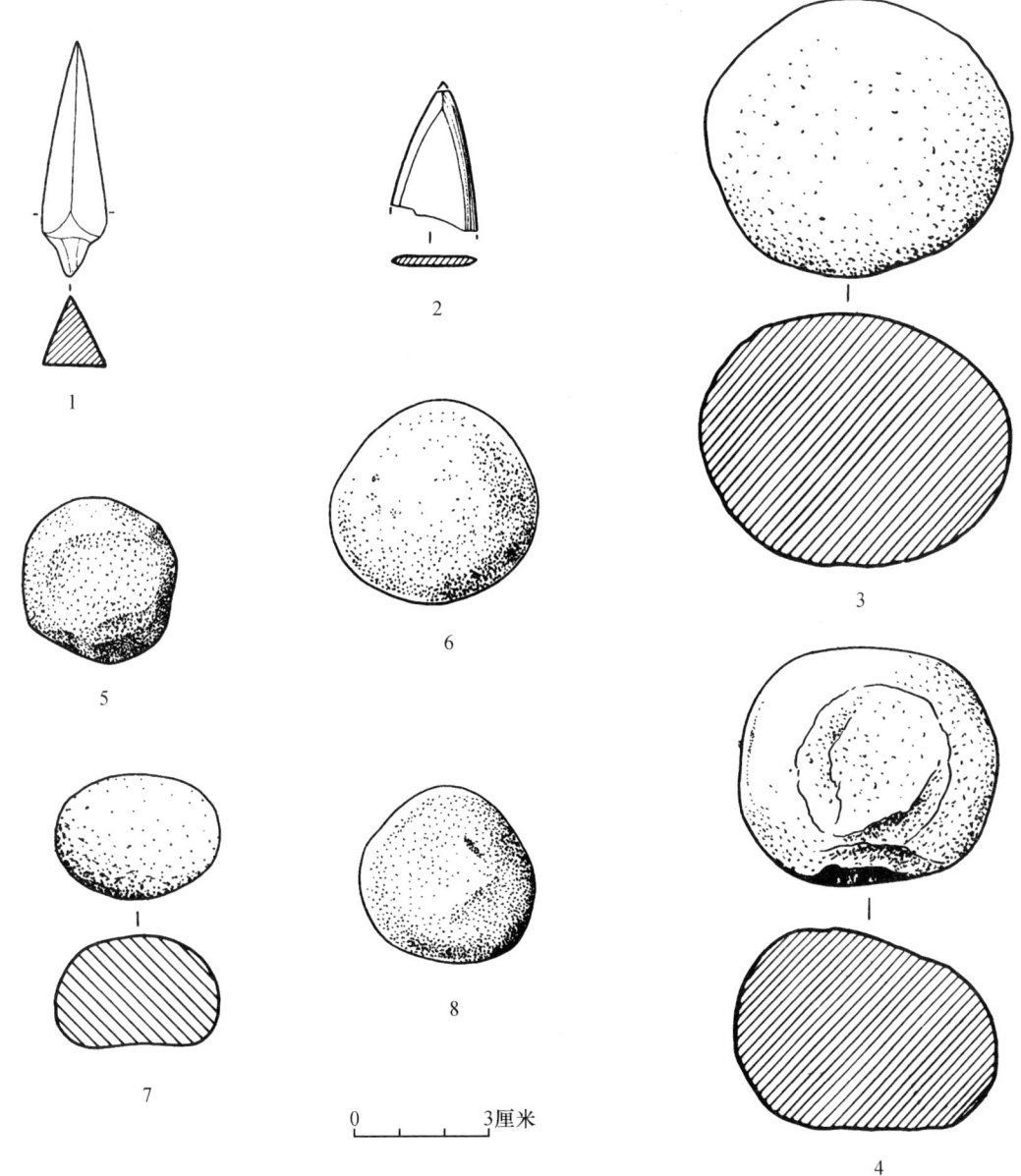

图 3-125　二里头时期出土石镞和石球

1. A 型石镞（2005T3G2⑬:65）　2. B 型石镞（2004ⅠT6841③:109）　3、4. A 型石球（2004H30:10、2004H30:11）
5~8. B 型石球（2004H288:1、2004H19:46、2004H35:2、2004H20:26）

标本 2004H19:30，硅质灰岩，青色，磨制精细，器体中部有一两面对钻的圆孔。器体略呈三角形，中部有一两面对钻的圆孔，器身厚薄较均匀，顶部和底部均残。残长 5、厚 0.7、孔径 0.4~0.8 厘米（图 3-127，6；彩版一四，4）。

标本 2004H19:19，天河石，淡青色，局部白色，器表光滑，略泛光泽，器体不规则，略呈长条形，残剩一半，中部有一圆孔。残长 2.5、孔径 0.4 厘米（图 3-127，7；彩版一四，6）。

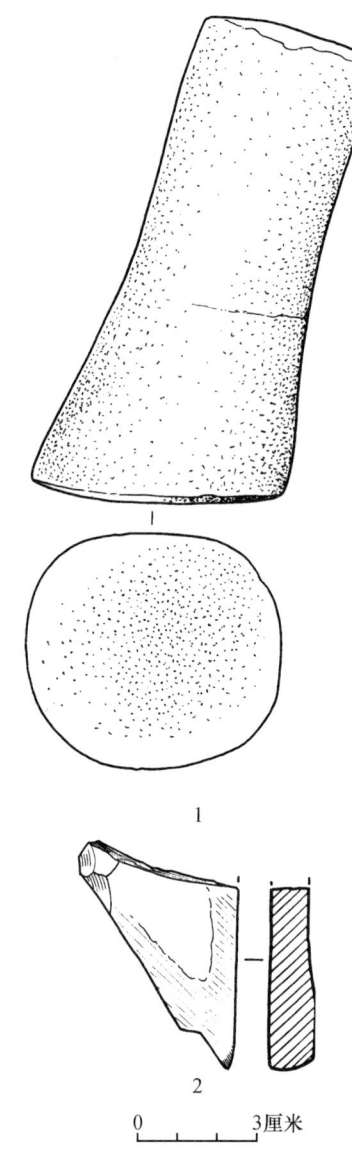

图 3-126 二里头时期出土
研磨工具和三角形器
1. 研磨工具（2005H90：223） 2. 三角形器
（2005H10：6）

绿松石饰品 4 件。

绿松石坠饰 3 件。标本 2004M9：5，浅绿色，通体磨光，整体为扁圆柱状，棱磨制为圆角，有一孔贯穿器体，孔为管钻制成。高 2.3、长 1.5、宽 1.1 厘米（图 3-127，2；彩版一四，2）。标本 2004ⅠT6941④：2，通体绿色，整体为圆柱状，一端不规整，有一孔贯穿器体，孔为管钻制成。高 1.9、直径 1.2 厘米（图 3-127，3；彩版一四，3）。标本 2004H379：1，浅绿色，通体磨光，器体呈扁圆柱体，器体中部有一孔贯穿，孔为管钻制成。长 2.4、宽 1.2、厚 1.0 厘米（图 3-127，4；彩版一四，1）。

绿松石片饰 1 件。标本 2005H96：83，浅绿色，整体为扁长方体，棱磨制为圆角，一角略残。高 2.3、长 1.2、宽 0.5 厘米。

其他器类

网坠 1 件。标本 2004H431：4 大理岩，白色微泛绿，器表光滑，一面有一条凹槽，为长方体。长 3.6、宽 1.7、厚 0.9 厘米（图 3-127，5；彩版一四，5）。

圭形器 1 件。标本 2005ⅠT7841④：2，灰岩，灰色，磨制精细，器身扁平，边缘规整，一面见有三道凹槽，尖端较锋利。长 3.8 厘米。

（二）石坯

共有标本 15 件，大部分经过打制、琢制等加工过程，有的能分辨出目的器类，主要有铲形坯、凿形坯、斧形坯、石锤、石刀毛坯等，有的不能分辨出目的器类，根据其形状对其进行简单的命名（如圭形坯）。

铲形坯

8 件。标本 2004J2：1，安山岩，青灰色，平面形状为梯形，纵截面不规整，两侧面略经琢制，未加工出刃部。长 14.3、宽 4～6、厚 1.5～4 厘米（图 3-128，1）。

标本 2005H147：538，浅粒岩，浅灰色，平面呈舌状，器身残留有较多的打制痕迹，器身中部经琢制略凹，刃部稍经加工，刃面不规整。长 11.4、宽 6.3、厚 1.6～2.6 厘米（图 3-129，1）。

标本 2006H10：2，安山玢岩，深灰色，平面形状为梯形，器身经打制，两侧面略经琢制，背面磨平。长 14、宽 4.3～6、厚 3.6 厘米（图 3-128，3）。

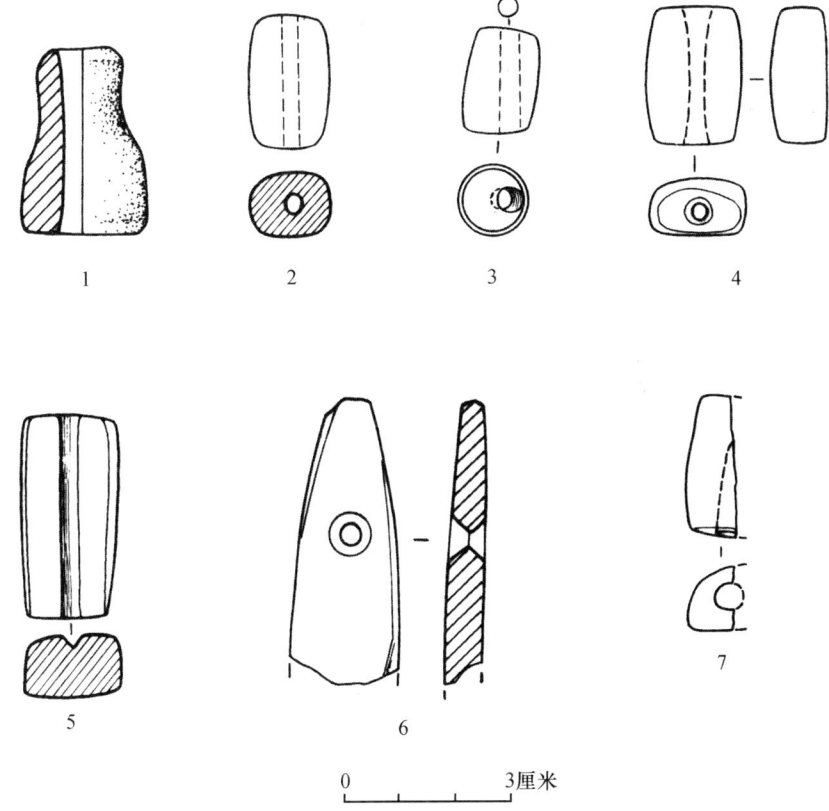

图 3-127　二里头时期出土石（玉）饰品和网坠

2004ⅡT6301③:2）　2~4. 绿松石坠饰（2004M9:5、2004ⅠT6941④:2、2004H379:1）　5. 网坠（2004H431:4）
6. 坠饰（2004H19:30）　7. 坠饰（2004H19:19）

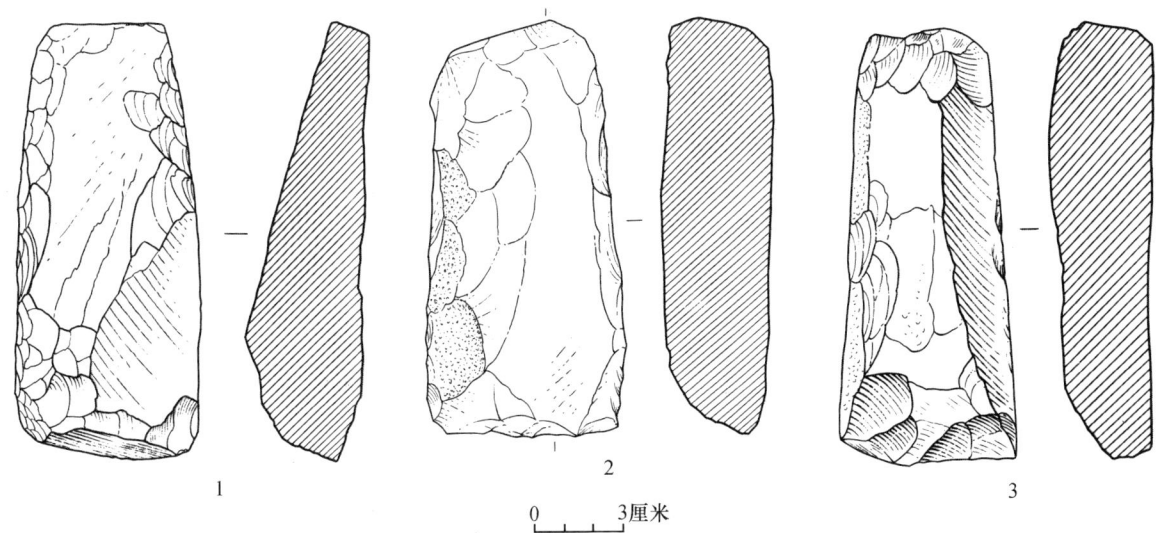

图 3-128　二里头时期出土石毛坯（一）

1~3. 铲形坯（2004J2:1、2005H133:26、2006H10:2）

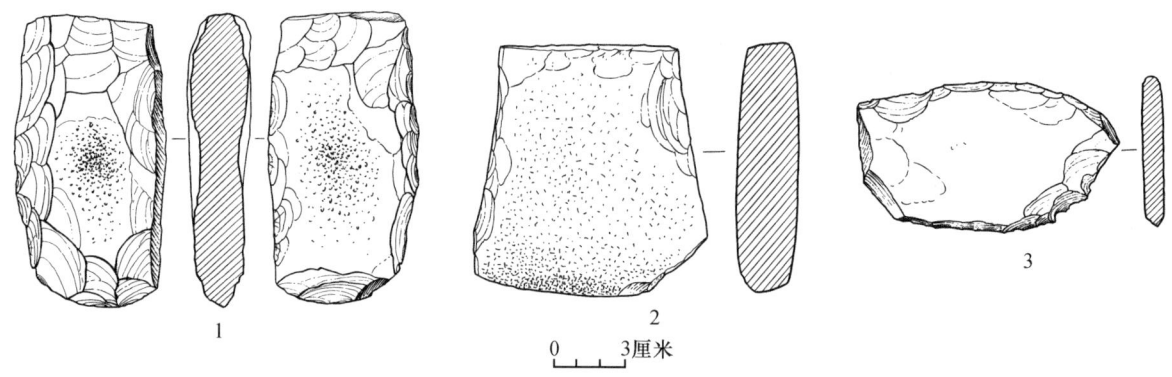

图 3-129　二里头时期出土石毛坯（二）
1. 铲形坯（2005H147:538）　2. 石钺毛坯（2005ⅠT7842④:70）　3. 石刀毛坯（2005H69:86）

标本 2004H228:23，安山岩，深灰色，形状不规整，上端圆鼓，下部斜收，未打制出刃部，背面保留石材原貌。长13.3、宽5.4、厚4.4厘米（图3-130，1）。

标本 2004H166:1，细碧岩，深灰色，断为两块，平面形状近方形器身经打制，右侧边见有一较大的打击片疤，刃部打制成型，未经磨制。长14、宽4.3~6、厚3.6厘米（图3-130，2）。

标本 2005H133:26，安山玢岩，青灰色，平面形状呈梯形，器身有较多的打制痕迹，顶部和背面保留有石材原貌，初步打制出刃部。长13.5、宽5~6.6、厚3.8厘米（图3-128，2）。

标本 2005H253:100，变粒岩，深灰色，平面形状不规整，近长椭圆形，侧面和背面经打制，顶部、正面和刃部保留有石材原貌，刃部一端略经修整。长12.5、宽6.6、厚5.1厘米（图3-130，4）。

凿形坯

2件。标本 2004ⅠT6941③:1，石英岩，灰色，未打制出刃部，正面、两侧及顶部磨光。长14.5、宽3、厚2.4厘米（图3-131，3）。

标本 2006H10:3，安山岩，青灰色，上下两端的斜面保留石材原貌，通体打制，刃部不明确。长15、宽3.5、厚3.6厘米（图3-131，4）。

石钺毛坯

1件。标本 2005ⅠT7842④:70，粉砂岩，青绿色，平顶弧边，未打制出刃部。长9.9、宽7.5~9.8、厚2.4厘米（图3-129，2）。

石锤

1件。标本 2004H200:3，粉砂岩，青绿色，平顶略圆，呈束腰状，横截面为椭圆形，底端遍布大小不一的砸击疤痕。长12、宽4.5~5.8、厚4厘米（图3-130，3）。

石刀毛坯

1件。标本 2005H69:86，砂岩，深灰色，初步打制呈石刀形制，弧背，两端和刃部呈毛坯状。长10.7、宽6、厚0.9厘米（图3-129，3）。

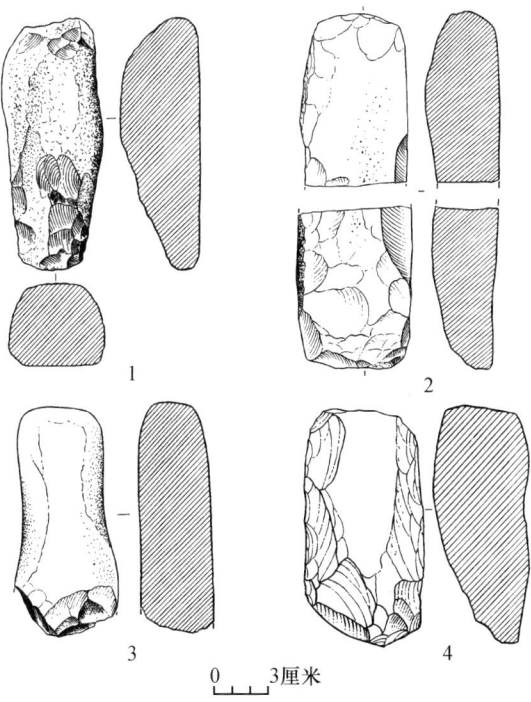

图 3-130　二里头时期出土石毛坯（三）

1、2、4. 铲形坯（2004H228:23、2004H166:1、2004H253:100）　3. 石锤（2004H200:3）

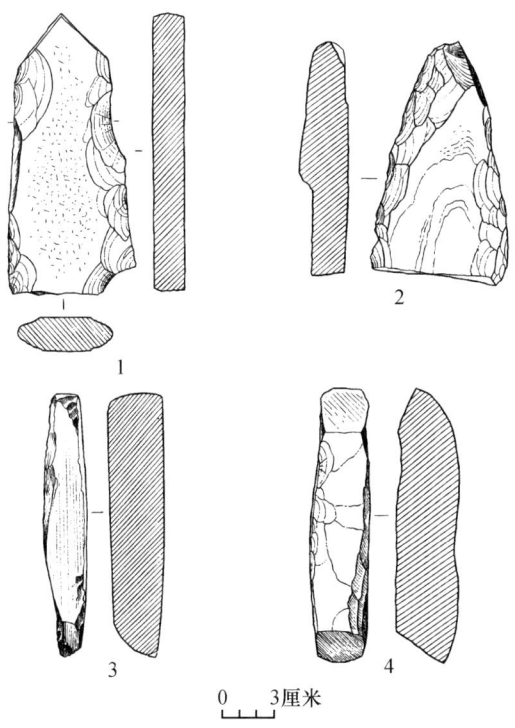

图 3-131　二里头时期出土石毛坯（四）

1、2. 石镰毛坯（2005H199:45、2005H206:278）　3、4. 凿形坯（2004ⅠT6941③:1、2006H10:3）

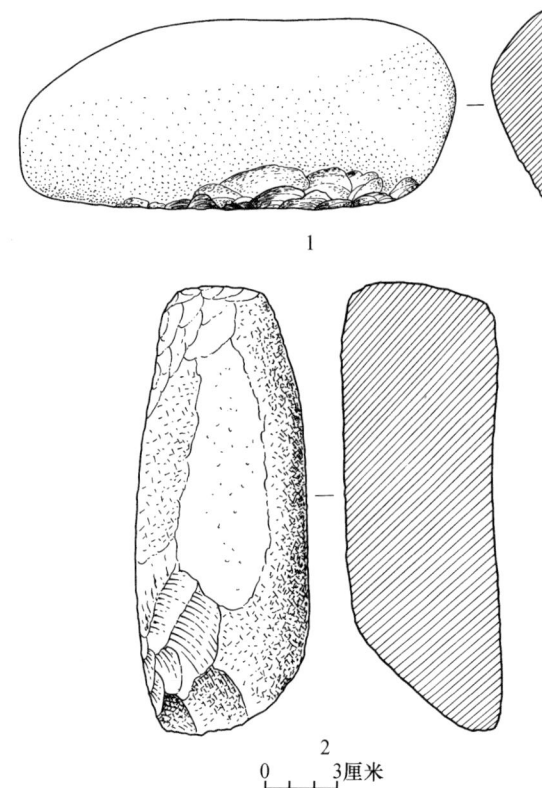

石镰毛坯

2件。标本2005H206：278，细砂岩，青灰色，整体呈三角形，尖头，弧边，两侧保留有较多的打制痕迹，底端保留石材原貌。高13、底边长7.8、厚0.9厘米（图3-131，2）。

标本2005H199：45，石英砂岩，灰色略泛黄，前端呈三角形，两侧边较直，一侧边见有连续的较大的弧状片疤，底端保留石材原貌。高15.3、宽7.4、厚2厘米（图3-131，1）。

其他

标本2004H13：1，粉砂岩，青灰色，鹅卵形，较薄的一边局部经打制，用途不明。长18.5、宽7.6厘米（图3-132，1）。

标本2005H166：102，石英砂岩，暗红色，平面形状呈长舌状，侧面为梯形，局部经打制，底端见有较多的大片崩疤，推测其用途相当于石斧或石锤。长18.3、宽7.2、厚6.3厘米（图3-132，2）。

图3-132 二里头时期出土其他石毛坯
1. 2004H13：1　2. 2005H166：102

（三）石片和断块

共计202件，大多较小，形状多不规整，标本2件。

标本2005H199：45，变粒岩，青绿色，呈扇形，打制均匀。顶边3.6、侧边8、底边14厘米（图3-133，1）。

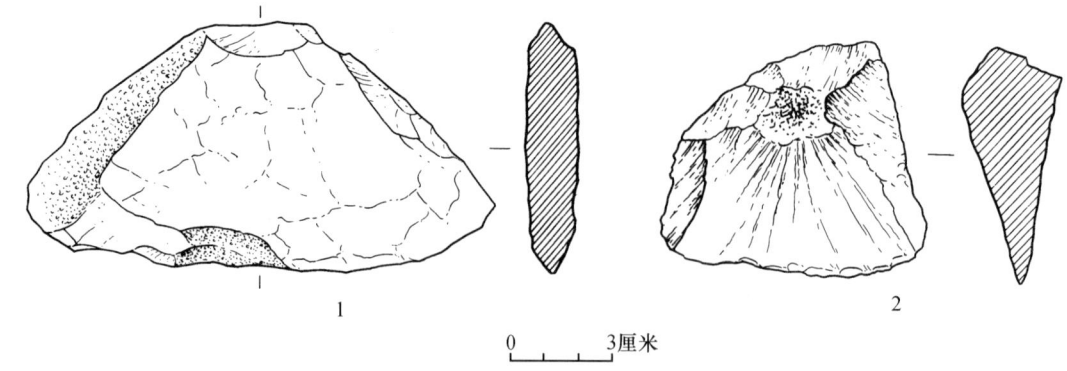

图3-133 二里头时期出土石片
1. 2005H199：45　2. 2004H9：3

标本2004H9：3，变粒岩，青绿色，形状不规则，有明显的打击点，从顶端向四周辐射。长7.8、高6.8厘米（图3-133，2）。

二、骨 角 器

二里头骨器的种类有锥、簪、凿、针、匕、镞、刀、卜骨、饰品、板、管等。大部分骨（角、牙）器都磨制精细，其骨料以大中型哺乳动物的长骨为主，少部分骨器能够确定其骨料来自猪的下犬齿和腓骨，羊的掌骨和胫骨，牛的肩胛骨、肋骨和胫骨，鹿的角和跖骨，狗的尺骨和腓骨，人的桡骨。详情参见附表63及附录四。以下分别对各类器物进行阐述。

1. 骨锥

共59件，多以动物骨骼切割而成，有的顶部保留部分骨臼。可分为两型。

A型　26件。器体较细，大多磨制精细，可分为两亚型。

Aa型　锥干为方形或方形近圆，形似簪。共17件。

标本2005H69：82，浅黄色略泛白。器表磨光，锥干为方形，平顶，细尖较锋利。长7.8厘米（图3-134，5）。

标本2004J2：19，黑灰色。器表磨光，体曲，锥干为方形，平顶，细尖较锋利。长10.3厘米。

标本2004H20：3，浅黄色。器表磨光，体微曲，锥干为方形，平顶，细尖。长8.5厘米（图3-134，1）。

标本2004H20：7，黑灰色。器表磨光，体较直，锥干为方形，平顶略圆，尖部略残。残长6.6厘米（图3-134，3）。

标本2004H20：17，浅黄色。器表磨光，锥干为方形，平顶，细尖。长7.9厘米（图3-134，6）。

标本2004H30：1，黄色。器表磨光，体曲，顶部保留有骨臼，尖部较锋利。长11厘米（图3-134，7）。

标本2004H71：22，灰白色。器表磨光，平顶，锥干近圆，细尖较锋利。长7.5厘米（图版六，1）。

标本2005H15：156，黑色。器表磨光，平顶，锥干为原形，尖部略粗。长5.7厘米（图3-134，2）。

标本2005H89：1，浅黄色。器表磨光，体微曲，圆顶，细尖较锋利。长7.5厘米。

Ab型　锥干扁平。共9件。

标本2004J1：16，灰白色。器表磨光，体微曲，顶部保留有骨臼，尖部略粗。长9.2厘米。

标本2004H20：16，黄色。器身较长，体微曲，平顶略弧，粗尖。长16.7厘米。

标本2005H96：82，灰褐色，体微曲，上部残，细尖较锋利。残长9厘米（图3-134，8）。

标本2006H8：1，暗黄色，体微曲，顶部骨臼磨平，粗尖。长11.7厘米。

B型　33件。器体粗短，可分为两亚型。

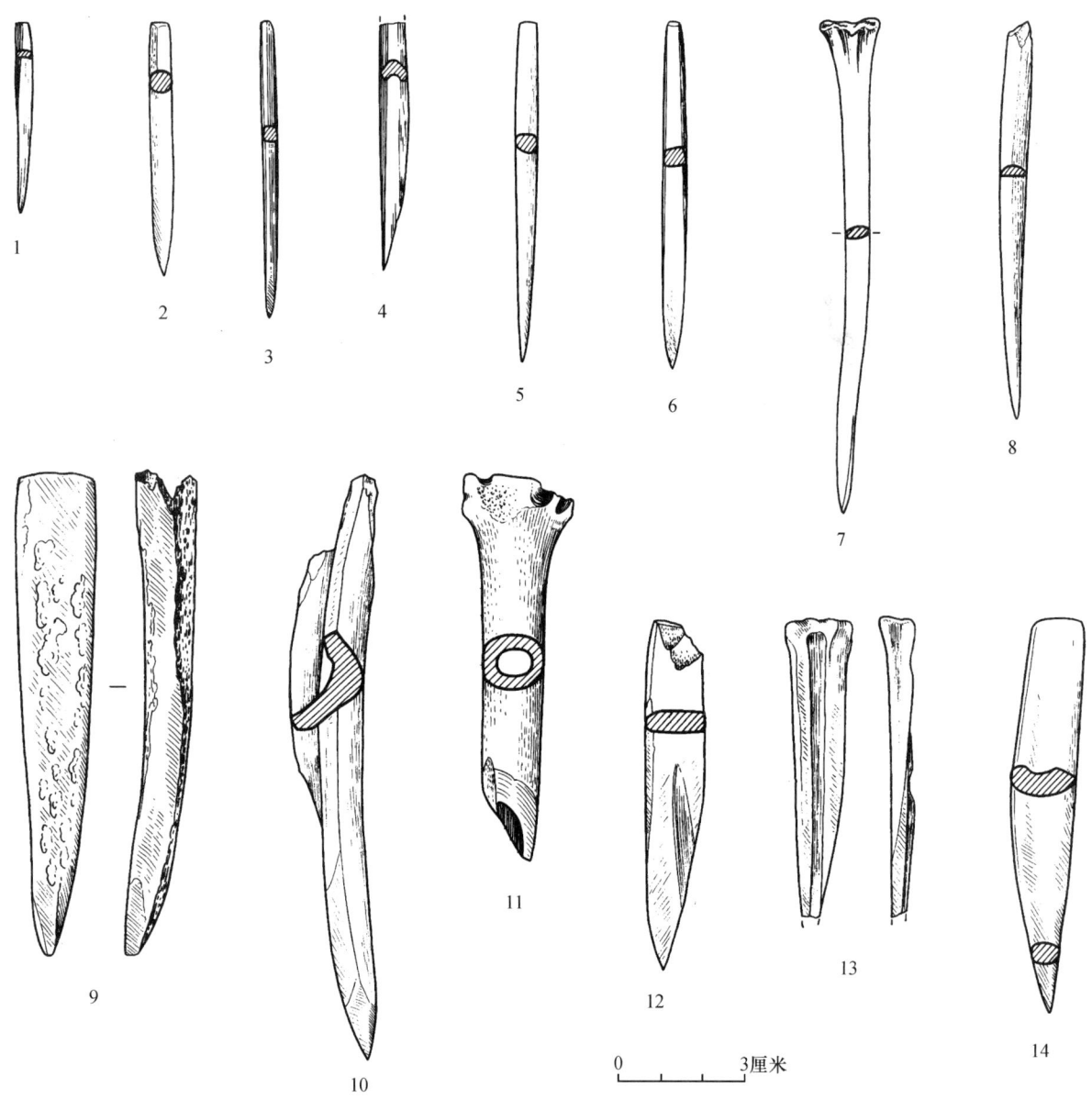

图 3-134 二里头时期出土骨锥

1~3、5~7. Aa 型（2004H20:3、2005H15:156、2004H20:7、2005H69:82、2004H20:17、2004H30:1） 4. Bb 型（2004H19:59） 8. Ab 型（2005H96:82） 9~11. Ba 型（2005H69:80、2005H207:200、2005H241:27） 12~14. Bb 型（2005H207:201、2004H410:1、2005H90:220）

Ba 型 以动物骨骼原形稍加工而成，顶端多保留动物关节臼，较粗大。共 6 件。

标本 2005H241:27，灰黑色，器身为管状，上端保留有骨臼，下端削成圆锥状尖，其上见有刮削痕迹。长 5 厘米（图 3-134，11；图版六，3）。

标本 2005H69:80，浅黄色，体曲，上端保留有骨槽，下部磨为锥状尖，稍有磨损。残长 7.7 厘米（图 3-134，9）。

标本 2005H207：200，浅黄色，体曲，顶端残损，下部切割为锥状尖，尖部较锋利。残长 13.2 厘米（图 3-134，10）。

Bb 型　将动物骨骼切成片状，再经打磨，器体略小，形似镞。共 27 件。

标本 2004J1：5，灰色，器表经打磨，圆顶，尖部锋利。长 6.3 厘米。

标本 2004H410：1，灰黑色，上端保留有骨臼，器体削成片状，尖部残。残长 6.9 厘米（图 3-134，13）。

标本 2004H19：59，灰褐色，上端残，下部削成斜尖，较锋利。残长 5.5 厘米（图 3-134，4）。

标本 2004H136：1，黑色，磨制精细，平顶，下部削成锥状尖，较锋利。长 7.4 厘米。

标本 2005H90：220，灰色，磨制精细，体微曲，平顶略弧，下部削成锥状尖，较锋利。长 8.8 厘米（图 3-134，14）。

标本 2005H207：201，黄色泛白，器表见有刮削痕迹，平顶略残，下部削成斜尖，较锋利。长 7.8 厘米（图 3-134，12）。

标本 2005H253：91，灰色，上部残。下部削成三角形尖，较锋利。残长 7.7 厘米。

2. 骨簪

先将动物骨骼切割为细长圆棒状或细长片状，再刮磨加工，器型工整，磨制精细，表面有光泽，有一件连珠形装饰。依器体形制可分为两型。

A 型　器体呈圆柱形。共 8 件。

标本 2005H167：130，灰色，体细长略曲，尖圆顶，下部残。残长 11.5 厘米。

标本 2006H13：35，黄色，体细长，尖圆顶，下部残。残长 11.8 厘米。

标本 2004H19：6，黄色，体微曲，平顶，尖部锋利。长 11.6 厘米（图 3-135，2）。

标本 2005H96：80，黄色，体细长，平顶，下部残。残长 9.6 厘米。

标本 2004H84：5，浅黄色泛白，器体略粗，平顶，尖部稍粗。长 15.2 厘米（图 3-135，3）。

标本 2004H84：3，暗黄色，器体较短，平顶，粗尖。长 9.7 厘米（图 3-135，1）。

B 型　器体呈四棱形或三棱形。共 5 件。

标本 2004H19：34，浅黄色，体较长，顶端略残。长 18.6 厘米（图 3-135，4）。

标本 2006H13：9，浅黄色泛灰，体较长，顶端骨臼磨平，下部磨成圆锥形尖，较锋利。长 18.9 厘米。

标本 2005H145：69，暗黄色泛灰，下部弧曲，顶端连珠残，粗尖。长 14.8 厘米（图 3-135，5）。

3. 骨针

6 件，大多残缺较甚，标本 3 件。制作精致，器身较细，一般两端均有尖。

标本 2004J1：11，白色，器身为细圆柱状，仅残剩一端，尖部极锋利。残长 3.1 厘米。

标本 2004H19：17，浅黄色，器身为细圆柱状，体微曲，一端略残，另一端尖部极锋利。残长 10.8 厘米（图 3-135，6）。

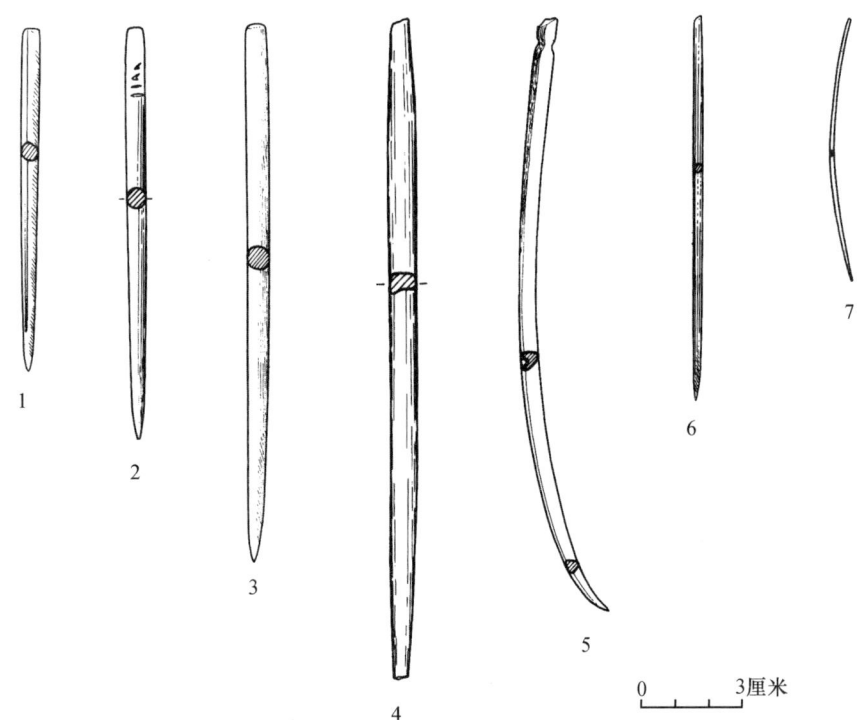

图 3-135 二里头时期出土骨簪及骨针
1~3. A 型骨簪（2004H84：3、2004H19：6、2004H84：5） 4、5. B 型骨簪（2004H19：34、2005H145：69） 6、7. 骨针（2004H19：17、2004H30：5）

标本 2004H30：5，白色，器身为扁圆柱状，体弯曲较甚，一端略残，另一端尖部极锋利。残长 7.4 厘米（图 3-135，7）。

4. 骨匕

依据尖端的形态可分为两型。

A 型　共 5 件，其中标本 3 件。尖端磨圆。

标本 2005H15：151，黄褐色，由大型动物肋骨制成，器体弧长，斜尖顶，一侧中部磨制出锋利的刃部，下端圆尖。长 39 厘米，宽 2.2 厘米（图 3-136，1；图版七，2）。

标本 2005H253：90，暗黄色，一面磨光，上部残，下端圆尖。残长 8.8 厘米，宽 1.9 厘米。

标本 2004H19：41，浅黄色，磨制精细，仅残余尖端，器身较薄。残长 5.6 厘米，宽 1.9 厘米（图 3-136，2）。

B 型　共 2 件。尖端磨平，近平刃。

标本 2005H15：150，黄色，上窄下宽，平顶，下端磨薄，平刃。长 11.5 厘米，宽 1~1.4 厘米（图 3-136，3）。

标本 2004H19：42，黄色，上窄下宽，平顶，下部弧翘，平刃。长 12 厘米，宽 0.8~1.4 厘米（图 3-136，4）。

另有 3 件无法区分型类，现举 1 件为例。

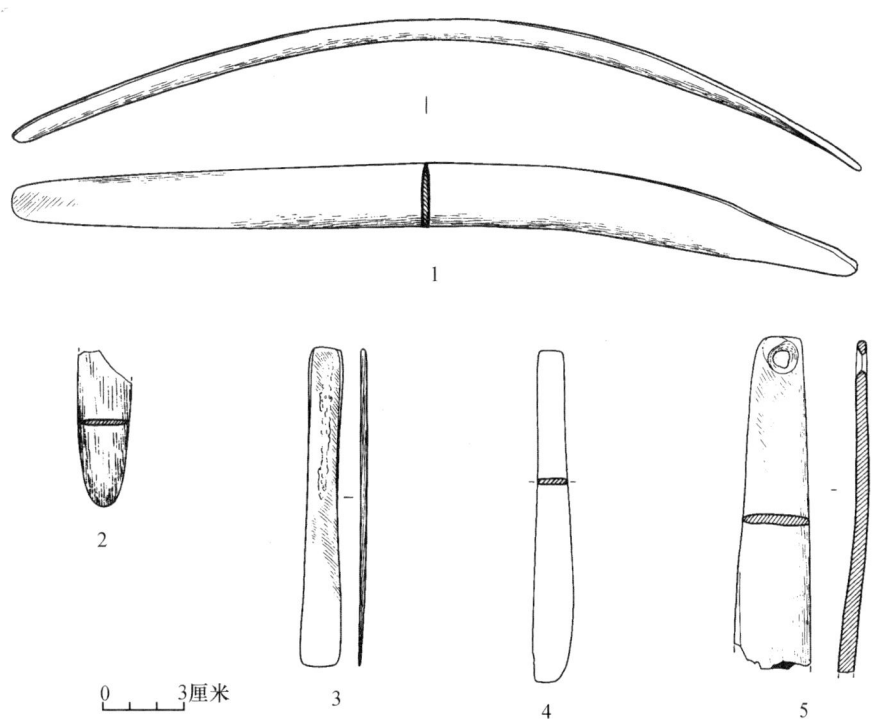

图 3-136 二里头时期出土骨匕

1、2. A 型（2005H15：151、2004H19：41） 3、4. B 型（2005H15：150、2004H19：42） 5. 其他（2004H78：3）

标本 2004H78：3，黄褐色，上窄下宽，体微曲，平顶，上端有一钻孔，系单向钻孔，下端残。残长 11.9、宽 1.5~2.8 厘米（图 3-136，5）。

5. 骨镞

共 38 件，均采用动物骨骼切割刮磨而成。根据形态可分为三型。

A 型 镞身扁平，平面形状呈三角形，可分为两亚型。

Aa 型 镞身中部无折棱，双翼不明显。共 15 件，其中标本 7 件。

标本 2005H147：500，黑灰色，制作精细，镞尖锋利，圆锥形长铤。镞身长 3.8、通长 7.5 厘米（图 3-137，3）。

标本 2004H28：1，灰色，器身较小，镞尖较钝，短圆锥形铤。镞身长 3、通长 5.3 厘米（图 3-137，1）。

标本 2004H19：63，浅黄色，器身较小，镞身一面磨光，镞尖锋利，圆锥形铤残。镞身长 2.6、残长 4.3 厘米（图 3-137，2）。

标本 2006H13：36，暗黄色，镞身细长，镞尖极锋利，短圆锥形铤。镞身长 6.4、通长 8.6 厘米。

标本 2005H15：153，灰黄色，器体较大，镞身细长，镞尖锋利，扁圆锥形长铤。镞身长 7.3、通长 13 厘米（图 3-137，10）。

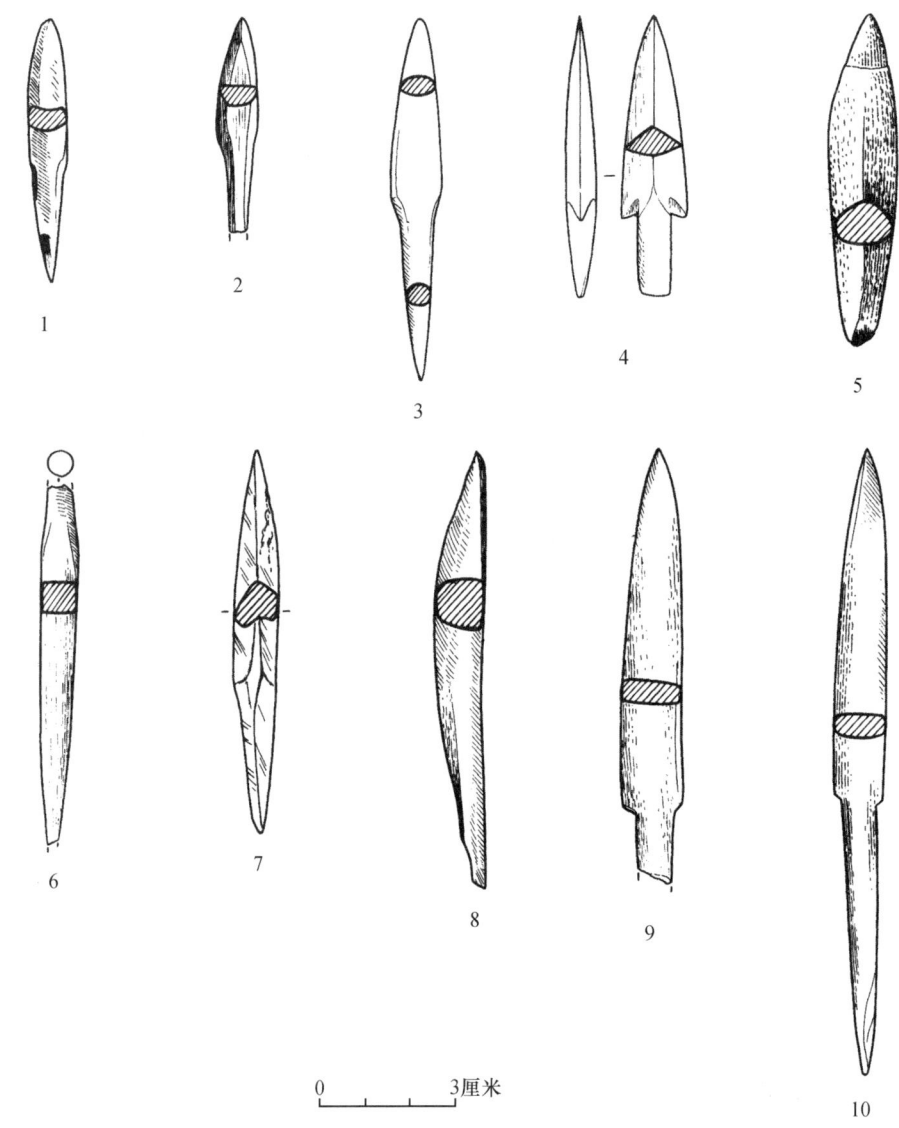

图 3-137 二里头时期出土骨镞

1~3、9、10. Aa 型（2004H28:1、2004H19:63、2005H147:500、2005H15:154、2005H15:153）　4. Ab 型（2004H45:1）
5. B 型（2005H92:21）　6~8. C 型（2004H363:4、2004H3:4、2005H15:155）

标本 2005H15:154，灰色，器体较大，镞身细长，镞尖锋利，扁圆锥形铤残。镞身长 7.5、残长 8.8 厘米（图 3-137，9）。

标本 2004H375:14，灰色，镞身短宽，镞尖略钝，扁圆锥形铤略残。镞身长 3.2、残长 6.9 厘米。

Ab 型　镞身中部磨出一条直棱，双翼突出且较为锋利。标本 2 件。

标本 2004H45:1，浅黄色，制作精致，镞尖极锋利，扁方形铤，铤末端磨出锋利的刃缘。镞身长 4.1、通长 5.8 厘米（图 3-137，4）。

标本 2004H18:2，暗黄色，磨制精细，圆尖较锋利，短圆锥形铤略残。镞身长 2.7、通长 4.3

厘米。

B型　镞身呈三棱锥状。

标本2005H147:503，灰色，器体细长，磨制精细，镞尖略钝，圆锥形铤略残。镞身长5.6、残长6.8厘米。

标本2004H89:2，淡黄色，器体细长，磨制精细，镞尖略钝，铤部残缺。残长7.1厘米。

标本2005H92:21，灰色，镞身短胖，无铤，镞尖较钝，尾部较尖。长7厘米（图3-137，5）。

C型　镞身呈四棱锥状。共7件，其中标本4件。

标本2004H363:4，暗黄色，镞身细长，镞尖略残，圆锥形铤残。残长7.6厘米（图3-137，6）。

标本2004H20:2，浅黄色泛白，磨制精细，镞尖锋利，圆锥形铤，铤尾部磨出锋利的尖端。镞身长7.1、通长4厘米。

标本2004H3:4，暗黄色，镞身不甚规整，镞尖锋利，四棱锥铤，铤尾部磨出锋利的尖端。镞身长5.1、通长7.8厘米（图3-137，7）。

标本2005H15:155，暗黄色，体略曲，镞身微鼓，镞尖锋利，无铤，尾部略残。残长9.1厘米（图3-137，8）。

6. 骨刀

4件。

标本2005H147:509，灰色，平面形状近半月形，平背，圆弧刃较厚。长9.2、宽2.5厘米。

标本2004H431:1，灰色，体扁薄，斜弧刃较锋利，背部不规整，末端磨平，可能为改制品。长11.2、宽1.6厘米（图3-138，1；图版七，1）。

标本2005H79:1，黄灰色，用宽肋骨制成，两端残。平背，圆厚，弧刃较厚。残长7.2、宽4厘米。

标本2005H102:170，暗黄色，由细肋骨制成，磨制精细，细条形，柄末端见有骨槽，另一端残，平背略磨尖，双面刃较锋利。残长6.8、宽2.4厘米。

7. 骨板

2件。

标本2005H207:202，黄色，由宽肋骨制成，体微弧曲，磨制精细，平面形状呈圆角长方形，一端略残。长13.6、宽3.8厘米。

标本2005H208:11，暗黄色，由细肋骨制成，细条形，两端削成方舌状。长8.1、宽2.1厘米。

8. 骨凿

共8件，分两型。

A型　4件。器体较大，用宽的肢骨或带关节的骨料制成，器身粗厚，大多保留骨料原貌。

标本2004ⅠT6835③:2，暗黄色，器体较厚，上端骨臼磨平，下端磨出锋利的双面刃，直刃较锋利。长11.8厘米（图版六，5）。

标本2005H122:22，灰色，锥状体，器短粗，中空，下端劈成斜面，磨出单面刃。长8.5厘米。

标本2005H69:21，灰色，锥状体，器短粗，上端磨平，下端磨为扁平状圆弧双面刃，刃部略

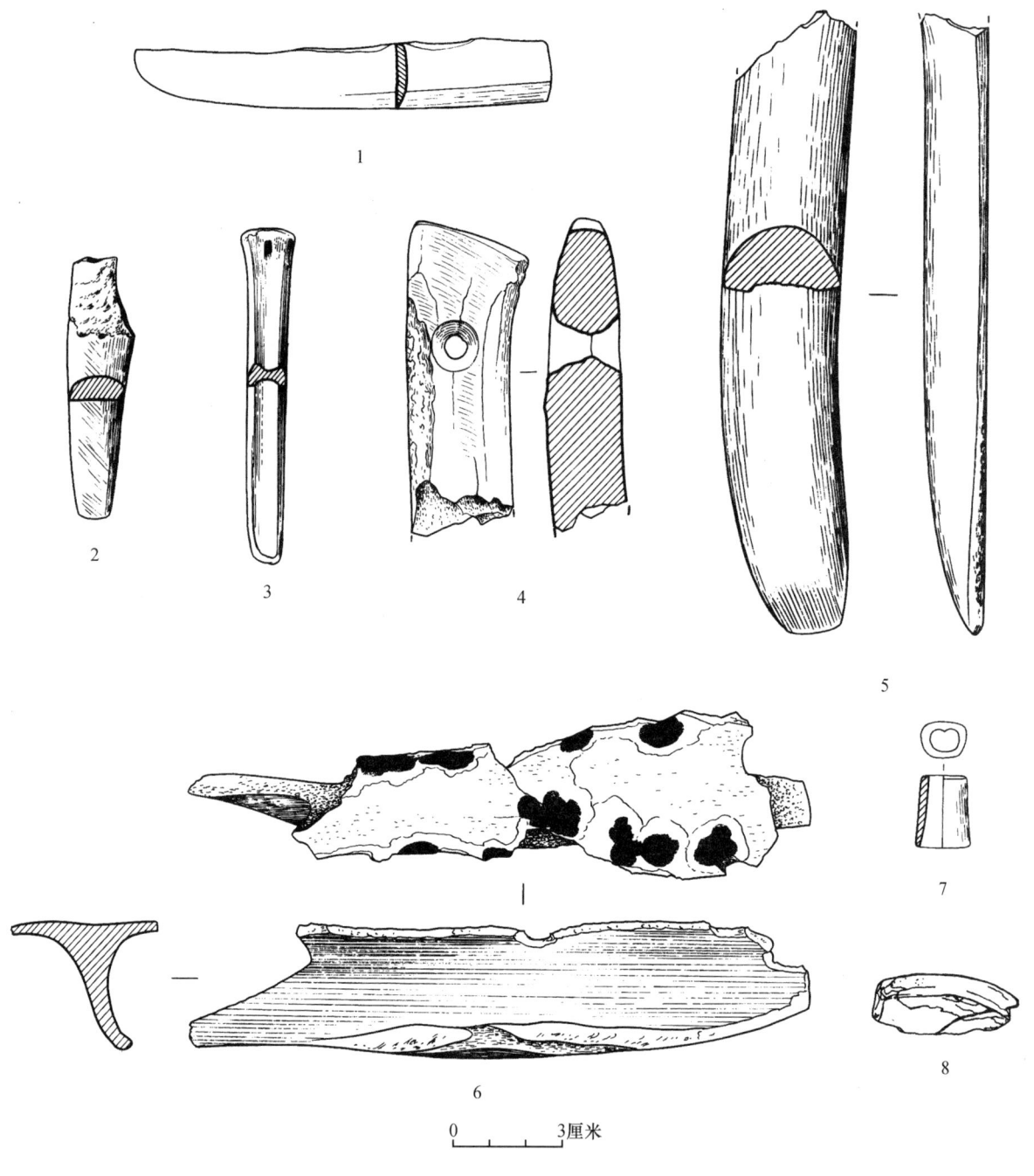

图 3-138 二里头时期出土骨器、牙器
1. 骨刀（2004H431:1） 2、3. B 型骨凿（2004H19:53、2004H19:43） 4. 骨器柄（2005H147:507）
5. A 型骨凿（2004H306:1） 6. 卜骨（2004H78:5） 7. 骨管（2004H19:28） 8. 牙锥（2005H15:159）

有磨损。长 7.7 厘米。

标本 2004H306:1，灰色，器体较大，由大型动物肢骨略经磨制而成，上端残，下端磨为单面刃，直刃较钝。残长 15.6 厘米（图 3-138，5；图版六，4）。

B型 共4件，其中标本3件。器体较小，用窄薄的骨片制成，磨制精细。

标本2004H19:43，灰色，器表经磨制，顶端磨平，下部磨为扁平状圆弧双面刃，刃缘锋利。长8.9厘米（图3-138，3）。

标本2004H19:53，黄白色。器表经磨制，骨凿上部残损，刃为双面刃，略弧，磨制精细。残长6.9厘米（图3-138，2；图版六，6）。

标本2004H30②:9，黄白色。器表经磨制，顶端骨臼磨平，刃为双面刃，直刃较锋利。长8厘米（图版六，7）。

9. 骨器柄

2件。

标本2005H147:507，灰色。残，由鹿角主枝制成，器身扁平，平面似楔形，其上见有一钻孔，末端扁平，另一端残。残长8.3、宽3.2、厚1.6厘米（图3-138，4；图版七，3）。

标本2005H147:508，灰色。残，由鹿角主枝制成，器身为扁圆柱状，其上见有一钻孔，末端较平，另一端残，断裂处残见有一圆形穿孔。残长5.5、宽3、厚2.3厘米。

10. 骨管

3件。

标本2004H19:28，灰色部分为褐色，可能经灼烧，器表磨光，取骨头一节制成。外径1.3厘米，内径0.8厘米（图3-138，7；图版七，4右）。

标本2005H112:46，器表为灰褐色，两端有明显的啮齿类动物啃咬痕，实为啃咬后剩下的骨干（图版七，4左）。外径2.2厘米，内径1.3厘米。

标本2005H50:15，黄色，截取动物肢骨一节制成，制作粗糙，器形不规整，残。其上见有两个小孔，可能为管乐器。残长7.8厘米。

11. 牙锥

7件，其中标本2件。

标本2005H13:2，体曲，下部磨细。长6.3、宽1厘米。

标本2005H15:159，体曲，三棱锥状，上端磨平，尖部略残。残长4、宽1.3厘米（图3-138，8）。

12. 卜骨

1件。标本2004H78:5，由牛右侧肩胛骨制成，仅见灼痕，表面有10多处灼痕。残高17、面宽4.2厘米（图3-138，6；图版六，8）。

三、蚌　　器

二里头蚌器的种类有镰、刀、凿、镞、锥、贝等。其原料以珍珠蚌未定种的壳为主，少部分能够确定来自圆顶珠蚌（*Unio douglasiae*）、射线裂嵴蚌（*Schistodesmus lampreyanus*）、文蛤（*Meretrix meretrix*）、扇贝（*Pecten* sp.）、方形环棱螺（*Bellamya quadrata*）和黄宝螺（*Cypraea moneta*）的壳。

详情参见附表63及附录四。以下分别对各类器物进行介绍。

1. 蚌镰

7件，标本5件。

标本2004H242：3，银白色，弧背，前端尖，尾端较圆，单面刃近平，刃部有锯齿。长13.7、宽3.9、厚0.4厘米（图3-139，1）。

标本2004H19：61，银白色，器表光滑，器体为圆弧状，器身平整，尖部圆弧，尾部平整，圆弧刃，刃部残钝。长14.3、宽3.6厘米。

标本2004H20：5，银白色，大部保留蚌料原貌，直背，圆弧刃，尖端略残，尾端残缺。残长5.5、宽3.5厘米（图3-139，2）。

标本2004H81：5，磨制精细，器身窄长，单面刃，尖部圆弧，弧背微鼓，后部残。残长6.8、宽3.1厘米。

标本2004ⅠT6641③：1，灰白色，器身较厚，略呈钩形，前端磨圆，后端缺失，下边有锯齿，齿刃较钝。残长7.3、宽4.6、厚0.6厘米。

2. 蚌刀

7件，可分为两型。

A型 4件，其中标本2件。器体较宽大。

标本2005H232：34，磨制精细，器身较薄，直背直刃，背部两端圆弧，单面刃，刀身中部偏上见有一钻孔。长8、宽4.9、厚0.2厘米。

标本2005H122：6，磨制精细，器身略厚，背部略弧，一段磨平，另一端残，单面刃略残，刀身中部偏上残见有一钻孔。残长4.4、宽4、厚0.4厘米。

B型 1件。器体略为窄小。

标本2004H180：1，银白色，磨制精细，器体呈长条形，尾端较直，另一端略圆弧，边缘不规整，直背弧形单面刃。长7、残宽2.2、厚0.2厘米（图3-139，3）。

3. 蚌凿

2件。

标本2004J2：5，体短粗，系用蚌脊磨成，近四棱形，两侧斜直，一面平，一面有一道凹槽，尾较圆，下端磨出圆刃。长8.4、宽1.4、厚0.8厘米。

标本2004H331：1，顶端残，器体呈长条形，剖面为"丁"字形，单面刃略残。残长5.8、宽1.6、高1.3厘米（图3-139，4）。

4. 蚌镞

14件，可分为四型。

A型 6件，标本3件。扁平三角形，尾部内弧，无铤。

标本2004H180：2，灰黑色，器表凹凸不平，镞身成扁长三角形，尾部内弧，两翼微弧，镞尖略残。长3.5、宽1.6厘米（图3-139，6）。

标本2004H19：35，器表光滑，镞身呈扁长三角形，尾部内弧，两翼圆弧，镞尖锋利。长3.5厘

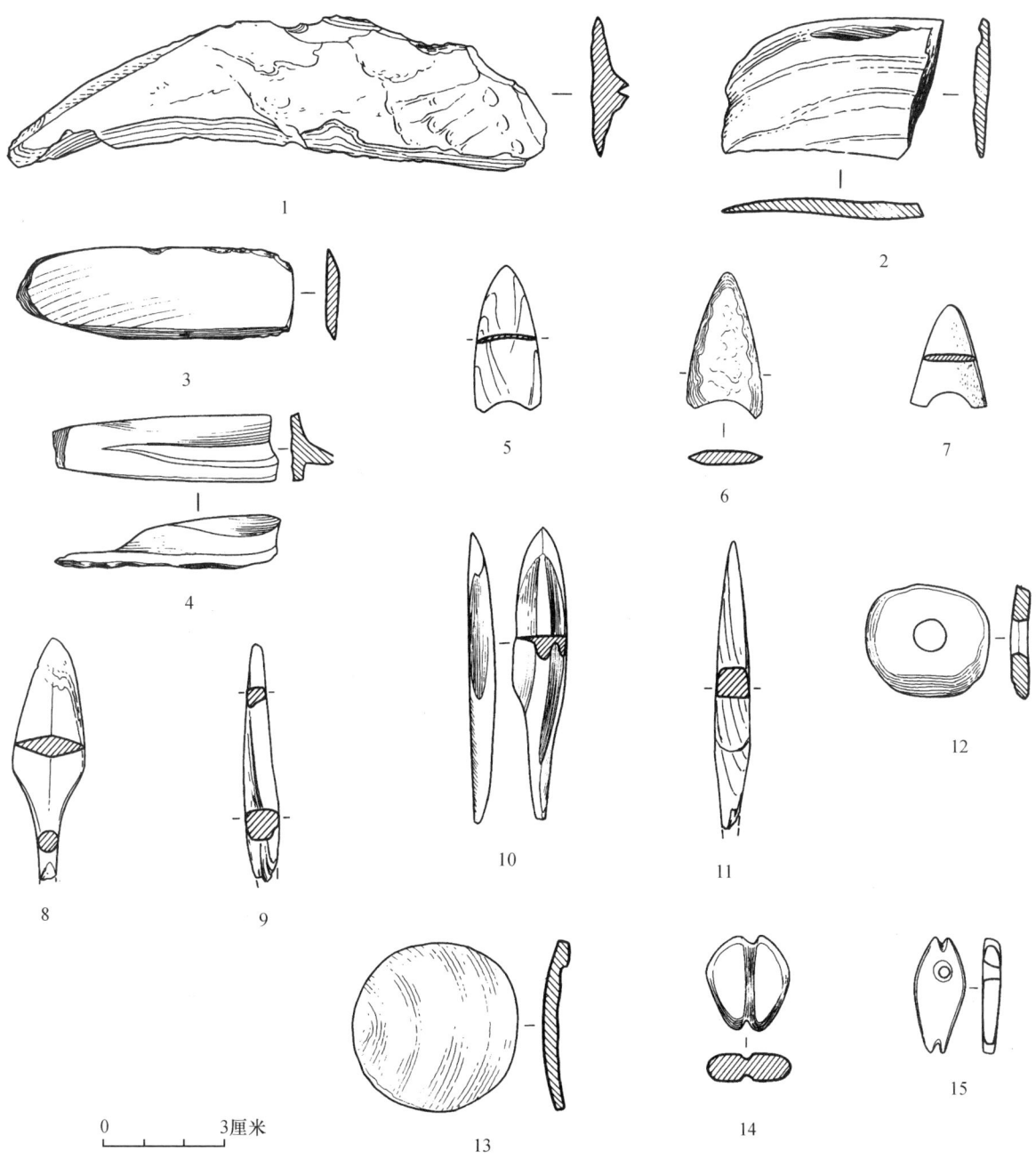

图 3-139 二里头时期出土蚌器

1、2. 蚌镰（2004H242：3、2004H20：5） 3. B 型蚌刀（2004H180：1） 4. 蚌凿（2004H331：1） 5. A 型蚌镞（2004H19：35）
6、7. A 型蚌镞（2004H180：2、2004H19：27） 8. B 型蚌镞（2004H438：6） 9、11. D 型蚌镞（2004H19：26、2004H20：20）
10. C 型蚌镞（2005H147：502） 12、13. 圆蚌片（2005H133：91、2005H133：90） 14、15. 蚌贝（2004H71：4、2004H380：1）

米、宽 1.7 厘米（图 3-139，5）。

标本 2004H19：27，器表光滑，镞身宽短，尾部内弧，两翼圆弧，镞尖锋利，无铤。长 2.5、宽 1.9 厘米（图 3-139，7）。

B型　2件。叶形，扁平，有铤。

标本2004H438：6，磨制精细，横剖面呈扁菱形，尖锋利，两面有脊，两翼锋利，铤部较短，铤由关部向末端削平，末端略残。残长6、宽1.4厘米（图3-139，8）。

标本2004H216：2，磨制精细，铤部呈柱状，两翼向铤部圆弧收缩，尖部残缺。残长3.5、宽0.8厘米。

C型　2件。三棱椎形，器体剖面呈"丁"字形。

标本2004H30：2，形体呈羽毛状，圆锥状短铤，镞身上部保留蚌原貌，下部收缩磨为圆尖。长11.6、宽1.6厘米。

标本2005H147：502，将蚌脊磨成三棱形蚌条，后部内收成圆锥形铤，前端磨成两翼相聚成尖。长7.2、宽1.5厘米（图3-139，10）。

D型　4件，标本2件。四棱锥形。

标本2004H20：20，镞身细长，四棱经磨制，圆锥状铤残，镞尖呈四棱锥状，略钝。残长7.1厘米，宽0.9厘米（图3-139，11）。

标本2004H19：26，器表光滑，镞身细长，四棱磨圆，柱状铤部残，四棱锥状镞尖较锋利。残长5.8、宽0.5厘米（图3-139，9）。

5. 蚌锥

5件，其中标本4件。

标本2004H28：1，部分磨制，整体为三角形，蚌锥上部保留蚌料的原始形态，下部收敛磨为尖锥状。长8.5厘米，宽2.5厘米。

标本2004H6：1，器体呈三棱锥状，仅一端经修整，其余保留蚌料原貌，一侧有一凹槽，为蚌壳自然形成，顶端残。残长8.5厘米。

标本2004J2：9，体曲，呈四棱锥状，仅一端经修整，其余保留蚌料原貌，尖部较钝，尾部残。残长6.6厘米。

标本2004H30：3，一面磨制，顶端残，剖面为"丁"字形，下部收缩磨为锥尖。残长6厘米。

6. 圆蚌片

2件。

标本2005H133：90，薄蚌片，呈圆形，圆周经磨制。直径4.1厘米（图3-139，13）。

标本2005H133：91，器身略呈圆形，圆周经磨制。直径3厘米（图3-139，12）。

7. 蚌贝

5件，标本3件。以蚌壳切割、磨制而成，似贝壳。

标本2004H84：4，磨制精细，近圆形，一面略鼓，两面中部均有一道小沟槽，直通两端。长2.2、宽2、厚0.5厘米（图3-139，14；彩版一五，3）。

标本2004H380：1，磨制精细，形似鱼，器形扁平，前端有一钻孔。长2.2、宽2、厚0.5厘米（图3-139，15）。

标本2005ⅠT6735④：9，磨制精细，扁长圆形，背面圆鼓，中部有一道沟槽，直通两端。长

2.7、宽1.3、厚0.4厘米。

8. 扇贝覆面

1件。

标本2004M1:1,仅见半面贝,保存较好,整体呈扇形,壳面放射肋粗细较均匀,共23条,贝面见有钻孔若干,末端残见2个,近耳处有3个。高14.5、长15.9、耳宽7厘米(图3-140,1;彩版一五,4)。

四、铜　　器

南洼遗址二里头时期的铜器较少,仅见有刀和凿等。

1. 刀

4件。

标本2004H120:3,器表有铜锈,刀细长,弧背较厚,刃缘残钝,刀柄为长条形,与刀身分界明显,柄末端呈环状。长17、刀身长10、刀身宽1.9、柄长7、柄宽1.4厘米(图3-140,2;彩版二〇,3)。

标本2004H145:70,器表有铜锈,器身较薄,残,身与柄分界不显,背部较平,双面刃,刃部呈弧形,刀身剖面略呈细尖状,柄末端呈环状,弧向上翘。残长8.5、刀身宽2、柄尾宽0.5厘米(图3-140,3)。

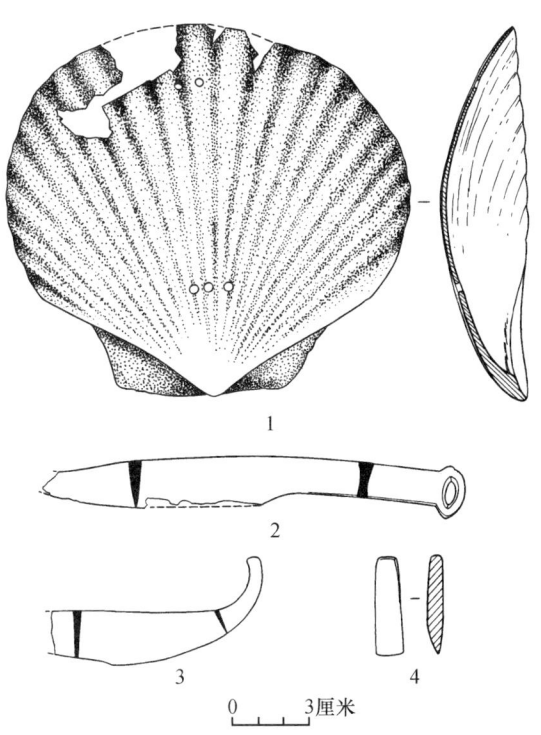

图3-140　二里头时期出土扇贝和铜器

1. 扇贝(2004M1:1)　2、3. 铜刀(2004H120:3、2005H145:70)　4. 铜凿(2004J1:10)

标本 2005H147：15，器表有铜锈，刀身细长，前部残，身与柄分界有明显的拐折，背部稍平，较厚，双面刃，刃部较钝，刀身剖面略呈三角形，柄中部稍内凹，柄末端呈环状。残长 15.5、刀身残长 8.4、刀身宽 1.8~2.5、柄长 7.1、柄尾宽 0.5 厘米（彩版二〇，4）。

2. 凿

1 件。标本 2004J1：10，器表有铜锈，平面形状呈梯形，横截面呈扁长方形，平顶略弧，双面刃，刃缘锋利。顶部长 0.7、刃长 1、厚 0.4 厘米（图 3-140，4；彩版二〇，5）。

五、陶 器

（一）概述

1. 原料构成与成分

（1）黏土及羼和料的构成

陶器原料一般由作为主体部分的黏土及羼和料组成。古代陶器中的羼和料是否为有意识添加？羼和料的使用与陶器种类之间是否存在对应关系？这些问题的探索对于深入了解考古学文化的性质及特征具有重要作用。除了直接观察外，现代科学技术的应用也可为解决这些问题提供很好的思路和方法。

就直接观察来看，南洼遗址二里头文化陶器陶质主要分为夹砂和泥质两大类。夹砂陶所使用的脊性原料为砂粒一种，未见其他。总的来看，夹砂陶为大宗，综合各期 24 个典型单位出土陶片陶系情况统计，约占 61.75%。其次为泥质陶，约占 38.95%（表 3-2）。

表 3-2 二里头文化重要单位出土陶片陶系统计表

| 陶质 | 夹砂 | | | | | 泥质 | | | | | 合计 | 百分比 |
单位＼陶色	灰	黑	褐	红	白	灰	黑	褐	红	白		（%）
2004ⅠT6502J1	727	96	22			66	45			3	959	3.59
2004ⅠT6840H228	61	67	125	32	8	42	50	41	6	7	439	1.64
2005ⅠT4721H217	17	2	19	15		8	36	53		9	159	0.59
2004ⅠT6502H19	385	64	881	12		151	318	315		59	2185	8.14
2004ⅠT6741H363	267	97	84		1	109	45	12			615	2.30
2004ⅠT041H242	216	96	64			165	75	32		4	652	2.44
2005ⅠT6636H167	331	50	18	16		642	193	81	7	16	1354	5.07
2005ⅠT6735H96	339	99	40	22		61	40	16		8	625	2.33
2005ⅠT7541H66	265	134	71	25		77	49	16	3	8	648	2.41

续表

陶质 单位＼陶色	夹砂					泥质					合计	百分比（%）
	灰	黑	褐	红	白	灰	黑	褐	红	白		
2004ⅡT6602H20	1698	222	183			1534	79	292			4008	14.93
2004ⅠT7041J2	2088	127	167			418	51	85	2	33	2971	11.07
2004ⅠT7137H331	594	225	246		1	106	107	10		1	1290	4.83
2005ⅠT6636H122	146	21	100			307	21	62		1	658	2.46
2005ⅠT6936H69	357	77	141			359	61	48			1043	3.88
2005ⅠT6936H133	170	60	41		6	418	69	20	9	2	795	2.96
2004ⅠT6940H71	560	11	321			6	6				904	3.37
2004ⅠT6941H136	195	60	75	2		32	8	2			374	1.39
2004ⅠT7138H379	434	13	38			118	35	10		1	649	2.42
2005ⅠT7342H128	864	146	57			264	117	17			1465	5.46
2006ⅡT6205H22	79	35	40	6		22	11	10	3		206	0.77
2005ⅠT4719H206	405	64	17			487	32	27		3	1035	3.85
2005ⅠT4719H207	181	11	8	1		341	86	17			645	2.41
2005ⅠT4720H253	208	42	46			90	37	8			431	1.61
2005ⅠT4823H147	1077	8	23			1404	137	91			2740	10.27
合计	11664	1827	2827	131	16	7227	1708	1265	30	155	26850	
百分比（%）	43.44	6.80	10.53	0.49	0.06	26.92	6.36	4.71	0.11	0.58		
	61.32					38.68						100.00

夹砂陶所羼砂粒的颗粒大小不一，从细砂（砂粒直径不超过0.1厘米者）到直径约为0.5厘米的粗砂均有。而且，不同粒度的羼料与器类有着明显的对应关系，并随时间早晚而有所变化。这表现为以下两方面现象：

第一，细砂陶比例随时代发展而逐渐增加，中等砂粒和粗砂陶比例则不断减少。关于部分炊器陶片样品的砂粒分离及粒度统计实验初步表明，本遗址二里头文化二期时，炊器中细砂陶（砂粒直径不超过0.1厘米）比例不超过45%，中等粗砂陶（砂粒直径0.1～0.3厘米）比例为35%，粗砂陶（砂粒直径超过0.3厘米）比例大约为20%。三、四期时，细砂为61%，中等砂为22%，粗沙占17%。五期时，细砂陶器所占比例在85%以上，中等砂为13%，粗砂比例为2%。

第二，结合器类来看，粗砂陶器多出现在炊器中的圆腹罐和深腹罐中。中等砂除见于炊器外，还多见于盛储器中的缸等。细砂陶随着时代发展而有所变化。本遗址二里头文化一期和二期时，食器、酒水器、盛储器、工具和器盖等有相当数量的细砂陶器。三、四期时细砂陶在各种器类中大量使用。五期时细砂陶在食器和酒水器中几乎没有，但在盛储器中却明显增多。

泥质陶主要用来制作盆、豆、三足盘、尊、瓠等食器、酒水器和部分盛储器。仔细观察发现，泥质陶质地也不整齐划一，有的特别细腻，有的含有明显的杂质，还有的则接近夹砂陶。其中，质地纯净细腻不含脊性原料者，其原料显然经过了细致加工，杂质去除得比较彻底，此类陶器可称为纯泥质陶。另外，约有一半的泥质陶中含有很细的砂粒，但含量明显少于夹砂陶，且所含砂粒较夹砂陶中的细砂类更细，可能是原料未经淘洗或淘洗不净遗留下来的。本遗址二里头文化一二期时，纯泥质陶在泥质陶中所占比例不超过40%，主要出现在食器、酒水器和盛储器中。三期和四期时，纯泥质陶所占的比例有所增加，最大时能达到泥质陶的68%，使用范围扩大到所有的泥质类食器和酒水器，在泥质类盛储器中所占比例也接近50%。五期时纯泥质陶比例有所下降，约占泥质陶总数的50%。这种减少主要体现在泥质类盛储器中，多以带有细砂的泥质陶为主，而在食器和酒水器中的情况没有变化。

除上述可明确归属泥质陶和夹砂陶以外，还有一些器物同时使用泥质和砂质两种原料，这种现象暂称为"复合材质现象"。这大多出现于高领类器物中，也有少数盆和钵。一般是器物的腹部及底部为夹砂陶，而领部和口沿为泥质陶。在人们经常接触的领口部使用泥质原料，大概是易于磨光，可以给使用者以美观舒适的感受。而腹底部使用夹砂陶，或便于大型器物坯体成型，如大口尊类等，或使器物温度急变性良好，如鼎等。

白陶是本遗址最为突出的一类陶器，其质地也可分为泥质和砂质两类。大多数白陶鬶、少数白陶爵胎体中可见很细的砂粒，少数白陶鬶及大多数白陶爵的质地则基本上为泥质。同类白陶器物或含砂，或不含砂，不同器类含砂比例亦有差异，这究竟是由于实用功能所决定的有意识的行为，还是由于选料时淘洗不净所致，有待进一步研究。

此外，对本遗址二期、四期和五期部分陶片样品所做的孔隙率和显气孔率实验（详见附录三）表明，南洼遗址二里头文化陶器孔隙率和吸水率因器类不同而有显著差异，即炊器的吸水率最大，盛储器次之，食器最小。而且，各类陶器吸水率和孔隙率随着时间的推移呈现递减趋势，可与前述有关炊器砂粒分离及统计实验的结果相印证，表明其制陶技术是逐步发展的。此外，同一时期不同单位的陶器吸水率与孔隙率有明显差别，表明当时可能存在着多个制陶技术水平不一的作坊。

（2）化学组成

从中国科学院上海硅酸盐研究所对本遗址54个陶片样品进行的测试分析数据（详见附录三）来看，南洼遗址除白陶以外的陶器原料都属于易熔黏土，胎体组成中含有较多的熔剂元素氧化物 R_xO_y（K_2O、Na_2O、CaO、MgO、TiO_2、Fe_2O_3），其中 Fe_2O_3 的含量较高，一般都在5%以上。而且，后期陶器原料中总熔剂含量相对要稍微高于前期。白陶样品中熔剂含量较低，R_xO_y/Al_2O_3 的平均值为0.32，其 Al_2O_3 含量（~23%）明显高于一般陶器，而 Fe_2O_3 含量（~2.4%）则明显低于一般陶器，这符合高铝质白陶原料的一般组成特点，说明其原料可能使用了高岭石类的黏土矿。

2. 坯体成型

南洼遗址二里头文化的陶器既有造型相对简单的圆腹罐、深腹罐、各类盆和钵，也有相对复杂的三足、圈足、高柄、附耳类器物。由于大部分陶器都是由口沿、腹、底、足等部分组合而成的，可将器物的腹部或者与腹部一体成型的部分称为主体，而将足、耳、鋬、纽等当作附属部件，或简称为附件，分别予以观察。

（1）主体部分的成型方法

本遗址二里头文化主体部分的成型方法有手制法、轮制法（指快轮成型制陶法）和模制法等。手制法包括捏塑法、泥条筑成法（包括盘筑和圈筑）。泥条筑成法是主流的成型方法，而轮制法和模制法使用的比较少。

捏塑法是指仅依靠双手将泥料捏塑成型的方法，通常用来制作体量较小、器型简单的器物，如杯和盅等。这种方法制出的陶器数量较少，形体不是很规整，器表比较粗糙，往往留有手捏痕迹。

泥条筑成法是将泥料先搓成泥条，再用泥条筑成胚体的方法，有盘筑和圈筑之别。泥条盘筑法是将搓成的一根或多根泥条盘旋上升叠放，从而形成器物大体形状。使用这一方法成型的器物一般体量适中，形态较规整且不很复杂，如深腹罐、圆腹罐、缸、瓮、尊和鼎腹等。运用这一方法成型的器类有深腹罐、圆腹罐、鼎、深腹盆、甑、圈足盘、三足盘、尊、瓮和缸等。据统计，至少四分之三以上的陶器使用了泥条盘筑法。泥条圈筑法是将泥料先做成大小不同的泥圈，然后一圈一圈地叠擦起来以形成器物的大体形状。炊器、盛储器、食器、酒水器等均大量应用，特别是大型器物通常是圈筑成型。

轮制法主要用于制作质地细腻的陶器，如部分食器和酒水器。该法制成的陶器自始至终都只占很小比例，至多占一成。

模制法是先制成所需器物的模型，然后把泥料搓成泥条，将其盘筑（或圈筑）在模具外表，经过拍打（或滚压）形成与模具形状相同、大小相近的胚体的一种方法。模制法多用于袋足类的鬲及少数炊器中，如圆腹罐和鼎等。遗址中发现有制作袋足的陶模，且袋足内壁平整，大小相近，可作为证明。此外，少数鼎的内壁既有断续的泥条缝隙，又有较细、较模糊的斜向反绳纹，鼎腹内壁较平整，甚至泥条缝隙两侧也是平整的，并且没有垫窝痕，推测也是模制成型的。

此外，一些器物特定部位的处理也颇有特色。例如，甑底常见一周弦纹，是为切割甑孔而预先规划的范围，然后沿此界限，由外而内割出甑孔。深腹罐的沿部末端，尊、瓮等口部常向外侧凸起，这种特征的形成，一般是将口沿末端的泥条向外翻卷折叠于口沿外，然后加以抹平而成。

（2）附件成型

陶器的柄、鋬、纽、实足或圈足、耳等附属部件，其成型方法基本为手制法。其中，圈足盘、豆和簋的柄或圈足等主要用泥条盘筑法成型，个别可能使用了轮制法。鼎足一般为捏塑而成，尤其是外侧的捏窝最为明显。但同一件鼎的三足往往大小相近，也可能是借用模具制成的。

空袋足类的器物如鬲、盉和斝等，其腹部与袋足同等重要，不易分出主体和附件。南洼遗址鬲或盉，应是手制和模制法结合成型的，即腹部手制、袋足模制。三个袋足拼接成器体下半部，档部内壁用手指抹平，留有纵向抹痕，档下还贴加泥片，起到加固作用。然后把器身和袋足粘连在一起。

（3）不同部位的结合方式

形体较大或者造型稍复杂的器物，一般都是由不同部分组合而成的。如鼎的腹与三足，圈足盘、三足盘的腹与足，盆、甑的鸡冠形耳，以及部分缸、瓮、尊的领、肩、腹与底等，都是先分别制作，然后再拼接成一体。部分器类的具体情况如下。

尊、瓮腹部与底部的结合：这类器物通常是平底，底部预先做成圆饼状，待泥饼晾干后，将其镶入器腹泥圈的下端而成（也可能是把泥条套接在底部圆饼外侧，一圈圈盘起形成腹部）。与此略有区别的是，爵的底部是从外侧与腹部泥条相黏接的。

圈足盘、三足盘、豆和鼎：盘底、腹部与柄或足相接处，都发现有刻划的竖向、横向或交叉刻槽，足或柄相应部位有对应的凸起或反绳纹，这些刻槽及凸起等痕迹即是两者拼接的证据，其目的显然是为加强柄、足和腹的结合力。此外，爵虽未发现刻槽痕迹，但三足也是黏接到底部的。

深腹盆、甗等器物的鸡冠状耳、圆腹罐口部花边、附加堆纹、器鋬、豆柄上鼓起的凸棱等，皆系贴附黏接而成。个别鸡冠耳的安置还颇具匠心，如2005H55的卷沿褐陶深腹盆，系先在腹壁割出空腔，再把鸡冠耳镶嵌并贴附上去。

器盖的捉手或纽也是先行制作，而后与盖顶相结合。其中，蘑菇状纽包括由锥形顶和管状纽柄两部分，二者分别用泥条盘筑制成并套接或黏接，然后再套接在盖顶纽孔向上凸起的泥片外围。桥形纽系则是在盖顶割出两个孔，把桥形纽两端插入孔里，套接而成。

3. 胎体修整与装饰

修整工艺包括滚压、拍打、慢轮修整、湿手抹平和磨光等多种手法。其中，滚压和拍打是修整坯体的主要方法，这可以从绳纹、篮纹和方格纹在器表纹饰（含素面）中占有高达77.48%的比例中得到反映。对器表进行滚压或拍打时，内壁还要用蘑菇形的陶垫等工具内壁衬垫，以免器壁在拍打时内陷变形。很多器物的内壁都留有清晰的垫窝痕，本遗址也出土了一些陶垫实物可相互印证。

慢轮修整主要应用于器物口沿、领、肩或上腹。这种手法也很常见，在上述部位常可看到细密的平行轮修痕。在此基础上，一些器类还常见磨光处理，如少量深腹罐的上腹、深腹盆或甗的口沿或上腹、敛口罐的腹部、尊或瓮的领肩部或腹部等。磨光手法在本遗址二里头文化的前期较为常见。

湿手抹平应用于胚体内壁、足与腹或底的黏接处等部位，以便抹平泥条缝隙、小凹坑及粗糙面，使表面变得平整。

磨光兼具修整和装饰器物的功能，主要用于泥质陶器和细砂质器物，如食器中的豆、三足盘、盛储器中的瓮、尊以及器盖等。

总的来看，许多器物使用了不止一种修整方法。形态复杂的器物，如鼎、豆、三足盘、圈足盘、鬶、鬲等使用了多种方法进行修整。

陶器器表常见纹饰有篮纹、绳纹、方格纹、弦纹、凸弦纹、附加堆纹、箅纹、云纹、指甲纹、S形纹、圆圈纹、楔形戳印纹及刻划图案等。除素面外，纹饰以绳纹最多，其次为附加堆纹、弦纹、篮纹和方格纹等（表3-3）。

表 3-3　二里头文化重要单位出土陶片纹饰统计表

单位＼陶色	绳纹	篮纹	方格纹	附加堆纹	弦纹	指甲纹	云纹	S形纹	"乳钉楔点刻划篦纹圆圈"	素面	合计	百分比（%）
2004ⅠT6502J1	828	63	1	20						47	959	3.57
2004ⅠT6840H228	221	109	8	5	11					85	439	1.64
2005ⅠT4721H217	49	82		4						24	159	0.59
2004ⅠT6502H19	1439	43	1	109	89	3			3	498	2185	8.14
2004ⅠT6741H363	432	22		26	32				1	102	615	2.29
2004ⅠT041H242	501	1		26	9					115	652	2.43
2005ⅠT6636H167	1007	11	4	28	136	2			1	165	1354	5.04
2005ⅠT6735H96	421	6	34	24	25				1	114	625	2.33
2005ⅠT7541H66	457	6		40	37					108	648	2.41
2004ⅡT6602H20	2916	206		128	14			3		741	4008	14.93
2004ⅠT7041J2	2505	12		18	66					370	2971	11.07
2004ⅠT7137H331	1085	35			49					121	1290	4.81
2005ⅠT6636H122	525	7		16	27					79	654	2.44
2005ⅠT6936H69	796	12	1	33	44		2			155	1043	3.89
2005ⅠT6936H133	602	10	2	34	22		1			123	794	2.96
2004ⅠT6940H71	824			31	17					32	904	3.37
2004ⅠT6941H136	272	1		12	28	1			2	58	374	1.39
2004ⅠT7138H379	477	4			20					148	649	2.42
2005ⅠT7342H128	1064	11		62	92		1			235	1465	5.46
2006ⅡT6205H22	155			6	15				1	29	206	0.77
2005ⅠT4719H206	785	5		98	25		1			121	1035	3.86
2005ⅠT4719H207	477			45	20					103	645	2.40
2005ⅠT4720H253	389	4	2	16	4					16	431	1.61
2005ⅠT4823H147	1860	3		311	152	4	3			407	2740	10.21
合计	20087	653	53	1092	934	8	10	3	9	3996	26845	
百分比（%）	74.83	2.43	0.20	4.07	3.48	0.03	0.04	0.01	0.03	14.89		100.00

（1）篮纹

篮纹常饰于炊器中的深腹罐、圆腹罐、鼎、甑及盛贮器中的深腹盆、缸、大口尊、瓮等器表。早期多见，随着时间的推移而减少，最后几乎不见。按纹饰的方向可分斜向、竖向和交错等，而以斜向居多。现根据纹路粗细，分两型。

A型　纹路较细，相对规整且清晰。

2004H228：9，左斜向篮纹（图3-141，1）。2004H228：37，左斜向弦断篮纹（图3-141，2）。2004H20：129，交错篮纹（图3-141，3）。2004H228：16、2004H231：8，近竖向篮纹（图3-141，4、5）。2004J1：23，近竖向及右斜向篮纹（图3-141，6）。

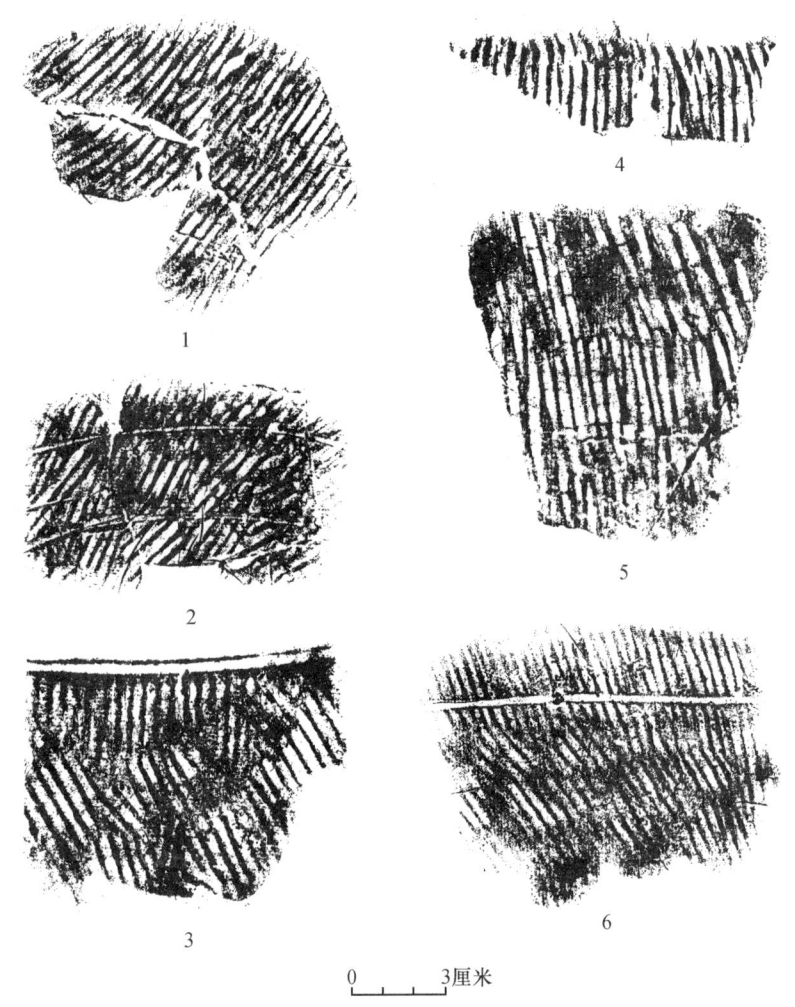

图 3-141　A 型篮纹
1. 2004H228:9　2. 2004H228:37　3. 2004H20:129
4. 2004H228:16　5. 2004H231:8　6. 2004J1:23

B 型　纹路较粗，部分较模糊。

2004J1:32，篮纹左斜，模糊（图 3-142,1）。2004J1:22，篮纹左斜，较清晰（图 3-142,2）。2004H20:39，横向（图 3-142,3）。2004H228:4，交错篮纹（图 3-142,4）。2004J1:14，篮纹右斜，略模糊（图 3-142,5）。2004J1:24，篮纹近竖向，模糊（图 3-143,1）。2005H217:6，篮纹竖向，较清晰（图 3-143,2）。

（2）绳纹

绳纹所饰的对象大体与篮纹相同，且逐步取代了篮纹。按纹路走向可分为竖绳纹、横绳纹、斜绳纹和错乱绳纹等。其中以竖绳纹为主，占总数的 73% 以上。其次为横绳纹、斜绳纹及乱绳纹。现根据纹饰粗细，分为四型。

图 3-142　B 型篮纹
1. 2004J1:32　2. 2004J1:22　3. 2004H20:39　4. 2004H228:4　5. 2004J1:14

A 型　细绳纹。2004J1:28，竖向绳纹（图 3-143，3）。2004H228:13，竖向绳纹（图 3-143，4）。2004H120:2，竖向绳纹，白陶（图 3-143，5）。

B 型　较细绳纹。2004H19:165，竖向绳纹（图 3-143，6）。2004H19:117，交错绳纹（图 3-143，7）。

C 型　较粗绳纹。分两亚型。

Ca 型　纹路间隙较密。2004J1:34，交错绳纹（图 3-144，1）。2004H19:125，竖向绳纹（图 3-144，2）。2005H206:1，横向绳纹（图 3-144，3）。2005T7036④:30，横向绳纹，白陶（图 3-144，4）。

Cb 型　纹路间隙较疏。2004M11:1，交错绳纹（图 3-144，5）。2005H206:49，竖向及横向绳纹（图 3-144，6）。

D 型　粗绳纹。2005H147:36，斜向绳纹（图 3-144，7）。

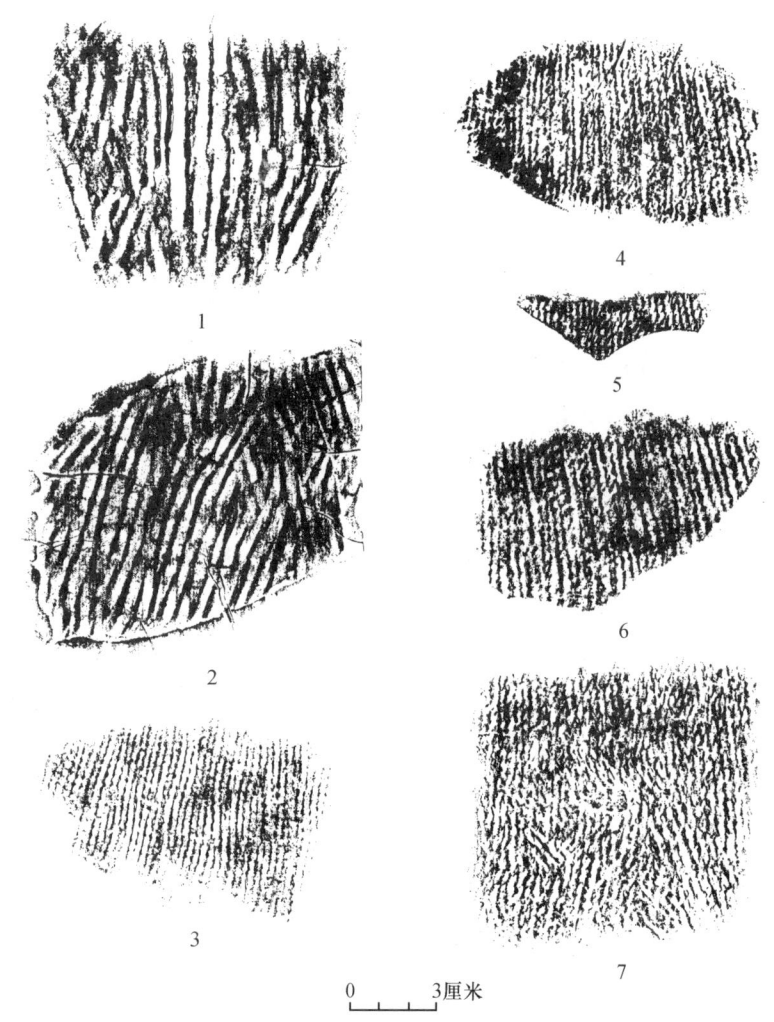

图 3-143 B 型篮纹、A 型绳纹、B 型绳纹
1、2. B 型篮纹（2004J1：24、2005H217：6） 3～5. A 型绳纹（2004J1：28、2004H228：13、2004T6941H120：2） 6、7. B 型绳纹（2004H19：165、2004H19：117）

（3）方格纹

方格纹主要饰于少数深腹罐、圆腹罐和刻槽盆上。现根据方格大小，分为三型。

A 型 方格细小。2004J1：20（图 3-145，1）。

B 型 方格稍大。

较规整：2004H8：10（图 3-145，2），2006H45：1（图 3-145，3）。

略杂乱：2005H133：42（图 3-145，4）。

C 型 方格较大。2004H413：3，鼎足（图 3-145，5）。

（4）菱格纹

少见，根据菱格大小，分为两型。

A 型 菱格较小。2006H7：1（图 3-145，6）。

图 3-144 C 型、D 型绳纹
1~4. Ca 型（2004J1：34、2004H19：125、2005H206：1、2005ⅠT7036④：30）
5、6. Cb 型（2004M11：1、2005H206：49） 7. D 型（2005H147：36）

B 型 菱格较大。2005H71：3（图 3-145，7）。

（5）篦纹

篦纹偶尔见于炊器中的灶和深腹罐上。形态也有区别，一类是细密而规整，如 2004H19：101 灶（图 3-146，1）。另一类或可视为刮抹痕，如 2005H66：7（图 3-146，2），以及 2006H30：6（图 3-146，3）等。

（6）弦纹

此处所列弦纹，仅指有明确装饰目的一类，不包括因轮修而形成的细密或粗疏的那部分。主要

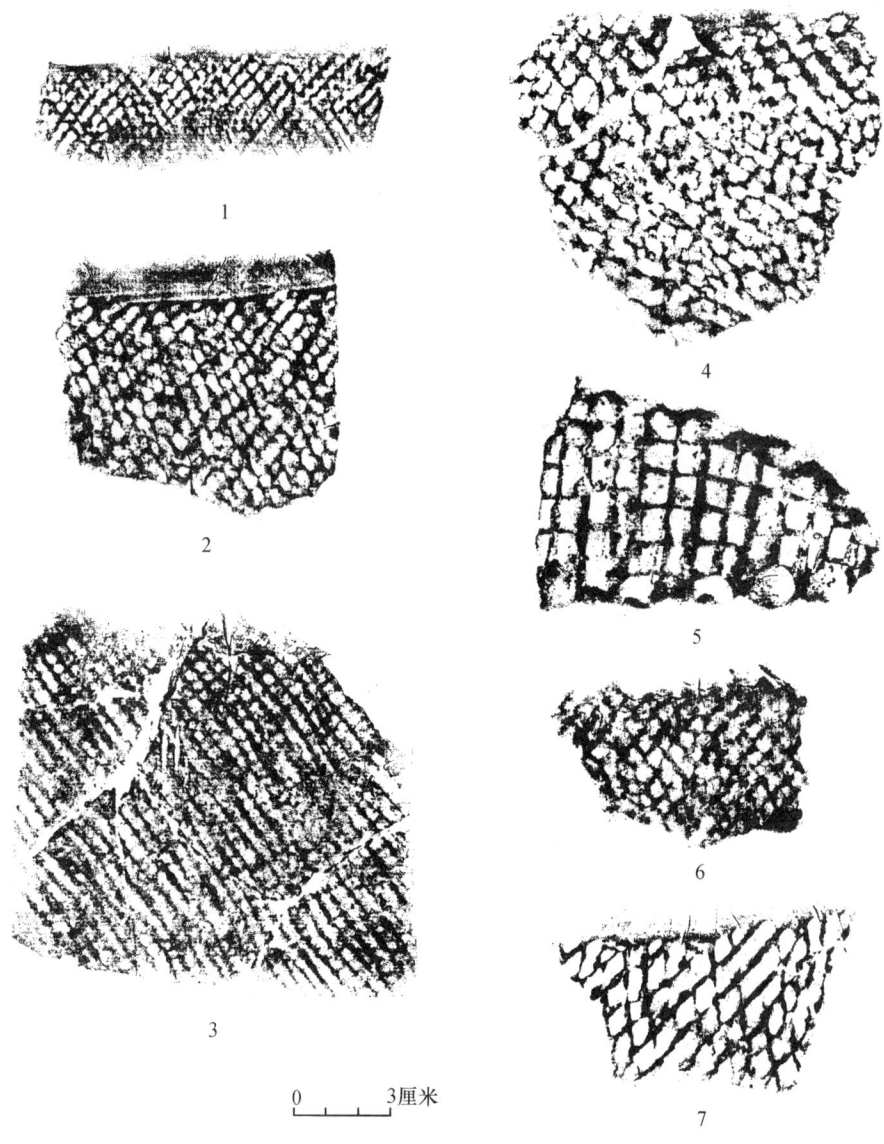

图 3-145 方格纹、菱格纹
1. A 型方格纹（2004J1：20） 2. B 型方格纹（2004H8：10） 3. B 型方格纹（2006H45：1）
4. B 型方格纹（2005H133：42） 5. C 型方格纹（2004H413：3） 6. A 型菱格纹（2006H7：1）
7. B 型菱格纹（2005H71：3）

饰于大口尊、豆、三足盘、圈足盘和器盖等器类上。根据粗细不同，分为三型。

A 型　较细。2005H122：100（图 3-146，4）。

B 型　较粗。2004H19：129（图 3-146，5）。

C 型　粗。2005H90：20（图 3-146，6）。

（7）指甲纹

指甲纹多见于器盖、大口尊、高领罐和瓮的肩部，常在两道弦纹的中间，成奇数行排列，并有粗细疏密的不同。例如，有较细密者，如 2005H83：6（图 3-146，7）。有较细且稀疏的，如

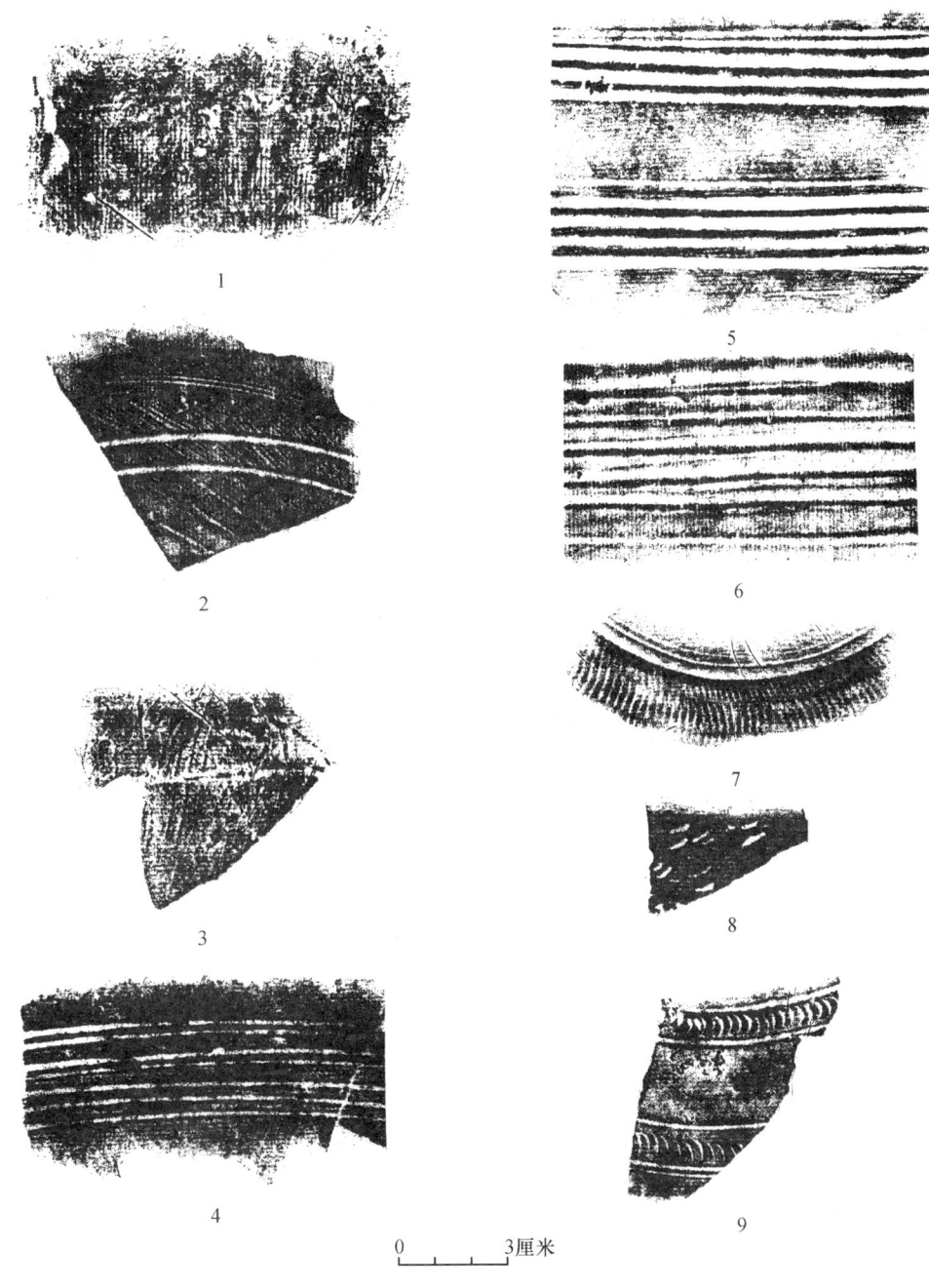

图 3-146 篦纹、弦纹、指甲纹

1~3. 篦纹（2004H19：101、2005H66：7、2006H30：6） 4. A 型弦纹（2005H122：100） 5. B 型弦纹（2004H19：129）
6. C 型弦纹（2005H90：20） 7~9. 指甲纹（2005H83：6、2004H228：17、2004H306：17）

2004H228：17（图 3-146，8）和 2004H306：17（图 3-146，9）。有略粗密的，如 2004J2：10（图 3-147，1）。有略粗疏的，如 2005H69：12（图 3-147，2）。还有人字形排列的，如 2004H19：147（图 3-147，3）和 2004H32：15（图 3-147，4）。

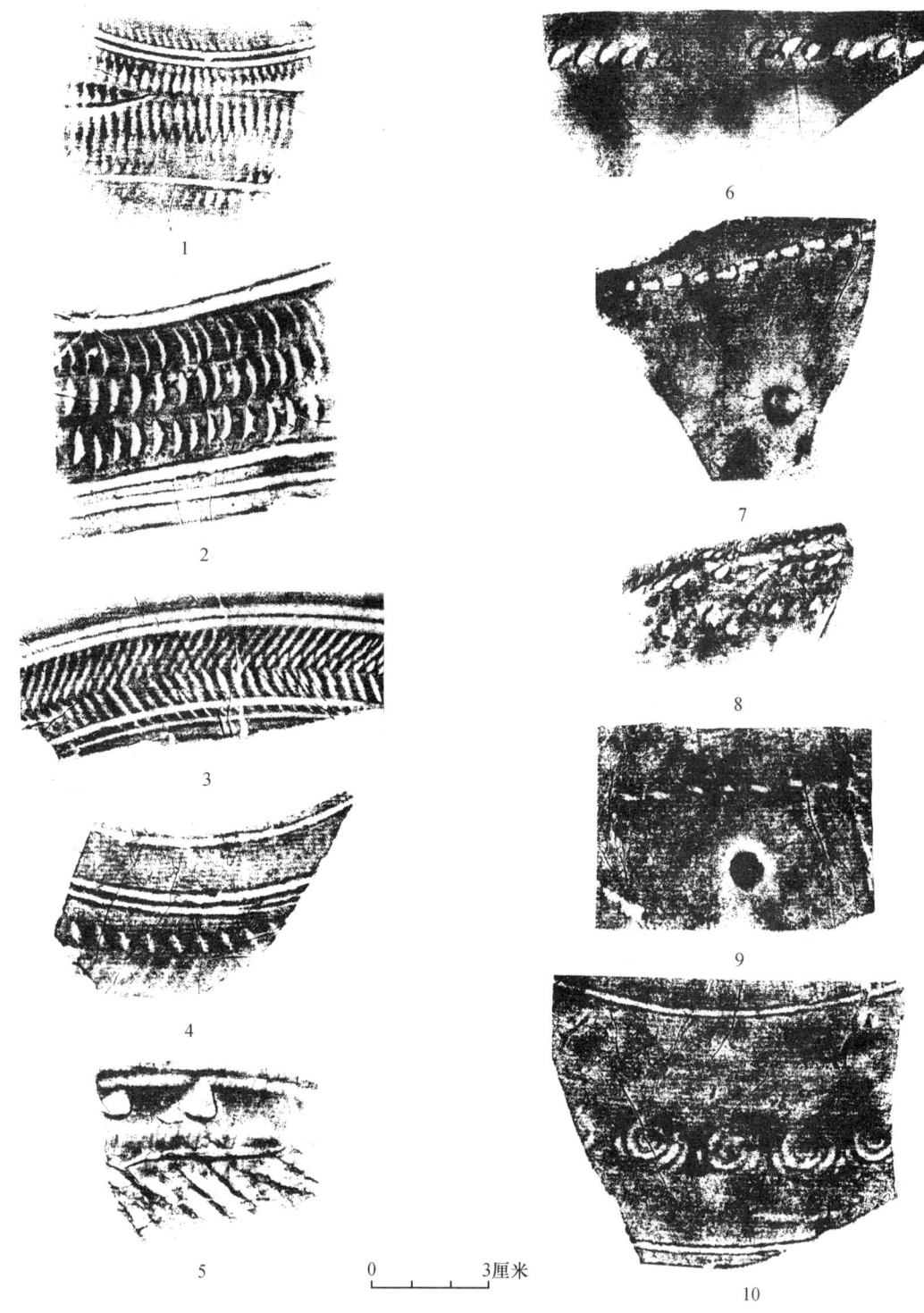

图 3-147　指甲纹、楔点纹、云纹

1~4. 指甲纹（2004J2:10、2005H69:12、2004H19:147、2004H32:15）　5. A型楔点纹（2004J1:21）　6、7. B型楔点纹（2004H19:155、2004H17）　8、9. C型楔点纹（2004J1:4、2004H19:109）　10. A型云纹（2004H32:8）

(8) 楔点纹

较少见。根据大小，分为三型。

A 型　较大。2004J1：21，沿背（图3-147，5）。

B 型　较小。2004H19：155，白陶（图3-147，6）。2004H17，白陶（图3-147，7）。

C 型　细小。2004J1：4，口外侧（图3-147，8）。2004H19：109，白陶（图3-147，9）。

(9) 云纹

云纹见于大口尊和瓮的肩部，数量不多。这种纹饰应是先制成云雷纹印模，待器物的胎体成形后、干燥前印上去的。根据构图方式不同，分为四型。

A 型　单个云纹。2004H32：8（图3-147，10）。2004H317：2，双行（图3-148，1）。

B 型　两云纹间呈中心对称，构成S形。2004H20③：133（图3-148，2），2006H44：28，竖置（图3-148，3），2004T2G2③：3，阳纹（图3-148，5）。

C 型　两"C"形云纹呈轴对称分布。2005H69：12（图3-148，4）。

D 型　勾连云纹。2005H253：80（图3-148，6）。

(10) 雷纹

标本2005H83：17（图3-148，7）。

(11) 菱形印纹

一般饰于器物肩部，较少见。2005H251：23（图3-148，8），2005H133：18（含2005H206：20）（图3-148，9）。

(12) 刻划图案

①一般陶器

折线三角形纹，标本2005H147：56（图3-148，10）、2004H287：10（图3-149，1）、2004H20：97（图3-149，2）。U形纹，2004H224：5（图3-148，11）。X形纹，2004H149：9（图3-149，3）。

②白陶鬶（或盉）鋬常见刻划纹饰

竖向弦纹，一般3～7条不等，中间或有间断及镂孔。例如，2004H19：109（图3-149，4），2004H19：161（图3-149，5），2005H147：512（图3-149，6）。

交叉弦纹：2004H19：158（图3-149，7），2005T7542④：6（图3-149，8），2004H213：11（图3-149，9），2004H228（图3-149，10），2004ⅠT7337⑤（图3-149，11），2005ⅠT7542④：5（图3-149，12）

弦纹及楔点纹：2004T1③：2（图3-149，13），2005H147：514（图3-149，14），2005H133：95（图3-149，15）。

(13) 其他

花边口沿装饰也是二里头文化陶器最显著的特征之一，主要饰用于圆腹罐上，部分缸口沿也可见到。制作花边的方法有两种，相应地形成两类不同风格的花边口。第一种是直接用细小的工具在器物唇面或下缘压印，形成锯齿状花边。第二种是先在器物口外贴一周泥条，再用细小工具于泥条上压印斜向或交错印痕，形成类似附加堆纹的绳索状花边。

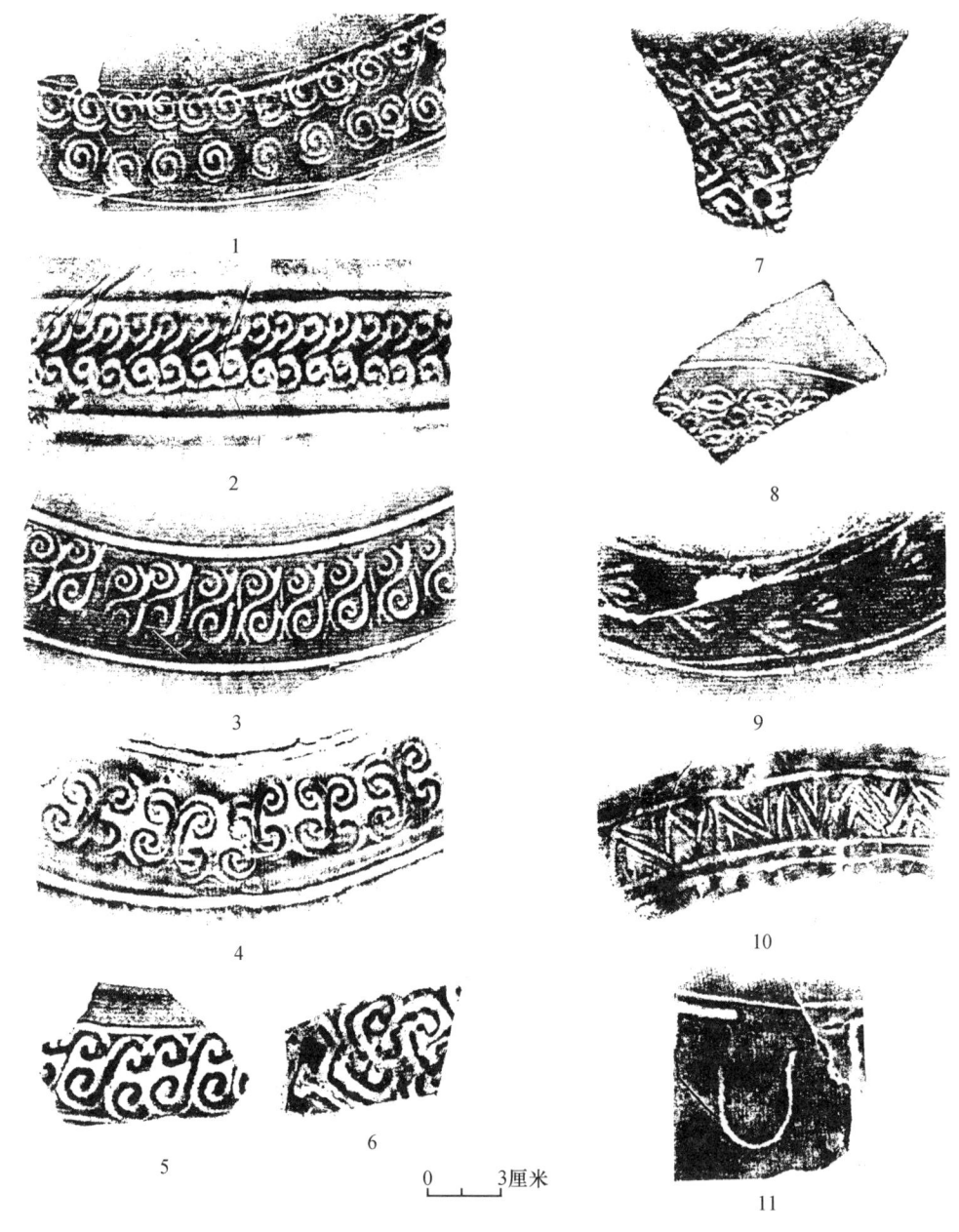

图 3-148　云纹、雷纹、菱形印纹、刻划图案

1. A 型云纹（2004H317：2）　2、3. B 型云纹（2004H20③：133、2006H44：28）　4、5. C 型云纹（2005H69：12、2004T2G2③：3）　6. D 型云纹（2005H253：80）　7. 雷纹（2005H83：17）　8、9. 菱形印纹（2005H251：23、2005H133：18）　10. 折线三角形纹（2005H147：56）　11. U 形纹（2004H224：5）

鸡冠耳或錾既可视为附件，也兼具装饰效果，普遍见于盆、甑、鼎等器物腹部，常对称分布。多数压印出凸凹交错的花边，少数没有压印。有些圆腹罐和瓮口沿外也常见到两个对称的三角形小錾，个别的圆腹罐上还有单个或三个。这些小錾多数不压印出花边，由于形体小，且饰于口外，装饰的意味更浓。

图 3-149 刻画图案

1. 折线三角形纹（2004H287:10） 2. 折线三角形纹（2004H20:97） 3. X形纹（2004H149:9） 4~6. 竖向弦纹（2004H19:109、2004H19:161、2005H147:512） 7~10. 交叉弦纹（2004H19:158、2005ⅠT7542④:6、2004H213:11、2004H228） 11. 叶脉状交叉弦纹（2004ⅠT7337⑤） 12. 网格状交叉弦纹（2005ⅠT7542④:5） 13~15. 弦纹及楔点纹（2004ⅠT1③:2、2005H147:514、2005H133:95）

磨光也兼具装饰效果。

总之，很多器物同时使用了多种装饰手法，如大口尊，中腹以下主要饰绳纹，绳纹之上还饰弦纹和附加堆纹，领和肩部磨光，或加饰凸弦纹等。

4. 烧成

陶器烧成工艺一般包括两个方面，即烧成温度和窑炉气氛。

根据中国科学院上海硅酸盐研究所对部分陶器样品烧成温度的测试（详见附录三），南洼遗址二里头文化陶器烧成温度普遍不高，多在800～870℃，但也有两个样品达到了1005℃。因该次实验所取白陶样品尺寸过小，不能磨制实验所需的热膨胀条，故没有获得白陶的烧成温度数据。但对其中一个白陶样品的XRD分析发现了弱的莫莱石的衍射峰，推测其烧成温度达到了1000℃。

烧成气氛可通过陶色来判断。本遗址二里头文化陶器颜色一般分为灰、黑、褐、红和白色五种。其中以灰陶最多，综合各期24个典型单位出土陶片陶系情况统计，约占70.85%。其次为褐陶和黑陶，分别约占15.35%和13.26%。白陶和红陶最少，各占0.64%和0.6%（见表3-2）。不少器物出现多种陶色的情况，甚至可拼对在一起的陶片截然不同。这种情况可能与埋藏条件不同有关。

一般而言，黑陶、灰陶是在还原气氛中烧制而成，褐陶、红陶应是在氧化气氛中烧成。因此，南洼遗址二里头文化陶器的大多数是在还原气氛中烧制成的。

白陶是本遗址中引人注目的一类陶器。白陶的烧制成功，一般需要两个条件：一是原料必须是铁、钛等致色元素含量较低的黏土，二是适当的窑内气氛。以往的研究认为，白陶是在氧化气氛中烧成的，这可从部分白陶器表泛红得到印证。但也有少量白陶器表为深灰色，胎体为白色，可能与渗碳处理有关。

本遗址还发现一些黑表灰胎、褐胎陶，以及褐表黑（灰）胎陶，这些应当是经过了较复杂的烧制工序。黑陶和黑表灰胎陶在还原气氛下烧成之后，还要进行渗碳处理。而黑表褐胎陶应是先在氧化气氛下烧制，然后改用还原气氛渗碳处理。

5. 使用、修补与再次利用

有关本遗址二里头文化陶器的使用，以下现象或痕迹是值得关注的。

深腹罐、圆腹罐的上腹往往残留有红烧土。这种现象应反映了上述两类器物是同灶相配合使用的，将深腹罐或圆腹罐置入灶口后，还在周缘抹泥，达到加固或提高密封性的效果。相应地，鼎的三足、下腹和底部通常都是红褐色，往往与灰色或黑色上腹形成鲜明对比。而且，鼎腹未见红烧土痕迹。这表明鼎的使用与深腹罐和圆腹罐是有区别的。

鬲或盉的袋足根部往往呈灰黑色，考虑到其质地多为夹砂，特别是一件鬲内腰部还有箅子，表明鬲或盉的使用确实与加热活动密切相关。

刻槽盆多认为用来研磨淀粉类植物的块茎。本遗址还首次发现了二里头文化的刻槽棒，为探讨刻槽盆的功能及其使用增添了新的证据。

尽管陶器属于易损和容易消耗的物品，多数损坏后往往直接丢弃，但本遗址还是发现了一些修补和再次利用的例子，为探讨这方面的情况提供了资料。

修补的例证主要见于甑类器物。当甑破裂后，将裂缝两侧的断面磨平，然后在裂缝两侧对应钻孔，钻孔使用两面对钻的方式，推测最后使用绳子进行缚系加固。因甑内盛放的是固体类食物，所以，这种修补不会影响在实际中使用。

再次利用的例子主要见于豆、三足盘、圈足盘和白陶爵等器类。往往是柄或足残断后，将断面磨平，以便继续使用。此外，白陶网坠也有破损后将两端修整成圆形，继续加以使用的情况。

与再次利用不同，改制是将对象的形态予以改变，从而具备了新的用途。例如圆陶片和利用陶片改制的纺轮。尽管圆陶片的功能并不明确，但无疑是将废旧陶片的周缘加工成近圆形而形成的。用陶片改制纺轮，只需在加工圆陶片的基础上，在中心钻出圆孔即可。

（二）器类及型式

共发现陶器 30 余类，包括容器、工具、饰品和乐器等。容器有深腹罐、圆腹罐、鼎、鬲、甗、灶、甑、刻槽盆（棒）、深腹盆、平底盆、三足盘、圈足盘、豆、簋、钵、盂、鬶、盉、爵、觚、小口尊、大口尊、瓮、缸、器盖、高领罐、敛口罐、捏口罐、壶、杯等。工具有网坠、陶垫和陶模。饰品有仿扇贝形器、穿孔陶片等。乐器有铃。其他还有中空鼓形器、权等。现将其中能分类型及式别者阐述如下。

1. 深腹罐

根据口沿及领部特征等，分为四型。

A 型　折沿无领。根据唇部特征，分为三亚型。

Aa 型　尖平唇。常见黑陶饰篮纹及灰陶饰细绳纹。标本 2004J1∶24、J1∶33（图 3-150，1、2）。

Ab 型　方唇或圆唇。根据底部及纹饰变化，分为三式。

Ⅰ式：平底，沿部折棱多较明显。偏早者常见篮纹、黑色或深灰色陶，偏晚者常见细绳纹或较细绳纹，灰陶或褐陶。标本 2004J1∶32（图 3-150，3），2004H231∶1（图 3-150，5）。

Ⅱ式：圜底，绳纹稍粗。标本 2004H431∶9（图 3-150，9）。

Ⅲ式：圜底，绳纹较粗或有部分粗绳纹，上腹近口处有较宽的绳纹抹平带或多周轮修痕。标本 2005H15∶5（图 3-150，6）。

Ac 型　唇外缘加厚并抹圆。这种特点是在制坯时，将唇部泥条向外翻卷折叠于沿背，加以抹圆或抹平而成。也有少量是将方唇下缘直接抹圆而成。根据纹饰变化，分两式。

Ⅰ式：圜底，绳纹较粗，上腹近口处外表常见较窄的绳纹抹平带，部分可能是唇外缘抹圆时附带形成的。标本 2005H122∶1（图 3-150，10）。

Ⅱ式：圜底，绳纹较粗或有部分粗绳纹，上腹近口处器表常见较宽的绳纹抹平带及多周轮修痕。标本 2005H15∶15（图 3-150，4）。

B 型　卷沿无领。根据陶色及纹饰变化，分三式。

Ⅰ式：黑陶，饰篮纹。标本 2004H399∶4（图 3-150，7）。

Ⅱ式：灰陶，饰绳纹。标本 2005H133∶5（图 3-150，8）。

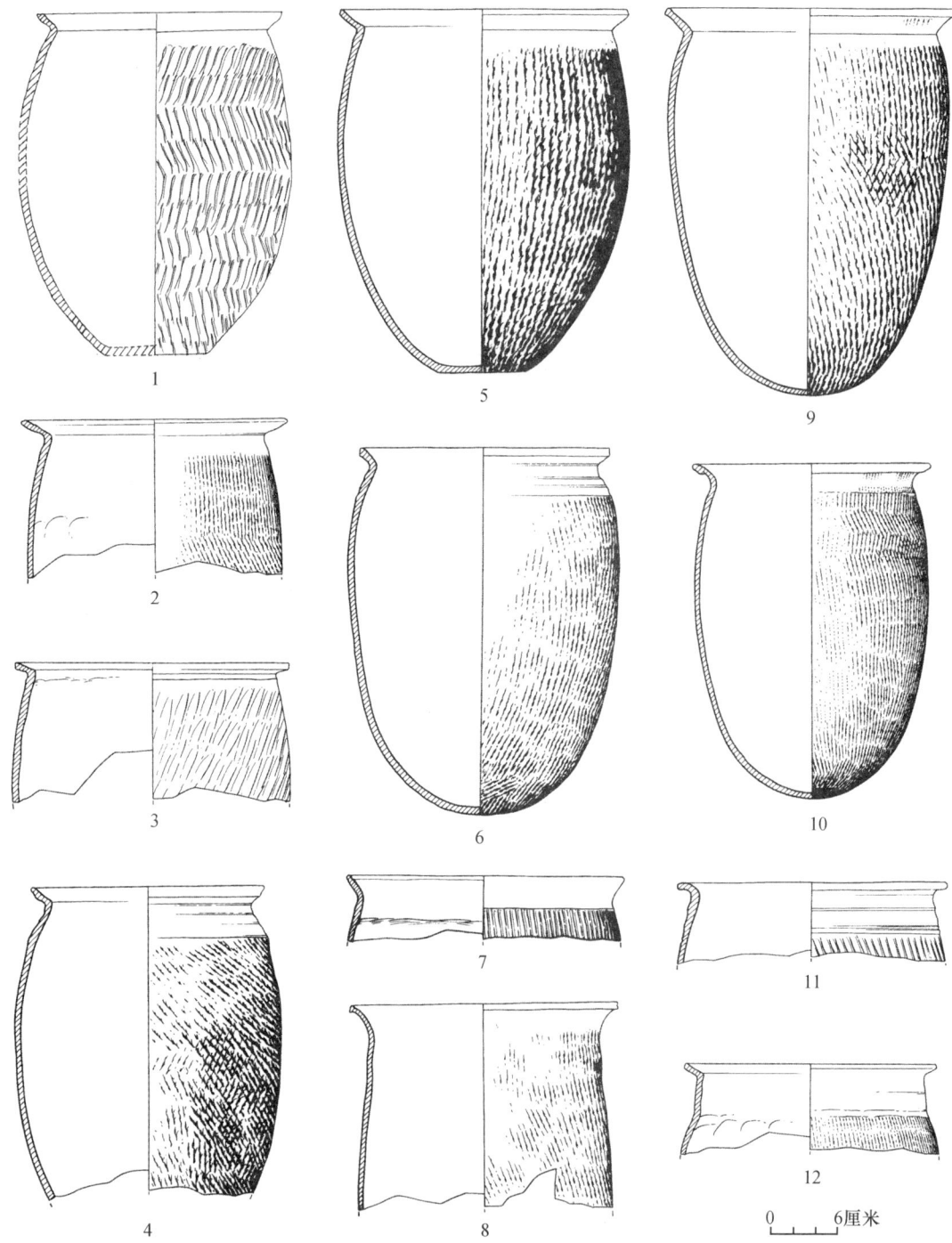

图 3-150 南洼遗址二里头文化深腹罐型式划分

1、2. Aa 型（2004J1：24、2004J1：33） 3、5. Ab 型 I 式（2004J1：32、2004H231：1） 4. Ac 型 II 式（2005H15：15） 6. Ab 型 III 式（2005H15：5） 7. B 型 I 式（2004H399：4） 8. B 型 II 式（2005H133：5） 9. Ab 型 II 式（2004H431：9） 10. Ac 型 I 式（2005H122：1） 11. B 型 III 式（2005H206：15） 12. C 型 I 式（2004H19：122）

Ⅲ式：上腹有较宽轮修痕。标本 2005H206：15（图3-150，11）。

C型 有领。根据唇部及沿部变化，分为两式。

Ⅰ式：方唇或圆唇，折沿。标本 2004H19：122（图3-150，12）。

Ⅱ式：折沿厚圆唇或卷沿。标本 2004J2：22（图3-151，1），2004H72①：38（图3-151，2）。

D型 异型。标本 2006H30：4（图3-151，3）。

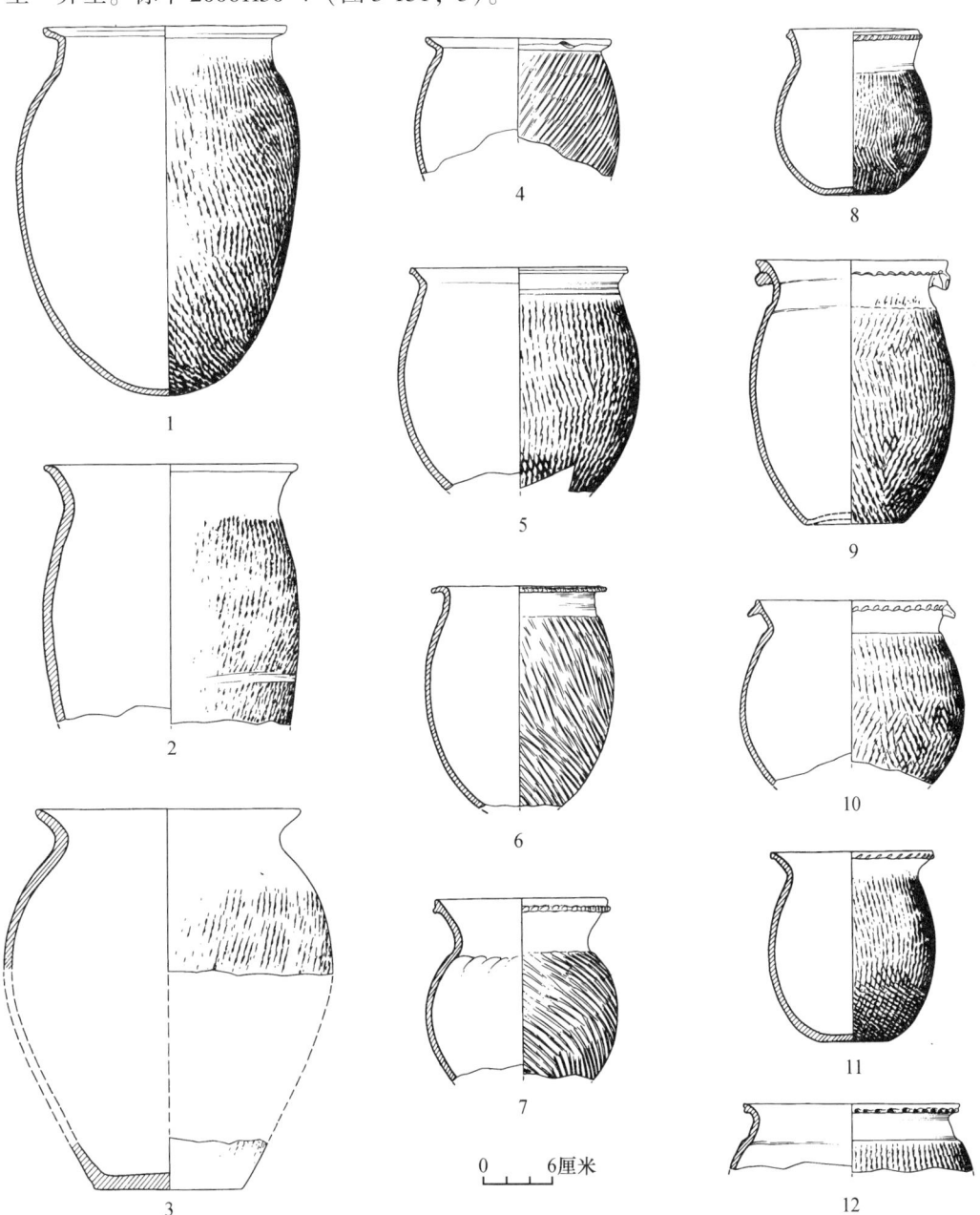

图3-151 南洼遗址二里头文化深腹罐、圆腹罐型式划分

1、2. C型Ⅱ式深腹罐（2004J2：22、2004H72①：38） 3. D型深腹罐（2006H30：4） 4. A型Ⅰ式圆腹罐（2004H228：9） 5. A型Ⅱ式圆腹罐（2005H96：1） 6. B型圆腹罐（2005H90：24） 7. Ca型Ⅰ式圆腹罐（2004H342：2） 8、9. Ca型Ⅱ式圆腹罐（2004H228：2、2004H19：83） 10、11. Ca型Ⅲ式圆腹罐（2004H19：89、2005H96：72） 12. Ca型Ⅳ式圆腹罐（2004H136：20）

2. 圆腹罐

根据领口形态及装饰，分为三型。

A 型　折沿。根据唇部形态及陶色、纹饰特征，分为两式。

Ⅰ式：尖平唇或圆唇，篮纹，黑陶或褐陶。标本2004H228：9（图3-151，4）。

Ⅱ式：方唇或圆唇，绳纹，灰陶。标本2005H96：1（图3-151，5）。

B 型　卷沿近平或微奓，唇部压印花边。标本2005H90：24（图3-151，6）。

C 型　有领。根据唇部装饰特征，分为四亚型。

Ca 型　饰花边。根据领部高矮和腹部肥瘦情况，分为四式。

Ⅰ式：高领，腹部瘦高或圆鼓，饰篮纹或细绳纹。标本2004H342：2（图3-151，7）。

Ⅱ式：领部较高，腹部瘦高或圆鼓，多饰绳纹。标本2004H228：2（图3-151，8），2004H19：83（图3-151，9）。

Ⅲ式：领部较矮，腹部多瘦高。标本2004H19：89（图3-151，10），2005H96：72（图3-151，11）。

Ⅳ式：矮领，腹部多肥鼓。标本2004H136：20（图3-151，12）。

Cb 型　饰凸棱或宽带状凸起。根据领部高矮和腹部肥瘦情况，分为四式。

Ⅰ式：高领。标本2004H438：4（图3-152，1），2005H96：3（图3-152，2）。

Ⅱ式：领部较高。标本2004H19：103（图3-152，3），2005H133：3（图3-152，4）。

Ⅲ式：领部较矮，腹部较肥鼓。标本2005H15：8（图3-152，5）。

Ⅳ式：矮领，鼓腹或鼓肩，整体更矮胖，绳纹粗乱。标本2005H206：1（图3-152，6），2004M11：1（图3-152，7）。

Cc 型　口外无花边或凸棱装饰。分为四式。

Ⅰ式：领部较高。标本2005H166：5（图3-152，8）。

Ⅱ式：领部稍矮，多瘦腹。标本2005H55：3（图3-152，9），2005H167：10（图3-152，10）。

Ⅲ式：矮领，腹较肥鼓。标本2005H15：17（图3-152，11）。

Ⅳ式：矮领，鼓腹，整体更矮胖，多饰粗乱绳纹。标本2005H147：2（图3-152，12），2005H206：4（图3-152，13）。

Cd 型　有耳。分为两式。

Ⅰ式：矮领，腹略瘦。标本2004H19：80（图3-152，14）。

Ⅱ式：矮领，腹肥鼓。标本2004M9：3（图3-152，15）。

3. 鼎

根据鼎腹形态，分为两型。

A 型　鼎腹为盆形。根据沿部、唇部形态及腹部深浅，分为三式。

Ⅰ式：直沿上仰，尖唇或方唇，深腹，平底。除侈口外，还常见敛口。标本2004H19：97（图3-153，1），2004H19：96（图3-153，2）。

Ⅱ式：直沿或曲沿上仰，除方唇外，还见尖圆唇或唇外缘凸起者，腹壁斜收，较浅。不见敛口。标本2004H241：2（图3-153，3）。

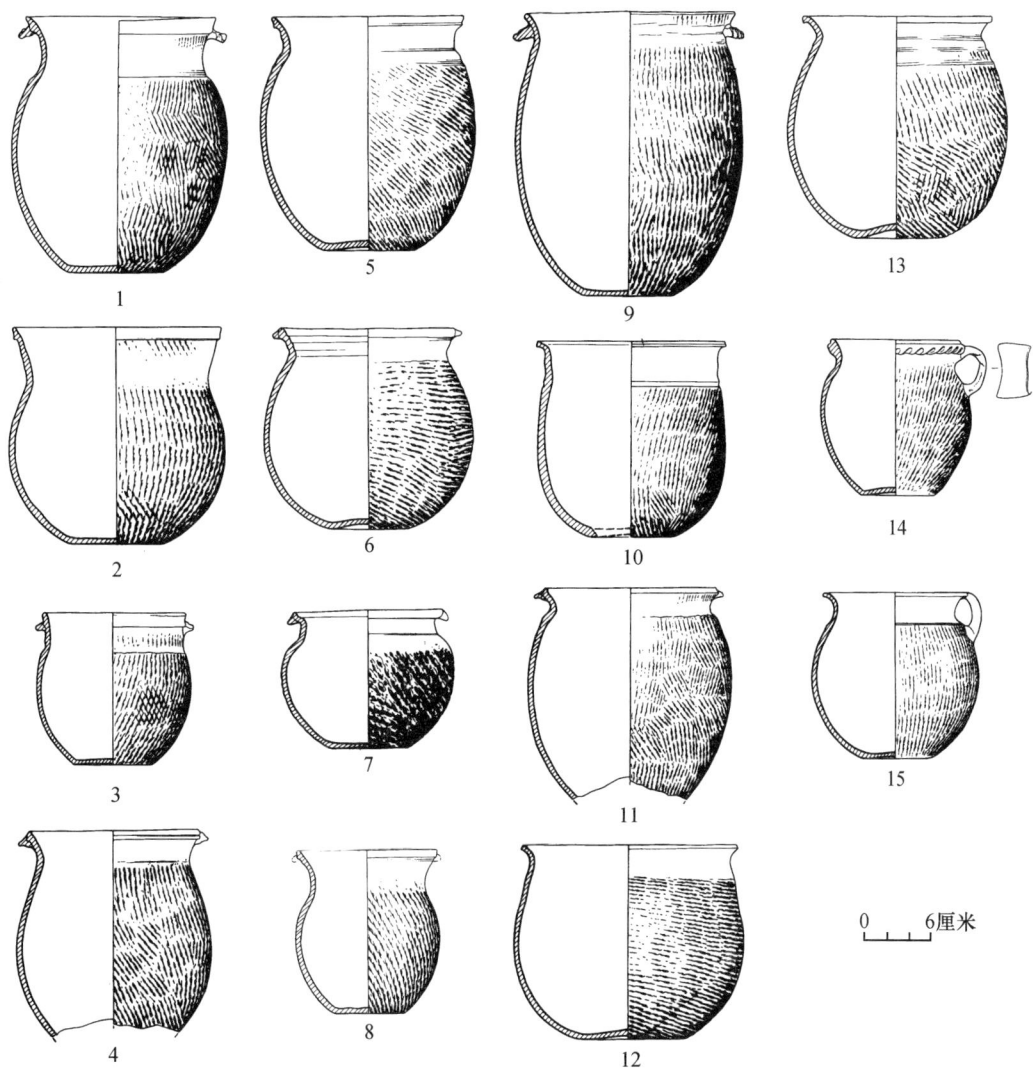

图 3-152　南洼遗址二里头文化圆腹罐型式划分

1、2. Cb 型 I 式（2004H438：4、2005H96：3）　3、4. Cb 型 II 式（2004H19：103、2005H133：3）　5. Cb 型 III 式（2005H15：8）　6、7. Cb 型 IV 式（2005H206：1、2004M11：1）　8. Cc 型 I 式（2005H166：5）　9、10. Cc 型 II 式（2005H55：3、2005H167：10）　11. Cc 型 III 式（2005H15：17）　12、13. Cc 型 IV 式（2005H147：2、2005H206：4）　14. Cd 型 I 式（2004H19：80）　15. Cd 型 II 式（2004M9：3）

Ⅲ式：沿部近平折，尖唇或圆唇外缘凸起，圜底，浅腹，鼎腹常饰附加堆纹。不见敛口。标本 2005H206：6（图 3-153，4）。

B 型　鼎腹为罐形。又分为三亚型。

Ba 型　鼎腹为有领圆腹罐。标本 2005H166：1（图 3-153，5）。

Bb 型　折沿或卷沿，深腹，最大腹径居中或偏下。标本 2004H19：141（图 3-153，6），2005H90：2（图 3-153，7）。

Bc 型　小口无沿，或有矮领、鼓腹或近折肩。标本 2004H19：86（图 3-153，8；彩版一九，1），2005H90：27（图 3-153，9）。

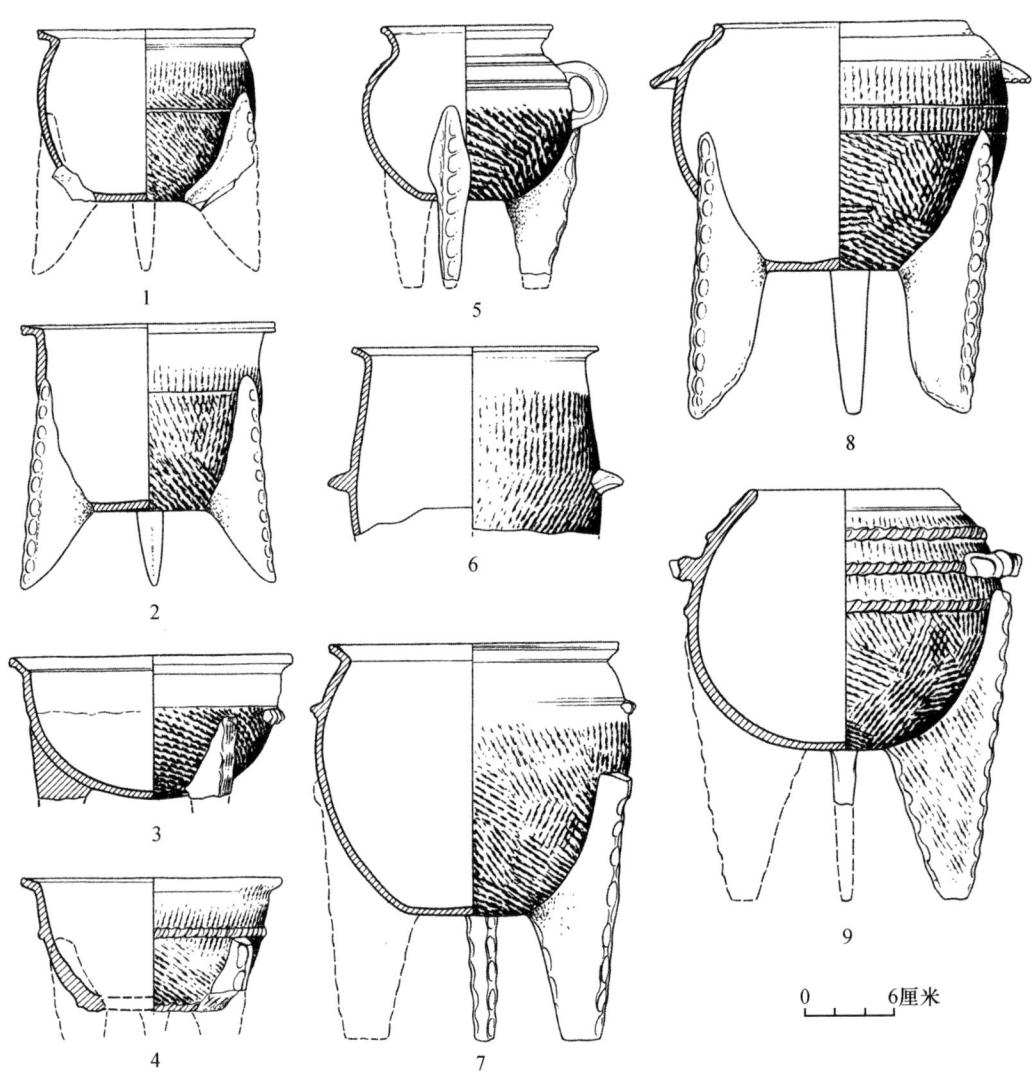

图 3-153 南洼遗址二里头文化鼎型式划分

1、2. A型Ⅰ式（2004H19:97、2004H19:96） 3. A型Ⅱ式（2004H241:2） 4. A型Ⅲ式（2005H206:6）
5. Ba型（2005H166:1） 6、7. Bb型（2004H19:141、2005H90:2） 8、9. Bc型（2004H19:86、2005H90:27）

4. 甑

根据沿部、领部特征，分为四型。

A型 沿部平直。根据唇部形态和沿部折角等情况，分为四式。

Ⅰ式：仰折沿，尖圆唇、圆唇或方唇，平底，一般为黑陶，饰篮纹，少量绳纹。标本 2004J1:23（图 3-154，1），2005H217:6（图 3-154，2）。

Ⅱ式：仰折沿，尖圆唇、圆唇或方唇，平底或圜底，多为灰陶和褐陶。底有五孔者。标本 2004H19:75（图 3-154，3）。

Ⅲ式：仰折沿或近平，新出现斜方唇或圆唇外侧抹圆，上腹有较明显轮修痕，圜底，底有四孔者。标本 2005H126:3（图 3-154，4）。

Ⅳ式：平折沿或微敛，圆唇外缘凸起，部分深腹，其余同 A 型Ⅲ式。标本 2005H147：5（图 3-154，5）。

B 型　沿部弯曲。根据沿部角度及纹饰，分为两式。

Ⅰ式：卷沿近平。标本 2004H20：35（图 3-154，6）。

Ⅱ式：折沿近平或下敛，上腹多有轮修痕。标本 2005H207：10（图 3-154，7）。

C 型　侈口卷沿有领。标本 2005T7642⑤：1（图 3-154，8）。

D 型　侈口，斜直腹外张。标本 2005H55：42（图 3-154，9）。

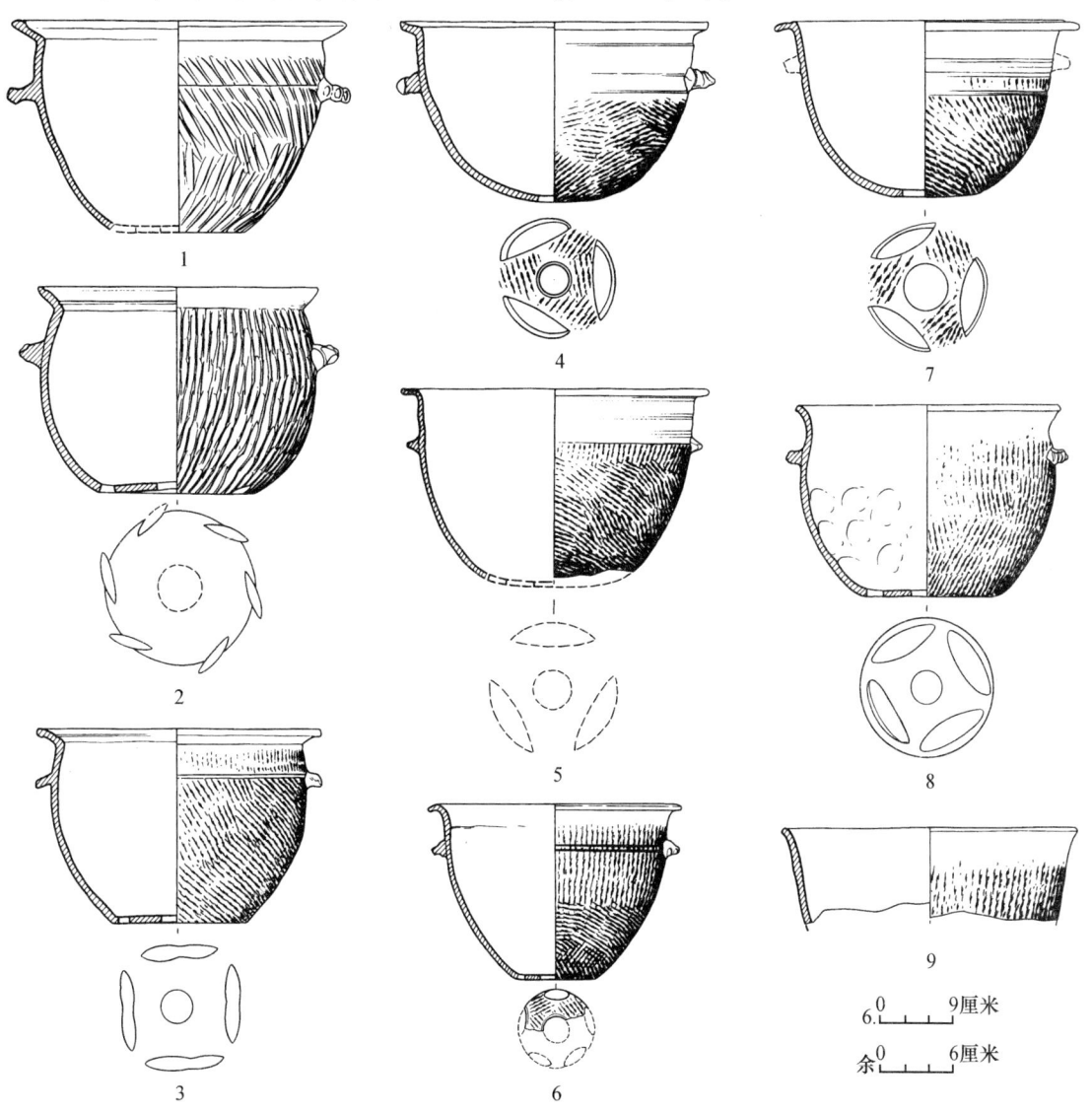

图 3-154　南洼遗址二里头文化甑型式划分

1、2. A 型Ⅰ式（2004J1：23、2005H217：6）　3. A 型Ⅱ式（2004H19：75）　4. A 型Ⅲ式（2005H126：3）　5. A 型Ⅳ式（2005H147：5）　6. B 型Ⅰ式（2004H20：35）　7. B 型Ⅱ式（2005H207：10）　8. C 型（2005T7642⑤：1）　9. D 型（2005H55：42）

5. 刻槽盆

根据整体形态，分为两型。

A 型　腹较深，呈盆形。分为四式。

Ⅰ式：口径大多小于或近于腹径，整体较瘦高，平底，流行竖向绳纹。标本 2006H16：2（图 3-155，1）、2004H363：31（图 3-155，2）、2005H96：5（图 3-155，3）。

Ⅱ式：口径略大于腹径，侈口，平底或圜底，整体略宽矮。纹饰常见横向或斜向绳纹，上腹近口部常见轮修痕，刻槽分区。标本 2004J2④：32（图 3-155，5）。

Ⅲ式：口径大于腹径，侈口，圜底或平底，腹较宽浅，腹壁外张，纹饰多为斜向绳纹，内壁刻槽分区。标本 2005H15：11（图 3-155，6）。

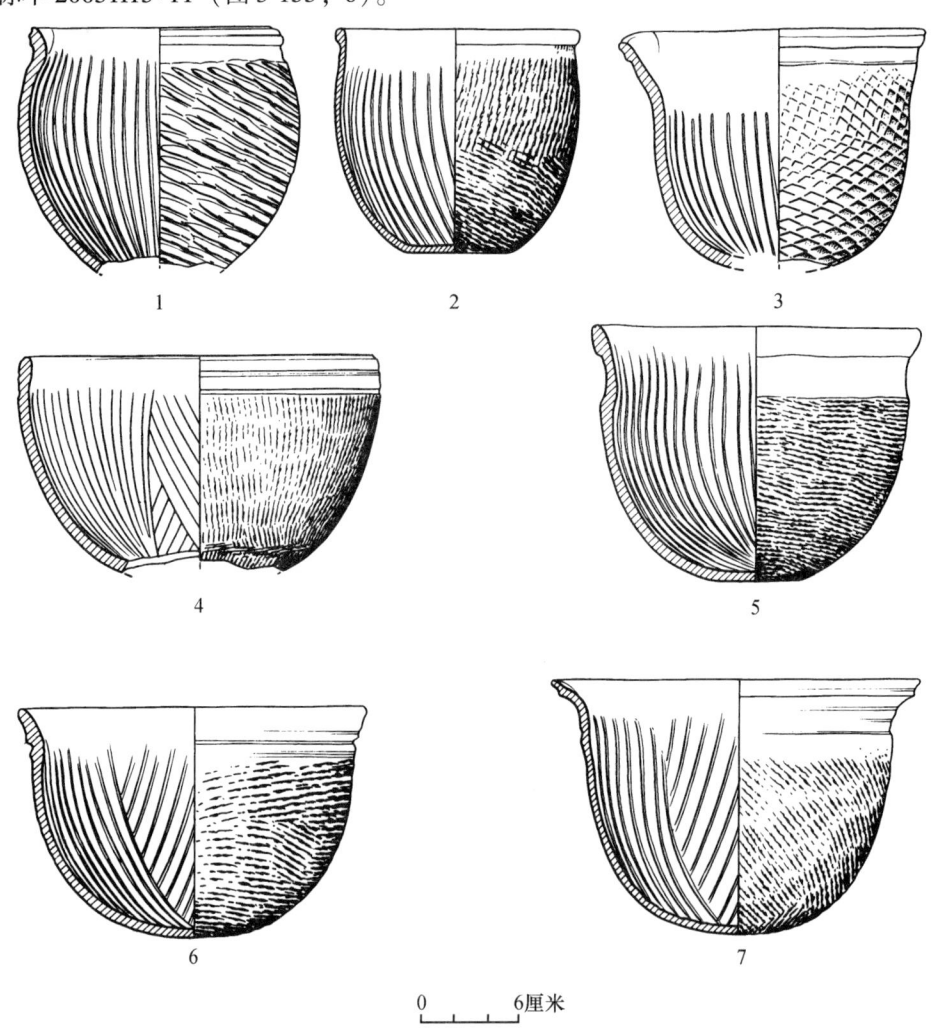

图 3-155　南洼遗址二里头文化刻槽盆型式划分

1~3. A 型Ⅰ式（2006H16：2、2004H363：31、2005H96：5）　4. B 型（2005H96：12）
5. A 型Ⅱ式（2004J2④：32）　6. A 型Ⅲ式（2005H15：11）　7. A 型Ⅳ式（2005H90：10）

Ⅳ式：卷沿（内壁或有折棱），圜底，多见横向绳纹，其余同Ⅲ式。标本2005H90:10（图3-155，7）。

B型　腹宽浅，呈钵形。标本2005H96:12（图3-155，4）。

6. 深腹盆

根据沿部形态，分为三型。

A型　直沿，多为仰折，少量仰卷。分为四式。

Ⅰ式：仰折沿，（尖）圆唇（唇缘凸出沿面）或方唇，黑陶，篮纹。标本2004H228:37（图3-156，1）。

Ⅱ式：仰折或近平，（尖）圆唇或方唇，平底或凹圜底，灰陶或褐陶，常见绳纹。标本2004H19:94（图3-156，2）、2004H19:107（图3-156，5）。

Ⅲ式：方唇或圆唇凸出沿背，腹变浅，多为侈口，上腹常见数周稍宽弦纹或轮修痕，其下多饰横向绳纹。标本2004H20:65（图3-156，9），2004H71:18（图3-156，10）。

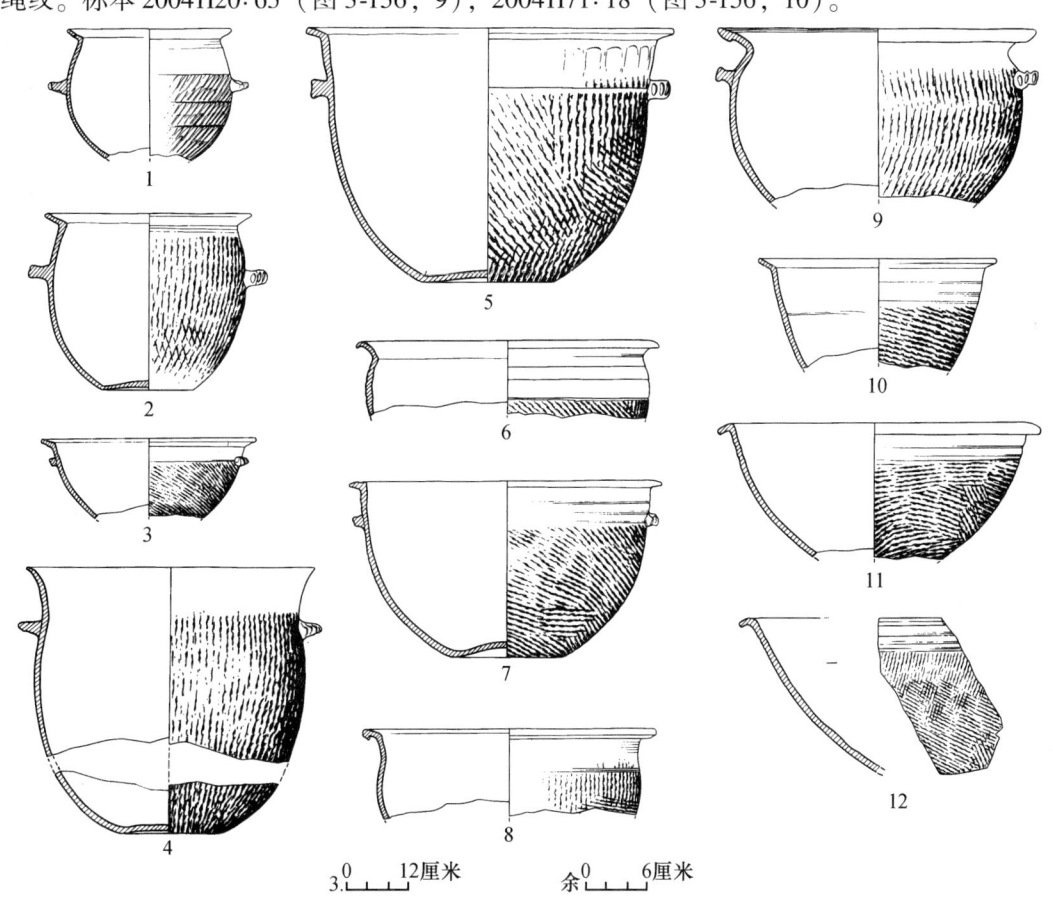

图3-156　南洼遗址二里头文化深腹盆型式划分

1. A型Ⅰ式（2004H228:37）　2、5. A型Ⅱ式（2004H19:94、2004H19:107）　3. A型Ⅳ式（2005H147:6）　4. Ca型（2005H55:7）　6. B型Ⅰ式（2005H133:28）　7. B型Ⅱ式（2005H90:4）　8. Cb型（2004H78:27）　9、10. A型Ⅲ式（2004H20:65、2004H71:18）　11. B型Ⅲ式（2005H90:26）　12. B型Ⅳ式（2005H206:28）

Ⅳ式：浅腹，其余同Ⅲ式。标本 2005H147：6（图3-156，3）。

B型　曲沿，沿面上鼓，折沿或卷沿，一般为直口或侈口，偶见敛口。唇多为尖唇或圆唇，罕见标准的方唇。分为四式。

Ⅰ式：沿部上扬，常见交错绳纹。标本 2005H133：28（图3-156，6）。

Ⅱ式：沿部近平，偏晚者上腹常见多周轮修痕及横向绳纹。标本 2005H90：4（图3-156，7）。

Ⅲ式：沿部下耷，上腹常见多周轮修痕及横向绳纹。标本 2005H90：26（图3-156，11）。

Ⅳ式：腹壁外张较甚，浅腹，其余同Ⅲ式。标本 2005H206：28（图3-156，12）。

C型　有领，分为两亚型。

Ca型　侈口卷沿。标本 2005H55：7（图3-156，4）。

Cb型　侈口（软）折沿束颈。标本 2004H78：27（图3-156，8）。

7. 平底盆

根据整体形态，分为两型。

A型　宽浅。分两式。

Ⅰ式：腹稍深。部分底部或压印花边，腹外或有凸棱。标本 2004H228：1（图3-157，1），2004H19：144（图3-157，2）。

Ⅱ式：浅腹。标本 2004H32：31（图3-157，3）。

B型　窄深。标本 2005H85：4（图3-157，4）。

8. 三足盘

根据腹部深浅、宽窄及足部高矮，分为四式。

Ⅰ式：深腹，矮足。足有C形与舌形之分。标本 2006H14：2（图3-157，5）。

Ⅱ式：腹深与足高接近，C形或舌形足。标本 2004H19：102（图3-157，6）。

Ⅲ式：腹较浅，高足，一般为舌形足。标本 2004H32：33（图3-157，7）。

Ⅳ式：腹浅且宽。标本 2004H163：2（图3-157，8）。

9. 圈足盘

根据总体形态，分为两型。

A型　体小，深盘，较瘦高，圈足常见镂孔。标本 2006H14：1（图3-157，9）。

B型　体大，浅盘，较宽扁。标本 2004H20：133（图3-157，10）。

10. 豆

根据豆盘深浅不同，分为两型。

A型　深盘豆。分为四式。

Ⅰ式：深盘，盘壁较斜直，与底部转折明显。标本 2004H231：5（图3-158，1）。

Ⅱ式：略浅，粗高柄。标本 2004H19：104（图3-158，2）。

Ⅲ式：盘较浅或弧壁，细柄。标本 2004H20：132（图3-158，3）。

Ⅳ式：盘较宽浅，盘壁自中部向内弧收，出现矮柄。标本 2004M9：2（图3-158，4）。

B型　浅盘豆。分为两亚型。

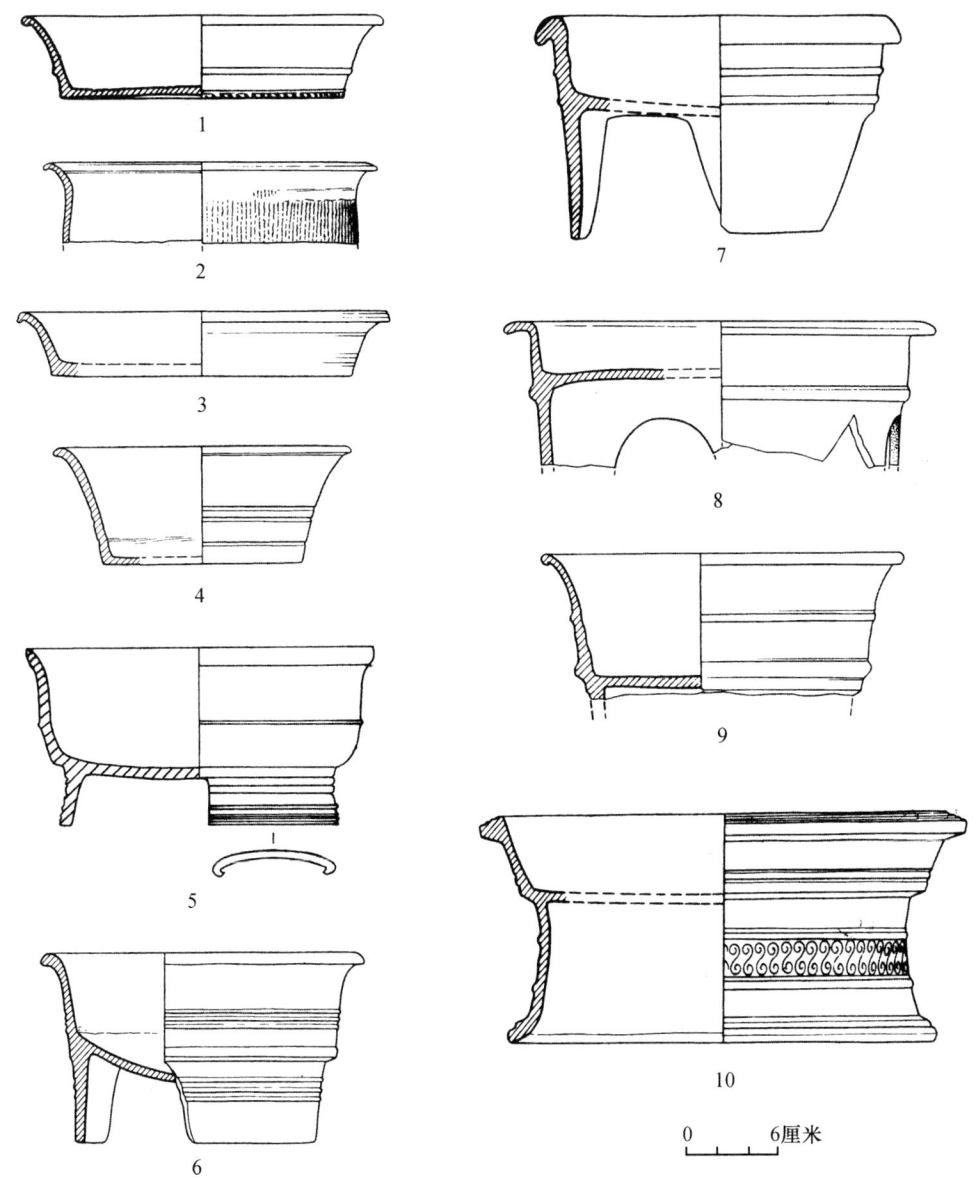

图 3-157 南洼遗址二里头文化平底盆、三足盘、圈足盘型式划分

1、2. A 型 I 式平底盆（2004H228:1、2004H19:144） 3. A 型 II 式平底盆（2004H32:31） 4. B 型平底盆（2005H85:4）
5. I 式三足盘（2006H14:2） 6. II 式三足盘（2004H19:102） 7. III 式三足盘（2004H32:33） 8. IV 式三足盘（2004H163:2）
9. A 型圈足盘（2006H14:1） 10. B 型圈足盘（2004H20:133）

Ba 型　弧壁。标本 2004H19:105（图 3-158，5），2004H410:3（图 3-158，6）。

Bb 型　折壁。标本 2004H239:2（图 3-158，7），2005H147:7（图 3-158，8）。

11. 小口尊

根据领部有无及高矮，分为两型。

A 型　高领。根据装饰风格，分为两亚型。

Aa 型　肩及上腹饰绳纹或篮纹，常见多周附加堆纹。标本 2004H242:10（图 3-159，1）。

图 3-158　南洼遗址二里头文化豆型式划分
1. A 型 I 式（2004H231：5）　2. A 型 II 式（2004H19：104）　3. A 型 III 式（2004H20：132）　4. A 型 IV 式（2004M9：2）
5、6. Ba 型（2004H19：105、2004H410：3）　7、8. Bb 型（2004H239：2、2005H147：7）

Ab 型　肩腹常见成组弦纹及印纹，下腹饰绳纹。标本 2005H22：8（图 3-159，2）。
B 型　矮领或敛口。标本 2005T7642⑤：4（图 3-159，3）。

12. 大口尊

根据口径与肩径比例等，分为三式。

I 式：口径明显小于肩径，领稍矮，宽肩，上腹较直或外鼓。标本 2005H15：6（图 3-159，4）。
II 式：口径略小于或近于肩径，领较高，肩较窄，上腹或内曲。标本 2005H15：20（图 3-159，5）。
III 式：口径大于肩径，高领，窄肩，上腹或内曲。标本 2005H253：32（图 3-159，6）。

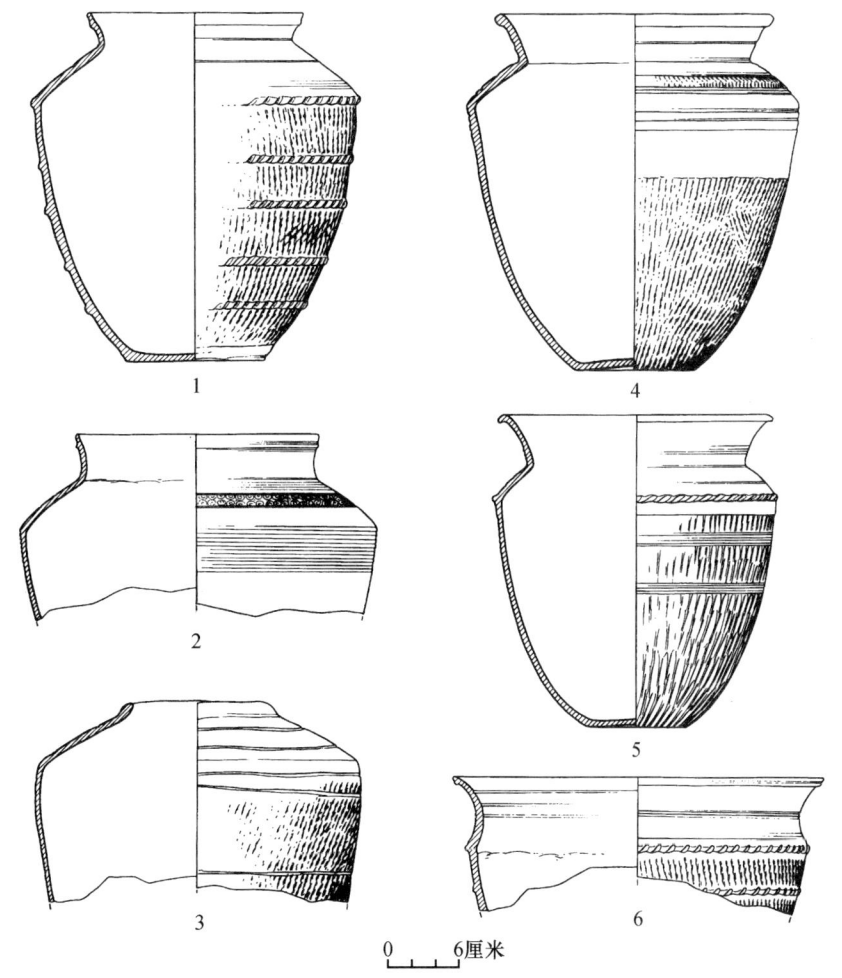

图 3-159 南洼遗址二里头文化小口尊、大口尊型式划分
1. Aa 型小口尊（2004H242∶10） 2. Ab 型小口尊（2005H22∶8） 3. B 型小口尊（2005T7642⑤∶4）
4. Ⅰ式大口尊（2005H15∶6） 5. Ⅱ式大口尊（2005H15∶20） 6. Ⅲ式大口尊（2005H253∶32）

13. 瓮

根据肩部形态等，分为四型。

A 型 折肩，或称为罍。分为三式。

Ⅰ式：卷沿，领稍高。标本 2004H19∶84（图 3-160，1）。

Ⅱ式：直口或侈口，矮领。标本 2005H167∶1（图 3-160，2）。

Ⅲ式：肩饰横耳，其他同Ⅱ式。标本 2005H90∶20（图 3-160，3）。

B 型 鼓腹或圆肩。分为两亚型。

Ba 型 有领。分为三式。

Ⅰ式：高领，上腹略折。标本 2004H441∶1（图 3-160，4）。

Ⅱ式：矮领，肩圆鼓，深腹。标本 2004M1∶6（图 3-160，5）。

Ⅲ式：体较粗矮，肩部有多周凹槽状轮修痕。标本 2005H90∶5（图 3-160，6）。

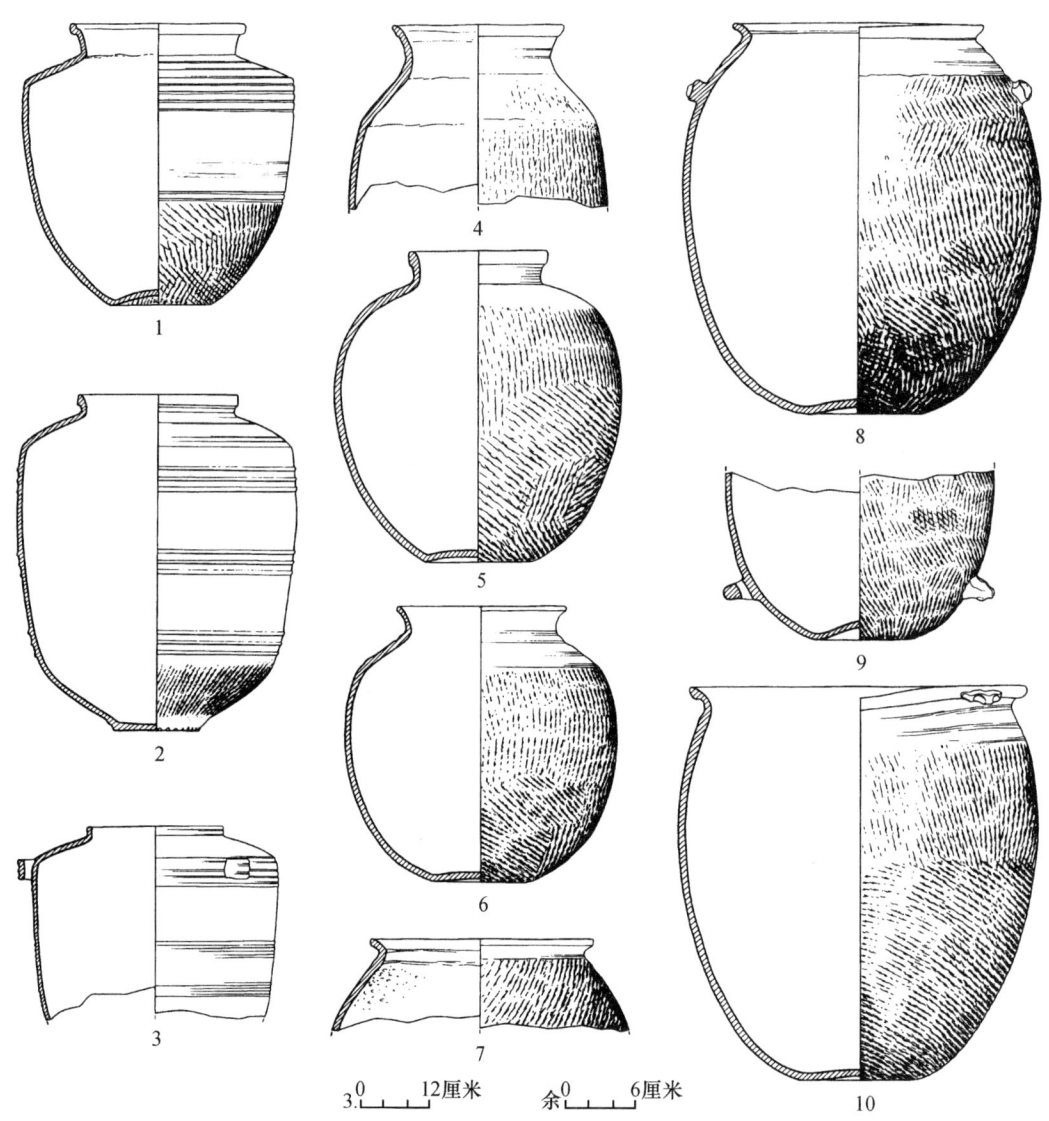

图 3-160 南洼遗址二里头文化瓮型式划分

1. A 型 Ⅰ 式（2004H19：84） 2. A 型 Ⅱ 式（2005H167：1） 3. A 型 Ⅲ 式（2005H90：20） 4. Ba 型 Ⅰ 式（2004H441：1）
5. Ba 型 Ⅱ 式（2004M1：6） 6. Ba 型 Ⅲ 式（2005H90：5） 7. Bb 型 Ⅰ 式（2005H128：9） 8. Bb 型 Ⅱ 式（2005H15：16）
9. C 型（2005H15：18） 10. D 型（2005H141：10）

Bb 型　折沿。分两式。

Ⅰ式：肩无绳纹被抹痕。标本 2005H128：9（图 3-160，7）。

Ⅱ式：肩有绳纹被抹痕或轮修痕。标本 2005H15：16（图 3-160，8）。

C 型　四系，称背壶。标本 2005H15：18（图 3-160，9）。

D 型　口略大，鼓腹偏上，唇或腹部饰鸡冠耳。标本 2005H141：10（图 3-160，10）。

14. 缸

根据肩腹形态，分为两型。

A型 鼓腹。分两亚型。

Aa型 折沿。分三式。

Ⅰ式：一般为方唇，少量（尖）圆唇，沿部上仰，饰篮纹或绳纹。标本2004H11∶1（图3-161，1）。

Ⅱ式：厚圆唇，沿部上仰；方唇上仰类上腹多有较宽的绳纹抹平带。标本2004H331∶12（图3-161，2），2004T7137⑤∶20（图3-161，3）。

Ⅲ式：方唇，折沿下耷。标本2004T7237⑤∶5（图3-161，5）。

Ab型 有领，多为卷沿，少量唇饰花边。分两式。

Ⅰ式：口径小于或近于腹径，最大腹径居中。标本2005H133∶26（图3-161，4）。

Ⅱ式：口径大于腹径，最大腹径多偏上。标本2004J2③∶17（图3-161，6）。

B型 折肩，尊形。分两式。

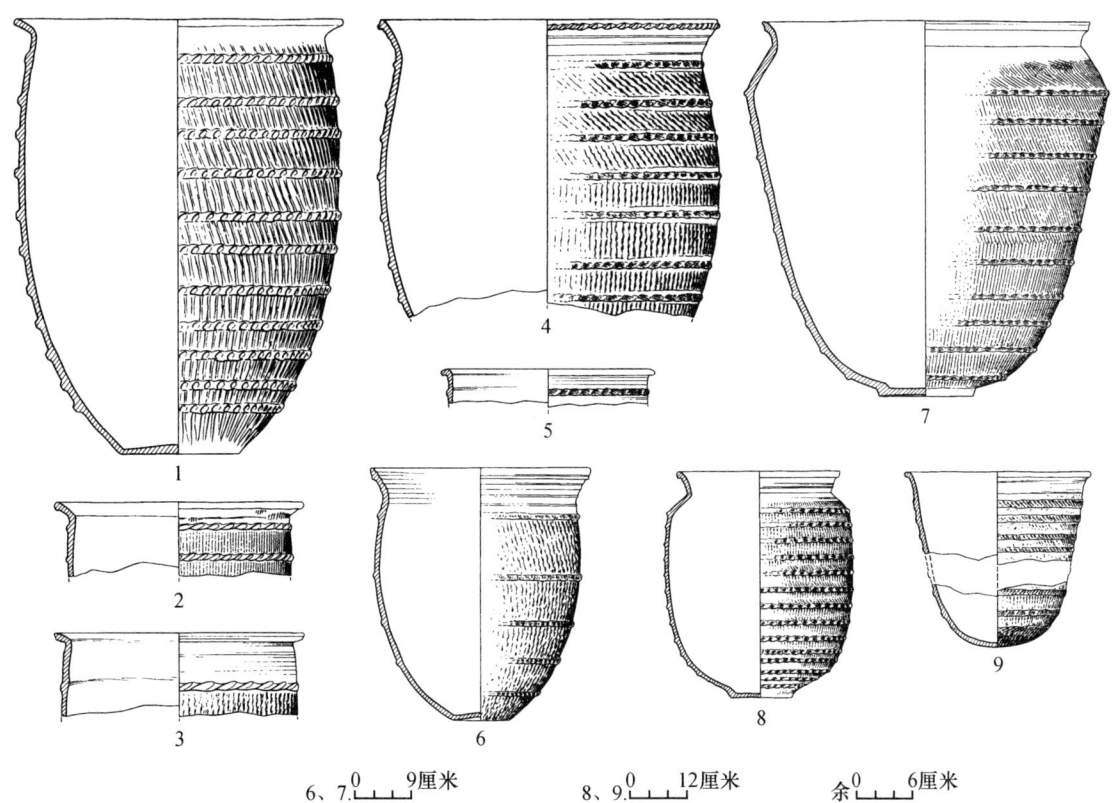

图3-161 南洼遗址二里头文化缸型式划分
1. Aa型Ⅰ式（2004H11∶1） 2、3. Aa型Ⅱ式（2004H331∶12、2004T7137⑤∶20） 4. Ab型Ⅰ式（2005H133∶26）
5. Aa型Ⅲ式（2004T7237⑤∶5） 6. Ab型Ⅱ式（2004J2③∶17） 7. B型Ⅰ式（2005H90∶1）
8. B型Ⅱ式（2005H207∶59） 9. C型（2005H206∶106）

Ⅰ式：口径与肩径之差较明显，肩较阔。标本2005H90：1（图3-161，7）。

Ⅱ式：口径与肩径较为接近，窄肩。标本2005H207：59（图3-161，8）。

C型　敞口，斜直腹。标本2005H206：106（图3-161，9）。

15. 器盖

根据盖壁特征，分为三型。

A型　折壁，一般为菌形纽，盘壁斜直或下部外曲。根据形体大小，分两亚型。

Aa型　大型器盖。分两式。

Ⅰ式：器壁与顶部转折明显，盖腹较深。标本2004H19：92（图3-162，1）。

Ⅱ式：器壁与顶部转折较圆缓，口部外张较甚，盖腹变浅。标本2005H90：13（图3-162，2）。

Ab型　小型器盖。分两式。

Ⅰ式：折壁明显，稍深。标本2005H166：17（图3-162，3）。

Ⅱ式：盖壁转折不明显，略浅。标本2005H15：12（图3-162，4）。

B型　弧壁，桥形纽。标本2004H90：20（图3-162，5）。

C型　口径略小，折壁，隆顶，兼具上述两型特点。标本2005H116：1（图3-162，6），2004H379：15（图3-162，7）。

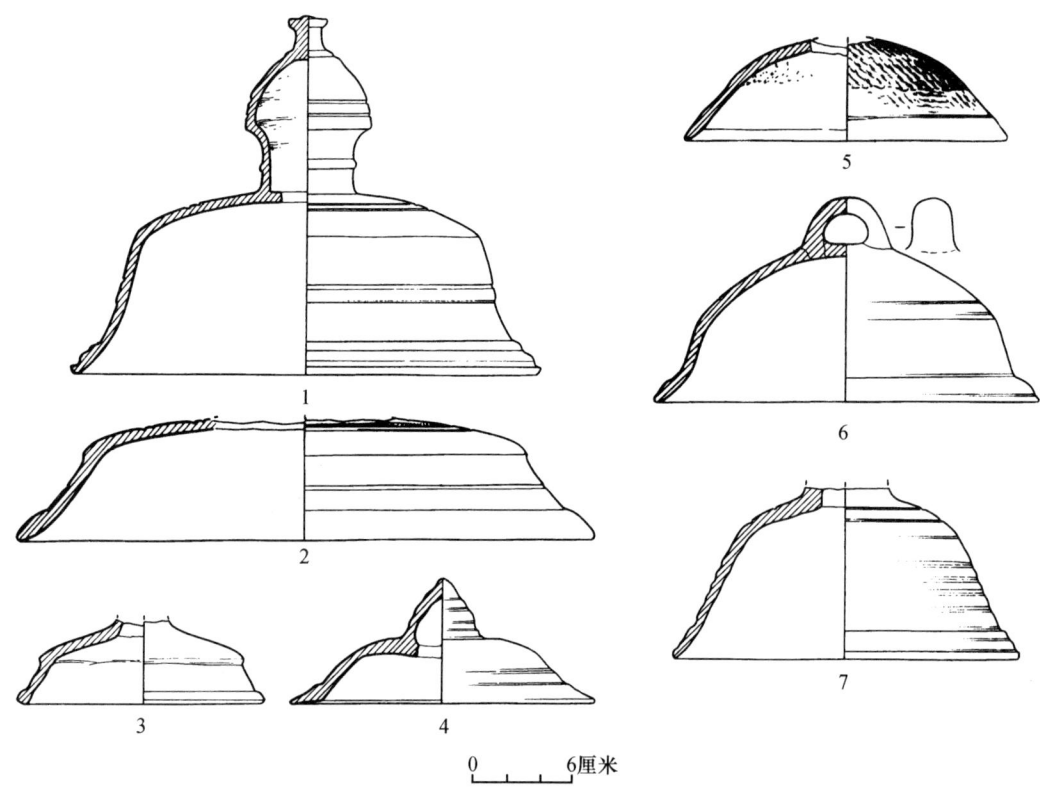

图3-162　南洼遗址二里头文化器盖型式划分

1. Aa型Ⅰ式（2004H19：92）　2. Aa型Ⅱ式（2005H90：13）　3. Ab型Ⅰ式（2005H166：17）　4. Ab型Ⅱ式（2005H15：12）
5. B型（2004H90：20）　6、7. C型（2005H116：1、2004H379：15）

16. 敛口罐

根据沿部特征，分为两型。

A 型 折沿，通体宽矮或瘦长。分三式。

Ⅰ式：宽沿，饰篮纹或方格纹。标本 2005T7642⑤：2（图3-163，1）。

Ⅱ式：宽沿，上腹或有细密轮修痕，下腹饰绳纹。标本 2005H9：1（图3-163，2），2005H16：1（图3-163，3）。

Ⅲ式：窄沿。上腹常见磨光或有凸凹弦纹。标本 2004M1：5（图3-163，4），2004H216：16（图3-163，5）。

B 型 卷沿。标本 2004H279：25（图3-163，6）。

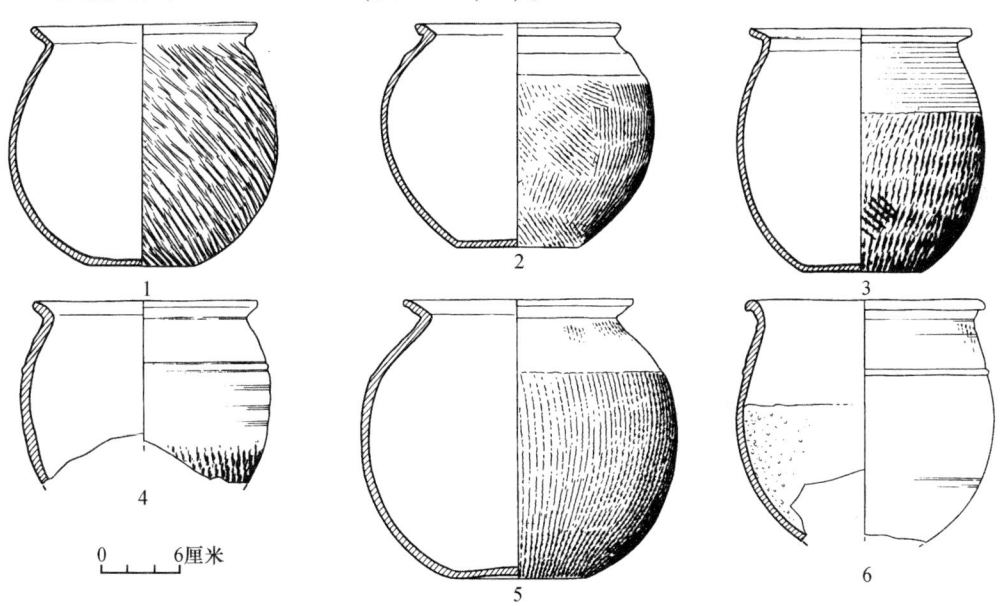

图 3-163 南洼遗址二里头文化敛口罐型式划分

1. A 型Ⅰ式（2005T7642⑤：2） 2. A 型Ⅱ式（2005H9：1） 3. A 型Ⅱ式（2005H16：1）
4、5. A 型Ⅲ式（2004M1：5、2004H216：16） 6. B 型（2004H279：25）

17. 捏口罐

根据领部有无，分为两型。

A 型 有领。分两式。

Ⅰ式：腹部较瘦高，高领或矮领。标本 2004H19：77（图3-164，1），2005H83：21（图3-164，2）。

Ⅱ式：腹部较肥鼓且略垂，矮领。标本 2005H207：1（图3-164，3）。

B 型 折沿或无领。标本 2004H216：21（图3-164，4）。

18. 觚

根据底部特征，分为两式。

Ⅰ式：底部外凸不明显。标本2004J1:13（图3-164,5）。

Ⅱ式：底部外凸明显。标本2004H19:194（图3-164,6）。

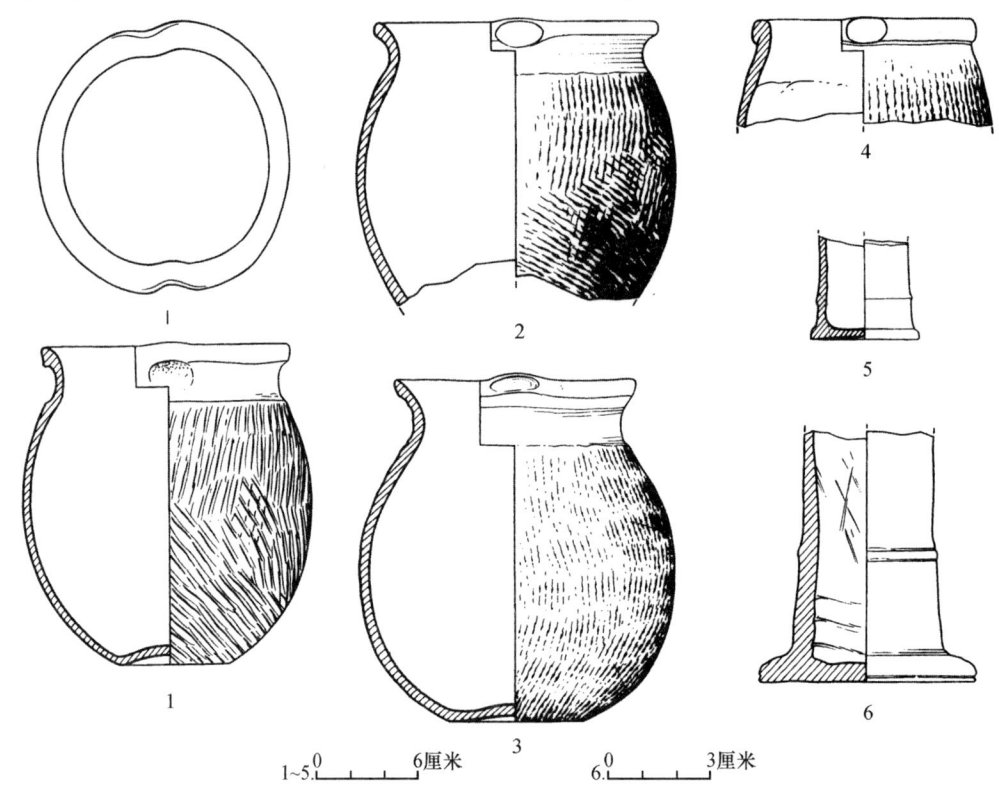

图3-164　南洼遗址二里头文化捏口罐、觚型式划分

1、2. A型Ⅰ式捏口罐（2004H19:77、2005H83:21）　3. A型Ⅱ式捏口罐（2005H207:1）

4. B型捏口罐（2004H216:21）　5. Ⅰ式觚（2004J1:13）　6. Ⅱ式觚（2004H19:194）

为较详细公布南洼遗址2004～2006年度的发掘资料，便于读者研读，我们将出土陶器分为两部分予以公布。首先详细介绍"典型单位"所出陶器，然后介绍"非典型单位"所出陶器。此处所谓"典型单位"，即田野工作中层位清晰，出土器类比较丰富，对于探讨文化分期、聚落布局及社会内涵等有重要意义的单位。其他即"一般单位"，择要予以介绍。

（三）典型单位出土陶器

我们以年度、分区和探方编号为序，按单位介绍各典型单位所出陶器。考虑到行文简洁与层次清晰的需要，只在各遗迹单位标题前冠以发掘年度、遗址分区和探方编号，其后器类与标本介绍中只出现发掘年度、单位编号与标本序号，各遗迹单位编号在特定年度中具有唯一性，不受分区与探方编号影响。此外，各标本尺寸计量单位为厘米，仅在最后一项数据后标出。

2004ⅠT6640H90

深腹罐

Ab型Ⅱ式　标本2004H90:32，夹砂红褐陶。折沿，沿面有一周凹槽，方唇，唇缘凸出，唇面略凹，鼓腹，中腹以下缺失。腹饰竖向绳纹。口径20、残高4.5厘米（图3-165，2）。

Ab型Ⅲ式　标本2004H90:13，夹砂黑皮陶，暗红胎。唇面有一周凹槽，中腹以下残。上腹有较宽绳纹抹平带，其下饰竖向绳纹。口径21、残高9厘米（图3-165，1）。

Ac型Ⅰ式　标本2004H90:26，夹砂灰陶。尖圆唇，沿背圆鼓，腹微鼓。中腹以下残。上腹近口处素面，有数周细密轮修痕，其下饰斜向绳纹。口径22、残高6厘米（图3-165，3）。

C型Ⅱ式　标本2004H90:19，夹砂黑皮陶，黄褐胎。矮领微束，外侧呈卷沿，内侧有折棱。圆唇外凸，沿面略凹。中腹以下残。领部素面，其下饰斜向绳纹。口径20.6、残高6.3厘米（图3-165，4）。

圆腹罐

A型Ⅱ式　标本2004H90:14，夹砂黑皮陶，局部黄褐色，褐胎。敛口，仰折沿，圆唇，腹较圆鼓，下腹及底残。上腹饰竖向绳纹。口径16.2、腹径15.6、残高6.9厘米（图3-165，6）。

Ca型Ⅱ式　标本2004H90:40，夹砂灰陶。侈口，卷沿，尖唇，腹及底残。口外饰一周花边，领部素面。口径11.5、残高2.9厘米（图3-165，5）。

Cb型Ⅱ式　标本2004H90:22，夹砂深灰陶。侈口，卷沿，尖唇，腹及底残。口外侧饰一周凸棱及两个舌形小錾，领部素面，上腹残见斜向绳纹。口径13、残高4.9厘米（图3-165，7）。

Cb型Ⅲ式　标本2004H90:16，夹砂褐陶，局部灰黑色。侈口，口部外侧有一周凹槽及凸棱，尖圆唇，领较斜直，圆鼓腹，下腹及底部缺失。领及上腹素面，其下饰斜向绳纹，腹内壁有麻点。口径18、腹径20、残高7.6厘米（图3-165，8）。

Cc型Ⅱ式　标本2004H90:24，夹砂灰陶。侈口，斜方唇，腹壁微鼓，下腹及底部缺失。领部素面，上腹饰斜向绳。口径13、残高5厘米（图3-165，9）。

甑　D型　标本2004H90:12，夹砂黑皮陶，局部浅灰色，青灰胎。侈口，圆唇，唇缘外凸，斜直壁，底部缺失。口外素面，腹饰竖向绳纹。口径32、残高12厘米（图3-165，10）。

刻槽盆　A型Ⅳ式　标本2004H90:17，泥质黑皮陶，暗红胎。仰卷沿，圆唇，腹微鼓，下腹及底部缺失。腹饰斜向绳纹，内壁残见较细刻槽。口径18.4、残高6.2厘米（图3-165，11）。

深腹盆

A型Ⅱ式　标本2004H90:8，泥质夹少量细砂，青灰陶。侈口，仰折沿，方唇，腹壁较斜直，底部缺失。口外有绳纹被抹痕迹，上腹饰斜向绳纹，下腹残见交错绳纹。口径31、残高11.4厘米（图3-165，12）。

A型Ⅲ式　标本2004H90:10，泥质夹少量细砂，深灰陶。直口微敛，平折沿，沿面内凹，尖圆唇，腹壁较斜直，下腹及底部缺失。上腹素面，有两周凹槽，下腹饰斜向绳纹。口径24、残高6.8厘米（图3-166，1）。

Ca型　标本2004H90:9，泥质灰黑陶，暗红色胎，胎芯为浅灰色。圆唇，敞口，卷沿，鼓肩，腹及底部缺失。素面，肩领交界处形成一周凸棱，中腹有少量绳纹痕迹。口径30、残高6.1厘米（图3-166，2）。

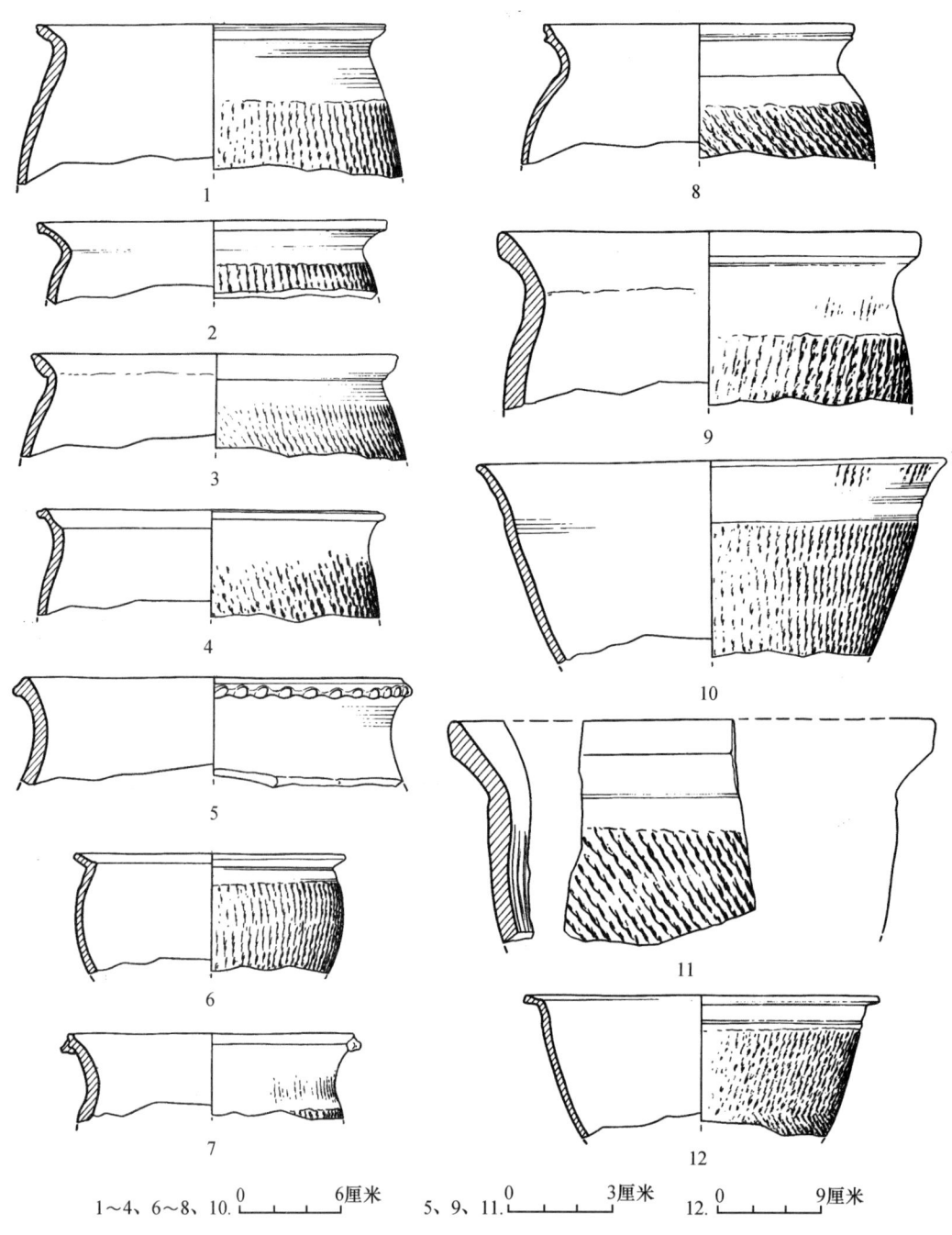

图 3-165　2004ⅠT6640H90 出土陶器（一）

1. Ab 型Ⅲ式深腹罐（2004H90:13）　2. Ab 型Ⅱ式深腹罐（2004H90:32）　3. Ac 型Ⅰ式深腹罐（2004H90:26）
4. C 型Ⅰ式深腹罐（2004H90:19）　5. Ca 型Ⅱ式深腹罐（2004H90:40）　6. A 型Ⅱ式圆腹罐（2004H90:14）
7. Cb 型Ⅱ式圆腹罐（2004H90:22）　8. Cb 型Ⅲ式圆腹罐（2004H90:16）　9. Cc 型Ⅱ式圆腹罐（2004H90:24）
10. D 型甑（2004H90:12）　11. A 型Ⅳ式刻槽盆（2004H90:17）　12. A 型Ⅱ式盆（2004H90:8）

豆盘　Ba型　标本2004H90:30，泥质黑皮陶，暗红胎。尖圆唇，侈口，平折沿，沿面内侧有一周凹槽，浅腹，豆柄缺失。口径16、残高3.6厘米（图3-166，3）。

小口尊

A型　标本2004H90:34，泥质黑皮陶，青灰胎。侈口，卷沿，圆唇，唇缘外凸，高领，肩部以下缺失。素面，领中下部饰一周凸棱。口径16、残高3.6厘米（图3-166，4）。

B型　标本2004H90:31，泥质黑皮陶，青灰胎。敛口，口外侧略凸，尖圆唇，矮领，肩部以下缺失。领肩交界处饰一周凹槽。口径19、残高5.1厘米（图3-166，6）。标本2004H90:15，泥质深灰陶，浅灰胎。敛口，斜方唇，矮领，肩部以下缺失。唇面有一周细弦纹，肩部饰一周细弦纹。口径17.6、残高5厘米（图3-166，7）。

大口尊　标本2004H90:11，泥质夹少量细砂，灰黑陶，局部黄褐色。侈口，折沿下耷，方唇，高领，肩部以下缺失。领部饰一周凸棱，领肩交界处饰一周凹槽。口径32、残高7厘米（图3-166，8）。

器盖　B型　标本2004H90:20，泥质黑皮陶，陶胎暗红色。口部外张，圆唇，弧壁，纽部缺失。腹饰斜向绳纹，近口部有绳纹被抹痕。口径20、残高9.5厘米（图3-166，10）。

瓮　Bb型Ⅰ式　标本2004H90:18，泥质黑皮陶，陶胎暗红色。侈口，窄沿上仰，鼓腹，中腹以下残。腹饰竖向绳纹。口径16.4、残高5.4厘米（图3-166，9）。

袋足　标本2004H90:27，泥质浅灰陶，足根灰黑色。有刮削痕迹，应为盉足残片。残高4厘米（图3-166，5）。

网坠　A型　标本2004H90:1，泥质白陶，局部浅黄色。为长方体，不甚规整，顶面与底面各有两条凹槽，前后侧面各有一条凹槽。长4.1、宽2.5、高1.6厘米（图3-166，11）。

2004ⅠT6740③

深腹罐

Ab型Ⅱ式　标本2004ⅠT6740③:9，夹砂灰陶。敛口、折沿、方唇、弧腹，中腹以下残。腹饰较粗绳纹。口径18.4、残高3.6厘米（图3-167，5）。

Ac型Ⅰ式　标本2004ⅠT6740③:6，夹砂灰陶。敛口，折沿上仰，沿面微内凹，圆唇外鼓，弧腹，中腹以下缺失。上腹饰斜向绳纹。口径22.2、残高6厘米（图3-167，2）。标本2004ⅠT6740③:20，夹砂褐陶。折沿、圆唇外鼓，鼓腹，中腹以下残。口外有轮修痕，其下饰斜向绳纹。口径17.2、残高6.2厘米（图3-167，6）。

深腹盆

A型Ⅲ式　标本2004ⅠT6740③:11，夹砂灰黑陶。敞口、宽折沿、沿面微凹、斜方唇、上腹饰一对鸡冠耳。素面。口径28.2、残高4.6厘米（图3-167，1）。

B型Ⅱ式　标本2004ⅠT6740③:10，泥质灰黑陶。敞口、平折沿、圆唇、下腹以下均残。口内壁有一道凹槽，口外饰两道弦纹。口径23.6、残高2.2厘米（图3-167，3）。

小罐　标本2004ⅠT6740③:16，夹砂灰陶。敛口，尖圆唇外侧略鼓，肩部以下残。素面。口径12.6、残高3.3厘米（图3-167，4）。

2004 Ⅰ T6740H224

深腹罐 A型Ⅱ式 标本2004H224:2，夹砂浅灰陶。折沿圆唇，弧腹，中腹以下缺失。腹饰斜向绳纹。口径18.4、残高6.7厘米（图3-168,1）。

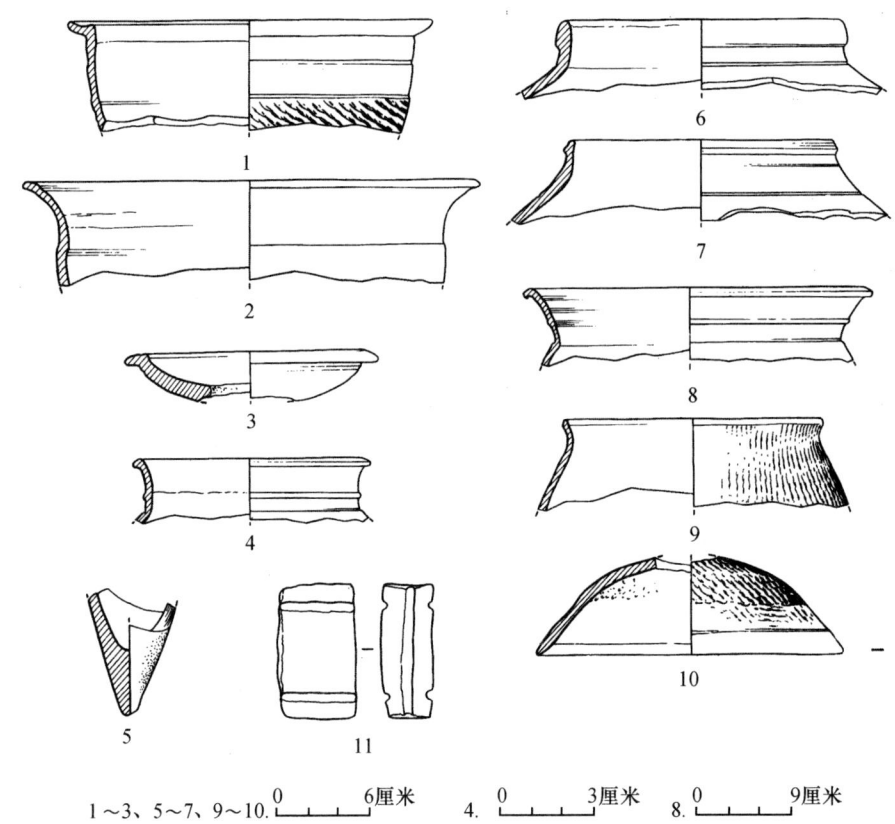

图3-166 2004ⅠT6640H90出土陶器（二）
1. A型Ⅲ式盆（2004H90:10） 2. Ca型盆（2004H90:9） 3. Ba型豆（2004H90:30） 4. A型小口尊（2004H90:34） 5. 袋足（2004H90:27） 6、7. B型小口尊（2004H90:31、2004H90:15） 8. 大口尊（2004H90:11） 9. Bb型Ⅰ式瓮（2004H90:18） 10. B型器盖（2004H90:20） 11. A型陶网坠（2004H90:1）

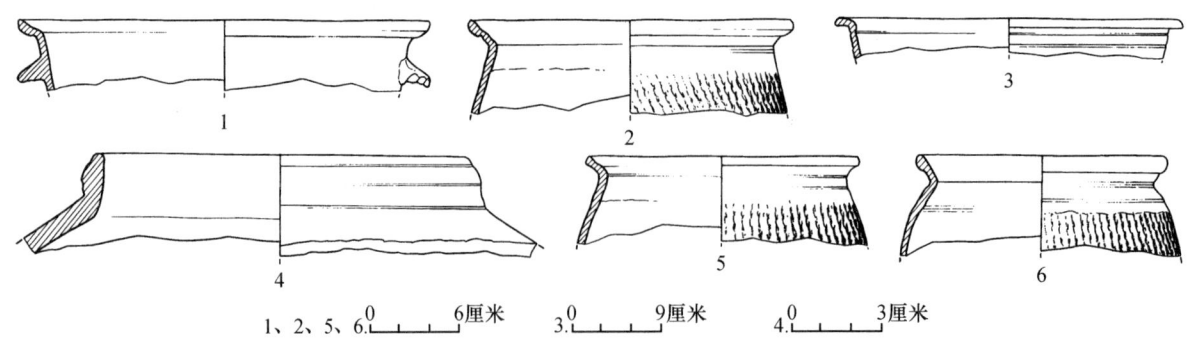

图3-167 2004ⅠT6740③出土陶器
1. A型Ⅲ式深腹盆（2004ⅠT6740③:11） 2. Ac型Ⅲ式深腹罐（2004ⅠT6740③:6） 3. B型Ⅱ式深腹盆（2004ⅠT6740③:10） 4. 小罐（2004ⅠT6740③:16） 5. Ab型Ⅱ式深腹罐（2004ⅠT6740③:9） 6. Ac型Ⅰ式深腹盆（2004ⅠT6740③:20）

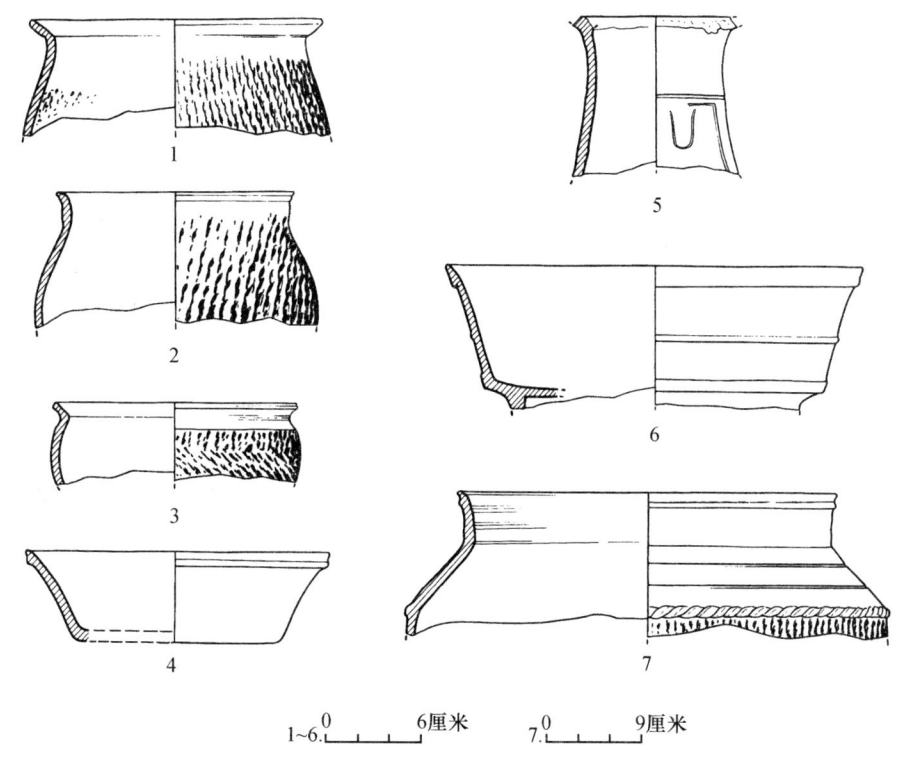

图 3-168　2004ⅠT6740H224 出土陶器

1. A 型Ⅱ式深腹罐（2004H224：2）　2. Cc 型Ⅱ式深腹罐（2004H224：8）　3. A 型Ⅱ式圆腹罐（2004H224：7）
4. A 型Ⅰ式平底盆（2004H224：4）　5. 豆（2004H224：5）　6. Ⅱ式三足盘（2004H224：6）　7. B 型Ⅰ式缸
（2004H224：1）

圆腹罐

A 型Ⅱ式　标本 2004H224：7，夹砂浅灰陶。仰折沿、方唇、圆鼓腹，下腹及底部缺失。上腹饰竖向绳纹。口径 15.4、残高 4.8 厘米（图 3-168，3）。

Cc 型Ⅱ式　标本 2004H224：8，夹砂浅灰陶。直口微侈、尖唇外凸、领部较矮、圆鼓腹，下腹及底部缺失。领部及上腹饰竖向绳纹。口径 15、残高 8.2 厘米（图 3-168，2）。

平底盆　A 型Ⅰ式　标本 2004H224：4，夹砂黑皮陶，陶胎暗红色。侈口，斜方唇，腹壁较斜直，底部有缺失。素面略磨光。口外侧饰一周凸棱。口径 19、高 5.6 厘米（图 3-168，4）。

豆柄　标本 2004H224：5，泥质黑皮陶，暗红胎。豆柄粗矮，圈足缺失。器表磨光，中部饰一周弦纹，弦纹下有刻划图案。残高 9.6 厘米（图 3-168，5）。

三足盘　Ⅱ式　标本 2004H224：6，泥质黑皮陶，暗红胎。侈口，尖唇，口外侧呈带状凸起，盘腹壁较斜直，平底，三足缺失。盘中腹饰一周凸棱。口径 26.4、底径 21.2、残高 8.5 厘米（图 3-168，6）。

缸　B 型Ⅰ式　标本 2004H224：1，泥质黑皮陶，陶胎暗红色，内壁局部红褐色。侈口，尖唇，领壁较斜直，肩部以下缺失。口外侧饰一周凸棱，领肩部素面，肩饰附加堆纹和绳纹。口径 36、肩径 45.3、残高 6.9 厘米（图 3-168，7）。

2004 I T6740H231

深腹罐 Ab型I式 标本2004H231:1，夹砂灰陶，局部褐色或灰黑色。敛口，仰折沿，方唇，腹壁微鼓，平底。上腹饰竖向绳纹，下腹及底部饰交错绳纹。口径21.5~26、腹径24~26.5、高32、底径7~9厘米（图3-169，1；图版九，1）。标本2004H231:2，夹砂浅灰陶，局部深灰色。敛口，仰折沿，方唇，腹壁微鼓，中腹以下缺失。上腹饰竖向绳纹，下腹饰交错绳纹。口径20、残高17.5厘米（图3-169，2）。标本2004H231:8，夹砂黑皮陶，局部红褐色，青灰胎。敛口，宽仰折沿，折棱凸出，沿面有一周凹槽，圆唇，唇上缘微凸，腹壁微鼓，下腹及底部缺失。口外素面，有篮纹被抹痕迹且略磨光，其下饰一周细弦纹及斜向篮纹，下腹饰交错篮纹。口径23、腹径28.5、残高20.8厘米（图3-170，1）。标本2004H231:4，夹砂浅灰陶。敛口，仰折沿，沿面近折沿处有三周弦纹，方唇，鼓腹，中腹以下缺失。腹饰交错篮纹。口径17、残高8.1厘米（图3-170，2）。

圆腹罐 Cc型II式 标本2004H231:11，夹砂黑皮陶，青灰胎。为口沿残片，仰折沿，沿面内外侧各有一周凹槽，圆唇，局部略方。口径26、残高1.8厘米（图3-170，3）。标本2004H231:6，夹砂褐陶，局部灰黑色。侈口，方唇、唇下缘不平整，领部较矮、鼓腹，下腹及底部缺失。上腹饰竖向绳纹。口径18、残高7.8厘米（图3-170，4）。

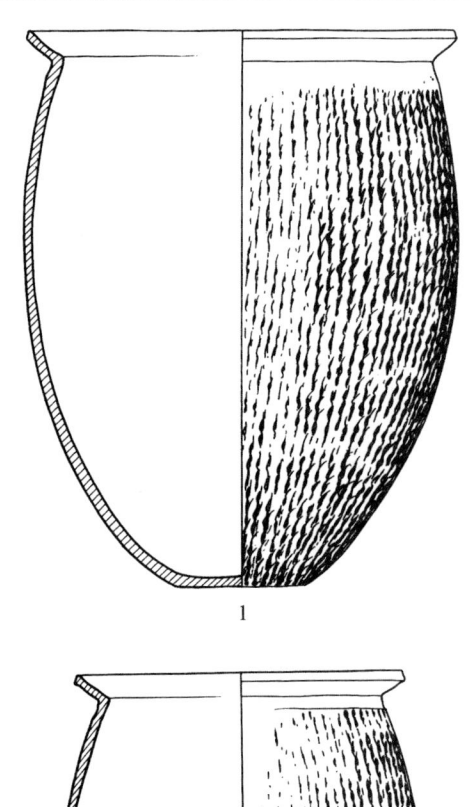

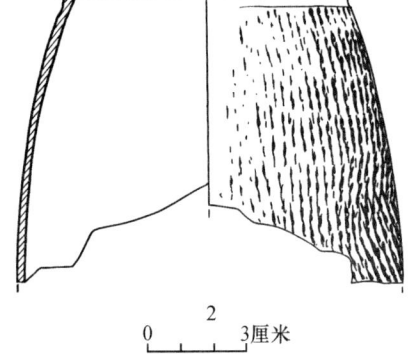

图3-169 2004 I T6740H231
出土深腹罐
1、2.Ab型I式（2004H231:1、2004H231:2）

豆盘 A型I式 标本2004H231:5，泥质黑皮陶，暗红胎。侈口，卷沿，尖圆唇，盘壁斜直，底近平，豆柄缺失。沿下部饰一周细弦纹，中腹饰一周凸棱。口径20、底径13.2、残高7厘米（图3-170，5）。

尊底 标本2004H231:7，夹砂红褐陶。下腹斜直，小平底。下腹近底处饰竖向篮纹，其下饰一周附加堆纹，底部外缘压印一周花边。底径10.2、残高5.1厘米（图3-170，6）。

高领罐 标本2004H231:3，夹砂黑皮陶，暗红胎。直口微侈，圆唇微凸，领部较高，肩以下缺失。领腹交界处有隐约斜向绳纹痕。口径13.4、残高7.4厘米（图3-170，7）。

2004 I T6741H236

深腹罐

Ab型II式 标本2004H236:4，夹砂灰黑陶。侈口，仰折沿，沿面微凹，斜方唇，腹微鼓，中

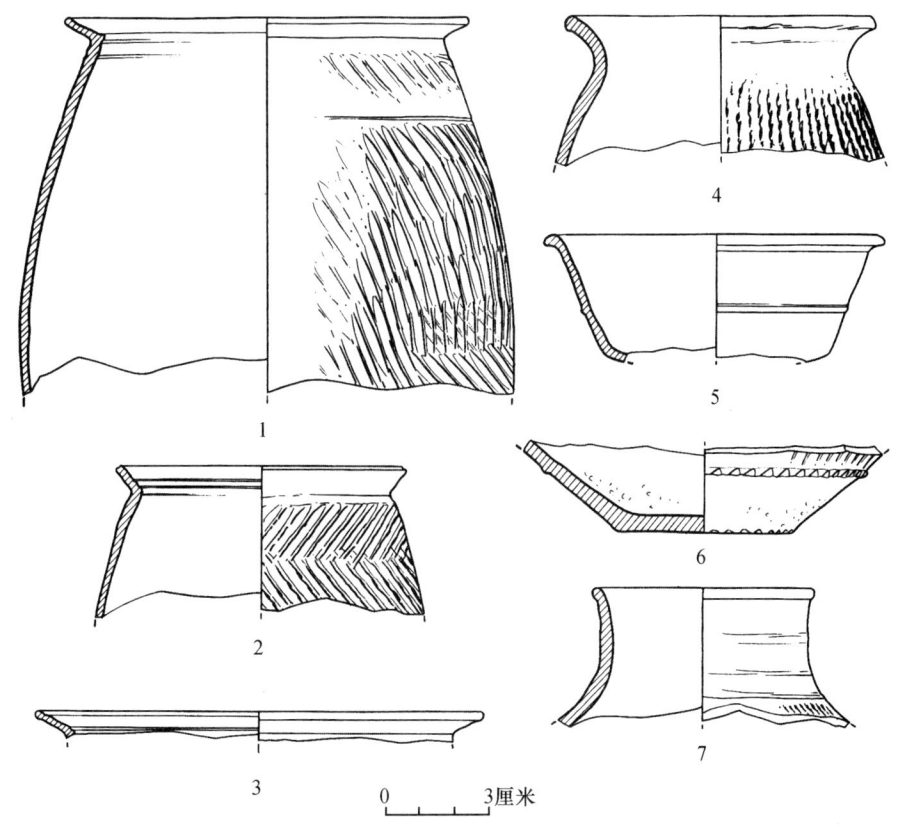

图 3-170　2004ⅠT6740H231 出土陶器

1、2. Ab 型Ⅰ式深腹罐（2004H231：8、2004H231：4）　3. Cc 型Ⅱ式圆腹罐（2004H231：11）
4. 圆腹罐（2004H231：6）　5. A 型Ⅰ式豆盘（2004H231：5）　6. 尊底（2004H231：7）
7. 高领罐（2004H231：3）

腹以下缺失。上腹饰斜向绳纹。口径 22.6、残 10.2 厘米（图 3-171，1）。

Ac 型Ⅰ式　标本 2004H236：10，夹砂红褐陶。口微敛，折沿，圆唇，腹微鼓，中腹以下缺失。腹饰竖向绳纹。口径 24、残高 7.2 厘米（图 3-171，5）。

圆腹罐

Ca 型Ⅱ式　标本 2004H236：12，夹砂灰黑陶。领部较高，侈口，尖圆唇，腹部以下缺失。口外饰一周花边，口径 16.2、残高 3.8 厘米（图 3-171，3）。

Cb 型Ⅱ式　标本 2004H236：5，夹砂灰黑陶。侈口，尖圆唇，领部较高，鼓腹，中腹以下缺失。领部近口沿处有小錾和一周凸棱，腹饰竖向绳纹，口径 14.6、残高 7 厘米（图 3-171，4）。

Cc 型Ⅱ式　标本 2004H236：15，夹砂灰陶。领部较高，侈口，尖圆唇，鼓腹，中腹以下缺失。领部有隐约绳纹痕，腹饰竖向绳纹。口径 20、残高 4.2 厘米（图 3-171，6）。

深腹盆

A 型Ⅳ式　标本 2004H236：13，夹砂灰陶。侈口，折沿微仰，圆唇，弧腹内收，底部缺失。腹饰交错绳纹。口径 37、残高 12.3 厘米（图 3-171，2）。

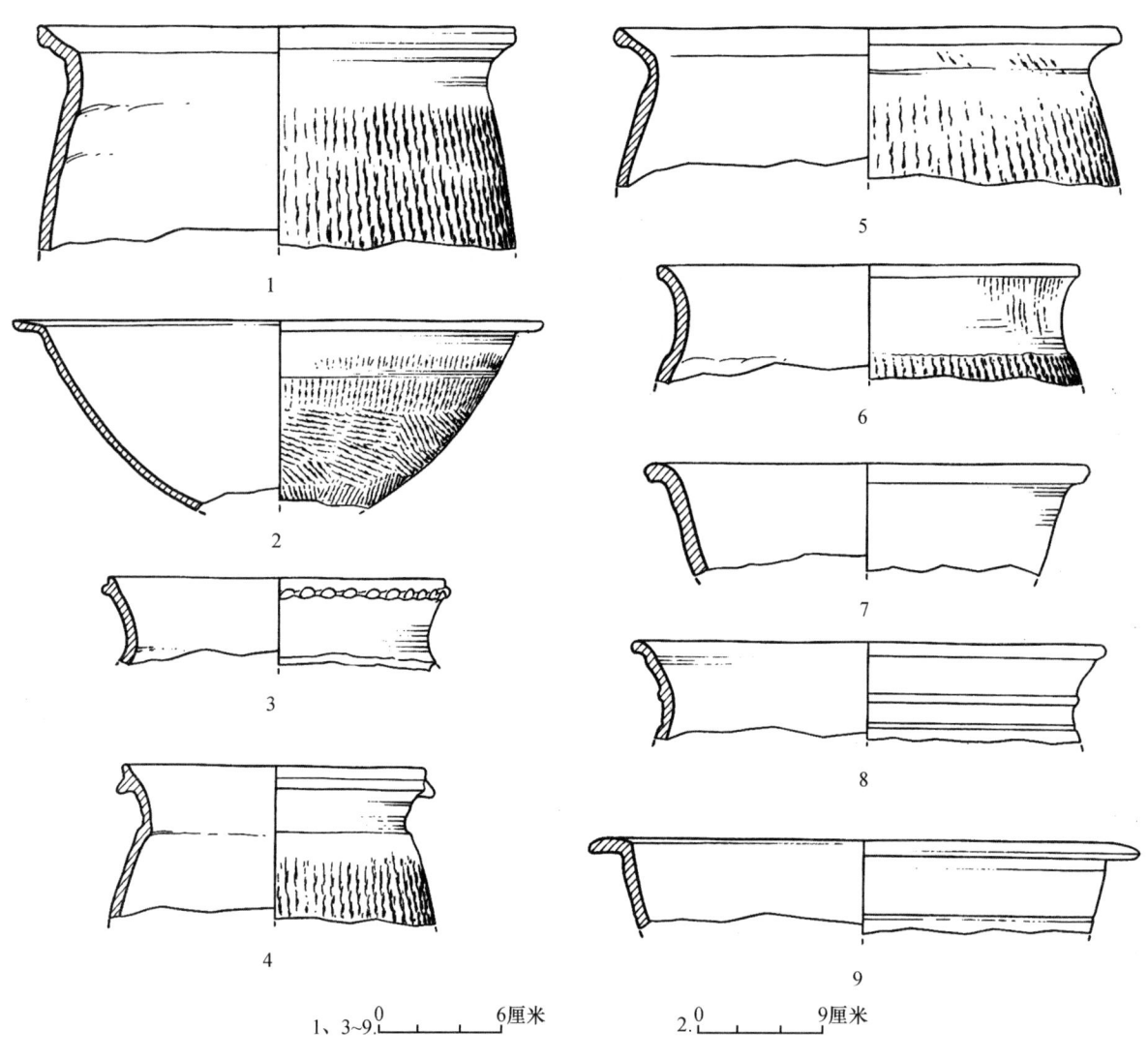

图 3-171　2004ⅠT6741H236 出土陶器

1. Ab 型Ⅱ式深腹罐（2004H236：4）　2. A 型Ⅳ式深腹盆（2004H236：13）　3. Ca 型Ⅱ式圆腹罐（2004H236：12）
4. Cb 型Ⅱ式圆腹罐（2004H236：5）　5. Ac 型Ⅰ式深腹罐（2004H236：10）　6. Cc 型Ⅱ式圆腹罐（2004H236：15）
7. A 型Ⅲ式豆（2004H236：8）　8. 大口尊（2004H236：6）　9. B 型Ⅱ式深腹盆（2004H236：2）

B 型Ⅱ式　标本 2004H236：2，泥质夹少量细砂，灰黑陶，胎呈灰褐色。侈口，平折沿，沿面圆鼓，尖圆唇，上腹微弧，中腹以下缺失。上腹有一周弦纹。口径 26、残高 4.3 厘米（图 3-171，9）。

豆　A 型Ⅲ式　标本 2004H236：8，泥质夹少量细砂，灰陶，局部褐色。侈口，卷沿上仰，圆唇，上腹壁斜直，中腹以下缺失。口径 21.2、残高 5.2 厘米（图 3-171，7）。

大口尊　标本 2004H236：6，泥质夹少量细砂，褐陶。侈口，圆唇，领部较高，肩部以下缺失。领部有一周凸棱。口径 22.6、残高 4.4 厘米（图 3-171，8）。

2004ⅠT6741H363

深腹罐　Ab 型Ⅱ式　标本 2004H363：15，夹砂灰黑陶，局部褐色，胎呈褐色。折沿上仰，沿面

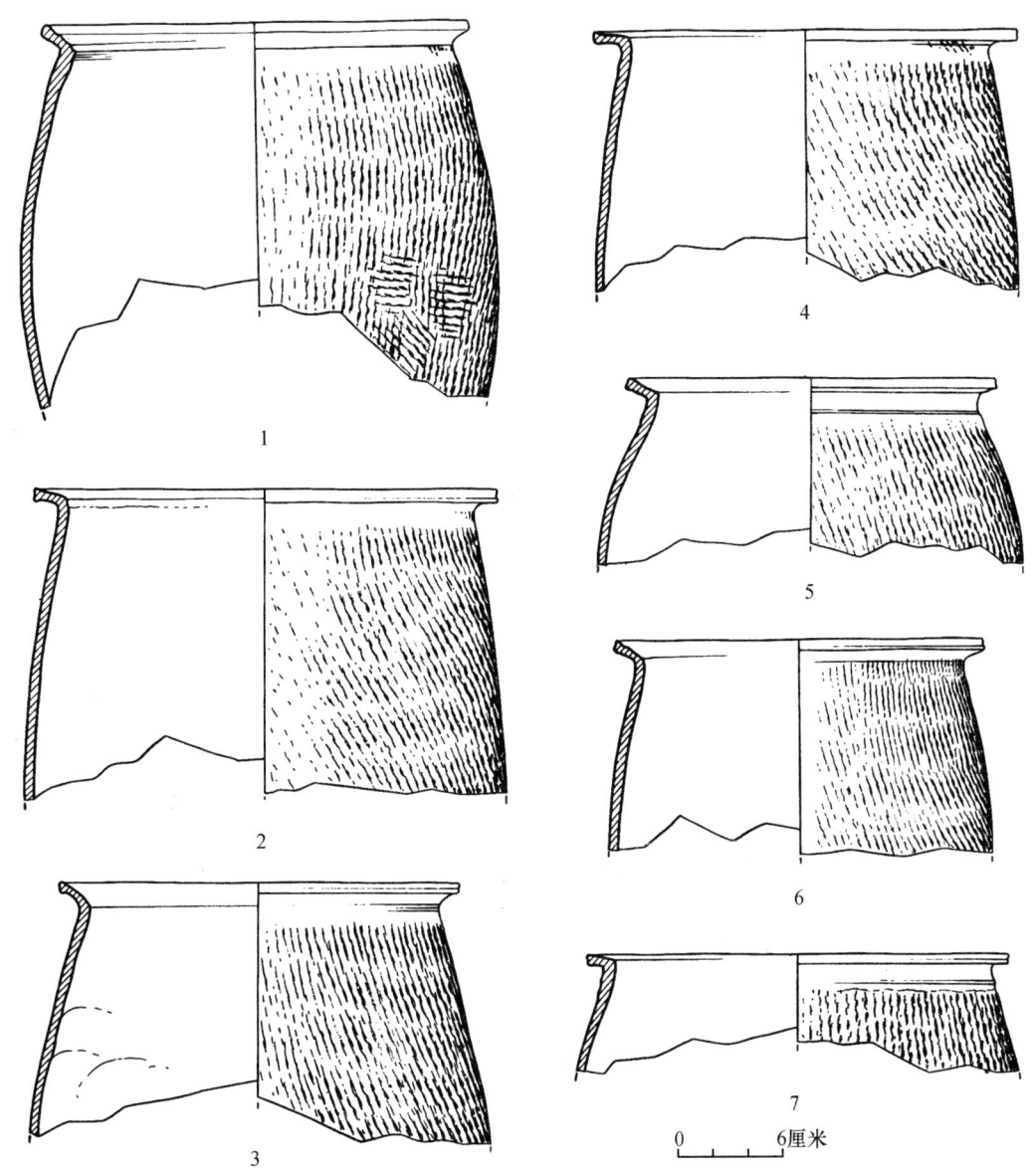

图 3-172 2004 I T6741H363 出土深腹罐

1~7. Ab 型 II 式（2004H363：15、2004H363：9、2004H363：21、2004H363：10、2004H363：11、2004H363：26、2004H363：24）

近折沿处有一周凹槽，方唇，腹微鼓，中腹以下缺失。上腹饰竖向绳纹，下腹饰交错绳纹。口径24、腹径26.4、残高20.4厘米（图3-172，1）。标本2004H363：9，夹砂灰陶，胎呈深灰色。折沿近平，方唇，唇面微凹，唇缘微凸，腹壁近直微鼓，中腹以下缺失。沿外侧及腹近口处有绳纹被抹痕，腹饰斜向绳纹。口径26、残高16.9厘米（图3-172，2）。标本2004H363：21，夹砂灰黑陶，局部褐色，胎呈红褐色。折沿上仰，方唇，唇面有一周凹槽，鼓腹，中腹以下缺失。腹饰斜向绳纹。口径22、残高14厘米（图3-172，3）。标本2004H363：10，夹砂深灰陶，局部褐色，胎呈红褐色。口部微侈，折沿近平，方唇，唇面有一周不太规则的凹槽，腹微鼓，中腹以下缺失。口外饰竖向绳纹，腹饰斜向绳纹，上腹残留有红烧土痕迹。口径24、残高13.8厘米（图3-172，4）。标本

2004H363：11，夹砂灰黑陶，胎呈红褐色。仰折沿，方唇，唇面微凹，鼓腹，中腹以下缺失。腹饰斜向绳纹。口径21、腹径25、残高9.8厘米（图3-172，5）。标本2004H363：26，夹砂灰陶，内壁局部呈褐色。折沿微仰，方唇，唇面有一周浅凹槽，唇上缘微凸，腹微鼓，中腹以下缺失。口外饰竖向绳纹，腹饰斜向绳纹。口径21、残高10.4厘米（图3-172，6）。标本2004H363：24，夹砂灰黑陶，胎呈红褐色。敛口，折沿近平，方唇，唇面微凹，腹微鼓，中腹以下缺失。上腹饰斜向绳纹。口径24、残高6.1厘米（图3-172，7）。标本2004H363：23，夹砂灰陶，局部褐色，胎呈浅灰色。折沿上仰，圆唇，唇面有一周凹槽，唇上缘凸起，腹微鼓，中腹以下缺失。腹饰竖向绳纹。口径19.6、腹径20.6、残高7.6厘米（图3-173，1）。标本2004H363：38，夹砂灰黑陶，胎呈浅灰色。侈口，折沿近平，方唇，唇面微凹，腹微鼓，中腹以下缺失。腹饰竖向绳纹。口径23、残高5.1厘米（图3-173，2）。

圆腹罐

A型Ⅱ式　标本2004H363：48，夹砂灰陶。折沿上仰，圆唇，腹圆鼓，平底，中腹缺失。腹饰方格纹。口径16、腹径18、底径8、复原高度18厘米（图3-173，3）。

Ca型Ⅱ式　标本2004H363：18，夹砂灰黑陶。领部较高近直，圆唇，侈口，腹微鼓，中腹以下缺失。领部有鸡冠鋬和一周花边，领部有隐约绳纹痕，腹饰竖向绳纹。口径13.5、腹径14.7、残高7.4厘米（图3-173，4）。标本2004H363：16，夹砂灰黑陶，局部褐色。领部较高近直，尖圆唇，腹微鼓，中腹以下缺失。领部饰一周花边，腹饰竖向绳纹。口径12厘米、腹径13.3、残高7.4厘米（图3-173，5）。标本2004H363：17，夹砂灰黑陶，胎呈浅灰色。领部较高近直，尖圆唇，侈口，腹微鼓，中腹以下缺失。领部有一周花边和隐约绳纹痕，腹饰竖向绳纹。口径16、腹径20、残高14.2厘米（图3-173，6）。标本2004H363：57，夹砂灰陶，胎呈褐色。领部近直稍矮，侈口，尖圆唇，腹微鼓，中腹以下缺失。领部有一周花边，腹饰竖向绳纹。口径18.4、残高6.4厘米（图3-173，7）。标本2004H363：27，夹砂灰黑陶，胎呈灰褐色。领部较高近直，侈口，尖唇，腹微鼓，中腹以下缺失。口外饰一周花边，腹饰斜向绳纹。口径16、残高5.7厘米（图3-173，8）。标本2004H363：22，夹砂灰陶。领部较高近直，口微侈，尖圆唇，腹部缺失。口外有一周花边，口径16、残高5.3厘米（图3-174，1）。

Cb型Ⅱ式　标本2004H363：45，夹砂灰陶。侈口，尖圆唇，口部内侧有一周凹槽，外侧有一周凸棱，腹微鼓，中腹以下缺失。腹饰斜向绳纹。口径16、残高5.6厘米（图3-174，3）。标本2004H363：46，夹砂灰陶，胎呈红褐色。尖圆唇，侈口，口外饰一周凸棱，领部较高，腹微鼓，腹部缺失。口径14、残高4.4厘米（图3-174，4）。

甑　A型Ⅱ式　标本2004H363：13，夹砂灰黑陶。折沿微仰，侈口，方唇，唇面微凹，唇下缘微凸，弧腹微鼓，底部仅见一圆形甑孔局部，其余部分缺失。上腹有鸡冠耳及竖向绳纹，下腹饰交错绳纹。口径24、残高13.7厘米（图3-174，2）。

刻槽盆　A型Ⅰ式　标本2004H363：31，夹砂灰黑陶，胎呈红褐色。直口，圆唇外鼓，鼓腹，平底。上腹饰竖向绳纹，下腹饰交错绳纹，底部素面，内壁有竖向刻槽，刻槽略浅细。口径15、腹径15.4、高3.1厘米（图3-174，5）。

深腹盆　A型Ⅱ式　标本2004H363：28，夹砂红褐陶。口微侈，折沿近平，方唇，唇面微凹，

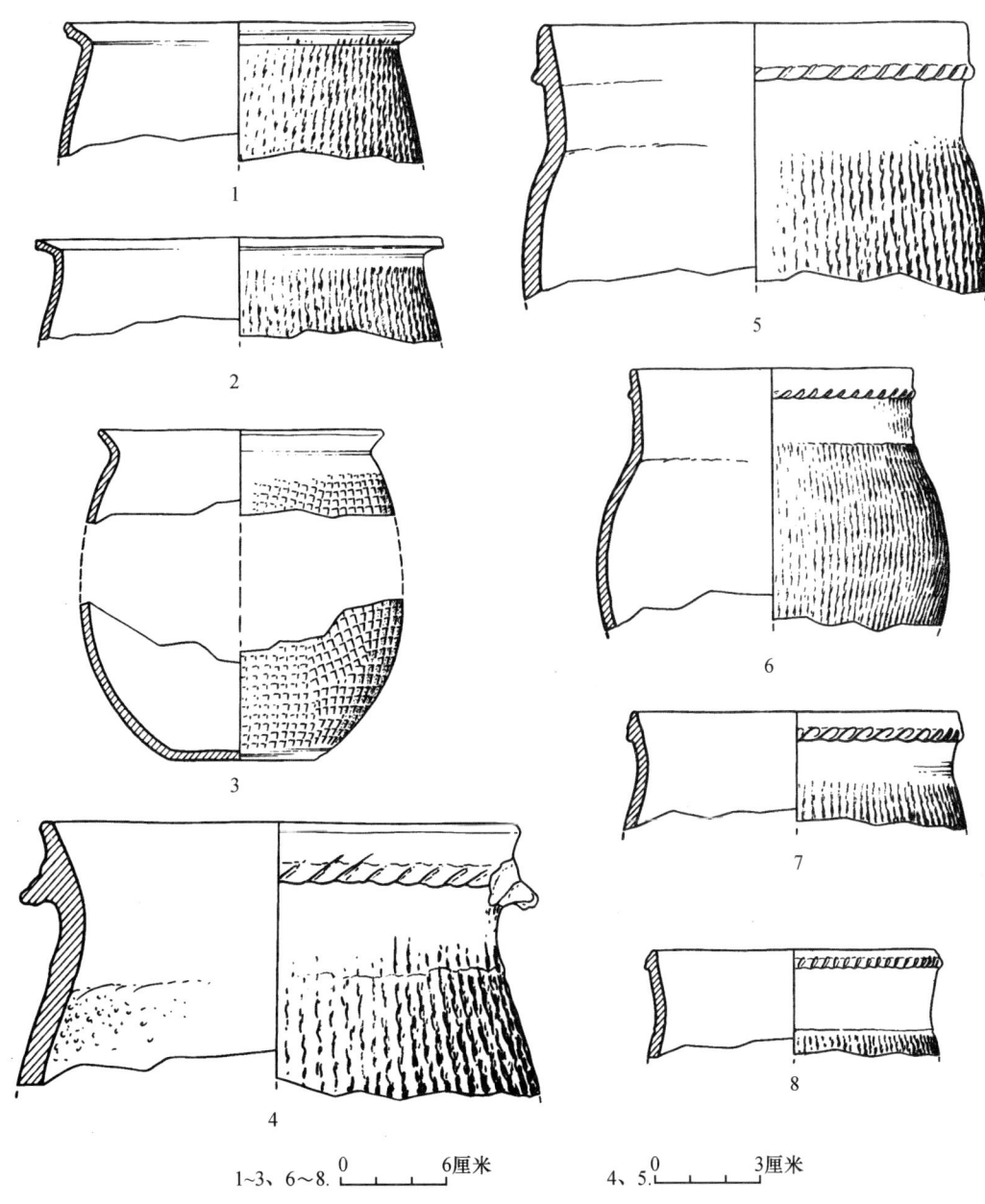

图 3-173　2004ⅠT6741H363 出土陶罐

1~3. Ab 型Ⅱ式深腹罐（2004H363:23、2004H363:38、2004H363:48）　4~8. Ca 型Ⅱ式圆腹罐（2004H363:18、2004H363:16、2004H363:17、2004H363:57、2004H363:27）

腹壁近直微鼓，中腹以下缺失。上腹素面，中腹饰竖向绳纹。口径 17、残高 6 厘米（图 3-174，6）。标本 2004H363:59，泥质夹少量细砂，黑皮陶，胎呈红褐色。素面，口部微敛，仰折沿，方唇，腹壁较斜直，腹部缺失。口径 34、残高 2.3 厘米（图 3-174，7）。标本 2004H363:12，夹砂黑皮陶，胎呈红褐色。侈口，折沿微仰，方唇，唇下缘凸起，上腹斜直，中腹以下缺失。素面。口径 30、残高 3.7 厘米（图 3-174，8）。

圈足盘　A 型　标本 2004H363:29，泥质灰陶。口微侈，卷沿，沿面圆鼓，尖圆唇，腹壁近直

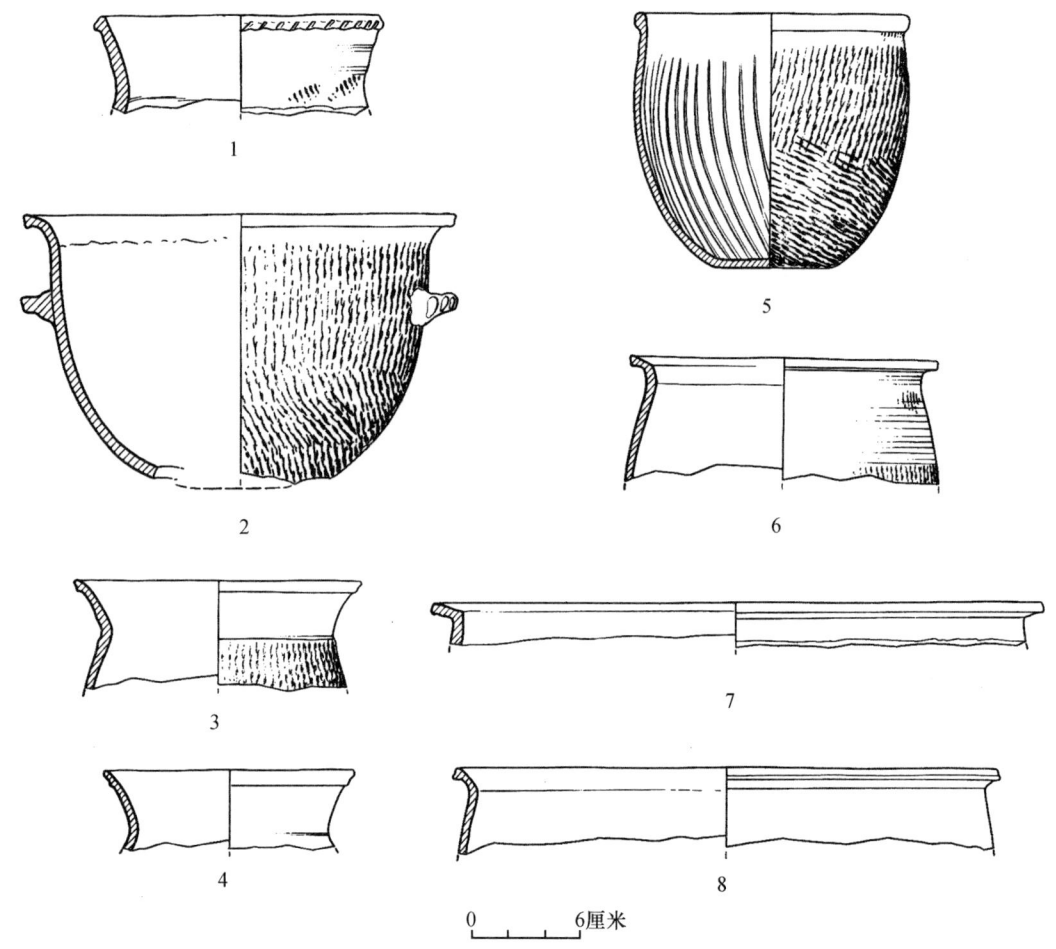

图 3-174 2004ⅠT6741H363 出土陶器（一）
1. Ca 型Ⅱ式圆腹罐（2004H363∶22） 2. A 型Ⅱ式甑（2004H363∶13） 3、4. Cb 型Ⅱ式圆腹罐（2004H363∶45、2004H363∶46） 5. A 型Ⅰ式刻槽盆（2004H363∶31） 6. A 型Ⅱ式深腹盆（2004H363∶28）
7、8. A 型Ⅱ式深腹盆（2004H363∶59、2004H363∶12）

微斜，底部及足缺失。素面，盘腹中部有三周弦纹。口径 19.2、残高 6.7 厘米（图 3-175，1）。

豆

A 型Ⅱ式　标本 2004H363∶20，泥质夹少量细砂，灰陶。敞口，卷沿，沿面圆鼓，尖圆唇，腹壁斜直，底部及柄缺失。豆盘饰一周浅弦纹。口径 20.6、残高 6.5 厘米（图 3-175，2）。

A 型Ⅲ式　标本 2004H363∶34，泥质夹少量细砂，外壁呈褐色，内壁呈黑色，胎呈红褐色。侈口，卷沿微弇，尖圆唇，弧腹，底部近平，底部及柄缺失。素面，盘腹有两周凸弦纹。口径 16.6、残高 10.1 厘米（图 3-175，3）。

鬶　标本 2004H363∶1，泥质夹细砂白陶。口部及鋬残，束腰，空袋足较长。裆部上方饰三个泥钉及一周楔点纹。残高 20.4 厘米（图 3-175，4）。

小口尊

A 型　标本 2004H363∶51，泥质灰陶。胎呈黄褐色。仅余领部。领部较高，侈口，尖圆唇。素

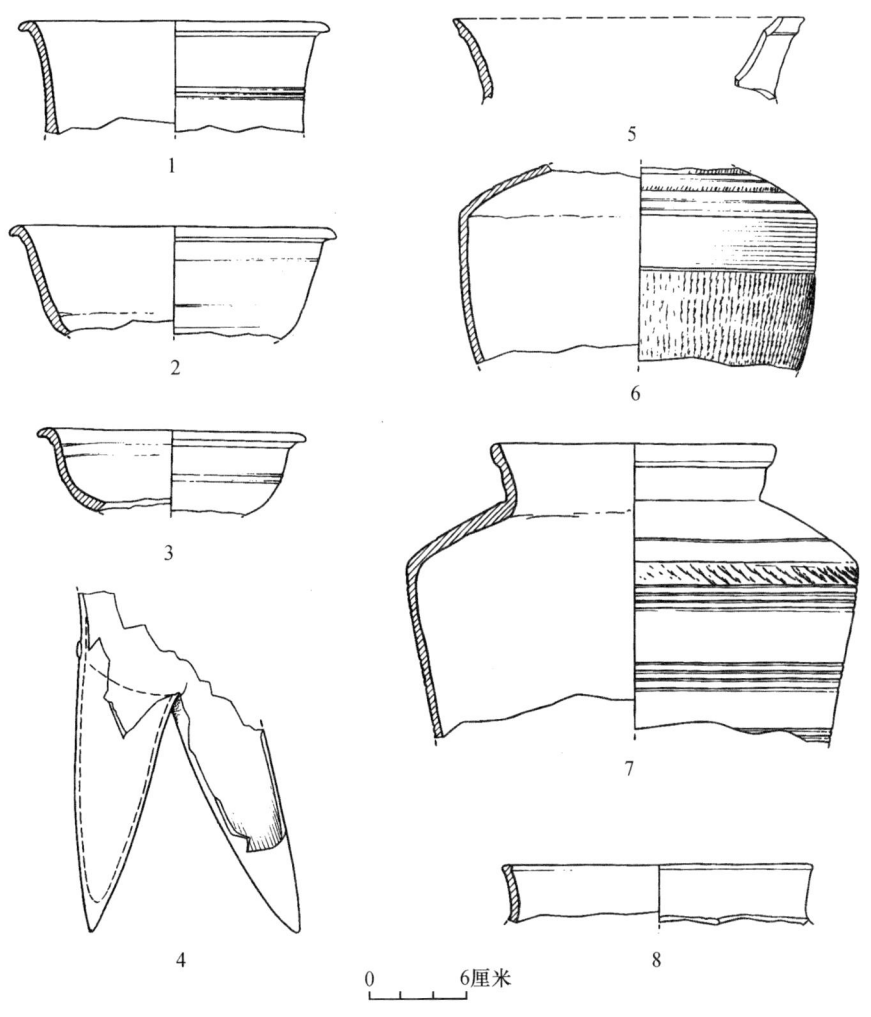

图 3-175　2004ⅠT6741H363 出土陶器（二）
1. A 型圈足盘（2004H363：29）　2. A 型Ⅱ式豆（2004H363：20）　3. A 型Ⅲ式豆（2004H363：34）
4. 鬶（2004H363：1）　5. A 型小口尊（2004H363：51）　6、7. Ab 型小口尊（2004H363：43、
2004H363：4）　8. A 型小口尊（2004H363：47）

面，口外侧有一周凸棱。残高 4.5 厘米（图 3-175，5）。标本 2004H363：47，泥质有少量细砂，灰陶，胎呈青灰色。仅余领部。领部近直，口微侈，方唇，唇内缘微凸，领部以下缺失。素面。口径 19.4、残高 3.5 厘米（图 3-175，8）。

Aa 型　标本 2004H363：43，夹砂灰黑陶，局部红褐色，胎呈红褐色。领部缺失，折肩，腹壁近直微鼓，下腹缺失。肩部现存四周弦纹及两周指甲纹，上腹饰弦纹和竖向绳纹。肩径 22.6、残高 12.3 厘米（图 3-175，6）。标本 2004H363：4，泥质黑皮陶，胎呈红色。圆唇外鼓，领部斜直，折肩，下腹缺失。肩部饰一周弦纹，腹部现存一周绳纹及三组弦纹。口径 16、肩径 28.4、残高 17.2 厘米。（图 3-175，7）。标本 2004H363：41，夹砂灰陶，局部黄褐色，胎呈黄褐色。折肩，腹微鼓，领部及下腹缺失。腹饰竖向绳纹。肩径 28、残高 14.1 厘米（图 3-176，1）。

B 型　标本 2004H363：35，泥质夹少量细砂，灰黑陶，胎呈灰褐色。敛口，圆唇外鼓，斜肩，

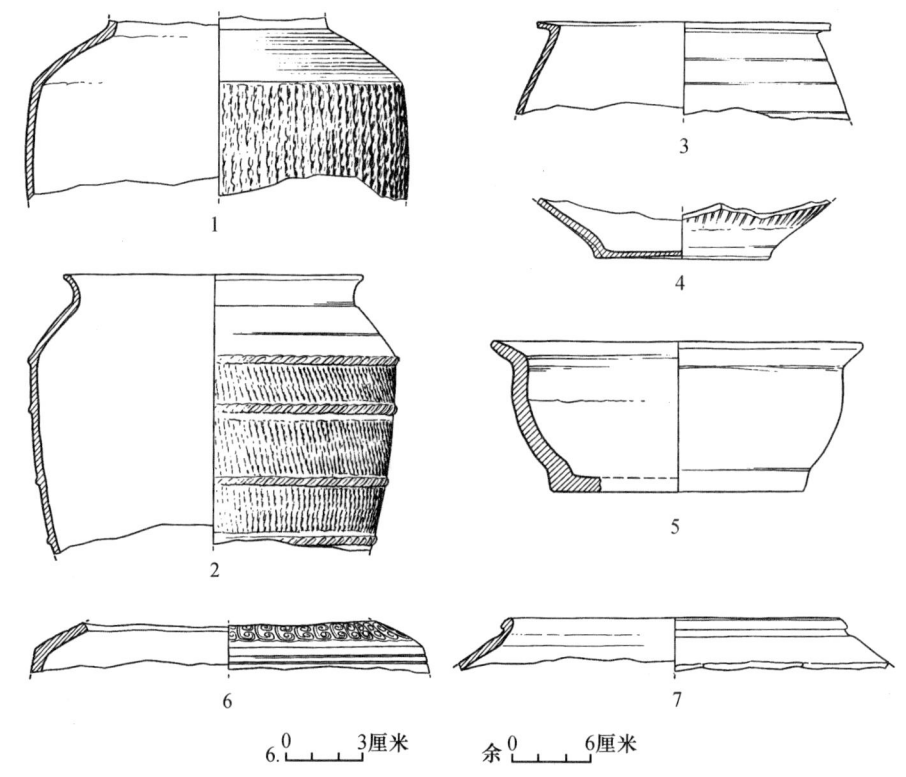

图 3-176　2004ⅠT6741H363 出土陶器（三）
1. Ab 型小口尊（2004H363：41）　2. B 型Ⅰ式缸（2004H363：8）　3. A 型Ⅱ式敛口罐（2004H363：25）
4. 瓮底（2004H363：54）　5. 盂（2004H363：19）　6. 瓮（2004H363：63）
7. B 小口尊（2004H363：35）

肩部以下缺失。口径26、残高4厘米（图3-176，7）。

瓮　标本2004H363：63，泥质夹少量细砂，灰黑陶，胎呈浅灰色。肩部饰一周卷云纹，上腹近折肩处饰两周弦纹。折肩，腹微鼓，口部及中腹以下缺失。肩径45、残高7.2厘米（图3-176，6）。

瓮底　标本2004H363：54，泥质夹少量细砂，外壁呈灰色，内壁灰白色。小平底微凹，从残片断面看，小平底似是从外面与下腹套接而成。下腹饰斜向篮纹。底径13、残高3.4厘米（图3-176，4）。

缸　B型Ⅰ式　标本2004H363：8，泥质灰陶。局部黄褐色。侈口，卷沿，方唇，矮领，折肩，腹壁较斜直，下腹缺失。肩部饰一周弦纹，肩腹交界处饰一周附加堆纹，其下残见三周附加堆纹及斜向绳纹。口径34、肩径42、残高30厘米（图3-176，2）。

盂　标本2004H363：19，泥质夹少量细砂，灰黑陶，胎呈浅灰色。侈口，折沿上仰，尖圆唇，腹微鼓，底部近平。素面。口径14、底径10、高5.7厘米（图3-176，5）。

敛口罐　A型Ⅱ式　标本2004H363：25，泥质夹少量细砂，灰陶，红褐胎。敛口，折沿近平，方唇，唇面有一周凹槽，鼓腹，下腹缺失。素面，上腹残见三周弦纹，口径22、腹径25、残高6.8厘米（图3-176，3）。

2004ⅠT6840H228

深腹罐　Ab型Ⅰ式　标本2004H228：4，夹砂灰陶。敛口，折沿近平，方唇，下腹及底部缺失。沿外侧饰篮纹，上腹饰交错篮纹。口径23.6、腹径22、残高13.3厘米（图3-177，1）。标本2004H228：12，夹砂红陶，灰褐胎。敛口，折沿，方唇，下腹及底部缺失。沿面有一凹槽，唇面饰一周弦纹，上腹饰竖向篮纹。口径21、残高5.7厘米（图3-177，2）。标本2004H228：16，夹砂黑皮陶，红胎。方唇，沿面有两道细弦纹，唇面略凹，下腹及底部缺失。器表饰竖向篮纹。口径21、残高5.1厘米（图3-177，3）。

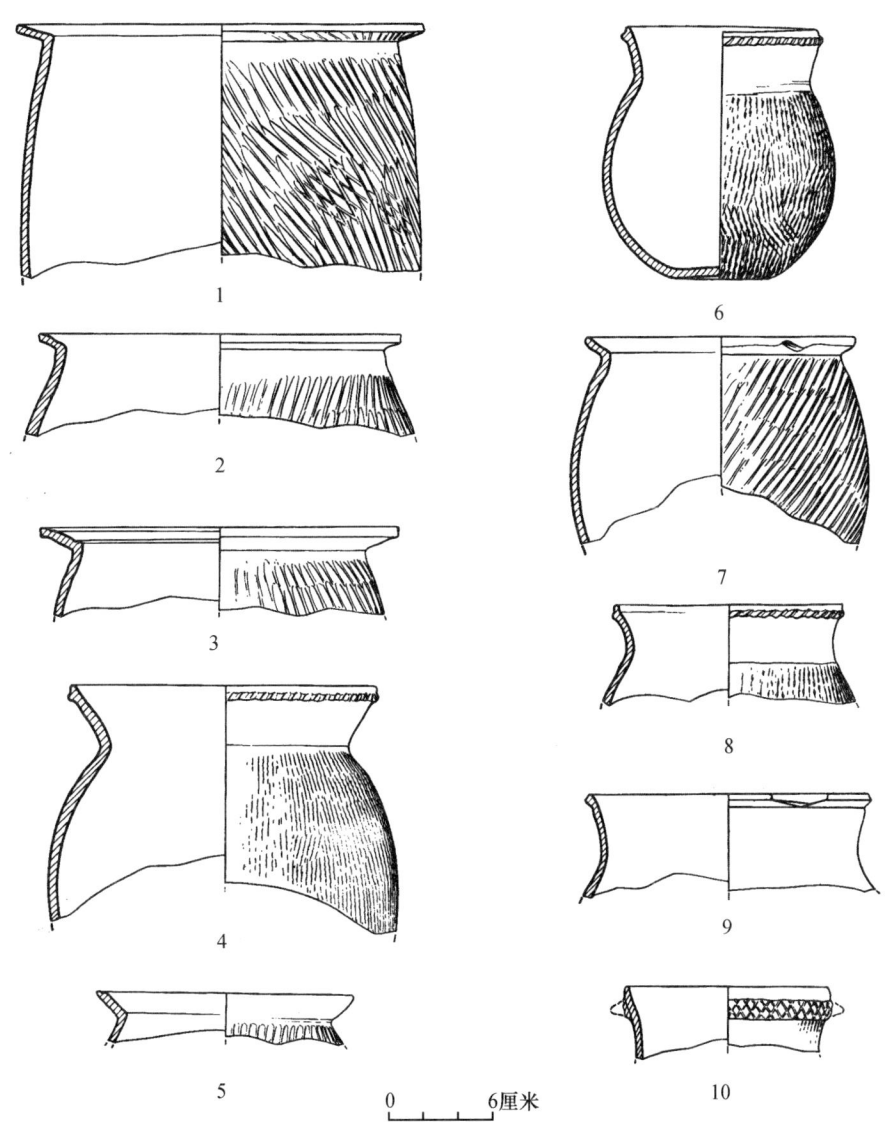

图3-177　2004ⅠT6840H228出土陶罐

1～3.Ab型Ⅰ式深腹罐（2004H228：4、2004H228：12、2004H228：16）　4、6、8、10.Ca型Ⅱ式圆腹罐（2004H228：13、2004H228：2、2004H228：10、2004H228：14）　5.A型Ⅰ式圆腹罐（2004H228：19）　7.A型Ⅰ式圆腹罐（2004H228：9）
9.Cc型Ⅱ式圆腹罐（2004H228：36）

圆腹罐

A型Ⅰ式　标本2004H228：19，夹砂褐陶，局部为黑色。尖平唇且唇面有一周凹槽。腹饰斜向篮纹。口径15、残高3厘米（图3-177，5）。标本2004H228：9，夹砂红陶，局部灰色或褐色。圆唇，折沿，敛口，腹稍鼓，中腹以下缺失。沿外侧有楔点纹，腹饰斜向篮纹。口径16、腹径17.5、残高11.6厘米（图3-177，7）。

Ca型Ⅱ式　标本2004H228：13，夹砂红陶，胎为褐色。侈口，尖唇，领部较斜直。下腹及底部缺失。口沿饰花边，上腹饰竖向细绳纹。口径18.2、残高13.8厘米（图3-177，4）。标本2004H228：2，夹砂褐陶，局部为灰黑色。侈口、尖唇、领较斜直、圆鼓腹、凹圜底。口外饰花边，领腹交接处饰一周弦纹，上腹饰竖向细绳纹，下腹及底部饰交错细绳纹。口径11.1～12.5、腹径14、底径6、高14厘米（图3-177，6；图版八，4）。标本2004H228：10，夹砂深灰色，灰胎。圆唇，侈口，口内侧微凹，口部不甚平整，领部较高，下腹及底部缺失。口饰花边，上腹饰竖向细绳纹。口径13.6、残高5.8厘米（图3-177，8）。标本2004H228：14，夹砂灰陶。侈口、尖唇、领部较斜直。腹以下缺失。口外饰宽带状花边及小鋬。花边的制法是先贴附宽带泥条，然后用锐器由左上向右下划为若干段，再用小木棒由右上向左下压印而成。最后将小鋬贴于花边之上。领部隐约有绳纹痕迹。口径12.4、残高3.6厘米（图3-177，10）。

Cc型Ⅰ式　标本2004H228：36，夹砂灰褐陶，陶胎为灰色。方唇唇面微凹，侈口，卷沿，高领。唇下饰一周弦纹，唇外饰小鋬。口径17、残高5.5厘米（图3-177，9）。

鼎　A型Ⅰ式　标本2004H228：48，夹细砂黑皮陶，褐胎。折沿近平，沿面外侧微凸。敛口，腹微鼓，下腹及底部缺失。器表磨光。口径18、残高4.5厘米（图3-178，5）。

甑　A型Ⅰ式　标本2004H228：80，泥质夹少量细砂，黑皮陶红胎。方唇，侈口，折沿近平，腹壁较直，下腹及底部缺失。沿面及唇面各有一周凹槽，腹素面。口径31.8厘米，残高5.4厘米（图3-178，1）。标本2004H228：6，泥质黑陶，局部褐色。侈口，折沿近平，圆唇，唇部上缘凸出沿面，甑箅缺失。器表篮纹。腹残见八个两面对钻的圆形穿孔。一般两两成组，分别位于陶片裂隙两侧。裂隙断面有磨平痕。则上述圆孔应系甑破裂后修补所用。口径27.8、高约13厘米（图3-178，2）。标本2004H228：7，泥质黑皮陶，红胎。侈口，折沿近平，沿外侧中部微鼓，方唇，唇部上缘略高于沿面，下腹及底部缺失。唇面及沿面内外侧各有一周弦纹，上腹见一鸡冠耳，腹饰斜向篮纹。上腹残见三个两面对钻的圆形穿孔。口径24、残高8.9厘米（图3-178，3）。标本2004H228：11，泥质黑皮陶，红胎。侈口，折沿，方唇，沿面微凹，上腹较斜直，下腹及底部缺失。口沿内侧磨光。唇面有一周弦纹，上腹饰斜向绳纹。口径21、残高8.8厘米（图3-178，4；图版八，3）。

深腹盆　A型Ⅰ式　标本2004H228：37，泥质灰黑陶，褐胎。圆唇，敛口，仰折沿，折棱凸出，腹圆鼓，底部缺失。口沿及上腹磨光，下腹饰斜向篮纹及两周弦纹。中腹有一对鸡冠耳。口径15.9、腹径15.9、残高13.2厘米（图3-178，6；图版八，5）。

平底盆　A型Ⅰ式　标本2004H228：81，泥质黑皮陶，灰胎。敞口，卷沿，圆唇，腹壁内曲，平底。腹偏下处有一周凸棱，近底处有一周不甚规整的凸棱，底部边缘压印花边，盆内底部饰两组同心圆状弦纹，近圆心处为两周，其外近盆壁处为三周。口径35.7、底径27.5、高7.8厘米（图3-178，7；图版八，6）。

第三章 二里头文化遗存

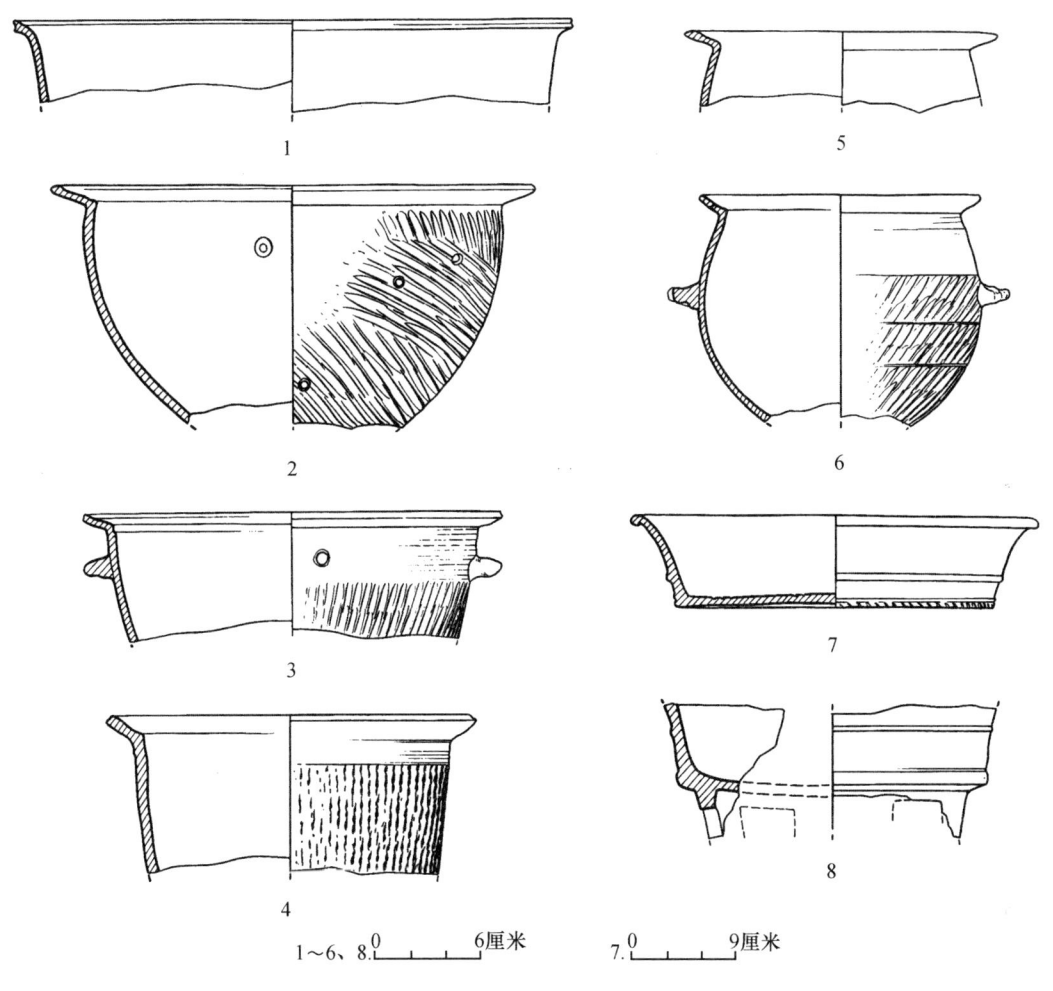

图 3-178　2004ⅠT6840H228 出土陶器（一）

1～4. A 型Ⅰ式甑（2004H228：80、2004H228：6、2004H228：7、2004H228：11）　5、A 型Ⅰ式鼎（2004H228：48）
6、A 型Ⅰ式深腹盆（2004H228：37）　7、A 型Ⅰ式平底盆（2004H228：81）　8、A 型圈足盘（2004H228：21）

圈足盘　A 型　标本 2004H228：21，泥质黑皮陶，褐胎。盘口及圈足底部缺失，盘底外凸，足径小于腹径。盘腹饰一周凸弦纹，圈足有镂孔。盘底直径 18、残高 7.4 厘米（图 3-178，8）。

瓮　A 型Ⅰ式　标本 2004H228：8，泥质夹少量细砂，灰褐陶，胎灰黑。侈口，卷沿，方唇，束颈，肩部以下部分残缺。沿面有一周弦纹，肩部饰两周不太规整的弦纹，其下部有斜向篮纹。口径 20、残高 7.4 厘米（图 3-178，1）。

小口尊

A 型　标本 2004H228：15，泥质夹少量细砂，灰黑陶，红胎。尖唇，侈口，卷沿，高领，肩以下缺失。沿面有一道凹槽。口径 17.2、残高 5 厘米（图 3-179，2）。标本 2004H228：39，泥质浅灰陶。尖唇，唇外加厚凸起。侈口，肩以下缺失。器表磨光。口径 18、残高 3.4 厘米（图 3-179，3）。标本 2004H228：38，泥质夹少量细砂，褐陶，灰黑胎。唇部内侧向内突出，直口，矮领，肩以下缺失。唇面有一周凹槽，领外有两道凸棱，领与肩交界处有一周细弦纹。口径 8.2、残高 4.1 厘米

（图3-179，4）。

B型　标本2004H228:82，泥质浅灰陶，夹少量细砂，灰胎。唇外侧及口内侧各有一周凹槽。残存器物口部，敛口，尖唇，唇外加厚，领部以下缺失。口径21厘米，残高4.9厘米（图3-179，5）。

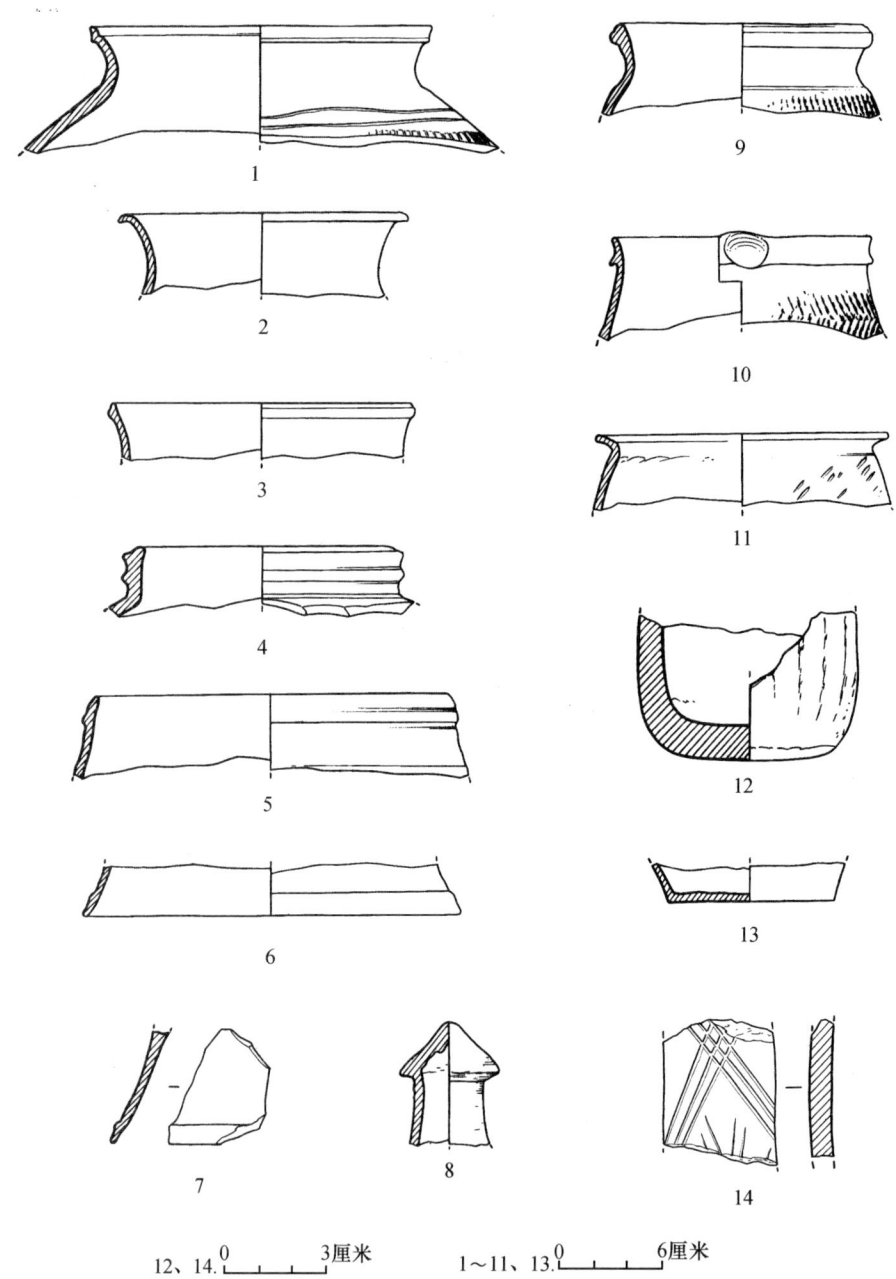

图3-179　2004ⅠT6840H228出土陶器（二）

1. A型Ⅰ式瓮（2004H228:8）　2. A型小口尊（2004H228:15）　3. A型小口尊（2004H228:39）　4. A型小口尊（2004H228:38）　5. B型小口尊（2004H228:82）　6. Aa型器盖（2004H228:20）　7. Aa型器盖（2004H228:83）　8. 器盖纽（2004H228:3）　9. A型Ⅰ式捏口罐（2004H228:54）　10. A型Ⅰ式捏口罐（2004H228:49）　11. 敛口罐（2004H228:17）　12. 盅（2004H228:18）　13. 白陶器底（2004H228:51）　14. 白陶爵鋬（2004H228:85）

器盖　Aa 型　标本 2004H228：20，泥质黑皮陶，褐胎。圆唇，口部外张，外侧呈宽带状凸起。腹壁以上残缺。器表磨光。口径 22.4、残高 2.9 厘米（图 3-179，6）。标本 2004H228：83，泥质夹少量细砂，黑皮陶，褐胎。尖圆唇。口部外撇，上腹以上缺失。器表磨光，口部外侧有一道凸棱。残高 6.4 厘米（图 3-179，7）。

器盖纽　标本 2004H228：3，泥质黑皮陶，红褐胎。圆锥形纽盖，纽柄近直，下部残缺。器表磨光，纽盖有削痕。纽盖底径 5.8、高 3.1 厘米。纽柄直径 4.1、残高 3.8 厘米（图 3-179，8）。

捏口罐　A 型 I 式　标本 2004H228：54，泥质夹少量细砂，灰陶。尖唇，口外呈带状凸起，束颈，腹以下缺失。口径 15.2、残高 5.2 厘米（图 3-179，9）。标本 2004H228：49，泥质夹少量细砂，灰陶。尖唇，口外有一周凸棱，领部较高，腹以下缺失。口径 15.4、残高 5.8 厘米（图 3-179，10）。

敛口罐　标本 2004H228：17，泥质黑陶。圆唇，折沿，敛口，鼓腹，中腹以下缺失。上腹有指甲形纹。口径 17、残高 4.2 厘米（图 3-179，11）。

盅　标本 2004H228：18，夹细砂红陶。腹近直，平底，口部缺失。素面。底径 5、残高 4 厘米（图 3-179，12）。

器底　标本 2004H228：51，泥质白陶，略偏灰黄。平底。底径 9.6，残高 2 厘米（图 3-179，13；彩版一八，1）。

爵鋬　标本 2004H228：85，泥质白陶。器表有交叉刻划纹。残高 3.6、宽 2.9 厘米（图 3-179，14）。

2004 Ⅰ T6841③

深腹罐

Ab 型 Ⅱ 式　标本 2004 Ⅰ T6841③：4，夹砂灰黑陶，胎呈红褐色。敛口，折沿近平，方唇，唇缘微凸，腹微鼓，中腹以下缺失。腹饰竖向绳纹。口径 20、腹径 22、残高 10.4 厘米（图 3-180，1）。标本 2004 Ⅰ T6841③：24，夹砂灰陶。仰折沿，方唇，鼓腹，中腹以下残。腹饰斜向绳纹。口径 23、残高 7 厘米（图 3-180，2）。标本 2004 Ⅰ T6841③：18，夹砂灰陶，胎呈红褐色。敛口，折沿近平，方唇，唇面微凹，腹微鼓，中腹以下缺失。腹饰斜向绳纹。口径 22、残高 5.9 厘米（图 3-180，3）。标本 2004 Ⅰ T6841③：78，夹砂灰陶。敛口，方唇，折沿微仰，鼓腹，中腹以下缺失。口径 24、残高 2.9 厘米（图 3-180，4）。标本 2004 Ⅰ T6841③：53，夹砂灰陶。侈口，圆唇，折沿上仰。仅存口沿。口径 22.4、残高 2.6 厘米（图 3-180，5）。

Ab 型 Ⅲ 式　标本 2004 Ⅰ T6841③：38，夹砂灰陶。敛口，方唇，唇面微凹，折沿上仰，鼓腹，中腹以下缺失。上腹有较宽绳纹抹平带，其下饰绳纹。口径 18、残高 4.8 厘米（图 3-180，6）。

Ac 型 Ⅰ 式　标本 2004 Ⅰ T6841③：27，夹砂灰陶。敛口，仰折沿，圆唇，唇外侧有一周带状凸起，腹微鼓。腹饰斜向绳纹。口径 25、残高 7.1 厘米（图 3-180，7）。标本 2004 Ⅰ T6841③：70，夹砂灰黑陶，胎呈红褐色。敛口，仰折沿，沿面微凹，尖圆唇，唇外侧略鼓，鼓腹，中腹以下缺失。腹饰斜向绳纹。口径 21、残高 5.3 厘米（图 3-180，8）。标本 2004 Ⅰ T6841③：35，夹砂灰陶。侈口，圆唇，仰折沿，沿面微凹，沿外侧微鼓，鼓腹，中腹以下缺失。腹饰竖向绳纹。口径 23、残高 8.9 厘米（图 3-180，11）。标本 2004 Ⅰ T6841③：34，夹砂黑皮陶，胎呈深灰色。敛口，仰折沿，沿

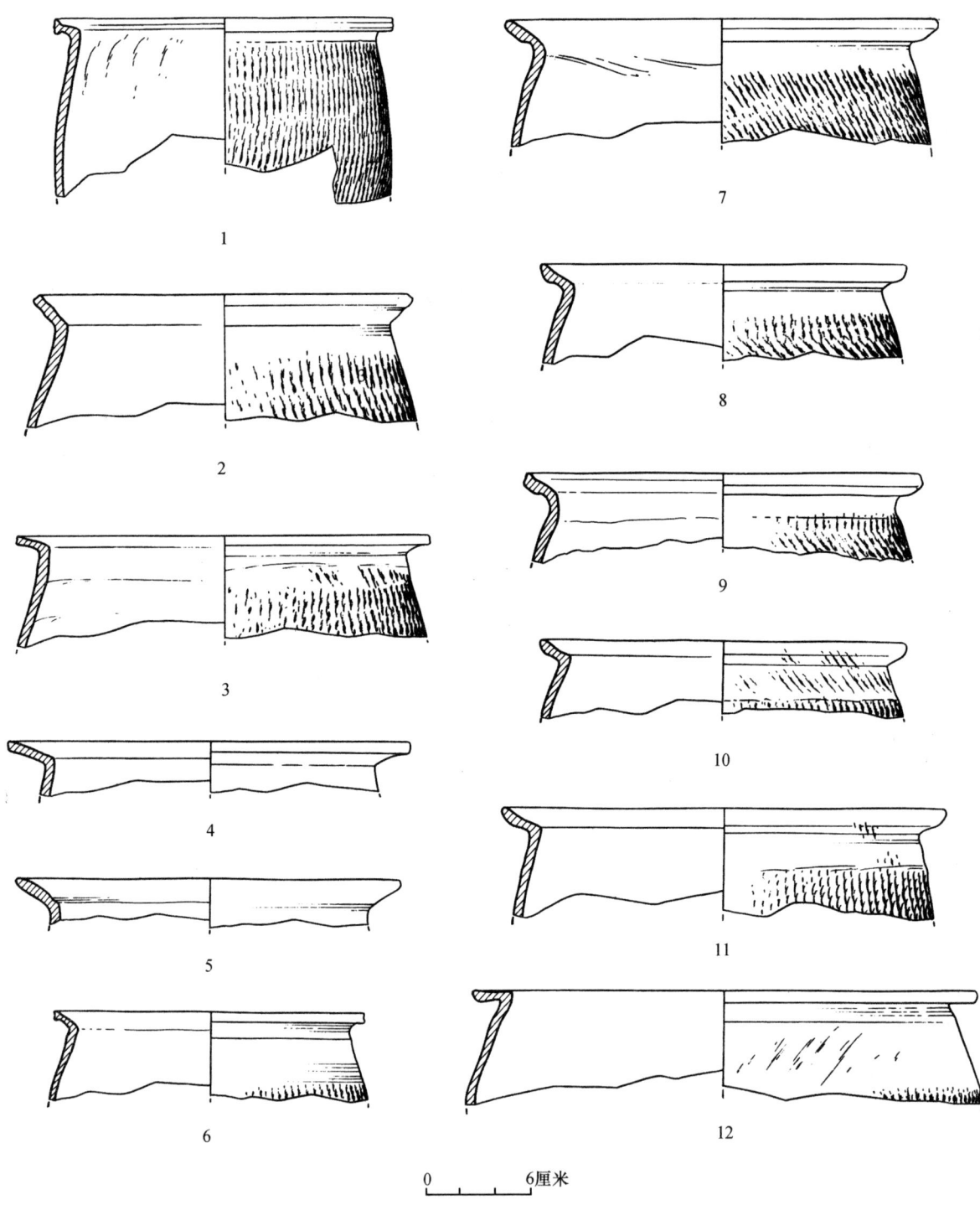

图 3-180　2004ⅠT6841③出土深腹罐

1~5. Ab 型Ⅱ式（2004ⅠT6841③:4、2004ⅠT6841③:24、2004ⅠT6841③:18、2004ⅠT6841③:78、2004ⅠT6841③:53）
6. Ab 型Ⅲ式（2004ⅠT6841③:38）　7、8、10、11. Ac 型Ⅰ式（2004ⅠT6841③:27、2004ⅠT6841③:70、2004ⅠT6841③:34、2004ⅠT6841③:35）　9. C 型Ⅰ式（2004ⅠT6841③:22）　12. Ac 型Ⅱ式（2004ⅠT6841③:46）

面微凹，圆唇，鼓腹，中腹以下缺失。口外有绳纹被抹痕，腹饰斜向绳纹。口径22、残高4.2厘米（图3-180，10）。

Ac型Ⅱ式　标本2004ⅠT6841③:46，夹细砂灰陶。敛口，圆唇微鼓，折沿近平，中腹以下缺失。口外有较宽绳纹抹平带，其下饰绳纹。口径28.8、残高6.2厘米（图3-180，12）。

C型Ⅰ式　标本2004ⅠT6841③:22，夹砂灰黑陶，胎呈红褐色。敛口，折沿微仰，斜方唇，唇面略凹，上缘凸起，唇外侧有一周宽带状凸起，卷沿微束颈，腹微鼓，中腹以下缺失。腹饰斜向绳纹。口径22、残高4.1厘米（图3-180，9）。

圆腹罐

Ca型Ⅱ式　标本2004ⅠT6841③:24，夹砂灰陶。侈口，尖唇，有领，鼓腹，中腹以下缺失。口外侧饰一周花边，上腹饰一周细弦纹和交错绳纹。口径16、残高8厘米（图3-181，2）。标本2004ⅠT6841③:19，夹砂灰黑陶，局部红褐色。侈口，尖唇，领部较高，鼓腹，中腹以下缺失。口外侧饰一周花边，腹饰交错篮纹。口径16、残高6.6厘米（图3-181，3）。标本2004ⅠT6841③:25，夹砂灰陶。侈口，圆唇，领部较高，鼓腹，中腹以下缺失。领部饰一周花边，腹饰交错绳纹。口径12、腹径14.8、残高11.7厘米（图3-181，4）。

Ca型Ⅲ式　标本2004ⅠT6841③:42，夹砂灰黑陶。侈口，矮领，尖圆唇，口外侧有一舌形小錾，鼓腹，中腹以下缺失。口外饰一周花边及两个鸡冠形小錾，腹饰斜向绳纹。口径16.2、残高7.3厘米（图3-181，1）。

Cb型Ⅱ式　标本2004ⅠT6841③:33，夹砂灰陶。敞口，尖圆唇，唇面呈带状，领稍矮，腹略鼓。口外有小錾脱落痕。下腹及底部缺失。腹饰竖向细绳纹。口径15.4、残高7.2厘米（图3-181，5）。

Cc型Ⅱ式　标本2004ⅠT6841③:44，夹砂灰黑陶，局部红褐色。侈口，圆唇，矮领，鼓腹，中腹以下缺失。腹饰交错绳纹。口径14、腹径17、残高12.7厘米（图3-181，6）。

鼎　Bc型　标本2004ⅠT6841③:65，夹砂灰黑陶。敛口，圆唇，鼓腹，中腹以下缺失。腹饰斜向绳纹，残见一周弦纹。残高7厘米（图3-181，7）。

深腹盆

A型Ⅲ式　标本2004ⅠT6841③:93，夹砂黑皮陶，胎呈红褐色。侈口，圆唇，折沿上仰，腹壁斜直，中腹以下缺失。口径30、残高4.1厘米（图3-181，8）。标本2004ⅠT6841③:82，夹砂黑皮陶，胎呈红褐色。敛口，仰折沿，圆唇，鼓腹，中腹以下缺失。上腹有较宽轮修痕，其下饰斜向绳纹。口径19、残高4.4厘米（图3-182，1）。

B型Ⅰ式　标本2004ⅠT6841③:76，泥质夹细砂灰陶。敛口，圆唇，折沿略仰。中腹以下缺失。上腹绳纹抹平，且有数周轮修留下的凸起，下腹饰交错绳纹。残高8.3厘米（图3-182，2）。标本2004ⅠT6841③:69，夹砂灰陶。侈口，圆唇，沿部仰折，弧腹，中腹以下缺失。上腹饰一周弦纹，其下饰斜向绳纹。口径16、残高7.4厘米（图3-182，3）。

B型Ⅱ式　标本2004ⅠT6841③:45，夹砂灰陶。侈口，圆唇，窄沿，腹壁斜直，中腹以下缺失。口径21、残高3.3厘米（图3-182，4）。

平底盆

A型Ⅰ式　标本2004ⅠT6841③:49，夹砂灰陶。侈口，卷沿，圆唇外耸，腹壁斜直，中腹以下

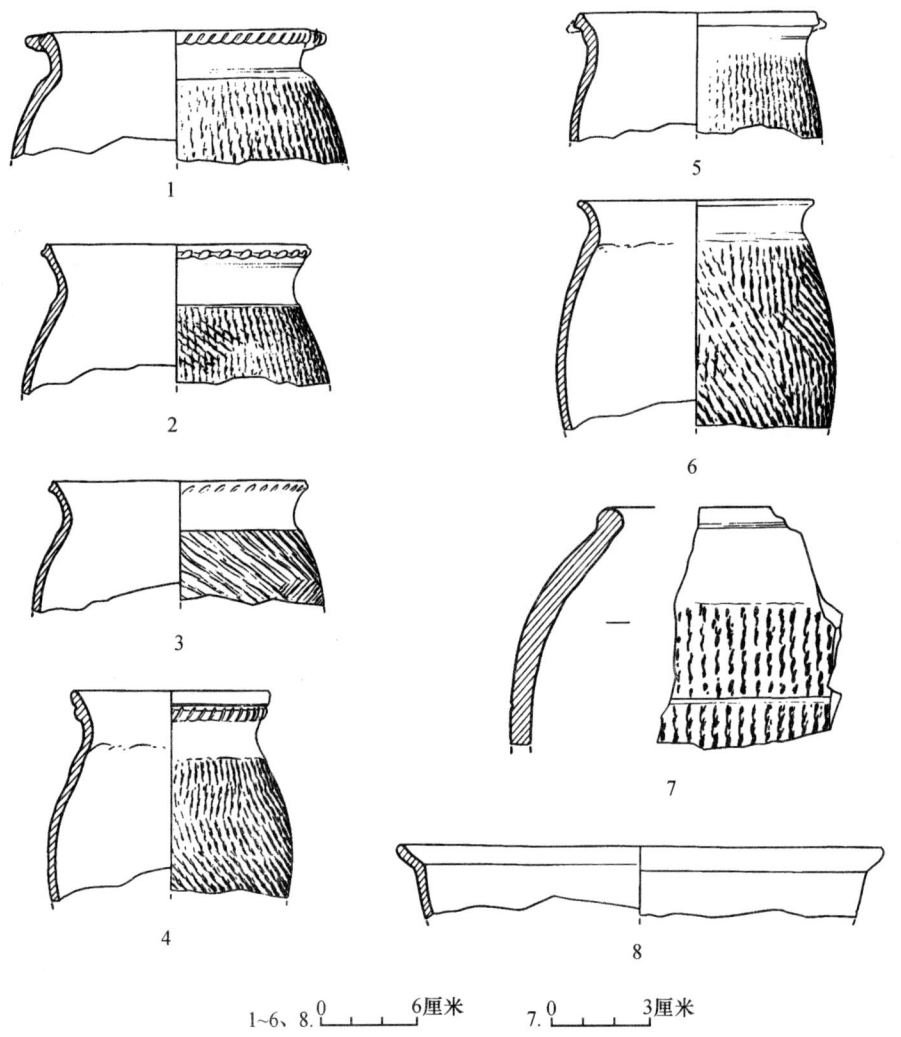

图 3-181　2004ⅠT6841③出土陶器（一）

1. Ca 型Ⅲ式圆腹罐（2004ⅠT6841③:42）　2~4. Ca 型Ⅱ式圆腹罐（2004ⅠT6841③:24、2004ⅠT6841③:19、2004ⅠT6841③:25）　5. Cb 型Ⅱ式圆腹罐（2004ⅠT6841③:33）　6. Cc 型Ⅱ式圆腹罐（2004ⅠT6841③:44）　7. Bc 型鼎（2004ⅠT6841③:65）　8. A 型Ⅲ式深腹盆（2004ⅠT6841③:93）

缺失。素面。口径 21、残高 4.5 厘米（图 3-182，5）。

A 型Ⅱ式　标本 2004ⅠT6841③:74，泥质黑皮陶，褐胎。侈口，方唇，唇面有一道凹槽。腹壁内曲，底部缺失。素面。口径 29.2、残高 4.2 厘米（图 3-182，11）。

三足盘　Ⅱ式　标本 2004ⅠT6841③:1，泥质黑皮陶，胎呈红褐色。侈口，尖圆唇，腹壁斜直，平底略残，舌形足。素面，盘腹及底部外侧各有一周宽约 0.6 厘米的凸棱。底径 22、高 12.6、足高 5.8 厘米（图 3-182，6）。

小口尊

A 型　标本 2004ⅠT6841③:17，泥质灰陶。侈口，方唇，唇外缘凸起，高领，肩部以下缺失。

领部饰一周凸棱，肩部饰绳纹。口径18、残高6.1厘米（图3-182，7）。标本2004ⅠT6841③:40，夹砂灰黑陶，胎呈浅灰色。侈口，尖圆唇，口外侧有一周宽带状凸棱，高领且中部有一周凸棱，肩部以下缺失。口径22.6、残高6.7厘米（图3-182，8）。

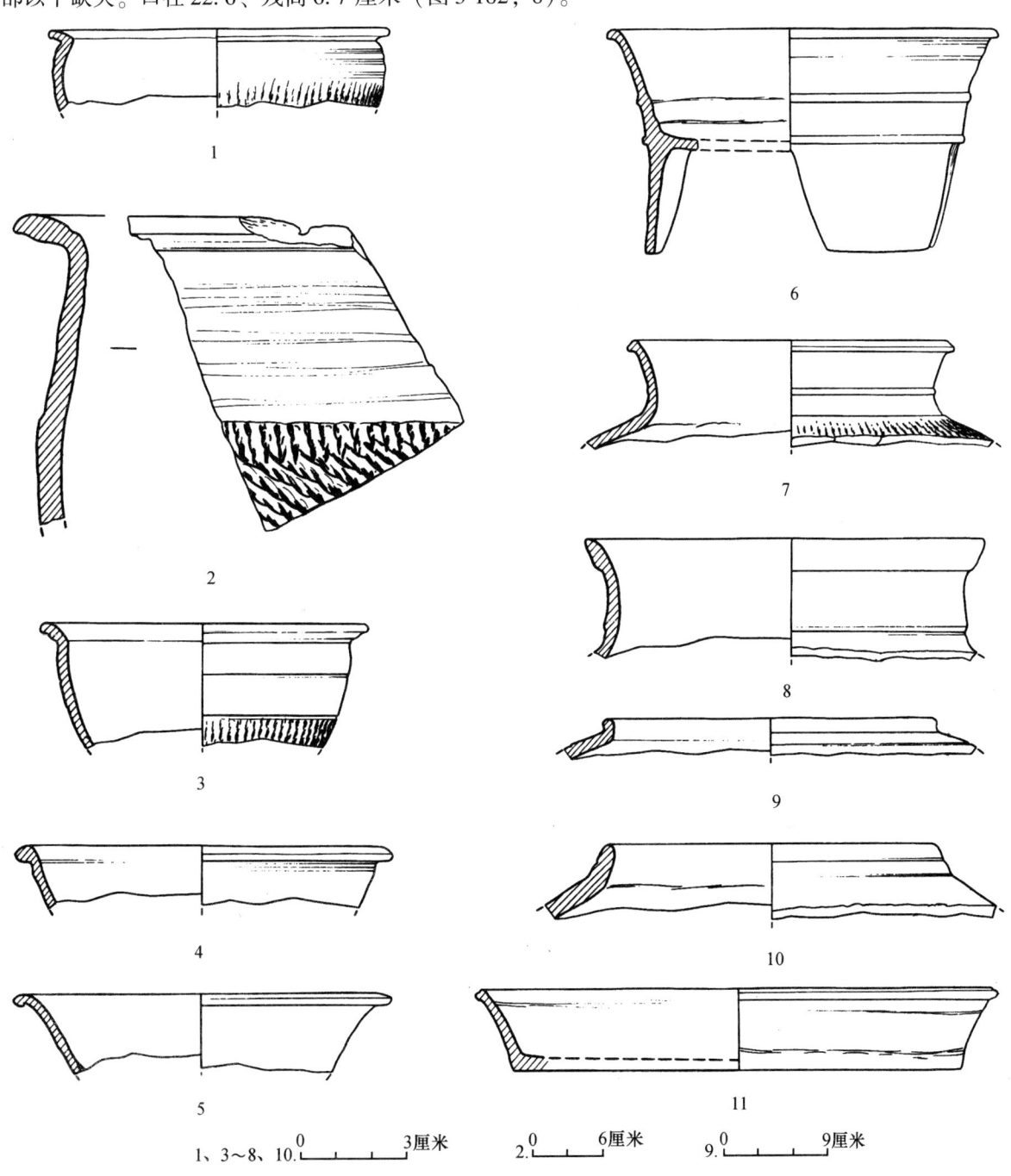

图3-182　2004ⅠT6841③出土陶器（二）

1. A型Ⅲ式深腹盆（2004ⅠT6841③:82）　2、3. B型Ⅰ式深腹盆（2004ⅠT6841③:76、2004ⅠT6841③:69）　4. B型Ⅱ式深腹盆（2004ⅠT6841③:45）　5. A型Ⅰ式平底盆（2004ⅠT6841③:49）　6. Ⅱ式三足盘（2004ⅠT6841③:1）　7、8. A型小口尊（2004ⅠT6841③:17、2004ⅠT6841③:40）　9、10. B型小口尊（2004ⅠT6841③:32、2004ⅠT6841③:37）　11. A型Ⅱ式平底盆（2004ⅠT6841③:74）

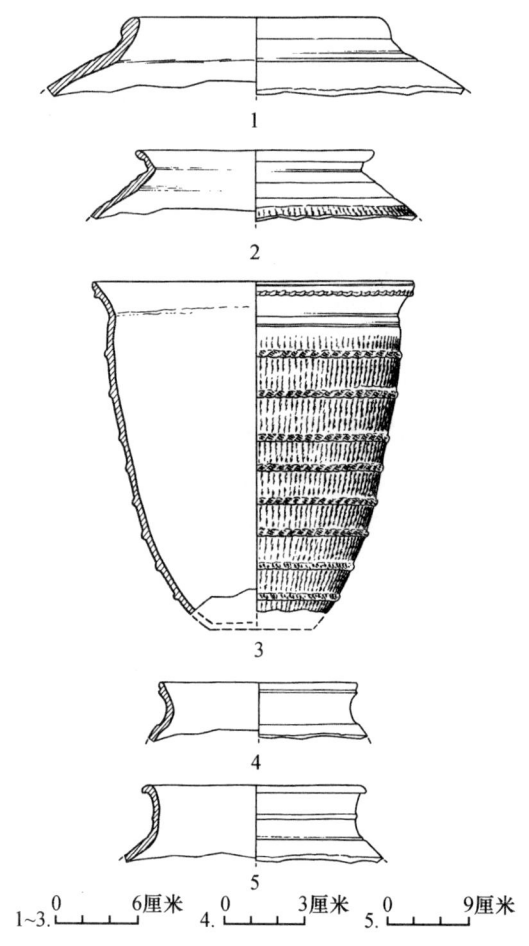

B型 标本2004ⅠT6841③:32，泥质夹少量细砂，黑皮陶，红褐胎，胎芯灰色。敛口，矮领，圆唇，斜肩，肩部以下缺失。素面。口径28.2、残高2.9厘米（图3-182,9）。标本2004ⅠT6841③:37，泥质黑皮陶，褐胎。敛口，圆唇，矮领外侧有两周弦纹。广肩，肩部以下缺失。口径18.8、残高4厘米（图3-182,10）。标本2004ⅠT6841③:79，夹砂灰黑陶，胎呈浅灰色。肩部残见两周弦纹，敛口，圆唇，矮领，斜肩，肩部以下缺失。口径20、残高5.4厘米（图3-183,1）。

瓮 Bb型Ⅱ式 标本2004ⅠT6841③:21，夹砂黑皮陶，胎呈红褐色。敛口，折沿，圆唇外鼓，斜肩，肩部以下缺失。肩部饰两周弦纹，其下饰竖向绳纹。口径18、残高5厘米（图3-183,2）。

缸 Ab型Ⅱ式 标本2004ⅠT6841③:3，夹砂灰陶。侈口，尖圆唇，领部较高，腹微鼓，下腹近底部缺失。口外侧饰一周花边，腹饰附加堆纹和竖向绳纹。口径36、残高36厘米（图3-183,3）。

高领罐 标本2004ⅠT6841③:2，夹砂灰陶。侈口，圆唇，圆腹，中腹以下缺失。口外侧近唇处有一周凸棱。口径14、残高4厘米

图3-183 2004ⅠT6841③出土陶器（三）
1. B型小口尊（2004ⅠT6841③:79） 2. Bb型Ⅱ式瓮（2004ⅠT6841③:21） 3. Ab型Ⅱ式缸（2004ⅠT6841③:3）
4、5. 高领罐（2004ⅠT6841③:2、2004ⅠT6841③:29）

（图3-183,4）。标本2004ⅠT6841③:29，泥质灰陶。侈口，尖唇，领部较高，肩以下缺失。器表素面磨光，领部有一周凸棱。口径16.8、残高5.4厘米（图3-183,5）。标本2004ⅠT6841③:80，夹砂灰陶。侈口，圆唇外耸，高领，斜肩，肩部以下缺失。素面。口径13、残高4.7厘米（图3-184,1）。

捏口罐 标本2004ⅠT6841③:98，夹砂灰黑陶。圆唇，唇外侧有一周宽厚凸棱，上腹壁近直，中腹以下缺失。口部残留一捏窝，腹饰绳纹。残高4.9厘米（图3-184,2）。标本2004ⅠT6841③:72，夹砂灰陶。侈口，圆唇，领部较高，口部残见一捏窝，口外有一周宽凸棱，鼓腹，中腹以下缺失。腹饰斜向绳纹。口径约16、残高7.9厘米（图3-184,3）。标本2004ⅠT6841③:41，夹砂灰黑陶。侈口，尖圆唇，领部较高，口部残见一捏窝，口外侧有一周宽带状凸起，鼓腹，中腹以下缺失。腹饰斜向绳纹。口径14、残高7.6厘米（图3-184,4）。

钵 标本2004ⅠT6841③:5，泥质夹少量细砂，灰陶。侈口，尖圆唇，上腹壁近直，下部向内弧收，底部缺失。素面，内壁有泥条接缝。口径12、残高6.6厘米（图3-184,5）。

陶模 标本2004ⅠT6841③:107，泥质夹细砂灰黑陶。残存部分呈锥形，应为制作鬹或盉袋足所用。素面。残高14.2厘米（图3-184，6）。

陶垫 标本2004ⅠT6841③:20，泥质夹少量细砂，灰黑陶。蘑菇形，器纽缺失。素面。器表略磨光。直径9、残高3.2厘米（图3-184，7）。

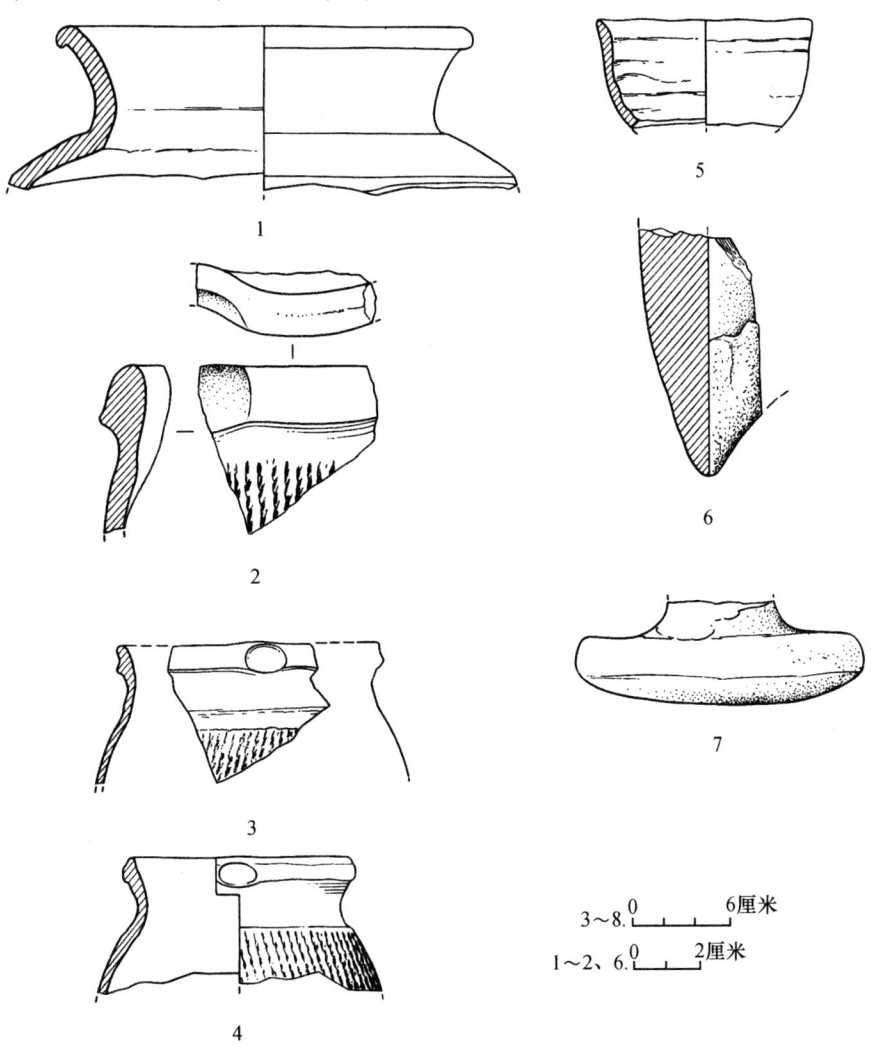

图3-184 2004ⅠT6841③出土陶器（四）
1. 高领罐（2004ⅠT6841③:80） 2~4. 捏口罐（2004ⅠT6841③:98、2004ⅠT6841③:72、2004ⅠT6841③:41） 5. 钵（2004ⅠT6841③:5） 6. 陶模（2004ⅠT6841③:107）
7. 陶垫（2004ⅠT6841③:20）

2004ⅠT6841H94

深腹罐

Ab型Ⅲ式 标本2004H94:33，夹砂灰陶。侈口，圆唇，仰折沿。腹微鼓，中腹以下缺失。腹饰竖向绳纹。口径17.2、残高5.6厘米（图3-185，1）。

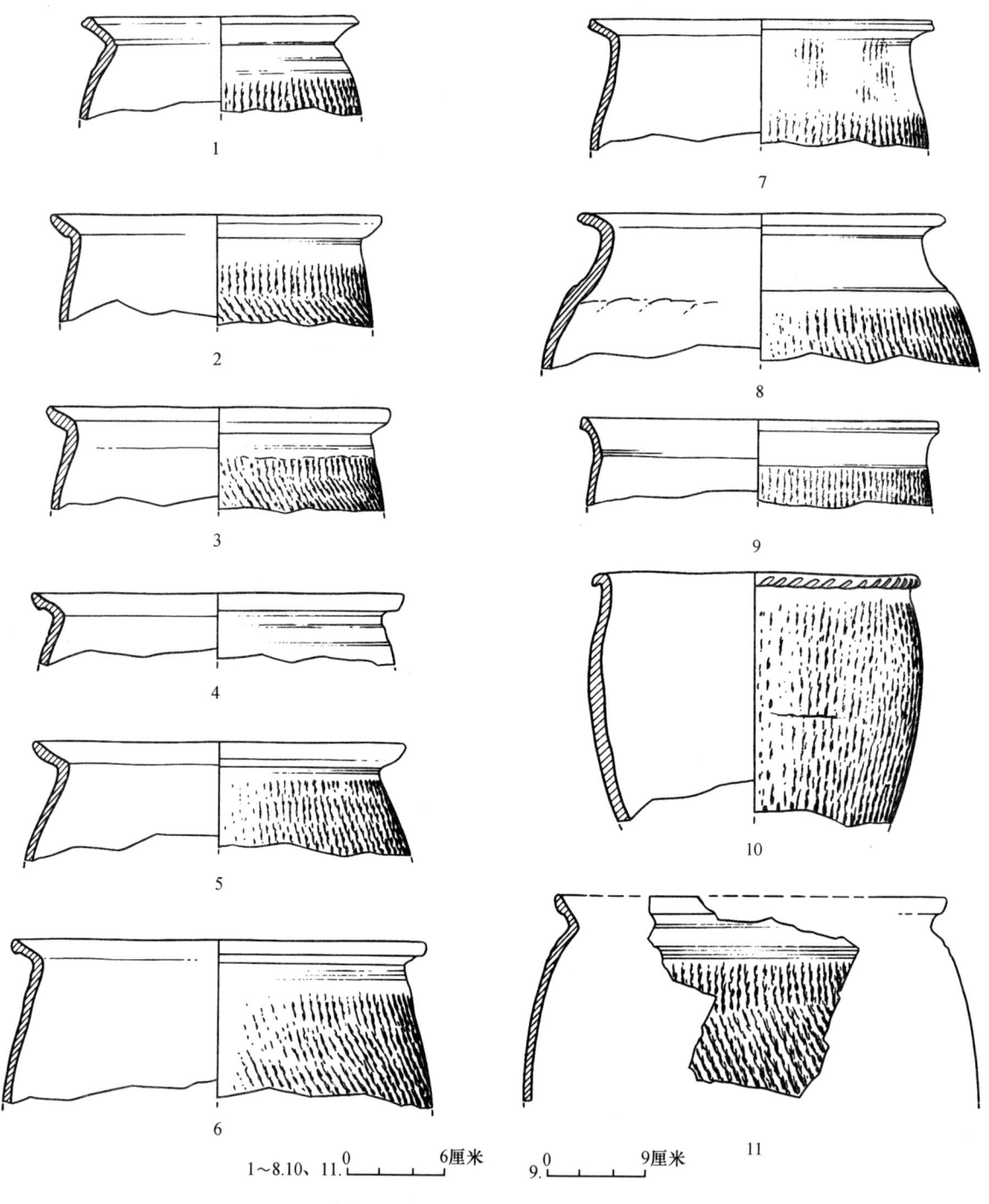

图 3-185　2004ⅠT6841H94 出土陶罐

1. Ab 型Ⅲ式深腹罐（2004H94：33）　2、3、5、6、11. Ac 型Ⅰ式深腹罐（2004H94：38、2004H94：45、2004H94：47、2004H94：5、2004H94：14）　4. Ac 型Ⅱ式深腹罐（2004H94：48）　7. C 型Ⅰ式深腹罐（2004H94：35）　8、9. C 型Ⅱ式深腹罐（2004H94：6、2004H94：22）　10. B 型圆腹罐（2004H94：1）

Ac 型 I 式　标本 2004H94:47,夹砂灰陶。敛口,圆唇,折沿微仰,鼓腹,中腹以下缺失。口外饰斜向绳纹。口径 23、残高 7 厘米（图 3-185,5）。标本 2004H94:45,夹砂黑皮陶,褐胎。敛口,尖圆唇,折沿上仰,腹壁斜直,中腹以下缺失。腹饰斜向细绳纹。口径 21.2、残高 6 厘米（图 3-185,3）。标本 2004H94:5,夹砂灰陶,砂粒较粗。侈口,圆唇,折沿略仰,腹壁较直,中腹以下缺失。腹饰斜向绳纹。口径 25.6、残高 9.4 厘米（图 3-185,6）。标本 2004H94:38,夹砂褐陶。侈口,尖圆唇,折沿上仰,腹壁斜直,中腹以下缺失。腹饰竖向细绳纹。口径 20.4、残高 6.4 厘米（图 3-185,2）。标本 2004H94:14,夹砂灰陶。侈口,尖圆唇,折沿上仰,腹圆鼓,中腹以下缺失。腹饰竖向绳纹。口径 24、残高 11.6 厘米（图 3-185,11）。

Ac 型 II 式　标本 2004H94:48,夹细砂灰陶。侈口,方唇下缘略抹,折沿近平,中腹以下缺失。口径 23、残高 4.2 厘米（图 3-185,4）。

C 型 I 式　标本 2004H94:35,夹砂灰陶。侈口,方唇,折沿上仰,略显领部,中腹以下缺失。领部有绳纹被抹痕,腹饰竖向绳纹。口径 21.2、残高 7.8 厘米（图 3-185,7）。

C 型 II 式　标本 2004H94:6,夹砂灰陶,褐胎。侈口,尖圆唇,卷沿,束颈,鼓腹,中腹以下缺失。腹饰较粗绳纹。口径 22.6、残高 9 厘米（图 3-185,8）。标本 2004H94:22,夹砂灰陶。侈口,尖唇,卷沿矮领,中腹以下缺失。腹饰竖向绳纹。口径 22、残高 5 厘米（图 3-185,9）。

圆腹罐

B 型　标本 2004H94:1,夹砂褐陶,灰黑胎。直口,圆唇,卷沿。唇部压印花边。腹壁微鼓,下腹近底部缺失。腹饰竖向绳纹。口径 20.2、残高 14.6 厘米（图 3-185,10）。

Ca 型 II 式　标本 2004H94:18,夹砂褐陶,灰胎。侈口,尖唇,领稍高,鼓腹,中腹以下缺失。口外饰一周花边。领部有绳纹被抹痕。腹饰竖向细绳纹。口径 16.4、残高 6 厘米（图 3-186,1）。标本 2004H94:30,夹砂褐陶。侈口,尖唇,领稍高,鼓腹,中腹以下缺失。口外饰一周花边。腹饰交错绳纹。口径 14、残高 6.8 厘米（图 3-186,2）。标本 2004H94:3,夹砂灰陶。侈口,尖唇,领较斜直,鼓腹。中腹以下缺失。口外饰一周花边,腹饰交错绳纹。口径 14.8、残高 9.2 厘米（图 3-186,3）。

Cb 型 II 式　标本 2004H94:41,夹砂灰陶。侈口,圆唇。中腹以下缺失。口外侧有一周凸棱。腹饰竖向绳纹。口径 18、残高 6.2 厘米（图 3-186,4）。标本 2004H94:10,夹砂灰陶。敞口,尖唇,口沿上仰。唇面外侧有一周凹槽和一道扉棱。领部绳纹被抹平但仍可见,亦有轮修留下的浅痕。腹壁斜直,饰竖向绳纹,底部缺失。口径 17、残高 12.4 厘米（图 3-186,5）。标本 2004H94:17,夹细砂褐陶。侈口,圆唇,鼓腹,中腹以下缺失。口外呈带状凸起,腹饰竖向绳纹。口径 18.6、残高 8 厘米（图 3-186,6）。标本 2004H94:24,夹砂灰陶。侈口,圆唇,鼓腹,中腹以下缺失。口外侧有一周凸棱,腹饰竖向绳纹。口径 14、残高 5.4 厘米（图 3-186,7）。

Cc 型 II 式　标本 2004H94:43,夹砂黑皮陶,褐胎。侈口,方唇。中腹以下缺失,腹饰竖向绳纹。口径 15.2、残高 6 厘米（图 3-186,8）。

深腹盆

A 型 II 式　标本 2004H94:46,夹砂褐陶。圆唇,直口,折沿近平。中腹以下缺失,腹饰竖向绳纹。口径 22.2、残高 3.2 厘米（图 3-186,9）。标本 2004H94:13,泥质灰陶。侈口,方唇,折沿近

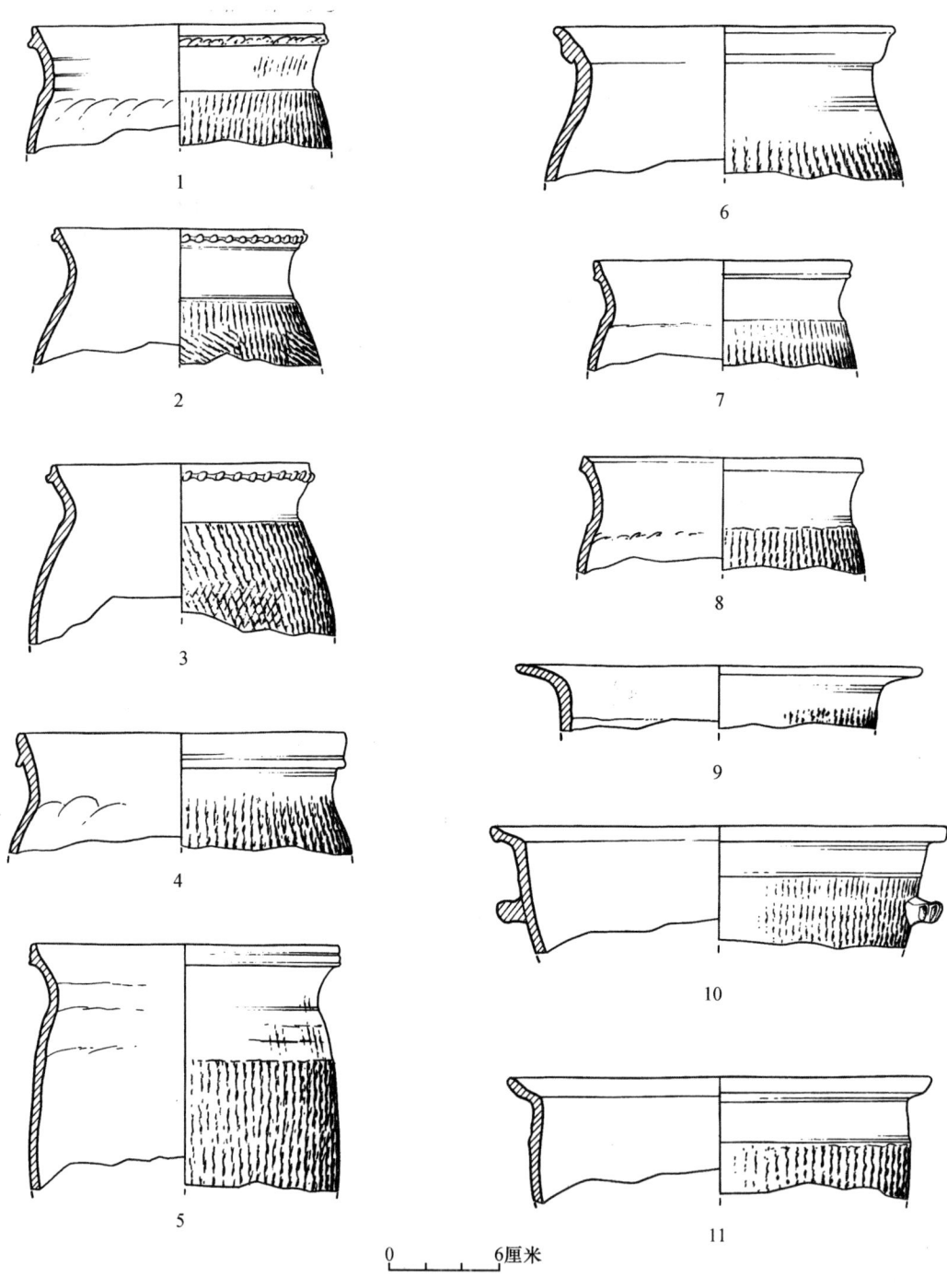

图 3-186　2004ⅠT6841H94 出土陶器（一）

1~3. Ca 型Ⅱ式圆腹罐（2004H94:18、2004H94:30、2004H94:3）　4~7. Cb 型Ⅱ式圆腹罐（2004H94:41、2004H94:10、2004H94:17、2004H94:24）　8. Cc 型Ⅱ式圆腹罐（2004H94:43）　9、10. A 型Ⅱ式深腹盆（2004H94:46、2004H94:13）　11. A 型Ⅲ式深腹盆（2004H94:26）

平。腹壁斜直，下腹及底缺失。腹部有一对鸡冠耳及饰竖向绳纹。口径24.8、残高6.4厘米（图3-186，10）。

A型Ⅲ式　标本2004H94∶26，泥质黑皮陶，褐胎。直口微敛，圆唇，沿外侧抹圆，腹微鼓。口外饰一周弦纹及竖向绳纹。口径23、残高6厘米（图3-186，11）。

小口尊

A型　标本2004H94∶36，泥质夹细砂，灰陶。敞口，尖圆唇，腹及底缺失。口外侧有一道凸棱，领部素面且磨光，近肩处有一周弦纹。口径23、残高5.2厘米（图3-187，4）。标本2004H94∶16，泥质黑皮陶。敞口，尖圆唇。高领，肩部以下缺失。领部饰一周凸棱，肩部有一周弦纹。口径22、残高5.6厘米（图3-187，3）。

B型　标本2004H94∶55，夹砂灰陶。敛口，方唇，矮领，肩部以下缺失。口沿内侧有一周凹槽。外侧素面，可见轮修留下的细纹。口径24、残高4厘米（3-187，5）。

瓮　Bb型Ⅱ式　标本2004H94∶19，夹砂褐陶。侈口，尖圆唇，鼓腹，中腹以下缺失。口外有较宽绳纹抹平带，其下饰斜向绳纹。口径16.6、残高5.6厘米（图3-187，2）。

高领罐　标本2004H94∶9，夹砂灰黑陶。侈口，圆唇。广肩，腹壁较直，中腹以下缺失。肩部磨光，饰两周弦纹，腹饰竖向绳纹。口径10.2、残高6.6厘米（图3-187，1）。

小罐　标本2004H94∶60，泥质黑皮陶。敛口，尖圆唇，直腹，下腹和底部缺失。素面磨光。中腹有两道细弦纹。口径23.6、残高10.8厘米（图3-187，6）。标本2004H94∶25，夹砂灰陶。口部近直，方唇，直腹。中腹以下缺失。口沿外残见小錾痕迹，腹饰绳纹。口径22、残高6.7厘米（图3-187，12）。

簋　标本2004H94∶2，泥质黑皮陶。敛口，圆唇，折沿近平。腹壁圆鼓。底部及圈足缺失。通体磨光，中腹饰三周弦纹。口径21.6、腹径21、残高7.6厘米（图3-187，10）。

豆　Ba型　标本2004H94∶61，夹砂黑皮陶。侈口，圆唇。豆盘素面，可见轮修痕迹。豆柄及座缺失。口径13.8、残高3.2厘米（图3-187，7）。

缸　Aa型Ⅰ式　标本2004H94∶8，夹砂褐陶。侈口，方唇，折沿近平，腹较直，中腹以下缺失。腹饰两周附加堆纹和竖向绳纹。口径22.2、残高6.6厘米（图3-187，11）。

捏口罐　标本2004H94∶33，夹砂灰陶。侈口，尖圆唇，口部残见一捏窝，领部较高，中腹以下缺失。腹饰绳纹。口径13.2、残高5.2厘米（图3-187，8）。标本2004H94∶4，夹砂灰陶。敞口，尖圆唇，口外呈带状凸起，口部残留一捏窝，领部较高，鼓腹，中腹以下缺失。腹饰弦断绳纹。口径15、残高7.4厘米（图3-187，9）。

2004ⅠT6841H108

深腹罐　Ab型Ⅱ式　标本2004H108∶8，夹砂灰陶。方唇，折沿近平。腹微鼓，腹壁斜直，中腹以下缺失。腹饰竖向绳纹。口沿23、残高8厘米（图3-188，5）。标本2004H108∶9，夹砂灰陶。方唇，折沿略仰，腹微鼓，腹壁斜直，中腹以下缺失。腹饰竖向绳纹。口径23.2、残高6厘米（图3-188，6）。标本2004H108∶3，夹砂灰陶。方唇，唇缘凸起，折沿微仰，鼓腹，中腹以下缺失。腹饰竖向细绳纹。口径21.6、残高8.4厘米（图3-188，3）。标本2004H108∶5，夹砂黑皮陶，灰胎。

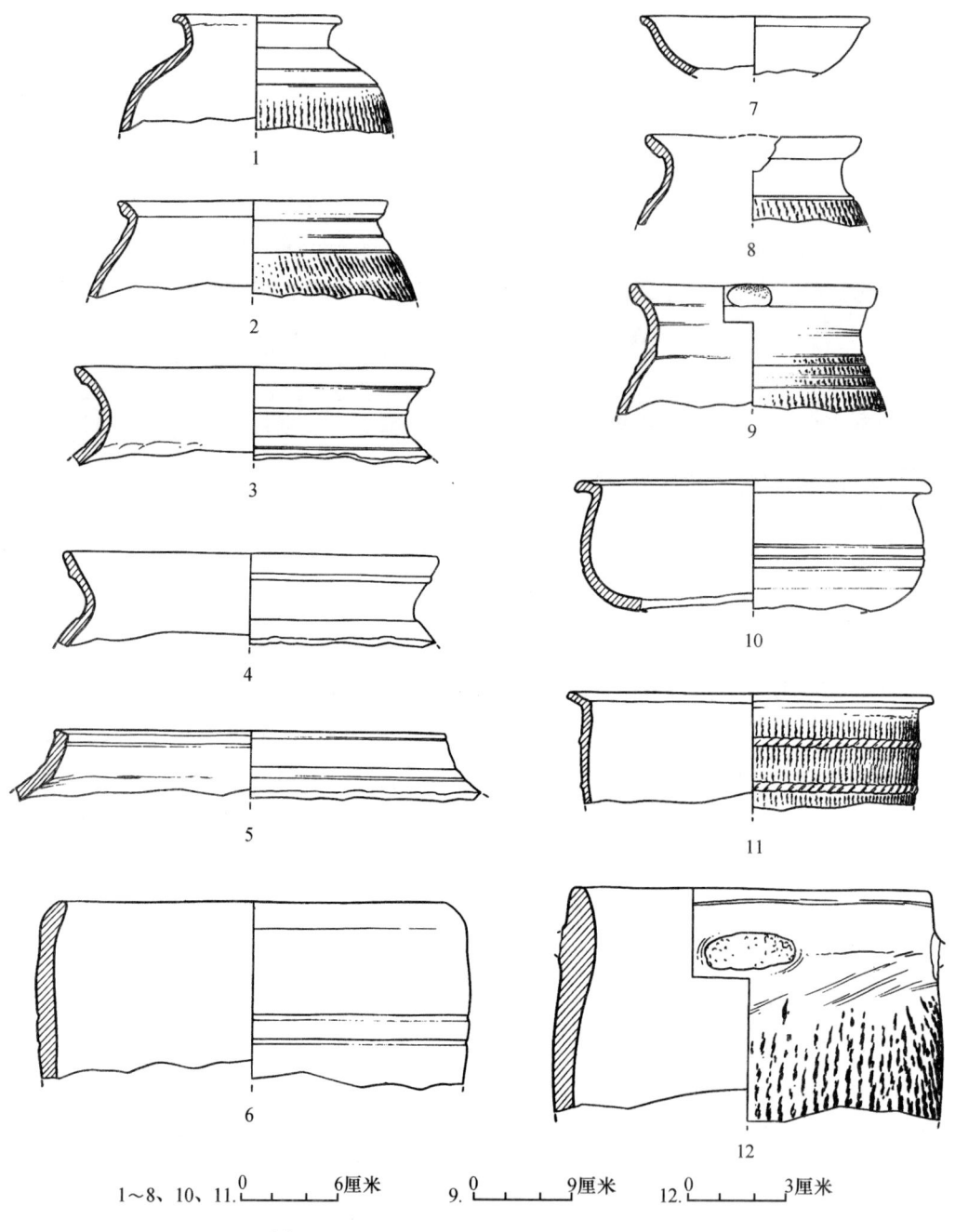

图 3-187 2004ⅠT6841H94 出土陶器（二）

1. 高领罐（2004H94:9） 2. Bb 型Ⅱ式瓮（2004H94:19） 3、4. A 型小口尊（2004H94:16、2004H94:36）
5. B 型小口尊（2004H94:55） 6、12. 小罐（2004H94:60、2004H94:25） 7. Ba 型豆（2004H94:61）
8、9. 捏口罐（2004H94:33、2004H94:4） 10. 簋（2004H94:2） 11. Aa 型Ⅰ式缸（2004H94:8）

方唇，折沿近平，沿部较宽，腹壁斜直。中腹以下缺失。腹饰竖向细绳纹。口径 22、残高 3.2 厘米（图 3-188，2）。标本 2004H108:12，夹细砂灰陶。方唇，折沿上仰，沿部较宽，腹部以下缺失。素面。口径 23.2、残高 3.2 厘米（图 3-188，4）。

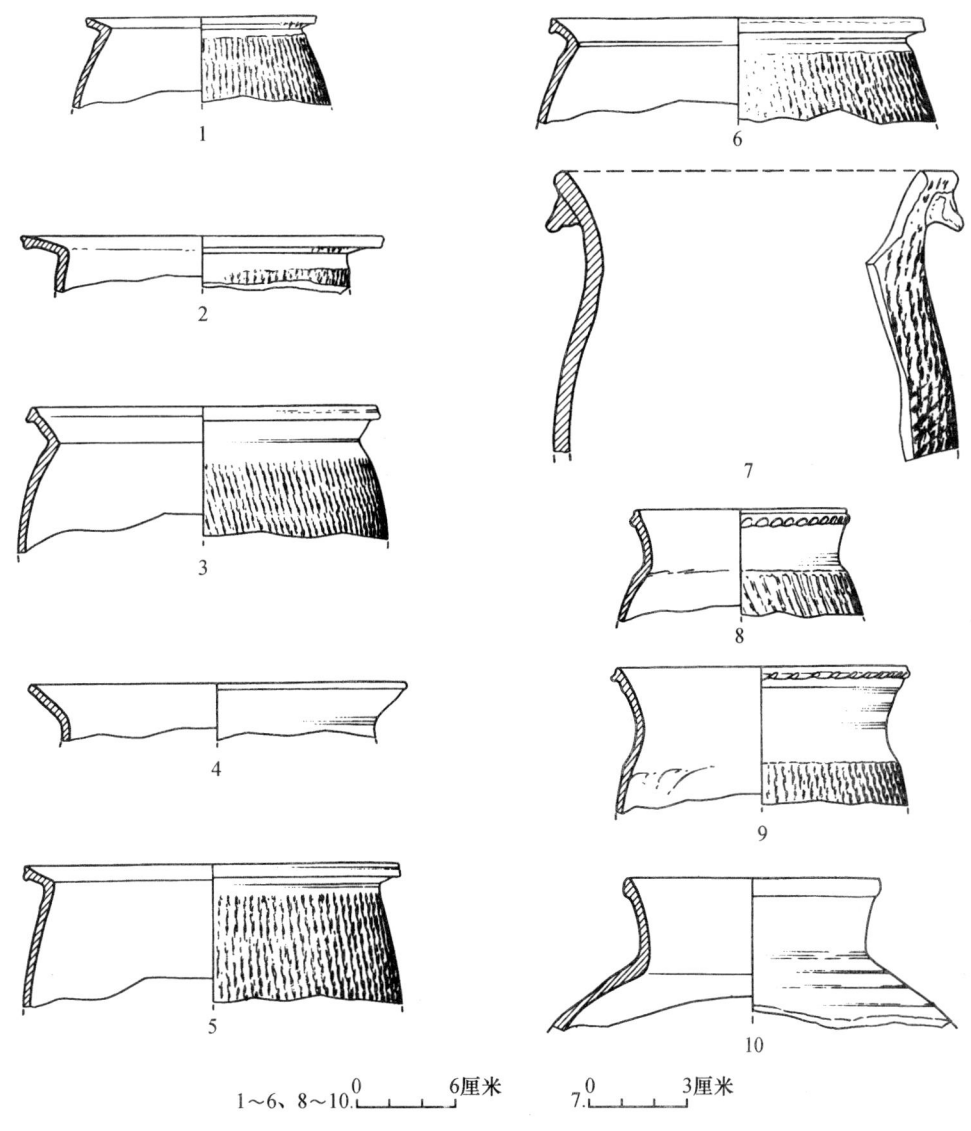

图 3-188　2004ⅠT6841H108 出土陶器

1. A 型Ⅱ式圆腹罐（2004H108：4）　2～6. Ab 型Ⅱ式深腹罐（2004H108：5、2004H108：3、2004H108：12、2004H108：8、2004H108：9）
7. Cc 型Ⅱ式圆腹罐（2004H108：2）　8、9. Ca 型Ⅱ式圆腹罐（2004H108：11、2004H108：1）　10. Ba 型Ⅰ式瓮（2004H108：13）

圆腹罐

A 型Ⅱ式　标本 2004H108：4，夹砂灰陶。敛口，方唇，折沿近平。腹微鼓。腹饰竖向细绳纹。口径 14.2、残高 6 厘米（图 3-188，1）。

Ca 型Ⅱ式　标本 2004H108：1，夹砂灰陶。尖唇，敞口，领部较高近直，中腹以下缺失。领部饰一周花边，腹饰竖向绳纹。口径 18.6、残高 8.4 厘米（图 3-188，9）。标本 2004H108：11，夹粗砂灰陶。尖唇，侈口，领部较高近直，腹微鼓，中腹以下缺失。领部有一周花边，腹饰较浅斜向绳纹。口径 13.6、残高 6.2 厘米（图 3-188，8）。

Cc 型Ⅱ式　标本 2004H108：2，夹砂黑皮陶。圆唇，侈口，腹微鼓，中腹以下缺失。领部有舌形小鋬一对，腹饰斜向较粗绳纹。口径12.5、残高8.1厘米（图3-188，7）。

瓮　Ba型Ⅰ式　标本2004H108:13，夹砂灰陶，砂粒较粗。侈口，尖唇，口外侧呈带状凸起，领部较高，广肩，肩部以下缺失。肩部饰三周细弦纹。口径16、肩径24.6、残高8.6厘米（图3-188，10）。

2004ⅠT6841H142

深腹罐

Ac型Ⅰ式　标本2004H142:28，夹砂灰陶。敛口，圆唇外凸，仰折沿，腹以下缺失。沿外侧有隐约斜向绳纹痕。口径24、残高2.6厘米（图3-189，5）。标本2004H142:10，夹细砂灰陶。敛口，尖圆唇，唇外侧圆鼓，中腹以下缺失。腹饰斜向细绳纹。口径20.2、残高7.2厘米（图3-189，4）。

Ac型Ⅱ式　标本2004H142:21，夹砂灰陶。敛口，尖圆唇微上凸。中腹以下缺失。口外有较宽绳纹抹平带，其下饰斜向绳纹。口径20.8、残高5.2厘米（图3-189，3）。

C型Ⅰ式　标本2004H142:25，夹细砂褐陶。方唇，折沿近平，领部近直，中腹以下缺失。腹饰竖向绳纹。口径16.6、残高4.6厘米（图3-189，2）。

圆腹罐

Ca型Ⅱ式　标本2004H142:43，夹砂黑皮陶。敞口，尖唇，腹以下缺失。口外饰一周花边，领部绳纹被抹平，腹饰竖向细绳纹。口径12、残高4.4厘米（图3-189，6）。标本2004H142:9，夹砂灰黑陶。口外侧饰一周花边，侈口，尖唇，领部较斜直，中腹以下缺失。领腹交界处饰一周细弦纹，腹饰竖向绳纹，口径15.2、残高5.8厘米（图3-189，1）。

Cc型Ⅱ式　标本2004H142:4，夹砂黑陶。侈口，卷沿，方唇，领部稍矮，圆鼓腹，凹圜底。腹部局部及底部黄褐色。上腹饰竖向绳纹，下腹及底饰交错绳纹。下腹沾有烧土痕。口径16、腹径19.4、底径9.4、高17.4厘米（图3-189，9）。

深腹盆

A型Ⅲ式　标本2004H142:8，泥质黑皮陶，褐胎。口微敛，折沿近平，圆唇上缘微凸，下腹及底缺失。上腹有一周弦纹，余皆素面且磨光。口径31、残高5.6厘米（图3-189，8）。

B型Ⅰ式　标本2004H142:11，泥质黑皮陶，灰胎。口微敛，尖圆唇，卷沿上仰。中腹以下缺失。上腹素面，其下饰交错向绳纹。口径27、残高7.4厘米（图3-189，7）。

三足盘　Ⅱ式　标本2004H142:3，泥质灰陶，局部黄褐色。盘口微侈，卷沿，尖圆唇，盘壁斜直，C形足。盘中腹饰三周弦纹，盘底凸出，三足中部饰三周弦纹，底部均有带状凸起，两侧内卷部分有指窝痕。口径20.4、通高12.2、足高6厘米（图3-189，10）。

瓮　Bb型Ⅰ式　标本2004H142:18，泥质夹细砂。灰胎。敛口，尖唇，广肩，腹圆鼓。中腹以下缺失，口径17、残高7厘米（图3-190，3）。

钵　标本2004H142:27，泥质灰陶。敛口，圆唇外鼓，腹及底缺失。素面磨光。口径18.4、残高5.2厘米（图3-190，4）。

敛口罐　A型Ⅲ式　标本2004H142:15，泥质灰陶。敛口，尖圆唇上缘凸起，仰折沿，鼓腹，中腹以下缺失。上腹素面磨光，有数周深浅不等的凹槽。口径18.8、残高5.4厘米（图3-190，2）。

第三章 二里头文化遗存

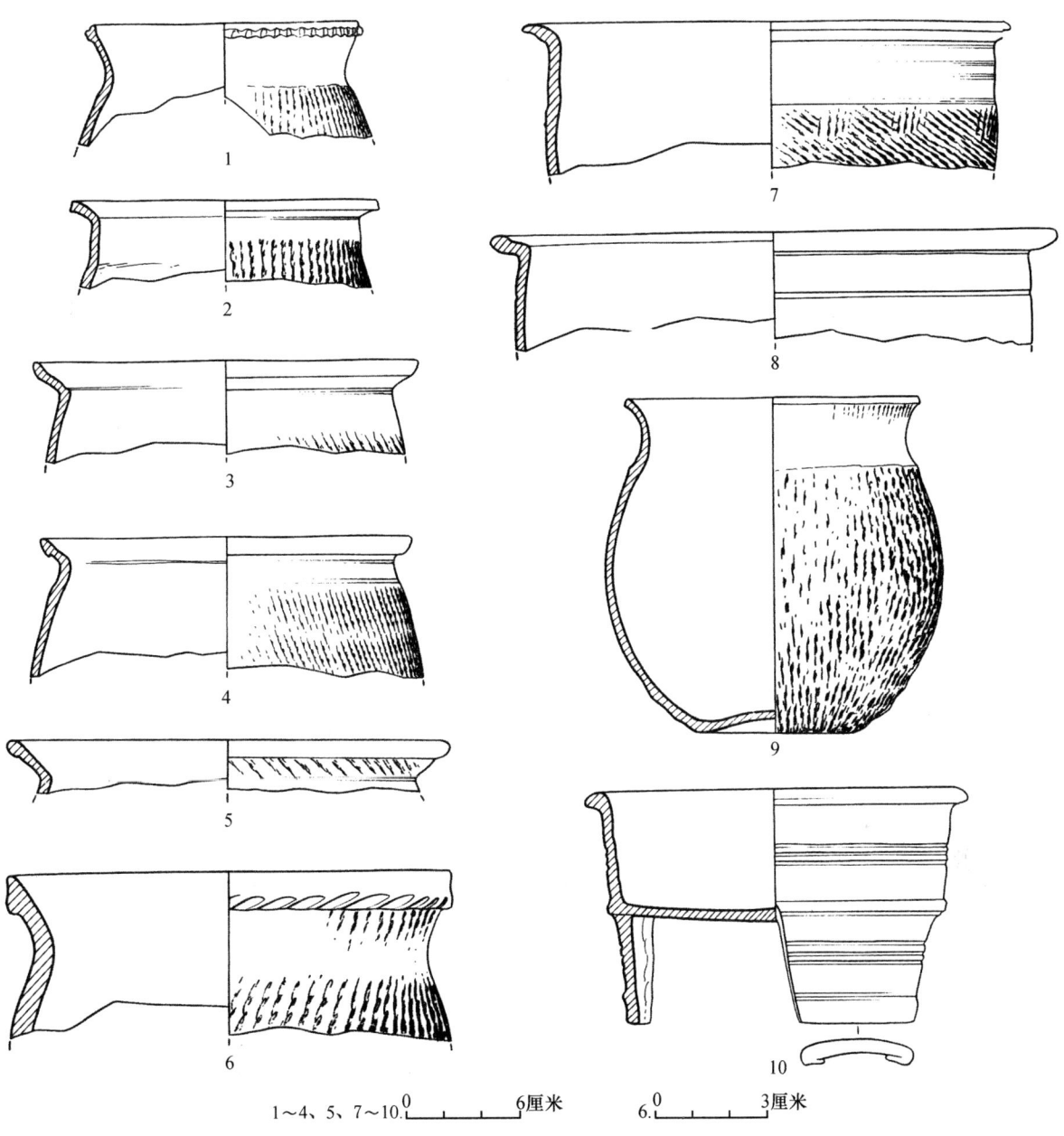

图 3-189　2004ⅠT6841H142 出土陶器（一）

1、6. Ca 型Ⅱ式圆腹罐（2004H142：9、2004H142：43）　2. C 型Ⅰ式深腹罐（2004H142：25）　3. Ac 型Ⅱ式深腹罐（2004H142：21）　4、5. Ac 型Ⅰ式深腹罐（2004H142：10、2004H142：28）　7. B 型Ⅰ式深腹盆（2004H142：11）　8. A 型Ⅲ式深腹盆（2004H142：8）　9. Cc 型Ⅱ式圆腹罐（2004H142：4）　10. Ⅱ式三足盘（2004H142：3）

捏口罐　A 型Ⅰ式　标本 2004H142：12，泥质灰胎。敞口，尖唇，领部较高，鼓腹，中腹以下缺失。口外有带状凸起。领及上腹有隐约绳纹痕，其下饰竖向绳纹。口径 14.4、残高 8.8 厘米（图 3-190，1）。标本 2004H142：5，泥质黑皮陶，暗红胎。侈口，卷沿，圆唇外凸，口部有两个椭圆形捏痕，矮领，鼓腹，下腹及底缺失。腹饰竖向绳纹。口径 10.5～13.5、残高 10.8 厘米（图 3-190，5）。

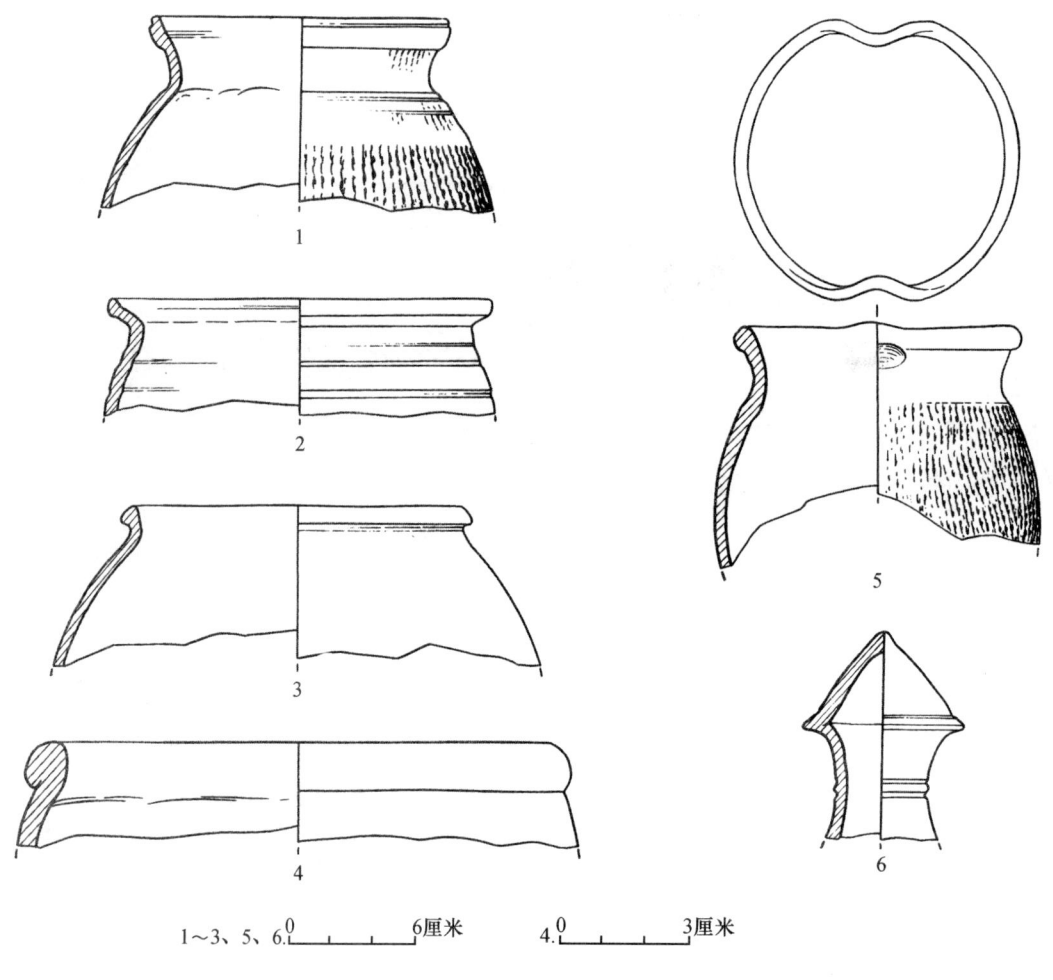

1~3、5、6. 0 ⌊⌊⌊⌊⌊⌊ 6厘米   4. 0 ⌊⌊⌊ 3厘米

图 3-190 2004ⅠT6841H142 出土陶器（二）

1、5. A 型Ⅰ式捏口罐（2004H142：12、2004H142：5） 2. A 型Ⅲ式敛口罐（2004H142：15） 3. Bb 型Ⅰ式
瓮（2004H142：18） 4. 钵（2004H142：27） 6. 器盖纽（2004H142：17）

器盖纽 标本 2004H142：17，泥质黑皮陶，红褐胎。圆锥形纽顶，纽柄内曲，下部残缺。器表磨光，纽顶有削痕，偏下处饰一周弦纹。纽柄中部饰一周凸棱和两周弦纹。纽顶底径 7.4、纽柄直径 5、纽残高 9.4 厘米（图 3-190，6）。

2004ⅠT6841H149

深腹罐 Ab 型Ⅱ式 标本 2004H149：20，夹砂灰陶。敛口，折沿略仰，方唇，唇缘外凸腹斜直，中腹以下缺失。腹饰竖向绳纹。口径 24.8、残高 4.4 厘米（图 3-191，6）。标本 2004H149：14，夹砂灰陶。敛口，折沿上仰，方唇唇缘上凸，腹斜直，中腹以下缺失。腹饰竖向绳纹。口径 21.2、残高 5 厘米（图 3-191，5）。标本 2004H149：26，夹砂灰黑陶。敛口，方唇，沿部略窄，腹略鼓，中腹以下缺失。口沿下有数周细弦纹，腹饰竖向绳纹。口径 19、残高 5.2 厘米（图 3-191，4）。

圆腹罐

A 型Ⅱ式 标本 2004H149：24，夹砂灰陶。敛口，方唇微上仰，鼓腹。中腹以下缺失。沿背有

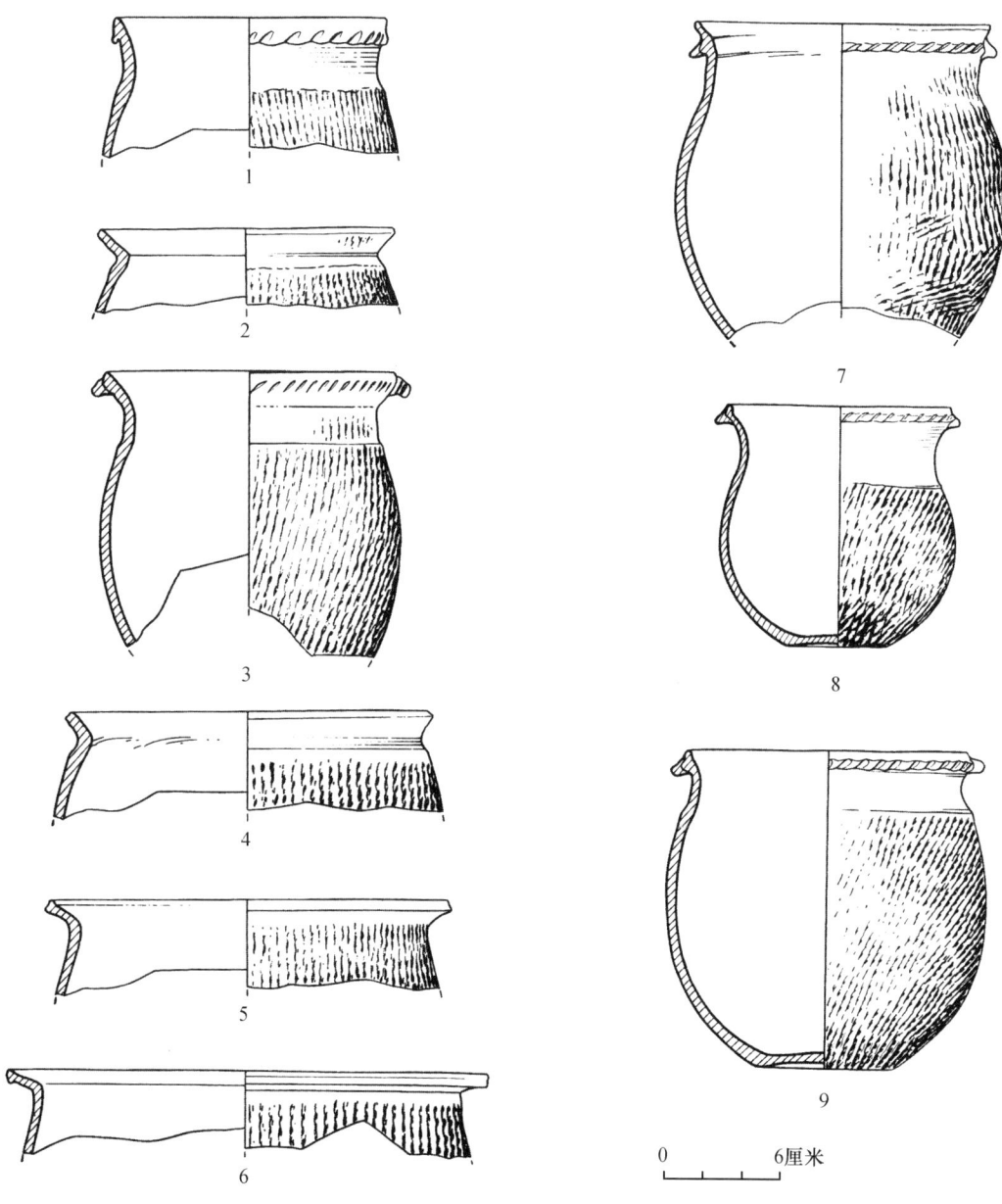

图 3-191　2004ⅠT6841H149 出土陶罐

1、3、7、8. Ca 型Ⅱ式圆腹罐（2004H149:19、2004H149:23、2004H149:8、2004H149:6）　2. A 型Ⅱ式圆腹罐
（2004H149:24）　4~6. Ab 型Ⅱ式深腹罐（2004H149:26、2004H149:14、2004H149:20）　9. Ca 型Ⅲ式圆腹罐
（2004H149:7）

隐约绳纹痕，腹饰竖向绳纹。口径 15.4、残高 4 厘米（图 3-191，2）。

Ca 型Ⅱ式　标本 2004H149:23，夹砂灰陶。圆唇，侈口，领稍高，腹微鼓，下腹近底部缺失。口外有鸡冠形小錾和一周花边，领部有隐约绳纹痕，腹饰竖向绳纹。口径 15.4、腹径 15.6、残高 14 厘米（图 3-191，3）。标本 2004H149:19，夹砂灰黑陶，褐胎。尖唇，侈口，领部近直，腹微鼓，中腹以下缺失。口外饰一周花边，腹饰竖向细绳纹。口径 15.5、腹径 17.2、残高 15.6 厘米（图

3-191,1)。标本2004H149:8,夹砂黑陶,局部褐色。侈口,卷沿,尖圆唇,领部较高,鼓腹,下腹近底部缺失。口外侧饰一周花边及两个舌形小錾,领部有隐约绳纹痕,腹饰交错绳纹。口径16、腹径16.2、残高15.7厘米(图3-191,7)。标本2004H149:6,夹砂灰褐陶,局部黑色。敞口,卷沿,尖唇,领部较高,圆鼓腹,平底微凹。口外饰一周花边及两个小錾,领腹交界处饰一周细弦纹,上腹饰斜向绳纹,下腹及近底部饰交错绳纹。口径11.6、腹径12.4、底径5.4、高11.7厘米(图3-191,8)。

Ca型Ⅲ式 标本2004H149:7,夹砂黑皮陶,局部褐色,陶胎呈灰色。侈口,卷沿,尖唇,矮领,鼓腹,平底微凹。口外侧饰一周花边及两个鸡冠形小錾,上腹饰竖向绳纹,下腹饰交错绳纹。口径14.4、腹径15.8、底径7、高15.7厘米(图3-191,9;图版九,6)。

Cb型Ⅱ式 标本2004H149:22,夹砂褐陶。侈口,尖圆唇,领部较高,鼓腹,平底。口外有一周凸棱并残留一个舌形小錾,领部饰三周弦纹,腹饰竖向及交错绳纹。口径15.6、腹径18.2、底径9.6、高17.5厘米(图3-192,5)。标本2004H149:11,夹砂灰陶。侈口,尖圆唇,口外侧有一周凸棱,腹微鼓,中腹以下缺失。腹饰竖向细绳纹。口径16.8、残高7.4厘米(图3-192,3)。标本2004H149:21,夹砂灰陶。侈口,尖圆唇,口外微凸,两侧各有一舌形小錾,腹部缺失。口径17、残高4.4厘米(图3-192,4)。

Cc型Ⅱ式 标本2004H149:18,夹砂褐陶。侈口,尖圆唇,唇面微凹。鼓腹,底部缺失。口外有一对舌形小錾。腹饰竖向绳纹。口径16.2、残高10.6厘米(图3-192,5)。标本2004H149:33,夹砂灰陶。侈口卷沿,方唇,腹微鼓,底残。颈部有一周弦纹,腹饰绳纹。口径12.8、腹径14.6、残高15厘米(图3-192,6)。

鼎 A型Ⅰ式 标本2004H149:28,夹砂灰黑陶,褐胎。敛口,圆唇,仰折沿,腹微鼓,中腹以下缺失。腹饰竖向绳纹。口径15、残高5.2厘米(图3-192,7)。标本2004H149:12,夹砂黑皮陶,褐胎。敛口,尖圆唇,折沿近平。鼓腹,中腹以下缺失。上腹有数道细凸棱。口径15.2、残高4.8厘米(图3-192,8)。

刻槽盆 A型Ⅰ式 标本2004H149:35,泥质灰陶,暗红胎。口微侈,圆唇,腹微鼓,中腹以下缺失。腹饰斜向绳纹,内壁残见竖向平行状刻槽,刻槽较细。残高5.5厘米(图3-192,9)。

捏口罐 A型Ⅰ式 标本2004H149:16,夹砂红褐陶。敞口,卷沿,圆唇外凸,口部有两个椭圆形捏痕,矮领,鼓腹,中腹以下缺失。腹饰斜向绳纹。口沿12、残高6.6厘米(图3-192,1)。

豆 A型Ⅰ式 标本2004H149:25,泥质灰陶。侈口,卷沿,尖圆唇,盘腹壁斜直,底略圜,豆柄缺失。器表素面且磨光。盘下腹有一周凸棱。口径17.4、底径6.2、残高7厘米(图3-192,10)。

小口尊 A型 标本2004H149:15,泥质夹少量粗砂,黑皮陶,陶胎暗红色。侈口,尖圆唇,口部外侧呈带状凸起,矮领,肩部以下缺失。领肩交界处饰一周弦纹,肩部残见二周弦纹及竖向绳纹。口径18.4、残高5.7厘米(图3-193,1)。

瓮 A型Ⅱ式 标本2004H149:9,泥质夹少量细砂,灰陶,局部为灰褐色。敛口,尖圆唇,口部外侧呈带状凸起,矮领,折肩,腹壁较直,中腹以下缺失。肩部饰三周细弦纹并有"×"刻符,肩部饰五周较粗的弦纹,中腹残见三周较粗的弦纹。口径16.5、肩径32、残高17.5厘米(图3-193,4)。

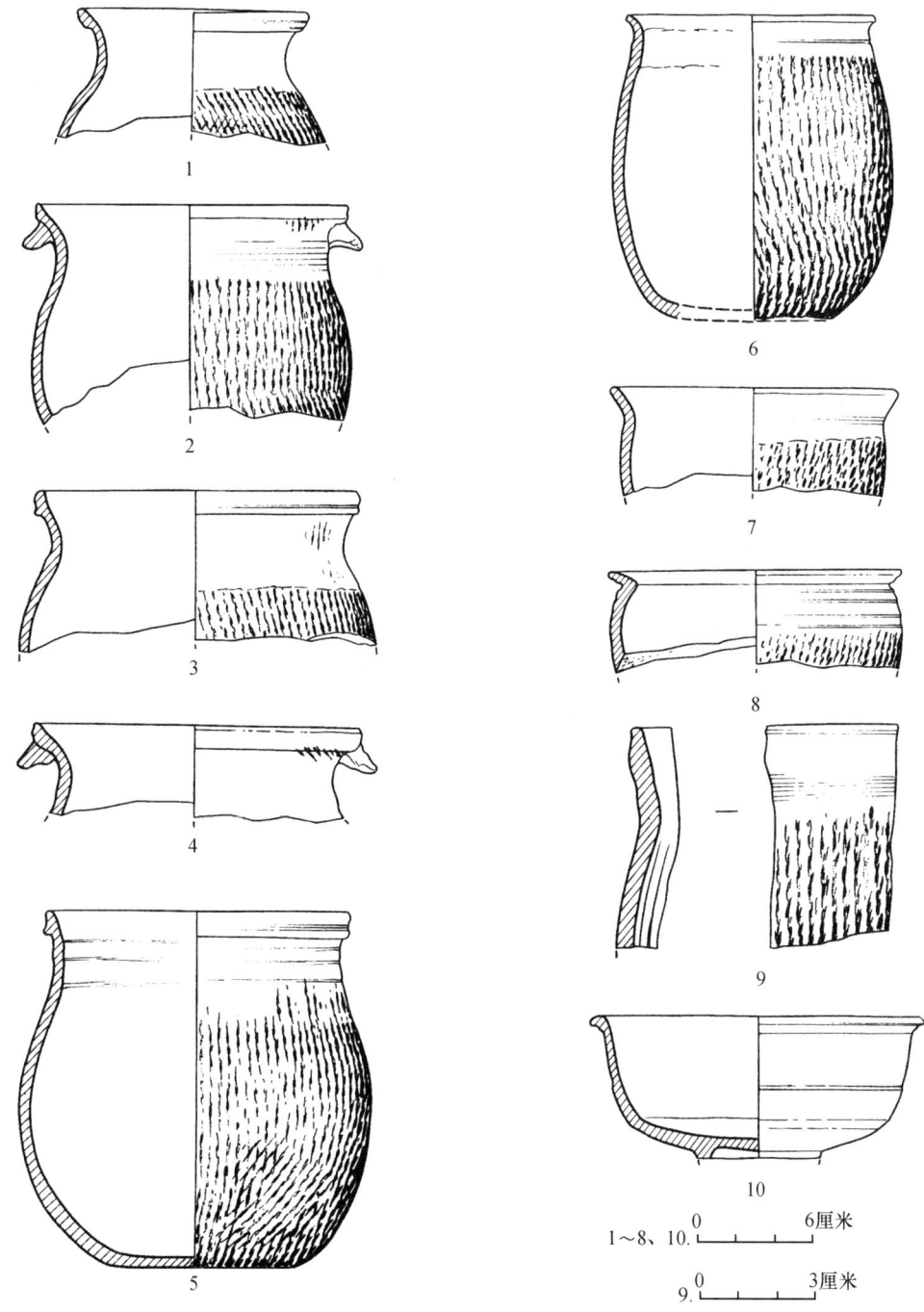

图 3-192　2004ⅠT6841H149 出土陶器（一）

1. A 型Ⅰ式捏口罐（2004H149∶16）　2、6. Cc 型Ⅱ式圆腹罐（2004H149∶18、2004H149∶33）　3～5. Cb 型Ⅱ式圆腹罐（2004H149∶21、2004H149∶22）　7、8. A 型Ⅰ式鼎（2004H149∶28、2004H149∶12）　9. A 型Ⅰ式刻槽盆（2004H149∶35）　10. A 型Ⅰ式豆（2004H149∶25）

缸

Aa 型 I 式　标本 2004H149：10，夹砂红褐陶，局部灰黑色，陶胎为暗红色。敛口，折沿近平，方唇，腹壁微鼓，下腹及底缺失。腹饰附加堆纹和斜向绳纹。口径 34.6、残高 25.8 厘米（图 3-193，2）。

C 型　标本 2004H149：17，夹粗砂灰陶。敞口、圆唇，口部外侧圆鼓，腹壁斜直，中腹以下缺失。口外饰附加堆纹和绳纹。口径 29.2、残高 4.4 厘米（图 3-193，3）。

盉盖　标本 2004H149：1，泥质白陶。盖残，仅见到两侧边局部。顶部有一平面略呈三角形的纽，纽上有一横向穿孔。盉盖残长 13.8、纽高 4.2 厘米（图 3-193，5；彩版一七，4）。

敛口罐　A 型 III 式　标本 2004H149：32，泥质夹少量细砂，灰陶。敛口，折沿近平，方唇，唇上缘凸起，鼓腹，中腹以下缺失。上腹磨光，饰多周弦纹。口径 17、残高 7 厘米（图 3-193，6）。

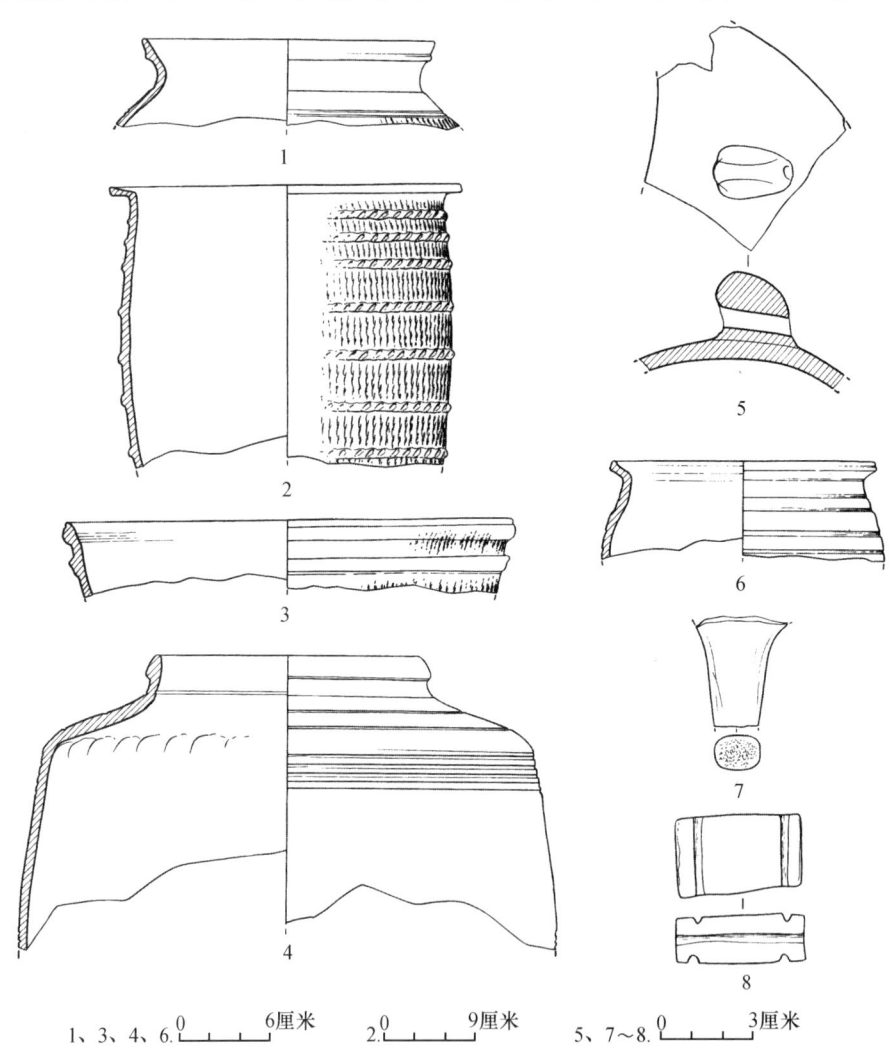

图 3-193　2004 I T6841H149 出土陶器（二）

1. A 型小口尊（2004H149：15）　2. Aa 型 I 式缸（2004H149：10）　3. C 型缸（2004H149：17）　4. A 型 II 式瓮（2004H149：9）　5. 盉盖（2004H149：1）　6. A 型 III 敛口罐（2004H149：32）　7. 爵足（2004H149：5）　8. A 型陶网坠（2004H149：3）

爵足　标本2004H149：5，泥质白陶。足的横截面呈圆角方形。残高6.6厘米（图3-193，7）。

网坠　A型　标本2004H149：3，泥质白陶。为长方体，器表共有六道凹槽，顶面和底面各有两道，前后侧面各有一道。长4.1、宽2.4、厚1.4厘米（图3-193，8）。

2004ⅠT6841H174

深腹罐　Ac型Ⅰ式　标本2004H174：12，夹细砂灰陶。敛口，折沿上仰，尖圆唇，唇外侧圆鼓，鼓腹，中腹以下缺失。腹饰竖向绳纹。口径20.8、残高10厘米（图3-194，1）。标本2004H174：1，夹砂灰黑陶。圆唇外凸，卷沿侈口，鼓腹，中腹以下缺失。沿背可见绳纹痕，腹饰竖向细绳纹。口径23.2、残高11厘米（图3-194，5）。

圆腹罐

Ca型Ⅱ式　标本2004H174：37，夹砂灰黑陶。侈口，尖唇，领稍高，圆鼓腹。下腹及底部缺失。口外饰一周花边，腹饰较浅斜向篮纹。口径17.6、残高16厘米（图3-194，4）。

Cc型Ⅱ式　标本2004H174：8，夹砂褐陶。侈口，卷沿，圆唇，中腹以下缺失。腹饰竖向细绳纹。口径13.4、残高5厘米（图3-194，2）。

甑　D型　标本2004H174：47，夹粗砂灰黑陶。侈口，尖唇，斜直腹，下腹及底缺失。器表素面，较为粗糙。口径18、残高6厘米（图3-194，3）。

深腹盆

A型Ⅱ式　标本2004H174：28，夹砂灰黑陶，胎呈灰色。侈口，折沿近平，方唇，唇面略凹，中腹以下缺失。上腹有细密轮修痕，其下饰竖向细绳纹。口沿26.8、残高9.6厘米（图3-194，6）。

A型Ⅲ式　标本2004H174：26，泥质夹细砂黑皮陶。直口，折沿，沿面微仰，尖圆唇略鼓，中腹以下缺失。腹饰竖向绳纹。口径26.4、残高2.8厘米（图3-194，7）。

平底盆　A型Ⅰ式　标本2004H174：10，泥质黑皮陶。侈口，尖唇，卷沿下耷，沿面有一周凹槽，底部缺失。略磨光。口沿33.6、残高10.5厘米（图3-194，8）。

豆　A型Ⅲ式　标本2004H174：32，泥质夹少量细砂，灰陶。敞口，沿面圆鼓，尖圆唇，腹壁外张，底部及柄缺失。素面。口径20、残高5厘米（图3-194，9）。

小口尊

A型　标本2004H174：27，泥质灰陶。侈口，尖圆唇，唇外侧有一周宽带状凸棱，领部较高，斜肩，肩部以下缺失。口径21、残高6.2厘米（图3-194，10）。

Ab型　标本2004H174：48，泥质灰陶。敞口，圆唇，口外呈带状凸起，领部较高，广肩，腹部以下缺失。器表磨光，肩部有数周粗弦纹。口径17.2、残高8.6厘米（图3-194，11）。标本2004H174：41，泥质灰陶。敞口，圆唇微仰。领部较高，广肩，腹部以下缺失。器表较粗糙，领部有一周凸棱，肩饰两周弦纹。其下饰斜向篮纹。口径20.6、残高10厘米（图3-195，4）。

瓮　Ba型Ⅱ式　标本2004H174：9，泥质夹少量细砂，灰陶。直口，方唇，矮领，圆肩，腹壁较直，底部缺失。领部有一周凸棱，腹饰交错绳纹，内壁有麻点。口径19.2、腹径38、残高40厘米（图3-195，1）。

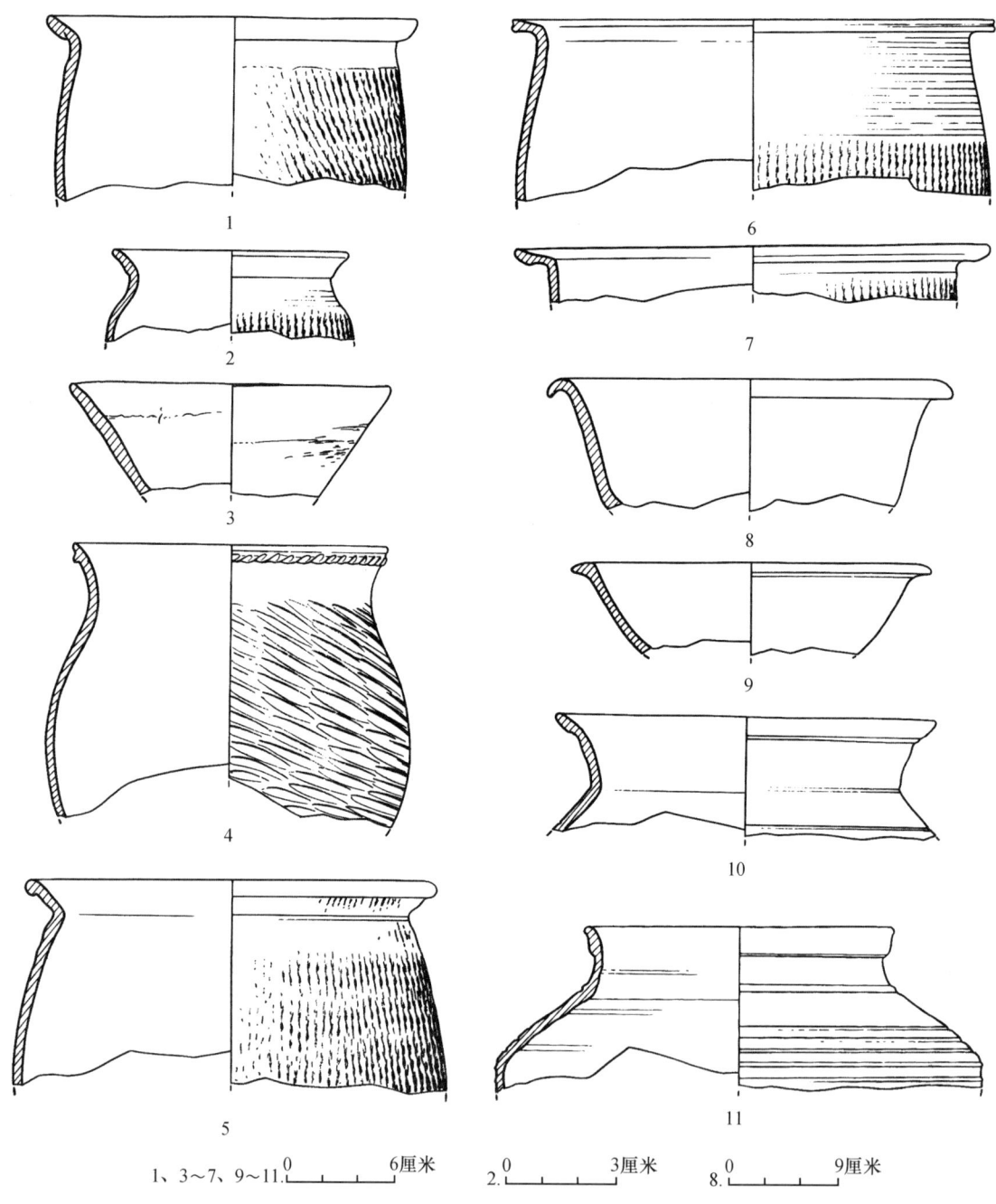

图 3-194　2004ⅠT6841H174 出土陶器（一）

1、5. Ac 型Ⅰ式深腹罐（2004H174:12、2004H174:1）　2. Cc 型Ⅱ式圆腹罐（2004H174:8）　3. D 型甑（2004H174:47）　4. Ca 型Ⅱ式圆腹罐（2004H174:37）　6. A 型Ⅱ式深腹盆（2004H174:28）　7. A 型Ⅲ式深腹盆（2004H174:26）　8. A 型Ⅰ式平底盆（2004H174:10）　9. A 型Ⅲ式豆（2004H174:32）　10. A 型小口尊（2004H174:27）　11. Ab 型小口尊（2004H174:48）

器盖　Aa 型 I 式　标本 2004H174：2，泥质灰陶。口部外张，尖唇，腹壁微凹，顶及纽缺失。素面，局部磨光，近口部有一周弦纹。口径 24.8、残高 9.2 厘米（图 3-195，3）。

敛口罐　A 型 II 式　标本 2004H174：5，夹砂灰陶。敛口，圆唇，中腹以下缺失。口外素面，其下饰竖向细绳纹。口径 15.6、残高 4.4 厘米（图 3-195，4）。

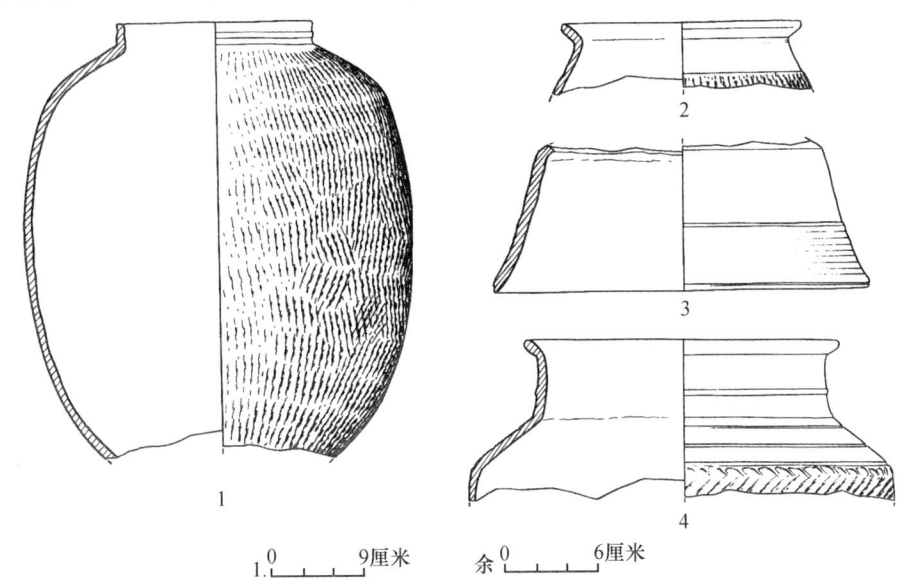

图 3-195　2004 I T6841H174 出土陶器（二）
1. Ba 型 II 式瓮（2004H174：9）　2. A 型 II 式敛口罐（2004H174：5）　3. Aa 型 I 式器盖
（2004H174：2）　4. Ab 型小口尊（2004H174：41）

2004 I T6841H208

深腹罐

Ab 型 II 式　标本 2004H208：20，夹砂灰黑陶。敛口，折沿上仰，圆唇，鼓腹，中腹以下缺失。腹饰斜向绳纹。口径 22、残高 5 厘米（图 3-196，1）。

B 型 I 式　标本 2004H208：9，夹砂灰黑陶。卷沿上仰，圆唇，唇上缘凸起，鼓腹，中腹以下缺失。腹饰斜向绳纹。口径 22、残高 10.6 厘米（图 3-196，4）。

Ac 型 I 式　标本 2004H208：6，夹砂褐陶。口部近直，折沿上仰，方唇下缘略抹，腹微鼓，中腹以下缺失。腹饰竖向及斜向绳纹。口径 22、残高 14.8 厘米（图 3-196，2）。标本 2004H208：13，夹砂灰黑陶。敛口，折沿上仰，尖圆唇，唇外侧圆鼓，鼓腹，中腹以下缺失。腹饰斜向绳纹。口径 22、残高 7.9 厘米（图 3-196，3）。

圆腹罐

Ca 型 II 式　标本 2004H208：11，夹砂褐陶。侈口、卷沿、尖唇，腹较瘦长，底部残缺。口部饰一周花边及两扁圆形錾，腹饰竖向及斜向细绳纹。口径 16、残高 19.2 厘米（图 3-196，5）。标本 2004H208：15，夹砂褐陶。侈口、卷沿，尖唇，领部较高，圆鼓腹，腹以下缺失。口外侧饰一周花边，领腹交界处饰一周细弦纹，腹饰交错绳纹。口径 13.4、残高 8.2 厘米（图 3-196，6）。标本

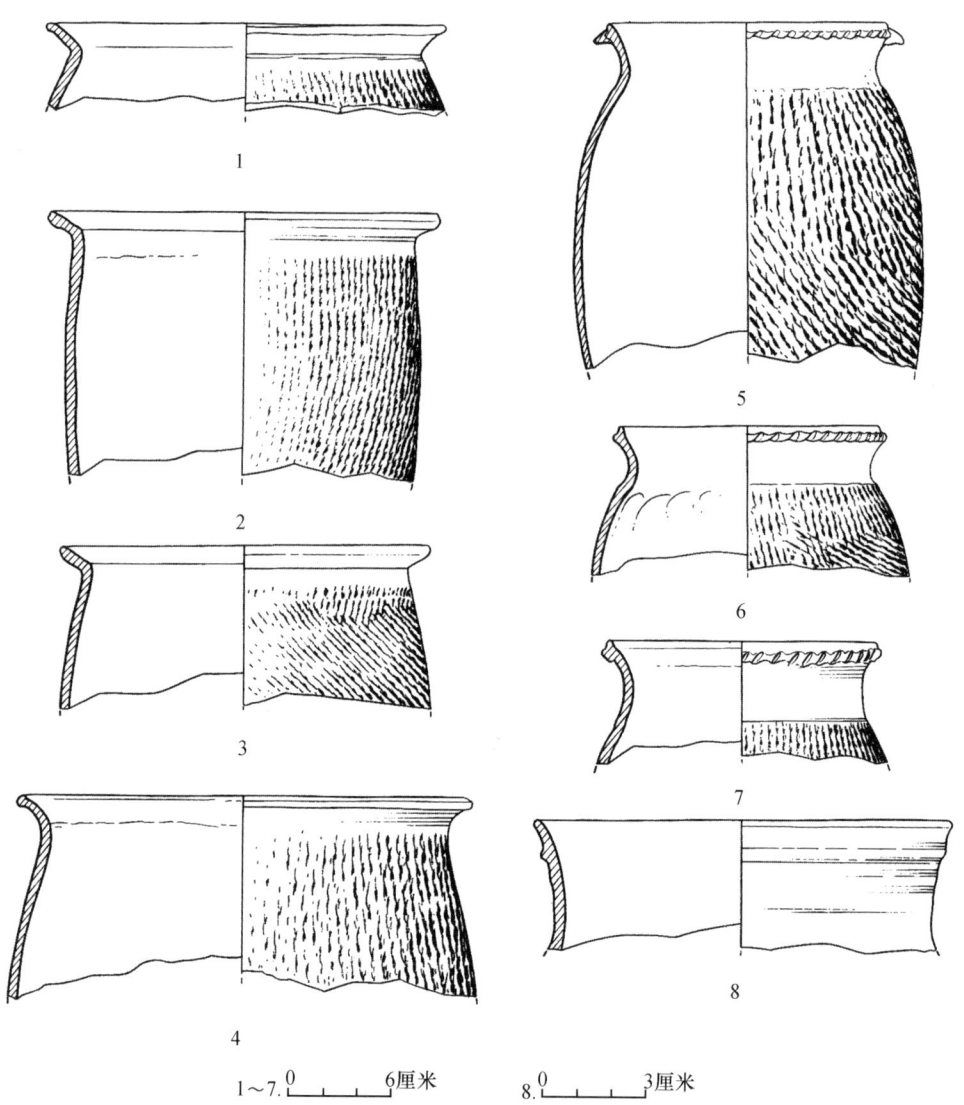

图 3-196　2004ⅠT6841H208 出土陶罐

1. Ab 型Ⅱ式深腹罐（2004H208：20）　2、3. Ac 型Ⅰ式深腹罐（2004H208：6、2004H208：13）　4. B 型Ⅰ式深腹罐（2004H208：9）　5~7. Ca 型Ⅱ式圆腹罐（2004H208：11、2004H208：15、2004H208：16）　8. Cb 型Ⅰ式圆腹罐（2004H208：33）

2004H208：16，夹砂褐陶。侈口，高领，尖唇，腹微鼓，中腹以下缺失。口部饰一周花边，腹饰竖向绳纹。口径 15、残高 6.7 厘米（图 3-196，7）。

Cb 型Ⅰ式　标本 2004H208：33，夹细砂灰陶。侈口，圆唇，领部较高，腹部以下缺失。唇外侧有一周凸棱。口径 17、残高 3.6 厘米（图 3-196，8）。

Cc 型Ⅱ式　标本 2004H208：24，夹砂红褐陶。侈口，圆唇，领部较高，腹微鼓，中腹以下缺失。腹饰绳纹。残高 7.7 厘米（图 3-197，1）。标本 2004H208：26，夹砂红褐陶。侈口，圆唇，领部稍矮，腹微鼓，中腹以下缺失。腹饰绳纹。残高 5.1 厘米（图 3-197，2）。

鼎 A型Ⅱ式 标本2004H208:18，夹细砂灰黑陶，胎呈红褐色。侈口，仰折沿，圆唇，腹壁斜直，上腹见一鸡冠耳鋬，中腹以下及足缺失。上腹饰一道弦纹及竖向绳纹。口径18、残高6.8厘米（图3-197，3）。

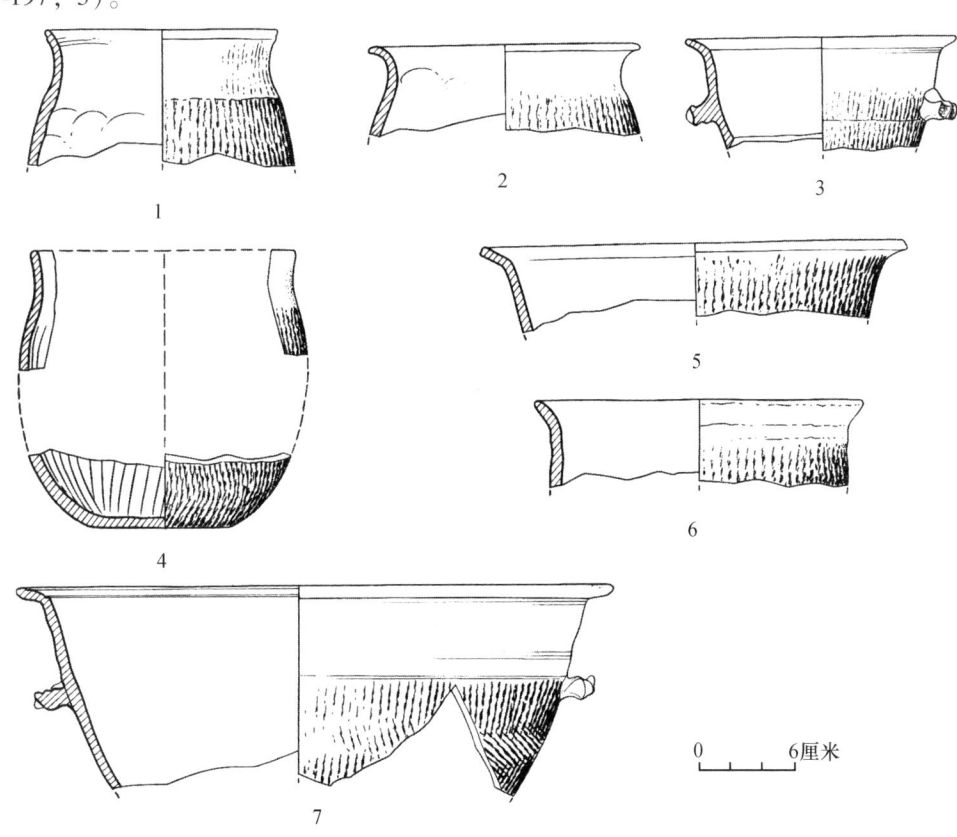

图3-197 2004ⅠT6841H208出土陶器（一）
1、2. Cc型Ⅱ式圆腹罐（2004H208:24、2004H208:26） 3. A型Ⅱ式鼎（2004H208:18） 4. A型Ⅰ式刻槽盆（2004H208:19） 5、6. A型Ⅱ式深腹盆（2004H208:28、2004H208:234） 7. B型Ⅰ式深腹盆（2004H208:3）

刻槽盆 A型Ⅰ式 标本2004H208:19 夹砂，灰黑陶，胎呈红褐色。口微侈，圆唇，腹略鼓，平底。中腹缺失。腹饰交错绳纹，内壁有相交的刻槽。口径16、复原高度16厘米（图3-197，4）。

深腹盆

A型Ⅱ式 标本2004H208:28，夹砂灰黑陶。侈口，折沿上仰，方唇，唇面微凹，腹壁斜直，中腹以下缺失。腹饰斜向绳纹。口径28、残高4.6厘米（图3-197，5）。标本2004H208:34，泥质夹少量细砂，红褐陶。直口，圆唇，腹壁较直，中腹以下缺失。腹饰斜向绳纹。口径20、残高4.9厘米（图3-197，6）。

B型Ⅰ式 标本2004H208:3，夹砂黑皮陶，陶胎暗红色。侈口，曲沿略仰，沿面有两周弦纹，圆唇，沿背微凸，腹壁略斜直，下腹及底部缺失。上腹略磨光，饰一周弦纹及两个鸡冠耳，其下饰竖向及斜向绳纹。口径36、残高11.4厘米（图3-197，7）。

平底盆 A型Ⅰ式 标本2004H208:4，泥质夹少量细砂，红褐陶，陶胎灰色。盆口微侈，卷沿，尖圆唇，沿面圆鼓，盆壁斜直，盆底缺失。素面磨光。口径22.4、残高5.8厘米（图3-198，1）。

圈足盘 B型 标本2004H208:5，泥质夹少量细砂，黑皮陶，陶胎暗红色。盘口微侈，平折沿，折棱凸出，圆唇，盘壁斜直，平底微圜，圈足缺失。素面，盘中腹饰一周凸弦纹，盘底周缘外凸，圈足缺失。口径22、盘深3.8、残高6厘米（图3-198，2）。

小口尊 A型 标本2004H208:22，泥质黑皮陶，胎呈红褐色。侈口，尖圆唇，领部较高，唇外侧有一周宽带状凸棱，斜肩，肩部以下缺失。领部有一周凸棱，肩部有一周弦纹。口径16、残高6.7厘米（图3-198，3）。

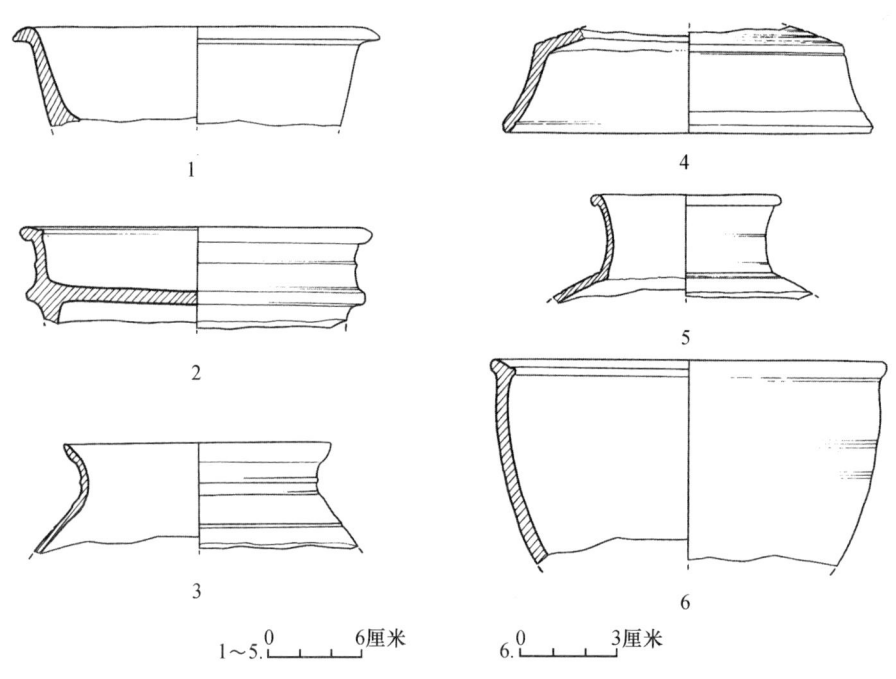

图3-198 2004ⅠT6841H208 出土陶器（二）
1. A型Ⅰ式平底盆（2004H208:4） 2. B型圈足盘（2004H208:5） 3. A型小口尊（2004H208:22）
4. Aa型Ⅰ式器盖（2004H208:10） 5. 高领罐（2004H208:31） 6. 钵（2004H208:25）

器盖 Aa型Ⅰ式 标本2004H208:10，夹砂灰黑陶。口部外张，圆唇，口部外侧略呈宽带状凸起。折壁，盖顶微鼓，纽部缺失。盖顶残见三周弦纹。口径27、残高5.7厘米（图3-198，4）。

高领罐 标本2004H208:31，泥质灰黑陶。口部微侈，卷沿外耷，圆唇，高领，斜肩，肩部以下缺失。领部饰一周弦纹，领肩交界处有两周凸棱。口径12、残高6.1厘米（图3-198，5）。

钵 标本2004H208:25，泥质夹少量细砂，灰黑陶。口微敛，圆唇外侈，口内有凸起，腹壁弧收，底部缺失。素面。口径12、残高5.9厘米（图3-198，6）。

2004ⅠT6940H71

深腹罐

Ab型Ⅱ式 标本2004H71:11，夹砂灰黑陶，下部为红褐色，内壁灰黑色。敛口、仰折沿、方唇，唇上缘微凸，上腹略鼓，底部缺失。腹饰交错绳纹。口径20、腹径21.8、通高29.4厘米（图3-199，2）。标本2004H71:12，夹砂灰陶。侈口、卷沿、方唇，腹稍鼓，下腹及底缺失。腹饰斜向绳纹。口径22.2、腹径约23、残高22.7厘米（图3-199，1）。标本2004H71:26，夹砂灰陶。敛口、折沿、方唇，唇下缘抹圆且微凸，中腹以下缺失。腹饰绳纹。口径20.8、残高5.5厘米（图3-199，3）。标本2004H71:48，夹砂红褐陶，内壁为褐色。敛口、仰折沿、折棱微凸，圆唇，中腹以下缺失。腹饰绳纹。口径23、残高4厘米（图3-199，4）。标本2004H71:59，夹砂黑皮陶，红褐胎。敛口、平折沿、方唇，中腹以下缺失。腹饰绳纹。口径32.1、残高3.9厘米（图3-199，5）。

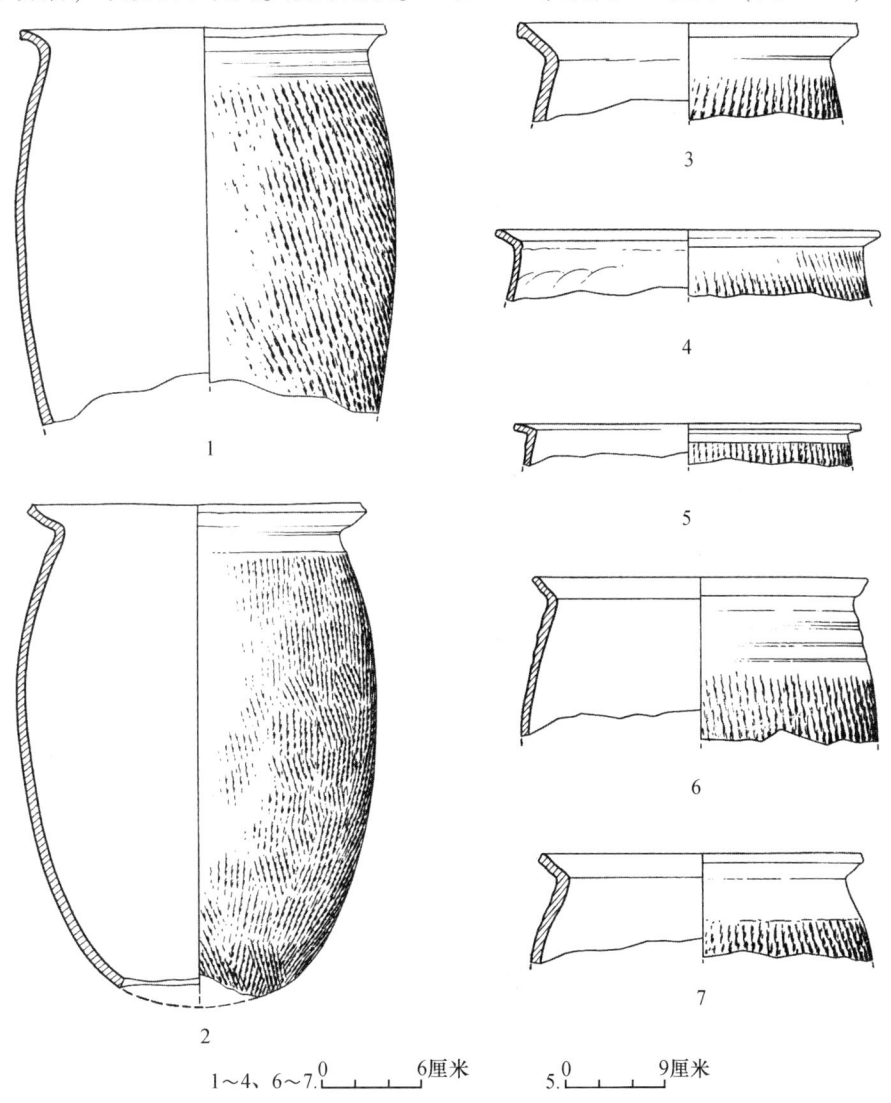

图3-199　2004ⅠT6940H71出土深腹罐

1~5. Ab型Ⅱ式（2004H71:12、2004H71:11、2004H71:26、2004H71:48、2004H71:59）

6、7. Ab型Ⅲ式（2004H71:16、2004H71:47）

Ab 型Ⅲ式 标本 2004H71：16，夹砂红陶，局部为黑色。敛口、仰折沿、圆唇，腹微鼓，中腹以下缺失。上腹有较宽轮修痕，其下饰绳纹。口径 20.6、残高 9.6 厘米（图 3-199，6）。标本 2004H71：47，夹砂灰陶，敛口、仰折沿、方唇，中腹以下缺失。上腹有较宽轮修痕，其下饰绳纹。口径 19.8、残高 6.2 厘米（图 3-199，7）。

Ac 型Ⅰ式 标本 2004H71：32，夹砂灰黑陶，褐胎。敛口、折沿、尖圆唇，沿背较鼓，腹及底部缺失。腹饰竖向绳纹。口径 23、残高 4.4 厘米（图 3-200，1）。标本 2004H71：58，夹砂灰陶。仰折沿，斜方唇，唇下缘凸出。腹以下残。口径 21、残高 2.6 厘米（图 3-200，4）。标本 2004H71：51，夹砂黑皮陶，灰胎。敛口、折沿、圆唇、鼓腹，腹及底部缺失。腹饰斜向绳纹。口径 27、残高 3.2 厘米（图 3-200，4）。

Ac 型Ⅱ式 标本 2004H71：30，夹砂灰黑皮陶，红褐胎。敛口、折沿、圆唇、腹及底部缺失。口外有较宽轮修痕，其下饰斜向绳纹。口径 23.6、残高 5.2 厘米（图 3-200，3）。标本 2004H71：23，夹砂灰陶。敛口、仰折沿，折沿处折棱明显，尖圆唇，唇外缘呈半圆形，上腹较鼓，中腹以下缺失。口外有较宽绳纹抹平带，其下饰斜向绳纹。口径 22、残高 13 厘米（图 3-200，5）。

C 型Ⅰ式 标本 2004H71：42，夹砂灰陶。侈口、折沿、方唇，束颈，腹及底部缺失。腹饰绳纹。口径 22.6、残高 3.6 厘米（图 3-200，6）。

C 型Ⅱ式 标本 2004H71：20，夹砂灰陶。侈口、折沿、圆唇外缘略鼓，束颈，上腹较瘦，中腹以下缺失。腹饰绳纹。口径 21、残高 11.4 厘米（图 3-200，7）。

圆腹罐

A 型Ⅱ式 标本 2004H71：45，夹砂灰陶。侈口、折沿、方唇，腹及底部缺失。腹饰斜向绳纹。口径 17.8、残高 3.6 厘米（图 3-200，8）。标本 2004H71：39，夹砂灰陶。侈口、仰折沿、圆唇，中腹及底部缺失。腹饰竖向绳纹。口径 13.8、残高 4.6 厘米（图 3-200，9）。

Ca 型Ⅱ式 标本 2004H71：57，夹砂黑皮陶，褐胎。侈口、卷沿、尖唇，领稍矮，腹及底部缺失。口外饰花边，腹饰斜向绳纹。口径 14、残高 3.6 厘米（图 3-200，10）。标本 2004H71：25，夹细砂黑陶灰胎。侈口，尖圆唇，口外附加一周索状花边，领较高且斜直，腹部缺失。口径 20.6、残高 4.5 厘米（图 3-201，4）。

Cb 型Ⅲ式 标本 2004H71：64，夹砂灰黑陶，褐胎。侈口、卷沿、圆唇、矮领，腹及底部缺失。口外有一周凸棱。口径 14.2、残高 4.4 厘米（图 3-201，2）。标本 2004H71：15，夹砂灰褐陶，红褐胎。侈口、卷沿、方唇，领部较矮、微束颈，鼓腹，底部缺失。口外有一周凸棱，腹饰交错绳纹。口径 14.5、腹径 16.2、残高 15.2 厘米（图 3-201，3）。

Cc 型Ⅱ式 标本 2004H71：50，夹砂红褐陶。侈口、卷沿、方唇，唇下缘凸出，腹及底部缺失。腹饰竖向绳纹。口径 14.8、残高 4.3 厘米（图 3-201，1）。标本 2004H71：44，夹砂灰褐陶，器物内壁为灰黑色，褐胎。侈口、圆唇、束颈，腹及底部缺失。腹饰竖向绳纹。口径 17.6、残高 4.5 厘米（图3-201，5）。

刻槽盆 Ⅱ式 标本 2004H71：10，泥质灰陶，褐胎。侈口，圆唇，口沿外侧呈宽带状凸起，一侧有流且不甚外凸，上腹较斜直，下腹内收成圜底，底残。腹饰斜向绳纹。口径 20.7、复原高度 17 厘米（图 3-201，6）。

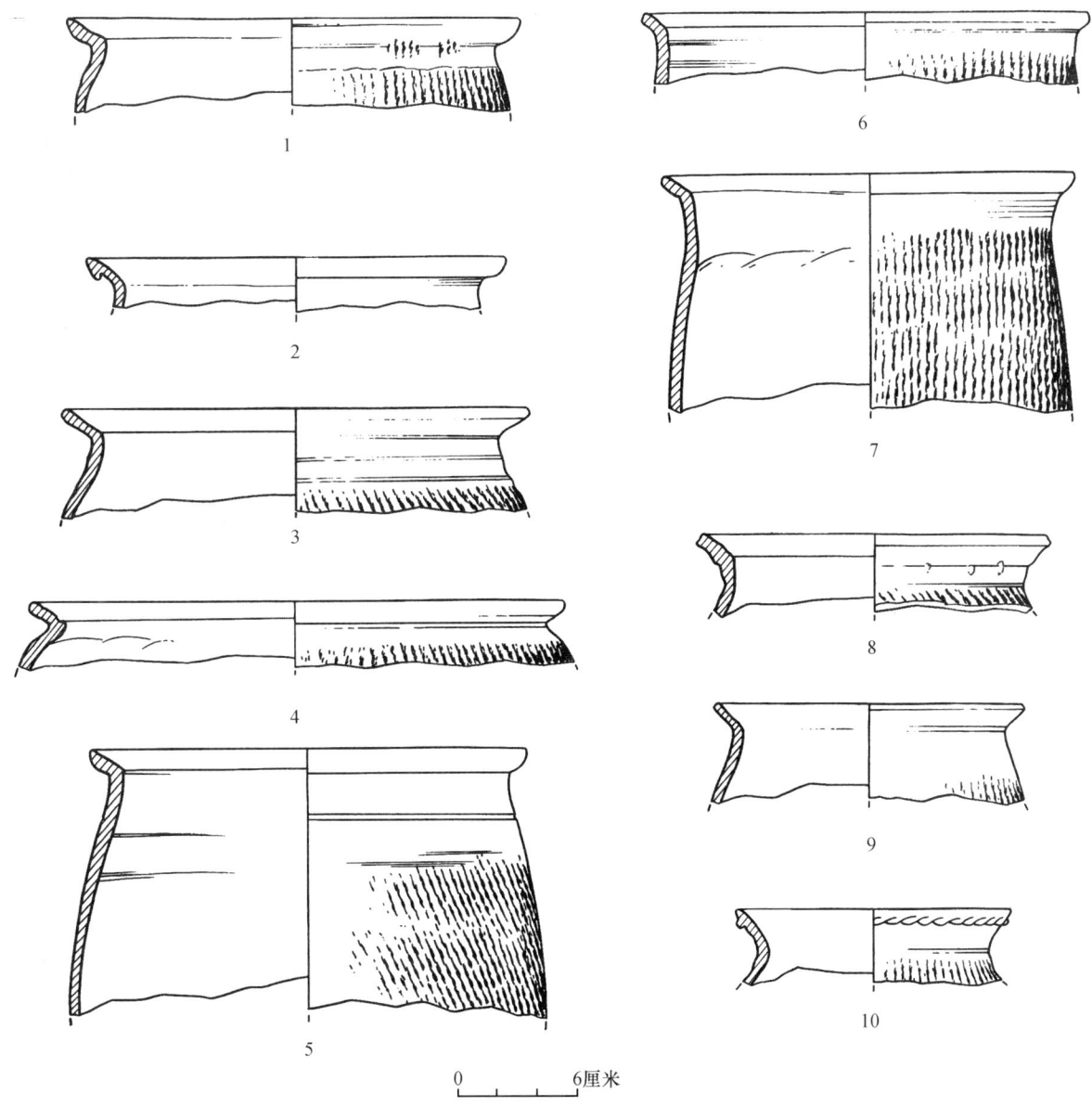

图 3-200 2004ⅠT6940H71 出土陶罐

1、2、4. Ac 型Ⅰ式深腹罐（2004H71:32、2004H71:58、2004H71:51） 3、5. Ac 型Ⅱ式深腹罐（2004H71:30、2004H71:23）
6. C 型Ⅰ式深腹罐（2004H71:42） 7. C 型Ⅱ式深腹罐（2004H71:20） 8、9. A 型Ⅱ式圆腹罐（2004H71:45、2004H71:39）
10. Ca 型Ⅱ式圆腹罐（2004H71:57）

深腹盆

A 型Ⅲ式 标本 2004H71:18，夹砂黑皮陶，灰胎。侈口、仰折沿、圆唇，斜弧腹，下腹及底缺失。上腹有轮修痕，其下饰斜向绳纹。口径 23.8、残高 10.8 厘米（图 3-201，7）。标本 2004H71:28，泥质灰陶，夹少量细砂，褐胎。口微侈、仰折沿、圆唇，沿背中部较圆鼓，上腹微鼓，中腹以下缺失。上腹有轮修痕，其下饰竖向绳纹。口径 31.2、残高 7.2 厘米（图 3-202，1）。标本

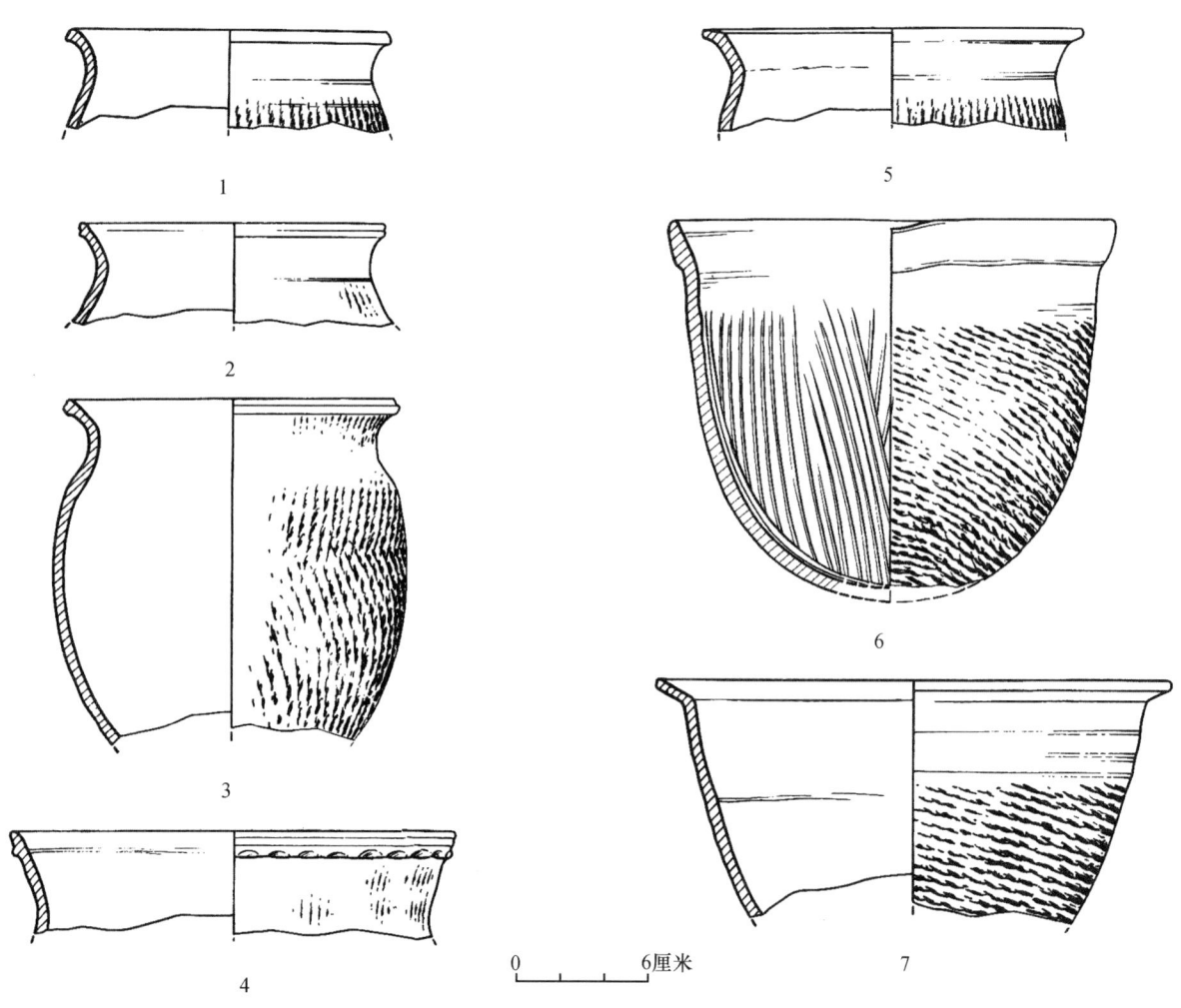

图 3-201 2004 I T6940H71 出土陶器（一）

1、5. Cc 型 Ⅱ 式圆腹罐（2004H71：50、2004H71：44） 2、3. Cb 型 Ⅲ 式圆腹罐（2004H71：64、2004H71：15） 4. Ca 型 Ⅱ 式圆腹罐（2004H71：25） 6. Ⅱ 式刻槽盆（2004H71：10） 7. A 型 Ⅲ 式深腹盆（2004H71：18）

2004H71：34，夹砂深灰陶，口微侈、折沿近平、方唇，唇下缘抹圆，上腹微鼓，中腹以下缺失。上腹有轮修痕，其下饰斜向绳纹。口径 22.8、残高 6.3 厘米（图 3-202，2）。标本 2004H71：46，泥质灰陶，夹少量细砂。敞口、卷沿、圆唇外鼓，腹及底部缺失。腹饰交错绳纹。口径 28.2、残高 4.1 厘米（图 3-202，4）。标本 2004H71：21，泥质灰陶。直口微侈、仰折沿，口沿较窄，圆唇，腹及底部缺失。腹饰绳纹且有鸡冠耳。口径 20.8、残高 4.3 厘米（图 3-202，3）。

B 型 Ⅱ 式 标本 2004H71：27，泥质夹少量细砂，灰黑皮陶，灰胎。直口微侈、折沿近平、圆唇唇面略凹，腹及底部缺失。沿面近折沿处有一周凹槽，上腹饰弦纹。口径 28、残高 4 厘米（图 3-202，5）。

B 型 Ⅲ 式 标本 2004H71：55，夹砂灰陶。敞口、折沿下耷、尖圆唇，中腹以下缺失。上腹饰有弦纹。口径 20.4、残高 3.6 厘米（图 3-202，7）。

圈足盘 B 型 标本 2004H71：35，泥质灰夹少量细砂，黑陶，灰胎。敞口、卷沿下耷、圆唇，

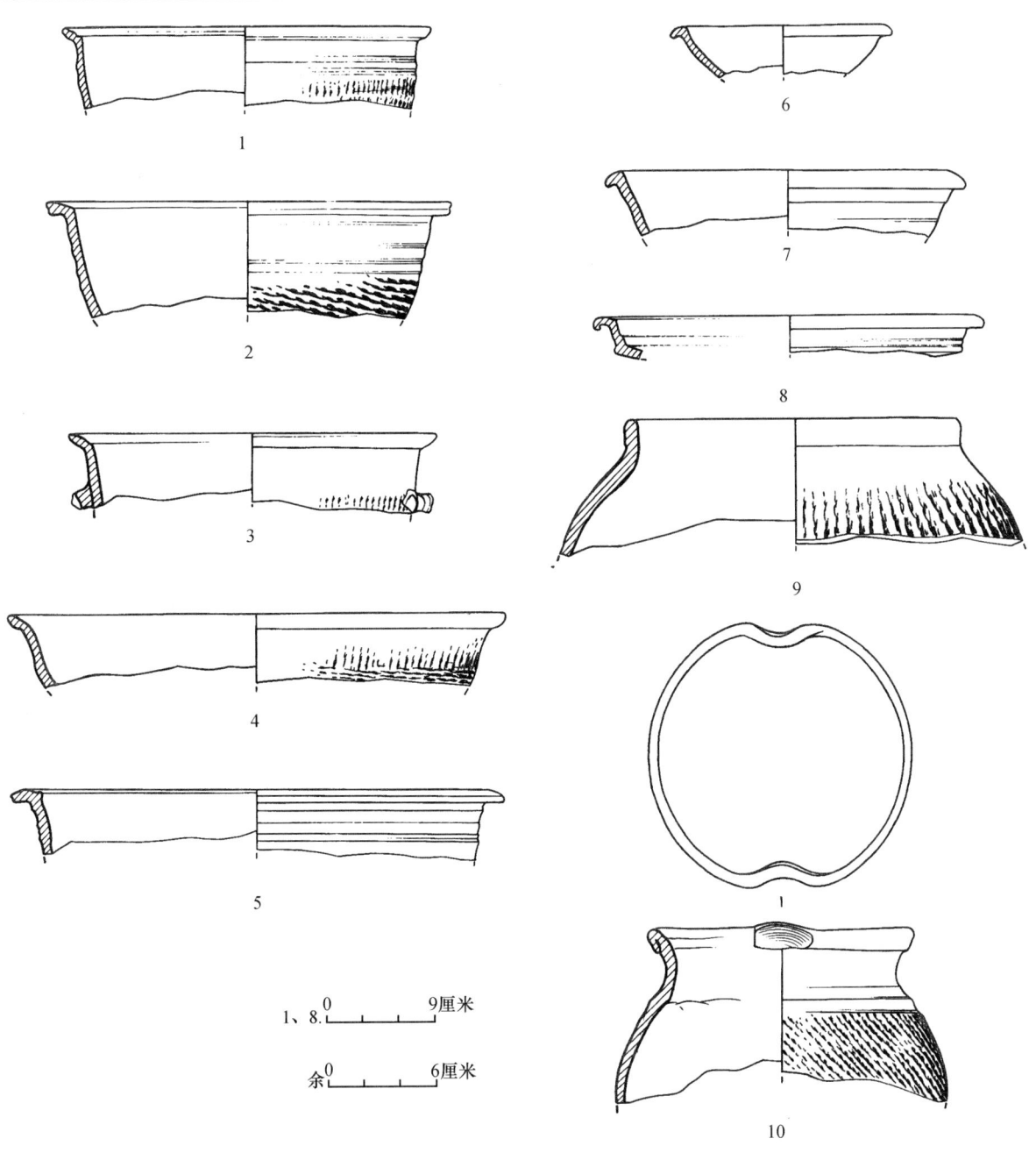

图 3-202 2004ⅠT6940H71 出土陶器（二）

1~4. A 型Ⅲ式深腹盆（2004H71:28、2004H71:34、2004H71:21、2004H71:46） 5. B 型Ⅱ式深腹盆（2004H71:27） 6. Bb 型豆（2004H71:66） 7. B 型Ⅲ式深腹盆（2004H71:55） 8. B 型圈足盘（2004H71:35） 9. B 型瓮（2004H71:17） 10. 捏口罐（2004H71:13）

斜弧腹，底部及圈足缺失。沿面近折棱处有一周凹槽，腹饰弦纹。口径 33.3、残高 3.3 厘米（图 3-202，8）。

豆 Ba 型 标本 2004H71:66，泥质含细砂，灰黑陶。敞口，折沿，沿面较鼓，尖圆唇，斜弧腹，底及柄残。口径12.4、残高2.6厘米（图3-202，6）。

瓮 Ba型Ⅱ式 标本2004H71：17，夹砂灰陶。直口、圆唇、矮领，口部外侧微凸，鼓腹，中腹以下缺失。腹饰竖向绳纹。口径19、残高6.7厘米（图3-202，9）。

捏口罐 A型 标本2004H71：13，泥质夹极少量细砂。灰陶。侈口、卷沿、口部外卷形成圆唇，上腹较鼓，中腹以下缺失。口部有捏窝，腹饰斜向绳纹。口径15.2、残高9.6厘米（图3-202，10）。

2004ⅠT6940H136

深腹罐

Ab型Ⅱ式 标本2004H136：13，夹砂褐陶，局部为灰黑色。敛口、折沿近平、方唇，唇面微凹，腹微鼓，底部缺失。腹饰竖向绳纹。口径23、腹径23.8、残高22.1厘米（图3-203，1）。标本2004H136：11，夹砂红褐陶。敛口、仰折沿、方唇，腹微鼓，中腹以下缺失。腹饰竖向绳纹。口径25.6、残高17.6厘米（图3-203，2）。标本2004H136：68，夹砂灰陶。侈口、折沿近平，方唇，腹微鼓，底部缺失。唇面有一周凹槽，沿背隐约有绳纹痕，腹饰斜向绳纹。口径25.4、腹径25、残高25.6厘米（图3-203，6）。

Ac型Ⅰ式 标本2004H136：31，夹砂灰陶。折沿、方唇下缘略抹，上腹较鼓，中腹以下缺失。腹饰竖向绳纹。口径22.2、残高8.3厘米（图3-203，3）。标本2004H136：47，夹砂灰陶。敛口、仰折沿、沿面略凹，圆唇，腹微鼓，底部缺失。器口内壁有两周凹槽，上腹饰竖向绳纹，下腹饰交错绳纹。口径22.4、腹径23.2、残高26.1厘米（图3-203，4）。标本2004H136：15，夹砂黑陶。敛口、折沿、方唇下缘略抹圆，腹较瘦，中腹以下缺失。腹饰交错绳纹。口径20.2、残高7.7厘米（图3-203，5）。

圆腹罐

Ca型Ⅱ式 标本2004H136：18，夹砂灰黑陶，褐胎。侈口、卷沿、尖圆唇、领部较直，腹及底部缺失。口外饰一周花边，腹饰竖向绳纹。口径16、残高5.2厘米（图3-204，3）。标本2004H136：62，夹砂灰陶。侈口、卷沿，腹及底部缺失。口外饰一周花边。口径24.6、残高2.5厘米（图3-204，5）。标本2004H136：36，夹砂灰褐陶。侈口，领较高且斜直，方唇，唇下缘压印成索状花边。腹残。口径15.8、残高4厘米（图3-204，8）。

Ca型Ⅳ式 标本2004H136：20，夹砂灰陶。卷沿、尖圆唇、矮领，鼓腹，中腹以下缺失。口沿饰花边，腹饰竖向绳纹。口径18、残高5.8厘米（图3-204，2）。

Cb型Ⅱ式 标本2004H136：35，夹砂灰陶。口微侈、尖唇、直领，腹及底部缺失。沿背饰一周凸棱及小錾，腹饰竖向绳纹。口径9、残高5厘米（图3-204，4）。标本2004H136：19，夹砂灰陶，局部为褐色。侈口、卷沿、尖圆唇，领部较高，上腹较鼓，中腹以下缺失。口外贴附一周宽带状泥条，腹饰交错粗绳纹。口径11、残高6.7厘米（图3-204，11）。标本2004H136：37，夹砂灰黑陶。口微侈、卷沿、尖唇、领较高，腹及底部缺失。口外有一周凸棱，腹饰竖向绳纹。口径16.2、残高4.8厘米（图3-204，9）。

Cb型Ⅲ式 标本2004H136：42，夹砂灰黑陶，局部为褐色，褐胎。侈口、卷沿、尖唇、矮领，

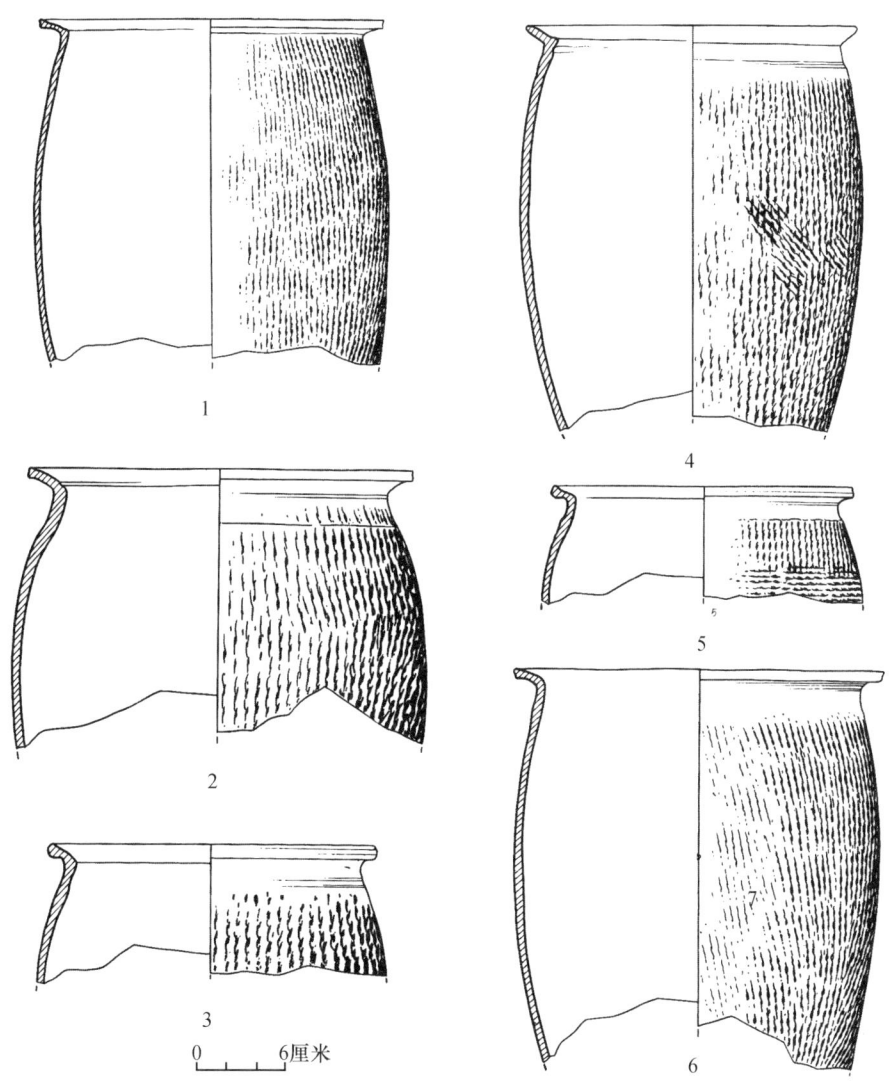

图 3-203　2004ⅠT6940H136 出土深腹罐

1、2、6. Ab 型Ⅱ式深腹罐（2004H136：13、2004H136：11、2004H136：68）　3~5. Ac 型Ⅰ式深
腹罐（2004H136：31、2004H136：47、2004H136：15）

腹及底部缺失。口外有一周凸棱及一对小鋬。口径 20.8、残高 3.3 厘米（图 3-204，10）。标本 2004H136：27，夹砂灰陶。侈口、卷沿、方唇、矮领，腹及底部缺失。口径 15、残高 4 厘米（图 3-204，6）。

Cc 型Ⅲ式　标本 2004H136：14，夹砂灰陶。侈口、卷沿、圆唇、唇上缘突出沿面，圆鼓腹，底部缺失。腹饰斜向绳纹。口径 15.4、腹径 18.4、残高 16.8 厘米（图 3-204，1）。标本 2004H136：22，夹砂灰陶。侈口，卷沿，尖唇，上腹较鼓，中腹以下缺失。腹饰交错绳纹。口径 13.8、残高 6.3 厘米（图 3-204，7）。

深腹盆

A 型Ⅱ式　标本 2004H136：25，夹砂灰陶。敛口、折沿、圆唇、中腹以下缺失。腹饰交错绳纹。

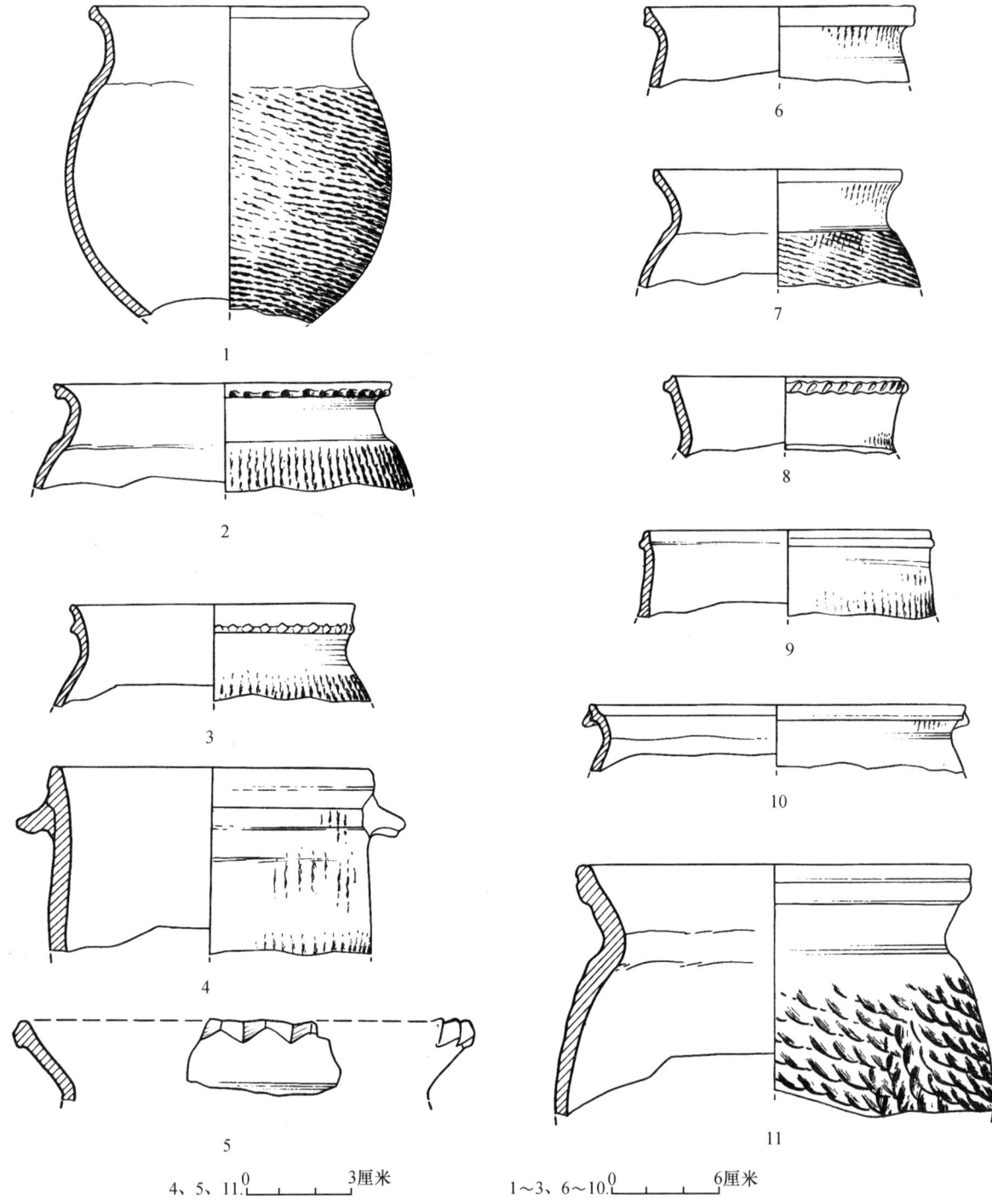

图 3-204　2004ⅠT6940H136 出土圆腹罐

1、7. Cc 型Ⅲ式圆腹罐（2004H136：14、2004H136：22）　2. Ca 型Ⅳ式圆腹罐（H136：20）　3、5、8. Ca 型Ⅱ式圆腹罐（2004H136：18、2004H136：62、2004H136：36）　4、9、11. Cb 型Ⅱ式圆腹罐（2004H136：35、2004H136：37、2004H136：19）　6、10. Cb 型Ⅲ式圆腹罐（2004H136：27、2004H136：42）

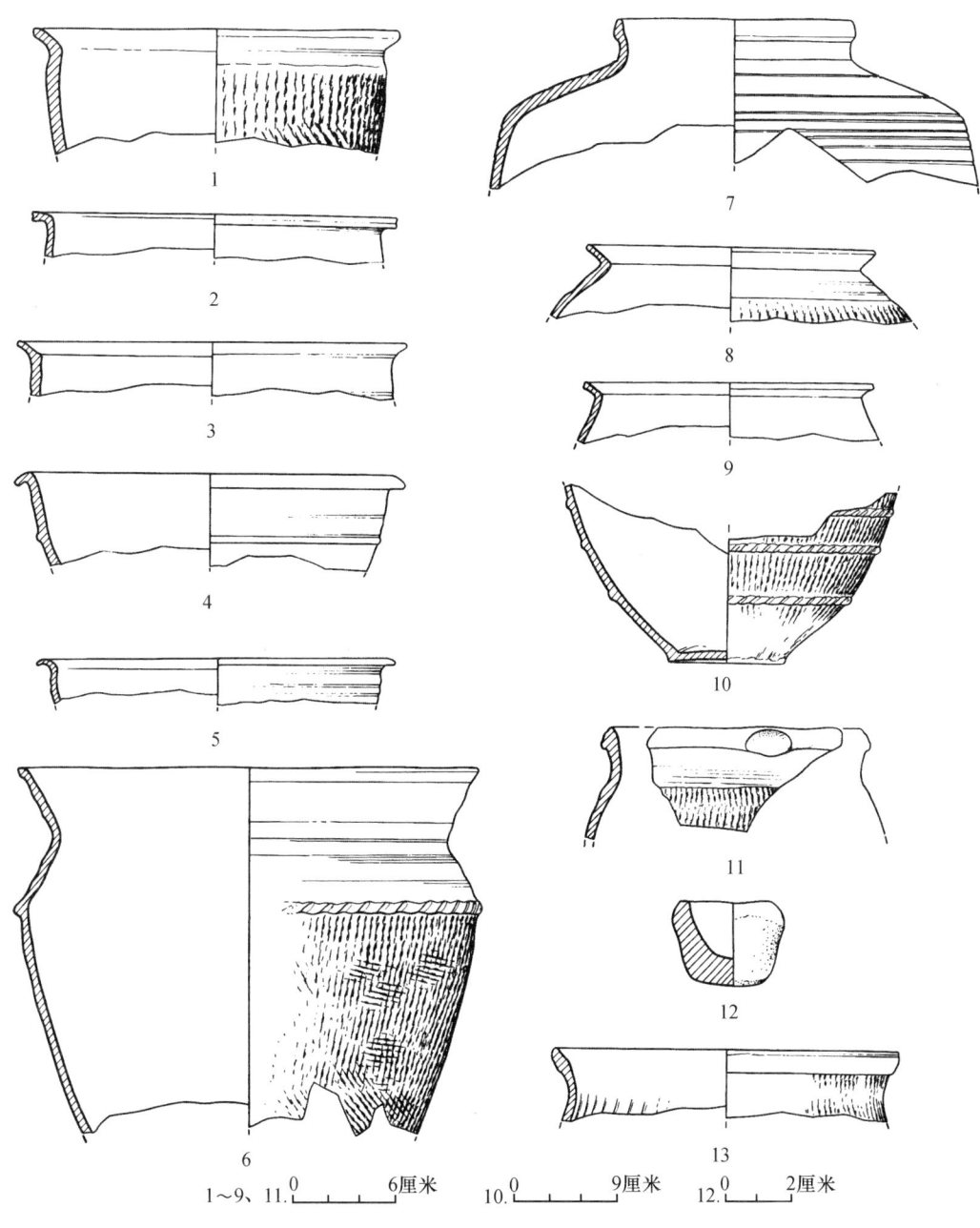

图 3-205 2004ⅠT6940H136 出土陶器（一）

1~3. A 型Ⅱ式深腹盆（2004H136:25、2004H136:44、2004H136:43） 4. B 型Ⅲ式深腹盆（2004H136:29） 5. B 型Ⅱ式深腹盆（2004H136:33） 6. Ⅱ式大口尊（2004H136:21） 7. A 型Ⅱ式瓮（2004H136:17） 8、9. Bb 型Ⅱ式瓮（2004H136:28、2004H136:55） 10. Aa 型小口尊（2004H136:38） 11. A 型Ⅱ式捏口罐（2004H136:23） 12. 盅（2004H136:4） 13. Ⅲ式刻槽盆（2004H136:30）

口径22、残高7厘米（图3-205，1）。标本2004H136:44，泥质灰褐陶。直口、平折沿、方唇，腹及底部缺失。器表略磨光。口径22、残高2.7厘米（图3-205，2）。标本2004H136:43，泥质灰陶。侈口、仰折沿、尖圆唇，腹及底部缺失。口径23.4、残高3.1厘米（图3-205，3）。

B型Ⅱ式　标本2004H136:33，泥质黑皮陶，褐胎。敛口、尖圆唇，上腹较鼓，中腹以下缺失。口径32.4、残高4.2厘米（图3-205，5）。

B型Ⅲ式　标本2004H136:29，泥质黑皮陶，褐胎。敞口、折沿下耷，尖圆唇，中腹以下缺失。器表磨光，上腹有一周凸棱。口径22、残高5.3厘米（图3-205，4）。

大口尊　Ⅱ式　标本2004H136:21，泥质夹少量细砂，灰陶。侈口、圆唇、领部较高、斜弧腹，中腹以下缺失。领部有一周凸弦纹，肩部有两周凸棱及一周附加堆纹，腹饰交错绳纹。口径27.6、肩径28.2、残高20.8厘米（图3-205，6）。

瓮

A型Ⅱ式　标本2004H136:17，泥质灰陶。侈口、尖唇、口外微凸，矮领、折肩，腹及底部缺失。肩部及腹饰多周弦纹。口径14.4、残高9.2厘米（图3-205，7）。

Bb型Ⅱ式　标本2004H136:28，泥质灰褐陶。敛口、仰折沿、圆唇，上腹较圆鼓，中腹以下缺失。上腹有较宽轮修痕，其下饰斜向绳纹。口径17.6、残高4.2厘米（图3-205，8）。标本2004H136:55，泥质夹少量细砂，褐陶。敛口、仰折沿、方唇，腹较斜直，中腹以下缺失。口径17.6、残高3.2厘米（图3-205，9）。

小口尊　Aa型　标本2004H136:38，夹砂灰褐陶。中腹以上缺失，仅存下腹及底部。下腹弧收，小平底微凹。腹饰附加堆纹和斜向绳纹。口径10.5、残高15.5厘米（图3-205，10）。

捏口罐　A型Ⅱ式　标本2004H136:23，泥质浅褐陶。侈口、尖圆唇外鼓，上腹微鼓，中腹以下缺失。口部残留一捏窝，腹饰绳纹。口径15.3、残高6厘米（图3-205，11）。

盅　标本2004H136:4，泥质夹细砂灰黑陶。侈口。口径3、高2.4厘米（图3-205，12）。

刻槽盆　Ⅲ式　标本2004H136:30，泥质含细砂，浅灰陶。侈口，口外呈带状凸起，圆唇，腹略鼓，中腹以下残。口径21、残高4厘米（图3-205，13）。

鼎　A型Ⅰ式　标本2004H136:49，夹砂褐陶。敛口、折沿近平、方唇，腹及足部缺失。口径16、残高3.5厘米（图3-206，4）。

鼎足　标本2004H136:52，夹砂红褐陶，局部为黑色。整体呈扁三角形，下腹残。鼎足与鼎腹的粘接面上留有反绳纹痕迹。足外侧与内侧均压印花边。厚1.2～4.2、残高13.6厘米（图3-206，1）。标本2004H136:41，夹粗沙灰黑陶。近似三角形足。外侧有捏窝。厚0.9、高6厘米（图3-206，5）。

钵　标本2004H136:9，泥质夹少量细砂，浅灰陶。敛口、方唇、腹略鼓，平底略凹。口径9.5、腹径10.3、底径7.3～7.5、高6厘米（图3-206，2）。

壶　标本2004H136:45，泥质夹少量细砂，黑皮陶，褐胎。侈口、卷沿、圆唇，领部较高，腹及底部缺失。领部有一凸棱。口径10.1、残高2.8厘米（图3-206，3）。

中空鼓形器　标本2004H136:5，泥质黑皮陶，褐胎。中腹有四个圆形穿孔。口径4、底径4、腹径6.4、高6.7厘米（图3-206，6）。

杯　标本2004H136:32，泥质黑皮陶，灰胎。口微侈，尖唇，斜直腹微鼓，平底。鋬残。杯身饰两周弦纹。口径8.4、底径6.8、高10.5厘米（图3-206，7）。

第三章 二里头文化遗存

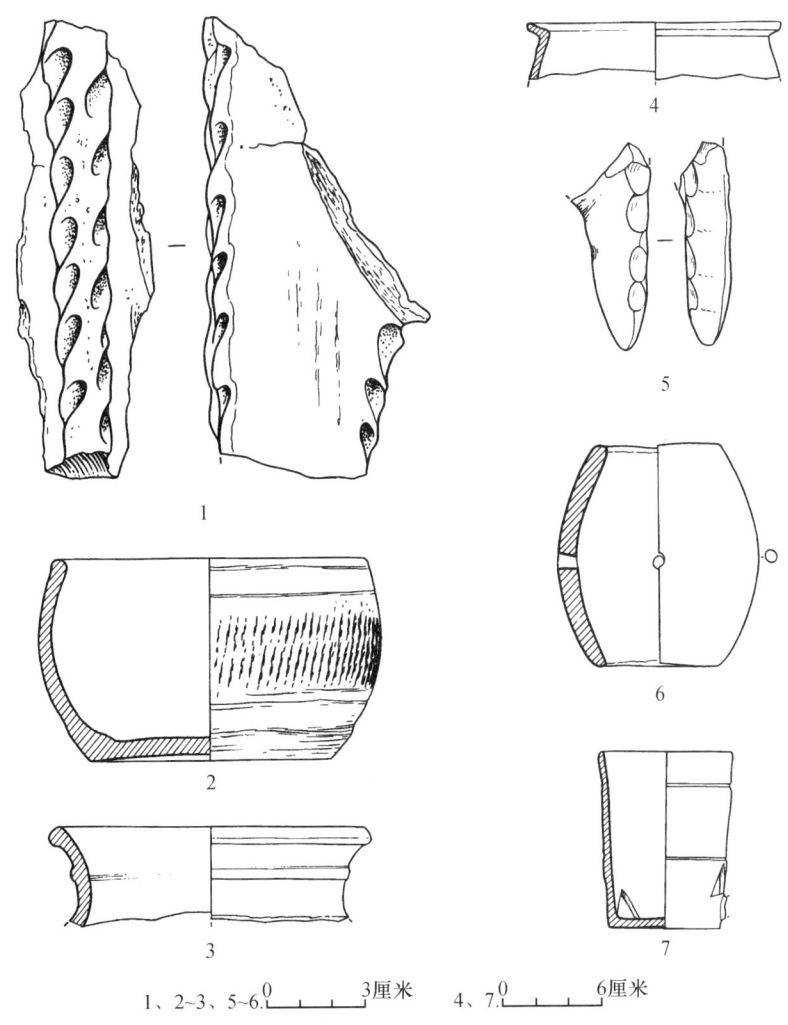

图 3-206 2004ⅠT6940H136 出土陶器（二）

1、5. 鼎足（2004H136：52、2004H136：41） 2. 钵（2004H136：9） 3. 壶（2004H136：45）
4. A 型Ⅰ式鼎（2004H136：49） 6. 中空鼓形器（2004H136：5） 7. 杯（2004H136：32）

2004ⅠT6940H153

深腹罐　Ac 型Ⅰ式　标本 2004H153：101，夹细砂灰陶。侈口、仰折沿、尖圆唇，沿背略鼓。中腹以下缺失。腹饰竖向绳纹。口径 22 厘米，残高 4 厘米（图 3-207，1）。

圆腹罐

Cb 型Ⅱ式　标本 2004H153：15，夹砂灰褐陶，局部黑，灰胎。侈口、方唇、高领，上腹略鼓，中腹以下缺失。口外有一周凸棱，上腹饰横向绳纹。口径 12.6、残高 6.1 厘米（图 3-207，3）。

Cb 型Ⅲ式　标本 2004H153：102，夹砂灰陶，局部为褐色，褐胎，侈口、卷沿、尖圆唇、圆鼓腹、平底微内凹。口外有一周细棱，腹饰绳纹。口径 13.4、腹径 18.6、底径 8、高 17.6 厘米（图 3-207，5）。

Cc 型Ⅲ式　标本 2004H153：103，夹砂浅灰陶，内壁为褐色，灰胎。侈口、卷沿、斜方唇、领

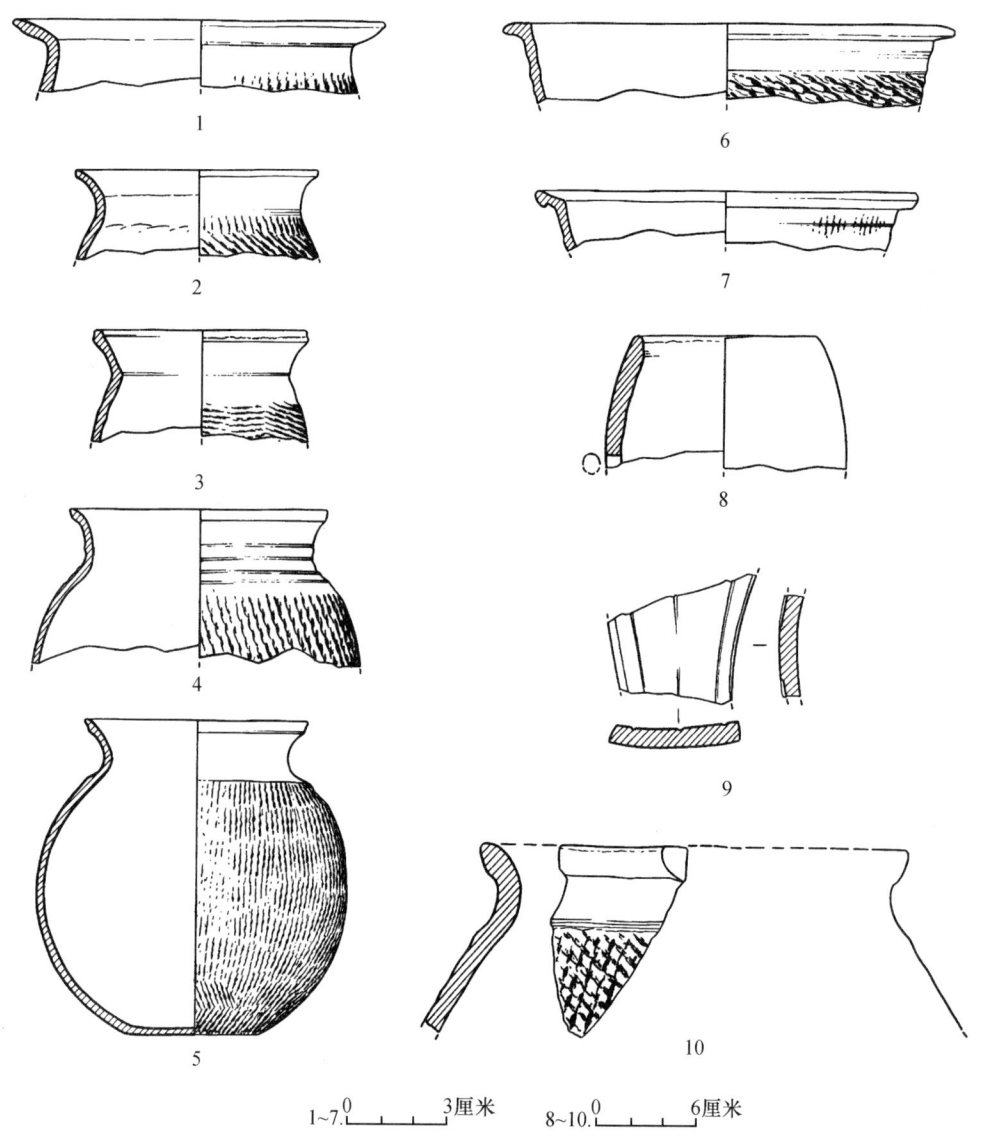

图 3-207　2004ⅠT6940H153 出土陶器

1. Ac 型Ⅰ式深腹罐（2004H153:101）　2、4. Cc 型Ⅲ式圆腹罐（2004H153:6、2004H153:103）　3. Cb 型Ⅱ式圆腹罐（2004H153:15）　5. Cb 型Ⅲ式圆腹罐（2004H153:102）　6. B 型Ⅱ式深腹盆（2004H153:105）　7. A 型Ⅲ式盆（2004H153:104）　8. 中空鼓形器（2004H153:19）　9. 白陶鬶（2004H153:85）　10. 捏口罐（2004H153:106）

部稍高、圆鼓腹，中腹以下缺失。腹饰绳纹。口径 15.4、残高 8.5 厘米（图 3-207，4）。标本 2004H153:6，夹砂灰黑陶，侈口、卷沿、尖唇，领部较矮，上腹较鼓，中腹以下缺失。腹饰交错绳纹。口径 14.4、残高 4.8 厘米（图 3-207，2）。

深腹盆

A 型Ⅲ式　标本 2004H153:104，泥质黑皮陶，褐胎。侈口、仰折沿、厚圆唇，腹及底部缺失。沿面微凸，上腹隐约有绳纹痕迹，并有一周凸棱。口径 22.2、残高 3.3 厘米（图 3-207，7）。

B 型Ⅱ式　标本 2004H153:105，泥质黑皮陶，褐胎。敞口、平折沿、尖圆唇，腹壁较斜直，中腹以下缺失。沿面内侧有一周弦纹，腹饰斜向粗绳纹。口径26.4、残高4.5厘米（图3-207，6）。

中空鼓形器　标本2004H153：19，泥质黑陶。敛口、尖唇，上腹微鼓，有圆形镂孔。中腹以下缺失。口径5.4、残高3.8厘米（图3-207，8）。

白陶鋬　标本2004H153：85，泥质白陶，略泛灰。鋬饰三条竖向细弦纹。残高3.5厘米（图3-207，9）。

捏口罐　标本2004H153：106，泥质灰陶，褐胎。侈口、卷沿、矮领，圆唇，中腹以下缺失。腹饰交错绳纹。口径12.5、残高5.4厘米（图3-207，10）。

2004ⅠT6940H175

圆腹罐　Cc型Ⅲ式　标本2004H175：4，泥质浅灰陶。侈口、卷沿、尖圆唇，领部较矮、鼓腹，腹以下缺失。口径13.8、残高5.1厘米（图3-208，1）。

鼎　Bb型　标本2004H175：1，夹砂黑皮陶，红褐胎。敛口、折沿、沿部外卷折叠成厚圆唇，腹较鼓，中腹、底及足残。腹饰附加堆纹及绳纹。口径19.8、残高20.6厘米（图3-208，2）。

深腹盆　B型Ⅰ式　标本2004H175：3，夹砂灰陶。侈口、尖唇，沿近平直，腹较斜直，中腹以下缺失。口外有轮修痕，其下饰绳纹。口径12.8、残高5厘米（图3-208，3）。

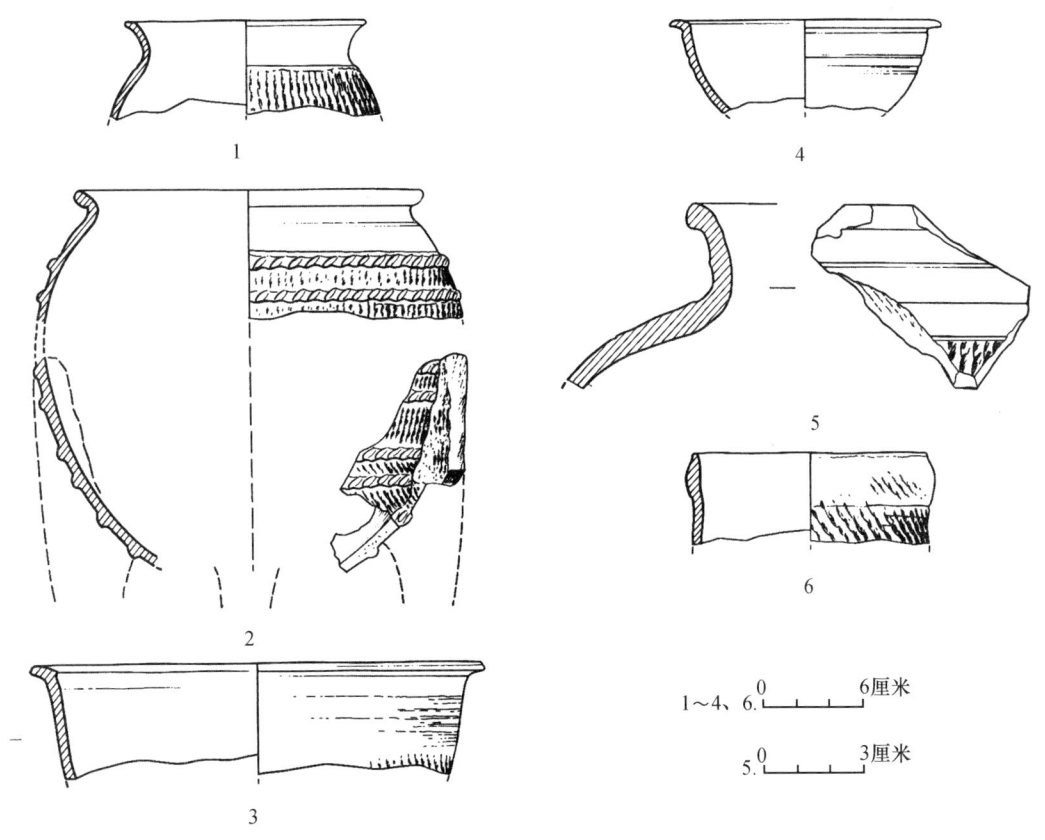

图3-208　2004ⅠT6940H175出土陶器
1. Cc型Ⅲ式圆腹罐（2004H175：4）　2. Bb型鼎（2004H175：1）　3. B型Ⅰ式深腹盆（2004H175：3）
4. A型Ⅲ式豆（2004H175：2）　5. Ba型Ⅲ式瓮（2004H175：6）　6. 小罐（2004H175：5）

豆　A 型Ⅲ式　标本 2004H175：2，泥质黑皮陶。直口微侈、平折沿、尖唇，圆弧腹，中腹以下缺失。上腹有一周凹槽。口径 15.8、残高 5.2 厘米（图 3-208，4）。

瓮　Ba 型Ⅲ式　标本 2004H175：6，泥质灰陶。侈口、卷沿、圆唇，矮领，肩部以下缺失。颈部饰一周凸弦纹，肩饰一周细弦纹及斜向绳纹。残高 9.6 厘米（图 3-208，5）。

小罐　标本 2004H175：5，夹砂灰陶。直口、尖唇，口部内凹，领部以下缺失。口外贴附一周宽带状泥条，领部饰斜向绳纹。口径 12.8、残高 5 厘米（图 3-208，6）。

2004ⅠT6940H279

深腹罐

Ab 型Ⅱ式　标本 2004H279：12，夹砂灰陶，局部为褐色，灰黑胎。敛口，折沿，方唇，腹微鼓，中腹以下缺失。口外有一周凸起，其下陶胎变薄，腹饰竖向细绳纹。口径 23.3、残高 4.2 厘米（图 3-209，5）。标本 2004H279：8，夹砂褐陶。敛口，仰折沿，方唇，腹微鼓，中腹以下缺失。沿背隐约有绳纹痕迹，腹饰斜向绳纹。口径 20.8、残高 5.1 厘米（图 3-209，4）。

Ac 型Ⅰ式　标本 2004H279：9，夹细砂黑皮陶，褐胎。敛口，折沿近平，圆唇外鼓，腹及底部缺失。口径 18.2、残高 2.4 厘米（图 3-209，3）。

Cc 型Ⅱ式　标本 2004H279：1，夹砂褐陶，红胎。卷沿，方唇、唇面微凹，领部稍高，腹微鼓，下腹缺失。腹饰斜向绳纹。口径 22、腹径 20.4、残高 17.7 厘米（图 3-209，6）。标本 2004H279：10，夹砂灰陶。侈口、方唇、腹微鼓，中腹以下缺失。腹饰斜向绳纹。口径 12.6、残高 5.1 厘米（图 3-209，1）。标本 2004H279：24，夹砂褐陶。侈口、卷沿、方唇、领部较高，腹微鼓，中腹以下缺失。腹饰斜向绳纹。口径 15.3、残高 5.0 厘米（图 3-209，9）。

圆腹罐

Ca 型Ⅱ式　标本 2004H279：11，夹砂灰陶，局部为褐色，褐胎，胎芯为灰色。侈口、卷沿、尖唇，领部稍矮，腹微鼓，中腹以下缺失。口沿饰较细花边，领腹交界处有一周凹槽，腹饰竖向绳纹。口径 14、残高 8.8 厘米（图 3-209，2）。

Cb 型Ⅱ式　标本 2004H279：3，夹砂灰褐陶，局部黑色，红胎。侈口，卷沿，尖唇，领部稍矮，腹微鼓，平底。口内侧微凹，外侧有一周带状凸起，腹饰斜向绳纹，底部饰交错绳纹，绳纹较粗。口径 17、腹径 19、底径 9.3、高 21 厘米（图 3-209，12）。

小盆　标本 2004H279：6，泥质灰陶。敛口，折沿，厚圆唇，腹微鼓，下腹及底缺失。口径 13.4、残高 6 厘米（图 3-209，8）。

小口尊　B 型　标本 2004H279：5，泥质灰黑皮陶，褐胎。直口，圆唇外鼓，矮领，肩部以下缺失。口径 18.4、残高 3.1 厘米（图 3-209，7）。标本 2004H279：7，泥质褐陶，灰胎。侈口、矮领、圆唇，肩部以下缺失。器表磨光。口径 23.4、残高 2.6 厘米（图 3-209，10）。

敛口罐　B 型　标本 2004H279：25，泥质褐陶，局部为黑色，褐胎。敛口、卷沿、尖圆唇、圆鼓腹，底部缺失。器表磨光，上腹有一周凸棱。口径 18.6、腹径 20、残高 17.8 厘米（图 3-209，11）。

2004ⅠT6940H287

平底盆　A 型　标本 2004H287：12，泥质灰陶。侈口、卷沿微耷，方唇，腹壁微内曲。下腹及

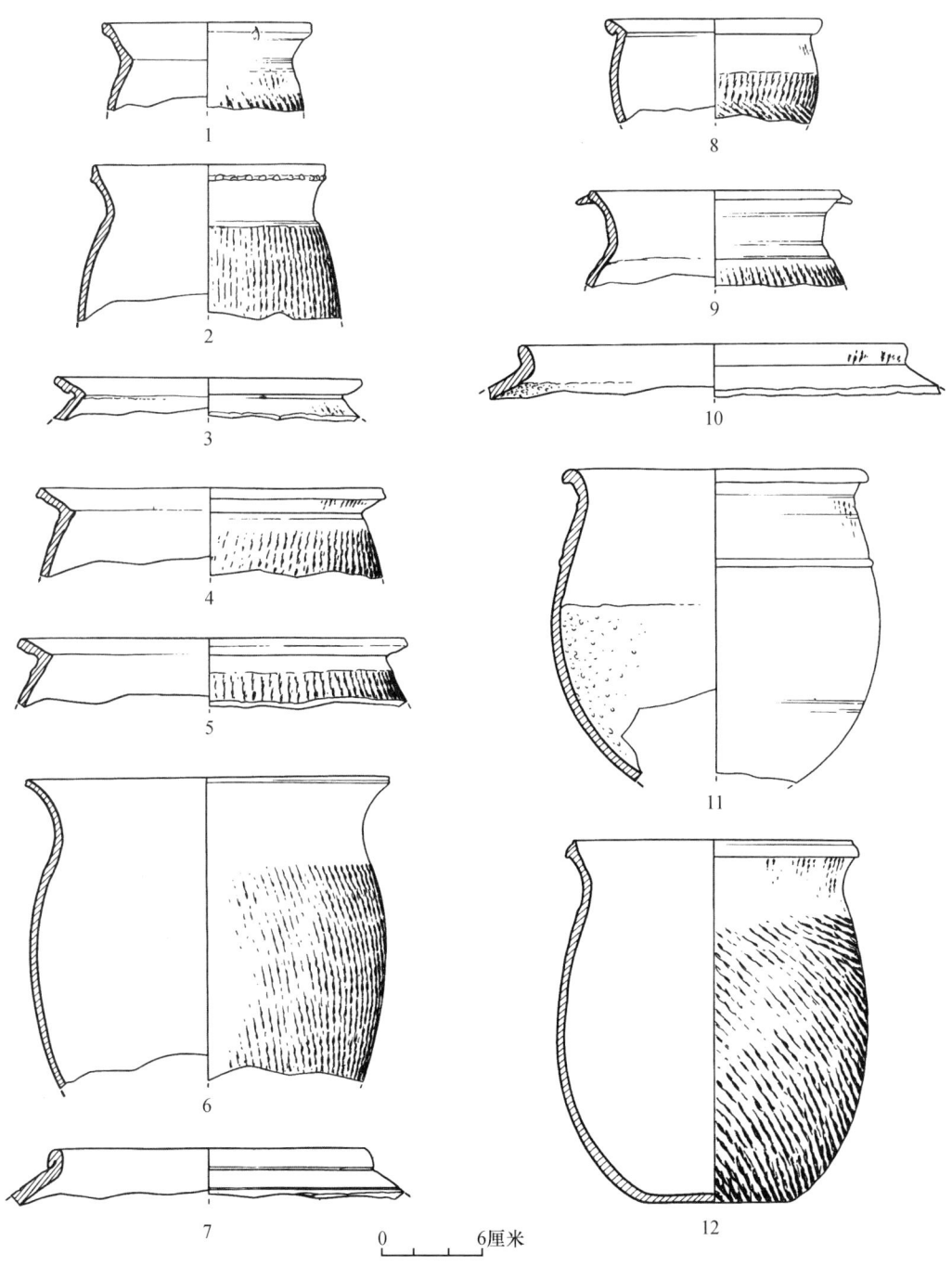

图 3-209　2004ⅠT6940H279 出土陶器

1、6、9. Cc 型Ⅱ式圆腹罐（2004H279：10、2004H279：1、2004H279：24）　2. Ca 型Ⅱ式圆腹罐（2004H279：11）　3. Ac 型Ⅰ式深腹罐（2004H279：9）　4、5. Ab 型Ⅱ式深腹罐（2004H279：8、2004H279：12）　7、10. B 型小口尊（2004H279：5、2004H279：7）　8. 小盆（2004H279：6）　11. B 型敛口罐（2004H279：25）　12. Cb 型Ⅱ式圆腹罐（2004H279：3）

底缺失。口径 37.8、残高 4.2 厘米（图 3-210，1）。

深腹盆　A 型Ⅱ式　标本 2004H287：11，泥质含少量细砂，黑陶，褐胎。直口，仰折沿，圆唇，中腹以下残。上腹饰一周弦纹。口径21.2、残高3.6厘米（图3-210，2）。

钵　标本2004H287：8，夹细砂褐陶。侈口，斜方唇，唇外缘凸出。斜弧腹，平底略残。素面。口径10.1、底径5.3、通高5.8厘米（图3-210，3）。

杯　标本2004H287：10，泥质夹少量细砂，红陶。直口，腹近直，下腹稍向内收，平底残。器表两组刻划图案之间残留有竖耳脱落的痕迹。口径7.8、残高7.4厘米（图3-210，4）。

圆腹罐

A型Ⅱ式　标本2004H287：7，夹细砂灰黑陶，褐胎。敛口，折沿微仰，方唇，圆鼓腹，中腹以下残。腹饰竖向细绳纹。口径12.4、残高4.4厘米（图3-210，6）。

Ca型Ⅰ式　标本2004H287：9，夹细砂灰陶，局部呈褐色。侈口，斜方唇，唇面略凹。高领卷曲。圆鼓腹，中腹以下残。唇下缘压印成索状花边。腹饰竖向饰细绳纹。口径12.6、残高5厘米（图3-210，5）。标本2004H287：2，夹细砂灰陶。侈口，尖圆唇，高领，领较斜直。圆鼓腹，中腹以下残。口外有一周索状花边及一对称鸡冠形小錾，腹饰斜向中绳纹。口径14.4、残高8.2厘米（图3-210，7）。

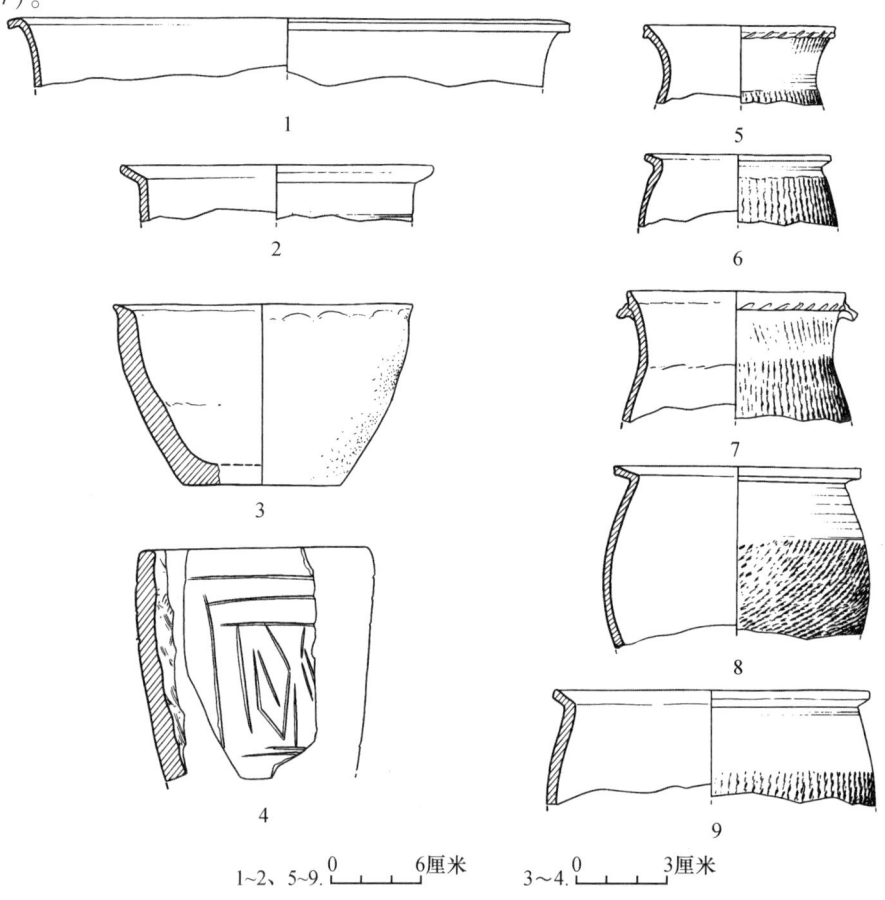

图3-210　2004ⅠT6940H287出土陶器

1. A型平底盆（2004H287：12）　2. A型Ⅱ式深腹盆（2004H287：11）　3. 钵（2004H287：8）　4. 杯（2004H287：10）　5. Ca型Ⅰ式圆腹罐（2004H287：9）　6. A型Ⅱ式圆腹罐（2004H287：7）　7. Ca型Ⅰ式圆腹罐（2004H287：2）　8. A型Ⅱ式敛口罐（2004H287：15）　9. A型Ⅱ式敛口罐（2004H287：4）

敛口罐　A型Ⅱ式　标本2004H287:15，泥质夹少量细砂，黑皮陶，褐胎。敛口、折沿微仰、方唇，鼓腹，最大腹径偏下，下腹及底部缺失。上腹有细密轮修痕，其下饰斜向细绳纹。口径16.4、腹径17.6、残高11.6厘米（图3-210，8）。标本2004H287:4，泥质灰陶。方唇，仰折，敛口，腹略鼓，中腹以下缺失。上腹素面，其下饰竖向绳纹。口径21.2、残高7.4厘米（图3-210，9）。

2004ⅠT6940H306

圆腹罐　Ca型Ⅱ式　标本2004H306:8，夹砂灰陶，褐胎。侈口、尖唇、领部较高、腹较瘦，中腹以下缺失。口沿饰一周花边及小錾，腹饰斜向绳纹。口径15、腹径15、残高12厘米（图3-211，1）。

高领罐　标本2004H306:17，泥质夹少量细砂，浅褐陶。直口微侈、尖唇，肩部以下缺失。器表磨光，口外有一周凸棱，肩部饰两组弦纹夹指甲纹组成的宽带状纹饰。口径13.2、残高6.7厘米（图3-211，2）。标本2004H306:4，泥质黑皮陶夹少量细砂，灰胎。侈口、卷沿、尖唇，高领，肩以下缺失。口外侧贴附一周泥条，腹饰细绳纹。口径13、残高6.2厘米（图3-211，3）。

平底盆　A型Ⅰ式　标本2004H306:60，泥质黑陶。侈口、折沿近平、方唇，腹壁较斜直，平底略凹。器表磨光。口径17.8、底径12.9、高6.1厘米（图3-211，4；图版九，5）。

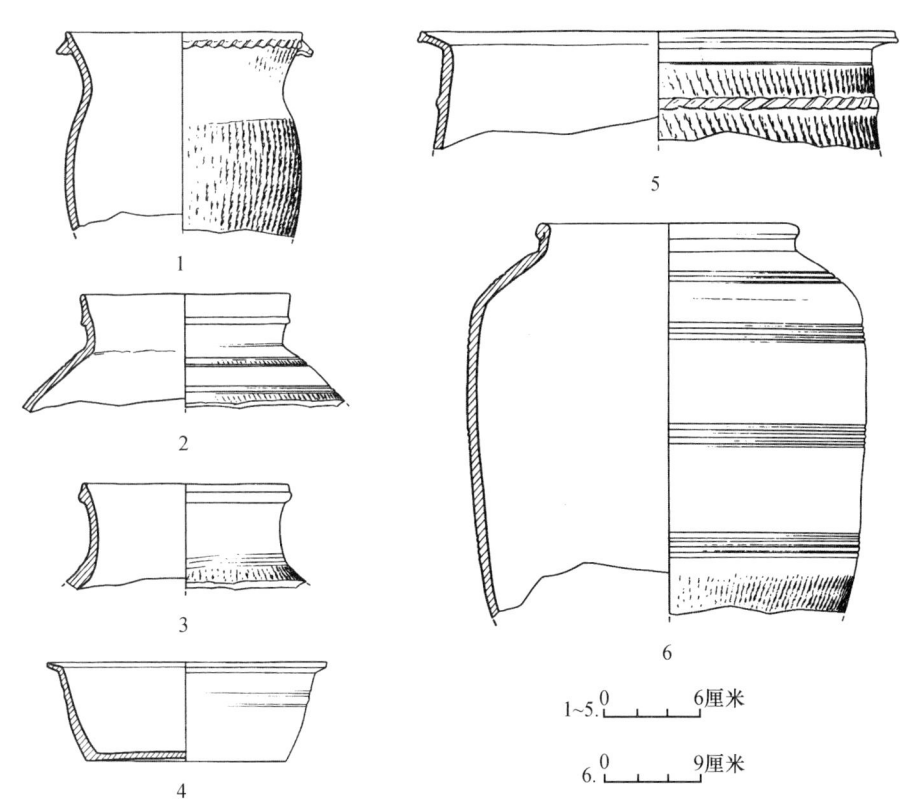

图3-211　2004ⅠT6940H306出土陶器
1. Ca型Ⅱ式圆腹罐（2004H306:8）　2、3. 高领罐（2004H306:17、2004H306:4）
4. A型Ⅰ式平底盆（2004H306:60）　5. Aa型Ⅰ式缸（2004H306:14）　6. A型Ⅱ式矮领瓮（2004H306:2）

缸 Aa型Ⅰ式 标本2004H306:14，夹砂褐陶。敛口、折沿近平、方唇，唇上缘凸起，唇面内凹，中腹以下缺失。口外饰一周细弦纹，其下饰斜向绳纹及附加堆纹。口径30、残高7.2厘米（图3-211，5）。

矮领瓮 A型Ⅱ式 标本2004H306:2，泥质黑皮陶，局部为灰或褐色，灰胎。敛口，口部泥条外卷形成厚圆唇，矮领，折肩，腹壁较直、微鼓，底部缺失。肩部饰三周弦纹，腹饰四周弦纹，近底处饰交错细绳纹。口径24、肩径37.5、残高35.6厘米（图3-211，6）。

2004ⅠT6940Y2

深腹罐 Ab型Ⅱ式 标本2004Y2①:7，夹砂灰陶。敛口、折沿近平、方唇，唇上缘凸出，唇面微凹，腹壁较直，中腹以下缺失。腹饰竖向绳纹。口径24.5、残高4.3厘米（图3-212，2）。标本2004Y2①:10，夹细砂褐陶，局部灰色。敛口，仰折沿，斜方唇。鼓腹，中腹以下缺失。腹饰竖向绳纹。口径22.2、残高2.6厘米（图3-212，3）。

圆腹罐 Ca型Ⅱ式 标本2004Y2①:22，夹细砂深灰陶。侈口，斜方唇，唇下缘压印成索状花边。斜直领，圆鼓腹，中腹以下残。腹饰竖向绳纹。口径15、残高5.8厘米（图3-212，5）。标本2004Y2①:6，夹砂浅灰陶。侈口、卷沿、方唇，领部较高，腹微鼓，中腹以下缺失。唇部压印花边，腹饰竖向细绳纹。口径16.8、残高7.2厘米（图3-212，6）。

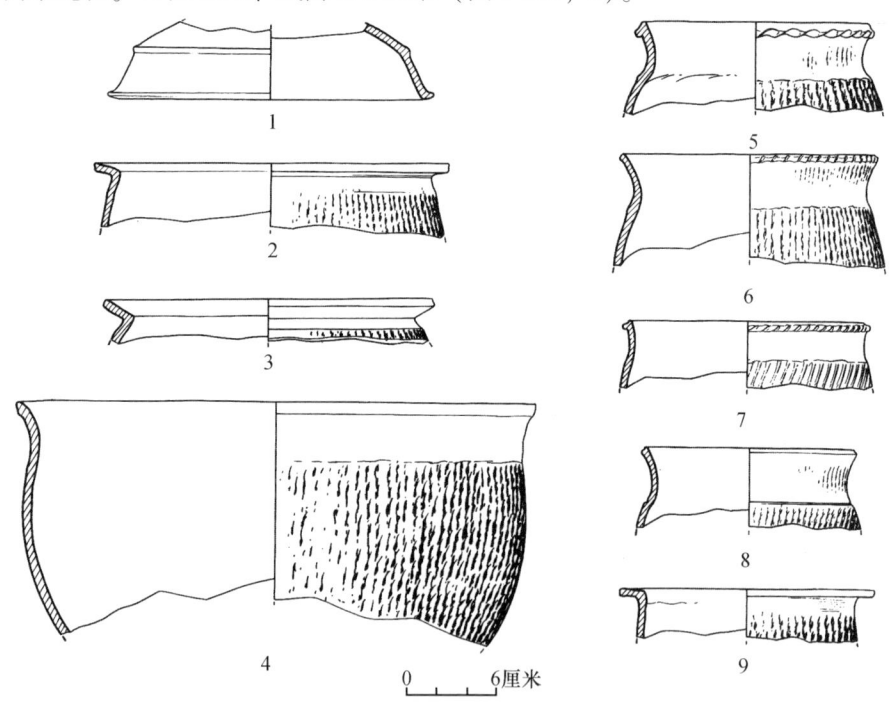

图3-212 2004ⅠT6940Y2出土陶器

1. Aa型Ⅰ式器盖（2004Y2①:5） 2、3. Ab型Ⅱ式深腹罐（2004Y2①:7、2004Y2①:10）
4. Ca型深腹盆（2004Y2①:4） 5、6. Ca型Ⅱ式圆腹罐（2004Y2①:22、2004Y2①:6）
7. Ca型Ⅲ式圆腹罐（2004Y2①:19） 8. Cc型Ⅱ式圆腹罐（2004Y2①:9） 9. A型Ⅱ式鼎（2004Y2③:3）

Ca 型Ⅲ式　标本 2004Y2①:19，夹细砂灰陶。口微侈，方唇，矮直领，腹较直，中腹以下残。口外饰一周花边，腹饰篮纹。口径 15.8、残高 4.2 厘米（图 3-212，7）。

Cc 型Ⅱ式　标本 2004Y2①:9，夹砂灰陶。侈口，斜方唇，高领微卷，圆鼓腹，中腹以下残。口径 14、残高 5.2 厘米（图 3-212，8）。

深腹盆　Ca 型　标本 2004Y2①:4，泥质黑皮陶，褐胎，胎芯为灰色。侈口、卷沿、方唇、领部较高，鼓腹，下腹及底部缺失。腹饰斜向细绳纹。口径 35、腹径 34、残高 16 厘米（图 3-212，4）。

器盖　Aa 型Ⅰ式　标本 2004Y2①:5，泥质夹极少量细砂，黑皮陶，褐胎。敞口、尖唇外凸、折腹处有一周凸棱。口径 22、残高 5 厘米（图 3-212，1）。

鼎　A 型Ⅱ式　标本 2004Y2③:3，夹砂深灰陶。直口，平折沿，圆唇，腹较直，中腹以下残。口径 17、残高 2.6 厘米（图 3-212，9）。

2004ⅠT6941H72

深腹罐

Ab 型Ⅱ式　标本 2004H72①:40，夹砂灰陶，局部褐色。侈口，仰折沿，方唇，鼓腹，中腹以下缺失。腹饰竖向中绳纹。口径 19.8、残高 13.4 厘米（图 3-213，1）。标本 2004H72①:42，夹砂灰陶。敛口，仰折沿，斜方唇。腹略鼓，中腹以下残。腹饰竖向细绳纹。口径 24.8、残高 10.2 厘米（图 3-213，4）。标本 2004H72①:20，夹砂灰陶，敛口，窄沿仰折，方唇。腹饰斜向细绳纹，腹残。口径 20、残高 13 厘米（图 3-213，5）。标本 2004H72①:44，夹砂灰陶，敛口，仰折沿，方唇，中腹以下缺失。腹饰斜向细绳纹。口径 20.8、残高 5 厘米（图 3-213，8）。

Ac 型Ⅰ式　标本 2004H72①:41，夹砂灰陶。敛口，仰折沿，沿面较宽，圆唇下缘抹圆，中腹以下缺失。腹饰斜向绳纹。口径 20、残高 12.2 厘米（图 3-213，3）。标本 2004H72②:49，夹砂灰陶。敛口，仰折沿，圆唇外鼓。中腹以下残。腹饰竖向细绳纹。口径 24.8、残高 4.2 厘米（图 3-213，6）。标本 2004H72②:24，夹细砂褐陶，局部呈灰黑色。口微敛，折沿上仰，圆唇外鼓。腹较直，中腹以下残。腹饰右斜向细绳纹。口径 21.6、残高 4.4 厘米（图 3-213，7）。标本 2004H72①:48，夹细砂灰陶。口微敛，折沿上仰，尖圆唇微外凸。腹残。口径 24、残高 3.6 厘米（图 3-213，9）。标本 2004H72②:26，夹细砂灰黑陶。口微敛，折沿上仰，沿较宽，斜方唇，唇面略凹，唇下缘凸出略抹。腹较直，中腹以下残。口径 22.8、残高 3.2 厘米（图 3-214，2）。

C 型Ⅱ式　标本 2004H72①:38，夹砂灰陶，局部红褐色。侈口，圆唇外凸，腹壁略鼓，底部缺失。腹饰竖向细绳纹。口径 22、残高 21.7 厘米（图 3-213，2）。标本 2004H72②:11，夹细砂黑陶，灰胎。卷沿上仰，圆唇外凸，领稍矮，略鼓肩，中腹以下残。腹饰交错细绳纹。口径 30.8、残高 9.2 厘米（图 3-214，1）。

圆腹罐

Ca 型Ⅱ式　标本 2004H72②:1，夹砂灰陶。侈口，卷沿，尖唇，领部较高，圆鼓腹，平底微凹。口外侧饰一周花边，上腹饰竖向细绳纹，下腹及底饰交错细绳纹。口径 15.2、腹径 17.8、高 18.5、底径 7.8 厘米（图 3-214，6；图版二〇，5）。标本 2004H72②:39，夹细砂灰陶。侈口，尖唇，高领，领斜直。圆鼓腹，中腹以下残。口外饰一周索状花边，腹饰交错细绳纹。口径 15、残高

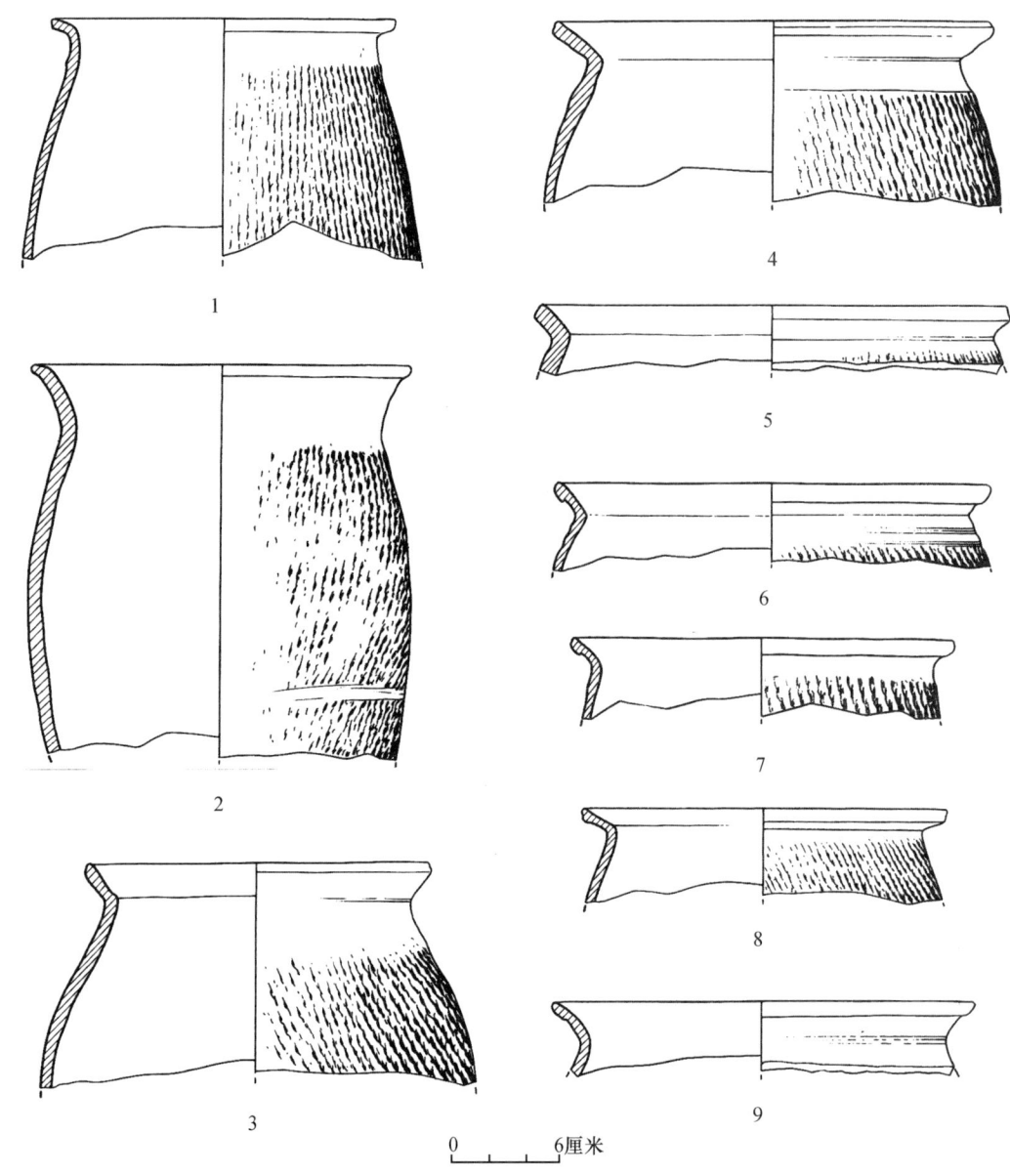

图 3-213　2004ⅠT6941H72 出土深腹罐

1、4、5、8. Ab 型Ⅱ式深腹罐（2004H72①:40、2004H72①:42、2004H72①:20、2004H72①:44）　2. C 型Ⅱ式深腹罐（2004H72①:38）　3、6、7、9. Ac 型Ⅰ式深腹罐（2004H72①:41、2004H72②:49、2004H72②:24、2004H72①:48）

10 厘米（图3-214，7）。

　　Ca 型Ⅲ式　标本 2004H72②:29，夹细砂灰陶。侈口，斜方唇，唇下缘凸出并压印成花边，矮领斜直，鼓腹，中腹以下残。腹饰竖向中绳纹。口径14.8、残高5厘米（图3-214，8）。

　　Cb 型Ⅱ式　标本 2004H72②:19，夹细砂灰陶。侈口，斜方唇下缘凸出。矮领斜直。鼓腹，中腹以下残。腹饰竖向中绳纹。口径11.6、残高6.4厘米（图3-214，9）。

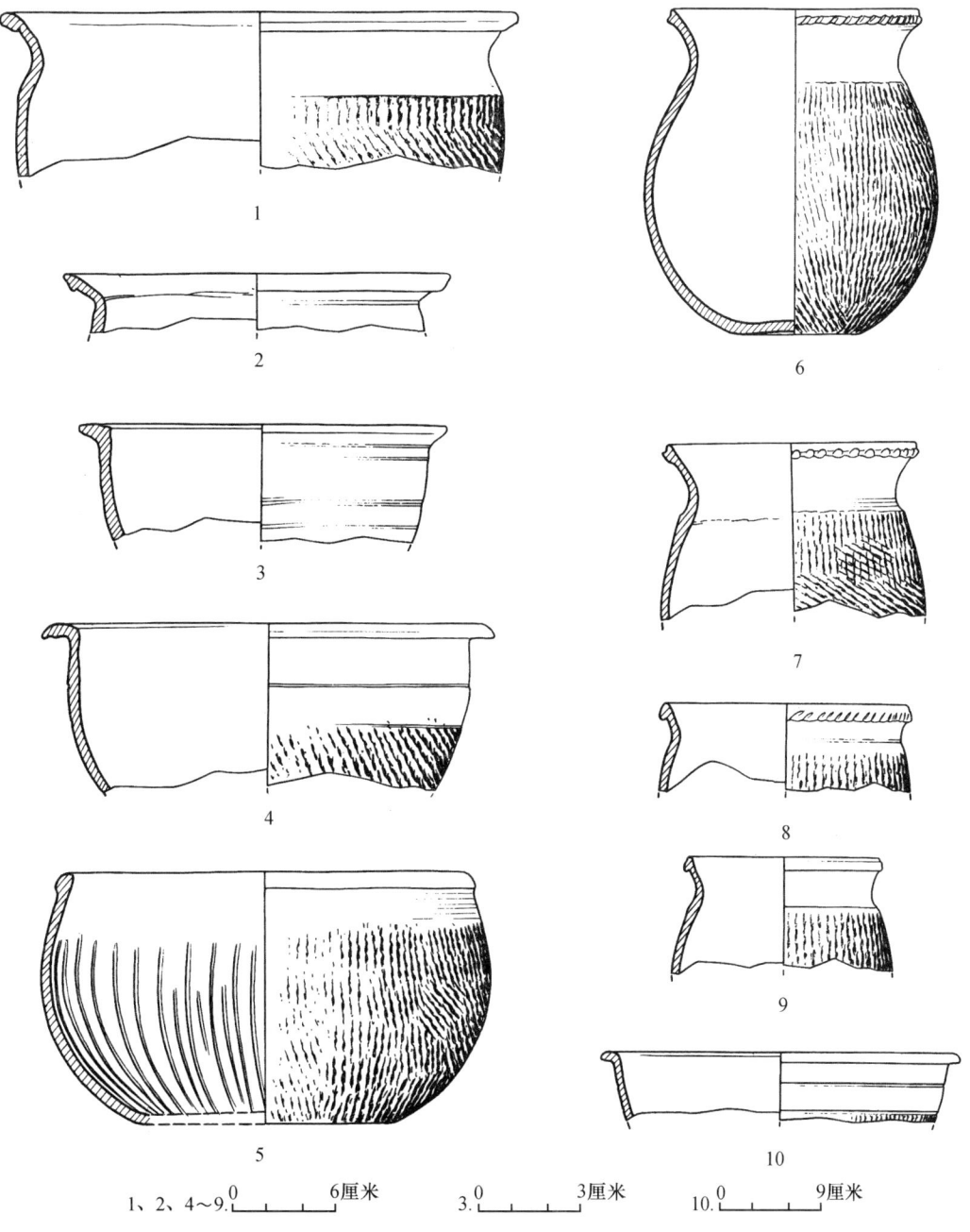

图 3-214　2004ⅠT6941H72 出土陶器（一）

1. C 型 Ⅱ 式深腹罐（2004H72②:11）　2. Ac 型 Ⅰ 式深腹罐（2004H72②:26）　3. 盂（2004H72:35）
4、10. B 型 Ⅱ 式深腹盆（2004H72②:5、2004H72②:17）　5. B 型刻槽盆（2004H72②:2）　6、7. Ca 型
Ⅱ 式圆腹罐（2004H72②:1、2004H72②:39）　8. Ca 型 Ⅲ 式圆腹罐（2004H72②:29）　9. Cb 型 Ⅱ 式
圆腹罐（2004H72②:19）

刻槽盆 B型 标本2004H72②:2，夹砂灰黑陶，局部黄褐色。敛口，圆唇外凸，鼓腹，底部缺失。上腹饰竖向绳纹，下腹饰交错绳纹，内壁饰放射状刻槽。口径25.2、残高13.9厘米（图3-214，5）。

深腹盆 B型Ⅱ式 标本2004H72②:5，泥质灰黑陶，直口，平折沿，沿面圆鼓，尖唇，下腹及底部缺失。上腹磨光，中间饰一周弦纹，其下饰斜向绳纹。口径33.5、残高13.5厘米（图3-214，4）。标本2004H72②:17，泥质灰黑陶。侈口，卷沿近平，沿面略鼓，尖圆唇。上腹较直，下腹斜弧。上腹饰一周弦纹，下腹饰绳纹。口径32.4、残高6厘米（图3-214，10）。

盂 标本2004H72:35，泥质含细砂，灰陶。直口，尖圆唇，折沿近平，沿面近口处有一道凹槽。斜弧腹，中腹以下残。通体磨光。口径10.9、残高3.3厘米（图3-214，3）。

钵 标本2004H72②:6，夹细砂灰黑陶，褐胎。口微敛，尖唇，腹较直，底残。素面。口径12、残高7厘米（图3-215，1）。

小罐 标本2004H72:27，夹砂褐陶，局部灰黑色。敛口，斜方唇，唇外缘凸出。斜直领，圆鼓腹，中腹以下残。腹饰右斜向细绳纹。口径11.4、残高5.8厘米（图3-215，2）。

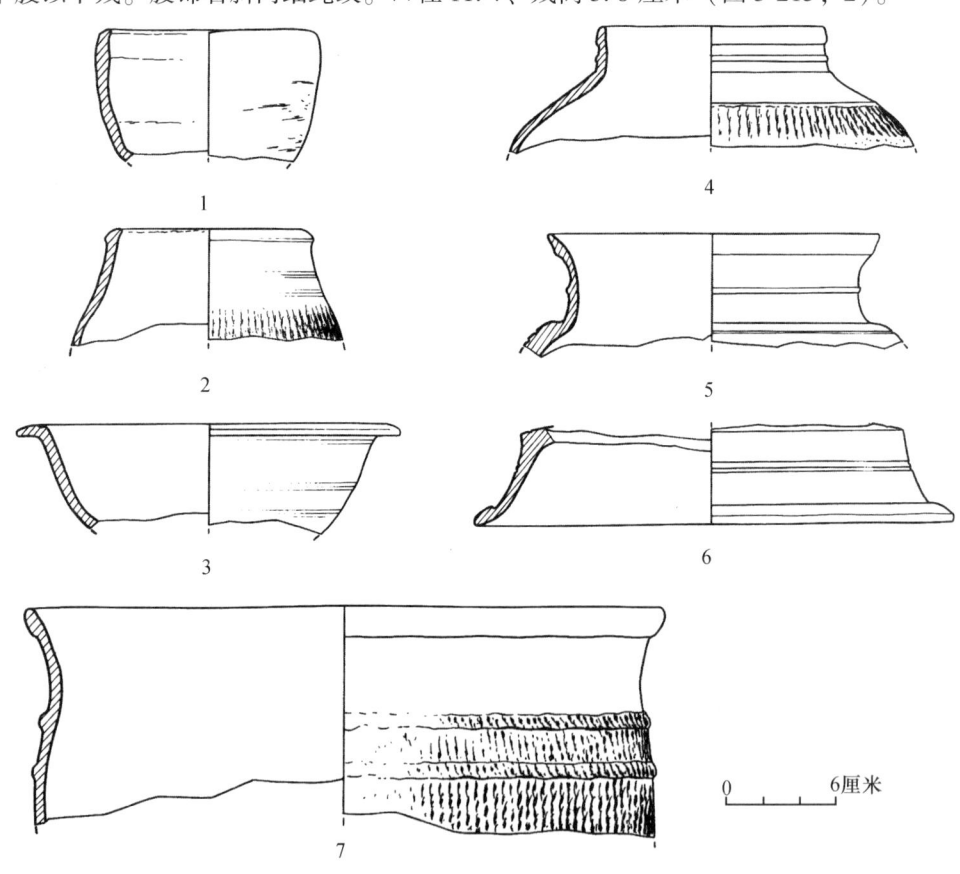

图3-215 2004ⅠT6941H72出土陶器（二）
1. 钵（2004H72②:6） 2. 小罐（2004H72:27） 3. A型Ⅲ式豆（2004H72②:15） 4. Ba型Ⅱ式瓮（2004H72①:43）
5. A型小口尊（2004H72②:4） 6. Aa型Ⅰ式盖（2004H72②:18） 7. Ab型缸（2004H72②:10）

豆 A型Ⅲ式 标本2004H72②:15，泥质黑陶，红胎。侈口，尖唇，折沿近平，沿面略鼓，沿面近口处有一道浅凹槽。盘腹较深，底及柄残。口径21、残高3.8厘米（图3-215，3）。

瓮 Ba型Ⅱ式 标本2004H72①:43，泥质黑陶，褐胎。直口，矮领较直，尖唇，唇外呈带状凸起，圆肩，腹及底残。领部偏下有一道凸棱。肩部饰一道弦纹及竖向细绳纹。口径12、肩径21.6、残高6.2厘米（图3-215，4）。

小口尊 A型 标本2004H72②:4，泥质夹少量细砂，灰陶。侈口，尖唇，口部外侧呈带状凸起，高领，肩部以下缺失。口径17.8、残高5.9厘米（图3-215，5）。

器盖 Aa型Ⅰ式 标本2004H72②:18，泥质灰陶。敞口，尖圆唇，口外呈带状凸起。腹壁内曲，顶及纽残。通体磨光。顶与腹饰弦纹。口径15.8、残高5厘米（图3-215，6）。

缸 Ab型 标本2004H72②:10，夹砂灰褐陶，灰胎。侈口，卷沿，圆唇，口外呈带状凸起，中腹以下缺失。腹饰附加堆纹和竖向绳纹。口径35、残高11.8厘米（图3-215，7）。

2004ⅠT6941H78

深腹罐

Ab型Ⅱ式 标本2004H78:8，夹细砂灰陶，局部呈褐色。敛口，折沿上仰，斜方唇，腹较鼓，下腹及底残。腹饰竖向及左斜向细绳纹。口径24.2、残高17.6厘米（图3-216，1）。标本2004H78:10，夹细砂灰陶。口微敛，折沿上仰，尖圆唇，腹略鼓，中腹以下残。腹饰竖向细绳纹。口径23.2、残高8.4厘米（图3-216，2）。标本2004H78:49，夹细砂灰陶。仰折沿，沿较宽，方唇，腹较直，中腹以下残。腹饰细绳纹。口径25、残高3厘米（图3-216，9）。

Ac型Ⅰ式 标本2004H78:41，夹细砂灰黑陶。敛口，折沿上仰，圆唇外凸，腹略鼓，中腹以下残。腹饰竖向绳纹。口径19.8、残高7厘米（图3-216，3）。标本2004H78:26，夹细砂灰陶，局部呈褐色。敛口，仰折沿，沿较窄，尖圆唇，上腹较鼓，中腹以下残。腹饰竖向细绳纹。口径20、残高6厘米（图3-216，4）。标本2004H78:50，夹细砂浅灰陶。口近直，折沿上仰，圆唇外呈带状凸起，腹较直，中腹以下残。腹饰竖向绳纹。口径20、残高3.2厘米（图3-216，5）。标本2004H78:39，夹砂黑陶，褐胎。敛口，仰折沿，沿面略凹，圆唇下缘凸出。腹略鼓，中腹以下残。腹饰右斜向细绳纹。口径22.2、残高4厘米（图3-216，6）。标本2004H78:20，夹砂灰陶。敛口，仰折沿，尖圆唇向上凸起，上腹较鼓，中腹以下残。腹饰竖向绳纹。口径23.8、残高6.2厘米（图3-216，7）。标本2004H78:23，夹细砂深灰陶。敛口，折沿上仰，圆唇，腹较鼓，中腹以下残。腹饰竖向绳纹。口径24.2、残高5.2厘米（图3-216，8）。标本2004H78:51，夹细砂灰陶。敛口，仰折沿，沿较宽，沿面略凹，圆唇，腹较鼓，腹残。口径22、残高3厘米（图3-216，10）。标本2004H78:19，夹细砂灰陶。敛口，折沿上仰，尖圆唇，上腹较斜直，中腹以下残。口径28、残高7.6厘米（图3-216，11）。

C型Ⅱ式 标本2004H78:25，夹细砂深灰陶。卷沿上仰，厚圆唇，上腹略鼓，中腹以下残。腹饰竖向绳纹。口径22、残高6厘米（图3-217，1）。

圆腹罐

Ca型Ⅱ式 标本2004H78:38，夹细砂黑陶，局部呈褐色，褐胎。侈口，斜方唇，唇面略凹。

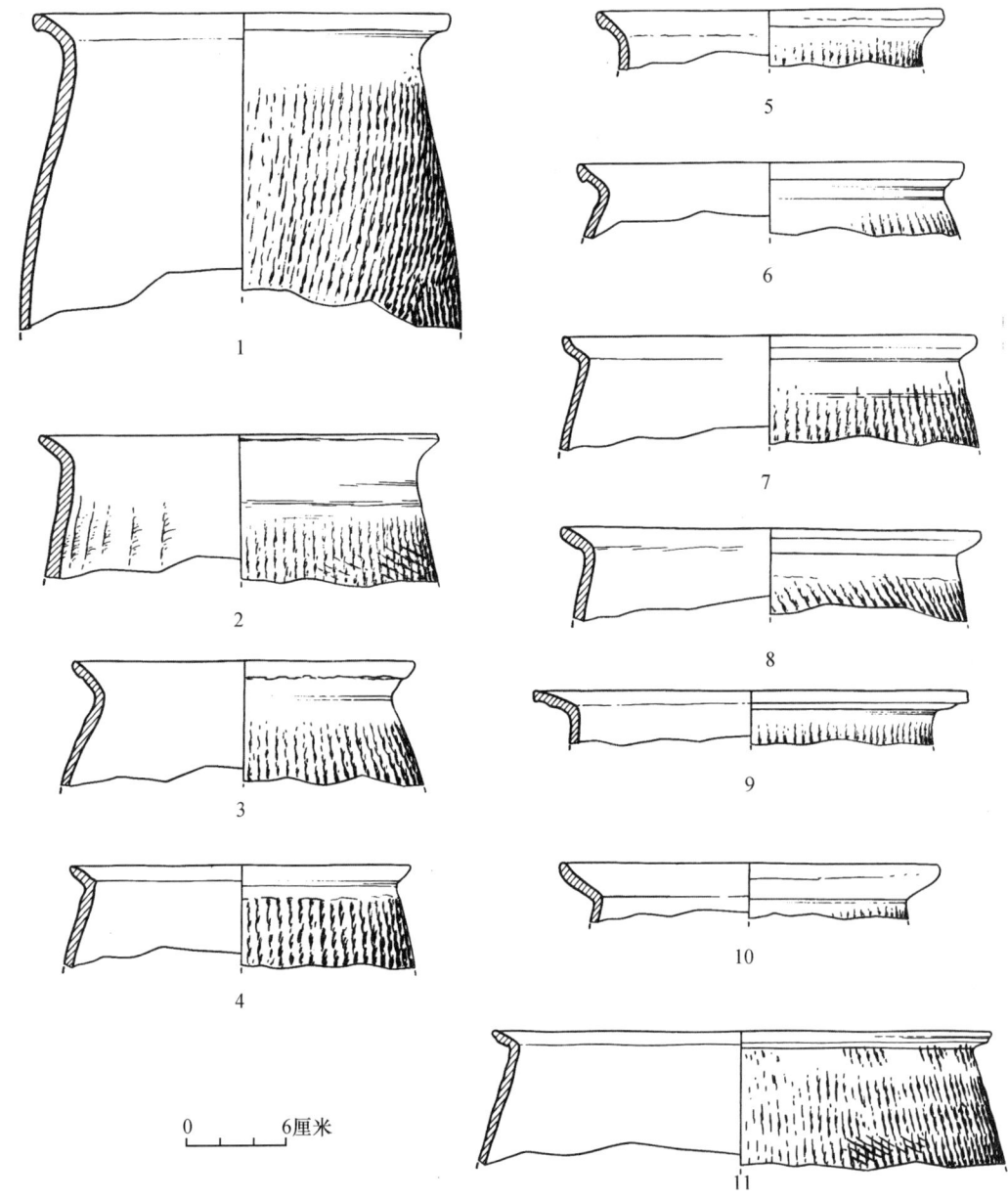

图 3-216 2004ⅠT6941H78 出土深腹罐
1、2、9. Ab 型 Ⅱ 式（2004H78：8、2004H78：10、2004H78：49） 3～8、10、11. Ac 型 Ⅰ 式（2004H78：41、2004H78：26、2004H78：50、2004H78：39、2004H78：20、2004H78：23、2004H78：51、2004H78：19）

高领较直，圆鼓腹，中腹以下残。口外附加一周索状花边及两小錾，腹饰竖向细绳纹。口径 18、残高 10 厘米（图 3-217，2）。标本 2004H78：43，夹砂灰陶，局部呈褐色。侈口，尖唇，领微卷，圆鼓腹，中腹以下残。口外饰一周索状花边，腹饰右斜向细绳纹。口径 11.7、残高 4.8 厘米（图 3-217，3）。标本 2004H78：15，夹细砂浅灰陶。侈口，斜方唇，唇下缘压印成索状花边，领微卷，圆鼓腹，中腹以下残。腹饰右斜向细绳纹，口径 12.2、残高 4.8 厘米（图 3-217，6）。标本 2004H78：13，夹细砂浅灰陶，局部呈褐色。侈口，斜方唇，领微卷，圆鼓腹，中腹以下残。口外饰

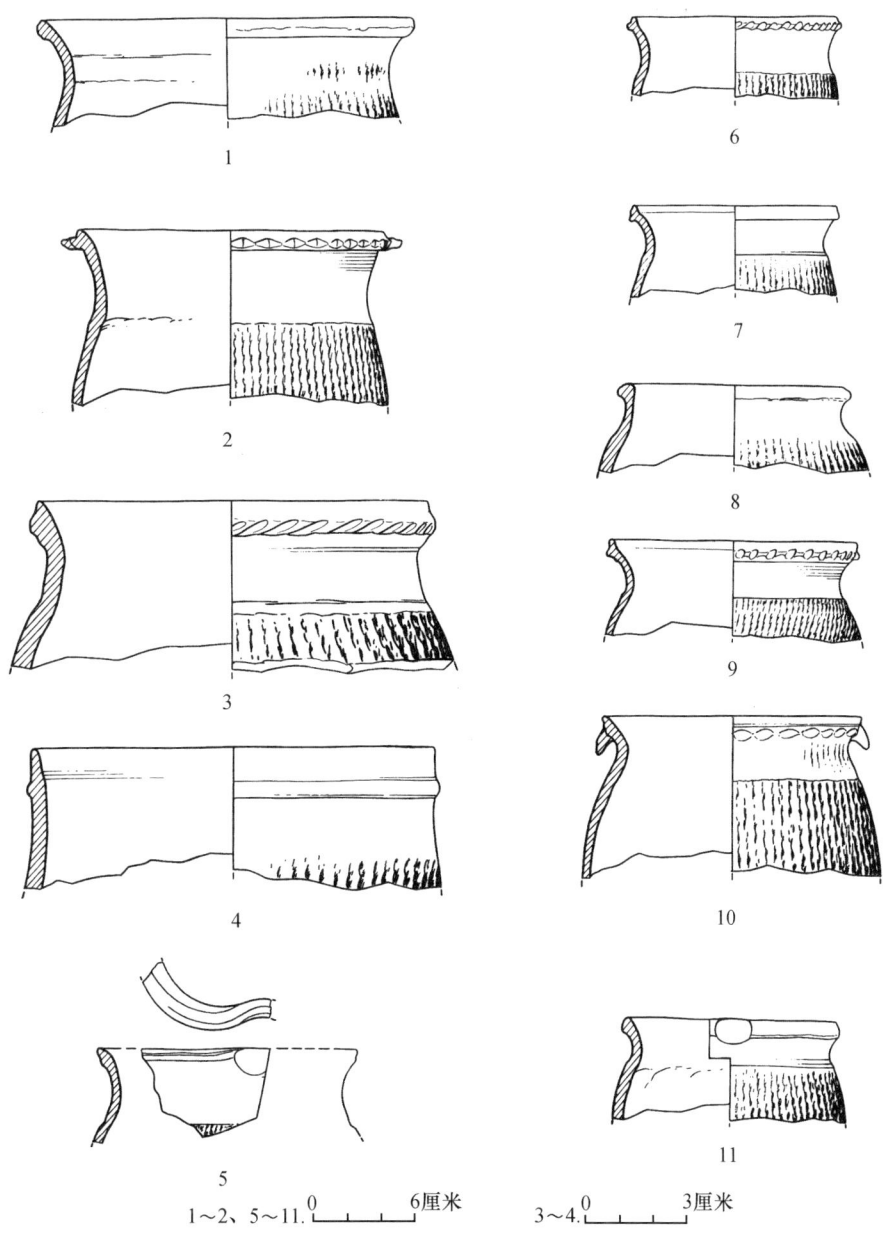

图 3-217 2004ⅠT6941H78 出土陶罐

1. C 型Ⅱ式深腹罐（2004H78:25） 2、3、6、9. Ca 型Ⅱ式圆腹罐（2004H78:38、2004H78:43、2004H78:15、2004H78:13） 4. Cb 型Ⅱ式圆腹罐（2004H78:17） 5、11. 捏口罐（2004H78:23、2004H78:11） 7、8. Cb 型Ⅱ式圆腹罐（2004H78:35、2004H78:37） 10. Ca 型Ⅲ式圆腹罐（2004H78:12）

一周索状花边，腹饰左斜向细绳纹。口径 15、残高 5.8 厘米（图 3-217，9）。

Ca 型Ⅲ式 标本 2004H78:12，夹细砂深灰陶。侈口，尖唇，矮领斜直，圆鼓腹，下腹及底残。口外饰一周索状花边及一对舌形小錾，外壁有滚压绳纹。口径 15.6、残高 9.2 厘米（图 3-217，10）。

Cb 型Ⅱ式 标本 2004H78:17，夹细砂灰陶。直口，尖圆唇，口沿外有一道凸棱，直领，腹残。

腹饰绳纹。口径11.8、残高4厘米（图3-217，4）。标本2004H78：35，夹细砂褐陶，灰胎。侈口，斜方唇，唇上下缘凸出，矮领较斜直，圆鼓腹，中腹以下残。腹饰竖向绳纹。口径12.2、残高5.2厘米（图3-217，7）。标本2004H78：37，夹细砂灰黑陶，褐胎。口微侈，矮领，方唇较宽，圆鼓腹，中腹以下残。腹饰竖向绳纹。口径13.8、残高5厘米（图3-217，8）。

捏口罐　标本2004H78：23，夹细砂深灰陶。侈口，圆唇，领较高，腹较鼓，中腹以下残。口部残留一捏窝，腹饰绳纹。口径24.2、残高5.2厘米（图3-217，5）。标本2004H78：11，泥质含细砂，浅灰陶，褐胎。侈口，口沿外有一对称捏窝，方唇，唇面略鼓，矮领较斜直，圆鼓腹，中腹以下残。腹饰竖向绳纹。口径12.4、高5.8厘米（图3-217，11）。

敛口罐　标本2004H78：57，泥质深灰陶，褐胎。敛口，仰折沿，沿面较窄，方唇，圆鼓腹，中腹以下残。口径15、残高3厘米（图3-218，1）。

小罐　标本2004H78：36，夹细砂黑陶，局部呈褐色，褐胎。直口微侈，圆唇，直腹，中腹以下残。腹饰交错绳纹。口径13.6、残高6.4厘米（图3-218，2）。

鼎　A型Ⅰ式　标本2004H78：16，夹砂深灰陶。侈口，卷沿略上仰，沿较窄，尖圆唇，上腹较直，下腹及底残。腹饰斜向绳纹。口径16.6、残高9厘米（图3-218，3）。

深腹盆

A型Ⅲ式　标本2004H78：9，泥质灰黑陶，褐胎。侈口，折沿上仰，沿面略凹，斜方唇，唇缘外凸，斜弧腹，中腹以下残。上腹饰一对鸡冠耳，有多周轮修时形成的凹槽，其下饰交错绳纹。口径25、残高9.2厘米（图3-218，7）。

B型Ⅱ式　标本2004H78：7，泥质黑陶，红胎。直口，卷沿近平，沿面略鼓，圆唇，上腹较直，中下腹斜弧。腹饰交错绳纹。口径33.9、残高12.3厘米（图3-218，4）。标本2004H78：29，泥质浅灰陶，局部呈褐色。近直口，折沿近平，沿面略鼓，尖圆唇，上腹较直，中腹斜弧。上腹素面，饰弦纹及一对鸡冠耳，其下饰斜向绳纹。口径35.7、残高12厘米（图3-218，5）。标本2004H78：40，夹细砂黑陶，褐胎。口微敛，折沿近平，薄方唇，腹略鼓，中腹以下残。腹饰弦纹及绳纹。口径32.7、残高5.4厘米（图3-218，6）。标本2004H78：22，泥质含少量细砂，灰黑陶。敞口，折沿近平，沿面微鼓，尖圆唇，腹斜弧，中腹以下残。腹饰交错绳纹。口径30、残高8.6厘米（图3-218，9）。

Cb型　标本2004H78：27　泥质黑陶，褐胎。侈口，折沿微上仰，方唇较圆，唇下缘凸出沿背。束颈，鼓肩，中腹以下残。口径28.8、残高8.4厘米（图3-218，8）。

刻槽盆　A型Ⅰ式　标本2004H78：48，夹细砂褐陶，局部呈灰色，灰胎。敛口，斜方唇，口外呈带状凸起，鼓腹，中腹以下残。口径23、残高4厘米（图3-218，10）。

三足盘　Ⅱ式　标本2004H78：31，泥质黑陶，褐胎。侈口，卷沿下耷，沿面较鼓，圆唇。斜直腹，中腹以下残。口径23、残高5.4厘米（图3-218，11）。

小口尊　A型　标本2004H78：34，泥质黑陶，红胎。口微侈，圆唇，口外呈带状凸起，高领，肩以下缺失。口径22.6、残高7厘米（图3-219，1）。

瓮　Ba型Ⅱ式　标本2004H78：6，泥质灰陶。侈口，高领斜直，圆唇外凸。圆肩较鼓，中腹以下残。腹饰交错绳纹。口径16、腹径26、残高22.4厘米（图3-219，2）。

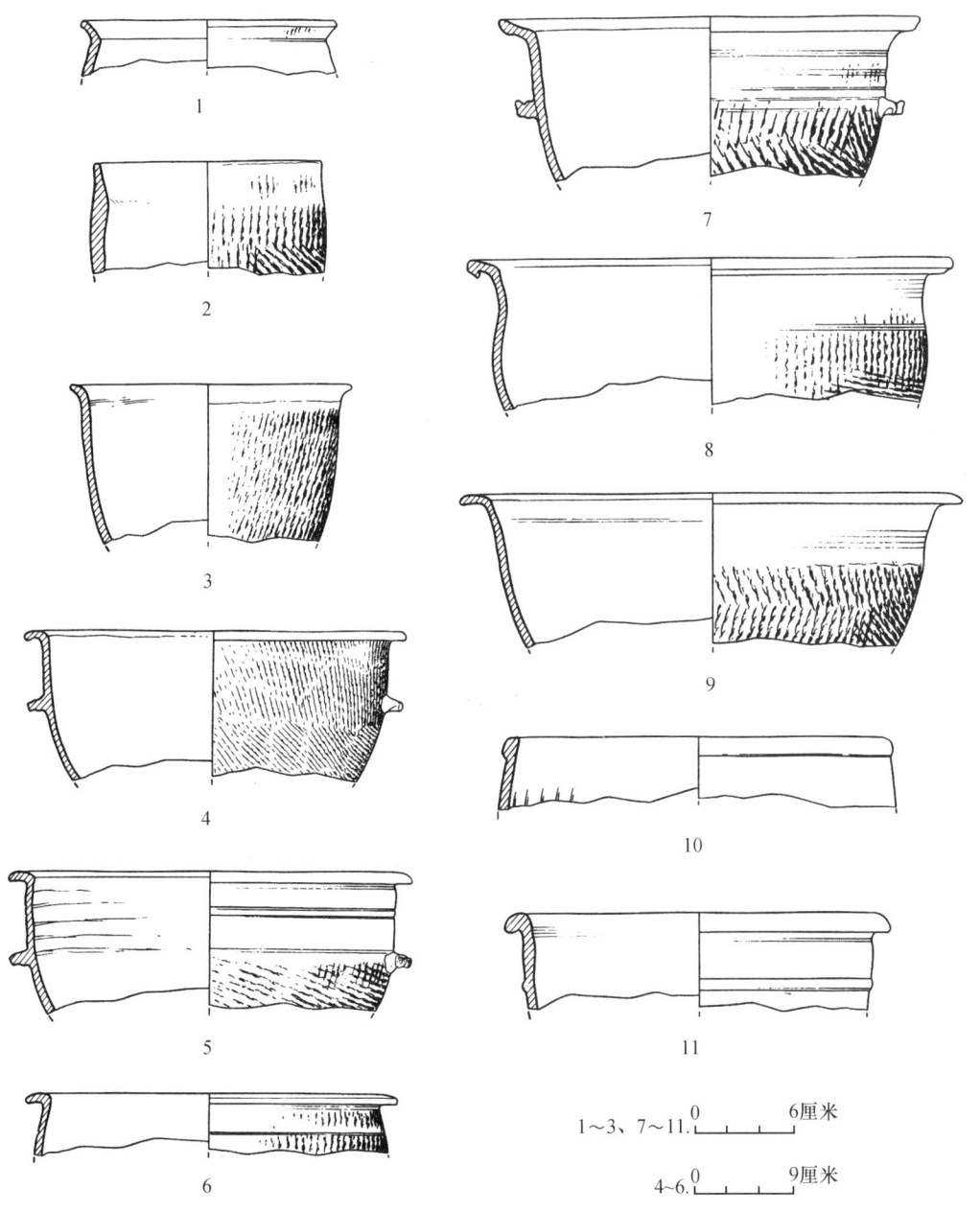

图 3-218　2004ⅠT6941H78 出土陶器（一）

1. 敛口罐（2004H78:57）　2. 小罐（2004H78:36）　3. A 型Ⅰ式鼎（2004H78:16）　4～6、9. B 型Ⅱ式深腹盆（2004H78:7、2004H78:29、2004H78:40、2004H78:22）　7. A 型Ⅲ式深腹盆（2004H78:9）　8. Cb 型深腹盆（2004H78:27）　10. A 型Ⅰ式刻槽盆（2004H78:48）　11. Ⅱ式三足盘（2004H78:31）

2004ⅠT6941H120

深腹罐　Ab 型Ⅱ式　标本 2004H120:19，夹细砂黑陶，灰胎。口微敛，仰折沿，方唇，唇面略凹，腹较鼓，中腹以下残。腹饰细绳纹。口径 23.6、残高 3.6 厘米（图 3-220，1）。标本 2004H120:6，夹砂黄褐陶。口微敛，仰折沿，方唇，唇面略凹。腹较直，中腹以下残。腹饰斜向篮纹。口径 21.6、残

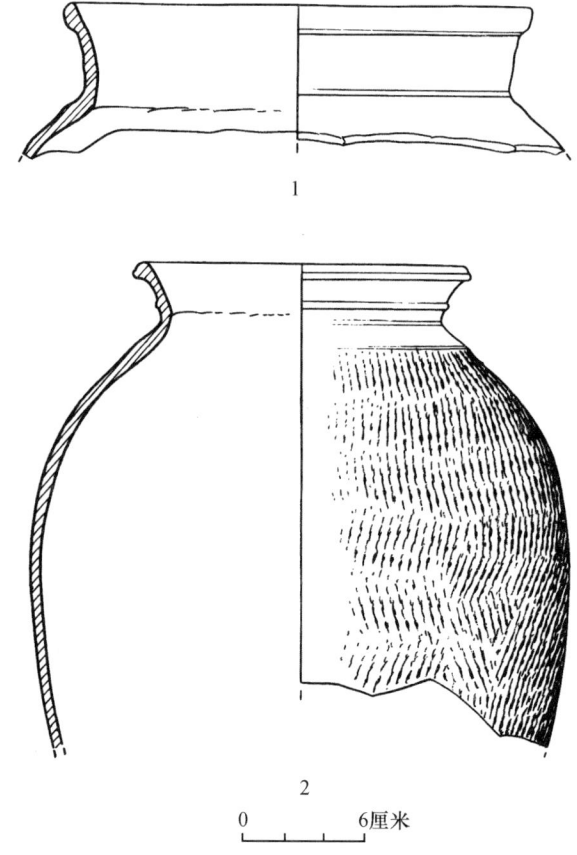

图 3-219 2004ⅠT6941H78 出土陶器（二）
1. A 型小口尊（2004H78∶34）
2. Ba 型Ⅱ式瓮（2004H78∶6）

高9.4厘米（图3-220，2）。标本2004H120∶17，夹砂灰陶。敛口，仰折沿，斜方唇，上腹较鼓，中腹以下残。腹饰左斜向细绳纹。口径18.4、通高4.2厘米（图3-220，3）。

圆腹罐

Ca 型Ⅱ式　标本2004H120∶4，夹细砂黄褐陶。侈口，尖唇，斜直领，圆鼓腹，平底。口沿外附加一周花边，腹饰绳纹。口径13.2、底径7.4、腹径15、通高15.2厘米（图3-220，4）。标本2004H120∶7，夹砂灰褐陶。侈口，卷沿，尖唇，领部较高。中腹以下缺失。口外侧饰一周花边及两个小錾，上腹饰斜向细绳纹。口径13.6、残高5.2厘米（图3-220，8）。

Cb 型Ⅱ式　标本2004H120∶24，夹细砂灰陶。侈口，领较高且微卷，尖圆唇，口外有一道凸棱。腹残。口径16.6、残高4.4厘米（图3-220，5）。标本2004H120∶20，夹细砂灰陶。侈口，卷沿上仰，宽方唇，束颈，腹残。领部有竖向细绳纹痕。口径16.2、残高4.2厘米（图3-220，6）。标本2004H120∶13，夹细砂深灰陶。侈口，尖唇，口沿外饰一道凸棱。领微卷，鼓腹，中腹以下残。腹饰竖向细绳纹。口径17.2、残高4.8厘米（图3-220，7）。

平底盆　标本2004H120∶22，夹细砂浅灰陶，局部呈褐色。侈口，斜方唇，唇下缘凸出。腹斜直，底残。素面。口径21.4、残高3.8厘米（图3-220，9）。

三足盘　Ⅲ式　标本2004H120∶34，泥质含细砂，灰黑陶，局部呈褐色。侈口，折沿下耷，沿面近口处有一道弦纹，尖唇。浅腹较斜直，盘底周缘外凸。平底略圜，三足残后断面又经磨平。口径27、残高7厘米（图3-221，1）。

小口尊　A 型　标本2004H120∶5，泥质夹少量细砂，灰陶。侈口，尖圆唇下缘凸出，领部较高，肩部以下缺失。领肩饰有弦纹。口径20、残高7.7厘米（图3-221，2）。

捏口罐　标本2004H120∶18，夹细砂深灰陶。直口，口外有一周凸棱，圆唇，腹残。领饰竖向细绳纹。口径18.8、残高3.8厘米（图3-221，3）。

钵　标本2004H120∶23，泥质含少量砂粒，黑陶。敛口，尖唇内勾，斜直腹，腹壁厚薄不均，底残。素面。口径9.5、通高4.4厘米（图3-221，4）。

杯　标本2004H120∶11，夹细砂褐陶，局部呈灰色。直口，圆唇，直腹，中腹以下残。素面。厚胎。口径7.3、残高4.7厘米（图3-221，5）。

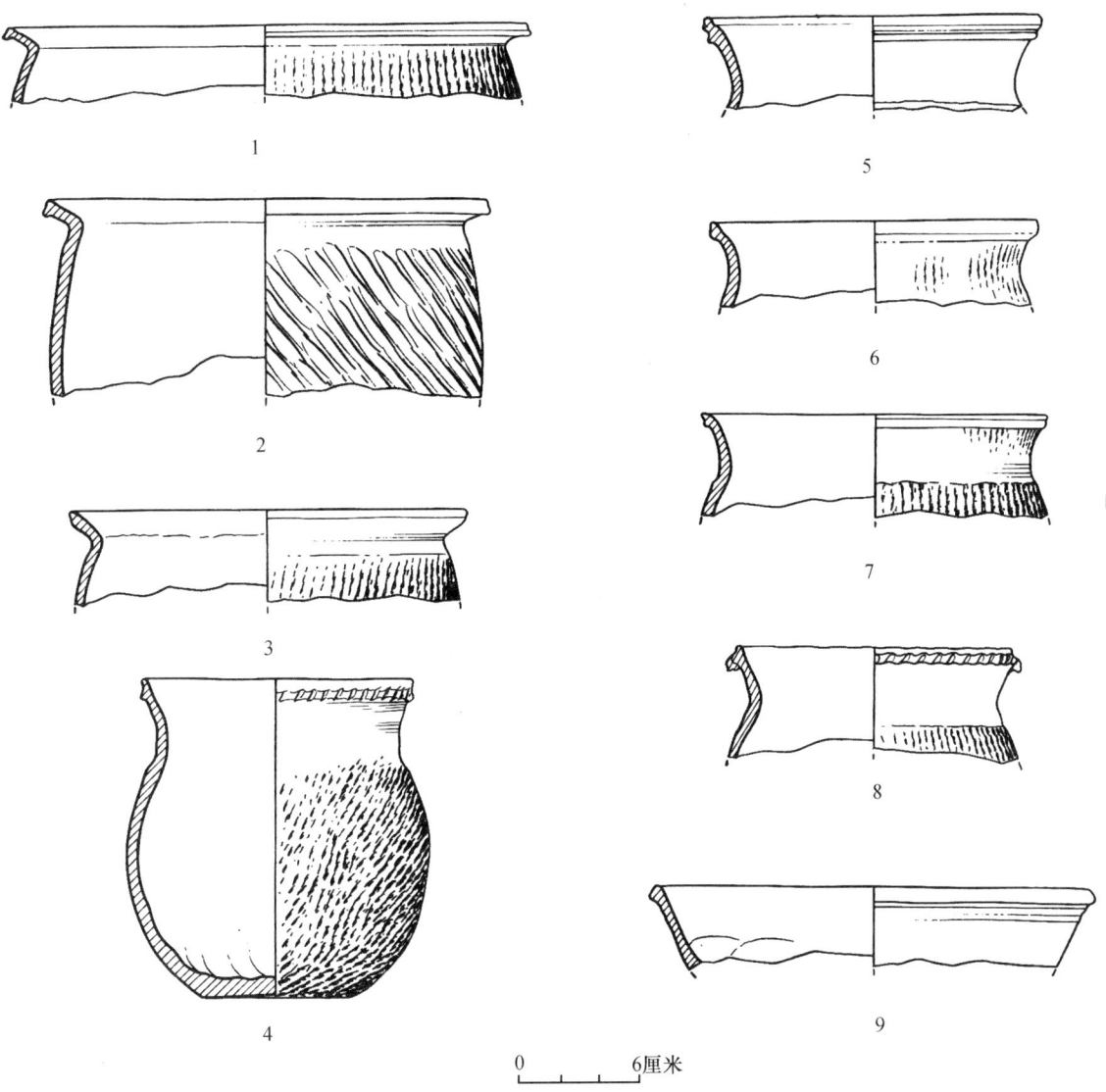

图 3-220 2004ⅠT6941H120 出土陶器（一）

1~3. Ab 型 Ⅱ 式深腹罐（2004H120∶19、2004H120∶6、2004H120∶17） 4、8. Ca 型 Ⅱ 式圆腹罐（2004H120∶4、2004H120∶7）
5~7. Cb 型 Ⅱ 式圆腹罐（2004H120∶24、2004H120∶20、2004H120∶13） 9. 平底盆（2004H120∶22）

盅 标本 2004H120∶16，泥质含细砂，红褐陶。口微敛，薄方唇，斜弧腹，平底。素面。口径 7、底径 6、通高 4 厘米（图 3-221，6）。

爵鋬 标本 2004H120∶31，泥质含少量细砂，黑陶褐胎。鋬饰竖向和菱形刻划纹。残长 4.5、残宽 2.9 厘米（图 3-221，7）。

白陶罐 标本 2004H120∶2，泥质含细砂，白陶。敛口，仰折沿，沿面较窄，方唇，鼓腹，中腹以下残。腹饰竖向细绳纹。口径 11.4、残高 3.5 厘米（图 3-221，8；彩版一七，2）。

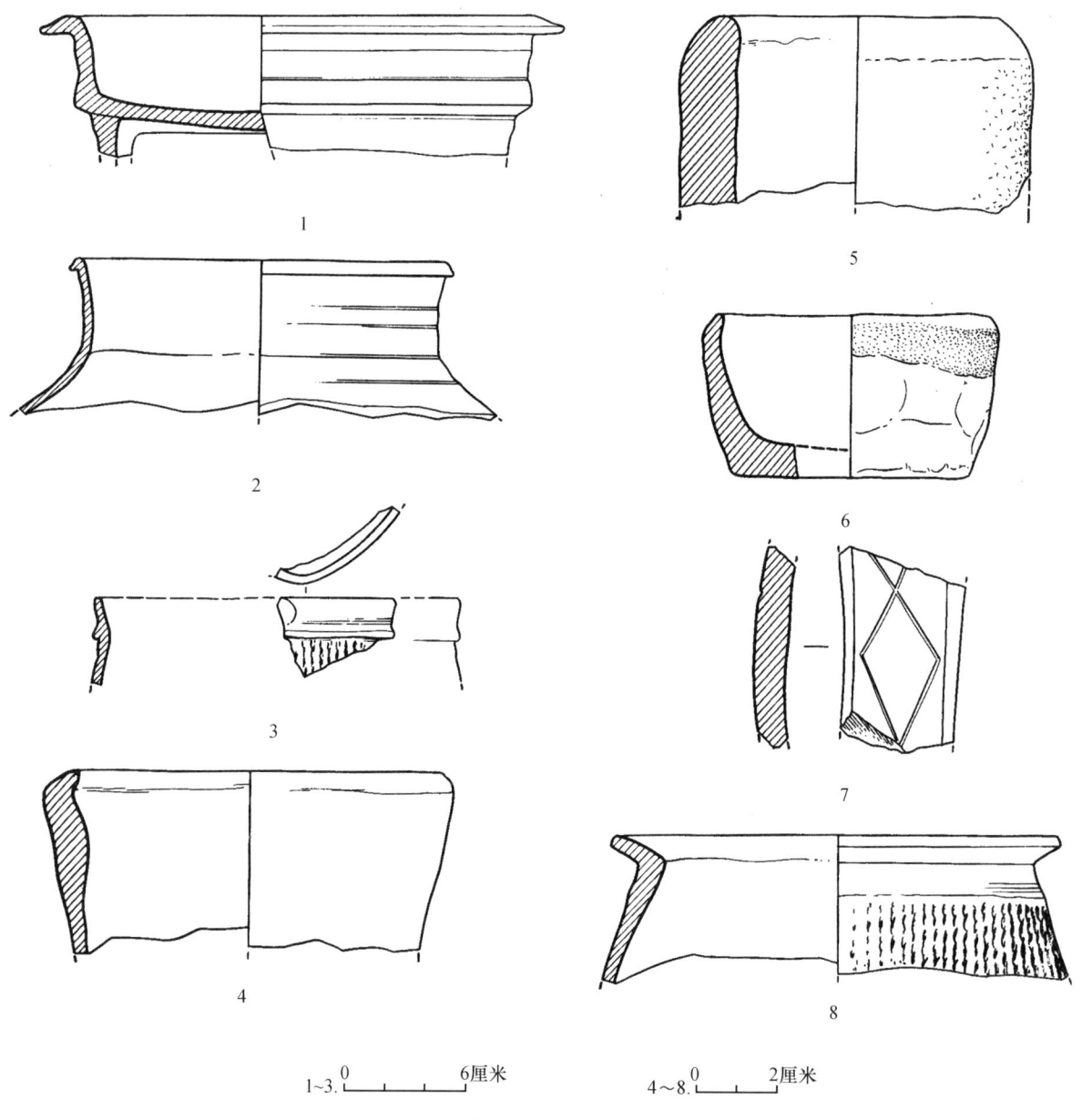

图 3-221　2004ⅠT6941H120 出土陶器（二）
1. Ⅲ式三足盘（H120:34）　2. A型小口尊（H120:5）　3. 捏口罐（H120:18）　4. 钵（H120:23）　5. 杯（H120:11）
6. 盅（H120:16）　7. 爵鋬（H120:31）　8. 白陶罐（H120:2）

2004ⅠT6941H163

深腹罐

Ab型Ⅱ式　标本 2004H163:40，夹细砂褐陶。敛口，仰折沿，方唇，唇面有一道弦纹。腹较鼓，中腹以下残。腹饰交错绳纹。口径 23.6、残高 5 厘米（图 3-222，1）。标本 2004H163:12，夹细砂灰陶。敛口，平折沿，沿面近口处有一道浅凹槽，方唇，圆鼓腹，中腹以下残。腹饰斜向细绳纹，局部有交错。口径 14.4、残高 7.4 厘米（图 3-222，2）。

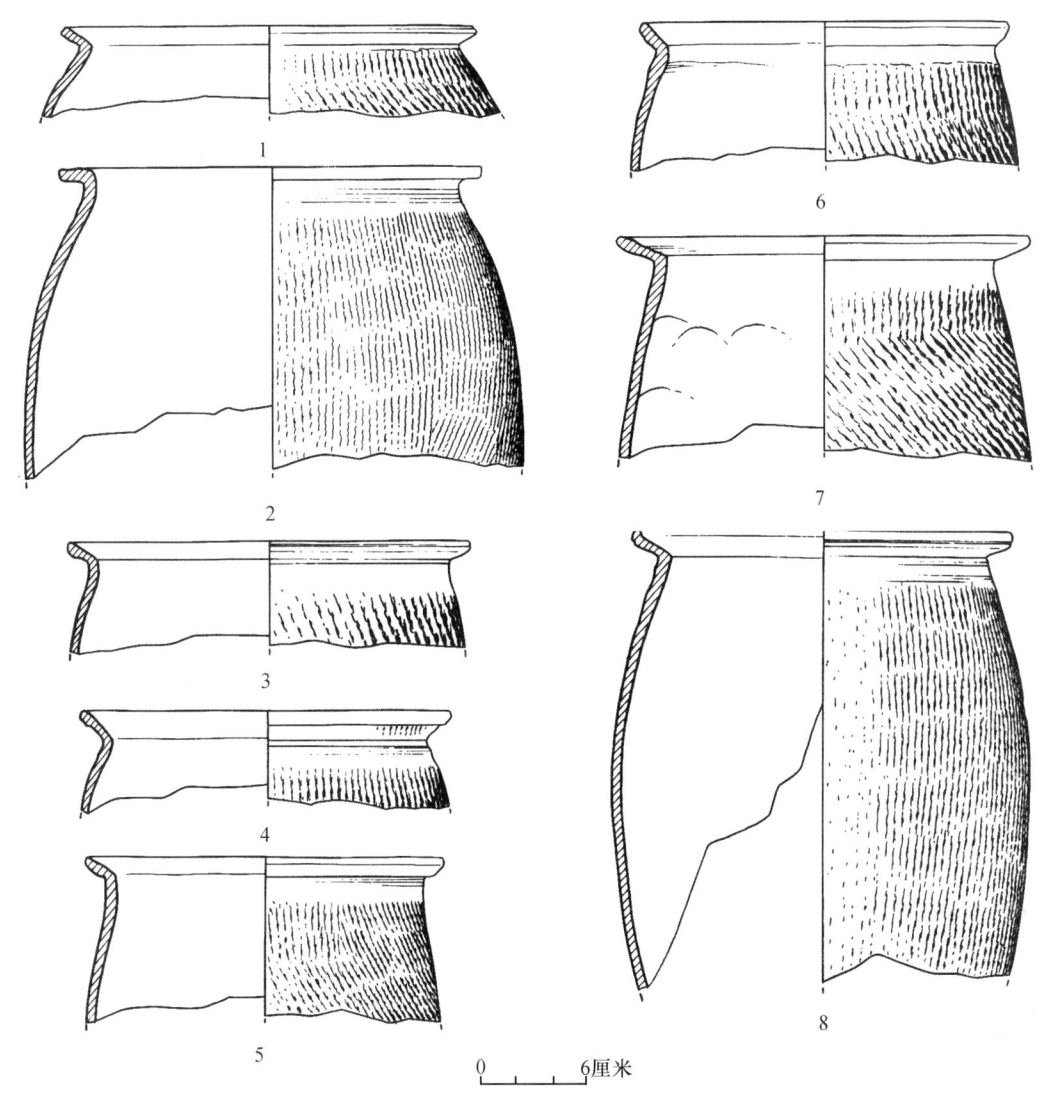

图 3-222　2004ⅠT6941H163 出土深腹罐

1、2. Ab 型Ⅱ式（2004H163：40、2004H163：12）　3～8. Ac 型Ⅰ式（2004H163：29、2004H163：16、
2004H163：26、2004H163：32、2004H163：10、2004H163：13）

Ac 型Ⅰ式　标本 2004H163：29，夹细砂灰陶。敛口，仰折沿，方唇下缘抹圆，腹略鼓，中腹以下残。腹饰右斜向中绳纹。口径 23、残高 5.8 厘米（图 3-222，3）。标本 2004H163：16，夹细砂褐陶，局部呈灰色。敛口，仰折沿，斜方唇，唇下缘较圆，腹略鼓，中腹以下残。腹饰右斜向细绳纹。口径 23.4、残高 5.2 厘米（图 3-222，4）。标本 2004H163：26，夹细砂深灰陶。口近直，仰折沿，尖圆唇，腹较直，中腹以下残。腹饰右斜向细绳纹。口径 20.6、残高 9 厘米（图 3-222，5）。标本 2004H163：32，夹细砂褐陶，局部呈灰色。敛口，仰折沿，斜方唇，唇下缘较圆，腹略鼓，中腹以下残。腹饰右斜向细绳纹。口径 21.6、残高 8 厘米（图 3-222，6）。标本 2004H163：10，夹细砂灰陶，局部呈褐色。敛口，仰折沿，沿较宽，尖圆唇。腹略鼓，中腹以下残。上腹近口处饰竖向细绳纹，其下为右斜向细绳纹。口径 24、残高 12 厘米（图 3-222，7）。标本 2004H163：13，泥质含少量细

砂，褐陶，局部呈灰色。敛口，仰折沿。斜方唇，唇上缘凸出，腹略鼓，下腹及底残。腹饰竖向细绳纹，纹饰规整，外壁黏有红烧土块。口径22、腹径25.4、残高25厘米（图3-222，8）。

Ac型Ⅱ式 标本2004H163:27，夹细砂灰陶。敛口，仰折沿，斜方唇下缘较圆，上缘凸出。腹略鼓，中腹以下残。口外有较宽绳纹抹平带，其下饰竖向细绳纹，不甚清晰。口径19.8、残高5.2厘米（图3-223，1）。

C型Ⅰ式 标本2004H163:14，夹砂褐陶。直口微敛，平折沿，方唇，束颈，鼓腹，中腹以下残。腹饰竖向细绳纹。口径24、残高10.2厘米（图3-223，5）。

圆腹罐

Ca型Ⅱ式 标本2004H163:20，夹细砂灰陶。侈口，方唇，领斜直，圆鼓腹，中腹以下残。口外饰索状花边，腹饰右斜向细绳纹，局部交错。口径15、残高7.6厘米（图3-223，3）。标本2004H163:30，夹细砂浅灰陶。侈口，斜方唇，唇下缘压印成索状花边，领卷曲，圆鼓腹，中腹以下残。腹饰细绳纹。口径13、残高8.4厘米（图3-223，4）。标本2004H163:28，夹细砂浅灰陶。侈口，斜方唇，唇下缘压印成索状花边，领微卷，圆鼓腹，中腹以下残。腹饰竖右斜向细绳纹。口径14.8、残高7.2厘米（图3-223，2）。标本2004H163:41，夹细砂灰陶。侈口，尖唇，领斜直，圆鼓腹，腹残。口外饰一周索状花边，腹饰竖向细绳纹。口径14.4、残高4.8厘米（图3-223，6）。标本2004H163:201，夹细砂灰陶。侈口，尖圆唇，唇下缘压印有花边。腹残。领有竖向绳纹。口径21.4、残高4厘米（图3-223，11）。

Cb型Ⅰ式 标本2004H163:82，夹细砂灰陶，褐胎。口微侈，口外有一道凸棱，尖圆唇，高领较直。腹残。口径16、残高4.4厘米（图3-223，8）。

Cb型Ⅱ式 标本2004H163:24，夹细砂灰陶。侈口，圆唇，矮领较斜直，鼓腹，中腹以下残。口外饰一对舌形小錾，腹饰竖向细绳纹。口径13.4、残高4.2厘米（图3-223，9）。标本2004H163:22，夹砂黑陶。侈口，尖圆唇，领卷曲，圆鼓腹，中腹以下残。口沿外有一道凸棱。腹饰竖向中绳纹。口径16、残高8.2厘米（图3-223，10）。标本2004H163:15，夹细砂褐陶，局部呈灰色，灰胎。侈口，斜方唇，卷领，圆鼓腹，中腹以下残。口外饰一对舌形小錾，腹饰竖向中绳纹。外壁黏有红烧土块。口径13.4、残高7.6厘米（图3-223，7）。

Cc型Ⅱ式 标本2004H163:11，夹砂灰陶。侈口，斜方唇，唇面略凹，领微卷，深直腹，下腹及底残。口外饰一对舌形小錾，腹饰细绳纹。口径12.2、残高15.6厘米（图3-224，1）。

甑 D型 标本2004H163:75，夹细砂黑陶，褐胎。口微侈，尖圆唇，斜直腹，中腹以下残。素面。口径23、残高5.8厘米（图3-224，2）。

刻槽盆 A型Ⅱ式 标本2004H163:8，泥质含少量细砂，灰陶。侈口，圆唇，口外呈带状凸出。斜弧腹，平底。腹饰竖向及交错细绳纹，内壁有放射状刻槽。口径18、底径8.8、通高13.8厘米（图3-224，3）。

深腹盆

A型Ⅱ式 标本2004H163:86，夹细砂浅灰陶。口微侈，仰折沿，沿较窄。方唇，斜直腹，中腹以下残。腹饰竖向细绳纹。残高4厘米（图3-224，4）。

A型Ⅲ式 标本2004H163:64，泥质含细砂，深灰陶。近直口，仰折沿，沿较窄，斜方唇下缘

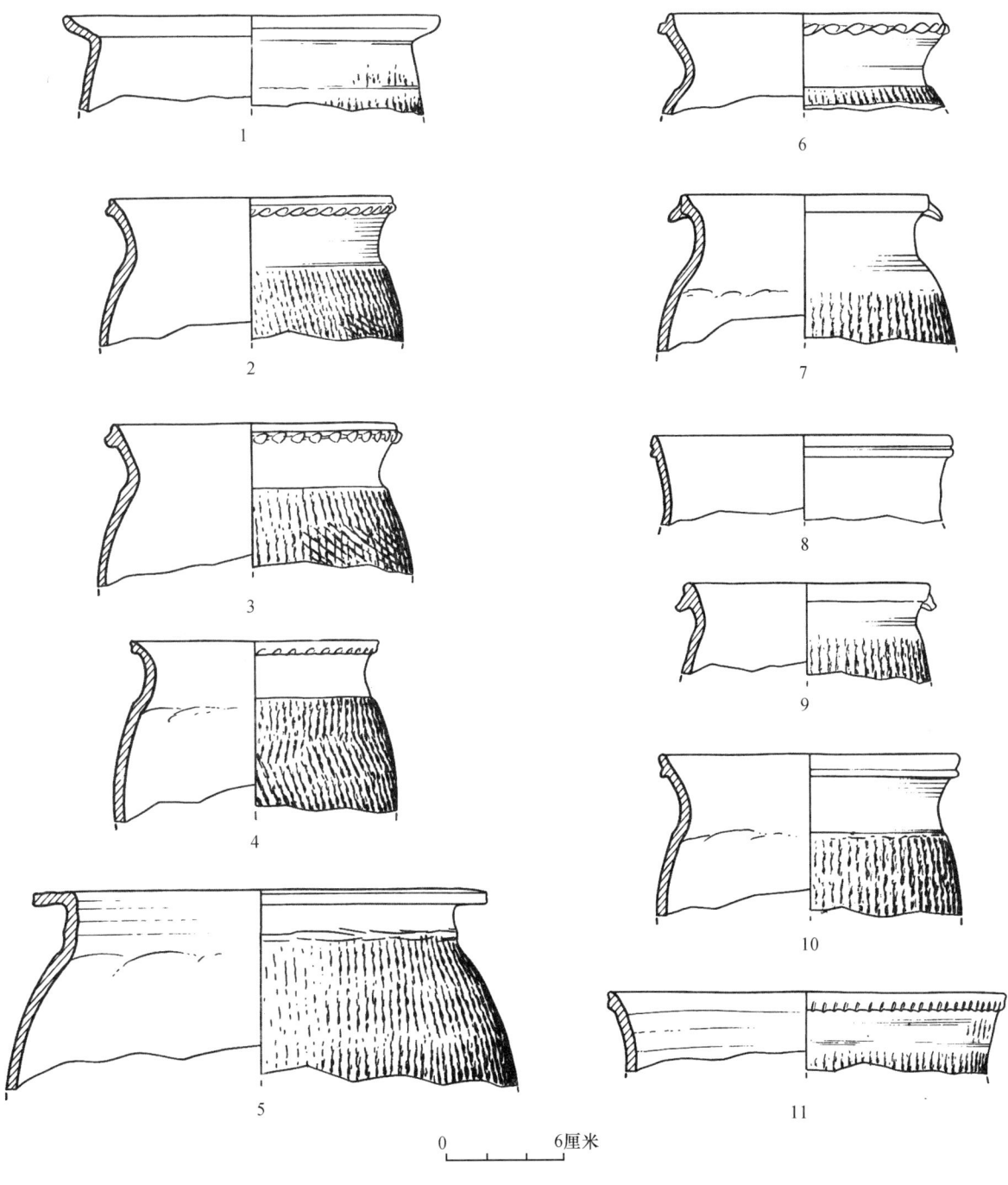

图 3-223　2004ⅠT6941H163 出土陶罐

1. Ac 型Ⅱ式深腹罐（2004H163：27）　2、3、4、6、11. Ca 型Ⅱ式圆腹罐（2004H163：28、2004H163：20、2004H163：30、2004H163：41、2004H163：201）　5. C 型Ⅰ式深腹罐（2004H163：14）　8. Cb 型Ⅰ式圆腹罐（2004H163：82）　7、9、10. Cb 型Ⅱ式圆腹罐（2004H163：15、2004H163：24、2004H163：22）

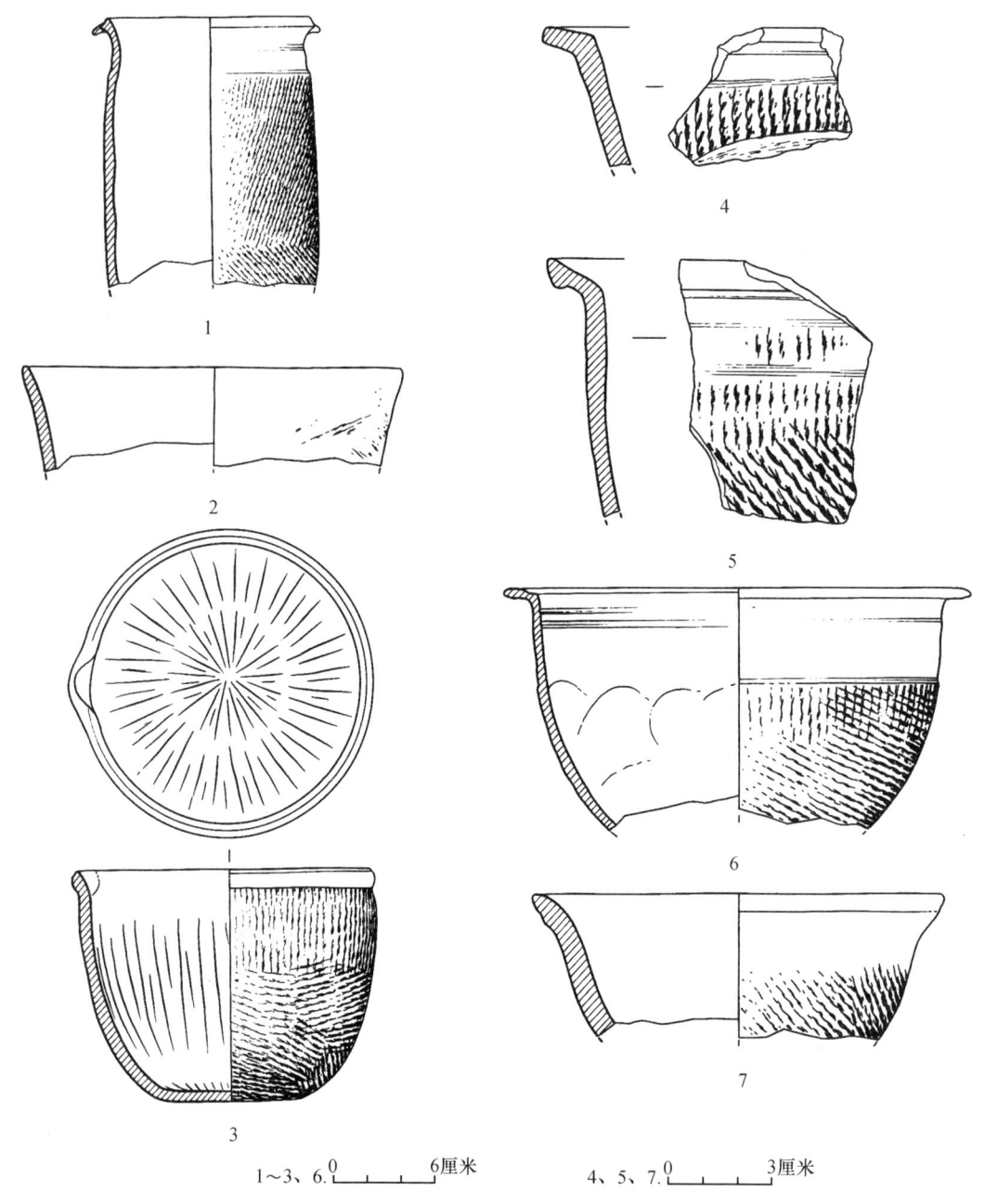

图 3-224　2004ⅠT6941H163 出土陶器（一）

1. Cc 型Ⅱ式圆腹罐（2004H163：11）　2. D 型甑（2004H163：75）　3. A 型Ⅱ式刻槽盆（2004H163：8）
4. A 型Ⅱ式深腹盆（2004H163：86）　5. A 型Ⅲ式深腹盆（2004H163：64）　6. B 型Ⅱ式深腹盆（2004H163：7）
7. 钵（2004H163：43）

凸出。腹较直，中腹以下残。通体饰绳纹，口外绳纹略抹。残高 7.4 厘米（图 3-224，5）。

B 型Ⅱ式　标本 2004H163：7，泥质灰陶。直口微侈，折沿近平，沿面略鼓，沿面内侧有一道浅凹槽。尖圆唇，上腹较直，下腹弧收，底残。口径 28、残高 14 厘米（图 3-224，6）。

钵 标本2004H163:43，夹细砂黑陶，褐胎。侈口，尖圆唇。斜弧腹，中腹以下残。腹饰右斜向细绳纹。口径12.3、残高4.2厘米（图3-224，7）。

平底盆 A型Ⅰ式 标本2004H163:17，泥质含少量细砂，黑陶。敞口，尖圆唇。斜直腹，底残。腹中部有两道弦纹。口径29.2、残高7厘米（图3-225，1）。

三足盘 Ⅲ式 标本2004H163:2，泥质灰黑陶，褐胎。直口，折沿近平，沿面略鼓，沿较宽，圆唇。直腹，腹较浅。平底略残，三足下部残。盘底边缘外凸。口径28、底径24.6、残高9.2厘米（图3-225，2）。

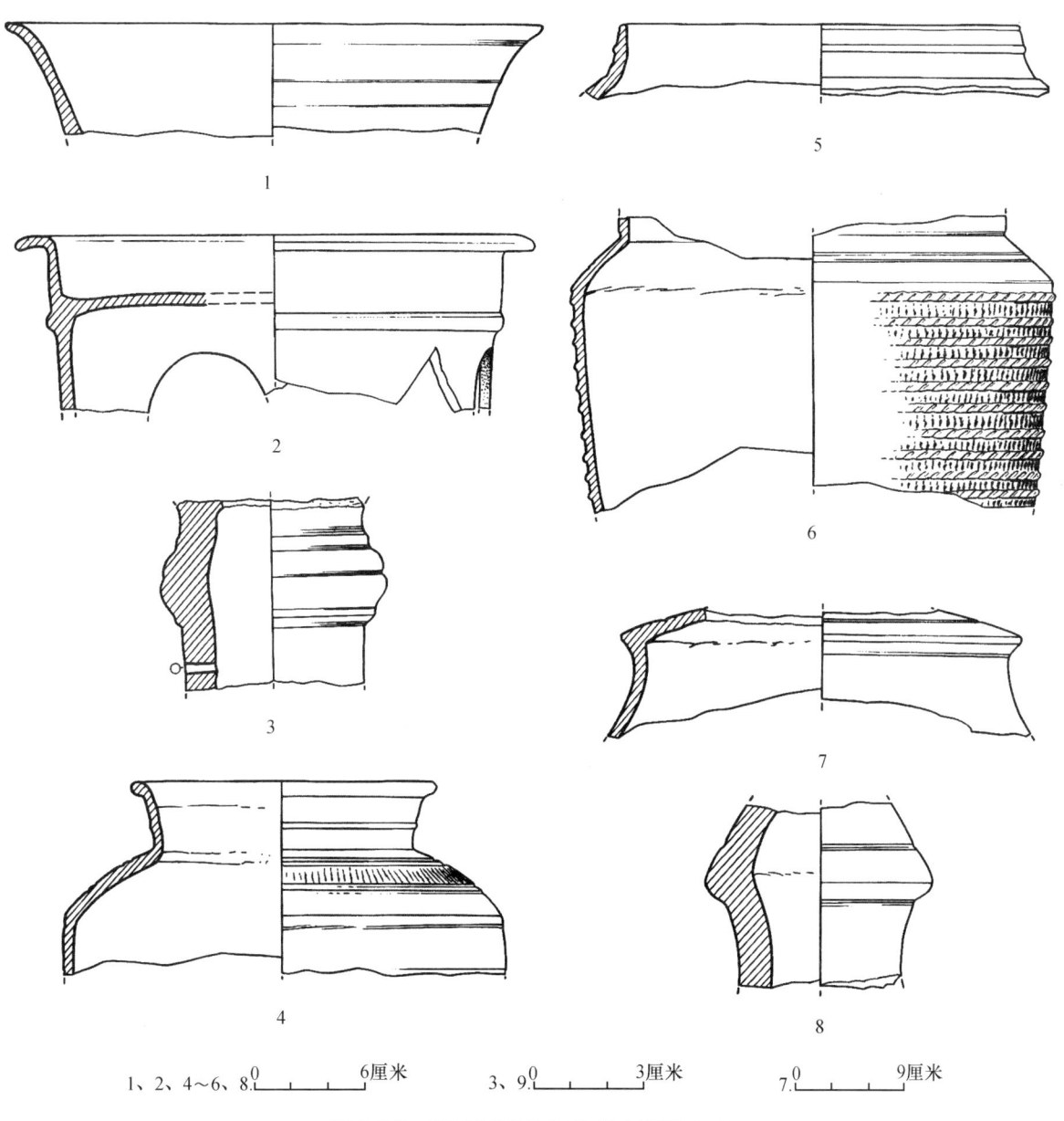

图3-225 2004ⅠT6941H163出土陶器（二）
1. A型Ⅰ式平底盆（2004H163:17） 2. Ⅲ式三足盘（2004H163:2） 3. 豆柄（2004H163:56） 4. Ab型小口尊（2004H163:3）
5. A型瓮（2004H163:50） 6. B型缸（2004H163:18） 7. Aa型Ⅰ式器盖（2004H163:5） 8. 盖纽（2004H163:59）

豆柄　标本2004H163：56，泥质浅灰陶。柄较细，中空。柄部有一道宽凸棱，其下有一孔。最大径6.1、残高5厘米（图3-225，3）。

小口尊　Ab型　标本2004H163：3，泥质灰陶。侈口，高领较斜直。厚圆唇外凸。折肩略鼓，腹斜直，中腹以下残。领中部有一道凸棱，肩部饰两组弦纹及指甲纹，上腹可见三道细弦纹。口径16.6、肩径23.8、残高10厘米（图3-225，4）。

瓮　A型　标本2004H163：50，夹细砂灰陶。直口微敛，尖唇，领部以下残。领部饰有凸弦纹。口径22、残高4厘米（图3-225，5）。

缸　B型　标本2004H163：18，夹砂灰陶，局部呈褐色，褐胎。口残，折肩，腹较直，中腹以下残。领及肩部磨光。腹饰细绳纹和附加堆纹。肩径26.8、残高16厘米（图3-225，6）。

器盖　Aa型Ⅰ式　标本2004H163：5，泥质灰陶。口部缺失，腹壁内曲，弧顶，纽残。通体磨光，顶部偏下有一道弦纹。最大径23.2、残高6.8厘米（图3-225，7）。

盖纽　标本2004H163：59，泥质黑陶，灰胎。纽盖略残，应为圆锥形，柄较直。通体磨光，顶部偏下有一道弦纹。最大外径6.2、残高4.5厘米（图3-225，8）。

小罐　标本2004H163：45，泥质含细砂，褐陶。口微侈，圆唇，领较直，腹略鼓，中腹以下残。腹饰竖向细绳纹。口径12、残高4.8厘米（图3-226，1）。

敛口罐　A型Ⅲ式　标本2004H163：70，泥质含细砂，深灰陶，褐胎。敛口，仰折沿，沿较窄，尖圆唇。鼓腹，中腹以下残。腹饰细绳纹。口径15.8、残高5厘米（图3-226，2）。标本2004H163：93，泥质灰黑陶。敛口，仰折沿，沿较窄，沿部折棱微凸，方唇，唇下缘凸出。腹残。口径17.4、残高2厘米（图3-226，3）。标本2004H163：12，夹细砂灰陶。敛口，仰折沿，沿部折棱凸起，斜方唇，鼓腹，中腹以下残。上腹饰弦纹，其下饰右斜向细绳纹。口径14.4、残高7.4厘米（图3-226，4）。

捏口罐

A型Ⅰ式　标本2004H163：9，泥质含细砂，灰陶。侈口，圆唇，唇外缘凸出。高领，领较直，腹较瘦，中腹以下残。腹饰细绳纹。口径17.6、残高11.6厘米（图3-226，5）。标本2004H163：36，夹细砂灰黑陶。侈口，圆唇，口外呈带状凸出，矮领卷曲，圆鼓腹，中腹以下残。腹饰交错绳纹。口径14.2、残高7厘米（图3-226，6）。标本2004H163：37，泥质含有少量砂粒，浅灰陶。侈口，圆唇，口沿外呈带状凸起，矮领较斜直，鼓腹，中腹以下残。腹饰竖向细绳纹。口径14、残高5.2厘米（图3-226，8）。

B型　标本2004H163：73，夹细砂灰陶。口微敛，仰折沿，沿较窄，方唇较圆。腹略鼓，中腹以下残。腹饰竖向细绳纹。残高5.6厘米（图3-226，7）。

钵　标本2004H163：21，泥质含少量砂粒，黑陶，灰胎。敛口，方唇较圆，圆腹，中腹以下残。通体磨光，口外附加一道凸棱。口径12、残高6厘米（图3-226，9）。标本2004H163：44，泥质含细砂，褐陶。口微侈，尖圆唇，腹较直，中腹以下残。素面。口径13.8、残高4厘米（图3-226，10）。

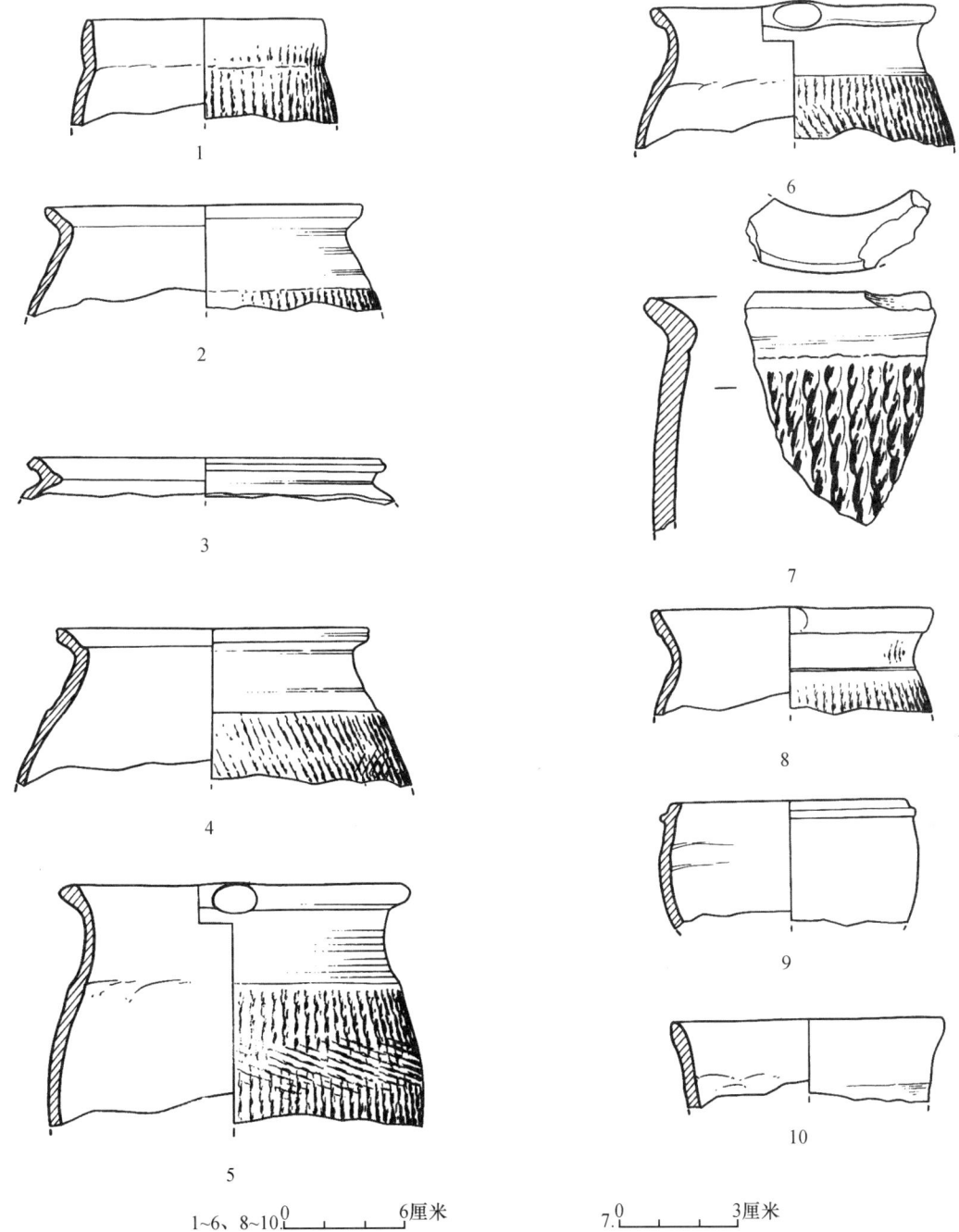

图 3-226　2004ⅠT6941H163 出土陶器（三）

1. 小罐（2004H163∶45）　2~4. A 型Ⅲ式敛口罐（2004H163∶70、2004H163∶93、2004H163∶12）　5、6、8. A 型Ⅰ式捏口罐（2004H163∶9、2004H163∶36、2004H163∶37）　7. B 型捏口罐（2004H163∶73）　9、10. 钵（2004H163∶21、2004H163∶44）

2004 Ⅰ T6941H180

深腹罐　Ab 型Ⅱ式　标本 2004H180：44，夹砂黑皮陶，暗红胎。敛口，仰折沿，方唇，腹微鼓，底部缺失。腹饰细绳纹，中腹以下有烧土痕迹。口径 23、腹径 26、残高 27 厘米（图 3-227，1）。标本 2004180：16，夹细砂灰陶。口微敛，折沿上仰，方唇略圆，腹部缺失。腹饰斜向篮纹。口径 24、残高 4 厘米（图 3-227，3）。标本 2004H180：12，夹砂灰褐陶，局部灰黑色。敛口，仰折沿，圆唇，沿面略凹，腹微鼓，中腹以下缺失。上腹饰竖向绳纹。口径 20、残高 3.6 厘米（图 3-227，2）。标本 2004H180：18，夹砂黑皮陶，局部褐色，暗红胎。口近直，宽沿仰折，方唇，腹部缺失。口径 27、残高 2.4 厘米（图 3-227，4）。标本 2004H180：48，夹砂灰陶，内壁局部黑色。敛口，仰折沿，沿面有一周凹槽，方唇，腹微鼓，中腹以下缺失。上腹近口处素面，其下饰斜向篮纹。口径 18、残高 5 厘米（图 3-227，6）。标本 2004H180：9，夹砂黑皮陶，暗红胎。敛口，折沿近平，方唇，腹微鼓，中腹以下缺失。上腹饰竖向绳纹。口径 15、残高 6.3 厘米（图 3-227，5）。

圆腹罐　Ca 型Ⅱ式　标本 2004H180：7，夹砂黑皮陶，局部红褐色，暗红胎。侈口，尖唇，领部较矮，圆鼓腹，中腹以下缺失。口外饰一周不明显的索状花边，腹饰微斜向绳纹，略显杂乱，中

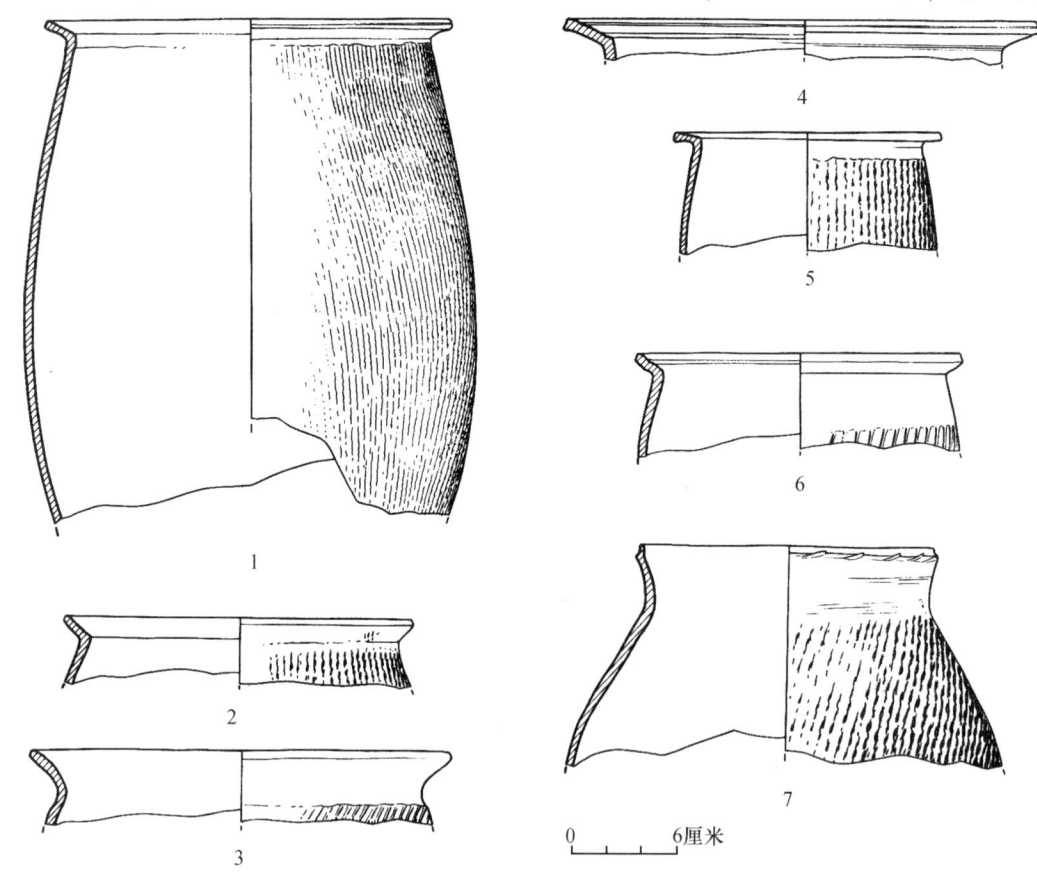

图 3-227　2004ⅠT6941H180 出土陶罐

1~6. Ab 型Ⅱ式深腹罐（2004H180：44、2004H180：12、2004H180：16、2004H180：18、2004H180：9、2004H180：48）　7. Ca 型Ⅱ式圆腹罐（2004H180：7）

腹以下缺失。口径16.6、残高11.8厘米（图3-227，7）。标本2004H180：45，夹砂灰黑陶，局部褐色。侈口，尖唇，领部较斜直，圆鼓腹，中腹以下缺失。口外饰一周宽带状花边及两个舌形小鋬，腹饰竖向及斜向绳纹。口径16、腹径17、残高11.5厘米（图3-228，1）。标本2004H180：17，夹砂灰陶，局部灰黑色。侈口，卷沿，尖圆唇，领部较高，圆鼓腹，中腹以下缺失。口外饰一周花边及残见一个舌形小鋬，腹饰交错绳纹。口径16、残高8.8厘米（图3-228，2）。标本2004H180：46，夹砂红褐陶，局部灰黑色，内壁黑色。侈口，卷沿，尖唇，领部较斜直，圆鼓腹，中腹以下缺失。口外侧饰一周花边，上腹饰斜向绳纹。口径15.6、残高5.4厘米（图3-228，3）。

深腹盆　A型Ⅱ式　标本2004H180：5，泥质灰陶，局部黄褐色，暗红胎。敛口，折沿近平，方唇上缘微凸，鼓腹，中腹以下缺失。上腹中部饰两个鸡冠耳，其下饰竖向绳纹。口径28.8、残高12厘米（图3-228，6）。标本2004H180：8，泥质灰陶。方唇，直口微敛，折沿近平。中腹以下残。上腹饰竖向绳纹，口径22、残高3.8厘米（图3-228，5）。

盂　标本2004H180：10，泥质黑皮陶，陶胎青灰色。敛口，宽仰折沿，沿面饰两周细弦纹，方唇，腹微鼓，底部缺失。腹见数周细弦纹。口径15.4、残高5.5厘米（图3-228，4）。

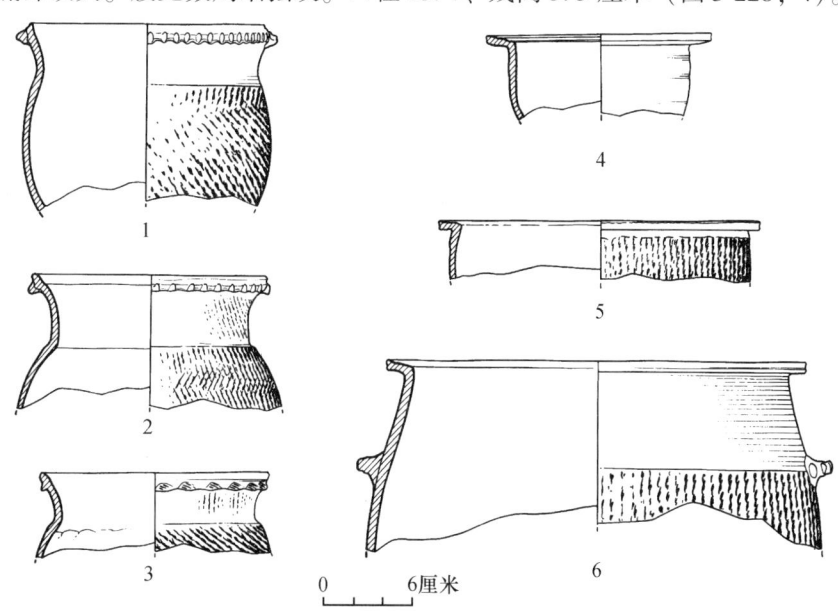

图3-228　2004ⅠT6941H180出土陶器（一）
1~3. Ca型Ⅱ式圆腹罐（2004H180：45、2004H180：17、2004H180：46）
4. 盂（2004H180：10）　5、6. A型Ⅱ式深腹盆（2004H180：8、2004H180：5）

器盖　Aa型Ⅰ式　标本2004H180：47，泥质黑皮陶，暗红胎。口部外张，圆唇，口内侧有一周凹槽，外侧呈宽带状凸起，折壁，盖顶微鼓，纽部缺失。口径24、残高7.6厘米（图3-229，1）。

白陶鬶　标本2004H180：3，泥质，略泛浅灰。流部上仰，束腰，袋足较瘦。腰部饰一周凸棱，裆部有圆形泥钉。残高24.8厘米（图3-229，2）。

觚　标本2004H180：6，泥质黑皮陶，暗红胎。侈口，尖唇，腹壁外张，底部缺失。口外侧饰一周凸棱。口径8.6、残高8.8厘米（图3-229，3）。

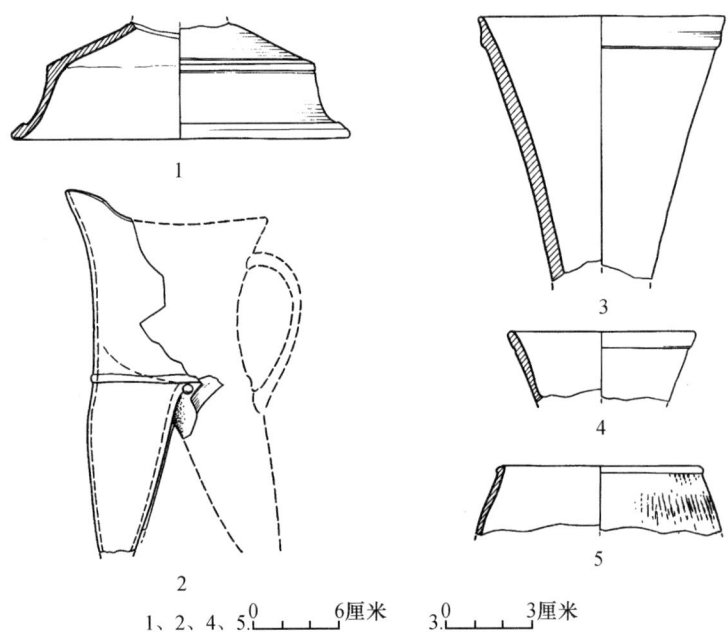

图 3-229　2004ⅠT6941H180 出土陶器（二）

1. Aa 型Ⅰ式器盖（2004H180:47）　2. 白陶鬶（2004H180:3）　3. 觚（2004H180:6）
4. B 型豆盘（2004H180:15）　5. 小罐（2004H180:33）

豆盘　B 型　标本 2004H180:15，泥质黑皮陶，暗红胎。侈口，圆唇，口外侧呈带状凸起，腹壁较斜直，底及柄缺失。口径 13、残高 4.8 厘米（图 3-229，4）。

小罐　标本 2004H180:33，泥质夹少量细砂，黑皮陶，局部红褐色，暗红胎。敛口，尖圆唇，鼓腹，中腹以下缺失。口部外侧饰一周凸棱，腹饰斜向绳纹。口径 14、残高 4.5 厘米（图 3-229，5）。

2004ⅠT6941H184

深腹罐

Ab 型Ⅱ式　标本 2004H184:6，夹砂灰黑陶，褐胎。敛口，仰折沿，方唇，上腹较鼓，中腹以下残。腹饰右斜向细绳纹。口径 24、残高 5.4 厘米（图 3-230，6）。标本 2004H184:12，夹细砂深灰陶，灰胎。敛口，仰折沿，圆唇，上腹较鼓，中腹以下残。腹饰右斜向细绳纹。口径 19.6、残高 4.3 厘米（图 3-230，3）。

Ac 型Ⅰ式　标本 2004H184:1，夹细砂褐陶。敛口，仰折沿，圆唇外凸。腹略鼓，下腹及底残。腹饰右斜向细绳纹。口径 21.6、残高 14.4 厘米（图 3-230，4）。

C 型Ⅰ式　标本 2004H184:5，夹砂黑陶，褐胎。平折沿，方唇，微束颈，上腹较鼓，中腹以下残。腹饰竖向细绳纹。口径 22、残高 5.4 厘米（图 3-230，5）。

圆腹罐

A 型Ⅱ式　标本 2004H184:7，夹细砂灰陶。敛口，仰折沿，方唇。圆鼓腹，中腹以下残。腹饰左斜向细绳纹。口径 16.2、残高 5 厘米（图 3-230，1）。

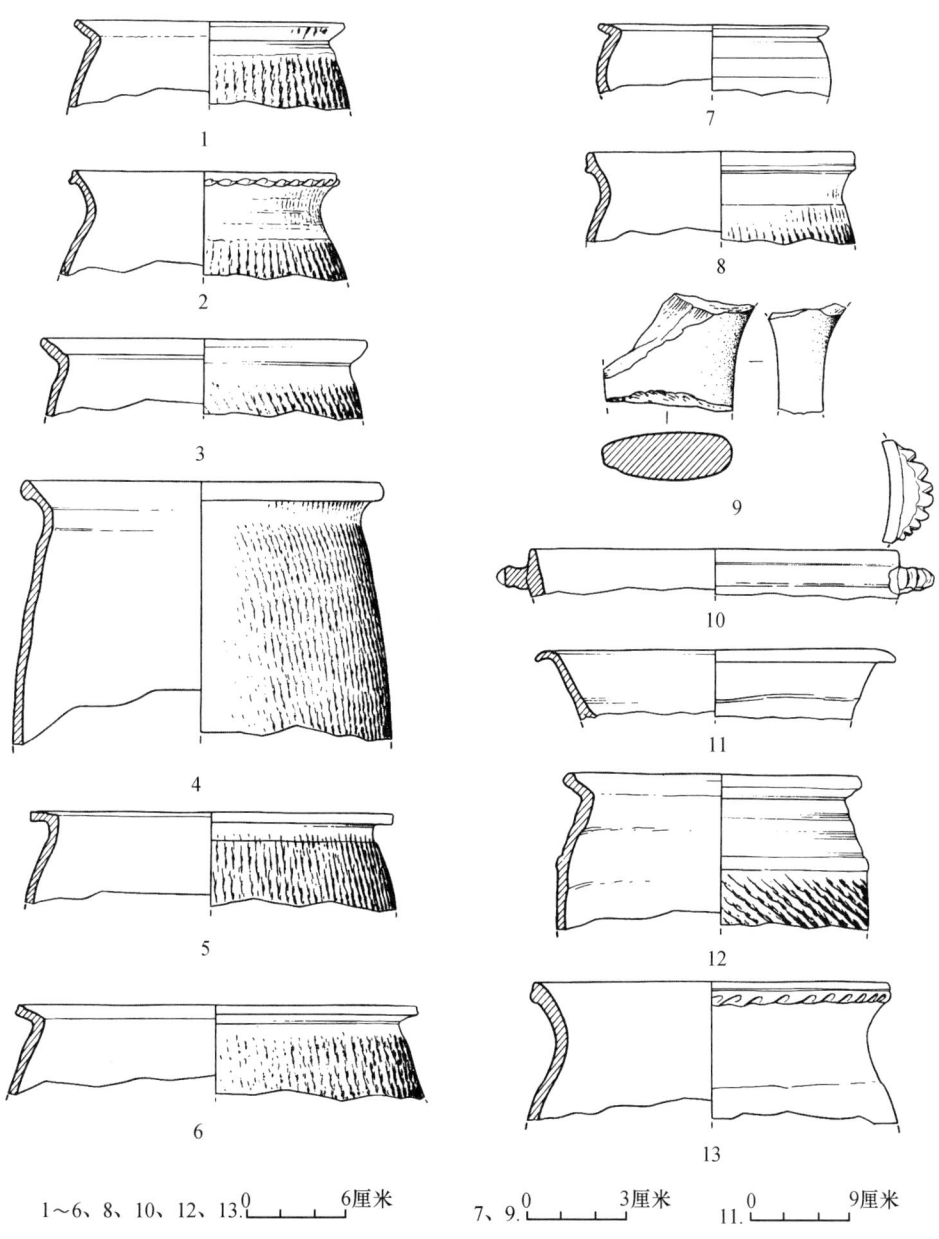

图 3-230　2004ⅠT6941H184 出土陶器

1. A 型Ⅱ式圆腹罐（2004H184：7）　2、13. Ca 型Ⅲ式圆腹罐（2004H184：9、2004H184：13）　3、6. Ab 型Ⅱ式深腹罐（2004H184：12、2004H184：6）　4. Ac 型Ⅰ式深腹罐（2004H184：1）　5. C 型Ⅰ式深腹罐（2004H184：5）　7、12. A 型Ⅲ式敛口罐（2004H184：2、2004H184：15）　8. Cb 型Ⅱ式圆腹罐（2004H184：10）　9. 鼎足（2004H184：17）　10. Ba 型鼎（2004H184：19）　11. A 型Ⅰ式平底盆（2004H184：4）

Ca 型Ⅲ式　标本 2004H184：9，夹细砂深灰陶。侈口，斜方唇，领略卷，圆鼓腹，中腹以下残。唇下缘附加一周索状花边，腹饰竖向中绳纹。口径 16、残高 6.2 厘米（图 3-230，2）。标本 2004H184：13，夹砂深灰陶。侈口，斜方唇，矮领卷曲，圆鼓腹，中腹以下残。唇下缘压印成索状花边。口径 10.8、残高 4.1 厘米（图 3-230，13）。

Cb 型Ⅱ式　标本 2004H184：10，夹细砂灰黑陶。侈口，方唇微敛，矮领，圆鼓腹，中腹以下残。唇下缘有一凸棱。口径15.8、残高5.4厘米（图3-230，8）。

鼎足　标本 2004H184：17，夹砂褐陶，局部灰黑色。截面为扁圆形。残宽4、残高3厘米（图3-230，9）。

鼎　Ba 型　标本 2004H184：19，夹细砂灰黑陶，局部褐色，褐胎。直口，尖圆唇，口外饰一对鸡冠耳。腹残。口径22.2、残高2.8厘米（图3-230，10）。

平底盆　A 型Ⅰ式　标本 2004H184：4，泥质黑陶，褐胎。敞口，卷沿近平，沿面较鼓，沿面近口处有一道弦纹，尖圆唇。斜直腹，底残。通体磨光。口径31.2、残高6.3厘米（图3-230，11）。

敛口罐　A 型Ⅲ式　标本 2004H184：2，泥质深灰陶。敛口，仰折沿，沿面略凹，厚圆唇，唇上缘凸出。上腹较直，中腹以下残。上腹饰弦纹，下腹饰斜向绳纹。口径17.8、残高8.6厘米（图3-230，7）。标本 2004H184：15，泥质黑陶，褐胎。敛口，仰折沿，沿面较窄，尖圆唇。圆鼓腹，中腹以下残。腹有三道凸棱。口径12.8、残高4厘米（图3-230，12）。

2004ⅠT6941H209

深腹罐　Ac 型Ⅰ式　标本 2004H209：8，夹细砂灰黑陶，褐胎。敛口，仰折沿，沿面略凹，尖圆唇外鼓。腹较鼓，中腹以下残。腹饰绳纹。口径25、残高6.6厘米（图3-231，7）。标本 2004H209：3，夹细砂灰陶。敛口，仰折沿，圆唇略鼓。腹较鼓，中腹以下残。腹饰右斜向中绳纹。口径21.2、残高7.4厘米（图3-231，3）。

圆腹罐　Cb 型Ⅱ式　标本 2004H209：9，夹细砂灰陶。侈口，斜方唇，领较斜直，圆鼓腹，中腹以下残。口外饰一对舌形小錾，腹饰交错绳纹。口径14.2、残高7.6厘米（图3-231，2）。

捏口罐　标本 2004H209：4，夹细砂灰陶。侈口，尖圆唇，唇外呈带状凸起，口外有一对捏窝。矮领斜直，圆鼓腹，下腹残。腹隐约有细绳纹。口径15.6、残高4.4厘米（图3-231，4）。

钵　标本 2004H209：5，泥质灰黑陶。敛口，方唇，唇外饰一道凸棱，腹较圆鼓，平底。通体磨光。口径12.4、底径10、腹径14、通高8.5厘米（图3-231，5）。标本 2004H209：6，泥质含少量细砂，灰陶。敛口，方唇，圆腹，中腹以下残。腹饰竖向绳纹。口径12、残高5.7厘米（图3-231，6）。

纺轮　Aa 型　标本 2004H209：1，泥质灰陶。素面，圆饼形，中部有一穿孔。直径4、厚1厘米（图3-231，1）。

2004ⅠT6941H216

深腹罐　Ac 型Ⅰ式　标本 2004H216：11，夹细砂褐陶，局部呈褐色。敛口，仰折沿，圆唇外凸，上腹较鼓，中腹以下残。腹饰右斜向细绳纹。口径25、残高6厘米（图3-232，1）。

圆腹罐　B 型　标本 2004H216：34，夹粗砂，灰黑陶，褐胎。敛口，卷沿下奔，沿较窄，沿面略鼓且压印出花边，尖圆唇，腹残。领部有隐约花边痕。口径12.5、残高2.8厘米（图3-232，2）。

深腹盆

A 型Ⅱ式　标本 2004H216：5，夹细砂灰黑陶。口微侈，仰折沿，沿面近唇部有一道弦纹，圆唇上凸，上腹斜直，下腹内收，底残。腹饰竖向及交错绳纹。口径22.4、残高8.4厘米（图3-232，

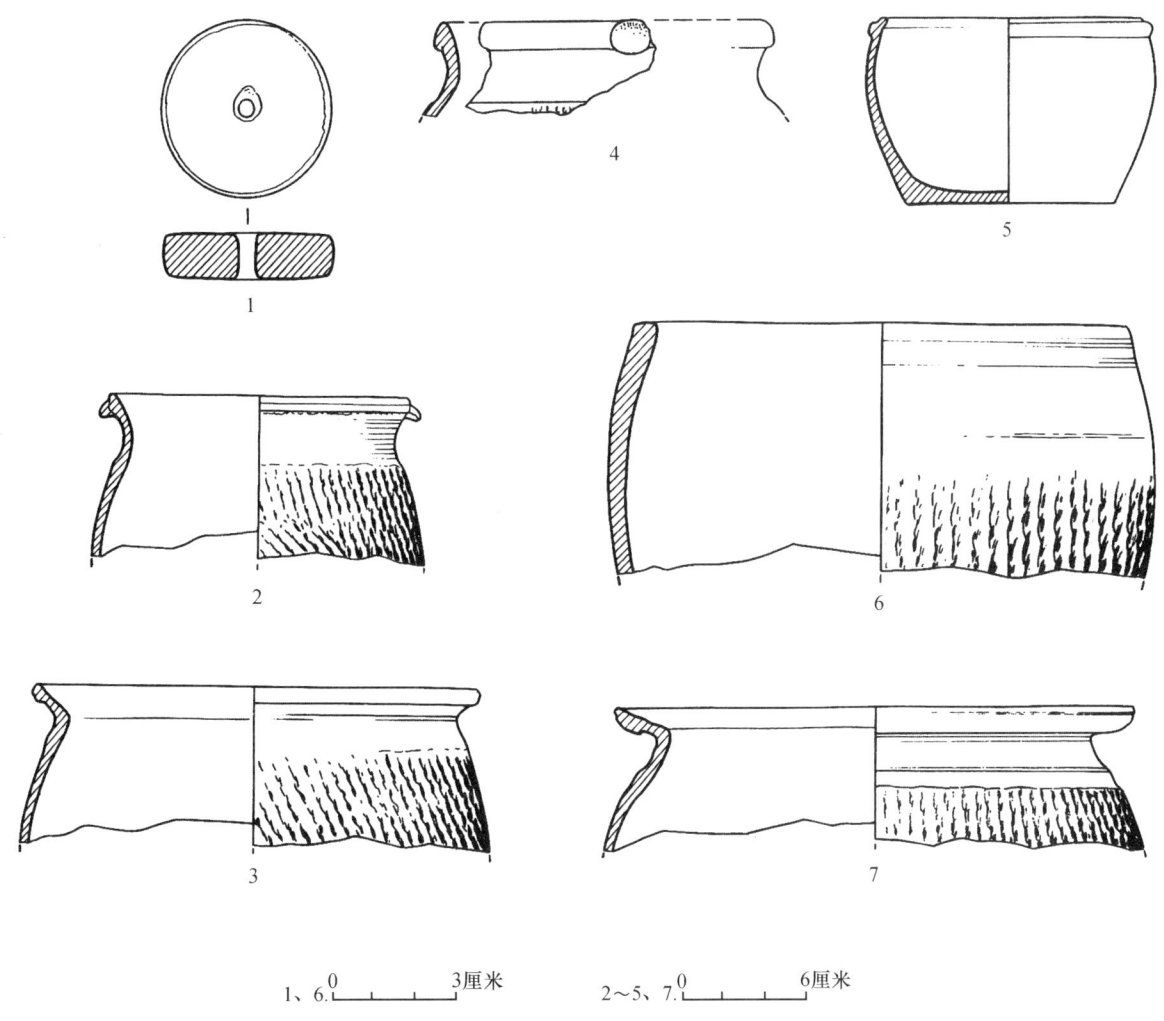

图 3-231 2004ⅠT6941H209 出土陶器

1. Aa 型陶纺轮（2004H209:1） 2. Cb 型Ⅱ式圆腹罐（2004H209:9） 3、7. Ac 型Ⅰ式深腹罐（2004H209:3、2004H209:8）
4. 捏口罐（2004H209:4） 5. 钵（2004H209:5） 6. 钵（2004H209:6）

3）。标本 2004H216:13，泥质灰陶。敛口，仰折沿，方唇，唇面略凹。圆鼓腹，中腹以下残。上腹略磨光，下腹饰竖向绳纹。口径 15.8、残高 5.4 厘米（图 3-232，4）。

B 型Ⅱ式 标本 2004H216:14，泥质黄褐陶，灰胎。侈口，折沿近平，尖圆唇，沿背凸起，上腹斜直，下腹内收，底残。上腹素面且饰一对舌形鋬，下腹饰交错绳纹。口径 24、残高 8.8 厘米（图 3-232，6）。

刻槽盆 Ⅲ式 标本 2004H216:10，泥质含少量细砂，深灰陶，局部呈褐色，褐胎。侈口，圆唇，口外呈带状凸起，深弧腹，下腹及底残。腹饰交错绳纹，内壁有竖向刻槽。口径 20、残高 10.2 厘米（图 3-232，5）。

三足盘 Ⅱ式 标本 2004H216:19，泥质黑陶，褐胎。口微侈，卷沿微斜，沿较窄，尖圆唇，腹较直。近平底，足下端残。通体磨光，中腹部一道凸棱。口径 23、残高 9.8 厘米（图 3-232，7）。

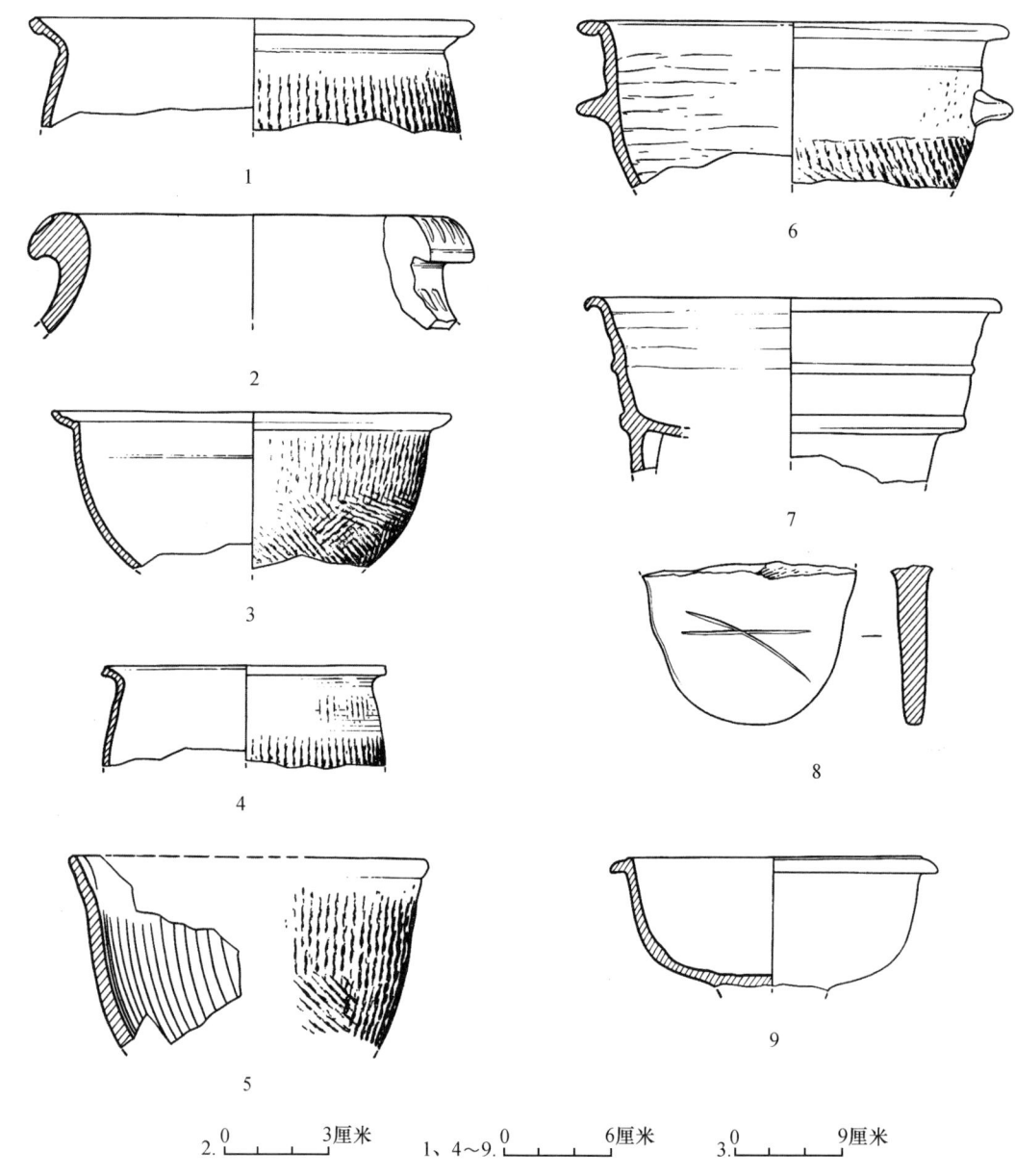

图 3-232　2004ⅠT6941H216 出土陶器（一）

1. Ac 型Ⅰ式深腹罐（2004H216：11）　2. B 型圆腹罐（2004H216：34）　3、4. A 型Ⅱ式深腹盆（2004H216：5、2004H216：13）　5. Ⅲ式刻槽盆（2004H216：10）　6. B 型Ⅱ式深腹盆（2004H216：14）　7. Ⅱ式三足盘（2004H216：19）　8. 三足盘足（2004H216：18）　9. A 型Ⅱ式豆（2004H216：27）

三足盘足　标本 2004H216：18，泥质灰黑陶。断面呈 C 形。器表可见刮抹痕，且有刻划纹。残宽 12、残高 8.7 厘米（图 3-232，8）。

豆　A 型Ⅱ式　标本 2004H216：27，泥质灰黑陶。侈口，折沿近平，尖唇，腹较斜直，底略圜。豆柄缺失。沿面内侧有一周弦纹，其余素面。口径 18、残高 7.2 厘米（图 3-232，9）。

簋　标本 2004H216：6，泥质含细砂，灰黑陶。口微敛，尖圆唇，沿面有一道凹槽。鼓腹，底略圜，圈足粗矮，底部外撇，下腹略残。腹饰三道弦纹，圈足有两周凸棱。口径18.8、复原高度14厘米（图3-233，6）。

小口尊 Aa型 标本2004H216:20，泥质黑陶，红胎。侈口，圆唇下缘凸出，高领较直，折肩较宽。中腹以下残。领部及肩部磨光，肩饰弦纹，折肩处压印成花边，其下饰绳纹。口径21.8、肩径29、残高11.6厘米（图3-233，5）。

器盖

A型Ⅰ式 标本2004H216:15，泥质含少量细砂，黑陶，褐胎。敞口，尖圆唇，口外呈带状凸起。折壁，弧顶，纽残。腹及顶部饰有弦纹。口径24、残高8厘米（图3-233，3）。

A型Ⅱ式 标本2004H216:46，夹细砂黑陶，灰胎。敞口，圆唇，唇外呈带状凸起。斜腹，上腹及顶残。素面。口径30.4、残高4厘米（图3-233，4）。

捏口罐

A型 标本2004H216:31，泥质含少量细砂，灰陶。侈口，圆唇外凸，矮领，腹较鼓，腹残。口部有一对捏窝。口径12.8、残高6厘米（图3-233，1）。标本2004H216:29，泥质灰黑陶。口近直，方唇，唇外呈带状凸起，领较高直，圆鼓腹，中腹以下残。口部有一对称捏窝。领饰弦纹，腹饰交错绳纹。口径14、残高10.2厘米（图3-233，10）。

B型 标本2004H216:21，泥质含少量细砂，灰黑陶，褐胎。敛口，圆唇外鼓，腹较鼓，中腹以下残。腹饰绳纹。口径12.8、残高6厘米（图3-233，2）。

高领罐 标本2004H216:7，泥质含少量细砂，灰陶。口微侈，尖圆唇，卷沿，高领较直，腹及底残。领部有一道凸棱。口径15.8、肩径24.8、残高9厘米（图3-233，7）。

敛口罐 A型Ⅲ式 标本2004H216:16，泥质灰黑陶。敛口，窄沿仰折，圆唇，圆鼓腹，下腹及底残。中腹以上磨光并饰弦纹，下腹饰绳纹，口径17、腹径19、残高17.6厘米（图3-233，8）。标本2004H216:9，泥质深灰陶。敛口，折沿略仰，沿面略凹，方唇，鼓腹，中腹以下残。唇面有一道弦纹，通体磨光。口径17.8、残高6厘米（图3-233，9）。

盅 标本2004H216:17，泥质含细砂，红褐陶。敛口，圆唇，鼓腹，底残。器表素面，有捏痕，厚胎。口径5.4、残高5.6厘米（图3-233，11）。

2004ⅠT6941H229

深腹罐 Ab型Ⅱ式 标本2004H229:8，夹细砂灰陶。敛口，仰折沿，沿面较宽，方唇，上腹较鼓，中腹以下残。腹饰左斜向细绳纹。口径23.4、残高4.4厘米（图3-234，1）。

圆腹罐 Ca型Ⅱ式 标本2004H229:1，夹细砂灰陶。侈口，圆唇，口外饰一周花边及一对鸡冠形小鋬。领斜直，深腹较鼓，底残。腹饰细绳纹。口径14、腹径19、残高18.2厘米（图3-234，5）。标本2004H229:6，夹细砂褐陶，灰胎。侈口，斜方唇，唇面略凹，唇下缘压印成索状花边。领较斜直。鼓腹，中腹以下残。腹饰右斜向细绳纹，口径18、残高6厘米（图3-234，6）。标本2004H229:4，夹砂褐陶，灰胎。侈口，斜方唇。领较斜直。鼓腹，中腹以下残。腹饰右斜向篮纹。口径14.4、残高6.2厘米（（图3-234，7）。

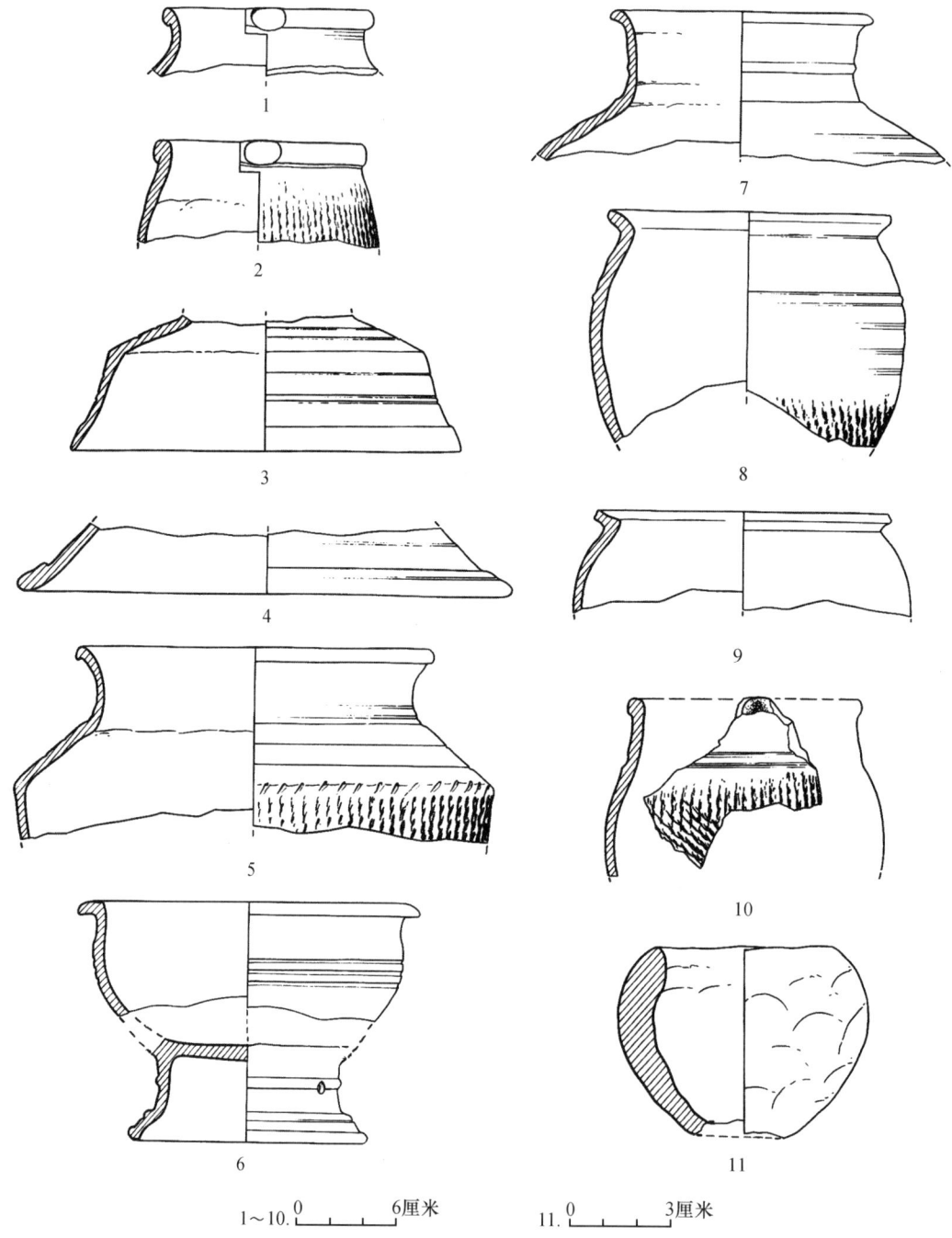

图 3-233　2004ⅠT6941H216 出土陶器（二）

1、10. A 型捏口罐（2004H216:31、2004H216:29）　2. B 型捏口罐（2004H216:21）　3. A 型Ⅰ式器盖（2004H216:15）　4. A 型Ⅱ式器盖（2004H216:46）　5. Aa 型小口尊（2004H216:20）　6. 簋（2004H216:6）　7. 高领罐（2004H216:7）　8、9. A 型Ⅲ式敛口罐（2004H216:16、2004H216:9）　11. 盅（2004H216:17）

高领罐　标本2004H229:7，泥质含细砂，灰黑陶。侈口，高领，卷沿下耷，尖圆唇。肩以下残。肩部饰右斜向细绳纹。口径13.6、残高5.6厘米（图3-234，2）。

器盖钮　标本2004H229:2，泥质黑陶，褐胎。圆锥形顶，细柄，较矮。通体磨光，顶部与柄部偏下各有一道凸棱。顶径5.6、残高5.9厘米（图3-234，3）。标本2004H229:3，泥质含少量细砂，褐陶。圆锥形顶较高，柄残。通体磨光。顶径6、残高3.9厘米（图3-234，4）。

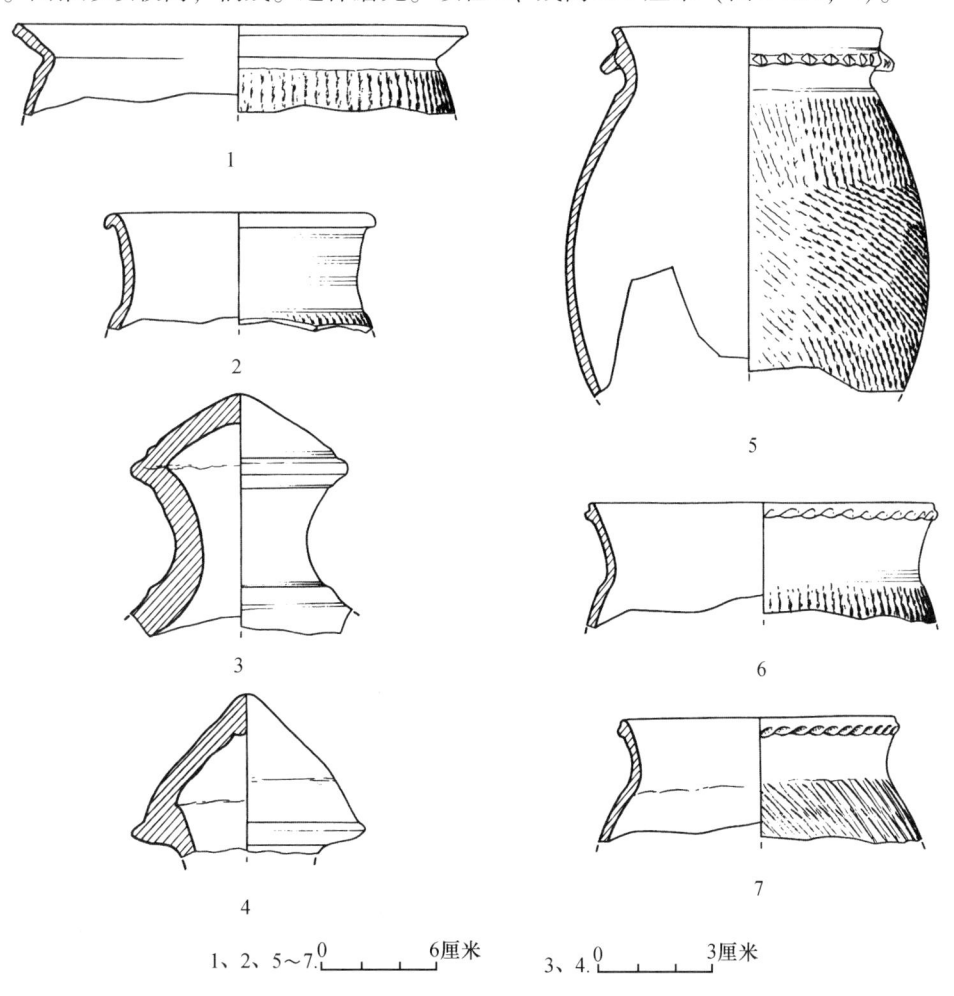

图3-234　2004ⅠT6941H229出土陶器
1. Ab型Ⅱ式深腹罐（2004H229:8）　2. 高领罐（2004H229:7）　3、4. 器盖钮（2004H229:2、2004H229:3）
5~7. Ca型Ⅱ式圆腹罐（2004H229:1、2004H229:6、2004H229:4）

2004ⅠT6941M9

豆　A型Ⅳ式　标本2004M9:2，夹砂黑皮陶，黑褐胎。豆盘宽浅，侈口，折沿下耷，尖圆唇，底略圜，粗矮柄。盘腹中部饰一周凸弦纹，其下有三周凹弦纹，豆柄饰两周凸弦纹。口径18.4、圈足底径10.9、柄高6.4、通高11.7厘米（图3-235，1；图版二七，2）。

圆腹罐　Cd型Ⅱ式　标本2004M9:3，夹砂灰陶。侈口，卷沿，尖圆唇，领部较矮，腹较圆鼓，凹圜底。领腹有一竖耳，截面呈椭圆形。腹饰竖向细绳纹。口径12.9、腹径14.8、底径6.2、高 14.3 厘米（图 3-235，2；图版二七，3）。

深腹盆　B 型 Ⅱ 式　标本 2004M9:1，泥质夹少量细砂，灰陶，局部褐色。直口、平折沿、沿面略鼓，尖圆唇、斜弧腹、底部缺失。上腹饰竖向绳纹，其下饰横向绳纹。口径 28、沿宽 2.2、残高 6.5 厘米（图 3-235，3）。

2004ⅠT6941M11

圆腹罐　Cb 型 Ⅳ 式　标本 2004M11:1，夹砂灰陶。侈口，矮领，沿面略凹，尖圆唇凸起，鼓肩，斜弧腹，平底略凹。口外饰两小錾，上腹饰竖向较粗绳纹，下腹及底饰交错粗绳纹。口径 13.4、腹径 15.2、底径 6.8、高 11.9 厘米（图 3-235，4；图版二七，4）。

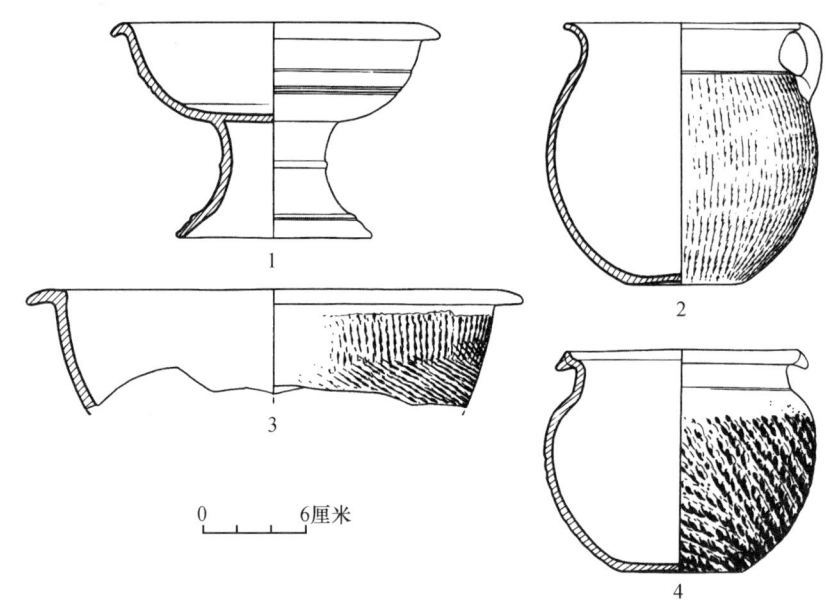

图 3-235　2004ⅠT6941M9、M11 出土陶器
1. A 型 Ⅳ 式豆（2004M9:2）　2. Cd 型 Ⅱ 式圆腹罐（2004M9:3）　3. B 型 Ⅱ 式深腹盆（2004M9:1）
4. Cb 型 Ⅳ 式圆腹罐（2004M11:1）

2004ⅠT7038H412

圆腹罐

B 型　标本 2004H412:12，夹砂灰陶。侈口，折沿近平，沿面微凸，方唇，唇面压印花边，腹微鼓，下腹残。腹饰绳纹。口径 12、残高 6.2 厘米（图 3-236，3）。

Cb 型 Ⅱ 式　标本 2004H412:2，夹砂灰陶。侈口，口内侧近唇部有一周凹槽，斜方唇外凸，领较高，鼓腹，下腹残。口外侧饰两对称的舌形小錾，腹饰绳纹。口径 16.4、腹径 17.2、残高 16 厘米（图 3-236，1）。

Cc 型 Ⅱ 式　标本 2004H412:3，夹砂灰黑陶。侈口，方唇，唇缘微凸，领部卷曲，鼓腹，中腹以下残。口外侧饰两对称的舌形小錾，腹饰绳纹。口径 17、残高 6.8 厘米（图 3-236，2）。

刻槽盆　A 型　标本 2004H412:7，泥质灰陶。侈口，方唇，唇面微鼓，唇下缘微凸，腹壁较斜

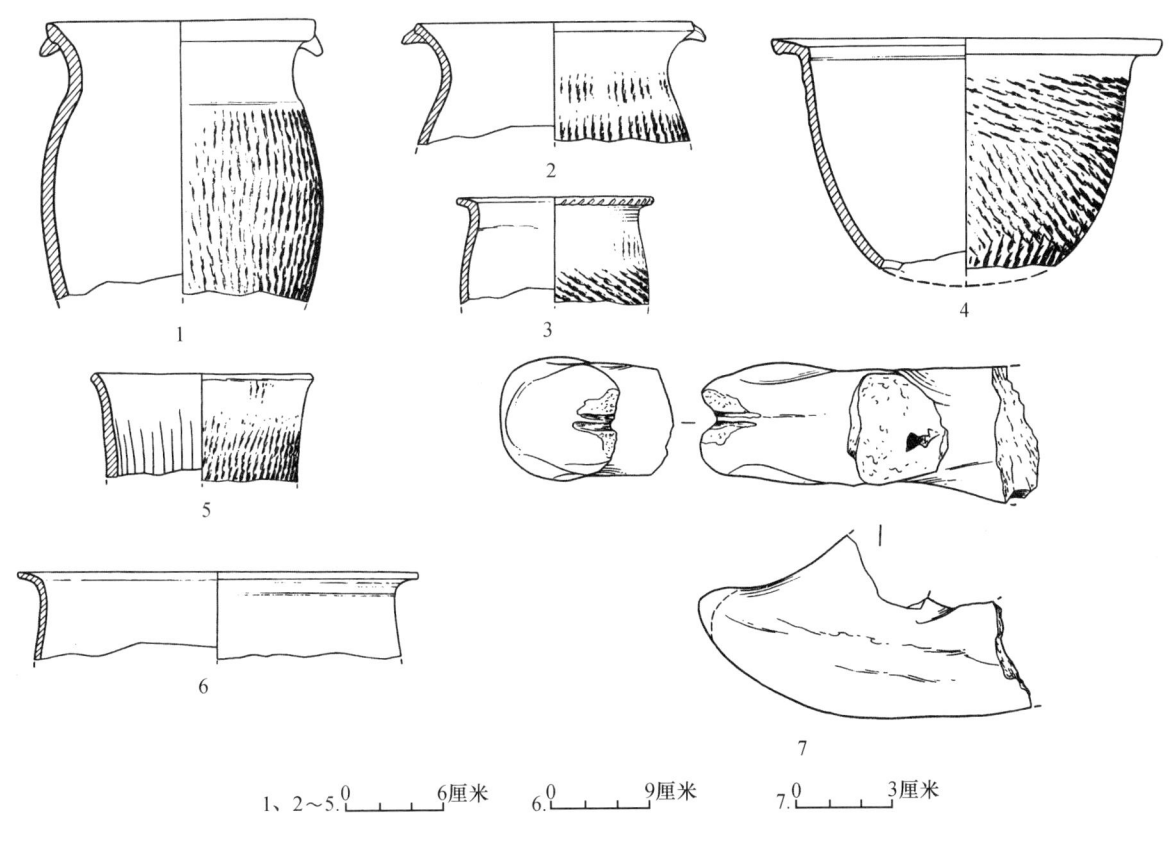

图 3-236　2004ⅠT7038H412 出土陶器

1. Cb 型Ⅱ式圆腹罐（2004H412:2）　2. Cc 型Ⅱ式圆腹罐（2004H412:3）　3. B 型圆腹罐（2004H412:12）　4. A 型Ⅱ式甑
（2004H412:4）　5. A 型Ⅱ式深腹盆（2004H412:9）　6. A 型刻槽盆（2004H412:7）　7. 陶兽头（2004H412:1）

直，下腹残。腹饰绳纹，内壁有数道刻槽。口径 13.6、残高 6.3 厘米（图 3-236，5）。

深腹盆　A 型Ⅱ式　标本 2004H412:9，泥质夹少量砂，灰黑陶，内壁呈褐色，褐胎。侈口，仰折沿，沿面微鼓，圆唇，腹壁较直，下腹残。口径 36.9、残高 7.5 厘米（图 3-236，6）。

甑　A 型Ⅱ式　标本 2004H412:4，夹砂黑皮陶。直口微侈，折沿近平，折棱明显，沿面微凸，方唇，唇缘微凸，腹微鼓，底部残见一箅孔痕迹，下腹残。腹饰绳纹。口径 24、残高 13.6 厘米（图 3-236，4）。

兽头　标本 2004H412:1，泥质夹细砂黑皮陶。残长 10.5 厘米（图 3-236，7）。

2004ⅠT7038H430

深腹罐

Ab 型Ⅱ式　标本 2004H430:6，夹砂灰陶。折沿，厚方唇，腹微鼓，下腹残。腹饰绳纹。口径 23.2、残高 5.2 厘米（图 3-237，1）。标本 2004H430:3，夹砂灰黑陶，褐胎。折沿，方唇，腹微鼓，下腹残。腹饰竖向粗绳纹。口径 20.1、残高 8.8 厘米（图 3-237，7）。

Ac 型Ⅰ式　标本 2004H430:24，夹砂灰陶。折沿，圆唇，唇部加厚外凸，腹微鼓，下腹残。腹饰绳纹。口径 25、残高 5.1 厘米（图 3-237，2）。标本 2004H430:20，夹砂灰陶。折沿，沿面中部有一周凸棱，圆唇，唇面有一周凹槽，沿外侧微凸，腹微鼓，下腹残。腹饰绳纹。口径 25.1、残高 9 厘米（图 3-237，3）。

圈足盘　B 型　标本 2004H430:4，夹砂灰褐陶。侈口，沿部下卷，尖圆唇，浅腹，盘壁较直，下腹残。口径 26.6、残高 3.4 厘米（图 3-237，4）。

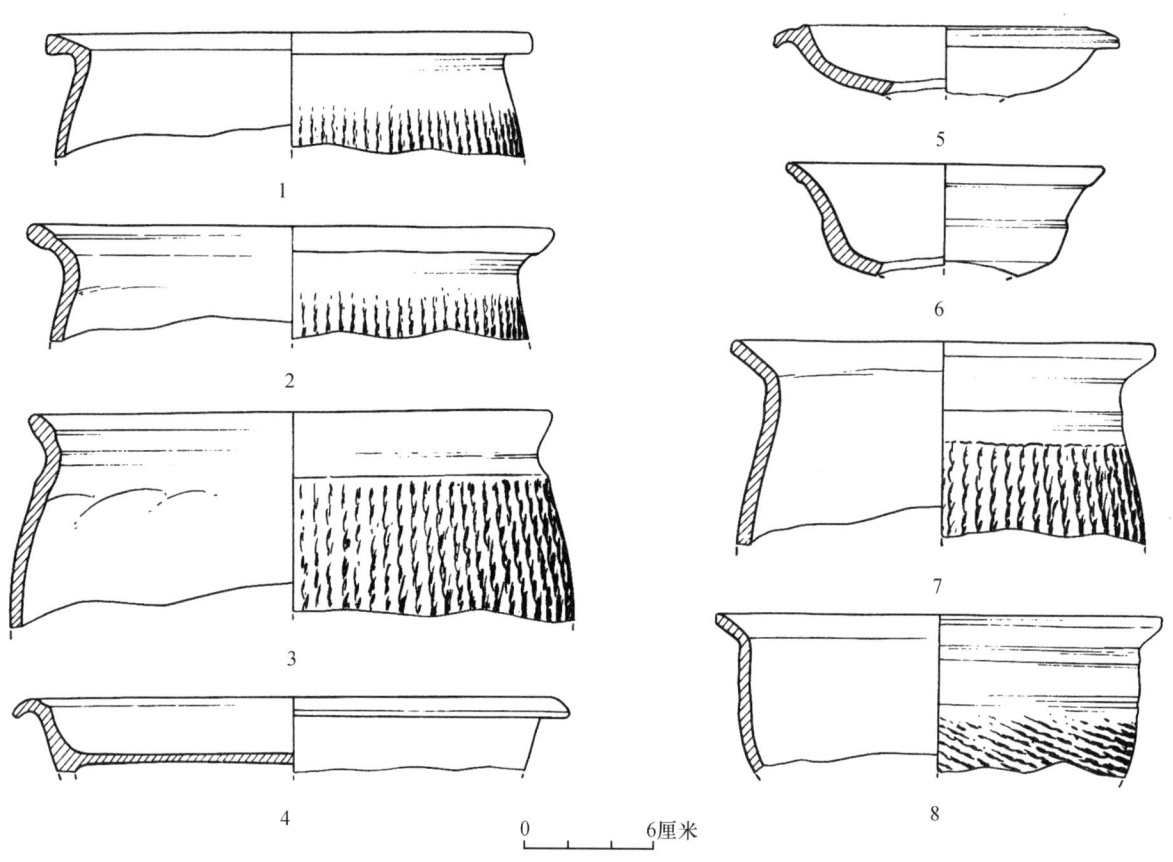

图 3-237　2004 I T7038H430 出土陶器

1、7. Ab 型 II 式深腹罐（2004H430:6、2004H430:3）　2、3. Ac 型 I 式深腹罐（2004H430:24、2004H430:20）　4. B 型圈足盘（2004H430:4）　5. Ba 型豆盘（2004H430:19）　6. A 型 II 式豆盘（2004H430:1）　8. A 型 III 式甑（2004H430:15）

豆盘

A 型 II 式　标本 2004H430:1，泥质灰黑陶。侈口，圆唇，口外侧呈带状凸起，中腹以下突出，底残。通体磨光。口径 15.1、残高 4.4 厘米（图 3-237，6）。

Ba 型　标本 2004H430:19，泥质灰黑陶。侈口，折沿，沿面有三周凹槽，尖圆唇下耷，浅盘，底残。素面。口径 16.4、残高 3 厘米（图 3-237，5）。

甑　A 型 III 式　标本 2004H430:15，泥质灰黑陶。口微侈，折沿，圆唇，上腹较直，下腹残。上腹有数周轮修痕，其下饰绳纹。口径 21、残高 7.2 厘米（图 3-237，8）。

2004 I T7038H438

缸　Aa 型 I 式　标本 2004H438:7，泥质灰黑陶，局部红褐色，红褐胎。敛口，仰折沿，方唇，唇下缘微凸，腹微鼓，下腹残。腹饰附加堆纹和绳纹。口径30.3、腹径29.1、残高27.6厘米（图3-238，1）。

深腹罐　Ab型Ⅱ式　标本2004H438：52，夹砂灰陶。敛口，宽折沿上仰，沿面有二周凹槽，方唇，唇面略凹，腹壁微鼓，底部缺失。腹饰竖向绳纹。口径23.3、腹径23.6、残高29.5厘米（图3-238，3）。标本2004H438：18，夹细砂灰陶。敛口，仰折沿，斜方唇，唇下缘凸出，腹微鼓，下腹残。腹饰绳纹。口径21.3、残高6.8厘米（图3-238，4）。

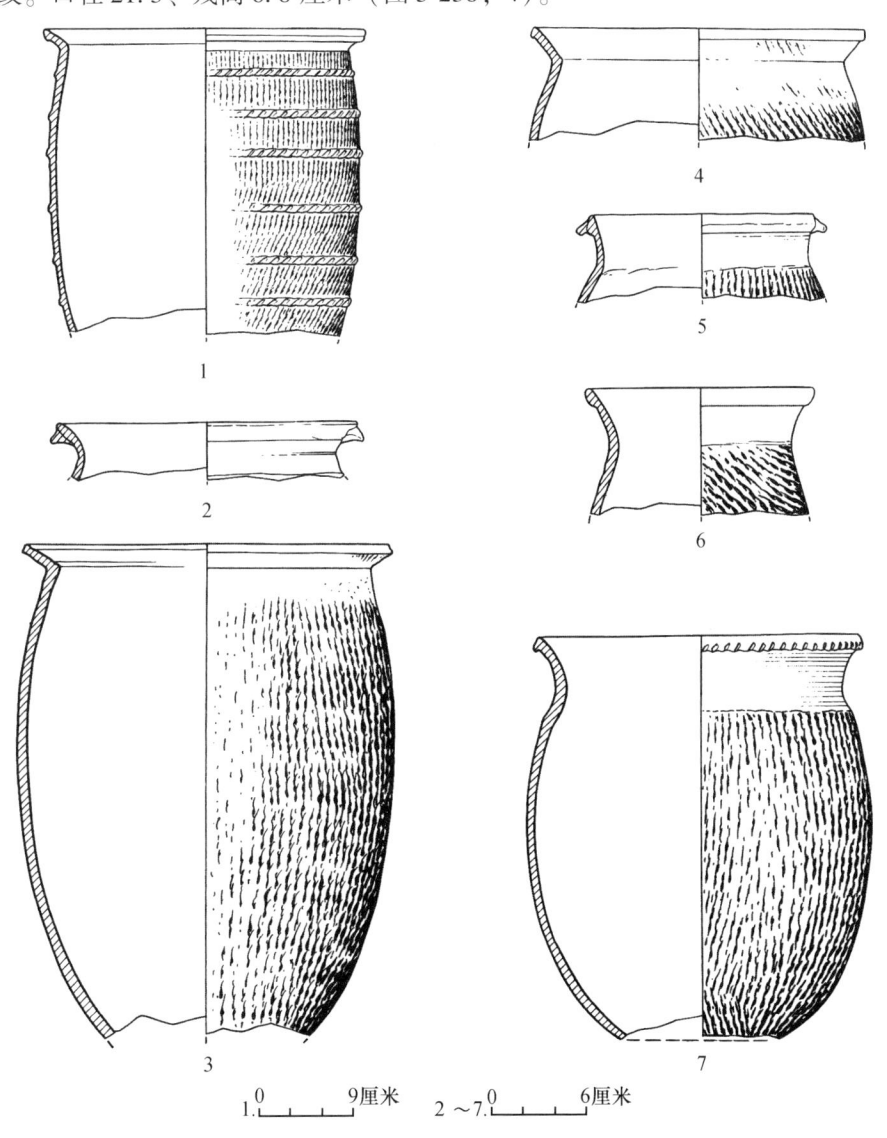

图3-238　2004ⅠT7038H438出土陶罐、缸

1. Aa型Ⅰ式缸（2004H438：7）　2. Cb型Ⅱ式圆腹罐（2004H438：25）　3、4. Ab型Ⅱ式深腹罐（2004H438：52、2004H438：18）　5. Cb型Ⅱ式圆腹罐（2004H438：14）　6. Cb型Ⅰ式圆腹罐（2004H438：15）
7. Ca型Ⅱ式圆腹罐（2004H438：9）

圆腹罐

Ca 型 II 式　标本 2004H438:9，夹砂灰黑陶。侈口，尖唇，领较高且卷曲，鼓腹较深，底部缺失。唇外侧饰一周花边，腹饰绳纹。口径 20.6、残高 24.2 厘米（图 3-238，7）。

Cb 型 I 式　标本 2004H438:15，夹砂灰陶。侈口，圆唇外凸，高领较斜直，鼓腹，下腹残。腹饰斜向绳纹。口径 16.8、残高 7.6 厘米（图 3-238，6）。标本 2004H438:4，夹砂灰黑陶。侈口，尖唇，唇下侧呈带状凸起，高领，卵圆形腹，平底微凹。口外侧饰两对称鸡冠鋬，腹饰绳纹。口径 16.8、腹径 19、底径 8.4、通高 21.8 厘米（图 3-239，1；图版一〇，1）。

Cb 型 II 式　标本 2004H438:25，夹砂灰黑陶，褐胎。侈口，圆唇，口外侧呈带状凸起，领较矮，腹残。口外侧饰两对称的鸡冠鋬。口径 19、残高 3.4 厘米（图 3-238，2）。标本 2004H438:14，夹砂灰陶。侈口，尖唇，口外侧呈带状凸起，鼓腹，下腹残。口外侧饰两对称的鸡冠鋬，腹饰绳纹。口径 14.4、残高 5 厘米（图 3-238，5）。

平底盆　A 型 I 式　标本 2004H438:13，泥质灰黑陶。侈口，卷沿下奓卷曲，尖圆唇，腹壁较斜直，平底微凹。器表素面，沿面饰一周弦纹，底饰由三组弦纹组成的同心圆纹，每组由三周弦纹组成。口径 34.2、底径 26.1、通高 8.4 厘米（图 3-239，2；图版一〇，2）。标本 2004H438:12，泥质黑皮陶，红褐胎。侈口，卷沿，尖圆唇，口外呈带状凸起，腹壁斜收，底残。沿面有两周弦纹，下腹饰绳纹。口径 36.3、残高 8.4 厘米（图 3-239，5）。

深腹盆　A 型 II 式　标本 2004H438:17，泥质褐陶，胎芯为灰色。侈口，仰折沿，方唇上缘凸出，腹微鼓，下腹残。腹饰竖向及斜向篮纹。口径 29.2、残高 8.6 厘米（图 3-239，3）。

小口尊　Aa 型　标本 2004H438:10，泥质灰黑陶。侈口，圆唇，口外侧呈带状凸起，高领，鼓肩，腹残。领部饰一周凸棱，肩部饰三周弦纹、绳纹和附加堆纹。口径 29.4、残高 9 厘米（图 3-239，4）。

器盖纽　标本 2004H438:41，泥质夹少量细砂，黑皮陶，暗红胎。纽顶为圆锥状，纽柄略内曲。纽柄中部饰一周凸棱。纽顶底径 6.5、残高 5.7 厘米（图 3-239，6）。

2004 I T7041H166

深腹罐　Ab 型 II 式　标本 2004H166:2，夹砂深灰陶。敛口，宽仰折沿，方唇下缘略圆，鼓腹，中腹以下缺失。腹饰竖向绳纹。口径 22.6、腹径 24.3、残高 14.5 厘米（图 3-240，4）。标本 2004H166:4，夹砂红褐陶，局部灰黑色。敛口，折沿近平，方唇，腹壁略鼓，中腹以下缺失。腹饰竖向细绳纹。口径 23、腹径 25、残高 15.6 厘米（图 3-240，5）。标本 2004H166:18，夹砂深灰陶。敛口，宽仰折沿，方唇，腹壁略鼓，中腹以下缺失。腹饰竖向绳纹。口径 23、残高 5.3 厘米（图 3-240，1）。标本 2004H166:15，夹砂红褐陶，局部青灰色。敛口，宽仰折沿，圆唇，腹壁较斜直，中腹以下缺失。腹饰竖向绳纹。口径 23、残高 4.4 厘米（图 3-240，2）。标本 2004H166:8，夹砂灰陶。敛口，折沿微上仰，方唇，腹较鼓，中腹以下残。腹饰竖向细绳纹。口径 24、残高 7.2 厘米（图 3-240，3）。

圆腹罐　Cb 型 I 式　标本 2004H166:7，夹砂灰陶。敞口，卷沿，尖唇，口外呈带状凸起，高领，腹微鼓，下腹缺失。腹饰竖向和交错绳纹。口径 14、腹径 15.2、残高 14 厘米（图 3-240，6）。

深腹盆　A 型 II 式　标本 2004H166:5，夹砂深灰陶。敛口，宽沿仰折，方唇，腹微鼓，底部缺

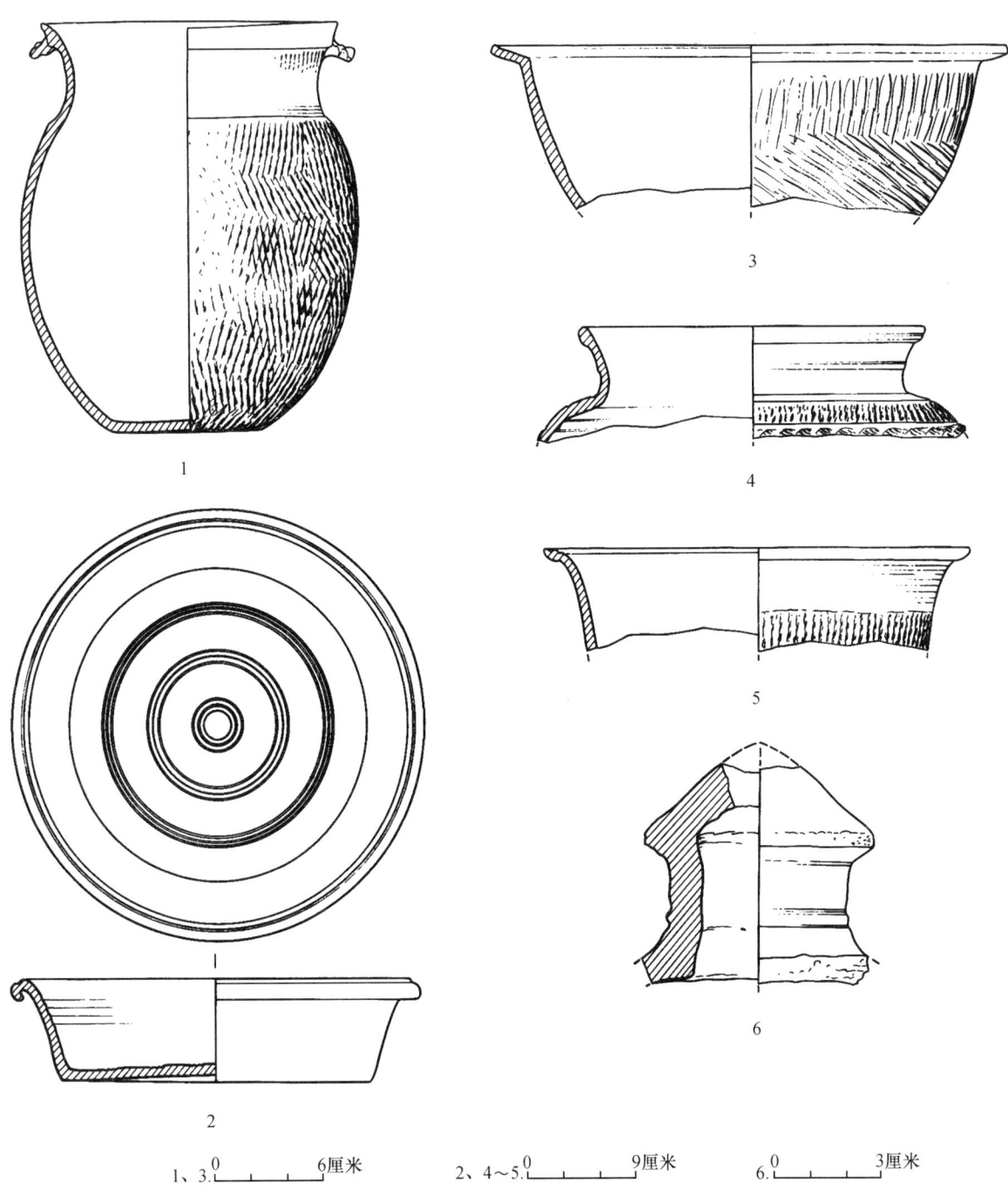

图 3-239　2004ⅠT7038H438 出土陶器

1. Cb 型Ⅰ式圆腹罐（2004H438:4）　2、5. A 型Ⅰ式平底盆（2004H438:13、2004H438:12）　3. A 型Ⅱ式深腹盆（2004H438:17）
4. Aa 型小口尊（2004H438:10）　6. 器盖纽（2004H438:41）

失。上腹饰两个鸡冠耳，腹饰斜向篮纹。口径 24、残高 10.8 厘米（图 3-240，9）。标本 2004H166:16，夹砂深灰陶，局部黄褐色。敛口，窄沿仰折，方唇，腹微鼓，中腹以下缺失。上腹饰竖向细绳纹及一周细弦纹，其下饰横向细绳纹。口径 26、残高 5.5 厘米（图 3-240，10）。标本 2004H166:

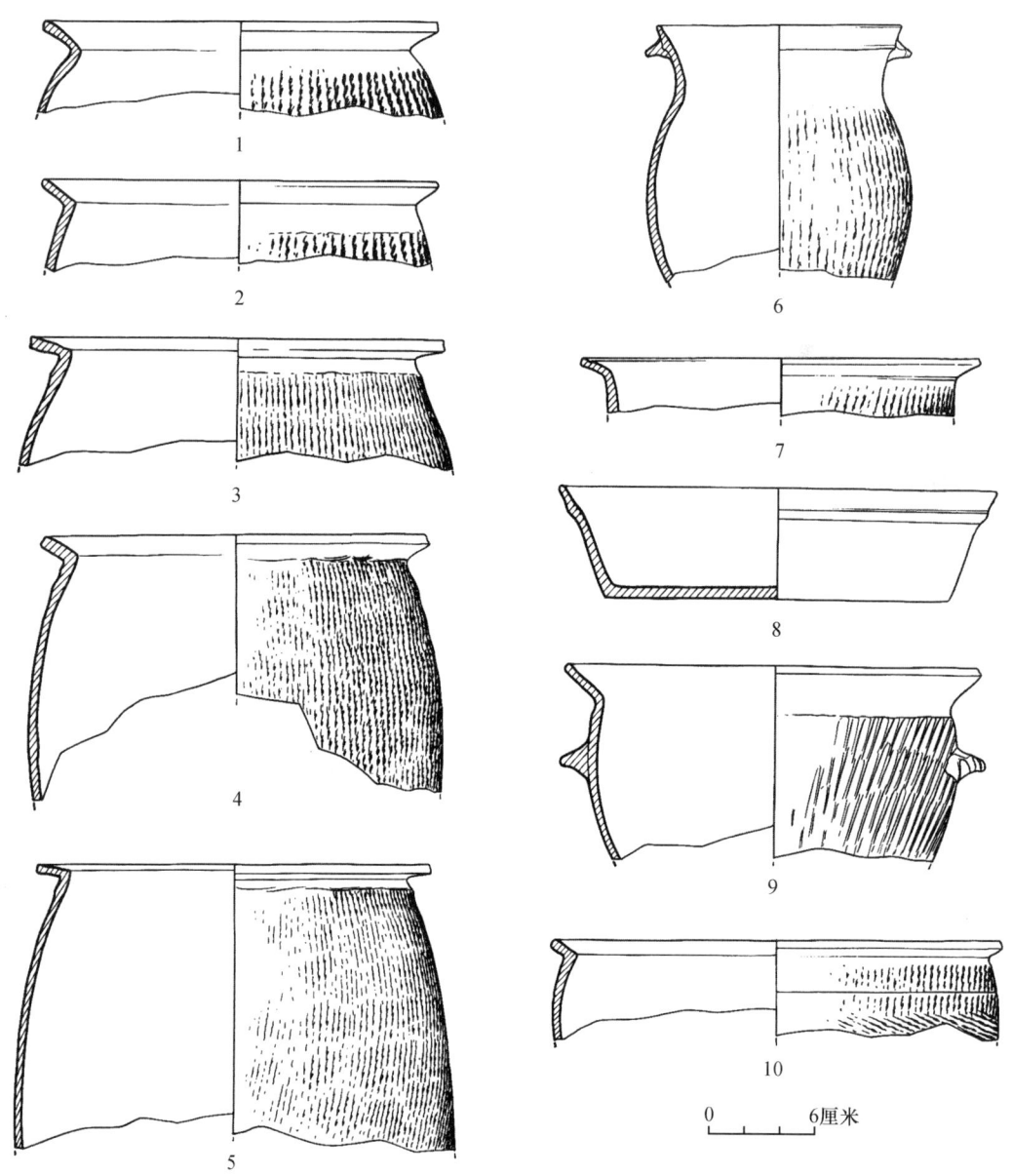

图 3-240　2004ⅠT7041H166 出土陶器（一）

1~5. Ab 型Ⅱ式深腹罐（2004H166：18、2004H166：15、2004H166：8、2004H166：2、2004H166：4）　6. Cb 型Ⅰ式圆腹罐（2004H166：7）　7、9、10. A 型Ⅱ式深腹盆（2004H166：17、2004H166：5、2004H166：16）　8. A 型Ⅰ式平底盆（2004H166：3）

17，夹砂深灰陶。敛口，宽仰折沿，方唇，腹壁较直，中腹以下缺失。上腹饰竖向绳纹。口径 23、残高 5.3 厘米（图 3-240，7）。

平底盆　A 型Ⅰ式　标本 2004H166：3，夹砂黑皮陶，陶胎暗红色。侈口，尖圆唇，口外侧呈带状凸起，腹壁较斜直，平底。素面。口径 25.2、底径 19.8、高 6 厘米（图 3-240，8）。

器盖　Aa 型Ⅰ式　标本 2004H166：6，夹砂黑皮陶，暗红胎。口部外张，尖圆唇，口部外侧呈宽带状凸起，折腹，顶微鼓，纽部缺失。器身饰六周弦纹。口径22、残高7.8厘米（图3-241，1）。

捏口罐　标本2004H166:26，泥质夹少量细砂，黄褐陶。侈口，卷沿，圆唇，口外侧呈带状凸起，领部较矮，圆鼓腹，中腹以下缺失。腹饰竖向绳纹。口径12.9、残高5厘米（图3-241，2）。

2004ⅠT7041H242

深腹罐

Ab型Ⅱ式　标本2004H242:53，夹细砂灰陶。仰折沿，方唇，唇面略凹，唇上缘凸出。腹略鼓，中腹以下残。腹饰绳纹。口径22、残高4.6厘米（图3-242，1）。标本2004H242:25，夹细砂褐陶，

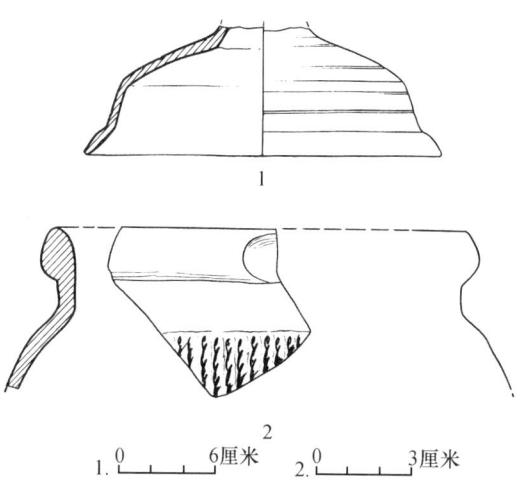

图3-241　2004ⅠT7041H166出土陶器（二）
1. Aa型Ⅰ式器盖（2004H166:6）　2. 捏口罐（H166:26）

局部呈灰色。口微敛，平折沿，沿面略凹，方唇，腹较直，中腹以下残。腹饰绳纹。口径22.4、残高4.2厘米（图3-242，2）。标本2004H242:35，夹细砂灰陶。敛口，仰折沿，方唇。腹较鼓，中腹以下残。腹饰绳纹。口径25.8、残高3.4厘米（图3-242，3）。标本2004H242:31，夹砂深灰陶。敛口，折沿微仰，方唇，唇面略凹。腹较鼓，中腹以下残。腹饰较细绳纹。口径22.8、残高4.2厘米（图3-242，4）。标本2004H242:29，夹砂褐陶，灰胎。口近直，仰折沿，斜方唇，唇面有一道凹槽。腹略鼓，中腹以下残。腹饰绳纹。口径27、残高7.2厘米（图3-242，5）。标本2004H242:22，夹砂浅灰陶。口微敛，平折沿，方唇，唇面有一道弦纹。腹略鼓，中腹以下残。腹饰绳纹。口径22.8、残高3.6厘米（图3-242，6）。标本2004H242:13，夹砂红褐陶，局部灰黑色。敛口，折沿近平，方唇，唇面隐约见一周凹槽，腹壁上部圆鼓，下腹缺失。腹饰细绳纹。口径24.4、腹径28.2、残高19.5厘米（图3-242，7）。标本2004H242:46，夹细砂灰陶。敛口，仰折沿，斜方唇，唇下缘略圆。腹较鼓，中腹以下残。口外绳纹抹平，腹部饰交错细绳纹。口径20、残高5厘米（图3-242，8）。标本2004H242:23，夹细砂，深灰陶。敛口，仰折沿，斜方唇，唇面略凹。腹较鼓，中腹以下残。沿外及腹饰绳纹。口径16.6、残高4.6厘米（图3-242，9）。

Ac型Ⅰ式　标本2004H242:69，夹细砂，灰陶。敛口，仰折沿，圆唇外缘加厚，唇面略凹。腹残。口径20.8、残高2.6厘米（图3-242，10）。

圆腹罐

Ca型Ⅱ式　标本2004H242:18，夹砂灰黑陶，局部黄褐色，陶胎暗红色。圆唇，口外饰一周花边及一对鸡冠錾，鼓腹，下腹残。上腹饰竖向绳纹，下腹饰横向绳纹。口径14.3、腹径16.2、残高10厘米（图3-243，2）。标本2004H242:21，夹砂褐陶，灰胎。直口，圆唇，领较直，口外饰一周花边。圆鼓腹，中腹以下残。口径18、残高6厘米（图3-243，3）。标本2004H242:39，夹细砂灰黑陶。侈口，斜方唇，唇下缘凸出并压印成索状花边，口外饰一对鸡冠小錾。领卷曲。圆鼓腹，中腹以下残。腹饰竖向绳纹。口径10.7、残高5.2厘米（图3-243，4）。标本2004H242:7，夹砂灰陶，局部黄褐色。侈口，卷沿，方唇，唇面有一周凹槽，圆鼓腹，平底稍凹。口外侧饰一周花边及

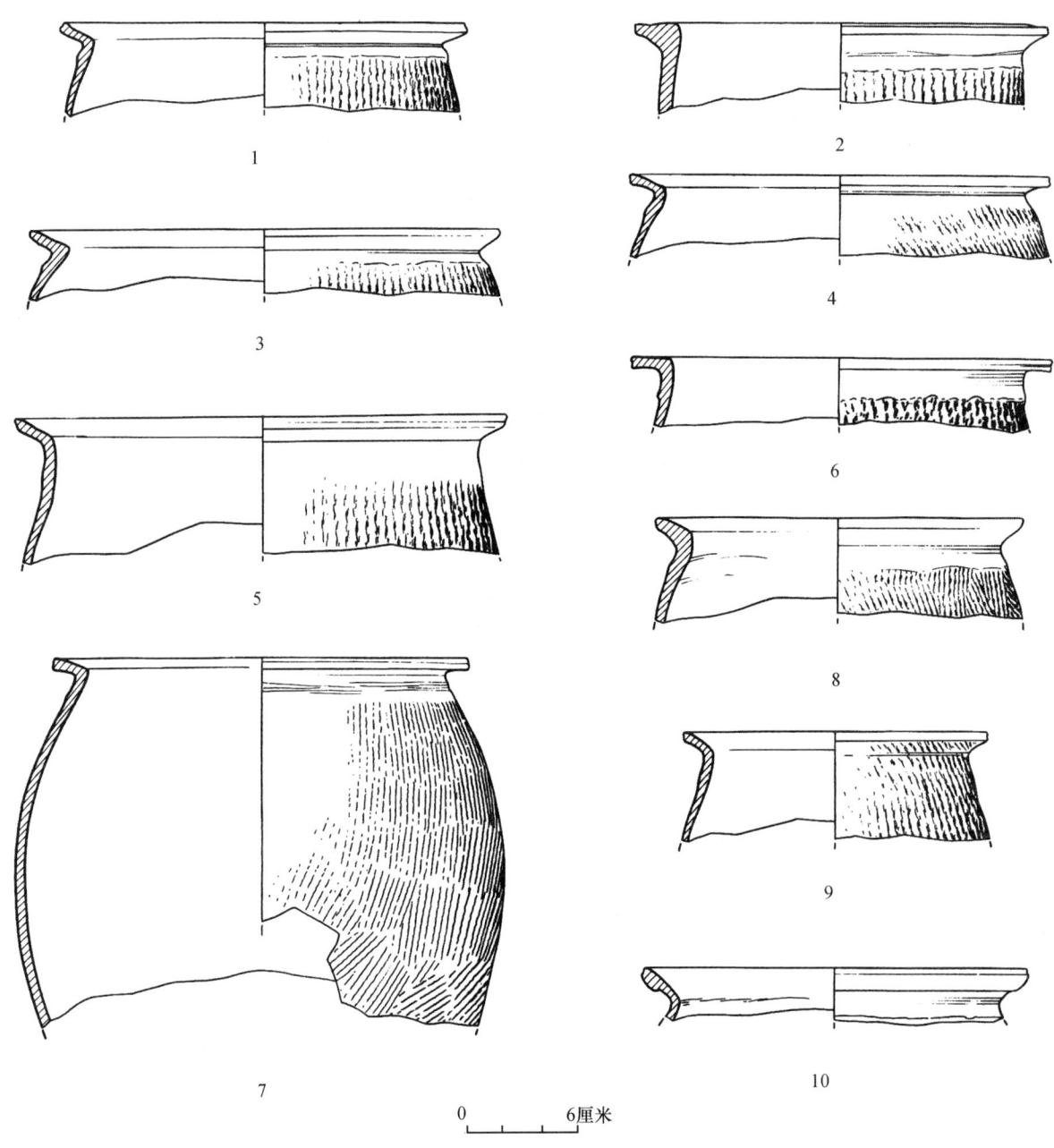

图 3-242　2004 Ⅰ T7041H242 出土深腹罐

1~9. Ab 型 Ⅱ 式（2004H242：53、2004H242：25、2004H242：35、2004H242：31、2004H242：29、2004H242：22、2004H242：13、2004H242：46、2004H242：23）　10. Ac 型 Ⅰ 式（2004H242：69）

两个鸡冠小錾，上腹饰竖向绳纹，下腹饰斜向绳纹，底部隐约见绳纹痕。口径 12.2、腹径 13.2、高 14.7、底径 6.6 厘米（图 3-243，5；图版九，4）。

Ca 型 Ⅲ 式　标本 2004H242：33，夹砂灰陶。侈口，方唇，口外附加一周花边。领较矮，圆鼓腹，中腹以下残。腹饰绳纹。口径 14.2、残高 6 厘米（图 3-243，1）。

Cb 型 Ⅰ 式　标本 2004H242：44，夹细砂灰黑陶，局部呈褐色，褐胎。口微侈，尖圆唇，口外饰一道凸棱及一对舌形小錾。高领，圆鼓腹，中腹以下残。腹饰竖向绳纹。口径14.4、残高9厘米（图3-243，6）。标本2004H242∶71，夹细砂深灰陶，褐胎。侈口，圆唇，口外饰一道凸棱。斜直领，腹残。口径11.1、残高4.3厘米（图3-243，7）。

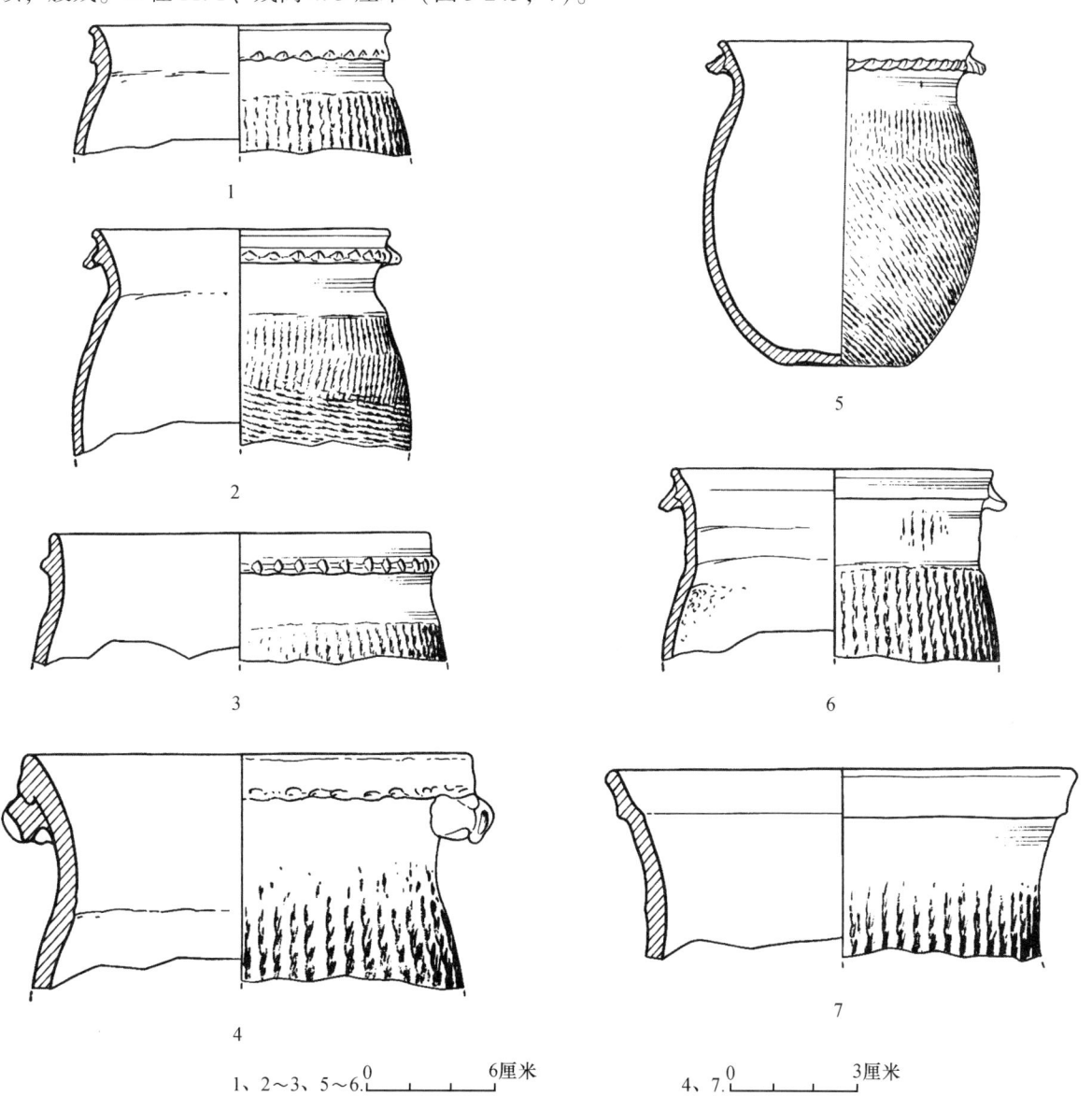

图3-243　2004ⅠT7041H242出土圆腹罐
1. Ca型Ⅲ式（2004H242∶33）　2~5. Ca型Ⅱ式（2004H242∶18、2004H242∶21、2004H242∶39、
2004H242∶7）　6、7. Cb型Ⅰ式（2004H242∶44、2004H242∶71）

刻槽盆　Ⅰ式　标本2004H242∶8，夹砂灰黑陶，局部黄褐色，陶胎暗红色。口近直，尖圆唇，口外呈带状凸起并饰一周弦纹，流稍外凸，腹壁微鼓，平底。腹饰交错绳纹，内壁刻槽分为五区。口径13.8、腹径14.3、高13、底径7.4厘米（图3-244，1）。标本2004H242∶12，泥质夹少量细砂，器表灰色，局部红褐色，陶胎暗红色。敛口，方唇，口外侧呈带状凸起，腹壁较直，平底。腹

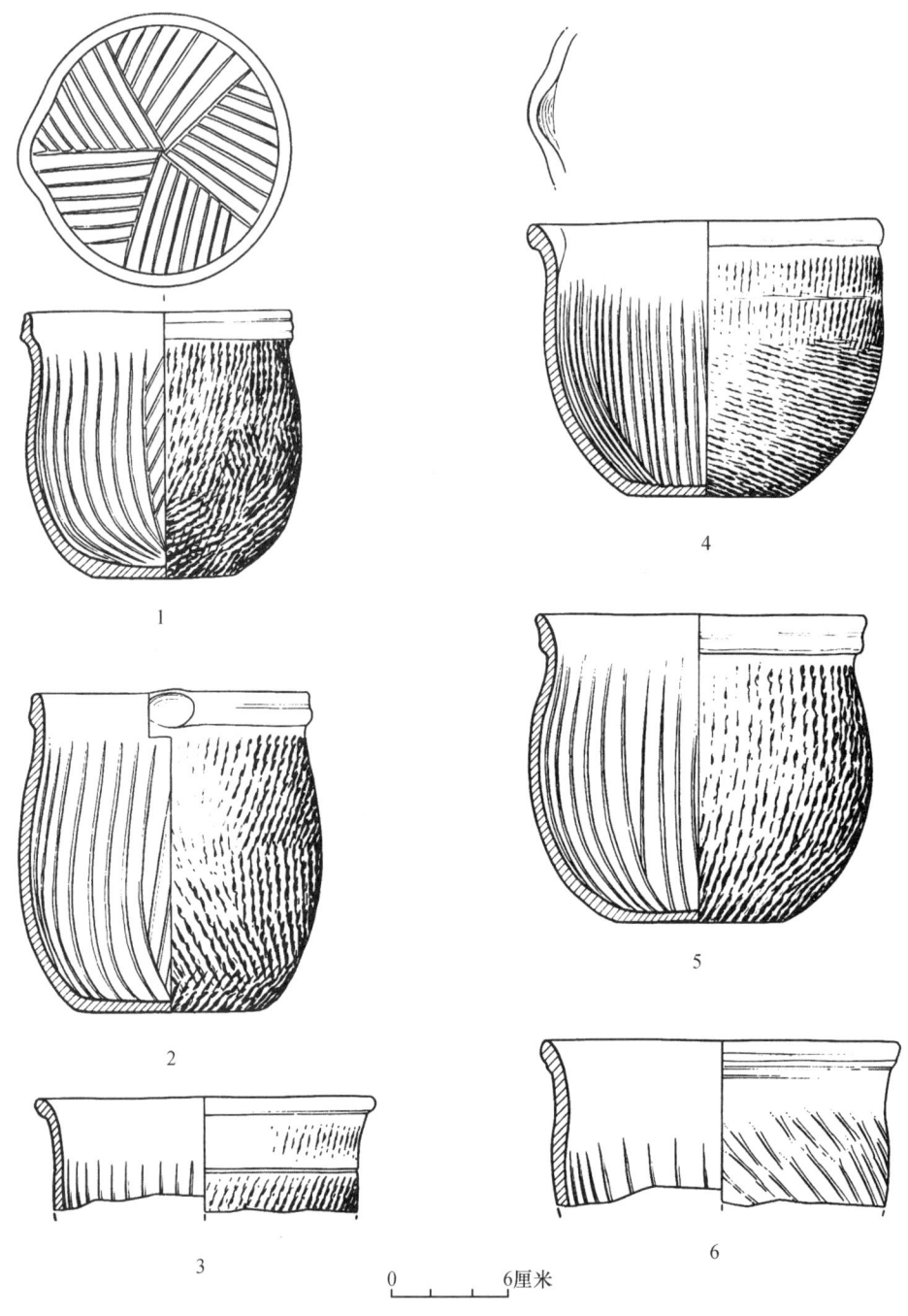

图 3-244　2004 Ⅰ T7041H242 出土刻槽盆

1～6. Ⅰ式（2004H242:8、2004H242:12、2004H242:91、2004H242:5、2004H242:59、2004H242:28）

饰交错绳纹，内壁刻槽分区，且较粗深。口径14.4、腹径15.6、高15.6、底径9.2厘米（图3-244，2）。标本2004H242:91，夹细砂灰黑陶，褐胎。侈口，圆唇，唇外呈带状凸起。腹较直，中腹以下残。腹饰斜向绳纹。口径17.4、残高5.7厘米（图3-244，3）。标本2004H242:5，泥质灰黑陶。口近直，圆唇，口外侧呈带状凸起，一侧有流外凸，腹壁较直，平底。上腹饰竖向绳纹，下腹饰横向绳纹，内壁以底部为中心，饰七组刻槽。口径17.8、腹径17.4、高13.6、底径8厘米（图3-244，4；图版九，3）。标本2004H242∶59，泥质夹少量细砂，黑皮陶，局部黄褐色，陶胎暗红色。侈口，圆唇，口外侧呈带状凸起，鼓腹，平底。腹饰竖向绳纹。口径16.8、腹径17.4、高15、底径8.6厘米（图3-244，5）。标本2004H242∶28，夹砂灰陶。侈口，尖圆唇，唇外呈带状凸起。弧腹微鼓，中腹以下残。腹饰篮纹。口径18.2、残高8厘米（图3-244，6）。

深腹盆　A型Ⅱ式　标本2004H242∶17，泥质夹少量细砂，黑皮陶，陶胎暗红色。敛口，折沿近平，方唇，腹微鼓，下腹缺失。腹饰弦纹、绳纹及一对鸡冠耳。口径30、残高9.7厘米（图3-245，2）。标本2004H242∶16，夹砂深灰陶，浅灰胎。侈口，仰折沿，方唇，唇缘凸出，唇面有一周凹槽，腹壁较斜直，下腹缺失。腹饰交错绳纹及一对鸡冠耳。口径24、残高9.5厘米（图3-245，1）。标本2004H242∶47，泥质含少量细砂，灰陶，褐胎。口微敛，仰折沿，斜方唇，唇缘凸出。中腹以下残。腹饰绳纹。口径22.6、残高3.3厘米（图3-245，3）。标本2004H242∶26，泥质含少量细砂，灰黑陶，褐胎。侈口，卷沿上仰，方唇，唇缘凸出，唇面略凹。腹较直，中腹以下残。通体磨光。口径31.5、残高6厘米（图3-245，4）。标本2004H242∶48，泥质含少量细砂，褐陶。侈口，仰折沿，方唇，唇缘凸出，弧腹，中腹以下残。通体磨光。口径31.8、残高4.8厘米（图3-245，5）。

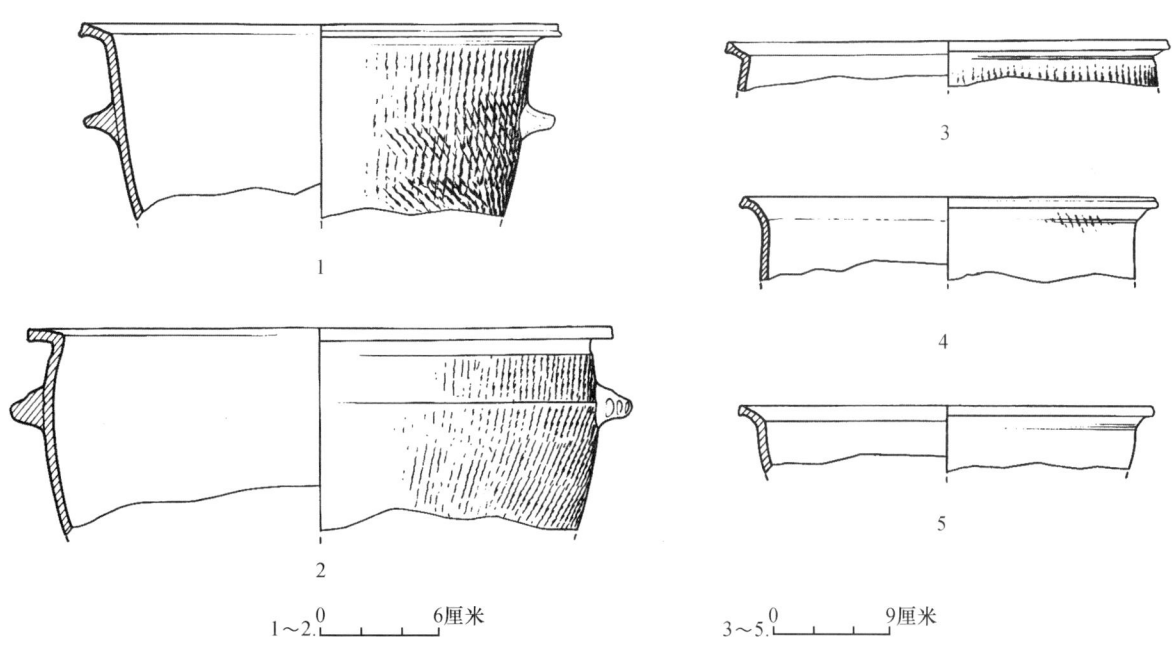

图3-245　2004ⅠT7041H242出土深腹盆

1~5. A型Ⅱ式（2004H242∶16、2004H242∶17、2004H242∶47、2004H242∶26、2004H242∶48）

豆　A型Ⅱ式　标本2004H242∶45，泥质黑陶。侈口，折沿微斜，方唇，上腹壁斜直，底部和豆柄缺失。上腹饰一周凸弦纹。口径18、残高5.9厘米（图3-246，1）。

盂　标本2004H242∶32，泥质黑皮陶，陶胎暗红色。侈口，方唇，唇面饰一周凹槽，唇内缘凸出，底部缺失。素面，肩部有一周折棱。口径17、腹径17.4、残高3.8厘米（图3-246，2）。

袋足　标本2004H242：2，泥质含少量细砂，白陶，略泛黄褐。素面。残高8.3厘米（图3-246，3）。

三足盘　Ⅱ式　标本2004H242：58，泥质黑皮陶，红胎，胎芯为灰色。上腹缺失。平底微圜，C形足。素面，足中部饰三周凸弦纹，近底部有一周宽约1厘米的带状凸起。底径16.4、残高6.8、足高5.3厘米（图3-246，4）。标本2004H242：34，夹细砂黑陶，褐胎。侈口，尖圆唇，唇外呈带状凸起。斜直腹，底及足残。通体磨光，下腹饰一道凸棱。口径15.2、残高4.8厘米（图3-246，5）。

爵　标本2004H242：4，泥质含少量细砂，白陶，略泛黄褐。素面。平底，锥形足下端残。残高3.6厘米（图3-246，6）。

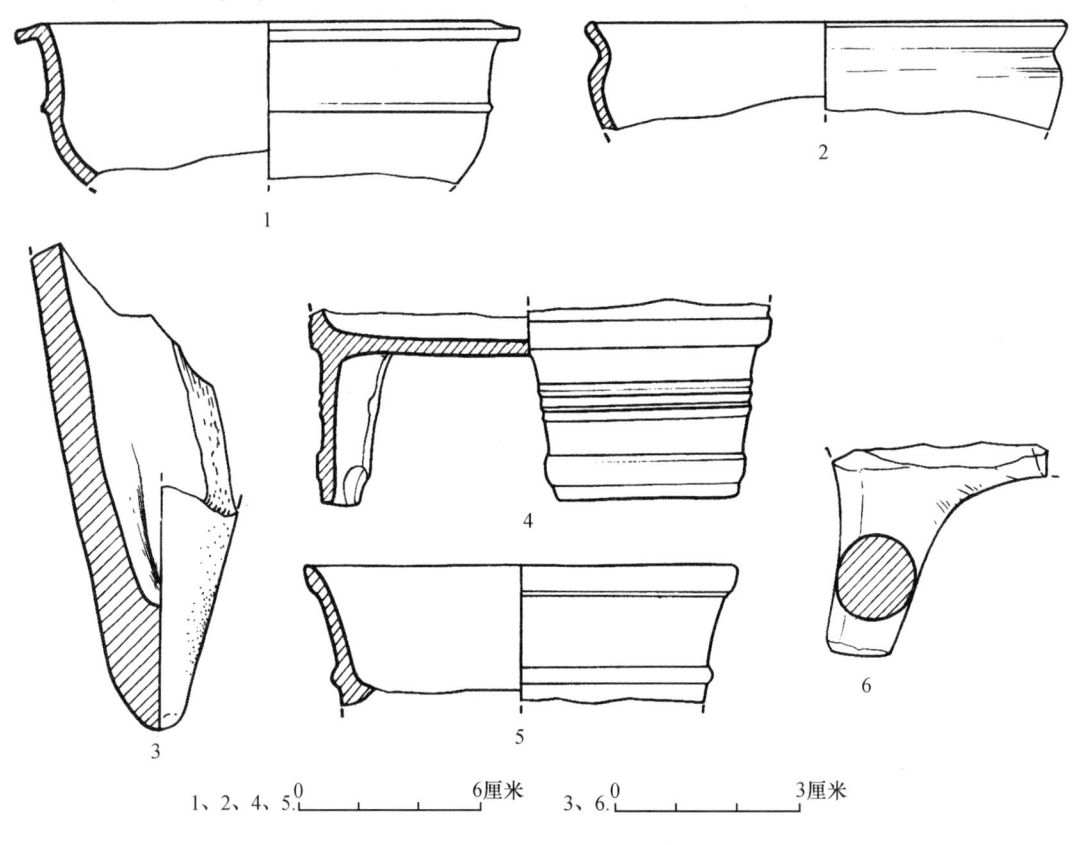

图3-246　2004ⅠT7041H242 出土陶器（一）
1. A型Ⅱ式豆（2004H242：45）　2. 盂（2004H242：32）　3. 白陶袋足（2004H242：2）
4. Ⅱ式三足盘（2004H242：58）　5. Ⅱ式三足盘（2004H242：34）　6. 爵（2004H242：4）

小口尊

Aa型　标本2004H242：10，泥质灰陶。局部灰黑色。侈口，圆唇，口外有带状凸起。斜直领，折肩，斜直腹，平底。腹饰绳纹及六周附加堆纹。口径19.2、肩径28.2、高29、底径11.8厘米（图3-247，3）。

A型　标本2004H242：24，泥质浅灰陶，微泛黄。口部近唇处有一周凹槽。敞口，方唇，领稍高，肩部以下缺失。口径20.6、残高7.5厘米（图3-247，2）。

B型　标本2004H242：38，夹砂黑皮陶，陶胎暗红色。敛口，卷沿，圆唇外凸，矮领，鼓肩，

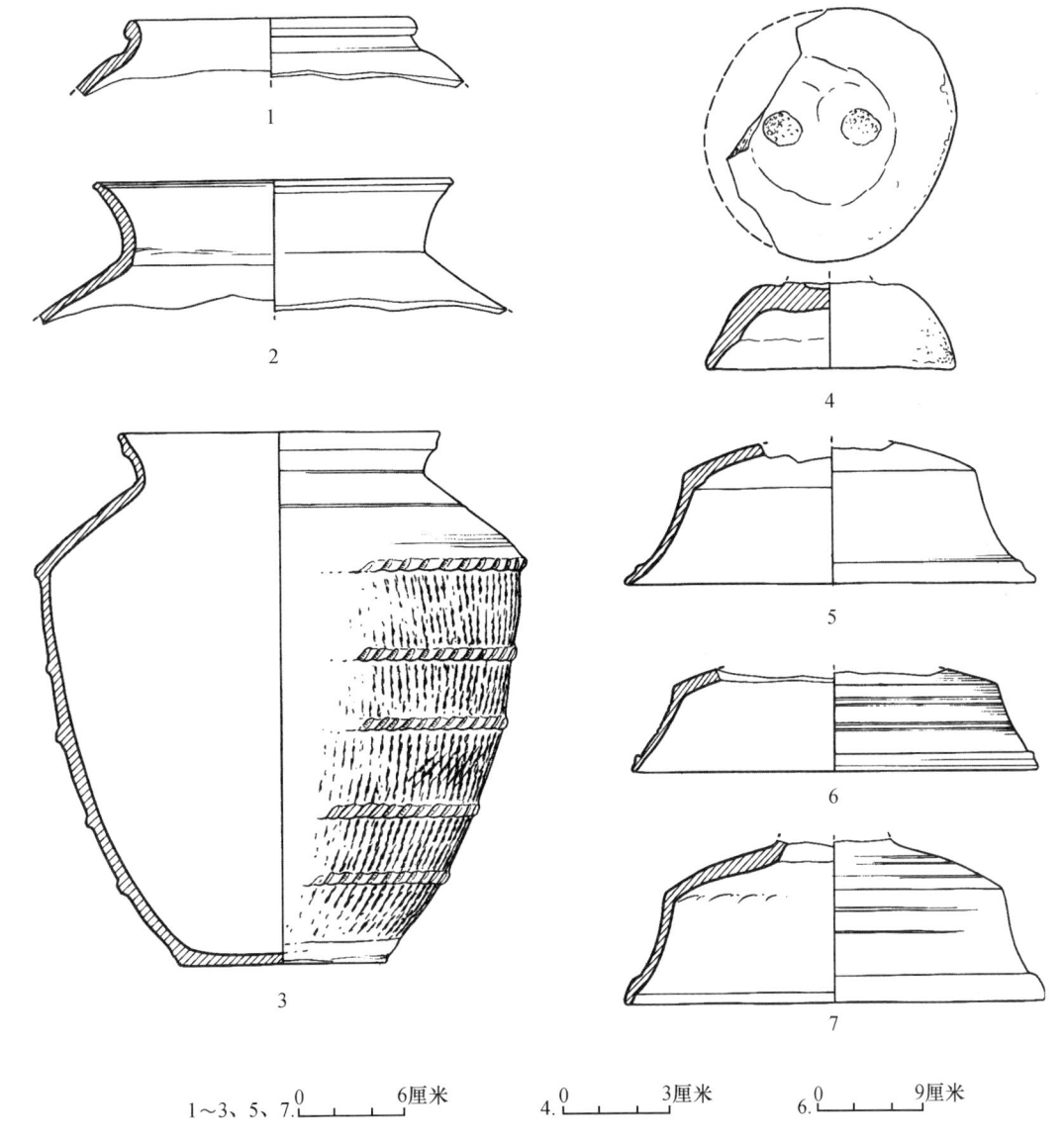

图 3-247　2004ⅠT7041H242 出土陶器（二）

1. B 型小口尊（2004H242:38）　2. A 型小口尊（2004H242:24）　3. Aa 型小口尊（2004H242:10）
4. Ab 型Ⅰ式器盖（2004H242:60）　5~7. Aa 型Ⅰ式器盖（2004H242:19、2004H242:36、2004H242:14）

腹以下缺失。素面。口径 16、残高 3.8 厘米（图 3-247，1）。

器盖

Aa 型Ⅰ式　标本 2004H242:14，泥质夹少量细砂，黑皮陶，青灰胎。口部外张，圆唇，口部外侧呈宽带状凸起，折腹，盖顶微鼓，纽部缺失。器表磨光。器身饰六周细弦纹，盖顶内侧有隐约的绳纹痕。口径 24、残高 9 厘米（图 3-247，7）。标本 2004H242:19，泥质黑皮陶，陶胎暗红色。口部明显外张，圆唇，口部外侧饰一周凸棱，折腹，盖顶微鼓，纽部缺失。器表磨光。口径 23.8、残高 7.7 厘米（图 3-247，5）。标本 2004H242:36，泥质夹少量细砂，黑皮陶，陶胎暗红色。口部明显外张，尖圆唇，口部外侧饰一周凸棱，折腹，盖顶微鼓，纽部缺失。器表磨光，器身有数周弦纹。口径35.1、残高8.5厘米（图3-247，6）。

Ab型Ⅰ式　标本2004H242：60，夹细砂灰黑陶。侈口，圆唇，顶平，纽残。素面。口径7.2、残高2.3厘米（图3-247，4）。

小罐　标本2004H242：43，夹细砂灰黑陶。口微敛，卷沿上仰，圆唇。腹略鼓，中腹以下残。内外有刮抹痕，素面。口径11.1、残高5.2厘米（图3-248，1）。标本2004H242：15，夹细砂黑陶。口微侈，方唇，唇面有一道弦纹，矮领较斜直。圆鼓腹，中腹以下残。通体饰右斜向细绳纹，口部抹平。口径11.3、残高5厘米（图3-248，2）。

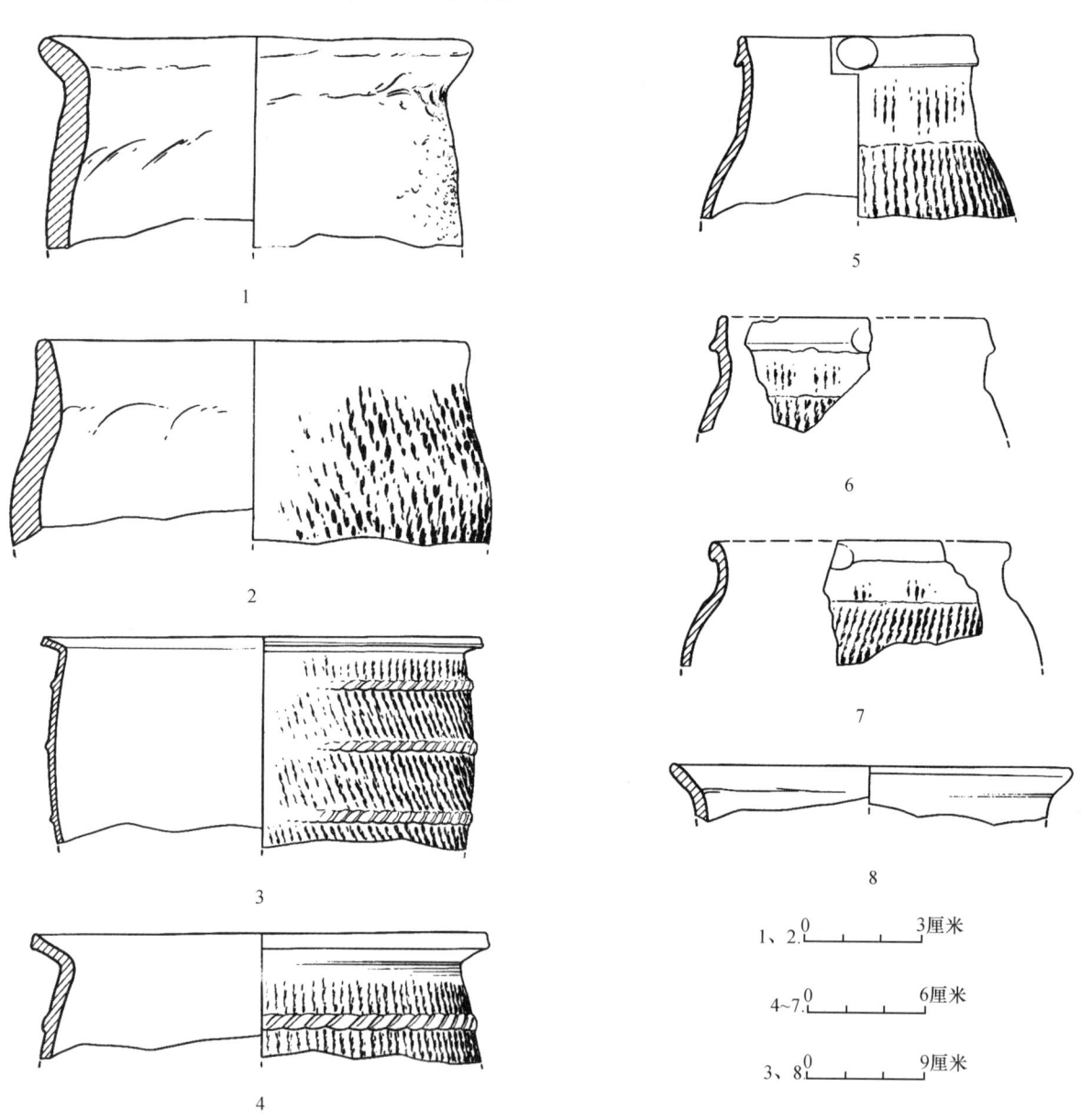

图3-248　2004ⅠT7041H242出土陶器（三）
1. 小罐（2004H242：43）　2. 小罐（2004H242：15）　3、4. Aa型Ⅰ式缸（2004H242：9、2004H242：37）
5~7. A型Ⅰ式捏口罐（2004H242：56、2004H242：40、2004H242：42）　8. Ab型缸（2004H242：20）

缸

Aa 型 I 式　标本 2004H242:9，夹砂红褐陶，局部灰黑色。敛口，仰折沿，方唇，唇面有一周凹槽，唇缘凸出，腹壁较直，中腹以下缺失。腹饰绳纹及附加堆纹。口径 34、残高 15.6 厘米（图 3-248，3）。标本 2004H242:37，夹砂深灰陶。敛口，仰折沿，方唇，唇上缘凸出。腹略鼓，中腹以下残。腹饰绳纹及附加堆纹。口径 23.6、残高 6 厘米（图 3-248，4）。

Ab 型　标本 2004H242:20，泥质含少量细砂，灰陶。侈口，仰卷沿，圆唇。腹残。素面。口径 30.9、残高 4.5 厘米（图 3-248，8）。

捏口罐　A 型 I 式　标本 2004H242:56，泥质褐陶。口微侈，尖圆唇，唇外呈带状凸起，口外有一对称捏窝，高直领，圆鼓腹，中腹以下残。外壁有滚压绳纹。口径 12、残高 9.2 厘米（图 3-248，5）。标本 2004H242:40，夹细砂灰陶，褐胎。直口，矮领较直，圆唇，唇外呈带状凸起。圆鼓腹，中腹以下残。腹饰绳纹。口径 13.8、残高 5.8 厘米（图 3-248，6）。标本 2004H242:42，泥质含少量细砂，灰陶，褐胎。侈口，尖圆唇，唇外呈带状凸起，口外饰一对称捏窝。矮领微卷，圆鼓腹，中腹以下残。腹饰绳纹。口径 15.4、残高 6.2 厘米（图 3-248，7）。

2004 I T7041J2

深腹罐

Ab 型 I 式　标本 2004J2③:23，夹砂深灰陶，局部浅灰色。敛口，仰折沿，沿面有两周弦纹，方唇，腹壁略鼓，小平底。腹饰竖向绳纹，近底部饰交错绳纹。口径 23.2、腹径 23.3、高 31.3、底径 6 厘米（图 3-249，3；图版一九，1）。

Ab 型 II 式　标本 2004J2:224，夹细砂黑陶，局部呈褐色，褐胎。口微敛，折沿上仰，圆唇，腹略鼓，中腹以下残。腹饰竖向绳纹。口径 23、残高 4.7 厘米（图 3-249，1）。标本 2004J2:78，夹细砂灰黑陶，褐胎。近直口，仰折沿，斜方唇，唇面有一道弦纹。腹较直，中腹以下残。腹饰竖向中绳纹。口径 23.2、残高 7.8 厘米（图 3-249，2）。标本 2004J2:199，夹细砂灰黑陶，局部呈褐色，褐胎。口近直，折沿微上仰，薄方唇。腹较斜直，中腹以下残。腹饰细绳纹。口径 23.2、残高 6.6 厘米（图 3-249，4）。标本 2004J2:227，夹砂灰黑陶，褐胎。近直口，折沿微上仰，方唇上缘凸出，唇面有一道弦纹。腹较直，中腹以下残。腹饰竖向绳纹。口径 22、残高 6 厘米（图 3-249，5）。标本 2004J2:208，夹砂灰陶。近直口，折沿微上仰，方唇，唇面略凹。腹较直，中腹以下残。腹饰竖向绳纹。口径 23.4、残高 6 厘米（图 3-249，6）。标本 2004J2:223，夹细砂灰陶。口微敛，折沿上仰，方唇。腹较鼓，中腹以下残。腹饰竖向绳纹。口径 22.2、残高 8 厘米（图 3-249，7）。标本 2004J2:73，夹细砂深灰陶。直口，仰折沿，沿面略凹，斜方唇，唇下缘凸出，腹较鼓，中腹以下残。腹饰交错绳纹。口径 20.6、残高 9 厘米（图 3-249，8）。标本 2004J2④:21，夹砂深灰陶。敛口，仰折沿，方唇唇缘微凸，腹壁略鼓，中腹以下缺失。腹饰斜向绳纹。口径 24.4、腹径 24.6、残高 17.8 厘米（图 3-250，1）。标本 2004J2⑤:36，夹细砂深灰陶。敛口，折沿微上仰，沿面略凹，斜方唇，唇面略鼓。腹较鼓，中腹以下残。腹饰斜向绳纹。口径 23.4、残高 10.2 厘米（图 3-250，2）。标本 2004J2:213，夹细砂褐陶。敛口，仰折沿，沿面略凹。斜方唇，腹较鼓，中腹以下残。腹饰竖向绳纹。口径 23.6、残高 7.2 厘米（图 3-250，4）。标本 2004J2:143，夹细砂黑陶，褐胎。口

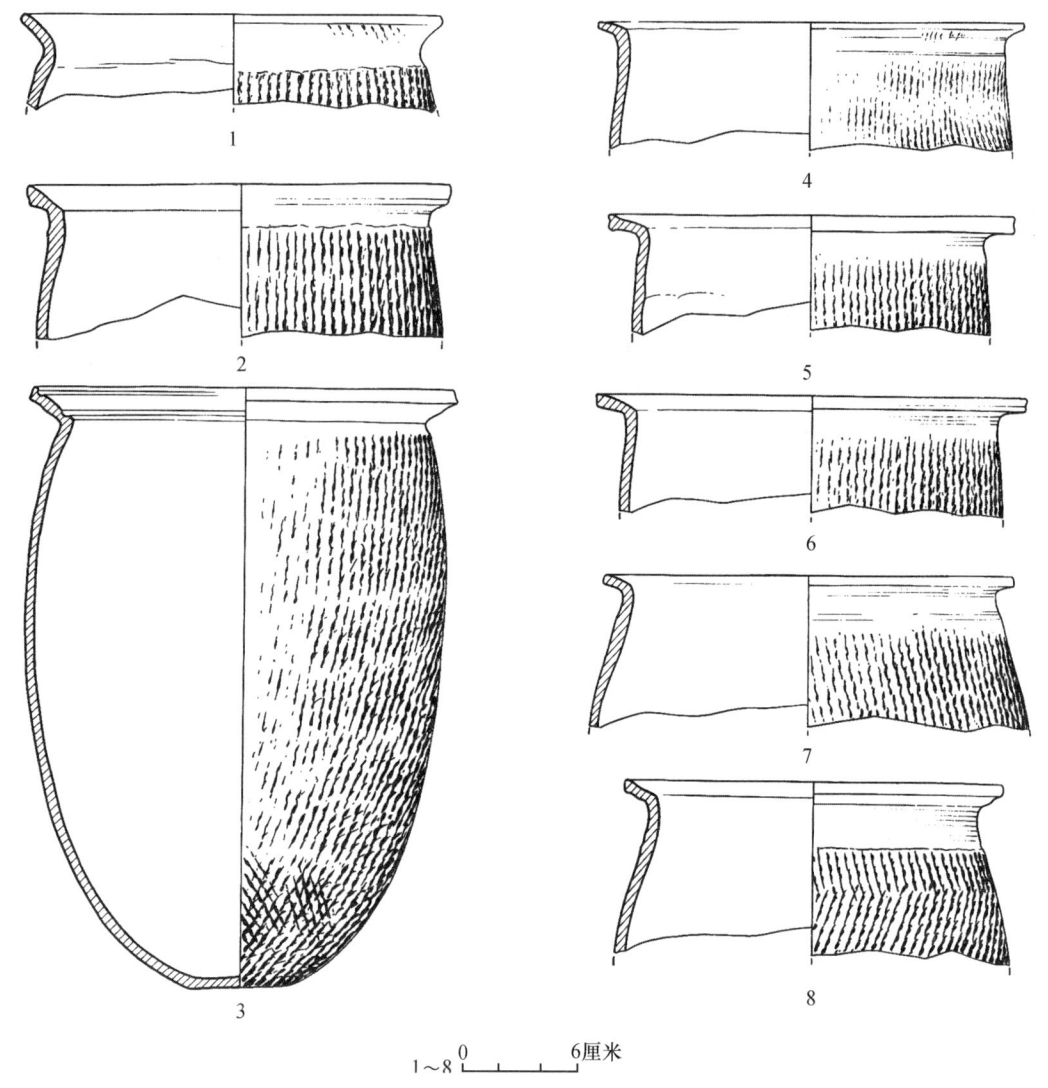

图 3-249　2004 I T7041J2 出土深腹罐（一）

1、2、4~8. Ab 型 II 式（2004J2:78、2004J2:224、2004J2:199、2004J2:227、
2004J2:208、2004J2:223、2004J2:73）　3. Ab 型 I 式（2004J2③:23）

微敛，仰折沿，沿面略凹，斜方唇上缘凸出。腹略鼓，中腹以下残。腹饰右斜向细绳纹。口径 21.4、残高 3.6 厘米（图 3-250，6）。标本 2004J2:197，夹砂褐陶，局部灰黑色。敛口，折沿近平，方唇，腹壁外张，中腹以下缺失。上腹饰竖向绳纹。口径 23、残高 6.6 厘米（图 3-250，7）。

Ac 型 I 式　标本 2004J2⑤:37，夹砂浅灰陶，局部灰黑色。圆唇局部略方，沿背微鼓，腹壁略鼓，圜底。口径 22~25、腹径 24.4、高 32.2 厘米（图 3-251，2；图版一九，2）。标本 2004J2④:33，夹砂深灰陶，局部浅灰色。敛口，仰折沿，圆唇上缘微凸，鼓腹，底部缺失。上腹饰斜向绳纹，下腹饰交错绳纹。口径 23、腹径 25.6、残高 25.7 厘米（图 3-251，1）。标本 2004J2⑥:42，夹砂浅灰陶，局部灰黑色。敛口，口近椭圆形，仰折沿，方唇下缘抹圆，腹壁微鼓，底部缺失。腹饰竖向绳纹，近底处饰交错绳纹。器表有烧土痕迹。口径 24~24.4、腹径 24.6、残高 28.6 厘米（图

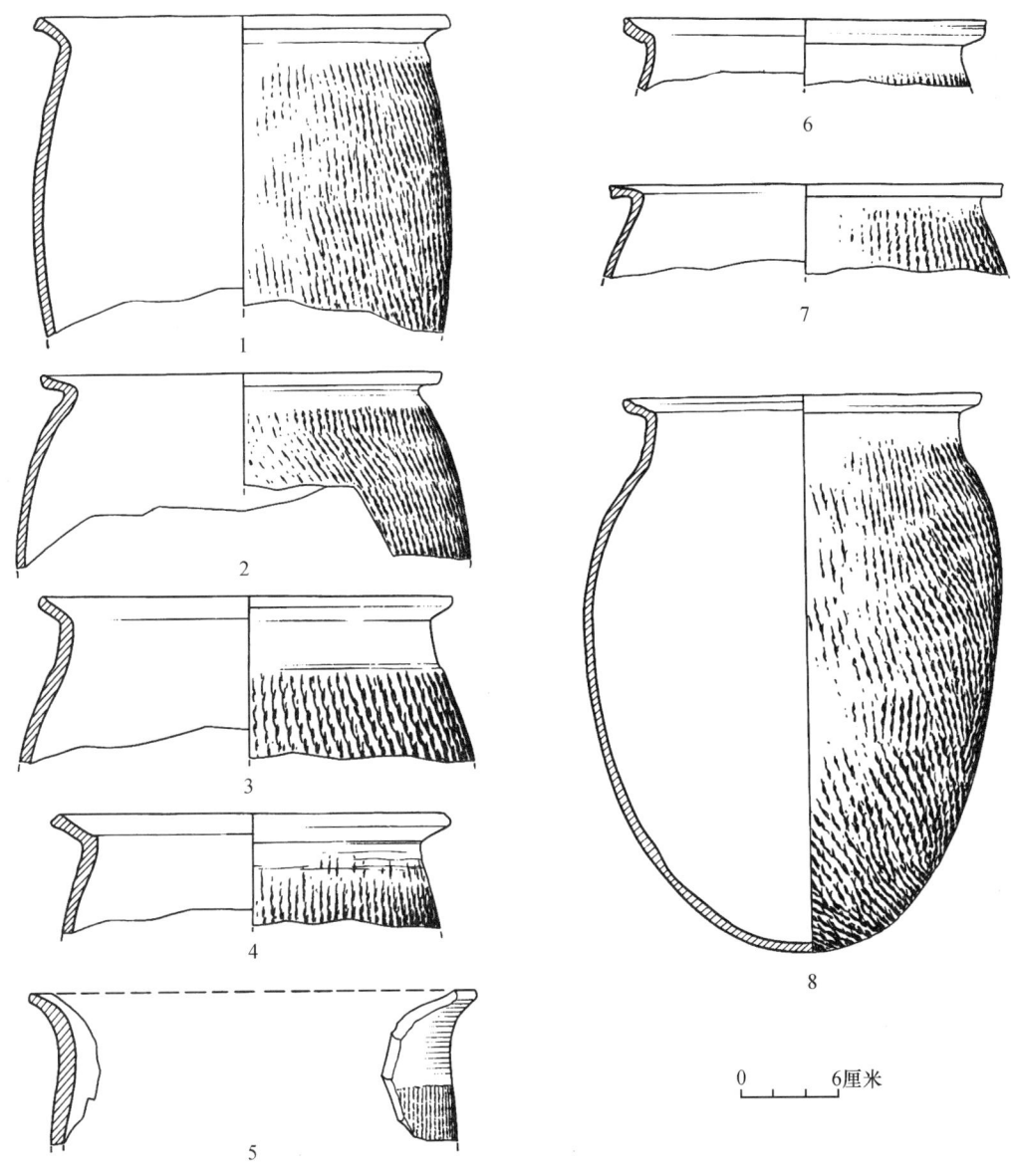

图 3-250　2004ⅠT7041J2 出土深腹罐（二）

1、2、4、6、7. Ab 型Ⅱ式（2004J2④:21、2004J2⑤:36、2004J2:213、2004J2:143、2004J2:197）

3、5、8. C 型Ⅱ式（2004J2④:205、2004J2:48、2004J2:22）

3-251，3）。标本 2004J2:77，夹砂黑陶。敛口，仰折沿，圆唇外鼓，唇上缘凸出。腹略鼓，中腹以下残。腹饰竖向绳纹。口径 20.4、残高 9.6 厘米（图 3-251，4）。标本 2004J2:221，夹细砂灰陶，局部褐色。敛口，仰折沿，圆唇，沿背略鼓，腹略鼓，中腹以下残。腹饰竖向绳纹。口径 24.8、残高 4 厘米（图 3-251，5）。标本 2004J2:203，夹细砂深灰陶。敛口，仰折沿，尖圆唇，腹较鼓，中腹以下残。腹饰斜向绳纹。口径 22、残高 5.8 厘米（图 3-252，1）。标本 2004J2⑥:35，夹砂灰陶，局部灰黑色。敛口，仰折沿，方唇下缘局部抹圆，腹壁圆鼓，底部缺失。腹饰斜向绳纹。口径 23.5、腹径 26.2、残高 25 厘米（图 3-252，6）。标本 2004J2③:16，夹砂深灰陶，局部浅灰色。敛

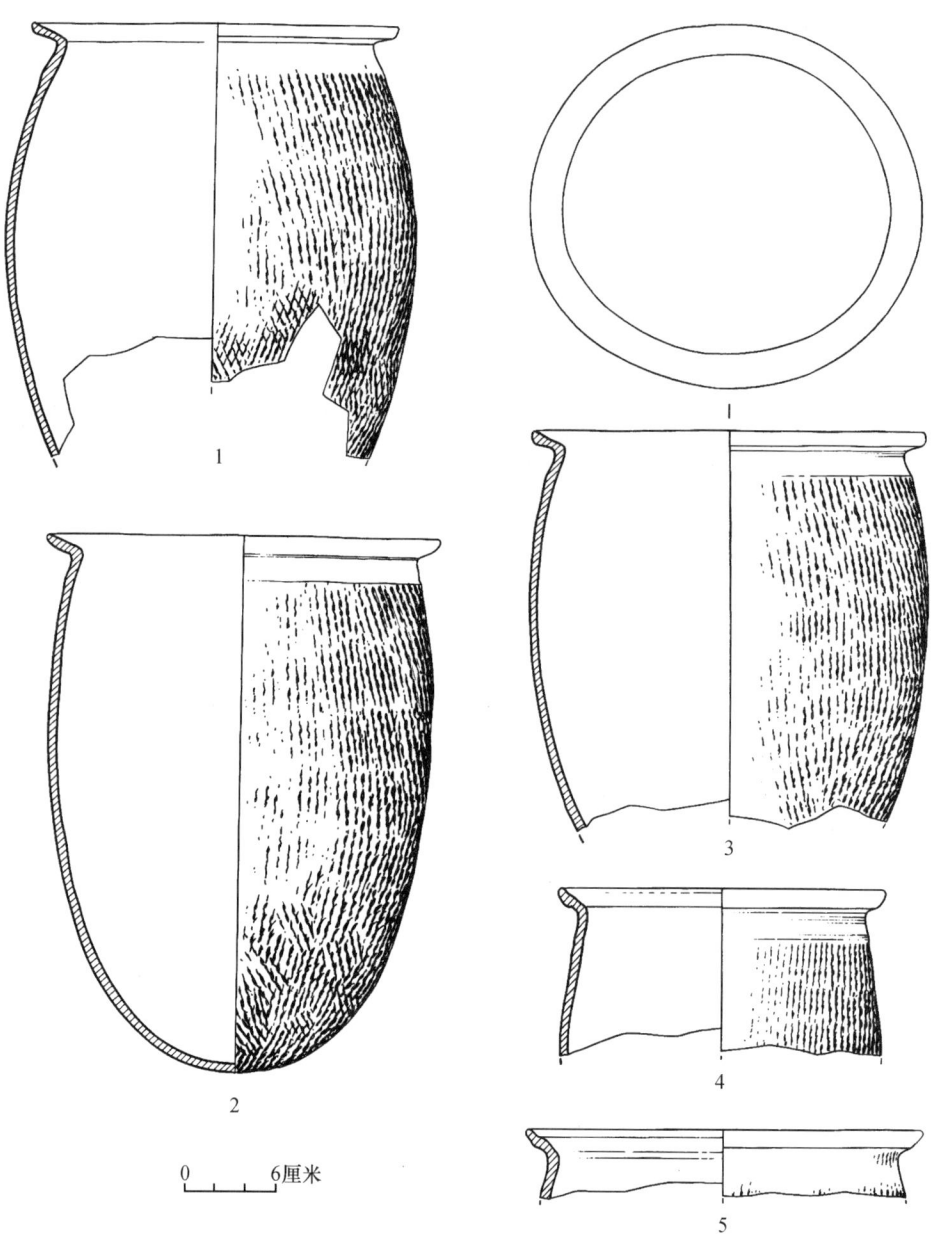

图 3-251　2004ⅠT7041J2 出土深腹罐（三）
1~5. Ac 型Ⅰ式（2004J2④:33、2004J2⑤:37、2004J2⑥:42、2004J2:77、2004J2:221）

口，仰折沿，方唇下缘抹圆，腹壁微鼓，底部缺失。腹饰绳纹。口径23、腹径25.2、残高25.2厘米（图3-252，3）。标本2004J2:206，夹砂灰陶。敛口，仰折沿，斜方唇，唇下缘较圆且凸出沿背，腹较鼓，中腹以下残。腹饰竖向绳纹。口径21.8、残高4.4厘米（图3-252，4）。标本2004J2:193，夹砂灰陶，局部灰黑或褐色。敛口，仰折沿，沿背略鼓，沿面有两周凹槽，圆唇，腹壁较斜直，中腹以下缺失。腹饰斜向绳纹。口径24、残高6.2厘米（图3-252，5）。

C型Ⅰ式　标本2004J2:75，夹细砂灰陶，局部呈褐色。近直口，仰折沿，斜方唇，唇面略凹，

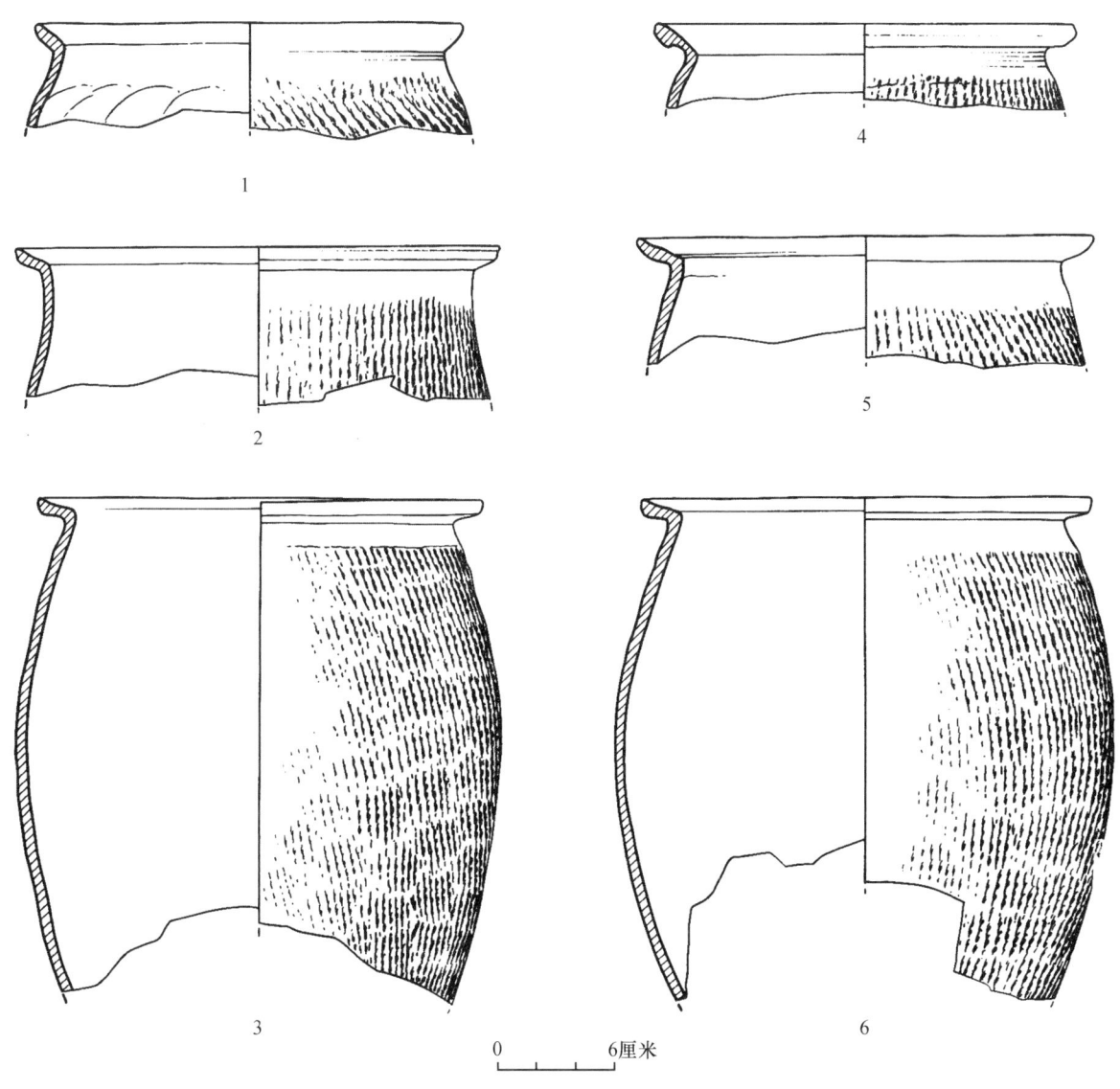

图 3-252 2004ⅠT7041J2 出土深腹罐（四）
1、3~6. Ac 型Ⅰ式（2004J2:203、2004J2③:16、2004J2:206、2004J2:193、2004J2⑥:35）
2. C 型Ⅰ式（2004J2:75）

束颈。腹略鼓，中腹以下残。口径 25、残高 7.8 厘米（图 3-252，2）。

C 型Ⅱ式　标本 2004J2④:22，夹砂灰黑陶，局部红褐色。直口微敛，仰折沿，圆唇微鼓，束颈，鼓肩，圜底。上腹饰竖向绳纹，下腹及底饰交错绳纹。口径 21.2、腹径 24.4、高 31 厘米（图 3-250，8；图版一九，3）。标本 2004J2:48，夹砂灰陶。侈口，卷沿上仰，圆唇。腹微鼓，中腹以下残。口径 26.2、残高 8.4 厘米（图 3-250，5）。标本 2004J2:205，夹砂灰陶，局部呈褐色，灰胎。敛口，仰折沿，沿面略凹，圆唇，束颈，腹较鼓，中腹以下残。口径 24、残高 9.3 厘米（图 3-250，3）。

圆腹罐

A 型Ⅱ式　标本 2004J2:179，夹砂灰陶。敛口，折沿上仰，沿部泥条内折形成窄厚沿，方唇。

圆鼓腹，中腹以下残。腹饰弦断绳纹。口径18、残高4.2厘米（图3-255，8）。

Ca型Ⅱ式　标本2004J2:29，夹砂灰黑陶，局部红褐色，陶胎暗红色。侈口，尖唇，领部较高，鼓腹较深，平底微凹。口外饰一周花边，上腹饰竖向绳纹，下腹及底部饰交错绳纹。口径18.9、腹径20.3、底径8、高22.7厘米（图3-253，1）。标本2004J2④:30，夹砂灰黑陶，局部红褐色。侈口，卷沿，尖唇，领部较高，鼓腹较深，平底微凹。口外饰一周较细花边，上腹饰竖向绳纹，下腹及底部饰交错绳纹。口径14.2、腹径16.5、高18.7、底径6.5厘米（图3-253，2；图版一九，4）。标本2004J2:74，夹砂浅灰陶，局部为灰黑色。侈口，卷沿，尖唇，领较高，圆鼓腹，

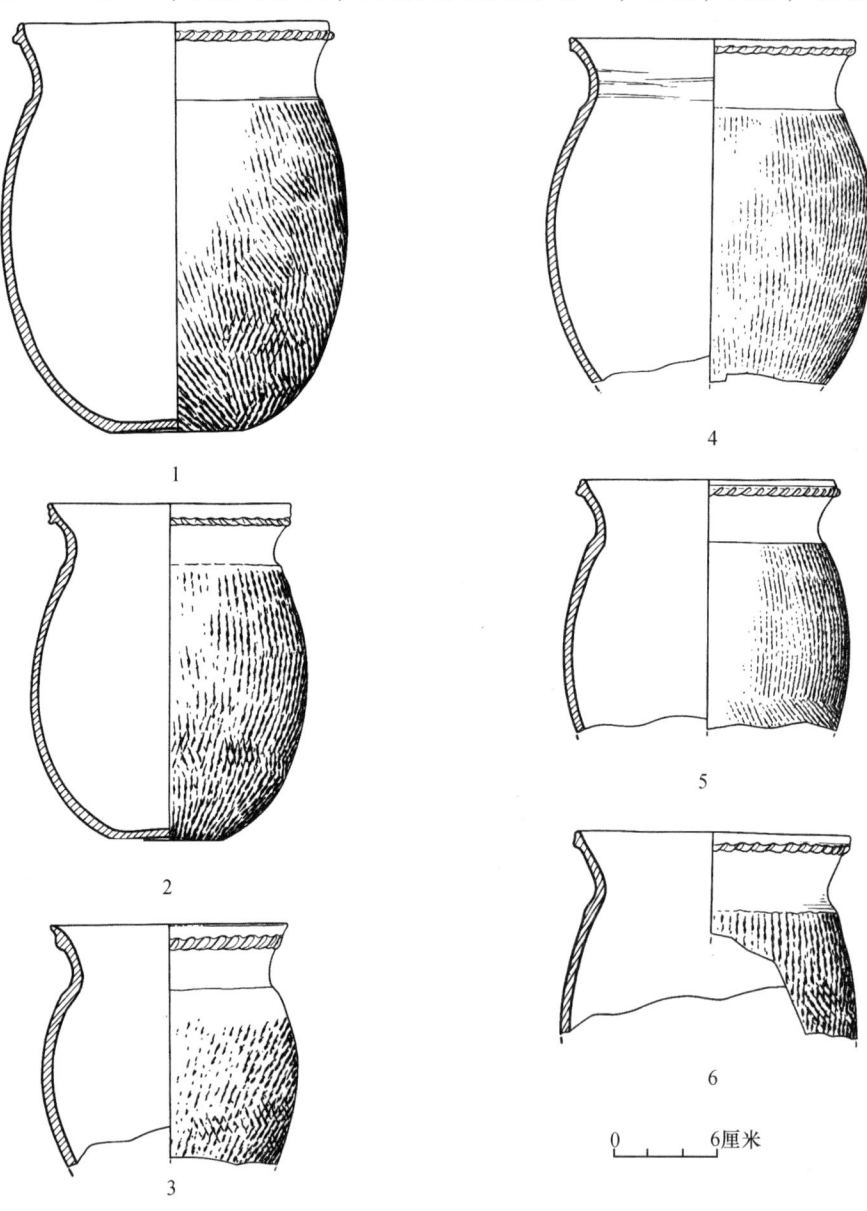

图3-253　2004ⅠT7041J2出土圆腹罐（一）
1~6. Ca型Ⅱ式（2004J2:29、2004J2④:30、2004J2:74、2004J2⑥:38、2004J2:67、2004J2⑥:25）

底部缺失。腹饰交错绳纹。口径14、残高13.4厘米（图3-253，3）。标本2004J2⑥：38，夹砂浅灰陶，局部灰黑色。侈口，卷沿，尖唇，领较高，圆鼓腹，底部缺失。口外侧饰一周花边，上腹饰竖向绳纹，下腹饰交错绳纹。口径16.5、腹径19.5、残高19.1厘米（图3-253，4）。标本2004J2：67，夹砂灰褐陶，局部为灰黑色。侈口、卷沿，尖唇、领较高、圆鼓腹、底部缺失。腹饰细绳纹。口径15.4、残高14厘米（图3-253，5）。标本2004J2⑥：25，夹砂浅灰陶，局部灰黑色。侈口，尖唇，领较高，圆鼓腹，中腹以下缺失。口外侧饰一周花边，上腹饰竖向及交错绳纹。口径16.2、残高11.4厘米（图3-253，6）。标本2004J2：183，夹细砂深灰陶。侈口，方唇，领较高且斜直。圆鼓腹，中腹以下残。口外饰一周索状花边，腹饰竖向及横向绳纹。口径10、残高4.7厘米（图3-254，4）。标本2004J2⑤：101，夹砂灰陶，局部灰褐色。侈口，尖唇，领较高且斜直，圆鼓腹，中腹以下缺失。口外饰一周花边，腹饰竖向绳纹。口径15.6、残高8.7厘米（图3-254，8）。标本2004J2：92，夹细砂深灰陶，局部呈褐色，褐胎。侈口，圆唇，领较高且斜直。圆鼓腹，中腹以下残。口外饰一周索状花边及一对舌形小錾，腹饰竖向绳纹。口径14.1、残高5.6厘米（图3-254，6）。

Ca型Ⅲ式　标本2004J2③：20，夹砂灰黑陶，局部浅灰色，陶胎暗红色。侈口，卷沿，尖唇，矮领，圆鼓腹，下腹及底部缺失。口外侧饰一周花边，腹饰交错细绳纹。口径14.8、残高11.2厘米（图3-254，2）。标本2004J2：63，夹砂褐陶，局部为灰黑色。侈口、卷沿、尖唇、矮领、圆鼓腹、中腹以下缺失。口外饰一周花边，腹饰竖向绳纹。口径17、残高7.3厘米（图3-254，3）。标本2004J2：87，夹砂深灰陶。侈口，斜方唇，口外饰一周索状花边。矮领较斜直。圆鼓腹，中腹以下残。腹饰竖向绳纹。口径13.4、残高6厘米（图3-254，1）。标本2004J2：204，夹细砂黑陶。矮领内侧有折棱，圆唇，口外饰一周花边。圆鼓腹，中腹以下残。腹饰斜向绳纹。口径15.8、残高3.4厘米（图3-254，7）。标本2004J2：194，夹细砂深灰陶。侈口，斜方唇，唇外缘压印成花边。矮领较斜直。圆鼓腹，中腹以下残。腹饰竖向绳纹。口径12.8、残高4.8厘米（图3-254，5）。

Cb型Ⅰ式　标本2004J2⑤：34，夹砂灰陶，局部灰褐色。侈口，尖唇，高领，圆鼓腹，底部缺失。口外饰一周凸棱，腹饰交错绳纹。口径14、腹径15、残高10.9厘米（图3-255，1）。标本2004J2：93，夹细砂灰陶，局部呈褐色。侈口，方唇，唇面略凹，唇缘凸出。高领卷曲。圆鼓腹，中腹以下残。腹饰斜向绳纹。口径15.6、残高6厘米（图3-255，2）。

Cb型Ⅱ式　标本2004J2：70，夹砂灰陶，局部为灰黑及灰褐色。侈口，尖圆唇，领较矮直，圆鼓腹，中腹以下缺失。腹饰斜向绳纹。口径14、残高6.6厘米（图3-255，3）。标本2004J2：91，夹细砂浅灰陶。侈口，尖唇，唇外呈带状凸起，口外饰对称舌形小錾。矮领较斜直，圆鼓腹，中腹以下残。腹饰斜向绳纹。口径13、残高5.2厘米（图3-255，4）。标本2004J2：198，夹砂灰陶。沿面内侧略凹，尖唇。颈较矮，圆鼓腹，中腹以下残。腹饰斜向绳纹。口径10.4、残高4厘米（图3-255，5）。标本2004J2：81，夹细砂灰陶，侈口，圆唇，矮领较斜直。圆鼓腹，中腹以下残。腹饰斜向绳纹。口径14.6、残高7.6厘米（图3-255，6）。标本2004J2：71，夹砂灰黑陶，局部为褐色。侈口，尖圆唇，口外微凸，矮领，圆鼓腹，中腹以下缺失。腹饰斜向绳纹。口径9.6、腹径10.6、残高7.6厘米（图3-255，7）。标本2004J2⑤：31，夹砂褐陶，局部灰黑色。敞口，卷沿上扬，斜方唇，下缘略凸，腹微鼓，平底微凹。口外侧有两个舌形小錾，上腹饰竖向绳纹，下腹饰交错绳纹，底部素面，有绳纹被抹痕迹。口径17.9、腹径17.4、高18、底径8.4厘米（图3-256，4；图版

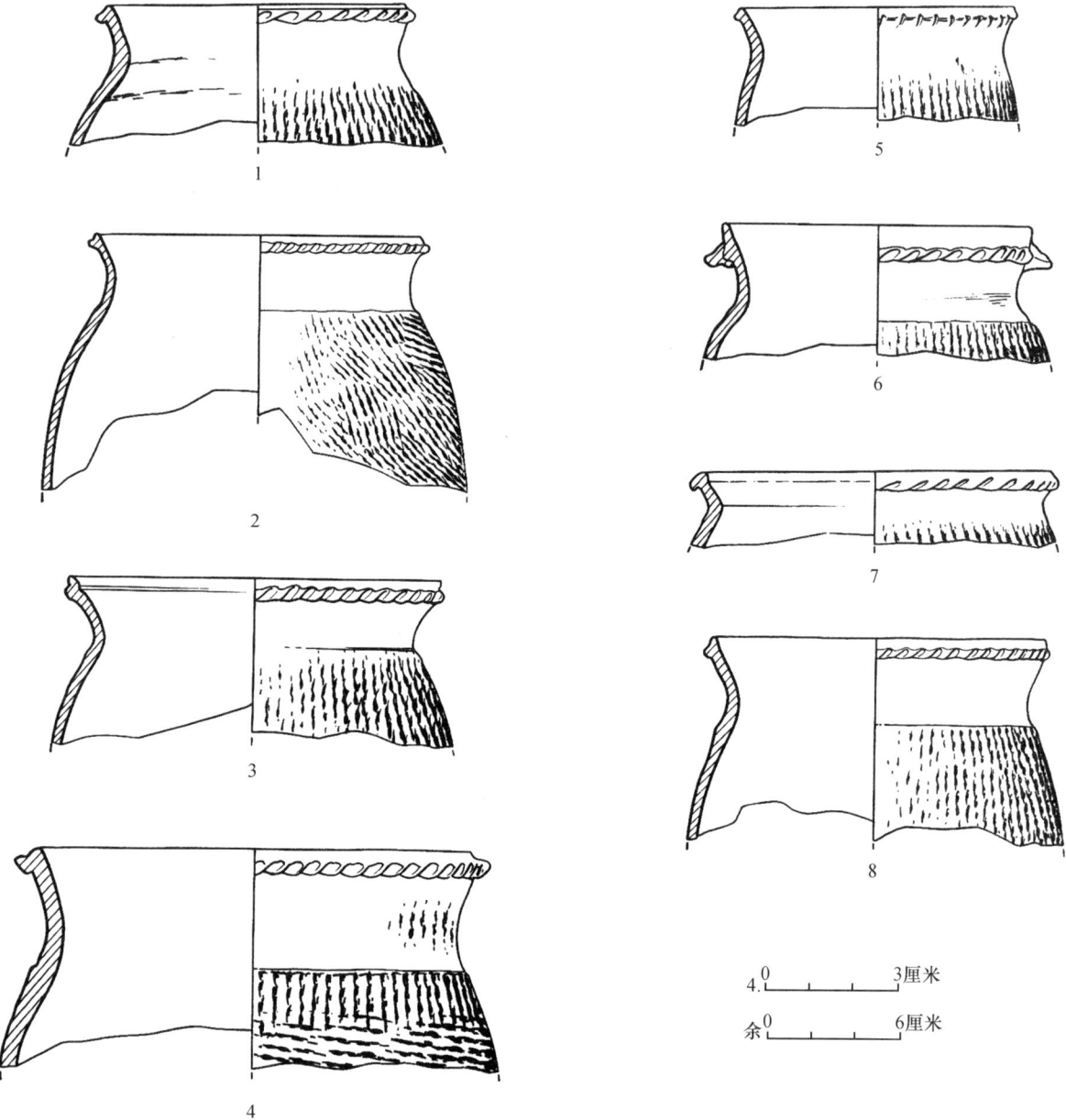

图 3-254　2004ⅠT7041J2 出土圆腹罐（二）

1~3、5、7. Ca 型Ⅲ式（2004J2③:87、2004J2③:20、2004J2:63、2004J2:194、2004J2:204）　4、6、8. Ca 型Ⅱ式（2004J2:183、2004J2⑤:92、2004J2:101）

一九，5）。标本 2004J2:95，夹细砂灰黑陶。侈口，斜方唇，唇缘凸出。领较高且微卷，圆鼓腹，中腹以下残。腹饰竖向绳纹。口径 21、残高 8.2 厘米（图 3-256，3）。标本 2004J2③:27，夹砂灰陶。侈口，卷沿，尖圆唇，领部较高，圆鼓腹，中腹以下缺失。口外侧饰一周凸棱及两个舌形小錾，腹饰交错绳纹。口径 15.5、残高 8.7 厘米（图 3-256，2）。标本 2004J2:79，夹细砂浅灰陶。侈口，尖圆唇，唇外呈带状凸起。斜直领，腹瘦长，中腹以下残。腹饰斜向绳纹。口径 15.4、残高 9

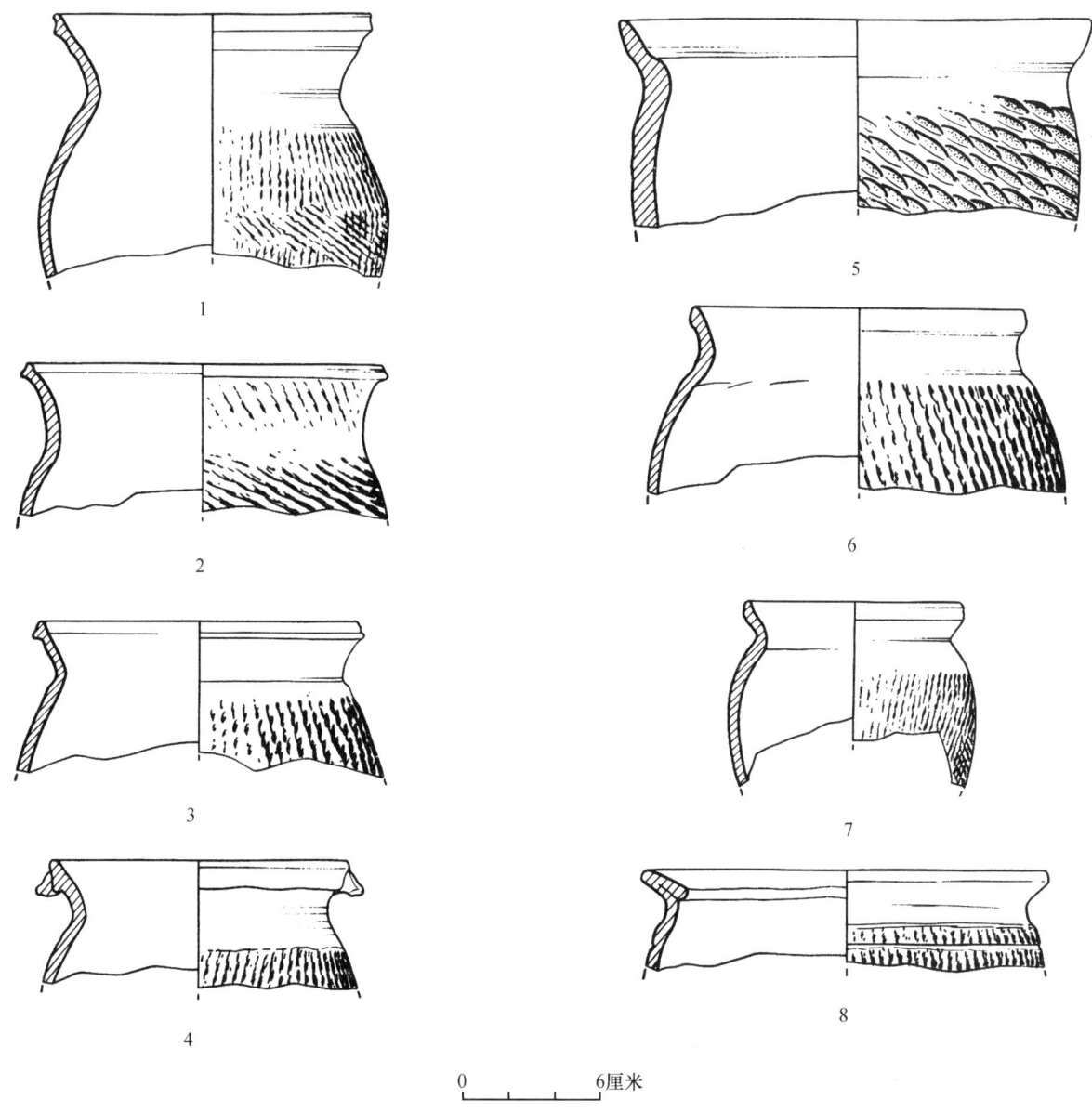

图 3-255 2004ⅠT7041J2 出土圆腹罐（三）

1、2. Cb 型Ⅰ式（2004J2⑤:34、2004J2:93） 3~7. Cb 型Ⅱ式（2004J2:70、2004J2:91、2004J2:198、2004J2:81、2004J2:71） 8. A 型Ⅱ式（2004J2:179）

厘米（图 3-256，1）。标本 2004J2:82，夹细砂灰陶。侈口，尖圆唇，领微卷，圆鼓腹，中腹以下残。腹饰竖向绳纹。口径 11、残高 6.5 厘米（图 3-256，5）。标本 2004J2:84，夹砂浅灰陶，局部呈褐色。侈口，斜方唇，唇下缘凸出，口外饰对称舌形小鋬。斜直领，圆鼓腹，中腹以下残。腹饰斜向绳纹。口径 19.2、残高 8 厘米（图 3-256，6）。标本 2004J2:66，夹砂深灰陶。侈口、尖圆唇、领较高直、圆鼓腹、中腹以下缺失。口外呈宽带状凸起并饰两个小鋬，内壁有数组短竖线划纹，腹饰竖向绳纹。口径 14.6、残高 7.4 厘米（图 3-256，7）。标本 2004J2:89，夹细砂黑陶，褐胎。侈口，

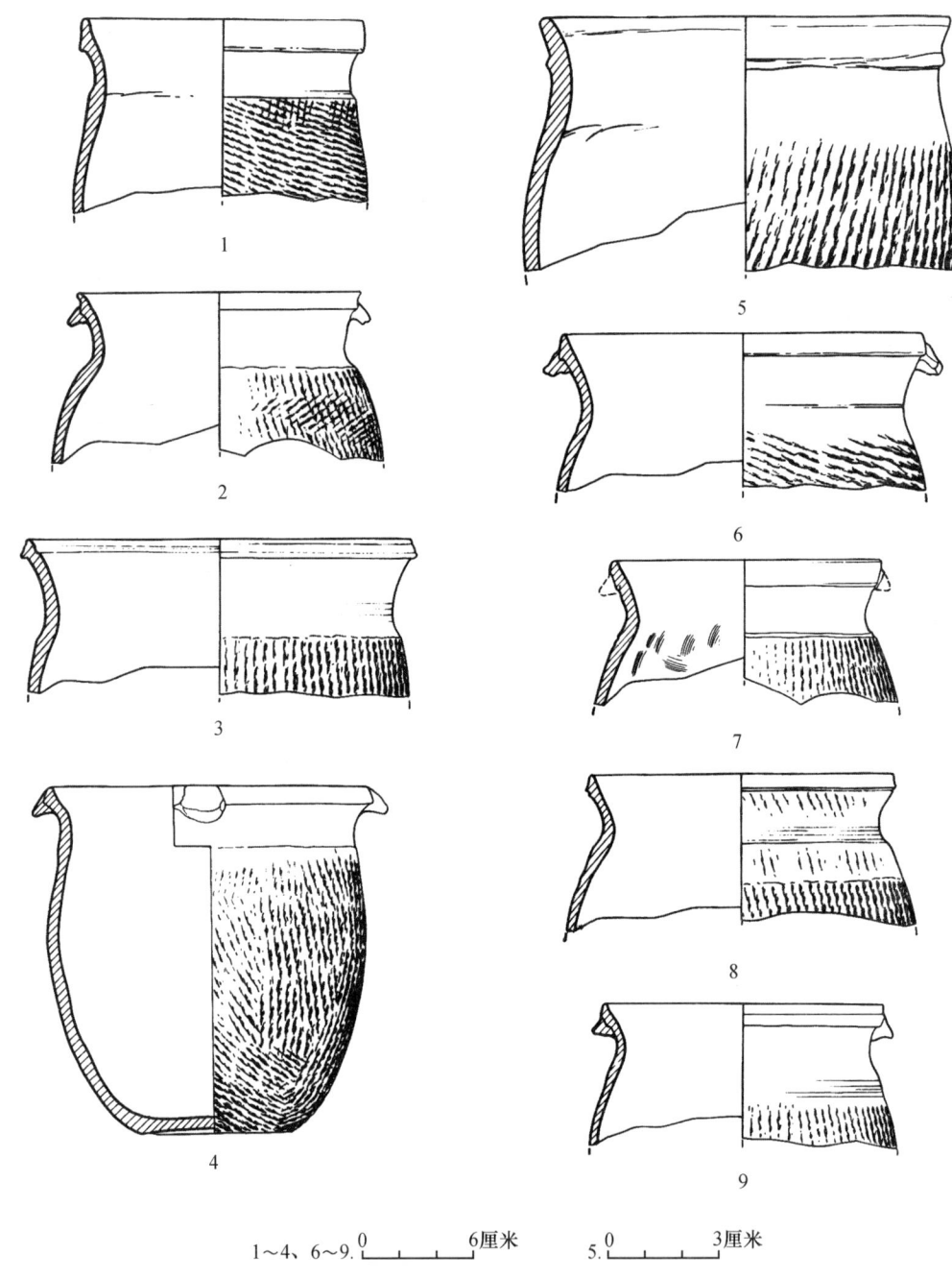

图 3-256　2004ⅠT7041J2 出土圆腹罐（四）

1~9. Cb 型Ⅱ式（2004J2：79、2004J2③：27、2004J2：95、2004J2⑤：31、2004J2：82、2004J2：84、2004J2：66、2004J2：89、2004J2：80）

斜方唇，斜直领，圆鼓腹，中腹以下残。腹饰竖向绳纹。口径16.4、残高7.8厘米（图3-256，8）。标本2004J2：80，夹砂灰陶。侈口、卷沿，尖唇、口外呈带状凸起，领较矮、圆鼓腹、中腹以下缺失。口外两个舌形小錾，腹上饰竖向绳纹。口径15、残高7.5厘米（图3-256，9）。

平底盆　A型Ⅰ式　标本2004J2：119，泥质浅灰陶，褐胎，胎芯呈灰色。侈口，折沿近平，沿面略鼓，尖圆唇。斜直腹，平底。器表磨光，下腹饰三周弦纹。中腹及底残。口径34.5、复原高度

8.7厘米（图3-257，1）。

三足盘 Ⅲ式 标本2004J2：51，泥质黑陶，褐胎。口微侈，卷沿，圆唇，斜直腹，下腹有一道凸棱，底与足残。通体磨光。口径24、残高6厘米（图3-257，2）。标本2004J2：57，泥质黑皮陶，暗红胎。侈口，唇缘向两侧凸出，腹壁较斜直，底及足部缺失。盘下腹饰二周弦纹，盘底饰一周凸棱。底与足残。盘口直径24、残高6.5厘米（图3-257，3）。标本2004J2：53，泥质黑陶，褐胎。侈口，卷沿下耷，厚圆唇。斜直腹，平底，舌形足，足下端残。通体磨光，盘底周缘外凸，中腹及底残。口径28.2、复原高度11厘米（图3-257，4）。标本2004J2：124，泥质黑陶，灰胎。侈口，折沿微耷，尖圆唇。斜直腹，底残。通体磨光，腹饰一道凸棱，底及足残。口径21.2、残高4.2厘米（图3-257，5）。

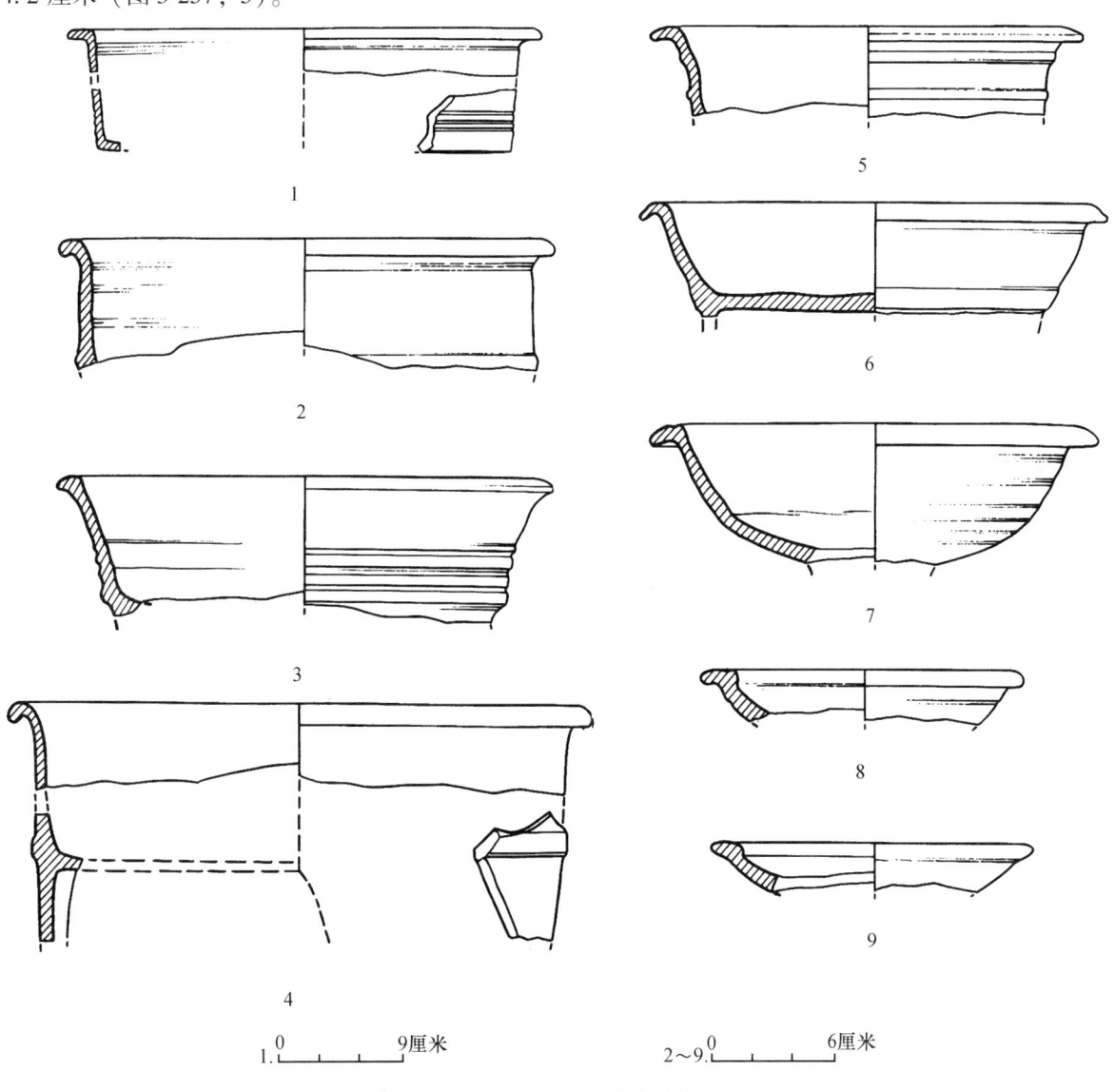

图3-257 2004ⅠT7041J2出土陶器（一）

1. 平底盆（2004J2：119） 2~4. Ⅲ式三足盘（2004J2：51、2004J2：57、2004J2：53） 5. Ⅲ式三足盘（2004J2：124） 6. B型圈足盘（2004J2③：18） 7. A型Ⅲ式豆（2004J2：26） 8、9. Ba型豆（2004J2：262、2004J2：138）

圈足盘　B 型　标本 2004J2③：18，泥质灰黑陶，局部浅灰色，侈口，卷沿下耷，尖圆唇，盘腹壁较斜直，浅腹，平底，足残，断面有磨平再利用痕。口沿下有一周不规整的弦纹，盘底有一周凸棱。口径 22.8、底径 16.8、残高 5 厘米（图 3-257，6）。

豆

A 型Ⅲ式　标本 2004J2：26，泥质黑陶，褐胎。折沿近平，沿面略鼓，且内侧有一道弦纹，尖圆唇。斜弧腹，圜底，柄残。素面。口径 22、残高 6.4 厘米（图 3-257，7）。

Ba 型　标本 2004J2：262，泥质黑陶，褐胎，胎芯呈灰色。敞口，折沿近平，沿面有一道弦纹，并向内侧凸出，圆唇。斜弧腹，底及纽残。通体磨光。口径 15.8、残高 2.4 厘米（图 3-257，8）。标本 2004J2：138，泥质灰陶。敞口，尖圆唇，沿面向口内侧凸出，斜弧腹，底及纽残。通体磨光。口径 15.8、残高 2.2 厘米（图 3-257，9）。

鼎　A 型Ⅱ式　标本 2004J2：49，夹细砂灰陶。侈口，卷沿略仰，沿较窄，尖圆唇。斜弧腹，下腹及底、足残。腹饰横向绳纹。口径 17、残高 5 厘米（图 3-258，1）。

刻槽盆

A 型　标本 2004J2④：297，夹砂浅灰陶。器形因烧流而有变形，扁圆口，尖唇，一侧有流外凸，腹壁较斜直，平底。腹饰竖向绳纹及交错绳纹，底部有隐约绳纹痕迹。内壁以盆底中部为中心，呈米字形分割，向外辐射八组刻槽，近底处有一周横向刻槽。口径 10.9~15.8、高 12.6、底径 6 厘米（图 3-258，2）。

A 型Ⅱ式　标本 2004J2④：32，泥质浅灰陶，局部灰黑色。侈口，圆唇，口外侧呈带状凸起，一侧有流外凸，腹壁略外张，平底。腹饰横向绳纹，底部有隐约的交错绳纹痕，内壁刻槽分为对称两区，皆以盆底中部为中心，向外呈放射状分布。口径 20.4、高 15.6、底径 6 厘米（图 3-258，3；图版一九，6）。

深腹盆

A 型Ⅰ式　标本 2004J2：50，泥质黑陶，灰胎。敛口，仰折沿，沿面略凹，方唇，腹略鼓，中腹以下残。通体磨光。口径 19.4、残高 5.4 厘米（图 3-258，4）。标本 2004J2：114，泥质黑陶，褐胎。近直口，折沿微上仰，沿较宽，方唇。上腹较直，中腹以下残。上腹饰一道凸棱。口径 34.8、残高 7.8 厘米（图 3-258，5）。

A 型Ⅱ式　标本 2004J2：225，夹细砂褐陶。侈口，仰折沿，沿较窄，斜方唇。斜直腹，中腹以下残。腹饰竖向绳纹。口径 24.2、残高 6.2 厘米（图 3-258，6）。标本 2004J2③：19，泥质红褐陶，局部灰黑色。敛口，仰折沿，沿面微凹，方唇局部略圆，腹壁微鼓，凹圜底。上腹残见一较小的鸡冠耳，口外饰一周长约 2 厘米的竖向绳纹，其下及底部饰交错绳纹。口径 27.6、高 22.4、底径 10.3、腹径 27 厘米（图 3-258，7；图版二〇，1）。标本 2004J2：212，夹细砂黑陶，褐胎。口微敛，折沿近平，方唇，唇面有一道弦纹。腹略鼓，中腹以下残。上腹饰弦断竖向绳纹，其下为斜向绳纹。口径 19.8、残高 8 厘米（图 3-259，2）。标本 2004J2：230，泥质夹少量细砂，灰陶。直口，仰折沿，方唇。沿背近唇处饰一周弦纹，上腹残见两周凸棱，内壁有一周较宽的凹槽。口径 24、残高 3.1 厘米（图3-259，8）。标本 2004J2：174，泥质含少量细砂，深灰陶。口微侈，折沿略上仰，圆唇。腹较直，中腹以下残。上腹残见一道弦纹。口径 27.2、残高 5.2 厘米（图 3-259，10）。标本

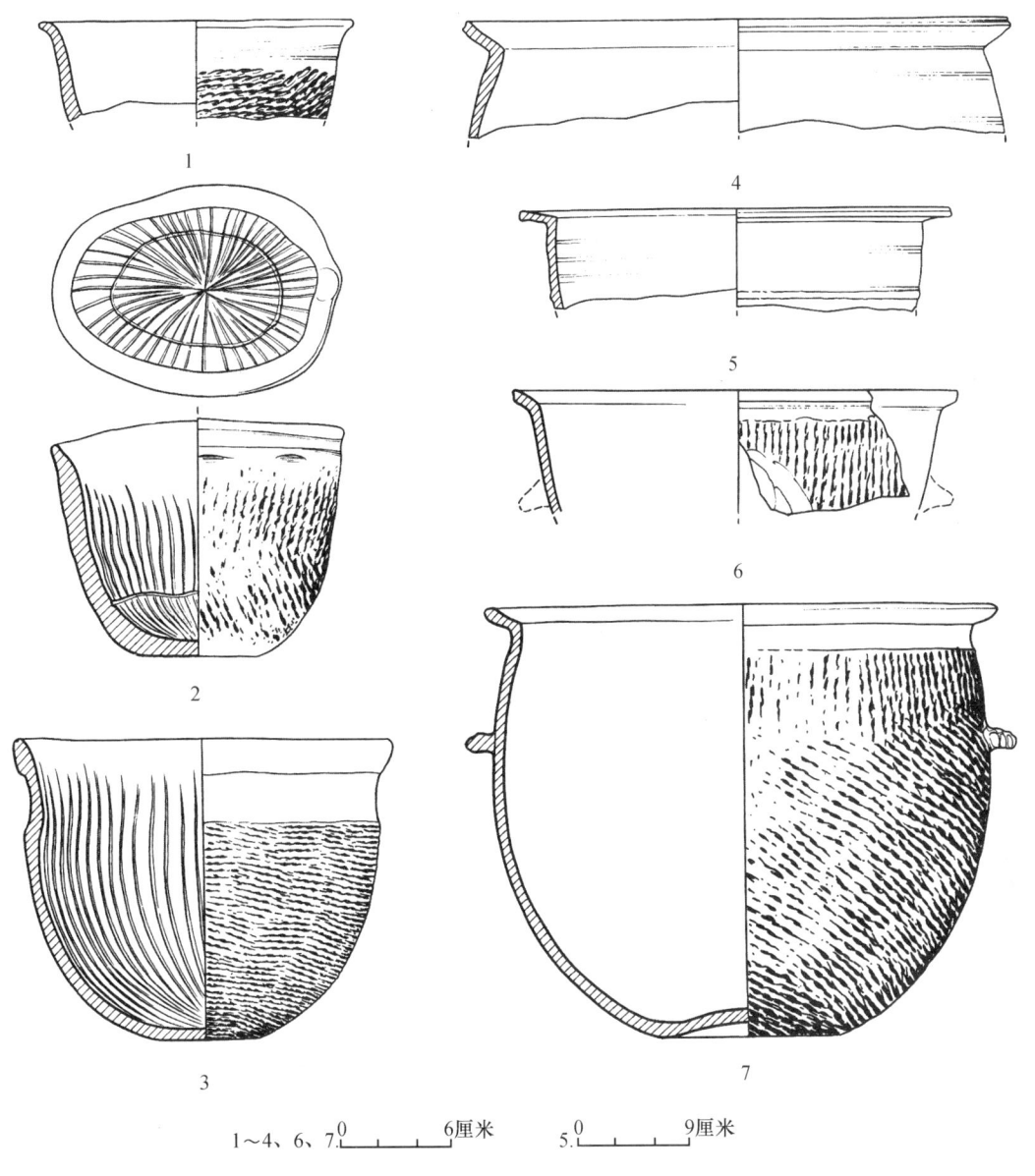

图 3-258　2004ⅠT7041J2 出土陶器（二）

1. A 型Ⅱ式鼎（2004J2:49）　2. A 型刻槽盆（2004J2④:297）　3. A 型Ⅱ式刻槽盆（2004J2④:32）　4、5. A 型Ⅰ式深腹盆（2004J2:50、2004J2:114）　6、7. A 型Ⅱ式深腹盆（2004J2:225、2004J2③:19）

2004J2:127，泥质含少量细砂，深灰陶。敞口，仰折沿，方唇。斜直腹，中腹以下残。上腹有多周细密轮修痕。残高 5 厘米（图 3-259，7）。

B 型Ⅰ式　标本 2004J2:115，夹细砂褐陶。口微敛，卷沿微上仰，圆唇。腹较直，中腹以下残。通体磨光，上腹有两道弦纹。口径 22.6、残高 4 厘米（图 3-259，6）。

B 型Ⅱ式　标本 2004J2:40，泥质夹少量细砂，黑皮陶，陶胎灰色。口微敛，折沿微奓，方唇，腹壁较直，底部缺失。口外磨光，并饰一周凸棱，中腹以下饰交错绳纹。口径 28、残高 13.2 厘米（图 3-259，4）。标本 2004J2:188，泥质含少量细砂，黑陶褐胎。侈口，平卷沿，圆唇，上腹较直，

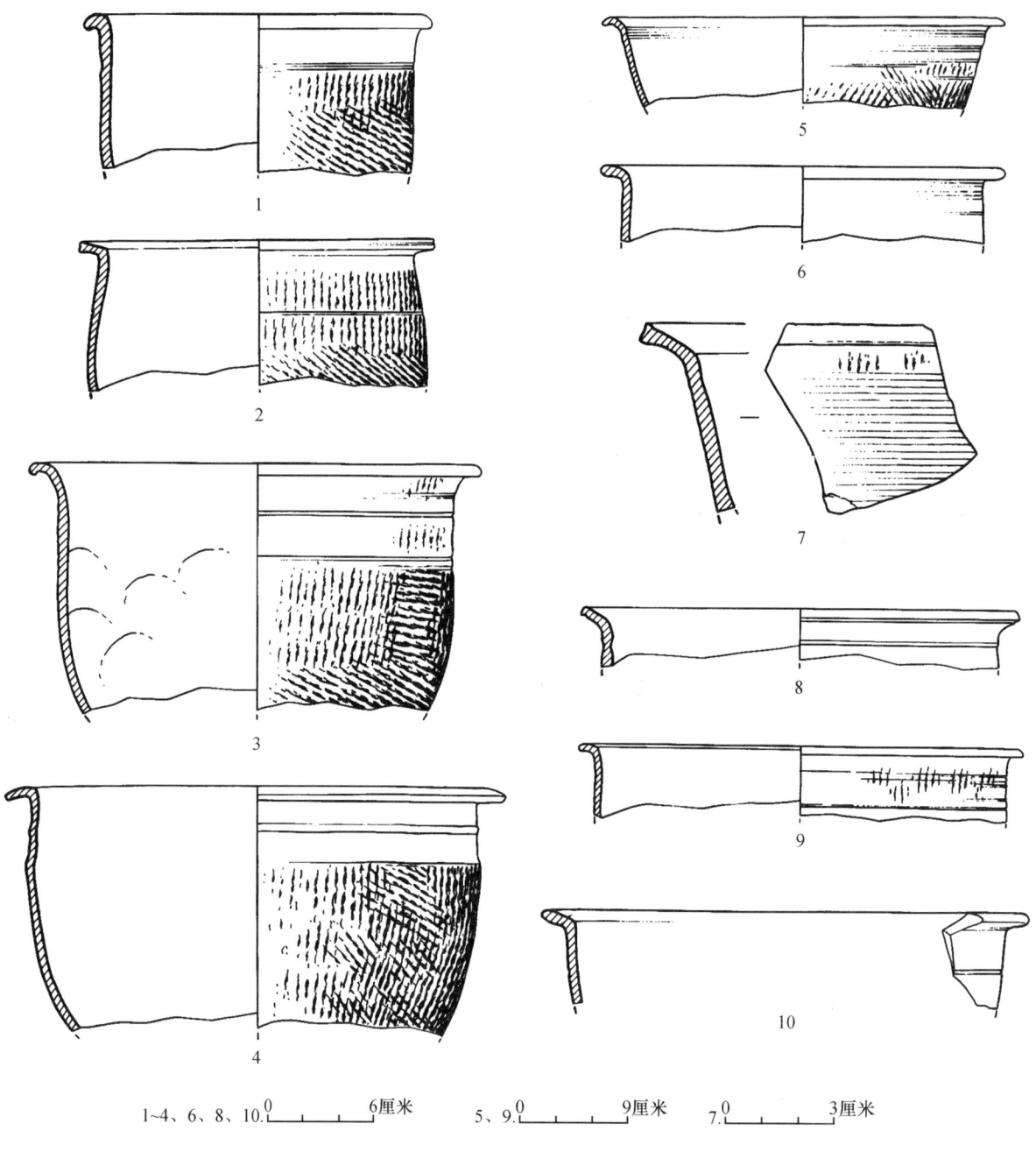

图3-259 2004ⅠT7041J2 出土深腹盆

1. B型Ⅲ式（2004J2:211） 2、7、8、10. A型Ⅱ式（2004J2:212、2004J2:127、2004J2:230、2004J2:174）
3~5、9. B型Ⅱ式（2004J2:188、2004J2:40、2004J2:52、2004J2:46） 6. B型Ⅰ式（2004J2:115）

下腹内收，底残。上腹饰两周弦纹，下腹饰交错绳纹。口径25.2、残高13厘米（图3-259，3）。标本2004J2:52，泥质灰黑陶，褐胎。敞口，卷沿近平，尖圆唇。斜直腹，中腹以下残。中腹以下饰交错绳纹。口径33.6、残高7.2厘米（图3-259，5）。标本2004J2:46，泥质含少量砂粒，黑陶褐胎。口微侈，折沿近平，沿较窄，沿面略鼓，圆唇。腹较直，中腹以下残。口沿及上腹磨光，但仍有绳纹痕迹,并残见两道弦纹。口径37.2、残高5.7厘米(图3-259,9)。

B型Ⅲ式 标本2004J2:211,泥质灰陶。局部呈褐色。直口,折沿略下奄,沿较窄,沿面略鼓,圆唇。腹较直,下腹及底残。上腹磨光,饰一周弦纹,下腹饰竖向及斜向绳纹。口径19.5、残高8.4厘米(图3-259,1)。

袋足 标本2004J2:8,泥质白陶,略泛黄褐色。体较瘦长。素面。残高6.4厘米(图3-260,2)。

盉 标本2004J2:170,泥质含有少量砂粒,深灰色。直口,方唇较圆,直腹。口径6.7、残长6.3厘米(图3-260,1)。

爵 标本2004J2:3,泥质含少量砂粒,白陶,略泛黄褐色,局部呈灰色。腹下部外张,平底,锥形足。底径7.1、残高6.7厘米(图3-260,3)。

小口尊 Aa型 标本2004J2⑥:40,泥质夹少量细砂,红褐陶,局部灰黑色。侈口,尖圆唇,口外呈带状凸起,领较斜直,折肩,腹壁斜直,底残。领部饰一周凸棱,肩部饰二周弦纹,器身饰六周附加堆纹和竖向绳纹,近底处饰交错绳纹。口径16.9、肩径26.7、残高29.1厘米(图3-260,5;

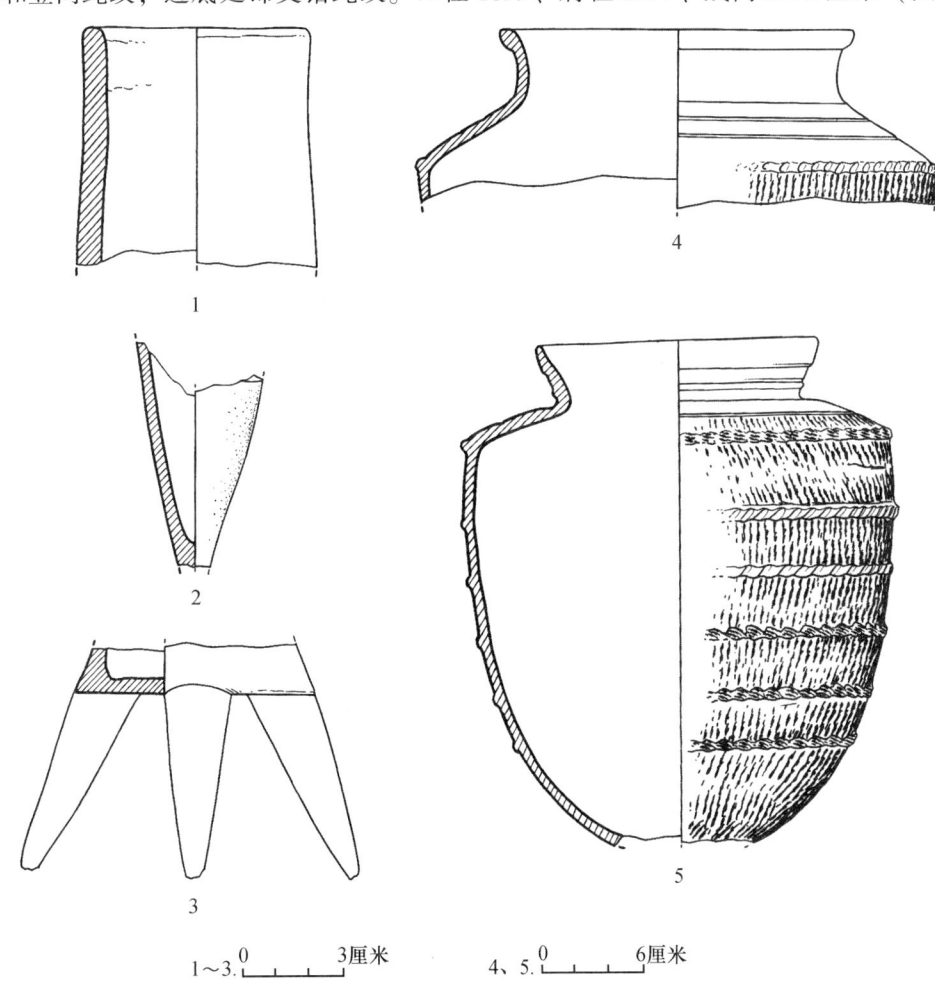

图3-260 2004ⅠT7041J2出土陶器
1. 盉(2004J2:170) 2. 袋足(2004J2:8) 3. 爵(2004J2:3) 4、5. Aa型小口尊(2004J2:54、2004J2⑥:40)

图版二〇，4）。标本2004J2:54，泥质灰黑皮陶，局部红褐色，灰胎。侈口，圆唇外凸，领较直，折肩，腹及底部缺失。肩饰两周弦纹，肩饰一周附加堆纹，其下饰竖向绳纹。口径21、肩径31.2、残高10厘米（图3-260，4）。

瓮

A型Ⅱ式　标本2004J2①:100，泥质夹少量细砂，黄褐陶，局部黑色。直口微侈，尖圆唇，折肩，腹壁较斜直，近底处内收，底部缺失。器表大部分磨光。领部饰一周凸棱，肩部饰四周细弦纹，腹饰三组弦纹，每组有4~6周细弦纹组成，近底处饰竖向篮纹。口径21、领高3.1、肩径33、残高33.9厘米（图3-261，2）。标本2004J2:218，泥质夹少量细砂，灰陶，局部灰黑色。侈口，圆唇外凸，领部微卷，肩部以下缺失。素面，领肩交界处残见一周弦纹。口径22、残高4.4厘米（图3-261，1）。标本2004J2:192，泥质含少量细砂，灰陶褐胎。直口，矮领，圆唇，唇外有一道凹槽。腹及底残。肩部残见两道弦纹。口径17.4、残高7.2厘米（图3-261，5）。标本2004J2:43，泥质褐陶，灰胎。直口，尖圆唇，矮领，广肩，腹及底残。通体磨光，肩部残见两组弦纹。口径20.4、残高5.7厘米（图3-261，4）。

Ba型　标本2004J2:109，泥质夹少量细砂，黑皮陶，陶胎暗红色。侈口，领部微卷，尖圆唇，矮领，肩部以下缺失。素面。口径18、残高4.3厘米（图3-261，3）。

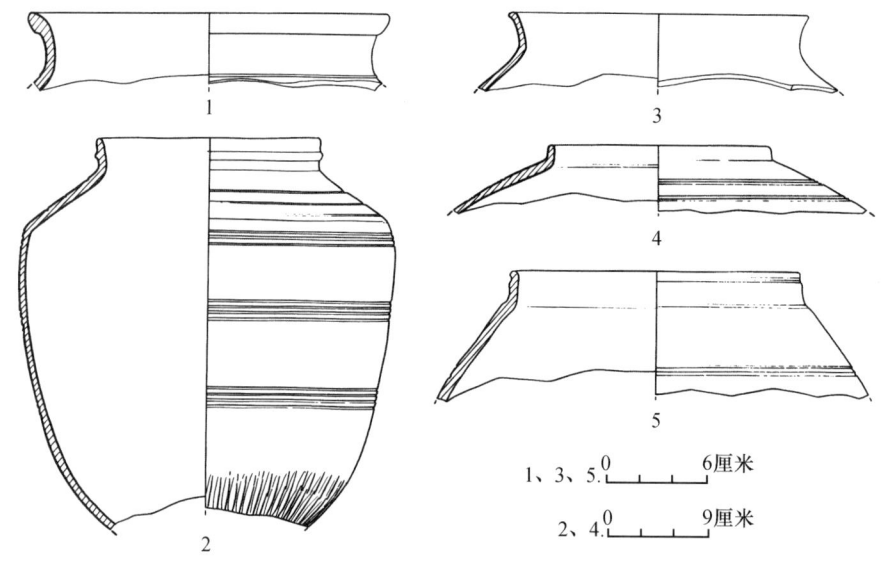

图3-261　2004ⅠT7041J2出土陶瓮
1、2、4、5. A型Ⅱ式（2004J2:218、2004J2①:100、2004J2:43、2004J2:192）　3. Ba型（2004J2:109）

缸

Ab型Ⅰ式　标本2004J2:62，夹砂深灰陶，局部褐色和灰黑色。侈口，卷沿，尖圆唇，鼓腹，中腹以下缺失。口外饰一周凸棱，领腹交界处饰一周弦纹，其下饰附加堆纹和竖向绳纹。口径29、腹径30、残高16.2厘米（图3-262，3）。标本2004J2:65，夹细砂灰陶。侈口，斜直领，领内壁略凹，方唇，唇面有一道弦纹。腹略鼓，中腹以下残。腹饰附加堆纹。领部及上腹近领处抹平，上腹残见一道齿状附加堆纹。口径31.8、残高6厘米（图3-262，1）。

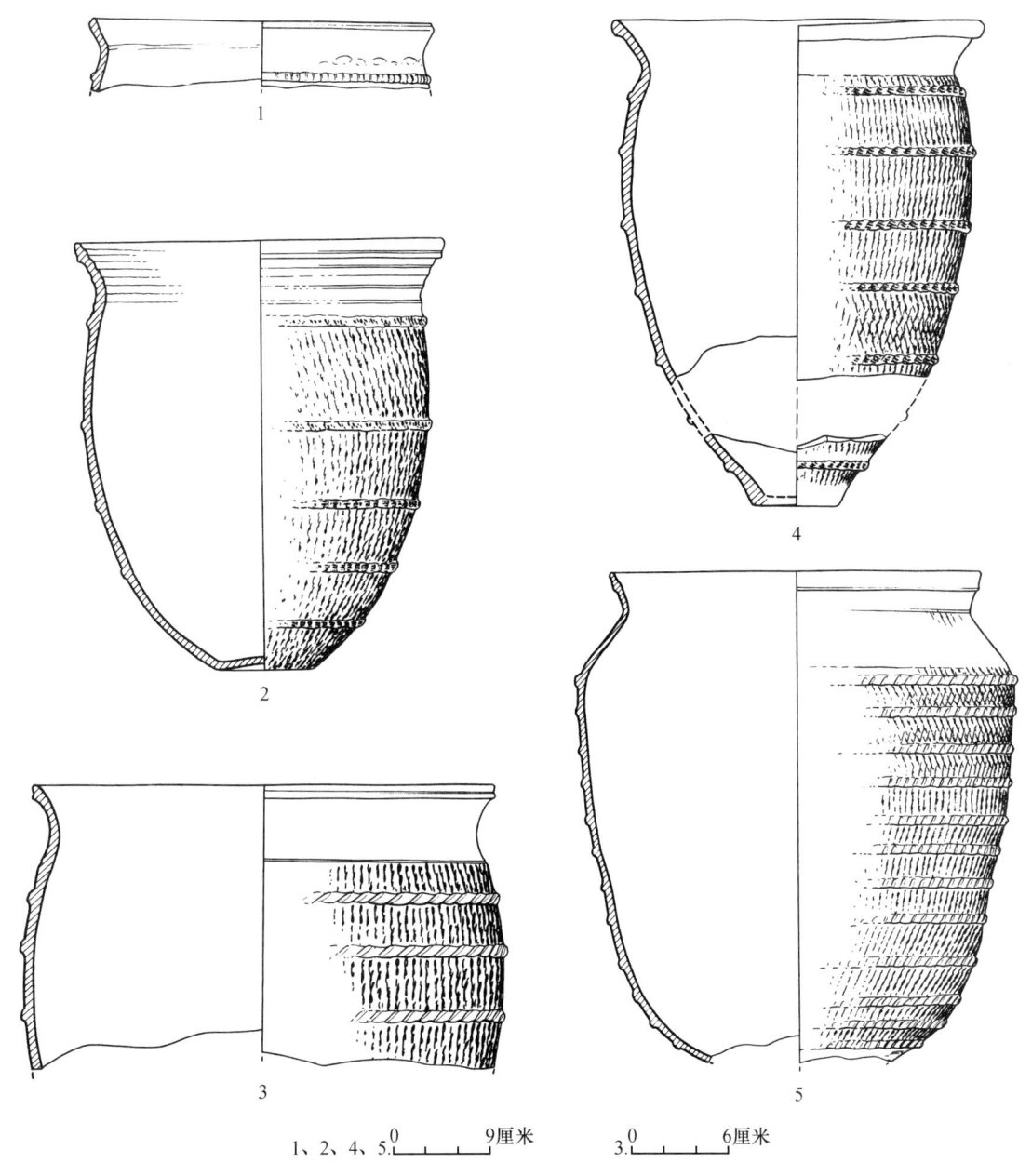

图 3-262　2004 Ⅰ T7041J2 出土陶缸

1、3. Ab 型 Ⅰ 式（2004J2：65、2004J2：62）　2、4. Ab 型 Ⅱ 式（2004J2③：17、2004J2：99）

5. B 型 Ⅰ 式（2004J2：105）

Ab 型 Ⅱ 式　标本 2004J2③：17，夹砂灰黑陶，局部红褐色，陶胎暗红色。侈口，卷沿，圆唇，腹略鼓，平底微凹。领部有多周轮修痕，腹饰附加堆纹和竖向绳纹。口径 34.5、腹径 32.4、高 38.7、底径 9 厘米（图 3-262，2；图版二〇，2）。标本 2004J2：99，夹砂灰陶，局部灰黑色。敞口，卷沿，圆唇外凸，领部较斜直，腹略鼓，小平底，下腹残。腹饰附加堆纹和竖向绳纹。口径 35.2、腹径 33.6、复原高 44.1、底径 6.6 厘米（图 3-262，4）。

B型Ⅰ式 标本2004J2:105，夹砂灰黑陶，局部红褐色，褐胎。侈口，尖圆唇，口外侧呈宽带状凸起，矮领，折肩，腹壁较斜直，底部缺失。口内侧有一周凹槽，领肩部有绳纹被抹痕，腹部饰附加堆纹和交错绳纹。口径35、肩径41.7、残高43.8厘米（图3-262，5）。

器盖钮 标本2004J2:228，夹砂黑皮陶，陶胎暗红色。钮顶呈圆锥状，钮柄较短。钮顶饰一周弦纹，钮柄和器盖顶交界处残见一周弦纹。断面可见钮与顶的结合痕。残高6.8厘米（图3-263，1）。标本2004J2:106，泥质黑陶，局部呈褐色，红褐胎。圆锥形顶略残。柄下端残。通体磨光。顶径5.6、残高4.8厘米（图3-263，2）。标本2004J2:255，泥质含少量细砂，灰陶，褐胎。圆锥形顶略残。柄下端残。顶上残见四道弦纹。顶径5.3、残高4.8厘米（图3-263，3）。

器盖 标本2004J2:232，泥质灰陶。褐胎。敞口，口外有一道凸棱，圆唇，斜壁，顶及钮残。通体磨光。口径33、残高3.9厘米（图3-263，4）。标本2004J2:147，泥质灰黑陶。敞口，尖唇，口外呈带状凸起，斜壁，顶及钮残。通体磨光。口径32.7、残高3.3厘米（图3-263，5）。

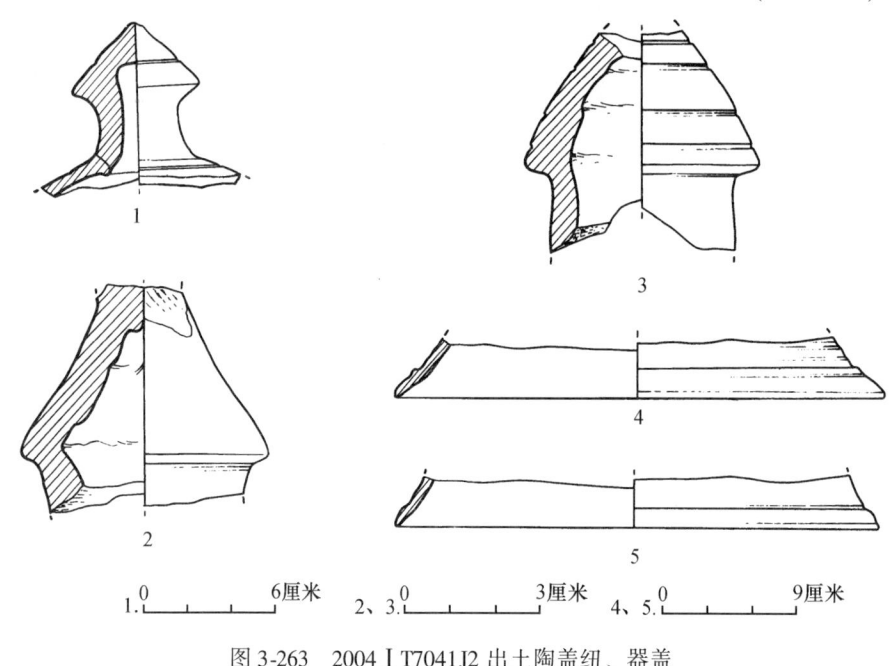

图3-263 2004ⅠT7041J2出土陶盖钮、器盖
1~3.器盖钮（2004J2:228、2004J2:106、2004J2:255） 4、5.器盖（2004J2:232、2004J2:147）

高领罐 标本2004J2④:10，泥质灰黑陶，局部黄褐色。侈口，卷沿，圆唇外凸，高领，折肩，腹壁较斜直，凹圜底。领部饰一周凸棱。肩腹交界处饰两组细弦纹，其间有五周指甲形纹。腹部可见数周轮修痕。底部以一周较粗的弦纹用作凹圜底的界限，其内有交错绳纹。口径12.8、肩径19.2、高18.8、底径6.5厘米（图3-264，8；彩版一九，3）。标本2004J2:41，泥质含少量细砂，灰陶。侈口，高领较斜直，尖唇外凸，折肩，斜直腹，下腹及底残。口径8.8、肩径16、残高13.4厘米（图3-264，7）。标本2004J2:44，泥质灰黑陶，局部黄褐色，侈口，卷沿，圆唇外凸，唇面有一周凹槽，领较矮，肩部以下缺失，器表磨光，口径15、残高6厘米（图3-264，5）。标本2004J2:140，泥质灰陶。口微侈，高领较直，圆唇微凸出。肩以下残。通体磨光，领肩相交处饰一道凸棱。口径7.5、残高3.2厘米（图3-264，2）。标本2004J2:94，泥质含少量砂粒，黑陶灰胎。侈口，

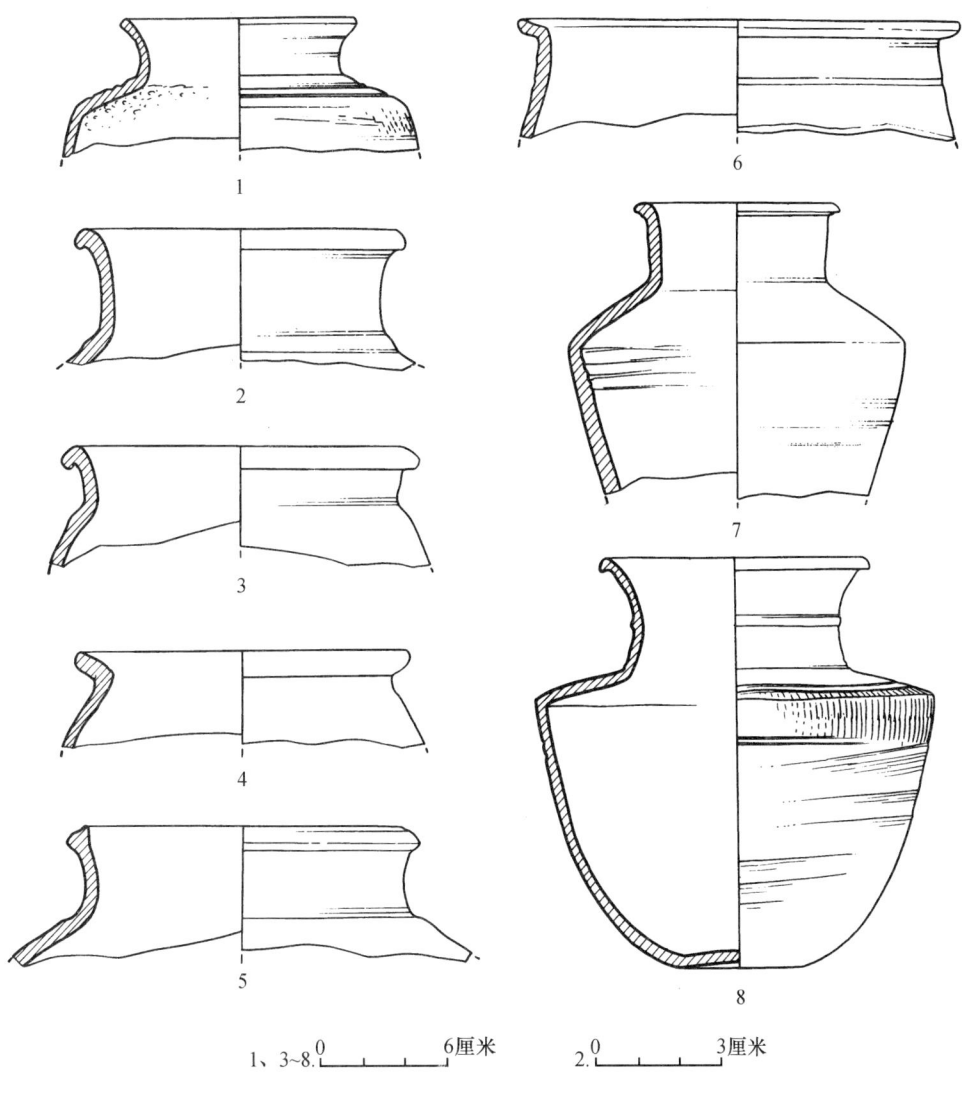

图 3-264　2004ⅠT7041J2 出土陶罐
1~3、5、7、8. 高领罐（2004J2:94、2004J2:140、2004J2:110、2004J2:44、2004J2:41、2004J2④:10）
4、6. A 型Ⅲ式敛口罐（2004J2:231、2004J2:45）

方唇，领较卷曲。折肩较窄。腹略鼓，中腹以下残。通体磨光，领肩部饰弦纹。腹部隐见绳纹。口径 10.8、肩径 16、残高 6 厘米（图 3-264，1）。标本 2004J2:110，夹砂灰陶，局部灰黑色。侈口，卷沿微耷，圆唇，矮领，腹以下缺失。素面。口径 16、残高 5.3 厘米（图 3-264，3）。

敛口罐　A 型Ⅲ式　标本 2004J2:231，泥质含少量细砂，深灰陶。敛口，仰折沿，沿面略鼓，厚圆唇。圆鼓腹，中腹以下残。口径 14.8、残高 4.4 厘米（图 3-264，4）。标本 2004J2:45，泥质含少量砂粒，黑陶褐胎。敛口，折沿微上仰，方唇较圆。圆鼓腹，中腹以下残。上腹饰一周弦纹。口径 23.2、残高 5.4 厘米（图 3-264，6）。

捏口罐

A 型Ⅱ式　标本 2004J2⑤:45，夹砂浅灰陶，局部灰黑色。侈口，卷沿，矮领，圆唇微外凸，圆鼓腹。口沿处有两个椭圆形捏窝，上腹饰斜向绳纹，下腹及底部饰交错绳纹。口径15.5、腹径18.5、高19、底径8.1厘米（图3-265，7；图版二〇，4）。标本2004J2③:14，泥质夹少量细砂，灰陶。侈口，卷沿，圆唇略鼓，唇面有一周凹槽，领部较矮，圆鼓腹，平底微凹。口沿处有两个椭圆形捏窝，上腹饰竖向绳纹，下腹及底饰交错绳纹。口径14.6、腹径18、高18、底径8.4厘米（图3-265，8）。

A型　标本2004J2:148，泥质含少量砂粒，黑陶褐胎。侈口，圆唇，口外呈带状凸起，束颈。口径12.2，残高3.4（图3-265，1）。

盅　标本2004J2:261，泥质含有少量细砂，黑陶灰胎。敛口，尖唇，斜弧腹，平底略残。口径5.8、高5.1、底径4厘米（图3-265，2）。

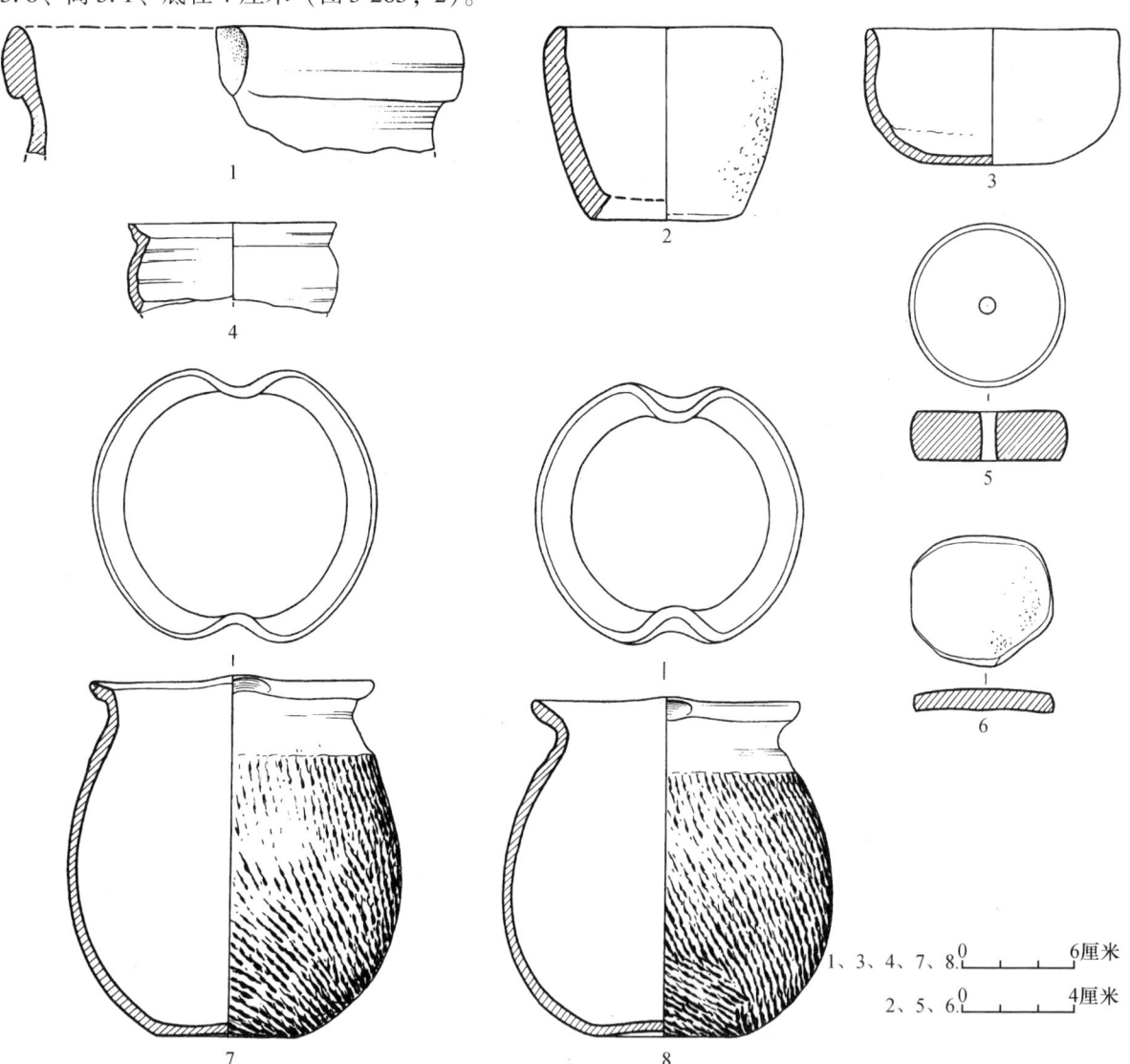

图3-265　2004ⅠT7041J2出土陶器

1. A型捏口罐（2004J2:148）　2. 盅（2004J2:261）　3. 钵（2004J2:39）　4. 盂（2004J2:111）　5. A型陶纹轮（2004J2:6）
6. 圆陶片（2004J2:238）　7、8. A型Ⅱ式捏口罐（2004J2⑤:45、2004J2③:14）

钵　标本2004J2:39，泥质夹少量细砂，黑皮陶，陶胎暗红色。直口，尖圆唇，直壁，平底。素面，器表凸凹不平。口径14、高6.9、底径7厘米（图3-265，3）。

盂　标本2004J2:111，夹砂黑皮陶，陶胎青灰色。敛口，仰折沿，折棱凸出，尖唇，沿面略凹，圆鼓腹，中腹以下缺失。素面，腹隐约残见二周细弦纹。口径11.4、腹径11.6、残高4.5厘米（图3-265，4）。

纺轮　A型　标本2004J2:6，泥质含少量细砂，黑陶褐胎。扁圆形，中间有一穿孔。外表磨光。直径4.3、孔径0.4、厚1.3厘米（图3-249，5）。

圆陶片　标本2004J2:238，泥质含有少量细砂，灰陶。近圆形，素面。直径3.5—3.7、厚0.5厘米（图3-249，6）。

2004ⅠT7137⑤

深腹罐

Ab型Ⅱ式　标本2004ⅠT7137⑤:46，夹砂黑陶，褐胎。敛口，宽仰折沿，方唇，腹较鼓，中腹以下残。腹饰斜向绳纹。口径22.6、残高3.4厘米（图3-266，1）。标本2004ⅠT7137⑤:5，夹细砂褐陶。敛口，仰折沿，尖圆唇，沿下有一道凸棱，上腹较鼓，中腹以下残。腹饰斜向绳纹。口径23、残高6.8厘米（图3-266，2）。标本2004ⅠT7137⑤:26，夹细砂黑陶。敛口，仰折沿，斜方唇，腹较鼓，中腹以下残。口外有多周轮修痕，腹饰斜向绳纹。口径26、残高5.2厘米（图3-266，3）。

Ac型Ⅰ式　标本2004ⅠT7137⑤:23，夹细砂灰陶。口微敛，仰折沿，斜方唇下缘抹圆。腹较直，中腹以下残。腹饰竖向绳纹。口径25、残高6.4厘米（图3-266，4）。

圆腹罐

Cb型Ⅱ式　标本2004ⅠT7137⑤:25，夹细砂灰陶。侈口，领较斜直，尖圆唇，口外有一道宽凸棱。中腹以下残。腹饰竖向绳纹。口径15、残高5.8厘米（图3-266，6）。标本2004ⅠT7137⑤:28，夹细砂灰陶。侈口，领较斜直，尖唇，口外有一道凸棱。中腹以下残。口径14、腹饰竖向绳纹。残高6.2厘米（图3-266，9）。

Cc型Ⅰ式　标本2004ⅠT7137⑤:19，夹砂灰陶。侈口，高领卷曲，斜方唇，唇面略凸。上腹较鼓，中腹以下残。腹饰斜向绳纹。口径14.6、残高7.2厘米（图3-266，7）。

Cc型Ⅱ式　标本2004ⅠT7137⑤:7，夹细砂灰陶。侈口，圆唇，矮领卷曲。中腹以下残。腹饰斜向绳纹。口径14.4、残高5.6厘米（图2-266，10）。

Cc型Ⅲ式　标本2004ⅠT7137⑤:33，夹砂灰陶。侈口，领卷曲，斜方唇，腹残。口径18.4、残高4.2厘米（图3-266，8）。

鼎　Bb型　标本2004ⅠT7137⑤:3，夹细砂灰陶。敛口，卷沿，沿面略凹，斜方唇。上腹较鼓，中腹以下残。上腹饰一对鸡冠耳及竖向绳纹。口径22、残高7.2厘米（图3-266，11）。

深腹盆　A型Ⅱ式　标本2004ⅠT7137⑤:17，泥质含细砂，褐陶。直口，仰折沿，沿面较窄，斜方唇，腹较直，中腹以下残。腹饰竖向篮纹。口径24、残高6.2厘米（图3-266，5）。

豆

A型Ⅲ式　标本2004ⅠT7137⑤:30，泥质灰陶。敞口，折沿略下耷，沿面略凸，圆唇。斜弧

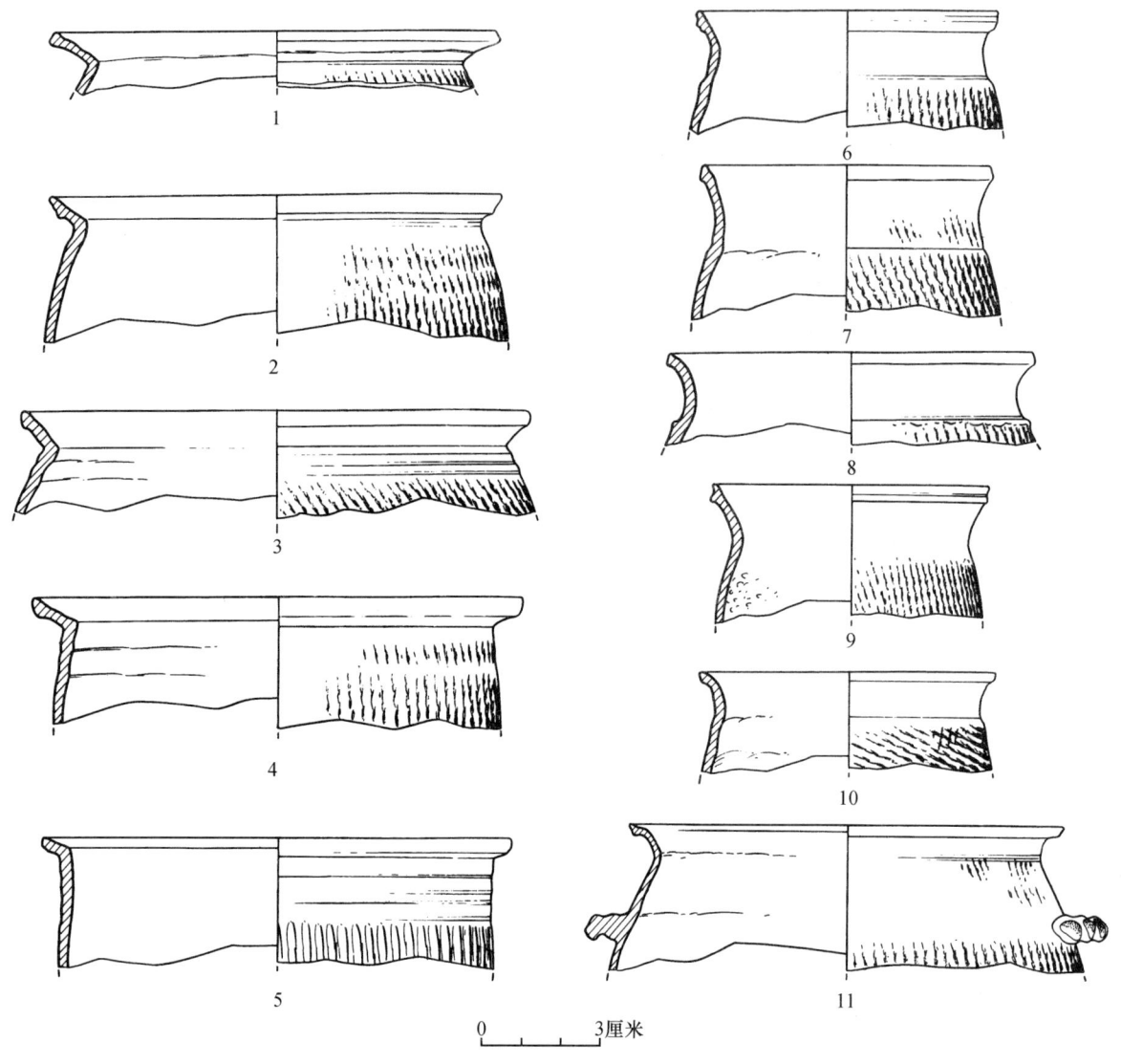

图 3-266 2004ⅠT7137⑤出土陶罐、盆

1～3. Ab 型Ⅱ式深腹罐（2004ⅠT7137⑤:46、2004ⅠT7137⑤:5、2004ⅠT7137⑤:26） 4. Ac 型Ⅰ式深腹罐（2004ⅠT7137⑤:23） 5. A 型Ⅱ式深腹盆（2004ⅠT7137⑤:17） 6、9. Cb 型Ⅱ式圆腹罐（2004ⅠT7137⑤:25、2004ⅠT7137⑤:28） 7. Cc 型Ⅰ式圆腹罐（2004ⅠT7137⑤:19） 8. Cc 型Ⅲ式圆腹罐（2004ⅠT7137⑤:33） 10. Cc 型Ⅱ式圆腹罐（2004ⅠT7137⑤:7） 11. Bb 型鼎（2004ⅠT7137⑤:3）

腹，底及柄残。通体磨光，腹饰两周弦纹。口径 21、残高 4.6 厘米（图 3-267，1）。标本 2004Ⅰ T7137⑤:48，泥质灰陶。侈口，卷沿，沿较窄，圆唇。斜弧腹，底及柄残。通体磨光，腹饰一道弦纹。口径 17.6、残高 5 厘米（图 3-267，2）。

Ba 型 标本 2004ⅠT7137⑤:18，泥质含细砂，灰陶。敞口，宽折沿下耷，沿面略鼓。斜弧腹，圜底，柄残。素面。口径 16、残高 4 厘米（图 3-267，3）。

瓮 Ba 型Ⅱ式 标本 2004ⅠT7137⑤:11，夹细砂灰陶，褐胎。侈口，卷沿上仰，圆唇。束颈。圆鼓腹，中腹以下残。腹饰竖向绳纹。口径 21、残高 4 厘米（图 3-267，6）。

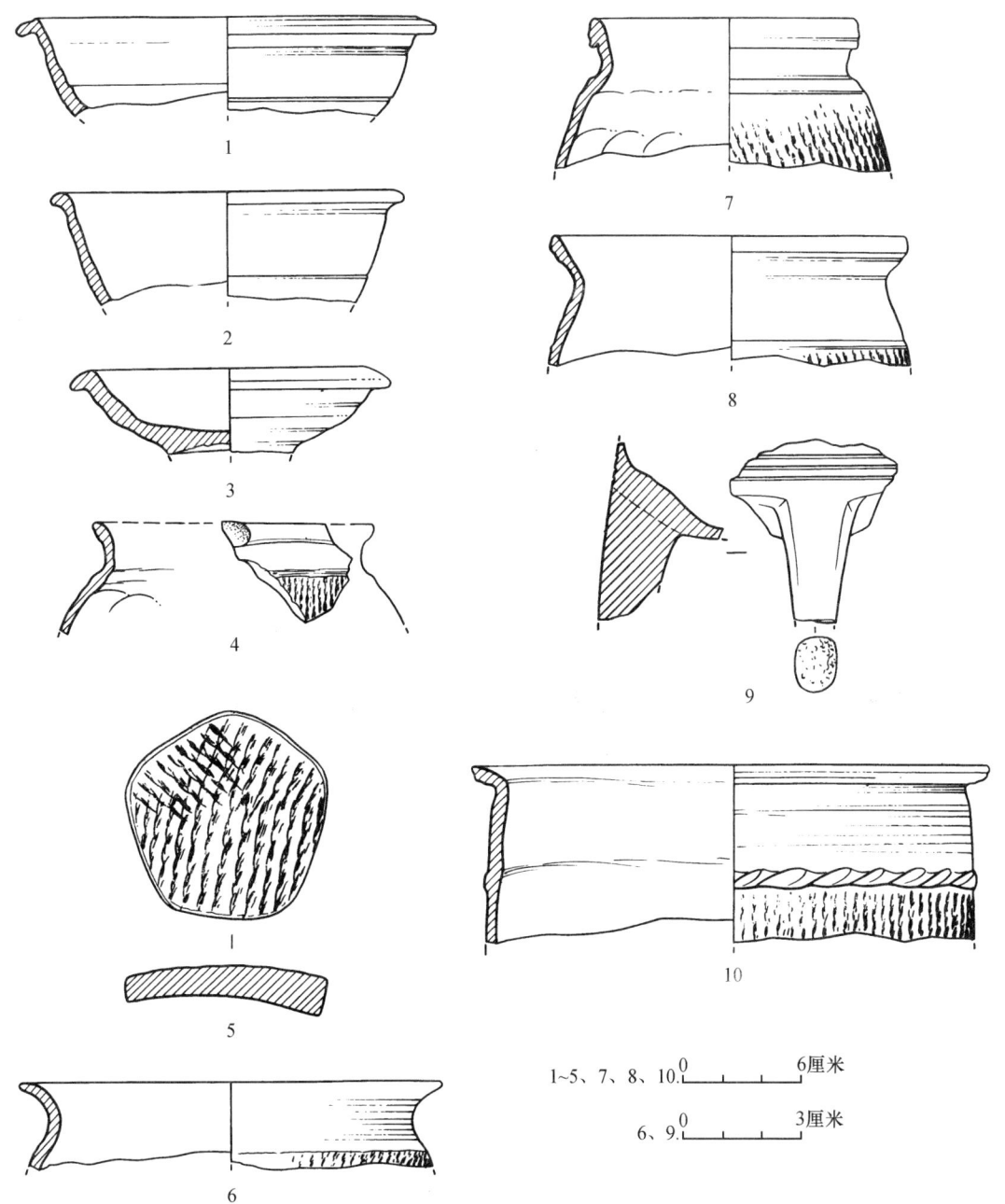

图 3-267 2004ⅠT7137⑤出土陶器

1、2. A型Ⅲ式豆（2004ⅠT7137⑤:30、2004ⅠT7137⑤:48） 3. Ba型豆（2004ⅠT7137⑤:18） 4. 捏口罐（2004ⅠT7137⑤:42） 5. A型圆陶片（2004ⅠT7137⑤:1） 6. Ba型Ⅱ式瓮（2004ⅠT7137⑤:11） 7. 捏口罐（2004ⅠT7137⑤:16） 8. 敛口罐（2004ⅠT7137⑤:22） 9. 爵（2004ⅠT7137⑤:2） 10. Aa型Ⅱ式缸（2004ⅠT7137⑤:20）

捏口罐 标本2004ⅠT7137⑤:42，泥质含细砂，灰陶。侈口，矮领，圆唇，口沿外有一对捏窝。圆鼓腹，中腹以下残。腹饰竖向绳纹。口径14、残高5厘米（图3-267，4）。标本2004ⅠT7137⑤:16，泥质褐陶，灰胎。侈口，口沿外翻形成一条宽带状凸起，尖圆唇。矮领斜直。圆肩，中腹以下残。腹饰弦纹及斜向绳纹。口径13.4、肩径14.4、残高7.2厘米（图3-267，7）。

缸 Aa型Ⅱ式 标本2004ⅠT7137⑤:20，夹砂灰陶。口微敛，折沿上仰，斜方唇，腹较直，中腹以下残。口外有细密轮修痕，其下饰附加堆纹和竖向绳纹。口径26、残高8.6厘米（图3-267，10）。

敛口罐 A型Ⅱ式 标本2004ⅠT7137⑤:22，夹细砂灰陶。敛口，斜方唇，唇下缘较圆，宽沿仰折，圆鼓腹，中腹以下残。腹饰弦纹和斜向绳纹。口径18、残高6厘米（图3-267，8）。

爵 标本2004ⅠT7137⑤:2，泥质灰黑陶。仅存一足及相连的腹部。腹饰三道弦纹，足部有刮削痕。残高4.9厘米（图3-267，9）。

圆陶片 A型 标本2004ⅠT7137⑤:1，泥质灰陶。平面形状近五边形，一面保留有绳纹，表面略鼓。直径4.7、厚0.8厘米（图3-267，5）。

2004ⅠT7137H263

深腹罐

Ab型Ⅱ式 标本2004H263:5，夹砂灰陶。口微敛，折沿略仰，尖圆唇，腹略鼓，中腹以下残。沿面近口处有两道弦纹，腹饰竖向细绳纹。口径24、残高4厘米（图3-268，1）。标本2004H263:9，夹细砂灰陶。敛口，仰折沿，沿面近口部有一道凹槽，圆唇。上腹较鼓，中腹以下残。腹饰斜向绳纹。口径22.2、残高5.6厘米（图3-268，2）。

Ac型Ⅰ式 标本2004H263:16，夹砂黑陶。敛口，仰折沿，圆唇外凸，上腹较鼓，中腹以下残。外壁滚压绳纹。口径24.2、残高7.2厘米（图3-268，3）。标本2004H263:15，夹细砂灰陶。口微敛，仰折沿，圆唇，腹较直，中腹以下残。口径23、残高9厘米（图3-268，4）。

C型Ⅰ式 标本2004H263:3，夹细砂灰陶。折沿略上仰，薄方唇，唇面有一道弦纹。矮领，腹较鼓，中腹以下残。腹部滚压绳纹。口径21.2、残高13.4厘米（图3-268，5）。标本2004H263:21，夹细砂灰陶。侈口，折沿近平，方唇，唇面有一道弦纹，领部略显，腹较鼓，中腹以下残。腹部滚压绳纹。口径23.4、残高6.8厘米（图3-268，6）。

圆腹罐

Ca型Ⅲ式 标本2004H263:6，夹细砂灰陶。侈口，尖唇，口外饰一周索状花边。矮领斜直。上腹较鼓，中腹以下残。口径15.8、残高7厘米（图3-268，7）。

Cb型Ⅰ式 标本2004H263:18，夹细砂灰陶。侈口，方唇，口外有一周凸棱，高领略卷曲。腹略鼓，中腹以下残。腹饰竖向绳纹。口径10.2、残高9厘米（图3-268，9）。

Cb型Ⅱ式 标本2004H263:17，夹细砂灰陶。侈口，尖唇，口外饰一周凸棱，高领近斜直，腹及底残。腹饰绳纹。口径15.4、残高5.6厘米（图3-268，8）。

缸

Ab型Ⅰ式 标本2004H263:2，夹细砂灰陶，局部呈褐色。侈口，卷沿，斜方唇，唇面有一道弦纹，口外呈带状凸起。腹微鼓，中腹以下残。腹饰附加堆纹和绳纹。口径33.6、残高9厘米（图3-269，1）。

C型 标本2004H263:4，夹砂红陶。侈口，方唇，口外加厚呈带状凸起，腹斜直，中腹以下

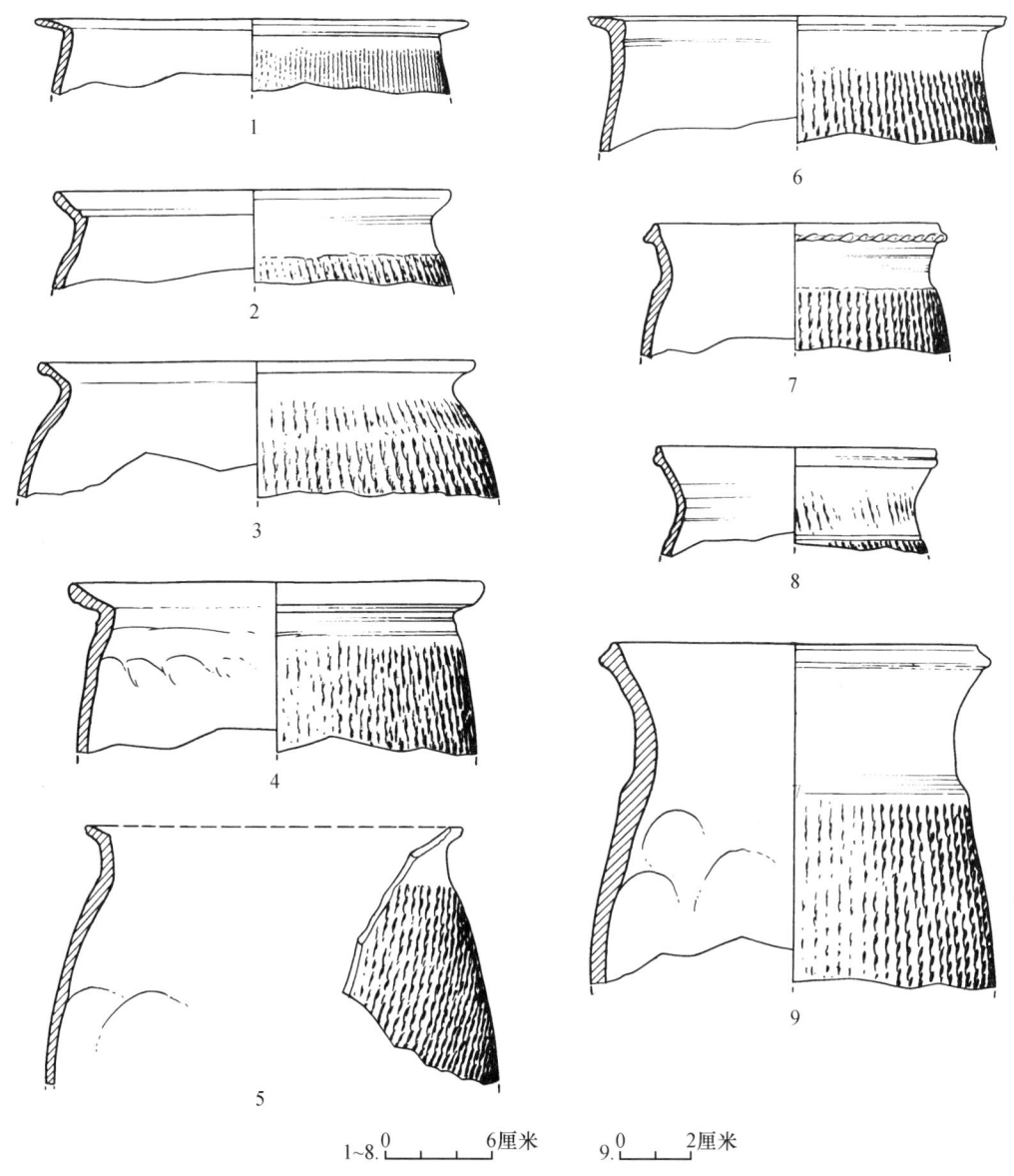

图 3-268 2004ⅠT7137H263 出土陶罐

1、2. Ab 型Ⅱ式深腹罐（2004H263：5、2004H263：9） 3、4. Ac 型Ⅰ式深腹罐（2004H263：16、2004H263：15） 5、6. C 型Ⅰ式深腹罐（2004H263：3、2004H263：21） 7. Ca 型Ⅲ式圆腹罐（2004H263：6） 8. Cb 型Ⅱ式圆腹罐（2004H263：17） 9. Cb 型Ⅰ式圆腹罐（2004H263：18）

残。腹饰附加堆纹。口径 28.2、残高 5.8 厘米（图 3-269，2）。

2004ⅠT7137H331

深腹罐

Ab 型Ⅱ式　标本 2004H331：4，夹砂灰陶，局部褐色。沿背近唇处有一周凹槽，敛口，宽沿仰折，方唇，腹壁略鼓，下腹缺失。腹部饰竖向绳纹。外表有烧土痕迹。口径 24、沿宽 3.1、残高 22 厘米（图 3-270，2）。标本 2004H331：74，夹砂深灰陶。口微敛，仰折沿，方唇。口外微凸，腹饰

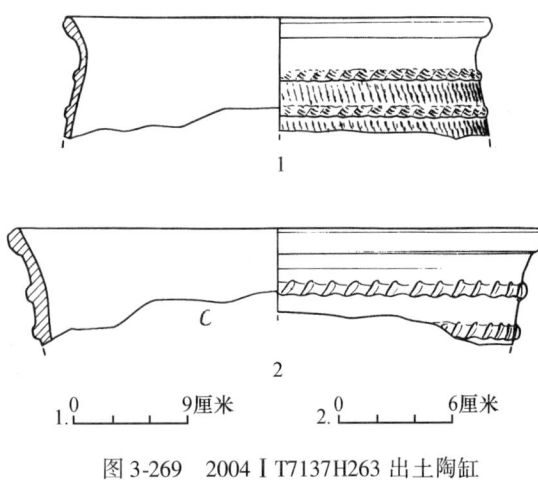

图 3-269　2004ⅠT7137H263 出土陶缸
1. Ab 型Ⅰ式（2004H263:2）　2. C 型（2004H263:4）

竖向细绳纹，腹较直，中腹以下残。口径24.2、残高10厘米（图3-270，3）。标本2004H331:30，夹细砂黑陶，局部呈褐色，褐胎。敛口，仰折沿，方唇，上腹略鼓，中腹以下残。腹饰竖向细绳纹，口径31.5、残高6.3厘米（图3-270，4）。标本2004H331:73，夹砂灰陶。敛口，折沿上仰，尖圆唇。上腹较鼓，中腹以下残。腹饰竖向绳纹。口径20.4、残高5.4厘米（图3-270，5）。标本2004H331:52，夹砂黑陶，褐胎。敛口，仰折沿，方唇，上腹略鼓，中腹以下残。外壁滚压绳纹。口径21.4、残高4.6厘米（图3-270，6）。标本2004H331:69，夹砂灰陶。近直口，仰折沿，沿面内侧下凹，尖圆唇。腹较直，中腹以下残。腹饰右斜向绳纹。口径24.2、残高4.4厘米（图3-270，7）。标本2004H331:43，夹细砂灰陶。口微敛，仰折沿，方唇，腹较直，中腹以下残。腹饰交错绳纹。口径22.4、残高5.2厘米（图3-270，9）。

Ab型Ⅲ式　标本2004H331:47，夹细砂灰陶。敛口，仰折沿，方唇。腹较鼓，中腹以下残。上腹有轮修形成的弦纹。口径23.2、残高5.6厘米（图3-270，1）。标本2004H331:87，夹砂灰陶。敛口，仰折沿，方唇。上腹较鼓，中腹以下残，口径19.4、残高4.2厘米（图3-270，8）。

Ac型Ⅰ式　标本2004H331:27，夹细砂灰陶。敛口，折沿上仰，圆唇外凸，唇面饰一道弦纹，上腹较鼓，中腹以下残。口径21、残高7厘米（图3-270，10）。标本2004H331:44，夹砂红陶。口近直，仰折沿，沿面外侧有一道弦纹，圆唇外凸，腹较直，中腹以下残。腹饰竖向细绳纹，口径25、残高4.2厘米（图3-270，11）。标本2004H331:7，夹细砂灰陶。敛口，仰折沿，圆唇外凸，鼓肩，下腹及底残。外表有烧土痕迹。口径23.8、残高23厘米（图3-271，3）。标本2004H331:56，夹细砂灰陶。敛口，仰折沿，厚圆唇，上腹略鼓，中腹以下残。腹饰竖向绳纹。口径21.8、残高8.2厘米（图3-272，5）。

C型Ⅰ式　标本2004H331:5，夹砂灰陶。折沿上扬，束颈，圆唇局部略方，鼓肩，中腹以下缺失。腹饰斜向绳纹。口径23.5、残高11.4厘米（图3-271，2）。

圆腹罐

Ca型Ⅰ式　标本2004H331:18，夹砂灰陶。侈口，圆唇，口外饰一周索状花边及一对鸡冠形小錾，高领较斜直，瘦长腹，中腹以下残。腹饰左斜向中绳纹。口径13、残高11厘米（图3-271，1）。标本2004H331:75，夹细砂灰陶。侈口，尖圆唇，口外饰一周索状花边，高领斜直，圆鼓腹，中腹以下残。腹饰竖向细绳纹。口径12.4、残高6.8厘米（图3-271，4）。

Ca型Ⅱ式　标本2004H331:15，夹砂黑陶。侈口，方唇，口外饰一周花边。领稍高卷曲。上腹较鼓，中腹以下残。腹饰竖向细绳纹。口径16.6、残高10厘米（图3-271，5）。标本2004H331:36，夹砂灰陶。卷沿上仰。斜方唇，唇下缘压印成花边。领较高，腹略鼓，中腹以下残。腹饰竖向细绳纹。口径13.8、残高7厘米（图3-271，6）。标本2004H331:59，夹细砂深灰陶。微侈口，尖

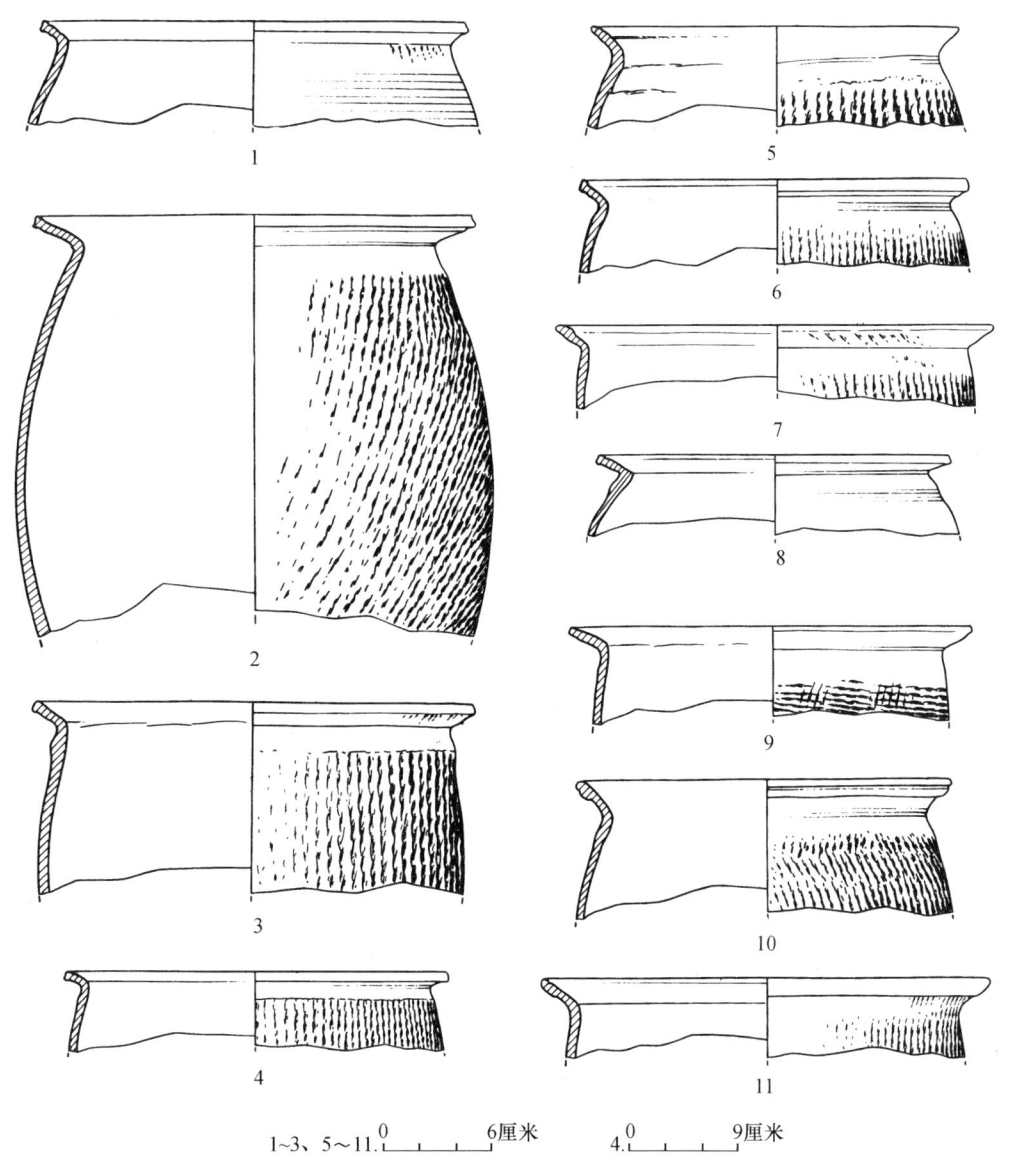

图 3-270　2004ⅠT7137H331 出土深腹罐

1、8. Ab 型Ⅲ式（2004H331：47、2004H331：87）　2～7、9. Ab 型Ⅱ式（2004H331：4、2004H331：74、2004H331：30、2004H331：73、2004H331：52、2004H331：69、2004H331：43）　10、11. Ac 型Ⅰ式（2004H331：27、2004H331：44）

唇，口外饰一周花边。领较直。圆鼓腹，中腹以下残。腹饰左斜向绳纹，口径 17、残高 5 厘米（图 3-271，7）。标本 2004H331：33，夹细砂黑陶。侈口，方唇，口外饰一周花边及一对鸡冠形小錾。领较斜直。圆鼓腹，中腹以下残。腹饰竖向细绳纹。口径 15.4、残高 5.4 厘米（图 3-271，8）。标本 2004H331：71，夹砂灰陶。侈口，窄平沿，唇面压印出索状花边。领较斜直。圆鼓腹，中腹以下残。腹饰右斜向绳纹，口径 13.4、残高 5 厘米（图 3-272，1）。标本 2004H331：72，夹砂灰陶。侈口，尖唇，领略曲。腹及底残。口外饰一周索状花边。口径 14、残高 4.4 厘米（图 3-272，3）。

Ca 型Ⅲ式　标本 2004H331：89，夹砂灰陶，局部呈褐色，褐胎。侈口，圆唇，唇面压印出索状

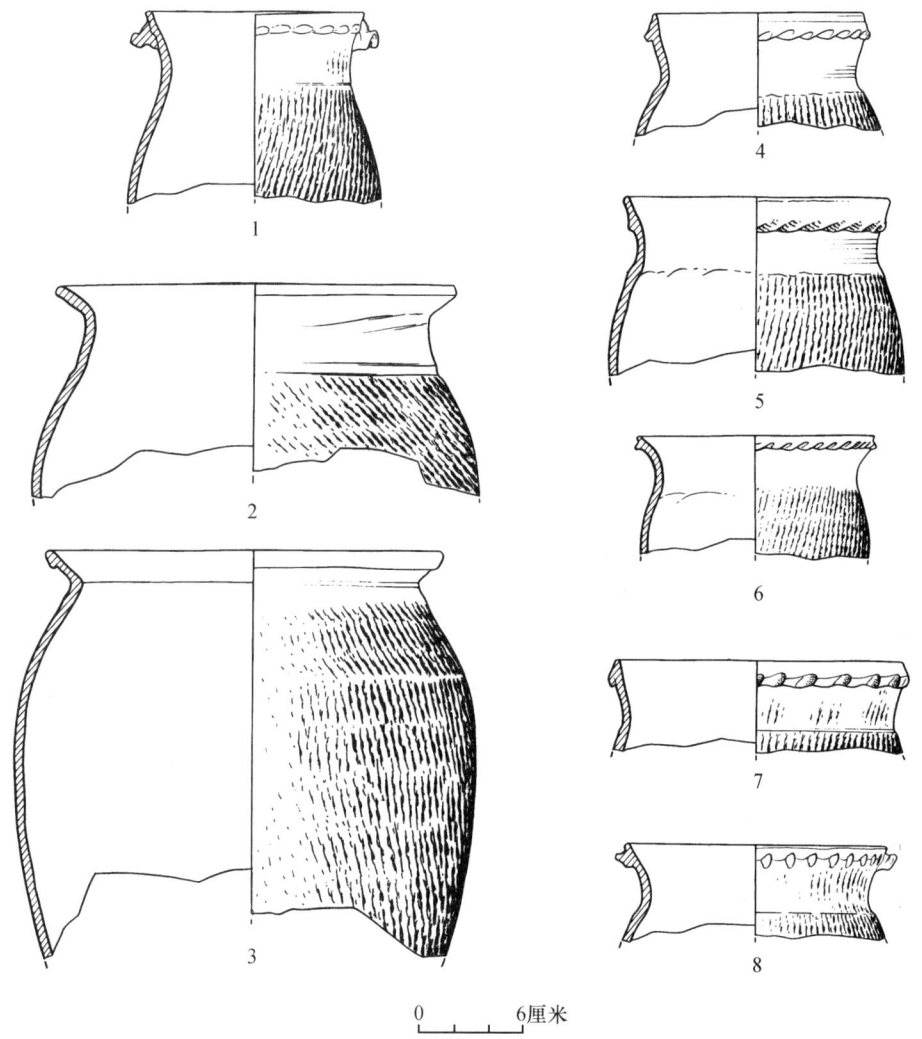

图 3-271　2004ⅠT7137H331 出土陶罐（一）

1. Ca 型Ⅰ式圆腹罐（2004H331∶18）　2. C 型Ⅰ式深腹罐（2004H331∶5）　3. Ac 型Ⅰ式深腹罐（2004H331∶7）　4. Ca 型Ⅰ式圆腹罐（2004H331∶75）　5～8. Ca 型Ⅱ式圆腹罐（2004H331∶15、2004H331∶36、2004H331∶59、2004H331∶33）

花边。矮领卷曲。鼓腹，中腹以下残。腹饰右斜向细绳纹，口径13.6、残高4.6厘米（图3-272，2）。标本2004H331∶60，夹细砂灰陶。侈口，尖圆唇，口外饰一周索状花边。矮领较斜直，鼓腹，中腹以下残。腹饰竖向绳纹。口径17、残高5厘米（图3-273，5）。

Cb 型Ⅰ式　标本2004H331∶25，夹细砂深灰陶。侈口，圆唇，口外饰一道凸棱。高领较斜直。圆鼓腹，中腹以下残。腹饰竖向绳纹。口径16.6、残高7厘米（图3-272，4）。

Cb 型Ⅱ式　标本2004H331∶61，夹细砂灰陶。侈口，圆唇外鼓。领较高直。圆鼓腹，下腹及底残。腹饰竖向绳纹。口径14、腹径16、残高12.6厘米（图3-272，9）。标本2004H331∶65，夹细砂灰陶。侈口，尖圆唇，口外饰一道凸棱。领稍矮。腹略鼓，中腹以下残。腹饰竖向绳纹。口径16、残高6.8厘米（图3-272，6）。标本2004H331∶46，夹细砂灰陶。侈口，圆唇，口外有一道凸棱。

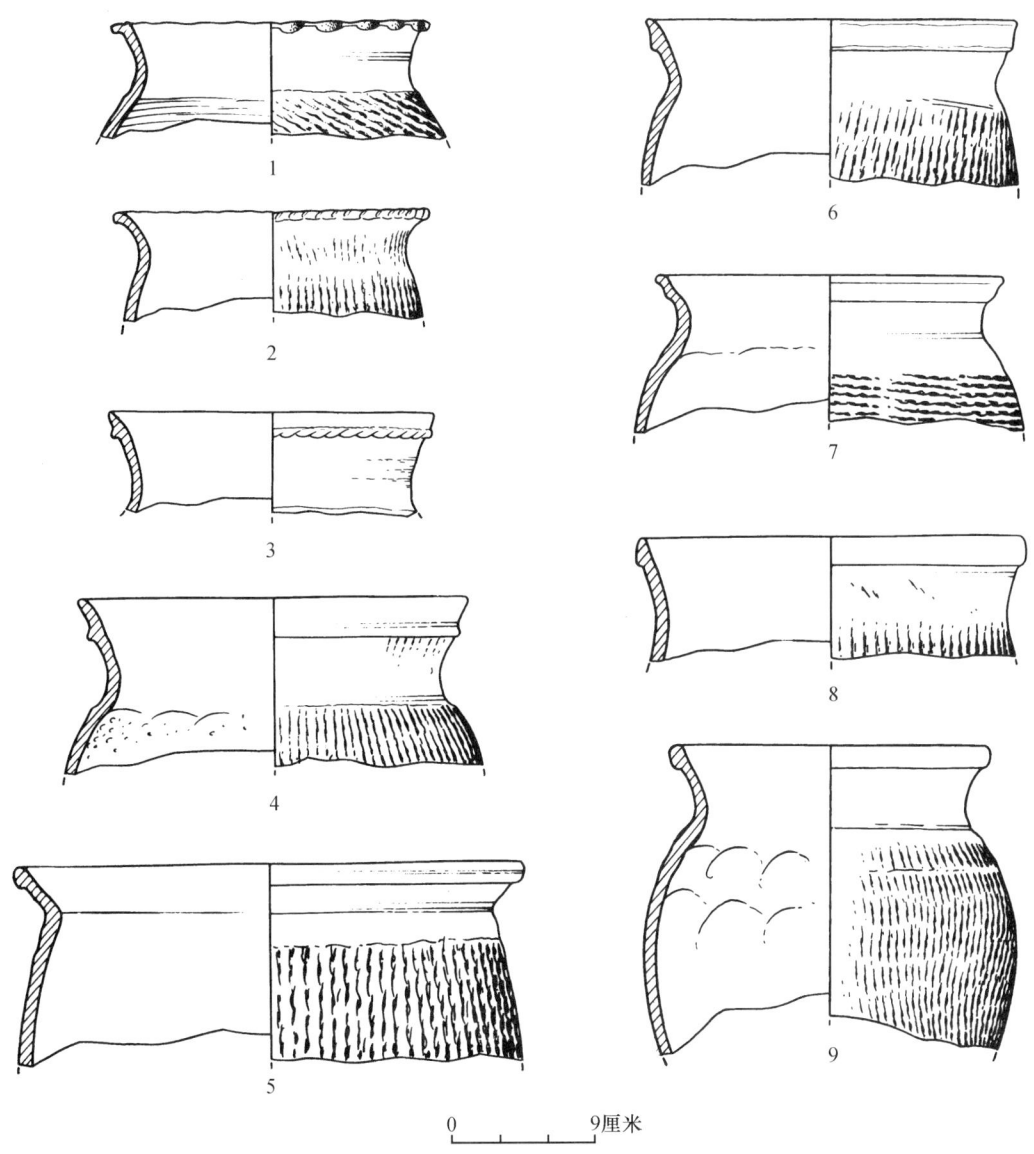

图 3-272 2004ⅠT7137H331 出土陶罐（二）

1、3. Ca 型Ⅱ式圆腹罐（2004H331：71、2004H331：72） 2. Ca 型Ⅲ式圆腹罐（2004H331：89） 4. Cb 型Ⅰ式圆腹罐（2004H331：25） 5. Ac 型Ⅰ式深腹罐（2004H331：56） 6～9. Cb 型Ⅱ式圆腹罐（2004H331：65、2004H331：46、2004H331：37、2004H331：61）

领稍矮，圆鼓腹，中腹以下残。腹饰横向绳纹。口径15、残高6.4厘米（图3-272，7）。标本 2004H331：37，夹细砂灰陶。侈口，宽方唇，唇下缘凸出。领较高直。腹较瘦，中腹以下残。腹饰竖向绳纹。口径16.8、残高5厘米（图3-272，8）。

Cb 型Ⅲ式　标本2004H331：13，夹细砂深灰陶，褐胎。侈口，宽方唇，口外饰一对鸡冠形小鋬。矮领卷曲，圆鼓腹，中腹以下残。腹饰右斜向及横向绳纹。口径17、残高9厘米（图3-273，1）。标本2004H331：31，夹细砂黑陶，褐胎。侈口，斜方唇，口外饰一对舌形小鋬。矮领斜直。腹

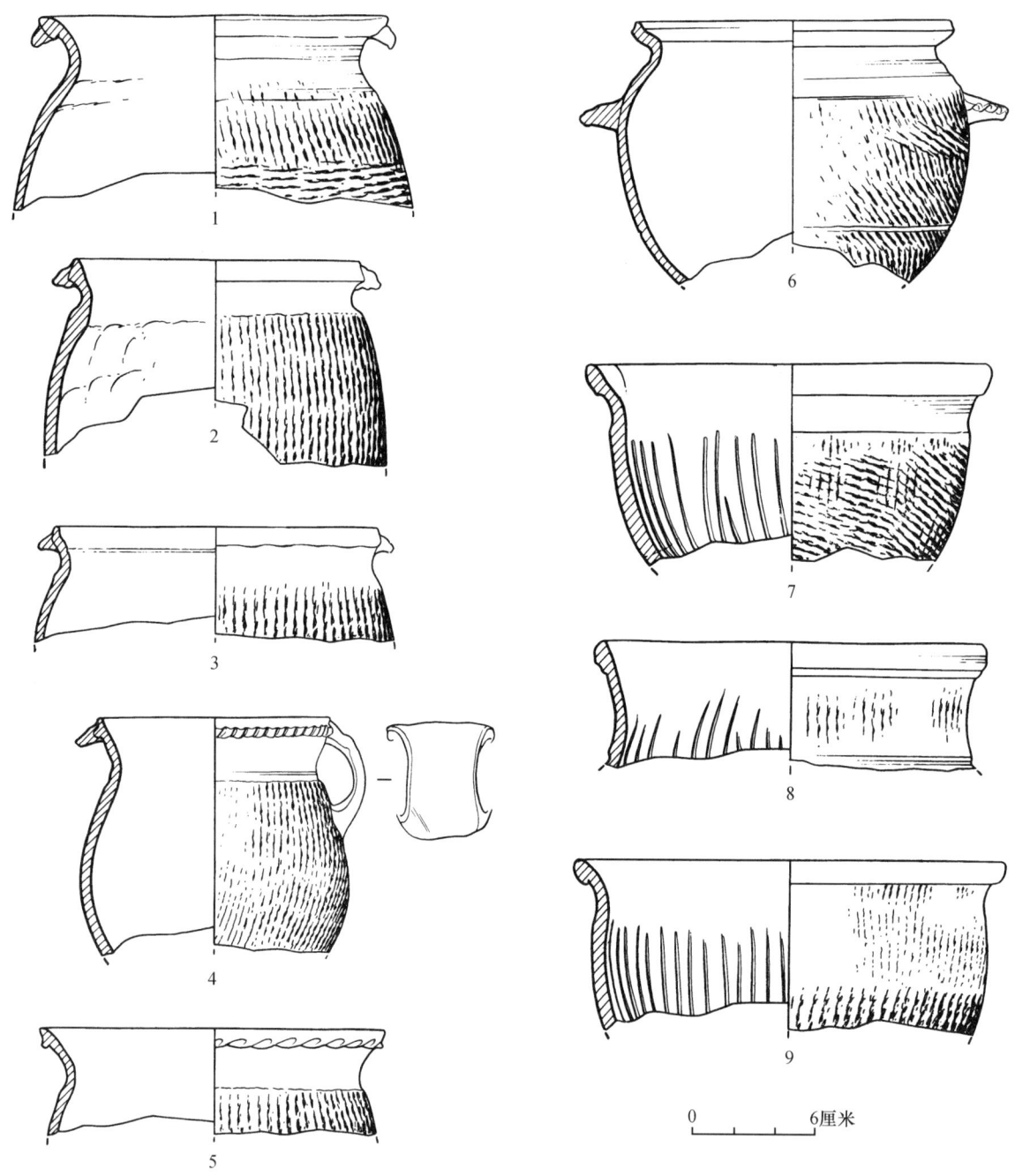

图 3-273　2004ⅠT7137H331 出土陶器

1～3. Cb 型Ⅲ式圆腹罐（2004H331：13、2004H331：31、2004H331：78）　4. Cd 型Ⅰ式圆腹罐（2004H331：8）
5. Ca 型Ⅲ式圆腹罐（2004H331：60）　6. A 型Ⅰ式鼎（2004H331：9）　7～9. A 型Ⅲ式刻槽盆（2004H331：6、2004H331：35、2004H331：32）

略鼓，中腹以下残。腹饰竖向细绳纹。口径 14、残高 9.6 厘米（图 3-273，2）。标本 2004H331：78，夹细砂灰陶。侈口，斜方唇，口外饰一对舌形小錾。矮领斜直。圆鼓腹，中腹以下残。口外饰一对舌形小錾。腹饰竖向绳纹。口径 16、残高 5.6 厘米（图 3-273，3）。

Cd型Ⅰ式　标本2004H331:8，夹砂深灰陶。侈口，卷沿，尖唇，领部较高，圆鼓腹，底部缺失。口外饰一周花边及一个鸡冠形小鋬，口腹有一较宽的竖耳，上腹饰竖向绳纹，下腹饰交错绳纹。口径11.4、腹径13.4、残高11厘米（图3-273，4）。

鼎　A型Ⅰ式　标本2004H331:9，夹砂黑皮陶，局部灰褐色，陶胎暗红色。敛口，仰折沿，沿面及唇面略凹，方唇，沿背微鼓，最大腹径靠上，中腹以下有鼎足脱落的痕迹，底部及足缺失。上腹饰两个鸡冠耳，中腹以下饰两周弦纹和交错绳纹。口径15.6、腹径16.6、残高12.4厘米（图3-273，6）。

刻槽盆　A型Ⅲ式　标本2004H331:6，泥质含细砂，灰陶褐胎。侈口，口外呈带状凸起，尖圆唇。斜弧腹，下腹及底残。内壁有分区刻槽，器表饰交错绳纹。口径18.4、残高9.4厘米（图3-273，7）。标本2004H331:35，泥质灰陶。侈口，卷沿，厚圆唇，唇面有一道凹槽。腹饰弦纹并有绳纹被抹痕。口径18.5、残高6厘米（图3-273，8）。标本2004H331:32，泥质灰陶。侈口，尖圆唇外鼓，斜弧腹，中腹以下残。内壁有刻槽，外壁滚压竖向绳纹。口径21、残高8.4厘米（图3-273，9）。

深腹盆

A型Ⅰ式　标本2004H331:41，泥质含细砂，灰陶。侈口，折沿上仰，圆唇。上腹较斜直，中腹以下残。腹饰竖向篮纹。口径23.8、残高4.8厘米（图3-274，3）。

A型Ⅱ式　标本2004H331:14，泥质含细砂，灰陶。侈口，折沿微上仰，斜方唇，短颈。斜直腹，上腹有一对鸡冠耳，中腹以下残。口沿部磨光，腹饰左斜向绳纹。口径27、残高6.8厘米（图3-274，2）。标本2004H331:42，泥质含细砂，灰陶褐胎。侈口，窄沿略仰，斜方唇，上缘凸起，上腹较斜直，饰一对鸡冠耳，中腹以下残。腹饰竖向细绳纹。残高7.5厘米（图3-274，4）。

A型Ⅲ式　标本2004H331:79，夹细砂灰陶，褐胎。直口，卷沿上仰，圆唇外鼓，上腹较直，中腹以下残。素面。口径25.2、残高3.8厘米（图3-274，5）。标本2004H331:62，夹细砂灰陶。近直口，折沿略仰，厚圆唇，腹微鼓，中腹以下残。腹饰竖向及斜向绳纹。口径22、残高8厘米（图3-274，6）。标本2004H331:11，夹细砂灰陶。侈口，仰折沿，沿面内侧有一道弦纹，圆唇，上腹外张，中腹以下残。上腹素面，其下饰绳纹。口径30、残高8.4厘米（图3-274，7）。标本2004H331:64，泥质含细砂，灰陶。敛口，窄仰折沿，沿面有三道弦纹，方唇略圆。斜弧腹，中腹以下残。上腹磨光，有两周凸棱，其下饰斜向绳纹。口径30、残高7厘米（图3-274，9）。

B型Ⅱ式　标本2004H331:39，泥质含细砂，灰陶。口微侈，折沿近平，沿面略鼓，尖圆唇。斜弧腹，下腹及底残。器表磨光，中腹有一道弦纹。口径22、残高3.6厘米（图3-274，8）。

盂　标本2004H331:21，泥质夹少量细砂，黑皮陶，局部红褐色，陶胎暗红色。敛口，折沿微仰，尖圆唇、鼓肩，下腹及底缺失。素面。口径14、腹径14.8、残高7.2厘米（图3-274，1）。

豆

A型Ⅰ式　标本2004H331:20，泥质夹少量细砂，黑皮陶，局部红褐色，青灰胎。侈口，卷沿下耷，尖圆唇，底部及柄缺失。素面，豆盘中部有一周凸弦纹。口径20.2、残高7厘米（图3-275，4）。

A型Ⅲ式　标本2004H331:26，泥质黑陶，褐胎。通体磨光。侈口，卷沿下耷，沿面略鼓，圆唇。斜弧腹，盘底及柄残。口径21.6、残高4厘米（图3-275，5）。标本2004H331:53，泥质黑陶，

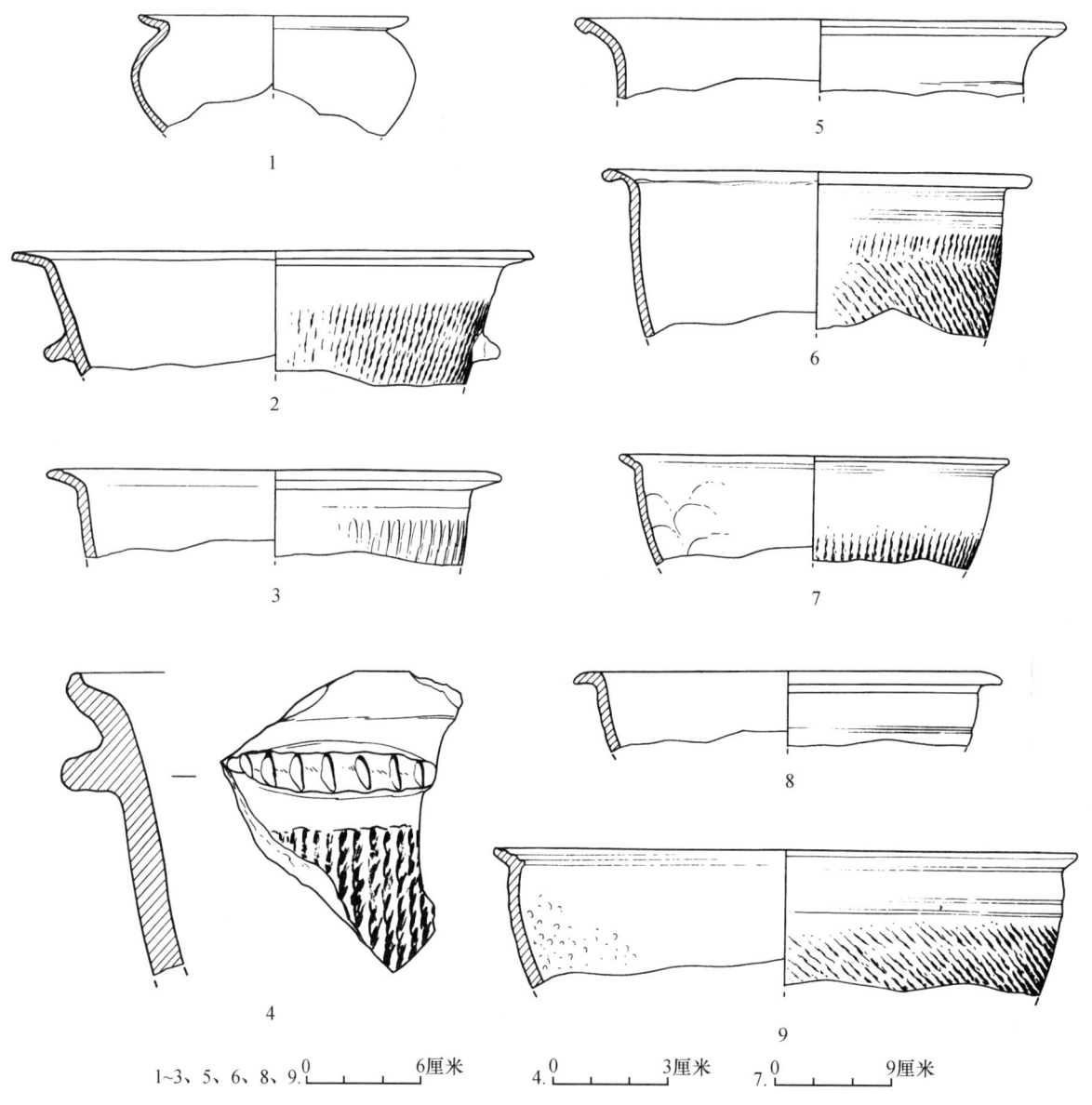

图 3-274　2004ⅠT7137H331 出土陶盂、盆

1. 盂（2004H331∶21）　2、4. A 型Ⅱ式深腹盆（2004H331∶14、H331∶42）　3. A 型Ⅰ式深腹盆（2004H331∶41）
5~7、9. A 型Ⅲ式深腹盆（2004H331∶79、2004H331∶62、2004H331∶11、2004H331∶64）　8. B 型Ⅱ式深腹盆（2004H331∶39）

褐胎。敞口，尖圆唇，斜弧腹，盘底及柄残。器表磨光。口径 18、残高 4 厘米（图 3-275，3）。标本 2004H331∶19，泥质有少量细砂，黑皮陶青灰胎。侈口，折沿下耷，沿面圆鼓，圆唇、腹稍浅，豆柄及底部缺失。素面，磨光。口径 16、残高 4.8 厘米（图 3-275，2）。

Ba 型　标本 2004H331∶23，泥质夹少量细砂，黑皮陶青灰胎。侈口，卷沿，尖圆唇、浅腹，豆柄及底部缺失。素面，口径 13、残高 3.8 厘米（图 3-275，1）。

小口尊

A 型　标本 2004H331∶22，泥质黑皮陶，青灰胎。侈口，尖圆唇，矮领，肩部以下缺失。素面，

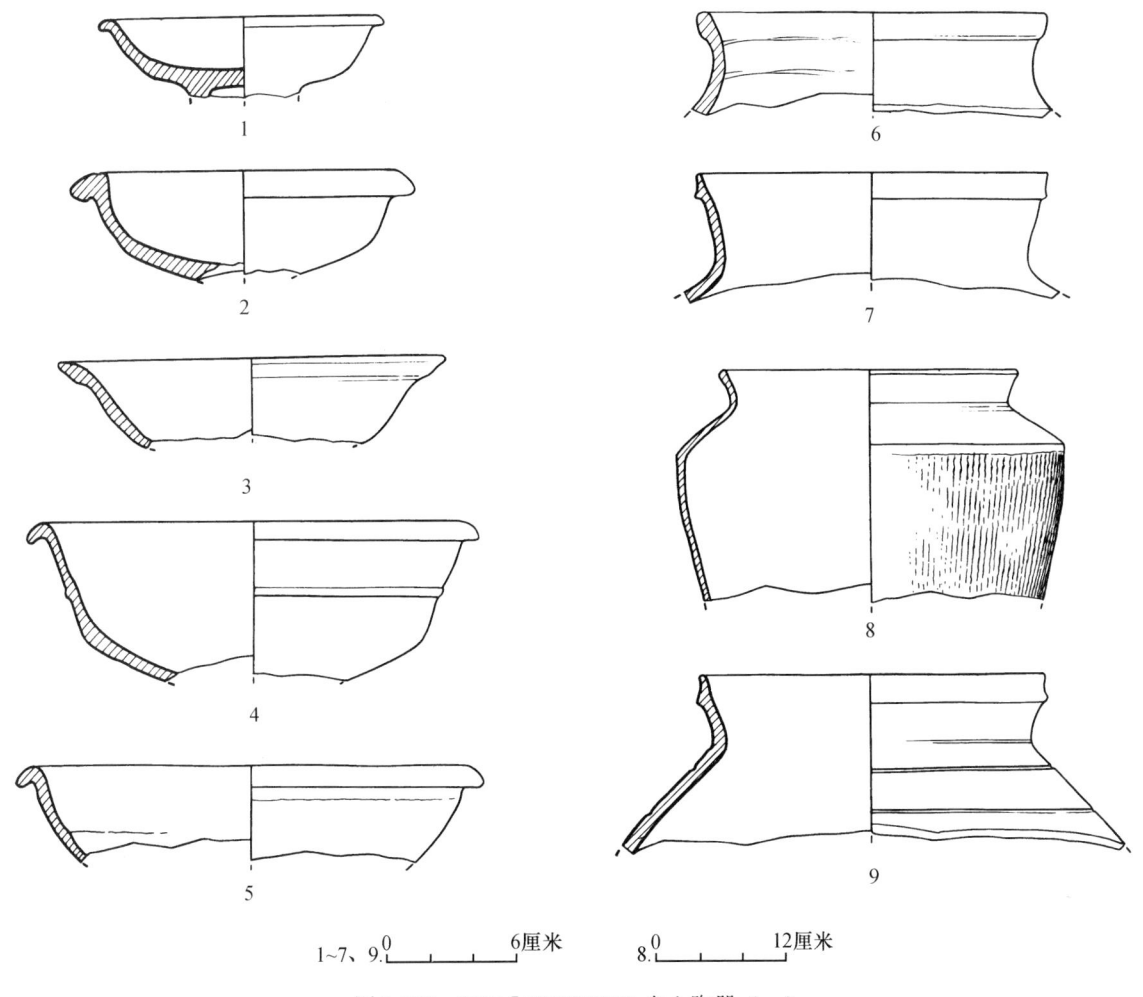

图 3-275　2004ⅠT7137H331 出土陶器（一）

1. Ba 型豆（2004H331：23）　2、3、5. A 型Ⅲ式豆（2004H331：19、2004H331：53、2004H331：26）　4. A 型Ⅰ式豆（2004H331：20）　6、7、9. A 型小口尊（2004H331：51、2004H331：24、2004H331：22）　8. Ab 型小口尊（2004H331：10）

口外有一周带状凸起，肩部饰两周弦纹。口径 16.4、残高 8 厘米（图 3-275，9）。标本 2004H331：51，泥质含细砂，灰陶。口微侈，圆唇外鼓。矮领卷曲，肩以下残。素面。口径 16.4、残高 4.4 厘米（图 3-275，9）。标本 2004H331：24，泥质红陶。侈口，尖唇，领部较高，肩部以下缺失。素面，口外呈带状凸起，口径 16.2、残高 5.9 厘米（图 3-275，7）。

Ab 型　标本 H331：10，夹砂红陶。侈口，方唇，折肩，腹壁斜直，下腹及底部缺失。领肩部素面，腹饰竖向绳纹。口径 27.6、领高 2.5～3.2、肩径 36.6、残高 20.5 厘米（图 3-275，8）。

B 型　标本 H331：28，夹细砂灰陶。敛口，圆唇，领肩连为一体，肩以下残。肩部有云雷纹。口径 19、残高 7 厘米（图 3-276，7）。

缸

Aa 型Ⅱ式　标本 2004H331：12，夹细砂灰陶。口微敛，仰折沿，厚圆唇，腹较直，中腹以下残。腹饰绳纹及附加堆纹。口径 26、残高 7.6 厘米（图 3-276，6）。

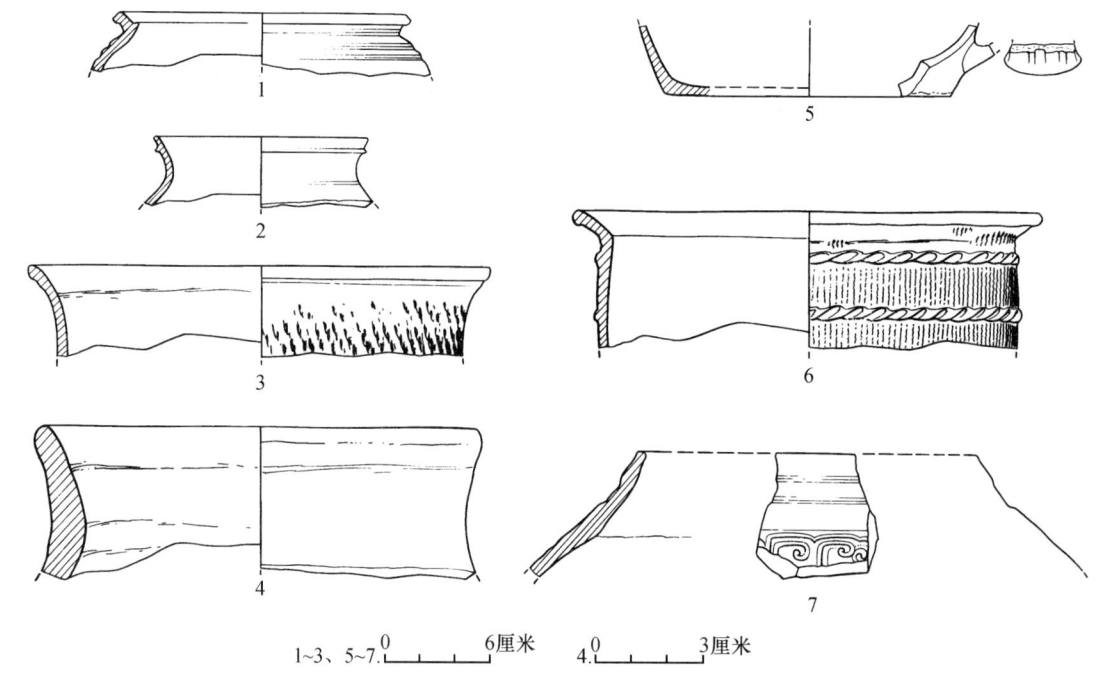

图 3-276　2004ⅠT7137H331 出土陶器（二）

1. A 型Ⅲ式敛口罐（2004H331：84）　2. 高领罐（2004H331：76）　3. Ab 型缸（2004H331：129）　4. 小罐（2004H331：38）
5. 小罐（2004H331：2）　6. Aa 型Ⅱ式缸（2004H331：12）　7. B 型小口尊（2004H331：28）

Ab 型　标本 2004H331：129，夹细砂灰陶。侈口，卷沿，斜方唇，唇面略凸，上腹较直，中腹以下残。腹饰斜向绳纹。口径 26、残高 5 厘米（图 3-276，3）。

小罐　标本 2004H331：38，夹细砂褐陶，灰胎。微侈口，尖圆唇，矮领略斜直。腹及底残。口径 12.5、残高 4 厘米（图 3-276，4）。标本 2004H331：2，泥质灰陶。仅存底部及残銎。底径 16、残高 4.2 厘米（图 3-276，5）。

高领罐　标本 2004H331：76，夹细砂灰陶。侈口，圆唇，口外有一道凸棱。高领，腹及底残。素面，领肩相交处有一道弦纹。薄胎。口径 12、残高 4 厘米（图 3-276，2）。

敛口罐　A 型Ⅲ式　标本 2004H331：84，泥质灰陶。敛口，仰折沿，折棱凸出，斜方唇，鼓腹，中腹以下残。通体磨光，上腹有两道弦纹。口径 16.4、残高 3.4 厘米（图 3-276，1）。

2004ⅠT7138⑤

深腹罐

Ab 型Ⅱ式　标本 2004ⅠT7138⑤：44，泥质灰黑陶，局部褐色。敛口，仰折沿，圆唇，鼓腹，中腹以下残。腹饰斜向绳纹。口径 20.2、残高 5.8 厘米（图 3-277，1）。

Ab 型Ⅲ式　标本 2004ⅠT7138⑤：50，夹砂褐陶，局部灰黑色，红胎。敛口，折沿近平，方唇，唇面微凹，腹微鼓，中腹以下残。上腹素面，其下饰绳纹。口径 28、残高 5.8 厘米（图 3-277，5）。标本 2004ⅠT7138⑤：8，泥质褐陶，红胎。口微敛，仰折沿，方唇，唇面微凹，腹壁较斜直，中腹以下残。口外素面，下饰绳纹。口径 24.2、残高 4.6 厘米（图 3-277，10）。

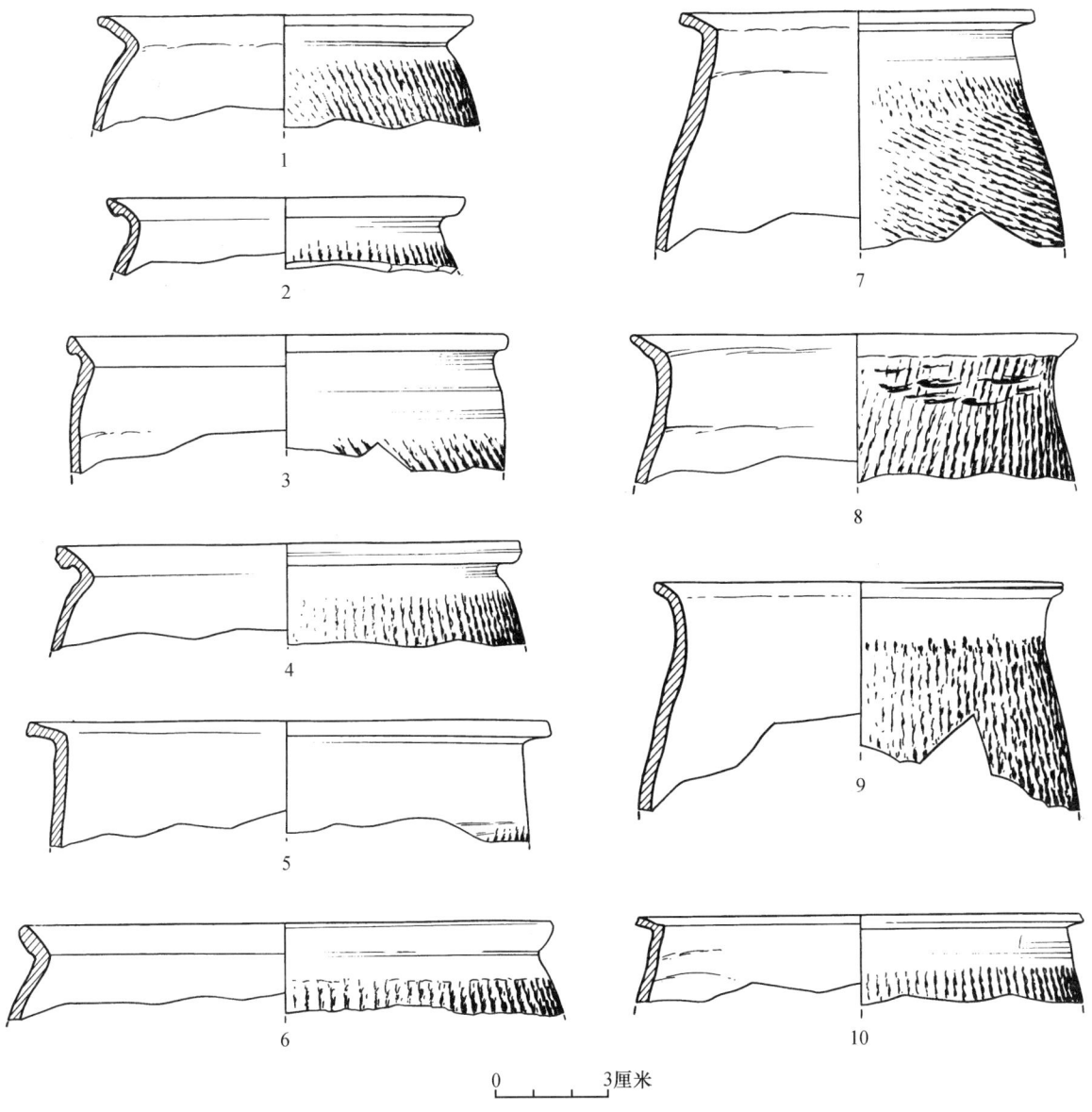

图 3-277 2004ⅠT7138⑤出土深腹罐

1. Ab 型Ⅱ式（2004ⅠT7138⑤:44） 2、4. Ac 型Ⅰ式（2004ⅠT7138⑤:74、2004ⅠT7138⑤:43） 3. Ac 型Ⅱ式（2004ⅠT7138⑤:39） 5、10. Ab 型Ⅲ式（2004ⅠT7138⑤:50、2004ⅠT7138⑤:8） 6. Ac 型Ⅰ式（2004ⅠT7138⑤:33） 7. C 型Ⅰ式（2004ⅠT7138⑤:3） 8、9. C 型Ⅱ式（2004ⅠT7138⑤:5、2004ⅠT7138⑤:4）

Ac 型Ⅰ式　标本 2004ⅠT7138⑤:33，夹砂灰陶。敛口，仰折沿，圆唇略鼓，唇面有一周凹槽，鼓腹，中腹以下残。腹饰竖向绳纹。口径 28.6、残高 4.6 厘米（图 3-277，6）。标本 2004ⅠT7138⑤:43，夹砂灰黑陶。敛口，仰折沿，圆唇外凸，唇面中部有一周凸棱，鼓腹，中腹以下残。腹饰竖向绳纹，口径 25、残高 5.2 厘米（图 3-277，4）。标本 2004ⅠT7138⑤:74，泥质夹细砂灰陶。敛口，仰折沿，圆唇外鼓，腹微鼓，中腹以下残。腹饰竖向绳纹。口径 19.2、残高 3.6 厘米（图 3-277，2）。

Ac 型 Ⅱ 式　标本 2004ⅠT7138⑤:39，夹砂灰黑陶。敛口，仰折沿，尖圆唇，口外侧呈带状凸起，略鼓肩，中腹以下残。上腹素面，有轮修形成的凸棱，其下饰斜向较粗绳纹。口径 23.6、腹径 23.3、残高 5.7 厘米（图 3-277，3）。

C 型 Ⅰ 式　标本 2004ⅠT7138⑤:3，夹砂灰黑陶。侈口，仰折沿，方唇，微束颈，鼓腹，中腹以下残。领部素面，有一周弦纹，腹部饰竖向及斜向绳纹。口径 19.2、残高 12.2 厘米（图 3-277，7）。

C 型 Ⅱ 式　标本 2004ⅠT7138⑤:5，夹砂灰黑陶。侈口，仰卷沿，尖圆唇，微束颈，腹微鼓，中腹以下残。腹饰竖向绳纹，口径 24、残高 7.6 厘米（图 3-277，8）。标本 2004ⅠT7138⑤:4，夹砂灰黑陶。侈口，卷沿上仰，圆唇唇面有一周弦纹，为束颈，腹微鼓，中腹以下残。腹饰竖向绳纹，口径 22、残高 8.5 厘米（图 3-277，9）。

圆腹罐

Ca 型 Ⅱ 式　标本 2004ⅠT7138⑤:27，泥质夹细砂，灰陶。尖唇，口外饰一周花边，腹微鼓，下腹残。腹饰竖向绳纹及横向绳纹。口径 10.1、残高 5.6 厘米（图 3-278，5）。

Cb 型 Ⅲ 式　标本 2004ⅠT7138⑤:12，夹砂黑陶，深褐胎。侈口，方唇，唇下缘微凸，肩部微凸，腹壁较直，下腹残。腹饰斜向粗绳纹，口径 15.8、残高 7 厘米（图 3-278，2）。

Cc 型 Ⅲ 式　标本 2004ⅠT7138⑤:76，夹砂灰黑陶。侈口，方唇，矮领，鼓腹，下腹残。腹饰斜向绳纹。口径 15、残高 4.4 厘米（图 3-278，1）。标本 2004ⅠT7138⑤:9，夹砂灰黑陶，暗红胎。侈口，圆唇，矮领斜直，鼓腹，中腹以下残。口外侧饰对称的舌形小錾，腹饰斜向绳纹。口径 17.2、残高 5.8 厘米（图 3-278，6）。

甑　A 型 Ⅲ 式　标本 2004ⅠT7138⑤:6，泥质灰黑陶，青灰胎。侈口，窄沿仰折，尖圆唇，腹壁较直，下腹残。腹饰绳纹及对称的鸡冠耳。口径 21.7、残高 8.5 厘米（图 3-278，4）。标本 2004ⅠT7138⑤:45，泥质黑陶，褐胎。侈口，窄沿仰折，圆唇外鼓，腹壁较斜直，下腹残。上腹有数周凹槽，饰一鸡冠耳。残高 4.7 厘米（图 3-278，3）。

刻槽盆　A 型 Ⅱ 式　标本 2004ⅠT7138⑤:40，泥质夹细砂，局部黑色或红褐色，红褐胎。口微侈，圆唇外鼓，腹壁较直，下腹残。腹饰斜向绳纹，内壁有数道相交的凹槽。口径 20.1、残高 6.4 厘米（图 3-278，7）。

深腹盆　B 型 Ⅱ 式　标本 2004ⅠT7138⑤:2，泥质灰黑陶。口微侈，折沿近平，沿部微曲，尖圆唇，唇面有一周凹槽，腹微鼓，下腹残。腹饰横向绳纹，口径 44.1、残高 13.5 厘米（图 3-278，10）。标本 2004ⅠT7138⑤:21，泥质灰褐陶，红胎。口微侈，折沿卷曲，尖圆唇下耷，腹微鼓，下腹残。上腹有轮修形成的弦纹痕，腹饰竖向绳纹。口径 29、腹径 27、残高 9.5 厘米（图 3-278，11）。标本 2004ⅠT7138⑤:47，泥质黑陶。口微侈，平折沿略曲，圆唇翻卷贴于沿外，腹略斜张，中腹以下残。腹饰斜向绳纹。口径 26、残高 2.9 厘米（图 3-278，8）。标本 2004ⅠT7138⑤:24，泥质黑陶，青灰胎。口微侈，平折沿，沿面微鼓，近折棱处有一周凹槽，圆唇，腹壁斜直，中腹以下残。器表磨光，上腹饰数周凸棱。口径 25、残高 2.4 厘米（图 3-278，9）。

大口尊　Ⅰ 式　标本 2004ⅠT7138⑤:10，泥质黑皮陶，暗红胎。领中部饰一周凸棱，肩饰绳纹，敛口，圆唇，唇下缘微凸，高领，肩以下残。口径 34.5、残高 10.5 厘米（图 3-279，5）。

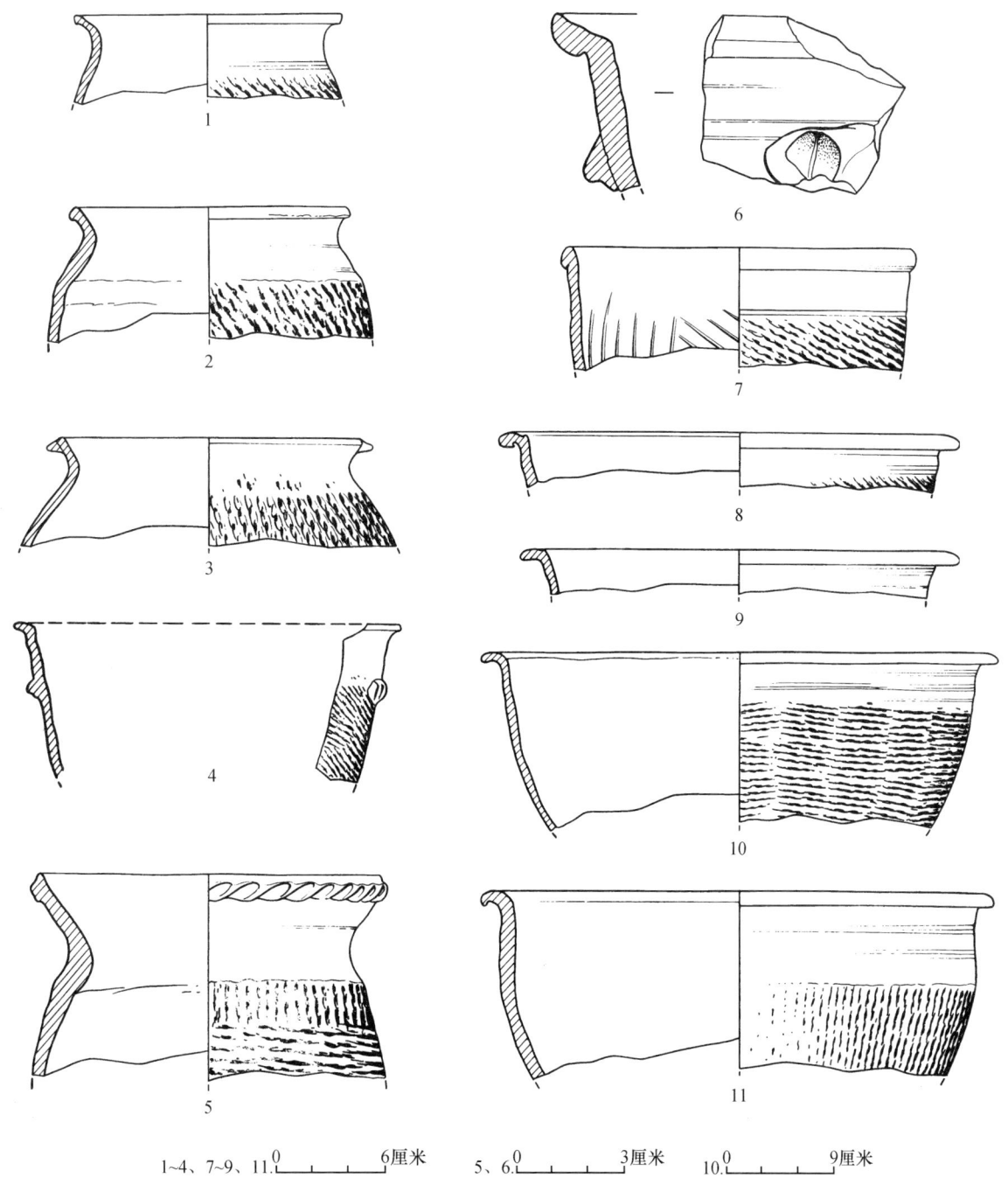

图 3-278　2004ⅠT7138⑤出土陶器（一）

1. Cc 型Ⅲ式圆腹罐（2004ⅠT7138⑤:76）　2. Cb 型Ⅲ式圆腹罐（2004ⅠT7138⑤:12）　3. Cc 型Ⅲ式圆腹罐（2004ⅠT7138⑤:9）　4. A 型Ⅲ式甑（2004ⅠT7138⑤:6）　5. Ca 型Ⅱ式圆腹罐（2004ⅠT7138⑤:27）　6. A 型Ⅲ式甑（2004ⅠT7138⑤:45）　7. A 型Ⅱ式刻槽盆（2004ⅠT7138⑤:40）　8~11. B 型Ⅱ式深腹盆（2004ⅠT7138⑤:47、2004ⅠT7138⑤:24、2004ⅠT7138⑤:2、2004ⅠT7138⑤:21）

瓮 Ba型Ⅱ式 标本2004ⅠT7138⑤:7，泥质黑皮陶，红褐胎。侈口，方唇，矮领微曲，肩以下残。肩饰绳纹。口径13.2、残高4.6厘米（图3-279，3）。标本2004ⅠT7138⑤:57，泥质夹少量砂，灰陶。侈口，仰卷沿，尖圆唇，腹微鼓，腹残。腹饰竖向绳纹。口径16.2、残高4.8厘米（图3-279，1）。

小罐 标本2004ⅠT7138⑤:32，泥质夹少量砂，灰黑陶。侈口，圆唇，唇下侧有一周凹槽，矮领，鼓腹，下腹残。腹饰斜向绳纹，口径11.1、残高3.4厘米（图3-279，4）。

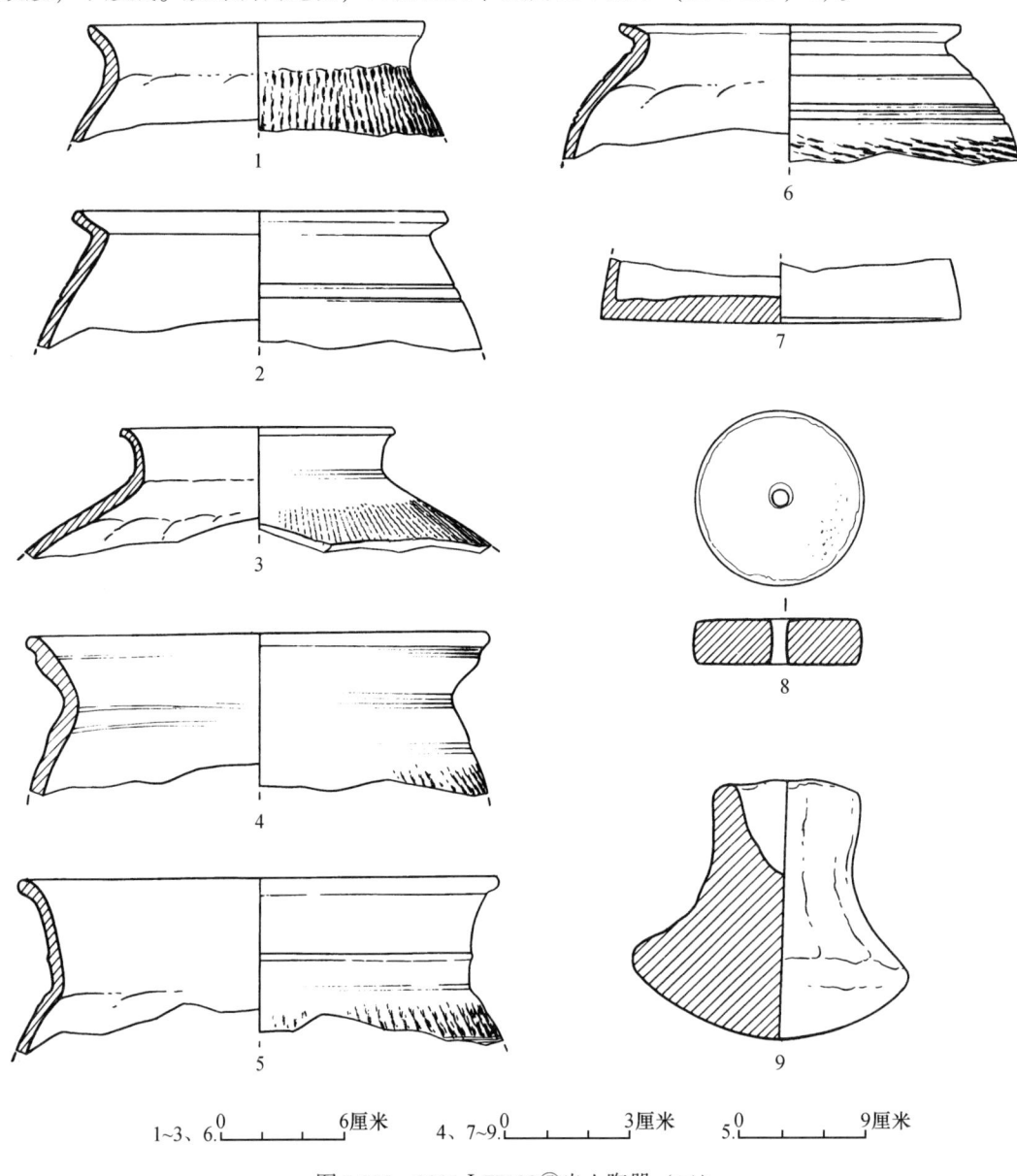

图3-279 2004ⅠT7138⑤出土陶器（二）

1、3.Ba型Ⅱ式瓮（2004ⅠT7138⑤:57、2004ⅠT7138⑤:7） 2.A型Ⅱ式敛口罐（2004ⅠT7138⑤:19） 4.小罐（2004ⅠT7138⑤:32） 5.Ⅰ式大口尊（2004ⅠT7138⑤:10） 6.A型Ⅲ式敛口罐（T7138⑤:11） 7.器底（2004ⅠT7138⑤:46） 8.Ab型陶纺轮（2004ⅠT7138⑤:1） 9.陶垫（2004ⅠT7138⑤:34）

敛口罐

A 型 II 式　标本 2004 I T7138⑤:19，泥质夹少量砂，灰黑陶，内壁呈灰色。敛口，仰折沿，沿面微凹，方唇，鼓腹，下腹残，上腹饰两周弦纹，口径 18、残高 5.9 厘米（图 3-279，2）。

A 型 III 式　标本 2004 I T7138⑤:11，夹砂黑陶，胎芯呈深褐色。敛口，仰折沿，尖圆唇，沿外侧微鼓，鼓腹，下腹残。上腹饰三组弦纹，其下饰斜向绳纹。口径 16、残高 6.2 厘米（图 3-279，6）。

器底　标本 2004 I T7138⑤:46，泥质，器表呈灰白色。底部微外撇，平底，上残，素面，底径 8.5、残高 1.4 厘米（图 3-279，7）。

陶纺轮　Ab 型　标本 2004 I T7138⑤:1，泥质灰陶。呈圆饼形，较规整，边缘磨光，中部有一圆孔。直径 3.9、厚 1、孔径 0.5 厘米（图 3-279，8）。

陶垫　标本 2004 I T7138⑤:34，夹砂深灰陶，蘑菇状底，束腰，圆柱状柄，上部中空。底径 6、高 5.4 厘米（图 3-279，9；图版二八，3）。

2004 I T7138H332

深腹罐

Ab 型 II 式　标本 2004H332:4，夹砂灰陶，内壁为红褐色。斜方唇，折沿上仰，沿面上有两周浅凹槽，敛口，鼓腹，中腹以下残。腹饰斜向绳纹。口径 21.4、残高 4.7 厘米（图 3-280，4）。标本 2004H332:2，夹砂灰陶。方唇，唇面微凹，仰折沿，敛口，鼓腹，中腹以下残。腹饰竖向绳纹。口径 18.2、残高 4.8 厘米（图 3-280，2）。

C 型 II 式　标本 2004H332:3，夹砂灰黑陶。方唇近圆，侈口，束径，上腹微鼓，中腹以下残。腹饰竖向绳纹。口径 20.4、残高 6.4 厘米（图 3-280，3）。

圆腹罐　Cc 型 II 式　标本 2004H332:7，夹砂灰陶。方唇，唇下缘抹圆，上缘凸出沿面，侈口，束颈，鼓腹，中腹以下残。腹饰斜向绳纹，口径 14、残高 5.6 厘米（图 3-280，1）。

甗　A 型 III 式　标本 2004H332:1，夹砂灰褐陶，局部为灰黑色。折沿上仰，斜方唇，唇下缘略抹圆，侈口，腹部外张，下腹及底腹残。器壁内侧近口部见有一排捏窝。腹饰斜向绳纹及一对鸡冠耳。口径 23、残高 10.2 厘米（图 3-280，8）。标本 2004H332:11，夹砂灰黑陶，局部为褐色。折沿微仰，圆唇，敛口，腹微鼓，中腹以下残。腹饰斜向绳纹及一对鸡冠耳。口径 19、残高 4.4 厘米（图 3-280，6）。

深腹盆　A 型 III 式　标本 2004H332:12，夹砂灰黑陶。折沿微仰，折棱略凸出，方唇，敞口，腹斜收，中腹以下残。腹饰竖向绳纹。口径 23.2、残高 10.3 厘米（图 3-280，7）。

豆　A 型 III 式　标本 2004H332:9，泥质深灰陶。尖圆唇，折沿下耷，沿面微鼓，敞口，腹弧收，底部及柄缺失。器表素面，磨光。口径 16、残高 4 厘米（图 3-280，5）。

2004 I T7138H360

深腹罐

Ab 型 III 式　标本 2004H360:5，夹砂灰黑陶。口微敛，仰折沿，沿面微凹，方唇，唇面有一周凹槽，腹微鼓，下腹残。腹饰斜向绳纹。口径 22.2、残高 9.8 厘米（图 3-281，1）。标本 2004H360

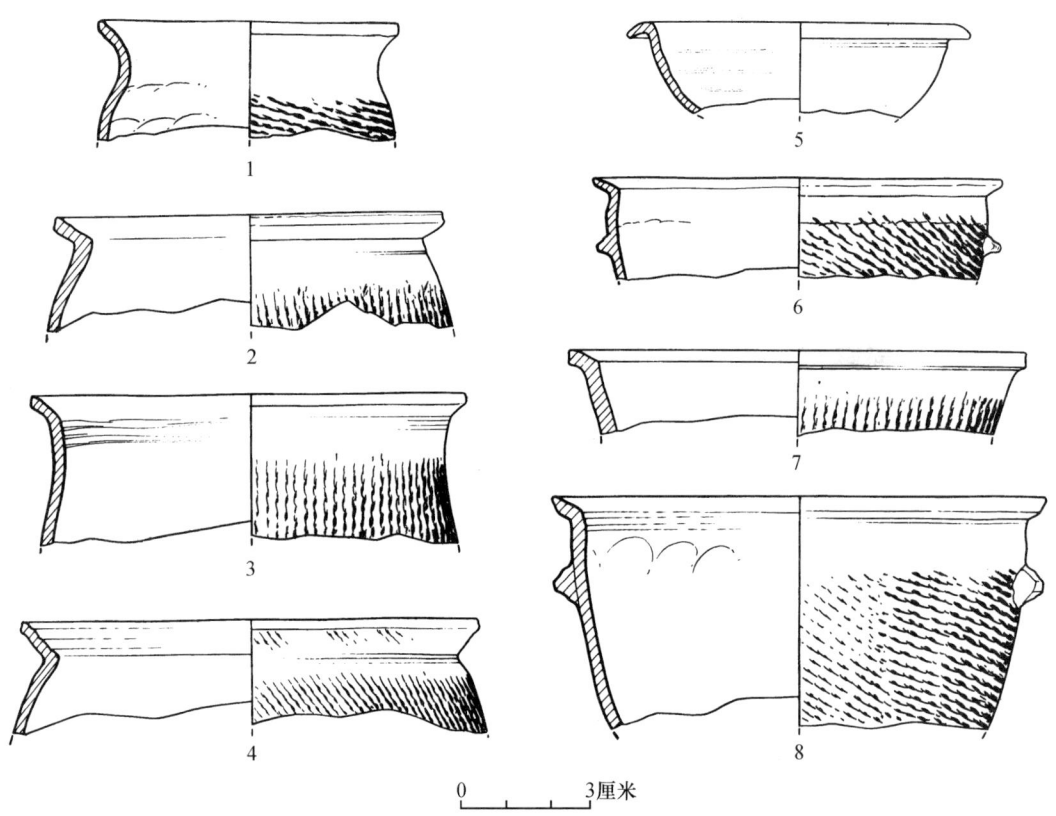

图 3-280　2004ⅠT7138H332 出土陶器

1. Cc 型Ⅱ式圆腹罐（2004H332：7）　2、4. Ab 型Ⅱ式深腹罐（2004H332：2、2004H332：4）　3. C 型Ⅱ式深腹罐（2004H332：3）　5. A 型Ⅲ式豆（2004H332：9）　6、8. A 型Ⅲ式甑（2004H332：11、2004H332：1）　7. A 型Ⅲ式深腹盆（2004H332：12）

：4，夹砂灰陶，内壁局部呈灰黑色。口微敛，仰折沿，沿面近折棱处微凸，方唇，唇面有一周凹槽，腹微鼓，下腹残。腹饰竖向绳纹。口径 23.6、残高 7.4 厘米（图 3-281，2）。

Ac 型Ⅰ式　标本 2004H360：01，夹砂灰陶，局部褐色及灰黑色。敛口，仰折沿，沿背微鼓，圆唇，腹壁较直，腹径与口径相当，圜底。上腹饰竖向细绳纹，下腹及底部饰交错细绳纹。口径 20.8、腹径 20.4 厘米。通高 28 厘米（图 3-281，4；图版二八，1）。标本 2004H360：7，夹砂灰陶，局部褐色及灰黑色。敛口，仰折沿，尖圆唇，沿背凸起，腹微鼓，中腹以下残。腹饰竖向绳纹。口径 23.2、残高 7.8 厘米（图 3-281，3）。

Ac 型Ⅱ式　标本 2004H360：2，夹砂灰陶，局部灰黑色。敛口，仰折沿，沿面近折棱处有一周凹槽，斜方唇，沿背微鼓，鼓腹，下腹残。腹饰绳纹。口径 26.6、腹径 29.7、残高 24.8 厘米（图 3-281，8）。

B 型Ⅱ式　标本 2004H360：20，夹砂灰黑陶，暗红胎。卷沿，方唇，唇面有一周凹槽，腹微鼓，中腹以下残。腹饰斜向绳纹。口径 22.2、残高 6.9 厘米（图 3-281，6）。

C 型Ⅱ式　标本 2004H360：19，夹砂褐陶。侈口，卷沿，束颈，尖圆唇，沿背呈带状凸起，口内侧有数周凸棱，腹微鼓，中腹以下残。腹饰竖向绳纹。口径 21.2、残高 6.4 厘米（图 3-281，7）。

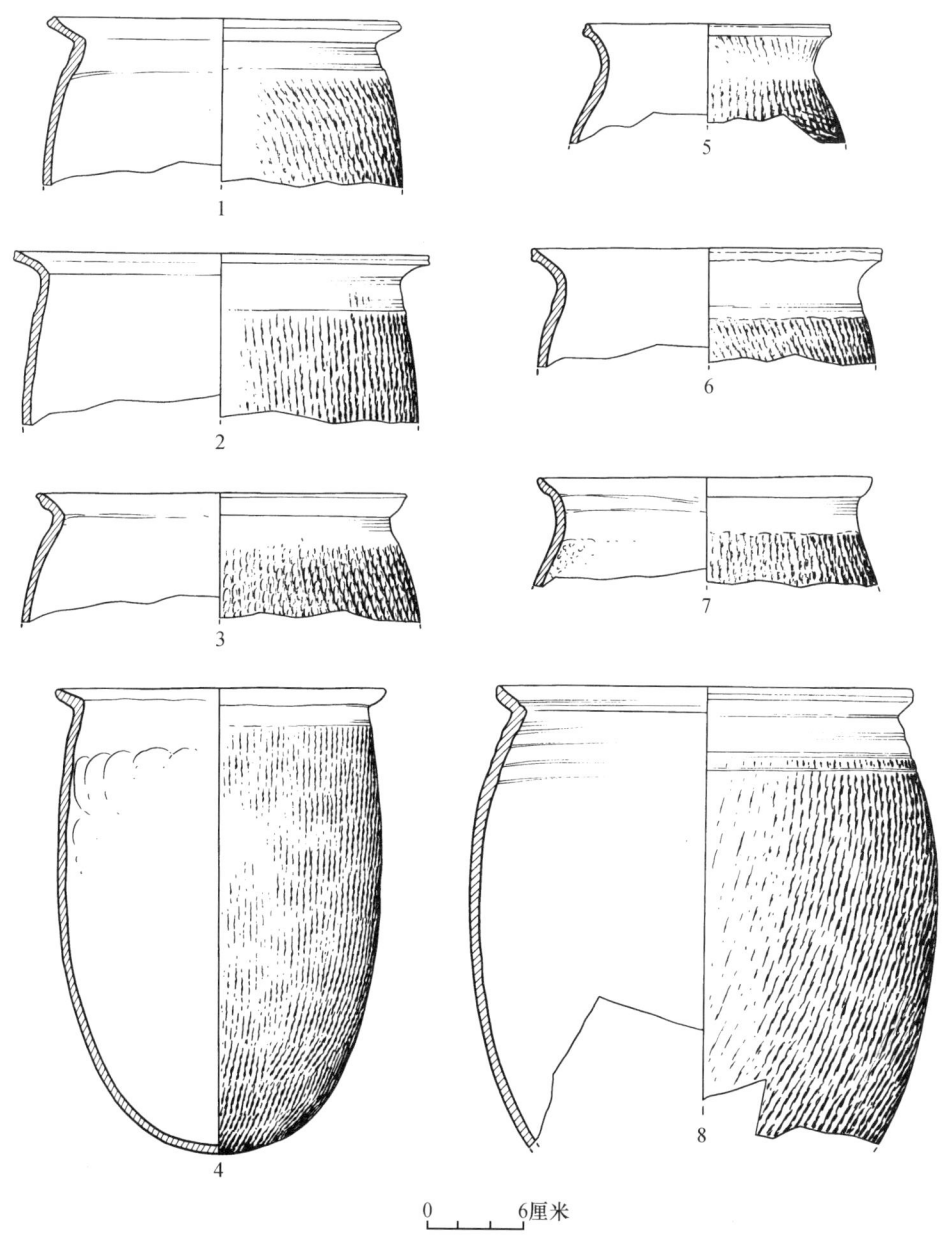

图 3-281 2004ⅠT7138H360 出土陶罐

1、2. Ab 型Ⅲ式深腹罐（2004H360∶5、2004H360∶4）   3、4. Ac 型Ⅰ式深腹罐（2004H360∶7、2004H360∶01）
5. Cc 型Ⅲ式圆腹罐（2004H360∶6）   6. B 型Ⅱ式深腹罐（2004H360∶20）   7. C 型Ⅱ式深腹罐（2004H360∶19）
8. Ac 型Ⅱ式深腹罐（2004H360∶2）

圆腹罐 Cc 型Ⅲ式 标本 2004H360∶6，夹砂灰黑陶。侈口，斜方唇，唇面微凹，唇上缘凸出，领较矮，鼓腹，中腹以下残。领部有绳纹被抹痕迹，腹饰绳纹。口径 15.6、残高 6 厘米（图 3-281，5）。

甑 A 型Ⅲ式 标本 2004H360∶18，泥质灰陶。口微侈，折沿近平，沿面微凹，尖圆唇，沿背微鼓，腹壁较直，口内侧有数周凹槽，下腹残。上腹饰两周弦纹，第一周弦纹之上饰两对称的小鋬，下腹饰斜向绳纹。口径 23、残高 5.4 厘米（图 3-282，1）。

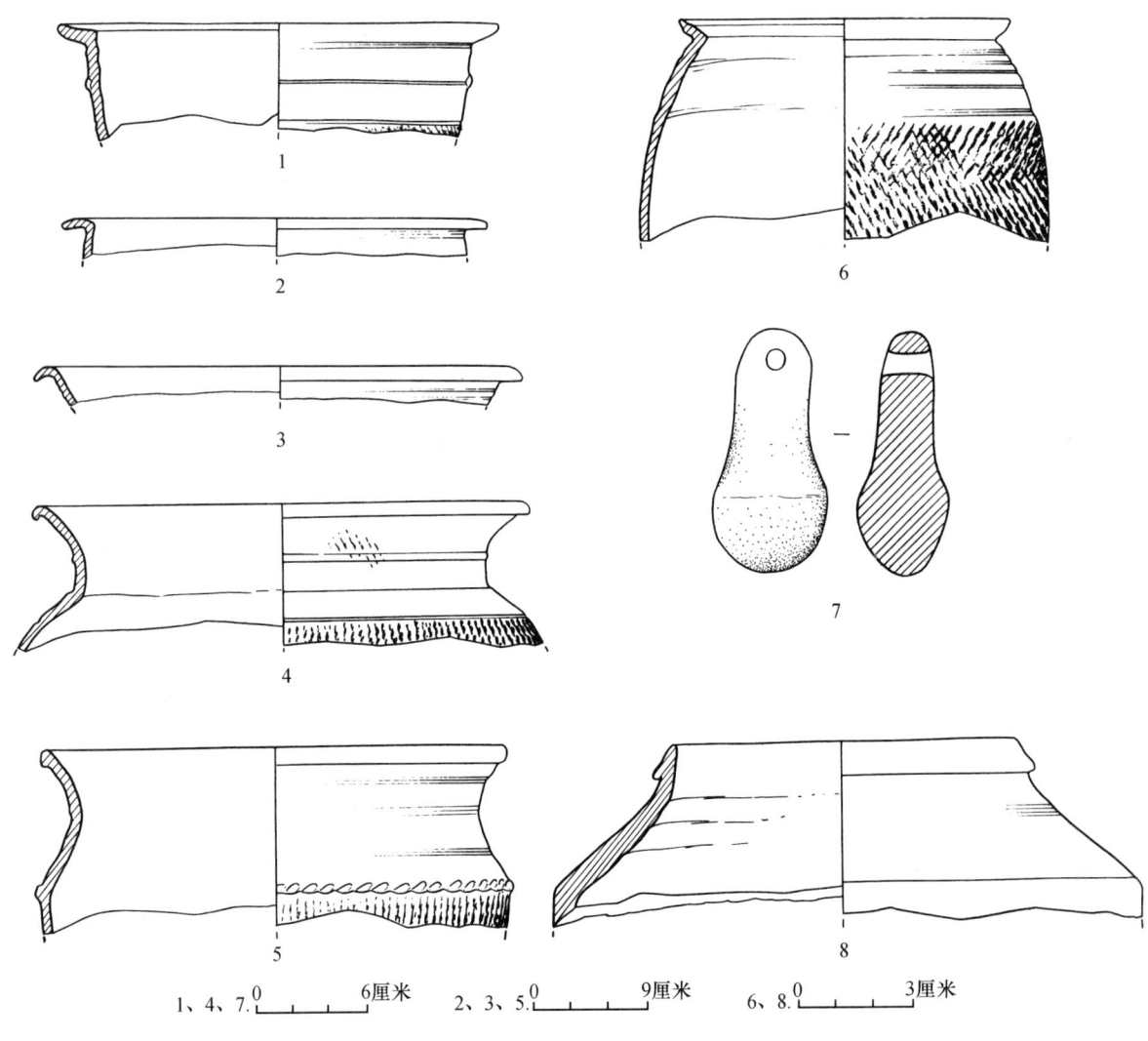

图 3-282　2004ⅠT7138H360 出土陶器

1. A 型Ⅲ式甑（2004H360:18）　2. B 型Ⅱ式深腹盆（2004H360:16）　3. B 型Ⅲ式深腹盆（2004H360:21）
4. Ⅱ式大口尊（2004H360:9）　5. Ⅱ式大口尊（2004H360:10）　6. A 型Ⅲ式敛口罐（2004H360:3）
7. 陶坠饰（H360:1）　8. 小罐（2004H360:22）

深腹盆

B 型Ⅱ式　标本 2004H360:16，泥质灰黑陶。口微敛，折沿，圆唇，口外有一周凸棱，腹壁较直，中腹以下腹残。素面。口径33.3、残高2.7厘米（图3-282，2）。

B 型Ⅲ式　标本 2004H360:21，泥质夹细砂，灰黑陶，红褐胎。侈口，尖圆唇，折沿下耷，腹壁较斜直，中腹以下腹残。上腹见三周凸弦纹。口径38.3、残高2.4厘米（图3-282，3）。

大口尊　Ⅱ式　标本 2004H360:9，泥质黑皮陶，暗红胎。敛口，圆唇外卷，高领，肩以下残。领中部饰一周凸弦纹，有绳纹被抹痕迹，肩部饰一周弦纹，下饰绳纹。口径26、残高7.2厘米（图3-282，4）。标本 2004H360:10，夹砂灰黑陶。侈口，圆唇下缘微凸，高领，折肩，中腹以下腹残。领肩部可见弦纹，折肩处饰附加堆纹，腹饰绳纹。口径36.6、肩径37.5、残高13.2厘米（图

3-282，5）。

敛口罐　A 型Ⅲ式　标本2004H360∶3，泥质灰黑陶，内壁呈灰褐色。敛口，仰折沿，沿面近唇处微凹，尖圆唇，鼓腹，下腹残。上腹饰数周弦纹，其下饰交错绳纹。口径17.2、残高11厘米（图图3-282，6）。

坠饰　标本2004H360∶1，泥质灰陶，呈葫芦形，上部有一圆孔。素面且磨光。长5.7厘米（图3-282，7；图版二八，2）。

小罐　标本2004H360∶22，泥质黑陶。敛口，矮领，尖唇，口外呈带状凸起，折肩，腹残。器壁素面且磨光。口径11.9、肩径15.1、残高4.3厘米（图3-282，8）。

2004ⅠT7138H373

深腹罐

Ab 型Ⅱ式　标本2004H373∶3，夹砂灰黑陶。方唇，折沿微仰。敛口，鼓肩，底部缺失。沿面外侧有一周弦纹，上腹饰竖向绳纹，下腹为斜向绳纹。口径22.8、残高24厘米（图3-283，4）。

Ac 型Ⅰ式　标本2004H373∶12，夹砂黑灰陶。圆唇，折沿微仰，沿面微凹，敛口，腹微鼓，中腹以下残。腹饰竖向绳纹。口径18.4、残高4厘米（图3-283，2）。

B 型Ⅱ式　标本H373∶2，夹砂灰陶。尖圆唇，卷沿上仰，敛口，略鼓肩，底稍缺失。腹饰竖向及交错绳纹。口径24、残高33.2厘米（图3-283，8）。

圆腹罐

Ca 型Ⅲ式　标本2004H373∶8，夹砂灰陶。方唇，唇下缘饰一周花边，矮领较斜直，圆鼓腹，中腹以下残。腹饰横向粗绳纹。口径16.4、残高7厘米（图3-283，3）。

Cb 型Ⅰ式　标本2004H373∶40，夹砂灰陶。侈口，尖唇，口外侧有一周凸棱，高领，中腹以下残。腹饰竖向绳纹。口径10.4、残高5.4厘米（图3-283，1）。

Cb 型Ⅱ式　标本2004H373∶10，夹砂深灰陶，局部为褐色。尖圆唇，口外侧有一周凸棱，沿面微凹，鼓腹，中腹以下残。腹饰竖向绳纹。口径15.8、残高5厘米（图3-283，6）。

Cc 型Ⅱ式　标本2004H373∶9，夹砂灰褐陶。方唇上缘微凸，沿面微凹，领稍矮，鼓腹，中腹以下残。腹饰竖向绳纹。口径14、残高5.6厘米（图3-283，7）。

Cc 型Ⅲ式　标本2004H373∶20，夹砂黑灰陶。方唇，侈口，矮领，鼓腹，中腹以下残。口外附有一对小鋬，素面。口径21、残高6.6厘米（图3-283，5）。

平底盆　标本2004H373∶13，泥质夹细砂，黑陶褐胎。尖圆唇，折沿近平，沿面微鼓，腹壁斜直，下腹及底。器表素面且磨光，腹部有器物修整时留下的凸弦纹。口径26、残高5厘米（图3-284，1）。

瓮　Ba 型Ⅱ式　标本2004H373∶5，泥质夹细砂，黑陶。圆唇外凸，直口，上腹较直，领部较直，圆肩，腹以下残。肩部饰篮纹。口径15厘米。肩颈29、残高9.2厘米（图3-284，2）。

2004ⅠT7138H379

深腹罐

Ab 型Ⅱ式　标本2004H379∶7，夹砂灰陶，局部灰黑色。敛口，仰折沿，方唇，唇面微凹，腹

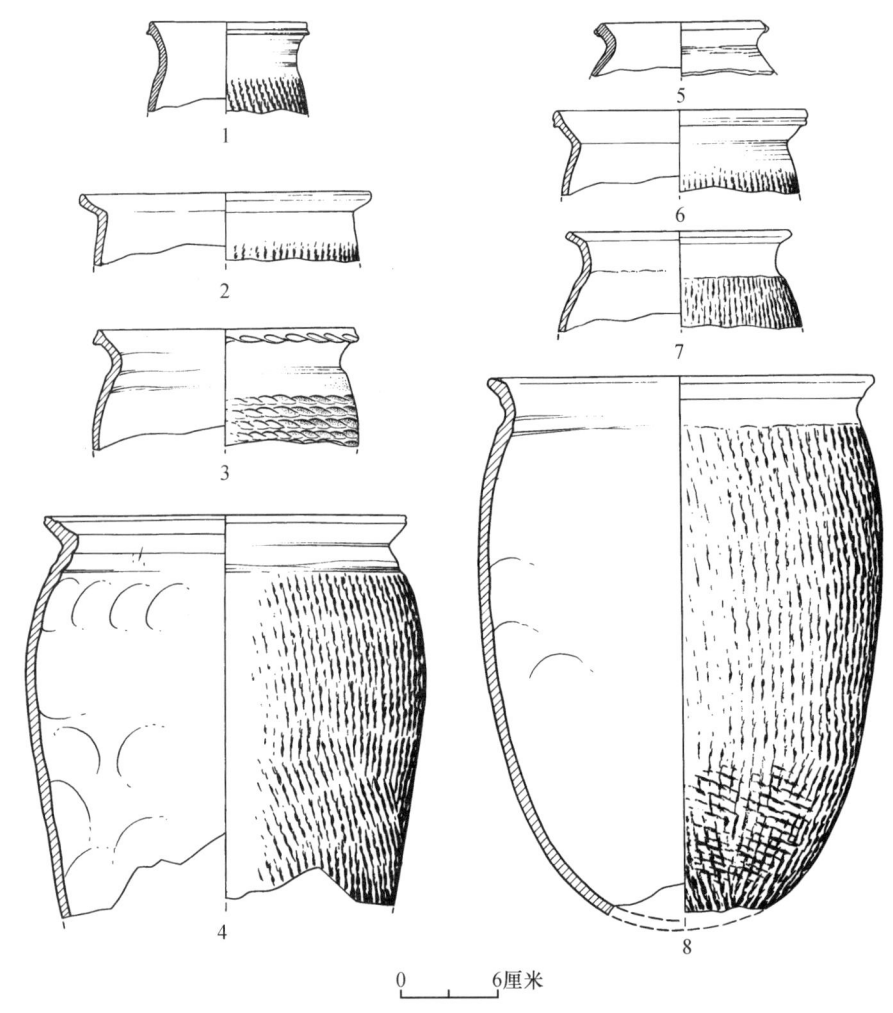

图 3-283 2004ⅠT7138H373 出土陶罐

1. Cb 型Ⅰ式圆腹罐（2004H373：40） 2. Ac 型Ⅰ式深腹罐（2004H373：12） 3. Ca 型Ⅲ式圆腹罐（2004H373：8） 4. Ab 型Ⅱ式深腹罐（2004H373：3） 5. Cc 型Ⅲ式圆腹罐（2004H373：20） 6. Cb 型Ⅱ式圆腹罐（2004H373：10） 7. Cc 型Ⅱ式圆腹罐（2004H373：9） 8. B 型Ⅱ式深腹罐（2004H373：2）

微鼓，中腹以下残。腹饰竖向绳纹。口径 25、残高 9.4 厘米（图 3-285，5）。标本 2004H379：22，夹砂褐陶。敛口，折沿近平，沿面微鼓，方唇，唇面微凹，腹微鼓，中腹以下残。腹饰竖向绳纹。口径 24、残高 4.4 厘米（图 3-285，2）。

Ac 型Ⅰ式 标本 2004H379：28，夹砂灰黑陶。敛口，仰折沿，沿面微凹，圆唇上缘微凸，腹微鼓，中腹以下残。腹饰竖向绳纹。口径 23.4、残高 4 厘米（图 3-285，3）。标本 2004H379：9，夹砂灰黑陶，青灰胎。口微敛，仰折沿，沿面微鼓，圆唇外凸，腹微鼓，中腹以下残。腹饰竖向绳纹。口径 23.8、残高 5.6 厘米（图 3-285，4）。标本 2004H379：25，夹砂灰黑陶。口微敛，仰折沿，尖圆唇，沿背呈带状凸起，鼓腹，中腹以下残。素面。口径 20、残高 3.3 厘米（图 3-285，1）。标本 2004H379：19，夹砂灰陶。口微敛，仰折沿，圆唇外凸，唇面有一周凹槽，腹微鼓，中腹以下残。腹饰竖向绳纹。口径 19.6、残高 3.6 厘米（图 3-285，9）。

C型Ⅱ式 标本2004H379:14，夹砂灰黑陶，青灰胎。侈口，卷沿，沿面微鼓，尖圆唇，略束颈，腹微鼓，中腹以下残。口外素面，其下饰竖向绳纹。口径20.2、残高6.4厘米（图3-285，10）。

圆腹罐

Ca型Ⅱ式 标本2004H379:20，夹砂灰陶。侈口，斜方唇，领较斜直，鼓腹，中腹以下残。口外饰一周花边，领腹交界处饰一周弦纹，腹饰竖向绳纹。口径14、残高5.5厘米（图3-285，6）。标本2004H379:6，夹砂灰黑陶。侈口，斜方唇，领稍斜直，鼓腹，中腹以下残。唇下缘饰一周花边，腹饰竖向绳纹。口径16、残高5.9厘米（图3-285，8）。

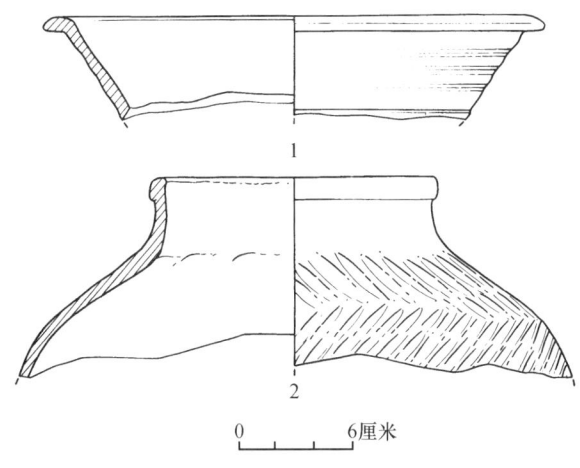

图3-284 2004ⅠT7138H373出土陶器
1. 平底盆（H373:13） 2. Ba型Ⅱ式瓮（H373:5）

Cb型Ⅱ式 标本2004H379:16，夹砂灰黑陶，红褐胎。口微侈，尖唇，口外有一周凸棱，领较斜直，鼓腹，下腹残。口外饰两对称的小錾，腹饰绳纹。口径12.4、残高6.5厘米（图3-285，7）。

鼎

A型Ⅱ式 标本2004H379:34，泥质灰黑陶，青灰胎。侈口，仰折沿，沿面微凹，方唇，唇面微凹，腹壁斜直，下腹残。腹饰竖向绳纹。口径16、残高2.4厘米（图3-286，1）。

Bc型 标本2004H379:13，泥质夹少量砂，灰黑陶。敛口，圆唇，口外有一周带状凸起，鼓腹。上腹有绳纹被抹痕迹，其下饰附加堆纹及绳纹。口径13.8、残高7厘米（图3-286，2）。

甑 A型Ⅲ式 标本H2004379:18，泥质灰陶。口微侈，仰折沿，沿面微凹，圆唇，沿背微鼓，下腹残。腹饰数周弦纹及两对称的鸡冠錾。口径20.6、残高4.9厘米（图3-286，3）。

刻槽盆 A型Ⅲ式 标本2004H379:31，泥质灰黑陶，褐胎。侈口，圆唇外凸，腹壁较斜直，下腹残。唇面饰一周细弦纹，腹饰斜向绳纹，内壁有数道刻槽。口径19.2、残高4.6厘米（图3-286，4）。

深腹盆

A型Ⅱ式 标本2004H379:24，泥质黑皮陶，暗红胎。侈口，折沿近平，方唇，唇面微凹，腹壁较直，下腹残。器表素面且磨光。口径31.2、残高4.4厘米（图3-286，12）。

A型Ⅲ式 标本2004H379:30，泥质黑陶。侈口，仰折沿，圆唇上缘凸出，沿背微鼓，腹壁较直，下腹残。上腹有绳纹被抹痕迹，其下饰竖向绳纹。口径20、残高5.6厘米（图3-286，5）。

B型Ⅱ式 标本2004H379:21，泥质灰陶。侈口，平折沿，尖圆唇，腹壁较直，下腹残。沿面中部略凸，上腹饰有弦纹。口径20、残高4.4厘米（图3-286，6）。

三足盘 Ⅲ式 标本2004H379:5，夹砂黑皮陶，暗红胎。侈口，折沿下耷，沿面微鼓，圆唇，腹壁较直，圈足残。盘腹饰有凸棱。口径30.2、底径25.8、残高6.8厘米（图3-286，7）。

豆 A型Ⅲ式 标本2004H379:11，泥质灰黑陶，内壁呈褐色，褐胎，胎芯为灰色。侈口，折沿微耷，尖圆唇，盘略浅，平底，柄残。器表素面且磨光。口径15.7、残高5.2厘米（图3-286，8）。

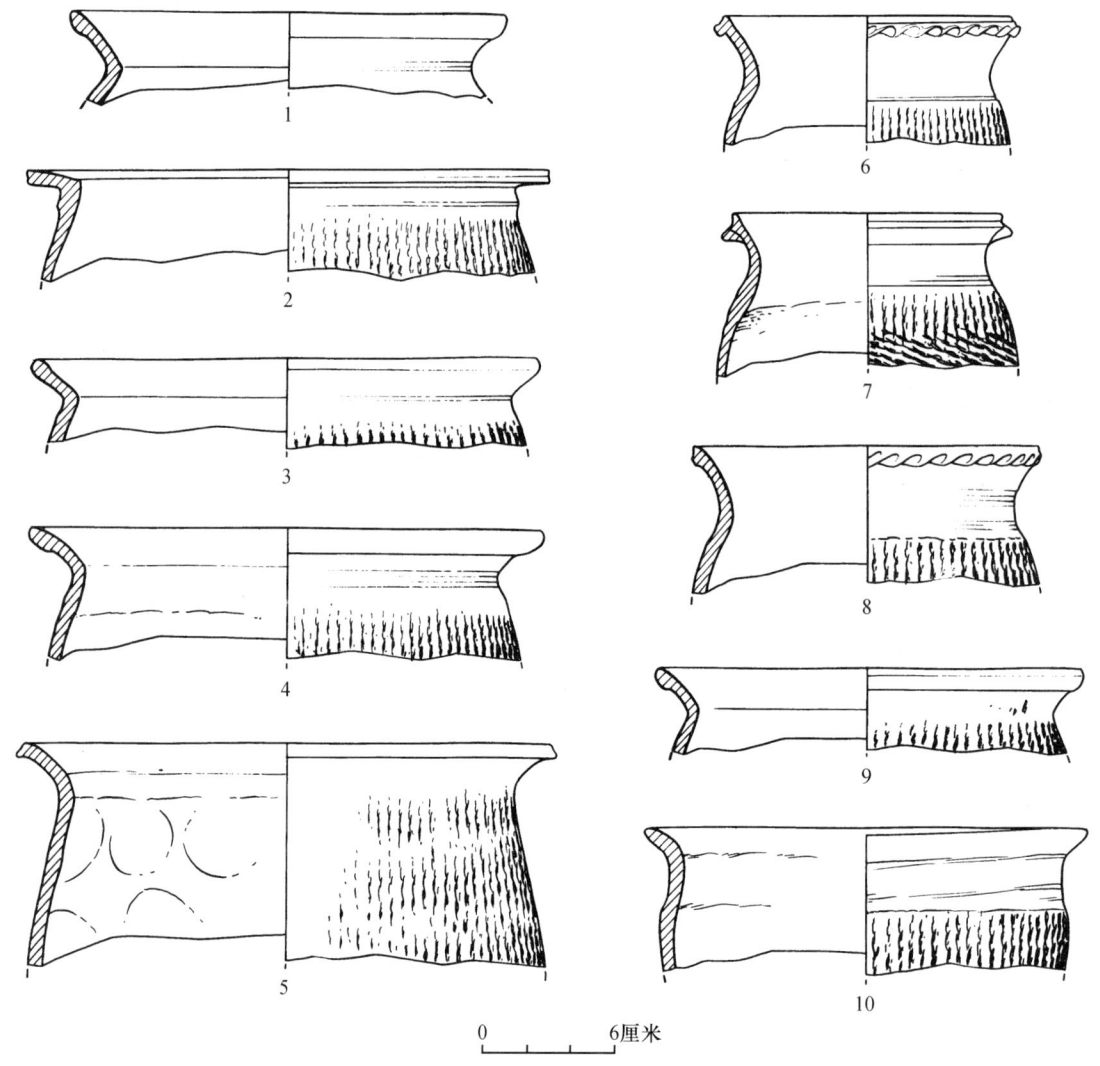

图 3-285 2004ⅠT7138H379 出土陶罐

1、3、4、9. Ac型Ⅰ式深腹罐（2004H379：25、2004H379：28、2004H379：9、H379：19） 2、5. Ab型Ⅱ式深腹罐（2004H379：22、2004H379：7） 6. Ca型Ⅱ式圆腹罐（2004H379：20） 7. Cb型Ⅱ式圆腹罐（2004H379：16） 8. Ca型Ⅱ式圆腹罐（2004H379：6） 10. C型Ⅱ式深腹罐（2004H379：14）

器盖 Ab型 标本2004H379：15，泥质黑皮陶，红胎，胎芯为灰黑色。弧壁，口外张，尖圆唇，口外侧呈带状凸起，纽残。器表饰数周弦纹。口径21.2、残高10.1厘米（图3-286，9）。

大口尊 Ⅱ式 标本2004H379：8，泥质灰黑陶，暗红胎。侈口，圆唇外凸，高领较斜直，肩以下残。器壁磨光。领中部饰一周凸棱，肩中部饰一周弦纹，其上有绳纹被抹痕迹。口径26.8、残高4.9厘米（图3-286，10）。

瓮 B型 标本2004H379：36，夹砂灰黑陶，暗红胎。侈口，尖圆唇微上翘，矮领，肩以下残。素面。口径12、残高2.5厘米（图3-286，11）。

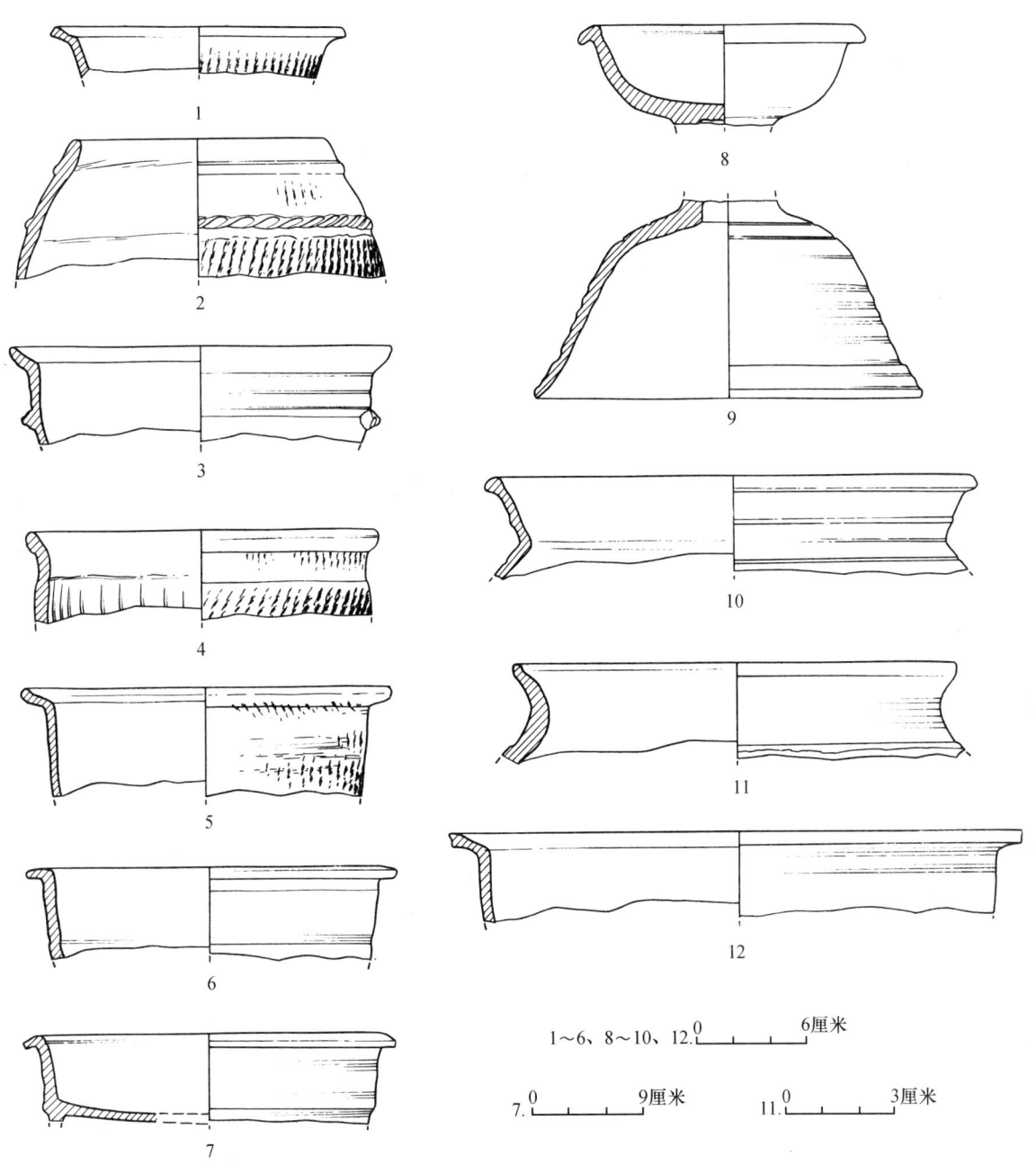

图 3-286　2004ⅠT7138H379 出土陶器

1. A 型Ⅱ式鼎（2004H379：34）　2. Bc 型鼎（2004H379：13）　3. A 型Ⅲ式甑（2004H379：18）　4. A 型Ⅲ式刻槽盆（H379：31）　5. A 型Ⅲ式深腹盆（2004H379：30）　6. B 型Ⅱ式深腹盆（2004H379：21）　7. Ⅲ式三足盘（2004H379：5）　8. A 型Ⅲ式豆（2004H379：11）　9. Ab 型器盖（2004H379：15）　10. Ⅱ式大口尊（2004H379：8）　11. B 型瓮（2004H379：36）　12. A 型Ⅱ式深腹盆（2004H379：24）

2004ⅠT7138H441

深腹罐 Ab型Ⅱ式 标本2004H441:7，夹砂褐陶，红胎。敛口，平折沿，方唇，唇面微凹，腹微鼓，中腹以下残。腹饰竖向绳纹。口径22、残高6.6厘米（图3-287，6）。标本2004H441:4，夹砂灰黑陶。敛口，仰折沿，沿面微凹，圆唇上凸，腹微鼓，中腹以下残。腹饰绳纹。口径22.6、残高5厘米（图3-287，5）。

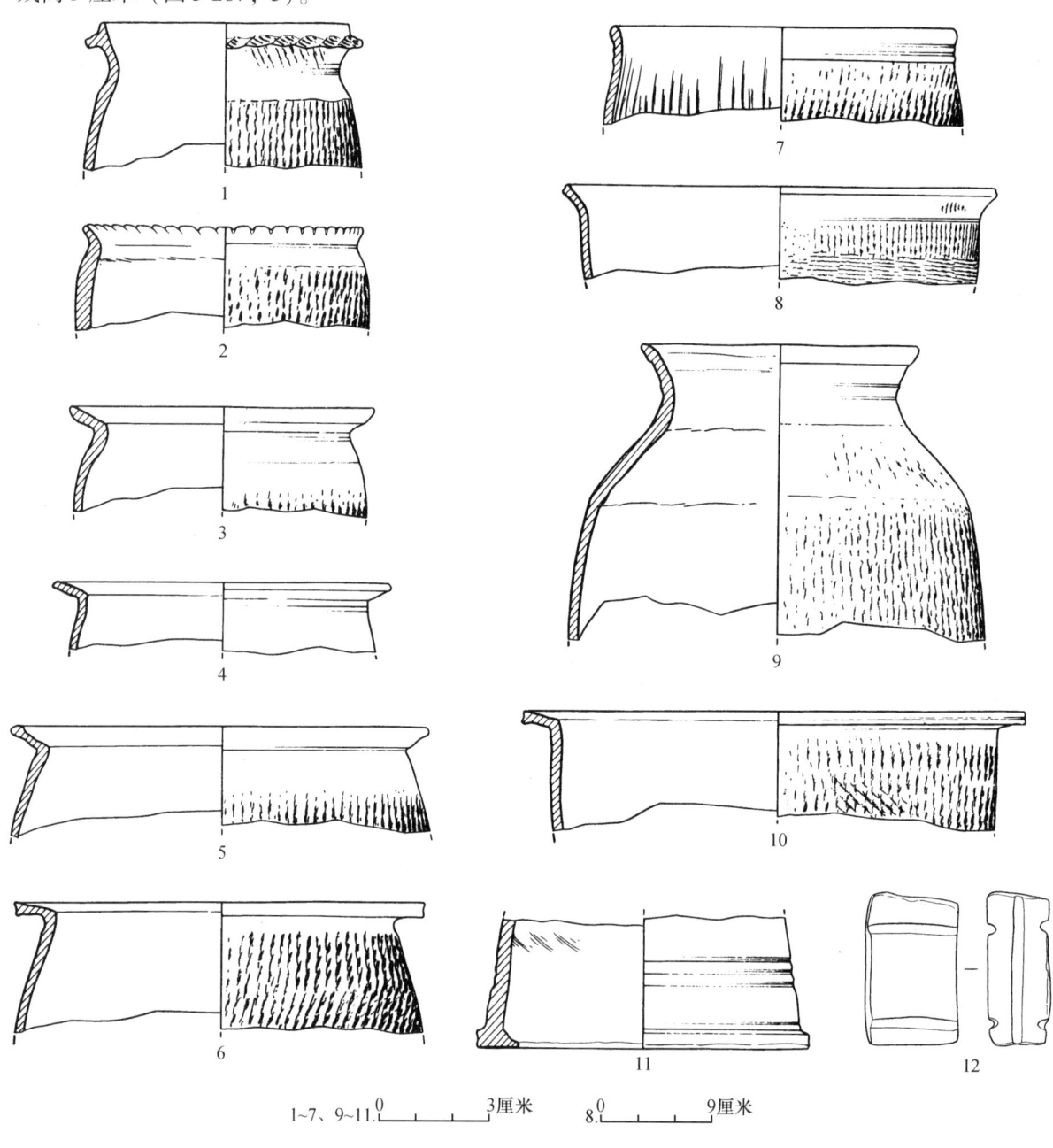

图3-287 2004ⅠT7138H441出土陶器

1. Ca型Ⅱ式圆腹罐（2004H441:5） 2、3. A型Ⅱ式圆腹罐（2004H441:2、2004H441:8） 4. A型Ⅰ式圆腹罐（2004H441:17）
5、6. Ab型Ⅱ式深腹罐（2004H441:4、2004H441:7） 7. A型Ⅰ式刻槽盆（2004H441:10） 8、10. A型Ⅱ式深腹盆（2004H441:3、2004H441:6） 9. Ba型Ⅰ式瓮（2004H441:1） 11. 器底（2004H441:15） 12. A型白陶网坠（2004H441:20）

圆腹罐

A型Ⅰ式　标本2004H441:17，夹砂黑皮陶，暗红胎。敛口，折沿微仰，尖圆唇，腹微鼓，下腹残。素面。口径18.2、残高3.4厘米（图3-287，4）。

A型Ⅱ式　标本2004H441:8，夹砂黑皮陶，红褐胎。敛口，仰折沿，尖圆唇，沿背呈带状凸起，鼓腹，下腹残。腹饰绳纹。口径16.5、残高5.2厘米（图3-287，3）。标本2004H441:2，夹砂黑陶。敛口，仰折沿，圆唇，腹微鼓，下腹残。唇面压印花边，腹饰绳纹。口径15.2、残高5.1厘米（图3-287，2）。

Ca型Ⅱ式　标本2004H441:5，夹砂灰黑陶。侈口，尖圆唇，领稍斜直，鼓腹，下腹残。口外侧饰一周花边，领部有绳纹被抹痕迹，腹饰绳纹。口径13.4、残高7.2厘米（图3-287，1）。

瓮　Ba型Ⅰ式　标本2004H441:1，泥质灰黑陶，暗红胎。侈口，尖圆唇，口外侧呈带状凸起，高领，折肩，腹微鼓，下腹残。领中部饰一周凸棱，肩部绳纹略抹，腹饰绳纹。口径14.8、肩径20.2、残高14.8厘米（图3-287，9）。

深腹盆　A型Ⅱ式　标本2004H441:3，夹砂灰陶。侈口，仰折沿，方唇唇面微凹，腹壁较直，下腹残。腹饰竖向及横向绳纹。口径34.8、残高7.1厘米（图3-287，8）。标本2004H441:6，夹砂褐陶。直口，折沿微仰，方唇唇面微凹，腹壁较直，下腹残。腹饰绳纹。口径26.8、残高5.4厘米（图3-287，10）。

刻槽盆　A型Ⅰ式　标本2004H441:10，泥质灰黑陶，暗红胎。口微侈，圆唇，腹微鼓，下腹残。口外侧有两周凸棱，腹饰绳纹，内壁竖向刻槽。口径18.4、残高4.8厘米（图3-287，7）。

器底　标本2004H441:15，泥质夹少量砂，黑陶，灰胎。圈足微外撇，底部外凸。器表饰三周弦纹。底径17.8、残高6.6厘米（图3-287，11）。

网坠　A型　标本2004H441:20，泥质白陶，长方体，四棱略抹圆，前后面略凹，各有两条凹槽，东西侧面各有一道深凹槽。素面。长3.9、宽2.2、厚1.6厘米（图3-287，12；彩版一八，6下）。

2004ⅠT7238H359

深腹罐　Ac型Ⅰ式　标本2004H359:4，夹细砂灰陶。仰折沿，斜方唇，沿背略凸，敛口，上腹较鼓，中腹以下残。口径23、残高5.6厘米（图3-288，3）。标本2004H359:2，夹细砂褐陶。敛口，仰折沿，沿面有一道凹槽，方唇，唇缘较圆，腹略鼓，中腹以下残。腹饰竖向绳纹。口径26.6、残高5厘米（图3-288，5）。

深腹盆　B型Ⅱ式　标本2004H359:5，夹细砂灰陶，口微侈，窄沿平折，沿面略鼓，圆唇。腹较斜直，中腹以下残。腹饰斜向绳纹。口径31.5、残高4.2厘米（图3-288，2）。

豆

A型Ⅲ式　标本2004H359:1，泥质灰陶。通体磨光，侈口，窄沿平折，尖圆唇。斜弧腹，圜底，柄残。上腹有凹凸弦纹。口径16、残高6.2厘米（图3-288，1）。

A型Ⅳ式　标本2004H359:3，泥质灰陶，褐胎。敞口，圆唇，斜弧腹，圜底，底及柄残，口径22.8、残高6.4厘米（图3-288，4）。

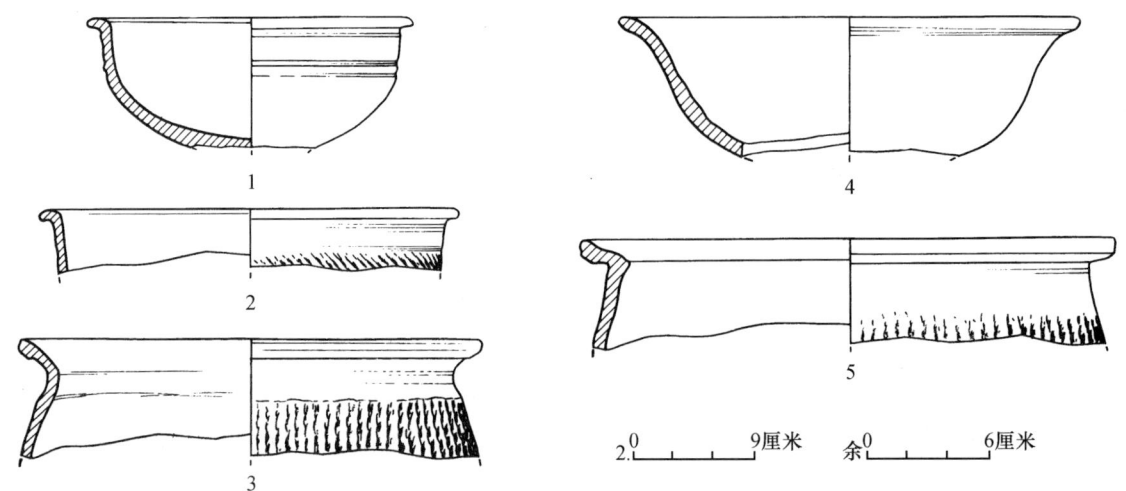

图 3-288 2004ⅠT7238H359 出土陶器

1. A 型Ⅲ式豆（2004H359:1） 2. B 型Ⅱ式深腹盆（2004H359:5） 3、5. Ac 型Ⅰ式深腹罐（2004H359:4、2004H359:2）
4. A 型Ⅳ式豆（2004H359:3）

2004ⅠT7238H415

深腹罐

Ab 型Ⅱ式 标本 2004H359:2H415:1，夹细砂褐陶，局部呈灰色，灰胎。折沿上仰，方唇。腹略鼓，最大径偏上，下腹残。腹饰竖向绳纹。口径 21、腹径 22、残高 18 厘米（图 3-289，4）。

Ac 型Ⅰ式 标本 2004H415:6，夹细砂灰陶，敛口，仰折沿，沿较宽，圆唇外凸。腹较直，中腹以下残。腹饰竖向绳纹。口径 20.6、残高 9.8 厘米（图 3-289，2）。

圆腹罐 Ca 型Ⅱ式 标本 2004H415:3，夹细砂灰陶，侈口，尖圆唇，口外饰一周索状花边。领卷曲。腹略鼓，中腹以下残。腹饰竖向绳纹。口径 16、残高 8 厘米（图 3-289，1）。

三足盘

Ⅲ式 标本 2004H415:5，泥质黑陶，褐胎。口微侈，卷沿微斜，圆唇，直腹，平底，足残。通体磨光。口径 20.4、残高 6 厘米（图 3-289，3）。

Ⅳ式 标本 2004H415:4，泥质黑陶。敞口，圆唇，斜直腹，圜底，足残。通体磨光。盘腹饰有凸弦纹。口径 23、残高 6 厘米（图 3-289，6）。

甑 A 型Ⅲ式 标本 2004H415:2，夹细砂灰陶。侈口，折沿上仰，圆唇。斜弧腹。底近平，底部有五孔，中间一孔为圆形，周边四孔为扁圆形。上腹有多周明显的轮修痕，并有一对鸡冠耳，其下饰交错绳纹。口径 24、通高 14.8 厘米（图 3-289，5）。

深腹盆 A 型Ⅱ式 标本 2004H415:7，泥质黑陶，红褐胎。直口微敛，仰折沿，方唇，鼓腹，下腹及底残。上腹有轮修形成的细密弦纹及一对鸡冠耳，其下饰竖向绳纹。口径 29、残高 5.6 厘米（图 3-289，7）。

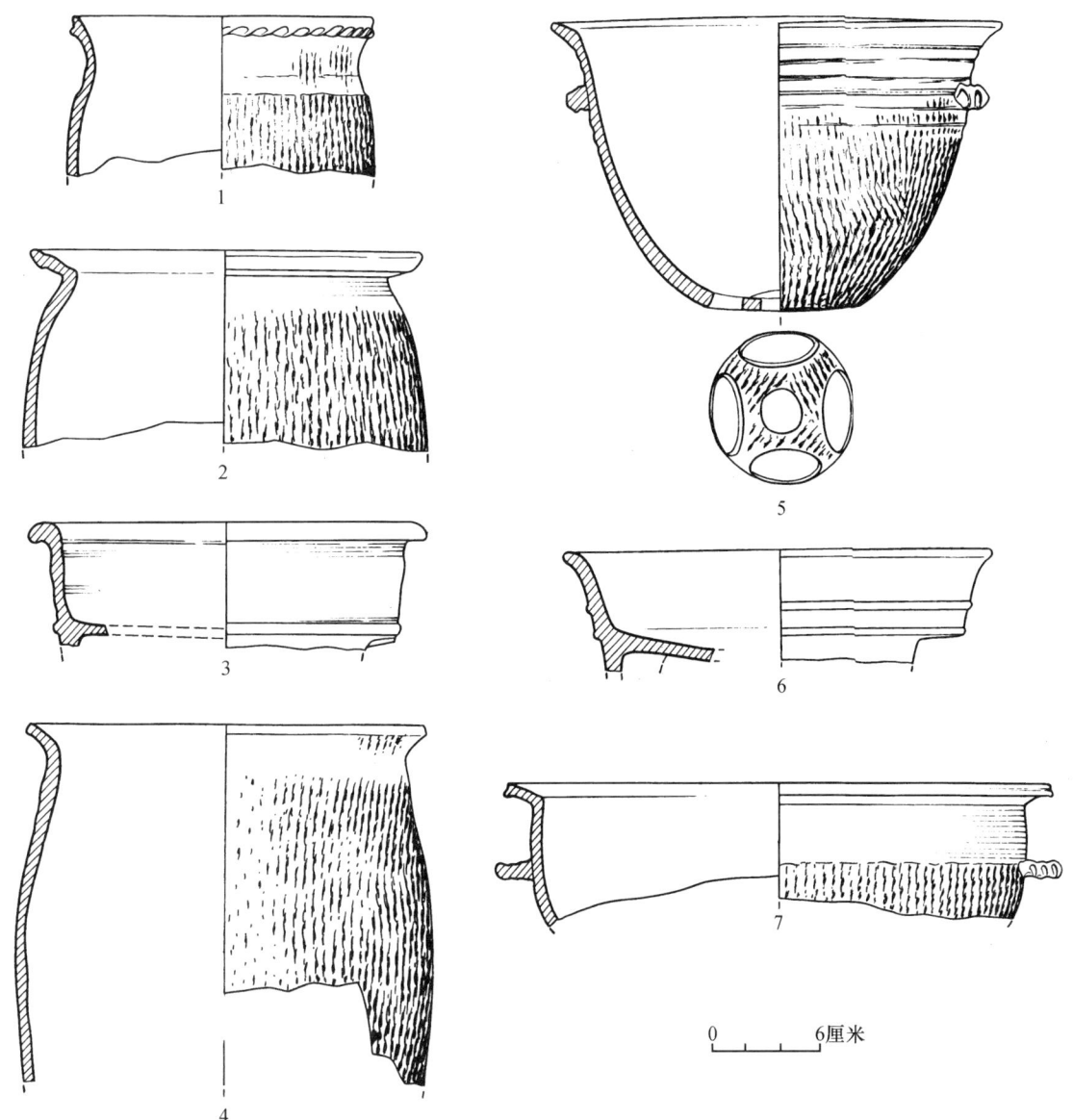

图 3-289　2004 Ⅰ T7238H415 出土陶器

1. Ca 型 Ⅱ 式圆腹罐（2004H415：3）　2. Ac 型 Ⅰ 式深腹罐（2004H415：6）　3. Ⅲ 式三足盘（2004H415：5）　4. Ab 型 Ⅱ 式深腹罐（2004H415：1）　5. A 型 Ⅲ 式甗（2004H415：2）　6. Ⅳ 式三足盘（2004H415：4）　7. A 型 Ⅱ 式深腹盆（2004H415：7）

2004 Ⅰ T7238H425

深腹罐

Ab 型 Ⅱ 式　标本 2004H425：10，夹细砂黑灰陶。仰折沿，圆唇，敛口，深弧腹，下腹及底残。腹饰竖向绳纹。口径 24、腹径 27、残高 32.8 厘米（图 3-290，1）。标本 2004H425：2，夹细砂灰陶。仰折沿，方唇唇面略凹。深弧腹，上腹微鼓，下腹及底残。腹饰竖向绳纹。口径 22、腹径 27、残高 30 厘米（图 3-290，2）。

C 型 Ⅱ 式　标本 2004H425：4，夹砂灰陶，平折沿，圆唇外鼓，略束颈，上腹较鼓，中腹以下

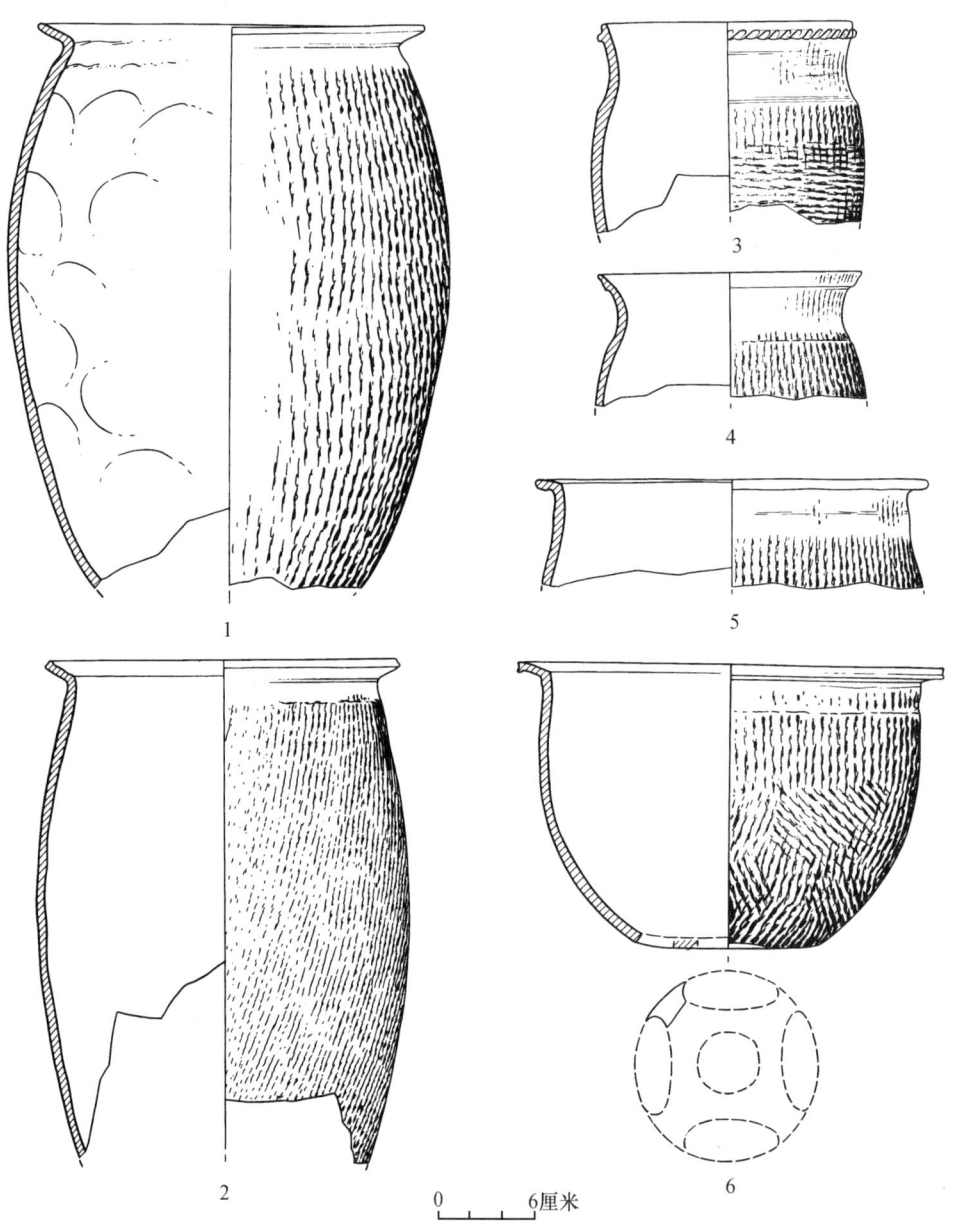

图 3-290　2004ⅠT7238H425 出土陶器

1、2. Ab 型Ⅱ式深腹罐（2004H425:10、2004H425:2）　3. Ca 型Ⅱ式圆腹罐（2004H425:8）
4. Cb 型Ⅱ式圆腹罐（2004H425:5）　5. C 型Ⅱ式深腹罐（2004H425:4）　6. A 型Ⅱ式甑（2004H425:3）

残。腹饰竖向绳纹。口径24、残高6.2厘米（图3-290,5）。

圆腹罐

Ca 型Ⅱ式　标本2004H425:8，夹细砂灰陶，侈口，尖圆唇，口外饰一周索状花边。领较高，略卷曲。鼓腹，下腹及底残。腹饰竖向及横向绳纹。口径15.2、残高11厘米（图3-290,3）。

Cb 型Ⅱ式　标本2004H425:5，夹细砂深灰陶。褐胎，侈口，斜方唇略凸起，领较高且卷曲，圆鼓腹，中腹以下残。腹饰竖向绳纹。口径16、残高7.2厘米（图3-290，4）。

甑　A型Ⅱ式　标本2004H425:3，夹细砂褐陶。口近直，折沿微仰，方唇唇面略凹，上腹较直，下腹弧收。平底，底部有五孔。腹饰交错绳纹。口径26、高16.6厘米（图3-290，6）。

2004ⅠT7238H431

深腹罐

Ab型Ⅱ式　标本2004H431:9，夹砂黑陶。敛口，仰折沿，方唇，上腹略鼓，圜底。腹饰绳纹。口径26、通高34厘米（图3-291，4）。标本2004H431:10，夹细砂灰陶。敛口，仰折沿，沿面略凸，方唇。鼓腹，中腹以下残。腹饰斜向绳纹。口径22.2、残高4.8厘米（图3-291，2）。

Ac型Ⅰ式　标本2004H431:8，夹粗砂红陶。敛口，窄沿仰折，圆唇，上腹较鼓，中腹以下残。腹饰竖向绳纹。口径29、残高8厘米（图3-291，3）。

B型Ⅱ式　标本2004H431:6，夹砂灰陶，褐胎。卷沿上仰，方唇，鼓腹，中腹以下残。腹饰竖向绳纹。口径20、残高6.2厘米（图3-291，1）。

圆腹罐

Ca型Ⅱ式　标本2004H431:5，夹细砂灰陶。侈口，尖圆唇，口外饰一周花边。领较高，略卷曲。鼓腹，中腹以下残。口径14.2、腹径15.2、残高11.4厘米（图3-291，6）。

Cb型Ⅲ式　标本2004H431:7，夹细砂深灰陶，褐胎。敛口，矮领斜直，尖唇，口外有一周凸棱。鼓腹，下腹及底残。腹饰竖向绳纹。口径12、腹径16、残高7.6厘米（图3-291，5）。

平底盆　标本2004H431:13，泥质灰陶。敞口，平折沿，沿面略鼓，尖圆唇。斜直腹，下腹及底残。通体磨光，上腹有一道弦纹。口径21.5、残高5.7厘米（图3-291，7）。

豆　A型Ⅲ式　标本2004H431:11，泥质灰陶。局部呈褐色。敞口，尖圆唇，斜弧腹，底及柄残，通体磨光，下腹有两道弦纹。口径17.8、残高5厘米（图3-291，8）。

鼎　A型　标本2004H431:12，夹砂灰陶。微侈口，窄沿略仰折，方唇，斜弧腹，中腹以下残。腹饰竖向绳纹。口径17.6、残高5厘米（图3-291，9）。

2004ⅠT7238H432

圆腹罐　Ca型Ⅱ式　标本2004H432①:2，夹细砂灰陶。侈口，圆唇，口沿外饰一周索状花边。斜直领。圆鼓腹，下腹及底残。腹饰竖向绳纹。口径15.8、残高11.2厘米（图3-292，1）。标本2004H432①:5，夹细砂灰陶，局部呈褐色。口微侈，尖圆唇，口沿外饰一周索状花边及一对鸡冠鋬。斜直领。圆鼓腹，下腹及底残。腹饰绳纹。口径12.2、腹径18、残高12.2厘米（图3-292，2）。

深腹盆

A型Ⅱ式　标本2004H432:11，夹砂褐陶，灰胎。敛口，仰折沿，圆唇，鼓腹，中腹以下残。素面。口径22.2、残高3.8厘米（图3-292，3）。标本2004H432:6，夹细砂灰陶，局部呈褐色，褐胎。仰折沿，方唇，弧腹，中腹以下残。腹饰交错绳纹。口径26.6、残高9厘米（图3-292，8）。

B型Ⅱ式　标本2004H432:7　泥质黑陶，褐胎。敞口，折沿近平，厚圆唇，斜弧腹，中腹以下残，通体磨光。口径39.9、残高3.3厘米（图3-292，4）。

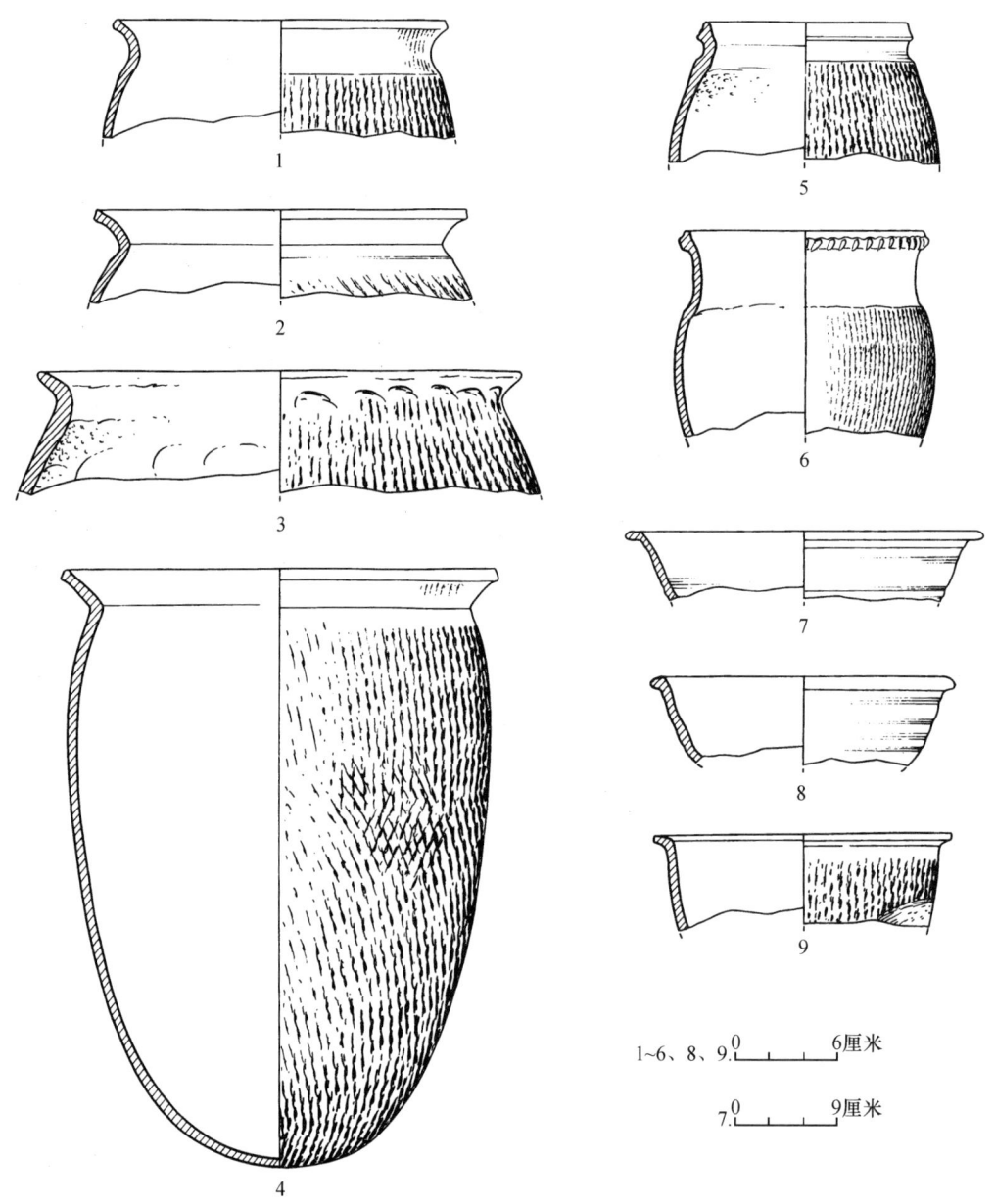

图 3-291　2004ⅠT7238H431 出土陶器

1. B 型Ⅱ式深腹罐（2004H431:6）　2、4. Ab 型Ⅱ式深腹罐（2004H431:10、2004H431:9）　3. Ac 型Ⅰ式深腹罐（2004H431:8）　5. Cb 型Ⅲ式圆腹罐（2004H431:7）　6. Ca 型Ⅱ式圆腹罐（2004H431:5）　7. 平底盆（2004H431:13）　8. A 型Ⅲ式豆（2004H431:11）　9. A 型鼎（2004H431:12）

刻槽盆　A 型Ⅱ式　标本 2004H432②:3，泥质，深灰色，褐胎。口微侈，口外呈带状凸起，方唇。斜弧腹，底残。上腹有较宽轮修痕，其下饰交错绳纹。口径 18.2、残高 11.8 厘米（图 3-292，6）。标本 2004H432:4，泥质黑陶，褐胎。口微侈，口外呈带状凸起，尖圆唇。一侧有流。上腹较直，中下腹斜收，凹圜底。上腹有较宽轮修痕，其下饰交错绳纹。口径 21.2、底径 9、通高 15 厘米（图 3-292，7）。

图 3-292 2004ⅠT7238H432 出土陶器

1、2. Ca型Ⅱ式圆腹罐（2004H432①：2、2004H432①：5） 3. A型Ⅱ式深腹盆（2004H432：11） 4. B型Ⅱ式深腹盆（2004H432：7） 5. 器耳（2004H432：9） 6、7. A型Ⅱ式刻槽盆（2004H432②：3、2004H432：4） 8. A型Ⅱ式鼎（2004H432：8） 9. A型Ⅱ式深腹盆（2004H432：6）

器耳 标本2004H432：9，泥质黑陶。半圆形耳，其下有一道弦纹。器表磨光。耳外径3、内径1.2~1.5、残宽6厘米（图3-292，5）。

鼎 A型Ⅱ式 标本2004H432：8，夹细砂褐陶。侈口，斜方唇，中腹以下残。腹饰绳纹，不甚清晰。口径18、残高5.8厘米（图3-292，8）。

2004ⅡT6302H8

深腹罐 A型Ⅱ式 标本2004H8:6，夹砂深灰陶。仰折沿，方唇、唇缘微凸，敛口，腹部微鼓，中腹以下缺失。腹部饰竖向细绳纹。口径11.2、残高3.6厘米（图3-293，2）。

圆腹罐 Ca型Ⅱ式 标本2004H8:7，夹砂黑皮陶，局部呈褐色，深灰胎。尖唇，侈口，束颈，鼓腹，中腹以下缺失。口外饰一周附索状花边，腹部饰竖向绳纹。口径14.8、残高8.8厘米（图3-293，1）。

深腹盆 A型Ⅱ式 标本2004H8:9，夹砂灰褐陶，红胎。圆唇，仰折沿，敛口，腹部弧收，下腹缺失。沿面上饰两周弦纹，沿背有少量绳纹痕，腹部饰竖向及斜向绳纹。口径24、残高7.4厘米（图3-293，3）。

圈足盘 B型 标本2004H8:4，泥质黑皮陶，深褐胎。仅见器底和圈足，盘底近平、周缘外凸，圈足外撇，足底外侧呈带状凸起。圈足和盘底为黏接而成，器壁内侧结合处有一周指甲痕。器表磨光。足有曲尺形和圆形镂孔，其间饰一周凸棱。底径26.4、残高8.2厘米（图3-293，4）。

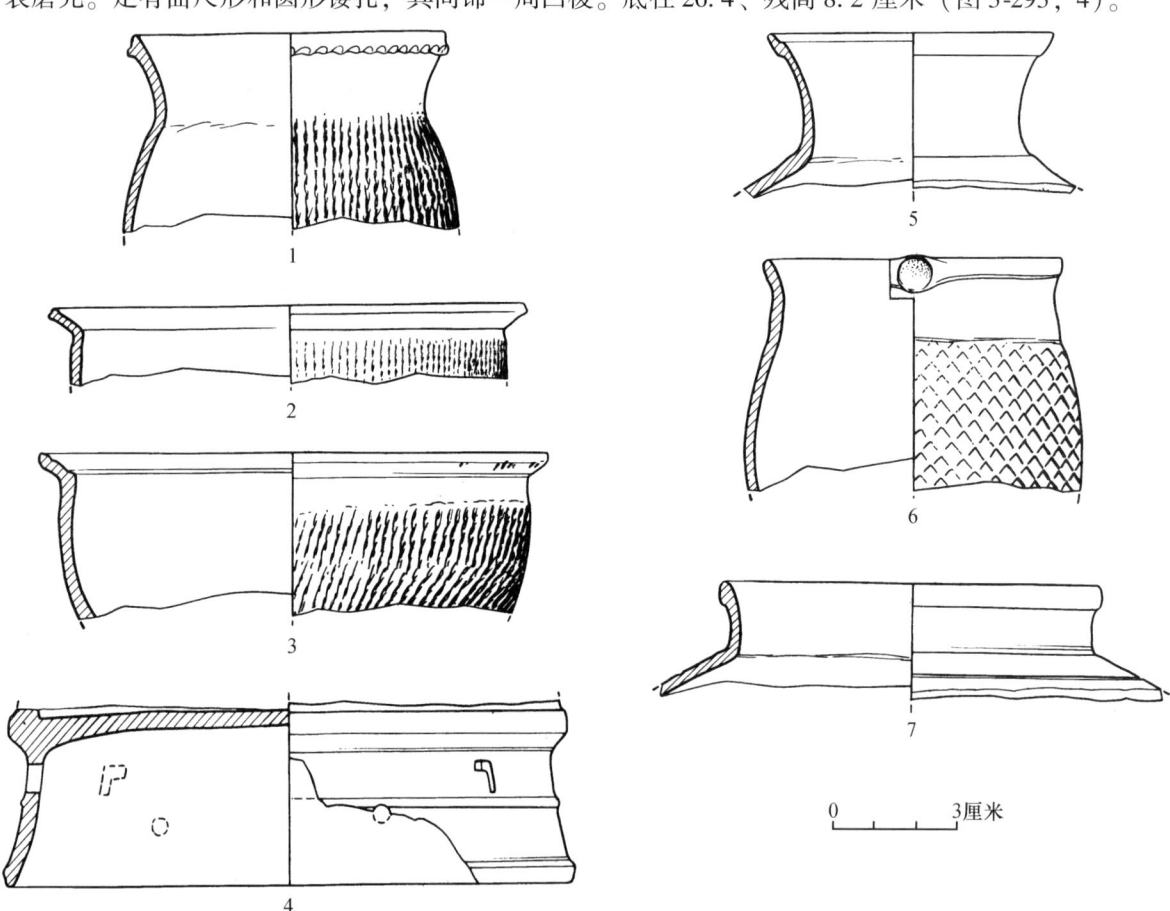

图3-293 2004ⅡT6302H8 出土陶器
1. Ca型Ⅱ式圆腹罐（2004H8:7） 2. A型Ⅱ式深腹罐（2004H8:6） 3. A型Ⅱ式深腹盆（2004H8:9） 4. B型圈足盘（2004H8:4） 5. 高领罐（2004H8:3） 6. A型Ⅰ式捏口罐（2004H8:10） 7. Ba型Ⅱ式瓮（2004H8:8）

瓮　Ba型Ⅱ式　标本2004H8:8，泥质黑皮陶，深灰胎。圆唇外凸，口微侈，矮领，肩部以下残缺。器表磨光，肩部有两周弦纹。口径17.8、残高5.2厘米（图3-293，7）。

高领罐　标本2004H8:3，泥质浅灰陶，红胎。圆唇，侈口、口外侧呈带状凸起，高领，肩部以下残缺。器表略磨光。口内侧饰一周凹槽，领肩部为素面。口径12.4、残高7厘米（图3-293，5）。

捏口罐　A型Ⅰ式　标本2004H8:10，泥质夹有细砂，灰黑陶红胎。圆唇，口部微侈、口外侧微呈带状凸起、有一捏窝，束颈，鼓腹，中腹以下缺失。腹部饰方格纹。口径13.6、残高10.6厘米（图3-293，6）。

2004ⅡT6302H9

深腹罐　A型Ⅱ式　标本2004H9:12，夹砂灰褐陶，灰胎。圆唇唇面略凹，折沿上仰，敛口，鼓腹，中腹以下缺失。腹部饰竖向细绳纹。口径23.6、残高6.8厘米（图3-294，4）。

圆腹罐　Ca型Ⅲ式　标本2004H9:2，夹砂灰黑陶，局部为灰褐色。尖圆唇，侈口，口内侧微凹，矮领，鼓腹，中腹以下缺失。唇下方压印有一周细索状花边并饰鸡冠鋬，腹部饰竖向绳纹。口径17.8、残高8.5厘米（图3-294，3）。

刻槽盆　A型Ⅰ式　标本2004H9①:7，夹砂灰褐陶。圆唇，口微侈，口外呈带状隆起，腹部微鼓，中部以下残。内壁有辐射状刻槽，口外饰一周弦纹，腹部饰斜向绳纹。口径14.2、残高6.1厘米（图3-294，1）。

深腹盆

A型Ⅰ式　标本2004H9①:14，夹砂深灰陶。圆唇，折沿微仰，口微侈，弧腹下收，底部残。腹部饰竖向篮纹。口径20、残高10.5厘米（图3-294，6）。

A型Ⅱ式　标本2004H9①:8，泥质夹有细砂，深灰陶。方唇，唇面上有一周凹槽，折沿上仰，口微敛，腹部微鼓，中腹以下残。腹部有一周弦纹。口径21、残高5厘米（图3-294，2）。标本2004H9:11，夹砂深灰陶。方唇唇缘凸出，仰折沿，折棱凸起，口微敛，腹部弧收，下腹缺失。沿面上饰两周弦纹，上腹部有一周弦纹并饰鸡冠耳，其下饰交错较粗绳纹。口径25.2、残高9.6厘米（图3-294，5）。标本2004H9②:21，泥质夹有细砂，灰陶。方唇，折沿上仰，口微敛，弧腹下收，中腹以下残。唇面有一周凹槽，腹部饰斜向细绳纹。口径26、残高4.8厘米（图3-294，11）。标本2004H9①:13，夹砂红褐陶，暗红胎。方唇下缘凸出、唇面略凹，口微敛、近直腹，中腹以下残。腹饰竖向绳纹。口径21.2、残高4.7厘米（图3-294，10）。标本2004H9②:17，泥质夹细砂，黑皮陶。圆唇，折沿上仰，鼓腹，中腹以下缺失。上腹磨光。沿面和腹部各饰一周弦纹，腹部弦纹以下饰方格纹。口径17.2、残高5.8厘米（图3-294，7）。

三足盘　Ⅰ式　标本2004H9②:15，泥质夹细砂，黑皮陶，局部呈深褐色，褐胎。尖圆唇，卷沿近平，腹部斜下收，中腹以下残。器表磨光。沿背有一周凸棱，腹部有三周凸弦纹。口径19、残高5.6厘米（图3-294，9）。

盂　标本2004H9②:18，泥质夹有细砂，红陶。圆唇，折沿微仰，敛口，鼓腹，中腹以下残。素面。口径13.6、残高5.4厘米（图3-294，8）。

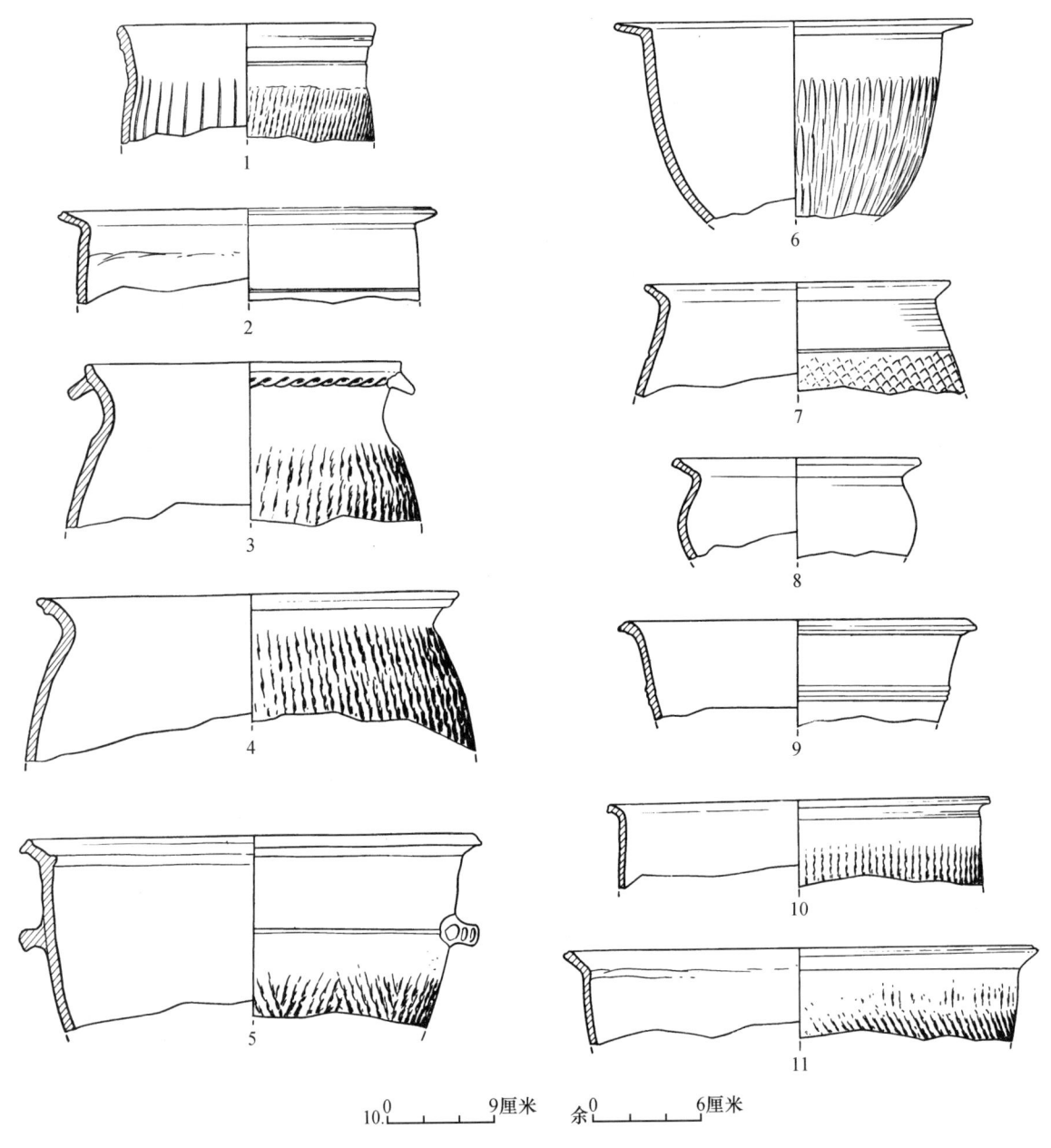

图 3-294　2004 Ⅱ T6302H9 出土陶器

1. A 型 Ⅰ 式刻槽盆（2004H9①:7）　2、5、7、10、11. A 型 Ⅱ 深腹盆（2004H9①:8、2004H9:11、2004H9②:17、2004H9①:13、2004H9②:21）　3. Ca 型 Ⅲ 式圆腹罐（2004H9:2）　4. A 型 Ⅱ 深腹罐（2004H9:12）　6. A 型 Ⅰ 式深腹盆（2004H9①:14）　8. 盂（2004H9②:18）　9. Ⅰ 式三足盘（2004H9②:15）

小口尊

A 型　标本 2004H9:6，夹砂红陶，深灰胎，胎芯为红色。方唇，侈口、高领，肩以下残。领肩相交处饰两周弦纹，肩部饰篮纹。口径 24.4、残高 6.8 厘米（图 3-295，2）。

B 型　标本 2004H9①:10，泥质夹细砂，黑皮陶，红胎。尖唇，口微侈，口外侧呈带状凸起，矮领，折肩，腹部斜收，中腹以下残。器表磨光。领部近肩部有一周凸棱，肩部和腹部饰弦纹。口径16.2、残高12厘米（图3-295，1）。

2004ⅡT6502H17

深腹罐 Ab型Ⅰ式 标本2004H17：8，夹砂灰黑陶，局部褐色，褐胎。敛口，仰折沿，方唇，唇面略凹，沿背微凸，腹微鼓，中腹以下残。腹饰斜向篮纹。口径23.4、残高10.6厘米（图3-296，2）。

圆腹罐 Cc型Ⅱ式 标本2004H17：9，夹砂灰黑陶，局部红褐色，黄胎。侈口，口内侧近唇处微凹，方唇，领稍矮，腹微鼓，中腹以下残。口外饰一对鸡冠形鋬，腹部饰竖向绳纹。口径18、残高7.8厘米（图3-296，1）。

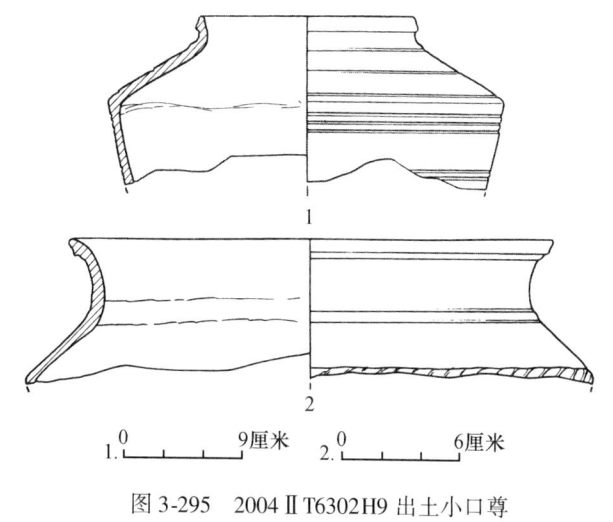

图3-295　2004ⅡT6302H9出土小口尊
1. B型（2004H9①：10）　2. A型（2004H9：6）

深腹盆 A型Ⅱ式 标本2004H17：11，泥质黑陶，局部红褐色，黑胎。侈口，仰折沿，尖圆唇凸出沿面，鼓腹，平底。上腹略磨光，其下饰斜向绳纹。口径32.3、腹径30.9、通高21.3厘米（图3-296，3；图版一四，6）。

觚 Ⅰ式 标本2004H17：10，泥质白陶。腹下部较直，平底，底部周缘外凸。内壁有刮抹痕迹。素面，腹壁近底部有一周凸棱，器底有一周圆圈纹。底径6.2、残高5.2厘米（图3-296，5；彩版一七，1）。

鬶 标本2004H17：12，泥质夹有细砂，白色。平口，前有三角形流，流根饰两个圆形泥钉，裆及袋足残。腰部饰一周楔点纹，其下有圆形乳丁。口径13.2、残高16厘米（图3-296，4）。

2004ⅡT6502H19

深腹罐

Ab型Ⅰ式 标本2004H19：78，夹砂褐陶，红胎。方唇近圆，仰折沿，敛口，弧腹，平底，最大腹径在中部。腹部及底部饰满绳纹。口径22.5、腹径25.2、底径7.5、高30.6厘米（图3-297，2；图版一〇，3）。标本2004H19：185，夹砂灰陶。圆唇，仰折沿，沿面近唇部微凹，上腹以下残。腹部饰竖向篮纹。口径28.6、残高5厘米（图3-297，1）。

Ab型Ⅱ式 标本2004H19：112，夹砂褐陶，深灰胎。方唇、唇上缘微凸，仰折沿，沿面微凹，敛口、弧腹，下腹残。腹部饰较粗绳纹。口径24.4、腹径24.8、残高18.2厘米（图3-298，1）。标本2004H19：115，夹砂褐陶。方唇近圆，唇上缘抹平，在沿面形成凸起。仰折沿，敛口，弧腹，下腹残。腹部饰较粗绳纹。口径18.4、腹径18.2、残高24.4厘米（图3-298，2）。标本2004H19：116，夹砂灰陶。方唇近圆、唇下缘凸起，仰折沿，敛口、口内侧抹平，外侧微凹，弧腹，中腹以下残。腹部饰竖绳纹，局部为交错绳纹。口径23.2、残高11.9厘米（图3-298，3）。标本2004H19：117，夹砂灰褐陶。方唇、唇面微凹，唇下缘微凸，仰折沿，敛口、口外侧微凹，弧腹，中腹以下残。腹部饰较密的绳纹。口径22.4、残高11.8厘米（图3-298，4）。标本2004H19：118，夹砂深灰陶，褐胎。圆唇，仰折沿近卷，敛口，弧腹，中腹以下残。腹部饰斜向较粗绳纹。口径24.6、残高11.2

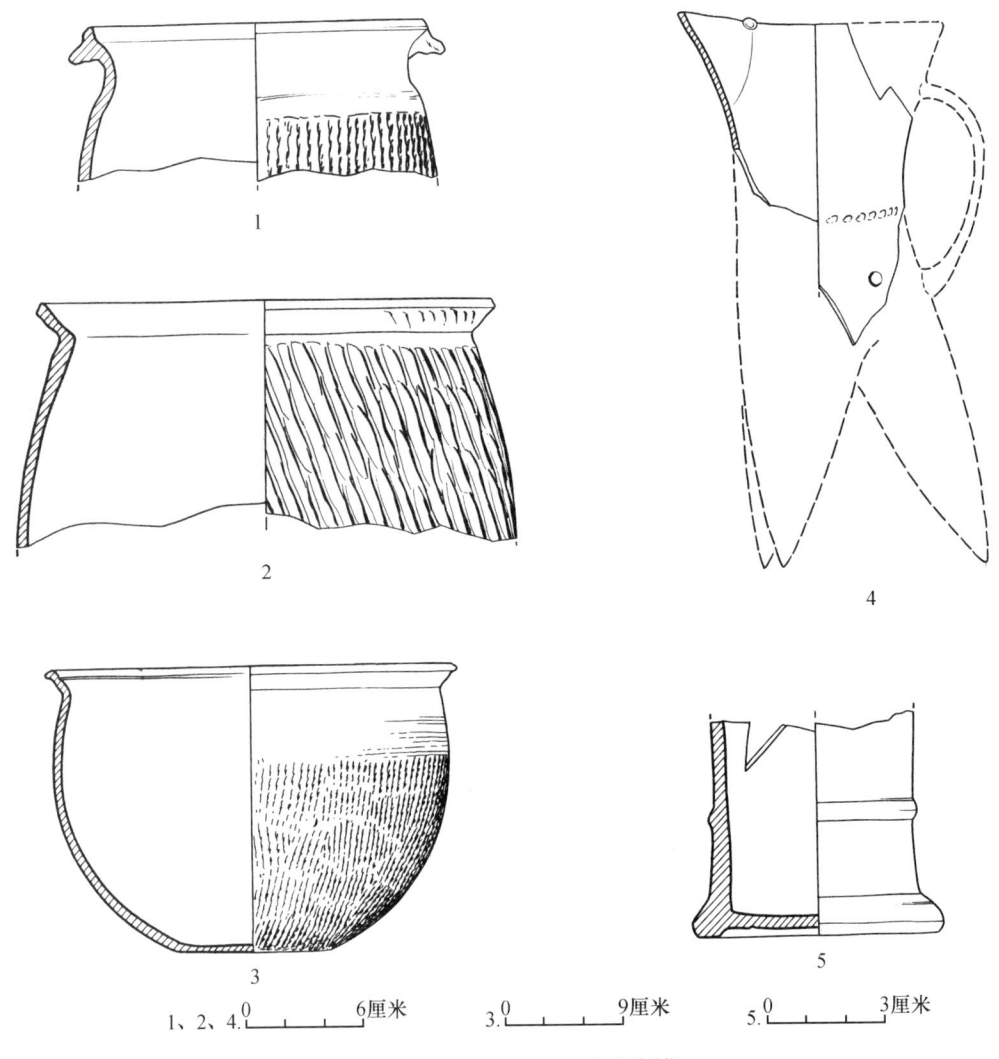

图 3-296 2004ⅡT6502H17 出土陶罐
1. Cc 型Ⅱ式圆腹罐（2004H17：9） 2. Ab 型Ⅰ式深腹罐（2004H17：8） 3. A 型Ⅱ式深腹盆（2004H17：11）
4. 鬶（2004H17：12） 5. Ⅰ式甗（2004H17：10）

厘米（图3-298，5）。标本2004H19：119，夹砂灰陶。方唇较厚。鼓腹，中腹以下残。器身表面饰较细绳纹。口径22、残高8.2厘米（图3-298，6）。标本2004H19：120，夹砂灰陶。方唇近圆，唇面有一周凹槽，折沿上仰、沿面近唇部微凹，敛口、弧腹，中腹以下残。腹部饰绳纹。口径21.1、残高7.3厘米（图3-298，7）。标本2004H19：121，夹砂灰陶。方唇、唇缘微凹，折沿上仰，敛口、弧腹，中腹以下残。腹部饰竖向绳纹。口径24.2、残高6.2厘米（图3-299，1）。标本2004H19：140，夹砂红陶，局部为黑色。圆唇，唇下缘微凸，仰折沿，口微敛、口内侧抹平，腹部近直，中腹以下残。上腹部磨光，其下饰一周弦纹及竖向绳纹。口径34.8、残高12.6厘米（图3-299，2）。标本2004H19：164，夹砂灰褐陶。方唇，沿面略凹。仰折沿，中腹以下残。器身饰较细绳纹。口径23.4、残高10厘米（图3-299，3）。标本2004H19：165，夹砂灰褐陶。方唇，折沿上仰，敛口、弧腹，中腹以下残。唇面有一周凹槽，腹部饰斜向较粗绳纹。口径23.2、残高8.3厘米（图3-299，

7)。标本 2004H19：169，夹砂灰陶。圆唇上缘微凸，折沿上仰、敛口、口外侧有一周宽凹槽，弧腹，中腹以下残。腹部饰竖向绳纹。口径 23.6、残高 4.4 厘米（图 3-299，5）。

Ac 型 I 式　标本 2004H19：184，夹砂深灰陶。圆唇稍厚，略呈带状凸起，卷沿上仰，沿面微凹，鼓腹，中腹以下残。腹部饰横向及交错绳纹。口径 22.2、残高 6 厘米（图 3-299，4）。

C 型 I 式　标本 2004H19：122，夹砂深褐陶，局部呈红色。方唇近圆，仰折沿、沿面微凹，领部近直，敛口，中腹以下残。领部以上素面，腹饰细密的竖绳纹。口径 22.6、残高 7.6 厘米（图 3-299，6）。

圆腹罐

A 型 II 式　标本 2004H19：173，夹细砂褐陶。方唇，唇面略凹，折沿微仰、弧腹，中腹以下残。口沿和腹部近口处为素面，以下饰细密的竖绳纹。口径 16.7、残高 4.8 厘米（图 3-300，1）。标本 2004H19：190，夹砂黑陶，红胎。圆唇，窄沿微仰折，沿面近唇部略凹，敛口，微束颈，鼓腹，中腹以下残。腹部饰竖向绳纹。口径 18.2、残高 5.1 厘米（图 3-300，2）。标本 2004H19：79，夹砂黑陶，褐胎。腹部饰绳纹，上腹部和底部绳纹抹去。方唇，唇上缘微凸，折沿上仰，圆腹，平底。口径 18、底径 10.1、高 15 厘米（图 3-301，1；图版——，1）。

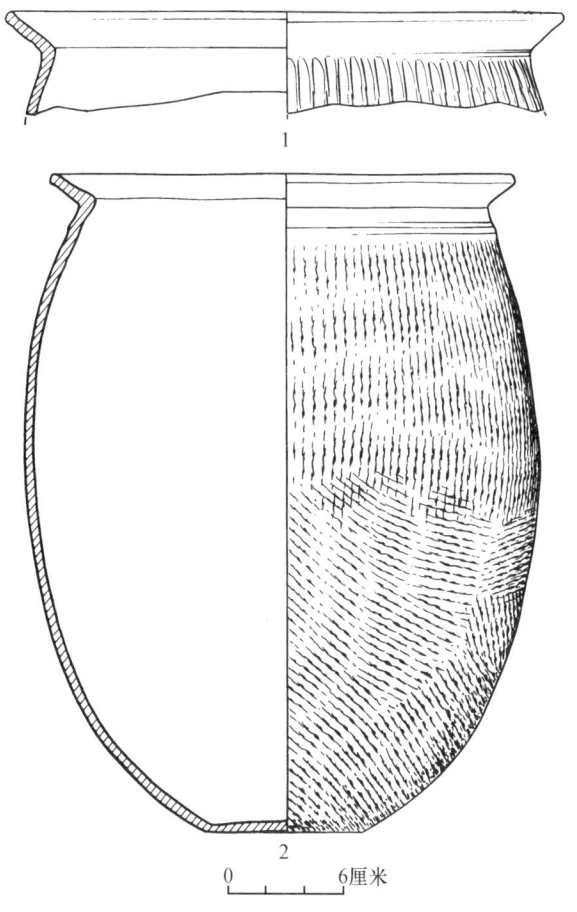

图 3-297　2004 II T6502H19 出土深腹罐（一）
1、2. Ab 型 I 式（2004H19：185、2004H19：78）

Ca 型 II 式　标本 2004H19：83，夹砂灰褐陶。侈口，圆唇，束颈，腹瘦长，中部微鼓，底残。口外饰一周索状花边及一对鸡冠錾，领部抹平，腹部饰较粗绳纹。口径 15.6、腹径 16.5、底径 8.8、残高 19.6 厘米（图 3-300，5；图版一〇，4）。标本 2004H19：126，夹细砂黑皮陶，红褐胎。尖圆唇，侈口，领较斜直，领腹交接处有一周凹槽，腹微鼓，中腹以下残。口外饰细索状花边，领部有绳纹被抹痕，上腹饰竖向绳纹。口径 14.2、残高 8.5 厘米（图 3-300，4）。标本 2004H19：127，夹砂灰黑陶，红褐胎。圆唇，侈口，领较斜直，腹微鼓，中腹以下残。口外侧饰一周凸棱及索状花边，领部有隐约篮纹痕，腹饰斜向篮纹。口径 15、残高 7.4 厘米（图 3-300，3）。标本 2004H19：174，夹砂灰陶。尖唇，侈口，领较直，腹微鼓，最大腹径偏上，中腹以下残。口外侧饰一周花边，上腹饰竖向绳纹，下腹饰斜向绳纹。口径 21、腹径 21.4、残高 18.8 厘米（图 3-300，9）。标本 2004H19：167，夹砂灰黑陶，红褐胎。尖圆唇，侈口，束颈，鼓腹，中腹以下残。口外饰一周花边，上腹饰竖向篮纹。口径 14.4、残高 9.8 厘米（图 3-300，6）。标本 2004H19：166，夹砂灰陶。尖唇，侈口，束颈，颈腹交接处微凸，中腹部以下残。口外侧饰一周花边，上腹饰斜向绳纹。口径 13.8、

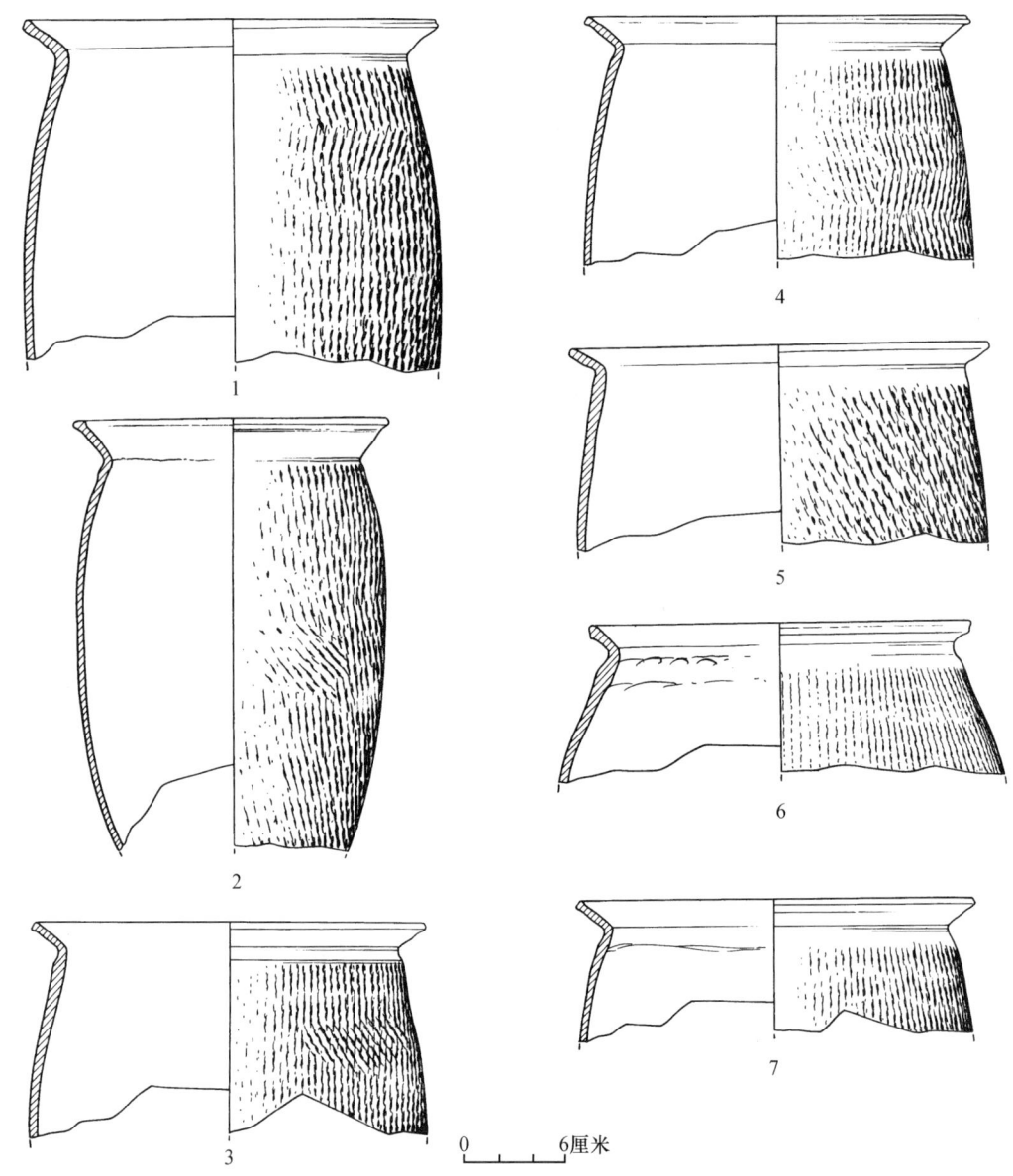

图 3-298 2004ⅡT6502H19 出土深腹罐（二）

1~7. Ab 型Ⅱ式（2004H19:112、2004H19:115、2004H19:116、2004H19:117、
2004H19:118、2004H19:119、2004H19:120）

残高 4.2 厘米（图 3-300，7）。

Ca 型Ⅲ式　标本 2004H19:89，夹砂灰黑陶。斜方唇，侈口，矮领斜直，腹较圆鼓，下腹残。口外饰细索状花边和对称的小鋬，上腹饰竖向绳纹，下腹饰交错绳纹。口径 17、腹径 19.7、残高 16 厘米（图 3-300，8）。

Cb 型Ⅱ式　标本 2004H19:103，夹砂黑陶，局部红褐色。直口，方唇，领部较高，薄胎，圆鼓腹，平底，形体较小。口外饰一周凸棱及一对舌形小鋬，领部有绳纹被抹痕迹，腹及底部饰较粗绳纹。口径 11.4、腹径 12.6、底径 6.3、通高 12 厘米（图 3-301，2；图版一〇，6）。标本 2004H19:168，夹

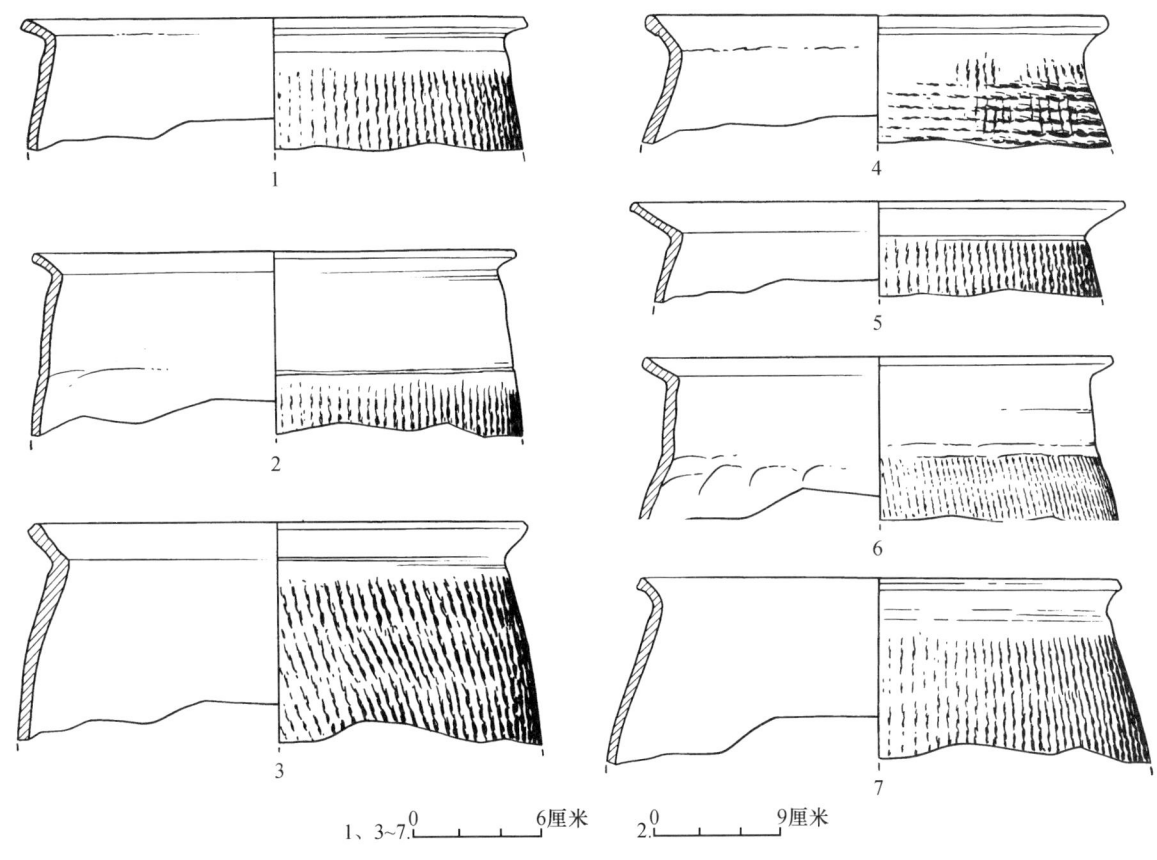

图 3-299　2004ⅡT6502H19 出土深腹罐（三）

1~3、5、7. Ab 型Ⅱ式（2004H19：121、2004H19：140、2004H19：164、2004H19：169、2004H19：165）　4. Ac 型Ⅰ式（2004H19：184）　6. C 型Ⅰ式（2004H19：122）

砂红陶。尖圆唇，侈口、口外侧呈带状凸起，口外饰一对鸡冠鋬，领部较高，鼓腹，中腹以下残。腹部饰竖向较粗绳纹。口径 16、残高 7.2 厘米（图 3-301，3）。标本 2004H19：81，夹细砂灰陶。尖圆唇，口外侧呈带状凸起，饰一对小鋬，圆鼓腹，平底略凹，口部变形呈椭圆形，不甚平整。腹部及底交错绳纹。口径 13.6~14.8、腹径 15.6、底径 7.4、通高 15~16.2 厘米（图 3-301，4；图版一〇，5）。

Cc 型Ⅰ式　标本 2004H19：124，夹细砂灰陶。侈口，斜方唇，唇面有一周凹槽，高领，鼓腹，下腹残。口外饰两个舌形小鋬，领部有绳纹被抹痕，上腹饰竖向较粗绳纹。口径 14.4、腹径 16.8、残高 11.7 厘米（图 3-301，5）。标本 2004H19：125，夹砂褐陶，局部灰黑色。侈口，斜方唇，领部较斜直，上腹微鼓，下腹残。口外有小鋬脱落痕，领部有绳纹被抹痕，上腹饰竖向绳纹。口径 16、残高 12 厘米（图 3-301，6）。标本 2004H19：172，夹细砂灰陶。侈口，方唇，唇面有一周凹槽，领较斜直，腹部微鼓，下腹残。腹饰竖向绳纹。口径 14.4、残高 6.5 厘米（图 3-301，7）。

Cd 型Ⅰ式　标本 2004H19：80，夹砂灰陶。侈口，尖唇，矮颈，口部残存一竖耳，圆鼓腹，底内凹。口外饰一周索状花边，腹及底部饰较粗绳纹。口径 10.5、腹径 12.6、底径 6.3、通高 12.3 厘米（图 3-301，8；图版一一，2）。

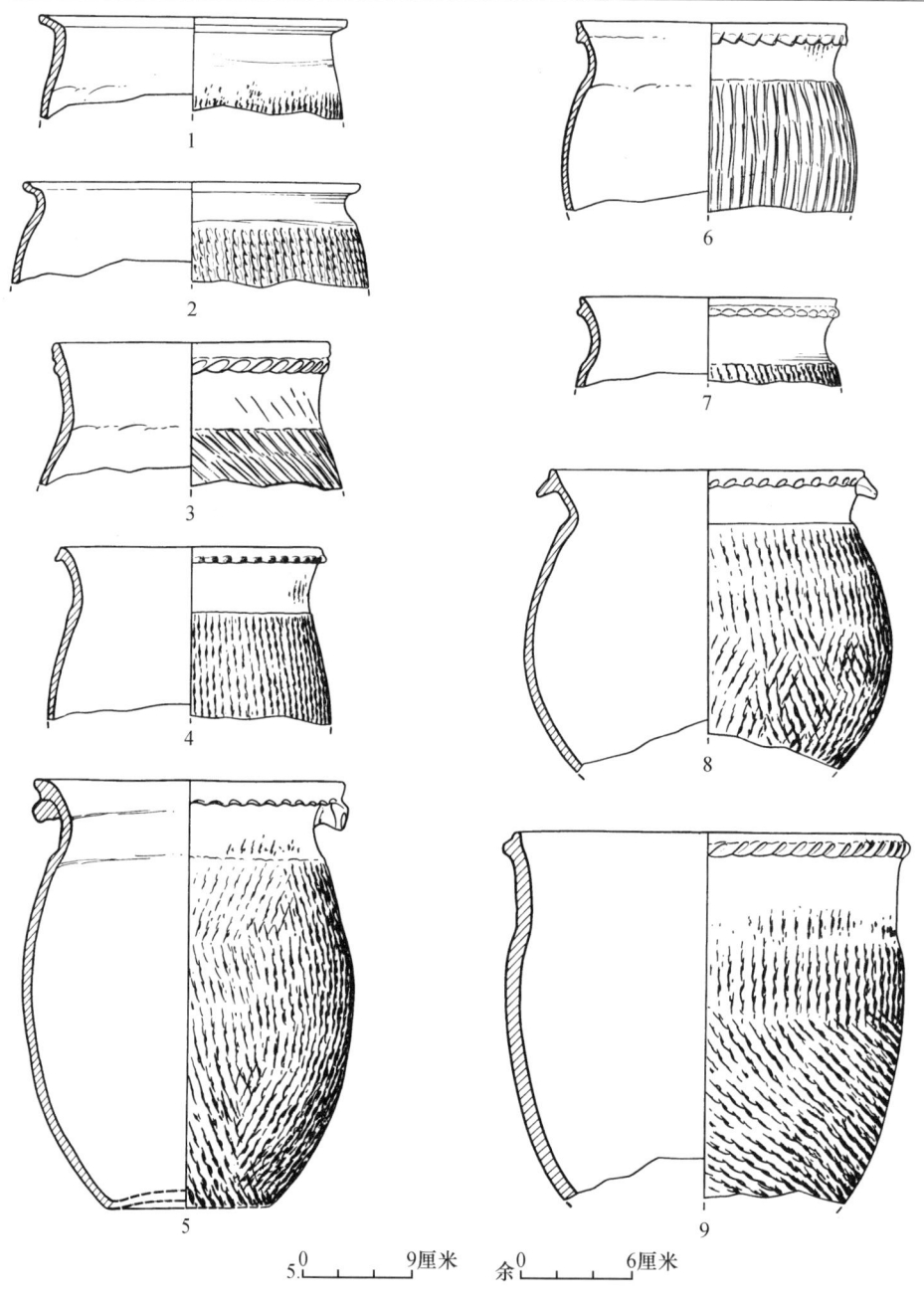

图 3-300 2004ⅡT6502H19 出土圆腹罐（一）

1、2. A 型Ⅱ式（2004H19:173、2004H19:190） 3~9. Ca 型Ⅱ式（2004H19:127、2004H19:126、2004H19:83、2004H19:167、2004H19:166、2004H19:89、2004H19:174）

鼎

A 型Ⅰ式 标本 2004H19:97，夹砂灰黑陶，局部为褐色。方唇唇面微凹，唇缘微凸，敛口，鼓腹，平底，三足残，外侧有对称捏窝。腹及底部饰绳纹，中腹部有一周弦纹。口径 14.8、腹径 15.2、底径 6.6、残高 12.2 厘米（图 3-302，2）。标本 2004H19:146，夹砂灰黑陶，局部为褐色。方唇唇面微凹，折沿上仰、沿面近唇部有一周凹槽，敛口，弧腹，底和足残。足外侧有对称捏窝。腹饰

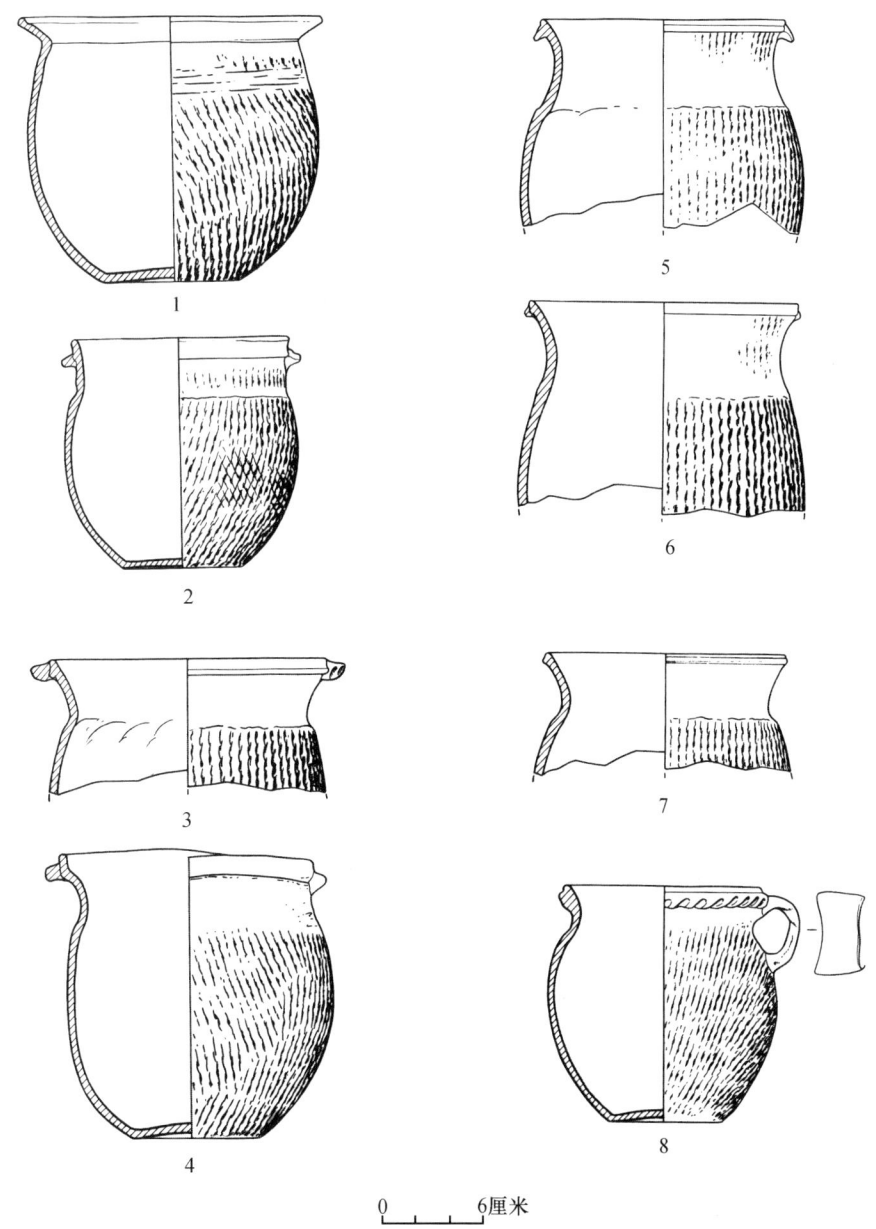

图 3-301　2004ⅡT6502H19 出土圆腹罐（二）

1. A 型Ⅱ式（2004H19:79）　2~4. Cb 型Ⅱ式（2004H19:103、2004H19:168、2004H19:81）　5~7. Cc 型Ⅰ式
（2004H19:124、2004H19:125、2004H19:172）　8. Cd 型Ⅰ式（2004H19:80）

绳纹。口径16.6、腹径15.6、残高10.6厘米（图3-302，1）。标本2004H19:96，夹砂红褐陶。方唇下缘凸起，折沿微仰，口微侈，上腹稍直，下腹斜收为平底，三足脱落，足呈三角形。外侧有捏窝。腹及底部饰绳纹。口径18、底径7.6、通高17.4厘米（图3-302，6；图版一一，3）。标本2004H19:198，夹砂红陶，内壁呈黑色。方唇下缘微凸，折沿上仰，鼓腹，中腹以下残。唇面和沿面内侧各有一周弦纹，腹部素面。口径17.8、残高4.1厘米（图3-303，6）。

Bb 型　标本2004H19:141，夹砂褐陶，局部呈红色。方唇唇面微凹，仰折沿，敛口，垂鼓腹，中

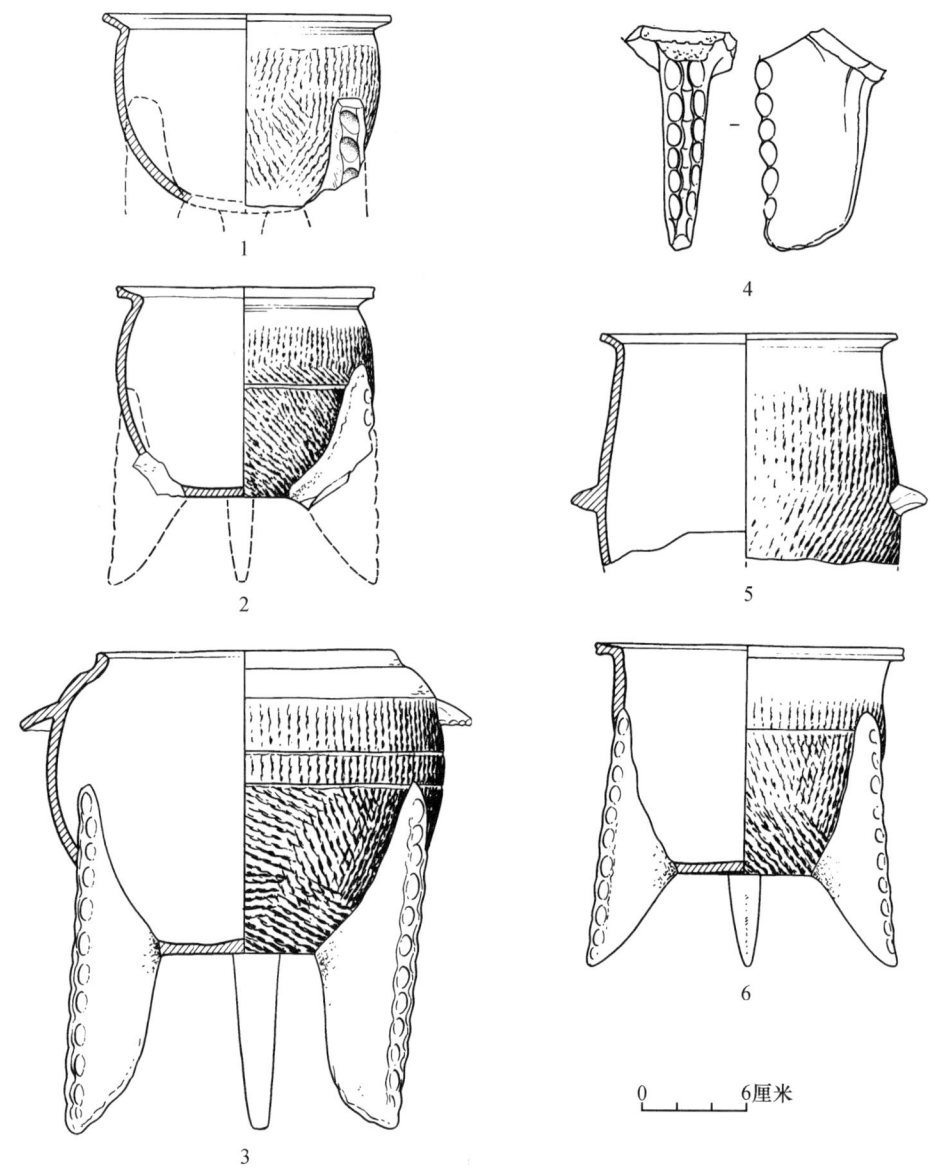

图 3-302　2004ⅡT6502H19 出土陶鼎

1、2. A 型Ⅰ式鼎（2004H19：146、2004H19：97）　3. Bc 型鼎（2004H19：86）　4. 鼎足（2004H19：199）
5. Bb 型鼎（2004H19：141）　6. A 型Ⅰ式鼎（2004H19：96）

腹残见一舌形錾，下腹残。腹饰绳纹。口径16.8、腹径17.6、残高12.2厘米（图3-302，5）。

Bc 型　标本2004H19：86，夹砂，上部灰黑，下腹及鼎足为褐色。斜方唇近圆，唇缘外凸，敛口，矮直领，鼓肩，圆腹，平底，三足呈刀形，外侧有对称捏窝。肩部有一对鸡冠錾，其下饰绳纹及两周隐约的弦纹。口径17.2、腹颈23.2、底径9.2、通高26厘米（图3-302，3）。

鼎足　标本2004H19：199，夹砂红陶，局部为褐色。呈刀形，外侧有两排捏窝。残高11.2厘米（图3-302，4）。

灶　标本2004H19：101，夹砂褐陶，局部为黑色，厚胎。方唇外突，圆筒形腹，一侧有前凸的灶门，腹内壁有一周凸棱及两个舌状腰隔，另有两个腰隔脱落痕。从凸棱及腰隔脱落痕迹来看，其制作方法是先贴附凸棱，然后在凸棱上再黏接四个两两相对腰隔。灶门及其余周壁下端残。口外贴附一周附加堆纹，腹饰竖向篦纹，灶门顶端两侧有一周附加堆纹和两个鸡冠耳，其中左侧仅存鸡冠耳的脱落痕。口径20.4、残高17.6，胎厚1.1厘米。灶门宽约14厘米，制作较粗糙（图3-303，2）。

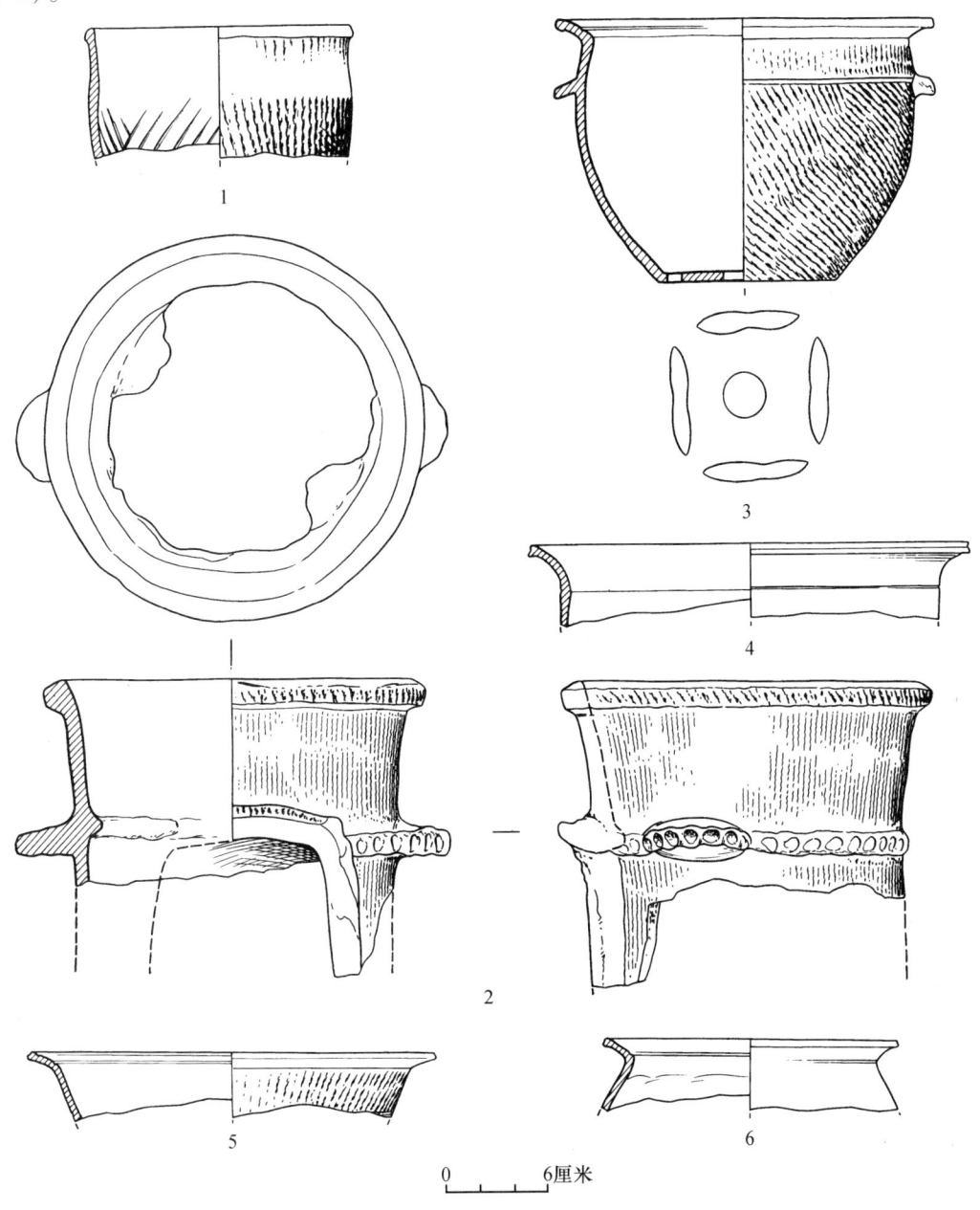

图 3-303　2004ⅡT6502H19 出土陶器
1. Ⅰ式刻槽盆（2004H19:135）　2. 灶（2004H19:101）　3. A型Ⅱ式甑（2004H19:75）　4、5. A型Ⅱ式深腹盆（2004H19:163、2004H19:179）　6. A型Ⅰ式鼎（2004H19:198）

甑　A型Ⅱ式　标本2004H19：75，泥质，夹有细砂，灰褐陶，局部黑色。仰折沿，圆唇略厚，在沿外形成一周凸棱，沿面内侧有一道凹痕，敛口，腹微鼓，箅残，箅孔边缘近直，应为五孔。上腹饰一对鸡冠錾及一周细弦纹，腹饰竖向及斜向绳纹，底部箅孔外有一周弦纹，应为制作甑箅时划定的范围。口径22.5、底径10.5、通高15厘米（图3-303，3；图版一二，1）。

刻槽盆　Ⅰ式　标本2004H19：135，泥质灰黑陶。直口，尖圆唇，唇面有一周凹槽，唇外侧呈带状凸起，腹较直，下腹残。上腹近口处有绳纹被抹痕，其下饰竖向绳纹。口径16、残高7.5厘米（图3-303，1）。

深腹盆　A型Ⅱ式　标本2004H19：163，泥质灰褐陶，红胎。侈口，方唇，唇面有一周凹槽，唇下缘外凸，直沿仰卷，腹壁较直，中腹以下残。器表略磨光。口外有一周弦纹，口径26.4、残高4.2厘米（图3-303，4）。标本2004H19：179，泥质灰陶。侈口，仰折沿，沿面中部微凸，方唇，唇面有一周凹槽，腹壁斜收，中腹以下残。腹饰斜向绳纹。口径24、残高3.8厘米（图3-303，5）。标本2004H19：94，泥质夹少量砂，灰黑陶，暗红胎。敛口，仰折沿，沿面近唇处微凸，尖圆唇，腹壁较圆鼓，凹圜底。上腹饰两个对称的鸡冠錾，腹饰绳纹，底部素面，有隐约绳纹痕。口径20.4、腹径19.5、底径9、通高16.8厘米（图3-304，3；图版一一，4）。标本2004H19：107，泥质灰黑陶。侈口，仰折沿，圆唇，上腹较直，底微凹。口外有拍印痕，上腹饰两对称的鸡冠錾和一周弦纹，其下及底部饰绳纹。口径36、底径12.8、通高24.4厘米（图3-304，6；图版一一，6）。标本2004H19：93，泥质灰黑陶，褐胎。侈口，仰折沿，尖圆唇，唇部在沿面上形成一周较窄的凸起，

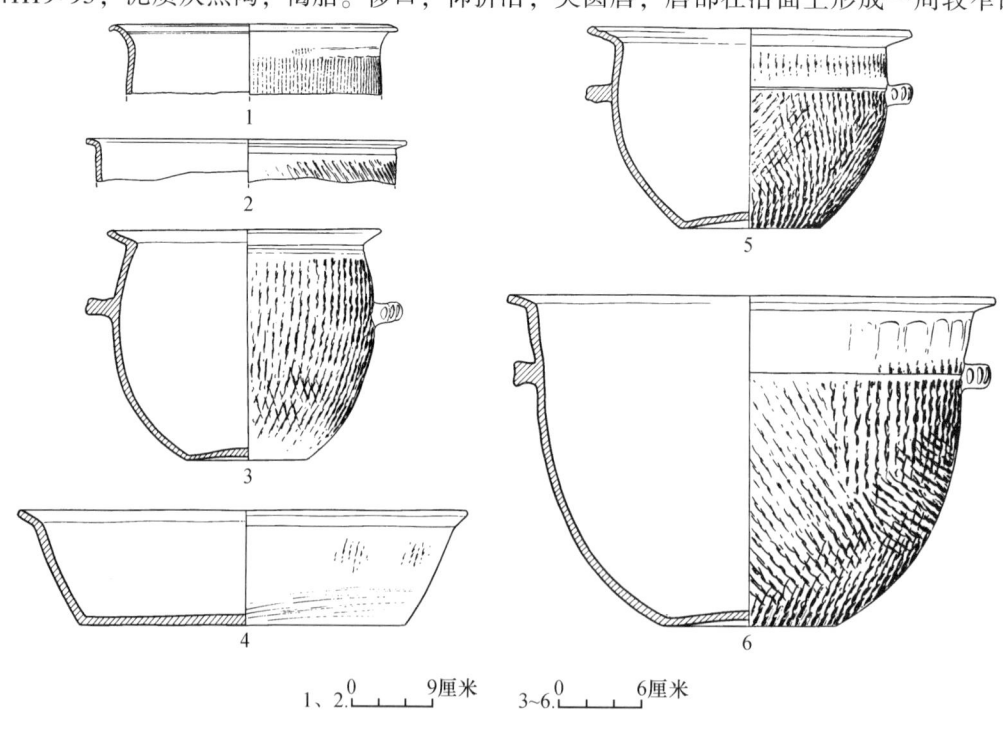

图3-304　2004ⅡT6502H19出土陶盆

1、4. A型Ⅰ式平底盆（2004H19：144、2004H19：90）　2、3、5、6. A型Ⅱ式深腹盆（2004H19：149、2004H19：94、2004H19：93、2004H19：107）

腹微鼓，凹圜底。上腹残留一鸡冠錾脱落痕和一周弦纹，弦纹之上有绳纹被抹痕，以下及底部饰绳纹。口径24、底径10.1、通高14.3厘米（图3-304，5；图版一一，5）。标本2004H19:149，夹砂灰褐陶，红胎。方唇，折沿上仰，沿面微鼓，口近直微侈，口外有一周微凸的棱，近直腹，中腹以下残。腹饰斜向篮纹。口径36、残高4.8厘米（图3-304，2）。

平底盆　A型Ⅰ式　标本2004H19:90，泥质灰黑陶。侈口，仰折沿，圆唇，腹壁斜收，平底。腹部有隐约绳纹痕。口径33.6、底径24.2、通高8.4厘米（图3-304，4；图版一二，2）。标本2004H19:144，夹砂灰黑陶，褐胎。圆唇，卷沿下耷，口微敛，腹部近直，底残。沿面有一周弦纹，腹部饰竖向细绳纹。口径31.2、残高7.8厘米（图3-304，1）。

三足盘

Ⅰ式　标本2004H19:152，泥质夹细砂，黑陶，褐胎。尖圆唇，卷沿下耷，侈口，深腹，平底微凸、底部周缘外凸，底部有三足脱落痕。器表磨光。盘壁饰凸弦纹。口径20.2、残高8.8厘米（图3-305，2）。

Ⅱ式　标本2004H19:102，泥质灰黑陶，褐胎。尖圆唇平卷，侈口，深腹，底部微圜，足两侧内卷呈"C"形。器表磨光，盘壁及足上饰凸弦纹。口径21、高12厘米（图3-305，1；图版一二，3）。

豆

A型Ⅱ式　标本2004H19:104，泥质黑灰陶。尖圆唇，侈口，卷沿下耷，折腹，盘稍浅，柄较粗高，圈足边缘有凸起的宽边。素面磨光。口径19.5、底径13.2、通高19.8厘米（图3-305，6；图版一二，4）。标本2004H19:180，泥质黑陶，局部红色。圆唇，侈口，窄沿微下耷，盘壁斜直内收，底微圜，近柄处残。素面磨光，盘壁近底处饰一周弦纹。口径18.8、残高6.4厘米（图3-305，5）。

Ba型　标本2004H19:105，泥质浅灰陶，局部黑色。侈口，尖圆唇，浅盘，斜弧腹，底近平，细高柄，上部粗鼓，圈足为方唇，边缘有凸起的宽边。素面磨光。柄上端饰弦纹和圆形镂孔，中部有几周不规则的弦纹。口径13.5、底径12、通高21.6厘米（图3-305，8；图版一二，5）。

豆柄　标本2004H19:106，泥质灰陶，局部黑色。细高柄，上部粗鼓，圈足为尖圆唇，边缘有凸起的宽边，柄上端饰三个圆形镂孔，其下饰两周弦纹。底径13.8、残高21.4厘米（图3-305，7）。

鬶　标本2004H19:155，泥质夹有细砂，白陶。侈口，圆唇，束腰，单鋬，裆部及袋足缺失。大部分为素面，腰部饰一周楔点纹，鋬饰两组左右对称的竖向弦纹，中部有两细长镂孔。残高12.5厘米（图3-305，3）。标本2004H19:153，泥质夹有细砂，灰白色，局部被熏黑。仅存腰部及袋足部分，束腰，袋足呈扁圆形。大部分为素面，腰部饰一周凸弦纹，裆部上方有圆形泥钉。残高12.8厘米（图3-305，4）。标本2004H19:109，泥质夹有细砂，器表灰白色，局部呈浅红色或浅黄色，袋足下部熏黑。侈口，方唇，半圆形槽状流，微束腰，袋足细长，单鋬。大部分为素面，腰部饰一周楔点纹，裆部上方有圆形泥钉，鋬饰三道间断的弦纹。口径13.5、通高23.7厘米（图3-306，1；彩版一六，1）。标本2004H19:110，泥质夹有细砂，器表灰白色，袋足下部熏黑。侈口，方唇，流部缺失，束腰，袋足细长，单鋬。大部分为素面，腰部饰一周楔点纹，裆部上方有圆形泥钉，鋬饰三道弦纹。口径14.2、复原高度约25厘米（图3-306，2；图版一二，6）。标本2004H19:111，泥质夹有细砂，器表灰白色，袋足部熏黑。口残，束腰，袋足细长，单鋬。素面，腰部饰一周楔点

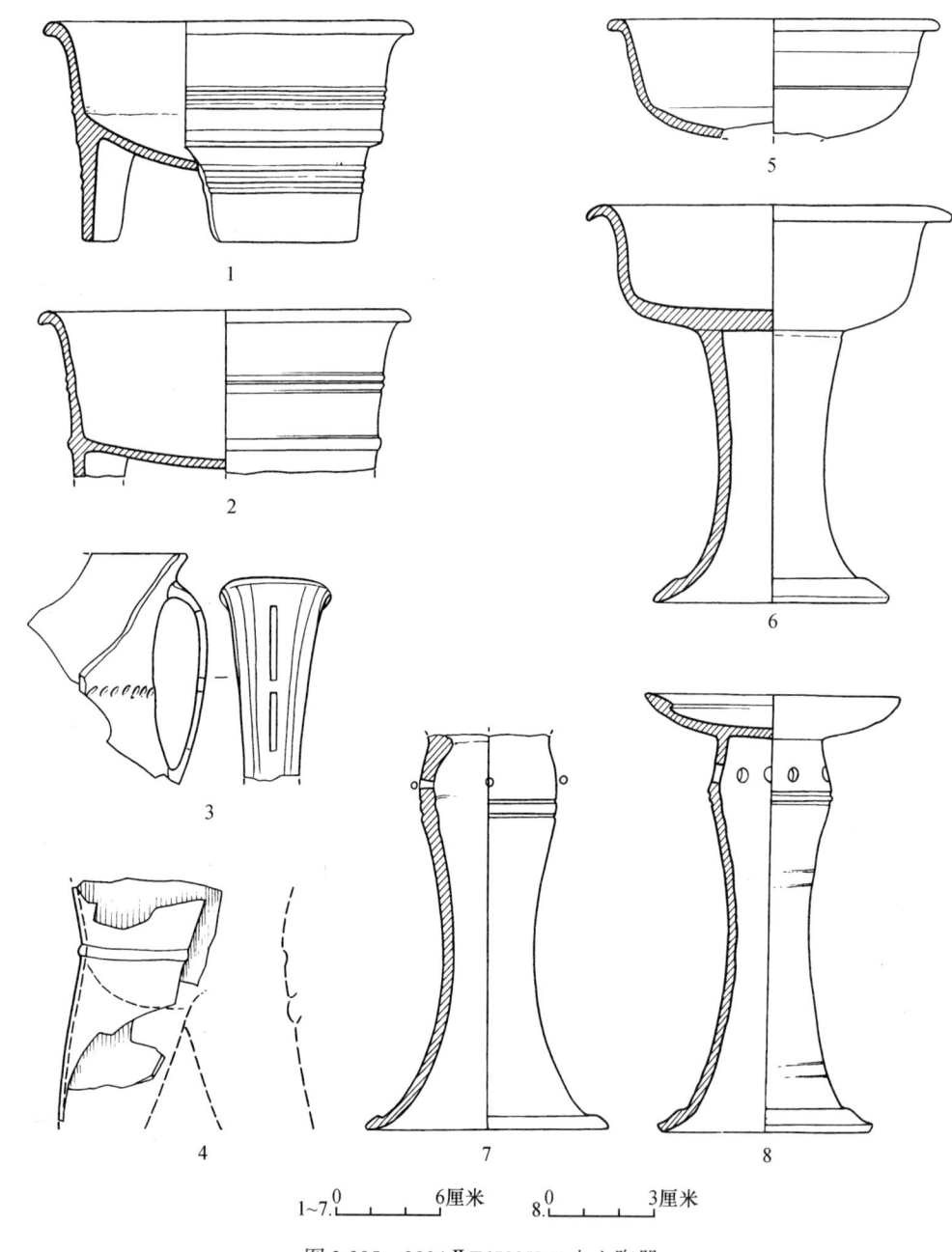

图 3-305　2004ⅡT6502H19 出土陶器

1. Ⅱ式三足盘（2004H19：102）　2. Ⅰ式三足盘（2004H19：152）　3、4. 鬶（2004H19：155、2004H19：153）　5、6. A型Ⅱ式豆（2004H19：180、2004H19：104）　7. 豆柄（2004H19：106）　8. Ba型豆（2004H19：105）

纹，裆部上方附有圆形泥钉，鋬饰三道弦纹。复原高度26.2厘米（图3-306，5）。标本2004H19：154，泥质夹有细砂，器表灰白色。侈口，方唇，袋足较细长，单鋬，袋足下部缺失。大部分为素面，腰部饰一周附加堆纹，鋬饰两道弦纹。残高17.4厘米（图3-306，3）。标本2004H19：158，泥质夹有细砂，器表灰白色。侈口，尖唇，腰部以下缺失。大部分为素面，鋬饰两组对称的叶状弦纹，每组中部各有一圆形泥钉，中部有一细长镂孔。残高5.9厘米（图3-306，4）。

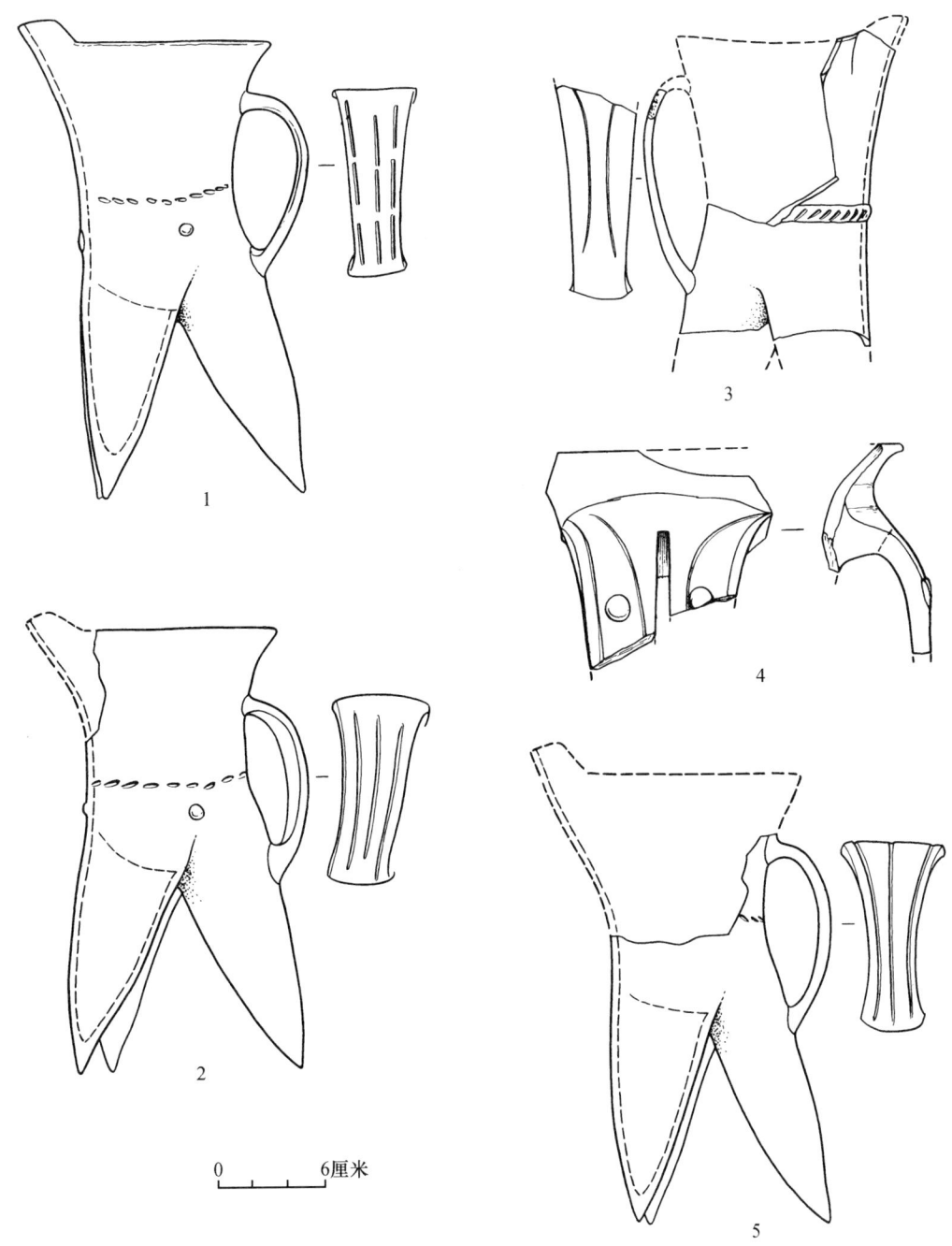

图 3-306　2004ⅡT6502H19 出土陶鬶

1~5. 鬶（2004H19：109、2004H19：110、2004H19：154、2004H19：158、2004H19：111）

小口尊

Aa 型　标本 2004H19：85，泥质灰陶。圆唇外凸，唇面有一周凹槽，侈口，高颈，折肩明显，斜弧腹，平底。肩部饰两周弦纹，腹部饰两周横附加堆纹和竖篮纹。口径 18.6、肩径 27.8、底径 10.6、通高 27.8 厘米（图 3-307，7；图版一三，1）。

Ab型　标本2004H19:137，泥质褐陶，局部黑色。领残，鼓肩，腹壁斜收，平底微凹。肩部饰数道弦纹，腹部饰斜向绳纹，底部周缘排印有一周花边。肩径24.8、底径10.2、残高24.8厘米（图3-307，1）。标本2004H19:133，泥质夹少量细砂，褐陶，红胎。尖圆唇，侈口，高领，口外呈带状凸起，肩以下缺失。领中部饰一周弦纹，肩部饰一周弦纹及绳纹。口径17.5、残高5.4厘米（图3-307，2）。标本2004H19:123，夹砂黑陶，红胎。领部及肩部磨光。尖圆唇，卷沿下耷，沿面微鼓，侈口，高领，折肩，腹部弧收，中腹以下残。肩部饰两组弦纹，腹部饰绳纹。口径14.6、肩径26.4、残高14.6厘米（图3-307，5）。

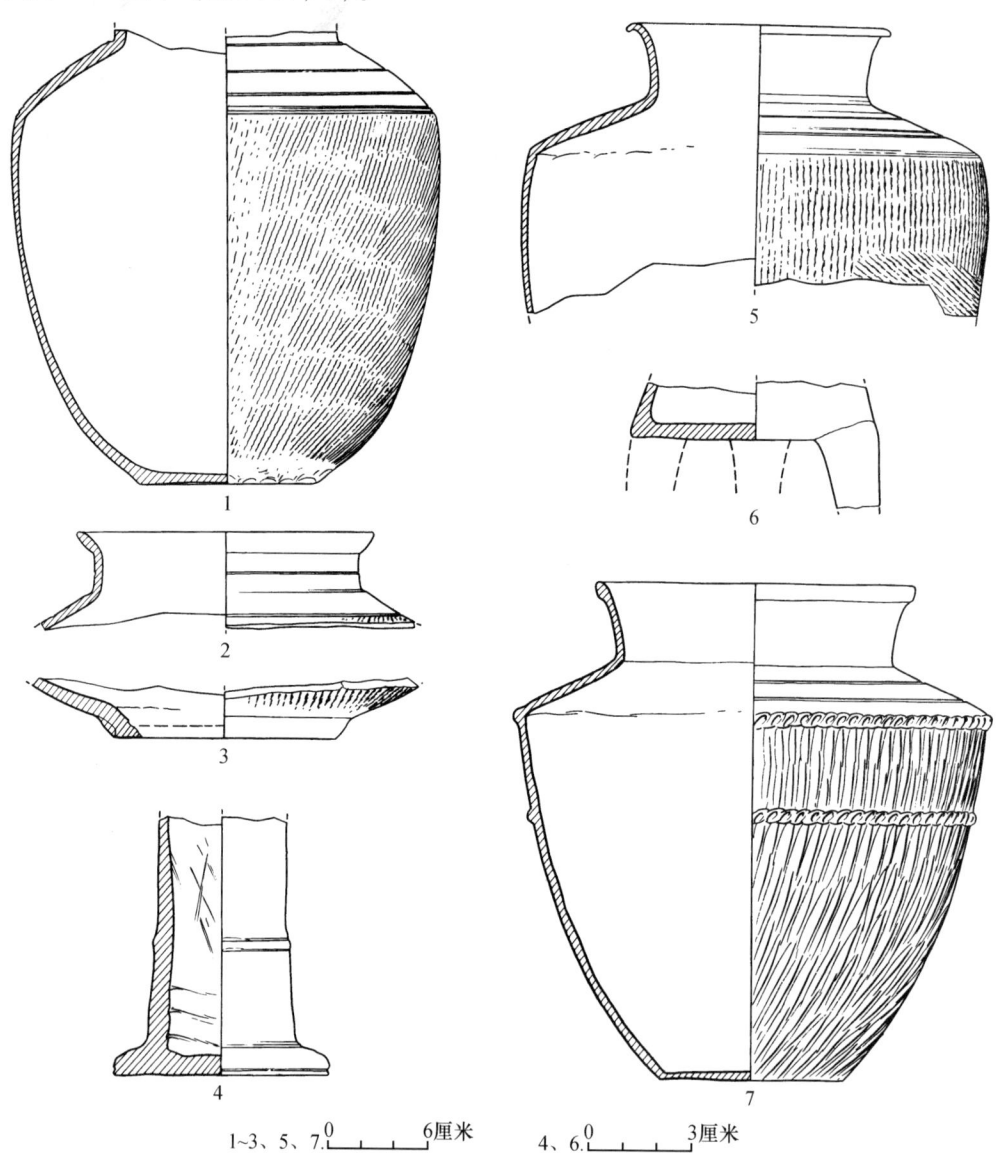

图3-307　2004ⅡT6502H19出土陶器

1、2、5. Ab型小口尊（2004H19:137、2004H19:133、2004H19:123）　3. 小口尊底（2004H19:201）　4. Ⅱ式瓿（2004H19:194）
6. 爵（2004H19:157）　7. Aa型小口尊（2004H19:85）

小口尊底 标本2004H19:201,夹砂灰褐陶。腹壁斜收,内壁有底部脱落痕。腹饰绳纹,底部素面。底径13、残高2.6厘米(图3-307,3)。

觚 Ⅱ式 标本2004H19:194,泥质黑皮陶,灰胎。上腹缺失,腹径较细,下部有一周凸棱及两道弦纹,平底,外缘凸出较甚,且有一周弦纹。器表素面,磨光。底径6.3、残高7.2厘米(图3-307,4)。

爵 标本2004H19:157,泥质,器表灰白色,底部及足部熏黑。为爵底残片,平底,残存两个圆形实足上部。素面。残高3.5厘米(图3-307,6)。

瓮

A型Ⅰ式 标本2004H19:84,泥质灰黑陶。侈口,圆唇,唇内侧有一周凹槽,领稍高,折肩,腹壁较斜直,近底处内收,凹圜底。肩及上腹饰弦纹,下腹及底部饰绳纹。口径22.5、肩径23、底径12.6、通高35.1厘米(图3-308,1;图版一三,2)。标本2004H19:87,泥质黑皮陶,局部褐色,灰胎。侈口,方唇,唇面微凹,折肩,腹壁较斜直,近底处内收,底部缺失。器表磨光,肩部内侧有垫窝痕。领部素面,腹部饰四组弦纹,每组由4~5周弦纹组成,近底处饰绳纹。口径23.4、肩径34.8、残高33.9厘米(图3-308,6)。标本2004H19:128,泥质夹少量细砂,灰陶,局部略泛褐色。侈口,尖圆唇,口外侧呈带状凸起,领较斜直,折肩,中腹以下残。领部素面,肩部饰两组弦纹,分别由1~2周弦纹组成,上腹见三组弦纹,每组由2~3周弦纹组成。口径22、肩径31、残高13.1厘米(图3-309,1)。标本2004H19:129,泥质褐陶,局部灰色,红胎。侈口,尖圆唇,口外侧呈带状凸起,领较直,折肩,中腹以下残。器表局部磨光。领部素面,腹部见三组弦纹,每组由2~4周弦纹组成。口径19.6、肩径33.4、残高16厘米(图3-309,3)。

A型Ⅱ式 标本2004H19:151,夹砂灰褐陶,局部为黑色。直口,圆唇,口外呈带状凸起,矮领,折肩,腹部弧收,近底部残。器表磨光。腹部有三组凸弦纹,每组三周。口径18.9、肩径37.5、残高33.9厘米(图3-308,2)。标本2004H19:177,泥质黑皮陶,暗红胎。侈口,斜方唇,矮领,肩以下缺失。素面。口径18.8、残高3.7厘米(图3-308,4)。

Ba型Ⅰ式 标本2004H19:132,夹砂深灰陶。圆唇,直口、口外呈带状凸起,高领,斜肩,腹以下残。肩部饰斜向绳纹。口径12.8、残高9.8厘米(图3-308,3)。

Ba型Ⅱ式 标本2004H19:134,夹砂浅灰陶。圆唇,侈口,领稍矮,肩以下残。素面。口径20.5、残高7.7厘米(图3-308,5)。标本2004H19:136,泥质黑陶。侈口,圆唇,口外侧呈带状凸起,领较直矮,肩以下缺失。领部素面,肩部饰三周弦纹及绳纹。口径20、残高6.4厘米(图3-309,2)。

缸 Aa型Ⅰ式 标本2004H19:197,夹砂灰黑陶,胎较厚。方唇,唇缘微凸,折沿微仰,口近直,上腹部微弧,中腹以下残。腹部饰竖向细绳纹和附加堆纹。口径40、残高13.2厘米(图3-309,11)。

缸底 标本2004H19:138,夹砂褐陶,胎较厚。腹部以上残,下腹部斜收,底部贴附圆饼状小平底。内壁有泥条筑成痕。器身及底饰篮纹。底径7.2、残高15厘米(图3-309,4)。

器盖 Aa型Ⅰ式 标本2004H19:195,泥质夹细砂,黑陶红胎。尖圆唇,侈口、口外侧有一周凸棱,腹壁微内曲,内壁有数周凹痕,折壁微外凸,顶残。器表素面磨光。口径24、残高5.8厘米

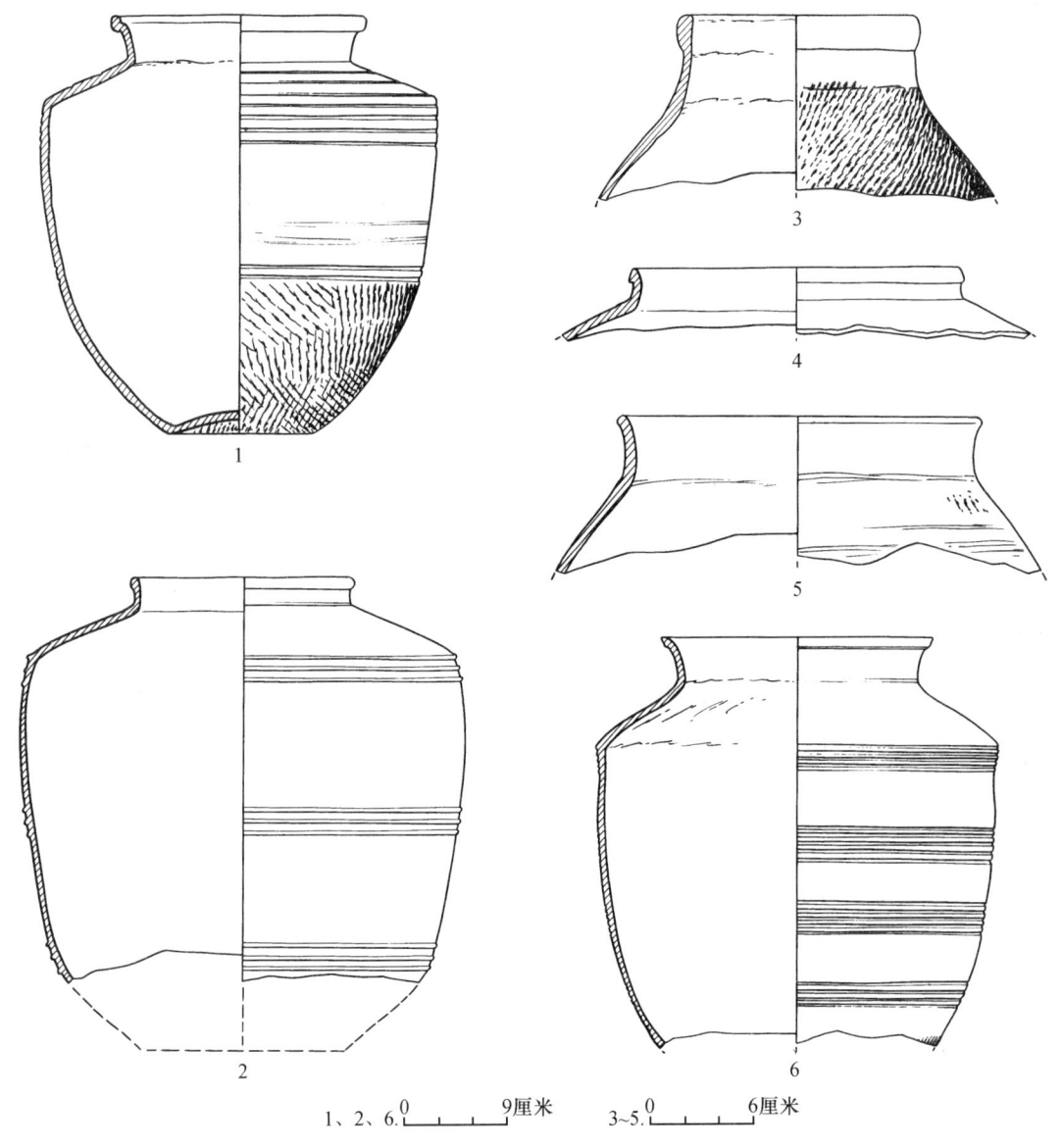

图 3-308　2004ⅡT6502H19 出土陶瓮

1、6. A型Ⅰ式（2004H19:84、2004H19:87）　2、4. A型Ⅱ式（2004H19:151、2004H19:177）　3. Ba型Ⅰ式
（2004H19:132）　5. Ba型Ⅱ式（2004H19:134）

（图3-309，5）。标本 2004H19:176，泥质深灰陶。圆唇，侈口、口外呈带状凸起，腹近斜直，顶残。素面。口径23、残高4.4厘米（图3-309，6）。标本 2004H19:88，泥质夹细砂，黑陶红褐胎。侈口，圆唇，口外侧隆起，深腹，肩缓折，纽残。器表素面。腹部有一周弦纹，顶腹交界处有密集的指甲纹带，肩以上饰数周弦纹。口径31.5、残高7.8厘米（图3-309，7）。标本 2004H19:181，泥质黑陶。尖圆唇，侈口，口外呈带状凸起，斜壁近直，器纽残。器表素面磨光。顶部有一周弦纹。口径19.6、残高5.3厘米（图3-309，8）。标本 2004H19:91，泥质深灰陶，褐胎。圆唇外凸，侈口，腹较浅，腹壁锐折，器纽残。器表素面，肩以上饰三周弦纹。口径30、残高10厘米（图

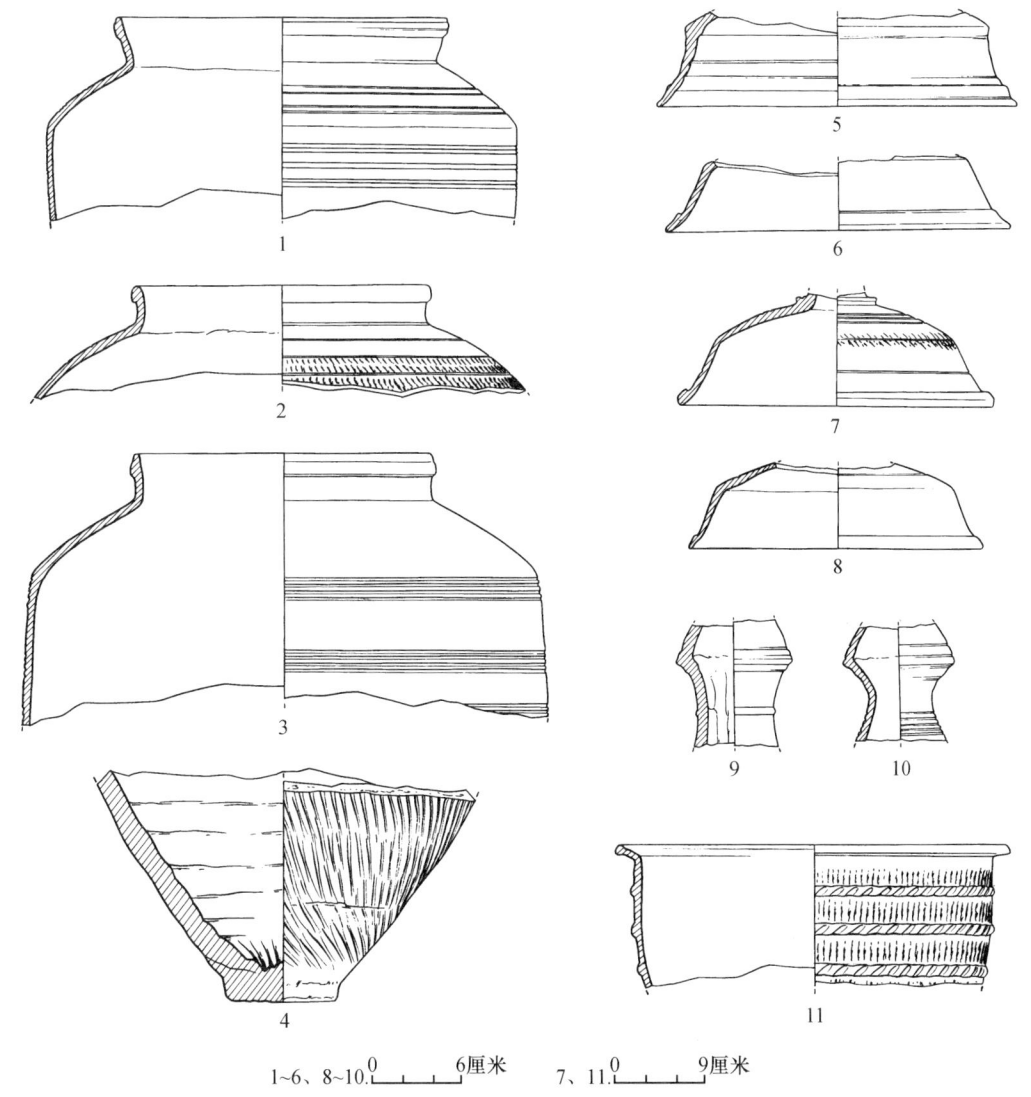

图 3-309　2004ⅡT6502H19 出土陶器（一）

1、3. A 型Ⅰ式瓮（2004H19:128、2004H19:129）　2. Ba 型Ⅱ式瓮（2004H19:136）　4. 缸底（2004H19:138）　5~8. Aa 型Ⅰ式盖（2004H19:195、2004H19:176、2004H19:88、2004H19:181）　9、10. 器盖纽（2004H19:148、2004H19:191）　11. Aa 型Ⅰ式缸（2004H19:197）

3-310，3；图版一三，3）。标本 2004H19:147，泥质黑灰陶。圆唇，侈口、口外侧微鼓，深腹，顶残。器表磨光。肩部有密集的指甲纹带，下方有两周弦纹。口径 6.8、残高 28.6 厘米（图 3-310，2）。标本 2004H19:92，泥质黑陶，局部为褐色。方唇，侈口，口外有凸起，腹较深，折壁，圆锥形纽顶上方又有一菌状小纽。器表素面磨光。腹、顶及纽有数周弦纹。口径 27、高 19.8 厘米（图 3-310，4；图版一三，4）。

器盖纽　标本 2004H19:148，泥质黑陶。圆锥形顶残，纽柄中部有一凸棱，器表素面磨光。残高 8 厘米（图 3-309，9）。标本 2004H19:191，泥质夹细砂，黑陶红胎。圆锥形顶残。器表磨光。纽顶和纽柄下部饰弦纹。器壁内侧有指纹。残高 7.3 厘米（图 3-309，10）。

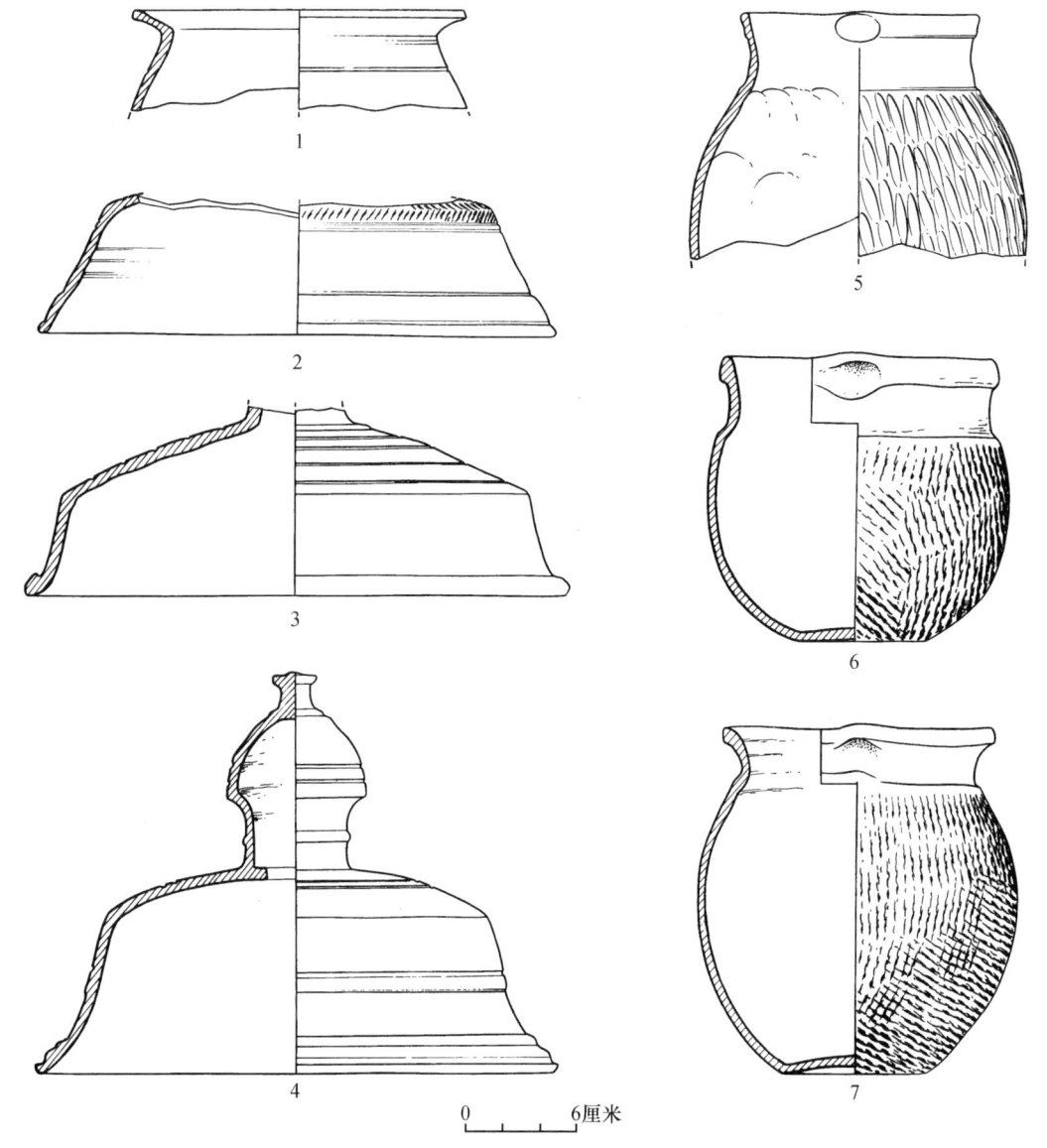

图 3-310 2004ⅡT6502H19 出土陶器（二）
1. A 型 Ⅱ 式敛口罐（2004H19:192） 2、3. Aa 型 Ⅰ 式盖（2004H19:147、2004H19:91） 4. Aa 型 Ⅰ 式器盖（2004H19:92）
5~7. A 型 Ⅰ 式捏口罐（2004H19:145、2004H19:82、2004H19:76）

敛口罐 A 型 Ⅱ 式 标本 2004H19:192，泥质夹细砂，灰陶。方唇，折沿上仰、沿面微凹，鼓腹，中腹以下残。上腹有一周弦纹，其余素面。口径 18.4、残高 5.2 厘米（图 3-310，1）。

捏口罐 A 型 Ⅰ 式 标本 2004H19:145，泥质灰陶。侈口，圆唇，口外侧呈带状凸起，领部较直，圆鼓腹，下腹残。口部有两个椭圆形捏窝，领部素面，上腹饰斜向篮纹。口径 11~13.2、残高 13 厘米（图 3-310，5）。标本 2004H19:82，泥质夹有细砂，灰陶。尖圆唇，口微侈、口外侧呈带状凸起、口部有一对对称的捏窝，领稍矮，圆鼓腹，平底。颈部为素面，腹及底部饰交错绳纹。口径 11.7~14.6、腹径 16.5、底径 7、高 15.4 厘米（图 3-310，6；图版一四，1）。标本 2004H19:76，泥质夹有细砂，深灰陶，局部为灰黑色。尖圆唇，侈口，口部有对称的捏窝，矮领，鼓腹略深，平底微凹。颈部素面，腹及底部饰交错绳纹。口径 13.2~14.6、腹径 17.6、底径 7.8、高 18.6 厘米

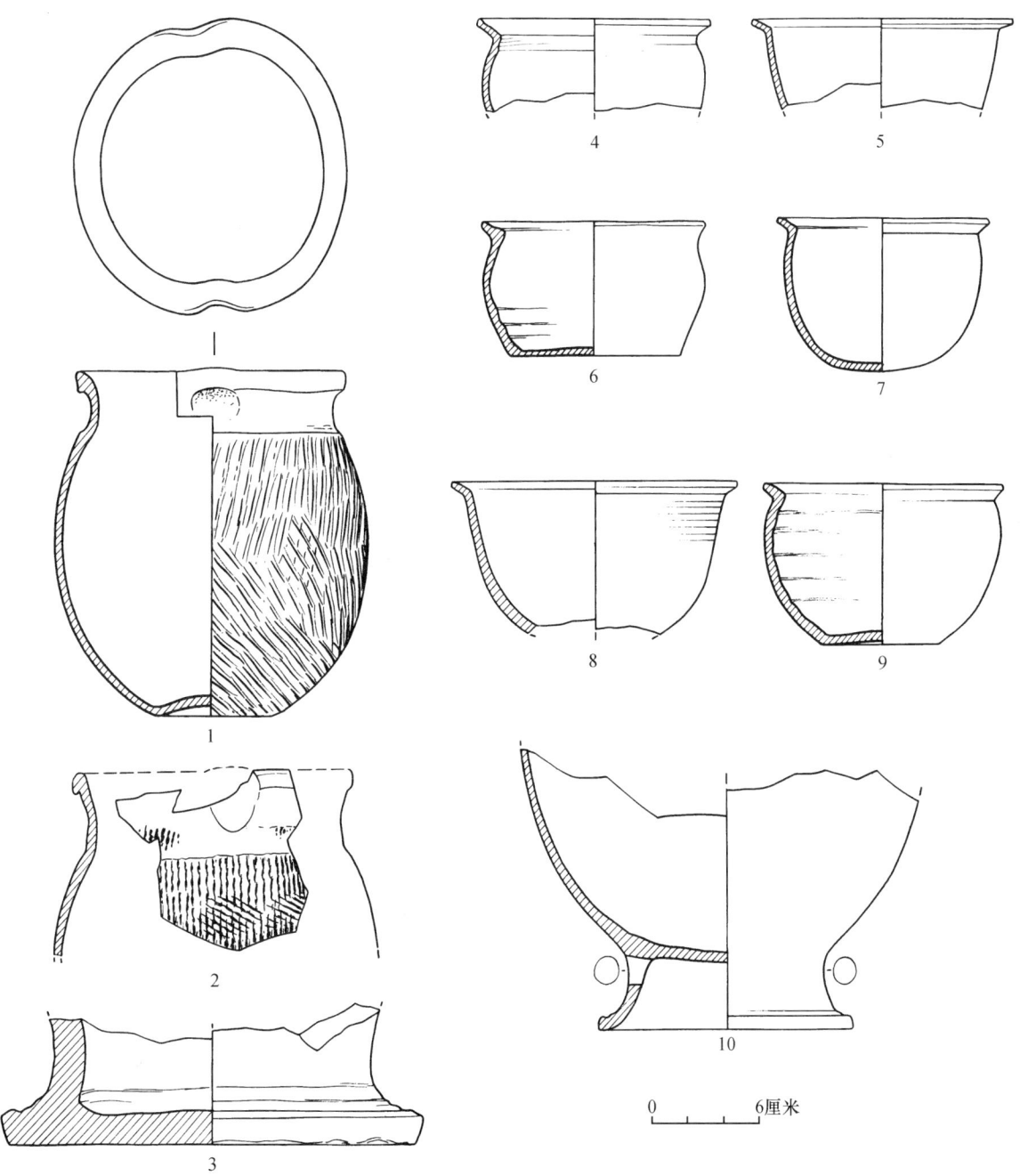

图 3-311　2004ⅡT6502H19 出土陶器（三）

1、2. A 型Ⅰ式捏口罐（2004H19:77、2004H19:142）　3、10. 器底（2004H19:130、2004H19:139）　4~9. 盂（2004H19:178、2004H19:172、2004H19:45、2004H19:98、2004H19:143、2004H19:44）

(图 3-310, 7; 图版一三, 6)。标本 2004H19:77，泥质夹有细砂，黑陶。口部微侈，圆唇，口外侧呈带状凸起，口部有对称的捏窝，矮领，鼓腹稍深，凹圜底。领部素面，腹部及底饰篮纹。口径 14.4~15.2、腹径 17.2、底径 6.4、高 18.4 厘米 (图 3-311, 1; 图版一三, 5)。标本 2004H19:142，泥质夹细砂，灰陶。侈口，圆唇，唇外侧呈带状凸起，领部较高直，腹微鼓，下腹残。口部残见椭圆形捏窝痕，领部有绳纹被抹痕迹，上腹部饰交错绳纹。口径15.4、残高9.4厘米（图3-311，2）。

器底 标本2004H19:130，夹砂黑陶，局部为褐色。内壁见刮抹痕。平底，底部周缘向上微凸。底径11.2、残高3厘米（图3-311，3）。标本2004H19:139，夹砂黑皮陶，红胎。鼓腹，喇叭形圈足较矮。器表素面，圈足上有一对圆形镂孔。底径14.2、残高12.6厘米（图3-311，10）。标本2004H19:131，夹砂黑陶，褐胎。略呈喇叭形，底部周缘呈带状凸起。器表素面，圈足上残见一对镂孔。底径14.8、残高3.4厘米（图3-312，2）。

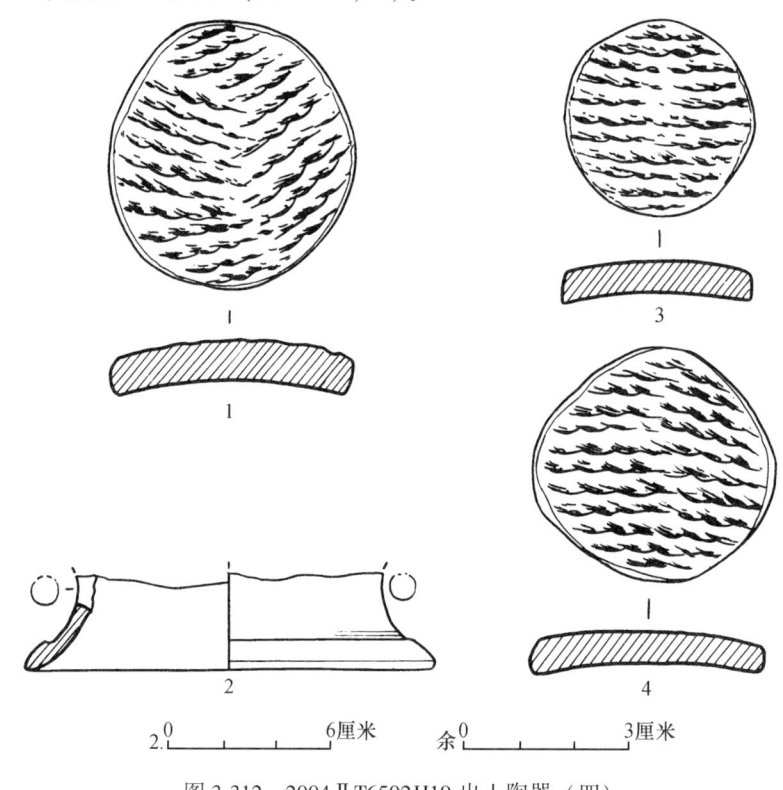

图3-312 2004ⅡT6502H19出土陶器（四）
1. A型圆陶片（2004H19:71） 2. 器底（2004H19:131） 3、4. B型圆陶片（2004H19:40、2004H19:47）

盂 标本2004H19:178，泥质灰褐陶。方唇近圆、唇上缘微凸，折沿微仰、沿面微凹，敛口，圆鼓腹，下腹残。器表素面磨光。口径12.4、腹径12.2、残高4.8厘米（图3-311，4）。标本2004H19:172，泥质夹细砂，褐陶。薄方唇，窄折沿微仰，侈口，弧腹斜收，中腹以下残。素面。口径14.2、残高6.6厘米（图3-311，5）。标本2004H19:45，泥质深灰陶。圆唇，窄折沿微仰、折沿处有一周凸棱，敛口，腹部微鼓，平底。器表素面磨光。口径12、腹径12、底径9.2、高7.1厘米（图3-311，6；图版一四，3）。标本2004H19:98，夹砂灰陶。尖圆唇，窄折沿微仰，敛口，弧腹下收，底近圜。素面。口径11.4、腹径10.8、高8.1厘米（图3-311，7；图版一四，4）。标本2004H19:143，泥质夹细砂，深灰陶。方唇，折沿上仰，侈口，弧腹，近底部残。素面。口径15.6、残高7.8厘米（图3-311，8）。标本2004H19:44，夹砂灰陶。圆唇，窄折沿微仰，敛口，腹部微鼓、内壁有数周泥条筑成痕，平底微凹。素面。口径13、腹径13、底径6.5、高8.8厘米（图3-311，9；图版一四，2）。

圆陶片

A型　标本2004H19：71，泥质灰陶。边缘经打磨。一面饰绳纹。剖面微弧。直径约4.5、厚0.7厘米（图3-312，1）。

B型　标本2004H19：40，泥质灰陶。边缘经打磨。一面饰绳纹。剖面微弧。直径约3.4、厚0.5厘米（图3-312，3）。标本2004H19：47，泥质灰陶。边缘经打磨。一面饰绳纹。剖面微弧。直径约4.4、厚0.5厘米（图3-312，4）。

2004ⅡT6502M1

瓮　Ba型Ⅱ式　标本2004M1：6，夹砂灰褐陶，局部呈黑色。圆唇，口微侈，口外侧呈带状凸起，矮领，圆肩，下腹弧收，凹圜底。肩部上方纹饰略抹平，其下饰竖向和交错绳纹。口径11.6、最大径22.4、底径8.8、通高26厘米（图3-313，1；图版二三，3）。

敛口罐　A型Ⅲ式　标本2004M1：5，泥质灰陶。敛口，仰折沿，斜方唇，肩部有两周凸棱，圆鼓腹，平底。上腹素面，其下饰交错绳纹。口径15.8、腹径20.8、通高16.6、底径9.2厘米（图3-313，2；图版二三，2）。

平底盆　A型Ⅰ式　标本2004M1：8，夹砂深灰陶。圆唇，卷沿近平，腹部斜收，平底。素面。口径28.2、底径20.8、通高7.2厘米（图3-313，3）。

爵　标本2004M1：7，泥质灰陶。短尾，槽状流前部残，束腰，圜底下突；腰部以上呈扁圆形，体瘦高，鋬残，圆锥形足下端残。器表略光滑。腹部分区刻划平行弦纹。流尾残长9、宽5.2、残高13.2厘米（图3-313，4；图版二三，4、5）。

豆　A型Ⅱ式　标本2004M1：4，泥质黑陶，灰黄胎。侈口，卷沿，圆唇，盘较深，柄较粗高，喇叭口圈足。素面，口外饰一周弦纹，圈足近底部饰一周凸棱。口径21.6、底径12.6、通高19.6厘米（图3-313，5；；图版二三，1）。

2004ⅡT6502J1

深腹罐

Aa型　标本2004J1：24，夹砂黑褐陶。仰折沿，窄沿上仰，唇部上缘削平为尖唇，饰较粗浅篮纹。口径24、通高30.2厘米（图3-314，3；图版八，1）。标本2004J1：33，夹砂灰陶。侈口，仰折沿，沿面中部微凸，唇面有一周凹槽，口外侧微凸，腹微鼓，中腹以下残。腹饰细绳纹。口径24.2、残高13.4厘米（图3-314，2）。标本2004J1：30，夹砂灰陶。仰折沿，沿面中部及近唇处微凹，唇部上缘削平为尖唇，口外侧近颈处微凸，腹微鼓，中腹以下残。腹饰细绳纹。口径17、残高11.4厘米（图3-314，1）。

Ab型Ⅰ式　标本2004J1：32，夹砂黑陶，局部为褐色。方唇，唇面微凹，窄沿锐折，口微敛，弧腹，中腹以下残。腹部饰斜向篮纹、口外有一周不甚规则的凸起。口径25、残高12厘米（图3-314，4）。标本2004J1：35，夹砂黑皮陶，红胎。方唇，唇面微凹、唇下缘微凸，折沿上仰，敛口，鼓腹，中腹以下残。腹部饰竖向粗绳纹，其上有绳纹抹断痕迹。口径23.8、残高7厘米（图3-314，5）。标本2004J1：21，夹砂黑陶，深褐胎。方唇近圆，折沿微仰、沿面微凹，口微敛，弧腹，中腹以下残。口沿背有一周三角形楔点纹，腹部饰斜向篮纹。口径18.6、残高8.2厘米（图

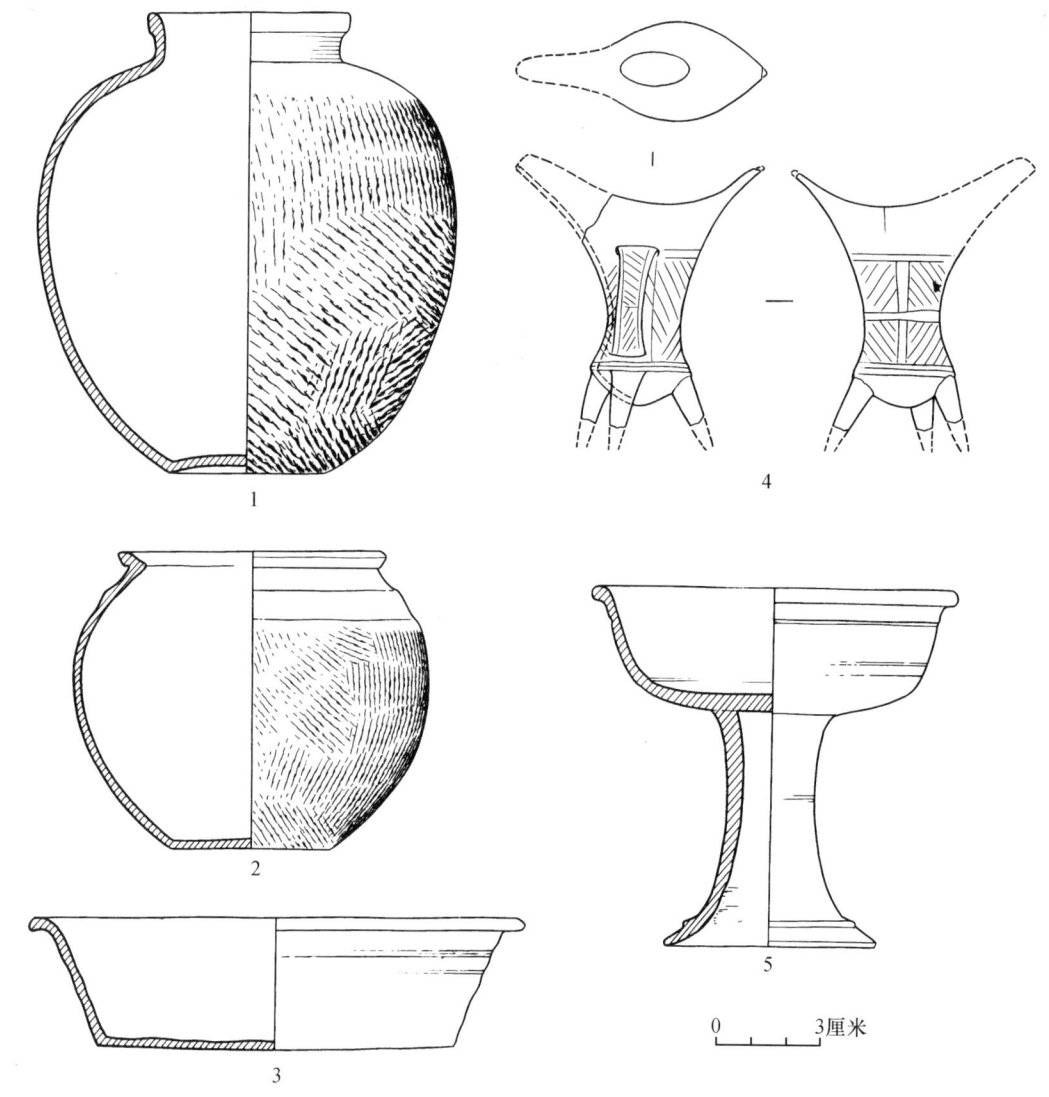

图 3-313　2004ⅡT6502M1 出土陶器
1. Ba型Ⅱ式瓮（2004M1:6）　2. A型Ⅲ式敛口罐（2004M1:5）　3. A型Ⅰ式平底盆（2004M1:8）　4. 爵（2004M1:7）
5. A型Ⅱ式豆（2004M1:4）

3-314，6）。标本2004J1:28，夹砂灰陶。圆唇，唇缘微凸，沿锐折微仰，敛口，鼓腹，中腹以下残。腹部饰竖向细绳纹。口径23.8、残高9厘米（图3-314，7）。标本2004J1:34，夹砂黑陶，暗红胎。方唇，唇面中部微凹，仰折沿，鼓腹，中腹以下残。腹饰粗绳纹。口径27.1、残高12.8厘米（图3-314，8）。

圆腹罐

A型Ⅰ式　标本2004J1:22，夹砂灰黑陶。敛口，尖平唇，短折沿，弧腹，形体较小，中腹以下残。腹饰斜向篮纹。口径14、残高7厘米（图3-315，1）。

Ca型Ⅰ式　标本2004J1:27，夹砂灰陶。尖圆唇，高领，腹微鼓，上腹以下残。口外侧饰一周

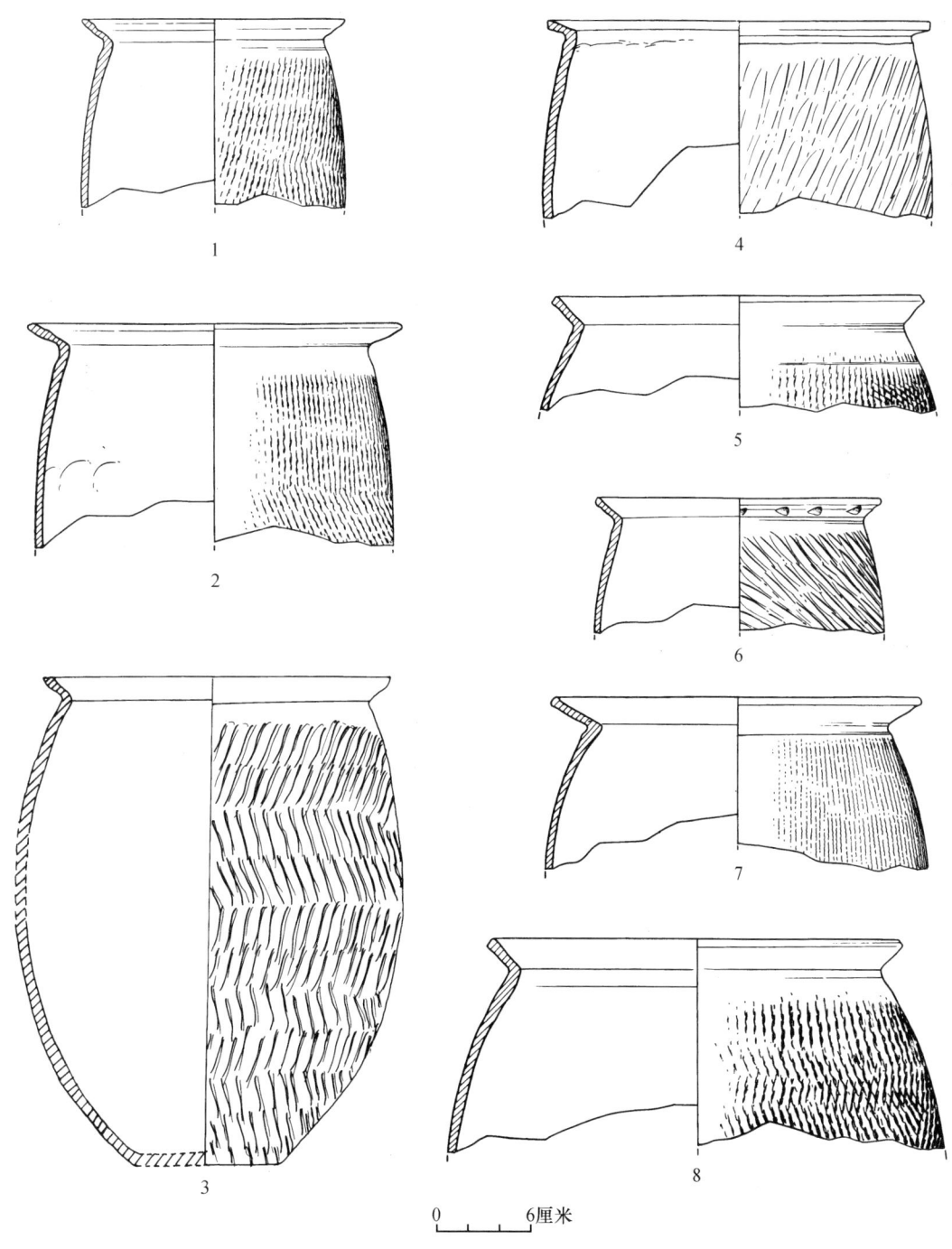

图 3-314　2004ⅡT6502J1 出土深腹罐

1~3. Aa 型（2004J1:30、2004J1:33、2004J1:24）　4~8. Ab 型Ⅰ式（2004J1:32、2004J1:35、2004J1:21、2004J1:28、2004J1:34）

花边，腹饰斜向篮纹。口径 7.8、残高 24 厘米（图 3-315，3）。

Ca 型Ⅱ式　标本 2004J1:4，夹砂灰褐陶。侈口，尖圆唇，领部较高，中腹以下残。口外有一对舌形小鋬以及三行不甚规则的戳印纹，形似花边。腹饰绳纹。口径 15.5、残高 10 厘米（图

3-315，2)。标本 2004J1:14，夹砂灰褐陶。尖圆唇较薄，领部较高，圆鼓腹，下腹近底部残。口外饰一周花边，领部素面、有篮纹被抹痕，腹部饰斜向篮纹。口径 19.8、腹径 20.4、残高 16 厘米（图3-315，5）。标本 2004J1:11，夹砂灰陶。侈口，尖唇，领部较高，腹微鼓，中腹以下残。口外有一对鸡冠形小鋬及一周花边，腹饰细绳纹。口径 16、残高 11 厘米（图 3-315，4）。

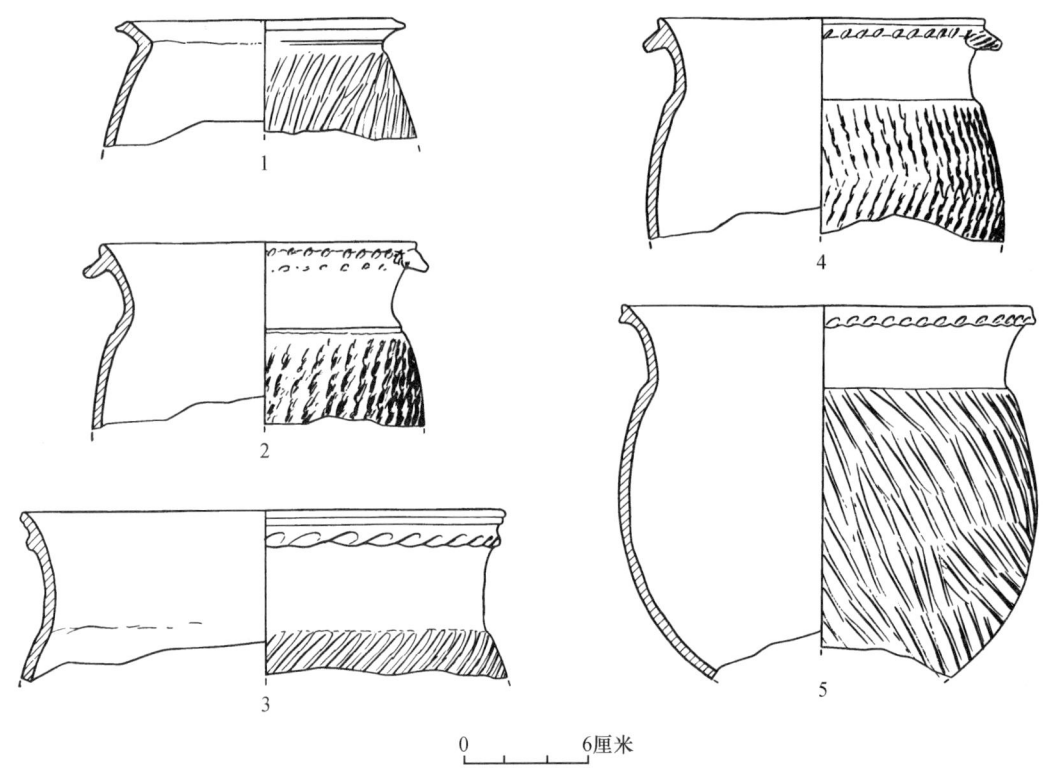

图 3-315　2004ⅡT6502J1 出土圆腹罐
1. A 型Ⅰ式（2004J1:22）　2、4、5. Ca 型Ⅱ式（2004J1:4、2004J1:11、2004J1:14）　3. Ca 型Ⅰ式（2004J1:27）

甑　A 型Ⅰ式　标本 2004J1:23，泥质灰黑陶。尖圆唇且在沿面上形成一周较宽的凸棱，仰折沿，沿面近折棱处有一周凹槽，口微敛，腹壁斜收，底残。腹部拍印篮纹，上腹饰一对鸡冠耳及一周弦纹。口径 27、残高 16.4 厘米（图 3-316，4；图版八，2）。标本 2004J1:36，夹砂黑皮陶，褐胎。圆唇，折沿微仰，沿背中部一周凸起，侈口，腹部斜收，中腹以下残。器表。上腹部饰一周弦纹，其余部位为素面且磨光。口径 36、残高 5.8 厘米（图 3-316，3）。

刻槽盆　A 型Ⅰ式　标本 2004J1:16，泥质灰陶。口内壁微侈，圆唇外侧加厚凸出，下腹残。腹饰竖向细绳纹。口径 21、残高 9 厘米（图 3-316，1）。

三足盘　Ⅰ式　标本 2004J1:31，泥质夹细砂，深灰陶。盘腹残，足内卷呈"C"形。足中部饰弦纹，底部有一道宽凸棱。残高 6 厘米（图 3-316，6）。

圈足盘　A 型　标本 2004J1:37，泥质夹细砂，黑陶，红胎。口部残，底略闿，圈足残。盘壁及圈足饰弦纹，底部外侧拍印绳纹。器表磨光。底径 16.2、残高 7 厘米（图 3-316，7）。

缸　Ab 型Ⅰ式　标本 2004J1:19，夹砂灰黑陶。侈口，斜方唇，唇面有一周凹槽，腹壁较直，

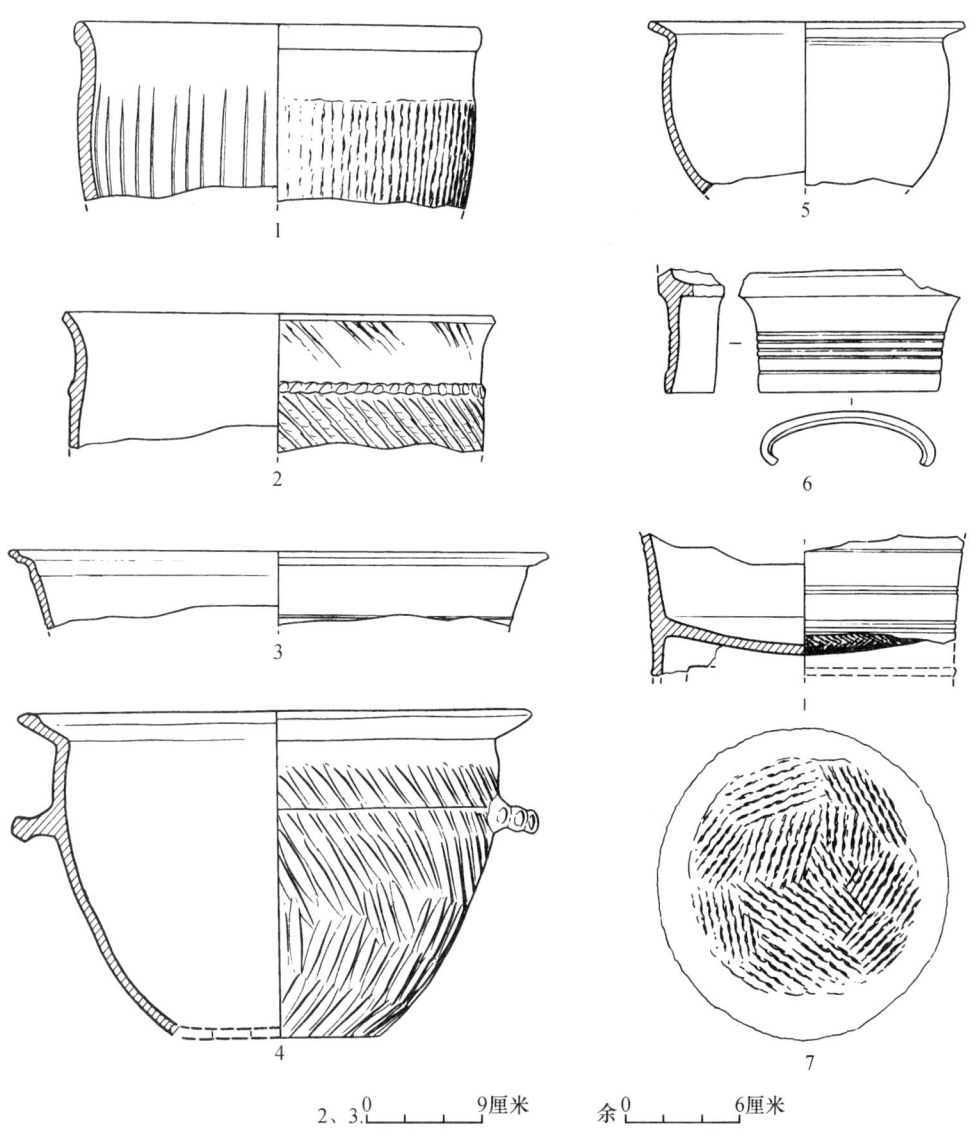

图 3-316 2004ⅡT6502J1 出土陶器（一）

1. A型Ⅰ式刻槽盆（2004J1:16） 2. Ab型Ⅰ式缸（2004J1:19） 3、4. A型Ⅰ式甑（2004J1:36、2004J1:23） 5. 盂（2004J1:29）
6. Ⅰ式三足盘（2004J1:31） 7. A型圈足盘（2004J1:37）

中腹以下残。领部有篮纹被抹痕，上腹部饰一周附加堆纹，其下饰斜向篮纹。口径33.9、残高10.2厘米（图3-316，2）。

盂 标本2004J1:29，泥质夹细砂，黑陶，褐胎。圆唇，折沿微仰，敛口，口外侧微凹，鼓腹，近底部残。素面。口径16.5、腹径15.2、残高8.2厘米（图3-316，5）。

瓠 Ⅰ式 标本2004J1:13，泥质夹细砂，黑皮陶。上腹残，下腹呈竹节状，平底，底部周缘外凸。器表素面，略磨光。底径6.2、残高5.6厘米（图3-317，4）。

瓮 A型 标本2004J1:25，泥质灰陶，局部黑色。中腹以上残，下腹斜收为小平底。腹饰三组弦纹，每组有4~6周。腹部近底处饰斜向篮纹。底径12.9、残高12.9厘米（图3-317，3）。

敛口罐

A型Ⅰ式　标本2004J1:20，泥质夹细砂，深灰陶，局部为褐色，暗红胎。圆唇，折沿上仰，敛口，下腹残。口沿及上腹磨光。沿面上饰两周凹槽，上腹有一周弦纹，其下饰方格纹。口径16、腹径18.6、残高7.8厘米（图3-317，2）。

A型Ⅱ式　标本2004J1:18，泥质灰褐陶。圆唇，敛口，仰折沿，沿面有两周凹槽，鼓腹，下腹残。上腹近口处抹平，有隐约绳纹痕，局部磨光。腹饰斜向绳纹。口径26.9、残高10.8厘米（图3-317，1）。

盅　标本2004J1:12，泥质夹细砂，红褐陶。尖唇，平底略凹。素面。口径2.3、底径1.2、高2.6厘米（图3-317，5）。

小铲形器　标本2004J1:17，泥质红褐陶。系由篮纹陶片加工而成。铲形，双面刃。长4.5厘米（图3-317，6）。

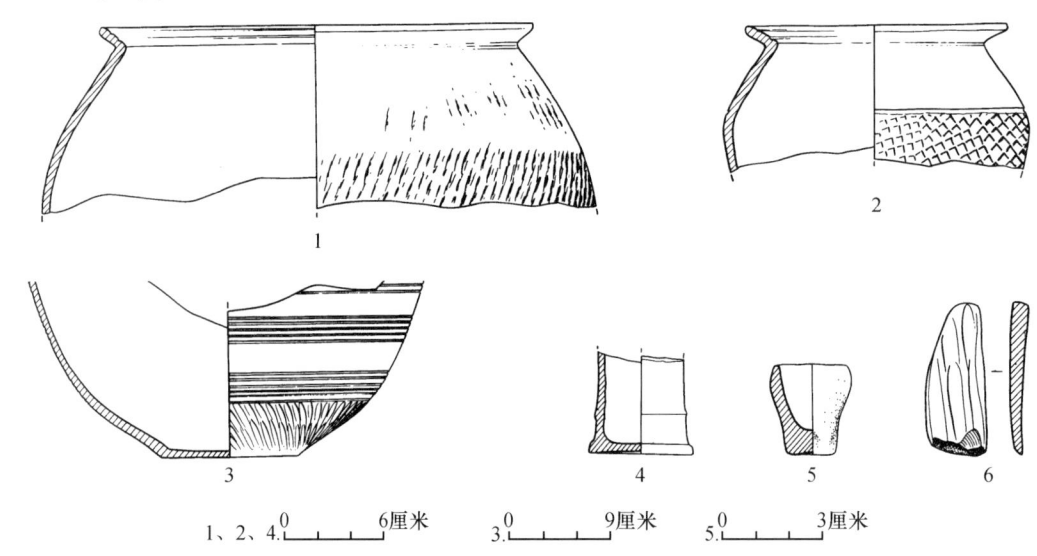

图3-317　2004ⅡT6502J1出土陶器（二）
1. A型Ⅱ式敛口罐（2004J1:18）　2. A型Ⅰ式敛口罐（2004J1:20）　3. A型瓮（2004J1:25）　4. Ⅰ式瓠（2004J1:13）
5. 盅（2004J1:12）　6、铲形器（2004J1:17）

2004ⅡT6602H20

深腹罐

Ab型Ⅰ式　标本2004H20:75，夹砂黑陶，局部为褐色。圆唇，折沿上仰，口微敛，腹部微弧，中腹以下残。沿面近口处有数周凹槽，腹部饰斜向篮纹，局部为交错篮纹。口径26.8、残高6厘米（图3-318，1）。

Ab型Ⅱ式　标本2004H20:82，夹砂褐陶。圆唇，折沿微仰，敛口，弧腹，中腹以下残。腹部饰竖向绳纹。口径23.4、残高5.6厘米（图3-318，2）。标本2004H20:76，夹砂灰陶。敛口，折沿上仰，方唇，唇面有一周凹槽，腹微鼓，中腹以下残。腹饰竖向细绳纹。口径22、残高7厘米（图3-318，3）。标本2004H20:68，夹砂灰陶。口微敛，仰折沿，圆唇，腹微鼓，中腹以下残。腹饰竖

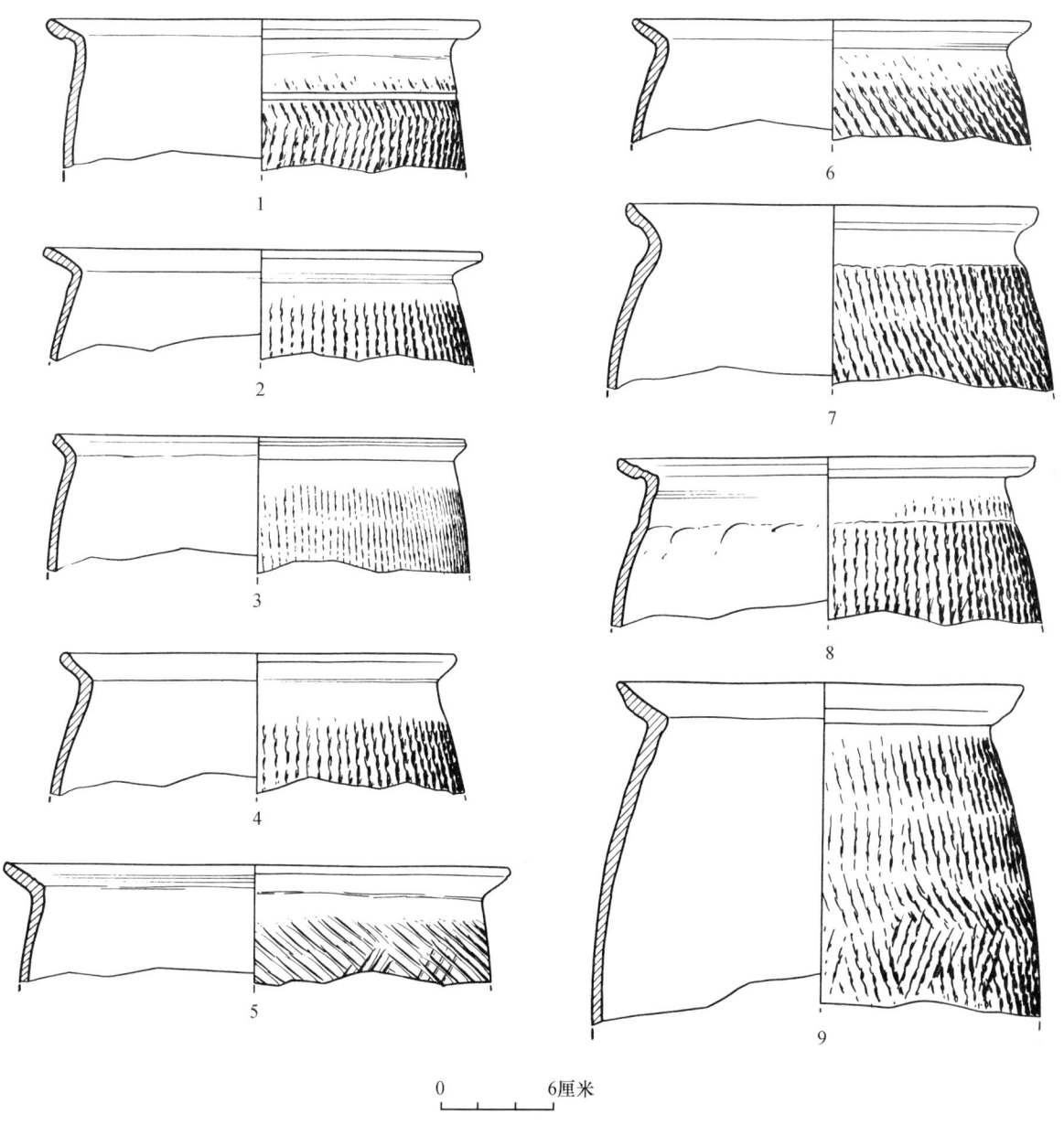

图 3-318 2004ⅡT6602H20 出土深腹罐

1、6~9. Ac 型Ⅰ式（2004H20:128、2004H20:71、2004H20:66、2004H20:27、2004H20:125） 2~4. Ab 型Ⅱ式（2004H20:82、2004H20:76、2004H20:68） 5. Ab 型Ⅰ式（2004H20:75）

向绳纹。口径 21、残高 7.2 厘米（图 3-318，4）。

Ac 型Ⅰ式 标本 2004H20:128，夹砂灰陶。口微敛，仰折沿，沿面略凹，圆唇，沿背呈带状凸起，腹微鼓，中腹以下残。上腹近口处饰一周弦纹，其下饰绳纹。口径 23.1、残高 7.8 厘米（图 3-318，1）。标本 2004H20:71，夹砂黑皮陶，褐胎。侈口，仰折沿，尖圆唇，唇外侧有一周凹槽，沿背微凸，鼓腹，中腹以下残。腹饰斜向绳纹。口径 21.4、残高 6.2 厘米（图 3-318，6）。标本 2004H20:66，夹砂灰陶，局部红色。侈口，折沿，尖圆唇，口外侧呈带状凸起，鼓腹，中腹以下残。腹饰绳纹。口径22.2、残高9.2厘米（图3-318，7）。标本2004H20:27，夹砂褐陶，内壁局部呈黑色，暗红胎。敛口，仰折沿，沿面近唇处微凹，尖圆唇，沿背呈带状凸起，鼓腹，中腹以下残。腹饰竖向绳纹。口径22.4、残高8.5厘米（图3-318，8）。标本2004H20:125，夹砂红褐陶，局部为黑色。圆唇，折沿上仰、沿面有两周凹痕，沿背微鼓，敛口，鼓腹，中腹以下残。腹部饰竖向绳纹，局部为交错绳纹。口径22、残高16.4厘米（图3-318，9）。标本2004H20:48，夹砂灰陶，褐胎。圆唇，折沿上仰、沿面微凹，敛口，弧腹，中腹以下残。腹部饰竖向细绳纹。口径20、残高12.2厘米（图3-319，5）。

B型Ⅱ式　标本2004H20:50，夹砂灰陶，褐胎。圆唇，卷沿微仰，沿面近唇部微向上卷，鼓腹，中腹以下残。腹部饰斜向篮纹。口径23、残高6.4厘米（图3-319，4）。

C型Ⅰ式　标本2004H20:77，夹砂灰黑色陶。口近直，仰折沿，斜方唇，唇面有一周凹槽，沿背微凸，领部微束，鼓腹，中腹以下残。领部素面，腹饰斜向绳纹。口径24、残高9.8厘米（图3-319，3）。

圆腹罐

A型Ⅱ式　标本2004H20:108，夹砂灰陶。圆唇，折沿微仰，敛口，弧腹，中腹以下残。沿面上有两周凹槽，腹部饰竖向篮纹。口径15.2、残高7厘米（图3-319，2）。标本2004H20:106，夹砂灰陶。侈口，圆唇，鼓腹，中腹以下残。腹饰细绳纹。口径14.2、残高5.9厘米（图3-319，1）。

B型　标本2004H20:39，夹砂灰陶，局部为褐色。方唇近圆，卷沿微耷、沿面近唇部有一周凹槽，敛口，腹略鼓，中腹以下残。唇面压印有一周花边，腹部饰横向篮纹。口径15.2、残高8厘米（图3-319，9）。标本2004H20:129，夹砂灰陶。方唇近圆，卷沿微下耷、沿面近唇部有一周凹槽，敛口，腹部微鼓，中腹以下残。唇面压印有一周花边，腹部有一周弦纹、以下饰斜向篮纹。口径16、残高11.2厘米（图3-319，10）。

Ca型Ⅱ式　标本2004H20:63，夹砂灰黑陶，局部为褐色。尖圆唇，侈口，领较高，鼓腹，中腹以下残。口部外侧饰一周花边，腹部饰竖向绳纹。口径15.6、残高7.1厘米（图3-319，6）。标本2004H20:40，夹砂灰黑陶。尖唇，侈口，束领，中腹以下残。口外侧饰一周花边且附有一对鸡冠形錾，腹饰竖向细绳纹。口径15.4、残高5.4厘米（图3-319，7）。标本2004H20:58，夹砂灰陶。侈口，尖圆唇，束领，圆鼓腹，中腹以下残。口外侧饰一周索状花边，腹部饰斜向细绳纹。口径13.4、残高6.4厘米（图3-319，8）。标本2004H20②:28，夹砂灰陶。尖唇，侈口，领较斜直，鼓腹，中腹以下残。口部外侧有一周凸棱，下方饰一周花边且附一对小錾，腹部饰竖向绳纹。口径16、残高7.8厘米（图3-320，4）。标本2004H20②:30，夹砂褐陶。尖唇，侈口，束领，圆鼓腹，中腹以下残。领有绳纹被抹痕迹。口部外侧饰一周索状花边，腹部饰竖向细绳纹。口径12.6、腹径13.4、残高7.1厘米（图3-320，2）。标本2004H20:126，夹砂黑陶，局部为褐色。尖唇，侈口，领略曲，略近折肩，中腹以下残。口部外侧饰一周花边，腹部饰竖向和斜向绳纹。口径13、腹径15.2、残高10.8厘米（图3-320，3）。标本2004H20②:49，夹砂灰褐陶。圆唇，侈口，高领，鼓腹，中腹以下残。口部外侧饰一周花边，腹饰斜向篮纹。口径15.6、残高4.3厘米（图3-320，5）。标本2004H20②:57，夹砂灰陶。尖唇，侈口，束领，鼓肩，圆腹，中腹以下残。口部外侧饰一周索状花边，腹饰绳纹。口径10.4、残高6.9厘米（图3-320，7）。标本2004H20:38，夹砂黑陶。尖

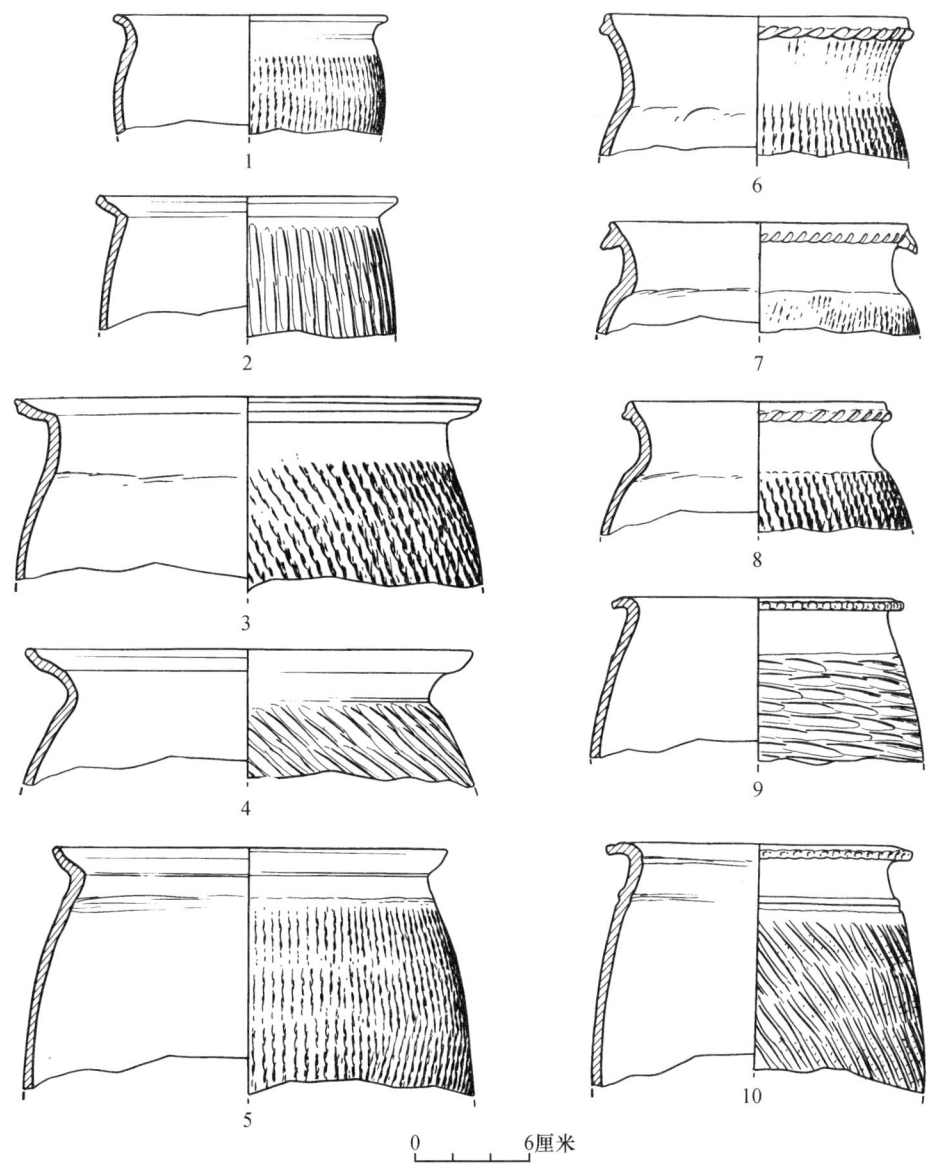

图 3-319 2004ⅡT6602H20 出土陶罐

1、2. A 型Ⅱ式圆腹罐（2004H20:106、2004H20:108） 3. C 型Ⅰ式深腹罐（2004H20:77） 4. B 型Ⅱ式深腹罐（2004H20:50） 5. Ac 型Ⅰ式深腹罐（2004H20:48） 6~8. Ca 型Ⅱ式圆腹罐（2004H20:63、2004H20:40、2004H20:58） 9、10. B 型圆腹罐（2004H20:39、2004H20:129）

圆唇，侈口，束领，领以下残。口外侧压印有一周索状花边，并有小錾脱落痕迹，领部以下饰斜向绳纹。口径 26.4、残高 7 厘米（图 3-320,9）。

Ca 型Ⅲ式 标本 2004H20:55，夹砂灰陶。尖圆唇，侈口，矮领，鼓腹，中腹以下残。口部外侧饰一周花边，腹部饰斜向细绳纹。口径 25.2、残高 6.6 厘米（图 3-320,8）。标本 2004H20①:85，夹砂浅灰褐陶。尖圆唇，侈口，矮领，鼓腹，中腹以下残。口部外侧饰一周花边，领部和上腹部为素面，以下饰竖向较粗绳纹。口径 16.8、残高 9.2 厘米（图 3-320,6）。标本 2004H20①:41，

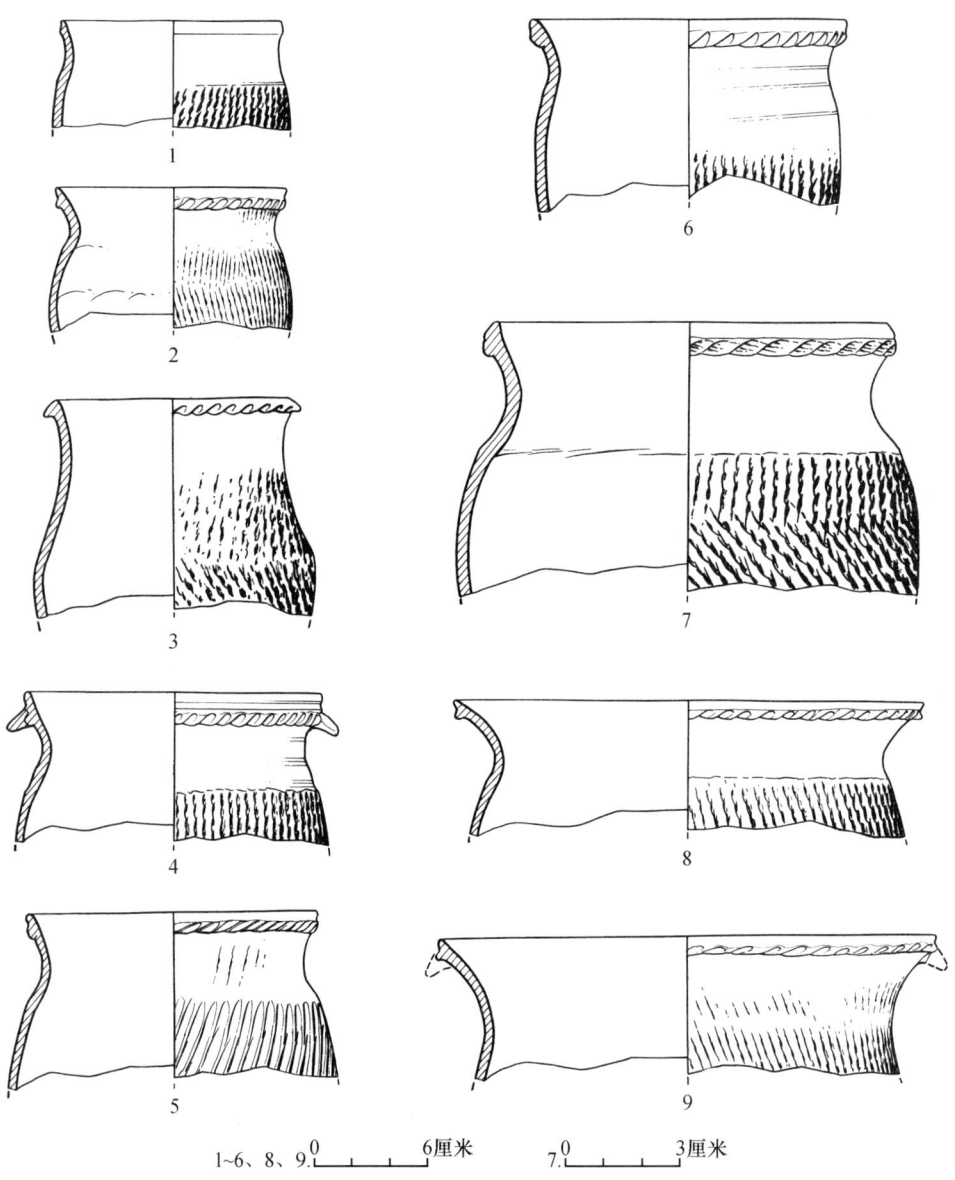

图 3-320　2004ⅡT6602H20 出土圆腹罐

1. Cb 型Ⅱ式（2004H20②:53）　2~5、7、9. Ca 型Ⅱ式（2004H20②:30、2004H20:126、2004H20②:28、2004H20②:49、2004H20②:57、2004H20:38）　6、8. Ca 型Ⅲ式（2004H20①:85、2004H20:55）

夹砂灰褐陶。尖圆唇，侈口，矮领，鼓腹，中腹以下残。口部外侧饰一周花边，上腹有两周凸棱，以下饰竖向细绳纹。口径 14、腹径 17、残高 11.5 厘米（图 3-321，1）。

Cb 型Ⅰ式　标本 2004H20:127，夹砂灰黑陶。侈口，圆唇，口外有一周凸棱，高领，上腹微鼓，中腹以下残。腹饰绳纹。口径 19、残高 13 厘米（图 3-321，2）。

Cb 型Ⅱ式　标本 2004H20②:53，夹砂灰陶。侈口，斜方唇，领稍矮，上腹微鼓，中腹以下残。腹饰斜向较粗绳纹。口径 12、残高 5.4 厘米（图 3-320，1）。

Cc 型Ⅰ式　标本 2004H20①:52，夹砂黑皮陶，红褐胎。侈口，窄折仰沿，方唇，高领，领部

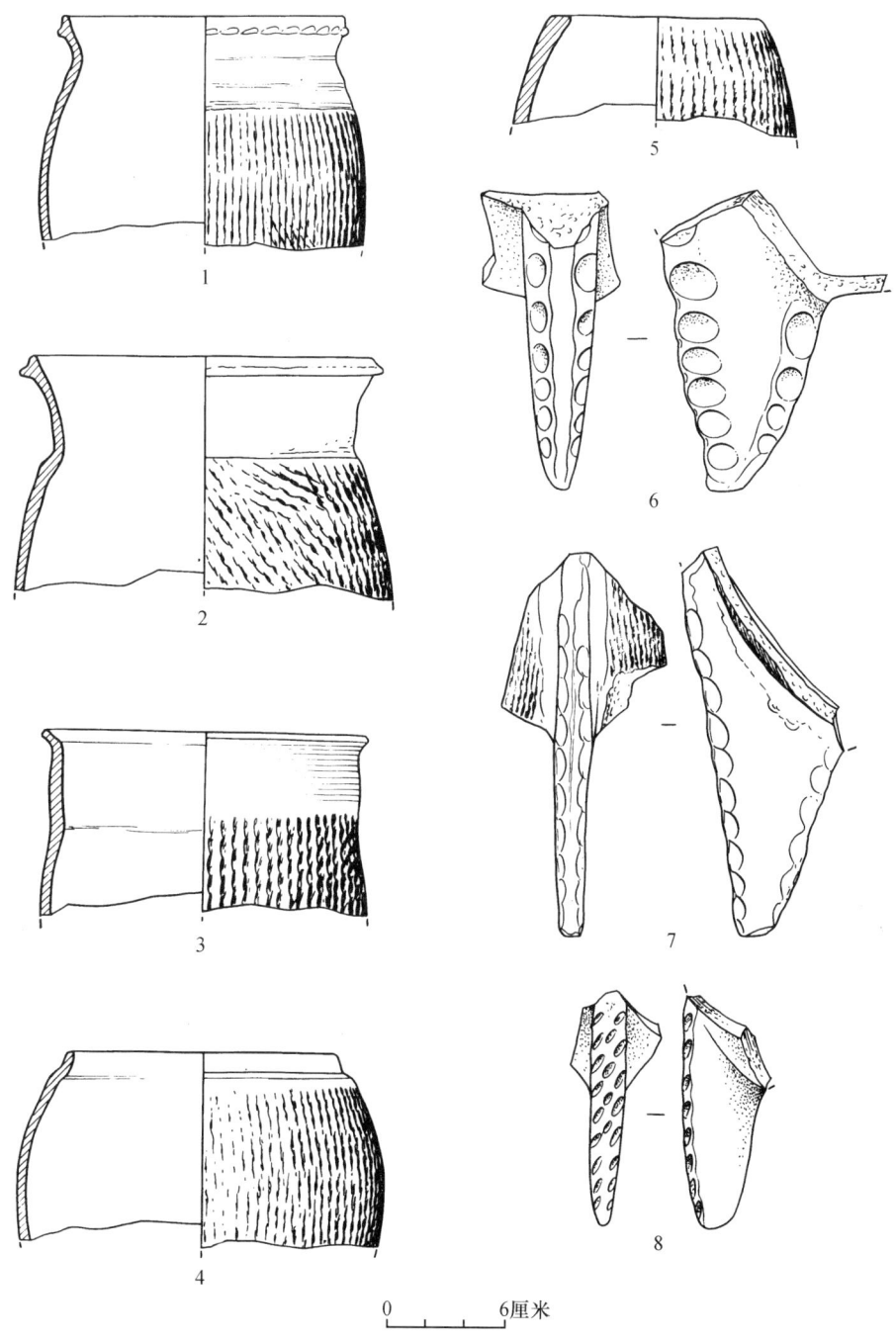

图 3-321 2004ⅡT6602H20 出土陶器（一）

1. Ca 型Ⅲ式圆腹罐（2004H20①:41） 2. Cb 型Ⅰ式圆腹罐（2004H20:127） 3. Cc 型Ⅰ式圆腹罐（2004H20①:52）
4、5. Bc 型鼎（2004H20②:69、2004H20①:73） 6~8. 鼎足（2004H20②:33、2004H20①:119、2004H20②:98）

微凸，腹微鼓，中腹以下残。腹部饰较粗绳纹。口径17、残高8.8厘米（图3-321,3）。

鼎 Bc 型 标本 2004H20②:69，夹砂褐陶。圆唇、敛口、矮领、圆鼓腹，中腹以下残。腹部饰竖向绳纹。口径12.6、腹径19、残高9.8厘米（图3-321,4）。标本 2004H20①:73，夹砂褐陶。

方唇，敛口，圆鼓腹，中腹以下残。腹部饰竖向较粗绳纹。口径10.8、残高5.2厘米（图3-321，5）。

鼎足　标本2004H20②：33，夹砂褐陶。鼎足呈三角形，内外侧各饰两排捏窝。残高14.6厘米（图3-321，6）。标本2004H20②：119，腹部为夹砂黑陶，足为夹砂红陶。腹底饰绳纹，鼎足呈三角形，内外侧各饰两排捏窝。残高19.2厘米（图3-321，7）。标本2004H20②：98，夹砂褐陶。鼎足呈刀形，外侧面饰两排捏窝。残高11.6厘米（图3-321，8）。

甑　B型Ⅰ式　标本2004H20：35，泥质灰陶。口微侈，卷沿微斜，圆唇微下凸，上腹较直，下腹壁斜收，平底残。箅孔应为六孔，中间一孔为圆形，周围五孔为椭圆形。腹部及底部饰绳纹，上腹有两对称的鸡冠耳，其所在部位饰两周弦纹，箅孔外有一周弦纹，应为切割箅孔时划定的边界范围。口径30.3、底径9.6、通高20.6厘米（图3-322，3）。

刻槽盆　A型Ⅱ式　标本2004H20②：46，夹砂灰陶。圆唇，侈口，腹略外张，中腹以下残。腹部饰竖向较粗绳纹，内壁有刻槽。口径19.2、残高8.8厘米（图3-322，2）。标本2004H20②：62，夹砂深褐陶，局部为红色，内壁为黑灰色，陶胎较厚。中腹以上残，下腹弧收，平底。腹饰交错绳纹，内壁有刻槽，器底为方格交错状，腹部为辐射状。底径6、残高4.4厘米（图3-322，1）。

深腹盆

A型Ⅱ式　标本2004H20③：86，泥质夹细砂，灰黑陶，红褐胎。敛口，仰折沿，方唇唇缘微凸，腹微鼓，中腹以下残。上腹残见一鸡冠錾，腹饰竖向较粗绳纹。口径29、残高7.7厘米（图3-322，6）。

A型Ⅲ式　标本2004H20：65，泥质黑皮陶，褐胎。敛口，折沿微上仰，尖圆唇，沿背呈带状凸起，鼓腹，下腹急收，下腹残。沿面近唇处饰两周弦纹，腹饰细绳纹。口径32、残高17厘米（图3-322，7）。

B型Ⅱ式　标本2004H20②：80，夹砂灰黑陶。口微敛，平折沿，尖圆唇，唇面有一周凹槽，腹微鼓，中腹以下残。口外侧有绳纹被抹痕，腹饰交错绳纹。口径41.1、残高8.4厘米（图3-322，5）。

三足盘　标本2004H20①：78　泥质灰褐陶。腹壁斜收，平底，残存一个三角形足，上部残。素面。残高7.2厘米（图3-323，1）。

Ⅱ式　标本2004H20③：4，泥质灰黑陶。侈口，方唇，深腹，足残断后磨平继续使用。通体磨光，饰有弦纹。口径21、残高10厘米（图3-322，4）。

豆　A型Ⅲ式　标本2004H20③：132，泥质褐陶，局部为黑色。侈口，卷沿略斜，斜直壁，底近平，盘略浅，豆柄稍细，喇叭口圈足。通体素面且磨光，豆柄上部有两个对穿的圆形镂孔，其下有一周凸棱，圈足近底处饰一周凸棱。豆盘口径18、底径12.5、高18.6厘米（图3-323，2；图版二二，1）。标本2004H20：83，泥质褐陶，仅存豆盘，卷沿，侈口，折壁微弧。素面。残高7.6厘米（图3-323，3）。标本2004H20③：87，泥质黑皮陶，褐胎。侈口，圆唇，折沿下斜，盘壁斜收，中腹以下残。盘壁素面磨光。口径20、残高5厘米（图3-323，4）。

豆柄　标本2004H20：89，泥质黑灰陶，褐胎。仅存豆柄上部，外鼓。中部饰一周箍棱。残见三个圆形镂孔。残高6厘米（图3-323，6）。标本2004H20②：88，泥质夹细砂，黑灰陶。较细，圈

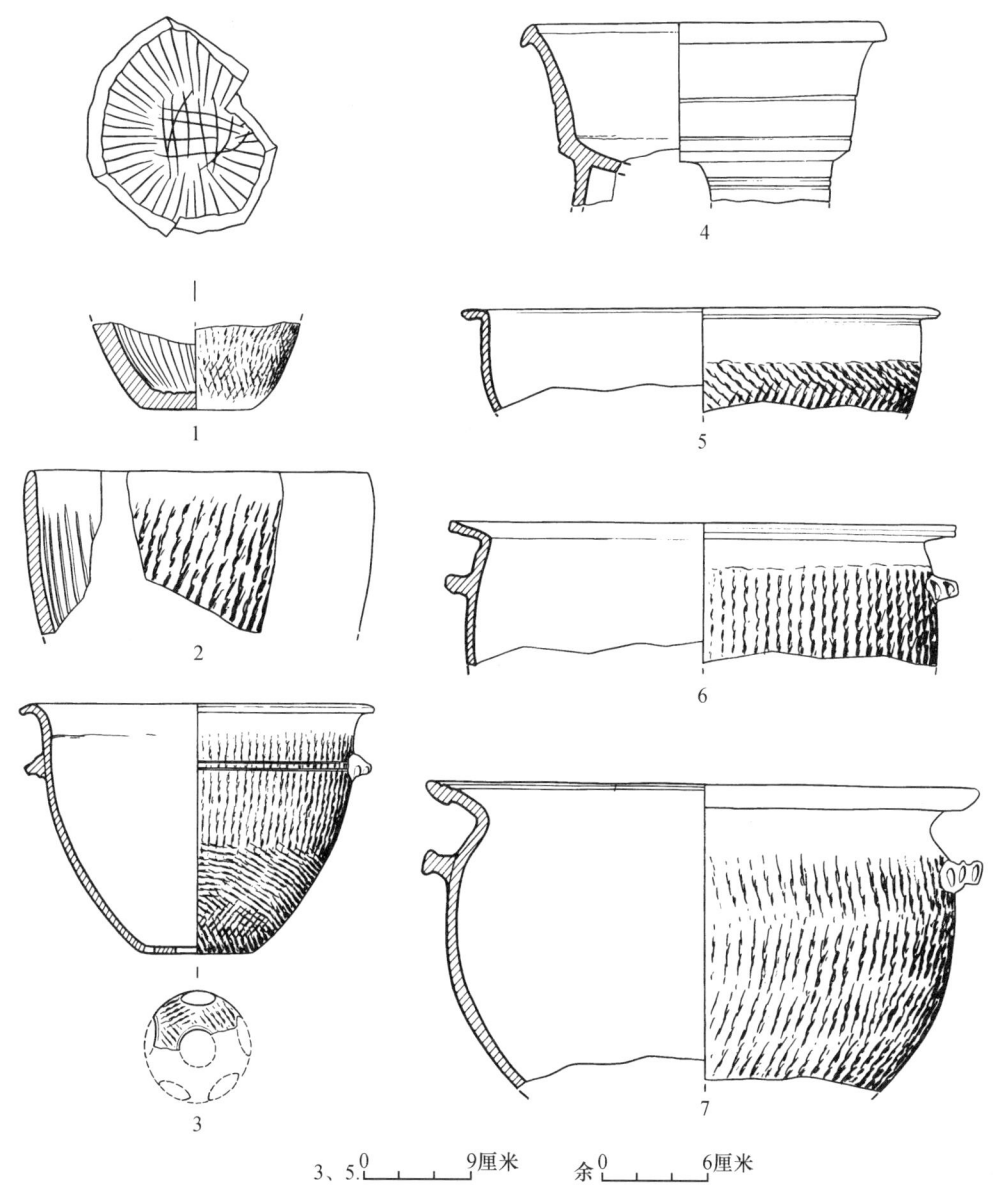

图 3-322　2004ⅡT6602H20 出土陶器（二）

1、2. A 型Ⅱ式刻槽盆（2004H20②:62、2004H20②:46）　3. B 型Ⅰ式甗（2004H20:35）　4. Ⅱ式三足盘（2004H20③:4）
5. B 型Ⅱ式深腹盆（2004H20②:80）　6. A 型Ⅱ式深腹盆（2004H20③:86）　7. A 型Ⅲ式深腹盆（2004H20:65）

足部分缺失。豆柄上部有两个对穿圆孔，其下有一周凸棱。残高 10.9 厘米（图 3-323，7）。

盉　B 型　标本 2004H20②:104，夹砂黑灰陶，褐胎。管状流残，心形口，对应一侧有一单耳，耳残，首部外凸，腹及底残。耳上有几何形刻划纹。口径 2.7～4.2、残高 7.4 厘米（图 3-323，5）。

小口尊

A 型　标本 H20:64，泥质黑皮陶，褐胎。侈口，尖圆唇，口外侧呈带状凸起，高领中部残见一周凸棱，领肩交接处有一周凹槽，肩以下残。素面且磨光。口径 23.7、残高 5.8 厘米（图 3-324，3）。

Ab 型　标本 2004H20③:67，泥质红陶。侈口，尖唇，口外呈带状凸起，矮领，折肩，中腹以

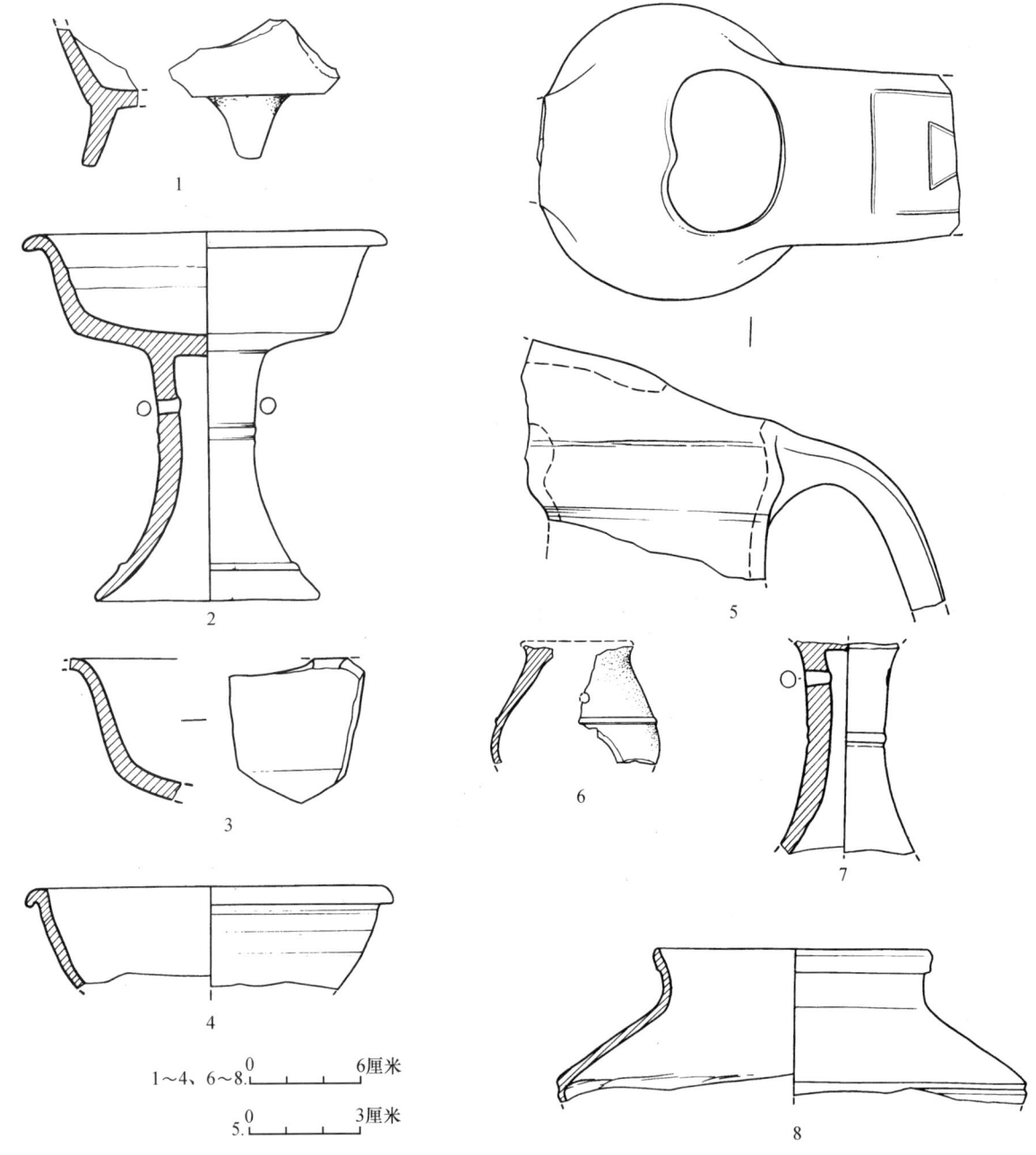

图 3-323 2004ⅡT6602H20 出土陶器（三）

1. 三足盘（2004H20①:78） 2~4. A 型Ⅲ式豆（2004H20③:132、2004H20:83、2004H20③:87） 5. B 型盉（2004H20②:104） 6、7. 豆柄（2004H20②:88、2004H20:89） 8. Ab 型小口尊（2004H20③:67）

下残。素面，折肩处残见一周弦纹。口径 15、肩径 25.2、残高 7.6 厘米（图 3-323,8）。标本 2004H20:91，泥质灰黑陶。侈口，卷沿，圆唇，矮领，领部有一周凸棱，折肩，腹壁较斜直，中腹以下残。肩部饰两周弦纹，腹部饰被弦纹隔开的刻划纹。口径 20、肩径 24.2、残高 8.8 厘米（图 3-324,1）。标本 2004H20①:79，泥质灰陶。口微侈，尖圆唇，口外侧呈带状凸起，矮领，折肩，中腹以下残。器表局部磨光，肩部饰一周弦纹，上腹残见四周弦纹。口径14、肩径22、残高9.5厘米（图3-324，2）。

缸

Aa型Ⅰ式　标本2004H20:113，夹砂灰陶。敛口，方唇，腹微鼓，中腹以下残。口外侧饰一周花边，腹饰竖向绳纹及附加堆纹。口径31.5、残高8.4厘米（图3-324，4）。

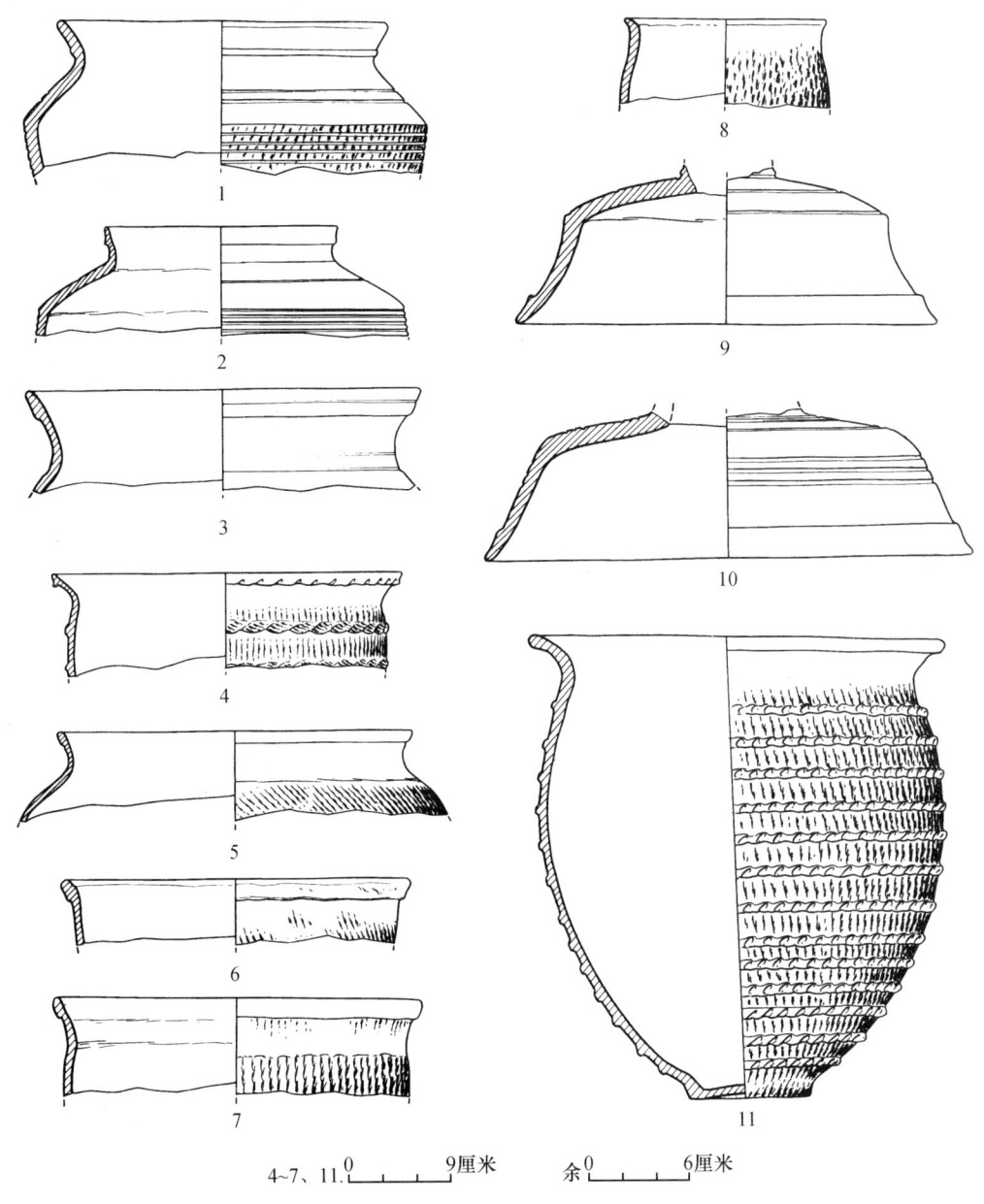

图3-324　2004ⅡT6602H20出土陶器（四）

1、2. Ab型小口尊（2004H20①:91、2004H20:79）　3. A型小口尊（2004H20:64）　4. Aa型Ⅰ式缸（2004H20:113）
5. Ba型Ⅱ式瓮（2004H20①:95）　6. C型缸（2004H20③:72）　7、11. Ab型Ⅱ式缸（2004H20②:37、2004H20:130）
8. 小罐（2004H20②:107）　9、10. Aa型Ⅰ式器盖（2004H20②:32、2004H20:99）

Ab型Ⅱ式　标本2004H20②：37，泥质夹少量砂，灰黑陶，局部褐色。侈口，尖圆唇，口外侧呈带状凸起，腹壁较直，中腹以下残。腹饰绳纹。口径33.6、残高8.3厘米（图3-324，7）。标本2004H20：130，夹细砂灰陶。侈口，圆唇，卷沿束颈，鼓腹，小平底略内凹。领部以下饰绳纹及13道附加堆纹。口径25.4，腹径24.4、通高37.8厘米（图3-324，11；图版二二，2）。

C型　标本2004H20③：72，夹砂灰陶。侈口，圆唇，口外侧呈带状凸起，腹壁较直，中腹以下残。唇面及口外侧凸棱有若干戳印纹，上腹饰斜向绳纹。口径31.5、残高5.7厘米（图3-324，6）。

瓮　Ba型Ⅱ式　标本2004H20①：95，夹砂灰黑陶，局部略泛褐色。侈口，圆唇，口外侧呈带状凸起，领微束，鼓肩，中腹以下残。肩部饰斜向绳纹。口径32、残高7.8厘米（图3-324，5）。

器盖　Aa型Ⅰ式　标本2004H20：99，泥质黑皮陶，褐胎。斜直壁外张，圆唇，口外加厚为外凸的宽带，折壁，纽残。磨光，顶部饰两组弦纹，每组由三周弦纹组成，腹部饰数周弦纹。口径30、残高8.1厘米（图3-324，10）。标本2004H20②：32，泥质灰黑陶，褐胎。折壁，腹壁稍内凹，尖圆唇，口缘加厚为外凸的宽带，纽残。顶部饰三周弦纹，腹部素面。口径26、残高8.8厘米（图3-324，9）。

小罐　标本2004H20②：107，泥质夹少量砂，灰陶。侈口，卷沿，尖圆唇，腹微鼓，形体较小，中腹以下残。腹饰较粗绳纹。口径12.2、残高5厘米（图3-324，8）。

钵　标本2004H20：131，夹砂灰陶。尖圆唇，口近直、口外侧呈带状凸起，弧腹下收，下腹残。上腹素面，下腹饰横向绳纹。口径22.8、腹径22、残高11厘米（图3-325，4）。

杯　标本2004H20①：97，夹砂灰陶。圆唇，直腹，中腹以下残。器表有有刻划图案。口径9.6、残高5.6厘米（图3-325，1）。

盅　标本2004H20②：84，泥质褐陶。斜腹，平底，胎体较厚。素面。口径4、底径2.8、高5厘米（图3-325，2）。

圈足盘　B型　标本2004H20：133，泥质灰陶，局部略泛褐色。方唇，沿面有三周凹槽，浅腹，腹部有一周凸棱，底残，圈足下部外张。盘腹部饰两周弦纹。圈足饰一周"S"形云纹，上下各有一周凸棱。口径30、底径28.4、通高12.9厘米（图3-325，6；图版二二，3）。

秤砣　标本2004H20③：23，泥质褐陶。器体近鼓形，上端有一穿孔的纽，下部外凸，中心有一未穿透器体的穿孔。素面。长5.2、宽4.9厘米（图3-325，3）。

异形器　标本2004H20：21，泥质灰陶。上部为圆锥状，其下为管状，底端残损。器体中部有一圆孔。素面。直径3.1、残高5.8厘米（图3-325，5）。

2004ⅡT6602H32

深腹罐

Ab型Ⅱ式　标本2004H32：14，夹砂灰陶。圆唇微外鼓，敛口，鼓腹，中腹以下残。腹部饰竖向较粗绳纹。口径25、残高6.8厘米（图3-326，2）。

Ab型Ⅲ式　标本2004H32：37，夹砂灰陶。方唇，折沿微仰，敛口，鼓腹，中腹以下残。腹部饰斜向篮纹。口径29.8、残高8.3厘米（图3-326，4）。

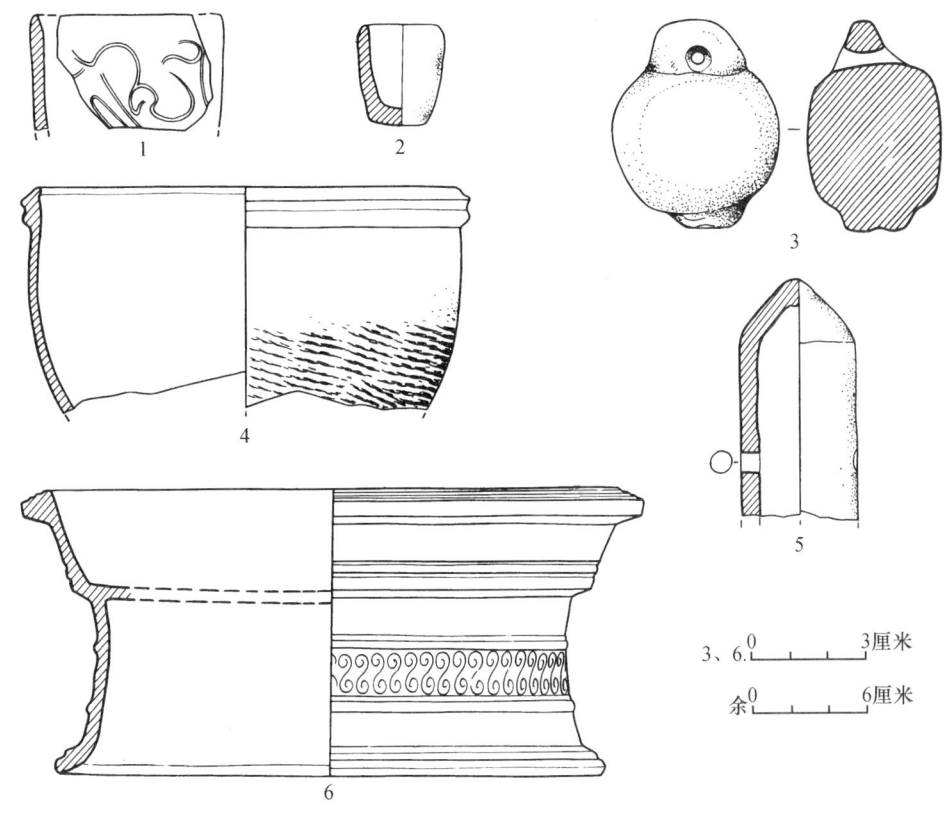

图 3-325　2004ⅡT6602H20 出土陶器（五）

1. 杯（2004H20①:97）　2. 盅（2004H20②:84）　3. 秤砣（2004H20③:23）
4. 钵（2004H20:131）　5. 异形器（2004H20:21）　6. B 型圈足盘（2004H20:133）

Ac 型Ⅰ式　标本 2004H32:9，夹砂灰陶。折沿微仰，圆唇，沿背微凸，敛口，弧腹，中腹以下残，口为不规则的扁圆形。腹部饰竖向绳纹。口径 24、残高 6.6 厘米（图 3-326，3）。

圆腹罐

Ca 型Ⅱ式　标本 2004H32:12，夹砂灰黑陶。侈口，圆唇，上腹微鼓，中腹以下残。口外侧饰一周花边，腹饰竖向绳纹。口径 16.8、残高 10.6 厘米（图 3-326，1）。标本 2004H32:17，夹砂黑陶。侈口，方唇，领微曲，上腹微鼓，中腹以下残。口外侧饰一周花边，颈部有绳纹被抹痕迹，腹饰粗绳纹。口径 15、残高 7.6 厘米（图 3-326，6）。标本 2004H32:11，夹砂灰陶。方唇，唇上缘凸出沿面，唇面有一道凹槽，领部卷曲，上腹微鼓，中腹以下残。唇下缘饰一周花边，腹饰绳纹。口径 18、残高 11 厘米（图 3-327，3）。

Ca 型Ⅲ式　标本 2004H32:13，夹砂灰陶，局部黑色。侈口，尖唇，领较矮，腹微鼓，中腹以下残。口外侧饰一周花边，腹饰绳纹。口径 14.8、残高 11 厘米（图 3-326，9）。标本 2004H32:10，夹砂灰黑陶。侈口，卷沿，尖唇，领较斜直，鼓腹，中腹以下残。口外侧饰一周花边，腹饰绳纹。口径 14、残高 11.7 厘米（图 3-326，8）。标本 2004H32:21，夹砂灰黑陶。侈口，方唇，矮领，上腹微鼓，中腹以下残。口外侧饰一周花边，腹饰绳纹。口径 13.4、残高 7.8 厘米（图 3-326，5）。

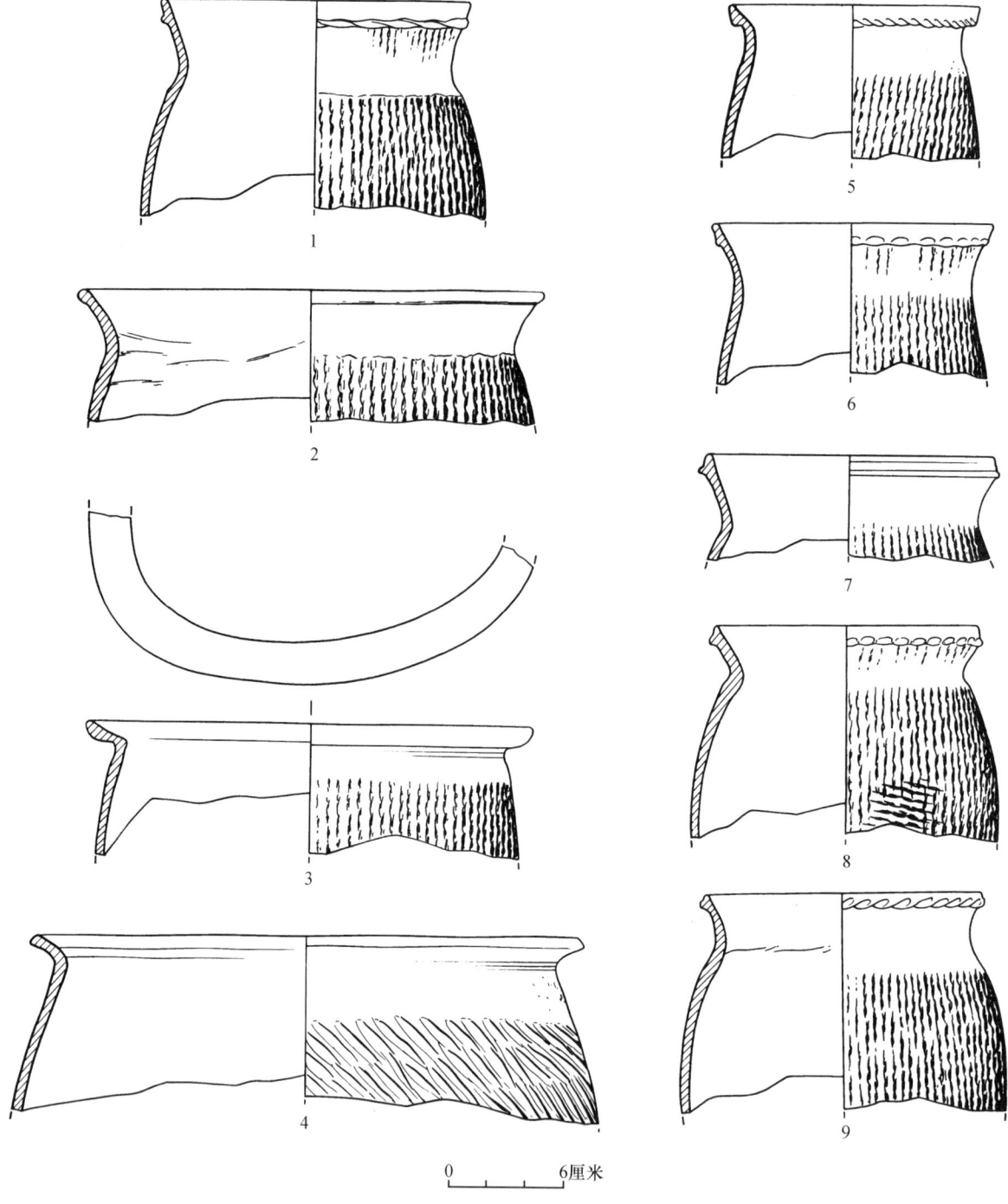

图 3-326　2004ⅡT6602H32 出土陶罐

1、6. Ca 型Ⅱ式圆腹罐（2004H32：12、2004H32：17）　2. Ab 型Ⅱ式深腹罐（2004H32：14）　3. Ac 型Ⅰ式深腹罐（2004H32：9）　4. Ab 型Ⅲ式深腹罐（2004H32：37）　5、8、9. Ca 型Ⅲ式圆腹罐（2004H32：21、2004H32：10、2004H32：13）　7. Cb 型Ⅱ式圆腹罐（2004H32：32）

Cb 型 Ⅱ 式　标本 2004H32：32，夹砂灰黑陶，局部为褐色。尖圆唇，侈口，口部外侧有一周凸棱，领较高且斜直，鼓腹，中腹以下残。腹部饰竖向绳纹。口径 15.2、残高 5.2 厘米（图 3-326，7）。

捏口罐　标本 2004H32：22，夹砂灰陶。圆唇，侈口、口外侧呈带状凸起，矮领，鼓腹，中腹以下残。口部有捏窝痕，腹部竖向绳纹。口径 14.8、残高 8 厘米（图 3-327，1）。

甗　标本 2004H32：23，夹砂褐陶，局部熏黑。为甗腰部残片，腰内侧残存三个舌形腰隔。腰部外侧有一周明显的凸起，棱缘饰花边，甗腰局部饰篦状刮抹痕。残高 6 厘米（图 3-327，2）。

甑　A 型 Ⅲ 式　标本 2004H32：101，泥质灰陶，圆唇外凸。仰折沿，腹部中间饰两个鸡冠錾，下腹缓收为圜底。底部残。腹饰较细绳纹。口径 25.4、残高 11.2 厘米（图 3-327，8；图版二一，6）。

深腹盆

A 型 Ⅰ 式　标本 2004H32：27，泥质黑皮陶，褐胎。口微敛，仰折沿，折棱下有一周凹槽，沿面略凹，方唇，腹微鼓，下腹残。腹饰斜向篮纹。口径 34.2、残高 17.4 厘米（图 3-327，6）。

Ca 型　标本 2004H32：16，夹砂深褐陶。圆唇，唇外缘微凸，卷沿有领，腹部微鼓，中腹以下残。领部饰一周弦纹，其下饰竖向绳纹。口径 21.2、残高 10.2 厘米（图 3-327，5）。

平底盆　A 型 Ⅱ 式　标本 2004H32：31，夹砂黑陶。方唇，卷沿下耷，侈口，浅斜腹，平底。沿面上有两周弦纹，腹部和底部为素面，器壁内外均磨光。口径 23.8、底径 19.4、高 4 厘米（图 3-327，7）。

装饰品　标本 2004H32：6，泥质黑陶。陶片近梯形，左上角有一椭圆形穿孔。周边有平整的切削痕迹，器表磨光，陶片中部靠下饰三周弦纹，其下饰数道楔形印纹。残高 3.8 厘米（图 3-327，4）。

高领罐　标本 2004H32：15，夹砂黑陶。圆唇，唇面上有一周凹槽，侈口，卷沿，近直领，折肩略弧，肩以下残。器表磨光。领中部有一周凸棱，肩部饰三周线纹，以下饰人字纹指甲纹带。口径 11.8、肩径 18.4、残高 6.6 厘米（图 3-328，1）。

刻槽盆　A 型 Ⅰ 式　标本 2004H32：29，泥质灰黑陶，褐胎。侈口，唇外凸出附加宽带成方唇，唇面微凹，有流，颈微束，腹鼓较深，平底。颈部抹平，腹部饰篮纹，内壁有不甚规则的粗深竖槽。口径 17.5、底径 8.4、通高 15.5 厘米（图 3-328，4；图版二二，5）。

豆

A 型 Ⅱ 式　标本 2004H32：19，夹砂黑陶。深盘，圆唇外凸，侈口，底及柄残。素面，器表磨光，腹部有数周轮修时留下的弦纹。口径 11.4、残高 6.8 厘米（图 3-328，3）。

A 型 Ⅲ 式　标本 2004H32：28，夹砂深灰陶。尖圆唇外鼓，侈口，折腹，弧底，豆柄较细，喇叭口底座。器表素面，局部磨光，折腹处有一周凸棱，豆柄上部有一对称的圆形镂孔，底部边缘有一周带状宽凸棱。口径 16.4、底径 11.4、高 17 厘米（图 3-328，2；图版二二，4）。

小口尊　Ab 型　标本 2004H32：20，夹砂褐陶，局部为红褐色。圆唇微凸，侈口、另稍矮，折肩，肩以下残。领中部饰一周凸棱，肩饰弦纹，其下残见三周弦纹，弦纹之间压印有指甲纹。口径 23.2、肩径 30.4、残高 8.8 厘米（图 3-328，7）。标本 2004H32：8，夹砂深灰陶。圆唇，侈口，折肩，肩以下残。领部有一周弦纹，肩部饰一周同心圆纹及两周弦纹。口径 18.6、肩径 27.6、残高

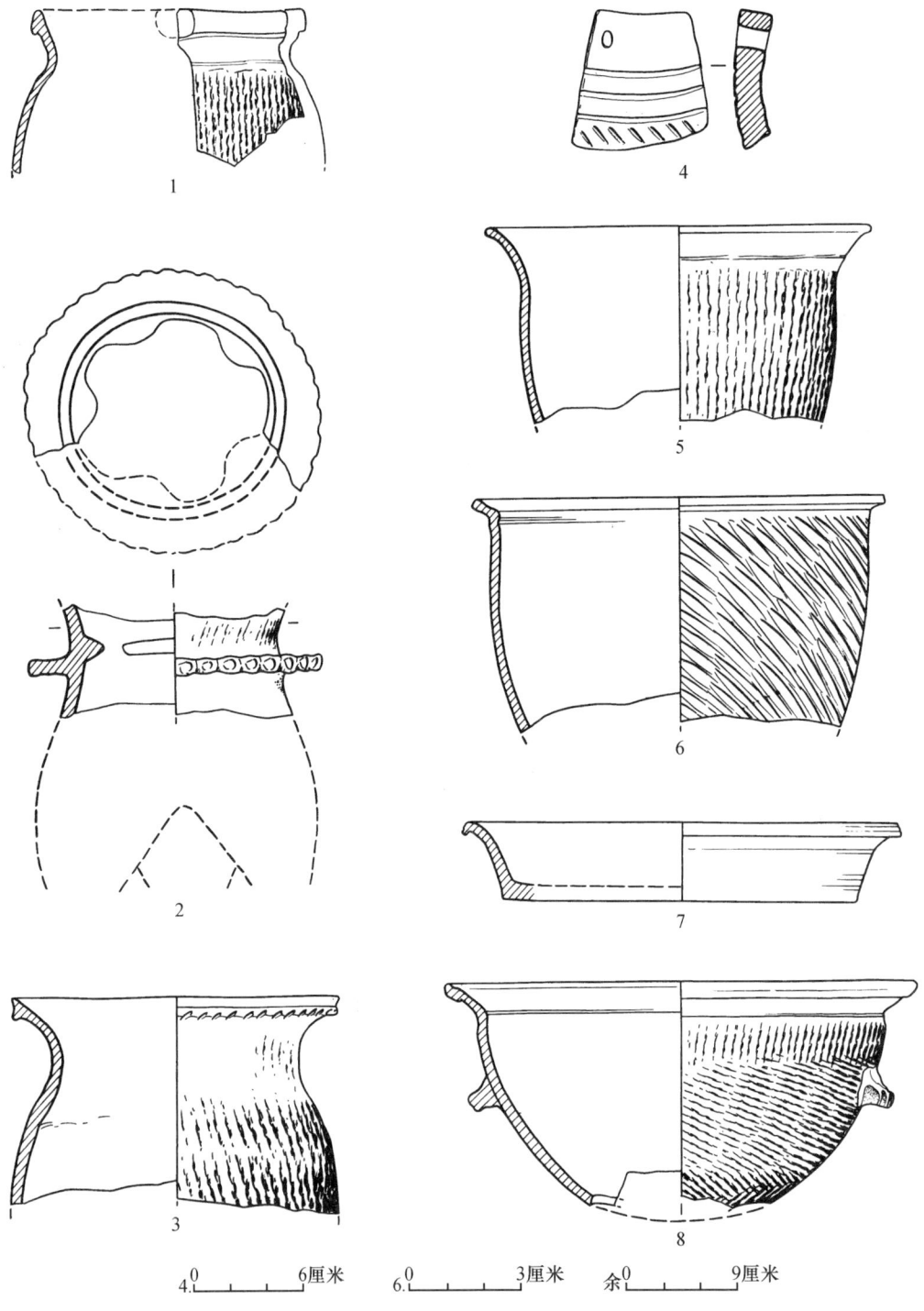

图 3-327　2004ⅡT6602H32 出土陶器（一）

1. 捏口罐（2004H32:22）　2. 甗（2004H32:23）　3. Ca 型Ⅱ圆腹罐（2004H32:11）　4. 装饰品（2004H32:6）
5. Ca 型深腹盆（2004H32:16）　6. A 型Ⅰ式深腹盆（2004H32:27）　7. A 型Ⅱ平底盆（2004H32:31）
8. A 型Ⅲ式甑（2004H32:101）

图 3-328　2004ⅡT6602H32 出土陶器（二）

1. 高领罐（2004H32：15）　2. A 型Ⅲ式豆（2004H32：28）　3. A 型Ⅱ式豆（2004H32：19）　4. A 型Ⅰ式刻槽盆（2004H32：29）
5. B 型圈足盘（2004H32：26）　6. Ab 型小口尊（2004H32：8）　7. Ab 型小口尊（2004H32：20）　8. Ⅲ式三足盘（2004H32：33）

9.4 厘米（图 3-328，6）。

三足盘　Ⅲ式　标本 2004H32：33，泥质灰黑陶，局部褐色，褐胎。口稍直，尖圆唇下卷，浅腹，高足，三足呈梯形，盘底残。器表素面且磨光。盘身饰两周凸弦纹。口径 24、通高 13.8 厘米（图 3-328，8；图版二一，2）。

圈足盘 B型 标本2004H32：26，泥质灰陶。敛口，口内侧有一周凹槽，圆唇外卷明显，唇面有一周凹槽，浅盘，直壁，腹壁近底部微凸，大平底，圈足残。素面，盘身近底处饰一周凸棱。口径29、残高4.5厘米（图3-328，5）。

2004ⅡT6602H36

甑 A型Ⅱ式 标本2004H36：1，泥质灰陶。直口，仰折沿，方唇唇面内凹，腹微鼓，平底残，周围箅孔为叶状。腹及底部饰绳纹，上腹饰两对称的鸡冠鋬，底部有预制箅孔时留下的一周弦纹，与箅孔边缘重合。口径24.5、残高15.5厘米（图3-329，1）。

圆腹罐 Cb型Ⅱ式 标本2004H36：2，夹砂灰陶。尖唇，侈口，领略曲、领部有两周凸起，鼓腹，中腹以下残。口部外侧有一对小鋬，腹部饰斜向绳纹。口径16.2、残高7.8厘米（图3-329，2）。标本2004H36：3，夹砂灰黑陶，局部为褐色。尖唇，侈口，领稍矮，腹部微鼓，中腹以下残。口部外侧有一周凸棱及一对小鋬，腹部饰竖向绳纹。口径15、残高8.5厘米（图3-329，3）。

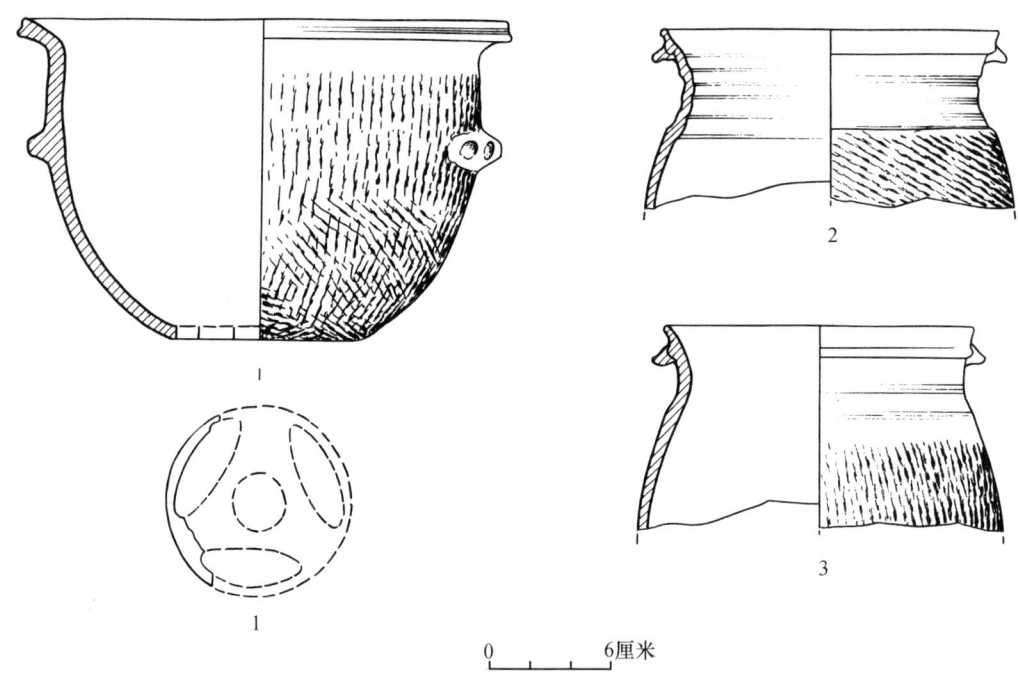

图3-329 2004ⅡT6602H36出土甑、圆腹罐
1.A型Ⅱ式甑（2004H36：1） 2、3.Cb型Ⅱ式圆腹罐（2004H36：2、2004H36：3）

2004ⅡT1G1

圆领罐 Cb型Ⅰ式 标本2004ⅡT1G1：6，夹砂深灰陶。圆唇，侈口、口外侧呈带状凸起，领微曲，鼓腹，中腹以下残。腹部饰斜向篮纹。口径13.8、残高6.8厘米（图3-330，1）。

小口尊 A型 标本2004ⅡT1G1：7，夹砂灰褐陶。圆唇，侈口、口外缘微呈带状凸起，领部较矮，领以下残。素面。口径18、残高4.2厘米（图3-330，3）。

高领罐 标本2004ⅡT1G1：8，夹砂灰陶。尖唇，侈口、口外侧呈带状凸起，高领，鼓肩、腹以下残。素面。口径13.6、残高5.6厘米（图3-330，2）。

爵　标本2004ⅡT1G1:1，泥质白陶。仅存底部残片，平底，有圆形足根黏接痕。素面。底径8、残高0.8厘米（图3-330，4）。标本2004ⅡT1G1:2，泥质白陶。足根呈三角形，下残，横截面呈扁圆形。素面。残高5.9厘米（图3-330，7）。

深腹盆　标本2004ⅡT1G1:4，夹砂红陶。方唇略圆、上缘微凸，沿面微凹，折沿上仰、侈口，弧腹下收，中腹以下残。腹饰鸡冠耳。口径16、残高5.2厘米（图3-330，5）。

捏口罐，标本2004ⅡT1G1:5，夹砂灰陶。圆唇，口外缘呈带状凸起，侈口、两侧有一对捏窝，矮领，鼓腹，中腹以下残。腹部饰竖向绳纹。口径11、残高5.2厘米（图3-330，6）。

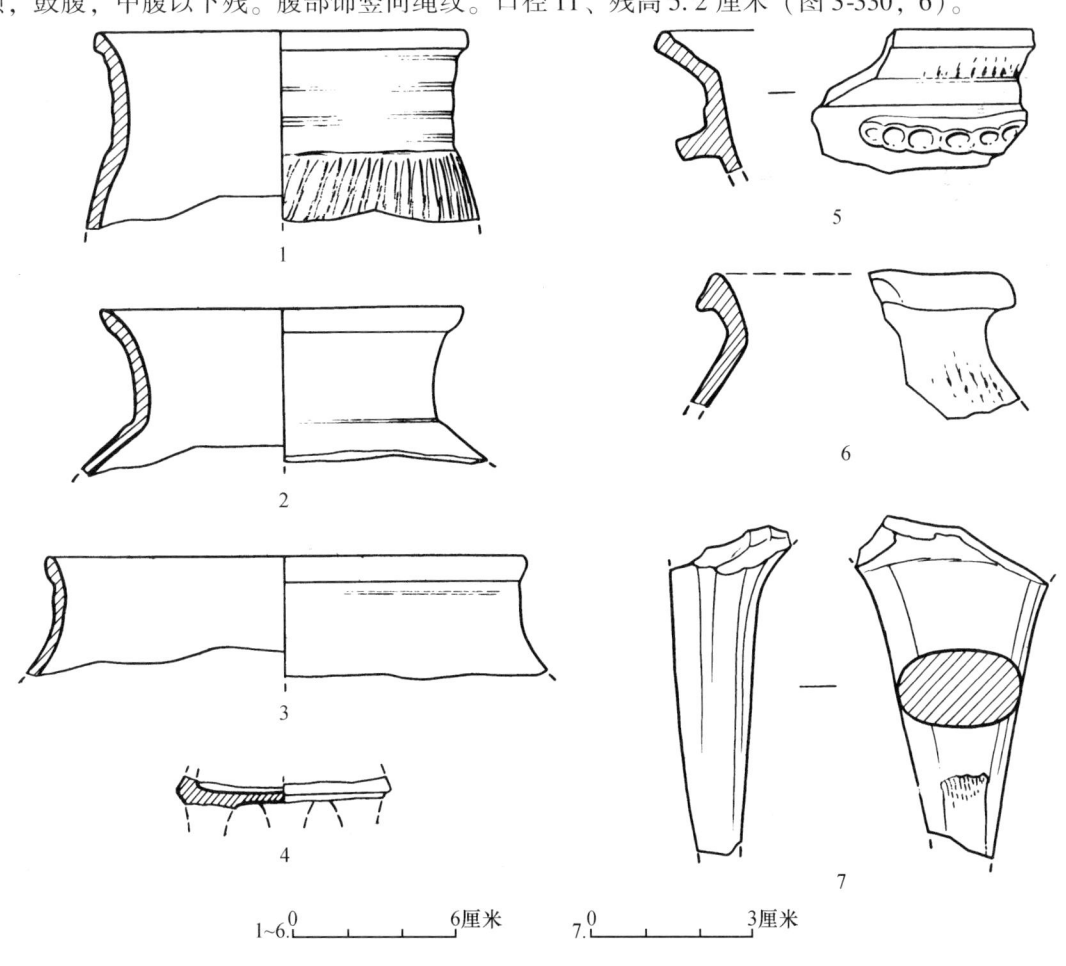

图3-330　2004ⅡT1G1出土陶器
1. Cb型Ⅰ圆领罐（2004ⅡT1G1:6）　2. 高领罐（2004ⅡT1G1:8）　3. A型小口尊（2004ⅡT1G1:7）
4、7. 爵（2004ⅡT1G1:1、2004ⅡT1G1:2）　5. 深腹盆（2004ⅡT1G1:4）　6. 捏口罐（2004ⅡT1G1:5）

2004ⅠT2G2

深腹罐

Ab型Ⅱ式　标本2004ⅠT2G2②:15，夹砂灰陶。方唇，仰折沿，沿面微凹，敛口。腹部饰斜向绳纹。口径26.8、残高7.4厘米（图3-331，5）。

Ac型Ⅰ式　标本2004ⅠT2G2④b:54，夹砂褐陶。斜方唇，唇下缘抹圆，折沿上仰，鼓腹，中

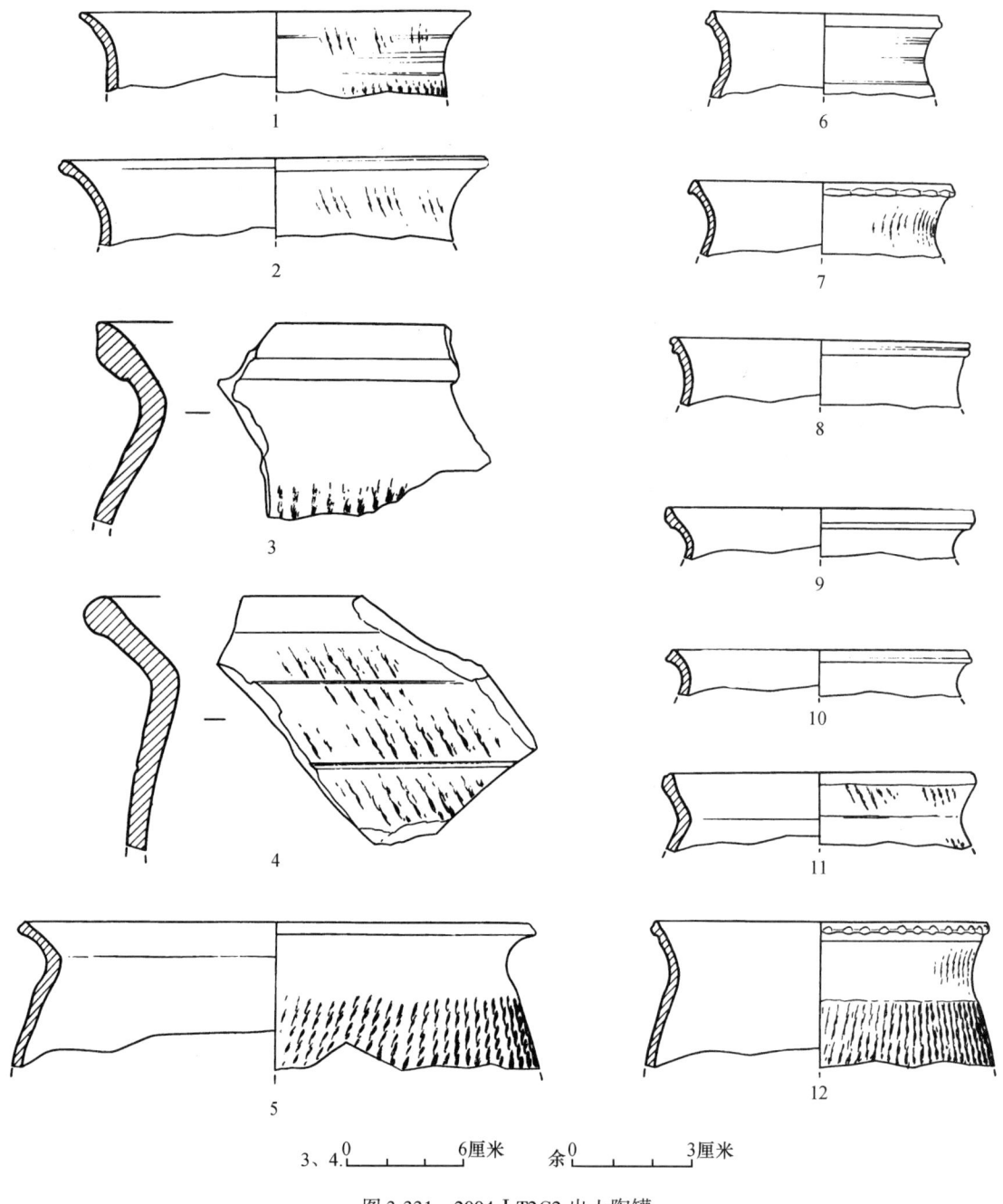

图 3-331　2004ⅠT2G2 出土陶罐

1、2. C 型Ⅱ式深腹罐（2004ⅠT2G2③：28、2004ⅠT2G2②：27）　3、4. Ac 型Ⅰ式深腹罐（2004ⅠT2G2④b：54、2004ⅠT2G2①：9）　5. Ab 型Ⅱ式深腹罐（2004ⅠT2G2②：15）　6、8~10. Cb 型Ⅱ式圆腹罐（2004ⅠT2G2①：11、2004ⅠT2G2③：34、2004ⅠT2G2④b：58、2004ⅠT2G2③：33）　7、12. Ca 型Ⅱ式圆腹罐（2004ⅠT2G2④a：51、2004ⅠT2G2③：29）　11. Cc 型Ⅱ式圆腹罐（2004ⅠT2G2③：31）

腹以下残。腹部饰竖向绳纹。残高 4.8 厘米（图 3-331，3）。标本 2004ⅠT2G2①：9，夹砂深褐陶。圆唇下缘微凸，折沿上仰，沿面微凹，敛口，鼓腹，中腹以下残。上腹有一周弦纹及绳纹被抹痕。口径 24、残高 5.7 厘米（图 3-331，4）。

C 型 Ⅱ 式　标本 2004ⅠT2G2③: 27，夹砂黑陶。圆唇微凸、唇面有一周弦纹，卷沿上仰，侈口，束颈，颈以下残。口径 22、残高 3.8 厘米（图 3-331，2）。标本 2004ⅠT2G2③: 28，夹砂灰陶。尖圆唇，侈口，束领，领以下残。领部残有绳纹痕迹，腹部饰竖向绳纹。口径 20、残高 4 厘米（图 3-331，1）。

圆腹罐

Ca 型 Ⅱ 式　标本 2004ⅠT2G2③: 29，夹砂灰褐陶。尖唇，侈口，领较斜直，腹部微鼓，中腹以下残。口外侧饰一周花边。腹部饰竖向绳纹。口径 17、残高 7.2 厘米（图 3-331，12）。标本 2004ⅠT2G2④a: 51，夹砂深灰陶。斜方唇，侈口，束领，领以下残。唇下缘饰一周花边。口径 13.2、残高 3.4 厘米（图 3-331，7）。标本 2004ⅠT2G2③: 32，夹砂深褐陶，局部为黑色。尖唇，侈口，领以下残。口外侧饰一周花边。残高 5.1 厘米（图 3-332，1）。标本 2004ⅠT2G2②: 22，夹砂褐陶，尖唇，侈口，矮领微束，领以下残。口外缘饰一周花边。残高 6 厘米（图 3-332，2）。

Cb 型 Ⅱ 式　标本 2004ⅠT2G2①: 11，夹砂灰陶。尖唇唇缘上凸，侈口，束领，领以下残。口外侧有一周凸棱。口径 11.6、残高 4 厘米（图 3-331，6）。标本 2004ⅠT2G2③: 34，夹砂深灰陶，浅褐胎。圆唇，侈口，束领，领以下残。口外侧有一周凸棱。口径 15.2、残高 3.2 厘米（图 3-331，8）。标本 2004ⅠT2G2④b: 58，夹砂深灰陶。尖唇，侈口，口外侧呈带状凸起，领以下残。口径 15.6、残高 2.4 厘米（图 3-331，9）。标本 2004ⅠT2G2③: 33，夹砂深灰陶。斜方唇，唇下缘凸出，卷沿上仰，侈口，束颈，领以下残。口径 15、残高 2.2 厘米（图 3-331，10）。

Cc 型 Ⅱ 式　标本 2004ⅠT2G2③: 31，夹砂红陶。圆唇，领较斜直，领以下残。口径 16、残高 3.6 厘米（图 3-331，11）。标本 2004ⅠT2G2④b: 59，夹砂灰陶。斜方唇，侈口，卷领较矮，圆鼓腹，腹部及底缺失。上腹饰竖向绳纹。口径 14、残高 3.8 厘米（图 3-332，3）。标本 2004ⅠT2G2③: 26，夹砂灰陶。圆唇，侈口，矮领，鼓腹，中腹以下残。上腹饰一周弦纹。口径 18、残高 4.4 厘米（图 3-332，4）。标本 2004ⅠT2G2②: 23，夹砂黑陶。尖唇，侈口，领较矮，腹微鼓，中腹以下残。口外侧残见一小錾，领腹交界处有一周弦纹，以下饰斜向绳纹。残高 7.5 厘米（图 3-332，5）。

平底盆　标本 2004ⅠT2G2②: 16，夹砂灰褐陶。圆唇，卷沿下耷、沿面中部上鼓，侈口，腹部斜收，中腹以下残。沿面近唇部有一周凹槽，口外侧有一周深凹槽。残高 2.2 厘米（图 3-332，6）。

深腹盆　A 型 Ⅱ 式　标本 2004ⅠT2G2④b: 56，夹砂深灰陶。直口微侈，仰折沿，圆唇，腹壁较直，下腹及底部缺失，胎体较厚。上腹饰竖向绳纹。口径 22.7、残高 5.7 厘米（图 3-332，7）。

三足盘　Ⅲ 式　标本 2004ⅠT2G2④b: 55，泥质褐陶，局部灰黑色。侈口，尖圆唇，卷沿近平，沿面饰一周不连续的凹槽，沿背微鼓，浅盘，平底略圜，三足脱落。盘中腹饰二周凸棱。盘口径 22、盘底径 18.5、残高 6.7 厘米（图 3-332，8）。

豆　Ba 型　标本 2004ⅠT2G2④b: 57，夹砂褐陶。侈口，平折沿，尖圆唇，弧壁，底近平，柄部缺失。素面。盘口径 15.4、盘底径 6.6、残高 3.4 厘米（图 3-332，9）。

器盖纽　标本 2004ⅠT2G2③: 25，夹砂深褐陶，局部为黑色，红胎。纽下部有一周凸棱。平顶，束腰，纽以下残。素面，残高 5 厘米（图 3-332，10）。

小罐　标本 2004ⅠT2G2④b: 53，夹砂黑皮陶，青灰胎。敞口，圆唇，高领，折肩，腹壁较斜直，底部缺失。肩部绳纹被抹去，腹饰竖向绳纹带。口径 14.5、肩径 16.4、残高 10.2 厘米（图 3-332，11）。

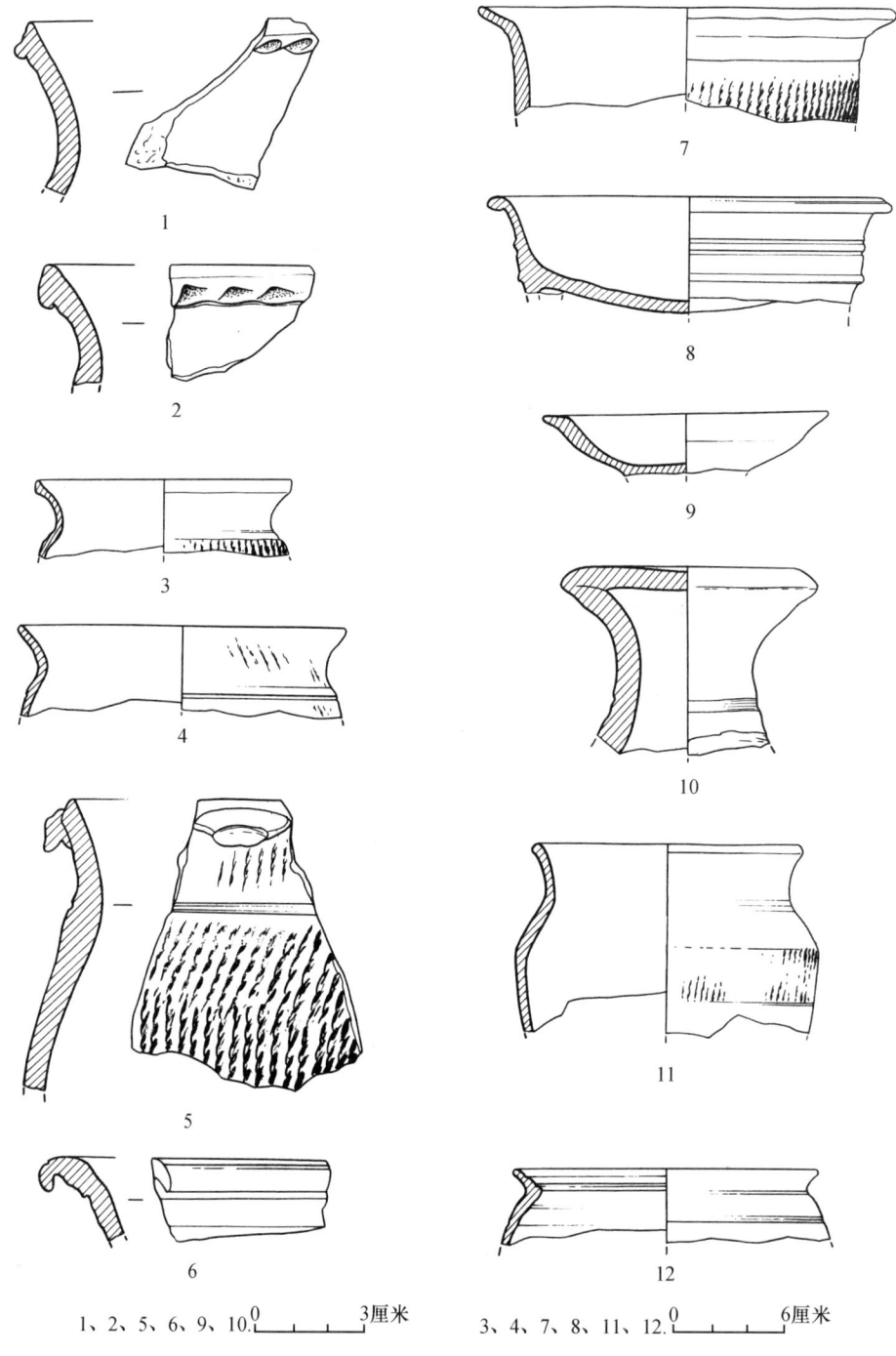

图 3-332 2004ⅠT2G2 出土陶器（一）

1、2. Ca 型Ⅱ式圆腹罐（2004ⅠT2G2③:32、2004ⅠT2G2②:22） 3~5. Cc 型Ⅱ式圆腹罐（2004ⅠT2G2④b:59、2004ⅠT2G2③:26、2004ⅠT2G2②:23） 6. 平底盆（2004ⅠT2G2②:16） 7. A 型Ⅱ式深腹盆（2004ⅠT2G2④b:56） 8. Ⅲ式三足盘（2004ⅠT2G2④b:55） 9. Bb 型豆（2004ⅠT2G2④b:57） 10. 盖纽（2004ⅠT2G2③:25） 11. 小罐（2004ⅠT2G2④b:53） 12. A 型Ⅱ式敛口罐（2004ⅠT2G2③:30）

敛口罐　A型Ⅱ式　标本2004ⅠT2G2③:30，夹砂红陶。圆唇，折沿上仰，敛口，鼓腹，中腹以下残。沿面有两周凹槽。腹部残有两周浅凹槽。口径16.6、残高4厘米（图3-332，12）。

刻槽盆　标本2004ⅠT2G2①:12，泥质夹细砂，褐陶。圆唇，口微侈，腹部略外鼓，中腹以下残。口外侧饰凸弦纹，其下见饰两周弦纹，腹饰斜向细绳纹，内壁饰竖向较深刻槽。残高5.4厘米（图3-333，1）。

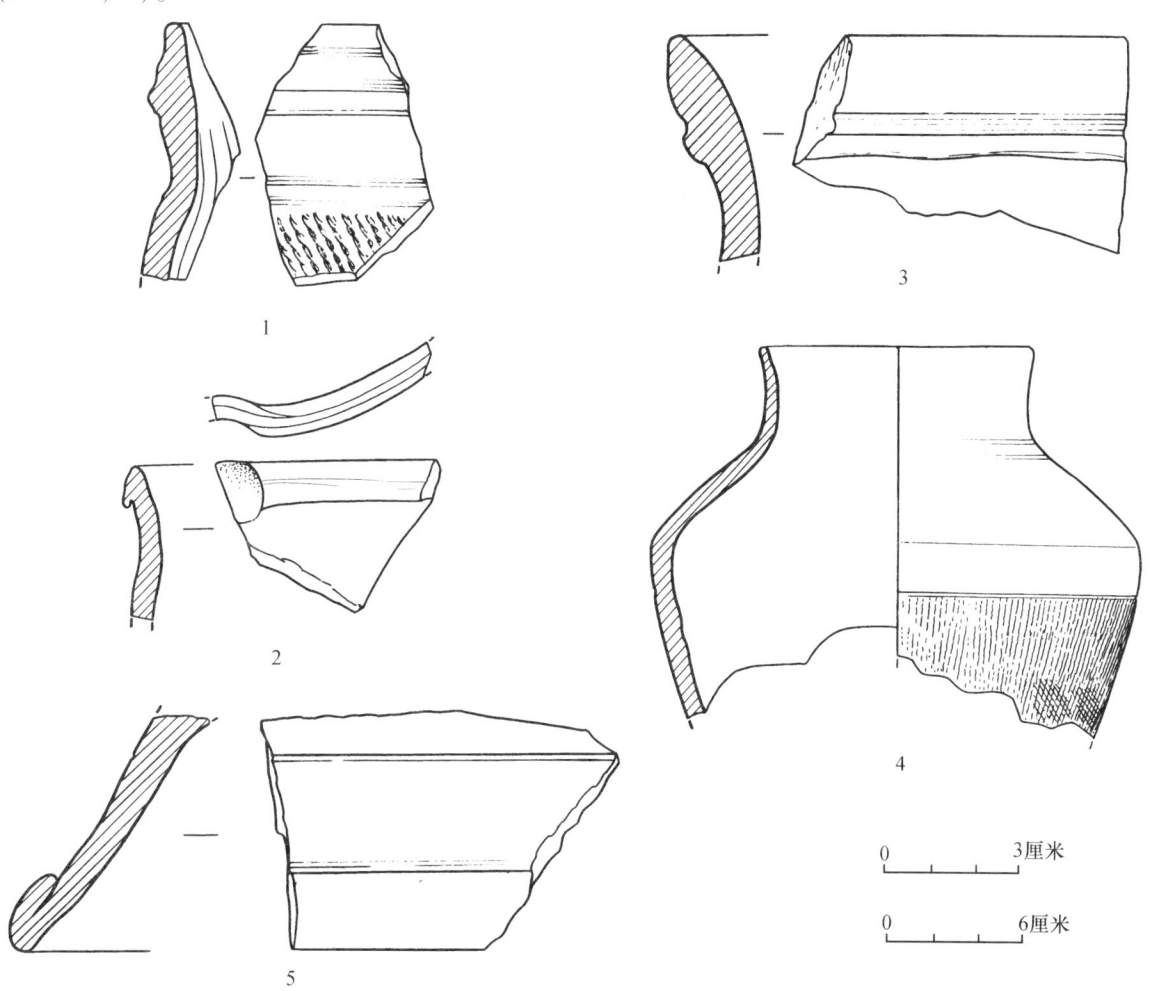

图3-333　2004ⅠT2G2出土陶器（二）
1. Ⅰ式刻槽盆（2004ⅠT2G2①:12）　2. 捏口罐（2004ⅠT2G2③:35）　3. 缸（2004ⅠT2G2④a:50）
4. 高领罐（2004ⅠT2G2③:24）　5. Aa型器盖（2004ⅠT2G2①:8）

捏口罐　标本2004ⅠT2G2③:35，夹砂灰陶。尖圆唇，口微侈，口外侧呈带状凸起，其上残留一捏窝，领微束，腹以下残。残高3.2厘米（图3-333，2）。

缸　标本2004ⅠT2G2④a:50，夹砂褐陶。圆唇，侈口，口外有一周凸棱，腹以下残。残高4.5厘米（图3-333，3）。

高领罐　标本2004ⅠT2G2③:24，泥质夹少量细砂，黑陶。侈口，圆唇，领部较高，折肩，腹壁较斜直，下腹及底部缺失。领肩局部磨光，上腹饰一周深弦纹，其下饰斜向线纹。口径12、肩径

22、残高 16 厘米（图 3-333，4）。

器盖 Aa 型 标本 2004ⅠT2G2①：8，泥质夹细砂，黑陶。腹壁斜直，壁底周缘呈带状外凸，顶部残。器盖腹近顶部饰一周弦纹。底径 27、残高 4.9 厘米（图 3-333，5）。

2004ⅠT3G2

圆腹罐

Ca 型Ⅱ式 标本 2004ⅠT3G2⑪：31，夹细砂灰陶。圆唇，侈口，高领较斜直，领以下残。口外侧饰一周花边。口径 17、残高 4.8 厘米（图 3-334，1）。

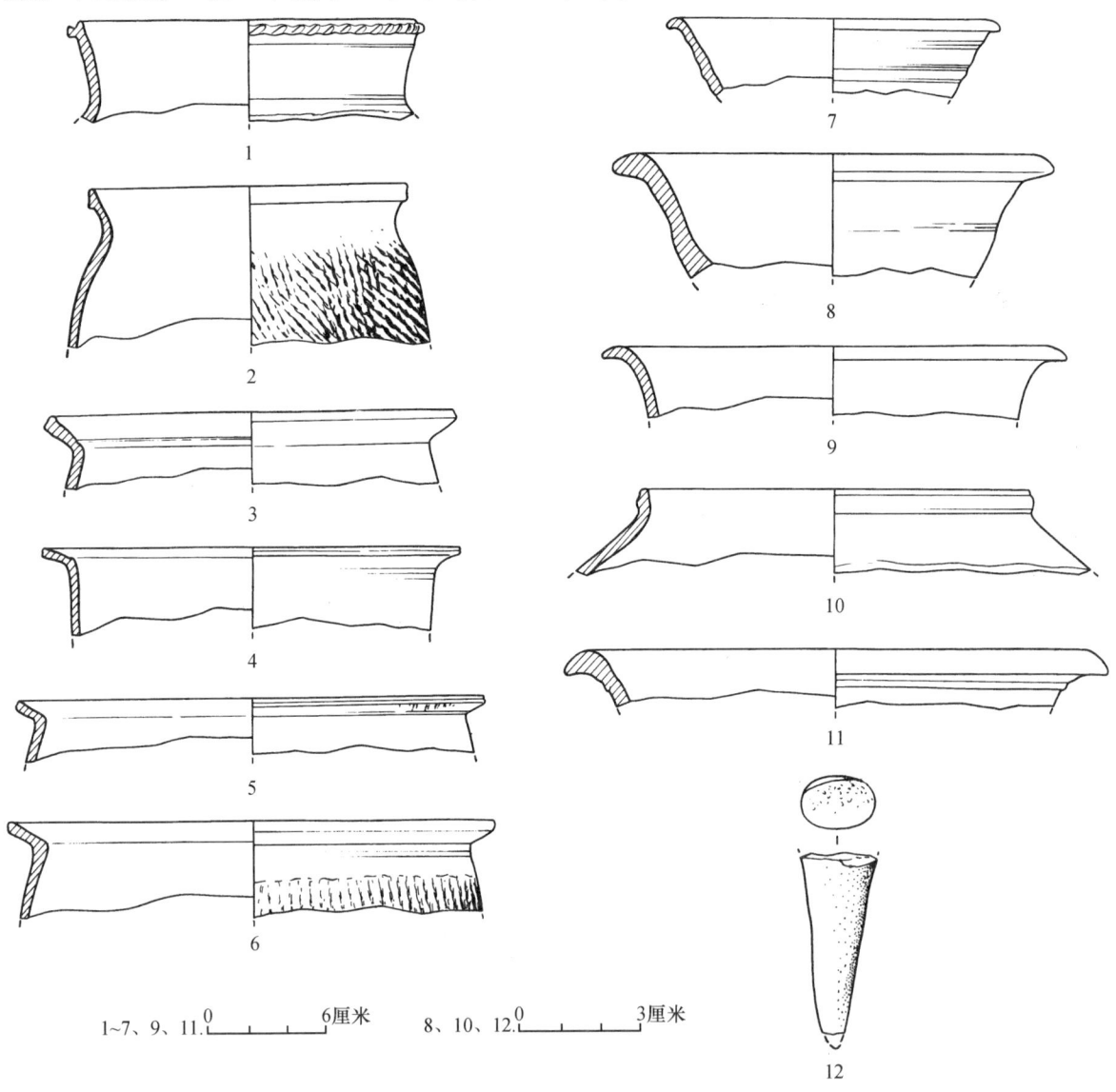

图 3-334 2004ⅠT3G2 出土陶器

1. Ca 型Ⅱ式圆腹罐（2004ⅠT3G2⑪：31） 2. Cb 型Ⅲ式圆腹罐（2004ⅠT3G2⑯：57） 3、5. Ab 型Ⅲ式深腹罐（2004ⅠT3G2⑩：24、2004ⅠT3G2⑪：30） 4. A 型Ⅱ式深腹盆（2004ⅠT3G2⑮：56） 6. Ab 型Ⅱ式深腹罐（2004ⅠT3G2⑮：55） 7、8. A 型Ⅲ式豆（2004ⅠT3G2⑬：26、2004ⅠT3G2⑬：37） 9、11. B 型Ⅱ式深腹盆（2004ⅠT3G2⑪：29、2004ⅠT3G2⑩：25） 10. A 型Ⅱ式瓮（2004ⅠT3G2⑤：6） 12. 爵足（2004ⅠT3G2⑦：13）

Cb 型Ⅲ式　标本 2004ⅠT3G2⑯:57，夹砂灰陶。尖圆唇，侈口，口外侧有一周凸棱，矮领，鼓腹，中腹以下残。腹部饰交错绳纹。口径 16、残高 7.4 厘米（图 3-334，2）。

深腹罐

Ab 型Ⅱ式　标本 2004ⅠT3G2⑮:55，夹砂红褐陶，器壁内侧局部呈黑色。圆唇，仰折沿，敛口，腹微鼓，中腹以下残。腹部饰竖向绳纹。口径 24.6、残高 4.6 厘米（图 3-334，6）。

Ab 型Ⅲ式　标本 2004ⅠT3G2⑪:30，夹砂灰褐陶。方唇，唇面有一周弦纹，折沿上仰，敛口，上腹斜直，中腹以下残。素面。口径 23.6、残高 2.6 厘米（图 3-334，5）。标本 2004ⅠT3G2⑩:24，夹砂灰陶，局部为红色。方唇上缘微凸，仰折沿，敛口，上腹部外鼓，中腹以下残。素面。口径 20.6、残高 3.4 厘米（图 3-334，3）。

深腹盆

A 型Ⅱ式　标本 2004ⅠT3G2⑮:56，夹砂褐陶。方唇，唇面上有一周凹槽，仰折沿，直口，腹壁较直，下腹部及底部缺失。素面，沿面上有两周凹槽。口径 21、残高 3.8 厘米（图 3-334，4）。

B 型Ⅱ式　标本 2004ⅠT3G2⑪:29，泥质夹细砂，黑灰陶，红胎。尖圆唇，卷沿近平，上腹斜收，中腹以下残。素面。口径 23.2、残高 3.4 厘米（图 3-334，9）。标本 2004ⅠT3G2⑩:25，泥质夹细砂，红陶。尖圆唇，平卷沿，斜腹，口外略呈瓦楞状，中腹以下残，胎体较厚。素面。口径 27、残高 2.6 厘米（图 3-334，11）。

豆　A 型Ⅲ式　标本 2004ⅠT3G2⑬:26，泥质黑陶。尖圆唇，平卷沿，侈口，斜腹，下腹及底残。器表素面且磨光，盘中腹有一周凸棱。口径 16.3、残高 3.5 厘米（图 3-334，7）。标本 2004ⅠT3G2⑬:37，泥质黑陶。豆盘为尖圆唇，平卷沿，侈口，腹部弧收，下腹及底残。素面。口径 11、残高 2.9 厘米（图 3-334，8）。

瓮　A 型Ⅱ式　标本 2004ⅠT3G2⑤:6，泥质夹细砂，灰陶。方唇，直口，矮领，肩以下残。领部有一周凸棱。口径 19.4、残高 4 厘米（图 3-334，10）。

爵足　标本 2004ⅠT3G2⑦:13，夹砂灰陶。尖锥状，横截面为扁圆形。素面。残高 4.1 厘米（图 3-334，12）。

2004ⅠT4G1（T4G1④与T6G1③对应）

深腹罐　Ab 型Ⅱ式　标本 2004ⅠT4G1④:12，夹砂深褐陶。圆唇，仰折沿，敛口，上腹部较直，中腹以下残。腹饰竖向及斜向细绳纹。口径 24、残高 5.6 厘米（图 3-335，4）。

三足盘　Ⅱ式　标本 2004ⅠT4G1④:10，泥质深灰陶。盘腹残，底部周缘外凸，舌形足。素面。残高 8.5 厘米（图 3-335，2）。

瓮　A 型Ⅱ式　标本 2004ⅠT4G1②:3，泥质浅褐陶，灰胎。圆唇，侈口，口外侧呈带状凸起，矮领，领以下残。素面，领下部有一周凹槽。口径 20.8、残高 4.1 厘米（图 3-335，8）。

2004ⅠT6G1

深腹罐

Ab 型Ⅱ式　标本 2004ⅠT6G1③:9，夹砂浅灰陶。敛口，宽仰折沿，沿面略鼓，圆唇，腹壁微鼓，中腹以下缺失。上腹部饰斜向篮纹。口径 25、残高 4.9 厘米（图 3-335，5）。标本 2004ⅠT6G1

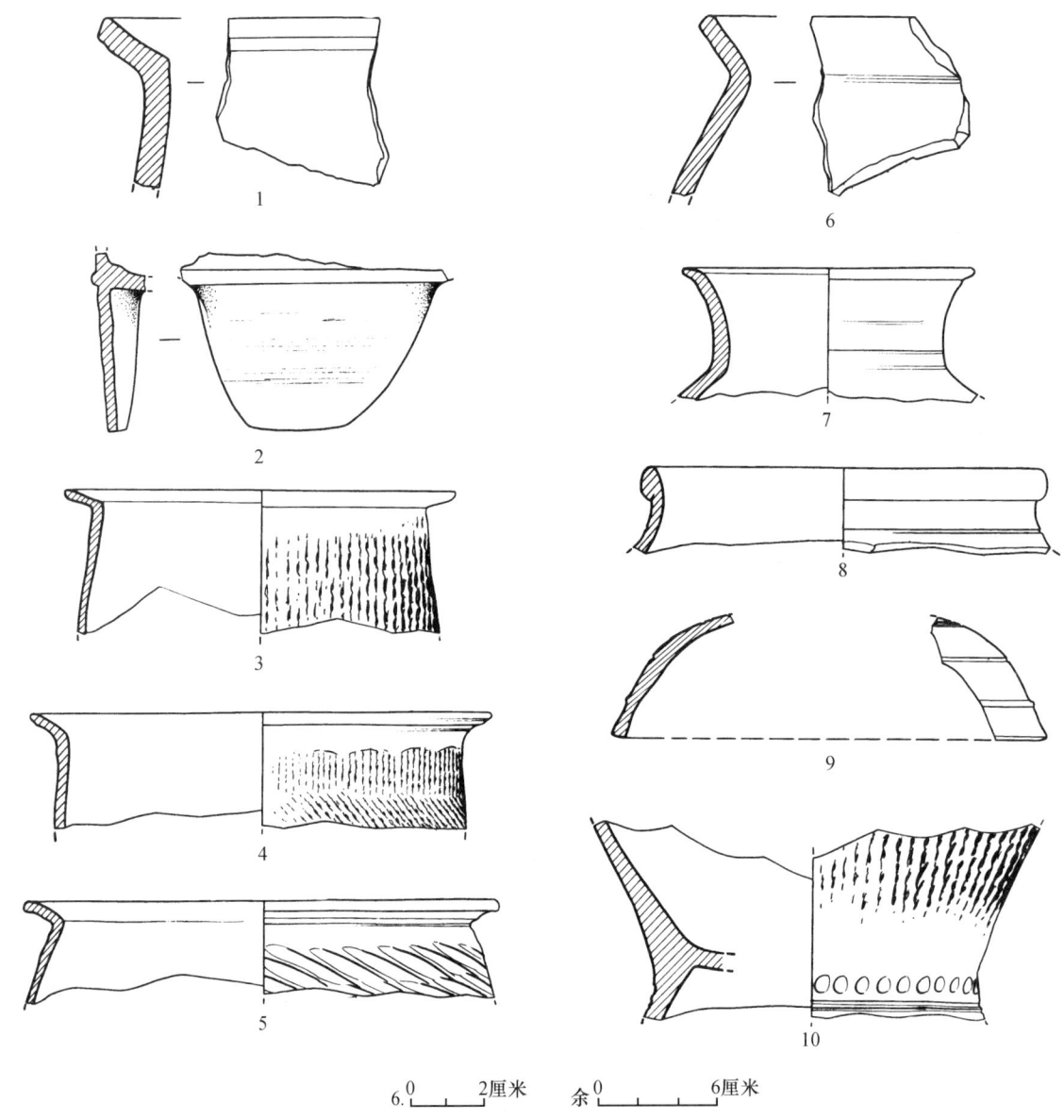

图 3-335 2004ⅠT4G1 与 2004ⅠT6G1 出土陶器

1、3~5. Ab 型Ⅱ式深腹罐（2004ⅠT6G1①:3、2004ⅠT6G1①:2、2004ⅠT4G1④:12、2004ⅠT6G1③:9） 2. Ⅱ式三足盘（2004ⅠT4G1④:10） 6. A 型Ⅱ式敛口罐（2004ⅠT6G1③:7） 7. 高领罐（2004ⅠT6G1②:8） 8. A 型Ⅱ式瓮（2004ⅠT4G1②:3） 9. B 型器盖（2004ⅠT6G1③:10） 10. 白陶器（2004ⅠT6G1②:7）

①:2，夹砂红褐陶。敛口，仰折沿，沿面微凹，圆唇，腹壁较斜直，中腹以下缺失。腹饰竖向绳纹。口径 20.6、残高 7.2 厘米（图 3-335，3）。标本 2004ⅠT6G1①:3，夹砂褐陶。方唇，仰折沿，沿背近唇部有一周凹槽，敛口，腹壁斜直，中腹以下残。素面。残高 4.1 厘米（图 3-335，1）。

高领罐　标本 2004ⅠT6G1②:8，泥质浅灰陶。侈口，卷沿，尖圆唇，高领，鼓肩，肩部以下缺失。素面，领部饰数周凸棱。口径 15、残高 6.6 厘米（图 3-335，7）。

器盖　B 型　标本 2004ⅠT6G1③:10，泥质深灰陶。口部外张，方唇，弧腹，纽部缺失。素面，近口部饰一周凸棱，其上饰五周弦纹。口径22、残高9.1厘米（图3-335，9）。

敛口罐　A型Ⅱ式　标本2004ⅠT6G1③:7，夹砂黑陶。圆唇，仰折沿，弧腹，中腹以下残。器表素面且磨光。残高4.4厘米（图3-335，6）。

白陶器　标本2004ⅠT6G1②:7，泥质白陶。似甗腰，内壁箅残。腰外侧有一周圆形凹窝及弦纹，腹饰绳纹。腰径8.4、残高3.9厘米（图3-335，10）。

2004ⅠT6H453

深腹盆　B型Ⅱ式　标本2004H453:1，夹砂红褐陶。尖圆唇，平卷沿，沿面及沿背圆鼓，以下残。素面。口径31、残高1.4厘米（图3-336，1）。

瓮　A型Ⅱ式　标本2004H453:2，泥质红陶。圆唇外缘微凸，矮领，肩以下残。器表素面且磨光。口径19、残高5.3厘米（图3-336，2）。

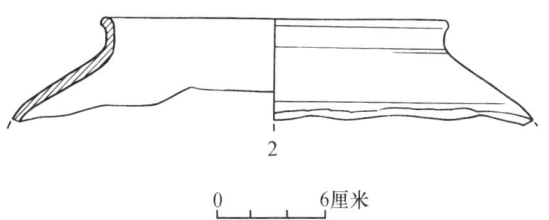

图3-336　2004ⅠT6H453出土陶器
1. B型Ⅱ式深腹盆（2004H453:1）
2. A型Ⅱ式瓮（2004H453:2）

2004ⅠT6H456

深腹罐

C型Ⅰ式　标本2004H456:3，夹砂黄褐陶，领部口部略泛灰。敛口，仰折沿，方唇略圆，领部较斜直，腹壁微鼓，腹部及底部缺失。腹饰竖向绳纹。口径23、残高7厘米（图3-337，5）。

C型Ⅱ式　标本2004H456:7，夹砂灰陶。圆唇唇面略凹，卷沿，领以下残。沿背近唇部有一周凹槽。口径20、残高2厘米（图3-337，3）。

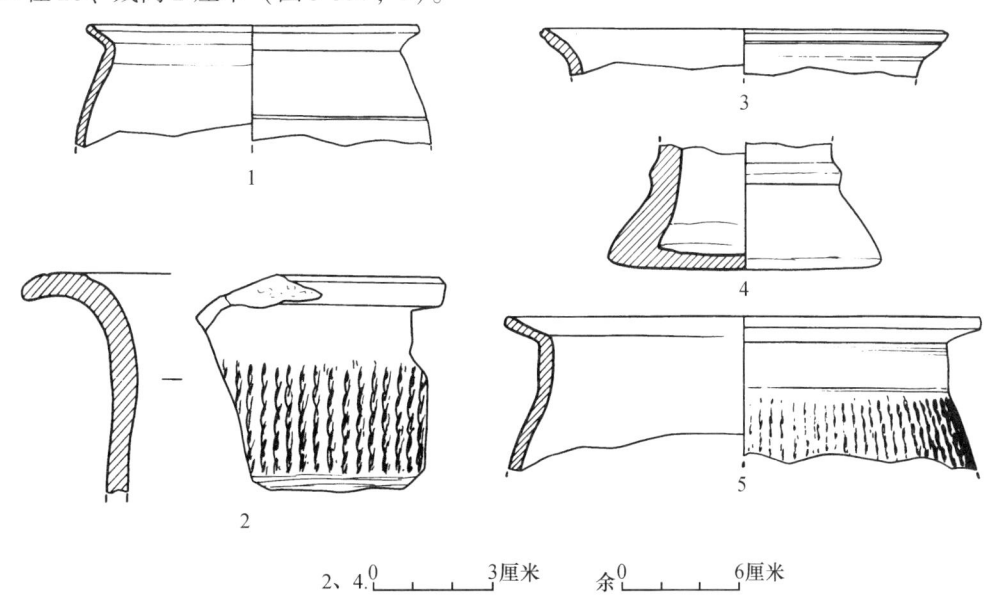

图3-337　2004ⅠT6H456出土陶器
1. A型Ⅱ式敛口罐（2004H456:2）　2. B型Ⅱ式深腹盆（2004H456:5）　3. C型Ⅱ式深腹罐（2004H456:7）
4. 白陶觚（2004H456:1）　5. C型Ⅰ式深腹罐（2004H456:3）

白陶觚　标本2004H456：1，泥质白陶。仅余底部残片，平底外凸，上方有一周凸棱。素面。底径6.6、残高2.9厘米（图3-337，4）。

深腹盆　B型Ⅱ式　标本2004H456：5，夹砂黑灰陶，红胎。圆唇，卷沿近平，沿面近唇部有一周凹槽，上腹较直，中腹以下残。腹部饰竖向绳纹。残高5厘米（图3-337，2）。

敛口罐　A型Ⅱ式　标本2004H456：2，泥质黑皮陶，黄褐胎。敛口，仰折沿，沿面有一周凹槽，圆唇，腹部圆鼓，下腹及底部缺失。器表磨光，上腹部饰一周细弦纹。口径16、残高5.7厘米（图3-337，1）。

2004ⅠT6H458

圆腹罐　Cb型Ⅱ式　标本2004H458：3，夹砂灰陶。侈口，尖圆唇，领部较斜直，腹部以下缺失。口外侧饰一周凸棱，上腹部残见竖向绳纹。口径16、残高4.1厘米（图3-338，1）。

深腹罐

Ab型Ⅱ式　标本2004H458：4，夹砂浅灰陶，器表局部灰黑色。敛口，折沿上仰，圆唇略凸，腹壁微鼓，中腹以下缺失。上腹饰竖向绳纹。口径29、残高5.5厘米（图3-338，4）。

Ab型Ⅲ式　标本2004H458：2，夹砂红褐陶。敛口，折沿近平，方唇，唇面饰一周不规整的深凹槽，腹壁较直，中腹以下缺失。上腹上部有数周规整的细弦纹，其下饰斜向绳纹。口径36、残高6.5厘米（图3-338，2）。

瓮　A型Ⅱ式　标本2004H458：1，泥质深灰陶，灰胎略泛黄。直口微敛，圆唇外凸，矮领，肩部以下缺失。素面，肩部饰一周弦纹。口径20、残高4厘米（图3-338，3）。

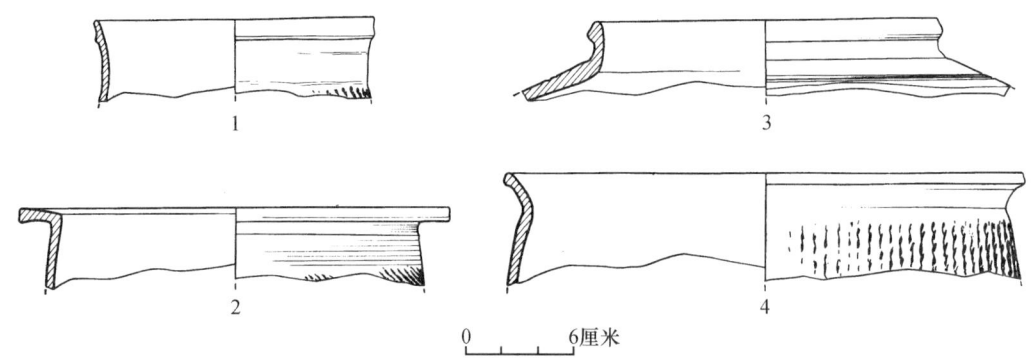

图3-338　2004ⅠT6H458出土陶器
1. Cb型Ⅱ式圆腹罐（2004H458：3）　2. Ab型Ⅲ式深腹罐（2004H458：2）　3. A型Ⅱ式瓮（2004H458：1）
4. Ab型Ⅱ式深腹罐（2004H458：4）

2004ⅡT5G1

圆腹罐　Cb型Ⅱ式　标本2004ⅡT5G1③：13，夹砂红褐陶。尖唇，侈口，口外侧呈带状凸起，领以下残。口外附有一对小錾，领部饰竖向绳纹。口径11.7、残高3.5厘米（图3-339，2）。

豆　A型　标本2004ⅡT5G1③：11，泥质夹细砂，灰陶。圆唇，折沿下弇，沿面微鼓，侈口，腹部斜收，中腹以下残。口径18、残高2.2厘米（图3-339，1）。

缸　Ab型　标本2004ⅡT5G1④：17，夹砂黄褐陶。尖圆唇，侈口，上腹部较直，腹以下残。腹饰附加堆纹。口径27.8、残高5厘米（图3-339，3）。

2005ⅠT4719H206

深腹罐

Ab型Ⅱ式　标本2005H206:48，夹细砂，砂粒0.1厘米，灰陶。折沿，方唇唇缘凸出，腹微鼓，中腹以下残。口径23.4、沿宽2、残高5、胎厚0.5厘米（图3-340，1）。标本2005H206:12，夹细砂，砂粒0.1厘米，灰陶。敛口，方唇，宽沿仰折，沿面中部有一凹槽，鼓腹，中腹以下残。腹饰竖向较粗绳纹。口径22、沿宽3、残高11.8、胎厚0.6厘米（图3-340，2）。

Ab型Ⅲ式　标本2005H206:8，夹中砂，砂粒0.1~0.2厘米，灰陶。折沿略仰，方唇上缘微

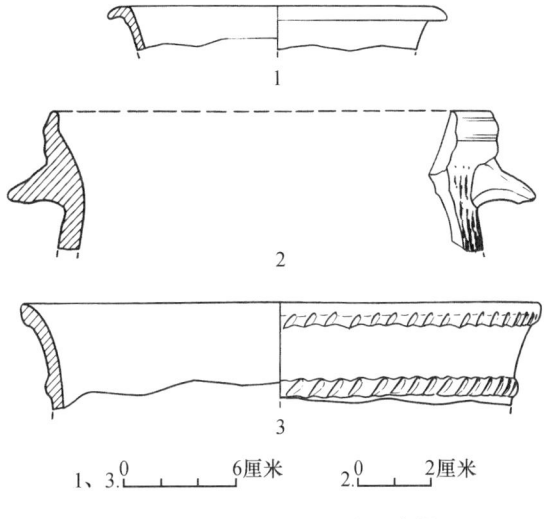

图3-339　2004ⅡT5G1出土陶器
1. A型豆（2004ⅡT5G1③:11）　2. Cb型Ⅱ式圆腹罐（2004ⅡT5G1③:13）　3. Ab型缸（2004ⅡT5G1④:17）

凸，腹略鼓，中腹以下残。口外抹平，其下饰菱形方格纹。口径22、沿宽2.2、残高6.6、胎厚0.6~0.9厘米（图3-340，3）。

Ac型Ⅰ式　标本2005H206:11，夹细砂，砂粒0.1厘米，黑陶。折沿略上仰，沿面略凹，方唇下缘抹圆，唇面有两周弦纹。鼓腹。中腹黏附有烧土块，底部残。口外抹平，其下饰交错绳纹。口径20.4、腹径23.4、残高29.7、胎厚0.4~0.7厘米（图3-340，5）。标本2005H206:136，夹细砂，砂粒0.1厘米，灰陶。方唇，唇下缘抹圆，唇面有一道弦纹。折沿，鼓肩，中腹以下残。沿面有多周弦纹，腹饰较粗绳纹。口径24、沿宽2、残高15.5、胎厚0.4厘米（图3-340，4）。

B型Ⅲ式　标本2005H206:15，夹中砂，砂粒0.1~0.2厘米，灰陶。圆唇，卷沿略曲，腹略鼓，中腹以下残，口外抹平，且有多组凸棱。腹饰右斜向粗篮纹。口径24.4、沿宽2.5、残高6.8、胎厚0.6~0.8厘米（图3-340，6）。

圆腹罐

A型Ⅱ式　标本2005H206:53，夹中砂褐陶，局部灰色。折沿略上仰，方唇，下缘饰鸡冠錾。鼓腹，中腹以下残。口外抹平，腹饰斜向绳纹。口径17.2、沿宽2、残高6.6、胎厚0.7厘米（图3-341，1）。

Ca型Ⅱ式　标本2005H206:38，夹中砂，砂粒0.1~0.2、灰陶褐胎。圆鼓腹，高领，敛口，方唇。鼓腹，中腹以下残。口有一周索状花边，其下有半圆形鸡冠錾，腹饰竖向绳纹。口径21.4、领高4、残高7.8、胎厚0.5~0.8厘米（图3-341，4）。

Cb型Ⅳ式　标本2005H206:27，夹细砂，砂粒0.1厘米以下，褐陶。侈口，方唇，唇上缘上凸，矮领，圆鼓腹，凹圜底。腹饰较粗绳纹。口径14.6、腹径19.2、通高约19、胎厚0.5~0.8厘米（图3-341，3）。标本2005H206:69，夹细砂，砂粒0.1厘米，灰陶。尖圆唇，唇外加厚，矮领，深腹外鼓，中腹以下残。腹饰斜向绳纹。口径20、沿宽2、残高7.2、胎厚0.5厘米（图3-341，

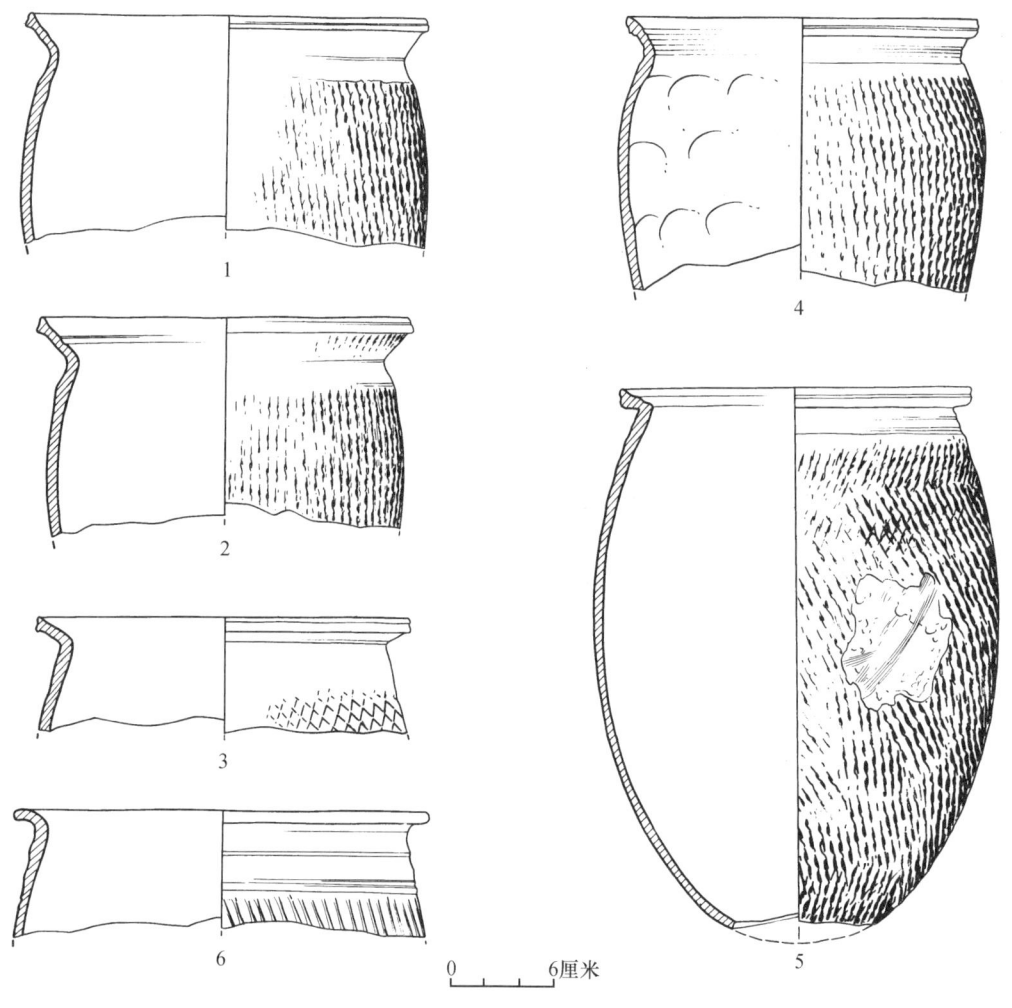

图 3-340　2005ⅠT4719H206 出土深腹罐

1、2. Ab 型Ⅱ式（2005H206:48、2005H206:12）　3. Ab 型Ⅲ式（2005H206:8）　4、5. Ac 型Ⅰ式（2005H206:136、2005H206:11）　6. B 型Ⅲ式（2005H206:15）

2）。标本 2005H206:1，夹细砂，砂粒 0.1 厘米，黑陶。侈口，圆唇，矮领，口外有两个对称小錾，腹略垂鼓，凹圜底。腹饰横向较粗绳纹，底部有绳纹。口径 15.4、腹径 18.5、底径 7.3、高 17、胎厚 0.5 厘米（图 3-341，6；图版三三，5）。

Cc 型Ⅳ式　标本 2005H206:3，夹细砂，砂粒 0.1 厘米，褐陶，局部黑色。侈口微卷，口部为椭圆形，方唇唇面有一周凹痕，腹垂鼓，凹圜底，腹底交界处有一周浅凹槽。腹饰交错绳纹，底部有绳纹。口径 14.6~16.6、腹径 19.6~20.3、底径 7、高 19.2、胎厚 0.5 厘米（图 3-341，7；图版三四，1）。标本 2005H206:68，夹细砂，砂粒 0.1 厘米，黑灰陶。卷沿，尖圆唇，圆鼓腹，中腹以下残。腹饰竖向中绳纹。口径 18、残高 7.5、胎厚 0.5~0.7 厘米（图 3-341，5）。标本 2005H206:2，夹细砂，灰褐陶，颜色斑驳不纯，下腹灰色。侈口，短颈，方唇上缘向上凸起，唇面微凹，腹圆鼓，底微凹。腹饰较粗绳纹，上腹竖向，下腹斜向。口径 16.4、腹径 19.2、底径 9.2、高 18.2、胎厚 0.7 厘米（图 3-342，3；图版三三，6）。标本 2005H206:4，夹细砂，砂粒 0.1 厘米以下。黑

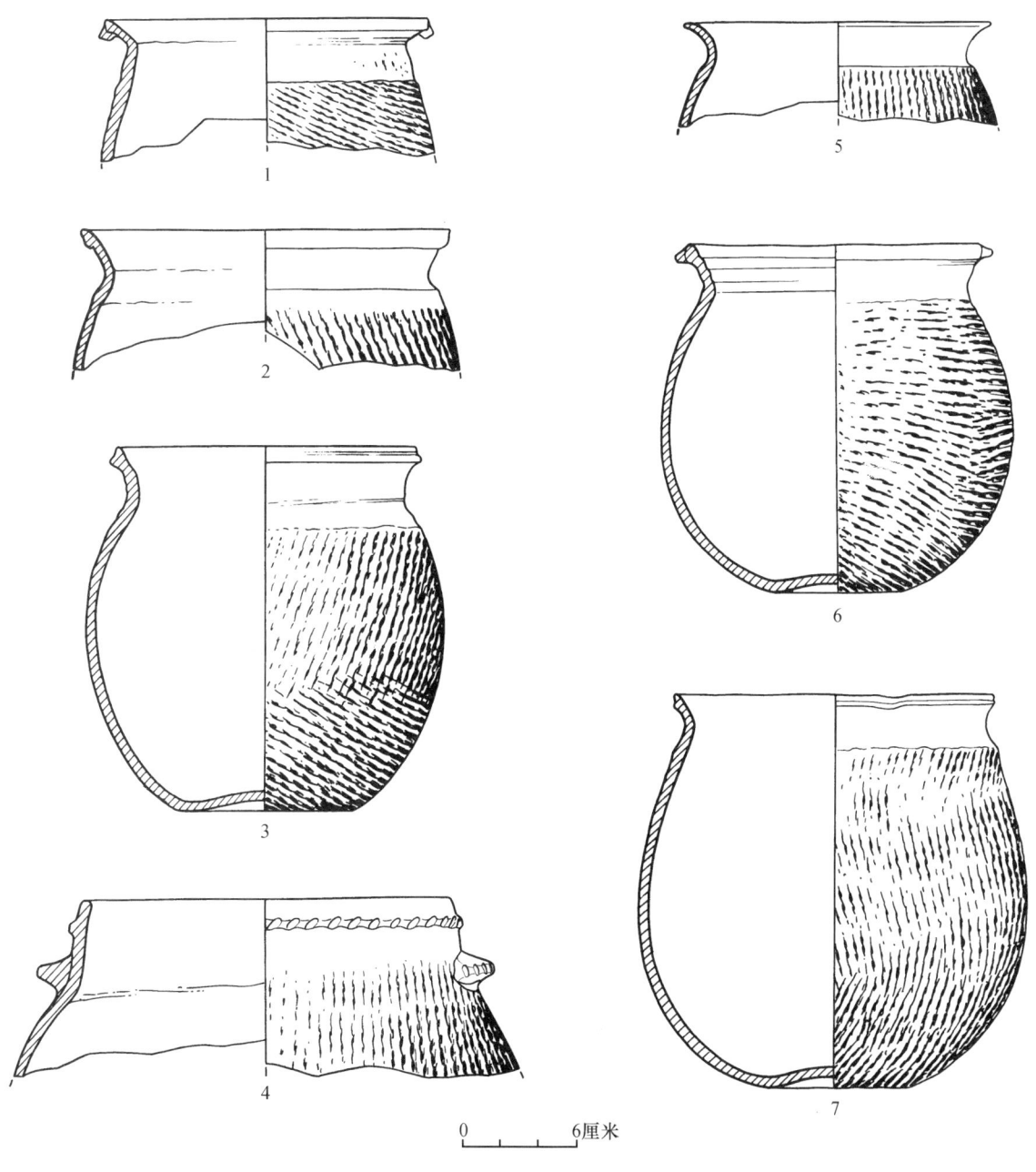

图 3-341　2005ⅠT4719H206 出土圆腹罐（一）

1. A 型Ⅱ式（2005H206：53）　2、3、6. Cb 型Ⅳ式圆腹罐（2005H206：69、2005H206：27、2005H206：1）　4. Ca 型Ⅱ式圆腹罐
（2005H206：38）　5、7. Cc 型Ⅳ式圆腹罐（2005H206：68、2005H206：3）

灰陶。卷沿，方唇下缘外凸，矮领，腹圆鼓，凹底，底部有磨损。上腹有多周弦纹，腹饰交错绳纹。口径 16.6、底径 8.2、腹径 19.3、高 18.9、胎厚 0.3～0.5 厘米（图 3-342，2；图版三四，2）。标本 2005H206：21，夹细砂灰陶，圆唇，卷沿矮领，鼓腹，下腹残。腹饰较粗绳纹。口径 15.2、残高 7.6 厘米（图 3-342，1）。标本 2005H206：7，夹细砂，砂粒 0.1 厘米，灰陶。方唇，唇上缘略凸，唇面略凹，矮领，圆鼓腹，底残。腹饰交错绳纹。口径 15.8、腹径 18.4、残高 16.8、胎厚 0.5

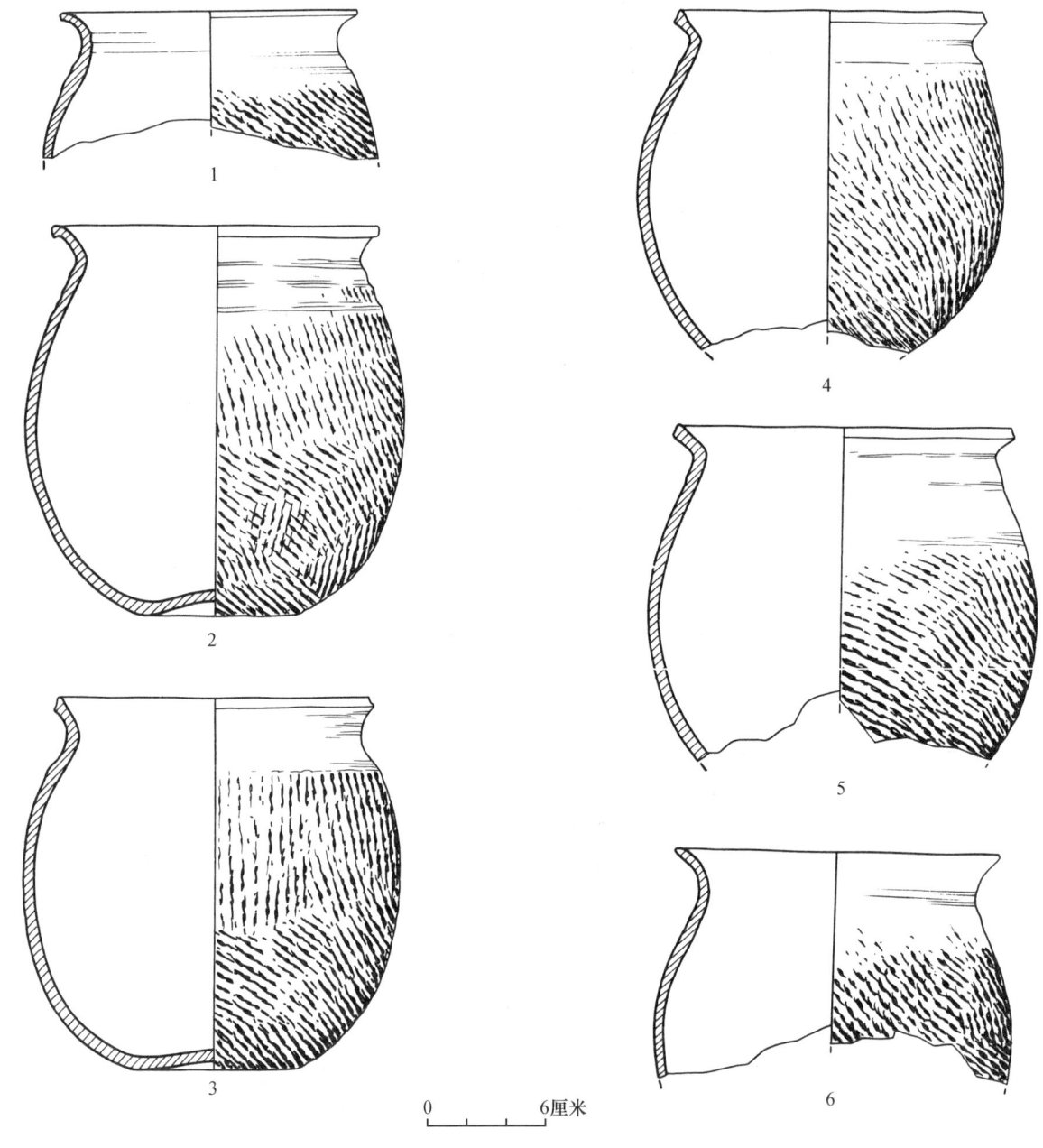

图 3-342 2005ⅠT4719H206 出土圆腹罐（二）

1~6. Cc 型Ⅳ式（2005H206：21、2005H204：4、2005H206：2、2005H206：7、2005H206：10、2005H206：5）

厘米（图 3-342，4）。标本 2005H206：10，夹砂灰陶。方唇，矮领，鼓腹，底残。口外磨光，腹饰较粗绳纹，腹饰交错绳纹。口径 17.2，腹径 19.6，残高 16，胎厚 0.5~0.7 厘米（图 3-342，5）。标本 2005H206：5，夹细砂，砂粒 0.1 厘米，黑灰色。卷沿，尖圆唇，矮领，圆鼓腹，中腹以下残。颈部一周抹平，腹饰交错绳纹。口径 16.5、腹径 18、残高 11.2、胎厚 0.3~0.5 厘米（图 3-342，6）。标本 2005H206：49，夹细砂，砂粒 0.1 厘米以下，浅灰陶。侈口，方唇，矮领，圆鼓腹，底残。腹饰竖向及横向绳纹。口径 17、腹径 21、残高 14、胎厚 0.6 厘米（图 3-343，2）。标本 2005H206：64，夹砂浅灰陶。卷沿，斜方唇，矮领，圆鼓腹，胎较薄，下腹残。腹饰右斜向细绳纹。口径 18、腹径约 20、残高 8.3、胎厚 0.3 ~ 0.5 厘米（图 3-343，1）。

缸

B 型 Ⅱ 式　标本 2005H206：13，夹细砂，砂粒直径 0.1 厘米，黑陶灰胎。侈口，宽斜肩，圆唇外缘加厚，口径小于肩径，肩部以下残。领内外磨光，肩饰竖向绳纹，腹饰较粗绳纹，肩腹交界处有一周附加堆纹。口径 42、领高 5、肩宽 6、肩径 44.2、残高 12.3、胎厚 0.8 ~ 1.2 厘米（图 3-344，5）。

C 型　标本 2005H206：106，夹细砂，砂粒 0.1 厘米。灰陶。敞口，圆唇，深腹斜直，中腹残。腹饰绳纹和附加堆纹。口径 39.5、复原高度 17.8、胎厚 1.2 ~ 1.3 厘米（图 3-344，1）。

器盖纽　标本 2005H206：60，泥质灰陶。纽顶呈扁锥形，下部略粗。器表素面且磨光。残高 4.6、胎厚 1 厘米（图 3-344，2）。

捏口罐　A 型 Ⅱ 式　标本 2005H206：93，夹细砂，黑皮褐胎。圆唇，口沿上有一捏口，圆鼓腹，侈口，下腹残。腹饰细绳纹。口径 17、残

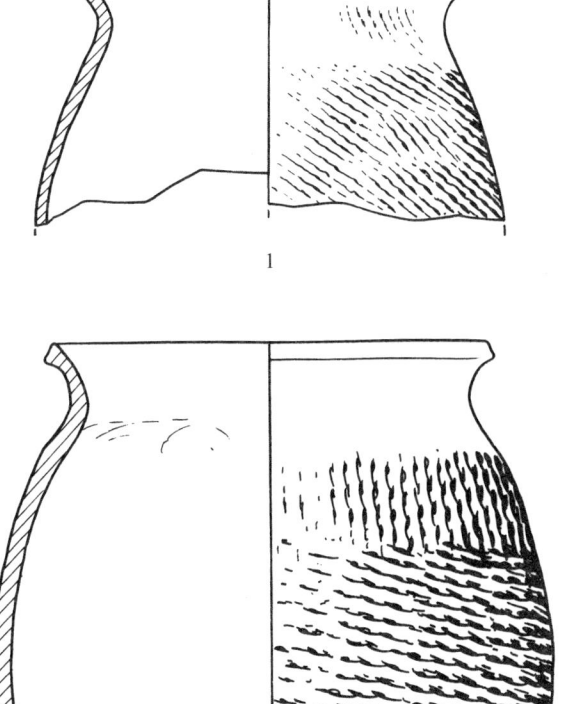

图 3-343　2005ⅠT4719H206 出土圆腹罐（三）
1、2. Cc 型Ⅳ式（2005H206：64、2005H206：49）

高 12.5、胎厚 0.5 ~ 0.7 厘米（图 3-344，4）。标本 2005H206：47，夹细砂，砂粒 0.1 厘米，黑灰陶。侈口，圆唇，矮领，圆鼓腹，中腹以下残。腹饰较粗绳纹及一周弦纹。口径 16、残高 7.4、厚 0.5 ~ 0.7 厘米（图 3-344，3）。

鼎　A 型 Ⅲ 式　标本 2005H206：6，夹细砂，砂粒 0.1 厘米，黑灰陶褐胎。敞口，方唇，折沿近平，浅腹，平底及三足下部残。腹饰绳纹及两周索状附加堆纹，鼎足外侧有捏窝痕。口径 18、底径 10、残高 9、胎厚 0.7 ~ 0.9 厘米（图 3-345，1）。

甑

A 型 Ⅲ 式　标本 2005H206：54，夹细砂，砂粒 0.05 厘米，灰陶。折沿，沿面微仰，圆唇，口微敛，上腹较直，下腹弧，底刻甑孔，箅残。腹饰鸡冠耳及交错绳纹。口径 24.4、沿宽 1.3、高 16.9、胎厚 0.4 ~ 0.5 厘米（图 3-345，2；图版三四，3）。标本 2005H206：18，夹细砂，砂粒 0.1 厘米，灰陶，局部红褐色。折沿近平，方唇，上腹较直，下腹弧收，残存两个甑孔痕迹。上腹抹平且有多周凸起，腹饰交错绳纹。口径 24、沿宽 2、高 14.5、胎厚 0.4 ~ 0.7 厘米（图 3-345，3）。

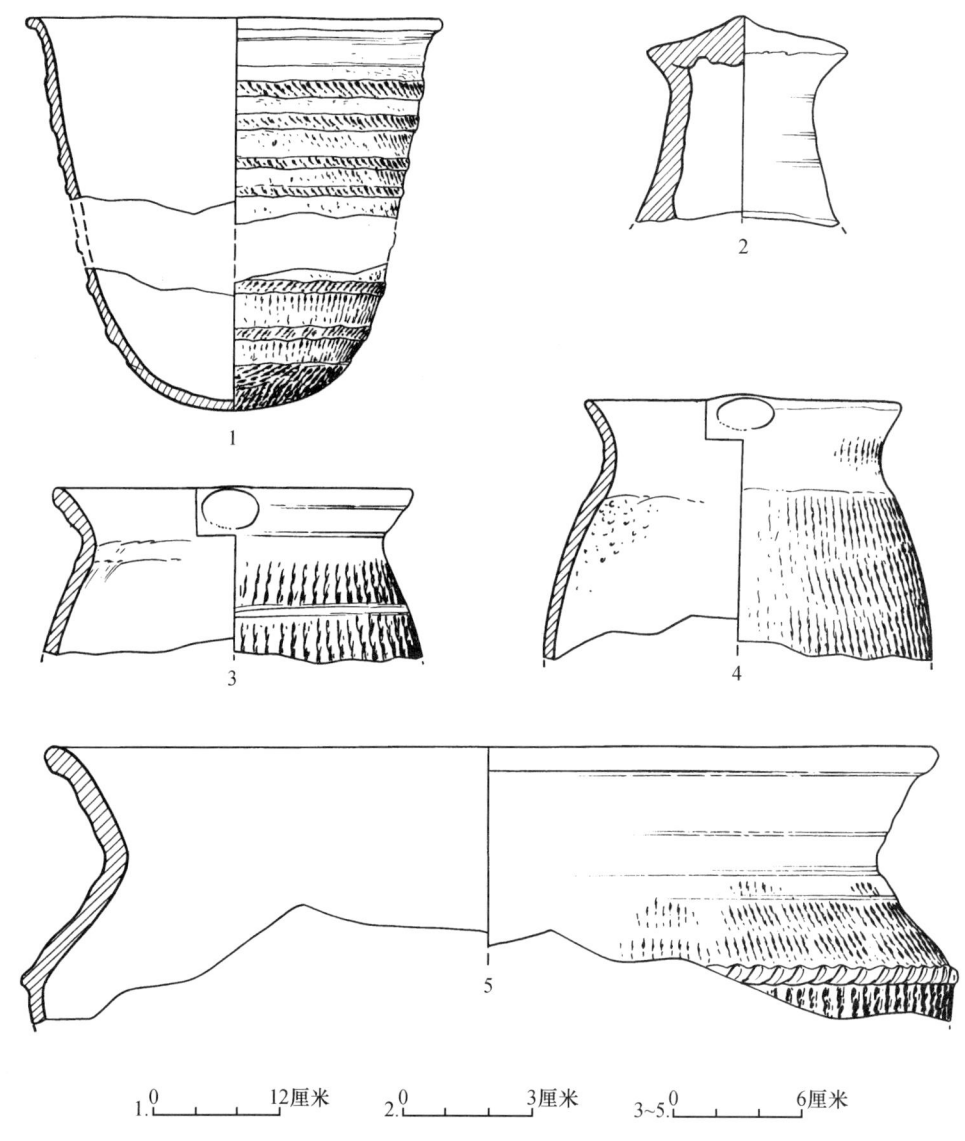

图 3-344 2005 I T4719H206 出土陶器（一）

1. C 型缸（2005H206:106） 2. 器盖纽（2005H206:60） 3. A 型 II 式捏口罐（2005H206:47）
4. A 型 II 式捏口罐（2005H206:93） 5. B 型 II 式缸（2005H206:13）

B 型 II 式　标本 2005H206:30，夹细砂，砂粒 0.1 厘米。黑陶灰胎。折沿近平，圆唇，腹深直，中腹以下残。口外抹平，又称鸡冠耳。口径 38、沿宽 2.1、残高 5.7、胎厚 0.7～1.3 厘米（图 3-345，5）。

刻槽盆　A 型 IV 式　标本 2005H206:36，夹细砂，砂粒 0.1 厘米，黑陶。侈口卷沿，圆唇，弧壁。内壁有竖向放射状刻槽，间距较大，未分区，胎厚重。口沿外抹平且磨光，腹饰交错细绳纹。口径 23、高 18、胎厚 1 厘米（图 3-345，4）。

深腹盆

B 型 III 式　标本 2005H206:29，夹细砂，砂粒 0.1 厘米，黑陶。折沿沿面微鼓，圆唇，腹外张，

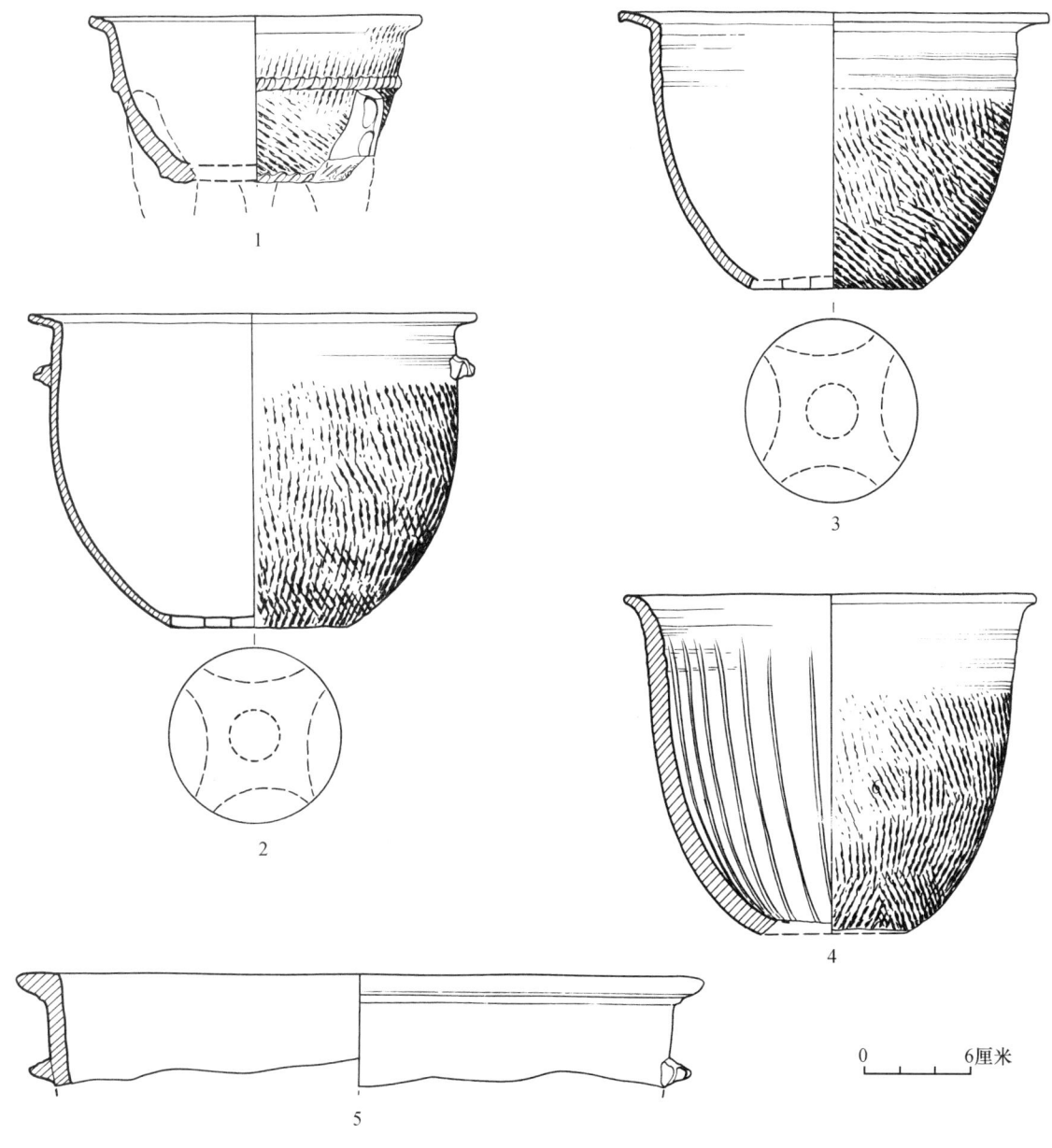

图 3-345　2005ⅠT4719H206 出土陶器（二）

1. A 型Ⅲ式鼎（2005H206:6）　2、3. A 型Ⅲ式甑（2005H206:54、2005H206:18）　4. A 型Ⅳ式刻槽盆（2005H206:36）
5. B 型Ⅱ式甑（2005H206:30）

中腹以下残。口外磨光，腹饰较粗绳纹。口径30.4、沿宽2、残高9.4、胎厚0.7厘米（图3-346，1）。

B 型Ⅳ式　标本2005H206:28，夹细砂，砂粒0.1厘米，黑陶褐胎。敞口，折沿略斜，沿面上鼓，圆唇，斜弧腹，下腹残。口沿磨光，腹饰较细绳纹。口径约50、残高15、胎厚0.8厘米（图3-346，2）。

敛口罐　A 型Ⅱ式　标本2005H206:17，夹细砂，砂粒0.1厘米，黑陶褐胎。敛口，窄沿微仰折，沿面有凹槽，鼓腹，中腹以下残。上腹磨光，中部有一组弦纹，下腹饰斜向绳纹。口径14厘

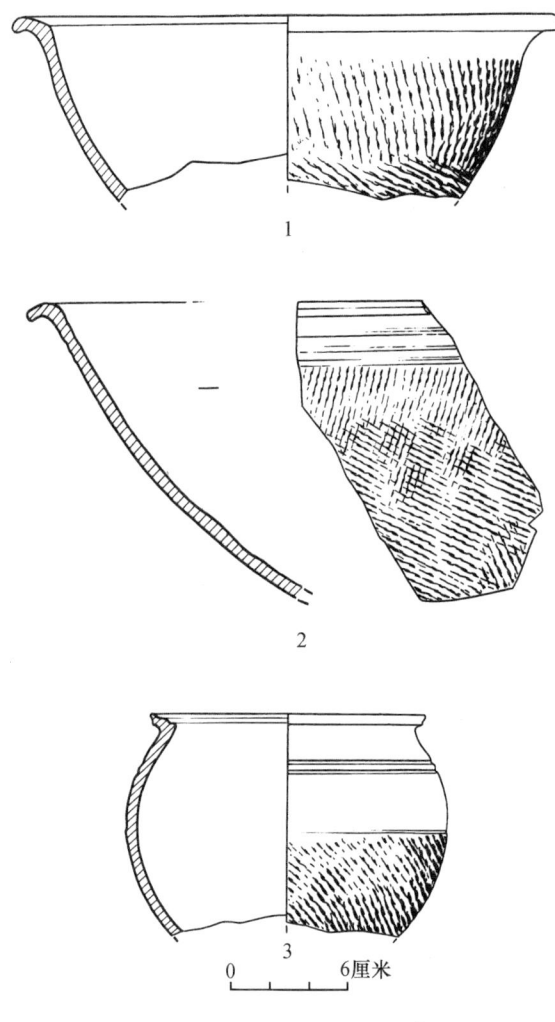

图3-346　2005ⅠT4719H206 出土陶器（三）
1. B 型Ⅲ式深腹盆（2005H206：29） 2. B 型Ⅳ式深腹盆（2005H206：28） 3. A 型Ⅱ式敛口罐（2005H206：17）

米、沿宽 1.3、腹径 16.4、残高 11、胎厚 0.4～0.7 厘米（图3-346，3）。

小口尊

A 型　标本 2005H206：32，泥质，外灰内褐。侈口，方唇唇面略凹，高领，广肩，肩以下残。器表全部磨光，有弦纹痕。口径 17.2、领高 2.5、残高 6.2、厚 0.4～0.7 厘米（图3-347，1）。

B 型　标本 2005H206：199，夹中砂，灰黑表褐胎陶。敛口，圆唇外侧加厚，肩以下残。素面。口径 10、残高 8.5、胎厚 0.6 厘米（图3-347，2）。标本 2005H206：87，夹细砂灰陶。敛口，尖圆唇外凸，缓溜肩，肩以下残。口外抹平，腹饰斜向绳纹。口径 10、残高 3.4、胎厚 0.4～0.9 厘米（图3-347，3）。

大口尊

Ⅱ式　标本 2005H206：19，夹细砂，砂粒 0.1 厘米，灰陶。侈口，圆唇，高领，斜肩，肩以下残。领口及肩部磨光，领饰凸弦纹，肩饰弦纹，腹残。口径 30、残高 6.1、胎厚 0.7～0.9 厘米（图3-347，5）。

Ⅲ式　标本 2005H206：133，泥质含细砂，灰陶。侈口，圆唇，领稍矮，斜折肩，肩部较窄，腹残。口沿及领肩磨光，肩饰弦纹及附加堆纹，腹饰斜向细绳纹。口径 32.6、领高 4.8、肩宽 1.5、肩径 32、残高 7.2、胎厚 0.5～1.3 厘米（图3-347，4）。

瓮

Ba 型Ⅲ式　标本 2005H206：20，泥质黑陶，红胎。直口，圆唇外鼓，高领，宽平肩，肩以下残。器表磨光，肩部饰一周弦纹，其外有菱形印纹图案。口径 10、领高 3.2、残高 5、胎厚 0.5～0.6 厘米（图3-347，6）。标本 2005H206：34，灰陶褐胎。直口微侈，圆唇，广斜肩，肩以下残。肩部及口领处磨光，饰有弦纹。口径 12、领高 2.5、残高 5、胎厚 0.5～0.6 厘米（图3-347，7）。标本 2005H206：35，泥质，灰褐色褐胎。口微侈，圆唇，领较直，弧肩，圆鼓腹，中腹以下残。领肩磨光，领中部有一周凸弦纹，肩饰一周弦纹，其下饰横向绳纹。口径 15.2、领高 2.5、肩宽 4.5、残高 7.1、胎厚 0.4～0.8 厘米（图3-347，8）。

D 型　标本 2005H206：211，夹细砂，砂粒 0.1 厘米，黑灰陶。微侈口，尖圆唇，仰卷沿，沿外有小錾，圆鼓腹，中腹以下残。腹饰竖向细绳纹。口径 15、残高 4、胎厚 0.5 厘米（图3-347，9）。

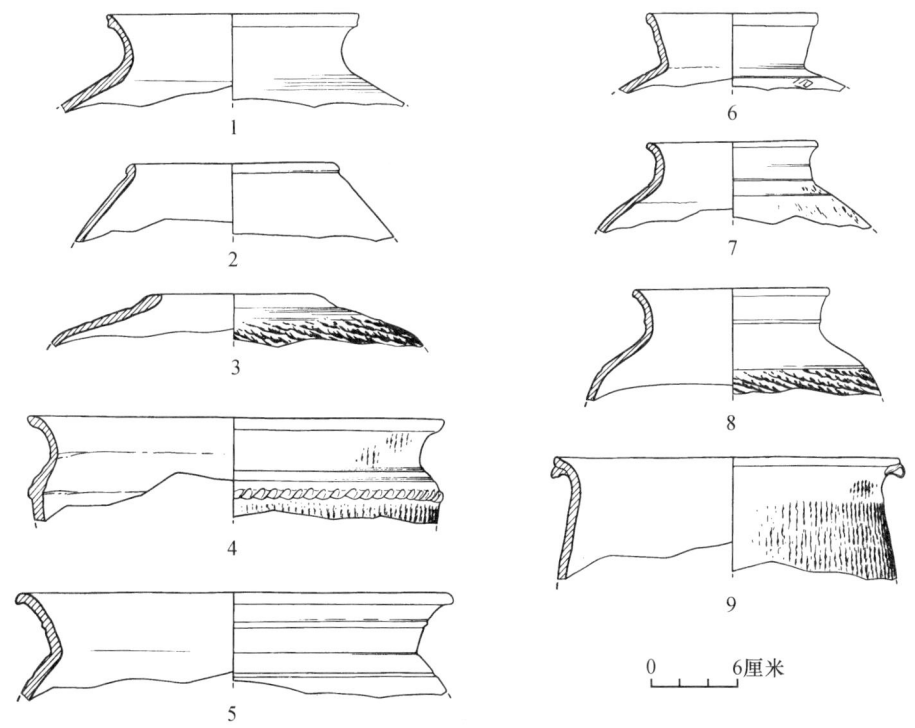

图 3-347 2005ⅠT4719H206 出土陶器（四）

1. A 型小口尊（2005H206：32） 2、3. B 型小口尊（2005H206：199、2005H206：87） 4. Ⅲ式大口尊（2005H206：133）
5. Ⅱ式大口尊（2005H206：19） 6~8. Ba 型Ⅲ式瓮（2005H206：20、2005H206：34、2005H206：35） 9. D 型瓮（2005H206：211）

2005ⅠT4719H207

深腹罐

Ab 型Ⅱ式　标本 2005H207：3，夹细砂，砂粒 0.1 厘米。折沿略上仰，沿面微凹，方唇唇面略凹，深腹微鼓，中腹以下残。腹饰绳纹。口径 20.8、沿宽 2.2、腹径 24.2、残高 16.1、胎厚 0.5 厘米（图 3-348，1）。

Ab 型Ⅲ式　标本 2005H207：48，夹细砂，砂粒 0.1 厘米，黑陶。仰折沿，斜方唇，唇面微凹，鼓腹，中腹以下残。口外绳纹抹平，腹饰斜向绳纹。口径 21.8、沿宽 2.1、残高 7.6、胎厚 0.3~0.5 厘米（图 3-348，2）。标本 2005H207：8，夹细砂，砂粒 0.1 厘米，褐陶灰胎。斜折沿，方唇唇缘微凸，深腹斜鼓，中腹以下残。口外抹平，有数周弦纹，腹饰交错绳纹。口径 24、沿宽 2.7、残高 9.5、胎厚 0.5~0.9 厘米（图 3-348，3）。标本 2005H207：11，夹细砂，砂粒 0.1 厘米，黑陶。折沿，侈口，方唇唇缘下突，圆鼓腹，腹以下残。口外抹平有数周弦纹，其下饰斜向绳纹。口径 23，残高 5.5、胎厚 0.7 厘米（图 3-348，4）。标本 2005H207：23，夹中砂，砂粒 0.1~0.2 厘米，灰陶。折沿，斜方唇，唇面略凹，鼓腹，中腹以下残。腹饰竖向较粗绳纹。口径 20.4、沿宽 2.5、残高 6.2、胎厚 0.6~0.9 厘米（图 3-348，5）。

Ac 型Ⅰ式　标本 2005H207：17，夹细砂，浅灰陶。宽沿仰折，圆唇外鼓，鼓腹，中腹以下残。腹饰竖向绳纹。口径 23.6、沿宽 3、残高 4.4、胎厚 0.4~0.7 厘米（图 3-348，6）。

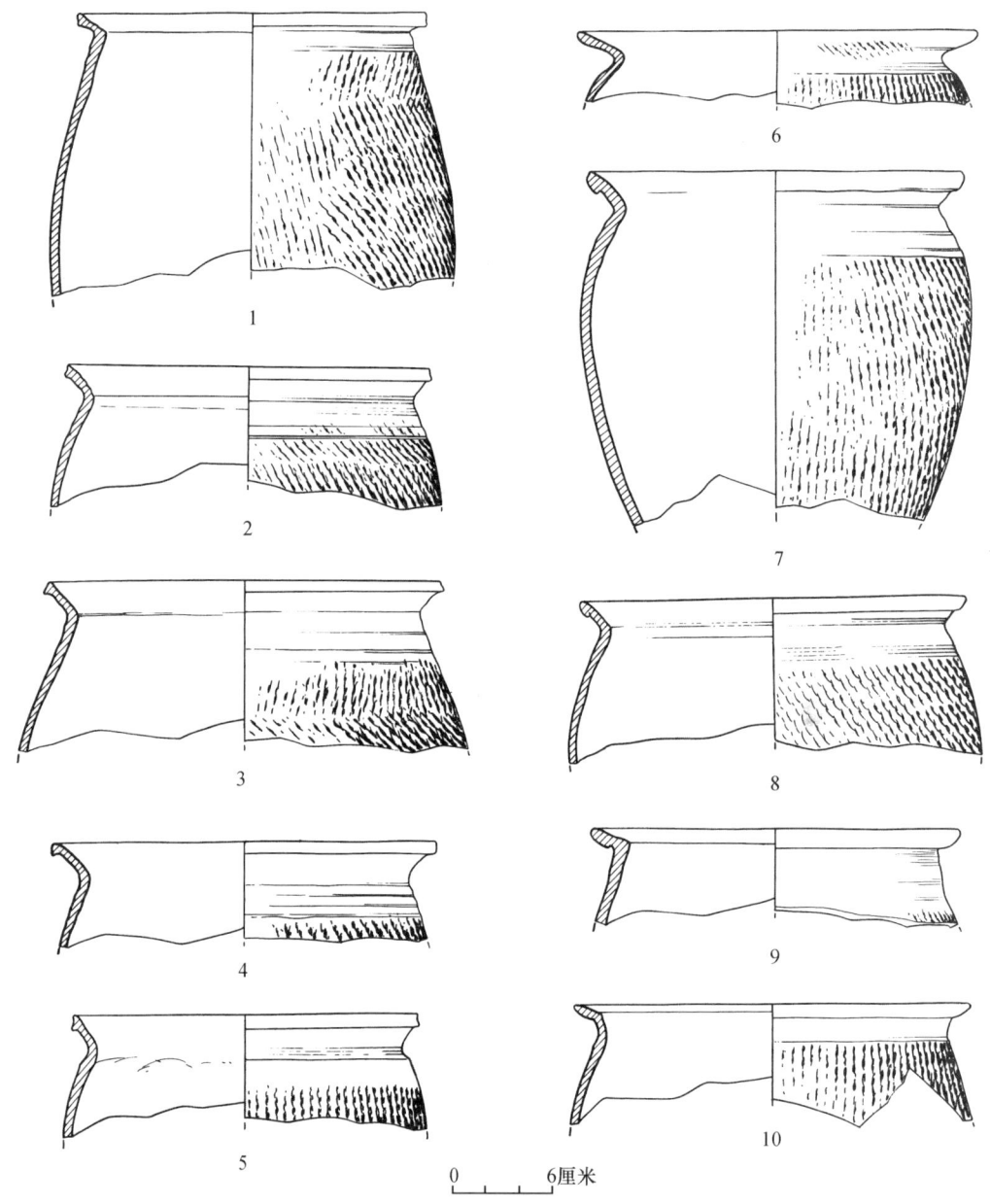

图 3-348　2005ⅠT4719H207 出土深腹罐

1. Ab 型Ⅱ式（2005H207:3）　2~5. Ab 型Ⅲ式（2005H207:48、2005H207:8、2005H207:11、2005H207:23）　6. Ac 型Ⅰ式（2005H207:17）　7~9. Ac 型Ⅱ式（2005H207:4、2005H207:43、2005H207:7）　10. C 型Ⅱ式（2005H207:16）

Ac 型Ⅱ式　标本 2005H207:4，夹细砂，砂粒 0.1 厘米，口沿深灰，其下呈褐色。折沿上扬，尖圆唇，沿外有一周弧形凸起，鼓肩，中腹以下残。口外抹平有数周弦纹，腹饰右斜向绳纹。口径 22.4、沿宽 2.6、腹径 23.2、残高 19.8、胎厚 0.6 厘米（图 3-348，7）。标本 2005H207:43，夹细砂，砂粒 0.1 厘米，灰陶。仰折沿，尖圆唇，沿外有一周宽带，鼓腹，中腹以下残。口外抹平饰数周弦纹，腹饰斜向中偏粗绳纹。口径 22.6、沿宽 2.2、残高 8.8、胎厚 0.4~0.5 厘米（图 3-348，8）。

标本 2005H207:7，夹中砂，砂粒 0.1~0.2 厘米，黑灰陶。折沿，沿面外缘微凸，圆唇，深直腹，腹以下残。口沿外一周抹平，腹饰绳纹，因残存过少，绳纹粗细、方向不明。口径 22、沿宽 2.3、残高 5.4、胎厚 0.6~1 厘米（图 3-348，9）。

C 型 Ⅱ 式　标本 2005H207:16，夹细砂，砂粒 0.1 厘米，黑陶红胎。折沿近平，尖唇，沿背外鼓，束颈，深腹较鼓，中腹以下残。腹饰竖向绳纹。口径 23、沿宽 1.7、颈长 1.5、残高 7、胎厚 0.4~0.6 厘米（图 3-348，10）。

圆腹罐

Cb 型 Ⅳ 式　标本 2005H207:12，夹细砂，砂粒 0.1 厘米，灰陶。沿面微凹，沿微凸，且饰两小錾，尖圆唇，圆鼓腹，中腹以下残。腹饰竖向绳纹。口径 17.2、沿宽 1.3、残高 6.8、胎厚 0.4~0.6 厘米（图 3-349，1）。

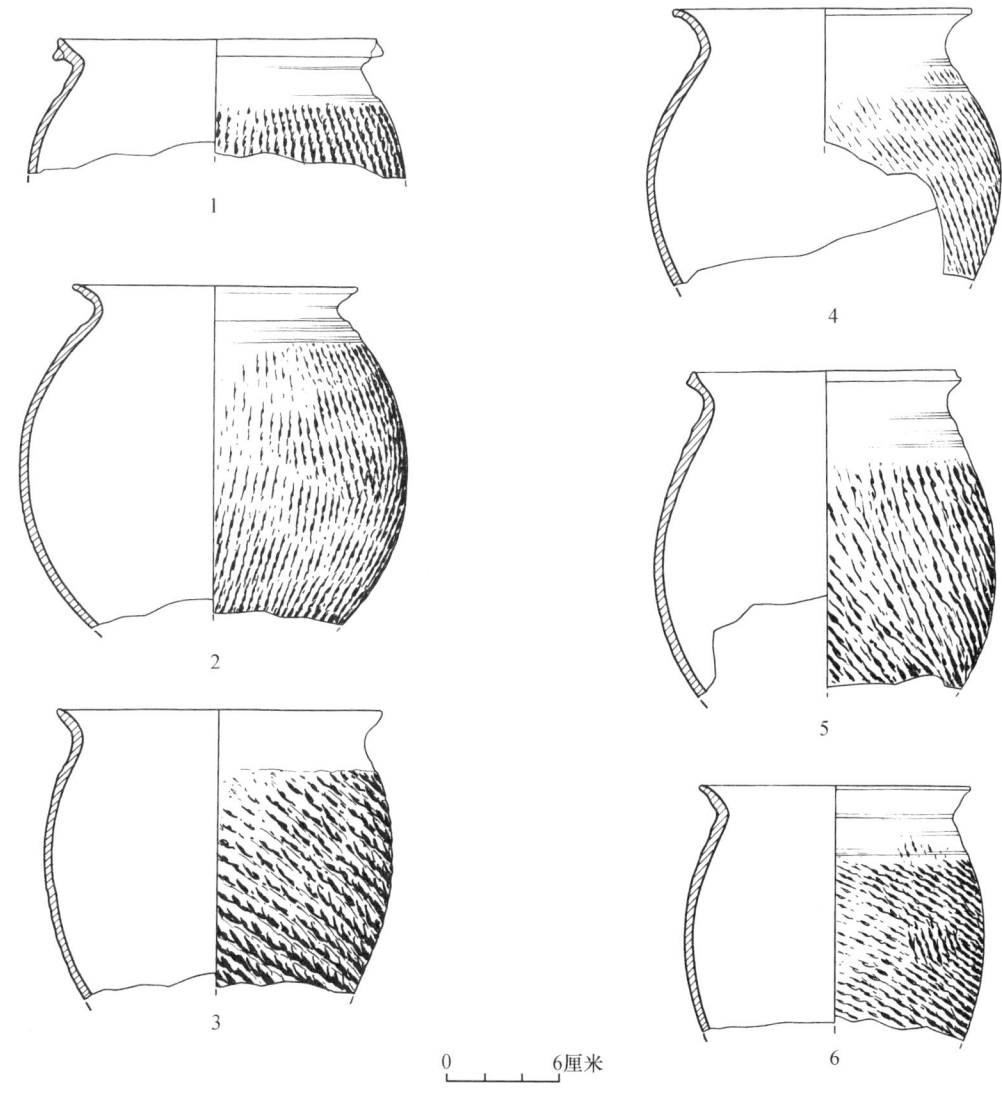

图 3-349　2005ⅠT4719H207 出土圆腹罐

1. Cb 型 Ⅳ 式（2005H207:12）　2~6. Cc 型 Ⅳ 式（2005H207:6、2005H207:47、2005H207:21、2005H207:5、2005H207:25）

Cc型Ⅳ式　标本2005H207:6，夹细砂，砂粒0.1厘米，黑陶褐胎。卷沿，尖圆唇，矮领，圆鼓腹，底残。腹饰绳纹。口径15、腹径21、残高17.2、胎厚0.5~0.7厘米（图3-349，2）。标本2005H207:47，夹细砂，砂粒0.1厘米，灰陶。侈口，尖圆唇，矮领，圆鼓腹，中腹以下残。腹饰斜向较粗绳纹。口径17.2、领高2、腹径18.6、残高14.4、胎厚0.4厘米（图3-349，3）。标本2005H207:21，夹细砂，砂粒0.1厘米，黑陶。侈口，尖圆唇，矮领，圆鼓腹，下腹残。腹饰斜向绳纹。口径16、腹径19、残高13.8、胎厚0.4厘米（图3-349，4）。标本2005H207:5，泥质灰陶。侈口，方唇，唇面略凹，矮领，圆鼓腹，下腹残。腹饰绳纹。口径14.6、腹径18.3、残高16、胎厚0.4~0.8厘米（图3-349，5）。标本2005H207:25，夹细砂，砂粒0.1厘米，黑陶褐胎。侈口，尖唇，矮领，圆鼓腹，中腹以下残。口外抹平，腹饰斜向绳纹。口径14.6、腹径16.8、残高12.3、胎厚0.4~0.6厘米（图3-349，6）。标本2005H207:15，夹细砂，砂粒0.1厘米，灰陶。卷沿，方唇下缘略垂，矮领圆鼓腹，中腹以下残。腹饰绳纹，腹部绳纹为斜向。口径16.7、残高7、胎厚0.5厘米（图3-350，1）。标本2005H207:9，夹细砂，砂粒0.1厘米，灰陶。侈口，圆唇，矮领，圆鼓腹，中腹以下残。腹饰斜向绳纹。口径15、残高9.3、胎厚0.4~0.6厘米（图3-350，2）。

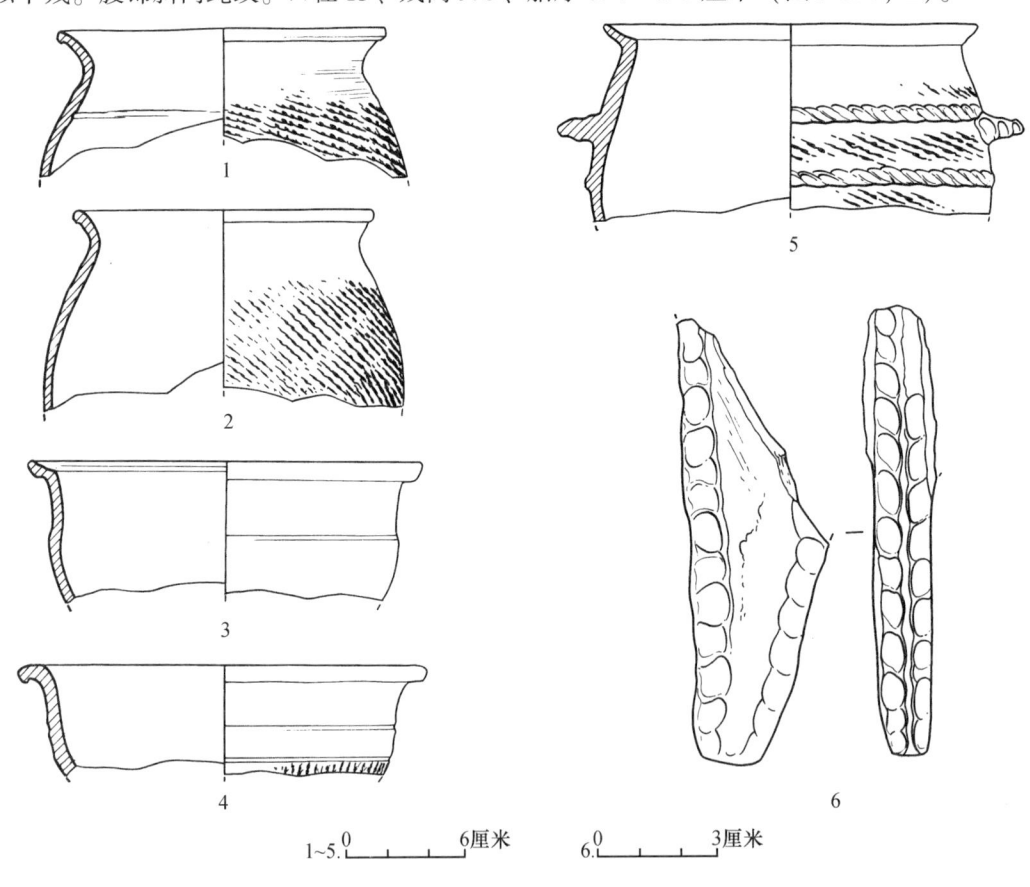

图3-350　2005ⅠT4719H207出土陶器（一）
1、2. Cc型Ⅳ式圆腹罐（2005H207:15、2005H207:9）　3、4. A型Ⅲ式鼎（2005H207:60、2005H207:27）
5. Bb型鼎（2005H207:53）　6. 鼎足（2005H207:42）

鼎

A 型Ⅲ式　标本 2005H207：60　夹细砂，砂粒 0.1 厘米，黑陶灰胎。折沿略上仰，沿面略凹，沿背略凸，圆唇，口近直，下腹略外凸，下腹及三足残。外壁素面磨光。口径 19.6、沿宽 1.5、残高 6.4、胎厚 0.6 厘米（图 3-350，3）。标本 2005H207：27，夹细砂，近泥质黑陶灰胎。卷沿略奓，圆唇，侈口，中腹以下残。口外磨光，上腹饰一周弦纹，下腹饰绳纹。口径 20.4、沿宽 1.5、残高 5.5、胎厚 0.8 厘米（图 3-350，4）。

Bb 型　标本 2005H207：53，夹细砂，砂粒 0.1 厘米，灰陶。敛口，仰折沿较窄，尖圆唇，鼓腹，下腹及足残。腹饰横向绳纹、附加堆纹及鸡冠耳。口径 18.4、沿宽 1.5、腹径 20.2、残高 9.1、胎厚 0.8~1.1 厘米（图 3-350，5）。

鼎足　标本 2005H207：42，泥质黑陶，局部褐色。足呈三角形，足两侧有捏窝。残高 10.8、厚 1.4 厘米（图 3-350，6）。

甑　B 型Ⅱ式　标本 2005H207：10，泥质灰陶。折沿微奓，沿面内侧有一周凹槽，圆唇，上腹有两个对称鸡冠耳，圜底，底部有三个梭形孔和一个圆形孔。口沿及上腹抹平，饰有弦纹，腹饰斜向绳纹。口径 24.5、沿宽 1.7、高 13.7、胎厚 0.5 厘米（图 3-351，1；图版三四，5）。标本 2005H207：22，夹细砂，砂粒 0.1 厘米，黑陶褐胎。折沿微奓，沿面微鼓，圆唇，敞口，沿下有一鸡冠耳，中腹以下残。口沿上腹抹平，腹饰竖向绳纹。口径 27、残高 5.7、胎厚 0.7~0.8 厘米（图 3-351，4）。

深腹盆

A 型Ⅱ式　标本 2005H207：45，泥质黑陶。折沿略仰，沿面微凹，方唇唇面有凹槽，敛口，中腹以下残。口沿内外磨光。口径 25、沿宽 1.8、残高 3.4、胎厚 0.6 厘米（图 3-351，2）。

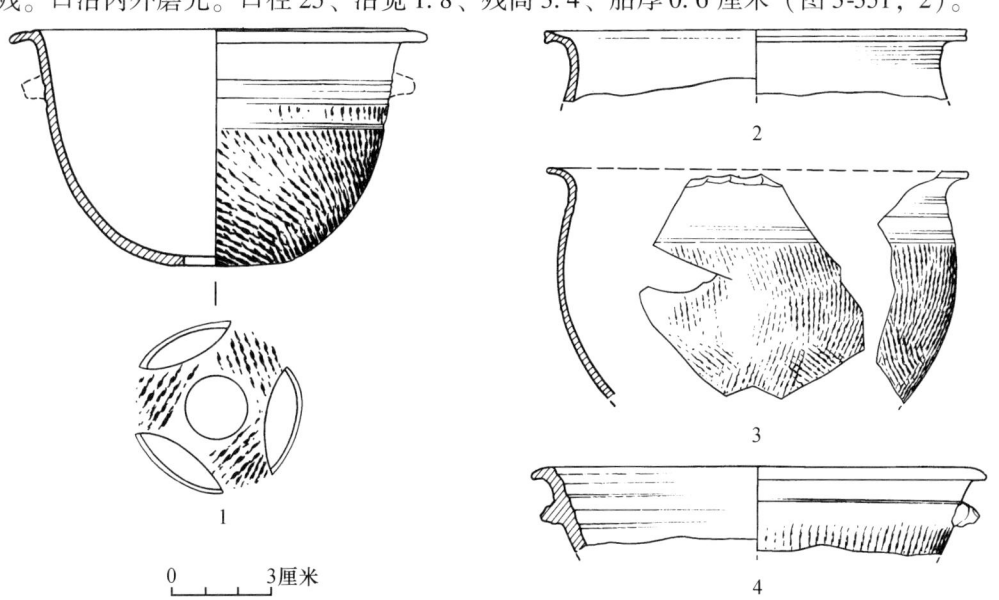

图 3-351　2005ⅠT4719H207 出土陶器（二）
1、4. B 型Ⅱ式甑（2005H207：10、2005H207：22）　2. A 型Ⅱ式深腹盆（2005H207：45）
3. B 型Ⅱ式深腹盆（2005H207：31）

B型Ⅱ式　标本2005H207:31，夹细砂，砂粒约0.05厘米，黑陶。卷沿略仰，圆唇，敛口，鼓腹，下腹残。口外磨光，其下饰交错绳纹。口径30、残高13、胎厚0.6厘米（图3-351，3）。

B型Ⅲ式　标本2005H207:34，夹细砂，砂粒0.1厘米，黑灰陶。敞口，卷沿下耷，圆唇，下腹残。腹饰竖向绳纹。口径33.5、残高11.2、胎厚0.7厘米（图3-352，3）。标本2005H207:69，泥质灰陶。折沿，沿面中部隆起，近唇处下折，尖圆唇。斜弧腹，中腹以下残。器表素面磨光。口径26.2、残高4.1、胎厚0.6～0.7厘米（图3-352，2）。

豆　A型Ⅳ式　标本2005H207:67，泥质褐陶。敞口，卷沿，尖圆唇，腹较斜直，底及柄残。器壁内外磨光。口径21、残高5.8、胎厚0.8～0.9厘米（图3-352，1）。

瓮

A型Ⅱ式　标本2005H207:29，泥质黑陶。敛口，矮斜领，方唇，宽斜肩，肩以下残。领及肩部磨光，颈肩交界处有一周弦纹，肩中部有两周弦纹及一周指甲纹。口径24.6、领高2、残高4.3、胎厚0.8～1.3厘米（图3-352，6）。

Bb型Ⅱ式　标本2005H207:35，夹细砂，砂粒0.1厘米，黑灰陶。敛口，仰折沿，圆唇外鼓，鼓肩，中腹以下残。腹饰绳纹，口外有轮修痕迹。口径14.6、腹径16.8、残高12.3、胎厚0.3～0.5厘米（图3-352，5）。标本2005H207:14，夹细砂，砂粒0.1厘米以下，灰陶。侈口，方唇略圆，唇面有一周凹槽，卷沿，肩以下残。肩部有绳纹痕。口径16.4、残高3.9、胎厚0.5～0.7厘米（图3-352，4）。

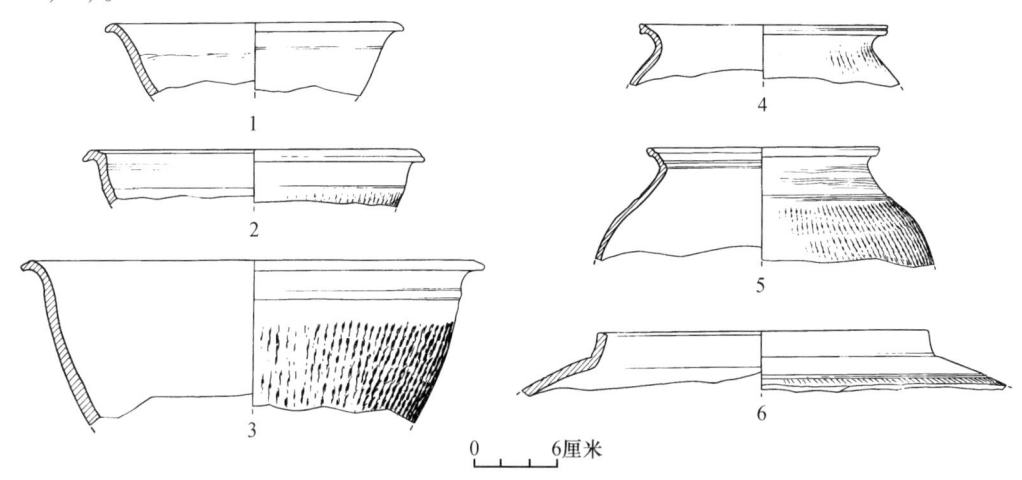

图3-352　2005ⅠT4719H207出土陶器（三）

1. A型Ⅳ式豆（2005H207:67）　2、3. B型Ⅲ式深腹盆（2005H207:69、2005H207:34）　4、5. Bb型Ⅱ式瓮（2005H207:14、2005H207:35）　6. A型Ⅱ式瓮（2005H207:29）

缸

B型Ⅱ式　标本2005H207:59，夹砂黑灰陶。侈口，方唇，折肩，领较矮，深腹微鼓，小平底，器型规整。领部抹平，领外有两周凸弦纹，肩上部抹平并饰有一周弦纹，其下饰绳纹及附加堆纹。口径33.8、底径12.8、腹径39、高46、胎厚1.1、厘米（图3-353，1；图版三四，6）。标本2005H207:30，夹中砂，砂粒0.2厘米，灰陶。侈口，圆唇，领较矮，折肩稍宽，深直腹，中腹至底残。领部抹平，肩腹饰绳纹及多道附加堆纹。口径39.4、肩径44、残高19.5、胎厚1.2厘米（图3-353，2）。

C型　标本2005H207：28，夹粗砂，砂粒0.2厘米以上，亦有较细颗粒，褐陶，局部黑色。腹微斜，侈口，仰卷沿，圆唇外鼓，唇面有一周凸棱，中腹以下残。腹饰斜向绳纹及附加堆纹。口径38、残高9.5、胎厚0.9～1厘米（图3-353，3）。标本2005H207：54，夹粗砂，砂粒0.2厘米以上，褐陶，内壁灰色。敞口，方唇，唇缘向两侧凸出，斜腹，中腹以下残。腹饰篮纹及附加堆纹。残高7.7、胎厚6.2厘米（图3-354，1）。

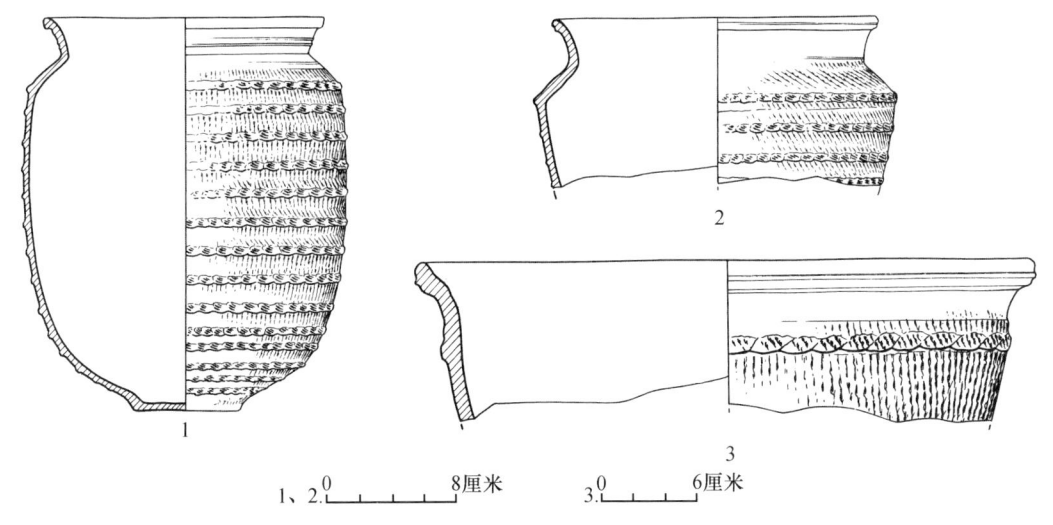

图3-353　2005ⅠT4719H207出土陶缸
1、2. B型Ⅱ式（2005H207：59、2005H207：30）　3. C型（2005H207：28）

器盖　Aa型Ⅱ式　标本2005H207：36，泥质黑陶灰胎。折壁，体较宽浅，敞口，圆唇，口外呈带状凸起。外壁磨光，腹壁及顶各饰一周弦纹。口径24.8、残高6、胎厚0.5～0.7厘米（图3-354，2）。

高领罐　标本2005H207：32，泥质灰陶褐胎。侈口卷沿，圆唇，折肩，领较直，中腹以下残。通体磨光，领中部有一周弦纹，肩部饰三周弦纹。口径12、领高2、肩宽2.5、肩径17、残高8.2、胎厚0.5～0.8厘米（图3-354，3）。标本2005H207：38，泥质深灰陶。侈口，尖唇，高领，斜肩，肩下残。领肩磨光，唇下有一道凸弦纹。口径12、领高2.5、残高5.5、胎厚0.7厘米（图3-354，4）。

小罐　标本2005H207：51，泥质灰陶，胎芯褐色。侈口，矮领，尖唇加厚外凸，鼓腹，中腹以下残。领肩部抹平，其下为右斜向绳纹。口径13、领高1、残高5.1、胎厚0.3～0.7厘米（图3-354，5）。

捏口罐　A型Ⅱ式　标本2005H207：1，夹细砂黑灰陶。侈口，尖圆唇，口沿有对称捏窝，矮领，腹略垂鼓，凹圜底。腹饰斜向绳纹。口径14、腹径18.3、底径7.8、高19.6、胎厚0.6厘米（图3-354，6；图版三四，4）。

杯　标本2005H207：2，夹细砂褐陶，局部黑色。侈口，口不平，尖圆唇，平底。器表有手捏痕，并装饰红色颜料。口径8.6、高6.3、胎厚0.9厘米（图3-354，7）。

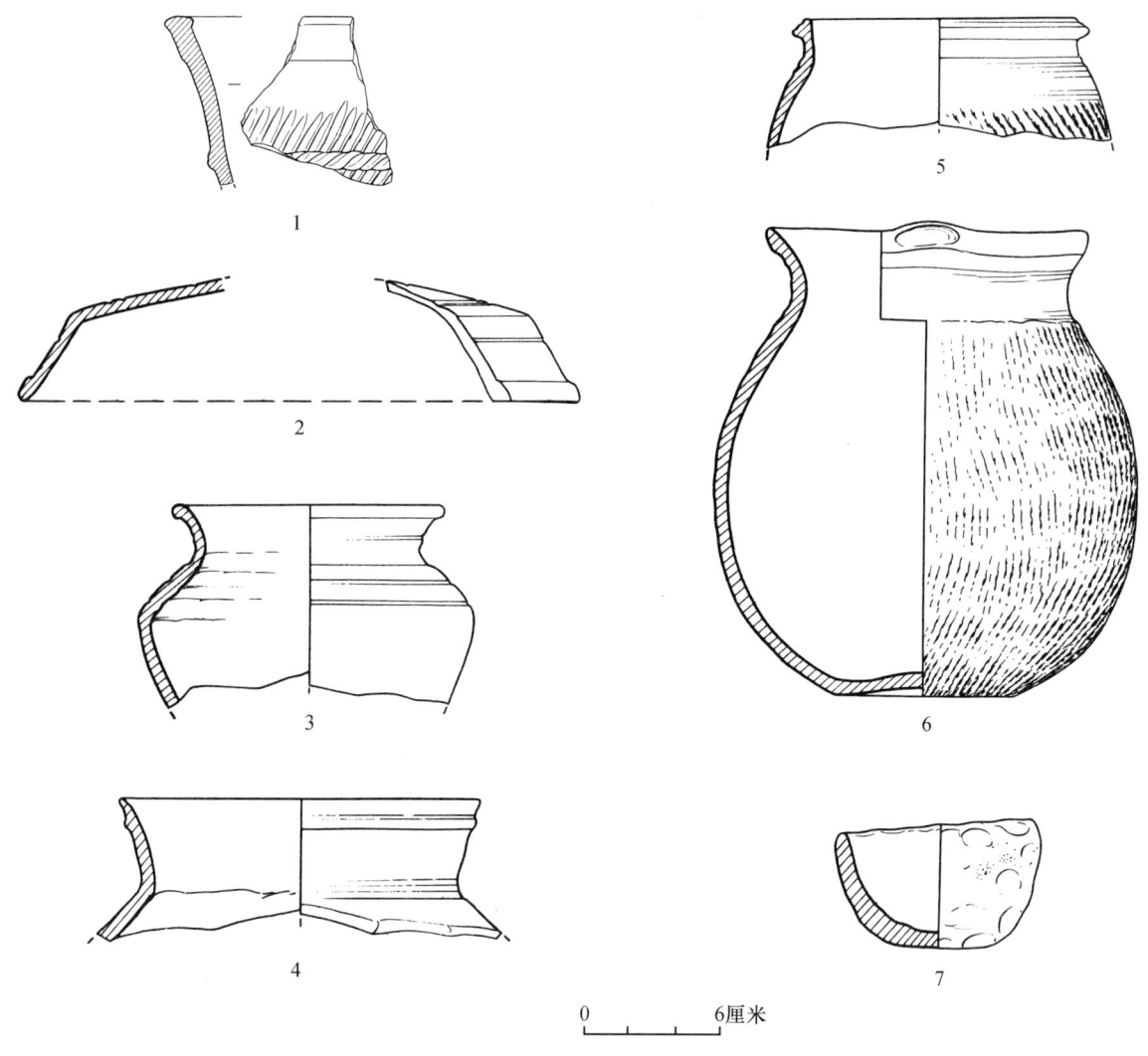

图 3-354　2005ⅠT4719H207 出土陶器

1. C 型缸（2005H207：54）　2. Aa 型Ⅱ式器盖（2005H207：36）　3、4. 高领罐（2005H207：32、2005H207：38）
5. 小罐（2005H207：51）　6. A 型Ⅱ式捏口罐（2005H207：1）　7. 杯（2005H207：2）

2005ⅠT4720H247

深腹罐　Ab 型Ⅲ式　标本 2005H247：5，夹细砂灰陶。仰折沿，方唇，鼓腹，中腹以下残。腹饰斜向绳纹。口径 22、沿宽 2.3、残高 6.8 厘米（图 3-355，1）。

深腹盆　B 型Ⅳ式　标本 2005H247：2，泥质灰陶。敞口，折沿微奓，尖圆唇，浅斜腹，下腹残。上腹饰一对鸡冠耳及竖向绳纹，其下饰横向绳纹。口径 38、沿宽 2、残高 15.5 厘米（图 3-355，2）。

大口尊　Ⅱ式　标本 2005H247：1，泥质黑灰陶。侈口卷沿，圆唇，高领斜直，折肩较窄，斜直腹，上腹略内凹，底残。领及肩部近领处磨光，领部有一周凸棱，肩腹饰绳纹及附加堆纹。口径 30.8、肩径 31.4、残高 28 厘米（图 3-355，3）。

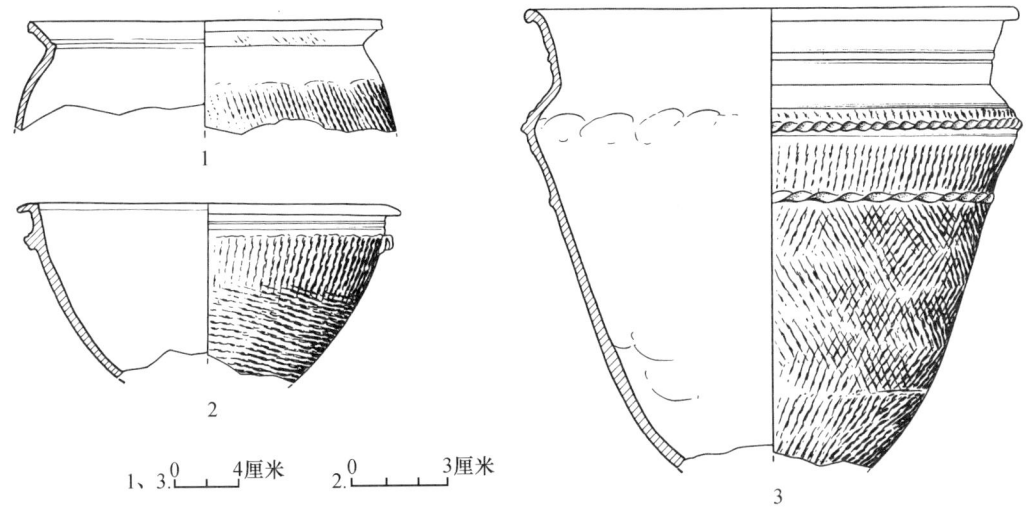

图 3-355　2005 Ⅰ T4720H247 出土陶器
1. Ab 型Ⅲ式深腹罐（2005H247：5）　2. B 型Ⅳ式盆（2005H247：2）　3. Ⅱ式大口尊（2005H247：1）

2005 Ⅰ T4720H253

深腹罐

Ab 型Ⅱ式　标本 2005H253：13，夹中砂，砂粒 0.1~0.2 厘米，灰陶。折沿上仰，方唇略圆，唇面有一道弦纹。腹略鼓，中腹以下残。腹饰绳纹。口径 30、残高 9.2、胎厚度 0.6 厘米（图 3-356，1）。

Ab 型Ⅲ式　标本 2005H253：5，夹细砂，砂粒 0.1 厘米以下，灰陶褐胎。仰折沿，方唇，鼓腹，中腹以下残。上腹抹平，其下饰斜向绳纹。口径 22.3、残高 7.9、胎厚 0.6~0.9 厘米（图 3-356，2）。标本 2005H253：43，夹细砂，砂粒小于 0.1 厘米，灰黑陶。仰折沿，斜方唇，鼓腹，中腹以下残。口外抹平，腹饰斜向细绳纹。口径 21、沿宽 2、残高 7.5、胎厚 0.4~0.8 厘米（图 3-356，3）。

Ac 型Ⅰ式　标本 2005H253：26，夹细砂，砂粒 0.1 厘米，灰陶。敛口，圆唇外鼓，中腹以下残。腹饰竖向绳纹。口径 21、残高 4.7、胎厚 0.5~0.7 厘米（图 3-356，4）。标本 2005H253：7，夹细砂，砂粒 0.1 厘米，灰陶。敛口，圆唇，腹微鼓，中腹以下残。腹饰右斜向较粗绳纹。口径 21、残高 11、胎厚 0.4~0.9 厘米（图 3-356，5）。标本 2005H253：6，夹细砂，砂粒小于 0.1 厘米，灰黑色。敛口，圆唇外鼓，鼓腹，中腹以下残。口外抹平，腹饰斜向绳纹。口径 21、残高 15.6、胎厚 0.4 厘米（图 3-356，6）。

Ac 型Ⅱ式　标本 2005H253：11，夹细砂，砂粒小于 0.1 厘米，黑陶褐胎。仰折沿，尖圆唇外鼓，鼓腹，中腹以下残。口外有较宽抹平带，腹饰右斜向绳纹。口径 22、沿宽 2.5、残高 7.5、胎厚 0.4~0.6 厘米（图 3-356，7）。标本 2005H253：1，夹细砂，砂粒 0.1 厘米以下，灰黑色。仰折沿，圆唇外凸，鼓肩，圜底。口外抹平，腹饰斜向绳纹，近底部为交错绳纹。口径 22.4、腹径 23、高 28.8、沿宽 2 厘米（图 3-356，8）。标本 2005H253：3，夹细砂，砂粒 0.1 厘米以下，灰黑色。仰折沿，圆唇，鼓腹，中腹以下残。腹饰斜向细绳纹。口径 20、残高 8.1、胎厚 0.6~0.9 厘米（图

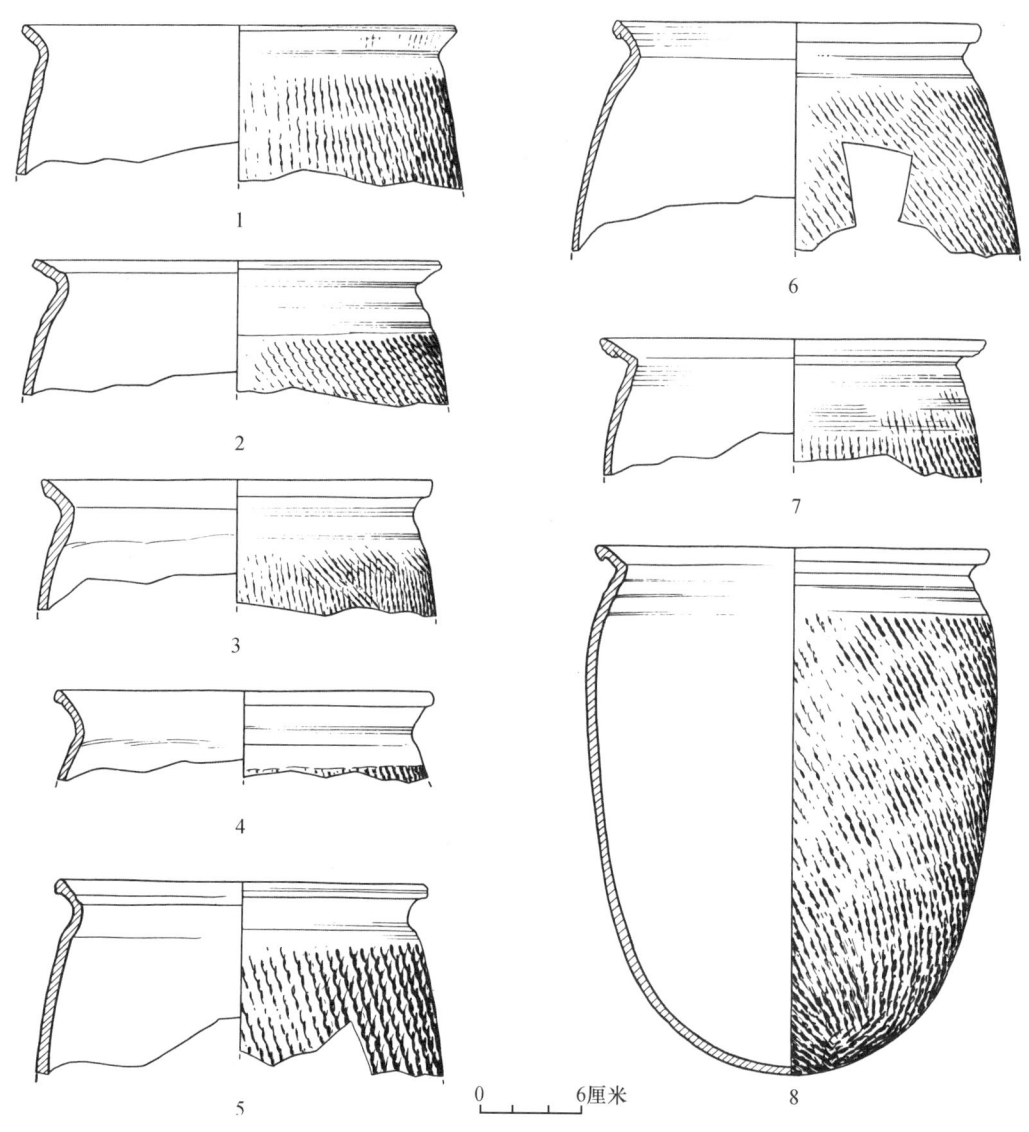

图 3-356 2005ⅠT4720H253 出土深腹罐
1. Ab 型Ⅱ式（2005H253:13） 2、3. Ab 型Ⅲ式（2005H253:5、2005H253:43） 4~6. Ac 型Ⅰ式（2005H253:26、
　　2005H253:7、2005H253:6） 7、8. Ac 型Ⅱ式（2005H253:11、2005H253:1）

3-357，4）。标本 2005H253:30，夹细砂，砂粒 0.1 厘米左右，灰陶。折沿，圆唇外鼓，鼓腹，中腹以下残。口外抹平，腹饰竖向细绳纹。口径 23、残高 7.8、胎厚 0.5~0.7 厘米（图 3-357，5）。

C 型Ⅰ式 标本 2005H253:15，夹砂，砂粒 0.1~0.2 厘米，灰陶。平折沿，方唇，束颈，上腹较鼓，中腹以下残。腹饰左斜向绳纹。口径 19、沿宽 1.3、残高 6.5、胎厚 0.4~0.7 厘米（图 3-357，3）。

圆腹罐 Cb 型Ⅲ式 标本 2005H253:20，口沿为泥质，腹部夹细砂，砂粒 0.1 厘米以下，灰陶。尖圆唇，束颈，上腹较鼓，中腹以下残。口沿及颈抹平，腹饰斜向绳纹。口径 17、残高 5.5、胎厚 0.4~0.6 厘米（图 3-357，2）。

Cc 型Ⅲ式 标本 2005H253:24，夹细砂，砂粒 0.05 厘米以下，灰黑陶。卷沿，领较矮，圆鼓腹，中腹以下残，口沿及领部抹平，腹饰竖向细绳纹。口径13、领高1.5、残高5.8、胎厚1.3～0.4厘米（图3-357，1）。标本2005H253：21，泥质灰陶褐胎。侈口，斜方唇，领较矮，圆鼓腹，中腹以下残。口沿及领部抹平，腹饰斜向细绳纹。口径17.2、残高4.9、胎厚0.4～0.6厘米（图3-357，6）。标本2005H253：19，泥质灰陶。侈口，斜方唇，领稍直，圆鼓腹，中腹以下残。腹饰左斜向绳纹。口径15、领高2.5、残高6.5、胎厚0.5厘米（图3-357，7）。

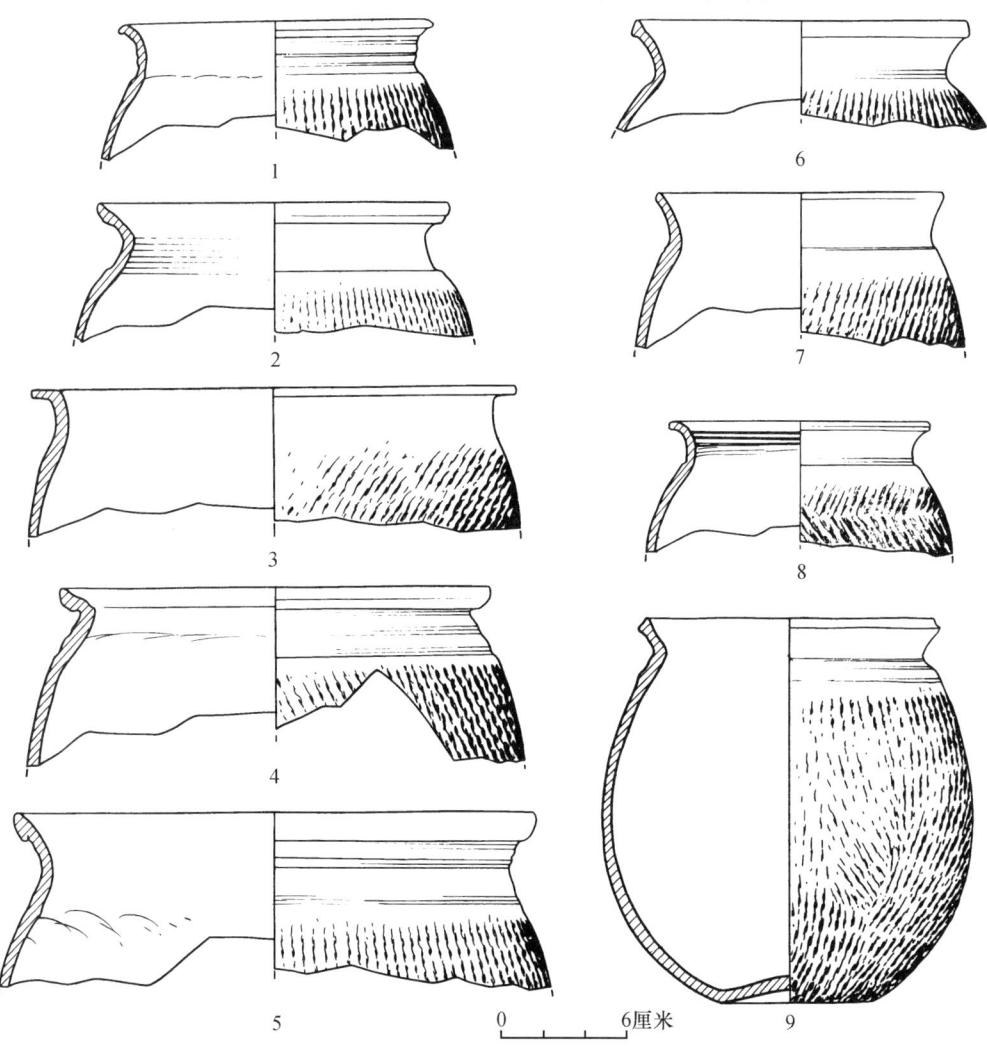

图3-357　2005ⅠT4720H253出土陶罐

1、6、7. Cc型Ⅲ式圆腹罐（2005H253：24、2005H253：21、2005H253：19）　2. Cb型Ⅲ式圆腹罐（2005H253：20）　3. C型Ⅰ式深腹罐（2005H253：15）　4、5. Ac型Ⅱ式深腹罐（2005H253：3、2005H253：30）　8、9. Cc型Ⅳ式圆腹罐（2005H253：23、2005H253：4）

Cc型Ⅳ式　标本2005H253：23，夹细砂，砂粒0.1厘米以下，黑陶。侈口，圆唇，唇面有一道弦纹。矮领卷曲。圆鼓腹，中腹以下残。口沿及领部抹平，腹饰较粗绳纹。口径13、领高1.5、残高6.2、胎厚度0.4～0.5厘米（图3-357，8）。标本2005H253：4，夹细砂，砂粒0.1厘米以下，灰陶。方唇，圆鼓腹，凹圜底。口外抹平，腹及底部饰绳纹。口径14.5、腹径18、底径7.9、高

17.3、胎厚0.5~0.6厘米（图3-357，9；图版三五，5）。

鼎

A型Ⅲ式　标本2005H253:2，泥质黑陶，局部灰色或褐色。直口，仰折沿，沿面微凹，圆唇外鼓，浅腹，圜底近平，三角形足，足部及一侧腹壁为褐色。鼎腹外壁磨光，中下腹有隐约绳纹痕，底部绳纹略加抹平，鼎足内外脊有捏窝，底部有绳纹外围有一周细弦纹。口径19.3、腹深9.8、足高12.6、通高17.4、胎厚0.6厘米（图3-358，1；图版三五，6）。

Bb型　标本2005H253:10，泥质灰陶。口微敛，折沿近平，沿较窄，圆唇，深鼓腹，中腹以下残。口外磨光，腹饰附加堆纹和右斜向绳纹。口径22、沿宽1.5、残高7.2、胎厚0.5~0.8厘米（图3-358，2）。

甑　A型Ⅲ式　标本2005H253:36，夹细砂，砂粒0.1厘米，灰黑陶褐胎。折沿近平，侈口，圆唇外凸，下腹及底残。口外抹平，上腹有一对鸡冠耳，腹部先施横向绳纹，中上部有八组不连续的竖向绳纹。口径23.4、沿宽1.5、残高12.5、胎厚0.4~0.7厘米（图3-358，3）。

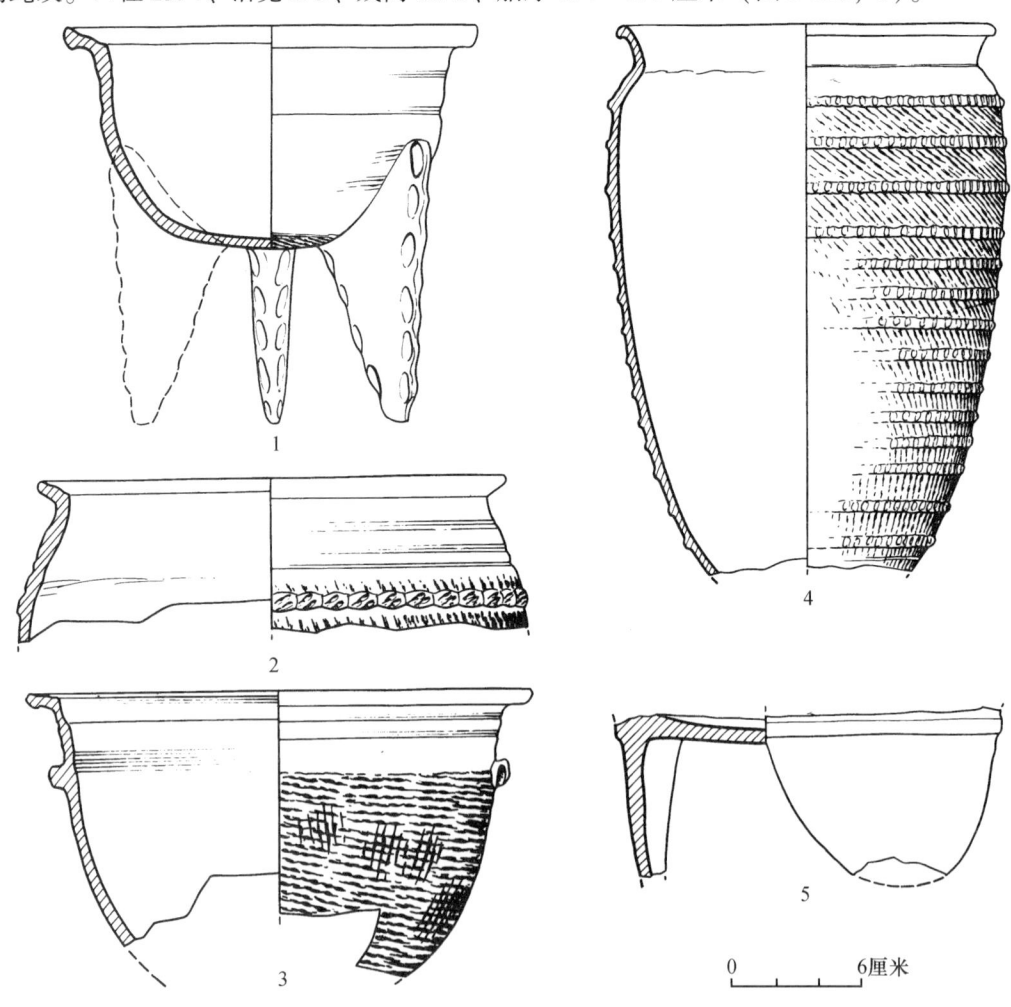

图3-358　2005ⅠT4720H253出土陶器（一）

1. A型Ⅲ式鼎（2005H253:2）　2. Bb型鼎（2005H253:10）　3. A型Ⅲ式甑（2005H253:36）　4. B型Ⅱ式缸（2005H253:35）

5. 三足盘（2005H253:39）

缸 B型Ⅱ式 标本2005H253：35，夹细砂，砂粒0.1厘米，黑灰陶褐胎。敞口，斜肩，矮领，圆唇，腹略鼓，底残。领及肩部磨光，肩以下饰绳纹及附加堆纹，上腹绳纹右斜，下腹绳纹竖向。口径35.4、肩径36.8、领高3.5、肩宽3.5、残高48.4厘米（图3-358，4）。

三足盘 标本2005H253：39，泥质灰陶褐胎。残余一足及盘底，足尖残，舌形足，平底微圜。素面磨光。盘底径16.5、残高7.3、胎厚0.5~0.9厘米（图3-358，5）。

大口尊 Ⅲ式 标本2005H253：32，泥质含少量细砂，褐陶。侈口卷沿，方唇唇面有一周弦纹，高领，斜肩。中腹以下残。折肩以下饰附加堆纹和绳纹。口径34、肩径32、肩宽2.5、领高3.9、残高9.2、胎厚0.7厘米（图3-359，1）。标本2005H253：8，泥质灰陶。侈口，圆唇微外鼓、高领，斜肩略广，斜直腹，中腹以下残，领及肩上部抹平，领部有一周凸棱。肩下部至腹饰竖向绳纹和索状附加堆纹。口径32、肩径31、领高5、肩宽4、残高20、胎厚0.5厘米（图3-359，2）。

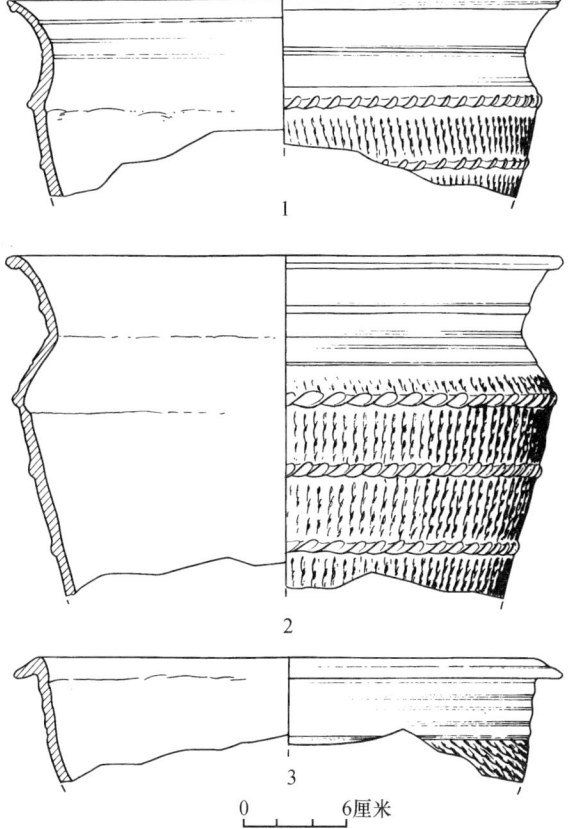

图3-359 2005ⅠT4720H253出土陶器（二）
1、2. Ⅲ式大口尊（2005H253：32、2005H253：8）
3. B型Ⅲ式深腹盆（2005H253：12）

深腹盆 B型Ⅲ式 标本2005H253：12，泥质黑陶褐胎。折沿下耷，尖圆唇，斜腹，中腹以下残。口沿及上腹磨光，其下饰斜向绳纹。口径34、沿宽2、胎厚0.5、残高7厘米（图3-359，3）。

2005ⅠT4721H217

深腹罐 A型Ⅰ式 标本2005H217：2，夹细砂，砂粒0.1厘米，黑灰色。仰折沿，沿部残缺，深腹略垂鼓，凹圜底。腹壁滚压篮纹，中腹以上大体为竖向篮纹，下腹及底交错篮纹。现存口径18.4、腹径26.7、底径7.6、高33、胎厚约0.5厘米（图3-360，1；彩版一九，2）。

甗 A型Ⅰ式 标本2005H217：6，夹细砂，深灰陶。宽沿仰折，圆唇，腹部微鼓，上腹有对称鸡冠耳，底残，下腹残存有梭形孔。沿面有两周弦纹，腹饰较粗篮纹。口径22.2、腹径22、高约15.8厘米（图3-360，2；图版九，2）。

2005ⅠT4823H147

深腹罐

Ab型Ⅱ式 标本2005H147：40，夹砂灰陶。敛口，圆唇，深腹微鼓，中腹部以下残。腹饰绳纹。口径21、残高12厘米（图3-361，2）。标本2005H147：146，夹砂灰陶。折沿微仰，斜方唇，

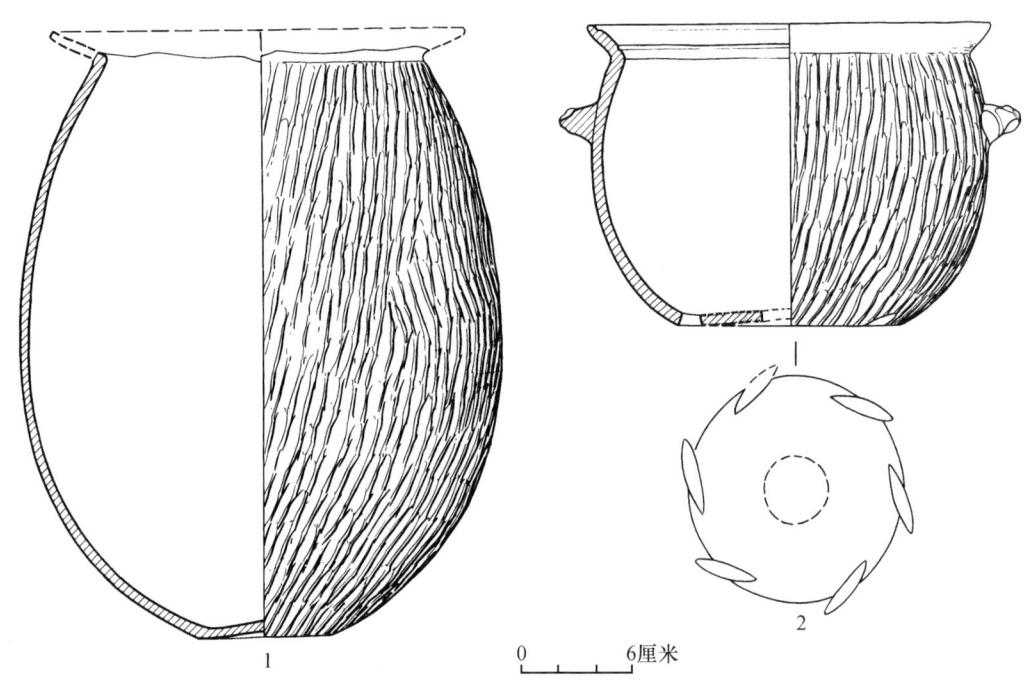

图 3-360　2005ⅠT4721H217 出土深腹罐、甑
1. A 型Ⅰ式深腹罐（2005H217∶2）　2. A 型Ⅰ式甑（2005H217∶6）

鼓腹，中腹以下残。腹饰斜向绳纹。口径 22.4、沿宽 2.1、沿厚 0.7、残高 7.2 厘米（图 3-361，4）。标本 2005H147∶50，夹细砂粒径 0.1 厘米左右，灰陶。侈口，方唇，斜腹微鼓，中腹以下残。腹饰绳纹。口径 19.2、残高 15.6 厘米（图 3-361，3）。标本 2005H147∶32，夹砂灰陶。折沿近平，圆唇，腹较瘦，中腹以下残。口沿外一周抹平，其下饰竖向微右斜绳纹。口径 23、残高 11 厘米（图 3-361，5）。标本 2005H147∶55，夹砂黑灰陶。折沿，沿面微凹，斜方唇，深腹外鼓，中腹以下残。口沿外一周抹平，腹饰竖向绳纹。口径 23、沿宽 2、残高 10.4 厘米（图 3-361，8）。标本 2005H147∶93，夹砂黑灰陶。仰折沿，方唇，鼓腹，下腹以下残。口沿外一周抹平，腹饰绳纹。口径 23、沿宽 2.8、残高 17.2 厘米（图 3-361，6）。标本 2005H147∶66，夹砂，砂粒直径 0.1～0.2 厘米，灰陶。仰折沿，斜方唇，腹壁较直，中腹以下残。口外抹平，腹饰竖向绳纹。口径 19.6、残高 6、胎厚 0.6 厘米（图 3-361，1）。

Ab 型Ⅲ式　标本 2005H147∶79，夹砂灰陶。仰折沿，方唇，腹较直，中腹以下残。腹饰竖向较粗绳纹，口沿外一周抹平。口径 25、残高 9.8 厘米（图 3-361，7）。

Ac 型Ⅰ式　标本 2005H147∶83，夹砂黑陶褐胎。仰折沿，圆唇外凸，鼓腹，中腹以下残。口沿外一周抹平，其下饰竖向较粗绳纹。口径 22、残高 6.2 厘米（图 3-362，2）。标本 2005H147∶45，夹砂褐陶。仰折沿，圆唇，鼓腹，中腹以下残。口沿外抹平，腹饰绳纹，纹饰较深，纹路规整。口径 19.5、残高 11.4 厘米（图 3-362，3）。标本 2005H147∶69，夹砂砂粒较细，灰陶。仰折沿，圆唇，鼓腹，中腹以下残。外壁有烧土，腹饰细绳纹。口径 24、沿宽 2、残高 7.3、胎厚 0.7 厘米（图 3-362，4）。

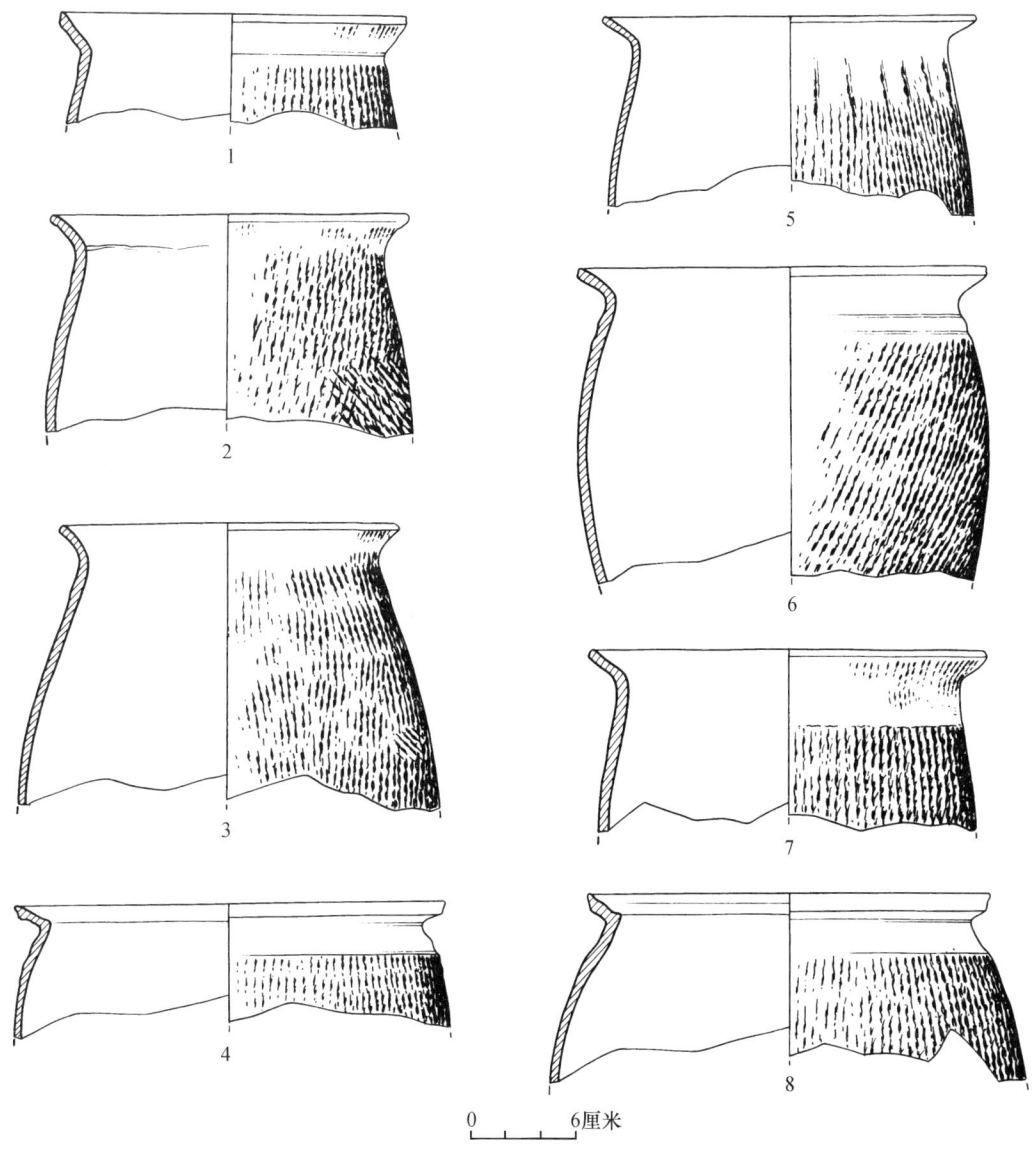

图 3-361　2005ⅠT4823H147 出土深腹罐（一）

1~6、8. Ab 型Ⅱ式（2005H147：66、2005H147：40、2005H147：50、2005H147：146、2005H147：32、
2005H147：93、2005H147：55）　7. Ab 型Ⅲ式（2005H147：79）

Ac 型Ⅱ式　标本 2005H147：38，夹砂灰陶。仰折沿，圆唇，腹微鼓，中腹以下残。口沿外一周抹平，其下饰竖向绳纹，纹饰清晰规整。口径 22.8、沿宽 1.9、残高 6.7 厘米（图 3-362，1）。标本 2005H147：86，夹砂，砂粒 0.1~0.2 厘米，灰陶。仰折沿，沿面略凹，圆唇外鼓，鼓腹，中腹以下残。口外抹平，腹饰右斜向绳纹。口径 20.6、沿宽 2.1、残高 5.4、胎厚 0.5 厘米（图 3-362，6）。标本 2005H147：72，夹砂，砂粒 0.1~0.2 厘米，黑灰陶红褐胎。折沿近平，沿面近唇处凸起，圆唇，鼓腹，中腹以下残。口外抹平，腹饰竖向较粗绳纹，内壁可见中等麻点。口径 23.4、沿宽 2.1、胎厚 0.6、残高 6.3 厘米（图 3-362，7）。标本 2005H147：84，夹砂灰陶。仰折沿，尖圆唇，深腹略鼓，下腹及底部残。口沿外抹平，其下饰竖向绳纹。口径 22、腹径 24.4、残高 19.6 厘米（图 3-363，6）。

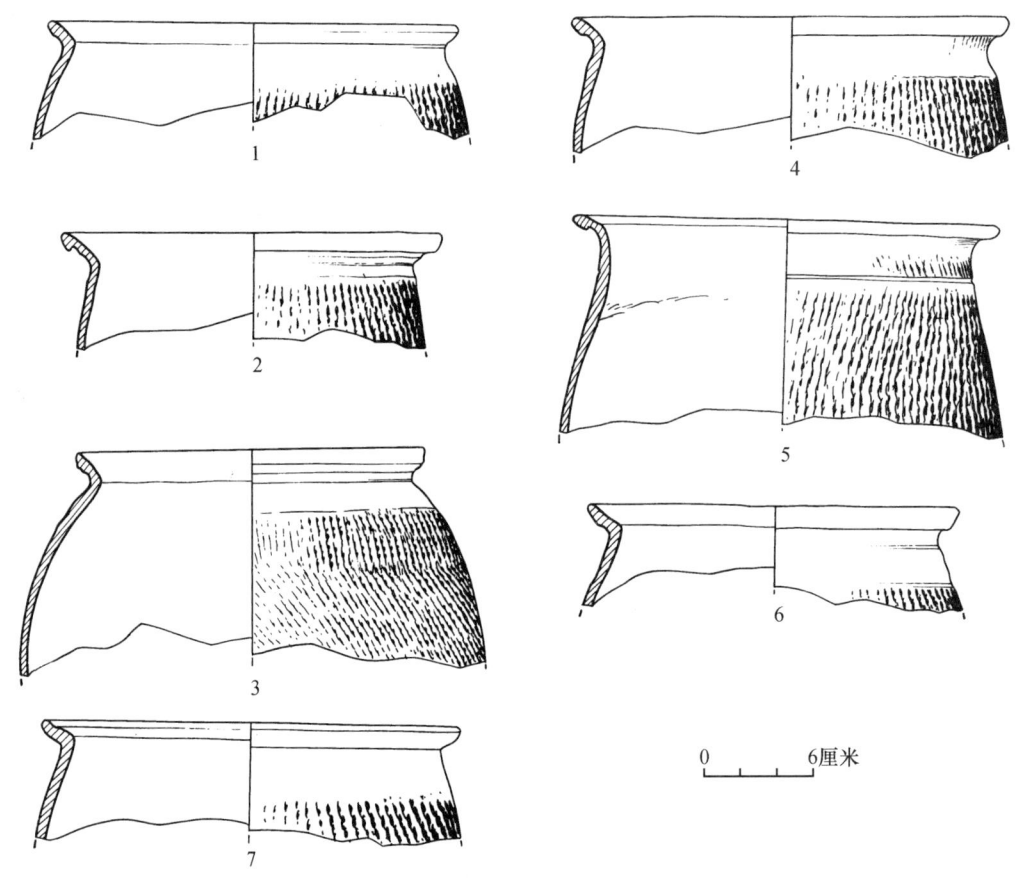

图 3-362　2005ⅠT4823H147 出土深腹罐（二）

1、6、7. Ac 型Ⅱ式（2005H147：38、2005H147：86、2005H147：72）　2～4. Ac 型Ⅰ式（2005H147：83、2005H147：45、2005H147：69）
5. C 型Ⅱ式（2005H147：49）

C 型Ⅱ式　标本 2005H147：49，夹砂灰陶。敛口，卷沿略束颈，圆唇外鼓，中腹以下残。领外饰一周弦纹，腹饰较粗绳纹。口径 23.6、残高 11.4、胎厚 0.4～0.6 厘米（图 3-362，5）。

圆腹罐

Cb 型Ⅱ式　标本 2005H147：196，夹砂，砂粒 0.1 厘米以下，灰黑陶。侈口，尖圆唇，斜直领，鼓腹，平底微凹，上腹残，口外一周凸棱，并有一对小錾。腹饰绳纹。口径 14、腹径 18、底径 6.4、复原高 20 厘米（图 3-363，4）。

Cc 型Ⅱ式　标本 2005H147：51，夹砂灰褐陶。侈口，矮领，斜方唇，瘦长腹，平底微凹。腹饰绳纹，上腹部以右斜为主，下腹左斜或交错。口径 13.3、腹径 14、底径 4.8、高 16 厘米（图 3-363，3）。

Cc 型Ⅲ式　标本 2005H147：36，夹砂灰陶。侈口，方唇，矮领，鼓腹较深，小平底内凹，口外有对称三角形錾。腹饰右斜向粗绳纹。口径 16.8、腹径 20、高 21.5、底径 7.8 厘米（图 3-363，2；图版三五，1）。标本 2005H147：164，夹砂，砂粒 0.1 厘米以下，灰陶。矮领，侈口，方唇，鼓腹，中腹残，平底微凹。腹部较细绳纹，上腹绳纹右斜向，下腹近底有交错。口径 12.6、复原高约 16、底径 5.4、胎厚 0.4～0.9 厘米（图 3-363，1）。

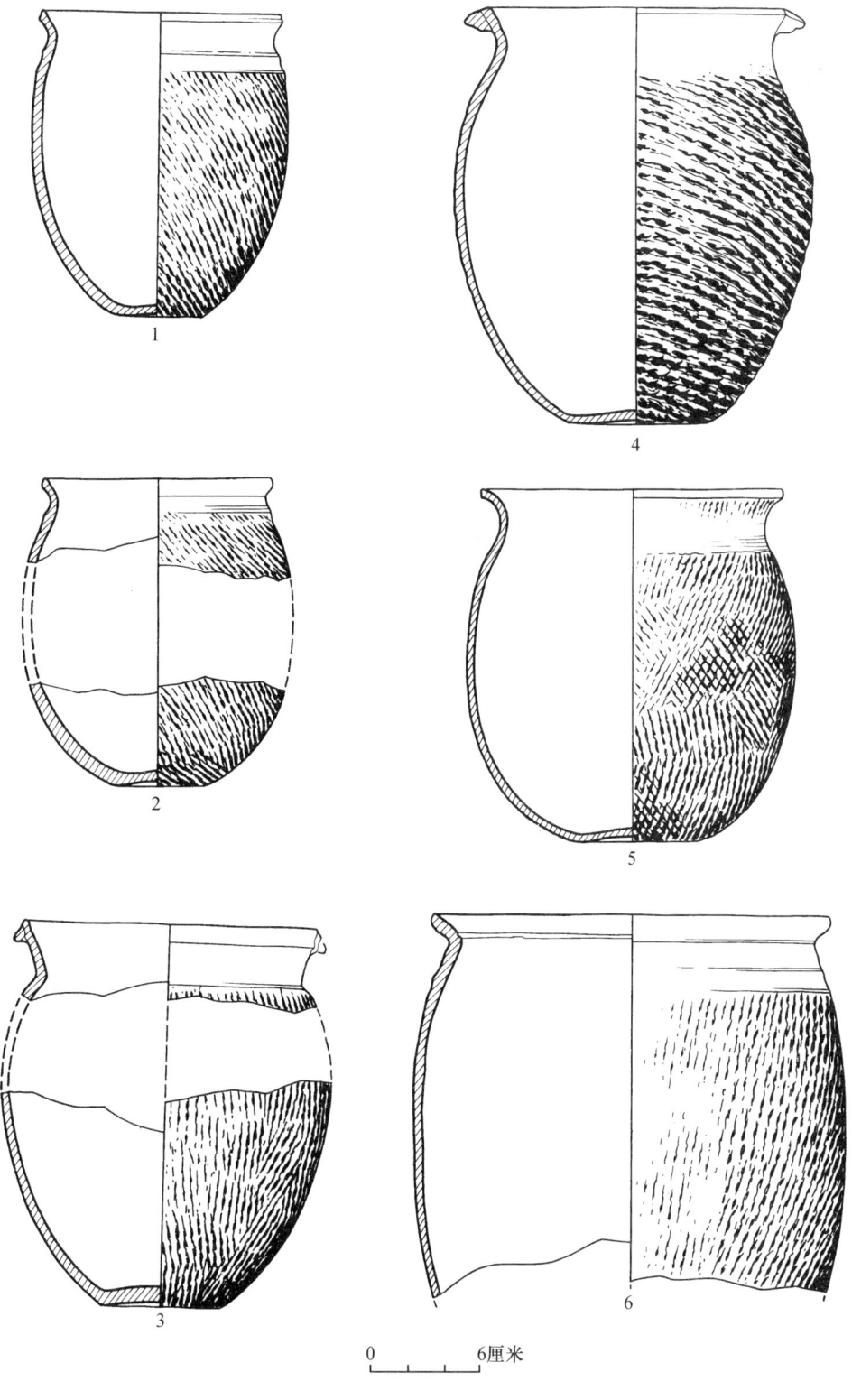

图 3-363　2005ⅠT4823H147 出土陶罐

1. Cc 型Ⅲ式深腹罐（2005H147：164）　2. Cc 型Ⅲ式圆腹罐（2005H147：36）　3. Cc 型Ⅱ式圆腹罐（2005H147：51）
4. Cb 型Ⅱ式圆腹罐（2005H147：196）　5. Cc 型Ⅳ式圆腹罐（2005H147：1）　6. Ac 型Ⅱ式深腹罐（2005H147：84）

Cc型Ⅳ式　标本2005H147:1，夹砂褐陶。侈口卷沿，矮领，方唇，圆鼓腹，凹圜底。腹饰交错细绳纹。口径16.6、腹径18.6、高18厘米（图3-363，5；图版三五，2）。标本2005H147:2，夹细砂，灰黑色。侈口，方唇，矮颈，圆鼓腹，凹圜底。腹饰绳纹，腹饰横向绳纹。口径18.9、腹径20、高16.5、底径9.7厘米（图3-364，1；图版三五，3）。

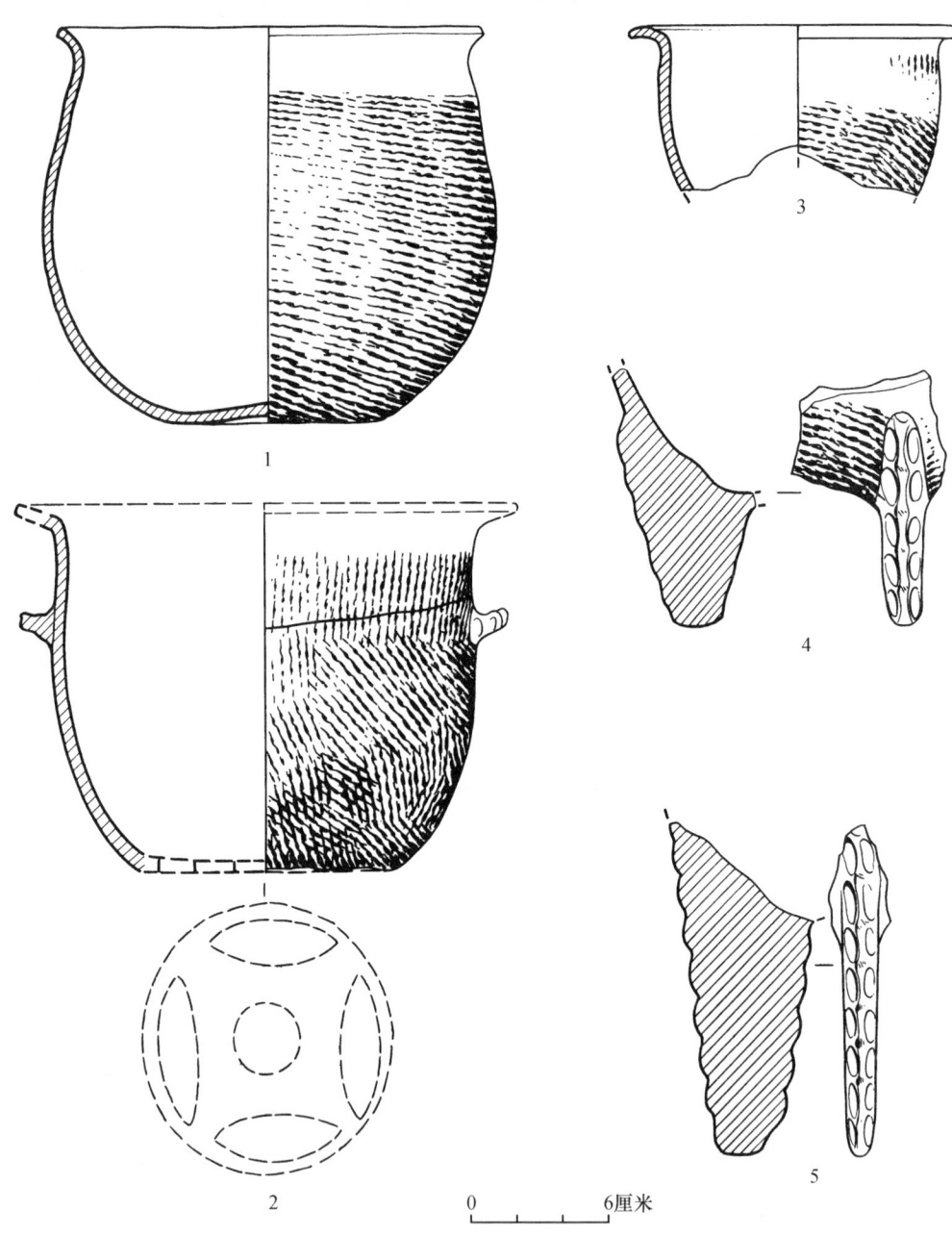

图3-364　2005ⅠT4823H147出土陶器（一）

1. Cc型Ⅳ式圆腹罐（2005H147:2）　2. A型Ⅲ式甑（2005H147:3）　3. A型Ⅲ式鼎（2005H147:19）
4、5. 鼎足（2005H147:62、2005H147:59）

鼎　A型Ⅲ式　标本2005H147：19，口沿及上腹为泥质，下腹为夹砂，部分砂粒较大，灰陶。卷沿近平，尖圆唇，上腹较直，下腹内收，底及足残。沿面磨光，近内侧饰一周弦纹，腹饰斜向绳纹。口径14.7、残高6.8厘米（图3-364，3）。

鼎足　标本2005H147：62，夹砂灰陶。仅存足部及部分下腹，楔形足较矮，足部有内外两侧捏窝。腹饰绳纹。残高10.6、足宽7、足高8.5厘米（图3-364，4）。标本2005H147：59，夹砂黑灰陶。足呈楔形，内外两侧有捏窝。足部饰绳纹。足宽2～5、高13.6厘米（图3-364，5）。

甑

A型Ⅲ式　标本2005H147：3，泥质含少量细砂，黑陶。侈口，仰折沿残，深腹略鼓，底残。上腹部绳纹竖向，且有一对鸡冠耳和一周划痕，下腹部绳纹斜向。口径22、残高14.8、胎厚0.8～0.9厘米（图3-364，2；图版三六，1）。

A型Ⅳ式　标本2005H147：4，泥质深灰陶。平折沿，圆唇，深腹较斜直，底残，沿下有对称鸡冠耳。腹饰竖向及斜向绳纹。口径23.1、沿宽1.4、残高15.5厘米（图3-365，1；图版三六，2）。标本2005H147：5，泥质灰褐陶。平折沿，圆唇，上腹较直，底残，口沿外一周抹平，上腹饰对称鸡冠耳。其下饰竖向及交错绳纹。口径24.2、沿宽1.7、高15.4厘米（图3-365，2；图版三六，3）。

深腹盆　A型Ⅳ式　标本2005H147：6，泥质夹细砂灰陶。折沿略仰，圆唇略外凸，斜弧腹较浅，底残。上腹有对称鸡冠耳，其下饰右斜向绳纹。口径42、沿宽2、残高15.2厘米（图3-365，3）。

三足盘　Ⅳ式　标本2005H147：27，泥质含少量细砂，黑灰陶，局部泛灰褐。浅盘，斜壁，侈口，平卷沿，厚圆唇，平底，三足残。有磨平继续使用痕，器表磨光。口径24.4、腹深4、底径18.4、残高6厘米（图3-365，4）。

豆

A型Ⅳ式　标本2005H147：8，泥质含极细砂，灰陶。折沿微卷，尖圆唇，斜弧腹，圜平，柄残，经打磨后继续使用。素面，外壁中部有弦纹。口径17.8、底径6.2、残高6.5厘米（图3-365，5；图版三五，4）。

Bb型　标本2005H147：7，泥质黑陶，红芯。尖圆唇，平折沿，斜直腹，平底。素面磨光。口径14、残高4.4厘米（图3-365，6）。

大口尊

Ⅰ式　标本2005H147：16，泥质含少量细砂，灰陶。高领，侈口，斜方唇，宽斜肩，腹以下残。领及肩部素面磨光，折肩处饰一周附加堆纹。口径27、肩径31、残高8.5厘米（图3-366，2）。

Ⅱ式　标本2005H147：63，泥质黑灰陶褐胎。高领，侈口，尖圆唇，折肩略广，中腹以下残。领及肩部素面磨光，折肩处饰一周索状附加堆纹，上腹饰竖向绳纹。口径22.8、肩径25、肩宽5、胎厚0.5～0.8、残高10.4厘米（图3-366，1）。标本2005H147：28，泥质偶有细砂，黑灰陶，灰褐胎。侈口，尖圆唇，高领较直，弧肩较宽，斜直腹，中腹以下残。领肩部磨光，领偏下处有一周凸弦纹，折肩处有一周附加堆纹，上腹为细密竖向绳纹。口径29、肩径31、领高4.5、肩宽4.5、残高16、胎厚0.4～0.6厘米（图3-366，6）。标本2005H147：75，泥质灰黑陶，红褐胎。侈口，圆

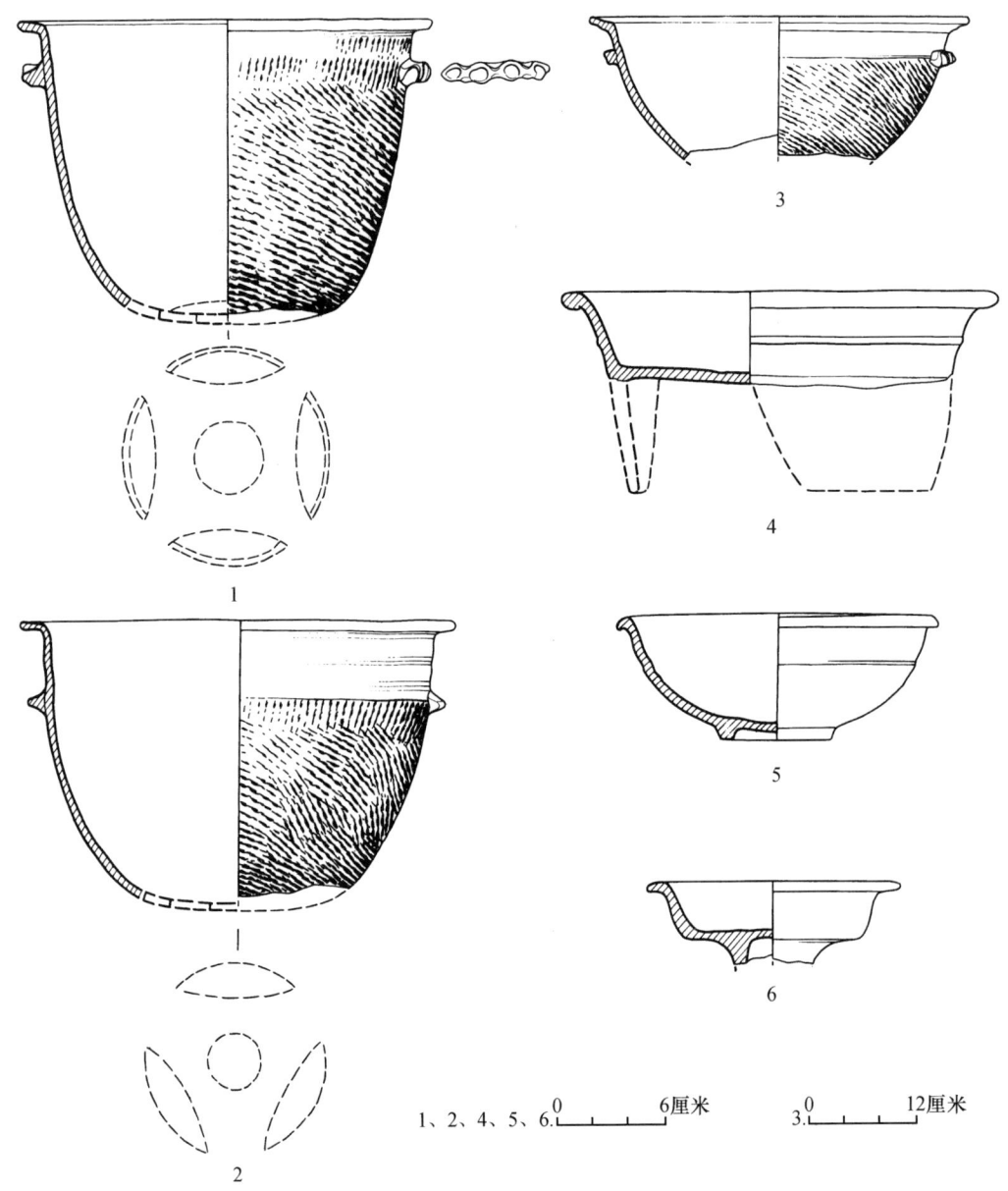

图 3-365　2005ⅠT4823H147 出土陶器（二）
1、2. A 型Ⅳ式甑（2005H147：4、2005H147：5）　3. A 型Ⅳ式深腹盆（2005H147：6）　4. Ⅳ式三足盘（2005H147：27）
5. A 型Ⅳ式豆（2005H147：8）　6. Bb 型豆（2005H147：7）

唇，高领，折肩，腹较斜直，中腹以下残。肩部以上素面磨光，腹饰竖向绳纹，纹饰不甚规整。口径 26.8、领高 4.2、残高 14.5 厘米（图 3-366，3）。

瓮

Ba 型Ⅲ式　标本 2005H147：22，泥质含极少量细砂，黑陶。侈口卷沿，圆唇，矮领，斜肩较宽，腹以下残。肩部磨光，有两周弦纹。口径 16.4、领高 3.4、残高 5.8 厘米（图 3-366，4）。

Bb 型Ⅱ式　标本 2005H147：20，泥质含细砂，灰陶。敛口，窄沿仰折，圆唇，圆肩，鼓腹，中

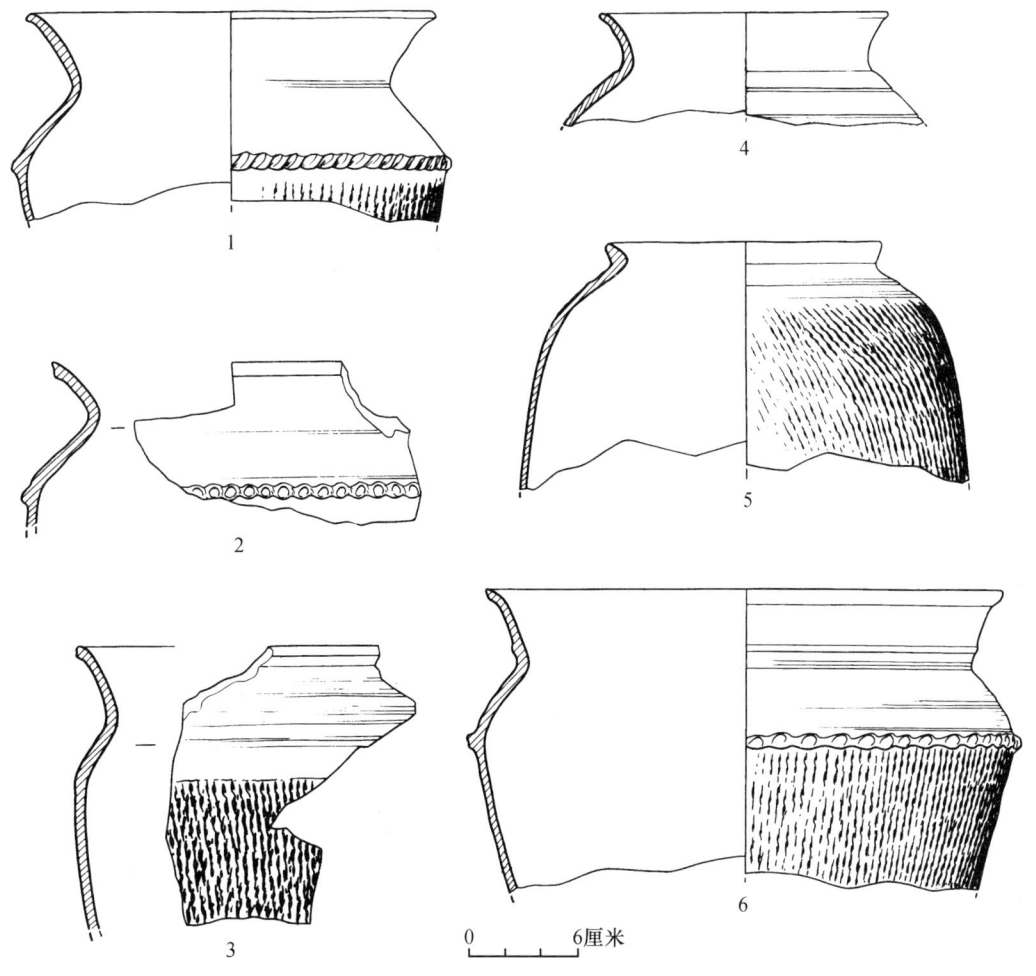

图 3-366 2005ⅠT4823H147 出土大口尊、瓮

1、3、6. Ⅱ式大口尊（2005H147:63、2005H147:75、2005H147:28） 2. Ⅰ式大口尊（2005H147:16）

4. Ba 型Ⅲ式瓮（2005H147:22） 5. Bb 型Ⅱ式瓮（2005H147:20）

腹以下残。口沿及肩部磨光，腹饰右斜向绳纹。口径 15.6、沿宽 1.6、残高 13 厘米（图 3-366，5）。

器盖 A 型Ⅱ式 标本 2005H147:34，泥质黑陶，灰胎。盖顶平缓，顶腹壁弧折，斜腹外张。圆唇，口外呈带状凸起，纽残。器表大部素面且磨光，顶及腹壁饰弦纹，顶部弦纹之间夹有竖向绳纹，绳纹印痕较浅，模糊不清。口径 36、残高 10、胎厚 0.8 厘米（图 3-367，1）。标本 2005H147:82，泥质含少量细砂，黑陶。腹壁外张，圆唇，口外呈带状凸起，纽残。器表素面磨光，顶腹有数周弦纹，鼎腹交界处外凸。口径 22、残高 6 厘米（图 3-367，2）。

敛口罐 A 型Ⅱ式 标本 2005H147:108，泥质含少量细砂，灰陶褐胎。窄沿仰折，尖圆唇，鼓腹外鼓，下腹残。口沿及上腹磨光，上腹饰弦纹，下腹饰右斜向绳纹，印痕较深。口径 16、腹径 20、残高 12.4 厘米（图 3-368，1）。标本 2005H147:491，泥质灰黑色。窄仰折沿，圆唇，圆鼓腹，中腹以下残。口沿及上腹磨光，饰弦纹，腹饰横向较粗绳纹。口径 18，沿宽 2、残高 9.3、胎厚度

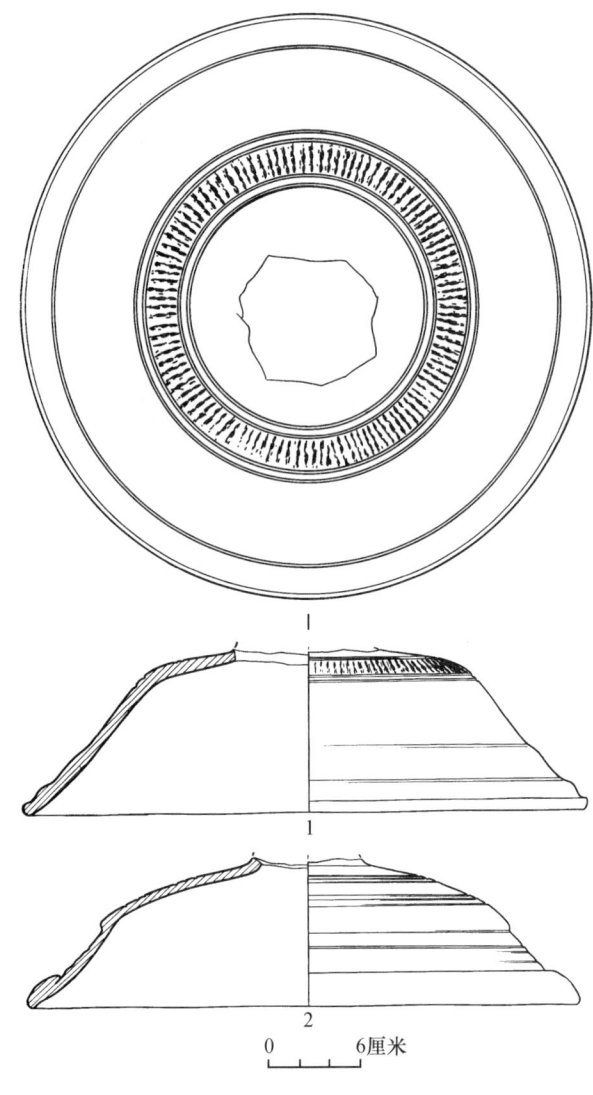

图3-367　2005ⅠT4823H147出土器盖
1、2. A型Ⅱ式（2005H147:34、2005H147:82）

0.5~0.7厘米（图3-368，2）。

杯　标本2005H147:31，泥质黑陶。敛口，尖圆唇，折肩，斜腹，平底。外壁素面，有竖向条状刮抹痕迹。口径6.5、腹径9.3、底径4.3、高7.6厘米（图3-368，3；图版三六，4）。标本2005H147:56，泥质灰陶。方唇，直壁略侈，平底。腹壁饰有弦纹，其间夹有一周三角形折现纹。口径4.9、底径4、高3.1、胎厚0.5厘米（图3-368，4；图版三六，6）。

2005ⅠT6636H18

深腹罐

Ab型Ⅱ式　标本2005H18:5，夹砂，砂粒0.05~0.1厘米，褐陶，局部呈灰色。敛口，仰折沿，方唇，中腹以下残。腹饰竖向中绳纹。口径23、残高10厘米（图3-369，1）。

Ac型Ⅰ式　标本2005H18:3，夹细砂深灰陶色。折沿微上仰，圆唇，腹略鼓，中腹以下残。口外抹平，腹饰斜向绳纹。口径21、残高6厘米（图3-369，2）。

圆腹罐　Cb型Ⅱ式　标本2005H18:2，泥质含细砂，灰陶。侈口，圆唇，唇外加厚成一条带状凸起，唇下饰一对三角形小錾，领卷曲，腹瘦长，中腹以下残。腹饰竖向绳纹。口径16、残高20厘米（图3-369，3）。

甗　A型Ⅰ式　标本2005H18:1，泥质含细砂，灰陶。口微敛，折沿微上仰，方唇，鼓腹偏上，下腹残。腹饰绳纹，上腹竖向，下腹斜向，上腹绳纹之上有一道弦纹及一对鸡冠耳。口径26、残高11厘米（图3-369，4）。

深腹盆　B型Ⅱ式　标本2005H18:4，夹细砂偶见较大砂粒，黑陶褐胎。侈口，卷沿，沿面略凸，沿面内侧有两道弦纹，尖圆唇，微束颈，中腹以下残。腹饰竖向绳纹，印痕较深。口径25、残高5厘米（图3-369，5）。标本2005H18:6，泥质含细砂，灰陶。敛口，折沿近平，沿面鼓，圆唇，腹壁微鼓，中腹以下残。素面磨光，上腹部有一道弦纹。口径30、残高5厘米（图3-369，6）。

2005ⅠT6636H49

圆腹罐

Ca型Ⅱ式　标本2005H49:5，夹细砂灰陶褐胎。侈口，尖圆唇，口外饰花边，领斜直，上腹略

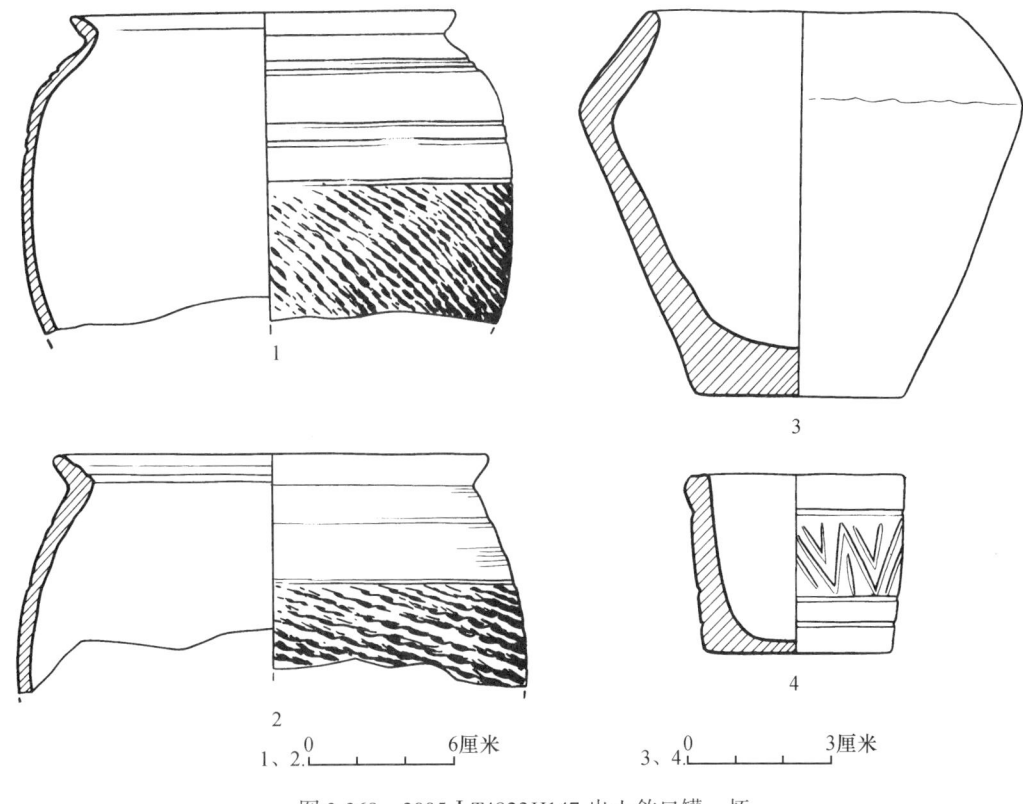

图 3-368　2005ⅠT4823H147 出土敛口罐、杯

1、2. A 型Ⅱ式敛口罐（2005H147∶108、2005H147∶491）　3、4. 杯（2005H147∶31、2005H147∶56）

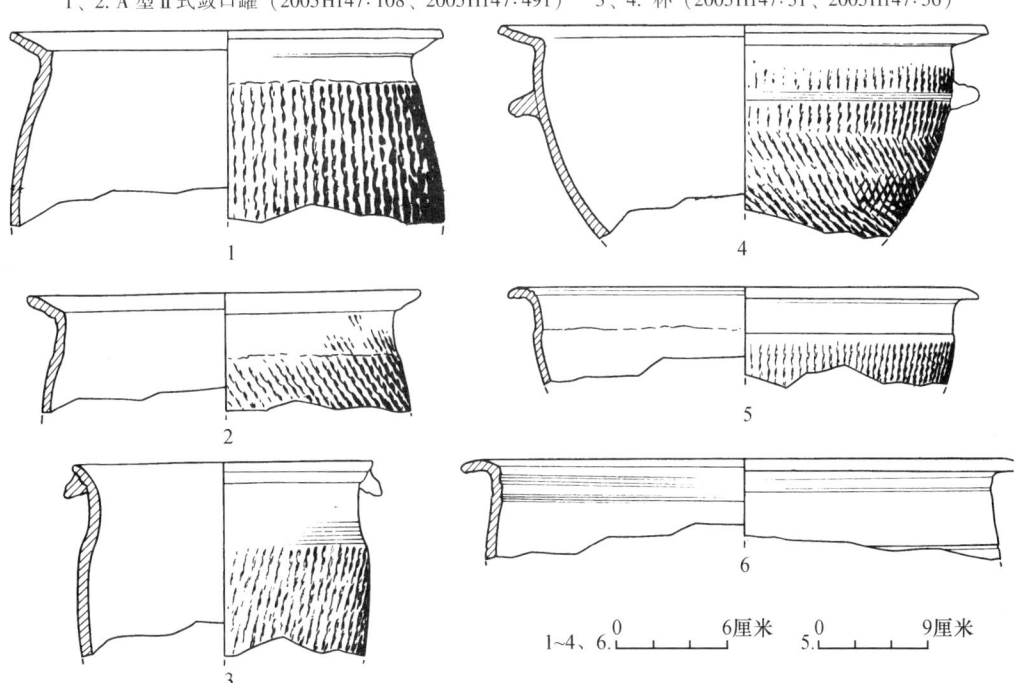

图 3-369　2005ⅠT6636H18 出土陶器

1. Ab 型Ⅱ式深腹罐（2005H18∶5）　2. Ac 型Ⅰ式深腹罐（2005H18∶3）　3. Cb 型Ⅱ式圆腹罐（2005H18∶2）　4. A 型Ⅰ式甑（2005H18∶1）　5、6. B 型Ⅱ式深腹盆（2005H18∶4、2005H18∶6）

鼓，中腹以下残。腹饰竖向绳纹，印痕较深。口径13、残高8厘米（图3-370，1）。标本2005H49：12，夹细砂灰陶。侈口，圆唇，口外饰索状花边。高领斜直，上腹较鼓，中腹以下残。腹饰竖向细绳纹。口径15、残高8厘米（图3-370，2）。

Ca型Ⅲ式　标本2005H49：9，夹细砂灰陶。侈口，方唇，唇下缘压印出齿状花边，矮领，圆鼓腹，中腹以下残。腹饰斜向绳纹。口径13.8、残高5.2厘米（图3-370，3）。

深腹盆

A型Ⅲ式　标本2005H49：2，泥质黑陶。敞口，折沿微仰，圆唇，斜弧腹，中腹以下残。上腹绳纹抹平，但仍有痕迹，其下饰竖向细绳纹，印痕较深。口径29、残高6.8厘米（图3-370，4）。

B型Ⅲ式　标本2005H49：3，泥质含细砂，褐陶。侈口，卷沿下耷，沿面鼓，圆唇，腹较斜直，底残。腹中部饰弦纹。口径22、残高5厘米（图3-370，5）。

瓮　A型Ⅱ式　标本2005H49：1，泥质灰陶。口略直，圆唇，短颈，腹部及底部残。领外饰一周凸棱，其余素面。口径22、残高3厘米（图3-370，6）。

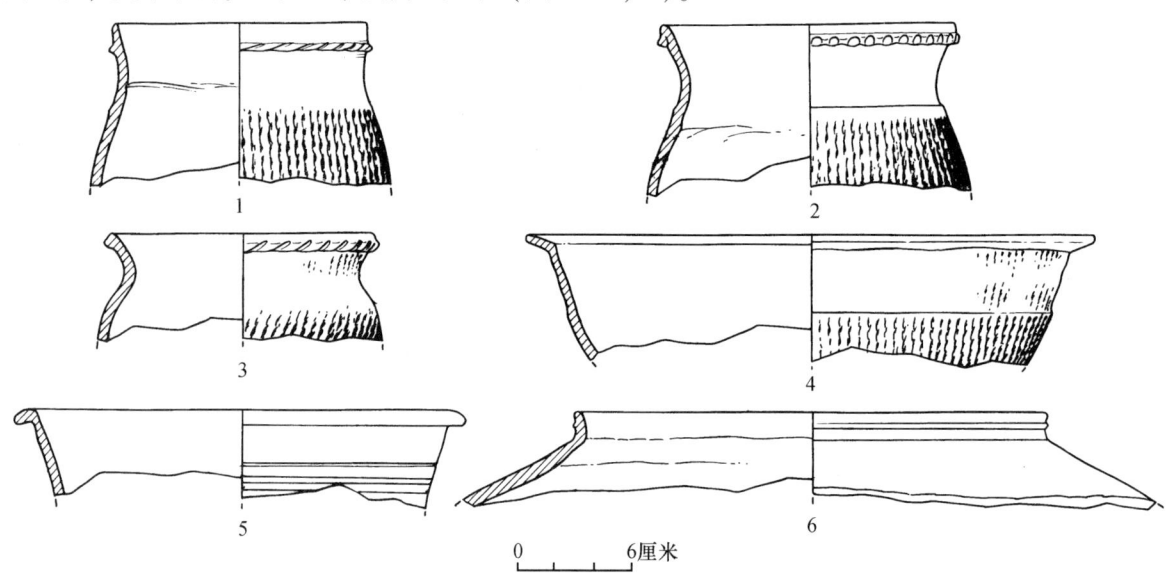

图3-370　2005ⅠT6636H49出土陶器

1、2.Ca型Ⅱ式圆腹罐（2005H49：5、2005H49：12）　3.Ca型Ⅲ式圆腹罐（2005H49：9）　4.A型Ⅲ式深腹盆（2005H49：2）
5.B型Ⅲ式深腹盆（2005H49：3）　6.A型Ⅱ式瓮（2005H49：1）

2005ⅠT6636H121

深腹罐　Ab型Ⅱ式　标本2005H121：2，夹砂，砂粒0.05～0.1厘米，灰陶。敛口，仰折沿，方唇，唇面有一道弦纹。上腹较鼓，中腹以下残。口沿外一周抹平，腹饰竖向绳纹。口径19、残高8厘米（图3-371，1）。

器盖　Aa型Ⅰ式　标本2005H121：1，泥质黑陶，红褐胎。敞口，尖唇，口外呈带状凸起，侈口，折腹，弧顶略鼓，纽残。通体磨光，顶和腹饰弦纹，顶内壁有绳纹。口径25、残高11厘米（图3-371，2）标本2005H121：11，夹砂，砂粒0.05～0.1厘米，偶见较大砂粒，灰陶，局部褐色，褐胎。敞口，圆唇外鼓，斜直腹，弧顶较鼓，纽残。通体磨光，顶部有一道弦纹。口径27、残高8厘米（图3-371，3）。

圆腹罐

Ca型Ⅱ式　标本2005H121:4，夹砂，砂粒0.05~0.1厘米，黑灰陶褐胎。侈口，斜方唇，唇部下缘压印一周索状花边，领斜直，圆鼓腹，中腹以下残。领部抹平，腹饰斜向篮纹。口径12、残高6厘米（图3-371，4）。

Ca型Ⅲ式　标本2005H121:3，夹细砂褐陶。侈口，圆唇，口外饰索状花边，领较矮，圆鼓腹，中腹以下残。口沿及领部抹平，腹饰竖向绳纹。口径14、残高5厘米（图3-371，5）。

深腹盆　B型Ⅲ式　标本2005H121:7，夹细砂黑陶褐胎。敞口，卷沿下耷，尖唇，斜直腹，中腹以下残。通体磨光。口径22、残高3厘米（图3-371，6）。

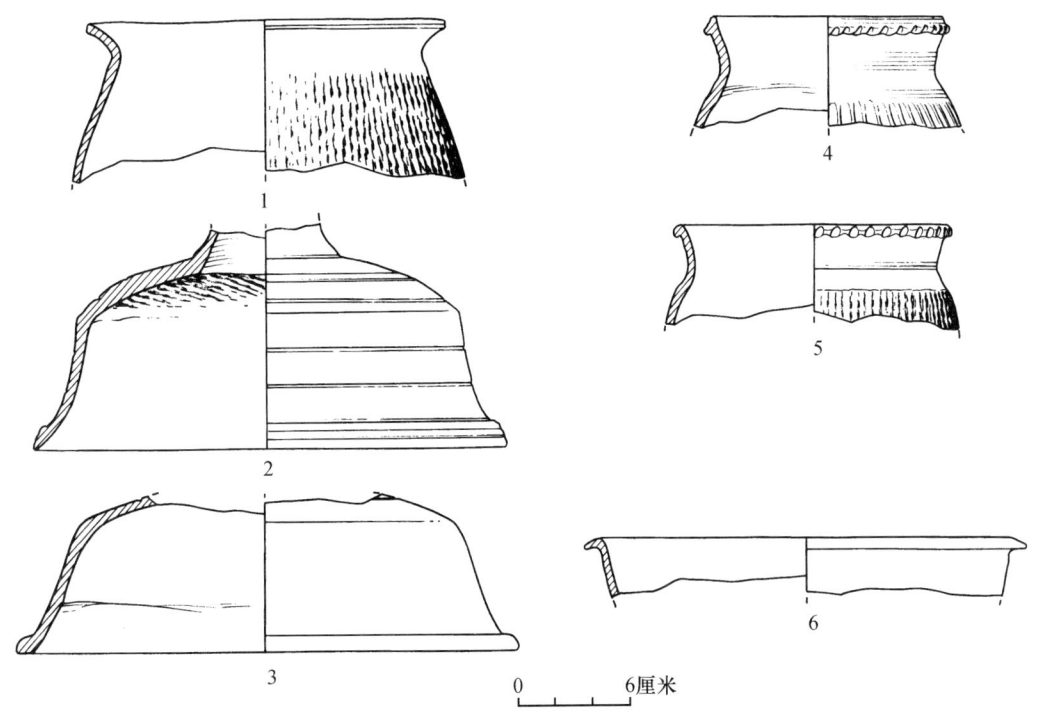

图3-371　2005ⅠT6636H121出土陶器

1. Ab型Ⅱ式深腹罐（2005H121:2）　2、3. Aa型Ⅰ式器盖（2005H121:1、2005H121:11）　4. Ca型Ⅱ式圆腹罐（2005H121:4）
5. Ca型Ⅲ式圆腹罐（2005H121:3）　6. B型Ⅲ式深腹盆（2005H121:7）

2005ⅠT6636H122

深腹罐

Ab型Ⅱ式　标本2005H122:30，夹细砂灰陶。折沿上仰，斜方唇，鼓腹，中腹以下残。口沿抹平，腹饰竖向绳纹，印痕较深。口径23、残高7厘米（图3-372，3）。标本2005H122:18，夹砂，砂粒0.1厘米，黑陶。折沿近平，方唇，上腹较鼓，中腹以下残。腹饰竖向及右斜向细绳纹。口径26、残高12厘米（图3-372，4）。标本2005H122:5，夹细砂深灰陶，局部褐色，红褐胎。折沿上

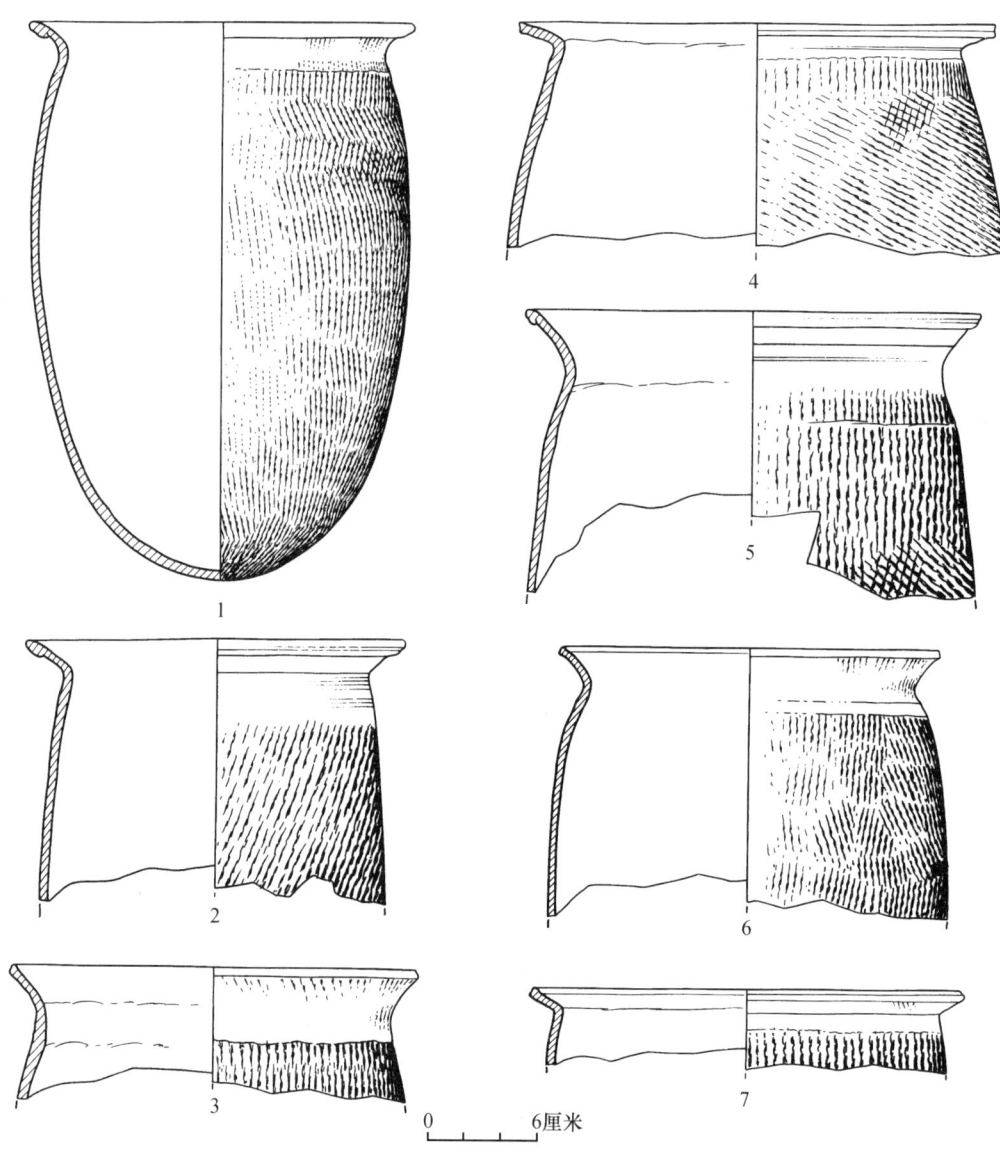

图 3-372 2005ⅠT6636H122 出土深腹罐

1、5. Ac 型Ⅰ式（2005H122:1、2005H122:3） 2. Ac 型Ⅱ式（2005H122:2） 3、4. Ab 型Ⅱ式（2005H122:30、2005H122:18）
6、7. Ab 型Ⅱ式（2005H122:5、2005H122:40）

仰，方唇，腹较直，中腹以下残。口沿绳纹抹去，但仍有痕迹，腹饰交错细绳纹。口径21、残高14厘米（图3-372，6）。标本2005H122:40，夹细砂偶见较大砂粒，灰陶。仰折沿，方唇，唇面有一道弦纹。腹微鼓，中腹以下残。口沿处抹平，腹饰竖向绳纹。口径24、残高4厘米（图3-372，7）。标本2005H122:7，夹细砂偶见较大砂粒，黑陶，红褐胎。折沿上仰，斜方唇，上腹较鼓，中腹以下残。腹饰竖向绳纹，印痕较深。口径23、残高13厘米（图3-373，1）。标本2005H122:26，夹砂，砂粒0.05~0.1厘米，深灰陶。仰折沿，方唇，唇面略凹，腹壁较直，下腹残。口沿及沿下一周抹平，腹饰横向及右斜向绳纹，印痕较深。口径22、残高18厘米（图3-373，2）。标本2005H122:31，夹细砂褐陶，局部灰色。仰折沿，方唇，上腹较鼓，中腹以下残。口沿外一周抹平，

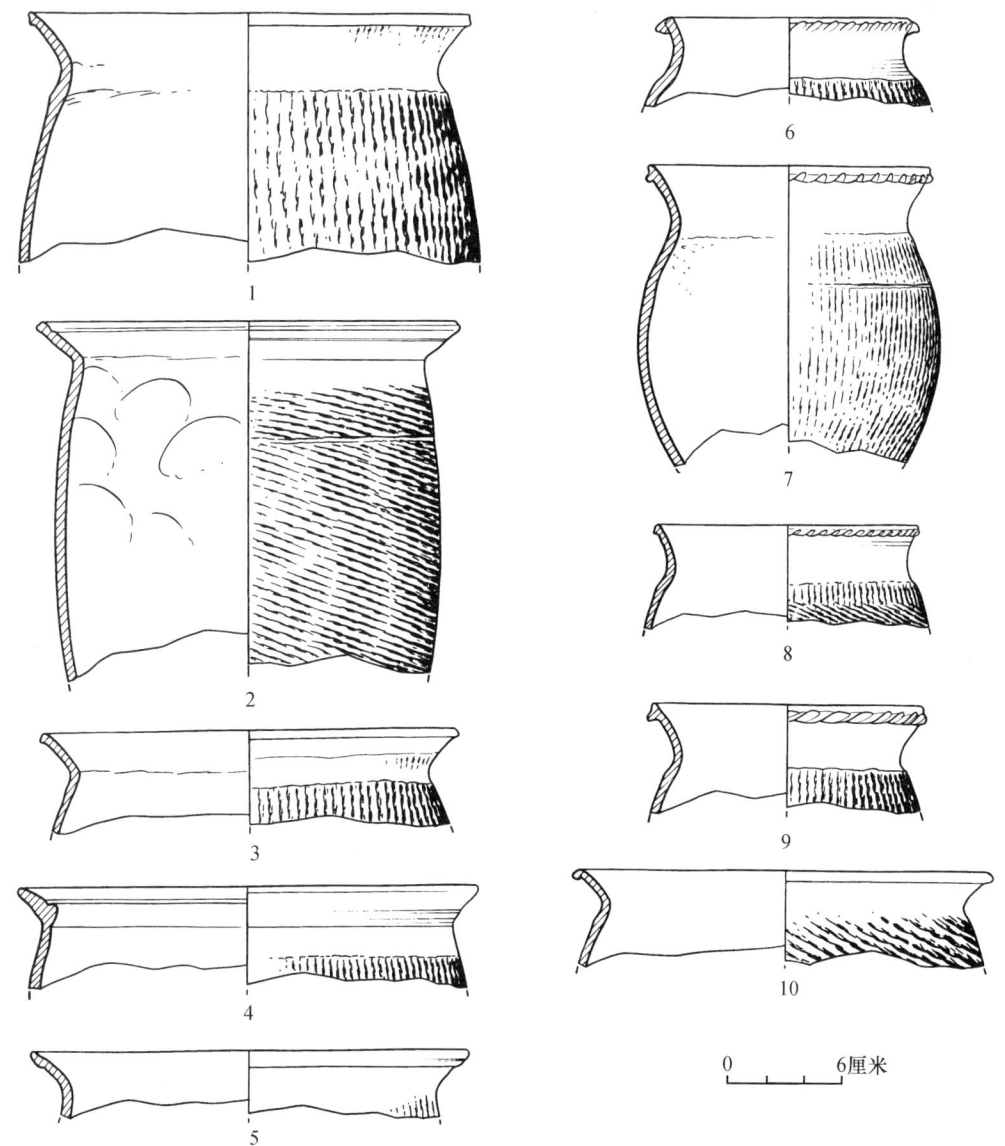

图 3-373 2005ⅠT6636H122 出土陶罐

1~4. Ab 型Ⅱ式深腹罐（2005H122：7、2005H122：26、2005H122：31、2005H122：28） 5、10. Ac 型Ⅰ式深腹罐（2005H122：27、2005H122：21） 6、8. Ca 型Ⅲ式圆腹罐（2005H122：19、2005H122：23） 7、9. Ca 型Ⅱ式圆腹罐（2005H122：10、2005H122：12）

腹饰竖向绳纹，印痕较深。口径 22、残高 5 厘米（图 3-373，3）。标本 2005H122：28，夹细砂偶见较大砂粒，浅灰色。折沿微上仰，折棱凸出，上下各有一周弦纹，尖圆唇，上腹略鼓，中腹以下残。腹饰竖向绳纹。口径 24、残高 5 厘米（图 3-373，4）。

Ac 型Ⅰ式　标本 2005H122：1，夹细砂灰陶，局部呈褐色。折沿上仰，圆唇外鼓。深腹略鼓，圜底。口沿仍见绳纹痕迹。腹饰细绳纹。口径 21.4、腹径 21、高 29.2 厘米（图 3-372，1）。标本 2005H122：3，夹细砂浅灰陶。折沿上仰，尖圆唇外鼓，上腹略鼓，中腹以下残。口沿抹平。腹饰竖向及右斜向绳纹。口径25、残高15厘米（图3-372，5）。标本2005H122:27，夹细砂红褐陶。折沿上仰，尖圆唇外凸，腹及底残。腹饰斜向细绳纹。口径23、残高3厘米（图3-373，5）。标本2005H122:21，夹细砂红褐陶。折沿上仰，圆唇外凸，上腹较鼓，中腹以下残。腹饰斜向较粗绳纹。口径22、残高4厘米（图3-373，10）。

Ac型Ⅱ式　标本2005H122:2，夹砂，砂粒0.05~0.1厘米，灰陶。折沿上仰，尖圆唇外凸，腹略鼓，中腹以下残。口沿外一周抹平，腹饰斜向绳纹，印痕较深。口径21、残高14厘米（图3-372，2）。

圆腹罐

A型Ⅱ式　标本2005H122:41，夹砂，砂粒0.05~0.1厘米，灰陶。敛口，折沿上仰，方唇，腹较鼓，中腹以下残。腹饰竖向绳纹，印痕较深。口径18、残高4厘米（图3-374，4）。标本2005H122:48，夹砂，砂粒0.1~0.2厘米，灰陶。敛口，仰折沿，沿面外侧有一道凸棱，尖圆唇，圆鼓腹，中腹以下残。素面，腹部隐见绳纹。口径18、残高3厘米（图3-374，5）。

Ca型Ⅱ式　标本2005H122:10，夹砂，砂粒0.1~0.2厘米，灰陶。领较高且斜直，鼓腹，底残。口外饰一周索状花边，领部绳纹抹平，腹饰斜向细绳纹，印痕较浅。口径14.7、残高14.5厘米（图3-373，7）。标本2005H122:12，夹细砂灰陶。侈口，尖圆唇，口外饰一周索状花边。领略斜直，上腹较鼓，中腹以下残。领部抹平，腹饰斜向绳纹。口径14.4、残高4.2厘米（图3-373，9）。

Ca型Ⅲ式　标本2005H122:23，夹细砂灰陶。侈口，圆唇，口外饰一周索状花边。领稍卷曲。鼓腹，中腹以下残。腹饰竖向及右斜向绳纹，印痕较深。口径14、残高5厘米（图3-373，8）。标本2005H122:19，夹砂，砂粒0.05~0.1厘米，灰陶。侈口，方唇，口外压印一周索状花边并附一对三角形小錾。矮领略卷曲，圆鼓腹，中腹以下残。领部抹平，腹饰竖向绳纹，印痕较深。口径13、残高4.2厘米（图3-373，6）。标本2005H122:15，夹砂，砂粒0.05~0.1厘米，深灰色。卷沿矮领，尖唇，口外饰一周索状花边，腹微鼓，中腹以下残。腹饰竖向绳纹，印痕较深。口径17、残高10厘米（图3-374，1）。标本2005H122:14，夹细砂偶见较大砂粒，黑陶褐胎。侈口，圆唇，口外饰一周索状花边。矮领，鼓腹，中腹以下残。腹饰竖向及右斜向绳纹。口径15、残高7厘米（图3-374，2）。

Cc型Ⅱ式　标本2005H122:16，夹砂，砂粒0.1~0.2厘米，灰陶。侈口，斜方唇，领较斜直，鼓腹，中腹以下残。领部抹平，腹饰竖向及斜向绳纹，印痕较深。口径17、残高8.4厘米（图3-374，3）。

深腹盆

A型Ⅱ式　标本2005H122:29，夹细砂灰陶。侈口，仰折沿，方唇，斜弧腹，中腹以下残。素面。口径22.8、残高4厘米（图3-374，6）。标本2005H122:6，夹细砂灰陶。折沿上仰，方唇，唇面有一道弦纹，腹外张，中腹以下残。腹饰斜向绳纹。口径28、残高6厘米（图3-374，9）。标本2005H122:98，泥质灰陶，口沿及下腹缺失。敛口，仰折沿，腹饰绳纹及鸡冠耳。残高7.6厘米（图3-374，10）。

B型Ⅰ式　标本2005H122:8，泥质含有较大砂粒，黑陶红褐胎。敛口，仰卷沿，尖圆唇外鼓，上腹较鼓，中腹以下残。口沿及上腹磨光，上腹饰一道凸棱及两道弦纹，中腹以下饰交错细绳纹。口径32、残高8厘米（图3-374，8）。

平底盆 A型Ⅰ式 标本2005H122:9，泥质黑陶。侈口，卷沿上仰，圆唇。下腹略鼓，平底微凹。通体磨光，腹部隐见竖向绳纹。口径22、高10.2厘米（图3-374，7）。

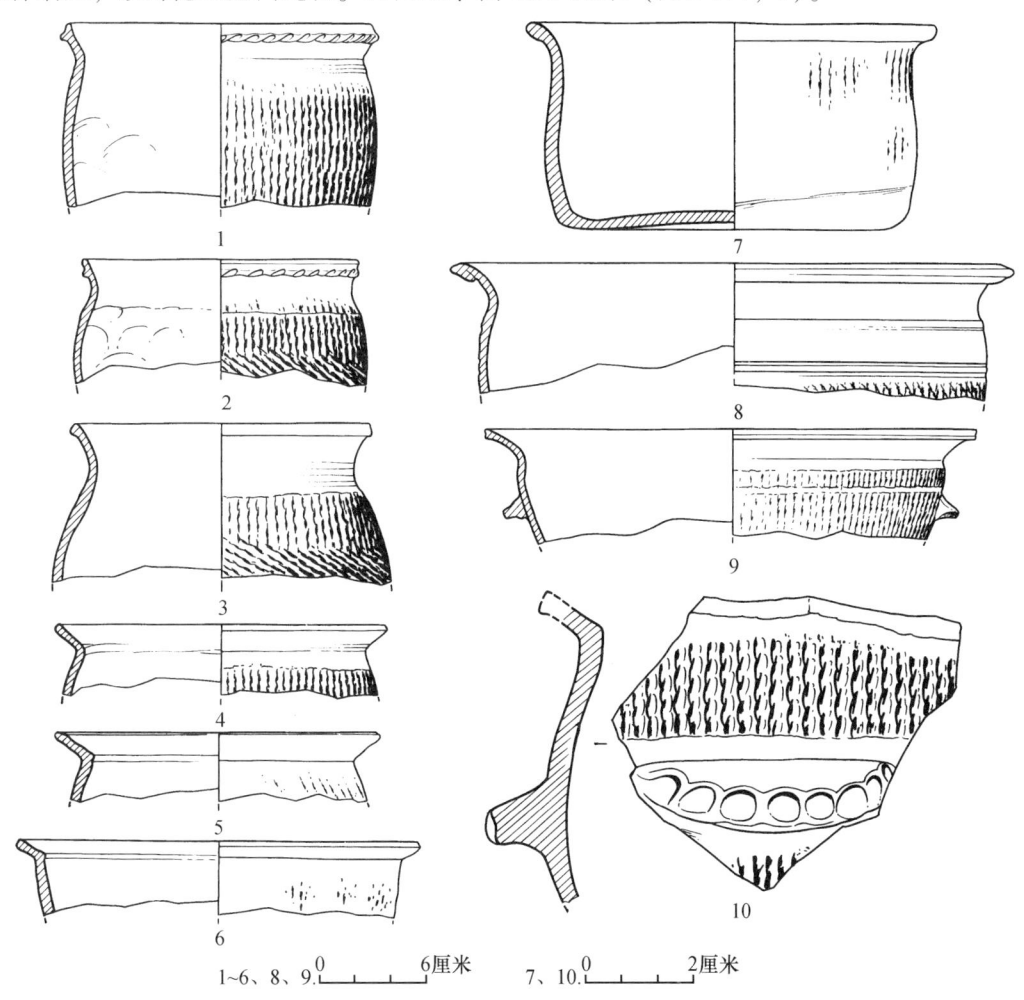

图3-374 2005ⅠT6636H122出土陶罐、盆

1、2. Ca型Ⅲ式圆腹罐（2005H122:15、2005H122:14） 3. Cc型Ⅱ式圆腹罐（2005H122:16） 4、5. A型Ⅱ式圆腹罐（2005H122:41、2005H122:48） 6. A型Ⅱ式深腹盆（2005H122:29） 7. A型Ⅰ式平底盆（2005H122:9） 8. B型Ⅰ式深腹盆（2005H122:8） 9、10. A型Ⅱ式深腹盆（2005H122:6、2005H122:98）

缸 Aa型Ⅱ式 标本2005H122:32，夹砂，砂粒0.1~0.2厘米，灰陶。敛口，仰折沿，圆唇外鼓，上腹略鼓，中腹以下残。口沿外一周抹平，腹饰竖向绳纹和附加堆纹。口径27.6、残高7厘米（图3-375，1）。

器盖 Aa型Ⅰ式 标本2005H122:37，夹砂，砂粒0.1厘米，灰陶。敞口，圆唇外鼓，斜直腹，弧顶略残，纽残。素面，腹部有一道凸棱。口径34.6、残高11厘米（图3-375，2）。

豆 A型Ⅲ式 标本2005H122:35，泥质灰陶。敞口，卷沿微侈，尖圆唇，深盘斜弧腹，下腹

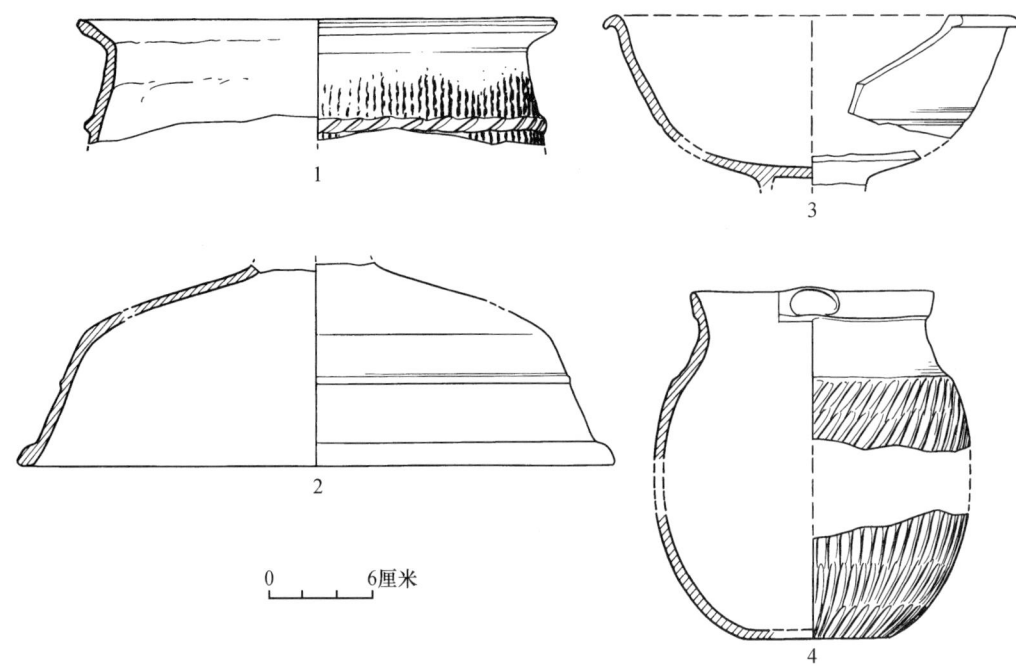

图3-375　2005ⅠT6636H122出土陶器

1. Aa型Ⅱ式缸（2005H122:32）　2. Aa型Ⅰ式器盖（2005H122:37）　3. A型Ⅲ式豆（2005H122:35）
4. A型Ⅰ式捏口罐（2005H122:43）

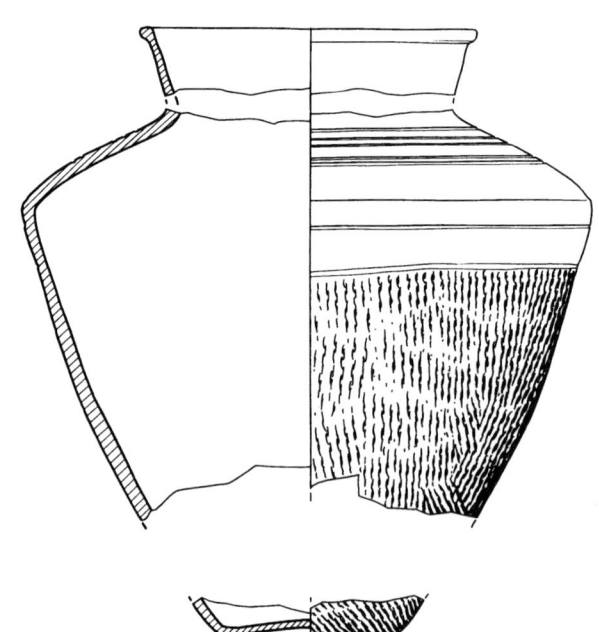

图3-376　2005ⅠT6636H122出土小口尊

1. Ab型（2005H122:4）

内收呈圜底，豆盘下腹及柄残。通体磨光，下腹部有一道弦纹。口径23、残高9.6厘米（图3-375，3）。

捏口罐　A型Ⅰ式　标本2005H122:43，泥质，偶见较大砂粒，褐陶，内壁呈灰色。侈口，圆唇外鼓，口外有一对捏窝，矮领，圆鼓腹，中腹残，平底。领部抹平，腹饰斜向粗篮纹。口径14、复原高19厘米（图3-375，4）。

小口尊　Ab型　标本2005H122:4，泥质含细砂，灰陶。侈口，圆唇外凸，高领略残，折肩，斜直腹，凹圜底，下腹残。领、肩及上腹部分磨光，肩及上腹有数道弦纹，中腹以下饰细绳纹。口径19、肩径32、复原高度33.2厘米（图3-376，1）。

2005ⅠT6636H166

深腹罐　Ab型Ⅱ式　标本2005H166:4，夹细砂深灰色。敛口，仰折沿，方唇，中腹以下残。腹饰斜向绳纹，印痕较深。口径24、残高

4.6 厘米（图 3-377，6）。标本 2005H166：25，夹细砂偶见较大砂粒，灰陶。口微侈，折沿近平，圆唇，中腹以下残。腹饰斜向中粗篮纹。口径 25.4、残高 5.2 厘米（图 3-377，7）。标本 2005H166：27，夹细砂偶见较大砂粒，黑陶褐胎。敛口，仰折沿，方唇，唇面有一道弦纹。腹较直，中腹以下残。腹饰斜向绳纹。口径 21.8、残高 4.2 厘米（图 3-377，5）。

圆腹罐

Ca 型 I 式　标本 2005H166：40，夹砂，砂粒 0.2 厘米，灰陶。侈口，方唇，唇面有一道弦纹，唇外戳印一周花边。高领卷曲。鼓腹，中腹以下残。腹饰竖向细绳纹，印痕较深。口径 14.6、残高 6 厘米（图 3-377，2）。

Ca 型 II 式　标本 2005H166：8，夹砂，砂粒 0.1 厘米，褐陶灰胎。侈口，斜方唇，唇外压印花边，领斜直，圆鼓腹，中腹以下残。腹饰斜向细绳纹。口径 15.2、残高 6.4 厘米（图 3-377，4）。标本 2005H166：20，夹砂，砂粒 0.1 厘米，灰陶。侈口，尖唇，口外饰一周索状花边。领部较直。上腹略鼓，中腹以下残。领部抹平，腹饰斜向绳纹。口径 13、残高 4.8 厘米（图 3-377，1）。标本 2005H166：16，夹细砂偶见较大砂粒，灰陶。侈口，圆唇，唇外压印一周花边，领斜直，上腹略鼓，中腹以下残。腹饰斜向中绳纹。口径 20.8、残高 12 厘米（图 3-377，8）。

Cb 型 II 式　标本 2005H166：7，夹细砂偶见较大砂粒，深灰陶。侈口，圆唇，领较高，圆鼓腹，中腹以下残。唇下有一道凸棱。腹饰斜向绳纹。口径 14.8、残高 7.4 厘米（图 3-377，3）。

Cc 型 I 式　标本 2005H166：5，夹细砂黑陶。侈口，斜方唇。高领卷曲。圆鼓腹，平底。腹饰斜向绳纹。口径 12.4、高 14、腹径 12.4、底径 6 厘米（图 3-377，9；图版二四，1）。

鼎

A 型 I 式　标本 2005H166：19，夹细砂偶见较大砂粒，灰陶。侈口，折沿上仰，沿较窄，方唇略圆。斜直腹，中腹以下残，上腹有一对鸡冠耳，腹饰竖向绳纹，印痕较浅。残高 5.5 厘米（图 3-378，1）。标本 2005H166：11，夹细砂褐陶。口微敛，仰折沿，沿面略凹，圆唇。腹微鼓，中腹以下残。腹饰斜向细绳纹，印痕不清晰。口径 19、残高 4 厘米（图 3-378，6）。

Ba 型　标本 2005H166：1，夹细砂黑灰陶。侈口，圆唇，斜直领。圆鼓腹。上腹有一桥形耳。平底，三角形足。足为红褐色。领肩抹平，领外有一道凸棱，上腹饰弦纹，下腹饰斜向绳纹。足内外侧均有对称捏窝。口径 11.8、腹径 14.4、残高 16.6 厘米（图 3-377，11；图版二四，6）。

Bb 型　标本 2005H166：6，夹砂，砂粒 0.1～0.2 厘米，灰陶，局部褐色。侈口，折沿微仰，尖圆唇。腹略鼓，上腹有一对小錾，下腹及底、足残。腹饰竖向绳纹，印痕较浅。口径 16、残高 11 厘米（图 3-377，10）。

Bc 型　标本 2005H166：2，泥质夹少量细砂，灰黑陶，局部褐色。敛口，尖圆唇，圆鼓腹，下腹以下残。腹部有数道弦纹，隐见绳纹。口径 14.8、残高 10.8 厘米（图 3-378，3）。

捏口罐　A 型　标本 2005H166：22，泥质黑陶，灰胎。斜方唇。高领较直。鼓腹，腹残。侈口外卷，口外有一对捏窝。腹饰斜向细绳纹。残高 5 厘米（图 3-378，2）。

深腹盆

A 型 II 式　标本 2005H166：10，泥质含细砂，灰陶。近直口，仰折沿，圆唇，斜弧腹，下腹残。腹饰斜向及竖向绳纹。口径 18.4、残高 12 厘米（图 3-378，5）。

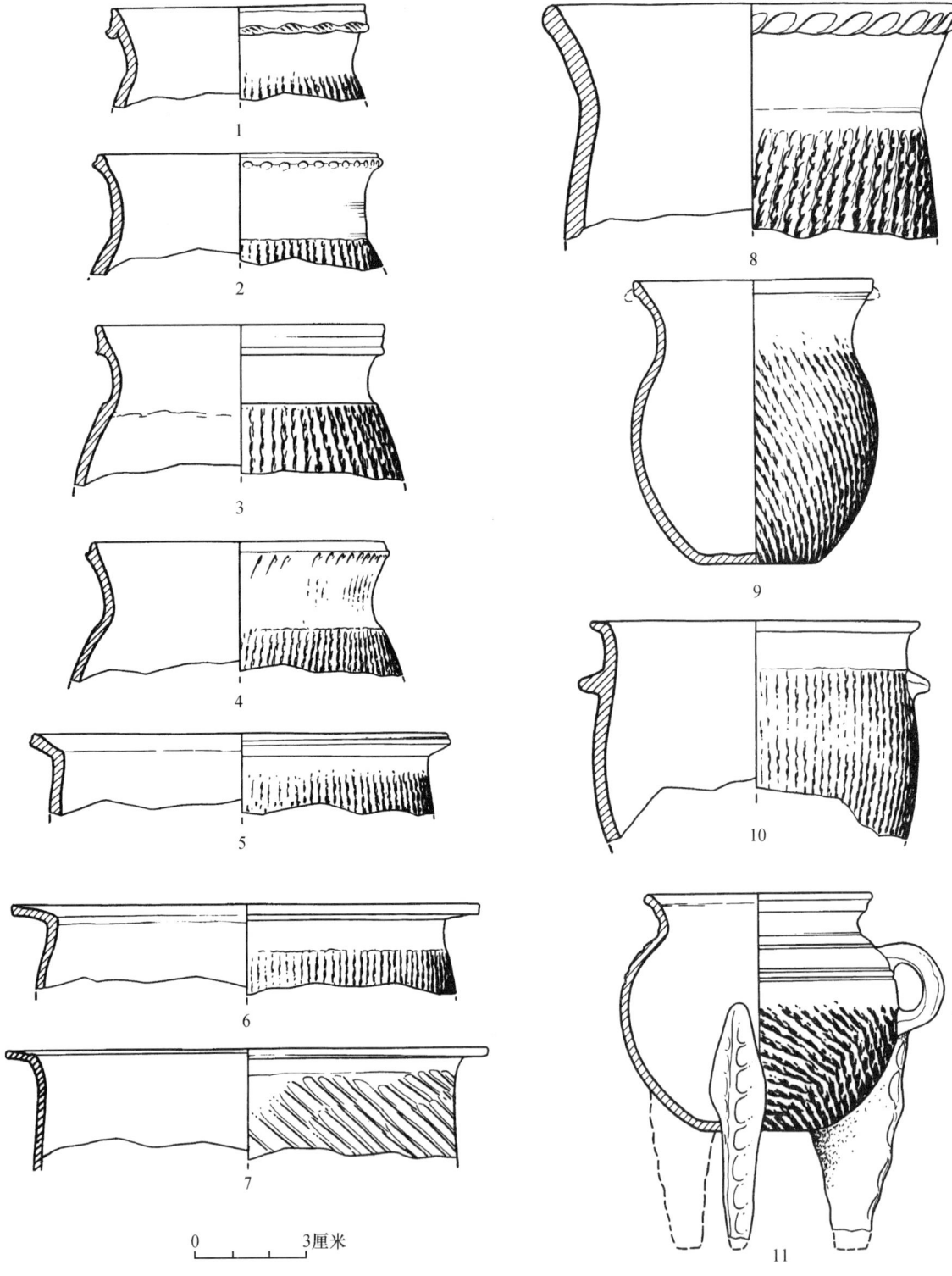

图 3-377　2005ⅠT6636H166 出土陶器（一）

1、4、8. Ca 型 Ⅱ 式圆腹罐（2005H166:20、2005H166:8、2005H166:16）　2. Ca 型 Ⅰ 式圆腹罐（2005H166:40）　3. Cb 型 Ⅱ 式圆腹罐（2005H166:7）　5~7. Ab 型 Ⅱ 式深腹罐（2005H166:27、2005H166:4、2005H166:25）　9. Cc 型 Ⅰ 式圆腹罐（2005H166:5）　10. Bb 型鼎（2005H166:6）　11. Ba 型鼎（2005H166:1）

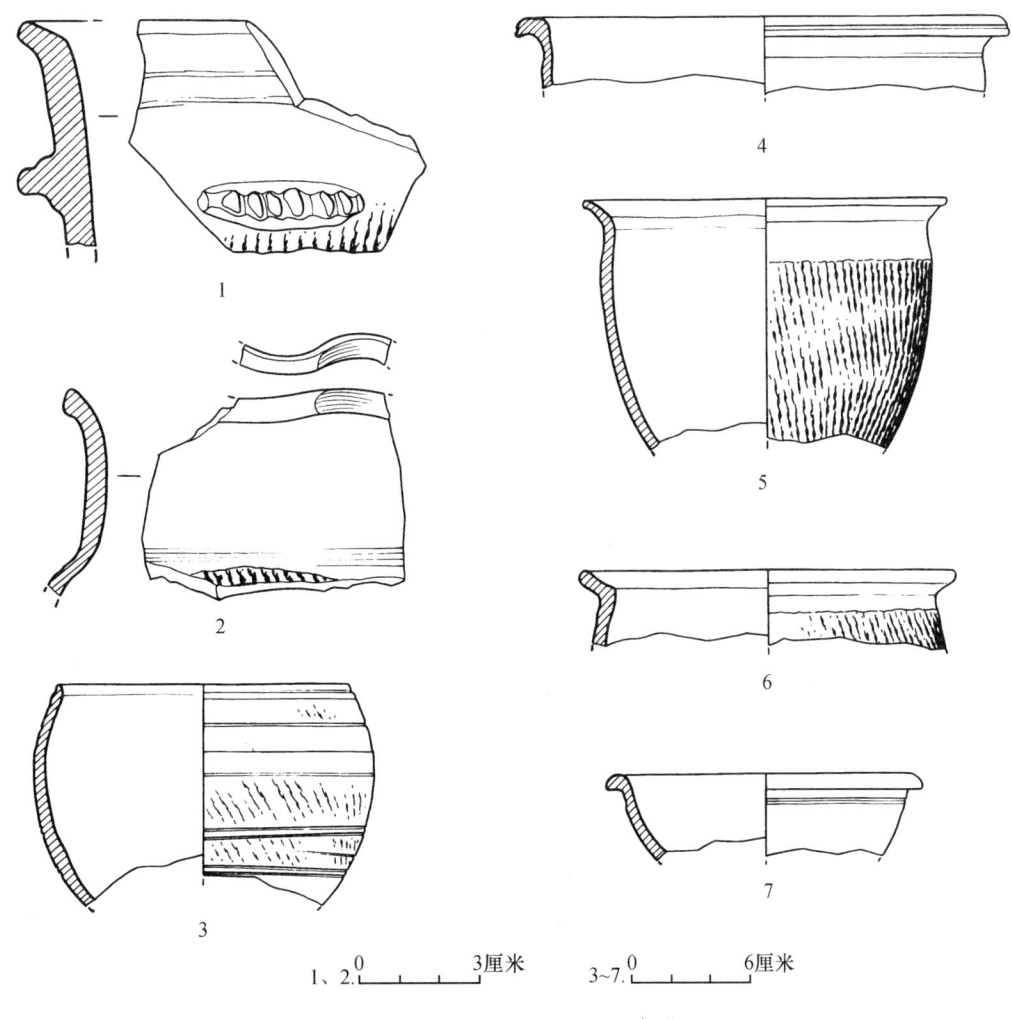

图 3-378　2005ⅠT6636H166 出土陶器（二）

1、6. A 型Ⅰ式鼎（2005H166：19、2005H166：11）　2. A 型捏口罐（2005H166：22）　3. Bc 型鼎（2005H166：2）
4. B 型Ⅱ式深腹盆（2005H166：21）　5. A 型Ⅱ式深腹盆（2005H166：10）　7. A 型Ⅲ式豆（2005H166：15）

B 型Ⅱ式　标本 2005H166：21，泥质黑陶。直口微侈，平折沿，沿面内外侧各有一道弦纹，尖圆唇。深腹部较直，中腹以下残。口外饰一周弦纹，其余素面。口径 25、残高 3.4 厘米（图 3-378，4）。

豆　A 型Ⅲ式　标本 2005H166：15，泥质深灰陶。敞口，卷沿微斜，沿面略鼓，尖圆唇，斜弧腹，下腹及柄残。通体磨光，口外饰弦纹。口径 16、残高 4 厘米（图 3-378，7）。

敛口罐　A 型Ⅱ式　标本 2005H166：3，泥质灰陶，局部呈褐色。敛口，折沿微仰，圆唇。圆鼓腹，下腹残。中腹以上磨光，上腹有一道凸棱。下腹部斜向细绳纹。口径 19、残高 15、腹径 22.4 厘米（图 3-379，1）。

缸　Aa 型Ⅱ式　标本 2005H166：26，泥质含部分细砂，灰陶。仰折沿，圆唇下凸。上腹略鼓，中腹以下残。腹饰竖向细绳纹和附加堆纹。口径 28、残高 8.4 厘米（图 3-379，2）。

器盖

Aa 型　标本 2005H166：24，夹细砂黑陶褐胎。仅存顶部，折腹。素面，顶部饰两道弦纹。口径

29、残高 5 厘米（图 3-379,3）。

Ab 型Ⅰ式　标本 2005H166:17，泥质含少量细砂，黑陶褐胎。敞口，方唇，口外呈带状凸起。折腹，顶腹交界处凸起。通体磨光，顶上部有一道弦纹。纽残长 15、残高 5 厘米（图 3-379,4）。

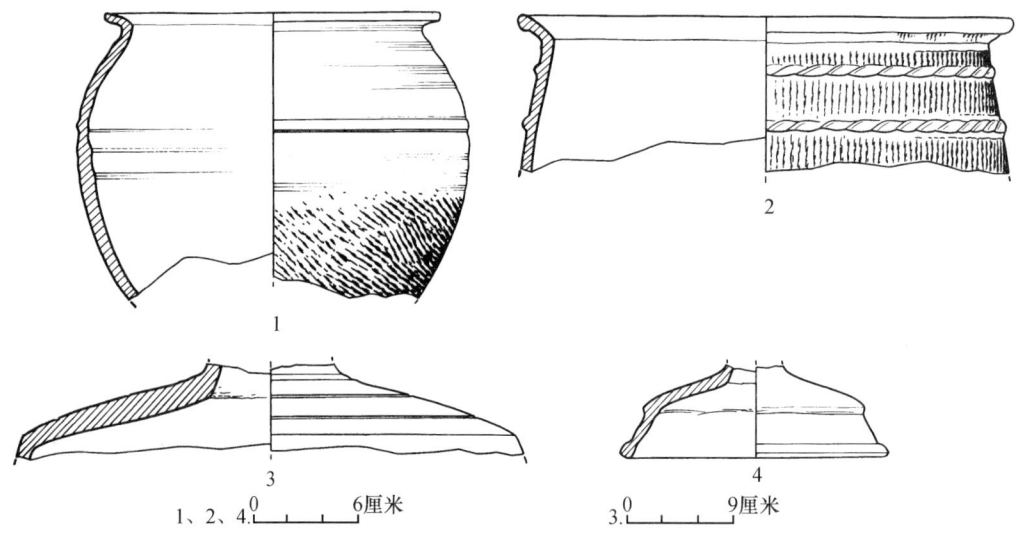

图 3-379　2005ⅠT6636H166 出土陶器（三）
1. A 型Ⅱ式敛口罐（2005H166:3）　2. Aa 型Ⅱ式缸（2005H166:26）　3. Aa 型器盖（2005H166:24）
4. Ab 型Ⅰ式器盖（2005H166:17）

2005ⅠT6636H167

深腹罐　Ab 型Ⅱ式　标本 2005H167:8，夹细砂，砂粒 0.1 厘米，灰陶。折沿略仰，方唇，鼓腹，腹竖向细绳纹，中腹以下残。腹饰竖向细绳纹。口径 23、沿宽 1.8、残高 9.2、胎厚 0.5~0.7 厘米（图 3-380,1）。标本 2005H167:56，夹细砂，砂粒 0.1 厘米，黑陶。仰折沿，方唇，唇缘凸出，口沿较宽，鼓腹，中腹以下残。腹饰斜向绳纹，纹饰清晰。口径 23、沿宽 2.8、残高 5.4、胎厚 1.5~0.7 厘米（图 3-380,2）。标本 2005H167:9，夹中砂，砂粒 0.1~0.2 厘米，灰陶。敛口，窄沿仰折，方唇，唇面有一凹痕，中腹以下残。腹饰竖向细绳纹。口径 24.8、沿宽 2.2、残高 15.4、胎厚 0.6~0.7 厘米（图 3-380,3）。标本 2005H167:82，夹细砂，砂粒 0.1 厘米，黑陶。折沿近平，宽沿，方唇，腹残。口径 23.8、沿宽 3.2、残高 3.1、胎厚 0.4~0.5 厘米（图 3-380,4）。标本 2005H167:16，夹细砂，砂粒 0.1 厘米，黑陶褐胎。折沿近平，沿面微凹，方唇，鼓腹，中腹以下残。腹饰斜向细绳纹。口径 23.6、沿宽 1.7、残高 8.2、胎厚 0.4~0.8 厘米（图 3-380,5）。标本 2005H167:18，夹细砂，砂粒 0.1 厘米，黑陶褐胎。敛口，仰折沿，折棱两侧各有一凹槽，方唇，上缘凸起，鼓腹，中腹以下残。口沿及上腹磨光，腹饰一周弦纹。口径 24、沿宽 2.3、残高 5.2、胎厚 0.5~0.7 厘米（图 3-380,6）。

圆腹罐

A 型Ⅱ式　标本 2005H167:54，夹细砂，砂粒 0.1 厘米，黑陶。折沿上仰，方唇，腹微鼓，平底略凹，中腹残。腹饰斜向细绳纹，底面有绳纹。口径 20、沿宽 1.5、残高 8.6~6.4、胎厚 0.6~

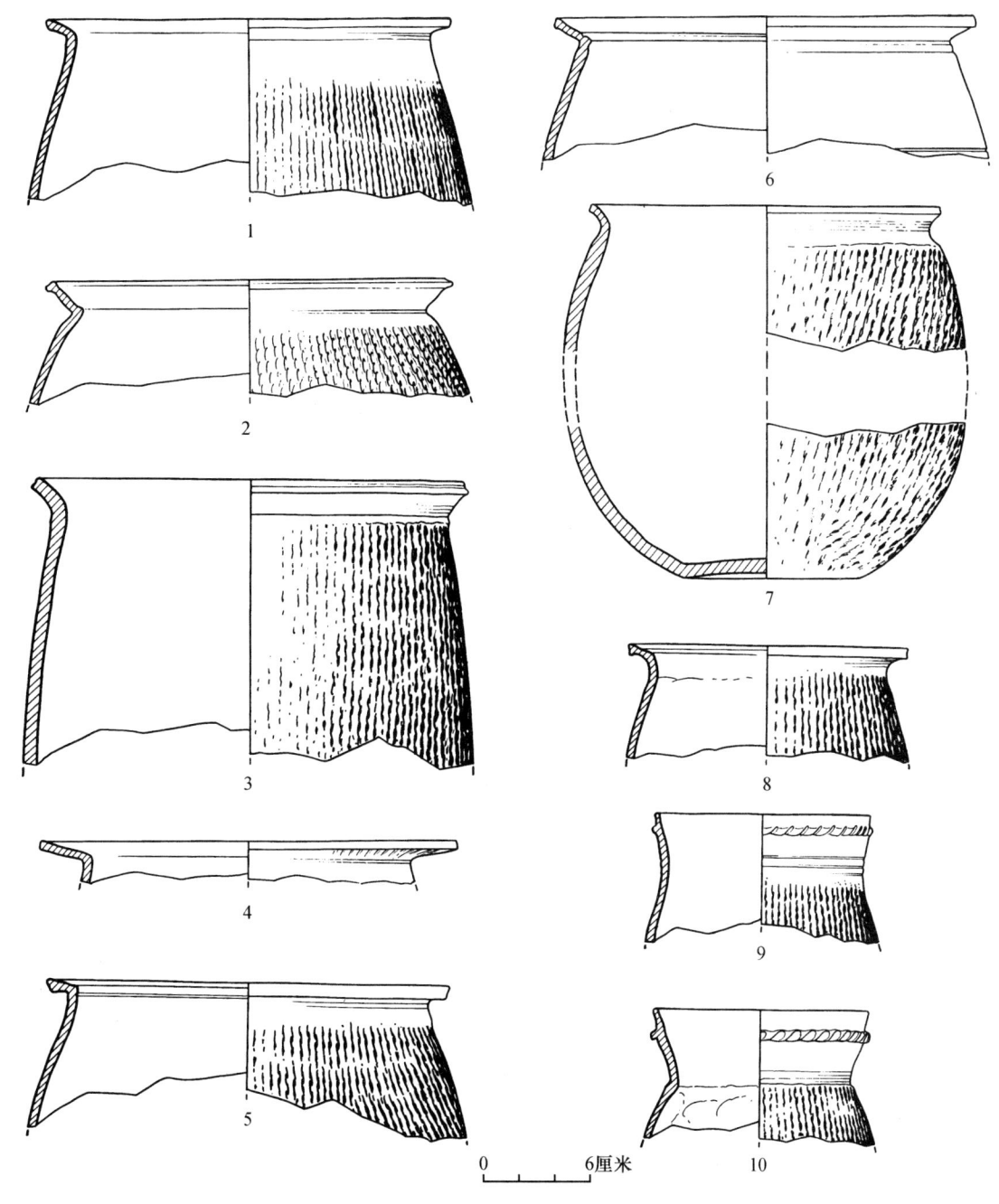

图 3-380　2005ⅠT6636H167 出土陶罐

1~6. Ab 型Ⅱ式深腹罐（2005H167：8、2005H167：56、2005H167：9、2005H167：82、2005H167：16、2005H167：18）
7、8. A 型Ⅱ式圆腹罐（2005H167：54、2005H167：51）　9、10. Ca 型Ⅰ式圆腹罐（2005H167：27、2005H167：38）

0.7 厘米（图 3-380，7）。标本 2005H167：51，夹细砂，砂粒 0.1 厘米，黑陶。侈口，仰折沿，方唇，唇面内凹，腹较直，中腹以下残。腹饰竖向绳纹。口径 16.8、沿宽 1.6、残高 5.3、胎厚 0.5~0.6 厘米（图 3-380，8）。

Ca 型Ⅰ式　标本 2005H167：27，夹细砂，砂粒 0.1 厘米，黑陶褐胎。侈口，方唇，口外饰一周花边，高领斜直，鼓腹。中腹以下残。腹饰竖向细绳纹，规整。口径12.4、残高7.2、胎厚0.5～0.7厘米（图3-380，9）。标本2005H167∶38，夹细砂，砂粒0.1厘米，灰陶。侈口，圆唇，口外有一周花边，高直领，鼓腹，中腹以下残。腹饰竖向细绳纹。口径12.4、残高3.3、胎厚0.5～0.7厘米（图3-380，10）。标本2005H167∶39，夹细砂，砂粒0.1厘米，黑陶褐胎。侈口，口外饰一周花边，尖圆唇，高直领，圆鼓腹，中腹以下残。腹饰竖向细绳纹，纹饰清晰。口径13.2、残高5.6、胎厚0.4～0.5厘米（图3-381，1）。标本2005H167∶33，夹细砂，砂粒0.1厘米，灰陶。直口，尖唇，口外饰一周花边，花边处有一小錾，直领，鼓腹，中腹以下残，口沿及领部磨光，可见旋痕。腹饰斜向细绳纹，印痕较深。口径13、残高7.8、胎厚0.4～0.6厘米（图3-381，8）。

Ca型Ⅱ式　标本2005H167∶34，夹细砂，砂粒0.1厘米，灰陶。侈口，尖唇，口外饰一周花边，直领，鼓腹，中腹以下残。腹饰竖向绳纹。口径16.2、残高7.2、胎厚0.5～0.6厘米（图3-381，2）。标本2005H167∶23，夹细砂，砂粒0.1厘米，黑陶褐胎。侈口，尖圆唇，鼓腹，中腹以下残。口外饰一周花边，腹饰竖向绳纹。口径14、残高9.6、胎厚0.5～0.8厘米（图3-381，3）。标本2005H167∶44，夹细砂，砂粒0.1厘米，灰陶。侈口，尖唇，唇下有一周花边，领较高，鼓腹，中腹以下残。腹饰交错绳纹。口径14、残高6.3、胎厚0.4～0.5厘米（图3-381，4）。标本2005H167∶94，夹细砂，砂粒0.1厘米，黑陶褐胎。侈口，尖圆唇，直领，腹部以下残。口外有花边，领部有划纹，腹饰竖向绳纹。口径16.4、残高4.3、胎厚0.5厘米（图3-381，5）。标本2005H167∶48，夹细砂，砂粒0.1厘米，黑陶。方唇，直领，中腹以下残。口外饰有花边和一对鸡冠錾。腹饰竖向细绳纹。口径11.1、残高3.8厘米、胎厚0.4～0.5厘米（图3-381，10）。标本2005H167∶45，夹细砂，砂粒0.1厘米，灰陶。侈口，口外饰一周花边，尖唇，斜直领，鼓腹，中腹以下残。腹部竖向绳纹。口径14.4、残高6.7、胎厚0.5～0.7厘米（图3-381，7）。标本2005H167∶58，夹粗砂，砂粒0.2厘米以上，褐陶。侈口，尖圆唇，口外饰一周花边，领较斜直，鼓腹，中腹以下残。腹饰斜向篮纹，纹饰清晰，不规整。口径10.8、残高6.2、胎厚0.4～0.5厘米（图3-381，9）。标本2005H167∶42，夹细砂，砂粒0.1厘米，灰陶。直口微侈，尖圆唇，口外饰一周花边，直领，鼓腹，中腹以下残。腹饰竖向绳纹。口径14.6、残高7.6、胎厚0.5～0.7厘米（图3-381，6）。标本2005H167∶17，夹细砂，砂粒0.1厘米，黑陶。侈口，尖圆唇，口外饰一周花边和一对鸡冠錾，斜直领，鼓腹，中腹以下残。腹饰竖向绳纹。口径16、残高6.8、胎厚0.3～0.5厘米（图3-382，5）。

Ca型Ⅲ式　标本2005H167∶43，夹细砂，砂粒0.1厘米，灰黑陶。侈口，口外饰一周花边，尖唇，矮领，鼓腹，中腹以下残。腹饰竖向细绳纹。口径13、残高4.6、胎厚0.5～0.7厘米（图3-382，1）。标本2005H167∶28，夹细砂，砂粒0.1厘米，黑陶褐胎。侈口，尖圆唇，口外饰一周花边和一对鸡冠錾，矮领斜直，鼓腹，中腹部以下残。腹饰交错细绳纹。口径15、残高7.5、胎厚0.6～0.9厘米（图3-382，2）。

Cb型Ⅱ式　标本2005H167∶93，夹细砂，砂粒0.1厘米，褐陶。侈口，窄方唇，唇下有一周凸棱和一对小錾，领较高，鼓腹，中腹以下残。腹饰细绳纹。口径15、残高2.5、胎厚0.3～0.4厘米（图3-382，3）。标本2005H167∶37，夹细砂，砂粒0.1厘米，灰陶。侈口，尖圆唇，口外呈带状凸起，鼓腹，中腹以下残。腹饰斜向细绳纹。口径16.8、残高6.8、胎厚0.6～0.7厘米（图3-382，

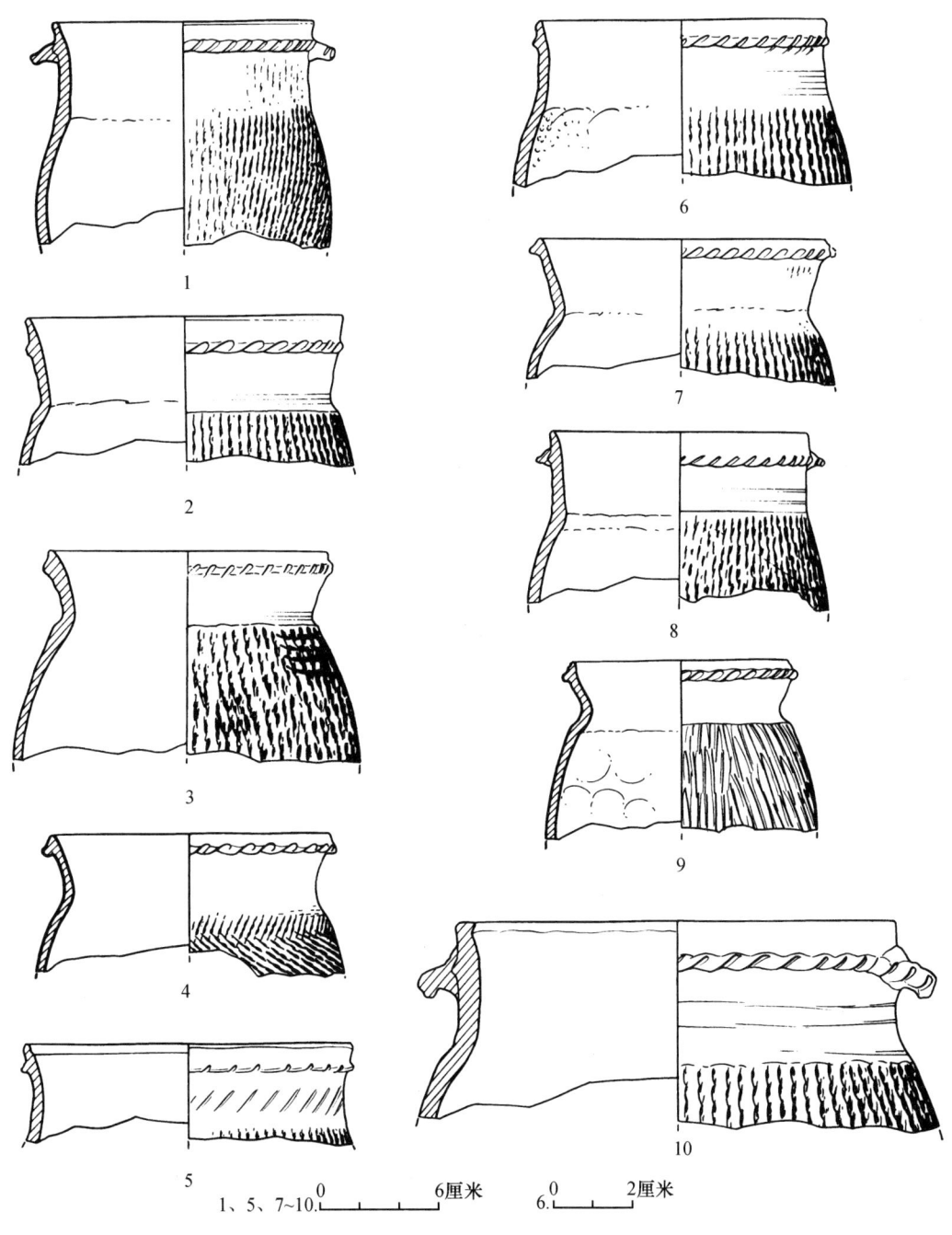

图 3-381　2005ⅠT6636H167 出土圆腹罐（一）

1、8. Ca 型Ⅰ式圆腹罐（2005H167：39、2005H167：33）　2～7、9、10. Ca 型Ⅱ式圆腹罐（2005H167：34、
2005H167：23、2005H167：44、2005H167：94、2005H167：42、2005H167：45、2005H167：58、2005H167：48）

4）。标本 2005H167：35，夹细砂，砂粒 0.1 厘米，灰陶。侈口，尖圆唇，口外有一周凸棱，束颈，鼓腹，中腹以下残。腹饰竖向细绳纹。口径 15、残高 7.7、胎厚 0.5～0.7 厘米（图 3-382，6）。标本 2005H167：26，夹细砂，砂粒 0.1 厘米，黑陶褐胎。侈口，方唇，颈部有一周宽凸棱和一对小錾，鼓腹，中腹以下残。腹饰斜向细绳纹。口径 13.6、残高 7、胎厚 0.4～0.5 厘米（图 3-382，7）。标本

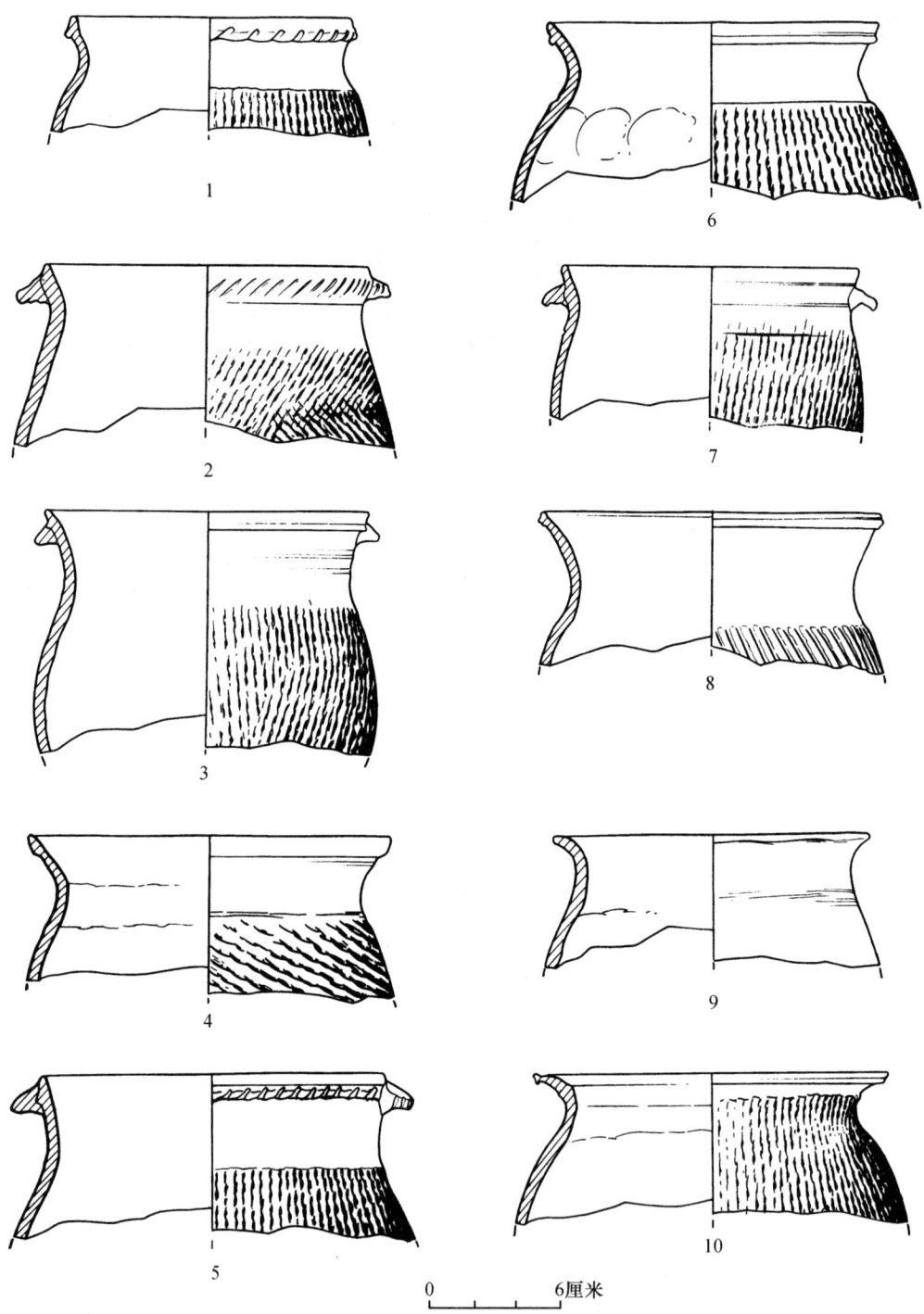

图 3-382 2005ⅠT6636H167 出土圆腹罐（二）

1、2. Ca 型Ⅲ式（2005H167：43、2005H167：28） 3、4、6、7. Cb 型Ⅱ式（2005H167：93、2005H167：37、2005H167：35、2005H167：26） 5. Ca 型Ⅱ式（2005H167：17） 8. Cc 型Ⅰ式（2005H167：49） 9、10. Cc 型Ⅱ式（2005H167：92、2005H167：55）

2005H167：65，夹砂灰陶。直口，尖圆唇，直领，鼓腹，中腹以下残。腹饰斜向细绳纹。残高6.6、胎厚0.3~0.5厘米（图3-383，2）。

Cc型Ⅰ式　标本2005H167：49，夹砂灰陶。侈口，方唇，高领，鼓腹，中腹以下残。腹饰斜向细篮纹。口径15.8、残高9.1、胎厚0.6厘米（图3-382，8）。

Cc型Ⅱ式　标本2005H167：92，夹细砂，砂粒0.1厘米，黑陶。卷沿，尖圆唇，束颈，鼓腹，中腹以下残。口径14.4、残高5.4、胎厚0.5~0.6厘米（图3-382，9）。标本2005H167：55，夹细砂，砂粒0.1厘米，黑陶。侈口，卷沿矮领，斜方唇，中腹以下残。腹饰竖向绳纹。口径16.2、残

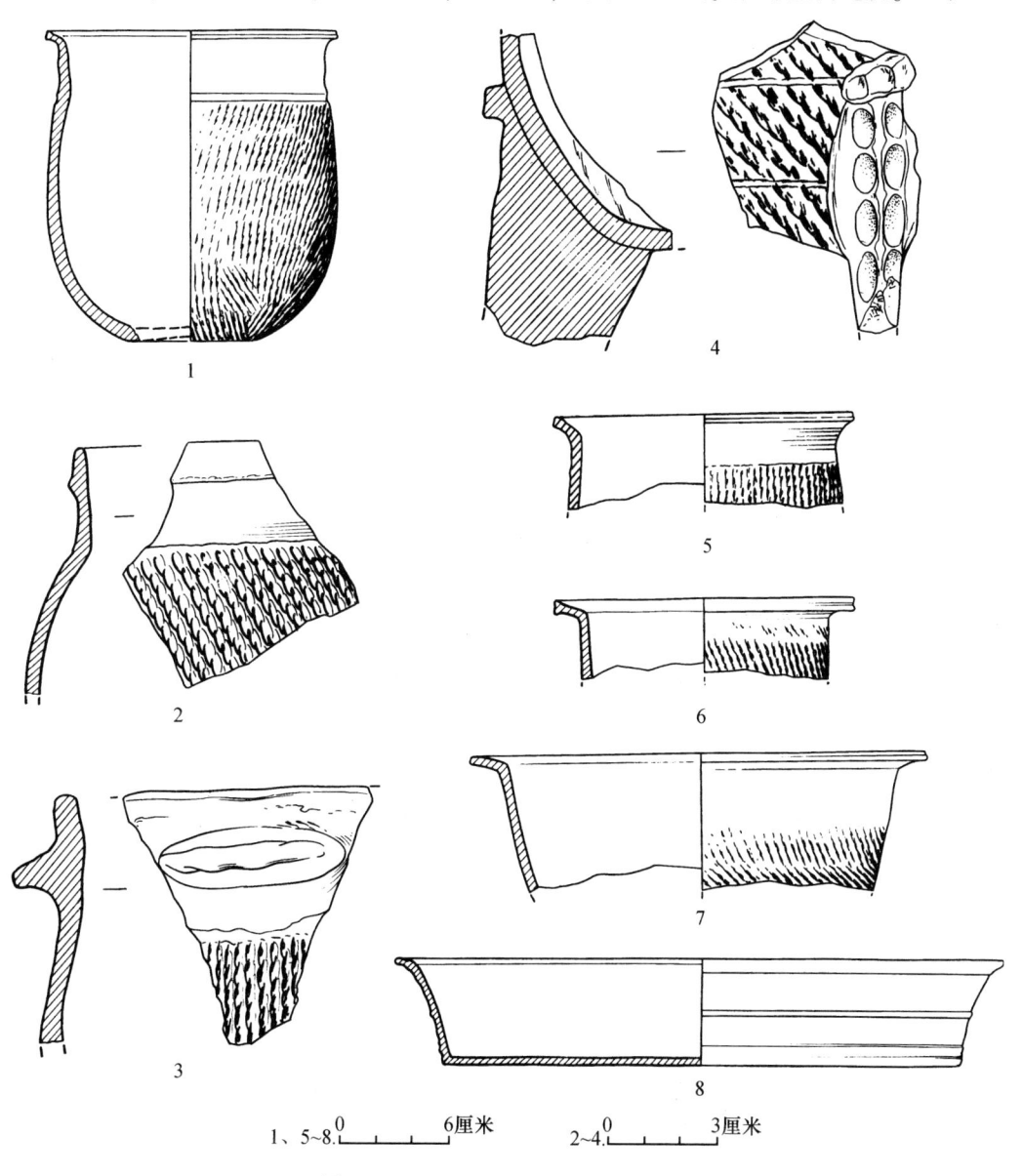

图3-383　2005ⅠT6636H167出土陶器

1、3. Cc型Ⅱ式圆腹罐（2005H167：10、2005H167：68）　2. Cb型Ⅱ式圆腹罐（2005H167：65）　4. 鼎（2005H167：75）
5、6. A型Ⅰ式鼎（2005H167：84、2005H167：61）　7. A型Ⅱ式深腹盆（2005H167：76）　8. A型Ⅰ式平底盆（2005H167：2）

高5.5、胎厚0.4~0.6厘米（图3-382,10）。标本2005H167:10，夹细砂，砂粒0.1厘米，黑陶褐胎。卷沿，方唇，唇面有一周弦纹，领较直，腹微鼓，平底残。颈腹交界处有一周弦纹，腹饰竖向细绳纹。口径17、底径7、残高16、胎厚0.6厘米（图3-383,1；图版一五,5）。标本2005H167:68，夹细砂，砂粒0.1厘米，黑陶。直口，圆唇，口外有小錾，腹微鼓，中腹以下残。残高5.8、胎厚0.6~0.7厘米（图3-383,3）。

鼎 标本2005H167:75，泥质夹中砂，沙砾0.1~0.2厘米，灰陶。残存部分足及下腹。腹饰有斜向弦断绳纹，鼎足外侧边缘有对称捏窝。残高8、胎厚0.5~1厘米（图3-383,4）。

A型Ⅰ式 标本2005H167:84，夹中砂，砂粒0.1~0.2厘米，黑陶。仰折沿，方唇，唇面有一凹痕，口微敛，中腹以下残。腹饰竖向绳纹。口径16.8、残高5.5、胎厚0.7厘米（图3-383,5）。标本2005H167:61，夹细砂，砂粒0.1厘米，黑陶。折沿近平，方唇，唇面略凹，口微侈，腹较直，中腹以下残。腹饰斜向绳纹。口径16.8、残高3.7、胎厚0.5~0.6厘米（图3-383,6）。

平底盆 A型Ⅰ式 标本2005H167:2，泥质黑陶。敞口，卷沿略仰，沿面有两道弦纹，圆唇，腹部外张，中部有一凸弦纹，腹部与底交界处略外凸，平底。口径34.5、底径29.4、高5.6、胎厚0.5厘米（图3-383,8）。

深腹盆 A型Ⅱ式 标本2005H167:76，夹细砂，砂粒0.1厘米，黑陶褐胎。折沿微仰，方唇唇面有一周弦纹，侈口，上腹外张，中腹以下残。腹饰斜向细绳纹。口径25.4、残高7.3、胎厚0.5~0.6厘米（图3-383,7）。标本2005H167:72，泥质灰陶。折沿微仰，方唇，侈口，腹外张，下腹残。上腹饰两周弦纹和一对鸡冠耳，腹饰交错细绳纹。口径27.2、残高11.1、胎厚0.4~0.6厘米（图3-384,1）。标本2005H167:7，夹细砂，砂粒0.1厘米，黑陶。侈口，折沿近平，方唇，唇面中部略凹，鼓腹，平底略凹。上腹有多周密集的轮修痕迹和一对鸡冠耳，其下饰竖向绳纹，底部饰绳纹。口径21.8、底径9.2、高20.5厘米，厚0.5~0.7厘米（图3-384,3）。标本2005H167:30，夹细砂，砂粒0.1厘米，黑陶褐胎。折沿微仰，

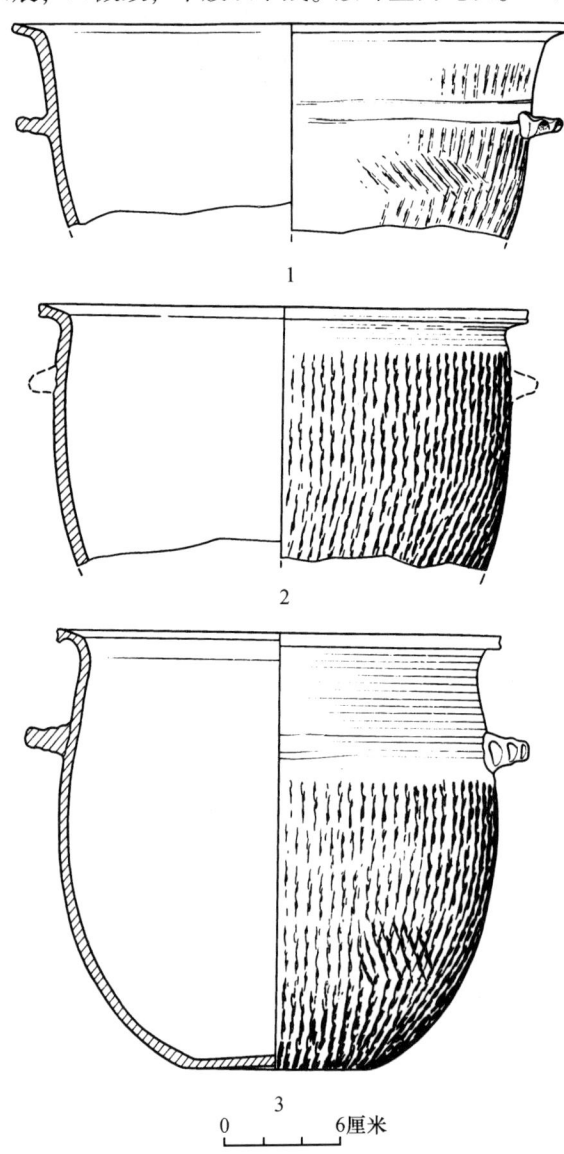

图3-384 2005ⅠT6636H167出土深腹盆
1~3. A型Ⅱ式（2005H167:72、2005H167:30、2005H167:7）

方唇，唇面略凹，敛口，深腹略鼓，下腹以下残。腹饰竖向绳纹，上腹有鸡冠耳脱落痕。口径25、残高11.6、胎厚0.5~0.8厘米（图3-384，2）。标本2005H167：11，夹细砂，砂粒0.1厘米，黑陶。折沿略仰，方唇，敛口，深鼓腹，平底。上腹部有一对鸡冠耳，腹饰交错细绳纹。口径19、底径9.4、腹径22、高21.4、胎厚0.4~0.5厘米（图3-385，1）。标本2005H167：62，夹细砂，砂粒0.1厘米，灰陶。敛口，仰折沿，方唇，唇面有一周凹槽，下腹及底残。上腹饰竖向粗篮纹，中腹有一周弦纹和一对鸡冠耳，下腹饰交错绳纹。口径24、残高10.5、胎厚0.8厘米（图3-385，2）。

圈足盘　B型　标本2005H167：3，夹细砂，砂粒0.1厘米，黑陶褐胎。浅盘，侈口，卷沿下耷，尖圆唇，折腹，平底，圈足上粗下细，下部残。外壁磨光，近底处有一周弦纹，足上有一组弦纹。口径25.8、盘深3.6、残高8.4、胎厚0.7~1.3厘米（图3-385，3）。

豆　A型Ⅱ式　标本2005H167：4，泥质黑陶。敞口，折沿微耷，尖圆唇，侈口，折腹，平底微凹，豆柄残缺。豆盘中部有一周凸弦纹，内外磨光。口径19.8、盘深6、残高6.7、胎厚0.5~0.7厘米（图3-385，4）。

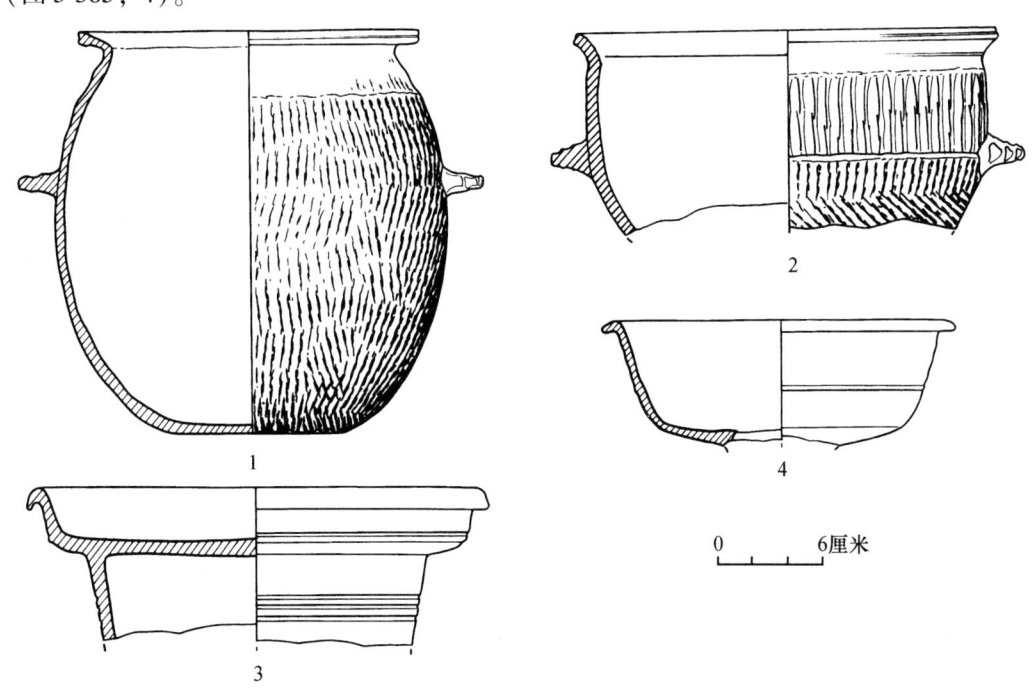

图3-385　2005ⅠT6636H167出土陶器
1、2.A型Ⅱ式深腹盆（2005H167：11、2005H167：62）　3.B型圈足盘（2005H167：3）　4.A型Ⅱ式豆（2005H167：4）

小口尊　标本2005H167：64，泥质灰陶。直口微侈，卷沿，唇略残，斜直领，斜肩，肩以下残。领肩部磨光，肩部可见一周细弦纹。残存口径16、领高2.4、残高4、胎厚0.7~0.8厘米（图3-386，2）。

Aa型　标本2005H167：15，夹细砂，黑陶褐胎。直口微侈，唇部残缺，高领，折肩，上腹较直，中腹以下残。领肩部磨光，肩部饰有弦纹及一周附加堆纹，腹饰斜向绳纹。领高3.8、肩宽8.6、厚0.7~0.8、肩径32厘米（图3-386，3）。

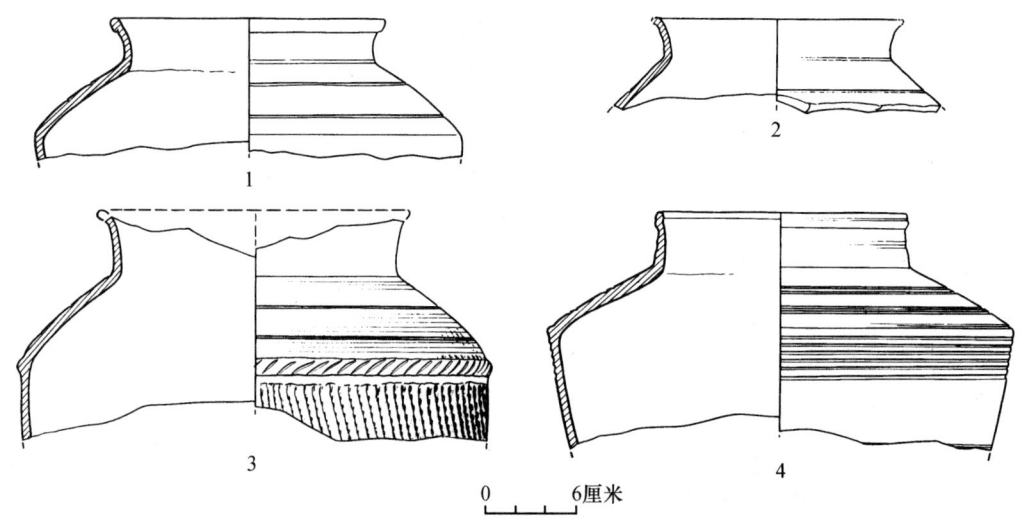

图3-386　2005ⅠT6636H167 出土小口尊
1、4. Ab型小口尊（2005H167：86、2005H167：13）　2. 小口尊（2005H167：64）　3. Aa型小口尊（2005H167：15）

Ab型　标本2005H167：13，泥质灰陶。直口微侈，圆唇，口外呈带状凸起，高领，折肩，中腹以下残。领肩及上腹磨光，肩部可见两组双周弦纹，上腹可见一组六周弦纹。口径16.8、领高3.6、肩宽7.5、肩径31、残高6.7、胎厚0.7～0.8厘米（图3-386，4）。标本2005H167：86，夹细砂，砂粒0.1厘米，灰陶。侈口，圆唇外鼓，矮领，折肩，腹及底残。领肩部磨光，肩部可见两周弦纹。口径18.4、领高2.8、肩宽7.2、残高6.5、胎厚0.6～0.7厘米（图3-386，1）。标本2005H167：12，泥质灰陶。口微侈，圆唇外鼓，矮领，折肩，上腹较斜直，中腹以下残。器表磨光，肩部有一周弦纹，上腹可见一组五周弦纹。口径23.6、领高2.4、肩宽6.4、肩径31.8、残高15、胎厚0.9厘米（图3-387，1）。标本2005H167：14，泥质灰陶。直口微侈，方唇，口外有一周凸棱，矮领较直，折肩，中腹残，平底。领部内外磨光，肩部饰两周弦纹间云纹，肩腹交界处可见三排指甲纹，下腹饰弦纹及交错篮纹。口径17.6、领高2.2、肩宽6、肩径27.2、残高8、胎厚0.8厘米（图3-387，3）。

瓮　A型Ⅱ式　标本2005H167：1，泥质灰陶。侈口，斜方唇，矮领，折肩，深腹斜直，下腹内收为小平底。器表磨光，肩饰弦纹，腹饰三组凸弦纹，下腹近底饰斜向绳纹，底部外缘压印成花边。口径20.4、领高2.1、肩宽7.7、肩径34.5、底径10.8、高42、胎厚0.6厘米（图3-387，4；图版一五，6）。

盂　标本2005H167：88，泥质黑陶。折沿近平，方唇，口微敛，腹略鼓，下腹及底残。素面磨光。口径10.8、残高3.4、胎厚0.4～0.7厘米（图3-387，2）。

器盖　标本2005H167：22，夹细砂，砂粒0.1厘米，黑陶褐胎。残余顶部，顶微弧，折腹。器表磨光，饰数周弦纹。残存腹径31.8、残高5、胎厚0.9厘米（图3-388，1）。标本2005H167：31，泥质黑陶，褐胎。残余顶部，盖纽残缺，顶部微弧，折腹。外壁磨光，饰有弦纹。残存腹径26.2、残高4、胎厚0.7厘米（图3-388，2）。

高领罐　标本2005H167：36，夹细砂，砂粒0.1厘米，灰陶。侈口，圆唇，高领略曲，腹以下

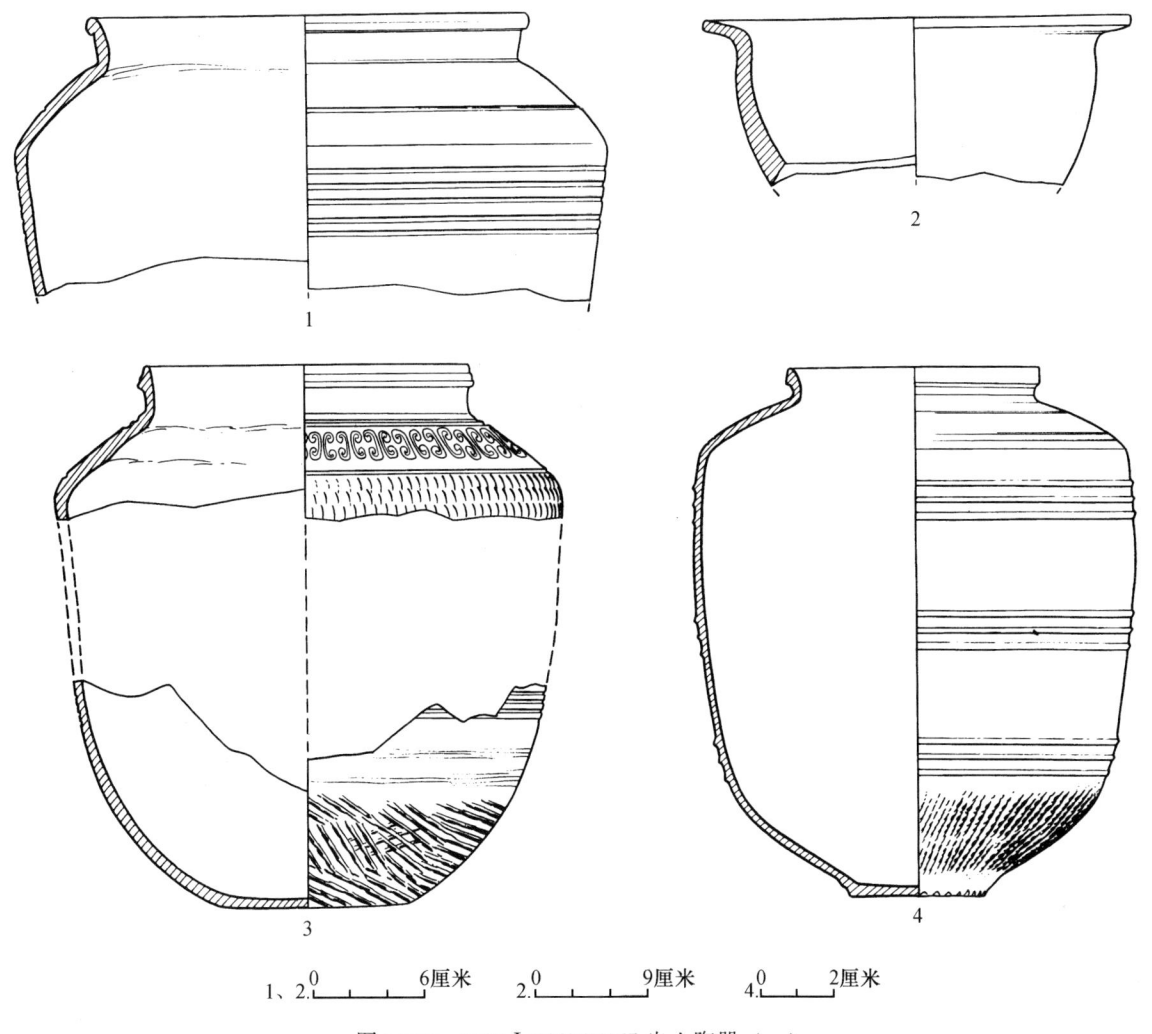

图 3-387　2005ⅠT6636H167 出土陶器（一）

1、3. Ab 型小口尊（2005H167∶12、2005H167∶14）　2. 盂（2005H167∶88）　4. A 型Ⅱ式瓮（2005H167∶1）

残。领部磨光。口径 13.8、残高 4.3、胎厚 0.6～0.7 厘米（图 3-388，3）。标本 2005H167∶21，泥质黑陶。侈口，沿面近唇处有一弦纹，圆唇外鼓，领稍矮，斜肩，腹以下残。领肩部磨光。口径 12.6、残高 5、胎厚 0.5 厘米（图 3-388，4）。

小罐　标本 2005H167∶50，泥质灰陶。侈口，尖唇，唇下有一周凸棱，斜直领，圆鼓腹，中腹以下残。器表磨光。口径 11.5、领高 2.5、残高 6.6、胎厚 0.6～0.7 厘米（图 3-388，5）。标本 2005H167∶95，夹细砂，砂粒 0.1 厘米，黑陶褐胎。敛口，圆唇，矮领，口外有一周凸棱，斜肩，腹以下残。领肩部磨光，可见两周弦纹。口径 8.4、残高 3.6、胎厚 0.5 厘米（图 3-388，6）。

敛口罐

A 型Ⅱ式　标本 2005H167∶90，夹细砂，砂粒 0.1 厘米，黑陶。微侈口，折沿微仰，方唇，唇面有一周凹槽，腹微鼓，中腹以下残。素面磨光。口径 17.6、残高 3.4、胎厚 0.5～0.6 厘米（图 3-388，8）。

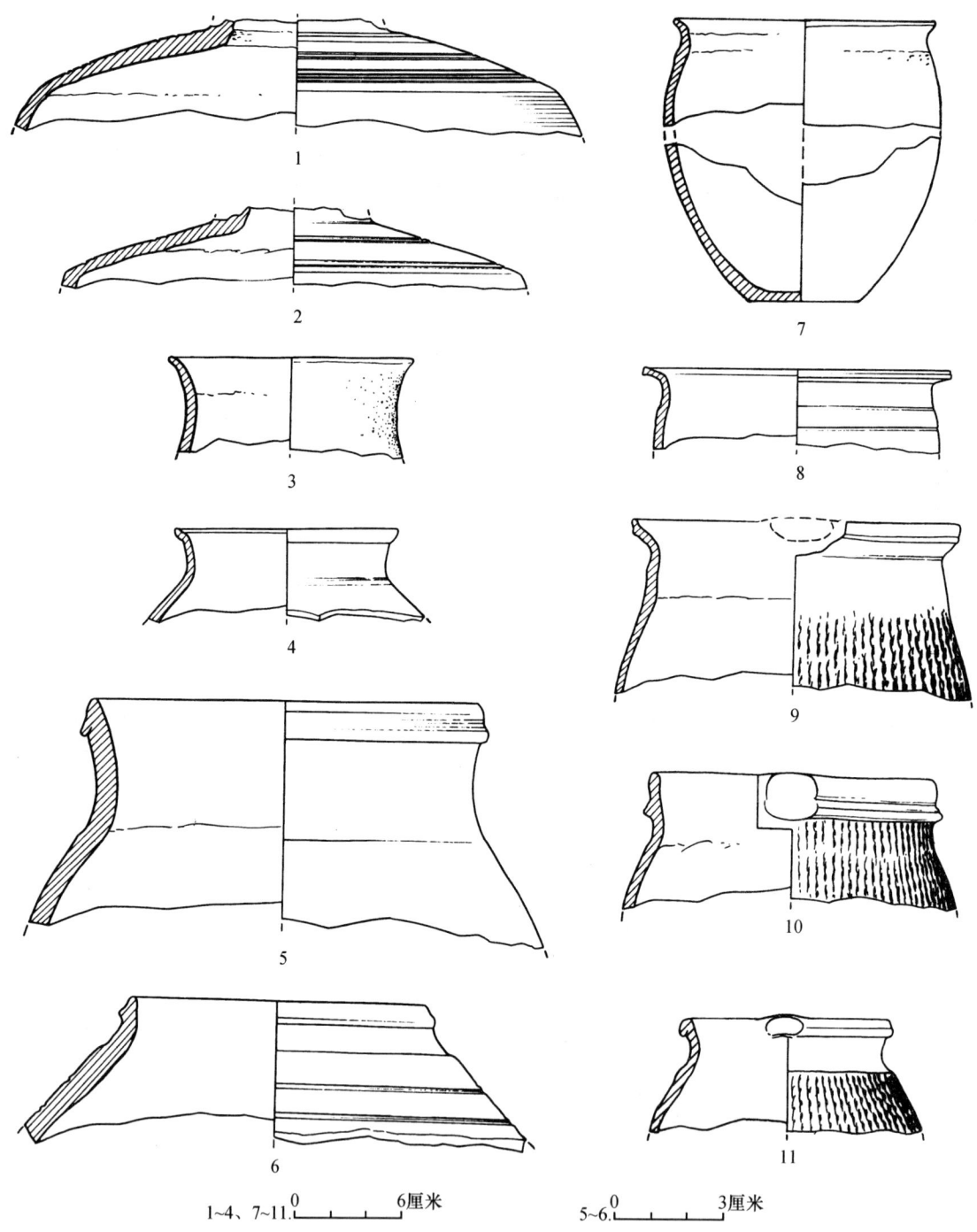

图 3-388　2005ⅠT6636H167 出土陶器（二）

1、2. 器盖（2005H167∶22、2005H167∶31）　3、4. 高领罐（2005H167∶36、2005H167∶21）　5、6. 小罐（2005H167∶50、2005H167∶95）　7. B 型敛口罐（2005H167∶5）　8. A 型Ⅱ式敛口罐（2005H167∶90）　9、10、11. A 型Ⅰ式捏口罐（2005H167∶87、2005H167∶78、2005H167∶77）

B型　标本2005H167:5，夹细砂，砂粒0.1厘米，黑陶。圆唇，侈口，卷沿，口沿内侧有一周浅凹槽，圆鼓腹，中腹缺失，平底。器表磨光。口径14.7、复原高度5.9、胎厚0.5~0.7厘米（图3-388，7）。

捏口罐　A型Ⅰ式　标本2005H167:87，泥质黑陶。折沿，方唇上缘凸起，敛口，鼓腹，中腹以下残。腹饰竖向绳纹。口径18.4、残高9.2、胎厚0.6~0.7厘米（图3-388，9）。标本2005H167:78，夹细砂，砂粒0.1厘米，黑陶。直口微侈，圆唇，口外饰一周凸棱并残存一捏窝，鼓腹，中腹以下残。腹饰绳纹。口径16、残高6.8、胎厚0.7厘米（图3-388，10）。标本2005H167:77，夹细砂，砂粒0.1厘米，黑陶。侈口，圆唇外鼓，矮领，鼓腹，中腹以下残。口部有捏窝，腹饰竖向绳纹。口径12、残高5.8~6.5、胎厚0.5~0.7厘米（图3-388，11）。

2005ⅠT6735④

深腹罐

Ab型Ⅱ式　标本2005ⅠT6735④:22，夹细砂灰陶。敛口，宽沿仰折，方唇，鼓腹，中腹以下残。腹饰斜向绳纹，印痕较深。口径18.8、残高9.7、胎厚0.6~1厘米（图3-389，1）。

Ab型Ⅲ式　标本2005ⅠT6735④:20，夹细砂深灰陶。敛口，折沿近平，方唇。鼓腹，上腹较鼓，中腹以下残。口沿及上腹抹平。口径22、残高9.7、胎厚0.6~1厘米（图3-389，3）。

Ac型Ⅰ式　标本2005ⅠT6735④:15，夹细砂，偶见较大砂粒，黑陶。敛口，仰折沿，圆唇下缘抹圆。上腹较鼓，中腹以下残。腹饰斜向绳纹。口径21.4、残高9.7、胎厚0.6~1厘米（图3-389，2）。

圆腹罐　Cb型Ⅲ式　标本2005ⅠT6735④:6，夹砂，砂粒0.05~0.15厘米，灰陶褐胎。卷沿，沿面上仰，斜方唇，矮领，鼓腹，中腹以下残。唇缘外凸，腹饰斜向及横向绳纹。口径16.8、残高9.7、胎厚0.6~1厘米（图3-389，4）。

刻槽盆　A型Ⅰ式　标本2005ⅠT6735④:5，夹砂，砂粒0.1厘米，深灰陶。侈口，有流，圆唇，唇外呈带状凸起。鼓腹，中腹以下残。领腹相交处有一道弦纹，腹饰竖向细绳纹。残高9.7、胎厚0.6~1厘米（图3-389，5）。

缸　Aa型Ⅰ式　标本2005ⅠT6735④:2，夹细砂灰陶。近直口，仰折沿，方唇，唇面有一道弦纹。腹壁外张，中腹以下残。腹饰斜向及竖向绳纹和索状附加堆纹。口径37.8、残高17.4、胎厚0.6~1厘米（图3-389，6）。

器盖　Aa型Ⅱ式　标本2005ⅠT6735④:1，泥质黑陶褐胎。敞口，尖圆唇外凸。斜直腹，弧顶，纽残。通体磨光。上腹饰弦纹和凸弦纹，顶部有指甲纹带。口径34.2、残高6.3、胎厚0.6厘米（图3-389，7）。

2005ⅠT6735H50

圆腹罐

Ca型Ⅱ式　标本2005H50:2，夹细砂灰陶，局部红褐色。侈口，圆唇，口外饰一周索状花边。高领卷曲。鼓腹，中腹以下残。上腹绳纹竖向。口径14、残高6.2厘米（图3-390，2）。

Cc型Ⅱ式　标本2005H50:3，夹细砂灰陶。侈口，卷沿，圆唇，领较矮，圆鼓腹，中腹残，平

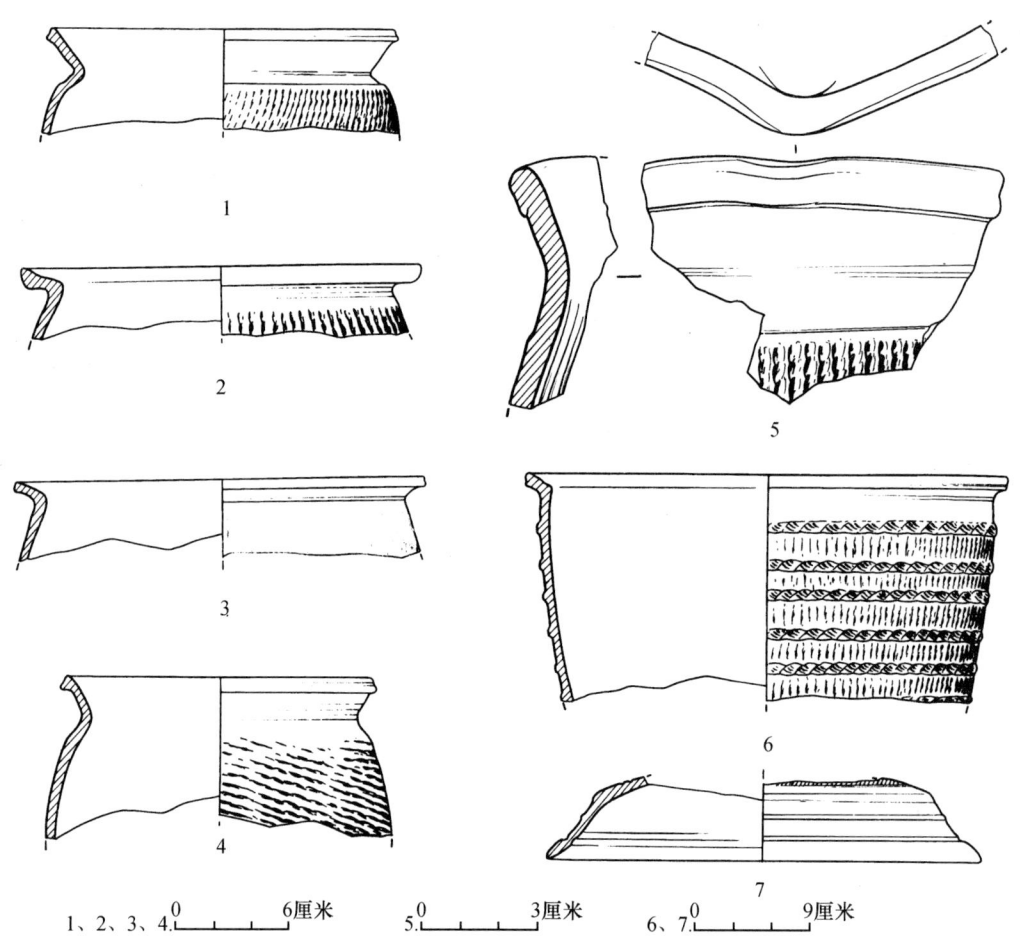

图 3-389 2005ⅠT6735④出土陶器
1. Ab 型Ⅱ式深腹罐（2005ⅠT6735④:22） 2. Ac 型Ⅰ式深腹罐（2005ⅠT6735④:15） 3. Ab 型Ⅲ式深腹罐
（2005ⅠT6735④:20） 4. Cb 型Ⅲ式圆腹罐（2005ⅠT6735④:6） 5. A 型Ⅰ式刻槽盆（2005ⅠT6735④:5）
6. Aa 型Ⅰ式缸（2005ⅠT6735④:2） 7. Aa 型Ⅱ式器盖（2005ⅠT6735④:1）

底略凹。腹饰右斜绳纹。口径 12.5、底径 6.7、复原高 11.5 厘米（图 3-390，1）。

鼎 A 型Ⅱ式 标本 2005H50:5，夹细砂深灰陶，局部褐色。敞口，仰折沿，尖圆唇，斜弧腹，下腹及足残。腹饰竖向细绳纹和附加堆纹。口径 15.2、残高 5.2 厘米（图 3-390，4）。

盂 标本 2005H50:4，泥质，含少量细砂，黑陶。敛口，仰折沿，圆唇，鼓腹，中腹以下残。素面。口径 14.2、残高 4.8 厘米（图 3-390，3）。

豆 Bb 型 标本 2005H50:1，泥质黑灰陶。尖圆唇，卷沿微奔，浅盘，斜弧腹，平底，高竹节状柄，上粗下细，底座为喇叭形口。通体素面，豆柄饰凹凸弦纹。盘径 17.6、盘深 2.8、柄高 17.5、通高 20.8 厘米（图 3-390，5）。

2005ⅠT6735H96

深腹罐

Ab 型Ⅰ式 标本 2005H96:26，夹细砂，偶见较大砂粒，深灰陶。敛口，仰折沿，方唇，上腹

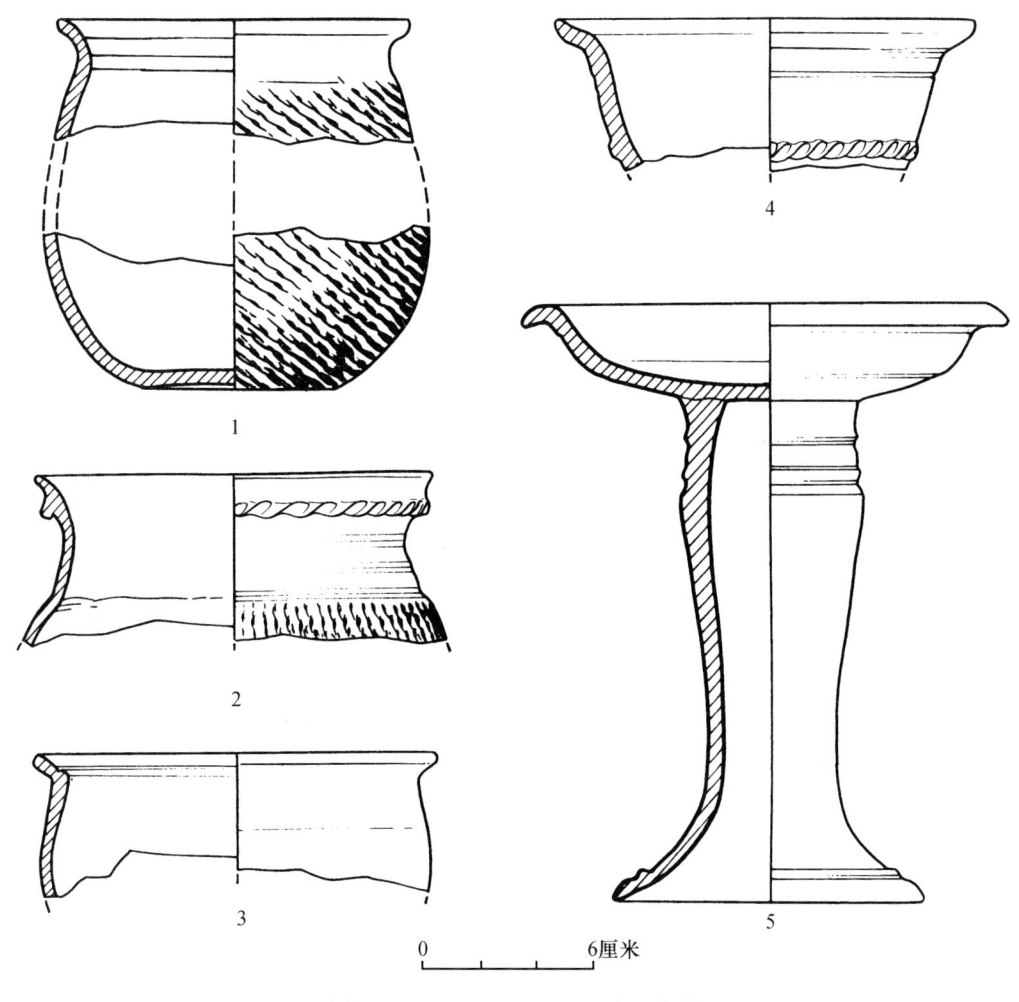

图 3-390 2005ⅠT6735H50 出土陶器

1. Cc 型Ⅱ式圆腹罐（2005H50:3） 2. Ca 型Ⅱ式圆腹罐（2005H50:2） 3. 盂（2005H50:4）
4. A 型Ⅱ式鼎（2005H50:5） 5. Bb 型豆（2005H50:1）

较鼓，中腹以下残。腹饰竖向粗篮纹。口径 24、残高 7 厘米（图 3-391,1）。标本 2005H96:29，夹细砂黑陶。敛口，仰折沿，方唇，腹较鼓，中腹以下残。上腹磨光，其下饰斜向粗篮纹，印痕较深，清晰。口径 20、残高 10 厘米（图 3-391,2）。

Ab 型Ⅱ式 标本 2005H96:24，夹砂，砂粒 0.1~0.2 厘米，灰陶。敛口，仰折沿，方唇。深腹较鼓，下腹残。腹饰竖向绳纹。口径 18、残高 19 厘米（图 3-391,3）。标本 2005H96:30，夹砂，砂粒 0.5~0.1 厘米，深灰陶。敛口，仰折沿，方唇，腹较鼓，中腹以下残。腹饰斜向绳纹，印痕较深。口径 24、残高 6 厘米（图 3-391,4）。标本 2005H96:10，夹细砂灰陶。敛口，仰折沿，方唇，折棱凸出，上腹较鼓，中腹以下残。腹饰菱形方格纹。口径 24.6、残高 13 厘米（图 3-391,5）。标本 2005H96:14，夹砂，砂粒 0.1 厘米，黑陶褐胎。敛口，仰折沿，沿面略凹，方唇，上腹较鼓，中腹以下残。上腹饰竖向和斜向绳纹。口径 24、残高 12 厘米（图 3-391,6）。标本 2005H96:19，夹砂，砂粒 0.1 厘米，褐陶。仰折沿，沿面外侧有一道弦纹，圆唇，上腹较鼓，中腹以下残。腹饰

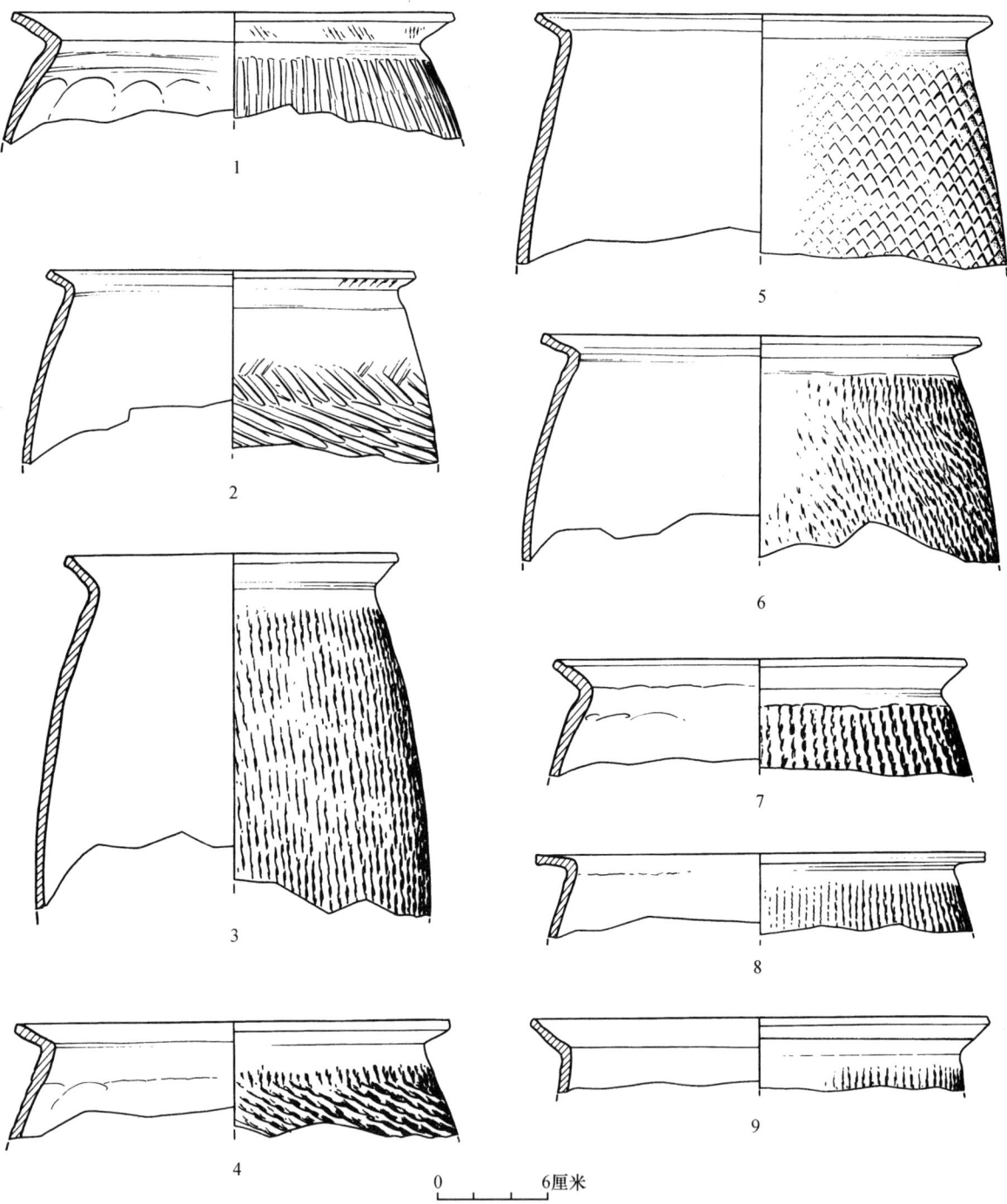

图 3-391　2005ⅠT6735H96 出土深腹罐
1、2. Ab 型Ⅰ式（2005H96:26、2005H96:29）　3~9. Ab 型Ⅱ式（2005H96:24、2005H96:30、2005H96:10、2005H96:14、2005H96:19、2005H96:95、2005H96:56）

斜向绳纹，印痕较深。口径22.4、残高5.8厘米（图3-391，7）。标本2005H96：95，夹细砂，偶见较大砂粒，灰陶。折沿近平，方唇，唇面有一道弦纹。上腹较鼓，中腹以下残。腹饰竖向细绳纹。口径24.6、残高4厘米（图3-391，8）。标本2005H96：56，夹细砂灰陶。仰折沿，沿面略凹，方唇，鼓腹，腹及底残。腹饰竖向绳纹。口径25、残高3.6厘米（图3-391，9）。

圆腹罐

A型Ⅱ式　标本2005H96：1，夹砂，砂粒0.05～0.1厘米，深灰陶，局部红褐色。敛口，仰折沿，方唇，圆鼓腹，底残。口外抹平，腹饰竖向及斜向绳纹。口径18.8、腹径20.5、残高19厘米（图3-392，5）。

Ca型Ⅰ式　标本2005H96：8，夹细砂灰陶。侈口，尖唇，口外饰一周索状花边及一对鸡冠鋬。高领斜直，鼓腹，底残。腹饰竖向及斜向绳纹。口径13.6、腹径14.4、残高14厘米（图3-392，6；图版一五，1）。

Ca型Ⅱ式　标本2005H96：27，夹细砂灰陶。侈口，尖圆唇，口外饰一周索状花边及一对鸡冠鋬。高领斜直，鼓腹，中腹以下残。腹饰竖向细绳纹。口径15.2、残高8.8厘米（图3-392，3）。标本2005H96：7，夹细砂灰陶，局部红褐色。口微侈，尖唇，口外饰一周索状花边。高领较直，鼓腹，平底。腹饰细绳纹。口径12.6、腹径13.4、高12厘米（图3-392，7；图版一五，2）。

Ca型Ⅲ式　标本2005H96：22，夹细砂，偶见较大砂粒，灰陶，局部红褐色。侈口，尖唇，口外饰一周花边及一对鸡冠鋬。高领斜直，圆鼓腹，中腹以下残。腹饰斜向细绳纹。口径18、残高10.2厘米（图3-392，4）。标本2005H96：43，夹细砂，灰陶褐胎。口微侈，圆唇，唇外有花边，腹瘦长，中腹以下残。腹饰中绳纹，上腹饰横向和右斜向绳纹。口径12.6、残高5.4厘米（图3-392，1）。标本2005H96：72，夹粗砂，砂粒0.3厘米以上，灰陶褐胎，局部红褐色。侈口，卷沿，方唇，唇下缘压印出花边。微束颈，鼓腹，平底。腹饰细绳纹。口径14.2、残高16厘米（图3-392，8）。

Cb型Ⅰ式　标本2005H96：31，夹细砂深灰陶。侈口，尖圆唇，唇下有一道凸棱及一对三角形小鋬。高领斜直，鼓腹，中腹以下残。腹饰斜向细绳纹。口径11、残高7.6厘米（图3-393，2）。标本2005H96：3，夹细砂灰陶。侈口，尖唇，口外有一道凸棱。高领斜直。鼓腹平底。上腹饰斜向及交错绳纹。口径18、腹径19、高18.6厘米（图3-393，8；图版一五，3）。

Cb型Ⅱ式　标本2005H96：28，夹砂，砂粒0.1厘米，灰陶。侈口，尖唇，口外有一道凸棱及一对鸡冠鋬。领略卷曲，鼓腹，中腹以下残。腹饰竖向较粗绳纹。口径14.6、残高11厘米（图3-392，9）。

Cc型Ⅱ式　标本2005H96：32，夹细砂灰陶。卷沿上仰，斜方唇，鼓腹，中腹以下残。腹饰竖向粗绳纹。口径14.4、残高6.8厘米（图3-392，2）。标本2005H96：2，夹细砂，偶见较大砂粒，灰陶。侈口，卷沿，斜方唇，唇下有一对三角形小鋬，腹微鼓，中腹以下残。腹饰竖向细绳纹。口径18.4、残高13.6厘米（图3-393，1）。标本2005H96：33，夹砂，砂粒0.1厘米，灰陶。卷沿，斜方唇，矮领，腹瘦长，中腹以下残。腹饰方格纹。口径15.6、残高11厘米（图3-393，6）。

鼎足　标本2005H96：39，夹砂，砂粒0.1厘米，灰陶。足下端残，似为扁平三角形。足左右两侧饰中绳纹，内外两侧均有对称捏窝。残高9.6厘米（图3-393，4）。

鼎　A型Ⅰ式　标本2005H96：94，夹细砂灰陶。折沿近平，方唇，口外有一周凹槽，中腹以下残。腹饰竖向绳纹。口径17.9、残高3.4厘米（图3-393，5）。

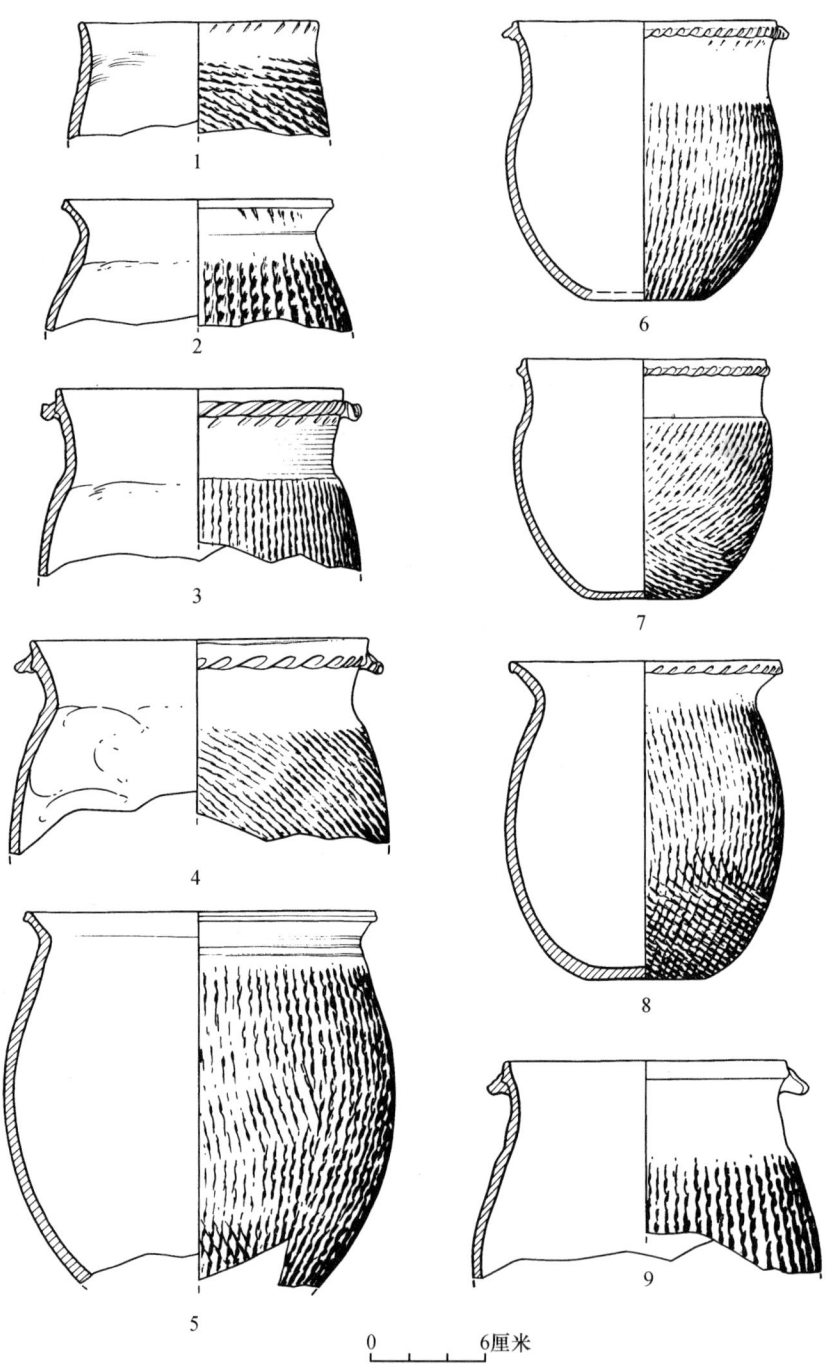

图 3-392　2005ⅠT6735H96 出土圆腹罐

1、4、8. Ca 型Ⅲ式（2005H96：43、2005H96：22、2005H96：72）　2. Cc 型Ⅱ式（2005H96：32）　3、7. Ca 型Ⅱ式（2005H96：27、2005H96：7）　5. A 型Ⅱ式（2005H96：1）　6. Ca 型Ⅰ式（2005H96：8）　9. Cb 型Ⅱ式（2005H96：28）

刻槽盆

A 型Ⅰ式　标本 2005H96：5，泥质黑陶，局部呈褐色。侈口有流，厚圆唇外凸。腹较直，底残。腹饰菱形方格纹，内壁有竖向刻槽。口径 18.8、残高 14 厘米（图 3-393，7；图版一五，4）。

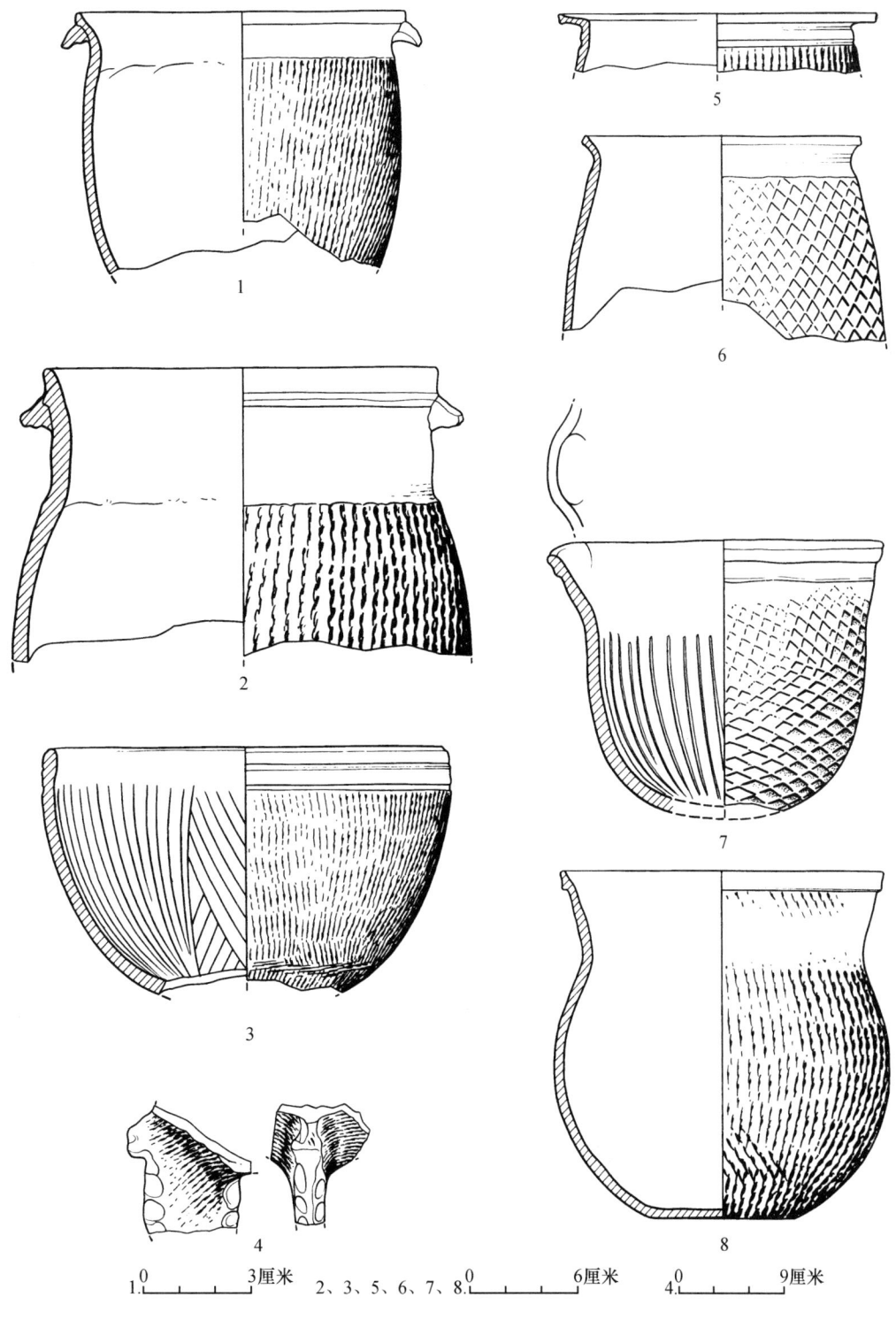

图 3-393　2005ⅠT6735H96 出土陶器（一）

1、6. Cc 型Ⅱ式圆腹罐（2005H96：2、2005H96：33）　2、8. Cb 型Ⅰ式圆腹罐（2005H96：31、2005H96：3）
3. B 型刻槽盆（2005H96：12）　4. 鼎足（2005H96：39）　5. A 型Ⅰ式鼎（2005H96：94）　7. A 型Ⅰ式刻槽盆（2005H96：5）

B型　标本2005H96:12，泥质含细砂，灰陶。口微敛，圆唇，斜弧腹宽浅，底残。口外有两道弦纹，腹饰竖向细绳纹。内壁有交错刻槽，分为四区。口径22.4、残高13厘米（图3-393，3）。

深腹盆　A型Ⅱ式　标本2005H96:35，夹细砂深灰陶。口微敛，折沿微仰，方唇，腹略鼓，上腹饰一对鸡冠耳，中腹以下残。腹饰竖向绳纹，印痕较深。口径26.2、残高7.2厘米（图3-394，1）。标本2005H96:18，泥质含细砂，黑陶。敛口，仰折沿，圆唇外缘略鼓。上腹较鼓，中腹以下残。上腹磨光。口径30.4、残高5厘米（图3-394，2）。

平底盆　A型Ⅰ式　标本2005H96:6，泥质含细砂，褐胎，局部显灰色。敞口，卷沿微耷，圆唇，口外有四桥形耳，耳表面有凸棱，上端两侧各有一泥丁，斜直腹，平底略凸。底部边缘有交错绳纹。口径39、高10.5、底径28.2厘米（图3-394，3；图版一六，1）。

圈足盘　B型　标本2005H96:34，泥质浅灰陶。仅存部分盘底和圈足，平底，圈足下端残。通体磨光。底径24.6、残高2厘米（图3-394，4）。

盂　标本2005H96:4，泥质黑陶。口微敛，折沿近平，方唇，上腹略鼓，下腹内收，平底。通体磨光。口径17.6厘米，高10.4、底径7.6厘米（图3-394，5；图版一六，2）。标本2005H96:21，泥质深灰陶，局部显红褐色，褐胎。口微敛，折沿微仰，方唇，唇面有一道弦纹。上腹略鼓，中腹以下残。外壁磨光。口径14.4、残高5厘米（图3-394，6）。标本2005H96:46，泥质含细砂，灰陶。口微敛，折沿微仰，方唇，腹微鼓，中腹以下残。通体磨光，腹部有数道弦纹。口径14.4、残高4.4厘米（图3-394，7）。

豆　A型Ⅰ式　标本2005H96:25，泥质灰陶。敞口，方唇，平折沿，斜直腹，底微圜，柄残。豆盘下部饰数道弦纹。口径18、残高7厘米（图3-394，8）。

豆柄　标本2005H96:15，泥质灰陶。仅存柄及底座。细高柄，上部较鼓，喇叭形底座，底座边缘有隆起宽边。通体磨光，柄上部及下部各饰一组弦纹，柄上部有镂孔。残高17.2、底径11.4厘米（图3-394，9）。

小口尊　A型　标本2005H96:20，泥质含细砂，灰陶。侈口，尖圆唇，唇下有一道凸棱。高领稍斜直。肩以下残。领肩磨光。口径20.6、残高6厘米（图3-395，1）。标本2005H96:17，夹细砂，黑陶褐胎。侈口，尖圆唇，唇下有一道凸棱。领较斜直。肩以下残。领肩外壁磨光。口径23.8、残高9厘米（图3-395，4）。标本2005H96:37，夹细砂，黑陶褐胎。仅存领部。侈口，圆唇外鼓。高领。通体磨光。口径18.4、残高4厘米（图3-395，5）。

缸　Ab型Ⅰ式　标本2005H96:13，夹细砂，偶见较大砂粒，灰陶。卷沿上仰，方唇，唇下缘压印出花边。上腹略鼓，中腹以下残。腹饰细绳纹和数道索状附加堆纹。口径36、残高16.2厘米（图3-395，3）。

壶　标本2005H96:36，泥质深灰陶，局部显褐色，褐胎。仅存口沿及领部。直口，圆唇，高领较直。通体磨光，领部有两道凸弦纹。口径8.5、残高3.9厘米（图3-395，2）。

盅　标本2005H96:9，泥质含细砂，褐陶。口微敛，尖唇，斜弧腹，平底。素面。腹部有捏痕。口径8、残高7.8、底径6厘米（图3-395，8；图版一六，4）。标本2005H96:11，泥质含细砂，褐陶。口微敛，尖圆唇，斜弧腹，平底。素面。口径6.5、残高5.7、底径4厘米（图3-395，7；图版一六，5）。标本2005H96:23，夹细砂，褐陶。侈口，尖圆唇，斜弧腹，小平底。素面。腹

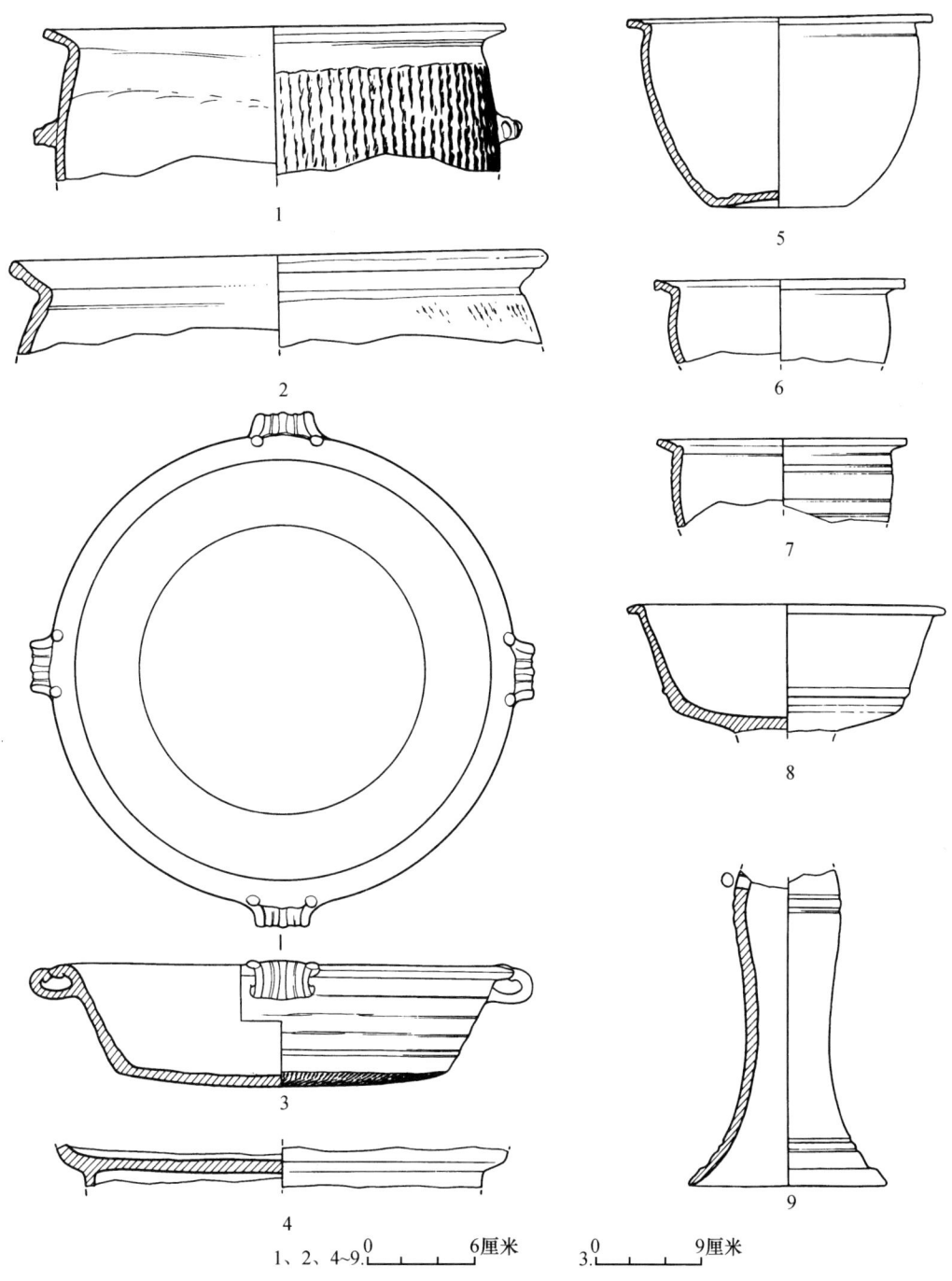

图 3-394　2005ⅠT6735H96 出土陶器（二）

1、2. A 型Ⅱ式深腹盆（2005H96：35、2005H96：18）　3. A 型Ⅰ式平底盆（2005H96：6）　4. B 型圈足盆（2005H96：34）　5～7. 盂（2005H96：4、2005H96：21、2005H96：46）　8. A 型Ⅰ式豆（2005H96：25）　9. 豆柄（2005H96：15）

部有捏痕。口径4、残高3.6、底径1.5厘米（图3-395，6；图版一六，3）。

网坠 A型 标本2005H96:85，泥质白陶，一面略显粉红色。体近长方形，两端及两侧各有一凹槽。表面可见刮抹痕。长4.2、宽2.8、厚1.3厘米（图3-395，9）。

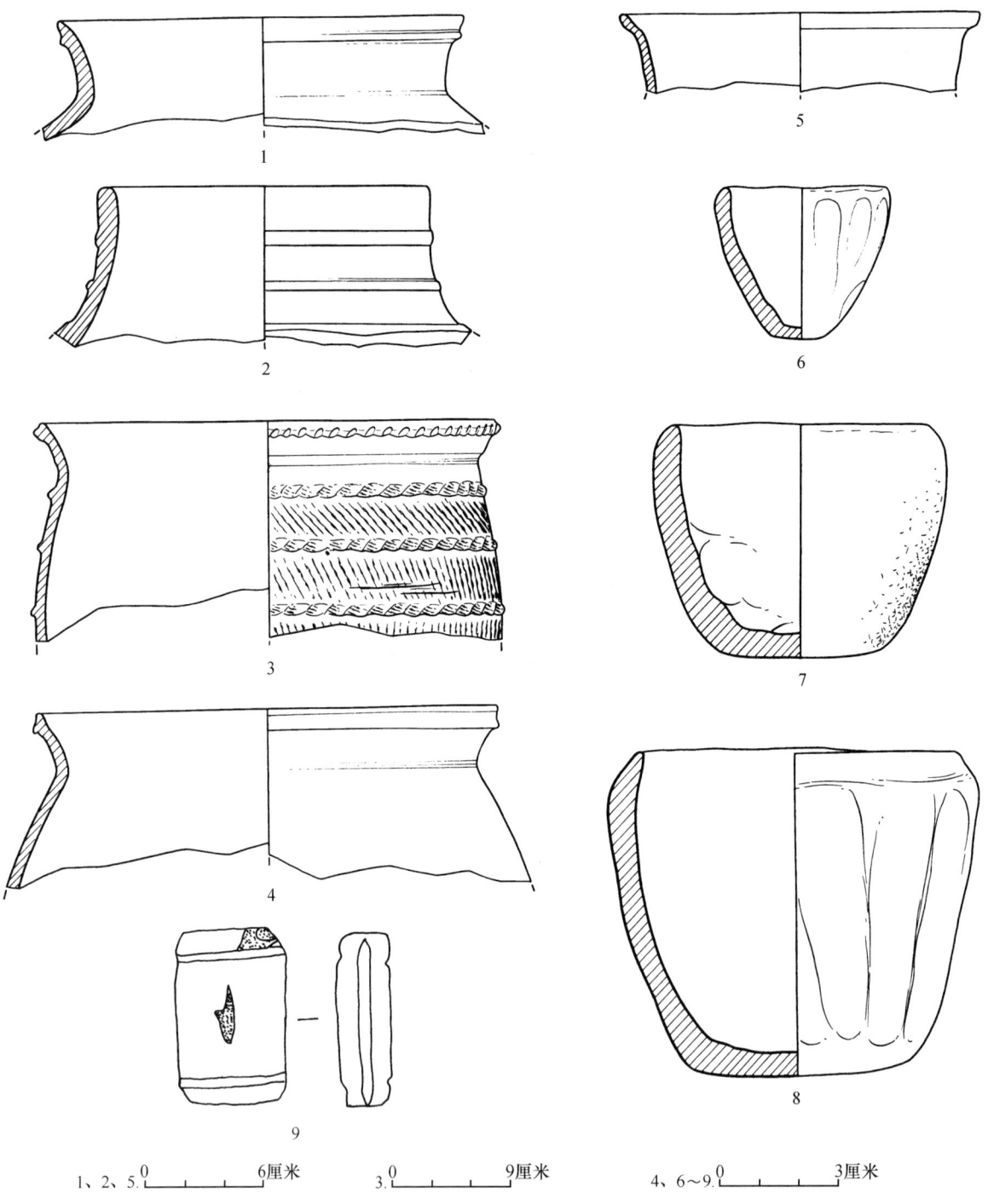

图3-395 2005ⅠT6735H96出土陶器（三）

1、4、5. A型小口尊（2005H96:20、2005H96:17、2005H96:37） 2. 壶（2005H96:36） 3. Ab型Ⅰ式缸（2005H96:13）
6~8. 盅（2005H96:23、2005H96:11、2005H96:9） 9. A型陶网坠（2005H96:85）

2005ⅠT6735H112

深腹罐

Ab型Ⅱ式　标本2005H112:39，夹砂灰陶。敛口，仰折沿，沿面略凹，方唇，上腹较鼓，中腹以下残。腹饰绳纹，印痕较深。口径19、残高8.8厘米（图3-396，1）。标本2005H112:27，夹砂灰陶。折沿微仰，沿面内侧有一道弦纹，方唇唇面有一道弦纹。上腹略鼓，中腹以下残。腹饰竖向绳纹。口径22、残高3.8厘米（图3-396，2）。标本2005H112:14，泥质黑陶。口微敛，仰折沿，圆唇，腹较直，中腹以下残。腹饰竖向绳纹。口径23.8、残高6厘米（图3-396，3）。标本2005H112:21，泥质黑陶，红褐胎。敛口，折沿微仰，斜方唇，中腹以下残。腹饰斜向细绳纹。口径22、残高4.8厘米（图3-396，4）。

C型Ⅰ式　标本2005H112:4，夹砂黑陶，红褐胎。口微侈，折沿微仰，斜方唇，束颈，腹较直，中腹以下残。口沿及颈部抹平。腹饰竖向细绳纹。口径18.4、残高15厘米（图3-396，5）。

圆腹罐

Cb型Ⅱ式　标本2005H112:15，夹细砂，深灰陶褐胎。口微侈，圆唇，领斜直，领中部有一道凸棱及一对三角形小鋬，腹微鼓，中腹以下残。腹饰竖向中细绳纹。口径22、残高14.8厘米（图3-396，10）。

Cc型Ⅰ式　标本2005H112:13，夹砂，砂粒0.05~0.1厘米，灰陶褐胎。卷沿，圆唇，高领，圆鼓腹，中腹以下残。腹饰竖向及斜向细绳纹。口径16.4、残高8厘米（图3-396，6）。

鼎　Bc型　标本2005H112:19，夹细砂，浅灰陶。敛口，厚圆唇外鼓，圆鼓腹，下腹及足残。口外及上腹抹平，腹饰斜向绳纹，印痕较深。口径10.8、残高4.8厘米（图3-396，7）。

深腹盆　A型Ⅱ式　标本2005H112:25，泥质含细砂，浅灰陶。侈口，折沿微仰，圆唇，唇面有一道弦纹，斜直腹，中腹以下残。腹饰斜向绳纹。口径24、残高5.8厘米（图3-396，9）。

敛口罐　A型Ⅱ式　标本2005H112:20，泥质浅灰陶。敛口，仰折沿，圆鼓腹，中腹以下残。上腹抹平，下腹饰斜向绳纹。口径14.4、残高7.6厘米（图3-396，8）。标本2005H112:2，泥质浅灰陶。敛口，仰折沿略残，鼓腹，平底。口沿及上腹磨光，中腹以下饰一道弦纹及斜向绳纹。口径18、复原高16、底径7.6厘米（图3-397，2）。

高领罐　标本2005H112:10，泥质含细砂，黑陶。侈口，圆唇外凸。高领斜直，圆肩，腹以下残。领肩磨光。腹饰竖向绳纹。口径13.2、肩径20.8、残高7.9厘米（图3-397，1）。

圈足盘　A型　标本2005H112:1，泥质含细砂，灰陶。侈口，尖圆唇，口内侧有一道弦纹。深腹斜直，平底略残，圈足下端残。素面。腹部有三周带状凸起。口径26、残高10.8厘米（图3-397，3）。

盅　标本2005H112:7，泥质含细砂，褐陶。口微侈，圆唇，斜直腹，近平底。素面。腹部有捏痕。口径4.8、高5.4、底径3.4厘米（图3-397，4）。

2005ⅠT6736H47

深腹罐

Ab型Ⅱ式　标本2005H47:35，夹砂，砂粒0.05~0.1厘米，灰陶。敛口，仰折沿，方唇唇面略凹，上腹较鼓，中腹以下残。腹饰竖向绳纹。口径22、沿宽2.5、残高12厘米（图3-398，2）。

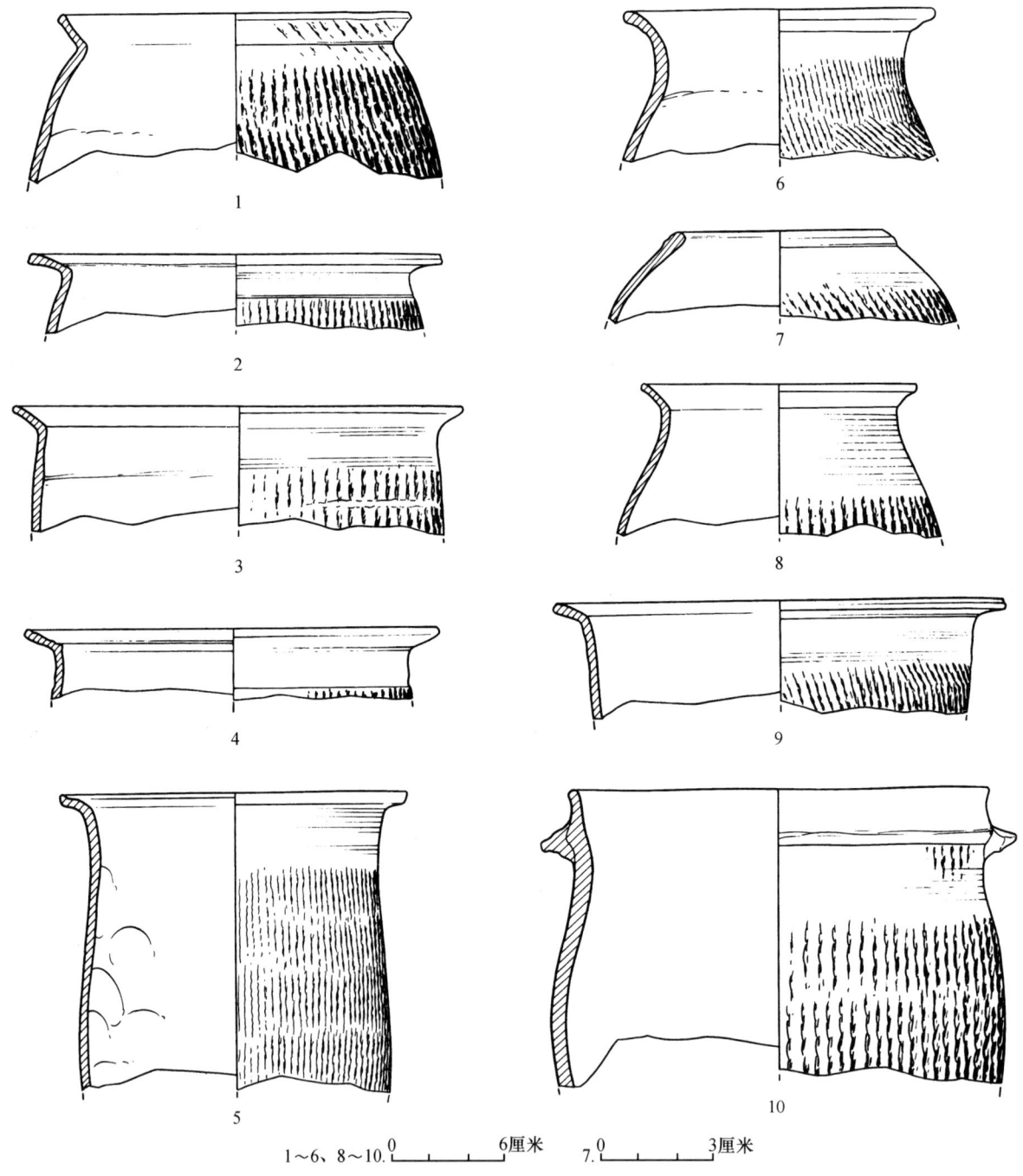

图 3-396　2005ⅠT6735H112 出土陶器（一）

1~3. Ab 型Ⅱ式深腹罐（2005H112：39、2005H112：27、2005H112：14）　4. Ab 型Ⅲ式深腹罐（2005H112：21）　5. C 型Ⅰ式深腹罐（2005H112：4）　6. Cc 型Ⅰ式圆腹罐（2005H112：13）　7. Bc 型鼎（2005H112：19）　8. A 型Ⅱ式敛口罐（2005H112：20）　9. A 型Ⅱ深腹盆（2005H112：25）　10. Cb 型Ⅱ式圆腹罐（2005H112：15）

第三章 二里头文化遗存

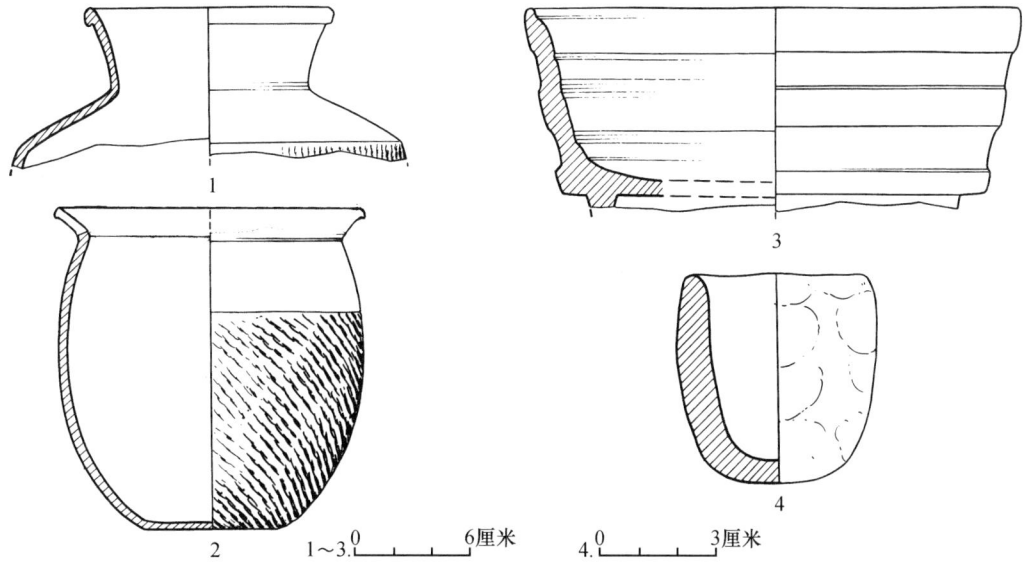

图 3-397　2005ⅠT6735H112 出土陶器（二）
1. 高领罐（2005H112:10）　2. A 型Ⅱ式敛口罐（2005H112:2）　3. A 型圈足盘（2005H112:1）
4. 盅（2005H112:7）

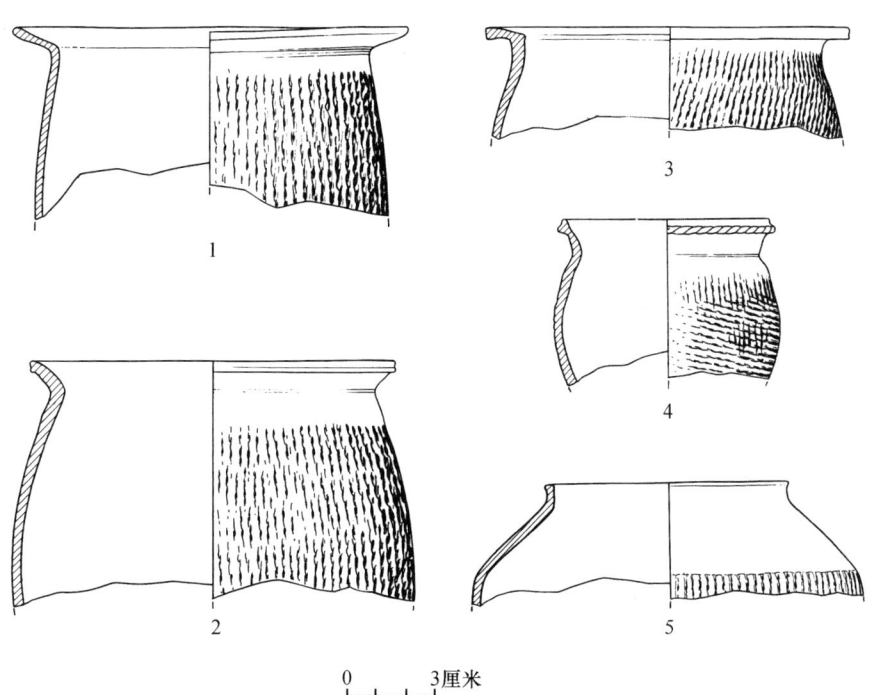

图 3-398　2005ⅠT6736H47 出土陶罐、尊
1. Ac 型Ⅰ式深腹罐（2005H47:5）　2. Ab 型Ⅱ式深腹罐（2005H47:35）　3. C 型Ⅰ式深腹罐（2005H47:12）
4. Ca 型Ⅲ式圆腹罐（2005H47:19）　5. B 型小口尊（2005H47:8）

Ac 型 I 式　标本 2005H47:5，夹细砂，灰陶。宽沿微仰折，圆唇外鼓。腹壁略鼓，中腹以下残。腹饰竖向及斜向绳纹，印痕较深。口径 26、沿宽 3.6、残高 11.5 厘米（图 3-398，1）。

C 型 I 式　标本 2005H47:12，夹砂，砂粒 0.1 厘米，黑陶。折沿近平，方唇，矮领。上腹较鼓，中腹以下残。领部饰竖向绳纹，腹部饰左斜向绳纹。口径 22、沿宽 2.5、残高 6.7 厘米（图 3-398，3）。

圆腹罐　Ca 型 III 式　标本 2005H47:19，夹细砂，偶见较大砂粒，灰陶。侈口，尖唇，口外饰一周索状花边。矮领斜直，圆鼓腹，下腹残。腹饰细绳纹。口径 14.5、腹径 15、残高 9.8 厘米（图 3-398，4）。

小口尊　B 型　标本 2005H47:8，夹砂，砂粒 0.1 厘米，黑陶褐胎。直口，矮领，方唇，折肩，腹以下残。领肩部抹平，腹饰竖向较粗绳纹。口径 18、肩径 27、残高 8 厘米（图 3-398，5）。

捏口罐　A 型 I 式　标本 2005H47:1，夹砂，砂粒 0.1 厘米以下，灰陶。侈口，圆唇外凸，口部有捏窝，圆鼓腹，凹圜底。腹饰竖向及交错绳纹。口径 15、腹径 18.6、高 19 厘米（图 3-399，1）。

钵　标本 2005H47:2，夹细砂，灰陶。敛口，尖圆唇，唇外加厚成带状凸起。鼓肩，平底。上腹部分抹平，腹饰交错绳纹。口径 15、腹径 15.8、底径 8.5、高 8.8 厘米（图 3-399，2）。

龟首　标本 2005H47:14，夹砂，砂粒 0.1 厘米，灰陶。应为盆腹部装饰。张口，下颚残，眼鼻俱备。残长 4.5、宽 4.5 厘米（图 3-399，3）。

缸　Ab 型 II 式　标本 2005H47:3，泥质含细砂，灰陶，局部呈褐色。侈口，圆唇外凸，矮领，鼓肩，中腹以下残。上腹饰竖向绳纹和两周附加堆纹，中腹以下饰左斜向绳纹。口径 29、残高 27

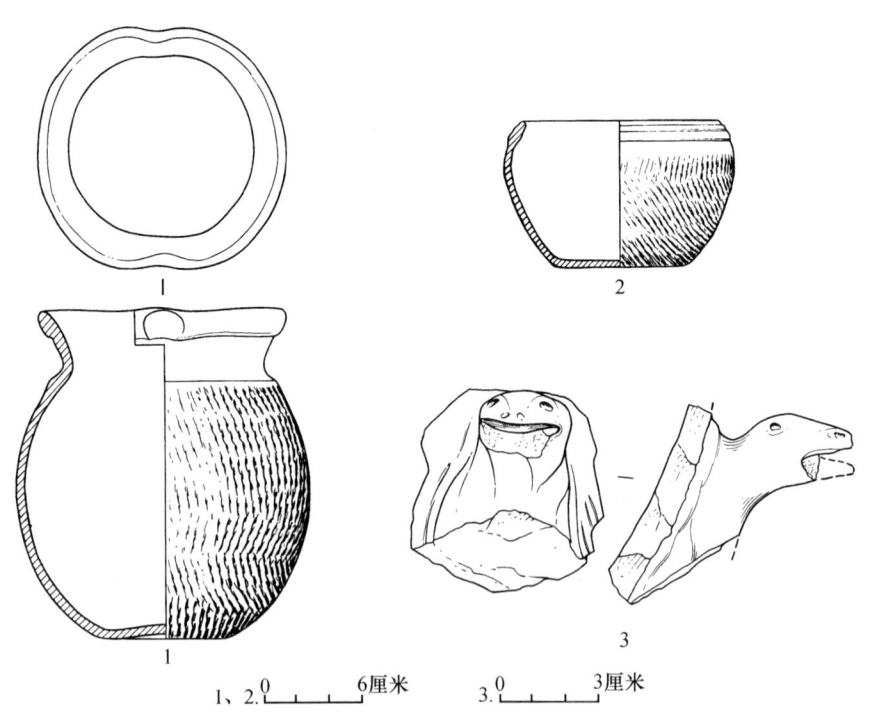

图 3-399　2005 I T6736H47 出土陶器
1. A 型 I 式捏口罐（2005H47:1）　2. 钵（2005H47:2）　3. 盆（2005H47:14）

厘米（图3-400）。

2005ⅠT6835④

深腹罐 Ac型Ⅰ式 标本2005ⅠT6835④：2，夹细砂，偶见较大砂粒，灰陶。折沿上仰，圆唇，中腹以下残。腹饰斜向绳纹。口径21.6、残高4.6厘米（图3-401，1）。标本2005ⅠT6835④：4，夹中粗砂，砂粒0.2～0.3厘米，褐陶。敛口，仰折沿，斜方唇下缘抹圆，腹及底残。腹饰绳纹。口径24、残高4.2厘米（图3-401，2）。

鼎 A型Ⅱ式 标本2005ⅠT6835④：37，夹细砂，砂粒0.1厘米以下，灰陶。侈口，仰折沿，沿面略凹，圆唇，腹部外张，底及足残。腹饰竖向及横向绳纹，足外侧有捏痕。口径18、残高9厘米（图3-401，3）。

圆腹罐 Cc型Ⅱ式 标本2005ⅠT6835④：14，夹细砂，偶见较大砂粒，灰陶。卷沿上仰，斜方唇，唇缘较圆，唇外附加一对三角形小錾。矮领，圆鼓腹，中腹以下残。腹饰斜向较粗绳纹。

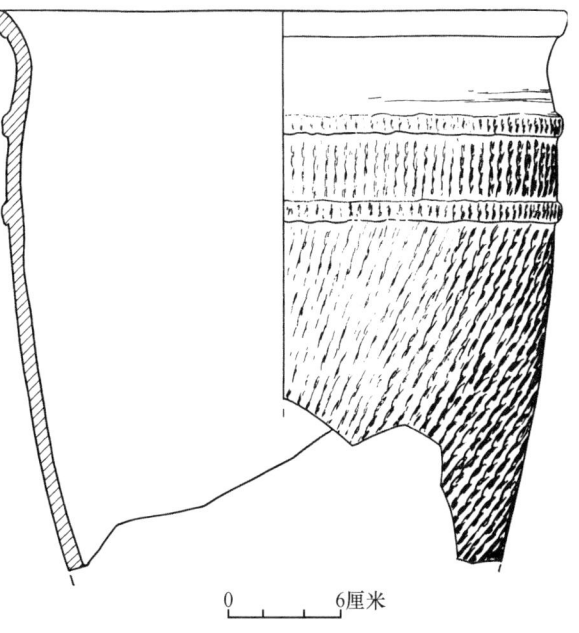

图3-400 2005ⅠT6736H47出土陶缸
Ab型Ⅱ式（2005H47：3）

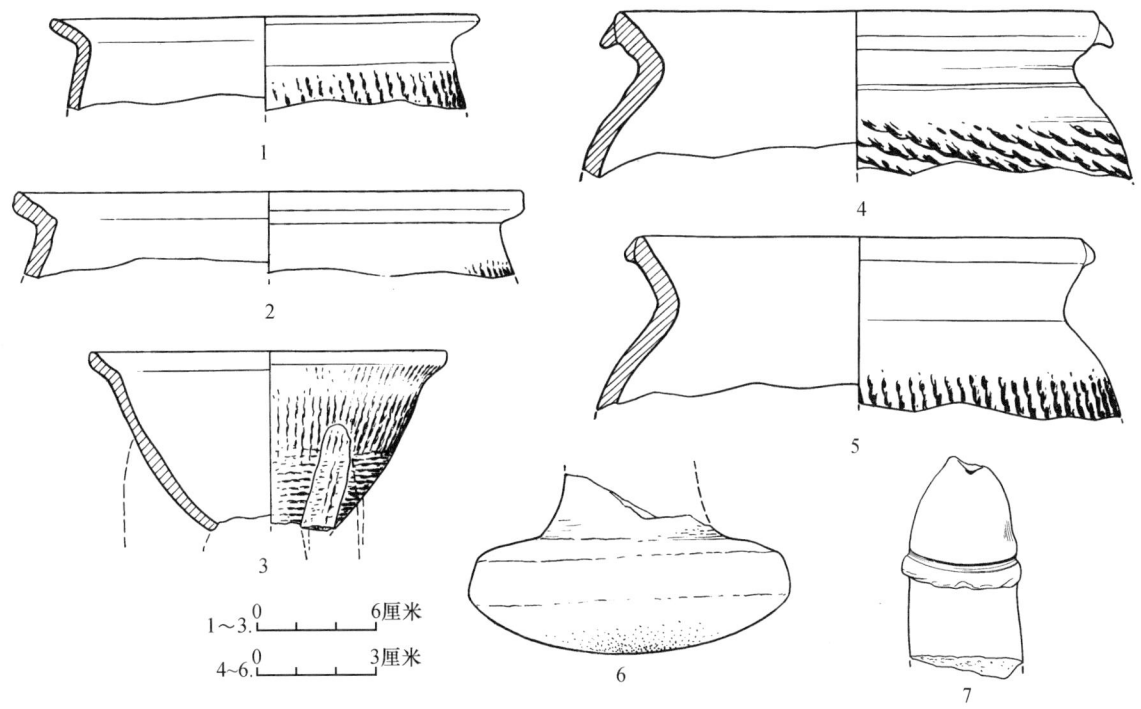

图3-401 2005ⅠT6835④出土陶器
1、2. Ac型Ⅰ式深腹罐（2005ⅠT6835④：2、2005ⅠT6835④：4） 3. A型Ⅱ式鼎（2005ⅠT6835④：37） 4、5. Cc型Ⅱ式圆腹罐（2005ⅠT6835④：14、2005ⅠT6835④：9） 6. 陶垫（2005ⅠT6835④：1） 7. 陶祖（2005ⅠT6835④：3）

口径12.4、残高4.3厘米（图3-401，4）。标本2005ⅠT6835④：9，夹砂，砂粒0.1厘米，灰陶。卷沿上仰，斜方唇，唇上附加一对小錾。矮领，圆鼓腹，中腹以下残。腹饰竖向细绳纹。口径11.5、残高4.3厘米（图3-401，5）。

陶祖　标本2005ⅠT6835④：3，夹砂红陶，后部残。直径3.4、残长6.1厘米（图3-401，7；彩版二〇，1）。

陶垫　标本2005ⅠT6835④：1，泥质含细砂，灰陶。柄残，陶垫近圆形，垫面圆鼓。素面。残高4.3、底径8.1厘米（图3-401，6）。

2005ⅠT6836④

深腹罐

Ab型Ⅱ式　标本2005ⅠT6836④：14，夹砂灰陶。折沿近平，方唇，唇缘微凸，沿面有两周弦纹。鼓腹，中腹以下残。腹部右斜篮纹。口径26、沿宽2.8、残高5厘米（图3-402，1）。

Ac型Ⅰ式　标本2005ⅠT6836④：2，夹砂灰褐陶。仰折沿，厚圆唇下凸。上腹外鼓，中腹以下残。腹部饰竖向细绳纹。口径24、沿宽2.5、腹径27.2、残高8厘米（图3-402，2）。

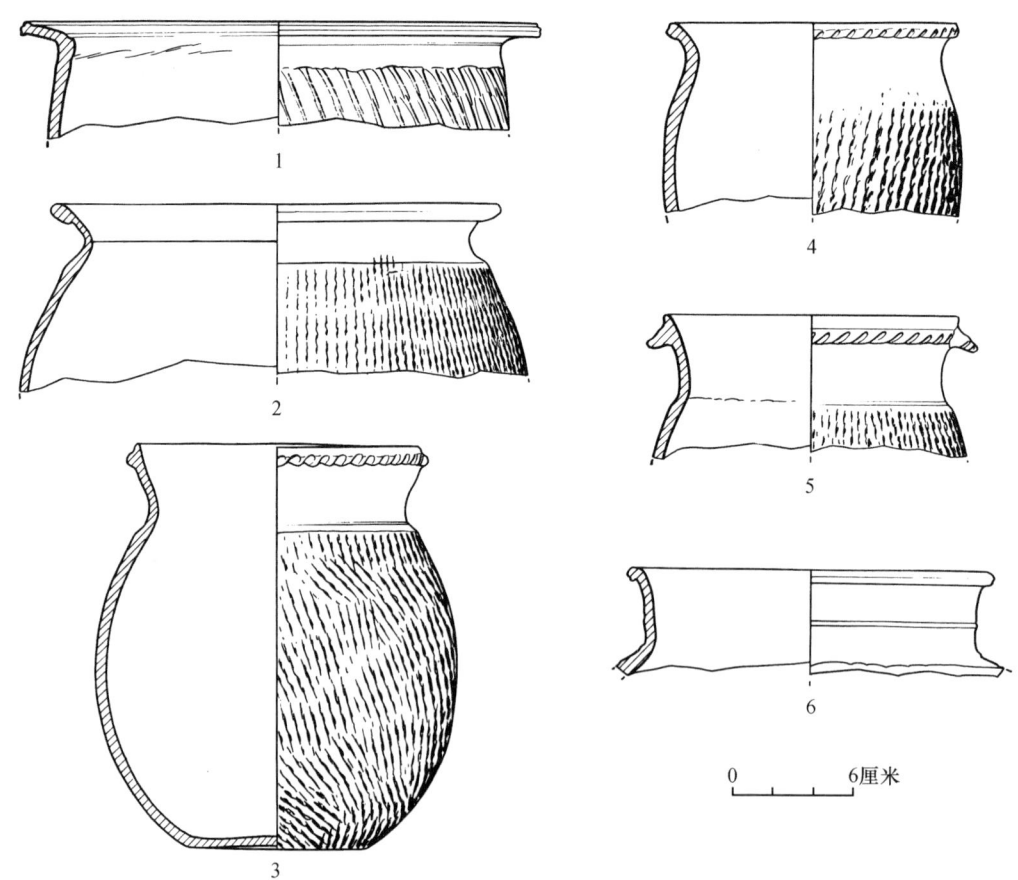

图3-402　2005ⅠT6836④出土陶罐、小口尊

1. Ab型Ⅱ式深腹罐（2005ⅠT6836④：14）　2. Ac型Ⅰ式深腹罐（2005ⅠT6836④：2）　3、5. Ca型Ⅱ式圆腹罐（2005ⅠT6836④：1、2005ⅠT6836④：5）　4. Ca型Ⅲ式圆腹罐（2005ⅠT6836④：11）　6. A型小口尊（2005ⅠT6836④：7）

圆腹罐

Ca 型Ⅱ式　标本 2005ⅠT6836④:1，夹砂灰陶。侈口，尖唇，领较高，鼓腹，平底微凹。口外饰一周花边，腹部饰绳纹。口径 14.8、腹径 17、底径 9、高 19 厘米（图 3-402，3）。标本 2005ⅠT6836④:5，夹砂灰陶。侈口，圆唇，领较高，鼓腹，中腹以下残。口外饰一周花边和一对鸡冠錾。腹部为细绳纹。口径 14、残高 6.2 厘米（图 3-402，5）。

Ca 型Ⅲ式　标本 2005ⅠT6836④:11，夹砂灰陶。侈口，方唇，矮领，鼓腹，中腹以下残。口外饰一周花边，腹部饰左斜向绳纹。口径 14.4、腹径 15.2、残高 9、胎厚 0.7 厘米（图 3-402，4）。

小口尊　A 型　标本 2005ⅠT6836④:7，泥质黑灰陶。高领，直口微侈，圆唇外凸，肩以下残。领肩磨光，中部饰一周凸弦纹。口径 17.8、领高 3.9、残高 5 厘米（图 3-402，6）。

2005ⅠT6836H145

深腹罐　Ab 型Ⅱ式　标本 2005H145:1，夹砂灰陶。仰折沿，圆唇，唇缘凸起，深腹微鼓，底残。腹饰竖向及交错绳纹。口径 24、沿宽 3、腹径 25、残高 32.5 厘米（图 3-403，2）。标本 2005H145:5，夹砂灰陶。仰折沿，方唇，腹略外鼓，下腹及底残。腹饰左斜向绳纹。口径 22.8、沿宽 2.9、腹径 22.8、残高 16.5 厘米（图 3-404，1）。标本 2005H145:8，夹砂灰褐陶。折沿微仰，方唇，上腹略外鼓，中腹以下残。上腹滚压较粗绳纹。口径 24、沿宽 3、腹径 24.4、残高 9.5 厘米（图 3-404，2）。标本 2005H145:16，夹砂黑灰陶。折沿近平，方唇较厚，上腹略外鼓，中腹以下残。上腹饰竖向绳纹。口径 26、沿宽 2.5、残高 4.4 厘米（图 3-404，3）。

甑　A 型Ⅱ式　标本 2005H145:25，泥质含少量细砂，深灰陶。折沿略仰，圆唇，敛口，腹微鼓，中腹以下残。腹饰竖向绳纹，印痕较浅而规整清晰。口径 28、沿宽 2.3、残高 5、胎厚 0.7 厘米（图 3-403，1）。

深腹盆　A 型Ⅱ式　标本 2005H145:24，泥质，灰黑陶褐胎。仰折沿，圆唇，敛口，腹微鼓，下腹及底残。通体素面。

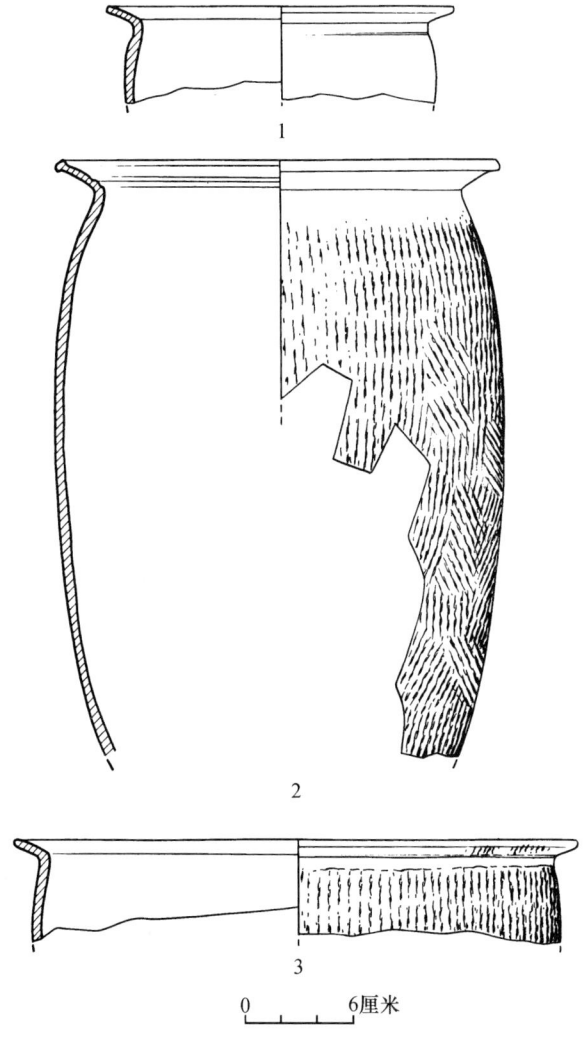

图 3-403　2005ⅠT6836H145 出土陶器
1. A 型Ⅱ式甑（2005H145:25）　2. Ab 型Ⅱ式深腹罐（2005H145:1）
3. A 型Ⅱ式深腹盆（2005H145:24）

口径18、沿宽2、残高4.5厘米（图3-403,3）。标本2005H145:18，泥质，含少量细砂，灰陶。折沿微仰，沿面内外侧各有一周弦纹，方唇，直口，中腹以下残。腹饰竖向弦断绳纹，印痕较浅而规整。口径32、沿宽2.4、残高7、胎厚0.8厘米（图3-405,1）。

圆腹罐 Ca型Ⅱ式 标本2005H145:3，夹砂，上腹黑灰色，下腹近底因使用而成红褐色。侈口，尖唇，高领，鼓腹，平底，下腹略残。口外饰一周花边，腹饰斜向及交错细绳纹。口径14.8、腹径15.8、复原高15、胎厚0.7~0.8厘米（图3-404,5）。标本2005H145:22，夹砂灰陶。侈口，

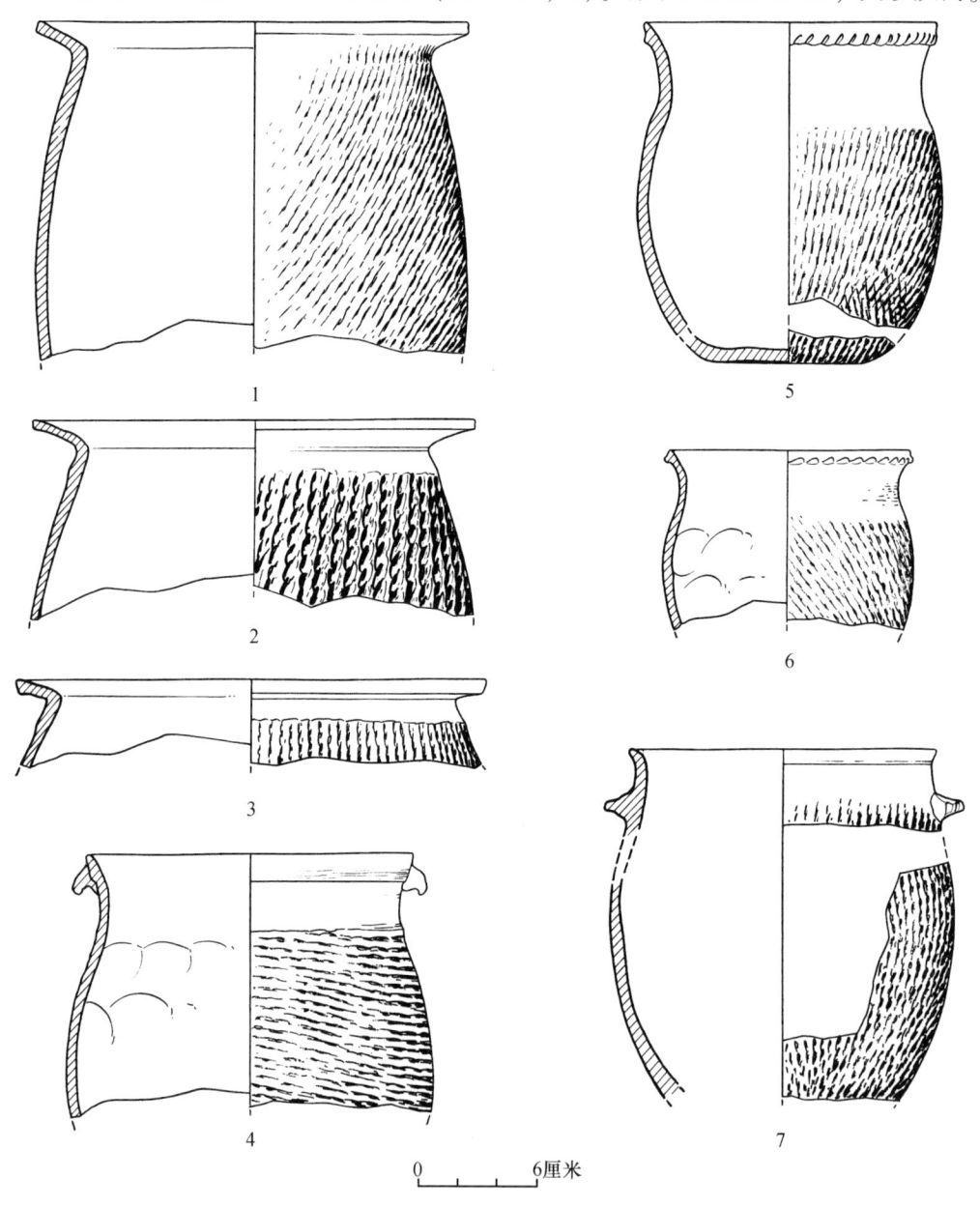

图3-404　2005ⅠT6836H145出土陶罐

1~3. Ab型Ⅱ式深腹罐（2005H145:5、2005H145:8、2005H145:16）　4. Cb型Ⅱ式圆腹罐（2005H145:6）
5、6. Ca型Ⅱ式圆腹罐（2005H145:3、2005H145:22）　7. Cc型Ⅱ式圆腹罐（2005H145:19）

短颈，尖唇，鼓腹偏上，下腹残。口外饰一周花边，腹饰右斜向细绳纹。口径 12.2、腹径 13、残高 8.5 厘米（图 3-404，6）。

Cb 型 Ⅱ 式　标本 2005H145:6，夹砂黑灰陶。侈口，圆唇，领稍高，鼓腹，下腹残。口外呈宽带状凸起，并饰有三角形小錾。腹饰横向绳纹。口径 17、腹径 19、残高 13 厘米（图 3-404，4）。

Cc 型 Ⅱ 式　标本 2005H145:19，夹砂灰陶。侈口，尖圆唇，领稍矮，鼓腹，上腹及下腹残。口外有对称鸡冠耳。腹饰绳纹。口径 15.6、腹径约 17.6、残高约 17 厘米（图 3-404，7）。

小口尊

Aa 型　标本 2005H145:20，泥质浅灰陶。领卷曲，侈口，斜方唇，唇面有两周弦纹，广肩略残，腹以下残。领肩素面，肩腹交界处饰一周索状附加堆纹，以下饰竖向细绳纹。口径 42、肩径 52、领高 4.7、残高 8 厘米（图 3-405，2）。

Ab 型　标本 2005H145:2，泥质灰陶。口外侈，斜方唇，领较斜直，折肩，腹较直，下腹及底残。领、肩及上腹有轮修痕，中腹拍印交错的细绳纹。口径 21、肩径 33、残高 24 厘米（图 3-405，3）。

高领罐　标本 2005H145:21，泥质黑陶，红褐胎。侈口，尖圆唇外凸，高领，宽肩略鼓，腹以下残。领肩素面，肩部以下饰右斜细绳纹。口径 14.6、肩径 23.4、领高 4.3、残高 8 厘米（图 3-405，4）。

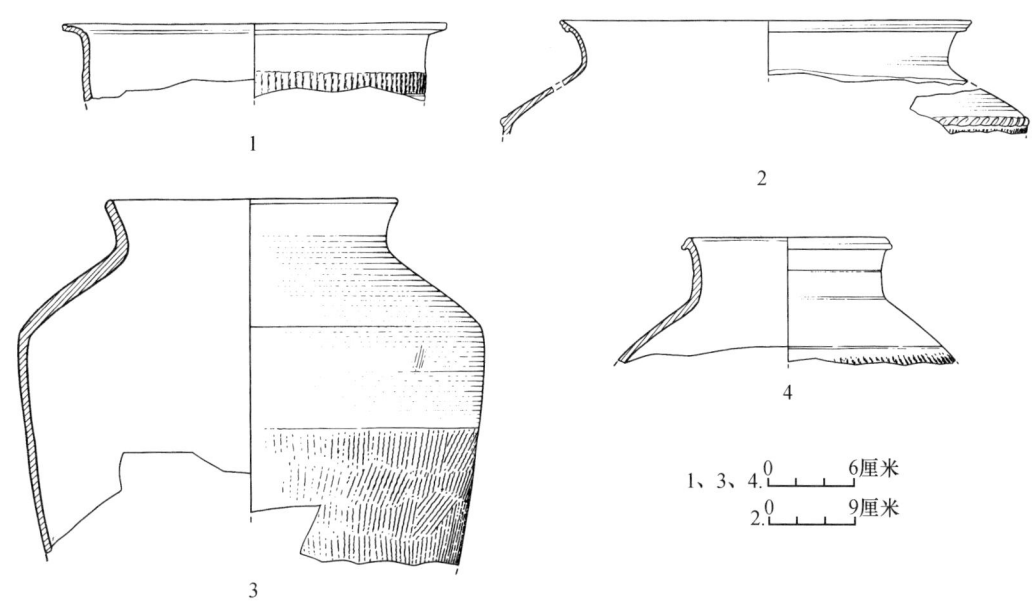

图 3-405　2005ⅠT6836H145 出土陶器
1. A 型 Ⅱ 式深腹盆（2005H145:18）　2. Aa 型小口尊（2005H145:20）　3. Ab 型小口尊（2005H145:2）
4. 高领罐（2005H145:21）

2005ⅠT6936H69

深腹罐

Ab 型 Ⅱ 式　标本 2005H69:10，夹砂灰陶。折沿微仰，斜方唇，敛口，鼓腹偏上，下腹残。腹饰左斜及交错绳纹。口径 22.6、沿宽 2、腹径 22.7、残高 27.3 厘米（图 3-406，1）。标本 2005H69:18，夹砂灰陶。仰折沿较宽,方唇,腹较鼓,中腹以下残。腹饰竖向绳纹及弦纹。口径25.2、沿宽3.5、残高11厘米(图3-406,2)。标本2005H69:23,夹砂,砂粒0.1厘米,黑灰陶。敛口,仰折沿,尖圆唇,束颈,上腹较鼓,中腹以下残。腹饰竖向细绳纹。口径22、残高5.3厘米(图3-406,3)。标本2005H69:26,夹细砂灰陶。仰折沿,沿面有一道弦纹,方唇,上腹略鼓,中腹以下残。腹饰竖向绳纹。口径22、残高5.3厘米(图3-406,7)。

Ac型Ⅰ式 标本2005H69:20,夹细砂灰陶。仰折沿,圆唇略下凸,上腹略鼓,中腹以下残。腹饰竖向绳纹,印痕较深。口径22、残高5.3厘米(图3-406,4)。标本2005H69:48,夹砂褐陶。仰折沿,圆唇下侧加厚,深腹微鼓,中腹以下残。口外抹平,以下饰右斜向绳纹。口径24、沿宽2.1、残高9.9厘米(图3-406,5)。标本2005H69:14,夹细砂,偶见较大砂粒,灰陶。仰折沿,圆唇,唇外加厚成一条宽边。上腹较鼓,中腹以下残。腹饰竖向和斜向绳纹,印痕较深。口径22、

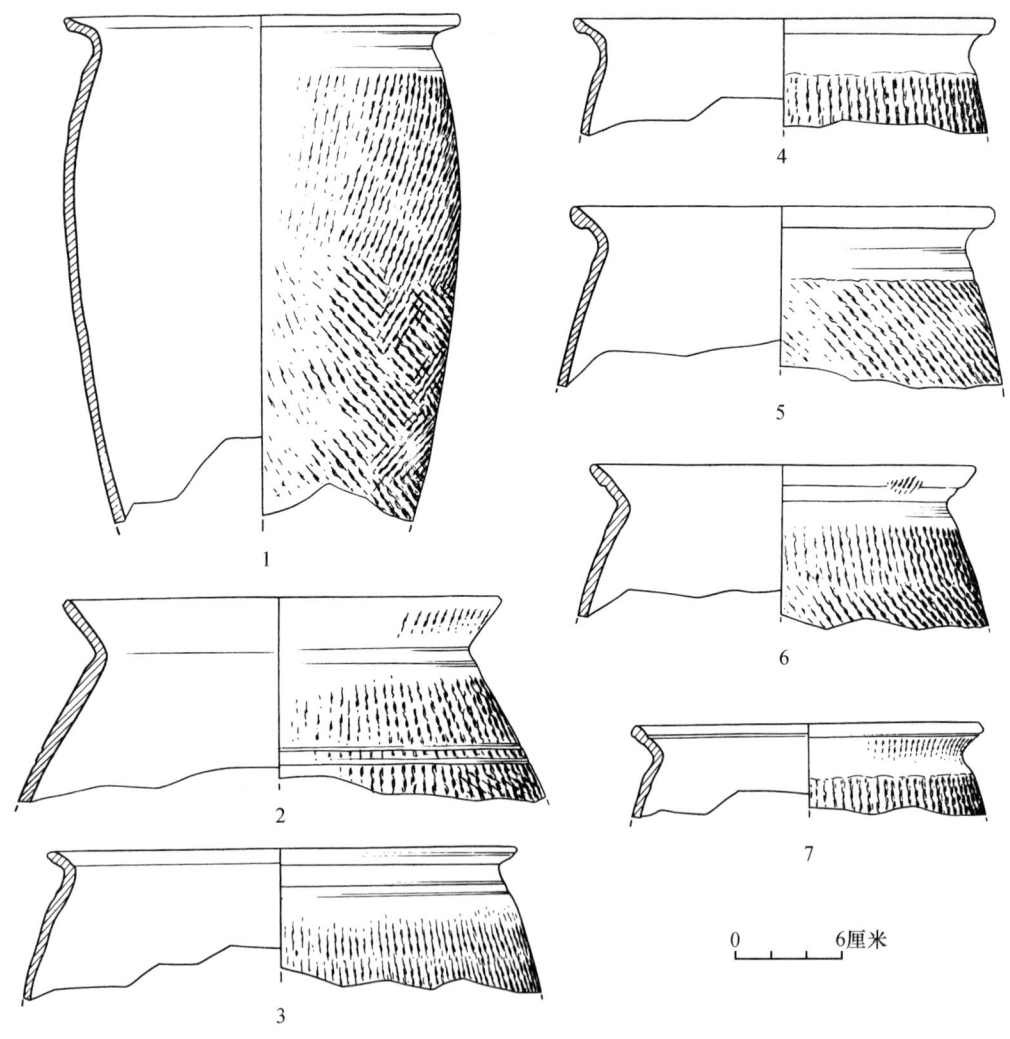

图3-406 2005ⅠT6936H69出土深腹罐

1~3、7. Ab型Ⅱ式(2005H69:10、2005H69:18、2005H69:23、2005H69:26) 4~6. Ac型Ⅰ式(2005H69:20、2005H69:48、2005H69:14)

残高5.3厘米（图3-406，6）。

圆腹罐

Ca型Ⅱ式　标本2005H69：28，夹细砂灰陶。侈口，斜方唇，唇下缘压印出花边，领卷曲，上腹较鼓，中腹以下残。领腹相交处有一道弦纹，腹饰斜向细绳纹。口径21、残高8厘米（图3-407，1）。标本2005H69：2，夹砂灰陶。侈口，领较斜直，鼓腹，凹圜底。口外饰索状花边，腹部较细绳纹。口径15.1、腹径16.9、底径8.5、通高18.5厘米（图3-407，2；图版二四，4）。标本2005H69：27，夹细砂，偶见较大砂粒，灰陶。卷沿上仰，方唇，唇外压印一周索状花边，圆鼓腹，中腹以下残。腹饰斜向绳纹。口径22、残高5.3厘米（图3-407，3）。

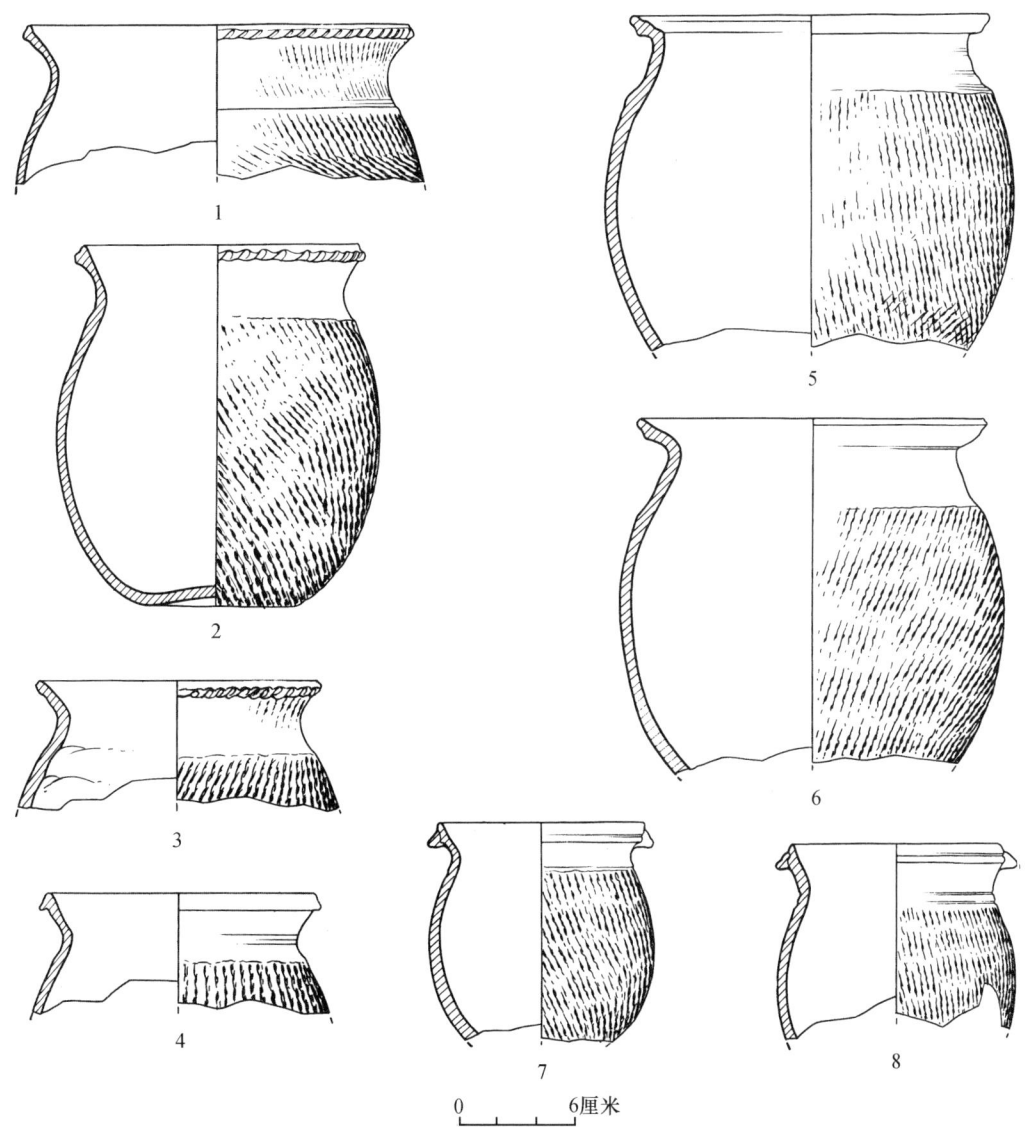

图3-407　2005ⅠT6936H69出土陶罐

1～3. Ca型Ⅱ式圆腹罐（2005H69：28、2005H69：2、2005H69：27）　4、7、8. Cb型Ⅱ式圆腹罐（2005H69：38、2005H69：21、2005H69：9）　5、6. A型Ⅱ式敛口罐（2005H69：6、2005H69：5）

Cb型Ⅱ式　标本2005H69：38，夹砂，砂粒0.1~0.2厘米，灰陶褐胎。侈口，斜方唇，领斜直，鼓腹，中腹以下残。腹饰竖向绳纹。口径22、残高5.3厘米（图3-407，4）。标本2005H69：21，夹砂黑灰陶。侈口，窄方唇，短颈，鼓腹，底残。沿外饰一周凸棱及一对三角形小錾，腹饰较细绳纹。口径10.8、腹径11.8、残高10.8厘米（图3-407，7）。标本2005H69：9，夹砂浅灰陶。侈口，尖唇，斜直领，鼓腹，中腹以下残。口外饰一周凸棱及一对三角形小錾，腹饰绳纹。口径11.6、腹径13、残高9.2厘米（图3-407，8）。

Cc型Ⅱ式　标本2005H69：16，夹砂，砂粒0.1厘米，灰陶，红褐胎。侈口，圆唇，口沿外饰一对三角形小錾，鼓腹，底残。腹饰细绳纹。口径11.6、残高11厘米（图3-408，7）。

Cd型Ⅰ式　标本2005H69：69，夹砂，砂粒0.1厘米，褐陶。卷沿上仰，斜方唇，唇面有一道凹槽。鼓腹，腹部有残耳痕，中腹以下残。腹饰斜向绳纹。口径10.4、残高6.8厘米（图3-408，5）。

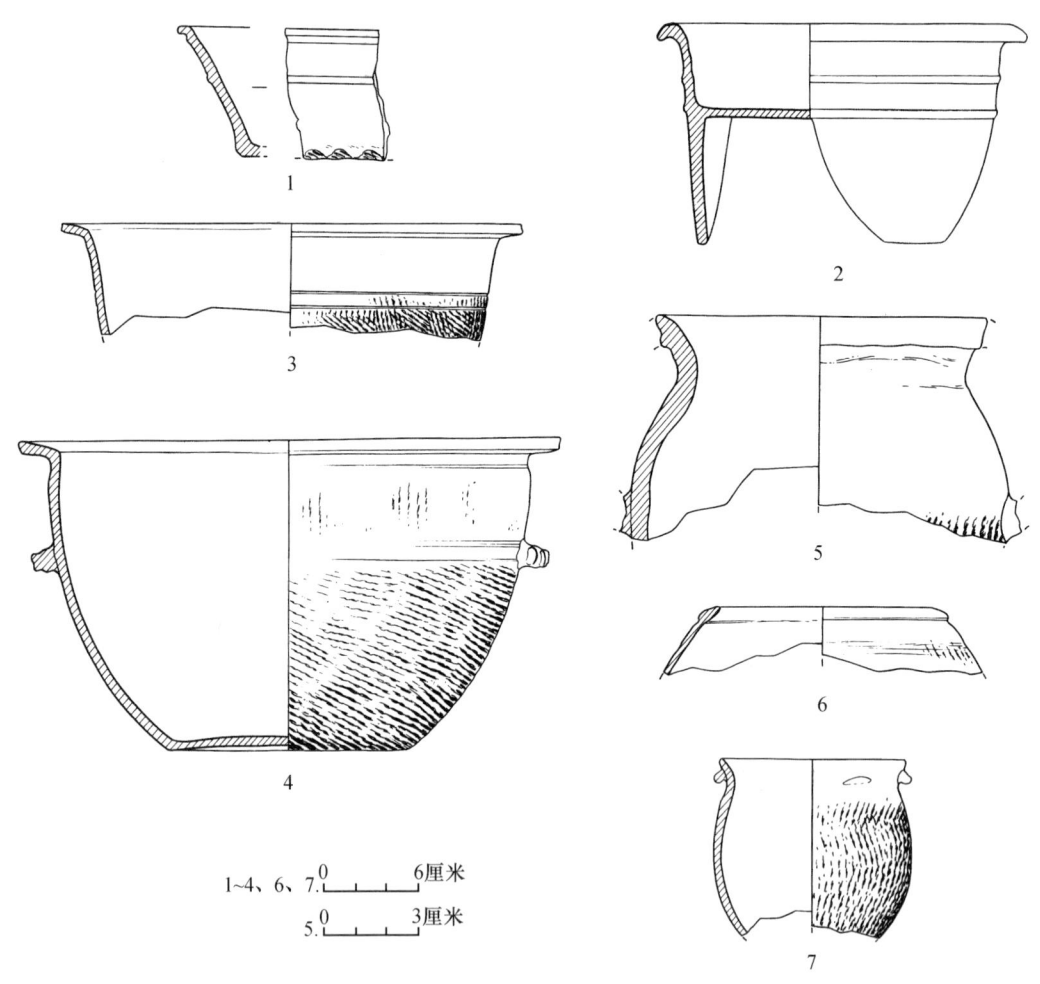

图3-408　2005ⅠT6936H69出土陶器（一）
1. 平底盆（2005H69：47）　2. Ⅲ式三足盘（2005H69：3）　3、4. Ab型Ⅱ式深腹盆（2005H69：15、2005H69：1）
5. Cd型Ⅰ式圆腹罐（2005H69：69）　6. Bc型鼎（2005H69：68）　7. Cc型Ⅱ式圆腹罐（2005H69：16）

敛口罐

A型Ⅱ式　标本2005H69:6，泥质灰陶。折沿，斜方唇，圆鼓腹，下腹及底残。口外磨光，腹饰绳纹。口径19、沿宽2、腹径25、残高17、胎厚0.6～0.7厘米（图3-407，5）。标本2005H69:5，夹砂深灰陶。宽沿仰折，敛口，鼓腹，底残。口外绳纹抹平，腹饰左斜向绳纹。口径18.6、腹径20.6、残高17.5、胎厚0.5～1厘米（图3-407，6）。标本2005H69:78，泥质含细砂，黑陶。敛口，折沿近平，斜方唇，鼓腹，中腹以下残。通体磨光，上腹有两道弦纹。口径15.4、残高4厘米（图3-409，9）。

A型Ⅲ式　标本2005H69:8，夹砂灰陶。折沿近平，尖唇，沿面鼓，垂鼓腹，底残。上腹抹平，以下饰斜向较粗绳纹。残高21、胎厚0.3～0.9厘米（图3-410，3）。

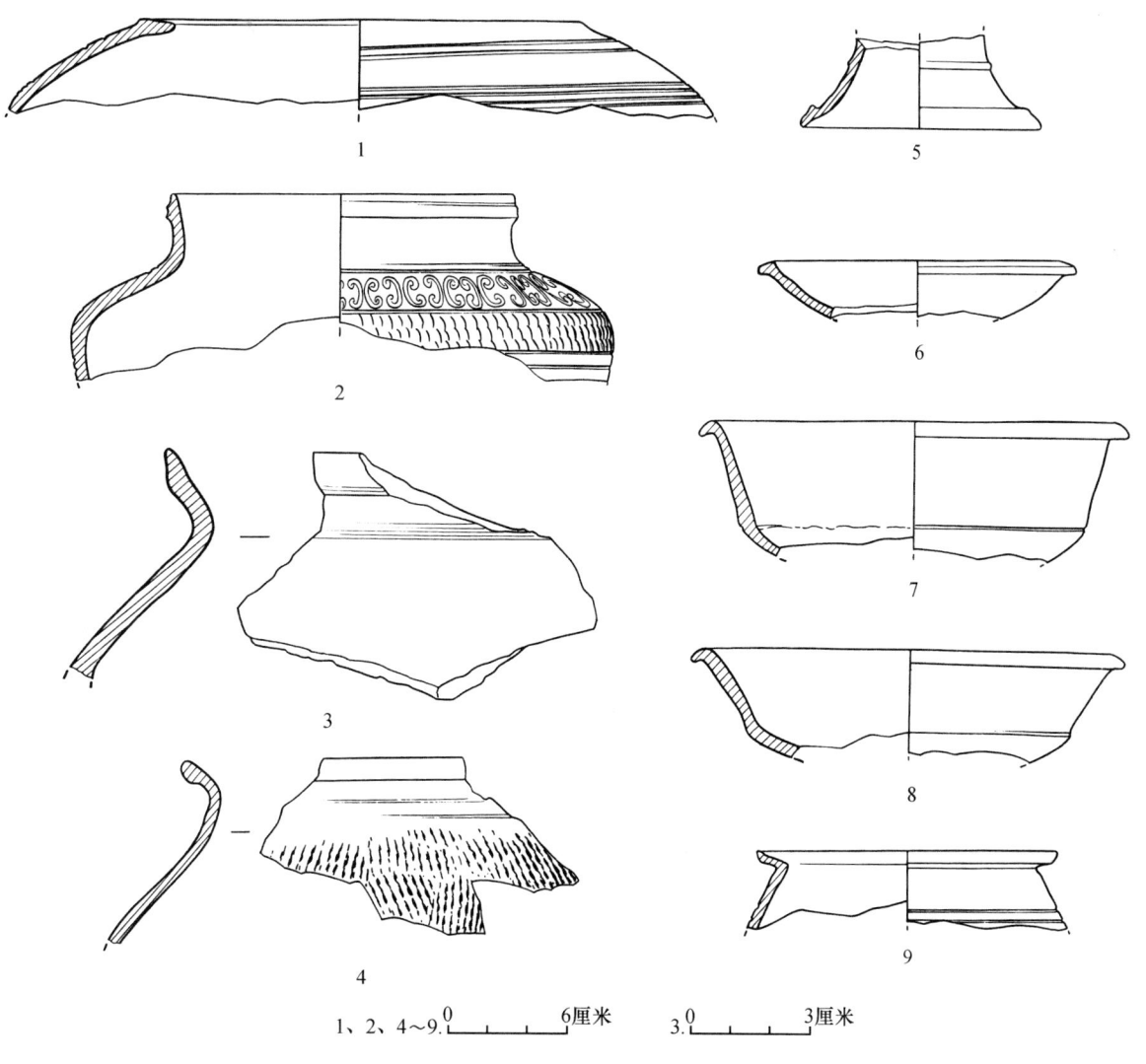

图3-409　2005ⅠT6936H69出土陶器（二）

1. B型小口尊（2005H69:13）　2. Ab型小口尊（2005H69:12）　3. Bb型Ⅱ式瓮（2005H69:57）　4. Bb型Ⅰ式瓮（2005H69:19）　5、8. A型Ⅳ式豆柄（2005H69:31、2005H69:11）　6. Ba型豆（2005H69:39）　7. A型Ⅱ式豆（2005H69:45）　9. A型Ⅱ式敛口罐（2005H69:78）

鼎 Bc 型 标本 2005H69:68，泥质含细砂，灰陶。敛口，尖圆唇外鼓，鼓腹，中腹以下残。素面。口径13.4、残高4厘米（图3-408，6）。

深腹盆 A 型Ⅱ式 标本 2005H69:1，夹砂灰陶。宽沿微仰。口微敛，上腹较直，下腹内收，平底微凹。口外抹平，中腹有对称鸡冠耳，下腹饰斜向绳纹。口径34.6、沿宽2.4、底径15.5、高18.8厘米（图3-408，4；图版二四，3）。标本 2005H69:15，泥质，黑陶褐胎。敞口，折沿微仰，方唇，侈口，斜直腹，中腹以下残。口沿及上腹磨光，其下有两道弦纹，中腹以下饰交错绳纹。口径29.2、残高7.2厘米（图3-408，3）。

平底盆 A 型Ⅰ式 标本 2005H69:47，泥质，黑陶褐胎。敞口，窄沿平折，方唇，斜直腹，平底残。通体磨光，腹部有一道凸棱，底部边缘压印出花边。残高8厘米（图3-408，1）。

三足盘 Ⅲ式 标本 2005H69:3，泥质灰陶。侈口，卷沿下耷，尖厚唇。腹较直，平底，三舌形足。通体素面，中腹及盘底有两周凸棱。口径23.3、盘高6、通高13.3厘米（图3-408，2）。

小口尊

Ab 型 标本 2005H69:12，夹砂灰陶。口微侈，领较直，宽折肩，腹残。领部磨光，口外饰有凸棱，肩及上腹饰弦纹夹云纹和指甲形纹带。口径17.4、肩径27.6、残高8.8厘米（图3-409，2）

B 型 标本 2005H69:13，泥质含细砂，灰陶。敛口，尖圆唇，肩以下残。素面，肩部有数道弦纹。口径22.2、残高5.3厘米（图3-409，1）。

瓮

Bb 型Ⅰ式 标本 2005H69:19，夹砂灰陶。折沿，圆唇外凸，鼓肩，腹残。口沿外抹平，肩饰交错绳纹。残高8.5厘米（图3-409，4）。

Bb 型Ⅱ式 标本 2005H69:57，泥质灰陶。敛口，仰折沿，斜方唇下缘抹圆，圆肩，腹及底残。素面。残高6厘米（图3-409，3）。

D 型 标本 2005H69:24，泥质含极细砂，灰陶。折沿上仰，方唇，敛口，鼓腹，中腹残，底近平。上腹纹饰右斜向绳纹，下腹饰交错绳纹。口径28.6、沿宽2.3、底径约12、复原高38.8厘米（图3-410，1）。

豆

A 型Ⅱ式 标本 2005H69:45，泥质灰陶，红褐胎。敞口，卷沿下耷，尖圆唇，斜直腹，底及柄残。通体磨光。口径22、残高6.6厘米（图3-409，7）。

A 型Ⅳ式 标本 2005H69:11，夹砂灰陶。侈口，尖唇微耷，斜直腹，盘宽浅，圜底及柄残。通体素面且磨光，下腹有折棱。口径22.2、残高5.6厘米（图3-409，8）。标本 2005H69:31，泥质含细砂，黑陶。仅存圈足部分，呈喇叭形，圈足外缘凸出。通体磨光，柄下部有一道凸棱。圈足底径12.4、残高4.4厘米（图3-409，5）。

Ba 型 标本 2005H69:39，泥质，灰陶褐胎。敞口，，圆唇，斜弧腹，底及柄残。通体磨光。口径16.4、残高3厘米（图3-409，6）。

器盖纽 标本 2005H69:30，泥质含细砂，灰陶。近半圆形，系用三根泥条绞成。残宽11.8、残高7厘米（图3-410，2）。

杯 标本 2005H69:7，夹细砂黑陶，红褐胎。直口，圆唇，直腹，平底，单耳残。素面。口径

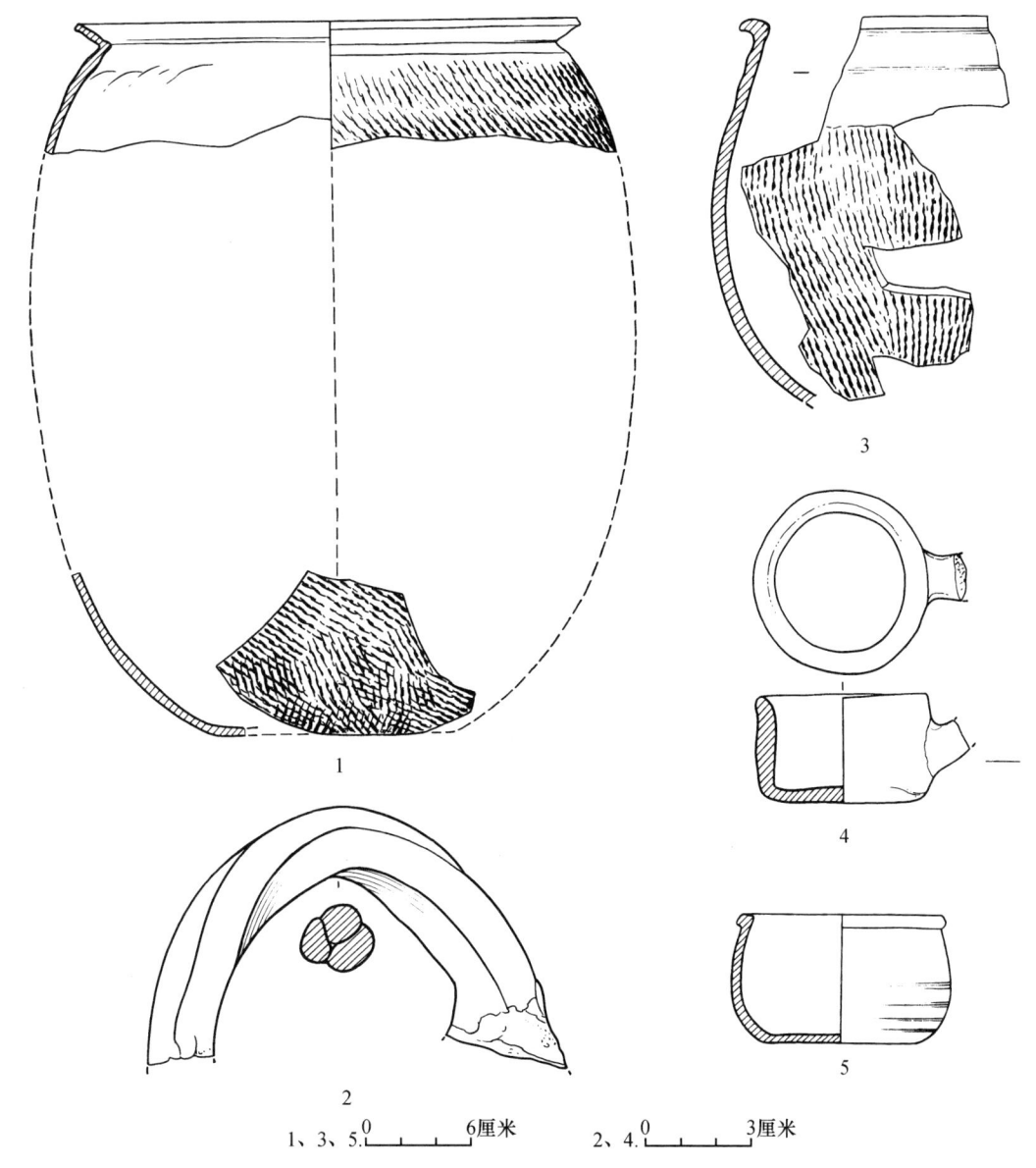

图 3-410　2005ⅠT6936H69 出土陶器（三）

1. D 型瓮（2005H69:24）　2. 盖纽（2005H69:30）　3. A 型Ⅲ式敛口罐（2005H69:8）　4. 杯（2005H69:7）
5. 钵（2005H69:33）

4.9、残高 2.9 厘米（图 3-410，4）。

钵　标本 2005H69:33，泥质黑陶。口微敛、圆唇外凸，鼓腹，平底。通体素面磨光。口径 12、腹径 12.6、底径 8.8、高 7 厘米（图 3-410，5）。

2005ⅠT6936H133

深腹罐

Ab 型Ⅱ式　标本 2005H133:25，夹细砂及中等砂，灰陶。折沿微仰，方唇，唇缘外凸，深腹略鼓，中腹以下残。腹饰右斜向绳纹。口径 23.2、沿宽 2.1、残高 8.6 厘米（图 3-411，1）。标本

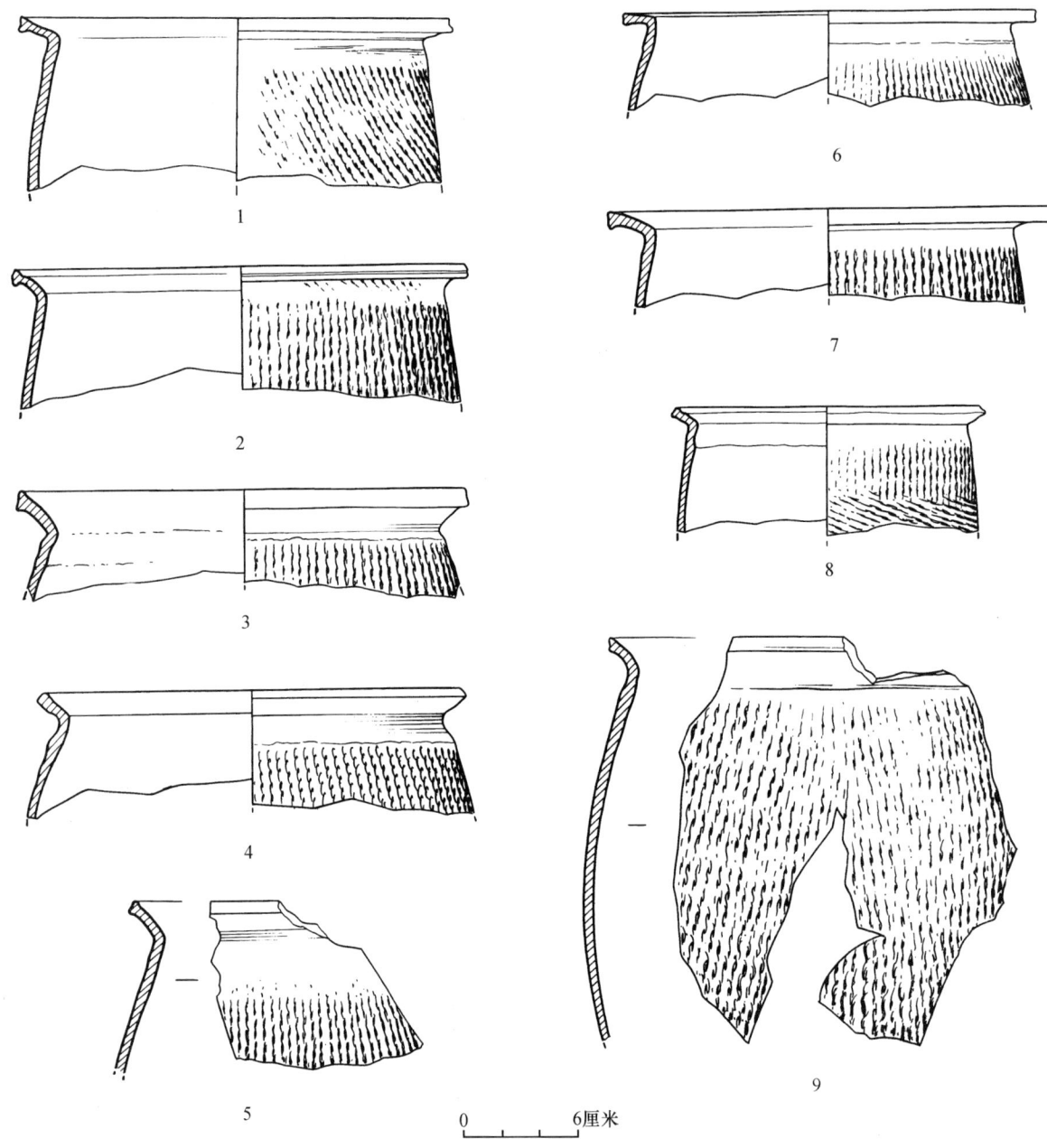

图 3-411　2005ⅠT6936H133 出土深腹罐（一）

1～9. Ab 型Ⅱ式（2005H133:25、2005H133:16、2005H133:47、2005H133:21、2005H133:52、2005H133:68、
2005H133:49、2005H133:10、2005H133:7）

2005H133:16，夹细砂，偶见较大砂粒，灰陶褐胎。仰折沿，方唇，唇缘外凸，腹微鼓，中腹以下残。腹饰竖向绳纹，印痕较深。口径 24.5、残高 7 厘米（图 3-411，2）。标本 2005H133:47，夹砂，砂粒 0.2 厘米，灰陶红褐胎。仰折沿，斜方唇，上腹较鼓，中腹以下残。腹饰竖向绳纹。口径 24.4、残高 5.8 厘米（图 3-411，3）。标本 2005H133:21，夹砂浅灰陶。敛口，方唇，仰折沿，鼓腹，中腹以下残。腹饰斜向绳纹。口径 23、残高 6.4 厘米（图 3-411，4）。标本 2005H133:52，夹

砂，砂粒0.1厘米，灰陶。仰折沿，方唇唇面略凹，上腹略鼓，中腹以下残。口外抹平，腹饰竖向细绳纹。外壁黏有红烧土块。残高8.4厘米（图3-411，5）。标本2005H133：68，夹细砂灰陶。平折沿，方唇，直口，上腹略鼓，中腹以下残。腹饰竖向绳纹。口径22、残高5厘米（图3-411，6）。标本2005H133：49，夹砂，砂粒0.05～0.1厘米，灰陶。折沿略仰，方唇，敛口，腹微鼓，中腹以下残。腹饰竖向细绳纹。口径23.6、残高5厘米（图3-411，7）。标本2005H133：10，夹砂浅灰陶。敛口，方唇，窄沿仰折，腹微鼓，中腹以下残。口内侧微凹，腹饰竖向及斜向绳纹。口径16.6、残高6.6厘米（图3-411，8）。标本2005H133：7，夹砂灰陶。仰折沿，方唇，上腹较鼓，下腹及底残。腹饰较细绳纹。残高10.3厘米（图3-411，9）。

Ac型Ⅰ式　标本2005H133：48，夹细砂，偶见较大砂粒，灰陶。口微敛，折沿上仰，斜方唇下缘较圆。上腹较鼓，中腹以下残。腹饰竖向细绳纹，上腹有一道弦纹。口径28.6、残高4.9厘米（图3-412，4）。标本2005H133：93，夹砂褐陶。仰折沿，圆唇，上腹略鼓，中腹以下残。腹饰竖向绳纹。口径27、残高5.8厘米（图3-412，2）。标本2005H133：24，夹细砂浅灰陶。仰折沿较宽，圆唇，腹略鼓，中腹以下残。腹饰竖向绳纹。口径23.2、沿宽2.6、残高9.9厘米（图3-412，3）。标本2005H133：32，夹砂，砂粒0.05～0.2厘米，灰陶。折沿微上仰，方唇下缘略圆，上腹略鼓，中腹以下残。口外抹平，腹饰竖向细绳纹。口径24、残高6.4厘米（图3-412，1）。

Ac型Ⅱ式　标本2005H133：27，夹细砂，偶见较大砂粒，褐陶灰胎。仰折沿，斜方唇下缘抹圆。上腹较鼓，中腹以下残。口外抹平，腹饰竖向绳纹。口径24.2、残高10厘米（图3-412，5）。

B型Ⅰ式　标本2005H133：31，夹细砂及中等砂，黑陶灰胎。卷沿上仰，方唇，腹略鼓，中腹以下残。腹饰右斜向篮纹。口径26、残高8.9、胎厚0.7厘米（图3-412，6）。

B型Ⅱ式　标本2005H133：5，夹细砂灰陶。仰卷沿，方唇，深腹较斜直，下腹及底残。腹饰竖向细绳纹。口径24、残高18厘米（图3-412，7）。

C型Ⅰ式　标本2005H133：57，夹细砂灰陶。折沿微仰，短颈，斜方唇，鼓腹，中腹以下残。腹饰竖向绳纹。口径17、残高4.8厘米（图3-412，8）。

圆腹罐

Ca型Ⅱ式　标本2005H133：1，夹砂灰黑陶。侈口，窄方唇，领略曲，鼓腹，底残。口外饰一周索状花边和一对鸡冠錾。腹饰细绳纹，印痕清晰，较规整。下腹及底有浅灰褐色烧土。口径17、腹径19.5、残高18.6厘米（图3-413，1）。标本2005H133：35，夹砂浅灰陶。侈口，尖唇，高领，圆鼓腹，下腹残。口外饰索状花边，腹饰交错绳纹。口径17、腹径18.2、残高13.6厘米（图3-413，2）。标本2005H133：8，夹砂黑灰陶。侈口，尖唇，高领，鼓腹，下腹残。口外侧花边，腹饰细绳纹。口径17、腹径20.2、残高12.2厘米（图3-413，3）。标本2005H133：34，夹细砂，偶见较大砂粒，灰陶。侈口，斜方唇下缘压印成齿状花边，高领微卷，鼓腹，中腹以下残。腹饰交错绳纹。口径16.4、残高8.2厘米（图3-413，4）。标本2005H133：39，夹细砂灰陶。侈口，斜方唇，唇下缘压印成索状花边，高领卷曲，鼓腹，中腹以下残。腹饰竖向绳纹。口径11.4、残高6.2厘米（图3-413，5）。

Ca型Ⅲ式　标本2005H133：40，夹细砂，偶见较大砂粒，灰陶。侈口，矮领较斜直，斜方唇，唇外压印出索状花边并饰一对鸡冠錾，中腹以下残。腹饰斜向细绳纹。口径17、腹径18.2、残高

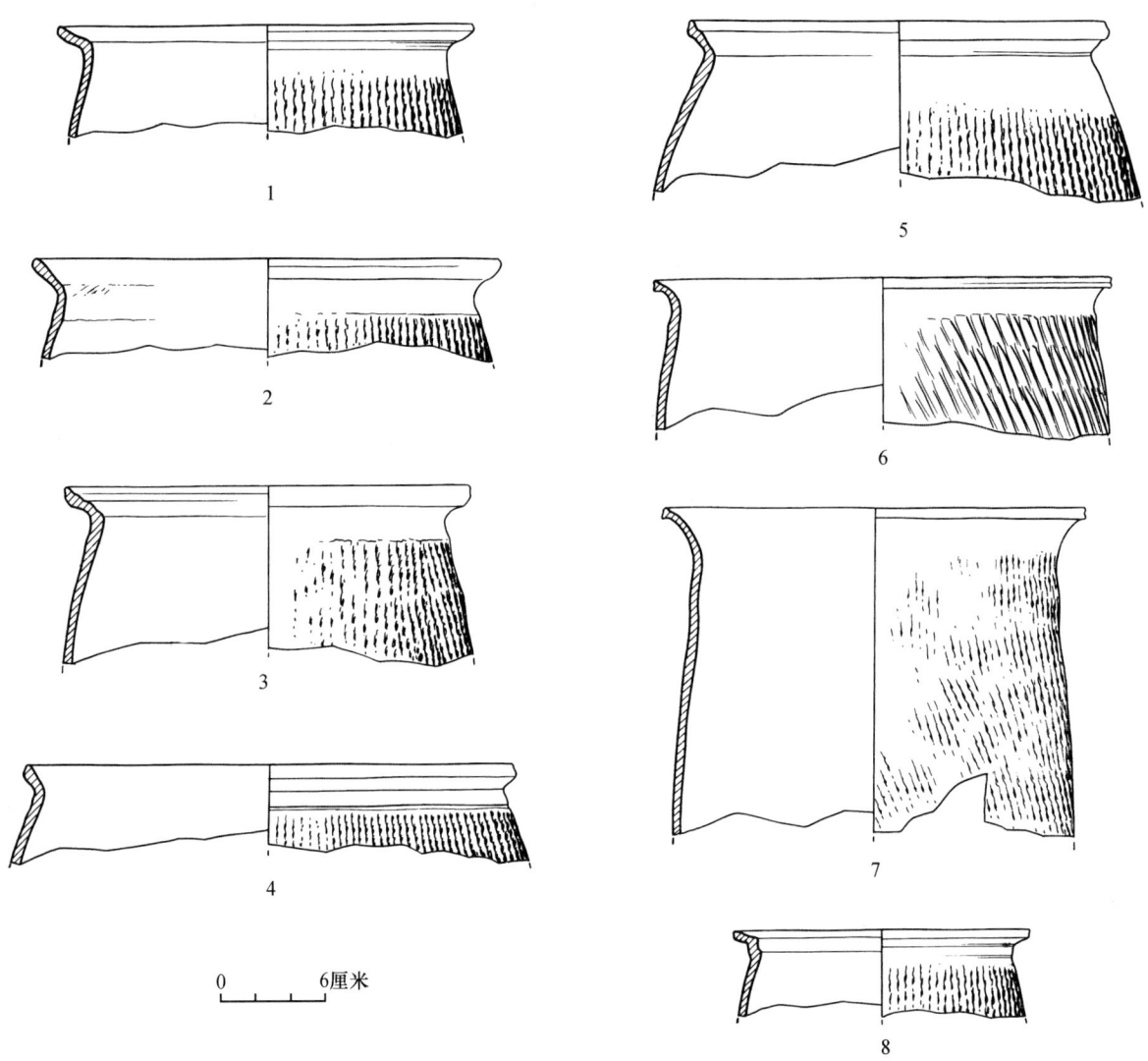

图 3-412　2005ⅠT6936H133 出土深腹罐（二）

1~4. Ac 型Ⅰ式（2005H133：32、2005H133：93、2005H133：24、2005H133：48）　5. Ac 型Ⅱ式（2005H133：27）　6. B 型Ⅰ式（2005H133：31）　7. B 型Ⅱ式（2005H133：5）　8. C 型Ⅰ式（2005H133：57）

6.6 厘米（图 3-413，6）。

Cb 型Ⅰ式　标本 2005H133：45，夹砂灰陶，砂粒 0.05~0.1 厘米。微侈口，尖圆唇，口沿外有一道凸棱，高领较直，鼓腹，中腹以下残。腹饰竖向绳纹，印痕较深。口径 16.4、残高 7 厘米（图 3-413，7）。标本 2005H133：36，夹细砂，偶见较大砂粒，灰陶。侈口，尖唇，唇下有一道凸棱，高领斜直，圆鼓腹，中腹以下残。腹饰斜向绳纹。口径 16.4、残高 7.4 厘米（图 3-413，8）。

Cb 型Ⅱ式　标本 2005H133：3，夹砂灰陶。侈口，尖唇，矮领较斜直，鼓腹，底残。口外有一周凸棱及一对三角形小錾。腹饰交错绳纹。口径 15.2、腹径 17、残高 17.7 厘米（图 3-414，1）。

鼎足　标本 2005H133：30，夹砂，偶见较大砂粒，褐陶。足呈刀形。素面。高 12.9 厘米（图 3-414，2）。

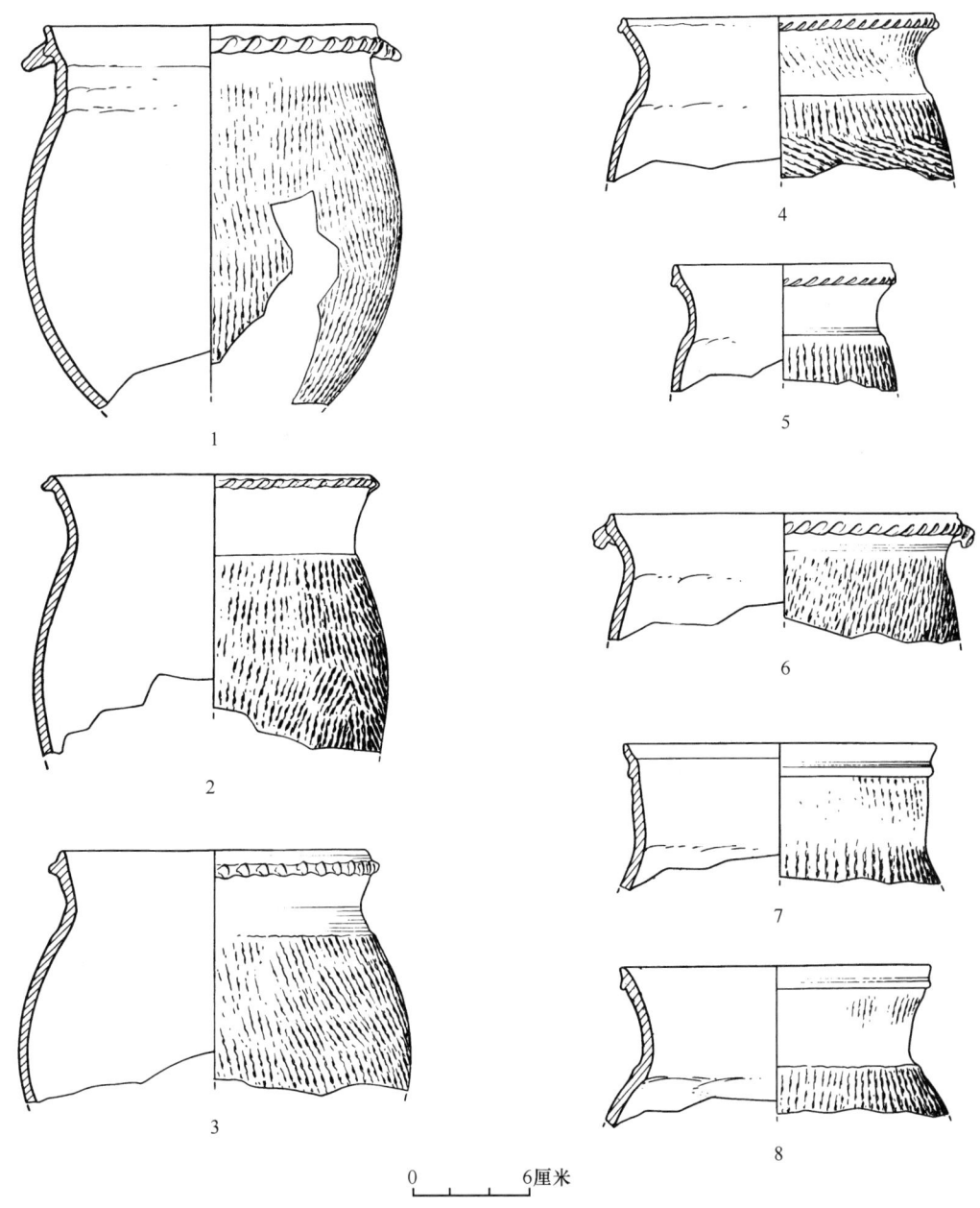

图 3-413　2005ⅠT6936H133 出土圆腹罐

1~5. Ca 型Ⅱ式（2005H133：1、2005H133：35、2005H133：8、2005H133：34、2005H133：39）　6. Ca 型Ⅲ式（2005H133：40）

7、8. Cb 型Ⅰ式（2005H133：45、2005H133：36）

甑　A 型Ⅱ式　标本 2005H133：2，夹砂黑灰陶。仰折沿，方唇，侈口，上腹外张，平底。底部有五个甑孔，中心为圆形，四周为梭形。腹饰交错绳纹，上腹有一对鸡冠耳。口径 27.6、沿宽 2、底径 11.2、高 15.5 厘米（图 3-414，3）。

刻槽盆　A 型Ⅲ式　标本 2005H133：6，泥质，含极少砂粒，灰陶。口微侈，尖圆唇，口外饰一周凸棱，上腹外张，底残。腹饰交错绳纹。内壁分区刻槽，局部呈菱格状。口径 20.4、残高 12.5

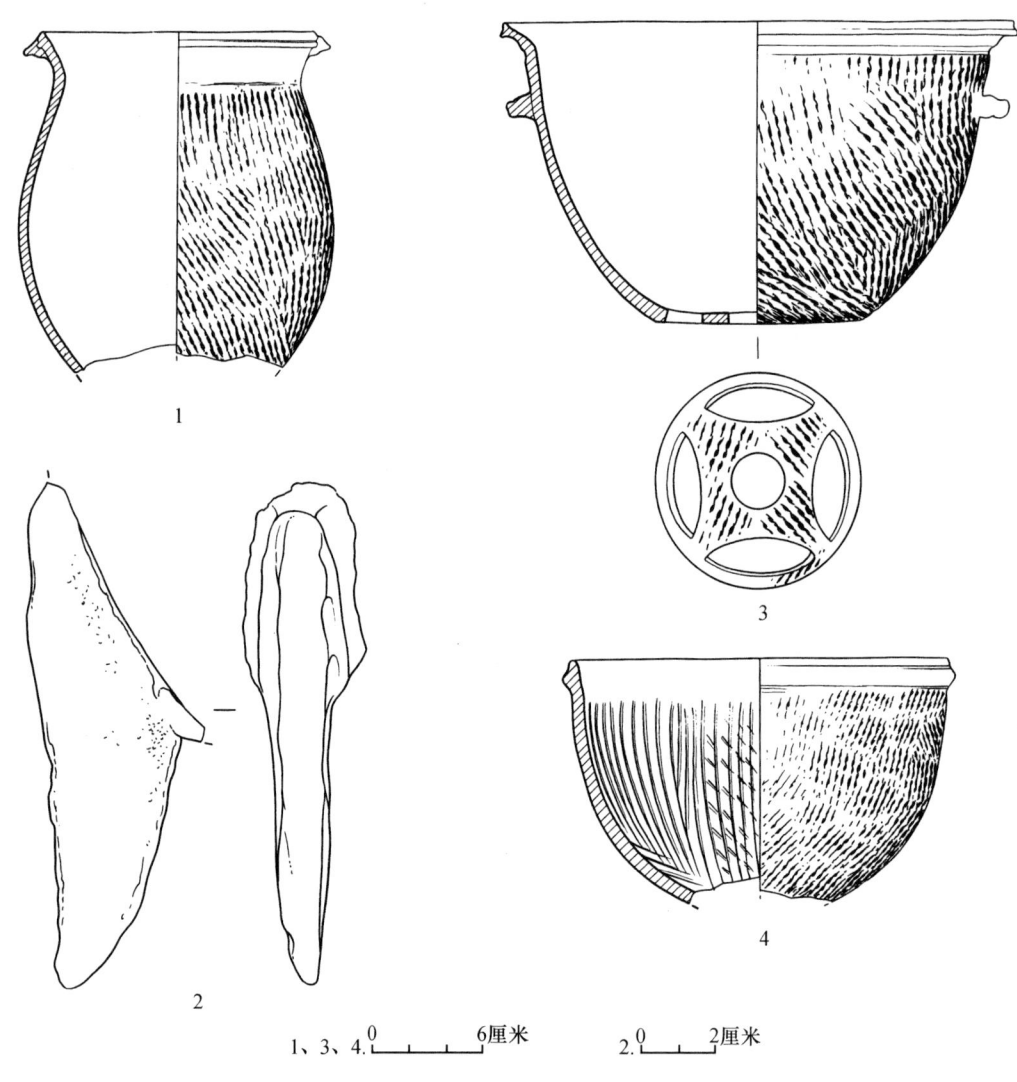

图 3-414 2005ⅠT6936H133 出土陶器

1. Cb 型Ⅱ式圆腹罐（2005H133:3） 2. 鼎足（2005H133:30） 3. A 型Ⅱ式甑（2005H133:2）
4. A 型Ⅲ式刻槽盆（2005H133:6）

厘米（图 3-414，4）。

深腹盆

A 型Ⅱ式 标本 2005H133:19，泥质，黑陶褐胎。敞口，折沿微仰，方唇唇面略凹，斜弧腹，中腹以下残。口沿及上腹磨光，中腹以下饰竖向绳纹。口径 33.2、残高 9 厘米（图 3-415，1）。标本 2005H133:42，夹细砂浅灰陶。敞口，折沿上仰，斜方唇，侈口，上腹外张，下腹残。腹饰方格纹。口径 24、残高 12 厘米（图 3-415，2）。标本 2005H133:12，夹砂灰陶。敛口，折沿微仰，方唇，鼓腹，下腹及底残。上腹抹平，其下饰较细绳纹。口径 17.8、沿宽 1.4、腹径 17.6、残高 11 厘米（图 3-415，3）。

A 型Ⅲ式 标本 2005H133:13，泥质黑灰陶，褐胎。敞口，窄沿平折，下腹残。上腹抹平，其下饰绳纹。口径 38、沿宽 1.4、残高 9.5 厘米（图 3-415，4）。标本 2005H133:61，泥质褐陶。口

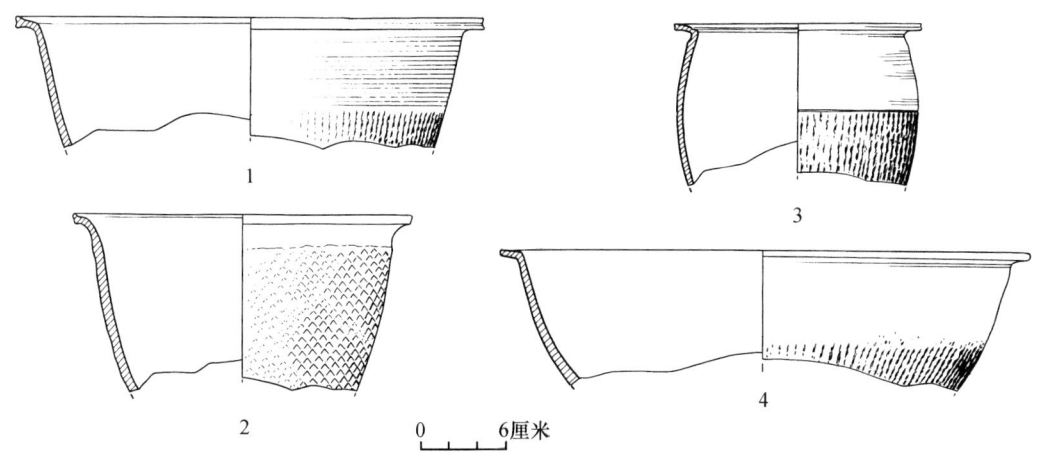

图 3-415　2005ⅠT6936H133 出土深腹盆
1~3. A 型Ⅱ式（2005H133∶19、2005H133∶42、2005H133∶12）　4. A 型Ⅲ式（2005H133∶13）

微敛，仰折沿，方唇，腹微鼓，中腹以下残。口沿及上腹部抹平，上腹部有一道凸弦纹，中腹以下饰竖向细绳纹。口径21.6、残高6.4厘米（图3-416，1）。

B型Ⅰ式　标本 2005H133∶28，泥质灰陶。口微敛，仰折沿，沿面略鼓，沿外侧下卷，尖圆唇，鼓腹，中腹以下残。口沿及上腹磨光。上腹有两道弦纹，中腹以下饰斜向绳纹。口径29、残高7.2厘米（图3-416，2）。

鬶　标本 2005H133∶95，夹细砂白陶，器表浅灰色。侈口，流残，束腰，腰部贴附一周泥条，其两侧各有一周楔点纹，内壁有分隔的箅子，上有圆孔。鋬腹相交处饰两泥丁，鋬饰三道刻划纹，上部刻划纹中间还饰有楔点纹。袋足中部残缺。口径13.8、复原高度30.4、胎厚0.4厘米（图3-416，3；彩版一六，2、3）。

小口尊　Ab型　标本 2005H133∶4，泥质灰陶。侈口，圆唇，口外有一周凸棱。高领斜直，折肩，腹内收，下腹及底残。领肩部磨光，肩饰两周弦纹，腹饰斜向绳纹。口径14.4、肩径22.2、领高3、残高16.8厘米（图3-417，1）。

瓮

A型Ⅱ式　标本 2005H133∶15，泥质，含少量砂粒，灰黑陶褐胎。口微敛，圆唇外凸，矮领，肩以下残。肩两组弦纹，其余素面磨光。口径19、残高6.2厘米（图3-417，2）。

Ba型Ⅲ式　标本 2005H133∶17，泥质，含少量砂粒，灰黑陶褐胎。口微敛，斜方唇外缘微凸，矮直领，圆肩，腹以下残。领肩部磨光，肩上有多周弦纹及一周附加堆纹，其下饰竖向绳纹。口径18.2、肩径28、领高2、残高10.4厘米（图3-417，3）。

缸　Ab型Ⅰ式　标本 2005H133∶26，夹砂，砂粒0.1厘米，灰陶。侈口，卷沿，斜方唇，口外饰一周索状花边。鼓腹，下腹残。腹饰绳纹及索状附加堆纹。口径35、腹径35.4、残高30厘米（图3-418，1）。

器盖　Aa型Ⅰ式　标本 2005H133∶20，泥质，黑陶红胎。折腹，顶近平，腹壁外张，口部及纽残。器表磨光，顶饰细弦纹。顶径19、残高6厘米（图3-418，2）。

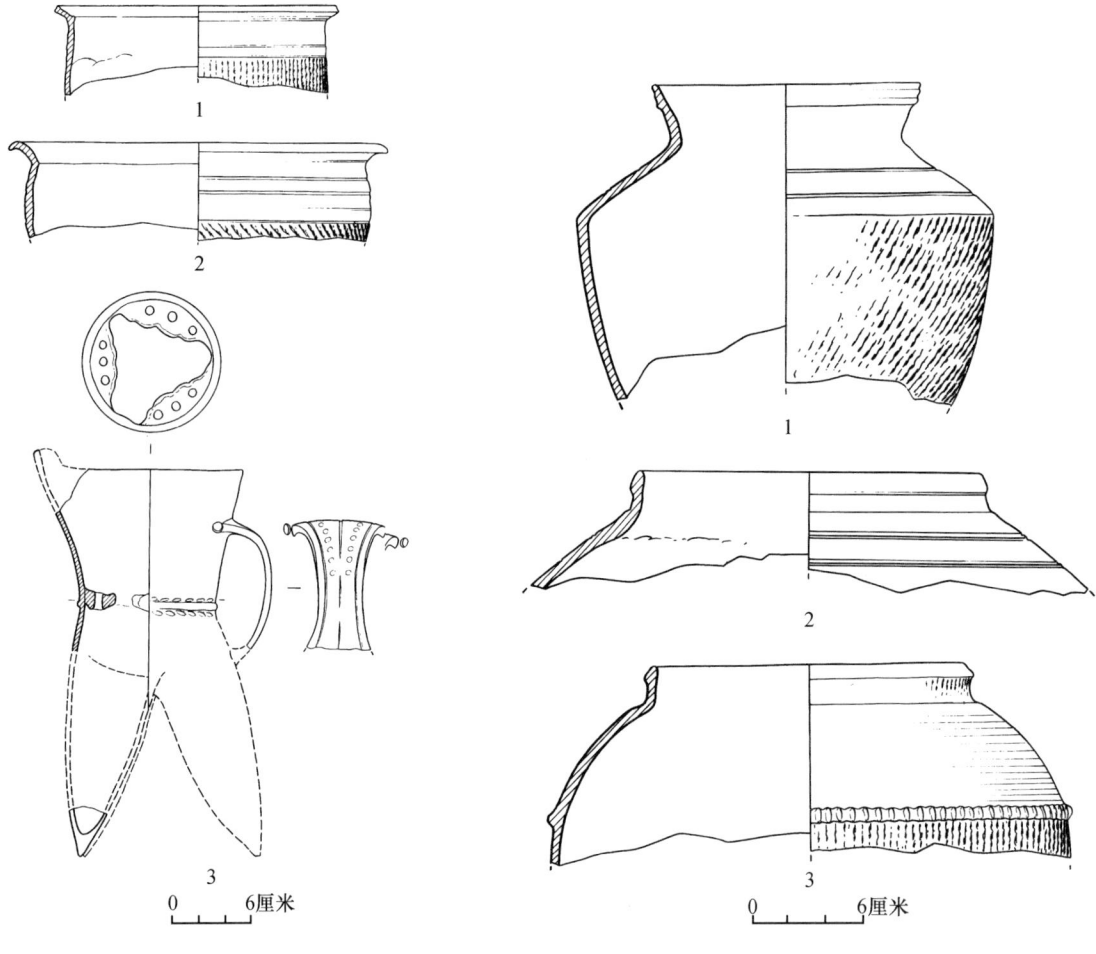

图 3-416　2005ⅠT6936H133 出土陶盆、鬶

1. A 型Ⅲ式深腹盆（2005H133:61）　2. B 型Ⅰ式深腹盆（2005H133:28）　3. 鬶（2005H133:95）

图 3-417　2005ⅠT6936H133 出土小口尊、瓮

1. Ab 型小口尊（2005H133:4）　2. A 型Ⅱ式瓮（2005H133:15）　3. Ba 型Ⅲ式瓮（2005H133:17）

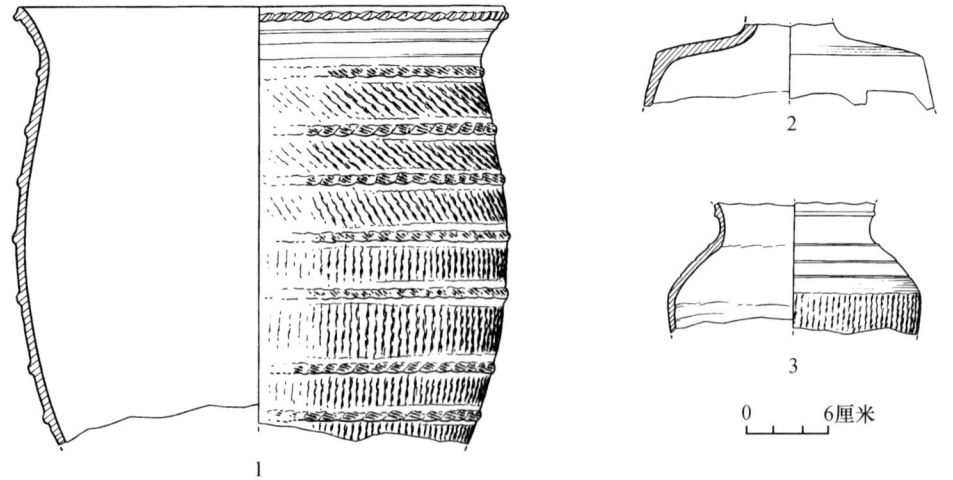

图 3-418　2005ⅠT6936H133 出土陶器（一）

1. Ab 型Ⅰ式缸（2005H133:26）　2. Aa 型Ⅰ式器盖（2005H133:20）　3. 高领罐（2005H133:14）

高领罐 标本2005H133：14，泥质，含少量砂粒，灰陶。高领，侈口略残，领外沿有一周凸棱。折肩较宽，中腹以下残。领肩部磨光，肩饰二周弦纹。腹饰竖向绳纹。肩径18、残高9厘米（图3-418，3）。

敛口罐 A型Ⅲ式 标本2005H133：53，泥质，含细砂，黑陶。敛口，窄沿，厚圆唇，鼓腹，略鼓，中腹以下残。通体磨光。口径13、残高5厘米（图3-419，1）。

捏口罐 标本2005H133：23，泥质，含细砂，灰陶。直口，口沿外翻形成带状凸起，厚圆唇。斜直领，鼓腹，中腹以下残。口有捏痕，腹饰交错绳纹。残高8厘米（图3-419，2）。

纺轮 标本2005H133：89，夹中细砂，砂粒0.1～0.2厘米，红陶。扁圆形，中间有一细穿孔。表面粗糙，可见手捏痕。直径5、胎厚0.8厘米（图3-419，3）。

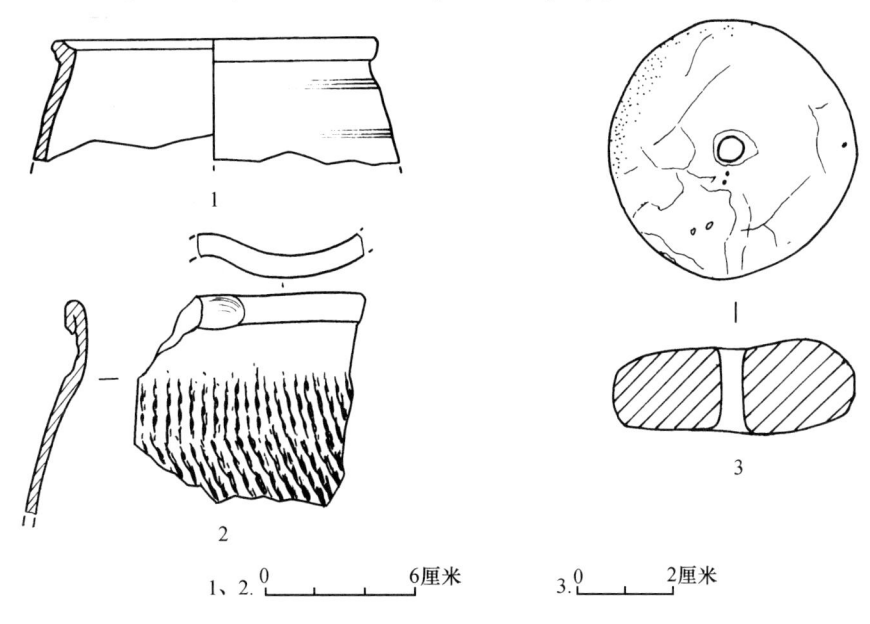

图3-419 2005ⅠT6936H133出土陶器（二）
1. A型Ⅲ式敛口罐（2005H133：53） 2. 捏口罐（2005H133：23） 3. 纺轮（2005H133：89）

2005ⅠT7036④

深腹罐

Ab型Ⅱ式 标本2005ⅠT7036④：14，夹细砂，偶有较大砂粒，黑陶褐胎。仰折沿，方唇，鼓腹，中腹以下残。腹饰竖向细绳纹。口径28、残高6.3厘米（图3-420，2）。

Ac型Ⅰ式 标本2005ⅠT7036④：2，夹细砂灰陶。窄沿微仰折，圆唇，鼓腹偏上，下腹残。腹饰斜向绳纹，局部交错。外壁黏有红烧土块。口径23.4、腹径25、残高20.6厘米（图3-420，1）。

圆腹罐 Cb型Ⅱ式 标本2005ⅠT7036④：1，夹砂浅灰陶。口微侈，口外呈带状凸起，窄方唇，领斜直，鼓腹，平底。口外饰一对鸡冠錾，腹饰交错绳纹。口径12.4、腹径13.6、底径7.6、高11.6厘米（图3-420，3；图版三三，1）。

深腹盆

B型Ⅰ式 标本2005ⅠT7036④：8，泥质，偶见较大砂粒，褐陶灰胎。口微敛，卷沿上仰，尖圆唇外凸，唇外有一道弦纹。鼓腹，下腹残。上腹饰弦纹，下腹饰竖向细绳纹。口径34、残高8厘米（图3-421，1）。

B型Ⅱ式　标本2005ⅠT7036④:4，夹细砂，偶见较大砂粒，黑陶。敞口，卷沿近平，沿面略鼓，方唇，侈口，腹外张，中腹以下残。腹饰斜向绳纹。口径36、残高7厘米（图3-421，2）。

B型Ⅲ式　标本2005ⅠT7036④:13，夹砂灰陶。侈口，卷沿下耷，圆唇，中腹以下残。腹饰绳纹。口径27.2、残高2.6厘米（图3-421，4）。

平底盆　A型Ⅰ式　标本2005ⅠT7036④:3，泥质灰陶。敞口，尖圆唇，腹壁内曲，平底略残，底部边缘外凸。通体磨光。口径28.4、底径23.8、高7.2厘米（图3-421，3）。

缸　Aa型Ⅰ式　标本2005ⅠT7036④:5，夹砂灰陶。口微敛，仰折沿，斜方唇，唇面略凹。鼓腹，中腹以下残。腹饰竖向细绳纹和索状附加堆纹。口径34.4、残高7.6厘米（图3-421，5）。

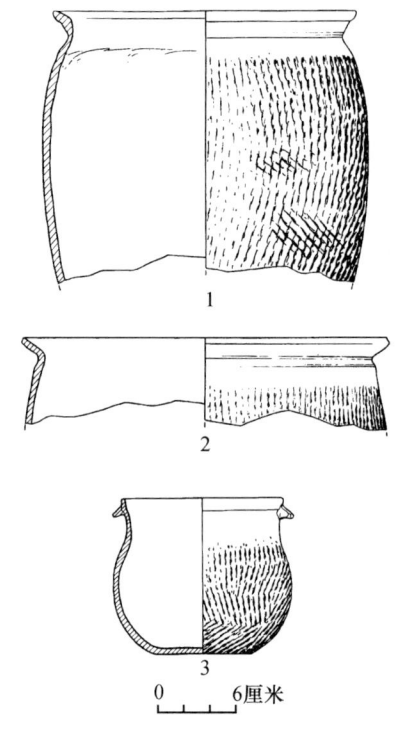

图3-420　2005ⅠT7036④出土陶罐
1. Ac型Ⅰ式深腹罐（2005ⅠT7036④:2）　2. Ab型Ⅱ式深腹罐（2005ⅠT7036④:14）　3. Cb型Ⅱ式圆腹罐（2005ⅠT7036④:1）

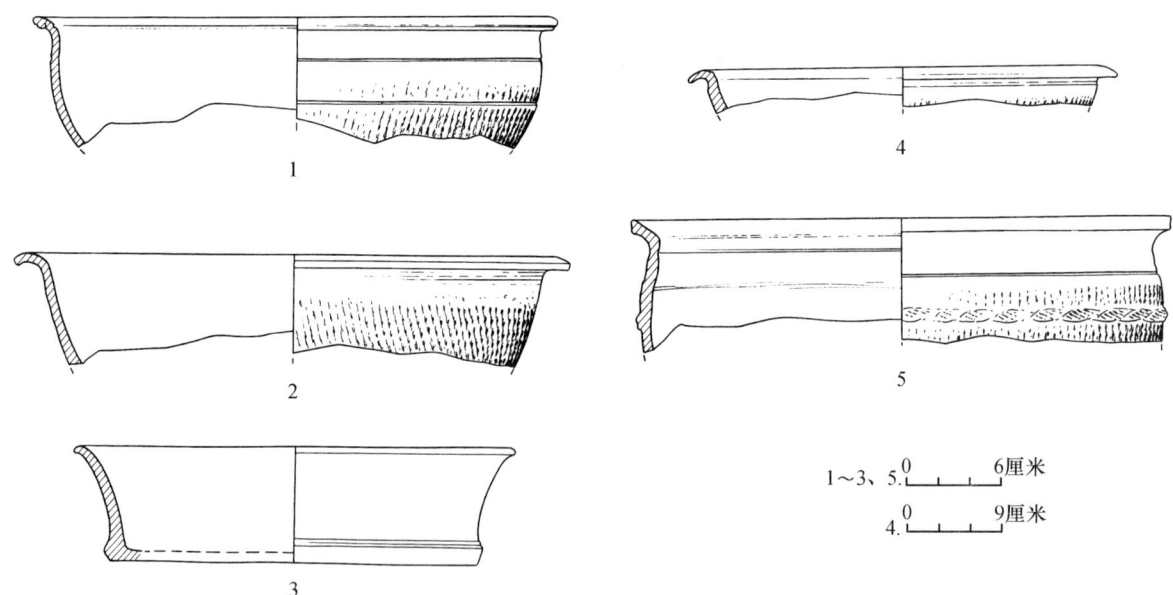

图3-421　2005ⅠT7036④出土陶盆、缸
1. B型Ⅰ式深腹盆（2005ⅠT7036④:8）　2. B型Ⅱ式深腹盆（2005ⅠT7036④:4）　3. A型Ⅰ式平底盆（2005ⅠT7036④:3）
4. B型Ⅲ式深腹盆（2005ⅠT7036④:13）　5. Aa型Ⅰ式缸（2005ⅠT7036④:5）

2005ⅠT7036H199

深腹罐　Ac 型Ⅰ式　标本 2005H199：5，夹细砂，偶见较大砂粒，灰陶。折沿上仰，圆唇外凸。鼓腹，中腹以下残。腹饰右斜绳纹。口径 20、沿宽 2.6、残高 15.5 厘米（图 3-422，4）。

圆腹罐

Ca 型Ⅰ式　标本 2005H199：8，夹细砂灰陶。侈口，尖唇，口外饰一周索状花边。高领斜直。鼓腹略残，平底。腹部竖向及交错绳纹，口径 14.1、复原高 17.7 厘米（图 3-422，2）。

Cb 型Ⅱ式　标本 2005H199：4，夹细砂灰陶。侈口，斜方唇，领卷曲，圆鼓腹，下腹残。腹饰竖向绳纹。口径 15、残高 12.5 厘米（图 3-422，3）。标本 2005H199：9，夹砂灰陶。斜方唇。矮领斜直，腹略鼓，中腹以下残。腹饰竖向绳纹。口径 15、腹径 18、残高 12.8 厘米（图 3-422，5）。

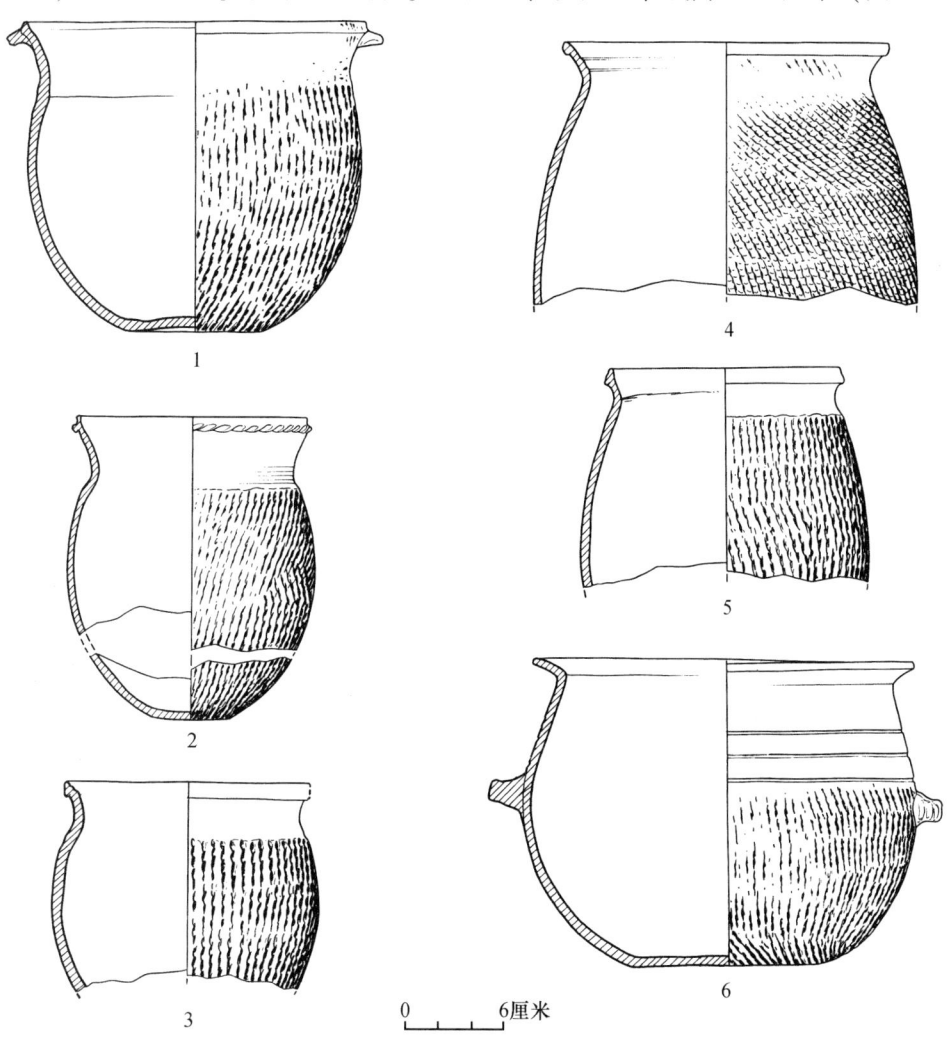

图 3-422　2005ⅠT7036H199 出土陶罐、盆

1. Cc 型Ⅱ式圆腹罐（2005H199：1）　2. Ca 型Ⅰ式圆腹罐（2005H199：8）　3、5. Cb 型Ⅱ式圆腹罐（2005H199：4、2005H199：9）
4. Ac 型Ⅰ式深腹罐（2005H199：5）　6. A 型Ⅱ式深腹盆（2005H199：3）

Cc 型 Ⅱ 式 标本 2005H199：1，夹砂灰陶。侈口，方唇，领较斜直，圆鼓腹，平底微凹。口外饰对称小鋬。腹部为较粗绳纹。口径 21、腹径 21、底径 8.6、高 18.2 厘米（图 3-422，1）。

深腹盆 A 型 Ⅱ 式 标本 2005H199：3，泥质深灰陶。仰折沿，方唇，鼓腹，中腹有一对鸡冠耳，平底。上腹部磨光，饰三周弦纹。中腹至底为较粗绳纹。口径 23.4、沿宽 2、腹径 24.4、底径 12、高 18.4 厘米（图 3-422，6）。

敛口罐 A 型 Ⅱ 式 标本 2005H199：2，泥质灰陶，含细砂。敛口，仰折沿，方唇，腹略垂鼓，下腹及底残。上腹磨光，腹饰竖向及斜向绳纹。口径 15、腹径 16.5、残高 15.8 厘米（图 3-423，1）。

盅 标本 2005H199：20，泥质褐陶，含少量细砂。微侈口，圆唇，斜弧腹，平底。外壁有数道捏痕。口径 6.7、底径 3.7~4.3、高 6.7 厘米（图 3-423，2）。

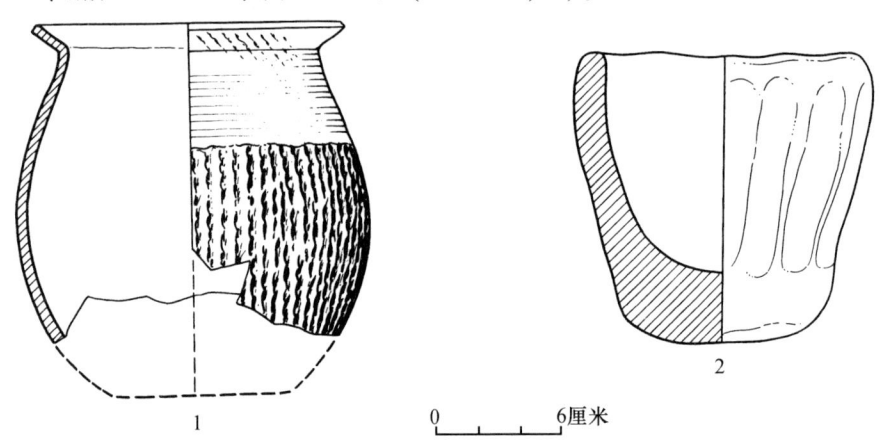

图 3-423 2005ⅠT7036H199 出土敛口罐、盅
1. A 型 Ⅱ 式敛口罐（2005H199：2） 2. 盅（2005H199：20）

2005ⅠT7036H241

深腹罐

Ab 型 Ⅱ 式 标本 2005H241：4，夹砂灰陶。仰折沿，方唇，腹微鼓，圜底。腹饰右斜及交错绳纹，外壁黏有红烧土块。口径 22、沿宽 2.5、高 30.2 厘米（图 3-424，3）。标本 2005H241：18，夹细砂，偶见较大砂粒，灰陶。仰折沿，斜方唇，唇面有一道弦纹。鼓腹，中腹以下残。腹饰右斜绳纹。口径 21、沿宽 2.4、残高 10.6 厘米（图 3-424，2）。

Ac 型 Ⅰ 式 标本 2005H241：16，夹细砂，偶见稍大砂粒，灰陶。敛口，仰折沿，圆唇，鼓腹，中腹以下残。腹饰右斜向及竖向绳纹。口径 22、沿宽 1.2、残高 6.6 厘米（图 3-424，1）。

Ac 型 Ⅱ 式 标本 2005H241：13，夹细砂深灰陶。敛口，仰折沿，圆唇，鼓腹，中腹以下残。口外绳纹抹平，其下饰竖向绳纹。口径 22、沿宽 1.8、残高 4.3 厘米（图 3-424，4）。

圆腹罐

Cb 型 Ⅲ 式 标本 2005H241：6，夹细砂灰陶。侈口，斜方唇，口外呈宽带状凸起，并饰一对鸡冠鋬。矮领卷曲，圆鼓腹，下腹及底残。腹饰竖向绳纹。口径 13、残高 11.7、胎厚 0.2~0.5 厘米（图 3-424，5）。

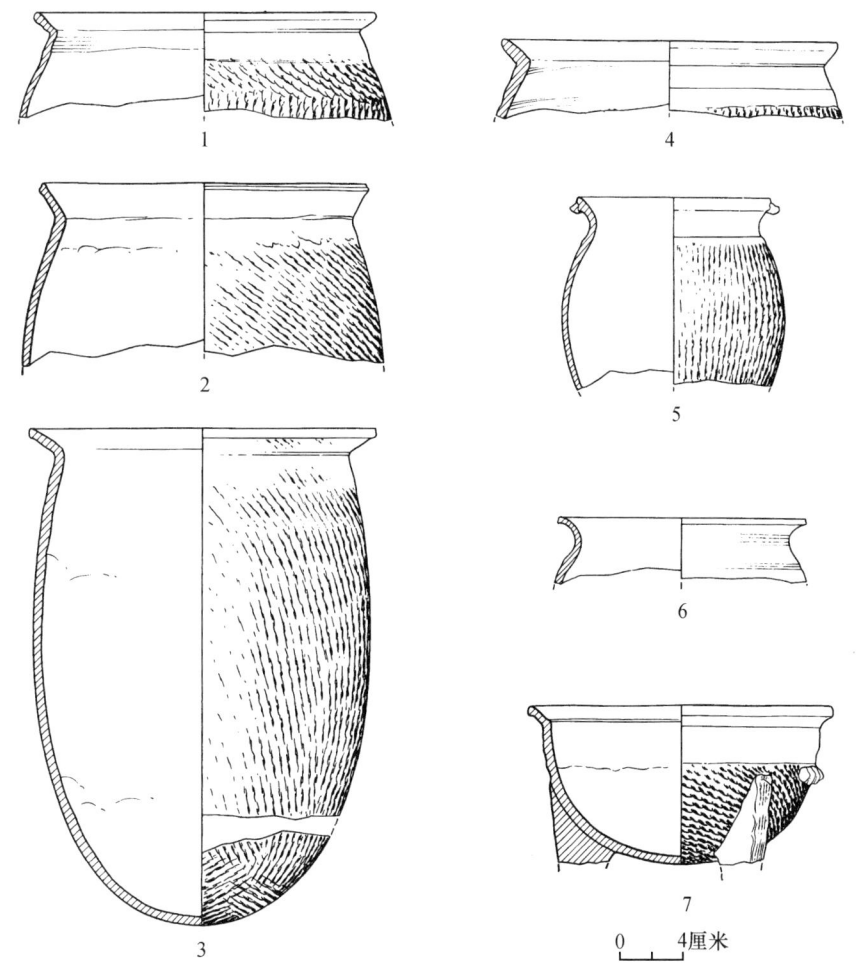

图 3-424 2005ⅠT7036H241 出土陶罐、鼎

1. Ac 型Ⅰ式深腹罐（2005H241:16） 2、3. Ab 型Ⅱ式深腹罐（2005H241:18、2005H241:4） 4. Ac 型Ⅱ式深腹罐（2005H241:13） 5. Cb 型Ⅲ式圆腹罐（2005H241:6） 6. Cc 型Ⅲ式圆腹罐（2005H241:11） 7. A 型Ⅱ式鼎（2005H241:2）

Cc 型Ⅲ式 标本 2005H241:11，夹细砂红陶。卷沿，方唇，矮领，鼓腹，中腹以下残。素面。口径16、残高3.7厘米（图3-424，6）。

鼎 A 型Ⅱ式 标本 2005H241:2，夹砂灰黑陶，局部呈褐色。侈口，仰折沿，方唇，斜弧腹略浅，圜底，扁平三角形足，足下端残。口沿及上腹部抹平，中腹有一对鸡冠耳并饰斜向绳纹。口径18.6、沿宽1.2、腹深10、残高11厘米（图3-424，7）。

刻槽盆 A 型Ⅲ式 标本 2005H241:1，泥质，偶见较大砂粒，灰陶。侈口，一侧有流，厚圆唇外凸，前腹略外张，底残。上腹饰横向绳纹，下腹饰交错绳纹。内壁分区刻槽。口径23.5、残高14、胎厚0.7厘米（图3-425，1）。

深腹盆

A 型Ⅱ式 标本 2005H241:14，泥质，偶见较大砂粒，黑陶红胎。敞口，折沿近平，沿面略凹，斜方唇，唇面有一道弦纹，腹斜直，中腹以下残。口沿及上腹部抹平，中腹以下饰竖向绳纹。口径

26、残高6.5、残宽13厘米（图3-425，2）。

B型Ⅲ式　标本2005H241:15，泥质，含少量细砂，灰陶。敞口，折沿略奓，尖圆唇，斜腹外张，中腹以下残。口沿及上腹磨光，腹饰右斜绳纹。口径26.2、沿宽1.5、残高5.6厘米（图3-425，3）。

大口尊　Ⅱ式　标本2005H241:5，泥质含少量细砂，灰陶。敞口，方唇，高领，领卷曲，折肩，肩部窄，斜直腹，中腹以下残。通体磨光，领部有一道凸弦纹，肩及上腹饰弦纹。口径22、肩径22.8、领高3.5厘米（图3-425，4）。

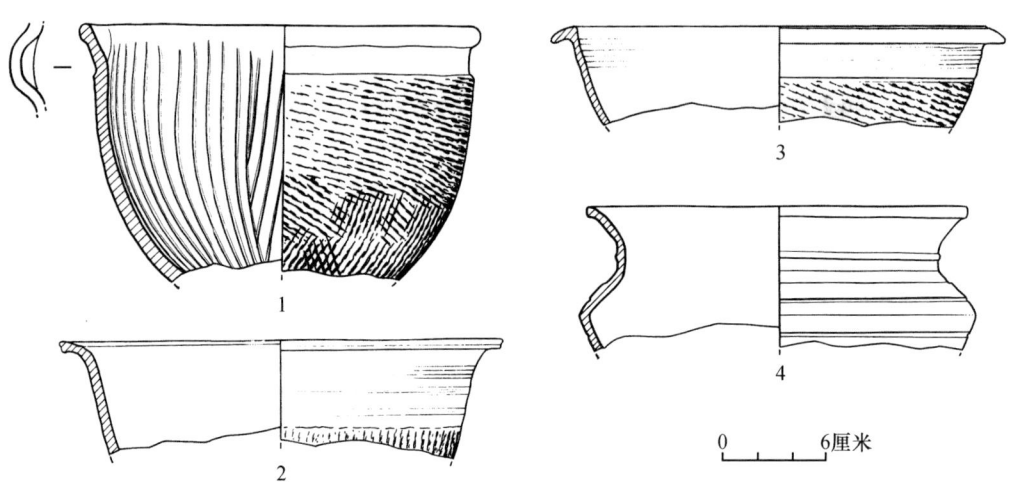

图3-425　2005ⅠT7036H241出土陶盆、尊
1. A型Ⅲ式刻槽盆（2005H241:1）　2. A型Ⅱ式深腹盆（2005H241:14）　3. B型Ⅲ式深腹盆（2005H241:15）
4. Ⅱ式大口尊（2005H241:5）

2005ⅠT7342③

深腹罐　Ab型Ⅱ式　标本2005T7342③:7，夹细砂灰陶。敛口，仰折沿，方唇，唇面略凹，中腹以下残。腹饰斜向绳纹。口径24、残高14.6厘米（图3-426，1）。

圆腹罐　A型Ⅱ式　标本2005T7342③:27，夹细砂，砂粒0.05～0.1厘米，灰陶。敛口，折沿上仰，圆唇，沿面略凹，内侧有一道凹槽，圆鼓腹，中腹以下残。腹饰斜向细绳纹。口径16、残高5.3厘米（图3-426，2）。

深腹盆　A型Ⅱ式　标本2005T7342③:2，夹细砂，黑陶褐胎。直口，仰折沿，沿背略凸。方唇，唇缘上凸，唇面有凹槽。上腹较直，下腹斜收，下腹及底残。腹饰斜向绳纹及一道弦纹。口径35、腹径31.5、残高10.8厘米（图3-426，3）。标本2005T7342③:6，夹细砂灰陶。侈口，折沿近平，方唇，唇面有一道弦纹，腹微鼓，中腹以下残。腹饰竖向绳纹。口径26、腹径22.6、残高7厘米（图3-426，6）。

豆　A型Ⅱ式　标本2005T7342③:9，泥质灰陶。敞口，平卷沿，尖圆唇，斜直腹外张。平底略圜。柄残，豆盘底部经打磨，有二次使用痕。素面。口径16、残高5.4厘米（图3-426，7）。

小口尊　标本2005T7342③:40，泥质，含少量细砂，灰陶。仅余底部，平底下凸，底中部残并

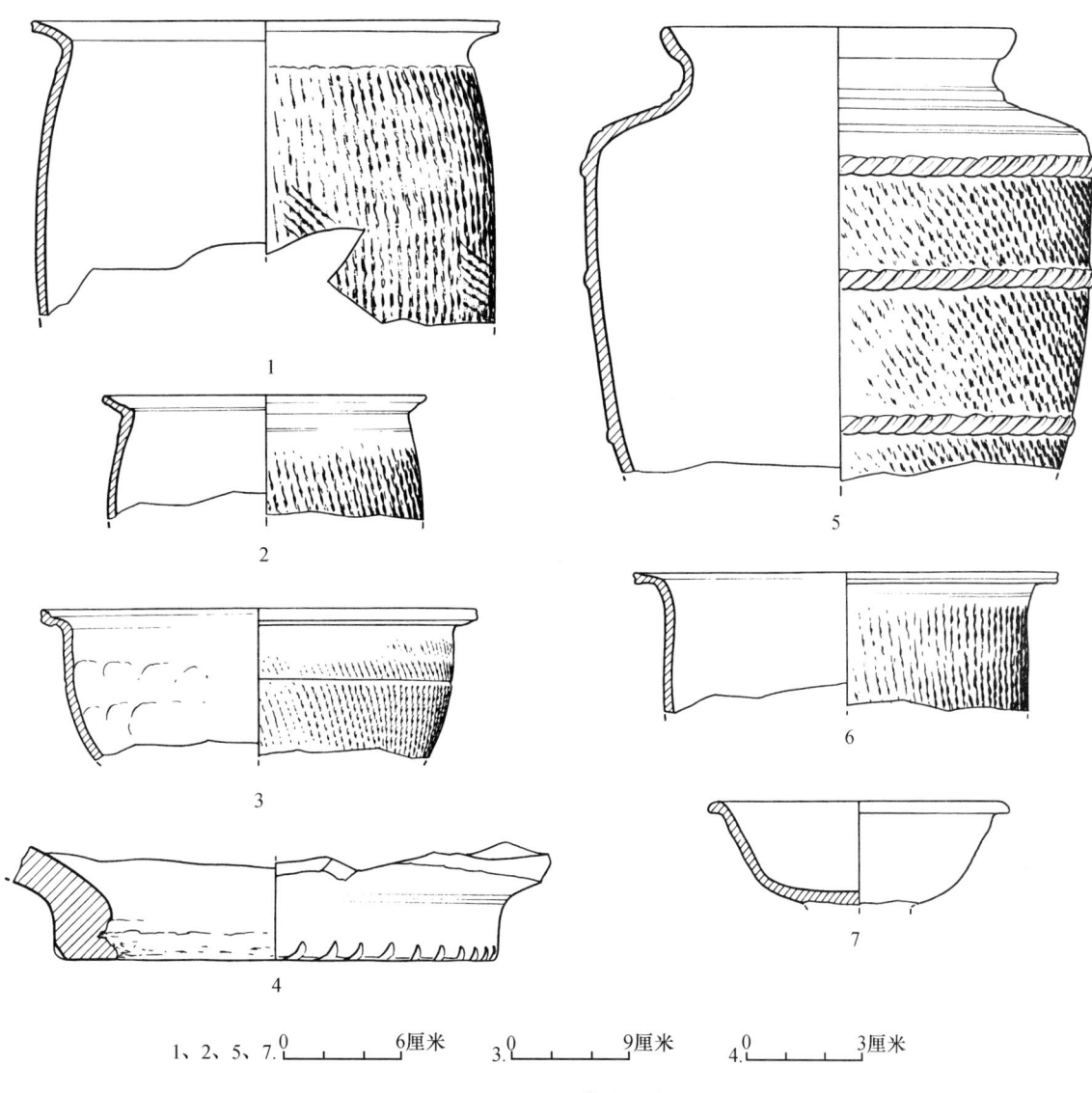

图3-426　2005ⅠT7342③出土陶器（一）

1. Ab型Ⅱ式深腹罐（2005T7342③：7）　2. A型Ⅱ式圆腹罐（2005T7342③：27）　3. A型Ⅱ式深腹盆（2005T7342③：2）
4. 小口尊（2005T7342③：40）　5. Aa型小口尊（2005T7342③：3）　6. A型Ⅱ式深腹盆（2005T7342③：6）　7. A型Ⅱ式豆
（2005T7342③：9）

有脱落痕。外缘压印出一周花边。底径11.5、残高2.4厘米（图3-426，4）。

Aa型　标本2005T7342③：3，夹细砂灰陶。侈口，圆唇外鼓。领稍矮，折肩，下腹残。领肩部抹平，肩部有一道凸棱和三道弦纹。腹饰斜向细绳纹及索状附加堆纹。口径18.4、肩径26、残高22.4厘米（图3-426，5）。

缸　Ab型Ⅰ式　标本2005T7342③：1，夹细砂灰陶。侈口，圆唇外凸。中腹略残，下腹微鼓，平底稍下凸。腹饰斜向细绳纹和索状附加堆纹。口径35.4、复原高46.2、底径11.7厘米。（图3-427，1）。

爵　标本2005T7342③：41，泥质，含少量细砂，黑陶红胎。仅余下腹、底及足上部，垂腹，下腹外鼓，平底，足断面近圆形。通体磨光，下腹至底处饰3~4周弦纹。底径7.1、残高3.1厘米（图3-427，2）。

捏口罐　标本2005ⅠT7342③：11，泥质，含少量砂，灰陶。口微侈，尖圆唇外凸，高领，上腹微鼓，中腹以下残。腹饰竖向细绳纹。口径11.9、残高5.1厘米（图3-427，3）。标本2005ⅠT7342③：39，泥质灰陶。口微侈，圆唇外凸，高领，腹残。素面。口径12、残高5.3厘米（图3-427，4）。

高领罐　标本2005ⅠT7342③：13，夹细砂，黑陶红胎。仅存领部。侈口，圆唇外凸，高领饰一道凸棱。通体磨光。口径11、残高3.7厘米（图3-427，5）。

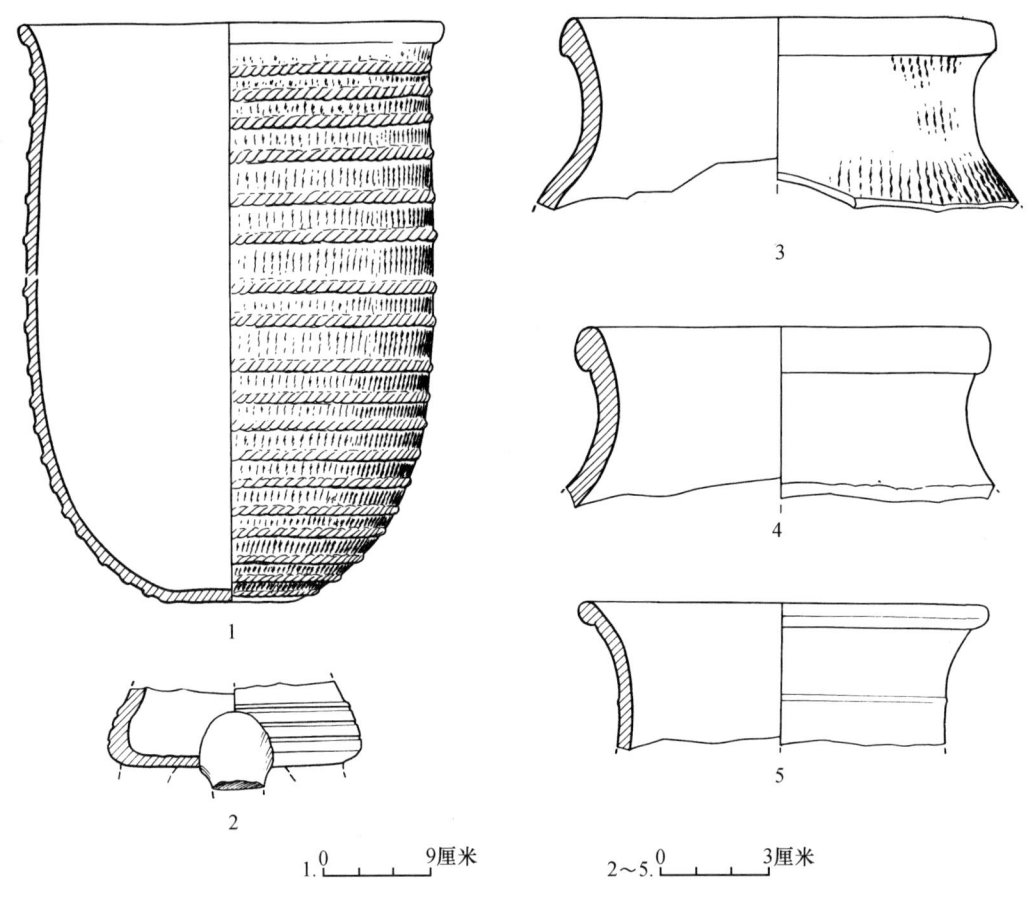

图3-427　2005ⅠT7342③出土陶器（二）

1. Ab型Ⅰ式缸（2005ⅠT7342③：1）　2. 爵（2005ⅠT7342③：41）　3、4. 捏口罐（2005ⅠT7342③：11、2005ⅠT7342③：39）
5. 高领罐（2005ⅠT7342③：13）

2005ⅠT7342H128

深腹罐

Ab型Ⅱ式　标本2005H128：12，夹砂，灰陶褐胎。仰折沿，方唇，敛口，上腹微鼓，中腹以下残。腹饰斜向绳纹。口径24、沿宽2.3、残高8.2厘米（图3-428，1）。标本2005H128：23，夹砂灰陶。仰折沿，方唇，敛口，唇部有一周凹槽，腹微鼓。腹饰较粗绳纹。口径21、沿宽1.9、残高6厘米（图3-428，2）。标本2005H128：39，夹砂灰陶。折沿，圆唇，敛口，腹微鼓。腹饰较细绳

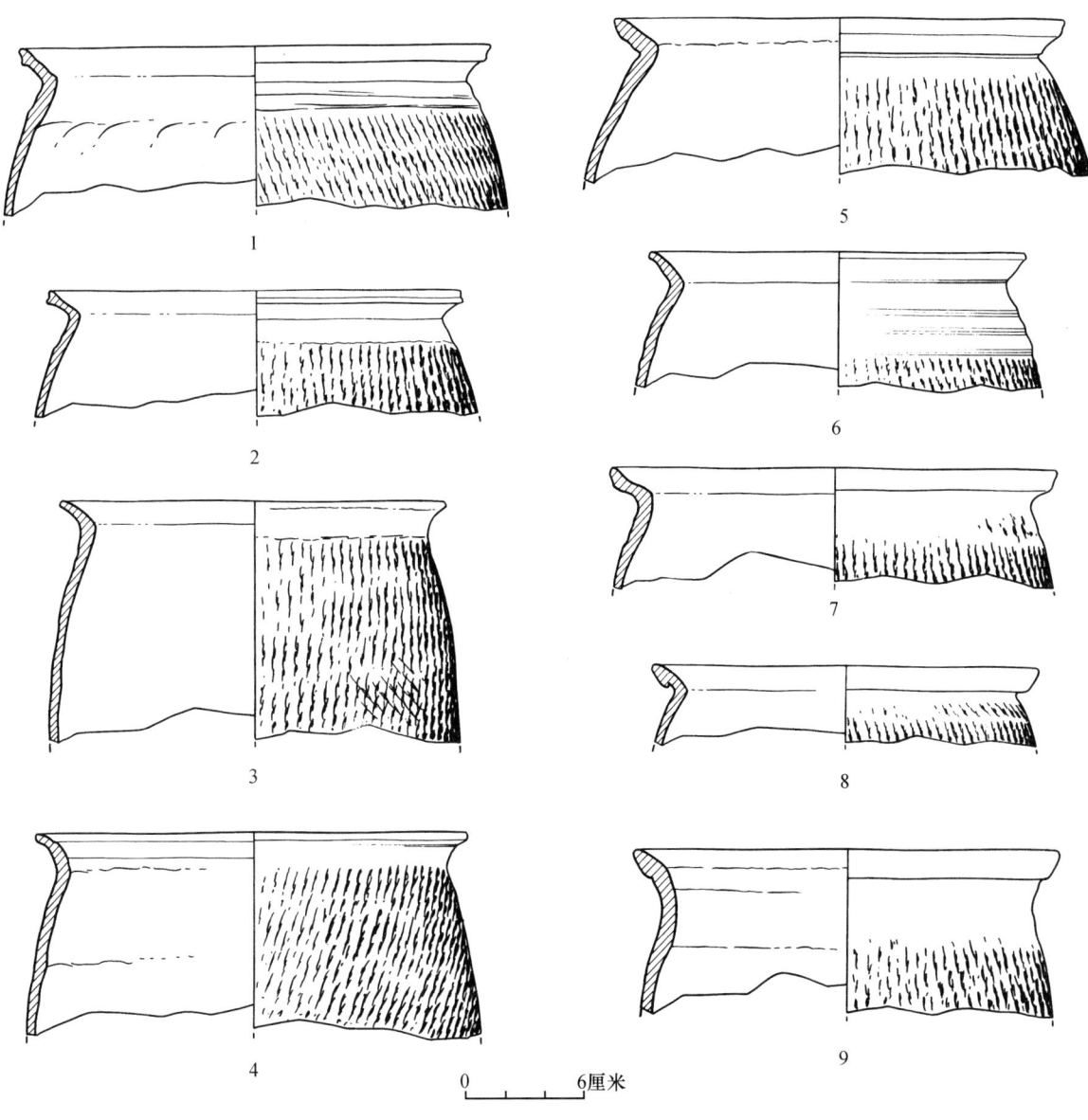

图 3-428　2005ⅠT7342H128 出土深腹罐

1~5. Ab 型Ⅱ式（2005H128:12、2005H128:23、2005H128:39、2005H128:10、2005H128:28）　6. Ab 型Ⅲ式（2005H128:5）　7、8. Ac 型Ⅰ式（2005H128:17、2005H128:46）　9. C 型Ⅱ式（2005H128:25）

纹，印痕较深。口径19.6、沿宽1.9、残高11.8厘米（图3-428，3）。标本2005H128：10，夹砂灰陶。仰折沿，圆唇，敛口，鼓腹，中腹以下残。沿面饰两周弦纹，腹饰斜向绳纹。口径22.8、沿宽1.8、残高10.3厘米（图3-428，4）。标本2005H128：28，夹砂褐陶。仰折沿，斜方唇，敛口，鼓腹，中腹以下残。腹饰竖向绳纹。口径23、残高7.9厘米（图3-428，5）。

Ab 型Ⅲ式　标本2005H128：5，夹砂褐陶。敛口，仰折沿，圆唇，上腹微鼓，中腹以下残。上腹绳纹抹平，其下饰绳纹。口径19、沿宽2.4、残高6.7厘米（图3-428，6）。

Ac 型Ⅰ式　标本2005H128：17，夹砂灰陶。仰折沿，方唇下缘略抹圆，敛口，沿面微凹，鼓腹。腹饰绳纹。口径 27、沿宽 2.8、残高 5.7 厘米（图 3-428，7）。标本 2005H128：46，夹砂灰陶。仰折沿，尖唇外凸，敛口，上腹微鼓，中腹以下残。腹饰绳纹。口径 22、沿宽 2.3、残高 3.9 厘米（图 3-428，8）。

C 型 Ⅱ 式　标本 2005H128：25，夹砂灰陶。卷沿上仰，圆唇外凸，侈口，矮领，上腹微鼓，中腹以下残。腹饰较粗绳纹。口径 23、沿宽 1.8、残高 7.8 厘米（图 3-428，9）。

圆腹罐

A 型 Ⅱ 式　标本 2005H128：44，夹砂灰陶。仰折沿，方唇，唇缘外凸。鼓腹，中腹以下残，腹饰竖向绳纹。口径 15、残高 6.2 厘米（图 3-429，1）。

Ca 型 Ⅱ 式　标本 2005H128：27，夹砂灰陶。卷沿，尖唇，领较斜直，口外饰有花边，腹以下残。口径 18.3、残高 5 厘米（图 3-429，2）。

Cb 型 Ⅲ 式　标本 2005H128：36，夹砂灰陶。侈口，尖唇，矮领，口外有一周凸棱，鼓腹，中腹以下残。腹饰横向绳纹。口径 16、残高 4.7 厘米（图 3-429，3）。

Cc 型 Ⅱ 式　标本 2005H128：51，夹砂灰陶。侈口，方唇，唇面有一周凹槽，口外有对称小錾，斜直领，鼓腹，腹部及底残。腹饰横向绳纹。口径 14、残高 4.7 厘米（图 3-429，4）。标本 2005H128：60，夹砂灰陶。卷沿方唇，侈口，鼓腹，腹部及底残。腹饰绳纹。口径 15、残高 3.6 厘米（图 3-429，5）。

Cc 型 Ⅲ 式　标本 2005H128：37，夹砂灰陶。卷沿矮领，内侧有折棱，尖圆唇，鼓腹，中腹以下残。腹饰竖向绳纹。口径 14、残高 4.7、胎厚 0.4～0.5 厘米（图 3-429，6）。

鼎　A 型 Ⅱ 式　标本 2005H128：26，夹砂灰陶。折沿近平，方唇，敞口，斜直腹，中腹以下残。口外抹平，腹饰竖向绳纹。口径 18、残高 5 厘米（图 3-429，7）。

鼎足　标本 2005H128：82，夹砂灰陶，素面，残高 12.7 厘米（图 3-429，8）。

深腹盆　A 型 Ⅱ 式　标本 2005H128：24，夹砂灰陶。仰折沿，圆唇，敛口，鼓腹，中腹以下残。腹饰斜向篮纹。口径 40、沿宽 2.6、残高 6.1 厘米（图 3-429，9）。标本 2005H128：13，夹砂灰陶。仰折沿，圆唇，口微侈，中腹以下残。沿背饰一周弦纹，腹饰竖向绳纹。口径 38、沿宽 2.3、残高 6.7 厘米（图 3-429，10）。

平底盆　A 型 Ⅰ 式　标本 2005H128：79，泥质，含少量砂，黑灰陶。侈口，圆唇，窄沿仰卷，斜直腹，平底残。通体磨光，素面。口径 15.8、底径 13.8、高 6.5 厘米（图 3-430，1）。

豆柄　标本 2005H128：1，泥质，偶见细砂粒，浅灰陶。豆柄较矮，圈足呈喇叭状。柄上部饰一周凸弦纹以及两个对称的镂孔。圈足径 12、残高 11.6 厘米（图 3-430，2）。

小口尊　B 型　标本 2005H128：47，夹砂灰陶。敛口，圆唇外鼓，鼓肩，肩以下残。器表素面。口径 20.4、残高 4 厘米（图 3-430，3）。

大口尊

Ⅱ 式　标本 2005H128：16，泥质黑灰陶。侈口，高领斜直，圆唇外鼓，折肩，腹略内凹，凹圜底。领肩部磨光。领饰一周凸弦纹，肩上部饰二周弦纹，其下饰绳纹和一周索状附加堆纹，腹饰抹断绳纹，底饰绳纹。口径 30.4、肩径 30.5、高 30.9 厘米（图 3-430，6）。标本 2005H128：2，泥质黑灰陶。侈口，圆唇，高领，折肩，斜直腹内收，下腹残。领肩部磨光。肩饰二周弦纹，折肩处饰

第三章　二里头文化遗存

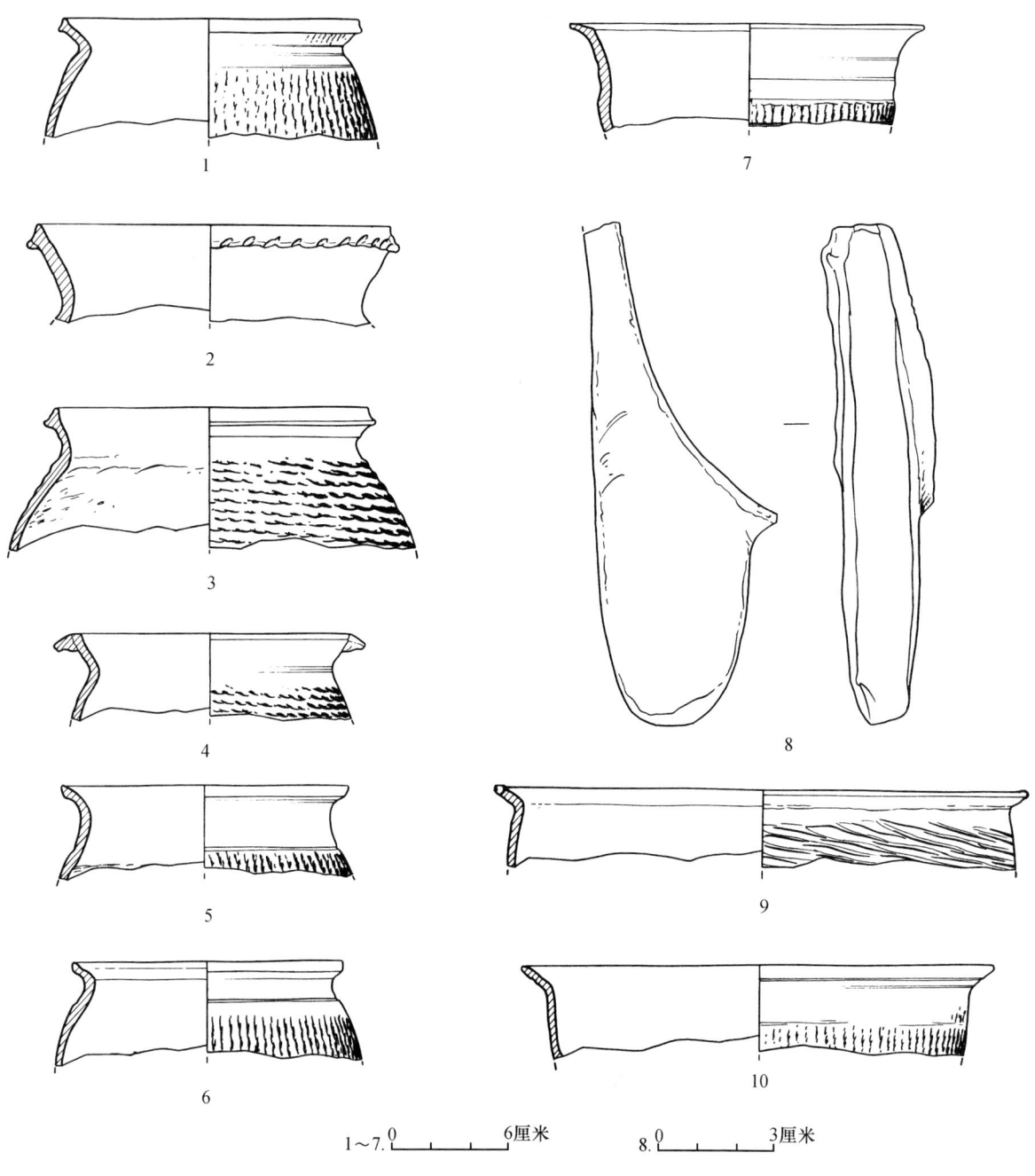

图 3-429　2005ⅠT7342H128 出土陶器（一）

1. A 型Ⅱ式圆腹罐（2005H128∶44）　2. Ca 型Ⅱ式圆腹罐（2005H128∶27）　3. Cb 型Ⅲ式圆腹罐（2005H128∶36）　4、5. Cc 型Ⅱ式圆腹罐（2005H128∶51、2005H128∶60）　6. Cc 型Ⅲ式圆腹罐（2005H128∶37）　7. A 型Ⅱ式鼎（2005H128∶26）　8. 鼎足（2005H128∶82）　9、10. A 型Ⅱ式深腹盆（2005H128∶24、2005H128∶13）

一周索状附加堆纹，腹饰竖向和交错绳纹以及附加堆纹。口径25.8、肩径25.8、肩宽3、残高20.7、胎厚0.7厘米（图3-430，5）。

Ⅲ式　标本2005H128：4，泥质黑灰陶。侈口，圆唇外鼓，高领，折肩较广，腹内收，中腹以下残。领肩部磨光。领部饰一周凸弦纹，肩饰二周弦纹，折肩处有一周索状附加堆纹，腹饰竖向绳纹。口径26、肩径25.2、高11、胎厚0.4～0.6厘米（图3-430，4）。

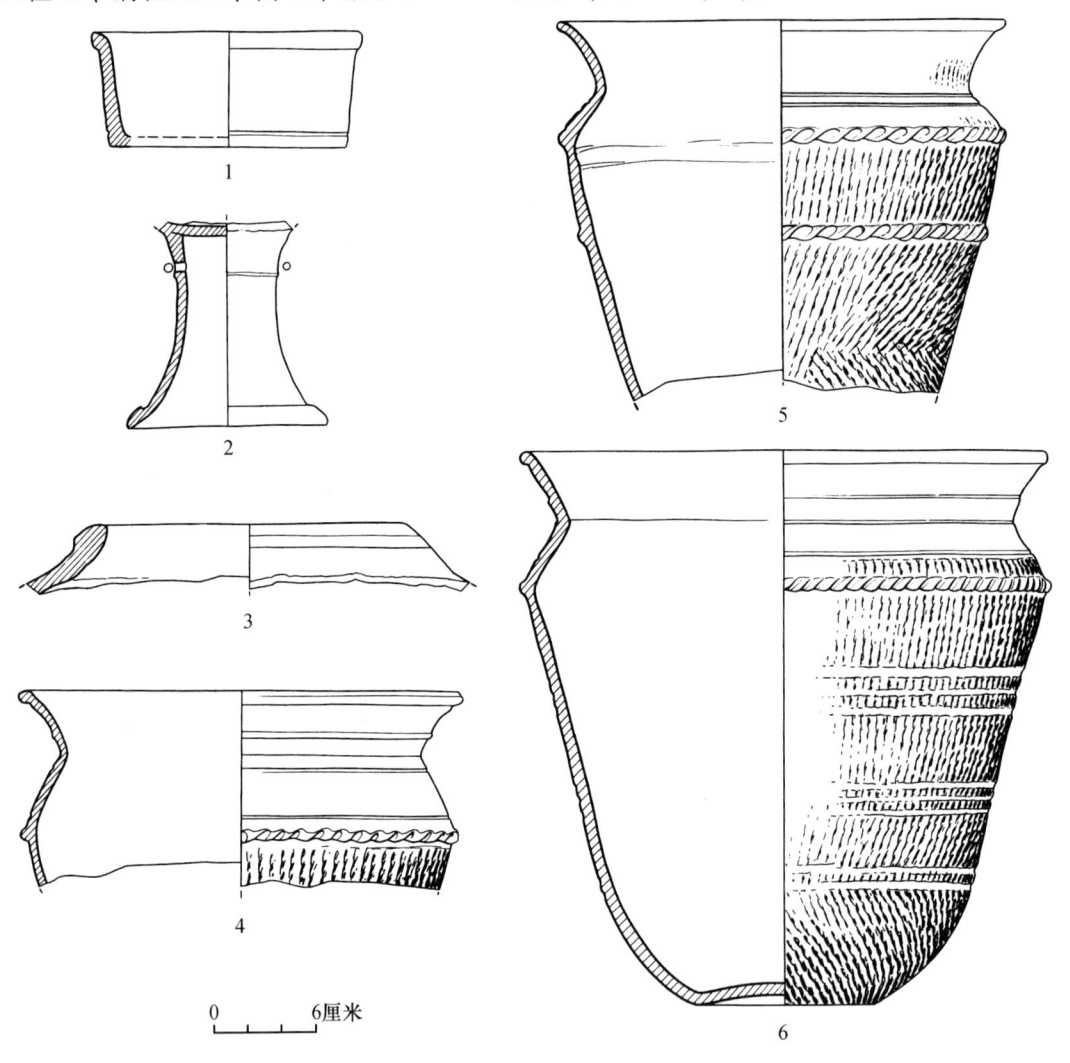

图3-430　2005ⅠT7342H128出土陶器（二）

1. A型Ⅰ式平底盆（2005H128：79）　2. 豆柄（2005H128：1）　3. B型小口尊（2005H128：47）　4. Ⅲ式大口尊（2005H128：4）
5、6. Ⅱ式大口尊（2005H128：2、2005H128：16）

瓮

Ba型Ⅱ式　标本2005H128：33，夹砂灰陶。侈口卷沿，尖圆唇，口外侧有一周凸棱，腹残。素面，领部饰弦纹。口径19.6、残高6.8厘米（图3-431，1）。标本2005H128：30，夹砂灰陶。侈口，斜方唇，束颈，腹以下残。领部饰弦纹，其余素面。口径14.4、残高5.2厘米（图3-431，2）。标本2005H128：14，泥质，含少量砂，黑灰陶。侈口，圆唇，矮领，腹部及底残。领部磨光，饰一周

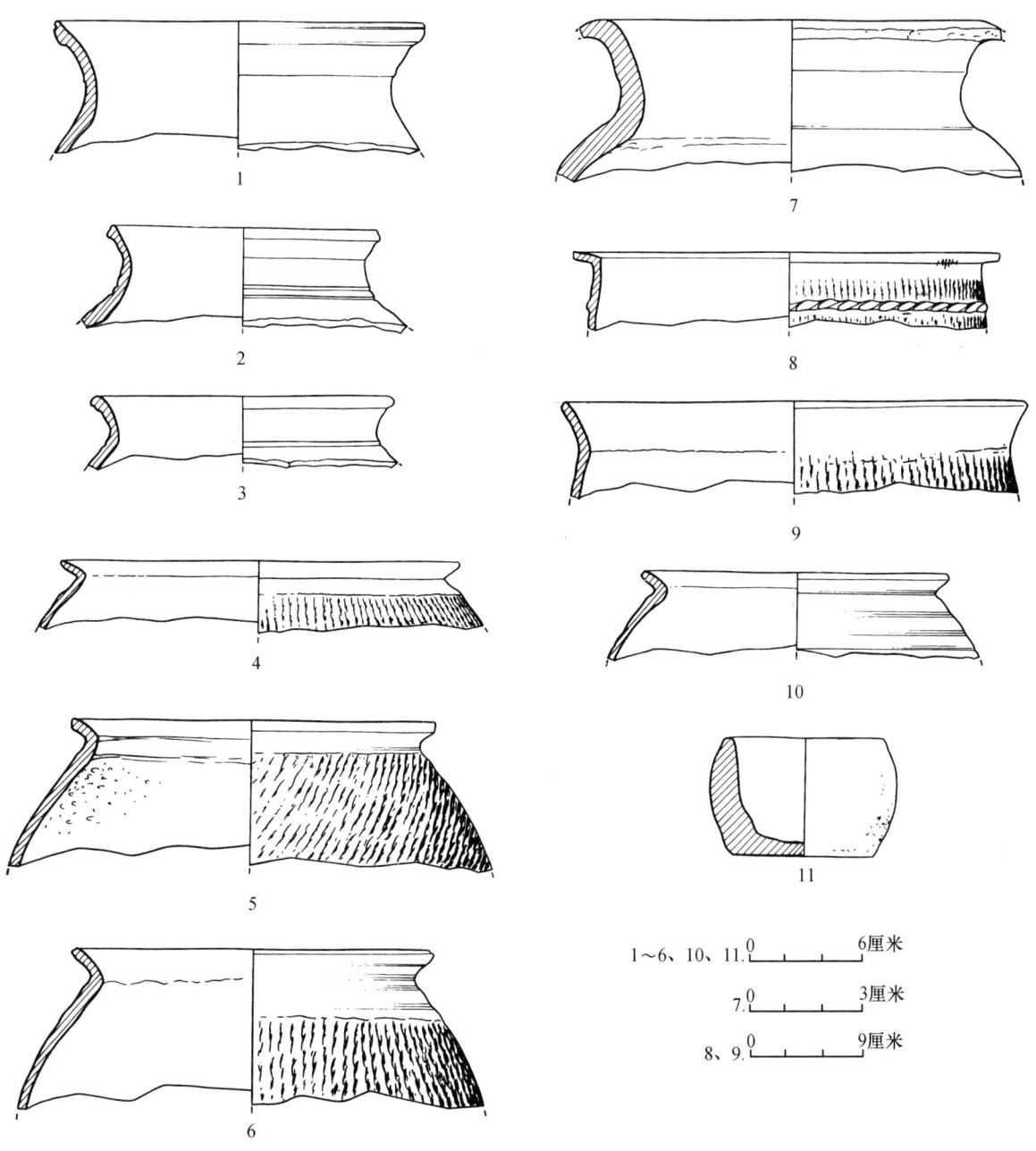

图 3-431　2005ⅠT7342H128 出土陶器（三）

1~3. Ba 型Ⅱ式瓮（2005H128：33、2005H128：30、2005H128：14）　4、5. Bb 型Ⅰ式瓮（2005H128：43、2005H128：9）　6. Bb 型Ⅱ式瓮（2005H128：40）　7. 高领罐（2005H128：32）　8. Aa 型Ⅰ式缸（2005H128：47）　9. Ab 型缸（2005H128：38）　10. A 型Ⅲ式敛口罐（2005H128：31）　11. 杯（2005H128：91）

弦纹。口径 16、残高 3.7 厘米（图 3-431，3）。

Bb 型Ⅰ式　标本 H128：43，夹砂灰陶。折沿上仰，圆唇，敛口，上腹较鼓，中腹以下残。腹饰竖向较细绳纹。口径 21、残高 3.4、胎厚 0.4~0.5 厘米（图 3-431，4）。标本 2005H128：9，夹砂灰陶。仰折沿，方唇，敛口，鼓腹，中腹以下残。腹饰斜向绳纹，内壁有麻点。口径 19.5、沿宽

1.3、残高7.5厘米（图3-431，5）。

Bb型Ⅱ式　标本2005H128:40，夹砂灰陶。仰折沿，方唇，唇面有一周弦纹，敛口，鼓腹，中腹以下残。口外抹平，腹饰绳纹。口径19、沿宽1.9、残高8厘米（图3-431，6）。

高领罐　标本2005H128:32，泥质，夹细砂黑陶。侈口，卷沿略残，鼓腹，中腹以下残。通体磨光，领饰一周凸弦纹。口径残约11.1、残高3.8、胎厚0.4厘米（图3-431，7）。

缸

Aa型Ⅰ式　标本2005H128:47，夹砂灰陶。折沿近平，方唇，腹微鼓，中腹以下残。腹饰绳纹和附加堆纹。口径33.9、残高6厘米（图3-431，8）。

Ab型　标本2005H128:38，夹砂灰陶。卷沿，领部内侧有折棱，方唇，侈口，上腹微鼓，中腹以下残。腹饰竖向绳纹。口径36.9、残高6.8厘米（图3-431，9）。

敛口罐　A型Ⅲ式　标本2005H128:31，泥质，夹细砂黑陶。窄沿仰折，圆唇，敛口，鼓腹，中腹以下残。通体磨光，上腹部饰弦纹，不甚清晰。口径16.2、残高4、胎厚0.4厘米（图3-431，10）。

杯　标本2005H128:91，泥质，含有砂，灰褐陶。方唇，直口，腹微鼓，平底。素面，手制。口径8.4、腹径11、底径10、高6.5厘米（图3-431，11）。

2005ⅠT7342H130

甗　A型Ⅱ式　标本2005H130:1，泥质，含较多细砂，深灰色。仰折沿，直口，下腹略鼓，底残，有箅孔痕。口外抹平，其下饰竖向及交错细绳纹。上腹饰一对鸡冠耳。口径22.6、腹径20.6、残高15.4厘米（图3-432，1；图版一七，4）。

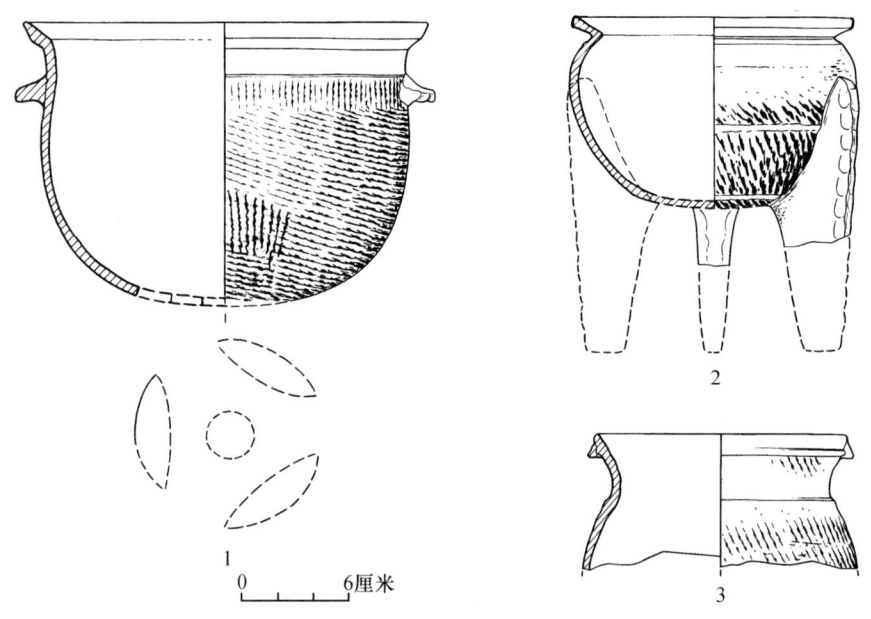

图3-432　2005ⅠT7342H130出土陶器

1. A型Ⅱ式甗（2005H130:1）　2. A型Ⅰ式鼎（2005H130:2）　3. Cb型Ⅱ式圆腹罐（2005H130:4）

鼎　A 型 I 式　标本 2005H130:2，夹砂灰褐陶。折沿微仰，方唇，敛口，鼓肩，底残。鼎足较直，下端残，足外侧有捏窝。上腹绳纹抹平，下腹饰绳纹及两周弦纹。口径 15.6、沿宽 2、腹径 15.8、腹深 10、残高 13.6 厘米（图 3-432，2；图版一七，3）。

圆腹罐　Cb 型 II 式　标本 2005H130:4，夹砂灰陶。侈口，领较直，尖圆唇，口外饰凸棱及一对小錾，鼓腹，中腹以下残。腹饰斜向较细绳纹。口径 14、领高 3.5、残高 7 厘米（图 3-432，3）。

2005 I T7441H79

深腹罐　C 型 II 式　标本 2005H79:12，夹细砂灰陶。折沿微束颈，口沿不甚规整，圆唇外卷而凸出沿背，上腹鼓，中腹以下残。腹饰竖向细绳纹，印痕较深。口径 25、腹径 24.5、残高 12.8 厘米（图 3-433，2）。

甗　A 型 II 式　标本 2005H79:2，夹细砂灰陶。直口，折沿略仰，方唇，唇面微凹，上腹较直，饰一对小錾，下腹内收，底残，有箅孔痕。腹饰竖向及交错绳纹，印痕较深。口径 23.6、腹径 21、底径 15、残高 15 厘米（图 3-433，1；图版二五，6）。标本 2005H79:1，夹细砂，灰陶褐胎。侈口，折沿略仰，圆唇，上腹较斜直，饰一对小錾，下腹内收，底残，有箅孔痕。腹饰斜向及交错细绳纹，印痕较深。口径 23.3、腹径 20.8、底径 14、残高 14.5 厘米（图 3-433，4；图版二五，5）。

深腹盆　B 型 II 式　标本 2005H79:5，泥质，夹少量细砂，黑陶褐胎。直口，折沿近平，沿面较鼓，圆唇，弧腹，中腹以下残。腹饰斜向绳纹，印痕较深。口径 34、沿宽 2.3、残高 6.7 厘米（图 3-433，6）。

三足盘　II 式　标本 2005H79:8，泥质，黑陶褐胎。口残，斜直腹，平底略残，C 形足。通体磨光，腹饰 2~3 周凸弦纹，足中部饰三周凸弦纹。底径 24、足宽 9.2、足高 4.3、残高 8.5 厘米（图 3-433，5）。

大口尊　I 式　标本 2005H79:4，泥质灰陶。侈口，圆唇，高领，肩部较宽，肩以下残。通体磨光，领部饰一周凸弦纹。口径 24、残高 5.7、领高 4 厘米（图 3-433，3）。

2005 I T7441H251

深腹罐　Ab 型 II 式　标本 2005H251:2，夹砂，砂粒 0.1~0.2 厘米，灰陶。仰折沿，方唇，唇缘微凸，鼓腹，中腹以下残。腹饰竖向绳纹，印痕较深。口径 26、腹径 26.8、残高 11.4 厘米（图 3-434，2）。标本 2005H251:5，夹细砂，砂粒 0.1 厘米，灰陶。仰折沿，方唇，鼓腹，中腹以下残。腹饰斜向绳纹。口径 23.5、腹径 24.5、残高 10.5 厘米（图 3-434，3）。标本 2005H251:18，夹砂，砂粒 0.1~0.2 厘米，灰陶。仰折沿，方唇，唇面有凹槽，上腹微鼓，中腹以下残。口沿外一周抹平，腹饰斜向篮纹，印痕较深。口径 23、残高 6.3 厘米（图 3-434，4）。

深腹盆　A 型 II 式　标本 2005H251:6，夹细砂褐陶。敞口，折沿略仰，方唇，唇面有凹槽，斜直腹外张，上腹饰一对鸡冠耳，中腹以下残。腹饰斜向细绳纹，印痕较浅。口径 24、残高 8.2 厘米（图 3-434，5）。

小口尊　B 型　标本 2005H251:9，夹细砂灰陶，偶见较大砂粒。敛口，圆唇外鼓，肩部较宽，肩以下残。通体磨光，肩部饰 2~3 周弦纹。口径 22.6、残高 5.4 厘米（图 3-434，1）。

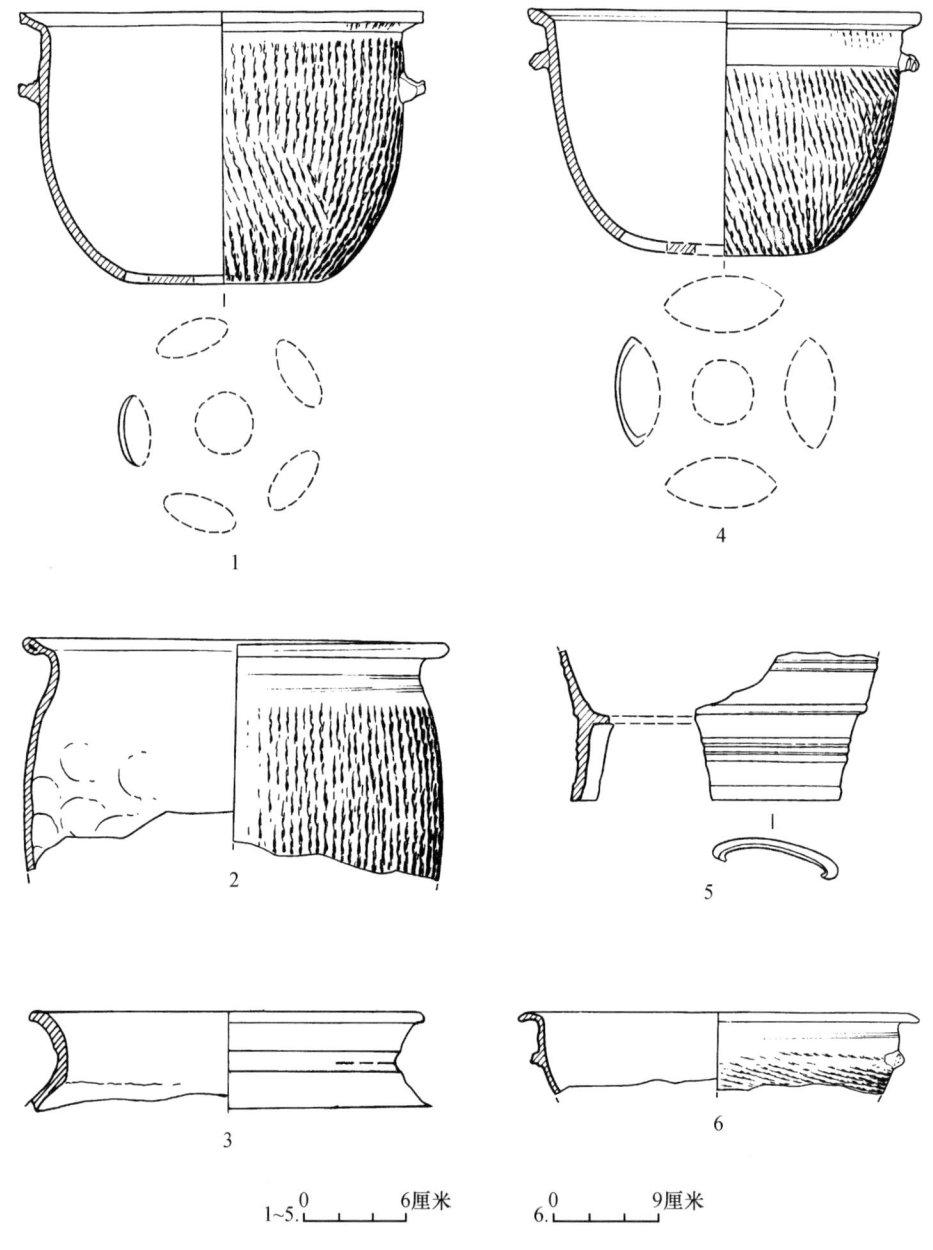

图 3-433　2005ⅠT7441H79 出土陶器
1. A 型Ⅱ式甑（2005H79：2）　2. C 型Ⅱ式深腹罐（2005H79：12）　3. Ⅰ式大口尊（2005H79：4）
4. A 型Ⅱ式甑（2005H79：1）　5. Ⅱ式三足盘（2005H79：8）　6. B 型Ⅱ式深腹盆（2005H79：5）

缸　Aa 型Ⅰ式　标本 2005H251：3，夹砂，砂粒 0.1～0.2 厘米，灰陶。折沿近平，方唇，唇面有凹槽，上腹稍外鼓，中腹以下残。腹饰竖向较细绳纹和附加堆纹。口径 34、残高 6.3 厘米（图 3-434，6）。

盅　标本 2005H251：17，夹细砂褐陶，局部为灰黑色。口微敛，尖圆唇，斜弧腹，平底。素面，器表有捏痕。口径 6.5、底径 9、高 4.4、胎厚 0.6～1.1 厘米（图 3-434，7）。

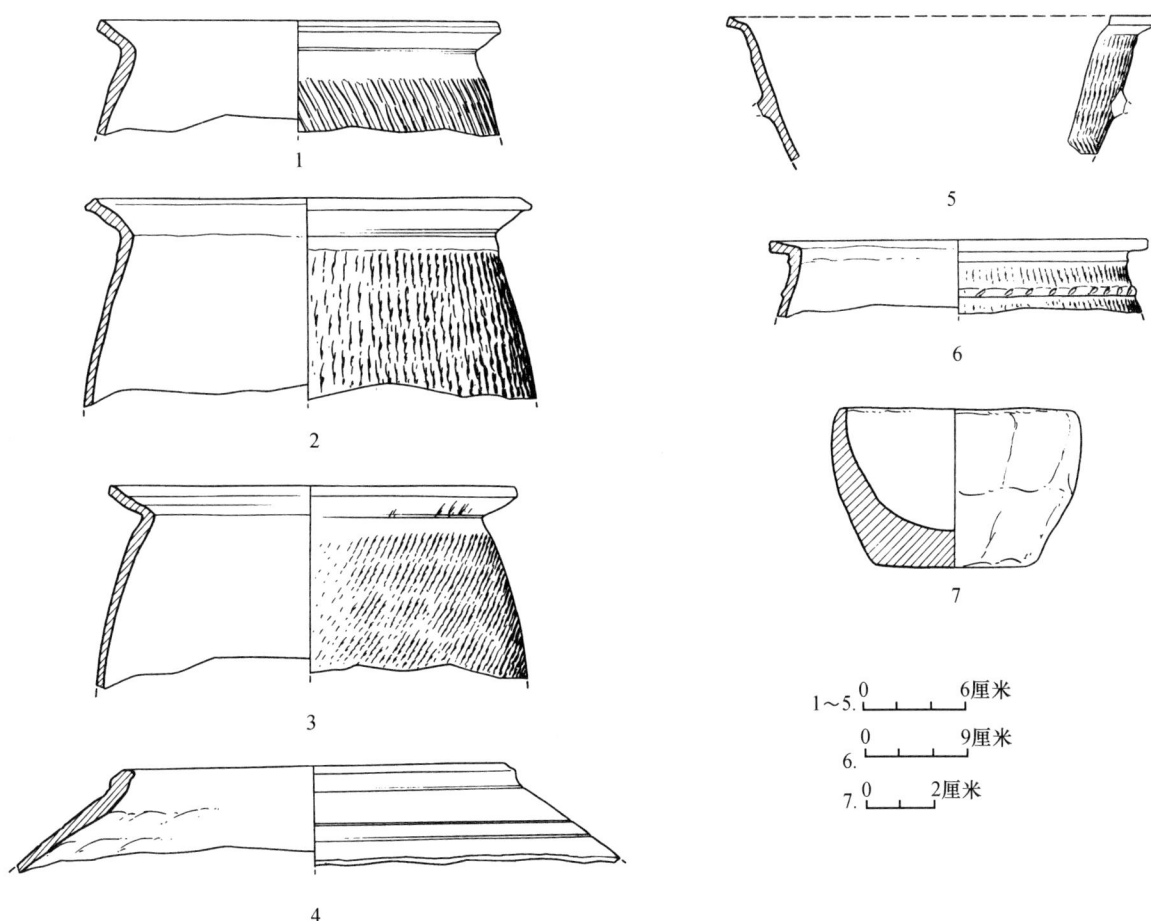

图 3-434 2005 Ⅰ T7441H251 出土陶器

1～3. Ab 型 Ⅱ 式深腹罐（2005H251：18、2005H251：2、2005H251：5） 4. B 型小口尊（2005H251：9）
5. A 型 Ⅱ 式深腹盆（2005H251：6） 6. Aa 型 Ⅰ 式缸（2005H251：3） 7. 盅（2005H251：17）

2005 Ⅰ T7442③

圆腹罐

Ca 型 Ⅱ 式 标本 2005 Ⅰ T7442③：9，夹细砂褐陶。侈口，尖圆唇，口外饰一周索状花边。领部弯曲，鼓腹，中腹以下残。领部抹平，腹饰斜向细绳纹，印痕较深。口径 15、残高 5.6 厘米（图 3-435，1）。

Cb 型 Ⅱ 式 标本 2005T7442③：12，夹细砂灰陶，偶见较大砂粒。侈口，斜方唇，颈卷曲，鼓腹，中腹以下残。腹饰斜向绳纹。口径 15、残高 4.6 厘米（图 3-435，2）。标本 2005T7442③：3，夹细砂深灰陶。侈口，尖圆唇，唇下有一道凸棱。高领。中腹以下残。腹饰斜向细绳纹。口径 12.4、残高 9 厘米（图 3-435，3）。

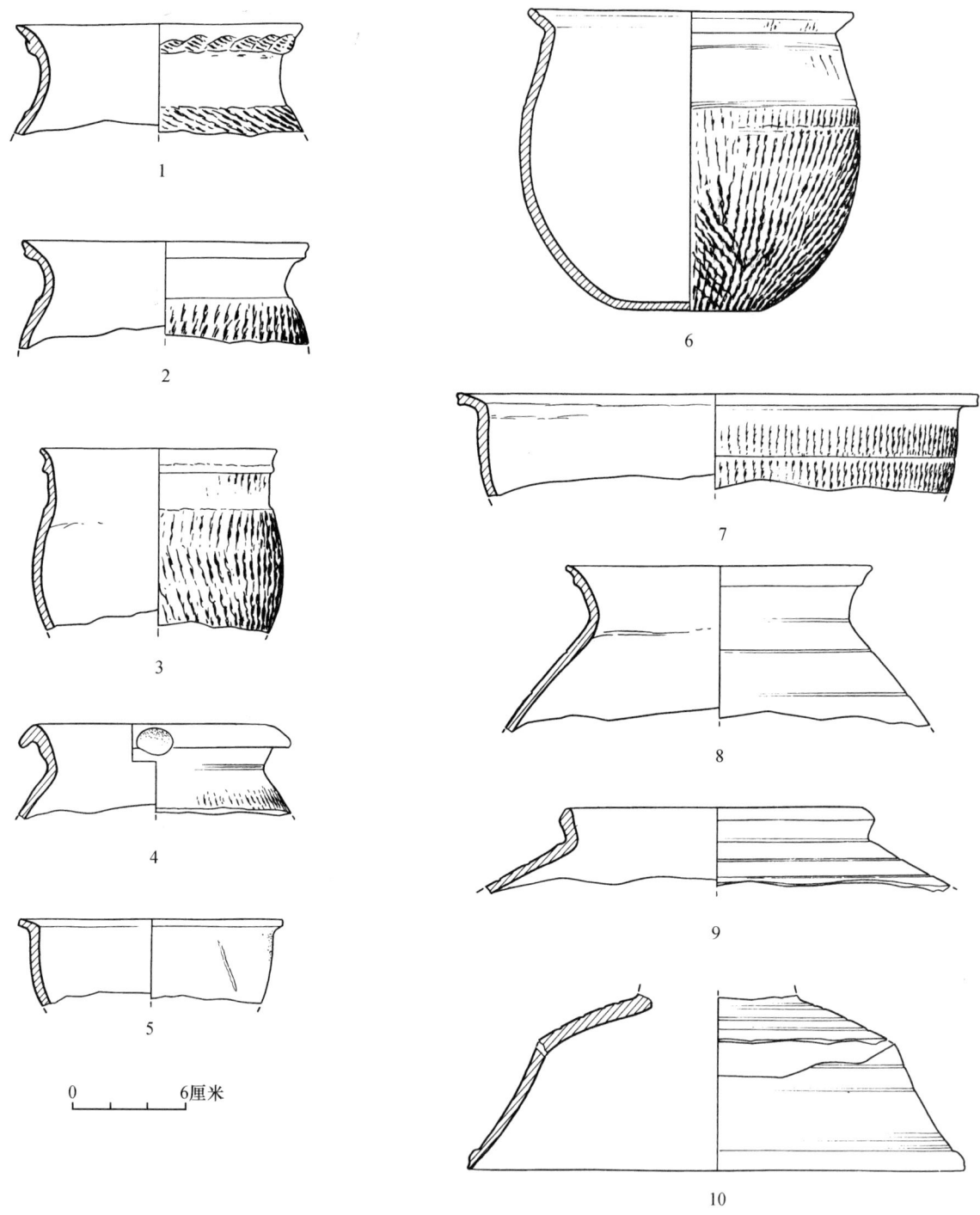

图 3-435　2005ⅠT7442③出土陶器

1. Ca 型Ⅱ式圆腹罐（2005ⅠT7442③：9）　2、3. Cb 型Ⅱ式圆腹罐（2005ⅠT7442③：12、2005ⅠT7442③：3）　4. 捏口罐（2005ⅠT7442③：16）　5. 盂（2005ⅠT7442③：14）　6. A 型Ⅱ式敛口罐（2005ⅠT7442③：2）　7. A 型Ⅱ式深腹盆（2005ⅠT7442③：13）　8、9. A 型小口尊（2005ⅠT7442③：39、2005ⅠT7442③：21）　10. Aa 型Ⅰ式器盖（2005ⅠT7442③：34）

捏口罐　标本2005T7442③:16，泥质含细砂，灰陶。侈口，折沿下奓，沿上有一对捏窝，圆唇，斜直颈，鼓腹，中腹以下残。腹饰斜向细绳纹。口径12.4、残高4.5厘米（图3-435，4）。

盂　标本2005T7442③:14，夹细砂灰陶。直口，窄沿略仰，方唇，上腹较直，下腹斜收，中腹以下残。通体磨光。口径14、残高4.2厘米（图3-435，5）。

敛口罐　A型Ⅱ式　标本2005T7442③:2，泥质，含细砂，深灰陶褐胎。敛口，仰折沿，圆唇，圆鼓腹，平底。上腹抹平，其下饰斜向细绳纹。口径17、高15.2、底径7.4厘米（图3-435，6）。

深腹盆　A型Ⅱ式　标本2005T7442③:13，夹细砂，黑陶褐胎。直口，仰折沿，方唇，唇面有一道弦纹，中腹以下残。腹饰竖向细绳纹，上腹有一道弦纹。口径27.4、残高4.8厘米（图3-435，7）。

小口尊　A型　标本2005T7442③:39，夹细砂灰陶。侈口，尖圆唇，高领，宽肩，腹及底残。素面，口外侧上端有一道凸棱，肩部饰两道弦纹。口径16、残高7.8厘米（图3-435，8）。标本2005T7442③:21，泥质含细砂，黑陶褐胎。微侈口，尖圆唇微凸，矮领，宽肩，腹及底残。通体磨光，肩部饰两道弦纹。口径15.6、残高4厘米（图3-435，9）。

器盖　Aa型Ⅰ式　标本2005T7442③:34，夹细砂，黑陶红胎。敞口，尖唇，口外呈带状凸起，折腹略残，弧顶，纽残。通体磨光，器表饰弦纹。口径26、残高8.8厘米（图3-435，10）。

2005ⅠT7442H65

圆腹罐　Cb型Ⅲ式　标本2005H65:4，夹砂灰陶。侈口，尖圆唇，口外饰一道凸棱及一对三角形小錾，矮领，圆鼓腹，下腹残。腹饰竖向及斜向绳纹。口径17.8、残高14.2厘米（图3-436，1）。标本2005H65:1，夹细砂灰陶。侈口，尖圆唇，口外饰一道凸棱及一对三角形小錾，矮领，鼓肩，下腹残。腹饰交错绳纹。口径14.6、残高14厘米（图3-436，2）。

鼎　A型Ⅲ式　标本2005H65:2，夹砂，砂粒0.1厘米，灰陶。敞口，口内有一道弦纹，窄沿平折，尖唇，斜弧腹，上腹有一鸡冠耳，平底。刀形足，足上端近口部。口外有一周磨平，腹饰斜向细绳纹，上腹绳纹之上有一周附加堆纹脱落痕。足外脊有捏痕，其余部分饰绳纹。底部饰交错细绳纹。口径17.8、腹深9、高15.4厘米（图3-436，3；图版二八，5）。

2005ⅠT7442H94

深腹罐　Ab型Ⅱ式　标本2005H94:5，夹砂灰陶，砂粒0.1~0.2厘米。敛口，宽沿略仰折，方唇，鼓腹，中腹以下残。腹饰斜向细绳纹。口径22.8、残高8.2厘米（图3-437，3）。标本2005H94:8，夹细砂，黑陶红胎。敛口，折沿近平，方唇，唇面略凹，鼓腹，中腹以下残。腹饰斜向细绳纹。口径23、残高5.6厘米（图3-437，2）。标本2005H94:11，夹细砂灰陶。敛口，仰折沿，方唇，敛口，腹微鼓，中腹以下残。腹饰方格纹，内壁有麻点。残高7.5厘米（图3-437，6）。

圆腹罐

Ca型Ⅲ式　标本2005H94:4，夹砂灰陶，砂粒0.05~0.1厘米。仰折沿，沿面微凹，方唇，唇下缘压印花边，矮领，鼓腹，中腹以下残。腹饰竖向绳纹。外壁有红烧土。口径16.4、残高7.6厘米（图3-437，1）。

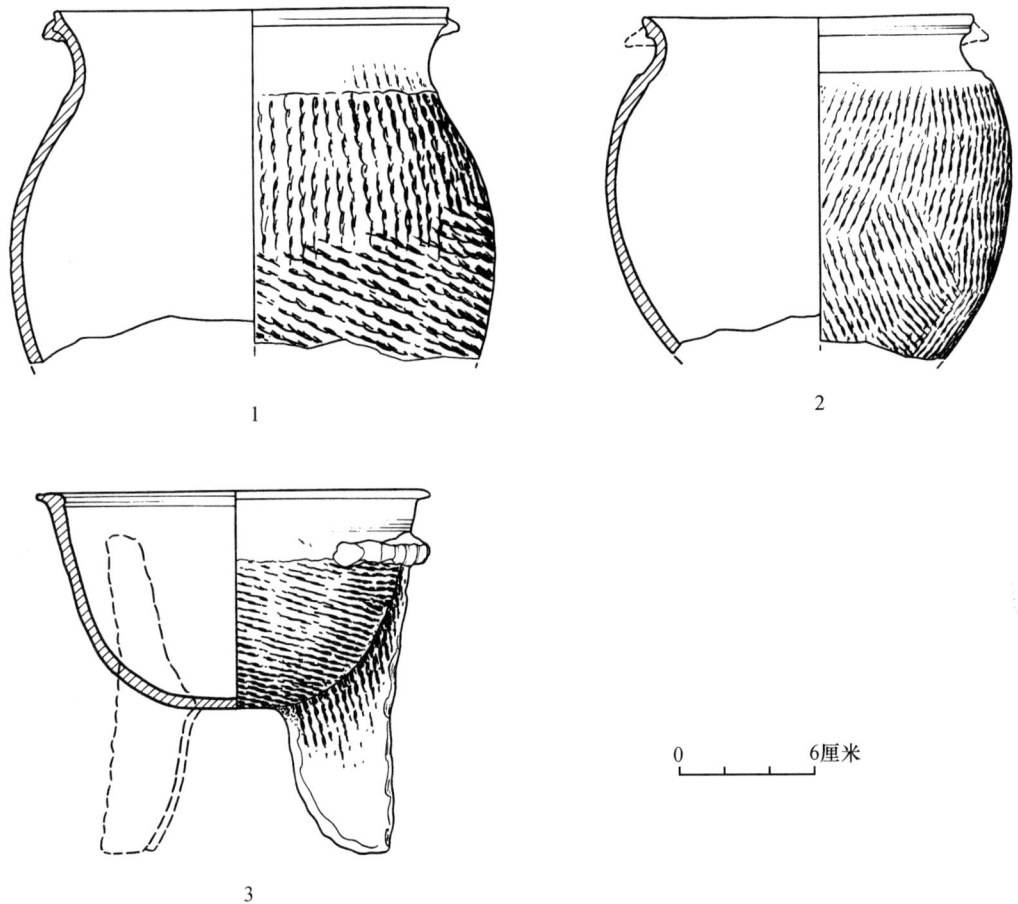

图 3-436　2005ⅠT7442H65 出土陶罐、鼎
1、2. Cb 型Ⅲ式圆腹罐（2005H65:4、2005H65:1）　3. A 型Ⅲ式鼎（2005H65:2）

Cb 型Ⅰ式　标本 2005H94:1，夹细砂黑陶。侈口，圆唇，高领，鼓腹，凹圜底。领部抹平，口外有一道凸棱并饰一对扁圆形小鋬，腹饰竖向及斜向绳纹。口径 10.9、底径 6、高 12.8 厘米（图 3-437，4）。

平底盆　标本 2005H94:7，夹细砂浅黄色。侈口，卷沿，尖圆唇外卷贴于沿背。斜弧腹，底残。素面。残高 7 厘米（图 3-437，7）。

缸　Aa 型Ⅰ式　标本 2005H94:3，夹砂灰陶。口微敛，折沿近平，方唇。腹微鼓，中腹以下残。腹饰斜向细绳纹及附加堆纹。口径 21、残高 6.6 厘米（图 3-437，8）。

盂　标本 2005H94:17，泥质黑陶。仅存下腹及底部。平底近矮圈足，通体磨光，下腹饰一道弦纹。底径 6、残高 4 厘米（图 3-437，5）。标本 2005H94:2，泥质黑陶。敛口，平折沿，斜方唇，鼓腹，平底略凹。素面。口径 14.8、高 9.5、底径 9.8 厘米（图 3-437，9）。

2005ⅠT7442H135

深腹罐　Ab 型Ⅱ式　标本 2005H135:6，夹砂黑陶，砂粒 0.1~0.2 厘米。敛口，折沿近平，方唇，唇面有一道弦纹，鼓腹，中腹以下残。腹饰斜向细绳纹。口径 21、残高 11.8 厘米（图 3-438，3）。

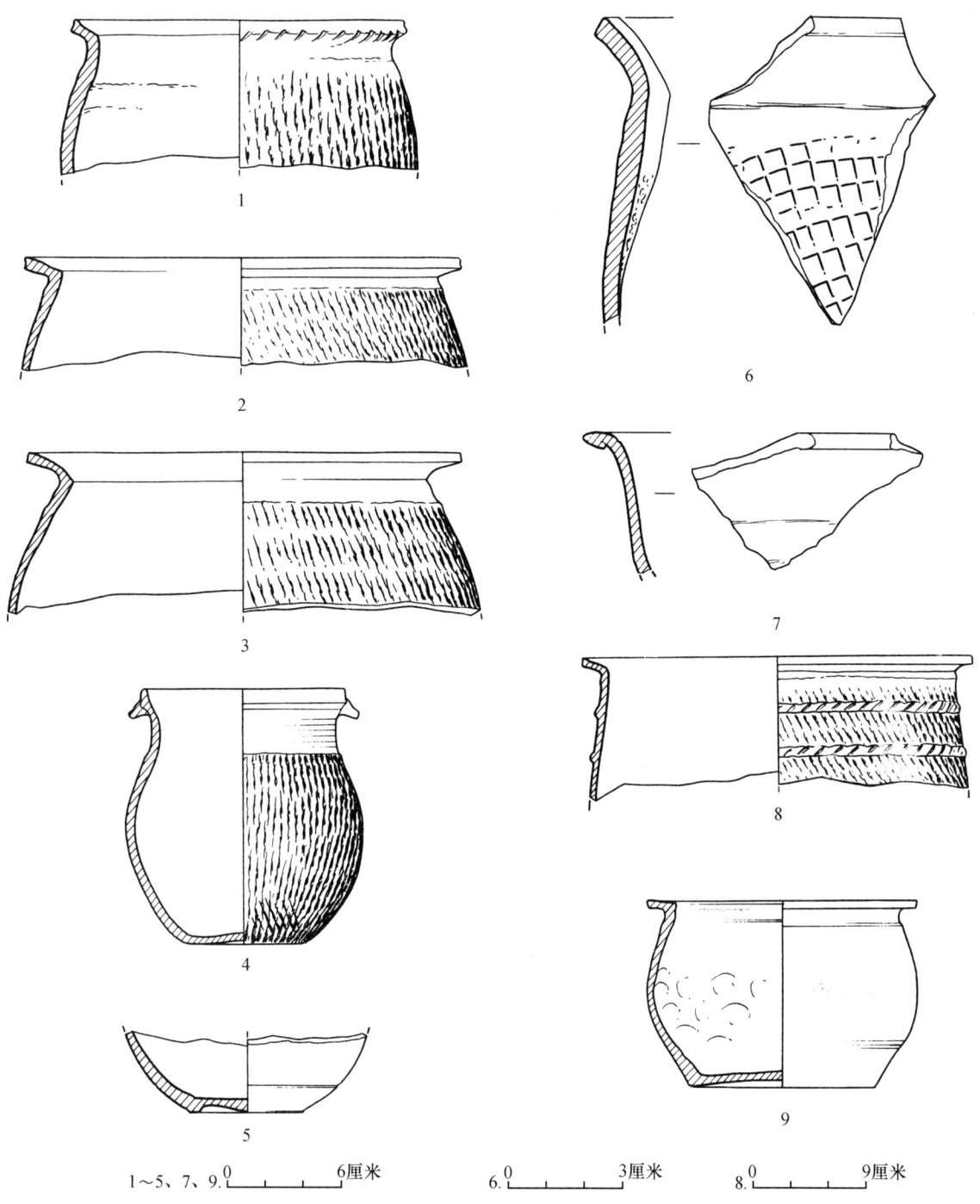

图 3-437　2005ⅠT7442H94 出土陶器

1. Ca 型Ⅲ式深腹罐（2005H94:4）　2、3、6. Ab 型Ⅱ式深腹罐（2005H94:8、2005H94:5、2005H94:11）　4. Cb 型Ⅰ式圆腹罐（2005H94:1）　5、9. 盂（2005H94:17、2005H94:2）　7. 平底盆（2005H94:7）　8. Aa 型Ⅰ式缸（2005H94:3）

圆腹罐

Ca 型Ⅱ式　标本 2005H135:7，夹细砂，浅黄色。侈口，尖圆唇，口外饰一周花边，领部弯曲，鼓腹，中腹以下残。素面。口径 14.8、残高 4.5 厘米（图 3-438，1）。

Cb 型Ⅱ式　标本 2005H135:3，夹细砂灰陶。侈口，尖圆唇，口外近唇处饰一对三角形小錾，斜直领，圆鼓腹，下腹残。领及上腹一部分抹平，腹饰交错细绳纹，口径 14.6、残高 12.3 厘米（图 3-438，2）。标本 2005H135:5，夹细砂，黑陶褐胎。侈口，尖圆唇，唇下有一道凸棱，斜直领，鼓腹，中腹以下残。腹饰斜向细绳纹。口径 12.2、残高 5.2 厘米（图 3-438，4）。

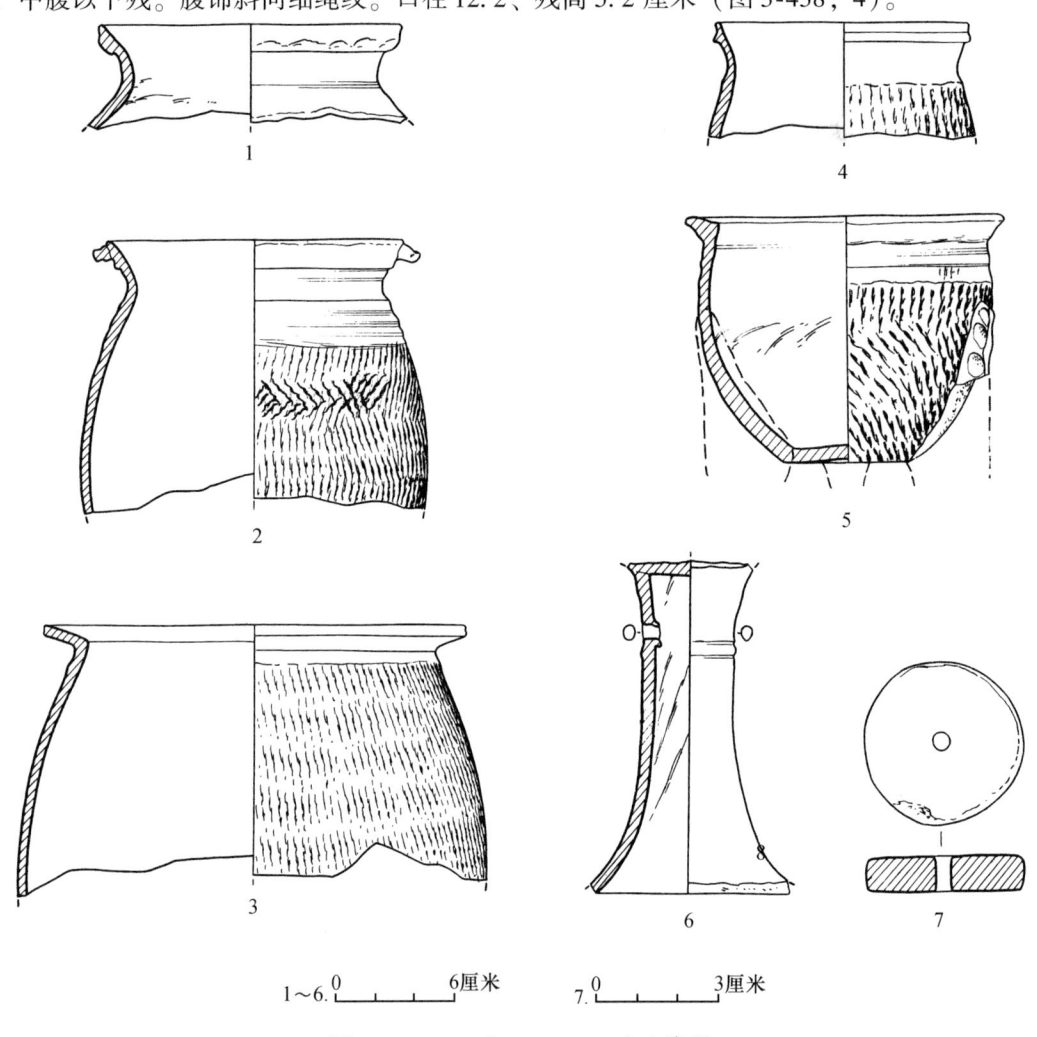

图 3-438　2005ⅠT7442H135 出土陶器
1. Ca 型Ⅱ式圆腹罐（2005H135:7）　2、4. Cb 型Ⅱ式圆腹罐（2005H135:3、2005H135:5）　3. Ab 型Ⅱ式深腹罐（2005H135:6）　5. A 型Ⅰ式鼎（2005H135:1）　6. 豆柄（2005H135:2）　7. 陶纺轮（2005H135:20）

鼎　A 型Ⅰ式　标本 2005H135:1，夹粗砂，砂粒 0.2 厘米以上，灰陶。口微敛，折沿近平，尖圆唇，圆鼓腹，平底。足下端残。腹饰竖向及斜向粗绳纹。足外侧有对称捏窝。口径 15.6、残高 11.7 厘米（图 3-438，5）。

豆柄　标本2005H135：2，泥质，含细砂，灰色。柄细高，束腰，喇叭形圈足略残。通体磨光。柄上部有一道凸棱和一对穿孔。残高15.6厘米（图3-438，6）。

纺轮　标本2005H135：20，泥质红陶。扁圆形，中间有一穿孔。素面。直径3.9、厚0.8厘米（图3-438，7）。

2005ⅠT7442H136

深腹罐　Ab型Ⅱ式　标本2005H136：4，夹砂灰陶。折沿微上仰，方唇唇面略凹，上腹微鼓，中腹以下残。腹饰细绳纹。口径26、沿宽2、腹径27、残高16.5厘米（图3-439，5）。标本2005H136：5，夹砂灰陶。平折沿，方唇，唇面有凹槽，上腹微鼓，中腹以下残。腹饰斜向中绳纹。口径24、残高6.2、胎厚0.4～0.5厘米（图3-439，3）。标本2005H136：8，夹砂灰陶。仰折沿，敛口，方唇，鼓腹，中腹以下残。腹饰斜向绳纹。口径22、残高4.2厘米（图3-439，2）。

圆腹罐

Ca型Ⅰ式　标本2005H136：2，夹砂灰陶。侈口，尖圆唇，高领较斜直。上腹微鼓，中腹以下残。口外饰一周花边及一对鸡冠錾，腹饰竖向较细绳纹。口径18.8、残高7.8厘米（图3-439，8）

Cb型Ⅰ式　标本2005H136：3，夹砂灰陶。侈口，尖圆唇，口外有一周凸棱和一对小錾，鼓腹，中腹以下残。腹饰竖向绳纹，印痕较深。口径15、腹径15.7、残高7.8厘米（图3-439，7）

深腹盆　A型Ⅱ式　标本2005H136：6，泥质夹少量砂，灰陶。折沿近平，方唇，唇面有凹槽，敛口，鼓腹，中腹以下残。上腹有多周轮修时形成的密集弦纹，中腹以下残。口径24、沿宽2、残高14厘米（图3-439，4）。标本2005H136：1，泥质灰陶。折沿略仰，方唇，唇面有一周凹槽，敛口，鼓腹，下腹略残，平底微凹。上腹有一周弦纹和一对鸡冠耳，其余饰竖向及斜向细绳纹。口径23.5、沿宽1.9、腹径21.4、底径9、复原高18厘米（图3-439，6）。

觚　标本2005H136：21，泥质黑陶。仅余底部。筒状，平底外凸。器表素面磨光。底径5.7、残高1厘米（图3-439，10）。

敛口罐　A型Ⅱ式　标本2005H136：15，泥质夹少量砂，灰陶。折沿略仰，方唇，唇面有凹槽，敛口，鼓腹，中腹以下残。上腹磨光，其下饰一周弦纹及绳纹。口径16、残高5.5厘米（图3-439，1）。

捏口罐　A型Ⅰ式　标本2005H136：7，泥质黑陶。高领，直口微侈，可见一捏窝，圆唇外翻呈带状凸起，鼓腹，腹以下残。腹饰细绳纹。口径16、残高5、胎厚0.5～0.6厘米（图3-439，9）。

2005ⅠT7442H137

深腹罐　Ab型Ⅱ式　标本2005H137：8，夹砂灰陶。折沿略仰，方唇，上腹外鼓，中腹以下残。腹饰竖向细绳纹。口径24、残高2.7厘米（图3-440，5）。

圆腹罐　Ca型Ⅲ式　标本2005H137：7，夹砂灰陶。侈口，窄方唇，矮领，口外饰一周花边，腹略鼓，中腹以下残。领及腹饰竖向及左斜向绳纹。口径18.5、腹径19、残高10.6、胎厚0.7厘米（图3-440，1）。

深腹盆　A型Ⅱ式　标本2005H137：5，泥质夹少量砂，灰陶。折沿略仰，方唇，敛口，鼓腹，中腹以下残。腹饰竖向及右斜向细绳纹。口径20、沿宽12、腹径17.8、残高5.3厘米（图3-440，2）。

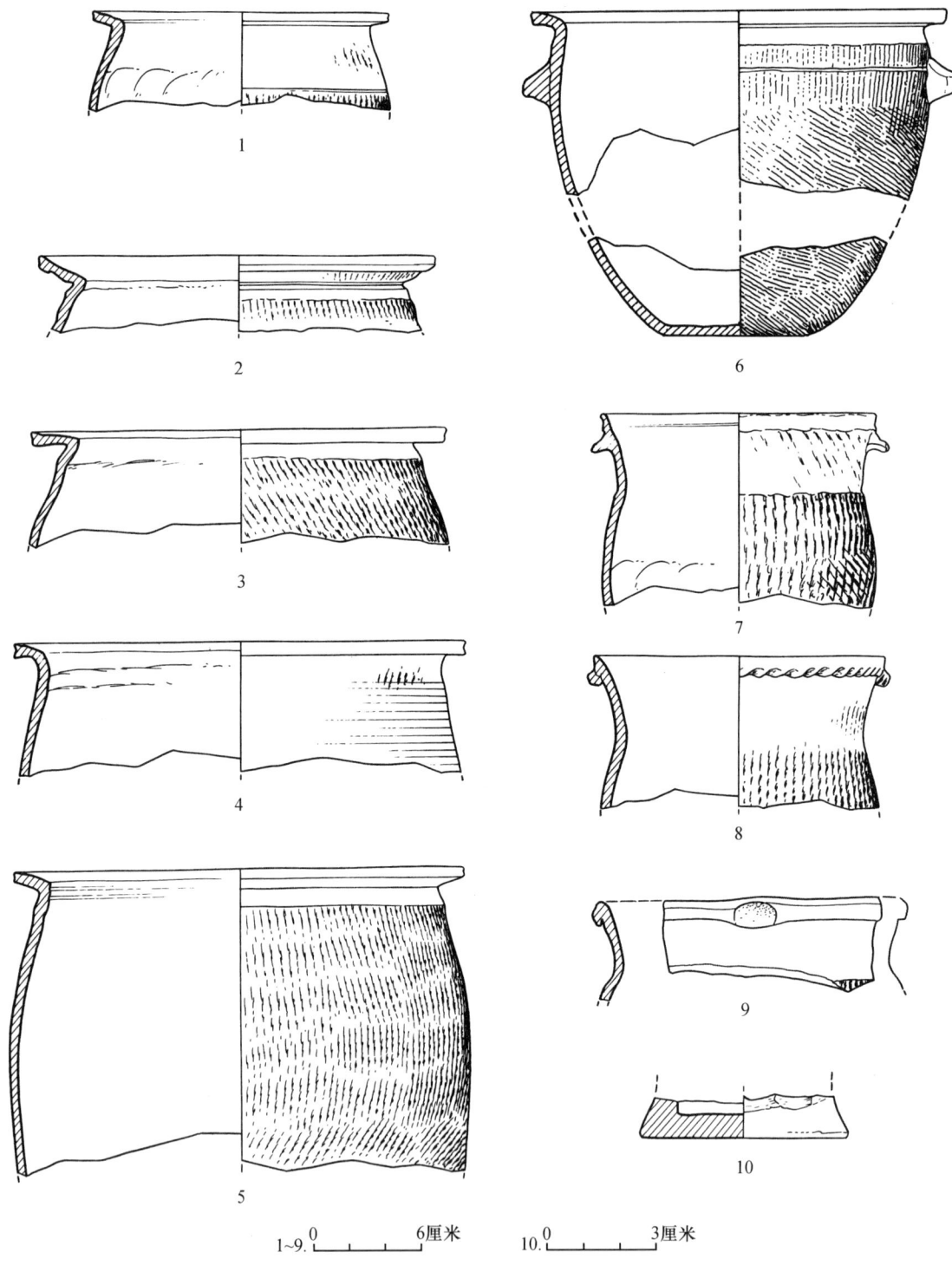

图 3-439　2005ⅠT7442H136 出土陶器
1. A 型 Ⅱ 式敛口罐（2005H136:15）　　2、3、5. Ab 型 Ⅱ 式深腹罐（2005H136:8、2005H136:5、2005H136:4）
4、6. A 型 Ⅱ 式深腹盆（2005H136:6、2005H136:1）　　7. Cb 型 Ⅰ 式圆腹罐（2005H136:3）　　8. Ca 型 Ⅰ 式圆腹罐（2005H136:2）
9. A 型 Ⅰ 式捏口罐（2005H136:7）　　10. 觚（2005H136:21）

标本2005H137:1，泥质夹少量砂，灰陶。折沿近平，方唇，敛口，腹微鼓，中腹以下残。上腹绳纹抹平，其下饰竖向及左斜向细绳纹。口径21.8、沿宽1.8、腹径23、残高11.2厘米（图3-440，3）。标本2005H137:29，夹砂，灰黑陶褐胎。仰折沿，方唇，敛口，鼓腹，上腹饰鸡冠耳一对，平底。腹饰竖向及右斜向绳纹。口径29、沿宽2.2、底径11、高14.2厘米（图3-440，6）。

圈足盘　B型　标本2005H137:3，泥质黑灰陶。侈口，尖圆唇，斜壁，平底，圈足残，有磨平再利用痕。上腹有两周凸棱，下腹有一周凸棱。其余素面。口径30、底径25、圈足近底部径21.6、残高5、圈足残高0.5厘米（图3-440，4；图版一七，5）。

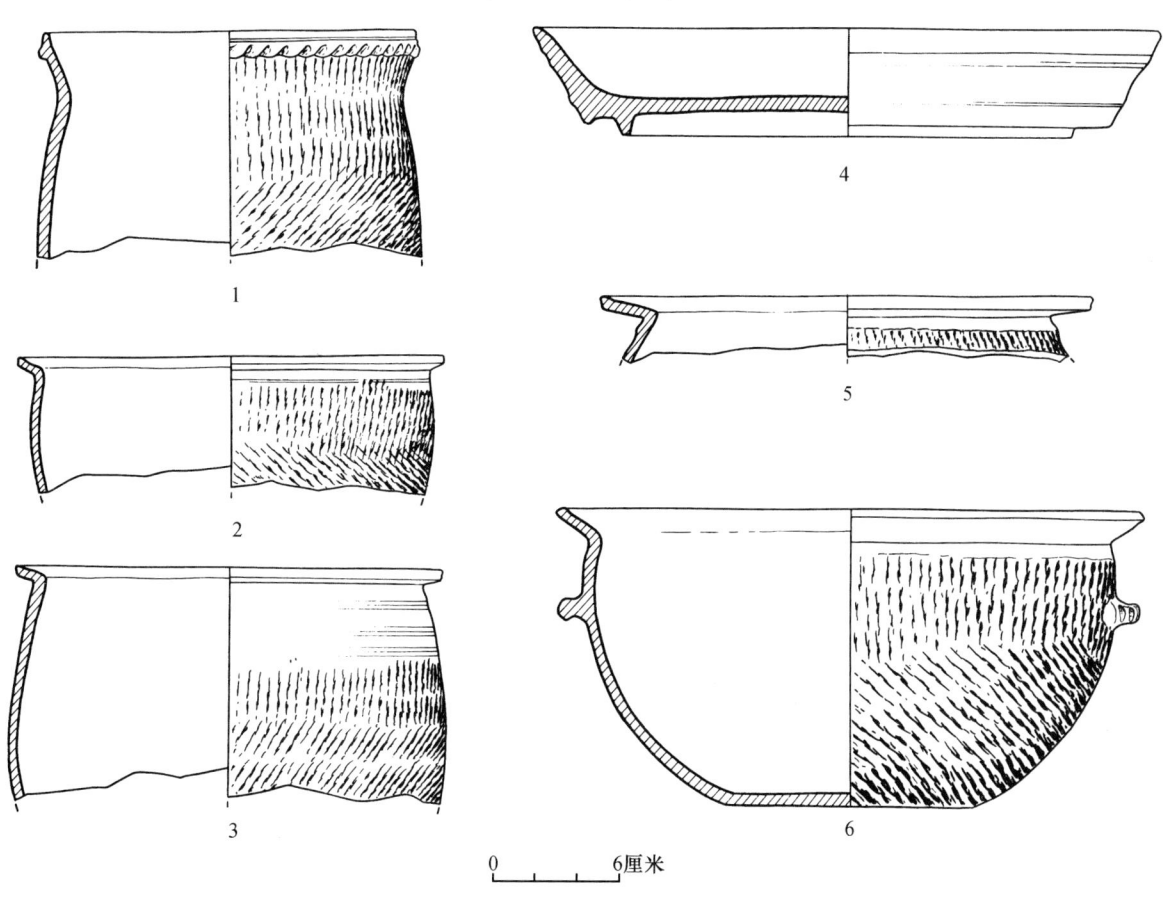

图3-440　2005ⅠT7442H137出土陶器
1. Ca型Ⅲ式圆腹罐（2005H137:7）　2、3、6. A型Ⅱ式深腹盆（2005H137:5、2005H137:1、2005H137:29）
4. B型圈足盘（2005H137:3）　5. Ab型Ⅱ式深腹罐（2005H137:8）

2005ⅠT7541H15

深腹罐

Ab型Ⅱ式　标本2005H15:13，夹砂黑灰色。窄沿仰折，沿面略凹，方唇，最大腹径偏上，下腹残。腹饰竖向及交错绳纹。口径22.4、沿宽1.5、残高25.9、胎厚0.5厘米（图3-441，4）。

Ab型Ⅲ式　标本2005H15:5，夹细砂，砂粒0.1厘米以下，浅灰色。仰折沿，方唇，鼓腹偏上，圜底。上腹有较宽轮修痕，其下饰斜向及交错绳纹。口径22.4、沿宽1.5，腹径25、通高

32.4、胎厚 0.7 厘米（图 3-441，2；图版二九，1）。标本 2005H15:46，夹粗砂，砂粒 0.1～0.2 厘米，浅灰陶。折沿略仰，圆唇，敛口，鼓腹偏上，中腹以下残。口外抹平，腹饰交错绳纹。腹部残余有红烧土。口径 23、沿宽 2.1、腹径 24、残高 29.2、胎厚 0.4 厘米（图 3-441，1）。标本 2005H15:7，夹细砂，砂粒 0.1 厘米，黑灰陶褐胎。仰折沿，圆唇，深腹微鼓，最大径在略偏上，圜底。口外抹平，腹饰斜向绳纹。口径 20.3、沿宽 2、腹径 25、通高 30.6 厘米（图 3-441，3；图版二九，2）。

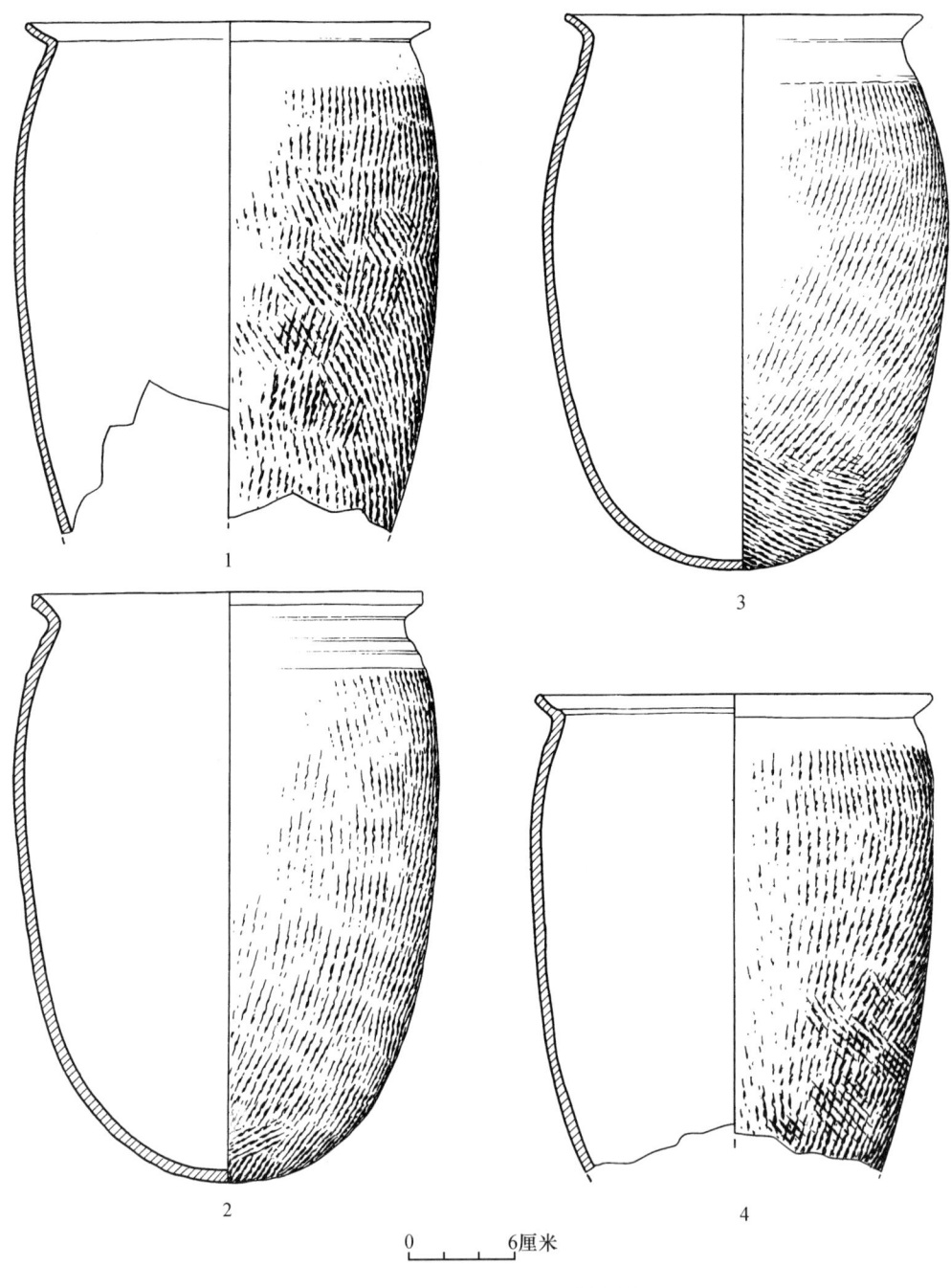

图 3-441　2005ⅠT7541H15 出土深腹罐（一）
1～3. Ab 型Ⅲ式（2005H15:46、2005H15:5、2005H15:7）　4. Ab 型Ⅱ式（2005H15:13）

Ac型Ⅰ式 标本2005H15:21，夹细砂，砂粒0.1厘米，灰陶。仰折沿，尖圆唇，鼓肩，下腹及底残。腹饰较粗斜向绳纹。器外表有红烧土。口径22.5、沿宽2.2、腹径24、残高31厘米（图3-442，2）。标本2005H15:64，夹中砂，砂粒0.1~0.2厘米，黑灰色，红褐胎。仰折沿，圆唇外凸，中腹以下残。腹饰竖向绳纹，印痕较深。口径22.2、沿宽1.5、残高7.5厘米，胎厚0.6厘米（图3-442，3）。

Ac型Ⅱ式 标本2005H15:52，夹中砂，砂粒0.1~0.2厘米，黑陶。宽沿仰折，沿面内凹，圆唇，鼓腹，中腹以下残。上腹经轮修，有数周弦纹，其下饰斜向较粗绳纹。口径21、沿宽2.2、残高11.5、胎厚0.4~0.7厘米（图3-442，1）。标本2005H15:15，夹细砂浅灰陶。仰折沿，沿面微凹，圆唇略凸，鼓腹，下腹及底残。上腹有轮修时留下的弦纹，其下饰斜向及交错绳纹。口径21、

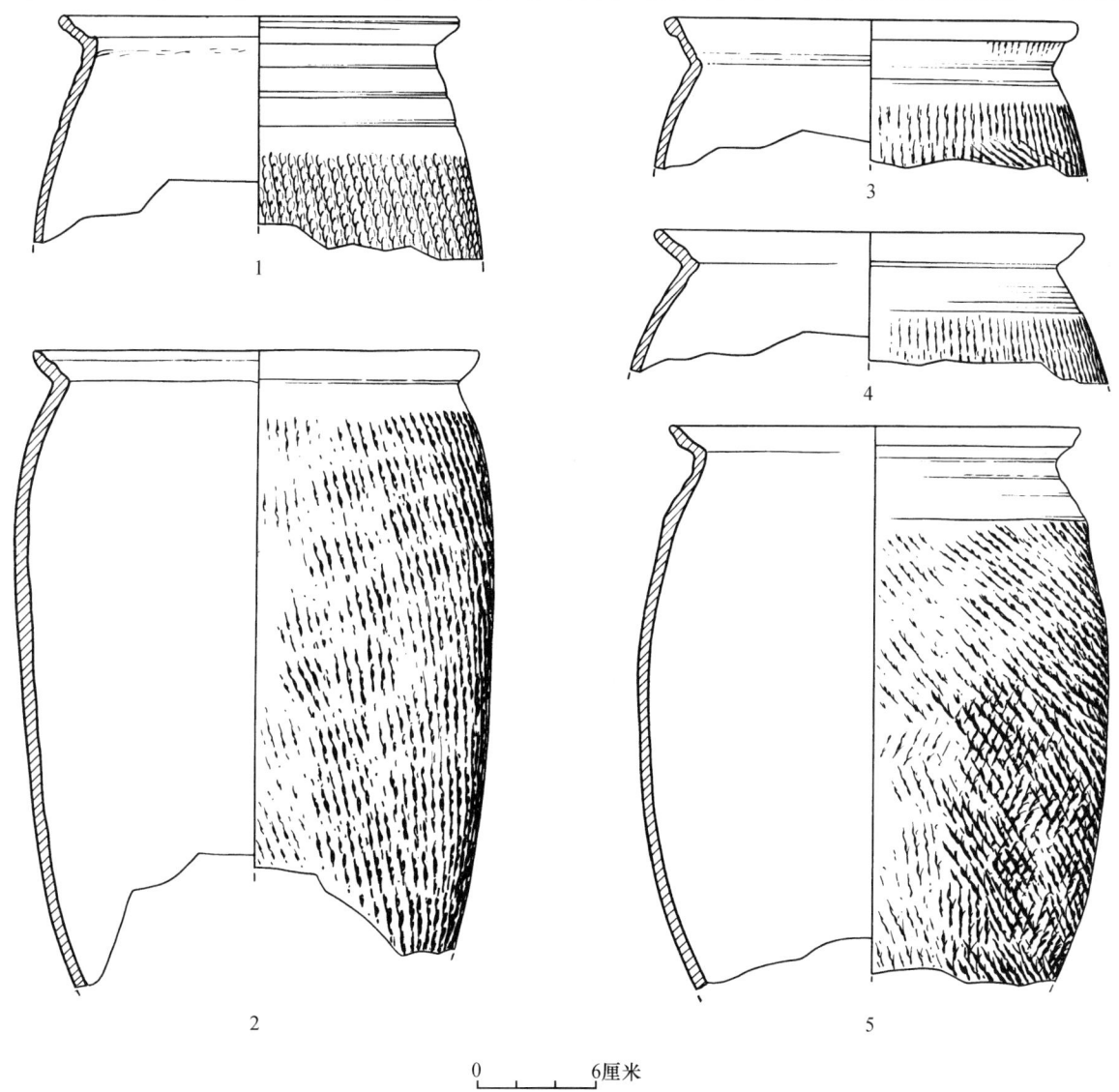

图3-442 2005ⅠT7541H15出土深腹罐（二）

1、4、5. Ac型Ⅱ式（2005H15:52、2005H15:51、2005H15:15） 2、3. Ac型Ⅰ式（2005H15:21、2005H15:64）

沿宽2.2、腹径24、残高27、胎厚0.5厘米（图3-442，5）。标本2005H15：51，夹细砂，砂粒小于0.1厘米，褐陶。仰折沿，沿面微凹，圆唇，鼓腹，中腹以下残。上腹有轮修时留下的弦纹，其下饰斜向较细绳纹。口径21.6、沿宽2.3、残高7.4、胎厚0.5厘米（图3-442，4）。

圆腹罐

Ca型Ⅱ式　标本2005H15：3，夹细砂，砂粒0.1厘米，黑灰陶，下腹部及底局部褐色。口外饰一周稀疏的花边，侈口，曲领，尖唇，鼓腹较瘦，凹圜底。领以下到底饰竖向及交错细绳纹。口径14.9、腹径16.2、底径8.5、通高17.7、胎厚0.7厘米（图3-443，3；图版二九，3）。

Cb型Ⅲ式　标本2005H15：10，夹细砂灰陶。侈口，尖圆唇，口外饰一凸棱，曲颈，圆鼓腹，平底微内凹。腹饰交错绳纹。口径16.3、腹径20、底径7.4、领高2、高19.8、胎厚0.6厘米（图3-443，1；图版二九，5）。标本2005H15：8，夹细砂，砂粒以0.1厘米以下为主，灰陶，底部褐色。侈口，尖圆唇，口外饰一周凸棱，鼓腹，凹圜底。腹饰斜向绳纹。口径16.8、腹径24、底径8.2、通高19.9、胎厚0.4厘米（图3-443，2；图版二九，4）。

Cc型Ⅱ式　标本2005H15：9，夹细砂，砂粒0.1厘米，灰陶。侈口，尖圆唇，口外有两个对称小鋬，曲领，鼓腹较深，平底。腹饰细绳纹。口径15.9、腹径18、底径8.3、高19.4、胎厚0.6厘米（图3-443，4；图版二九，6）。

Cc型Ⅲ式　标本2005H15：17，夹细砂灰黑陶。侈口，斜方唇，短颈，鼓腹较深，底残。口外有三个小鋬，腹饰交错绳纹。口径15.3、沿宽1.5、残高17.8、腹径18、胎厚0.4厘米（图3-443，5）。标本2005H15：19，夹细砂，砂粒0.1厘米，黑陶褐胎。侈口，圆唇，口外有两个对称小鋬，曲领，圆鼓腹，下腹及底部残。腹饰斜向细绳纹，排列较密。口径12、腹径16.3、残高10、胎厚0.4厘米（图3-443，6）。

瓮

Ba型Ⅲ式　标本2005H15：24，夹细砂，砂粒小于0.1厘米，深灰陶。口微侈，方唇，矮领，圆肩，腹以下至底残。领肩部磨光，肩部有多周轮修时留下的弦纹，其下饰斜向绳纹。口径12.4、残高6.3、胎厚0.3～0.8厘米（图3-443，7）。

Bb型Ⅱ式　标本2005H15：16，夹细砂黑灰陶。仰折沿，沿面中部有一弦纹，圆唇，小口内敛，深鼓腹，上腹有对称鸡冠耳，凹圜底。口外抹平，腹饰交错细绳纹。口径20.4～21.3、腹径40、底径11、通高31～33.5、胎厚0.5厘米（图3-444，2；图版三〇，4）。

C型　标本2005H15：18，泥质含细砂，灰陶。中腹以上残。下腹弧收，凹圜底。下腹有两个对称带孔系纽。腹饰交错中绳纹。底径9.2、残高13.8、胎厚0.4厘米（图3-444，1）。

甑　A型Ⅲ式　标本2005H15：2，夹细砂，砂粒0.1厘米，灰陶。折沿略上仰，沿面近唇处有一弦纹，方唇，唇面内凹，直口微敛，腹上部较直，圜底有三个梭形箅孔。口外抹平，有两个对称鸡冠耳，其下饰斜向绳纹。口径21、沿宽1.6、残高15.2、胎厚0.5厘米（图3-444，3；图版三〇，1）。

刻槽盆　A型Ⅲ式　标本2005H15：11，夹细砂，砂粒0.1厘米，黑陶。侈口，尖圆唇，口外有一周凸棱和凹槽，上腹外张，圜底。内壁刻槽交错，分为四区。外壁饰横向较粗绳纹。口径21.6、高14、胎厚0.8厘米（图3-444，4；图版三〇，2）。

深腹盆　A型Ⅱ式　标本2005H15：36，夹细砂，砂粒0.1厘米，黑陶。仰折沿，圆唇，口微

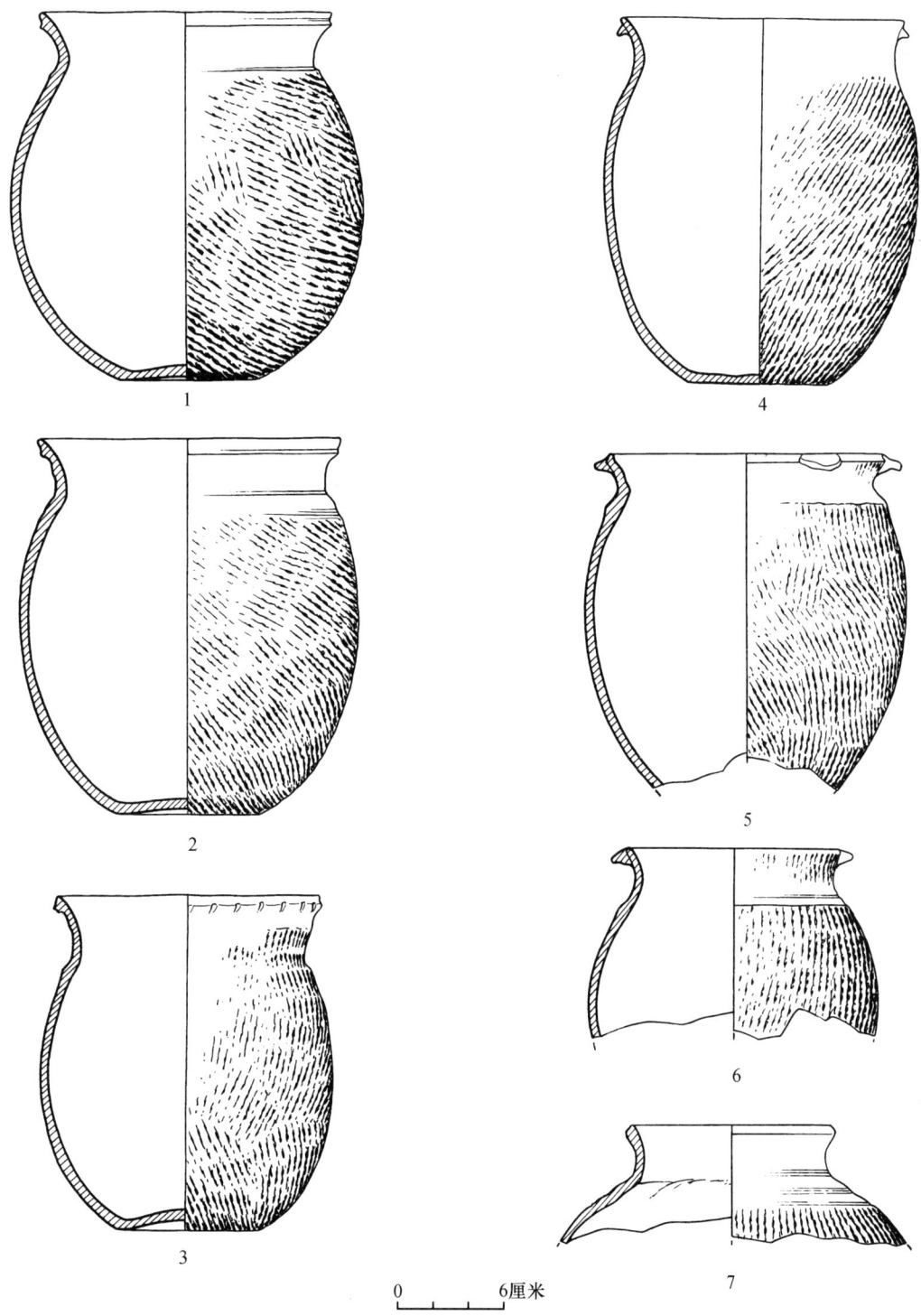

图 3-443 2005ⅠT7541H15 出土圆腹罐、瓮

1、2. Cb 型Ⅲ式圆腹罐（2005H15∶10、2005H15∶8） 3. Ca 型Ⅱ式圆腹罐（2005H15∶3） 4. Cc 型Ⅱ式圆腹罐（2005H15∶9）
5、6. Cc 型Ⅲ式圆腹罐（2005H15∶17、2005H15∶19） 7. Ba 型Ⅲ式瓮（2005H15∶24）

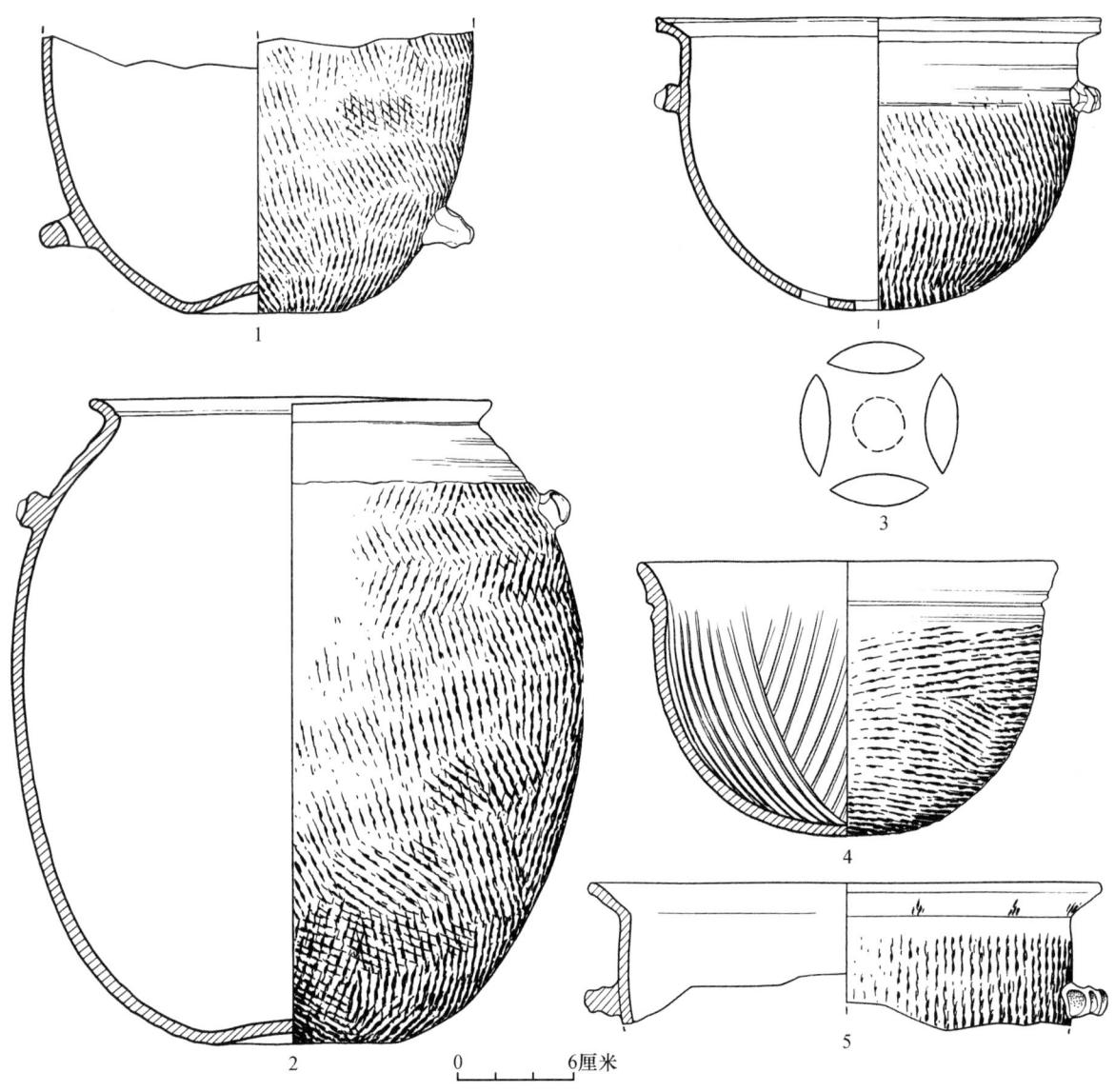

图 3-444　2005ⅠT7541H15 出土陶器（一）

1. C 型瓮（2005H15:18）　2. Bb 型Ⅱ式瓮（2005H15:16）　3. A 型Ⅲ式甑（2005H15:2）　4. A 型Ⅲ式刻槽盆（2005H15:11）
5. A 型Ⅱ式深腹盆（2005H15:36）

敛，腹稍鼓，中腹以下残。上腹有一鸡冠耳，其余饰竖向细绳纹，纹饰不清。口径26、沿宽2.9、残高7.1、胎厚0.8厘米（图3-444,5）。

豆　A 型Ⅳ式　标本2005H15:4，夹细砂，砂粒0.1厘米，褐陶，局部黑色。敞口，卷沿微斜，圆唇，斜直腹外张，盘底近平，柄较粗矮，喇叭口状圈足。豆盘上腹有一周弦纹，豆柄中部有两周凸弦纹，圈足外侧微凸。口径23.2、沿宽1.5、盘深6.5、柄高8、通高14.5、胎厚0.6～0.8厘米（图3-445,3；图版三〇,3）。标本2005H15:28，泥质黑陶，褐胎，内壁为灰色。残余圈足部分。圈足较矮，略作喇叭口状。圈足外侧呈带状凸起。素面，内外磨光。圈足底径13、高约5.5厘米（图3-445,6）。

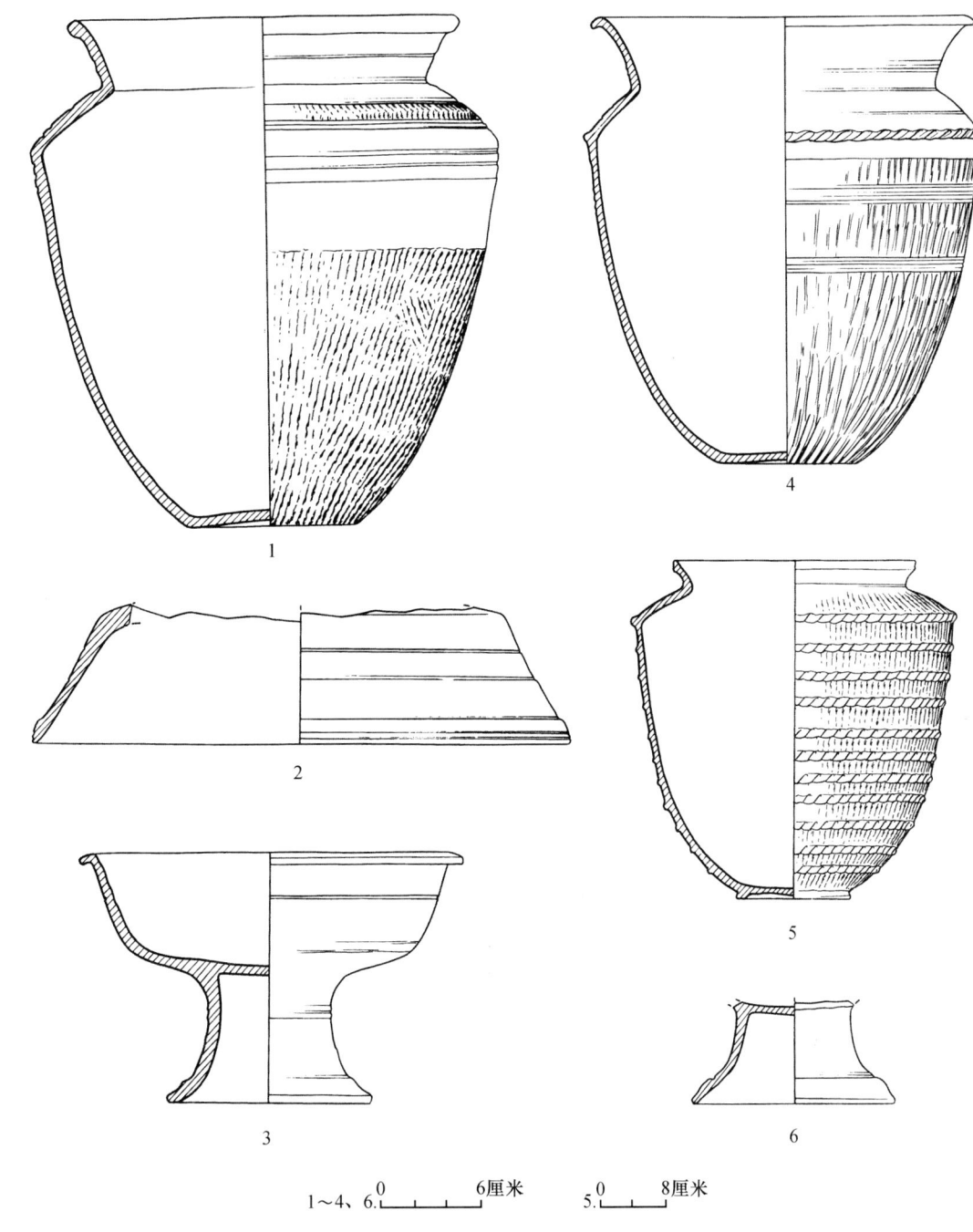

图 3-445　2005ⅠT7541H15 出土陶器（二）

1. Ⅰ式大口尊（2005H15∶6）　2. Aa 型Ⅱ式器盖（2005H15∶58）　3、6. A 型Ⅳ式豆（2005H15∶4、2005H15∶28）
4. Ⅱ式大口尊（2005H15∶20）　5. B 型Ⅰ式缸（2005H15∶1）

大口尊

Ⅰ式　标本 2005H15∶6，泥质，含少量细砂，褐色，腹局部灰黑。敞口，高领，圆唇外凸，折肩较广，斜腹微鼓，凹圜底。领肩及上腹部磨光。领及上腹饰弦纹，肩饰弦纹夹绳纹带。下腹至底饰斜向或交错绳纹，底部外围有一圈弦纹。口径23、领高3.5、肩径27、肩宽4.5、底径9.4、通高29.6厘米（图3-445，1；图版三〇，6）。

Ⅱ式　标本2005H15:20，泥质浅灰陶。侈口，圆唇外卷，折肩稍窄，腹稍鼓，凹圜底。领肩部磨光，饰有弦纹，折肩处有一周索状附加堆纹，上腹饰两组弦纹和篮纹，下腹饰篮纹。口径19.4、领高4.2、肩宽2.6、肩径20.4、通高26、胎厚0.6厘米（图3-445，4）。

缸　B型Ⅰ式　标本2005H15:1，夹细砂，砂粒0.1厘米，褐陶。侈口，矮领，折肩较宽，腹较斜直，平底下附矮圈足。肩腹饰绳纹和多周附加堆纹。口径30、肩宽6.3、领高2、肩径40，底径13.8、通高39.2、胎厚1厘米（图3-445，5；图版三〇，5）。

器盖

Aa型Ⅱ式　标本2005H15:58，泥质，胎质较疏松，黑陶褐胎。敞口，尖唇，折腹，顶及纽残。器表磨光，口外有一周凸棱。腹饰两周弦纹。口径33、残高7.4、胎厚0.7~1.1厘米（图3-445，2）。

Ab型Ⅱ式　标本2005H15:12，泥质，黑灰陶褐胎。敞口，尖唇外折，斜腹外张，腹顶转折圆弧，圆锥形纽与顶相通。素面磨光。口径18.3、纽高3.5、通高7.6、胎厚0.5厘米（图3-446，2；图版三一，1）。

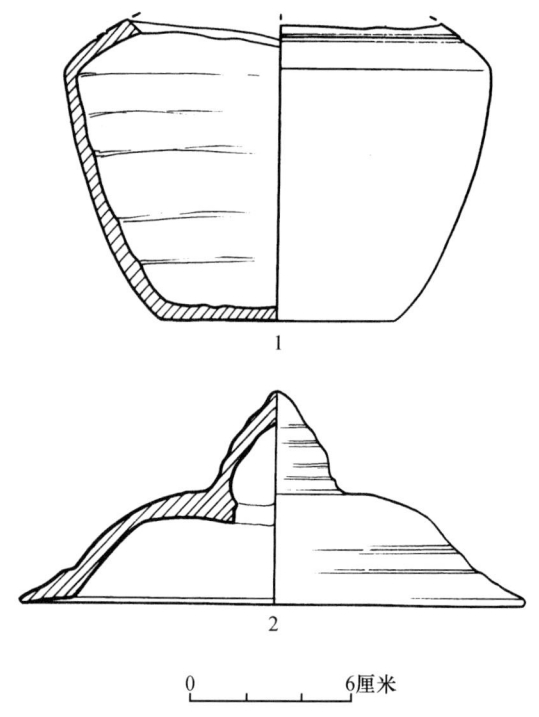

图3-446　2005ⅠT7541H15出土高领罐、器盖
1. 高领罐（2005H15:53）　2. Ab型Ⅱ式器盖（2005H15:12）

高领罐　标本2005H15:53，泥质黑陶，褐胎。领部以上残缺。折肩，平底。外壁磨光，肩部可见两周弦纹，内壁有泥条接痕。腹径15.7、底径8.3、残高9.5、胎厚0.6~0.7厘米（图3-446，1）。

2005ⅠT7541H66

深腹罐

Ab型Ⅰ式　标本2005H66:28，夹细砂，黑陶褐胎。仰折沿，沿面外侧有一周弦纹，方唇，中腹以下残。腹饰斜向粗篮纹。口径30、残高6.6厘米（图3-447，5）。

Ab型Ⅱ式　标本2005H66:27，夹砂灰陶，砂粒0.1厘米。仰折沿，方唇，鼓腹。中腹以下残，腹饰竖向细绳纹。口径24.8、残高9厘米（图3-447，4）。标本2005H66:21，夹细砂，灰陶褐胎，胎芯呈灰色。折沿近平，方唇，口微侈，鼓腹，中腹以下残。腹饰斜向细绳纹。口径23.8、残高6.5厘米（图3-447，3）。标本2005H66:13，夹砂灰陶，砂粒0.1厘米。仰折沿，方唇上缘较圆，鼓腹，中腹以下残。腹饰竖向绳纹。口径21.6、残高6.5厘米（图3-447，2）。标本2005H66:23，夹砂灰陶，砂粒0.1厘米。敛口，折沿近平，沿较窄，方唇，鼓腹，中腹以下残。腹饰右斜向细绳纹。口

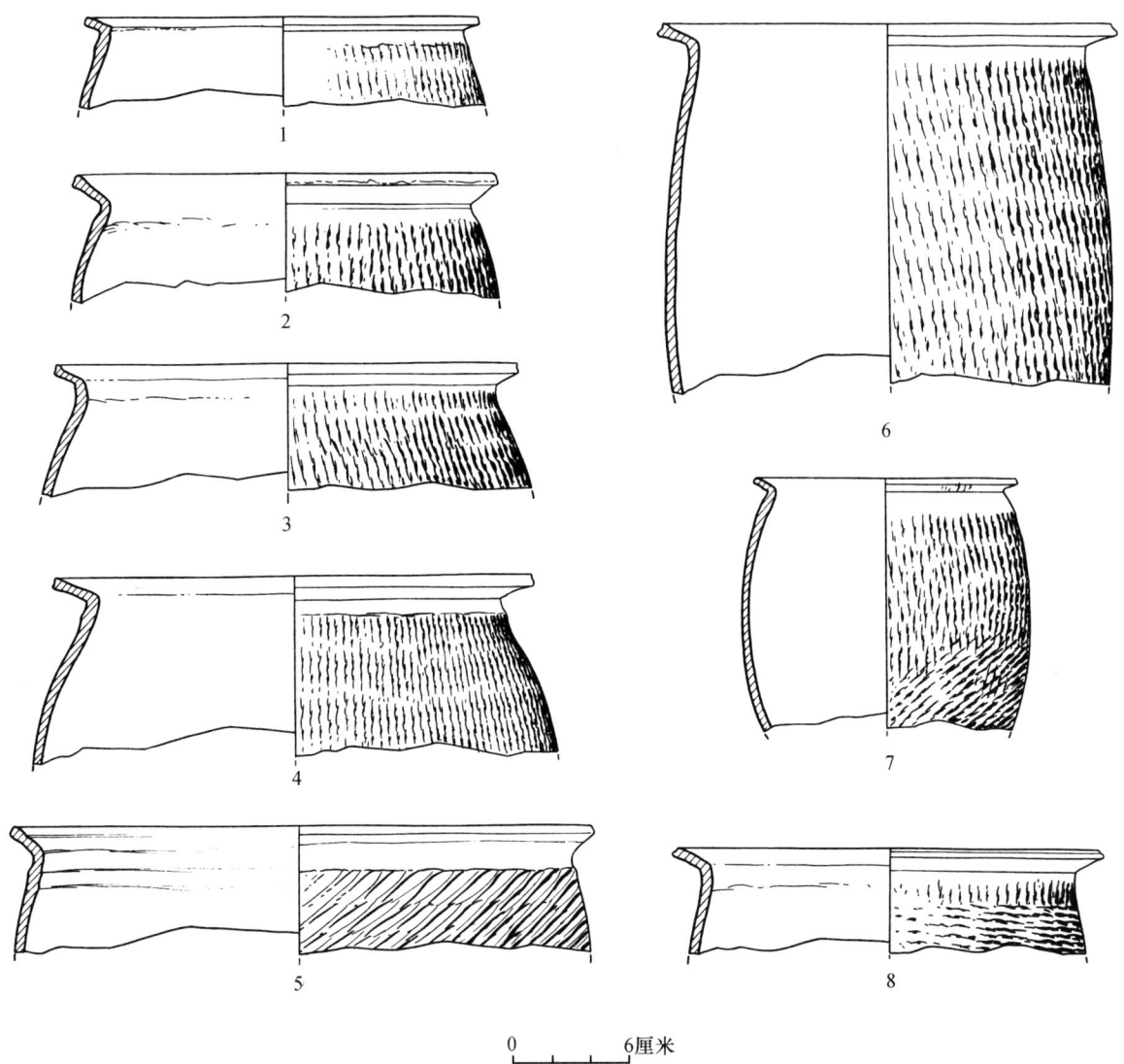

图 3-447　2005ⅠT7541H66 出土深腹罐

1~4、6~8. Ab 型Ⅱ式（2005H66：23、2005H66：13、2005H66：21、2005H66：27、2005H66：9、2005H66：17、2005H66：49）

5. Ab 型Ⅰ式（2005H66：28）

径 20.2、残高 4.5 厘米（图 3-447，1）。标本 2005H66：9，夹砂，砂粒 0.1 厘米，黑陶褐胎。仰折沿，方唇，唇面略凹，腹略鼓，中腹以下残。腹饰斜向绳纹。口径 23.5、残高 18.6 厘米（图 3-447，6）。标本 2005H66：17，夹砂褐陶，砂粒 0.1 厘米。仰折沿，沿较窄，方唇，鼓腹，中腹以下残。腹饰竖向及左斜向绳纹。口径 13.6、残高 12.8 厘米（图 3-447，7）。标本 2005H66：49，夹细砂黑陶。折沿上仰，斜方唇，唇面有一道弦纹，鼓腹，中腹以下残。腹饰竖向和横向细绳纹。口径 22.2、残高 5.3 厘米（图 3-447，8）。

圆腹罐

Ca 型Ⅱ式　标本 2005H66：10，夹砂灰陶。直口微侈，窄方唇，领较高，鼓腹，上腹残。领腹之际有一对鸡冠鋬，平底。口外饰一周花边，腹饰斜向及交错绳纹。口径 20.5、领高 5、底径 8.3、复原高 26、胎厚 0.4～1.1 厘米（图 3-448，1）。标本 2005H66：31，夹细砂灰陶。侈口，尖唇，口外饰一周索状花边及一对鸡冠錾，领较高，鼓腹，中腹以下残。腹饰竖向细绳纹。口径 19、残高 5 厘米（图 3-448，2）。标本 2005H66：2，夹砂灰陶，砂粒 0.1 厘米。侈口，圆唇，唇下饰一周索状花边及一对鸡冠錾，曲领，鼓腹较深，中腹以下残。腹饰斜向细绳纹。口径 12.8、残高 13 厘米（图 3-448，3）。标本 2005H66：32，夹砂，砂粒 0.2 厘米，深灰陶。侈口，尖圆唇，口外饰一周索状花边。高领，圆鼓腹，中腹以下残。腹饰竖向及斜向绳纹。口径 14.6、残高 10.7 厘米（图 3-448，4）。标本 2005H66：24，夹细砂灰陶，砂粒 0.1 厘米。侈口，尖唇，口外饰索状花边，领较高，鼓腹，中腹以下残。腹饰斜向细绳纹。口径 16.8、残高 9.8 厘米（图 3-448，5）。

Cb 型 I 式　标本 2005H66：36，夹细砂，黑陶红胎。侈口，圆唇，口外饰一道凸棱，高领，圆鼓腹，下腹残。腹饰竖向细绳纹。口径 14.2、残高 13.2 厘米（图 3-448，6）。标本 2005H66：18，夹砂灰陶，砂粒 0.1 厘米。侈口，尖圆唇，口外有一道凸棱及一对三角形小錾，高领，鼓腹，中腹以下残。腹饰斜向细绳纹。口径 16、残高 9.4 厘米（图 3-448，8）。

Cb 型 II 式　标本 2005H66：45，夹砂灰陶，砂粒 0.1 厘米。侈口，尖圆唇，唇下有一道凸棱，鼓腹，中腹以下残。腹饰横向细绳纹。口径 15、残高 5.8 厘米（图 3-448，7）。

Cc 型 II 式　标本 2005H66：14，夹砂，砂粒 0.1 厘米。侈口，高领，方唇略凹，唇下饰一对鸡冠錾，圆鼓腹，中腹以下残。腹饰细绳纹。口径 16.8、残高 9.8 厘米（图 3-448，9）。标本 2005H66：53，夹砂黑陶，砂粒 0.1～0.2 厘米，褐胎。侈口，高领，斜方唇，中腹以下残。领部抹平，腹饰斜向中绳纹。口径 17.6、残高 8.8 厘米（图 3-449，5）。

深腹盆　A 型 II 式　标本 2005H66：6，夹细砂灰陶。近直口，仰折沿，方唇，上腹近直，饰一对鸡冠耳，下腹斜弧，平底略残。上腹绳纹抹平，其下饰细绳纹。口径 30、底径 12、高 15.6 厘米（图 3-449，1）。标本 2005H66：35，夹细砂灰陶，敛口，仰折沿，沿较窄，方唇，敛口，鼓腹，中腹以下残。腹饰竖向及左斜向细绳纹，上腹有一道弦纹。口径 30、残高 8 厘米（图 3-449，3）。标本 2005H66：30，夹细砂黑陶。侈口，仰折沿，沿较窄，方唇，侈口，斜直腹外张，上腹饰一对鸡冠耳，中腹以下残。腹饰竖向和右斜向细绳纹。口径 24.8、残高 7.5 厘米（图 3-449，4）。

豆

A 型 II 式　标本 2005H66：33，泥质含细砂，褐陶，内壁呈灰色。侈口，卷沿近平，尖唇，深盘，斜直腹，底及柄残。素面，下腹饰凸棱。口径 18.6、残高 6.5 厘米（图 3-449，6）。标本 2005H66：42，泥质，黑皮陶褐胎。敞口，窄沿平卷，尖圆唇，斜腹，底及柄残。通体磨光，下腹饰一道弦纹。口径 13.4、残高 3.8 厘米（图 3-449，7）。

Ba 型　标本 2005H66：40，泥质，黑皮陶红胎。侈口，尖唇，浅盘斜弧腹。细高柄，柄上部外凸，下部内束。喇叭形圈足，圈足外缘隆起。通体磨光，柄部饰数周弦纹，柄上部有穿孔。口径 14.4、盘深 3、高 21.5 厘米（图 3-449，8）。

小口尊　Ab 型　标本 2005H66：11，泥质灰陶，局部呈褐色。侈口，卷沿，斜方唇略凹，曲领，折肩略残，中腹以下残。通体磨光，腹饰弦纹。口径 19、残高 11.3 厘米（图 3-449，2）。标本 2005H66：4，夹细砂褐陶，胎芯呈灰色。侈口，尖唇，口外有一周凸棱，高领斜直，肩以下残。通体磨光，肩部有数道弦纹。口径 17.8、残高 8.4 厘米（图 3-449，9）。标本 2005H66：12，夹砂，砂

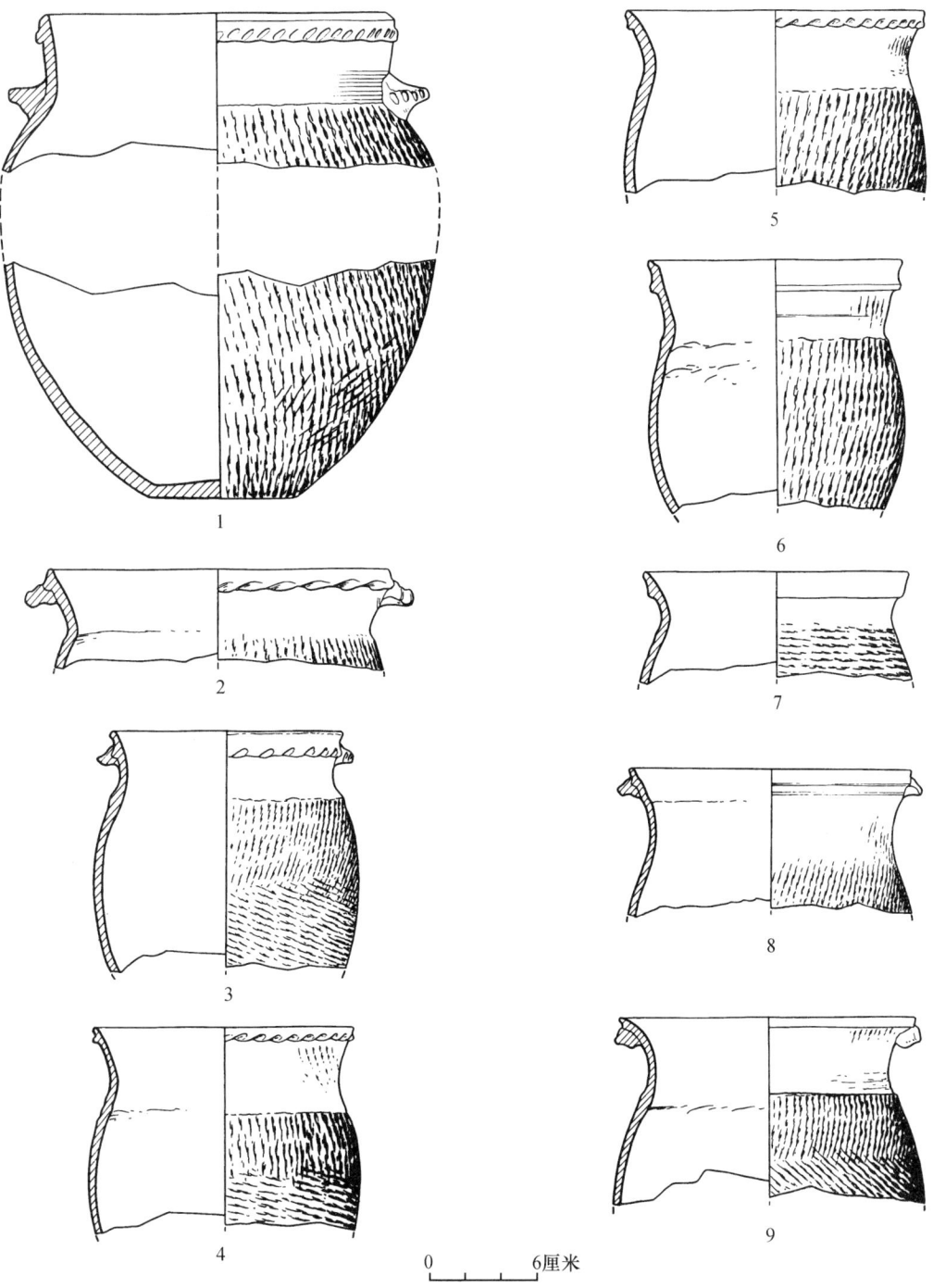

图 3-448　2005ⅠT7541H66 出土圆腹罐

1~5. Ca 型Ⅱ式（2005H66：10、2005H66：31、2005H66：2、2005H66：32、2005H66：24）　6、8. Cb 型Ⅰ式圆腹罐（2005H66：36、2005H66：18）　7. Cb 型Ⅱ式圆腹罐（2005H66：45）　9. Cc 型Ⅱ式圆腹罐（2005H66：14）

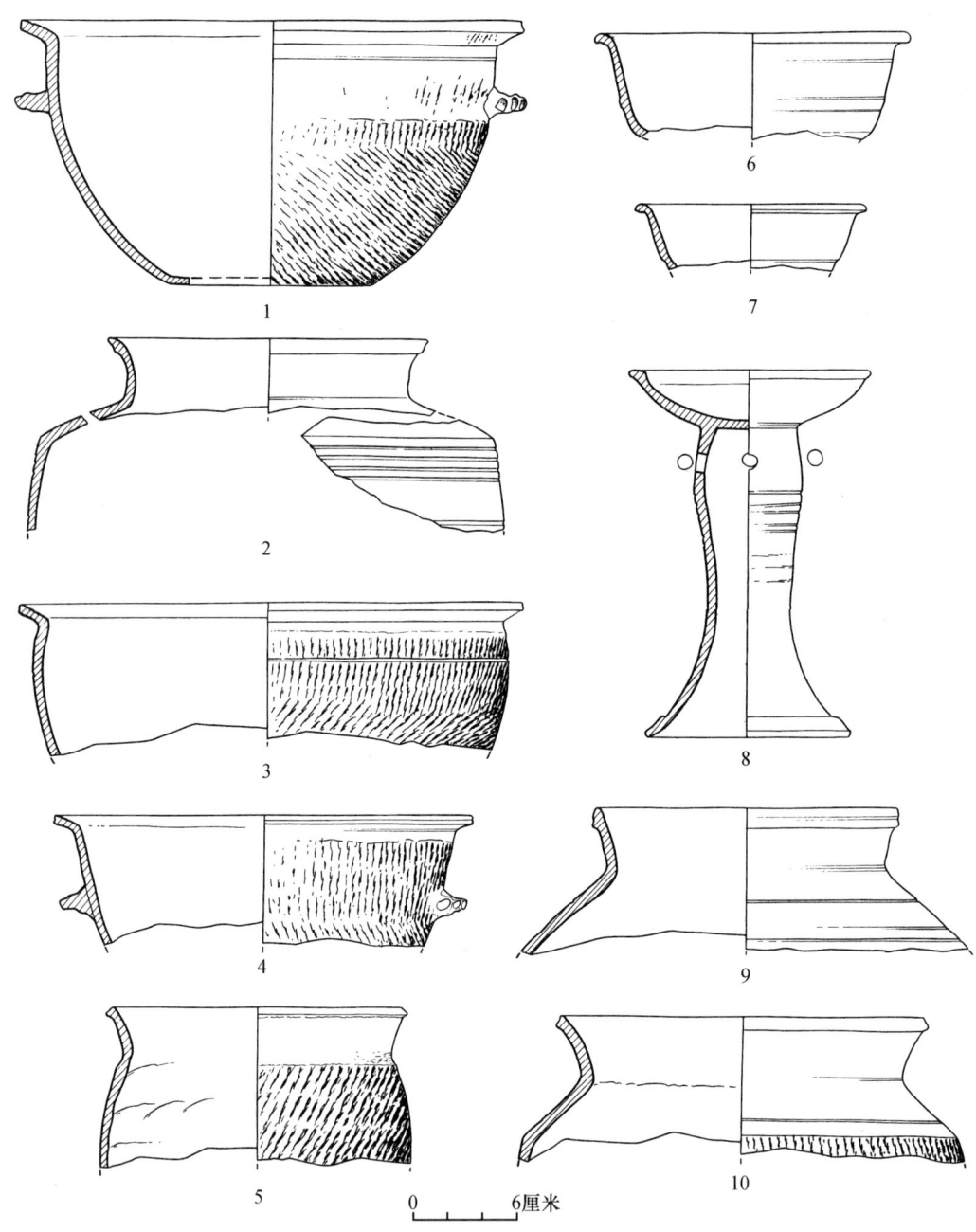

图 3-449　2005ⅠT7541H66 出土陶器（一）

1、3、4. A 型Ⅱ式深腹盆（2005H66:6、2005H66:35、2005H66:30）　2. Ab 型小口尊（2005H66:11）　5. Cc 型Ⅱ式圆腹罐（2005H66:53）　6、7. A 型Ⅱ式豆（2005H66:33、2005H66:42）　8. Ba 型豆（2005H66:40）　9、10. Ab 型小口尊（2005H66:4、2005H66:12）

粒 0.1 厘米，黑陶褐胎。侈口，高领，方唇，唇面略凹。折肩，腹以下残。领部及肩部抹平，肩下部有一道弦纹。腹饰右斜向细绳纹。口径 21.4、残高 8 厘米（图 3-449，10）。

爵　标本 2005H66:91，泥质白陶。仅存下腹及部分锥足。下腹外张，残鋬为带状，平底，实足截面近圆形。鋬上饰三道竖向刻划纹，其余素面。底径7.5、残高5.8、胎厚0.2～0.5厘米（图3-450，1）。

捏口罐 A型Ⅰ式 标本2005H66：20，夹细砂灰陶。侈口，领较直，圆唇外凸，口部有一捏窝，圆鼓腹，中腹以下残。领部抹平，腹饰竖向细绳纹。残高6.2厘米（图3-450，2）。

器盖 Aa型Ⅰ式 标本2005H66：61，泥质灰陶。敞口，圆唇，口外有一道凸棱，斜腹外张，弧顶，顶及纽残。顶及上腹部饰一周弦纹。口径19.6、残高5.9厘米（图3-450，3）。

盖纽 标本2005H66：38，泥质含细砂，黑皮陶红胎。圆锥形顶，顶上可见同心圆纹，柄较细高。通体磨光，内壁有泥条接缝。纽顶直径9、残高11厘米（图3-450，8）。

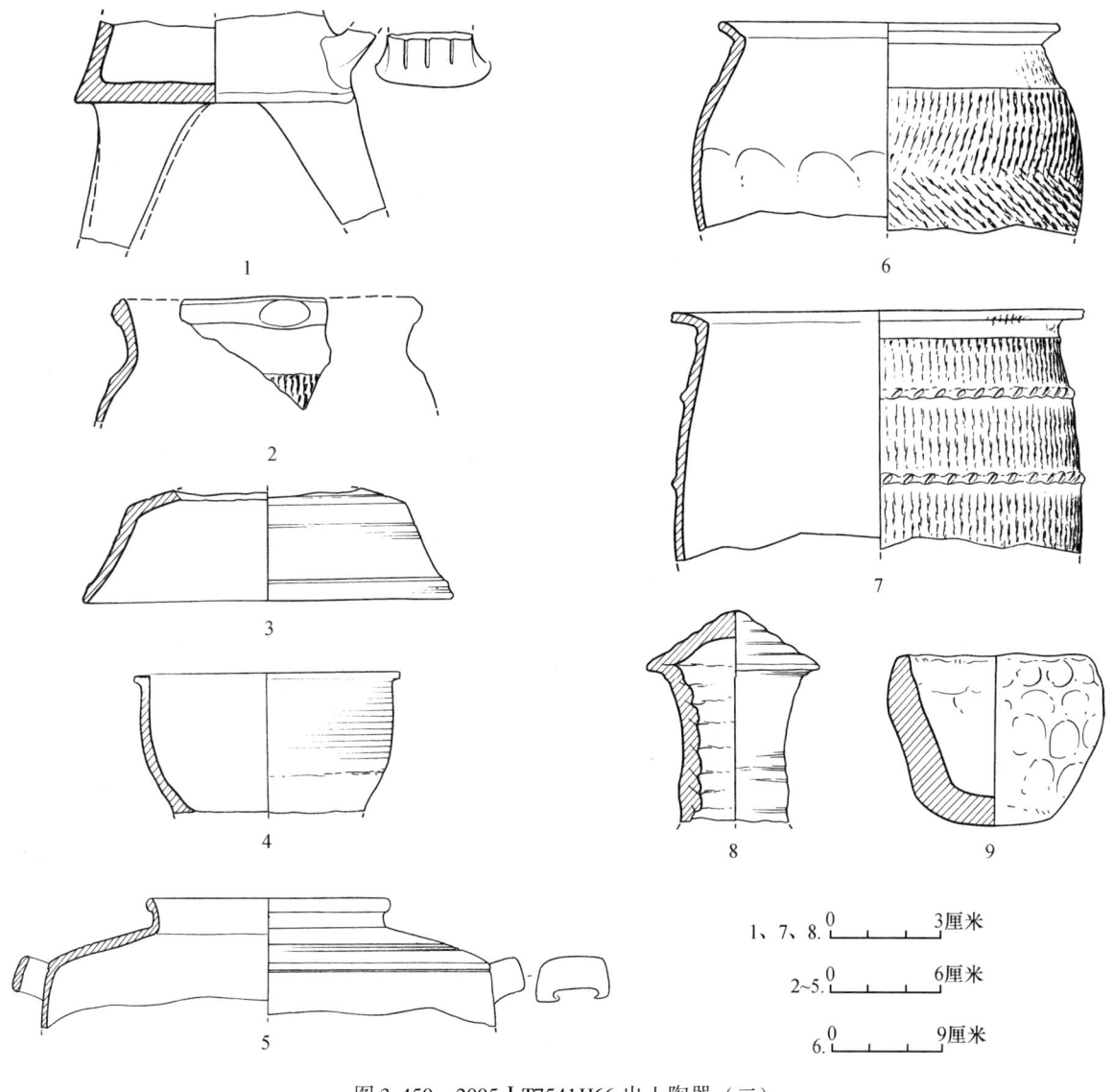

图3-450 2005ⅠT7541H66出土陶器（二）
1. 爵（2005H66：91） 2. A型Ⅰ式捏口罐（2005H66：20） 3. Aa型Ⅰ式器盖（2005H66：61） 4. 盂（2005H66：34）
5. A型Ⅲ式瓮（2005H66：7） 6. A型Ⅱ式敛口罐（2005H66：1） 7. Aa型Ⅰ式缸（2005H66：8） 8. 盖纽（2005H66：38）
9. 杯（2005H66：26）

盂　标本2005H66∶34，夹细砂灰陶。直口，窄沿平折，沿面略凹。上腹近直，下腹斜收，平底微下凸，略缺。上腹有轮修痕，下腹有竖向刮痕。口径14、残高7.2厘米（图3-450，4）。

敛口罐　A型Ⅱ式　标本2005H66∶1，夹细砂灰陶。仰折沿，圆唇。敛口，鼓腹，中腹以下残。腹饰斜向细绳纹。口径18.2、残高10.8厘米（图3-450，6）。

缸　Aa型Ⅰ式　标本2005H66∶8，夹砂灰陶，砂粒0.1厘米。敛口，折沿近平，方唇，鼓腹，中腹以下残。腹饰竖向细绳纹和附加堆纹。口径33、残高18.6厘米（图3-450，7）。

杯　标本2005H66∶26，夹细砂，浅黄色。侈口，尖圆唇，斜腹，近平底。素面，内外壁有捏痕。口径5、高4.5厘米（图3-450，9）。

瓮　A型Ⅲ式　标本2005H66∶7，泥质灰陶。侈口，矮领，圆唇外凸，折肩，上腹有一对横耳，中腹以下残。通体磨光，肩及上腹饰弦纹。口径19.2、肩径34.8、残高9.9厘米（图3-450，5）。

2005ⅠT7641H67

深腹罐

Aa型　标本2005H67∶10，夹砂灰陶。敛口，仰折沿，尖平唇，鼓腹，中腹以下残。腹饰斜向细绳纹。口径22、残高6.5厘米（图3-451，1）。

Ab型Ⅱ式　标本2005H67∶1，夹砂灰陶。敛口，折沿近平，方唇，腹微鼓，下腹残。腹饰斜向细绳纹，印痕较深。口径24、残高15.4厘米（图3-451，2）。标本2005H67∶11，夹砂灰陶，砂粒0.1厘米。敛口，折沿近平，方唇，鼓腹，中腹以下残。腹饰斜向细绳纹。口径22.6、残高3.8厘米（图3-451，3）。标本2005H67∶16，夹细砂灰陶。敛口，仰折沿，方唇，鼓腹，中腹以下残。腹饰斜向细篮纹。口径25.8、残高3.9厘米（图3-451，4）。标本2005H67∶3，夹细砂灰陶。宽沿仰折，沿面略凹，方唇，敛口，腹略鼓，上腹有缺失，底残。腹饰交错绳纹。口径23、残高26.2厘米（图3-452，2）。

C型Ⅰ式　标本2005H67∶22，夹细砂灰陶。侈口，窄沿仰折，略束颈，方唇，鼓腹。中腹以下残。腹饰斜向绳纹。口径21、残高6厘米（图3-451，5）。

刻槽盆　A型Ⅰ式　标本2005H67∶6，泥质含细砂，灰陶。近直口，尖唇，唇下有一道带状凸起，上腹较直，下腹斜收，底残。腹饰竖向和右斜向细绳纹，内壁有分区刻槽。口径16.4、残高12.8厘米（图3-451，6）。

圆腹罐

A型Ⅱ式　标本2005H67∶7，夹砂，砂粒0.1厘米，黑陶红胎。敛口，窄沿仰折，方唇，鼓腹，中腹以下残。腹饰斜向细绳纹。口径16.4、残高7.2厘米（图3-451，7）。

Ca型Ⅰ式　标本2005H67∶8，夹细砂灰陶。侈口，尖圆唇，唇下饰加一周花边及一对小錾，高领，圆鼓腹，中腹以下残。腹饰斜向细绳纹。口径11、残高6.3厘米（图3-452，1）。

深腹盆　A型Ⅱ式　标本2005H67∶17，夹细砂，黑陶红胎。侈口，仰折沿，方唇，侈口，斜腹外张，中腹以下残。腹饰竖向细绳纹。口径36.9、残高3厘米（图3-451，8）。标本2005H67∶25，夹细砂，黑陶红胎。敛口，折沿近平，方唇，鼓腹，中腹以下残。腹饰斜向细绳纹，上腹有一道弦

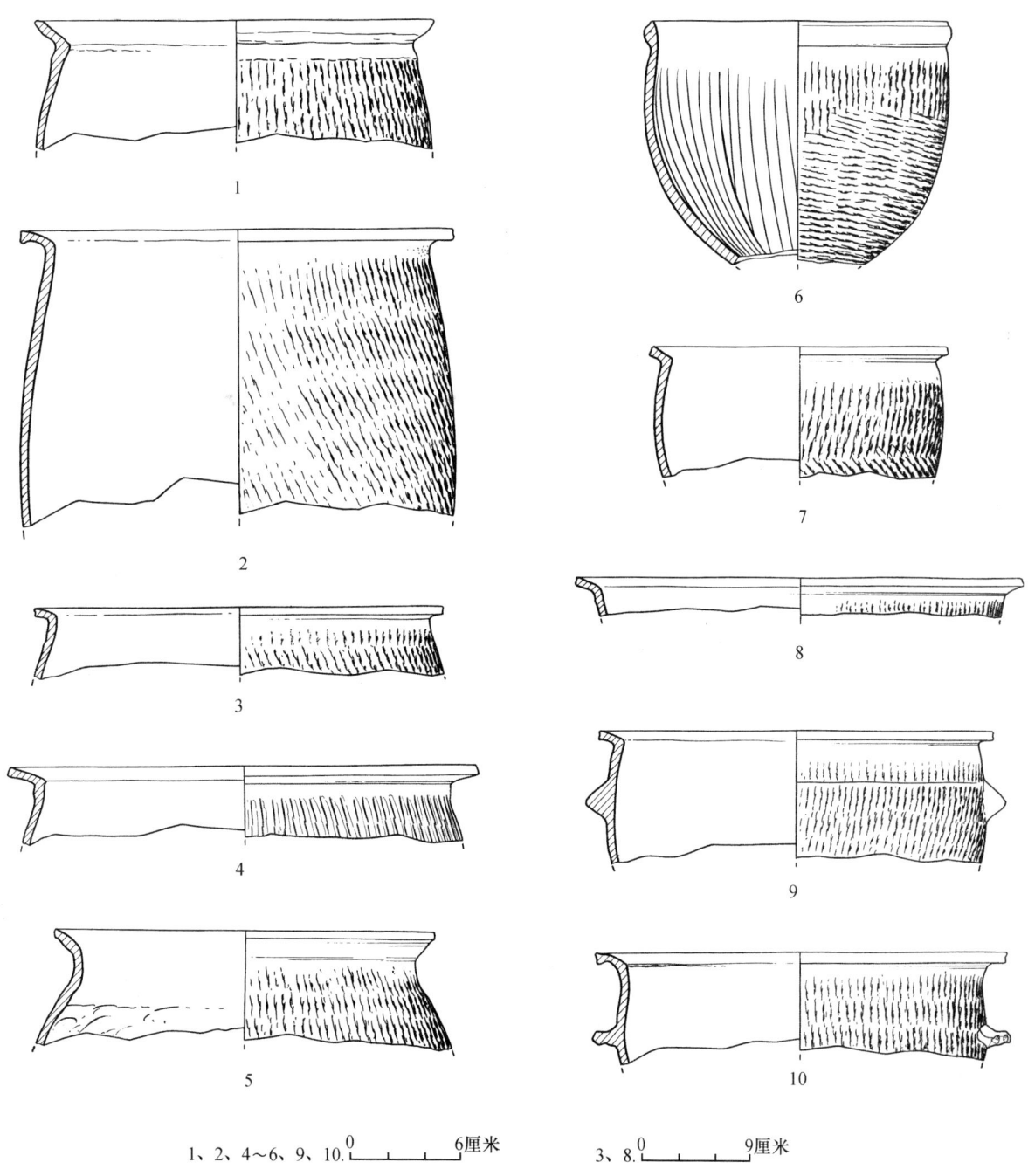

图 3-451　2005ⅠT7641H67 出土陶罐、盆

1. Aa 型深腹罐（2005H67:10）　2~4. Ab 型Ⅱ式深腹罐（2005H67:1、2005H67:11、2005H67:16）
5. C 型Ⅰ式深腹罐（2005H67:22）　6. A 型Ⅰ式刻槽盆（2005H67:6）　7~10. A 型Ⅱ圆腹罐（2005H67:7、2005H67:17、2005H67:25、2005H67:18）

纹及一对半圆形錾。口径 22、残高 7 厘米（图 3-451,9）。标本 2005H67:18，夹细砂灰陶。口微侈，折沿近平，方唇，唇面微凹，鼓腹，中腹以下残。腹饰竖向绳纹。上腹饰一对鸡冠耳。口径 23、残高 5.4 厘米（图 3-451,10）。

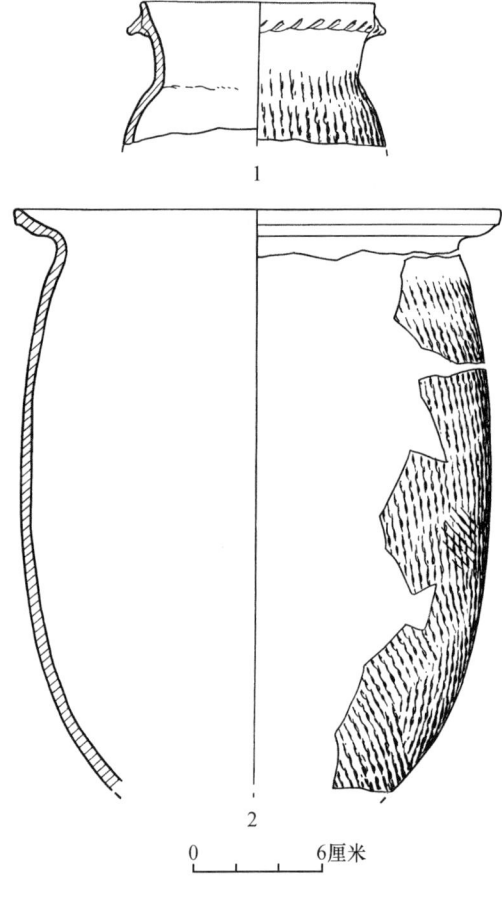

图3-452 2005ⅠT7641H67出土陶罐
1. Ca型Ⅰ式圆腹罐（H67:8）
2. Ab型Ⅱ式深腹罐（H67:3）

鬶 标本2005H67:71，泥质夹有细砂，白陶。口残，一侧有流，束腰，袋足略残。腰饰一周楔点纹，宽带状錾残，饰竖向刻划纹。残高26厘米（图3-453，1）。

缸 Aa型Ⅰ式 标本2005H67:5，夹细砂，砂粒0.1厘米，黑陶褐胎。口微侈，折沿近平，方唇唇面略凹，腹微鼓，中腹以下残。腹饰斜向细绳纹和索状附加堆纹。口径31.5、残高12.3厘米（图3-453，2）。

器盖 Aa型Ⅰ式 标本2005H67:2，泥质，黑陶红胎。口及纽残，折腹，弧顶。通体磨光。顶径16、残高4厘米（图3-453，3）。

盅 标本2005H67:21，夹细砂褐陶。口微敛，圆唇，腹微鼓，平底。腹有斜向刮抹痕。口径4.1、高4.2、底径2厘米（图3-453，4）。

2005ⅠT7642⑤

深腹罐 Ab型Ⅱ式 标本2005ⅠT7642⑤:6，夹细砂，砂粒0.1厘米，红褐陶。宽沿仰折，方唇，鼓腹，中腹以下残。腹饰竖向绳纹。口径22.4、沿宽2.5、残高8.4、胎厚0.6厘米（图3-454，1）。标本2005ⅠT7642⑤:11，夹细砂，砂粒0.1厘米，褐陶。仰折沿，方唇，敛口，腹残。口径19、残高2.9、胎厚0.7厘米（图3-454，2）。标本2005ⅠT7642⑤:12，夹细砂，砂粒0.1厘米，灰陶。仰折沿，方唇，鼓腹，中腹以下残。口外素面。口径17、沿宽2.5、残高3.6、胎厚0.5厘米（图3-454，3）。

圆腹罐

Ca型Ⅲ式 标本2005ⅠT7642⑤:3，夹细砂黑灰陶。尖唇，矮领斜直，口外侧饰一周花边，圆鼓腹，底残。腹饰竖向绳纹。口径13.6、腹径16、残高16、胎厚0.4~0.6厘米（图3-454，4）。

Cc型Ⅱ式 标本2005ⅠT7642⑤:7，夹细砂，口沿灰黑色，腹部褐色。侈口，尖圆唇，领较斜直，鼓腹，中腹以下残。腹饰细绳纹。口径14.2、残高7.8、胎厚0.4~0.6厘米（图3-454，5）。

甑 C型 标本2005ⅠT7642⑤:1，夹细砂，偶有砂粒0.1厘米，褐陶。卷沿上仰，方唇，鼓腹，平底，底部有四个梭形和一个圆形箅孔。上腹有一对鸡冠耳，腹饰斜向绳纹。口径21.2、底径11.4、高15、胎厚0.4~1厘米（图3-454，6；图版一八，2）。

豆 A型Ⅰ式 标本2005ⅠT7642⑤:5，泥质黑陶，褐胎，内壁灰色。敞口，平折沿，尖圆唇，深腹，腹部斜直，平底略圜。柄残。豆盘内外磨光，饰弦纹。口径19.4、沿宽1、盘深5.5、底径15.6、残高6.6、胎厚0.5~0.7厘米（图3-455，1）。标本2005ⅠT7642⑤:17，泥质黑陶。敞口，折沿微荸，尖唇，深腹较斜直，下腹及柄残。豆盘内外磨光，外壁有三周弦纹。口径20、沿宽

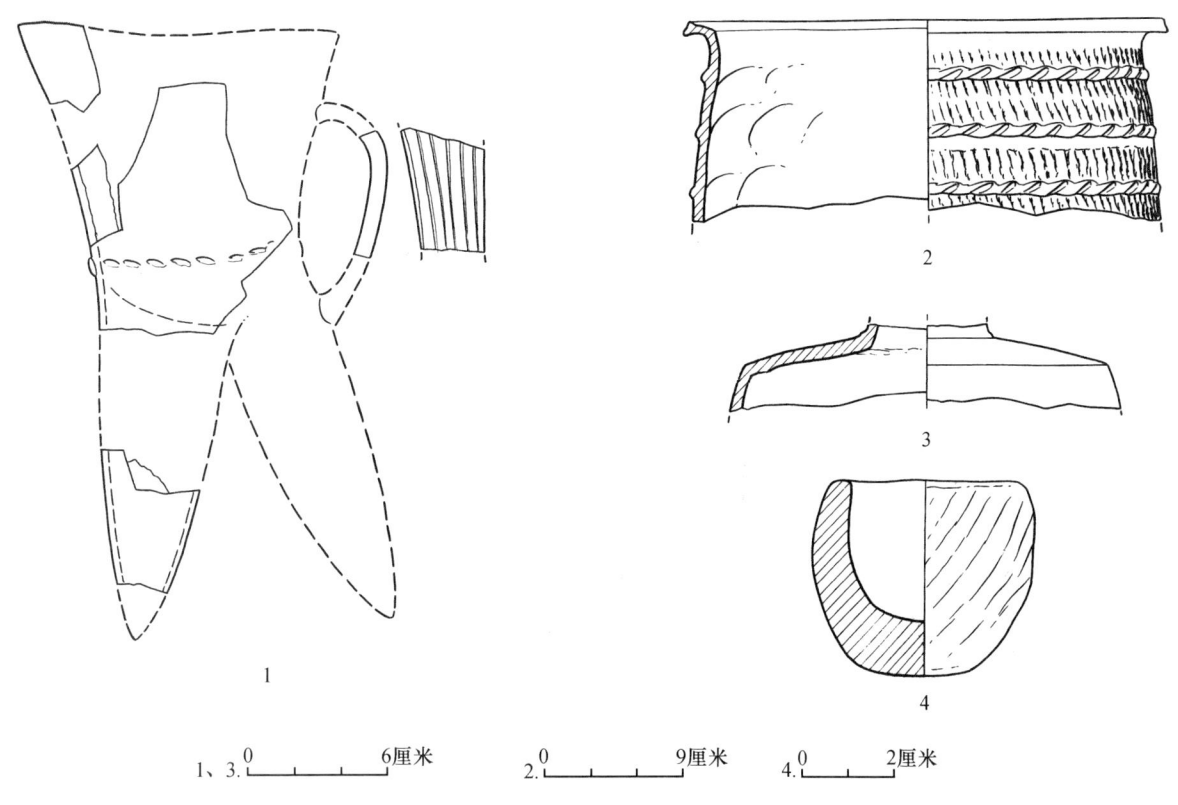

图 3-453　2005ⅠT7641H67 出土陶器

1. 鬶（2005H67∶71）　2. Aa 型Ⅰ式缸（2005H67∶5）　3. Aa 型Ⅰ式器盖（2005H67∶2）　4. 盅（2005H67∶21）

1.2、残高 5.8、胎厚 0.6 厘米（图 3-455，2）。

敛口罐　A 型Ⅰ式　标本 2005ⅠT7642⑤∶2，夹细砂，砂粒 0.1 厘米以下，黑陶。敛口，仰折沿，方唇，腹略垂鼓，平底。腹饰右斜向篮纹。口径 17.3、沿宽 1.8、腹径 20、底径 8.4、高 18.1、胎厚 0.5 厘米（图 3-455，3；图版一八，1）。

器耳　标本 2005ⅠT7642⑤∶13，夹砂，黑陶褐胎，内壁灰色。侧视为半圆形，素面，磨光。高 5.8、宽 5、内径 3、胎厚 0.5 厘米（图 3-455，4）。

钵　标本 2005ⅠT7642⑤∶14，泥质灰黑陶。口微敛，圆唇外凸，腹微鼓，中腹以下残。上腹有篦状刮抹痕。口径 16.6、残高 4.5、胎厚 0.5 厘米（图 3-455，5）。

器盖　B 型　标本 2005ⅠT7642⑤∶9，夹细砂，砂粒 0.1 厘米，褐陶。敞口，斜弧壁，尖圆唇，口内侧有凹槽，外侧呈带状凸起，顶及纽残。口径 14、残高 3.5、胎厚 0.6 厘米（图 3-455，6）。

小口尊　B 型　标本 2005ⅠT7642⑤∶4，夹细砂，砂粒 0.1 厘米，灰陶。敛口，圆唇外鼓，折肩宽广，斜直腹，下腹及底残。口及肩部抹平，肩饰三周弦纹，腹饰绳纹及弦纹。口径 12.7、肩宽 6、肩径 26、残高 17.1、胎厚 0.5 厘米（图 3-455，7）。

缸　B 型　标本 2005ⅠT7642⑤∶10，泥质含细砂，灰黑陶，局部泛灰褐。肩上部及领残，折肩，深腹斜直，下腹及底残。器表原有绳纹，经抹平后饰附加堆纹。肩径 34、残高 22 厘米（图 3-455，8）。

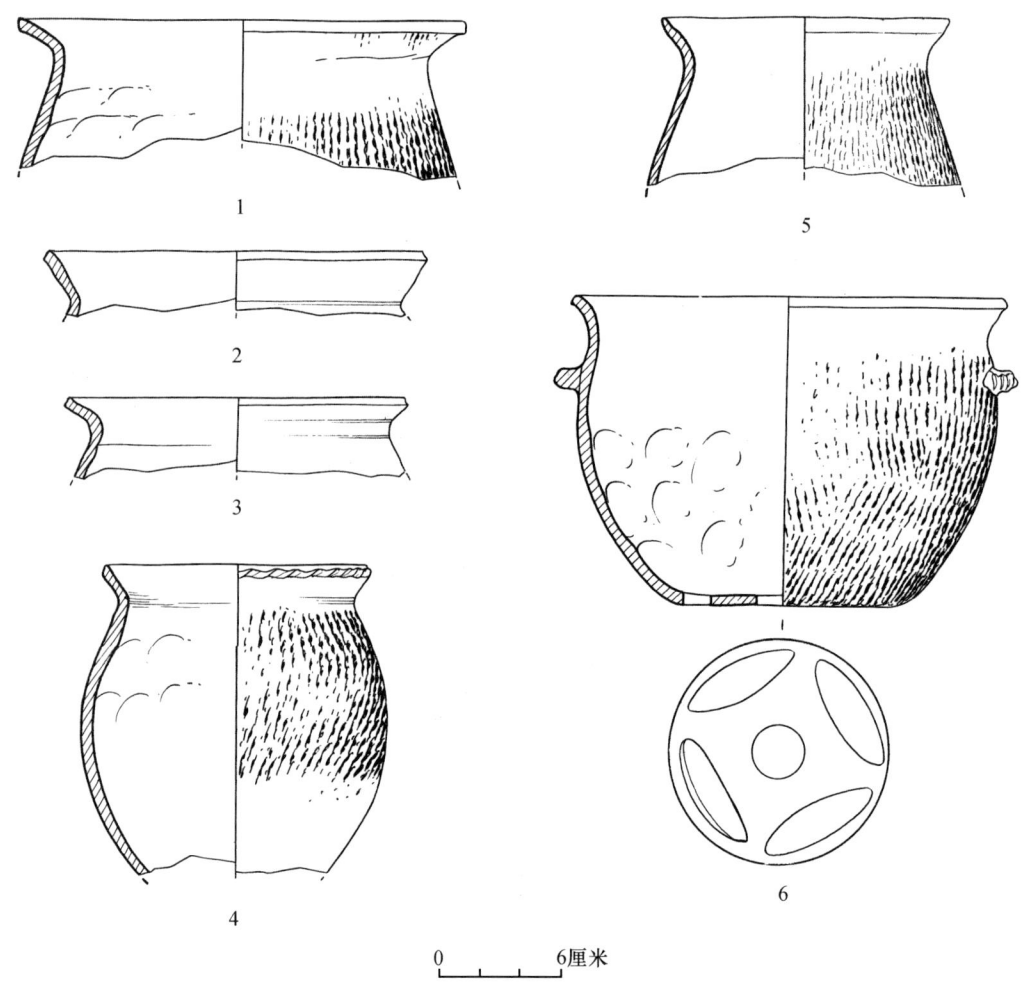

图 3-454　2005ⅠT7642⑤出土陶罐、甑

1~3. Ab 型Ⅱ式深腹罐（2005ⅠT7642⑤：6、2005ⅠT7642⑤：11、2005ⅠT7642⑤：12）　4. Ca 型Ⅲ式圆腹罐（2005ⅠT7642⑤：3）
5. Cc 型Ⅱ式圆腹罐（2005ⅠT7642⑤：7）　6. C 型甑（2005ⅠT7642⑤：1）

2005ⅠT7642H55

深腹罐

Ab 型Ⅰ式　标本 2005H55：5，夹细砂，砂粒 0.1 厘米，深灰陶。折沿近平，方唇，上腹外鼓，鼓腹偏上，下腹斜收，小平底。腹部竖向和左斜向细绳纹。口径 24、沿宽 2.4、腹径 26.8、底径 9、高 37、胎厚 0.5~0.8 厘米（图 3-456，1）。标本 2005H55：23，夹中砂，砂粒 0.1~0.2 厘米，灰黑陶。折沿略仰，沿面凹，圆唇，腹略鼓，中腹以下残。口外抹平，腹饰横篮纹。口径 17、沿宽 1.9、残高 5.2、胎厚 0.6~0.7 厘米（图 3-456，4）。

Ab 型Ⅱ式　标本 2005H55：10，夹砂，砂粒 0.1~0.3 厘米，灰陶。折沿微仰，方唇，腹外鼓，中腹以下残。腹饰右斜细绳纹。口径 24.2、沿宽 2.4、残高 2.7 厘米（图 3-456，2）。标本 2005H55：28，夹中砂，砂粒 0.1~0.2 厘米，浅灰陶。仰折沿，方唇，腹略鼓，中腹以下残。腹饰竖向细绳纹。口径 28~30、沿宽 2.5、残高 3.7、胎厚 0.9 厘米（图 3-456，3）。标本 2005H55：43，

第三章 二里头文化遗存

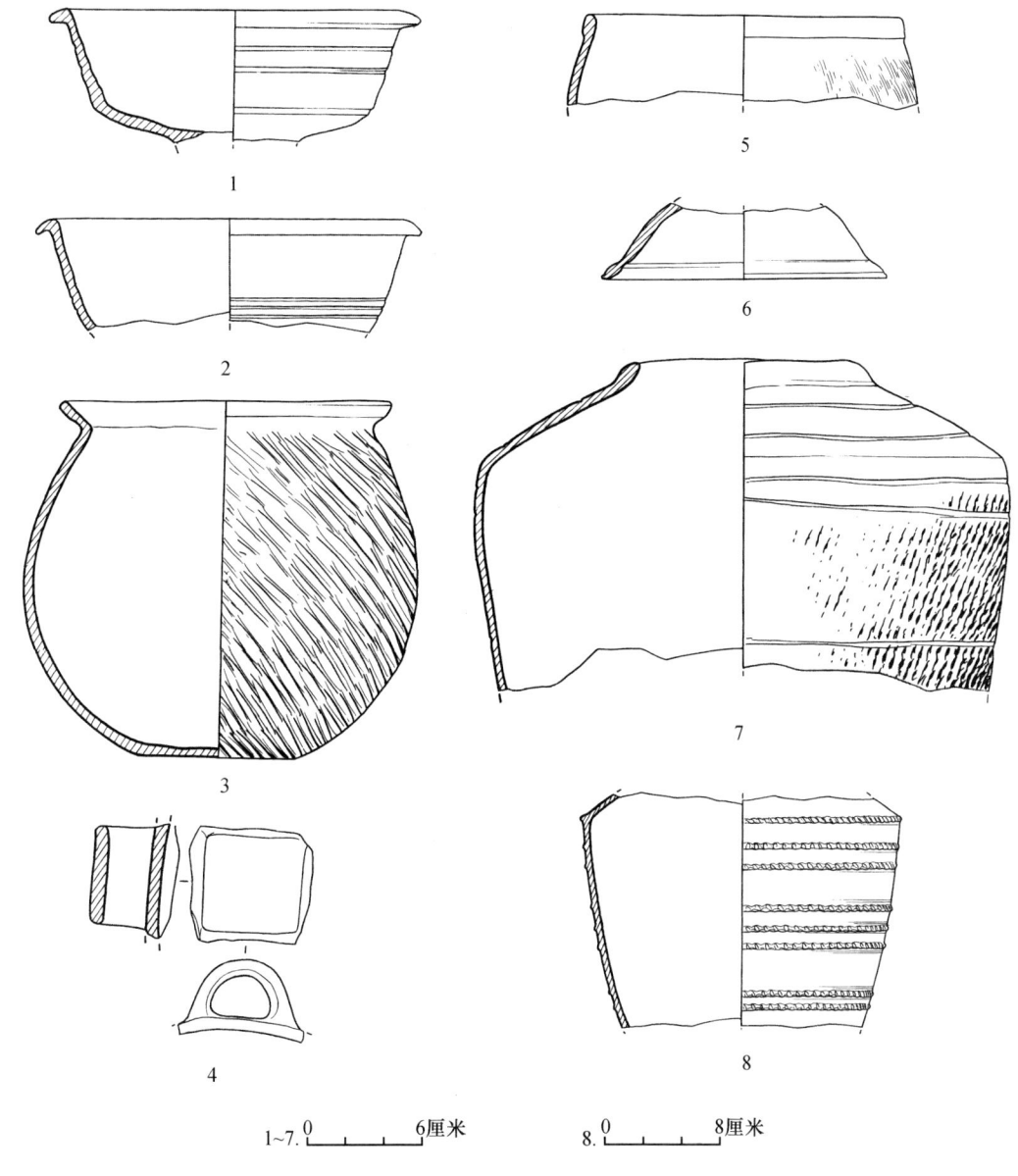

图 3-455　2005ⅠT7642⑤出土陶器

1、2. A 型Ⅰ式豆（2005ⅠT7642⑤：5、2005ⅠT7642⑤：17）　3. A 型Ⅰ式敛口罐（2005ⅠT7642⑤：2）　4. 器耳（2005ⅠT7642⑤：13）　5. 钵（2005ⅠT7642⑤：14）　6. B 型器盖（2005ⅠT7642⑤：9）　7. B 型小口尊（2005ⅠT7642⑤：4）　8. B 型缸（2005ⅠT7642⑤：10）

夹细砂，砂粒 0.1 厘米，浅灰陶。折沿略仰，方唇，唇缘微凸，腹略鼓，中腹以下残。腹饰竖向细篮纹。口径 22、沿宽 1.9、残高 4.4、胎厚 0.6～0.8 厘米（图 3-456，5）。标本 2005H55：26，夹细砂，砂粒 0.1 厘米，灰陶。折沿略仰，沿面凹，圆唇，腹略鼓，中腹以下残。腹饰竖向绳纹。口径 24、沿宽 2、残高 6.7、厚 0.7～0.9 厘米（图 3-456，6）。标本 2005H55：12，夹细砂，砂粒 0.1 厘米，灰陶。仰折沿，方唇，深腹微鼓，中腹以下残。腹饰竖向绳纹。口径 23、沿宽 2.5、残高 11.6、胎厚 0.5～0.6 厘米（图 3-456，7）。

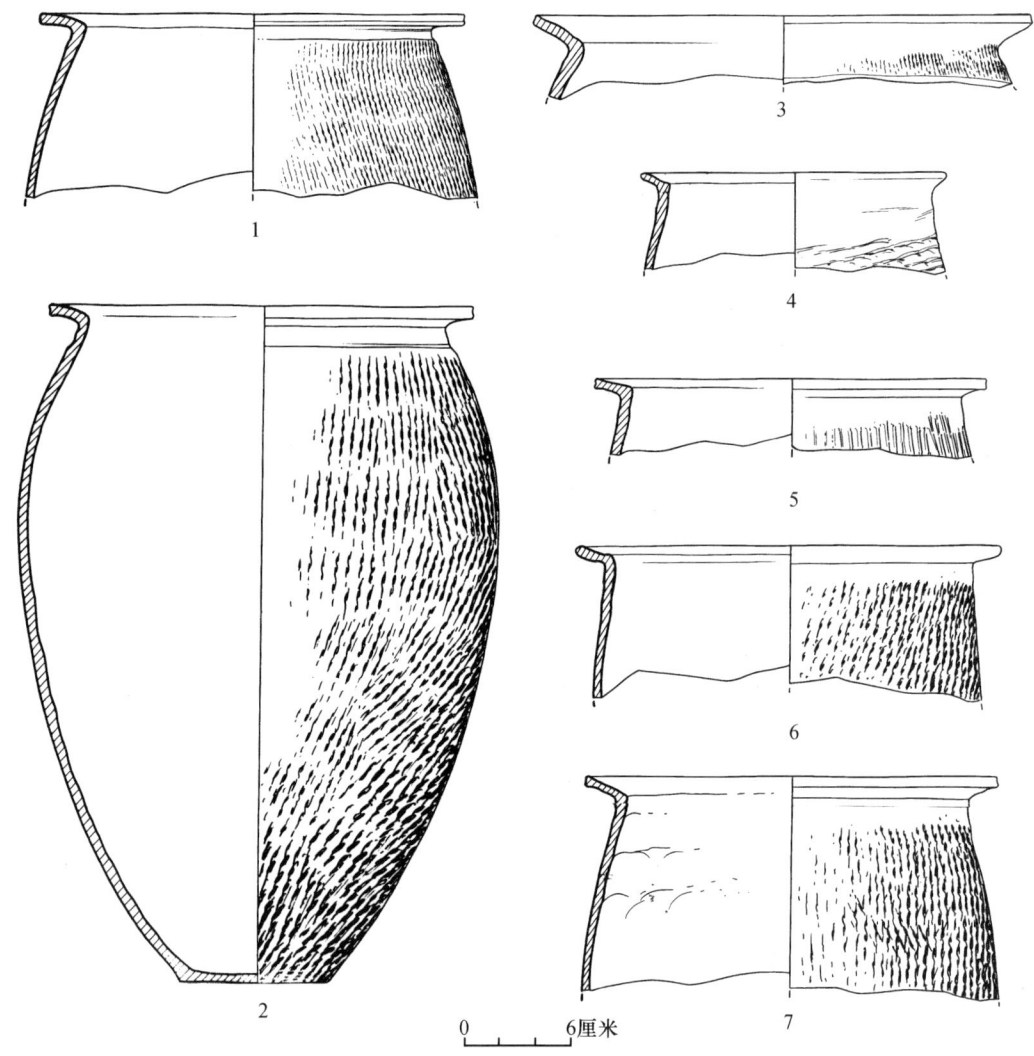

图 3-456 2005 I T7642H55 出土深腹罐

1、3、5~7. Ab 型Ⅱ式（2005H55:10、2005H55:28、2005H55:43、2005H55:26、2005H55:12）

2、4. Ab 型Ⅰ式（2005H55:5、2005H55:23）

圆腹罐

A 型Ⅰ式 标本 2005H55:35，夹细砂，砂粒 0.1 厘米，黑陶。仰折沿，沿面微凹，圆唇，敛口，鼓腹，中腹以下残。腹饰右斜向粗篮纹。口径 13、沿宽 1.5、残高 3、胎厚 0.5 厘米（图 3-457，1）。

Ca 型Ⅰ式 标本 2005H55:22，夹细砂及中砂，砂粒 0.1 厘米，灰陶。侈口，尖唇，口外饰一周花边，高领卷曲，鼓腹，中腹以下残。腹饰竖向细绳纹。口径 15、领 4、残高 8.2、胎厚 0.4~1 厘米（图 3-457，2）。标本 2005H55:11，夹细砂，砂粒 0.1 厘米，黑陶。直口微侈，尖圆唇，口外饰一周花边，高领斜直，鼓腹，中腹以下残。腹饰竖向细绳纹。口径 15、领高 3、残高 10.4、胎厚 0.6 厘米（图 3-457，3）。

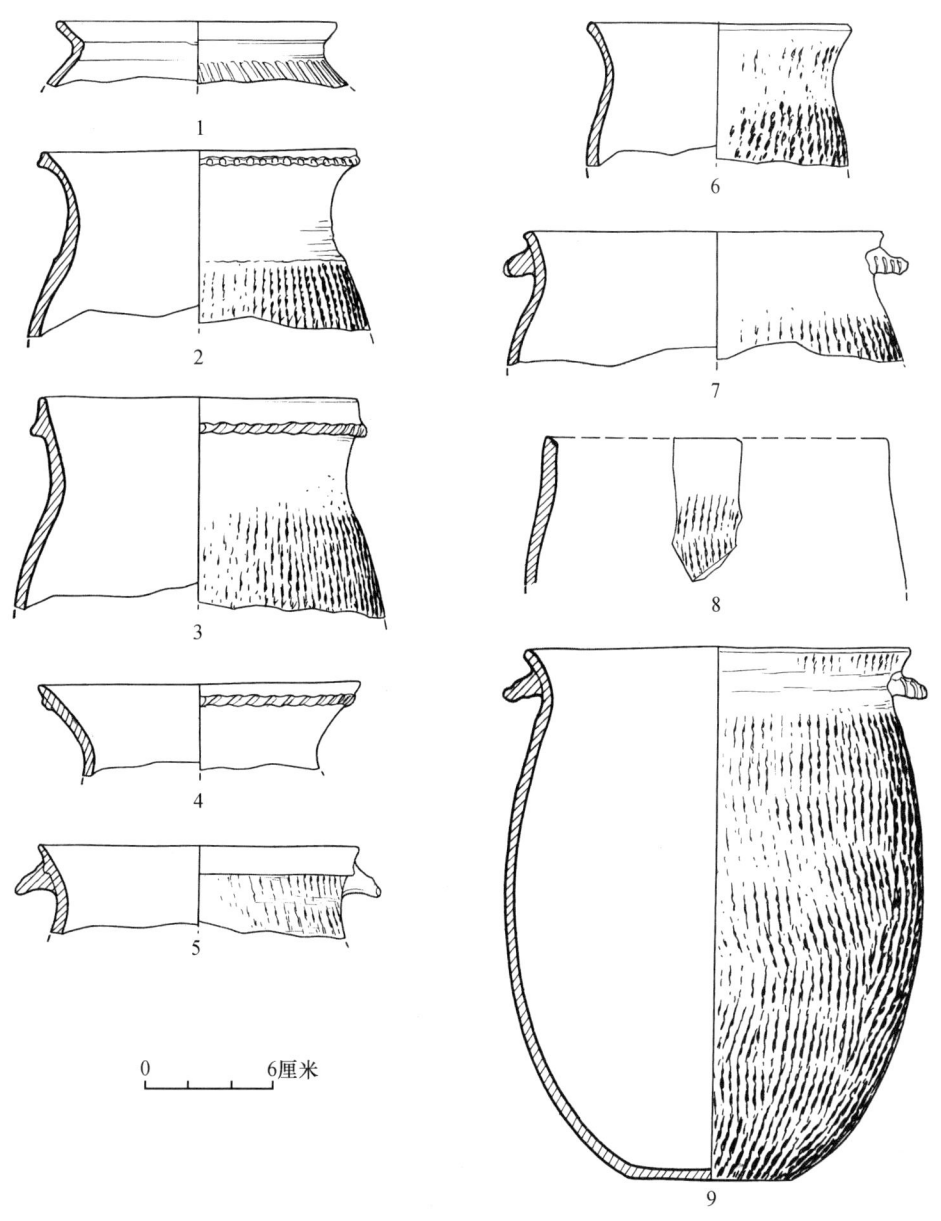

图 3-457 2005ⅠT7642H55 出土圆腹罐

1. A型Ⅰ式（2005H55:35） 2、3. Ca型Ⅰ式（2005H55:22、2005H55:11） 4. Ca型Ⅱ式（2005H55:37） 5. Cb型Ⅱ式圆腹罐
（2005H55:30） 6. Cc型Ⅰ式（2005H55:40） 7~9. Cc型Ⅱ式（2005H55:24、2005H55:50、2005H55:3）

Ca型Ⅱ式　标本2005H55:37，夹中砂，砂粒0.1~0.2厘米，黑陶褐胎。侈口，尖唇，领较高，腹残。口外饰一周花边。口径15、残高3.4、胎厚0.6厘米（图3-457，4）。

Cb型Ⅱ式　标本2005H55:30，夹细砂，砂粒0.1厘米，灰陶。侈口，口外有一周带状凸起和一对小錾，尖圆唇，曲领，腹残。领饰绳纹，略抹平。口径15、残高4.2、胎厚0.6厘米（图3-457，5）。

Cc型Ⅰ式　标本2005H55:40，夹细砂，砂粒0.1厘米，黑灰陶，腹部为红褐色。方唇，高领，鼓腹，中腹以下残。腹饰竖向较粗绳纹。口径12.6、残高6.4、胎厚0.6~0.7厘米（图3-457，6）。

Cc型Ⅱ式 标本2005H55:3，夹细砂，砂粒0.1厘米，灰陶，局部呈褐色。侈口，圆唇，领较矮，饰有对称鸡冠錾，深腹略鼓，平底。腹饰较粗绳纹。口径18.4、腹径19.9、底径8、高24.3、胎厚0.7厘米（图3-457，9；图版一八，4）。标本2005H55:24，夹细砂，砂粒0.1厘米，灰陶。直口微侈，方唇，领外有鸡冠錾，鼓腹，中腹以下残。腹饰竖向绳纹。口径18、残高6、胎厚0.6厘米（图3-457，7）。标本2005H55:50，夹细砂，砂粒0.1厘米，灰陶。直口，尖唇，腹微鼓，中腹以下残。腹饰竖向绳纹。口径13、残高6.4、胎厚0.4~0.7厘米（图3-457，8）。

Cd型Ⅰ式 标本2005H55:34，夹细砂灰黑陶。侈口，高领，圆唇，口外至上腹有一桥形耳。鼓腹，腹饰细绳纹。口径18.5、残高6.4、耳宽1.8、耳高6.1、胎厚0.5~0.9厘米（图3-458，1）。

鼎 Bc型 标本2005H55:58，夹中砂及粗砂，红褐陶。敛口，口外有鸡冠錾，唇部压成花边，鼓腹偏上，底残。口外一周抹平，腹饰竖向绳纹。口径15、残高12、胎厚0.7~1.2厘米（图3-458，4）。

甑 D型 标本2005H55:42，夹细砂，砂粒0.1厘米，灰陶。侈口，方唇，斜直腹，中腹以下残。口外抹平，上腹饰竖向绳纹。口径24、残高7.3、胎厚0.6厘米（图3-458，5）。标本2005H55:32，夹细砂，砂粒0.1厘米，灰陶。侈口，方唇，斜直腹外张，中腹以下残。口外抹平，饰有弦纹，腹饰竖向细绳纹。口径19.6、残高5.8厘米（图3-458，6）。标本2005H55:41，夹细砂，砂粒0.1厘米，浅灰陶。敞口，圆唇，斜腹，中腹以下残。口外抹平，饰一周弦纹，腹饰竖向细绳纹。口径25.6、残高4.5、胎厚0.7厘米（图3-458，7）。

瓮 Bb型Ⅰ式 标本2005H55:21，夹砂，粒径不均，砂粒最大者超过0.2厘米，灰陶。敛口，圆唇外凸，鼓腹，中腹以下残。腹饰左斜向中绳纹。口径17、残高8.4、胎厚0.6厘米（图3-458，2）。标本2005H55:29，夹细砂，砂粒0.1厘米，灰褐陶。敛口，圆唇，口外有一周凸棱，鼓腹，中腹以下残。腹饰竖向绳纹。口径13、残高6.2、胎厚0.9厘米（图3-458，3）。

深腹盆

A型Ⅰ式 标本2005H55:31，泥质黑灰陶。敛口，方唇，仰折沿，鼓腹。素面且磨光。口径15、沿宽1.3、残高3.1、胎厚0.4~0.6厘米（图3-459，1）。标本2005H55:25，泥质夹极细砂，灰陶。敛口，仰折沿，方唇，敛口，鼓腹偏上。中腹以下残。上腹抹平，其下饰弦纹和交错篮纹。口径24、沿宽2.5、残高8、胎厚0.7厘米（图3-459，2）。标本2005H55:45，泥质，含少量细砂，黑陶。直口，平折沿，方唇，沿面略凹，上腹较直，下腹斜收，中腹及底残。腹饰交错篮纹。口径24、沿宽1.5厘米、残高6、胎厚0.2~0.5厘米（图3-459，3）。

Ca型 标本2005H55:7，夹细砂，砂粒0.1厘米以下，褐陶，内壁局部黑色。侈口，卷沿，高领，尖唇，深腹微鼓，颈腹间有一对鸡冠耳，平底略凹，下腹略残。腹饰竖向较粗绳纹。口径28.4、腹径26.8、底径9.8、复原高25.4、胎厚0.7~0.9厘米（图3-459，5）。

豆 A型Ⅰ式 标本2005H55:27，泥质黑陶。敞口，尖唇，折沿近平，深腹斜直，底及柄残。内外磨光，下腹饰凸弦纹。口径19、沿宽1、残高5.5、胎厚0.6厘米（图3-459，4）。

第三章 二里头文化遗存 · 497 ·

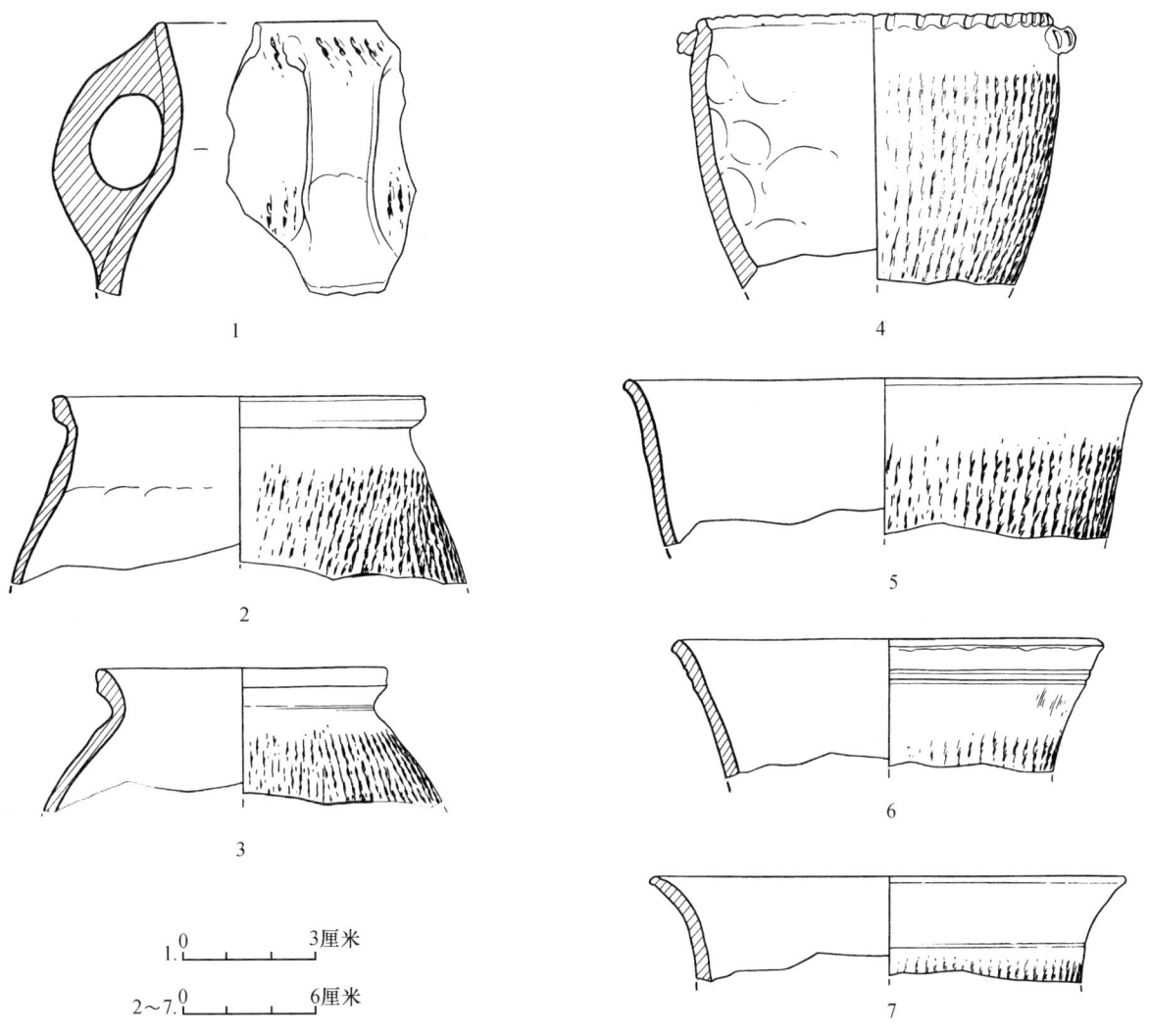

图 3-458　2005ⅠT7642H55 出土陶器
1. Cd 型Ⅰ式圆腹罐（2005H55：34）　2、3. Bb 型Ⅰ式瓮（2005H55：21、2005H55：29）　4. Bc 型鼎（2005H55：58）
5～7. D 型甑（2005H55：42、2005H55：32、2005H55：41）

小口尊

Aa 型　标本 2005H55：1，泥质，含少量细砂，红褐陶。侈口，方唇，矮领，折肩，斜直腹略鼓，下腹及底残。折肩处饰一周花边，腹部竖向绳纹。口径 17.6、领高 4、肩宽 6.5、肩径径 28.7、残高 24.4、胎厚 0.4 厘米（图 3-460，1）。

Ab 型　标本 2005H55：59，夹细砂，砂粒 0.1 厘米，红褐陶。仅存肩及上腹。肩部磨光，上腹饰竖向细绳纹和弦纹。残高 7、胎厚 0.6 厘米（图 3-460，2）。

A 型　标本 2005H55：16，夹细砂，砂粒 0.1 厘米，灰陶。圆唇外卷于口外，呈带状凸起，矮领较直，肩以下残。领肩领磨光。口径 20、领高 3、残高 4.7、胎厚 0.7 厘米（图 3-460，3）。标本 2005H55：13，泥质灰陶。口微侈，尖圆唇，口内侧有凹槽，外侧凸起，矮领，肩以下残。领肩内外

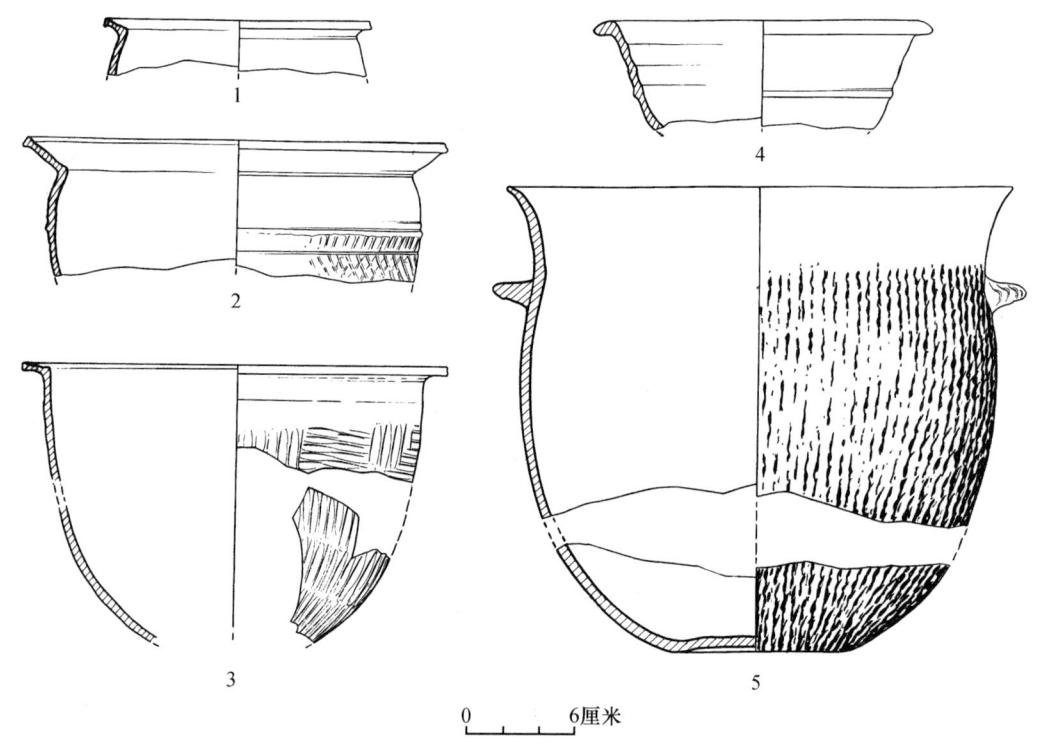

图 3-459　2005ⅠT7642H55 出土深腹盆、豆

1~3. A 型Ⅰ式深腹盆（2005H55:31、2005H55:25、2005H55:45）　4. A 型Ⅰ式豆（2005H55:27）　5. Ca 型深腹盆（2005H55:7）

磨光。口径 18.3、领高 1、残高 5.4、胎厚 1.1 厘米（图 3-460,5）。

瓮　A 型Ⅱ式　标本 2005H55:8，夹细砂，砂粒 0.1 厘米，灰陶。侈口，方唇，矮领，广肩较平，腹壁斜直，中腹以下残。领、肩及上腹部磨光，饰弦纹，可见绳纹痕。其下饰竖向绳纹。口径 20.5、领高 2.2、肩径 39.7、残高 17.5、胎厚 0.7~1.2 厘米（图 3-460,4）。

2005ⅠT7741H185

深腹罐

Ab 型Ⅱ式　标本 2005H185:4，夹砂，砂粒 0.1~0.2 厘米，灰陶。宽沿仰折，敛口，鼓腹，中腹以下残。腹饰竖向绳纹。口径 18、沿宽 4.7、残高 7.7 厘米（图 3-461,2）。标本 2005H185:1，夹砂，砂粒 0.1~0.2 厘米，灰陶。折沿微仰，圆唇，腹略鼓，中腹以下残。腹饰斜向绳纹。口径 19、沿宽 2.1、残高 11.8 厘米（图 3-461,3）。

B 型Ⅱ式　标本 2005H185:2，夹砂，砂粒 0.1~0.3 厘米，灰陶。卷沿上仰，方唇，鼓腹，下腹残。腹饰竖向及斜向绳纹。口径 24、沿宽 2.5、残高 5.4、残宽 10 厘米（图 3-461,4）。

深腹盆　A 型Ⅱ式　标本 2005H185:3，泥质灰陶。仰折沿，沿面上端略外折，斜方唇，唇面有一道弦纹。敛口，腹微鼓，中腹以下残。上腹有密集轮修痕，其下饰竖向绳纹。口径 24、残高 7.3 厘米（图 3-461,1）。

器盖　Aa 型Ⅰ式　标本 2005H185:5，泥质含细砂，黑陶褐胎。敞口，方唇，口外呈带状凸起，折腹，纽残。通体磨光，腹和顶部各饰两道弦纹。口径 21.2、残高 5.4 厘米（图 3-461,5）。

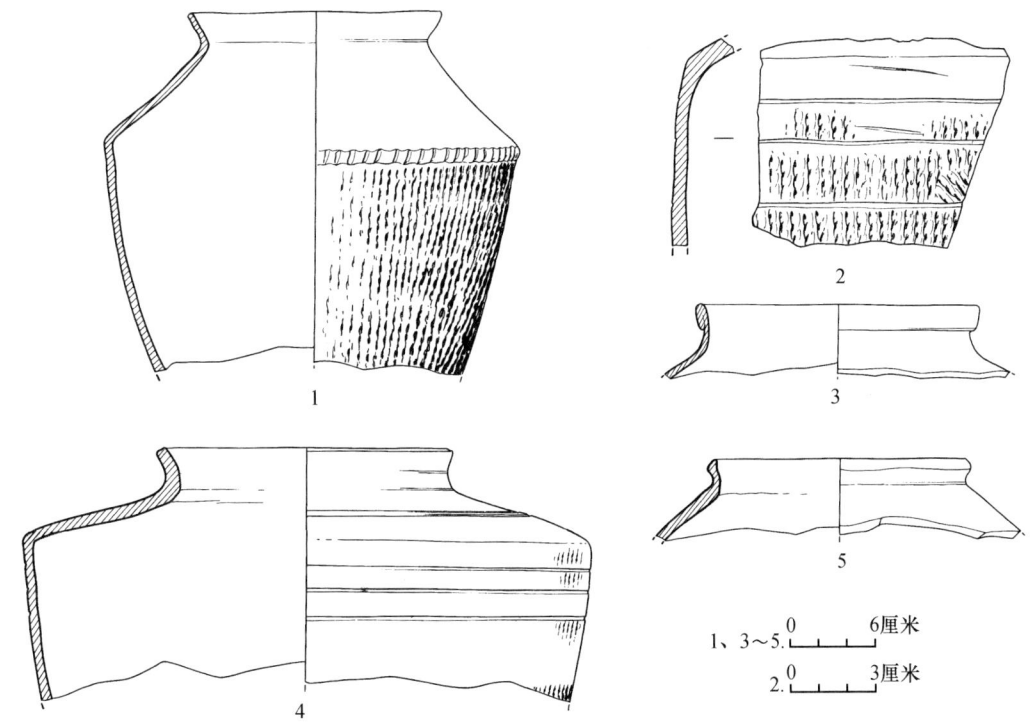

图 3-460　2005ⅠT7642H55 出土陶器

1. Aa 型小口尊（2005H55:1）　2. Ab 型小口尊（2005H55:59）　3、5. A 型小口尊（2005H55:16、2005H55:13）
4. A 型Ⅱ式瓮（2005H55:8）

2005ⅠT7742H56

深腹罐　Ab 型Ⅰ式　标本 2005H56:2，夹细砂，砂粒 0.1 厘米，褐陶。宽折沿微仰，方唇，深腹微腹，小平底。腹饰交错绳纹。口径 25、沿宽 2.5、底径 6、通高 35 厘米（图 3-462，1；图版二五，2）。

圆腹罐　Ca 型Ⅱ式　标本 2005H56:22，夹细砂，砂粒 0.1 厘米，灰陶。侈口，圆唇，高领，领外饰附加堆纹和对称鸡冠錾，底残。腹饰细绳纹。口径 14.9、腹径 15.2、残高 13.8、胎厚 0.6 厘米（图 3-462，1）。

深腹盆　A 型Ⅱ式　标本 2005H56:1，泥质黑灰陶。敛口，仰折沿，圆唇外凸，圆鼓腹，凹圜底，上腹部经轮修，有一对鸡冠耳。下腹饰较细绳纹。口径 29.2、沿宽 2.5、腹径 31、底径 13.2、通高 21.5 厘米（图 3-462，2；图版二五，1）。

爵　标本 2005H56:70，泥质白陶，略泛黄色。上腹及口残。束腰，截面呈椭圆形，平底，足及鋬残。爵身素面，鋬饰竖向刻划纹。底径 6.3、残高 4.8、胎厚 0.2～0.5 厘米（图 3-462，6；彩版一六，4）。

小罐　标本 2005H56:15，夹细砂，砂粒 0.1 厘米，黑陶。敛口，圆唇，鼓腹偏上，下腹斜收，平底。素面。口径 7.4、腹径 9.6、底径 5、高 7、沿厚 0.5 厘米（图 3-462，4；图版二五，3）。

钵　标本 2005H56:11，泥质灰陶。敛口，方唇，上腹微鼓，下腹弧收，平底。上腹有两道弦纹。口径 12.9、腹径 13.5、底径 6.1、高 6.1、胎厚 0.5 厘米（图 3-462，5；图版二五，4）。

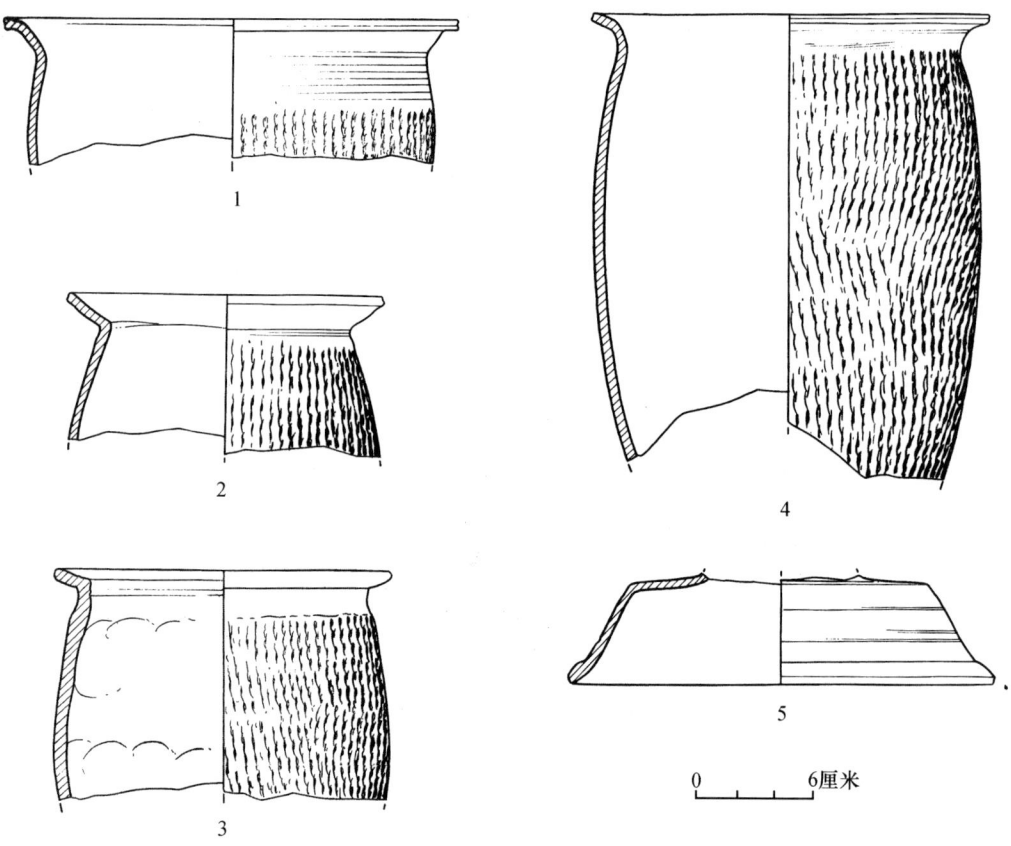

图 3-461　2005ⅠT7741H185 出土深腹罐、器盖

1. A 型Ⅱ式深腹盆（H185：3）　2、3. Ab 型Ⅱ式深腹罐（H185：4、H185：1）　4. B 型Ⅱ式深腹罐（H185：2）

5. Aa 型Ⅰ式器盖（H185：5）

2005ⅠT7742H85

深腹罐

Ab 型Ⅱ式　标本 2005H85：25，夹细砂，偶见较大砂粒，灰陶。折沿微仰，圆唇，上腹略鼓，中腹以下残。腹饰右斜向篮纹。口径 25、沿宽 2、残高 7.1 厘米（图 3-463，2）。标本 2005H85：1，夹砂褐陶。折沿上仰，方唇。敛口，上腹较鼓，中腹以下残。腹饰交错细绳纹。口径 25、沿宽 2、残高 6.44 厘米（图 3-463，3）。标本 2005H85：9，夹细砂，偶见较大砂粒，灰陶。折沿近平，圆唇，敛口，腹壁较直，下腹及底部残。腹饰斜向篮纹。口径 15、沿宽 1.6、残高 5.9 厘米（图 3-464，1）。

Ac 型Ⅰ式　标本 2005H85：2，夹细砂，灰陶褐胎。敛口，仰折沿，圆唇外凸，鼓腹，中腹及底残。腹饰竖向及交错绳纹。口径 24、沿宽 2.4、残高 8.5 厘米（图 3-463，1）。

B 型Ⅱ式　标本 2005H85：12，夹砂，砂粒 0.2 厘米，灰陶。方唇，卷沿上仰，上腹较鼓，中腹以下残。腹饰竖向绳纹。口径 21、残高 6、残宽 19.4 厘米（图 3-463，7）。

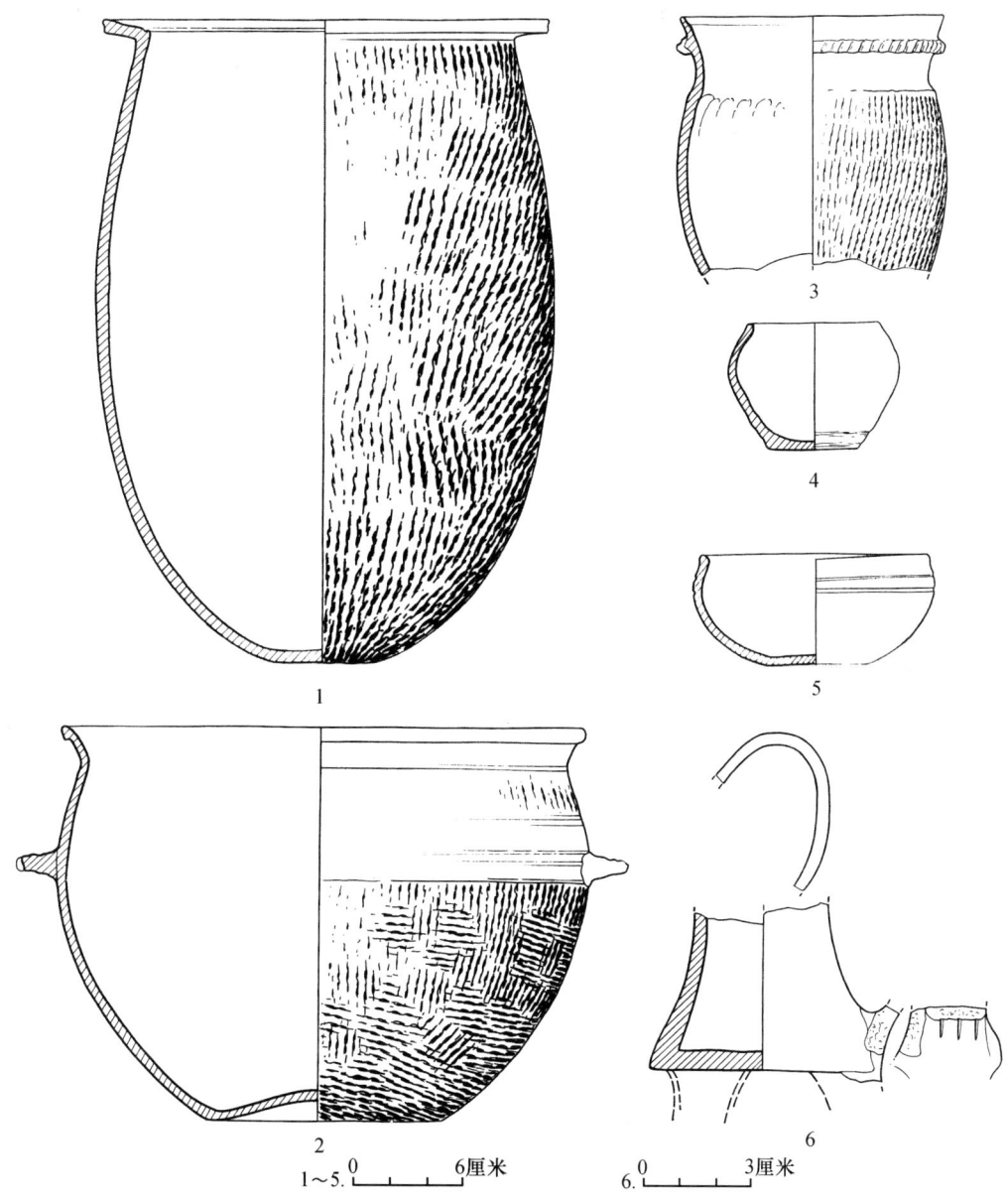

图 3-462 2005ⅠT7742H56 出土陶器
1. Ab 型Ⅰ式深腹罐（2005H56：2） 2. A 型Ⅱ式深腹盆（2005H56：1） 3. Ca 型Ⅱ式圆腹罐（2005H56：22）
4. 小罐（2005H56：15） 5. 钵（2005H56：11） 6. 爵（2005H56：70）

圆腹罐

A 型Ⅰ式　标本 2005H85：7，夹细砂褐陶。折沿微仰，方唇，圆鼓腹，下腹及底残。腹饰交错篮纹。口径 20、沿宽 2、腹径 17、残高 8.1 厘米（图 3-464，2）。

Ca 型Ⅰ式　标本 2005H85：10，夹砂，砂粒 0.05～0.1 厘米，灰陶。高领卷曲，上腹较鼓，中腹以下残。口沿及领部抹平，口外饰一周索状花边及一对鸡冠錾。腹饰竖向细绳纹。口径 12、腹径 13、残高 7 厘米（图 3-463，5）。

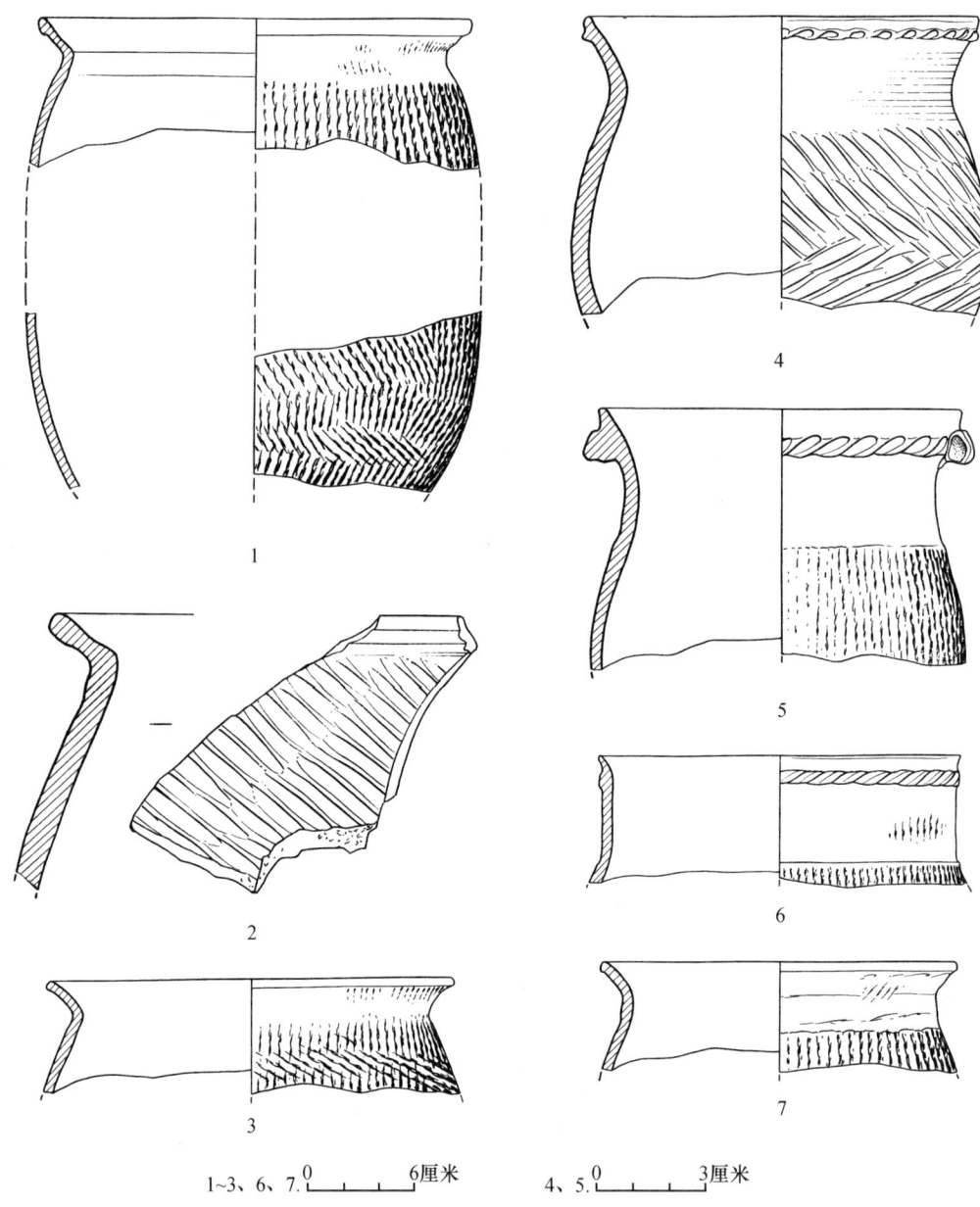

图3-463 2005 I T7742H85 出土陶罐

1. Ac型 I 式深腹罐（2005H85:2） 2、3. Ab型 II 式深腹罐（2005H85:25、2005H85:1） 4、6. Ca型 II 式圆腹罐
（2005H85:3、2005H85:16） 5. Ca型 I 式圆腹罐（2005H85:10） 7. B型 II 式深腹罐（2005H85:12）

Ca型II式　标本2005H85:3，夹砂，砂粒0.1~0.2厘米，灰陶。侈口，尖圆唇，口外饰一周索状花边，斜直领，圆鼓腹，中腹以下残。腹饰交错篮纹。口径10.9、残高8.1厘米（图3-463，4）。标本2005H85:16，夹砂，可见较大颗粒，灰陶。微侈口，尖圆唇，直领较高，腹及底残。领外饰有一周花边。口径18、领高4、残高7.1厘米（图3-463，6）。

敛口罐　A型II式　标本2005H85:21，泥质，褐陶灰胎。敛口，宽沿仰折，沿面外侧有一道弦纹，圆唇。鼓腹，中腹以下残。通体磨光。口径19、残高5.6厘米（图3-464，3）。

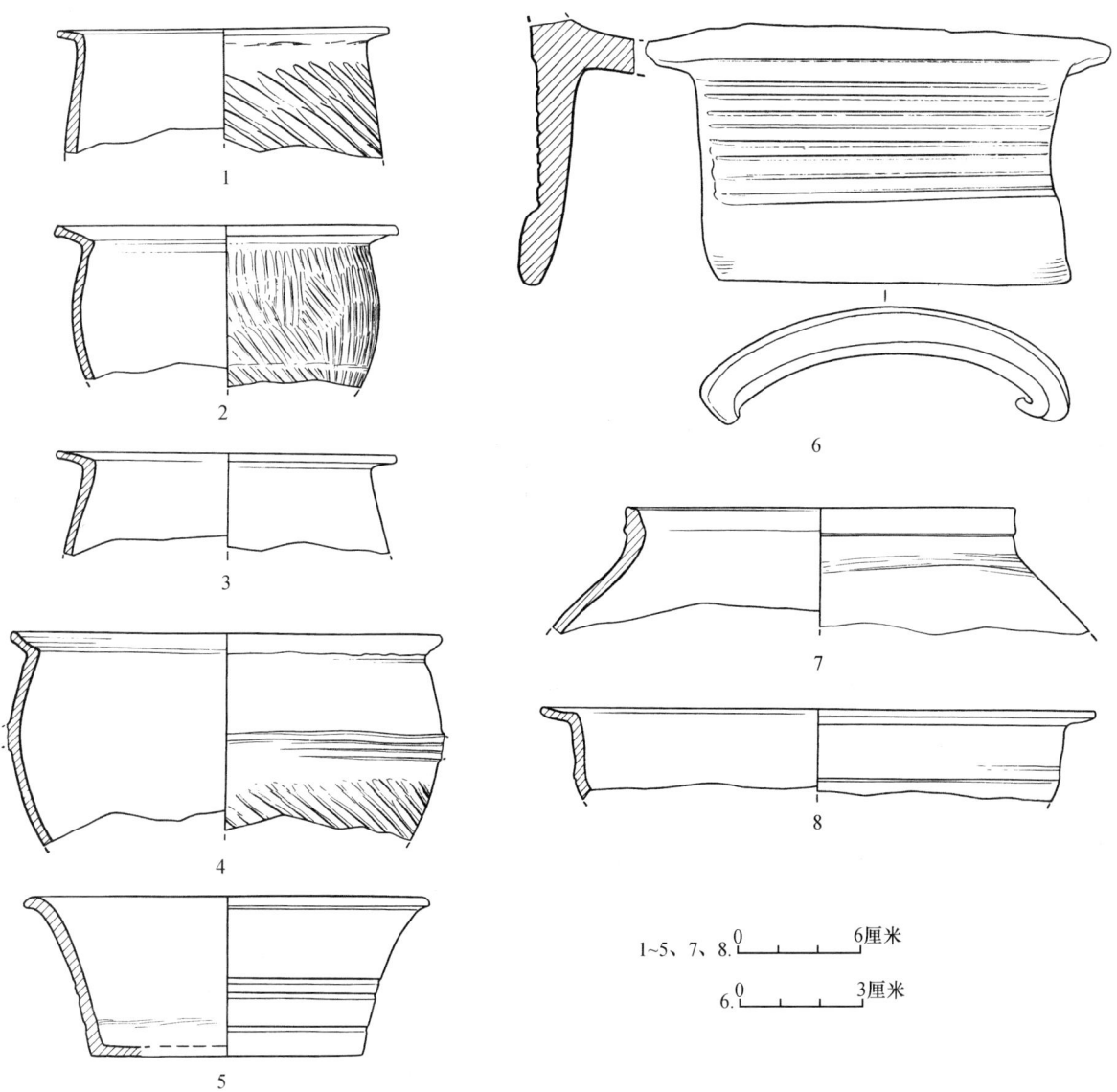

图 3-464 2005ⅠT7742H85 出土陶器

1. Ab 型Ⅱ式深腹罐（2005H85:9） 2. A 型Ⅰ式圆腹罐（2005H85:7） 3. A 型Ⅱ式敛口罐（2005H85:21） 4. A 型Ⅱ式深腹盆（2005H85:6） 5. B 型平底盆（2005H85:4） 6. Ⅱ式三足盘（2005H85:5） 7. A 型小口尊（2005H85:15） 8. A 型Ⅰ式深腹盆（2005H85:19）

深腹盆

A 型Ⅰ式 标本 2005H85:19，夹细砂黑灰陶。口微侈，折沿近平，仰面略凹，圆唇，上腹较直，中腹以下残。素面，上腹有一道弦纹。口径 28、沿宽 1.6、残高 4 厘米。（图 3-464，8）。

A 型Ⅱ式 标本 2005H85:6，泥质含细砂，灰陶。仰折沿，圆唇，敛口，鼓腹，中腹以下残。上部抹平，饰三道弦纹，弦纹处有鸡冠耳脱落痕。下腹饰斜向篮纹。口径 19、腹径 20、沿宽 1.7、残高 9.6 厘米（图 3-464，4）。

平底盆 B 型 标本 2005H85:4，泥质，黑皮陶，胎呈褐色。敞口，尖圆唇，深腹内曲，平底略残。通体磨光，下腹饰三道弦纹。口径24、残宽10.1、残高7.8厘米（图3-464，5）。

三足盘　Ⅱ式　标本2005H85:5，泥质黑陶。仅存足部。圈足两侧内卷，断面呈"C"形。通体磨光，足上中部有数道弦纹，下部有一宽棱。残宽11.4、残高6厘米（图3-464，6）。

小口尊　A型　标本2005H85:15，夹砂灰陶，局部呈红褐色，褐胎。微侈口，方唇，矮领，领部有一道凸棱，肩以下残。素面。口径19、残高5.8厘米（图3-464，7）。

2005ⅠT7742H116

圆腹罐　B型　标本2005H116:7，夹细砂，砂粒0.1厘米，灰陶。敛口，卷沿近平，唇面压印呈齿状花边，鼓腹，中腹以下残。口外抹平，腹饰粗篮纹。口径15.2、宽11.5、残高8.1、胎厚0.6厘米（图3-465，1）。

刻槽盆　A型Ⅱ式　标本2005H116:3，泥质灰陶。敞口，圆唇外凸，侈口，腹较深，圜底略残，内壁刻槽分为相交的四部分。口外一周磨光，饰斜向绳纹。口径19.2、残高13.2、胎厚0.8厘米。（图3-465，4）。

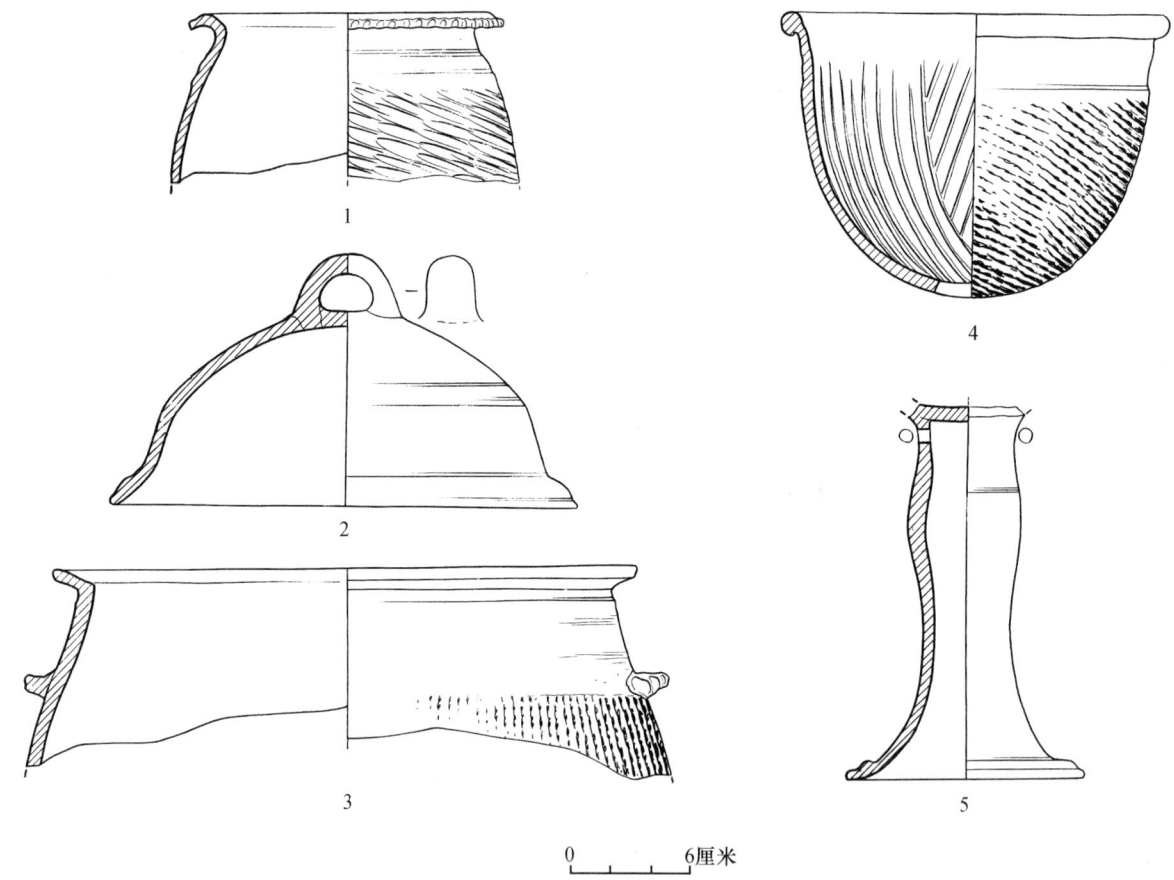

图3-465　2005ⅠT7742H116出土陶器
1. B型圆腹罐（2005H116:7）　2. C型器盖（2005H116:1）　3. A型Ⅱ式深腹盆（2005H116:2）　4. A型Ⅱ式刻槽盆（2005H116:3）　5. 豆（2005H116:5）

深腹盆　A型Ⅱ式　标本2005H116:2，夹细砂灰陶。敛口，折沿上仰，圆唇，敛口，鼓腹，上腹饰一对鸡冠耳，中腹以下残。腹饰斜向绳纹。口径23、沿宽2、残高19.5、胎厚0.8～1厘米（图3-465，3）。

器盖　C型　标本2005H116:1，夹中砂，砂粒0.1～0.2厘米，灰陶。敞口，圆唇，口外呈带状凸起，斜腹略张，顶部隆起，顶腹弧折，桥形纽以圆柱形榫头与顶相连接。外壁磨光，顶部近折痕处有一凹痕。口径23.3、高12、胎厚0.4～1厘米（图3-465，2；图版二六，1）。

豆柄　标本2005H116:5，泥质灰陶。高柄，上部外鼓，下部内曲，喇叭口形圈足。外壁磨光，柄上部有两个对称镂孔。底缘有一周凸弦纹。足径11.6、残高18、胎厚0.4～1厘米（图3-465，5）。

2005ⅠT7742H126

深腹罐

Ab型Ⅱ式　标本2005H126:12，夹细砂灰陶。方唇，唇上缘凸起，仰折沿，敛口，上腹较鼓，中腹以下残。腹饰竖向绳纹。口径25.2、沿宽3.1、腹径23.4、残高13.7、胎厚0.5厘米（图3-466，2）。标本2005H126:21，夹细砂灰陶。折沿近平，方唇，上唇缘隆起，深直腹，中腹以下残。腹饰竖向绳纹。口径22.4、沿宽1.6、残高4.9、胎厚0.5～0.7厘米（图3-466，4）。标本2005H126:14，夹细砂黑陶。仰折沿，斜方唇，唇面略凹，鼓腹，中腹以下残。腹饰竖向绳纹。口径22.2、沿宽2、残高4.6、胎厚0.8厘米（图3-466，6）。

Ac型Ⅰ式　标本2005H126:6，夹细砂黑灰陶。仰折沿，圆唇，敛口，鼓腹，中腹以下残。腹饰右斜向绳纹。口径23、沿宽2、腹径25、残高19.5、胎厚0.5厘米（图3-466，1）。

C型Ⅱ式　标本2005H126:11，夹细砂黑灰陶。折沿略上仰，圆唇，束颈，鼓腹，腹以下残。腹饰绳纹。口径22.8、沿宽1.9、残高6.6、胎厚0.8厘米（图3-466，7）。

圆腹罐

B型　标本2005H126:4，夹细砂及中砂，灰陶。卷沿近平，唇面压印出齿状花边，腹略鼓，平底。沿面外侧和底部周缘各有一周凹痕，口外素面，其下饰斜向绳纹。口径13.8、沿宽1.3、高13.8、腹径13.7、底径5.5、胎厚0.5～0.7厘米（图3-467，1）。

Ca型Ⅱ式　标本2005H126:13，夹细砂为主，砂粒小于0.1厘米，灰陶略泛褐色。侈口，尖唇，领较斜直，鼓腹，中腹以下残。口外饰一周花边，腹饰交错细绳纹。口径14、领高2、腹径15、残高9.4、胎厚0.4厘米（图3-466，8）。标本2005H126:27，夹细砂，砂粒0.1厘米，灰黑陶。侈口，尖圆唇，领较斜直，鼓腹，中腹以下残。口外饰一周花边，腹饰交错细绳纹。口径14.4、残高6.1、胎厚0.4厘米（图3-466，9）。

Cc型Ⅰ式　标本2005H126:7，夹细砂及中砂，灰陶，局部褐色。侈口，斜方唇，高领，圆鼓腹，上腹近领处有一对三角形鋬，下腹部及底残。腹饰斜向细绳纹。口径19.8、领高5、腹径22.7、残高21.5、胎厚0.8厘米。（图3-466，3）。

Cd型Ⅰ式　标本2005H126:2，夹中砂，砂粒0.1～0.2厘米，黑陶。口微侈，圆唇，领较斜直，腹略鼓，平底。口外一侧有一小鸡冠鋬，对称位置有一耳。口外饰一周花边，腹饰较粗绳纹。

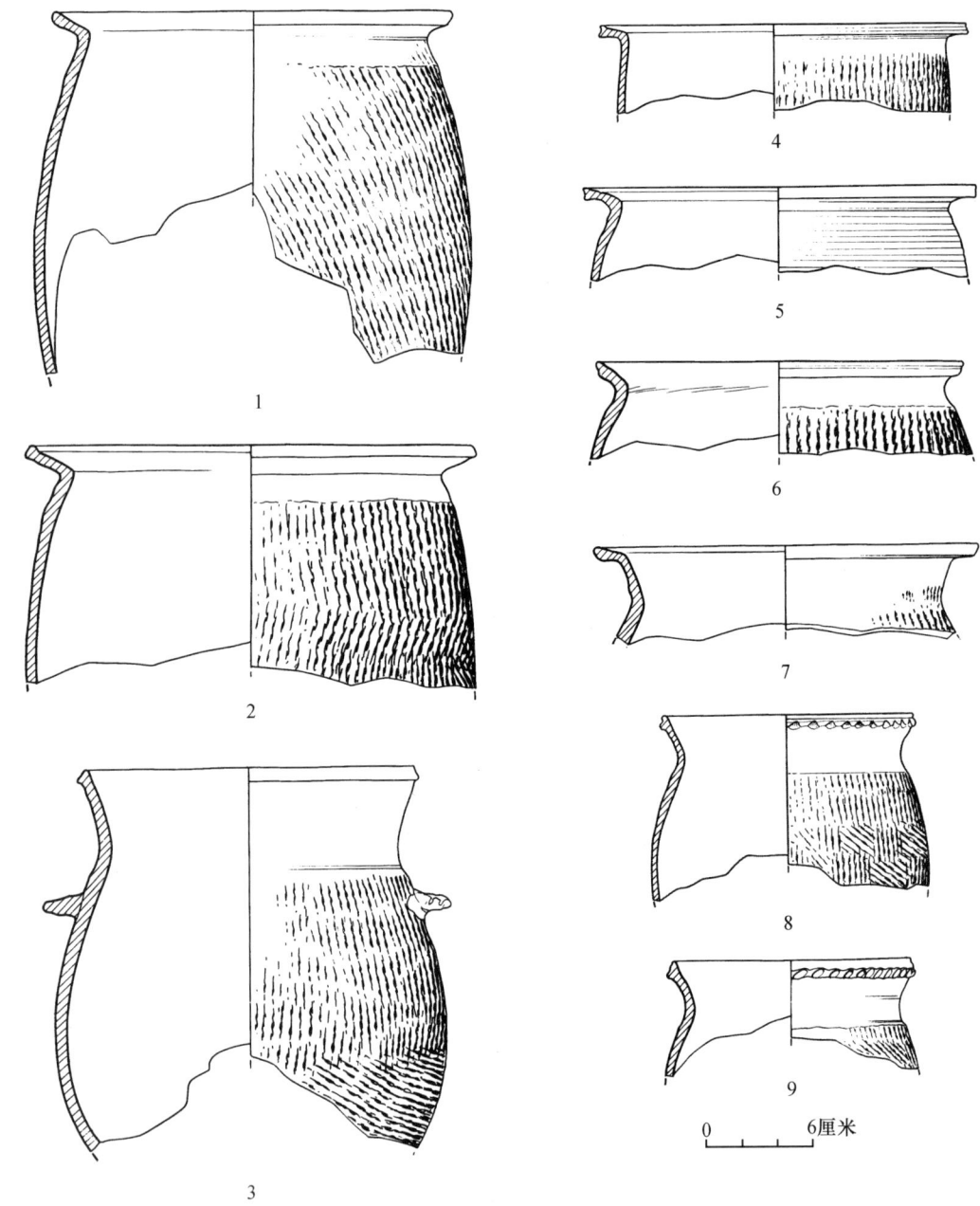

图 3-466　2005ⅠT7742H126 出土陶罐、盆

1. Ac 型Ⅰ式深腹罐（2005H126∶6）　2、4、6. Ab 型Ⅱ式深腹罐（2005H126∶12、2005H126∶21、2005H126∶14）　3. Cc 型Ⅰ式圆腹罐（2005H126∶7）　5. A 型Ⅱ式深腹盆（2005H126∶36）　7. C 型Ⅱ式深腹罐（2005H126∶11）　8、9. Ca 型Ⅱ式圆腹罐（2005H126∶13、2005H126∶27）

口径 10.7、腹径 11.6、底径 5~6、高 11、胎厚 0.8 厘米（图 3-467，2；图版二六，6）。

鼎足　标本 2005H126∶20，夹细砂，砂粒 0.1 厘米，褐陶，上部灰色。足呈三角形，内外两侧饰对称捏窝。残高 14.9、厚 2.2 厘米（图 3-467，3）。

甑　A 型Ⅲ式　标本 2005H126∶3，泥质黑灰陶。仰折沿，斜方唇，口微侈，深腹，圜底。深腹

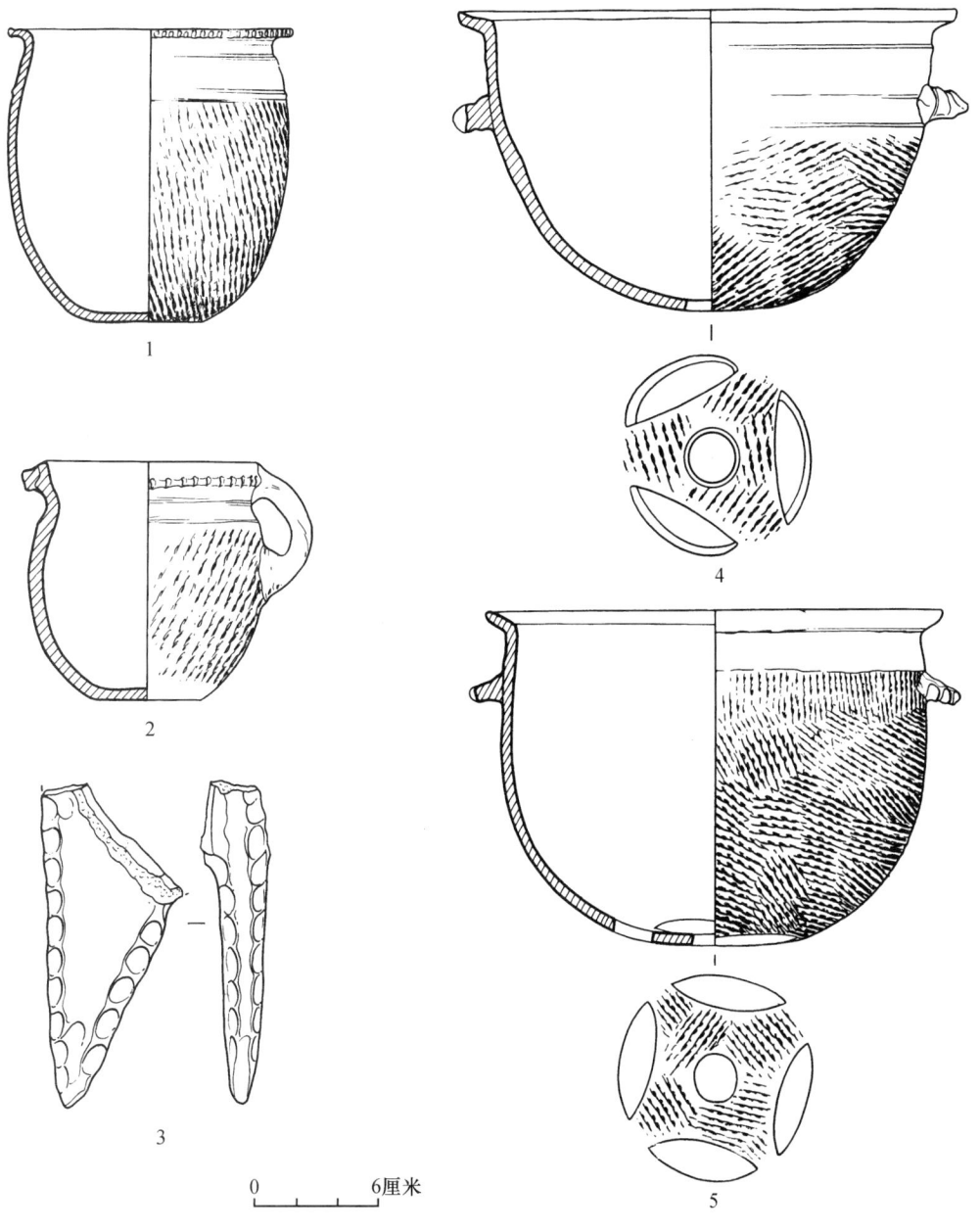

图 3-467　2005ⅠT7742H126 出土陶器（一）

1. B 型圆腹罐（2005H126∶4）　2. Cd 型Ⅰ式圆腹罐（2005H126∶2）　3. 鼎足（2005H126∶20）　4. A 型Ⅲ式甑（2005H126∶3）
5. A 型Ⅲ式甑（2005H126∶1）

微鼓，圜底，底部有三个梭形和一个圆形箅孔。上腹径轮修，有两个对称鸡冠耳，下腹饰交错细绳纹。口径 24.4、沿宽 1.7、底径 9.2、高 14、胎厚 0.6 厘米（图 3-467，4；图版二六，3、4）。标本 2005H126∶1，夹细砂，砂粒 0.1 厘米，黑陶。仰折沿，尖圆唇，敛口，鼓腹，圜底，底部有四个梭形及一个圆形箅孔。口外抹平，上腹有两个鸡冠耳，腹饰竖向及交错绳纹。口径 22.3、沿宽 1.5、高 15.5、胎厚 0.5 厘米（图 3-467，5；图版二六，2）。

深腹盆 A型Ⅱ式 标本2005H126:36，泥质，含极细粉砂，灰黑陶。折沿近平，方唇，唇面有一周凹痕，鼓腹，中腹以下残。上腹有密集轮修痕。口径26.2、沿宽2.3、残高5.1、胎厚0.7厘米（图3-466，5）。标本2005H126:10，泥质，黑色、褐色各半。折沿微仰，圆唇，沿面近唇部饰一周弦纹，上腹饰对称鸡冠耳，深腹微鼓，中腹以下残。口外抹平，腹饰竖向细绳纹。口径21.8、沿宽2、腹径19.5、残高8.9、胎厚0.8厘米（图3-468，1）。

豆 A型Ⅱ式 标本2005H126:8，夹细砂，砂粒0.1厘米，黑陶褐胎。敞口，尖唇，斜腹略曲，折痕明显，底略圜，柄残。通体磨光，中腹饰一凸弦纹。口径18.8、底径6.9、残高6.6、胎厚0.5厘米（图3-468，2；图版二六，5）。

缸 Ab型Ⅱ式 标本2005H126:9，夹中砂，砂粒0.1~0.2厘米，灰陶褐胎。侈口，方圆唇，卷沿，鼓腹偏上，底残。腹饰斜向及横向篮纹及附加堆纹。口径34.6、沿宽3.5、腹径33.6、残高36、胎厚0.9厘米（图3-468，3）。

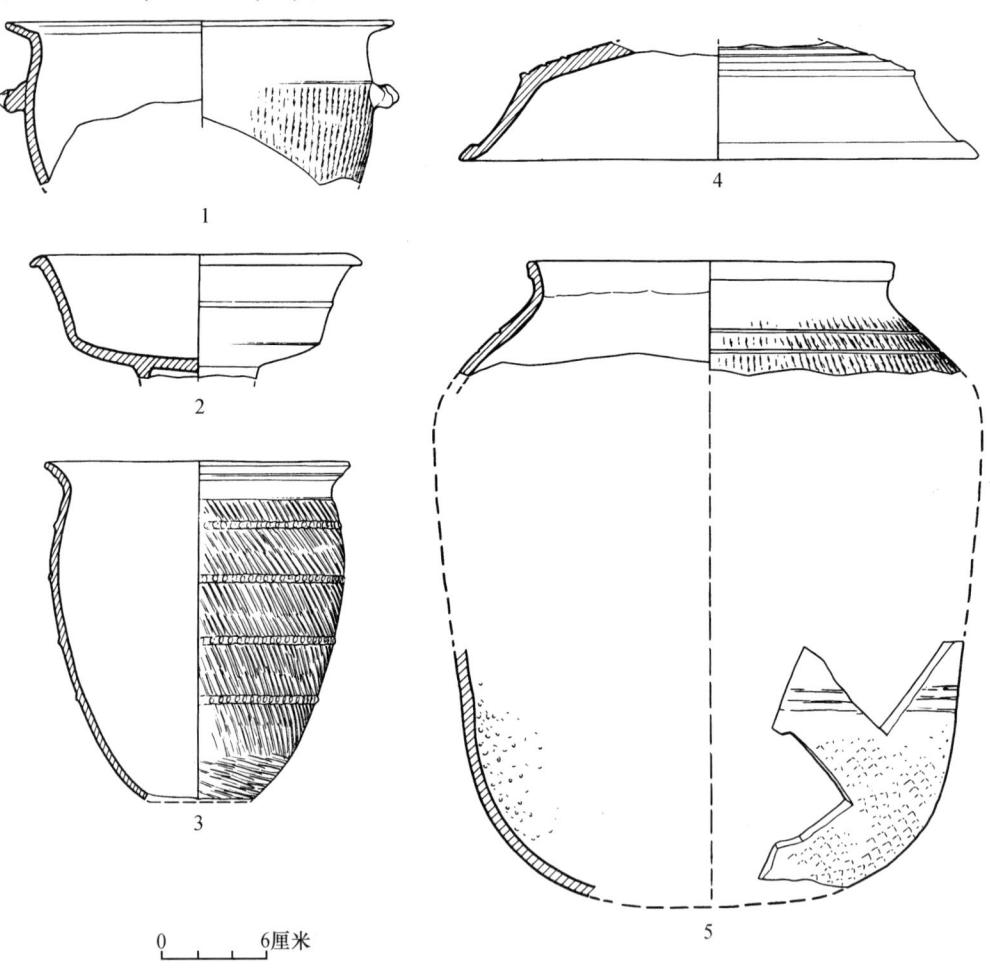

图3-468 2005ⅠT7742H126出土陶器（二）

1. A型Ⅱ式盆（2005H126:10） 2. A型Ⅱ式豆（2005H126:8） 3. Ab型Ⅱ式缸（2005H126:9）
4. Aa型Ⅱ式器盖（2005H126:33） 5. A型Ⅱ式瓮（2005H126:18）

器盖　Aa型Ⅱ式　标本2005H126:33，泥质灰黑陶。敞口，尖圆唇，口外侧呈带状凸起，腹壁外张，顶部略拱，纽残。外壁素面磨光，顶饰数周弦纹。口径29、残高6.3、胎厚0.6~1厘米（图3-468，4）。

瓮　A型Ⅱ式　标本2005H126:18，夹细砂，砂粒0.1厘米，灰陶。侈口，圆唇，矮直领，斜肩较宽，口外侧有一周凸棱。肩及上腹残。领肩部磨光，肩中部有三周弦纹，弦纹间饰细绳纹，下腹饰弦纹和方格纹。口径18.4、领高2、复原高34.4、胎厚0.5~0.9厘米（图3-468，5）。

2005ⅠT7841H90

深腹罐

Ab型Ⅱ式　标本2005H90:17，夹细砂黑陶。折沿上仰，方唇，敛口，鼓腹，下腹残。腹饰斜向绳纹。口径23.6、腹径24.7、残高28.2、胎厚0.7~0.8厘米（图3-469，1）。标本2005H90:123，夹中砂黑陶。折沿上仰，斜方唇，鼓腹，中腹以下残。腹饰斜向绳纹。口径23.6、残高11.5、胎厚0.6厘米（图3-469，2）。标本2005H90:124，夹细砂灰陶。折沿略仰，圆唇，敛口，圆鼓腹，中腹以下残。腹饰竖向细绳纹。口径23.6、沿宽2.5、残高8.5、胎厚0.5~0.8厘米（图3-469，3）。标本2005H90:14，夹细砂黑陶。平折沿，方唇，敛口，深直腹，下腹至底残。腹饰交错细绳纹。口径24.4、残高28.6、胎厚0.4~0.5厘米（图3-469，4）。标本2005H90:141，夹细砂黑陶，灰胎。仰折沿，方唇，深腹略鼓，中腹以下残。腹饰竖向绳纹。口径22.4、残高15.1、胎厚0.5~0.6厘米（图3-469，5）。标本2005H90:32，夹细砂灰陶。折沿上仰，圆唇，敛口，鼓腹，中腹以下残。腹饰横向绳纹。口径24、沿宽2.5、残高4.5、胎厚0.4~0.5厘米（图3-469，6）。标本2005H90:22，夹细砂，黑陶褐胎，内壁灰色。折沿近平，方唇，敛口，腹略鼓，下腹残。腹饰斜向细绳纹。口径32.2、沿宽2.2、残高29.1、胎厚0.7厘米（图3-470，2）。

Ab型Ⅲ式　标本2005H90:15，夹细砂褐陶。折沿微仰，沿面略凹，方唇，敛口，鼓腹，中腹以下残。口外抹平，腹饰斜向绳纹。口径21.5、腹径24、沿宽2、残高18.5、胎厚0.6厘米（图3-470，1）。标本2005H90:36，夹细砂灰陶。仰折沿，沿面内侧有一周凹槽，方唇，敛口，鼓腹，中腹以下残。口沿有较宽的抹平带，其下饰竖向绳纹。口径22、残高11.5、胎厚0.5~0.7厘米（图3-471，1）。标本2005H90:37，夹细砂灰陶。折沿上仰，方唇，鼓腹，中腹以下残。口沿有较宽的抹平带，腹饰斜向细绳纹。口径24、残高8.8、胎厚0.5~0.6厘米（图3-471，2）。标本2005H90:132，夹细砂，黑陶灰胎。仰折沿，方唇，唇缘外凸，鼓腹，中腹以下残。口外抹平，腹饰竖向绳纹。口径24、残高6、胎厚0.4~0.5厘米（图3-471，3）。

Ac型Ⅰ式　标本2005H90:50，夹细砂黑陶。折沿上仰，尖圆唇，敛口，鼓腹，中腹以下残。腹饰斜向中绳纹。口径23.1、残高5.8、胎厚0.4~0.7厘米（图3-471，5）。标本2005H90:122，夹细砂，黑陶褐胎。仰折沿，圆唇略鼓，敛口，鼓腹，中腹以下残。腹饰竖向绳纹。口径23.2、残高6.5、胎厚0.7厘米（图3-471，6）。标本2005H90:48，夹细砂深灰陶。折沿上仰，斜方唇下缘略抹，敛口，鼓腹，中腹以下残。腹饰斜向绳纹。口径25、沿宽2、残高3、胎厚0.6~0.9厘米（图3-471，7）。

Ac型Ⅱ式　标本2005H90:127，夹细砂灰陶。仰折沿，尖圆唇，敛口，鼓腹，中腹以下残。口

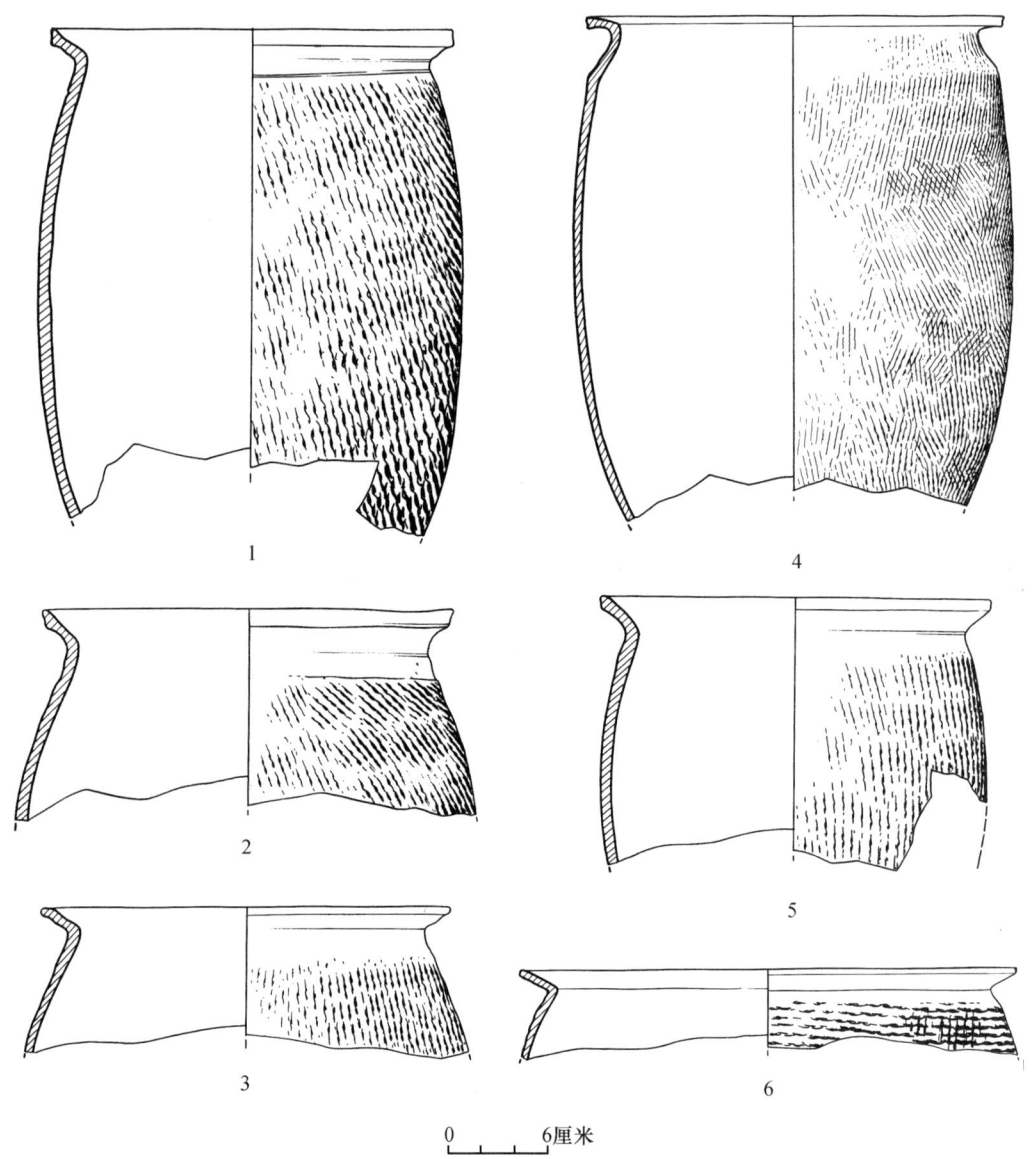

图 3-469 2005ⅠT7841H90 出土深腹罐（一）
1~6. Ab 型Ⅱ式（2005H90:17、2005H90:123、2005H90:124、2005H90:14、2005H90:141、2005H90:32）

外抹平，腹饰竖向绳纹。口径 27、沿宽 2、残高 5.4、胎厚 0.4~0.5 厘米（图 3-471，8）。

C 型Ⅱ式 标本 2005H90:121，夹细砂，黑陶褐胎。侈口，卷沿，圆唇外鼓，束颈，鼓腹，中腹以下残。腹饰竖向绳纹。口径 25、领高 2、残高 8.2、胎厚 0.5~0.6 厘米（图 3-471，4）。标本 2005H90:43，夹细砂黑陶，灰胎。卷沿，斜方唇下缘略抹，曲领，鼓腹，中腹以下残。腹饰斜向绳纹。口径 20.4、领高 3.4、残高 11.6、胎厚 0.4~0.5 厘米（图 3-471，9）。

圆腹罐

B 型 标本 2005H90:24，夹细砂灰陶。平卷沿，略束颈，唇面压印齿状花边，深腹较鼓，底残。腹饰斜向粗篮纹。口径 15、腹径 16.2、残高 18.5、胎厚 0.5~0.6 厘米（图 3-472，1）。

Ca型Ⅱ式　标本2005H90：40，夹细砂灰陶，内壁黑色。侈口，尖唇，口外饰一周索状花边，高领卷曲，圆鼓腹，中腹以下残。腹饰竖向细绳纹。口径16.2、残高5.4、胎厚0.5厘米（图3-472，2）。标本2005H90：42，夹细砂灰陶。侈口，尖圆唇，口外侧有一周花边及鸡冠鋬，领略矮，圆鼓腹，中腹以下残。腹饰竖向细绳纹。口径13.8、残高6.7、胎厚0.4~0.5厘米（图3-472，3）。

Ca型Ⅲ式　标本2005H90：9，夹细砂和中等砂，灰陶。侈口，尖唇，领略卷曲，口外饰一周花边及对称小鋬，圆鼓腹，平底。腹饰斜向较粗绳纹。口径12.4、腹径12.5、底径9、高12.1、胎厚0.5厘米（图3-472，4；图版三一，2）。

Cb型Ⅲ式　标本2005H90：34，夹细砂灰陶。侈口，圆唇，矮领，鼓腹，中腹以下残。口外饰一周凸棱，腹饰交错细绳纹。口径15.2、残高7、胎厚0.5~0.6厘米（图3-472，5）。标本2005H90：11，夹细砂灰黑陶。尖圆唇，侈口，口外有一小鋬及一周凸棱，深腹圆鼓，矮领，凹圜底。腹饰交错细绳纹。口径15.5、腹径18.2、底径9.5、高18.5厘米（图3-472，6；图版三一，3）。标本2005H90：47，夹细砂，黑陶褐胎。侈口，尖圆唇，口外呈带状凸起，矮领，鼓腹，中腹以下残。口径18、残高5.4、胎厚0.5~0.7厘米（图3-472，7）。标本2005H90：18，夹细砂黑陶。侈口，尖唇，唇下有一凸棱和两个对称

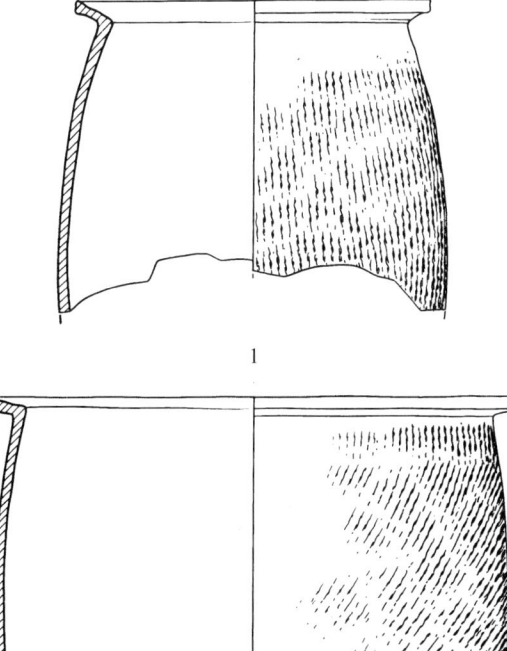

图3-470　2005ⅠT7841H90出土
深腹罐（二）

1. Ab型Ⅱ式（2005H90：15）　2. Ab型Ⅲ式（2005H90：22）

小鋬，曲领，圆鼓腹，下腹残。腹饰竖向及横向绳纹。口径16.6、腹径18.2、残高13.8、胎厚0.3~0.4厘米（图3-472，8）。

Cc型Ⅲ式　标本2005H90：45，夹细砂灰陶。卷沿，方唇，口外饰对称双鋬，短颈，鼓腹，中腹以下残。腹饰较粗绳纹。口径15、腹径16.6、残高10.2、胎厚0.6厘米（图3-473，1）。

盉　B型　标本2005H90：79，泥质黑陶。仅存下腹及部分底部。深腹较直，其下为柱形底部。外壁磨光，腹饰弦纹及竖向绳纹，柱形底中部有一周凸棱。腹径16.5、残高8.2、胎厚0.4厘米（图3-473，2）。

敛口罐　A型Ⅱ式　标本2005H90：63，泥质黑陶。仰折沿，尖唇，敛口，鼓腹，中腹以下残。口沿内外及外壁磨光，饰弦纹。口径16、残高4、胎厚0.3~0.5厘米（图3-473，3）。

平底盆　A型Ⅰ式　标本2005H90：66，泥质，黑陶褐胎。直口，尖唇，折沿微斜，腹微鼓，底残。器表磨光。口径21、残高4.6、胎厚0.6~1厘米（图3-473，4）。

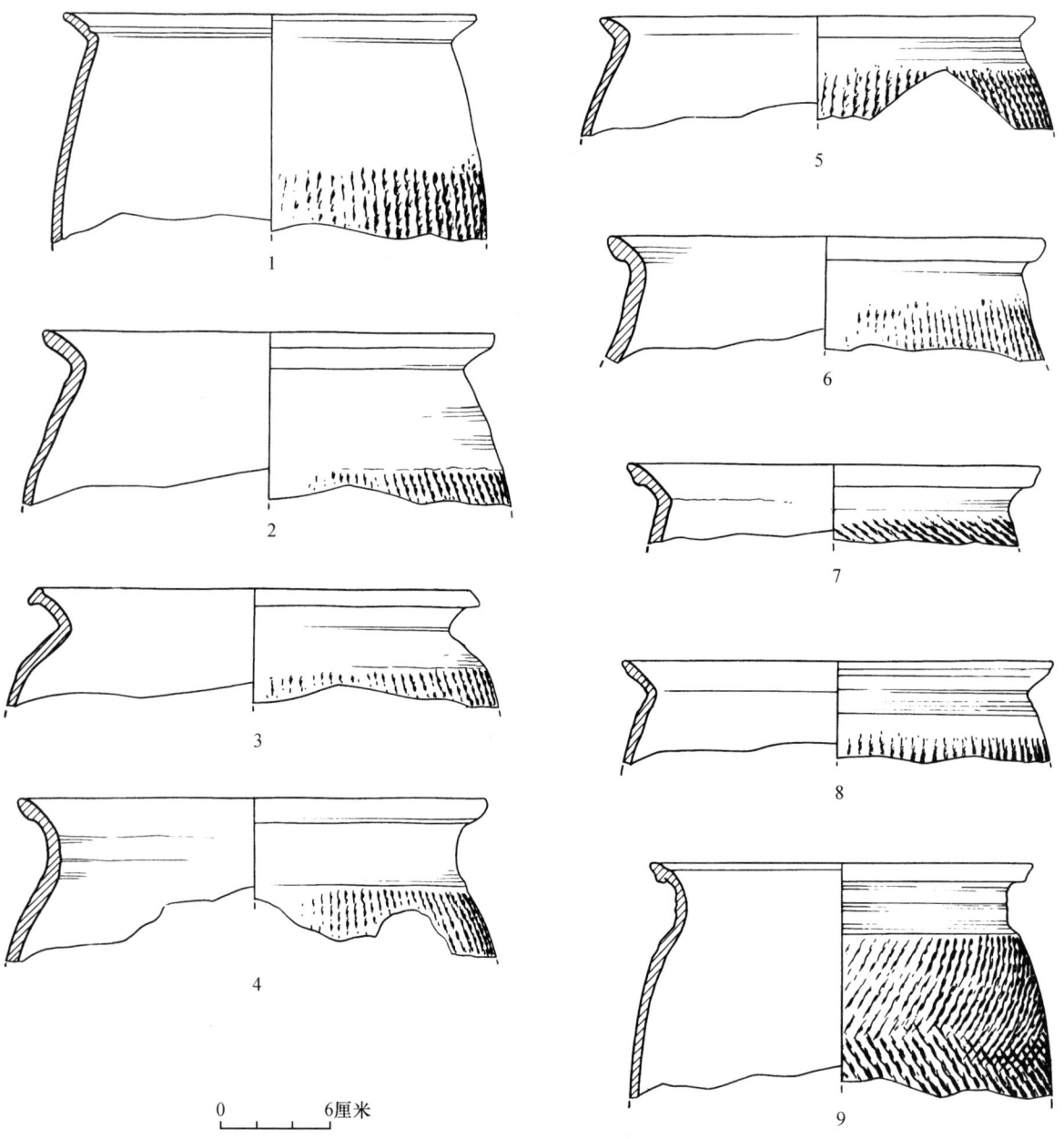

图 3-471　2005ⅠT7841H90 出土深腹罐（三）

1~3. Ab 型Ⅲ式（2005H90：36、2005H90：37、2005H90：132）　4、9. C 型Ⅱ式（2005H90：121、2005H90：43）　5~7. Ac 型Ⅰ式（2005H90：50、2005H90：122、2005H90：48）　8. Ac 型Ⅱ式（2005H90：127）

高领罐　标本 2005H90：70，夹细砂，黑陶褐胎。侈口，卷沿，尖圆唇，高领，腹以下残。器表素面磨光，饰一周弦纹。口径 18.2、残高 5、胎厚 0.5 厘米（图 3-473，5）。

三足盘　Ⅱ式　标本 2005H90：19，泥质黑陶。敞口，卷沿，圆唇，下腹较直，平底，三足下部残，有磨平继续使用痕。器表素面，盘腹饰三周凸弦纹。口径 21.2、底径 19、残高 6.8、胎厚 0.7 厘米（图 3-473，6）。

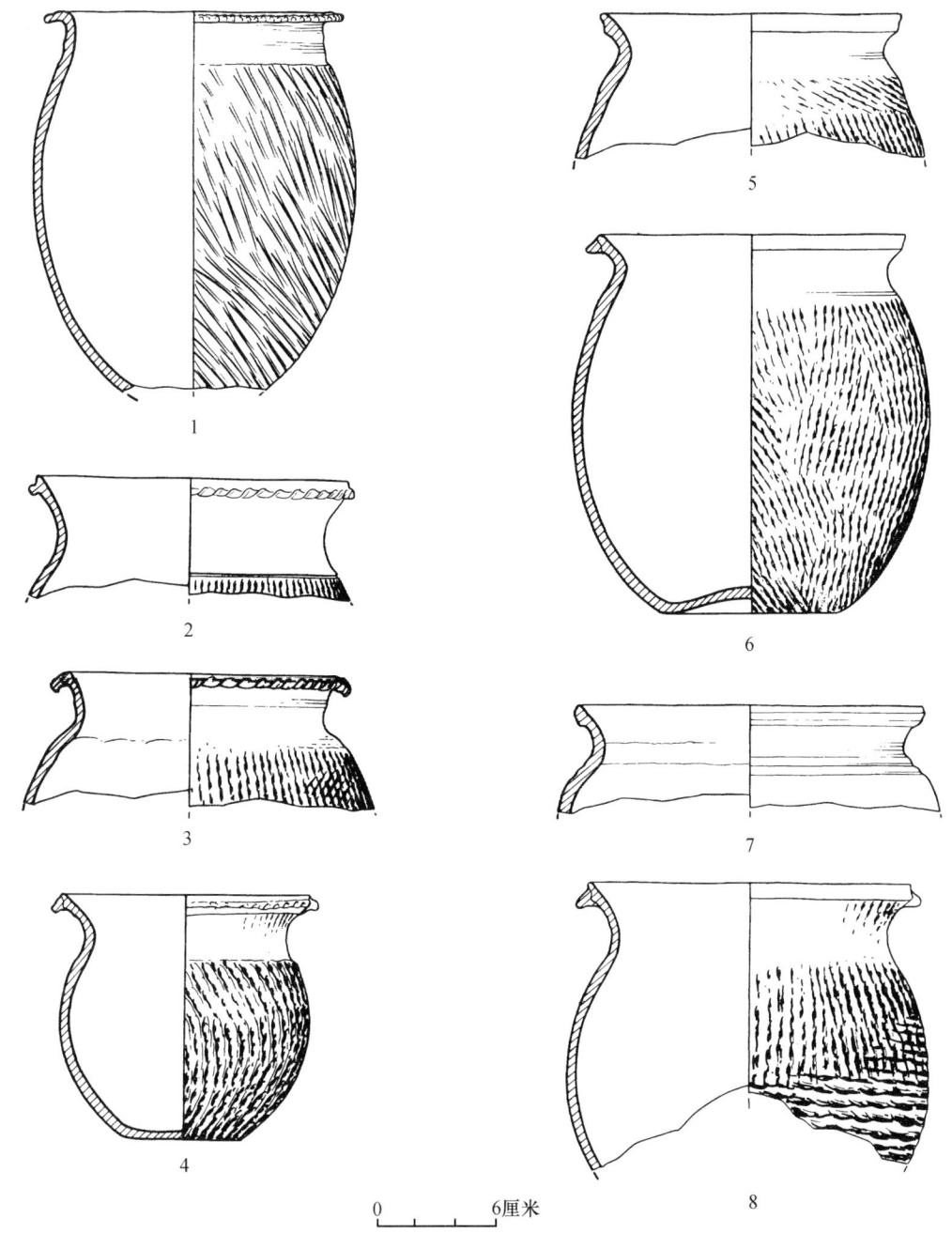

图 3-472 2005ⅠT7841H90 出土圆腹罐

1. B型（2005H90:24）　2、3. Ca型Ⅱ式（2005H90:40、2005H90:42）　4. Ca型Ⅲ式（2005H90:9）
5~8. Cb型Ⅲ式（2005H90:34、2005H90:11、2005H90:47、2005H90:18）

豆　A型Ⅲ式　标本2005H90:29，泥质，黑陶褐胎，敞口，卷沿微奓，圆唇，斜弧腹稍浅，底近平，柄残。器表磨光，但表皮脱落严重。口径16.8、残高5.2、胎厚0.6厘米（图3-474，1）。标本2005H90:114，泥质黑陶。敞口，折沿近平，沿面内侧有一周凹槽，圆唇，斜弧腹，底及柄残。器表磨光，近底处有一弦纹。口径15.2、沿宽1.5、残高5.5、胎厚0.4~0.5厘米（图3-474，

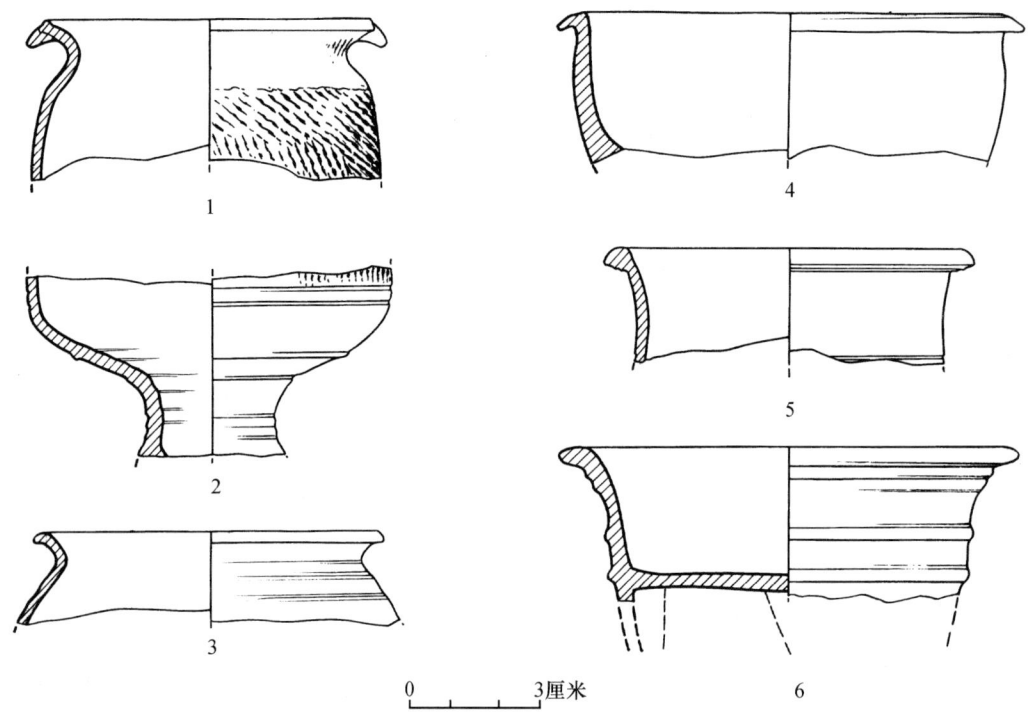

图 3-473 2005ⅠT7841H90 出土陶器

1. Cc 型Ⅲ式圆腹罐（2005H90：45） 2. B 型盉（2005H90：79） 3. A 型Ⅱ式敛口罐（2005H90：63） 4. A 型Ⅰ式平底盆（2005H90：66） 5. 高领罐（2005H90：70） 6. Ⅱ式三足盘（2005H90：19）

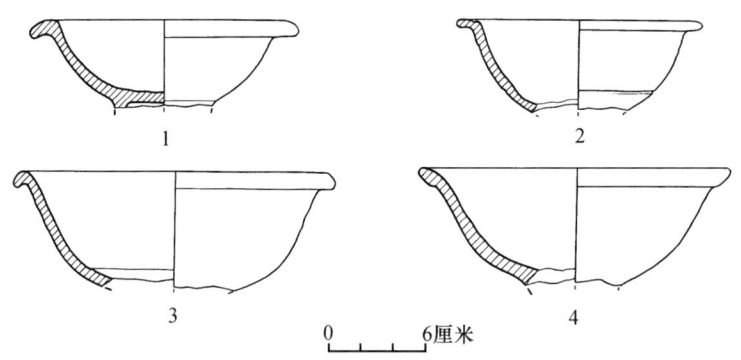

图 3-474 2005ⅠT7841H90 出土陶豆

1~4. A 型Ⅲ式（2005H90：29、2005H90：114、2005H90：90、2005H90：75）

2）。标本 2005H90：90，泥质黑陶。侈口，卷沿下耷，圆唇，斜弧腹，底及柄残。器表素面磨光。口径 20、残高 7、胎厚 0.6~0.7 厘米（图 3-474，3）。标本 2005H90：75，泥质灰陶，有黑或褐色斑块。侈口，圆唇外鼓，斜弧腹，底及柄残。素面磨光。口径 19.2、残高 6.9、胎厚 0.6~0.7 厘米（图 3-474，4）。

刻槽盆

A 型Ⅲ式 标本 2005H90：56，泥质黑陶。敞口，尖圆唇，口外呈带状凸起，鼓腹偏上，内壁有竖向刻槽，中腹以下残。腹饰斜向细绳纹。口径21、残高8、胎厚0.4~0.9厘米（图3-475，5）。

A型Ⅳ式　标本2005H90：12，夹细砂灰陶。侈口，仰卷沿，方唇，口部一侧有流，斜腹略宽浅，内壁有从底部中心向四周放射的刻槽，底残。腹饰竖向及斜向绳纹。口径20.2、沿宽1.5、残高12.5、胎厚0.4~0.6厘米（图3-475，1）。标本2005H90：10，泥质，黑灰陶褐胎。侈口，仰卷沿，斜方唇，唇面略凹，口沿一侧有浅流，腹壁外张，腹较宽浅，圜底。口外磨光，腹饰斜向绳纹，底饰交错绳纹。内壁刻槽分为四区。口径22.3、高15.3厘米（图3-475，2；图版三一，6）。标本2005H90：55，夹细砂灰陶。侈口，仰卷沿，圆唇，腹略鼓，下腹及底残。内壁有竖向刻槽。口沿磨光，腹饰斜向绳纹。口径18、沿宽1.5、残高11.4、胎厚0.9厘米（图3-475，3）。标本2005H90：54，泥质黑陶。卷沿上仰，方唇，腹微鼓，下腹及底残。内壁有竖向刻槽，腹饰斜向细绳纹。口径20.4、残高9.5、胎厚0.7厘米（图3-475，4）。

深腹盆

A型Ⅱ式　标本2005H90：65，泥质，黑陶褐胎。折沿近平，方唇，直口，上腹较直，中腹以下残。腹饰竖向绳纹及一周弦纹。口径22.8、沿宽1.8、残高5.3、胎厚0.6~0.7厘米（图3-476，1）。

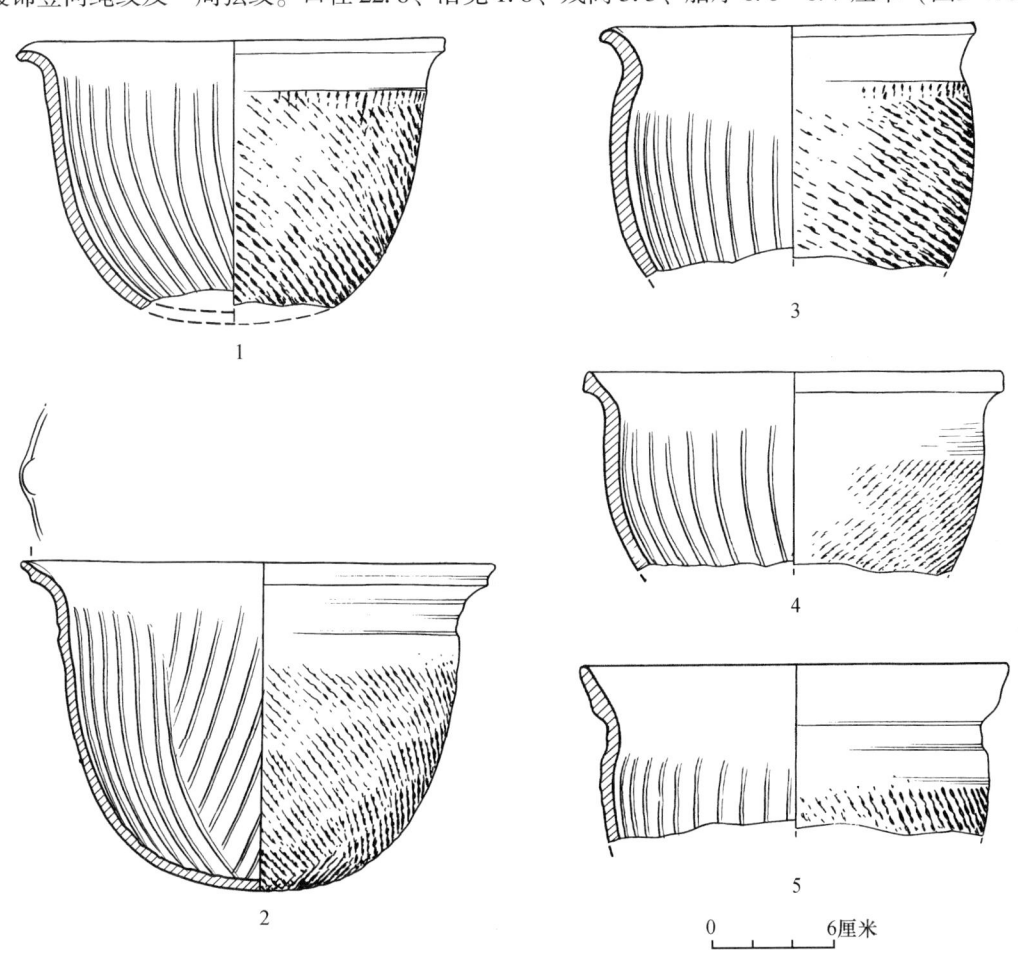

图3-475　2005ⅠT7841H90出土刻槽盆
1~4. A型Ⅳ式（2005H90：12、2005H90：10、2005H90：55、2005H90：54）　5. A型Ⅲ式（2005H90：56）

A型Ⅲ式　标本2005H90：49，夹细砂黑灰陶。折沿略仰，厚圆唇，侈口，中腹以下残。口沿外一周抹平，其下饰斜向较粗绳纹。口径27、残高5、胎厚0.5厘米（图3-476，2）。标本2005H90：25，泥质灰陶。仰折沿，方唇，上腹较直，有一对鸡冠耳，中腹以下残。上腹抹平，有轮修痕。口径25、沿宽1.5、残高6.5、胎厚0.5～0.7厘米（图3-476，3）。标本2005H90：39，泥质，褐陶灰胎。折沿上仰，方唇，敛口，腹微鼓，中腹以下残。口沿外一周抹平，腹饰斜向绳纹。口径25、残高7.6、胎厚0.6厘米（图3-476，4）。标本2005H90：21，夹细砂灰黑陶。折沿近平，方唇，侈口，斜腹外张，较浅，上腹有一对鸡冠耳，下腹残。上腹有较宽轮修痕，下腹饰斜向绳纹。口径32、沿宽2.5、残高11.8、胎厚0.7～0.8厘米（图3-476，5）。

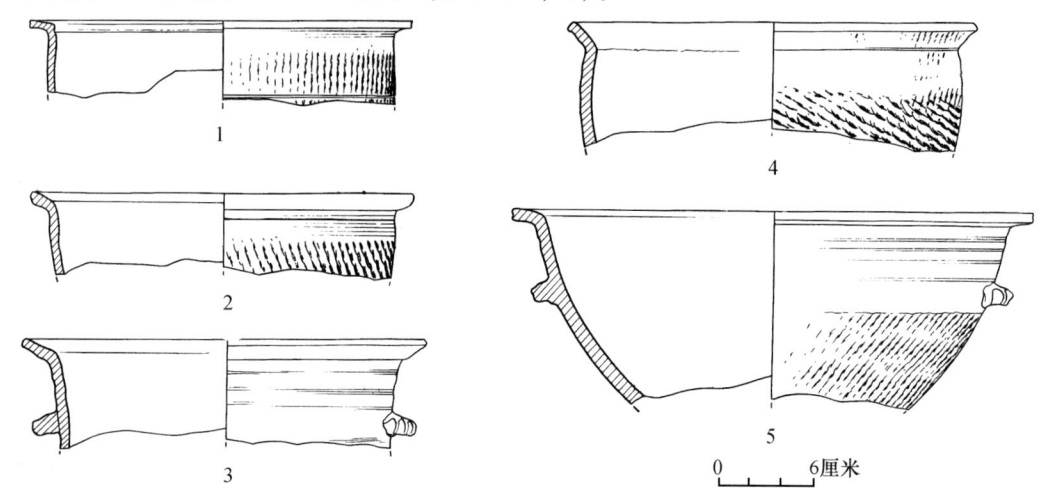

图3-476　2005ⅠT7841H90出土深腹盆（一）
1. A型Ⅱ式（2005H90：65）　2～5. A型Ⅲ式（2005H90：49、2005H90：25、2005H90：39、2005H90：21）

B型Ⅱ式　标本2005H90：4，夹细砂黑陶。平折沿，尖唇，沿面内侧有一周弦纹，直口，上腹较直，凹圜底。上腹部有一对鸡冠耳及较宽轮修痕，其下饰斜向及交错绳纹。口径30.3、沿宽1.5、底径11、高16.8、胎厚1厘米（图3-477，1；图版三二，1）。标本2005H90：31，夹细砂黑陶。平卷沿，圆唇，口微敛，上腹较直，中腹以下残。上腹有多周轮修形成的凸棱，其下饰竖向及斜向绳纹。口径33、沿宽2、残高8.4、胎厚0.5～0.6厘米（图3-477，2）。

B型Ⅲ式　标本2005H90：26，泥质黑陶。侈口，折沿下耷，圆唇，斜腹外张，较浅，底残。口外磨光，腹饰交错绳纹。口径33、沿宽2.1、残高13.2、胎厚0.5～0.8厘米（图3-477，3）。

瓮

A型Ⅱ式　标本2005H90：28，夹细砂灰陶。敛口，尖圆唇，矮领。折肩，腹略鼓，中腹以下残。器表素面。口径21、肩径36、残高14厘米（图3-478，3）。标本2005H90：61，夹细砂灰陶。侈口，斜方唇，矮领，宽肩，肩以下残。肩部有多周密集的轮修痕。口径19.4、领高1.5、残高7.1、胎厚0.6厘米（图3-478，2）。标本2005H90：60，夹细砂黑陶。口微敛，厚圆唇外凸，矮领，宽肩，肩以下残。领肩磨光。口径17、领高1.5、残高4.4、胎厚0.7厘米（图3-478，1）。

A型Ⅲ式　标本2005H90：20，泥质灰陶，局部褐色或黑色。直口，方唇，内缘微凸，矮领。折

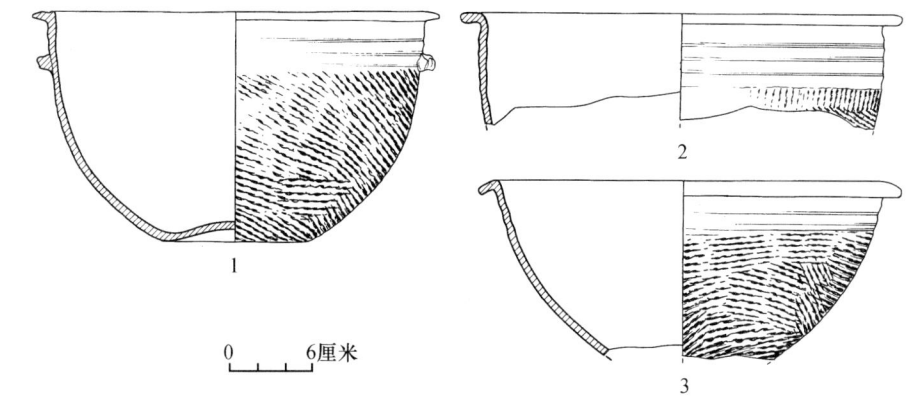

图 3-477　2005ⅠT7841H90 出土深腹盆（二）
1、2. B 型Ⅱ式（2005H90:4、2005H90:31）　3. B 型Ⅲ式（2005H90:26）

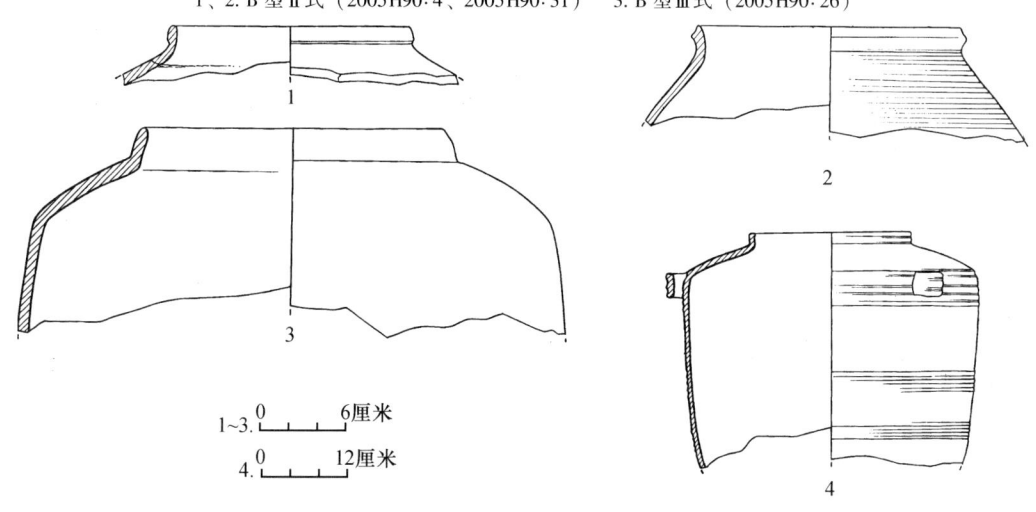

图 3-478　2005ⅠT7841H90 出土陶瓮（一）
1~3. A 型Ⅱ式（2005H90:60、2005H90:61、2005H90:28）　4. A 型Ⅲ式（2005H90:20）

肩，深直腹，下腹残。上腹有三个横耳，器表磨光，腹壁可见三组弦纹。口径 23、领高 1.8、腹径 40.6、残高 31、胎厚 0.6~0.8 厘米（图 3-478，4）。

Ba 型Ⅲ式　标本 2005H90:5，泥质灰陶。侈口，圆唇，矮领略曲，圆肩，鼓腹，圜底微凹。肩部有较宽轮修痕，其下饰竖向和交错绳纹。口径 14.2、领高 2、肩宽 4、腹径 23、底径 8.6、高 22.7、胎厚 0.6 厘米（图 3-479，4；图版三二，2）。

Bb 型Ⅱ式　标本 2005H90:8，夹中砂，黑陶褐胎，内壁红色。卷沿上仰，方唇，唇面有凹槽，鼓腹较深，凹圜底。肩上部抹平，其下饰斜向绳纹。口径 17.9~18.4、腹径 27.8、底径 11、高 31、胎厚 0.6 厘米（图 3-479，1；图版三二，3）。标本 2005H90:6，夹细砂灰陶。窄沿仰折，圆唇。深腹，鼓腹偏上，圜底略凹。上腹饰一对鸡冠耳，肩上部抹平，腹饰斜向较粗绳纹。口径 15.4~17.4、腹径 26.5、底径 11.2、高 28 厘米（图 3-479，2；图版三二，4）。标本 2005H90:7，夹细砂灰陶。仰卷沿，圆唇，深鼓腹，凹圜底。肩上部抹平，其下饰斜向绳纹。口径 15.6、腹径 26.1、底径 10.5、高 29、胎厚 0.6 厘米（图 3-479，3）。

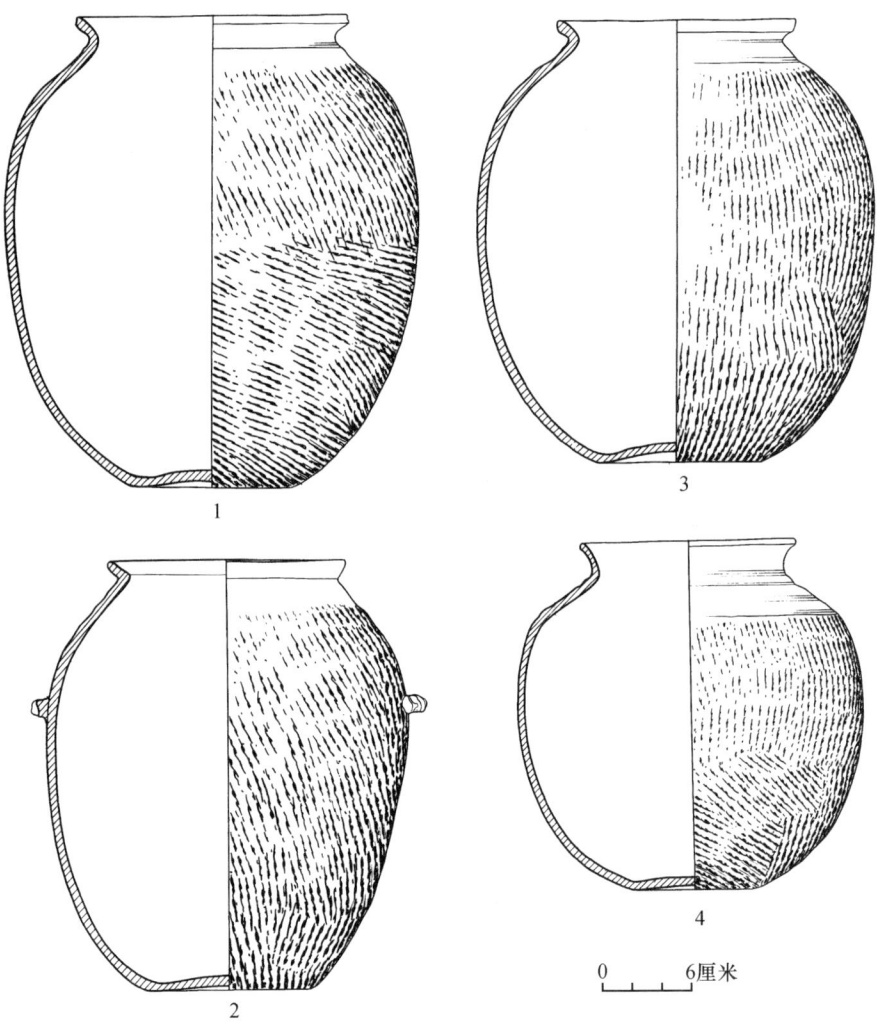

图 3-479　2005ⅠT7841H90 出土陶瓮（二）
1~3. Bb 型Ⅱ式（2005H90：8、2005H90：6、2005H90：7）　4. Ba 型Ⅲ式（2005H90：5）

大口尊　Ⅰ式　标本 2005H90：3，泥质，夹少量细砂，黑灰陶，局部褐色，内壁以红褐为主。卷沿，尖圆唇，曲领，折肩，鼓腹，平底略凹。领肩磨光，折肩处有一周附加堆纹，腹饰斜向及交错绳纹。口径 25.6、腹径 29.3、底径 10.8、高 29.3、胎厚 1.4 厘米（图 3-480，1；图版三二，6）。标本 2005H90：112，泥质，含少量砂，灰陶。侈口，斜直领，尖唇，口外饰一周凸棱，折肩，腹壁斜直，平底。领肩素面，腹饰较细绳纹和附加堆纹。口径 33.7、领高 4、腹径 38.2、底径 12.6、高 41.7、胎厚 0.5~1 厘米（图 3-480，2）。标本 2005H90：71，夹细砂灰陶。侈口，方唇，曲领，折肩较广，斜直腹，腹以下残。领肩磨光，肩饰三周弦纹，折肩处饰一周附加堆纹，腹饰斜向绳纹。口径 24.4、肩径 27.4、领高 4.4、残高 12、胎厚 0.6~0.7 厘米（图 3-480，3）。

小口尊　A 型　标本 2005H90：53，泥质灰陶，褐胎。侈口，圆唇，斜直领中部有一道宽凸棱，肩以下残。领肩部磨光。口径 15.4、残高 5.7、胎厚 0.5~0.8 厘米（图 3-480，6）。

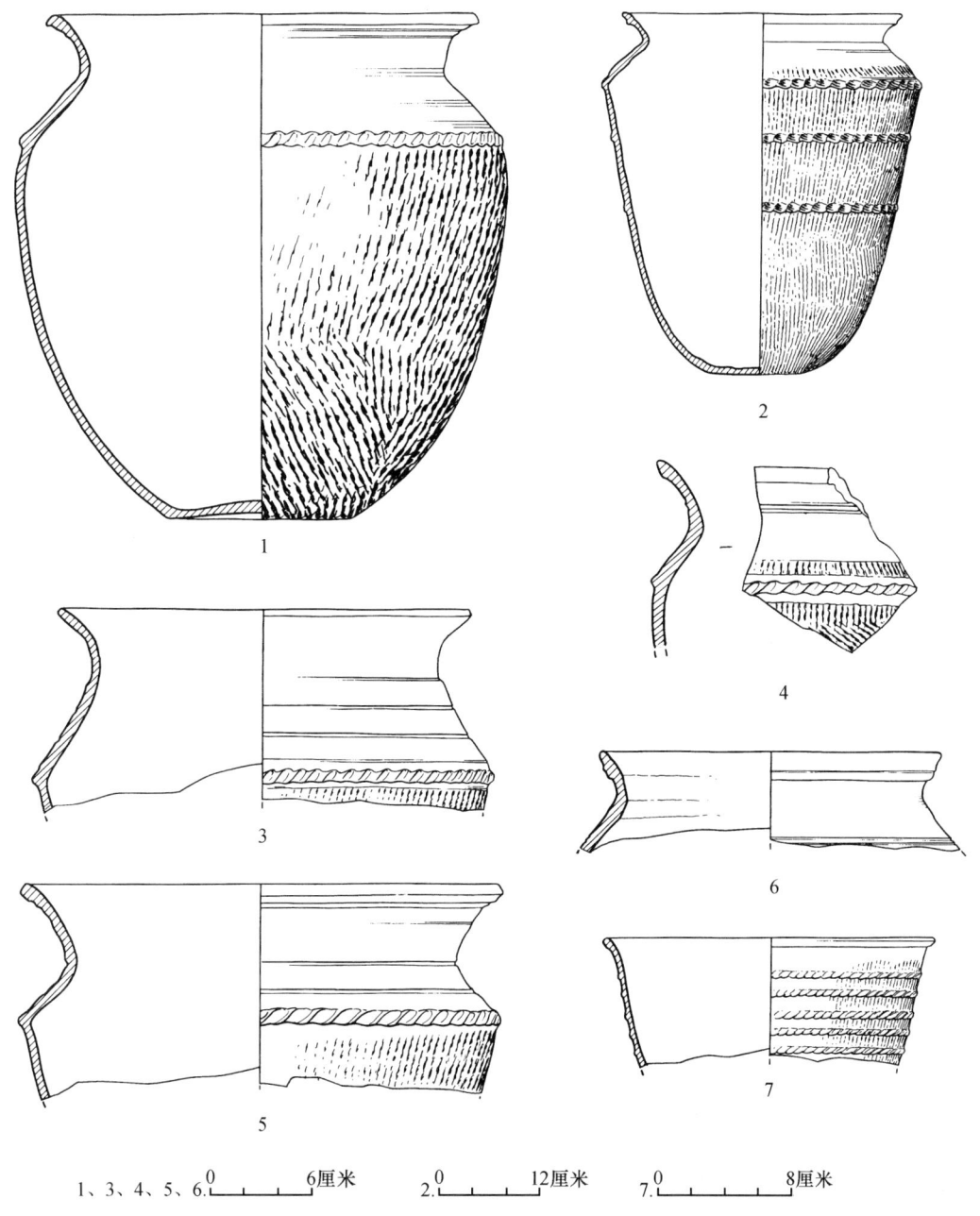

图 3-480　2005 I T7841H90 出土陶器

1~3. I 式大口尊 (2005H90：3、2005H90：112、2005H90：71)　4、5. II 式大口尊 (2005H90：57、2005H90：69)
6. A 型小口尊 (2005H90：53)　7. C 型缸 (2005H90：110)

II式　标本 2005H90：57，泥质，含少量细砂，灰陶。敞口，曲领，斜方唇，折肩，上腹略鼓，中腹以下残。领肩磨光，领部饰两道弦纹。折肩处饰一周索状附加堆纹，腹饰交错绳纹。口径 28.2、肩径 28.4、领高 4、残高 10.6、胎厚 0.7~0.9 厘米（图 3-480，4）。标本 2005H90：69，泥质夹细砂，偶有粗粒，灰陶。敞口，方唇，高领，折肩略窄，腹斜直，中腹以下残。领肩磨光并饰

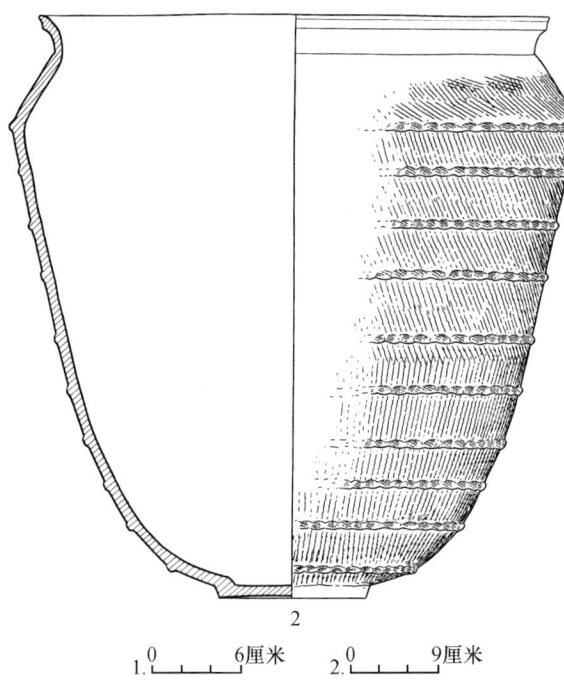

图 3-481　2005ⅠT7841H90 出土陶缸
1. Aa 型Ⅱ式（2005H90∶41）　2. B 型Ⅰ式（2005H90∶1）

弦纹。折肩处有一周附加堆纹，腹饰竖向绳纹。口径 28.4、领高 4.2、肩径 28.8、残高 12.3、胎厚 0.7~0.9 厘米（图 3-480，5）。

缸

Aa 型Ⅱ式　标本 2005H90∶41，夹粗砂灰陶。折沿，敛口，斜方唇，腹略鼓，中腹以下残。口外抹平，以下饰竖向较粗绳纹和附加堆纹。口径 35、沿宽 2、腹径 33、残高 14.9 厘米（图 3-481，1）。

B 型Ⅰ式　标本 2005H90∶1，泥质，含少量细砂，灰陶。侈口，矮领，斜方唇，折肩较广，深腹斜直，小平底下凸。领部抹平，肩腹饰细绳纹和多周附加堆纹。口径 52、领高 2.5、肩径 56、底径 14.5、高 57、胎厚 1.2 厘米（图 3-481，2；图版三二，5）。

C 型　标本 2005H90∶110，夹细砂灰陶。敞口，圆唇，斜腹外张，中腹以下残。腹饰绳纹和数周附加堆纹。口径 40、残高 15.2、胎厚 0.7~1 厘米（图 3-480，7）。

器盖

Aa 型Ⅰ式　标本 2005H90∶170，泥质褐陶。敞口，尖圆唇外凸，腹壁外张，折腹，平顶，顶中部及纽残。器表磨光，饰数周弦纹。口径 28、残高 8、胎厚 0.7~1.1 厘米（图 3-482，2）。标本 2005H90∶30，泥质黑陶，褐胎。仅存上腹及顶部分。腹壁外张，折腹，平底。器表磨光，饰数周弦纹。顶径 22、残高 4.4、胎厚 0.6~0.7 厘米（图 3-482，3）。

Aa 型Ⅱ式　标本 2005H90∶13，泥质黑陶。敞口，圆唇，口外呈带状凸起，腹宽浅，斜壁外张，折腹，顶微鼓，盖纽残缺。外壁磨光，顶部饰两组弦纹，其间夹一组人字形指甲纹带，折腹处为外凸，中腹饰一周弦纹。口径 35.5、残高 7.2、胎厚 0.7~1.1 厘米（图 3-482，1）。

鼎

Bb 型　标本 2005H90∶2，夹细砂灰陶。仰折沿，方唇。敛口，鼓腹偏上，腹较深，平底，扁平足，足尖略残。上腹抹平，饰一对鸡冠耳，中腹以下饰交错绳纹。三足内外侧脊均有两排对捏捏窝。口径 20、沿宽 1.7、腹径 21.5、底径 9.5、足高 17.8、残高 22、胎厚 0.7 厘米（图 3-483，2；图版三一，4）。

Bc 型　标本 2005H90∶27，夹细砂灰陶。敛口，圆唇外鼓，鼓腹，圜底，下附宽扁足。腹及底饰绳纹，上腹另饰一对鸡冠耳和三周附加堆纹。鼎足左右侧饰绳纹，内外脊有对称捏窝。口径 12.8、腹径 22.5、足高 20.6、通高 27.4、胎厚 0.6 厘米（图 3-483，1；图版三一，5）。

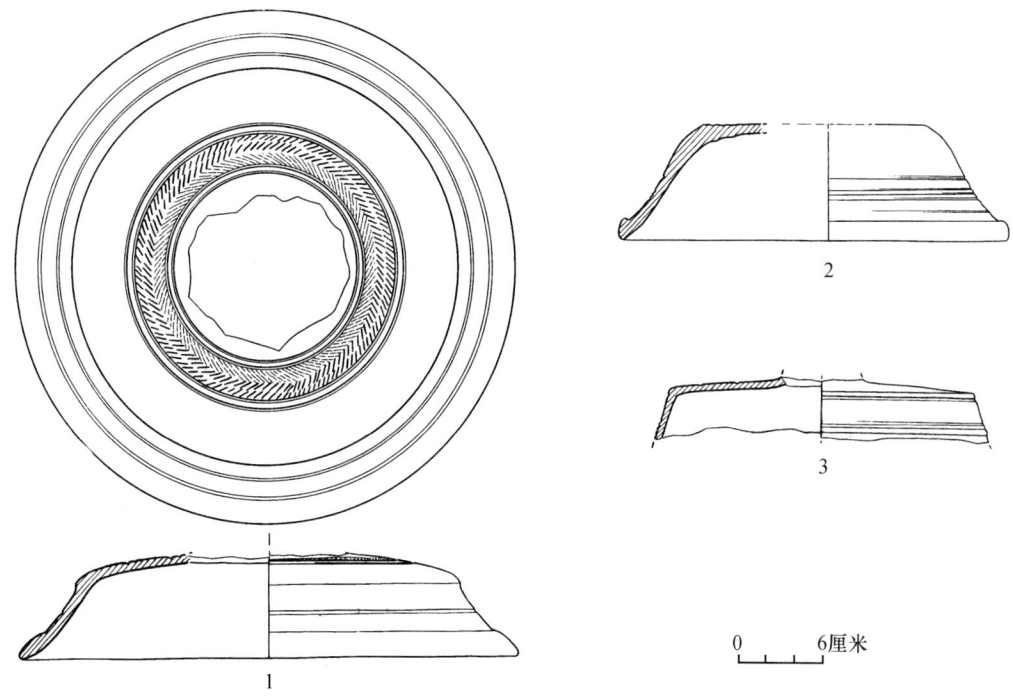

图 3-482　2005ⅠT7841H90 出土陶器盖
1. Aa 型Ⅱ式（2005H90∶13）　2、3. Aa 型Ⅰ式（2005H90∶170、2005H90∶30）

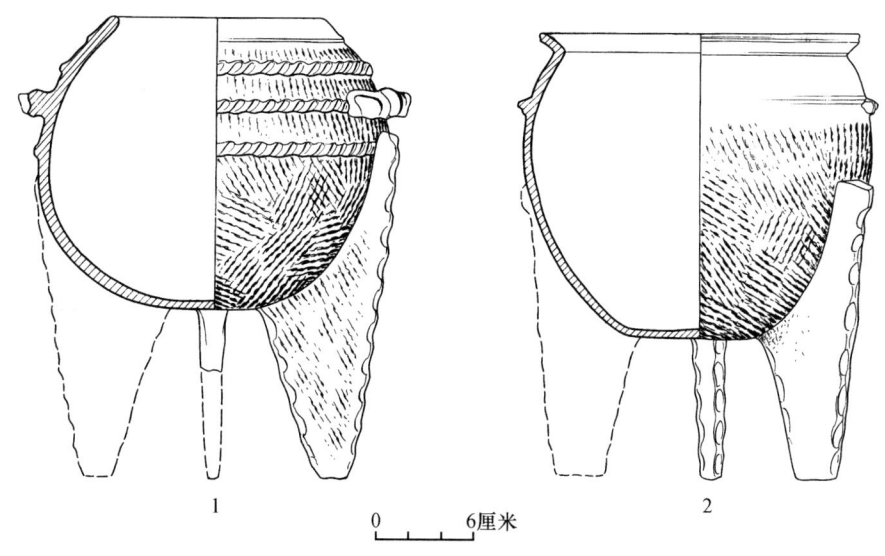

图 3-483　2005ⅠT7742H90 出土陶鼎
1. Bc 型（2005H90∶27）　2. Bb 型（2005H90∶2）

2005ⅠT7841H141

深腹罐

Ab型Ⅱ式 标本2005H141:17，夹细砂灰陶。仰折沿，方唇，上腹较鼓，中腹以下残。腹饰竖向细绳纹。口径22、残高4.8厘米（图3-484，1）。标本2005H141:12，夹砂灰陶。折沿上仰，斜方唇，敛口，鼓腹。中腹以下残。口外有轮修痕，腹饰较粗绳纹。口径22、沿宽2.8、残高6厘米（图3-484，2）。

Ac型Ⅰ式 标本2005H141:1，夹砂灰陶，略带褐色。折沿微仰，折棱凸出，方唇下缘抹圆，鼓肩，下腹及底残。腹饰较粗交错绳纹。口径23.2、沿宽2.7、腹径24.2、残高25厘米（图3-484，3）。标本2005H141:14，夹砂，砂粒0.1厘米，灰陶。仰折沿，圆唇外凸，敛口，略鼓，中腹以下残。腹饰斜向绳纹。残高8.2厘米（图3-484，4）。

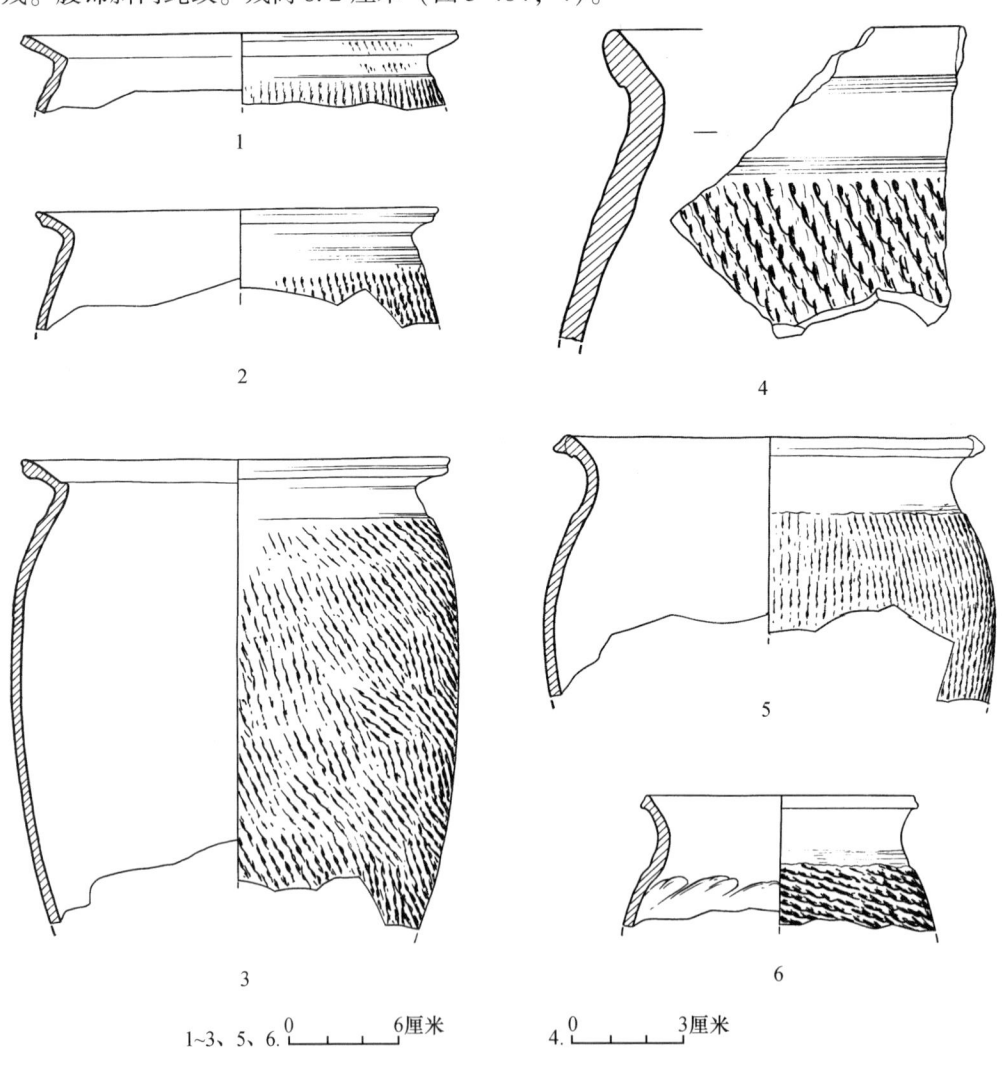

图3-484 2005ⅠT7841H141 出土陶罐

1、2. Ab型Ⅱ式深腹罐（2005H141:17、2005H141:12） 3、4. Ac型Ⅰ式深腹罐（2005H141:1、2005H141:14）
5. Cb型Ⅲ式圆腹罐（2005H141:3） 6. Cc型Ⅲ式圆腹罐（2005H141:56）

圆腹罐

Cb型Ⅲ式　标本2005H141:3，夹砂灰陶。侈口，矮领，圆唇，口外饰两对称小錾，鼓腹，中腹以下残。腹饰竖向细绳纹。口径22、腹径24.4、残高14.1厘米（图3-484，5）。

Cc型Ⅲ式　标本2005H141:56，夹细砂，灰陶褐胎。侈口，曲领，方唇。鼓腹，中腹以下残。腹饰斜向绳纹。口径14.6、残高6.9厘米（图3-484，6）。标本2005H141:8，夹细砂，黑灰陶褐胎。侈口，矮领，方唇，鼓腹，中腹以下残。腹饰交错细绳纹。残高6.1厘米（图3-485，1）。

甗　A型Ⅱ式　标本2005H141:15，夹砂灰陶。侈口，圆唇，折沿近平，腹微鼓，上腹有一对鸡冠耳，中腹以下残。腹饰竖向绳纹。口径24.8、残高5.4厘米（图3-485，2）。

深腹盆

A型Ⅱ式　标本2005H141:13，夹细砂灰陶。侈口，仰折沿，圆唇，斜腹外张，中腹以下残。腹饰斜向及横向细绳纹。口径23.2、残高6.4厘米（图3-485，3）。标本2005H141:21，夹细砂灰陶，局部呈褐色。侈口，仰折沿，沿面内外侧各有一道弦纹，方唇，中腹以下残。腹饰竖向细绳纹。口径23.7、残高2.8厘米（图3-485，4）。标本2005H141:7，泥质含有较大砂粒，砂粒0.2厘米以上，黑陶。口微侈，折沿微仰，圆唇上缘凸起。中腹以下残。腹饰竖向细绳纹。口径24.6、残高4.8厘米（图3-485，5）。

B型Ⅰ式　标本2005H141:6，夹细砂灰陶。口微侈，折沿上仰，尖圆唇，中腹以下残。腹饰斜向细绳纹。口径32.2、残高4.6厘米（图3-485，6）。

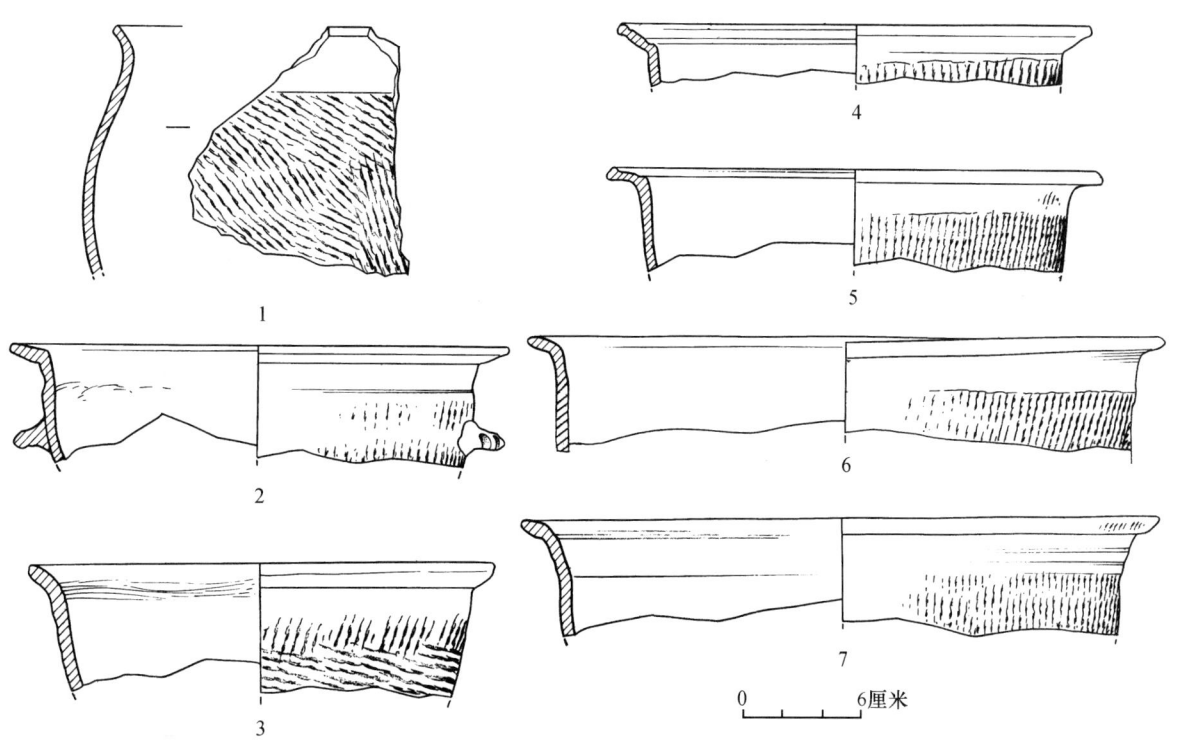

图3-485　2005ⅠT7841H141出土陶器（一）

1. Cc型Ⅲ式圆腹罐（2005H141:8）　2. A型Ⅱ式甗（2005H141:15）　3~5. A型Ⅱ式深腹盆（2005H141:13、2005H141:21、2005H141:7）　6. B型Ⅰ式深腹盆（2005H141:6）　7. Cb型深腹盆（2005H141:11）

Cb 型　标本 2005H141:11，夹砂灰陶，局部褐色。侈口，尖圆唇外鼓，折沿微仰，略束颈，中腹以下残。腹饰竖向绳纹。口径32.2、残高6、胎厚0.8厘米（图3-485，7）。

大口尊

Ⅰ式　标本 2005H141:5，泥质灰陶。侈口，卷沿，尖唇，高领近直，折肩，口径显著小于肩径，腹壁斜直，下腹及底残。领及上肩磨光，其下饰细绳纹、附加堆纹及刮抹弦纹。口径27、肩径32、领高4.8、肩宽5.5、残高29厘米（图3-487，1）。

Ⅱ式　标本 2005H141:2，夹砂浅灰陶。侈口，方唇唇面略凹，高领，折肩，腹壁斜直，下腹及底残。领及上肩磨光，领中部饰一周凸弦纹。肩下部及腹饰绳纹和附加堆纹。口径38、肩径38、领高5、残高26厘米（图3-486，5）。

瓮

Bb 型Ⅱ式　标本 2005H141:16，夹细砂黑陶。敛口，仰折沿，圆唇，鼓肩，中腹以下残。腹饰竖向绳纹。口径17、残高4.8厘米（图3-487，2）。

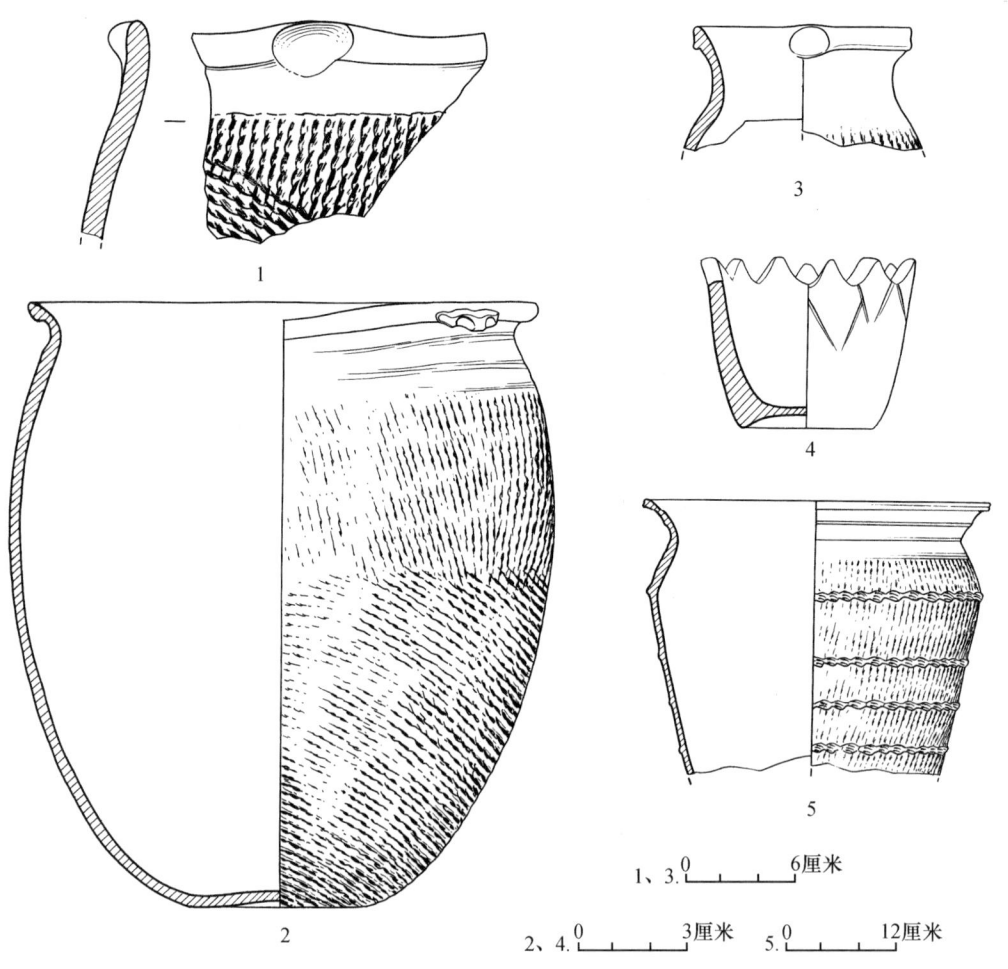

图 3-486　2005ⅠT7841H141 出土陶器（二）

1、3. 捏口罐（2005H141:19、2005H141:20）　2. D 型瓮（2005H141:10）　4. 杯（2005H141:25）
5. Ⅱ式大口尊（2005H141:2）

D型 标本2005H141:10,夹砂灰陶。折沿上仰,圆唇外凸,唇饰两对称鸡冠耳。深腹较鼓,凹圜底。口及上腹略变形,断面为椭圆形。口外抹平。腹饰绳纹。口径23～28.4、腹径27.7～30.5、底径10.2、高32.6厘米(图3-486,2)。

捏口罐 标本2005H141:19,夹细砂灰陶。口微侈,口外有一对捏窝,圆唇,矮领,腹略鼓,中腹以下残。腹饰交错绳纹。残高6厘米(图3-486,1)。标本2005H141:20,夹细砂灰陶。侈口,斜方唇下缘略凸,唇面凹,口外有一对捏窝,高领,鼓腹,中腹以下残。腹饰竖向细绳纹。口径12、残高6厘米(图3-486,3)。

杯 标本2005H141:25,泥质含少量细砂,灰陶。侈口,斜腹,平底,底外侧上凹近圈足。口部刻成锯齿状。腹饰三角形刻划纹。口径5.8、底径3.8、高4.6厘米(图3-486,4)。

2005ⅠT7841H180

深腹罐

B型Ⅱ式 标本2005H180:4,夹细砂灰陶。折沿上仰,方唇,唇面略凹。敛口,微鼓,中腹以下残。腹饰斜向绳纹。口径28、残高6.5厘米(图3-488,2)。

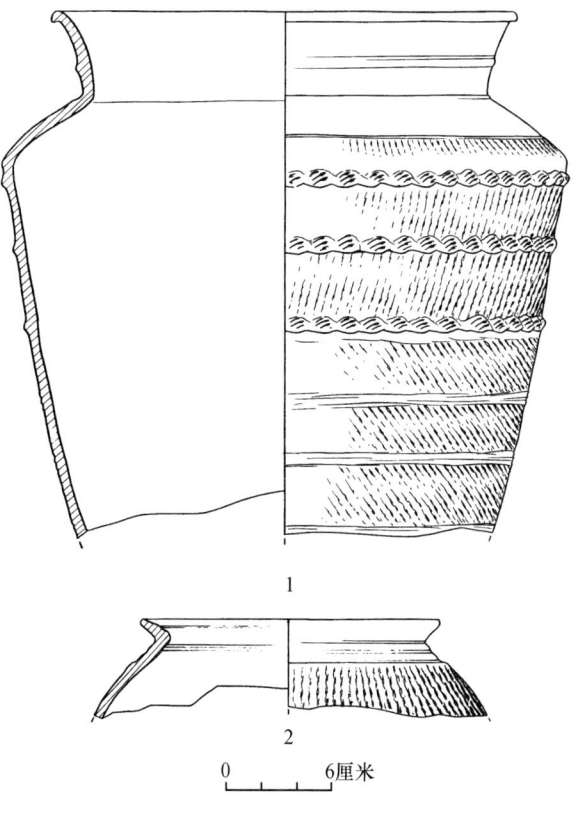

图3-487 2005ⅠT7841H141出土大口尊、瓮
1.Ⅰ式大口尊(2005H141:5)
2.Bb型Ⅱ式瓮(2005H141:16)

C型Ⅱ式 标本2005H180:8,夹粗砂,砂粒0.2厘米,灰陶。折沿略仰,较厚,系将沿部泥条折叠贴附于沿背而成。圆唇,束颈,腹及底残。腹饰斜向绳纹。口径20.8、残高4厘米(图3-488,1)。

圆腹罐

Cb型Ⅲ式 标本2005H180:10,夹细砂灰陶。侈口,高领卷曲,尖唇,唇下有一周凸棱,圆鼓腹,中腹以下残。领部内外有多周轮修形成的凸棱,腹饰斜向细绳纹。口径12.4、残高5厘米(图3-488,3)。标本2005H180:12,夹细砂灰陶。侈口,卷沿,尖唇上凸,口外呈带状凸起,束颈,圆鼓腹,中腹以下残。颈腹相交处有凹凸弦纹。腹饰斜向细绳纹。口径13、残高4.8厘米(图3-488,4)。标本2005H180:6,夹细砂灰陶。侈口,高领卷曲,斜方唇,唇面有一道弦纹。鼓腹,中腹以下残。领腹相交处有凹凸弦纹。腹饰斜向绳纹。口径15、残高7.6厘米(图3-488,5)。

Cc型Ⅲ式 标本2005H180:23,夹细砂灰陶。侈口,卷沿,圆唇,束颈,鼓腹,中腹以下残。腹饰竖向及斜向细绳纹。口径14.1、残高5.8厘米(图3-488,6)

鼎 Bc型 标本2005H180:17,夹砂灰陶。敛口,圆唇外凸,圆鼓腹,中腹以下残。口外抹平，腹饰细绳纹和索状附加堆纹。口径13.2、残高5厘米（图3-488，7）。

甑 A型Ⅲ式 标本2005H180：5，夹细砂灰陶。直口，仰折沿，圆唇外凸。上腹较直，中腹略残，下腹内收成圜底，底部有箅孔。上腹有多周凸凹不平的轮修痕，中腹以下饰斜向绳纹。口径25.6、高17.2厘米（图3-488，8）。

鬲 标本2005H180：3，夹砂褐陶。仰卷沿，斜方唇，深腹略鼓，下腹及足残。腹饰弦纹及斜向较粗绳纹。口径17.8、残高11.2厘米（图3-488，9）。

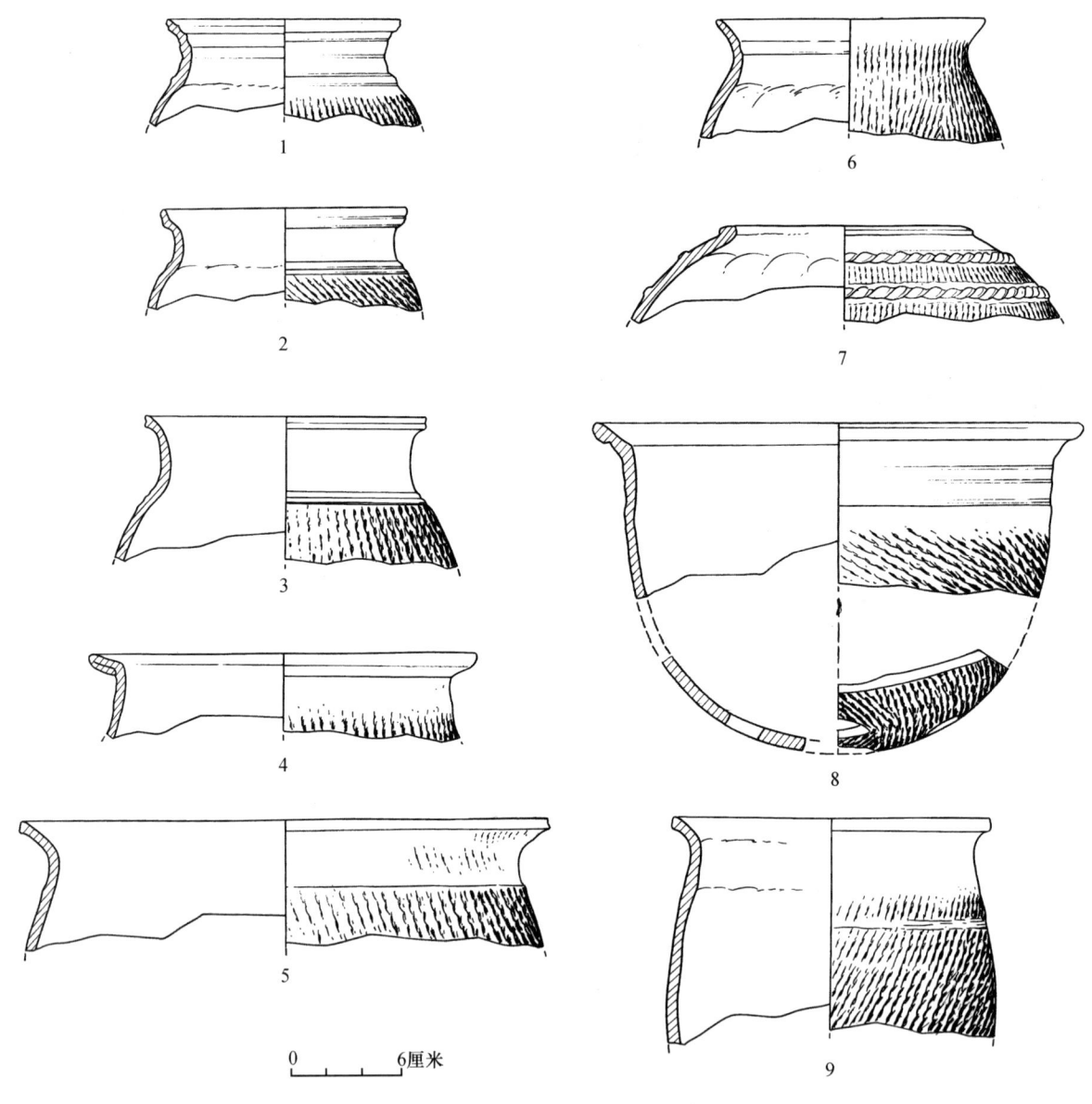

图3-488　2005ⅠT7841H180出土陶器

1. Cb型Ⅲ式圆腹罐（2005H180：10）　2、3. Cb型Ⅲ式圆腹罐（2005H180：12、2005H180：6）　4. C型Ⅱ式深腹罐（2005H180：8）
5. B型Ⅱ式深腹罐（2005H180：4）　6. Cc型Ⅲ式圆腹罐（2005H180：23）　7. Bc型鼎（2005H180：17）　8. A型Ⅲ式甑
（2005H180：5）　9. 鬲（2005H180：3）

深腹盆

A 型Ⅲ式　标本 2005H180:7，泥质含细砂，灰陶。敞口，仰折沿，圆唇外凸，中腹以下残。素面。口径 25.9、残高 3.8 厘米（图 3-489，1）。

B 型Ⅱ式　标本 2005H180:2，泥质含细砂，灰陶。敞口，平折沿，沿面略鼓，尖圆唇，斜弧腹，下腹及底残。腹饰斜向及交错细绳纹。口径 24.9、残高 10 厘米（图 3-489，2）。标本 2005H180:11，泥质含细砂，灰陶。卷沿近平。沿较窄，侈口，斜弧腹，中腹以下残。腹饰斜向绳纹。口径 19、残高 5.6 厘米（图 3-489，3）。

瓮　Bb 型Ⅱ式　标本 2005H180:20，泥质，黑陶褐胎。敛口，仰折沿，沿面略凹，圆唇。鼓肩，中腹以下残。肩部有多周轮修痕，腹饰斜向细绳纹。口径 19.6、残高 5.6 厘米（图 3-489，4）。

缸　Ab 型Ⅱ式　标本 2005H180:1，夹细砂灰陶。敞口，仰卷沿，圆唇，唇下有一周凸棱，腹微鼓，中腹以下残。领部抹平，腹饰绳纹和索状附加堆纹。口径 39.6、残高 19.2 厘米（图 3-489，5）。

大口尊　Ⅱ式　标本 2005H180:13，泥质灰陶。侈口，高领，方唇，肩以下残。领及上肩部磨光，领饰一周凸弦纹，肩下部饰竖向细绳纹。口径 23.8、领高 3.8、残高 6 厘米（图 3-489，6）。

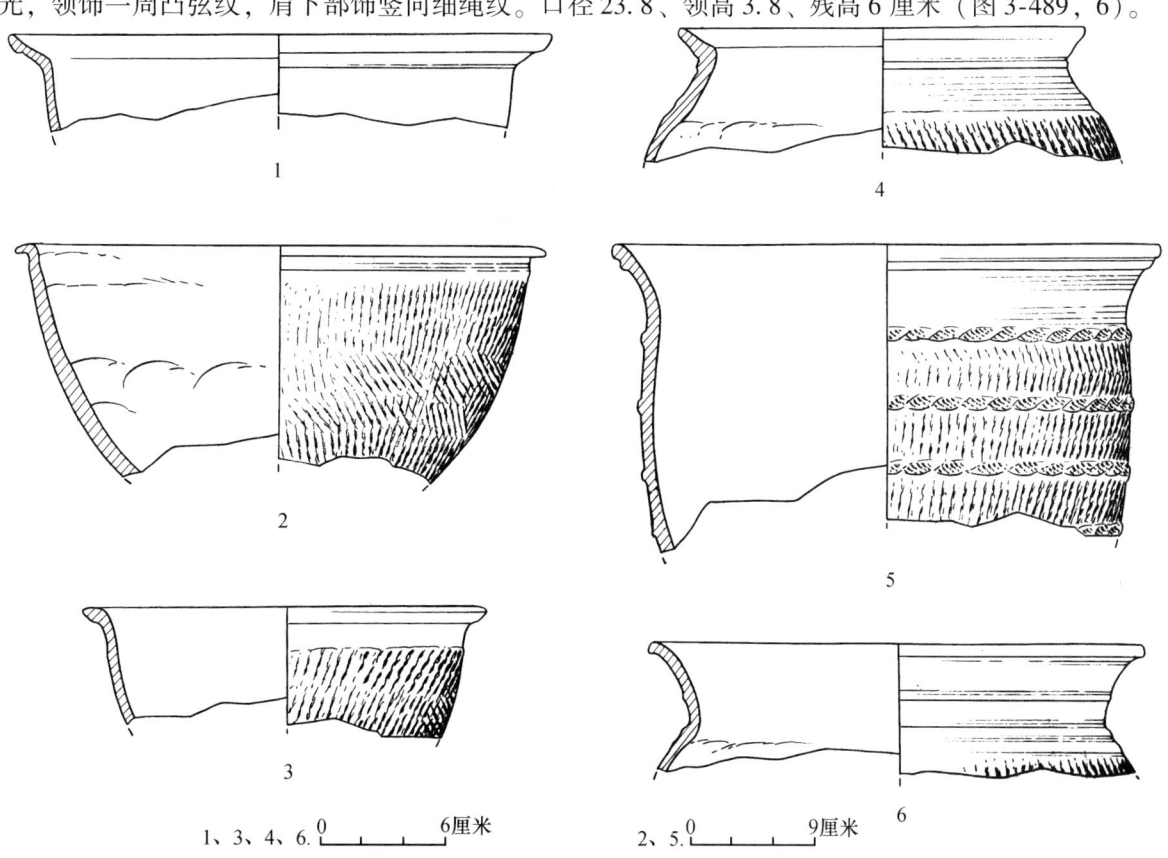

图 3-489　2005ⅠT7841H180 出土陶器

1. A 型Ⅲ式深腹盆（2005H180:7）　2、3. B 型Ⅱ式深腹盆（2005H180:2、2005H180:11）　4. Bb 型Ⅱ式瓮（2005H180:20）
5. Ab 型Ⅱ式缸（2005H180:1）　6. Ⅱ式大口尊（2005H180:13）

2005ⅠT7842④

深腹罐　Ab型Ⅱ式　标本2005ⅠT7842④:1，夹细砂灰陶。敛口，仰折沿，方唇唇面略凹，上腹较鼓，中腹以下残。腹饰交错绳纹。口径22.4、残高7.6厘米（图3-490，3）。

圆腹罐

Cb型Ⅰ式　标本2005ⅠT7842④:20，夹细砂灰陶。侈口，圆唇，口外呈带状凸起，高领斜直。鼓腹，中腹以下残。领腹饰斜向粗篮纹。口径14、残高6.4厘米（图3-490，1）。

Cd型Ⅰ式　标本2005ⅠT7842④:31，夹砂，灰陶褐胎。侈口，斜方唇，唇面略凹，斜直领，桥形耳上宽下窄，圆鼓腹，中腹以下残。领部抹平，腹饰斜向绳纹。口径10.1、残高7.2厘米（图3-490，6）。

盉鋬　标本2005ⅠT7842④:70，泥质白陶，泛红色。直口，宽带状鋬，上部饰两个小泥丁，其下饰条带形刻划纹。鋬宽6、残高6.9、胎厚0.3～0.8厘米（图3-490，5）。

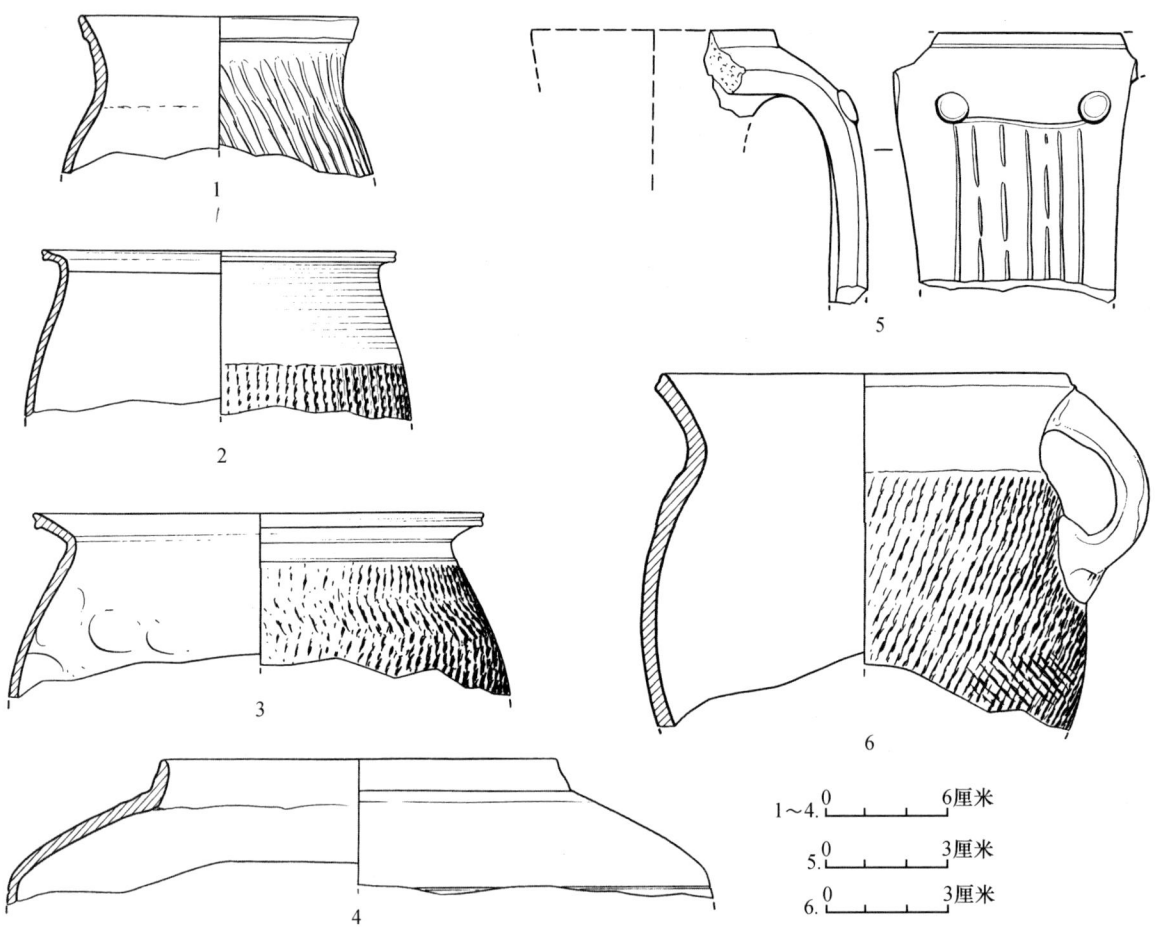

图3-490　2005ⅠT7842④出土陶器

1. Cb型Ⅰ式圆腹罐（2005ⅠT7842④:20）　2. A型Ⅱ式敛口罐（2005ⅠT7842④:28）　3. Ab型Ⅱ式深腹罐（2005ⅠT7842④:1）　4. A型Ⅱ式瓮（2005ⅠT7842④:5）　5. 盉鋬（2005ⅠT7842④:70）　6. Cd型Ⅰ式圆腹罐（2005ⅠT7842④:31）

矮领瓮　A型Ⅱ式　标本2005ⅠT7842④:5，泥质含有砂粒，黑灰陶褐胎。敛口，圆唇，矮领，折肩较宽，腹及底残。素面，上腹有一道弦纹。口径20、残高6厘米（图3-490，4）。

敛口罐　A型Ⅱ式　标本2005ⅠT7842④:28，夹细砂，黑灰陶褐胎。敛口，折沿微仰，方唇，唇面有一道凹槽，上腹较鼓，中腹以下残。上腹有密集的轮修痕，其下饰竖向绳纹。口径17.6、残高7.9厘米（图3-490，2）。

2005ⅠT7842H83

深腹罐　Ab型Ⅱ式　标本2005H83:4，夹砂灰陶。仰折沿，圆唇，敛口，鼓腹，下腹残。腹饰竖向篮纹。口径20.2、腹径22、残高24厘米（图3-491，1）。标本2005H83:5，夹砂灰陶。仰折沿，方唇，敛口，上腹略鼓，中腹以下残。腹饰竖向绳纹。口径18、腹径21、残高12.5厘米（图3-491，2）。标本2005H83:2，夹砂灰陶。折沿微仰，圆唇上缘凸起，敛口，鼓腹，中腹以下残。腹饰竖向绳纹。口径26.2、残高7厘米（图3-491，4）。

圆腹罐

A型Ⅰ式　标本2005H83:32，夹砂，黑陶褐胎。折沿近平，方唇，敛口，鼓腹，下腹及底残。腹饰篮纹及两周细弦纹。口径12、沿宽1.8、腹径13、残高8.8厘米（图3-491，3）。

Ca型Ⅰ式　标本2005H83:3，夹细砂灰陶。口微侈，高领较直，圆唇，唇下有一道花边及一对三角形小錾。鼓腹平底。领部抹平，腹部饰斜向绳纹。口径11.5、腹径12.5、残高12.9厘米（图3-491，6）。

Ca型Ⅱ式　标本2005H83:7，夹细砂偶见较大砂粒，灰陶。侈口，尖圆唇，口外饰一周索状花边及一对鸡冠錾。领较高且斜直。腹较鼓，下腹残。领部抹平，腹部饰斜向细绳纹。口径14、腹径15.2、残高15.6厘米（图3-491，7）。

Cc型Ⅰ式　标本2005H83:19，夹砂灰陶，局部呈褐色，褐胎。侈口，尖圆唇，高领斜直，唇下有一对三角形小錾，鼓腹，中腹以下残。领部抹平，腹饰斜向篮纹，局部交错。口径14、残高9.6、胎厚0.3~0.5厘米（图3-491，5）。

小罐　标本2005H83:17，泥质黑灰陶，褐胎。侈口，高领略卷曲，斜方唇，鼓肩，斜弧腹，下腹残。领肩抹平，腹饰雷纹。口径18、腹径19.2、残高12.3厘米（图3-491，8）。

深腹盆　A型Ⅱ式　标本2005H83:13，夹细砂灰陶。敛口，平折沿，方唇，鼓腹，中腹以下残。素面。口径23.4、沿宽1.6、残高4.8厘米（图3-492，1）。

豆　Bb型　标本2005H83:14，泥质含少量细砂，灰陶。敞口，圆唇外鼓，腹壁外张，浅盘，平底，柄残。素面。口径14.4、残高3厘米（图3-492，2）。

小口尊　A型　标本2005H83:12，夹细砂黑灰陶。侈口，方唇唇缘内凸，高领斜直，肩以下残。领肩磨光，肩部隐见有细绳纹。口径23.4、残高6.2厘米（图3-492，3）。标本2005H83:10，泥质含细砂，红陶。直口，圆唇，矮直领，肩以下残。通体磨光，领中部有一道凸棱。口径26.5、残高6厘米（图3-492，4）。

缸

Aa型Ⅰ式　标本2005H83:9，夹砂灰陶。敛口，平折沿，方唇，鼓腹，中腹以下残。腹饰斜向

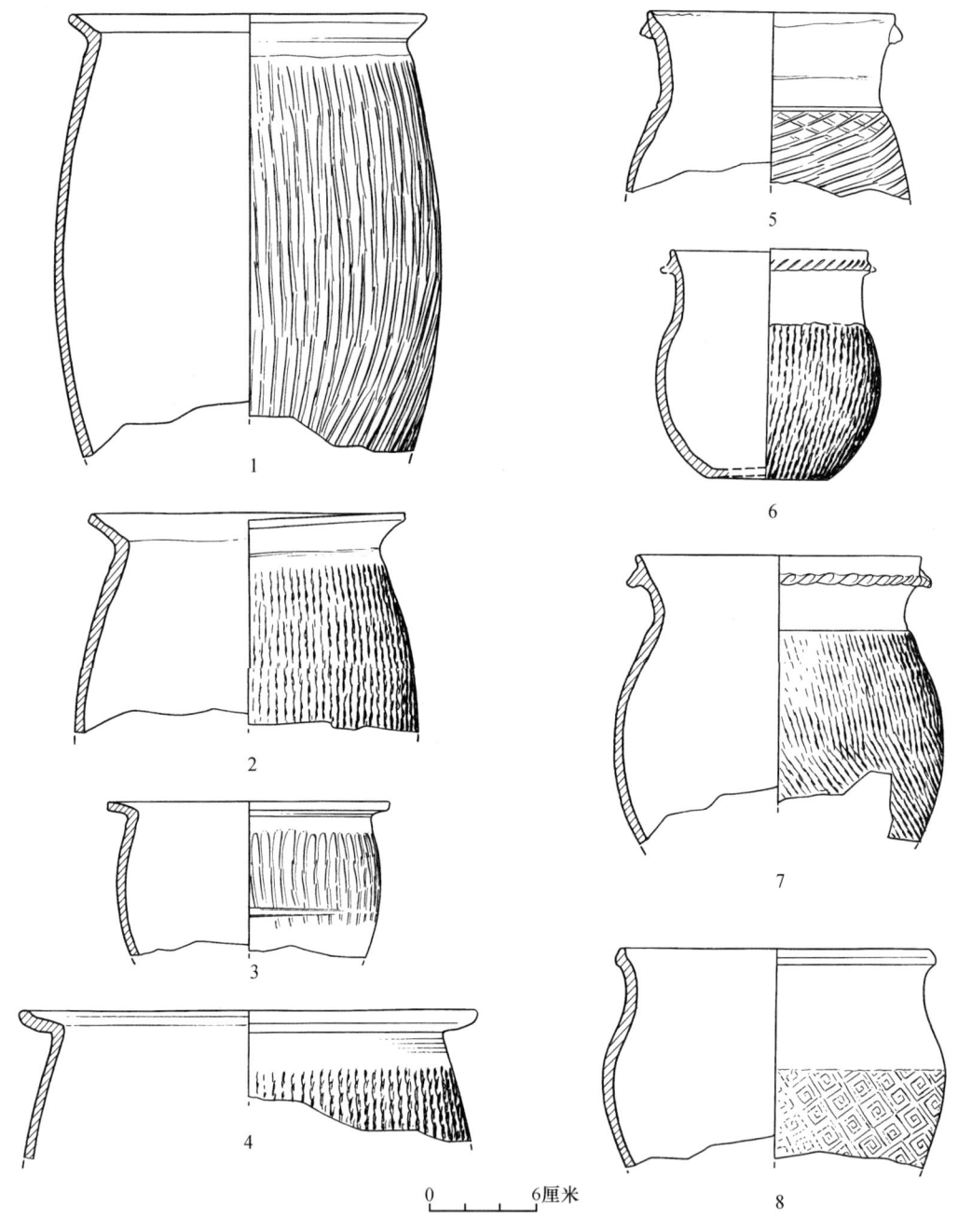

图 3-491　2005ⅠT7842H83 出土陶罐

1、2、4. Ab 型Ⅱ式深腹罐（2005H83:4、2005H83:5、2005H83:2）　3. A 型Ⅰ式圆腹罐（2005H83:32）　5. Cc 型Ⅰ式圆腹罐（2005H83:19）　6. Ca 型Ⅰ式圆腹罐（2005H83:3）　7. Ca 型Ⅱ式圆腹罐（2005H83:7）　8. 罐（2005H83:17）

细绳纹和附加堆纹。口径 26.2、沿宽 2、残高 7 厘米（图 3-492，5）。

Ab 型Ⅰ式　标本 2005H83:1，夹砂灰陶。敛口，仰卷沿，尖圆唇，鼓腹，下腹残。腹饰绳纹和数道附加堆纹。口径 26.5、腹径 29.2、残高 29.4、胎厚 0.5~1.4 厘米（图 3-493，2）。

高领罐　标本 2005H83:16，夹细砂灰陶。侈口，圆唇外凸，领较高，鼓肩，腹以下残。领部

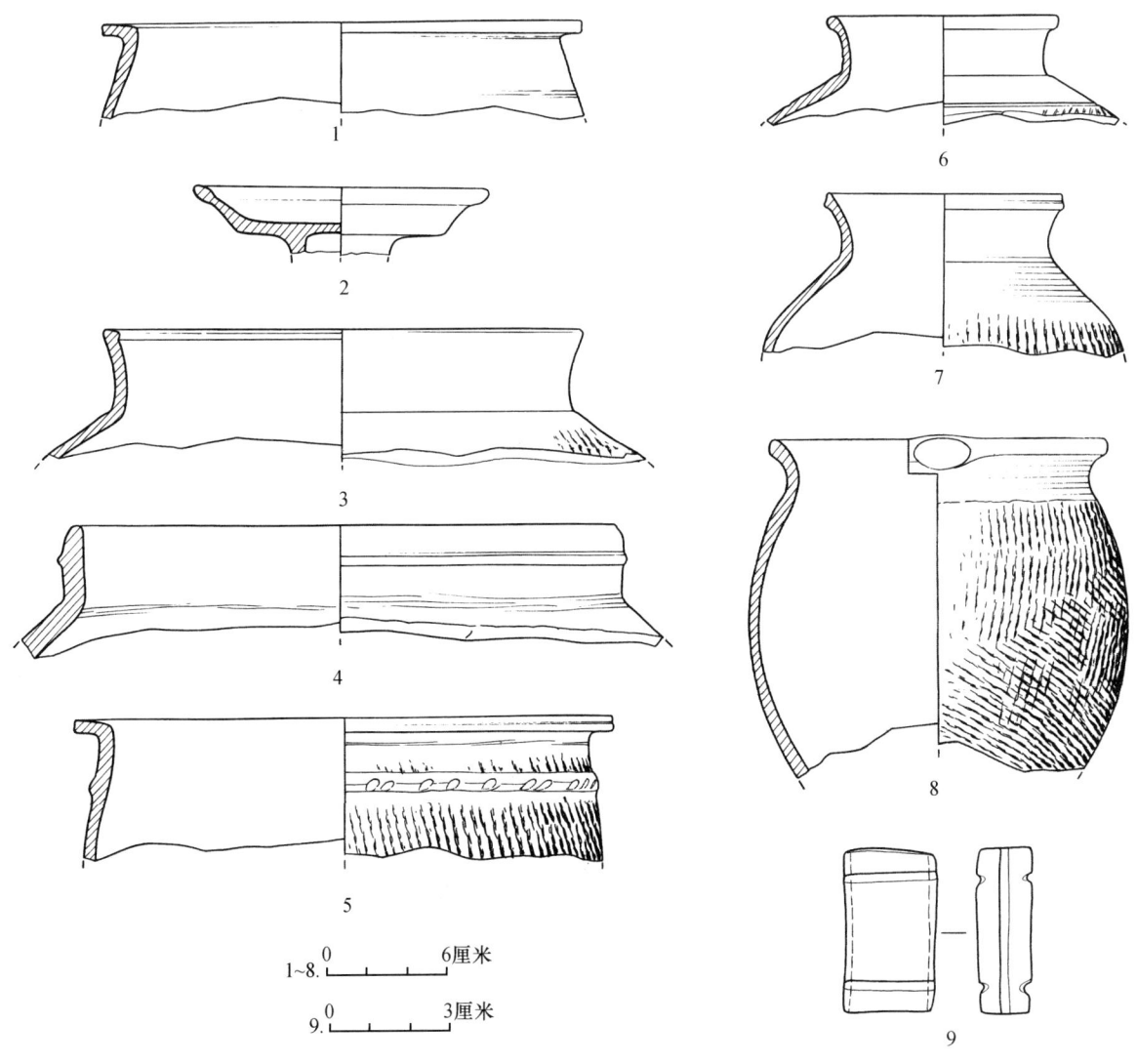

图 3-492　2005ⅠT7842H83 出土陶器

1. A 型Ⅱ式深腹盆（2005H83:13）　2. Bb 型豆（2005H83:14）　3、4. A 型小口尊（2005H83:12、2005H83:10）　5. Aa 型Ⅰ式缸（2005H83:9）　6、7. 高领罐（2005H83:16、2005H83:11）　8. A 型Ⅰ式捏口罐（2005H83:21）　9. A 型陶网坠（2005H83:80）

素面，肩下部是弦纹和绳纹。口径 11.6、残高 5.2 厘米（图 3-492，6）。标本 2005H83:11，夹细砂褐陶。侈口，斜方唇。高领斜直。圆肩，腹及底残。领肩抹平，腹饰竖向绳纹。口径 12、残宽 11.2、残高 5.8 厘米（图 3-492，7）。

捏口罐　A 型Ⅰ式　标本 2005H83:21，夹砂，砂粒 0.1 厘米，灰陶褐胎。侈口，卷沿，矮领，口外有一对捏窝，厚圆唇，圆鼓腹，底残。腹饰交错细绳纹。口径 16.6、腹径 18.6、残高 16.4 厘米（图 3-492，8）。

壶　标本 2005H83:6，泥质灰陶。侈口，圆唇，高领，圆肩，肩较窄，腹部及底残。通体磨光，领部偏下有一道凸弦纹，肩饰数周弦纹，其下饰较宽指甲纹带。口径 10.4、领高 4.2、残高

6.5 厘米（图 3-493，1）。

网坠　A 型　标本 2005H83:80，泥质白陶，局部泛黄。长方体，两端及两侧各有一周凹槽。长 3.8、宽 2.2、厚 1.2 厘米（图 3-492，9）。

2006ⅡT6101H10

深腹罐　Aa 型Ⅱ式　标本 2006H10:6，夹砂灰陶。斜沿上仰，方唇，敛口，深腹稍鼓，中腹残。腹饰细绳纹。口径 22、残高 28 厘米（图 3-494，1）。

鼎　A 型Ⅰ式　标本 2006H10:1，夹砂灰陶。折沿，方唇，敛口，鼓腹，圜底，侧装三扁足，鼎足下部残。上腹抹平，其下饰细绳纹和一周弦纹，鼎足内外侧均有捺窝。口径 16、腹径 15.8、腹深 11.8 厘米，复原高约 19 厘米（图 3-494，2）。

高领罐　标本 2006H10:5，泥质灰陶。侈口，尖唇，高领，肩以下残。口外饰一周凸棱，领饰弦纹。口径 14、领高 4.5、残高 5 厘米（图 3-494，3）。

2006ⅡT6202H14

深腹罐

Ab 型Ⅰ式　标本 2006H14:3，夹砂黑灰陶，局部显褐色。宽折沿微仰，圆唇，深腹略鼓，平底。沿面内外侧各饰一道弦纹，腹饰绳纹。形体较小。口径 15.6、沿宽 2.5、腹径 15.7、底径 7、高 17.2 厘米（图 3-495，1；图版一八，5）。

Ab 型Ⅱ式　标本 2006H14:5，夹细砂灰陶。敛口，折沿上仰，方唇，沿外侧有一周凹槽，鼓腹，中腹以下残。腹饰竖向绳纹。口径 24.4、腹径 12.7、残高 10 厘米（图 3-495，2）。标本 2006H14:7，夹细砂灰陶。仰折沿，方唇，敛口，上腹略鼓，中腹以下残。腹饰竖向绳纹。口径 23.4、残高 6.4 厘米（图 3-495，3）。

深腹盆　A 型Ⅱ式　标本 2006H14:9，夹砂灰陶。仰折沿，方唇，直口，腹以下残。腹饰竖向细绳纹。口径 24、残高 4.2 厘米（图 3-495，4）。

平底盆　A 型Ⅰ式　标本 2006H14:4，泥质，黑陶褐胎。敞口，卷沿，圆唇下缘凸出，腹内曲，平底略残。通体磨光，口内侧有两道弦纹。口径 31.4、通高 4.7 厘米（图 3-495，5）。标本 2006H14:15，夹砂灰陶。敞口，圆唇，斜腹外张，底残。通体磨光。口径 24、残高 4.4 厘米（图 3-495，9）。

圈足盘　A 型　标本 2006H14:1，泥质灰陶。侈口，卷沿，圆唇略凸，深腹，平底略圜，圈足残断之后，又磨平继续使用。通体磨光。中腹及下腹各有一周凸棱。口径 23.7、盘深 7.7、残高 8.9 厘米（图 3-495，6）。

豆

Ba 型　标本 2006H14:11，泥质灰陶。敞口，窄沿平折，沿面略凹，尖圆唇，斜弧腹，底及柄残。素面。口径 16、残高 2.8 厘米（图 3-495，8）。

Bb 型　标本 2006H14:24，泥质灰陶。窄沿略仰卷，敞口，方唇，折腹，底及柄残。素面。口径 14.5、残高 3.2 厘米（图 3-495，7）。

第三章 二里头文化遗存 · 533 ·

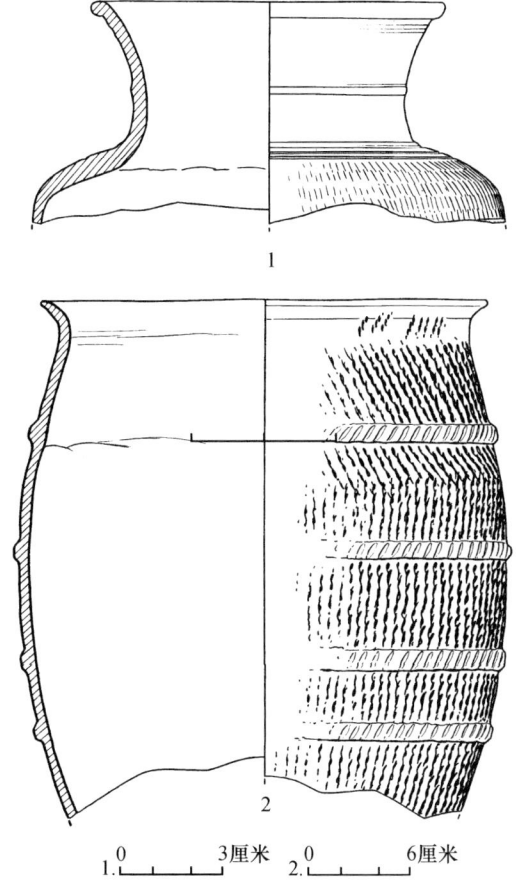

图 3-493　2005ⅠT7842H83 出土陶缸、壶
1. 壶（2005H83∶6）　2. Ab 型Ⅰ式缸（2005H83∶1）

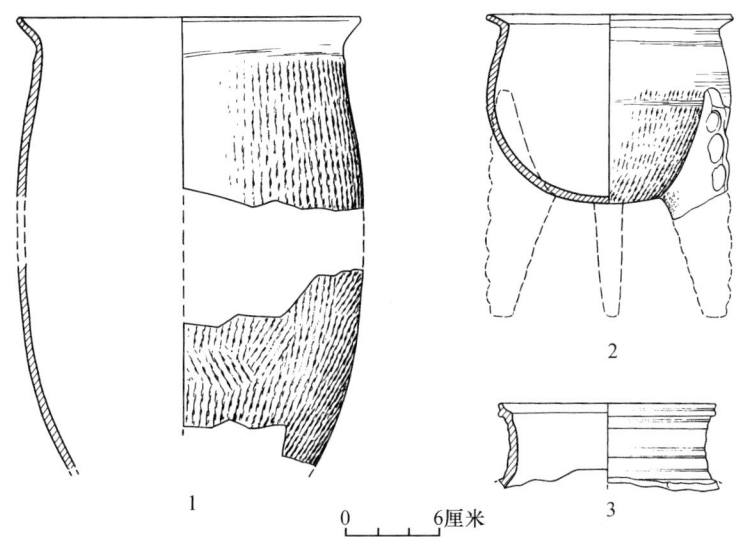

图 3-494　2006ⅡT6101H10 出土陶器
1. Aa 型Ⅱ式深腹罐（2006H10∶6）　2. A 型Ⅰ式鼎（2006H10∶1）　3. 高领罐（2006H10∶5）

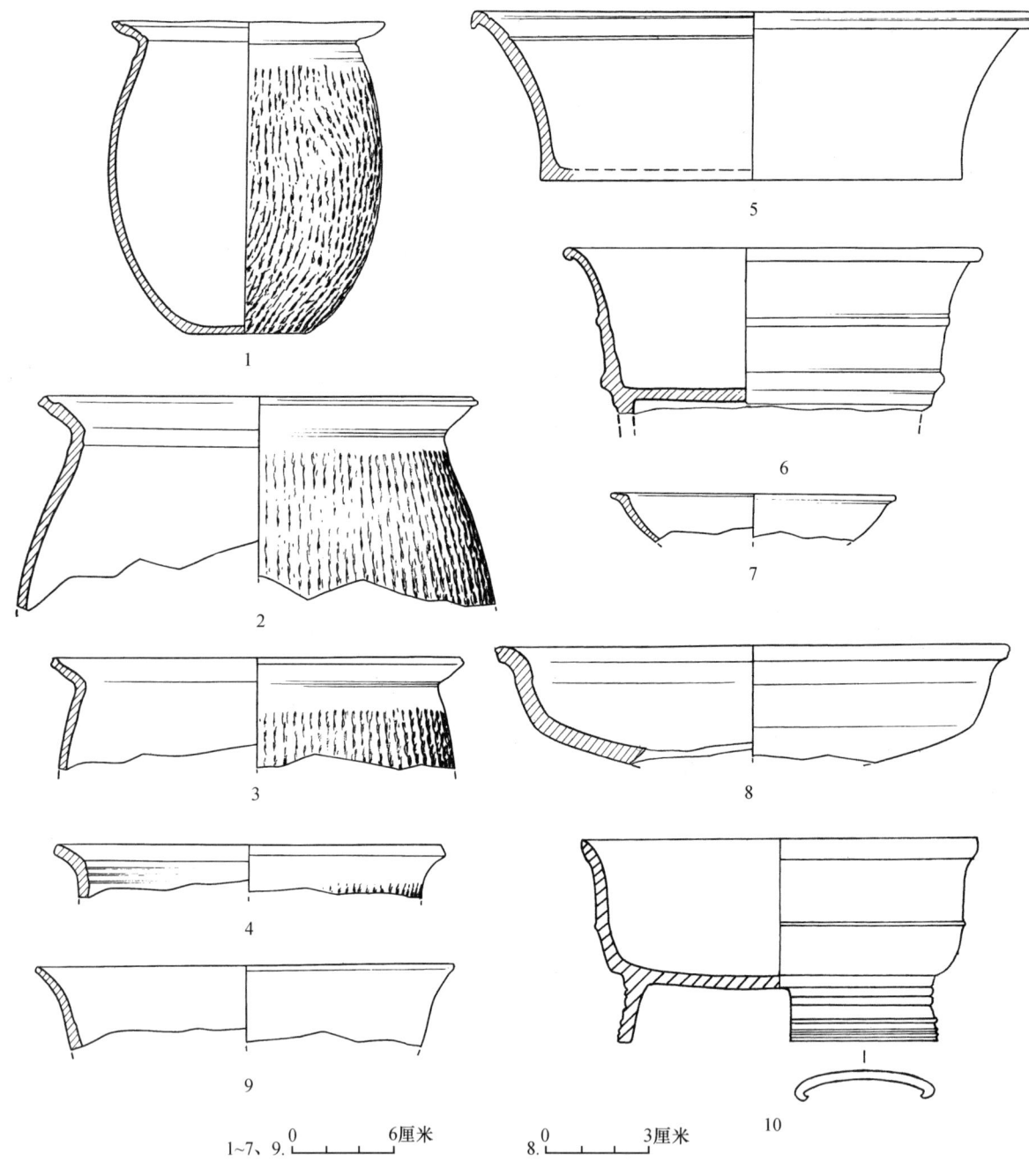

图 3-495　2006ⅡT6202H14 出土陶器

1. Ab 型Ⅰ式深腹罐（2006H14:3）　2、3. Ab 型Ⅱ式深腹罐（2006H14:5、2006H14:7）　4. A 型Ⅱ式深腹盆（2006H14:9）
5. A 型Ⅰ式平底盆（2006H14:4）　6. A 型圈足盘（2006H14:1）　7. Bb 型豆（2006H14:24）　8. Ba 型豆（2006H14:11）
9. 平底盆（2006H14:15）　10.Ⅰ式三足盘（2006H14:2）

三足盘　Ⅰ式　标本 2006H14:2，泥质黑陶。口微侈，尖圆唇外凸，深腹，圜底，瓦形足，矮足两侧内卷，截面呈"C"形。通体磨光，腹及足部饰数周凸弦纹。口径 22.4、盘底深 8.3、足宽 10、通高 11.5 厘米（图 3-495，10；图版一八，6）。

2006ⅡT6205H24

深腹罐

Aa 型　标本 2006H24:8，夹砂灰陶，局部红褐色。仰折沿，尖圆唇，唇面经刮削且有一周弦纹，敛口，上腹略鼓，中腹以下残。腹饰斜向粗篮纹。口径 20.4、残高 5.4 厘米（图 3-496，1）。

Ab 型Ⅱ式　标本 2006H24:4，夹细砂灰陶。仰折沿，方唇，敛口，上腹略鼓，中腹以下残。腹饰斜向绳纹。口径 19.5、残高 6.6 厘米（图 3-496，2）。标本 2006H24:5，夹砂，浅灰陶褐胎。仰折沿，方唇，敛口，上腹略鼓，中腹以下残。腹饰斜向粗篮纹。口径 22.6、残高 5.0 厘米（图 3-496，3）。标本 2006H24:2，夹砂灰陶，局部红褐色。仰折沿，尖圆唇，敛口，上腹略鼓，中腹

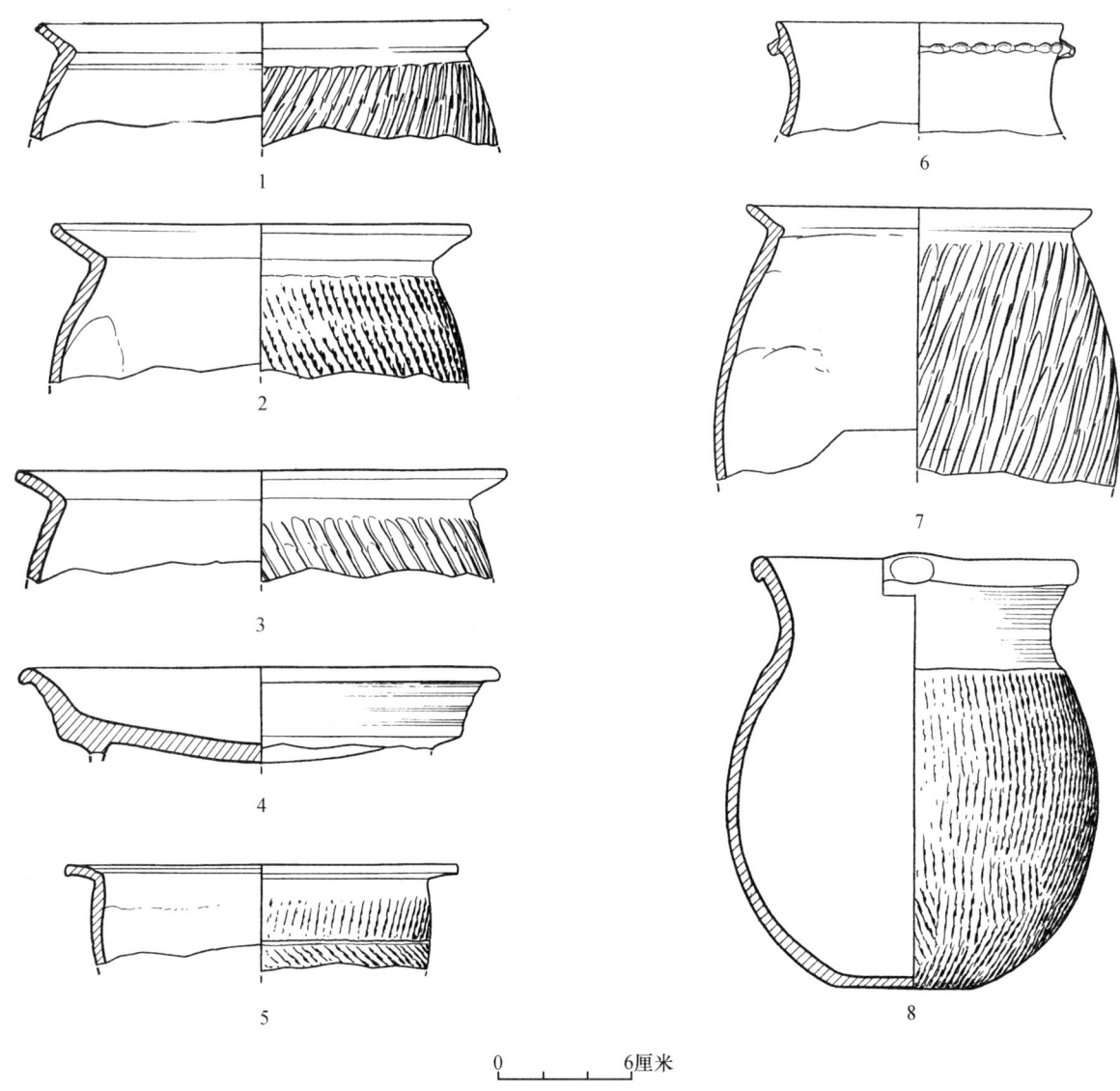

图 3-496　2006ⅡT6205H24 出土陶器

1. Aa 型深腹罐（2006H24:8）　2、3、7. Ab 型Ⅱ式深腹罐（2006H24:4、2006H24:5、2006H24:2）　4. B 型圈足盘（2006H24:7）　5. A 型Ⅰ式鼎（2006H24:9）　6. Ca 型Ⅱ式圆腹罐（2006H24:6）　8. A 型Ⅰ式捏口罐（2006H24:1）

以下残。腹饰斜向粗篮纹。口径16、腹径18.8、残高11.6厘米（图3-496，7）。

圆腹罐　Ca型Ⅱ式　标本2006H24：6，夹细砂灰陶。侈口，尖圆唇，唇下饰一周索状花边及一对鸡冠錾。高领略卷曲，腹及底残。素面。口径13.4、残高2.5厘米（图3-496，6）。

鼎　A型Ⅰ式　标本2006H24：9，夹细砂，黑陶褐胎。口微敛，折沿近平，沿面内侧有一周凹槽，方唇，上腹略鼓，下腹及足残。腹饰竖向及斜向细绳纹，其间以一周弦纹隔开。口径18、残高4.8厘米（图3-496，5）。

圈足盘　B型　标本2006H24：7，夹细砂偶见较大砂粒，黑陶红胎。敞口，圆唇外奓，腹壁斜张，宽浅盘，圜底，圈足残。通体磨光，腹壁略显凹凸不平。口径21.6、残高3.8厘米（图3-496，4）。

捏口罐　A型Ⅰ式　标本2006H24：1，泥质，黑灰陶褐胎。侈口，圆唇外凸，高领，腹部较鼓，小平底。腹饰竖向和斜向细绳纹。口径14.8、腹径17.2、底径6.5、通高19、胎厚0.3～0.5厘米（图3-496，8）。

2006ⅡT6205H22

深腹罐

Ab型Ⅲ式　标本2006H22：15，夹砂灰陶，局部红褐色。折沿略仰，方唇，沿面和唇面略凹，腹略鼓，中腹以下残。口外抹平。腹饰斜向绳纹。口径22.4、残高5厘米（图3-497，1）。标本2006H22：4，夹砂，黑陶褐胎，下腹红褐色。折沿略仰，直口，方唇，唇面略凹，腹略垂鼓，底残。口外抹平，腹饰竖向及斜向细绳纹。口径23、腹径22、残高27厘米（图3-497，4）。标本2006H22：12，夹砂浅灰陶。敛口，仰折沿。薄方唇，深腹较瘦，圜底，器壁由口至底逐渐加厚。腹饰竖向绳纹，底部有烟熏痕迹。口径22.4、高30.5、胎厚0.7～1.2厘米（图3-497，8）。

Ac型Ⅰ式　标本2006H22：17，夹砂深灰陶。敛口，仰折沿，沿面外侧有一道弦纹，圆唇外鼓，鼓腹，中腹以下残。腹饰斜向绳纹，粘有红烧土块。口径27、残高4.2厘米（图3-497，2）。标本2006H22：29，夹砂，黑陶褐胎。仰折沿，圆唇，敛口，上腹较鼓，中腹以下残。腹饰斜向细绳纹。口径20.6、残高6厘米（图3-497，6）。

Ac型Ⅱ式　标本2006H22：2，夹细砂灰陶。仰折沿，圆唇外凸，腹略鼓，中腹以下残。口外抹平，腹饰竖向及斜向细绳纹，并粘有红烧土块。口径23.2、残高18厘米（图3-497，3）。

圆腹罐

A型Ⅱ式　标本2006H22：24，夹细砂灰陶。侈口，仰折沿，唇面压印出齿状花边，敛口，圆鼓腹，平底。腹饰斜向绳纹。口径15.1、腹径16.6、底径9.4、残高13.4厘米（图3-498，1）。

Ca型Ⅱ式　标本2006H22：26，夹砂灰陶。侈口，尖唇，口外饰一周索状花边及一对三角形小錾。领较直。圆鼓腹，中腹以下残。领部抹平，上腹饰竖向篮纹，中腹以下素面。口径12.4、残高8.8厘米（图3-497，5）。

Cc型Ⅱ式　标本2006H22：32，夹砂浅灰陶。侈口，领较斜直，圆唇。圆鼓腹，中腹以下残。腹饰竖向绳纹。口径15.2、残高5.4厘米（图3-497，7）。

小盆　标本2006H22：42，泥质，黑陶红胎。敞口，尖圆唇，仰折沿，斜直腹，平足。器表素

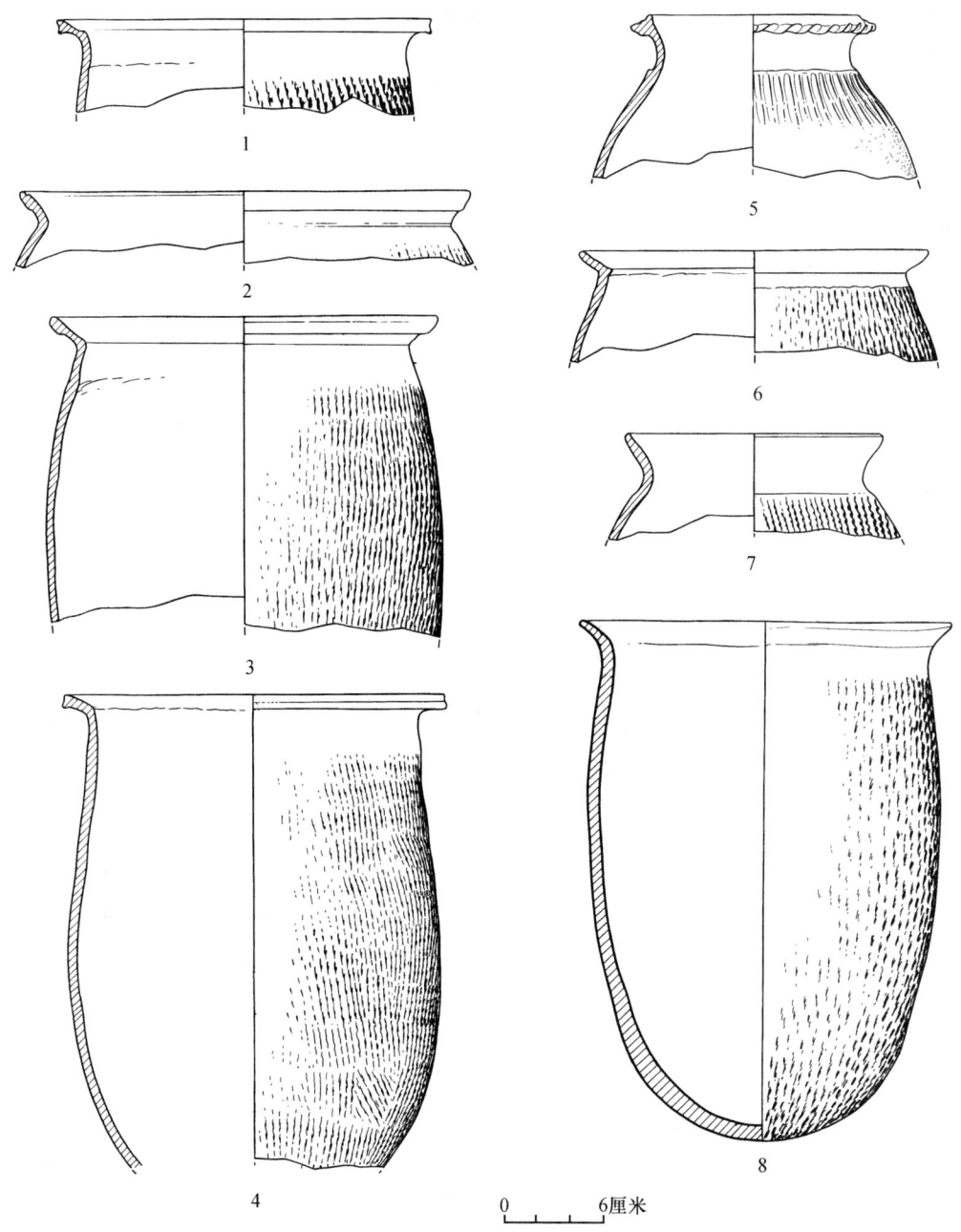

图 3-497 2006ⅡT6205H22 出土陶罐

1、4、8. Ab 型Ⅲ式深腹罐（2006H22：15、2006H22：4、2006H22：12） 2、6. Ac 型Ⅰ式深腹罐（2006H22：17、2006H22：29） 3. Ac 型Ⅱ式深腹罐（2006H22：2） 5. Ca 型Ⅱ式圆腹罐（2006H22：26） 7. Cc 型Ⅱ式圆腹罐（2006H22：32）

面，近底处有一道弦纹。沿面有折线刻划纹。口径 16、通高 5.4 厘米（图 3-498，2）。标本 2006H22：1，泥质含细砂，灰陶。敞口，口不甚圆，圆唇，斜直腹，平底略凹。素面。口径 12.8、通高 4.6 厘米（图 3-498，3）。

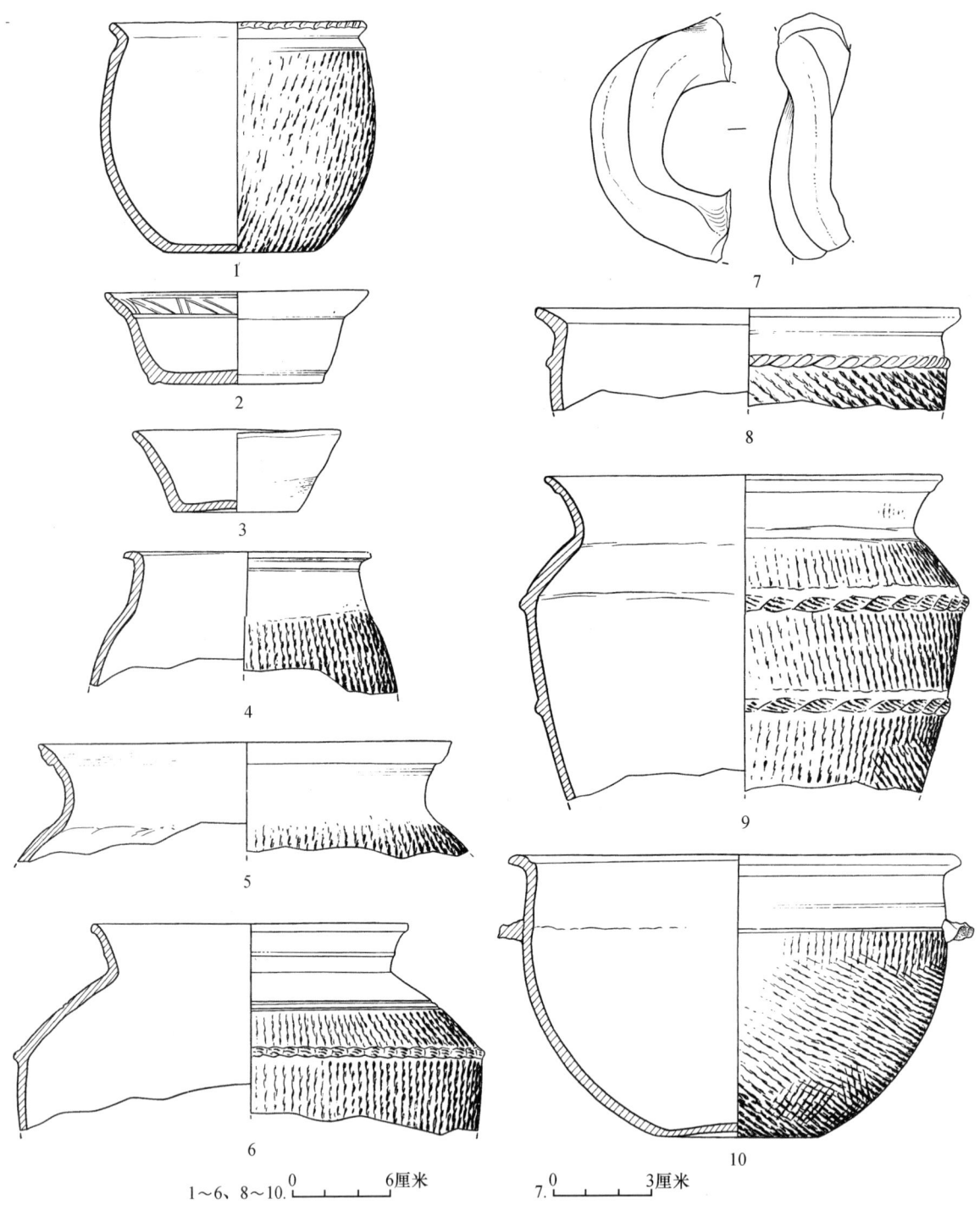

图 3-498　2006ⅡT6205H22 出土陶器

1. A 型Ⅱ式圆腹罐（2006H22：24）　2、3. 小盆（2006H22：42、2006H22：1）　4. 小罐（2006H22：5）　5. Ⅰ式大口尊（2006H22：3）　6. Aa 型小口尊（2006H22：13）　7. 盖纽（2006H22：37）　8. Aa 型Ⅰ式缸（2006H22：40）　9. 大口尊（2006H22：22）　10. B 型Ⅰ式深腹盆（2006H22：23）

小罐　标本2006H22：5，泥质，黑陶褐胎。窄沿平折，尖圆唇，敛口，高领较斜直。上腹较鼓，下腹及底残。腹饰竖向绳纹。口径14.6、残高7厘米（图3-498，4）。

大口尊　Ⅰ式　标本2006H22：3，泥质，偶见较大砂粒，灰陶。侈口，尖圆唇外凸，高领卷曲，肩以下残。领部抹平。肩部饰竖向绳纹。口径25.2、残高6.4厘米（图3-498，5）。标本2006H22：22，泥质含细砂，灰陶。侈口，高领斜直，圆唇，唇下有一道凸棱。折肩，斜直腹，中腹以下残。领部抹平，肩腹饰绳纹及索状附加堆纹。口径24.2、肩径26.6、残高18.6厘米（图3-498，9）。

小口尊　Aa型　标本2006H22：13，泥质灰陶。侈口，圆唇，高领斜直，折肩较宽，斜弧腹，中腹以下残。领及肩上部抹平，领部饰一道凸棱。肩中部有两道弦纹，其下饰绳纹及附加堆纹。口径19.2、肩径28.2、残高11厘米（图3-498，6）。

器盖纽　标本2006H22：37，泥质含细砂，灰陶。素面，由两根泥条制成绞索状。长7、高4.2厘米（图3-498，7）。

缸　Aa型Ⅰ式　标本2006H22：40，夹砂灰陶，红胎。口微敛，仰折沿，方唇，腹略鼓，中腹以下残。腹饰斜向绳纹和索状附加堆纹。口径26、残高5.8厘米（图3-498，8）。

深腹盆　B型Ⅰ式　标本2006H22：23，泥质，含细砂，灰陶。敛口，尖圆唇，仰折沿，沿面略鼓且内侧有一道凹槽，鼓腹，凹圜底。上腹抹平，有一对鸡冠耳。其下饰交错绳纹。口径27.4、腹径25.8、通高16.6厘米（图3-498，10）。

2006ⅡT6206H40

深腹罐

Ab型Ⅱ式　标本2006H40：38，夹砂，褐陶灰胎。口微敛，宽沿仰折，尖圆唇，腹较斜直，中腹以下残。腹饰斜向绳纹。口径26、残高7厘米（图3-499，1）。标本2006H40：14，夹砂偶见较大颗粒，灰陶。仰折沿，方唇，敛口，鼓腹，中腹以下残。腹饰右斜向绳纹。口径24、残高8.8厘米（图3-499，2）。标本2006H40：3，夹砂灰陶。仰折沿，圆唇，敛口，鼓腹，中腹以下残。腹饰左斜向篮纹。口径23.2、残高7.1厘米（图3-499，3）。标本2006H40：10，夹砂，灰陶褐胎。仰折沿，圆唇，敛口，鼓腹，中腹以下残。腹饰右斜向绳纹。口径20.6、残高4.8厘米（图3-499，4）。标本2006H40：11，夹砂，灰陶褐胎。窄沿仰折，方唇，唇面有一道凹槽，敛口，鼓腹，中腹以下残。腹饰竖向绳纹。口径24、沿宽2.4、残高4.2厘米（图3-499，5）。

Ab型Ⅲ式　标本2006H40：8，夹砂灰陶。仰折沿，斜方唇，敛口，鼓腹，中腹以下残。口外抹平，饰两周弦纹，腹饰右斜向绳纹。口径22、沿宽1.9、残高6.4厘米（图3-499，6）。标本2006H40：4，夹砂，灰陶褐胎，局部褐色。仰折沿，方唇，唇面略凹，敛口，鼓腹，中腹以下残。口外抹平，腹饰竖向绳纹。口径23、沿宽1.8、腹径25、残高18.2厘米（图3-499，7）。标本2006H40：2，夹砂灰陶。窄沿仰折，方唇，敛口，口呈扁圆形，深腹略鼓，尖圜底，底部局部有烟熏痕迹。口外抹平，腹饰斜向绳纹。口径19.4~25.2、腹径25.2、高33厘米（图3-500，1）。标本2006H40：5，夹砂灰陶。口呈扁圆形，窄沿仰折，圆唇，敛口，深腹微鼓，下腹残。腹饰竖向绳纹。口径20.1~25、腹径24.8、残高23厘米（图3-500，2）。

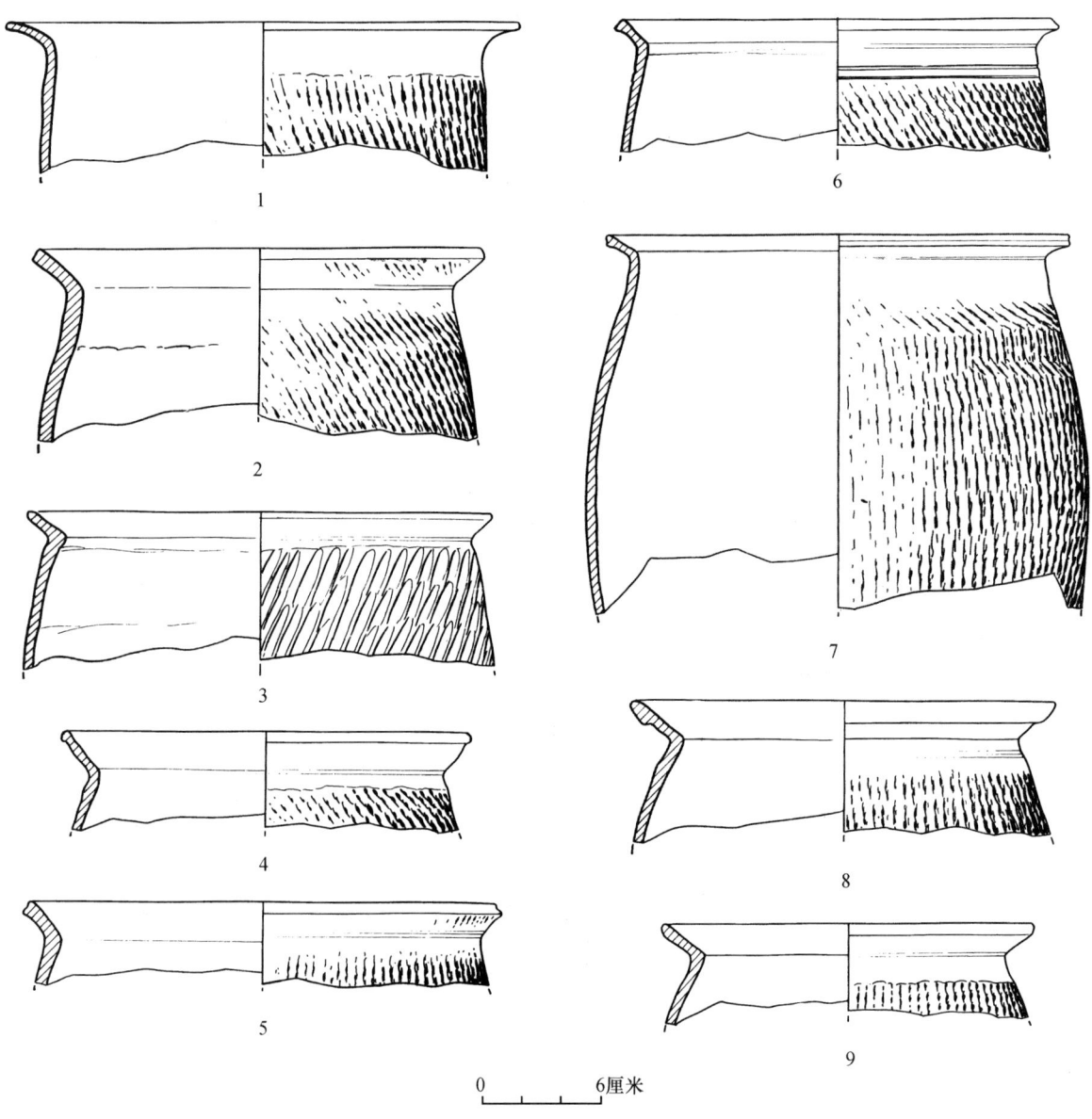

图 3-499　2006ⅡT6206H40 出土深腹罐（一）

1~5. Ab 型Ⅱ式（2006H40：38、2006H40：14、2006H40：3、2006H40：10、2006H40：11）　6、7. Ab 型Ⅲ式
（2006H40：8、2006H40：4）　8、9. Ac 型Ⅰ式（2006H40：13、2006H40：17）

Ac 型Ⅰ式　标本 2006H40：13，夹砂灰陶。仰折沿，圆唇外凸，敛口，鼓腹，中腹以下残。口外抹平，腹饰竖向绳纹。口径 21、残高 5.4 厘米（图 3-499，8）。标本 2006H40：17，夹细砂灰陶。仰折沿，圆唇，敛口，鼓腹，中腹以下残。口外抹平。腹饰竖向绳纹。口径 18.4、残高 4.3 厘米（图 3-499，9）。

圆腹罐　Ca 型Ⅱ式　标本 2006H40：49，夹砂灰陶。侈口，尖唇，口外饰索状花边，领较高，鼓腹，中腹以下残。颈部抹平，腹饰斜向细绳纹。口径 15.6、残高 5.6 厘米（图 3-501，6）。

刻槽盆　A 型Ⅱ式　标本 2006H40：9，夹砂灰陶。微侈口，圆唇外鼓，上腹较直，中腹以下

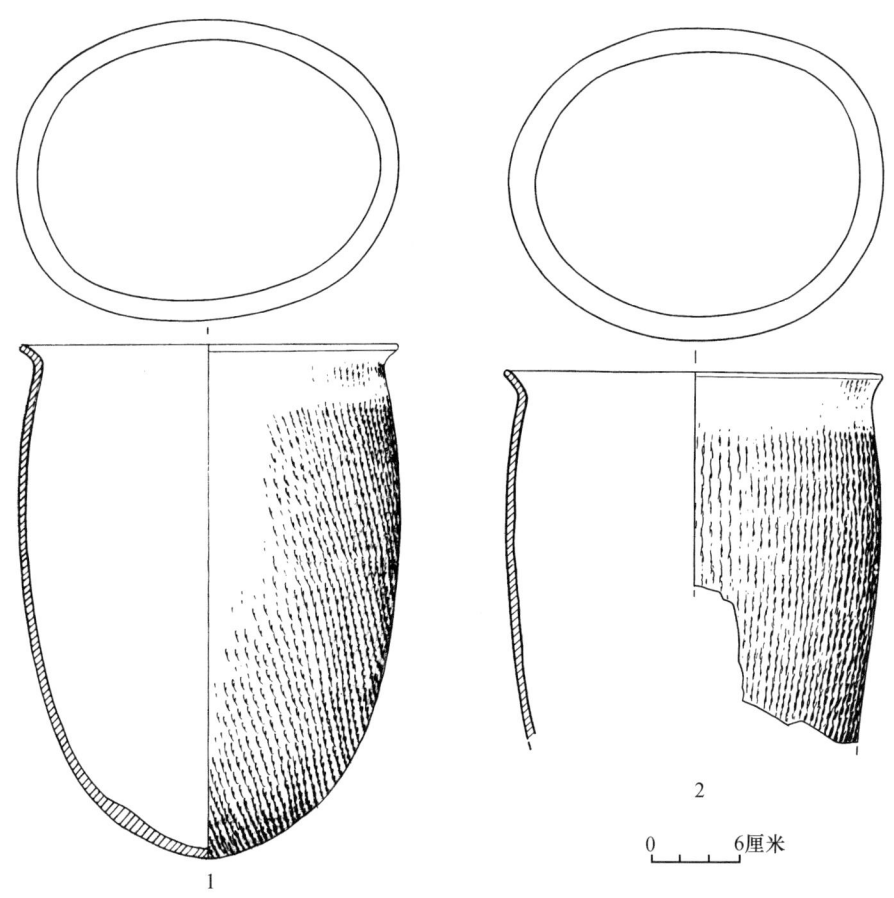

图 3-500　2006ⅡT6206H40 出土深腹罐（二）
1、2. Ab 型Ⅲ式（2006H40：2、2006H40：5）

残。腹饰篮纹，内壁有竖向刻槽。口径 27.1、残高 7.3 厘米（图 3-501，1）。

深腹盆　A 型Ⅱ式　标本 2006H40：33，泥质含细砂，灰陶。口微敛，仰折沿，方唇唇面有一道弦纹，敛口，腹微鼓，下腹残。腹饰竖向细绳纹。口径 24.4、腹径 21.8、残高 12.7 厘米（图 3-501，2）。

敛口罐　A 型Ⅲ式　标本 2006H40：54，夹细砂灰陶。敛口，窄沿仰折，尖圆唇，鼓肩，中腹以下残。腹饰竖向细绳纹。口径 11、残高 3.8 厘米（图 3-501，3）。

瓮　A 型Ⅱ式　标本 2006H40：22，泥质灰陶。侈口，圆唇外鼓，矮领，折肩，腹微鼓，下腹略残，小平底下凸。肩部饰一周菱形纹，三个为一组。上腹饰两组凸弦纹。下腹饰左斜向篮纹。口径 24、领高 2.4、肩径 40、底径 12.5、复原高 33 厘米（图 3-501，5）。

小口尊　Aa 型　标本 2006H40：1，夹细砂灰陶。侈口，圆唇外凸，矮领略曲，折肩，斜直腹，中腹以下残。肩部有轮修形成的密集弦纹，折肩处饰一周索状附加堆纹，其余素面。口径 22.4、肩径 32.2、残高 14 厘米（图 3-501，4）。

缸　B 型Ⅰ式　标本 2006H40：12，泥质含少量细砂，深灰陶。侈口，圆唇，口外饰一周凸棱，领较斜直，折肩较广，斜腹略鼓，底残。领部抹平，肩腹饰绳纹和附加堆纹。口径 33、领高 4、肩

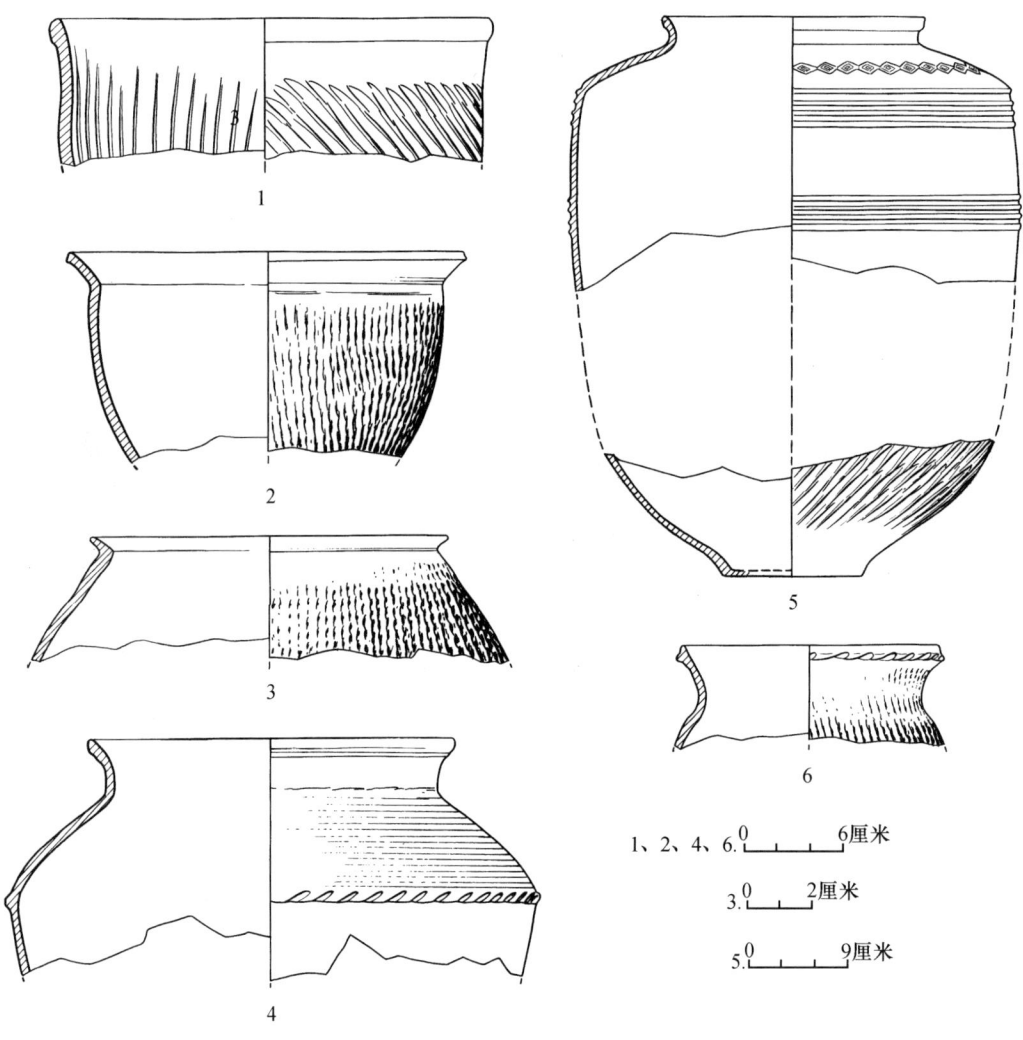

图 3-501　2006ⅡT6206H40 出土陶器

1. A型Ⅱ式刻槽盆（2006H40:9）　2. A型Ⅱ式深腹盆（2006H40:33）　3. A型Ⅲ式敛口罐（2006H40:54）
4. Aa型小口尊（2006H40:1）　5. A型Ⅱ式瓮（2006H40:22）　6. Ca型Ⅱ式圆腹罐（2006H40:49）

径42、残高39.6厘米（图3-502，2）。

壶　标本2006H40:6，泥质，褐皮灰胎。侈口，圆唇外凸。高领较直，圆肩，鼓腹，中腹以下残。器表素面，肩部有轮修形成的弦纹及一对贯耳。口径10.5、残高14厘米。耳宽约2.8、长约3.1厘米（图3-502，1）。

2006ⅡT6305H30

深腹罐

Ac型Ⅰ式　标本2006H30:11，夹砂灰陶。仰折沿，圆唇，敛口，鼓腹，中腹以下残。腹饰竖向绳纹。口径21、沿宽2.7、残高4.9厘米（图3-503，5）。标本2006H30:5，夹砂灰陶。仰折沿，圆唇，敛口，上腹略鼓，中腹以下残。口外抹平，腹饰斜向绳纹。口径23、沿宽2.7、残高6.4厘米（图3-503，6）。

C型Ⅱ式　标本2006H30:7，夹砂可见较大砂粒，灰陶。仰折沿，圆唇外缘抹圆，长颈，鼓肩，中腹以下残。口沿及颈部抹平，腹饰斜向绳纹。口径20.8、残高7厘米（图3-503，4）。

D型　标本2006H30:4，夹砂灰陶，局部呈褐色，褐胎。仰卷沿，圆唇，鼓腹偏上，下腹残，平底。口沿及上腹抹平，腹饰斜向细绳纹，较稀疏。口径23、复原高32厘米（图3-503，2）。标本2006H30:6，夹砂红褐陶。侈口，圆唇，束颈，鼓腹，中腹以下残。颈部饰斜向篦纹。口径26、残高7.9厘米（图3-503，1）。

圆腹罐

Ca型Ⅱ式　标本2006H30:10，夹砂灰陶。侈口，尖唇，唇下饰一周索状花边，领斜直，鼓腹，中腹以下残。腹饰竖向绳纹。口径15、残高5.6厘米（图3-503，3）。

Cb型Ⅱ式　标本2006H30:16，夹砂灰陶，褐胎。卷沿，圆唇，口外呈带状凸起，矮领，鼓腹，中腹以下残。腹饰竖向细绳纹。口径17、残高7厘米（图3-504，3）。

鼎　A型Ⅰ式　标本2006H30:13，夹砂偶见较大砂粒，灰陶。敛口，窄沿仰折，尖圆唇，鼓腹，下腹及足残。腹饰斜向绳纹，中腹有两道弦纹。口径16、残高5.7厘米（图3-504，2）。标本

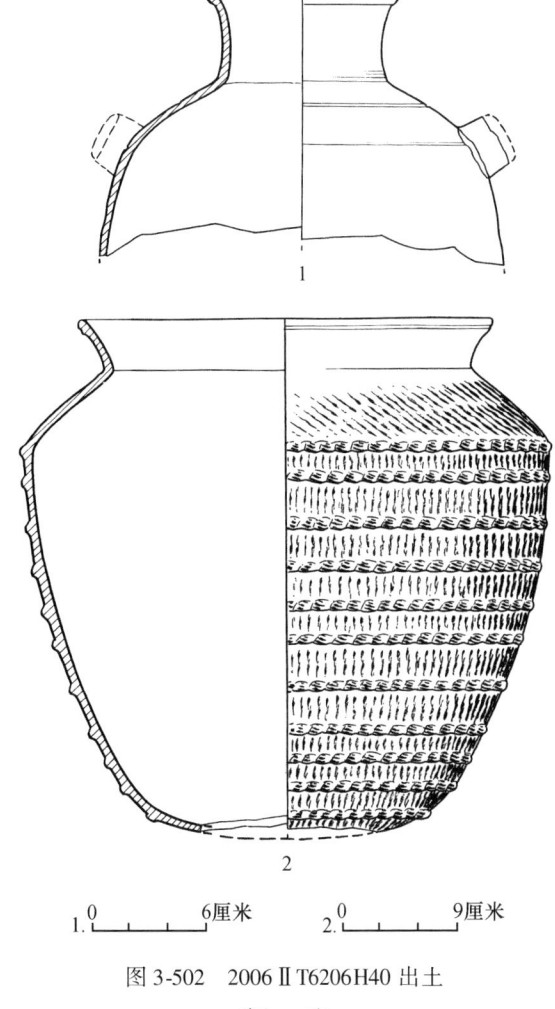

图3-502　2006ⅡT6206H40出土
陶缸、壶
1. 壶（2006H40:6）　2. B型Ⅰ式缸（2006H40:12）

2006H30:1，夹砂灰陶。敛口，仰折沿，沿面有数道弦纹，圆唇，鼓腹偏上，底及足残。上腹饰两组弦纹，腹有隐约绳纹痕。口径13、沿宽2、腹径14.6、残高7.5厘米（图3-504，1）。

大口尊　Ⅱ式　标本2006H30:31，泥质灰陶。侈口，卷沿，方唇，唇面略凹，高领，折肩，斜直腹，中腹以下残。领肩部抹平，各饰两道弦纹。折肩处饰一周附加堆纹，腹饰竖向细绳纹。口径27.8、肩径29.2、残高11.5厘米（图3-504，4）。

平底盆　A型Ⅰ式　标本2006H30:3，夹砂灰陶，褐胎。敞口，尖圆唇，沿近平折，浅腹，壁略内曲，平底略残。素面。口径30、残高7.2厘米（图3-504，5）。

2006ⅡT6305H31

深腹罐

Ab型Ⅱ式　标本2006H31:10，夹细砂灰陶。敛口。仰折沿，方唇，鼓腹，中腹以下残。口外抹平，腹饰斜向绳纹。残高6.2厘米（图3-505，1）。

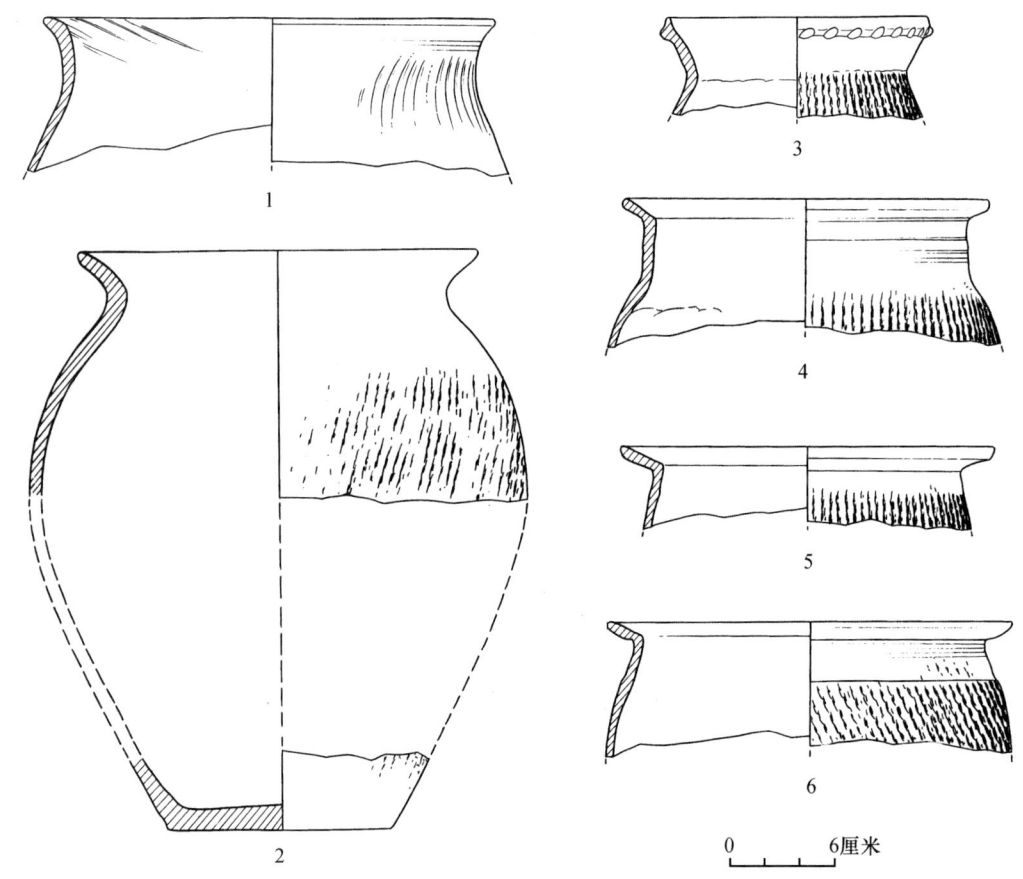

图 3-503 2006ⅡT6305H30 出土陶罐

1、2. D 型深腹罐（2006H30:6、2006H30:4） 3. Ca 型Ⅱ式圆腹罐（2006H30:10） 4. C 型Ⅱ式深腹罐（2006H30:7）
5、6. Ac 型Ⅰ式深腹罐（2006H30:11、2006H30:5）

C 型Ⅱ式　标本 2006H31:5，夹砂灰黑陶。仰折沿，圆唇，矮领，鼓腹，中腹以下残。口沿及颈部抹平，腹饰右斜向绳纹。口径 23、沿宽 2、残高 22 厘米（图 3-505，2）。标本 2006H31:4，夹砂灰陶。折沿近平，圆唇，微束颈，鼓腹，中腹以下残。腹饰细绳纹。口径 21.4、沿宽 1.5、残高 15.5 厘米（图 3-505，3）。

圆腹罐

Ca 型Ⅰ式　标本 2006H31:3，夹砂，砂粒极细，灰陶。侈口，尖圆唇，唇下饰一周索状花边，高领，鼓腹，中腹以下残。腹饰斜向绳纹。口径 13.6、领高 4、残高 6.1 厘米（图 3-505，6）。

Ca 型Ⅱ式　标本 2006H31:2，夹细砂灰陶。侈口，尖唇，唇下压印出索状花边，曲领，圆鼓腹，下腹残。腹饰竖向绳纹。口径 12、领高 2、残高 8.8 厘米（图 3-505，4）。标本 2006H31:1，夹细砂偶见较大砂粒，红陶。侈口，方唇，口外饰一周花边，斜直领，圆鼓腹，中腹以下残。腹饰竖向细绳纹。口径 16、残高 9.4 厘米（图 3-505，5）。

鼎　A 型Ⅰ式　标本 2006H31:8，夹砂偶见较大砂粒，灰陶。敛口，仰折沿，沿面略凹，方唇，鼓腹，下腹及足残。口外有一道凸痕。口径 17、沿宽 1.3、残高 7 厘米（图 3-505，7）。

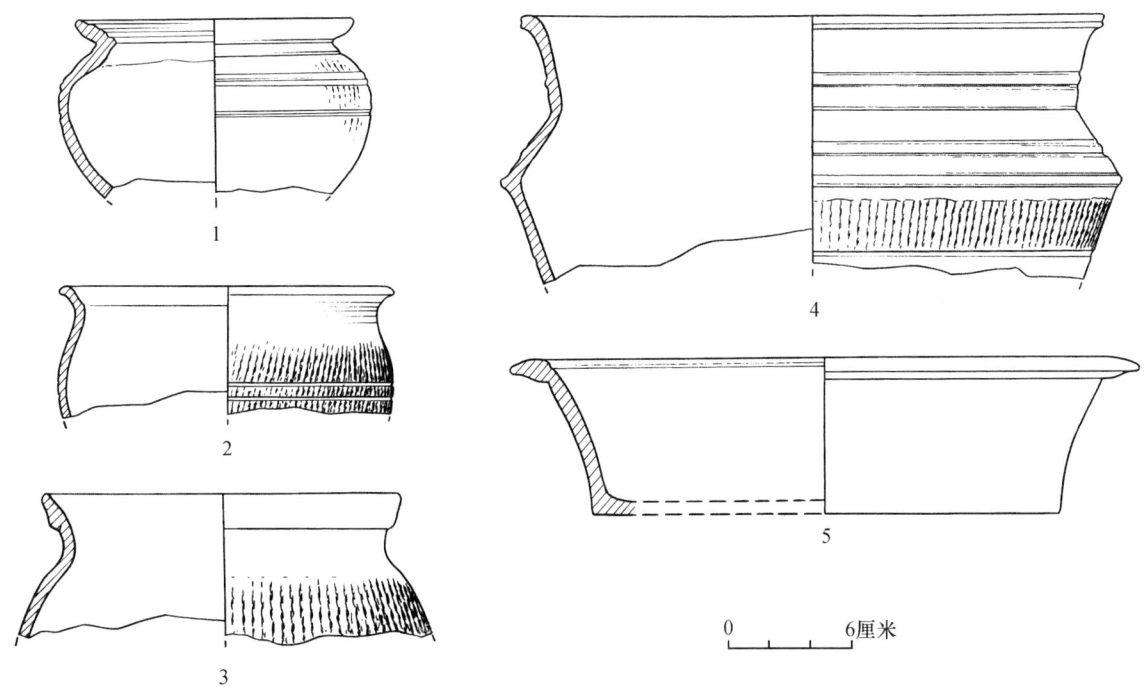

图 3-504　2006ⅡT6305H30 出土陶器

1、2. A 型Ⅰ式鼎（2006H30：1、2006H30：13）　3. Cb 型Ⅱ式圆腹罐（2006H30：16）　4. Ⅱ式大口尊（2006H30：31）
5. A 型Ⅰ式平底盆（2006H30：3）

甑　C 型　标本 2006H31：7，夹砂，黑陶褐胎。侈口，卷沿，方唇。微束颈，上腹略鼓，中腹以下残。口沿及颈部抹平，上腹饰竖向绳纹。口径 22、残高 9、胎厚 0.7 厘米（图 3-506，1）。

豆　Ba 型　标本 2006H31：12，泥质含少量细砂，灰陶。敞口，尖唇，平折沿，沿面内侧有一道凸棱，斜弧腹较浅，底及柄残。素面。口径 18、沿宽 2、残高 3 厘米（图 3-506，2）。

缸　C 型　标本 2006H31：11，夹砂，黑陶红褐胎。侈口，圆唇外凸，斜直腹外张，中腹以下残。腹部饰左斜向绳纹。口径 29、残高 5.5、胎厚 0.6 厘米（图 3-506，3）。

高领罐　标本 2006H31：9，泥质含少量细砂，黑陶褐胎。侈口，方唇唇面内凹，高领，肩以下残。器表磨光，领饰两道弦纹。口径 15、残高 5.4 厘米（图 3-506，4）。

2006ⅡT6306H36

深腹罐

Ab 型Ⅱ式　标本 2006H36：2，夹砂，褐陶灰胎。敛口，圆唇，仰折沿，鼓腹，中腹以下残。腹饰斜向细绳纹。口径 24.6、残高 7.2 厘米（图 3-507，2）。

Ac 型Ⅱ式　标本 2006H36：6，夹砂，褐陶灰胎。敛口，仰折沿，圆唇外鼓，深腹较鼓，底残。口外绳纹抹平，腹饰竖向及交错绳纹。口径 24.8、残高 35 厘米（图 3-507，1）。

圆腹罐

Ca 型Ⅱ式　标本 2006H36：8，夹砂灰陶。侈口，斜方唇，唇下缘饰一周索状花边，领卷曲，上腹微鼓，中腹以下残。领及上腹部抹平，腹饰竖向细绳纹。口径 12.3 厘米、残高 7 厘米（图 3-507，

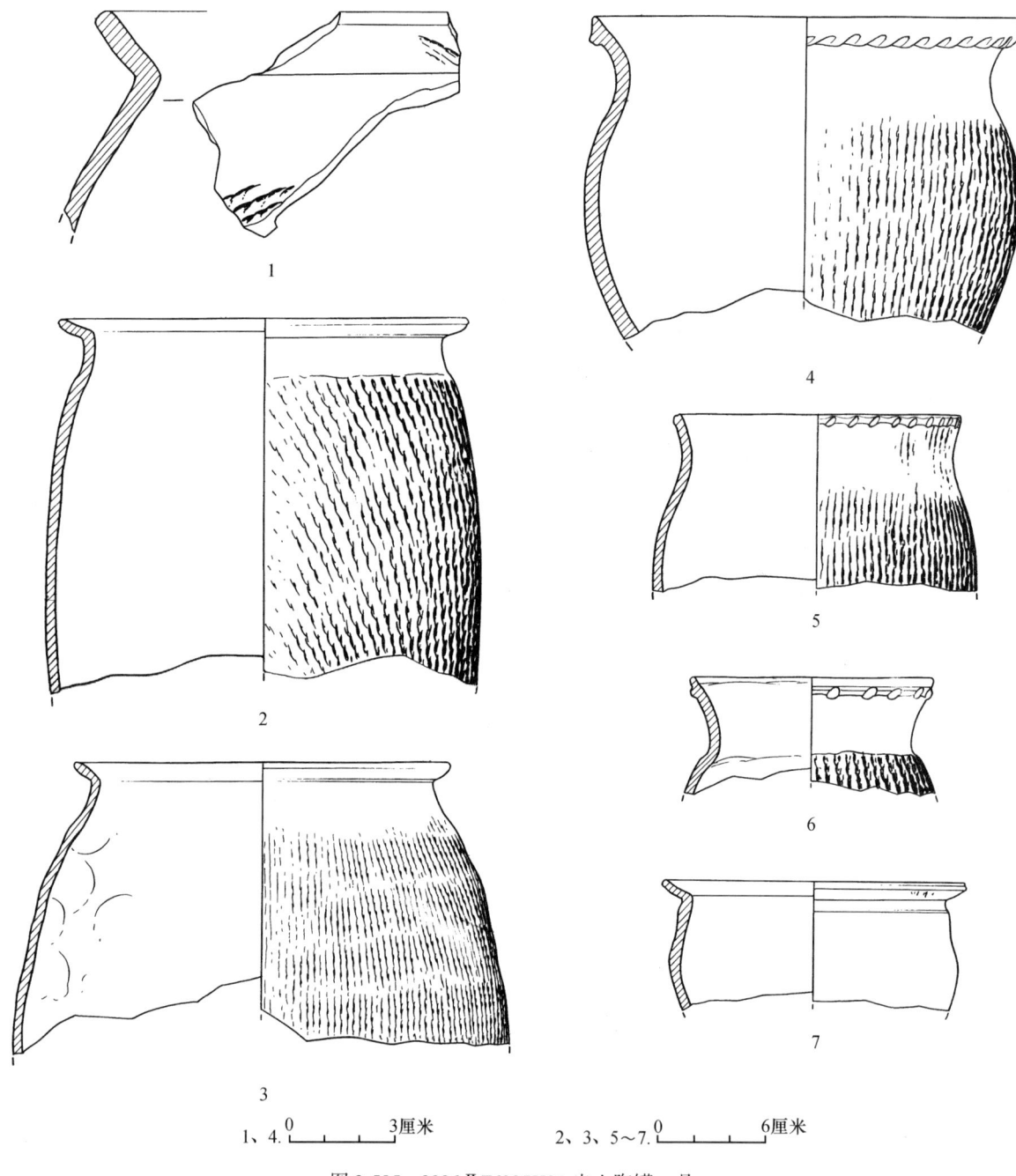

图 3-505　2006ⅡT6305H31 出土陶罐、鼎

1. Ab 型Ⅱ式深腹罐（2006H31:10）　2、3. C 型Ⅱ式深腹罐（2006H31:5、2006H31:4）　4、5. Ca 型Ⅱ式圆腹罐（2006H31:3、2006H31:1）　6. Ca 型Ⅰ式圆腹罐（2006H31:3）　7. A 型Ⅰ式鼎（2006H31:8）

3）。标本 2006H36:10，夹砂灰陶。侈口，斜方唇，口外饰一周索状花边，领斜直，圆鼓腹，下腹及底残。腹饰竖向细绳纹。口径 14.6、腹径 17.2、残高 15 厘米（图 3-507，4）。

Ca 型Ⅲ式　标本 2006H36:5，夹砂灰陶。侈口，斜方唇，口外饰一周花边，矮领略卷曲，上腹微鼓，中腹以下残。腹饰斜向细绳纹，局部有交错。口径 14、残高 8.2 厘米（图 3-507，5）。

第三章 二里头文化遗存

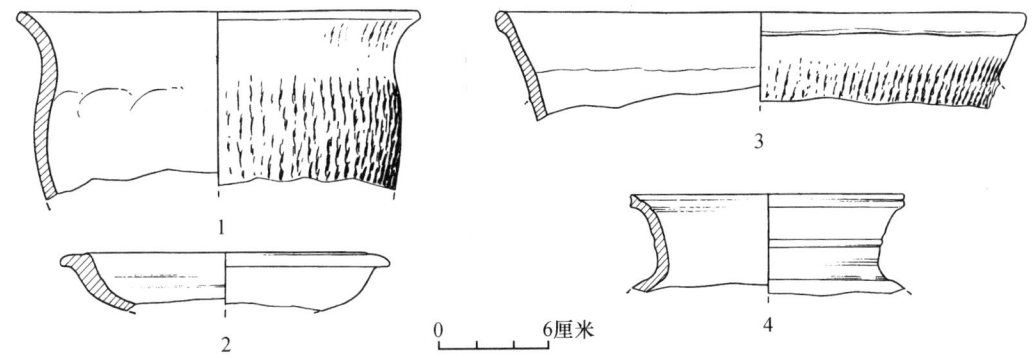

图 3-506　2006ⅡT6305H31 出土陶器

1. C 型甗（2006H31:7）　2. Ba 型豆（2006H31:12）　3. C 型缸（2006H31:11）　4. 高领罐（2006H31:9）

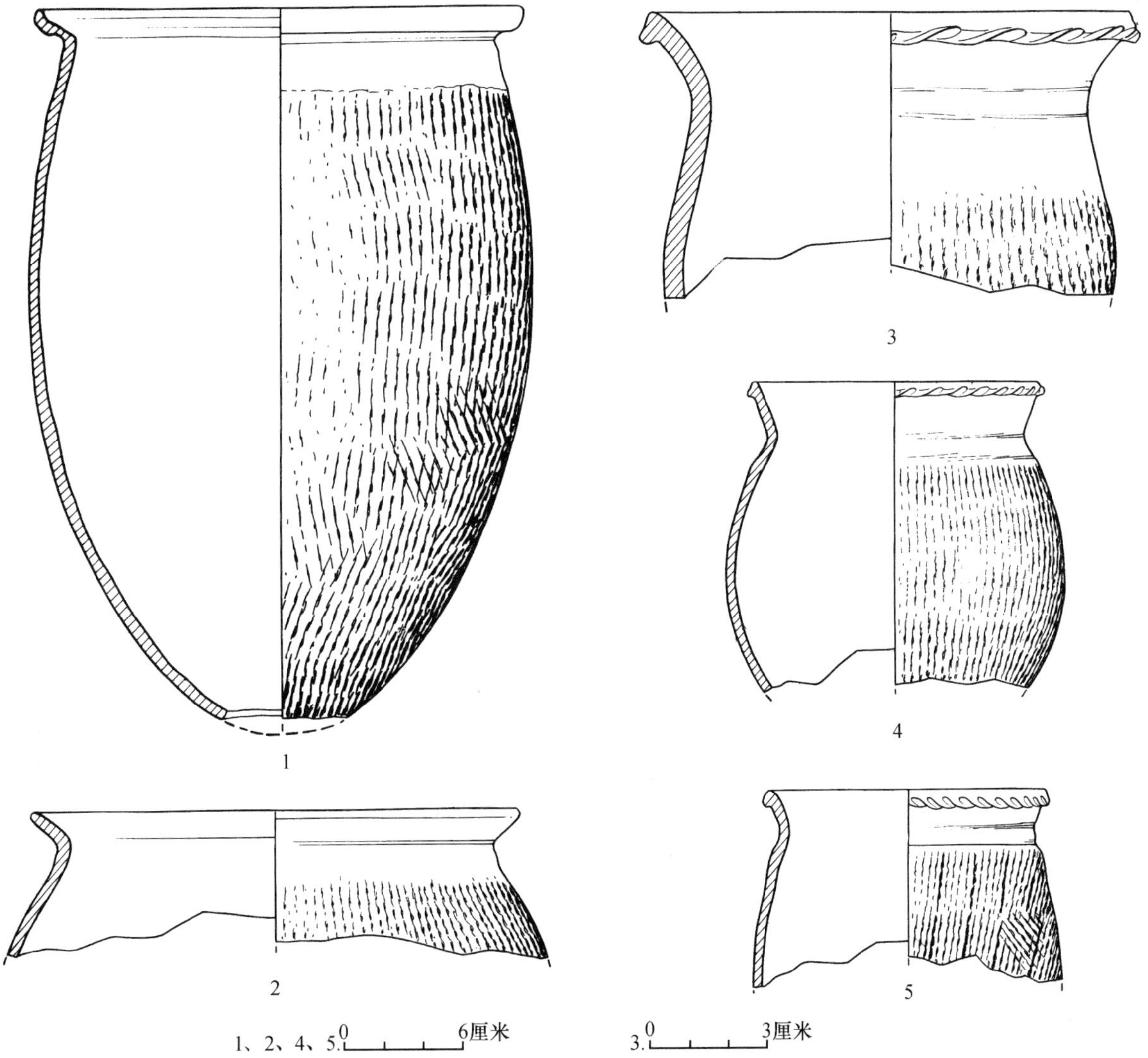

图 3-507　2006ⅡT6306H36 出土陶罐

1. Ac 型Ⅱ式深腹罐（2006H36:6）　2. Ab 型Ⅱ式深腹罐（2006H36:2）　3. Ca 型Ⅱ式圆腹罐（2006H36:8）　4. Ca 型Ⅱ式圆腹罐（2006H36:10）　5. Ca 型Ⅲ式圆腹罐（2006H36:5）

2006ⅠT9G3④

深腹罐

Ab型Ⅱ式　标本2006G3④:29，夹细砂褐陶，灰胎。微侈口，折沿近平，沿较窄，方唇，腹微鼓，中腹以下残。腹饰竖向绳纹。残高3.6、胎厚0.4~0.6厘米（图3-508，1）。标本2006G3④:31，夹中砂灰陶。折沿上仰，沿较窄，方唇，敛口，腹微鼓。腹饰竖向绳纹。残高3.6、胎厚0.5厘米（图3-508，2）。标本2006G3④:27，夹中砂灰陶。折沿上仰，沿较宽，沿面内侧有一浅凹槽，方唇，唇部上缘突出，敛口，腹以下残。素面。口径21、沿宽2.5、残高2.3、胎厚0.5~0.7厘米（图3-508，3）。标本2006G3④:2，夹细砂浅灰陶。窄沿微仰折，方唇，敛口，上腹较鼓，中腹以下残。口外抹平，以下饰细绳纹。口径31.2、沿宽1.6、残高7、胎厚0.7厘米（图3-508，5）。

Ab型Ⅲ式　标本2006G3④:26，夹中砂灰陶，褐胎。折沿上仰，沿较宽，沿面内侧有一周凹槽，斜方唇，腹略鼓。口外抹平，腹饰斜向较细绳纹。口径18.6、沿宽2.2、胎厚0.4~0.6、残高4.6厘米（图3-508，4）。

C型Ⅰ式　标本2006G3④:28，夹砂，砂粒较大，灰褐陶。折沿微仰、略束颈，圆唇，直口，鼓腹，中腹以下残。口外抹平，以下饰竖向细绳纹。口径22、沿宽2、残高4.9、胎厚0.7厘米（图3-508，6）。

圆腹罐

Ca型Ⅱ式　标本2006G3④:6，夹砂浅灰陶。高领，领略曲，方唇，鼓腹，中腹以下残。腹饰竖向绳纹。口径14.4、残高6.7厘米（图3-508，7）。标本2006G3④:40，夹中砂黑陶。侈口，尖唇，唇下压印出一周花边，高领较斜直，鼓腹，中腹以下残。腹饰斜向较粗绳纹。口径15.7、残高7.8、胎厚0.5~0.7厘米（图3-508，9）。

Ca型Ⅳ式　标本2006G3④:1，夹细砂灰陶。侈口，卷沿，尖唇，唇下压印出花边，矮领，圆鼓腹，中腹以下残。腹饰斜向较粗绳纹。口径15.1、残高5.3、胎厚0.5~0.7厘米（图3-508，8）。

平底盆　标本2006G3④:16，泥质，黑灰陶灰胎。折沿近平，沿面微鼓，圆唇，深腹较斜直，中腹以下残。口径30、残高4厘米（图3-509，1）。

A型Ⅰ式　标本2006G3④:41，夹细砂，黑陶红胎。敞口，圆唇外凸，腹壁略内曲，底残。素面，下腹有一周弦纹。口径28.2、残高5.6、厚0.5~0.7厘米（图3-509，2）。

器盖　Aa型Ⅰ式　标本2006G3④:21，夹细砂红陶。敞口，圆唇外凸，腹壁外张，折腹，顶及钮残。素面。口径21.2、残高5、厚0.5~0.7厘米（图3-509，3）。

高领罐　标本2006G3④:3，泥质灰陶。口微侈，尖圆唇外凸，高领较直，领中部有一周凸棱，折肩，下腹及底残。通体磨光，肩部及上腹饰弦纹夹指甲形印纹带。胎薄。口径11.2、领高2.9、残高10.1、厚0.4~0.6厘米（图3-509，4）。标本2006G3④:18，泥质，略含细砂。黑灰陶灰胎。高领较斜直，圆唇外凸，口外呈带状凸起，折肩以下残。素面。口径12.1、领高2.4、残高3.6厘米（图3-510，1）。

敛口罐　A型Ⅱ式　标本2006G3④:14，泥质灰陶。仰折沿，方唇，唇端向两侧微凸。敛口，鼓腹，中腹以下残。上腹有两周弦纹，其下饰竖向绳纹。口径19.6、沿宽2、残高7.3厘米（图

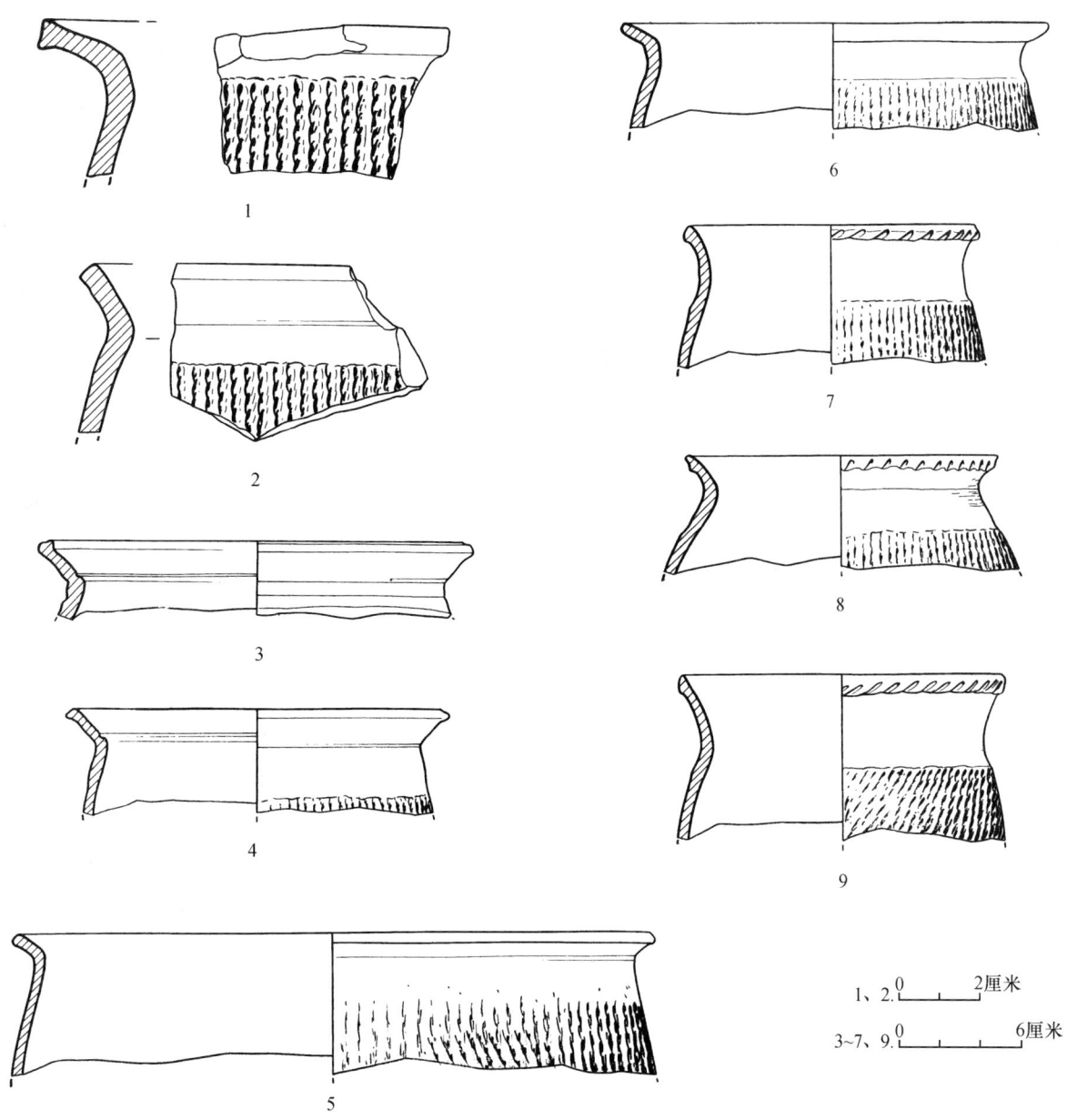

图 3-508 2006ⅠT9G3④出土陶罐

1. Ab 型Ⅱ式深腹罐（2006G3④:29） 2、3. Ab 型Ⅱ式夹砂深腹罐（2006G3④:31、2006G3④:27） 4. Ab 型Ⅲ式夹砂深腹罐（2006G3④:26） 5. Ab 型Ⅳ式夹砂深腹罐（2006G3④:2） 6. C 型Ⅰ式夹砂深腹罐（2006G3④:28） 7. Ca 型Ⅱ式圆腹罐（2006G3④:6） 8. Ca 型Ⅳ式圆腹罐（2006G3④:1） 9. Ca 型Ⅱ式圆腹罐（2006G3④:40）

3-510，2）。标本 2006G3④:4，泥质褐陶。折沿近平，圆唇，敛口，鼓腹，中腹以下残。上腹抹平，以下饰竖向绳纹。口径 20、残高 9 厘米（图 3-510，3）。

夹砂罐　标本 2006G3④:5，夹砂褐陶。折沿上仰，方唇，沿面微凹，敛口，上腹较鼓，中腹以下残。器表因风化过甚，纹饰不明。口径 21.2、沿宽 3.6、残高 12.5、胎厚 0.6~0.8 厘米（图 3-510，4）。

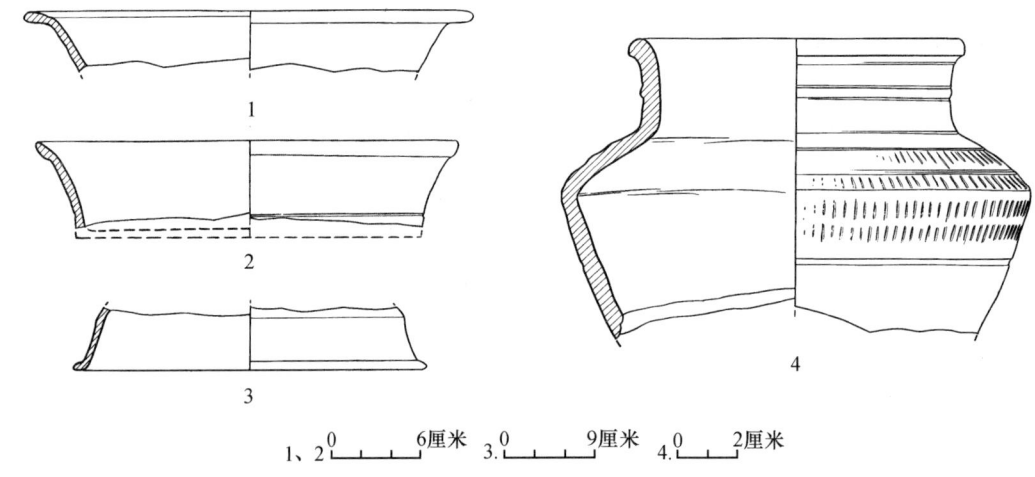

图 3-509　2006ⅠT9G3④出土陶器

1. 平底盆（2006G3④:16）　2. A 型Ⅰ式平底盆（2006G3④:41）　3. Aa 型Ⅰ式器盖（2006G3④:21）　4. 高领罐（2006G3④:3）

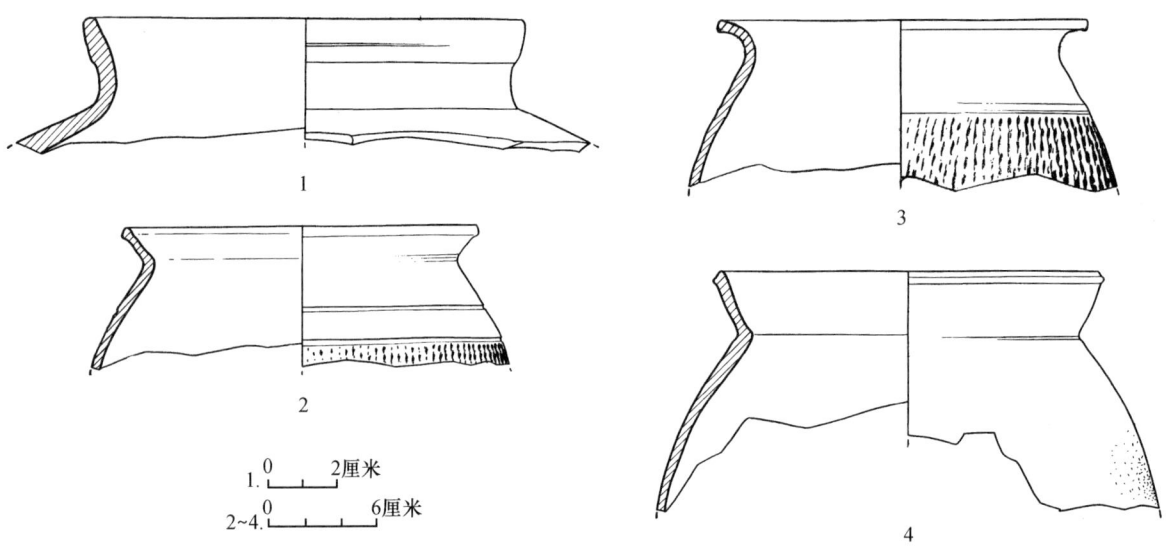

图 3-510　2006ⅠT9G3④出土陶罐

1. 高领罐（2006G3④:18）　2、3. A 型Ⅱ式敛口罐（2006G3④:14、2006G3④:4）　4. 夹砂罐（2006G3④:5）

2006ⅡT6201H16

深腹罐

Ab 型Ⅰ式　标本 2006H16:8，夹砂灰黑陶。仰折沿，方唇，敛口，鼓腹，下腹残。腹饰右斜向及横向篮纹。中腹以下似有涂泥。口径 22.8、沿宽 2.8、腹径 27.2、残高 17.2、胎厚 0.4 厘米（图 3-511，1）。标本 2006H16:18，夹砂灰黑陶，褐胎。仰折沿，方唇，敛口，上腹外鼓，中腹以下残。腹饰左斜向篮纹。中腹以下似有涂泥。口径 24、沿宽 2.5、残高 6、胎厚 0.6 厘米（图 3-511，4）。

Ab 型Ⅱ式　标本 2006H16:10，夹砂黑灰陶，中腹以下为灰褐色。宽沿仰折，圆唇，沿背微凸，沿面内外侧各有一周凹槽，敛口，鼓腹，底残。腹饰竖向及右斜向绳纹。口径 23.6、沿宽 3.5、腹

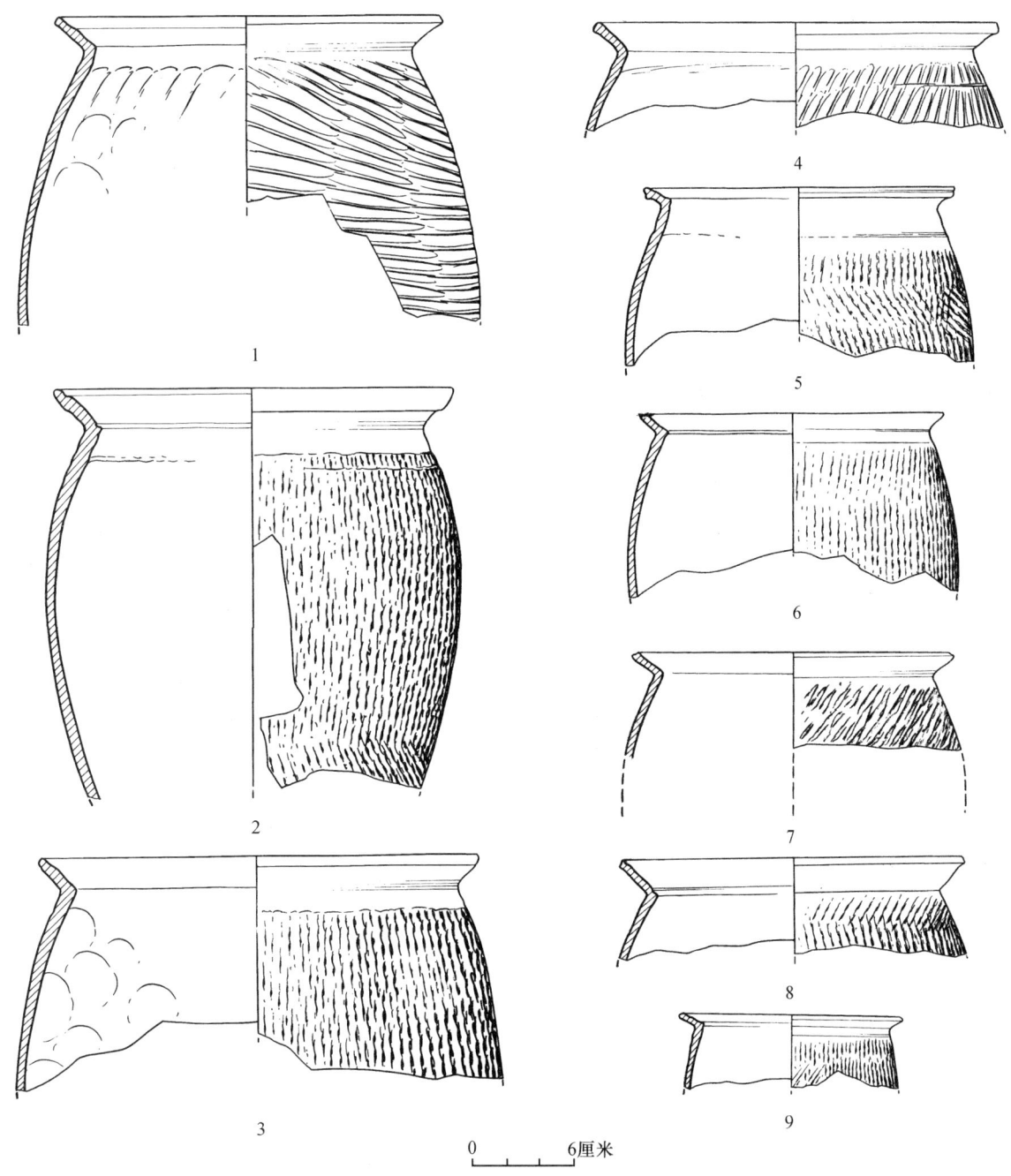

图 3-511　2006ⅡT6201H16 出土陶罐

1、4. Ab 型Ⅰ式深腹罐（2006H16:8、2006H16:18）　2、3、8. Ab 型Ⅱ式深腹罐（2006H16:10、2006H16:16、2006H16:21）
5～7、9. A 型Ⅱ式圆腹罐（2006H16:9、2006H16:17、2006H16:26、2006H16:14）

径 24.4、残高 24、胎厚 0.5～0.6 厘米（图 3-511，2）。标本 2006H16:16，夹砂灰陶。仰折沿，方唇，敛口，上腹外鼓，中腹以下腹残。腹部滚压竖向绳纹。口径 26、沿宽 2.7、残高 12.5 厘米（图 3-511，3）。标本 2006H16:21，夹砂灰陶。仰折沿，沿面内侧有一周弦纹，方唇，敛口，上腹外鼓，中腹以下残。腹饰交错绳纹。口径 20.5、沿宽 2.9、残高 5.5、胎厚 0.5 厘米（图 3-511，8）。

圆腹罐

A 型Ⅱ式　标本 2006H16:9，夹砂灰陶。折沿微仰，折棱凸起。方唇，敛口，上腹外鼓，中腹以下残。口外抹平，腹饰交错绳纹。口径 18.4、腹径 20.8、残高 11 厘米（图 3-511，5）。标本 2006H16:17，夹砂灰黑陶。仰折沿，折棱明显，唇缘削平成尖唇。上腹外鼓，下腹残。腹饰细绳纹。口径 18、沿宽 1.7、腹径 22、残高 10.5、胎厚 0.4 厘米（图 3-511，6）。标本 2006H16：26，夹砂灰黑陶。仰折沿，唇缘削平为尖平唇，敛口，上腹外鼓，中腹以下残。腹饰粗绳纹。口径 19.2、沿宽 1.7、底径 9、残高 4.5、胎厚 0.4 厘米（图 3-511，7）。标本 2006H16:14，夹砂灰陶。折沿略仰，折棱明显，尖平唇，敛口，腹微鼓，中腹以下残。沿下有一周宽约 1 厘米的竖向细绳纹，以下为粗绳纹。口径 13.4、沿宽 1.4、残高 4、胎厚 0.3 厘米（图 3-511，9）。

Ca 型Ⅱ式　标本 2006H16:15，夹砂灰黑陶。高领，侈口，尖唇，鼓腹，中腹以下残。口外有两鸡冠錾和一周花边，腹饰细绳纹。口径 16、残高 6、胎厚 0.4～0.5 厘米（图 3-512，2）。标本 2006H16:13，夹砂灰褐陶。侈口，方唇，领卷曲，鼓腹，中腹以下残。口饰一周花边。腹饰竖向绳纹。口径 18.6、残高 6.5、胎厚 0.5～0.7 厘米（图 3-512，3）。

Ca 型Ⅲ式　标本 2006H16:6，夹砂灰陶。侈口，方唇，矮领斜直，圆鼓腹，下腹残。口外饰一对鸡冠錾和一周花边。腹饰交错细绳纹。口径 14.6、腹径 15、残高 13、胎厚 0.7 厘米（图 3-512，1）。

深腹盆　A 型Ⅱ式　标本 2006H16:4，泥质灰陶。折沿略上仰，折棱凸出，尖平唇，敛口，鼓腹，中腹以下残。上腹有轮修形成的密集弦纹，其下饰竖向绳纹。口径 18.3、腹径 19、沿宽 2.4、残高 10.6 厘米（图 3-512，4）。

刻槽盆　A 型Ⅰ式　标本 2006H16:2，泥质灰黑陶。侈口，方唇，鼓腹，底残。腹饰右斜篮纹。内壁有竖向刻槽，由底到口呈放射状，底部及下腹刻槽较深，上腹至口变浅。口径 16、腹径 19.6、底径约 7、高 15 厘米（图 3-512，5）。

平底盆　A 型Ⅰ式　标本 2006H16:7，泥质黑陶。尖圆唇，侈口，中腹内曲，平底。素面。口外侧饰一周凸棱。口径 26.2、底径 19、高 6、胎厚 0.7 厘米（图 3-512，6）。

高领罐　标本 2006H16:19，泥质含少量砂粒，黑陶褐胎。口微侈，斜方唇，高领，肩以下残。器表磨光。口径 11.5、领高 2.7、残高 4 厘米（图 3-512，10）。标本 2006H16:1，泥质灰陶。高领，侈口，圆唇外凸，鼓腹偏上，底残。领肩部磨光，腹饰竖向及交错绳纹。近底部有明显磨损痕，应为长期使用所致。口径 18.8、腹径 18.4、领高 4、残高 16.8 厘米（图 3-513，2）。

小口尊

A 型　标本 2006H16:12，泥质灰陶。侈口，方唇，唇面有一周凹槽，高领，肩以下残。器表磨光。口径 16.2、残高 5.8 厘米（图 3-512，7）。

Aa 型　标本 2006H16:5，泥质偶有砂粒，灰陶。侈口，斜方唇，高领，宽肩微鼓，折肩，中腹以下残。领及肩上部磨光，肩下部饰细弦纹、细绳纹和一周附加堆纹，腹饰竖向绳纹及弦纹。口径 17.2、肩径 27.4、领高 3.5、残高 12.5、胎厚 0.4 厘米（图 3-512，9）。

Ab 型　标本 2006H16:11，泥质，黑陶褐胎。侈口，斜方唇，口内侧有一周凸棱，高领，宽肩略鼓，折肩，中腹以下残。领肩部磨光，领饰一周凸弦纹，肩部饰弦纹夹云纹，云纹两两相对。口

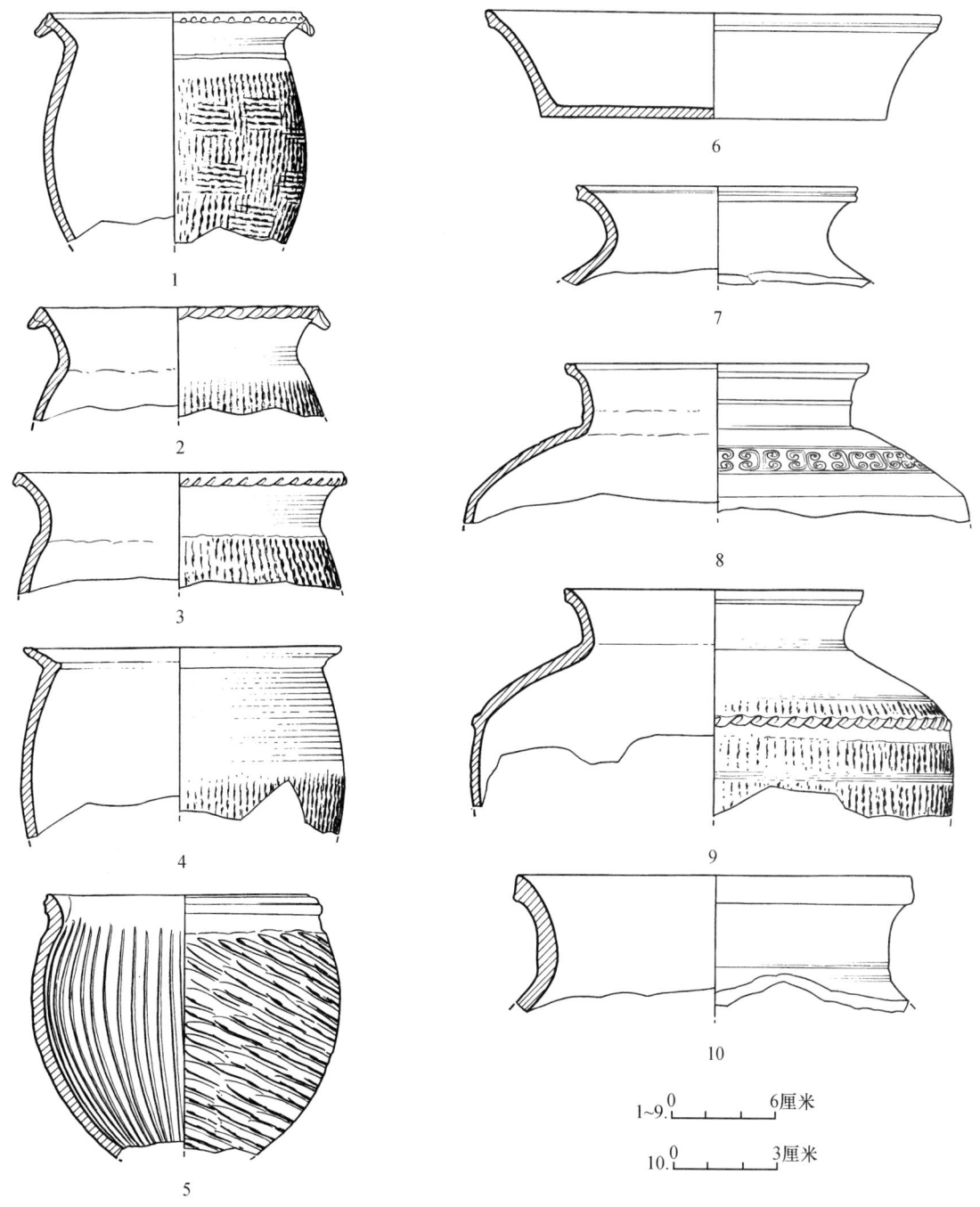

图 3-512　2006ⅡT6207H16 出土陶器（一）

1. Ca 型Ⅲ式圆腹罐（2006H16：6）　2、3. Ca 型Ⅱ式圆腹罐（2006H16：15、2006H16：13）　4. A 型Ⅱ式深腹盆（2006H16：4）　5. A 型Ⅰ式刻槽盆（2006H16：2）　6. A 型Ⅰ式平底盆（2006H16：7）　7. A 型小口尊（2006H16：12）　8. Ab 型小口尊（2006H16：11）　9. Aa 型小口尊（2006H16：5）　10. 高领罐（2006H16：19）

径17.6、肩径28.6、领高3.5、残高16、胎厚0.4厘米（图3-512，8）。

盂　标本2006H16:3，泥质灰陶。折沿微仰，尖圆唇。敛口，鼓腹偏上，小平底下凸。器表素面磨光，沿面内外侧各饰一周弦纹。口径15.6、沿宽1.5、底径9.2、高6.7、胎厚0.7厘米（图3-513，1）。

器足　标本2006H16:20，泥质含少量细砂，浅灰陶。喇叭状矮圈足。素面，中部饰一周弦纹。圈足底径12.9、高3.8厘米，残高3.9、胎厚0.7厘米（图3-513，3）。

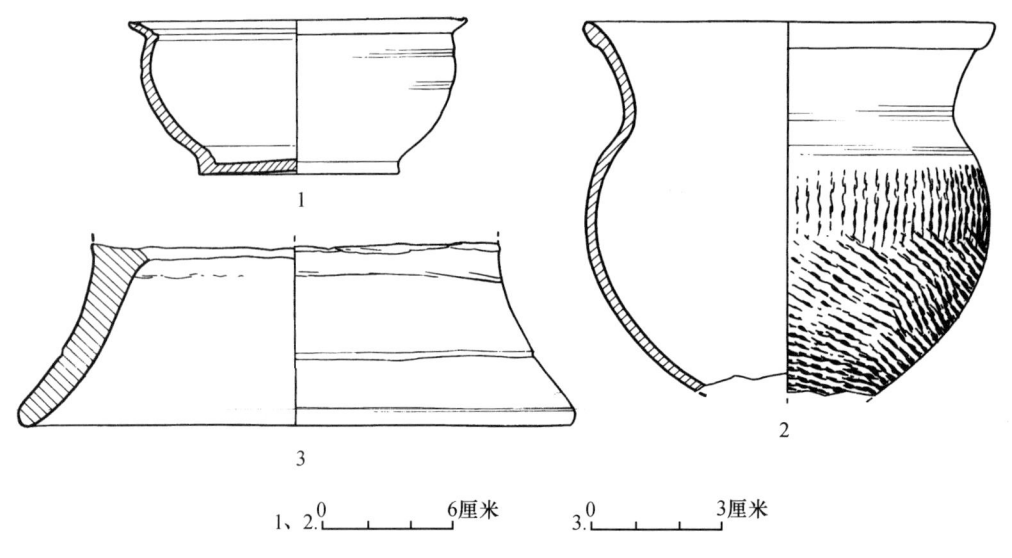

图3-513　2006ⅡT6207H16出土陶器（二）
1. 盂（2006H16:3）　2. 高领罐（2006H16:1）　3. 器足（2006H16:20）

（四）一般单位出土陶器

2004ⅡT6502H3

圆腹罐　Ca型Ⅲ式　标本2004H3:7，夹砂灰陶。侈口，矮领部略曲，尖圆唇，上腹微鼓，中腹以下残。口外侧饰一周花边，上腹饰一周麻点纹。口径13.4、残高6.2厘米（图3-514，4）。

2004ⅡT6502H6

鼎　Bc型　标本2004H6:3，夹砂黑陶。圆唇，唇面微凹，敛口，圆鼓腹，中腹以下残。上腹饰有一周花边，其下饰竖向绳纹。口径16.8、残高8.8厘米（图3-514，2）。

器盖　Aa型Ⅰ式　标本2004H6:4，夹砂褐陶。尖圆唇外凸，敞口，曲壁外张，折腹，弧顶，顶以上残。素面。底径24、残高6.3厘米（图3-514，3）。

2004ⅡT6502H11

缸　Aa型Ⅰ式　标本2004H11:1，夹砂灰陶。敛口，仰折沿，圆唇，腹微鼓，平底。腹饰篮纹及11周附加堆纹。口径34.4、腹径33.4、底径12.2、通高44.2厘米（图3-514，1；图版一四，1）。

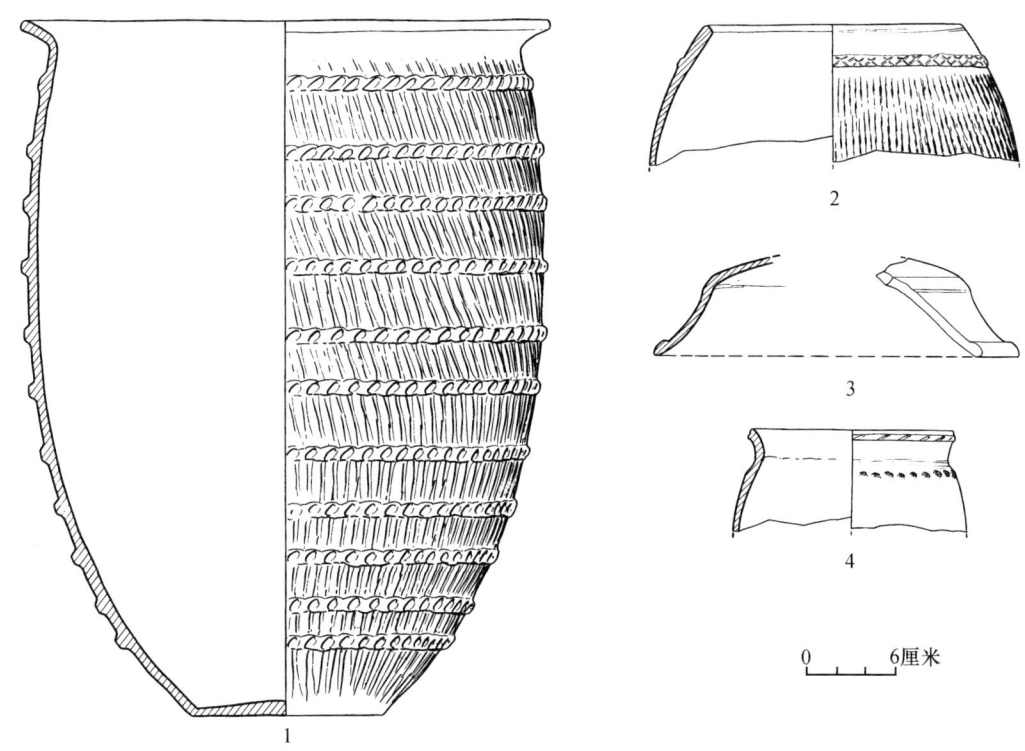

图 3-514　2004ⅡT6502H11、H3、H6 出土陶器
1. Aa 型Ⅰ式缸（2004H11:1）　2. Bc 型鼎（2004H6:3）　3. Aa 型Ⅰ式器盖（2004H6:4）
4. Ca 型Ⅲ式圆腹罐（2004H3:7）

2004ⅠT6641M16 填土

深腹罐

Aa 型　标本 2004M16 填土:2，夹砂浅灰陶。敛口，仰折沿，尖平唇，唇面略凹，腹以下残。腹饰竖向篮纹。口径 24、残高 2.5 厘米（图 3-515，1）。

Ab 型Ⅰ式　标本 2004M16 填土:8，夹砂黑皮陶青灰胎，内壁灰色。敛口，仰折沿，折棱凸出，圆唇，沿面有一周弦纹，鼓腹，中腹以下残。腹饰竖向篮纹。口径 20.6、残高 5.3 厘米（图 3-515，2）。标本 2004M16 填土:14，夹砂黑皮陶青灰胎。敛口，折沿近平，沿面饰两周细弦纹，方唇唇面略凹，鼓腹，中腹以下残。口内侧饰一周细弦纹，腹饰竖向篮纹。口径 18、残高 4.5 厘米（图 3-515，3）。

捏口罐　A 型Ⅰ式　标本 2004M16 填土:13，泥质夹少量细砂，红褐陶，局部灰黑色。侈口，卷沿，圆唇，口外侧呈带状凸起，圆鼓腹，下中腹以下残。口部残见一个椭圆形捏窝，腹饰方格纹。口径 13.2~14、残高 8.8 厘米（图 3-515，4）。

圈足盘　A 型　标本 2004M16 填土:7，泥质灰陶红褐胎。敞口，尖唇，盘腹微内曲，平底略圜，圈足残，经抹平而再次利用。素面，口部外侧呈带状凸起，盘中腹饰一周凸棱。口径 19、底径 14、残高 6.8 厘米（图 3-515，7）。

鼎　Bc 型　标本 2004M16 填土:1，夹砂红褐陶，局部灰黑色，内壁呈黑色。敛口，圆唇外凸，

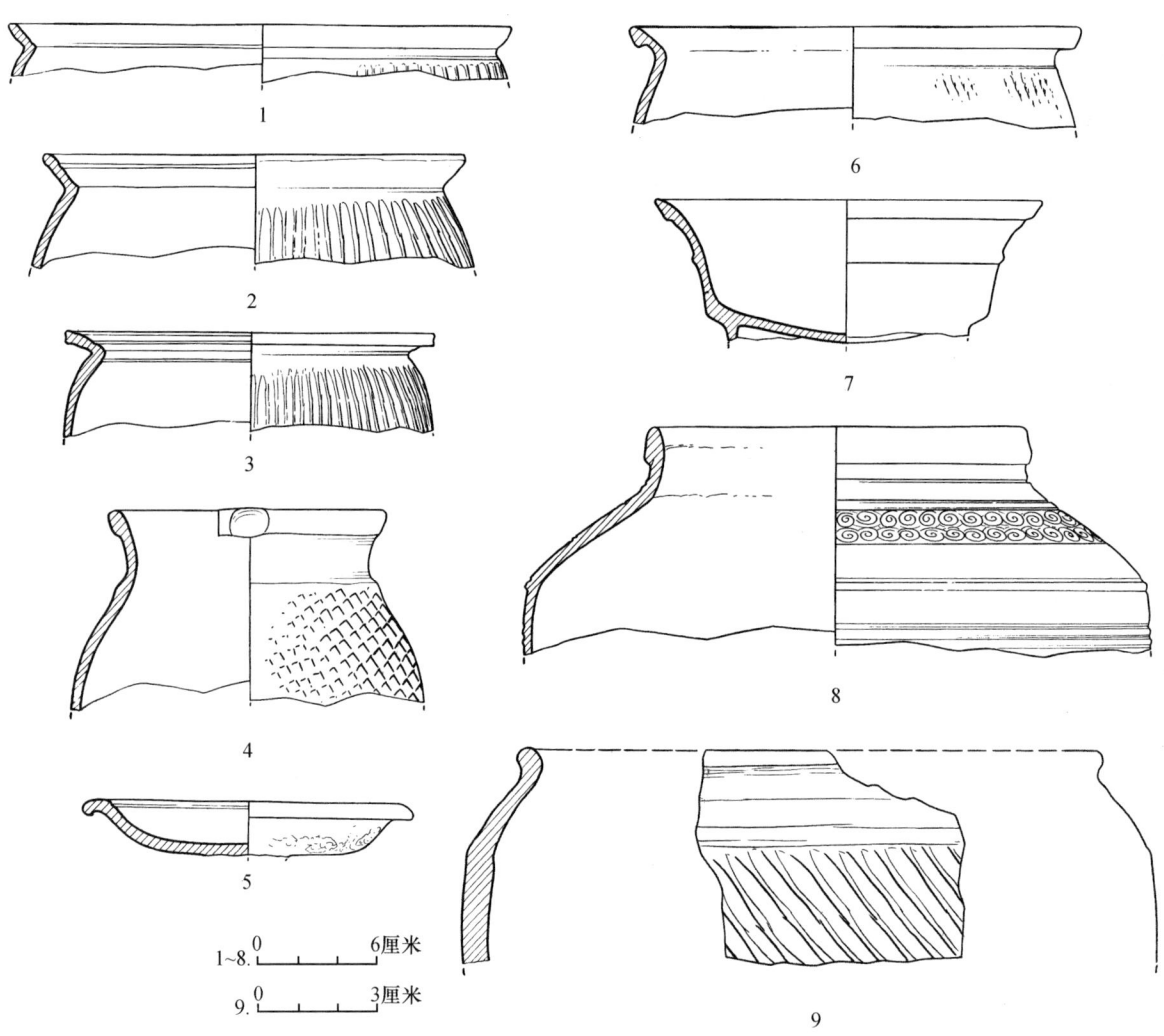

图 3-515　2004ⅠT6641M16 填土、H317 出土陶器

1. Aa 型深腹罐（2004M16 填土：2）　2、3. Ab 型Ⅰ式深腹罐（2004M16 填土：8、2004M16 填土：14）　4. A 型Ⅰ式捏口罐（2004M16 填土：13）　5. Ba 型豆（2004H317：4）　6. Ac 型Ⅰ式深腹罐（2004H317：5）　7. A 型圈足盘（2004M16 填土：7）　8. A 型Ⅱ式瓮（2004H317：2）　9. Bc 型鼎（2004M16 填土：1）

折肩，腹壁斜直，中腹以下残。口及肩部有轮修痕，上腹饰斜向篮纹。口径 14.6、肩径 17、残高 5.2 厘米（图 3-515，9）。

2004ⅠT6641H317

深腹罐　Ac 型Ⅰ式　标本 2004H317：5，夹砂深灰陶，浅灰胎。敛口，折沿微仰，方唇，下缘略凸且抹圆，鼓腹，中腹以下残。上腹隐约见绳纹痕迹。口径 24、残高 4.3 厘米（图 3-515，6）。

豆　Ba 型　标本 2004H317：4，泥质黑皮陶，红褐胎，胎芯灰黑色。侈口，卷沿微耷，圆唇，腹较浅，平底微圜，豆柄缺失。器表黑皮剥落，口部内侧饰一周凹槽。口径 16.2、残高 2.6 厘米（图 3-515，5）。

瓮　A 型Ⅱ式　标本 2004H317：2，泥质灰陶，局部灰黑色。直口上部微侈，尖圆唇，口外侧呈宽带状凸起，矮领，折肩，中腹以下残。器表略磨光，领肩交界处饰一周弦纹。肩部饰两行云纹，云纹两侧各饰一周细弦纹，弦纹相接处不甚吻合。折肩处饰一周凸棱及三周弦纹，腹部残见三周凸棱。口径21、肩径36.8、残高10.3厘米（图3-515，8）。

2004ⅠT6740H80

圆腹罐

Ca型Ⅱ式　标本2004H80:3　夹粗砂灰陶。直口微侈，圆唇，领较高，鼓腹，中腹以下残。领部饰一周花边，腹饰细绳纹。残高16.7厘米（图3-516，2）。

Cb型Ⅱ式　标本2004H80:1，夹砂灰陶。侈口，圆唇外凸，领稍矮，鼓腹，中腹以下残。腹饰斜向绳纹。口径15.2、残高6.4厘米（图3-516，1）。

深腹盆　A型Ⅱ式　标本2004H80:2，夹细砂灰陶。尖圆唇、宽沿仰折、敛口、鼓腹、中腹以下残。腹饰竖向较粗绳纹以及两个鸡冠耳。口径24.4、残高6.6厘米（图3-516，8）。

甑底　标本2004H80:4，夹砂黑陶。平底，可见一个圆形箅孔和两个梭形箅孔。底部饰绳纹。残长4.9厘米（图3-516，10）。

2004ⅠT6740H245

深腹罐　Ab型Ⅰ式　标本2004H245:1，夹砂红陶，敛口，宽沿仰折，方唇，唇面略凹，鼓腹，中腹以下残。腹饰篮纹。口径24、残高11.4厘米（图3-516，3）。标本2004H245:2，夹砂灰陶。敛口，圆唇略外鼓，宽沿仰折，折棱凸出，沿面内外侧各有一周凹槽，鼓腹，中腹以下残。腹饰篮纹。口径24、残高11.4厘米（图3-516，4）。

2004ⅠT6740④

深腹罐　Ab型Ⅰ式　标本2004ⅠT6740④:11，夹砂灰陶。敛口、圆唇、仰折沿、鼓腹，中腹以下残。腹饰斜向及竖向篮纹。口径21.4、残高7.8厘米（图3-516，5）。

深腹盆　A型Ⅰ式　标本2004ⅠT6740④:10，泥质灰陶。敛口、尖圆唇略凸出于沿面、宽沿仰折、鼓腹。沿面近唇部有一道弦纹，上腹素面，有一道弦纹，其下饰竖向篮纹。口径22、残高5.8厘米（图3-516，7）。

2004ⅠT6740H244

深腹盆　A型Ⅱ式　标本2004H244:1，夹砂黑皮陶。宽沿仰折，直口，方唇，上腹较直，可见两鸡冠耳，下腹和底部残。腹饰竖向绳纹和部分斜向绳纹。口径23.8、残高15.4厘米（图3-516，6）。

2004ⅠT6740H55

鼎　Bb型　标本2004H55:1，夹细砂灰黑陶。侈口，窄卷沿，圆唇略鼓，腹略垂鼓，底残。腹饰竖向和横向篮纹。口径14、腹径15、残高14厘米（图3-516，9）。

2004ⅠT6741H45

圆腹罐　Ca型Ⅲ式　标本2004H45:2，夹砂灰陶。侈口，矮领较斜直，圆唇，腹微鼓，中腹以下缺失。唇外侧饰一周花边，腹饰斜向绳纹。口径14、腹径16、残高11.9厘米（图3-517，3）。

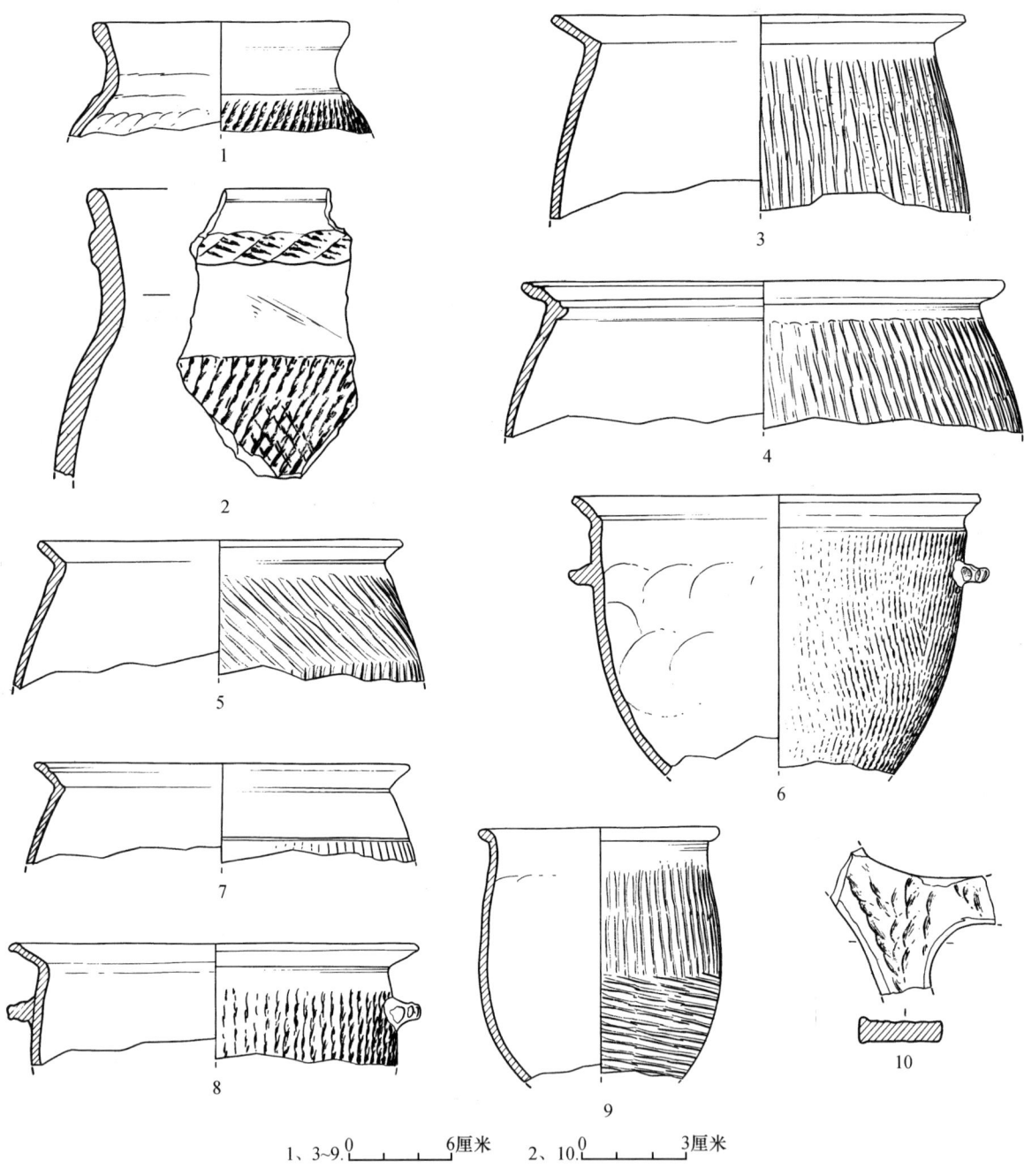

图 3-516 2004ⅠT6740④、H80、H245、H244、H55 出土陶器

1. Cb 型Ⅱ式圆腹罐（2004H80:1） 2. Ca 型Ⅱ式圆腹罐（2004H80:3） 3~5. Ab 型Ⅰ式深腹罐（2004H245:1、2004H245:2、2004ⅠT6740④:11） 6、8. A 型Ⅱ式深腹盆（2004H244:1、2004H80:2） 7. A 型Ⅰ式深腹盆（2004ⅠT6740④:10） 9. Bb 型鼎（2004H55:1） 10. 甑底（2004H80:4）

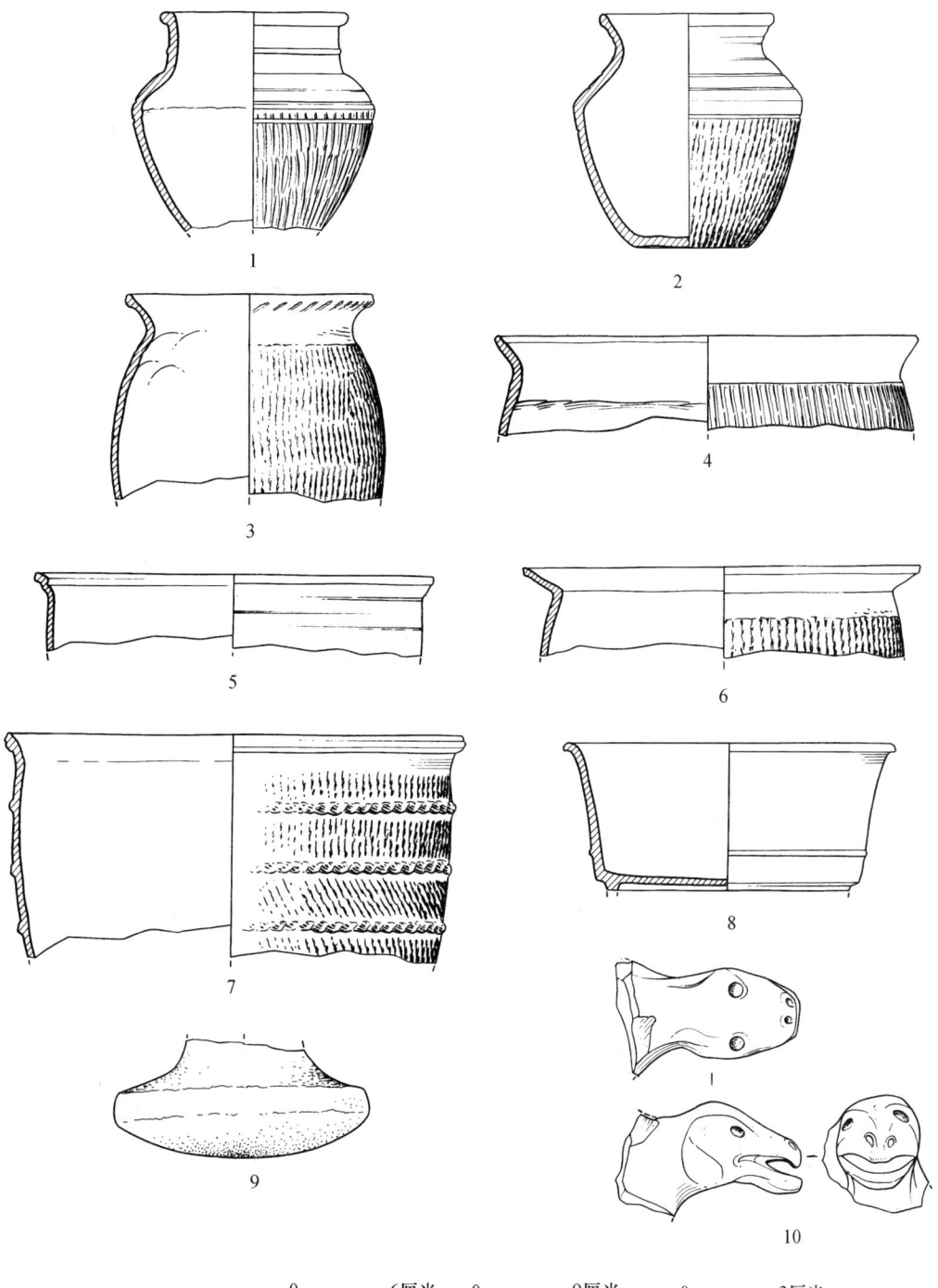

图 3-517 2004ⅠT6741④、H45、H399 和 T6841H97、H173 出土器物

1、2. 高领罐（2004H45:1、2004H97:2） 3. Ca 型Ⅲ式圆腹罐（2004H45:2） 4. B 型Ⅰ式深腹罐（2004H399:4） 5. A 型Ⅰ式深腹盆（2004H399:2） 6. Ab 型Ⅰ式深腹罐（2004H399:3） 7. Ab 型Ⅱ式缸（2004H97:3） 8. A 型圈足盘（2004H399:1） 9. 陶垫（2004ⅠT6741④:29） 10. 陶兽头（2004H173:2）

高领罐　标本2004H45：1，夹砂灰黑陶。直口，高领，圆唇外凸，折肩，弧腹内收，底部缺失。领部磨光，饰一周凸棱，肩饰弦纹，腹饰篮纹。口径11、肩径14、残高12.4厘米（图3-517，1）。

2004ⅠT6741H399

深腹罐

Ab型Ⅰ式　标本2004H399：3，夹砂灰陶。折沿上仰，方唇，唇面有一周凹槽，腹微鼓，中腹以下缺失。腹饰斜向绳纹。口径23.8、残高5.4厘米（图3-517，6）。

B型Ⅰ式　标本2004H399：4，夹砂灰黑陶，胎呈灰褐色。敛口，圆唇，卷沿上仰，沿面外侧有一周凹槽，腹微鼓，中腹以下缺失。腹饰竖向篮纹。口径25.2、残高5.5厘米（图3-517，4）。

深腹盆　A型Ⅰ式　标本2004H399：2，泥质灰黑陶褐胎。直口微敛，仰折沿，圆唇外鼓，沿面有一周凸棱，上腹近直，中腹以下缺失。器表素面且磨光。口径35.4、残高6.9厘米（图3-517，5）。

圈足盘　A型　标本2004H399：1，泥质夹少量细砂，黑皮陶褐胎。侈口，卷沿近平，尖圆唇，直腹微张，平底略圜，圈足残，经抹平后继续使用。器表素面且磨光。下腹饰一周凸棱。口径20、底径16、残高8.6厘米（图3-517，8）。

2004ⅠT6741④

陶垫　标本2004ⅠT6741④：29，夹砂褐陶。垫面为蘑菇形，柱形柄残。素面。垫面直径6.8、残高3.6厘米（图3-517，9）。

2004ⅠT6841H97

高领罐　标本2004H97：2，泥质灰陶，局部黄褐色及灰黑色。侈口，圆唇外凸，折肩，斜弧腹，平底略凹。领肩部有轮修痕饰弦纹，腹饰竖向绳纹，下腹及底饰交错较粗绳纹。口径10.4、肩径14、底径7.4、高13.6厘米（图3-517，2）。

缸　Ab型Ⅱ式　标本2004H97：3，夹砂灰陶。侈口，圆唇外凸，仰卷沿，腹微鼓，中腹以下缺失。腹饰绳纹及附加堆纹。口径40.8厘米、腹径39、残高19.2厘米（图3-517，7）。

2004ⅠT6841H173

兽头　标本2004H173：2，泥质灰陶，夹细砂，形似蛇首，口微张，有一对鼻孔，圆形双目，应是从器物腹壁脱落下来。残高2.6、残长4.9厘米（图3-517，10）。

2004ⅠT6740H245

尊底　标本2004H245：4，夹细砂浅灰陶。下腹斜收，小平底略向上凹。中腹以上残。腹饰凸弦纹和绳纹，底部周缘饰绳纹。底径10.6、残高10厘米（图3-518，1）。

2004ⅠT6740②

刻槽棒　标本2004ⅠT6740②：1，夹细砂红陶。呈圆锥状，中间有一空，孔径约1厘米，上部残。通体饰有竖向刻槽，偏上部有一道横向刻槽。残高10.3、最大径7.5厘米（图3-518，2）。

2004ⅠT6640H289

瓮　A型Ⅰ式　标本2004H289③：1，泥质夹少量细砂，灰陶，局部黄褐色。侈口，卷沿，圆唇

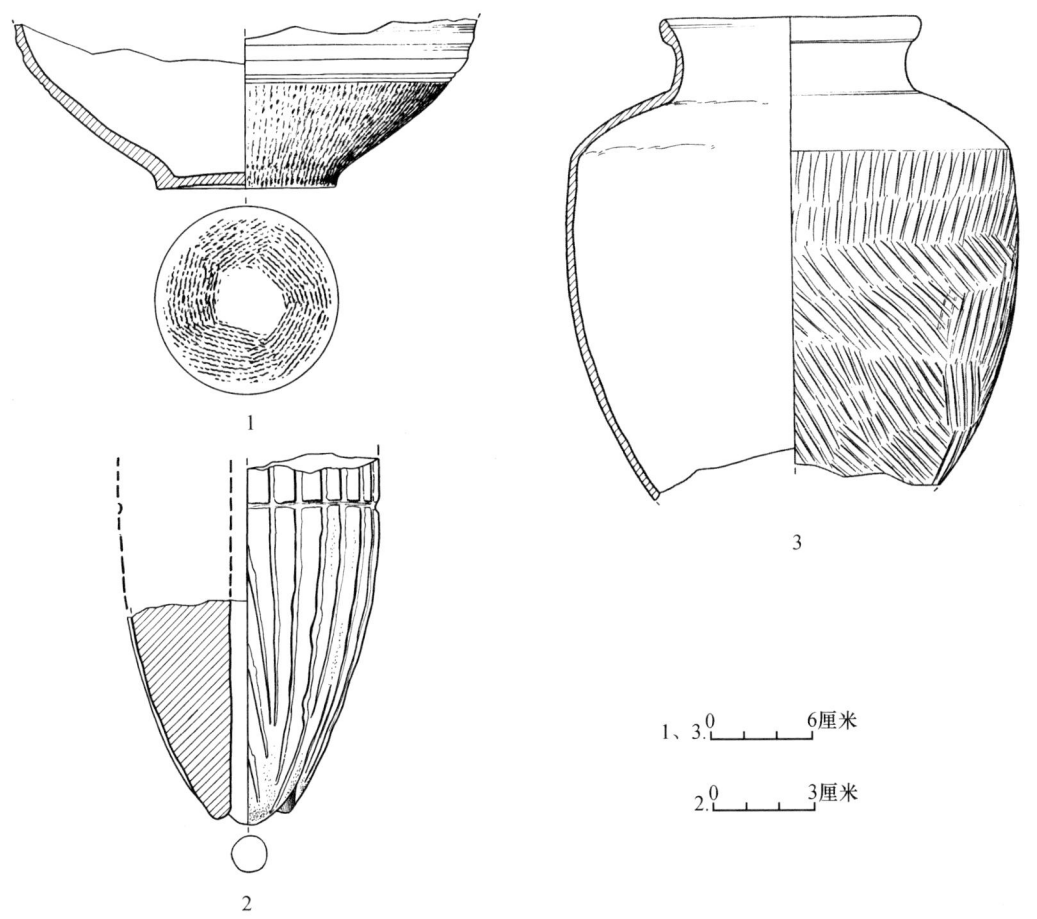

图 3-518　2004ⅠT6740H245、T6640H289、T6740②出土陶器
1. 尊底（2004H245:4）　2. 刻槽棒（2004T6740②:1）　3. A型Ⅰ式瓮（2004H289③:1）

外凸，高领，折肩，腹微鼓，底部缺失。领及肩部素面，口内侧有一周凹槽。腹饰斜向和交错篮纹。口径16.6、肩径28.2、残高29.1厘米（图3-518，3）。

2004ⅡT1H23

圆腹罐　Ca型Ⅱ式　标本2004H23:3，夹砂黑陶，局部为褐色，褐胎。尖唇，口微敛，领较直，鼓腹，中腹以下残。口外侧压印有一周"人"字形花边，腹饰竖向绳纹。口径13.4、腹径20.4、残高12厘米（图3-519，1）。

深腹盆　A型Ⅱ式　标本2004H23:1，泥质黑陶红胎。圆唇，仰折沿，沿面略凹，口微敛，腹稍鼓，中腹以下残。上腹抹平，饰一周弦纹，其下饰竖向绳纹。口径26.8、残高7.2厘米（图3-519，6）。

觚　标本2004H23:4，泥质褐陶红胎。仅存下腹及底部。筒状腹，近底部外撇，底缘外凸似圈足，平底略残。器表素面且磨光。底径5.8、残高2.3厘米（图3-519，5）。

2004ⅡT1H39

鼎　A型Ⅰ式　标本2004H39:3，夹砂黑皮陶褐胎。侈口，仰折沿，沿面微凹，方唇，上腹壁

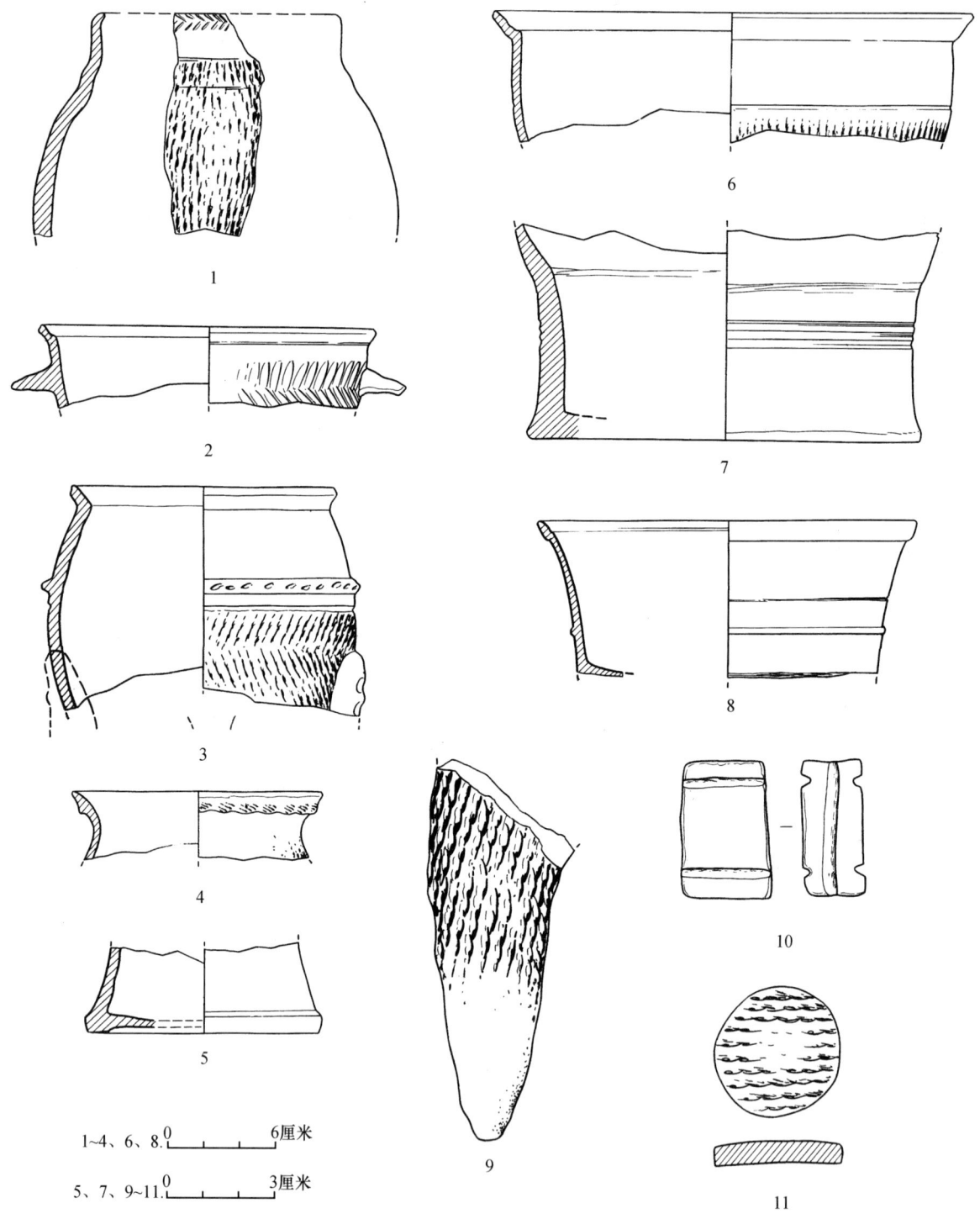

图 3-519 2004ⅡT1、T4、T6301、T6302 出土器物

1. Ca 型Ⅱ式圆腹罐（2004H23：3） 2. A 型Ⅰ式鼎（2004H39：3） 3. Bb 型鼎（2004T6302③：7） 4. Ca 型Ⅲ式圆腹罐（2004H455：2） 5. 觚（2004H23：4） 6. A 型Ⅱ式深腹盆（2004H23：1） 7. 盉底（2004H39：34） 8. A 型圈足盘（2004T6302③：4） 9. 鬲足（2004H455：1） 10. A 型陶网坠（2004H26：1） 11. 圆陶片（2004H455：4）

斜张，中腹以下残。腹饰篮纹，上腹饰两个对称的舌形錾。口径19、残高4.2厘米（图3-519，2）。

盂　标本2004H39：4，泥质夹细砂，黑皮陶褐陶。仅存下腹及底部。下腹微外撇，底缘稍外凸，平底残。器表有轮修痕迹。素面，可见三周弦纹。底径11、残高5.7厘米（图3-519，7）。

2004ⅡT4H455

圆腹罐　Ca型Ⅲ式　标本2004H455：2，夹砂黑陶，局部为褐色。尖圆唇，侈口，矮领，中腹以下残。口外饰有一周花边，领部素面。口径14.1、残高3.6厘米（图3-519，4）。

鬲足　标本2004H455：1，夹砂黑陶，局部为褐色。近圆锥形，较高，顶有浅窝。鬲足饰绳纹，上部有黏结痕。残高10.4厘米（图3-519，9）。

圆陶片　标本2004H455：4，夹砂灰陶。近圆形，断面略鼓。一侧饰有细绳纹。直径3.5、厚约0.6厘米（图3-519，11）。

2004ⅡT6302③

鼎　Bb型　标本2004ⅡT6302③：7，夹砂灰陶，局部黑色，暗红胎。敛口，窄沿仰折，方唇唇面略凹，鼓腹偏上，中腹以下及足下部残。上腹素面，中腹饰一周附加堆纹，其下饰一周弦纹和交错绳纹。足外侧有捏窝。口径14.7、腹径17.2、残高11厘米（图3-519，3）。

圈足盘　A型　标本2004ⅡT6302③：4，泥质黑皮陶黄褐胎。侈口，尖圆唇，口外侧呈带状凸起，口内侧有一周弦纹，腹外张且略曲，平底残，微圜，圈足缺失。器表素面且磨光，中部饰一周弦纹和凸棱。口径21、底径16.6、残高8.6厘米（图3-519，8）。

2004ⅡT6301H26

网坠　A型　标本2004H26：1，泥质夹细砂，白陶，略泛粉色。为长方体，前后两面各有两条凹槽，左右两侧面各有一条凹槽。长3.7、宽2.2~2.5、高1.7厘米（图3-519，10）。

2004ⅠT6940H102

缸　Ab型Ⅱ式　标本2004H102：8，夹砂红褐陶，下腹及器底局部为黑色，红胎。侈口，卷沿，圆唇外凸，腹微鼓，平底，下腹残。唇面有一周凹槽，腹饰竖向和斜向绳纹以及附加堆纹。口径34.8、腹径34.2、底径10.5、复原高40.2厘米（图3-520，4）。

2004ⅠT6940H265

深腹罐　Ab型Ⅱ式　标本2004H265：10，夹砂灰陶，砂粒较粗。敛口，折沿近平，方唇唇缘凸起，腹以下残。唇面稍凹，腹饰斜向细绳纹。口径24、残高2厘米（图3-521，2）。

圆腹罐　Cc型Ⅱ式　标本2004H265：7，夹砂黑陶褐胎。侈口，领较高，斜方唇。唇外饰一对舌形小錾。腹以下残。口径18、残高3厘米（图3-521，8）。

平底盆　标本2004H265：11，泥质灰陶。敞口，仰折沿，沿面略鼓，尖圆唇。斜直腹，中腹以下残。外表磨光。口径24、残高2厘米（图3-521，1）。标本2004H265：4，夹细砂，灰黑陶褐胎。口微侈，仰折沿，尖圆唇，腹较直，下腹及底残。素面。残高4.3厘米（图3-522，8）。

小口尊　B型　标本2004H265：1，泥质灰黑陶灰胎。敛口，圆唇，矮领，领部偏下饰一道凸棱，肩以下残。领部内外及器表磨光。口径24、残高4.5厘米（图3-520，1）。

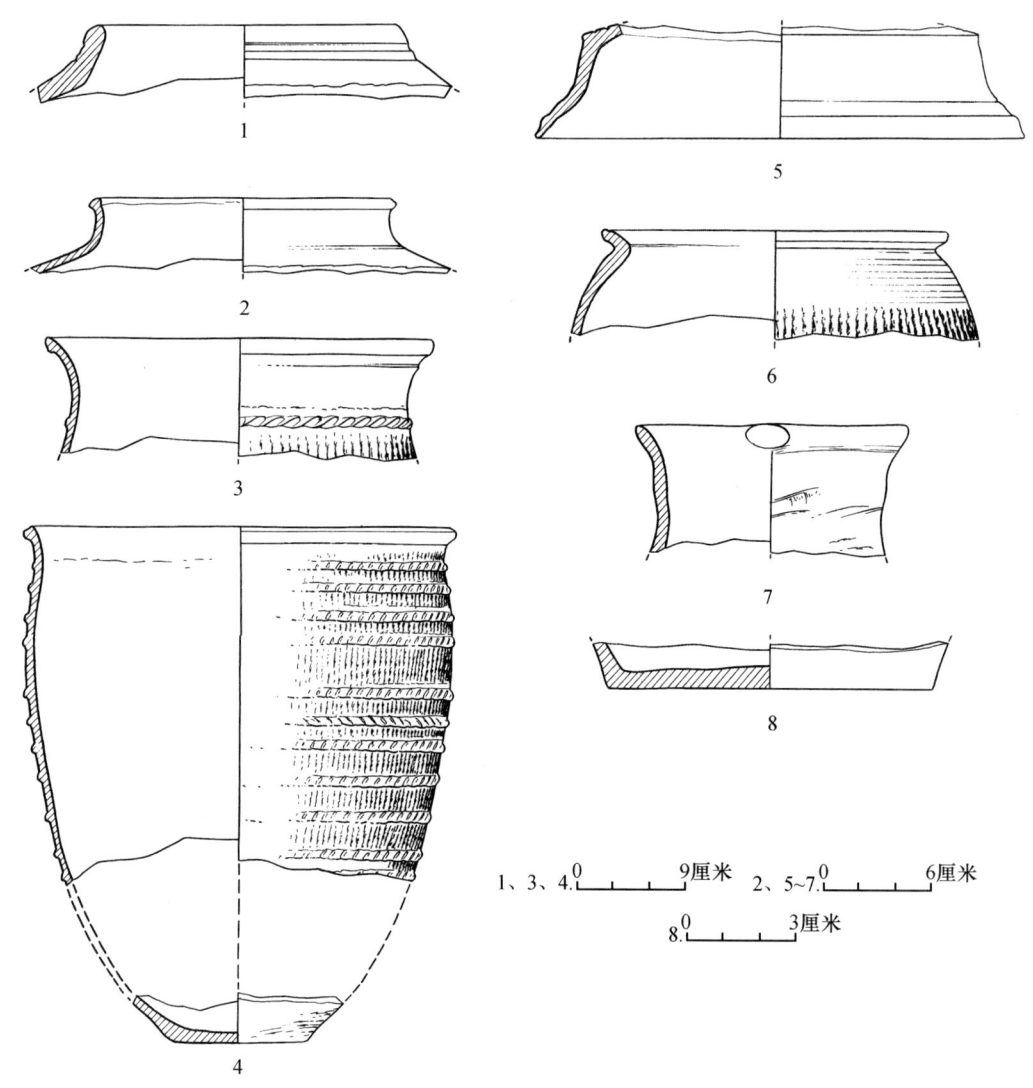

图 3-520　2004ⅠT6940、T6941 出土陶器（一）

1. B 型小口尊（2004H265：1）　2. A 型小口尊（2004H341②：8）　3. Ab 型缸（2004T6941③：1）　4. Ab 型 Ⅱ 式缸（2004H102：8）　5. A 型 Ⅱ 式器盖（2004H265：2）　6. A 型 Ⅲ 式敛口罐（2004H131：9）　7. A 型捏口罐（2004H131：7）　8. 白陶器底（2004H265：3）

器盖　A 型 Ⅱ 式　标本 2004H265：2，泥质黑皮陶褐胎。口部外张、尖唇、上腹较直，折腹，盖顶及纽部缺失。器表磨光。口外侧有两周凸棱，顶部见两周弦纹。口径 26、残高 5.6 厘米（图 3-520，5）。

鼎足　标本 2004H265：18，夹砂红陶。足呈扁三角形，上部缺失。有刮削痕迹，前后侧面压印花边。鼎足残留有红烧土。厚 1.5~1.7、残高 5 厘米（图 3-522，1）。

白陶器底　标本 2004H265：3，泥质白陶，器表呈黄褐色，内壁呈粉红色。仅存底部，下腹斜收。平底。素面。内外壁有刮抹痕。底径 8.6、残高 1.2 厘米（图 3-520，8；彩版一八，2）。

2004 I T6940H341

圆腹罐

Ca 型 I 式　标本 2004H341①:3，夹砂黑皮陶红褐胎。侈口，尖唇，高领，腹以下残。口外饰一周花边及两个鸡冠錾，腹饰竖向绳纹。口径 13.6、残高 5.6 厘米（图 3-521，4）。

Ca 型 II 式　标本 2004H341①:1，夹砂黑陶褐胎。侈口，方唇，领部较高，鼓腹，中腹以下残。口外饰花边及小錾，腹饰竖向绳纹。口径 12、残高 7.6 厘米（图 3-521，5）。标本 2004H341①:4，

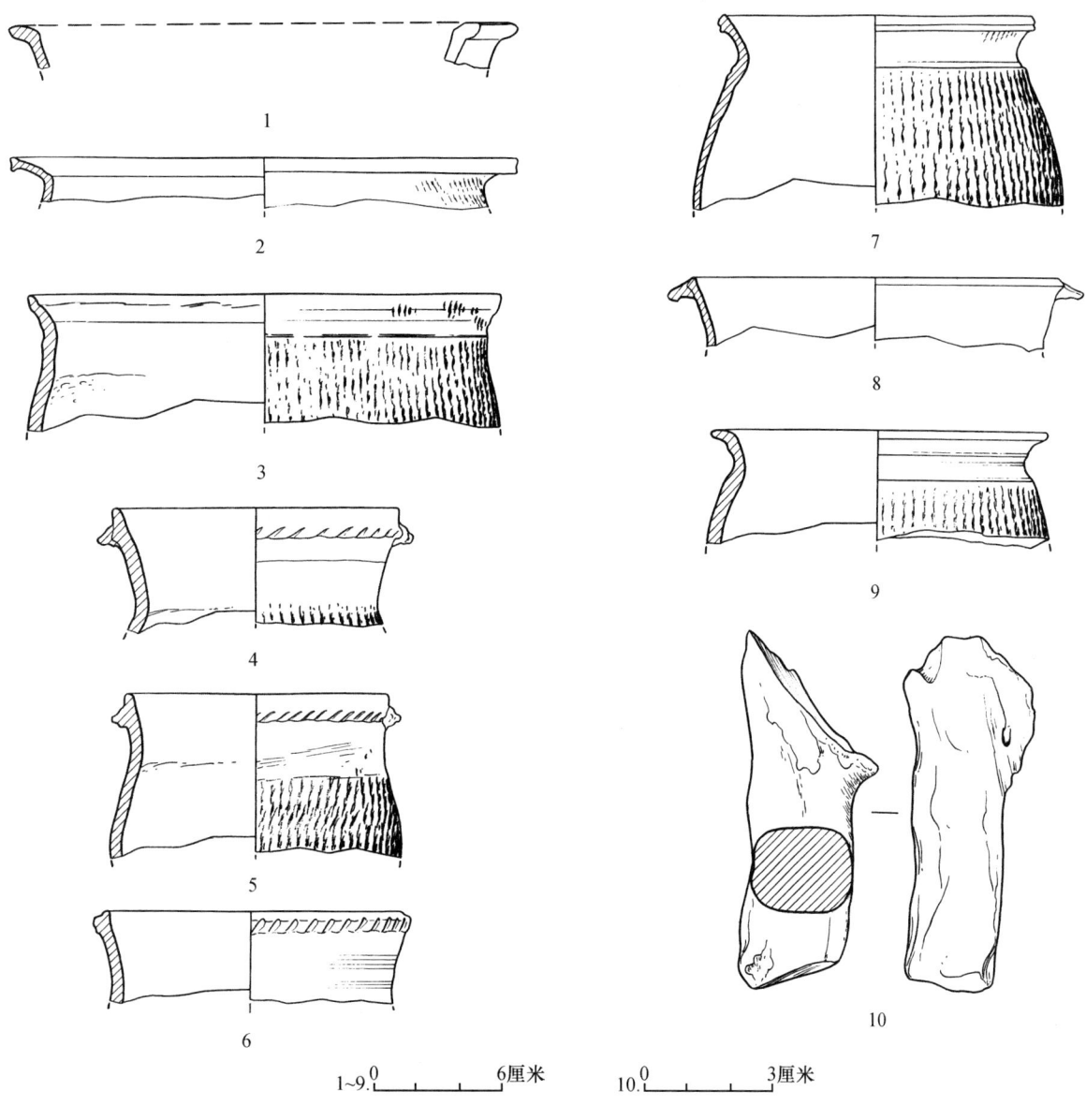

图 3-521　2004 I T6940、T6941 出土陶器（二）

1. 平底盆（2004H265:11）　2. Ab 型 II 式深腹罐（2004H265:10）　3. C 型 I 式深腹罐（2004H154:3）　4. Ca 型 I 式圆腹罐（2004H341①:3）　5、6. Ca 型 II 式圆腹罐（2004H341①:1、2004H341①:4）　7. Cb 型 III 式圆腹罐（2004T6941③:5）　8. Cc 型 II 式圆腹罐（2004H265:7）　9. Cc 型 III 式圆腹罐（2004H154:6）　10. 鼎足（2004H131:45）

夹砂灰褐陶，局部为黑色。侈口，尖唇，高领，腹以下残。口外饰花边。口径14.2、残高4.1厘米（图3-521，6）。

刻槽盆　A型Ⅰ式　标本2004H341①：2，泥质黑陶灰胎。直口、尖圆唇，口外呈宽带状凸起，腹微鼓，中腹以下残。腹饰竖向绳纹，内壁饰数道平行状刻槽。口径16、残高8.2厘米（图3-522，3）。

小口尊　A型　标本2004H341②：8，泥质黑陶黑胎。口微侈，尖唇外凸，广肩，肩以下残。素面，略磨光。口径16.4、残高3.6厘米（图3-520，2）。

2004ⅠT6941H241

刻槽盆　A型Ⅰ式　标本2004H241：2，泥质夹细砂，灰陶褐胎。直口，腹微鼓，中腹以下缺失。内壁有刻槽，腹饰斜向篮纹。口径15.2、残高5.8厘米（图3-522，4）。

2004ⅠT6941H131

敛口罐　A型Ⅲ式　标本2004H131：9，泥质含少量砂粒，灰陶。敛口，窄沿仰折，沿面外侧一道弦纹，圆唇，鼓腹，中腹以下残。口沿及上腹抹平，中腹以下饰竖向细绳纹。口径18.4、残高5.6厘米（图3-520，6）。

捏口罐　A型　标本2004H131：7，泥质含少量细砂，灰陶褐胎。高领微卷。侈口，尖圆唇，口外有一对捏窝，腹残。领部素面。口径14.4、残高6.8厘米（图3-520，7）。

鼎足　标本2004H131：45，泥质含少量砂粒，灰黑陶。截面呈扁圆形，足下端残。器表不甚平整，外壁可见刮抹痕。素面。残高8.2厘米（图3-521，10）。

刻槽盆　A型Ⅲ式　标本2004H131：16，泥质褐陶，内壁呈黑色。敞口，尖圆唇，卷沿上仰，中腹以下残。腹饰斜中绳纹。内壁有刻槽。口径20.4、残高5厘米（图3-522，7）。

圈足盘　A型　标本2004H131：6，泥质含少量细砂，灰黑陶，局部呈褐色，褐胎。仅存圈足部分，高圈足，底部外张，圆唇外凸。素面，圈足上有镂孔。圈足底径19.8、残高10.4厘米（图3-522，9）。

2004ⅠT6941③

圆腹罐　Cb型Ⅲ式　标本2004T6941③：5，夹细砂偶见较大砂粒，灰陶。侈口，斜方唇，口外有一周凸棱。矮领斜直，圆鼓腹，中腹以下残。腹饰竖向绳纹。口径14、残高8.8厘米（图3-521，7）。

深腹盆

A型Ⅲ式　标本2004T6941③：6，泥质含少量砂粒，深灰陶。侈口，折沿上仰，沿面略凹，尖圆唇。斜直腹略张，中腹以下残。上腹有多周轮修痕，中腹以下饰斜向细绳纹。口径22、残高6厘米（图3-522，5）。

B型Ⅰ式　标本2004T6941③：8，泥质含少量砂粒，灰陶。侈口，窄沿仰卷，尖圆唇，侈口，斜直腹外张，中腹以下残。上腹抹平，中腹以下饰细绳纹。口径25.8、残高6厘米（图3-522，6）。

缸　Ab型　标本2004T6941③：1，夹砂灰陶。侈口，尖圆唇，口外呈带状凸起，鼓腹，腹以下残。领部饰一道附加堆纹，其下饰竖向绳纹。口径20.8、残高6.2厘米（图3-520，3）。

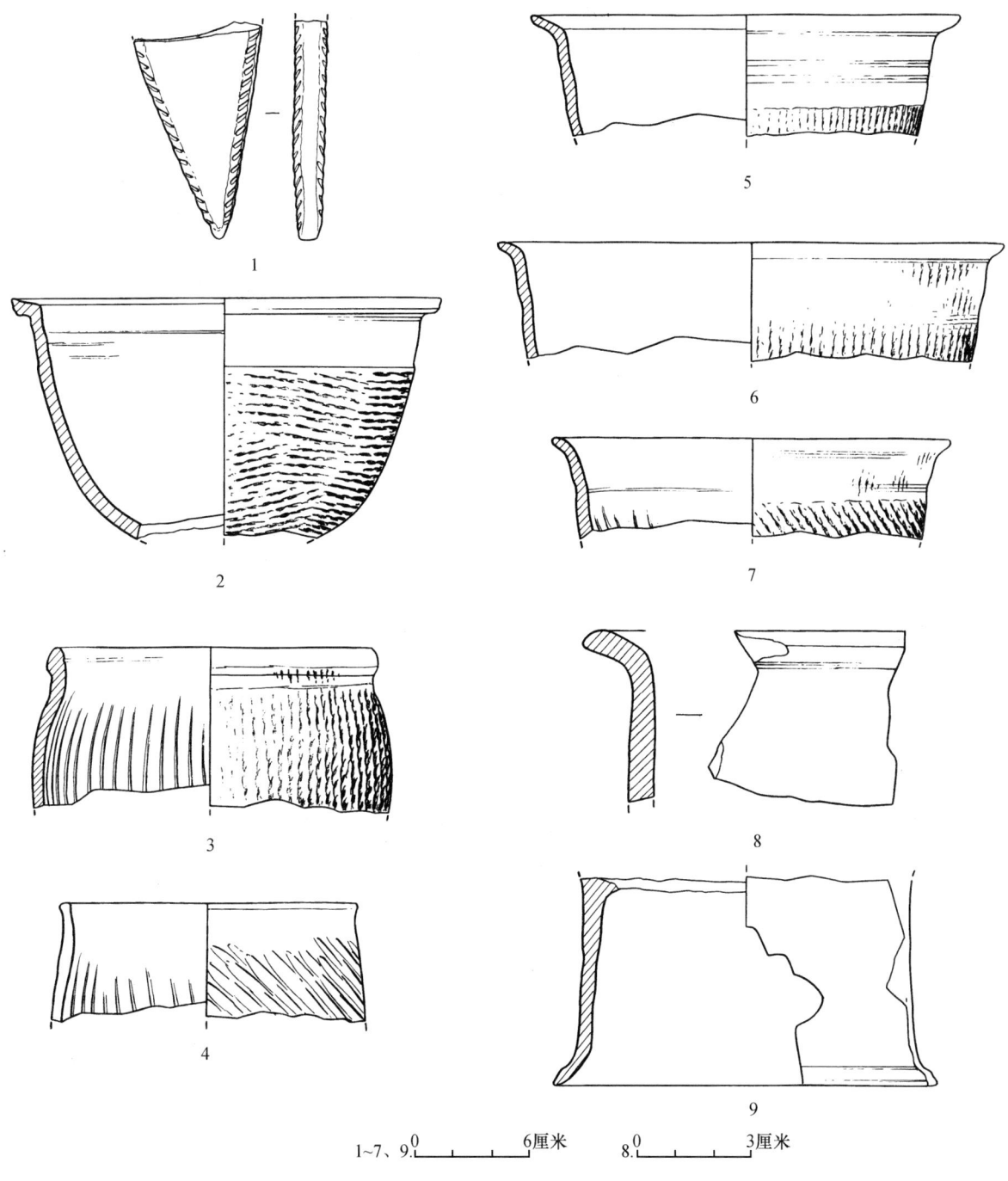

图 3-522　2004ⅠT6940、T6941 出土陶器（三）

1. 鼎足（2004H265:18）　2. A 型Ⅲ式甑（2004H154:1）　3、4. A 型Ⅰ式刻槽盆（2004H341①:2、2004H241:2）　5. A 型Ⅲ式深腹盆（2004T6941③:6）　6. B 型Ⅰ式深腹盆（2004T6941③:8）　7. 刻槽盆（2004H131:16）　8. 平底盆（2004H265:4）　9. A 型圈足盘足（2004H131:6）

2004ⅠT6941H154

深腹罐　C型Ⅰ式　标本2004H154:3，夹细砂，深灰陶，局部呈褐色，内壁呈黑色。敛口，尖圆唇，仰折沿，微束颈，腹略鼓，中腹以下残。沿面有不规则弦纹，腹饰竖向细绳纹。口径22.4、残高6.2厘米（图3-521，3）。

圆腹罐　Cc型Ⅲ式　标本2004H154:6，夹细砂灰陶。侈口，卷沿近平，尖圆唇。矮领，圆鼓腹，中腹以下残。腹饰竖向细绳纹。口径16、残高5.2厘米（图3-521，9）。

甑　A型Ⅲ式　标本2004H154:1，夹细砂，偶见较大砂粒，灰黑陶，局部呈褐色，褐胎。侈口，折沿近平，斜方唇，上腹斜直外张，底残，有箅孔痕。上腹抹平，其下饰横向细绳纹，局部有交错。口径21.6、残高12厘米（图3-522，2）。

2004ⅠT7037H234

深腹罐　C型Ⅱ式　标本2004H234:2，夹细砂，深灰陶褐胎。侈口，卷沿，方唇。束颈，腹以下残。腹部饰竖向绳纹。口径29.2、残高5.6厘米（图3-523，1）。

圆腹罐　Cb型Ⅱ式　标本2004H234:4，夹砂黑陶褐胎。侈口，圆唇，矮领斜直。腹较瘦，中腹以下残。领部有一道凸棱。腹饰交错细绳纹。口径15、残高5.8厘米（图3-523，2）。

鼎　Bb型　标本2004H234:5，夹细砂，黑陶褐胎。敛口，折沿近平，方唇。鼓腹，下腹及足残。上腹有数周轮修痕，其下饰附加堆纹和绳纹。口径18.2、残高6.6厘米（图3-523，3）。

器盖　B型　标本2004H234:41，泥质黑皮陶。口部外张，尖唇，斜弧腹较宽浅，顶及纽部缺失。器表磨光。腹部有数周凸起。口径24.4、残高1.6厘米（图3-523，4）。

缸　Aa型Ⅰ式　标本2004H234:25，夹砂灰陶褐胎。敛口，仰折沿，圆唇。上腹较鼓，中腹以下残。外壁饰绳纹及附加堆纹。口径34.5、残高8.4厘米（图3-523，5）。

纺轮　Ab型　标本2004H234:1，泥质黑陶，圆饼形，中有一小孔。磨光。直径4.1、厚1.5、孔径0.4厘米（图3-523，7）。

2004ⅠT7037②

盉流　标本2004T7037②:12，泥质含细砂，白陶，局部显灰色。管状，外壁有刮抹痕。素面。管径2.4、残高3.8厘米（图3-523，12）。

2004ⅠT7037③

圆陶片

A型　标本2004T7037③:3，夹砂红陶，由器壁残片略加磨制而成，体稍大，近圆形略鼓，边缘不规整，一面保留有绳纹。直径约4.8、厚0.5~0.7厘米（图3-523，11）。

B型　标本2004T7037③:4，夹砂灰黑陶，由器壁残片磨制而成，体较小，近圆形略鼓，边缘规整，一面保留有绳纹。直径2.8、厚约0.7厘米（图3-523，6）。

2004ⅠT7038H418

陶铃　标本2004H418:10，泥质白陶，略显浅黄。口部为圆形，直壁，顶略鼓，中部有两个圆形穿孔以便穿系。口径5、高6.3厘米（图3-523，9，彩版一七，5）。

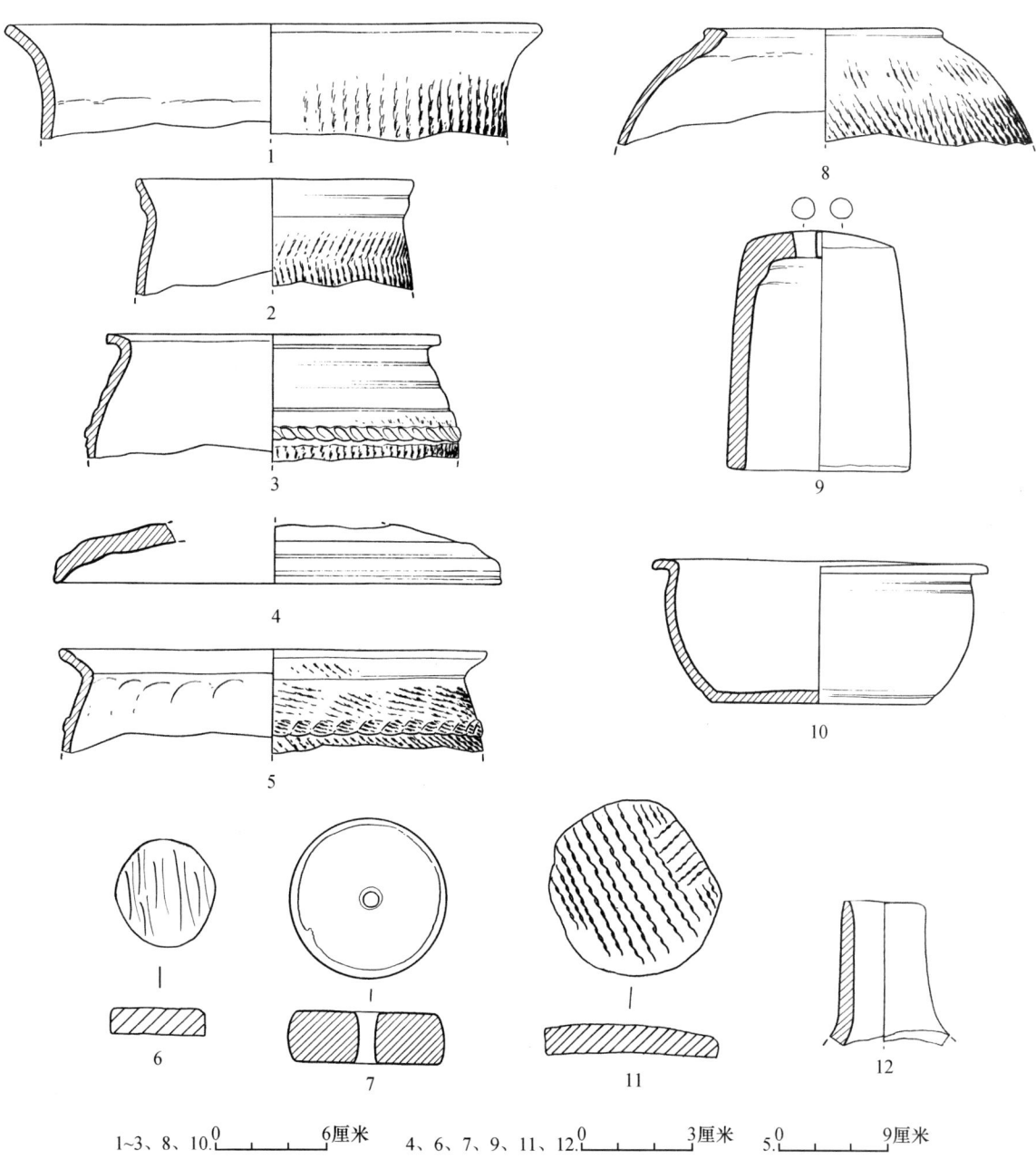

图 3-523　2004ⅠT7037、T7038 出土陶器

1. C 型Ⅱ式深腹罐（2004H234：2）　2. Cb 型Ⅱ式圆腹罐（2004H234：4）　3. Bb 型鼎（2004H234：5）　4. B 型器盖（2004H234：41）　5. Aa 型Ⅰ式缸（2004H234：25）　6. B 型圆陶片（2004T7037③：4）　7. Ab 型陶纺轮（2004H234：1）　8. Bc 型鼎（2004H448：1）　9. 白陶铃（2004H418：10）　10. 盉（2004H427：1）　11. A 型圆陶片（2004T7037③：3）　12. 盉流（2004T7037②：12）

2004ⅠT7038H427

盂 标本2004H427:1，泥质灰黑陶。敛口，平折沿，尖圆唇，沿面微凸，鼓腹较浅，平底。素面。口径18.2、腹径16.8、通高7.2厘米（图3-523，10）。

2004ⅠT7038H448

鼎 Bc型 标本2004H448:1，夹砂褐陶。敛口，方唇，唇缘外凸，鼓腹，中腹以下残。上腹有绳纹被抹痕，腹饰绳纹。口径13、残高5.9厘米（图3-523，8）。

2004ⅠT7040H92

刻槽盆 标本2004H92:1，夹砂，黑陶暗红胎。侈口，卷沿，圆唇，上腹较直，中腹以下残。上腹抹平，隐约有两周弦纹，内壁有数周竖向及横向刻槽。口径21.4、残高7厘米（图3-524，4）。

2004ⅠT7040H194

网坠 A型 标本2004H194:2，泥质白陶，长方体形，棱角突出，前后侧面略凹，各有两条凹槽，左右侧面各有一道凹槽。素面。长3.8、宽2.4、厚1.4厘米（图3-524，5）。

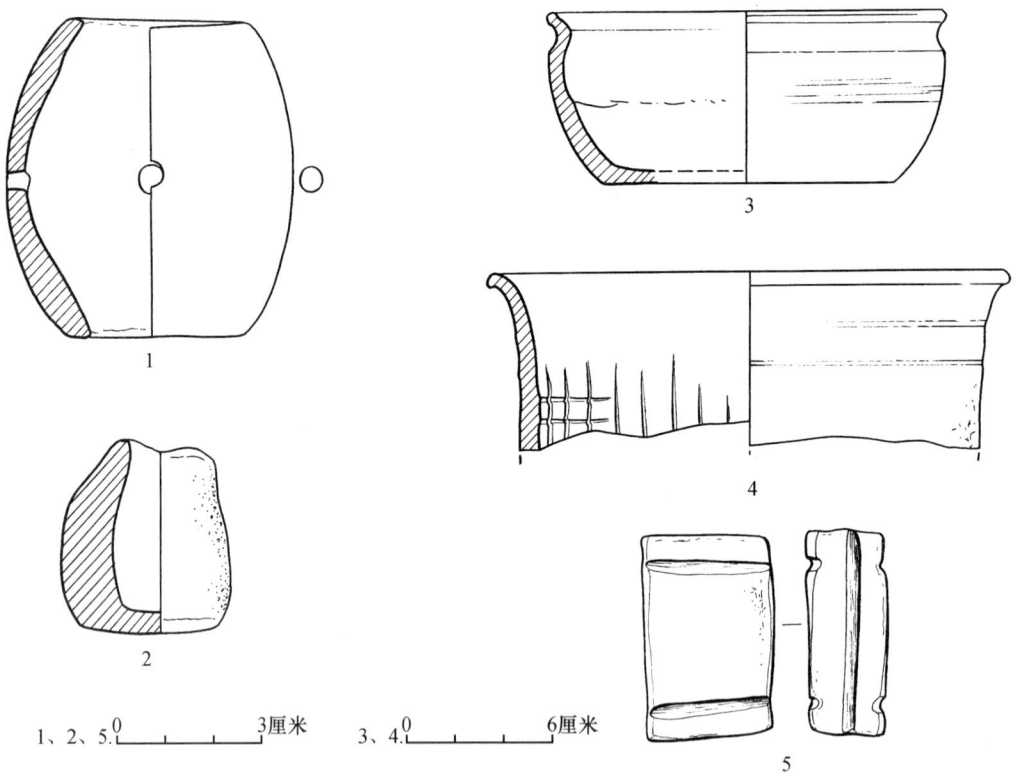

图3-524 2004ⅠT7040、T7041出土陶器
1. 中空鼓形器（2004H239:1） 2. 盅（2004H213:1） 3. 盂（2004H88:1） 4. 刻槽盆（2004H92:1）
5. A型陶网坠（2004H194:2）

2004 Ⅰ T7041Y1

深腹罐

Ab 型Ⅱ式 标本 2004Y1:1，夹砂褐陶，局部呈灰色，灰胎。敛口，折沿微上仰，圆唇，腹略鼓，中腹以下残。腹饰篮纹。口径 18.8、残高 5.8 厘米（图 3-525，1）。

B 型Ⅱ式 标本 2004Y1:2，夹砂灰陶。卷沿上仰，沿面有一道弦纹，方唇，腹残。素面。口径 19、残高 2 厘米（图 3-525，2）。

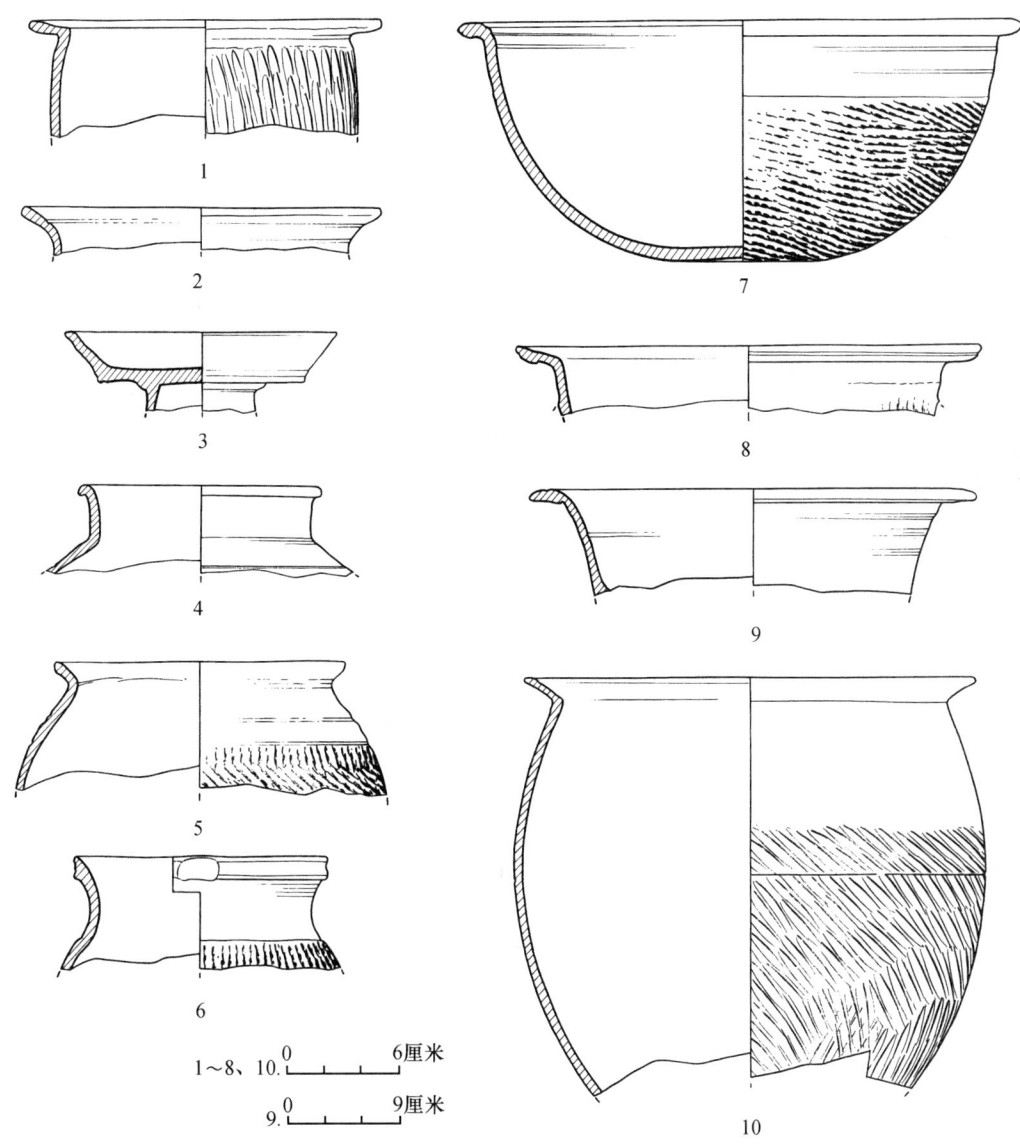

图 3-525 2004 Ⅰ T7041 出土陶器

1. Ab 型Ⅱ式深腹罐（2004Y1:1） 2. B 型Ⅱ式深腹罐（2004Y1:2） 3. Bb 型豆（2004H239:2） 4. 高领罐（2004H239:3） 5. A 型Ⅱ式敛口罐（2004H41:2） 6. 捏口罐（2004H88:3） 7. B 型Ⅱ式深腹盆（2004H41:1） 8. A 型Ⅲ式深腹盆（2004H239:4） 9. A 型Ⅰ式平底盆（2004H77:1） 10. 敛口罐（2004H213:9）

2004 Ⅰ T7041H41

敛口罐　A 型Ⅱ式　标本 2004H41：2，夹细砂，黑陶褐胎。敛口，仰折沿，尖圆唇。圆鼓腹，中腹以下残。上腹有轮修痕，中腹以下饰交错细绳纹。口径 14.4、残高 6.6 厘米（图 3-525，5）。

深腹盆　B 型Ⅱ式　标本 2004H41：1，夹砂黑皮陶，局部红褐色，陶胎暗红色。侈口，平折沿，折棱凸出，尖圆唇，斜弧壁内收，平底微凹。上腹绳纹被抹，有两周凸棱，其下饰交错绳纹。口径 30.4、高 12.5、底径 8 厘米（图 3-525，7；图版二七，5）。

2004 Ⅰ T7041H77

平底盆　A 型Ⅰ式　标本 2004H77：1，泥质含少量细砂，灰陶。敞口，平卷沿，沿面饰一道弦纹，尖圆唇，唇外呈带状凸起。斜直腹，底残。素面。外表有轮修留下的弦纹。口径 24、残高 8.1 厘米（图 3-525，9）。

2004 Ⅰ T7041H88

盂　标本 2004H88：1，泥质含少量细砂，灰黑陶。侈口，窄沿仰折，方唇，鼓腹偏上，平底。素面，外表有轮修留下的细线纹。口径 16.2、底径 11.8、高 6.8 厘米（图 3-524，3）。

捏口罐　标本 2004H88：3，泥质含少量细砂，深灰陶褐胎。侈口，尖唇，口外呈带状凸起，高领卷曲，鼓腹，中腹以下残。口部有捏窝，腹饰右斜向绳纹。口径 13.4、残高 6 厘米（图 3-525，6）。

2004 Ⅰ T7041H213

盅　标本 2004H213：1，夹细砂褐陶，局部呈灰色。直口，圆唇，弧腹，平底。外表素面，有刮抹痕。口径 1.6、底径 2.7、高 3.8 厘米（图 3-524，2）。

敛口罐　标本 2004H213：9，泥质，黑陶褐胎。敛口，仰折沿，沿面近唇处有一道弦纹，尖圆唇。圆鼓腹，下腹及底残。口沿及上腹磨光。中腹以下饰一周弦纹及斜向篮纹，局部有交错篮纹。口径 24.4、腹径 25.4、残高 21.4 厘米（图 3-525，10）。

2004 Ⅰ T7041H239

中空鼓形器　标本 2004H239：1，夹细砂灰褐陶。器形呈鼓形，腹较鼓，中空。中腹有四个圆形穿孔，两两对称。外表磨光，内壁可见刮抹痕。口径 7.2、底径 7.2、腹径 11.6、高 12.6 厘米（图3-524，1）。

豆　Bb 型　标本 2004H239：2，泥质夹少量细砂，黑陶暗红胎。侈口，方唇，折腹较浅，腹壁斜直，平底，豆柄缺失。器表磨光。盘腹近底部有一周不甚明显的凹槽，盘柄交界处有一周凸棱。口径 14.4、底径 11、残高 4.4 厘米（图 3-525，3）。

高领罐　标本 2004H239：3，泥质夹少量细砂，深灰陶，局部黄褐色。侈口，卷沿，圆唇，肩部以下缺失。器表素面磨光，肩部残见两周细弦纹。口径 13、残高 4.4 厘米（图 3-525，4）。

深腹盆　A 型Ⅲ式　标本 2004H239：4，泥质夹少量粗砂，黑陶暗红胎。敞口，仰折沿，圆唇外凸，唇面有一周弦纹，腹壁较斜直，中腹以下残。上腹素面，隐约见绳纹及鸡冠耳残痕。口径 25、残高 3.8 厘米（图 3-525，8）。

2004 Ⅰ T7137④

平底盆　A型Ⅰ式　标本2004T7137④:4，泥质含细砂，黑陶。敞口，折沿下卷，沿面较鼓，圆唇。斜直腹，平底，周缘压印成稀疏的花瓣。口径29.6、底径22、通高7.2厘米（图3-526，2）。

2004 Ⅰ T7137H342

圆腹罐　Ca型Ⅰ式　标本2004H342:2，夹砂灰陶。侈口，尖圆唇，高领较斜直。圆鼓腹，下腹及底残。口外饰一周花边及两个鸡冠錾，腹饰斜向和交错篮纹。口径14.8、腹径16.7、残高15.4厘米（图3-526，3）。

2004 Ⅰ T7237⑤

三足盘　Ⅲ式　标本2004T7237⑤:6，泥质含细砂，黑灰陶红胎。敞口，窄折沿下卷，尖唇，斜直腹较宽浅。平底及三足略残。素面，中腹有一道凸棱。口径25.2、残高8.2厘米（图3-526，1）。

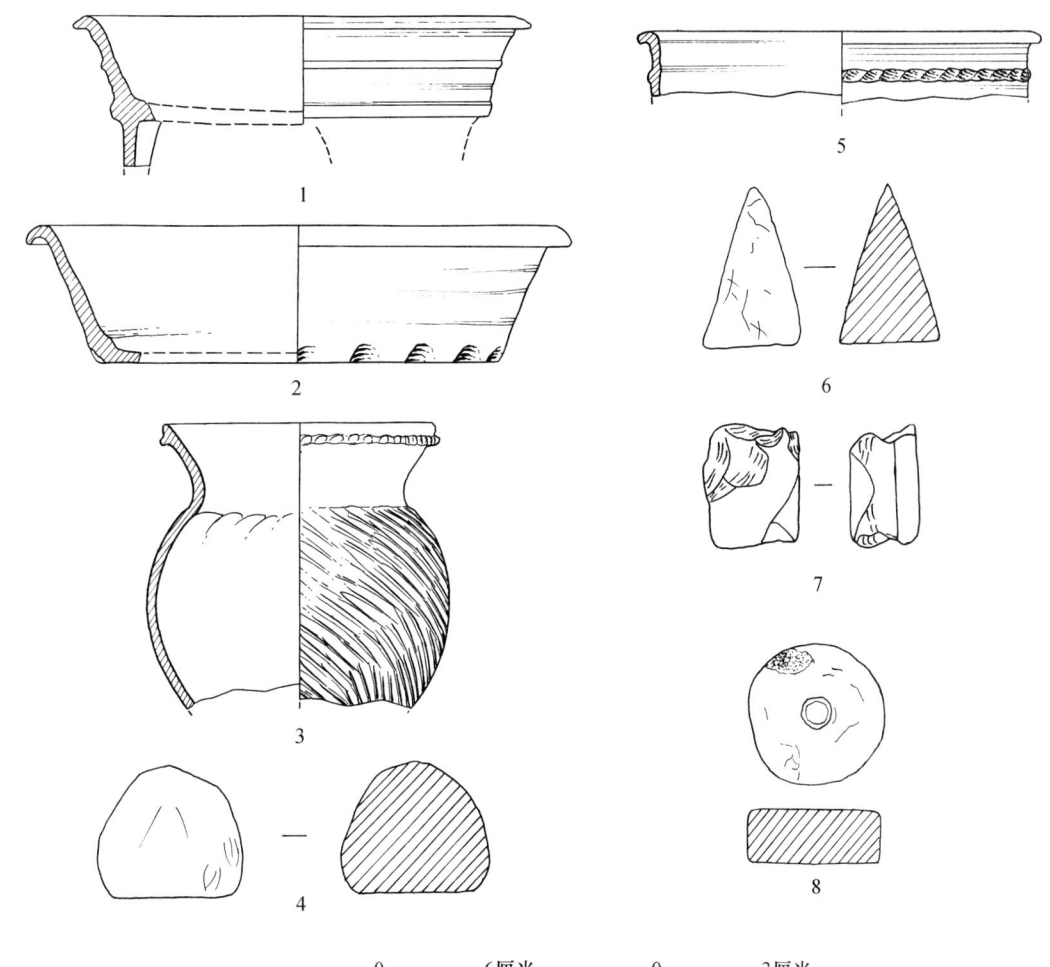

图3-526　2004ⅠT6941、T7137、T7237、T7238、T7338出土陶器
1. Ⅲ式三足盘（2004T7237⑤:6）　2. A型Ⅰ式平底盆（2004T7137④:4）　3. Ca型Ⅰ式圆腹罐（2004H342:2）
4、6. 陶垫（2004H103:1、2004H103:2）　5. Aa型Ⅲ式缸（2004T7237⑤:5）　7. 陶网坠（2004H241:4）
8. 陶纺轮（2004T7238④:1）

缸 Aa 型Ⅲ式 标本 2004T7237⑤:5，夹细砂，黑灰陶红胎。口微侈，折沿微弯，圆唇。上腹较直，中腹以下残。外壁有轮修痕，饰有附加堆纹。口径 33.6、残高 5.7 厘米（图 3-526，5）。

2004ⅠT7238④

纺轮 标本 2004T7238④:1，泥质夹细砂，黑陶。圆形，边缘有数周篦点纹，中有一圆孔。直径 4、厚 1.6、孔径 0.6 厘米（图 3-526，8）。

2004ⅠT6941H241

网坠 标本 2004H241:4，泥质白陶。两端均残，残余部分不规整，四棱磨圆，两侧面有凹槽。素面。残长 3.3、宽 2.8、厚 2 厘米（图 3-526，7）。

2004ⅠT7338H103

陶垫 标本 2004H103:2，泥质灰黑陶。圆锥形，平底。底径 3.1、高 4.1 厘米（图 3-526，6）。标本 2004H103:1，泥质夹细砂，红陶。近半球形，平底。底径 3.6、高 3.4 厘米（图 3-526，4）。

2004ⅠT7138H226

深腹罐 Ac 型Ⅱ式 标本 2004H226:3，夹砂灰褐陶，局部黑色。敛口，仰折沿，圆唇外凸，腹微鼓，中腹以下残。腹饰竖向较粗绳纹。口径 21.2、残高 9.6 厘米（图 3-527，7）。

大口尊 Ⅱ式 标本 2004H226:4，夹砂灰黑陶。侈口，仰卷沿，尖圆唇，高领，折肩，腹壁较直，中腹以下残。领肩部素面，有轮修痕。折肩处饰附加堆纹，腹饰斜向绳纹和两周弦纹。口径 22.6、肩径 23.2、残高 13.6 厘米（图 3-527，1）。

2004ⅠT7138H321

缸 B 型Ⅰ式 标本 2004H321:6，泥质夹少量砂，灰陶。侈口，斜直领，方唇，唇面有一周凹槽，折肩，腹以下残。折肩处一周饰附加堆纹。口径 30.3、肩径 34.8、残高 9.2 厘米（图 3-527，2）。

器盖 Aa 型Ⅱ式 标本 2004H321:7，泥质灰黑陶。侈口，尖圆唇，口外侧呈带状凸起，斜直腹外张，顶腹转折圆弧，顶部及纽缺失。器表磨光，饰弦纹，中腹饰一周凸棱。内壁近顶部有麻点。口径 38.4、残高 5.4 厘米（图 3-527，3）。

深腹盆 B 型Ⅱ式 标本 2004H321:20，泥质灰黑陶。直口，平折沿，尖圆唇，沿面内侧有一周凹槽，腹壁较直，中腹以下残。素面，上腹饰一周凸棱。口径 26、残高 3.2 厘米（图 3-527，4）。

鬲足 标本 2004H321:16，夹砂红褐陶，袋足内壁呈黑色。实足根较高，略呈柱状。饰绳纹。残高 7.5 厘米（图 3-527，5）。

圆腹罐 Cc 型Ⅱ式 标本 2004H321:13，夹砂灰陶。侈口，尖圆唇，领微曲，腹以下残。腹饰绳纹。口径 15.8、残高 3 厘米（图 3-527，9）。

2004ⅠT7138H376

圆腹罐 Cb 型Ⅱ式 标本 2004H376:2，夹砂灰陶。侈口，斜方唇，唇外饰两对称的舌形小錾，领较斜直，鼓腹，中腹以下残。领部有绳纹被抹痕，腹饰斜向绳纹。口径 12.5、残高 5.6 厘米（图 3-527，8）。

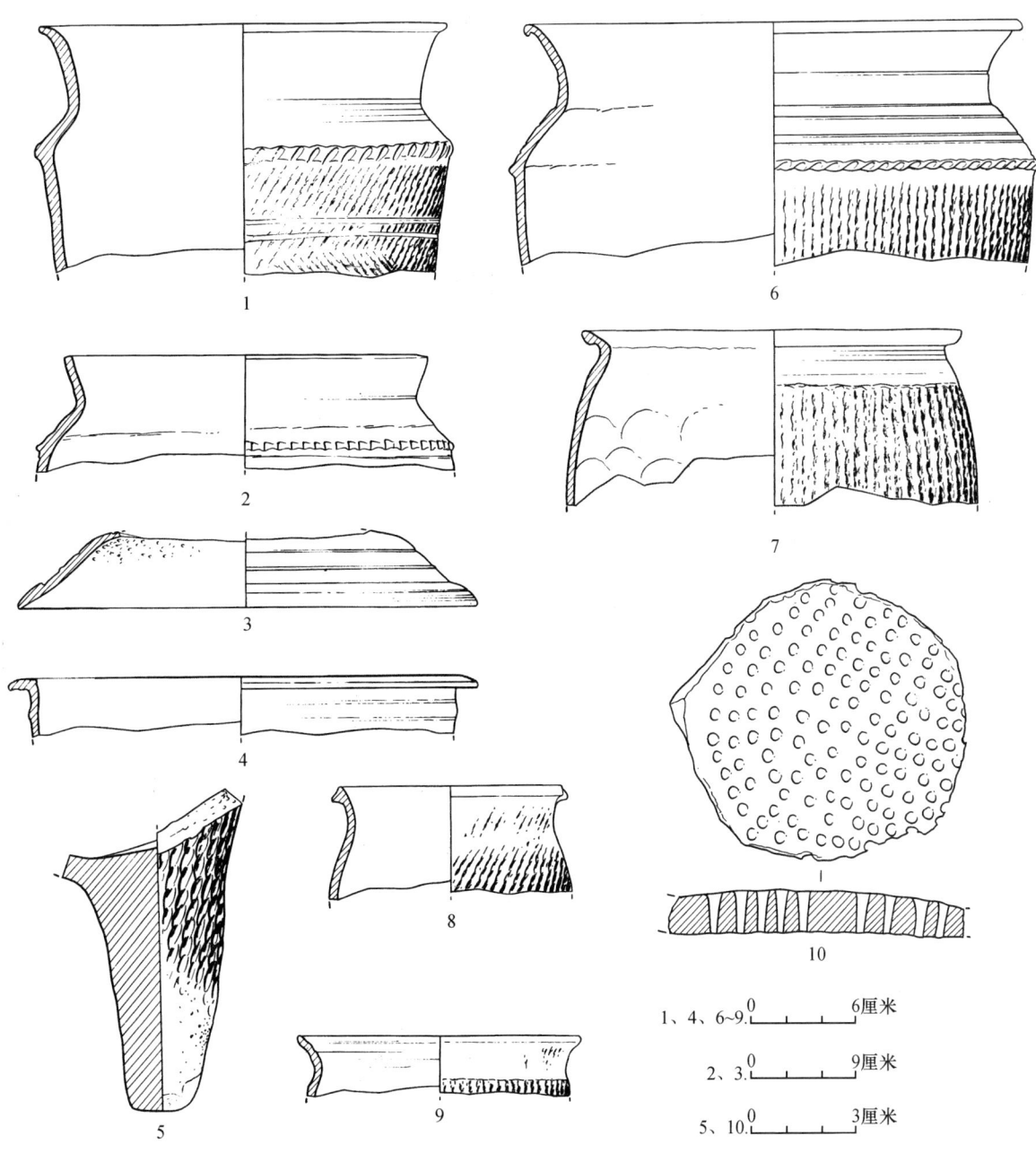

图 3-527 2004ⅠT7138 出土陶器（一）

1、6. Ⅱ式大口尊（2004H226：4、2004H376：1） 2. B型Ⅰ式缸（2004H321：6） 3. Aa型Ⅱ式器盖（2004H321：7） 4. B型Ⅱ式深腹盆（2004H321：20） 5. 鬲足（2004H321：16） 7. Ac型Ⅱ式深腹罐（2004H226：3） 8. Cb型Ⅱ式圆腹罐（2004H376：2） 9. Cc型Ⅱ式圆腹罐（2004H321：13） 10. 甑底（2004H376：11）

甑底 标本2004H376：11，夹砂褐陶，内壁灰黑色。平底，戳印有较密集的圆孔，直径0.3～0.5厘米，厚薄不一。底径约7.5、厚0.8～1.2厘米（图3-527，10）。

大口尊 Ⅱ式 标本2004H376：1，泥质灰黑陶。敛口，卷沿，尖圆唇，高领微曲，折肩，腹壁较直，中腹以下残。领肩磨光，领中部饰一周凸棱，肩饰数周弦纹，折肩处饰附加堆纹，腹饰竖向绳纹。口径 27.9、肩径 29.6、残高 13 厘米（图 3-527，6）。

2004ⅠT7138H298

杯　标本 2004H298∶1，泥质黑陶。杯口部及底部为长方形，侧视为梯形，口大底小，侈口，方唇，斜直壁，平底。上腹有把手残部。器壁素面，有刮抹痕迹。口径 7.5、底径 4.9、残高 5.8 厘米（图 3-528，1）。

2004ⅠT7138H410

豆　Ba 型　标本 2004H410∶3，泥质灰陶。侈口，平折沿，沿面微鼓，圆唇微斜，浅盘，近平底，柄残，有磨平继续利用痕。器表素面，沿面内侧饰一周弦纹，柄上部残见两对称的圆孔。口径 15.8、残高 4.1 厘米（图 3-528，2）。

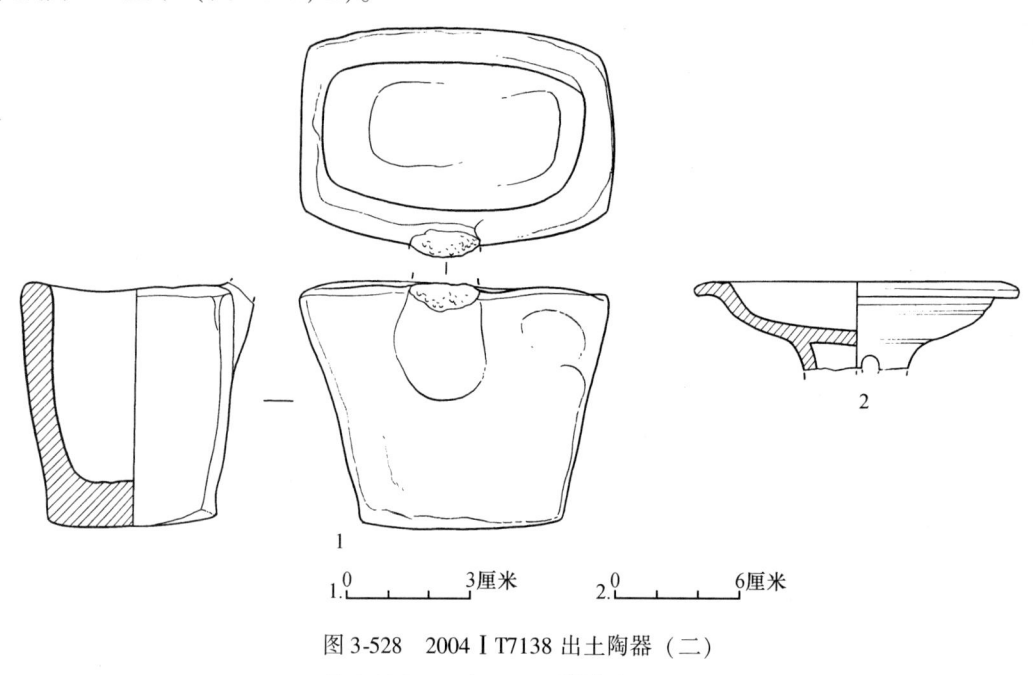

图 3-528　2004ⅠT7138 出土陶器（二）
1. 杯（2004H298∶1）　2. Ba 型豆（2004H410∶3）

2005ⅠT4719H156

小口尊　Ab 型　标本 2005H156∶1，泥质含细砂，灰陶。口微侈，矮直领，圆唇外凸，领部有一道凸棱。广折肩，上腹残，下腹内收，平底。通体磨光。肩部饰两组弦纹。腹饰数组弦纹，底部边缘饰绳纹。口径 18.2、肩径 31.6、底径 9.2、复原高 33.4 厘米（图 3-529，1）。

甗　标本 2005H156∶4，夹砂灰陶。仅存腰部。内壁残存一舌形腰隔，外壁有一圈花边状泥带。直径 16.6、残高 4.5 厘米（图 3-529，3）。

2005ⅠT4719H209

圆腹罐　Cc 型Ⅲ式　标本 2005H209∶1，夹砂深灰陶。侈口，卷沿，方唇，矮领较斜直。鼓腹，中腹以下残。通体饰斜向及竖向绳纹。口径 15.2、腹径 18.2、残高 12.9 厘米（图 3-529，4）。

缸　C 型　标本 2005H209∶6，夹砂，灰陶褐胎。微侈口，方唇，口外压印出花边。深腹较直，

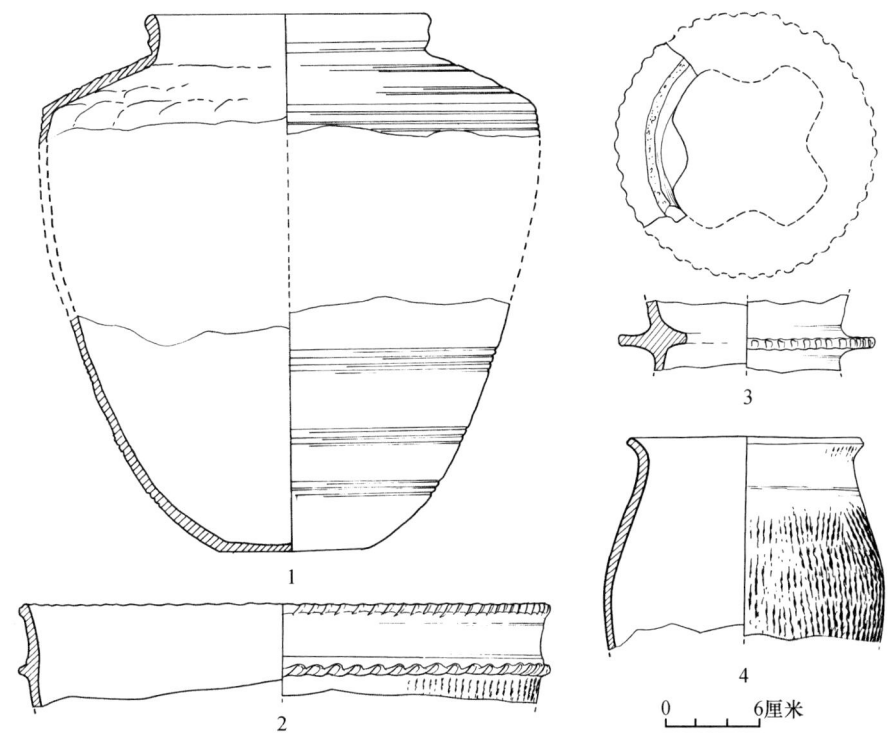

图 3-529　2005ⅠT4719H156、H209 出土陶器
1. Ab 型小口尊（2005H156:1）　2. C 型缸（2005H209:6）　3. 甗（2005H156:4）
4. Cc 型Ⅲ式圆腹罐（2005H209:1）

中腹以下残。腹饰竖向绳纹和一周索状附加堆纹。口径 34、残高 6.4 厘米（图 3-529，2）。

2005ⅠT6735H95

深腹罐　Ab 型Ⅲ式　标本 2005H95:1，夹细砂灰陶。敛口，仰折沿，方唇，上腹略鼓，中腹以下残。口外侧抹平，内外侧皆饰弦纹，腹饰斜向及交错绳纹。口径 19 厘米、残高 12.6 厘米（图 3-530，3）。

鼎　A 型Ⅱ式　标本 2005H95:3，夹细砂褐陶。敞口，仰卷沿，斜方唇，唇面有一道弦纹。斜弧腹，下腹及底、足残。腹饰斜向细绳纹。内壁近口处有两道弦纹。口径 27.6、残高 8 厘米（图 3-530，2）。

盂　标本 2005H95:5，泥质灰陶。敞口，仰折沿，圆唇，下腹斜收，近底部下凸，底残。通体磨光。口径 15、残高 7 厘米（图 3-530，1）。

2005ⅠT6736H106

深腹罐

Ab 型Ⅱ式　标本 2005H106:3，夹细砂偶见较大颗粒，灰陶，局部褐色。折沿上仰，斜方唇。敛口，上腹较鼓，中腹以下残。腹饰竖向细绳纹。口径 24、沿宽 2.3、残高 7.8 厘米（图 3-531，1）。

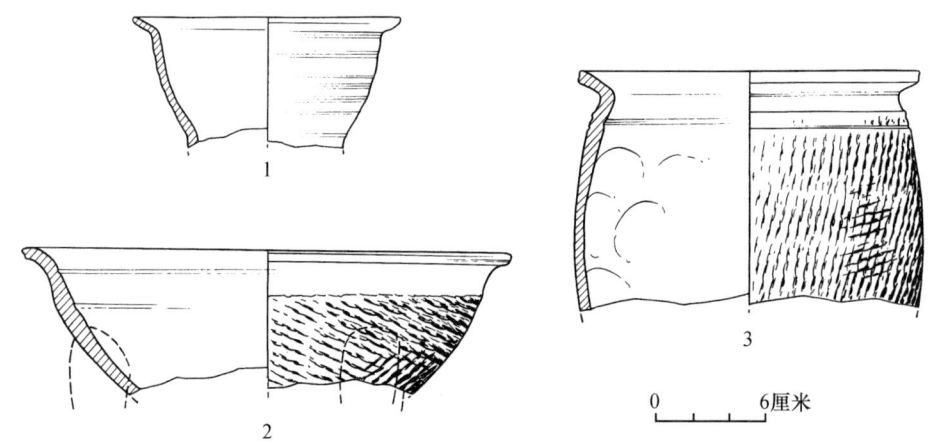

图 3-530　2005ⅠT6735H95 出土陶器

1. 盂（2005H95：5）　2. A 型Ⅱ式鼎（2005H95：3）　3. Ab 型Ⅲ式深腹罐（2005H95：1）

Ac 型Ⅱ式　标本 2005H106：10，夹砂灰陶。折沿略仰，圆唇，鼓腹，中腹以下残。腹饰斜向细绳纹。口径 26.8、沿宽 2.3、残高 6.8 厘米（图 3-531，2）。

圆腹罐　Ca 型Ⅱ式　标本 2005H106：1，夹细砂褐陶。侈口，方唇，唇外压印出齿状花边。斜直领，腹部微鼓，中腹以下残。腹饰竖向细绳纹。口径 12.6、残高 6 厘米（图 3-531，4）。

器盖　Aa 型Ⅱ式　标本 2005H106：4，泥质含细砂，灰陶。敞口，口外呈带状凸起，圆唇，斜直腹外张，顶及纽残。素面。腹饰弦纹及凸弦纹。口径 31.2、残高 6.5 厘米（图 3-531，7）。

2005ⅠT6736H134

圆腹罐

Ca 型Ⅱ式　标本 2005H134：10，夹细砂灰陶，略显褐色。侈口，尖圆唇，唇下饰索状花边。高领斜直。上腹略鼓，中腹以下残。腹饰斜向篮纹。口径 16、残高 5 厘米（图 3-531，3）。

Ca 型Ⅲ式　标本 2005H134：1，夹细砂深灰陶。侈口，斜方唇，唇面略凹，唇下缘压印出花边。矮领斜直，圆鼓腹，底残。腹饰竖向及交错绳纹。口径 22.5、残高 25.8 厘米（图 3-531，11）。

陶垫　标本 2005H134：3，夹细砂偶见较大颗粒，灰陶。垫面呈扁圆形，柄部近柱形。素面，有捏痕。垫面直径 7.3、高 9.6 厘米（图 3-531，9）。

2005ⅠT6736④

豆　A 型Ⅲ式　标本 2005T6736④：4，泥质含少量细砂，黑陶。侈口，卷沿，尖唇，斜直腹，底略圜，底及柄残。通体磨光。口径 16.5、残高 4.3 厘米（图 3-531，5）。标本 2005T6736④：1，泥质，灰陶黄褐胎，胎芯深灰色。敞口，卷沿，尖圆唇，斜腹外张，下腹残，近平底。细柄，喇叭形圈足，圈足外侧呈带状凸起。素面，柄上部有两个不太规则的穿孔，柄中部饰两道弦纹。口径 21.2、盘深 5.6、复原高 18.6、圈足径 13.4 厘米（图 3-531，10）。

瓮　A 型Ⅱ式　标本 2005T6736④：2，泥质含细砂，深灰陶。直口，矮领，圆唇外凸，宽肩，肩以下残。素面，肩部饰一道弦纹。口径 25、残高 4 厘米（图 3-531，6）。

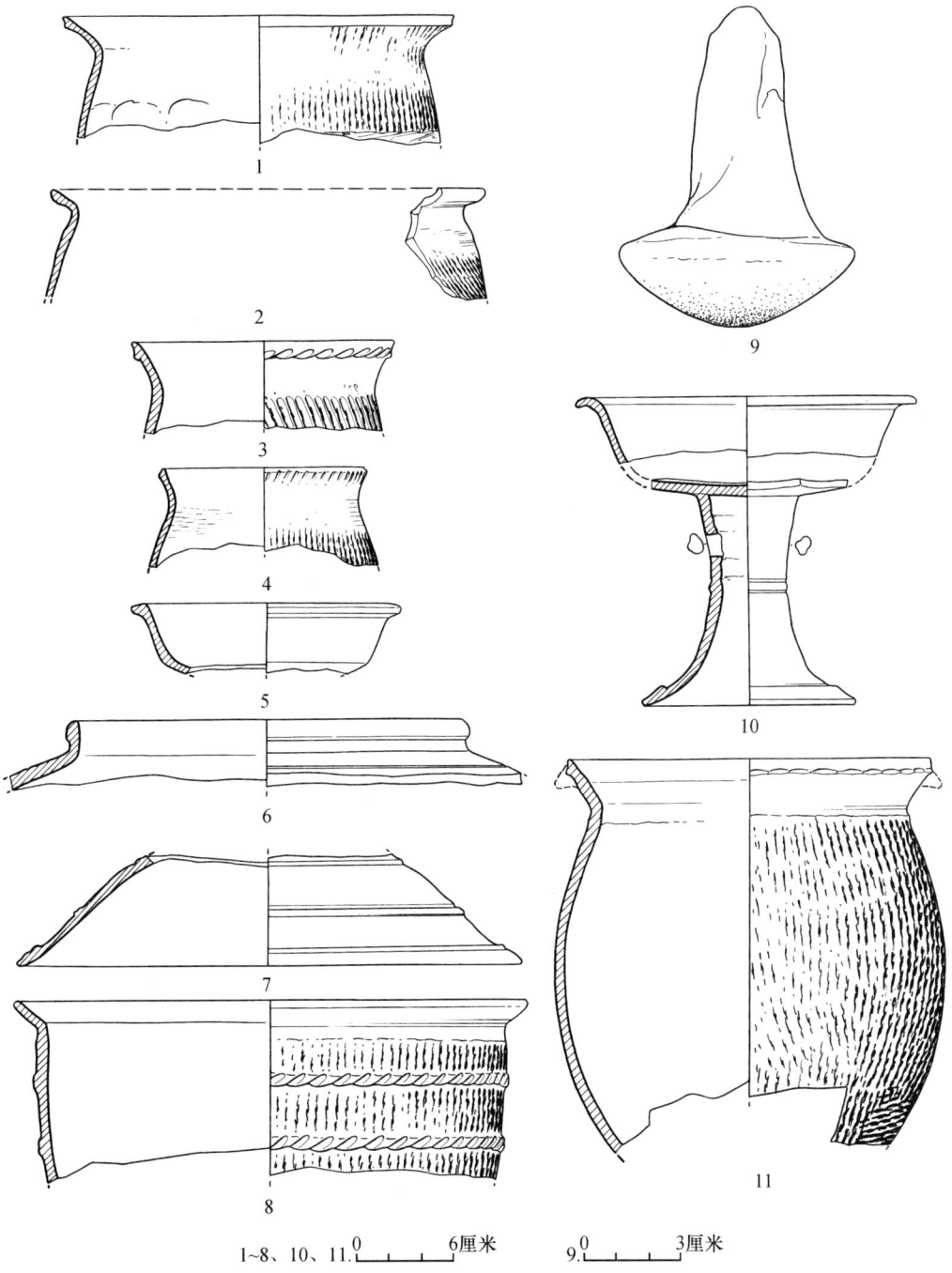

图 3-531 2005ⅠT6736H106、H134、T6736④出土陶器

1. Ab 型Ⅱ式深腹罐（2005H106：3） 2. Ac 型Ⅱ式深腹罐（2005H106：10） 3、4. Ca 型Ⅱ式圆腹罐（2005H134：10、2005H106：1） 5. A 型Ⅲ式豆（2005T6736④：4） 6. A 型Ⅱ式瓮（2005T6736④：2） 7. Aa 型Ⅱ式盖（2005H106：4） 8. Aa 型Ⅰ式缸（2005T6736④：6） 9. 陶垫（2005H134：3） 10. A 型Ⅲ式豆（2005T6736④：1） 11. Ca 型Ⅲ式圆腹罐（2005H134：1）

缸 Aa型Ⅰ式 标本2005T6736④:6，夹砂灰褐陶。侈口，仰折沿，圆唇，腹微鼓，中腹以下残。腹饰竖向绳纹及附加堆纹。口径31.7、残高10.5厘米（图3-531，8）。

2005ⅠT6836H232

捏口罐 A型Ⅰ式 标本2005H232:8，泥质含极细砂粒，灰陶。高领，侈口，尖唇，口外呈带状凸起。腹部较鼓，中腹以下残。腹部饰右斜向篮纹。口径12、残高10.2、胎厚0.7厘米（图3-352，1）。

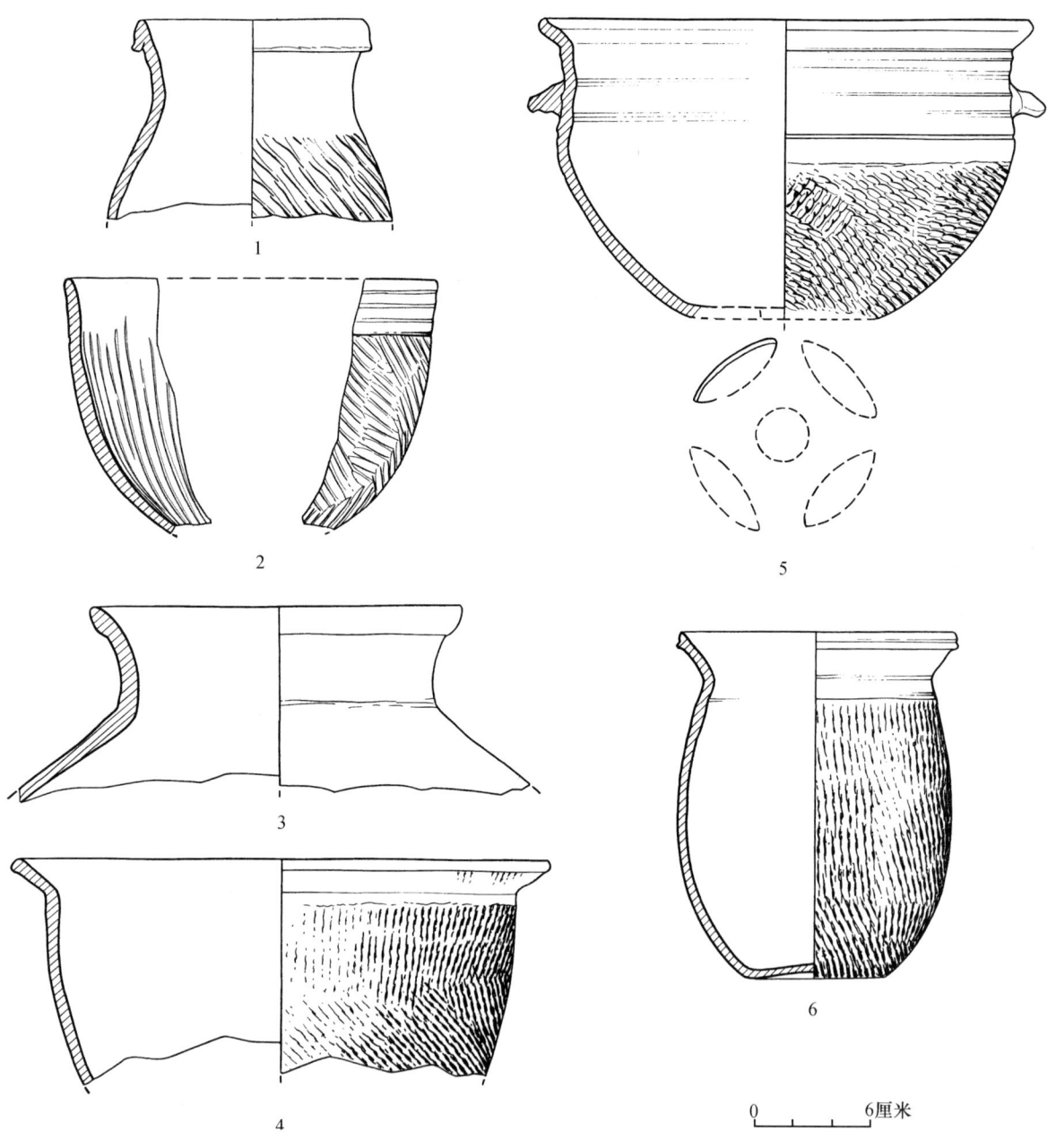

图3-532 2005ⅠT6836出土陶器

1. A型Ⅰ式捏口罐（2005H232:8） 2. A型Ⅰ式刻槽盆（2005H195:1） 3. A型小口尊（2005H195:5） 4. A型Ⅱ式深腹盆（2005H195:2） 5. A型Ⅲ式甑（2005H19:2） 6. Cb型Ⅱ式圆腹罐（2005H19:1）

2005ⅠT6836H19

圆腹罐 Cb 型Ⅱ式 标本 2005H19：1，夹砂灰陶。侈口，尖圆唇，口外饰一周凸棱，斜直领，腹略垂鼓，平凹圜底。腹部饰竖向及交错绳纹。口径 15、腹径 14、高 18 厘米（图 3-532，6）。

甑 A 型Ⅲ式 标本 2005H19：2，泥质灰陶。圆唇唇缘微凸，仰折沿，口微侈，上腹较直，下腹斜收，底残，有箅孔痕。上腹经轮修，外表及内壁皆有多周凸棱和弦纹，饰一对鸡冠耳。下腹饰交错绳纹。口径 27、底径 10、高 15.3 厘米（图 3-532，5；图版二八，4）。

2005ⅠT6836H195

刻槽盆 A 型Ⅰ式 标本 2005H195：1，泥质含少量细砂，深灰陶。直口微侈，圆唇，上腹较直，下腹内收，底残。口外饰弦纹，其下拍印交错篮纹。内壁刻槽由底部中心引出，呈放射状，刻痕较宽，深浅不均，走向不直。口径约 20、残高 15、胎厚 0.1～0.5 厘米（图 3-532，2）。

深腹盆 A 型Ⅱ式 标本 2005H195：2，泥质黑灰陶。仰折沿，方唇，直口微敛，腹微鼓，底残。腹饰竖向及斜向细绳纹。口径 29、沿宽 2.5、腹径 25、残高 11 厘米（图 3-532，4）。

小口尊 A 型 标本 2005H195：5，泥质黑灰陶。高领，侈口，尖圆唇外凸，斜肩，腹以下残。领肩磨光。口径 20、领高 4.8、残高 10 厘米（图 3-532，3）。

2005ⅠT6935H54

圆陶片 A 型 标本 2005H54：1，泥质夹细砂，灰陶。由器壁残片磨制而成，近圆形略鼓，体较小，边缘规整，一面保留有绳纹。直径 3.6 厘米（图 3-533，3）。

2005ⅠT6936H107

鬻 标本 2005H107：100，泥质白陶，略泛黄色。侈口，口缘不平，上腹外张，宽带状鋬，中腹以下残。素面，鋬上饰三道刻划纹。残高 8.8、鋬厚 0.5、腹厚 0.3 厘米（图 3-533，2）。

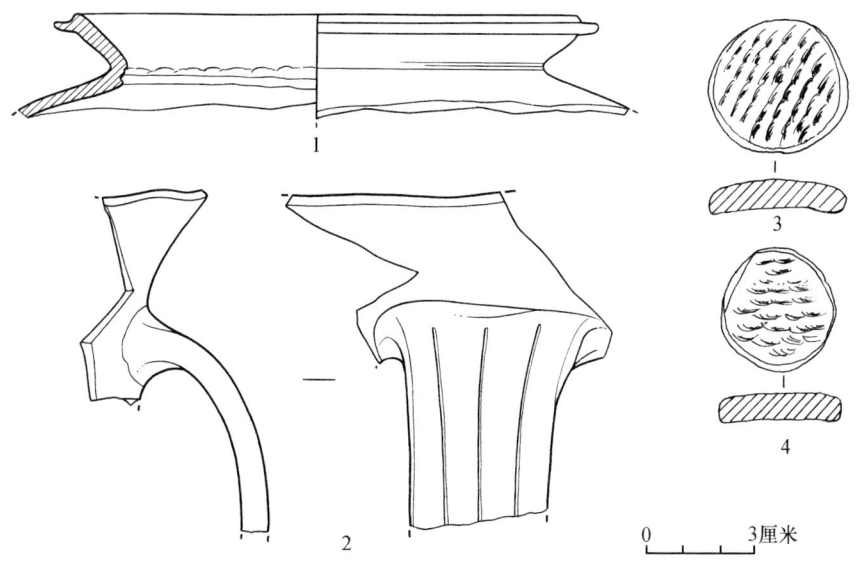

图 3-533　2005ⅠT6935H54、T6936H107、T7642③出土陶器

1. 原始瓷罐（2005H107：102）　2. 鬻（2005H107：100）　3. A 型圆陶片（2005H54：1）　4. B 型圆陶片（2005T7642③：1）

原始瓷罐　标本2005H107：102，胎为泥质，灰黄色，质地坚硬。器表釉层薄，为青绿色。侈口，仰折沿，沿末有一周凹槽，形似双唇，且内侧略圆，较高，外侧较尖，略低。折沿处有折棱残痕。鼓肩，肩以下残。口径14.7、沿宽2、高2.8、胎厚0.3厘米（图3-533，1；彩版一九，4）。

2005ⅠT7642③

圆陶片　B型　标本2005ⅠT7642③：1，夹砂红陶。由器壁残片磨制而成，近圆形略鼓，体较小，边缘规整，一面保留有绳纹。直径2.9厘米（图3-533，4）。

2005ⅠT7341H16

敛口罐　A型Ⅱ式　标本2005H16：1，泥质含少量砂，灰陶。仰折沿，圆唇，敛口，鼓腹，平底微凹。口外抹平，以下饰竖向绳纹。口径17.8、腹径23.8、高21厘米（图3-534，2）。

2005ⅠT7341H17

圆陶片　A型　标本2005H17：1，泥质灰陶。由器壁残片磨成，圆形较规整，器形较大，大部分绳纹被抹去，表面略鼓。直径4.1、厚0.5厘米（图3-534，8）。

2005ⅠT7342H22

小口尊　Ab型　标本2005H22：8，泥质夹细砂，灰陶。侈口，领略曲，圆唇，口有一道凸棱。折肩较广，腹较直，中腹以下缺失。通体磨光。领肩部有部分密集的轮修痕，肩饰弦纹夹两行云纹带，上腹饰多周弦纹，其余素面。口径20.8、肩径30.4、残高15.2厘米（图3-534，3）。

2005ⅠT7441③

爵　标本2005ⅠT7441③：15。泥质灰陶。残存下腹与部分爵足。腹较瘦，底近平，锥形足下端残。足部外壁有刮痕。腹部饰弦纹夹平行左斜向刻划纹带。腹径5.8、爵足直径1.3~1.6、残高4厘米（图3-354，1）。

2005ⅠT7542H9

敛口罐　A型Ⅱ式　标本2005H9：1，夹砂灰褐陶。折沿上仰，方唇，敛口，腹略鼓，平底。上腹有密集的轮修痕。以下饰斜向绳纹，局部有交错。口径17.2、沿宽2.4、腹径19、底径9.5、高18厘米（图3-534，4；图版一八，3）。

2005ⅠT7842H82

圆腹罐

A型Ⅰ式　标本2005H82：2，夹砂深灰陶，局部红褐色。敛口，仰折沿，圆唇，鼓腹，中腹以下残。腹饰横向粗篮纹。口径16、残高7.6厘米（图3-534，7）。

Cb型Ⅱ式　标本2005H82：3，夹细砂黑灰陶。侈口，圆唇，口外饰一道凸棱及一对三角形小錾，领卷曲，上腹较鼓，中腹以下残。腹饰竖向绳纹。口径14.4、残高8厘米（图3-534，6）。

刻槽盆　A型Ⅰ式　标本2005H82：13，泥质含细砂，灰陶。口微侈，一侧有流，圆唇外凸，矮领斜直，圆鼓腹，底残。腹饰左斜向及横向粗篮纹。口径18.6、腹径19.4、残高14厘米（图3-534，5）。

2005ⅠT7842H53

网坠　B型　标本2005H53:30，泥质白陶，长方体，棱角抹圆，两端各有一周凹槽，两侧面各有一道深凹槽，前后面略凹。素面。长4.9、宽2.4、厚1.6厘米（图3-534，9）。

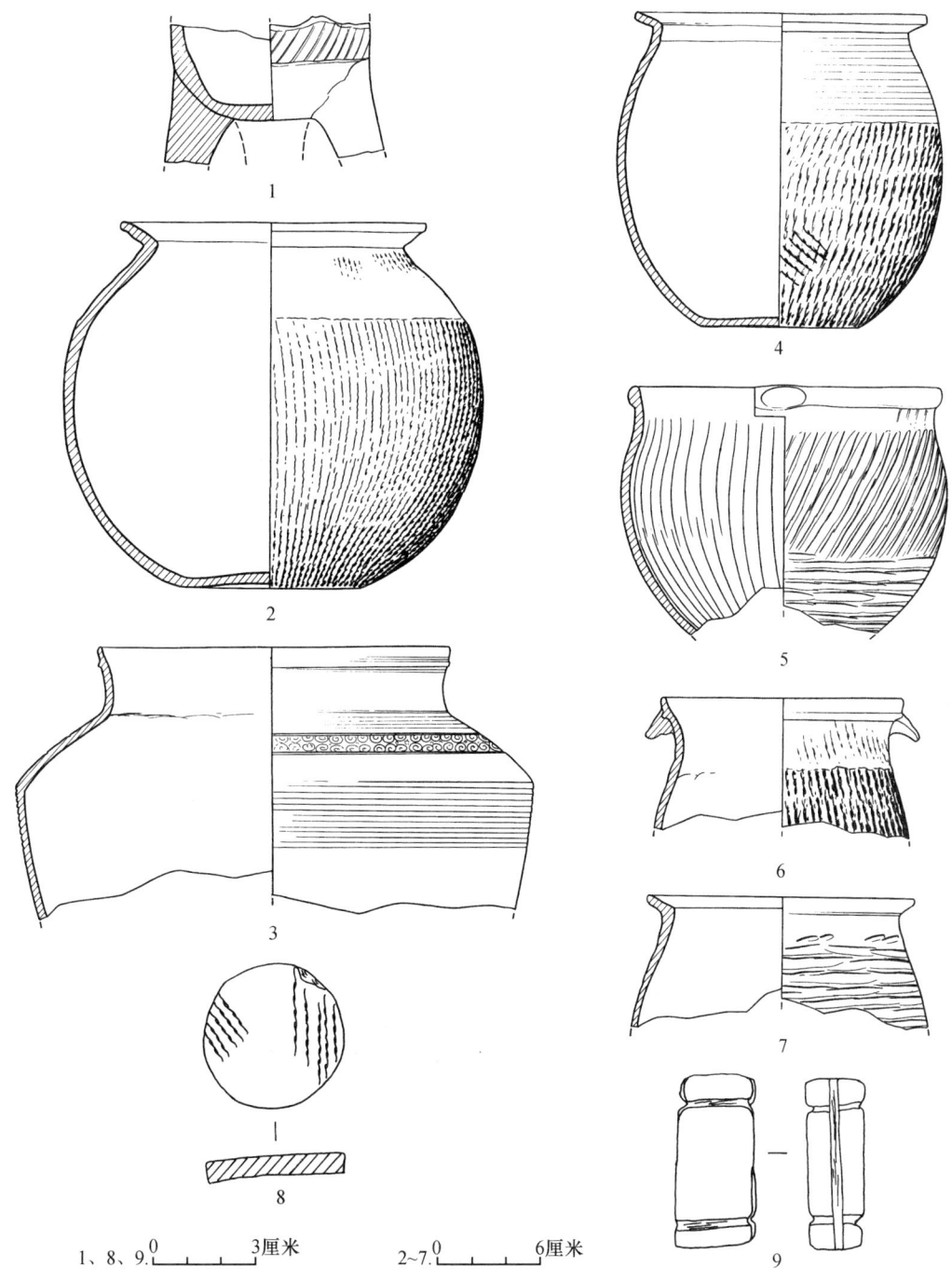

图 3-534　2005ⅠT7341、T7342、T7441、T7542、T7842 出土陶器
1. 爵（2005T7441③:15）　2、4. A型Ⅱ式敛口罐（2005H16:1、2005H9:1）　3. Ab型小口尊（2005H22:8）　5. A型Ⅰ式刻槽盆（2005H82:13）　6. Cb型Ⅱ式圆腹罐（2005H82:3）　7. A型Ⅰ式圆腹罐（2005H82:2）　8. A型圆陶片（2005H17:1）　9. B型陶网坠（2005H53:30）

2005ⅠT7741③

仿贝饰　标本2005T7741③:27，泥质夹细砂，灰陶。周缘残缺，前端略平，有两个对称的穿孔，中部上鼓。表面有多周放射状纵向凹槽。残长8.9厘米（图3-535；彩版一五，6）。

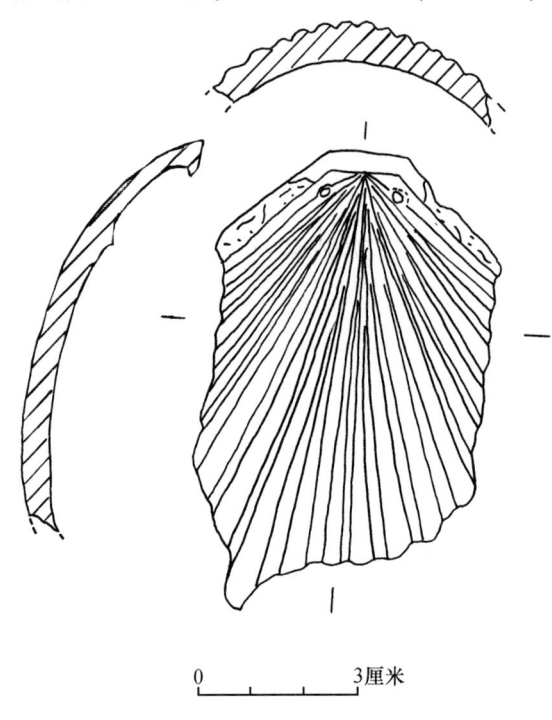

图3-535　2005ⅠT7741③出土陶器

仿贝饰（2005T7741③:27）

2006ⅡT6306H34

圆腹罐　Ca型Ⅳ式　标本2006H34:3，夹砂灰陶。侈口，尖圆唇，唇下饰一周花边。矮领较斜直，圆鼓腹，平底。口外有轮修痕，腹饰竖向及斜向绳纹。口径21.2、腹径24.3、底径10.2、高25.3厘米（图3-536，2）。

2006ⅡT6306H38

深腹罐　Ac型Ⅱ式　标本2006H38:2，夹砂灰陶。侈口，仰折沿，圆唇，沿背略鼓，腹壁较直，圜底。口外抹平，以下饰绳纹及两周弦纹。口径24、腹径25.6、高约36厘米（图3-536，1）。

2006ⅡT6206H37

深腹罐　C型Ⅱ式　标本2006H37:2，夹砂灰陶。侈口，圆唇，卷沿，束颈，鼓腹偏上，圜底。领部有一周凸棱，腹饰绳纹。口径20、腹径20.3、高28.1厘米（图3-537，3；图版三三，3）。

圆腹罐　Cb型Ⅱ式　标本2006H37:7，夹砂，深灰陶褐胎。侈口，尖圆唇，口外有一道凸棱及一对三角形小錾。领较卷曲，圆鼓腹，平底。腹部饰竖向绳纹。口径16、腹径17.2、高18.5厘米（图3-537，2）。

Cb 型Ⅲ式　标本 2006H37：1，夹砂灰陶。圆鼓腹，侈口，圆唇，领稍矮，口外饰一周凸棱和一对三角形小纽，鼓腹较深，平底。领部有一周凸起，腹饰右斜向绳纹。口径 18.8、腹径 21、领高 3.2、通高 21.7 厘米（图 3-537，1；图版三三，4）。

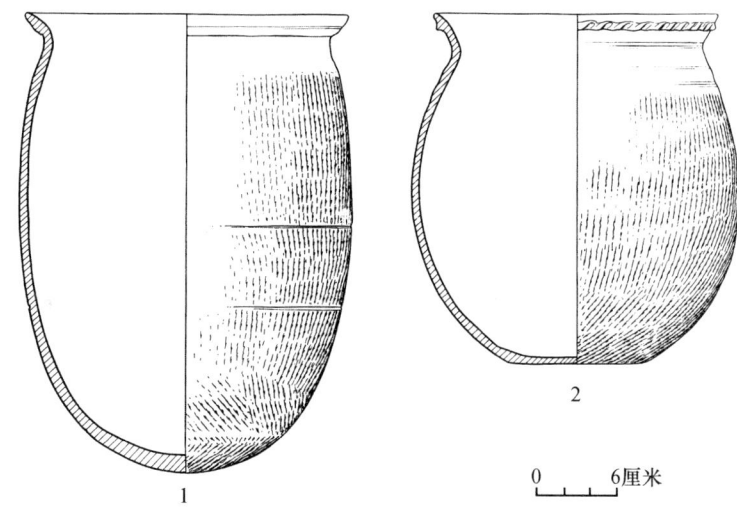

图 3-536　2006ⅡT6306H38、H34 出土陶罐
1. Ac 型Ⅱ式深腹罐（2006H38：2）　2. Ca 型Ⅳ式圆腹罐（2006H34：3）

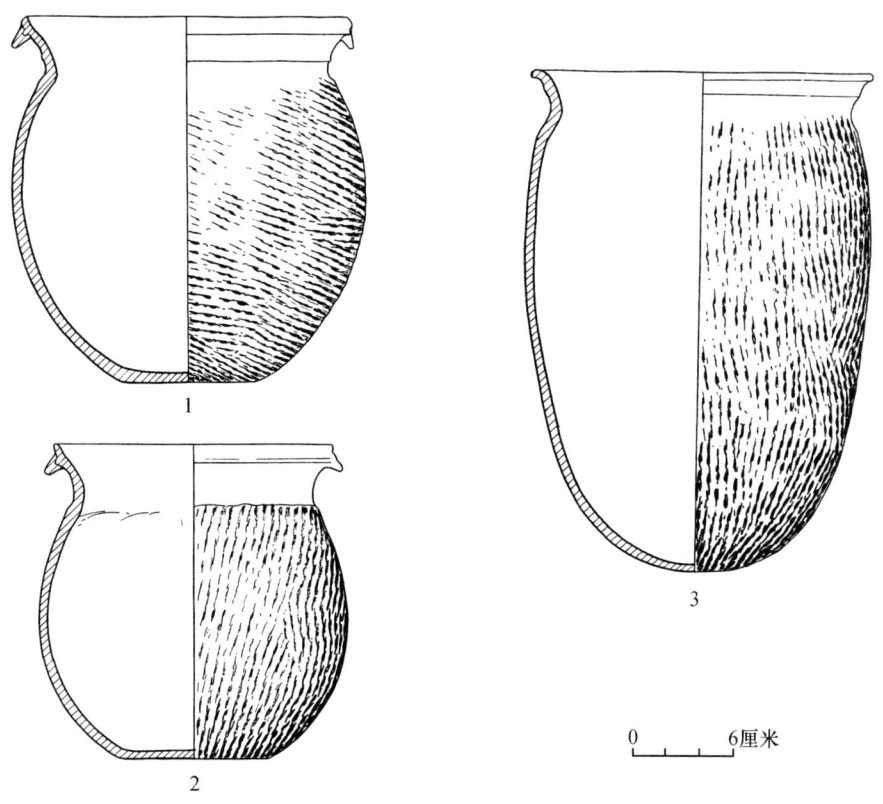

图 3-537　2006ⅡT6206H37 出土陶罐
1. Cb 型Ⅲ式圆腹罐（2006H37：1）　2. Cb 型Ⅱ式圆腹罐（2006H37：7）　3. C 型Ⅱ式深腹罐（2006H37：2）

第三节 动植物遗存

一、动物遗骸

(一) 收集与整理程序

田野发掘中，将各单位肉眼可见、相对较大的骨骼与陶器、石器等遗物一起予以收集，相对完整、明显属于同一个体的骨骼单独收集。室内整理时，将各单位所出动物骨骼从其他遗物中单独挑选出来，单独包装并给予编号。

对动物骨骼整理的程序是：首先按出土单位进行种属鉴定，确定其所属部位以及左右，并记录其保存状况，统计它们的数量（可以粘对者按一件计算）；然后对动物骨骼进行测量、称重，观察其表面有无人工、灼烧、啮齿动物或食肉动物啃咬、风化或其他痕迹等；最后将整理结果输入电脑，建立数据库文档；在此基础上进行统计，确定各种动物的可鉴定标本数，并结合考古学现象进行探讨和综合分析。

鉴定时主要参照中国社会科学院考古研究所科技考古中心的现生动物标本，以及一些中外文的动物骨骼图谱[1]。绵羊和山羊的肢骨区分方法参考 Boessneck[2]，乳齿的区分方法参照 Payne[3]，恒齿的区分方法参照 Halstead 等[4]。绵羊和山羊牙齿萌出和磨蚀的记录方法参照 Payne[5]，牛牙齿萌出和磨蚀的记录方法参照 Grigson[6]，猪牙齿萌出和磨蚀的记录方法参照 Bull 和 Payne[7]以及袁靖等[8]（表3-4，图3-538）。

---

[1] a. B. 格罗莫娃著，刘后贻等译：《哺乳动物大型管状骨检索表》，科学出版社，1960年。

[2] Boessneck, J. 1969. Osteological differences between sheep (*Ovis aries Linné*) and goats (*Capra hircus Linné*), in D. Brothwell and E. Higgs (eds.) *Science in Archaeology* (2nd edn). London, Thames & Hudson: 331-358.

[3] Payne, S. 1985. Morphological distinctions between the mandibular teeth of young sheep, *Ovis*, and goats, *Capra*, *Journal of Archaeological Science* 12: 139-147.

[4] Halstead, P., Collins P. and isaakidou V. 2002. Sorting the sheep from the goats: morphological distinctions between the mandibles and mandibular teeth of adult *Ovis* and *Capra*, *Journal of Archaeological Science* 29: 545-553.

[5] Payne, S. 1973. Kill-off patterns in sheep and goats: the mandibles from Asvan Kalé. *Anatolian Studies* 23: 281-303.

[6] Grigson, C. 1982. Sex and age determination of some bones and teeth of domestic cattle: a review of the literature, in B. Wilson, C. Grigson and S. Payne (eds.) *Ageing and Sexing Animal Bones from Archaeological Sites* (BAR British Series 109). Oxford, British Archaeological Reports: 7-23.

[7] Bull, G. and Payne, S. 1982. Tooth eruption and epiphysial fusion in pigs and wild boar, in B. Wilson, C. Grigson and S. Payne (eds.) *Ageing and Sexing Animal Bones from Archaeological Sites* (BAR British Series 109). Oxford, British Archaeological Reports: 55-71.

[8] 袁靖、杨梦菲：《水陆生动物遗存的研究》，见中国社会科学院考古研究所、广西壮族自治区文物工作队、桂林甑皮岩遗址博物馆、桂林市文物工作队编：《桂林甑皮岩》，文物出版社，2003年，第301、302页。

表 3-4 依据猪下颌牙齿磨蚀的记录估算年龄的方法

年龄级别	牙齿磨蚀情况	估算年龄
A	dp4 未磨蚀	0 - 2 月龄
B	dp4 已磨蚀，M1 萌出完成，但是未磨蚀	2 - 6 月龄
C	M1 磨蚀由 a 级到 e 级，M2 由从齿槽中露头到萌出一半	6 - 12 月龄
D	M1 磨蚀由 c 级到 e 级，M2 萌出完成，但是未磨蚀	1 - 1.5 岁
E	M1 磨蚀由 e 级到 g 级，M2 磨蚀由 c 级到 e 级，M3 由从齿槽中露头到萌出一半	1.5 - 2 岁
F	M1 磨蚀由 e 级到 h 级，M2 磨蚀由 c 级到 e 级，M3 萌出完成，但是未磨蚀	2 - 2.5 岁
G	M1 磨蚀由 e 级到 j 级，M2 磨蚀由 d 级到 f 级，M3 磨蚀为 b 级	2.5 - 3 岁
H	M1 磨蚀由 g 级到 m 级，M2 磨蚀由 e 级到 g 级，M3 磨蚀为 c 级	3 - 3.5 岁
I	M1 磨蚀由 g 级到 m 级，M2 磨蚀由 e 级到 j 级，M3 磨蚀 c 级到 d 级	3.5 - 4.5 岁
J	M1 磨蚀由 k 级到 m 级，M2 磨蚀 e 级到 j 级，M3 磨蚀 c 级到 d 级	4.5 - 5.5 岁
K	M1 磨蚀由 l 级到 n 级，M2 磨蚀由 f 级到 j 级，M3 磨蚀 c 级到 g 级	5.5 - 7.5 岁

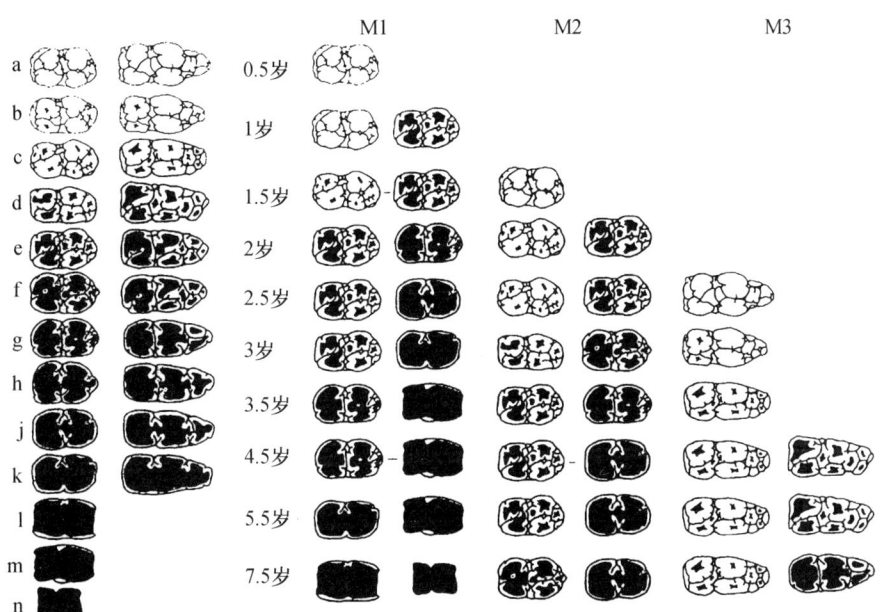

图 3-538 猪下颌臼齿磨蚀级别图

骨骺愈合的记录方法参照 Silver[①] 对现生动物的研究。

测量标准参照《考古遗址出土动物骨骼测量指南》[②]。

---

① Silver, I. 1969. The ageing of domestic animals, in D. Brothwell and E. Higgs (eds.) *Science in Archaeology* (2nd edn). London, Thames and Hudson: 283-302.

② 安格拉·冯登德里施著，马萧林、侯彦峰译：《考古遗址出土动物骨骼测量指南》，科学出版社，2007 年。

（二）出土状况及形体测量

南洼遗址二里头文化出土的动物骨骼，单位和时代明确的共计 5204 块，包括二里头一期 254 块，二里头二期 1708 块，二里头三期 1953 块，二里头四期 983 块，二里头五期 306 块[①]。其中，部分骨骼由于过于破碎，鉴定种属的特征不明，只能认定为哺乳动物，此类动物骨骼共计 2427 块（不计入可鉴定标本数），约占 46.64%。其中，二里头一期 80 块，二里头二期 757 块，二里头三期 1036 块，二里头四期 392 块，二里头五期 162 块。以下按期别介绍各单位动物骨骼可鉴定标本概况以及形体测量情况。

1. 二里头一期

（1）动物骨骼出土情况（NISP，即可鉴定标本数）

2004 I T6840H228：黄牛 1、绵羊 1、猪 2、狍 1、小型哺乳动物 2、中型哺乳动物 8。

2004 II T6502J1：黄牛 5、绵羊 8、羊或鹿 1、猪 31、狗 3、猫 2、狍 3、梅花鹿 9、小型犬科动物 1、小型哺乳动物 4、中型哺乳动物 61、大型哺乳动物 5、中型鸟类 1、珍珠蚌未订种 5。

（2）动物骨骼形体测量数据（单位：毫米）

狗：桡骨近端长：14.39，近端宽：9.37。

猫：肱骨远端长：16.52，远端宽：9.88；下颌骨 3：47.89，4：45.62，5：21.38，6：9.02×3.98，7：8.95，8：23.68，9：9.83，10：8.85。

猪：跟骨宽：38.88，厚：26.11；桡骨近端长：26.42，宽：18.60，远端长：29.81，宽：23.54，全长：136.08；上颌 M1 长：14.50，前宽：13.12，后宽：14.22，M2 长：20.36，前宽：16.66，后宽：16.41，M3 长：28.99，宽：17.92（表3-5）。

表3-5　二里头一期猪下颌测量

测量点	样品量	最大值	最小值	均值	标准差
下颌 P4 长	3	20.02	18.87	19.54	0.60
下颌 P4 宽	4	9.39	8.17	8.86	0.51
下颌 M1 长	2	17.16	16.45	16.81	—
下颌 M1 前宽	3	10.96	9.89	10.33	0.56
下颌 M1 后宽	3	11.44	10.37	10.91	0.54

狍：肩胛骨远端长：24.71，宽：18.03；股骨远端长：41.44，宽：50.05；第 1 节趾骨 GL：31.88。

梅花鹿：枢椎 BFcr：57.23，SBV：37.45；距骨长：43.97，宽：27.69；跖骨远端宽：22.43。

[①] 此据南洼遗址二里头文化的分期，详见第三章第四节及附表二至十三。以下有关植物遗存出土单位的分期与之相同。

黄牛：跖骨近端长：46.26，近端宽：46.56；跗骨 GB：54.76；第 2 节趾骨 GL：44.71。

绵羊：尺骨 LO：41.48，SDO：24.29，BPC：18.66；肩胛骨远端宽：15.81；桡骨近端长：31.79，宽：15.52；掌骨近端长：24.01，宽：17.84，远端长：26.48，宽：17.13，全长：137.83。

2. 二里头二期

（1）动物骨骼出土情况（NISP，即可鉴定标本数）

2004ⅡT6302H1：绵羊9、猪1、中型哺乳动物1、哺乳动物13。

2004ⅡT6502H3：黄牛2、绵羊5、鹿或羊1、猪6、狗9、猫1、梅花鹿3、小型哺乳动物8、中型哺乳动物20、大型哺乳动物3、中型鸟类1。

2004ⅡT6502H6：绵羊3、猪10、梅花鹿2、中型哺乳动物8。

2004ⅡT6302H8：黄牛4、绵羊3、鹿或羊1、猪8、狗2、梅花鹿6、小型哺乳动物1、小型哺乳动物11、大型哺乳动物1、珍珠蚌未订种1。

2004ⅡT6302H9：黄牛20、绵羊5、猪17、梅花鹿2、中型哺乳动物47、大型哺乳动物4、哺乳动物3、丽蚌1。

2004ⅡT6502H10：黄牛1、绵羊1、猪5、梅花鹿1、大型鹿科动物1、兔1、雉2、小型哺乳动物8、中型哺乳动物16、大型哺乳动物2、丽蚌3。

2004ⅠT6640H59：黄牛1、绵羊1、大型哺乳动物1。

2004ⅡT6502H17：黄牛2、黄牛或大型鹿1、绵羊9、羊或鹿1、猪10、狗3、麂1、梅花鹿5、兔1、竹鼠1、小型哺乳动物10、中型哺乳动物46、哺乳动物6、鱼1。

2004ⅡT6302H18：黄牛1、绵羊3、狗2、梅花鹿3、蚌1、中型哺乳动物9、大型哺乳动物1、哺乳动物3。

2004ⅡT6502H19：梅花鹿3。

2004ⅡT6301H28：黄牛1、绵羊2、猪3、麂1、梅花鹿3、小型哺乳动物1、中型哺乳动物3。

2004ⅡT1H37：绵羊1、猪6、狗1、中型哺乳动物4。

2004ⅡT1H39：猪4、小型哺乳动物1、中型哺乳动物5、大型哺乳动物2、哺乳动物1。

2004ⅠT6841H108：猪3、中型哺乳动物5。

2004ⅠT6841H142：狗2、小型食肉动物1。

2004ⅠT6841H149：黄牛2、绵羊2、猪20、狗7、中型哺乳动物24、大型哺乳动物2、圆顶珠蚌1。

2004ⅠT7041H166：猪5、狗1、中型哺乳动物1、珍珠蚌未订种6。

2004ⅠT6941H180：绵羊1、鹿或羊1、猪8、狗1、梅花鹿2、小型哺乳动物1、中型哺乳动物26、大型哺乳动物7、哺乳动物1。

2004ⅠT6840H181：黄牛5、绵羊3、猪7、狗1、小型哺乳动物2、中型哺乳动物12、大型哺乳动物2。

2004ⅠT7041H206：狗3。

2004ⅠT7041H213：绵羊1、猪2、狗1、中型哺乳动物1。

2004ⅠT7041H242：黄牛1、绵羊1、猪8、狗2、中型哺乳动物6。

2004ⅠT6940H247：绵羊1、猪2、中型哺乳动物2、哺乳动物1。

2004ⅠT6940H264：猪1、狗2、中型哺乳动物1。

2004ⅠT6940H306：猪4、狗1、梅花鹿5、中型哺乳动物3、大型哺乳动物1、珍珠蚌未订种1。

2004ⅠT7138H410：黄牛1、猪6、梅花鹿1、鹿科动物1、蚌1。

2005ⅠT7542H10：黄牛1、绵羊10、猪7、狗7、狍3、梅花鹿1、小型鹿科动物1、中型哺乳动物35、哺乳动物1、圆田螺34、蚌1。

2005ⅠT7641H13：猪1、珍珠蚌未订种2。

2005ⅠT7341H32：中型哺乳动物2、方形环棱螺1、珍珠蚌未订种2。

2005ⅠT7642H55：黄牛1、绵羊1、猪8、梅花鹿1、小型鹿科动物1、中小型鹿科动物1、中型哺乳动物12、大型哺乳动物1、哺乳动物9、鸟1、蚌1。

2005ⅠT7641H67：黄牛3、猪5、狗1、梅花鹿1、小型鹿科动物1、中型哺乳动物2、大型哺乳动物1、哺乳动物7、珍珠蚌未订种2、圆田螺5。

2005ⅠT7842H82：绵羊19。

2005ⅠT7742H83：绵羊125、猪10、狗3、中型哺乳动物2。

2005ⅠT7742H85：黄牛8、绵羊1、羊或鹿1、猪12、麂1、梅花鹿1、小型犬科动物1、中小型鹿科动物4、中型哺乳动物14、大型哺乳动物1、哺乳动物35、珍珠蚌未订种6。

2005ⅠT7542H87：黄牛1、猪4、狗3、梅花鹿6、狍2、兔1、小型哺乳动物1、中型哺乳动物35、圆田螺2。

2005ⅠT7442H94：绵羊1、猪1、大型哺乳动物3、中型哺乳动物2、哺乳动物、珍珠蚌未订种1、圆田螺2。

2005ⅠT6735H96：黄牛2、绵羊2、鹿或羊1、猪25、狗3、狍2、中型哺乳动物14、大型哺乳动物2、哺乳动物1、丽蚌1、珍珠蚌未订种5、圆顶珠蚌1。

2005ⅠT6936H107：黄牛2、猪7、梅花鹿1、貉1、小型哺乳动物1、中型哺乳动物11、珍珠蚌未订种1、蚌3、鳖12。

2005ⅠT6635H112：黄牛8、山羊1、猪30、狗1、狍2、中型哺乳动物31、大型哺乳动物3、哺乳动物13、丽蚌1、珍珠蚌未订种2、圆顶珠蚌4、蚌4、圆田螺4。

2005ⅠT6736H118：黄牛1、圆田螺4。

2005ⅠT7442H135：绵羊1、梅花鹿2、哺乳动物2。

2005ⅠT7442H136：猪3、狗9、小型哺乳动物13、中型哺乳动物4、大型哺乳动物2、哺乳动物3。

2005ⅠT7442H137：黄牛2、鹿或羊1、猪1、中型哺乳动物8、哺乳动物6、珍珠蚌未订种2。

2005ⅠT7741H139：猪3、梅花鹿1、中型哺乳动物2、哺乳动物1、珍珠蚌未订种2。

2005ⅠT6836H145：黄牛2、绵羊3、猪8、狗3、小型哺乳动物2、中型哺乳动物10、哺乳动物5、珍珠蚌未订种6、射线裂脊蚌1、蚌2。

2005ⅠT7542H159：绵羊1、哺乳动物4。

2005ⅠT6636H167：黄牛8、绵羊4、猪16、狗5、梅花鹿3、中型哺乳动物17、大型哺乳动物1、珍珠蚌未订种2、圆顶珠蚌3、蚌6、圆田螺2。

2005ⅠT7741H185：绵羊1、中型哺乳动物2、珍珠蚌未订种1。

2005ⅠT7341H191：猪1。

2005ⅠT6836H195：绵羊1、梅花鹿1、珍珠蚌未订种1。

2005ⅠT7036H196：猪2、中型哺乳动物5。

2005ⅠT7036H199：猪1。

2005ⅠT7441H251：黄牛2、绵羊1、猪1、狗1、珍珠蚌未订种1。

2005ⅠT7442H261：黄牛1、中型哺乳动物8、哺乳动物3。

2005ⅠT7442H263：黄牛1、中型哺乳动物8、哺乳动物5、圆田螺1。

2005ⅠT7341③：猪1、中型哺乳动物1。

2005ⅠT7342③：黄牛1、猪4、梅花鹿3、中型哺乳动物14、大型哺乳动物3、哺乳动物3、圆田螺1。

2005ⅠT7842④：绵羊5、猪3、狗1、梅花鹿6、鹿科动物1、狍1、中型哺乳动物14、哺乳动物1。

（2）骨骼形体测量数据（单位：毫米）

竹鼠：胫骨远端长：4.50，宽：4.17。

兔：肩胛骨远端关节长：11.40，宽：8.30。

狗：第3跖骨GL：62.27；股骨近端长：33.34，宽：16.98，远端长：26.62，宽：28.13，全长：166.23；寰椎GL：37.22，GB：69.75；肩胛骨远端长：24.47，宽：15.20；胫骨近端宽：31.95；下颌P2前下颌骨高：17.48（表3-6）。

表3-6 二里头二期狗下颌测量

测量点	样品量	最大值	最小值	均值	标准差
下颌M1前下颌骨高	3	20.42	10.78	14.62	5.11
下颌M1长	13	20.85	10.04	16.82	3.88
下颌M1宽	13	8.89	3.74	6.65	1.66
下颌M2长	7	8.84	7.09	8.10	0.58
下颌M2宽	7	6.52	5.98	6.15	0.18
下颌M3长	3	4.89	4.60	4.73	0.15
下颌M3宽	3	4.23	3.90	4.03	0.17
下颌l	7	137.05	125.55	129.75	5.04

续表

测量点	样品量	最大值	最小值	均值	标准差
下颌2	6	132.90	125.71	128.84	3.05
下颌3	6	127.78	119.39	121.43	3.17
下颌4	7	124.81	111.72	116.64	5.29
下颌5	7	117.55	106.18	110.16	4.50
下颌6	6	119.96	112.15	116.11	3.21
下颌7	7	82.61	72.32	75.80	4.19
下颌8	8	74.89	65.72	69.90	3.45
下颌9	8	69.45	59.81	64.30	3.25
下颌10	7	33.42	30.38	31.70	1.01
下颌11	10	43.43	35.16	37.90	2.37
下颌12	11	38.01	30.34	32.95	2.52
下颌13	5	20.77	18.49	19.48	0.97
下颌14	8	19.37	17.30	18.23	0.79
下颌18	3	54.05	48.07	50.62	3.09
下颌19	10	26.30	21.46	23.85	1.51
下颌20	11	21.04	17.97	19.27	0.82

狍：胫骨近端长：41.54，宽：35.37；距骨长：30.04，宽：19.31；下颌15c：17.04，M1后下颌骨高：21.65；下颌M1长：11.74，宽：8.92；下颌M2长：15.32，宽：9.29（表3-7）。

麂：肩胛骨远端关节长：21.94；下颌M1长：9.51，宽：6.23（表3-8）。

梅花鹿：股骨近端长：66.81，宽：34.32；胫骨远端长：39.70，宽30.86；桡骨远端长：36.29，宽：27.18；头骨27：85.46，34：77.70；下颌M1前下颌骨高：28.07，M3后下颌骨高：31.43，M1长：14.07，宽：10.93，M3长：26.07，宽：12.48；跖骨近端长：29.34，宽：28.48（表3-9）。

表3-7　二里头二期狍跟骨测量

测量点	样品量	最大值	最小值	均值	标准差
跟骨长	2	58.50	56.99	57.75	1.07
跟骨宽	2	23.51	22.34	22.93	0.83
跟骨厚	2	19.96	17.86	18.91	1.48

表 3-8　二里头二期麂肩胛骨远端关节测量

测量点	样品量	最大值	最小值	均值	标准差
肩胛骨远端关节宽	2	16.58	16.01	16.29	—

表 3-9　二里头二期梅花鹿趾骨、跟骨、肱骨、距骨、桡骨和下颌 M2 测量

测量点	样品量	最大值	最小值	均值	标准差
第 1 节趾骨 GL	6	47.85	43.74	46.40	1.49
第 2 节趾骨 GL	2	36.09	30.60	33.35	—
第 3 节趾骨 Ld	2	34.03	33.17	33.60	—
第 3 节趾骨 MBS	2	10.64	8.91	9.78	—
第 3 节趾骨 DLS	2	40.58	37.76	39.13	—
跟骨长	3	99.18	91.48	95.52	3.86
跟骨宽	3	36.90	32.95	34.94	1.98
跟骨厚	3	29.69	24.52	26.90	2.61
肱骨远端长	2	49.27	44.15	46.71	—
肱骨远端宽	2	44.72	39.71	42.22	—
距骨长	2	68.49	47.48	57.99	—
距骨宽	2	42.20	29.22	35.71	—
桡骨近端长	3	48.41	40.93	43.54	4.22
桡骨近端宽	3	25.38	22.02	23.75	1.68
下颌 M2 长	2	19.93	17.78	18.86	—
下颌 M2 宽	2	12.12	11.83	11.98	—

猪：第 2 节趾骨 GL：33.95；跟骨宽：26.33，厚：19.94；寰椎 H：39.72，GB：64.85；盆骨 LA：34.18；桡骨远端长：39.12，宽：28.74；上颌 P4 长：11.89，宽：10.84；下颌 3：66.99，6：124.19，7：117.8，7a：102.97，9：50.53，9a：35.69，11：37.85，12：58.93，13：37.85，14：58.93，15：108.08，16a：41.94，16b：38.44，M3 后下颌骨高：48.16（表 3-10）。

表 3-10　二里头二期猪肱骨、寰椎 BFcr、肩胛骨、上颌和下颌测量

测量点	样品量	最大值	最小值	均值	标准差
肱骨远端长	5	36.25	33.70	34.86	1.19
肱骨远端宽	4	35.86	31.38	34.29	2.01
寰椎 BFcr	2	53.39	45.06	49.23	5.89

续表

测量点	样品量	最大值	最小值	均值	标准差
肩胛骨远端关节长	6	33.86	24.85	30.21	3.18
肩胛骨远端关节宽	6	24.18	19.83	21.78	1.48
上颌 M1 长	20	18.23	13.28	16.10	1.49
上颌 M1 前宽	19	14.40	10.71	13.16	1.08
上颌 M1 后宽	19	15.74	10.70	13.83	1.55
上颌 M2 长	18	24.69	16.04	20.35	2.19
上颌 M2 前宽	16	18.79	12.22	16.41	1.66
上颌 M2 后宽	17	18.67	12.54	16.32	1.36
上颌 M3 长	5	32.72	25.66	28.94	2.91
上颌 M3 宽	5	18.66	16.51	17.42	0.96
下颌 16c	2	42.62	41.81	42.22	0.57
下颌 M1 前下颌骨高	2	42.14	32.75	37.45	6.64
下颌 P4 长	22	19.41	11.95	16.86	2.49
下颌 P4 宽	22	9.18	7.88	8.57	0.37
下颌 M1 长	23	19.69	13.75	16.09	1.65
下颌 M1 前宽	20	13.63	7.98	10.97	1.41
下颌 M1 后宽	21	14.47	8.89	11.62	1.22
下颌 M2 长	17	23.92	16.49	20.08	1.66
下颌 M2 前宽	17	16.61	11.10	13.97	1.24
下颌 M2 后宽	17	16.49	11.07	13.95	1.33
下颌 M3 长	8	36.42	28.93	31.82	2.57
下颌 M3 宽	9	16.76	13.21	14.93	1.18
下颌 8	4	67.41	64.01	65.62	1.79

黄牛：第 1 节趾骨 GL：61.43；距骨长：68.99，宽：49.00；盆骨 LA：82.27；下颌 M3 长：39.71，宽：15.08，13：111.78；肱骨远端长：100.98，宽：87.96；肩胛骨远端关节长：69.50，宽：50.95（表3-11）。

表 3-11 二里头二期黄牛第 2 节趾骨 GL、桡骨、掌骨测量

测量点	样品量	最大值	最小值	均值	标准差
第 2 节趾骨 GL	2	66.61	61.86	64.24	—
桡骨近端长	4	83.60	68.79	76.80	6.12
桡骨近端宽	5	56.16	39.63	44.90	6.51
桡骨远端长	2	88.84	70.85	79.85	12.72
桡骨远端宽	2	59.92	41.85	50.89	12.78
掌骨远端长	2	66.59	60.87	63.73	—
掌骨远端宽	2	35.86	33.41	34.64	—

绵羊：尺骨 LO：37.42，SDO：22.24，DPA：15.89；中央跗骨 GB：24.04；跟骨长：53.21，宽：21.64，厚：17.65；肱骨近端长：38.14，宽 44.89，全长：145.37；股骨近端长：42.23，远端长：37.49，宽：46.39；寰椎 BFcr：44.21，H：33.23；距骨 GLI：28.25，GLM：28.77，DI：16.31，DM：18.23，BD：18.49；头骨 21：74.54，22：50.48，23：26.69；上颌 P4 长：12.19，宽：9.75；上颌 M1 长：13.00，宽：11.02；上颌 M2 长：17.61，宽：11.81；枢椎 BFcr：43.08，LCDe：57.39，SBV：21.22，Bpacd：27.10；下颌 M3 后下颌骨高：39.14；下颌骨 1：164.22，3：45.62，4：126.02，5：120.34，6：134.97，7：78.82，8：53.78，9：38.46，11：37.39；掌骨全长：126.59（表 3-12）。

山羊：距骨长：26.53，宽：17.31。

表 3-12 二里头二期绵羊第 1 节趾骨、肱骨、肩胛骨、胫骨、桡骨、下颌、掌骨和跖骨测量

测量点	样品量	最大值	最小值	均值	标准差
第 1 节趾骨 GL	3	38.45	36.64	37.28	1.02
第 1 节趾骨 BP	3	12.31	11.52	11.98	0.41
第 1 节趾骨 DP	2	14.73	14.58	14.66	0.11
第 1 节趾骨 SD	2	9.7	9.39	9.55	0.22
第 1 节趾骨 BD	3	11.41	11.09	11.26	0.16
肱骨远端长	3	32.18	30.40	31.40	0.91
肱骨远端宽	2	27.39	26.37	26.88	0.72
肩胛骨远端长	5	43.07	32.02	35.37	5.21
肩胛骨远端宽	5	25.66	20.83	22.63	2.11
胫骨远端长	5	30.46	27.60	28.75	1.17
胫骨远端宽	6	24.09	19.43	21.79	1.48

续表

测量点	样品量	最大值	最小值	均值	标准差
桡骨近端长	4	33.00	29.33	31.48	1.91
桡骨近端宽	4	16.67	14.78	15.98	1.04
桡骨远端长	2	29.79	26.90	28.35	2.04
桡骨远端宽	2	20.90	18.94	19.92	1.39
桡骨全长	2	155.99	137.42	146.71	13.13
下颌 15c	4	16.87	13.65	15.07	1.35
下颌 15b	4	24.8	21.20	23.25	1.52
下颌 P4 长	7	20.16	10.84	15.77	3.56
下颌 P4 宽	6	8.10	6.86	7.41	0.42
下颌 M1 长	5	18.04	12.16	14.21	2.42
下颌 M1 宽	5	9.37	7.70	8.32	0.66
下颌 M2 长	7	19.25	12.00	16.08	2.27
下颌 M2 宽	7	11.14	8.53	9.59	1.00
下颌 M3 长	4	26.06	23.22	24.54	1.18
下颌 M3 宽	5	9.46	8.57	8.92	0.35
下颌骨 8	2	58.02	52.24	55.13	4.09
掌骨近端长	4	26.73	23.37	24.28	1.64
掌骨近端宽	4	17.17	16.16	16.53	0.45
掌骨远端长	2	26.45	23.54	25.00	2.06
掌骨远端宽	2	18.11	16.61	17.36	1.06
跖骨近端长	4	21.67	20.20	21.06	0.62
跖骨近端宽	4	21.08	19.77	20.37	0.55
跖骨远端长	2	25.44	23.12	24.28	1.64
跖骨远端宽	3	17.69	16.75	17.25	0.47
跖骨全长	3	149.49	136.31	141.87	6.83

3. 二里头三期

（1）动物骨骼出土情况（NISP，即可鉴定标本数）

2004Ⅰ T6502H20

①层：黄牛1、绵羊1、猪3、梅花鹿1、中型哺乳动物16、大型哺乳动物2、哺乳动物13。

②层：黄牛1。

③层：黄牛59、绵羊20、猪67、狗14、鹿或羊2、梅花鹿21、麂1、狍5、中型哺乳动物172、大型哺乳动物25、哺乳动物110、珍珠蚌未订种5。

2004Ⅱ T6602H30：绵羊3、猪1、麂1、狍1、中型哺乳动物3。

2004Ⅱ T6602H32：黄牛4、绵羊9、鹿或羊2、猪23、狗3、猫1、狗獾1、梅花鹿12、小型鹿科动物1、狍2、兔1、小型食肉动物1、小型哺乳动物5、中型哺乳动物71、大型哺乳动物6、哺乳动物2。

2004Ⅱ T6602H35：黄牛1、绵羊1、猪6、梅花鹿7、中型哺乳动物1、哺乳动物3。

2004Ⅱ T6602H36：绵羊16、猪8、梅花鹿1、大型鹿科动物2、中型哺乳动物70、大型哺乳动物1、哺乳动物30、鳖2。

2004Ⅰ T6941H72：猪2、中型哺乳动物3。

2004Ⅰ T7041H75：黄牛1、猪2、狗1、中型哺乳动物2、大型哺乳动物1。

2004Ⅰ T6941H78：绵羊1、猪10、狗6、梅花鹿3、狍1、中型哺乳动物5、大型哺乳动物3、蚌1。

2004Ⅰ T6941H131：黄牛1、猪3、梅花鹿1、小型哺乳动物4。

2004Ⅰ T6640H133：猪1、中型哺乳动物5。

2004Ⅰ T6941H163：绵羊1、猪3、狗2、梅花鹿1、中型哺乳动物10。

2004Ⅰ T6841H173：猪3、梅花鹿2、小型哺乳动物1、中型哺乳动物4、蚌1。

2004Ⅰ T6841H174：黄牛1、绵羊1、猪6、狗1、梅花鹿2、狍1、小型哺乳动物1、中型哺乳动物7、大型哺乳动物4。

2004Ⅰ T6841H184：方形环棱螺4。

2004Ⅰ T6841H200：黄牛5、中型哺乳动物5、鳖1、圆顶珠蚌1。

2004Ⅰ T6841H207：大型哺乳动物1、丽蚌1。

2004Ⅰ T6841H208：黄牛1、绵羊2、猪81、梅花鹿1、小型哺乳动物2、中型哺乳动物9、丽蚌1。

2004Ⅰ T6941H209：猪1、中型哺乳动物3。

2004Ⅰ T6941H216：绵羊2、猪1、梅花鹿1、中型哺乳动物3、珍珠蚌未订种1。

2004Ⅰ T7041H239：中型哺乳动物3、大型哺乳动物1。

2004Ⅰ T6940H253：猪5、狗2、中型哺乳动物10、哺乳动物1。

2004Ⅰ T7137H331：猪1。

2004Ⅰ T7038H418：梅花鹿1、中型哺乳动物1。

2004ⅠT7038H423：猪2、丽蚌1。

2004ⅠT7038H430：绵羊1、猪6、狗1、中型哺乳动物2、丽蚌1。

2004ⅠT7238H432：黄牛1、绵羊2、猪4、梅花鹿1、大型鹿科动物1、狍1、中型哺乳动物6。

2004ⅠT7401J2：梅花鹿1。

2004ⅠT6840④：黄牛2、猪3、中型哺乳动物4。

2004ⅠT6941④：绵羊2、猪5、麂1、狍1、小型哺乳动物1、中型哺乳动物1、蚌1。

2004ⅠT7137⑥：猪1、中型哺乳动物1、大型哺乳动物2。

2004ⅠT7137⑦：黄牛1、绵羊1、猪3、中型哺乳动物4、珍珠蚌未订种1。

2004ⅠT7138⑥：猪2、狗21、蚌1。

2005ⅠT7341H16：梅花鹿1、兔1、哺乳动物6。

2005ⅠT7341H17：黄牛1、绵羊2、猪23、中型哺乳动物27、哺乳动物25。

2005ⅠT6636H18：猪3、狗2、梅花鹿2、中型哺乳动物8、哺乳动物2、圆田螺1。

2005ⅠT6736H20：黄牛1、绵羊2、猪1、中型哺乳动物5、哺乳动物1、圆田螺2。

2005ⅠT7342H22：黄牛2、猪6、中型哺乳动物7、珍珠蚌未订种2、圆田螺1。

2005ⅠT6835H27：黄牛1、狗1、梅花鹿1、大型鹿科动物1、中型哺乳动物9、大型哺乳动物7。

2005ⅠT6736H46：黄牛1、猪1、中型哺乳动物4、珍珠蚌未订种1。

2005ⅠT6736H47：黄牛1、绵羊3、猪21、鹿或羊1、狗4、小型食肉动物1、中型哺乳动物59、哺乳动物15、鳖3、珍珠蚌未订种5、蚌3、圆田螺2。

2005ⅠT6636H49：绵羊1、狗2、梅花鹿1、中型哺乳动物5、大型哺乳动物2、蚌1、圆田螺1。

2005ⅠT7742H56：黄牛1、猪10、梅花鹿1、中小型鹿科动物1、中型鹿科动物1、小型犬科动物1、小型食肉动物1、中型食肉动物10、中型哺乳动物28、大型哺乳动物2、哺乳动物1、雉1、中型鸟类3、鳖3、珍珠蚌未订种2、圆田螺30。

2005ⅠT6736H62：黄牛2、猪4、兔1、小型食肉动物2、中型哺乳动物5、哺乳动物2、蚌1。

2005ⅠT6636H71：绵羊1、猪2、中型哺乳动物3、哺乳动物2、蚌1。

2005ⅠT6733H72：黄牛8、水牛1、猪1、绵羊1、小型犬科动物1、中型哺乳动物6。

2005ⅠT7441H79：黄牛1、猪1、狗3、中型哺乳动物1、大型哺乳动物1。

2005ⅠT7742H84：猪1。

2005ⅠT7742H86：黄牛1、绵羊1、猪8、羊或鹿1、小型鹿科动物1、大型鹿科动物1、鹿科动物1、中型哺乳动物4、哺乳动物3。

2005ⅠT6735H95：黄牛2、绵羊1、猪10、小型哺乳动物1、中型哺乳动物9、大型哺乳动物1、哺乳动物6、珍珠蚌未订种1、蚌1。

2005ⅠT6836H104：中型哺乳动物1。

2005ⅠT6736H106：羊或鹿1、中型哺乳动物3。

2005ⅠT7342H110：黄牛2、猪4、狗1、小型哺乳动物1、中型哺乳动物8、哺乳动物8。

2005ⅠT7742H116：黄牛1、猪8、狗1、梅花鹿1、小型鹿科动物1、中型鹿科动物1、鹿科动物3、中型哺乳动物15、圆顶珠蚌1、珍珠蚌未订种4。

2005ⅠT6636H121：猪1、狗1、梅花鹿1、哺乳动物1、珍珠蚌未订种1。

2005ⅠT6636H122：黄牛4、绵羊6、猪15、狗4、狍1、中型哺乳动物20、大型哺乳动物3、哺乳动物2、珍珠蚌未订种1、蚌1、圆田螺1。

2005ⅠT7742H126：黄牛3、绵羊1、猪9、梅花鹿6、中型哺乳动物14、哺乳动物1。

2005ⅠT6936H131：绵羊1、猪3、狗1、梅花鹿2、狍1、中型哺乳动物7。

2005ⅠT6936H133：黄牛1、猪2、狗1、梅花鹿1、大型鹿科动物1、中型哺乳动物2、蚌2。

2005ⅠT6736H134：黄牛1、山羊1、猪4、中型哺乳动物1、蚌2。

2005ⅠT7742H142：中型哺乳动物4、哺乳动物3。

2005ⅠT6636H166：黄牛3、绵羊1、猪4、狗2、梅花鹿1、狍1、中型哺乳动物8、哺乳动物9、珍珠蚌未订种2、圆田螺2。

2005ⅠT6836④：黄牛3、绵羊1、猪3、狗1、羊或鹿2、小型鹿科动物1、中型哺乳动物5、哺乳动物8、蚌1。

2005ⅠT6936④：黄牛1、猪1、狗1、梅花鹿1、中型哺乳动物3、大型哺乳动物2、哺乳动物5、丽蚌1、珍珠蚌未订种1。

（2）骨骼形体测量数据（单位：毫米）

兔（表3-13）。

表3-13　二里头三期兔胫骨远端测量

测量点	样品量	最大值	最小值	均值	标准差
胫骨远端长	2	13.64	12.68	13.16	0.68
胫骨远端宽	2	7.77	7.63	7.70	0.10

狗：第2掌骨GL：55.63；第5掌骨GL：55.34；肱骨近端长：26.77，宽：21.47；股骨远端长：27.94，宽：29.84；寰椎GB：72.94，GL：35.11，Lad：12.33；胫骨远端长：20.27，宽：14.10；桡骨近端长：19.95，宽：11.39；下颌M3长：4.60，M3宽：4.20；下颌5：108.8，18：51.26（表3-14）。

表3-14　二里头三期狗肱骨、寰椎H、肩胛骨、上下颌测量

测量点	样品量	最大值	最小值	均值	标准差
肱骨远端长	3	28.30	25.40	26.57	1.53
肱骨远端宽	3	21.39	18.78	20.48	1.47
寰椎H	3	25.59	22.81	24.54	1.51
肩胛骨远端关节长	2	28.05	25.15	26.60	2.05

续表

测量点	样品量	最大值	最小值	均值	标准差
肩胛骨远端关节宽	2	16.40	15.77	16.09	0.45
上颌 P4 长	3	18.84	17.63	18.42	0.69
上颌 P4 宽	3	9.27	8.30	8.83	0.49
上颌 M1 长	4	12.10	10.34	11.46	0.81
上颌 M1 宽	4	14.43	11.89	13.32	1.12
上颌 M2 长	4	7.82	4.83	6.46	1.24
上颌 M2 宽	4	9.28	6.97	8.10	1.07
下颌 M1 长	4	20.06	17.91	18.84	0.90
下颌 M1 宽	4	7.97	7.14	7.56	0.38
下颌 M2 长	2	7.81	7.76	7.79	0.04
下颌 M2 宽	2	6.21	5.55	5.88	0.47
下颌 4	2	112.29	109.78	111.04	1.77
下颌 6	2	116.68	109.48	113.08	5.09
下颌 7	3	74.41	64.82	69.71	4.80
下颌 8	3	67.23	62.90	64.92	2.18
下颌 9	5	62.46	46.75	57.80	6.50
下颌 10	5	32.66	29.76	31.37	1.17
下颌 11	5	37.45	17.16	30.71	8.10
下颌 12	8	32.88	16.09	28.43	5.50
下颌 13	2	18.81	18.38	18.60	0.30
下颌 14	10	19.28	15.86	17.30	0.92
下颌 19	8	24.89	19.12	22.48	1.90
下颌 20	8	28.95	15.71	19.01	4.16

狗獾：头骨 22：28.96，24：40.91，25：30.27，27：15.01，28：11.73，40：33.34。

猫：下颌 6：7.48×3.12。

猪：第 4 掌骨 GL：71.38；股骨远端长：39.55；距骨长：45.12；桡骨远端长：34.76，宽：23.55；下颌 7a：48.40（表 3-15）。

表 3-15　二里头三期猪肱骨、股骨、寰椎、肩胛骨、胫骨、桡骨、上下颌测量

测量点	样品量	最大值	最小值	均值	标准差
肱骨近端长	3	38.93	34.44	36.37	2.31
肱骨近端宽	3	37.54	34.29	36.33	1.78
肱骨远端长	3	36.36	34.04	35.21	1.16
肱骨远端宽	3	36.38	33.30	34.79	1.54
股骨远端宽	2	48.11	45.08	46.60	2.14
寰椎 BFcr	2	49.01	43.56	46.29	3.85
寰椎 H	2	43.43	41.03	42.23	1.70
肩胛骨远端关节长	4	35.70	30.99	33.04	2.29
肩胛骨远端关节宽	5	23.79	19.38	21.44	2.04
胫骨远端长	3	27.78	24.87	26.59	1.52
胫骨远端宽	3	24.51	22.79	23.44	0.93
距骨宽	2	25.27	24.48	24.88	0.56
桡骨近端长	3	29.81	25.76	27.67	2.04
桡骨近端宽	3	20.09	17.46	18.65	1.33
上颌 M1 长	23	17.86	12.31	15.33	1.67
上颌 M1 前宽	23	15.16	10.27	12.75	1.36
上颌 M1 后宽	23	15.62	10.58	13.30	1.58
上颌 M2 长	18	22.29	15.77	19.78	1.70
上颌 M2 前宽	18	17.68	12.29	15.78	1.73
上颌 M2 后宽	17	18.25	12.64	15.54	1.82
上颌 M3 长	2	27.22	26.82	27.02	0.28
上颌 M3 宽	3	18.47	17.54	18.10	0.50
下颌 16b	3	39.28	31.86	36.15	3.84
下颌 P4 长	16	19.95	13.56	18.16	1.77
下颌 P4 宽	16	9.39	8.11	8.73	0.34
下颌 M1 长	17	17.94	12.98	16.20	1.20
下颌 M1 前宽	18	11.30	8.66	10.22	0.63
下颌 M1 后宽	17	12.17	10.13	11.06	0.56
下颌 M2 长	12	22.39	18.52	20.61	1.09

续表

测量点	样品量	最大值	最小值	均值	标准差
下颌 M2 前宽	13	15.71	11.75	13.49	1.03
下颌 M2 后宽	12	16.73	11.95	13.82	1.14
下颌 M3 长	3	36.87	27.11	31.67	4.91
下颌 M3 宽	3	16.72	14.68	15.77	1.03

麂（表3-16）。

表3-16 二里头三期麂肩胛骨远端关节测量

测量点	样品量	最大值	最小值	均值	标准差
肩胛骨远端关节长	2	22.99	21.94	22.47	0.74
肩胛骨远端关节宽	2	16.07	15.04	15.56	0.73

狗：肩胛骨远端关节长：25.74，宽：17.71；掌骨近端长：22.98，宽：15.44；下颌 M1 宽：7.00，M2 长：10.86，宽：6.67，M3 长：13.45，宽：6.27；下颌 8：36.40，15a：22.16（表3-17）。

表3-17 二里头三期狗第1节趾骨 GL 测量

测量点	样品量	最大值	最小值	均值	标准差
第1节趾骨 GL	4	44.36	20.79	37.91	11.44

梅花鹿：第3节趾骨 Ld：39.08，MBS：11.61，DLS：43.62；跗骨长：34.14，宽：32.65；跟骨长：93.27；股骨 Bp：45.37，DC：22.87；寰椎 H：47.93；胫骨近端长：63.89，宽：67.86，全长：325.50；桡骨近端长：44.32，宽：23.75；下颌 15a：37.4，15c：24.47，P4 长：19.34，宽：8.68，P2－M3 齿列长：100.23，8：60.36，9：38.98；掌骨远端长：28.56，宽：18.86；距骨远端长：31.63，宽：21.95（表3-18）。

表3-18 二里头三期梅花鹿第1节趾骨、跟骨、肩胛骨、胫骨、距骨、下颌、掌骨测量

测量点	样品量	最大值	最小值	均值	标准差
第1节趾骨 GL	12	54.39	48.41	50.97	1.83
第2节趾骨 GL	6	37.38	32.66	35.59	1.74
跟骨宽	4	38.02	33.03	35.67	2.07
跟骨厚	4	27.53	26.22	26.91	0.61
肩胛骨远端关节长	2	48.01	42.61	45.31	3.82

续表

测量点	样品量	最大值	最小值	均值	标准差
肩胛骨远端关节宽	3	35.19	27.76	30.51	4.07
胫骨远端长	2	42.36	35.98	39.17	4.51
胫骨远端宽	2	32.65	28.13	30.39	3.20
距骨长	3	48.42	44.53	46.40	1.95
距骨宽	3	29.47	28.89	29.13	0.30
下颌 M1 前下颌骨高	2	28.14	26.24	27.19	1.34
下颌 M1 长	3	18.68	15.75	16.80	1.63
下颌 M1 宽	3	11.51	10.45	10.83	0.59
下颌 M2 长	3	21.34	19.63	20.24	0.95
下颌 M2 宽	3	12.90	10.52	11.87	1.22
下颌 M3 长	2	26.47	25.58	26.03	0.63
下颌 M3 宽	2	12.37	11.79	12.08	0.41
掌骨近端长	2	30.74	29.76	30.25	0.69
掌骨近端宽	2	23.34	22.11	22.73	0.87

黄牛：桡骨近端长：78.52，全长266.00；第3节趾骨Ld：61.32，MBS：27.20，DLS：80.86；跟骨厚：39.26；肩胛骨远端关节长：68.02，宽：53.42；下颌 M1 长：31.98，宽：13.80；下颌 M2 长：27.43，宽：18.17；下颌 M3 长：41.99，宽：18.97；下颌 7：139.63，15a：76.28，15b：53.71；掌骨远端长：61.85，宽：33.18（表3-19）。

表3-19 二里头三期黄牛桡骨、第1~2节趾骨、下颌测量

测量点	样品量	最大值	最小值	均值	标准差
桡骨近端宽	2	42.32	40.82	41.57	1.06
桡骨远端长	2	86.25	72.68	79.47	9.60
桡骨远端宽	2	43.81	42.79	43.30	0.72
第1节趾骨 GL	4	66.82	62.51	63.80	2.03
第2节趾骨 GL	4	61.63	38.21	46.37	10.41
下颌 P4 长	2	34.88	23.37	29.13	8.14
下颌 P4 宽	2	14.95	14.41	14.68	0.38

续表

测量点	样品量	最大值	最小值	均值	标准差
下颌 8	2	92.02	88.47	90.25	2.51
下颌 9	2	50.03	47.77	48.90	1.60
下颌 15c	2	38.51	38.07	38.29	0.31

绵羊：第 2 节趾骨 GL：27.33；寰椎 H：34.40；上颌 M1 长：11.12，宽：13.00；上颌 M2 长：15.04，宽：14.06；上颌 M3 长：21.99，宽：14.10；头骨 22：72.85，23：27.80；下颌 8：47.45，12：75.76，15c：19.41；跖骨远端长：24.95（表3-20）。

表 3-20　二里头三期绵羊肩胛骨、胫骨、桡骨、头骨、下颌、掌骨、跖骨测量

测量点	样品量	最大值	最小值	均值	标准差
肩胛骨远端关节长	2	36.02	35.11	35.57	0.64
肩胛骨远端关节宽	2	25.23	22.90	24.07	1.65
胫骨远端长	4	30.32	26.87	28.70	1.50
胫骨远端宽	5	22.12	18.91	20.82	1.29
桡骨近端长	3	45.91	31.18	37.02	7.82
桡骨近端宽	3	22.72	16.56	19.00	3.27
头骨 22	2	48.76	47.73	48.25	0.73
下颌 P4 长	3	18.80	9.52	13.00	5.06
下颌 P4 宽	3	7.31	7.16	7.25	0.08
下颌 M1 长	7	16.76	9.18	12.98	2.38
下颌 M1 宽	7	9.16	7.29	8.21	0.64
下颌 M2 长	4	17.76	11.65	15.45	2.64
下颌 M2 宽	4	9.80	8.23	8.97	0.72
下颌 M3 长	2	22.86	21.65	22.26	0.86
下颌 M3 宽	3	9.66	8.43	9.12	0.63
下颌 15a	2	37.99	36.21	37.10	1.26
掌骨远端长	2	26.09	26.01	26.05	0.06
掌骨远端宽	2	18.02	17.57	17.80	0.32
跖骨远端宽	2	18.11	17.09	17.60	0.72

4. 二里头四期

（1）动物骨骼出土情况（NISP，即可鉴定标本数）

2004ⅠT7041H41：绵羊1、猪1、中型哺乳动物1。

2004ⅠT6841H43：黄牛7、猪6、中型哺乳动物4、大型哺乳动物2。

2004ⅠT6940H46：黄牛8、绵羊1、猪9、狗1、梅花鹿1、小型哺乳动物2、中型哺乳动物21、哺乳动物5。

2004ⅠT6940H61：猪1、中型哺乳动物3、珍珠蚌未订种1。

2004ⅠT6940H71：黄牛3、绵羊1、猪22、狗7、梅花鹿2、羊或鹿1、小型哺乳动物2、中型哺乳动物28、大型哺乳动物5、哺乳动物7、蚌1。

2004ⅠT7041H77：梅花鹿1、大型哺乳动物1。

2004ⅠT6640H81：绵羊1、猪1、狗2、中型哺乳动物1、珍珠蚌未订种1。

2004ⅠT7041H88：黄牛1、狗1、中型哺乳动物4。

2004ⅠT6640H90：猪6、梅花鹿4、中型哺乳动物11、哺乳动物3、珍珠蚌未订种3。

2004ⅠT6940H96：猪1、狍1、中型哺乳动物4、哺乳动物2。

2004ⅠT6941H120：猪2。

2004ⅠT6940H136：黄牛1、狗1、兔1、小型哺乳动物3、中型哺乳动物4、雉1、珍珠蚌未订种2、细瘤丽蚌1、拟丽蚌1、丽蚌1。

2004ⅠT6940H153：狗2。

2004ⅠT6941H154：猪2、小型哺乳动物1、中型哺乳动物1。

2004ⅠT6940H158：猪1。

2004ⅠT6940H175：大型哺乳动物2。

2004ⅠT7137H188：黄牛3、猪4、狗1、中型哺乳动物4、大型哺乳动物1。

2004ⅠT6940H217：中型哺乳动物1。

2004ⅠT7037H234：黄牛5、绵羊4、猪10、狗2、中型哺乳动物4、大型哺乳动物2、哺乳动物3。

2004ⅠT6940H279：猪1。

2004ⅠT7138H298：猪6、狗1、梅花鹿1、中型哺乳动物1。

2004ⅠT7138H318：黄牛2、猪3、中型哺乳动物1、哺乳动物4。

2004ⅠT7138H332：绵羊1、猪4、中型哺乳动物2。

2004ⅠT7138H373：黄牛4、绵羊1、猪5、狗1、小型鹿科动物1、中型哺乳动物1、大型哺乳动物3、哺乳动物2。

2004ⅠT7138H379：黄牛4、猪12、狗1、梅花鹿1、中型哺乳动物3、大型哺乳动物9、哺乳动物2、珍珠蚌未订种1。

2004ⅠT6841③：绵羊3、猪4、狗1、梅花鹿1、狍1、中型哺乳动物18、大型哺乳动物2、方形环棱螺7。

2004ⅠT7137⑤：猪1、梅花鹿1、小型哺乳动物1、中型哺乳动物8、蚌1。

2004ⅠT7138⑤：黄牛1、猪22、狗1、鹿或羊1、梅花鹿5、小型哺乳动物1、中型哺乳动物12、大型哺乳动物2。

2005ⅠT7641H1：黄牛1、绵羊6、猪6、梅花鹿1、中型哺乳动物21、大型哺乳动物1、哺乳动物19、蚌1。

2005ⅠT7541H15：黄牛3、绵羊3、猪28、狗4、梅花鹿3、中型哺乳动物70、大型哺乳动物2、哺乳动物17、雉1、鳖1、珍珠蚌未订种7。

2005ⅠT6735H50：黄牛1、绵羊1、猪4、狗1、中型哺乳动物5、大型哺乳动物1、珍珠蚌未订种1。

2005ⅠT7742H65：黄牛1、绵羊2、猪5、狗1、中型哺乳动物2、大型哺乳动物2、哺乳动物8、圆顶珠蚌3、圆田螺1、螺1。

2005ⅠT7841H90：黄牛4、绵羊3、猪4、狗1、梅花鹿4、狍1、中型哺乳动物5、大型哺乳动物2、哺乳动物6。

2005ⅠT7342H128：黄牛5、绵羊3、猪163、狗8、梅花鹿4、小型哺乳动物1、中型哺乳动物45、大型哺乳动物3、哺乳动物3、珍珠蚌未订种5、圆田螺45。

2005ⅠT7841H141：绵羊1、猪1、麂1、小型鹿科动物1、中型哺乳动物1。

2005ⅠT7841H180：黄牛3、中型哺乳动物1。

2005ⅠT4720H254：黄牛1、猪2。

（2）骨骼测量数据（单位：毫米）

兔：肩胛骨BG：9.72。

狗：尺骨GL：146.06；第4跖骨GL：62.00；第5跖骨GL：44.80；肱骨远端长：26.63，宽：21.74；寰椎GB：71.12，GL：37.74；头骨16：18.41；上颌P4长：17.98，宽：10.00；上颌M1长：14.86，宽：11.16；上颌M2长：9.00，宽：6.05；下颌M1前下颌骨高：21.68；下颌M1宽：6.63；下颌4：114.18，5：107.08，8：63.48，10：31.14，13：17.19，14：16.66，18：53.67，19：20.87（表3-21）。

表3-21 二里头四期狗第3跖骨、股骨、胫骨、桡骨、下颌测量

测量点	样品量	最大值	最小值	均值	标准差
第3跖骨GL	2	60.16	53.66	56.91	4.60
股骨远端长	3	28.48	26.79	27.44	0.91
股骨远端宽	4	30.61	25.73	27.74	2.08
胫骨远端长	2	19.36	16.79	18.08	1.82
胫骨远端宽	2	13.94	12.45	13.20	1.05
桡骨近端长	2	16.71	9.21	12.96	5.30
桡骨近端宽	2	11.28	6.40	8.84	3.45
下颌M1长	2	18.02	17.07	17.55	0.67
下颌6	2	110.93	109.53	110.23	0.99
下颌7	2	73.37	71.91	72.64	1.03

猪：髌骨长：28.44，宽：21.66；尺骨 GL：160.17，LO：45.49，SDO：22.84，DPA：32.17；第 2 跖骨 GL：53.58；第 5 掌骨 GL：47.40；跟骨长：76.71；肱骨远端宽：35.37，全长：153.84；股骨全长：182.08（表 3-22）。

表 3-22　二里头四期猪趾骨、掌骨、跖骨、跟骨、肱骨、肩胛骨、胫骨、距骨、上下颌测量

测量点	样品量	最大值	最小值	均值	标准差
第 1 节趾骨 GL	7	35.09	30.73	33.18	1.72
第 2 节趾骨 GL	7	36.63	21.21	23.90	5.63
第 2 掌骨 GL	2	48.65	48.3	48.48	0.25
第 3 节趾骨 DLS	7	28.04	24.67	25.98	1.15
第 3 节趾骨 Ld	7	25.21	22.73	23.61	0.82
第 3 节趾骨 MBS	7	11.15	8.68	9.50	0.88
第 3 掌骨 GL	2	64.06	63.43	63.75	0.45
第 3 跖骨 GL	3	76.56	66.46	71.73	5.06
第 4 掌骨 GL	2	66.52	65.45	65.99	0.76
第 4 跖骨 GL	2	76.18	75.59	75.89	0.42
第 5 跖骨 GL	2	54.25	53.34	53.80	0.64
跟骨宽	3	28.91	26.57	27.95	1.23
肱骨远端长	2	40.02	35.63	37.83	3.10
肩胛骨远端关节长	6	37.97	32.35	33.72	2.13
肩胛骨远端关节宽	6	26.51	20.01	23.43	2.09
胫骨远端长	2	26.61	25.23	25.92	0.98
胫骨远端宽	2	23.36	22.49	22.93	0.62
胫骨 GL	2	168.99	165.3	167.15	2.61
距骨长	2	38.29	35.16	36.73	2.21
距骨宽	2	22.84	22.17	22.51	0.47
上颌 M1 长	4	16.71	11.70	14.57	2.21
上颌 M1 前宽	4	16.60	9.80	13.24	2.85
上颌 M1 后宽	4	17.49	10.79	13.75	2.85
上颌 M2 长	4	22.21	14.05	19.42	3.75
上颌 M2 前宽	4	18.14	11.42	15.66	3.07
上颌 M2 后宽	4	18.03	11.93	15.54	2.76

续表

测量点	样品量	最大值	最小值	均值	标准差
上颌 M3 长	2	32.45	28.39	30.42	2.87
上颌 M3 宽	2	18.12	18.05	18.09	0.05
下颌 16c	2	37.03	27.25	32.14	6.92
下颌 16b	6	39.05	19.18	28.62	7.14
下颌 16a	3	48.00	47.37	47.70	0.32
下颌 P4 长	7	20.24	13.05	16.25	3.34
下颌 P4 宽	8	9.26	5.57	8.38	1.22
下颌 M1 长	16	17.62	13.46	15.81	1.22
下颌 M1 前宽	13	17.48	9.56	10.80	2.08
下颌 M1 后宽	17	12.22	9.36	10.94	0.73
下颌 M2 长	17	21.87	11.00	19.62	2.41
下颌 M2 前宽	15	15.49	10.92	13.45	1.33
下颌 M2 后宽	15	14.94	11.09	13.44	0.95
下颌 M3 长	5	35.21	28.60	32.83	2.58
下颌 M3 宽	4	16.61	15.00	15.62	0.75
下颌 9a	2	39.47	36.26	37.87	2.27
下颌 8	2	69.5	66.92	68.21	1.82

麂：肩胛骨远端关节长：25.25，宽：17.71。

狍：下颌 M3 长 18.14，宽：8.97。

梅花鹿：第 1 节趾骨 GL：44.86；第 2 节趾骨 GL：40.32；寰椎 GL：69.65；距骨长：46.44，宽：27.94；上颌 M1 长：20.06，宽：18.31；上颌 M2 长：18.39，宽：18.75；下颌 M1 长：17.53，宽：12.04；掌骨近端长：34.32，宽：24.10（表3-23）。

表3-23 二里头四期梅花鹿肩胛骨远端关节、胫骨测量

测量点	样品量	最大值	最小值	均值	标准差
肩胛骨远端关节长	4	48.49	44.94	46.50	1.66
肩胛骨远端关节宽	4	33.41	30.35	32.37	1.40
胫骨远端长	2	39.69	35.58	37.64	2.91
胫骨远端宽	2	30.39	26.47	28.43	2.77

黄牛：肱骨远端宽：84.23；肩胛骨远端关节长：64.04，宽：46.44；胫骨远端长：64.63，宽：48.52；距骨长：77.19，宽：55.91；上颌 M2 长：26.89，宽：24.46；上颌 M3 长：31.36，宽：24.31；掌骨近端长：53.76，宽：31.33，远端长：66.51，宽：34.85（表3-24）。

表3-24 二里头四期黄牛肱骨、桡骨测量

测量点	样品量	最大值	最小值	均值	标准差
肱骨远端长	2	82.13	81.01	81.57	0.79
桡骨近端宽	2	52.91	43.82	48.37	6.43

绵羊：胫骨近端长：44.54，宽：45.08；距骨长：30.95，宽：21.13；桡骨近端长：32.42，宽：15.14；下颌 M1 长：16.55，宽：7.78；掌骨远端长：23.22，宽：17.18，全长：134.21；跖骨近端长：20.44，宽：19.27，远端长：27.31，宽：17.78（表3-25）。

表3-25 二里头四期黄牛肩胛骨、胫骨、下颌测量

测量点	样品量	最大值	最小值	均值	标准差
肩胛骨远端关节长	3	35.60	26.54	31.02	4.53
肩胛骨远端关节宽	3	24.01	16.35	20.38	3.85
胫骨远端长	3	28.56	26.16	27.56	1.25
胫骨远端宽	3	21.94	20.54	21.04	0.78
下颌 P4 长	2	18.12	17.63	17.88	0.35
下颌 P4 宽	2	7.73	6.96	7.35	0.54

5. 二里头五期

（1）动物骨骼出土情况（NISP，即可鉴定标本数）

2005ⅠT4823H147：黄牛15、绵羊6、猪36、狗5、鹿或羊1、梅花鹿3、中小型鹿科动物1、大型鹿科动物2、竹鼠2、小型哺乳动物6、中型哺乳动物62、大型哺乳动物12、哺乳动物9、珍珠蚌未订种1、多瘤丽蚌1。

2005ⅠT4719H206：黄牛16、水牛2、绵羊1、猪21、狗1、小型哺乳动物3、中型哺乳动物18、大型哺乳动物4、哺乳动物2。

2005ⅠT4719H207：黄牛6、猪13、梅花鹿2、小型食肉动物1、中型哺乳动物16、大型哺乳动物9、哺乳动物10、珍珠蚌未订种1。

2005ⅠT4720H253：猪4、中型哺乳动物5、大型哺乳动物1、哺乳动物1。

（2）骨骼测量数据（单位：毫米）

竹鼠：股骨远端长：15.65，宽：8.45，全长：59.03。

狗：桡骨近端长：15.88，宽：10.27；胫骨近端长：30.98，宽：34.73；股骨近端长：34.10，宽：24.96；下颌 P2 前下颌骨高：15.59。

猪：股骨远端长：41.54，宽：49.08；胫骨远端长：25.85；上颌 M3 长：34.34，宽：17.79；头骨 38：64.21，39：57.44；下颌 3：74.36，13：109.36，16a：51.16，16c：41.47（表3-26）。

表3-26　二里头五期猪肩肱骨、胛骨、胫骨、头骨、上下颌测量

测量点	样品量	最大值	最小值	均值	标准差
肱骨远端长	2	38.10	37.14	37.62	0.68
肱骨远端宽	2	37.60	34.91	36.26	1.90
肩胛骨远端关节长	6	35.27	24.76	30.61	3.46
肩胛骨远端关节宽	5	22.41	20.95	21.66	0.64
胫骨远端宽	2	23.33	22.02	22.68	0.93
上颌 M1 长	4	17.77	14.22	16.15	1.53
上颌 M1 前宽	4	14.58	11.32	12.66	1.55
上颌 M1 后宽	4	17.14	11.86	14.09	2.27
上颌 M2 长	4	22.3	17.1	19.94	2.14
上颌 M2 前宽	4	18.72	13.64	15.65	2.17
上颌 M2 后宽	4	19.72	12.88	15.80	2.85
头骨 40	2	32.61	24.39	28.50	5.81
下颌 16b	2	36.10	35.90	36.00	0.14
下颌 P4 长	4	17.78	12.01	13.98	2.59
下颌 P4 宽	4	8.56	7.50	8.08	0.44
下颌 M1 长	8	17.18	14.82	16.22	0.98
下颌 M1 前宽	8	11.17	10.00	10.44	0.43
下颌 M1 后宽	8	11.98	10.60	11.21	0.51
下颌 M2 长	8	23.03	18.24	20.68	1.55
下颌 M2 前宽	8	14.69	12.74	13.63	0.66
下颌 M2 后宽	8	14.83	12.64	13.85	0.75
下颌 M3 长	3	32.55	26.90	29.59	2.83
下颌 M3 宽	3	14.92	13.83	14.35	0.55

梅花鹿：跟骨长：95.87，宽：34.53；肩胛骨远端关节长：44.28，宽：32.37；跖骨近端长：31.40，宽：21.31；胫骨远端长：38.36，宽：32.14。

黄牛：第3节趾骨 DLS：68.5，MBS：24.82，Ld：56.80；距骨长：70.63，宽：49.91；上颌 M2 长：34.44，宽：24.37；上颌 M3 长：35.13，宽：23.34；下颌 15c：39.21；距骨远端宽：

55.51（表3-27）。

表3-27 二里头五期黄牛下颌、掌骨、跖骨测量

测量点	样品量	最大值	最小值	均值	标准差
下颌M1长	2	28.06	26.50	27.28	1.10
下颌M1宽	2	24.63	22.48	23.56	1.52
掌骨远端长	3	73.80	55.55	62.72	9.73
掌骨远端宽	3	39.91	31.69	36.68	4.38
跖骨远端长	2	54.76	53.84	54.30	0.65

绵羊：肩胛骨远端关节长：35.14，宽：21.59；枢椎LCDE：50.89，BFcr：40.64，SBV：22.53；掌骨近端长：27.32，宽：18.10（表3-28）。

表3-28 二里头五期绵羊胫骨远端测量

测量点	样品量	最大值	最小值	均值	标准差
胫骨远端长	2	30.35	26.36	28.36	2.82
胫骨远端宽	2	22.32	19.79	21.06	1.79

（三）初步分析

南洼遗址二里头文化时期发现的动物有中华圆田螺、方形环棱螺、珍珠蚌未订种、射线裂脊蚌、圆顶珠蚌、多瘤丽蚌、细瘤丽蚌、拟丽蚌、鱼、鳖、雉、竹鼠、兔、狗、貉、狗獾、猫、猪、狍、麂、梅花鹿、马鹿、黄牛、水牛、绵羊和山羊等，共26类。其中，狗、猪、黄牛、水牛、绵羊和山羊都是家养动物。详细情况见第六章第二节有关动物遗存分析部分。

二、植 物 遗 存

（一）植物大遗存

1. 采样方法及鉴定标准

（1）植物遗存的浮选提取

浮选法的原理是基于炭化物质、土壤颗粒以及水这三者之间在比重上的差异，运用水对泥土的

溶解分离作用从遗址中提取微小遗物的一种方法①，这种技术大大地提高了从考古遗址中采集植物大遗存样品的数量和种类②。浮选需要特定的设备，目前国际上使用的浮选设备有多种类型，经赵志军先生介绍到中国的有水波浮选仪、摇筛式浮选器和小水桶③。

由于条件所限，南洼遗址的浮选工作是采用小水桶浮选法进行的。小水桶浮选非常简易，所用设备仅需两个容积约为20升的普通小水桶和一个规格为80目的分样筛即可，其设备简单，操作方便，更重要的是对水量需求不高，这在较干旱地区或条件不允许的发掘现场很适用。此外，对小水桶浮选法和水波浮选仪的浮选效果进行对比分析，发现二者的浮选效果相差不大④，小水桶浮选同样可以有效地收集土壤样品中的植物遗存。

南洼遗址在发掘过程中采集了灰坑、地层和灰沟等遗迹单位的土壤样品，发掘结束后存放于库房中。我们在当地运用小水桶对这批土样进行了浮选。由于这批土样已经在库房中自然风干，并且板结现象不普遍，因此我们没有做其他的处理，直接进行浮选。部分单位在浮选过程中，肉眼可见有大量炭化物浮出，基本可以确定浮选效果比较理想。轻浮部分用80目的分样筛进行收集后置于透气纱布中悬挂阴干；重浮部分由于与泥土混于一起需要进一步清洗才能获得，我们在现场对最后桶中剩余的泥土混合物进行水洗，最后将混于泥土中的陶片、动物骨骸等遗存进行收集。这批样品最后送至山东大学第四纪环境考古研究室进行鉴定分析。

（2）植物遗存的分类与鉴定

①遗存的分类

植物遗存的分类工作主要包括以下两个步骤：第一，对植物遗存进行筛选。在实验室中小心地将轻浮样品倒入分样筛进行分筛，分样筛的孔径和使用数量一般视样品的保存情况和大小而定。南洼遗址的浮选样品保存情况良好，遗存数量较大，仅从肉眼判断可见遗存的大小差异较大，因此我们选用了孔径分别为1mm、0.7mm、0.5mm和0.2mm四个规格的分样筛进行遗存分选。通过筛选，可以将各类遗存按照尺寸分为不同的部分，便于将炭化植物遗存从其他浮出物（例如细砂、草根、小动物骨骸、贝壳、蜗牛壳等）中分开，从而降低实验室分类工作的难度。第二，对植物遗存进行分类和称重。通过筛选后，将5个规格（包括<0.2mm的部分）的遗存分别在体视显微镜下进行观察，挑出其中的炭化物并初步分为炭屑、炭化植物种子、果壳/果肉/果核以及块茎四大类，进而分别进行种属鉴定和数量统计。对于>1mm的木炭进行称重，植物种子则不区分规格称量总重。

②植物遗存的鉴定

实验室中对植物遗存进行初步分类后便对上述四类植物遗存进行种属鉴定。其中炭屑大多数比较细碎，无法凭肉眼进行识别；此外，由于木炭鉴定需要更为专业的解剖学知识，因此对于其中残留体积较大的炭屑，我们将送交相关专家进行进一步的种属鉴定。对其余炭化植物种子和果实的鉴

---

① 赵志军：《植物考古学的田野工作方法——浮选法》，《考古》2004年3期第80-87页。
② 刘长江、靳桂云、孔昭宸：《植物考古：种子和果实研究》，科学出版社，2008年，第20页。
③ 赵志军：《植物考古学的田野工作方法——浮选法》，《考古》2004年3期第80-87页。
④ 高玉：《炭化植物遗存提取与数据分析的方法浅析——以八里岗遗址浮选结果为例》，北京大学本科生毕业论文，2009年。

定，主要依据和现代植物标本的对比，包括对现代植物标本原物[①]和鉴定图谱[②]及其相关描述的对比；其次可以通过对考古遗址已经发现的植物种子和果实进行对比进行种属鉴定，但由于众多遗址实物材料的不可获得性，这部分工作我们主要根据已发表的相关文献[③]中提供的照片、图版和鉴定描述进行标准鉴定。

（3）植物遗存的统计

植物考古研究中除了对植物遗存进行定性表述外，还经常会运用一些定量分析数据的方法和概念，其目的为了从浮选结果的数据中尽可能地提取有效可用的信息，减少遗存本身误差对结果分析解释的影响。常用的统计方法包括植物遗存的绝对数量、出土概率、相对百分比、标准密度等[④]。

本次南洼遗址一共浮选121份样品，其中部分样品存在重号，经仔细核对后最终合并为108份，时代包括二里头文化时期、殷墟文化时期和春秋时期，其中以二里头文化时期的样品数量最多。对样品出土植物遗存进行量化统计是为了对众多的数据进行更合理有效地归整，以求达到从中提取更多信息的目的。为此，我们根据分析不同问题的需要，运用绝对数量、出土概率、百分比和标准密度等基本量化统计方法对原始数据进行转换，以求不同单位间的数据可以较一致的标准进行比较分析。我们应根据所探讨问题的需求，因时制宜的使用这四种统计方法，例如在分析遗址农作物组合及各种农作物的地位时，绝对数量可以直观地显示出粟的数量是远远超过黍的，但从出土概率来看，二者的差距并没有那么大。因此如果仅凭一种标准来判断问题是明显不足的，需要多种指标进行综合判断，才能力求还原植物遗存所反映的情况。

2. 样品概况

二里头文化时期共82份样品，其中以灰坑为主要来源，共72份，其次有灰沟6份、陶窑1份和地层4份。所有单位植物遗存的出土情况详见附表60（二里头时期植物种子统计表）。样品时代涵盖南洼遗址二里头文化一至五期，其中以二期样品最多，有16份样品时代不是非常明确（2004H12、2004H97、2004H231①～③、2004H289、2004H342、2005T3G3⑪、2005T5④、2005H56、2005H124、2005H208、2005H251、2005T7036④、2006H13、2006H34），因此未将这些单位纳入统计之列。最终统计66份样品的数据。

（1）炭屑遗存

66份样品 >1mm 的炭屑总重为139.176g，平均炭屑密度为0.026g/L，低于遗址的平均炭屑密度（0.77g/L）接近。其中2006H40、2005H85、2006H17、2004H270和2005Y1的平均炭屑密度均超过1g/L，高于该时期和遗址整体的平均水平。

（2）炭化植物种子

二里头文化时期共发现29567粒可鉴定的炭化植物遗存，可分为农作物、非农作物、块茎类、果类遗存和其他类植物遗存五大类。其中66份有明确分期的样品共出土炭化植物遗存22938粒，

---

① 山东大学第四纪环境考古实验室保存有部分现代植物种子可作为对比标本。
② 刘长江、靳桂云、孔昭宸：《植物考古：种子和果实研究》，科学出版社，2008年。
③ 此类文献数量较多，除有学者对特定种子的形态研究外，近年来众多植物考古研究实例也提供了一些参考。参见刘长江、孔昭宸：《粟、黍籽粒形态的比较及其在考古学鉴定中的意义》，《考古》2004年8期第76-83。
④ 刘长江、靳桂云、孔昭宸：《植物考古：种子和果实研究》，科学出版社，2008年，第28-32。

以下对二里头时期各类种子的统计数据以此为总数参考。另有一定数量因残损而无法鉴定的炭化遗存未纳入统计之列。

① 农作物炭化种子

66 份样品中农作物炭化种子一共 10562 粒，占该时期种子总数的 46.11%，种类包括有小麦、水稻、黍、粟和大豆；另外有可能作为农作物的藜科种子 2435 粒，二者合计 12997 粒，共计占该时期种子总数的 56.74%。

一期

时代明确的有 2004H228，发现 3 粒黍和 106 粒粟，粟在农作物组合中占绝对优势，占该期农作物的 97.25%。随机测量完整的 30 粒炭化粟，平均粒长 1.23mm，平均粒宽 1.16mm，平均粒厚 1.04mm。3 粒黍残。

二期

时代明确的样品共 36 份，农作物种子共 5040 粒，种类包括粟、黍、小麦和大豆，另有可能作为农作物的藜科 2435 粒。

粟的绝对数量为 4619 粒，占二期农作物总数的 91.65%，出土概率达 80.56%。其中 55 粒为粒径小于 1mm 的个体较小的粟粒，我们暂称为 "小粟"（图版四六，1），这些粟在形态上与一般炭化粟粒无异，胚区也占总粒长 1/2 以上，呈深 U 形，籽粒表面较光滑，绝大多数整体非常饱满，我们随机测量其中 30 粒，平均粒长 0.89mm，平均粒宽 0.83mm，平均粒厚 0.79mm。其余 4564 粒均为成熟粟颖果（图版四六，2、3），部分有残损，部分残留有稃壳（图版四六，4、5）。随机测量其中完整的 50 粒，平均粒长 1.29mm，平均粒宽 1.14mm，平均粒厚 1.15mm。

黍共 362 粒，占二期农作物总数的 7.18%，出土概率为 66.67%。绝大部分为成熟饱满的籽粒（图版四六，6），随机测量完整的 30 粒，平均粒长 1.88mm，平均粒宽 1.69mm，平均粒厚 1.55mm。有 23 粒在形态上粒长明显大于粒宽，整体上呈瘦长形（图版四七，1），平均粒长 1.77mm，粒宽 1.30mm，粒厚 1.18mm。有 46 粒从形态上判断呈现未成熟的特点（图版四七，2），粒宽明显小于粒长且籽粒不是十分饱满，随机测量其中完整的 13 粒，平均粒长 1.45mm，平均粒宽 1.37mm，平均粒厚 1.12mm。另有 14 粒整体呈圆形、较扁的黍（图版四七，3），经测量，平均粒长 1.29mm，平均粒宽 1.43mm，平均粒厚 0.93mm。

小麦仅 4 粒，占二期农作物总数的 0.08%，出土概率 8.33%。4 粒小麦均完整，腹沟可见（图版四七，4、5），平均粒长 3.47mm，平均粒宽 2.45mm，平均粒厚 2.06mm。

大豆共 55 粒，占二期农作物总数的 1.09%，出土概率为 25%。绝大部分残，完整的炭化豆粒部分可见种脐（图版四七，6；图版四八，1~3）。测量其中完整的 5 粒，平均粒长 4.71mm，平均粒宽 2.86mm，平均粒厚 2.38mm。

2006H46 集中出土了 2435 粒藜科（属）种子，占该期藜科种子的 98.03%，粒长在 1mm 以下或接近 1mm。藜科在以往被视为考古遗址中常见的杂草类植物，但南洼遗址发现的集中出土的藜科（属）种子绝大部分没有种皮的（图版四八，4），有可能是先民有意为之。我们倾向于认为这类植物在南洼聚落中被作为农作物利用。当然，我们不能排除其作为农田杂草的可能性，特别是其他散见于其他单位的藜科种子，很可能是由于某些原因进入遗址的杂草种子。

三期

共 17 份样品，农作物种子一共 2532 粒，种类包括小麦、水稻、粟、黍和大豆。

小麦仅发现 2 粒，皆残，出自 2004H331，出土概率为 5.88%。

水稻遗存为 3 粒炭化稻米（图版四八，5），均出自 2005H69，没有发现小穗轴/基盘，占该期农作物的 0.12%，出土概率为 5.88%。3 粒炭化稻米的粒长分别为 4.47、4.30 和 3.90mm，粒宽分别为 2.87、2.58 和 2.13mm，粒厚分别为 1.58、1.52 和 1.46mm。其中 1 粒胚区略残的稻米形态上与另外 2 粒有所区别，主要特征是在颖果一侧中部有一小凹口（图版四八，6），形成一凹肚，其粒长、宽和厚三个数值均是 3 粒稻米中最小的。

粟一共 2359 粒，占该期农作物总数的 94.28%，出土概率为 88.24%。绝大部分为成熟饱满的粟颖果，胚区为粒长仅 2/3，爆裂呈 U 形，有少部分还残留有稃壳。随机测量其中 50 粒，平均粒长 1.26mm，平均粒宽 1.13mm，平均粒厚 1.16mm。这些粟中有 63 粒与二期偏早阶段"小粟"的形态与个体大小相近，随机测量 30 粒，平均粒长 0.90mm，平均粒宽 0.84mm，平均粒厚 0.82mm。

黍共 153 粒，占该期农作物的 6.12%，出土概率 58.82%。这些炭化黍表面光滑，胚区占粒长的 1/2，爆裂口呈浅 V 形，绝大多数颗粒饱满，仅少量颗粒较小。随机测量其中 18 粒，平均粒长 1.84mm，平均粒宽 1.66mm，平均粒宽 1.60mm。颗粒较小、呈现未成熟特征的黍共 23 粒，平均粒长 1.49mm，粒宽 1.26mm，粒厚 1.09mm。

大豆共 15 粒，占该期农作物的 0.60%，出土概率为 29.41%。仅有 1 粒完整，粒长 4.56mm，粒宽 2.77mm，粒厚 2.57mm。

四期

共 10 份样品，农作物种子共计 1289 粒，种类有粟、黍和大豆。

黍共 107 粒，占该期农作物的 8.30%，出土概率为 70%。经测量，成熟的黍平均粒长 1.90mm，平均粒宽 1.57mm，平均粒厚 1.43mm。其中 51 粒与二期偏早阶段的圆型黍相近，粒宽稍大于粒长，随机测量 20 粒，平均粒长 1.26mm，粒宽 1.45mm，粒厚 0.93mm。另有 1 粒疑似野黍。

粟共计 1166 粒，占该期农作物的 90.46%，出土概率达 100%，绝大多数为粟颖果，极少数残留有稃壳，有 175 粒为颗粒较小的"小粟"。随机测量 50 粒，成熟的炭化粟平均粒长 1.23mm，粒宽 1.15mm，粒厚 1.02mm。"小粟"随机测量 30 粒，平均粒长 0.88mm，平均粒宽 0.81mm，平均粒厚 0.82mm。

大豆共 16 粒，占该期农作物的 1.24%，出土概率为 40%。测量其中完整的 6 粒，平均粒长 4.37mm，粒宽 3.23mm，粒厚 2.41mm。

五期

仅有 2 份样品，农作物种子有水稻、黍、粟和大豆，共 1592 粒。

水稻出自 2005H206，包括 1 粒炭化稻米和 6 粒小穗轴/基盘（图版四九，1、2）。炭化稻米长 4.65mm，宽 2.90mm，厚 1.66mm。

黍共 113 粒，其中 86 粒为成熟饱满的黍粒，33 粒从形态上较小和瘦瘪，具有未成熟黍的特征。随机测量成熟黍粒 30 粒，平均粒长 1.92mm，粒宽 1.68m，粒厚 1.56mm。

粟依旧是数量最多的农作物种子，共 1470 粒，占四期农作物的 92.34%，其中有 90 粒残留有稃壳。随机测量 50 粒，平均粒长 1.28mm，平均粒宽 1.13mm，平均粒厚 1.04mm。

大豆仅2粒，出自2005H147，均残。

② 非农作物种子

66份样品中非农作物种子共9829粒，占二里头时期植物种子总数的42.78%。

一期H28共发现非农作物种子162粒，其中禾本科的黍亚科数量最多，共153粒，占非农作物的94.44%，其中有20粒可鉴定到狗尾草属。其次为豆科，共5粒，4粒为野大豆。另有较常见的菊科种子4粒。

二期共有非农作物种子5072粒，禾本科黍亚科仍是其中最多的一类，共计4777粒，占该区非农作物的94.17%，其中可鉴定到属的有狗尾草属（图版四九，3）、黍属（图版四九，4）、马唐属（图版四九，5）。属于禾本科的还有3粒早熟禾亚科（其中2粒为看麦娘属［图版四九，6］）、1粒牛筋草（图版五〇，1）和2粒未知种属的种子（图版五〇，2）。其次是豆科数量最多，共115粒，其中7粒为野大豆（图版五〇，3），1粒疑似决明（图版五〇，4），2粒可能为绿豆（图版五〇，5）。其他非农作物种子包括有藜科（图版五〇，6）、莎草科（图版五一，1）、苋科（图版五一，2）、菊科（图版五一，3）、唇形科、马齿苋属（图版五一，4）、石竹科、茄科（图版五一，5）、蔷薇科、伞形科（图版五一，6）和旋花科（图版五二，1），数量均很少。唇形科中可鉴定到种的有水棘针（图版五二，2）、紫苏（图版五二，3）和疑似益母草（图版五二，4）。石竹科中为1粒繁缕（图版五二，5）。蔷薇科为1粒疑似龙牙草（图版五二，6）。

三期阶段共有非农作物种子2293粒。禾本科种子有早熟禾亚科1粒和黍亚科2197粒，其中黍亚科可鉴定到种的有狗尾草属、黍属和马唐属。豆科一共70粒，其中1粒为胡枝子属（图版五三，1）和少量苜蓿属（图版五三，2）。其他常见非农作物种子以藜科最多，还有蓼科（图版五三，3）、菊科、唇形科、马齿苋属，蓼科有1粒为酸模属（图版五三，4），唇形科可鉴定到种的有1粒紫苏。另有1粒未知。

四期的非农作物种子共计794粒，种类较前一期少，有早熟禾亚科、黍亚科、豆科、藜科、蓼科、唇形科。黍亚科共740粒，占该期非农作物的91.02%，可鉴定到属的有狗尾草属、黍属和马唐属。豆科共38粒，有4粒野大豆、1粒胡枝子属。其次是藜科，共27粒，蓼科和唇形科数量均很少，其中唇形科为1粒水棘针和1粒紫苏。另有2粒未知。

五期共有非农作物种子1508粒，黍亚科共1391粒，占该期非农作物的92.24%，其中少量可鉴定到狗尾草属、马唐属和稗属（图版五三，5）。其次为豆科，共13粒，绝大多数残。其他还有藜科、唇形科和蔷薇科种子，数量极少，蔷薇科为1粒悬钩子属（图版五三，6）和1粒疑似龙牙草。另有4粒未知。

③ 块茎类遗存

块茎类遗存一共发现9块（图版五四，1），仅发现于二期（偏早阶段）。2004H17和2004H265各发现8块和1块。残，种属未能确定。

④ 果实类遗存

时代明确的66份样品仅二期2005H66发现果核碎片一块，种属未知。另外2005H56发现2片桃核碎片（图版五四，2），其年代可能为三期。

⑤ 其他植物遗存

其他类植物遗存包括植物的枝芽（图版五四，3）、胚（?）（图版五四，4）、茎秆（图版五四，5）、穗轴（图版五四，6）和纤维（图版五四，7）等。二里头时期83份样品中共发现116粒，其中时代确定的66份样品中此类遗存共发现102粒。以二期发现的数量最多，共57粒，三期有25粒，四期有7粒，五期有13粒。这四类植物遗存中以疑似植物胚脱落部位①的炭化碎块数量最多。

（二）植硅体②

植硅体分析是现代植物考古研究中的一个重要内容（Pearsall 2000）③。炭化植物遗存分析结果显示，南洼遗址不同时期的灰坑等遗迹中都出土了比较丰富的炭化植物种子和果实，表明聚落农业已经获得了相当程度的发展。对部分灰坑中土样的植硅体分析，不仅能丰富相关的农作物类型方面的信息，而且可为认识当时的谷物加工方式等提供重要证据。

南洼遗址发掘过程中共采集二里头时期植硅体土样37份。植硅体分析和鉴定采用了常规方法（靳桂云 2012）④。所不同的是，由于第一次实验发现这批土样中有22份植硅体含量很低，为了保证能鉴定到足够数量的植硅体个体，实验室对这22份样品进行了第二次分析，而且样品量加大到5克。经观察及实验室分析，有23份样品不含或仅有极少量的植硅体个体，所发现的多数植硅体尤其是芦苇扇型和其他扇型植硅体大多风化严重。这类土壤样品多为纯净的黄色黏土块，几乎没有任何有机质。根据实验室分析的经验，我们认为这种纯净的黏土块，应该是遗址使用期间，居民因为建筑等活动挖的沉积时代早于遗址使用时期的黄土状沉积。这类沉积物中很少有植硅体，即使有植硅体，也是风化非常严重，不是遗址使用时期堆积的与人类行为有关的植硅体。因此，这里重点报道其余13份所含植硅体相对丰富的样品概况，见表3-29。

表3-29 登封南洼遗址二里头时期植硅体分析结果

序号	样品号	粟稃壳	黍稃壳	芦苇扇型	扇型	平滑棒型	刺棒型	板状棒型	长方型	方型	哑铃型	竖排哑铃型	长尖型	短尖型	植硅体组合概况
1	2004H242				2	5	2		1	2					极少植硅体且多风化
2	2004J2	42	52	12	134	110	61	54	73	65	3	2	10	29	植硅体较丰富且多数保存较好，部分扇型尤其是芦苇扇型植硅体风化明显；棒型和扇型最多；粟和黍稃壳常见且平分秋色；黍稃壳植硅体保存好于粟稃壳植硅体，后者经常纹饰不清晰

---

① 此部分遗存由傅稻镰（Dorian Q Fuller）帮助鉴定，特表感谢。
② 南洼遗址植硅体分析另受国家自然科学基金（41072135）、中国科学院战略性先导科技专项——应对气候变化的碳收支认证及相关问题（XDA05130603-B）共同资助。
③ Pearsall, M. D., 2000. Palaeoethnobotany-A handbook of procedures, 2nd ed. San Diego: Academic Press.
④ 靳桂云：《植硅体分析》，中国社会科学院考古研究所著《科技考古的方法与应用》，文物出版社，2012年，第113-123页。

续表

序号	样品号	粟稃壳	黍稃壳	芦苇扇型	扇型	平滑棒型	刺棒型	板状棒型	长方型	方型	哑铃型	竖排哑铃型	长尖型	短尖型	植硅体组合概况
3	2004Y1			50	40	12	6	19	26	10					植硅体比较丰富；多数植硅体尤其是芦苇扇型和其他扇型植硅体风化明显；芦苇扇型和其他扇型植硅体较多，少量平滑棒型、刺棒型、板状棒型、长方型、方型植硅体；不见任何农作物植硅体。多数植硅体似乎来自早于遗址使用时期的沉积物中，因为风化较强
4	ⅡT6201③p3			5		4	4		4						植硅体极少且多风化；芦苇扇型基本全部风化；以扇型为主。本份原系两份样品合并之结果，故样品量为10克
5	T2G3①			3			3		1						极少植硅体
6	T2G3③			1	2			3	1						极少植硅体
7	T2G3④			8	6	4	3	1	1	2				1	植硅体极少且多风化；无农作物植硅体
8	T2G3⑤			1		3	2								植硅体极少且多风化；芦苇扇型基本全部风化；以扇型为主
9	T8G1②p3			3				4			1				极少植硅体
10	T6201③下			28	32	120	14	22	65	50	2	2	8	26	植硅体丰富且多数保存较好，部分扇型尤其是芦苇扇型风化明显；棒型和扇型最多；不见任何农作物植硅体
11	T8G1④p3			26	28	110	10	18	58	52	2	4	6	21	植硅体丰富且多数保存较好，部分扇型尤其是芦苇扇型风化明显；棒型和扇型最多；不见任何农作物植硅体
12	T8G1②			5	7		4		2						植硅体极少且多风化；芦苇扇型基本全部风化；以扇型为主
13	T8G1③			12	2	1	6	2							植硅体极少且多风化；芦苇扇型基本全部风化；以扇型为主

从表中情况来看，9份土样中植硅体含量很低，且多数植硅体风化严重。4份土样中植硅体含量丰富，常见的类型包括芦苇扇型（图版五五，1）、扇型（图版五五，2）、平滑棒型（图版五五，3）、刺状棒型（图版五五，4）、板状棒型（图版五六，1）、长方型（图版五六，2）、方型（图版五六，3）、尖型（图版五六，4）等，哑铃型（图版五六，5）比较少。

所有样品中，只有1份土样中有较多的粟和黍的植硅体（图版五六，6、7），出现在一个遗迹即J2中。未发现稻的植硅体。炭化植物遗存分析结果表明，南洼聚落二里头文化时期都有多种粮食作物。而植硅体分析结果却显示，农作物的植硅体很少。这种情况可能与采样数量较少且采样部位不太合适有关。

第四节 小　　结

一、文化分期与年代

(一) 典型层位关系与分期

南洼遗址二里头文化遗存非常丰富，遗迹单位众多，打破关系非常复杂，甚至部分堆积在一些探方中很难判断究竟是属于遗迹还是文化层。文化层往往被众多遗迹单位破坏得支离破碎，在相邻探方间的连通与对应非常困难。不过，出土丰富遗物的单位及众多组打破关系，为讨论南洼遗址二里头文化遗存分期提供了有力的支持。

首先介绍几组典型层位关系。

1. 2004ⅡT6502H19 与 J1

这两个单位出土遗物比较丰富，风格有较明显差异。J1 以灰陶和黑陶为主，少量褐陶和白陶。纹饰以绳纹为主，篮纹比例稍高。H19 内褐陶最多，次为灰陶和黑陶。纹饰以绳纹为主，篮纹数量锐减。综合器物形态特征来看，J1 具有稍早的特征。二者均开口于②层下，平面范围清晰，相距约 5 厘米，为并列关系。整理中发现 H19 内有部分陶片可与 J1 拼对。推测 H19 原应打破 J1，后因地势渐低而失去打破关系，成为现今所见的并列单位，但却将破坏 J1 时扰来的陶片保留了下来。

2. 2004ⅠT6940H265→2004H228

2004H228 兼跨ⅠT6840 和ⅠT6940 两探方，出土陶器风格类似 2004J1，黑陶比例略高于灰陶，篮纹比例较高。2004H265 出土陶器与 2004H19 类似。此组关系可与第一组相印证。

3. 2004ⅠT6941M9→H72→③→H163→H180

2004H180 出土陶器风格类似 2004H19。2004H72、③ 和 H163 三单位陶器风格相似。以 2004H72 为例，陶器以灰陶为主，流行绳纹。陶器群特征介于 M9 与 H180 之间。

4. 2004ⅠT6941M11→H71→H89→③

2004H71 和 H89 兼跨ⅠT6941 和ⅠT6940 两探方，陶器群特征类似 2004M9。2004M11 所出圆腹罐整体宽浅，鼓肩，矮领，沿面略凹，绳纹略粗疏，呈现出较晚的特征。

5. 2004ⅠT7041J2→H166

二者所出陶器特征分别类似于 2004H72 和 H180。

6. 2004ⅠT7138H379→2004ⅠT7137H331→2004H342

2004H379 和 H331 所出陶器群分别与 2004H71 和 2004H163 等类似。H342 所出圆腹罐为篮纹，高领，呈现出较早的特征，应与 2004J1 等时代相当。

7. 2005ⅠT6636H122、H166→H167

2005H122、H167所出陶器特征与2004J2等类似，2005H167与2004H166等相近。

8. 2005ⅠT7541H15→2005ⅠT7641③

二者所出陶器特征分别与2004H71和2004H180等类似。

9. 2005ⅠT4719H206→H208，2005ⅠT4720H206→H247→H255

2005H206、H247等单位所出圆腹罐更矮胖，大口尊有口径大于肩径者。而2005H208和H255等与2005H15接近。则2005H206和H247等很可能与2004M11年代相当，大致代表了该聚落最晚的遗存。

上述典型层位大致代表了南洼遗址二里头文化遗存演进的主要脉络。除此之外，还有其他更多的典型单位或层位关系，兹不备举。以上述层位关系为基础，将其中出土器物较多的单位列为表3-30，以便观察不同阶段典型单位陶器型式的组合情况。

根据上表，可将上述24个主要单位由早及晚，分为五组，各组中不同单位陶器型式组合比较一致，各组间的早晚顺序均有相关层位关系的支持。在上表的基础上，再增加其他一些重要单位，使得主要器类的型式都能得到体现和贯穿，各组器类型式组合也更齐全，即构成了南洼遗址二里头文化各期典型陶器型式对照表（表3-31）。

上表共涉及18种器类、共计43型的比较。然后分析各相邻组别间的变化幅度。这种变化包括新器类与型式的出现与流行，以及原有器类与型式的衰减与消亡两类。通过比较发现，二组与一组间可比较器类共34项，发生变化者24项，所占比例为70.6%。三组与二组间可比较器类共40项，发生变化者27项，所占比例为67.5%。四组与三组间可比较器类共42项，发生变化者25项，占59.5%。五组与四组间可比较器类共37项，发生变化者25项，占67.6%。上述组别间的变化幅度大体均衡。但需要注意的是，一组和五组典型单位较少，所概括出的陶器型式组合可能不尽代表真实的组合情况。此外，有些器类和型式发现的标本数较少，如鬲、甗、圆腹罐B型、甑C型和D型、深腹盆Ca和Cb型、缸C型、器盖B及AB型、捏口罐B型等，这些在其他组别中的缺失，未必意味着真实情况必定如此。但为全面展示各组别间的面貌，也一并列入表中进行分析，并同时注意其中可能存在的误差。总之，上述五组型式组合，基本代表了该遗址二里头文化遗存的不同发展阶段。而且，各组间的变化幅度大体均衡，可直接称为五期。

如果单独考察新器类及型式的出现这一变化时，会发现四期和五期存在一种递减现象。例如，相对于一期常见的型式而言，二期新见或更新23项，除去本期罕见而三期常见的两项，也有21项。相对于二期而言，三期更新23项，除去本期少见而四期以后常见的四项，再加上二期罕见而本期常见的两项，至少也有21项得到更新。相对于三期而言，四期更新10项，加上三期少见而本期流行的四项，最多不过14项。相对于四期而言，五期仅更新7项。当然，五期典型单位较少，实际中可能会多一些。这种现象可能有如下解释。一是鉴于五期典型单位较少，目前归纳出的演变特征存在一定误差，不能充分支持五期的划分。二是如果四期以后确实构成了一种递减趋势，当是体现了这样一种文化现象，即新的风格确立以后进入一种相对稳定或缺乏活力的发展状态。当然，上述现象也提示我们，在分期操作中，新的型式或风格的出现是最显著和最可靠的证据。在新型式

表 3-30　南洼遗址二里头文化典型单位陶器型式组合表

组序	单位	深腹罐				厚腹罐							鼎	甑	刻槽盆	深腹盆	平底盆	三足盘	圈足盘	豆			小口尊			大口尊	瓮				缸			器盖			敛口罐		捏口罐	瓢	瓿
		Aa	Ab	Ac	B	C	A	B	Ca	Cb	Cc	Cd	A	A	B	A	B	A	B	A	B	A	Ba	Bb	Aa	Ab	B	A	A	Ba	Bb	C	D	Aa	Ab	B	C	Aa	Ab	AB	A	B	A		
Ⅰ	2004J1	Ⅴ							Ⅰ										Ⅰ		Ⅳ							Ⅴ						Ⅰ					Ⅰ			Ⅰ		
	2004H228	Ⅰ					Ⅰ		Ⅱ				Ⅰ	Ⅰ		Ⅰ		Ⅰ		Ⅰ		Ⅱ						Ⅴ	Ⅰ						Ⅴ				Ⅰ	Ⅱ		Ⅰ		
	2005H217	Ⅰ											Ⅰ	Ⅰ							Ⅱ					Ⅴ													Ⅰ					
Ⅱ	2004H19	Ⅰ 少 Ⅱ			Ⅰ 罕		Ⅱ		Ⅱ	Ⅱ			Ⅱ	Ⅱ		Ⅰ		Ⅰ		Ⅰ		Ⅱ	Ⅰ Ⅱ		Ⅴ Ⅴ	Ⅴ		Ⅰ Ⅱ				Ⅰ		Ⅰ				Ⅱ			Ⅰ		Ⅴ	Ⅱ
	2004H363	Ⅱ					Ⅱ		Ⅲ	Ⅱ				Ⅱ		Ⅰ		Ⅰ				Ⅱ Ⅲ			Ⅴ Ⅴ	Ⅴ		Ⅴ																Ⅴ
	2004H242	Ⅱ			Ⅰ 罕		Ⅱ		Ⅱ	Ⅱ	Ⅰ Ⅱ			Ⅱ					Ⅱ				Ⅱ		Ⅴ	Ⅴ	Ⅴ		Ⅱ										Ⅰ					
	2005H167	Ⅱ					Ⅱ		Ⅰ,Ⅱ		Ⅱ						Ⅰ Ⅴ		Ⅰ		Ⅴ		Ⅱ				Ⅴ					Ⅰ	Ⅴ			Ⅰ			Ⅰ	Ⅱ		Ⅰ			
	2005H96	Ⅰ 少 Ⅱ					Ⅱ		Ⅰ Ⅱ	Ⅰ Ⅱ	Ⅱ						Ⅰ		Ⅰ		Ⅴ		Ⅰ	Ⅴ		Ⅴ							Ⅰ		Ⅴ				Ⅰ					
	2005H66	Ⅰ 少 Ⅱ					Ⅱ		Ⅱ	Ⅰ Ⅱ	Ⅱ								Ⅰ				Ⅱ Ⅲ	Ⅴ		Ⅴ			Ⅲ						Ⅰ				Ⅱ		Ⅰ			

续表

器类	深腹罐				圆腹罐						鼎	甑		刻槽盆		深腹盆	平底盆	三足盘	圈足盘		豆			小口尊		大口尊	瓮				缸			器盖			敛口罐		捏口罐	盉	盉
单位	Aa	Ab	Ac	B	C	A	B	Ca	Cb	Cc	Cd	A	A	B	A	B	A	B	A	A	B	A	Ba	Bb	Aa	Ab	B		A	Ba	Bb	C	D	Aa	Ab	Ac	C	B	A	B	A		
2004H20	Ⅰ少	Ⅱ	Ⅰ	Ⅱ	Ⅰ	Ⅱ	Ⅴ	Ⅱ Ⅲ	Ⅰ Ⅲ	Ⅰ				Ⅰ	Ⅱ		Ⅱ Ⅲ	Ⅱ	Ⅱ	Ⅱ	Ⅴ	Ⅲ				Ⅴ				Ⅱ				Ⅰ									
2004J2	Ⅰ少 Ⅱ	Ⅰ	Ⅱ		Ⅰ Ⅲ	Ⅱ		Ⅱ Ⅲ	Ⅰ Ⅲ			Ⅱ			Ⅱ		Ⅰ Ⅲ少	Ⅱ Ⅲ		Ⅱ	Ⅴ	Ⅲ	Ⅳ		Ⅴ	Ⅴ	Ⅴ			Ⅳ							Ⅲ		Ⅱ				
2004H331	Ⅱ Ⅲ少	Ⅲ	Ⅱ		Ⅰ	Ⅱ		Ⅰ Ⅲ少	Ⅰ Ⅱ Ⅲ少		Ⅰ	Ⅰ			Ⅱ		Ⅱ Ⅲ	Ⅱ		Ⅲ		Ⅲ	Ⅴ		Ⅴ					Ⅲ				Ⅰ			Ⅲ		Ⅱ		Ⅰ		
2005H122	Ⅱ	Ⅰ			Ⅰ	Ⅲ		Ⅱ	Ⅰ						Ⅱ		Ⅱ	Ⅰ				Ⅱ				Ⅴ											Ⅲ						
2005H133	Ⅱ	Ⅰ Ⅱ少	Ⅰ		Ⅰ			Ⅱ Ⅲ	Ⅰ Ⅱ Ⅲ少	Ⅱ	Ⅰ	Ⅰ			Ⅱ		Ⅰ Ⅲ	Ⅰ	Ⅰ			Ⅱ				Ⅴ		Ⅰ		Ⅲ				Ⅰ						Ⅰ			
2005H126	Ⅱ	Ⅱ	Ⅰ		Ⅱ Ⅲ	Ⅱ		Ⅱ	Ⅰ	Ⅱ			Ⅲ		Ⅱ		Ⅱ	Ⅰ		Ⅱ		Ⅱ								Ⅱ				Ⅱ			Ⅲ						
2004H71	Ⅱ	Ⅰ	Ⅰ	Ⅴ	Ⅰ Ⅱ			Ⅱ	Ⅱ	Ⅰ	Ⅰ	Ⅰ	Ⅱ		Ⅲ		Ⅱ Ⅲ	Ⅱ			Ⅴ		Ⅴ				Ⅱ	Ⅰ	Ⅱ	Ⅱ				Ⅰ			Ⅲ		Ⅴ				
2004H136	Ⅱ Ⅲ	Ⅱ	Ⅰ		Ⅰ Ⅲ			Ⅱ少 Ⅳ	Ⅱ	Ⅱ Ⅲ		Ⅱ	Ⅲ		Ⅲ		Ⅱ Ⅲ	Ⅰ		Ⅱ		Ⅳ		Ⅴ			Ⅰ	Ⅰ Ⅲ	Ⅱ	Ⅲ	Ⅱ		Ⅴ	Ⅱ	Ⅱ				Ⅱ				
2004H379	Ⅱ	Ⅱ	Ⅰ			Ⅱ		Ⅰ Ⅱ	Ⅰ Ⅲ	Ⅱ			Ⅱ		Ⅲ		Ⅱ		Ⅰ								Ⅱ		Ⅱ	Ⅱ	Ⅱ			Ⅰ	Ⅱ		Ⅱ						
2005H15	Ⅰ Ⅱ	Ⅰ	Ⅰ	Ⅴ	Ⅲ			Ⅱ少	Ⅱ	Ⅱ Ⅲ		Ⅰ	Ⅱ		Ⅳ		Ⅱ	Ⅰ Ⅱ	Ⅰ	Ⅱ		Ⅳ					Ⅰ Ⅱ	Ⅱ Ⅲ	Ⅲ	Ⅲ				Ⅰ Ⅱ		Ⅰ Ⅱ			Ⅱ				
2005H90	Ⅱ Ⅲ	Ⅰ Ⅲ	Ⅰ		Ⅲ	Ⅱ	Ⅴ	Ⅱ少	Ⅰ	Ⅲ		Ⅱ	Ⅲ		Ⅳ		Ⅱ少 Ⅲ	Ⅱ Ⅲ	Ⅰ	Ⅲ		Ⅲ					Ⅰ Ⅱ	Ⅱ Ⅲ	Ⅱ Ⅲ	Ⅲ		Ⅰ Ⅱ	Ⅰ Ⅴ	Ⅰ Ⅱ	Ⅱ			Ⅱ					

| 组序 | | | | | 三 | | | | | 四 | | |

第三章 二里头文化遗存

续表

组序	器类 单位	深腹罐 Aa	Ab	Ac	B	C	圆腹罐 A	B	Ca	Cb	Cc	Cd	鼎 A	甑 A	B	刻槽盆 A	B	深腹盆 A	B	平底盆 A	三足盘	圈足盘 A	B	豆 A	Ba	Bb	小口尊 Aa	Ab	B	大口尊	瓮 A	Ba	Bb	缸 Aa	Ab	B	C	器盖 Aa	Ab	AB	敛口罐 A	B	捏口罐 A	鬶	盉
五	2005H206	Ⅱ Ⅲ		Ⅰ	Ⅲ		Ⅱ		Ⅱ		Ⅳ		Ⅲ	Ⅲ		Ⅲ	Ⅳ	Ⅲ								Ⅲ			∨	Ⅱ	Ⅲ	Ⅲ				Ⅱ	∨				Ⅱ		Ⅱ		
	2005H207	Ⅱ Ⅲ		Ⅰ	Ⅲ		Ⅱ				Ⅳ		Ⅲ	Ⅲ		Ⅲ	Ⅱ	Ⅱ				Ⅳ						∨		Ⅲ	Ⅱ	Ⅲ					∨	∨							
	2005H253	Ⅰ		Ⅰ	Ⅲ	Ⅰ 罕					Ⅲ Ⅳ		Ⅲ	Ⅲ			Ⅲ				∨			∨						Ⅰ Ⅱ								Ⅱ						
	2005H147	Ⅱ Ⅲ		Ⅰ	Ⅱ		Ⅱ		罕		Ⅱ Ⅲ、Ⅳ		Ⅳ	Ⅳ		Ⅳ		Ⅳ				Ⅳ								Ⅱ															

表 3-31 南洼遗址二里头文化各期典型陶器型式对照表

单位 组序	深腹罐 Aa	Ab	Ac	B	C	圆腹罐 Ca	Cb	Cc	Cd	鼎 A	鬲	甑 A	B	C	刻槽盆 A	D	深腹盆 B	Ca	Cb	平底盆 A	三足盘	圈足盘 A	B	豆 A	大口尊	瓮 A	Ba	Bb	缸 Aa	Ab	B	C	器盖 Aa	Ab	B	敛口罐 AB	A	捏口罐 A	B
1	∨	Ⅰ少								Ⅰ		Ⅰ					Ⅰ				Ⅰ			Ⅰ		Ⅰ	Ⅰ			Ⅰ			Ⅰ			Ⅰ Ⅱ		Ⅰ	
2	Ⅰ少 罕	Ⅰ 罕			Ⅰ 罕	Ⅰ Ⅱ	Ⅰ	Ⅰ	Ⅰ	Ⅰ		Ⅱ	Ⅰ		Ⅰ		Ⅰ Ⅱ	∨			Ⅰ	Ⅱ	∨	Ⅱ		Ⅰ Ⅱ	Ⅰ Ⅱ		Ⅱ	Ⅲ			Ⅱ			Ⅰ Ⅱ	∨	Ⅰ	
3	Ⅱ	Ⅱ	Ⅱ	∨	Ⅰ Ⅱ	Ⅱ	Ⅱ	Ⅱ Ⅲ	Ⅱ Ⅲ	Ⅰ	∨	Ⅲ	Ⅱ	∨	少	∨	Ⅱ	∨			Ⅱ	Ⅲ Ⅳ		Ⅲ少	Ⅱ少	Ⅱ	Ⅱ Ⅲ		Ⅱ		Ⅰ		Ⅱ	Ⅰ	∨	Ⅲ		Ⅰ	
4	Ⅲ少 Ⅱ少	Ⅲ			Ⅱ	Ⅲ少 Ⅳ少	Ⅲ	Ⅲ	Ⅲ	Ⅰ Ⅱ		Ⅲ	Ⅲ		Ⅱ Ⅲ		Ⅲ	Ⅱ	Ⅱ	Ⅰ	Ⅲ Ⅳ	Ⅲ	Ⅲ少 Ⅱ少	Ⅲ	Ⅲ	Ⅱ少	Ⅱ少	Ⅲ	Ⅲ		Ⅱ	Ⅱ	Ⅰ	Ⅱ	∨		Ⅱ		
5		Ⅲ				Ⅲ少	Ⅲ	Ⅳ	Ⅳ	Ⅲ		Ⅳ	Ⅲ		Ⅳ		Ⅲ Ⅳ		Ⅲ		Ⅳ	Ⅳ		Ⅳ	Ⅲ					Ⅲ		Ⅱ		Ⅱ		Ⅲ	Ⅱ	Ⅱ	∨

或风格缺乏的情况下，原有型式的衰减或消亡往往同偶然性的缺失难以确凿分辨。这样的分期依据在实践中往往会带来较大的误差。这是应当注意的。

依据上述各期典型陶器型式组合，结合各探方层位关系，可对相关文化层和遗迹进行系统的分期。当然，受各单位出土陶器组合完整程度等因素影响，部分单位无法精确到某期，这是需要说明的。有关具体分期结果详见附表南洼遗址文化层分期表和遗迹单位登记表。

（二）各期文化内涵与特征

依据目前对该批材料的分析，现将二里头文化遗存各期的文化内涵和特征归纳如下。

1. 第一期

该期遗迹数量较少，可明确断定的有水井和灰坑两类。水井截面形状呈长方形，壁较直。灰坑以圆形居多，另有椭圆形、长条形和不规则形等。一般为直壁或斜直壁，底较平。

石器仅见有 Ba 型斧、Bb 型斧。骨器见有 Ab 型骨锥、Bb 型骨锥、骨针。未见蚌器。

陶器以夹砂为主，次为泥质。陶色以灰陶为主，次为黑陶和褐陶，另有少量红陶和白陶（表3-32）。纹饰以绳纹为主，次为篮纹，有少量附加堆纹、弦纹和方格纹。素面比例较低（表3-33）。器类基本齐备，包含了以后常见的深腹罐、圆腹罐、鼎、甑、刻槽盆、深腹盆、平底盆、三足盘、圈足盘、豆、小口尊、瓮、缸、器盖、敛口罐、捏口罐、瓠和盉等，另有少量白陶爵、鬶或盉的袋足及罐底残片等。在形态及工艺方面，黑陶（或深灰）陶和篮纹经常共同出现在单件器物上，成为此时一个鲜明的特征。此外，唇部经轮修削平所形成尖平状、尖唇上缘向内凸出形成一周凸棱、沿面内外侧常见有弦纹、部分沿部折棱锐利甚至凸出，以及深腹罐平底、圆腹罐高领、豆盘较深和三足盘矮足深腹等作风，也是该期较为显著的特征。

表3-32 二里头文化一期重要单位出土陶片陶系统计表

陶质	夹砂					泥质					合计	百分比（%）
陶色 单位	灰	黑	褐	红	白	灰	黑	褐	红	白		
2004ⅠT6502J1	727	96	22			66	45		3		959	61.59
2004ⅠT6840H228	61	67	125	32	8	42	50	41	6	7	439	28.20
2005ⅠT4721H217	17	2	19	15		8	36	53		9	159	10.21
合计	805	165	166	47	8	116	131	94	6	19	1557	
百分比（%）	51.70	10.60	10.66	3.02	0.51	7.45	8.41	6.04	0.39	1.22		
	76.49					23.51						100.00

表 3-33 二里头文化一期重要单位出土陶片纹饰统计表

陶纹 单位	绳纹	篮纹	方格纹	附加堆纹	弦纹	素面	合计	百分比（%）
2004ⅠT6502J1	828	63	1	20		47	959	61.59
2004ⅠT6840H228	221	109	8	5	11	85	439	28.20
2005ⅠT4721H217	49	82		4		24	159	10.21
合计	1098	254	9	29	11	156	1557	
百分比（%）	70.52	16.31	0.58	1.86	0.71	10.02		100.00

本期已出现有铜凿，但为红铜。

2. 第二期

本期遗迹种类和数量大增。除上期已有的水井和灰坑外，还有围沟（G1）、房址、陶窑和墓葬等。水井发现 2 眼，截面仍为长方形。灰坑数量众多，坑口形状有圆形、椭圆形、长条形及不规则形等。围沟 G1 已明确出现，上限或可早至第一期。房址明确属于本期者有两座，为长方形地面建筑及圆角方形半地穴式建筑。陶窑残存火膛部分，为马蹄形或鸭梨形。墓葬中 2004M1 可能属于本期，为长方形土坑竖穴墓，随葬有平底盆、瓮、豆、爵和贝等。面部覆盖有扇贝的习俗较为特殊。

石器种类丰富，除了 Ba 型斧、Bb 型斧继续沿用外，还常见有 A 型石铲、B 型石铲、Aa 型斧、Aa 型石锛、Ab 型石锛、Ba 型石锛、Bb 型石锛、Aa 型石凿、Ab 型石凿、Ac 型石凿、Aa 型石刀、B 型石刀、C 型石刀、Aa 型石镰、Ab 型石镰、Ac 型石镰、石戈、A 型石镞、B 型石球以及三角形石器。

骨器种类最多，一期的 Bb 型骨锥、骨针继续沿用，不见 Ab 型骨锥。新增加的器类有 Aa 型骨锥、A 型骨簪、B 型骨簪、A 型骨匕、B 型骨匕、Aa 型骨镞、Ab 型骨镞、C 型骨镞、A 型骨凿、B 型骨凿、骨管、牙锥。

蚌器种类较多，有蚌镰、A 型蚌刀、B 型蚌刀、蚌锯、蚌凿、A 型蚌镞、B 型蚌镞、D 型蚌镞、蚌锥。

陶器仍以夹砂为主，但仅略多于泥质，二者比例比较均衡。陶色种类类似于第一期，仍以灰陶为主，但褐陶比例超过黑陶，成为第二大宗陶色。白陶和红陶较少，且白陶比例略多于红陶（表 3-34）。纹饰仍以绳纹为主，所占比例与一期类似；次为弦纹及附加堆纹，二者较一期有明显增加。值得注意的是篮纹急剧减少。另有少量方格纹、指甲纹、云纹和乳钉纹等。素面比例明显增加（表 3-35）。器类仅较一期新增了少量甗和灶，另有白陶瓠和网坠等发现。其余与上期类似。器形及工艺方面，尖平唇及尖唇上缘凸起极少见到，沿面仍常见两周弦纹，沿部折棱锐利的情形并不突出。灰陶及绳纹的结合成为此后陶器的基本风格。本期个别单位中褐陶比例稍高，流行卷沿有领的风格。此外，深腹罐以圜底为主，圆腹罐出现了矮领，盆形鼎腹较深，甑和深腹盆少量为卷沿束颈，三足盘腹深与足高大致相当，豆盘稍浅，圆肩瓮、折沿缸和弧壁器盖新见等皆为此时的鲜明特征。

表 3-34 二里头文化二期重要单位出土陶片陶系统计表

陶质	夹砂					泥质					合计	百分比（%）
陶色 单位	灰	黑	褐	红	白	灰	黑	褐	红	白		
2004ⅠT6502H19	385	64	881	12		151	318	315		59	2185	35.94
2004ⅠT6741H363	267	97	84		1	109	45	12			615	10.12
2004ⅠT041H242	216	96	64			165	75	32		4	652	10.73
2005ⅠT6636H167	331	50	18	16		642	193	81	7	16	1354	22.27
2005ⅠT6735H96	339	99	40	22		61	40	16		8	625	10.28
2005ⅠT7541H66	265	134	71	25		77	49	16	3	8	648	10.66
合计	1803	540	1158	75	1	1205	720	472	10	95	6079	
百分比（%）	29.66	8.88	19.05	1.23	0.02	19.82	11.84	7.76	0.16	1.56		
	58.84					41.16						100.00

表 3-35 二里头文化二期重要单位出土陶片纹饰统计表

陶纹 单位	绳纹	篮纹	方格纹	附加堆纹	弦纹	指甲纹	云纹	乳钉楔点刻划 箅纹圆圈	素面	合计	百分比（%）
2004ⅠT6502H19	1439	43	1	109	89	3		3	498	2185	35.94
2004ⅠT6741H363	432	22		26	32			1	102	615	10.12
2004ⅠT041H242	501	1		26	9				115	652	10.73
2005ⅠT6636H167	1007	11	4	28	136		2	1	165	1354	22.27
2005ⅠT6735H96	421	6	34	24	25			1	114	625	10.28
2005ⅠT7541H66	457	6		40	37				108	648	10.66
合计	4257	89	39	253	328	3	2	6	1102	6079	
百分比（%）	70.03	1.46	0.64	4.16	5.40	0.05	0.03	0.10	18.13		100.00

3. 第三期

本期继续延续二期的兴盛局面，除房址未明确发现外，其余遗迹种类、形制和数量皆与上期类似。具有壕沟性质的 G3 已明确出现，上限或可早至二期。

石器种类比二期略少，二期的 A 型石铲、B 型石铲、Aa 型斧、Ba 型斧、Bb 型斧、Aa 型石锛、Ab 型石锛、Ba 型石锛、Ab 型石凿、Aa 型石刀、B 型石刀、Aa 型石镰、B 型石球继续使用，但不见 Bb 型石锛、Aa 型石凿、C 型石刀、Ab 型石镰、Ac 型石镰、石戈、A 型石镞、三角形石器。新出现器型有石钺、Ab 型斧、Ad 型石凿、B 型石凿、B 型石镰和 A 型石球。

骨器种类比二期少，二期的 Aa 型骨锥、Bb 型骨锥、骨针、C 型骨镞、A 型骨凿、骨管继续沿用，不见二期的 A 型骨簪、B 型骨簪、A 型骨匕、B 型骨匕、Aa 型骨镞、Ab 型骨镞、B 型骨凿、牙锥。新出现了 Ab 型骨锥、骨刀、卜骨，其中 Ab 型骨锥在一期中已有所发现，到了三期重新使用。

蚌器种类和数量均比二期有所减少，其中 A 型蚌刀、蚌凿、B 型蚌镞、D 型蚌镞和蚌锥继续沿用，不见蚌镰、B 型蚌刀、蚌锯和 A 型蚌镞，新出现了 C 型蚌镞和圆蚌片。

陶器仍以夹砂为主，但比例较二期略有增加，次为泥质。灰陶较上期显著增加，褐陶和黑陶减少，白陶和红陶比例更低（表3-36）。绳纹比例进一步增加，篮纹比例略有回升，弦纹和附加堆纹比例减少，素面有所减少。其余类似上期（表3-37）。器类类似上期，新见有白陶有鋬鬹和铃。本期器形具有明显的承上启下的风格。除仍常见上期流行的式样外，新出现的唇外加厚抹圆或凸起的特点，在深腹罐、鼎、甑、深腹盆和缸上皆可见到，成为本期以后的流行作风。此外，深腹罐中有领类增加，刻槽盆开始变得宽浅及口外侈，曲沿类深腹盆出现并且常见，平底盆出现腹更浅者，三足盘出现浅腹高足类型，深盘豆浅腹或弧壁、细柄，卷沿束颈缸口径增大，器盖变得宽矮及盖壁外张，捏口罐腹部开始变得肥鼓等特征，都直接延续并流行于下一期。

表 3-36　二里头文化三期重要单位出土陶片陶系统计表

陶质 陶色 单位	夹砂					泥质					合计	百分比（%）
	灰	黑	褐	红	白	灰	黑	褐	红	白		
2004ⅡT6602H20	1698	222	183			1534	79	292			4008	37.23
2004ⅠT7041J2	2088	127	167			418	51	85	2	33	2971	27.60
2004ⅠT7137H331	594	225	246		1	106	107	10		1	1290	11.98
2005ⅠT6636H122	146	21	100			307	21	62		1	658	6.11
2005ⅠT6936H69	357	77	141			359	61	48			1043	9.69
2005ⅠT6936H133	170	60	41		6	418	69	20	9	2	795	7.39
合计	5053	732	878	0	7	3142	388	517	11	37	10765	
百分比（%）	46.94	6.80	8.16	0.00	0.07	29.19	3.60	4.80	0.10	0.34		100.00
	61.96					8.04						

表 3-37　二里头文化三期重要单位出土陶片纹饰统计表

陶纹 单位	绳纹	篮纹	方格纹	附加堆纹	弦纹	云纹	S形纹	素面	合计	百分比（%）
2004ⅡT6602H20	2916	206		128	14		3	741	4008	37.25
2004ⅠT7041J2	2505	12		18	66			370	2971	27.61
2004ⅠT7137H331	1085	35			49			121	1290	11.99
2005ⅠT6636H122	525	7		16	27			79	654	6.08

续表

陶纹 单位	绳纹	篮纹	方格纹	附加堆纹	弦纹	云纹	S形纹	素面	合计	百分比（%）
2005ⅠT6936H69	796	12	1	33	44	2		155	1043	9.69
2005ⅠT6936H133	602	10	2	34	22	1		123	794	7.38
合　计	8429	282	3	229	222	3	3	1589	10760	
百分比（%）	78.34	2.62	0.03	2.13	2.06	0.03	0.03	14.77		100.00

本期见有少量青铜工具。

4. 第四期

本期遗存仍然很丰富。除陶窑、房址和水井未有发现外，其余与上期类似。G3持续使用。墓葬仍为土坑竖穴墓，随葬陶器有圆腹罐、深腹盆和豆等。

石器种类继续减少，三期的A型石铲、B型石铲、石钺、Ba型斧、Bb型斧、Ab型石凿、Ac型石凿、Aa型石刀、B型石刀、Aa型石镰、B型石镰继续使用，但不见Aa型斧、Ab型斧、Aa型石锛、Ab型石锛、Ba型石锛、Ad型石凿、B型石凿、A型石球、B型石球。新出现的器型有Aa型石凿、Ab型石刀、Ab型石镰、研磨工具，其中Aa型石凿和Ab型石镰在二期出现过，到了四期又重新出现。

骨器种类与三期相比，更换较多。三期仅有Aa型骨锥、Ba型骨锥和C型骨镞继续沿用，也不见二期的Ab型骨锥、骨针、骨刀、A型骨凿、骨管和卜骨。但曾见于二期的Bb型骨锥、A型骨匕、B型骨匕、Aa型骨镞和牙锥在本期重新出现。另外，本期还新出现了A型骨簪和B型骨镞。

蚌器的种类和数量急剧减少，其中三期的蚌镰得以沿用，其他器物均不见，新出现的器类仅有蚌贝。

陶器仍以夹砂为主，次为泥质，但二者比例相差最为悬殊。陶色方面，除白陶比例明显减少外，其余与上期近似（表3-38）。纹饰方面变化不大，仍以绳纹为主，篮纹进一步减少，弦纹与附加堆纹略有增加（表3-39）。本期新增器类有鬲、大口尊以及白陶绳纹罐等。器形及风格方面，本期继承和发展了诸多始见于上期的新特征，并淘汰了二期以前的许多典型特征。例如，除上期流行的唇外加厚抹圆的作风依然常见外，本期也形成了一个新的比较普遍的器表修饰风格。即与前三期器物上腹或口外素面部分抹平或留下细密轮修痕、磨光等不同，本期似乎显得粗糙，常见较宽甚至特宽的抹平带，且有明显的较粗深的轮修凹痕。这种特征在深腹罐、甑、深腹盆、圆肩瓮和缸等器类上皆可看到。就一些主要器类来看，圆腹罐中口外饰花边者急剧减少，高领者少见，矮领且腹部肥鼓者多见，口外无凸棱或带状凸起者明显增加，成为此时一个显著变化。盆形鼎浅腹侈口，刻槽盆更加宽浅、口部外侈甚至出现沿部，深腹盆变浅且腹部外张明显、不见曲沿上仰者，深盘豆豆盘宽浅且出现矮柄，圆肩瓮矮领或折沿，器盖腹部常宽矮且外张等，都展现出了自三期以来的新特征得到了加强，二期以前的因素进一步减少的趋势。

表 3-38　二里头文化四期重要单位出土陶片陶系统计表

陶质	夹砂					泥质					合计	百分比（%）
单位 \ 陶色	灰	黑	褐	红	白	灰	黑	褐	红	白		
2004ⅠT6940H71	560	11	321			6	6				904	25.13
2004ⅠT6941H136	195	60	75	2		32	8	2			374	10.39
2004ⅠT7138H379	434	13	38			118	35	10		1	649	18.04
2005ⅠT7342H128	864	146	57			264	117	17			1465	40.72
2006ⅡT6205H22	79	35	40	6		22	11	10	3		206	5.73
合计	2132	265	531	8	0	442	177	39	3	1	3598	
百分比（%）	59.26	7.37	14.76	0.22	0.00	12.28	4.92	1.08	0.08	0.03		100.00
	81.61					18.39						

表 3-39　二里头文化四期重要单位出土陶片纹饰统计表

单位 \ 陶纹	绳纹	篮纹	附加堆纹	弦纹	指甲纹	云纹	乳钉楔点刻划	素面	合计	百分比（%）
2004ⅠT6940H71	824		31	17				32	904	25.13
2004ⅠT6941H136	272	1	12	28	1		2	58	374	10.39
2004ⅠT7138H379	477	4		20				148	649	18.04
2005ⅠT7342H128	1064	11	62	92		1		235	1465	40.72
2006ⅡT6205H22	155		6	15			1	29	206	5.73
合计	2792	16	111	172	1	1	3	502	3598	
百分比（%）	77.60	0.44	3.09	4.78	0.03	0.03	0.08	13.95		100.00

本期发现有青铜刀。

5. 第五期

本期遗存很少，仅见有少量灰坑和一座墓葬（2004M11）。G3 或已遭废弃但远未填平。

第五期石器种类进一步减少，四期的 A 型石铲、Bb 型斧、Ab 型石凿、Ab 型石刀、Aa 型石镰、B 型石镰继续使用，不见 B 型石铲、石钺、Ba 型斧、Aa 型石凿、Ac 型石凿、Aa 型石刀、B 型石刀、Ab 型石镰、研磨工具。新出现的器物有 Ab 型斧、Aa 型石锛、B 型石镞。

五期的骨器种类比四期减少，四期的 Ba 型骨锥、Bb 型骨锥、A 型骨匕、Aa 型骨镞和 B 型骨镞继续沿用，不见前期的 Aa 型骨锥、A 型骨簪、B 型骨匕、C 型骨镞和牙锥，新出现了骨刀、骨板、骨器柄，其中骨刀在三期曾出现过，到了五期重新出现。

本期几乎不见蚌器，仅见有三期已出现的 C 型蚌镞。

陶器以泥质为主，夹砂反倒为其次，这种结果迥异于前四期。陶色以灰陶为主，所占比例为诸期最高。黑陶、褐陶和红陶比例持续降低，尤以后二者幅度更为显著。白陶比例依然很低（表3-40）。纹饰与上期类似，仍以绳纹为主，且见有较粗疏绳纹和粗绳纹；篮纹比例更低，附加堆纹数量增加（表3-41）。本期没有新增器类。在器形及工艺方面，一是继承了四期以来的趋势并有所衰减。二是尽管出现了一些新变化，但明显不如以往丰富和鲜明。本期常见较粗疏绳纹、并有少量粗绳纹，这是一个相对普遍的特征。此外，部分器类出现了一些值得注意的变化。例如，圆腹罐整体更矮胖，甑沿部平折或下卷，深腹盆更浅，大口尊出现了口径大于肩径的类型，尊形缸口径与肩径相若等，这些新特征的出现以及上期流行的一些型式的消失，都指明了更晚的时代特点，尽管证据相对较弱。

表3-40 二里头文化五期重要单位出土陶片陶系统计表

陶质 陶色 单位	夹砂					泥质					合计	百分比（%）
	灰	黑	褐	红	白	灰	黑	褐	红	白		
2005ⅠT4719H206	405	64	17			487	32	27		3	1035	21.34
2005ⅠT4719H207	181	11	8	1		341	86	17			645	13.30
2005ⅠT4720H253	208	42	46			90	37	8			431	8.88
2005ⅠT4823H147	1077	8	23			1404	137	91			2740	56.48
合计	1871	125	94	1	0	2322	292	143	0	3	4851	
百分比（%）	38.57	2.58	1.94	0.02	0.00	47.87	6.02	2.95	0.00	0.06		
	43.10					56.90						100.00

表3-41 二里头文化五期重要单位出土陶片纹饰统计表

陶纹 单位	绳纹	篮纹	方格纹	附加堆纹	弦纹	指甲纹	云纹	素面	合计	百分比（%）
2005ⅠT4719H206	785	5		98	25		1	121	1035	21.34
2005ⅠT4719H207	477			45	20			103	645	13.30
2005ⅠT4720H253	389	4	2	16	4			16	431	8.88
2005ⅠT4823H147	1860	3		311	152	4	3	407	2740	56.48
合计	3511	12	2	470	201	4	4	647	4851	
百分比（%）	72.38	0.25	0.04	9.69	4.14	0.08	0.08	13.34		100.00

（三）与二里头遗址二里头文化分期的比较

偃师二里头遗址二里头文化遗存一般分为四期，并进一步细化为八段[①]。尽管由于缺乏公布相

---

① 主要参见 A. 中国社会科学院考古研究所：《偃师二里头》，中国大百科全书出版社，1999年。B. 中国社会科学院考古研究所：《中国考古学·夏商卷》，中国社会科学出版社，2003年。

关层位关系，为学界把握各段的特征带来了一定困难，但各期之间的区别是比较明确的。

与该分期方案相比，南洼遗址二里头文化一期、二期和四期可分别与二里头遗址二里头文化的一至三期相对应。五期资料较少，但就其特征来看，可能相当于二里头遗址二里头文化的四期。

如果尝试作进一步的比较，可以发现，南洼遗址二里头文化一期以灰陶和绳纹为主，二里头遗址则以黑陶和篮纹为主，故前者或相当于后者的偏晚阶段。南洼遗址二期不见曲沿盆等，或相当于二里头遗址的二期偏早阶段。五期不见出土成组下七垣文化因素的单位，或相当于二里头遗址的四期偏早阶段。

鉴于南洼遗址二里头文化第三期遗存具有明显的承前启后的过渡性特征，如花边圆腹罐与二期几无区别，且不见二里头遗址三期常见的大口尊、鬲、矮柄豆等典型器物，应与二里头遗址的二期偏晚阶段相当。

传统上有将二里头文化分为前后两大期，即一、二期为前期，三、四期为后期。就南洼遗址来看，第二期和第四期之间可比较型式者共41项，完全相同者仅5项，约为12.2%。而且，第四期相对于第二期新出现型式为28项。这样的变化幅度及数据可以支持有关前后两大期的划分。但是，第三期的存在表明，这种变化并不是突然发生的，尽管幅度很大，但仍是渐进和连续发生的。

（四）南洼遗址二里头文化的绝对年代

南洼遗址二里头文化遗存尚未进行系统的测年。目前，仅有2004H19兽骨样品的^{14}C测年数据，树轮校正后的年代为1680～1610BC（参见附表六五）。就目前二里头文化最新的测年研究[①]来看，该数据与学界有关二里头遗址二里头文化第二期的年代范围是一致的。

二、文化因素与文化性质

以文化因素划分，南洼遗址二里头文化遗物主要可分为以下六组：

A组，二里头类型因素。南洼遗址所出的绝大多数器类及型式，皆与偃师二里头遗址非常类似，即所谓二里头类型因素是该遗址二里头文化的主体。

B组，创新因素。主要是白陶有箅甗、绳纹及平底罐、鼎足、项饰和网坠等。

C组，东下冯类型因素。如带耳的圆腹罐及鼎、卷沿有领的深腹盆和甑、侈口斜直腹的D型甑、D型瓮（或为凹圜底深腹罐）等。此外，灶、鬶可能也与该类型有关。

D组，岳石文化因素。如卷沿褐胎平底的深腹罐、圆饼状黑褐色器底（2004H19:30）、窄深的平底盆和半月形双孔石刀等。

E组，下七垣文化因素。如Cb型折沿束颈盆、卷沿有肩素面盆（2004H90:9）等。

F组，平底管流盉，或称为象鼻盉，南方亦有发现。

---

① 张雪莲、仇士华、蔡莲珍、薄官成、王金霞、钟建：《新砦—二里头—二里冈文化考古年代序列的建立与完善》，《考古》2007年8期。

上述六类文化因素中，A组为主体，鲜明地指示出该遗址二里头文化的性质。B组因素的存在，表明了该聚落在经济分工方面的特色和自身的创造性，说明即便是在二里头类型腹心地区，各聚落仍然不乏自身的特色。后四组因素相对较少，表现了该聚落与周邻文化的交流。

三、动植物遗存反映的经济特征

（一）植物大遗存的分期特点及初步分析

1. 二里头一期

一期的农作物种子一共109粒，占该期所有种子的40.22%。杂草类种子共162粒，农作物种子与非农作物种子的数量比约为1∶1.5。

这一时期仅2004H228的时代明确，其显然无法代表遗址二里头一期先民的植物性食物结构及聚落的生业经济模式。仅从这个单位来看，农作物有粟和黍两种。粟占绝对优势，在农作物中的比例达97.25%，绝对数量为106粒。粟很可能是先民重要的植物性食物之一。黍仅有3粒。非农作物种子以黍亚科最多，在非农作物中占94.44%，其中包括狗尾草属种子。此外还有豆科和菊科，数量均非常少。这些非农作物种子均是常见的农田杂草。

2. 二期

这一时期常见的的农作物种子共计5040粒，另发现集中出土、可能作为农作物的藜科种子2435粒，二者合计7475粒，占该期所有种子的59.06%。非农作物种子共5072粒，农作物种子与非农作物种子的数量比约为1.5∶1。

二期的样品数量是二里头文化各时期中最多的，发现的植物种子种类也是各时期中最丰富的，应在一定程度上能反映二期聚落先民的食物选择。农作物中除了粟、黍外，较一期还增加了小麦和大豆，这两种均是先秦时期、特别是夏商周时期常见的农作物种类。粟仍然占据主导地位，其在农作物中的比例达91.65%，出土概率为80.56%。黍的数量虽然较粟少很多，仅占该期农作物的7.18%，但是出土概率却比较高，为66.67%，仅次于粟。大豆紧随其后，占农作物的1.09%，出土概率则为25%。新发现的小麦仅4粒，出土概率也较低，为8.33%。此外H46集中出土的2000多粒藜科种子值得关注，其大量出土且大多数不见种皮的现象尚不见于同时期其他遗址的相关报道。

从农作物的种类和数量来看，粟、黍、小麦和大豆都是先民食用的对象，以粟为主，黍次之，延续一期2004H228所反映的情况。大豆应不是新出现的农作物，虽然一期2004H228中未发现大豆，但时代可能为一期的2004H342发现了1粒大豆，且从其他先秦时期遗址的植物遗存来看，大豆很可能一直是当时聚落中重要的农作物之一。小麦可能是这一时期新出现的品种，数量很少。而集中出土于2006H46（与2005H156为同一单位）的2435粒藜科（属）种子值得进一步关注。在已发表的植物考古研究成果中，基于发现的数量较少以及种子密度较低，藜科一般被视为杂草类种子。然而在本次分析中，藜科的出土概率虽然很低，但其绝对数量和百分比含量均较高，特别是其大部分种子不见种皮这一现象可能反映了先民的某种行为。

非农作物种类十分丰富，除了占非农作物的94.17%的黍亚科外，还有早熟禾亚科、豆科、藜科、莎草科、苋科、菊科、唇形科、马齿苋属、石竹科、茄科、蔷薇科、伞形科和旋花科。均属于常见的杂草类种子。黍亚科种子包括有狗尾草属、马唐属和黍属，其中狗尾草属是数量最多的。除黍亚科外，其他类种子数量很少，从类型上看以旱地杂草为主。

结合农作物的种类分析，二期南洼聚落的农业呈现的是北方地区典型的旱作农业特点。极少量块茎类和果类遗存的发现表明先民们可能还采食这两类植物作为补充的辅食。而唇形科中发现了紫苏，紫苏是一种油料作物，其在聚落中也可能被作为他用。

3. 二里头三期

该时期农作物种子共计2532粒，占该期所有种子的52.48%。非农作物种子共2293粒，农作物种子与非农作物种子的数量比约为1.1∶1。

与二期相比，这一时期新增了水稻。水稻仅发现3粒，出土概率为5.88%，在该期农作物中仅占0.12%。小麦共6粒，虽数量上比水稻稍多，但出土概率相同，为5.88%。粟所占的比重和出土概率均有所上升，分别升高至94.28%和88.24%。相反，黍的数量比和出土概率略有所下降，分别为6.12%和58.82%，但仍是仅次于粟的农作物。大豆的出土概率由25%上升至29.4%，但数量有所下降，仅占农作物的0.60%。

非农作物方面种类较前期有了明显减少，可能与这一时期样品数量较少有关。种类上仍以黍亚科为主，另有早熟禾亚科、豆科、藜科、蓼科、菊科、唇形科和马齿苋属，均为旱地杂草类。

果类方面，虽然时代明确的17份样品中未见该类遗存，但很可能属于该时期的05H56发现了2片桃核碎片。

从以上遗存的情况来看，这一时期延续了前期的旱作农业传统，粟、黍、小麦、大豆都是先民种植和食用的对象。新出现的水稻反映了先民可能在这一时期开始对其的种植，遗址附近有洢水，在一定范围内种植水稻是有可能的。桃的发现表明此类果实也是该时期先民们的食用对象。

4. 二里头四期

四期出土农作物种子1289粒，占该期所有种子61.88%。非农作物种子794粒，农作物与非农作物种子数量比约为1.5∶1。

农作物中粟依旧占主体地位，占农作物的90.46%，虽然数量百分较二期有所下降，但出土概率呈现持续上升的趋势，四期更达100%。黍的情况与粟相近，在农作物中所占的比重和出土概率继三期有所下降后再次回升，分别为8.3%和70%。时代确定的10份样品中没有发现水稻，但可能属于四期的2005H208则发现了6粒水稻和2粒小穗轴/基盘。小麦继二期有少量发现后在四期不见。大豆较上期出土概率上升至40%，在农作物中的数量百分比也有所上涨，为1.24%。

非农作物种子中黍亚科虽仅占种子总数的35.53%，但出土概率达100%，在非农作物中百分比达91.02%，是最普遍的杂草类种子。其他如豆科、藜科、蓼科和唇形科等数量极少。

四期聚落的农业经济仍以粟、黍为主的旱作农业为主导，小麦的缺失不排除是样品较少造成的偶然性偏差造成，水稻的种植很可能延续了下来，但是规模不大，小穗轴/基盘的发现表明聚落中可能还存在水稻的加工活动。大豆在这一时期的比重有所上升，其应是农作物的重要组合之一。

5. 二里头五期

五期一共发现农作物种子1592粒，占该期种子总数的53.37%。非农作物种子1391粒，农作物与非农作物种子数量比约为1.1∶1。

粟的出土概率依然达100%，其在农作物中的比例却从四期的90.46%略增至92.34%，接近二期的水平。黍是该期另一种重要农作物组合，虽然出土概率也达100%，但在种子总数和农作物中所占比例均较四期有所下降，分别为3.79%和7.10%。水稻的出土概率受样品量太少影响而骤增至50%，但从其数量百分比来看（占种子总数0.23%，占农作物0.44%），水稻并不在五期农作物中占有较高地位。小穗轴/基盘的数量比四期可能存在的2粒小穗轴/基盘数量增多，事实上2005H208的时代可能为四期或五期，即这些小穗轴/基盘遗存属于二里头文化晚期阶段是没有问题的。五期仍然没有发现小麦。大豆的绝对数量虽少，但出土概率与四期相近，为50%，但在种子总数和农作物中的比例都有了明显下滑，分别从0.76%和1.24%下降至0.07%和0.13%。

非农作物中黍亚科占绝对优势，在种子总数中占46.63%，在非农作物中占92.24%。其他杂草类在种类和数量上与前四期差别不大。

与一期一样，五期的样品数量较少，导致上述植物遗存的信息难以全面地代表这一时期聚落的农业发展情况。五期虽然只有2个单位，但发现的种子数量却较四期更多，这表明了样品获得具有一定的偶然性。从农作物种类来看，依然没有小麦，这或许表明小麦在二里头文化晚期聚落中并不占据较重要的地位，当然我们也不排除这是由采样偶然性造成的结果。粟继续保持其绝对优势，黍的普遍性也很强。大豆虽少，但除了由于样品量较少的限制外，还可能与先民对大豆的利用方式（如榨油）等有关，利用方式的差异会影响不同遗存被保留下来的几率及保存的状况。水稻的发现再次表明聚落中应存在水稻种植，特别是小穗轴的发现表明这些水稻可能在聚落内进行了脱粒等加工活动。

（二）动物遗存初步分析

从出土动物标本来看，此时该聚落家畜饲养的品种有狗、猪、黄牛、水牛、绵羊和山羊等。此外，人们还比较重视对各种蚌类、螺、鱼和鳖等水生动物资源的利用。各类野生动物资源也较丰富。这表明该聚落除家畜饲养外，渔猎活动也较明显。详情见第六章第二节有关动物遗存分析部分。

本书的出版得到

国家重点文物保护专项补助经费

资　助

南洼遗址的发掘和研究得到
国家社会科学基金 2010 年度项目(编号 10BKG008)
——"登封南洼:2004~2006 年田野考古报告"资助

科技部"中华文明探源工程"(一)之
"聚落形态反映的社会结构"课题资助

郑州大学"十五""211"重点学科建设项目
——"中国古代文明与考古学"资助

郑州大学"211"三期重点学科建设项目
——"考古学与中原文化"资助

郑州大学重点学科振兴行动计划资助

本报告同时为
首批河南省高等学校哲学社会科学创新团队
——中原考古创新团队成果之一

"考古学与中原文化"研究丛书之四

登封南洼

——2004~2006年田野考古报告

（下）

郑州大学历史文化遗产保护研究中心　编著

韩国河　张继华　主编

科学出版社
北　京

内 容 简 介

本书系统地报道了郑州大学考古学系于 2004~2006 年在登封南洼遗址进行的考古发掘所获资料，包括二里头文化、殷墟文化、春秋时期、汉代、唐宋及金元诸时期文化遗存，以及各时期的植物和动物等自然遗存。其中，二里头文化遗存最为丰富，基本涵盖了该文化的各个阶段，尤以带有两道环壕的防御设施与丰富的白陶遗存为其显著特征，为进一步探讨二里头文化分期、聚落形态及白陶生产中心等课题提供了重要资料。

本书可供从事考古学、历史学、科技史等领域研究的科研与教学人员阅读、参考。

图书在版编目(CIP)数据

登封南洼：2004~2006 年田野考古报告／郑州大学历史文化遗产保护研究中心编著 . —北京：科学出版社，2014.10

（"考古学与中原文化"研究丛书；4）

ISBN 978-7-03-039727-0

Ⅰ.①登… Ⅱ.①郑… Ⅲ.①文化遗址–考古发掘–发掘报告–登封市 Ⅳ.①K878.05

中国版本图书馆 CIP 数据核字（2014）第 022346 号

责任编辑：张亚娜／责任校对：钟 洋
责任印制：肖 兴／封面设计：美光设计

科学出版社 出版

北京东黄城根北街 16 号
邮政编码：100717
http://www.sciencep.com

中国科学院印刷厂 印刷

科学出版社发行 各地新华书店经销

*

2014 年 10 月第 一 版　开本：889×1194　1/16
2014 年 10 月第一次印刷　印张：64 1/4　插页：62
字数：1 766 000

定价：680.00 元（上、下）
（如有印装质量问题，我社负责调换）

第四章　殷墟文化遗存

殷墟文化时期的遗迹包括房址及陶窑、灰坑和墓葬等类型（图4-1A，B，C）。

第一节　遗　　迹

一、房　　址

共发现两座，保存不佳。

2004F1　位于T2的西部中间偏南位置。开口耕土层下，打破G2，被2004H143、H232打破。F1被破坏严重，其形状和范围不清楚，仅留下灶和部分居住面。居住面为褐色黏土，较硬，残存长约398、宽约175、厚1~2厘米。灶编号为2004Z2，位于居住面西北部，大致呈葫芦状，灶门向西南，宽约21厘米，方向为253°。灶长45、宽43、深约10厘米。周壁及底部为一层红烧土，厚2~4厘米。底部烧土略呈台阶状，东高西低，没有发现烟道。灶口东南角发现有小石块，可能起到支撑炊器作用。灶的建造应是直接在地表上挖出灶坑，然后烧烤而成。灶南侧和西南侧发现有破碎的陶鬲一个。F1的居住面应该是在G2的填土上踩踏而成，其下未发现人工垫土。居住面之上保留有废弃之后的填土。房外未发现路土及其他人类活动遗迹（图4-2）。

2004F4　位于ⅠT7438东南部，部分叠压于东隔梁下。开口于⑤层下，被2004H397打破，打破⑥层及H403。由于破坏严重，房址形状和范围不清楚，仅留下灶和部分活动面。活动面为黑褐色，比较坚硬，残长约150、宽约84、厚5~7厘米。灶编号为2004Z6，位于活动面东南部，大致呈鞋掌形。灶门向南，穹隆顶，顶中部有近圆形缺口。灶内仅两壁保留部分红烧土，底部无红烧土，没有发现烟道。灶南北长约70厘米，东西宽约40厘米，残高20厘米，烧土壁厚1.5~2厘米。居住面之上的废弃堆积分两层：①层位于活动面西北部，为倒塌的白色堆积物，长约90、宽约50、厚15~20厘米，呈斜坡状。②层位于东北部，为白灰土，残长50、宽36、厚约6厘米。出土遗物有罐等（图4-3）。

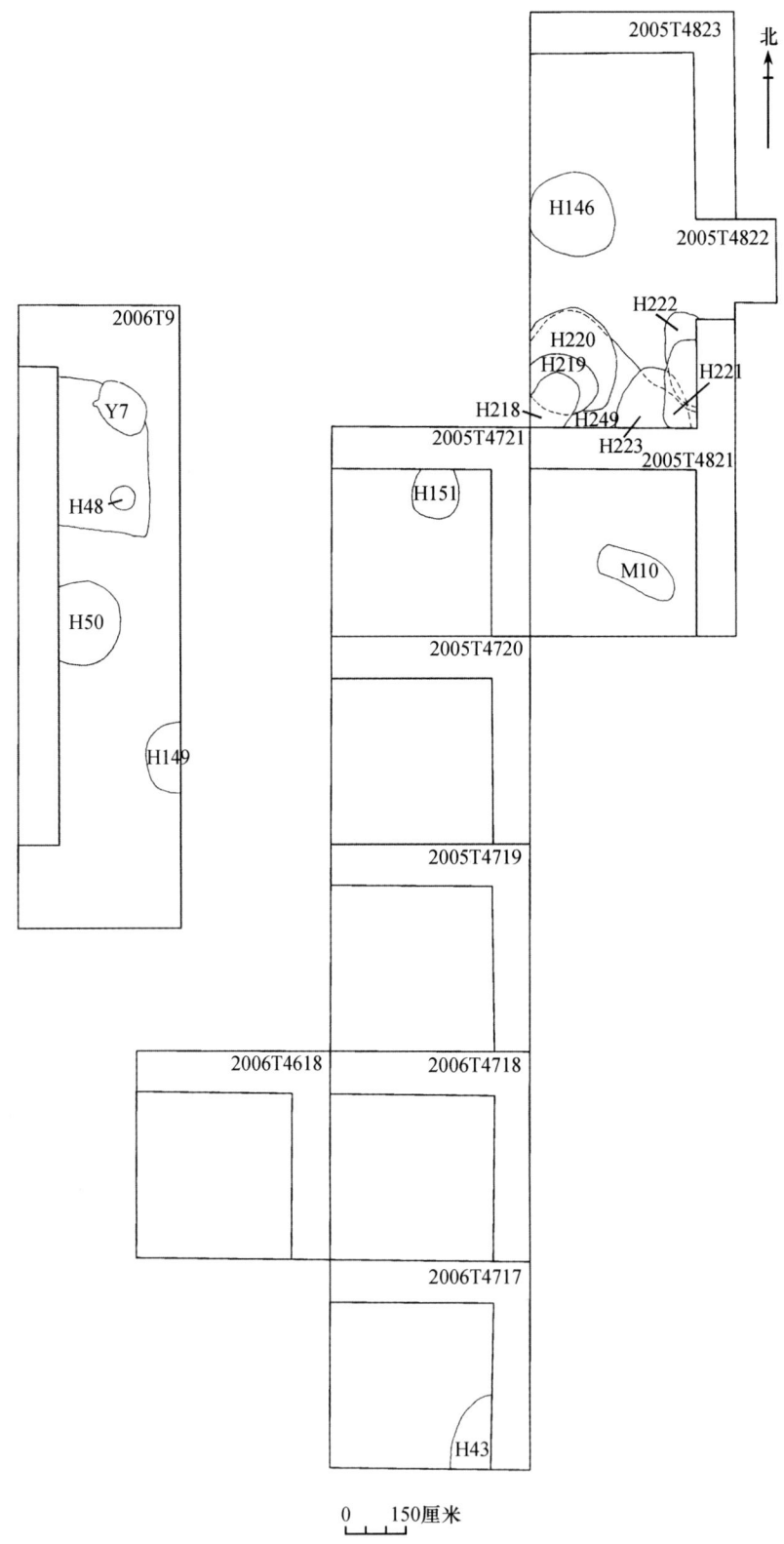

图 4-1B 2006T4717~2005T4823、2006T9 内遗迹图

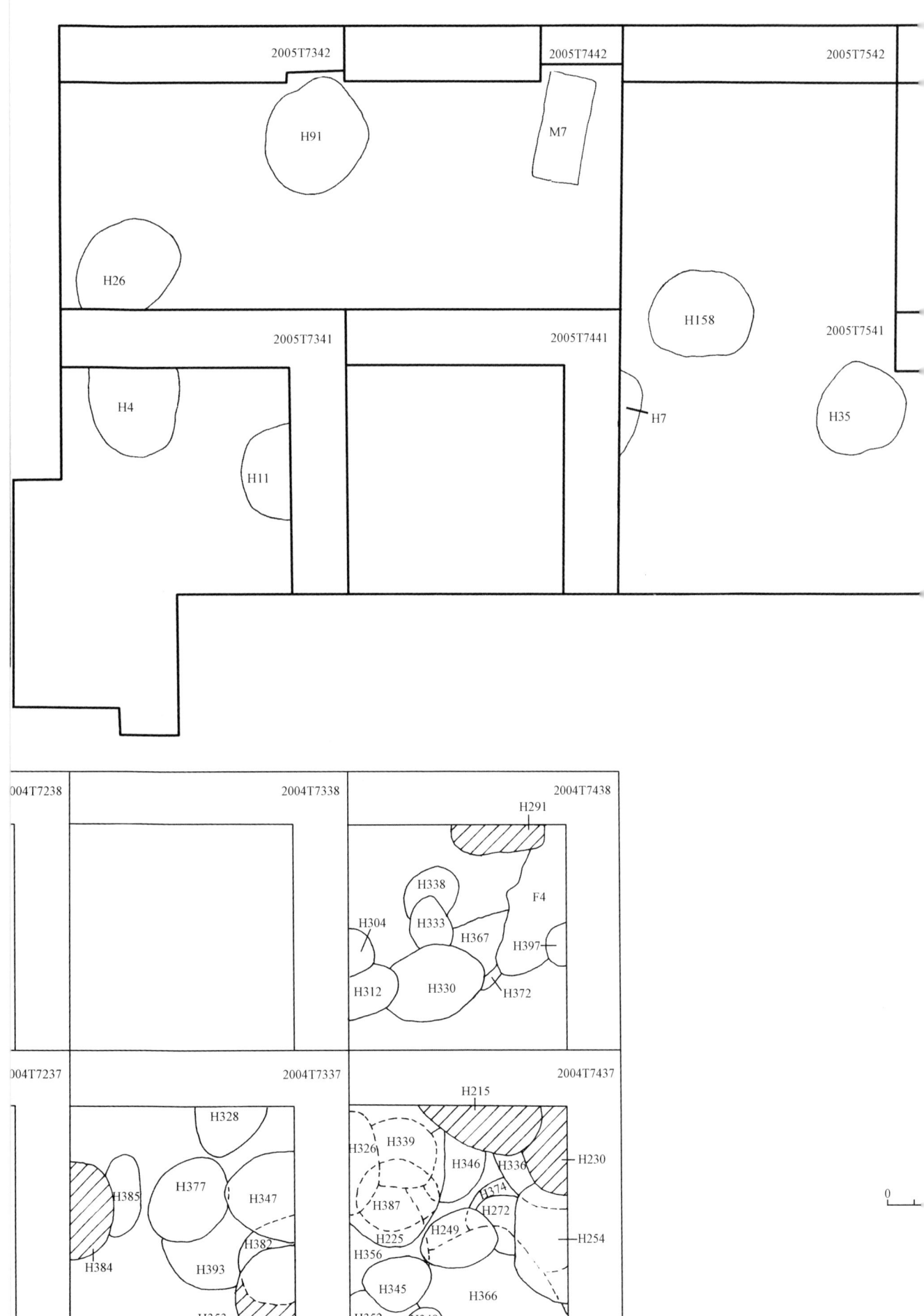

~T7842内遗迹图

2005T7642	2005T7742	2005T7842 H53
2005T7641 H82	2005T7741	2005T7841 H192

150厘米

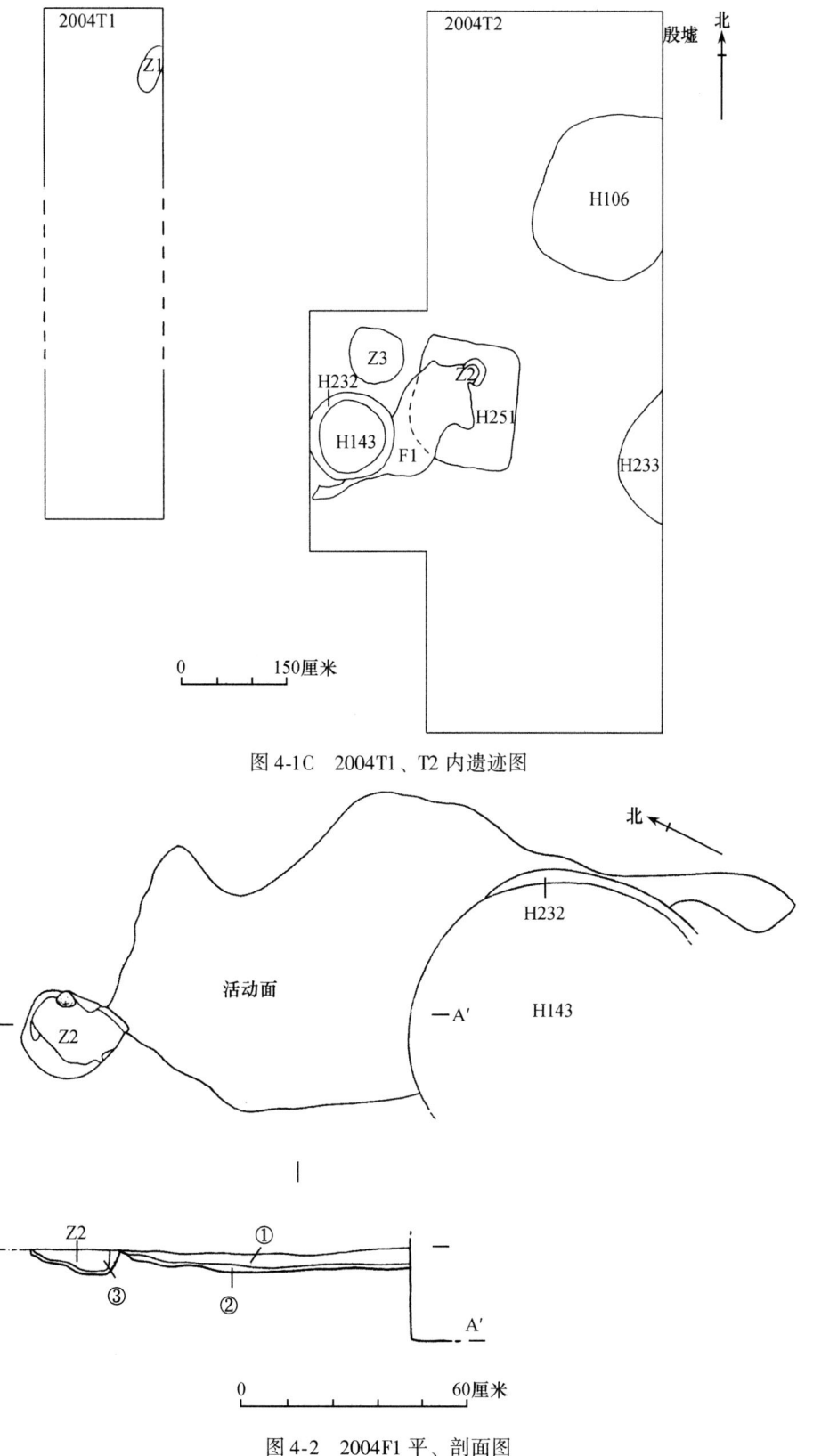

图 4-1C 2004T1、T2 内遗迹图

图 4-2 2004F1 平、剖面图
①废弃堆积 ②活动面 ③红烧土

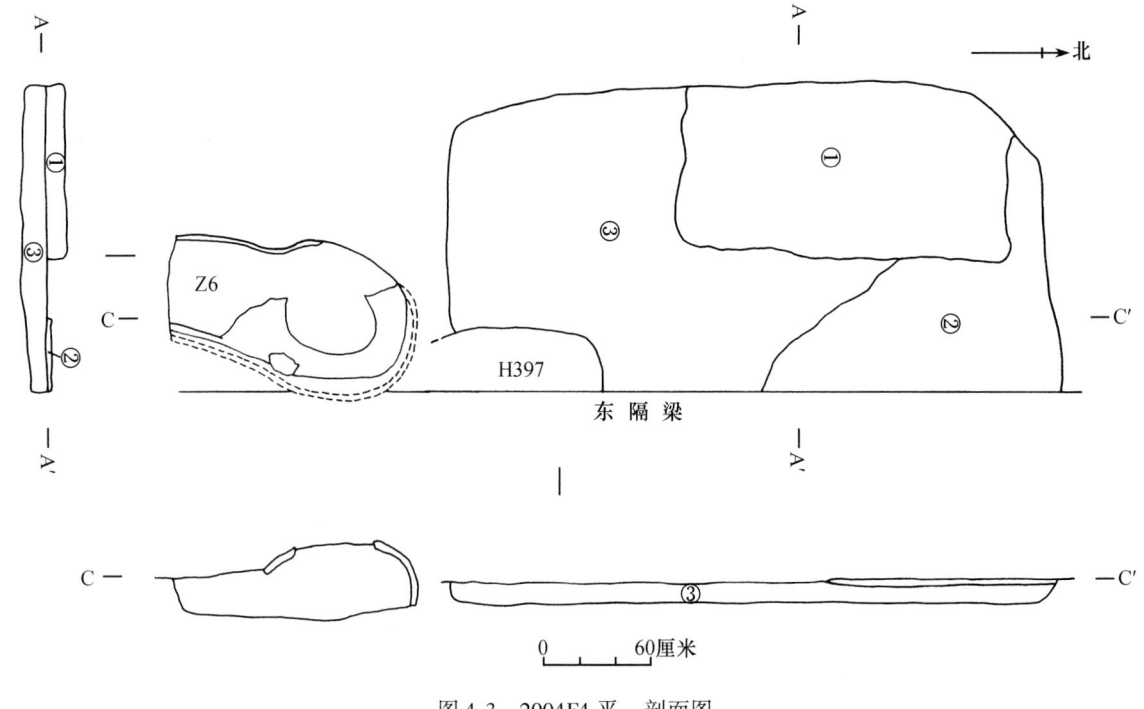

图 4-3 2004F4 平、剖面图
①白色堆积 ②白灰土 ③活动面

二、灰　坑

依据灰坑坑口形状的不同可分为四型。

A 型　数量最多，32 座。坑口为圆形或近圆形。依据坑壁形制的不同可分为三亚型。

Aa 型　14 座，直壁。现举 4 例。

2006H50　位于 T9 的中西部，部分伸至西壁下。开口于 G3②层下，被 2006H17 打破。坑口近圆形，直径为 210 厘米。坑壁较直，坑底较平，坑底距坑口深 180 厘米。填土分五层：①、②层呈灰褐色，土质较软，结构疏松，包含较多的炭粒；③层为一层草木灰；④、⑤层为深灰色土，土质极软，结构疏松，包含大量的草木灰和炭粒。出土遗物有碗、瓮、鬲、簋等（图 4-4）。

2004H232　位于 T2 西部。开口于①层下。坑口呈圆形，直径 146 厘米。直壁，平底，坑底距坑口深 98 厘米。填土分两层：①层厚约 75 厘米，呈黄褐色，土质较硬，结构疏松，包含较多的炭粒；②层厚约 23 厘米，呈浅黄褐色，土质较硬，结构疏松，包含有炭粒和少量的料姜石。出土遗物有鬲、瓮、环等（图 4-5）。

2004H366　位于 IT7437 南部，部分伸至南壁下。开口于⑥层下，被 2004H345、H349、H352、H356 打破。坑口为近半圆形，直径 284 厘米。直壁，平底，坑底距坑口深 62 厘米。填土呈青褐色，土质较硬，结构致密，包含大量的石头、红烧土粒和炭屑。出土遗物有鬲、瓮、纺轮、石镞、骨簪、鹿角等（图 4-6）。

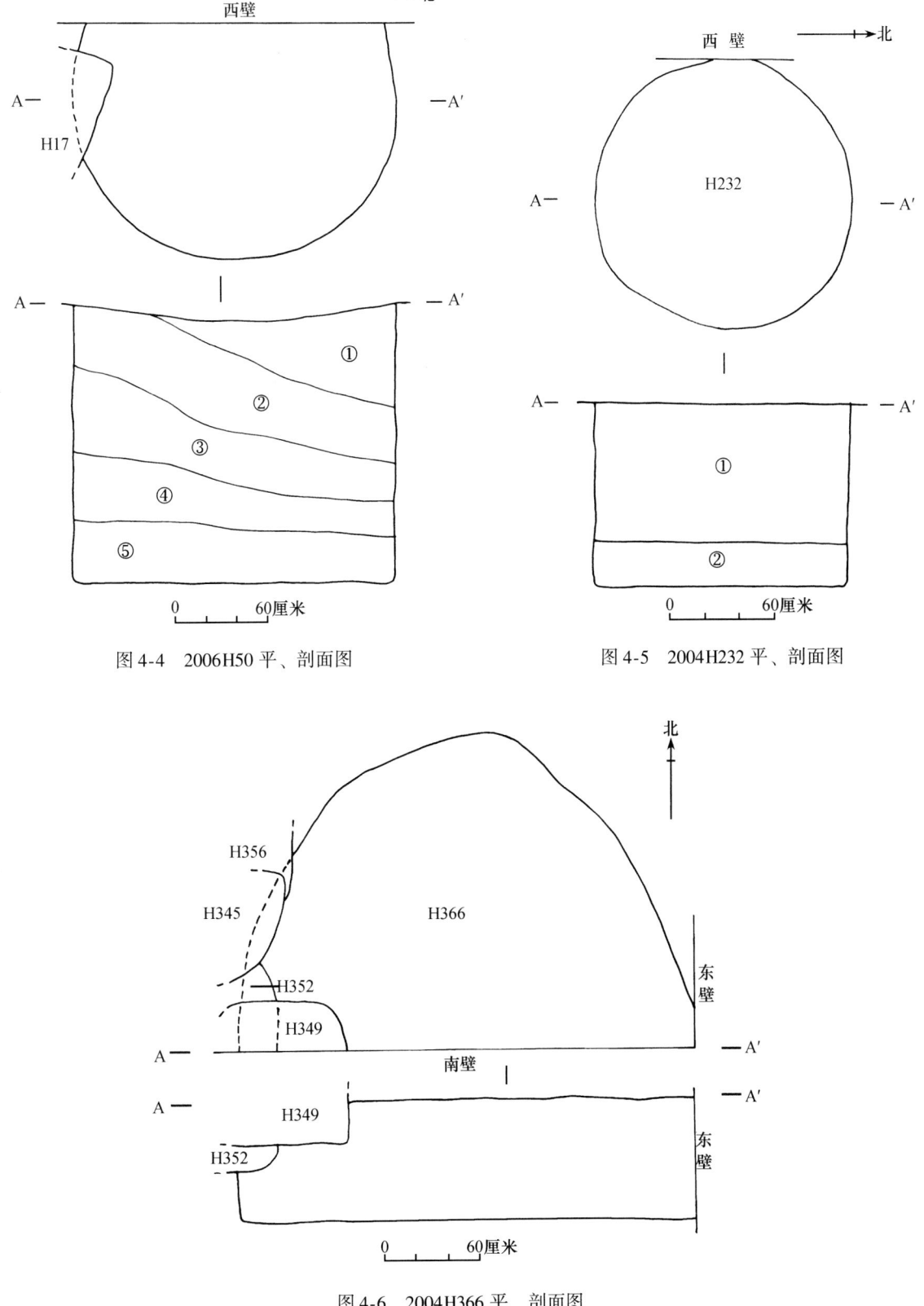

图 4-4　2006H50 平、剖面图

图 4-5　2004H232 平、剖面图

图 4-6　2004H366 平、剖面图

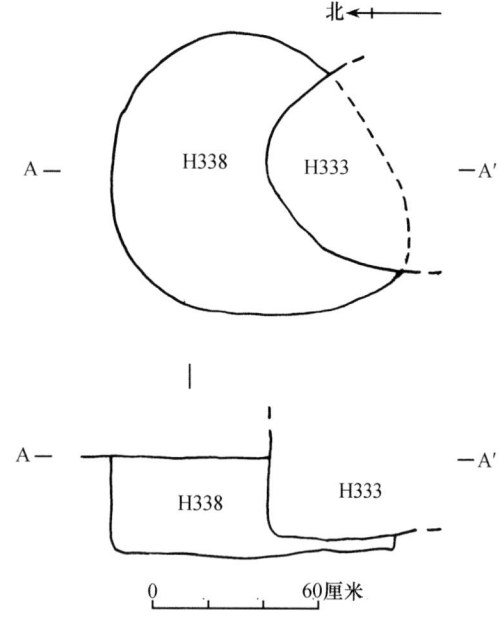

图4-7 2004H338 平、剖面图

2004H338 位于ⅠT7438的西北部,开口于⑤层下,被2004H333打破。坑口近圆形,直径为110厘米。坑壁较直,坑底较平,坑底距坑口深34厘米。填土呈浅青褐色,土质松软,包含少量的红烧土粒和炭屑。出土遗物有鬲、瓮等(图4-7)。

Ab型 11座,斜壁或斜弧壁。现举4例。

2004H143 位于T2中西部,开口于①层下。坑口近圆形,直径为132厘米。斜壁,近平底,坑底距坑口深16厘米。填土呈黑褐色,土质较硬,包含大量的红烧土粒、炭屑和石头。出土遗物有鬲、器盖等(图4-8)。

2004H345 位于ⅠT7437西南部,开口于⑤层下。坑口近圆形,直径为120厘米。斜壁,坑底略圜,西高东低,坑底距坑口深30～40厘米。填土呈浅青褐色,土质松软,包含少量的红烧土粒、炭屑和石头。出土遗物有鬲、罐等(图4-9)。

2004H407 位于ⅠT7038西南部,开口于④层下。坑口近圆形,直径为170厘米。斜壁,圜底,坑底距坑口深60厘米。填土呈灰褐色,土质松软,包含有红烧土粒、炭粒和碎石块。出土遗物有鬲、豆等(图4-10)。

2004H260 位于ⅠT7041东隔梁下,开口于③层下。坑口呈近圆形,直径70厘米。斜弧壁,坑底北高南低,坑底距坑口深45厘米。填土呈灰黑色,土质较软,结构疏松,包含有少量的红烧土粒及炭粒。出土遗物有鬲等(图4-11)。

Ac型 2座,袋状。现举两例。

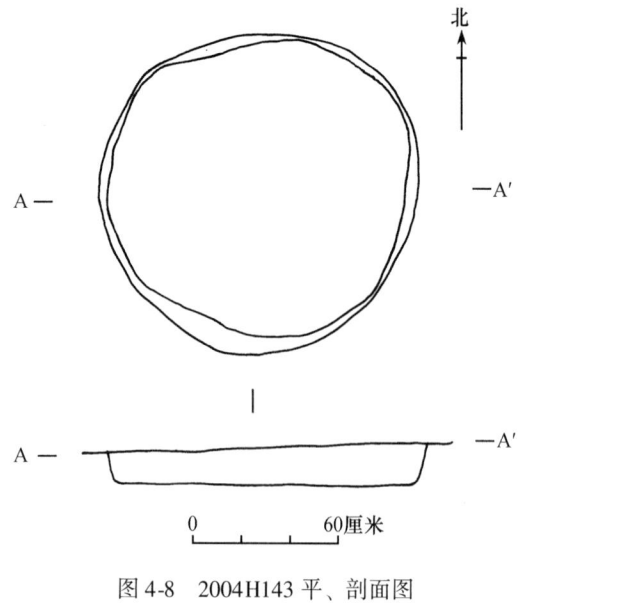

图4-8 2004H143 平、剖面图

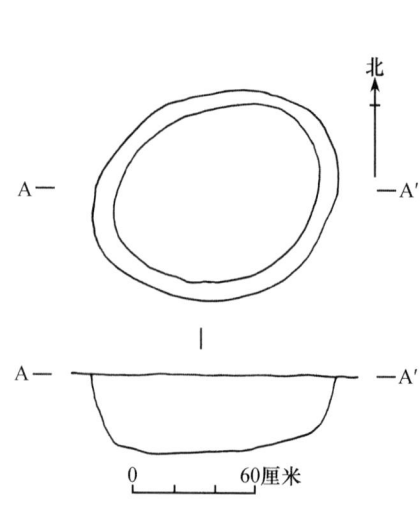

图4-9 2004H345 平、剖面图

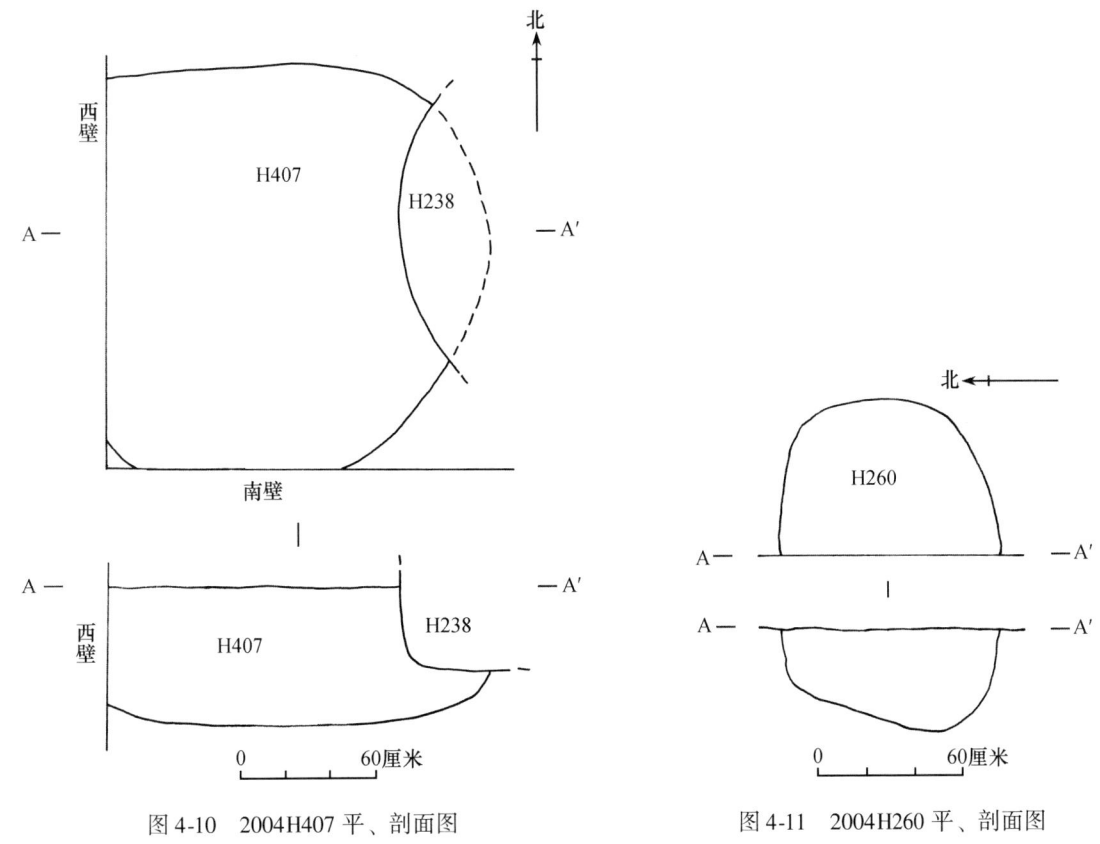

图 4-10　2004H407 平、剖面图　　　　图 4-11　2004H260 平、剖面图

2005H91　位于ⅠT7342 东北部，开口于②层下。坑口近圆形，最大径为 200 厘米，坑底为 220 厘米。坑壁呈斜弧状外凸，坑底较平，坑底距坑口深 110 厘米。填土呈灰褐色，土质较软，结构疏松，包含大量的红烧土粒、炭粒、草木灰等。出土遗物有鬲、甗、瓮、盆、簋等（图 4-12）。

2005H146　位于ⅠT4823 西南部，开口于②层下。坑口近圆形，最大径为 224 厘米，坑底为 256 厘米。坑壁呈斜弧状外凸，坑底较平，坑底距坑口深约 102 厘米。填土分四层：①层呈灰褐色，土质较硬，结构致密，包含大量的红烧土粒、炭粒、草木灰等；②层呈深褐色，土质松软，包含较多的草木灰；③层呈黄褐色，土质较上层软，草木灰减少；④层为深灰褐色，包含物较少，仅见有少量的烧土粒。出土遗物有鬲、甗、瓮、小口罐等（图 4-13）。

B 型　坑口为椭圆形。依据坑壁形制的不同可分为三亚型。

Ba 型　13 座，直壁。现举 5 例。

2005H26　位于ⅠT7342 西南部，开口于②层下。坑口为椭圆形，长径 154、短径 142 厘米，坑壁较直，坑底较平，坑底距坑口深 95 厘米。填土分三层：①层为黑褐色黏土，土质较软，结构致密；②层土质极软、结构松散的浅灰色土；③层为褐土，泛青白，土质较硬。三层均包含大量烧土粒、炭粒和石块等。出土遗物有鬲、甗、瓮、盆等（图 4-14）。

2005H4　位于ⅠT7341 北部偏西，开口于②层下。坑口为椭圆形，部分伸至北壁下，探方内的部分长径 140、短径 150 厘米，坑壁较直，平底，坑底距坑口深 40 厘米。填土呈灰褐色，土质较硬，包含有红烧土粒、石块等。出土遗物有鬲、瓮等（图 4-15）。

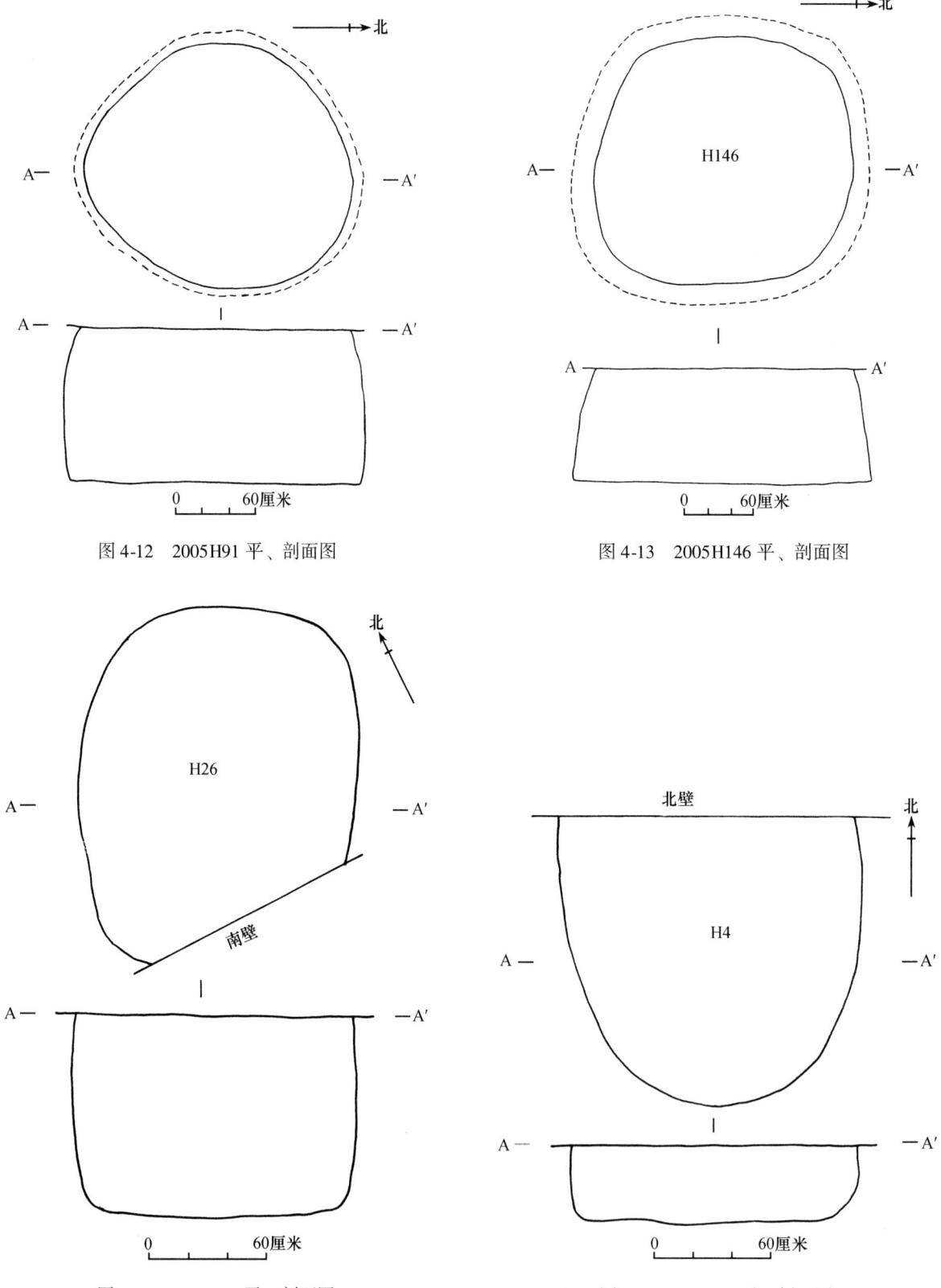

图 4-12　2005H91 平、剖面图

图 4-13　2005H146 平、剖面图

图 4-14　2005H26 平、剖面图

图 4-15　2005H4 平、剖面图

2004H193　位于ⅠT6741西北部，开口于②层下，被2004H51、H57打破。坑口为椭圆形，长径112、短径92厘米，坑壁较直，平底，坑底距坑口深46厘米。填土呈深褐色，土质较软，结构松散，包含有红烧土粒、炭粒和较多的灰青色土块等。出土遗物有鬲、甗、盆、罐等（图4-16）。

2004H272　位于ⅠT7437中部偏东，开口于⑤层下，被2004H249、H254打破。坑口为椭圆形，长径152、短径92厘米，直壁，平底，坑底距坑口深48厘米。填土呈深褐色，土质较硬，结构致密，包含有少量的红烧土粒和炭屑。出土遗物有罐、鬲（图4-17）。

2004H330　位于ⅠT7438中部，开口于⑤层下，被2004H312打破。坑口为近椭圆形，长径186、短径130厘米，直壁，平底，坑底距坑口深40厘米。填土呈黑褐色，土质松软，包含有少量的红烧土粒、炭屑、料姜石等。出土遗物有鬲、罐（图4-18）。

Bb型　5座，斜壁或斜弧壁，现举2例。

2005H219　位于ⅠT4822西南部，开口于②层下，部分伸至西壁下，被2004H218打破。坑口为椭圆形，长径170、短径132厘米，斜弧壁，圜底，坑底距坑口深42厘米。填土呈黄色，土质较硬，结构致密，包含有大量的料姜石和少量的红烧土、炭粒等。出土遗物有鬲、簋等（图4-19）。

2004H387　位于ⅠT7437西北部，开口于⑦层下。坑口为近椭圆形，长径160、短径122厘米，弧壁，底部东高西低，坑底距坑口深20～40厘米。填土呈青灰色，土质松软，包含有少量的红烧土粒、炭屑、料姜石等。出土遗物有鬲、瓮等（图4-20）。

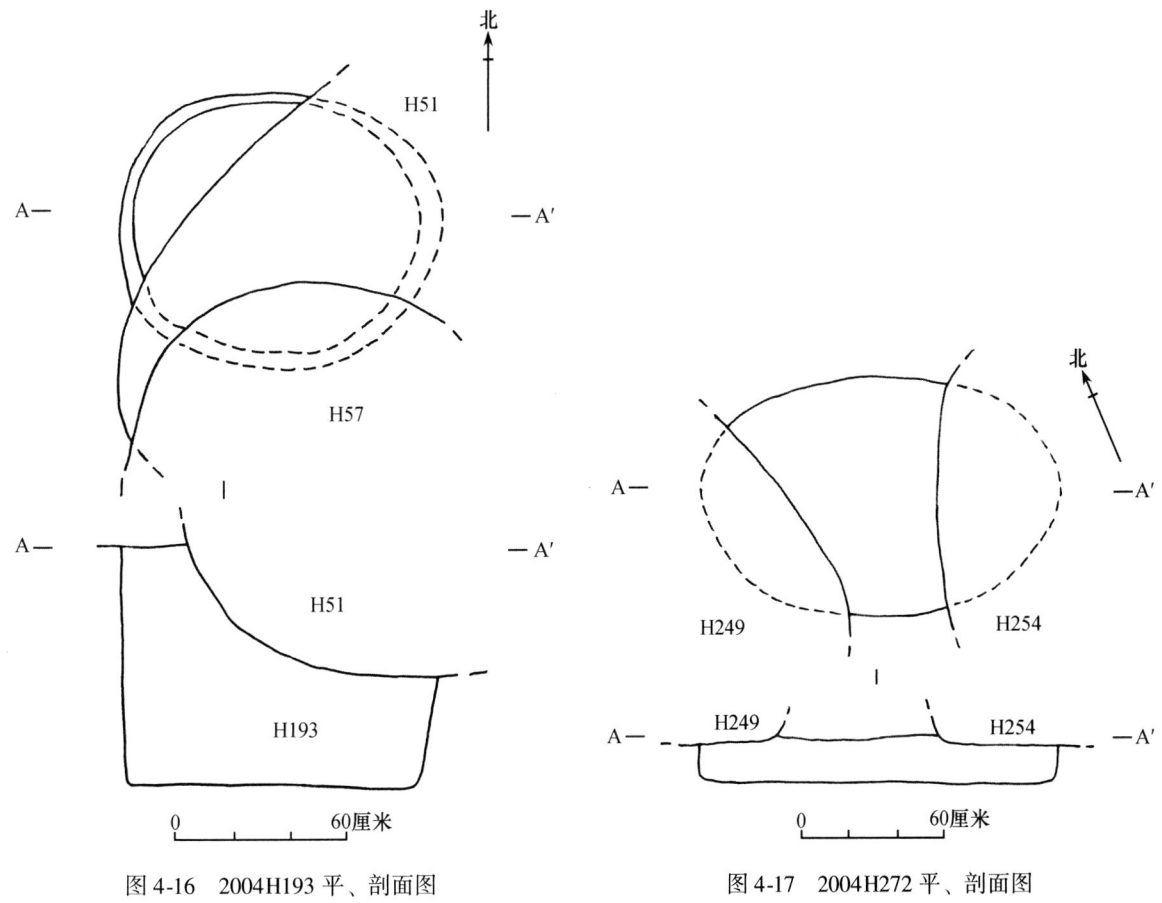

图4-16　2004H193平、剖面图　　　　图4-17　2004H272平、剖面图

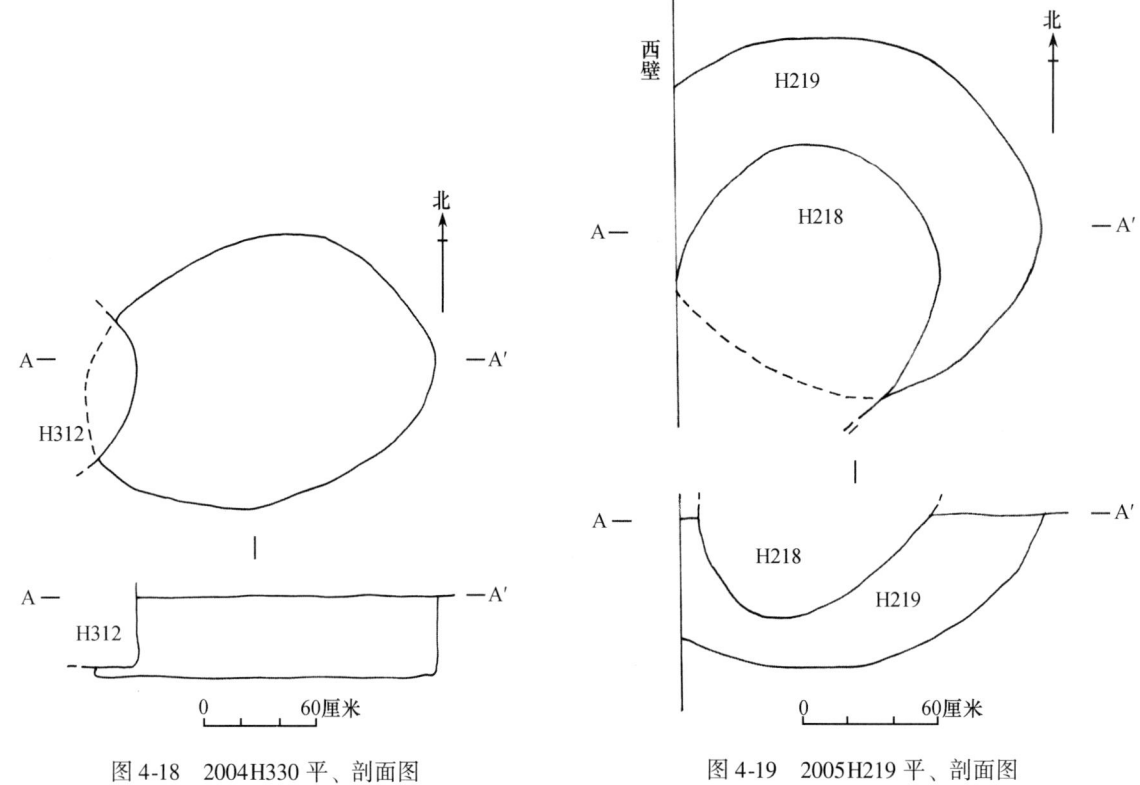

图 4-18　2004H330 平、剖面图

图 4-19　2005H219 平、剖面图

Bc 型　1 座，袋状。

2005H158　位于ⅠT7542 南部，开口于②层下。坑口为椭圆形，长径 192、短径 144 厘米，坑底长径 202、短径 154 厘米。微呈袋状，平底，坑底距坑口深 150 厘米。填土呈深灰色，土质较软，结构疏松，包含有红烧土、炭粒、石块、兽骨等。出土遗物有鬲、甗、盆、瓮、豆等（图 4-21；彩版二二，2）。

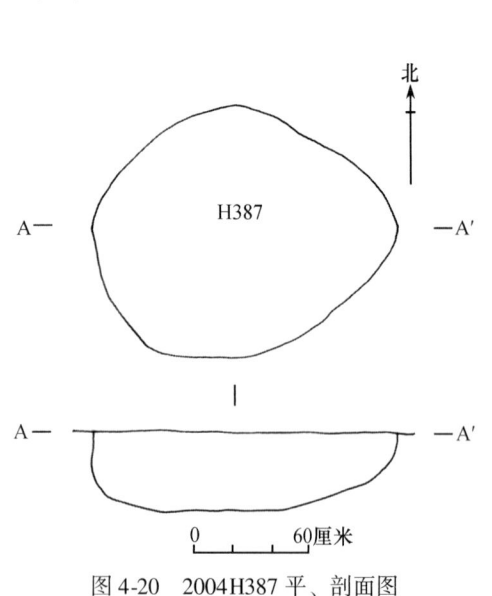

图 4-20　2004H387 平、剖面图

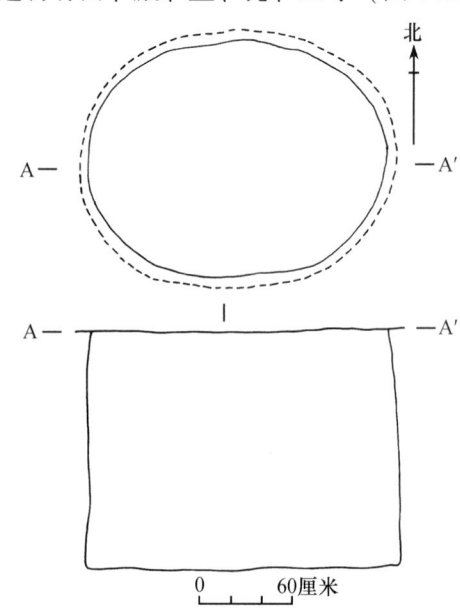

图 4-21　2005H158 平、剖面图

C 型　16 座。坑口为不规则形。依据坑壁形制的不同可分为三亚型。

Ca 型　9 座，直壁。现举 3 例。

2004H251　位于 T2 中部偏西，开口于①层下。坑口为不规则形，长 210、宽 180 厘米。直壁，平底，坑底距坑口深 90 厘米。填土呈黑褐色，土质较杂，结构疏松，包含大量的红烧土粒、炭粒。出土遗物有鬲、豆、器盖、鹿角等（图 4-22）。

2004H346　位于ⅠT7437 西北部，开口于⑥层下，被 H215、H339 打破。坑口为不规则形，长 110、宽 96 厘米，直壁，坑底东高西低，坑底距坑口深 24~36 厘米。填土呈红褐色，土质松软，包含大量的砂粒、红烧土粒、炭屑及石块。出土遗物有鬲、罐等（图 4-23）。

2004H356　位于ⅠT7437 西部，开口于⑥层下，被 2004H326、H339、H345 打破。坑口为不规则形，长 230、宽 140 厘米，直壁，近平底，坑底距坑口深 35~38 厘米。填土呈浅青灰色，土质松软，包含有红烧土粒、炭屑及石块。出土遗物有鬲、小口罐等（图 4-24）。

Cb 型　5 座。斜壁或斜弧壁，现举 2 例。

2005H249　位于ⅠT4822 西南部，部分伸至西壁和南壁下，开口于②层下，被 2004H218、H219、H220、H221、H222、H223 打破。坑口为不规则形，长 400、宽 260 厘米，斜弧壁，底部凸凹不平，坑底距坑口深 125 厘米。填土呈灰色，土质较软，结构疏松，包含有石块、红烧土、炭粒及兽骨等。出土遗物有鬲、簋、甗、小口罐等（图 4-25）。

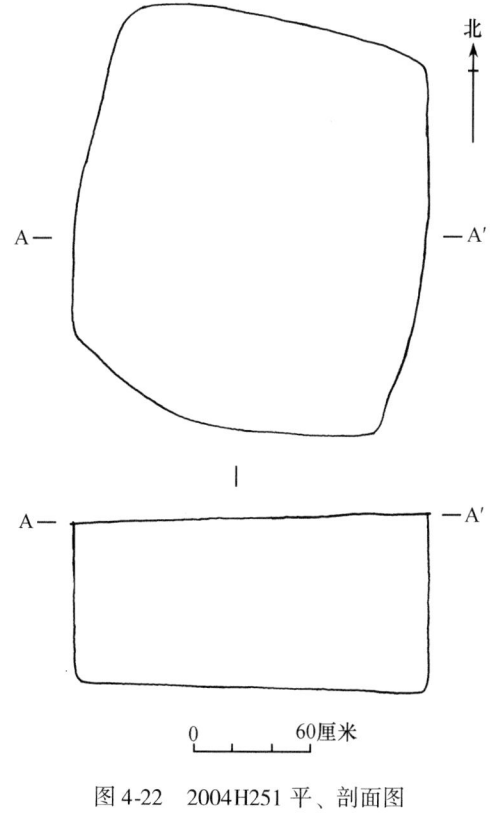

图 4-22　2004H251 平、剖面图

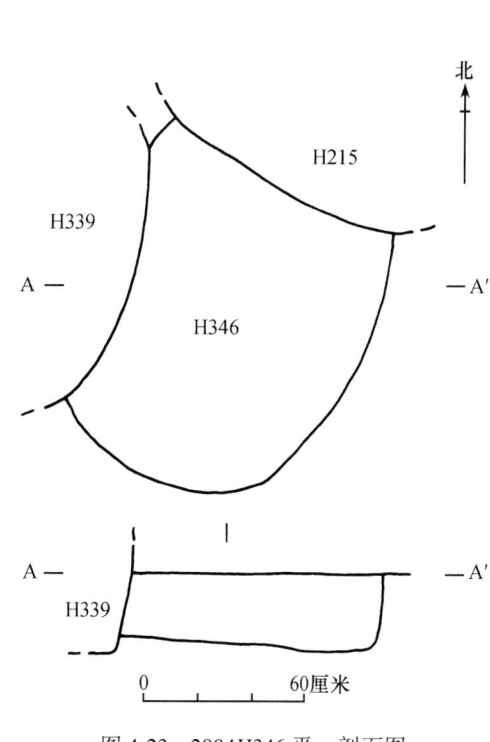

图 4-23　2004H346 平、剖面图

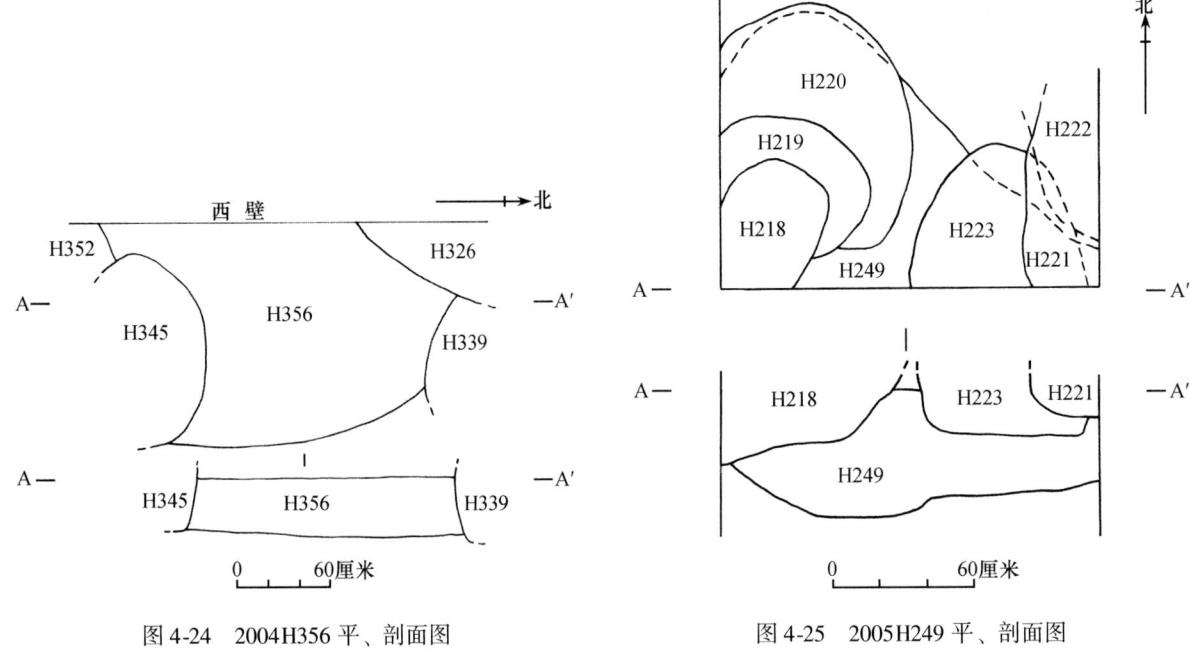

图 4-25 2005H249 平、剖面图

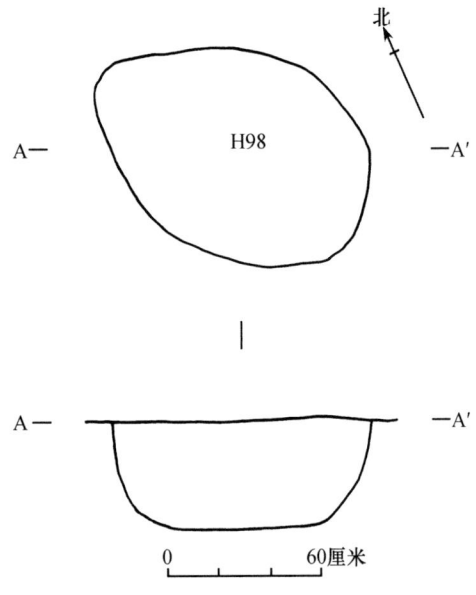

图 4-26 2004H98 平、剖面图

2004H98　位于ⅠT6840 中部偏北，开口于③层下。坑口呈不规则形，斜弧壁，平底，坑底距坑口深 39 厘米。填土呈黄褐色，质地较软，包含有少量的烧土粒。出土遗物有罐（图 4-26）。

Cc 型　3 座，袋状，现举 2 例。

2004H87　位于ⅠT6840 西南，开口③层下，东部被 2004M17 打破。坑口为长圆形，南北长径约 194、东西短径残长 120 厘米。弧壁袋形坑，底部较平，坑底距坑口深约 89 厘米。填土青灰色，含较多红烧土和草木灰。出土遗物有鬲、甗、甑和瓮等（图 4-27；彩版二二，一）。

2005H220　位于ⅠT4822 西南部，部分伸至西壁下，开口于②层下，被 2004H219 打破。坑口为不规则形，长径 210、短径 110 厘米，斜弧壁，平底，坑底距坑口深 50 厘米。填土呈灰色，土质较软，结构疏松，包含有红烧土、炭粒及兽骨等。出土遗物有鬲、簋、豆等（图 4-28）。

图 4-24 2004H356 平、剖面图

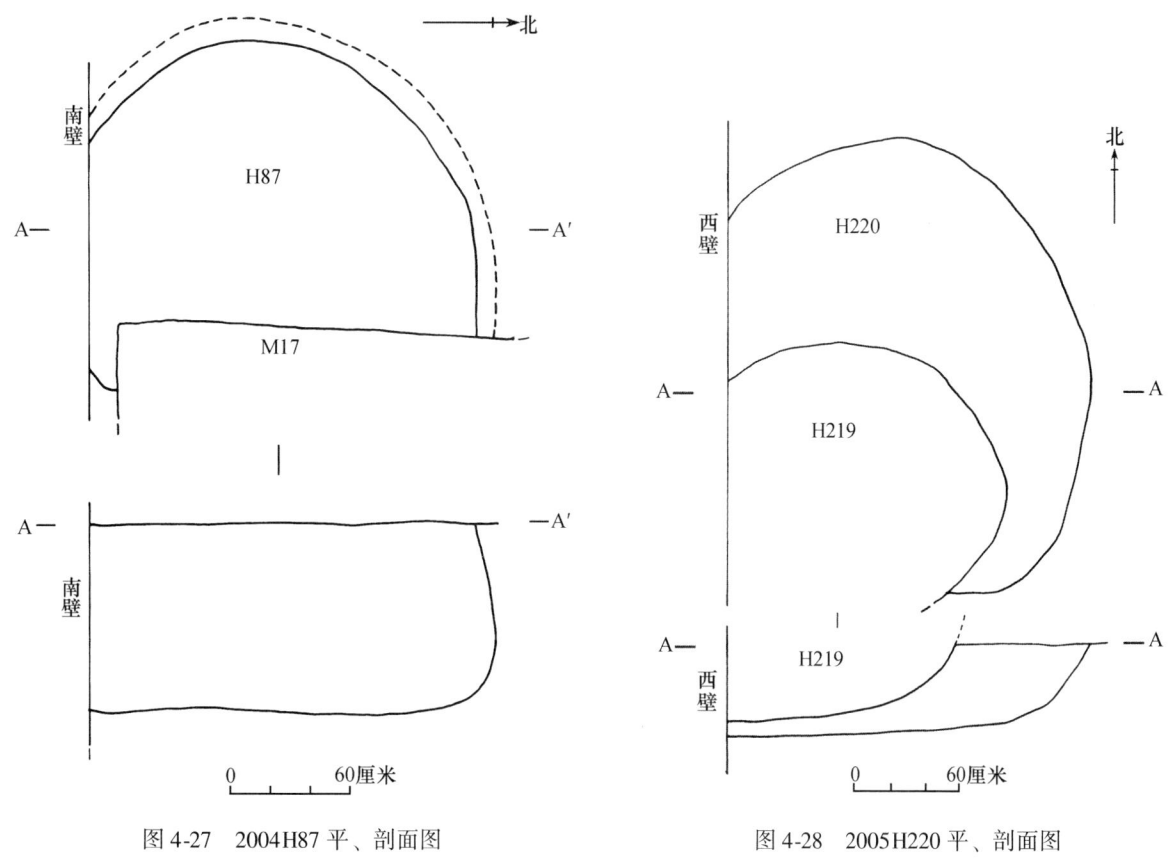

图 4-27　2004H87 平、剖面图　　　　　图 4-28　2005H220 平、剖面图

三、墓　葬

依据有无二层台分为二型。

A 型　2 座。有二层台。现分别做以介绍。

2004M16　位于ⅠT6641 扩方的东北角，开口于②层下，打破 2004H86，上部被 2004M10、H76 打破。M16 平面近长方形，方向 175°，竖穴土坑墓，直壁，东西两壁有二层台，平底。墓口长 240、宽 76~90 厘米，墓底长 240、宽 72~83 厘米，深 200 厘米，二层台高 40、最宽处为 5 厘米。填土分三层：①层厚 40 厘米，为黄褐色土，较软，夹杂料姜石碎粒；②层厚 72 厘米，为黄褐色土，土质较硬，包含较多的料姜石、红烧土和炭屑；③层厚 50 厘米，为黄褐色土，包含的料姜石较上层锐减，有大量的红烧土和炭屑。在距墓口深 140 厘米处发现有殉狗骨架 1 具，保存较好，头向北。墓主为仰身直肢，头向南，面向东，两前臂交叠于腹部。发现有棺痕，葬具应为 1 具木棺，棺痕长 203、宽 52~56 厘米。随葬品有陶鬲 1 件，位于墓口下 1.2 米深处墓室西南角二层台之上。海贝 2 枚，一枚为死者口中所含，另一枚位于左侧肋骨下方。骨刀 1 把，位于右大腿西侧 16 厘米处（图 4-29，1、2）。

2004M29　位于ⅠT6940 的西南部。开口于③层下，打破④层。墓室平面呈长方形，方向 186°，竖穴土坑墓，壁较直，局部有坍塌，平底。墓室下部四周有二层台。墓口长 240、宽 90 厘米，墓底

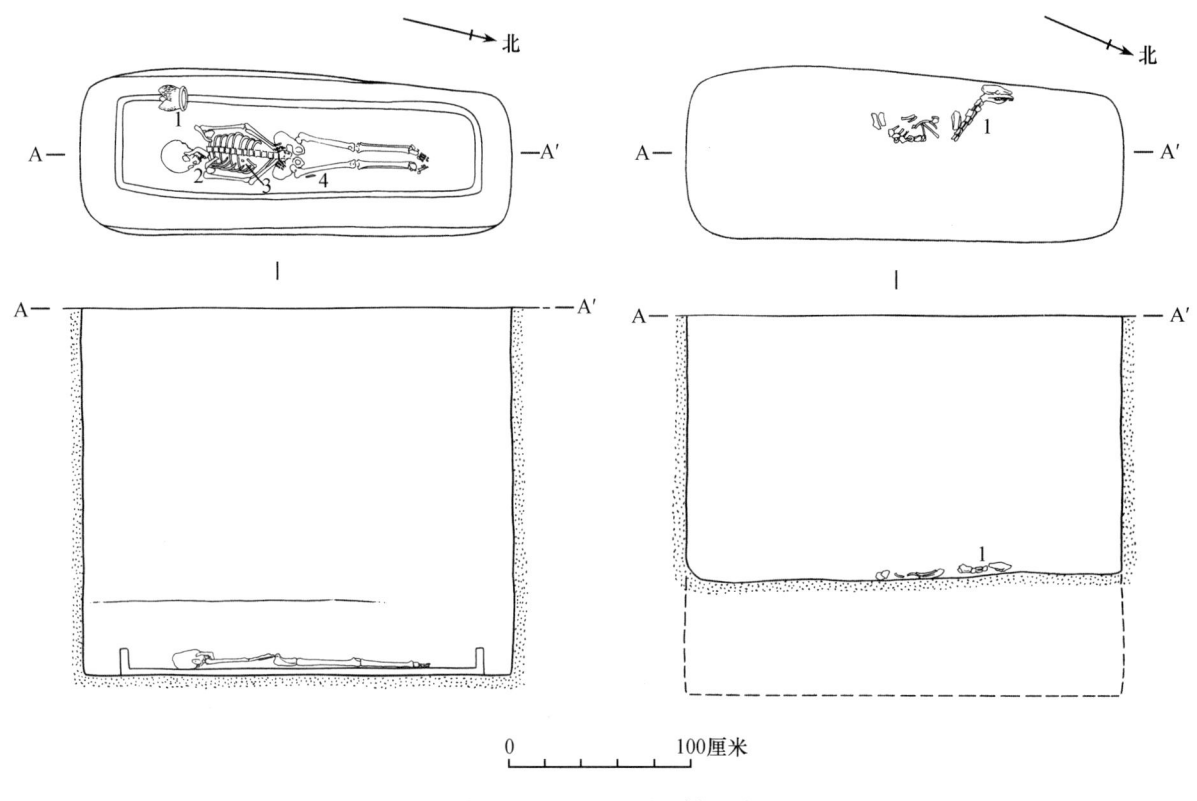

图 4-29　2004M16 平、剖面图
左：1. 陶鬲　2、3. 海贝　4. 骨刀　右：1. 殉狗

长 220、宽 70 厘米，距墓口深 120 厘米。二层台距墓底高约 25、宽约 10 厘米。填土呈褐色，夹杂红烧土粒和料姜石。骨架 1 具，保存完整，仰身直肢葬，头向南，面向东，两手交叉摆放在盆骨上。葬具为单棺，棺痕长 204、宽 42、厚约 3 厘米。棺内人骨左膝盖旁有兽头一个，可能为狗头。无随葬品（图 4-30）。

B 型　无二层台。依据有无腰坑可分为二亚型。

Ba 型　3 座。有腰坑。现举两例介绍如下。

2005M10　位于ⅠT4821 中部偏东。开口于①层下，打破 H150 和生土。墓室平面近长方形，方向 296°，竖穴土坑墓，直壁，平底，墓底中部有腰坑和殉狗。墓室长 210、宽 70、深

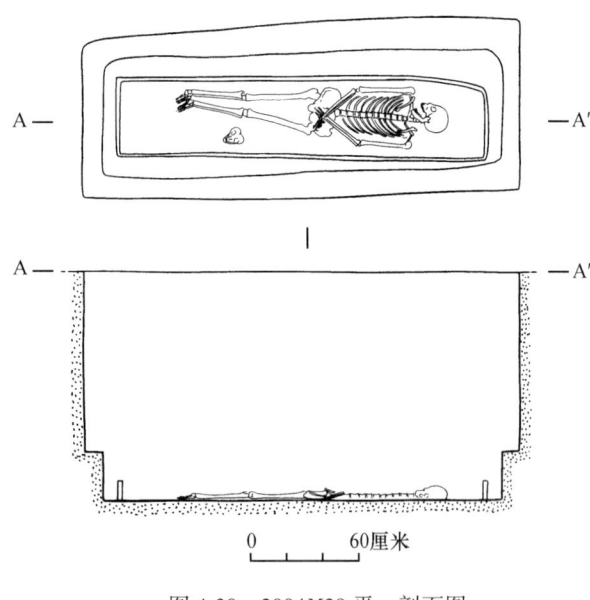

图 4-30　2004M29 平、剖面图

15 厘米，腰坑长约 70、宽约 30 厘米，距墓口深约 30 厘米。墓内填土为黄灰相间的五花土。墓主为仰身直肢，保存完好，头向西北，面向西南，女性。未发现葬具和随葬品。殉狗头向东南（图 4-

31，1、2；彩版二三，2、3）。

2004M32　位于ⅠT6740的东隔梁下。开口于②层下，打破③层。墓圹呈长方形，方向190°，竖穴土坑墓，直壁，底部近平。墓口长260、宽110厘米，墓底长240、宽85厘米，深173厘米。墓底发现有腰坑和殉狗。腰坑近长方形，长70、宽32、深20厘米。殉狗头向北，背向东。填土分为两层：①层厚73厘米，填土较硬，为黑色五花土夹杂较多的料姜石；②层厚100厘米，填土较上层松软，主要为黑色五花土。骨架1具，保存较好，仰身直肢葬，双手交叉于腹部，头向南，面向西。发现有棺痕，棺痕长240、宽68厘米。葬具应为1具木棺。随葬品有1件陶鬲，另在墓主口中发现2枚海贝（图4-34）。

Bb型　7座。现举两例介绍如下。

2004M17　位于ⅠT6840的中部偏南。开口于③层下，打破④层。墓圹平面呈长方形，方向186°，竖穴土坑墓，直壁，平底。墓圹长260、宽70、深115厘米。填土分为四层：①层为青褐土，较纯，包含有少量的陶片；②层为灰褐土，包含大量的红烧土及陶片；③层为灰褐土，略发红，较硬，包含有炭粒和少量红烧土，不见陶片；④层为青褐土，土质较软，结构疏松，包含较多的炭粒和红烧土。骨架1具，保存较差，仰身直肢葬，头向南，面向西，发现有棺痕，葬具应为1具木棺。随葬品有陶鬲1件，置于头部东南。海贝1枚，为口中所含（图4-32）。

2004M19　位于ⅠT6641的中部偏南，部分压于ⅠT6640北隔梁下。开口于②层下，打破③层。墓圹平面呈长方形，方向5°，竖穴土坑墓，壁近直，底近平。墓口长200、宽72～80厘米，墓底长205、宽66～69厘米，深156厘米。填土为黄褐土，土质致密，较硬，夹杂有成片的黑褐土以及较多的红烧土粒、炭粒等。骨架1具，保存较好，仰身直肢葬，头向北，面向上，发现有棺痕，棺痕长190～192、宽52～56厘米。葬具应为1具木棺。随葬品有陶鬲1件，位于墓室东南角棺外上方。另在墓主口中发现1枚海贝（图4-33；彩版二三，1）。

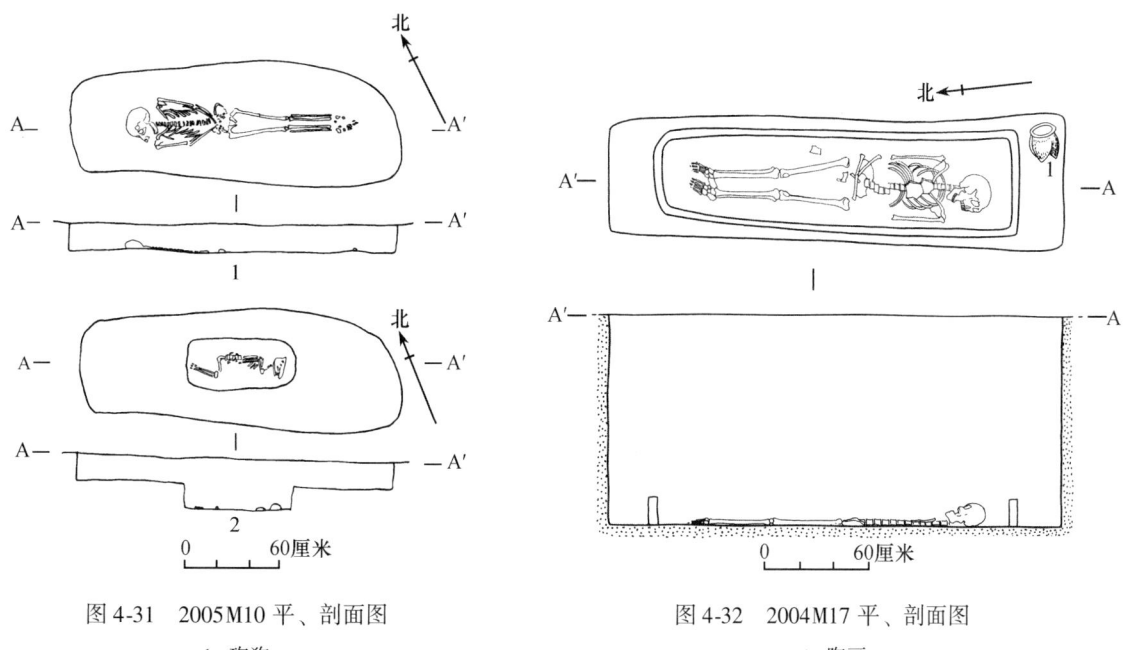

图4-31　2005M10平、剖面图
1. 殉狗

图4-32　2004M17平、剖面图
1. 陶鬲

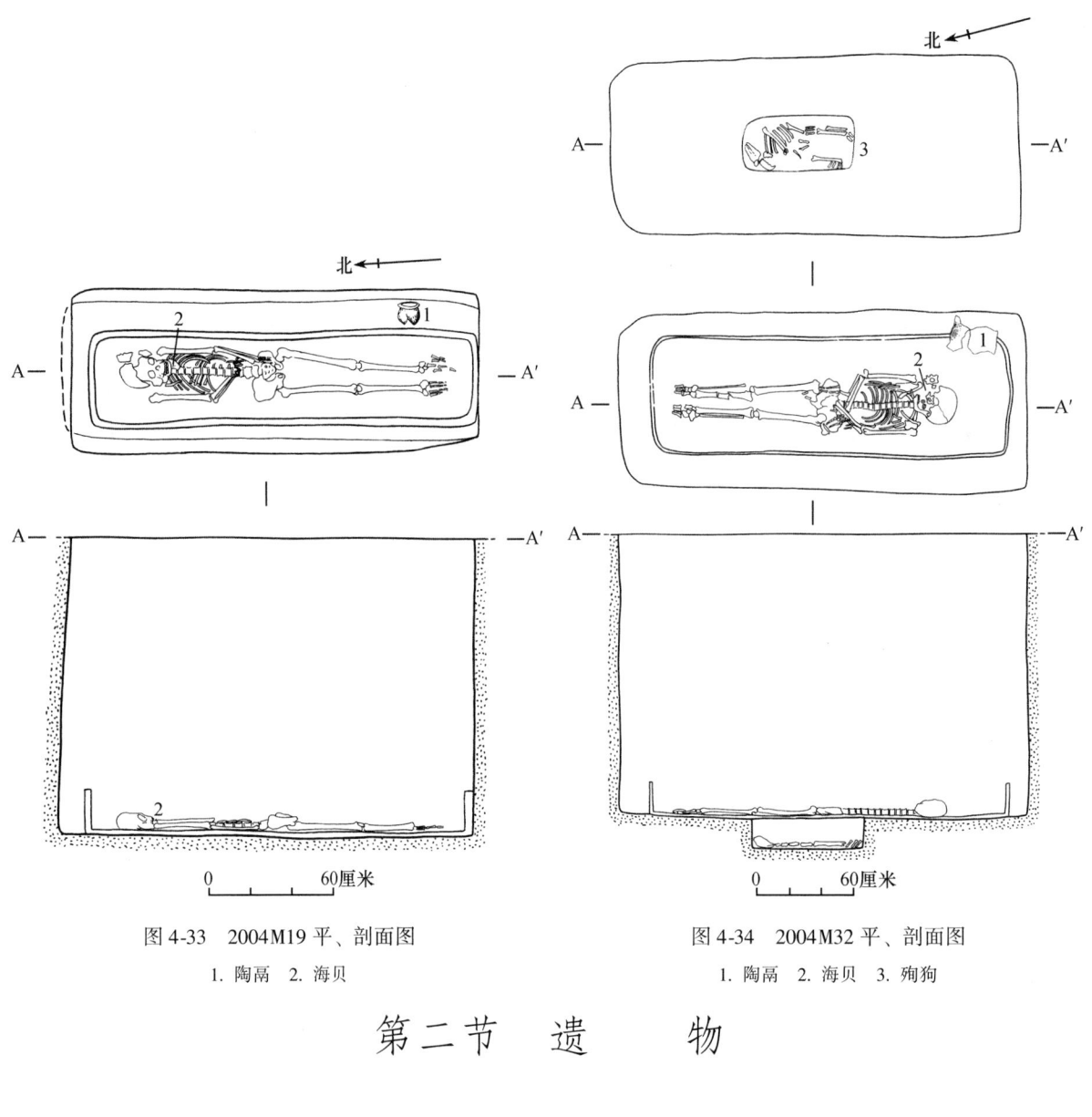

图 4-33　2004M19 平、剖面图
1. 陶鬲　2. 海贝

图 4-34　2004M32 平、剖面图
1. 陶鬲　2. 海贝　3. 殉狗

第二节　遗　　物

一、石　　器

殷墟石器的主要种类有铲、锛、斧、凿、钺、刀、镰、球等，下面将分类对其进行阐述。

石铲

共6件，均为残器，残缺较甚，举1件为例。标本2004H366：7，灰岩，白色，磨制精细，残块平面形状呈梯形，平顶。残长1.6～4.8、残宽3.2、厚1.6厘米（图4-35，1）。

石锛

6件，其中两件较完整，举1件为例。

标本2004H242：1，灰岩，青灰色，平面形状呈梯形，顶部圆弧，背面上部残，单面刃，刃部经使用较钝。长13.3、宽2.8~3.6、厚1.4厘米。

石斧

4件，现举2件为例。标本2005H249:84，安山岩，上部呈红褐色，下部呈青绿色，器体呈梯形，器身较厚，横截面为椭圆形，上部为圆角舌状，刃部略残。长13.3、宽4.5~6、厚3.5厘米（图4-35，5）。标本2006T9G3②:101，粉砂岩，浅青色，器体扁长，平面形状为长条形，横截面为扁长方形，顶部圆弧，双面刃，刃部残。长18.6、宽6.4、厚2.5厘米（图4-35，4）。

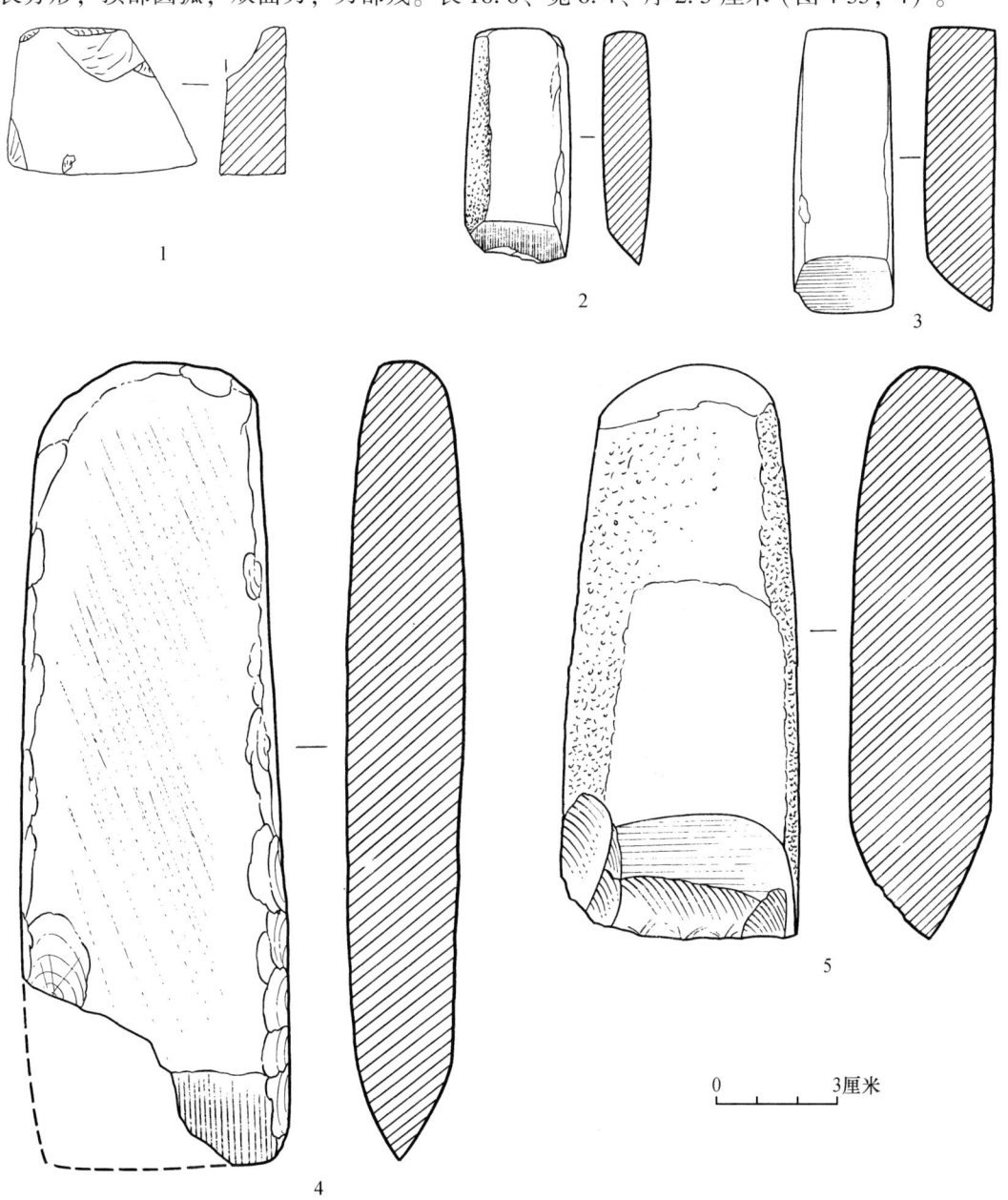

图4-35 殷墟时期出土石器
1. 石铲（2004H336:7） 2、3. 石凿（2004H404:1、2005H249:83） 4、5. 石斧（2006T9G3②:101、2005H249:84）

石凿

7件，举2件为例。标本2004H404：1，变粒岩，青灰色，磨制精细，平面形状近长方形，剖面为梯形，平顶略弧，单面刃，刃部有残损。长5.6、宽2.5、厚1.1厘米（图4-35，2）。标本2005H249：83，灰岩，灰白色夹红条纹，磨制精细，平面形状为长条形，横截面近方形，顶部较平，单面刃。长6.5、宽2、厚1.6厘米（图4-35，3；彩版二四，1）。

石钺

1件，残缺严重。标本ⅠT7438⑥：3，灰岩，土黄色，磨制精细，平顶，器身残见有一钻孔，系双面对钻。残长4.3、残宽5.5、厚1.3厘米。

石刀

共6件，均磨制，根据刃部的差异可分为两型。

A型 单面刃，依平面形状又可分为二亚型。

Aa型 平面形状呈梯形或近梯形，共3件，举2件为例。标本2005H26：40，砂岩，深棕色，通体磨制，弧背直刃，刃部较锋利，中部残见有一钻孔，双面对钻。残长5.5、宽5.3、厚0.7厘米（图4-36，1）。标本2006T9G3②：108，细砂岩，淡黄色，通体磨制，弧背直刃，刃部较锋利，刀面上残见有一钻孔，双面对钻。残长5.5、宽4.7、厚0.5厘米（图4-36，2）。

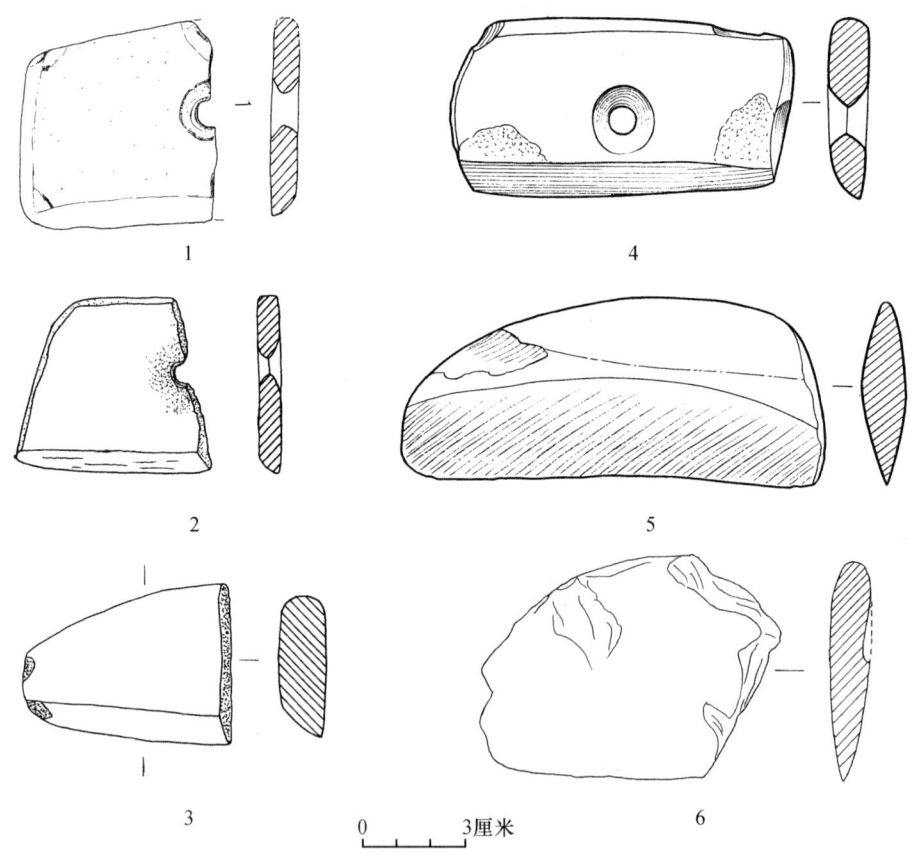

图4-36 殷墟时期出土石刀、石镰

2. Aa型石刀（2005H26：40、2006T9G3②：108） 3. 石镰（2006T9G3③：50） 4. Ab型石刀（2006T9G3②：100）
5、6. B型石刀（2006T9G3②：102、2005H91：50）

Ab 型　平面形状呈长方形，标本 1 件。标本 2006T9G3②：100，粉砂岩，浅青色，通体磨光，背部略弧，直刃较锋利，中部见有一钻孔，双面对钻。长 9.5、宽 5、厚 0.7 厘米、孔径 0.6 厘米（图 4-36，4）。

B 型　双面刃，共 2 件。标本 2006T9G3②：102，安山岩，黑色，通体磨制，平面形状近半椭圆形，弧背直刃，偏锋，器身无钻孔。长 12、宽 5、厚 0.7 厘米（图 4-36，5）。标本 2005H91：50，钙质砂岩，黑色，通体磨制，弧背直刃，刃部较锋利。残长 8、宽 6.2、厚 1.2 厘米（图 4-36，6）。

石镰

共 6 件，均残，举 1 件为例。标本 2006T9G3③：50，大理岩，青色，尖端略残，弧背直刃，单面刃较锋利，刃缘上见有连续的锯齿状小崩疤，尾部残。残长 6、宽 4.6、厚 1 厘米（图 4-36，3）。

石球

2 件。标本 2005H158：28，安山岩，青灰色，球体略经加工。长径 5.2、短径 4.1 厘米。

石饰品

1 件。标本 2005H26：70，近长梯形，器身磨光，顶端圆弧，其上见有一钻孔。长 4.3、宽 2.5、厚 0.3 厘米（彩版二四，2）。

石斧毛坯

1 件。标本 2004H249：80，细碧岩，青绿色，平面形状近梯形，两侧边保留有石材原貌，初步打制出双刃面。长 11.7、宽 3.3~5.6、厚 3.8 厘米（图 4-37，1）。

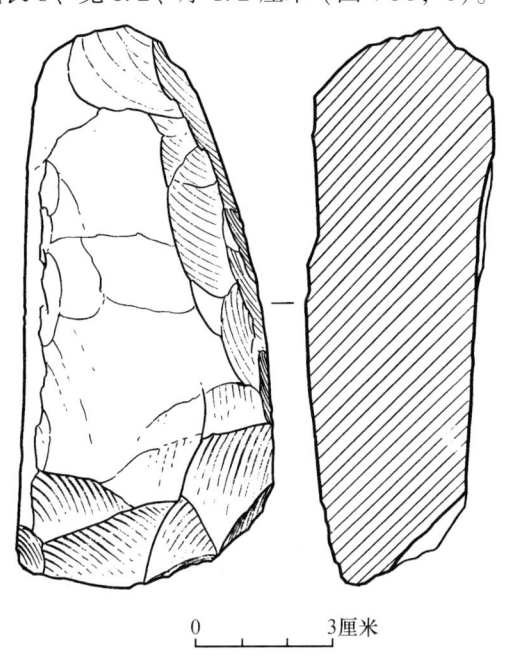

图 4-37　殷墟时期出土石斧毛坯
2004H249：80

二、骨　器

殷墟骨器主要器形有簪、锥、匕、凿、锥、针、卜骨和鹿角等。骨料主要来自大中型哺乳动物的长骨，卜骨皆来自牛肩胛骨。详情参见附表 64 及附录四。以下分别对各类器物进行介绍。

骨簪

3 件，其中一件较完整。标本 2005H146：80，由动物肢骨制成，暗黄色微泛红，器型工整，磨制精细，器身细长，体微曲，顶部较尖。长 21.2 厘米（图 4-38，5；彩版二四，3）。

骨锥

3 件，由动物骨骼切割而成，有的顶部保留部分骨臼。标本 2005H146：81，由动物肢骨制成，呈黑灰色，磨制精细，顶部残，体长，尖部极锋利。残长 10 厘米（图 4-38，3；彩版二四，4）。

骨匕

1 件。标本 2004H366：42，磨制精细，扁平长条形，两侧磨刃，尖端圆弧，顶残。残长 7 厘米（图 4-38，1）。

骨凿

1件。标本2004H407:1,磨制精细,器形工整,呈四棱锥性,下端加工成扁平刃,三面磨光,一面保留骨料原貌,顶部残缺。残长5厘米(图4-38,2)。

骨镞

1件。标本2004H366:9,磨制精细,扁圆形,器身较宽,向前急剧成尖锋,两侧有薄刃,铤残。残长5.4厘米(图4-38,8)。

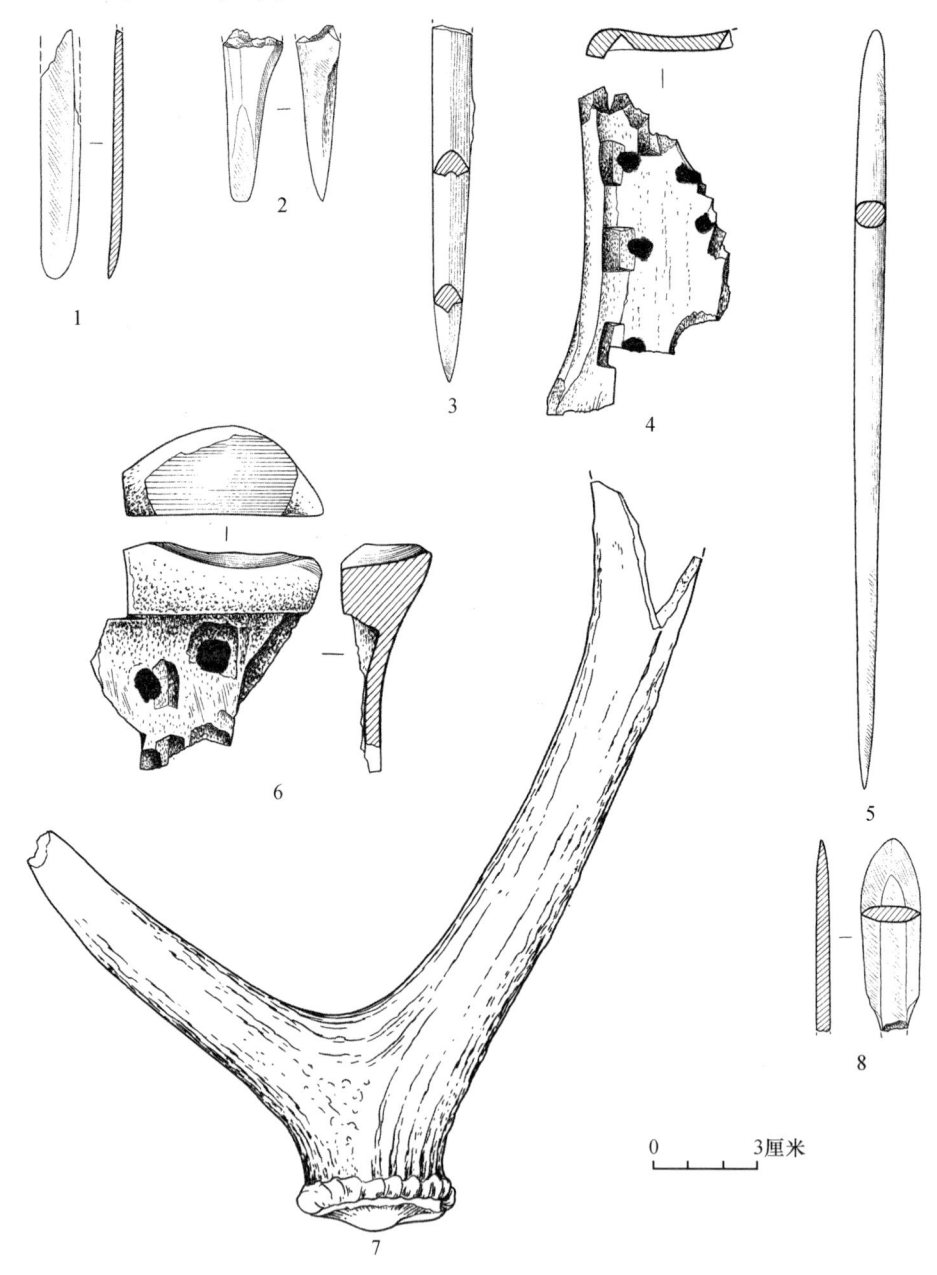

图4-38 殷墟时期出骨器

1. 骨匕(2004H366:2) 2. 骨凿(2004H407:1) 3. 骨锥(2005H146:81) 4、6. 卜骨(2005H225:1、2004T7038③:1) 5. 骨簪(2005H146:80) 7. 鹿角(2004H251:1) 8. 骨镞(2004H366:9)

骨针

1件。标本2004ⅠT7542③:9，器身为细圆柱状，体弧曲，一端残，尖部极锋利。残长4厘米。

卜骨

2件。标本2004H225:1，由牛左侧肩胛骨制成，凿灼兼施，骨臼以下残见有三处方凿及五处灼痕。残长9.5、残宽4.5厘米（图4-38，4；彩版二四，5）。标本2004ⅠT7038③:1，由牛右侧肩胛骨制成，凿灼兼施，上端保留有肩臼，肩臼一边磨平，下方有一道锯缝，锯口宽约1.02毫米。锯缝下方可见有四处方形凿坑，其中两个完整，三处灼痕，灼点下方无灼坑。残长6.1、残宽5.8厘米（图4-38，6；彩版二四，6）。

鹿角

1件。标本2004H251:1，灰白色。未见加工痕迹，一端为骨节，分叉两端均残损。残长22.2厘米。（图4-38，7；彩版二四，7）

三、蚌　器

蚌及贝制品主要有镰、镞、贝形饰和墓葬所出贝币等。其原料来源于珍珠蚌未定种、射线裂嵴蚌、文蛤、黄宝螺和金环宝螺等。详见附表64及附录四。以下分别对各类器物进行介绍。

蚌镰

2件。标本2004H68:3，直背弧刃，尖端略残，曲柄，单面刃，刃面上见有一单面钻孔。残长11.2、宽3、厚0.6厘米。标本2005H219:5，弧背弧刃，圆尖略残，后端缺失，刃缘有锯齿。残长12.2、宽4、厚0.6厘米（图4-39，1）。

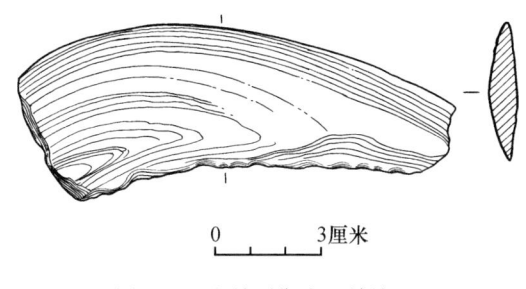

图4-39　殷墟时期出土蚌镰
2005H219:5

蚌镞

1件。标本2004H199:1，镞身呈三棱锥状，镞尖圆钝，尾端残。残长4.6厘米。

贝形饰

1件。标本2005H107:60，磨制精细，略呈梭形，背面略鼓，中部有一凹槽直通两端。长3.2、宽1.7、厚0.5厘米。

四、陶　器

（一）概述

1. 陶系

陶质分泥质和夹砂两大类。据殷墟时期重要灰坑出土陶片的陶系统计（表4-1），夹砂占65%，泥质陶占35%。夹砂陶主要用于制作鬲、甗等炊器和部分的瓮、小口罐、盆等盛储器，个别的豆、簋夹有细砂。泥质陶主要用于制作豆、盆、簋、瓮等盛储器，此外还有少量的鬲为泥质陶，器形较小，应为明器。

表4-1 殷墟文化陶系统计表

陶质 陶色 单位	夹砂				泥质				合计
	灰	黑	褐	红	灰	黑	褐	红	
2004T6840H87	285	141	217		459	149	231		1482
2004T7038④	550	194	340						1084
2004T7437H366	400	77		108	284	70	57	20	1016
2005T4823H146	143	16	23		254	20	44		500
2005T7342H91	183	42	79		122	53	31		510
2005T7342H26	359	40	68	59	182	63	32	12	815
2005T7542H158	271	64	103	7	152	24	51	2	674
2006TG9⑤	480		203	150	190		35	9	1067
2006TG9⑥	195	49	33	77	85	20	9	18	486
合计	2866	623	1066	401	1728	399	490	61	7634
百分比（%）	37.5	8.2	14	5.3	22.6	5.2	6.4	0.8	
	65				35				

2. 陶色

陶色主要分灰、褐、黑、红4类。据表4-1，各种陶色的比例，灰陶最高，占60.1%；褐色次之，占20.4%；黑陶占13.4%，红陶占6.1%。其中红陶的器形多为盆和簋，少数鬲足及裆部呈红色，应为火烤时间较长所致。

3. 制法

陶器整体呈现出大而厚重的特点，制法多以手制为主，在个别部位进行轮修或磨光。以下介绍几种常见陶器的制法。

鬲，均为手制，主体部分与鬲足分别制作，口沿及上腹部多见有轮修痕迹，鬲足接于下腹部后，滚压绳纹，之后抹平，个别鬲足上可见有残留的绳纹痕迹。如2004H428：39。

瓮，多为泥条盘筑法制成，内壁的泥条痕迹明显，口、领及部分肩部经过轮修，可见轮修和残留的绳纹痕迹，器壁内见有手拍打的痕迹。如2004H87：3。

甗，分上下两部分制成，之后进行粘接。下部为鬲的制法，上部为盆的制法，采用泥条盘筑而成，口部及其下3～5厘米处经过轮修，器壁内可见有捏窝和手拍打的痕迹。如2006G3②：3。

簋，亦为分体制作，下部的圈足为捏制而成，之后经过轮修；上部为手制，内外壁均经过轮修，外壁多磨光。如2006Y7：1。

盆，为泥条盘筑而成，内壁的泥条痕迹相当明显，外壁滚压绳纹和贴塑附加堆纹，口沿及其下侧经过打磨，可见残存的绳纹痕迹。如2005H91:1。

4. 纹饰

殷墟时期的陶器除素面外，器表纹饰主要有绳纹、弦纹和附加堆纹三种（表4-2）。其中弦纹和附加堆纹多与绳纹相间出现。据表4-2，器表单纯饰绳纹的数量最多，占77.1%，附加堆纹有4.1%，弦纹有3.8%，其他如圈点纹、云纹占0.5%。这里将常见的三种纹饰分别介绍如下。

表4-2 殷墟文化纹饰统计表

单位＼纹饰	绳纹	素面	附加堆纹	弦纹	其他	合计
2004T6840H87	1310	107	43	13	10	1483
2004T7038④	950	46	54	34		1084
2004T7437H366	700	245	25	56		1026
2005T4823H146	378	65	27	30		500
2005T7342H91	382	107	18	3		510
2005T7342H26	639	121	31	22		813
2005T7542H158	552	89	19	14	3	677
2006TG9⑤	702	233	66	58	8	1067
2006TG9⑥	282	103	30	58	15	488
合　计	5895	1116	313	288	36	7648
百分比（%）	77.1	14.6	4.1	3.8	0.5	

（1）纹饰

绳纹　依据绳纹的粗细分为三型。

A型　粗绳纹。依据纹饰布列方向可分为二亚型。

Aa型　绳纹斜向或竖向排列，标本2004H87:68（图4-40，1）。

Ab型　绳纹交错，标本2005H146:6（图4-40，2）。

B型　中绳纹。依据纹饰布列方向可分为二亚型。

Ba型　绳纹斜向或竖向排列，标本2005H26:1（图4-40，3）。

Bb型　绳纹交错，标本2004H87:3（图4-40，4）。

C型　细绳纹，均交错。标本2006G3③:1（图4-40，5）。

附加堆纹　标本2006G3②:2（图4-40，6）。

弦纹　标本2005H146:5（图4-40，7）。

三角形划纹　标本2006Y7:1（图4-40，8）。

在各类纹饰当中，粗绳纹多饰于鬲的上腹部，中绳纹的数量最大，见于鬲、盆、瓮、瓿、簋、小口罐等各类器物上，细绳纹数量较少，见于一瓮的肩部和腹部；附加堆纹多见于大型器物，如盆、瓿、瓮的腹部，也有少量的鬲饰有附加堆纹；弦纹多饰于鬲、瓮、簋的腹部，通常与绳纹相间出现。三角形纹饰于簋的腹部。

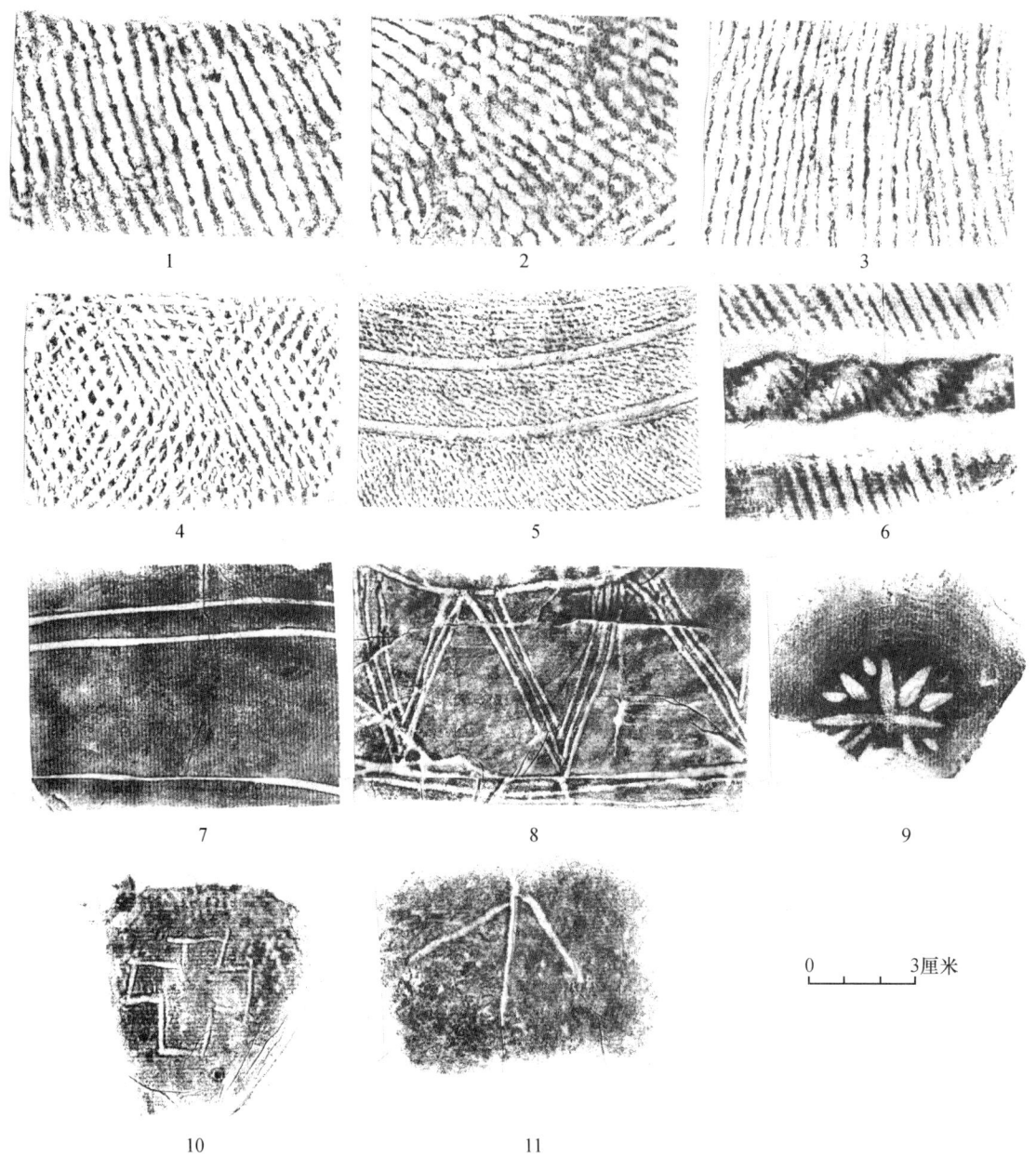

图 4-40　殷墟文化陶器纹饰拓片

1. Aa 型绳纹（2004H87:68）　2. Ab 型绳纹（2005H146:6）　3. Ba 型绳纹（2005H26:1）　4. Bb 型绳纹（2004H87:3）
5. C 型绳纹（2006T9G3③:1）　6. 附加堆纹（2006T9G3②:2）　7. 弦纹（2005H146:5）　8. 三角形纹（2006Y7:1）
9. 灼花图案（2005H26:17）　10. "✛" 形纹饰（2005H146:2）　11. "个" 字纹饰（2006H50:1）

（2）图案

发现一处，为罐底印花。标本 2005H26:17（图 4-40,9）。

（3）刻划符号

发现有 2 件，1 件在鬲的足部，刻划 "✛" 形纹饰。标本 2005H146:2。（图 4-40,10）另 1 件

刻划于碗的上腹部，类似"个"字，标本2006H50:1。(图4-40, 11)

(二) 器类及型式

殷墟时期陶器种类有鬲、甗、盆、簋、豆、小口罐、瓮、盘、钵、碗等，另外还有纺轮等（表4-3）。

表4-3 殷墟文化器类统计表

单位＼器类	鬲	瓮	盆	豆	簋	小口罐	甗	大口罐	合计
2004T6840H87	19	5		3		1	2		30
2004T7038④	6		1	1	3	1			12
2004T7137H138	10	1	4						15
2005T4823H146	14	3			2	1	5	3	28
2005T7342H91	4	3	4		4	1	1		17
2005T7342H26	7	4	4	2	1	1	4	1	24
2005T7542H158	15	3	2	1	2		2		25
2006TG9⑤	15	1		2	6		8		32
2006TG9⑥	8	5	1	1	2	1	4		22
合　计	98	25	16	10	20	6	26	4	205
百分比（%）	47.8	12.2	7.8	4.9	9.8	2.9	12.7	2	

据表4-3，鬲的比例占到47.8%，其次为甗，占12.7%，瓮占12.2%，簋占9.8%，盆占7.8%，豆仅占4.9%，小口罐占2.9%，大口罐占2%。由此可知，该遗址的文化遗物炊器占据多数，以鬲和甗为代表，盛储器的数量相对较少，簋和盆的数量较多，小口罐、大口罐以及豆属于不常用的器类，食器见有碗、钵，分别仅有2件和1件。这里把常见的器类划分出型式。

鬲

133件。依据大小分为甲、乙两类。

甲类　大型鬲　依据有无领部分为两型。

A型　无领部。依据口沿形制的不同可分为两亚型。

Aa型　46件。沿面较直，唇部较薄。如2004H87:68（图4-41, 1；图版四〇, 1）。

Ab型　折沿，沿外呈裙腰状，多见有厚方唇。依据沿部和裆部的变化分为三式。

Ⅰ式　2件。沿面末端向上直翻，裆部较高。如2005H26:1（图4-41, 2；图版四〇, 2）。

Ⅱ式　49件。沿面内部平直，厚方唇，裆部较Ⅰ式低，整体较为宽矮。如2004H428:39（图4-41, 3；图版四〇, 3）。

Ⅲ式　14件。沿面末端斜上翻，裆部较低。如2004H260:2（图4-41, 4）。

B型　有领部。依据口沿的不同可分为二亚型。

Ba型　8件。折沿。如2004F1:4（图4-41, 5；图版四〇, 4）。

Bb型　2件。卷沿。如2004H138:1（图4-41, 6）。

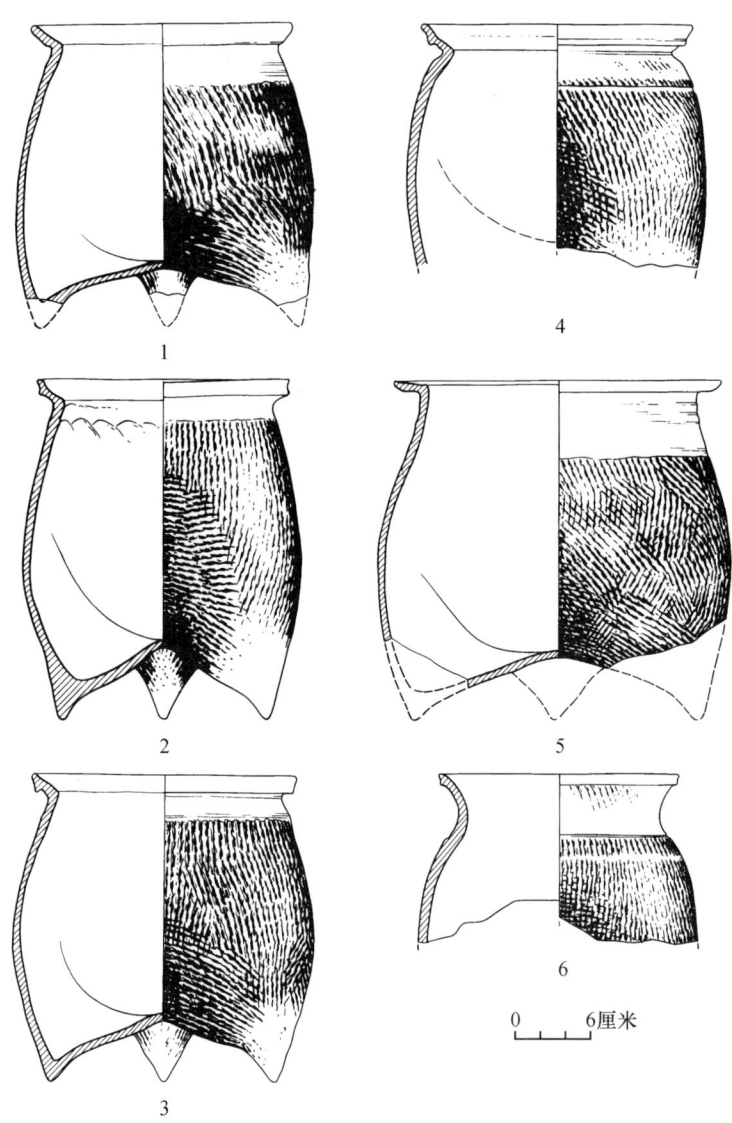

图 4-41 殷墟甲类鬲型式图
1. 甲 Aa 型鬲（2004H87:68） 2. 甲 Ab 型 I 式鬲（2005H26:1） 3. 甲 Ab 型 II 式鬲（2004H428:39）
4. 甲 Ab 型 III 式鬲（2004H260:2） 5. 甲 Ba 型鬲（2004F1:4） 6. 甲 Bb 型鬲（2004H138:1）

乙类　小型鬲。依据有无领部可分为二型：

A 型　无领部。依据口沿的不同可分为二亚型：

Aa 型　7 件。折沿，沿面较直。如 2004M19:1（图 4-42，1；图版四〇，5）。

Ab 型　3 件。折沿末端上翻，沿外呈裙腰状。如 2004M16:1（图 4-42，2；图版四〇，6）。

B 型　1 件。领部较高，卷沿。如 2006H50:6（图 4-42，3）。

异类　1 件。整体瘦高，折沿。如 2004M17:1（图 4-42，4；图版四一，1）。

簋

簋的数量较少，共 20 件。未见完整器，均为侈口、敛腹。依据唇部的不同可分为三个型：

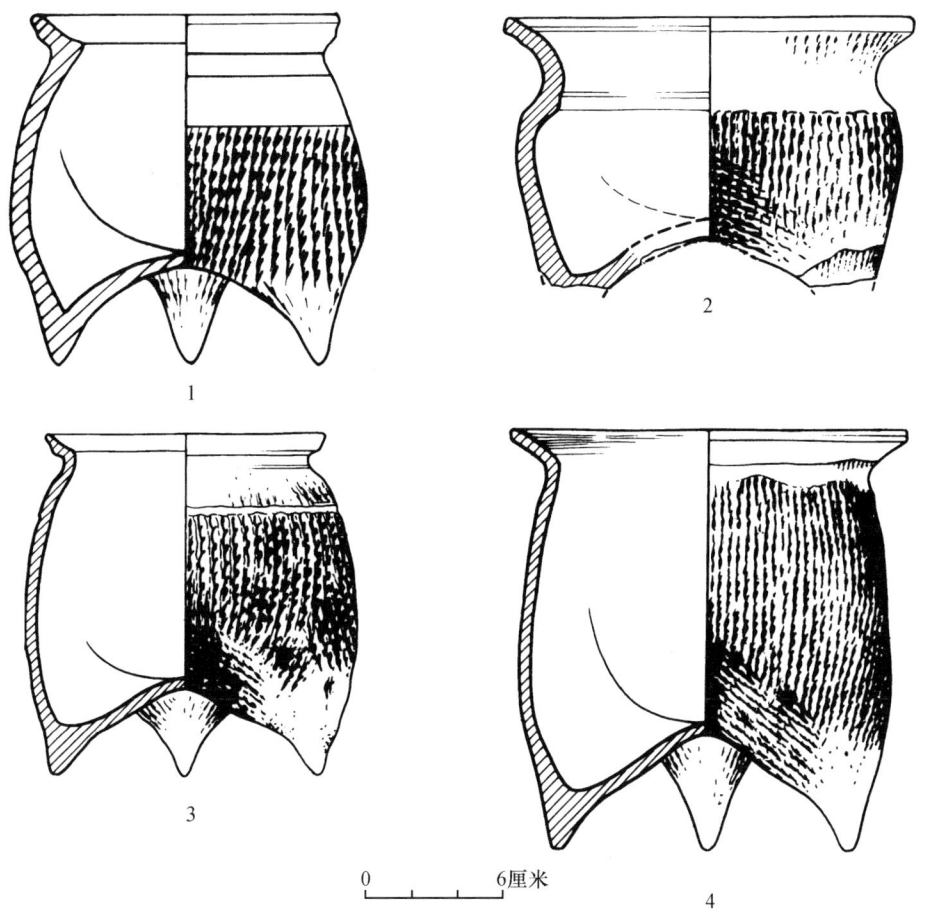

图 4-42　殷墟乙类鬲型式图

1. 乙 Aa 型鬲（2004M19∶1）　2. 乙 Ab 型鬲（2004M16∶1）　3. 乙 B 型鬲（2006H50∶6）
4. 异类鬲（2004M17∶1）

A 型　3 件。方唇，唇部内外缘均凸起，即"铁轨式"。如 2004H100∶4（图 4-43，1）。

B 型　3 件。方唇，唇部外缘凸起。如 2005H146∶5（图 4-43，2）。

C 型　2 件。方唇。2006Y7∶1（图 4-43，3；图版四一，2）。

此外还发现有较多簋的圈足，均较矮，外侈。

盆

11 件，依据口部的不同可分为二型。

A 型　4 件。敞口，腹部较深。依据唇部的不同可分为二亚型。

Aa 型　2 件。圆唇，口部外敞幅度较大。如 2006G3②∶2（图 4-43，6；图版四一，3）。

Ab 型　2 件。方唇，唇部下缘抹出一周凸棱，使口沿外呈裙腰状。如 2004H428∶9（图 4-43，4）。

B 型　7 件。直口微敛，多为深腹。如 2005H91∶1（图 4-43，5；图版四一，4）。

瓮

27 件。依据领部特征的不同可分为二型。

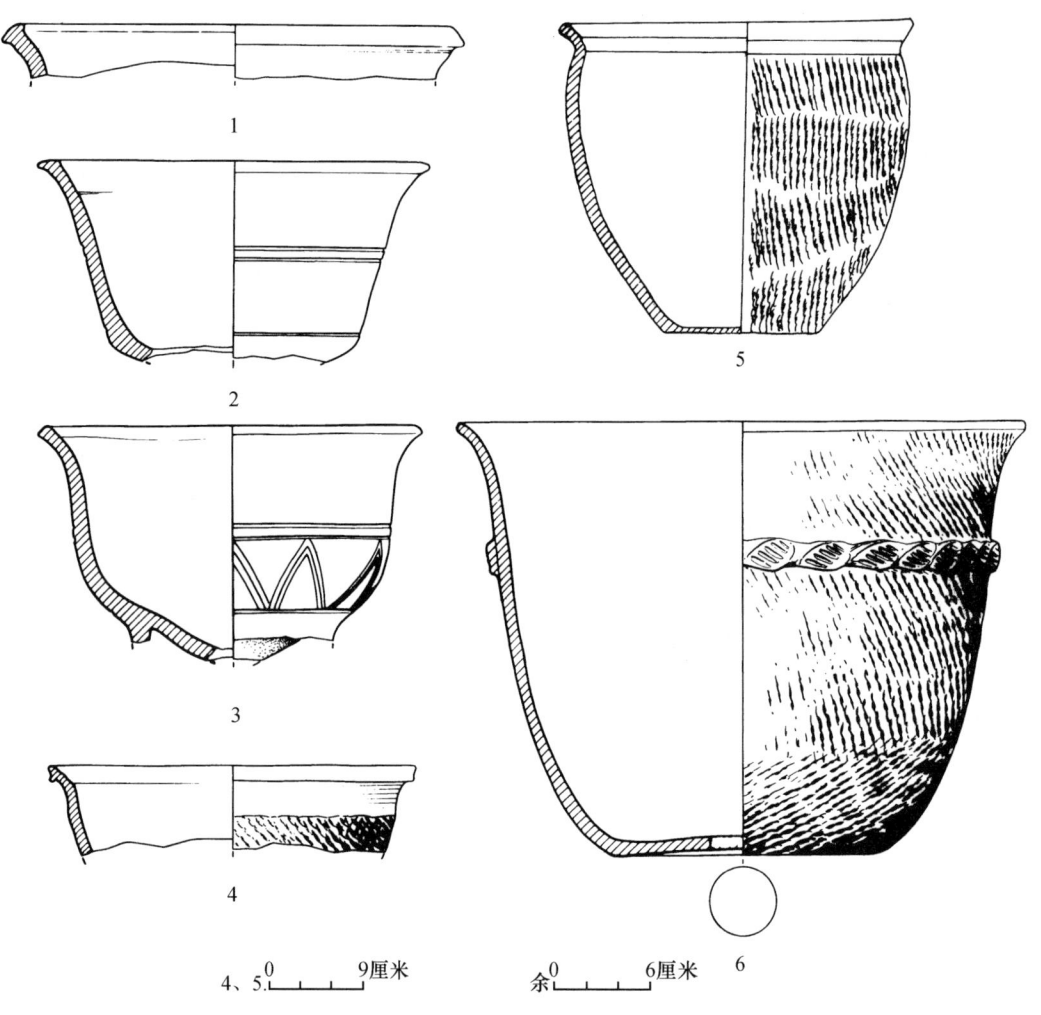

图 4-43 殷墟陶簋、盆型式图

1. A 型簋（2004H100:4） 2. B 型簋（2005H146:5） 3. C 型簋（2006Y7:1） 4. Ab 型盆（2004H428:9）
5. B 型盆（2005H91:1） 6. Aa 型盆（2006G3②:2）

A 型　领部较矮。根据口部的不同又可分为二亚型。

Aa 型　9 件。口部较直。2004H87:3（图 4-44，1；图版四一，5）。

Ab 型　9 件。口部外侈。如 2005H26:9（图 4-44，2）。

B 型　领部较高。依据口部形制不同可分为二亚型。

Ba 型　2 件。口部较直，微侈。如 2006H50:2（图 4-44，3）。

Bb 型　6 件。口上部外侈明显，束颈。如 2006G3③:1（图 4-44，4）。

C 型　1 件。无领部，敛口。如 2004H407:4（图 4-44，5）。

小口罐

13 件。依据口部的不同可分为二型。

A 型　7 件。直口。如 2004H366:41（图 4-44，6）。

B 型　6 件。侈口。如 2004H407:8（图 4-44，7）。

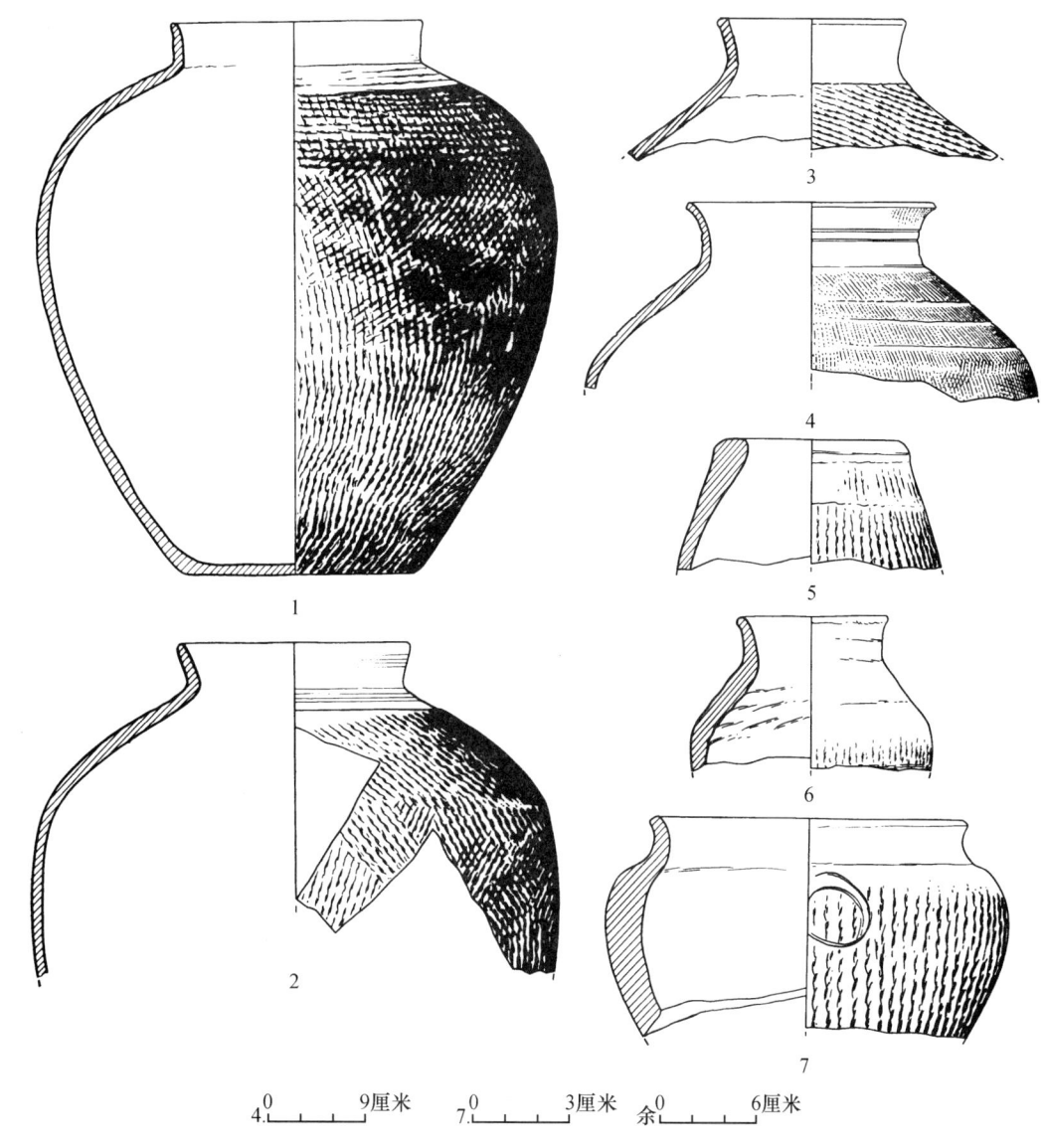

图 4-44 殷墟陶瓮、小口罐型式图

1. Aa 型瓮（2004H87：3） 2. Ab 型瓮（2005H26：9） 3. Ba 型瓮（2006H50：2） 4. Bb 型瓮（2006TG9⑥：1）
5. C 型瓮（2004H407：4） 6. A 型小口罐（2004H366：41） 7. B 型小口罐（2004H407：8）

瓿

17 件。依据口部形态的不同可分为二型。

A 型 6 件。侈口，卷沿，上部的瓿腹部较直。标本 2004H237：1（图 4-45，1）。

B 型 11 件。敛口，折沿，上部的瓿上腹部略鼓。标本 2006G9⑤：3（图 4-45，2；图版四一，6）。

豆

共 7 件。依据豆盘唇部的不同可分为二型。

A 型 6 件。厚方唇，上腹腹壁较厚。如 2005H26：59（图 4-45，3）。

B型　1件。圆唇，上腹壁较薄。如2005H26:61（图4-45，4）。

钵

2件。依据腹部深浅可分为二型。

A型　腹部较浅。如2004H249:1（图4-45，5）。

B型　腹部较深。如2006H50:1（图4-45，6）。

陶纺轮

依据形态不同分三型。

A型　圆鼓状，如2004H87:2（图4-45，7）。

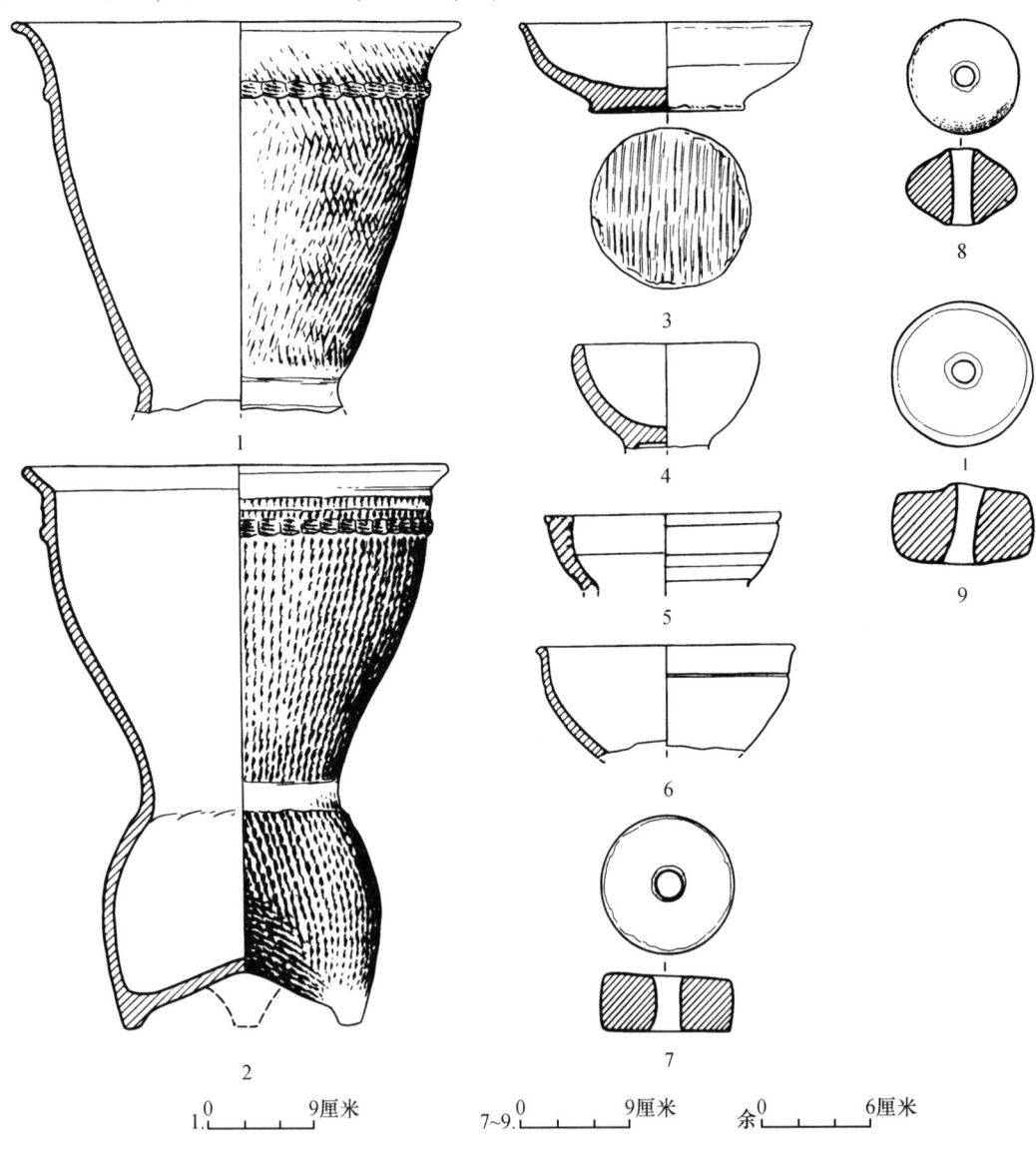

图4-45　殷墟陶甗、豆、钵、纺轮型式图

1. A型甗（2004H237:1）　2. B型甗（2006G9⑤:3）　3. A型豆（2005H26:59）　4. B型豆（2005H26:61）
5. A型钵（2004H249:1）　6. B型（2006H50:1）　7. A型纺轮（2004H87:2）　8. B型纺轮（2004H87:66）
9. C型纺轮（2004H87:64）

B 型　圆饼状，如 2004H87：66（图 4-45，8）。

C 型　梭状，如 2004H87：64（图 4-45，9）。

（三）典型单位出土陶器

2004M17

鬲　异型　标本 2004M17：1，夹砂灰陶。敛口，折沿，圆唇，瘦腹，最大腹径偏下，裆部较高，袋足，实足跟足底较平。口沿下缘及领部的绳纹被抹，唇面略凹，腹部饰竖向绳纹，袋足及裆部饰交错绳纹。口径 17.4、最大腹径 16.2、裆高 4.8、高 18.2 厘米（图 4-46，1）。

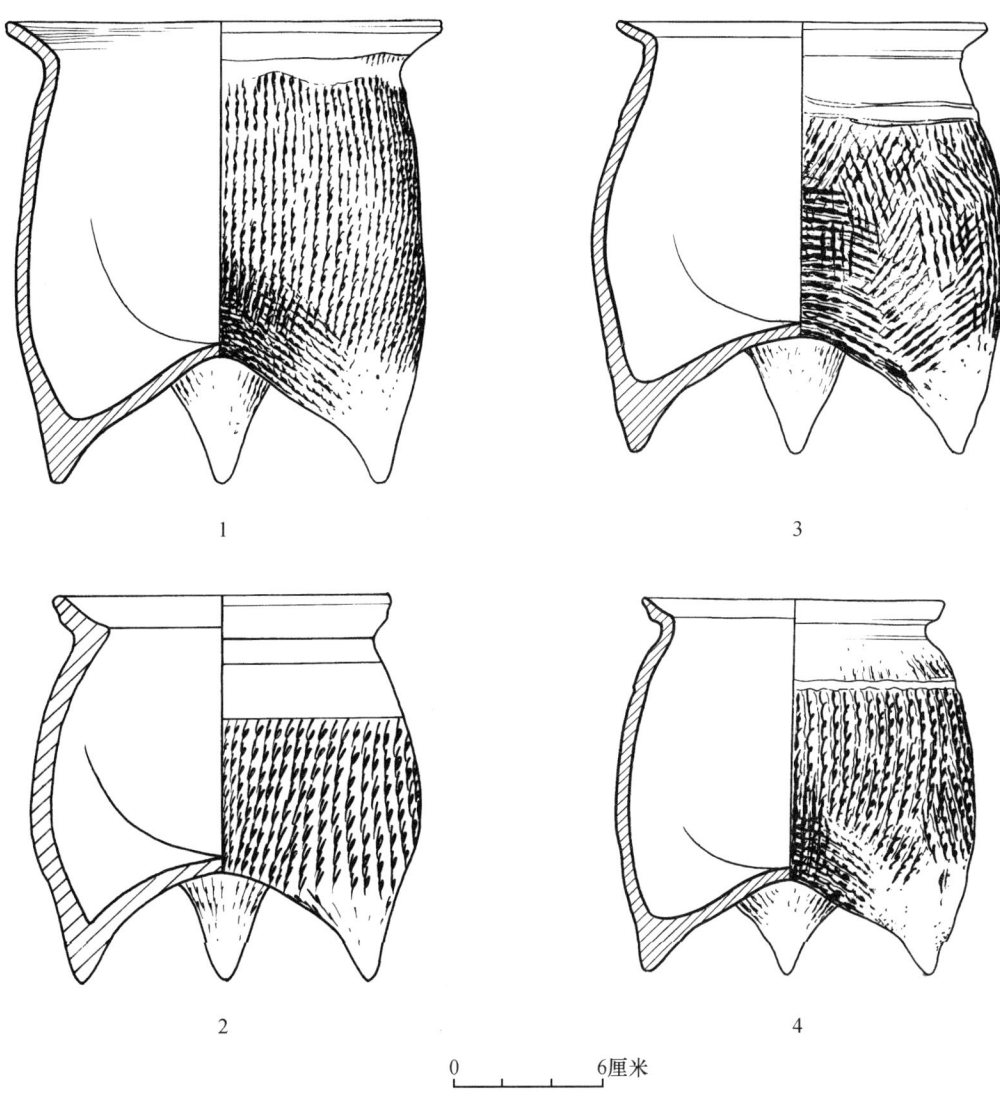

图 4-46　2004M17、M19、M16、M32 出土陶鬲

1. 异型鬲（2004M17：1）　2、3. 乙类 Aa 型鬲（2004M19：1、2004M32：1）　4. 乙类 Ab 型鬲（2004M16：1）

2004M19

鬲　乙类 Aa 型　标本 2004M19：1，夹砂灰黑陶，局部褐色。敛口，仰折沿，外沿面略鼓，圆唇，腹部微鼓，最大腹径偏下，足跟较尖。上腹部饰竖向绳纹和弦纹，下腹、袋足及裆部饰交错绳纹。口径 13.3、最大腹径 15.2、裆高 3.6、高 15 厘米（图 4-46，2）。

2004M32

鬲　乙类 Aa 型　标本 2004M32：1，夹砂灰黑陶，局部褐色。敛口，仰折沿，外沿面略鼓，圆唇局部略方，腹部微鼓，最大腹径偏下，足跟较尖。近口处的绳纹被抹，其下饰一周不规则的弦纹，上腹部饰竖向绳纹，下腹、袋足及裆部饰交错绳纹，袋足下部绳纹被抹，实足跟素面。口径 14.8、最大腹径 16.8、裆高 4.8、高 16.8 厘米（图 4-46，3）。

2004M16

鬲　乙类 Ab 型　标本 2004M16：1，夹砂灰黑陶，局部褐色。敛口，仰折沿微上翘，厚方唇，下缘较圆，呈裙腰状，腹部微鼓，最大腹径偏下，足跟较尖。上腹饰竖向绳纹及一周弦纹，下腹、袋足及裆部饰交错绳纹，袋足下部绳纹被抹，实足跟素面。裆部有火烧痕迹。口径 12.3、最大腹径 14.5、裆高 3.6、高 14.6 厘米（图 4-46，4）。

2004H87

鬲　甲类 Aa 型　标本 2004H87：68，夹砂灰黑陶，局部褐色。近口处绳纹被抹去，上腹部饰斜向绳纹，下腹、袋足及裆部饰交错绳纹。敛口，折沿，外沿面微鼓，圆唇，腹部微鼓，最大腹径偏下，足跟部分缺失。口径 20.8~21.7、最大腹径 23.8、裆高 4.4、高 23.7 厘米（图 4-47，1）。标本 2004H87：21，夹砂红褐陶。侈口，卷沿近平，尖圆唇，腹部微鼓，上腹以下缺失。腹部饰斜向绳纹。口径 21、残高 7.5 厘米（图 4-47，3）。标本 2004H87：5，夹砂灰陶。敛口，仰折沿，斜方唇，鼓腹，中腹以下缺失。口部有轮修痕迹，内壁有垫窝痕迹。腹部饰斜向绳纹。口径 13、最大腹径 17、残高 12 厘米（图 4-47，5）。

甲类 Ab 型 Ⅱ 式　标本 2004H87：33，夹砂褐陶，内壁黑色，胎呈红褐色。敛口，折沿上仰，厚方唇，使口沿呈裙腰状，鼓腹，底部缺失。内壁有垫窝痕。腹部饰交错绳纹口径 19、最大腹径 26、残高 15 厘米（图 4-47，2）。标本 2004H87：23，夹砂灰陶。敛口，仰折沿，圆唇，唇外侧有一周宽带状凸起，使口沿呈裙腰状，鼓腹，上腹以下缺失。内壁有垫窝及抹平痕迹。腹部饰斜向绳纹。口径 20、残高 6.7 厘米（图 4-47，4）。标本 2004H87：9，夹砂灰黑陶。敛口，方唇，使口沿呈裙腰状，领部有一周凸棱，鼓腹，上腹以下缺失。腹部饰斜向绳纹。口径 16、残高 8.7 厘米（图 4-47，7）。

小口罐　A 型　标本 2004H87：20，泥质夹少量细砂，黑皮陶，胎呈红褐色。口部微敛，卷沿上仰，腹部微鼓，上腹以下缺失。腹部饰交错绳纹。残高 6.4 厘米（图 4-47，8）。

簋　标本 2004H87：45，夹砂灰黑陶，胎呈黄褐色。仅留圈足和下腹部，鼓腹，圜底，圈足外张，其余缺失。素面，器表磨光。底径 12.7、残高 7.9 厘米（图 4-47，9）。

瓮　Aa 型　标本 2004H87：11，夹砂灰黑陶。敛口，仰折沿，斜方唇，鼓腹，中腹以下缺失。领部及肩部有横向绳纹被抹痕迹，腹部饰交错绳纹。残高 6.5 厘米（图 4-47，6）标本 2004H87：3，夹砂灰陶。直口，折沿，圆唇，圆肩，最大腹径偏上，平底。肩部饰横向绳纹，腹部饰交错绳纹。口径15.9、最大腹径32.6、底径14、高33.5厘米（图4-48，1）。

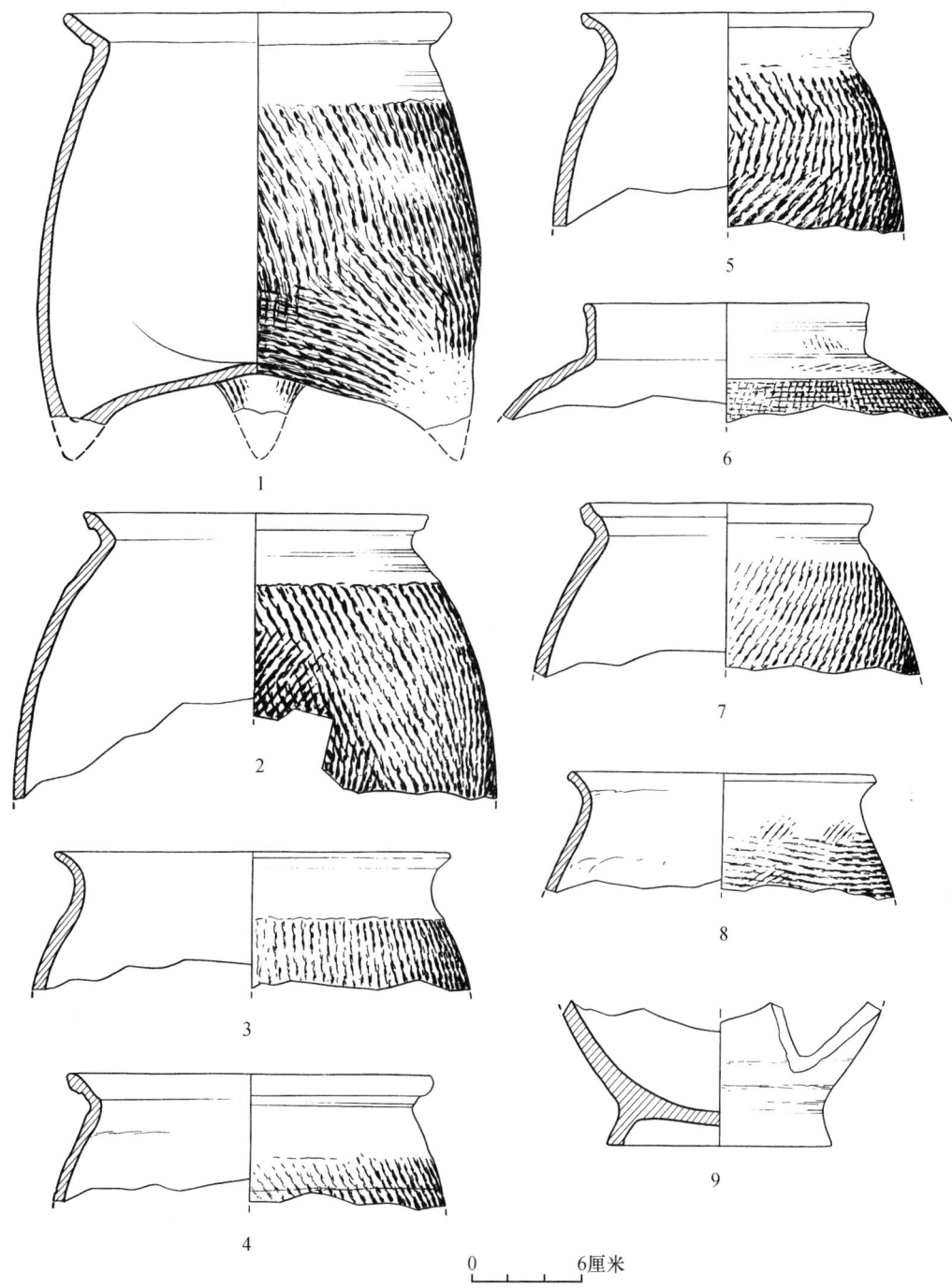

图4-47　2004ⅠT6840H87出土陶器（一）

1、3、5. 甲类Aa型鬲（2004H87∶68、2004H87∶21、2004H87∶5）　2、4、7. 甲类Ab型Ⅱ式鬲（2004H87∶33、2004H87∶23、2004H87∶9）　6. Aa型瓮（2004H87∶11）　8. 小口罐（2004H87∶20）　9. 簋（2004H87∶45）

缸　标本2004H87：15，夹砂褐陶，胎呈红褐色。侈口，尖圆唇，唇外侧有一周宽带状凸棱，腹壁弧收。腹部饰斜向绳纹，上腹部饰一周附加堆纹，其上压印有绳纹。口径28、残高7.3厘米（图4-48，2）。

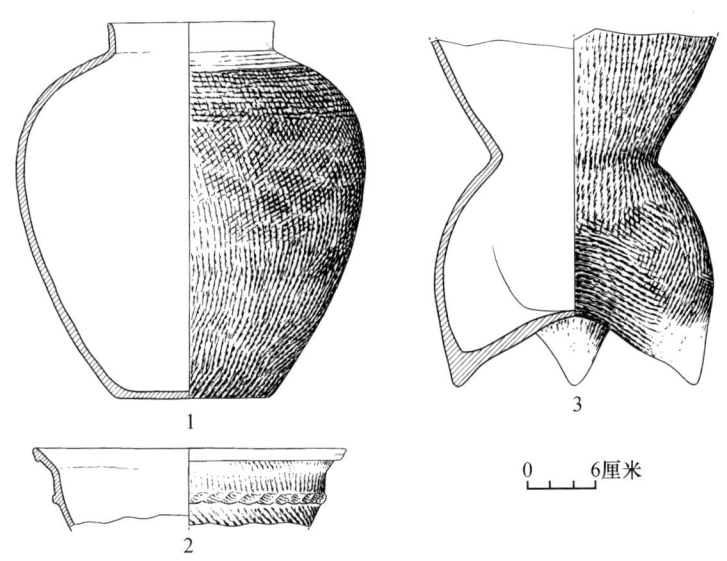

图4-48　2004ⅠT6840H87出土陶器（二）
1. Aa型瓮（2004H87：3）　2. 缸（2004H87：15）　3. B型甗（2004H87：6）

甗　B型　标本2004H87：6，夹砂灰陶。口部及腰上部缺失，束腰，腰以上的腹部外张，腹壁较直，腰以下的腹部较鼓，足跟较平。甑部及袋足饰竖向绳纹，裆部饰交错绳纹，足跟素面。腰以上残余部分的最大径25.5、腰径13.5、裆高6.8、残高31.5厘米（图4-48，3）。标本2004H87：4，夹砂黑皮陶，局部浅灰色，青灰胎。敛口，仰折沿，斜方唇，唇面内凹，唇上缘较圆，上腹较鼓，束腰，腰以下缺失。上腹饰竖向绳纹，腰部绳纹被抹。口径31.4、腰径17.5、残高25.5厘米（图4-49，1）。

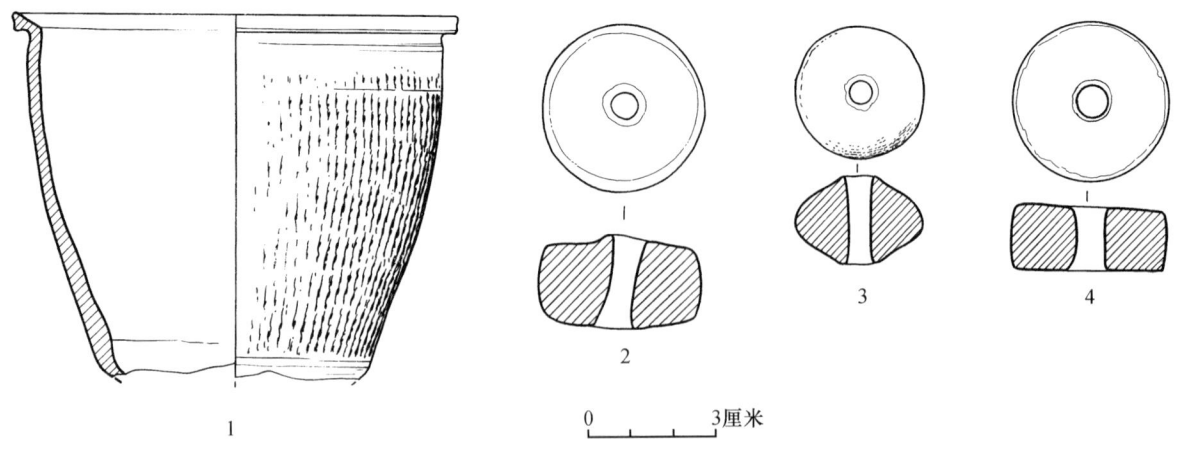

图4-49　2004ⅠT6840H87出土陶器（三）
1. B型甗（2004H87：4）　2. A型陶纺轮（2004H87：2）　3. C型陶纺轮（2004H87：64）　4. B型陶纺轮（2004H87：66）

纺轮

A 型　1 件。标本 2004H87：2，泥质红陶，局部为黑陶，圆形，边缘圆鼓，中有一圆孔。直径 3.5、厚 1.7、孔径 0.6 厘米（图 4-49，2）。

B 型　1 件。标本 2004H87：66，泥质灰陶，圆饼形，中有一圆孔。直径 3.4、厚 1.3、孔径 0.5 厘米（图 4-49，4）。

C 型　1 件。标本 2004H87：64，夹砂红陶，梭形，中有一小孔。直径 2.8、高 1.7、孔径 0.9 厘米（图 4-49，3）。

2004H428

鬲　甲类 Ab 型 II 式　标本 2004H428：39，夹砂褐陶，局部灰黑色，内壁呈黑色。敛口，宽仰折沿，方唇，唇上缘微凸，下缘凸出，使口沿呈裙腰状，腹部微鼓，最大腹径偏下，足根较尖。上腹近口处素面，上腹部饰竖向绳纹，下腹、袋足外侧及裆部饰交错绳纹，袋足下部绳纹被抹，实足根素面。口径 21.5、腹径 24.2、裆高 4.8、通高 24 厘米（图 4-50，1）。标本 2004H428：4，夹砂灰黑陶，暗红胎。侈口，卷沿，斜方唇，唇部加厚，唇面微凹，使口沿呈裙腰状，腹微鼓，下残。上腹近口处有绳纹被抹痕迹，其下饰竖向绳纹。口径 18、残高 7 厘米（图 4-50，2）。标本 2004H428：2，夹砂灰黑陶。敛口，折沿，斜方唇，唇部加厚，唇上缘抹平，使口沿呈裙腰状，鼓腹，下残。上腹近口处抹平，饰一周凸弦纹，下饰绳纹。口径 20.6、残高 5.6 厘米（图 4-50，8）。

盆　Ab 型　1 件。标本 2004H428：9，夹砂灰黑陶。侈口，折沿，沿面中部微凸，方唇，唇面微凹，唇下缘凸出，弧腹，下残。上腹近口处有绳纹被抹痕迹，上腹饰数周弦纹，下腹饰绳纹。口径 35.1、残高 7.8 厘米（图 4-50，3）。

2004H422

鬲　甲类 Ab 型 III 式　标本 2004H422：5，夹砂红陶。厚方唇，侈口，折沿，沿面微凹，末端上翻，束颈，腹微鼓，下残。沿外侧饰一周凸棱，腹饰绳纹。口径 18.6、残高 3.6 厘米（图 4-50，4）。

2004H407

小口罐　B 型　标本 2004H407：8，夹砂褐陶。侈口，方唇，矮领，鼓肩，鼓腹，下残。腹饰竖向绳纹，上腹有一周漩涡状刻划符号。口径 10.5、腹径 12.7、残高 6.3 厘米（图 4-50，5）。

豆　A 型　标本 2004H407：2，泥质黑皮陶，局部黄褐色，青灰胎。敛口，圆唇，唇内缘凸出，唇外缘与盘壁间形成一周凸棱，使沿面显得较宽，盘壁斜直，圜底，柄较粗，豆柄下部缺失。素面，盘腹饰四周不甚规整的细弦纹。豆盘口径 21.8、豆盘底径 12、残高 8.9 厘米。（图 4-50，6）

瓮　C 型　标本 2004H407：4，夹砂褐陶，局部呈红色，红褐胎。敛口，圆唇厚胎，口部圆唇为泥条反卷而成，肩部斜直，下残。肩部近口处有绳纹被抹痕迹，其下饰绳纹。口径 12.4、残高 7.5 厘米（图 4-50，7）。

2004H238

盆

Bb 型　标本 2004H238：10，泥质红陶。直口，平折沿，尖圆唇，腹壁斜收，下残。腹饰斜向绳纹。口径 29、残高 9.4 厘米（图 4-51，1）。

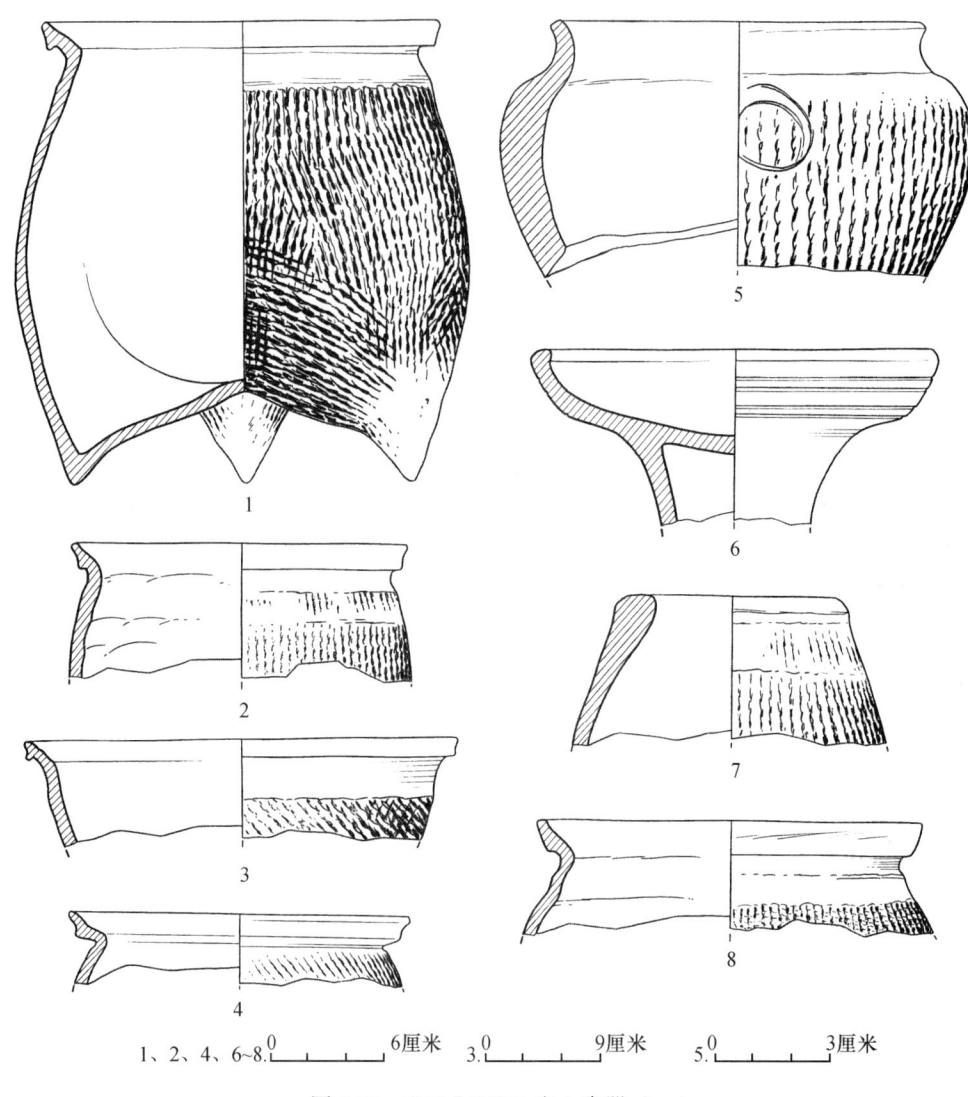

图 4-50 2004 I T7038 出土陶器（一）

1、2、8. 甲 Ab 型 Ⅱ 式鬲（2004H428:39、2004H428:4、2004H428:2） 3. Ab 型盆（2004H428:9）
4. 甲 Ab 型 Ⅲ 式鬲（2004H422:5） 5. B 型小口罐（2004H407:8） 6. A 型豆（2004H407:2）
7. C 型瓮（2004H407:4）

Ab 型　标本 2004H238:20，泥质灰黑陶，局部红胎。侈口，卷沿，斜方唇，腹微鼓，下残。口沿外侧绳纹被抹，腹饰绳纹。口径 27.4、残高 6.8 厘米（图 4-51，2）。

鬲　甲类 Ab 型 Ⅲ 式　标本 2004H238:3，夹砂灰褐陶。侈口，折沿，末端上翻，口外侧呈带状凸起，束颈，鼓腹，下残。腹饰斜向绳纹。口径 19.1、残高 5.2 厘米（图 4-51，6）。

2004T7038④

鬲

甲类 Ab 型 Ⅲ 式　标本 2004T7038④:72，夹砂灰陶。敛口，折沿，沿面中部微凹，末端上翻，厚方唇，束颈，腹微鼓，下残。沿外侧饰一周凸棱，腹饰绳纹，上腹饰一周附加堆纹。口径 26.6、残高8.2厘米（图4-51，3）。

甲类Aa型　标本2004T7038④：2，夹砂灰陶。敛口，卷沿，方唇，腹微鼓，下残。颈部抹平，腹饰竖向绳纹。口径13.2、残高11厘米（图4-51，7）。

甲类Ab型Ⅱ式　标本2004T7038④：8，夹砂灰黑陶。敛口，折沿，沿面中部微凹，圆唇，束颈，腹微鼓，下残。沿外侧饰一周凸棱，上腹近口部有绳纹被抹痕迹，腹饰绳纹，其间饰凹弦纹。口径20.9、残高5.6厘米（图4-51，8）。

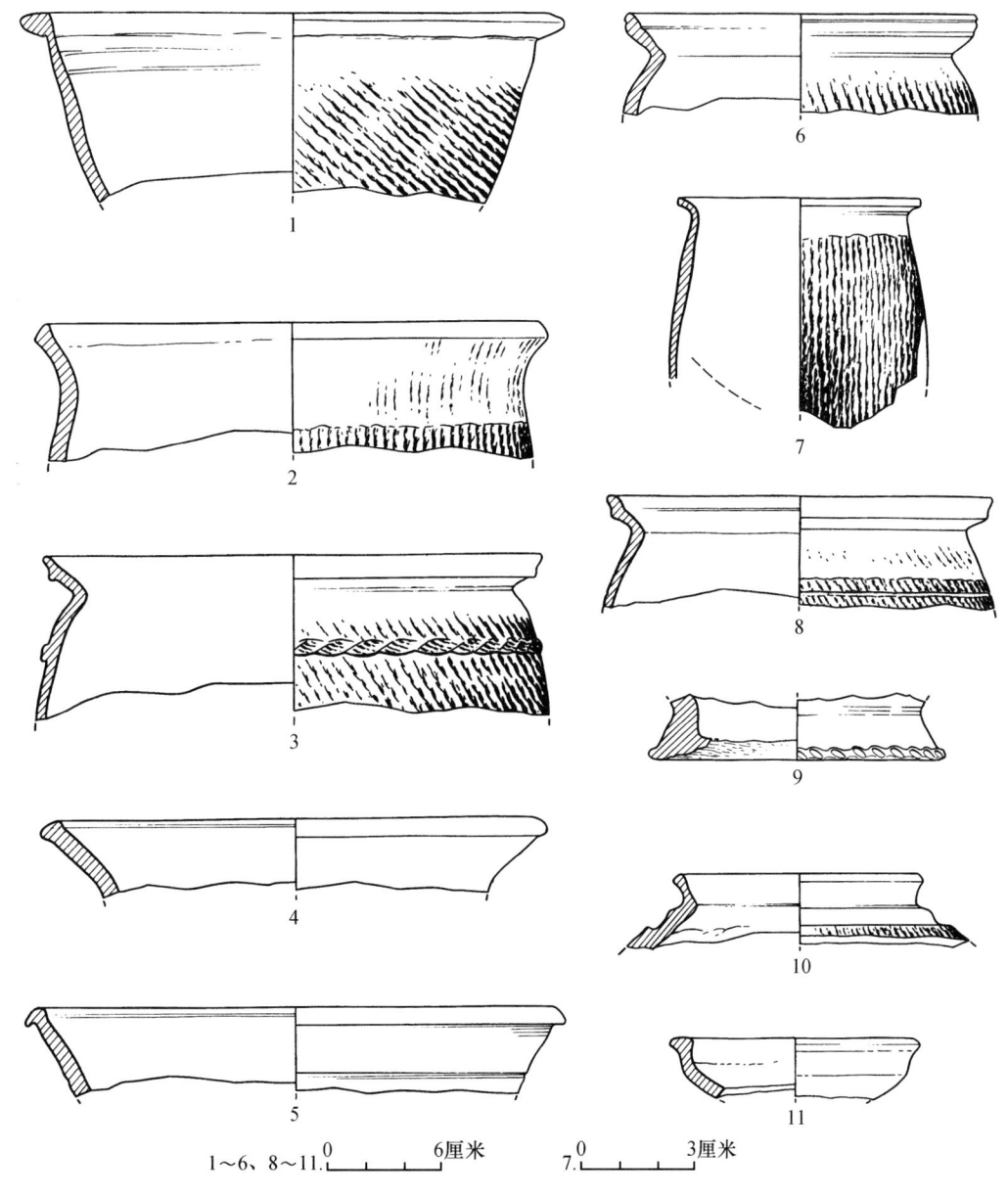

图4-51　2004ⅠT7038出土陶器（二）

1. Bb型盆（2004H238：10）　2. Ab型盆（2004H238：20）　3、6. 甲Ab型Ⅲ式鬲（2004T7038④：72、2004H238：3）
4、5. A型簋（2004T7038④：45、2004T7038④：48）　7. 甲Aa型鬲（2004T7038④：2）　8. 甲Ab型Ⅱ式鬲（2004T7038④：8）　9. 器底（2004T7038④：82）　10. B型小口罐（2004T7038④：43）　11. A型豆盘（2004T7038④：100）

簋　A 型　标本 2004T7038④:45，泥质黑皮陶，红褐胎。侈口，方唇，唇缘内外侧凸出，唇面微凸，腹部斜直，下残。素面。口径26.8、残高3.8厘米（图4-51，4）。标本 2004T7038④:48，泥质红褐陶，局部略泛黑色。侈口，折沿下斜，沿面中部微凸，尖圆唇，腹部斜直，下残。腹部饰两周凸弦纹。口径28.6、残高4.4厘米（图4-51，5）。

器底　标本 2004T7038④:82，泥质灰黑陶，褐胎。底部外撇，平底，上残。底部边缘饰一周花边。底径16、残高3.1厘米（图4-51，9）。

小口罐　B 型　标本 2004T7038④:43，夹砂黑皮陶，红褐胎。侈口，折沿，沿面中部微凹，方唇，肩部呈台阶状，下残。沿内侧及外侧有数道细凹槽，腹饰绳纹。口径13.6、残高3.6厘米（图4-51，10）。

豆盘　A 型　标本 2004T7038④:100，泥质灰陶。直口，方唇，唇缘内外侧凸出，腹壁下收，下残。素面。口径13.6、残高3厘米（图4-51，11）。

2004H326

鬲　甲类 Ba 型　标本 2004H326:2，夹细砂灰陶，褐胎。敛口，仰折沿，沿呈盘口状，圆唇。束颈。上腹较鼓，中腹以下残。口沿及颈部抹平，口沿外有一道宽凹槽。颈部有一道凹弦纹，腹部饰右斜向中绳纹。残宽26、残高6厘米（图4-52，5）。

2004H339

鬲　甲类 Ab 型 Ⅱ 式　标本 2004H339:1，夹细砂灰陶。敛口，仰折沿，沿面呈盘口状，沿面内侧凸出，圆唇，束颈。腹偏瘦，中腹以下残。口沿及颈部抹平。腹部饰右斜向粗绳纹。口径21.4、残高6.6厘米（图4-52，2）。

簋　标本 2004H339:2，泥质黑陶。仅存下腹及圈足部分。下腹内收，圜底，圈足外张，圈足下端残。外壁经过打磨，光滑。通体磨光，底部下侧有刻划纹。残宽12.4、残高4厘米（图4-52，9）。

2004H225

鬲　甲类 Ab 型 Ⅲ 式　标本 2004H225:2，夹细砂黑陶，红褐胎。敛口，仰折沿，沿面呈盘口状，末端上翻，口沿外有一道凸棱。鼓腹，中腹以下残。腹部饰右斜向细绳纹。口径19.8、残高5厘米（图4-52，3）。

小口罐　B 型　标本 2004H225:3，夹细砂灰陶。侈口，矮领，领斜直，圆唇。圆肩，腹及底残。口沿、领及肩上部抹平，肩上部有数道凹弦纹，肩中部以下饰横向细绳纹。口径13.2、残高5.4厘米（图4-52，4）。

2004H349

鬲　Ab 型 Ⅲ 式　标本 2004H349:2，夹砂灰陶，褐胎。敛口，仰折沿，口沿末端上翘，略呈盘口状，口沿外有一道凸棱，圆唇。圆鼓腹，中腹以下残。腹部饰有绳纹，纹饰不清晰，上腹有一道凸弦纹。口径18.2、残高4.2厘米（图4-52，1）。

2004H249

碗　A 型　标本 2004H249:1，夹细砂灰陶。轮制，内外可见轮旋痕。素面。底部饰篦纹。敞口，圆唇，斜弧腹，近平底，假圈足。口径16、圈足底径8.6、残高5厘米（图4-52，7）。

小口罐　B型　标本2004H249:2，泥质灰陶。侈口，矮领，领卷曲，方唇。斜肩，腹及底残。领肩相交处有三道凹弦纹，肩部饰竖向细绳纹，肩上部有一道抹痕。口径11、肩径16.6、残高7.4厘米（图4-52，6）。

2004T7437⑥

小口罐　B型　标本2004T7437⑥:8，夹细砂灰陶。侈口，矮领，领斜直，圆唇。圆肩，腹及底残。素面，形体较小。口径12.6、残高4.6厘米（图4-52，8）。

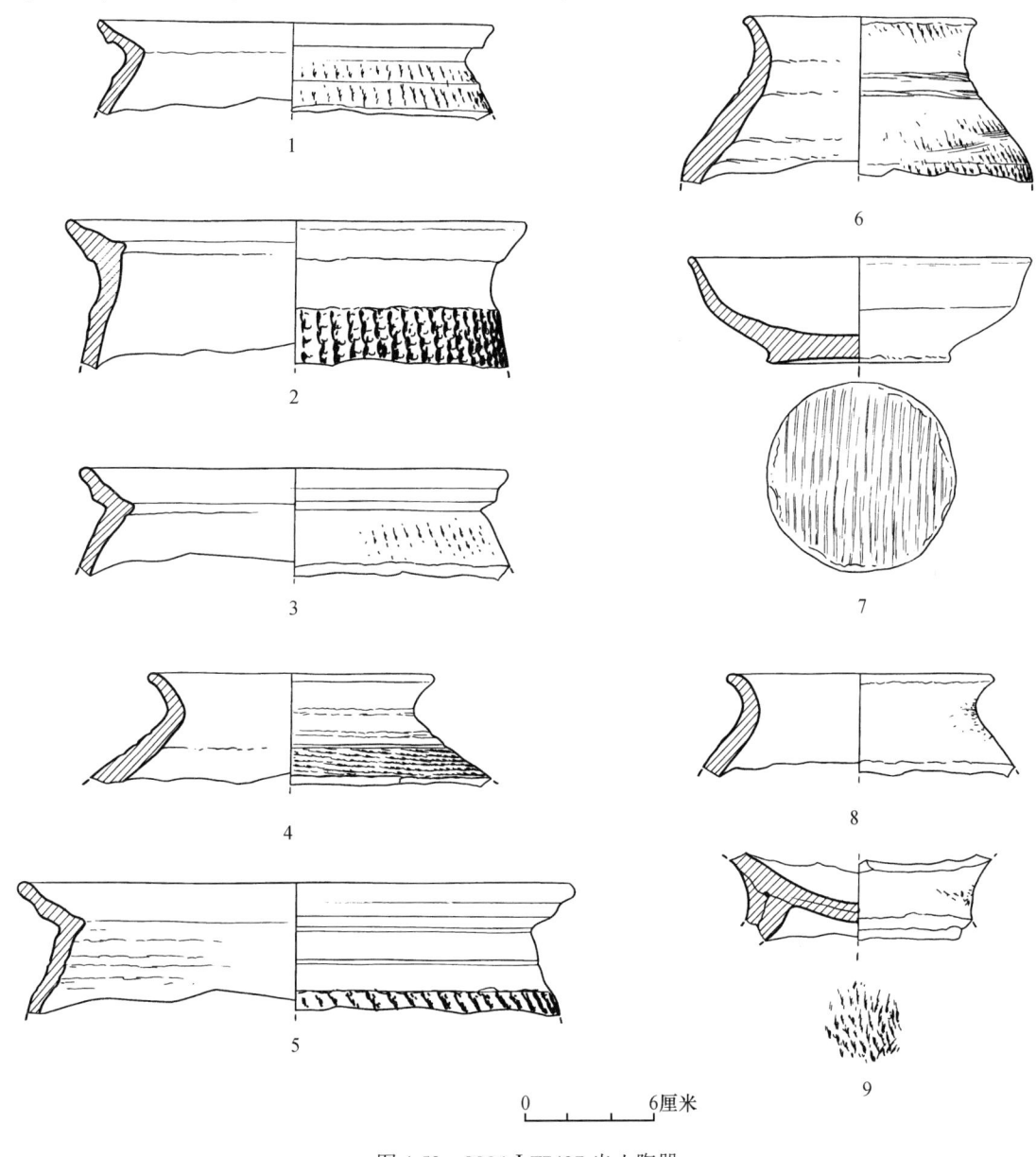

图4-52　2004ⅠT7437出土陶器

1. Ab型Ⅲ式鬲（2004H349:2）　2. 甲Ab型Ⅱ式鬲（2004H339:1）　3. 甲Ab型Ⅲ式鬲（2004H225:2）　4、6、8. B型小口罐（2004H225:3、2004H249:2、2004T7437⑥:8）　5. 甲Ba型鬲（2004H326:2）　7. A型碗（2004H249:1）　9. 箅（2004H339:2）

2004H366

盆 Bb 型　标本 2004H366：13，泥质含细砂，灰陶。直口微敛，仰折沿，厚圆唇。束颈。深腹，上腹较鼓，中腹以下残。口沿及颈部磨光，腹部饰右斜向细绳纹。口径 26.8、残高 4.4 厘米（图 4-53，4）。

甗 B 型　标本 2004H366：42，夹细砂灰陶。直口，仰折沿，圆唇。束颈。深腹，上腹略鼓，中腹以下残。腹部饰竖向细绳纹，上腹绳纹之上有一道索状附加堆纹。口径 21、残高 9 厘米（图 4-53，2）。

鬲

甲类 Ba 型　标本 2004H366：40，夹细砂，偶见较大砂粒，灰陶。形体较大。微侈口，折沿，沿面略上仰，圆唇。束颈。鼓腹，中腹以下残。腹部饰右斜向中绳纹，纹饰规整，印痕较深。口径 29.1、残高 7.8 厘米（图 4-53，3）。

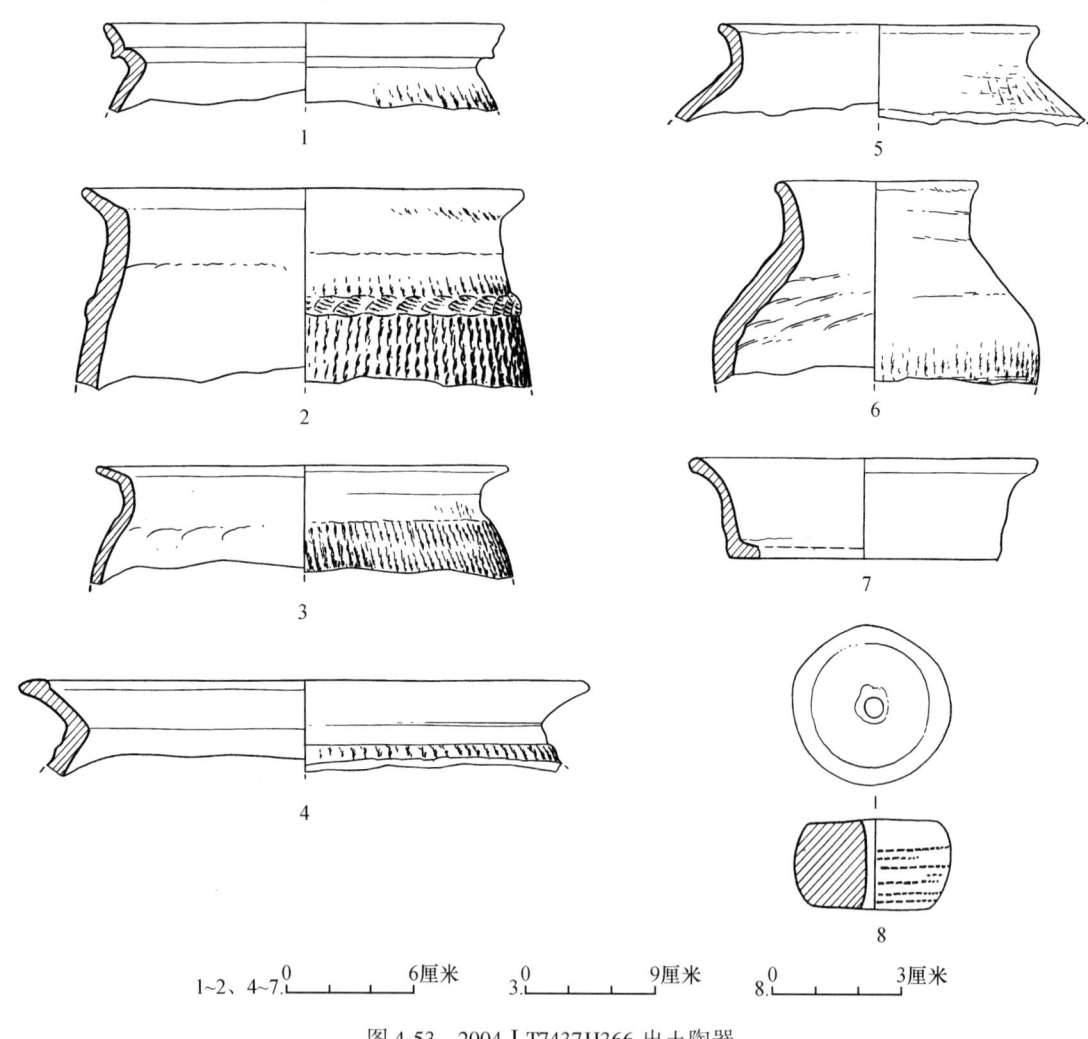

图 4-53　2004ⅠT7437H366 出土陶器

1. 甲 Ab 型Ⅲ式鬲（2004H366：14）　2. B 型甗（2004H366：42）　3. 甲 Ba 型鬲（2004H366：40）　4. Bb 型盆（2004H366：13）
5. B 型小口罐（2004H366：43）　6. A 型小口罐（2004H366：41）　7. 小平底盆（2004H366：44）　8. 陶纺轮（2004H366：1）

甲类 Ab 型Ⅲ式　标本 2004H366：14，夹细砂黑陶，红褐胎。敛口，仰折沿，沿上翻，沿面中部有一道凹槽，圆唇，口沿外有一道凸棱。腹较鼓，中腹以下残。腹部饰右斜向细绳纹。口径 18.8、残高 4 厘米（图 4-53，1）。

小口罐

A 型　标本 2004H366：41，夹细砂灰陶，褐胎。侈口，高领，领斜直，圆唇。斜肩，斜直腹，中腹以下残。腹部饰竖向中绳纹，纹饰不甚清晰。形体较小，胎厚。口径 9.4、肩径 15、残高 9.2 厘米（图 4-53，6）。

B 型　标本 2004H366：43，夹细砂灰陶。侈口，矮领，领斜直，圆唇。圆肩，腹及底残。素面。口径 15、残高 4.4 厘米（图 4-53，5）。

小平底盘　标本 2004H366：44，泥质黑陶，褐胎。形体较小。敞口，卷沿，圆唇。斜直腹，平底。素面，通体磨光。口径 16.2、底径 12.6、残高 4.6 厘米（图 4-53，7）。

陶纺轮　标本 2004H366：1，泥质红陶。圆形，边缘圆鼓，其上见有数周线形点状纹饰，中有一圆孔。直径 3.2、厚 1.8、孔径 0.4 厘米（图 4-53，8）。

2004H232

鬲　甲类 Ba 型　标本 2004H232：2，夹砂红褐陶。圆唇，平折沿、沿面凹，侈口圆抹，束径，圆肩，弧腹，腹以下残。口沿为素面，颈部见有绳纹抹断痕迹，腹部饰竖向绳纹，腹中部见有一道划痕。口径 23、肩颈 22、残高 11.2 厘米（图 4-54，1）。

甑　标本 2004H232：8，夹砂灰陶。圆唇，折沿上仰，沿面微凹，侈口，近直腹下收，底部缺失。腹部饰斜向粗绳纹，上腹部附饰一周附加堆纹。口径 26.8、残高 10.8 厘米（图 4-54，2）。

2004H251

盆　B 型　标本 2004H251：2，夹砂褐陶。圆唇、唇上缘凸，折沿上仰、拐折较圆缓，侈口，弧腹，腹以下残。口沿外侧见有绳纹被抹痕迹，上腹部饰有一周凹弦纹，以下饰竖向绳纹。口径 35.4、残高 7.8 厘米（图 4-54，3）。

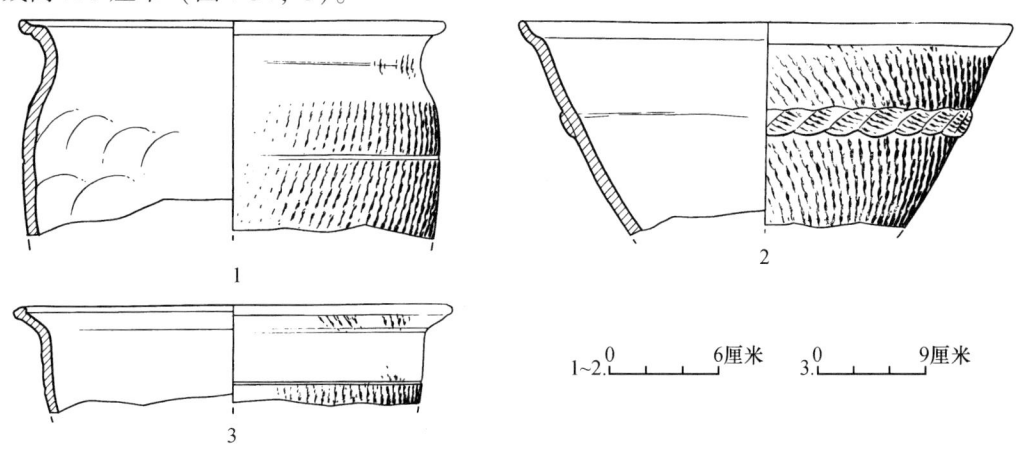

图 4-54　2004H232、2004H251 出土陶器
1. 甲 Ba 鬲（2004H232：2）　2. 甑（2004H232：8）　3. B 盆（2004H251：2）

2004F1

盆 Aa型 标本2004F1:3，泥质灰陶，褐胎。敞口，口内壁有一周细弦纹，圆唇，上缘有刮削痕，腹壁及底部缺失。素面。口径38、残高4.9厘米（图4-55,1）。

鬲 Ba型。标本2004F1:4，夹砂灰黑陶，局部褐色。敛口，折沿微仰，沿面有两周凹槽，圆唇，束颈，鼓腹，最大腹径偏下，足跟部分缺失。领部素面，隐约可见三周轮修时形成的凸棱，腹部、袋足及裆部饰交错绳纹。口径26、最大腹径28.2、残高23.2厘米（图4-55,2）。

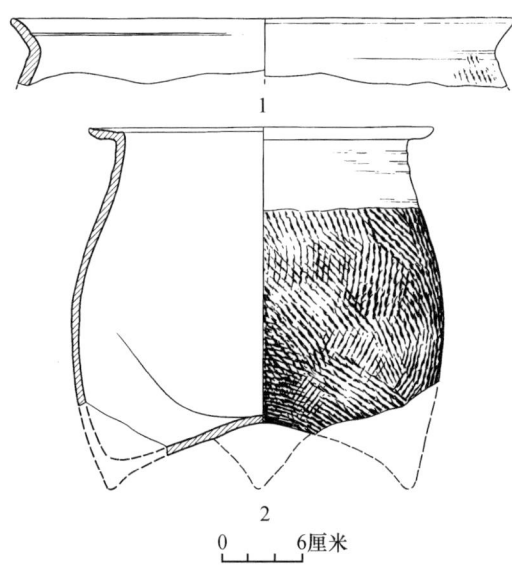

图4-55 2004ⅠT2F1出土陶鬲、盆
1. Aa型盆（2004F1:3） 2. Ba型鬲（2004F1:4）

2005H146

大口罐 标本2005H146:3，夹细砂黑陶。仅存口沿及上腹部分，腹较鼓，束颈，颈部较短，侈口，尖圆唇。腹部饰斜向及竖向交错绳纹，印痕较浅。口沿及颈部抹平。口径20、残高9、厚0.5~0.6厘米（图4-56,1）。

鬲

甲类Ab型Ⅱ式 标本2005H146:4，夹细砂黑陶，红胎。仅存口沿及上腹部分，腹较鼓，内壁近口沿处有几道凹槽。折沿上仰，沿面略凹，折痕明显，沿面较宽，沿外侧有一道凸棱，形成厚方唇。腹部饰竖向粗绳纹，口沿处抹平。口径21.2、残高10.4厘米（图4-56,2）。标本2005H146:6，夹砂黑陶，褐胎。仅存口沿及腹部一部分，腹较直。折沿上仰，折痕明显，沿面较宽，沿外侧有一道浅凹槽，厚方唇。腹部饰斜向粗绳纹。口径21.3、残高12.5厘米（图4-56,3）。

甲类Aa型 标本2005H146:19，夹细砂灰陶。仅存口沿及腹部一部分，腹略鼓。卷沿上仰，沿面较宽，圆唇。腹部饰斜向中等绳纹。腹上部有三道凹弦纹，口沿抹平。口径25、残高9.7厘米（图4-56,4）。

簋 标本2005H146:5，泥质红陶。盆形，上腹腹壁较直，下腹明显内敛，侈口，方唇，唇外缘微凸。通体磨光，腹中部及靠下处饰不甚规整的凹弦纹。口径23.5、残高12.8、厚0.8~1.3厘米（图4-56,5）。标本2005H146:8 夹细砂灰陶。仅存腹下部及圈足部分。腹斜直，平底，矮圈足。圈足底部有磨损痕迹。器表略磨光，素面。底径16.6、圈足高1.4、残高7.5、厚0.9~1.3厘米（图4-56,6）。

瓮

Ba型 标本2005H146:17，夹细砂黑陶。仅存领部及肩部，领部较高，广肩。直口，方唇较圆。素面，领部似有指甲纹。口径14、残高5.5厘米（图4-57,4）。

Bb型 标本2005H146:12，夹细砂灰陶，深灰色。侈口，圆唇，领部较高，广肩，以下残缺。肩部上侧有两道凹弦纹，其下饰斜向及横向中等绳纹。口径18.4、领高3.2、残高6.7、厚0.7~0.8厘米（图4-57,3）。

第四章 殷墟文化遗存

甗

A型 标本2005H146:14，夹砂灰陶，褐胎。侈口，卷沿上仰，斜方唇，唇缘微凸，上腹较直。腹部饰交错中绳纹，上腹绳纹之上有一圈附加堆纹，其上压印出斜向中绳纹。口径25.2、残高9.2厘米（图4-57，2）。标本2005H146:20，夹中砂褐陶。仅存口沿及上腹一部分，上腹较直。侈口，圆唇。上腹顶端饰一圈附加堆纹。腹部饰斜向中等绳纹，上腹顶端有一圈附加堆纹，堆纹上压印数道斜向中绳纹。口径36、残高10.5厘米（图4-57，1）。

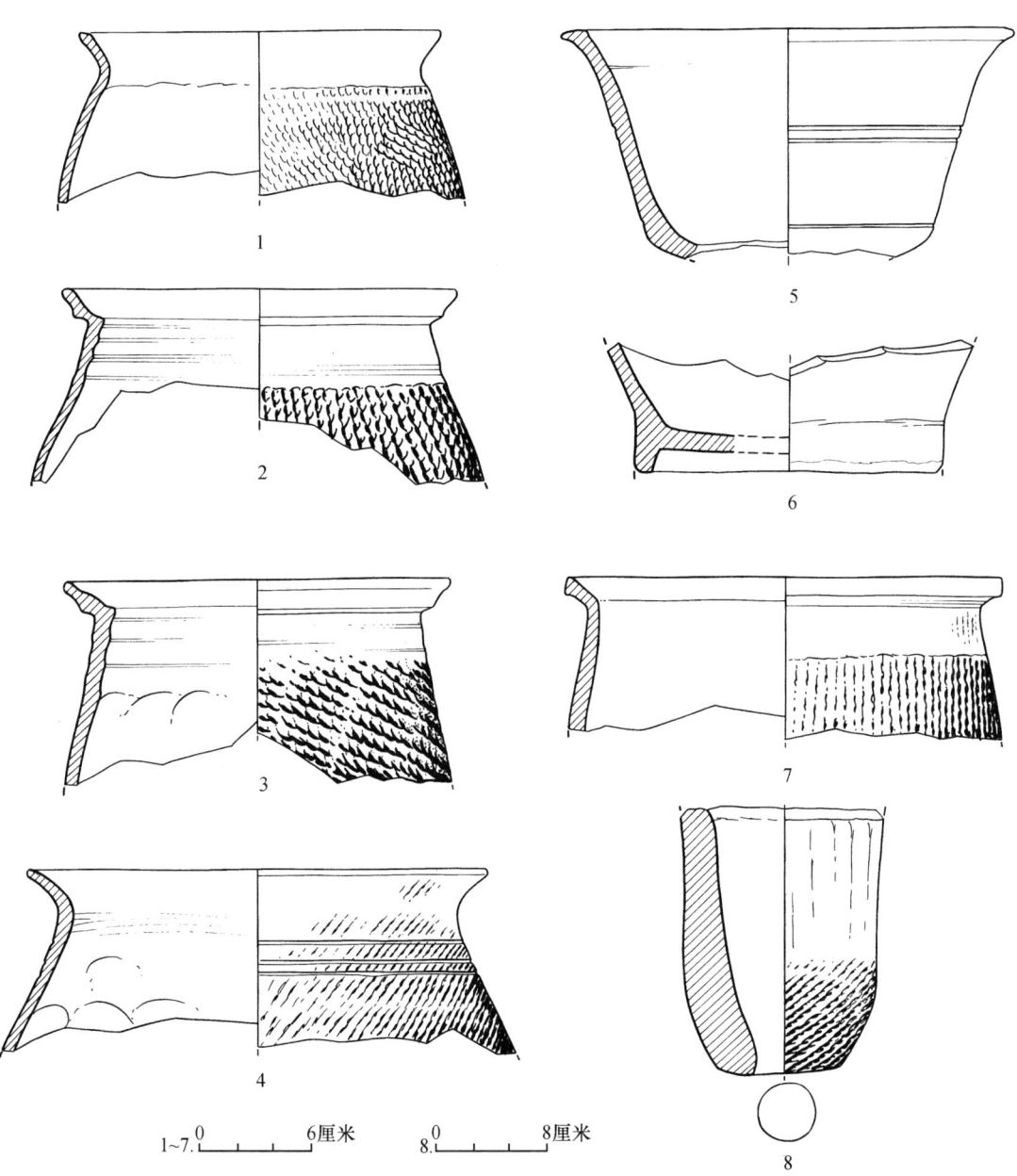

图4-56 2005ⅠT4823H146出土陶鬲、簋

1. 大口罐（2005H146:3） 2、3. 甲Ab型Ⅱ式鬲（2005H146:4、2005H146:6） 4. 甲Aa型鬲（2005H146:19）
5. 簋（2005H146:5） 6、7. 簋（2005H146:8、2005H146:13） 8. 管状器（2005H146:22）

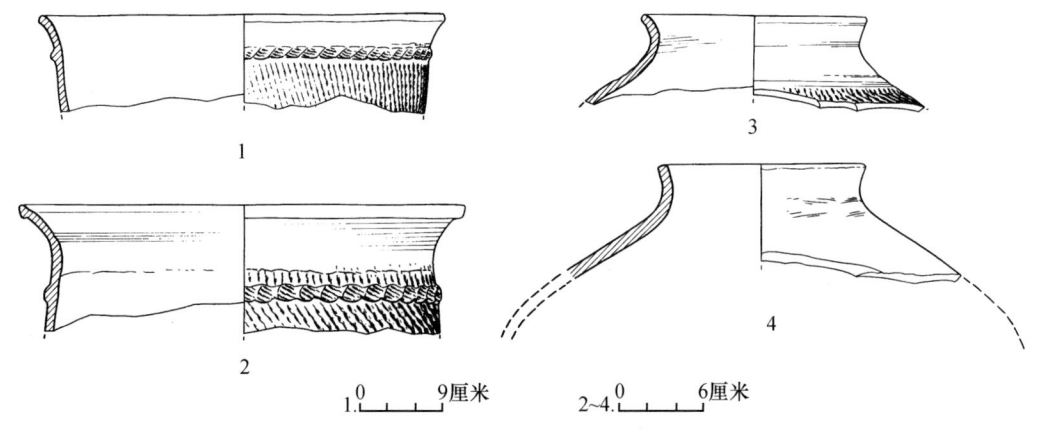

图 4-57　2005ⅠT4823H146 出土陶甗、瓮

1、2. A 型甗（2005H146：20、2005H146：14）　3. Bb 型瓮（2005H146：12）　4. Ba 型瓮（2005H146：17）

B 型　标本 2005H146：13，夹细砂灰陶。折沿上仰，折棱明显，方唇，上、下腹均略鼓，束腰。腹部饰竖向中粗绳纹，印痕较深，沿面及以下约 2 厘米宽一周抹平。口径 25.8、残高 8.7 厘米（图 4-56，7）。

管状器　标本 2005H146：22，泥质灰陶。管身上部饰斜向较细绳纹，宽 0.1 厘米，间隔 0.1 厘米。管身下部刮抹成素面。管状。一端有穿孔，另一端残损。内径 2.1～4、外径 2.9～5.2、残高 6.9、厚 0.8～1.2 厘米（图 4-56，8）。

2005H91

瓮

Aa 型　标本 2005H91：2，泥质灰陶。直口，领部较矮。肩部饰交错绳纹，肩、腹相交处有一圈附加堆纹，堆纹上压印数道斜向绳纹。口径 23.6、领高 2.2、残高 9.6 厘米（图 4-58，2）。

Ab 型　标本 2005H91：6，泥质灰陶。仅存口沿部分及肩部部分，口微侈，尖唇，矮领，广肩。肩部饰斜向较细绳纹，领部及肩部上缘抹平。口径 15.6、领高 1.8、残高 4.6 厘米（图 4-58，1）。

甗　B 型　标本 2005H91：3，泥质灰陶。敛口，圆唇，折沿上仰，折痕不明显，沿面较宽，沿上近唇部有一凸棱，上腹较鼓，颈部较短。腹部饰斜向中粗绳纹，腹上部绳纹之上有一圈附加堆纹，堆纹上压印两道斜向粗绳纹。口径 29.2、残高 10.2 厘米（图 4-58，3）。

鬲　甲类 Ab 型Ⅲ式　标本 2005H91：9，夹细砂灰陶。腹部饰斜向较细绳纹。圆唇，折沿上仰，中部有一凹槽，沿部末端上翻，沿下有一凸棱，颈部较短，腹较鼓。口径 23.2、残高 4 厘米（图 4-58，4）。

盆　B 型　标本 2005H91：1，夹砂褐陶。腹部饰斜向及竖向中粗绳纹，腹部有一周弦纹。方唇，直口微敛，折沿上仰，沿面较宽，沿上中部凸起，深腹，上腹略鼓，下腹收敛，平底。口径 32.5、底径 13、通高 28.5 厘米（图 4-58，5）。

2005H26

瓮　Ab 型　标本 2005H26：9，夹砂灰陶。小口微侈，矮领外张，圆肩，腹略鼓。肩部饰斜向

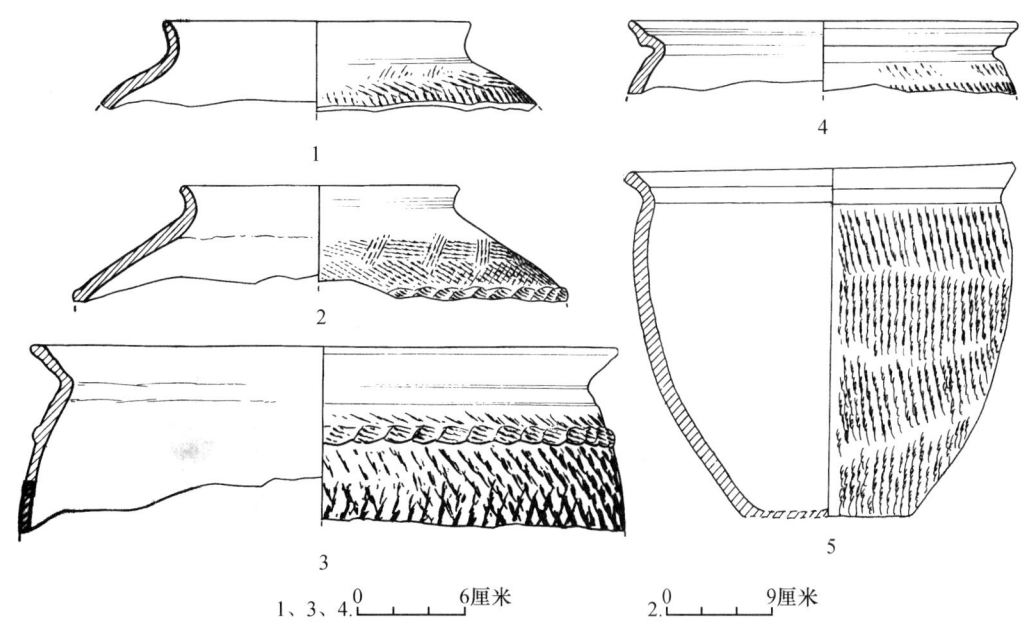

图 4-58 2005ⅠT7432H91 出土陶器

1. Ab 型瓮（2005H91:6） 2. Aa 型瓮（2005H91:2） 3. B 型甗（2005H91:3） 4. 甲 Ab 型Ⅲ式鬲（2005H91:9） 5. B 型盆（2005H91:1）

中等绳纹，腹部饰交错绳纹。口径14.5、领高2、残高20.2厘米（图4-59，1）标本2005H26:2，泥质灰陶，胎呈红灰两层。小口微侈，矮领，圆肩，腹部略鼓。肩部饰斜向绳纹，腹部饰斜向及竖向绳纹，肩、腹相交处绳纹之上饰一圈附加堆纹，堆纹上滚压斜向绳纹。口径22.8、领高1.6、肩宽10.4、残高16厘米（图4-59，2）。

甗 B 型 标本2005H26:21，夹细砂灰陶。敛口，圆唇，唇下有一凸棱，折沿上仰，沿面较宽，上腹略鼓，颈部较短。上腹饰斜向中等绳纹，颈、腹相交处有一圈附加堆纹，堆纹上压印数道斜向绳纹。口径24.6、沿宽3.2、残高12.4厘米（图4-59，3）。

豆

A 型 标本2005H26:59，泥质灰陶。仅存豆盘。直口，口部棱角圆钝，沿面较平，厚方唇，盘腹较浅，呈弧线。素面。口径13.6、沿宽1.6、残高3.6厘米（图4-59，5）。

B 型 标本2005H26:61，泥质红陶，局部呈灰黑色。仅存豆盘。直口，口部外缘棱角清晰，内缘棱角圆钝，圆唇，弧腹较深。素面，腹部外壁有一道凹弦纹。口径17、残高5.7厘米（图4-59，4）。

小口罐 A 型 标本2005H26:30，夹细砂黑陶，褐胎。仅存领部及肩部部分，小口较直，圆唇，领部外壁中间有一凸带，矮领，圆肩。肩部饰横向中粗绳纹，肩部上缘及领部抹光。口径15、领高2.2、残高6.2厘米（图4-59，6）。

鬲

甲类 Aa 型 标本2005H26:32，夹砂灰陶。腹部饰竖向及斜向较细绳纹。仅存口沿及腹部，折沿近平，沿面较窄，方唇较圆，腹鼓，颈部较长。口径14、残高9.4厘米（图4-59，7）。标本2005H26:25，夹砂灰陶。方唇，折沿上仰，沿面较窄，颈部较短，腹略鼓，以下残缺。腹部饰交错

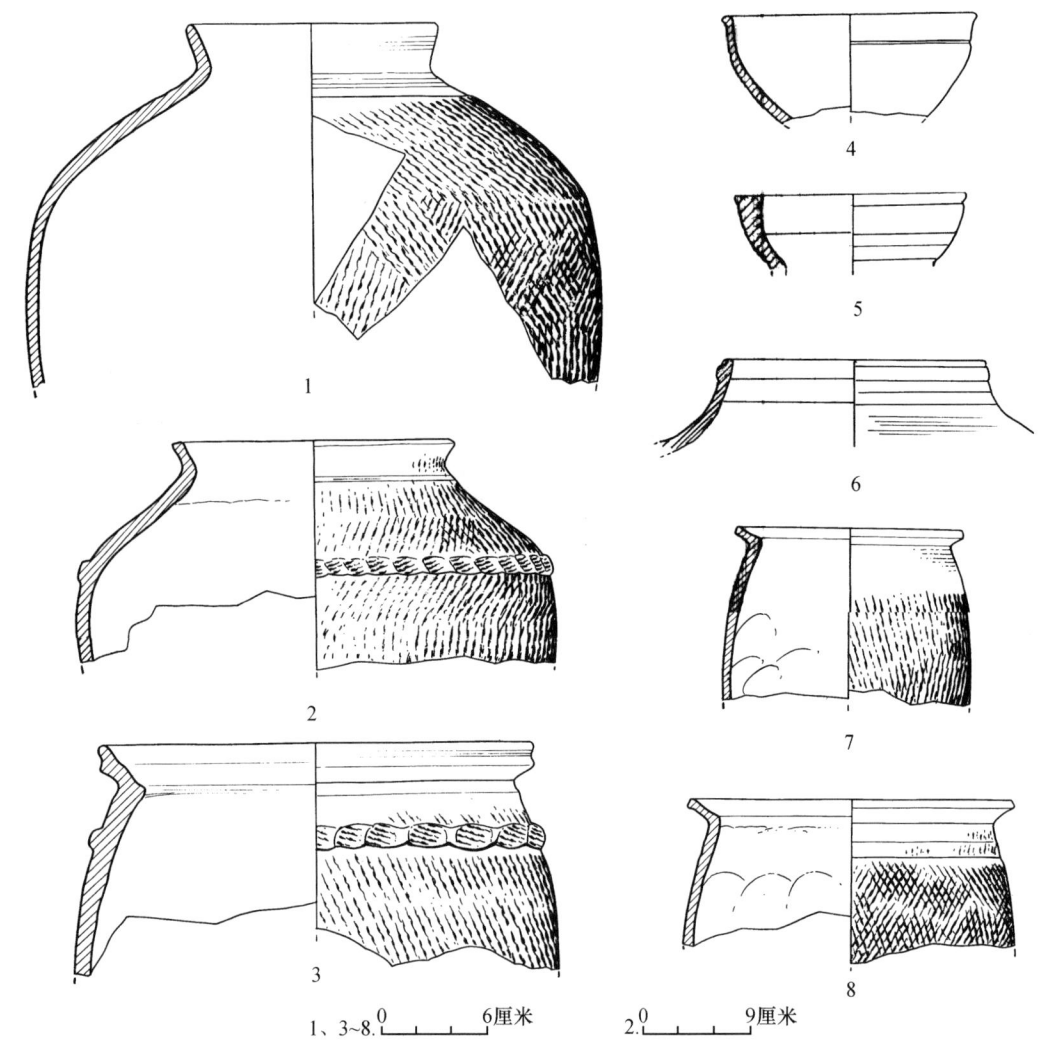

图 4-59　2005ⅠT7432H26 出土陶器（一）

1、2. Ab 型瓮（2005H26:9、2005H26:2）　3. B 型甗（2005H26:21）　4. B 型豆（2005H26:61）　5. A 型豆（2005H26:59）　6. A 型小口罐（2005H26:30）　7、8. 甲 Aa 型鬲（2005H26:32、2005H26:25）

绳纹，颈部饰两道凹弦纹。口径 20.7、残高 7.7 厘米（图 4-59,8）。

甲类 Ab 型Ⅰ式　标本 2005H26:1，夹砂灰陶。腹部饰竖向及横向较粗绳纹，纹饰规整。厚方唇，中部有一周凹槽，折沿上仰，折痕明显，末端上翻，腹略鼓，裆及实足根较高。口径 19.3、最大径 21.2、通高 26、实足根高 3.5 厘米（图 4-60,1）。

甲类 Ab 型Ⅱ式　标本 2005H26:8，夹砂黑陶，褐胎。折沿上仰，折痕不明显，方唇，唇面成弧形，唇部上缘较钝，下缘棱角清晰，腹略鼓，颈部较短。腹部饰斜向较粗绳纹。腹部靠上处饰一圈凹弦纹。口径 18.2、残高 18.6 厘米（图 4-60,3）。标本 2005H26:10，夹砂灰陶。腹部饰竖向及斜向中等绳纹。圆唇，唇下有一凹槽，折沿近平，折痕部明显，沿上有一凹槽，沿下加厚，颈部较长，腹较直，以下残缺。口径 18.5、沿宽 2.3、残高 9.9 厘米（图 4-60,4）。

乙类 Ab 型　标本 2005H26:7，夹细砂黑陶，红胎。腹部饰竖向及斜向较中等绳纹。圆唇，折沿上翻，沿面较宽，颈部较短，腹圆鼓，以下残缺。口径14.8、沿宽2.1、残高10、厚0.4~0.75厘米（图4-60，5）。

簋　标本2005H26:50，泥质灰陶。通体磨光，圈足靠上处有一道凹弦纹。仅存底部部分，圜底，圈足外侈，较矮。底径17、圈足高2.2、残高3.3厘米（图4-60，6）。

灼花陶片　标本2005H26:17。盆或罐的底内部刻有图案（图4-60，2）。

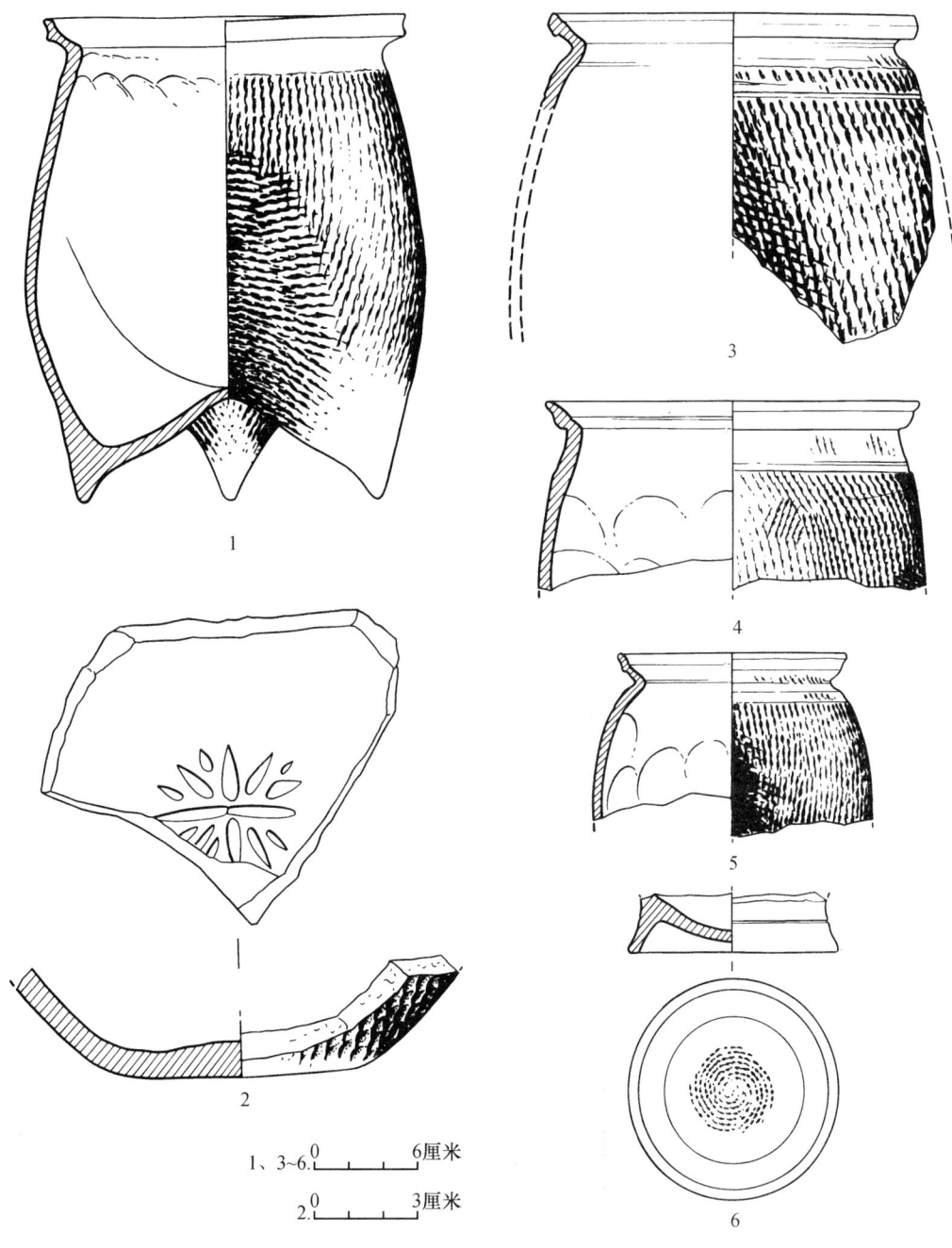

图4-60　2005ⅠT7432H26出土陶器（二）
1. 甲Ab型Ⅰ式鬲（2005H26:1）　2. 灼花陶片（2005H26:17）　3~5. 甲Ab型Ⅱ式鬲（2005H26:8、2005H26:10、2005H26:7）　6. 簋（2005H26:50）

2005H158

鬲

甲类Aa型　标本2005H158:6，夹砂灰陶。侈口，方唇，仰折沿，沿上外侧有一浅凹槽，腹略鼓，以下残缺。口径19.4、残高8.1厘米（图4-61，2）。标本2005H158:23，夹砂灰陶。腹部饰竖向粗绳纹。口沿及颈部抹平。方唇，折沿微上仰，折痕明显，颈部较短，腹略鼓，以下残缺。口径

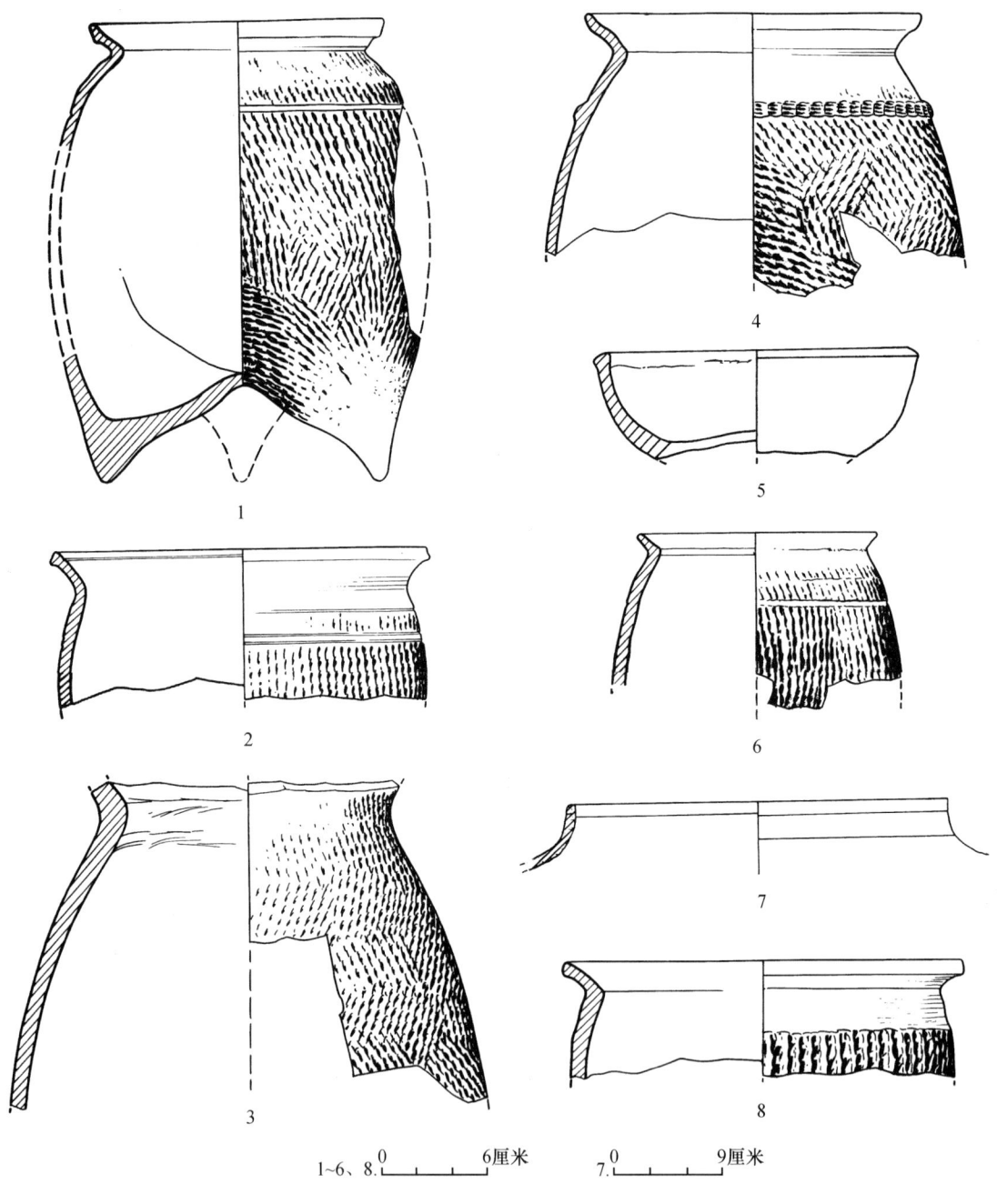

图4-61　2005ⅠT7542H158出土陶器

1、4. 甲Ab型Ⅱ式鬲（2005H158:3、2005H158:1）　2、8. 甲Aa型鬲（2005H158:6、2005H158:23）　3. B型甑（2005H158:2）　5. A型豆（2005H158:20）　6. 乙Aa型鬲（2005H158:7）　7. Aa型瓮（2005H158:8）

31.4、残高6.1厘米（图4-61，8）。

甲类Ab型Ⅱ式　标本2005H158:3，夹砂灰陶。敛口，斜方唇，唇缘棱角清晰，折沿上仰，颈部较短，腹略鼓，裆及实足根较高。可见火烧痕迹。腹部饰斜向中粗绳纹，纹饰规整，印痕较深，腹上部有一圈凹弦纹。口径17、沿宽2.3、通高25、实足根高3.6厘米（图4-61，1）。标本2005H158:1，夹砂灰陶。圆唇，敛口，折沿上仰，折痕不明显，颈部较长，鼓腹，下腹及足残。上腹部饰斜向绳纹，下腹饰竖向与斜向交错绳纹。颈部下缘有一圈附加堆纹。口径18、残高16厘米（图4-61，4）。

乙类Aa型　标本2005H158:7，夹砂灰陶。尖圆唇，折沿上仰，沿面较窄，腹较鼓，颈部较短。腹部饰竖向粗绳纹，纹饰规整。腹上部有一圈凹弦纹。口径13.6、残高9.3厘米（图4-61，6）。

甗　B型　标本2005H158:2，夹细砂灰陶。仅存腰部及下腹部分，束腰，下腹较鼓。外表饰竖向及斜向绳纹。残高17.9厘米（图4-61，3）。

瓮　Aa型　标本2005H158:8，泥质灰陶。素面，肩部靠上有一圈凹弦纹。仅存领部及肩部一部分，直口，方唇，矮领，圆肩。口径27.6、领高3、残高5.5厘米（图4-61，7）。

豆　A型　标本2005H158:20，泥质灰陶。仅存豆盘部分。微侈口，口部棱角圆钝，厚方唇，沿面向外倾斜，较窄，盘腹较深，腹呈弧线。内外可见旋痕，素面。口径15.4、残高4.5厘米（图4-61，5）。

2006T9G3②

甗　B型　标本2006G3②:3，夹粗砂灰陶。腹部饰斜向及竖向粗绳纹，颈、腹相交处有一圈附加堆纹，堆纹上压印三道斜向粗绳纹，颈部靠上处有一凸棱。上部甑形，下部鬲形，折沿上仰，沿面较宽，斜方唇，较圆，颈部较短，束腰，大袋足，裆及实足根较矮。口径36.7、沿宽2.3、通高41.5、实足根高1.5厘米（图4-62，2）。

甑　标本2006G3②:26，夹砂灰陶。仅存腹下部部分，腹较鼓。底部可见四个箅孔。腹部饰斜向中粗绳纹。残高15.6厘米（图4-62，1）。

鬲

Aa型　标本2006G3②:16，夹砂灰陶。仅存口沿及腹部一部。方唇，唇部中间隐见一道凹槽折沿，沿面较窄，腹较直。腹部饰斜向中粗绳纹，腹上部有三道凹弦纹。口径14.3、残高7.9厘米（图4-62，5）。标本2006G3②:36，夹砂灰陶。仅存口沿及上腹部，圆唇，仰折沿，腹较鼓。腹部饰斜向中粗绳纹。口径23、残高5.5厘米（图4-62，4）。

Ba型　标本2006G3②:9，夹砂灰陶。腹部饰斜向中粗绳纹，口沿及颈部抹平。体矮小，圆唇，软折沿，沿面较宽，腹较鼓，束颈，颈部较短，实足根较矮，底部较平。实足根底部有磨损痕迹。口径15.8、通高14.3、实足根高2.6厘米（图4-62，3）。

钵　标本2006G3②:1，泥质灰陶。体较扁，敛口，圆唇，腹圆鼓，平底。素面，腹部刻划三个"个"字纹。口径14.2、底径7.2、通高7.2厘米（图4-62，6）。

簋　标本2006G3②:20，泥质灰陶。素面。仅存圈足部分，平底或圜底，圈足较高且外侈，圈足底近圆。圈足底径15.6、残高5.6厘米（图4-62，7）。

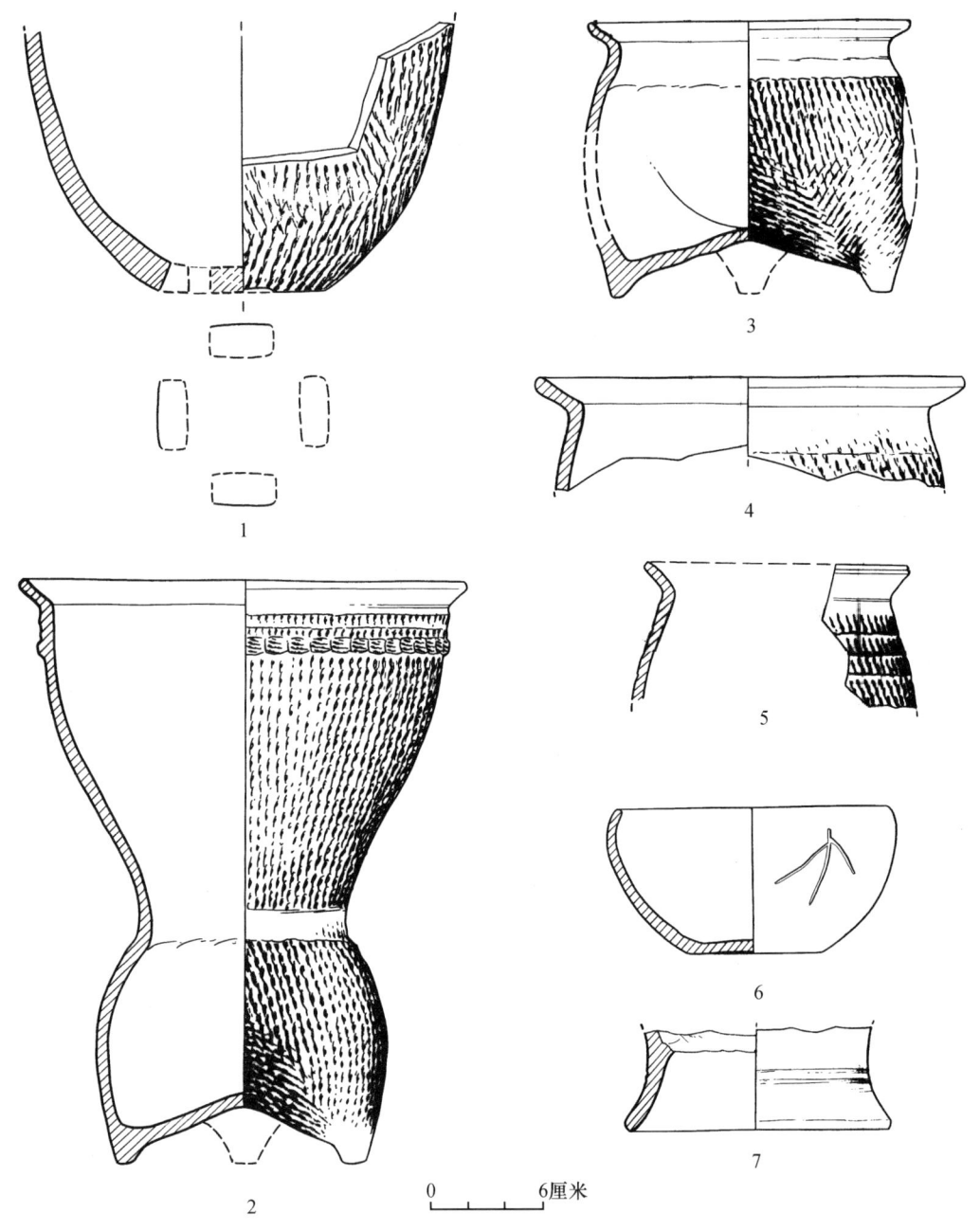

图 4-62 2006T9G3②出土陶器

1. 甑（2006G3②:26） 2. B 型甗（2006G3②:3） 3. Ba 型鬲（2006G3②:9）
4、5. Aa 型鬲（2006G3②:36、2006G3②:16） 6. 钵（2006G3②:1） 7. 簋（2006G3②:20）

小口瓮 Aa 型 标本 2006G3②:4，夹粗砂灰陶。仅存领部及肩部部分，直口微侈，圆唇，领较高，圆肩，腹略鼓。肩部及腹部饰斜向中粗绳纹。口径 18.5、领高 2.6、残高 15.3 厘米（图 4-63，1）。

器纽 标本 2006G3②:14，泥质灰陶。厚胎，仅存纽部，呈桥状，纽部中间有一穿孔。素面。纽径 6.5、穿孔直径 2.4、残高 3.6 厘米（图 4-63，2）。标本 2006G3②:25，泥质灰陶。仅存纽部，贴附在盖壁上，纽呈桥状，纽与盖壁之间有孔。素面。孔外径3.5、孔内经2.7、残长6、残宽5.1、残高2.7厘米（图4-63，3）。

盆　Aa型　标本2006G3②:2，泥质红陶。敞口，圆唇，深弧腹，平底。通体饰斜向较粗绳纹，上腹绳纹之上有一圈附加堆纹，堆纹上压印斜向绳纹。口径35.6、底径17.3、通高26.4厘米（图4-64）。

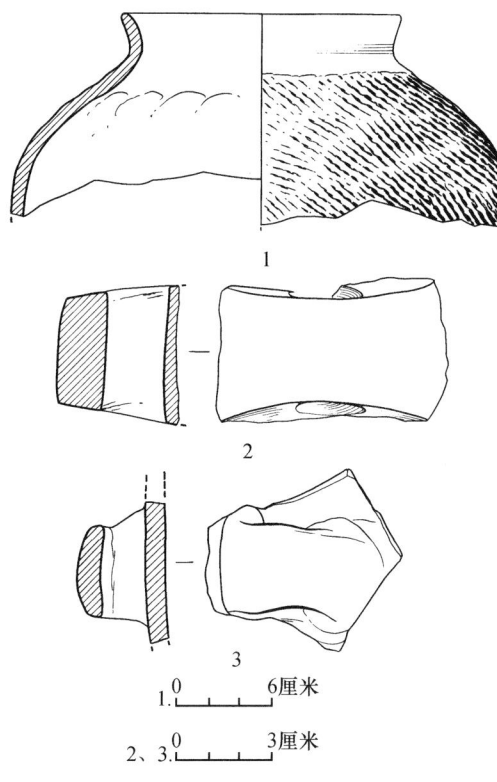

图4-63　2006T9G3②出土陶小口瓮、器纽
1. Aa型小口瓮（2006G3②:4）　2、3. 器纽
（2006G3②:14、2006G3②:25）

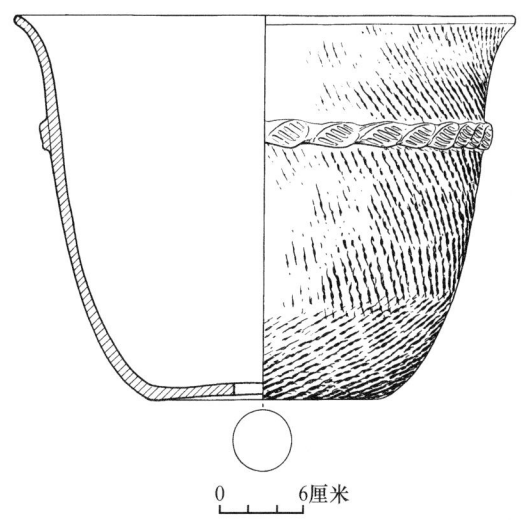

图4-64　2006T9G3②出土陶盆
Aa型（2006G3②:2）

2006T9G3③

鬲　甲类Aa型　标本2006G3③:5，夹砂灰陶，薄胎。腹部饰斜向中等绳纹，裆部饰横向较细绳纹，腹部有一圈凹弦纹。圆唇，侈口，沿上中间有一凹槽，腹较鼓，乳状袋足，裆及实足根较矮，足尖内弯。口径16.8、通高15.6、实足根高2.5厘米（图4-65，1）。标本2006G3③:10，夹砂灰陶，褐胎。仅存口沿及腹部一部分，圆唇，折沿上仰，颈部较长，折痕较明显，腹略鼓。腹部饰交错绳纹。口径21.8、沿宽2.3、残高10.9厘米（图4-66，1）。标本2006G3③:20，夹砂灰陶。仅存口沿及腹部一部分，方唇，侈口，沿下内侧有一凸棱，束颈，颈部较短，腹较直。腹部饰竖向较粗绳纹，上腹饰两道凹弦纹。口径17.8、残高12.7厘米。（图4-65，5）标本2006G3③:35，夹砂黑陶，红胎。仅存口沿及腹部一部分，圆唇，侈口，束颈，颈部较短，腹较鼓。腹部饰斜向中等绳纹，颈部下端有一凹槽，腹上部有一凹弦纹。口径13.4、残高5.7厘米（图4-65，7）。

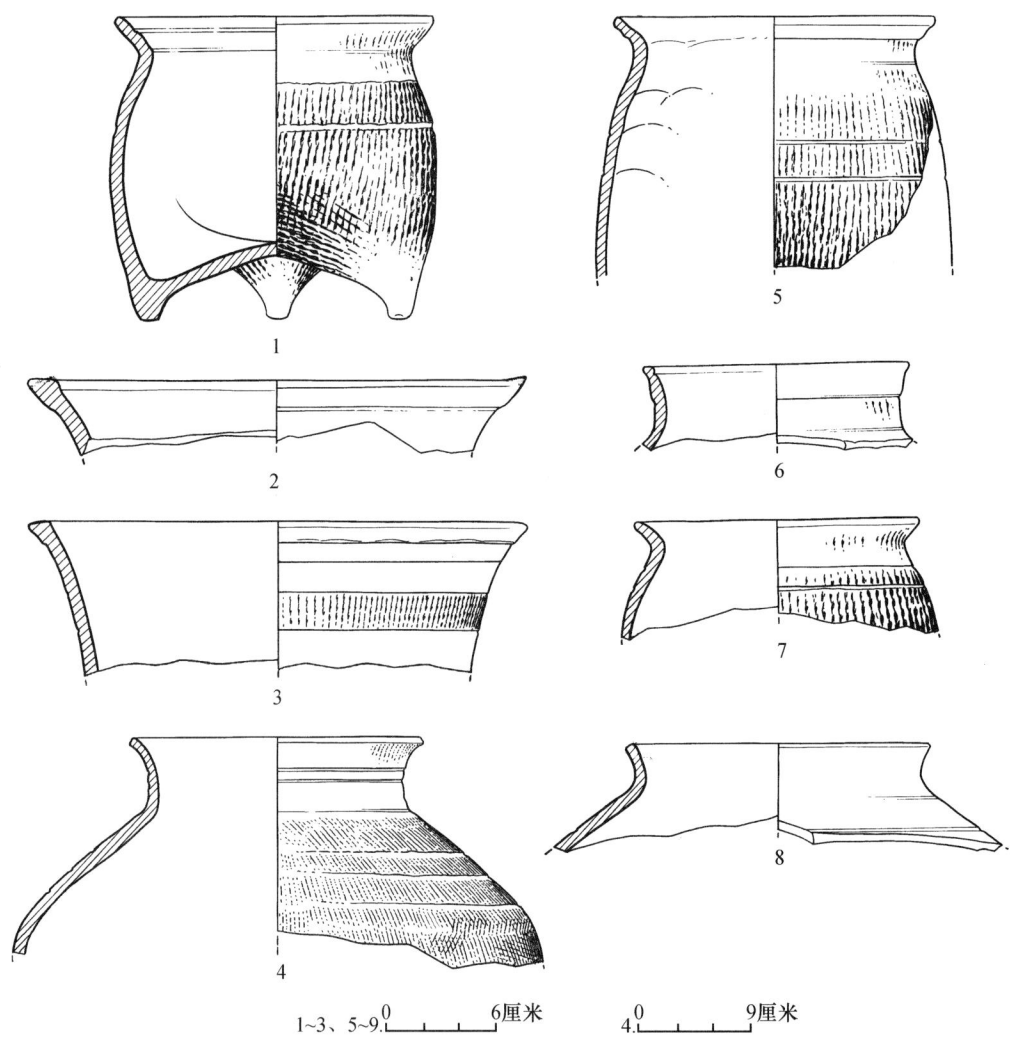

图 4-65　2006T9G3③出土陶器（一）

1、5、7. 甲 Aa 型鬲（2006G3③:5、2006G3③:20、2006G3③:35）　2. A 型簋（2006G3③:9）　3. B 型簋（2006G3③:4）　4. Bb 型瓮（2006G3③:1）　6. A 型小口罐（2006G3③:18）　8. Ab 型瓮（2006G3③:11）

簋

A 型　标本 2006G3③:9，泥质黑陶。仅存口沿及腹部一部分，侈口，口部棱角清晰，沿面较平，腹壁斜直。通体磨光，内壁口下有一圈凹弦纹。口径 23.6、残高 4.2、残长 11.5、厚 0.6~1.1 厘米（图 4-65，2）。

B 型　标本 2006G3③:4，泥质灰陶。通体磨光，上腹饰一圈带状绳纹，条带边缘为两道凹弦纹，中间饰斜向细绳纹。仅存口沿及腹部一部分，尖唇，侈口，口部棱角清晰，向外突出，沿面近平，腹壁较直。口径 25.8、残高 8.2 厘米（图 4-65，3）。

瓮

Ab 型　标本 2006G3③:8，夹砂灰陶，褐胎。肩部饰斜向绳纹，腹部饰竖向绳纹。仅存领部及腹部一部分，圆唇，侈口，圆肩，上腹略鼓，矮领外张。口径 17.5、领高 2.8、残高 19.7 厘米

（图4-66，3）。标本2006G3③:11，夹细砂灰陶。仅存领部及肩部部分。方唇，侈口，矮领外张，圆肩。肩部上端有一道凹弦纹。口径17.9、领高2、残高6.5厘米（图4-65，8）。

Bb型　标本2006G3③:1，泥质灰陶。仅存领部及肩部部分，微侈口，方唇，唇部中间有一浅凹槽，高领，圆肩，腹略鼓。肩部饰横向及斜向细绳纹，中间有两道凹槽，肩部有三道凹弦纹。口径23.8、领高6.2、残高11.5厘米（图4-65，4）。标本2006G3③:2，泥质灰陶。仅存领部及肩部部分，侈口，圆唇，领部较高，圆肩，上腹略鼓。肩部饰斜向绳纹，腹部饰竖向绳纹，肩部靠上有两道凹槽和一圈抹痕，中间饰两道凹弦纹。口径17.1、领高4.1、残高5.6厘米（图4-67，2）。

甗　B型　标本2006G3③:6，夹砂灰陶。仅存口沿及上腹部分，圆唇，敛口，折沿近平，沿面较宽，颈部较短，上腹略鼓。腹部斜向中粗绳纹，上腹绳纹之上有一圈附加堆纹，堆纹上压印三道斜向中等绳纹。口径31.8、残高12.5厘米（图4-67，1）。2006G3③:12，夹砂灰陶。仅存口沿及上腹一部分，上腹略鼓。圆唇，直口微敛，折沿上仰，沿面较宽。腹部饰竖向中等绳纹，上腹有一圈附加堆纹，堆纹上压印数道斜向中绳纹。口径29.9、残高13.3厘米（图4-66，2）。

小口罐　A型　标本2006G3③:18，夹砂灰陶。素面，领部外壁上侧加厚，并有一凹槽，领部内壁上缘有一凹弦纹。方唇，口微侈，领部较高，以下残缺。口径13.2、领高2.8、残高4.3厘米（图4-65，6）。

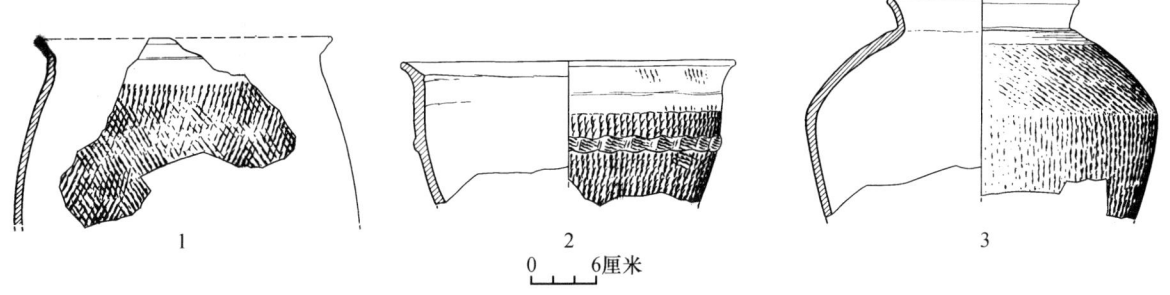

图4-66　2006T9G3③出土陶器（二）

1. 甲Aa型鬲（2006G3③:10）　2. B型甗（2006G3③:12）　3. Ab型瓮（2006G3③:8）

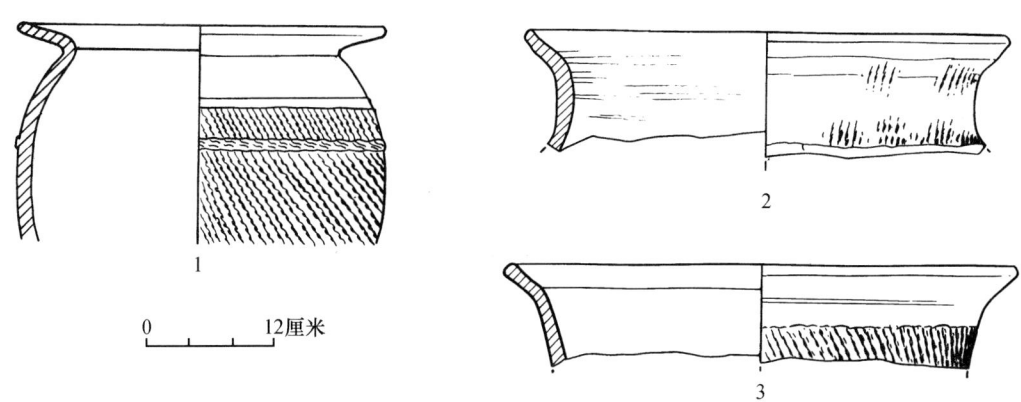

图4-67　2006T9G3③出土陶器（三）

1. B型甗（2006G3③:6）　2. Bb型瓮（2006G3③:2）　3. B型盆（2006G3③:15）

盆　B 型　标本 2006G3③：15，夹细砂红陶。仅存口沿及腹部一部分，圆唇，折沿上仰，折痕较明显，腹壁斜直。腹部饰斜向中绳纹。口径 23.8、残高 4.8 厘米（图 4-67，3）。

2006H50

盆　B 型　标本 2006H50：5，夹砂红陶。方唇较圆，直口微敛，折沿上仰，深腹，腹壁较鼓，以下残缺。唇部中间有一道不连续的阴弦纹，上部饰斜向中绳纹。口径 31.5、残高 15.6 厘米（图 4-68，1）。

瓮

Ba 型　标本 2006H50：2，泥质灰陶。直口微侈，方唇较圆，高领，圆肩，以下残缺。肩部饰斜向中粗绳纹。口径 11.8、领高 3.5、残高 9.5 厘米（图 4-68，5）。

Ab 型　标本 2006H50：3，夹中砂黑陶。方唇，口微侈，圆肩，矮领，腹部略鼓。肩部饰斜向绳纹，腹部饰竖向绳纹，肩、腹相交处绳纹之上有一圈附加堆纹，堆纹上压印数道斜向绳纹。口径 16.8、领高 2.6、残高 15.8 厘米（图 4-68，2）。

钵　标本 2006H50：1，泥质灰陶，含细砂。表面脱落严重，直口，圆唇，腹壁呈弧形，圈足残。通体磨光。口径 9.8、底径 4.6、残高 5 厘米（图 4-68，3）。

鬲　乙类 B 型　标本 2006H50：6，夹细砂灰陶，红胎。侈口，斜方唇，唇部上缘棱角清晰，下缘棱角圆钝，领部较高，腹略鼓，实足根残缺。腹部饰斜向中等绳纹，颈、腹相交处有一凸棱。口径 17.6、残高 11.3 厘米（图 4-68，4）。

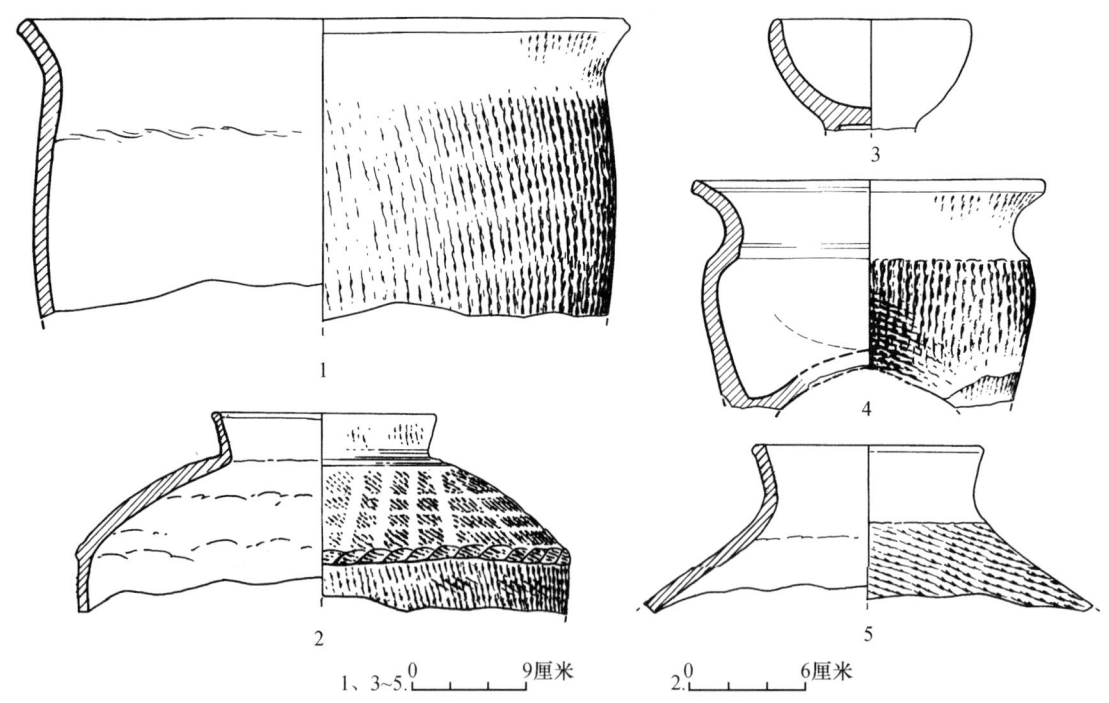

图 4-68　2006T9H50 出土陶器

1. B 型盆（2006H50：5）　2. Ab 型瓮（2006H50：3）　3. 钵（2006H50：1）　4. 乙 B 型鬲（2006H50：6）
5. Ba 型瓮（2006H50：2）

2006Y7

簋　C 型　标本 2006Y7:1，夹细砂红陶，黑胎。通体磨光，腹部饰三道凹弦纹，其中间刻划三角纹，内壁口沿下有一道弦纹。侈口，方唇，上腹较直，下腹内敛，圜底，圈足残。口径 23.5、残高 14.6 厘米（图 4-69，1）。

甗　A 型　标本 2006Y7:2，夹细砂灰陶。腹部饰斜向中粗绳纹，上腹绳纹之上有一圈附加堆纹，堆纹上压印数道斜向绳纹。圆唇，侈口，卷沿，上腹略直，束颈，颈部较短，以下残缺。口径 26.5、残高 16.6 厘米（图 4-69，2）。

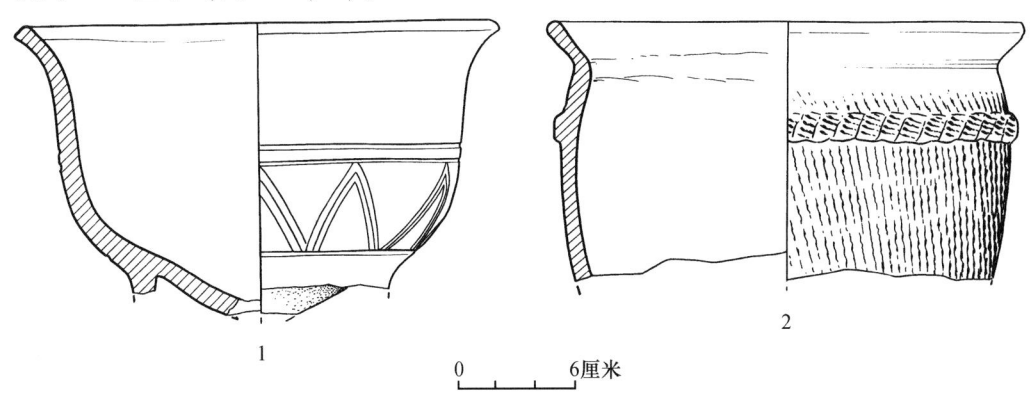

图 4-69　2006T9Y7 出土陶簋、甗
1. C 型簋（2006Y7:1）　2. A 型甗（2006Y7:2）

第三节　动、植物遗存

一、动物遗骸

（一）收集与整理程序

见第三章第三节相关介绍。

（二）出土状况及测量数据

南洼遗址殷墟文化出土的动物骨骼，单位及时代明确者计 997 块，其中过于破碎、鉴定种属的特征不明、只能认定为哺乳动物的计 313 块，约占 31.39%。

1. 动物骨骼出土情况（NISP，即可鉴定标本数）

2004ⅠT6840H87：黄牛 1、绵羊 9、猪 27、狗 1、梅花鹿 2、中小型鹿科动物 1、小型哺乳动物

1、中型哺乳动物44、大型哺乳动物3、哺乳动物1、雉2。

2004ⅠT7137H138：黄牛1、中型哺乳动物9、大型哺乳动物4。

2004ⅠT7038H238：绵羊1、猪7、狗1、梅花鹿1、鹿或羊1、中型哺乳动物4、大型哺乳动物1、哺乳动物2、珍珠蚌未订种1。

2004ⅠT7437H366：梅花鹿1。

2004ⅠT7038H407：黄牛1、猪1。

2004ⅠT6641M16：狗183、猪2、梅花鹿1、狍1、中型哺乳动物3、大型哺乳动物1。

2004ⅠT6641M19：猪2、小型哺乳动物1、中型哺乳动物2。

2004ⅠT7137④：黄牛4、狗2、梅花鹿2、羊或鹿1、中型哺乳动物7、珍珠蚌未订种2。

2004ⅠT7138④：黄牛6、绵羊2、猪23、狗5、小型鹿科动物1、鹿科动物4、中型哺乳动物10、大型哺乳动物11、哺乳动物28、鸟类1、蚌7、中华圆田螺1。

2005ⅠT7341H4：绵羊37、猪2、狗1、小型鹿科动物1、小型哺乳动物1、中型哺乳动物8。

2005ⅠT7341H11：猪3、中型哺乳动物5、哺乳动物1。

2005ⅠT7842H53：黄牛3、绵羊3、猪10、梅花鹿2、中型哺乳动物13、哺乳动物3、珍珠蚌未订种6。

2005ⅠT6936H91：黄牛8、猪21、狗2、梅花鹿1、中型鹿科动物1、小型哺乳动物1、中型哺乳动物9、大型哺乳动物1、哺乳动物5。

2005ⅠT4823H146：黄牛1、猪5、狗2、梅花鹿2、中型哺乳动物23、哺乳动物4、珍珠蚌未订种3。

2005ⅠT7542H158：黄牛1、狗1、梅花鹿2、狍1、羊或狍1、猪7、哺乳动物4。

2005ⅠT4822H218：猪2、狗1、梅花鹿1、中型哺乳动物1。

2005ⅠT4822H219：猪1、梅花鹿2、圆田螺144。

2005ⅠT4822H220：黄牛1、猪5、绵羊1、狗1、梅花鹿1、中型哺乳动物4、大型哺乳动物1、哺乳动物1。

2005ⅠT4822H249：黄牛1、猪7、狗7、梅花鹿1、中型哺乳动物7、大型哺乳动物2、圆田螺1。

2005ⅠT7342H26：黄牛1、猪8、狗2、梅花鹿4、中型哺乳动物29、大型哺乳动物5、哺乳动物33、珍珠蚌未订种6、圆田螺12。

2005ⅠT7641H28：猪2、狗1、狍1、哺乳动物2。

2005ⅠT7541H35：黄牛1、珍珠蚌未订种1。

2005ⅠT4823②：黄牛2、猪2、梅花鹿1、中型哺乳动物12、珍珠蚌未订种2。

2. 动物骨形体骼测量数据（单位：毫米）

狗：尺骨SDO：7.42，DPA：20.13，GL：17.50；第1掌骨GL：48.52；第2跖骨GL：53.74；第3掌骨GL：55.01；第4掌骨GL：56.05；第5掌骨GL：45.96；跟骨长：37.07，宽：17.36，厚：18.08；肩胛骨远端关节长：24.27，宽：15.31；荐椎BFcr：19.79，HFcr：9.70；胫骨远端长：19.27，宽：14.26，全长：157.57；距骨长：22.47；枢椎LCDe：44.08，H：31.38；头骨25：32.04，27：16.49；下颌7：72.07，8：67.36，9：62.20，11：37.11，14：17.83，17：9.41，

18：48.02，20：16.37；下颌 M1 长：19.28，宽：7.74；下颌 M2 长：8.43，宽：6.62；下颌 M3 长：4.91，宽：4.04（表4-4）。

表 4-4　殷墟时期狗趾骨、跖骨、肱骨、寰椎、桡骨、上下颌测量

测量点	样品量	最大值	最小值	均值	标准差
第1节趾骨 GL	7	22.09	18.30	20.82	1.70
第2节趾骨 GL	3	15.25	14.03	14.80	0.67
第3跖骨 GL	2	60.38	60.07	60.23	0.22
第4跖骨 GL	2	62.05	61.34	61.70	0.50
第5跖骨 GL	2	57.45	56.63	57.04	0.58
肱骨远端长	2	37.98	27.24	32.61	7.59
肱骨远端宽	2	26.88	18.6	22.74	5.85
寰椎 Lad	2	14.47	12.14	13.31	1.65
寰椎 GL	2	36.32	31.33	33.83	3.53
桡骨近端长	2	14.79	14.71	14.75	0.06
桡骨近端宽	2	10.18	9.37	9.78	0.57
上颌 M1 长	3	12.54	11.49	12.10	0.55
上颌 M1 宽	3	14.50	10.85	12.80	1.84
上颌 M2 长	2	6.57	5.79	6.18	0.55
上颌 M2 宽	2	9.85	8.84	9.35	0.71
下颌 10	2	31.64	30.14	30.89	1.06
下颌 12	2	32.66	30.77	31.72	1.34
下颌 19	2	22.69	21.89	22.29	0.57

猪：桡骨远端长：28.56，宽：24.38；头骨 27a：92.97，27：100.83，29：41.48；下颌 16b：32.09（表4-5）。

表 4-5　殷墟时期猪掌骨、跟骨、肩胛骨、胫骨、桡骨、上下颌测量

测量点	样品量	最大值	最小值	均值	标准差
第4掌骨 GL	2	74.04	65.26	69.65	6.21
跟骨长	2	71.50	58.15	64.83	9.44
跟骨宽	3	31.50	24.85	27.87	3.37
肩胛骨远端关节长	6	39.42	27.49	35.09	4.79
肩胛骨远端关节宽	6	25.11	20.03	23.86	1.90
胫骨远端长	4	29.18	26.73	28.03	1.30
胫骨远端宽	4	26.86	24.11	25.66	1.21
桡骨近端长	4	28.44	25.72	27.20	1.20
桡骨近端宽	4	20.41	18.26	19.13	0.91
上颌 P4 长	3	12.73	9.42	10.67	1.80

续表

测量点	样品量	最大值	最小值	均值	标准差
上颌 P4 宽	3	12.38	9.87	10.85	1.34
上颌 M1 长	10	17.22	13.62	15.18	1.35
上颌 M1 前宽	10	15.22	11.26	13.29	1.36
上颌 M1 后宽	9	15.75	11.26	13.79	1.38
上颌 M2 长	7	22.23	16.53	20.08	2.09
上颌 M2 前宽	5	17.00	12.84	15.46	1.60
上颌 M2 后宽	6	17.86	12.14	15.33	2.22
上颌 M3 长	4	32.62	27.94	30.28	2.29
上颌 M3 宽	3	17.78	17.01	17.37	0.39
上颌 28	2	64.90	59.79	62.35	3.61
下颌 16c	2	33.88	32.69	33.29	0.84
下颌 P4 长	5	19.19	13.17	17.60	2.50
下颌 P4 宽	5	9.27	8.21	8.63	0.48
下颌 M1 长	8	16.65	12.94	15.44	1.26
下颌 M1 前宽	7	11.56	8.89	10.25	0.83
下颌 M1 后宽	8	11.95	9.28	10.91	0.94
下颌 M2 长	6	21.19	18.03	19.97	1.19
下颌 M2 前宽	6	14.86	12.30	13.62	0.86
下颌 M2 后宽	6	14.56	13.18	13.65	0.49
下颌 M3 长	2	33.81	30.67	32.24	2.22
下颌 M3 宽	2	17.05	15.40	16.23	1.17

狍：肱骨远端长：31.90，宽：27.90。

梅花鹿：第2节趾骨 GL：34.71；第3节趾骨 DLS：40.14，MBS：9.78，Ld：34.35；距骨长：43.05，宽：26.50；桡骨远端长：41.39，宽：23.56；下颌8：58.57，9：33.66，15c：22.37，15b：23.75，M1 长：14.42，宽：11.00，M2 长16.76，宽：12.56，M3 长：27.31，宽：12.58。

黄牛：第2节趾骨 GL：42.25，Bd：23.82；第3节趾骨 DLS：73.06，MBS：22.27，LD：53.94；胫骨远端长：70.22，宽：48.48；桡骨近端长：98.24，宽：50.27；上颌 M1 长：29.17，宽：26.24；上颌 M2 长：35.56，宽：26.55；下颌 15c：30.96；下颌 P4 长：29.65，宽：13.86；下颌 M1 长：28.29，宽：15.23；下颌 M2 长：34.67，宽：14.45；掌骨近端长：57.91，宽：31.74（表4-6）。

表4-6　殷墟时期黄牛第1节趾骨 GL 和 Bp 测量

测量点	样品量	最大值	最小值	均值	标准差
第1节趾骨 GL	3	67.53	59.77	62.37	4.47
第1节趾骨 Bp	3	30.64	28.61	29.75	1.04

绵羊：第 1 节趾骨 GL: 35.37；肱骨远端长：32.55，宽：29.67；上颌 23：39.23，27：43.97，28：58.88，29：16.77，30：16.99；跖骨近端长：23.10，宽：21.33，远端长：25.84，宽：18.37（表4-7）。

表4-7　殷墟时期绵羊下颌、掌骨远端测量

测量点	样品量	最大值	最小值	均值	标准差
下颌15c	2	14.68	14.45	14.57	0.16
掌骨远端长	2	26.57	25.65	26.11	0.65
掌骨远端宽	2	17.83	16.01	16.92	1.29

（三）初步分析

南洼遗址殷墟时期发现的动物有中华圆田螺、雉、狗、猪、狍、梅花鹿、黄牛、绵羊和珍珠蚌未订种等，共9类。其中，狗、猪、黄牛、绵羊都是家养动物。

二、植物遗存

（一）植物大遗存

殷墟时期共12份样品，采自灰坑和陶窑（附表2 殷墟时期植物遗存统计表）。

1. 炭屑遗存

12 份样品 >1 毫米的炭屑总重为449.453g，平均炭屑密度为 3.154g/L，远高于整个遗址炭屑的平均密度。其中 H48 出土 >1 毫米炭屑总重为 426.459g，单位平均炭屑密度达 32.805g/L，将 06H48 作为异常值排除后，殷墟时期样品的炭屑平均密度为 0.178g/L。

2. 炭化植物种子

一共发现1479粒可鉴定的炭化植物遗存，可分为农作物、非农作物、块茎类、果类遗存和其他类植物遗存五大类。另有一定数量因残损而无法鉴定的炭化遗存，这一部分遗存未列入统计之列。

（1）农作物种子

农作物炭化种子一共930粒，占该时期种子总数的62.75%。种类包括有小麦、黍、粟和大豆。

小麦，共发现16粒，其中7粒整，9粒残。占该期种子总数和农作物的1.08%和1.72%，出土概率33.33%。完整的炭化小麦整体呈椭圆柱形，背部隆起，腹部多鼓，纵向深腹沟明显。经测量，平均粒长为3.55毫米，平均粒宽为2.49毫米，平均粒厚为2.12毫米。

黍，共39粒，分别占该期种子总数和农作物的2.63%和4.19%，出土概率58.33%。其中14粒为成熟饱满的炭化黍粒，整体近球形，粒长稍大于粒宽或者二者相近，胚区占粒长1/2以下，呈

V形，平均粒长为2.03毫米，平均粒宽为1.76毫米，平均粒厚为1.67毫米。4粒为粒长大于粒宽的黍。另有6粒整体较成熟黍粒瘦瘪，判为未成熟黍粒，平均粒长1.56毫米，平均粒宽1.42毫米，平均粒厚1.21毫米。2006H50还出土了15粒形态上近圆形的黍，整体较小，稍扁，胚区占粒长1/2以下或近1/2，随机测量其中8粒，平均粒长1.26毫米，平均粒长1.39毫米，平均粒厚0.96毫米。

粟，共847粒，分别占该时期种子和农作物种子总数的57.15%和91.08%，出土概率83.33%。其中839粒为成熟粟颖果，4粒残留有稃壳，另有4粒形态较小（长宽均小于1毫米）的粟。这些炭化粟整体呈圆球形，背略圆鼓，腹略平，胚区占粒长1/2以上，呈深U形，有的爆裂较严重。随机测量200粒，平均粒长1.31毫米，平均粒宽1.19毫米，平均粒厚1.14毫米。

大豆，共28粒，其中27粒出,2004H87，另1粒出于2006H49，出土概率仅为16.67%，占该期种子总数和农作物的1.89%和3.01%。炭化大豆整体呈椭圆形或长椭圆形，两侧微鼓。我们对其中完整的17粒进行测量，平均粒长4.45毫米，平均粒宽3.14毫米，平均粒厚2.55毫米。

（2）非农作物种子

非农作物种子共547粒，以禾本科的黍亚科为大宗，占种子总数和非农作物种子的32.46%和87.93%，出土概率为83.33%，其中可鉴定到属的有狗尾草属88粒、黍属2粒和马唐属5粒，尚未能鉴定到属的黍亚科种子386粒。其次是豆科种子，共42粒，出土概率为50%。另有藜科9粒、菊科2粒、唇形科水棘针和紫苏、伞形科等杂草种子，数量均较少。

（3）块茎类炭化遗存

2004H87发现1块茎类遗存，残，暂无法鉴定具体种属。

（4）果类炭化遗存

果类遗存为1块枣核碎片（图版五四，8），出于2006H49。

（5）其他类植物遗存

2006H48发现3粒疑似植物枝芽遗存。

（二）植硅体

殷墟时期南洼遗址共采集植硅体土样7份。其中，仅有两份样品含有植硅体。见表4-8。

从表中来看，陶窑内土样鲜有植硅体发现。2004M17随葬陶鬲内虽有较丰富的植硅体发现，但并无农作物植硅体发现。

表4-8 登封南洼遗址殷墟时期植硅体分析结果

序号	样品号	粟稃壳	黍稃壳	芦苇扇型	扇型	平滑棒型	刺棒型	板状棒型	长方型	方型	哑铃型	竖排哑铃型	长尖型	短尖型	植硅体组合概况
1	2006Y7				3	4		1							极少植硅体且风化严重
2	2004M17陶鬲内			43	29	143	16	25	70	58	2	2	8	32	植硅体丰富且多数保存较好，部分扇型尤其是芦苇扇型风化明显；棒型和扇型最多；不见任何农作物植硅体

第四节 小　　结

一、分段与年代

（一）典型地层单位与分段

南洼遗址殷墟时期的遗存较为丰富，2004、2005 及 2006 年均有该时期的地层与遗迹、遗迹与遗迹之间的叠压和打破关系，出土的遗物有一定的形制变化，这些为讨论南洼遗址殷墟时期的进一步分段打下基础。

首先观察几组典型的地层单位：

1. 2004T7437

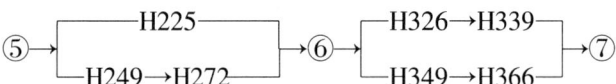

⑤层以上为东周以及其后的文化遗存，⑦层为二里头时期的遗存。二者之间的灰坑和地层均为殷墟时期的单位。

2. T2

①→H143→H232→F1→H251

①层为耕土层，其下的单位均为殷墟时期。

3. T7038

④→H238→H407→H422
　　　　　　　　└H428

④层为殷墟时期的地层，以上的单位为东周时期，H422 和 H428 打破⑤层，⑤层为二里头时期。

4. T9

G3①→G3②→Y7／H50→G3③

G3①层为殷墟时期，但出土典型陶器较少，G3②层、Y7、H50、G3③层的出土遗物丰富，均可做典型单位。

上述四例关系具有代表性，下面将出土陶器较多的单位列为表格，观察主要陶器的组合（表4-9）及其不同型式的共存关系（表4-10）。从表中可以看出，各单位出土器物往往具有较一致的共

表 4-9 殷墟时期陶器组合表

单位\器类	鬲 甲类Aa型	鬲 甲类Ab型	鬲 甲类Ba型	鬲 甲类Bb型	鬲 乙类Aa型	鬲 乙类Ab型	鬲 乙类B型	簋 A型	簋 B型	簋 C型	盆 Aa型	盆 Ab型	盆 B型	瓮 Aa型	瓮 Ab型	瓮 Ba型	瓮 Bb型	瓶 A型	瓶 B型	豆 A型	豆 B型
一组 2004T6840H87	8	Ⅱ4												4					1		
一组 2005T7542H158	3	Ⅱ3			1			2							1			1	1	1	
一组 2005T7342H26	2	Ⅰ2、Ⅱ4				1			1				1		3					1	1
一组 2006TC9⑥	4														2		2		2		
二组 2005T7342H91		Ⅲ1、Ⅲ1								4	1		1		1				1		
二组 2006TC9⑤	4		2							1	1					1					
二组 2006TC9H50							1			1			1			1					

表 4-10 殷墟文化共存关系表

单位\器类	鬲 甲类Aa型	鬲 甲类Ab型	鬲 甲类Ba型	鬲 甲类Bb型	鬲 乙类Aa型	鬲 乙类Ab型	鬲 乙类B型	簋 A型	簋 B型	簋 C型	盆 Aa型	盆 Ab型	盆 B型	瓮 Aa型	瓮 Ab型	瓮 Ba型	瓮 Bb型	瓶 A型	瓶 B型	豆 A型	豆 B型
早段	√	Ⅰ、Ⅱ	√	√	√	√	√	√	√	√	√	√	√	√	√	√	√	√	√	√	√
晚段		Ⅱ少Ⅲ多																√		√	√

存关系，并且符合地层序列反映的早晚关系，器物型式偶有交错，应为早期遗物出现在晚期遗物所致，整体器物群的演变趋势较为清楚。因此，遗迹之间的叠压打破关系以及器物的型式共存关系的变化，可判断出南洼遗址殷墟时期的遗存可划分出早晚两段。直接叠压和打破二里头时期堆积的T9G3③和2004H428出土甲类Aa型鬲、甲类Ab型Ⅱ式鬲、Aa型瓮、Bb型瓮、A型簋、B型簋、B型甗、Ab型盆、B型盆，因其层位靠下，定为第1段。此外同出以上器物的2004H87、2005H26，同样是直接打破二里头时期的单位，其中出土的器物还有甲类Aa型鬲、乙类Aa型鬲、乙类Ab型鬲、Ab型瓮、Ba型瓮、A型甗，因此这六类器物同样归入第1段。

打破和叠压T9G3③和H428的H50、Y7、H238、H407中出土器类除了有Aa型鬲，同第1段的器类发生了一定的变化，如甲类Ab型Ⅲ式鬲、乙类B型鬲、C型簋、C型瓮、B型碗。此外叠压H50、Y7的T9G3②出土有甲类Ba型鬲、Bb型鬲、Aa型盆。此外，同以上几个单位出土器物相似的H249中出土有A型碗。因此可把H50、Y7、H238、H407、T9G3②中出土的器物群定为第2段。

根据以上分析和表格一、二，并结合地层关系，可将绝大多数遗迹单位进行分段，那些无法利用器物共存关系的单位，可通过层位关系判断其所属的期段。还有少数没有出土典型陶器或不能根据地层单位进行判断的单位。这样我们将南洼遗址殷墟文化遗存分为两段，分段结果如下：

早期单位：2004M16、2004M19、2004M32、2004H193、2004H237、2004H23、2004H87、2004H428、2004H308、2004H385、2004H339、T7438⑥、2004H251、2005L1、2005H218、2005H219、2005H249、2005H146、2005H4、2005H11、2005H26、2005H158、T9G3③。

晚期单位：2004H422、2004H407、2004H238、2004T7038④、2004H100、2004H260、T7137④、2004H138、T7437⑥、2004H225、2004H249、2004H272、2004H326、2004H349、2004H366、2004H367、2004H372、2004T2F1、2004H143、2004H232、2004H233、2005H12、2005H91、T9G3②、2006TG9H50、2006H48、2006H49、2006Y7。

未能分段的单位：2004M17、T6840③、H328、H338。

（二）各段的文化内涵与特征

依照以上的分析结果，我们将殷墟文化早晚两段的文化内涵和特征归纳如下。

1. 早段

该段的遗迹有灰坑和墓葬两类。灰坑以圆形居多，椭圆形次之；坑底平底数量较大；坑壁多为直壁，斜壁或斜弧壁次之，还有少量的袋状坑。墓葬均为土坑竖穴墓，多数无二层台，腰坑也不多见，随葬品多为鬲。

陶器以夹砂陶为主，次为泥质陶（表4-11）。纹饰以绳纹居多，素面陶次之，还有少量的附加堆纹和弦纹（表4-12）。器类以鬲最多，占据近一半，其次为瓮，然后是甗、簋、豆、盆、小口罐、大口罐等（表4-13）。早段器物群的特点是：鬲的沿面较直，均无领部，有较多的薄方唇，也见有档部较高的鬲。盆多为直口或敞口方唇；多数瓮在早段已经出现，仅不见无领瓮。小口罐、甗、Aa型瓮、Ba型瓮则在早晚段均流行。

表 4-11 殷墟二期早段陶系统计表

单位＼陶系	夹砂				泥质				合计
	灰	黑	褐	红	灰	黑	褐	红	
2004T6840H87	285	141	217		459	149	231		1482
2005T7342H26	359	40	68	59	182	63	32	12	815
2005T4823H146	143	16	23		254	20	44		500
2005T7542H158	271	64	103	7	152	24	51	2	674
2006G3③	195	49	33	77	85	20	9	18	486
合计	1253	310	444	143	1132	276	367	32	3957
百分比（%）	31.7	7.8	11.2	3.6	28.6	7	9.3	0.5	99.7

表 4-12 殷墟二期早段纹饰统计表

单位＼纹饰	绳纹	素面	附加堆纹	弦纹	其他	合计
2004T6840H87	1310	107	43	13	10	1483
2005T7342H26	639	121	31	22		813
2005T7542H158	552	89	19	14	3	677
2005T4823H146	378	65	27	30		500
2006G3③	282	103	30	58	15	488
合计	3161	485	150	137	28	3961
百分比（%）	79.8	12.2	3.8	3.5	0.7	100

表 4-13 殷墟二期早段器类统计表

单位＼器类	鬲	瓮	盆	豆	簋	小口罐	甗	大口罐	合计
2004T6840H87	15	5		3		1	2		26
2005T7342H26	7	4	4	2	1	1	4	1	24
2005T7542H158	15	3	2	1	2		2		25
2005T4823H146	14	3			2	1	5	3	28
2006G3③	8	5	1	1	2	1	4		22
合计	59	20	7	7	7	4	17	4	125
百分比（%）	47.2	16	5.6	5.6	5.6	3.2	13.6	3.2	100

2. 晚段

晚段的遗迹有灰坑、房基和陶窑。灰坑以椭圆形居多，也有较多的圆形和不规则形，坑壁主要为直壁和斜弧壁，直壁稍多，袋状坑数量比早段少。房基 F1 被破坏严重，其形状和范围不清楚，仅留下灶和部分居住面。

陶器同样以夹砂陶为主，次为泥质陶（表 4-14）。纹饰同前段并无大的变化，依然是以绳纹居多，素面陶次之，还有少量的附加堆纹和弦纹（表4-15）。器类还是以鬲最多，瓮的数量比前期较少，簋和盆的数量有所增加，基本不见大口罐（表4-16）。

表4-14　殷墟二期晚段陶系统计表

单位＼陶系	夹砂				泥质				合计
	灰	黑	褐	红	灰	黑	褐	红	
2004T7437H366	400	77		108	284	70	57	20	1016
2005T7342H91	183	42	79		122	53	31		510
2004T7038④	550	194	340						1084
2006G3②	480		203	150	190		35	9	1067
合　计	1613	313	622	258	596	123	123	29	3677

表4-15　殷墟二期晚段纹饰统计表

单位＼纹饰	绳纹	素面	附加堆纹	弦纹	其他	合计
2004T7038④	950	46	54	34		1084
2004T7437H366	700	245	25	56		1026
2005T7342H91	382	107	18	3		510
2006G3②	702	233	66	58	8	1067
合　计	2734	631	163	151	8	3687

表4-16　殷墟二期晚段器类统计表

单位＼器类	鬲	瓮	盆	豆	簋	小口罐	甗	大口罐	合计
2004T7038④	6		1	1	3	1			12
2004T7137H138	10	1	4						15
2005T7342H91	4	3	4		4	1	1		17
2006G3②	15	1		2	6		8		32
合　计	35	5	9	3	13	2	9	0	76

（三）年代

登封南洼遗址地处豫中，晚商时期处于殷墟类型的分布范围之内[①]。该遗址发现的这批殷墟时

---

① 中国社会科学院考古研究所：《中国考古学·夏商卷》，中国社会科学出版社，2003年。

期的遗存，大多与殷墟遗址的文化面貌相似，但也有自身的一些文化特征。遗址中出土的陶器组合与殷墟遗址非常一致，陶鬲的裆部大多较低，实足跟较矮，常见厚方唇，具有明显的殷墟二期的特征。数量较多的 Ab 型 II 式鬲和 Ab 型 III 式鬲分别同殷墟第二期早段的 II 式鬲和殷墟遗址二期晚段的 II 式鬲相似；陶簋均为侈口敛腹，圈足较小、外侈，同殷墟第二期早段的 I 式簋相似；B 型甗基本与殷墟 PNH4:2 相同[①]。因此，登封南洼遗址发现的这批殷墟时期的遗存相当于殷墟二期，其早晚两段代表了该遗址的殷墟文化的前后两个阶段，但前后间隔时间较短。

二、动植物遗存反映的经济特征

（一）植物遗存的特点及初步分析

殷墟时期的农作物种子共 930 粒，占种子总数的 62.88%；非农作物种子 547 粒，农作物与非农作物遗存的数量比约为 1.7:1。

农作物包括粟、黍、小麦和大豆。粟的出土概率是所有种子中最高的，达 83.33%，占农作物的 91.08%，与二里头时期相当；其次是黍，出土概率为 58.33%，但在农作物中仅占 4.19%。小麦比黍的地位更低，数量百分比为 1.72%，但出土概率为 33.33%，较前期普遍性增强。小麦比例和普遍性的增加可能表明殷墟时期南洼聚落小麦的种植有所增加，但由于样品数量太少，浮选结果存在较大偶然性，因此尚不能确定小麦在伊洛河流域的种植规模是否存在殷墟时期存在一个稳步上升的趋势。大豆在农作物中比例比小麦高，达 3.01%，但出土概率稍低，为 16.67%，较二里头时期有所回落。

非农作物中依旧是黍亚科数量最多，占种子总量的 36.98%，出土概率为 83.33%。其次是豆科，共 42 粒，出土概率为 50%，占种子总量 2.84%。其他杂草类种子包括有藜科、菊科、唇形科水棘针和紫苏、伞形科等。没有发现其他属于水田特征的杂草，这与没有发现水稻的结果是一致的。

植物遗存的种类和数量比等表明聚落在殷墟时期基本延续了二里头时期的农业格局，以旱作农业为主导。粟、黍仍是最主要的食物。小麦有所增加，但没有动摇粟、黍的地位。大豆在先民食谱中逐渐占据更大的比例。杂草的数量有所减少，在一定程度上可能反映了农耕技术的进一步发展。另有 1 块枣核碎片和 1 块块茎类遗存残块，也应是先民食用的对象。

（二）动物遗存初步分析

从出土动物标本看，殷墟时期饲养的家畜品种有狗、猪、黄牛和绵羊等。与二里头时期相比，水生动物仅有中华圆田螺和珍珠蚌未订种，野生动物资源也较少见，只有雉、狍和梅花鹿。因此，

[①] 中国社会科学院考古研究所：《殷墟的发现与研究》，方志出版社，2007 年。

此时渔猎活动不如前期明显。但这也可能受到遗存保存状况的影响。例如，殷墟时期发现的时代明确的动物标本，其数量只相当于二里头时期同类标本数的 19.2%。详情见第六章第二节有关动物遗存分析。

第五章 春秋至金元时期遗存

第一节 概 述

这一时期的跨度较大,遗迹数量与二里头文化、殷墟文化相比较少,但遗迹类型较为丰富,包括房址、陶窑、灰坑和墓葬等类型(图5-1A,B,C,D)。

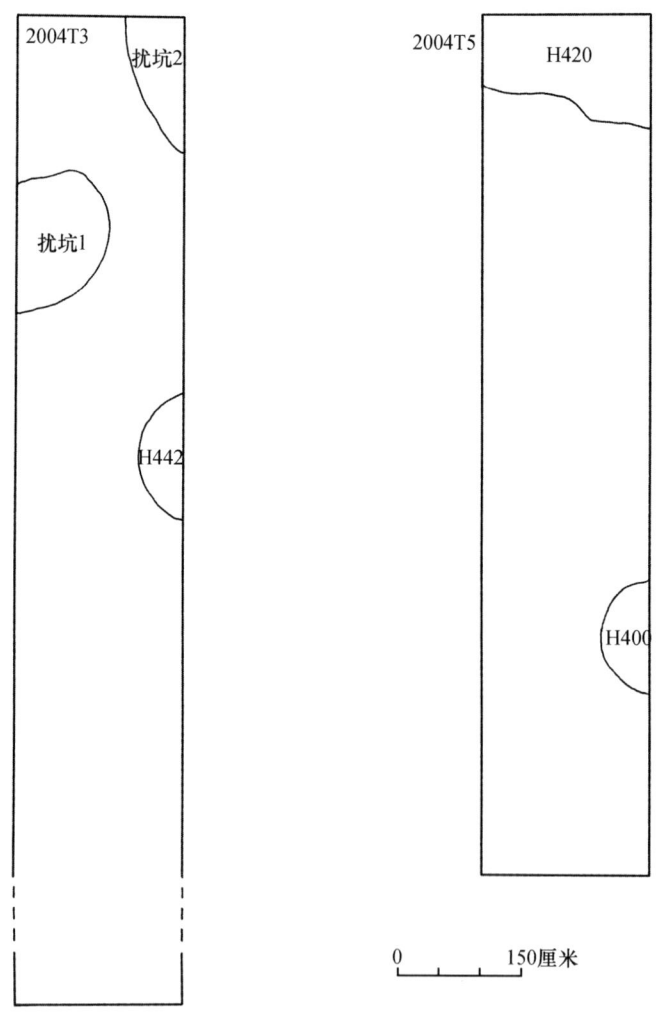

图 5-1A 2004T3、T5 内春秋时期遗迹图

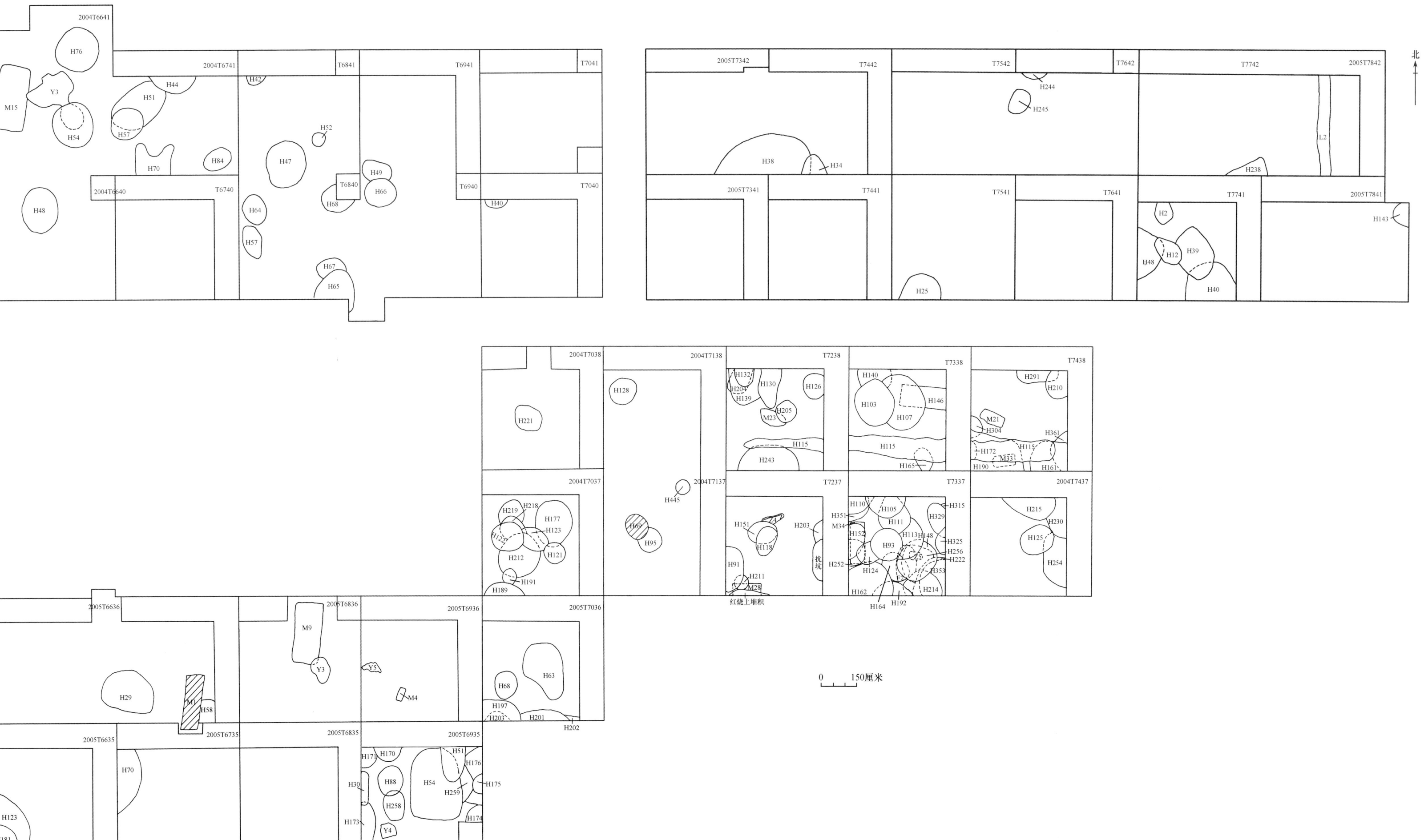

图5-1B　T6635~T7438、T7341~T7842内春秋时期遗迹图

第五章　春秋至金元时期遗存

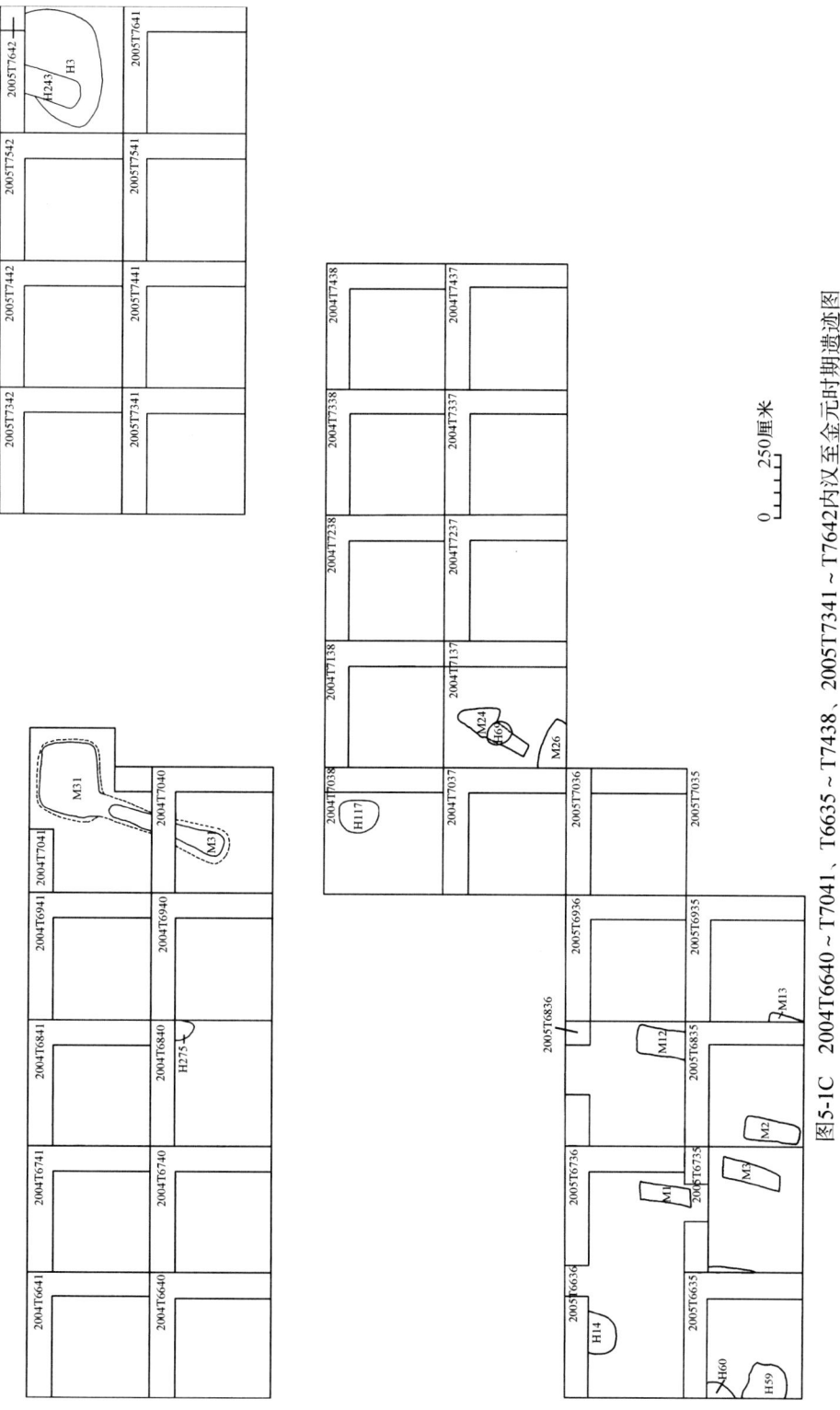

图5-1C　2004T6640～T7041、T6635～T7438、2005T7341～T7642内汉至金元时期遗迹图

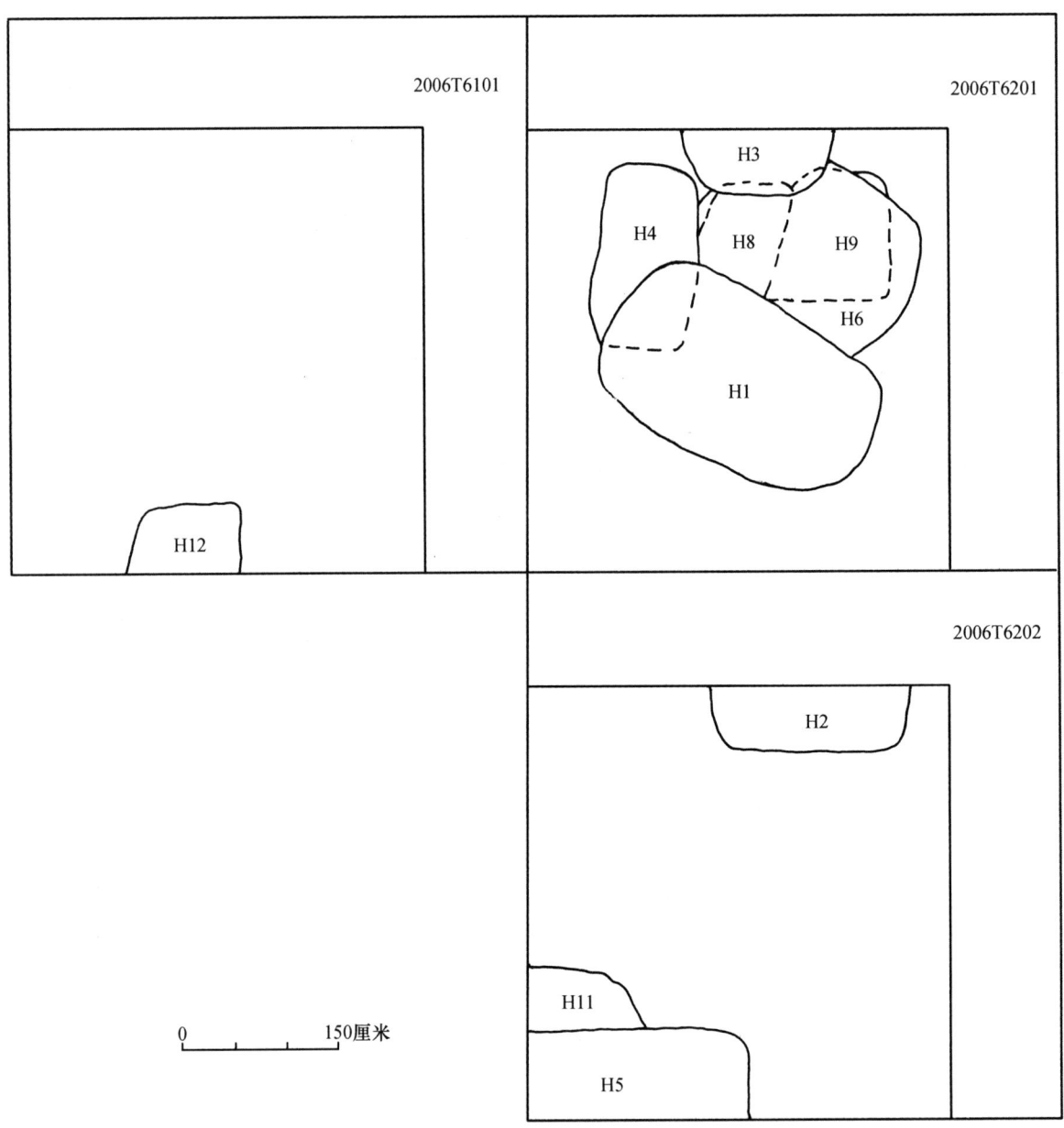

图 5-1D 2006T6101~T6202 内汉至金元时期遗迹图

第二节 春秋时期文化遗存

一、遗 迹

(一) 陶 窑

发现 4 座，现举 3 例。

2004Y3 位于探方 ⅠT6641 东北角。开口于②层下，被 H54 打破，其西北角打破 M15。该窑为半倒焰式，现存窑室下部、火膛、火门及窑前工作面，窑顶已遭破坏。

窑室整体呈斗形，上大下小，残存窑室上部的截面近梯形；北壁长 163 厘米，南壁长 110 厘米，南北壁相距 86~92 厘米。窑顶已遭破坏，但窑室四壁特别是靠近火门的地方，窑壁烧结面有向窑顶弧收的趋势。所以，原窑顶可能为穹隆形。窑室四壁分界明显，东西两壁自上而下内收，北壁自上而下外张，南壁较竖直。其中东壁残长约 166 厘米，残高 56 厘米，与窑床夹角为 143°。西壁残长约 92 厘米，残高 69 厘米，与窑床夹角为 134°。由于使用过程中受热程度不同，窑壁里侧为青色烧结面，烧结厚 2~3 厘米，外侧为红色烧结面，烧结厚度 3~15 厘米。

窑床近方形，边长为 56~78 厘米，面积约 5600 平方厘米。为青色烧结面，烧结厚度 2~3 厘米。

烟囱位于窑室北壁中部，向后突出，系在窑壁上掏挖而成。烟囱造型别致，靠近窑室的一面利用两块大陶片上下套接叠放，并在外侧糊泥用以固定，后经长期使用烧成红烧土。其余三面均为红烧土。烟囱截面为长方形，南北宽 20 厘米，东西长 28 厘米，残高 52 厘米。烟囱向内侧倾斜，与窑床夹角为 78°。

火膛位于窑室前方火门下部，火膛下部横截面近似"凸"字形。南北长 39~48 厘米，东西宽 36~74 厘米，其中火膛南部凸出部分南北长 14 厘米，东西宽 34~74 厘米，火膛底面到窑床高度为 44 厘米，火膛底面到窑前工作面高度为 25 厘米，火膛容积约为 169 938 立方厘米。火膛底部为红色烧土面，周壁皆是青色烧结面。

火门位于火膛南部，方向为 142°。火门从外侧正视为圆拱形，高约 45 厘米，残余顶部为青色烧土，南北进深 16~24 厘米，宽 40 厘米。火门主要是由青色烧土构成，外侧为红色烧土，烧结厚度 3~5 厘米。火门外堆放有成形的红烧土条带，应该是用泥条封堵窑门的遗留。

窑前工作面位于窑门南侧，上部被 H54 打破，部分压在探方东隔梁下，平面近圆形，直径约 90 厘米，残存坑底到坑口深 42 厘米。填土为深褐色，含较多的大块红烧土及木炭屑，较疏松。

窑室内堆积物为深褐土，包含较多的红烧土及木炭，较疏松。火膛内填土较复杂，可分为三层：①层含有较多的红烧土块，并夹杂较多的木炭块及白色灰烬，颜色驳杂，厚度为 10 厘米。所出陶片较大，且有被烧痕迹；②层为灰白色灰烬层，含零星红烧土及木炭，陶片较少见，厚度为10厘米；③层为灰白土层，含木炭较多，烧土较少，特别疏松，颗粒较小，厚2～3厘米。其下为一薄层红烧土，稍疏松，厚2～3厘米，为火膛底部（图5-2；彩版二五，2、3）。

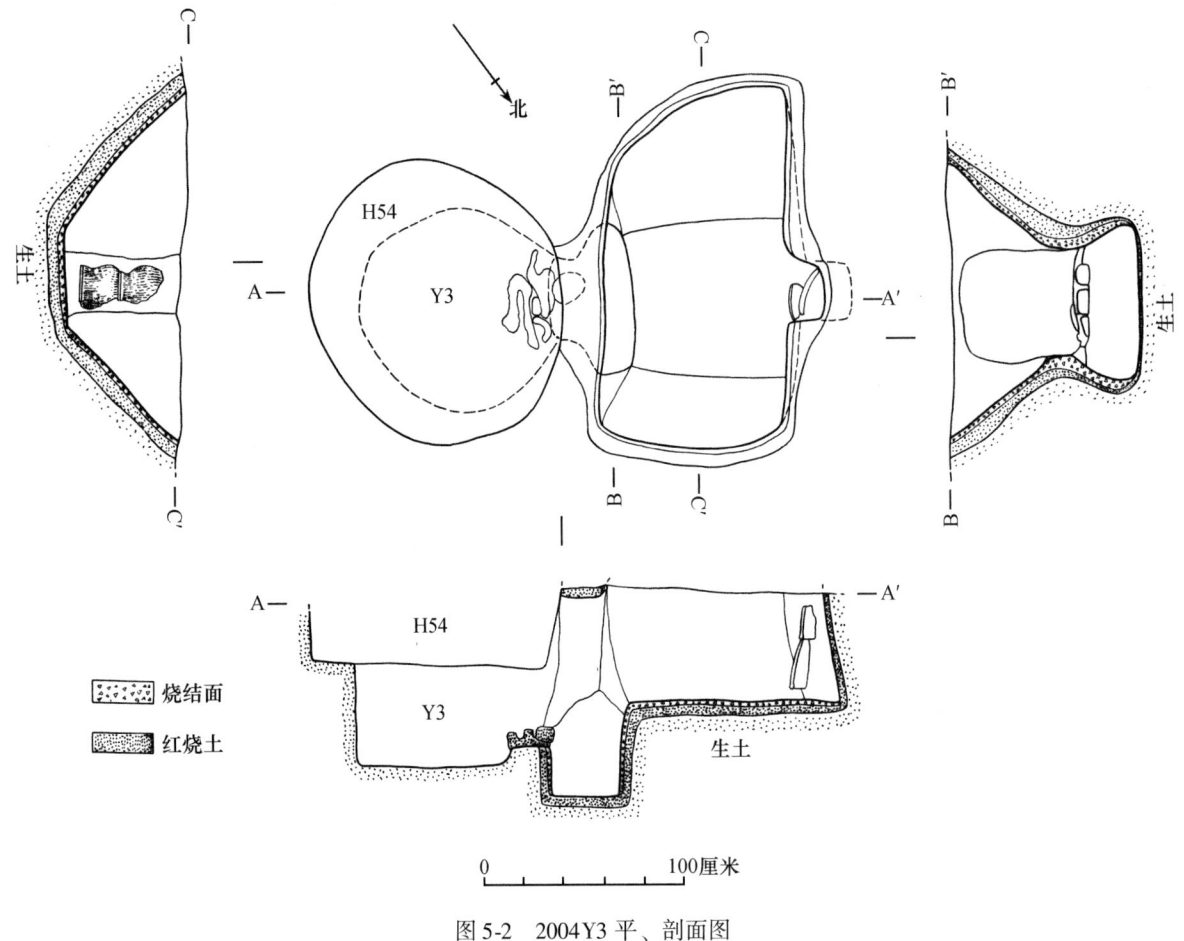

图5-2　2004Y3平、剖面图

2005Y3　位于ⅠT6836东部。开口于③层下，打破M9。仅存炭黑色烧结面，其余部分均被破坏。烧结面形状不太规则，质地坚硬，残长100、宽80、厚5～20厘米（图5-3）。Y3东部约2米处，在ⅠT6936内有Y5。Y3东南部约7米处，在ⅠT6935内有Y4。三者残存状况相似，可能为同一时期的窑址。

2005Y4　位于ⅠT6935西南部。叠压于③层下，打破④层。仅存炭黑色烧结面，其余部分均被破坏。烧结面略近方形，长62～70、厚5～12厘米（图5-4）。

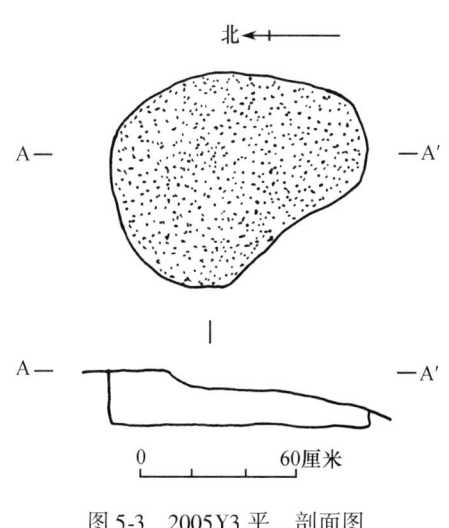

图 5-3　2005Y3 平、剖面图

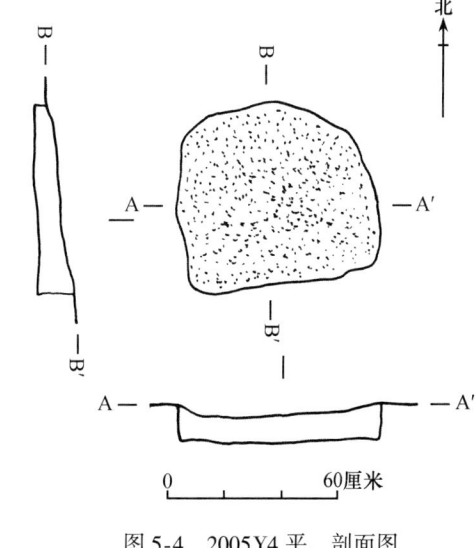

图 5-4　2005Y4 平、剖面图

（二）房址

发现一处。

2004F2　位于ⅠT7337的东南部，开口⑤层下，打破⑥层，被H192和H214打破。残存部分近椭圆形，由墙壁、居住面和灶组成，应为半地穴式，壁面经烘烤。现存范围南北长164、东西宽约84厘米。房址西部残存部分红烧土壁面，南北向长约60厘米，厚2~5厘米，残高8~10厘米。其东侧发现有倒塌的烧土块堆积。烧土块堆积下为居住面，土质坚硬，较平滑，厚4~5厘米。东北部发现一长方形灶，编号为Z5。灶门向东，方向为118°，现存口部东西长约57厘米，南北宽约37厘米，残深27厘米。周壁为红色烧土面，厚3~5厘米。其中，北壁较直，南壁向外凸出约7厘米。东部竖直，西壁呈斜坡状。房址门道不明（图5-5；彩版二五，1）。

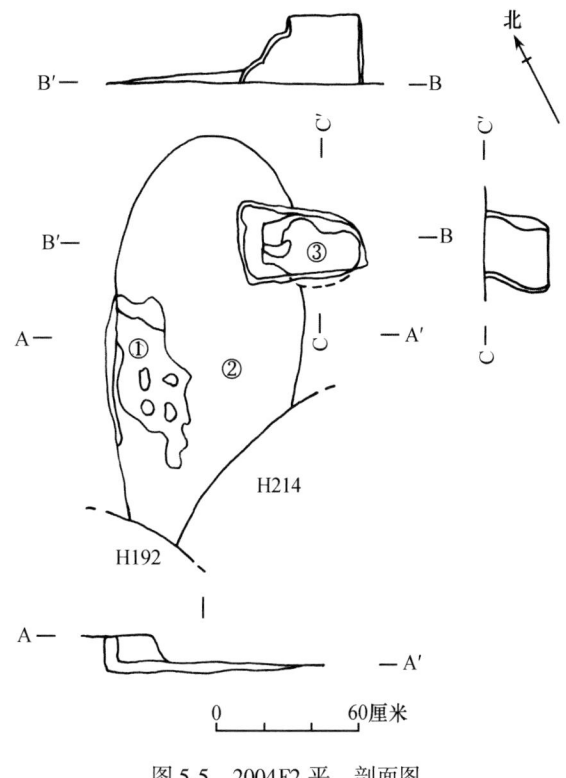

图 5-5　2004F2 平、剖面图
①烧土块堆积　②居住面　③灶

(三) 灰坑

共 85 座，依据平面形状可分为三型。

A 型　28 座，圆形。依据结构的不同可分为二亚型。

Aa 型　8 座，直壁。现举 3 例。

2004H128　位于ⅠT7138 的西北部。开口于②层下，平面呈近圆形，直壁，平底。直径 106～110 厘米，坑底距坑口深 70 厘米。填土呈深褐色，土质松软，夹杂有黄色土块，包含有较多的红烧土粒、炭粒等。出土遗物鬲、豆等（图 5-6）。

2004H103　位于ⅠT7338 的中部偏北。开口于③层下，平面呈近圆形，直壁，平底。直径 164～184 厘米，坑底距坑口深 64 厘米。填土呈黑褐色，土质松软，包含较多的红烧土粒和少量的炭屑、草木灰、料姜石等。出土遗物有盂、鼎、陶垫等（图 5-7）。

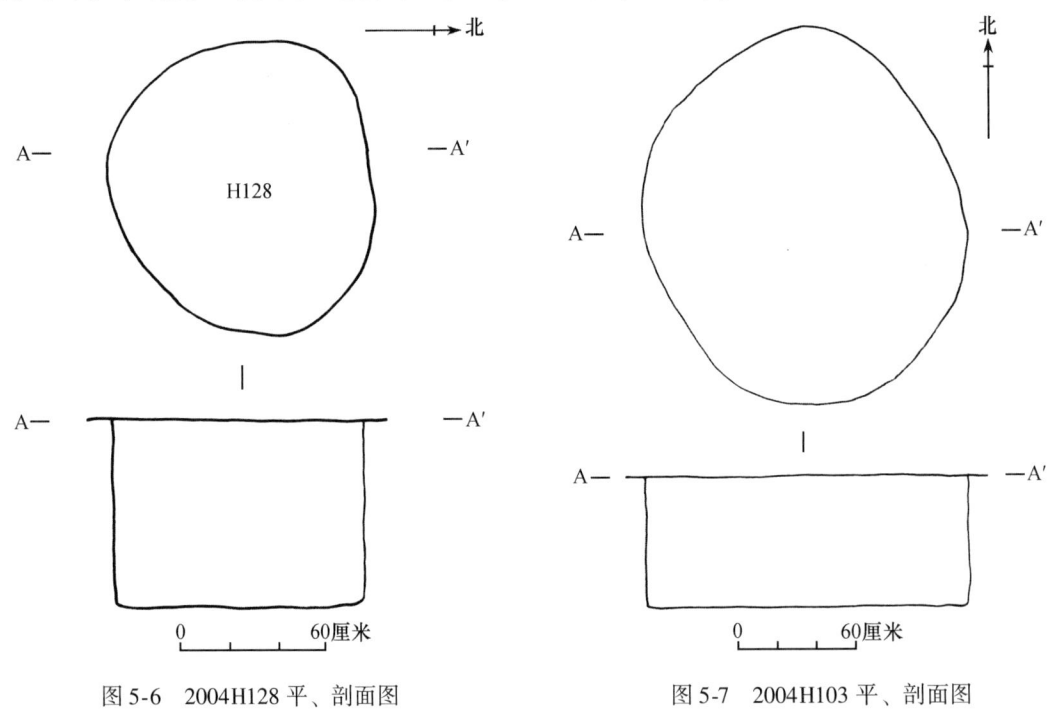

图 5-6　2004H128 平、剖面图　　　　图 5-7　2004H103 平、剖面图

2004H304　位于ⅠT7438 的西部，部分伸至西壁外。开口于④层下，平面近圆形，直壁，平底。直径 50～80 厘米，坑底距坑口深 20 厘米。填土呈青褐色，土质松软，包含少量的红烧土粒和炭屑。出土遗物有罐等（图 5-8）。

Ab 型　20 座，斜壁。现举 6 例。

2004H48　位于ⅠT6640 的北部，开口于②层下，平面呈近圆形，直径 150 厘米。斜弧壁，近圜底，坑底距坑口深 40 厘米。填土呈黑褐色，土质较硬，包含有大量的炭屑、红烧土粒等。出土遗物有鬲、盂等（图 5-9）。

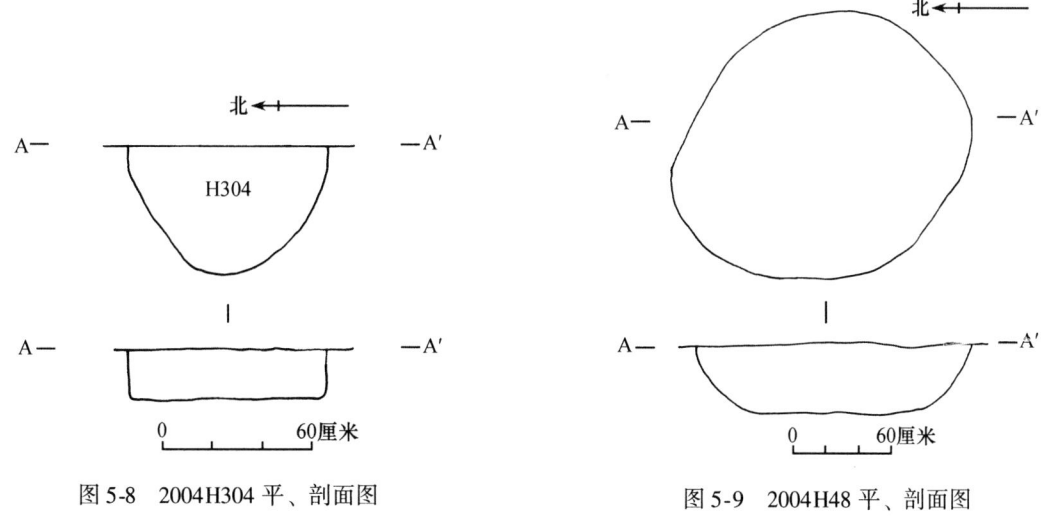

图 5-8　2004H304 平、剖面图　　　　　图 5-9　2004H48 平、剖面图

2004H68　位于ⅠT6840 的东北部，开口于②层下，平面呈近圆形，直径 140 厘米。弧壁，圜底，坑底距坑口深 80 厘米。填土呈黑褐色，土质疏松，包含有大量的炭屑、红烧土粒等。出土遗物有盆、罐等（图 5-10）。

2004H140　位于ⅠT7338 北部，开口于④层下，平面呈近圆形，斜弧壁，平底。坑口直径约 140 厘米，坑底距坑口深 40 厘米。填土呈黑褐色，土质松软，包含较多的红烧土粒和炭屑。出土遗物有盆、豆等（图 5-11）。

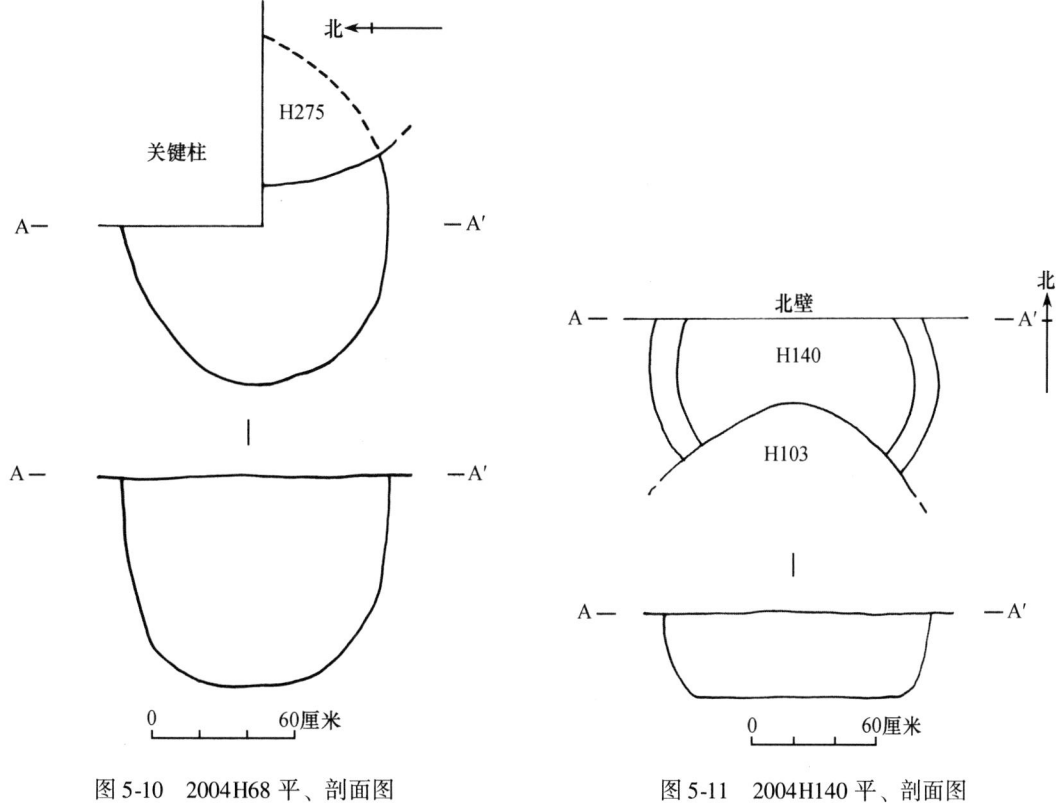

图 5-10　2004H68 平、剖面图　　　　　图 5-11　2004H140 平、剖面图

2004H445　位于ⅠT7137的北隔梁下。开口于③层下，平面呈圆形，斜壁，平底，坑口直径约60厘米，坑底距坑口深30厘米。填土呈青褐色，土质松软，包含少量的红烧土粒和炭屑。出土遗物有鬲、豆、盆等（图5-12）。

2004H126　位于ⅠT7238的东北部，开口于②层下，平面呈近圆形，直径140厘米。弧壁，平底，坑底距坑口深35厘米。填土呈深褐色，土质疏松，包含有大量的炭屑、红烧土粒、砂粒等。出土遗物有罐等（图5-13）。

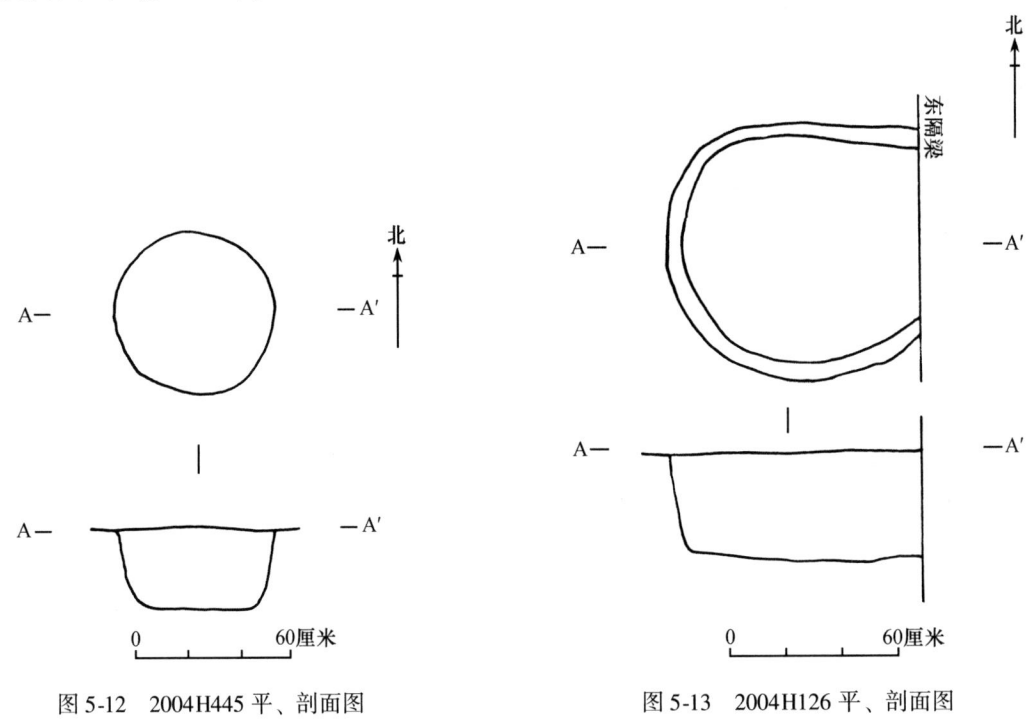

图5-12　2004H445平、剖面图

图5-13　2004H126平、剖面图

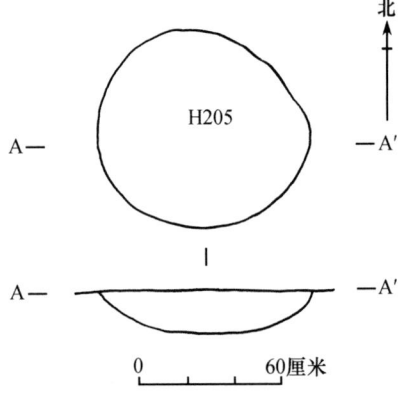

图5-14　2004H205平、剖面图

2004H205　位于ⅠT7238的中部偏东，开口于④层下，平面呈近圆形，直径84厘米。弧壁，圜底，坑底距坑口深26厘米。填土呈黑褐色，土质致密，包含有大量的炭屑、红烧土粒、石块等。未见有出土遗物（图5-14）。

B型　18座，椭圆形。

Ba型　4座，直壁。现举2例。

2005H51　位于ⅠT6935的东北部，开口于③层下，平面呈椭圆形，部分伸至北壁下，长径144、短径74厘米。直壁，平底，坑底距坑口深95厘米。填土呈灰褐色，土质疏松，包含有炭粒、红烧土粒等。出土遗物有甗、盆、盂、鬲、盖豆等（图5-15；彩版二六，1）。

2004H361　位于ⅠT7438的东南部，部分伸至探方的东壁和南壁下。开口于⑤层下，平面呈近椭圆形，长径不小于104、短径不小于68厘米。直壁，平底，坑底距坑口深40厘米。填土呈浅红褐色，包含少量的红烧土粒、炭粒等。出土遗物有罐、豆等（图5-16）。

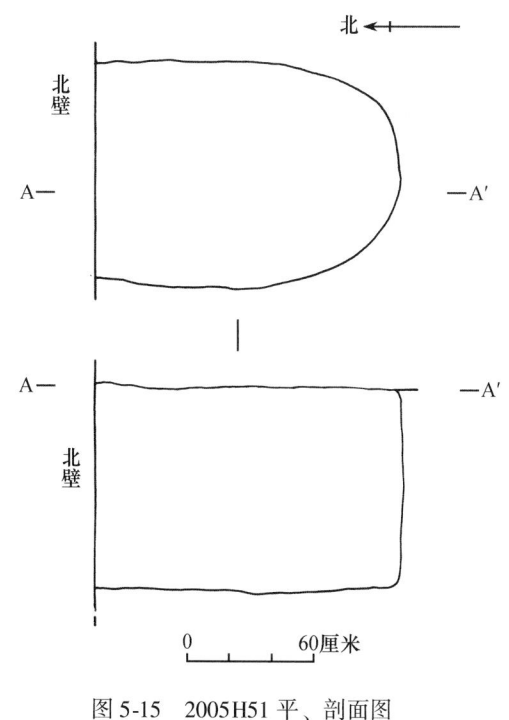

图 5-15　2005H51 平、剖面图

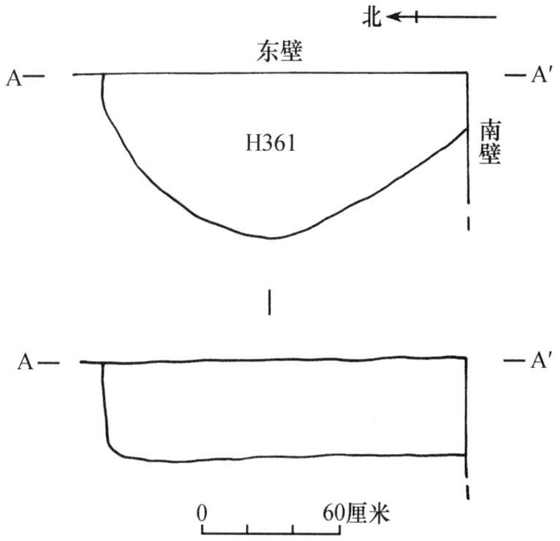

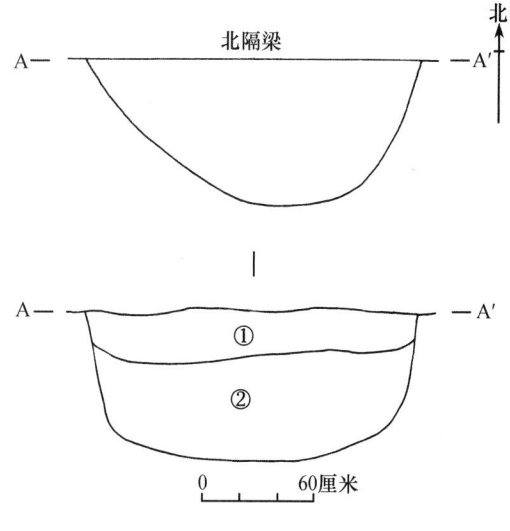

图 5-16　2004H361 平、剖面图

Bb 型　14 座，斜壁或斜弧壁。现举 5 例。

2004H44　位于 ⅠT6741 中部北壁下，部分伸至北隔梁下。开口于②层下，平面呈半椭圆形，长径 177、短径不小于 72 厘米。斜壁、圆底，坑底距坑口 76 厘米。填土分两层：①层厚 16～29 厘米，呈黑褐色，土质较硬，结构致密，包含大量的炭粒和烧土粒；②层厚 31～48 厘米，呈黄褐色，结构致密，包含有大量的草木灰和红烧土块。出土遗物有鬲、豆、罐等（图5-17）。

2004H51　位于 ⅠT6741 的西北部。开口于②层下，被 H44 打破，平面呈椭圆形。长径 230、短径 150 厘米。斜壁、平底，坑底距坑口深 42 厘米。填土呈深褐色，土质较软，结构疏松，夹杂有较多的黄土块，包含有大量的炭粒、红烧土粒，出土遗物有罐、豆、骨簪等（图 5-18）。

图 5-17　2004H44 平、剖面图

2004H122　位于 ⅠT7037 的中部偏西，开口于②层下，平面呈椭圆形，坑口长径 116、短径 88 厘米。斜壁，平底，坑底距坑口深 23 厘米。填土呈灰褐色，土质较硬，结构致密，夹杂有黄色土斑，包含有红烧土粒和少量的炭粒。出土遗物有罐、豆、鬲等（图 5-19）。

2004H123　位于 ⅠT7037 的中部偏西，开口于②层下，被 H121 和 H122 打破。平面呈椭圆形，坑口长径 108、短径 104 厘米。斜壁，平底，坑底距坑口深 23 厘米。填土呈灰褐色，土质较软，结构疏松，夹杂有黄色土斑，包含有少量的红烧土粒和炭粒。出土遗物有鬲、盆、罐、豆等（图 5-20）。

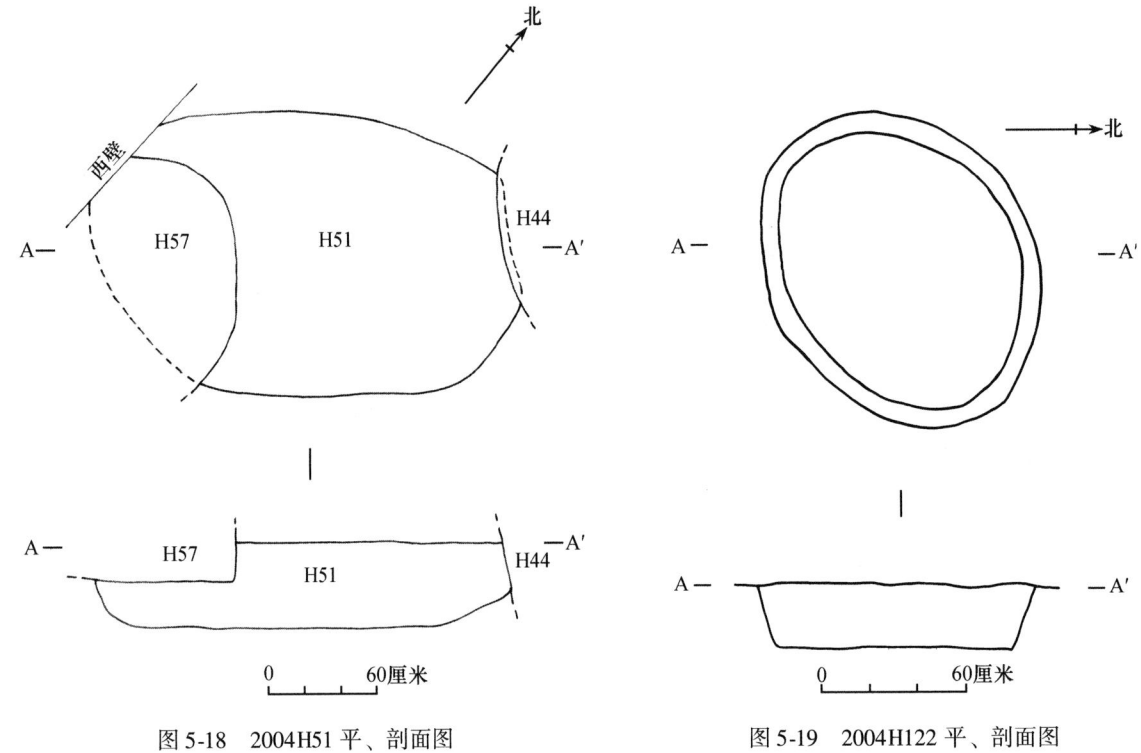

图 5-18　2004H51 平、剖面图　　　　　图 5-19　2004H122 平、剖面图

2004H177　位于ⅠT7037 的东北部，开口于③层下，平面呈椭圆形，坑口长径 144、短径 118 厘米。斜壁，平底，坑底距坑口深 36 厘米。填土呈黄褐色，土质较硬，夹杂有黄色土斑，包含有红烧土粒和少量的炭粒。出土遗物有罐、豆、鬲、尊等（图 5-21）。

C 型　19 座，不规则形。

Ca 型　12 座，直壁。现举 5 例。

2004H132　位于ⅠT7238 的西北部，部分伸至北壁下。开口于②层下。平面呈不规则形，暴露部分坑口长 77、宽 70 厘米。近直壁，平底，坑底距坑口深 44 厘米。填土呈红褐色，土质较软，结构疏松，夹杂有砂粒，包含有少量的红烧土粒和炭粒。出土遗物有罐、豆等（图 5-22）。

2004H190　位于ⅠT7438 的西南角，部分伸至西壁和南壁下。开口于④层下。平面呈不规则形，探方内部分坑口长 230、宽 160 厘米。近直壁，平底，坑底距坑口深 34 厘米。填土呈黄褐色，土质较硬，结构疏松，包含有大量的料姜石，少量的红烧土粒和炭粒。出土遗物有罐等（图 5-23）。

2004H291　位于ⅠT7438 的北部，部分伸至北壁下。开口于④层下，被 H210 打破。平面呈不规则形，探方内部分坑口长 170、宽 40 厘米。近直壁，平底，坑底距坑口深 65 厘米。填土呈浅红褐色，土质较硬，结构致密，包含有少量的红烧土粒。出土遗物有罐、盆等（图 5-24）。

2005H2　位于ⅠT7741 的中部北壁下，开口于③层下，被 H51 打破，平面呈不规则形，长 273、宽 195 厘米。直壁，平底，坑底距坑口深 66 厘米。填土呈深褐色，土质较硬，结构疏松，包含有大量的红烧土粒、料姜石。出土遗物有鬲、罐等（图 5-25）。

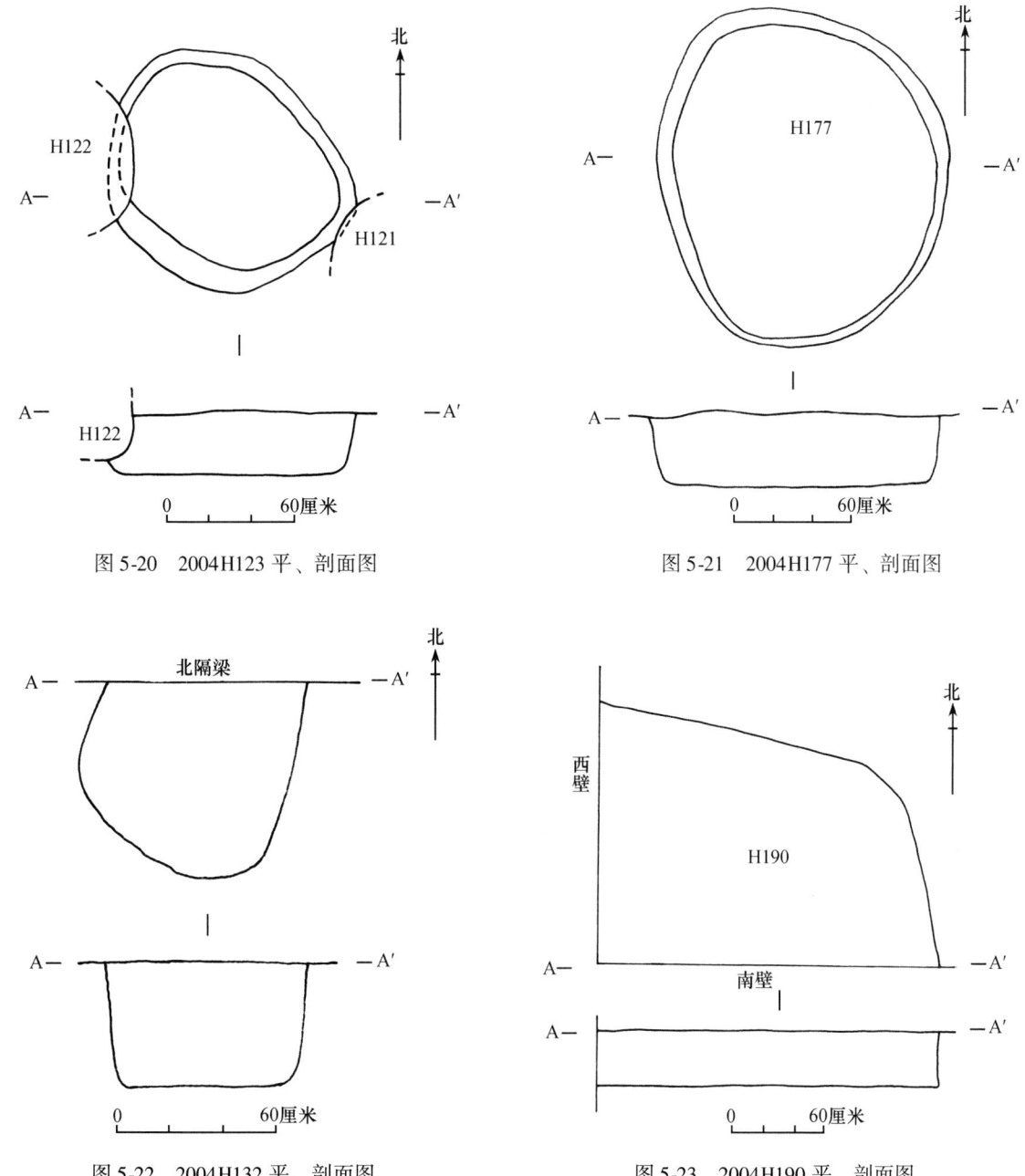

图 5-20　2004H123 平、剖面图

图 5-21　2004H177 平、剖面图

图 5-22　2004H132 平、剖面图

图 5-23　2004H190 平、剖面图

2005H54　位于ⅠT6935 的东北部，开口于③层下，被 H51 打破，平面呈不规则形，长 273、宽 195 厘米。北壁较直，南壁略呈袋状，平底，坑底距坑口深 109 厘米。填土呈灰褐色，土质较软，结构疏松，包含有大量的红烧土粒和炭粒。出土遗物有骨锥、石斧、陶鬲、陶罐等（图 5-26）。

Cb 型　7 座，斜壁或斜弧壁。现举 3 例。

2004H204　位于ⅠT7238 的西北部，部分伸至北壁下。开口于④层下，被 H132 打破。平面呈不规则形，探方内部分坑口长 90、宽 67 厘米。斜弧壁，圜底，坑底距坑口深 33 厘米。填土呈灰色，泛黄，土质较软，结构疏松，包含有少量的红烧土粒、草木灰、炭粒。出土遗物有罐、石刀等

(图 5-27)。

2004H70　位于ⅠT6741 的南部，部分伸至南壁下。开口于②层下。平面呈不规则形，探方内部坑口长 153、宽 130 厘米。斜弧壁，底东高西低，坑底距坑口深 57 厘米。填土呈黄褐色，土质较软，结构疏松，包含有少量的红烧土粒、草木灰、炭粒。出土遗物有鬲、豆等（图 5-28）。

2004H215　位于ⅠT7437 的东北部，部分伸至北壁下。开口⑤层下。平面呈不规则形，探方内部坑口长 224、宽 90 厘米。斜壁，平底，坑底距坑口深 64 厘米。填土分三层：①层厚约 18 厘米，呈深褐色，土质较软，包含有红烧土块、炭屑、料姜石；②层厚 32 厘米，土质松软，包含大量的红烧土粒和炭粒；③层厚约 14 厘米，呈浅黄褐色，包含物较少（图 5-29）。

此外，还有 15 座灰坑在探方内分布不全，形制不明。

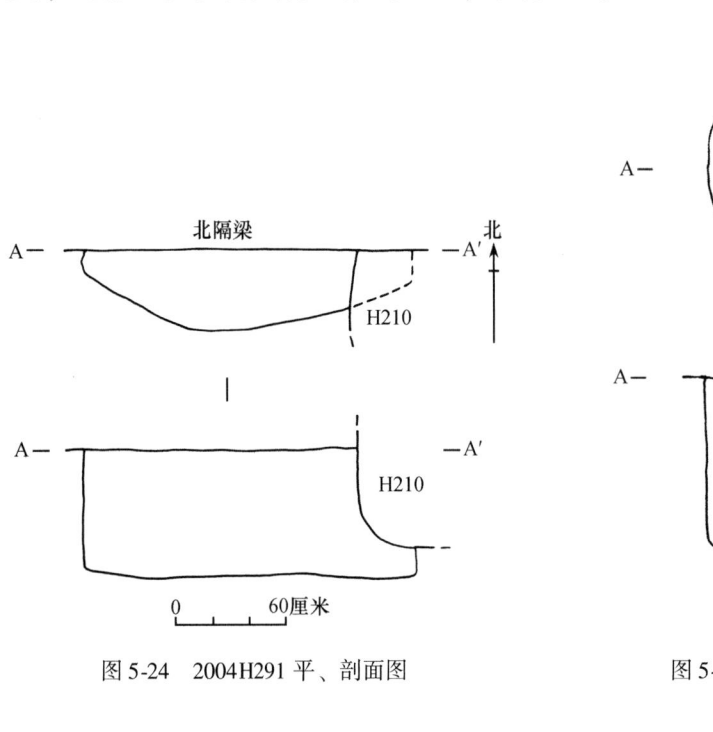

图 5-24　2004H291 平、剖面图

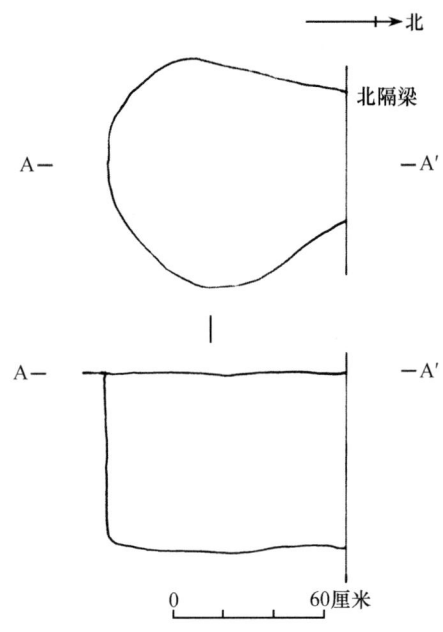

图 5-25　2005H249 平、剖面图

图 5-26　2004H2 平、剖面图

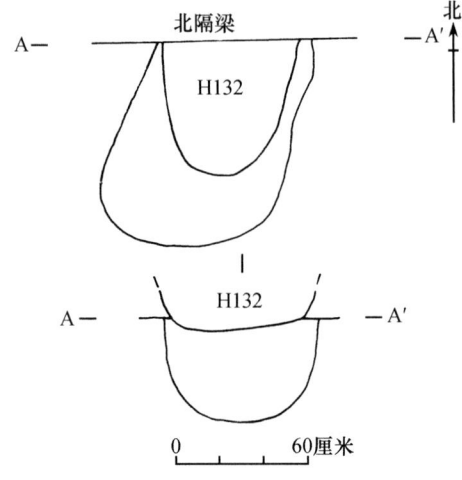

图 5-27　2004H204 平、剖面图

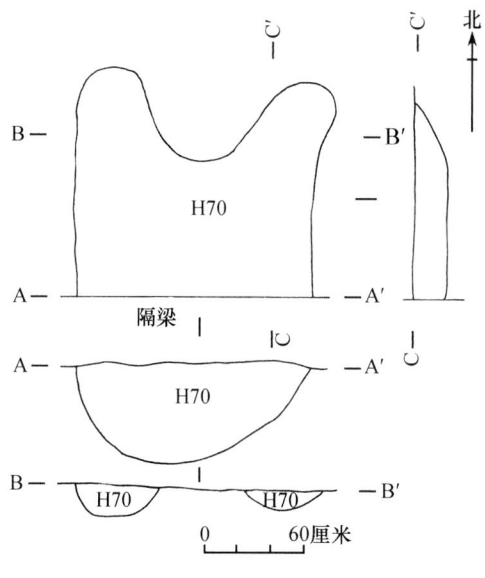

图 5-28 2004H70 平、剖面图

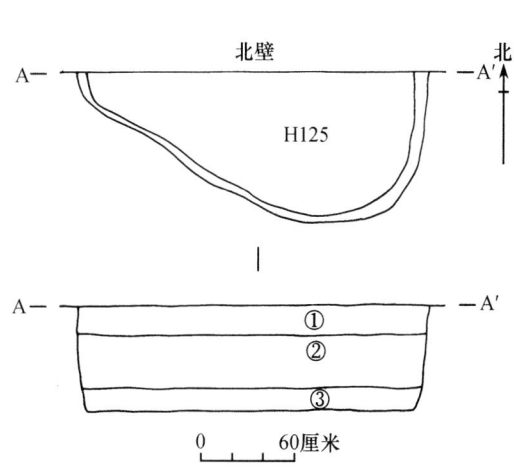

图 5-29 2004H215 平、剖面图

（四）墓葬

春秋时期的墓葬基本可分为两类：

第一类为土坑竖穴墓，3座。

2004M15 位于ⅠT6641的中部偏北。开口于②层下，被Y3打破，打破M12和③层。M15平面呈长方形，方向10°，竖穴土坑墓，基本为直壁，底部近平。墓圹长262、宽130厘米，墓底距墓口深336厘米。填土分为三层：①层厚15厘米，深褐色，土质较硬，结构致密，夹杂成片的黄土；②层厚85厘米，呈深褐色，土质极硬，结构致密，夹杂较多的料姜石及零星的红烧土；③层厚200厘米，为黄褐色的砂土，土质松软，结构疏松，较纯净。骨架1具，保存较差，脊椎骨和盆骨已无法辨认。仰身直肢葬，头向北，面向东，葬具为一棺一椁，棺痕长192~196、宽84~95厘米，椁痕长202~222、宽114厘米。随葬品为1件石圭，置于墓主西侧的棺椁之间。此外，墓主人的头骨东侧发现有零星的动物碎骨和牙腭，应为祭祀或随葬之用（图5-30；彩版二六，3）。

2005M9 位于ⅠT6836的北部，开口③层下，被Y3叠压，打破H194、H195、H225、H231、H232。为竖穴土坑

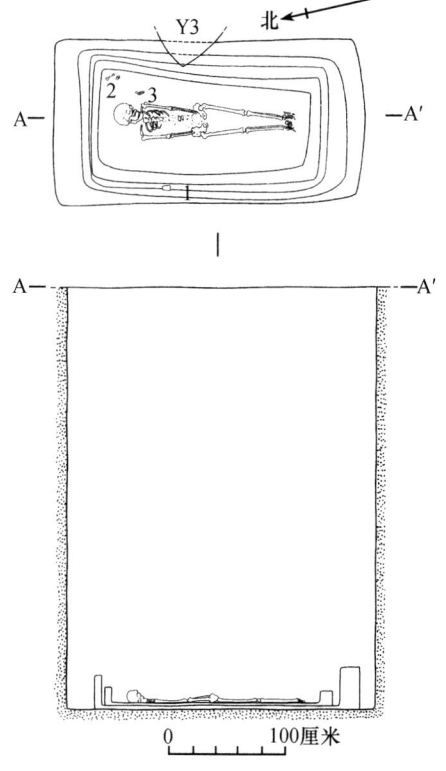

图 5-30 2004M15 平、剖面图
1. 石圭 2. 动物骨骼 3. 牙腭

墓，直壁，平底，方向为5°。墓室平面呈长方形，长240、宽110厘米，墓底距墓口深300厘米。填土未分层，为浅灰色花土，土质致密，包含有石块、料姜、红烧土、兽骨等。发现人骨架一具，保存一般，仰身直肢葬，头向北，面向上，双手交叉置于腹部。葬具为一棺一椁，棺椁痕迹残存深度约50厘米。椁痕共发现二层，上层为顶板痕，由11块东西向板痕南北排列而成，个别板痕间有空隙。其颜色呈炭黑色，个别有白色灰痕。单块板痕宽约22、长约110厘米。下层为底板痕，由4根南北向板痕东西排列而成，各根板痕间均有一定空隙，颜色亦呈黑褐色。各根板痕宽约20、长约230厘米。未发现椁两侧挡板。棺痕保存状况较差，四侧挡板痕宽5~10厘米，顶板和底板均呈南北方向，具体木板数不详。棺痕长约218、宽约70厘米。随葬品有夹砂红陶一件，器型不辨。另在下腹右侧发现青铜带钩1件（图5-31；彩版二七，1、2）。

第二类为瓮棺葬，5座，皆为幼儿墓葬。现举2例。

2004M21 位于ⅠT7438的中部偏西。开口于④层下，打破⑤层。墓圹近长方形，直壁、平底。方向110°。墓圹长104、宽42、深32厘米。填土呈灰褐色，较硬，包含有少量的红烧土粒和青色

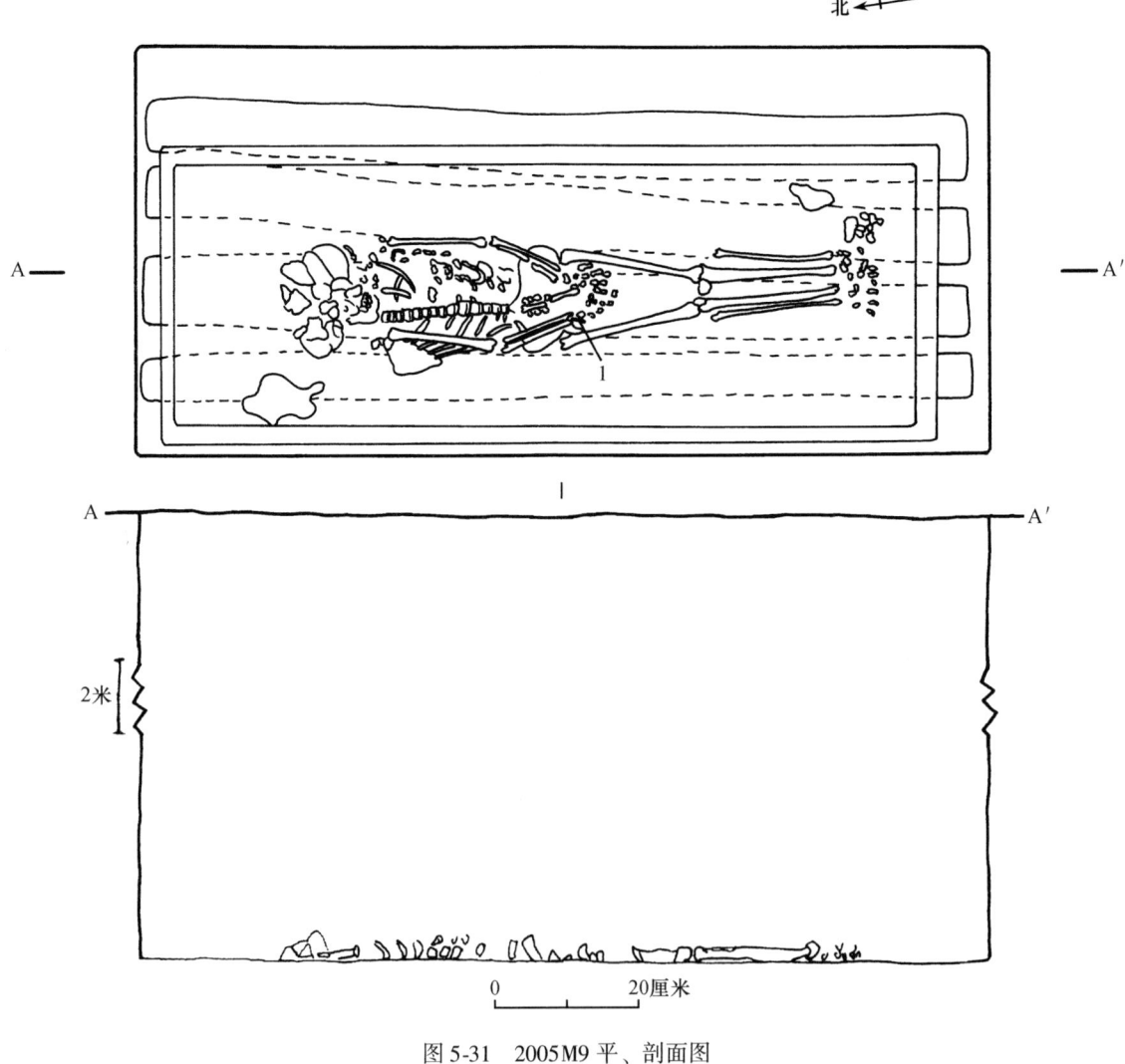

图5-31　2005M9 平、剖面图
1. 铜带钩

土。葬具为一陶罐，口向东，已破碎。其内有1具骨架，仅见有少量的头盖骨和碎骨，葬式不明，头向东（图5-32；彩版二六，2）。

2004M33　位于ⅠT7438的西南部。开口于⑤层下，打破⑥层。墓圹平面呈长方形，直壁、平底。墓圹长82、宽39、深45厘米。方向85°。填土呈灰褐色，较硬，包含有少量的红烧土粒和青色土。葬具为一陶罐，其内有1具骨架，部分残缺，但头骨和四肢骨保存较为完整，屈肢，头向东，面向北（图5-33）。

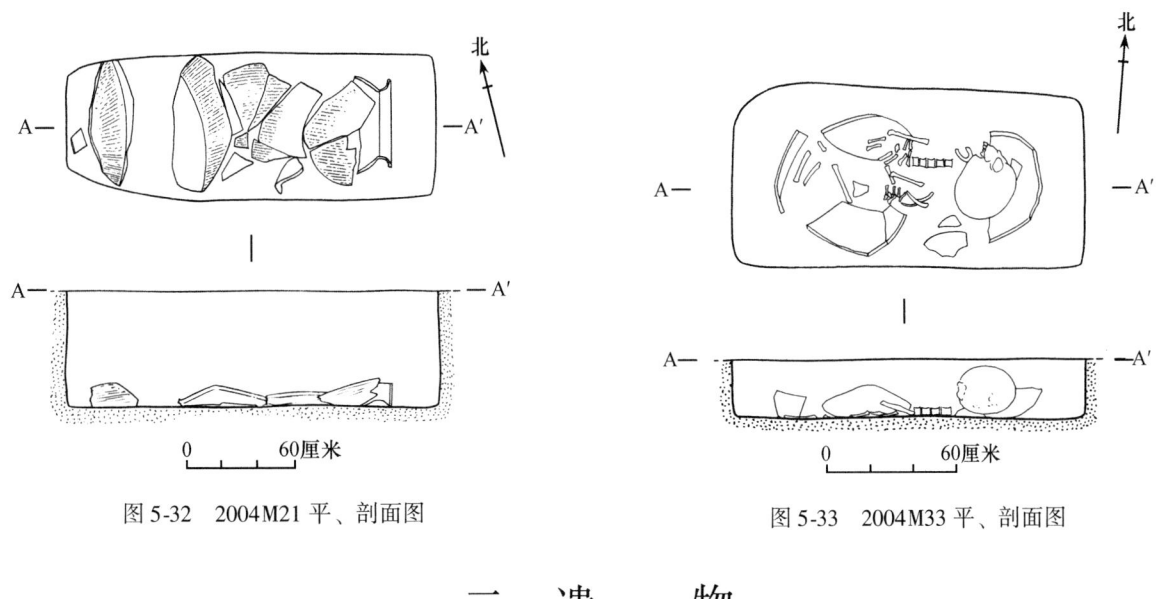

图5-32　2004M21平、剖面图　　　　　　图5-33　2004M33平、剖面图

二、遗　　物

（一）石　器

春秋时期石器种类有铲、斧、锛、凿、钺、刀、镰、镞、球、圭、璧等，以下将分别对各类器物进行描述。

石铲

1件。标本2004ⅠT7238⑤:7，鲕粒灰岩，青灰色，横截面为圆角长方形，顶部残，刃缘圆弧，双面刃略残。残长7.7、宽8.1、厚2厘米（图5-34，4）。

石斧

6件。依据形态的大小可分为二型：

A型　3件，器体较小。标本2004T1③:1，安山岩，灰色，器表见有火烧痕迹，器身磨制粗糙，有较多的打制痕迹，平面形状为长方形，横截面略呈椭圆形，平顶略弧，双面刃，刃缘圆钝。长12.8、宽5.2、厚3.3厘米（图5-34，1）。

B型　3件，器身厚重，器体较大。标本2004ⅠT7337⑦:1，片岩，青灰色，器表略磨制，顶部残，横截面为近方形，双面刃，刃缘圆钝。残长12.3、宽6、厚5.4厘米（图5-34，2）。标本2004H44:1，安山玢岩，绿色，器身下端略磨制，器体呈长舌状，平顶，刃端一面残，刃部圆钝。

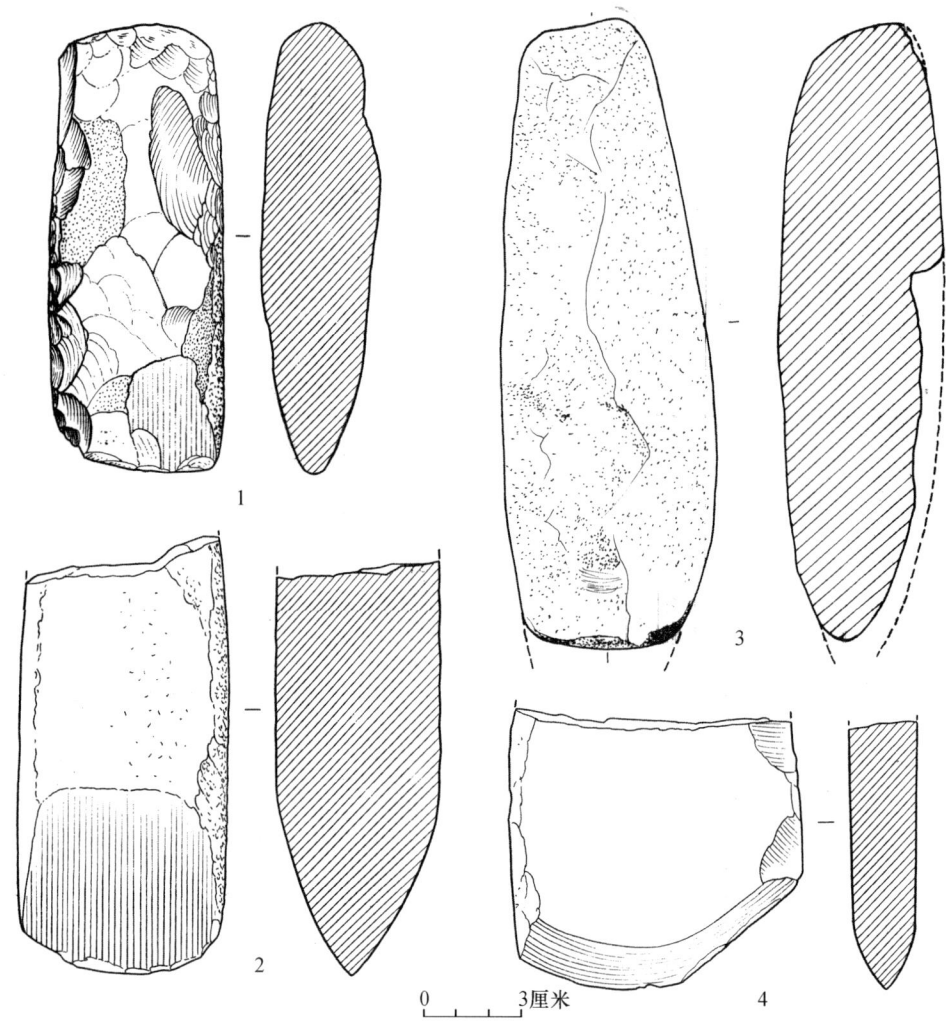

图 5-34　春秋时期出土石斧、石铲
1. 石斧（2004ⅠT1③:1）　2、3. B 型石斧（2004ⅠT7737⑦:1、2004H44:1）　4. 石铲（2004ⅠT7238⑤:7）

长 17、宽 4.1~6、厚 4.7 厘米（图 5-34，3）。

石锛

4 件。标本 2004ⅠT6835③:1，石英岩，灰色，器体厚重规整，形状为长方形，磨制精细，平顶略鼓，单面刃，刃缘上见有两处崩疤。长 13.3、宽 4.3、厚 3.6 厘米（图 5-35，2；图版四二，1）。标本 2004ⅠT7040③:1，变粒岩，黑色，器体呈长条形，顶部与刃部均残损，器表仅刃部与后刃面磨光，其余保持石材原貌，单面刃。残长 9.5、宽 3.8、厚 2.9 厘米（图 5-35，1）。

石凿

3 件。标本 2004ⅠT1③:3，石英岩，青灰色，磨制精细，器体呈长条形，横截面为梯形，平顶，单面刃，刃缘锋利。长 5.6、宽 1.9、厚 1.6 厘米（图 5-35，3）。

石钺

2 件。标本 2004H196:1，粉砂岩，青灰色，磨制精细，器体呈长方形，横截面为长方形，中部

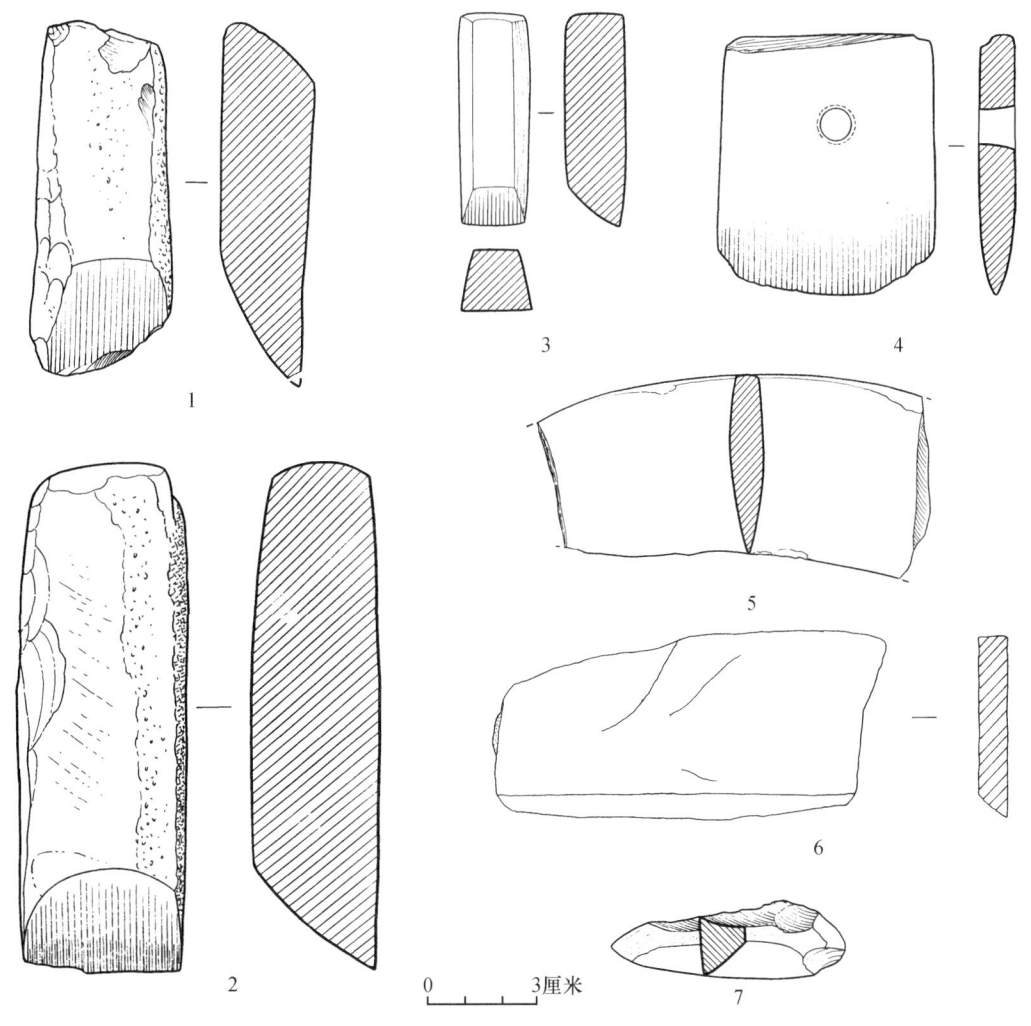

图 5-35 春秋时期出土石器（一）

1、2. 石锛（2004T7040③:1、2004T6835③:1） 3. 石凿（2004T1③:3） 4. 石钺（2004H96:1）
5、6. 石镰（2004Y3:2、2004H66:1） 7. 石镞（2006T9③:36）

略鼓，器身中部靠上位置有一单面钻孔，方式为管钻，顶部有切割石材所留痕迹，刃部圆弧，双面刃。长6.9、宽5.9、厚1厘米（图5-35，4）。

石刀

共15件，根据刃部的不同，可分为二型。

A型 单面刃，依其平面形状又可分为二亚型。

Aa型 平面形状呈梯形，共6件。标本2004ⅠT6935③:1，砂岩，青灰色，通体磨光，背部与端部交接处拐折明显，直背直刃，刃部较锋利，刀身中部偏上残见有一钻孔，系双面对钻。残长5.1、宽6.3、厚1厘米。标本2004ⅠT7138③:29，砂岩，青灰色，通体磨制，背部与端部交接处拐折明显，直背直刃，刃部较锋利，刀身中部残见有一钻孔，系双面对钻。残长5.2、宽4.5、厚1厘米。标本2004ⅠT7041③:29，粉砂岩，棕色，通体磨制，背部与端部交接处拐折明显，直背直刃。

残长4、宽5、厚4.6厘米。标本2006G3①:103,砂岩,棕色,通体磨制,背部与端部交接处略弧,弧背直刃,刀身中部偏下残见有一钻孔,系双面对钻。残长5、宽3.6、厚0.7厘米。标本2005ⅠT7641③:14,泥岩,浅黄色,通体磨制,器身细长,背部边缘与端部弧接,弧背直刃。残长6.5、宽3.2、厚1.2厘米（图5-36,1）。

Ab型　平面形状近长方形,共3件。标本2004H329:1,砂岩,青色,通体磨制,背缘长与刃缘长相近,背部与端部交接处略弧,直背直刃,刃缘较锋利,刀面上残见有一钻孔,系双面对钻。残长5.5、宽4.5、厚0.9厘米。

B型　双面刃,可分为两亚型。

Ba型　弧背,共2件。标本2005H146:82,石英砂岩,灰色,通体磨制,两端磨制成锋利的刃缘,直刃,刃部锋利,其上见有断续的大片半月形崩疤。残长8.4、宽6、厚1.1厘米。

Bb型　直背,共2件。标本2005ⅠT7841③:152,粉砂岩,青绿色,通体磨光,直刃较锋利。残长6.8、宽5.5、厚1厘米（图5-36,2）

石镰

共7件,其中一件较完整,其余残缺,现举2件为例。标本2004Y3:2,安山岩,黑色,器表磨光,弧背,刃部稍内凹,前端和尾部均缺失。残长10.8、宽4.6、厚1厘米（图5-35,5）。标本2004H66:1,砂岩,土黄色,弧背平刃,背部上见有连续的不规则性的大片崩疤,前端和尾部残。残长10、宽4.4、厚0.7厘米（图5-35,6）。

石镞

1件。标本2006T9③:36,粉砂岩,褐色,磨制粗糙,无铤,镞身呈三棱锥状,一面内凹,锋部钝化。长6.3厘米（图5-35,7）。

石球

1件。标本2005ⅠT7841③:150,大理岩,白色,器体为球体,未见加工痕迹。直径4.7厘米。

石圭

5件,其中3件较完整。标本2005ⅠT6936③:1,粉砂岩,褐色,磨制精细,圭身上窄下宽,首部呈锐角三角形,平脊,脊部经打磨较光滑,首部与圭身两侧缘转折明显。长13.2、最大宽度2.7、厚0.4厘米（图5-36,7；图版四二,2）。标本2004ⅠT7437⑤:4,粉砂岩,浅青色,磨制精细,首部呈锐角三角形,平脊,脊部经打磨较光滑,首部与圭身两侧缘转折明显。长10.6、宽3.5、厚0.4厘米（图5-36,6；图版四二,3）。标本2004ⅠT7437⑤:2,泥岩,青黄色,圭尖呈锐角三角形,斜脊,圭身与圭首无转折。长9、宽3.6、厚0.6厘米（图5-36,5；彩版二八,5）。

石璧形器

2件,均残。标本2004ⅠT7337⑥:1,泥质粉砂岩,青灰色,素面,圆形,中部残见两孔。直径9.4、孔径分别为0.4和0.8、厚0.4厘米（图5-36,3）。标本2004ⅠT7337⑥:2,细砂岩,青灰色,素面,圆形,中部厚,边缘薄,中部有一孔。直径8.8、孔径0.5、厚0.3~0.5厘米（图5-36,4；图版四二,4）。

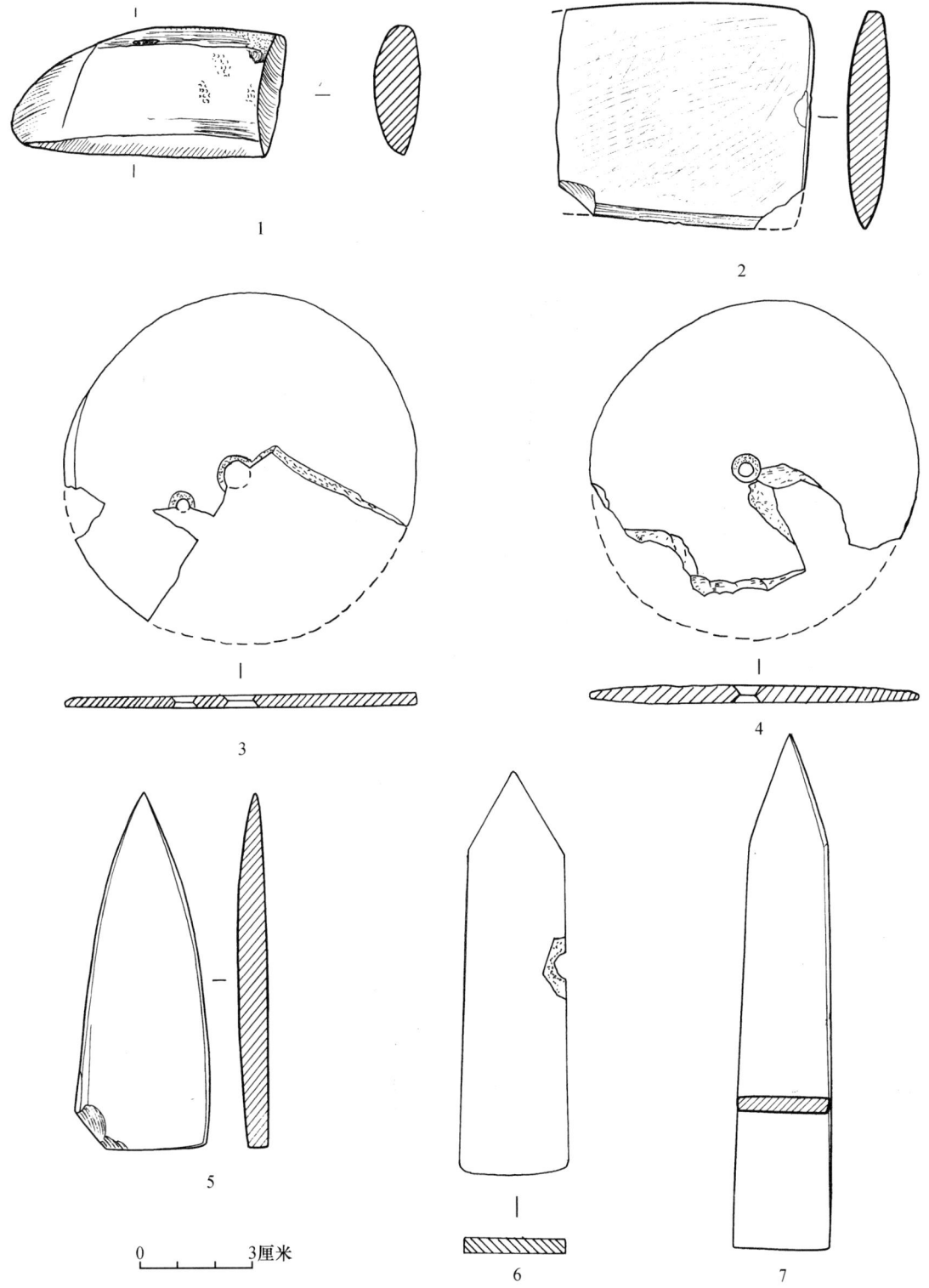

图 5-36 春秋时期出土石器（二）

1. Aa 型石刀（2005ⅠT7641③：14） 2. Bb 型石刀（2005ⅠT7841③：152） 3、4. 石璧形器（2004ⅠT7337⑥：1、2004ⅠT7337⑥：2） 5~7. 石圭（2004ⅠT7437⑤：2、2004ⅠT7437⑤：4、2005ⅠT6936③：1）

(二) 骨器

春秋时期骨器主要种类有板、簪、镞、锥和凿等。其骨料主要来自于大中型哺乳动物的长骨，少量能确定来自于牛、梅花鹿和猪等。详情参见附表六四和附录四。以下分别对各类器物进行介绍。

骨板

2件。标本2004H121：1，器体呈长方形，剖面略为圆弧形，下端残，呈锯齿状，器表饰有四道横向凹槽。长4.3、宽3.2、厚0.4（图5-37，1）。

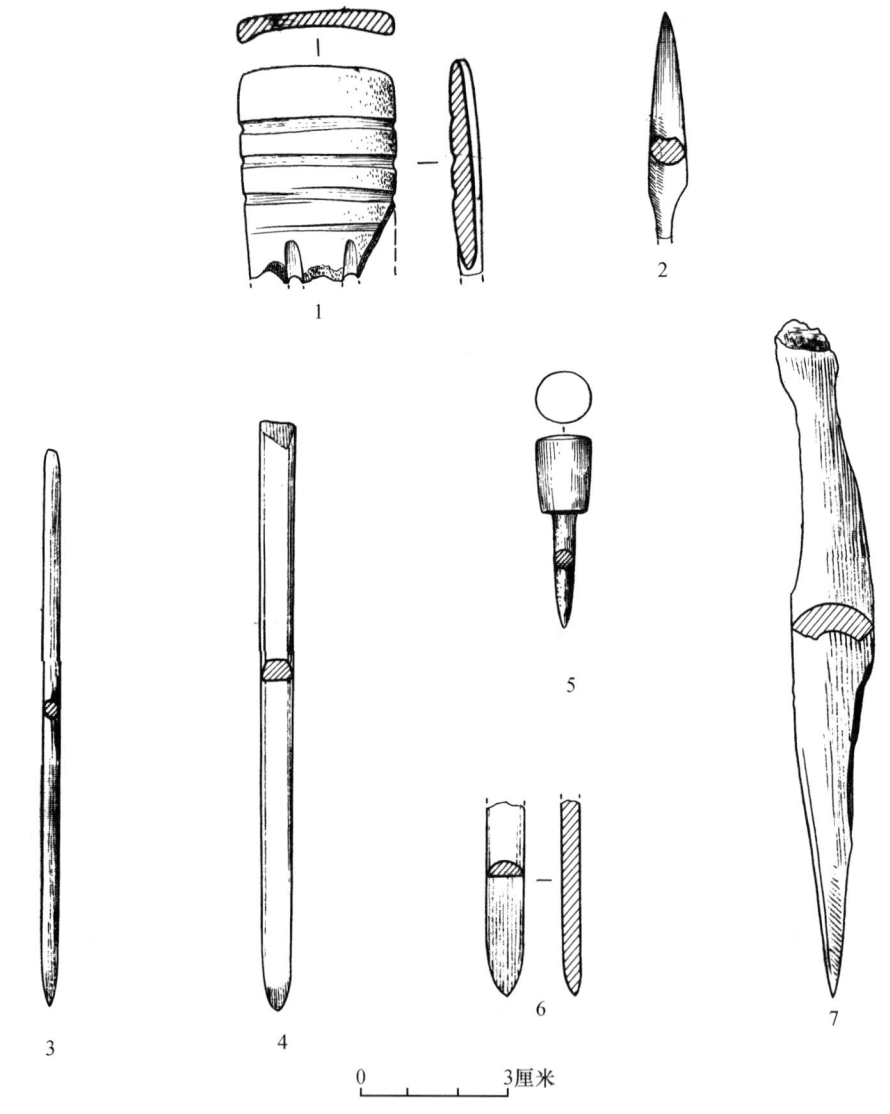

图 5-37　春秋时期出土骨器

1. 骨板（2004H121：1）　2. 骨镞（2004ⅠT6840③：8）　3. A型骨簪（2004H68：1）　4. B型骨簪（2004H51：1）　6. C型骨簪（2004ⅠT7238④：6）　5、7. 骨锥（2004H57：1、2004H66：2）

骨簪

6件，依横截面的形制可分为三型。

A型　横截面为圆形，共2件。标本2004H68:1，器形工整，磨制精细，器形细长，圆顶，尖较锋利。长11.1厘米（图5-37，3；彩版二八，4）。

B型　横截面为扁长方形，共2件。标本2004H51:1，器形工整，磨制精细，扁平长条形，顶部缺失，底端略呈尖圆形。残长11.8厘米（图5-37，4）。

C型　横截面为半圆形，2件。标本2004ⅠT7238④:6，器形工整，磨制精细，仅存一小截，横截面呈半圆形，尖部略呈三角形。残长3.7厘米（图5-37，6）。

骨镞

2件。标本2004ⅠT6840③:8，磨制精细，镞身平面近长三角形，横剖面略呈长方形，尖部锋利，圆铤下端残缺。残长4.5厘米（图5-37，2）。

骨锥

6件，其中2件较完整。标本2004H57:1，磨制精细，器形较小，上部为圆柱体，顶部较平，下部为锥状，尖部锋利。长3.9、顶径1.1、锥径0.4厘米（图5-37，5）。标本2004H66:2，表面经打磨，略泛光泽，上部保持骨料原貌，不甚规整，下部磨成锥状尖，较锋利。长13.5厘米（图5-37，7）。

（三）蚌器

春秋时期蚌器主要有镞、刀、镰和币等。其原料主要来自于珍珠蚌未定种，一件可确定为丽蚌未定种。详见附表六四及附录四。以下分别对各类器物进行介绍。

蚌镰

2件。标本2004H103:3，弧背直刃，刃系双面磨制，刃部有锯齿。尖、尾均残。残长9.5、宽4.8厘米（图5-38，1；彩版二八，3）。标本2004ⅠT7338⑤:1，平面近圆三角形，弧背直刃，刃系两面磨制，刃部有锯齿，圆尖，宽弧尾。长13、宽4.5厘米（图5-38，2）。

蚌镞

1件。标本2004ⅠT1④:1，镞身扁平，一面经磨制，另一面保留蚌脊，圆尖，扁柱状铤残。残长3.5厘米（图5-38，4）。

蚌刀

1件。标本2004ⅠT7437⑤:3，平面近方形，中间有一穿孔，直背直刃，单面刃。长5.2、宽7厘米（图5-38，3）。

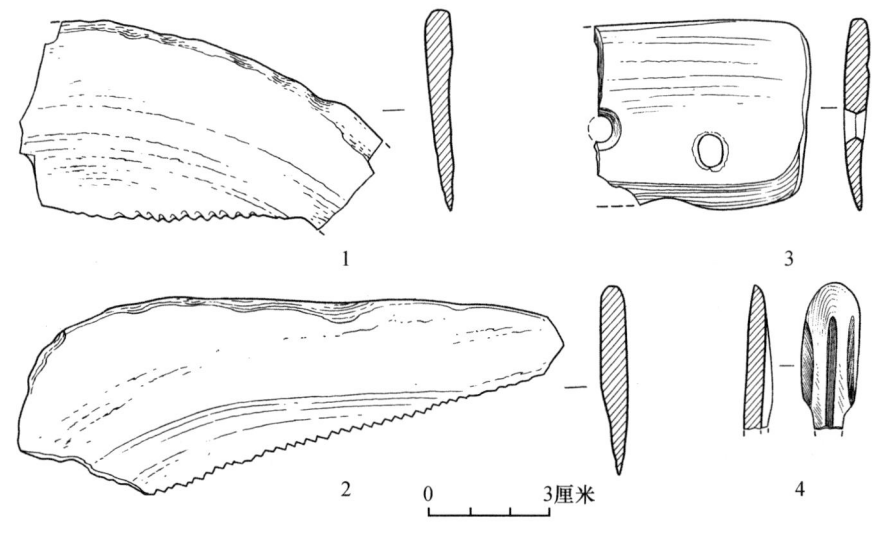

图 5-38 春秋时期出土蚌器

1、2. 蚌镰（2004H103：3、2004T7338⑤：1） 3. 蚌刀（2004T7437⑤：3） 4. 蚌镞（2004T1④：1）

（四）陶器

1. 概述

（1）陶系

陶质分泥质和夹砂两大类。据殷墟时期重要灰坑出土陶片的陶系统计（表5-1），夹砂占61.8%，泥质陶占38.2%。夹砂陶主要用于制作炊器鬲和部分的盛储器罐、盆等，个别的豆夹有细砂。泥质陶主要用于制作豆、盆、盂、罐等盛储器，此外还有少量的鬲为泥质陶。

表 5-1 春秋时期陶系统计表

单位＼器类	鬲	盆	罐	豆	盂	甑	合计
2004T7037H123	4	5		3			12
2004T7238H243	5	1	1	5			12
2004T7438H361	4	2	1	6			13
2004T7037H212	5	1	11	7			24
2004T6641H54	5	2	4	4	1		16
2004T6641Y3	3	5	3	2			13
2004T6741H44	2	1	1	4			8
2004T6741H51	3			4		1	8
2005T6935H51	4	2	2	2	1	2	13
合计	35	19	23	37	2	3	119
百分比（%）	29.4	16	19.3	31.1	1.7	2.5	

（2）陶色

陶色主要分灰、褐、黑、红4类。据表5-1，各种陶色的比例，灰陶最高，占59.2%；褐色次之，占23.5%；黑陶占15.7%，红陶占1.6%。其中红陶的器型多为鬲和豆。

（3）制法

春秋时期的陶器手制和轮制兼有，大型器物如盆、瓮、罐等，以手制为主，小型器物如豆、盂等，以轮制为主。下面介绍几种常见器物的制作方法。

鬲，均为手制，内壁见有较多的垫窝，口沿及上腹部多见有轮修痕迹。如2005H51:8。

罐，为泥条盘筑法制成，内壁的泥条痕迹明显，口、领及肩部经过轮修，可见轮修和残留的绳纹痕迹。如2004M33:1。

盆，为泥条盘筑而成，内壁的泥条痕迹相当明显，外壁滚压绳纹和贴塑附加堆纹，口沿及其下侧经过打磨，可见残存的绳纹痕迹，如2004M23:1。

豆，采取豆柄和豆盘分别轮制而成，豆盘和豆柄有明显的粘接痕迹。如2005H51:3；也有的豆为手制而成，盘上腹部经过轮修，如2004H211:1。

盂，为轮制而成，器壁多进行磨光。如2004H54:6。

（4）纹饰

春秋时期的陶器除素面外，器表纹饰主要有绳纹、弦纹和附加堆纹三种（表5-2）。其中附加堆纹多与绳纹相间出现，弦纹见于盆、盂的腹部，多在素面陶器上加以装饰。据纹饰统计表，器表单纯饰绳纹的数量最多，占76.8%，附加堆纹有1.6%，弦纹有2.8%，其他如篮纹、刻划纹、三角形纹饰占0.6%。这里将常见的三种纹饰分别介绍如下：

表5-2 春秋时期纹饰统计表

单位＼纹饰	绳纹	素面	附加堆纹	弦纹	其他	合计
2004T7037H123	206	15	13			234
2004T7037③	963	113	33	5	7	1121
2004T7438H361	135	50				185
2004T7037H212	142	58	11	5	6	222
2004T6641H54	163	100	5	6		274
2004T6741H44	86	34	2	17		139
2004T6741H51	186	56	8	5		255
2005T6935H51	57	40				97
2005T7036H203	103	19	3	4	1	130
合计	2041	485	75	42	14	2657
百分比（%）	76.8	18.2	2.8	1.6	0.6	

绳纹　布列方向基本为竖向或微斜。依据绳纹的粗细分为二型。

A型　粗绳纹。如2005H51：8（图5-39，1）。

B型　中绳纹。如2004M23：1（图5-39，2）。

附加堆纹　标本2004H161：3（图5-39，3）。

绳纹中夹有一周抹痕　标本2004Y3：2（图5-39，4）。

瓦楞纹　标本2004H44：11（图5-39，5）。

在各类纹饰当中，粗绳纹多饰于鬲的上腹部，中绳纹的数量最大，见于盆、罐等各类器物上；附加堆纹多见于大型器物，如盆、鬲的腹部；弦纹多饰于豆、盂、盆的腹部。瓦楞纹见于鬲的上腹部，其下为绳纹。

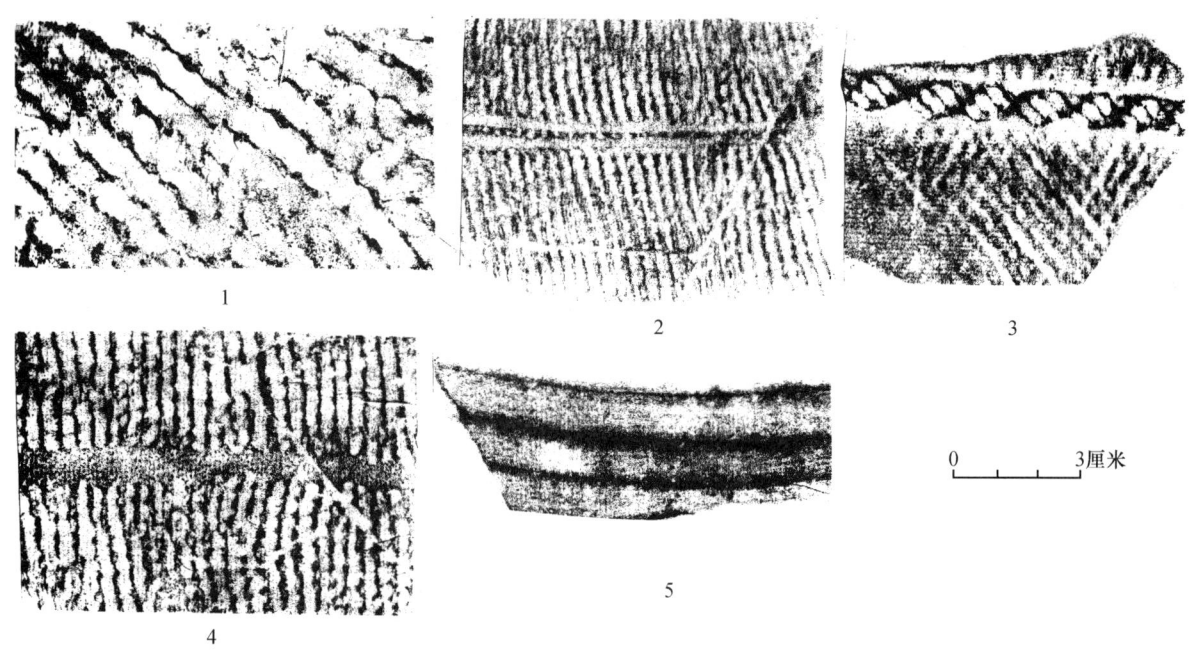

图5-39　春秋陶器纹饰拓片

1. A型绳纹（2005H51：8）　2. B型绳纹（2004M23：1）　3. 附加堆纹（2004H161：3）　4. 绳纹间带抹痕（2004Y3：2）
5. 瓦楞纹（2004H44：11）

2. 器类及型式

春秋时期的遗物可分为陶器、石器、骨器。陶器有鬲、盆、豆、罐、盂、甑等，另外还有陶纺轮、陶祖、圆陶片、陶垫等小件。

据器类登记表，豆最多，其比例占到31.1%。其次为鬲，占29.4%，罐占19.3%，盆占16%，甑仅占2.5%，盂占1.7%（表5-3）。由此可知，该遗址的东周文化遗物炊器占据多数，以鬲和甑为代表，盛储器的数量相对较多，豆为主要器类，也有盂、罐等。这里把常见的器类划分出型式。

鬲，共35件，依据有无领部可分为两个型。

A型　有领部。依据最大径的位置不同可分为二亚型。

Aa型　最大径在肩部。依据唇部的变化可分为二式。

表5-3 春秋时期器类统计表

单位＼器类	鬲	盆	罐	豆	盂	甗	合计
2004T7037H123	4	5		3			12
2004T7238H243	5	1	1	5			12
2004T7438H361	4	2	1	6			13
2004T7037H212	5	1	11	7			24
2004T6641H54	5	2	4	4	1		16
2004T6641Y3	3	5	3	2			13
2004T6741H44	2	1	1	4			8
2004T6741H51	3			4		1	8
2005T6935H51	4	2	2	2	1	2	13
合计	35	19	23	37	2	3	119
百分比（%）	29.4	16	19.3	31.1	1.7	2.5	

Ⅰ式：14件。方唇。如2004Y3:6（图5-40,1）。

Ⅱ式：11件。圆唇或方唇下缘修圆。如2005H51:8（图5-40,2；图版四三,1）。

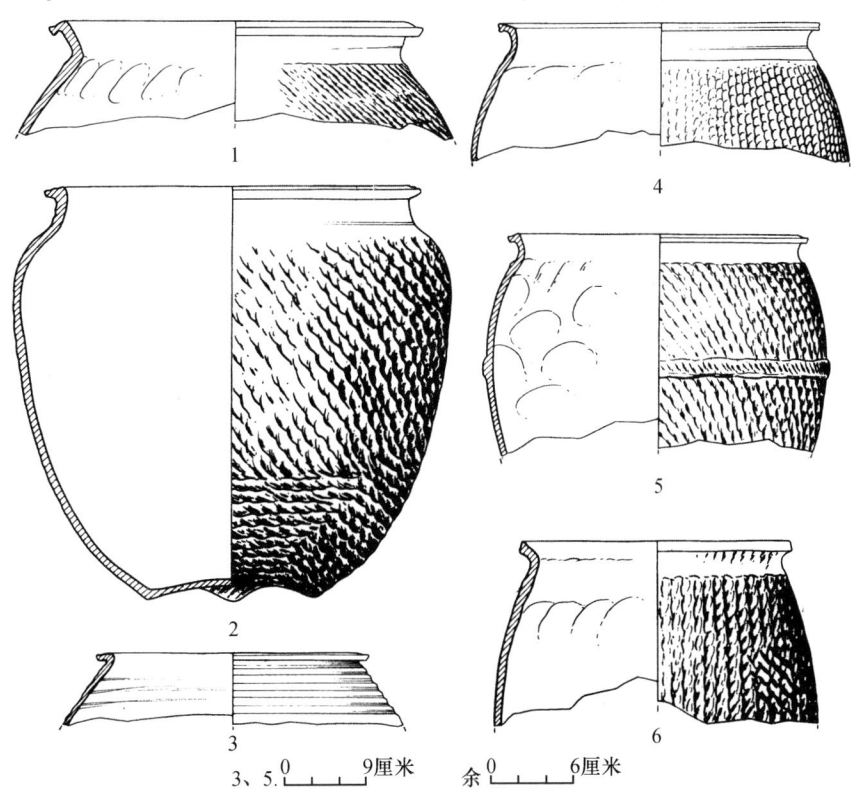

图5-40 春秋陶鬲型式划分图

1. Aa型Ⅰ式鬲（2004Y3:6） 2. Aa型Ⅱ式鬲（2005H51:8） 3. Bb型鬲（2004H44:11）
4. Ab型Ⅰ式（2004H51:6） 5. Ab型Ⅱ式（2004H161:3） 6. Ba型鬲（2004H68:4）

Ab 型　最大径在腹部。依据唇部的变化可分为二式。

Ⅰ式：4 件，方唇。如 2004H51：6（图 5-40，4）。

Ⅱ式：2 件，圆唇或方唇下缘修圆。如 2004H161：3（图 5-40，5）。

B 型　无领部。根据口沿的不同可分为二亚型。

Ba 型　2 件。仰折沿，方唇。如 2004H68：4（图 5-40，6）。

Bb 型　平折沿，肩部饰瓦楞纹。如 2004H44：11（图 5-40，3）。

豆

根据上腹部特征可分为二型。

A 型　上腹部外敞，依据盘壁形状的变化可分为三式。

Ⅰ式：2 件。弧盘，盘较深，圆唇或尖圆唇。如 2005H29：1（图 5-41，1）。

Ⅱ式：18 件。折盘或盘壁弧折，盘较浅，圆唇或尖圆唇。如 2004H212：8（图 5-41，2；图版四三，2）。

Ⅲ式：5 件。唇外缘微鼓，渐弧收至折壁处再凸起，使整个上腹部呈"S"形，盘较浅，尖圆唇。如 2004H361：7（图 5-41，3）。

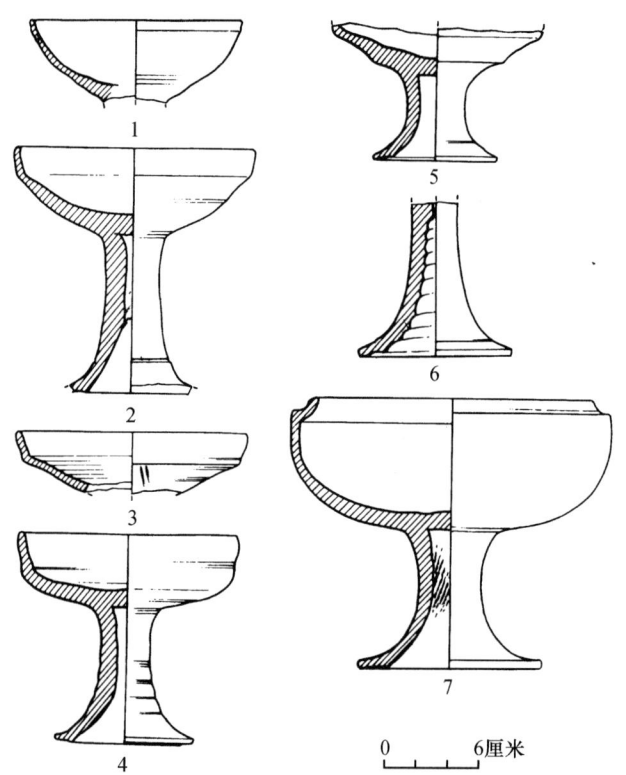

图 5-41　春秋陶豆型式划分图

1. A 型Ⅰ式豆（2005H29：1）　2. A 型Ⅱ式豆（2004H212：8）　3. A 型Ⅲ式豆（2004H361：7）　4. B 型豆（2004H211：1）　5. Ⅰ式豆柄（2004H140：2）　6. Ⅱ式豆柄（2004H52：4）　7. 盖豆（2005H51：3）

B型 4件。上腹部近直，圆唇或尖圆唇，折盘，盘较深。如2004H211∶1（图5-41，4）。

豆柄 依据豆柄的高矮变化可分为二式。

Ⅰ式：5件。豆柄较矮。如2004H140∶2（图5-41，5）。

Ⅱ式：6件。豆柄较高。如2004H52∶4（图5-41，6）。

盖豆 2件。上腹部较直，下腹弧收。如2005H51∶3（图5-41，7；图版四三，3）。

盆

现依据口部特征的不同可分为三型。

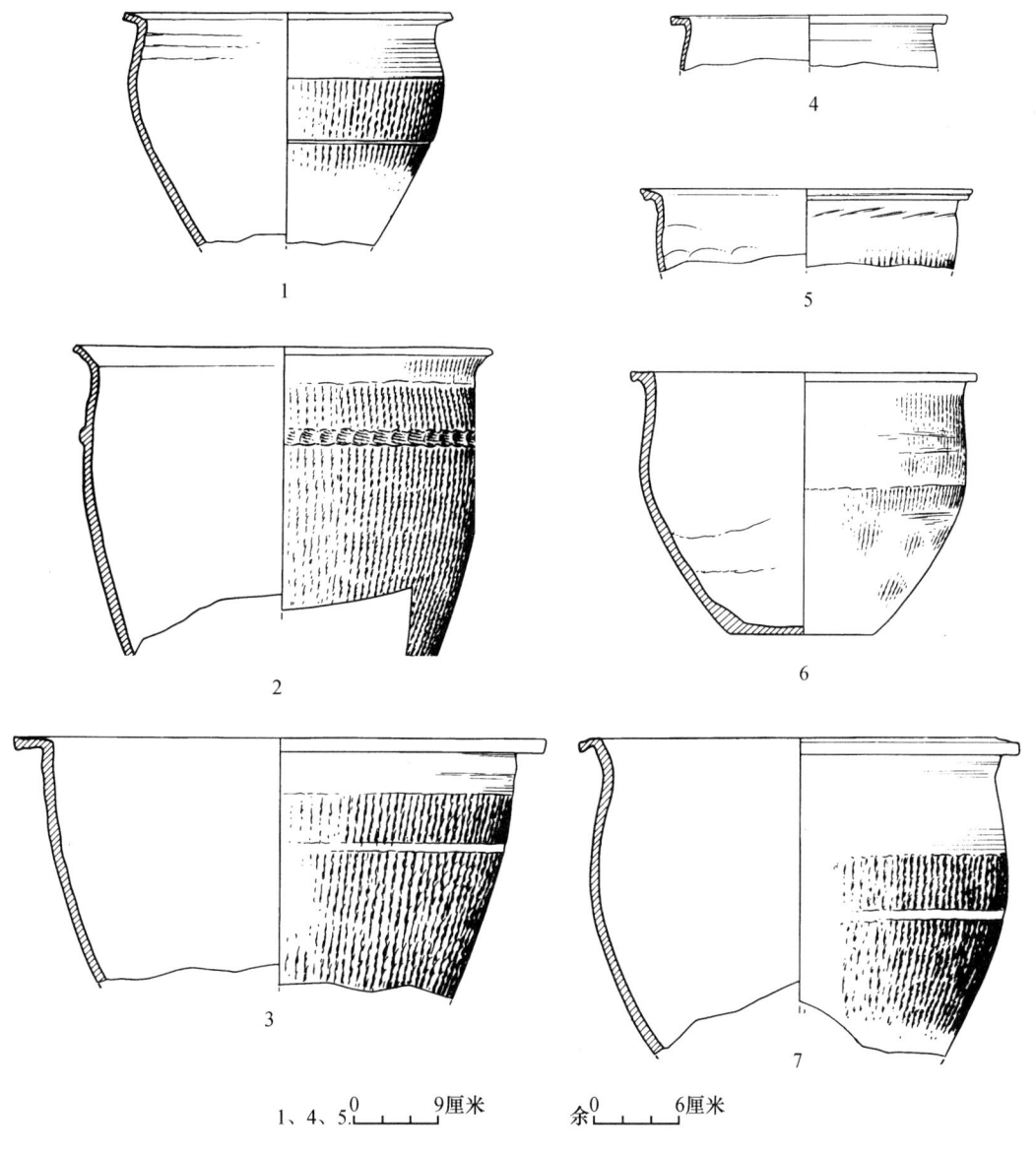

图5-42 春秋陶盆型式划分图

1. Aa型盆（2004M23∶1） 2. Ba型盆（2004H65∶1） 3. Bb型盆（2004Y3∶1） 4. Ab型盆（2004H123∶10）
5. Ca型盆（2004H123∶8） 6. Cb型盆（2004H445∶2） 7. Cc型盆（2004Y3∶2）

A 型 敛口，上腹部略外鼓，下腹斜收。现根据口沿的不同可分为二亚型。

Aa 型 仰折沿。如 2004M23:1（图 5-42，1；图版四三，4）。

Ab 型 平折沿。如 2004H123:10（图 5-42，4）。

B 型 直口，上腹部较直，下腹部逐步向下弧收。现根据口沿的不同可分为二亚型。

Ba 型 仰折沿。如 2004H65:1（图 5-42，2）。

Bb 型 平折沿。如 2004Y3:1（图 5-42，3）。

C 型 侈口，多有颈部，腹部略往外鼓，下腹部缓收。现根据口沿不同可分为三亚型。

Ca 型 仰折沿。如 2004H123:8（图 5-42，5）。

Cb 型 平折沿。如 2004H445:2（图 5-42，6）。

Cc 型 口沿下耷。如 2004Y3:2（图 5-42，7）。

盂

共 8 件，现根据腹部特征可分为二型。

A 型 折腹，根据上腹部的形状可分为三个亚型。

Aa 型 沿下有矮直领，领下斜直向折腹处。如 2004T6840③:4（图 5-43，1）。

Ab 型 上腹部圆鼓。如 2004H54:6（图 5-43，2；图版四三，6）。

Ac 型 上腹斜直。如 2004H230:1（图 5-43，3；图版四四，1）。

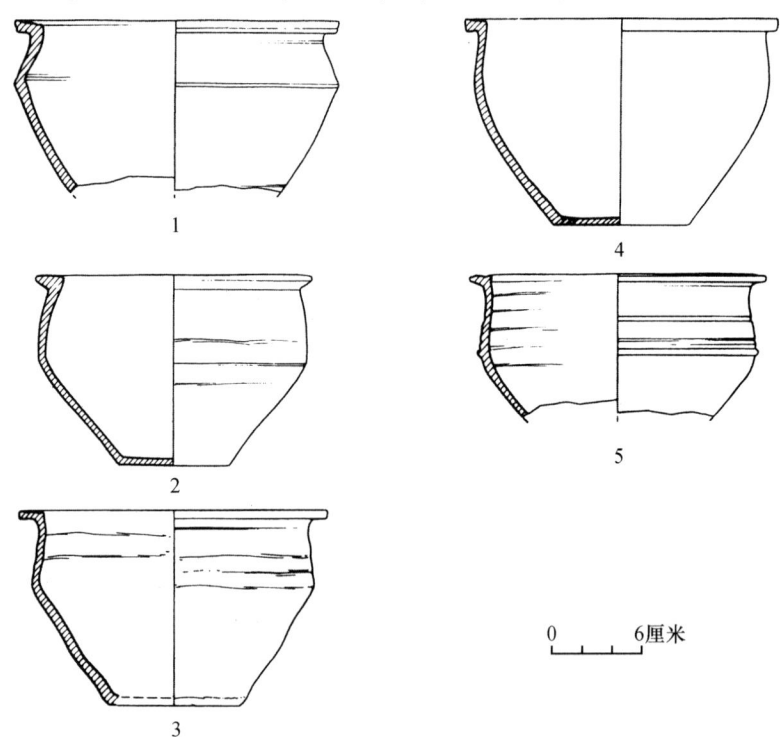

图 5-43 春秋陶盂型式划分图

1. Aa 型盂（2004T6840③:4） 2. Ab 型盂（2004H54:6） 3. Ac 型盂（2004H230:1） 4. Ba 型盂（2005H51:5）
5. Bb 型盂（2004H48:3）

B 型　鼓腹，根据最大径的位置不同可分为二亚型。

Ba 型　最大径在上腹部，上腹部圆鼓，下腹斜直。如 2005H51∶5（图 5-43，4；图版四四，2）。

Bb 型　最大径在中部。如 2004H48∶3（图 5-43，5）。

罐

依据口部的大小可分为二型。

A 型　口部较大。依据肩部形制的不同可分为二亚型。

Aa 型　肩部较鼓。如 2004M21∶1（图 5-44，1；图版四四，3）。

Ab 型　肩部较平。如 2004H361∶11（图 5-44，2）。

B 型　口部较小。依据沿面的有无可分为二亚型。

Ba 型　有沿面。如 2004M33∶1（图 5-44，3；图版四四，4）。

Bb 型　无沿面。如 2004H212∶11（图 5-44，4）。

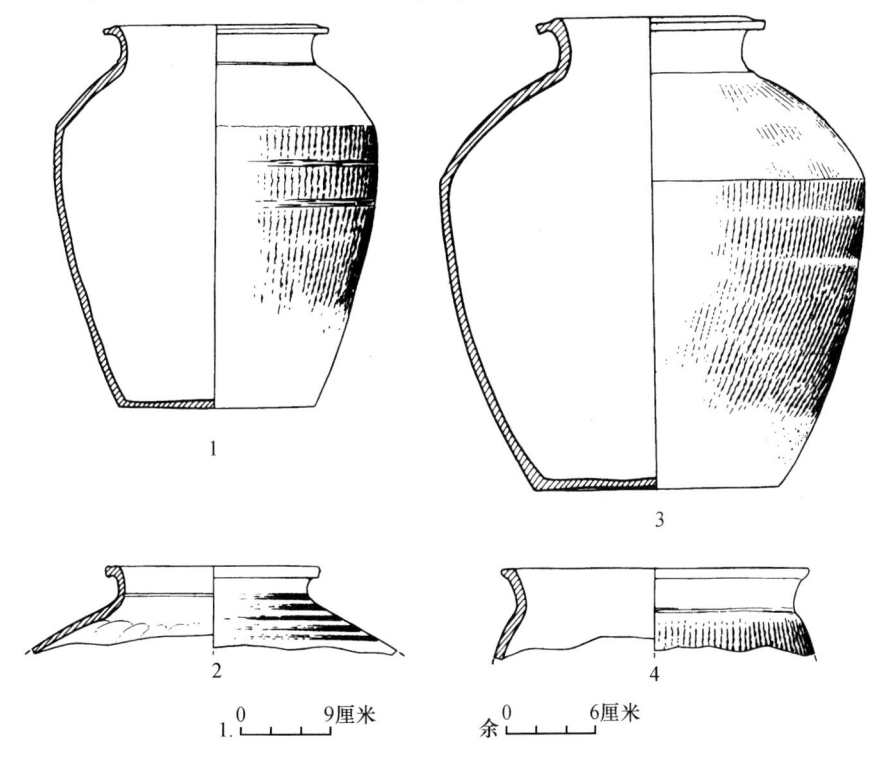

图 5-44　春秋陶罐型式划分图

1. Aa 型罐（2004M21∶1）　2. Ab 型罐（2004H361∶11）　3. Ba 型罐（2004M33∶1）　4. Bb 型罐（2004H212∶11）

甑　根据底孔的制法不同可分为二型。

A 型　底孔规整，为烧造前钻成或切割成孔。依据孔的形状变化可分为二式。

Ⅰ式：底部四周的孔呈圆形。如 2004H420∶3（图 5-45，1）。

Ⅱ式：2 件。中部底孔为圆形，四周的四孔为半圆形。如 2005H51∶1（图 5-45，3）。

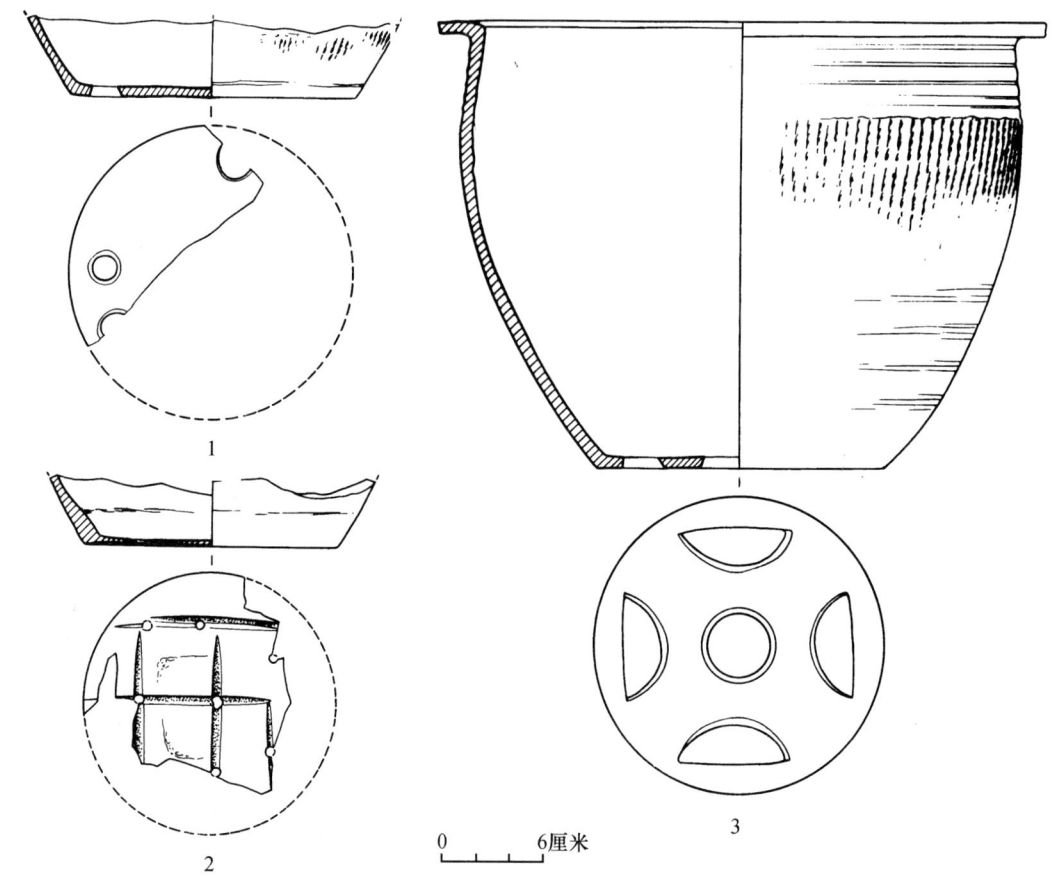

图 5-45 春秋陶甑型式划分图
1. A 型 Ⅰ 式甑（2004H420:3） 2. B 型甑（2004IT7137③:10） 3. A 型 Ⅱ 式甑（2005H51:1）

B 型 1 件。底孔不规整，以烧造好的盆为原型，在底部刻划数个方格，并在方格各角的器壁内外同时钻成孔。如 2004IT7137③:10（图 5-45，2）。

陶纺轮 依据平面形状可分为四型。

A 型 圆饼形，根据器形的大小可分为二亚型。

Aa 型 形体较大。如 2004H329:3（图 5-46，1）。

Ab 型 形体较小。如 2004IT7137③:1（图 5-46，2）。

B 型 圆鼓状。如 2004T7238④:1（图 5-46，3）。

C 型 蘑菇形。如 2004H52:2（图 5-46，4）。

D 型 由器壁残片略加磨制而成，器形不规整。如 2004H52:1（图 5-46，5）。

圆陶片 由器物腹部残片磨制而成，表面有绳纹。如 2004Y3:16（图 5-46，6）。

陶垫 蘑菇形顶，柱状柄呈束腰状。如 2004H150:11（图 5-46，8）。

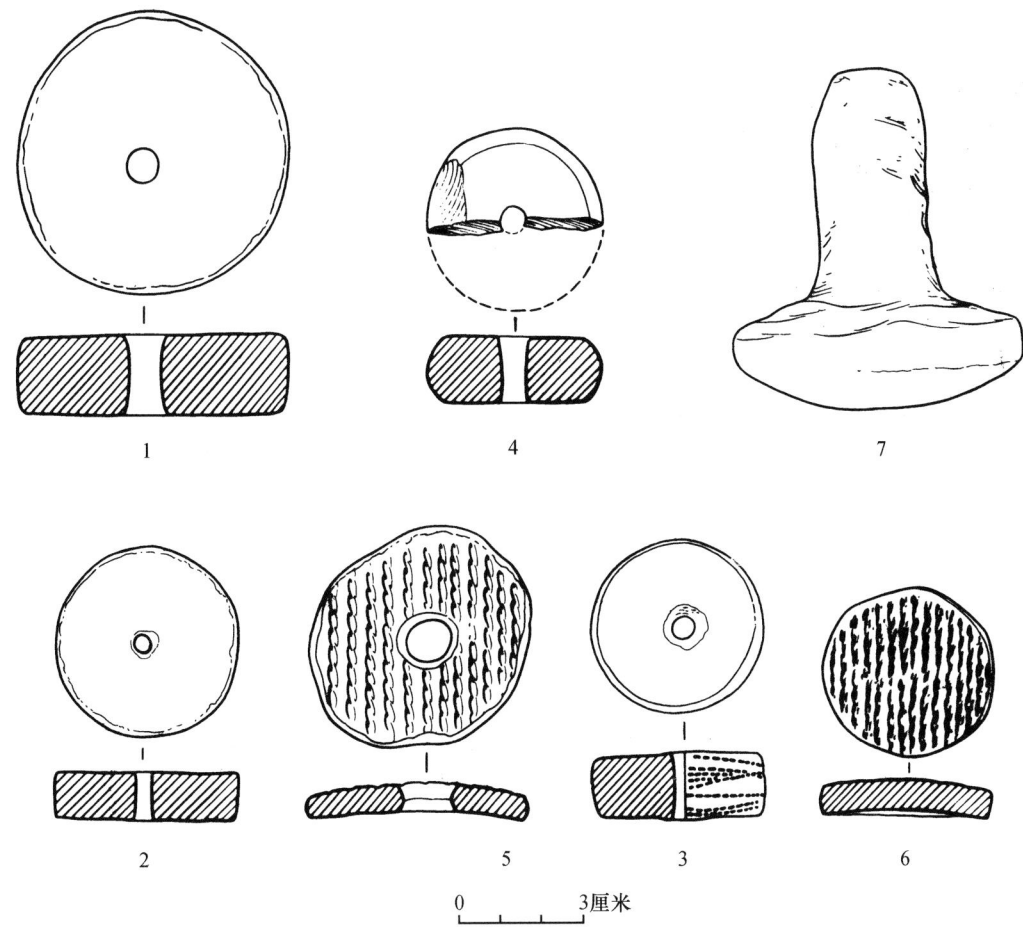

图 5-46 春秋陶器小件类型图

1. Aa 型纺轮（2004H329：3） 2. Ab 型纺轮（2004T7137③：1） 3. B 型纺轮（2004T7238④：1） 4. C 型纺轮（2004H52：2） 5. D 型纺轮（2004H52：1） 6. 圆陶片（2004Y3：16） 7. 陶垫（2004H150：11）

3. 典型单位出土陶器

2004ⅠT6641H54

盆　Aa 型　标本 2004H54：22，泥质灰陶。方唇，仰折沿，敛口，上腹部较直，腹部近口沿处微凹，腹以下残。素面。口径 31.1、残高 4.6 厘米（图 5-47，1）。

豆盘

A 型Ⅱ式　标本 2004H54：20，夹细砂灰陶，豆盘内壁呈黑色。圆唇，唇内缘微凸，侈口，浅盘，壁弧折，折壁处周缘有一周凸棱，上腹壁斜直，弧底，豆柄及底部缺失。素面。口径 16、残高 6 厘米（图 5-47，3）。标本 2004H54：21，夹砂深褐陶。圆唇，口微侈，浅盘，壁弧折，上腹壁较直，圜底，豆柄及底部缺失。素面。口径 14.2、残高 3.8 厘米（图 5-47，4）。

B 型　标本 2004H54：19，夹细砂深灰陶，局部浅灰色，内壁器表黑色。直口微敛，方唇，浅腹，折壁，上腹壁竖直，圜底，豆柄及底部缺失。素面。口径 15.4、残高 5.7 厘米（图 5-47，2）。

盂 Ab型 标本2004H54:6，泥质灰陶，内壁表面黑色。敛口，折沿近平，圆唇，腹部圆鼓，最大腹径偏上，平底。素面，中腹偏上有一周折棱。口径18.4、最大腹径19.4、高12.1、底径9.6厘米（图5-47，5）。

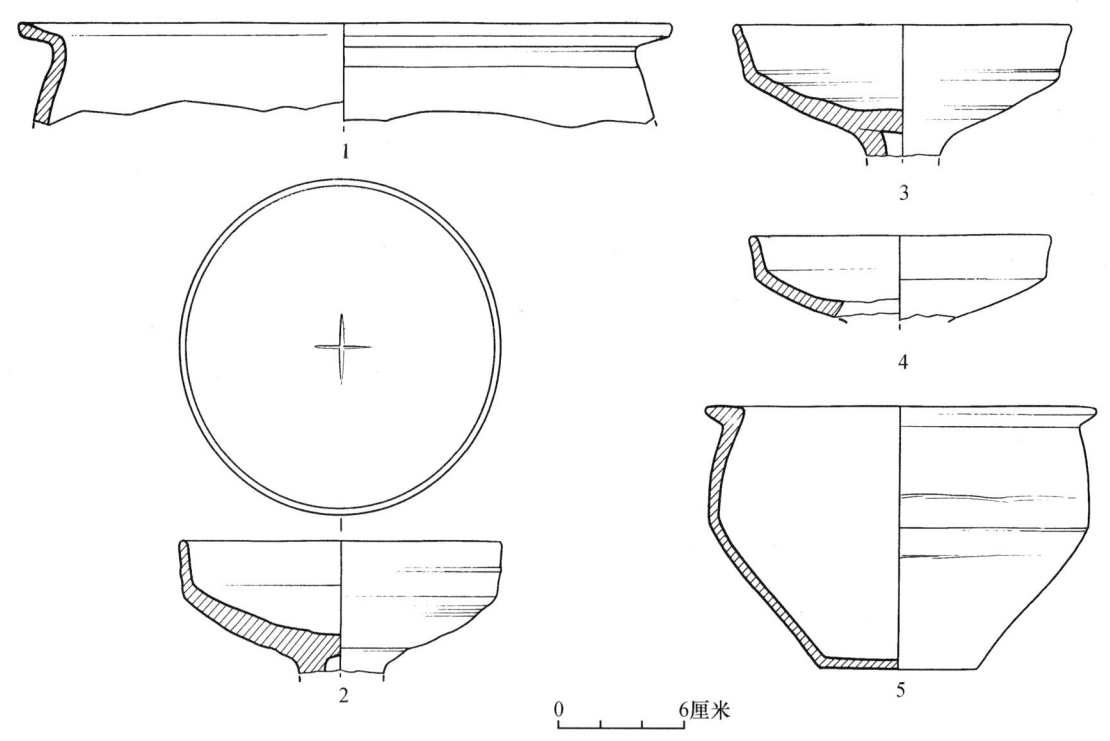

图5-47 2004ⅠT6641H54出土陶器
1. Aa型盆（2004H54:22） 2. B型豆盘（2004H54:19） 3、4. A型Ⅱ式豆盘（2004H54:20、2004H54:21）
5. Ab型盂（2004H54:6）

2004ⅠT6641Y3

盆

Bb型 标本2004Y3:1，泥质灰陶。口部近直，平折沿，外沿面饰一周粗弦纹，方唇，唇上缘微凸，腹壁较直，下腹及底部缺失。口沿及腹部近口处素面，腹部饰竖向绳纹，上腹有一周绳纹抹断痕迹。口径36、残高18厘米（图5-48，1）。

Cb型 标本2004Y3:2，泥质褐陶，上腹及口沿为浅灰色，陶胎暗红色。侈口，折沿下耷，方唇，唇下缘下凸，腹部略鼓，最大腹径居中，底部缺失。口沿下素面，上腹部饰一圈竖向绳纹，中腹部有一周抹平弦纹，弦纹下饰竖向绳纹。口径32、残高22.5厘米（图5-48，2）。

鬲 Aa型Ⅰ式 标本2004Y3:6，夹砂红褐陶。侈口，折沿下耷，沿面有一周凹槽，方唇，唇缘凸出，矮领，上腹部外鼓，最大径在肩部，下腹及底部缺失。领部素面，上腹部饰斜向粗绳纹。口径28、残高8.5厘米（图5-48，3）。标本2004Y3:7，夹砂黑皮陶，灰褐胎。侈口，折沿下耷，沿面有二周凹槽，方唇，上唇缘微凸，矮领，上腹部外鼓，最大径在肩部，下腹及底部缺失。领部素面，上腹部饰斜向粗绳纹。口径24、残高7.8厘米（图5-48，4）。

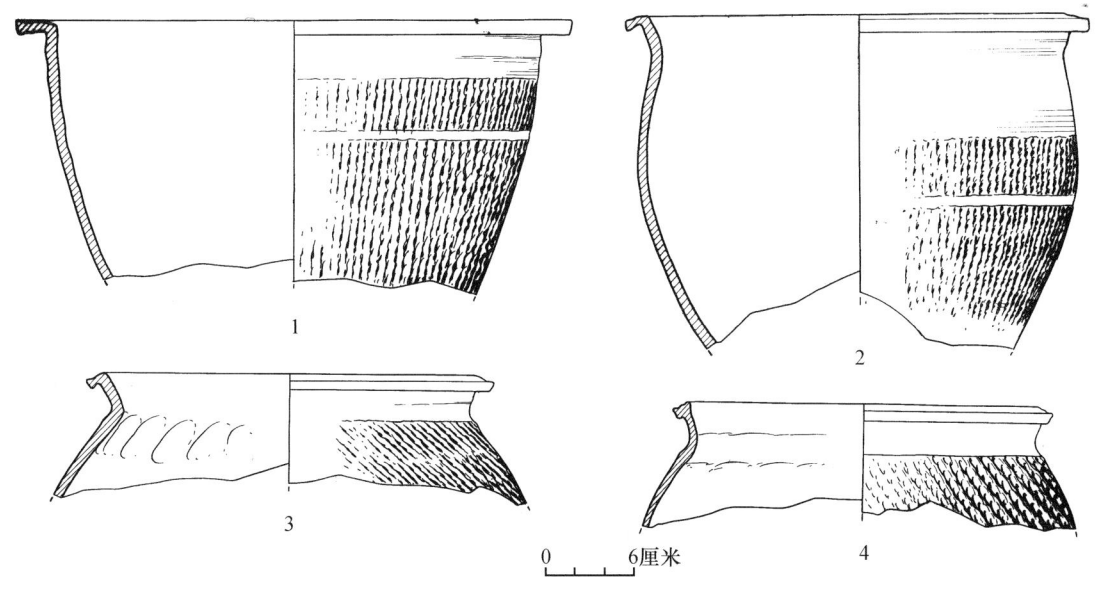

图 5-48 2004ⅠT6641Y3 出土陶盆、鬲

1. Bb 型盆（2004Y3:1） 2. Cb 型盆（2004Y3:2） 3、4. Aa 型Ⅰ式鬲（2004Y3:6、2004Y3:7）

罐 Ba 型 标本 2004Y3:3，泥质灰陶，夹少量细砂。口部较小，外侈，仰折沿，方唇，高领，肩部以下部分残缺。领部素面，有隐约的绳纹痕，肩部饰斜向及交错绳纹。口径 17.8、残高 10.5 厘米（图 5-49，1）。

豆盘 A 型Ⅱ式 标本 2004Y3:11，泥质灰陶，夹少量细砂。敞口、方唇，豆盘腹与底有明显的折棱，豆柄及圈足缺失。素面，上腹饰一周细弦纹。豆盘口径 19、残高 5 厘米（图 5-49，2）。

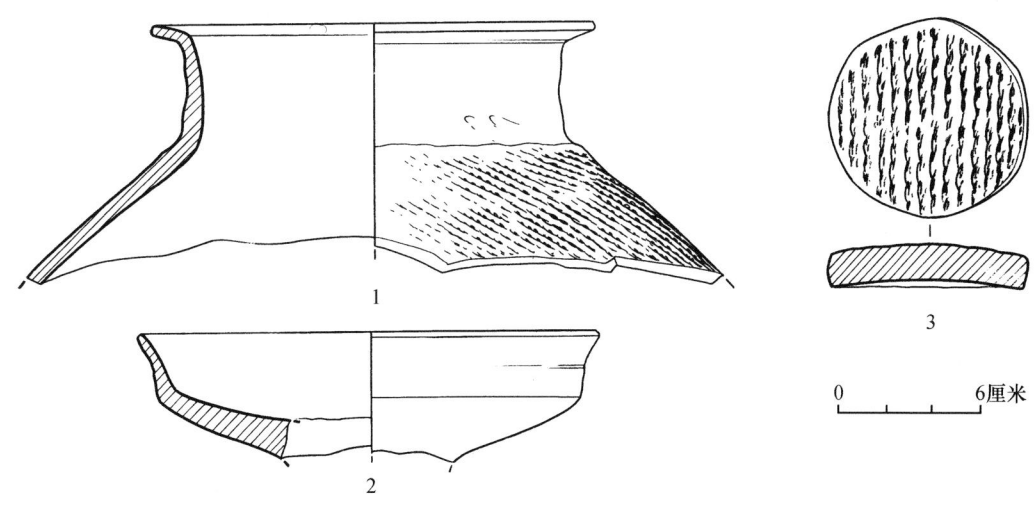

图 5-49 2004ⅠT6641Y3 出土陶器

1. Ba 型罐（2004Y3:3） 2. A 型Ⅱ式豆盘（2004Y3:11） 3. 圆陶片（2004Y3:16）

圆陶片 1件。标本2004Y3:16，夹砂灰黑陶。近圆形，中部稍外凸。内侧有刮削痕迹，边缘有打磨痕迹。外侧仍见有绳纹。直径4.2、厚0.7厘米（图5-49，3）。

2004 Ⅰ T6741H44

盆 Cc型 标本2004H44:12，泥质褐陶，夹细砂，暗红胎。方唇，卷沿下弇，沿面外缘有一周凹槽，上腹部略弧，中腹外凸，腹以下残。素面。口径39.9、残高5.8厘米（图5-50，1）。

鬲 Bb型 标本2004H44:11，泥质红陶。平折沿，尖圆唇，敛口，鼓腹，下腹部残缺。肩部饰数周瓦楞纹。口径30、残高6厘米（图5-50，2）。

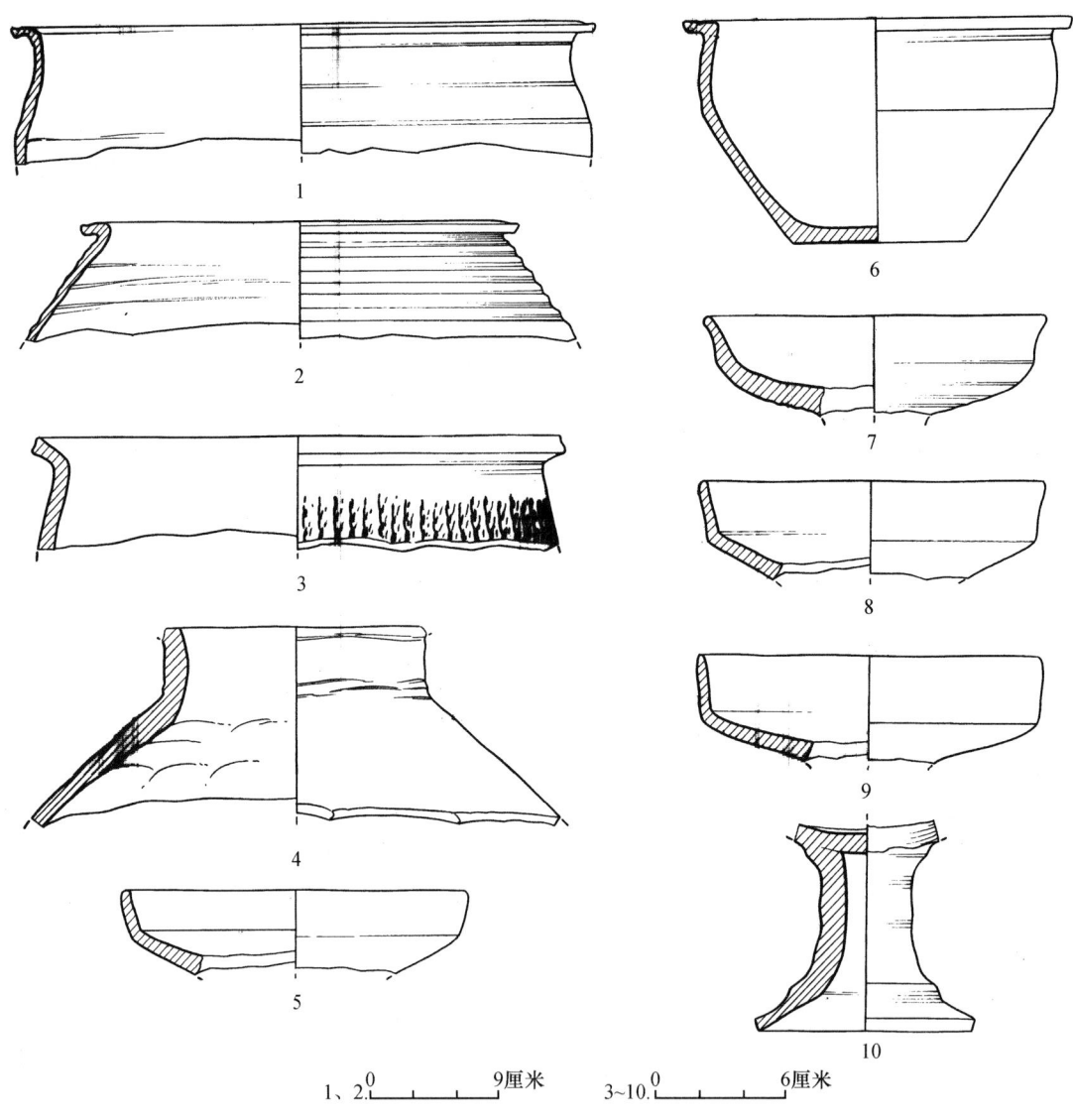

图5-50 2004ⅠT6741H44、ⅠT6840H57出土陶器

1. Cc型盆（2004H44:12） 2. Bb型鬲（2004H44:11） 3. Ba型鬲（2004H57:5） 4. 瓮（2004H44:4） 5、7. A型Ⅱ式豆盘（2004H44:22、2004H57:15） 6. Ab型盂（2004H57:2） 8、9. B型豆盘（2004H44:7、2004H44:5） 10. Ⅰ式豆柄（2004H44:8）

瓮 标本2004H44：4，泥质灰陶。手制，泥条法。领部有轮修痕迹，器壁内见有大量垫窝。通体素面。平沿，高领，直口，鼓腹，腹部以下残缺。口径11、残高8.5厘米（图5-50，4）。

豆盘

A型Ⅱ式 标本2004H44：22，泥质灰陶。豆盘较浅，尖圆唇，弧腹，豆盘以下残缺。通体素面，外壁磨光。口径16、残高3.5厘米（图5-50，5）。

B型 标本2004H44：7，泥质灰陶。豆盘较浅，尖唇，折腹，上腹较直，下腹斜收，豆盘以下残缺。豆盘为素面。口径15.7、残高4厘米（图5-50，8）。标本2004H44：5，泥质深灰陶。豆盘较浅，尖唇，折腹，上腹较直，下腹斜收，豆盘以下残缺。器表内外经打磨，略显光滑。口径15.6、残高4.6厘米（图5-50，9）。

豆柄 Ⅰ式 标本2004H44：8，泥质灰陶，夹有细砂。豆盘残缺，豆柄中空，粗短，束腰，喇叭形底座较矮。外壁磨光，基本为素面，豆柄与底座交界处有一周凸棱。底径10、残高9厘米（图5-50，10）。

2004ⅠT6840H57

鬲 Ba型 标本2004H57：5，夹砂红陶，局部呈黑色。方唇，平折沿，敛口上腹部略鼓，以下残。器壁内侧见有轮修痕迹。腹部饰竖向粗绳纹。口径24.3、残高5厘米（图5-50，3）。

盂 Ab型 标本2004H57：2，泥质灰陶。方唇，平折沿，敛口，折腹，上腹圆鼓，下腹斜直，平底。上腹部经打磨，略有光泽，素面，沿外侧饰有一道凹弦纹。口径17.6、腹径16、底径8、高10厘米（图5-50，6）。

豆盘 A型Ⅱ式 标本2004H57：15，泥质灰陶，夹细砂。豆盘较浅，圆唇，敞口，口部外撇，折腹凸出似肩，上腹部呈弧形内凹，近平底，豆盘以下残。素面。口径15.6、残高4.2厘米（图5-50，7）。

2004ⅠT6741H51

鬲

Aa型Ⅰ式 标本2004H51：3，夹砂灰陶。平沿，尖唇，敛口，口沿边缘有一周凸棱，束颈，弧腹，最大径在肩部，下腹部及三足残缺。颈部饰数周凹弦纹，腹部饰竖向粗绳纹。口径30、残高10.5厘米（图5-51，1）。

Ab型Ⅰ式 标本2004H51：6，夹砂深灰陶。平沿，圆唇，唇部见有一周凹槽，侈口，束颈，弧腹，最大径在腹部，下腹部及三足残缺。口沿上有两周凹弦纹，腹部饰竖向粗绳纹。口径24.2、残高9厘米（图5-51，2）。

豆盘 A型Ⅱ式 标本2004H51：25，夹砂灰陶，偶见粗砂粒。豆盘较浅，敞口，圆唇，腹弧折，腹壁内鼓，弧底，豆盘以下残缺。素面。口径16.4、残高5.8厘米（图5-51，3）。标本2004H51：9，泥质灰陶。豆盘较浅，敞口，圆唇，折腹，豆盘以下残缺。通体素面。口径17.8、残高5.4厘米（图5-51，4）。

豆柄 Ⅰ式 标本2004H51：2，泥质灰陶，夹有细砂。豆盘残，豆柄中空，短粗，束腰，喇叭形底座较高。基本为素面，底座的唇部和内壁均见有一周凹槽。底径8.2、残高10.6厘米（图5-51，5）。

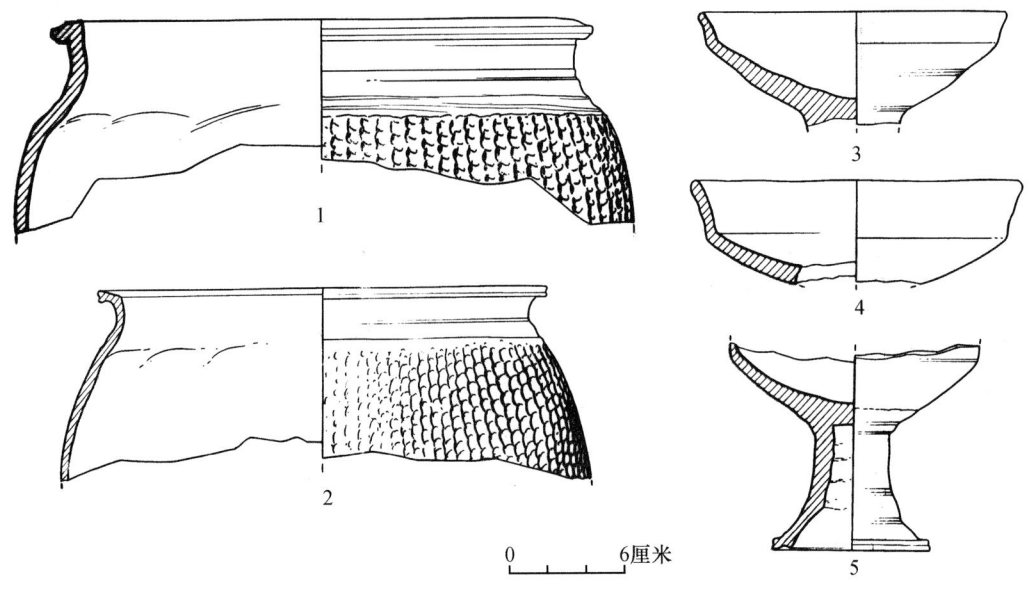

图 5-51　2004ⅠT6741H51 出土陶器

1. Aa 型Ⅰ式鬲（2004H51:3）　2. Ab 型Ⅰ式鬲（2004H51:6）　3、4. A 型Ⅱ式豆盘（2004H51:25、2004H51:9）
5. Ⅰ式豆柄（2004H51:2）

2004ⅠT7037H122

盆　Ab 型　标本 2004H122:9，泥质灰陶。平折沿，方唇，敛口，上腹部较直，腹部以下残缺。沿面上有一周宽凹槽，腹部为素面。口径 32、残高 3.6 厘米（图 5-52，1）。标本 2004H122:1，泥质灰陶，红胎。敛口，平折沿，沿面略鼓，沿上近唇部有一道凹弦纹，方唇，唇部中间略凹。深腹，上腹略鼓，中腹以下残。中腹以下饰右斜向绳纹。口径 34.5、残高 5.7 厘米（图 5-52，2）。

罐　Aa 型　标本 2004H122:8，泥质灰陶，含细砂，红胎。口较大，外侈，折沿近平，方唇，唇缘凸出，唇面略凸。束颈，圆肩，腹及底残。颈部绳纹被抹，肩部素面。口径 26、残高 5.6 厘米（图 5-52，3）。

豆盘　A 型Ⅱ式　标本 2004H122:7，泥质灰陶。豆盘较浅。敞口，圆唇，盘壁弧折，豆柄及底座残缺。素面。口径 14、残高 4.9 厘米（图 5-52，9）。

2004ⅠT7037③

盆　Aa 型　标本 2004ⅠT7037③:13，泥质灰陶。敛口，折沿近平，方唇，唇缘凸出，唇面略凸。深腹，上腹略鼓，中腹以下残。口沿及上腹部抹平，中腹以下饰斜向细绳纹。口径 29、残高 6.6 厘米（图 5-52，4）。

豆　Ab 型Ⅲ式　标本 2004ⅠT7037③:11，泥质灰陶。唇外缘微鼓，渐弧收至折壁处再凸起，使整个上腹部呈"S"形，盘较浅，圜底，柄残。素面。口径 13、残高 3.8 厘米（图 5-52，10；图版四五，1）。

2004ⅠT7037H212

罐　Bb 型　标本 2004H212:11，泥质褐陶，灰胎。口部较小，外侈，矮领，领斜直，方唇，唇

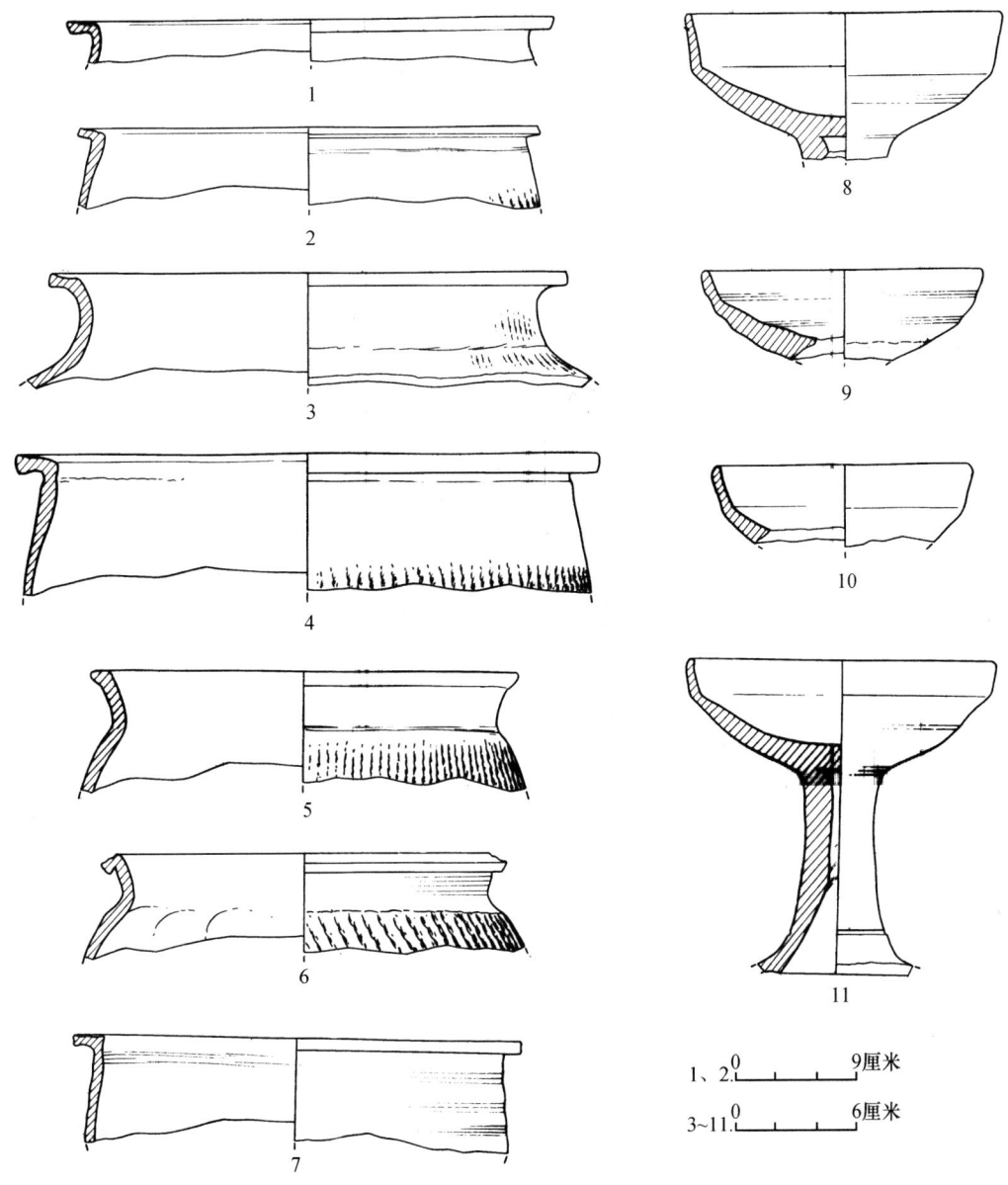

图 5-52　2004ⅠT7037 出土陶器

1、2. Ab 型盆（2004H122：9、2004H122：1）　3. Aa 型罐（2004H122：8）　4. Aa 型盆（2004ⅠT7037③：13）
5. Bb 型罐（2004H212：11）　6. Ab 型Ⅰ式鬲（2004H212：13）　7. Bb 型盆（2004H212：30）　8. Bb 型豆盘
（2004H177：9）　9、11. A 型Ⅱ式豆盘（2004H122：7、2004H212：8）　10. Ab 型Ⅲ式豆盘（2004ⅠT7037③：11）

缘外凸，鼓腹，中腹以下残缺。口沿及领部抹平，腹部饰竖向细绳纹。口径 21.2、残高 5.4 厘米（图 5-52，5）。

鬲　Ab 型Ⅰ式　标本 2004H212：13，夹砂红陶，胎质较粗糙。方唇，侈口，窄折沿，沿下斜，沿上近口部有一道凹弦纹，束颈，最大径在腹部，中腹以下残。腹部饰右斜向粗绳纹。口径 19、残高 4.8 厘米（图 5-52，6）。

盆 Bb 型 标本 2004H212：30，泥质灰陶。方唇，近直口，平折沿，沿面近唇部有一道凹弦纹。深腹，腹较直，中腹以下残。素面。口径 22.2、残高 4.8 厘米（图 5-52，7）。

豆 A 型 Ⅱ 式 标本 2004H212：8，泥质灰陶。豆盘较浅、方唇且唇缘向内侧凸出，侈口，折腹，弧底，豆柄细高、中空，喇叭形底座、较矮、沿内侧微凹。口豆盘腹部磨光，底座近豆柄部位有两周轮修时形成的凸弦纹，底座口沿内侧有一周宽凹槽。径 15.2、底径 7、残高 14.8 厘米（图 5-52，11）。

2004ⅠT7037H177

豆盘 B 型 标本 2004H177：9，泥质灰陶。豆盘较浅，圆唇，侈口，上腹较直，弧底，腹部与底部内外侧皆拐折明显，豆柄及底座残缺。豆盘外壁为素面，内壁腹部与底部拐折处有一周凹弦纹。口径 15.7、残高 7 厘米（图 5-52，8）。

2004ⅠT7037H123

鬲

Ab 型 Ⅰ 式 标本 2004H123：2，夹砂灰陶。折沿微下弇，沿面微鼓，方唇，侈口，微束颈，最大径在腹部，腹部以下残缺。沿面上有两周凹槽，颈部绳纹被抹掉。口径 24、残高 4.3 厘米（图 5-53，2）。

Aa 型 Ⅰ 式 标本 2004H123：3，夹砂褐陶，红胎。折沿微下弇，方唇较薄，口微侈，束颈，鼓腹，最大径在肩部，腹部以下残缺。沿面近口处和唇部各有一周凹槽，颈部绳纹被抹掉，颈部与腹部之间形成一周凸棱，腹部饰斜向粗绳纹。口径 25.6、残高 6.6 厘米（图 5-53，5）。

盆

Aa 型 标本 2004H123：19，泥质灰陶。直口微敛，仰折沿，沿面略凹，斜方唇，唇面略凸，深腹，上腹略鼓，中腹以下残。素面。口径 33.9 厘米。残高 5.7 厘米（图 5-53，3）。

Ab 型 标本 2004H123：11，泥质灰褐陶。折沿微下弇，方唇，敛口，腹部及腹部以下残缺。唇部有一周凹槽。口径 30、残高 1.9 厘米（图 5-53，1）。标本 2004H123：10，泥质灰褐陶。折沿微上仰，沿面微凹，方唇，敛口，腹部近直，腹部以下残缺。沿面上有一周宽凹槽，通体为素面。口径 30、残高 5.4 厘米（图 5-53，9）。

Ca 型 标本 2004H123：8，泥质灰陶，夹有细砂。平折沿，厚方唇，唇面微凹，直口微侈，腹部略鼓，腹部以下残缺。唇部有一周凹槽，上腹部为素面，下腹部饰竖向绳纹。口径 36、残高 8.6 厘米（图 5-53，4）。标本 2004H123：5，泥质红陶，灰胎。折沿上仰，方唇，唇面微凹，侈口，腹部略鼓，腹部以下残缺。沿面近口部有一周凹槽，腹部饰竖向绳纹且见有一周带状抹痕。口径 32、残高 15.1 厘米（图 5-53，10）。

豆盘

A 型 Ⅱ 式 标本 2004H123：13，泥质灰陶。豆盘较浅。侈口，圆唇。折腹，腹近直，豆柄和底座残缺。素面。口径 16.4、残高 4 厘米（图 5-53，6）。标本 2004H123：12，泥质灰褐陶。豆盘较浅，折腹，方唇较薄，侈口，盘壁中部略凹，豆柄和底座残缺。素面。口径 9、残高 4.4 厘米（图 5-53，7）。

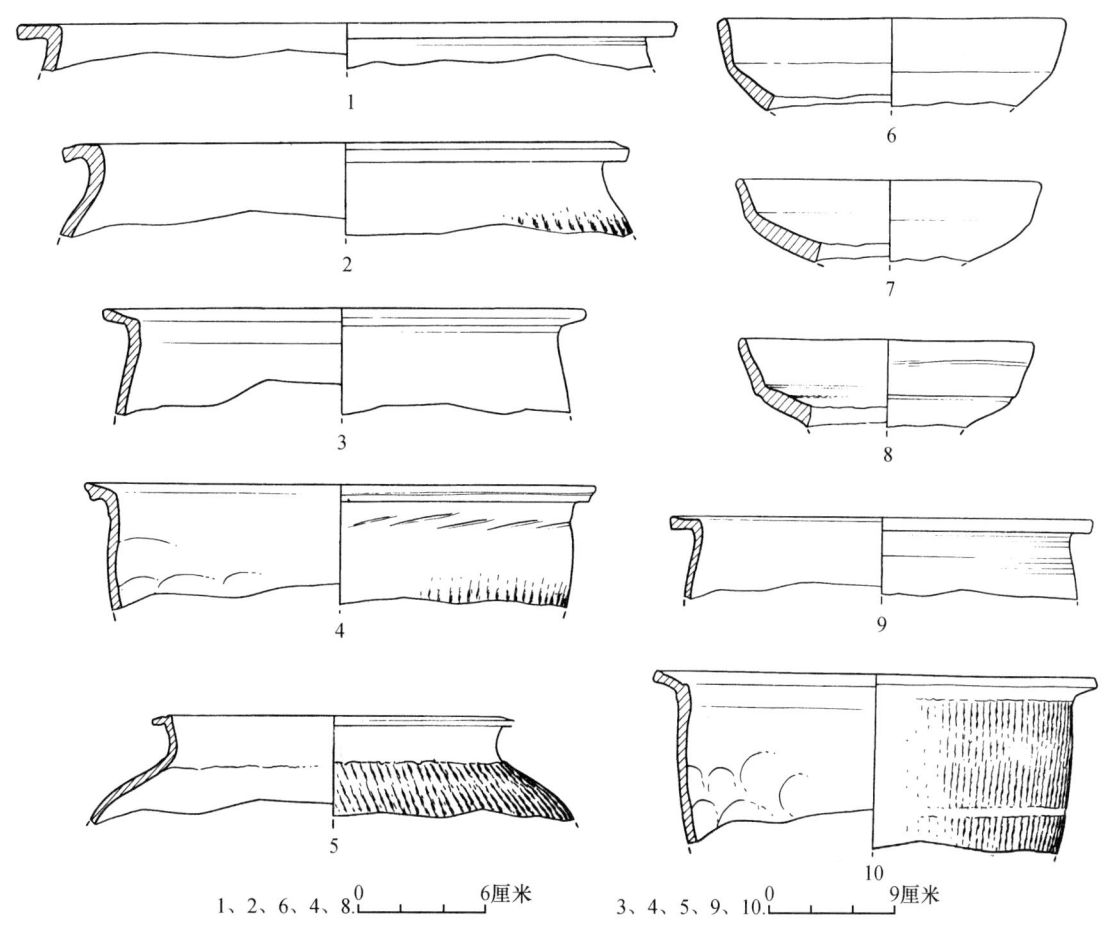

图 5-53　2004ⅠT7037H123 出土陶器

1、9. Ab 型盆（2004H123：11、2004H123：10）　2. Ab 型Ⅰ式鬲（2004H123：2）　3. Aa 型盆（2004H123：19）　4、10. Ca 型盆（2004H123：8、2004H123：5）　5. Aa 型Ⅰ式鬲（2004H123：3）　6、7. A 型Ⅱ式豆盘（2004H123：13、2004H123：12）　8. A 型Ⅲ式豆盘（2004H123：7）

A 型Ⅲ式　标本 2004H123：7，泥质灰陶。豆盘较浅，敞口，尖圆唇，口外微凸，盘壁中部略凹，使豆盘上部外壁呈"S"形，豆柄和底座残缺。豆盘为素面，壁底转折处饰有一周弦纹。口径14、残高 4 厘米（图 5-53，8）。

2004ⅠT7137H445

盆　Cb 型　标本 2004H445：2，泥质灰陶，夹细砂，红胎。直口微侈，平折沿，方唇。上腹部较直，下腹斜弧，平底。上腹饰竖向及斜向细绳纹，上腹偏下有一道抹痕，下腹绳纹被抹。口径25、底径 10.4、通高 18.4 厘米（图 5-54，8）。

鬲　Aa 型Ⅰ式　标本 2004H445：1，夹砂灰陶。平沿，方唇，敛口，高领，最大径在肩部，下腹弧收，足部残缺。腹部饰绳纹。口径 26、残高 14.5 厘米（图 5-54，2）。

盖豆　B 型　标本 2004H445：3，泥质灰陶。豆盘为子母口，口较直，方唇，斜弧腹，圜底。上腹部有网格状暗纹，内壁有凹弦纹。口径 18、最大腹径 20、残高 8.2 厘米（图 5-54，6）。

2004ⅠT7137H95

鬲 Ab型Ⅰ式 标本2004H95:2，夹细砂灰陶，偶见较大砂粒，红褐胎。侈口，折沿近平，斜方唇，束颈，最大径在腹部，中腹部以下残缺。沿面有两道凹弦纹，颈部有一道凸棱，腹部饰右斜向粗绳纹。口径18.8、残高9.4厘米（图5-54，3）。

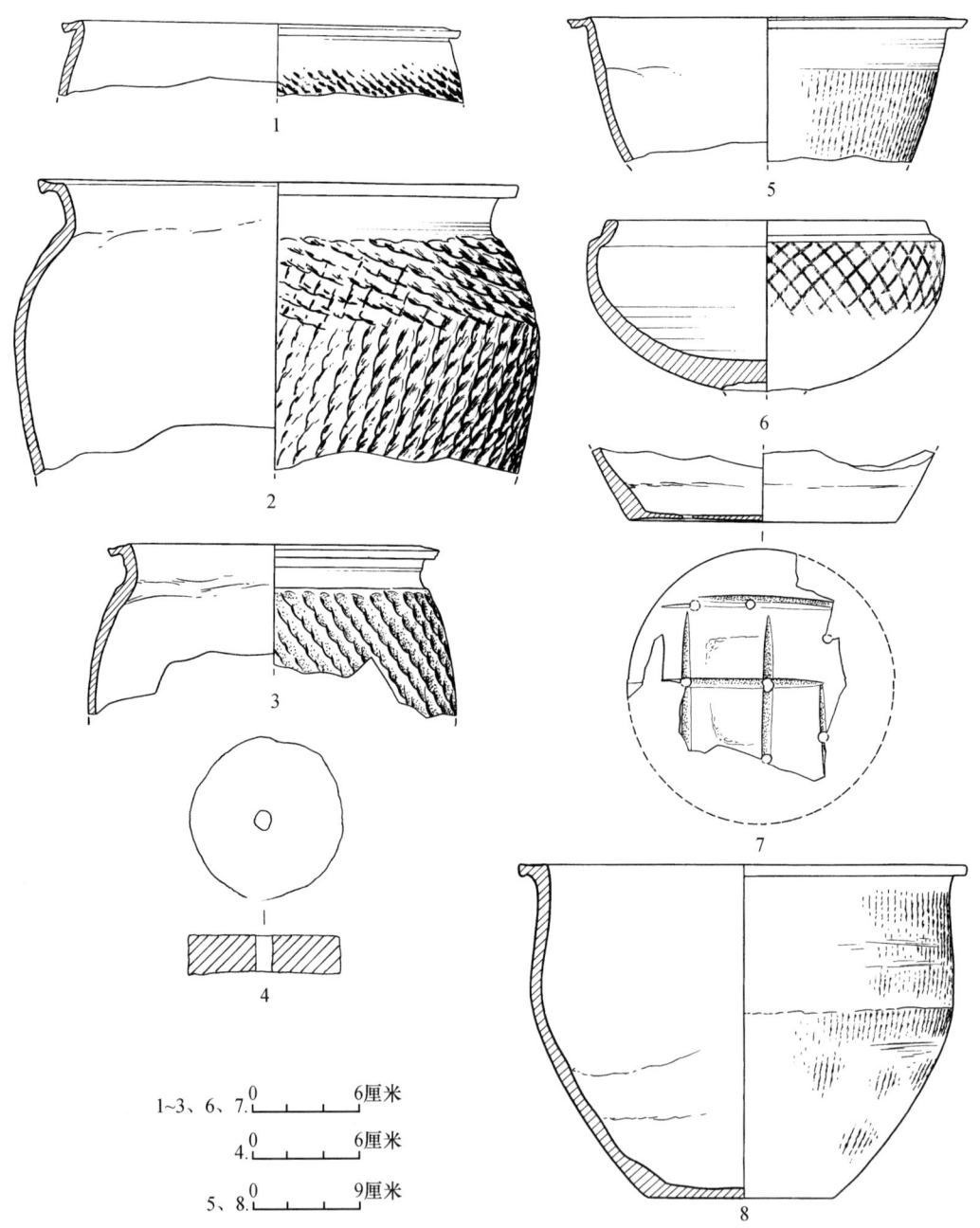

图5-54 2004ⅠT7137出土陶器
1. Ac型盆（2004ⅠT7137③:11） 2. Aa型Ⅰ式鬲（2004H445:1） 3. Ab型Ⅰ式鬲（2004H95:2） 4. Ab型纺轮（2004ⅠT7137③:1） 5. Bb型盆（2004H95:1） 6. B型盖豆（2004H445:3） 7. B型甑（2004ⅠT7137③:10） 8. Cb型盆（2004H445:2）

盆 Bb型 标本2004H95:1，泥质灰陶，夹有细砂。折沿近平，沿面微凹，方唇，口近直，上腹部较直，下腹部略向内弧，腹部以下残缺。唇面上有一周凹槽，经轮修后口沿和上腹部为素面，但口沿外侧仍可见绳纹痕迹，腹部饰竖向绳纹。口径28.8、残高11.7厘米（图5-54，5）。

2004ⅠT7137③

纺轮 Ab型 标本2004ⅠT7137③:1，夹砂红陶，器形小，较为规整，呈圆饼形，边缘较平，中部见有一圆孔。直径4.4、厚1、孔径0.4厘米（图5-54，4）。

甑 B型 标本2004ⅠT7137③:10，泥质灰陶，褐胎。素面。下腹斜直，平底，底部有不规整的方格状刻划纹，在刻划纹的交点处或附近有箅孔，以烧造好的盆为原型，在底部刻划数个方格，并在方格各角的器壁内外同时钻成孔。底径15、通高3.6厘米（图5-54，7）。

盆 Ac型 标本2004ⅠT7137③:11，泥质红陶，含细砂。口微敛，折沿，沿下斜，方唇，束颈，深腹，上腹略鼓，中腹以下残。口沿及颈部绳纹被抹，腹部饰右斜向中绳纹，绳纹为麻点状。口径34.2、通高5.7厘米（图5-54，1）。

2004ⅠT7238M23

盆 Aa型 标本2004M23:1，夹砂黑皮陶，局部红褐色，陶胎及内壁暗红色。敛口，仰折沿，沿面近唇处有一周凹槽，方唇，最大腹径靠上，底部缺失。口沿下素面，上腹部饰竖向绳纹，中腹饰一周弦纹局部叉开，下腹部素面，有刮削痕。口径35.6、腰径9.6、残高24.5厘米（图5-55，1）。

2004ⅠT7237④

鬲 Aa型Ⅱ式 标本2004ⅠT7237④:1，夹砂灰陶。口微侈，窄折沿，略下斜，方唇，下缘修圆，束颈，圆鼓腹，中腹以下残。腹部饰右斜向粗绳纹。口径30、残高12.3厘米（图5-55，2）。

2004ⅠT7237H211

豆 B型 标本2004H211:1，夹砂灰陶，夹细砂。侈口，尖圆唇。上腹较直，腹部偏下略凹。圜底。细柄，较矮，柄呈竹节状，喇叭形底座，底面有一道凹槽。通体素面。口径14、底径9、通高12.9厘米（图5-55，3）。

鬲 Aa型Ⅱ式 标本2004H211:2，夹砂红陶。窄沿、平折、沿缘向内侧凸出，方唇，下缘修圆，束颈，最大径在肩部，腹部以下残缺。颈部饰两周凸弦纹，腹部饰斜向粗绳纹。口径22、残高7.6厘米（图5-55，4）。

2004ⅠT7338H103

盂 Ac型 标本2004H103:3，泥质褐陶，夹有细砂，灰胎。直口，平折沿，方唇，唇面微凹。折腹，上腹斜直，中下腹斜弧，平底。素面，上腹部有数道细弦纹。口径18.6、最大腹径16、底径8.2、通高9.3厘米（图5-56，1）。

鼎 标本2004H103:4，夹砂灰陶。子母口，口较直，斜方唇。深腹，上腹较直，上腹残见一耳，中下腹残。素面。口径22、残高5.4厘米（图5-56，2）。

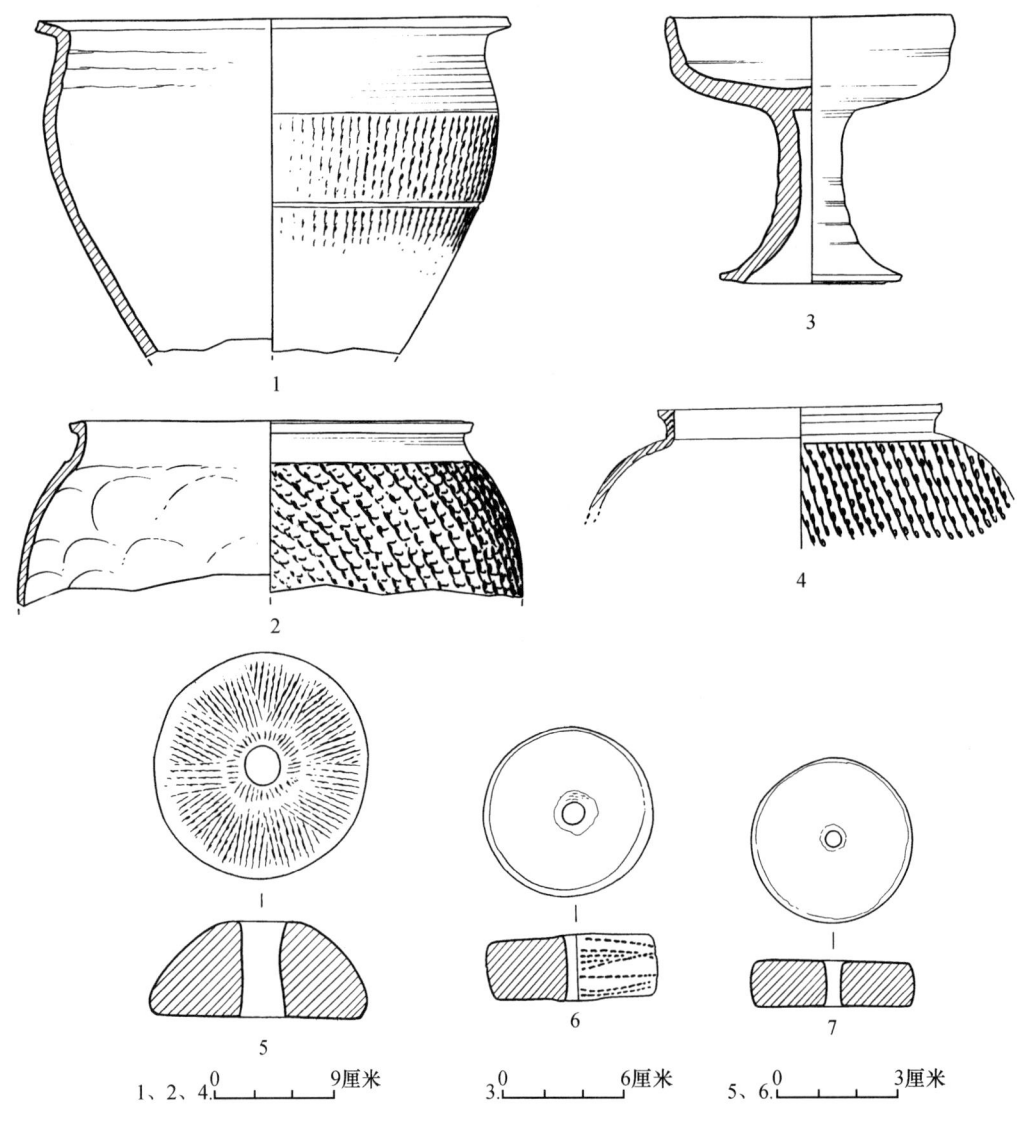

图 5-55　2004ⅠT7237 出土陶器

1. Aa 型盆（2004M23∶1）　2、4. Aa 型Ⅱ式鬲（2004ⅠT7237④∶1、2004H211∶2）　3. B 型豆（2004H211∶1）
5. C 型纺轮（2004ⅠT7238④∶5）　6. B 型纺轮（2004ⅠT7238④∶1）　7. Ab 型纺轮（2004H243∶1）

陶垫　标本 2004H103∶1，泥质红陶，夹细砂，呈蘑菇头状，平底。底径 3.6、高 3.4 厘米（图 5-56，4；图版四二，5）。标本 2004H103∶2，泥质灰黑陶，圆锥形，顶部较尖，平底。底径 3.1、高 4.1 厘米（图 5-56，3；图版四二，6）。

2004ⅠT7437H230

盂　Ac 型　标本 2004H230∶1，泥质黑灰陶，含细砂。方唇，微侈口，平折沿，折腹，上腹斜直，腹较深，平底。素面，沿面内外侧各有一道凹弦纹。口径 20.6、底径 9、最大腹径 18.8、通高 12.6 厘米（图 5-57，1）。

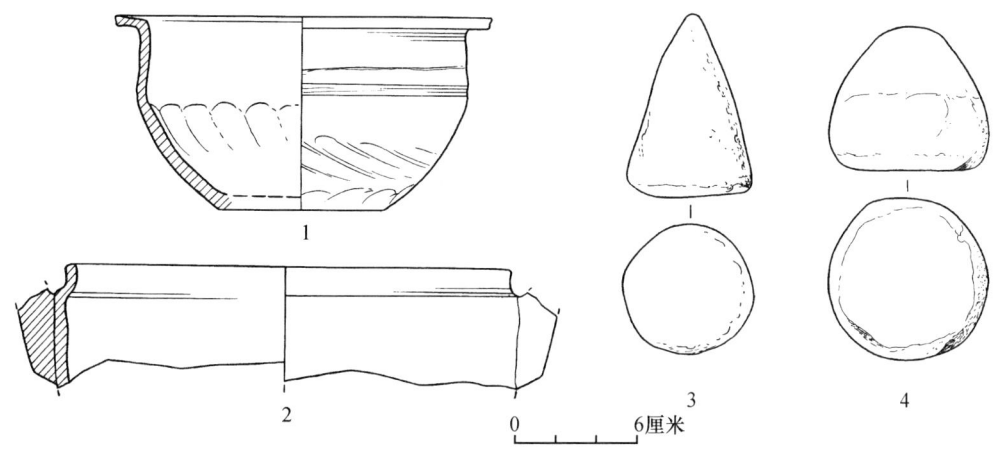

图 5-56 2004ⅠT7338H103 出土陶器
1. Ac 型盂（2004H103:3） 2. 鼎（2004H103:4） 3、4. 陶垫（2004H103:2、2004H103:1）

豆　A 型Ⅱ式　标本 2004H230:10，泥质灰陶，含细砂。敞口，圆唇。斜弧腹，圜底，柄残。素面，腹外壁有两道浅凹槽。口径 15.8、残高 2.8 厘米（图 5-57,2）。

2004ⅠT7438H361

鬲　Ab 型Ⅱ式　标本 2004H361:1，夹细砂灰陶，褐胎。侈口，折沿，沿较窄，略下斜，方唇，下缘修圆。束颈。鼓腹，中腹以下残。腹部饰右斜向粗绳纹。口径 26、残高 11 厘米（图 5-58,1）。

罐　Ab 型　标本 2004H361:11，泥质灰陶。口微侈，折沿，沿较窄，宽方唇。束颈，圆肩，腹及底残。通体磨光，肩部有刮痕。口径 14.6、残高 5.6 厘米（图 5-58,2）。

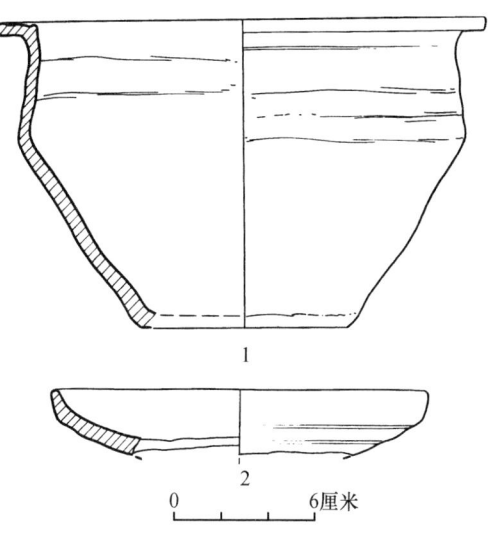

图 5-57 2004ⅠT7437H230 出土陶盂、豆
1. Ac 型盂（2004H230:1） 2. A 型Ⅱ式豆（2004H230:10）

豆　A 型Ⅲ式　标本 2004H361:6，夹细砂灰陶。侈口，尖圆唇，唇外缘微鼓，渐弧收至折壁处再凸起，使整个上腹部呈"S"形，斜直腹，圜底，柄残。素面，腹部偏下有一道浅凹槽。口径 12.2、残高 4 厘米（图 5-58,4）。标本 2004H361:7，泥质灰陶。侈口，尖圆唇，唇外缘微鼓，渐弧收至折壁处再凸起，使整个上腹部呈"S"形，折腹，腹斜直，圜底，柄残。素面，底部有两道刻划纹。口径 15、残高 3.8 厘米（图 5-58,3）。

盆　Ab 型　标本 2004H361:3，泥质灰陶。敛口，平折沿，方唇。上腹较鼓，中下腹斜弧。中腹以下饰竖向中绳纹。口径 23.8、最大腹径 7、残高 23 厘米（图 5-58,5）。

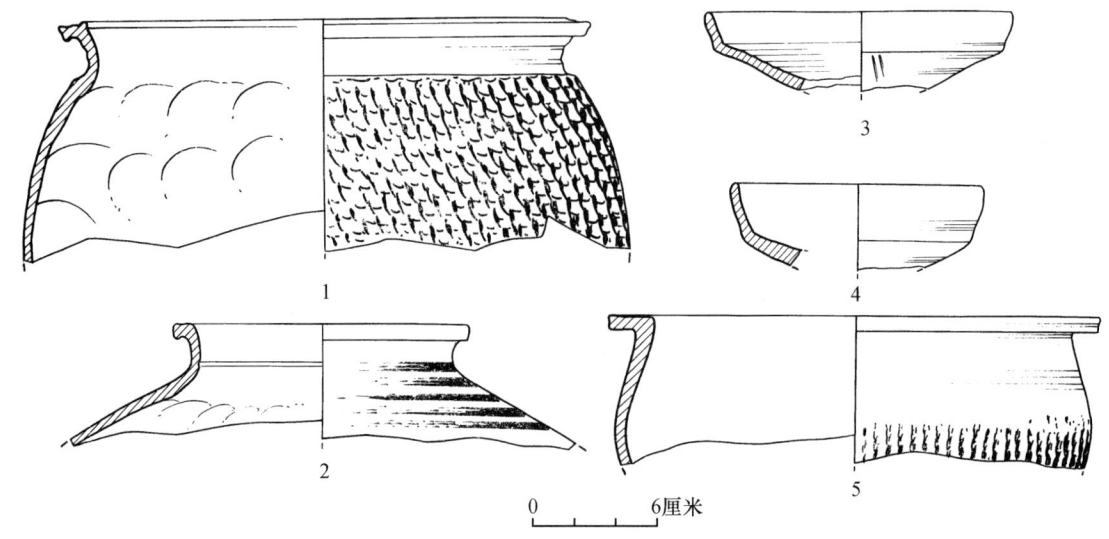

图 5-58　2004ⅠT7438H361 出土陶器

1. Ab 型Ⅱ式鬲（2004H361∶1）　2. Ab 型罐（2004H361∶11）　3、4. A 型Ⅲ式豆（2004H361∶7、2004H361∶6）
5. Ab 型盆（2004H361∶3）

2004ⅠT7438M33

罐　Ba 型　标本 2004M33∶1，泥质深灰陶，局部褐色。口较小，外侈，折沿下斜，外沿面略凹，圆唇略方，矮领，折肩，肩部微鼓，腹壁较直，平底。口沿、领部及肩部素面，肩部有隐约的绳纹痕，腹部饰竖向绳纹，绳纹中间夹有两周绳纹抹断痕迹，下腹近底处及底部素面，有刮削痕迹。口径 15.6、肩径 29.2、高 31.5、底径 17 厘米（图 5-59，2）。

2004ⅠT7438M21

罐　Aa 型　标本 2004M21∶1，泥质灰陶，局部红褐色。口较大，外侈，折沿微下斜，方唇，唇缘较圆，矮领，折肩，肩部略鼓，腹壁较斜直，平底。口部，肩部及领部素面，腹部饰竖向绳纹，绳纹中间夹有两周绳纹抹断痕，下腹近底处及底部素面，有刮削痕。口径 23、肩径 32.7、高 38.1、底径 20 厘米（图 5-59，1）。

2004ⅠT7438H161

豆　A 型Ⅱ式　标本 2004H161∶2，泥质灰陶。浅盘豆。侈口，圆唇，折腹，腹斜直，圜底，柄残。素面，外壁有刻划纹。口径 15.6、残高 4 厘米（图 5-59，3）。

鬲

Aa 型Ⅱ式　标本 2004H161∶1，夹砂灰陶。斜方唇，唇下缘凸出，侈口，折沿下斜，沿面近唇处有一道浅凹槽，束颈，鼓腹，中腹以下残。腹部饰右斜向粗绳纹。口径 24.3、残高 8.4 厘米（图 5-59，5）。

Ab 型Ⅱ式　标本 2004H161∶3，夹砂灰黑陶。侈口，折沿微下斜，沿面略凹，斜方唇，下缘修圆。束颈。腹较鼓，下腹及底残。腹部饰右斜向粗绳纹，上有一道附加堆纹。外壁有火烧痕迹，外壁粘有红烧土块。口径 33.6、最大腹径 39、残高 23.4 厘米（图 5-59，6）。

2004ⅠT7438H210

盆 Aa 型 标本 2004H210:1，泥质灰陶。敛口，折沿，微上仰，斜方唇，唇部中间有一道凹弦纹。上腹略鼓，中下腹斜弧，下腹及底残。腹以下饰斜向中绳纹，其中有两道抹痕。口径28.8、残高11.4厘米（图5-59，4）。

2005ⅠT6635H123

鬲 Aa 型Ⅰ式 标本 2005H123:3，夹砂灰陶。折沿，方唇，下缘修圆，束颈，最大径在肩部，腹部及底残。腹饰粗绳纹。口径24、腹径35.4、宽1.6、高6.5厘米（图5-60，1）。

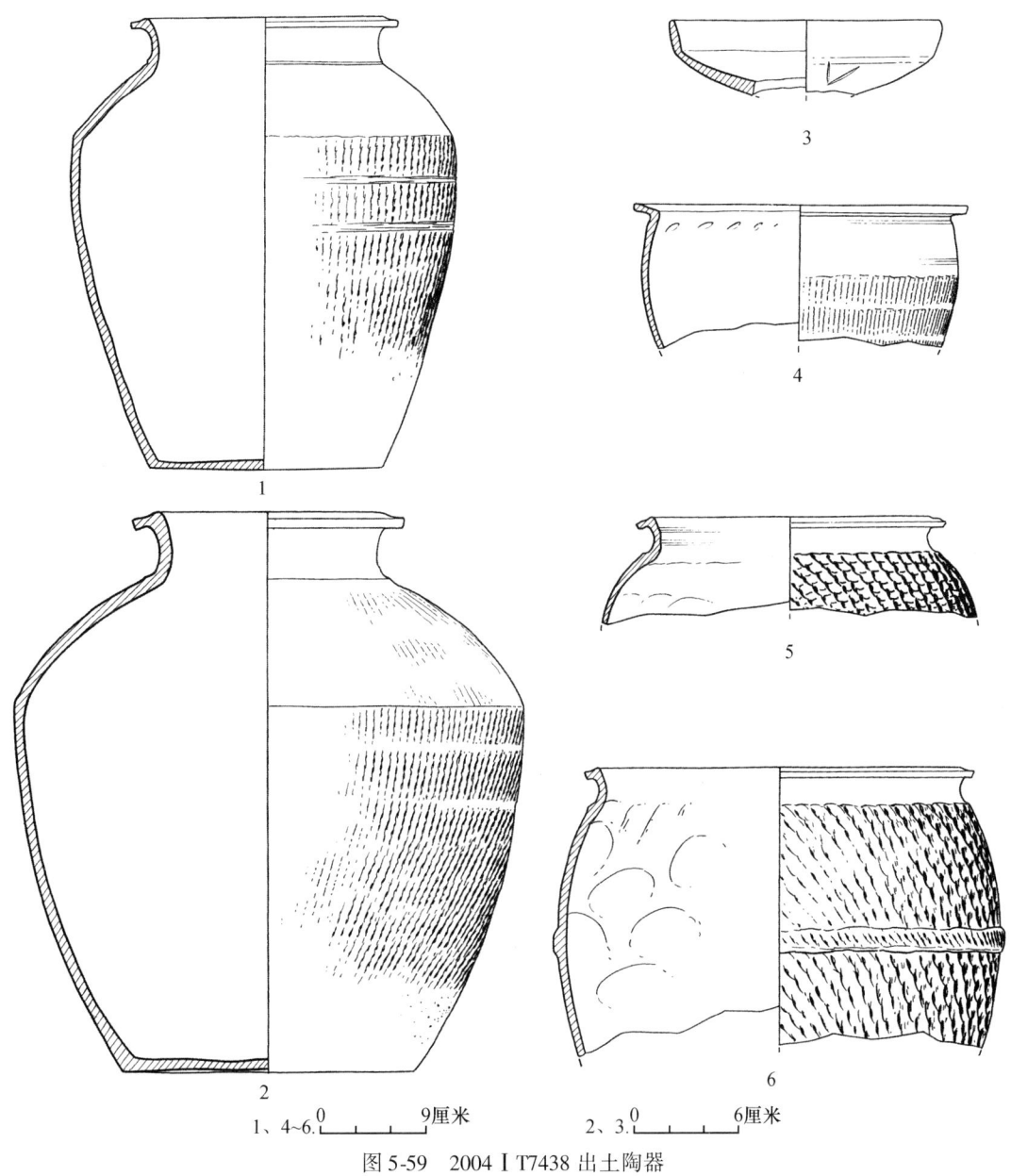

图 5-59　2004ⅠT7438 出土陶器
1. Aa 型罐（2004M21:1）　2. Ba 型罐（2004M33:1）　3. A 型Ⅱ式豆（2004H161:2）
4. Aa 型盆（2004H210:1）　5. Aa 型Ⅱ式鬲（2004H161:1）　6. Ab 型Ⅱ式鬲（2004H161:3）

豆 A型Ⅱ式 标本2005H123:1，泥质灰陶。残存豆盘一部分，侈口，圆唇，盘壁弧折，盘口较浅。素面。口径13、残高3.8厘米（图5-60，3）。标本2005H123:2，泥质灰陶。残存豆盘一部分，侈口，圆唇，折盘，盘口较浅，盘腹内收。素面。口径14、残高3.8厘米（图5-60，2）。

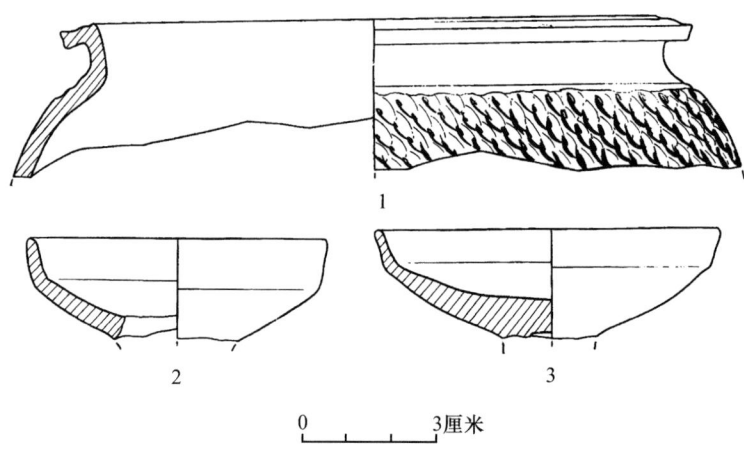

图5-60　2005ⅠT6635H123 出土陶器
1. Aa型Ⅰ式鬲（2005H123:3）　2、3. A型Ⅱ式豆（2005H123:2、2005H123:1）

2005ⅠT6935H51

鬲 Aa型Ⅱ式 标本2005H51:8，夹砂灰黑陶。高领，有颈，折沿，方唇，下缘修圆。最大径在肩部，腹部斜向下收，三袋足与腹连成一体，无实足尖，三足极矮，腹部饰粗绳纹。器物上部为黑灰色，中腹以下因后期使用，火烤成灰褐色。口径27.6、肩径32.4、高30厘米（图5-61，1）。

盆 Cb型 标本2005H51:2，泥质灰陶。方唇，侈口，折沿较平，沿面近内侧微凸起，深腹微鼓，圜底微凹。通体饰较细绳纹。口径29.4、底径10.4、高22.4厘米（图5-61，2；图版四三，5）。

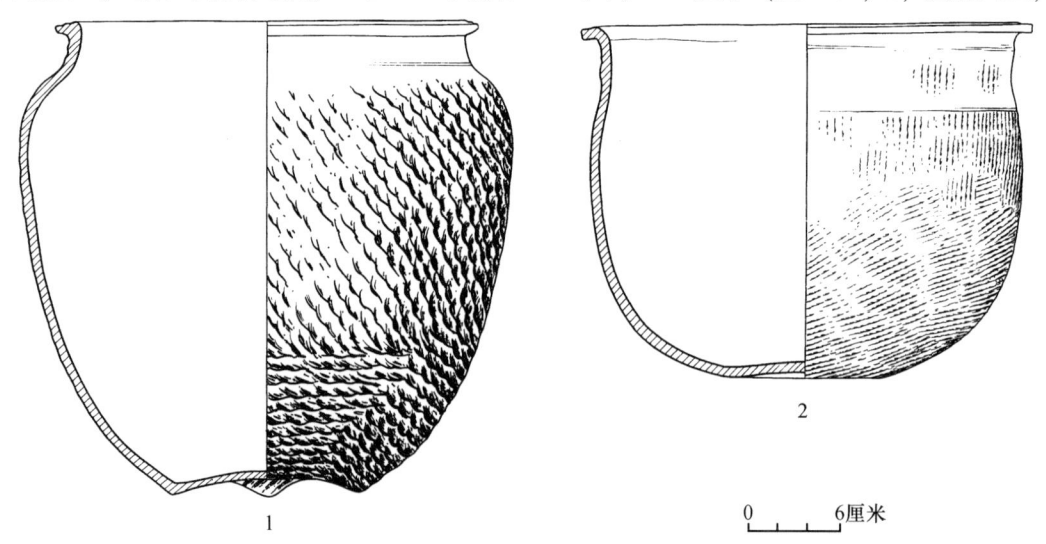

图5-61　2005ⅠT6935H51 出土陶鬲、盆
1. Aa型Ⅱ式鬲（2005H51:8）　2. Cb型盆（2005H51:2）

瓮 标本2005H51:4，泥质灰陶。高领，侈口，卷沿，双唇。弧肩，深腹，下腹斜直，平底。通体饰细绳纹，以拍印为主，领部纹饰抹平，肩下有二周抹弦纹。口径23、肩径38、底径23.4、通高51厘米（图5-62，1；图版四四，6）。标本2004H51:6，泥质灰陶。高领，侈口，平沿。弧形肩较胖，深腹较肥，中腹以下残。腹饰中等绳纹，肩、领部纹饰抹平，肩折部位及上腹有二周抹弦纹。口径约22、肩径43.6、残高23厘米（图5-62，3）。

甗 A型Ⅱ式 标本2005H51:1，泥质灰陶。折沿较平，方唇。深腹微鼓，平底。底部刻5个孔，较规整，中间一个为圆形，另外四个为半圆形。上腹偏下部位为竖向中绳纹。口径35.5、底径17、通高25.5厘米（图5-63，1）。标本2005H51:7，泥质灰陶。折沿较平，方唇，深腹斜内收，

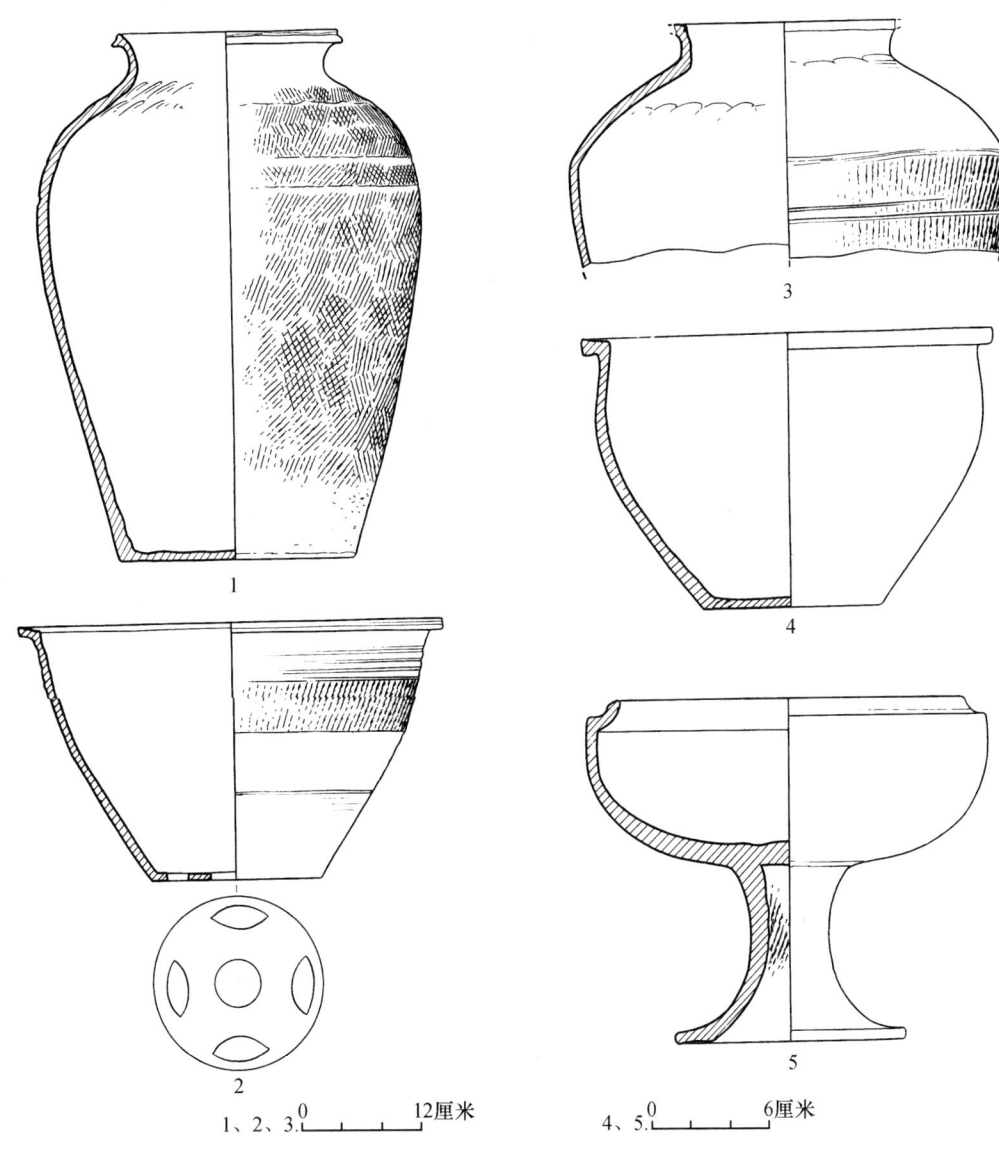

图5-62 2005ⅠT6935H51出土陶器
1、3. 瓮（2005H51:4、2005H51:6） 2. A型Ⅱ式甗（2005H51:7） 4. Ba型盂（2005H51:5）
5. A型盖豆（2005H51:3）

平底。底部刻5个孔，较规整，中间一个为圆形，另外四个为桃叶形。上腹近沿处及下腹刮抹成素面，中腹偏上有一周绳纹。口径41.8、底径17.3、通高24.9厘米（图5-62，2；图版四五，2）。

盂 Ba型 标本2005H51:5，泥质灰陶。折沿较平，方唇。鼓腹，上腹微鼓，下腹急内收，小平底。通体素面。口径20.3、底径9.1、高13.2厘米（图5-62，4）。

盖豆 A型 标本2005H51:3，泥质灰陶。子口内敛，豆盘上腹圆鼓，下腹斜收，圜底，矮柄，圈足。豆盘及柄内外均有平行旋纹，外壁磨光。口径17.5、腹径20、圈足高8.4、底径11.6、通高16.8厘米（图5-62，5）。

4. 其他单位出土遗物

2004ⅠT7238④

纺轮

B型 标本2004ⅠT7238④:1，泥质黑陶，夹细砂，圆形，边缘圆鼓，其上见有数周线形点状纹饰，中有一圆孔。直径4、厚1.6、孔径0.6厘米（图5-55，6）。

C型 标本2004ⅠT7238④:5，夹砂红陶，灰胎，表面饰有辐射状的细线纹，残余一半，蘑菇形，中部有一大圆孔。底径5.3、高2.3、孔径1.4厘米（图5-55，5）。

2004ⅠT7238H243

纺轮 Ab型 标本2004H243:1，泥质灰陶，器形小，较规整，呈圆饼形，边缘磨光，中部有一圆孔。直径4、厚1.1、孔径0.4厘米（图5-55，7）。

2005ⅠT6835③

陶祖 标本2005ⅠT6835③:1，夹砂红陶，通体采用原型浅浮雕制成，形象逼真，呈圆柱状，头浑圆，下部残。直径3.4、残长6.1厘米（图5-60，4）。

2004ⅠT7337H329

纺轮 Aa型 标本2004H329:3，夹砂黑陶，制作粗糙，器体较大，呈圆饼形，中有一圆孔。直径6.3、厚1.9、孔径0.6厘米（图5-64，1）。标本2004H329:13，夹砂红陶，残。器体大而厚重，呈圆饼形，中部残见有一圆孔。直径6.6、厚2厘米（图5-64，2）。

2004ⅠT7337H162

纺轮 Aa型 标本2004ⅠH162:11，泥质红陶，残。器体较大，呈圆饼形，一面见有数道凹槽，边缘抹圆，中部残见有一圆孔。直径5.8、

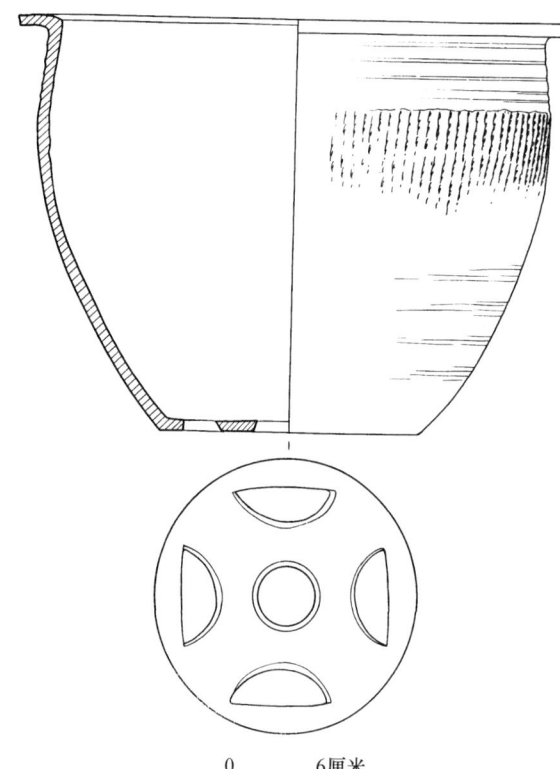

图5-63 2005ⅠT6935H51出土陶瓮
A型Ⅱ式瓮（2005H51:1）

厚1.5厘米（图5-64，3）。

2004 Ⅰ T7337H148

纺轮　B型　标本2004H148：1，泥质深灰陶，圆形，边缘圆鼓，中有一圆孔，较大。直径4.4、厚1.8、孔径1.3厘米（图5-64，4）。

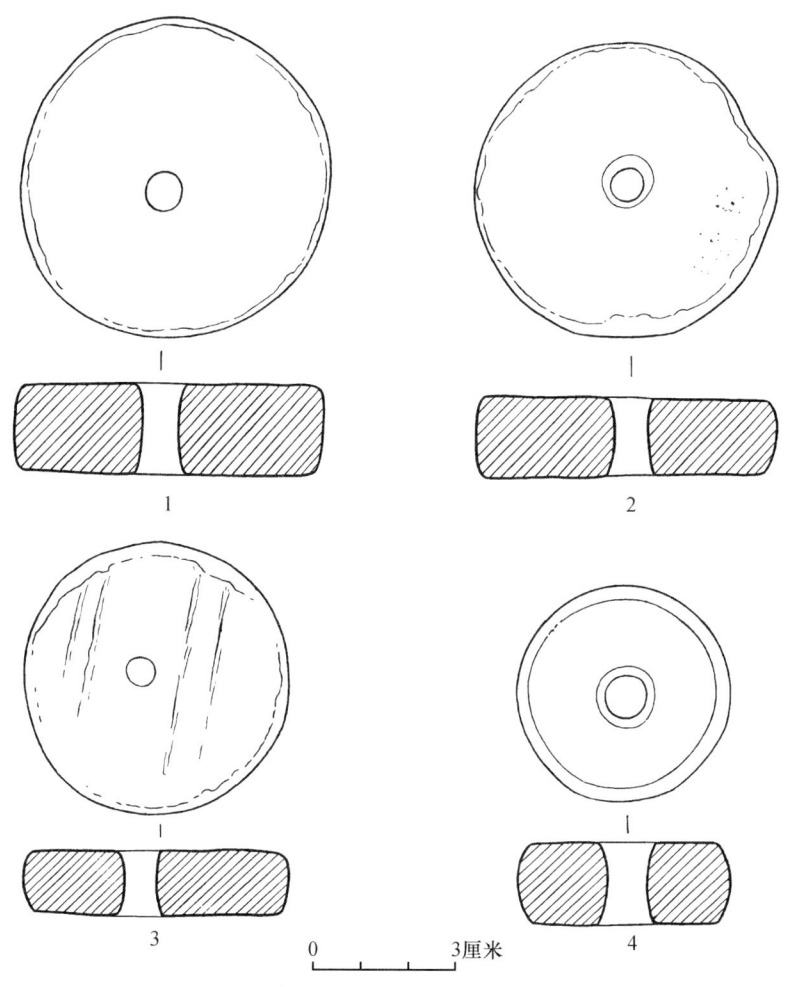

图5-64　2004年出土陶纺轮（一）

1~3. Aa型纺轮（2004H329：3、2004H329：13、2004H162：11）　4. B型纺轮（2004H148：1）

2004 Ⅰ T6840H64

纺轮　Aa型　标本2004H64：1，夹砂黑陶，制作粗糙，器体较大，残余一半，呈圆饼形，边缘抹圆，中有一圆孔。直径6.6、厚2、孔径0.6厘米（图5-65，1）。

2004 Ⅰ T6641H76

纺轮　Aa型　标本2004H76：5，泥质红陶，夹细砂，器形规整，器体较大，略残，呈圆饼形，中有一圆孔。直径6、厚1.4、孔径0.4厘米（图5-65，2）。

2004 I T6841H52

纺轮

B 型　标本 2004H52：2，夹砂红陶，残余一半，圆形，边缘圆鼓，中有一圆孔。直径 4.2、厚 1.5、孔径 0.6 厘米（图 5-65，4）。

D 型　标本 2004H52：1，泥质灰陶，夹细砂，由器壁残片略加磨制而成，器形不规整，近圆形，略鼓，一面保留有绳纹，中部有一大圆孔。直径 5.4、厚 0.7、孔径 1.4 厘米（图 5-65，3）。

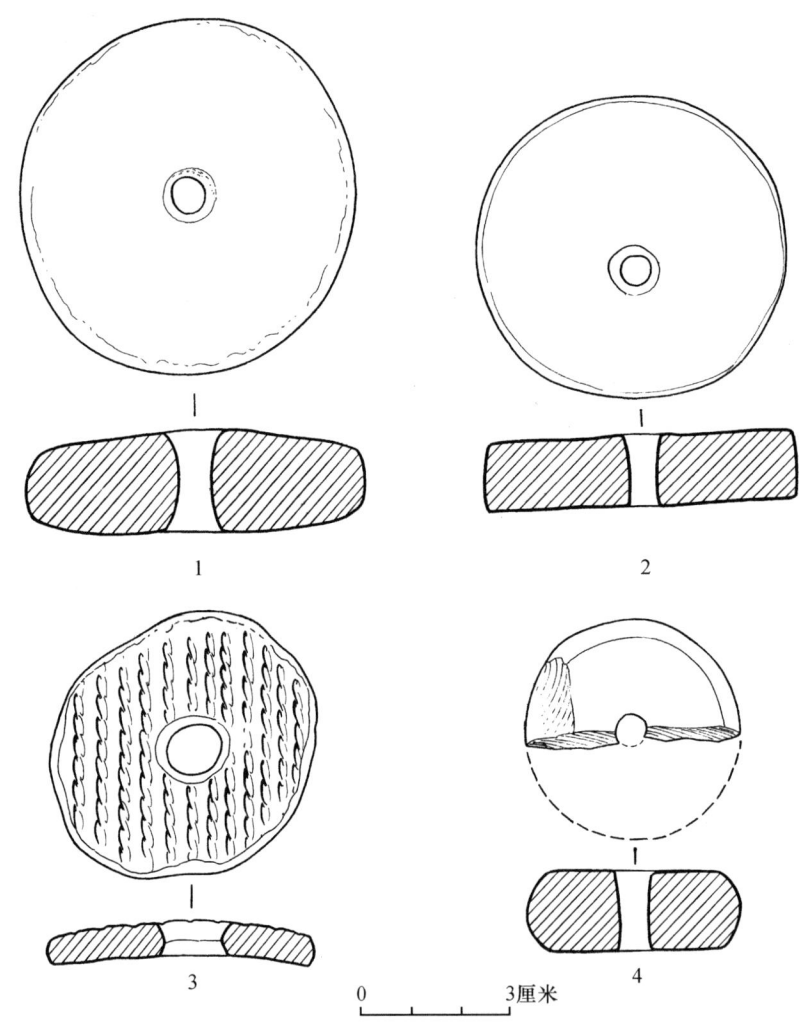

图 5-65　2004 年出土陶纺轮（二）

1、2. Aa 型纺轮（2004H64：1、2004H76：5）　3. D 型纺轮（2004H52：1）　4. B 型纺轮（2004H52：2）

2004 I T7040H150

陶垫　标本 2004H150：11，泥质，夹细砂，灰陶，蘑菇形顶，柱状柄呈束腰状。顶径 7、高 7.9、底径 1.8 厘米（图 5-66，1）。

2004ⅠT7137③

纺轮 Ab型 标本2004ⅠT7137③:1，泥质灰陶，器形小，较规整，呈圆饼形，边缘磨光，中部有一圆孔。直径3.9、厚1、孔径0.5厘米（图5-66，2）。

2005ⅠT6836M9

铜带钩 标本2005M9:1，短身，平面呈圆形，上部有象鼻状弯钩，直径2.7、高2.6厘米（图5-66，3；彩版二八，1）。

2005ⅠT6635③

铜箭镞 标本2005T6635③:1，带双翼，锋锐利，通体磨光。通长7.6厘米（图5-66，4）。

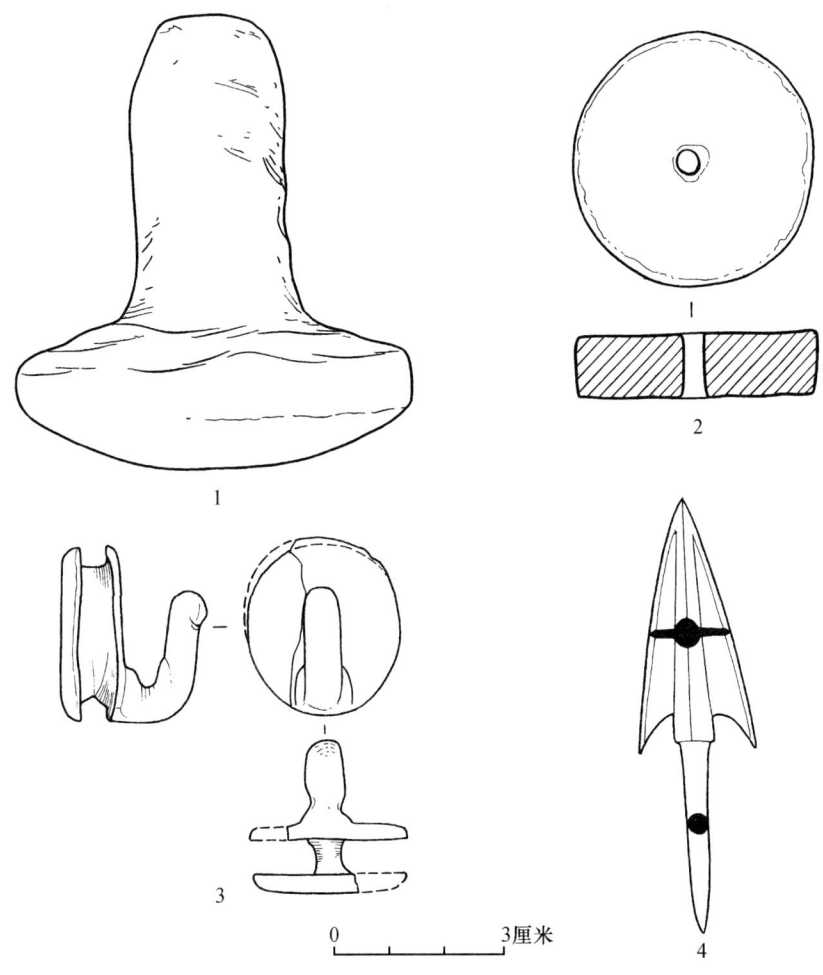

图5-66 2004、2005年出土陶器、铜器
1. 陶垫（2004H150:11） 2. Ab型纺轮（2004ⅠT7137③:1） 3. 铜带钩（2005M9:1）
4. 铜箭镞（2005T6635③:1）

三、动、植物遗存

（一）动物遗骸

1. 收集与整理程序

见第三章第三节相关介绍。

2. 出土状况及测量数据

南洼遗址春秋时期所出动物骨骼，单位和时代明确者共 322 块，包括春秋中期 240 块，春秋晚期 82 块。其中过于破碎、鉴定种属的特征不明、只能认定为哺乳动物的计 138 块，约占 42.86%，包括春秋中期 87 块，春秋晚期 51 块。

（1）动物骨骼出土情况（NISP，即可鉴定标本数）

① 春秋中期

2004ⅠT6741H57：梅花鹿 1。

2004ⅠT7137 H95：狗 1、中型哺乳动物 1、哺乳动物 1。

2004ⅠT7338H103：黄牛 2、小型哺乳动物 2、中型哺乳动物 1、大型哺乳动物 1、珍珠蚌未订种 12。

2004ⅠT7138 H128：黄牛 2、绵羊 2、猪 1、中型哺乳动物 5、哺乳动物 1、蚌 2。

2004ⅠT7337H214：黄牛 1、大型哺乳动物 1、珍珠蚌未订种 3。

2004ⅠT7038③：猪 9、狗 1、梅花鹿 2、小型哺乳动物 1、中型哺乳动物 13、珍珠蚌未订种 1。

2004ⅠT7041③：黄牛 3、绵羊 1、猪 9、狗 2、鹿或羊 1、中型哺乳动物 14、大型哺乳动物 1、哺乳动物 5、丽蚌 4、蚌 2、方形环棱螺 1。

2004ⅠT7138③：黄牛 1、绵羊 1、猪 4、狗 1、鹿科动物 1、小型食肉动物 1、哺乳动物 13、蚌 1。

2004ⅠT7337⑥：猪 3、中型哺乳动物 3、珍珠蚌未订种 8。

2004ⅠT7338③：黄牛 2、绵羊 1、猪 6、中型哺乳动物 4、珍珠蚌未订种 3。

2005ⅠT6935H54：绵羊 2、猪 7、狗 2、兔 1、中型哺乳动物 5、哺乳动物 2。

2005ⅠT7036 H68：黄牛 1、猪 5、中型哺乳动物 2、哺乳动物 1。

2005ⅠT7841③：黄牛 3、绵羊 1、猪 3、梅花鹿 3、中型哺乳动物 20、大型哺乳动物 5、哺乳动物 1、珍珠蚌未订种 1。

② 春秋晚期

2004ⅠT7438H361：猪 3、梅花鹿 1。

2004ⅠT7137③：黄牛 1、中型哺乳动物 3。

2004ⅠT7237④：黄牛 2、绵羊 1、猪 1、中型哺乳动物 10、大型哺乳动物 1、哺乳动物 1。

2005ⅠT6935H51：狗 2、梅花鹿 1、中型哺乳动物 2。

2005ⅠT6635H123：猪1、大型哺乳动物1。

2005ⅠT7036 H197：黄牛1、中型哺乳动物9、大型哺乳动物2、哺乳动物1。

2005ⅠT7036 H201：中型哺乳动物3、哺乳动物6。

2005ⅠT6635③：大型鹿科动物1、哺乳动物1。

2005ⅠT6835③：黄牛8、猪5、中型哺乳动物2、大型哺乳动物9。

（2）骨骼测量数据（单位：毫米）

① 春秋中期

狗：胫骨远端长：19.99，宽：14.69；上颌P4长：19.59，宽：7.96；上颌M1长：10.53，宽：17.36；下颌M1长：18.26，宽：7.43；

猪：第4掌骨GL：69.30；跟骨宽：24.37；肱骨远端长：37.67，宽：36.31；桡骨远端长：26.37，宽：17.30；下颌3：73.44，7a：10.06，13：104.69（表5-4）。

表5-4 春秋中期猪上下颌测量

测量点	样品量	最大值	最小值	均值	标准差
上颌M1长	3	17.71	14.88	16.33	1.42
上颌M1前宽	3	15.11	11.90	13.60	1.61
上颌M1后宽	3	15.35	12.59	14.15	1.41
上颌M2长	3	20.18	18.05	19.36	1.14
上颌M2前宽	3	17.05	15.31	16.25	0.88
上颌M2后宽	3	16.25	14.09	15.46	1.19
下颌16b	2	37.25	20.98	29.12	11.50
下颌P4长	4	17.87	13.62	16.26	1.84
下颌P4宽	4	9.19	7.63	8.59	0.71
下颌M1长	4	17.51	14.17	15.72	1.38
下颌M1前宽	4	10.69	9.31	10.02	0.76
下颌M1后宽	3	11.43	10.44	10.78	0.57
下颌M2长	3	21.38	20	20.65	0.69
下颌M2前宽	3	14.04	12.51	13.18	0.78
下颌M2后宽	4	14.65	12.58	13.28	0.95
下颌M3长	2	30.95	14.88	22.92	11.36
下颌M3宽	2	15.43	9.24	12.34	4.38

梅花鹿：跟骨长：45.69（表5-5）。

表5-5 春秋中期梅花鹿跟骨测量

测量点	样品量	最大值	最小值	均值	标准差
跟骨宽	2	35.16	28.92	32.04	4.41

黄牛：尺骨 LO：101.5，SDO：55.70；第 2 节趾骨 GL：40.77；跗骨长：63.23，宽：59.48。

绵羊：第 1 节趾骨 GL：37.90；肱骨远端长：30.79，宽：27.64。

② 春秋晚期

猪：上颌 M1 长：16.96，前宽：12.83，后宽：13.66；上颌 M2 长：21.75，前宽：15.60，后宽：15.47；下颌 M1 长：16.19，前宽：10.04，后宽：10.47。

黄牛：第 1 节趾骨 GL：68.01；上颌 M1 宽：22.64。

绵羊：跖骨近端长：21.11。

3. 初步分析

南洼遗址春秋时期发现的动物有方形环棱螺、珍珠蚌、兔、狗、猪、梅花鹿、黄牛、绵羊等，共 8 类。其中，狗、猪、黄牛、绵羊都是家养动物。

（二）植物大遗存

1. 出土概况

春秋时期仅 3 份样品，均来自灰坑（见附表六二）

（1）炭屑遗存

3 份样品 >1 毫米的炭屑总重为 2.325g，平均炭屑密度为 0.073g/L，低于遗址的整体平均炭屑密度。

（2）炭化植物种子

可鉴定的炭化植物遗存共 3109 粒，包括农作物、非农作物、块茎类和其他类植物遗存。因破损而无法鉴定的炭化遗存未纳入统计之列。

①农作物种子

农作物种子一共 1898 粒，包括小麦、水稻、粟、黍和大豆。另集中出土了 712 粒藜科种子，二者合计 2610 粒。

小麦，一共 2 粒，分别出自 2005H51、2004H329。我们对其中 1 粒完整的进行测量，粒长 3.57 毫米，粒宽 2.36 毫米，厚残。

水稻，包括 1 粒炭化稻米和 12 粒穗轴/基盘，均出自 2005H123。炭化稻米残，但仍可观察到颖果表面的纵向凸棱。由于埋藏环境和浮选及处理过程中不可避免的影响，大部分小穗轴的保存情况不是特别好，但仍能看出基盘的位置。少数几个能观察到基盘中间破损的圆形小坑（图版四九，1、2）。

粟，一共发现 1867 粒，占该期种子总数和农作物的 60.05% 和 71.53%，出土概率为 100%。其中 1601 粒为成熟的炭化粟颖果，258 粒上残留有稃壳，另有 8 粒个体较小的粟。随机测量其中 100 粒成熟炭化粟，平均粒长 1.33 毫米，平均粒宽 1.22 毫米，平均粒厚 1.17 毫米。8 粒个体较小的粟粒平均粒长 0.87 毫米，平均粒宽 0.82 毫米，平均粒厚 0.78 毫米。

黍，共 14 粒，均出自 2005H123，其中 8 粒残留有稃壳。平均粒长 2.01 毫米，平均粒宽 1.78

毫米，平均粒厚1.75毫米。

大豆，仅2粒，出于2005H123，均残。

藜科种子，一共715粒，其中712粒出于2005H51，占农作物的27.39%，这些种子大部分种皮缺失，粒长在1毫米以下或相近。我们倾向于认为另外两个单位出土的3粒藜科种子与其他遗址中藜科种子普遍出现但数量不多的情况相同，故这3粒归入非农作物类种子。

②非农作物种子

非农作物种子一共497粒，与农作物的比例为1:5。其中黍亚科共444粒，占种子总数和非农作物种子的14.28%和89.34%，出土概率达100%，可鉴定到属的有狗尾草属58粒、黍属1粒、马唐属3粒和稗属2粒，尚未能鉴定到属的黍亚科种子380粒。其次是苋科种子，共44粒，占非农作物的8.85%。另有豆科1粒、藜科3粒、菊科1粒、莎草科1粒、唇形科紫苏2粒和伞形科1粒等杂草种子，数量很少。

③块茎类遗存

1粒块茎类遗存出自2005H123，尚无法鉴定具体种属。

④其他类植物遗存

2005H123发现1粒疑似植物枝芽。

2. 初步分析

春秋时期3个样品的炭化种子一共3108粒，其中农作物2610粒，非农作物497粒，二者数量比约为5.3:1。

农作物较殷墟时期增加了水稻和藜科。粟的数量最多，占种子总数的60.05%，在农作物中占71.53%，出土概率达100%。小麦的出土概率仅次于粟，达66.67%，但在农作物中仅占0.08%。黍、水稻和大豆的出土概率都是33.33%，其中黍在农作物中的数量百分比为0.55%、大豆为0.08%、水稻为0.50%。水稻虽然仅1粒，但另发现12粒小穗轴基盘遗存，占所有小穗轴基盘的60%。藜科共712粒，出自2005H51一个单位，出土概率为33.33%，占农作物的27.41%。

非农作物的种类较多，但绝对数量都很少，所占百分比较殷墟时期明显下降。从种类上看，依旧以黍亚科为大宗，总体上属于旱地杂草，其中唇形科紫苏可能被先民利用而不完全是农田杂草。

由于本期样品数量太少，无法据此判断春秋时期聚落的农业生产水平，但从粟的出土情况来看，旱作农业的传统一直被延续了下来。此外小麦普遍性的增加可能说明了其被先民们持续地利用。

四、小　　结

（一）典型地层单位与分段

南洼遗址春秋时期的遗迹并不十分丰富，但根据春秋时期各单位之间的层位关系，出土遗物有一定的形制变化，据此可对这些遗存做进一步的分段。

②→H122→H123→③→[H177 / H212]→H218

②层为近现代层，H218 为春秋单位，打破了殷墟时期的单位，之间遗存的时代均为春秋时期。

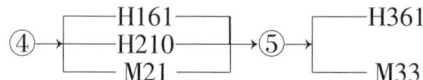

④层为汉代以后的地层，2004H361 和 2004M33 均打破殷墟和二里头时期的单位，其间的所有单位均为春秋时期。

上述两例关系具有代表性，下面将出土陶器较多的单位列为表格，观察主要陶器的组合（表5-6）及其不同型式的共存关系（表5-7）。从表中可以看出，各单位出土器物往往具有较一致的共存关系，并且符合地层序列反映的早晚关系，器物型式偶有交错，应为早期遗物出现在晚期遗物所致，整体器物群的演变趋势较为清楚。因此，遗迹之间的叠压打破关系以及器物的型式共存关系的变化，可判断出南洼遗址东周时期的遗存可划分出早晚两段。直接叠压和打破殷墟和二里头时期堆积的 2004H177、2004H212、2004H218、2004M33 中出土有 Ab 型 I 式鬲、A 型 II 式豆盘、A 型 I 式豆柄、Ab 型盆、Bb 型盆、Ba 型罐、Bb 型罐，因其相对年代较早，定为第 1 段。通过对比，与以上这些遗物共存的还有 Aa 型 I 式鬲、Ba 型鬲、Bb 型 I 式鬲、A 型 I 式豆、Ba 型盆、Cc 型盆、Aa 型盂、Ab 型盂、Ac 型盂、Bb 型盂、A 型 II 式甗和 B 型甗。

打破或叠压 2004H177、2004H212、2004H218、2004M33 的 2004H122、2004H123、2004H161、2004H210、2004M21 及 T7037③中出土有 Aa 型 II 式鬲、Ab 型 II 式鬲、A 型 III 式豆、B 型豆、Ac 型盆、Ca 型盆、Aa 型罐、Ab 型罐、A 型 I 式甗，此外与这些遗物共存的 2005H51 和 2004H44 出土有 Bb 型鬲、Cb 型盆、Bb 型盂以及盖豆。

根据以上分析和表格，并结合地层关系，可将绝大多数遗迹单位进行分段，那些无法利用器物共存关系的单位，可通过层位关系判断其所属的期段。还有少数没有出土典型陶器或不能根据地层单位进行判断的单位。这样我们将南洼遗址春秋时期文化遗存分为两段，分段结果如下：

早期单位：

2004Y3、2004H54、2004M23、2004M33、2004H48、2004H3、2004H51、T6840③、2004H68、2004H52、2004H47、2004H42、2004H177、2004H212、2004H218、T7038③、2004H40、T7040③、T7041③、2004H95、T7138③、T7238⑤、2004H126、2004H139、2004H204、2004H205、2004H243、T7337⑤、2004H252、2004H256、T7337⑥、2004H325、2004H214、2004H329、2004H353、T7338③、T7338④、T7338⑤、T7338⑥、2004H103、2004H107、2004H140、2004H165、T7437⑤、2004H230、2004H420、2005H54、2005H68、T7841③。

晚期单位：

2004H44、T7137③、2004H445、2004H123、T7037③、2004H121、2004H122、2004H361、2004H161、2004H210、2004M21、2004T7438⑤、2004H118、T7237④、2004H211、2005M9、2005H51、2005H203、2005H29、2005H181、2005T6835③、2005H123。

第五章　春秋至金元时期遗存

表 5-6　春秋时期主要单位陶器型式组合表

组序	单位	鬲				豆		盆						罐		盂				盖豆
		Aa型	Ab型	Ba型	Bb型	A型	B型	Aa型	Ab型	Bb型	Ca型	Cb型	Cc型	Aa型	Ba型	Ab型	Ac型	Ba型	Bb型	
一组	2004T6641Y3	I 3	I 2	2		II 1									2					
	2004T6641H54		I 1			II 2				2						1				
	2004T7037③		I 1			II、I2、III 1														
二组	2005T6935H51	II 1										1		1						
	2004T7037H123				√	I2、III1		1	2		2							1		
	2004T7137H161		II 1				II 1						1							
	2004T6741H44				1			1												1

注：Ac 型、Ba 型盆、Ab 型、Bb 型罐数量较少，在以上的典型单位中并无此两型盆。在此表中并无显示

表 5-7　春秋时期典型陶器型式组合表

单位	鬲				豆		盆								盂					罐				盖豆
	Aa型	Ab型	Ba型	Bb型	A型	B型	Aa型	Ab型	Ac型	Ba型	Bb型	Ca型	Cb型	Cc型	Aa型	Ab型	Ac型	Ba型	Bb型	Aa型	Ab型	Ba型	Bb型	
早段	I	I	√	√	I、II	√	√	√	√	√	√			√										
晚段	I 少 II 多	I 少 II 多			II、III	√						√			√	√	√			√	√	√	√	√

不能分段的单位：

2004H76、2004H64、2004H65、2004H203、2004H132、T5③、2004H400、2004H128、2004H105、2004H148、2004H215、2004H291。

（二）各段的文化特征和内涵

依照以上的分析结果，我们将南洼遗址春秋文化的遗存早晚两段的文化内涵和特征归纳如下：

1. 早段

该段的遗迹有灰坑、墓葬和陶窑三类。灰坑平面多呈圆形，不规则形次之，也有少量的椭圆形。坑壁多为斜壁或斜弧壁，直壁较少，不见袋装坑。墓葬分为土坑竖穴墓和瓦棺葬两类，其中瓦棺葬的数量较多，随葬品多为罐，也见有盆。

陶器以夹砂陶居多，泥质陶也占有较大的比例（表5-8）。纹饰中绳纹最多，占65.4%；其次为素面，占28.5%；还有少量的附加堆纹和弦纹（表5-9）。器类中以豆最多，占30.1%；鬲次之，占28.8%；其后为罐和盆，分别占26%和12.3%（表5-10）。此外还有少量的盂和甑。早段器物群的特点是：鬲均有领部，基本为方唇；豆盘多见弧腹或腹部弧折，部分豆柄较矮，不见盖豆；盆多为敛口和直口，沿部为平折和仰折，也见有侈口的，折沿下垂；罐的口部较小，肩部绳纹均抹平；盂多为折腹，鼓腹盂的最大径在中部。

表5-8 春秋中期陶系统计表

陶 系 单 位	夹砂				泥质				合计
	灰	黑	褐	红	灰	黑	褐	红	
2004T6641H54	69	37	70		43	12	35		266
2004T6641Y3	94	52	51	16	26	16	10	11	276
2005T6935H54	59	18	126		193	18	51		465
合 计	222	107	247	16	262	46	96	11	1007
百分比（%）	22	10.6	24.5	1.6	26	4.7	9.5	1.1	
	58.7				41.3				

表5-9 春秋中期纹饰统计表

纹 饰 单 位	绳纹	素面	附加堆纹	弦纹	其他	合 计
2004T7037H212	142	58	11	5	6	222
2004T6641H54	163	100	5	6		274
2004T6741H51	186	56	8	5		255
合计	491	214	24	16	6	751
百分比（%）	65.4	28.5	3.2	2.1	0.8	

表 5-10 春秋中期器类统计表

器类 单位	鬲	盆	罐	豆	盂	甗	合计
2004T7238H243	5	1	1	5			12
2004T7037H212	5	1	11	7			24
2004T6641H54	5	2	4	4	1		16
2004T6641Y3	3	5	3	2			13
2004T6741H51	3			4		1	8
合计	21	9	19	22	1	1	73
百分比（%）	28.8	12.3	26	30.1	1.4	1.4	

2. 晚段

该段的遗迹有灰坑和墓葬两类。灰坑平面多呈椭圆形，圆形次之，也有少量的不规则形。坑壁以斜壁居多，直壁也较多，不见袋状坑。墓葬分土坑竖穴墓和瓦棺葬两类，随葬品有铜带钩和陶罐。

陶器仍以夹砂陶居多，泥质陶次之（表5-11）。纹饰中绳纹居多，占81.3%；其次为素面，占14.2%；还有少量的附加堆纹、弦纹和瓦棱纹（表5-12）。器类中以鬲最多，占31.6%；豆次之，占28.9%；之后为盆，占23.7%，罐占7.9%；还有少量的盂和甗（表5-13）。晚段器物群的特征是：鬲开始出现无领鬲，肩部饰瓦棱纹，唇部由方唇变为圆唇，或方唇的下缘修圆；豆盘的上腹部呈"S"形，豆柄均较高，盖豆出现；盆多为侈口，口沿为仰折沿和平折沿，也有少量的敛口盆，折沿下耷；罐的口部均较大；盂为鼓腹，最大径在上腹部。

表 5-11 春秋晚期陶系统计表

陶系 单位	夹砂				泥质				合计
	灰	黑	褐	红	灰	黑	褐	红	
2004T7037H123	164	32	14		24				234
2004T7438H361	59	38	37		46	2	3		185
2004T6741H44	77	24	9	5	11	8	5		139
2005T6935H51	8	2	1		70	2	3	1	87
2005T7036H203	39	7	5	1	50	4	3		109
2005T6736H29	87	40	33		105	25	16		306
合计	434	143	99	6	306	41	30	1	1060
百分比（%）	40.9	13.5	9.3	0.6	28.7	3.9	2.8	0.1	
	64.3				35.5				

表 5-12　春秋晚期纹饰统计表

纹饰　单位	绳纹	素面	附加堆纹	弦纹	其他	合　计
2004T7037H123	206	15	13			234
2004T7037③	963	113	33	5	7	1121
2004T7438H361	135	50				185
2004T6741H44	86	34	2	17		139
2005T6935H51	57	40				97
2005T7036H203	103	19	3	4	1	130
合　计	1550	271	51	26	8	1906
百分比（%）	81.3	14.2	2.7	1.4	0.4	

表 5-13　春秋晚期器类统计表

器类　单位	鬲	盆	罐	豆	盂	甗	合　计
2004T7037H123	4	5		3			12
2004T7438H361	4	2	1	6			13
2005T6935H51	4	2	2	2	1	2	13
合　计	12	9	3	11	1	2	38
百分比（%）	31.6	23.7	7.9	28.9	2.6	5.3	

（三）年代

南洼遗址春秋时期的遗物以鬲、盆、罐、豆的组合为主，为中原地区西周至春秋时期典型的器物组合。该遗址早晚两段的器物特征相似性较大，前后相隔的时间较短。

早段的器物群中，A 型 I 式豆与新郑热电厂春秋中期的相似，A 型 II 式豆与新郑热电厂 M112:1 相似，罐与新郑热电厂 M148:1 相似[1]，盂同郑国祭祀遗址春秋中期的 A 型 IV 式盂相似，由此可推断早段的时代相当于春秋中期或中晚期之际。

第三节　汉代文化遗存

汉代的文化遗存全部为灰坑，共 4 座。现公布两座出土遗物较为丰富的单位。

---

[1] 河南省文物考古研究所：《郑韩故城兴弘花园与热电厂墓地》，文物出版社，2007 年。

一、2006H5

位于ⅡT6202的西南角，开口于②层下。探方内暴露部分近长方形，长208、宽88厘米，坑壁较直，坑底较平，坑底距坑口深160厘米。填土呈黄褐色，土质较软，包含有烧土粒、炭粒（图5-67）。出土有较多的画像砖残片，其中以1块模印有持戟门吏（图5-68，1）。

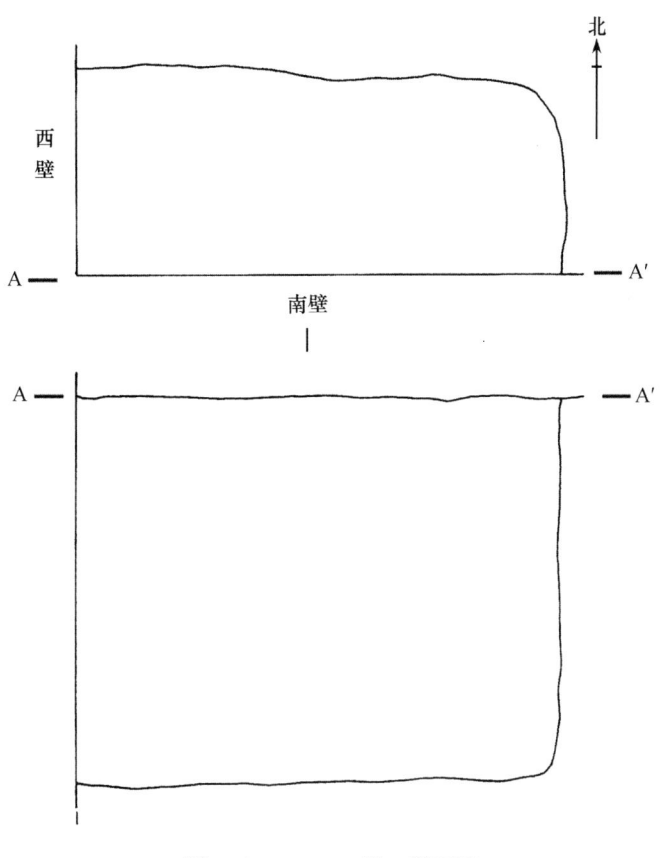

图5-67　2006H5平、剖面图

二、2006H9

1. 形制

位于ⅡT6201的东北部，开口于②层下，被H3、H8、H6打破。残存部分平面近长方形，长120、宽100厘米，坑壁较直，坑底较平，坑底距坑口深38厘米。填土呈黄褐色，土质较软，包含有烧土粒、炭粒。出土有数枚铜钱（图5-69）。

2. 遗物

五铢钱　3枚。标本2006H9：1，钱径2.6、穿宽0.9、郭厚0.16厘米。"五"字竖划缓曲，"金"字头呈箭镞状，"朱"字头上方折，下部圆折（图5-68，2）。

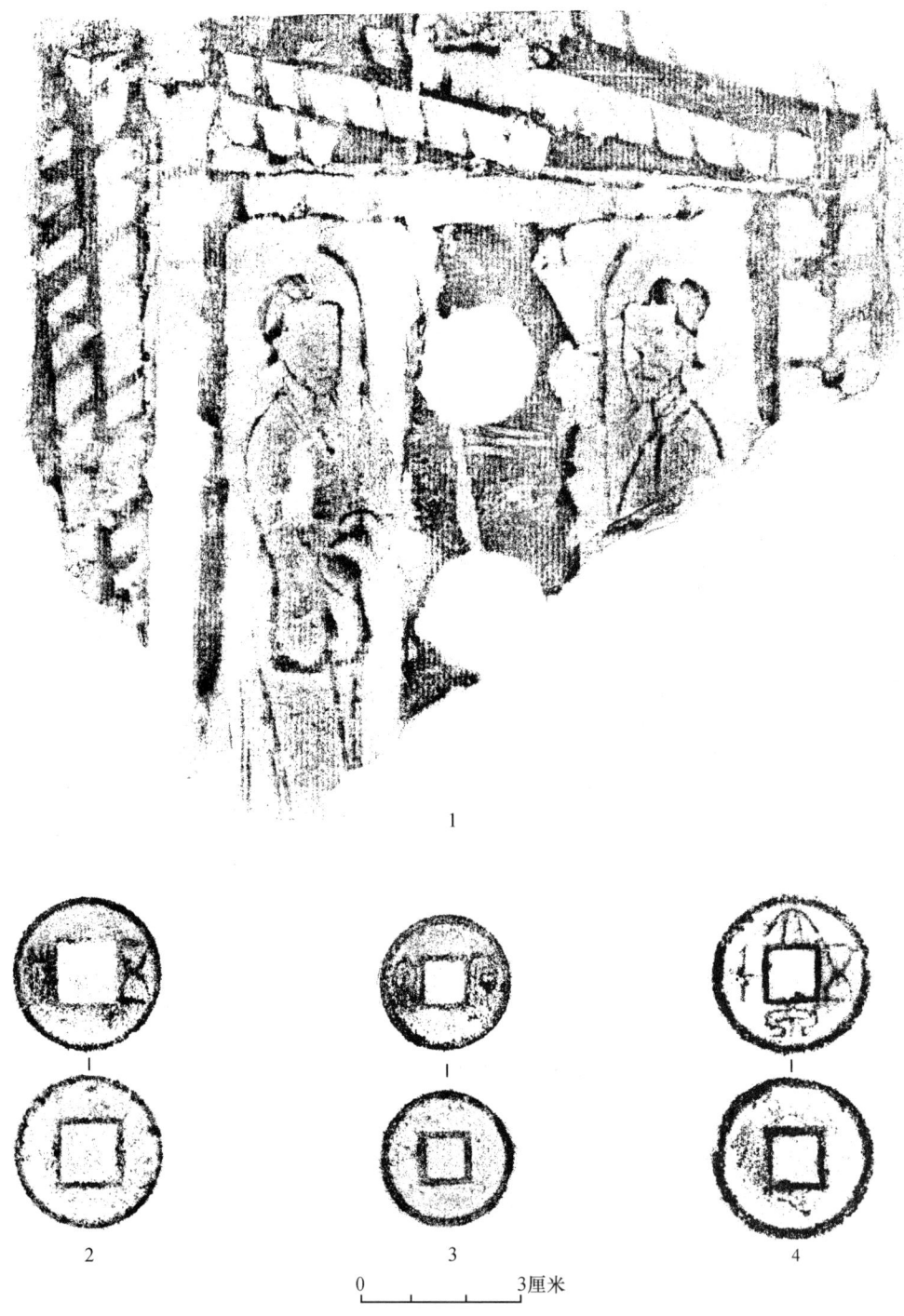

图 5-68 2006 年汉代遗存出土遗物
1. 画像砖拓片（2006H5:1） 2. 五铢钱（2006H9:1） 3. 货泉（2006H9:2） 4. 大泉五十（2006H9:3）

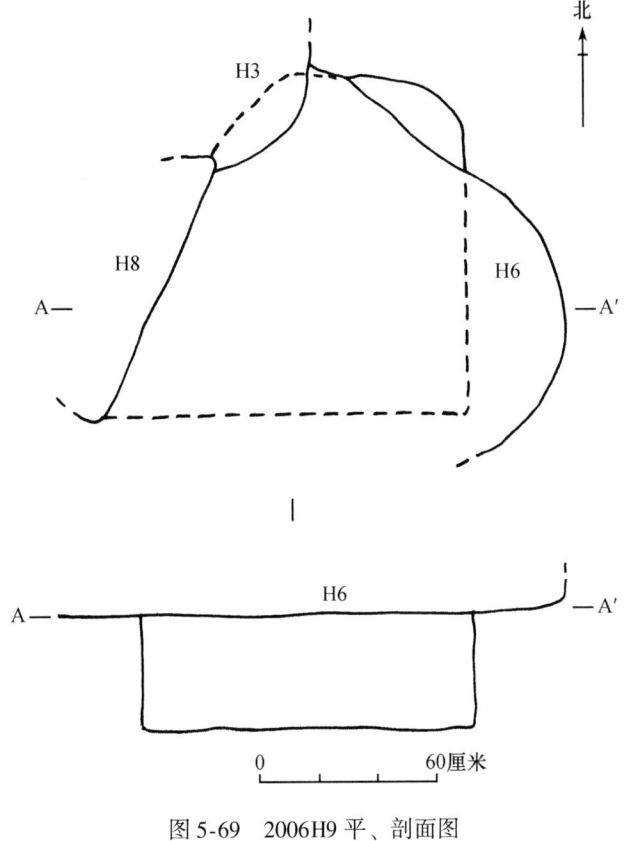

图 5-69 2006H9 平、剖面图

货泉 2 枚。标本 2006H9:2，钱径 2.3、穿宽 0.6、郭厚 0.17 厘米（图 5-68，3）。

大泉五十 1 枚。标本 2006H9:3，钱径 2.7、穿宽 0.8、郭厚 0.23 厘米（图 5-68，4）。

三、小　　结

汉代的遗存数量较少，但其分布较为集中，时代上相差应该不远。从出土的铜钱状况来看，五铢钱多为西汉晚期的特点，同出有新莽钱，因此这几个单位的年代定于新莽时期较为合适，最晚到东汉初年。

第四节　唐宋及金元时期文化遗存

该时期文化遗存有灰坑 3 座，墓葬 6 座。现分别对此进行介绍。

一、灰 坑

（一）2004H275

1. 形制

位于ⅠT6840东北角，开口于②层下。平面近椭圆形，探方内暴露部分坑口长85、宽75厘米。近直壁，平底，坑底距坑口深40厘米。填土呈黄灰色，土质较软，结构疏松，包含有少量的红烧土粒。出土遗物有瓷碗1件、瓷罐1件（图5-70）。

2. 遗物

瓷碗 1件。标本2004H275：1，天青釉，内壁近底部局部紫红色，青灰胎，近底部及圈足素面无釉。直口微侈，圆唇，上腹近口处有一条明显的折棱，折棱下腹壁斜直内收，小平底微凸，圈足较小，微外张。口径18、高7.3、底径6厘米（图5-71，4；彩版二九，1）。

瓷罐 1件。标本2004H275：2，白底黑花，红褐胎，底部无釉。直口，方唇，矮领，圆肩，下腹壁斜收，小平底略呈圈足。上腹部装饰纹样，分布于两个对称的如意头开光，开光内装饰花草纹。口径10、高14.5、底径6厘米（图5-71，3；彩版二九，2）。

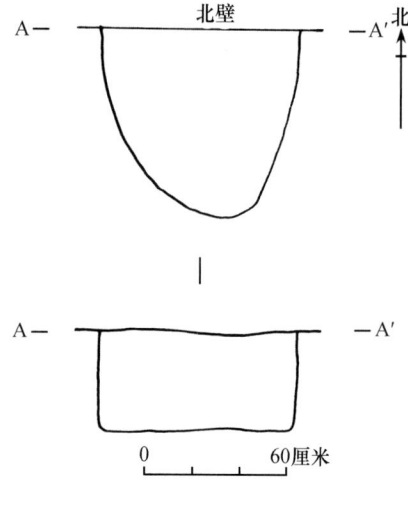

图5-70 2004H275 平、剖面图

（二）2004H69

1. 形制

位于ⅠT7137的西北部，开口于②层下。平面呈椭圆形，长径105、短径84厘米。直壁，平底，坑底距坑口深130厘米。填土呈褐色，土质松软，包含有红烧土块、少量料姜和几块大石头。出土遗物有1件绿釉瓷灯（图5-72）。

2. 遗物

绿釉灯 1件。标本2004H69：1，外腹及口沿施绿釉，其余露胎，胎色呈浅黄色，泛红。敛口，宽平沿微下垂，深腹，下腹斜收，束腰，外有一周箍棱，喇叭形足，足底外卷。黄灰胎，较细。口径6.7、沿宽2、底径5.5、通高7.3厘米（图5-71，5；彩版二九，3）。

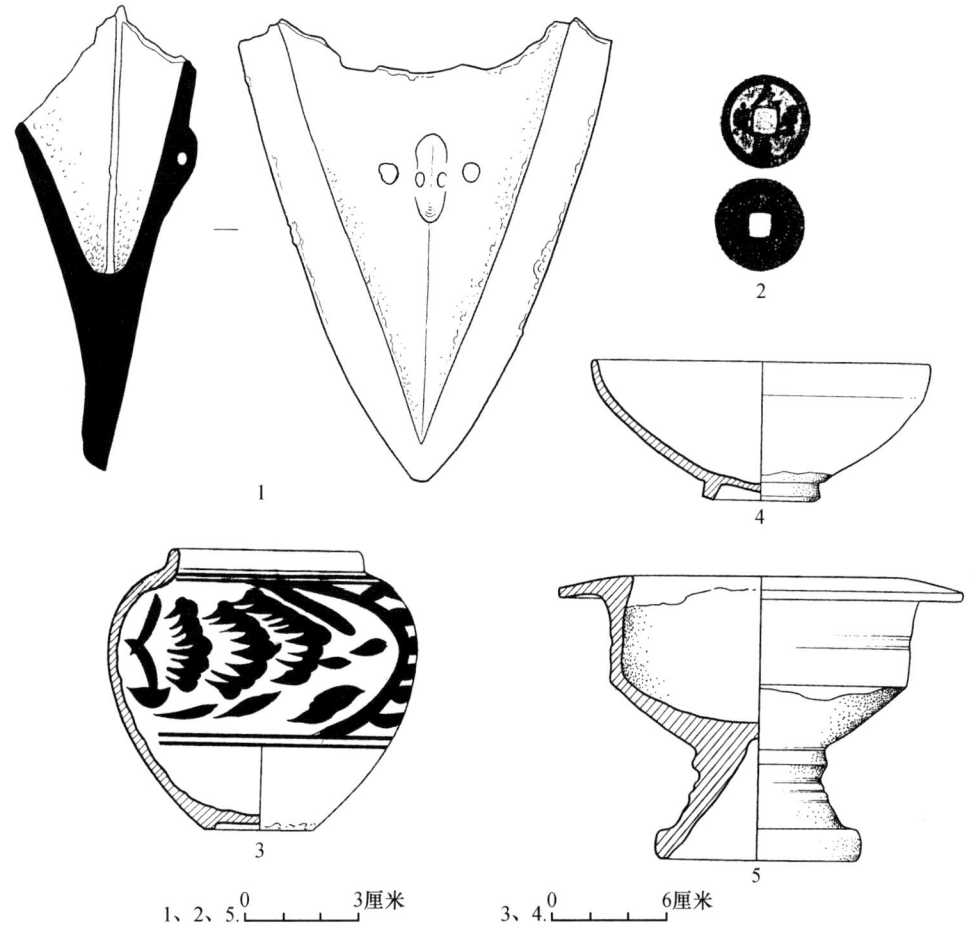

图 5-71 宋金元时期灰坑出土遗物

1. 铁镂铧（2005H14∶5） 2. 元丰通宝（2005H14∶1） 3. 瓷罐（2004H275∶2） 4. 瓷碗（2004H275∶1） 5. 瓷灯（2004H69∶1）

（三）2005H14

1. 形制

位于ⅠT6636北部偏东，部分伸至北隔梁下，开口于②层下。平面呈近椭圆形，探方内揭露部分长径162、短径110厘米。斜弧壁，平底，坑底距坑口深68厘米。填土呈褐色、泛黑，土质松软，包含大量的红烧土块、少量料姜和草木灰。出土遗物有1枚铜钱和1件铁镂铧（图5-73）。

2. 遗物

铁镂铧 标本2005H14:5，表面有红褐色和黄褐色铁锈，锈蚀程度一般，末端略残。铧间尖锐呈锐角，大致60°。两翼较平直，宽约1.3厘米，末端略残。铧体两面均隆突，正面隆脊明显成凸棱，銎口平面呈"V"形。另一面弧状突起，弧面平缓，在弧面上部中央有一鼻纽，上有一横向穿孔，两侧各有一个圆形穿孔，鼻纽和穿孔应为固定木耧足所用，此面銎口比另一面长，边缘残。耧铧两翼残长12.5厘米，中脊长9.3厘米，正面中脊长约10厘米。两翼末端最宽9.9厘米，銎口高约3.9、宽7.7、深6.9厘米。鼻纽长2.3、宽0.8、高0.5厘米，鼻纽穿孔直径0.2、鼻纽两侧穿孔直径0.4厘米（图5-71，1；彩版二九，4）。

铜钱 标本2005H14:1，"元丰通宝"，钱文旋读。钱径2.4、穿宽0.6、郭厚0.17厘米（图5-71，2）。

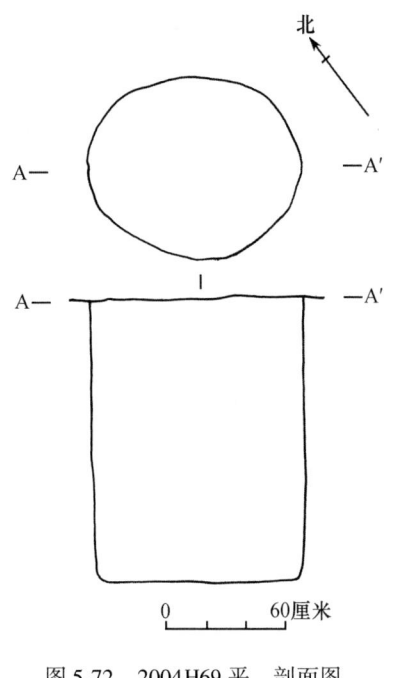

图5-72 2004H69平、剖面图

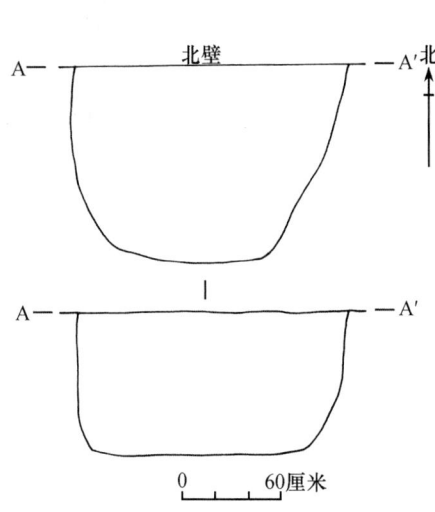

图5-73 2005H14平、剖面图

二、墓 葬

（一）2004M18

1. 墓葬形制

位于ⅠT7038北部，大部分压于北隔梁下。开口于②层下，被2004H117打破，打破2004H411和H412等。长方形竖穴土坑墓，方向为11°。直壁，平底，北部略高。残长1.46、宽0.4~0.6、深0.04~0.35米。

填土为黄色沙土与深褐土相夹杂,土质松软,包含有极少量的炭屑和碎陶片。胫骨前部上方填土中发现有一较大石块。

骨架 1 具,略显扰动。右臂尺骨缺失,右手骨骼不全,右髋骨置于身体左侧,脚踝以下不存。仰身直肢,头向北,面向右,下颌脱落。未发现葬具(图 5-74;彩版三〇,1、2)。

2. 随葬品

只在墓主颈下发现有铅钡玻璃项饰,包括 29 枚串珠,现呈白色。其中,两枚较大,呈水滴形,顶有一穿孔的纽。高 1.3、最大径为 0.7 厘米。其余为中间有穿孔的圆珠,直径 0.4 厘米(图 5-74;彩版三〇,3)。

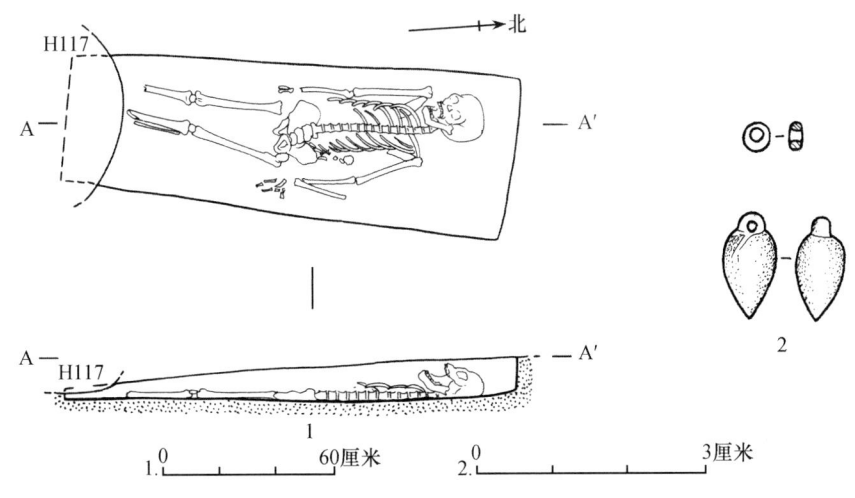

图 5-74　2004M18 平、剖面图及随葬品
1. 2004M18 平、剖面图　2. 铅钡玻璃项饰(M18:1)(上:圆珠形项饰　下:水滴形项饰)

(二) 2004M24

墓葬形制

位于ⅠT7137 的西北部。开口于②层下,被 H69 打破,打破③~⑥层。为竖穴土洞墓,墓葬整体呈靴形,方向 203°。

墓道平面呈长方形,近直壁,底部近平,墓道口长 170、宽 52~58 厘米,墓底长 170、宽 52~66、最深处为 175 厘米。墓室平面形状不规则,西壁呈弧形、东壁斜直,可能为券顶,平底,墓室长 170、宽 120、最高处为 84 厘米。

墓道内填土较杂,呈青灰色,土质较软,结构疏松,夹杂有白灰、炭粒和烧土粒,墓室内的填土较为疏松,土色不均匀,为青色和褐色两种填土混杂。

出土骨架 1 具,保存较好,仰身直肢葬,头向西北,面向上。未发现有葬具痕迹。

墓中未发现有随葬品(图 5-75)。

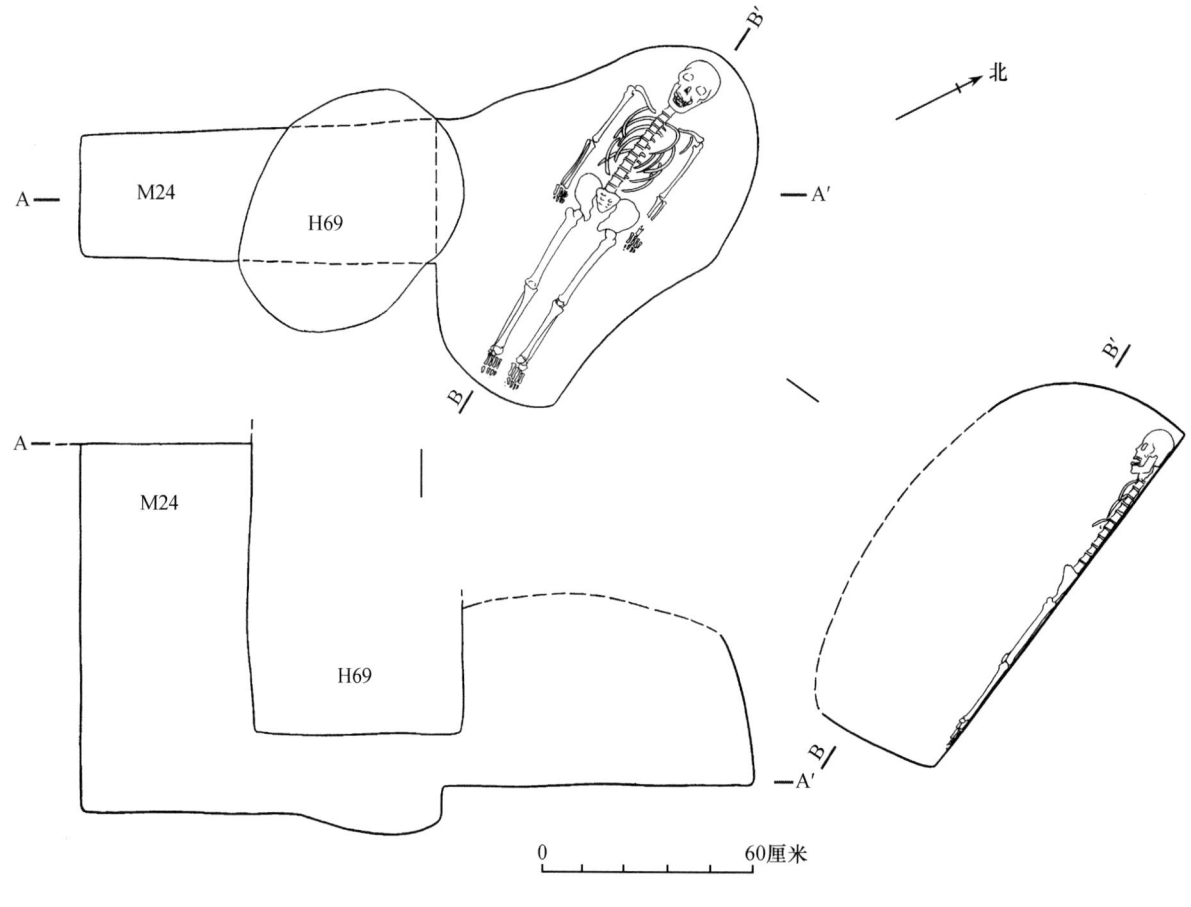

图 5-75 2004M243 平、剖面图

（三）2004M26

1. 墓葬形制

墓室位于 T7137 的西南角。开口于②层下，打破③~⑥层。为竖穴土洞墓。探方内揭露部分仅为墓室局部，墓道应在探方外南侧，方向大致为南向。墓室近直壁，顶微拱，平底。已揭露的墓室长 192、宽 122、高 91 厘米。

墓室内填土呈灰褐色，土质松软、结构疏松，包含有红烧土粒和炭粒。

出土骨架 1 具，保存完好，仰身直肢，两臂置于身体两侧，头向西北，面向上。未发现有葬具痕迹（图 5-76；彩版三一）。

2. 随葬品

随葬品有耳饰 1 件、锡簪 1 枚、铜镜 1 面以及铜钱 5 枚。分述如下。

铜镜 1 面。位于墓主上腹，编号为 2004M26：3，素面镜，呈八瓣菱花形，桥形纽。直径 12.3、纽宽 1.1、缘厚 0.3 厘米（图 5-77，1）。

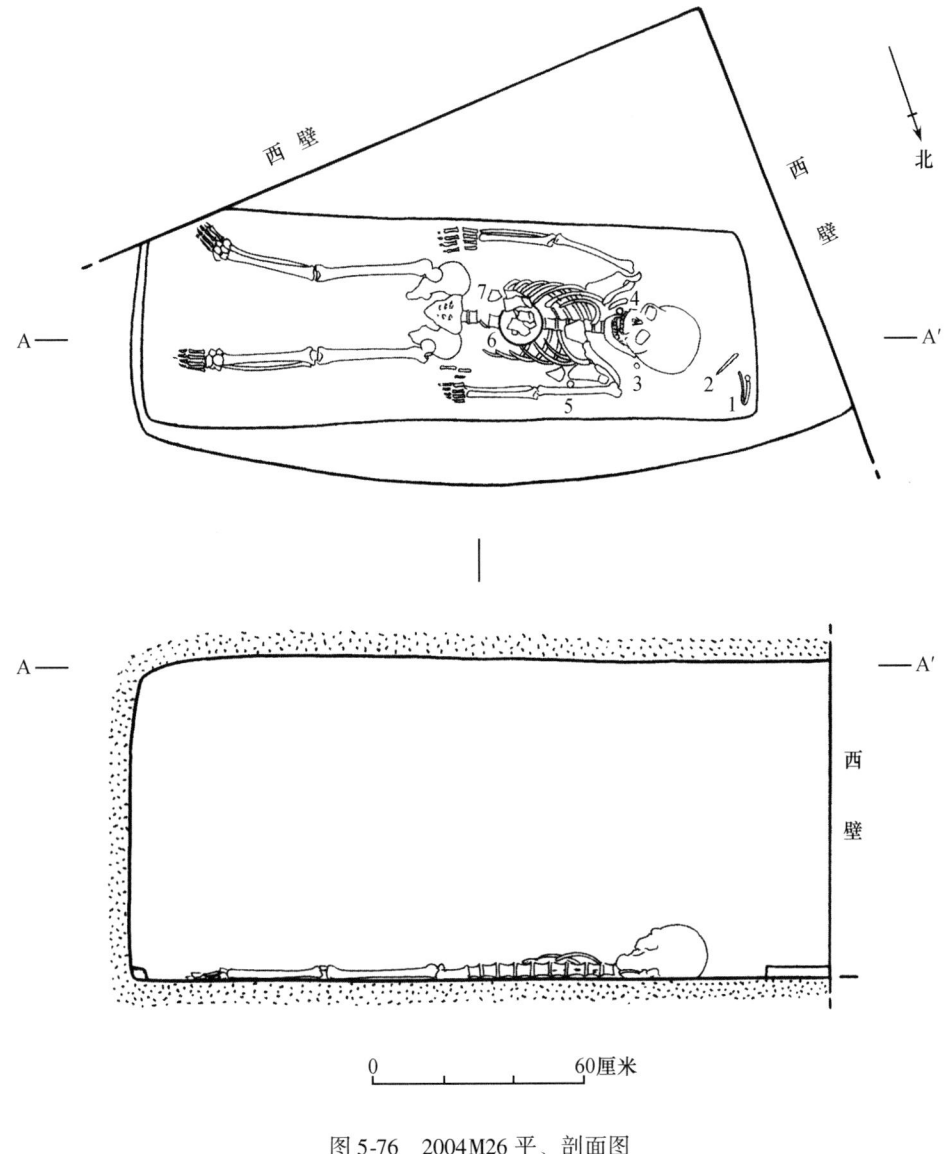

图 5-76　2004M26 平、剖面图
1. 铜簪　2. 铁灯　3. 耳饰　4、5. 铜钱　6. 铜镜　7. 铁饰件

锡簪　1件。位于头部西侧，编号为2004M26：1，双齿，其中一齿较弯，另一齿的末端有一小圆球，圆球下半部饰莲花纹，齿的截面为圆形。残长9.8厘米（图5-77，2）。

耳饰　1件。位于头部左侧，编号为2004M26：2，铅钡玻璃，现存颜色为白色，球形，上部为半环形纽。高1.1、直径1.3厘米（图5-77，3；图版四五，3）。

铜钱　5枚，散见于头部右侧和左臂肱骨北侧，文字均为由右向左旋读。2004M26：5，景德元宝，钱径2.4、穿宽0.6、郭厚0.17厘米（图5-77，4）。2004M26：6，天圣元宝，钱径2.5、穿宽0.7、郭厚0.14厘米（图5-77，5）。2004M26：7，祥符元宝，钱径2.5、穿径0.6、郭厚0.12厘米（图5-77，6）。2004M26：8，祥符元宝，钱径2.5、穿径0.6、郭厚0.14厘米（图5-77，7）。2004M26：9，祥符通宝，钱径2.5、穿径0.7、郭厚0.13厘米（图5-77，8）。

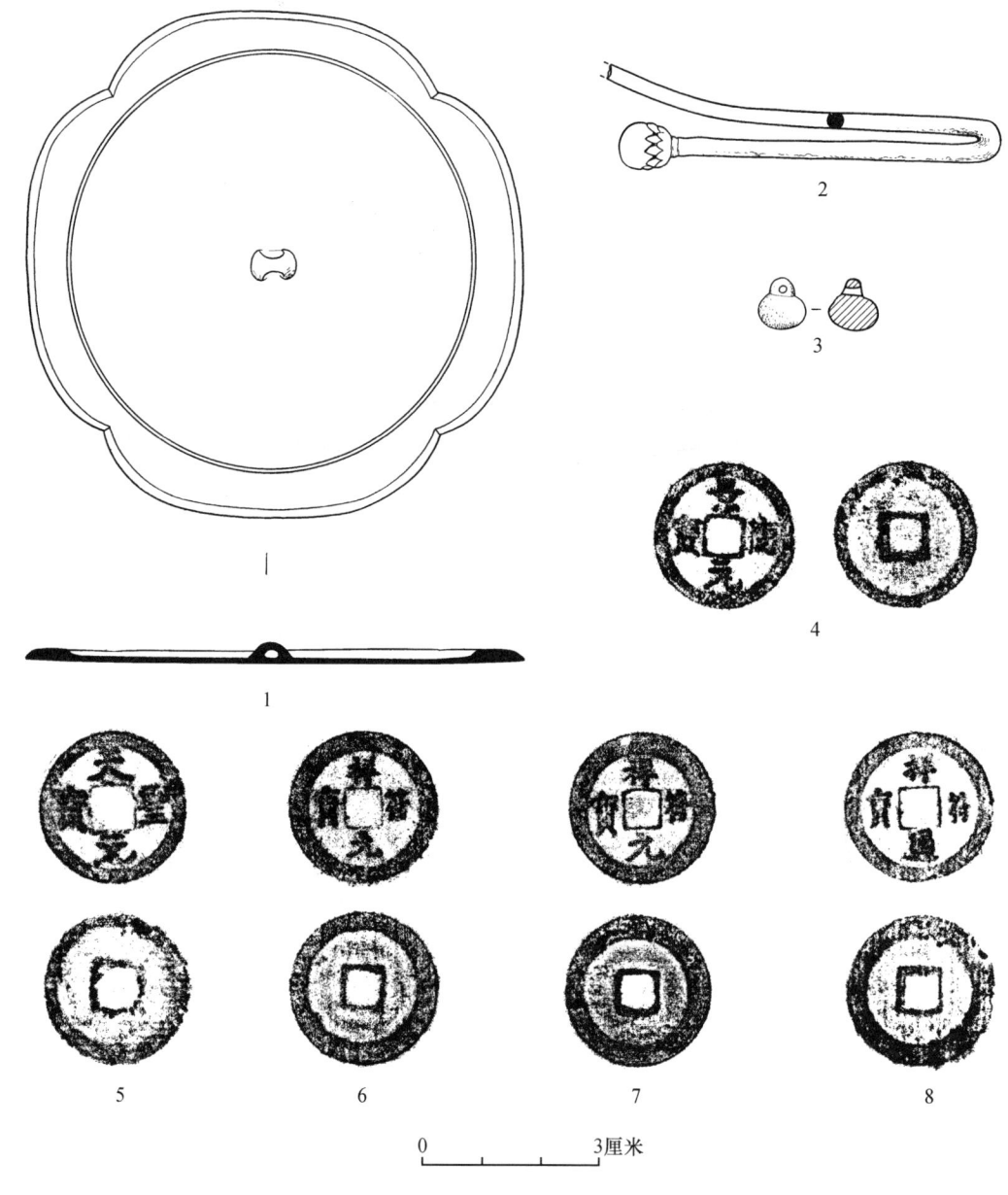

图 5-77　2004M26 出土遗物

1. 铜镜（2004M26:3）　2. 锡簪（2004M26:1）　3. 耳饰（2004M26:2）　4. 景德元宝（2004M26:5）
5. 天圣元宝（2004M26:6）　6. 祥符元宝（2004M26:7、2004M26:8）　8. 祥符通宝（2004M26:9）

（四）2004M31

1. 墓葬形制

位于ⅠT7041的东部。开口于②层下，打破③、④层及生土。为斜坡墓道土洞墓，整体呈刀把形，方向200°。

墓道呈长斜坡状，平面呈近长条形，口小底大，墓道口长480、宽46~106厘米。底部略呈台阶状，长580、宽88~146厘米、墓道底至墓道口深97~375厘米。墓室平面近似长方形，顶部已坍塌。从墓室四壁向上略有收分来看，推测可能为穹隆顶。墓室底部长300、宽252、残高186厘米。墓室和墓道之间有甬道和封门墙。甬道正视近长梯形，宽97~105、高约136、进深约35厘米。封门墙用石块分六层砌成。

墓道内为灰褐五花土，土质较硬，结构致密，包含有红烧土粒和木炭粒。墓室内的填土多为墓顶坍塌的生土，也夹杂有上部单位塌陷入墓室内的灰褐土。

出土骨架2具，保存状况较差，为一男一女，头向均向西。女性骨架位于北侧，叠压于南侧男性之上，男性面向南，女性面向北，均略侧身直肢，应为夫妇合葬墓。发现木棺1具，仅存棺痕。棺痕呈梯形，长210、宽44~76厘米（图5-78）。

2. 随葬品

该墓出土有随葬品9件，另有铜钱5枚。分述如下。

陶罐　1件。编号2004M31：1，位于墓室西侧。泥质灰陶。素面，肩部有一道凹弦纹。平沿，侈口，尖圆唇，束颈，圆肩，下腹部斜收，平底。口径11.6、腹径22、底径11.8、通高26.6厘米（图5-79，1；图版四五，4）。

陶壶　1件。编号2004M31：2，位于陶罐东南侧正对甬道处。泥质灰陶。素面，肩部有单耳，耳面内凹，形成宽凹槽。盘口，束颈，溜肩，斜直腹，小平底。口径4、腹径15、底径6.6、通高25.5厘米（图5-79，2；图版四五，5）。

陶瓶　1件。编号2004M31：3，位于墓室西侧。泥质红陶。通体素面。侈口，圆唇，束颈，溜肩，斜直腹，小平底。口径9.2、腹径15.4、底径8.8、通高26.7厘米（图5-79，3；图版四五，6）。

铜镜　1面。编号2004M31：4，位于女性头部南侧一漆器之上。为双兽双鸾绕花枝镜，八瓣菱花形，圆纽，纽外二兽二鸾相间环绕。瑞兽昂首翘尾，双鸾形态不同，一回首振翅，另一昂首展翅。禽兽之间配置花枝和卷叶纹。边缘为云纹和蝴蝶纹。直径9.8、纽径1.7、缘厚0.4厘米（图5-80，1、2；彩版二九，5）。镜纽部扣有贝壳一枚，编号2004M31：14（彩版二九，6）。

漆器　4件。均腐朽严重，大多看不出器型。其中，位于棺尾南侧的一件可能为漆盘，红色，布胎。其余三件分别置于陶罐下方、男性头骨西侧和女性头骨南侧。

铜钱　5枚，均为开元通宝。散见于女性下颌骨下、盆骨左侧以及男性脊椎骨左侧、盆骨左侧和大腿骨右侧。2004M31：5，钱径2.4、穿宽0.6、郭厚0.14厘米（图5-79，4）；2004M31：6，钱径2.5、穿宽0.7、郭厚0.15厘米（图5-79，5）。2004M31：7，钱径2.4、穿宽0.6、郭厚0.14厘米。2004M31：8，钱径2.4、穿宽0.7、郭厚0.2厘米（图5-79，6）。2004M31：9，钱径2.8、穿宽0.7、郭厚0.15厘米（图5-79，7）。

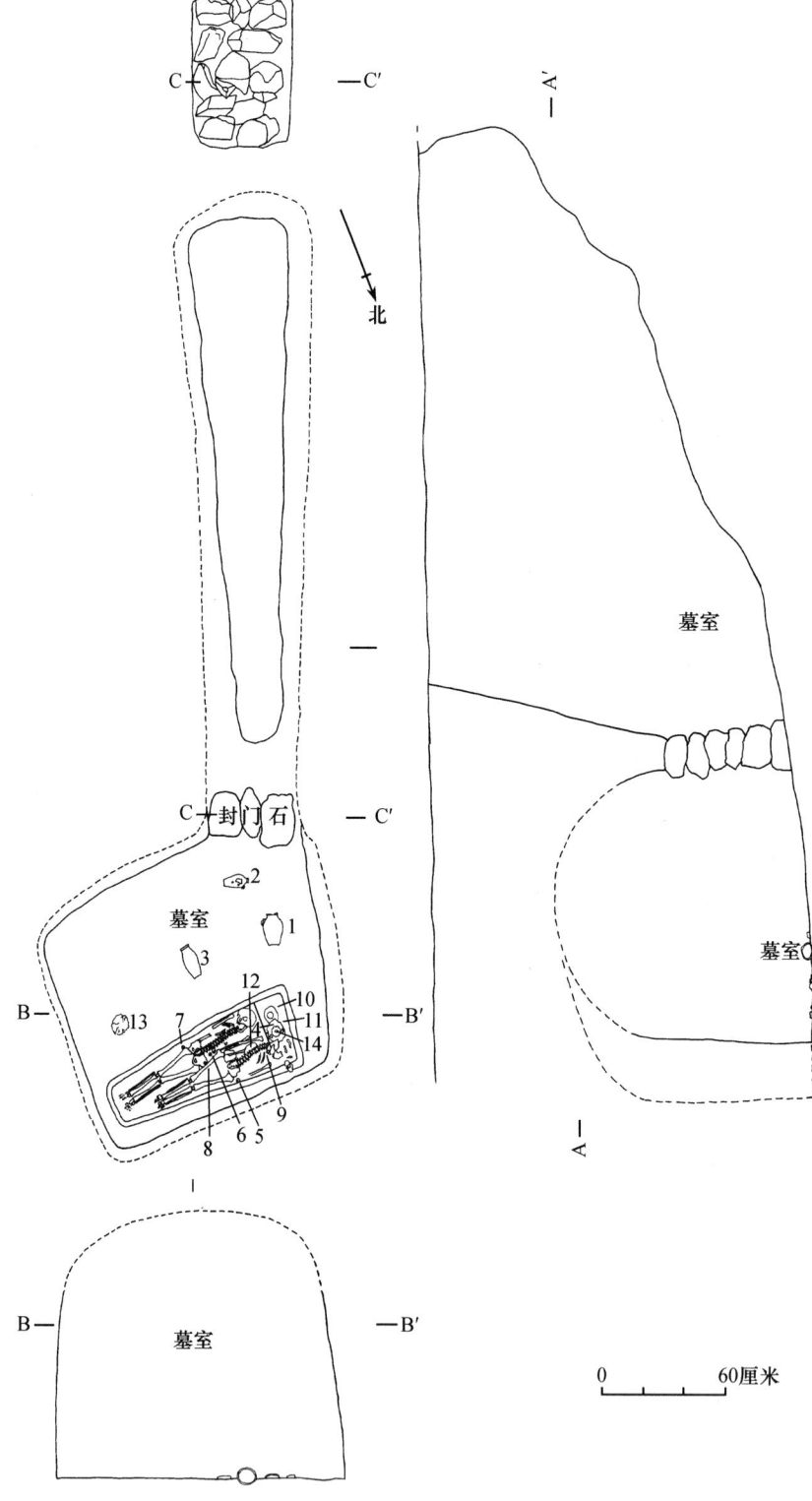

图 5-78　2004M31 平、剖面图

1. 陶罐　2. 陶壶　3. 陶瓶　4. 铜镜　5~9. 铜钱　10~13. 漆器　14. 贝壳

第五章　春秋至金元时期遗存 ·775·

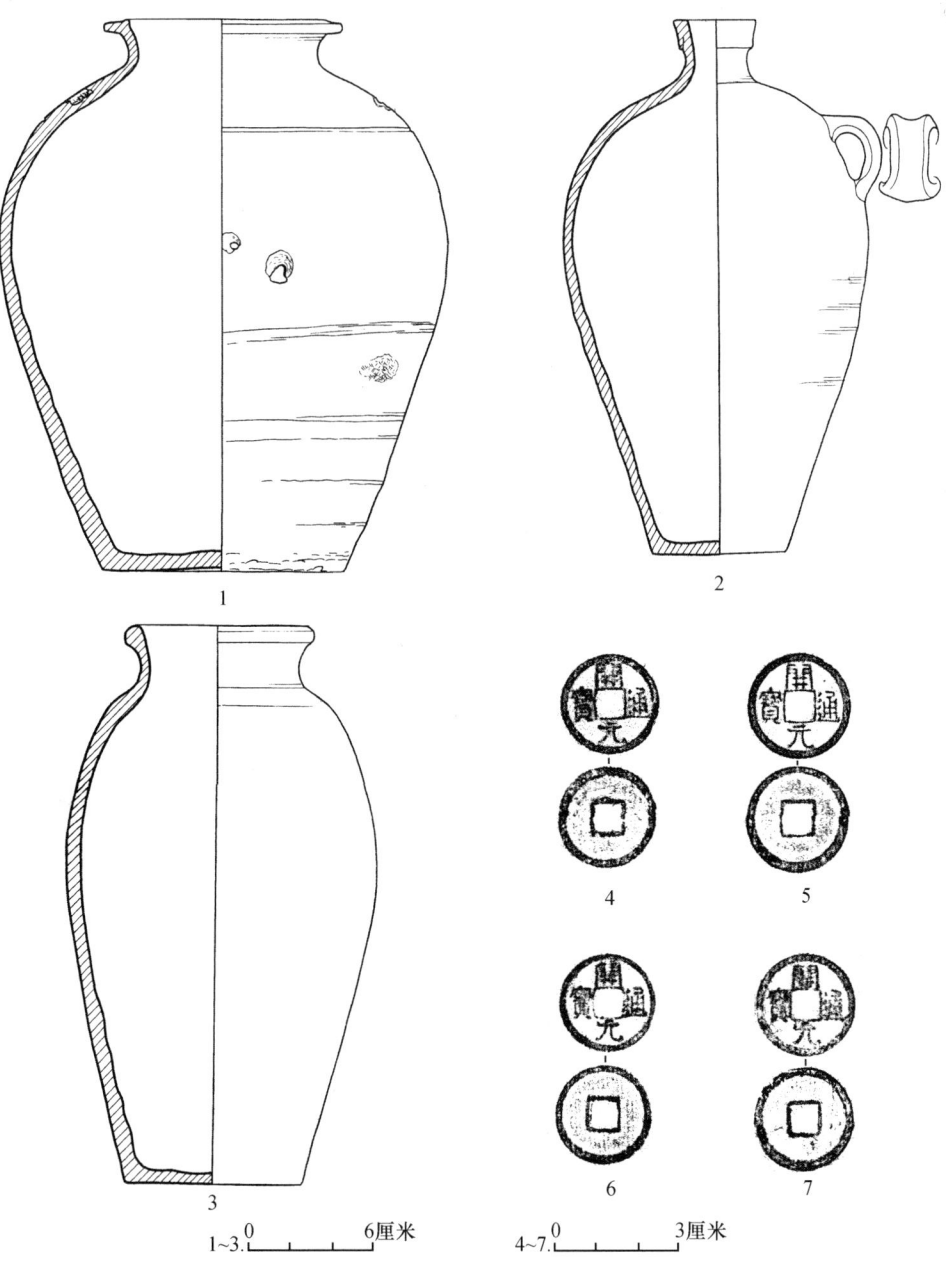

图 5-79　2004M31 出土遗物
1. 陶罐（2004M31:1）　2. 陶壶（2004M31:2）　3. 陶瓶（2004M31:3）
4~7. 开元通宝（2004M31:5、2004M31:6、2004M31:8、2004M31:9）

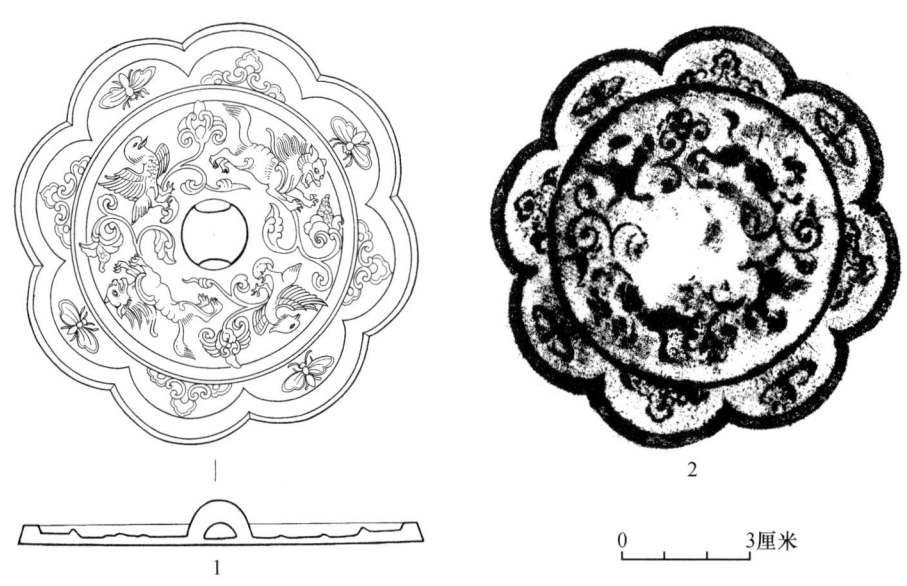

图 5-80　2004M31 出土铜镜
1. 铜镜（2004M31:4）　2. 铜镜拓片（2004M31:4）

（五）2005M1

1. 墓葬形制

位于ⅠT6736东南角，南端有一部分压在ⅠT6735北隔梁下。开口于②层下，打破H20、H46、H58、H73、H74。为竖穴土坑墓，并附带有壁龛，方向5°。

墓口近长方形，直壁，平底。墓圹长210、宽60~80、墓底至墓口深200厘米。在西壁偏北部距墓口122厘米处发现一壁龛，直壁，穹隆顶，壁龛高78、宽80、进深20厘米。

填土为灰褐相间的五花土，土质较软，结构疏松，含大量黄色土块、料姜石及少量陶片。

出土骨架2具。男性骨架位于墓室正中，为一次葬，仰身直肢，头向北，面向西。女性骨架位于壁龛内，为二次葬，保存较差，不完整，头向北，面向上。

男性头部下面发现有枕头痕，长约41、宽约25厘米。骨架外发现有棺痕，长约180、宽48~58厘米。二次葬无葬具（图5-81）。

2. 随葬品

随葬品有筒瓦1块、镇墓石5块以及铜钱5枚。分述如下。

筒瓦　1块。编号2005M1:6，位于男性右臂中部，为泥质灰陶，瓦面上有用朱砂书写的楷体"六甲九章"四字，其右侧为道教符印。残长17、直径12.2厘米。

镇墓石　5块。基本为拳头大的青石，四块上面见有朱砂印迹，但已模糊不清。散见于棺内的男性右肩胛骨下方和右臂中部，以及棺外的左手外侧和头顶上方及右方等。

铜钱　5枚，位于男性右肩胛骨下。2005M1:1，"天圣元宝"，钱文旋读。钱径2.4、穿宽0.6、

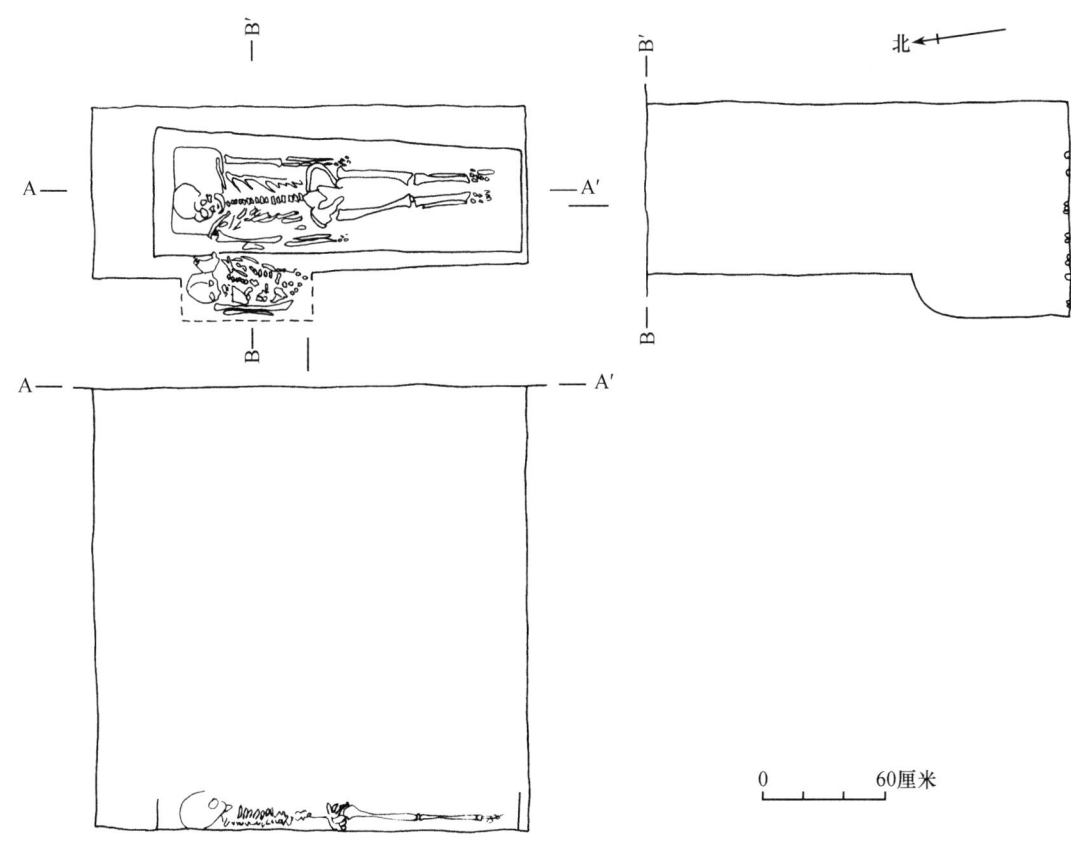

图 5-81　2005M1 平、剖面图
1. 筒瓦

郭厚 0.17 厘米（图 5-82，1）。2005M1:2，"天圣元宝"，钱文旋读。钱径 2.5、穿宽 0.7、郭厚 0.19 厘米（图 5-82，2）。2005M1:3，"政和通宝"，钱文顺读。钱径 2.5、穿宽 0.6、郭厚 0.2 厘米（图 5-82，3）。2005M1:4，"天圣元宝"，钱文旋读。钱径 2.4、穿宽 0.6、郭厚 0.16 厘米（图5-82，4）。此外，2005M1:5 钱文模糊不清。

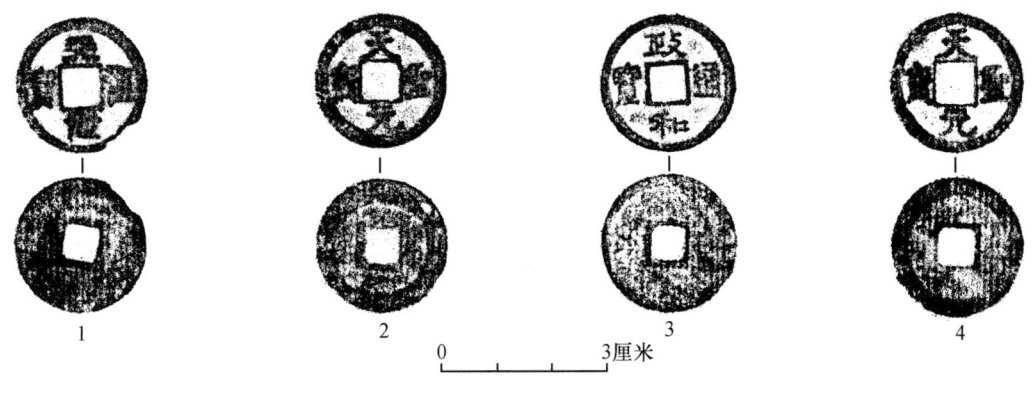

图 5-82　2005M1 出土铜钱
1、2、4. 天圣元宝（2005M1:1、2005M1:2、2005M1:4）　3. 政和通宝（2005M1:3）

（六）2005M3

1. 墓葬形制

位于ⅠT6735东部。开口于②层下，打破H178、H50和H96。M3为竖穴土坑墓，墓室带有壁龛，方向15°。

墓口近长方形，东西壁竖直，南北壁略内收，平底。墓口长240、宽79~89、墓底长220厘米，墓底距墓口深158厘米。墓室东壁偏北处有一壁龛，穹隆顶，高97、宽84、进深44厘米。

填土为灰褐相间的五花土，土质较软，结构疏松，包含有黄色土块和料姜石。

出土骨架2具，男性骨架位于墓室中部，为一次葬，仰身屈肢，头向北，面向西。女性骨架位于壁龛内，为二次葬，保存较差，不完整，头向北，面向上。男性骨架外发现有棺痕，长约164、宽约38~45、厚约2~5厘米。女性无葬具（图5-83；彩版三二）。

2. 随葬品

随葬品有板瓦1块、镇墓石5块以及铜钱2枚。

板瓦　1块。位于棺木上方的墓室北侧，呈倾斜状，编号为2005M3：1，泥质灰陶，瓦面上有朱砂书写的道教印符。长22、宽17厘米（彩版三二，4）。

镇墓石　5块，位于男性骨架胸部及腹部，均为拳头大的青石，上有朱砂印迹，模糊不清（彩版三二，3）。

铜钱　2枚。散见于右腹部和两腿之间，钱文模糊不清。

三、小　　结

2004H69出土1件绿釉灯，同三门峡庙底沟唐墓M162出土的瓷灯形制相似[①]，时代应相差不远，应为唐代中期偏晚。2005H14内出土有"元丰通宝"，铁镂铧具有宋元时期的特征，其时代应在宋金时期。2004H275出土的两件瓷器，其中罐是典型的河南磁州窑类型的器物，与河南禹州刘家门钧窑遗址出土的元代初年的罐在形制和装饰纹样方面均十分相似[②]，碗施天蓝釉，为钧窑产品，同禹州钧台窑T17①：52[③]的元代瓷碗相似，但H275：1釉层较薄，时代较前者稍早，因此2004H275的年代应在元代初年。

---

① 河南省文物考古研究所：《三门峡庙底沟唐宋墓葬》，大象出版社，2009年。
② 北京大学中国考古学研究中心、河南省文物考古研究所：《河南省禹州神垕镇刘家门钧窑遗址发掘简报》，《文物》2003年第11期。
③ 河南省文物考古研究所：《禹州钧台窑》，大象出版社，2008年。

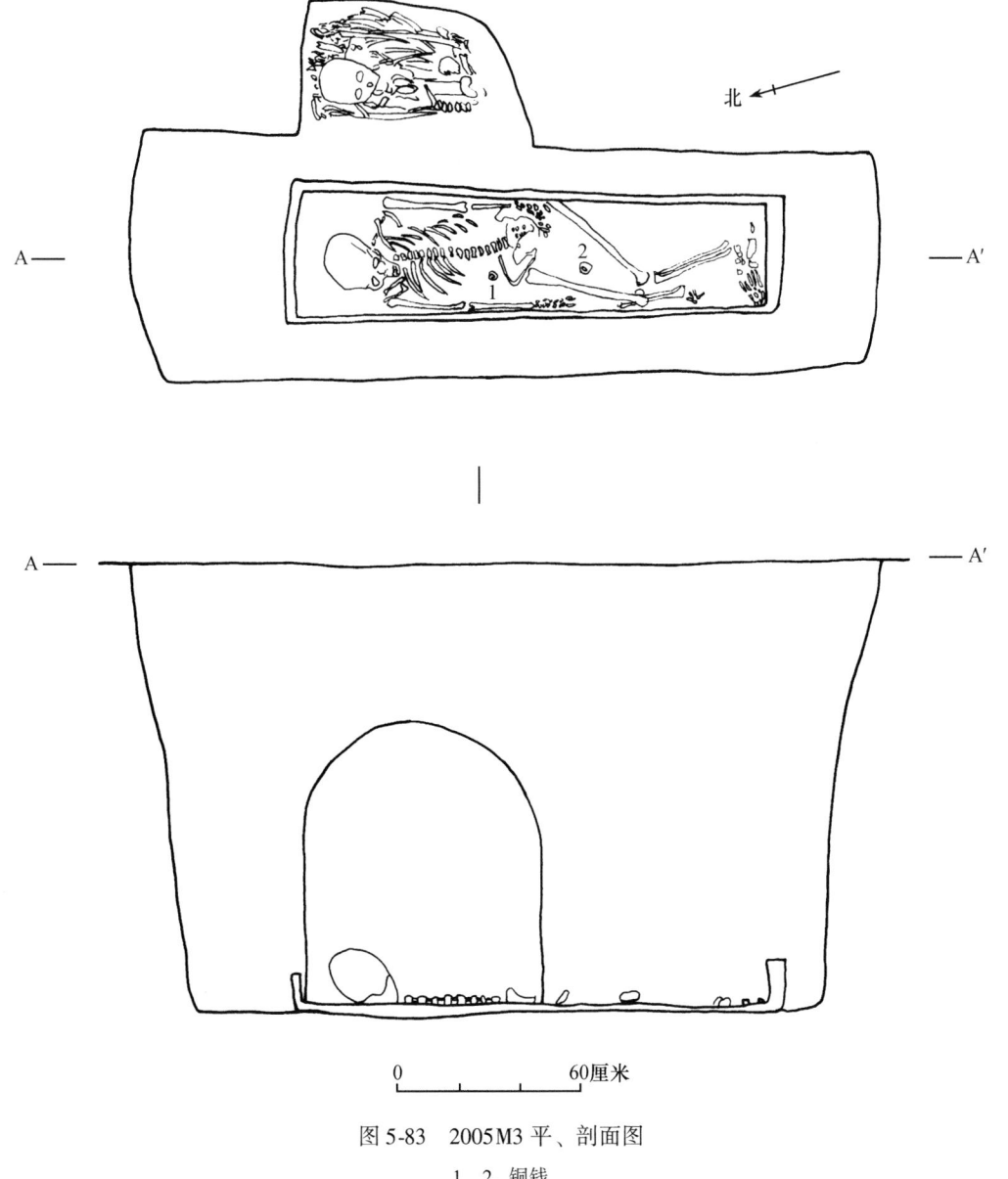

图 5-83 2005M3 平、剖面图
1、2. 铜钱

几座墓葬中，以 2004M31 的时代最早，墓中出土的"开元通宝"和铜镜为我们断代提供了一定的依据，铜镜为双兽双鸾绕花枝镜，河南偃师杏园村的纪年墓 M1928 出土的铜镜极为相似，年代为唐中宗景龙三年（公元 709 年）[①]。再者 2005M31 内出土的陶器组合均为中唐以后的特点，因此 M31 的年代为中唐时期或偏晚。2004M18 仅随葬玻璃项饰，无其他断代标准器可据，层位关系亦不能提供确切的年代范围。以往曾凭直观观察，误将风化的白色玻璃项饰视为白陶，同时依据墓葬形

[①] 中国社会科学院考古研究所河南第二工作队：《河南偃师杏园村的六座纪年唐墓》，《考古》1986 年 5 期。

制及埋藏特征，将该墓归入二里头文化遗存之中①。现据墓葬人骨的^{14}C测年，将该墓年代确定为北宋时期（附表六五）。2004M26内出土铜钱的时代均为北宋中期偏早，参考墓葬人骨^{14}C测年数据（附表六五），其年代主要属于北宋后期。2005M1和2005M3两座墓相隔不远，且在墓葬形制、埋葬习俗上完全相同，应处于同一时代，其中2005M1内出土的铜钱均为北宋晚期铸造，此外墓内出土有多件印有朱砂道符的器物，可能是道教符箓墓。

---

① 郑州大学历史学院考古系、郑州市文物考古研究院：《登封南洼2004～2006年二里头文化聚落发掘简报》，《中原文物》2011年6期。

第六章 结 语

第一节 遗址各时期聚落演进分析

一、二里头文化的环壕聚落

南洼遗址二里头文化聚落的发展经历了五个阶段。第一期时发现有水井、灰坑，G1可能已存在。已有少量白陶爵、鬶（或盉）等发现。进入二期后，除G1外，新开挖了防御色彩浓厚的环壕G3。制陶业的资料显著增加，主要表现为陶窑的集中出现。由于陶窑多位于G3中心范围内，或可认为G3的出现与陶窑的集中有一定关联，可能出现了向以G3为界限的中心区域转移的趋势。白陶种类增多，新发现有盉、觚及网坠等。尽管目前尚未发现烧造白陶的直接证据，但兴盛的白陶制作显然是此时聚落的一个显著特点。三期和四期丰富的遗存意味着聚落的持续兴盛。除了新发现白陶铃形器和罐外，还有青铜刀等工具出土。但第四期白陶数量已渐趋减少了。至五期时，较少的遗存可能意味着该聚落已经衰落而至于终结了。值得注意的是，该聚落没有发现来自自然灾变方面的迹象。G3甚至到殷墟时期还远未填平。同时，南洼遗址未发现商代早期的遗存，联系到第五期未像二里头遗址那样见到成组下七垣文化因素的遗物，因而，没有证据显示该聚落的终结与夏商更替这场大规模的军事冲突有直接关系。但不排除夏王朝出于防御需要而主动放弃该聚落的可能。

考虑到遗址西部已被洰水来回摆动的河道及水库等破坏，该聚落的实际面积应当更大。就其规模及出土遗物来看，不失为一个区域性的中心聚落。该聚落的一个突出特点就是白陶遗存非常丰富，种类多样，应是当时一个白陶专业化制作的中心，遗址中发现的灰白色土层可能是制作白陶的原料[①]。这是目前二里头文化中首次发现的一个有可能制作白陶的聚落。尽管后来发现这种灰白土含钙量很高，不能用来制作陶器，但有关微量元素的分析结论仍为进一步在当地寻找白陶制作原料提供了重要支持。

另外一个重要问题是，该聚落的白陶制品是限于当地消费还是与外地有交流呢？南洼遗址发现的白陶既有通常被视为酒礼器的爵、鬶、盉和觚等，还有日常所用的罐、网坠以及项饰等。日常用品类的遗物不见于其他二里头文化遗址，与外地交流的可能性较小。然而，酒礼器在其他遗址中的

---

① 韩国河、赵维娟、张继华、朱君孝：《用中子活化分析研究南洼白陶的原料产地》，《中原文物》2007年6期。

出现则相对多见，存在很大的通过交流获得的可能性。就南洼遗址本身来看，爵、鬶、盉和觚等一概发现于灰坑和文化层中，墓葬中全然不见。而且，这些白陶制品大多非常破碎，难以拼复，部分可能来自于制作过程中的残次品。这些特征给人一种该聚落侧重于制作而非消费的印象。当然，这也可能与我们的发掘部分集中于聚落的制陶区域有关。这些地方发现的墓葬规模较小，未发现葬具，少有随葬品，等级较低，不排除墓主属于制陶工匠的可能。因而，这类墓葬不符合当时社会有关白陶礼器的使用规范，至多可以制作一些项饰类的饰品用以随葬。由此表明，当时的社会对白陶类酒礼器的控制是比较严格的。如果南洼遗址的白陶制品至多限于该聚落的上层集团使用的话，其数量的异常丰富更暗示出存在着一种超出聚落自身的消费需求。相关研究表明，偃师二里头遗址、灰嘴遗址和伊川南寨遗址中，有一些白陶很可能来自南洼遗址。而且，南洼遗址并非是二里头文化中唯一的白陶制作中心[①]。当然，该聚落更多与白陶制作、消费及与外界交流的证据和信息等内容，还需要进一步探索。

二、殷墟以后的聚落变迁

殷墟文化时期，南洼遗址重新恢复生机。这一时期的聚落有两个基本特点：一是分布范围大，二是持续时间短。就分布范围来看，此时远远超过了二里头文化时期，约在44万平米以上。殷墟时期的遗存不仅广泛见于G3范围以内，而且，人们还对G3本身进行了重新利用。G3的防御功能不再受到关注，其陡深的沟壁正好用来挖筑陶窑，进行生产活动，如T9内呈现的那样。在G3一些接近填平的地方，如T2解剖部位，人们还挖筑窖穴，修建房址。不仅如此，殷墟时期的遗存向南还越出G1范围，到达后孟村西南一带；向北越过G3，在君召村一带的洧水两岸时有发现。殷墟文化遗存这样大范围的分布，根本上改变了二里头文化以来的聚落布局。但这样大幅度的改变，持续的时间并不长。南洼遗址发现的殷墟文化遗存，皆集中于殷墟二期阶段。这样一种短期勃兴的状况背后究竟存在什么样的社会和文化背景，值得深思。此外，由于工作有限，殷墟时期聚落是否也存在类似的壕沟等防御设施，尚不得而知。遗址中也未发现高规格的居址、墓葬和用品，该聚落在当时殷墟文化宏观聚落形态中的地位及特点，有待探讨。

殷墟文化之后又是一段空白阶段，直至春秋中晚期，才有居民来此活动，留下了房址、陶窑、灰坑和墓葬等遗迹。此时遗存相对较少，或许与堆积所出位置较高、易遭破坏有关。但总体上似已不复有往昔的规模和气势了。此外，除了成人墓葬外，聚落中发现的数座幼儿瓮棺葬颇引人关注。

汉代和唐宋时期的遗存更为少见，尤其是生活遗迹较少，而墓葬相对多见。因此，该遗址更多时间被用作为墓地，应是此后的一个基本特点。

---

① Li Liu, Xingcan Chen and Baoping Li. Non-state crafts in the early Chinese state: an archaeological view from the Erlitou hinterland. Indo-Pacific Prehistory Association Bulletin 27, 2007.

第二节 遗址各时期农业概况分析

一、植物遗存分析

(一) 聚落各时期的生业模式

1. 二里头文化时期的植物遗存组合及生业模式

二里头时期是南洼遗址中延续时间最长、文化堆积最丰富的时期,这从可获取样品的单位数量以及单位样品出土的植物遗存数量都可以得到反映。该时期聚落的植物遗存包括农作物与非农作物两大类,另有少量块茎类和果类遗存。

由图 6-1 可见,二里头时期农作物所占比重自一期到四期总体上处于上升的阶段,尽管三期有所回落,但四期又上升至二期时的水平,而五期稍有回落。

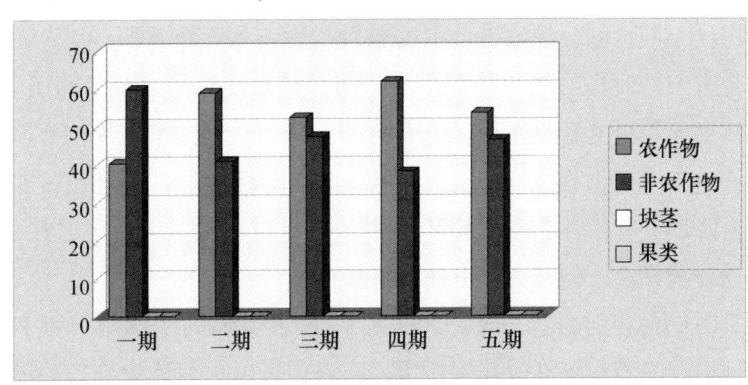

图 6-1 南洼遗址二里头各期植物遗存百分比示意图

若与二里头文化其他遗址相比较,我们可以将二、三期作为一个大的阶段,再行统计,结果如图 6-2 所示。则农作物在所有植物遗存中的比例,从一期到四期呈现的逐步增加的趋势更为明显,而五期仍是略有回落。

由农作物在种子中所占比重的发展趋势来看,二里头一期至三期南洼聚落的农业呈现稳步上升的趋势。二、三期是该聚落植物遗存最丰富的阶段,特别是二期发现了南洼遗址所有的植物遗存种类。而三期的种子密度则是二里头文化各个时期中最高的(四期受样品总量影响而偏高),达 48.32 粒/L。四期虽然较一期增加了水稻,但却没有发现小麦,在种子密度上也较二、三期低,聚落的农业发展水平在四期可能有所下降。但从农作物所占比重来看,四期与二三期的比重相当,因此四期种子密度的下降和植物种类的减少有可能是受该期样品量较少造成的。五期的农作物种类与四期一致,虽然在种子密度和出土概率上都有所增加,但由于受样品数量(仅 2 份)的影响,五期

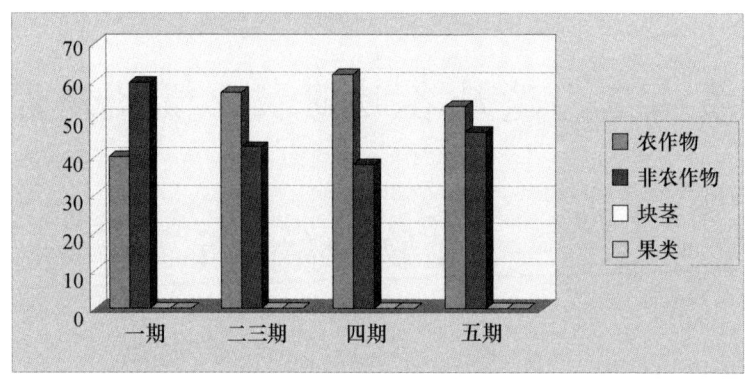

图 6-2 南洼遗址二里头各期植物遗存百分比示意图（二三期合并）

植物遗存所反映的信息存在很大的局限性。同时从遗址的考古发现来看，与二期至四期丰富的遗存相比，少量的五期遗存可能意味着该聚落已经衰落了。

二里头文化时期是南洼聚落农作物种类最丰富的阶段，包括粟、黍、水稻、小麦、大豆和藜科。从各期发展的情况看，粟的出土概率及数量百分比始终是所有农作物中最高的，其在南洼聚落农业中的主导地位毋容置疑。其次是黍，虽然总数不多，但出土概率一直保持在所有农作物中的第二位。有学者认为用途不同可能会导致遗址中的黍较少地被保存下来[1]，但从聚落中黍的普遍性来看，其在当时也应是重要的农作物之一。水稻从二期开始出现，最迟至五期还发现了小穗轴/基盘遗存，这表明在南洼聚落中可能还存在稻谷脱壳的加工活动。南洼聚落周围有洈水等水源，在当地种植水稻是有可能的。小麦仅出现在二期，数量极少，普遍性不强，并且在三期出现了数量百分比和出土概率的双重下降，其在南洼聚落农业生产中的比重应很低。大豆至迟在二期开始出现，四、五期的出土概率虽然较前期高，但所占百分比始终较低。

南洼聚落二里头时期最特别的是二期的 2005H156 出土了 2435 粒藜科（属）种子，这在其他二里头文化时期的遗址中尚属首次。在以往工作中，藜科种子由于数量较少且往往与苋科、菊科等常见杂草种子同出而被视为农田杂草处理。此前藜属种子在我国作为驯化作物的考古学证据来自汉阳陵 DK15 外藏坑中，由于其数量较多且作为随葬品出现，因此被认为是驯化作物[2]。事实上，藜属植物在美洲的很多地区都曾作为主要食物资源而被栽培驯化，现今台湾地区仍有栽种。现一般认为南美的安第斯地区、墨西哥和美国东部是驯化藜属作物的三期独立起源点[3]。已有相关研究表明，藜属种子从野生到驯化的过程中发生了一系列形态上的变化，包括粒径增大、种皮变薄以及种子边缘厚度增加等[4]。2005H156 出土的藜科种子数量庞大，其中部分已经脱去种皮，带种皮者多圆鼓饱

---

[1] 赵敏、陈雪香、高继习、何利：《山东省济南市唐冶遗址浮选结果分析》，《南方文物》2008 年 2 期，第 120 – 125。

[2] 杨晓燕、刘长江、张健平：《汉阳陵外藏坑农作物遗存分析及西汉早期农业》，《科学通报》2009 年第 54 卷 13 期，第 1917 – 1921。

[3] 薛轶宁：《云南剑川海门口遗址植物遗存初步研究》，北京大学硕士学位论文，2010 年 6 月。

[4] Bruno, M. C., A morphological approach to documenting the domestication of Chenopodium in the Andes. *Documenting Domestication: New Genetic and Archaeological Paradigms*. M. A. Zeder, D. G. Bradley, E. Emshiwiller and B. D. Smith. Berkeley, Los Angles & London, University of California Press, 2006: 32 – 45.

满，直径在 1 毫米左右，从形态上判断已呈现一定的驯化特征，加之集中出土的情况来看，藜科（属）植物在南洼聚落中很可能已经被栽培，是农作物组合之一。但由于藜科植物驯化特征的最显著变化为其种皮的厚度变化，因此需要以后进一步的测量研究进行验证。

除农作物外，各期还出土了数量相当的杂草类种子遗存，种类较多。其中以黍亚科占绝对地位。黍亚科种子包括有狗尾草属、马唐属、稗属、黍属，其中狗尾草属是数量最多的。狗尾草属种子在形态上与未成熟的粟十分相近。已有实验证明，在粟的加工过程中，有大量的未成熟的粟（秕子）遗留在加工谷物的副产品堆积中[①]。由于笔者鉴定能力的局限，我们不排除有部分秕子被归入到黍亚科种子中，导致杂草类种子的比例可能有所降低。其他杂草类种子有豆科、早熟禾亚科、藜科、蓼科、莎草科、苋科、菊科、唇形科、锦葵科等。这些常见的杂草从生境来看大多属于旱地杂草。唇形科中有 9 粒紫苏，紫苏是一种油料作物，其在聚落中也可能被作为他用。

果类发现有桃核。一般认为，至迟在夏商时期古人已经开始人工种植桃树。《夏小正·六月》就有"煮桃"的记载，其中可能包括普通桃[②]。我们推测南洼遗址二里头二期的桃核很可能是栽培的普通桃。之前考古发现所见最早的普通桃来自藁城台西遗址，南洼的桃核遗存属于二里头文化二期，可能是目前出土的二里头文化时期最早的桃遗存。

总的来说，各种农作物的数量比和杂草类种子种类都表明南洼聚落二里头时期的生业模式应是旱作农业为主，同时二、四期少量水稻的发现表明当时聚落内可能兼有种植水稻。这与同时期河洛与海岱地区其他聚落的农业模式非常接近。现有资料已经显示至迟到龙山时代，我国北方黄河中下旱作农业的农作物布局已经开始趋向复杂化[③]，特别是黄淮之间的广大区域内，稻作在当时已经相当普及[④]。稻作农业虽然传播至北方并在黄淮流域形成旱稻混作区，但始终是占次要地位。目前考古发现这一时期除淮河流域的驻马店两处遗址稻作种植具有很大规模外，北方地区的粟作农业传统一直未被替代。南洼聚落也是如此，二里头时期一直以粟和黍为主导，水稻仅在二、五期有零星发现。与南洼遗址地理位置十分相近的王城岗遗址二里头时期没有发现炭化稻谷，这也说明了当时稻作在农业中可能仅处于辅助地位。南洼聚落二里头时期的农作物还发现了小麦，传统上认为小麦是由西亚传入的，近年来皂角树[⑤]、教场铺[⑥]和王城岗等遗址小麦的发现表明至少在二里头时期小麦已经传入中原地区的核心地带[⑦]，南洼遗址的浮选结果又一次提供了实物证据。虽然小麦此时已经传入了黄河中下游，但先民们似乎并没有很快接受这一新作物。伊洛河与颍河流域调查没有发现二里头时期的小麦遗存，而淮河流域上坡和杨庄遗址同时也没有发现，可见小麦在当时的种植规模是有限的，前者可能由于样品量少而存在偶然性发现的问题，而后者则更可能是由于本地稻作农业较强悍的地位而未接受小麦种植。南洼遗址仅在二期发现了 6 粒小麦，相比粟、黍等作物显然处于很

---

① 宋吉香：《山东桐林遗址出土植物遗存分析》，中国社会科学院研究生院硕士毕业论文，2007 年，第 28 页。
② 夏纬瑛：《夏小正经文校释》，农业出版社，1981 年。
③ 赵志军：《关于夏商周文明形成时期农业经济特点的一些思考》，《华夏考古》2005 年 1 期，第 75 - 81 页。
④ 赵志军、难波纯子：《中国农耕起源》，载于财团法人古代学协会编：《古代文化》（1）2004 年 1 期，第 45 - 67 页。
⑤ 洛阳文物工作队：《洛阳皂角树》，科学出版社，2002 年，第 122 页。
⑥ 凯利·克劳福德、赵志军、栾丰实等：《山东日照市两城镇遗址龙山文化植物遗存的初步分析》，《考古》2004 年 9 期，第 73 - 80 页。
⑦ 赵志军：《植物考古学及其新进展》，《考古》2005 年 7 期，第 42 - 49 页。

低的地位，其在这一时期可能也未得到较大规模的栽培。藜科（属）作为一种新出现的农作物值得关注，其仅在二期集中出现，南洼先民对其利用方式还有待进一步探讨。二里头时期还有数块块茎类遗存和果核残片，应是南洼先民采集利用的其他野生类植物。

2. 殷墟时期的植物组合及生业模式

殷墟时期农作物的比例较二里头时期有所增加（图6-3）。从农作物组合来看有粟、黍、小麦和大豆，不见水稻和可能作为农作物的藜科（属）。粟的出土概率较二里头时期有所下降，但也达80%以上，而在农作物中所占的比例与二里头时期相当。黍仍然是第二位的，数量仅39粒，虽然出土概率近60%，但这一数值较二里头时期略低。小麦出土概率近34%，较前期普遍性增强，数量也达到16粒。小麦比例和普遍性的增加可能表明殷墟时期南洼聚落小麦的种植有所扩大，但由于样品数量较少，浮选结果具有较大的偶然性，因此尚不能确定小麦在伊洛河流域的种植规模是否在殷墟时期存在一个稳步上升的趋势。大豆的出土概率较二里头时期整体上有所回落，但在农作物中所占比例有了明显增加，由二里头时期平均的0.34%上升至3.01%，大豆在南洼聚落的农业中始终占有一席之地。杂草类种子有黍亚科、豆科、藜科、唇形科和伞形科。黍亚科仍然为大宗，其他没有发现属于水田的特征杂草，这与没有发现水稻的结果是相一致的。

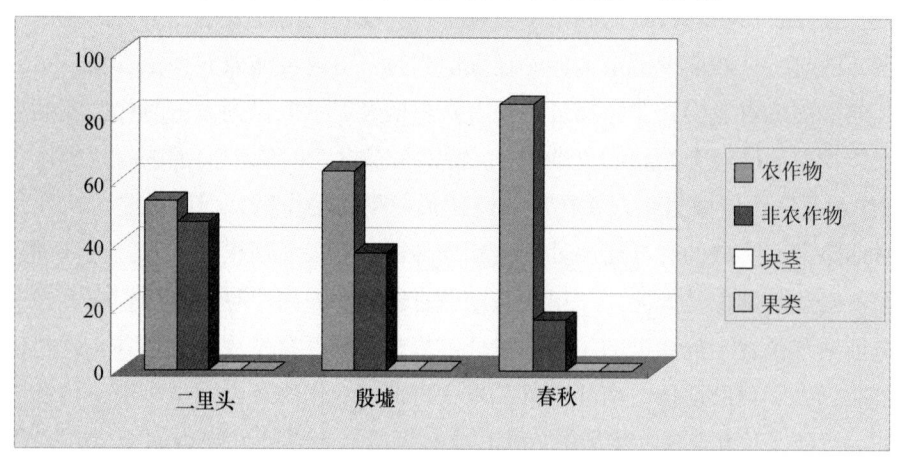

图6-3　南洼遗址各时期各类遗存百分比示意图

南洼聚落殷墟时期基本延续了二里头时期的农业格局，以旱作农业为主导。水稻的缺失也可能是样品数量较少造成的偶然性偏差，但从杂草不见水田种类的特征情况来看，即使殷墟时期南洼先民种植了水稻，也应该规模不大。小麦可能在殷墟时期有所增加，但仍没有动摇粟、黍的地位。大豆在长期的驯化阶段中在先民食谱中逐渐占据更大的比例。杂草的数量有所减少，也反映了人类农田技术的逐步发展成熟。块茎类和果类等其他可利用的食物仍是先民食用的对象，但数量极少，其辅食地位没有改变。

虽然南洼遗址缺少商代早期的文化堆积，但其他遗址的发现表明商代早期的农作物依然为粟、黍、稻、麦、豆，"五谷"齐全。河洛与海岱地区的农业格局基本上都是延续了原有的模式，以旱作农业为主，兼有水稻和小麦种植，小麦的比重可能继续有所上升。然而从甲骨卜辞中频繁求雨的记载来看，当时旱情可能十分常见，对小麦生长有较大影响，目前考古尚未证实商代有大规模的灌溉技术，因此干旱可能制约了这一时期小麦的大规模种植，虽然小麦种植呈现上升趋势，但仍不宜过高估计其在北方各地的种植规模。

3. 春秋时期的植物组合及生业模式

春秋时期虽然只有3份样品，但获得的炭化植物遗存非常丰富。其中农作物所占比例较二里头和殷墟时期又有了明显的上升。农作物种类继二里头二期之后又一次增加至6种，有粟、黍、水稻、小麦、大豆和藜科。杂草类有黍亚科、豆科、藜科、莎草科、苋科、菊科、唇形科紫苏和伞形科，其中黍亚科的数量较殷墟时期有了大幅下降，其他杂草的数量均极少。

南洼聚落春秋时期的生业经济虽然延续了前期的模式，但其中还是存在一些变化。粟仍是最主要的农作物，出土概率达100%，但在农作物中所占比重略又下降。黍同样也出现减少的趋势，出土概率及百分比均较殷墟时期下降。小麦的出土概率也有明显增长，似乎可能继续殷墟时期扩大种植的趋势。藜科的发现与二里头二期一样也集中出于一个灰坑单位，由此看来，南洼先民可能确实对某些藜科植物进行栽培利用，而散见于其他单位的数量极少的藜科种子也有可能是杂草。块茎类遗存发现1粒，可见采集其他可食植物仍是当时先民获取食物的方式之一，但东周时期南洼先民应是以农业生产为重，其他的获食方式应基本不占据太大比重。

目前经过系统浮选的周代遗址有陕西周原（王家嘴）[①]、登封王城岗和山东济南唐冶[②]。这一时期的农作物有粟、黍、小麦和大豆，王城岗遗址还发现1粒水稻。农作物组合显示周代的农业生产基本延续了商代的特点，以种植旱地作物粟和小麦为主，水稻的比重应有明显下降。本次南洼遗址分析的东周样品中虽然也发现了1粒水稻，但与王城岗遗址的情况相似，水稻的种植规模在这一时期的中原地区逐渐萎缩，粟和小麦是主要的旱作作物。

（二）植物遗存与南洼聚落变迁

南洼遗址此次浮选的样品包括四个不同的文化时期，其中时代确定的二里头文化时期样品为大宗，计66份，其次为殷墟时期12份，春秋时期3份。由于浮选结果中植物遗存的种类组合以及每种植物遗存的绝对数量与实际情况可能存在较大的偏差，再加上考古发现的偶然性，如果仅根据少数几份样品结果来判断古代人类经济生活的话，很有可能得出片面甚至是错误的结论。因此，我们采集的浮选土样除了需要有十分明确的埋藏背景外，还必须具备很强的普遍性和代表性，否则我们就无法对浮选结果进行比较分析[③]。春秋时期样品由于数量太少，不具备普遍性，与其他两个时期的样品不具备可比性，因此我们在这里不对其进行分析。

考古发掘表明，南洼聚落的主要文化堆积为二里头文化时期，遗迹和遗物均较丰。南洼二里头文化聚落可能是当时白陶的一个专业化生产中心。与丰富的二至四期期遗存相比，五期遗存的缺乏反映了该聚落的衰微。遗址内未发现有早商时期的堆积。表明此时南洼聚落已遭废弃，直到晚商时

[①] 周原考古队：《周原遗址（王家嘴地点）尝试性浮选的结果及初步分析》，《文物》2004年10期，第89-96页。
[②] 赵敏、陈雪香、高继习等：《山东省济南市唐冶遗址浮选结果分析》，《南方文物》2008年2期，第120-125页。
[③] 宋吉香：《山东桐林遗址出土植物遗存分析》，中国社会科学院研究生院硕士毕业论文，2007年，第28页。

期才又重新恢复生机。

对遗址进行的植物考古分析不仅能为我们揭示该聚落的农业发展情况,而且还可以从植物遗存的整体情况观察聚落的变迁。例如,可获得样品数量、植物遗存数量、农作物种类及数量等各种指标均表明二里头文化时期是遗存最丰富的时期。特别是二里头二期,发现了南洼遗址所有的农作物种类,从各种农作物的高出土概率和数量百分比可知当时的农业发展已达到一定水平。一般而言,先民对粮食作物的重视程度是很高的,除非发现窖穴一类的遗迹集中出土大量农作物,否则,一般散落在遗址中的种子应当是处理后的垃圾或无意间撒落的。南洼遗址二里头二期发现的各类农作物种子(特别是粟、黍)的出土概率都不低,如此普遍且数量较多的种子散布于各类遗迹的现象从侧面说明了当时农业种植的收获量是较大的。南洼聚落自二里头二三期之际新开挖了G3,陶窑在G3范围内集中出现,制陶业资料显著增加。手工业的迅猛发展需要更多的人手,也会对粮食生产提出更高的需求。植物遗存反映的农业发展趋势与聚落制陶业发展的要求是一致的。二里头四期延续了三期的农业发展趋势,农作物数量及种类与三期相差不大,小麦的缺失可能是因为采样偶然性造成的。五期开始,聚落植物遗存呈现出骤然下降的现象。总体而言,二里头文化一至四期的植物遗存情况与该聚落的产生、兴盛和衰落的发展轨迹是相吻合的。

从数量上看,殷墟时期植物遗存明显不如二里头时期丰富,但不能简单认为殷墟时期聚落的发展规模不及二里头文化时期。从考古发现来看,南洼殷墟时期聚落的范围和规模都较二里头时期大。但由于采集的浮选样品数量太少(仅12份),我们得到的植物遗存也就相应减少。这反映了采样数量和覆盖范围的重要性。若从考古遗存的分布及数量来看,殷墟时期丰富的堆积表明,南洼聚落继二里头时期后又迎来了一次小高潮。如果能获得足够量(与二里头时期相当)的分析样品,植物遗存应该可体现这一相应的发展趋势。

二、动物遗存分析

(一) 标本总体概况

南洼遗址予以整理的动物骨骼共计10173块。其中,出土单位及时代明确的动物骨骼计6427块,包括二里头文化5204块,殷墟时期997块,春秋中晚期322块,唐宋时期4块。这类标本中,过于破碎、鉴定种属的特征不明、只能认定为哺乳动物者共计2881块,约占44.83%。其中,二里头文化2427块,殷墟时期313块,春秋中晚期138块,唐宋时期3块。

(二) 种属鉴定

通过鉴定,南洼遗址出土的动物骨骼种属如下:

无脊椎动物　Invertebrate
　腹足纲　Gastropoda

中腹足目　Mesogastropoda
  田螺科　Viviparidae
    中华圆田螺　*Cipangopaludina cahayensis*
    方形环棱螺　*Bellamya quadrata*（Kobelt）
瓣鳃纲　Lamellibranchia
  真辨鳃目　Eulamellibranchia
    珍珠蚌科　Margaritanidae
      珍珠蚌未订种　*Margaritiana* sp.
    蚌科　Unionidae
      射线裂脊蚌　*Schistodesmus lampreyanus*
      圆顶珠蚌　*Unio douglasiae*（Gray）
      多瘤丽蚌　*Lamprotula polysticta*
      细瘤丽蚌　*Lamprotula microsticta*
      拟丽蚌　*Lamprotula spuria*
      丽蚌未订种　*Lamprotula* sp.

脊椎动物　Vertebrate
  鱼纲　Pisces
  爬行纲　Reptilia
    龟鳖目　Chelonia
      鳖科　Trionychidae
  鸟纲　Aves
    鸡形目　Galliformes
      雉科　Phasianidae
        雉　*Phasianus* sp.
  哺乳纲　Mammalia
    啮齿目　Rodentia
      竹鼠科　Rhizomyidae
        竹鼠　*Rhizomys* sp.
    兔形目　Lagomorpha
      兔科　Leporidae
        兔　*Lepus* sp.
    食肉目　Carnivora
      犬科　Canidae
        狗　*Canis familiaris* L.
        貉　*Nyctereutes procyonoides*（Gray）
      鼬科　Mustelidae

狗獾　*Meles meles*
猫科　Felidae
　　猫　*Felis* sp.
偶蹄目　Artiodactyla
　猪科　Suidae
　　猪　*Sus* sp.
　鹿科　Cervidae
　　麂　*Muntiacus reevesi*（Ogilby）
　　狍　*Capreolus capreolus*
　　梅花鹿　*Cervus nippon* Temminck
　　马鹿　*Cervus elaphus* L.
　牛科　Bovidae
　　黄牛　*Bos* sp.
　　水牛　*Bubalus* sp.
　　绵羊　*Ovis* sp.
　　山羊　*Capra* sp.

以上的动物有中华圆田螺、方形环棱螺、珍珠蚌未订种、射线裂脊蚌、圆顶珠蚌、多瘤丽蚌、细瘤丽蚌、拟丽蚌、丽蚌未订种、鱼、鳖、雉、竹鼠、兔、狗、貉、狗獾、猫、猪、麂、狍、梅花鹿、马鹿、黄牛、水牛、绵羊、山羊，共计27种。

这里必须提到的是，想要收集遗址中保存下来的全部动物遗存，仅依靠发掘时的手捡收集是不够的。因为这种方法只能收集到肉眼可见，相对较大的骨骼，而对软体动物、爬行类、鱼类、鸟类和小型哺乳动物的骨骼收集并不充分。而事实上这些细小的动物遗存同样包含了丰富的信息，虽然这些动物所能给古代居民提供的肉量不多，但是却会对与古代居民有关的动物的丰度造成影响。同时，由于比对标本的缺乏，还有一些贝类、鱼类、鸟类和小型哺乳动物不能被鉴定到种。所以，与南洼遗址古代居民有关的动物种属应当更加丰富。

（三）数量和肉量统计

本文使用可鉴定标本数对南洼遗址出土的动物骨骼进行数量统计。在统计时，部分骨骼因为过于破碎，鉴定种属的特征不明，只能认定为哺乳动物或不能鉴定到种，这些骨骼不被归入可鉴定标本数中（表6-1）。

表 6-1　南洼遗址出土动物骨骼可鉴定标本数及比例

种类	二里头一期	比例(%)	二里头二期	比例(%)	二里头三期	比例(%)	二里头四期	比例(%)	二里头五期	比例(%)	殷墟时期	比例(%)	春秋中期	比例(%)	春秋晚期	比例(%)
中华圆田螺			57	6.46	38	4.48	46	8.01			158	24.76				
方形环棱螺			1	0.11	4	0.47	7	1.22					1	0.71		
珍珠蚌未订种	5	7.04	45	5.10	25	2.95	22	3.83	2	1.43			28	19.86	3	9.68
射线裂脊蚌			1	0.11												
圆顶珠蚌			9	1.02	2	0.24	3	0.52								
多瘤丽蚌									1	0.71						
细瘤丽蚌							1	0.17								
拟丽蚌							1	0.17								
鱼			1	0.11												
鳖			12	1.36	9	1.06	1	0.17								
雉			2	0.23	1	0.12	2	0.35			2	0.31				
竹鼠			1	0.11					2	1.43						
兔			3	0.34	4	0.47	1	0.17					1	0.71		
狗	3	4.23	77	8.73	53	6.25	56	9.76	8	5.71	212	33.23	7	4.96	2	6.45
貉			1	0.11												
狗獾					1	0.12										
猫	2	2.82	1	0.11	1	0.12										
猪	33	46.48	294	33.33	411	48.47	320	55.75	75	53.57	155	24.29	74	52.48	10	32.26
狍	4	5.63	13	1.47	13	1.53	3	0.52			3	0.47				
麂			3	0.34	3	0.35	1	0.17								
梅花鹿	9	12.68	66	7.48	76	8.96	27	4.70	5	3.57	24	3.76	7	4.96	2	6.45
马鹿			1	0.11	6	0.71			2	1.43					1	3.23
黄牛	6	8.45	83	9.41	117	13.80	59	10.28	36	25.71	32	5.02	15	10.64	12	38.71
水牛					1	0.12			2	1.43						
绵羊	9	12.68	210	23.81	82	9.67	24	4.18	7	5.00	52	8.15	8	5.67	1	3.23
山羊			1	0.11	1	0.12										
合计	71	100	882	100	848	100	574	100	140	100	638	100	141	100	31	100

从可鉴定标本数的数量和比例上看，从二里头一期至春秋晚期，哺乳纲的动物占据了主要地位，其中猪、黄牛、绵羊较多。猪的数量和比例除春秋晚期外，都是最多的，且占大多数。黄牛的数量和比例有逐渐增加的趋势，而绵羊的数量和比例则逐渐减少。在殷墟时期，狗的数量和比例占

据主要地位，是因为殷墟时期的 M16 随葬有完整的狗，且头骨等部位破碎度非常高，使得这一时期的狗的可鉴定标本数和比例都有所增大。

此外，二里头时期各种蚌类、螺、鱼和鳖等水生动物资源明显较殷墟及以后时期常见。考虑到二里头时期还常见白陶及石质网坠，而殷墟时期以后却不见网坠，这些现象表明二里头时期人们对水生动物资源的利用是更为重视的。而且，更可能属于野生动物资源的雉、兔及鹿科动物等种类也多见于二里头时期，似呈现出与水生动物资源利用情况类似的现象。

表 6-2 南洼遗址出土哺乳动物最小个体数及比例

种类	二里头一期	比例（%）	二里头二期	比例（%）	二里头三期	比例（%）	二里头四期	比例（%）	二里头五期	比例（%）	殷墟时期	比例（%）	春秋中期	比例（%）	春秋晚期	比例（%）
竹鼠			1	1.61												
兔			1	1.61	2	3.85	1	2.33					1	7.14		
狗	1	8.33	9	14.52	5	9.62	4	9.30	1	4.76	3	12.50	1	7.14	2	28.57
貉			1	1.61												
狗獾					1	1.92										
猫	1	8.33	1	1.61	1	1.92										
猪	4	33.33	33	53.23	22	42.31	24	55.81	11	52.38	12	50.00	8	57.14	1	14.29
狍	1	8.33	2	3.23	1	1.92	1	2.33			1	4.17				
鹿			1	1.61	2	3.85	1	2.33								
梅花鹿	1	8.33	2	3.23	3	5.77	4	9.30	1	4.76	2	8.33	1	7.14	1	14.29
马鹿			1	1.61	2	3.85			1	4.76					1	14.29
黄牛	2	16.67	3	4.84	3	5.77	4	9.30	3	14.29	4	16.67	2	14.29	1	14.29
水牛					1	1.92			2	9.52						
绵羊	2	16.67	6	9.68	8	15.38	4	9.30	2	9.52	2	8.33	1	7.14	1	14.29
山羊			1	1.61	1	1.92										
合计	12	100	62	100	52	100	43	100	21	100	24	100	14	100	7	100

从最小个体数的数量和比例上看，除春秋晚期因样品量较小的关系外，猪的数量和比例都是最高的，狗、黄牛和绵羊次之（表 6-2）。

考虑到可鉴定标本数和最小个体数两种统计方法的局限性，我们还加入肉量估算的数据进行比对，希望能在一定程度上校正方法本身所产生的偏差。我们选择了怀特[1]的计算方法对遗址出土的主要哺乳动物所能提供的肉量进行了估算，这个方法就是：肉量（MW）= 最小个体数 × 个体重量 × 净肉率（如无特殊说明，净肉率依怀特所言的长腿哺乳动物的净肉率为 50%，鸟类和短腿哺乳动物的净肉率为 70% 为依据）。考虑到随葬动物应未被食用，我们未把墓葬中的出土的动物骨骼加入

---

[1] Elizabeth J. Reitz and Elizabeth S. Wing, 2008. Zooarchaeology, Cambridge University Press, Cambridge, pp 233~242.

肉量的计算（表6-3）。

表6-3 南洼遗址出土主要哺乳动物提供肉量统计表　　　　　　　　　（单位：千克）

动物种属		猪	狗	黄牛	绵羊	山羊	梅花鹿	马鹿	狍
个体重量		140~200①	30	350~450②	44③	20④	100~150⑤	150~250⑥	24~44⑦
净肉率（%）		70	50	50	50	50	50	50	50
个体净肉重		98~140	15	175~225	22	10	50~75	75~125	12~22
二里头一期	MNI	4	1	2	2		1		1
	MW	392~560	15	350~450	44		50~75		12~22
二里头二期	MNI	20	9	3	6	1	2	1	2
	MW	1960~2800	135	525~675	132	10	100~150	75~125	
二里头三期	MNI	20	5	3	8	1	3	2	1
	MW	1960~2800	75	525~675	176	10	150~225	150~250	12~22
二里头四期	MNI	12	4	4	4		4		1
	MW	1176~1680	60	700~900	88		200~300		12~22
二里头五期	MNI	7	1	3	2		1	1	
	MW	686~980	15	525~675	44		50~75	75~125	
殷墟时期	MNI	10	2	4	2		1		
	MW	980~1400	30	700~900	44		50~75		
春秋中期	MNI	7	1	2	1		1		
	MW	686~980	15	350~450	22		50~75		
春秋晚期	MNI	1	2	1	1		1	1	
	MW	98~140	30	175~225	22		50~75	75~125	

　　肉量估算和统计结果显示，猪所提供的肉量在除春秋晚期外的各期中都占有最重要的比例。表明猪是南洼先民获取肉食资源的主要对象。同时必须要说明的是，肉量的计算方法与可鉴定标本数、最小个体数一样，存在着暂时尚无法克服的不足。如本文所用的主要哺乳动物的个体重量数据，都来源于现代品种，对各种动物的肉量统计都没有区分不同性别、年龄阶段、营养水平、品种

---

① 杨杰：《古代居民肉食结构的复原》，《考古与文物》2007年6期。
② 《中国家畜家禽品种志》编委会，《中国牛品种志》编写组：《中国牛品种志》，上海科学技术出版社，1986年。
③ 杨杰：《古代居民肉食结构的复原》，《考古与文物》2007年6期。
④ 杨杰：《古代居民肉食结构的复原》，《考古与文物》2007年6期。
⑤ 盛和林：《中国鹿类动物》，华东师范大学出版社，1992年。
⑥ 盛和林：《中国鹿类动物》，华东师范大学出版社，1992年。
⑦ 盛和林：《中国鹿类动物》，华东师范大学出版社，1992年。

和种群等因素的差异。另外，南洼遗址的猪确实存在幼年的个体，按照统一的标准进行统计，会导致猪的肉量偏大。这些局限都是我们在探讨南洼遗址居民获取肉食资源的方式时必须考虑的因素，但有一个肉量的大致估算，对于我们认识当时人获取肉食的行为特征及历时性的发展过程，无疑是一个有价值的参考。

（四）家养动物的判定

常见判断遗址中出土的某一种动物是否家养动物的方法主要有8种，在讨论时，必须采用系列方法进行判断，使用系列方法进行研究所得的结果越是一致，结论则越具有客观性。这8种方法分别是形体测量，病理现象，年龄结构，性别特征，数量比例，考古现象，食性分析和DNA研究[①]。

依据形体测量、数量比例和考古现象，我们认为，南洼遗址出土的动物中，狗、猪、黄牛、水牛、绵羊和山羊都是家养动物。

（五）猪死亡年龄估算

猪死亡年龄结构的分析有助于揭示人类对家猪的屠宰模式。我们根据对猪的牙齿萌生和磨蚀的情况，对猪的年龄进行认定，由此建立猪的年龄结构并对其进行历时性观察。南洼遗址各个文化期的猪的死亡年龄级别主要集中在C到E之间（图6-4，表6-4），表明较多的猪在6月龄至2岁之间被屠宰，这个年龄结构与家猪的年龄结构相类，绝大多数的猪骨出于灰坑和地层中，表明该遗址出土猪为家猪的同时，说明猪的主要用途是为人所食用。

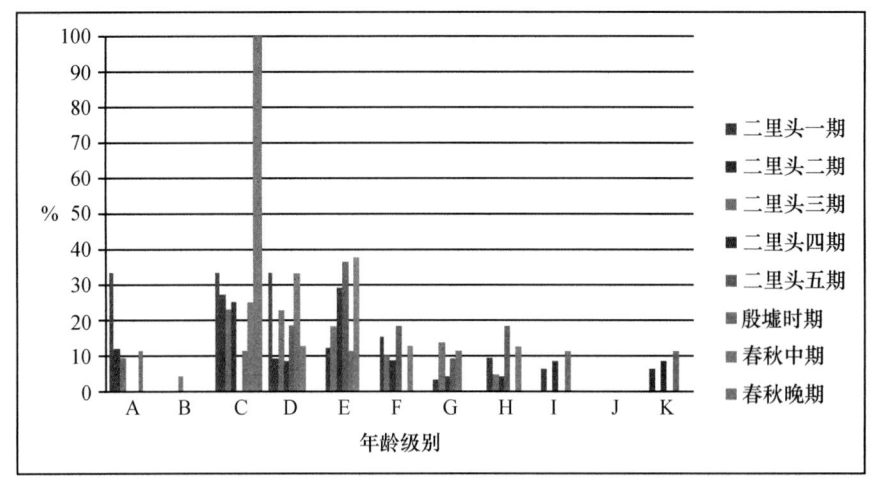

图6-4 南洼遗址出土猪下颌所反映的死亡年龄结构

---

① 袁靖：《中国古代家养动物的动物考古学研究》，《第四集研究》2010年3月第30卷第2期，第298~306页。

表 6-4 南洼遗址出土猪下颌年龄估算统计表

年龄级别	二里头一期	比例（%）	二里头二期	比例（%）	二里头三期	比例（%）	二里头四期	比例（%）	二里头五期	比例（%）	殷墟时期	比例（%）	春秋中期	比例（%）	春秋晚期	比例（%）
A	1	33.33	4	12.12	2	9.09					1	11.11				
B			0				1	4.17								
C	1	33.33	9	27.27	5	22.73	6	25.00			1	11.11	2	25.00	1	100.00
D	1	33.33	3	9.09	5	22.73	2	8.33	2	18.18	3	33.33	1	12.50		
E			4	12.12	4	18.18	7	29.17	4	36.36	1	11.11	3	37.50		
F			5	15.15	2	9.09	2	8.33	2	18.18			1	12.50		
G			1	3.03	3	13.64	1	4.17	1	9.09	1	11.11				
H			3	9.09	1	4.55	1	4.17	2	18.18			1	12.50		
I			2	6.06			2	8.33			1	11.11				
J																
K			2	6.06			2	8.33			1	11.11				
合计	3	100	33	100	22	100	24	100	11	100	9	100	8	100	1	100

附 表

附表一 南洼遗址发掘探方层位关系图

2004 Ⅱ T6301

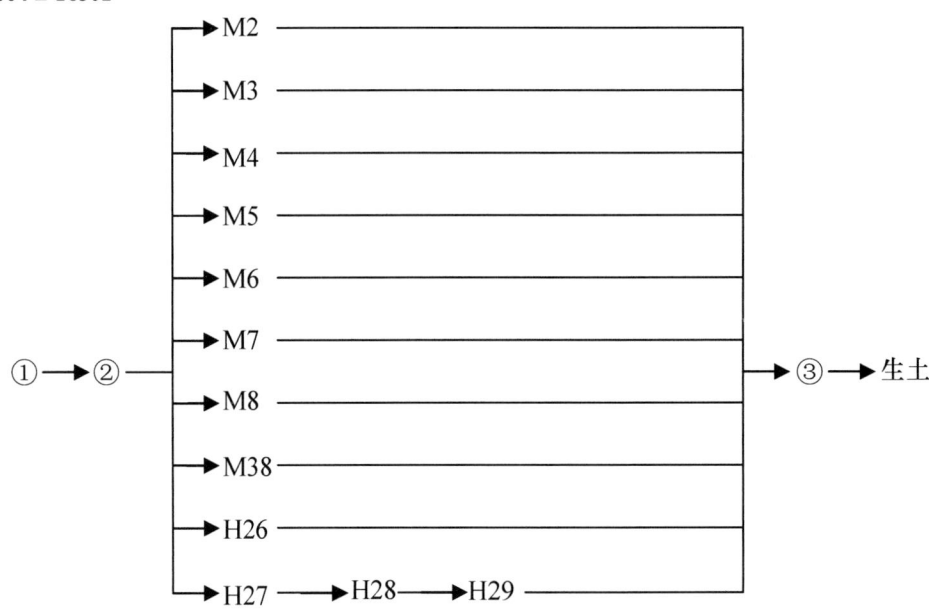

2004 Ⅱ T6302

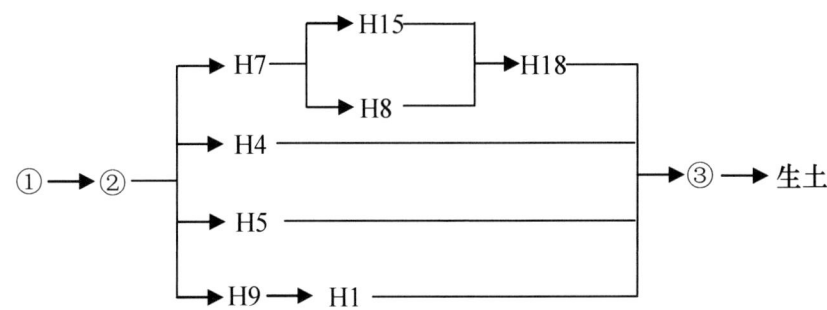

2004 Ⅱ T6502

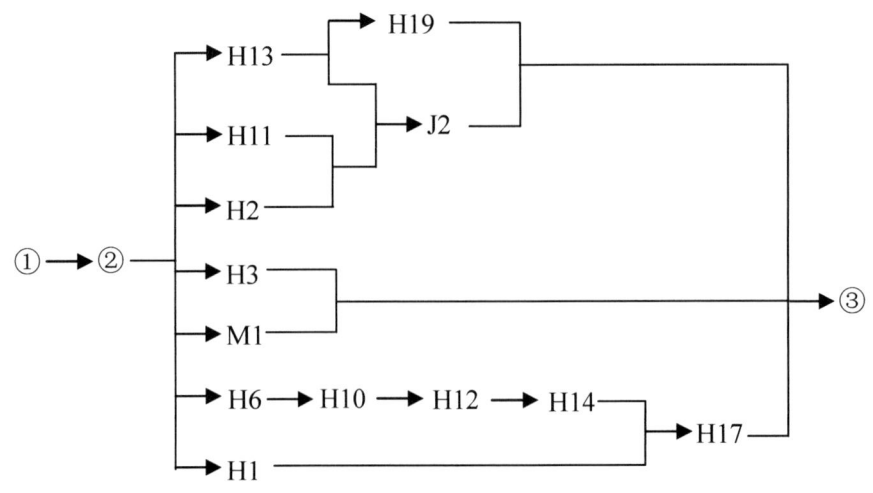

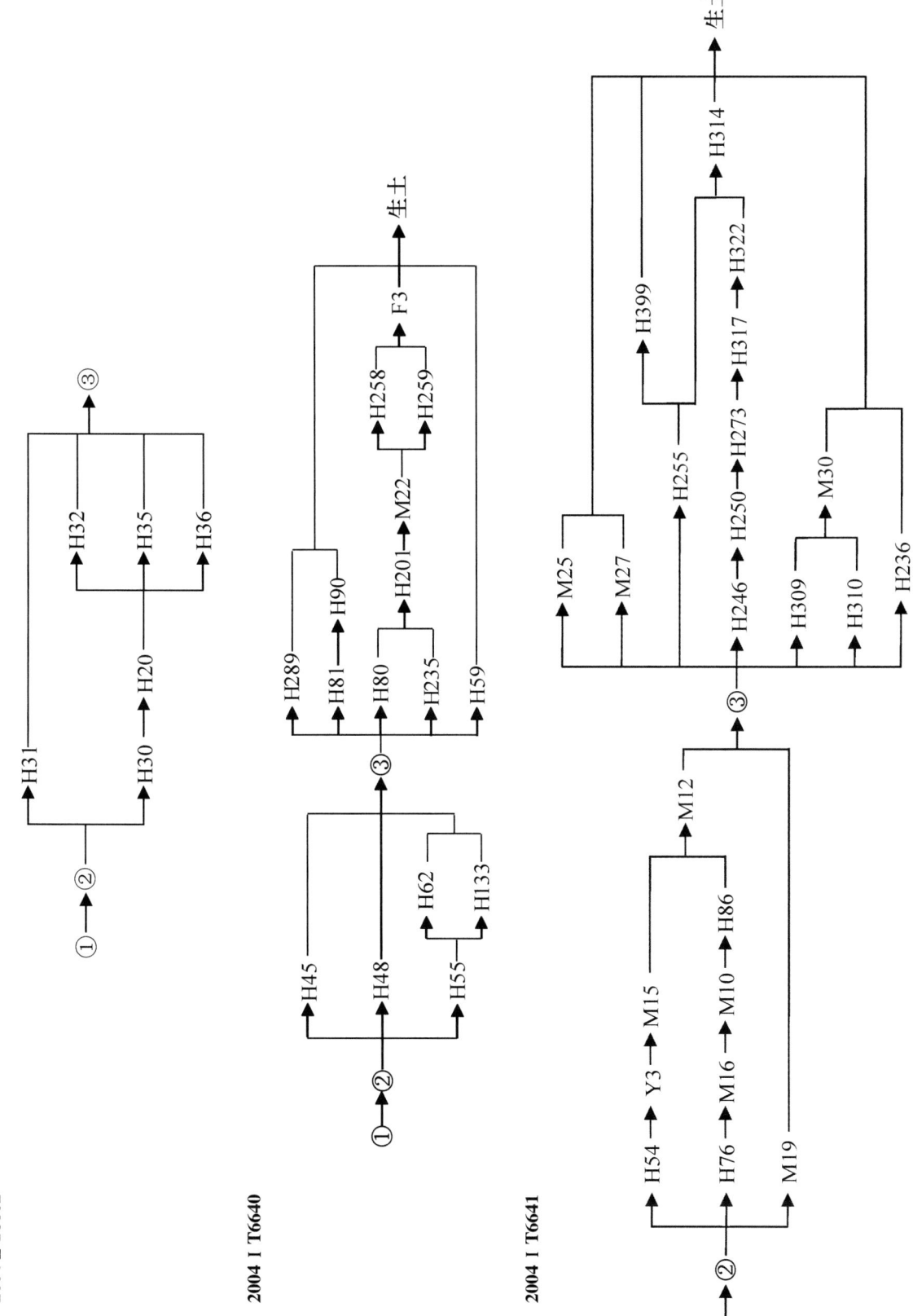

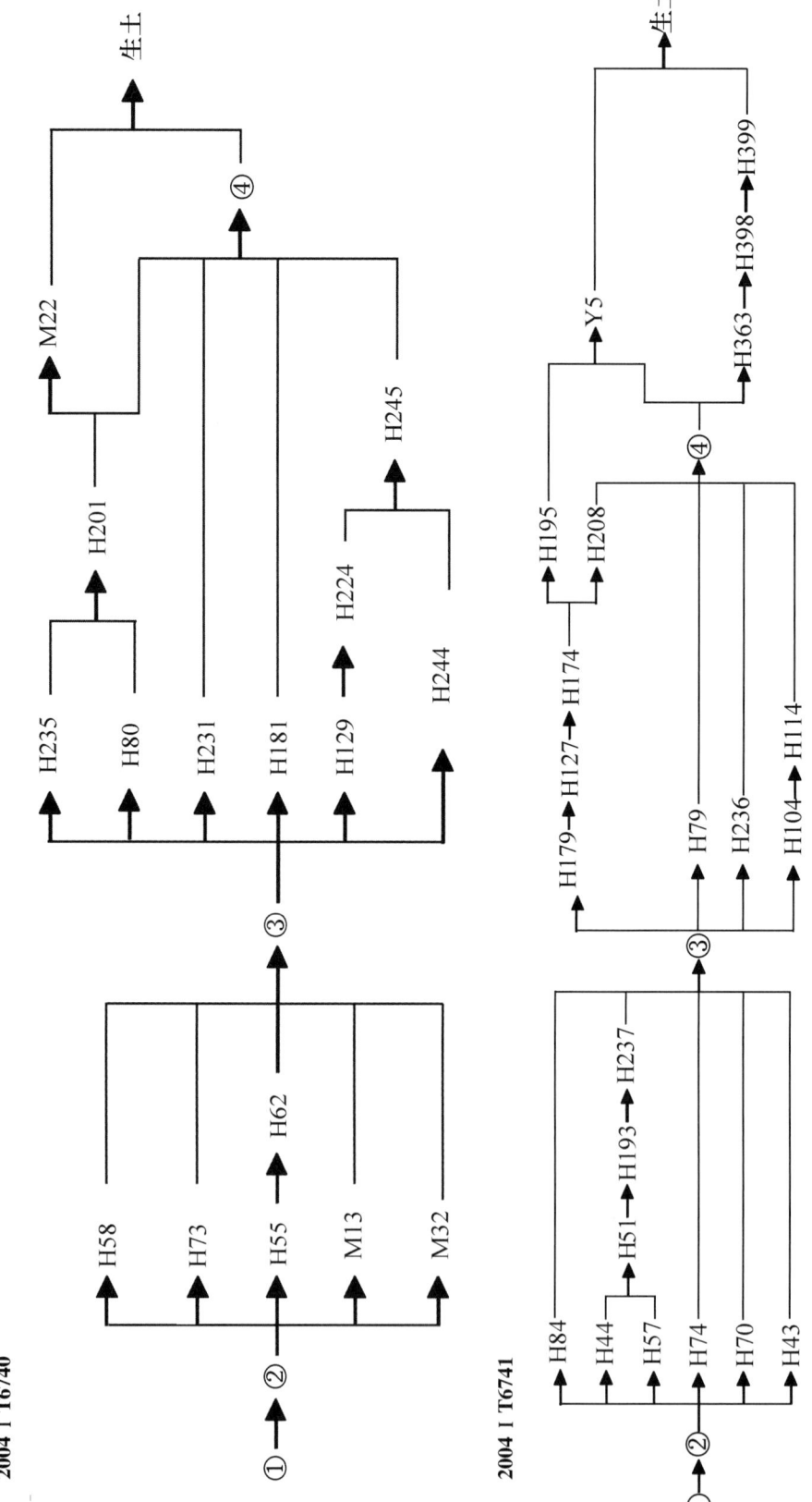

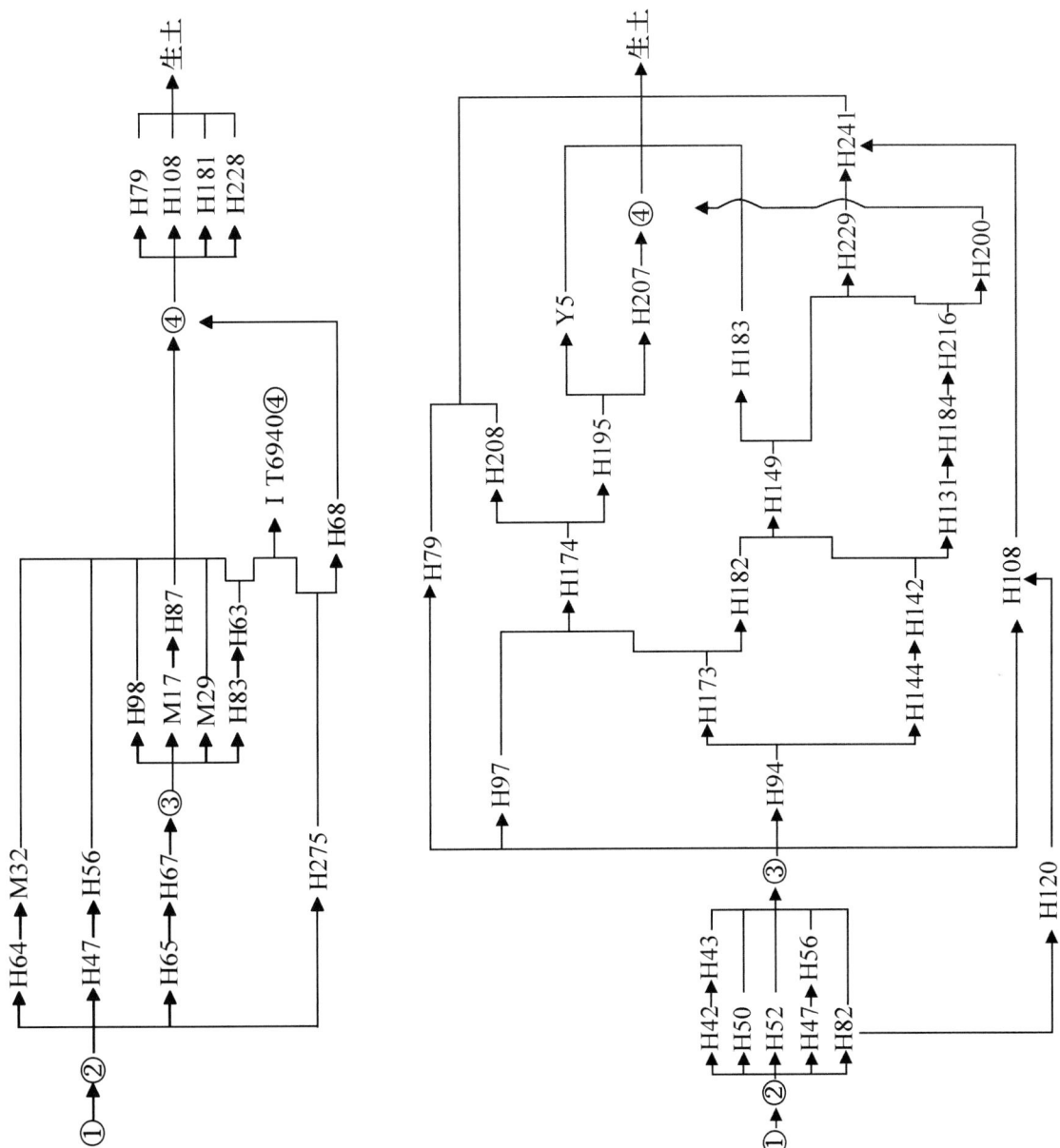

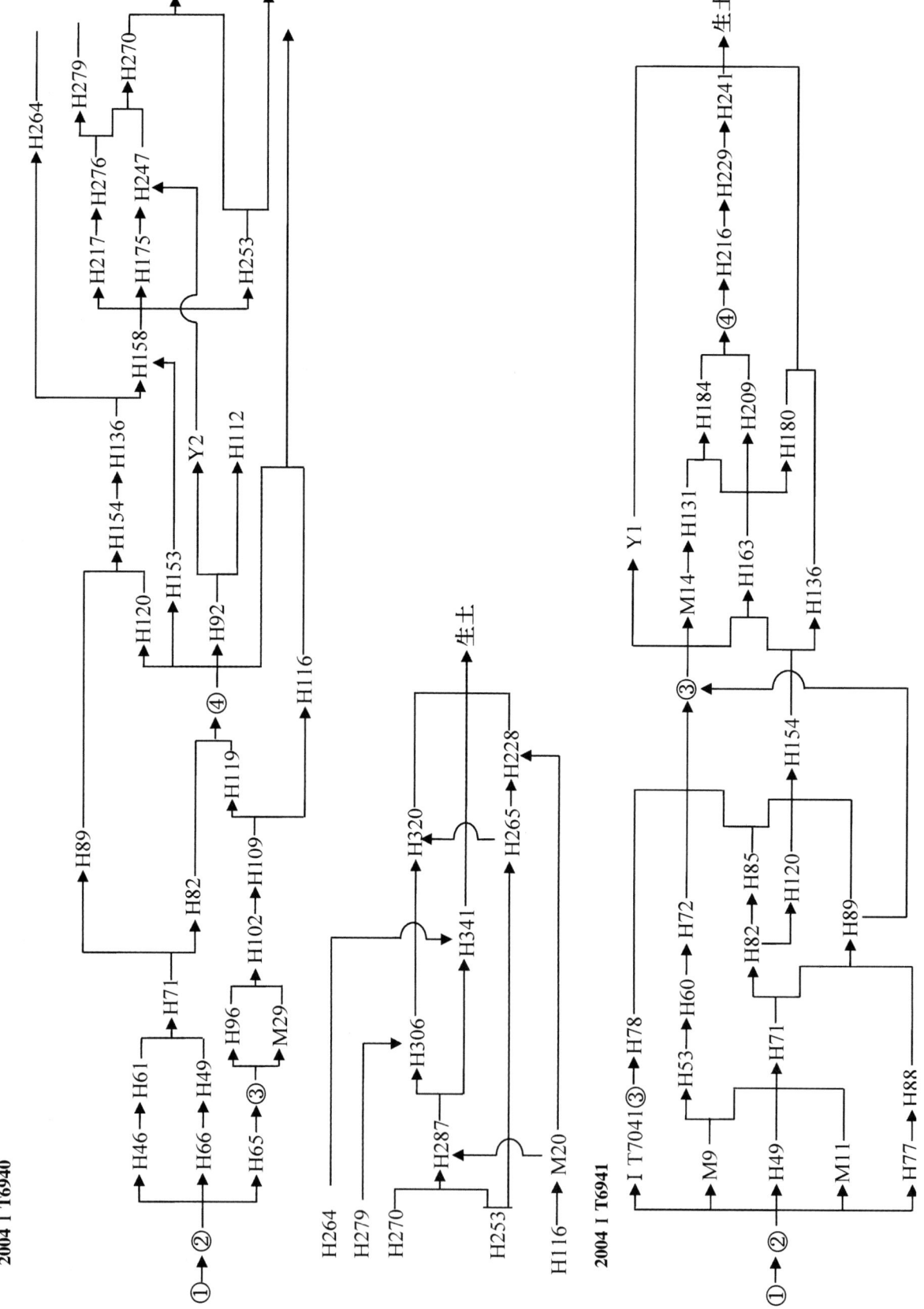

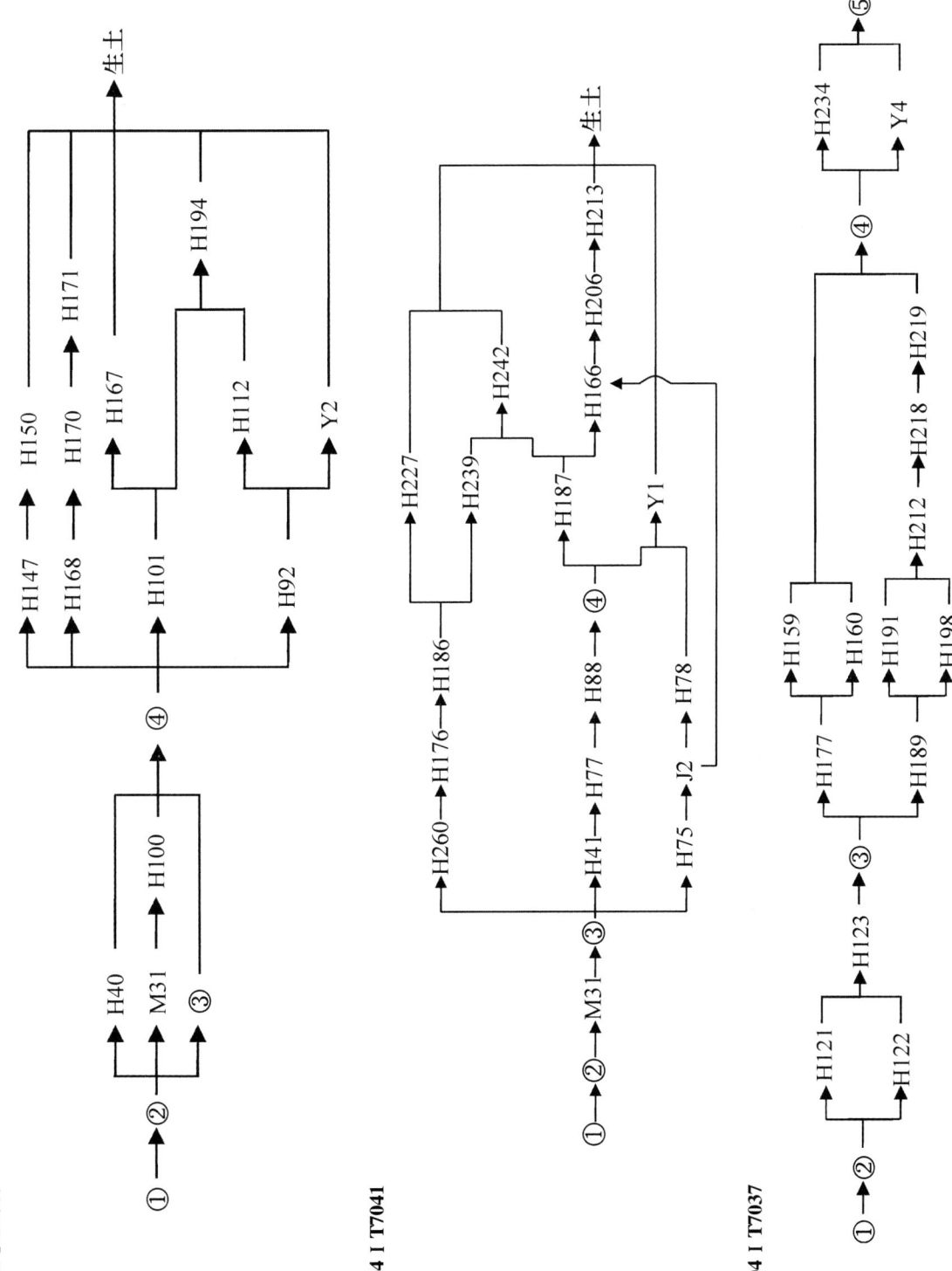

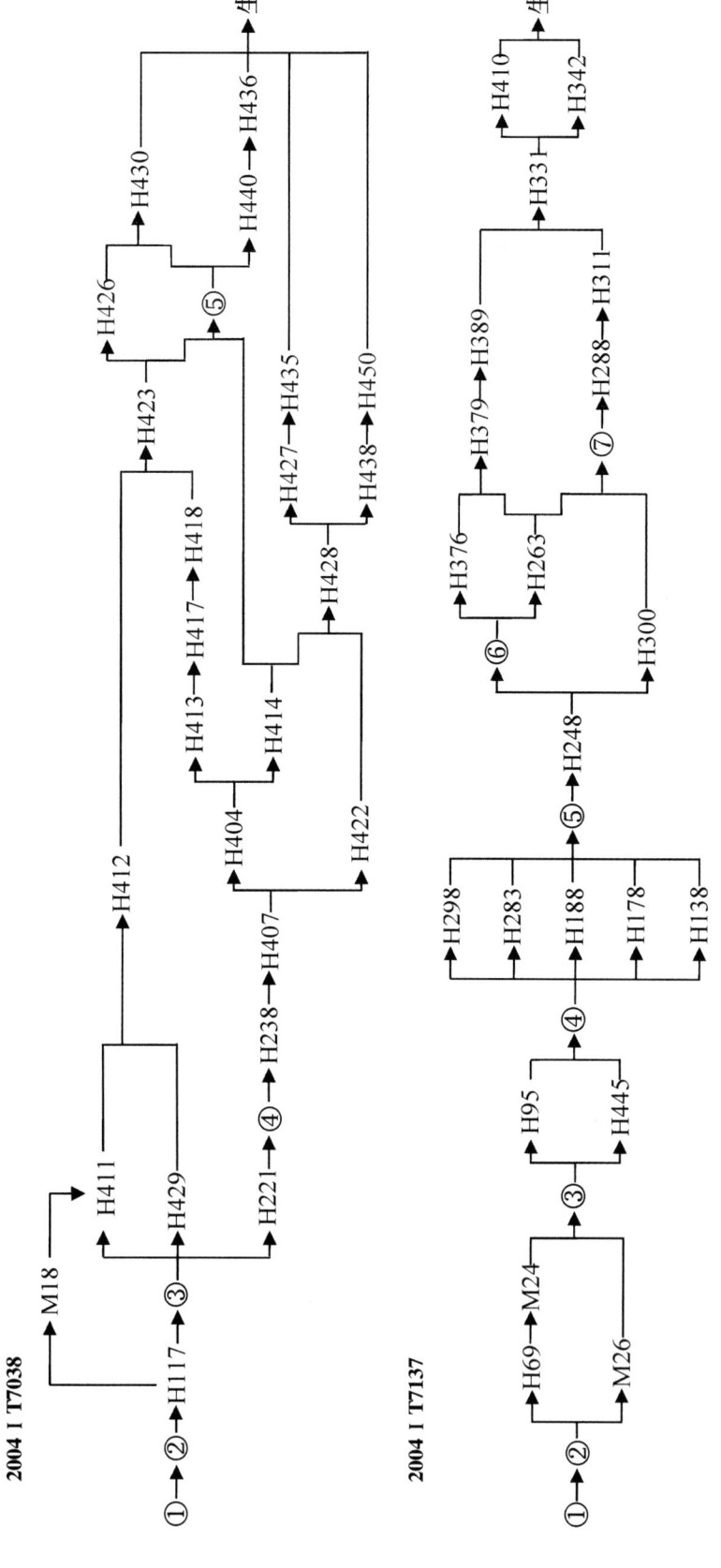

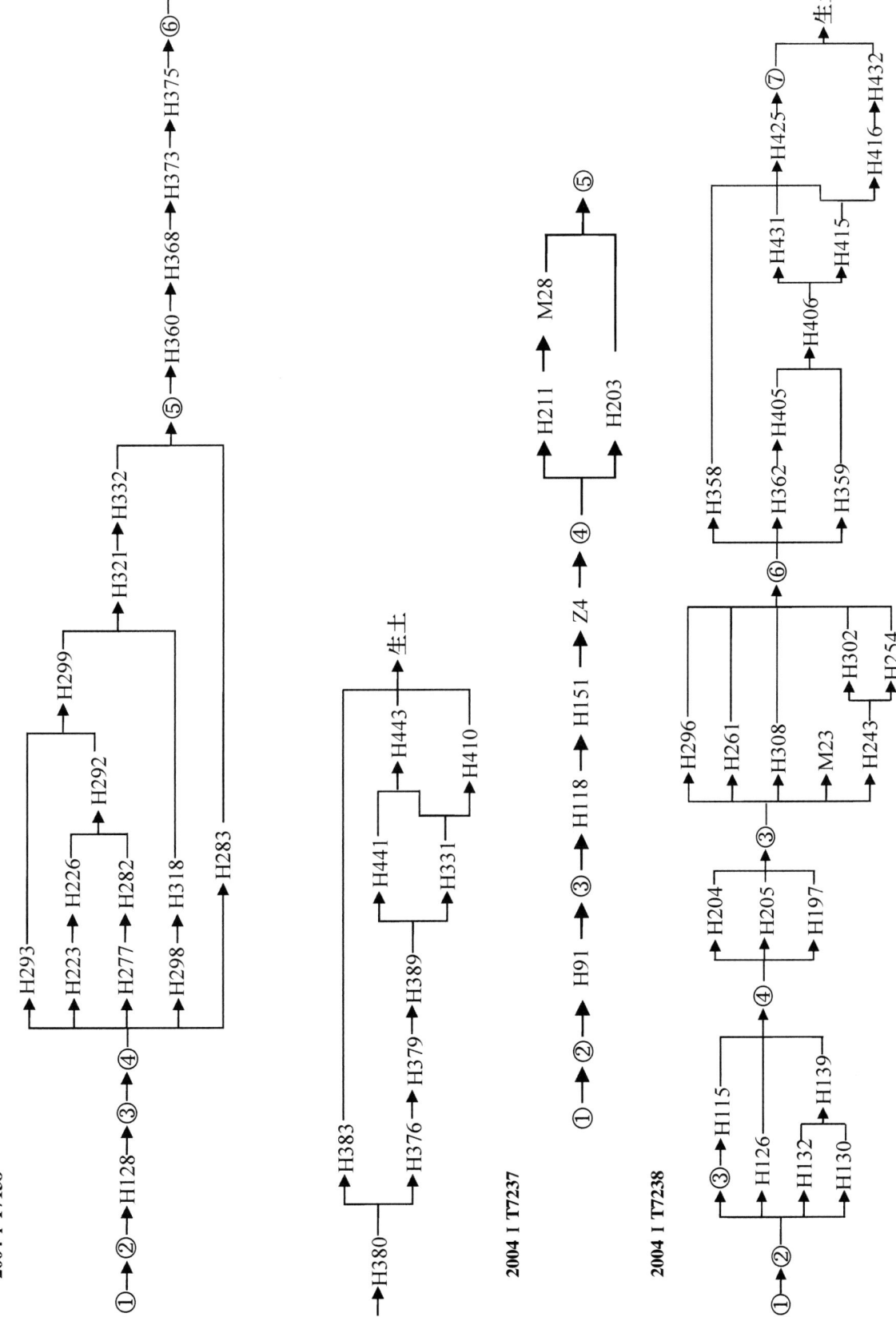

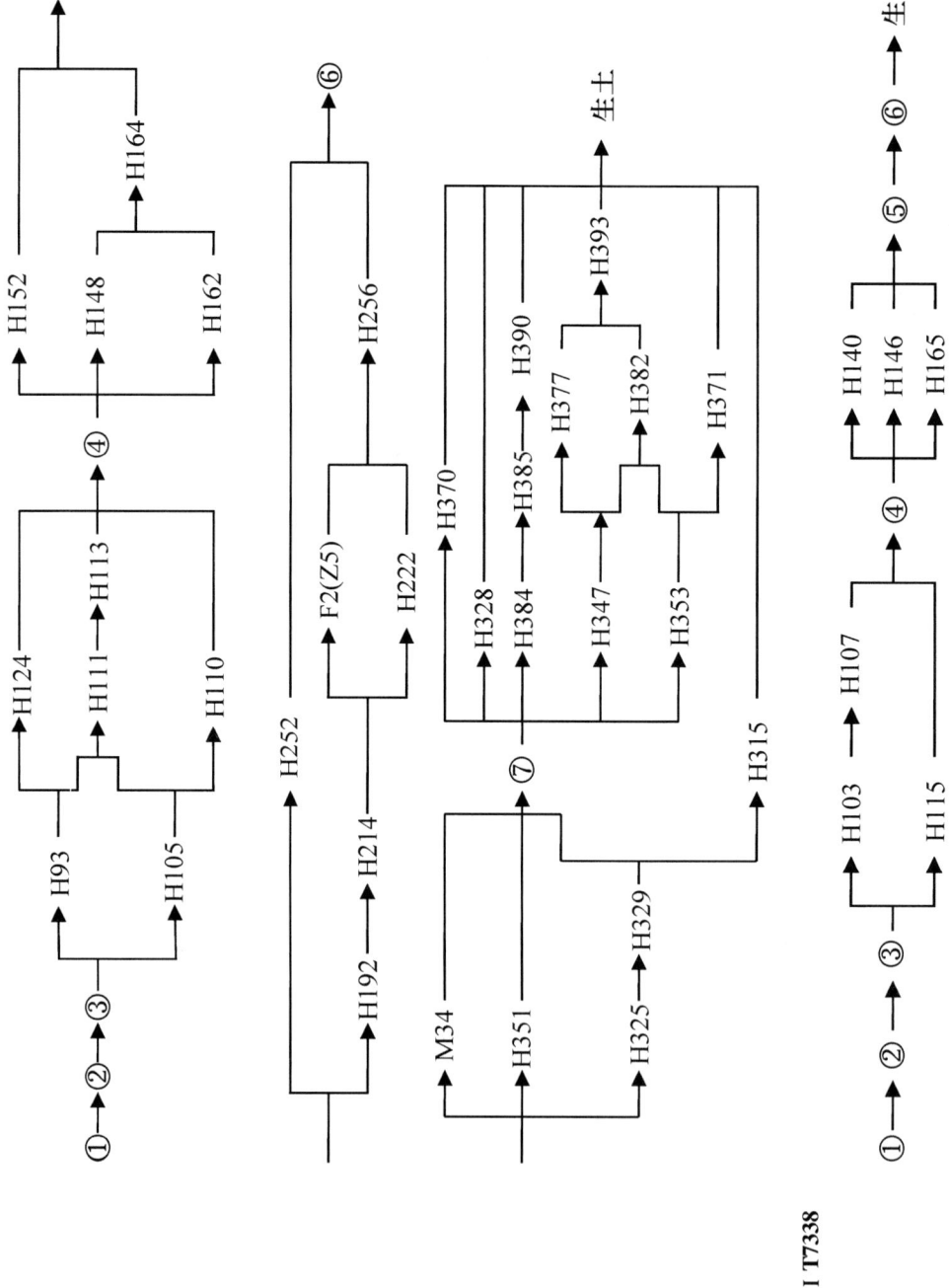

附 表

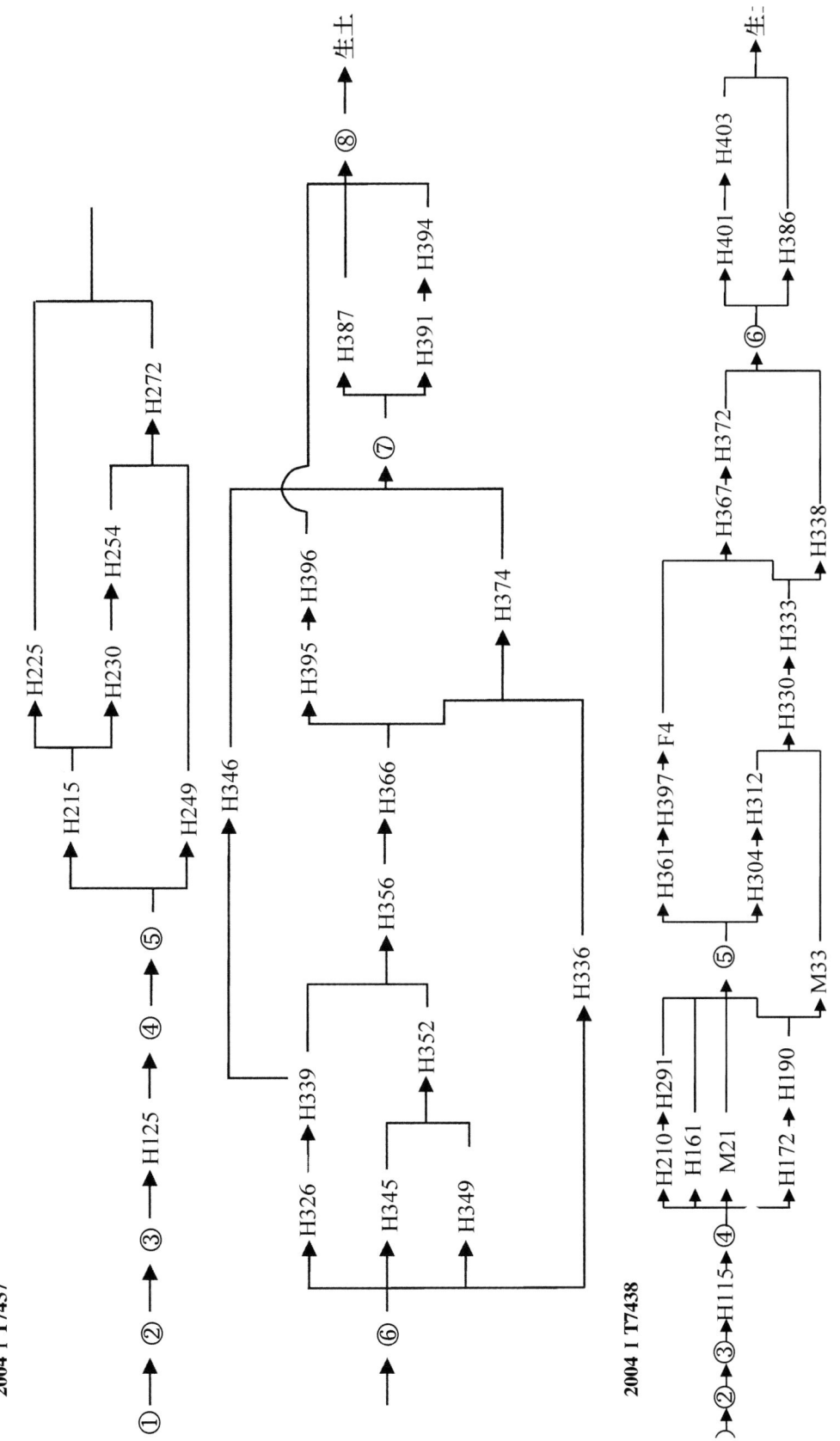

2005 I T6635

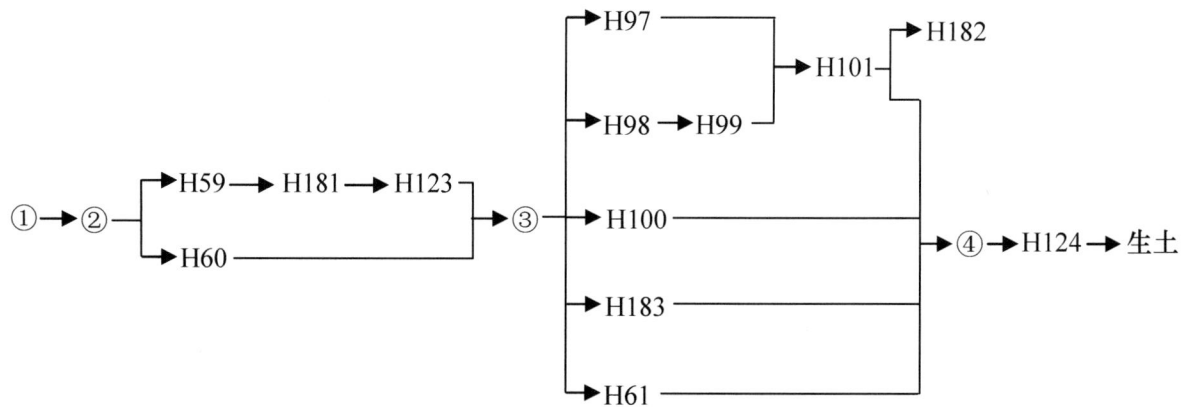

2005 I T6636

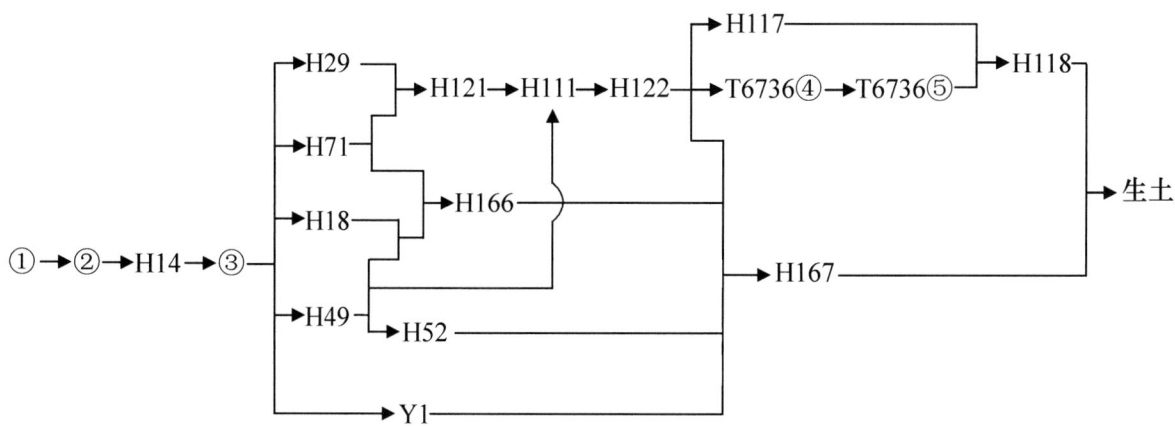

2005 I T6735

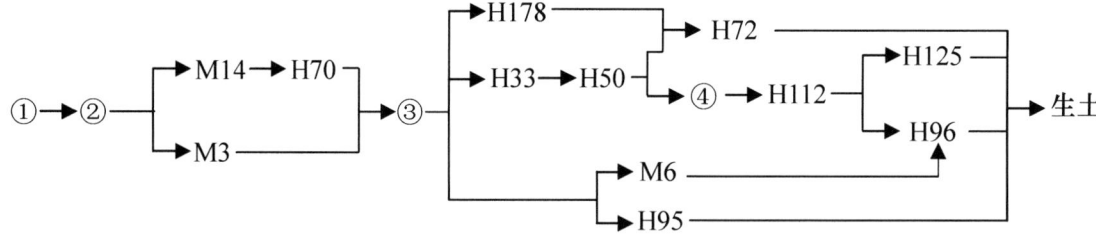

2005 I T6736

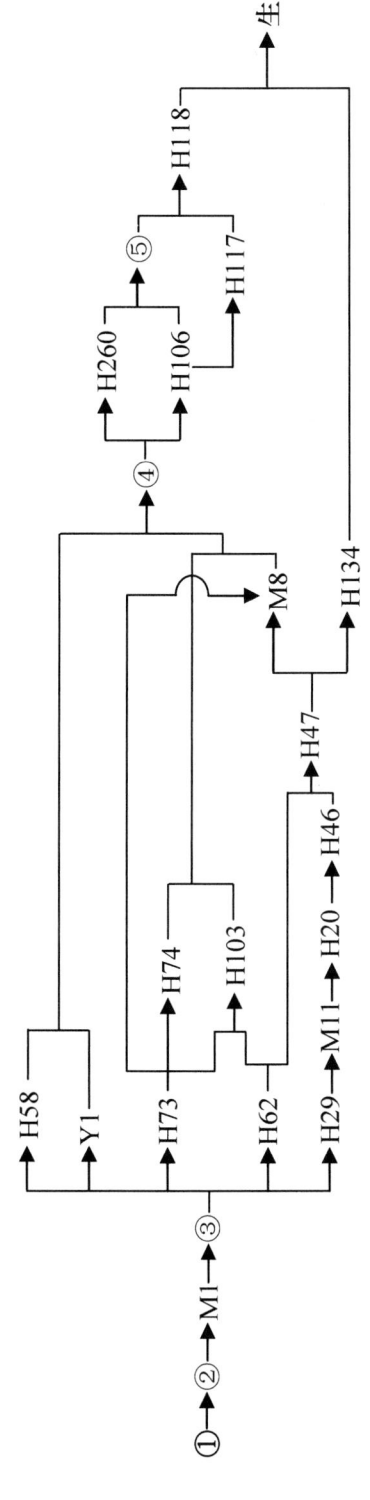

2005 I T6835

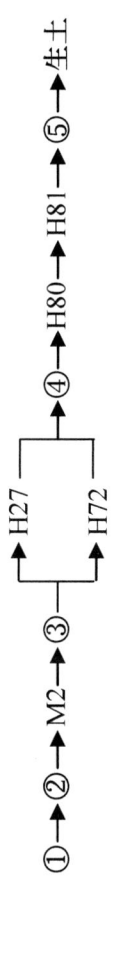

2005 I T6836

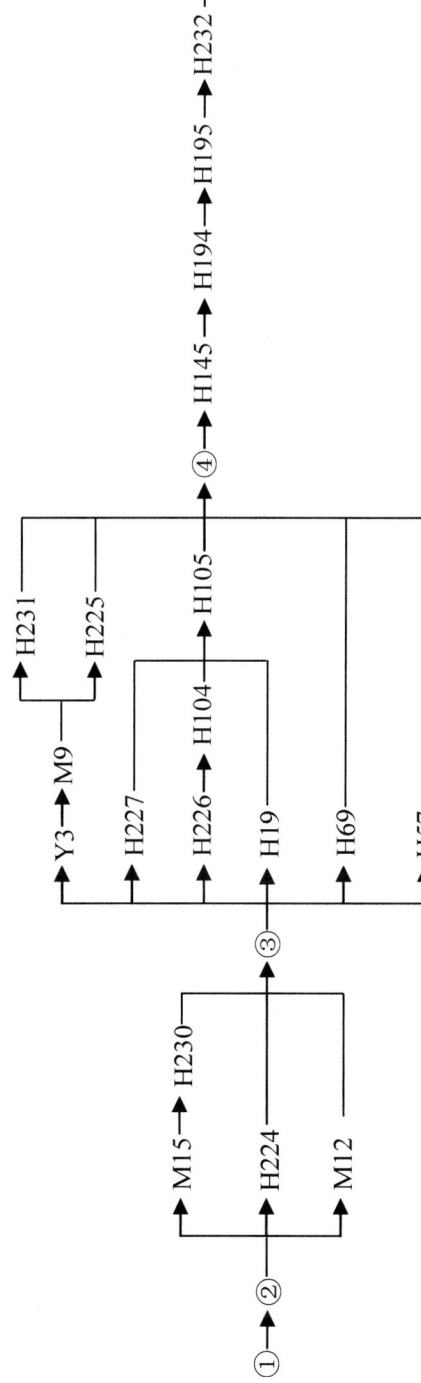

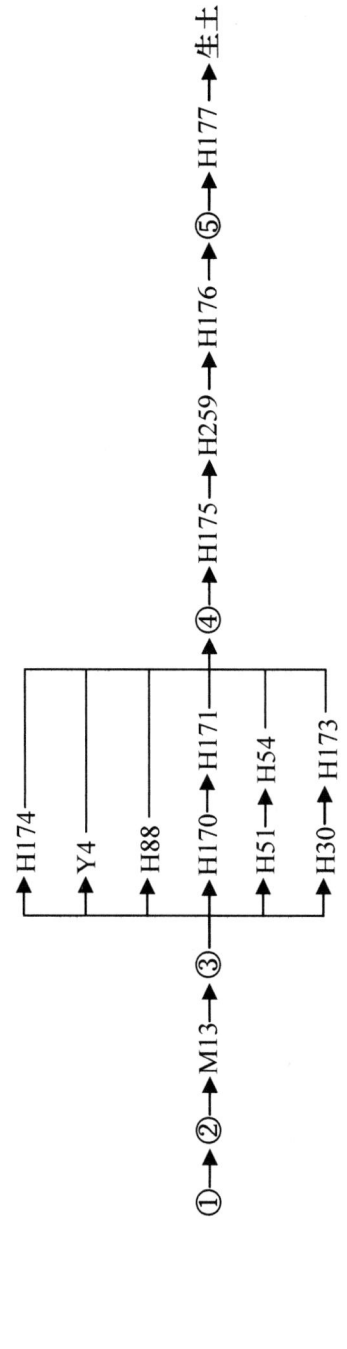
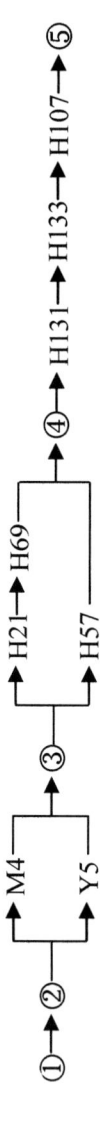
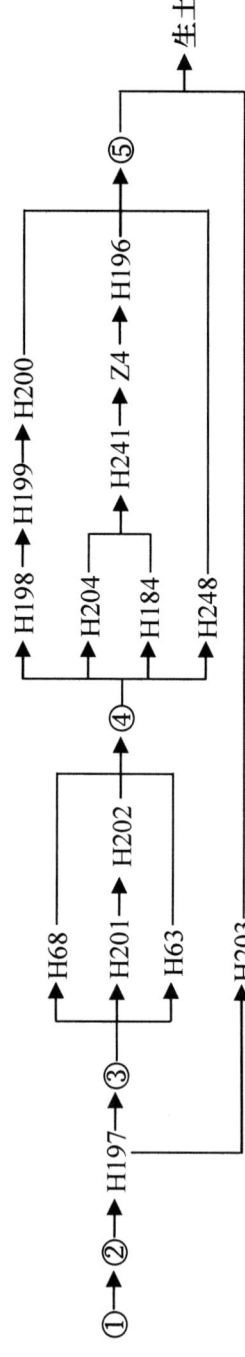

2005 Ⅰ T7341

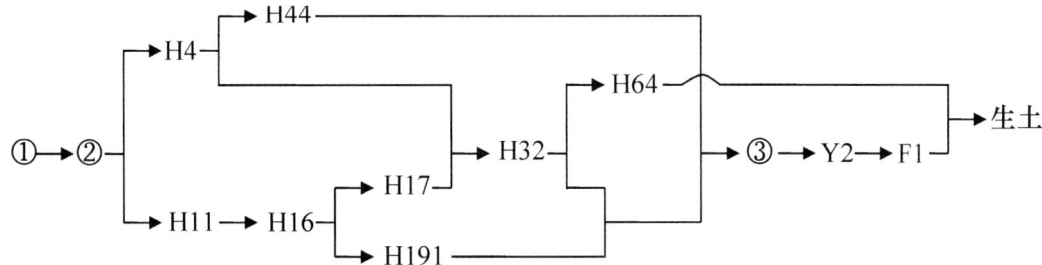

2005 Ⅰ T7342

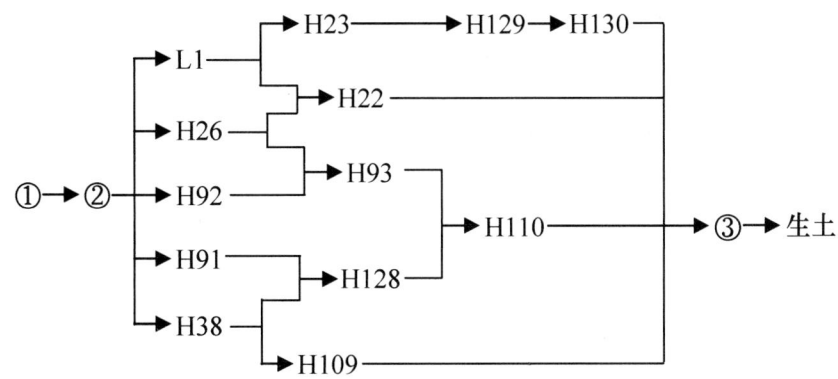

2005 Ⅰ T7441

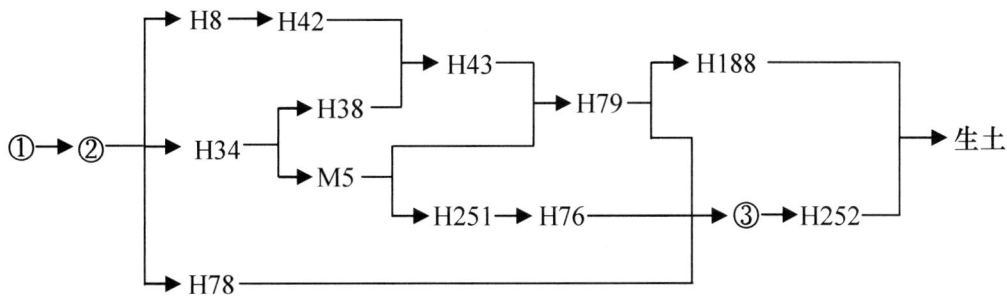

2005 Ⅰ T7442

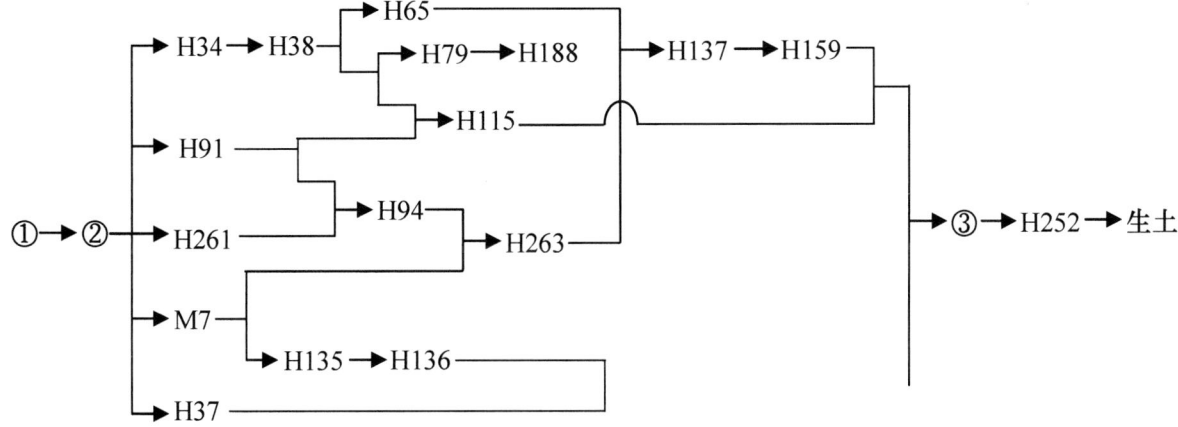

2005ⅠT7541

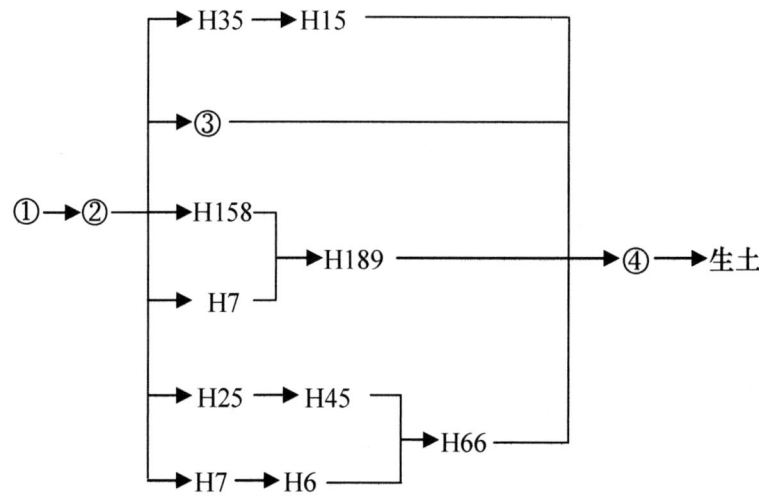

2005ⅠT7542

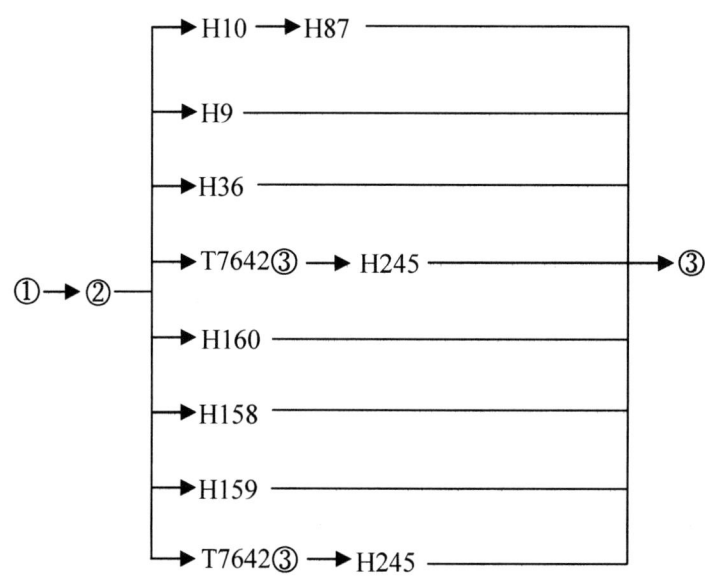

2005ⅠT7641

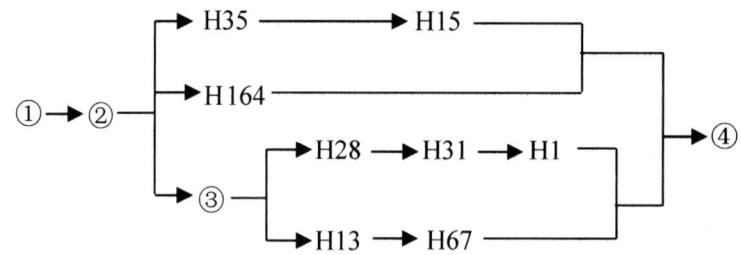

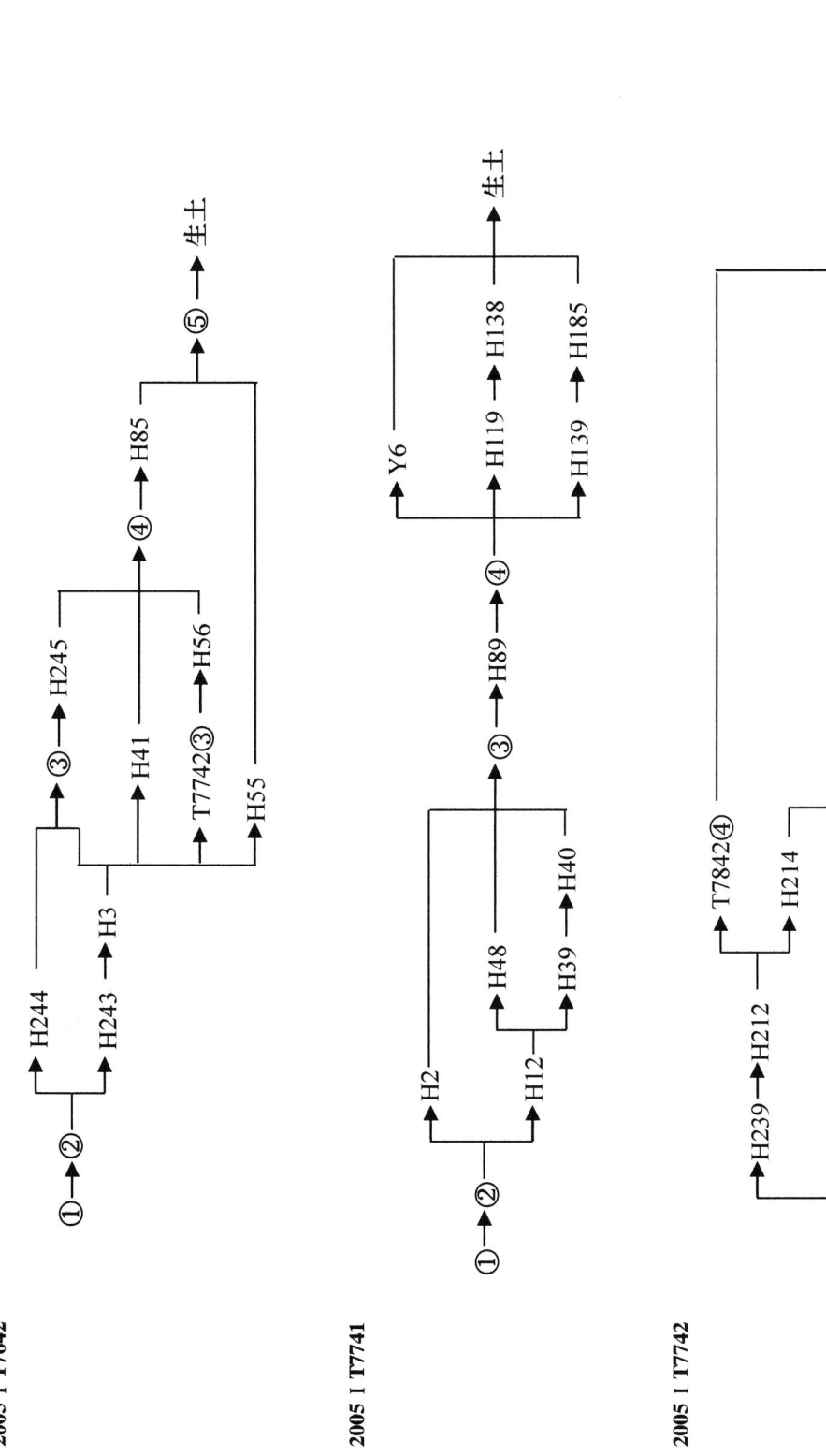

2005ⅠT7841

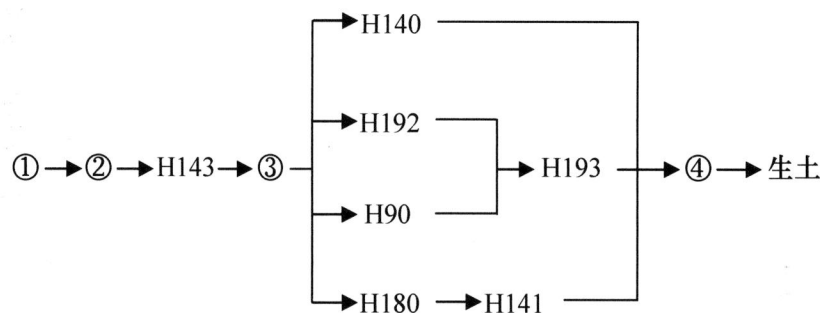

2005ⅠT7842

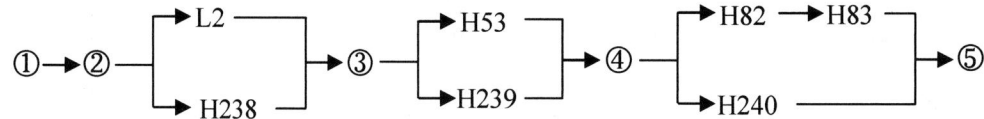

2006ⅠT4618

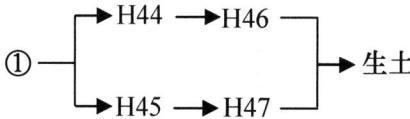

2006ⅠT4718

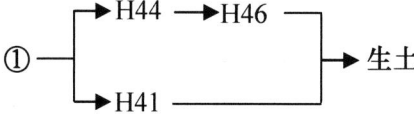

2006ⅠT4717

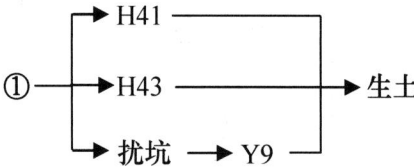

2006ⅠT4719

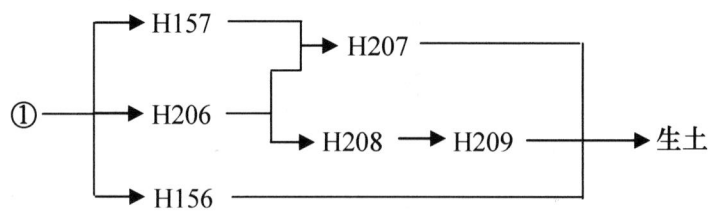

附 表

2005 I T4720

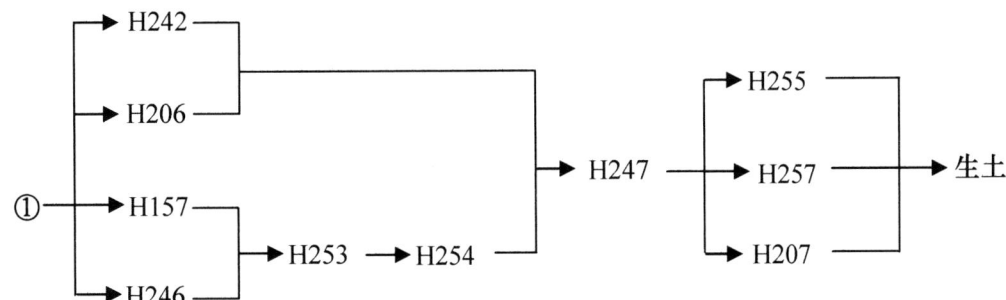

2005 I T4721

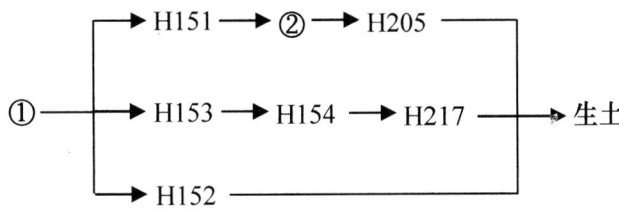

2005 I T4821

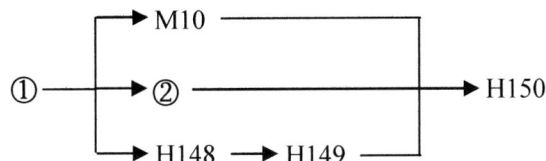

2005 I T4822

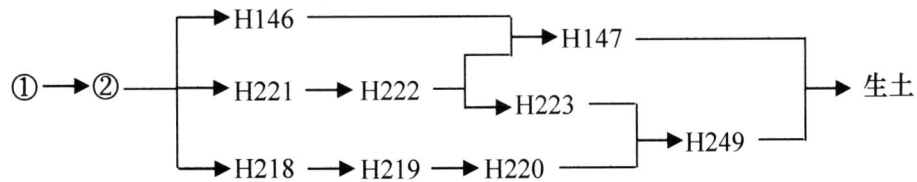

2005 I T4823

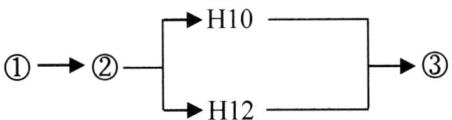

2006 II T6101

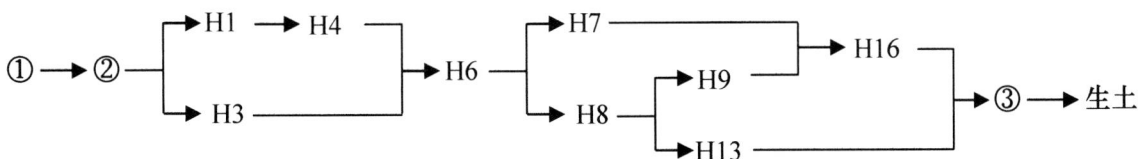

2006 II T6201

2006ⅡT6202

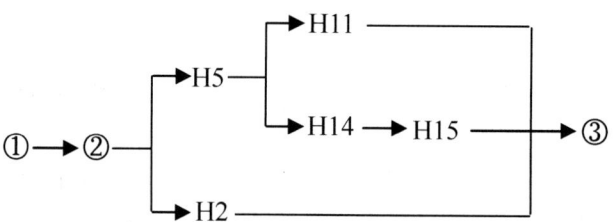

2006ⅡT6204

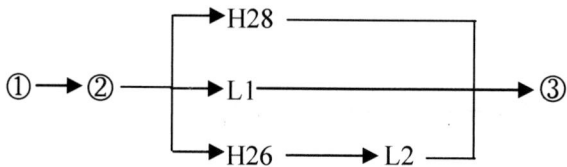

2006ⅡT6304

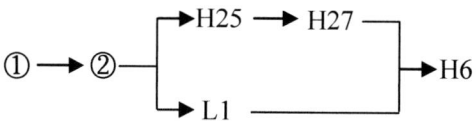

2006ⅡT6205、T6305

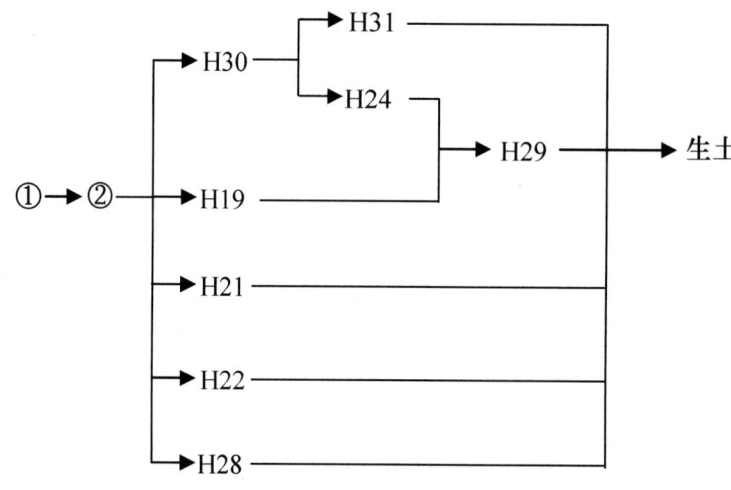

2006 Ⅱ T6206—T6306

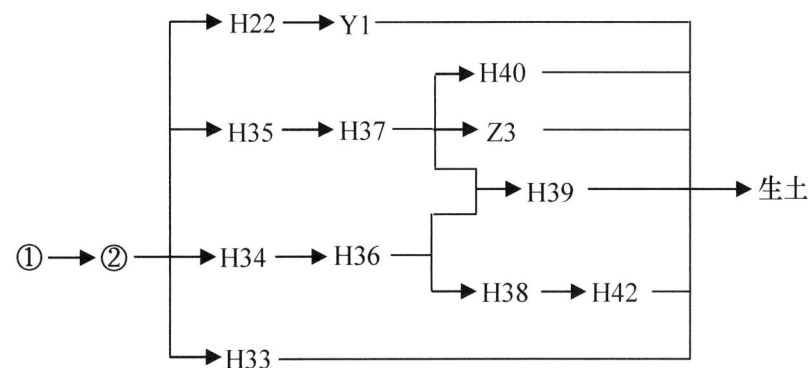

2004T1

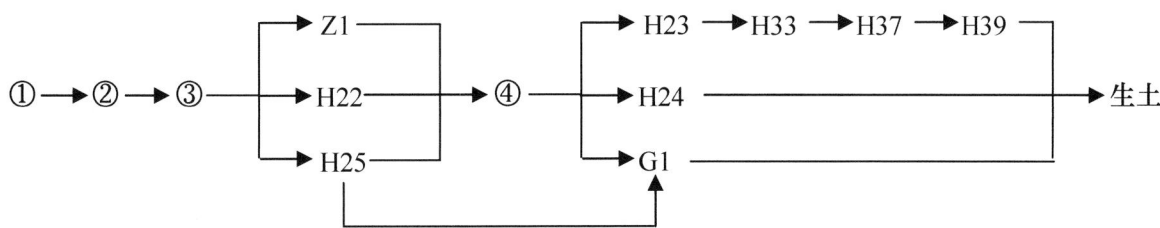

2004T2

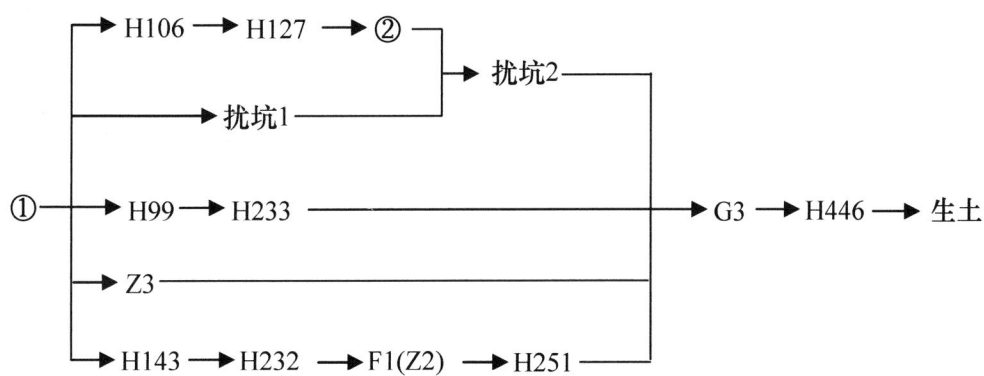

2004T3

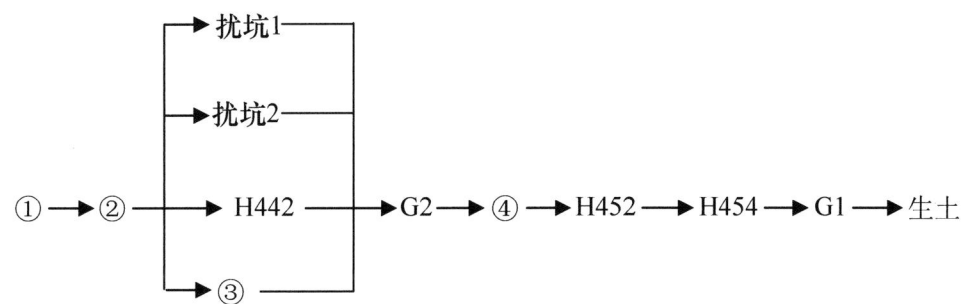

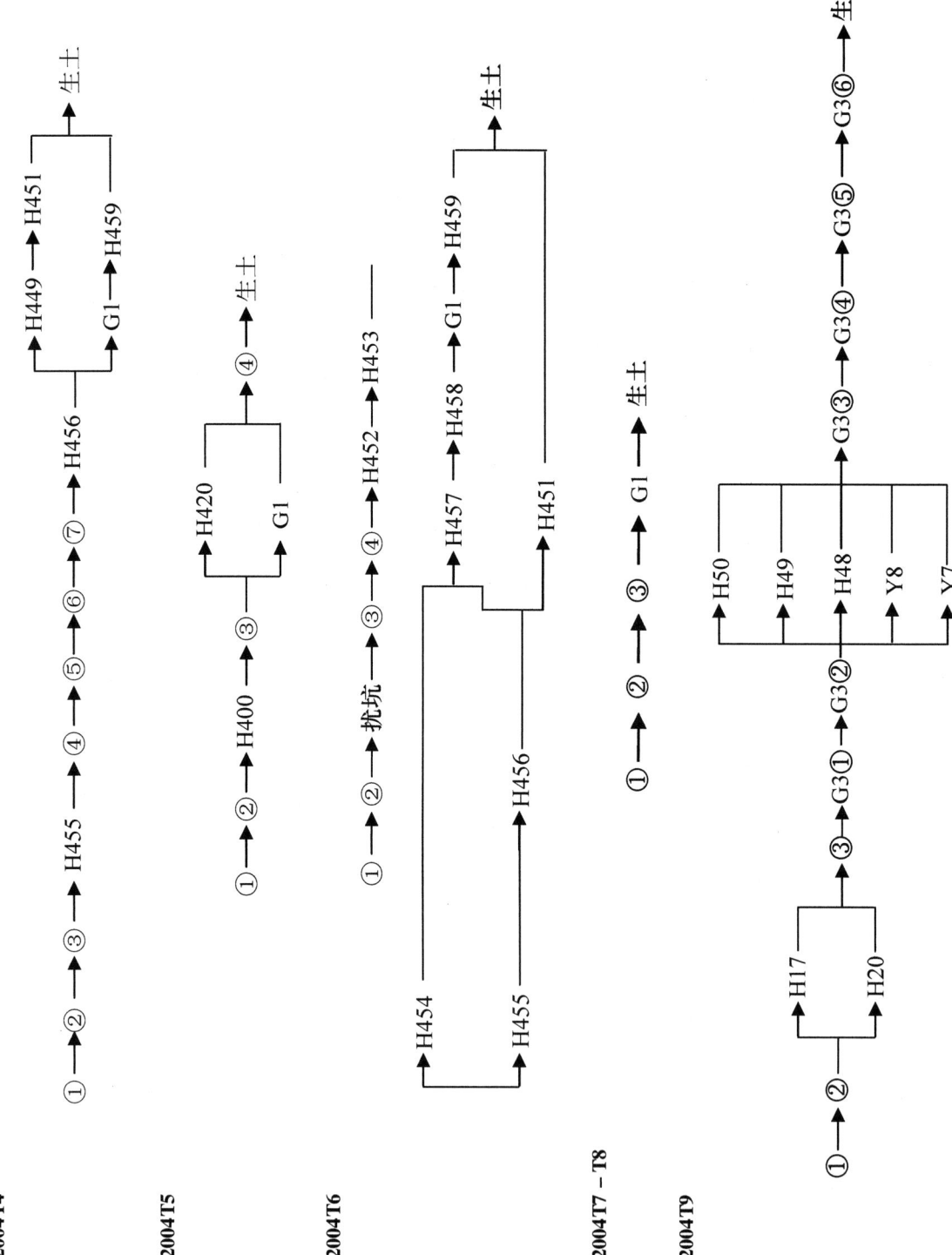

附表二　南洼遗址2004年发掘探方文化层分期表

文化	期段	ⅠT6640	ⅠT6641	ⅠT6740	ⅠT6741	ⅠT6840	ⅠT6841	ⅠT6940	ⅠT6941	ⅠT7040	ⅠT7041	ⅠT7037	ⅠT7038
春秋	晚期							③				③	
春秋	中期					③			③	③	③		③
殷墟二期	晚段											④	④
殷墟二期	早段												
二里头文化	五期												
二里头文化	四期					③		④		④	④	⑤	
二里头文化	三期	③	③	③	④	④	③	③④					⑤
二里头文化	二期												
二里头文化	一期			④									

文化	期段	ⅠT7137	ⅠT7138	ⅠT7237	ⅠT7238	ⅠT7337	ⅠT7338	ⅠT7437	ⅠT7438	ⅡT6301	ⅡT6302	ⅡT6502	ⅡT6602
春秋	晚期	③		③④		③④			③④	③~⑤			
春秋	中期		③		⑤	⑤⑥	③~⑥	⑤	③④				
殷墟二期	晚段	④	④						⑥				
殷墟二期	早段								⑥				
二里头文化	五期												
二里头文化	四期	⑤⑥	⑤⑥	⑤	⑥				⑦				
二里头文化	三期												
二里头文化	二期									③	③	③	③
二里头文化	一期												
备注		①层为耕土层。②层为近代文化层											

附表三　南洼遗址2005年发掘探方文化层分期表

文化	期段	ⅠT6635	ⅠT6636	ⅠT6735	ⅠT6736	ⅠT6835	ⅠT6836	ⅠT6935	ⅠT6936	ⅠT7036	ⅠT7341	ⅠT7342
春秋	晚期	③	③	③	③	③	③	③	③	③		
春秋	中期								④			
殷墟二期	晚段											
殷墟二期	早段											
二里头文化	五期											
二里头文化	四期									④		
二里头文化	三期	④			④		④	④		④		
二里头文化	二期				④、⑤		⑤				③	③
二里头文化	一期											

续表

文化	期段	ⅠT7441	ⅠT7442	ⅠT7541	ⅠT7542	ⅠT7641	ⅠT7642	ⅠT7741	ⅠT7742	ⅠT7841	ⅠT7842	ⅠT4721	ⅠT4823
春秋	晚期			③		③	③	③	③		③		
	中期									③			
殷墟二期	晚段											②	②
	早段												
二里头文化	五期												
	四期				③		④			④			
	三期							④	④				
	二期	③	③			④	⑤				④		
	一期				④				⑤				
备注		①层为耕土层。②层为近代文化层										①层为耕土层	

附表四　南洼遗址探沟及 2006 年发掘探方文化层分期表

文化	期段	T1	T4	T5	T9	ⅡT6101	ⅡT6201	ⅡT6202	ⅡT6204
春秋	晚期	③、④		③	③				
	中期								
殷墟二期	晚段								
	早段								
二里头文化	五期								
	四期		④、⑤、⑥、⑦						
	三期								
	二期								
	一期					③	③	③	③
备注		①层为耕土层。②层为近代文化层							

附表五 2004年南洼遗址灰坑登记表

序号	探方	文化期别	形制与结构	尺寸 口部 长（长径）	尺寸 口部 宽（短径）	尺寸 底部 长（长径）	尺寸 底部 宽（短径）	深 坑底至坑口	出土遗物 陶器 一般陶器	出土遗物 陶器 白陶	出土遗物 石、骨、蚌器	出土遗物 金属器	备注
H1	ⅡT6502	二里头二期	椭圆形，弧壁，平底	154	80	130	55	76					
H2	ⅡT6502	不明	椭圆形，坑壁较直，坑底较平	130	80	120	74	45					
H3	ⅡT6502	二里头二期	椭圆形，弧壁，AbⅡ，BⅡ，圆腹罐CaⅢ，盐	210	88	170	50	88	深腹罐 AⅠ、AbⅡ、BⅡ，圆腹罐 CaⅢ，盐		石凿 Ac。骨镞 C		
H4	ⅡT6302	二里头二期	椭圆形，斜壁，平底	136	110	120	80	94	刻槽盆 AⅠ				
H5	ⅡT6302	不明	半圆形，斜直壁，坑底不平，东高西低	190	190	100	100	64					
H6	ⅡT6502	二里头二期	椭圆形，坑壁较直，平底	140	76	130	70	66	鼎 Bc，器盖 AaⅠ	鬶（或盉）鏊Ⅰ	蚌锥		
H7	ⅡT6302	不早于二里头二期	近方形，斜壁，坑底不平	174	90	130	70	56					
H8	ⅡT6302	二里头二期	不规则形，斜壁，坑底不平	330	200	270	110	94	深腹罐 AⅡ，圆腹罐 CaⅡ，深腹盆 AⅡ，圈足盘 B，瓮 BaⅡ，高领罐，捏口罐 AⅠ	鬶（或盉）			
H9	ⅡT6302	二里头二期	椭圆形，袋状坑，坑壁斜直，平底	200	150	210	210	122	深腹罐 AⅠ，深腹盆 AⅡ，圆腹罐 CaⅢ，刻槽盆 AⅠ，三足盘 AⅠ、AⅡ，小口尊 A，B，盉	鬶（或盉）Ⅰ			
H10	ⅡT6502	二里头二期	椭圆形，弧壁，底部内收，平底	186	134	150	100	45	缸 AaⅠ	袋足			
H11	ⅡT6502	二里头二期	椭圆形，坑壁斜直，坑底较平	120	102	100	90	44	缸 AaⅠ		石斧 Bb		
H12	ⅡT6502	不晚于二里头二期	椭圆形，弧壁，底部内收，平底	100	62	90	50	30					

续表

序号	探方	文化期别	形制与结构	口部 长(长径)	口部 宽(短径)	底部 长(长径)	底部 宽(短径)	深 坑底至坑口	出土遗物 一般陶器	出土遗物 白陶	出土遗物 石、骨、蚌器	金属器	备注
H13	ⅡT6502	不早于二里头二期	椭圆形坑壁斜直,底部内收,平底	100	98	95	90	44					
H14	ⅡT6502	不晚于二里头二期	椭圆形,坑壁近直,底部内收,平底	102	70	95	50	40					
H15	ⅡT6302	不早于二里头二期	圆形,斜直壁,平底,呈盆状	260	260	220	220	71		尊(或瓮)			
H16	T1	东周至二里头时期	近圆形,斜直壁,底近平	>112	118	\	\	90					
H17	ⅡT6502	二里头二期	椭圆形,坑壁呈弧形,底部内收,圜底	200	120	120	90	120	深腹罐Ab I,圆腹罐CcⅡ,深腹盆AⅡ	鬶1,盉1	石斧Aa,石镰Aa		
H18	ⅡT6302	二里头二期	不规则形,斜壁近直,平底	270	170	200	150	70	深腹罐AbⅡ,捏口罐AI		骨镞Ab		
H19	ⅡT6502	二里头二期	近圆形,坑壁近直,平底	270	\	250	\	160	深腹罐AbⅠ,AbⅡ,CⅠ,AcⅠ,CbⅡ,CcⅠ,CdⅠ,CaⅢ,圆腹罐AⅡ,CaⅠ,CaⅡ,Ⅰ,Bb,Bc,鼎足,甗AⅡ,灶,刻槽盆Ⅰ,深腹盆AⅡ,平底盆AⅠ,三足盘Ⅰ,Ⅱ,豆AⅠ,Ba,瓿Ⅱ,小口尊Aa,Ab,小口尊底,瓮AⅠ,AⅡ,BaⅠ,BaⅡ,缸AaⅠ,缸底,器盖A Ⅰ,器盖组,敛口罐AⅠ,捏口罐AⅠ,盂,器底,圆陶片	鬶1,复原3件;爵底1	石铲A、B,石斧Aa、Ba、Bb,石锛Ab,石凿Aa、Ab,石刀Aa、Ac,石戈,石镰Ab、Ac,石戈,石球B。骨锥Bb,骨簪A、B,骨针,骨匕B,骨镞Aa、Ab,骨管B,骨管,蚌镰、蚌镞A、D		

附　表

续表

序号	探方	文化期别	形制与结构	尺寸 口部 长(长径)	尺寸 口部 宽(短径)	尺寸 底部 长(长径)	尺寸 底部 宽(短径)	深 坑底至坑口	出土遗物 陶器 一般陶器	出土遗物 陶器 白陶	出土遗物 石,骨,蚌器	出土遗物 金属器	备注
H20	ⅠT602	二里头二期	近圆形,坑壁斜直,坑底较平	504	\	430	\	130	深腹罐 AbⅠ,AbⅡ,AcⅠ,BⅡ,CⅠ,圆腹罐 AⅡ,B,CaⅡ,CaⅢ,CbⅠ,CbⅡ,CcⅠ,鼎,鼎 Bc,甑 BⅠ,刻槽盆 AⅡ,深腹盆 AⅡ,AⅢ,BⅡ,三足盘Ⅱ,圈足盘 B,豆 AⅢ,豆柄,盉 B,小口尊 A,Ab,缸 AaⅠ,小罐 AbⅡ,C,盒 BaⅡ,器盖 AaⅠ、AbⅡ、C,罐、钵、杯、盘、陶秤砣、异形器		石磬 Ad,石球 B。骨锥 Aa、Ab,骨镞 C。蚌镰,蚌镞 D		
H21	T1	东周至二里头时期	椭圆形,弧壁圆底	112	>23	\	\	38					
H23	ⅠT1	二里头二期	圆形,直壁,圆底	90	\	80	\	140	圆腹罐 CaⅡ,深腹盆 AⅡ,觚				
H24	ⅠT1	二里头二期?	半圆形,直壁,平底	145	70	165	\	90	刻槽盆Ⅰ,罐				
H25	ⅠT1	无标本	近圆形,袋状坑,弧壁,圆底	185	\	150	\	95					
H26	ⅡT6301	二里头时期	圆形,斜壁,坑底较平	154	114	150	104	50		网坠 A1			
H27	ⅡT6301	不早于二里头二期	椭圆形,坑壁微弧略向内收,平底,整体呈弧状	300	132	280	116	95		鬶 1			
H28	ⅡT6301	二里头二期或略早	椭圆形,坑壁外弧,底部内收,平底	220	110	212	90	97	深腹罐 Aa、AbⅠ,圆腹罐 CaⅡ,小口尊 A		骨镞 Aa。蚌锥		
H29	ⅡT6301	不晚于二里头二期	不规则形,弧壁,坑底微凹	400	164	360	132	113	鼎 AⅠ,盉底				

续表

序号	探方	文化期别	形制与结构	口部 长（长径）	口部 宽（短径）	底部 长（长径）	底部 宽（短径）	深 坑底至坑口	一般陶器	白陶	石、骨、蚌器	金属器	备注
									陶器				
											出土遗物		
H30	ⅡT6602	二里头三期	椭圆形，坑壁较直，坑底较平	270	160	200	100	110	深腹罐 BⅡ、CⅠ		石铲 Ba、石镰 Ab、石球 A。骨锥 Aa、骨针、蚌镞 C、蚌锥		
H31	ⅡT6602	二里头时期	椭圆形，弧壁，平底	204	>62	160	>30	70	鼎足				
H32	ⅡT6602	二里头三期	近椭圆形，坑壁较直，坑底不平	250	160	240	150	114	深腹罐 AbⅡ、AbⅢ、AcⅠ、圆腹罐 CaⅡ、CaⅢ、CbⅡ、甗 AⅢ、鬶、深腹盆 AⅠ、Ca、平底盘 AⅡ、三足盘Ⅲ、圈足盘 B、豆 AⅡ、AⅢ、小口尊 Ab、高领罐、捏口罐、陶装饰品		石斧 Aa、石刀 B		
H33	ⅠT1	不晚于二里头二期	近圆形，直壁，平底	168	150	/	/	100					
H35	ⅡT6602	二里头三期	椭圆形，坑壁斜直，坑底较平	180	70	170	60	38	豆柄、鼎足		石球 B		
H36	ⅡT6602	二里头三期	不规则形，斜直壁，坑底较平	222	72	200	65	40	圆腹罐 CbⅡ、甗 AⅡ				
H37	ⅠT1	二里头二期	不规则形，直壁，底呈南高北低的斜坡状	300	175	/	/	30~60	豆柄				
H38	ⅡT6301	二里头二期或略早	圆形，弧壁内收，圆底，呈锅底状	140	80	110	72	85	鼎 Bb				
H39	ⅠT1	二里头二期	近圆形，略呈袋状坑，弧壁，平底	560	/	590	/	90	鼎 AⅠ、刻槽盆 AⅠ、小口尊 A、盉				

附表 ·823·

续表

序号	探方	文化期别	形制与结构	口部 长(长径)	口部 宽(短径)	底部 长(长径)	底部 宽(短径)	坑底至坑口 深	一般陶器	白陶	石、骨、蚌器	金属器	备注
H40	ⅠT7040	春秋晚期	半圆形,直壁,平底	95	34	90	34	25	豆AⅡ				
H41	ⅠT7041	二里头四期	长圆形,弧壁圜底	120	100	\	\	26	深腹盆BⅡ,敛口罐AⅡ				
H42	ⅠT6841	春秋中期	半圆形,斜壁,圜底,坑底不平	84	40	\	\	27	鬲AaⅠ,甑,盆,罐B,豆柄				
H43	ⅠT6841	二里头四期	半椭圆形,斜壁,底部近平,敞口	220	104	\	\	35	深腹罐AbⅡ,AbⅢ,AcⅠ,圆腹罐CcⅢ,高领罐,大口尊Ⅱ				
H44	ⅠT6741	春秋晚期	半椭圆形,弧壁,圜底	177	72	\	\	76	瓮,豆盘B,豆柄I,高足BB,盆Cc		石斧B		
H45	ⅠT6640	二里头时期	近圆形,斜直壁,坑底较平	156	136	140	126	40	圆腹罐CaⅢ,高领罐				
H46	ⅠT6940	二里头四期	近圆形,坑壁较直,坑底较平	244	118	230	115	35	深腹罐AbⅡ,AcⅠ,圆腹罐Ca,CbⅡ-Ⅲ,甑,AⅡ,高足,深腹盆BⅡ,豆A,高领罐,大口尊	袋足根1			
H47	ⅠT6841	春秋中期	圆形,斜壁,平底	172	165	125	\	32	盆Cc				
H48	ⅠT6640	春秋中期	近圆形,弧壁,近圜底	150	124	\	\	40	鬲A,盂Bb				
H49	ⅠT6941	殷墟二期	不规则形,斜壁,呈斜坡状,东高西低	120	85	100	68	42	高足				
H50	ⅠT6841	二里头四期	椭圆形,斜壁,坑底不平,北高南低	70	55	\	\	30	圆腹罐CbⅡ,刻槽盆AⅢ				
H51	ⅠT6741	春秋中期	椭圆形,斜壁,平底	230	150	\	\	42	鬲AaⅠ,AbⅠ,豆柄Ⅰ,豆盖A,豆盘Ⅱ		骨笄B		
H52	ⅠT6841	春秋中期	圆形,斜壁,圜底,敞口	70	60	\	\	18	鬲AaⅠ,豆柄Ⅱ,罐底,纺轮B、C、D				
H53	ⅠT6941	二里头三期	椭圆形,斜壁,坑底较平	140	102	124	90	35					

续表

序号	探方	文化期别	形制与结构	口部长（长径）	口部宽（短径）	底部长（长径）	底部宽（短径）	深坑底至坑口	一般陶器	白陶	石、骨、蚌器	金属器	备注
H54	ⅠT6641	春秋中期	圆形,斜壁,平底	180	166	150	140	47	盂Ab,豆盘AⅠ,B,盆Aa				
H55	ⅠT6740	不早于殷墟	椭圆形,直壁,平底	200	60	184	52	38	深腹罐AcⅠ,圆腹罐CaⅡ,捏口罐				
H56	ⅠT6841	二里头三期或三期?	近似椭圆形,斜壁,圜底,敞口	114	75	\	\	26					
H57	ⅠT6741	春秋中期	近长方形,弧壁,坑底较平整	125	75	107	65	35	盂Ab,鬲Ba,豆盘AⅡ		骨锥		
H58	ⅠT6740	二里头（不早于三期）	近似圆形,壁略弧,平底	72	64	53	56	38	深腹罐AcⅠ,盂,器盖,豆				
H59	ⅠT6640	二里头二期	形状不明,斜壁,底近平	135	50	\	\	60	圆腹罐AⅡ,鼎足,刻槽盆AⅠ				
H60	ⅠT6941	二里头三期	不规则形,直壁,坑底较平	100	53	80	45	35	深腹罐AcⅠ、CⅡ,圆腹罐CaⅡ-Ⅲ,CbⅢ,鼎足				部分延伸于西壁及南壁外
H61	ⅠT6940	二里头四期	近圆形,弧壁,坑底较平	152	114	136	98	40	深腹罐AbⅡ,圆腹罐Ca、CbⅢ,CcⅢ,深腹盆AⅡ,BⅡ,豆A,三足盘,器盖,圆陶片				
H62	ⅠT6740	殷墟时期	圆形,壁较直,底部略为平整	124	90	116	86	28					
H63	ⅠT6840	二里头四期	不规则形,坑壁较直,平底	168	110	\	\	40	深腹罐AcⅠ、CⅡ,圆腹罐CaⅢ,CbⅢ,器盖Aa,大口尊				
H64	ⅠT6840	春秋中或晚期	椭圆形,弧壁,圜底	120	90	\	\	35	瓮,纺轮Aa				
H65	ⅠT6840	春秋中或晚期	形状不明,坑壁斜直,平底	166	118	\	\	66					

附表

续表

序号	探方	文化期别	形制与结构	尺寸 口部 长（长径）	尺寸 口部 宽（短径）	尺寸 底部 长（长径）	尺寸 底部 宽（短径）	深 坑底至坑口	出土遗物 陶器 一般陶器	出土遗物 陶器 白陶	出土遗物 石、骨、蚌器	出土遗物 金属器	备注
H66	ⅠT6940	春秋中期	近圆形，弧壁圜底	130	110	\	\	41	鬲AⅠ,豆AⅡ				
H67	ⅠT6840	春秋中期	不规则形，直壁，平底	140	80	140	80	36					
H68	ⅠT6840	春秋中期	近圆形，弧壁，坑底不平整	140	112	\	\	80	鬲Ba	网坠1	骨簪A		
H69	ⅠT6840	金代	近圆形，斜直壁，坑底近平	64	43	\	\	24	绿釉陶灯		石钺		
H70	ⅠT6741	春秋中期	不规则形，斜壁，东部略高，西部略低	153	130	\	\	57	鬲AaⅠ,豆柄Ⅰ				
H71	ⅠT6940	二里头四期	近似椭圆形，斜壁，坑底西高东低	430	240	427	232	50	深腹罐AbⅡ,AbⅢ,AcⅠ,AcⅡ,CⅠ,CⅡ,圆腹罐AⅡ,CaⅡ,CbⅢ,CCⅡ,刻槽盆Ⅱ,深腹盆AⅢ,豆足盆B,豆Bb,甑BaⅡ,捏口罐A		骨锥Aa,骨簪A		破坏其他遗迹打破严重
H72	ⅠT6941	二里头三期	圆形，坑壁较直，坑底呈斜坡状，东高西低	180	146	170	133	52	深腹罐AbⅡ,AcⅠ,CⅡ,圆腹罐CaⅡ,CaⅢ,CbⅡ,刻槽盆B,深腹盆BⅡ,豆AⅢ,小口尊A,甑Ab,瓮BaⅡ,器盖AaⅠ,小罐盂,钵,器盖	∨			
H73	ⅠT6740	不早于二里头三期	半圆形，斜直壁，平底	101	46	93	42	53					
H74	ⅠT6741	殷墟二期	长圆形，直壁圜底	95	75	\	\	22	鬲足				部分伸入南壁外
H75	ⅠT7041	二里头三期	长圆形，弧壁，平底	230	>60	\	\	40	深腹罐CaⅡ,CbⅡ,AcⅠ,CⅡ,圆腹罐AⅡ,刻槽盆AⅡ,深腹盆AⅡ,器盖	鬶（或盉）1,爵1			

续表

序号	探方	文化期别	形制与结构	口部 长（长径）	口部 宽（短径）	底部 长（长径）	底部 宽（短径）	深 坑底至坑口	出土遗物 一般陶器	出土遗物 白陶	出土遗物 石、骨、蚌器	出土遗物 金属器	备注
H76	ⅠT6641	春秋中或晚期	近似椭圆形，弧壁，平底	180	173	136	133	40	纺轮Aa，陶垫				
H77	ⅠT7041	二里头四期	半椭圆形，弧壁，底不平	220	55	\	\	50	平底盆AⅠ				
H78	ⅠT6941	二里头三期	不规则形，斜壁，平底	136	138	128	130	96	深腹盆AbⅡ，AcⅠ，CⅡ，圆腹罐CaⅡ，CaⅢ，CbⅡ，鼎AⅠ，刻槽盆AⅠ，深腹盆AⅢ，BⅡ，Cb，三足盘Ⅱ，敛口罐，小口尊A，瓮BaⅡ		石刀Aa，卜骨		部分叠压于北隔梁下
H79	ⅠT6841	二里头（不早于三期）	长条形，斜壁，平底	220	195	215	175	45	圆腹罐CaⅡ				部分深入西壁和南壁外
H80	ⅠT6740	二里头二期	近梯形，直壁，平底	164	90	164	90	32	圆腹罐CaⅡ，CbⅡ，深腹盆AⅡ，甑底				
H81	ⅠT6640	二里头四期	近长圆形，斜直壁，平底	140	64	128	60	80	深腹罐AbⅡ，圆腹罐Cb，Cc，甑AⅢ，缸Ab				
H82	ⅠT6941	二里头三期至四期	近椭圆形，斜壁，底近平	250	150	\	\	40	鬲甲AbⅡ，甲Ba，乙Aa，乙Ab，簋，瓮Ab		蚌镰		
H83	ⅠT6840	殷墟二期	近椭圆形，直壁，平底	95	70	\	\	55	豆AⅡ，AⅢ				
H84	ⅠT6741	春秋晚期	椭圆形，斜壁平底	101	78	\	\	26					
H85	ⅠT6941	二里头三期	长条形，斜壁，平底	残124	90	残120	85	60	深腹罐AcⅠ，圆腹罐CaⅡ，CbⅡ，刻槽盆，深腹盆AⅡ，BⅠ，埋口罐AⅡ，豆柄，器盖钮，小口尊A，缸Ab				

附表

· 827 ·

续表

序号	探方	文化期别	形制与结构	口部 长(长径)	口部 宽(短径)	底部 长(长径)	底部 宽(短径)	深 坑底至坑口	一般陶器	白陶	石、骨、蚌器	金属器	备注
H86	ⅠT6641	二里头(三期以后)	不规则形,弧壁,坑底不平,南深北浅	190	80	170	76	25~44	器盖,缸				
H87	ⅠT6840	殷墟二期早段	不规则形,袋状坑,弧壁,坑底较平	194	120	204	129	89	甑B,高甲AaⅡ,甲AbⅡ,簋,小口罐,瓮Aa,纺轮A、B、C				
H88	ⅠT7041	二里头四期	不规则的半椭圆形,斜壁,圜底	223	168	\	\	80	深腹罐AbⅡ,AcⅠ,圆腹罐CaⅡ,CbⅢ,深腹盆AⅢ,捏口罐A,孟,高领罐	√			
H89	ⅠT6941	二里头四期	近圆形,斜壁,坑底较平	102	97	70	\	55	圆腹罐CaⅡ,CbⅢ				
H90	ⅠT6640	二里头四期	近圆形,直壁,平底	260	240	220	\	180	深腹罐AbⅡ、AbⅢ、AcⅠ、CⅡ,圆腹罐AⅡ、CaⅡ、CbⅡ、CbⅢ、CcⅡ、AⅢ,深腹盆AⅡ、AⅢ、Ca,大口尊,小口尊A、B,甑D,刻槽盆AⅣ,器盖A,豆盘Ba,瓮BbⅠ	A型网坠1	石斧Ba,石刀Aa、B		
H91	ⅠT7237	春秋晚期	椭圆形,斜壁,平底	185	74	\	\	70	豆AⅢ				
H92	ⅠT7040	二里头四期	圆形,袋状坑,斜直壁,平底	122	116	132	126	63	深腹罐AbⅡ,AcⅠ,刻槽盆AⅣ,深腹盆BⅡ,豆Ba,大口尊				
H93	ⅠT7337	春秋中期或晚期	近圆形,直壁,平底	130	\	130	\	50	鬲AⅠ,盆Ab,豆AⅡ				

续表

序号	探方	文化期别	形制与结构	口部长(长径)	口部宽(短径)	底部长(长径)	底部宽(短径)	深 坑底至坑口	一般陶器	白陶	石、骨、蚌器	金属器	备注
H94	ⅠT6841	二里头三期	不规则形,斜壁,坑底不平	380	150~120	\	\	44	深腹罐 AbⅢ,AcⅠ,AcⅡ,CⅠ,CⅡ,圆腹罐 B,CaⅡ,CbⅡ,CcⅡ,深腹盆 AⅡ,AⅢ,小口尊 A,B,豆 Ba,瓮 BbⅡ,缸 AaⅠ,小罐,高领罐,捏口罐				
H95	ⅠT7137	春秋中期	近圆形,弧壁,圜底	98	\	\	\	40	盆 Bb,高 AbⅠ				
H96	ⅠT6940	二里头四期	圆形,坑壁斜直,平底	116	115	110	108	12	深腹罐 AcⅠ,圆腹罐 CaⅡ,CbⅢ				
H97	ⅠT6841	二里头三期?	不规则形,斜壁,坑底较平,敞口	106	\	84	\	20	高领罐				
H98	ⅠT6840	殷墟二期	不规则形,弧壁,平底	103	57	82	\	39			石镰 B		
H99	T2	不明	椭圆形,斜壁,底部呈不规则圆底	187	\	\	\	66~83		√			
H100	ⅠT7040	殷墟二期晚段	不规则形,坑壁近直,平底	144	80	135	130	96	高甲 AbⅢ,簋 A				
H101	ⅠT7040	二里头时期(不早于二期)	半圆形,直壁,平底	90	78	90	76	24	器盖纽				
H102	ⅠT6940	二里头四期	不规则形,坑壁较直,平底	148	76	146	75	24	缸 AbⅡ				
H103	ⅠT7338	春秋中期	近圆形,直壁,平底	184	164	184	164	64	鼎,盂,Ac,豆柄,陶垫		蚌镰		
H104	ⅠT6741	二里头四期?	椭圆形,斜壁,平底	205	96	152	64	71				青铜刀	

附　表

续表

序号	探方	文化期别	形制与结构	尺寸 口部 长（长径）	尺寸 口部 宽（短径）	尺寸 底部 长（长径）	尺寸 底部 宽（短径）	深 坑底至坑口	出土遗物 陶器 一般陶器	出土遗物 陶器 白陶	出土遗物 石、骨、蚌器	出土遗物 金属器	备注
H105	ⅠT7337	春秋中或晚期	半圆形，斜壁，平底	165	85	158	87	33	鬲AⅠ,盆Cb				
H106	T2	殷墟二期	不规则形，斜壁，底呈东北高、西南低的斜坡状	244	221	219	207	24～50	盆Aa				
H107	ⅠT7338	春秋中期	圆形，直壁，平底	216	124	\	\	25	豆柄Ⅰ				
H108	ⅠT6841	二里头二期	形状不明，斜壁，平底	166	66	\	\	50	深腹罐AbⅡ,圆腹罐CaⅡ,CcⅡ,甕BaⅠ				部分压在隔梁下，形状不明
H109	ⅠT6940	二里头四期	近椭圆形，坑壁斜向内收，平底	196	88	180	60	28	深腹罐AbⅡ,AcⅠ,圆腹罐Cb,鼎,深腹盆BⅡ,BⅢ,刻槽盆,豆A,大口尊,盅				
H110	ⅠT7337	春秋中或晚期	形状不明，斜直壁，平底	105	70	102	65	40	鬲高足，盆Ab				
H111	ⅠT7337	春秋中或晚期	近圆形，斜壁，平底	145	134	142	128	54	鬲AⅡ,豆柄				
H112	ⅠT7040	二里头三期?	不规则形，直壁，坑底不平，西高东低	124	48	120	46	27	圆腹罐CaⅡ,CbⅢ,小口尊A,甕AⅡ				
H113	ⅠT7337	春秋中或晚期	形状不明，斜壁平底	166	105	158	102	33	鬲，盆Bb,罐Ba				
H114	ⅠT6741	二里头四期	近椭圆形，斜壁，平底	残55	90	\	\	42	深腹罐AbⅡ,AcⅠ,AcⅡ				
H115	ⅠT7238、T7438和T7438	春秋晚期	长条形，斜壁，近平底	1350	90～23	1350	84～18	12～30	盆Ab,豆AⅢ				

续表

序号	探方	文化期别	形制与结构	口部 长(长径)	口部 宽(短径)	底部 长(长径)	底部 宽(短径)	深(坑底至坑口)	出土遗物 一般陶器	出土遗物 白陶	出土遗物 石、骨、蚌器	出土遗物 金属器	备注
H116	ⅠT6940	二里头四期	近圆形,弧壁圜底	180	\	\	\	24	深腹罐 AcⅠ,圆腹罐 CbⅢ,深腹盆 BⅠ,捏口罐,器盖				
H117	ⅠT7038	不早于北宋时期	椭圆形,直壁,底较平	177	140	\	\	40					
H118	ⅠT7237	春秋晚期	椭圆形,直壁,底近平	118	77	118	77	40	罐 Ba				
H119	ⅠT6940	二里头四期	不规则形,坑壁较直,坑底较平	112	56	132	112	26	深腹罐 AbⅡ,AcⅠ,圆腹盆 AⅢ,深腹盆 AⅢ,器盖 Aa,敛口罐 AⅡ,高领罐				
H120	ⅠT6941	二里头四期	不规则形,弧壁,平底	170	78	160	74	46	深腹罐 AbⅡ,圆腹盆 CaⅡ,CbⅡ,平底盆,三足盘Ⅲ,爵盘鋬,小口尊A,捏口罐,钵,杯,盅,爵鋬	袋足;绳纹罐1		青铜刀	被打破严重
H121	ⅠT7037	春秋晚期	圆形,斜壁,坑底不平,南高北低	90	\	76	\	23	豆柄Ⅱ		骨板		
H122	ⅠT7037	春秋晚期	椭圆形,斜壁,平底	116	88	102	82	23	盆 Ab,豆盘 AⅡ,罐 Aa				
H123	ⅠT7037	春秋晚期	椭圆形,斜壁,平底	108	104	100	88	30	鬲 AbⅠ,盆 Aa,Ab,Ca,豆盘 AⅡ,AⅢ				
H124	ⅠT7337	春秋中或晚期	椭圆形,斜壁,平底	84	64	78	60	46	盆 Cb				
H125	ⅠT7437	春秋中或晚期	近似椭圆形,斜壁,平底	110	100	106	82	40	鬲 AⅡ,盆 Bb,豆柄				
H126	ⅠT7238	春秋中期	略呈圆形,弧壁,壁凹凸不平,平底	99	99	84	80	35	罐 Ba,Bb				

附表

续表

序号	探方	文化期别	形制与结构	尺寸 口部 长(长径)	尺寸 口部 宽(短径)	尺寸 底部 长(长径)	尺寸 底部 宽(短径)	深 坑底至坑口	出土遗物 陶器 一般陶器	出土遗物 陶器 白陶	出土遗物 石、骨、蚌器	出土遗物 金属器	备注
H127	ⅠT6741	二里头三期	近椭圆形,斜壁,圜底	80	残75	\	\	36	深腹罐 AcⅠ,圆腹罐 CaⅡ、CaⅢ、CcⅡ,罐	敞口Ⅰ			部分叠压于北隔梁下
H128	ⅠT7138	春秋中或晚期	略呈圆形,直壁,平底	110	106	110	106	70	鬲 AⅠ–Ⅱ,豆 AⅡ,罐 Ba				
H129	ⅠT6740	二里头三期	半圆形,直壁,平底	106	50	100	45	40	深腹罐 AcⅠ,圆腹罐 AⅡ				
H130	ⅠT7238	不早于春秋中期或晚期	长条形,近直壁,平底	155	85	155	85	210	鬲,盆				
H131	ⅠT6941	二里头三期	不规则形,斜壁,坑底较平	164	101	154	92	28	刻槽盆 AⅢ,圈足盘 A,捏口罐 A,敛口罐 AⅢ,鼎足				
H132	ⅠT7238	春秋中或晚期	不规则形,近直壁,平底	77	70	\	\	44	盆 A				
H133	ⅠT6640	二里头三期	近圆形,斜壁,平底	64	44	54	34	32	圆腹罐 CaⅢ,鸡冠形耳				
H136	ⅠT6940	二里头四期	椭圆形,斜直壁,平底	175	63	140	54	76	深腹罐 AbⅡ,AcⅠ,圆腹罐 CaⅡ、CaⅣ、CbⅡ、CbⅢ、CcⅢ,深腹盆 AⅡ、BⅡ、BⅢ,大口尊 AⅡ,瓮 AⅡ,BbⅡ,小口尊 Aa,捏口罐 AⅡ,刻槽盆 Ⅲ,鼎 AⅠ,鼎足、盏、钵、壶、杯,鼓型器		石铲 A。骨锥 Bb		
H138	ⅠT7137	殷墟二期晚段	不规则形,弧形壁,圜底,底部高低不平	298	200	\	\	45	鬲甲 AbⅠ,甲 AbⅢ,甲 Bb,小口罐 A				
H139	ⅠT7238	春秋中期	不规则形,坑壁斜直,坑底较平	140	106	\	\	44	鬲 AaⅠ				

续表

序号	探方	文化期别	形制与结构	尺寸 口部 长(长径)	尺寸 口部 宽(短径)	尺寸 底部 长(长径)	尺寸 底部 宽(短径)	尺寸 深 坑底至坑口	出土遗物 陶器 一般陶器	出土遗物 陶器 白陶	出土遗物 石、骨、蚌器	出土遗物 金属器	备注
H140	ⅠT7338	春秋中期	略呈圆形,斜弧壁,平底	140	40	116	\	40	豆柄Ⅰ,盆Aa				
H142	ⅠT6841	二里头三期	椭圆形,斜壁,圜底,敞口	188	75	\	\	60	深腹罐AcⅠ,AcⅡ,CⅠ,圆腹罐CaⅡ,CcⅡ,深腹盆AⅢ,BⅠ,三足盘Ⅱ,瓮BbⅠ,器盖钮,捏口罐AⅠ,敛口罐AⅢ,钵				
H143	T2	殷墟二期晚段	圆形,斜壁,平底	132	125	122	116	16	鬲甲Aa,器盖				
H144	ⅠT6841	二里头三期	近椭圆形,斜壁圜底	180	残100	\	\	30	深腹罐AbⅡ,AcⅠ,CⅡ,CaⅡ,CbⅡ,深腹盆AⅡ,缸	鬻(或盉)1			
H146	ⅠT7338	春秋中期	长方形,直壁,平底	194	92	194	92	130	圆腹罐CaⅡ,深腹盆AⅡ,器盖				
H147	ⅠT7040	二里头三期	近椭圆形,直壁,平底	240	50	230	47	54	豆柄,罐Ba,纺轮B				
H148	ⅠT7337	春秋中或晚期	椭圆形,直壁,平底	168	160	166	160	42					
H149	ⅠT6841	二里头三期	椭圆形,斜壁,圜底	230	152	\	\	130	深腹罐AbⅡ,圆腹罐AⅡ,CaⅡ,CaⅢ,CbⅡ,CcⅡ,鼎A Ⅰ,刻槽盆AⅠ,豆盘AⅠ,小口尊A,瓮AⅡ,缸AaⅠ,C,敛口罐AⅢ,捏口罐	盉盖1,爵足1,网坠AⅠ	石铲B,石刀Aa		部分叠压于东隔梁下
H150	ⅠT7040	二里头三期	近圆形,直壁,平底	105	\	\	\	38	圆腹罐CbⅡ,深腹盆A				
H151	ⅠT7237	春秋晚期	椭圆形,直壁,平底	118	90	118	90	49					

附　表

续表

序号	探方	文化期别	形制与结构	尺寸 口部 长（长径）	尺寸 口部 宽（短径）	尺寸 底部 长（长径）	尺寸 底部 宽（短径）	深 坑底至坑口	出土遗物 陶器 一般陶器	出土遗物 陶器 白陶	出土遗物 石、骨、蚌器	出土遗物 金属器	备注
H152	ⅠT7337	春秋中或晚期	半圆形,直壁,平底	135	70	135	70	25	盆Ca,豆柄				
H153	ⅠT6940	二里头四期	椭圆形,坑壁较直,平底	144	110	128	94	130	深腹罐AcⅠ,圆腹罐CbⅡ、CbⅢ、CcⅢ,深腹盆AⅢ、BⅡ,捏口罐,中空鼓形器	白陶鬶1			
H154	ⅠT6941	二里头四期	近似椭圆形,斜壁,坑底较平	175	165	155	120	40	深腹罐CⅠ,圆腹罐CcⅢ,甑AⅢ				
H158	ⅠT6940	二里头四期	不规则形,斜壁,平底	114	98	94	79	42	深腹罐AbⅡ、AcⅠ,圆腹罐CaⅡ、CbⅡ-Ⅲ,鼎Bb,小口尊A,大口尊AⅡ				
H159	ⅠT7037	殷墟二期	半圆形,斜壁,平底	105	53	96	\	51	高足				
H160	ⅠT7037	殷墟二期	半圆形,斜壁,平底	110	55	98	49	41	高足				
H161	ⅠT7438	春秋晚期	形状不明,直壁,平底	144	104	144	104	44	鬲AaⅡ、AbⅡ,豆AⅡ				
H162	ⅠT7337	春秋中或晚期	形状不明,直壁,平底	186	145	186	145	45	盆Bb,甑底,纺轮Aa				
H163	ⅠT6941	二里头三期	近似椭圆形,弧壁,圜底	220	54	\	\	62	深腹盆AbⅡ、AcⅠ、AcⅡ、CⅠ,圆腹罐CaⅡ、CbⅠ、CbⅡ、CcⅡ,甑D,刻槽盆AⅡ,深腹盆AⅡ、AⅢ、BⅡ,平底盆AⅠ,三足盘Ⅲ,豆柄,小口尊Ab,缸B,器盖AaⅠ,盖钮,瓮A,小罐,敛口罐AⅢ,捏口罐AⅠ、B,钵				鬶（盉）袋足及腹等。

续表

序号	探方	文化期别	形制与结构	尺寸 口部 长(长径)	尺寸 口部 宽(短径)	尺寸 底部 长(长径)	尺寸 底部 宽(短径)	深 坑底至坑口	出土遗物 陶器 一般陶器	出土遗物 陶器 白陶	出土遗物 石、骨、蚌器	出土遗物 金属器	备注
H164	ⅠT7337	春秋中期或晚期	椭圆形,直壁,平底	123	残88	123	残88	23	高足,盆Ab,罐Ba				
H165	ⅠT7338	春秋中期	椭圆形,斜壁,平底	98	68	90	51	61	高AⅡ,盆Bb				
H166	ⅠT7041	二里头二期	圆角长方形,斜壁,底呈斜坡状,西高东低	145	100	135	70	70	深腹罐AbⅡ,圆腹罐CbⅠ,深腹盆AaⅡ,平底盆AⅠ,器盖AaⅠ,捏口罐	鬹(盉)档1;绳纹罐1等。			
H167	ⅠT7040	二里头二期	近圆形,坑壁较直,平底	134	132	130	130	64	圆腹罐CaⅡ,深腹盆AⅡ				
H168	ⅠT7040	二里头二期	不规则形,直壁,平底	102	88	100	86	46	深腹罐AbⅡ,圆腹罐CbⅡ,瓮AⅡ,器盖纽				
H170	ⅠT7040	二里头二期	不规则形,直壁,平底	76	50	72	40	38	器盖				
H171	ⅠT7040	二里头二期	近椭圆形,直壁,平底	150	50	\	\	22.5					
H172	ⅠT7438	春秋晚期	长圆形,直壁,平底	66	25	66	25	30					
H173	ⅠT6841	二里头三期	圆形,斜壁,圆底,敞口	140	122	\	\	52	深腹罐AbⅡ,AcⅠ,圆腹罐CaⅢ,CcⅡ,甗D,豆柄,深腹盆AⅢ,BⅢ,豆盘,敛口罐AⅢ,兽头	锯齿形鬹口1			部分延伸与探方西壁外
H174	ⅠT6841	二里头三期	近半椭圆形,斜壁,圜底,敞口	178	96	\	\	50	深腹罐AcⅠ,圆腹罐CaⅠ,瓮BaⅡ,平底盆AⅠ,豆AⅢ,小口尊A、Ab,器盖AaⅠ,敛口罐AⅡ				

续表

序号	探方	文化期别	形制与结构	口部 长(长径)	口部 宽(短径)	底部 长(长径)	底部 宽(短径)	深 坑底至坑口	出土遗物 一般陶器	出土遗物 白陶	出土遗物 石、骨、蚌器	出土遗物 金属器	备注
H175	ⅠT6940	二里头四期	形状不明,直壁,平底	102	72	100	70	28	圆腹罐CcⅢ,鼎BⅠ,豆AⅢ,甗BaⅢ,深腹盆BⅠ,小罐Bb				被打破严重
H176	ⅠT7041	殷墟二期	椭圆形,斜壁,平底	150	70	130	55	70	高足				
H177	ⅠT7037	春秋中期	圆形,斜壁,平底	144	118	144	122	36	豆盘B,豆柄Ⅰ、Ⅱ				
H178	ⅠT7137	二里头四期	近圆形,近直壁,平底	165	155	155	151	50	深腹罐AcⅠ,圆腹罐CbⅢ,捏口罐				
H179	ⅠT6741	二里头三至四期	近圆形,直壁,平底	65	44	\	\	45	圆腹罐CaⅢ,高领罐				部分叠压于北隔梁下
H180	ⅠT6941	二里头二期	圆角长方形,直壁,坑底较平	248	164	250	164	38	深腹罐AbⅡ,圆腹罐CaⅡ,深腹盆AⅡ,豆B,觚,器盖AaⅠ,小口尊Aa,小罐,盉	鬶3,近复原	蚌刀B,蚌镞A		
H181	ⅠT6840	二里头二期	不规则形,弧壁,坑底较平	254	125	\	\	40	深腹罐AbⅡ,圆腹罐CaⅡ,豆A、Ba,三足盘,器盖,小口尊	鬶(盉)鋬等			
H182	ⅠT6841	二里头二期	近似椭圆形,斜壁,圆底,敞口	204	85	\	\		深腹罐AcⅠ,圆腹罐AⅡ,CcⅡ,豆AⅢ				
H183	ⅠT6841	二里头二期	椭圆形,斜壁,弧壁,敞口	145	92	\	\	30	深腹罐AbⅡ,小口尊A,豆AⅡ				
H184	ⅠT6941	二里头三期	椭圆形,弧壁,圜底	144	122	\	\		深腹罐AbⅡ,CaⅢ,CbⅡ,鼎Ba,足,平底盆AⅠ,敛口罐AⅢ				
H186	ⅠT7041	二里头三期	椭圆形,直壁,平底	90	73	90	73	35	深腹罐AbⅡ,圆腹罐CaⅡ,CbⅡ	∨			

续表

序号	探方	文化期别	形制与结构	尺寸 口部 长(长径)	尺寸 口部 宽(短径)	尺寸 底部 长(长径)	尺寸 底部 宽(短径)	深 坑底至坑口	出土遗物 陶器 一般陶器	出土遗物 陶器 白陶	出土遗物 石、骨、蚌器	出土遗物 金属器	备注
H187	ⅠT7041	二里头二期	不规则形,直壁,平底	170	100	170	100	20	深腹罐 AbⅡ,圆腹罐 CbⅡ,深腹盆 AⅡ,钵				
H188	ⅠT7137	二里头四期	近似圆形,斜壁,平底	155	146	122	120	80	深腹罐 AbⅡ,AcⅠ,圆腹罐 CaⅡ,CbⅡ,CcⅢ,深腹盆 BⅢ,豆	袋足 1			
H189	ⅠT7037	春秋中或晚期	半椭圆形,斜壁,圜底	98	68	/	/	44					
H190	ⅠT7438	春秋晚期	不规则形,直壁,平底	235	160	235	160	34	鬲 AaⅡ,盆 Cb,豆 AⅡ				
H191	ⅠT7037	春秋中期	近圆形,直壁,平底	58	/	58	/	26	鬲 A,盆 Bb,豆 AⅡ				
H192	ⅠT7337	春秋中期	近似圆形,斜弧壁,平底	165	/	/	/	26	鬲足				
H193	ⅠT6741	殷墟二期早段	椭圆形,坑壁较直,平底	112	92	100	82	80	鬲 Aa,异型盆,小口罐 A				
H194	ⅠT7040	二里头二期	近圆形,坑壁较直,平底	121	90	117	86	20	深腹盆 AⅡ,盂	网坠 A1			
H195	ⅠT6841	二里头三期	近椭圆形,弧壁,圜底	145	130	/	/	50	深腹罐 AbⅡ,AcⅠ,圆腹罐 CbⅡ,深腹盆,敛口罐 A,缸				
H200	ⅠT6841	二里头三期	椭圆形,斜壁,圜底	262	78	/	/	58	深腹罐 AbⅡ,AcⅠ,圆腹罐 CaⅡ,CbⅡ,刻槽盆,豆柄	爵足 1			
H201	ⅠT6640	二里头二期	圆角方形,直壁,平底	180	105	170	95	35	圆腹罐 CbⅡ				
H203	ⅠT7237	春秋中或晚期	半圆形,弧壁,圜底	78	38	/	/	34	罐 Ba	袋足根 1	石铲 B		
H204	ⅠT7238	春秋中期	不规则形,弧壁,圜底	90	67	/	/	33	罐 Ba				
H205	ⅠT7238	春秋中期	圆形,弧壁,圜底	84	84	/	/	26	鬲 AaⅠ				

续表

序号	探方	文化期别	形制与结构	口部 长(长径)	口部 宽(短径)	底部 长(长径)	底部 宽(短径)	深 坑底至坑口	陶器 一般陶器	出土遗物 白陶	石、骨、蚌器	金属器	备注
H206	ⅠT7041	二里头二期	不规则形,斜壁,平底	60	40	\	\	50	圆腹罐 CaⅡ,瓮 AⅡ	网坠 1			
H207	ⅠT6841	二里头三期?	椭圆形,斜壁,平底,敞口	101	60	82	54	10	深腹罐 AcⅠ,圆腹罐 AⅡ	袋足残片 1			
H208	ⅠT6841	二里头三期	椭圆形,一侧壁斜直,一侧曲折,底不平	120	110	64	46	120	深腹罐 AbⅡ,BⅠ,AcⅠ,圆腹罐 CaⅠ,CbⅡ,CcⅡ,刻槽盆 AⅠ,深腹盆 AⅡ,BⅠ,圆腹盆 AⅠ,圈足盘 B,鼎 AⅡ,平底盆 AⅠ,小口尊 A,器盖 AaⅠ,高领罐、钵	∨	石刀 Aa		
H209	ⅠT6941	二里头三期	圆形,斜壁,平底	180	155	170	152	42	深腹罐 AcⅠ,圆腹罐 CbⅡ,捏口罐、钵,纺轮	袋足根 1 等			
H210	ⅠT7438	春秋晚期	形状不明,直壁	100	70	97	67	54	盆 Aa				
H211	ⅠT7237	春秋晚期	圆形,斜直壁,平底	60	40	56	54	36	豆 B,鬲 AaⅡ				
H212	ⅠT7037	春秋中期	椭圆形,斜壁,平底	150	142	134	118	56	豆 AⅡ,罐 Bb,盆 AbⅠ				
H213	ⅠT7041	二里头二期	椭圆形,弧壁,圜底	>110	>95	\	\	20	深腹罐 AbⅡ,罐 AbⅡ,三足盘、盅、敛口罐 AⅠ				
H214	ⅠT7337	春秋中期	半圆形,斜直壁,平底	160	100	154	106	40	鬲 AbⅠ			青铜锥	
H215	ⅠT7437	春秋中或晚期	不规则形,斜壁,平底	224	90	208	86	64	鬲 AⅠ-Ⅱ,盆 Ab,豆柄				

续表

序号	探方	文化期别	形制与结构	口部长(长径)	口部宽(短径)	底部长(长径)	底部宽(短径)	深 坑底至坑口	一般陶器	白陶	石、骨、蚌器	金属器	备注
H216	ⅠT6941	二里头三期	近似椭圆形,斜壁,坑底较平	220	83	208	79	66	深腹罐 AcⅠ,圆腹罐 B,刻槽盆Ⅲ,小口尊 Aa,豆AⅡ,三足盘Ⅱ,AⅡ,高领罐,敛口罐 AⅢ,捏口罐 A、B,盏,箅	√	石铲 B,石凿 Ac。蚌镞 B		
H217	ⅠT6940	二里头四期	不规则形,坑壁近直,平底	114	66	114	66	16	深腹罐 Ab Ⅱ,AcⅠ,圆腹罐 AⅡ,CbⅢ,深腹盆,捏口罐 AⅡ,瓮 AⅡ	鬹(盉)握Ⅰ			
H218	ⅠT7037	春秋中期	不规则形,斜壁,平底	105	74	92	64	35	鬲 AaⅠ				
H219	ⅠT7037	春秋中或晚期	圆形,斜壁,平底	94	60	80	58	33	鬲 AaⅠ				
H221	ⅠT7038	春秋中期	近椭圆形,斜壁,底近平	128	100	\	\	36	鬲 A,罐 Ba,豆				
H222	ⅠT7337	春秋中或晚期	不规则形,斜壁,平底	160	140	157	138	45	鬲 AⅠ,罐 Ba				
H223	ⅠT7138	二里头四期	椭圆形,直壁,平底	124	104	124	104	36	鼎,深腹盆Ⅱ,豆柄				
H224	ⅠT6740	二里头二期	圆角长方形,南北壁为弧壁,东西壁为直壁,平底	150	106	106	80	84	深腹罐 AⅡ,圆腹罐 AⅡ,CcⅡ,平底盆 AⅠ,豆柄 B Ⅰ,三足盘Ⅱ				
H225	ⅠT7437	殷墟二期晚段	椭圆形,坑壁较直,坑底较平	265	180	265	180	46	鬲甲 Aa,甲 AbⅡ,甲 AbⅢ,小口罐 B		卜骨		

附表

续表

序号	探方	文化期别	形制与结构	口部 长(长径)	口部 宽(短径)	底部 长(长径)	底部 宽(短径)	深 坑底至坑口	一般陶器	白陶	石、骨、蚌器	金属器	备注
H226	ⅠT7138	二里头四期	近椭圆形,直壁,平底	150	102	150	102	41	深腹罐 Ac Ⅱ,大口尊 Ⅱ	袋足根 1			
H227	ⅠT7041	二里头二期	圆形,斜壁,平底	95	80	75	60	45					
H228	ⅠT6840	二里头一期	长方形,斜壁,平底	276	150	276	139	99	深腹罐 Ab Ⅰ,圆腹罐 Ca Ⅱ,Cc Ⅰ,深腹盆 Ca Ⅲ,鼎 A Ⅰ,甑 A Ⅰ,器盖 A Ⅰ,盉 A Ⅰ,深腹盆 Aa,口罐,盂,圈足盘 A,小口尊 A,B,平底盆 A Ⅰ,捏口罐 A Ⅰ	鬶(盉)鋬 3 等;爵足 1 等;器底 1			
H229	ⅠT6941	二里头二期	不规则形,斜壁,平底	132	95	130	90	50	深腹罐 Ab Ⅱ,圆腹罐 Ca Ⅲ,器钮,高领罐	鬶流 1 等。			被打破严重
H230	ⅠT7437	春秋中期	形状不明,斜壁,平底	160	80	160	80	42	盂 Ac,豆盘 A Ⅱ				
H231	ⅠT6740	二里头一期(二期?)	形状不明,坑壁较直,坑底较平	163	160	163	154	80	深腹罐 Ab Ⅰ,圆腹罐 Cc Ⅱ,高领罐,豆盘 A Ⅰ,尊底				被打破严重
H232	T2	殷墟二期晚段	圆形,直壁,平底	146	144	146	144	98	高甲 Ba,甑				
H233	T2	殷墟二期晚段	不规则形,斜壁,平底,为袋状坑	\	\	235	79	168	高甲 Aa,甲 Ab Ⅱ,甲 Ab Ⅲ,乙 Ab,甑 B				
H234	ⅠT7037	二里头四期	近圆形,斜壁,圜底	246	229	\	\	100	深腹罐 C Ⅱ,圆腹罐 Cb Ⅱ,鼎 Bb,缸 Aa Ⅰ,器盖 B,陶纺轮 Ab				
H235	ⅠT6740	二里头二期	半圆形,直壁,平底	100	90	100	90	50	圆腹罐 Cb Ⅰ				另一部分被压在隔梁下

· 839 ·

续表

序号	探方	文化期别	形制与结构	口部长(长径)	口部宽(短径)	底部长(长径)	底部宽(短径)	深 坑底至坑口	一般陶器	白陶	石、骨、蚌器	金属器	备注
H236	ⅠT6741	二里头四期	长条形，袋状坑，弧壁，平底	200	421	213	48	80	深腹罐AbⅡ,AcⅠ,CbⅡ,CcⅡ,深腹盆AⅣ,BⅡ,豆AⅢ,三足盘Ⅳ,大口尊				
H237	ⅠT6741	殷墟二期早段	不规则形，坑壁近直，平底	183	144	/	/	82	盆B,小口罐A,瓮Bb,甑A				
H238	ⅠT7038	殷墟二期晚段	椭圆形，斜壁，平底	170	137.5	167	125	46	高甲AbⅢ,盆Ab,Bb				
H239	ⅠT7041	二里头三期	椭圆形，直壁，圜底	92	88	/	/	65	深腹盆AⅢ,豆Bb,高领罐,中空鼓形器	网坠			
H241	ⅠT6941	二里头二期	椭圆形，斜壁，底近平	189	130	/	/	20	圆腹罐CaⅡ,鼎足,刻槽盆AⅠ,深腹盆AⅡ				
H242	ⅠT7041	二里头二期	不规则形，坑壁不规整，部分为直壁，部分为弧壁。坑底也不规整，凹凸不平	260	150	/	/	170~195	深腹罐AbⅡ,AcⅠ,圆腹罐CaⅠ,CaⅢ,CbⅠ,刻槽盆CaⅠ,深腹盆AⅡ,三足盘AⅠ,豆AⅡ,爵,小口尊A,Aa,AbⅠ,B,小罐AaⅠ,Ab,器盖AaⅠ,缸AⅠ,捏口罐AⅠ,盂	鬶(盉)1,爵足1,绳纹陶片1	蚌镰。石铲		
H243	ⅠT7238	春秋中期	略呈半圆形，弧壁，平底	250	/	/	/	35	盆Ab,豆柄,纺轮Ab				
H244	ⅠT6740	二里头二期	半椭圆形，直壁，平底	70	64	/	/	24	深腹盆AⅡ				
H245	ⅠT6740	二里头二期	近圆形，直壁，平底	157	78	155	77	36	深腹罐AbⅠ,尊底				
H246	ⅠT6641	二里头四期	椭圆形，斜壁，平底	115	60	/	/	15	深腹罐AcⅠ,BⅡ,大口尊Ⅰ,高领罐				

附 表

续表

序号	探方	文化期别	形制与结构	尺寸 口部 长(长径)	尺寸 口部 宽(短径)	尺寸 底部 长(长径)	尺寸 底部 宽(短径)	深 坑底至坑口	出土遗物 陶器 一般陶器	出土遗物 陶器 白陶	出土遗物 石、骨、蚌器	出土遗物 金属器	备注
H247	ⅠT6940	二里头二期	不规则形,坑壁近直,平底	160	90	160	90	22	深腹罐 AbⅡ、圆腹罐 CaⅡ、CbⅡ				
H248	ⅠT7137	二里头三期	不规则形,坑壁微斜,部分稍弧,底部较平,分布有四个不规则形小坑	240	180	\	\	100	深腹罐 AbⅡ、Ac Ⅰ、圆腹罐 AⅡ、CbⅡ、捏口罐				
H249	ⅠT7137	殷墟二期晚段	近椭圆形,直壁,平底	152	113	152	113	44	碗 A、小口罐 B				
H250	ⅠT6641	二里头二期	近圆形,直壁,坑底较平	95	93	95	93	62	圆腹罐 CaⅡ	√	石凿 B		
H251	T2	殷墟二期早段	不规则形,直壁,斜坡状底	210	180	210	180	90	盆 B		鹿角		
H252	ⅠT7337	春秋中期	半圆形,直壁,平底	105	70	105	70	40	豆盘 AⅠ				
H253	ⅠT6940	二里头三期	近圆形,直壁,平底	160	130	160	130	40	深腹罐 AbⅡ、AcⅠ、圆腹罐 CaⅡ、CbⅡ、深腹盆 AⅡ、小口等 A				鬶(盉)鋬1等,绳纹陶片1
H254	ⅠT7437	春秋中期	长圆形,直壁,平底	残200	100	\	\	30	鬲 AⅡ、盆 Cb				
H255	ⅠT6641	二里头二期	近圆形,直壁,坑底较平	140	\	129	\	73	深腹罐 AbⅡ、小口等 A	√			
H256	ⅠT7337	春秋中期	不规则形,直壁,平底	150	130	150	130	44	豆柄Ⅰ、盆 Aa				
H258	ⅠT6640	二里头三期	半圆形,直壁,平底	60	45	\	\	25	圆腹罐 CaⅢ				
H259	ⅠT6640	二里头二期	近圆形,直壁,平底	100	95	98	95	63	深腹盆 AⅡ				

续表

序号	探方	文化期别	形制与结构	口部 长(长径)	口部 宽(短径)	底部 长(长径)	底部 宽(短径)	深 坑底至坑口	出土遗物 一般陶器	出土遗物 白陶	出土遗物 石、骨、蚌器	出土遗物 金属器	备注
H260	ⅠT7041	殷墟二期晚段	近圆形,弧壁,坑底不平,北高南低	90	70	/	/	45	高甲AbⅢ				
H263	ⅠT7137	二里头四期	近圆形,弧壁,底近平	324	/	/	/	30	深腹罐AbⅡ、AcⅠ、CⅠ,圆腹罐CaⅢ、CbⅠ、CbⅡ,缸AbⅠ、C	袋足残片			
H264	ⅠT6940	二里头二期	不规则形,坑壁较直,平底	116	56	116	56	30	深腹罐AbⅡ,圆腹罐CaⅡ,捏口罐AⅠ				
H265	ⅠT6940	二里头三期	不规则形,斜壁,平底	160	130	160	130	60	深腹罐AbⅡ,圆腹罐CcⅡ,平底盆,小口尊B,器盖AⅡ,鼎足,器底	鬶(或盉)			
H270	ⅠT6940	二里头二期	圆形,坑壁向内倾斜,呈弧形,平底	180	160	140	120	60	深腹罐AbⅡ,圆腹罐AⅡ、CaⅡ,鼎足,捏口罐AⅠ,豆柄,小口尊A,缸	鉴及袋足等;罐底1			
H272	ⅠT7437	殷墟二期晚段	椭圆形,直壁,平底	152	96	/	/	48	高甲Aa	∨	石刀Aa		
H273	ⅠT6641	二里头三期	近圆形,直壁,平底	83	/	/	/	24	深腹罐AbⅡ、AcⅠ,深腹盆BⅡ,瓮				
H275	ⅠT6840	元代	不规则形,直壁,平底	100	91	100	91	40	瓷碗,瓷罐				
H276	ⅠT6940	二里头四期	椭圆形,坑壁近直,平底	84	80	84	80	28	刻槽盆AⅢ				
H277	ⅠT7138	殷墟二期	近圆形,斜壁,平底	110	60	100	57	30	高足				

附表

续表

序号	探方	文化期别	形制与结构	尺寸 口部 长（长径）	尺寸 口部 宽（短径）	尺寸 底部 长（长径）	尺寸 底部 宽（短径）	深 坑底至坑口	出土遗物 陶器 一般陶器	出土遗物 陶器 白陶	出土遗物 石、骨、蚌器	出土遗物 金属器	备注
H279	ⅠT6940	二里头四期	椭圆形，坑壁内向斜收，平底	130	86	120	80	36	深腹罐 AbⅡ,AcⅠ,CcⅡ,圆腹罐 CaⅡ,CbⅡ,CcⅡ,小口尊 B,敛口罐 B,小盆	鹰（盉）鳖1等			
H282	ⅠT7138	殷墟二期	形状不明，直壁，平底	残160	残55	/	/	42	高足				
H283	ⅠT7138	二里头四期	近圆形，直壁，平底	残135	残50	/	/	45	深腹罐 AcⅠ				未见标本
H287	ⅠT6940	二里头二期	不规则形，坑壁较直，坑底较平	100	70	100	70	20	圆腹罐 AⅡ,CaⅠ,平底盆 A,深腹盆 AⅡ,钵,杯,小盆,敛口罐 AⅡ				
H288	ⅠT7137	二里头三期	椭圆形，斜壁，平底	残225	残74	/	/	40	深腹罐 AcⅠ,圆腹罐 CaⅡ,CbⅡ,三足盘,豆 Ba,盉,器盖,缸		石球 B		
H289	ⅠT6640	二里头二期（一期?）	近圆形，斜直壁，平底	242	/	234	/	104	瓮 AⅠ				
H291	ⅠT7438	春秋中或晚期	不规则形，直壁，平底	170	40	170	40	65					
H292	ⅠT7138	二里头四期	近圆形，斜壁，平底	190	153	161	130	45	深腹罐 AcⅠ-Ⅱ,BⅡ,CⅡ,圆腹盆 AⅡ,CaⅡ,CcⅢ,刻槽盆 AⅢ,深腹盆 AⅡ,敛口罐 AⅢ,小口尊 B,大口尊,缸				
H293	ⅠT7138	不明	椭圆形，近直壁，平底	120	95	/	/	20					
H298	ⅠT7138	二里头四期	近圆形，斜壁，平底	158	146	/	/	30	深腹罐 AcⅠ,鼎,高两足,圆腹罐 CbⅡ,CcⅢ,深腹盆 BⅡ-Ⅲ,捏口罐,缸,大口尊,杯				

续表

序号	探方	文化期别	形制与结构	口部 长(长径)	口部 宽(短径)	底部 长(长径)	底部 宽(短径)	深 坑底至坑口	出土遗物 一般陶器	出土遗物 白陶	出土遗物 石、骨、蚌器	出土遗物 金属器	备注
H299	ⅠT7138	二里头四期	近圆形,斜直壁,圆底	182	150	\	\	62	深腹罐 AbⅡ、AcⅠ,圆腹罐 CcⅢ,豆,大口尊				
H300	ⅠT7137	二里头三期	近圆形,整体呈袋状,坑壁斜直,坑底较平	160	95	167	97	110	深腹罐 AbⅡ、AcⅠ				
H304	ⅠT7438	春秋中或晚期	近圆形,直壁,平底	80	50	80	50	20	鬲 AⅡ				
H306	ⅠT6940	二里头二期	近似椭圆形,坑壁直,坑底较平	190	140	180	130	60	圆腹罐 CaⅡ,矮领瓮 AⅡ,缸 AaⅠ,高领罐,平底盆 AⅠ	鬶(盉)鋬等。	石刀 Aa。骨凿 A		
H308	ⅠT7238	殷墟二期早段	近圆形,直壁,平底	125	\	\	\	47	鬲甲 Aa				
H309	ⅠT6641	二里头三期	近圆形,直壁,平底	100	92	100	92	24	圆腹罐 CaⅢ				
H310	ⅠT6641	二里头时期(不晚于三期)	椭圆形,近直壁,平底	92	26	84	22	20					
H311	ⅠT7137	二里头三期	半椭圆形,斜壁,圆底	260	96	\	\	30					
H312	ⅠT7438	殷墟二期晚段	不规则形,直壁,平底	84	80	84	80	34	鬲甲 AbⅡ,甑腰		石钺		
H314	ⅠT6641	二里头三期	近圆形,直壁,平底	120	99	120	99	36	圆腹罐 CaⅡ,高领罐				
H315	ⅠT7337	春秋中或晚期	不规则形,直壁,平底微圜	20	18	20	18	20	豆柄				
H317	ⅠT6641	二里头三期	椭圆形,直壁,平底	124	82	\	\	65	深腹罐 AcⅠ,圆腹罐 CaⅡ,深腹盆 BⅡ,瓮 AⅡ,豆 Ba				

附表

续表

序号	探方	文化期别	形制与结构	口部 长(长径)	口部 宽(短径)	底部 长(长径)	底部 宽(短径)	深 坑底至坑口	出土遗物 一般陶器	出土遗物 白陶	出土遗物 石,骨,蚌器	出土遗物 金属器	备注
H318	ⅠT7138	二里头四期	近圆形,斜直壁,平底	92	88	62	58	55	深腹罐 AcⅠ,豆				
H320	ⅠT6940	二里头二期	不规则形,弧壁,平底	180	90	160	80	20	深腹罐 AbⅡ,深腹盆 AⅡ				
H321	ⅠT7138	二里头四期	不规则形,斜壁,平底	175	100	\	\	45	深腹盆 BⅡ,圆腹罐 CcⅡ,缸 BⅠ,器盖 AaⅡ,两足				
H322	ⅠT6641	二里头二期	椭圆形,直壁,平底	100	50	114	58	31	深腹罐 AbⅡ				
H325	ⅠT7337	春秋中期	半圆形,直壁,平底	110	44	110	44	28	高足,盆 Ba,筐				
H326	ⅠT7437	殷墟二期晚段	半椭圆形,直壁,平底	174	54	\	\	44	高甲 Ba				
H328	ⅠT7337	殷墟二期	半圆形,直壁,平底	130	90	130	90	35	瓮 Bb				
H329	ⅠT7337	春秋中期	不规则形,直壁,平底	123	75	123	75	60	纺轮 Aa,盆 Bb		石刀 Ab		
H330	ⅠT7438	殷墟二期晚段	近圆形,直壁,平底	186	130	186	130	40	高甲 AbⅡ-Ⅲ,乙 Aa,小口罐 B				
H331	ⅠT7137	二里头三期	近圆形,斜壁,圜底	230	200	\	\	150	深腹罐 AbⅡ,AbⅢ,AcⅠ,CⅠ,圆腹罐 CaⅠ,CaⅡ,CaⅡ,CbⅠ,CbⅡ,CbⅢ,CdⅠ,鼎 AⅠ,刻槽盆 AⅢ,深腹盆 AⅠ,AⅡ,AⅢ,Ba,豆 AⅠ,AⅢ,Ba,Ab,盉,小罐,高领罐,敛口罐 AⅢ	盂顶 1,爵足 1	石斧 Ba。蚌凿		
H332	ⅠT7138	二里头四期	形状不明,斜壁,平底	180	75	\	\	45	深腹罐 AbⅡ,CⅡ,圆腹罐 CcⅡ,甑 AⅢ,深腹盆 AⅢ,豆 AⅢ				

续表

序号	探方	文化期别	形制与结构	尺寸 口部 长(长径)	尺寸 口部 宽(短径)	尺寸 底部 长(长径)	尺寸 底部 宽(短径)	深(坑底至坑口)	出土遗物 陶器 一般陶器	出土遗物 陶器 白陶	出土遗物 石、骨、蚌器	出土遗物 金属器	备注
H333	ⅠT7438	殷墟二期晚段	近椭圆形,直壁,平底	90	80	90	80	26	鬲甲AbⅡ				
H336	ⅠT7437	殷墟二期	不规则形,直壁,平底	184	138	184	138	44	鬲甲AbⅡ-Ⅲ				
H338	ⅠT7438	殷墟二期	近圆形,直壁,平底	110	96	110	96	34	豆A,瓮Aa				
H339	ⅠT7437	殷墟二期早段	近圆形,直壁,坑底不平	140	120	\	\	44	鬲甲AbⅡ,簋				
H341	ⅠT6940	二里头二期	不规则形,弧壁,圜底	170	140	170	140	64	圆腹罐CaⅠ,CaⅡ,刻槽盆AⅠ,小口尊A				
H342	ⅠT7137	二里头一期?	圆形,直壁,平底	225	185	\	\	170	圆腹罐CaⅠ				
H345	ⅠT7437	殷墟二期	圆形,斜壁,底呈东高西低的斜坡状	120	100	100	82	30~40	高足				
H346	ⅠT7437	殷墟二期早段	不规则形,直壁,平底	110	90	\	\	24~36	高足,盆底				
H347	ⅠT7337	殷墟二期	半圆形,直壁,平底	165	125	165	125	65	高足				
H349	ⅠT7437	殷墟二期晚段	半圆形,直壁,平底	70	40	70	40	12	鬲AbⅢ				
H351	ⅠT7337	春秋中或晚期	形状不明,直壁,平底	100	85	100	85	65					
H352	ⅠT7437	殷墟二期	形状不详,底呈东高西低的斜坡状。	105	64	105	64	28~44	高足				
H353	ⅠT7337	春秋中期	形状不明,直壁,平底	150	110	150	110	55	豆AⅡ				

续表

序号	探方	文化期别	形制与结构	口部 长(长径)	口部 宽(短径)	底部 长(长径)	底部 宽(短径)	深 坑底至坑口	一般陶器	白陶	石、骨、蚌器	金属器	备注
H356	ⅠT7437	殷墟二期早段	不规则形,直壁,底呈南高北低的斜坡状	230	140	230	140	35~38	高足				
H358	ⅠT7238	二里头三期至三期	近圆形,直壁,平底	80	72	\	\	30					
H359	ⅠT7238	二里头四期(?)	近椭圆形,直壁,平底	150	110	250	110	48	深腹罐 AcⅠ,深腹盆 BⅡ,豆 AⅢ,AⅣ				
H360	ⅠT7138	二里头四期	圆形,直壁,平底	190	\	\	\	45	深腹罐 AbⅢ,AcⅠ,AcⅡ,BⅡ,CⅡ,圆腹罐 CcⅢ,甑 AⅢ,深腹盆 BⅡ,BⅢ,大口尊Ⅱ,敛口罐 AⅢ,小罐,陶坠				
H361	ⅠT7438	春秋晚期	近椭圆形,直壁,平底	104	68	\	\	40	鬲 AbⅡ,盆 Ab,豆 AⅢ,罐 Ab				
H362	ⅠT7238	二里头三期或四期	半圆形,直壁,平底	106	70	106	70	42	深腹罐 AcⅡ,平底盆 AⅠ				
H363	ⅠT6741	二里头二期	圆角长方形,斜直壁,平底	170	113	155	101	71	深腹罐 AbⅡ,圆腹罐 AⅡ,CaⅡ,CbⅡ,甑 AⅡ,刻槽盆 AⅠ,深腹盆 AⅢ,圈足盘 A,豆 AⅡ,AⅢ,鬲,小口尊 AaB,盉,瓮底,缸 BⅠ,盂,敛口罐 AⅡ	鬶 1	石斧 Bb,镞 C		
H366	ⅠT7437	殷墟二期早段	近圆形,直壁,平底	284	184	284	184	62	甲 AbⅢ式鬲,甲 Ba 型鬲,A 型小口罐,B 型小口瓶,B 型瓶,小平底盆,陶纺轮,圆陶片,扁陶珠		石铲,石斧,石球。石斧 Bb,骨匕,骨镞		

续表

序号	探方	文化期别	形制与结构	口部 长(长径)	口部 宽(短径)	底部 长(长径)	底部 宽(短径)	深 坑底至坑口	出土遗物 一般陶器	出土遗物 白陶	出土遗物 石、骨、蚌器	出土遗物 金属器	备注
H367	ⅠT7438	殷墟二期晚段	形状不明,直壁,平底	130	72	\	\	40	鬲甲Ba				
H368	ⅠT7138	二里头四期	近圆形,近直壁,平底	145	142	\	\	40	圆腹罐CbⅡ				
H370	ⅠT7337	殷墟二期晚段	形状不明,直壁,平底	130	60	130	60	65	鬲甲AbⅢ				
H371	ⅠT7337	殷墟二期?	半椭圆形,直壁,平底	240	76	240	76	50	鬲甲高足				
H372	ⅠT7438	殷墟二期晚段	近圆形,直壁,平底	66	60	66	60	46	鬲甲Bb				
H373	ⅠT7138	二里头四期	近圆形,近直壁,平底	230	204	\	\	110	深腹罐AbⅡ,AcⅠ,BⅡ,圆腹罐CaⅢ,CbⅠ,CbⅡ,CcⅡ,CcⅢ,平底盆,瓮BaⅡ		石凿Ac		
H374	ⅠT7437	殷墟二期偏早段(原定偏晚)	不规则形,直壁,平底	196	170	196	170	36					
H375	ⅠT7138	二里头四期	近圆形,斜弧壁,平底	185	85	\	\	56	深腹罐AbⅡ,AcⅠ,CⅡ,捏口罐,器盖	√			
H376	ⅠT7138	二里头四期	近圆形,弧壁,平底	203	123	\	\	40	圆腹罐CbⅡ,鼎底,大口尊Ⅱ				
H377	ⅠT7337	殷墟二期	椭圆形,直壁,平底	165	128	165	128	42	鬲甲Ba,盆Ab,瓮Aa		骨镞Aa		
H379	ⅠT7138	二里头四期	椭圆形,斜壁,平底	265	234	\	\	90	深腹罐AbⅡ,AcⅠ,CⅡ,圆腹罐CaⅡ,CbⅡ,鼎AⅢ,深腹盆AⅡ,瓶AⅢ,BⅡ,三足盘Ⅲ,豆AⅢ,器盖Ab,大口尊Ⅱ,瓮B	√			

附表

续表

序号	探方	文化期别	形制与结构	口部 长(长径)	口部 宽(短径)	底部 长(长径)	底部 宽(短径)	深 坑底至坑口	一般陶器	白陶	石,骨,蚌器	金属器	备注
H380	ⅠT7138	二里头二四期	形状不明,近直壁,平底	320	178	\	\	105	圆腹罐 CaⅢ,豆 Ba		蚌贝		
H382	ⅠT7337	殷墟二期早段	不规则形,直壁,平底	160	105	160	105	75	高甲 Aa,甲 AbⅡ				
H383	ⅠT7138	二里头三期	形状不明,弧壁,平底	190	104	\	\	80	深腹罐 AcⅠ,三足盘,捏口罐				
H384	ⅠT7337	不明	半圆形,直壁,平底	176	80	176	80	46					
H385	ⅠT7337	殷墟二期早段	近似椭圆形,直壁,平底	144	65	144	65	22	高甲 Aa				
H386	ⅠT7138	二里头三期或四期	近圆形,直壁,平底	178	162	178	162	34	深腹罐 AcⅠ,圆腹罐 CbⅡ				
H387	ⅠT7438	二里头三期早段	近椭圆形,弧壁,斜坡状底,坑底东高西低	160	122	160	122	20~40	高足				
H389	ⅠT7437	二里头三期	形状不明,缓斜壁,平底	315	50	\	\	60	深腹罐 AbⅡ				
H390	ⅠT7337	二里头时期	不规则形,直壁,平底	100	65	100	65	86					
H391	ⅠT7437	不明	近圆形,直壁,平底	130	110	130	110	60					
H393	ⅠT7337	殷墟二期早段	形状不明,直壁,平底	157	151	157	151	40	高,盆 Ab,罐 Aa				
H394	ⅠT7437	二里头四期	不规则形,直壁,平底	150	142	150	142	40~65					
H395	ⅠT7437	二里头四期	不规则形,直壁,平底	102	86	102	86	50	深腹罐 AcⅠ,刻槽盆,缸 AbⅡ,大口尊				
H396	ⅠT7437	二里头四期	近圆形,直壁,平底	240	152	240	152	44					

续表

序号	探方	文化期别	形制与结构	口部 长(长径)	口部 宽(短径)	底部 长(长径)	底部 宽(短径)	深 坑底至坑口	出土遗物 一般陶器	出土遗物 白陶	出土遗物 石、骨、蚌器	出土遗物 金属器	备注
H397	ⅠT7438	殷墟二期晚段	不规则形,直壁,平底	82	40	82	40	62	高甲AbⅡ				
H398	ⅠT6741	二里头二期	近圆形,直壁,平底	185	165	/	/	42	圆腹罐 Cb Ⅱ,深腹盆 A Ⅰ,A Ⅱ,豆柄,缸				
H399	ⅠT6741	二里头一期	椭圆形,直壁,平底	330	215	/	/	17~30	深腹罐 Ab Ⅰ,B Ⅰ,深腹盆 A Ⅰ,圈足盆 A				
H400	ⅠT5	不早于东周	半圆形,坑壁斜直,平底	130	60	110	50	40					
H401	ⅠT7438	二里头四期	不规则形,弧壁,平底	162	64	162	64	32	深腹罐 Ac Ⅰ,大口尊				
H403	ⅠT7438	二里头二期	近圆形,直壁,平底	190	182	190	182	82	深腹罐 Ab Ⅱ,小口尊 B,盂,钵				
H404	ⅠT7038	殷墟二期晚段	近圆形,斜弧壁,近平底	100	100	/	/	35	高甲AbⅢ		石凿		
H405	ⅠT7238	二里头三期	近圆形,直壁,平底	90	60	90	60	32	深腹盆 A Ⅱ				
H406	ⅠT7238	二里头三期	近圆形,直壁,平底	130	110	130	110	82	深腹罐 Ac Ⅱ		石凿		
H407	ⅠT7038	殷墟二期晚段	近圆形,斜壁,圆底	171	170	/	/	60	豆A,瓮C,小口罐B		骨凿		
H408	ⅠT7238	二里头三期	形状不明,直壁,平底	140	40	140	40	26		√			
H410	ⅠT7138	二里头二期	近圆形,近直壁,平底	110	88	/	/	65	豆 Ba		骨锥Bb		
H411	ⅠT7038	二里头三期至四期	形状不明,斜壁,平底	220	30	/	/	20	圆腹罐 Cc Ⅱ,鼎 Bc,豆柄,小口尊 A,高领罐,盅				
H412	ⅠT7038	二里头三期	近圆形,斜壁,平底	172	85	/	/	36	圆腹罐 B,Cb Ⅰ,Cc Ⅱ,刻槽盆A,深腹盆 A Ⅱ,甑,陶兽头				

续表

序号	探方	文化期别	形制与结构	口部 长（长径）	口部 宽（短径）	底部 长（长径）	底部 宽（短径）	深 坑底至坑口	出土遗物 一般陶器	出土遗物 白陶	石、骨、蚌器	金属器	备注
H413	ⅠT7038	二里头三期	不规则形，斜壁，平底	110	55	\	\	35	圆腹罐 CbⅡ,CcⅡ,鼎足				
H414	ⅠT7038	殷墟二期	形状不明，斜壁，圜底	185	45	\	\	24					
H415	ⅠT7238	二里头三期	形状不明，直壁，平底	150	145	150	145	72	深腹罐 AbⅡ,AcⅠ,圆腹罐 CaⅡ,三足盘Ⅲ,甗 AⅢ,深腹盆 AⅡ				
H416	ⅠT7238	二里头三期?	半圆形，直壁，平底	170	70	170	70	80	圆腹罐 CaⅡ,CbⅡ,高领罐,小口尊 A				
H417	ⅠT7038	二里头三期晚段	残椭圆形，斜壁，平底	155	115	\	\	30	深腹罐 AcⅠ,AbⅡ,鼎足,深腹盆 BⅡ,捏口罐,器盖 AⅠ,尊	爵足 1			
H418	ⅠT7038	二里头三期	近圆形，斜直壁，坑底呈斜坡状	80	64	\	\	28	深腹罐 AcⅠ,圆腹罐 CaⅡ,CbⅡ,盆 BⅡ,刻槽盆,豆柄,甑	铃 1 等			
H420	ⅠT5	春秋中期	不规则形，直壁，平底	200	120	200	100	30	甑 AⅠ,盆 Cb,豆柄				
H422	ⅠT7038	殷墟二期晚段	近圆形，斜壁，斜圜底	150	85	\	\	46	高甲 AbⅢ,甲 Aa				
H423	ⅠT7038	二里头三期	近圆形，斜壁，圜底	152	90	\	\	40	深腹罐 AbⅡ,AcⅠ,圆腹罐 CaⅢ,鼎（有圆柱形鼎足）				
H425	ⅠT7238	二里头三期	近圆形，斜壁，圜底	200	175	60	58	100~120	深腹罐 AbⅡ,CⅡ,圆腹罐 CaⅡ,CbⅡ,甑 AⅡ				
H426	ⅠT7038	二里头三期	近圆形，斜壁，平底	90	85	\	\	30	深腹罐 AcⅠ				
H427	ⅠT7038	二里头三期	不规则形，弧壁，圜底	100	30	\	\	10	深腹罐 AcⅠ,圆腹罐 Ca,CcⅡ,鼎,深腹盆 AⅡ,平底盆,盂				
H428	ⅠT7038	殷墟二期早段	近圆形，斜壁，圜底	224	160	\	\	60	高甲 AbⅢ,盆 Ab				

续表

序号	探方	文化期别	形制与结构	尺寸 口部 长（长径）	尺寸 口部 宽（短径）	尺寸 底部 长（长径）	尺寸 底部 宽（短径）	深 坑底至坑口	出土遗物 陶器 一般陶器	出土遗物 陶器 白陶	出土遗物 石、骨、蚌器	出土遗物 金属器	备注
H429	ⅠT7038	时代不明	形状不明,直壁,平底	残50	残44	\	\	30					
H430	ⅠT7038	二里头三期	近圆形,近直壁,平底	185	135	\	\	35	深腹罐 AbⅡ、AcⅠ、甑 AⅢ、圈足盘 B、豆 AⅡ、Ba				
H431	ⅠT7238	二里头三期	近圆形,斜壁,圆底	210	175	\	\	80~100	深腹罐 AbⅡ、AcⅠ、BⅡ、圆腹罐 CaⅡ、Cb Ⅲ、平底盆、豆 AⅢ、鼎 A		石刀 Aa。骨刀		
H432	ⅠT7238	二里头三期	不规则形,直壁,斜坡状等	155	50	155	50	90~110	圆腹罐 CaⅡ、深腹盆 AⅡ、BⅡ、刻槽盆Ⅱ、鼎 AⅡ				
H433	T3	二里头	椭圆形,斜直壁,坑底不规则形,底呈东高西低的斜坡状	108	69	96	58	60~71					
H435	ⅠT7038	二里头三期	形状不明,斜直壁,平底	140	60	\	\	30	深腹罐 AbⅡ、Ac1、圆腹罐 CaⅡ、捏口罐				
H436	ⅠT7038	二里头三期	近圆形,斜壁,平底	130	120	\	\	100	深腹罐 AbⅡ、CⅠ、圆腹罐 AⅡ、CaⅡ、CbⅡ、深腹盆 AⅡ、捏口罐 AⅠ、豆柄、杯				
H438	ⅠT7038	二里头三期	长方形,直壁,未发掘到底,底不详	150	85	\	\	\	缸 Aa1、深腹罐 AbⅡ、圆腹罐 CaⅡ、CbⅠ、CbⅡ、深腹盆 AⅡ、平底盆 AⅠ、小口尊 Aa、器盖纽		石镰 Ab。蚌镞 B		未发掘到底
H439	T3	不明	不规则形,斜弧壁内收,坑底呈不规则形	250	65	\	\	31~70					
H440	ⅠT7038	二里头三期	近圆形,斜壁,平底	170	85	\	\	90	深腹罐 Ac1、小口尊 A	敛口 1			

续表

序号	探方	文化期别	形制与结构	口部 长(长径)	口部 宽(短径)	底部 长(长径)	底部 宽(短径)	深 坑底至坑口	陶器 一般陶器	陶器 白陶	石、骨、蚌器	金属器	备注
H441	ⅠT7138	二里头二期	形状不明，缓斜壁，平底	140	70	\	\	155~173	深腹罐 Ab Ⅱ，圆腹罐 A Ⅰ a Ⅱ，Ca Ⅱ，瓮 Ba Ⅰ，深腹盆 A Ⅱ，刻槽盆 A Ⅰ，器底				
H442	T3	春秋时期	近圆形，弧壁，底近平	150	>50	\	\	56	豆柄 2	网坠 A1			
H443	ⅠT7138	二里头二期	形状不明，缓斜壁，平底	170	20	\	\	75	圆腹罐 A Ⅱ，深腹盆 A Ⅱ，捏口罐，盂				
H445	ⅠT7037	春秋晚期	圆形，斜直壁，平底	60	\	\	\	30	鬲 Aa Ⅰ，盆 Cb，盖豆				
H446	T2	不晚于二里头二期	不规则，斜壁，平底	>415	>80	\	\	70					
H449	T4	二里头二期	形状不明，斜壁，平底	145	125	\	\	30	深腹罐 Ab Ⅱ，尊				
H450	ⅠT7038	二里头二期	形状不明，斜壁，圆底	140	50	\	\	66	深腹罐 Ab Ⅱ，圆腹罐 Cc Ⅱ，刻槽盆				
H451	T4	不晚于二里头二期	形状不明，斜弧状，坑底呈不规则形	200	130	\	\	120					
H452	T6	不明	形状不明，斜壁，凹圆底	215	114	\	\	55~65					
H453	T6	二里头四期	半椭圆形，斜弧壁，圆底	320	125	\	\	50~75	深腹盆 B Ⅱ，瓮 A Ⅱ				
H454	T6	不明	不规则形，弧壁，底部呈不规则形	609	300	\	\	35~61					
H455	T6	二里头四期	不规则形，斜弧壁内收，坑底呈不规则形	>700	\	\	\	21~98	圆腹罐 Ca Ⅲ，高足，圆陶片				

续表

序号	探方	文化期别	形制与结构	尺寸 口部 长（长径）	尺寸 口部 宽（短径）	尺寸 底部 长（长径）	尺寸 底部 宽（短径）	深 坑底至坑口	出土遗物 陶器 一般陶器	出土遗物 陶器 白陶	出土遗物 石、骨、蚌器	出土遗物 金属器	备注
H456	T6	二里头二期或三期	不明，斜壁，底近平	>650	>590	\	\	154	深腹罐 CⅠ、CⅡ，深腹盆 BⅡ，敛口罐 AⅡ	白陶觚等			
H457	T6	二里头二期或三期	不规则形，斜弧壁内收，坑底呈不规则形	330	\	\	\	113~180	深腹罐 AbⅡ				
H458	T6	二里头二期或三期	近似椭圆形，斜弧壁内收，底部近平	385	148	298	123	45~85	深腹罐 AbⅡ、AbⅢ，圆腹罐 CbⅡ，瓮 AⅡ				
H459	T6	不晚于二里头二期	不规则形，斜弧壁内收，坑底呈不规则形	377	60	\	\	61					

附表六 2004年南洼遗址墓葬登记表

编号	探方号	方向	形制与尺度（厘米）						数量	人骨				随葬器物	葬具	时代	备注
			形状	口部长	口部宽	底部长	底部宽	深 墓底至墓口		性别	年龄	葬式					
M1	ⅡT6502	18°	长方形土坑竖穴墓，墓壁较直，不规整	190	90	190	90	20	1	男	35~40	仰身直肢，面向向西		BaⅡ瓮1,AⅢ敛口罐1,AⅠ平底盆1,爵1,AⅠ豆1,海贝7	无	二里头三期	面部覆盖一大蚌贝
M2	ⅡT6301	182°	长方形土坑竖穴墓，墓壁较直。底部呈南高北低	>76	52	>78	52	33~36	1	女	12~13	仰身直肢		绿松石颈饰一枚	无	二里头时期	
M3	ⅡT6301	200°	长方形土坑竖穴墓，墓壁较直。底部呈南高北低	>120	60	>123	60	62~67	1	男	40~60	仰身直肢，面向东		无	无	二里头时期	
M4	ⅡT6301	184°	长方形土坑竖穴墓，墓壁较直。底部呈南高北低	>122	34	>122	34	56~61	1	男	儿童	仰身直肢，面向东		无	无	二里头时期	
M5	ⅡT6301	182°	长方形土坑竖穴墓，墓壁较直。底部呈南高北低	>110	44	>114	44	52~53	1	女	6~8	仰身直肢，面向东		无	无	二里头时期	
M6	ⅡT6301	190°	长方形土坑竖穴墓，墓壁较直。底部呈南高北低	>140	50	>147	50	66~70	1	男	30~35	仰身直肢		无	无	二里头时期	
M7	ⅡT6301	180°	长方形土坑竖穴墓，墓壁较直。底部呈南高北低	>76	44	>78	44	30~32	1	男	7	仰身直肢		无	无	二里头时期	
M8	ⅡT6301	185°	长方形土坑竖穴墓，墓壁较直，坑壁不规整	>30	50	>34	50	20~22	1		40以上	仰身直肢		无	无	二里头时期	

注：2004M1~M8人骨由日本九州大学比较社会文化研究院中桥孝博教授鉴定，特致谢意。

续表

编号	探方号	方向	形制与尺度（厘米）							人骨			随葬器物	葬具	时代	备注
			形状	口部		底部		深 墓底至墓口	数量	性别	年龄	葬式				
				长	宽	长	宽									
M9	ⅠT6941	20°	长方形，土坑竖穴墓，墓壁较直，墓底北部略高	225	69	225	69	29	1	男	中年	仰身直肢，面向西，两手并拢于腹部	CdⅡ圆腹罐1，BⅡ深腹盆1，AⅣ豆1	无	二里头四期	
M10	ⅠT6641	199°	长方形土坑竖穴墓，直壁平底	130	34	130	34	12	1	男		仰身直肢，面向东，两手置于身体两侧	无	无	二里头时期	
M11	ⅠT6941	10°	长方形，土坑竖穴墓，墓壁较直，墓底北部略高	165	54~62	165	54~62	27	1	男	少年	仰身直肢，面向西	圆腹罐CbⅣ	无	二里头五期	
M12	ⅠT6641	8°	不规则形，土坑竖穴墓，墓壁较直，底部较平	>40	54	>40	54	16	1	无法鉴定	少年	头向北，面向东	无	无	二里头时期	
M13	ⅠT6740	190°	长方形土坑竖穴墓，墓壁竖直，平底，有腰坑及殉狗。腰坑长81，宽15~30，深20厘米。殉狗头向南，面朝西	240	80	240	80	126	1	女	老年	仰身直肢，双手交叉于腹部，双脚并拢。面向西	无	单棺，棺木痕长210，宽40，厚约6	殷墟二期	
M14	ⅠT6941	192°	长方形土坑竖穴墓，底部偏南略高	174	52~54	174	52~54	28	1	无法鉴定	少年	仰身直肢，面向东，两手置于腹部	无	无	二里头三期	头颅下压有长方形石头一块
M15	ⅠT6641	10°	长方形土坑竖穴墓，墓壁近直，墓底较平	262	130	262	130	336	1	女	中年	仰身直肢，面向东	石圭1	椁1棺1	春秋中期或更早	头骨东部有动物遗骸

续表

| 编号 | 探方号 | 方向 | 形制与尺度（厘米） | | | | | | | 人骨 | | | | 随葬器物 | 葬具 | 时代 | 备注 |
| | | | 形状 | 口部 | | 底部 | | 深 | 数量 | 性别 | 年龄 | 葬式 | | | | | |
				长	宽	长	宽	墓底至墓口									
M16	ⅠT6641	175°	长方形土坑竖穴墓，墓壁近直，墓底较平。东西两壁有二层台	240	76~90	240	72~83	200	1	男		仰身直肢，面向东，两前臂交叠于腹部	乙类Ab型高1，海贝2，骨刀1	木棺1，棺痕长203，宽52~56厘米	殷墟二期早段	填土中发现殉狗一只，头向北
M17	ⅠT6840	186°	长方形土坑竖穴墓，墓壁较直，底较平	260	70	260	70	115	1	女	中年	仰身直肢，面向西	异类高1，海贝1	木棺1	殷墟二期	
M18	ⅠT7038	11°	长方形土坑竖穴墓，墓壁较直，墓底北高南低	>146	40~60	>146	40~60	4~35	1	女	青年	仰身直肢，面向西	铅钡玻璃项饰29枚	无	北宋时期	
M19	ⅠT6641	5°	长方形土坑竖穴墓，墓壁较直，墓底较平，口大底小	200	72~80	205	66~69	156	1	女	青年	仰身直肢，面向上	乙类Aa型高1，海贝1	木棺1，棺痕长190~192，宽52~56厘米	殷墟二期早段	
M20	ⅠT6940	355°	长方形土坑竖穴墓，墓壁较直，平底。墓口西北部塌陷变形	212~220	75~88	190	55	34	1	男	青年	仰身直肢，面向西，两手交叉置于盆骨上	无	可能有葬具，填土中形成的土扩长约190，宽56~60厘米	二里头二期至四期之间	

续表

编号	探方号	方向	形制与尺度（厘米）						人骨				随葬器物	葬具	时代	备注
			形状	口部长	口部宽	底部长	底部宽	深 墓底至墓口	数量	性别	年龄	葬式				
M21	ⅠT7438	110°	长方形，直壁，平底。为瓮棺墓	104	42	104	42	32	1	男	无法鉴定	不明		Aa 陶罐	春秋晚期	
M22	ⅠT6640	191°	土坑竖穴墓，墓口呈圆角长方形，南壁略斜直，其他壁竖直，平底	240	76~100	228	76~100	56	1	女	青年	仰身直肢，面向东	海贝1	似有葬具，填土中形成的土圹长约196，宽约46，深约16厘米	二里头时期	
M23	ⅠT7238	112°	近椭圆形，直壁，平底。为棺椁墓	105	56	105	56	10	1	无法鉴定	儿童	仰身直肢		Aa 陶盆	春秋中期	
M24	ⅠT7137	203°	洞室墓。墓道为长方形，墓室在墓道北端，可能为券顶，平底。西壁呈弧壁，东壁斜直	墓道170 墓室170	墓道52~58	墓道170 墓室170	墓道52~66 墓室120	墓道175 墓室84	1	男	中年	仰身直肢，头向西北，面向上	无	无	北宋？	
M25	ⅠT6641	180°	长方形土坑竖穴墓，直壁平底	182	40	182	40	18	1	男	青年	仰身直肢	无	无	二里头时期	
M26	ⅠT7137	南向	墓室近直壁，顶微拱，平底			墓室>192	墓室>122	墓室91	1	女	青年	仰身直肢	铜镜1，锡簪1，铅钡玻璃耳饰1，铜钱5	未发现	北宋后期	

续表

编号	探方号	方向	形制与尺度（厘米）							人骨				随葬器物	葬具	时代	备注
			形状	口部		底部		深 墓底至墓口	数量	性别	年龄	葬式					
				长	宽	长	宽										
M27	ⅠT6641	180°	长方形土坑竖穴墓，壁近直，平底	70	38	58	28	18	1	男	儿童	仰身直肢，仅存腰部以上，面向西	无	无	二里头时期	
M28	ⅠT7237	270°	长方形，坑壁较直，平底，瓮棺葬	115	>50	115	>50	45	1			仅存四块肢骨	无	罐	春秋中期	
M29	ⅠT6940	186°	长方形土坑竖穴墓。坑壁较直，平底。墓边部分塌陷变形。墓室下部四周有二层台	240	90	220	70	120	1	女	中年	仰身直肢，面向东，两手交叉置于盆骨上	无	单棺，棺痕长204，宽42，厚约3厘米	殷墟二期	棺内墓主左膝盖西侧有一兽头
M30	ⅠT6641	0°	长方形土坑竖穴墓，直壁，平底	62	44	62	44	28	1	男	壮年	仰身直肢，头向北	无	无	二里头时期	
M31	ⅠT7041	200°	洞室墓。长条形斜坡墓道，口小底大。墓室平面近长方形，四壁较直，向上略有收分。墓顶可能为弓隆形，平底。墓道和墓道之间有甬道和利用六层石块砌成的封门墙。甬道正视近长梯形，宽约97～105，高约136，进深约35厘米	墓道 480	墓道宽 46～106	墓道 580 墓室 300	墓道 88～146 墓室 252	墓道 97～375 墓室残高186	2	一男一女	男：老年；女：中年	两人均略侧身直体两侧，头均向西，女性骨架部分叠压在男性骨架之上，女性较男性在棺木中的位置更靠上	陶罐1，陶盂1，陶瓶1，铜镜1，铜5，漆器4	一棺，棺痕呈梯形，长210，宽44～76厘米	中唐或偏晚	

续表

编号	探方号	方向	形制与尺度（厘米）						人骨				随葬器物	葬具	时代	备注
			形状	口部		底部		深墓底至墓口	数量	性别	年龄	葬式				
				长	宽	长	宽									
M32	ⅠT6740	190°	长方形土坑竖穴墓，墓壁近直，平底，口大底小，有腰坑及殉狗。腰坑长70，宽33，深20厘米。殉狗头向北，面朝西	260	110	250	85	173	1	男	不详	仰身直肢，面向东，双手交叉下腹部	乙类Aa型鬲1，口内含有海贝2	单棺，棺痕长220，宽73，厚3厘米	煤堤二期早段	鬲置于墓室东南角棺上部
M33	ⅠT7438	85°	长方形，直壁，平底。瓮棺葬	82	39	82	39	45	1	无法鉴定	幼儿	屈肢		Ba罐	春秋中期	
M34	ⅠT7337	0°	长方形土坑竖穴墓，坑壁较直，平底	166	60	166	60	20	1	女	青年	仰身直肢，面向西，两手交叉摆放在盆骨上	无	似有葬具，填土中形成的土圹长约150，宽约44，深约6厘米	春秋中期	

附表七　2005年南洼遗址灰坑登记表

序号	探方	期别	形制与结构	口部长(长径)	口部宽(短径)	底部长(长径)	底部宽(短径)	深(坑底至坑口)	出土遗物 一般陶器	出土遗物 白陶	出土遗物 石、骨、蚌器	出土遗物 金属器	备注
H1	ⅠT7641	二里头四期	椭圆形,袋状坑,弧壁,平底	240	178	180	160	61	深腹罐AbⅡ、AcⅠ,圆腹罐CaⅡ、甑,深腹盆BⅡ,小口尊A、B,大口尊Ⅱ,瓮Ba,壶,圆陶片	鬹(盉)	蚌锥1		
H2	ⅠT7741	春秋中或晚期	不规则,坑壁较直,坑底较平	94	80	94	80	66	高足		骨匕(残)1。蚌镞1		
H3	ⅠT7642	汉代以后?	不规则形,斜弧壁,平底	426	>315	\	\	47	盆		石刀,镰,凿。骨凿2,骨镞2		
H4	ⅠT7341	殷墟二期早段	略呈椭圆形,直壁圜底	残140	残150	残140	残150	40	高甲AbⅡ		骨锥2		
H5	ⅠT7541	不明	平面呈圆形,平底	114	102	112	100	65			蚌刀1		
H6	ⅠT7541	不明	近圆形,坑壁较直,平底	110	100	105	100	52			石斧,石刀		
H7	ⅠT7541	殷墟二期晚段	平面椭圆形,坑壁较直,平底	154	40	153	40	57	高甲AbⅢ				
H8	ⅠT7441	二里头四期	平面呈梯形,坑壁较直,北壁西部略带阶梯状,底部较平	230	86~115	230	86~115	105~110	深腹罐AbⅡ、AcⅠ,圆腹罐CaⅡ-Ⅲ、CcⅡ-Ⅲ,敛口罐AⅡ-Ⅲ,深腹盆AⅡ-Ⅲ,平底盆,高领罐,豆,大口尊,器盖,壶,盉,盉流	爵尾1等	骨锥1		

续表

序号	探方	期别	形制与结构	口部 长(长径)	口部 宽(短径)	底部 长(长径)	底部 宽(短径)	深(坑底至坑口)	陶器 一般陶器	陶器 白陶	石、骨、蚌器	金属器	备注
H9	ⅠT7542	二里头三期	平面呈椭圆形,斜弧壁,坡度较缓,圜底	160	112	80	60	32	深腹罐 AcⅠ,敛口罐 AⅡ	鬶(盉)裆1	骨镞1		
H10	ⅠT7542	二里头二期	椭圆形,斜弧壁,坡度较缓,圜底	86	74	42	35	30	圆腹罐 CaⅡ,刻槽盆 AⅠ,深腹盆 AⅡ,豆,瓮 BaⅡ		骨镞1。石凿,石铲,三角形石器		
H11	ⅠT7341	殷墟二期早段	圆形,直壁圜底	160	160	160	160	50~60	高甲 AbⅡ				
H12	ⅠT7741	春秋中晚期	不规则四边形,坑壁较直,坑底较平	190	112	174	103	30	高甲 AbⅢ				
H13	ⅠT7641	二里头二期	圆角方形,斜直壁,底呈锅底状,目底稍平	124	64	80	56	54	深腹罐 AbⅡ,圆腹罐 AⅠ,CaⅡ,鼎足,深腹盆 AⅡ,小口尊 A,缸 BⅠ,捏口罐		石刀 B。牙锥		
H14	ⅠT6636	北宋	平面近似梯形,斜壁,圜底	162	110	138	89	68			蚌壳(刀?)2	铁犁1,铜钱	
H15	ⅠT7541	二里头四期	平面圆角方形,坑壁较直,平底。底部西侧有一部分凸起	190	158	190	160	150	深腹罐 AbⅡ,AbⅢ,AcⅠ,AcⅡ,圆腹罐 CaⅡ,Cb Ⅲ,CcⅡ,CcⅢ,刻槽盆 AⅢ,深腹盆 AⅡ,豆 AⅣ,大口尊Ⅰ,Ⅱ,瓮 Ba Ⅲ,BbⅡ,C,缸 BⅠ,器盖 AaⅡ,AbⅡ,高领罐		石铲 A,石凿 Aa,石镰 Aa,骨锥 Aa,骨匕 A,B,骨镞 Aa,C。牙锥		
H16	ⅠT7341	二里头三期	形状不明,弧壁,锅底状坑,底不平	>170	>50	/	/	70	深腹罐 AcⅠ,圆腹罐 Ca Ⅱ,深腹盆 AⅡ,三足盘,敛口罐 AⅡ	盉1			

附表 ·863·

续表

序号	探方	期别	形制与结构	口部 长（长径）	口部 宽（短径）	底部 长（长径）	底部 宽（短径）	深（坑底至坑口）	出土遗物 一般陶器	出土遗物 白陶	出土遗物 石、骨、蚌器	出土遗物 金属器	备注
H17	ⅠT7341	二里头三期	圆形，直壁平底	180	180	180	180	65	圆腹罐 AbⅠ、AcⅠ，鼎足，捏口罐，圆陶片 A				
H18	ⅠT6636	二里头三期	椭圆形，坑壁较直，坑底较平	132	99	130	89	30	深腹罐 AbⅡ、AcⅡ，圆腹罐 CbⅡ，甑 AⅠ，深腹盆 BⅡ		石镰 Ab		
H19	ⅠT6836	二里头四期	椭圆形，斜壁，圜底	290	108	╲	╲	100	圆腹罐 CbⅡ，甑 AⅢ	爵鋬1等		铜工具1	
H20	ⅠT6736	二里头三期	不规则形，坑壁斜直，坑底不平，北高南低	190	116	172	105	50~60	深腹罐 AbⅠ、AcⅡ，刻槽盆，捏口罐 Ca，缸 Ab，AcⅠ，尊 Ab，豆柄	✓	骨锥1，骨针1		
H21	ⅠT6936	二里头三期	椭圆形，斜壁，平底	244	65	232	56	64	深腹罐 CaⅡ、CbⅡ，圆腹罐 Aa，纺轮				
H22	ⅠT7342	二里头三期	圆形，弧壁，底呈锅底状，且底部较平	194	68	168	60	58	圆腹罐 CaⅡ、Cb，鼎足，深腹盆 Ca，缸 Ab，AcⅠ，小口尊 Ab	鬶(盉)袋足及腰部残片	石铲 Aa。骨铳1		
H23	ⅠT7342	二里头三期或四期	圆形，弧壁，盆形底	>124	>68	>112	>62	40	深腹罐 CbⅡ-Ⅲ，刻槽盆，深腹盆 AⅡ-Ⅲ		石铲 A		
H25	ⅠT7541	春秋中或晚期	圆形，坑壁较直，平底	165	114	165	113	55	高 Ba		骨匕1		
H26	ⅠT7342	殷墟二期早段	椭圆形，坑壁较直，坑底较平	154	142	146	124	95	小口罐 A，小口瓮 Ab，豆 A、B，甗 B，高甲 Aa，罍 Ab Ⅰ、甲 AbⅡ、乙 Ab，盏，刻花陶片		石刀，石镰，石饰品		

续表

序号	探方	期别	形制与结构	尺寸 口部 长（长径）	尺寸 口部 宽（短径）	尺寸 底部 长（长径）	尺寸 底部 宽（短径）	深（坑底至坑口）	出土遗物 陶器 一般陶器	出土遗物 陶器 白陶	出土遗物 石、骨、蚌器	出土遗物 金属器	备注
H27	ⅠT6835	二里头三期（或四期？）	椭圆形，弧壁，平底	204	176	140	110	36	深腹罐 AbⅡ，深腹盆 AⅢ，尊				
H28	ⅠT7641	殷墟二期	椭圆形，坑壁弧，呈锅底状，底部略平	98	80	80	70	68	鬲				
H29	ⅠT6736	春秋晚期	不规则形，坑壁斜直，坑底较平	164	145	142	122	45	鬲 AaⅠ，豆，盆 Ab，罐 Ba		骨簪 A		
H30	ⅠT6935	春秋中或晚期	椭圆形，坑壁斜直，坑底较平	134	22~36	85	22~34	56					
H31	ⅠT7641	不早于二里头四期	椭圆形，坑壁斜，呈锅底状，坑底稍平	96	90	/	/	69	刻槽盆，高领罐	√			
H32	ⅠT7341	二里头二期	不规则形，坑壁斜直，底呈锅底状	230	90	230	135	50	深腹罐 AbⅡ，圆腹罐 CaⅡ，器盖 AaⅠ，小口尊 A，豆，豆 Ab		爵足 1，袋足 1		
H33	ⅠT6735	二里头四期？	圆形，斜壁，平底	130	80	120	70	26					
H34	ⅠT7442	春秋中或晚期	坑口近似椭圆形，斜壁，坑底呈锅底状，底不平	98	80	77	70	37					
H35	ⅠT7541	殷墟二期	近圆形，坑壁较直，平底	168	160	168	160	56	鬲甲 AbⅡ，盆 B，甑				
H36	ⅠT7542	不明	椭圆形，斜壁，坡度较缓，圜底	136	130	78	65	60		袋足根 1	石斧		

附表

续表

序号	探方	期别	形制与结构	口部 长(长径)	口部 宽(短径)	底部 长(长径)	底部 宽(短径)	深(坑底至坑口)	出土遗物 一般陶器	出土遗物 白陶	出土遗物 石、骨、蚌器	出土遗物 金属器	备注
H38	ⅠT7442	春秋中或晚期	近圆形,壁斜直,盆形底,底不平	254	268	200	125	50	高AⅡ,盆		石刀		
H39	ⅠT7741	春秋中或晚期	不规则形,直壁,坑底呈锅底形,坑底不平	200	160	200	105	34					
H40	ⅠT7741	春秋中或晚期	圆角长方形,坑壁较直,坑底较平	200	160	200	160	70					
H41	ⅠT7642	二里头时期	长方形,东西两壁较直,南壁向下斜内收,北壁向下内收有二层台	305	40~45	120	40	120			石斧		
H42	ⅠT7441	二里头三期或四期	不规则形,坑壁南壁较直,其余呈阶梯状,底部不平	152	140	/	/	30~80	圆腹罐AⅠ-Ⅱ,CaⅡ,鼎足,盒A,豆Ba,觚Ⅱ	鬶(或盉)裆部等			
H43	ⅠT7441	二里头四期	略作圆形,直壁,底不平,且为凹底	235	118	/	/	50~80	深腹罐AbⅡ,圆腹罐AⅡ,CaⅡ,深腹盆BⅡ,大口尊Ⅰ		石斧Ab,石刀		
H44	ⅠT7341	二里头二期(不早于二期)	长方形,直壁,底斜平	200	90	200	90	35~50	深腹罐AbⅡ,尊	爵足2			
H45	ⅠT7541	二里头二期(不早于二期)	略呈圆形,坑壁较直,平底	124	120	124	120	40	深腹罐AbⅡ				

续表

序号	探方	期别	形制与结构	口部长(长径)	口部宽(短径)	底部长(长径)	底部宽(短径)	深(坑底至坑口)	一般陶器	白陶	石、骨、蚌器	金属器	备注
H46	ⅠT6736	二里头三期	不规则形,斜壁平底	130	80	87	50	44	敛口罐 AⅡ				
H47	ⅠT6736	二里头三期	不规则形,斜壁,底不平,呈东高西低	170	128	152	110	34~44	深腹罐 AbⅡ,AcⅠ,CⅠ,圆腹罐 CaⅢ,盆,钵,缸,小口尊 B,捏口罐 AⅠ,龟首	鬶(盉)斝 1	石钺,石刀,石凿。骨管 1		
H48	ⅠT7741	春秋中期	近似圆形,斜弧壁,平底	210	120	210	120	64	豆 AⅡ,瓮	鬶(盉)			
H49	ⅠT6636	二里头三期	近似圆形,斜壁,平底	132	110	109	107	24	深腹盆 AⅢ,BⅢ,圆腹罐 CaⅡ,CaⅢ,瓮 AⅡ		石镰 Aa		
H50	ⅠT6735	二里头四期或略早	略呈椭圆形,斜壁,平底	280	108	276	105	68	圆腹罐 CaⅡ,CcⅡ,鼎 AⅡ,盂,豆 Bb	盂(鬶)斝 1	骨管		
H51	ⅠT6935	春秋晚期	长方形,坑壁较直,坑底较平	136	70	132	74	95	甑 AⅡ,盆 Cb,盂 Ba,豆 A,高 AaⅡ,瓮				
H52	ⅠT6636	二里头三期?	圆形,斜弧壁,平底	117	76	101	69	49	深腹罐 AbⅡ-Ⅲ,深腹盆 BⅡ,豆柄		骨镖 1		
H53	ⅠT7842	殷墟二期	椭圆形,盆形坑。坑壁为平缓弧形壁,坑底东高西低,坡度为5°以内,坑底较平	202	150	165	130	44	高甲 AbⅡ		骨锥		
H54	ⅠT6935	春秋中期	近似方形,坑壁较直,坑底较平	273	220	270	192	111	高 AⅡ、盂、罐 Ba,圆陶片 A		骨锥		
H55	ⅠT7642	二里头二期	椭圆形,壁斜直,底近平,较规整	250	155	170	100	135	深腹罐 AbⅠ,CaⅠ,CaⅡ,CbⅡ,CcⅠ,CcⅡ,CdⅠ,鼎 Bc,甑 D,瓮 AⅡ,Bb Ⅰ,深腹盆 A,Ca,豆 AⅠ,小口尊 A、Aa、Ab,捏口罐		骨锥 1。石材		

续表

序号	探方	期别	形制与结构	口部 长(长径)	口部 宽(短径)	底部 长(长径)	底部 宽(短径)	深(坑底至坑口)	出土遗物 一般陶器	出土遗物 白陶	石、骨、蚌器	金属器	备注
H56	ⅠT7742	二里头三期(?)	椭圆形,坑壁为平缓弧形壁,坑底呈锅底状	194	115	180	100	110	深腹罐 AbⅠ、AcⅠ,圆腹罐 CaⅡ,深腹盆 AⅡ,爵,小罐、钵	爵1,鬹,可能有盉	石镰 Ab		
H57	ⅠT6936	二里头三期	圆形,斜壁,平底	194	154	170	130	40	深腹罐 AbⅡ－Ⅲ、AcⅠ,圆腹罐 CaⅡ、CbⅡ－Ⅲ、CcⅡ,深腹盆 AⅢ,豆 AⅢ,捏口罐 A,小口尊 A				
H58	ⅠT6736	东周	形状不明,坑壁较直,坑底呈南低北高	88	60	75	40	68～75	鬲 AⅠ,豆,盆 Cb				
H59	ⅠT6635	汉?	圆角方形,直壁,平底	186	140	182	140	35	筒瓦,板瓦				
H60	ⅠT6635	金元时期	圆形,斜壁,平底	90	90	60	60	122	瓷碗				
H61	ⅠT6635	二里头三期或四期	圆形,直壁,平底	\	\	\	\	60	深腹罐 AbⅡ、AcⅠ、CⅡ,尊				
H62	ⅠT6736	二里头三期	不规则形状,坑壁较直,平底	69	50	60	46	150	圆腹罐 CaⅡ、CbⅡ、CcⅡ,刻槽盆 AⅠ				
H63	ⅠT7036	春秋晚期	近似椭圆形,坑壁较直,底部较平	240	188	100	140	32	鬲 AⅡ				
H64	ⅠT7341	二里头二期	长方形,斜壁,平底	320	60～80	320	60～80	70	深腹罐 AbⅠ、AcⅠ,圆腹罐 CaⅡ,刻槽盆,小口尊 A	鬹(盉)袋足			
H65	ⅠT7442	二里头四期	近似椭圆形,斜壁,圜底	200	170	170	125	36	深腹罐 CbⅢ、CdⅡ、AⅢ,鼎 AⅢ,深腹盆 AⅢ,大口尊	鬹(盉)鏊1,网坠1,			

续表

序号	探方	期别	形制与结构	口部长（长径）	口部宽（短径）	底部长（长径）	底部宽（短径）	深（坑底至坑口）	一般陶器	白陶	石、骨、蚌器	金属器	备注
H66	ⅠT7541	二里头二期	圆角长方形，坑壁斜直，平底。为袋状坑	325	180	305	180	110	深腹罐 AbⅠ、AbⅡ，圆腹罐 CaⅡ、CbⅠ、CbⅡ、CcⅡ，深腹盆 AⅡ，豆 AⅡ、Ba，爵，小口尊 Ab，瓮 AⅢ，缸 AaⅠ，盖钮，器盖 AaⅠ，敛口罐 AⅡ，捏口罐 AⅠ，盂，杯	鬶（盉），爵底 1	骨刀 1。石刀，石斧，石条		
H67	ⅠT7641	二里头二期	不规则椭圆形，坑壁西部凹陷，余部呈锅底状，底部稍平	281	210	120	100	120	深腹罐 Aa、AbⅡ，CⅠ，圆腹罐 AⅡ，CaⅠ，刻槽盆 AⅠ，深腹盆 AⅡ，鬶，缸 AaⅠ，器盖 AaⅠ，盉	盉 1，鬶	石锛 Ba，石片。骨簪 1		
H68	ⅠT7036	春秋中期	圆形，坑壁斜直，坑底较平	120	110	100	93	20	鬲 AbⅠ，盆 Ba		蚌镰		
H69	ⅠT6936	二里头三期	椭圆形，坑壁较直，坑底较平	203	54	193	42	239	深腹罐 AbⅡ、AcⅠ，圆腹罐 CaⅡ、CbⅡ、CcⅡ、CdⅠ，鼎 Bc，深腹盆 AⅡ，圆腹盆 CdⅠ，平底盆 AⅠ，三足盘Ⅲ，豆 AⅡ、AⅣ、Bb，小口尊 Ab、B，瓮 BbⅠ、BbⅡ、D，盖钮，敛口罐 AⅢ，钵，杯		石钺 Bb，石刀。骨锥 Aa、Ba，骨凿 1，骨针 1		

附 表

续表

序号	探方	期别	形制与结构	尺寸 口部 长(长径)	尺寸 口部 宽(短径)	尺寸 底部 长(长径)	尺寸 底部 宽(短径)	深(坑底至坑口)	出土遗物 陶器 一般陶器	出土遗物 陶器 白陶	出土遗物 石、骨、蚌器	出土遗物 金属器	备注
H70	ⅠT6735	不早于春秋	椭圆形,斜壁,平底	270	98	256	90	38	板瓦				
H71	ⅠT6636	二里头三期	椭圆形,坑壁较斜,坑底较平	195	110	170	97	45	深腹罐 AbⅡ、AcⅠ,圆腹罐 CaⅡ、CbⅠ,深腹盆 AⅢ,三足盘Ⅱ		骨。木器2		
H72	ⅠT6835	二里头三期	不规则形坑,斜壁,坑底不平	330	115	320	160	68~100		鬶(盉)鋬及腹,盉顶1,网坠1	骨锥1,骨刀1,牙锥1		
H73	ⅠT6736	二里头三期	圆形,斜壁,平底	135	51	100	35	65	深腹罐 AcⅠ,深腹盆、槽盆				
H74	ⅠT6736	二里头三期?	形状不明,直壁,平底	>56	\	\	\	>217	深腹罐 BⅡ、深腹盆 AⅡ,三足盘Ⅰ				未发掘到底
H76	ⅠT7441	二里头三期或略早	近圆形,斜壁,底不平	>105	>90	\	\	55	三足盘Ⅰ				
H78	ⅠT7441	不明	半圆形,斜壁圜底	112	40	\	\	50~55					
H79	ⅠT7441	二里头三期	不规则形,坑壁较直,坑底不规则	>150	>100	\	\	40~50	深腹罐 CⅡ、甗 AⅡ、深腹盆 BⅡ、三足盘Ⅱ、大口尊Ⅰ	鬶(盉)残片	骨刀		
H80	ⅠT6835	二里头三期?	圆形,弧壁,平底	150	102	98	72	50	深腹罐 AcⅠ、圆腹罐 CaⅡ、盅				
H81	ⅠT6835	二里头三期	椭圆形,直壁,平底	355	335	355	335	40	深腹罐 AbⅡ、豆		石铧 Ba		

续表

序号	探方	期别	形制与结构	口部 长(长径)	口部 宽(短径)	底部 长(长径)	底部 宽(短径)	深(坑底至坑口)	一般陶器	白陶	石、骨、蚌器	金属器	备注
H82	ⅠT7842	二里头二期	椭圆形,盆形坑,坑壁为平缓弧形斜壁,坑底较平	96	74	50	48	27	圆腹罐AⅠ,CbⅡ,刻槽盆AⅠ				
H83	ⅠT7742	二里头三期	圆角方形,东壁和北壁为坡度较陡的斜壁,西壁为坡度较缓的斜弧壁。坑底平不平	385	305	250	267	87~117	深腹罐AbⅡ,圆腹罐AⅠ,CaⅠ,CaⅡ,CcⅠ,深腹盆AⅡ,豆Bb,小口尊A,缸,AbⅠ,高领罐,小罐,捏口罐AⅠ,壶	鬻(盉)鏊5等,网坠AⅠ	石球		
H84	ⅠT7742	二里头三期	椭圆形,直壁,平底	210	105	190	95	42	深腹罐AbⅡ,圆腹罐CaⅡ,刻槽盆AⅠ,深腹盆AⅡ,小小尊A,筐圈足,鬻(或盉)鏊	鬻			
H85	ⅠT7742	二里头三期	椭圆形,直壁,平底	300	255	280	250	100	深腹罐AbⅡ,AcⅠ,BⅡ,圆腹罐AⅠ,CaⅠ,CaⅡ,敛口罐AⅡ,深腹盆AⅠ,AⅡ,平底盆B,三足盘AⅡ,小口尊A	鬻(盉)鏊6,鬻流,盉顶,爵流1鏊1等	石铲AaⅠ,石斧,石铲Bb,石刀蚌饰1		
H86	ⅠT7742	二里头三期	椭圆形,平缓弧壁,盆形底,底较平	150	80	140	70	30	深腹罐AbⅡ,鼎,深腹盆AⅡ,平底盆CbⅡ,小罐,缸	∨	石刀Aa		
H87	ⅠT7542	二里头二期	椭圆形,斜弧壁,坡度较缓,圜底	140	90	60	40	30		鬻(盉)袋足及裆足残片			

附　表

续表

序号	探方	期别	形制与结构	口部 长（长径）	口部 宽（短径）	底部 长（长径）	底部 宽（短径）	深（坑底至坑口）	一般陶器	白陶	石、骨、蚌器	金属器	备注
H88	ⅠT6935	不早于东周	圆形，坑壁较直，坑底平整	149	124	149	124	60			石凿 1		
H89	ⅠT7741	二里头三期或四期	不规则四边形，坑壁较直，坑底较平	74	63	60	40	50		鬶（盉）	骨锥 Aa		
H90	ⅠT7841	二里头四期	近似椭圆形，坑壁较直，坑底较平	340	180	340	180	210	深腹罐 AbⅡ、AbⅢ、AcⅠ、AcⅡ、CⅡ、圆腹罐 B、CaⅡ、CbⅢ、CcⅢ、盉 B、敛口罐 AⅡ、平底盆 AⅠ、高领盆 AⅡ、三足盘Ⅱ、豆 AⅢ、刻槽盆 AⅢ、AⅣ、深腹盆 AⅡ、AⅢ、BⅢ、BⅡ、瓮 AⅡ、AⅢ、BbⅡ、BaⅢ、大口尊Ⅰ、小口尊 A、缸 AaⅡ、BⅠ、C、器盖 AbⅠ、AaⅡ、鼎 Bb、Bc	盉（鬶）鋬 1，袋足 1	石铲 B、石刀 Ab。研磨工具、骨锥 Bb		
H91	ⅠT7342	殷墟二期晚段	圆形，袋状坑，斜弧壁，坑底较平	200	170	220	190	110	盆 B、小口瓮 Aa、Ab、高甲 AbⅢ、瓿 B		石刀 B		
H92	ⅠT7342	二里头三期或四期	椭圆形，坑壁一侧为较平缓的斜壁，另一侧为弧壁。底部近似圆底，较平	140	100	／	／	40	深腹罐 AcⅠ、鼎 Bc、刻槽盆 AⅢ、敛口罐 AⅡ-Ⅲ、豆 AⅡ、瓮 BbⅡ	盉（鬶）腹及袋足等	骨锥 1？骨镞 1		
H93	ⅠT7342	二里头三期	近似椭圆形，比较值，底不平	>190	>156	／	／	80	深腹罐 AbⅠ-Ⅲ、AcⅠ、圆腹罐 CaⅡ、器盖	鬶（盉）鋬 1，爵足 1			

续表

序号	探方	期别	形制与结构	口部 长(长径)	口部 宽(短径)	底部 长(长径)	底部 宽(短径)	深(坑底至坑口)	一般陶器	白陶	石、骨、蚌器	金属器	备注
H94	ⅠT7442	二里头二期	圆角长方形，壁斜直，底部不平	210	100	180	70	86	深腹罐 AbⅡ，圆腹罐 CaⅢ，CbⅠ，平底盆 AaⅠ，盂	鬶流 1，鬶(盉)及袋足，缸底 1，绳纹罐 1 网坠 1	骨镞 B		
H95	ⅠT6735	二里头二期? 三期?	椭圆形，斜壁，平底	104	70	80	65	62	深腹罐 AbⅢ，圆腹罐 CaⅡ，鼎 AⅡ，盂，深腹盆 BⅡ，小口尊 A				
H96	ⅠT6735	二里头二期	不规则形，直壁，平底	272	252	252	220	84	深腹罐 AbⅠ，AbⅡ，圆腹罐 AⅡ，CaⅢ，CaⅡ，CaⅠ，CbⅠ，CbⅡ，CcⅡ，鼎足，鼎 AⅠ，刻槽盆 AⅠ，B，深腹盆 AⅠ，平底盆 AⅠ，圈足盘 B，盂，豆 AⅠ，豆柄，小口尊 A，缸 AbⅠ，壶，盅	鬶(盉)鋬 3 及袋足，鼎足 1，网坠 A1	斧 Ba。骨簪 A		
H97	ⅠT6635	二里头四期?	圆形，直壁，平底	100	40	100	40	60	鼎足，甑 BbⅡ				
H98	ⅠT6635	二里头四期?	圆形，直壁，平底	132	74	120	64	53	鼎足				
H99	ⅠT6635	二里头四期?	近似圆形，斜壁，平底	126	86	116	76	70	深腹罐 AbⅢ，刻槽盆 AⅢ，深腹盆，豆 AⅢ				

续表

序号	探方	期别	形制与结构	尺寸 口部 长（长径）	尺寸 口部 宽（短径）	尺寸 底部 长（长径）	尺寸 底部 宽（短径）	深（坑底至坑口）	出土遗物 陶器 一般陶器	出土遗物 陶器 白陶	出土遗物 石、骨、蚌器	出土遗物 金属器	备注
H100	ⅠT6635	二里头二期?	近圆形,坑壁较直,坑底较平	90	36	78	30	50	圆腹罐 CaⅡ				
H101	ⅠT6635	二里头四期	椭圆形,坑壁较直,坑底较平	222	112	222	112	96	鼎 Bc,大口尊,壶,缸 Ab	∨			
H103	ⅠT6736	二里头三期	形状不明,斜壁,平底	40	28	52	34	72					被打破严重
H104	ⅠT6836	二里头三期?	长方形,直壁,平底	100	40	100	40	140	深腹罐 AbⅡ、AcⅡ,圆腹罐 CaⅡ、CbⅡ,小口尊 A				
H105	ⅠT6836	二里头三期	不规则形,斜壁,底不平,呈台阶状向西部渐深	226	120	210	100	50～136					
H106	ⅠT6736	二里头二期或三期	椭圆形,坑壁较直,坑底不平,南高北低	166	85	160	65	73	深腹罐 AbⅡ、AcⅡ,圆腹罐 CaⅡ,器盖 AaⅡ				
H107	ⅠT6936	二里头二期	圆角方形,斜壁,平底	270	165	157	163	170	深腹罐 AbⅠ－Ⅱ,圆腹罐 AⅡ、CaⅡ、CcⅡ,鼎足,平底盆 AⅠ,小罐,盉,小口尊 A,原始瓷罐	鬶口及鋬1等	石铲 Aa。蚌币		
H109	ⅠT7342	不晚于二里头四期?	圆形,弧壁,坑底呈锅底状,坑底不平	96	52	84	30	79			石铲 Aa		
H110	ⅠT7342	二里头三期(?)	近椭圆形,弧壁,底近平	190	>100	120	\	90	深腹罐 AcⅠ,圆腹罐 AⅡ、CaⅡ,刻槽盆,豆 Bb,缸 Ab	爵底1,袋足残片1	石镰 Aa。蚌饰		被打破严重

续表

序号	探方	期别	形制与结构	口部 长（长径）	口部 宽（短径）	底部 长（长径）	底部 宽（短径）	深（坑底至坑口）	出土遗物 一般陶器	出土遗物 白陶	石、骨、蚌器	金属器	备注
H111	ⅠT6636	二里头三期	圆形,直壁,平底	170	114	170	114	62	深腹罐 AbⅡ,圆腹罐 CaⅡ,鼎,深腹盆 AⅡ,器盖 AⅠ,捏口罐 AⅠ	网坠 BⅠ	骨锥 1,骨针 1,蚌饰 1		
H112	ⅠT6735	二里头三期	椭圆形,斜壁,斜坡状地	216	114	205	110	72~102	深腹罐 AbⅡ,圆腹罐 CbⅡ,CcⅠ,鼎 Bc,深腹盆 AⅡ,圈足盘 A,敛口罐 AⅡ,盆 AⅡ,高领罐,盅	鬶（盉）鋬、袋足等,网坠 1	骨管		
H116	ⅠT7742	二里头三期	近椭圆形,平缓弧壁,盆形底,底较平	265	170	250	160	65	圆腹罐 B,刻槽盆 AⅡ,深腹盆 AⅡ,豆柄,器盖 Ab	鬶（盉）裆			
H117	ⅠT6736	二里头三期?	近圆形,斜壁,坑底不平,北高南低	120	118	╲	╲	52	深腹罐 AbⅡ,圆腹罐 CaⅡ,刻槽盆 AⅠ		石刀 B		
H118	ⅠT6736	二里头二期	不规则形,坑壁不详,坑壁不平	80	58	╲	╲	55~64	深腹罐 AbⅡ,小口尊 Ab,豆柄		石铲,石锛		
H119	ⅠT7741	二里头三期?	椭圆形,坑壁较直,坑底较平	160	70	160	70	45	深腹盆 BⅠ,豆柄,爵足	鬶（盉）			
H121	ⅠT6636	二里头三期	椭圆形,西壁,平底	144	106	140	102	40	深腹罐 AbⅡ,圆腹罐 CaⅡ,盆 BⅢ,器盖 AaⅠ	✓			
H122	ⅠT6636	二里头三期	近似圆形,斜壁平底	166	160	140	140	117	深腹罐 AbⅡ、AcⅠ,圆腹罐 CaⅡ、CaⅢ,CcⅡ,深腹盆 AⅡ,平底盆 BⅠ,缸 AaⅡ,豆 AⅢ,罐盖 Ab,捏口罐 AaⅡ,小口尊 AⅠ,器盖 AaⅠ	鬶（盉）裆 1	石锛 Ba,骨锥,骨凿 A,蚌刀 A		

附表

续表

序号	探方	期别	形制与结构	尺寸 口部 长（长径）	尺寸 口部 宽（短径）	尺寸 底部 长（长径）	尺寸 底部 宽（短径）	深（坑底至坑口）	出土遗物 陶器 一般陶器	出土遗物 陶器 白陶	出土遗物 石、骨、蚌器	出土遗物 金属器	备注
H123	ⅠT6635	春秋晚期	椭圆形,直壁,平底	230	126	230	126	62	鬲 AaⅠ,豆 AⅡ				
H124	ⅠT6635	不晚于二里头三期或四期	椭圆形,斜壁,平底	185	>82	\	\	175					
H125	ⅠT6735	二里头二期	圆形,斜弧壁,斜坡状底	91	82	104	75	54	深腹罐 AbⅡ,缸 AaⅠ,盂,小口尊 A				
H126	ⅠT7742	二里头三期	长方形,直壁,底部不详	200	115	200	115	>215	深腹罐 AbⅡ,AcⅠ,CⅡ,圆腹罐 B,CaⅡ,CcⅠ,CdⅠ,鼎足,甑 AⅢ,深腹盆 AⅡ,豆 AⅡ,瓮 AⅡ,缸 AbⅡ,器盖 AaⅡ		骨锥 1		未发掘到底
H128	ⅠT7342	二里头四期	椭圆形,坑壁呈弧线,底部较平	286	231	307	252	186	深腹罐 AbⅡ,AbⅢ,AcⅡ,CⅠ,CⅡ,圆腹罐 AⅡ,CaⅡ,CbⅢ,CcⅢ,鼎 AⅡ,平底盆 AⅡ,豆柄 AⅡ,小口尊 AⅠ,尊 AⅡ,Ⅲ,瓮 BaⅡ,BbⅠ,BbⅡ,缸 AaⅠ,Ab,高领罐,敛口罐 AⅢ,杯		石铲 A,石镰 B,石刀。骨镞 Aa		
H129	ⅠT7342	二里头二至四期	形状不明,斜壁	>95	>35	\	\	>50					

续表

序号	探方	期别	形制与结构	尺寸 口部 长（长径）	尺寸 口部 宽（短径）	尺寸 底部 长（长径）	尺寸 底部 宽（短径）	深（坑底至坑口）	出土遗物 陶器 一般陶器	出土遗物 陶器 白陶	出土遗物 石、骨、蚌器	出土遗物 金属器	备注
H130	ⅠT7342	二里头二期	近圆形,斜直壁,坑底不平	残160	残76	残140	\	61	甑AⅡ,鼎AⅠ,圆腹罐CbⅡ				
H131	ⅠT6936	二里头三期	圆形,斜弧壁,平底	105	46	93	37	60	深腹罐AbⅡ,圆腹罐CaⅡ,鼎足,深腹罐捏口罐A	爵足1,鬶(或盉)档部1			
H133	ⅠT6936	二里头三期(?)	圆角方形,坑壁较直,平底	201	198	189	185	294	深腹罐AbⅡ,AbⅢ,AcⅠ,AcⅡ,BⅠ,BⅡ,CⅠ,圆腹罐CaⅡ,CaⅢ,CbⅠ,CbⅡ,鼎足,甑AⅡ,刻槽盆AⅢ,深腹盆AⅢ,AⅡ,BⅠ,鬶,小口尊Ab,瓮AaⅠ,BaⅢ,缸AbⅠ,器盖AaⅠ,高领罐,敛口罐AⅢ,捏口罐	带鋬鬶(近复原)1,爵足2等	石凿Ac,B,石斧,石刀。圆蚌片		
H134	ⅠT6736	二里头二期	近似半圆形,坑壁较直,坑底较平	170	114	160	100	80	圆腹罐CaⅡ,CaⅢ,陶垫	网坠			
H135	ⅠT7442	二里头二期	圆形,斜壁,圜底	90	70	\	\	115	深腹罐AbⅡ,圆腹罐CbⅡ,鼎AⅠ,豆柄,纺轮				
H136	ⅠT7442	二里头二期	圆角方形,壁近直,底部不平	220	80	200	75	215	深腹罐AbⅡ,圆腹罐CaⅠ,CbⅠ,深腹盆AⅡ,瓿,敛口罐AⅡ,捏口罐AⅠ	鬶(盉)			

续表

序号	探方	期别	形制与结构	口部 长（长径）	口部 宽（短径）	底部 长（长径）	底部 宽（短径）	深（坑底至坑口）	出土遗物 一般陶器	出土遗物 白陶	石、骨、蚌器	金属器	备注
H137	ⅠT7442	二里头二期	圆角方形，壁稍斜，底部近平	200	120	160	100	80	深覆罐 AbⅡ，圆腹罐 CaⅢ，深腹盆 AⅡ，圈足盘 B	鬶口 1，袋足残片，网坠 1，	石材		
H138	ⅠT7741	二里头二期？	不规则形，直壁，平底	120	90	120	90	30	捏口罐，敛口罐	鬶（盉），鬶			
H139	ⅠT7741	二里头二期	圆形，坑壁较直，坑底较平	260	140	260	140	130	深腹罐 AbⅡ，鼎足，深腹盆 AⅡ，器盖 AaⅠ，盉	爵 1	牙器 1		
H140	ⅠT7841	春秋时期	不规则形，坑壁较直，坑底较平	160	126	150	116	82	罐	爵足 1			
H141	ⅠT7841	二里头四期	不规则形，坑底不平，坑东部较浅，西部较深	180	98	180	98	90	深腹罐 AbⅡ，AcⅠ，圆腹罐 CbⅢ，CcⅢ，甑 AⅡ，腹盆 AⅡ，BⅠ，Cb，大口尊Ⅰ，Ⅱ，瓮 BbⅡ，D，捏口罐，杯		牙器 1		
H142	ⅠT7742	二里头三期	椭圆形，弧壁，袋状坑，坑壁内凹	50	45	20	20	75	深腹罐 AbⅡ，圆腹罐 CaⅡ-Ⅲ，CcⅡ，深腹盆 AⅢ，器盖		牙器 1		
H143	ⅠT7841	春秋中或晚期	椭圆形，坑壁较直，坑底较平	102	63	102	63	61	豆		牙器 1		
H145	ⅠT6836	二里头二期	圆形，斜直壁，圜底	150	150	/	/	180	深腹罐 AbⅡ，CbⅡ，CcⅡ，甑 AⅡ，深腹盆 AaⅠ，Ab，高领罐		骨笄 B	青铜刀	

续表

序号	探方	期别	形制与结构	口部 长（长径）	口部 宽（短径）	底部 长（长径）	底部 宽（短径）	深（坑底至坑口）	出土遗物 一般陶器	出土遗物 白陶	出土遗物 石、骨、蚌器	出土遗物 金属器	备注
H146	ⅠT4823	殷墟二期早段	圆形，袋状坑，坑壁内向斜壁，坑底较平	224	210	256	250	92~94	大口罐，甲Aa型鬲，甲AbⅡ式鬲，簋，BaⅡ型瓮，Bb型瓮，A型瓿，B型瓿，管状器		骨锥，骨簪		
H147	ⅠT4823	二里头五期	不规则形，北、东、西三壁稍直壁，南壁略向下内收呈斜坡状，底近平	/	/	/	/	168	深腹罐 AbⅡ、AcⅠ、AcⅡ、CⅡ，圆腹罐 CbⅡ、CcⅡ、CcⅢ、CcⅣ，鼎AⅢ鼎足，甑，三足盘AⅣ，豆AⅣ，大口尊Ⅰ、Ⅱ，瓮 Bb、BbⅡ，器盖 AⅡ、BaⅢ，敛口罐 AⅡ，杯	爵底1；盉（?）鋬，袋足及腹残片等	石刀Ab，石镞B。骨镞 Aa、B，骨刀，骨器柄，蚌镞C	青铜刀1	
H148	ⅠT4821	二里头四期(?)	形状不明，直壁，平底	250	104	250	104	50	深腹罐 AcⅡ、CⅡ，深腹盆 BⅢ，捏口罐 A，瓮，BaⅢ				
H149	ⅠT4821	二里头四期(?)	不规则形，坑壁较直，底呈阶梯状	160	100	160	100	60	深腹罐 AcⅠ、CⅡ，器盖纽		石铲 Bb		
H150	ⅠT4821	二里头四期	椭圆形，坑壁较直，底部微内凹	400	240	400	240	30~50	深腹罐 AbⅡ-Ⅲ、AcⅠ，鼎 A，圆腹罐 AⅡ、CaⅢ、CcⅢ，深腹盆 AⅡ、BⅡ，豆 AⅢ，敛口尊 AⅡ，高领罐，小口尊 Aa，大口尊 A、Ba、BbⅡ，缸 Ab，陶垫				

续表

序号	探方	期别	形制与结构	口部 长(长径)	口部 宽(短径)	底部 长(长径)	底部 宽(短径)	深(坑底至坑口)	出土遗物 陶器 一般陶器	出土遗物 陶器 白陶	出土遗物 石、骨、蚌器	出土遗物 金属器	备注
H151	ⅠT4721	殷墟二期晚段	椭圆形,坑壁较直,坑底较平	124	120	122	120	65	高甲Bb,簋				
H152	ⅠT4721	二里头三期到四期	圆形,坑壁较直,平底	62	84	60	84	45	圆腹罐CaⅡ,深腹盆AⅢ,BⅡ				
H153	ⅠT4721	二里头三期到四期	圆形或者椭圆形,坑壁较直,底部略呈锅底状	80	46	75	40	50	深腹罐 Ab Ⅲ,圆腹罐 CcⅢ,捏口罐,缸C				
H154	ⅠT4721	二里头三期至四期	椭圆形,斜壁,圜底	200	130	\	\	205	深腹罐 AbⅢ,CⅡ,圆腹罐 AⅡ,深腹盆 BⅡ,豆柄,高领罐,簋圈足	√			
H156	ⅠT4719	二里头二期	圆角方形,直壁,底近平	300	280	300	280	70~80	深腹罐 AbⅡ,圆腹罐 CaⅡ,CcⅡ,刻槽盆,捏口罐,豆,小口尊 Ab,缸和器盖等				可能为(半)地穴式房址
H157	ⅠT4719	二里头五期	形状不明,斜壁,平底	300	122	200	70	50	尊				
H158	ⅠT7542	殷墟二期早段	椭圆形,斜壁,微呈袋状坑,平底	192	144	202	154	150	瓿B,高甲Aa,甲AbⅡ,乙Aa,瓮Aa,豆A,簋		石斧,石刀,石球		
H159	ⅠT7542	二里头二期	椭圆形,壁微斜,底部较平	100	96	80	77	70	深腹罐 AbⅡ,盉	鬶流、鬶鋬、鬶(盉)1等			
H160	ⅠT7542	不明	近圆形,直壁,平底	90	75	90	75	26					

续表

序号	探方	期别	形制与结构	口部 长（长径）	口部 宽（短径）	底部 长（长径）	底部 宽（短径）	深（坑底至坑口）	出土遗物 一般陶器	出土遗物 白陶	出土遗物 石、骨、蚌器	出土遗物 金属器	备注
H166	ⅠT6636	二里头三期	长方形,直壁,平底	166	96	146	85	150	深腹罐 AbⅡ、圆腹罐 CbⅡ、CaⅡ、CbⅡ、CcⅠ、鼎 AⅠ、Ba、Bb、Bc、深腹盆 AⅡ、BⅡ、豆 AⅢ、缸 AaⅡ、器盖 Aa、AbⅠ、敛口罐 AⅡ、捏口罐 A	爵 流 1,鬶（盉）裆及袋足等	石钺		
H167	ⅠT6636	二里头二期	不规则形,斜壁,平底	300	260	270	230	88	深腹罐 AbⅡ、圆腹罐 AⅡ、CaⅠ、CaⅡ、CaⅢ、CbⅡ、CcⅠ、CcⅡ、鼎 AⅠ、深腹盆 AⅡ、平底盆 AⅠ、小口尊、圈足盘 B、豆 AⅡ、小盆、盂、器盖 Aa、Ab、小罐、高领罐、敛口罐 AⅡ、B、捏口罐 AⅠ	鬶（盉）1,爵底 2 流 1	石饼 Aa。骨簪 A		
H168	ⅠT7742	不晚于二里头二期	近圆形,弧壁,圜底	225	/	/	/	25					
H170	ⅠT6935	不早于春秋	圆形,弧壁,底不平	119	/	/	/	52					
H171	ⅠT6935	不早于春秋	圆形,弧壁,底不平	>80	/	/	/	36					
H173	ⅠT6935	不晚于春秋中晚期	长条形,斜壁,底近平	>182	>57	/	/	44					
H174	ⅠT6935	不明	近圆形,直壁,圜底	>65	/	/	/	59					

附表

续表

序号	探方	期别	形制与结构	口部 长（长径）	口部 宽（短径）	底部 长（长径）	底部 宽（短径）	深（坑底至坑口）	出土遗物 一般陶器	出土遗物 白陶	出土遗物 石、骨、蚌器	出土遗物 金属器	备注
H175	ⅠT6935	不晚于春秋	近圆形，直壁，平底	80	／	／	／	40					
H176	ⅠT6935	不晚于春秋	椭圆形，斜壁，底近平	>230	>70	／	／	45					
H177	ⅠT6935	不明	椭圆形，直壁，底近平	>100	>85	／	／	75					
H178	ⅠT6935	二里头三期	椭圆形，斜壁，圜底	80	50	30	25	72	深腹罐 Ac Ⅰ，圆腹罐 CaⅡ，深腹盆				
H180	ⅠT7841	二里头四期	不规则形，坑壁较直，坑壁较平	134	102	134	102	78	深腹罐 BⅡ，CⅡ，圆腹罐 CbⅢ，CcⅢ，鼎 Bc，甑 AⅢ，鬲，深腹盆 AⅢ，BⅡ，大口尊 AaⅡ，缸 AbⅡ		石铲 Bb，石凿 Ab，石镰 Ab，石刀		
H181	ⅠT6635	春秋晚期	圆形，坑壁较直，平底	94	94	90	90	46	鬲 AaⅡ，盆 Ab				
H182	ⅠT6635	二里头时期	圆形，直壁，平底	120	112	120	112	80	豆 A，盅				
H183	ⅠT6635	不晚于二里头时期	近椭圆形，弧壁，平底	>100	>25	／	／	42					
H184	ⅠT7036	不早于二里头四期	椭圆形，斜直壁，锅底状	180	46	120	／	98	盅				
H185	ⅠT7741	二里头二期	近长条形，斜壁，底不平	>240	>130	／	／	20~49	深腹罐 AbⅡ，BⅡ，深腹盆 AⅡ，器盖 AaⅠ	鬶（盉）、盉顶，扇贝形陶片1			
H188	ⅠT7441	二里头二期（?）	不规则形，坑壁较直，底部不规则	残长174	残宽158	／	／	26~42	深腹罐 AbⅡ，器盖钮				
H189	ⅠT7541	二里头二期	长方形，斜壁，平底	>210	112	>205	107	55	圆腹罐 CbⅡ，CcⅡ，刻槽盆、瓮 AⅡ，器盖 AaⅠ	鬶（盉），爵鋬1			

续表

序号	探方	期别	形制与结构	口部 长(长径)	口部 宽(短径)	底部 长(长径)	底部 宽(短径)	深(坑底至坑口)	出土遗物 一般陶器	出土遗物 白陶	出土遗物 石、骨、蚌器	出土遗物 金属器	备注
H191	ⅠT7341	二里头二期	椭圆形,壁略直,底不平整	残长194	94	残长194	94	60~66	圆腹罐 CbⅡ				
H192	ⅠT7841	殷墟二期	近似椭圆形,坑壁较直,坑底不平	152	90	152	90	40	高足、盆 Aa	√			
H193	ⅠT7841	二里头四期	不规则形,坑壁较直,坑底不平,北高南低	206	196	206	145	122		√			
H194	ⅠT6836	二里头二期	圆形,斜壁,圜底,呈锅底状	168	88	/	/	86		√			
H195	ⅠT6836	二里头二期	长方形,斜壁,底不平,西北部有一高台	230	230	230	200	140	刻槽盆 AⅠ,深腹盆 AⅡ,小口尊 A				
H196	ⅠT7036	二里头四期	近圆形,盆状底,坑壁较直,坑底较平	146	158	126	120	43	深腹罐 Ab Ⅱ,圆腹罐 CaⅡ,刻槽盆 AⅢ,深腹盆 AⅡ,豆 AⅢ		蚌饰1,牙饰1		
H197	ⅠT7036	春秋晚期	椭圆形,直壁,平底	>161	>85	/	/	50	罐 Ba				
H198	ⅠT7036	二里头时期?	圆形,斜壁,平底	110	/	/	/	30					
H199	ⅠT7036	二里头二期	椭圆形,壁斜直,底部不平	246	100	100	60	53	深腹罐 AcⅠ,圆腹罐 CaⅡ,CbⅡ,Cc Ⅱ,深腹盆 AⅡ,敛口罐 AⅢ,盅				

续表

序号	探方	期别	形制与结构	尺寸 口部 长(长径)	尺寸 口部 宽(短径)	尺寸 底部 长(长径)	尺寸 底部 宽(短径)	深(坑底至坑口)	出土遗物 陶器 一般陶器	出土遗物 陶器 白陶	出土遗物 石、骨、蚌器	出土遗物 金属器	备注
H200	ⅠT7036	不晚于二里头二期	近圆形,斜壁,圜底	>100	\	\	\	91	豆柄				
H201	ⅠT7036	春秋时期	椭圆形,弧壁,平底	>207	>57	\	\	25	鬲AⅡ,盆Cb,豆AⅡ				
H202	ⅠT7036	春秋至二里头四期	椭圆形,弧壁,底近平	>190	>30	\	\	51					
H203	ⅠT7036	春秋晚期	圆形,弧壁,圜底	120	\	\	\	31	鬲AaⅠ、AaⅡ,盆Ac、Cb,罐Ba,豆				
H204	ⅠT7036	不早于二里头四期?	椭圆形,壁较弧,底较平	130	72	80	40	60					
H205	ⅠT4721	二里头四期	近似长方形,坑壁斜直,平底	160	144	160	140	60	深腹罐AcⅠ-Ⅱ、CⅡ,圆腹罐CbⅡ,鼎,深腹盆AⅢ,豆AⅢ,高领罐	√			
H206	ⅠT4719	二里头五期	近圆形,盆形坑,斜直壁,平底	300	320	220	220	210	深腹罐AbⅡ、AbⅢ、AcⅡ、BⅠ、圆腹罐AⅡ、CaⅡ、CbⅣ、CcⅣ,鼎AⅢ,甑AⅡ、BⅡ,刻槽盆AⅣ,深腹盆BⅢ、BⅣ,小口尊A、B,大口尊Ⅱ、Ⅲ,BaⅢ,盆D,缸BⅡ、C,器盖钮A、B,敛口罐AⅡ,捏口罐AⅡ	√	石铲A、石斧Ab,石镰Aa,骨锥1,骨针1		

续表

序号	探方	期别	形制与结构	口部 长(长径)	口部 宽(短径)	底部 长(长径)	底部 宽(短径)	深(坑底至坑口)	陶器 一般陶器	陶器 白陶	石,骨,蚌器	金属器	备注
H207	ⅠT4719	二里头五期	椭圆形,斜壁,底部呈合阶状	286	250	130	140	122	深腹罐 AbⅡ,AbⅢ,AcⅠ,AcⅡ,CⅡ,圆腹罐 CcⅣ,CbⅣ,捏口罐,甗 BⅡ,甑 C,鼎 AⅢ,Bb,鼎足,深腹盆 AⅡ,BⅡ,BⅢ,豆 AⅣ,瓮 AⅡ,高领罐,Bb Ⅱ,器盖 AaⅡ,高领罐,小罐,杯	盉(?)残片	骨锥 Ba,Bb,骨板		
H208	ⅠT4719	二里头四期(五期?)	圆角长方形,盆形坑,斜直壁,底微圜	250	176	240	168	70	圆腹罐 2,高领瓮 1,深腹盆 2,器盖 1		骨匕,骨板		
H209	ⅠT4719	二里头(五期?)	圆角长方形,斜直壁,底不平,西高东低	126	90	124	88	20~36	圆腹罐 CcⅢ,甑 C				
H212	ⅠT7742	不早于二里头三期	长条形,弧壁,圜底	>412	120	/	/	50					
H213	ⅠT7742	不早于二里头三期	椭圆形,弧壁,圜底	>143	>50	/	/	40					
H214	ⅠT7742	不早于二里头三期	椭圆形,弧壁	225	>84	/	/	>75		袋足 1			
H217	ⅠT4721	二里头一期	不规则形,坑壁被打破,坑底不平,东高西低	325	190	/	/	60	深腹罐 AⅠ,鼎,甑 AⅠ,瓮 AⅠ	√			

附 表

续表

序号	探方	期别	形制与结构	口部 长(长径)	口部 宽(短径)	底部 长(长径)	底部 宽(短径)	深(坑底至坑口)	一般陶器	白陶	石、骨、蚌器	金属器	备注
H218	ⅠT4822	殷墟二期早段	近似圆形,斜壁,坡度较缓,圜底	90	136	30	25	42	鬲足,器盖盖钮				
H219	ⅠT4822	殷墟二期早段	略圆形,斜壁,圜底	170	132	120	100	42			蚌镰,蚌锯		
H220	ⅠT4822	殷墟二期早段	不规则形,斜壁,底较平	210	110	120	80	50	鬲甲AbⅡ				
H221	ⅠT4822	不早于殷墟	长条形,斜壁,底不平	>210	>78	\	\	20~25					
H222	ⅠT4822	不早于殷墟	长条形,斜壁,底不平	230	>80	\	\	65					
H223	ⅠT4822	不早于殷墟	椭圆形,弧壁,圜底	>145	185	\	\	35					
H224	ⅠT6836	不早于春秋	形状不明,直壁,平底	>157	>130	\	\	37					
H225	ⅠT6836	不早于二里头三期	近圆形,直壁,平底	125	125	\	\	32					
H226	ⅠT6836	不早于二里头三期	椭圆形,直壁,平底	113	>39	\	\	25					
H227	ⅠT6836	不早于二里头三期	形状不明,弧壁,平底	>200	>113	\	\	23					
H230	ⅠT6836	不早于春秋	椭圆形,直壁,平底	>100	45	\	\	15					
H231	ⅠT6836	不晚于二里头三期	椭圆形,直壁,平底	>55	60	\	\	19					
H232	ⅠT6836	二里头时期二期(不晚于二里头二期)	椭圆形,斜弧壁,坡度较缓,底较平	230	210	220	22	60	鼎足,捏口罐AⅠ	爵足1	蚌刀A		

续表

序号	探方	期别	形制与结构	口部 长(长径)	口部 宽(短径)	底部 长(长径)	底部 宽(短径)	深(坑底至坑口)	一般陶器	白陶	石、骨、蚌器	金属器	备注
H239	ⅠT7842	不早于二里头三期,不晚于东周	椭圆形,弧壁,底不平	>105	\	\	\	47	深腹罐 AbⅠ-Ⅱ,圆腹罐 CaⅡ,鼎 Bc,瓶底,深腹				部分延伸于北,西壁外
H240	ⅠT7842	二里头二期或略早	长条形,弧壁,底不平	>225	150	\	\	36	深腹罐 AbⅡ,AcⅠ,CaⅡ,圆腹罐 CbⅢ,CcⅢ,鼎 AⅡ,刻槽盆 AⅢ,深腹盆 AⅢ,BⅢ,大口尊Ⅱ		石铲 Ba		部分延伸于南壁外
H241	ⅠT7036	二里头四期?	不规则,直壁,平底	170	120	170	120	140	圆腹罐 Ca,Cb Ⅲ,Cc Ⅲ,捏口罐 AⅡ,缸 C		骨锥 Ba		
H242	ⅠT4720	二里头五期	椭圆形,直壁,底不平	200	100	\	\	57～77	条砖,布纹瓦片,瓮				
H243	ⅠT7642	汉代	长方形,壁较直,底平	220	100～110	220	100～110	80					
H244	ⅠT7642	不早于东周	椭圆形,弧壁,圜底	205	>27	\	\	52					
H245	ⅠT7642	不晚于东周	椭圆形,弧壁,圜底	97	>65	\	\	30					
H246	ⅠT4720	二里头五期	椭圆形,直壁,底不平	112	80	110	76	36	缸				
H247	ⅠT4720	二里头五期	不规则,坑壁被打破,底呈锅底状	150	94	\	\	56～86	深腹罐 AbⅢ,深腹盆 BⅣ,大口尊Ⅱ				
H248	ⅠT7036	二里头时期	圆形,斜壁,圜底	>80	\	\	\	50					
H249	ⅠT4822	殷墟二期早段	椭圆形,斜壁,坡度较缓,底呈二级台阶	400	260	400	150	125	瓮 Bb,碗 A		骨锥。石斧,石凿		
H251	ⅠT7441	二里头二期或略早	椭圆形,直壁,盆形底	164	70	164	70	165	深腹罐 AbⅡ,深腹盆 AⅡ,小口尊 B,缸 AaⅠ,盏		石刀 C		

续表

序号	探方	期别	形制与结构	尺寸						出土遗物				备注
				口部		底部		深		陶器		石、骨、蚌器	金属器	
				长（长径）	宽（短径）	长（长径）	宽（短径）	（坑底至坑口）		一般陶器	白陶			
H252	ⅠT7441	二里头一期？	圆筒状，坑壁较直，底不平	残长70	\	残长70	\	40		圆腹罐，豆	鬹（盉）	骨针1，骨锥1，骨器1，蚌刀1，蚌币3。石斧		
H253	ⅠT4720	二里头五期	椭圆形，弧壁，底不平	380	170	\	\	50～140		深腹罐 AbⅡ, AbⅢ, AcⅠ, AcⅡ, CⅠ, 圆腹罐 CbⅢ, CcⅢ, CcⅣ, 鼎 AⅢ, Bb, 甑 AⅢ, 深腹盆 BⅢ, 大口尊Ⅲ, 三足盘, 缸 BⅡ		石镰 Bb, 骨匕 A		
H254	ⅠT4720	二里头五期	椭圆形，直壁，平底	165	93	163	90	60		深腹罐 AbⅡ, 大口尊				
H255	ⅠT4720	二里头四期？	不规则形，坑壁已完全被打破，底不平	200	220	205	230	80～88		圆腹罐 CaⅡ, 深腹盆 BⅡ, 豆 Ba, 器盖纽	绳纹圜底 I			
H257	ⅠT4720	二里头时期（不晚于四期）	不规则形，直壁，斜底	174	63～80	\	\	56～75						
H259	ⅠT6935	不晚于春秋	椭圆形，直壁，平底	155	>45	\	\	30						
H260	ⅠT6736	二里头二期？	椭圆形，斜壁，平底	100	80	78	63	50		三足盘，觚 I	∨			
H261	ⅠT7442	二里头二期	椭圆形，弧壁，圜底	137	99	\	\	不明		深腹罐 AbⅡ, 鼎足, 瓮 AⅡ	鬹（盉）袋足1, 爵鋬1			
H263	ⅠT7442	二里头二期	近长方形，直壁，平底	222	100	222	100	不明		深腹罐 AbⅡ, 缸 AaⅠ	鬹1			

附表八　2005年南洼遗址墓葬登记表

编号	探方号	方向	形制与尺度（厘米）						数量	人骨			随葬器物	葬具	时代	备注
			形状	口部长	口部宽	底部长	底部宽	深（墓底至墓口）		性别	年龄	葬式				
M1	ⅠT6736	5°	带壁龛的长方形土坑竖穴墓，四壁竖直，墓底较平。壁龛位于西壁北部，直壁，弓壁顶。高78，宽80，进深20厘米	210	60~80	210	60~80	200	2	一男一女	男：老年；女：中年	男性为一次葬，位于墓室正中，仰身直肢，面向西；女性为二次葬，位于壁龛内，仰身，面向上	5枚铜钱，5块镇墓石，1块筒瓦	男性有木棺，棺痕长180，宽48~58；女性无葬具	金代	5块镇墓石中有四块带字
M2	ⅠT6835	近南北向	圆角长方形，南端略窄	240	50~94										金元？	未发掘
M3	ⅠT6735	15°	带壁龛的长方形土坑竖穴墓，东西壁竖直，南北壁略内收，墓底较平。墓室东壁偏北处有一壁龛，弓壁顶，高97，宽84，进深44厘米	240	79~89	220	79~89	158	2	一男一女	女：中年	男性为一次葬，位于墓室正中，仰身屈肢，面向西；女性为二次葬，仰身，面向上	瓦（带朱色符记）1，5块镇墓石，2枚铜钱	男性有木棺，棺痕长164，宽38~45，厚2~5厘米；女性无葬具	金代	五块镇墓石均带字

续表

编号	探方号	方向	形制与尺度（厘米）						人骨				随葬器物	葬具	时代	备注
			形状	口部长	口部宽	底部长	底部宽	深 墓底至墓口	数量	性别	年龄	葬式				
M4	ⅠT6936	15°	长方形砖室墓，直壁，底近平。墓室南北两端各有横向侧立的完整青砖一块，东西两侧幼儿腿部各有残损的侧立青砖一块。其上覆盖完整板瓦一块及残瓦两块	89	34	84	32	17	1		儿童	仰身直肢，两臂置于身体两侧，保存不佳	无	瓦棺	东周？	
M5	ⅠT7441	0°	灰坑葬。平面为椭圆形，壁近直，平底	250	180	250	180	40	2	女	儿童	一个为仰身直肢，另一为仰身屈肢。面均向上	无	无	二里头三期或四期	填土中出有白陶网坠
M6	ⅠT6735	200°	长方形土坑竖穴墓，四壁较直，墓底较平	150	40~52	150	40~52	11	1	男	少年	侧身直肢，面向东	无	无	二里头时期	
M7	ⅠT7442	194°	长方形土坑竖穴墓，四壁较直，墓底较平	200	80	200	80	90	1	女	成年	仰身直肢，面向东，两手交叠于腹部	无	无	殷墟二期	在人骨的左小腿旁有一殉狗，呈卧姿，头向北，面朝西
M8	ⅠT6736	5°	长方形土坑竖穴墓，直壁平底	残长150	45~60	残长150	45~60	50	1	女	壮年	仰身直肢，面向上	无	无	二里头三期	在头骨右方有5个小白石头,1个小红石头

续表

编号	探方号	方向	形制与尺度（厘米）						人骨				随葬器物	葬具	时代	备注
			形状	口部长	口部宽	底部长	底部宽	深墓底至墓口	数量	性别	年龄	葬式				
M9	ⅠT6836	5°	长方形土坑竖穴墓，直壁平底	240	110	240	110	300	1	女	中年	仰身直肢葬，面向上，双手交叉置于腹部	陶器1，铜带钩1	一椁一棺	春秋晚期	
M10	ⅠT4821	296°	长方形土坑竖穴墓，四壁较直，底部近平，中部有腰坑	210	70	210	70	15	1	女	青年	仰身直肢，面向西南	无	无	殷墟二期	腰坑内有殉狗，头向东南
M11	ⅠT6736	5°	长方形土坑竖穴墓，直壁平底	240	95	240	95	240	1	女	壮年	仰身直肢，面向上，两手置于腹部	无	两椁一棺。外椁长224，宽95，厚6	殷墟二期	
M12	ⅠT6836	南北向	长方形，直壁	>205	105										金元时期？	未发掘到底
M13	ⅠT6935	南向	土洞墓，带长方形竖穴墓道	墓道>150	墓道>35			墓道>110								未发掘到底
M14	ⅠT6735	南北向	土洞墓，带长方形竖穴墓道，空心砖封门	墓道>200	墓道>20			墓道>320					空心砖2		汉？	发掘未到底
M15	ⅠT6836	南北向	长方形，直壁	>20	84											未发掘

附表九　2006年南洼遗址灰坑登记表

序号	探方	期别	形制与结构	口部长(长径)	口部宽(短径)	底部长(长径)	底部宽(短径)	深(坑底至坑口)	出土遗物 一般陶器	出土遗物 白陶	出土遗物 石、骨、蚌器	出土遗物 金属器	备注
H1	ⅡT6201	汉代	近似椭圆形,坑壁斜直,坑底较平	264	160	216	114	93					
H2	ⅡT6202	汉代	近长条形,斜弧壁,底近平	190	>60	/	/	34	空心砖,条砖,板瓦,筒瓦				
H3	ⅡT6201	汉代	圆形,坑壁略向内收,坑底较平	145	62	128	52	26	板瓦				
H4	ⅡT6201	汉以后?	略呈不规则形,坑壁斜直,坑底不平,有一个小台阶	168	100	146	86	59					
H5	ⅡT6202	汉代	近长方形,斜壁,底近平	>160	>90	/	/	175	条砖,画像心砖				
H6	ⅡT6201	汉以后?	近似椭圆形。坑壁直,坑底较平	210	160	210	160	24				铁锚	
H7	ⅡT6201	二里头二期	近似椭圆形,坑壁较直,坑底较平	152	90	152	90	36	深腹罐AbⅡ、CⅠ,圆腹罐AⅡ、CaⅡ				
H8	ⅡT6201	汉以后?	略呈长方形,坑壁较直,坑底较平	92	72	92	72	32					
H9	ⅡT6201	汉代	形状不明,坑壁较直,坑底较平	120	100	120	100	38	板瓦4,盆1,空心砖1,			铜钱	
H10	ⅡT6101	二里头二期	圆形,坑壁较直,坑底较平	120	110	120	90	62	深腹罐AaⅡ,鼎AⅠ,高领罐		石凿2,石器坯3		
H11	ⅡT6202	汉代?	形状不明,壁呈台阶状,底不平	>106	>60	/	/	160					

续表

序号	探方	期别	形制与结构	尺寸 口部 长(长径)	尺寸 口部 宽(短径)	尺寸 底部 长(长径)	尺寸 底部 宽(短径)	深(坑底至坑口)	出土遗物 陶器 一般陶器	出土遗物 陶器 白陶	出土遗物 石、骨、蚌器	出土遗物 金属器	备注
H12	ⅡT6101	金元?	近长方形,斜壁,平底	107	>60	\	\	35	罐,釉陶,板瓦			铁刀1	
H13	ⅡT6201	二里头二期或略早	近长方形,直壁,底不明	>200	122~156	\	\	>80	深腹罐 Aa、Ab Ⅱ,圆腹罐 AⅠ-Ⅱ、CaⅡ,刻槽盆 AⅠ,豆,小口尊,盅		石刀,石镰,A型骨簪,B型骨簪,Aa型骨镞		
H14	ⅡT6202	二里头二期	近椭圆形,直壁,平底	>97	>73	\	\	87	盘A,深腹盆 AⅡ、AbⅡ,平底盆 AⅠ,豆,Ba、Bb,三足盘Ⅰ	鹰			
H15	ⅡT6202	二里头二期	近椭圆形,直壁,平底	>220	>147	\	\	76	深腹罐 AbⅡ,圆腹罐 CaⅡ、CcⅡ,深腹盆 AⅡ,豆 AⅠ,瓮,三足盘				
H16	ⅡT6201	二里头二期或略早	近似长方形,坑壁较直,坑底较平	234	182	198	180	90	圆腹罐 AⅡ、CaⅡ、CaⅢ,深腹盆 AbⅡ、AbⅡ,高领罐,刻槽盆 AⅠ,小口尊 A、Aa、Ab,盂,器足,平底盆 AⅠ,深腹盆				
H17	T9	汉代	近似长方形,斜壁,圆底,坑底较平	320	120	\	\	55	砖,瓦				
H19	ⅡT6205	二里头二期	椭圆形,直壁,内收,平底	250	80	240	70	85	深腹罐 AbⅡ,圆腹罐 CaⅡ,深腹盆 AⅠ,平底盆 AⅠ				
H20	T9	不明	略呈椭圆形,直壁,平底,坑底较平	100	68	\	\	14					

续表

序号	探方	期别	形制与结构	尺寸 口部 长（长径）	尺寸 口部 宽（短径）	尺寸 底部 长（长径）	尺寸 底部 宽（短径）	深（坑底至坑口）	出土遗物 陶器 一般陶器	出土遗物 陶器 白陶	出土遗物 石、骨、蚌器	出土遗物 金属器	备注
H21	ⅡT6305	二里头二期	形状不明，斜直壁，坑底较平	160	90	150	80	44	捏口罐 AⅠ，敛口罐 AⅡ				
H22	ⅡT6205	二里头四期	近似椭圆形，坑壁较直，圜底	276	170	276	170	80	深腹罐 Ab Ⅲ、AcⅠ、AcⅡ、圆腹罐 AⅡ、CaⅡ、CcⅡ、小口尊 Aa、大口尊Ⅰ、深腹盆 BⅠ、小盆Ⅰ、罐、盖纽、缸 AaⅠ		石斧		
H24	ⅡT6205	二里头二期	圆形，坑壁斜直，坑底较平	280	/	270	/	45	深腹罐 Aa、AbⅡ、圆腹罐 CaⅡ、鼎 AⅠ、捏口罐 AⅠ、圈足盘 B	∨			
H25	ⅡT6304	二里头二期?	椭圆形，直壁，底近平	210	137	/	/	26	深腹盆 AⅡ				
H26	ⅡT6204	二里头二期	椭圆形，弧壁，平底	>120	150	/	/	38	圆腹罐 AⅡ、CaⅡ、CbⅡ、深腹盆 AⅡ、瓮 BaⅡ、器盖纽、盉流、豆柄				
H27	ⅡT6304	二里头时期（不早于二期）	近圆形，直壁，直腹	219	171	/	/	30	深腹罐 AbⅡ、AcⅠ、圆腹罐 CbⅡ、刻槽盆、三足盘、瓮 AⅡ				
H28	ⅡT6204	二里头二期	椭圆形，直壁，地近平	193	>86	/	/	98	深腹罐 AbⅡ、刻槽盆、小口尊	∨			
H29	ⅡT6205	二里头二期	近似椭圆形，坑壁斜直，坑底较平	270	160	160	150	45	深腹罐 AbⅡ、三足盘Ⅱ、豆柄、圆陶片、盏		石铲1，石刀1，石镰1。骨针、锥、凿		

续表

序号	探方	期别	形制与结构	口部 长(长径)	口部 宽(短径)	底部 长(长径)	底部 宽(短径)	深(坑底至坑口)	一般陶器	白陶	石、骨、蚌器	金属器	备注
H30	ⅡT6305	二里头四期	形状不明,坑壁斜直,坑底较平	300	256	290	245	70	深腹罐 AcⅠ、CⅡ、D,圆腹罐 CaⅡ、CbⅡ,鼎 AⅠ,大口尊Ⅱ,平底盆				部分伸入探方外
H31	ⅡT6305	二里头二期	长方形,直壁,平底	202	160	202	160	75	深腹罐 AbⅡ、CⅡ,圆腹罐 CaⅠ、CaⅡ,鼎 AⅠ,甑 C,豆 Ba,缸 C,高领罐				
H33	ⅡT6306	二里头三期	形状不明,斜壁,平底	110	80	95	55	66	深腹罐 AbⅡ、AcⅠ,圆腹罐 CaⅡ,高领罐				部分压在隔梁下,形状不明
H34	ⅡT6306	二里头三期或四期	近椭圆形,斜壁内收,直壁	240	65	180	35	50	深腹罐 BⅡ,圆腹罐 CaⅣ,缸 B				
H35	ⅡT6206~6306	二里头四期	近似圆形,坑壁斜直,圜底	165	120	\	\	100	深腹罐 BⅡ,圆腹罐 CaⅡ,大口尊,捏口罐 AⅡ,三足盘				
H36	ⅡT6306	二里头三期	形状不明,斜直壁,坑底较平	170	60	156	50	50	深腹罐 AbⅡ、AcⅠ,圆腹罐 CaⅡ、CaⅢ,小口尊 Aa	∨	石铲1		
H37	ⅡT6206	二里头四期	形状不明,斜直壁,坑底较平	残70	\	\	\	40	圆腹罐 CbⅡ、CbⅢ,深腹罐 CⅡ				
H38	ⅡT6306	二里头二期	近椭圆形,斜壁,坑底较平	190	110	180	105	45	深腹罐 AbⅡ,圆腹罐 CbⅡ	∨			
H39	ⅡT6206-6306	二里头二期	近椭圆形,斜壁内收,坑底较平	175	95	\	\	70	深腹罐 AbⅡ,圆腹罐 CaⅡ,缸 AbⅠ				

续表

序号	探方	期别	形制与结构	尺寸 口部 长(长径)	尺寸 口部 宽(短径)	尺寸 底部 长(长径)	尺寸 底部 宽(短径)	深(坑底至坑口)	出土遗物 陶器 一般陶器	出土遗物 陶器 白陶	出土遗物 石、骨、蚌器	出土遗物 金属器	备注
H40	ⅡT6206	二里头二期	近似椭圆形，斜壁圆底，且底两端下有一小坑，较深	365	235	\	\	220	深腹罐 AbⅡ、AbⅢ、AcⅠ，圆腹罐 CaⅡ，刻槽盆 AⅡ，深腹盆 AⅢ，敛口罐 AⅢ，瓮 AⅡ，小口尊 Aa，缸 BⅠ，壶				
H41	ⅠT4717	二里头时期	长方形，斜壁，圆底	309	149	\	\	52	深腹罐 AbⅡ，深腹盆 AⅡ	∨			
H42	ⅡT6306	二里头二期	近圆形，直壁略内收，坑底较平	250	210	250	210	50	深腹罐 AbⅡ，圆腹罐 AⅡ、CaⅡ、CcⅡ，鼎足，深腹盆 AⅢ	∨			
H43	ⅠT4717	殷墟一期	形状不明，斜壁，平底	178	100	168	90	45					部分伸入探方外
H44	ⅠT4618	二里头二期	椭圆形，弧壁，平底	262	206	220	166	46	刻槽盆 AⅠ，小口尊 A				
H45	ⅠT4618	二里头二期	不规则形，坑壁较直，坑底较平	285	280	276	272	24	深腹罐 AbⅡ，深腹盆 AⅡ，缸 Ab				
H47	ⅠT4618	二里头二期或略早	圆角长方形，斜壁，平底	200	94	186	80	50	深腹罐 BⅠ，圆腹罐 AⅡ、CaⅡ，鼎足，豆柄				
H48	T9	殷墟二期晚段	圆形，直壁，圆底	55	55	\	\	22					
H49	T9	殷墟二期晚段	圆形，直壁，平底	175	86	175	86	132~152	盆 Aa、B，罐底				
H50	T9	殷墟二期晚段	圆形，直壁，较低	210	162	210	162	180	盆 B；甑乙 B；豆；瓮 Ab、Ba				

附表一〇 南洼遗址窑址

编号	位置	操作坑	窑门	火膛						
				形状	长	宽	深	窑柱	底部	周壁
2004Y1	ⅠT7041西部,部分伸入ⅠT6941	可能位于火膛南侧	可能位于火膛南端上方	鸭梨形。北部被窑柱隔为东西两部分	200	145	50~70	位于火膛的北部。呈长方形,南北长54、东西宽27、高60厘米	南部较低平,向北抬起呈斜坡状	壁厚15~25,内部青灰色,外部砖红色
2004Y2	ⅠT6940东南	可能位于火膛西侧	可能位于火膛西端上方	马蹄形,东部被窑柱隔为南北两部分	200	134	45~70	位于火膛东半部。呈长方形,东西长116、南北宽30、高30~70厘米	底较平,东部略高	西壁呈圆弧形,另外三壁较直。由下至上内收,壁厚16~22,内侧为青色,外侧为红色
2004Y3	ⅠT6641北部偏东	近圆形,直径90、深42厘米,平底	拱形。高约45、宽40、进深16~24。周壁由青色烧土和红色烧土构成,烧结厚3~5	位于窑室前方,呈"凸"字形	39~48	36~74	底至窑床深44		底较平,为红色烧土面	青灰色烧结面
2004Y4	ⅠT7037中部	可能位于火膛北侧	可能位于火膛北端上方	马蹄形						
2004Y5	ⅠT6741东北部	应位于火膛东侧		位于窑室东侧						
2005Y1	可能位于火膛北端上方	可能位于火膛北端上方	可能位于火膛北端上方	鸭梨形,南部被窑柱隔为东西两部分	200	127	90	位于Y1的南部,呈长方形,长79、宽30~36、残高90厘米	底较平,为红色烧土面	东西壁略弧,南壁呈斜坡状。内壁为青灰色,外侧为红色,厚约13厘米
2005Y2	ⅠT7341中部			马蹄形	125	71	\			
2005Y3	ⅠT6836东部			不规则形	100	80	20			
2005Y4	ⅠT6935			近方形	62~70		5~12			
2005Y5	ⅠT6936			不规则形	50	35	23			
2005Y6	ⅠT7741中部			马蹄形	180	120	30	位于火膛东北,呈长方形,长106、宽40、高20厘米	平底	直径

附表

登记表 (单位：厘米)

窑室							烟道	出土遗物	期段	备注
形状	进深	宽	高	周壁	窑顶	窑箅				
					可能为穹隆顶	应在火膛之上，借助窑柱搭建		深腹罐 AbⅡ、BⅡ	二里头二期	竖穴式窑
					可能为穹隆顶	应在火膛之上，借助窑柱搭建		深腹罐 AbⅡ；圆腹罐 CaⅡ、CaⅢ、CcⅡ；深腹盆 Ca；器盖 AaⅠ；鼎 AⅡ	二里头二期	竖穴式，火膛内壁有许多狭长柳叶形的工具痕迹
窑室整体呈斗形，残存窑室上部平面近梯形	86~92	110~163	69	内侧为青灰色烧结面，厚2~3。外侧为红烧土	可能为穹隆顶		位于窑室北壁中部，向外突出。平面呈长方形，长28、宽20、残高52厘米。与窑床夹角78°	盆 Bb，鬲 AaⅠ，罐 Ba，豆盘 AⅠ，圆陶片，石镰	春秋中期	半倒焰式
										竖穴式，未发掘
近圆形										横穴式，未发掘
						倒塌在 Y1 内的窑箅箅厚约12以上，孔为圆角方形，径约5，间距不小于12厘米			二里头三期	竖穴式窑
									二里头时期（不晚于二期）	残存火膛底部
									不早于春秋	仅存炭黑色烧结面，推测为横穴式窑
									不早于春秋	仅存炭黑色烧结面，推测为横穴式窑
									不早于春秋	仅存炭黑色烧结面，推测为横穴式窑
								鼎足，甑，深腹盆 AⅡ，缸 AⅠ，器盖纽	二里头二期	竖穴式窑，未使用

编号	位置	操作坑	窑门	火膛						
				形状	长	宽	深	窑柱	底部	周壁
2005Y7	T9	平面呈长方形，长364、残宽220厘米，发现较多炭屑的地面								
2005Y8	T9	残存为半圆形，直壁，平底。残长156、残宽78、深32厘米								
2006Y9	T4717			近圆形，位于窑室南部	23	22	8		圜底	壁面为灰白色烧结面
2006Y1	ⅡT6205南部 ⅡT6206北部	应位于火膛南侧	可能位于火膛南端上方	马蹄形	120	120	30	位于火膛北部，长方形。长70、宽30~40、残高30	平底	内壁为青色烧结面，厚3。中部为红色烧土，厚2~3。外侧为富含料姜石的加固层，厚3厘米

续表

窑室							烟道	出土遗物	期段	备注
形状	进深	宽	高	周壁	窑顶	窑箅				
椭圆形	100	145	70	北壁外张呈袋状			位于窑室西部，平面呈长方形。长14、宽10、深5厘米	盆Aa	殷墟二期晚段	
椭圆形	70	52	36	斜壁，为厚约2厘米的红烧土					殷墟二期	
椭圆形	80	75	35	斜壁外弧，壁为厚约2厘米的红烧土				缸	殷墟二期	
								深腹盆AbⅡ，三足盘Ⅱ，平底盆	二里头二期	竖穴式窑，火塘内壁及窑柱侧面有竖向工具痕

附表一一　南洼遗址房址登记表

编号	位置	形状	结构	尺寸（厘米） 长	尺寸（厘米） 宽	尺寸（厘米） 深或残高	主要包含物	期段	备注
2004F1	T2中部偏西	不明	残存灶和部分活动面，其他结构不详。灶在活动面西北部	残398	残175	6~10	鬲甲Ba1，盆Aa	殷墟二期晚段	
2004F2	ⅠT7337中南部	现存范围近似椭圆形	现存墙壁，居住面，灶和红烧土堆积。灶在F2东北部	残164	残84	10		春秋中期	可能为半地穴式
2004F3	ⅠT6640东北部	不明	残存灶和居住面等。居住面为平整的红烧土面。其南侧有一个圆角长方形的灶坑	残294	残22~112	36		二里头时期	被H258、H259、M22打破严重，可能为地面式建筑
2004F4	ⅠT7438东南部	不明	现存部分墙壁、活动面和灶等。活动面呈长条状。灶在活动面东南部，近鞋掌形	残254	残84	5~21	罐	殷墟二期	
2005F1	ⅠT7341西南部	长方形	地面式建筑。现存居住面、柱洞以及两个圆形小坑等	残280	残223	不明		二里头二期	被Y2和H191打破

附表一二　南洼遗址灶登记表

编号	位置	方向	形状与结构	尺寸 长径	尺寸 短径	尺寸 深	尺寸 壁厚	填土	期段	备注
2004Z1	T1东北角	12°	葫芦形。灶壁圆弧而光滑。分为南北两部分，南端留有烟道。圜底	81	36	38	2~4	包含较多烧土块	春秋中晚期	
2004Z2	T2西部，F1内	253°	葫芦形。灶门向西南。灶底烧土呈台阶状，东高西低，厚2~4厘米。灶门宽21厘米	45	43	10	3~6	填土为红烧土和褐色黏土相杂	殷墟二期晚段	
2004Z3	T2西部扩方部分	0°	残存部分为圆形，圜底，底部为红烧土面。北部红烧土缺少一部分，推测为灶门	95	90	15	4~8	①层黄褐土；②层灰白色土，呈粉末状	殷墟时期	
2004Z4	ⅠT7237北部	长轴46°	残存部分呈长条形，圜底，南部红烧土缺一部分，可能灶门。灶底红烧土厚约为2.5厘米	86	30	37	2~8	黄褐色	春秋晚期	

续表

编号	位置	方向	形状与结构	尺寸 长径	尺寸 短径	尺寸 深	尺寸 壁厚	填土	期段	备注
2004Z5	ⅠT7337南部，F2内	118°	近似长方形，灶门向东，平底	57	33	27	3~5	红烧土和褐色黏土相杂	春秋中期	灶内倒塌的红烧土中散落有几块骨头
2004Z6	ⅠT7438东南部，F4内	180°	残存部分呈鞋掌状，平底。灶室较灶门略高，南部红烧土缺少一部分，推测为灶门。灶室呈穹隆顶，中部有圆形缺口	口70底42	口40底38	20	1.5~2	黑褐色	殷墟二期晚段	
2005Z4	ⅠT7036东北部	长轴180°	近椭圆形，弧壁，圜底	140	80	22		黑色	二里头三期	
2006Z3	ⅡT6306西部	244°	近长条形，弧壁，平底，灶门可能位于西南部被H37打破处。灶底烧土厚6厘米	90	90	12	5~10	黑褐色	二里头三期	

附表一三 南洼遗址水井登记表

编号	探方	期别	形制与结构	尺寸（厘米）口径	尺寸（厘米）底径	尺寸（厘米）深	出土遗物 一般陶器	出土遗物 白陶	出土遗物 石、骨、蚌器	出土遗物 金属器	备注
2004J1	ⅡT6502北部	二里头一期	圆角长方形，井壁呈束腰状，上半部分斜直，下半部呈袋状。井壁加工规整。井底近平	225×155	145×135	360	深腹罐AaⅠ、AbⅠ，圆腹罐AⅠ、CaⅠ、CaⅡ，甗AⅠ，刻槽盆AⅠ，三足盘Ⅰ，圈足盘A，觚Ⅰ，瓮A，缸AbⅠ，敛口罐AⅠ、AⅡ，盏，铲形器	√	石斧Ba、Bb。骨锥Ab、Bb，骨针	铜凿1	
2004J2	ⅠT7041北部，部分叠压在北隔梁下	二里头三期	井呈椭圆形，口大底小状，井壁斜直，部分因坍塌而凹凸不平。井的西壁光滑而规整，且自上而下排列着三个相隔20厘米的小坑，可能为脚窝。井底呈长方形	220×180	190×120	>400	深腹罐AbⅠ、AbⅡ、AcⅠ、CⅠ、CⅡ，圆腹罐AⅡ、CaⅡ、CaⅢ、CbⅠ、CbⅡ，鼎AⅡ，平底盆AⅠ，三足盘Ⅲ，圈足盘B，豆AⅢ、Ba，刻槽盆AⅡ，深腹盆AⅠ、AⅡ、BⅠ、BⅡ、BⅢ，盉，小口尊Aa，瓮AⅡ、Ba，缸AbⅠ、AbⅡ、BⅠ，器盖，高领罐，敛口罐AⅢ，捏口罐AⅡ，钵、盂、盏、陶纺轮、圆陶片	鬶（盉）鋬1袋足等，爵足3流1等，网坠1	石铲B。骨锥Aa，蚌凿，蚌锥	铜工具1	因遇到地下水，而未发掘到井底平面

附表一四　2004ⅠT6740H231 陶系纹饰统计表

陶质	夹砂			泥质		合计	百分比（%）
陶色 纹饰	灰	黑	红褐	黑	红褐		
绳纹	28	9	6			43	37.39
篮纹	3	1	3	37		44	38.26
附加堆纹	5		1			6	5.22
旋纹		1		2		3	2.61
素面	1	2	6	7	3	19	16.52
合计	37	13	16	46	3	115	100.00
百分比（%）	32.17	11.30	13.91	40.00	2.61	100.00	

附表一五　2004ⅠT6741H363 陶系纹饰统计表

陶质	夹砂				泥质			合计	百分比（%）
陶色 纹饰	灰	黑	褐	白	灰	黑	褐		
绳纹	224	87	78		32	5	6	432	70.24
篮纹	10	3			8	1		22	3.58
凸弦纹					13	8		21	3.41
凹弦纹					6	5		11	1.79
附加堆纹	15	2	3		6			26	4.23
乳钉及楔点纹				1				1	0.16
素面	18	5	3		44	26	6	102	16.59
合计	267	97	84	1	109	45	12	615	100.00
百分比（%）	43.41	15.77	13.66	0.16	17.72	7.32	1.95	100.00	

附表一六　2004ⅠT6840H228 陶系纹饰统计表

陶质	夹砂					泥质					合计	百分比（%）
陶色 纹饰	黑	灰	褐	红	白	黑	灰	褐	红	白陶		
绳纹	40	29	93	11		18	9	20	1		221	50.34
篮纹	18	24	27	17		4	16	2	1		109	24.83
方格纹	3		1			1	3				8	1.82
弦纹		2	1			6				2	11	2.51
附加堆纹			3			2					5	1.14
素面	6	3	3	4	8	19	14	19	4	5	85	19.36
合计	67	61	125	32	8	50	42	41	6	7	439	
百分比（%）	15.26	13.90	28.47	7.29	1.82	11.39	9.57	9.34	1.37	1.59		100.00

附表一七　2004ⅠT6841H208 陶系纹饰统计表

陶质	夹砂			泥质				合计	百分比（%）
陶色 纹饰	黑	灰	红褐	黑	灰	红褐	白陶		
绳纹	22	62	31	43	99	33		290	82.15
篮纹	2				3			5	1.42
附加堆纹	6	5	1	1	2			15	4.25
旋纹	1							1	0.28
弦纹	7	1			5			13	3.68
素面	6	5	2	10	4	1	1	29	8.22
合计	44	73	34	59	108	34	1	353	100.00
百分比（%）	12.46	20.68	9.63	16.71	30.59	9.63	0.28	100.00	

附表一八　2004ⅠT6940H71 陶系纹饰统计表

陶质	夹砂			泥质		合计	百分比（%）
陶色 纹饰	灰	黑	褐	灰	黑		
绳纹	513	5	298	6	2	824	91.15
附加堆纹	21		10			31	3.43
弦纹	13		4			17	1.88
素面	13	6	9		4	32	3.54
合计	560	11	321	6	6	904	
百分比（%）	61.95%	1.22%	35.51%	0.66%	0.66%		100.00%

附表一九　2004ⅠT6941H78 陶系纹饰统计表

陶质	夹砂		泥质		合计	百分比（%）
陶色 纹饰	灰	黑	灰褐	红褐		
绳纹	290	80	40	50	460	83.64
附加堆纹	22			2	24	4.36
弦纹	10	6			16	2.91
素面	14	25	5	6	50	9.09
合计	336	111	45	58	550	100.00
百分比（%）	61.09	20.18	8.18	10.55	100.00	

附表二○　2004ⅠT6941H136 陶系纹饰统计表

陶质	夹砂				泥质			合计	百分比（%）
陶色 纹饰	灰	黑	褐	红	灰	褐	红		
绳纹	145	47	70	2		8		272	72.73
篮纹		1						1	0.27
附加堆纹	9	1	2					12	3.21
弦纹	10	4			14			28	7.49
刻划纹							2	2	0.53
指甲纹	1							1	0.27
素面	30	7	3		18			58	15.51
合计	195	60	75	2	32	8	2	374	
百分比（%）	52.14	16.04	20.05	0.53	8.56	2.14	0.53		100.00

附表二一　2004ⅠT6941H163 陶系纹饰统计表

陶质	夹砂			泥质	合计	百分比（%）
纹饰 ＼ 陶色	灰	黑	褐	灰		
绳纹	255	90	137		482	86.07
素面	18	23	5	2	48	8.57
弦纹	10	6	3	8	27	4.82
附加堆纹	3				3	0.54
合计	286	119	145	10	560	
百分比（%）	51.07	21.25	25.89	1.79		100.00

附表二二　2004ⅠT7041H166 陶系纹饰统计表

陶质	夹砂				泥质				合计	百分比（%）
纹饰 ＼ 陶色	灰	黑	白	褐	灰	黑	白	褐		
绳纹	122	25	1	38	28	5		4	223	78.25
弦纹		1			1	8			10	3.51
素面	13	5	1	13	4	14	2		52	18.25
合计	135	31	2	51	33	27	2	4	285	100.00
百分比（%）	47.37	10.88	0.70	17.89	11.58	9.47	0.70	1.40	100.00	

附表二三　2004ⅠT7041H242 陶系纹饰统计表

陶质	夹砂			泥质				合计	百分比（%）
纹饰 ＼ 陶色	灰	黑	褐	灰	黑	褐	白		
绳纹	197	66	48	127	35	27	1	501	76.84
篮纹	1							1	0.15
弦纹				2	7			9	1.38
附加堆纹	7	4	3	6	5	1		26	3.99
素面	11	26	13	30	28	4	3	115	17.64
合计	216	96	64	165	75	32	4	652	
百分比（%）	33.13	14.72	9.82	25.31	11.50	4.91	0.61		100.00

附表二四　2004ⅠT7041J2 陶系纹饰统计表

陶质	夹砂			泥质					合计	百分比（%）
纹饰 ＼ 陶色	灰	黑	褐	灰	黑	褐	红	白		
绳纹	1899	104	154	309	22	17			2505	84.32
篮纹		5	1	5	1				12	0.40
弦纹	6	1		16	16	27			66	2.22
附加堆纹	14			2	1	1			18	0.61
素面	169	17	12	86	11	40	2	33	370	12.45
合计	2088	127	167	418	51	85	2	33	2971	
百分比（%）	70.28	4.27	5.62	14.07	1.72	2.86	0.07	1.11		100.00

附表二五　2004ⅠT7137H331 陶系纹饰统计表

陶质 陶色 纹饰	夹砂				泥质				合计	百分比（%）
	灰	黑	褐	白	灰	黑	褐	白		
绳纹	594	225	243		11	10	2		1085	84.11
篮纹					2	33			35	2.71
弦纹			1		22	24	2		49	3.80
素面			2	1	71	40	6	1	121	9.38
合计	594	225	246	1	106	107	10	1	1290	
百分比（%）	46.05	17.44	19.07	0.08	8.22	8.29	0.78	0.08		100.00

附表二六　2004ⅠT7138H379 陶系纹饰统计表

陶质 陶色 纹饰	夹砂			泥质				合计	百分比（%）
	灰	黑	褐	灰	黑	褐	白		
绳纹	335	10	34	78	12	8		477	73.50
篮纹	2	1		1				4	0.62
弦纹	13	1	2	3		1		20	3.08
素面	84	1	2	37	22	1	1	148	22.80
合计	434	13	38	118	35	10	1	649	
百分比（%）	66.87	2.00	5.86	18.18	5.39	1.54	0.15		100.00

附表二七　2004ⅡT6502H19 陶系纹饰统计表

陶质 陶色 纹饰	夹砂					泥质					合计	百分比（%）
	黑	灰	浅灰	褐	红	黑	灰	浅灰	褐	白色		
细绳纹				38							38	1.74
较细绳纹	39	149	189	653	5	28	59	11	152		1285	58.81
较粗绳纹	7	7	9	87	2		3	1			116	5.31
篮纹	11	2	5	18					7		43	1.97
方格纹						1					1	0.05
刻划纹			1			2					3	0.14
磨光						41	45		20		106	4.85
凹弦纹		15			1	31	12		15		74	3.39
凸弦纹						14			1		15	0.69
附加堆纹		4	1	64		38	1		1		109	4.99
指甲印纹						3					3	0.14
素面	7	3		21	4	162		17	119	59	392	17.94
合计	64	180	205	881	12	318	122	29	315	59	2185	
百分比（%）	2.93	8.24	9.38	40.32	0.55	14.55	5.58	1.33	14.42	2.70		100.00

附表二八 2004ⅡT6502J1 陶系纹饰统计表

单位：片

陶质	夹砂			泥质			合计	百分比（%）
陶色 纹饰	黑	灰	红褐	黑	灰	白		
绳纹	84	700	21		23		828	86.34
篮纹	12	8			43		63	6.57
方格纹				1			1	0.10
附加堆纹		19	1				20	2.09
素面				44		3	47	4.90
合计	96	727	22	45	66	3	959	
百分比（%）	10.01	75.81	2.29	4.69	6.88	0.31		100.00

附表二九 2004ⅡT6602H20 陶系纹饰统计表

陶质	夹砂			泥质			合计	百分比（%）
陶色 纹饰	灰	黑	褐	灰	黑	褐		
绳纹	1479	207	183	857	146	190	3062	73.71
篮纹	63			110	9	24	206	4.96
弦纹				8	6		14	0.34
附加堆纹	34			92	2		128	3.08
S形纹				2	1		3	0.07
磨光				11	18	9	38	0.91
素面	122	15		454	43	69	703	16.92
合计	1698	222	183	1534	225	292	4154	
百分比（%）	40.88	5.34	4.41	36.93	5.42	7.03		100.00

附表三〇 2005ⅠT4719H206 陶系纹饰统计表

陶质	夹砂			泥质				合计	百分比（%）
陶色 纹饰	灰	黑	褐	灰	黑	褐	白		
绳纹	324	57	14	365	2	23		785	75.85
篮纹				5				5	0.48
弦纹	3			3	17	2		25	2.42
云纹				1				1	0.10
附加堆纹	58		2	36	2			98	9.47
素面	20	7	1	77	11	2	3	121	11.69
合计	405	64	17	487	32	27	3	1035	
百分比（%）	39.13	6.18	1.64	47.05	3.09	2.61	0.29		100.00

附表三一　2005ⅠT4719H207 陶系纹饰统计表

陶质 陶色 纹饰	夹砂				泥质			合计	百分比（%）
	灰	黑	褐	红	灰	黑	褐		
绳纹	142	10	7		274	34	10	477	73.95
弦纹		1				19		20	3.10
附加堆纹	11			1	29	4		45	6.98
素面	28		1		38	29	7	103	9.95
合计	181	11	8	1	341	86	17	645	
百分比（%）	28.06	1.71	1.24	0.16	52.87	13.33	2.64		100.00

附表三二　2005ⅠT4720H253 陶系纹饰统计表

陶质 陶色 纹饰	夹砂			泥质			合计	百分比（%）
	灰	黑	褐	灰	黑	褐		
绳纹	200	40	46	70	25	8	389	90.26
篮纹				2	2		4	0.93
方格纹		2					2	0.46
附加堆纹	8			8			16	3.71
弦纹				4			4	0.93
素面				10	6		16	3.71
合计	208	42	46	90	37	8	431	
百分比（%）	48.26	9.74	10.67	20.88	8.58	1.86		100.00

附表三三　2005ⅠT4721H217 陶系纹饰统计表

陶质 陶色 纹饰	夹砂				泥质				合计	百分比（%）
	灰	黑	褐	红	灰	黑	褐	白		
绳纹	12		18	2	5		12		49	30.82
篮纹		2		13		36	31		82	51.57
附加堆纹	3		1						4	2.52
素面	2				3		10	9	24	15.09
合计	17	2	19	15	8	36	53	9	159	
百分比（%）	10.69	1.26	11.95	9.43	5.03	22.64	33.33	5.66		100.00

附表三四　2005ⅠT4823H147 陶系纹饰统计表

陶质	夹砂			泥质			合计	百分比（％）
陶色 纹饰	灰	黑	褐	灰	黑	褐		
绳纹	870	8	18	902		62	1860	67.88
篮纹				2	1		3	0.11
弦纹	2		1	73	67	9	152	5.55
附加堆纹	186			123		2	311	11.35
云纹				3			3	0.11
指甲纹					4		4	0.15
素面	19		4	301	65	18	407	14.85
合计	1077	8	23	1404	137	91	2740	
百分比（％）	39.31	0.29	0.84	51.24	5.00	3.32		100.00

附表三五　2005ⅠT6636H122 陶系纹饰统计表

陶质	夹砂			泥质				合计	百分比（％）
陶色 纹饰	灰	黑	褐	灰	黑	褐	白		
绳纹	136	17	96	229	5	42		525	79.79
篮纹			2	3		2		7	1.06
弦纹				22	2	3		27	4.10
附加堆纹	2	3		5	1	5		16	2.43
刮抹纹				2	2			4	0.61
素面	8	1	2	46	11	10	1	79	12.01
合计	146	21	100	307	21	62	1	658	
百分比（％）	22.19	3.19	15.20	46.66	3.19	9.42	0.15		100.00

附表三六　2005ⅠT6636H166 陶系纹饰统计表

陶质	夹砂			泥质				合计	百分比（％）
陶色 纹饰	灰	黑	褐	灰	黑	褐	白		
绳纹	116	30		92	29	36		303	57.93
篮纹	5		2	4	7	1		19	3.63
方格纹			1					1	0.19
附加堆	11	12	5	4	3	3		38	7.27
弦纹				18	23	2		43	8.22
压印纹	1	1	4			3		9	1.72
素面	7		9	43	36	11	4	110	21.03
合计	140	43	21	161	98	56	4	523	
百分比（％）	26.77	8.22	4.02	30.78	18.74	10.71	0.76		100.00

附表三七　2005ⅠT6636H167 陶系纹饰统计表

陶质 纹饰 陶色	夹砂				泥质					合计	百分比（%）
	灰	黑	褐	红	灰	黑	褐	红	白		
绳纹	304	40	14	16	491	85	55	2		1007	74.37
篮纹	4				4		3			11	0.81
方格纹	4									4	0.30
弦纹					51	70	14	1		136	10.04
附加堆纹	8	4	4		12					28	2.07
篦纹						1				1	0.07
云纹					2					2	0.15
素面	11	6			82	38	11	1	16	165	12.19
合计	331	50	18	16	642	193	81	7	16	1354	
百分比（%）	24.45	3.69	1.33	1.18	47.42	14.25	5.98	0.52	1.18		100.00

附表三八　2005ⅠT6735H96 陶系纹饰统计表

陶质 纹饰 陶色	夹砂				泥质				合计	百分比（%）
	灰	黑	褐	红	灰	黑	褐	白		
绳纹	268	68	40	22	19	4			421	67.36
篮纹	2	2				2			6	0.96
方格纹	33	1							34	5.44
弦纹		1			15	9			25	4.00
附加堆纹	15	9							24	3.84
乳钉+刻划								1	1	0.16
素面	21	18			27	25	16	7	114	18.24
合计	339	99	40	22	61	40	16	8	625	
百分比（%）	54.24	15.84	6.40	3.52	9.76	6.40	2.56	1.28		100.00

附表三九　2005ⅠT6936H69 陶系纹饰统计表

陶质 纹饰 陶色	夹砂			泥质			合计	百分比（%）
	灰	黑	褐	灰	黑	褐		
绳纹	318	48	108	264	19	39	796	76.32
篮纹	1	3	2	5	1		12	1.15
方格纹				1			1	0.10
弦纹		7		17	20		44	4.22
附加堆纹	13	2	6	11	1		33	3.16
云纹		1				1	2	0.19
素面	25	16	25	61	20	8	155	14.86
合计	357	77	141	359	61	48	1043	
百分比（%）	34.23	7.38	13.52	34.42	5.85	4.60		100.00

附表四〇　2005 I T6936H133 陶系纹饰统计表

陶质	夹砂				泥质					合计	百分比（%）
陶色 纹饰	灰	黑	褐	白	灰	黑	褐	红	白		
绳纹	149	58	30		326	26	8	5		602	75.72
篮纹					8	1	1			10	1.26
方格纹					2					2	0.25
弦纹	1				14	7				22	2.77
附加堆纹	5	2	5		14	3	5			34	4.28
云纹					1					1	0.13
楔点纹、弦纹及凸棱				1						1	0.13
素面	15		6	5	54	31	6	4	2	123	15.47
合计	170	60	41	6	418	69	20	9	2	795	
百分比（%）	21.38	7.55	5.16	0.75	52.58	8.68	2.52	1.13	0.25		100.00

附表四一　2005 I T7342H128 陶系纹饰统计表

陶质	夹砂			泥质			合计	百分比（%）
陶色 纹饰	灰	黑	褐	灰	黑	褐		
绳纹	695	97	37	202	32	1	1064	72.63
篮纹	6	4		1			11	0.75
附加堆纹	59	1	2				62	4.23
弦纹	10	10		19	42	11	92	6.28
云纹		1					1	0.07
素面	94	33	18	42	43	5	235	16.04
合计	864	146	57	264	117	17	1465	
百分比（%）	58.98	9.97	3.89	18.02	7.99	1.16		100.00

附表四二　2005 I T7541H66 陶系纹饰统计表

陶质	夹砂				泥质					合计	百分比（%）
陶色 纹饰	灰	黑	褐	红	灰	黑	褐	红	白		
绳纹	226	91	54	23	32	26	2	3		457	70.52
篮纹			1		3	2				6	0.93
附加堆纹	20	5	9		4	2				40	6.17
弦纹		14			14	3	6			37	5.71
素面	19	24	7	2	24	18	6		8	108	16.67
合计	265	134	71	25	77	49	16	3	8	648	
百分比（%）	40.90	20.68	10.96	3.86	11.88	7.56	2.47	0.46	1.23		100.00

附表四三 2005ⅠT7641H67 陶系纹饰统计表

陶质	夹砂				泥质			合计	百分比
陶色 纹饰	灰	黑	褐	白	灰	黑	褐		（%）
绳纹	220	72	55		50	98	7	502	69.34
篮纹						2		2	0.28
附加堆纹	12	19	2		4			37	5.11
弦纹					15	18		33	4.56
刻划+乳钉				1				1	0.14
刻划纹				12			1	13	1.80
乳钉纹				1				1	0.14
素面	18	25	8	48	18	12	6	135	18.65
合计	250	116	65	62	89	128	14	724	
百分比（%）	34.53	16.02	8.98	8.56	12.29	17.68	1.93	100.00	100.00

附表四四 2005ⅠT7642⑤陶系纹饰统计表

陶质	夹砂				泥质			合计	百分比
陶色 纹饰	灰	黑	褐	白	灰	黑	褐		（%）
绳纹	11	7	9		18	17	12	74	63.79
篮纹	2				2	6		10	8.62
附加堆纹		2			2	1		5	4.31
弦纹					1	2		3	2.59
篦纹					1			1	0.86
压印纹					1			1	0.86
素面	1		2	1	3	9	6	22	18.97
合计	14	9	11	1	28	35	18	116	
百分比（%）	12.07	7.76	9.48	0.86	24.14	30.17	15.52	100.00	100.00

附表四五 2005ⅠT7642H55 陶系纹饰统计表

陶质	夹砂				泥质			合计	百分比
陶色 纹饰	灰	黑	褐	白	灰	黑	褐		（%）
绳纹	56	33	30		14	10	3	146	77.25
附加堆纹		6	1		3		1	11	5.82
弦纹					2	3		5	2.65
刻划纹				1				1	0.53
素面	5	1	3	4	8	3	2	26	13.76
合计	61	40	34	5	27	16	6	189	
百分比（%）	32.28	21.16	17.99	2.65	14.29	8.47	3.17	100.00	100.00

附表四六　2005ⅠT7742H85 陶系纹饰统计表

陶质	夹砂				泥质				合计	百分比（%）
陶色 纹饰	灰	黑	褐	白	灰	黑	褐	红		
绳纹	32	8	41		34	2	7		124	28.64
篮纹	19		13		15	7	2	1	57	13.16
方格纹					1				1	0.23
弦纹					14	14			28	6.47
附加堆纹	9				2	1			12	2.77
刻划纹				6					6	1.39
素面	5	2	8	143	22	18	6	1	205	47.34
合计	65	10	62	149	87	43	15	2	433	
百分比（%）	15.01	2.31	14.32	34.41	20.09	9.93	3.46	0.46		100.00

附表四七　2005ⅠT7742H126 陶系纹饰统计表

陶质	夹砂			泥质			合计	百分比（%）
陶色 纹饰	灰	黑	褐	灰	黑	褐		
绳纹	70	60	30	35	6	8	209	57.10
篮纹		4		20	2		26	7.10
方格纹		1					1	0.27
弦纹				15	17	1	33	9.02
附加堆纹	5			10	7	2	24	6.56
素面	2		4	40	25	2	73	19.95
合计	77	65	34	120	57	13	366	
百分比（%）	21.04	17.76	9.29	32.79	15.57	3.55		100.00

附表四八　2006ⅡT6205H22 陶系纹饰统计表

陶质	夹砂				泥质				合计	百分比（%）
陶色 纹饰	灰	黑	褐	红	灰	黑	褐	红		
绳纹	67	26	34	5	10	2	9	2	155	75.24
篮纹+附加堆纹		3	3						6	2.91
弦纹					8	7			15	7.28
圆圈纹		1							1	0.49
素面	12	5	3	1	4	2	1	1	29	14.08
合计	79	35	40	6	22	11	10	3	206	
百分比（%）	38.35	16.99	19.42	2.91	10.68	5.34	4.85	1.46		100.00

附表四九 2004 I T6840H87 陶系纹饰统计表

陶质 纹饰	夹砂			泥质			合计	百分比（%）
陶色	灰	黑	褐	灰	黑	褐		
绳纹	257	135	193	421	109	195	1310	88.93
弦纹		3			10		13	0.88
附加堆纹	3	1	4	7	4	24	43	2.92
素面	23	1	20	31	25	7	107	7.26
合计	283	140	217	459	148	226	1473	
百分比（%）	19.21	9.50	14.73	31.16	10.05	15.34		100.00

附表五〇 2005 I T7342H26 陶系纹饰统计表

陶质 纹饰	夹砂		泥质		合计	百分比（%）
陶色	灰	褐	灰	褐		
绳纹	300	16	682	33	1031	84.09
弦纹			37	2	39	3.18
附加堆纹	13	8			21	1.71
素面	11	10	102	12	135	11.01
合计	324	34	821	47	1226	
百分比（%）	26.43	2.77	66.97	3.83		100.00

附表五一 2005 I T7342H91 陶系纹饰统计表

陶质 纹饰	夹砂			泥质			合计	百分比（%）
陶色	灰	黑	褐	灰	黑	褐		
绳纹	150	35	55	90	30	22	382	74.90
弦纹				2		1	3	0.59
附加堆纹	5	1	4	3	3	2	18	3.53
素面	28	6	20	27	20	6	107	20.98
合计	183	42	79	122	53	31	510	
百分比（%）	35.88	8.24	15.49	23.92	10.39	6.08		100.00

附表五二 2005 I T7342H158 陶系纹饰统计表

陶质 纹饰	夹砂			泥质		合计	百分比（%）
陶色	灰	黑	褐	灰	褐		
绳纹	201	13	106	93	78	491	80.23
弦纹				2	2	4	0.65
附加堆纹	5			4	5	14	2.29
素面	23	6	20	34	20	103	16.83
合计	229	19	126	133	105	612	
百分比（%）	37.42	3.10	20.59	21.73	17.16		100.00

附表五三 2005ⅠT7542H146陶系纹饰统计表

陶质	夹砂			泥质			合计	百分比（%）
陶色 纹饰	灰	黑	褐	灰	黑	褐		
绳纹	110	5	20	200	7	36	378	75.60
弦纹	2			20	5	3	30	6.00
附加堆纹	6			17	1	3	27	5.40
素面	25	11	3	17	7	2	65	13.00
合计	143	16	23	254	20	44	500	
百分比（%）	28.60	3.20	4.60	50.80	4.00	8.80		100.00

附表五四 T9⑤陶系纹饰统计表

陶质	夹砂			泥质			合计	百分比（%）
陶色 纹饰	灰	红	褐	灰	红	褐		
绳纹	326	113	139	107	3	14	702	66.73
弦纹	27	3	11	17			58	5.51
附加堆纹	37	5	4	13			59	5.61
素面	90	29	40	48	5	21	233	22.15
合计	480	150	194	185	8	35	1052	
百分比（%）	45.63	14.26	18.44	17.59	0.76	3.33		100.00

附表五五 2004ⅠT6741H51陶系纹饰统计表

陶质	夹砂			泥质			合计	百分比（%）
陶色 纹饰	灰	灰黑	褐	灰	黑	褐		
绳纹	95	28	39	5	2		169	71.31
弦纹	1	2	1		1	1	6	2.53
附加堆纹	1	3	2				6	2.53
素面	25	10	12	6	3		56	23.63
合计	122	43	54	11	6	1	237	
百分比（%）	51.48	18.14	22.78	4.64	2.53	0.42		100.00

附表五六 2004ⅠT7037③陶系纹饰统计表

陶质	夹砂			合计	百分比（%）
陶色纹饰	灰	灰黑	褐		
绳纹	199	138	626	963	87.47
弦纹	1		4	5	0.45
附加堆纹	8	5	20	33	3.00
素面	29	22	49	100	9.08
合计	237	165	699	1101	
百分比（%）	21.53	14.99	63.49		100.00

附表五七 2004ⅠT7037H123陶系纹饰统计表

陶质	夹砂			泥质	合计	百分比（%）
陶色纹饰	灰	灰黑	褐	灰		
绳纹	154	26	8	18	206	88.03
弦纹					0	0.00
附加堆纹	10	2		1	13	5.56
素面		4	6	5	15	6.41
合计	164	32	14	24	234	
百分比（%）	70.09	13.68	5.98	10.26		100.00

附表五八 2004ⅠT7037H212陶系纹饰统计表

陶质	夹砂				泥质		合计	百分比（%）
陶色纹饰	灰	黑	灰黑	褐	灰	褐		
绳纹	64	16	20	40	1	1	142	66.05
弦纹	3		1	1			5	2.33
附加堆纹	5	2	1	2			10	4.65
素面	22	12	6	11	7		58	26.98
合计	94	30	28	54	8	1	215	
百分比（%）	43.72	13.95	13.02	25.12	3.72	0.47		100.00

附表五九 2004ⅠT7438H361陶系纹饰统计表

陶质	夹砂			泥质			合计	百分比（%）
陶色纹饰	灰	黑	褐	灰	黑	褐		
绳纹	46	37	34	17		1	135	72.97
素面	13		4	29	3	1	50	27.03
合计	59	37	38	46	3	2	185	
百分比（%）	31.89	20.00	20.54	24.86	1.62	1.08		100.00

附表六〇　二里头时期

单位	时代	升数(L)	>1mm炭屑重(g)	平均炭屑密度(g/L)	种子总重(g)	平均种子密度(粒/L)	小麦	水稻	黍	粟	大豆	禾本科 早熟禾亚科	禾本科 黍亚科	禾本科 狗尾草属	禾本科 黍属	禾本科 马唐属	禾本科 稗属	禾本科 其他	豆科 野大豆	豆科 豆科	豆科 决明	豆科 胡枝子属	绿豆
2004H228	一期	18	3.544	0.2	0.116	15.06			3	106			133	20					4	1			
2004H231①	一期(?)	8	15.91	1.99	0.06	9.375			6	45			11	12									
2004H231②	一期(?)	12	0.161	0.01	0.006	1.42				4			10							2			
2004H231③	一期(?)	9	0.457	0.05	0.167	63.33			10	39			472	27						21			
2004H342	一期(?)	9	3.9	0.43	0.38	101			16	393	1		491							3			
2004H289	二期(?)	11	0.396	0.04	0.059	10.45			3	35			74										
2004J1	一期	1.5	2.238	1.49	0.009	8			1		1		2										
2005H251	不晚于二期	11	5.251	0.48	1.817	246.73			70	168			2164	290		6			4	1			
2004H1	二期	5	0.13	0.03	0.002	0.2																	
2004H3	二期	3	0.073	0.02	0.003	1.33			1				1	1						1			
2004H6	二期	1	0.226	0.226	0.003	1																	
2004H10	二期	4	0.044	0.01	0.014	4.25			1	12			1	2		1							
2004H12	不晚于二期	3	0	0	0	0																	
2004H17	二期	2.5	8.848	3.54	0.842	300			21	353	10		276			16				13			2
2004H19	二期	2.5	0.023	0.009	0.001	0.4							1										
2004H149	二期	7	0.103	0.01	0.002	0.57				3				1									
2004H129	二期	10	1.375	0.14	0.193	14.4	2		8	104	2		10	18									

植物种子统计表

藜科	蓼科	莎草科	苋科	菊科	唇形科				马齿苋属	块茎	石竹科	茄科	蔷薇科	伞形科	旋花科	桃	未知果核	木本植物种子	未知	植物枝芽	植物胚?	植物茎秆	植物纤维	总计
					其他	水棘针	紫苏	益母草																
				4																				271
																			1					75
1																								17
		1																						570
4								1																909
		1																				2		115
8																								12
	1	2	1							3												2		2714
1																								1
																								4
1																								1
																								17
																								0
1		28	1	6	1					8		3		11										750
																								1
																								4
																								144

单位	时代	升数(L)	>1mm炭屑重(g)	平均炭屑密度(g/L)	种子总重(g)	平均种子密度(粒/L)	小麦	水稻	黍	粟	大豆	禾本科						豆科			胡枝子属	绿豆
												早熟禾亚科	黍亚科	狗尾草属	黍属	马唐属	稗属	其他	野大豆	豆科	决明		
2004H180	二期	12	1.977	0.16	0.248	14.58	1		23	121	1			11	17								
2004H224①	二期	7	3.11	0.44	0.189	45.14			14	163				103	27						2		
2004H255	二期	10	2.513	0.25	0.037	2.5			5	17				3									
2004H265	二期	1	0.243	0.243	0.008	7				2				3									
2004H270	二期	0.5	1.221	2.44	0.045	116			3	41				9	3								
T1G1③	二期	7	0.037	0.005	0.001	1.29								8									
T5④	不晚于二期	6	0.033	0.005	0	0																	
2005H66	二期	22	4.333	0.19	1.227	86.95			115	581	14			1148	22		2				8		
2005H83	二期	28	1.267	0.05	3.575	76.85			54	952	14	3		937	144		10		1	3	9		
2005H85	二期	8.5	10.66	1.25	1.081	101.18			28	554	1			127	129		5				4		
2005H96	二期	4	0.94	0.24	0.558	136.25			12	314				205	12		2						
2005H107	二期	9.5	1.821	0.19	0.826	129.47			19	524				479	128					4	53	1	
2005H112	二期	8	2.964	0.37	0.058	11.13			4	55				27		1							
2005H136	二期	5	0.062	0.01	0.003	1.6				1				5							1		
2005H139	二期	11	1.304	0.12	0.06	7.82			5	41				28	10								
2005H145	二期	8	5.405	0.68	2.167	147.38			22	425	11			502	170						11		
2005H167	二期	6	0.525	0.09	0.023	7.33			2	17				24									
2005H194	二期	7	0.028	0.004	0.079	11.14			1	71				1	3			1			1		
2005H196	二期	8	0.208	0.03	0.444	33.75			12	132				43	52								
2006H13	不晚于二期	21	18.248	0.87	0.466	40.05			29	443	3			287	43	5	2		3	2	10		6
2006H14	二期	8	0.307	0.04	0.002	0.375				1				2									

续表

藜科	蓼科	莎草科	苋科	菊科	唇形科 其他	水棘针	紫苏	益母草	马齿苋属	块茎	石竹科	茄科	蔷薇科	伞形科	旋花科	桃	未知果核	木本植物种子	未知	植物枝芽	植物胚?	植物茎秆	植物纤维	总计
																					1			175
																					7			316
																								25
										1			1											7
																								58
1																								9
																								0
		7	1	1	3						1		1	1			1	1	4		1	1		1913
7	2	4											1	1							9	1		2152
3					1	2															6			860
																								545
					4														18					1230
1										1														89
	1																							8
1																					1			86
2	12				1	1															12	10		1179
1																								44
																								78
24			2		1		1														3			270
		1																	1		4	1		841
																								3

单位	时代	升数(L)	>1mm炭屑重(g)	平均炭屑密度(g/L)	种子总重(g)	平均种子密度(粒/L)	小麦	水稻	黍	粟	大豆	早熟禾亚科	黍亚科	狗尾草属	黍属	马唐属	稗属	其他	野大豆	豆科	决明	胡枝子属	绿豆
2006H15	二期	12	4.457	0.37	0.001	0.33				2			1										
2006H29	二期	9	1.861	0.21	0.009	0.78				5													
2006H40	二期	12	35.277	2.94	0.107	7.08			5	74	1		4										
2006H46	二期	12	0.421	0.04	0.282	208.42			2	41	1		15	5						2			
2004H20	三期	4	0.764	0.19	0.006	2			1	3			2										
2004H20②	三期	3.5	0.196	0.06	0.001	0.29							1										
2004H30	三期	3	0.225	0.08	0.006	3				5			1		1								
2004H32	三期	3	0.752	0.25	0.028	6.67	2			5	2		5	2		2							
2004H35	三期	3	0.366	0.122	0.004	3				4			4										
2004H36	三期	2	0.298	0.15	0.005	5.5			1	2			4	4									
2004H97	三期?	1	0.02	0.02	0	0																	
2004H173	三期	11	7.67	0.04	0.004	0.55			1	1			4										
2004H248	三期	9	0.846	0.09	0.049	7.67			3	34	1		12	16						1			
2004H331	三期	11	6.38	0.58	0.566	68.73			16	364	2		242	99		12				8		1	
2004J2	三期	9	1.886	0.21	0.034	7.67			1	24			18	23									
2005H56	三期?	10	1.726	0.17	0.196	16.4			5	71			82							1			
2005H69	三期	8	0.373	0.05	0.059	4.25		3	5	10	2		4							10			
2005H71	三期	5	0.077	0.02	0.018	1.2							3							2			
2005H72	三期	6	2.175	0.36	0.017	2				7			4							1			
2005H122	三期	5	1.349	0.27	0.27	68			14	182		1	80	14	8					3			
2005H133	三期	1.5	1.171	0.78	0.078	108.67			7	87			66	2									
2005H134	三期	10	1.627	0.16	1.579	328.3			104	1563	8		1394	176						9			

续表

藜科	蓼科	莎草科	苋科	菊科	唇形科				马齿苋属	块茎	石竹科	茄科	蔷薇科	伞形科	旋花科	桃	未知果核	木本植物种子	未知	植物枝芽	植物胚?	植物茎秆	植物纤维	总计
					其他	水棘针	紫苏	益母草																
1																								4
																								7
																					1			85
2435																								2501
2																								8
																								1
1	1																							9
2																								20
1																								9
																								11
																								0
																								6
				2																				69
8	2																				1		1	756
3																								69
2																2						1		164
																								34
1																								6
																								12
2																								304
		1																						163
3			1	1				1												1	21	1		3283

单位	时代	升数(L)	>1mm炭屑重(g)	平均炭屑密度(g/L)	种子总重(g)	平均种子密度(粒/L)	小麦	水稻	黍	粟	大豆	禾本科 早熟禾亚科	禾本科 黍亚科	禾本科 狗尾草属	禾本科 黍属	禾本科 马唐属	禾本科 稗属	禾本科 其他	豆科 野大豆	豆科 豆科	决明	胡枝子属	绿豆
05Y1	三期	8	9.629	1.2	0.037	7.5			38				17										
T3G3	二期至四期	8.5	0.09	0.01	0.008	1.06			1				2										
2006H34	三期或四期	15	0.049	0.003	0.004	0.47			2				3							1			
2004H90②	四期	2	1.083	0.54	0.02	10		1	6	1			10										
2004H90⑤	四期	4	0.425	0.11	0.021	5.25			9	1			7							2			
2004H202	四期	18	7.395	0.41	0.311	18.5			67	154	12	1	73	10		4				4			
2004H234	四期	8.5	0.549	0.06	0.105	26.59			1	105			98	21		1							
2004T2G3④a	四期	10	0.613	0.06	0.081	17			5	89			76										
2004T2G3③	四期	11	0.297	0.03	0.011	1.27				6			4										
2005H15	四期	3	1.032	0.34	0.016	8.67				6			3						4	3		1	
2005H90	四期	11	0.213	0.02	0.597	90.55			28	693	2		161	86	6	3				3			
2005H128	四期	8	2.355	0.29	0.118	29.38			4	72			129	27	1					2			
2005H208	四期(?)	13	0.781	0.06	0.551	56.23		8	38	316	3		277	82		3							
2005T7036④	四期?	1	0.021	0.021	0.017	25			2	11			6	4		1							
2006H35	四期	14	0.283	0.02	0.028	3.5			1	26			16	4									
2005H147	五期	18	0.517	0.03	3.895	68			80	771	2		262	64	13	12	1			5			
2005H206	五期	7	0.125	0.02	1.115	269.86		7	33	699			1129		2					8			
2005H124	不晚于二里头	10	4.028	0.4	0.276	47			1	295		1	113	51	3			1					
总计		676	192.485	0.28	25.337	43.75	6	18	919	11513	96	6	11933	1840	39	83	1	6	21	205	1	2	8

续表

藜科	蓼科	莎草科	苋科	菊科	唇形科				马齿苋属	块茎	石竹科	茄科	蔷薇科	伞形科	旋花科	桃	未知果核	木本植物种子	未知	植物枝芽	植物胚?	植物茎秆	植物纤维	总计
					其他	水棘针	紫苏	益母草																
1									4															60
6																								9
1																								7
1	1																							20
2																								21
1							1												2		1	3		333
																								226
																								170
4																								14
6	2				1																			26
11																			3					996
																								235
1																			3					731
																			1					25
2																								49
					1									1					4	4	1	3		1224
5														1								5		1889
2					1														1		1			470
2571	7	25	29	17	16	6	9	1	8	9	1	4	3	13	2	2	3	1	27	22	62	31	1	29567

附表六一　殷墟时期植物种子统计总表

单位	时代	升数(L)	大于1毫米炭屑重(g)	平均炭屑密度(g/L)	种子总重(g)	平均种子密度(粒/L)	小麦	黍-成熟	黍-带稃壳	黍-未成熟	黍-圆型	粟-成熟	粟-带稃壳	粟-小粟	大豆	禾本科-黍亚科	禾本科-狗尾草属	禾本科-黍属	禾本科-马唐属	豆科	藜科	菊科	唇形科-水棘针	唇形科-紫苏	伞形科	块茎	枣	植物枝芽	总计
2004H87	殷墟	7	0.797	0.114	1.194	85.286		6		3		398			27	112	9			31		2	2	5	1	1			597
2004H233②	殷墟	8	0.239	0.03	0.033	0.625	1			1		1				2				1									5
2004H251	殷墟	11	0.15	0.014	0.049	3	4	2				5				21				1									33
2004H366	殷墟	9	0.644	0.072	0.051	7.67		2				34	2			15	11			2	3								69
2005H146	殷墟	5.5	3.558	0.647	0.041	13.45		1				46				27													74
2005H158	殷墟	10	3.016	0.302	0.037	4.3		1				19					12	2	1	5	3								43
2006H48	殷墟	13	426.459	32.805	0.001	0.23	2			2					1														3
2006H49	殷墟	15	3.846	0.275	0.37	3.33	9	5			15	26	1	4		8	5	2	3	2	1		4					3	50
2006H50	殷墟	26	7.145	0.256	0.424	21.92						293	1			193	45												570
2006Y7	殷墟	15	1.09	0.073	0.006	0.6						1				4											1		9
2006Y8	殷墟	12	0.175	0.015	0	0																							0
T9⑥	殷墟	11	2.334	0.212	0.023	2.64		1				16				4	6		1	1			1						29
总计		142.5	449.453	3.154	2.229	10.4	16	18	0	6	15	839	4	4	28	386	88	2	5	42	9	2	7	5	1	1	1	3	1482

附表六二　春秋时期植物遗存统计表

单位　　　内容	2005H123	2005H51	2004H329	总计
升数（L）	13	9.8	9	31.8
>1mm炭屑重（L）	0.101	0.966	1.258	2.325
平均炭屑密度（g/L）	0.777	0.099	0.14	0.073
种子总重（g）	2.599	0.987	0.008	3.594
平均种子密度（粒/L）	153	113.06	1.33	97.77
小麦		1	1	2
水稻	13			13
粟	1641	222	4	1867
黍	14			14
大豆	2			2
黍亚科	251	126	3	380
狗尾草属	55	3		58
黍属	1			1
马唐属	3			3
稗属	2			2
豆科			1	1
藜科	1	712	2	715
莎草科		1		1
苋科		43	1	44
菊科	1			1
唇形科	2			2
伞形科	1			1
块茎	1			1
植物枝芽	1			1
总　　计	1989	1108	12	3109

附表六三　南洼遗址二里头时期出土骨器的原料鉴定

名称	期别	出土单位及编号	取料部位	动物种属
牙锥	二里头二期	2005H13:2	犬齿	獐或麝？
牙锥	二里头三期	2005H72	下犬齿（左）	猪
牙器	二里头二期	2004H19:39	下犬齿（右）	猪
牙器	二里头四期	2005H15:158	左下第1切齿	猪
牙器	二里头二期	2005H195	门齿	豪猪？
角锥	二里头三期	2005H69:80	鹿角	鹿科动物（梅花鹿）
骨镞	二里头一至二期	2004ⅡT6301③:3	长骨	大中型动物
骨镞	二里头二期	2004H1:2	长骨	大中型动物
骨镞	二里头二期	2004H17:2	长骨	大中型动物
骨镞	二里头二期	2004H18:2	长骨	大中型动物
骨镞	二里头二期	2004H19:25	鹿角	鹿（梅花鹿）
骨镞	二里头二期	2004H19:63	鹿角	鹿（梅花鹿）
骨镞	二里头三期	2004H20:2	长骨	大中型动物
骨镞	二里头二期	2004H24:1	长骨	大中型动物
骨镞	二里头二期	2004H28:1	鹿角	鹿（梅花鹿）
骨镞	二里头二期	2004H28:4	长骨	大中型动物
骨镞	二里头二期	2004H3:3	长骨	大中型动物
骨镞	二里头二期	2004H3:4	长骨	大中型动物
骨镞	二里头二期	2004H363:4	长骨	大中型动物
骨镞	二里头四期	2004H375:1	长骨	大中型动物
骨镞	二里头二期	2004H39:1	鹿角	鹿（梅花鹿）
骨镞	二里头时期	2004H45:1	长骨	大中型动物
骨镞	二里头二期	2004H6:2	长骨	大中型动物
骨镞	二里头四期	2004H71:1	长骨	大中型动物
骨镞	二里头二期	2005H10:3	长骨	大中型动物
骨镞	二里头四期	2005H115	长骨	大中型动物
骨镞	二里头五期	2005H147:500	长骨	大中型动物
骨镞	二里头五期	2005H147:503	长骨	大中型动物
骨镞	二里头四期	2005H15:133	长骨	大中型动物
骨镞	二里头四期	2005H15:154	长骨	大中型动物
骨镞	二里头四期	2005H15:155	长骨	大中型动物
骨镞	二里头三期	2005H52:1	长骨	大中型动物
骨镞	二里头二期	2005H66:2	鹿角	鹿（梅花鹿）
骨镞	二里头三期	2005H92:21	长骨	大中型动物
骨镞	二里头二期	2006H13:36	长骨	大中型动物
骨锥（筷形器）	二里头二期	2004H19:31	长骨	大中型动物
骨锥（尖状器）	二里头二期	2004H19:4	长骨	大中型动物

续表

名称	期别	出土单位及编号	取料部位	动物种属
骨锥	二里头三期	2004ⅠT6841③:6	长骨	大中型动物
骨锥	二里头二期	2004H1:1	长骨	中小型动物
骨锥	二里头三期	2004H158:1	尺骨近端（左?）	狗
骨锥	二里头二期	2004H17:7	长骨	中型动物
骨锥	二里头二期	2004H181:14	长骨	中型动物
骨锥	二里头二期	2004H19:18	长骨	大中型动物
骨锥	二里头二期	2004H19:29	长骨	大中型动物
骨锥	二里头二期	2004H19:49	长骨	大中型动物
骨锥	二里头二期	2004H19:54	长骨	大中型动物
骨锥	二里头二期	2004H19:59	长骨	大中型动物
骨锥	二里头三期	2004H20:1	长骨	大中型动物
骨锥	二里头三期	2004H20:10	长骨	大中型动物
骨锥	二里头三期	2004H20:13	长骨	中小型动物
骨锥	二里头三期	2004H20:14	长骨	大中型动物
骨锥	二里头三期	2004H20:17	长骨	大中型动物
骨锥	二里头三期	2004H20:3	长骨	大中型动物
骨锥	二里头三期	2004H20:6	长骨	大中型动物
骨锥	二里头三期	2004H20:7	长骨	大中型动物
骨锥	二里头四期	2004H236:1	长骨	大中型动物
骨锥	二里头二期	2004H27:1	长骨	中型动物
骨锥	二里头二期	2004H3:2	长骨	大中型动物
骨锥	二里头三期	2004H30:1	腓骨（左侧）	猪
骨锥	二里头二期	2004H410:1	跖骨（左）	鹿科动物（中小型）
骨锥	二里头二期	2004H410:2	腓骨	犬科动物?
骨锥	二里头四期	2004H71:2	长骨	大中型动物
骨锥	二里头四期	2004H84:6	长骨	大中型动物
骨锥	二里头四期	2004H89:2	长骨	大中型动物
骨锥	二里头四期	2004H90:5	腓骨（右）	猪
骨锥	二里头四期	2004H90:6	腓骨（右）	猪
骨锥	二里头三期	2004H93:19	长骨	大中型动物
骨锥	二里头一期	2004J1:16	腓骨（右）	猪
骨锥	二里头一期	2004J1:2	长骨	大中型动物
骨锥	二里头一期	2004J1:5	长骨	中型动物
骨锥	二里头三期	2004J2:2	长骨	大中型动物
骨锥	二里头四期	2005ⅠT7841④:1	腓骨（左）	猪
骨锥	二里头四期	2005ⅠT7841④:6	长骨	大中型动物
骨锥	二里头三期	2005H122:24	长骨	大中型动物

续表

名称	期别	出土单位及编号	取料部位	动物种属
骨锥	二里头五期	2005H147：505	长骨	大中型动物
骨锥	二里头五期	2005H147：506	长骨	中型动物
骨锥	二里头四期	2005H15：156	长骨	大中型动物
骨锥	二里头五期	2005H206：220	长骨	大中型动物
骨锥	二里头五期	2005H207：200	胫骨中段（右）外侧	牛
骨锥	二里头五期	2005H207：201	长骨	大中型动物
骨锥	二里头四期	2005H241：27	胫骨远端（右）	羊
骨锥	二里头一期？	2005H252：327	长骨	大中型动物
骨锥	二里头五期	2005H253：91	长骨	中型动物
骨锥	二里头三期	2005H69：82	长骨	大中型动物
骨锥	二里头三期	2005H89：1	腓骨（右侧）	猪
骨锥	二里头四期	2005H90：220	长骨	大中型动物
骨锥	二里头二期	2005H96：82	长骨	大中型动物
骨锥	二里头二期	2006H28：6	鹿角	鹿（梅花鹿）
骨针	二里头二期	2004H19：17	长骨	大中型动物
骨针	二里头三期	2004H200：1	长骨	大中型动物
骨针	二里头三期	2004H405	长骨	大中型动物
骨针	二里头五期	2005H206：221	长骨	大中型动物
骨凿（凿口非常小）	二里头三期	2004H20：4	长骨	大中型动物
骨凿	二里头二期	2004H19：43	跖骨（右）	鹿科动物（中小型）
骨凿	二里头二期	2004H19：53	鹿角	鹿（梅花鹿）
骨凿	二里头四期	2004H30②：9	掌骨（右）	羊
骨簪（筷形器）	二里头二期	2004H19：34	长骨（跖骨）	大中型动物（牛或鹿？）
骨簪（或大针）	二里头二期	2005H145：69	肋骨	大中型动物
骨簪	二里头三期	2004H20：2	长骨	大中型动物
骨簪	二里头三期	2004H71：5	长骨	大中型动物
骨簪	二里头二期	2005H55：60	腓骨（左侧）	猪
骨簪	二里头二期	2006H13：9	跖骨	梅花鹿？
骨器柄	二里头五期	2005H147：507	鹿角	鹿科动物（梅花鹿）
骨器柄	二里头五期	2005H147：508	鹿角	鹿科动物（梅花鹿）
骨器	二里头四期	2004H90：3	长骨	大中型动物
骨器	二里头一期	2004J1：4	长骨	大中型动物
骨管饰	二里头二期	2004H19：28	掌骨	羊？
骨管	二里头一期？	2005H252：1	肱骨	鸟
骨管	二里头四期	2005H50：15	桡骨（右）	人
骨刀（月形器）	二里头五期	2005H147：509	肋骨	大中型动物
骨刀	二里头三期	2004H32：3	长骨	大中型动物

续表

名称	期别	出土单位及编号	取料部位	动物种属
骨刀	二里头五期	2005H253:90	肋骨	大中型动物
骨刀	二里头二期	2005H66:3	长骨	大中型动物
骨匕	二里头四期	2004ⅠT7138⑤:90	肋骨	大中型动物
骨匕	二里头二期	2004H19:41	肋骨	大中型动物
骨匕	二里头二期	2004H19:42	肋骨	中型动物
骨匕	二里头三期	2004H431:1	肋骨	大中型动物
骨匕	二里头三期	2004H78:3	长骨	大中型动物
骨匕	二里头二期	2005ⅠT7442③:2	肋骨	大型动物（牛）
骨匕	二里头四期	2005H15:150	长骨	大中型动物
骨匕	二里头四期	2005H15:151	肋骨	大中型动物
骨匕	二里头三期	2005H69:21	长骨	大中型动物
骨板	二里头二期	2004H306:1	鹿角（主枝）	梅花鹿?
骨板	二里头五期	2005H207:202	肋骨	牛
骨板	二里头四期	2005H208:11	肋骨	大中型动物
卜骨	二里头三期	2004H78:5	肩胛骨（右侧）	牛
覆面	二里头时期	2004M1:1	壳	扇贝
穿孔蚌器（纺轮?）	二里头三期	2005H133:91	壳	珍珠蚌未定种
穿孔蚌器	二里头四期	2004H81:9		
贝饰	二里头三期	2005H111:26	壳	射线裂嵴蚌
贝饰	二里头四期	2005H15:152	壳	圆顶珠蚌
贝币（7枚）	二里头时期	2004M1:2-8	壳	黄宝螺（货贝）
蚌镞（?）	二里头二期	2004H6:1	壳	珍珠蚌未定种
蚌镞	二里头二期	2004H17:6	壳	珍珠蚌未定种
蚌镞	二里头二期	2004H19:26	壳	珍珠蚌未定种
蚌镞	二里头二期	2004H19:27	壳	珍珠蚌未定种
蚌镞	二里头三期	2004H216:2	壳	珍珠蚌未定种
蚌镞	二里头三期	2004H30:3	壳	珍珠蚌未定种
蚌镞	二里头三期	2004H331:1	壳	珍珠蚌未定种
蚌镞	二里头四期	2004H379:4	壳	珍珠蚌未定种
蚌镞	二里头二期	2004H438:6	壳	珍珠蚌未定种
蚌镞	二里头四期	2004H81:10	壳	珍珠蚌未定种
蚌镞	二里头二期	2004H9:1	壳	珍珠蚌未定种
蚌镞	二里头一期	2004J1:14	壳	珍珠蚌未定种
蚌镞	二里头二期	2004J2:6	壳	珍珠蚌未定种
蚌镞	二里头五期	2005H147:501	壳	珍珠蚌未定种
蚌镞	二里头五期	2005H147:502	壳	珍珠蚌未定种
蚌镞	二里头五期	2005H147:504	壳	珍珠蚌未定种

续表

名称	期别	出土单位及编号	取料部位	动物种属
蚌镞	二里头三期	2005H20：6	壳	珍珠蚌未定种
蚌锥	二里头二期	2004H242：3	壳	珍珠蚌未定种
蚌锥	二里头二期	2004H28：3	壳	珍珠蚌未定种
蚌锥	二里头三期	2004H30：2	壳	珍珠蚌未定种
蚌锥	二里头三期	2004J2：9	壳	珍珠蚌未定种
蚌锥	二里头二期	2005H96：81	壳	珍珠蚌未定种
蚌饰（圆形）	二里头三期	2005H133：90	壳	珍珠蚌未定种
蚌饰	二里头二期	2005H139	壳	文蛤
蚌器	二里头三期	2004ⅠT6841③：5	壳	珍珠蚌未定种
蚌器	二里头一期	2004J1：16	壳	珍珠蚌未定种
蚌器	二里头二期	2005H13：1	壳（右）	珍珠蚌未定种
蚌器	二里头二期	2005H13：214	壳	珍珠蚌未定种
蚌镰	二里头三期	2004ⅠT6641③：1	壳	珍珠蚌未定种
蚌刀（或镰）	二里头二期	2004H181：1	壳	珍珠蚌未定种
蚌刀（锄形器）	二里头二期	2005H232：34	壳	珍珠蚌未定种
蚌刀	二里头二期	2004H180：1	壳	珍珠蚌未定种
蚌刀	二里头二期	2004H19：32	壳	珍珠蚌未定种
蚌刀	二里头二期	2004H19：57	壳	珍珠蚌未定种
蚌刀	二里头二期	2004H19：58	壳	珍珠蚌未定种
蚌刀	二里头二期	2004H19：61	壳	珍珠蚌未定种
蚌刀	二里头四期	2004H202：3	壳	珍珠蚌未定种
蚌刀	二里头四期	2004H81：1	壳	珍珠蚌未定种
蚌刀	二里头一期	2004J1：9	壳	珍珠蚌未定种
蚌刀	二里头三期	2005H122：6	壳	珍珠蚌未定种
蚌刀	二里头二期	2005H136：18	壳	珍珠蚌未定种
蚌刀	二里头二期	2005H167：132	壳	珍珠蚌未定种
蚌币	二里头四期	2004H380：1	壳	珍珠蚌未定种
蚌币	二里头四期	2004H84：4	壳	珍珠蚌未定种
蚌币	二里头三期	2005ⅠT6735④：9	壳	珍珠蚌未定种
蚌币	二里头二期	2005H107：60	壳	珍珠蚌未定种
螺饰	二里头二期	2005H85	壳	方形环棱螺

附表六四 南洼遗址殷墟与春秋时期出土骨器的原料鉴定

骨器名称	时代	单位及编号	取料部位	动物种属
骨匕	殷墟	2004H366:2	长骨	大中型哺乳动物
骨匕	殷墟	2005ⅠT4823②:1	长骨	大中型哺乳动物
骨簪	殷墟	2005H146:80	长骨	大型哺乳动物
骨镞	殷墟	2004H366:9	长骨	大中型哺乳动物
骨锥	殷墟	2005H249:50	长骨	大中型哺乳动物
骨锥	殷墟	2005H146:81	长骨	大中型哺乳动物
骨锥	殷墟	2004H428:1	腓骨（左侧）	犬科动物
骨锥	殷墟	2004ⅠT7037④:1	长骨	中型哺乳动物
骨凿	殷墟	2004H407:1	掌骨（左侧）近端	牛
卜骨	殷墟	2004H225:1	肩胛骨（左侧）	牛
卜骨	殷墟	2004ⅠT7040②:1	肩胛骨	牛
卜骨	殷墟	2004ⅠT7038③:1	肩胛骨（右侧）	牛
蚌镰	殷墟	2005H220:5	壳	珍珠蚌未定种
蚌镞	殷墟	2004H199:1	壳	珍珠蚌未定种
蚌饰	殷墟	2005H11:1	壳（左）	射线裂嵴蚌
蚌器	殷墟	2004ⅠT7038④:1	壳	珍珠蚌未定种
贝饰	殷墟	2004T2H106:1	壳	文蛤
贝币	殷墟	2004M16:2	壳	黄宝螺（货贝）
贝币	殷墟	2004M16:5	壳	黄宝螺（货贝）
贝币	殷墟	2004M17:2	壳	金环宝螺（环纹货贝）
贝币	殷墟	2004M19:1	壳	金环宝螺（环纹货贝）
贝币	殷墟	2004M32:1	壳	金环宝螺（环纹货贝）
贝币	殷墟	2004M32:2	壳	金环宝螺（环纹货贝）
骨镞	春秋	2005ⅠT6835③:2	长骨	大中型哺乳动物
骨镞	春秋	2004ⅠT6840③:8	长骨	大中型哺乳动物
骨锥	春秋	2005ⅠT7641③:3	长骨	大中型哺乳动物
骨锥	春秋	2004ⅠT6940③:4	长骨	大中型哺乳动物
骨锥	春秋	2004ⅠT6840③:5	长骨	大中型哺乳动物
骨锥	春秋	2004H66:2	长骨	大中型哺乳动物
骨锥	春秋	2005H54:2	长骨	大中型哺乳动物
骨锥（钉形器）	春秋	2004H57:1	长骨	大型哺乳动物
骨凿	春秋	2005ⅠT6835③:3	跖骨（左侧）近端	牛
骨凿	春秋	2004H122:22	掌骨（左侧）近端	牛
骨簪	春秋	2004ⅠT7238③:6	长骨	大中型哺乳动物
骨簪	春秋	2004H51:1	长骨	大中型哺乳动物
骨簪	春秋	2005H29:1	长骨	大中型哺乳动物
骨簪	春秋	2004H68:1	长骨	大中型哺乳动物

续表

骨器名称	时代	单位及编号	取料部位	动物种属
骨板饰	春秋	2004H121:1	长骨	大中型哺乳动物
角锥	春秋	2004ⅠT6840③:3	鹿角	鹿科动物（梅花鹿）
牙锥	春秋	2004ⅠT7138③:2	下犬齿（右）	猪
蚌镞	春秋	TI④:2	壳	珍珠蚌未定种
蚌镞	春秋	TI④:1	壳	珍珠蚌未定种
蚌饰	春秋	T9③:51	壳	丽蚌未定种
蚌刀	春秋	2005ⅠT7437⑤:3	壳	珍珠蚌未定种
蚌刀	春秋	2004H68:3	壳	珍珠蚌未定种
蚌镰	春秋	2004H103:3	壳	珍珠蚌未定种
蚌镰	春秋	2004ⅠT7041③:1	壳	珍珠蚌未定种
蚌币	春秋	2004H252:1	壳	珍珠蚌未定种
蚌币	春秋	2004H252:2	壳	珍珠蚌未定种
蚌币	春秋	T9③:50	壳	珍珠蚌未定种
蚌币	春秋	2004H252:3	壳	珍珠蚌未定种

附表六五　南洼遗址 ^{14}C 测年数据

编号	单位编号	实验室	测年物质	Measured ^{14}C (BP)	Conventional radiocarbon age (BP)	校正年代(Cal.) 68%置信度	校正年代(Cal.) 95.4%置信度	C13/C12 (‰)
350504[1]	2004H19-01	BETA ANALYTIC INC.	动物骨骼	3240±30	3340±30	BC 1680 to 1610	BC 1720 to 1720 BC 1690 to 1530	-18.8
366956	2004M18	BETA ANALYTIC INC.	人骨	710±30	900±30	AD 1050 to 1090 AD 1120 to 1140 AD 1150 to 1170	AD 1030 to 1220	-13.3
380408	2004M18	BETA ANALYTIC INC.	人骨	830±30	1030±30	AD 990 to 1020	AD 975 to 1030	-13.0
BA131135[2]	2004M26	北京大学 C14 年代学实验室	人骨		965±20	1020AD (31.0%) 1050AD 1090AD (30.2%) 1120AD 1140AD (7.0%) 1150AD	1010AD (36.7%) 1060AD 1070AD (58.7%) 1160AD	
BA131134[3]	2004M18	北京大学 C14 年代学实验室	人骨		4520±25	3350BC (13.2%) 3320BC 3280BC (0.9%) 3260BC 3240BC (54.1%) 3110BC	3360BC (30.5%) 3260BC 3250BC (64.9%) 3100BC	

① BETA ANALYTIC INC 所用 ^{14}C 半衰期为 5568 年, BP 为距 1950 年的年代。
References to INTCAL09 database, INTCAL09 database used. Stuiver, et. al,1993, Radiocarbon 35(1):1-244, Oeschger, et. al.,1975, Tellus 27:168-192, Heaton, et. al.,2009, Radiocarbon 51(4):1151-1164, Reimer, et. al, 2009, Radiocarbon 51(4):1111-1150.
A Simplified Approach to Calibrating ^{14}C:Dates Mathematics used for calibration scenario Talma, A.S., Vogel, J. C., 1993, Radiocarbon 35(2):317-322.
② 北京大学 ^{14}C 年代学实验室所用 ^{14}C 半衰期为 5568 年, BP 为距 1950 年的年代。树轮校正所用曲线为 IntCal04(1), 所用程序为 OxCal v3.10 (2)。Reimer P. J., M. G. L. Baillie, E. Bard, A. Bayliss, et. al. 2004 Radiocarbon 46:1029-1058. Christopher Bronk Ramsey 2005, www.rlaha.ox.ac.uk/oran/oxcal.html.
③ 错误原因不明, 舍弃。

附　　录

附录一　登封南洼遗址出土部分金属器物分析

姚智辉

(郑州大学历史文化遗产保护研究中心)

1. 样品测试

由于条件限制，仅对南洼遗址出土的15件金属器物残片取样进行成分分析以及组织鉴定，主要在金相显微镜（型号XJP-100）和扫描电镜（型号JSM-6700F）下观察样品断面，并用扫描电镜装置的能谱仪（型号INCA-ENERGY）进行无标样定量成分分析。测定条件为加速电压20kV，计数40s。测定时在样品断面选择三个区域进行面扫，样品元素含量取平均值。分析结果见表一和表二。

表一　样品金相观察结果

实验编号	出土单位编号	器物名称	年代	金相观察结果
nw01	2004IT7038③	铜笄	春秋中期	α固溶体树枝晶偏析明显、(α+δ)共析体细密，有自由铜多沉积在共析体附近，有硫化物夹杂，弥散铅分布（图版五七，1）
nw02	2004M26	锡簪	北宋后期	
nw03	2004H214	铜锥	春秋中期	有树枝晶偏析，(α+δ)共析体锈蚀，有δ相，偶见自有铜，有硫化物夹杂（图版五七，2）
nw04	2004IT7037③	铜器（不知名）	春秋晚期	偏析明显，铅颗粒弥散分布，树枝状锈蚀沿晶界分布（图版五七，3）
nw05	2004H104	青铜刀	二里头四期？	α树枝晶偏析不明显铅颗粒细小（图版五七，4）
nw06	采集	青铜镞	春秋？	有晶间锈蚀，细小铅颗粒弥散分布（图版五七，5）
nw07	2004IT7238③	鱼钩？	春秋中晚期	树枝晶偏析，部分铅弥散分布，大的铅颗粒聚集多呈枝状（图版五七，6）
nw08	2005M9:1	铜带钩	春秋中晚期	α固溶体树枝晶偏析明显、(α+δ)共析体细密，可见硫化物和自有铜，铅弥散分布（图版五七，7）
nw09	2004T1③	铜刀	春秋中晚期	红铜铸态组织，杂质SnAs溶入铜中形成α枝晶偏析，有自有铜，少量硫化物，枝晶与夹杂物沿一定方向拉长变形（图版五七，8）

续表

实验编号	出土单位编号	器物名称	年代	金相观察结果
nw10	2004IT7138③	铜簪	春秋中期	α固溶体树枝晶粗大不规则，沿着枝晶锈蚀较重（图版五八，6）
nw11	2004IT7137⑤	铜签	二里头四期	有疏松孔洞，α树枝晶细小，锈蚀较多，铅在枝晶中弥散分布，有硫化物存在（图版五八，1）
nw12	2004IT7238③	青铜刀	春秋中晚期	红铜铸态组织，较少硫化物夹杂，弥散铅分布（图版五八，2）
nw13	2004M26	铜镜	北宋中期	α固溶体树枝晶偏析明显、（α+δ）共析体细密，存在硫化物夹杂，铅颗粒弥散分布（图版五八，3）
nw14	2005H14:5	铁铧	北宋	白口铁（莱氏体，团状石墨）（图版五八，4）
nw15	2006H6	铁锸	新莽至东汉初	白口铁（莱氏体组织清晰可见，有长条状渗碳体）（图版五八，5）

表二　样品SEM观察以及能谱分析

实验编号	器物名称	成分（wt%）					备注
		Cu	Sn	Pb	S	其他	
nw01	铜笄	83.6	14.8	1.1	0.5		图版五九，1
nw02	锡簪	1.4	98.6				图版五九，2
nw03	铜锥	83.1	16.4	0.5			图版五九，3
nw04	铜器（不知名）	94.8	1.8	3.4			图版五九，4
nw05	青铜刀	93.6	2.3	3.3	0.8		图版五九，5
nw06	青铜镞	95.3	2.1	2.1	0.5		图版五九，6
nw07	铜钩	81.4	7.4	11.2			图版五九，7
nw08	铜带钩	80.8	15.6	2.8	0.8		图版五九，8
nw09	铜刀	97.2	0.4		0.4	1.8As	图版六〇，1
nw10	铜簪	84.7	6.4	8.9			图版六〇，2
nw11	铜签	78.9	13.2	6.7	0.2	0.6Ca 0.4Mg	图版六〇，3
nw12	青铜刀	96.3	1.8	1.7	0.3		图版六〇，4
nw13	铜镜	74.9	18.5	5.6	1.0		图版六〇，5
实验编号	器物名称	成份（Wt%）					
		Fe	C	P	Si		
nw14	铁铧	84.8	12.5	1.2	0.5		图版六〇，6
nw15	铁锸	75.9	23.5	0.2	0.4		图版六〇，7

2. 讨论

结合上述分析结果，对此批样品进行讨论：

①15件器物分析检验，锈蚀较为普遍。15件器物中1件为锡器，2件为铁器。红铜器2件和锡青铜2件和铜锡铅合金8件。全部是铸造所得。

②nw04、nw05、nw06、nw09，nw12 样品中锡与铅含量较低，铜含量 93.6%~97.4%，锡含量小于 2.3%，铅含量都小于 3.3%，接近红铜，nw09 样品中含有 1.8% 的砷，这也可以作为早期铜冶炼的一个特点。所以说 nw04、nw09，nw12：虽然所在地层为春秋时期，但也很可能系早期遗物混入。

③这批铜器（nw13 宋代不计入）均没有测到铁，晚期炼铜炉炉温升高，炉内还原气氛加强，致使铜矿中铁部分被还原出来进入铜中，加上品位低的铜矿石含有较多脉石，冶炼时需要加入一定量铁矿石作为熔剂进行造渣，所以部分铁矿石被还原，增加了铜中的铁含量。故铜中铁的含量多少可以作为采用何种冶炼工艺的标志。而这批铜器应为早期铜器，一方面是由于冶炼的铜矿石是经过人工拣选过的富氧化矿石，其中含铁很低。二来早期炼铜炉型制简单，炉温相对较低，炉内还原气氛不足，矿石中即使含有铁也难以还原出来进入铜中。成份分析也反映的是青铜时代早期工艺特征。

这批铜器多含有铅，青铜中加入一定量的铅可以提高流动性，提高充填铸型的能力。铅作为相对廉价的金属，反过来也印证了墓主身份可能一般。

④nw13 铜镜含锡量 18.5% 铅 5.6%，仍属于高锡青铜器（大于 18% 的锡，小于 8% 的铅），在成分上与战国、汉、唐铜镜成分基本一致，从其他一些对宋代铜镜测试数据来看，这种传统高锡青铜配方在宋代已经不是很普遍。

3. 小结

总之，所分析样品均为铸造工艺。组织与成份分析结果反映出南洼铜器属于早期青铜时代工艺特征。

附录二 登封南洼遗址二里头文化石器生产及其工艺的初步观察

崔天兴

(郑州大学历史文化遗产保护研究中心)

一、常用术语界定

(一) 磨制石器常用术语界定

磨制生产系统石器包括石料、石坯(打制坯、琢制坯、磨制坯)、成品、残器、废料(也叫边角料,包括石片和断块及碎屑)等。也有学者分为选料、选形、截断、打击、琢制、磨制、钻孔等几种工艺进行研究,这几种工艺是磨制石器技术类型学分类中,不同阶段使用的工艺技术。对这些技术的认识程度关系到技术类型学分类的准确与否,故首先对本文中使用的技术类型术语进行简单界定。

石料是指未经任何加工过的生产石器的原料。该过程也有学者称之为选料、选形。

石坯是指磨制石器生产的半成品,即经过打制等初级生产过程,产品表现为"加工成一定石器的形状,有时甚至能分辨出是何种目的器类,但并未最终完成,尤其是指对刃缘的加工未最终完成;另外,凡仅有打制痕迹未经过磨制的残断毛坯归入毛坯范畴之内;或者部分毛坯已使用截断、琢制、磨制、钻孔等工艺技术,但目标部位仍未加工,仍然称之为毛坯。如石铲仅仅器身整体进行了加工,但刃缘没有加工或保留打制痕迹,仍称之为毛坯。也有学者也把石坯称之为"残次品"。但一般来说,次品指在生产过程中产生的有严重缺陷或者达不到标准的产品,包括成品和毛坯。故残次品在史前石器分类的概念中易引起混淆,故不再使用。

成品是指磨制石器生产系统的目标产品,经过打制成型、琢制、边缘修整、磨制、刃缘加工、钻孔等加工程序,尤其是指磨制工具系统刃缘部位的磨制加工完成;也包括折断后而可以拼合的石器等;可以分为权宜性磨制石器和精细性磨制石器两大类。权宜性较少见,按照毛坯来源分为砾石工具、石核工具、石片工具等三类。成品种类大致有斧、锛、凿、钺、铲、穿孔小锛、圆盘形器、盘状器、镞、纺轮、琮、玦等几类。其中数量最多的是斧,其次为锛和凿,再次就是铲,其他器类的数量都不是很多。还有就是加工石器的工具,包括大量的石锤和一些石砧和砺(砥)石,上述石器中,同类石器也还有一些不同的形态。

残器是指磨制石器因使用或加工而导致的器身严重残缺的甚至不能辨认器形的产品，如折断而不能拼合的产品等。

废料也叫副产品或边角料，是指在磨制石器生产过程中经过产生的石片、断块及碎屑等。

刃缘再修锐一般是指成品的刃缘使用钝化后，刃缘进行再次加工，包括锤击、磨制等技术。

石器改制也称为石器转型，一般是指石器经修整后转变为一种新类型的工具；如石铲经侧边修整后转变为石刀。

磨制石器加工技术：片切割、线切割、打制、琢制、磨制、抛光。

钻孔：按技术可分为琢制、铤钻、管钻等。按钻孔方式可分为单面钻、两面对钻等。

（二）打制石制品

打制技术是磨制石器生产的工序必备技术之一。故判断一个遗址是否存在独立的打制石器生产系统，需要从是否存在多种类型的石核及石片、石器。若仅仅存在石片和石器，独立的打制石器生产系统可能就是不存在的。

打制石制品是指以锤击、碰砧、砸击技术所生产的石核、石片、工具及绝对数量的断块。依据在石核剥片的基本技法，我们主要辨别出了锤击技术生产的石制品。

二、南洼遗址出土石器的生产工艺观察

（一）石料

石料种类有泥质粉砂岩、粉砂岩、钙质粉砂岩、石英砂岩、灰岩、石英岩、安山玢岩、安山岩、脉石英、页岩、片岩绿松石、铁矿石等（见表3-1）。

2004H142:1，绢云母片岩。长条状砾石。

（二）选形

可见长条状粉砂岩砾石、脉石英、石英岩砾石、灰岩砾石，没有进一步加工痕迹。（其中一些石英岩石片的原型为砾石）。

2005H55:61，灰岩，平面形状椭圆形。原型为砾石，器身横向锤击加工。

2005H13:1，粉砂岩，青灰色，长条状砾石，侧边有打制痕迹。长18.5、宽7.6厘米（图3-132，1）。

（三）毛坯

根据加工程序可以分为打制坯、琢制坯、磨制坯等。

1. 打制毛坯

（1）石斧

2件。选择砾石和自然节理断块作为毛坯。打制修形。

2005H133:26，安山玢岩，完整。原型为砾石，沿节理面破裂，器身正反面为石片腹面，器物单向周身打制修整，刃缘亦单向锤击修整。无琢制、磨制痕迹。长13.5、宽5~6.6、厚3.6厘米（图3-128，2；彩版四四，1）。

2004J2:1，原型为节理断块，侧边打制修整，刃缘交互锤击加工。无琢制、磨制痕迹（图3-128，1）。

（2）石刀

4件。选用砾石或节理石片作为毛坯，直接打制修形，加工出较直的刃缘和背部。

2006H41:16，细砂岩。近刃缘初步进行交互锤击加工。

2006H16:1，石英岩，红褐色。原型为砾石，为修整石刀过程中的废品。刃缘单向锤击修整。

2005H147:536，细砂岩。原型为节理断片。选择一长边交互打制。

2005H69:36，长石片岩，原型不详，选择节理面。刃缘交互加工。

（3）石镰

4件，选用质地较软的片岩、细砂岩等作为毛坯，直接打制修形。

2004T7137⑤:57，绢云母片岩。原型不详。打制毛坯，交互锤击修整边缘，背部弧，刃缘部位直。

2005H199:45，细砂岩。原型可能为节理裂片。交互锤击修整。尖端为节理面（图3-131，1）。

2004H206:278，细砂岩，青灰色。原型不可知，平面形状三角形，侧边打制而成。无进一步加工痕迹（图3-131，2；彩版四四，2）。

（4）石凿

2件。选用砾石作为毛坯。锤击打制修形。2004H20①:6，粉砂岩，原型为砾石，横截面为三角形，刃缘打制减薄。末端有琢制痕迹。

2. 琢制毛坯

19件。一般采用打制修形，琢制精修。

（1）石铲

共3件。

2005H122:150，灰岩，灰白色。平面形状四边形，横截面近方形，并使用了保棱琢法和保平琢法，平面较平，侧棱较直。分层琢制。

2004H30②:11，钙质粉砂岩。部分琢制而成。

（2）石斧

共4件。

2005H166:102，石英砂岩。暗红色，平面形状长舌形。原型为砾石。一面为节理面，器身通体琢制。刃缘锤击单向锤击加工。长18.3、宽7.2、厚6.3厘米（图3-132，2）。

2005H137：35，凝灰岩，青灰色，原型为石片节理断块。长条形。其中一侧棱使用保棱法琢制，侧面夹角90°，正反面为自然节理面。侧棱琢制修整。

2005H36：87，凝灰岩。仅存刃部。器身和侧面琢制。刃缘打制修整。

2004H228：23，器身正面、背面、侧面为节理面。器身正面凸出部分琢制修整。器身周缘交错锤击修整。刃缘锤击减薄。长13.3、宽5.4、厚4.4厘米。

（3）石锛

2件。

2005H69：87，凝灰岩，原型为砾石。仅存刃部。一面仍保留砾石痕迹。器身先打后琢，器身修整较平。刃面琢制修整，较平。刃缘交互锤击修整，刃缘单面修整（彩版四四，3）。

2005H167：150，变粒岩，深灰色。原型不可辨。横截面为四边形。器身先打制修形，后琢制精修器身平面，侧棱。单面刃，刃缘平面琢制修平，后锤击修整刃缘。

（4）石钺

1件。

2005ⅠT7842④：70，长石角闪石片岩。原型不可知。完整，顶部窄，刃部宽。平面形状近似梯形。顶部较平。刃部未开刃，先打制修形，后分层加工，器身及侧棱琢平。未开刃（彩版四五，1）。

（5）石刀

4件

2005H147：538，细砂岩。原型为节理断块。沿边缘中棱交互打制，器身轻微琢制。

2004ⅠT7137⑤：1，页岩。毛坯为断块。刃缘部位交互锤击修整，背部琢制。刃缘线呈S形。

（6）石镰

2件。2004H46：7，细砂岩，青灰色。刃缘交互锤击修整，背部轻微琢制。

（7）石凿

3件。2006H10：3，安山玢岩。原型为砾石。器物分层加工，器身打制成形，刃缘斜面琢制精修，器身琢平；侧棱尚存对向交互锤击修整。

2004H120：1，安山岩。从器身远端断裂。其加工顺序为锤击—琢制。刃缘锤击单向锤击修整（彩版四五，2）。

3. 磨制坯

32件。一般经历了打制成形、琢制精修、磨制成器的过程。

（1）石斧

2件。仅器身有磨制痕迹，刃缘部位仍保留有打制痕迹。

2006H10：2，安山玢岩。原型不可辨。平面形状为梯形，横截面为梯形。器身先打制修形后，琢制修面和侧棱。刃缘单向锤击修整。后刃面磨制，前刃面单向锤击修整，侧边亦打制修整。单面刃。器身一面较平，一面弧。横截面呈D字形。刃缘单向垂直修整，偏锋；尾端锤击修整。长14、宽4~5.6、厚2.8厘米（图3-110，4）。

2005H147：526，片岩。原型为节理断块，刃缘交互锤击修整，器身有磨制痕迹。

（2）石凿

6件。打制成形，器身磨制，刃缘或未加工或被破坏。

2004ⅠT6302③：2，横截面呈方形，器身先琢后磨，通体磨制，刃缘减薄分为磨制、锤击减薄，先磨后打。一面磨制较精。仍有刃缘斜面残存。亦可能为石凿刃缘钝化后，刃缘再修锐。

2005H90：224，角闪石片岩。器身分层加工，通体磨制，侧棱明显。其加工顺序为琢制—磨制。沿节理面横向倾斜断裂，形成刃缘。刃缘纵向加工，形成纵向破损疤。顶端纵向锤击，破坏了器身。故废弃。

2004H19：13，凝灰岩，石凿磨制毛坯。原型为砾石。正面磨制，背面为节理面，仍部分保留有砾石石皮，左侧边为节理面，右侧面微石皮。刃缘单向锤击修整。

2004T6941③：1，通体磨制。分层加工。加工顺序为打制—琢制—磨制。刃部不明确。

2005T7542③：43，铁矿石。三面沿节理破裂。在节理断裂面上有磨制痕迹。器身有琢制痕迹。刃部纵向锤击修整。

2004H19：38，凝灰岩，原型为长条状的横截面为四边形的砾石。器身部分磨制，刃缘部位磨制，但尚未出刃。

（3）石锛

1件。2005H85：30，细砂岩。选择较薄的节理断块进行刃缘磨制加工，器身正背两面均有磨制痕迹。单面刃，刃缘尚未磨制成。其加工顺序为选型—磨制（图3-113，2）。

（4）石刀

18件。器身明显磨制，刃缘亦经过加工。但琢制穿孔，器身沿穿孔断裂，且穿孔无显著磨损痕迹。

2004T7037⑤：20，细砂岩，原型不详。器身磨制，刃缘单面锤击修整，背部琢制。琢制穿孔，器身沿穿孔断裂。

2004T7138⑥：1，石英砂岩。原型不可知。沿穿孔断裂。器身分层琢制。其加工顺序为琢制—磨制。器身通体磨制。单面刃。穿孔双面对琢。

2004H19：12，原型为砾石，尚保留有石皮。刃缘和背部均交互锤击修整，刃缘部位内弧，背部外弧，腹面稍微横向磨制，磨制痕迹约占10%（图3-117，3）。

2005H50：23.凝灰岩，原型为长石片。选择石片侧边磨制。可能为石刀毛坯。

2006H31：50，细砂岩，青灰色。原型不可知。残。打制修形，刃缘单向锤击修整，刃缘较直，背缘较厚，琢制修整，穿孔琢制，沿穿孔而断裂（彩版四六，3、4）。

2005H85：33，细砂岩。原型可能为砾石。器身磨制。两长边分别锤击单向加工和交互锤击加工。对向琢制穿孔，器身沿穿孔断裂。

2004H19：64，原型为砾石，残存因磨蚀产生的沟槽。器身单面磨制，周边打制。刃缘部位沿中轴两面交互锤击修整；背部单向锤击减薄。两面对琢穿孔，孔径有一定的偏差。

2004ⅠT6741④：2，细砂岩。原型不可知。器身通体磨制。背部平直，双面刃，偏锋，刃缘直，刃缘锋利。沿穿孔断裂。

2004H90：7，细砂岩。原型不可知。器身通体磨制。背部平直，双面刃，偏锋，刃缘直，刃缘锋利。琢制单面穿孔，沿穿孔断裂（图3-118，3）。

2004H32：4，细砂岩。原型不可知。器身通体磨制。器形规整，背部平直，单面刃，刃缘直，刃缘锋利。琢制对向穿孔，沿穿孔断裂（图3-118，2）。

2005H90：225，细砂岩。原型不可知。器身通体磨制。器形规整，背部平直，单面刃，刃缘直，刃缘锋利。琢制对向穿孔，沿穿孔断裂。

2005H147：533，粉砂岩。通体磨制，沿穿孔而破裂。单面刃，刃缘较直，距离紧贴钻孔，器物沿穿孔而断裂。长5.5、宽4、厚0.8厘米。

2005H158：16，细砂岩，通体磨制，单面刃。琢制对向穿孔，背部较平，刃缘较直，刃缘磨圆，器物沿穿孔断裂。

2004H270：1，细砂岩。原型不可知。器身通体磨制，单面刃，刃缘较直且钝，背部圆钝。两面对钻，沿穿孔断裂（图3-116，7）。

2005H241：22，片岩，青灰色。器身残。通体磨制，琢制对向穿孔。单面刃，刃缘轻微磨圆。琢制对向穿孔，器物沿穿孔破裂（图3-116，4）。

2005H208：25，蛇纹岩。器身残。通体磨制。琢制对向穿孔。刃缘轻微磨圆。单面刃，对向琢制穿孔，沿穿孔而断裂（图3-116，1）。

2004H431：2，细砂岩。打制修形。背部钝化，刃缘交互打击修锐，两面对向琢制穿孔，器身沿穿孔断裂（图3-116，5；彩版四七，1）。

2004H363：1。细砂岩。原型节理断块。刃缘部位交互锤击修整。器身对向琢制穿孔，未穿透（彩版四六，1、2）。

2004H78：4，细砂岩。原型不可知。器身通体磨制，单面刃，刃缘较直。背部平。琢制穿孔，沿穿孔断裂。刃缘圆钝（图3-116，6）。

(5) 石镰

3件。其加工顺序为打制成形，琢制精修，磨制成器。值得注意的是其刃缘加工采取的策略是先磨平后磨制成单面刃。

2004H19：73，石英砂岩。边刃工具磨制坯，残，通体磨制。背部外弧，尚未开刃。刃缘尖端单向锤击修整。

2006H13：15，细砂岩。原型不可知，器物后部残，仅存尖端。器身通体磨制。首先刃缘磨平，后单面磨制刃缘。

2004H11：3，细砂岩，浅灰色。器身通体磨制。单面刃，先磨制刃缘后磨制修柄，前端断裂。

（四）成品

1. 权宜性工具

3件。采用合形石片，仅磨制刃缘或直接使用。

2005T7741③：1，钙质粉砂岩。原型为石片，刃缘锤击减薄。直接使用，刃缘破损，钝化。

2004H19：55，安山岩。原型为石片，刃缘磨制，轻微磨圆，尚保留有石片形制。

2. 成器

（1）石斧

共30件。一般加工工序为打制、琢制、磨制。很少见到通体磨制，部分仅见到刃缘磨制。

2004H19：1，角闪石片岩。原型不可知。器身通体分层琢制，侧棱不明显，横截面呈椭圆形。其加工顺序为琢制—磨制。刃缘斜面磨制，但仍可见琢制痕迹。刃缘钝化，因使用形成的疤痕凹坑也被磨光（图3-104，1）。

2004H19：36，粉砂岩，绿色。原型为长条状的河滩砾石。经保持中轴法交互锤击修边；两侧面均有琢制痕迹，其中一侧面经保平法琢制而成，一边侧棱较直，正反两面均有琢制痕迹，再打制修边，然后磨制。刃缘部位残留有琢制痕迹，先琢后磨。末端尚保留有砾石面。刃缘采取横砥法而成。刃缘斜面不规则，器身纵砥。横截面近不规则椭圆形（图3-104，2）。

2004J1：1，安山岩，灰绿色。原型不可知。器身分层加工，其加工顺序琢制—磨制。器身尚保留有琢制痕迹，刃缘斜面磨制，刃缘线破损。

2004H216：4，石英岩。原型不可辨。平面形状四边形，横截面近方形。器物先打后琢再磨。采用保棱琢法；刃缘斜面使用琢制法进行了修整。长11.5、宽3.8、厚3.7厘米。

2004H19：51，安山岩，青绿色。原型未知，横截面呈长方形，平顶，中部略鼓，通体琢制，四棱缘均较直；刃部双面磨制，刃缘钝化右侧磨损严重（图3-108，2）。

2004H19：10，原型不知，器身先琢后磨，采用保平琢法，琢制部分均分布在近刃缘部位，琢制痕迹不规整。尾端琢制，两侧均琢制至器身1/3处。

2004H19：2，长石角闪片岩，青绿色。原型不知。器身分层琢制，侧棱圆钝。其加工顺序为打制修形—琢制修坯—局部磨制。顶部琢平，基本呈四边形。器身横截面呈椭圆形，刃缘磨制，刃缘钝化。刃缘破损疤内有纵向磨光痕迹（图3-106，2）。

2005H247：84，安山岩。原型不可知。器身分层琢制，侧棱圆钝。其加工程序为打制修形—琢制修坯—刃缘磨制。顶部磨制。侧棱圆钝。中锋弧刃，刃缘钝化，刃缘单向锤击加工，刃缘破损疤内有纵向使用痕迹。

2005H96：96，安山岩，原型不可知，器物分层琢制，侧棱圆钝，横截面为椭圆形。其加工顺序为打制修形，琢制修边和平面，磨制成刃，双面刃，刃缘钝化（图3-107，2）。

2004H363：2，灰岩，器身分层琢制，先琢后磨，侧棱使用保棱琢法。刃缘磨制，中锋直刃，尾端向心锤击修整。刃缘左侧有较大的崩疤，右侧倾斜。长9.1、宽5、厚2.2厘米。

2004H11：4，原型为砾石，尚保留有石皮。顶端琢制。侧棱琢制修整，刃缘磨制，横截面椭圆形，刃缘线破损严重，顶端锤击单向修整，破损疤较大。

2005H36：1，安山岩。器身分层琢制，其加工顺序先打再琢后磨。中锋。刃缘轻微破损。器身顶端有打制纵向修整和琢制痕迹。为二次改制石器。

2005H96：6，安山岩，器身分层琢制，其加工顺序为琢制—磨制。侧棱不突出，横截面为椭圆形。刃缘磨制，中锋弧刃。顶端磨制，并有纵向打制痕迹。刃缘斜面与器身交界呈弧线。

2005ⅠT7742③:60，角闪石片岩。仅存器身顶端和中端，远端折断。器身分层琢制，前刃面磨制，后刃面琢制。其加工顺序为打制—琢制—磨制。因近端折断而废弃。

2005H69:73，角闪石片岩。器物分层琢制。其加工顺序为打制—琢制—磨制。横截面为圆角四边形，棱缘圆弧。刃面磨制，双面刃，刃缘被二次锤击加工破坏（图3-108，3）。

2005H147:1，斜长石片岩。器物分层琢制，其加工顺序为打制—琢制—磨制。横截面为圆角四边形，棱缘圆弧。刃面磨制。顶端纵向打制。

2005H96:45，安山岩。器身通体磨制，先琢后磨，四棱较直，保棱法琢制，刃缘破损，钝化严重，保留有因使用产生的磨损痕迹。

2004H234:24，顶部。原型为砾石。器身分层琢制，加工顺序为琢制—磨制。

2005H141:24，顶端。安山岩。侧棱不明显。器身分层加工。其加工顺序为琢制—磨制，废弃后又遭纵向和横向锤击修整。

2005H85:32，凝灰岩。残，仅存刃缘一角。分层加工，局部磨制。前刃面磨光部位较大，后刃面仅刃缘磨制。刃缘钝化。前刃面破损严重。

2004H46:1，粉砂岩，青灰色。从顶端处折断。器身分层加工。其加工顺序为琢制—磨制。

2004H366:5，安山玢岩。器身中部折断。器身分层琢制，四棱琢制而成，形制规整。仅刃部磨制，刃缘钝化；近刃缘部有一横向片疤。

2004H23:2，大理岩，从器身中部折断，仅存器身刃缘。通体磨制，刃缘严重钝化。

（2）石锛

石锛20件。其加工工序为琢制—磨制；绝大部分通体磨制，很少局部磨制。

2004T7238⑥:1，硅质灰岩，黑色。原型不详。器身磨制，双侧面琢制，顶部琢平并有磨制痕迹。前刃面通体磨光，后刃面仅刃缘处磨光。后刃面有因使用产生的条痕和崩疤。器身沿侧面中线横向锤击修型。

2004ⅠT4⑥:1，角闪片岩器身分层琢制，四棱采取保棱法琢制。前刃面及背面全部磨制。刃缘磨光。顶部有因装柄而纵向减薄剥片，个别片疤延伸至器身中部。两侧面琢制，无进一步加工。刃缘轻微钝化，个别有纵向使用痕迹。

2004H19:33，凝灰岩，原型不可知。平面形状为梯形；器身采取分层琢制：先琢后磨；侧棱采取保棱琢法，侧棱较直。刃缘左侧向后刃面破损，破损疤较大。顶端打制修整，且有使用产生的磨光痕迹（图3-111，1）。

2004H30:4，片岩，青灰色。通体磨制。单面刃，前刃面有破损（图3-112，4）。

2004ⅠT6841③:108。安山岩。原型不可知。器身先打制修型，后分层琢制。其加工顺序为打制—琢制—磨制。通体磨制。单面刃，前刃面有破损痕迹。后刃面相对完整。刃缘右倾（彩版五二，1、2）。

2004H242:1，凝灰岩，原型不可知。通体磨制，侧棱明显。器身覆盖钙结核。两面刃，偏锋，刃缘严重钝化。顶端纵向破裂。

2004H1:3，细砂岩，灰褐色。远端折断仅存中下部。通体磨制，单面刃。

2004H17:5，细砂岩，青灰色。通体磨制。器身分层加工，其加工顺序为打制修型，琢制成面和棱缘，磨制修整。单面刃，磨制修整。前刃面轻微破损。

2005H180:38，泥质粉砂岩，青灰色。从近端折断。通体磨制。其加工程序为先磨制器身后磨制刃缘。双面刃，偏锋，刃缘钝化（图3-113，3）。

2005H241:25，变粒岩，青灰色。器身完整。器物分层加工，通体磨制。其加工顺序为打制—琢制—磨制。中锋弧刃。器物尚保留较多的打制痕迹。

2005H69:75，硅质灰岩，黑色。器身完整。器物分层加工，通体磨制。其加工顺序为打制修型，琢制精修—磨制。侧棱分明。器物尚保留有打制、琢制痕迹。单面刃，压制单向连续修锐。刃缘线较直（图3-113，1）。

2005H241:21，灰岩灰色，器身完整。通体磨制。侧棱分明。单面刃，偏锋。后刃面有纵向使用痕迹（图3-112，6）。

2005H118:6，硅质灰岩。器身分层琢制。其加工顺序为打制—琢制—磨制。刃缘磨制，单面刃。刃缘轻微破损，并磨圆。

2005H147:521，硅质灰岩。器身分层加工，侧棱分明。其加工顺序为打制—琢制—磨制。刃缘磨制，前刃面及背面通体磨制。刃缘轻微破损，有纵向使用痕迹。

2005H147:520，安山岩黑色。保存较为完整，上顶部和刃部稍残。器身分层琢制，器物通体磨制，棱缘分明。其加工程序为打制—琢制—磨制。单面刃，刃缘严重破损（图3-110，2）。

2005H207:151，凝灰岩。器身分层加工，其加工顺序为打制—琢制—磨制—打制。单面刃，刃缘轻微破损，刃缘锋利，前刃面有纵向磨损痕迹。

2005H122:151，变粒岩。器身通体磨制，棱缘分明。其加工程序为打制—琢制—磨制。单面刃，刃缘轻微破损，前刃面有纵向磨痕（彩版四九，2、3）。

2005H167:151，变粒岩。原型为磨制断块。局部磨制，刃缘磨制。前刃面有纵向使用痕迹。

（3）石铲

15件。加工以灰岩、细砂岩为主；成器通体磨制。

2004H216:3，细砂岩。原型为节理断块。器身通体磨制。单面刃。刃缘钝化（图3-101，3）。

2004H19:3，鲕粒灰岩，原型不可知。器身通体磨制，侧棱、顶部均平直。刃缘轻微钝化。长13.9，宽8.3，厚1.2厘米（图3-99，1）。

2004J2:24，鲕粒灰岩，原型不可知。器身通体磨制，侧棱较直。中锋，刃缘钝化。

2005H90:222，灰岩，原型不清楚。平面形状四边形，侧棱分明，器身分层加工，通体磨制。其加工顺序为打制修型—磨制形成。中锋，刃缘交互加工锤击修锐（图3-101，2）。

2005H56:30，灰岩，原型不可知。器身中部折断。通体磨制，侧棱圆钝。刃缘错向锤击修锐。

2004H373:3，灰岩。原型不可知。通体磨制。中锋，刃缘交互加工修锐。

2004H201:11，灰岩，原型不可知。通体磨制，棱缘明显，中锋，刃缘中度破损。长10.5、宽8、厚1.8厘米。

2004H438:2，鲕粒灰岩。原型不可知。通体磨制。侧棱不明显，刃缘交互锤击加工（图3-99，3）。

2004H9:20，灰岩，原型不可知。通体磨制，侧棱不明显。其加工顺序为打制—磨制。中锋，刃缘轻微破损（图 3-100, 2）。

2005H15:74，片岩。残，平面形状四边形，从器身中部折断，双面刃，刃缘钝化，轻微破损，上面有石片疤。通体磨制。其加工顺序为先磨制器身后加工刃缘（图 3-103, 4）。

2005H122:152。灰岩，残。平面形状四边形。从器物中部折断，双面刃，刃缘锋利。通体磨制，刃缘横向磨制（图 3-102, 1）。

2005H15:72，粉砂岩。保存完整。器身分层加工，通体磨制。其加工顺序为打制修边—琢制精修—磨制成型。双面刃，偏锋。刃缘钝化。前刃面有清晰的纵向，后刃面无。长 14.4、宽 4.2~6、厚 1 厘米。

2005H246:5，灰岩。残。通体磨制。背部横向磨制。

2005H15:73，安山玢岩。原型不可知。器身分层加工，通体磨制，侧棱分明。其加工顺序为打制—琢制—磨制。单面刃，刃缘纵向磨制，刃缘轻微钝化。顶部轻微风化（图 3-114, 1）。

（4）石扁铲

仅 1 件。2005H167:152，细砂岩。原型为节理断面。通体磨制，侧棱分明，器身较薄，单面刃，刃缘轻微破损。

（5）石凿

13 件。成器加工工序为打制，琢制，通体磨制；部分有钻孔。

2004J1:6，硅质灰岩。器身通体磨制，单面刃，末端有锤击疤痕；沿节理面破裂，没有进一步修整。

2005H133:92，安山玢岩。原型不可知。器身通体磨制，棱缘分明。横截面为梯形，单面刃，刃缘破损，顶部磨制（图 3-115, 1）。

2004H19:37，石英岩。原型不可知。器身通体磨制，顶端和侧面分别保留有琢制和打制痕迹。单面刃，前刃面有崩疤（图 3-114, 3）。

2004H373:1，凝灰岩。原型不可知。器身分层加工。其加工顺序为打制—琢制—磨制。前刃面通体磨制。后刃面纵向磨制。刃缘锋利（图 3-114, 7）。

2004T6302③:2，凝灰岩。原型不可知。器身分层加工。其加工顺序为琢制—磨制。侧棱明显。刃缘被锤击加工破坏。

2004H144:26，凝灰岩。原型不可知。器身通体磨制。其加工顺序为打制—琢制—磨制。单面刃。刃缘锋利。

2004H81:1，石英岩，青白色。原型不可知。器身通体磨制。分层加工。其加工顺序为打制修型—琢制—磨制。单面刃，刃缘钝化。前刃面有磨痕。长 6.5、宽 3.2~4、厚 1 厘米。

2005H180:34，变粒岩。原型不可知。器身分层加工，通体磨制。其加工顺序为打制—琢制—磨制。侧棱分明。横截面为梯形。单面刃，刃缘钝化，形成阶梯状疤痕。顶部琢制，无磨制。长 12.5、宽 2.5、厚 3.5 厘米。

2005H145:7，凝灰岩。器物从中部折断。器物分层琢制，棱缘圆钝，横截面为圆角四边形，单面刃，前刃面轻微破损，后刃面磨制。

2005H232:16，凝灰岩，原型为节理断块。器身通体磨制，单面刃。前刃面有轻微破损痕迹。

2005ⅠT7542③:51，凝灰岩。原型不可知。器身分层加工，单面刃。前刃面通体加工，后刃面仅加工刃缘斜面。器身其他部位仅琢制。

2005H147:519，硅质灰岩。原型不可知。器物分层加工，通体磨制。器物加工顺序为打制—琢制—磨制。单面刃，刃缘严重钝化（图3-114，5）。

2005H147:525，凝灰岩。原型为断块。器身通体琢制，一面磨制，分层加工，其加工顺序为打制—琢制—磨制。单面刃，刃面琢制，尚未磨制。

2004H3:1，凝灰岩。原型不可知。统统磨制。侧棱分明。单面刃，顶端尚有纵向加工痕迹（图3-114，8）。

（6）石刀

11件。其加工顺序为选型琢制，琢制穿孔，（通体）磨制。

2005H112:50，细砂岩，灰褐色。弧背直刃。单面刃。其加工顺序为先打后磨。弧背宽平，刃缘钝化。

2004H320:1，凝灰岩。原型不可知。器身通体磨制。背部平直，刃缘斜直。刃缘中度破损。

2004H399:1，细砂岩。原型不可知。器身通体磨制。背部平直，单面刃，刃缘直。刃缘中度破损。

2005H251:27，页岩。利用岩石片理。通体磨制，铤钻成孔。刃缘斜向。钻孔距离刃缘较近，可能因刃缘再修锐技术所致。钻孔上有因捆绑导致的磨圆（图3-118，5；彩版五一，1、2）。

2005H85:31，石英砂岩。从器身中部折断，无穿孔。器身通体磨制，单面刃。一端亦被加工成单面刃，其磨制方向与石刀相反。背部沿中线交互锤击加工，形成S形刃缘（图3-117，2）。

2005H86:11，粉砂岩。沿器身穿孔斜向折断。器身通体磨制，双面刃，偏锋刃缘轻微钝化。先琢制后铤钻穿孔（图3-116，3）。

2005H56:33，细砂岩。沿穿孔纵向和横向破裂，仅余刃缘和器身的1/4。单面刃，通体磨制，刃缘锋利。对向琢制穿孔（图3-119，2）。

2005H117:10，细砂岩。保存完整。器物分层加工，通体磨制。其加工顺序为打制—磨制。单面刃，刃缘破损；弧背宽平。琢制对向穿孔，背侧穿孔有磨圆痕迹（图3-118，1）。

2005H40:1，粉砂岩。平面形状四边形，通体磨制。双面刃，偏锋。器身横向断裂。背部宽平。

2005H56:31，凝灰岩，浅灰色。从尖部断裂。通体磨制，刃缘中度破损。

2004H19:68，钙质粉砂岩，原型不可知。器身通体磨制，单面刃横砥，刃缘斜直，刃缘近穿孔较近，刃缘角比较大。穿孔先琢后钻，两面对琢。可能为刃缘再修锐的改制石器（图3-116，8；彩版五〇，1、2）。

（7）石镰

14件。器物加工工序为打制，琢制，（通体）磨制。仅刃缘磨制少见。

2005H18:10，细砂岩，黄褐色。残。弧背，直刃。先打后磨。器背部仍存打制痕迹。器身磨平，残存刃缘前端尚未开刃，后端刃缘钝化，有明显的颗粒状破损。

2004H30:6，凝灰岩，青灰色。原型不可知。器身通体磨制，尖部稍残。

2005H110:25，细砂岩，青灰色。残，弧背直刃。器身通体磨制，单面刃。刃缘磨圆，轻微破损。长6.3、宽4.7、厚1.2厘米。

2004H19:62，凝灰岩。原型不可知，器身通体磨制，尖部残。单面刃，内弧。背部磨制，外弧，靠近刃缘尖端、柄部部位，仍有打制修整痕迹。刃部先磨平，后磨制刃缘（图3-121，2）。

2004H438:1，片岩，红褐色。原型不可知。器身通体磨制，尖部残。背部外弧，单面刃，刃部内凹。柄部无刃（图3-122，2）。

2004H9:5，细砂岩，青灰色。原型不可知。器身通体磨制，尖部稍残。背部宽弧，刃部内凹，单面刃，刃缘加工后，修整柄部。

2005H56①:35，凝灰岩，青灰色。原型不可知。器身通体磨制，尖部残。单面刃，纵向磨制。背部外弧，刃部内弧。器身起嵴，柄部纵向磨制，导致嵴线消失。其磨制方式为砺石靠近器物。

2005H56:32，凝灰岩。原型不可知。器身通体磨制，器身起嵴。背部圆钝，外弧。刃缘锋利，轻微破损。刃缘面因磨制与器身形成折棱而形成凸起，柄部纵向磨制而消失（图3-122，1）。

2005H166:60，细砂岩，灰褐色。两端残。通体磨制。背部宽平圆钝，单面刃，刃缘未开刃。其加工顺序为打制—磨制。

2005H15:78，细砂岩。两端残。通体磨制，背部仍可见打制修整痕迹，器身通体磨制。单面刃，其刃部磨制方式分两次磨制，可能为刃缘再修锐技术。背部横向磨制（图3-120，3）。

2005H15:76，粉砂岩。保存基本完整。器身厚重，通体磨制。单面刃，先纵向刃缘有弧度，推测为砺石就器物的加工方式；从柄部推测其先纵向把刃磨平，后单面斜向磨制刃缘（图3-120，2）。

2005H118:10，细砂岩。通体磨制。双面刃，刃缘内弧。刃缘磨平。弧背横向宽平。两端折断。

2005H253:99，细砂岩。通体磨制。单面刃，刃缘内弧。其加工方式为刃缘磨平，后斜向磨制刃缘。弧背宽平，柄部也磨平。尖端断裂。刃缘锋利，基本无磨损（图3-123，2）。

（8）石楔

2004H20:5，凝灰岩。原型为砾石，磨制石器破裂后改制而成。仅磨制尖端。背面有大量的琢制痕迹和稍微的磨制痕迹。

（9）其他

石板形器　1件。2005H180:37，细砂岩，平面形状梯形，通体磨制。

石镞　2件。2004ⅠT6841③:109，粉砂岩，红褐色。通体磨制，底部亦磨制且内凹。2004H241:1，选择合适的断块，进行磨制，形制不规整。

网坠　2004J1:8，安山岩，砾石。选择长条状砾石环状线切割加工（彩版四七，2）。

石球　4件。一般采用自然砾石，琢制而成。2004H20:26。灰岩。自然砾石，琢制而成。

砺石　4件。2004H59:2，细砂岩，红褐色。原型不可知。器身通体有磨痕。

石支脚　2005H90:223，细砂岩，红色。原型不可知。横截面为圆形。底端较大，平行放置后，器身倾斜。通体磨制，器身呈双抛物线型（彩版四五，3、4）。

不可辨器形　1件。2005H15:68，粉砂岩，青灰色。通体磨制，远端折断。

火烧石　1件。

（五）刃缘再修锐石器

该类器物一般为石斧，很少见到其他工具刃缘重新锤击加工修锐。

2005ⅠT7841④:8，粉砂岩，青灰色。通体磨制，圆顶，亚腰，双刃面，刃缘较钝。完整，中锋弧刃。刃缘钝化后，琢制修整刃缘。其可辨加工顺序为打制修型—琢制修边和器身—磨制成型；刃缘钝化后修整琢制修整刃缘。长10、宽4-5、厚3.2厘米（图3-106，4）。

2005H88:68，凝灰岩。残，仅存前端，器身通体琢制。器身横截面椭圆形，刃缘钝化后重新锤击修锐，后废弃（彩版五二，3、4）。

2004J1:2，粉砂岩，器身通体磨制，部分尚保留有琢制痕迹，刃缘交错锤击再修锐，刃缘面尚存。长10.8、宽4.5~5.8、厚3厘米。

2004H331:3，泥质粉砂岩。分层琢制，器身正面和背面磨制，靠近刃缘斜面顶端有一周琢痕。器身侧面分层琢制，器身近端凹腰。因刃缘和顶端遭破坏性的锤击而废弃（图3-107，4；彩版四九，1）。

（六）二次改制石器

该类器物可以分为完全改制如2004H20①:24；局部修整，2004H19:70；改变器物用途，石斧变为石锤如2004H200:3。

2004H20①:24，石英岩。原型不可知。横截面为四边形。刃缘磨制后，刃缘二次锤击修锐。器形规整，刃缘左侧保留有对向片切割痕迹。背面也保留有片切割痕迹。右侧磨制并抛光，单面管钻穿孔（彩版五〇，3、4）。

2004H19:70，有肩石钺，灰白色。灰岩，原型为石铲。石铲残后，远端锤击修整出双肩，后两面对琢穿孔，未透。器体扁平，顶部残，边缘见有琢制痕迹，顶部缺失，双面刃呈舌状。残长7.8、宽7.2、厚1.4厘米（图3-100，3）。

2004H32:3，改制石器。凝灰岩，深灰色。原型为砾石。器身分层琢制，其加工顺序为打制—琢制。其棱缘使用了保棱法琢制。刃缘部位也使用琢制精修，后磨光。刃缘弧刃，中度破损。尾端打制修整，形成刃状（图3-104，3；彩版四八，3）。

2004H200:3，安山岩。原型为石斧。器身分层琢制，其加工顺序为琢制—磨制。并琢制形成凹腰。刃缘锤击修整而导致破坏后形成石锤。

2005H54:36，片岩。原型可能为石斧。周身琢痕，刃缘钝化后改制石锤。

2004H250:1，泥质粉砂岩，黄褐色。原型为石斧或锛，残后，侧边变成刃部。器身通体磨制，一侧面琢制。器身铤钻钻孔未透。刃缘轻微破损（图3-115，5）。

（七）残 器

大部分还可以辨认出器形。共 69 件。

1. 石铲

15 件。以灰岩为主，基本可以辨识出器形。

2004H417：2，灰岩。分层琢制加工，通体磨制，后磨光。侧棱明显。长 6.2、宽 5.6、厚 1.6 厘米。

2004H379：3，灰岩。原型不可知。仅存刃部一角。刃缘可见连续崩疤。通体磨制。长 8.2、宽 5.1、厚 1.6 厘米。

2004H142：11，灰岩。从远端断裂。器身通体磨制，侧棱明显。单面刃。刃缘严重磨圆。并有加大的崩疤。

2004ⅠT3G2⑯：1，细砂岩，层理明显。通体磨制。从器身中部折断，存刃缘端。单面刃，刃缘轻微钝化。

2005H118：7，长石石英变粒岩。通体分层加工，通体磨制。正面磨光，背面磨制。其可辨加工程序为琢制—磨制—磨光。侧棱明显。穿孔两面对向铤钻，沿穿孔处破裂。刃缘中锋，形成纵向较大的崩疤，刃缘钝化。

2004H9：20，灰岩，灰白色。残，仅存刃部。器身保留有打制修整痕迹，通体磨制，双面刃。刃缘线与器身交界处为弧向刃端。

2005H207：1，灰岩，通体磨制。

2004H136：8，灰岩，近存石铲远端的 1/4。风化严重。通体磨制。刃缘钝化。

2004H136：2，灰岩，平面形状四边形。石铲近端。通体磨制。残长 6.5、宽 7.6、厚 1.7 厘米（图 3-102，2）。

2005H15：81，鲕粒灰岩。平面形状四边形。近存刃部一角。通体磨制，刃缘有纵向使用痕迹。

2005H69：84，安山岩。平面形状四边形。石铲近端，通体琢制，对向琢制穿孔，侧棱分明，使用保棱法琢制（图 3-103，3）。

2005H147：537，灰岩。平面形状四边形。石铲断块，通体磨制。

2005H147：524，灰岩。平面形状三角形，石铲断块，通体磨制。

2. 石斧

共 4 件。其加工顺序与成器基本一致。

2006H24：22，钙质灰岩，通体磨制。截面呈圆角四边形，仅存器身远端，器身中部断裂，刃缘交错锤击修整。

2005H133：93，安山玢岩。残，仅存顶部。器身平面形状四边形。侧棱较直，钝化，磨圆。

2004H78：1，残石斧顶端。安山岩，器身分层加工，加工顺序为打制—琢制—磨制。侧棱加工方法不明显。断裂后，沿断裂面有纵向剥片，可能改制其他器形。

2006H26:12，细砂岩。通体磨制，先磨后琢制穿孔，两面对琢，沿穿孔断裂。器形不可辨认。

3. 石锛

4件。基本加工工序与成器基本相同。

2004ⅠT4⑥:1，变粒岩，从器身中部折断，仅存刃缘和远端。通体磨制。刃缘前刃面有破损。

2004H366:10，凝灰岩，器身从中部斜向破裂，刃部基本保存完整。顶端有纵向修整痕迹。前刃面有阶梯状破损。

2004H406:1，泥质粉砂岩器形规整。，通体磨制。个别可见磨制打制痕迹。前刃面有较长的使用痕迹。后刃面有压制修整痕迹，刃缘二次修锐。

4. 石凿

1件。2005H133:103，灰岩，青灰色。残，仅存顶部。器身先打后琢，侧棱进一步磨制修整。

5. 石刀

18件。基本为钻孔而断裂，成器很少。其加工顺序为打制，琢制，很少见到磨制痕迹。

2004H399:1，细砂岩，通体磨制，单面刃，刃缘钝化，并局部有不连续但分布均匀的贝壳状崩口。从中部断裂。

2005H110:26，细砂岩，灰褐色，残。平面形状四边形。器身磨制，边缘仍保留有打制修整边缘痕迹。沿穿孔破裂。

2005H133:104，细砂岩，浅黄褐色，残。琢制穿孔，沿穿孔破裂。

2004H78:4，细砂岩。原型不可知。器身通体磨制，单面刃，刃缘较直。背部平。琢制穿孔，沿穿孔断裂。刃缘圆钝。

2005H50:3，石英砂岩。原型不可知。仅存器物尖端。器物通体磨制，弧背宽平，单面刃，刃缘轻微磨圆。

2005H147:82，细砂岩，通体磨制。双面刃，刃缘轻微钝化，器身中部断裂。刃缘较直，弧背宽平。

2005H147:534，片岩，通体磨制。单面刃，刃缘轻微钝化，器身中部断裂。刃缘较直，弧背宽平。

2005H50:24，片岩，原型不可知。仅存器物中端。器物通体磨制，背面宽平，单面刃，刃缘严重破损。琢制穿孔，穿而未透。

2005H72:5，细砂岩。器物通体磨制，背面宽平，单面刃，刃缘严重破损。琢制穿孔，沿穿孔而断裂。

2004H107:77，残。仅存刃缘前端，器身分层琢制，加工顺序为打制—琢制—磨制。

2004H9:9，安山玢岩，黑色。仅存器物末端。平面形状四边形，横截面近方形。器身尚存打制痕迹，侧棱较直，通体磨制，无抛光。

2005ⅠT7841④:15，细砂岩，通体磨制，刃缘钝化。

2004H142:6，细砂岩。通体磨制，仅存刃缘部位，中锋，刃缘钝化

2004H50:1，粉砂岩。器身中部折断。通体磨制。

2005H241：23，细砂岩，通体磨制，仅存刃缘一部，沿器物节理斜向断裂。单面刃，刃缘轻微磨损（图3-119，6）。

2004H217：6，细砂岩，黄褐色。平面形状三角形。通体磨制。沿穿孔破裂。铤钻，两面对向加工。

2005H41：1，变粒岩。平面形状四边形。从器物中部折断，通体磨制。打制修粗坯，琢制成型，琢制穿孔。沿穿孔破裂。侧棱明显，横截面成四边形。

2005H126：75，变质岩。从器物顶端折断，通体琢制，有沿节理劈裂痕迹。其加工顺序为打制修型—琢制修坯。

2004H204：1，钙质粉砂岩，器形规整，单面刃。通体磨制。

2004H431：2，泥质粉砂岩，沿穿孔破裂。器形规整，通体磨制。单面刃，刃缘轻微钝化。琢制穿孔，孔上有因绑绳而磨光痕迹。

6. 石镰

14件。基本为尖部或柄部断裂而废弃。其基本加工顺序与成器相同。

2004H342：1，片岩，通体磨制，背缘磨制，两端折断。刃缘沿层理面破裂，形成自然弧状锋利刃缘。很难辨认打制痕迹，亦可能为石镰刃缘再修锐。

2005ⅠT6841③：109，砂岩，浅黄色，通体磨光，已残，仅有镰角，刃部有破损疤痕。

2004H342：1，片岩。刃缘、柄部、尖端均折断。背部平直，通体磨制。废弃。

2004H216：1，泥岩。平面形状三角形，有轻微磨制痕迹。

2004H216：2，石英砂岩。平面形状不规则。

2004H200：9，细砂岩。原型可能为砾石。意向器形不明确。两面对琢穿孔，沿穿孔断裂。

2004H19：52，残。仅存器身中部，器身通体磨制，单面刃，刃缘钝化，背部平直。

2004H19：67，柄部残，器身通体磨制，单面刃，刃缘圆钝，背部磨制，但不规则（图3-122，3）。

2004H38：1，柄部和尖部残。器身通体磨制。背部宽外弧。单面刃，刃部内弧。刃缘钝化。

2005H56：31，凝灰岩。仅存尖部。器身通体磨制，双面刃。

2005H15：149，细砂岩。黄褐色。仅余器身一部，通体磨制，双面刃。刃缘钝化。

2005H241：24，细砂岩。仅余器身中部，通体磨制，单面刃，刃缘钝化（图3-119，3）。

2005H147：527，蛇纹岩。仅存器身中部，通体磨制，单面刃，刃缘钝化。

2005H147：523，细砂岩，仅存器身尖端，通体磨制，单面刃，直刃，刃缘钝化。弧背宽平。

2005H180：35，细砂岩。一面为砾石节理面，一面磨制。刃缘及背部磨制。两端折断，单面刃，刃缘内弧，斜向加工，其加工方式应为砾石靠近器物加工，长9、宽6.2、厚0.8厘米。

2004ⅠT7237⑦：1，凝灰岩。尖部折断。通体磨制。背部外弧，刃缘斜直。

7. 石钺

仅2件。中锋花边刃石钺。

2005H147：522，片岩。通体磨制。其加工顺序为打制—磨制。中锋花边刃，刃缘凹坑为纵向磨制，其余横向磨制（彩版五一，3、4）。

2004H166:1，石英岩，乳白色，夹带稍微浅灰。两端折断，仅存器身中部。通体磨制，并抛光（彩版四八，1、2）。

（八）副产品

1. 石核

2006H44 出有脉石英，片疤数量为3，石皮占40%左右。

2. 石片

石片38件。其岩性包括安山岩8件、石英砂岩6件、细砂岩4件、砂岩3件、脉石英2件、泥质粉砂岩3件、长石片岩2件、凝灰岩1件、页岩5件、石英岩2件，钙质粉砂岩2件、灰岩1件，其中背面存石皮24件，背面无石皮14件。

其中遗迹单位出土石片2件以上的有2005H83出土3件、2004H108出土2件、2004H126出土10件、2005H145出土5件、2005H243出土2件，其余均1件，石制品的空间分布与周边遗迹的关系尚需要进一步的考察，可以为进一步判断其该遗址石器生产的性质和遗址域空间功能的划分提供深入的视角。

该遗址只发现了两种以石片为毛坯打制石器边刮器、尖状器等。由此可判断，该遗址打制石制品的生产亦附属于磨制石器生产系统。

3. 断块

断块17件，岩性分别为凝灰岩2件、绢云母片岩1件、长石片岩1件、页岩1件、灰岩5件、钙质粉砂岩1件、脉石英1件、石英岩1件、石英砂岩1件、1件不可辨。仅2件可以准确断定其原型为砾石。

2004H430出有页岩，形状不规则上面有3道U形深槽的刻划痕迹。

2005H252:10，鲕粒灰岩，中部折断，通体磨制，末端有锤击痕迹。可能为残石斧。

2004H418:50，绢云母片岩。原型为砾石，片状。

2005H1:1，石英砂岩，乳白色，可能为石刀毛坯。

均有琢制或磨制痕迹，可见为磨制石器生产或使用过程中产生的断块。说明石器在该遗址存在使用行为和加工行为。其断裂原因：节理面4件，贝壳状疤痕10件。可见因使用或加工过程中因自然原因较少，更多的是人为修整导致的断裂和破坏。

（九）小结

本遗址的二里头文化共分为5期，其发展阶段与二里头遗址相当。从石制品来看，该遗址的石器生产大部分应为自给自足式的生产消费模式，但是并没有找到石器加工场所。同时把所有期别的石器放置到一起进行研究，既扩大了问题的广度也限制了对问题的深入讨论。

遗址石料种类在周边地质地层均有出露，但遗址石器生产仍以河滩砾石为主要原料来源，对山料的开采在该遗址尚无明确证据。据偃师灰嘴遗址周边的石料调查表明龙山时代已经开始了山料的开采，并成为区域石器生产的中心。遗址内石铲的生产、消费明显偏向专业化的趋势表明，该遗址出土灰岩质石铲很可能是远距离交换而来，仍然需要进一步的田野专项调查和研究。该遗址石器生产工艺主要为锤击、琢制、磨制、切割、穿孔（管钻、铤钻）等。其物化的工艺程序为琢制—磨制—穿孔（琢制）—折断—废弃或者琢制—磨制—打制或者打制—琢制—刃缘磨制等工序。不同类别的石器如斧、锛、刀等具备了不同工序的样品，如毛坯、成品、刃缘再修锐、改制石器、残器及副产品（石核、石片、断块等），尤其是石刀等两面对琢穿孔，导致较多的沿穿孔断裂。据此可以推测南洼遗址石器生产的性质，即该遗址同时存在石器的生产和消费行为。

虽然其他种类的石器存在较为完整的生产工序标本，如石斧：琢制坯（标本号2004H228：23），成品（标本号为2004J1：1和2004J1：2），残器（标本号2006H24：22），但其石制品是否完整在本遗址内生产仍不能十分确定。

普通石器初步成形加工体系仍以锤击、琢制修整为主，也采用了线切割和片切割的技术，分别仅发现一件标本，标本分别为2004J1：8和2004H20①：24。个别标本也能见到划断技术，如标本2004H430：1。

石斧、石锛的加工明显更加规范化、专业化。其加工程序可以归纳为选形、打制、琢制、磨制，部分石斧和石锛还进一步应用了保棱琢法，使得器身和侧面的夹角近乎直角。刃缘斜面的加工也越来越规范，刃缘线呈直线形态的占10例，外弧6例，内弧1例。

其钻孔技术分别采用了管钻（管钻标本2004H20①：24）、铤钻、琢制加工等方式，而琢制钻孔方式2006H26：12粗劣而低效，很容易造成石器的整体性破坏。

该遗址也存在数量较多的是石片。钙质粉、灰岩的石片等为磨制石器生产过程的副产品，而石英岩石片应为目标产品之一，其生产和使用仍然是石器生产的重要组成部分。

遗址内的石器遗存并无发现明显的集中区域和功能区划，也无发现明显的石器生产的作坊遗迹，意味着可能还是一种零星的家庭手工作坊式的生产方式，但也有个别遗迹可能反映了这种集中化趋势，如2004H19出土毛坯2件，石铲2件，石刀1件，石镰4件，石锛1件，石凿1件，石斧7件，石条1件，石球2件，共计22件，而其他遗迹一般只有2~3件，但并无确凿的证据能说明2004H19为石器加工场所。

其产品废弃模式分为以下几类：毛坯因加工不慎而导致较大破损和断裂而废弃，如石刀琢制穿孔而断裂；石制品废弃模式仍以石刀最为典型，因沿穿孔破裂而废弃，石斧、石铲、石锛因刃缘钝化而废弃，或因刃缘二次打击修锐不慎而废弃；成品因刃缘钝化而废弃，部分成型石器因刃缘二次修锐不慎而废弃。可见，岩石本身的脆性断裂是石器破损的主要原因，也是生产、消费中面临的主要问题。

该遗址石器生产的场所、加工工艺及石料输送、产品分配方式还需要进一步的研究。

附录三 登封南洼遗址二里头文化制陶检测报告

朱君孝[1] 贾 宾[1] 鲁晓珂[2]

(1. 郑州大学历史学院；2. 中国科学院上海硅酸盐研究所)

一、南洼遗址二里头文化陶器原料的孔隙率和吸水率测试

对陶器的孔隙率和吸水率进行测量，以便进一步了解二里头文化陶器的原料特征。

1. 试验对象、内容及方法

本次试验测定的对象为南洼遗址十二个灰坑出土的459片陶片，时代分属二里头文化二期、四期及五期。二期共六个单位计209件样品，四期共两个单位计87件样品，五期共四个单位计163件样品。样品所属的器类为炊器、盛储器、食器三大类。不同器类中又按夹砂粒度大小分别取样，即泥质、细砂、中等砂、粗砂分别选取陶片，其中偏泥质的76件，细砂质陶161件，中等砂陶157件，粗砂陶65件（附表）。选取的陶片以形状较规整的为主，同时为了方便测量和减小误差，所选陶片的长宽通常不小于5厘米。

试验内容为测量陶片的吸水率、显气孔率。

试验设备有烘箱（型号：M118425）、加热器、天平（型号：LYSY36JA-N/JA）、蒸馏水、干燥器、真空箱（型号：JZ-A1）和真空系统。

试验分为样品预处理和称重两个步骤。

样品处理，是在干净的自来水中清洗，去除其表面附着的杂物，然后自然凉干。

称重分为两步，即先干燥称重，然后饱水称重。

干燥称重是将陶片放在110±5℃的烘箱中干燥至恒量A，即每隔24小时的两次连续质量之差小于0.1%。陶片放在有硅胶干燥剂的干燥器内冷却至室温，不使用酸性干燥剂。称量干燥过的陶片重量，记录为m_1。

饱水称重是将经过干燥称重的陶片在真空箱中进行水的饱和。称量陶片质量并记录结果为m_{2v}（m_{2v}为真空法吸水饱和的陶片质量，单位g）。每块试样的质量，精确至0.01g（以下同）。

本次试验吸水饱和后称重的方法采用的是真空法。其具体做法是，将陶片竖直放入真空箱中，陶片互不接触。加入足够的水，高出陶片10厘米，让陶片浸泡15分钟。抽真空至（100±1）kPa，并保持30分钟，直到陶片上看不到气泡冒出。将一块干净海绵先浸湿，再用手拧干水份，用其轻轻吸掉每块陶片表面水份，对于凹凸或有纹饰的表面，用海绵轻快地擦去水分，然后立即称重并记

录下每块试样的测量结果。

2. 验结果的计算

把试验得到的数据代入相应的公式计算结果①。

（1）吸水率

计算每一块陶片的吸水率 $E_{(v)}$，用干陶片质量的百分数表示。计算公式如下：

$$E_{(v)} = \frac{m_{2v} - m_1}{m_1} \times 100\% ②$$

式中 m_1——干陶片的质量，g；

m_{2v}——真空法吸水饱和的陶片的质量，g。

E_v 表示用 m_{2v} 测定的吸水率。

（2）孔隙率（物体中的气孔分为开气孔和闭气孔，本次测定的为开气孔率，又称为显气孔率。）

用下面关系式得到样品的总体积 V（单位 cm^3）：

$$V = (m_{2v} - m_3) / \rho_水$$

式中 m_3 为真空法吸水饱和后悬挂在水中的陶片的质量，g。

用下面关系式计算开口气孔部分 V_0（单位 cm^3）：

$$V_0 = (m_{2v} - m_1) / \rho_水$$

显气孔率 P 用试样的开气孔体积与总体积的关系式的百分数表示。计算公式如下：

$$P = V_0 / V = \frac{(m2v - m1) / p}{(m2v - m3) / p} \times 100\%$$

3. 陶器吸水率与孔隙率实验结果及分析

本次试验的459个样品的吸水率、显气孔率所得数据见（附表）。其中最小吸水率为6.55%，是一件食器钵；最大吸水率为39.98%，为一件炊器深腹罐。最小孔隙率为15.0%，是一件食器钵；最大孔隙率为43.1%，是一件炊器圆腹罐。所有样品的吸水率平均值26.38%，孔隙率平均值为25.8%。按器类分，炊器的吸水率最大为39.98%，最小为16.01%，平均为28.97%。最大孔隙率为43%，最小为22.3%，平均为31.7%；盛储器的吸水率最大为27.66%，最小为13.38%，平均为17.66%。最大孔隙率为28.6%，最小为15.9%，平均为22.3%；食器的吸水率最大为16.21%，最小为6.57%，平均为11.34%。最大孔隙率为21.9%，最小孔隙率为15.1%，平均为17.0%。从时段看，二期陶器最大吸水率为39.98%，最小为10.27%，平均为29.79%。最大孔隙率为42.2%，最小为17.4%，平均为32.8%；四期陶器最大吸水率为29.38%，最小为11.29%。平均为20.35%。最大孔隙率为30.7%，最小为17.3%，平均为28.5%；五期陶器最大吸水率为22.99%，最小吸水率为6.55%，平均吸水率为18.36%。最大孔隙率为34.5%，最小为15.0%，平均为24.1%。

---

① 室温下水的密度 $\rho_水 = 1 g/cm^3$，误差在3‰以内。

② 薛贵珍：《化验室基本知识及操作》，武汉理工大学出版社，2005年。

(1) 陶器吸水率、孔隙率与器型器类的关系

实验结果显示，不同功用的陶器，其吸水率和孔隙率各自分布在一个相对固定的范围之内，即不同功用陶器的孔隙率和吸水率有着明显的差别。以二期为例，炊器的吸水率多在29%以上，盛储器的吸水率多集中在22%~29%，食器的吸水率多在19%以下。即使同为炊器，圆腹罐和深腹罐的吸水率也是不同的，圆腹罐的多集中在29%~34%，而深腹罐的多集中在32%~38%。无论早期还是晚期，陶器的吸水率和孔隙率都以炊器为最大，盛储器次之，食器最低。尽管随着时间的推移，各类陶器的孔隙率和吸水率有明显降低，但同一时期不同器类之间的差别仍然存在。

表一 南洼遗址各类陶器吸水率与孔隙率对照表

时段	器类	器型	平均孔隙率（%）	平均吸水率（%）
二期	炊器	圆腹罐	38.5	32.31
		深腹罐	38.7	34.66
	盛储器	尊	26.8	23.32
		瓮	26.1	23.54
四期	炊器	圆腹罐	29.7	26.10
		深腹罐	29.2	26.06
	盛储器	尊	21.2	17.21
		瓮	21.1	18.20
五期	炊器	圆腹罐	25.8	19.49
		深腹罐	23.4	16.72
	盛储器	尊	16.4	12.81
		瓮	16.1	12.54

从表一中可以看出，各类器物之间吸水率与孔隙率存在较明显的差别。观察发现，中等砂和粗砂多用于深腹罐、圆腹罐等炊器，而尊、瓮等盛储器多为夹细砂或接近泥质（含少量砂），豆、三足盘等食器以经过陶洗的细泥质为主，个别的含少量细砂。

有研究者通过对现在仍然使用传统方法制陶的地区进行观察后发现，云南傣族、佤族、藏族、汉族的制陶"从原料来看，都是采用黏土与细砂配比，均已认识到掺入细砂可以增加陶泥的成型性能和成品的耐热急变性能。并且懂得根据不同的用途掺入不等量的细砂。佤族、藏族、傣族的陶器以炊具居多，细砂所占比例较大；汉族的陶器主要做盛储用具，且又采用快轮提拉成型，细砂的比例较小"[①]。

因此，南洼遗址二里头文化的陶工已经有意识地根据器物的功用控制陶器中羼和料的粒度和比例，以改变器物的孔隙率和吸水率，来适应器物的用途所需。

(2) 陶器吸水率和孔隙率在时间上分布情况

对所有数据进行综合比较后发现，从二期到五期，陶器吸水率呈递减趋势，平均值由二期的29.79%，到四期的20.35%，再到五期的18.68%；陶器孔隙率的平均值由二期的32.8%，到四期

---

① 杨莉：《云南民间制陶技术的调查研究》，《中央民族大学学报》2002年第三期第29卷。

的28.5%，再到五期的24.1%，也是呈递减趋势变化的（表二）。

表二 南洼遗址二里头文化陶器吸水率、孔隙率分段统计

时期	样品数目	最小与最大吸水率 （100%）	平均吸水率 （100%）	最小与最大孔隙率 （100%）	平均孔隙率 （100%）
二期	209	10.27；39.98	29.79	17.4；42.2	32.8
四期	87	11.29；29.38	20.35	17.3；30.7	28.5
五期	163	6.55；22.99	18.68	15.0；34.5	24.1

按器类观察各段吸水率的情况。炊器，二期集中在29%以上，四期多在24%~29%，五期多在20%~24%。盛储器，二期多集中在22%~29%，四期时多集中在15%~23%间，而到了五期时多集中在10%~15%。食器，二期多在19%以下，四期时多在14%以下，而到了五期时低于9%。孔隙率变化趋势与吸水率相同。

单种器别陶器的吸水率和孔隙率从早期到晚期变化的规律也是如此。以炊器中数量最大的圆腹罐和深腹罐为例。圆腹罐的吸水率二期多集中在29%~34%，四期多集中在24%~27%，五期多在19%~22%。深腹罐的吸水率，二期多集中在32%~38%，四期多集中在25%~28%，五期大体处于16~20%。其他器物，如鼎、尊、瓮、缸等，情形相似。

总之，陶器的吸水率、孔隙率均随着时间的变化呈递减趋势。

在陶泥中加入砂砾能增强陶器的耐热性，防止陶器因为高温或受热不均而变形和炸裂。但是，黏土中掺入砂粒势必会造成陶胎中产生很多孔隙，砂粒越不均匀产生的孔隙越多，导致陶胎吸水率增加。水对材料性质又将产生不良影响，使材料的堆密度和导热性增大，强度降低，体积膨胀，导致陶器（特别是炊器）容易破裂，从而减少了使用寿命[①]。因此，羼和料的种类、比例及粒度大小的掌握，均体现着制陶工匠的技术水平。

根据陶器吸水率随时间推移而减低的现象推知，南洼遗址二里头文化的制陶技术是不断进步的，时间越晚，人们对羼和料性能的了解越深入，越能将二者较好地结合，做到既通过羼入砂砾以提高陶器的导热性能，又能维持陶器的强度。

为了验证上述推测，又做了一个实验，来观察陶器中的砂粒大小及比例与吸水率、孔隙率的关系。选择二、四、五期炊器样品各8片，肉眼观察其夹砂粒度分别为细砂（1毫米以下）、中等砂（1~3毫米）、粗砂（3毫米以上）。用砂轮磨碎，选用两种规格的筛子，即孔径分别为7目（2.8毫米）和18目（1.0毫米），将陶胎中的砂和黏土分离，然后分别计算不同粒度砂粒的比例。结果是，二期陶胎里细砂、中等砂和粗砂的比例分别为45%、35%及20%。四期陶胎中的细、中等及粗砂比例分别为61%、22%及17%。到了五期，细砂、中等砂及粗砂的比例分别为85%、13%、2%，砂粒在胎体中均匀分布，陶器的孔隙率和吸水率接近现代砂锅的性能指标。

（3）陶器孔隙率及吸水率与其出土地点之间的关系

重点观察同一时期不同单位陶器吸水率和孔隙率的异同。二、四、五期分别选取两个单位进行

---

① 高琼英：《建筑材料》，武汉工业大学出版社，1988年。

比较。

二期单位选取2005H55和2005H167。两个灰坑分处于两个探方,直线距离110米。H55的样品数为40件,其中炊器24件,盛储器9件,食器4件,汲水器3件。H167的样品数为35件,其中炊器25件、盛储器和食器分别为2件、6件,汲水器2件。H55中40个样品的平均吸水率是32.75%,炊器平均为38.64%,盛储器平均为23.02%,食器平均15.90%。H167中35个样品平均吸水率为29.84%,炊器平均为34.98%,盛储器平均为21.52%,食器平均为14.10%。

从两个单位全体样品的平均数看,H167的吸水率指标优于H55。从陶器大类看,不管是炊器、食器、盛储器,H167的吸水率的指标也都优于H55。从两个单位不同器类分布范围看,H55中24个炊器样品的吸水率分布范围是36.41%~40.29%,而H167的同类样本的吸水率分布在32.26%~36.43%,明显小于前者。同样的情况也出现在盛储器和食器之中。

四期单位2005H15和2005H90、五期单位2005H207和2005H253陶器吸水率和孔隙率的比较结果与二期两个单位类似,即时代大体相同的灰坑中出土陶器的吸水率和孔隙率存在着明显的差别。

这种现象很可能表明,同一时期不同灰坑出土的陶器是由不同的制陶作坊制造的,不同作坊的陶器产品质量高低有别。进一步推测,南洼聚落在当时可能存在着多个制陶作坊。

4. 南洼遗址陶器吸水率和孔隙率试验总结

对南洼遗址二里头文化十二个单位459件陶器样品所做的吸水率、显气孔率等测试和分析,可以得到以下三方面认识。

第一,南洼遗址二里头文化陶器的吸水率和孔隙率随着时间的推移呈现递减趋势,表明其制陶技术是随着时间的推移而逐渐进步的。

第二,南洼遗址二里头文化陶器的孔隙率和吸水率因器类和器型不同而有显著差异,炊器的吸水率最大,盛储器的次之,食器的最小。

第三,南洼遗址二里头文化同一时期不同单位的陶器吸水率与孔隙率有明显差别,表明当时可能存在着多个制陶作坊,不同作坊的制陶技术高低有别。

一般认为,二里头文化陶器早期较为精美,表现为器物种类多、造型变化丰富、装饰手法多样。越到晚期,陶器的种类及装饰越简化、制作越粗糙。然而,吸水率和孔隙率测试的结果则显示,随着时间的推移,二里头文化陶器质量越来越高。这个结果看似与以前对二里头文化陶器的认识存在着反差,其实并不矛盾。

观察发现,二期的陶器在成型后大量使用滚压、拍打、慢轮修整、磨光、湿手抹平等工艺对器物加以修整,配合以多种装饰方法,使陶器的外观显得非常精美。不过,从陶器的断面及内壁能够看出陶胎中多加粗砂,且结合不够致密,这就说明陶器在原料配比及成型技术方面还不够成熟。在修整和装饰环节上多下功夫,从某种程度上讲也就弥补了胎质上的不足。到了较晚阶段,随着制陶技术在原料选择、配比等方面的进步,陶胎质量不断提高,相应地在修整和装饰方面就较少下功夫了。

二、南洼遗址二里头文化陶器的化学组成分析

中国科学院上海硅酸盐研究所对54个样品和7个土样进行了化学组成测试分析。采用美国EDAX公司生产的EAGLE-III型能量色散X-荧光分析仪对陶器样品和遗址土样的主次量和微量元素成分进行了测定。由于夹砂陶组成非常不均匀，测试过程中，移动样品使X射线束单独激发样品测试面的砂粒或泥质胎体，以达到砂粒和泥质胎体的分离分析。样品的主次量元素组成测试结果见表三。表中所列都是泥质胎体的组成数据，不包括砂粒，其中R_xO_y/Al_2O_3和SiO_2/Al_2O_3均为摩尔比。

表三 南洼遗址陶器胎体和土样的主次量元素组成测试结果（wt%）

编号	出土单位	Na_2O	MgO	Al_2O_3	SiO_2	K_2O	CaO	TiO_2	Fe_2O_3	R_xO_y/Al_2O_3	SiO_2/Al_2O_3
DN01	2004J1	0.32	1.65	14.17	74.27	2.02	1.35	0.37	4.86	0.81	8.04
DN02	2004J1	0.71	1.92	18.82	66.22	2.93	1.57	0.51	6.33	0.79	5.40
DN03	2004J1	0.56	2.25	18.20	66.74	2.56	1.74	0.53	6.42	0.85	5.62
DN04	2004J1	0.32	2.02	17.65	67.87	2.25	1.67	0.56	6.67	0.81	5.90
DN05	2004J1	0.33	1.56	16.21	70.38	2.56	2.04	0.44	5.50	0.83	6.66
DN06	2004J1	0.20	1.67	15.46	71.43	2.61	1.64	0.58	5.41	0.84	7.09
DN07	2004J1	0.07	1.69	16.97	70.04	2.32	2.08	0.44	5.39	0.77	6.33
DN08	2004J1	0.39	1.79	17.51	69.29	2.59	1.29	0.54	5.61	0.74	6.07
DN09	2004J1	0.57	1.99	17.17	67.74	2.33	2.68	0.48	6.04	0.93	6.05
DN10	2004J1	0.47	2.29	17.83	65.72	3.32	2.23	0.56	6.59	0.96	5.65
DN11	2004J9	0.21	1.43	17.05	69.94	1.81	2.29	0.49	5.78	0.75	6.29
DN12	2004J9	0.81	2.38	18.25	65.72	2.85	1.84	0.56	6.59	0.91	5.52
DN13	2004H19	0.43	1.40	16.51	69.83	2.57	2.33	0.47	5.46	0.83	6.49
DN14	2004H19	1.14	1.76	14.92	71.14	3.14	1.83	0.40	4.68	0.99	7.31
DN15	2004H19	0.34	1.09	19.82	65.86	2.43	2.01	0.54	6.91	0.66	5.10
DN16	2004H19	0.34	1.24	15.86	71.56	2.19	2.04	0.50	5.33	0.77	6.92
DN17	2004H19	0.51	1.71	18.15	67.77	2.63	1.66	0.50	6.07	0.76	5.72
DN18	2004H19	2.00	3.18	17.25	63.76	3.30	1.93	0.57	7.02	1.22	5.67
DN19	2004H19	0.41	1.14	17.43	68.19	2.26	2.97	0.59	6.02	0.81	6.00
DN20	2004H19	1.09	1.81	17.92	67.51	2.73	1.44	0.53	5.96	0.82	5.78
DN21	2004H19	0.34	2.09	18.82	66.23	2.73	2.19	0.57	6.02	0.82	5.40
DN22	2004H19	0.85	1.37	16.94	69.52	2.41	1.60	0.48	5.83	0.77	6.29
DN23	2004H19	0.28	0.42	23.42	70.15	1.55	0.81	0.75	1.63	0.24	4.59
DN24	2005H15	0.78	2.11	16.85	67.02	3.04	2.86	0.45	5.88	1.03	6.10
DN25	2005H15	0.72	2.21	18.98	65.41	3.25	1.43	0.51	6.49	0.83	5.29
DN26	2005H15	1.81	2.20	16.78	67.53	2.80	1.93	0.50	5.45	1.02	6.17
DN27	2005H15	0.98	2.39	16.58	69.14	2.64	1.36	0.41	5.49	0.92	6.39

续表

编号	出土单位	Na_2O	MgO	Al_2O_3	SiO_2	K_2O	CaO	TiO_2	Fe_2O_3	R_xO_y/Al_2O_3	SiO_2/Al_2O_3
DN28	2005H15	2.22	2.60	16.60	67.30	2.64	1.51	0.49	5.65	1.08	6.22
DN29	2005H15	0.34	1.65	17.61	69.11	2.50	1.28	0.47	6.04	0.72	6.02
DN30	2005H15	0.79	1.29	16.65	69.88	3.02	1.63	0.44	5.30	0.79	6.43
DN31	2005H90	0.32	1.76	17.82	67.52	2.92	1.42	0.59	6.67	0.78	5.81
DN32	2005H90	0.69	2.14	17.68	67.64	3.18	1.37	0.52	5.79	0.85	5.86
DN33	2005H90	0.56	1.90	18.18	66.68	2.76	2.16	0.56	6.20	0.85	5.62
DN34	2005H90	1.79	3.19	16.95	64.35	3.14	2.12	0.51	6.96	1.23	5.82
DN35	2005H90	1.42	1.83	17.42	66.94	2.66	2.20	0.46	6.07	0.94	5.89
DN36	2005H47	0.83	2.25	17.56	67.12	2.84	1.47	0.56	6.38	0.89	5.86
DN37	2005H47	2.15	2.67	16.88	65.89	2.82	2.16	0.45	5.98	1.15	5.98
DN38	2005H47	1.14	1.66	16.11	69.91	2.68	2.09	0.48	4.94	0.92	6.66
DN39	2005H47	0.39	1.92	18.15	66.79	3.04	1.48	0.48	6.75	0.81	5.64
DN40	2005H47	1.84	1.97	17.36	66.26	2.73	2.50	0.53	5.82	1.02	5.85
DN41	2005H47	1.21	2.00	16.75	68.81	2.48	1.35	0.51	5.88	0.88	6.30
DN42	2005H47	0.07	2.07	18.74	66.83	3.05	1.28	0.51	6.45	0.75	5.47
DN43	2005H47	1.59	2.48	18.58	65.33	2.91	1.44	0.53	6.13	0.92	5.39
DN44	2005H134	0.80	2.02	16.27	69.34	3.26	1.37	0.54	5.39	0.91	6.53
DN45	2005H134	0.68	2.42	16.27	68.59	2.80	1.57	0.49	6.19	0.97	6.46
DN46	2005H134	0.17	1.52	16.67	71.25	2.36	1.76	0.46	4.82	0.72	6.56
DN47	2005H134	1.85	2.45	16.95	66.71	2.90	1.49	0.48	6.17	1.04	6.04
DN48	2005H134	0.57	1.72	14.93	71.39	2.53	1.78	0.45	5.64	0.92	7.33
DN49	2005H134	0.50	2.19	17.69	66.75	2.94	2.46	0.47	6.00	0.93	5.78
DN50	2005H134	0.39	1.41	15.97	71.19	2.16	2.08	0.41	5.39	0.80	6.83
DN51	2005H134	0.49	1.61	17.31	67.88	2.68	2.56	0.45	6.02	0.87	6.01
DN52	2005H32	0.47	0.51	21.29	70.76	1.88	0.61	0.52	2.96	0.32	5.10
DN53	ⅠT7842③	0.21	0.61	24.59	66.99	2.60	1.00	0.48	2.52	0.31	4.18
DN54	ⅠT7741④	0.40	0.52	22.89	67.87	2.05	2.26	0.54	2.47	0.41	4.55
DNT01	黄土	2.07	3.35	15.18	62.47	2.79	8.61	0.52	4.02	2.00	6.31
DNT02	白土	0.67	0.17	4.70	33.24	0.91	58.32	0.09	0.90	20.99	10.84
DNT03	土	0.07	2.79	16.87	68.08	3.15	2.23	0.50	5.31	0.99	6.19
DNT04	土	0.67	2.47	15.62	65.66	2.88	6.79	0.41	4.50	1.51	6.45
DNT05	土	1.04	2.62	14.80	64.37	2.71	8.97	0.35	4.14	1.86	6.67
DNT06	土	0.37	0.97	9.48	49.32	1.81	34.43	0.19	2.44	6.61	7.98
DNT07	黑黏土	1.63	2.58	14.56	62.21	2.53	11.43	0.32	3.74	2.20	6.55

注：DN23、DN52~54为白陶鬶残片，其余为一般陶器

南洼遗址陶器的原料组成特点。从表三的测试结果中可以看出，南洼遗址陶器（不包括白陶）原料都属于易熔黏土，胎体组成中含有较多的熔剂元素氧化物 R_xO_y（K_2O、Na_2O、CaO、MgO、TiO_2、Fe_2O_3），其中 Fe_2O_3 的含量较高，一般都在5%以上。根据样品化学组成的胎式（即氧化物组成的分子摩尔比），可以发现南洼遗址陶器（不包括白陶）样品的 R_xO_y/Al_2O_3 总的平均值约为0.88，从一期至四期其平均值依次变化为 0.83→0.84→0.92→0.91，可见后期陶器原料中总熔剂含量相对要稍微高于前期。白陶样品中熔剂含量较低，R_xO_y/Al_2O_3 的平均值为0.32，其 Al_2O_3 含量（~23%）明显高于一般陶器，而 Fe_2O_3 含量（~2.4%）则明显低于一般陶器，这符合高铝质白陶原料的一般组成特点，说明其原料可能使用了高岭石类的粘土矿。用表三中所得样品的8种主次量元素含量作为变量，做出样品的二维对应分析图（其中不含DNT02与DNT06两个土样，它们钙含量太高），如图一所示。

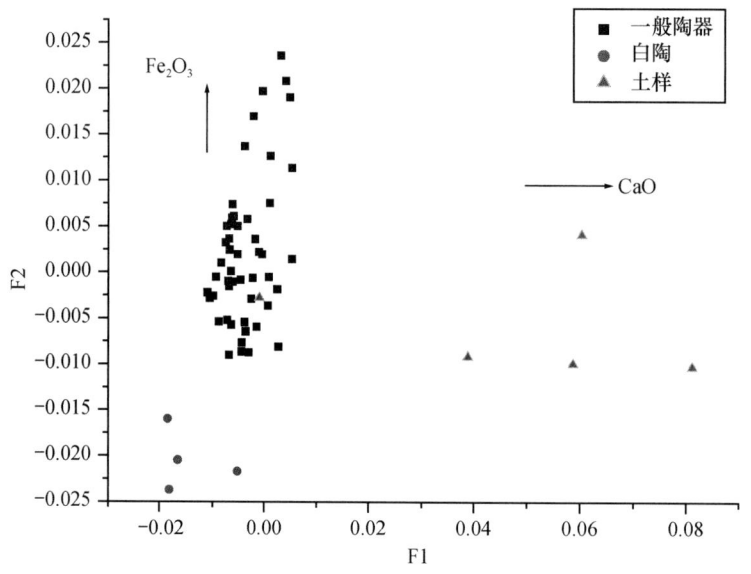

图一　南洼遗址陶器和土样的主次量元素含量二维对应分析图

从图一可以看出，南洼遗址白陶原料与一般陶器原料不同，这与前面的分析一致。大部分遗址土样与一般陶器原料特征不符，主要表现在遗址土样中 CaO 的含量明显高于陶器胎体中 CaO 的含量，特别是 DNT02 这种土样，其 CaO 含量甚至达到了60%。考古发掘者因其颜色发白，曾考虑其是否为制作白陶的原料。很明显，这种白色土样主要为钙质，与白陶原料组成相差甚远，两者不是同一种黏土类型。图二的晶相实验表明其主要矿物为方解石。根据土壤分布情况，黄河流域的黄土属于淋溶性土壤，水分可以携带土壤中的可溶性盐（碳酸钙等）移动沉积。依据白色土样的组成特征，又据文献其主要分布于古河流的岸边，我们推测其可能是因为河流冲刷造成土壤中碳酸钙溶解以后搬运再沉积所形成。

但是有一个遗址土样（DNT03）成分与一般陶器原料相似，在图一中它们混在了一起。从表三的数据中也可以看出，DNT03 这种土样的各种化学组成均与一般陶器原料化学组成特征相符，说明南洼遗址一般陶器所用原料可能是这种类型的黏土。

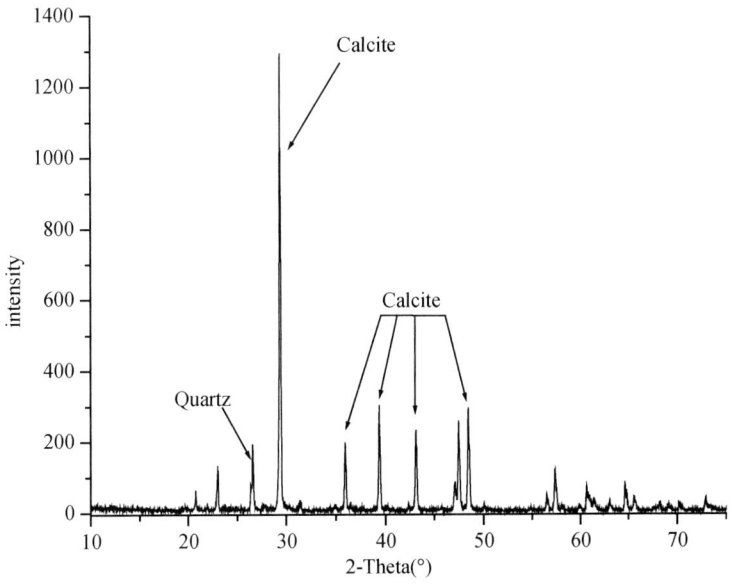

图二　南洼遗址（DNT02）土样晶相组成

将南洼陶器实验数据与二里头遗址陶器的数据进行对比分析，从图三可以看出，两个遗址陶器的原料特点存在差异，大体上可以区分开来。但这种差异是渐变性的，并非截然不同。两个遗址陶器的主要差异表现在 MgO 与 K_2O 这两种化学组成含量上。从图四不难看出，大部分二里头遗址陶器中 MgO 和 K_2O 含量要高于南洼遗址陶器。这说明，同属二里头文化时期、地理位置相距不远的两个遗址，其制陶原料存在一定的地域性差异。另外，有少部分二里头遗址的样品混在南洼遗址样品点之中，造成这种现象的原因可能有二。其一，南洼遗址生产的部分陶器供给了二里头遗址，它

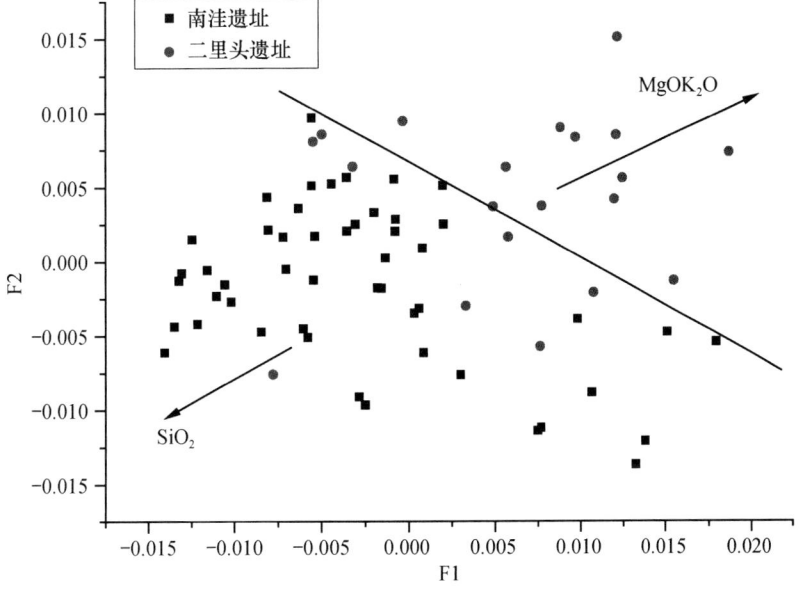

图三　南洼遗址和二里头遗址陶器样品主次量元素含量二维对应分析图

们之间存在贸易流通现象；其二，由于当时的制陶取料的随意性，造成所用陶土的化学组成较为分散。目前的研究结果还不能给出定论，因为陶器原料与瓷器原料特点不同，其黏土特征与地域性的分区关系不是很明确。

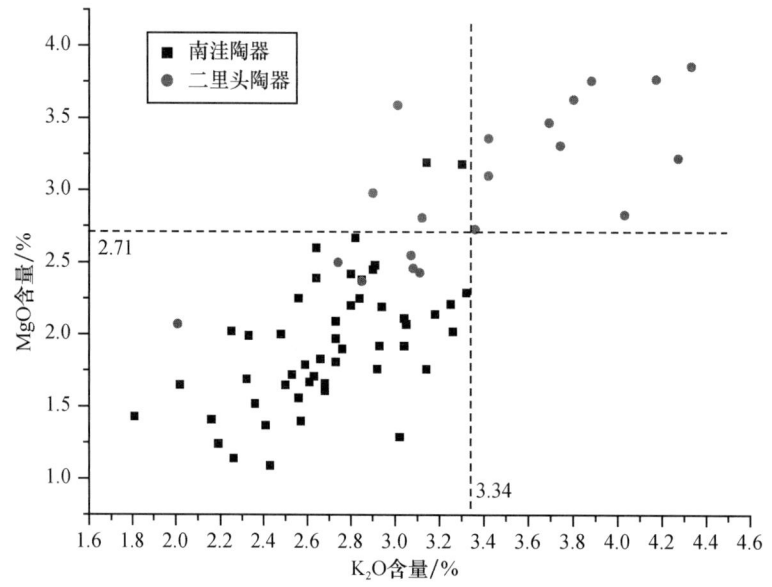

图四 南洼遗址和二里头遗址陶器 K_2O—MgO 含量散布图

三、南洼遗址二里头文化陶器的烧成温度

中国科学院上海硅酸盐研究所采用德国耐驰（Netzsch）公司生产热膨胀仪对部分陶器样品的烧成温度进行了测试，结果见表四。

表四 南洼遗址部分陶器样品的烧成温度

编号	出土单位	陶系及器类	烧成温度（℃）	时期
DN01	2004J1∶14	夹砂灰陶罐	830	一期
DN16	2004H19	夹砂褐陶罐	800	二期
DN26	2005H15	夹砂灰陶甑	860	四期
DN30	2005H15	泥质灰陶盆	805	四期
DN32	2005H90	泥质红陶罐	1005	四期
DN35	2005H90	泥质黑陶器盖	870	四期
DN36	2005H47	夹砂灰陶罐	1005	三期
DN39	2005H47	夹砂褐陶罐	850	三期
DN51	2005H134	夹砂灰陶罐	870	三期

从表四可以看出，南洼遗址二里头文化陶器烧成温度普遍不高，大部分都低于900℃，但也有两个样品达到了1005℃。样品的热膨胀曲线见图五。从热膨胀曲线可以看出，它们的受热行为基本一致，这跟它们的原料特点有关，曲线在573℃附近都有个明显的凸起，这是由于陶器样品中石英

含量较多，石英相变所引起的膨胀量较大所致。

因本次实验所取白陶样品尺寸过小，不能磨制实验所需的热膨胀条，故没有获得白陶的烧成温度数据。但对DN23白陶样品的XRD分析发现了弱的莫莱石的衍射峰，推测其烧成温度也达到了1000℃。由于一般陶器所用原料是易熔黏土，烧结程度不高，所以吸水率（10%以上）和气孔率（20%以上）还比较大。

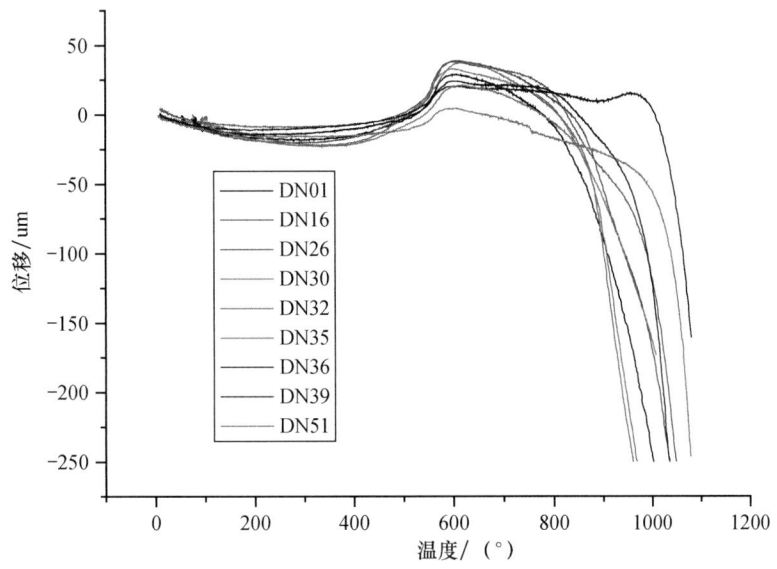

图五　南洼遗址部分陶器样品的热膨胀曲线

参 考 文 献

[1] 中国硅酸盐学会. 中国陶瓷史［M］. 北京：文物出版社，1997：1-50。

[2] 李家治. 中国古代科学技术史·陶瓷卷［M］. 北京：科学出版社，1998。

[3] 中国社会科学院考古研究所. 偃师二里头（一九五九年至一九七八年考古发掘报告）［M］. 中国大百科全书出版社，1999。

[4] 中国社会科学院考古研究所. 二里头陶器集粹［M］. 北京：中国社会科学出版社，1995。

[5] 李文杰. 中国古代制陶工艺研究［M］. 北京：科学出版社，1996。

[6] 尉崇德. 大汶口文化时期的白陶鬶制作工艺的探讨与复制研究［J］. 考古与文物，1999，（3）：34-38。

[7] 牟永抗. 关于我国新石器时代制陶术的若干问题［A］. 苏秉琦. 考古学文化论集（二）. 北京：文物出版社，1989：1-9。

[8] 王浩天，傅宪国. 陶器制作工艺的分析与研究. 桂林甑皮岩遗址博物馆，市文物工作队和广西文物考古研究所，中国社会科学院考古研究所：桂林甑皮岩［M］. 北京：文物出版社，2003，347-368。

附表　南洼二里头文化陶器吸水率、孔隙率测试结果

编号	器类	器型	器物描述	吸水率（%）	孔隙率（%）	时代
CYX_{55}1-4	炊器	圆腹罐	细砂	33.432、33.412、33.554、33.334	39.2、38.2、38.3、39.0	
CYZ_{55}1-4			中等砂	38.554、39.423、38.991、39.001	40.1、39.7、39.4、40.0	
CSC_{55}1-4			粗砂	39.324、39.772、39.654、39.534	42.2、41.5、41.1、41.9	
CSS_{55}1-4		深腹罐	细砂	37.589、37.546、37.334、36.987	39.2、38.2、38.3、39.0	
CSZ_{55}1-4			中等砂	37.523、37.672、37.897、38.531	36.3、36.5、36.7、36.1	
CSC_{55}1-4			粗砂	40.215、39.142、40.287、39.983	37.2、36.9、36.9、37.1	
CZX_{55}1-3	盛储器	尊	细砂	22.233、22.009、22.984	25.7、26.3、25.7	
CZZ_{55}1-2			中等砂	23.124、23.746	26.4、26.7	
CWX_{55}1-4		瓮	细砂	23.435、23.497、23.874、23.439	23.6、24.9、23.8、29.2	
JZX_{55}1-2	汲水器	直口罐	细砂	25.225、24.769	22.4、25.3	
JZZ_{55}1			中等砂	27.153	24.2	
$SDNS_{55}$1-4	食器	豆、钵	介于泥质和砂质	16.208、15.273、15.989、15.485	16.3、15.8、18.2、15.7	
CYX_{167}1-5	炊器	圆腹罐	细砂	34.224、33.628、34.229、32.114、32.264	33.2、32.1、31.4、32.2、33.3	
CYZ_{167}1-5			中等砂	35.773、35.991、33.981、36.245、35.243	34.7、35.6、35.2、35.9、35.2	
CYC_{167}1-5			粗砂	36.432、36.822、36.364、35.334、37.228	40.1、42.1、41.9、42.7、42.0	
CSX_{167}1-3		深腹罐	细砂	35.228、34.229、35.989	36.3、36.4、36.4	
CSZ_{167}1-3			中等砂	36.227、36.498、36.678	38.3、38.9、38.4	
CSC_{167}1-3			粗砂	38.772、37.339、39.212	42.7、43.0、42.6	
$CDZX_{167}$1		鼎/甑	细砂	30.996	35.8	二里头二期
CZX_{167}1-2	盛储器	尊	细砂	27.661、25.489	28.3、28.6	
$SBNS_{167}$1-6	食器	钵、豆、盘	介于泥质和砂质	15.278、12.669、14.332、14.221、13.987、13.264	21.5、20.7、21.9、20.7、22.7、21.6	
JPX_{167}1-2	汲水器	盆	细砂	13.354、12.978	22.3、23.5	
CYX_{166}1-4	炊器	圆腹罐	细砂	29.256、29.221、29.441、29.628	32.2、32.4、33.3、32.5	
CYZ_{166}1-4			中等砂	31.778、31.635、30.427、30.376	34.5、34.1、34.7、34.0	
CYC_{166}1-4			粗砂	33.589、32.546、33.334、34.987	37.6、36.7、38.9、38.2	
CSX_{166}1-3		深腹罐	细砂	31.264、31.527、30.262	34.2、34.5、34.1	
CSZ_{166}1-3			中等砂	32.265、32.229、32.329	36.1、36.6、36.2	
CSC_{166}1-3			粗砂	34.432、33.832、32.354	40.9、42.7、39.4	
CWX_{166}1-2	盛储器	瓮	细砂	21.135、23.123	26.4、27.2	
CWZ_{166}1-3			中等砂	25.382、24.242、24.298	27.7、27.1、28.0	
CWX_{166}1-2		缸	细砂	19.387、18.498	25.3、26.3	
CWZ_{166}1-2			中等砂	24.286、27.498	27.3、26.3	
$SDNS_{166}$1-4	食器	豆、圈足盘	介于泥质或砂质	13.634、12.438、14.089、13.264	20.1、21.2、20.9、20.7	

续表

编号	器类	器型	器物描述	吸水率（％）	孔隙率（％）	时代
CYX_{133}1-3	炊器	圆腹罐	细砂	26.216、23.254、25.265	31.7、32.5、31.6	二里头二期
CYZ_{133}1-3			中等砂	25.265、24.265、26.286	33.2、33.6、33.9	
CYZ_{133}1-3			粗砂	27.265、26.897、27.009	35.1、35.7、35.2	
CSX_{133}1-3		深腹罐	细砂	25.027、25.214、26.265	32.2、32.6、33.0	
CSZ_{133}1-3			中等砂	26.276、26.286、26.287	35.3、34.9、34.5	
CSC_{133}1-3			粗砂	29.264、28.287、27.287	38.6、38.6、36.9	
CDX_{133}1-3		鼎	细砂	23.997、24.020、25.542	29.3、28.2、30.7	
CDZ_{133}1-3			中等砂	25.276、25.986、26.028	31.2、32.4、31.9	
CWZ_{133}1-2	盛储器	瓮	中等砂	17.264、16.483	25.3、24.1	
CXX_{133}1-2		小口罐	细砂	14.292、14.222	25.1、26.3	
CXX_{133}1-2			中等砂	16.392、16.382	23.0、23.9	
$YKNS_{133}$1-3	研磨器	刻槽盆	介于泥质或砂质	12.268、12.282、11.889	20.1、20.0、21.0	
CYX_{112}1-3	炊器	圆腹罐	细砂	24.276、23.267、24.265	29.2、29.0、28.9	
CYZ_{112}1-3			中等砂	26.275、25.265、27.256	31.3、32.9、32.0	
CYC_{112}1-3			粗砂	27.265、26.897、27.009	37.9、37.0、39.1	
CSX_{112}1-3		深腹罐	细砂	25.265、24.265、26.286	28.2、30.0、28.7	
CSZ_{112}1-3			中等砂	26.275、25.265、27.256	30.2、30.1、31.0	
CSC_{112}1-3			粗砂	29.354、28.765、27.464	35.3、34.9、34.5	
CPX_{112}1-3	盛储器	盆	细砂	20.276、18.286、18.265	23.2、24.1、23.9	
CGZ_{112}1-3		缸	中等砂	21.186、20.986、19.265	25.2、25.9、24.0	
CYX_{69}1-4	炊器	圆腹罐	细砂	25.264、26.527、26.262、25.927	28.2、28.4、29.4、29.0	二里头四期
CYZ_{69}1-4			中等砂	27.293、27.276、27.286、28.001	31.2、33.3、32.1、32.8	
CYC_{69}1-4			粗砂	30.272、31.273、29.297、29.286	34.5、34.1、34.7、34.0	
CSX_{69}1-4		深腹罐	细砂	25.032、25.372、25.482、26.000	27.0、28.4、28.2、27.8	
CSZ_{69}1-4			中等砂	26.927、27.002、27.080、27.285	28.2、28.4、29.4、29.0	
CSC_{69}1-4			粗砂	30.297、30.372、30.383、28.297	34.5、34.1、34.7、34.0	
CSX_{69}1-2	盛储器	深腹盆	细砂	18.375、19.283	22.1、21.9	
CWX_{69}1-2		瓮	细砂	16、298、16.39	21.7、22.3	
$SDNS_{69}$6	食器	豆、盘	介于泥质或砂质	10.273、11.282、11.282、12.290、10.372、13.287	17.9、18.2、17.4、18.5、18.0、17.5	
CYX_{15}1-3	炊器	圆腹罐	细砂	24.276、23.267、24.265	27.9、28.2、27.8	
CYZ_{15}1-3			中等砂	25.276、25.986、26.028	29.1、29.2、28.0	
CYC_{15}1-3			粗砂	28.263、28.392、28.362	31.1、32.0、31.8	
CSX_{15}1-3		深腹罐	细砂	25.372、25.372、25.3833	27.4、28.0、27.4	
CSZ_{15}1-3			中等砂	26.276、26.286、26.287	29.4、29.0、30.1	
CSC_{15}1-3			粗砂	29.383、29.362、29.283	33.2、32.0、35.1	

续表

编号	器类	器型	器物描述	吸水率（%）	孔隙率（%）	时代
CPX$_{15}$1-3	盛储器	盆	细砂	16.483、16.392、17.393	23.7、24.1、24.7	二里头四期
CGZ$_{15}$1-2		缸	中等砂	17.363、18.393	25.3、24.9	
YTNS$_{15}$2		圆陶片	介于泥质或细砂	13.283、14.080	18.6、18.3	
CYX$_{90}$1-4	炊器	圆腹罐	细砂	24.382、25.393、24.392、26.276	27.2、28.2、27.1、27.0	
CYZ$_{90}$1-4			中等砂	25.264、26.527、26.262、25.927	29.1、29.2、28.0、29.1	
CYC$_{90}$1-4			粗砂	28.493、28.462、28.482、29.456	30.4、30.7、30.0、31.3	
CSX$_{90}$1-4		深腹罐	细砂	25.043、25.432、25.482、26.020	26.3、28.2、27.5、26.1	
CSZ$_{90}$1-4			中等砂	26.957、27.232、27.750、27.285	29.2、29.0、28.9、28.7	
CSC$_{90}$1-4			粗砂	30.272、29.273、30.297、31.286	31.0、32.2、20.5、30.8	
CZX$_{90}$1-2	盛储器	尊	细砂	16.208、15.273	20.2、20.9	
CZX$_{90}$1-2		直口罐	细砂	15.257、16.382	21.0、19.8	
CYX$_{147}$1-5	炊器	圆腹罐	细砂	19.372、19.593、19.403、20.473、19.473	26.5、26.4、26.9、26.9、26.4	二里头五期
CYZ$_{147}$1-5			中等砂	20.267、20.376、19.383、20.276、19.899	29.2、30.8、31.2、31.3、30.2	
CYC$_{147}$1-5			粗砂	20.986、21.009、20.286、21.000、20.263	34.2、34.5、34.1、34.1、34.7	
CSX$_{147}$1-5		深腹罐	细砂	16.372、16.382、16.493、16.937、17.001	23.2、24.1、23.9、23.1、24.0	
CSZ$_{147}$1-5			中等砂	17.362、17.493、17.403、18.193、17.403	25.3、26.3、26.9、25.0、25.1	
CSC$_{147}$1-5			粗砂	19.493、19.549、19.362、19.393、19.473	29.2、30.8、31.2、31.3、30.2	
CZX$_{147}$1-2	盛器	尊	细砂	11.393、12.294	18.2、18.0	
CGZ$_{147}$1-2		缸	中等砂	14.483、13.979	19.9、19、7	
CYX$_{253}$1-3	炊器	圆腹罐	细砂	19.493、19.300、19.330	25.9、26.5、26.7	二里头四、五期
CYZ$_{253}$1-3			中等砂	20.473、20.363、20.343	29.0、28.7、30.1	
CYC$_{253}$1-3			粗砂	21.303、21.430、22.220	32.2、32.6、33.0	
CSX$_{253}$1-3		深腹罐	细砂	16.493、16.009、16.383	22.3、23.0、22.9	
CSZ$_{253}$1-3			中等砂	17.393、17.483、18.362	24.8、25.1、25.5	
CSC$_{253}$1-3			粗砂	18.383、19.353、19.379	28.3、28.3、29.0	
CWX$_{253}$1	盛器	瓮	细砂	13.382	17.3	
CYX$_{206}$1-4	炊器	圆腹罐	细砂	19.303、19.393、19.009、19.393	26.5、28.7、27.1、26.3	
CYZ$_{206}$1-4			中等砂	20.832、21.383、20.393、20.362	28.2、27.9、29.2、28.8	
CYC$_{206}$1-4			粗砂	21.382、22.372、21.363、21.393	30.3、30.1、31.3、31.5	
CSX$_{206}$1-4		深腹罐	细砂	16.393、16.377、16.493、16.349	22.4、23.1、23.2、22.9	
CSZ$_{206}$1-4			中等砂	18.373、17.393、17.393、17.354	25.4、26.0、25.2、26.3	
CSC$_{206}$1-4			粗砂	18.390、19.393、18.990、19.387	28.3、28.0、29.1、28.3	
CDZ$_{206}$1-2		鼎	中等砂	16.383、16.4383	23.9、24.0	
CZX$_{206}$1-3	盛器	尊	细砂	10.383、12.276、11.552	16.2、16.3、16.5	
CWX$_{206}$1-2		瓮	细砂	14.393、15.000	16.4、15.9	

续表

编号	器类	器型	器物描述	吸水率（%）	孔隙率（%）	时代
$CYX_{207}1\text{-}4$	炊器	圆腹罐	细砂	19.221、19.383、19.362、20.272	26.4、26.2、26.0、26.6	二里头四、五期
$CYZ_{207}1\text{-}4$	炊器	圆腹罐	中等砂	21.172、20.287、21.372、21.278	28.9、29.4、29.4、28.5	二里头四、五期
$CYC_{207}1\text{-}4$	炊器	圆腹罐	粗砂	22.990、22.000、21.998、22.001	30.2、31.2、31.3、30.6	二里头四、五期
$CSX_{207}1\text{-}4$	炊器	深腹罐	细砂	16.298、17.372、17.329、17.393	23.2、22.7、23.7、22.1	二里头四、五期
$CSZ_{207}1\text{-}4$	炊器	深腹罐	中等砂	18.393、19.372、19.383、19.372	24.1、25.7、25.6、25.9	二里头四、五期
$CSC_{207}1\text{-}4$	炊器	深腹罐	粗砂	20.275、21.372、20.271、21.362	27.1、27.4、27.3、28.6	二里头四、五期
$CPX_{207}1\text{-}3$	盛器	盆	细砂	10.267、10.373、11.373	19.3、18.3、19.3	二里头四、五期
$CGZ_{207}1$	盛器	缸	中等砂	15.001	17.3	二里头四、五期
$SDPMS_{207}1\text{-}6$	食器	豆、盘	介于泥质或砂质	6.574、6.748、7.292、7.392、7.292、6.393	15.1、15.2、15.0、15.8、15.3、16.0	二里头四、五期

附录四 登封南洼遗址出土骨器原料、制作工艺及用途的初步研究

侯彦峰

(河南省文物考古研究院)

登封南洼遗址发掘者共收集二里头、殷墟和春秋时期的骨、角和贝制品236件。本文主要对该遗址二里头时期的骨(角、贝)器进行了分类和原料来源分析,并对部分骨器的用途进行了探讨。

一、二里头时期

南洼遗址共出土二里头时期的骨、角、牙、贝制品185件。本文根据骨、角、贝制品的形状,将其分为镞形器、锥形器、刀形器、匕形器、簪形器、贝币、饰品、管形器、柄状器、针形器、凿形器、板形器、覆面、卜骨和其他等15类(图一)。大部分骨(角、牙、贝)器都磨制精细,其骨料以大中型哺乳动物的长骨和珍珠蚌未定种的壳为主,少部分骨器能够确定其骨料来自猪(*Sus* sp.)的下犬齿和腓骨,羊(*Ovis/Capra*)的掌骨和胫骨,牛(*Bos* sp.)的肩胛骨、肋骨和胫骨,鹿(*Cervus* sp.)的角和跖骨,狗(*Canis familiaris*)的尺骨和腓骨(图二),人(*Homo sapiens*)的桡骨,圆顶珠蚌(*Unio douglasiae*)、射线裂脊蚌(*Schistodesmus lampreyanus*)、文蛤(*Meretrix meretrix*)、扇贝(*Pecten* sp.)、方形环棱螺(*Bellamya quadrata*)和黄宝螺(*Cypraea moneta*)的壳。骨器名称、时代、单位、取料部位、动物种属见附表63。

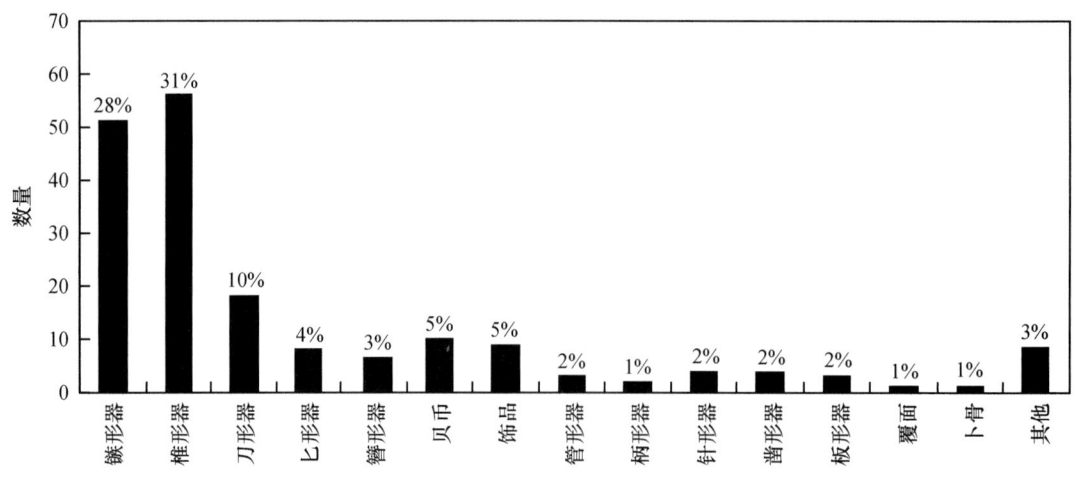

图一 南洼遗址二里头时期不同类型骨器的数量及所占百分比图

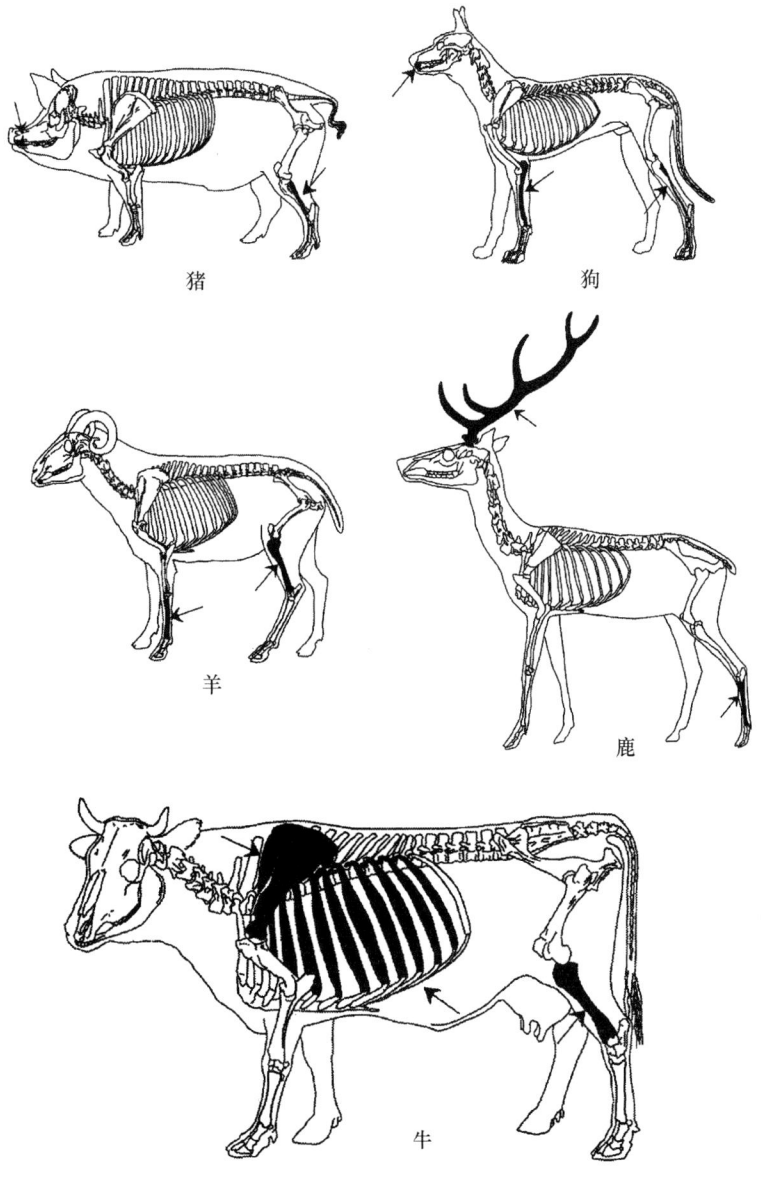

图二　南洼遗址二里文化出土部分骨器的取料部位（箭头及黑色骨头）

该遗址二里头文化出土的镞形器多数是以大中型哺乳动物的长骨磨制而成，少量是以珍珠蚌未定种的壳磨制而成。锥形器绝大多数是由大中型哺乳动物长骨经砍砸修制成粗坯，然后将一端磨制成锥尖，部分骨锥形器是由猪的腓骨、狗的尺骨、羊的胫骨和珍珠蚌的壳经简单磨制而成。虽然该遗址出土了数量较多的骨锥，但是其在该时期的日常生活中的具体用途尚不明确。

标本 2005H147：500 为大中型哺乳物长骨制成的骨镞，器体光滑，呈圆锥状，铤部的长度与器体相当（彩版三六，1）。标本 2005H241：27 骨锥，由羊的胫骨远端部经简单磨制而成，其尖端留有明显的磨痕（彩版三六，2）。标本 2004H30②：9 骨凿，是把羊的掌骨近端部，沿骨干长轴劈开，尖端修成凿形，其斜面上留有磨痕，刃部光滑（彩版三六，3）。

骨刀和骨匕在形状上相近，以往考古学家一般将器体较薄的称作匕，器体较厚的称为刀，本文虽然按考古学家的建议将该遗址出土的骨匕和骨刀分成了两类，但少量标本因残缺等因素其所分的类别并不一定恰当。匕，古代指勺、匙之类的取食用具。但该遗址二里头文化出土的骨匕是否是用来作为取食用具的？从形态和微痕分析的角度上却难以证明。以往的研究，并没有直接的证据表明骨匕是取食用具，仅是从形态相似的角度上推测其是用来取食的。为了寻找直接的证据，我们对二里头时期出土的 4 件骨匕和 1 件骨刀进行了食物的残留物分析，检测结果发现 4 件骨匕检测结果为阳性（彩版三七，1~4），表明其主要用途可能是作为餐具。1 件骨刀标本 2004H431:1 检测结果为阴性（彩版三七，5），此骨刀比匕的器体厚，单面被磨成了薄刃，背部被修整过较平直，尖端呈弧形。该检测结果和详细分析将于另文发表。

标本 2006H13:9 是由鹿科动物的跖骨磨制成的簪子（彩版三八，1）。标本 2005H145:69 被命名为骨簪，长 148.46 毫米，由大中型动物的肋骨边缘制成，距末端 7.96 毫米处有一周凹槽，沟槽的表面光滑，这可能是用来挂其他饰品的，不过也可能是系绳的，即该骨器可能被用作缝针（彩版三八，2）。骨管（2005H50:15），为两端都残了的人右侧桡骨，其上留有两个钻孔（彩版三八，3）。标本 2004H19:28 取料于偶蹄动物（羊？）掌骨的骨干，两端平齐，表面被打磨过（彩版三八，4）。标本 2005H252:28，去掉了鸟肱骨的近端和远端，留下了骨干部分，两端平齐（彩版三八，5）。

该遗址二里头文化共发现 2 件用鹿角制成的柄形器，皆残，二者都取自鹿角的主枝，通体被磨光，标本 2005H147:508 上留有两个钻孔（彩版三九，1），标本 2005H147:507 上留有一个钻孔（彩版三九，2）。南洼遗址二里头文化共出土 4 件骨针，仅标本 2004IH200:1 这 1 件保存完整，长 39.13 毫米，骨针通体被磨光，针尖较锐利，针体较圆润，针鼻部稍扁，鼻孔细小，直径为 0.7 毫米（彩版三九，3）。根据骨针的大小，推测该时期的人们已经在做非常精细的缝纫工作。

该遗址二里头文化 2004M1 内出土了 7 件贝币和 1 件用扇贝壳制成的"覆面"。7 件贝币是由黄宝螺（货贝）壳在其背部磨成孔制成的（彩版四〇，1~7），壳最大高、最大长和最大宽的测量数据见表一，其中标本 2004M1:2 壳体较大，稍呈椭圆，疑似为黄宝螺。

标本 2004M1:1 是用扇贝壳制作的"覆面"，该扇贝壳呈扇形，背缘略呈直线，壳顶两侧有壳耳，前耳和后耳都略呈三角形，有放射肋 23 条，壳体较大，长 159.36 毫米，高约 145.31 毫米（彩版四〇，8）。本文仅将其鉴定至属，该扇贝属于软体动物，双壳纲牡蛎目扇贝科扇贝属，虽然该扇贝壳相对完整，但是笔者咨询了 2 位贝类学专家也未能鉴定至种，主要原因是缺少扇贝的比较标本。该扇贝壳上留有 5 个钻孔，上方 3 个（位于肋沟中），下方 2 个（位于肋条上），分成了两排，两排间的距离为 76.96 毫米，我们测量了我院 6 个成年男同事的眼睛到嘴的垂直距离约 75 毫米（彩版四〇，9），根据相近的距离和扇贝出土时覆盖墓主面部的位置，推测上方的 3 个孔和下方的 2 个孔可能分别位于墓主的眼部和嘴部。扇贝"覆面"这一特殊的葬俗，为研究该时期的丧葬文化提供了重要的考古学资料。标本 2005H15:152 是圆顶珠蚌的壳（彩版四〇，10），标本 2005H111:26 是放射裂嵴蚌的壳（彩版四〇，11），标本 2005H85:1 是方形环棱螺的壳（彩版四〇，12），这三件标本在壳上都磨得有孔，推测其可能都是用来做饰品的。

表一 南洼遗址墓葬出土贝币种属及尺寸

名称	时代	单位及编号	部位	种属	壳最大高（厚）毫米	壳最大长毫米	壳最大宽毫米
贝币	二里头时期	2004M1:2	壳	黄宝螺（货贝）？	15.65	30.44	20.17
贝币	二里头时期	2004M1:3	壳	黄宝螺（货贝）	13.30	25.66	18.98
贝币	二里头时期	2004M1:4	壳	黄宝螺（货贝）	12.58	26.67	17.49
贝币	二里头时期	2004M1:5	壳	黄宝螺（货贝）	12.76	25.46	18.23
贝币	二里头时期	2004M1:6	壳	黄宝螺（货贝）	11.85	25.81	19.31
贝币	二里头时期	2004M1:7	壳	黄宝螺（货贝）	12.48	25.78	18.81
贝币	二里头时期	2004M1:8	壳	黄宝螺（货贝）	12.57	24.28	18.87
贝币	殷墟二期	2004M16:5	壳	黄宝螺（货贝）	8.29	16.31	12.77
贝币	殷墟二期	2004M16:2	壳	黄宝螺（货贝）	9.89	21.11	15.2
贝币	殷墟二期	2004M17:2	壳	金环宝螺（环纹货贝）	9.26	19.91	12.76
贝币	殷墟二期	2004M19:1	壳	金环宝螺（环纹货贝）	9.89	21.11	15.2
贝币	殷墟二期	2004M32:2	壳	金环宝螺（环纹货贝）	8.57	18.25	12.25
贝币	殷墟二期	2004M32:1	壳	金环宝螺（环纹货贝）	9.58	20.56	13.25

南洼遗址二里头时期发现1件残的卜骨（2004H78:5，彩版四一），取自牛的右侧肩胛骨，该标本仅保留了部分肩胛冈及肩胛冈所附着的骨板，在内侧面有9处明显的灼痕，2处灼点下方有灼坑，制作灼坑所用工具目前尚不清楚，灼坑处已暴露出骨松质，各灼点对面都形成了圆形的黑色的碳化坑。

总之，南洼遗址二里头时期骨、角、贝制品，从用途上看，有狩猎（镞）、装饰品（簪）、缝纫用具（针）、餐具（匕）、货币和宗教用品（覆面、卜骨）等。该批骨器的加工工艺主要以切割和砍砸的方式，从长骨上进行取材，制成粗坯，然后打磨成成品。

二、殷墟时期和春秋时期

南洼遗址殷墟时期出土骨、贝制品23件，春秋时期出土骨、角、牙、贝制品28件。骨器名称、时代、单位、取料部位、动物种属见附表64。

标本2004H225:1为殷墟时期残的卜骨（彩版四二，1），取料于牛的左侧肩胛骨，该片卜骨上有4处凿坑，3个凿坑边上有灼痕，另外1个凿坑边上的灼痕残缺。各灼点下无灼坑。2处凿坑和灼痕保存完好，1处凿坑对面有卜字形兆纹，另外一处兆纹不明显。

标本2004H57:1为春秋时期完整的骨锥（彩版四二，2），为大型哺乳动物的长骨制成，上部呈圆柱形的冒，长约14.30毫米，顶部直径约11.04毫米。下部呈圆锥体，尖端锐利，长约25.47毫米。该件骨器整体呈钉形。其上留有刮削痕和打磨痕。该件骨器的用途可能是打孔的，也可能起钉子的作用。

标本2005T6835③:3为春秋时期完整的骨凿（彩版四三），由牛的左侧跖骨近端制成，其一端的顶部呈三角行，该面平坦，留有疑似反复锤击痕。沿骨干竖着劈开，两侧有磨痕，刃部剖面呈楔形。磨制的斜面上有不同方向的摩擦痕。刃口长19.87毫米，其上留有崩裂的小缺口。

三、结　　语

　　登封南洼遗址共出土骨、角、牙、贝制品236件，二里头时期185件、殷墟时期23件、春秋时期28件。骨料以大中型哺乳动物的长骨和珍珠蚌未定种的壳为主，少部分骨器能够确定其骨料来自猪、人、羊、牛、梅花鹿、狗、圆顶珠蚌、射线裂嵴蚌、文蛤、扇贝、方形环棱螺和黄宝螺等动物。大部分骨器都磨制精细。从用途上看，有狩猎、装饰品、缝纫用具、餐具、货币和宗教用品等，本文首次从残留物的角度分析了二里头时期骨匕的功能，检查结果表明其主要用途可能是作为餐具。

附录五　登封南洼遗址出土人骨鉴定

马　钊　王永奎　张振华　徐高磊

(郑州大学基础医学院)

2004年3月至2006年12月，郑州大学考古系和郑州市文物考古研究院联合对登封南洼遗址进行了调查、勘探与发掘。其中，共发现二里头文化至唐宋时期墓葬50座。由于条件限制，该遗址出土人骨未在发掘现场进行人类学鉴定，而是逐步运回室内再行鉴定。2004年暑期，借日本九州大学中桥孝博教授访问郑州大学历史学院之际，曾对2004年春季试掘发现的2004M1～M8内人骨的性别和年龄做过初步鉴定，结果参见附表6（2004年南洼遗址墓葬登记表）。2004年秋季正式发掘开始以来又陆续发现41座墓葬，其中人骨状况保存较好的有34座。后将这批人骨样品送交郑州大学基础医学院进行鉴定。现将鉴定结果报告如下。

南洼遗址墓葬人骨鉴定报告

墓号	人骨保存状况及主要特征	性别	年龄	年代
2004M9	人骨保存好，颅骨：颅缝愈合，额顶结节不显著，眉弓显著，眶上缘钝，乳突大，道上嵴显著，枕外隆突不显著；下颌骨：颏结节不显著，下颌角钝角，咬肌粗隆不显著，下颌骨体高支宽，颏肌突大，两侧下颌各8颗牙，磨牙3～4级，无龋齿；骨盆：坐骨大切迹深窄，无耳前沟，骶髂关节增生；四肢骨：粗大，粗线显著，左股骨长45.5厘米，右肱骨33.8厘米，左肱骨33.2厘米，推测身高171.53厘米	男	中年	二里头四期
2004M11	人骨保存差，颅骨：颅缝开始愈合，乳突小，道上嵴不显著；下颌骨：下颌角钝角，颏肌突小，可观察到右上及左下颌第二恒磨牙萌出，磨牙2级；骨盆：坐骨大切迹深窄，无耳前沟；四肢骨：长骨体端未合	男	少年	二里头五期
2004M12	人骨保存差，颅骨：乳突小，道上嵴不显著；下颌骨：下颌角钝角，咬肌粗隆显著，第一恒磨牙萌出，第二前磨牙出龈；四肢骨：体端未合	无法鉴定	少年	二里头时期
2004M13	人骨保存好，颅骨：颅缝愈合，眉弓显著，眶上缘钝，乳突中等，道上嵴稍显著，枕外隆突不显著；下颌骨：颏结节稍显著，下颌角钝角外翻，咬肌粗隆显著，下颌骨体高支宽，颏肌突中等，右侧下颌7颗牙，磨牙4～5级，未见龋齿；骨盆：耻骨下角锐角，坐骨大切迹深宽，有耳前沟，骶髂关节增生，骶骨短弯；脊柱：腰椎椎体边缘增生；四肢骨：粗大，粗线显著，左股骨长42厘米，推测身高：160.82厘米	女	老年	殷墟二期

续表

墓号	人骨保存状况及主要特征	性别	年龄	年代
2004M14	人骨保存差，颅骨：颅缝开始愈合，额顶结节显著，眉弓不显著，乳突小，道上嵴不显著；下颌骨：颏结节不显著，下颌角钝角，咬肌粗隆不显著，颏肌突小，可观察到双侧双颌第二恒磨牙萌出，磨牙1～2级，第二前磨牙出龈；骨盆：坐骨大切迹窄，无耳前沟；四肢骨：长骨体端未合	无法鉴定	少年	二里头三期
2004M15	人骨保存中等，颅骨：颅缝愈合，额顶结节显著，眉弓显著，眶上缘钝，梨状孔宽，乳突中等，道上嵴显著，枕外隆突稍显著；下颌骨：颏结节不显著，下颌角钝角外翻，咬肌粗隆显著，下颌骨体低支窄，颏肌突小，双侧下颌7颗牙，磨牙4级，未见龋齿；骨盆：坐骨大切迹浅宽，有耳前沟；四肢骨：细小，粗线不显著，股骨头小	女	中年	不晚于春秋中期
2004M17	人骨保存中等，颅骨：颅缝愈合，额顶结节显著，眉弓不显著，眶上缘锐，乳突小，道上嵴不显著，枕外隆突不显著；下颌骨：颏结节不显著，下颌角钝角，咬肌粗隆不显著，下颌骨体高支窄，颏肌突小，双侧下颌7颗牙，磨牙4级，未见龋齿；骨盆：闭孔三角形，坐骨大切迹浅宽，有耳前沟；四肢骨：细小，粗线不显著，股骨头小，左胫骨36厘米，右肱骨32厘米，左肱骨31.5厘米，左肱骨滑车上孔：0.8×0.5厘米，推测身高：170.96厘米	女	中年	殷墟二期
2004M18	人骨保存较好，颅骨：颅缝开始愈合，额顶结节显著，眉弓不显著，眶上缘锐，乳突小，道上嵴不显著，枕外隆突不显著；下颌骨：颏结节不显著，下颌角钝角，咬肌粗隆不显著，颏肌突小，双侧双颌7颗牙，磨牙1级，未见龋齿；骨盆：坐骨大切迹浅宽，无耳前沟；四肢骨：细小，体端未合，粗线不显著，股骨头小	女	青年	北宋时期
2004M19	人骨保存较好，颅骨：乳突小，道上嵴不显著；下颌骨：颏结节不显著，下颌角钝角，咬肌粗隆不显著，下颌骨体低支窄，颏肌突小，双侧上颌7颗牙，左下颌8颗牙，磨牙1级，未见龋齿；骨盆：闭孔卵圆形，坐骨大切迹深宽，耳前沟显著；四肢骨：细小，体端刚愈合，粗线不显著，股骨头小，右股骨40厘米，左股骨39.5厘米，右胫骨31.2厘米，左胫骨30.8厘米，推测身高：153.4厘米	女	青年	殷墟二期早段
2004M20	人骨保存差，颅骨：眉弓显著，眶上缘钝，乳突大，道上嵴显著；下颌骨：颏结节显著，下颌骨体高支宽，可观察到右侧上颌8颗牙齿，磨牙2级；骨盆：坐骨大切迹深宽；四肢骨：长骨粗壮粗线显著，壁厚质密	男	青年	二里头二期至四期之间
2004M21	人骨保存差，仅有一段股骨，粗大，粗线显著，骨质密	男	无法鉴定	春秋晚期
2004M22	人骨保存较好，颅骨：额顶结节显著，眉弓显著，眶上缘锐，乳突中等，道上嵴稍显著，枕外隆突不显著；下颌骨：颏结节显著，下颌角直角，咬肌粗隆显著，下颌骨体低支宽，颏肌突中等，双侧双颌8颗牙，磨牙3级，左侧上颌第二前磨牙龋坏；四肢骨：较粗壮，粗线显著，左股骨42.5厘米，右胫骨33.5厘米，左肱骨30.2厘米，推测身高：162.68厘米	女	青年	二里头时期
2004M23	人骨保存差，长骨细小、颅骨及髋骨薄片状，上颌中切牙牙冠形成	无法鉴定	幼儿	春秋中期

续表

墓号	人骨保存状况及主要特征	性别	年龄	年代
2004M24	人骨保存好，颅骨：颅缝愈合，额顶结节不显著，眉弓显著，眶上缘钝，梨状孔窄，乳突大，道上嵴显著，枕外隆突显著；下颌骨：颏结节显著，下颌角直角外翻，咬肌粗隆显著，下颌骨体高支宽，颏肌突大，双侧双颌7颗牙，磨牙4级，无龋齿；骨盆：耻骨下角锐角，坐骨大切迹深窄，无耳前沟，骶髂关节增生，骶骨长弯；四肢骨：粗大，粗线显著，左股骨长44厘米，右肱骨33.8厘米，左肱骨33.2厘米，右胫骨35.5厘米，左胫骨36.0厘米，推测身高：166.04厘米	男	中年	北宋
2004M25	人骨保存中等，下颌骨：下颌骨支宽，左侧上、下颌及右侧下颌8颗牙，磨牙2级，骨盆：坐骨大切迹深窄，无耳前沟；四肢骨：长骨体端未合，干细，壁厚质密	男	青年	二里头时期
2004M26	人骨保存较好，颅骨：额顶结节显著，眉弓不显著，眶上缘锐，梨状孔窄，乳突小，道上嵴不显著，枕外隆突不显著；下颌骨：颏结节不显著，下颌角钝角，咬肌粗隆不显著，下颌骨体低支窄，颏肌突小，双侧下颌及左侧上颌8颗牙，磨牙2级；四肢骨：较细，粗线不显著，骶骨未融合	女	青年	北宋后期
2004M27	人骨保存差，颅骨：乳突大，道上嵴不显著；下颌骨：下颌角钝角，咬肌粗隆不显著，可观察到第一恒磨牙萌出牙根形成2/3；骨盆：坐骨大切迹窄，无耳前沟；四肢骨：长骨体端未合	男	儿童	二里头时期
2004M29	人骨保存较好，颅骨：颅缝愈合，额顶结节显著，眉弓不显著，眶上缘锐，乳突小，道上嵴不显著，枕外隆突稍显著；下颌骨：颏结节显著，下颌角钝角，咬肌粗隆显著，下颌骨体低支窄，颏肌突小，双侧下颌及右侧上颌8颗牙，磨牙4级，左侧下颌第一磨牙龋齿；骨盆：耻骨下角钝角，闭孔三角形，坐骨大切迹浅宽，有耳前沟，骶髂关节增生，骶骨平；四肢骨：细小，右胫骨32厘米，推测身高：152.52厘米	女	中年	殷墟二期
2004M30	人骨保存差，脊柱：腰椎椎体大且增生；骨盆：坐骨大切迹深窄，无耳前沟；骶髂关节不增生，骶骨长弯；四肢骨：粗大，粗线显著，股骨头大，右侧桡骨24.5厘米，推测身高：173.07厘米	男	壮年	二里头时期
2004M31	合葬墓，共两幅人骨 甲：人骨保存好，脊柱：寰枕关节右侧关节面增生，挤压椎管，颅骨：眉弓显著，眶上缘钝，乳突大，道上嵴显著，枕外隆突显著；下颌骨：颏结节显著，下颌角直角外翻，咬肌粗隆显著，下颌骨体高支宽，颏肌突大，左侧下颌8颗牙，磨牙脱落牙槽吸收；骨盆：坐骨大切迹深窄，无耳前沟；四肢骨：粗大，粗线显著	男	老年	中唐或偏晚
	乙：人骨保存中等，颅骨：乳突小，道上嵴不显著，枕外隆突不显著；下颌骨：颏结节不显著，下颌角钝角，咬肌粗隆不显著，下颌骨体低支窄，颏肌突小，磨牙4级，未见龋齿；骨盆：坐骨大切迹浅宽，有耳前沟；四肢骨：细小，粗线不显著，股骨头小	女	中年	中唐或偏晚
2004M32	人骨保存差，脊柱：腰椎椎体增生；四肢骨：粗大，粗线显著	男	不详	殷墟二期早段

续表

墓号	人骨保存状况及主要特征	性别	年龄	年代
2004M33	人骨保存差，仅余部分颅骨及肢骨，颅骨壁薄，顶结节显著，下颌第一恒磨牙仅形成牙冠，乳中切牙根尖未完全形成	无法鉴定	幼儿	春秋中期
2004M34	人骨保存较好，颅骨：眉弓不显著，眶上缘锐，乳突小，道上嵴不显著；下颌骨：颏结节不显著，下颌角钝角，咬肌粗隆不显著，下颌骨体低支窄，颏肌突小，双侧双颌7颗牙，磨牙1级；骨盆：坐骨大切迹浅宽，无耳前沟，骶髂关节无增生；四肢骨：细小，长骨体端未合，髋骨未愈合	女	青年	春秋中期
2005M1	合葬墓，共两幅人骨 甲：人骨保存较好，颅骨：颅缝愈合，额顶结节显著，眉弓不显著，眶上缘锐，梨状孔宽，乳突小，道上嵴不显著，枕外隆突不显著；下颌骨：颏结节不显著，下颌角钝角，咬肌粗隆不显著，下颌骨体低支窄，颏肌突小，双侧下颌8颗牙，双侧上颌7颗牙，磨牙5级；四肢骨：细小，右侧股骨41厘米，左侧股骨40.5厘米，左、右胫骨均33厘米，左侧腓骨31.5厘米，左、右肱骨均27.5厘米，右侧尺骨23厘米，左侧尺骨22.7厘米，右侧桡骨21.2厘米，左侧桡骨21.5厘米，推测身高：157.11厘米。推断该墓主为中年女性	女	中年	金代
	乙：人骨保存好，颅骨：额顶结节不显著，眉弓显著，眶上缘钝，梨状孔窄，乳突大，道上嵴显著，枕外隆突显著；下颌骨：颏结节显著，下颌角直角外翻，咬肌粗隆显著，颏肌突大，双侧下颌8颗牙，磨牙4~5级；骨盆：耻骨下角锐角，坐骨大切迹深窄，无耳前沟，骶髂关节轻微增生，骶骨长弯；四肢骨：中等，粗线显著，股骨头大，左、右侧股骨均44.5厘米，左、右胫骨均36厘米，右侧腓骨35.5厘米，左、右肱骨均32.5厘米，右侧尺骨26.5厘米，左侧尺骨26.5厘米，左、右侧桡骨均24.5厘米，推测身高：167.87厘米	男	老年	金代
2005M3	人骨保存差，颅骨：颅缝愈合，额顶结节显著，眉弓不显著，眶上缘锐，梨状孔宽，乳突小，道上嵴不显著，枕外隆突不显著；下颌骨：颏结节不显著，下颌角钝角，咬肌粗隆稍显著，下颌骨体低支窄，颏肌突大，双侧双颌7颗牙，磨牙4级，未见龋齿	女	中年	金代
2005M5	人骨保存差，颅骨：乳突小，道上嵴不显著；骨盆：坐骨大切迹宽浅；四肢骨：长骨干细，体端未合，第一恒磨牙萌出，下颌侧切牙出龈	女	儿童	二里头三期偏晚或四期
2005M6	人骨保存差，颅骨：颅缝愈合，额顶结节不显著，眉弓不显著，眶上缘锐，梨状孔窄，乳突小，道上嵴不显著，枕外隆突不显著；下颌骨：颏结节显著，下颌角近直角，第一恒磨牙萌出，恒尖牙出龈，右侧上颌中切牙腭侧有多生牙，磨牙1级；长骨体端未合	男	少年	二里头时期
2005M7	人骨保存中等，骨盆：闭孔三角形，坐骨大切迹浅宽，有耳前沟；四肢骨：细小，粗线不显著	女	成年	殷墟二期

续表

墓号	人骨保存状况及主要特征	性别	年龄	年代
2005M8	人骨保存中等，颅骨：额顶结节显著，眉弓不显著，眶上缘锐，乳突小，道上嵴显著，枕外隆突不显著；下颌骨：颏结节稍显著，下颌骨体低支窄，颏肌突小，双侧下颌7颗牙，双侧上颌8颗牙，磨牙3级，未见龋齿；骨盆：坐骨大切迹浅宽，无耳前沟，骶骨短平；四肢骨：细小，粗线不显著，右侧股骨41.5厘米，左侧股骨41厘米，推测身高：157.11厘米	女	壮年	二里头三期
2005M9	人骨保存好，颅骨：颅缝愈合，眉弓显著，乳突小，道上嵴不显著，枕外隆突显著；下颌骨：颏结节不显著，下颌角钝角，咬肌粗隆不显著，下颌骨体低支窄，颏肌小，双侧下颌8颗牙，磨牙4级，无龋齿；骨盆：耻骨下角锐角，坐骨大切迹深窄，无耳前沟，骶髂关节增生；四肢骨：粗大，粗线显著，左胫骨长36厘米，右肱骨31.8厘米，推测身高：168.08厘米	女	中年	春秋晚期
2005M10	人骨保存较好，颅骨：颅缝开始愈合，额顶结节显著，眉弓不显著，眶上缘锐，梨状孔宽，乳突小，道上嵴不显著，枕外隆突不显著；下颌骨：颏结节不显著，下颌角钝角，咬肌粗隆不显著，下颌骨体低支窄，颏肌突小，双侧上颌8颗牙，左侧下颌7颗牙，磨牙2级；四肢骨：较细，体端未合，髋骨未融合	女	青年	殷墟二期
2005M11	人骨保存较好，颅骨：颅缝愈合，眉弓显著，眶上缘锐，乳突小，道上嵴显著，枕外隆突稍显著；下颌骨：颏结节不显著，下颌角钝角，咬肌粗隆显著，下颌骨体低支窄，颏肌突小，双侧下颌8颗牙，左侧上颌8颗牙，磨牙，3级，未见龋齿；骨盆：耻骨下角钝角，坐骨大切迹浅宽，耳前沟显著，骶骨短平；四肢骨：细小，粗线不显著，左、右侧股骨均43.5厘米，左侧胫骨36厘米，右侧胫骨36.3厘米，左侧腓骨：35.2厘米，右侧腓骨35厘米，推测身高：157.11厘米	女	壮年	殷墟二期

后　　记

　　从 2004 年春季开始对南洼遗址进行调查与试掘，至今已整整十个年头。在报告付梓之时，既有任务完成后的轻松与喜悦，也有诸多不安与遗憾。如许多考古人感受的那样，若能假以时日，我们会再减少些缺憾，会将报告编撰得更完备。但报告公布之后，它将及时汇入中国考古学发展的洪流，接受整个学界的评判并获得新的意义。我们希望它不再仅是编著者个人的新起点，也能成为学界前行的一块基石。倘若如此，也不辜负在此过程中给予我们诸多支持与帮助的领导、学界前辈和同仁的期盼。

　　本报告得以出版，首先要感谢国家文物局在出版经费方面给予的有力支持。其次，感谢中国社会科学院考古研究所王巍所长。尽管与王都级别的襄汾陶寺、偃师二里头等遗址相比，南洼遗址不啻为弹丸之地，但他在主持国家重点科技攻关项目——"中华文明探源工程（一）"时，依然将该遗址的发掘与研究纳入到有关子课题之中，有力地提升了我们的学术视野和研究境界。王巍所长还来到大雪覆盖的南洼遗址，看望实习师生并指导下一步田野工作，留下了"国家队"与"高校队"互动的珍贵记忆。

　　北京大学李伯谦教授对我校考古专业的建设与发展非常关心，多次给予鼓励和切实指导。尽管当时已年近七旬，李先生还是以饱满的精神，亲赴南洼遗址田野考古现场，对实习学生的发掘工作予以具体教导。他还多次观看南洼遗址的考古发掘资料，对报告的整理与研究工作提出诸多宝贵建议。我们在感激之余，也借此机会祝愿他身体健康，学术生命之树常青！

　　南洼遗址田野考古工作的实施，还得益于郑州市文物考古研究院前院长张松林研究员的倡议与大力支持。他积极建议将南洼遗址作为我校"十五"期间田野考古实习的首选对象，还亲自带我们与当地文物系统负责人员接洽，到遗址上进行复查，选派优秀田野考古技术人员协助郑州大学师生共同开展调查与发掘工作，并多次莅临田野考古现场给予指导和帮助。他还一直关注本报告的编纂工作进展，鼓励我们尽快出版。这种鼎力相助的精神与行为，让我们非常感动。

　　南洼遗址田野考古工作的顺利开展，还离不开登封市文物管理局领导与同仁的关怀与大力支持。靳银东局长非常支持我校师生在南洼遗址开展田野考古实习，并主要委托该局陈英敏所长具体协助我们处理当地事务。陈所长富有工作魄力，经验非常丰富。在他的不懈努力下，我校考古队与当地村民长期保持着非常友好的关系，为田野考古工作的顺畅开展创造了优良的环境，还与当地中小学生形成了一定的互动，不啻为一段公众考古的有趣实践。此外，宫嵩涛副局长、张德卿科长和耿建北同志等也给予我们很多帮助。南洼考古报告的问世，自然有他们在背后默默的支持与重要贡献。

　　南洼遗址的田野考古与研究工作，持续受到我校"十五"和"十一五""211 工程"重点学科

后　记

建设项目的资助。郑州大学前校长曹策问教授和申长雨院士对包括该项目在内的历史学院田野考古工作非常关心，数次视察该项目的整理与研究工作。校"211"办公室的领导与同事更是给予大力支持，并多次深入田野考古现场，了解田野考古作业的具体情况，帮助解决经费及后勤方面的问题。他们的关心与支持为该项目的顺利实施提供了可靠保障。

在南洼遗址开展田野考古三年多的时间里，有多届本科生和研究生在这里学习和奋战，从这里开始真正走入田野考古实践。很多同学从中发现了田野考古的乐趣，体验到挑战的压力与超越后的喜悦，获得了从事田野考古的自信并确立了职业信念。感谢他们在学习中为考古事业付出的努力与奉献。这份报告不仅是师生共同劳动的结晶，也是学生培养与成长的见证。

南洼遗址田野考古与资料整理的过程，也是历史学院与中国社会科学院考古研究所、山东大学历史文化学院、郑州市文物考古研究院、河南省文物考古研究院以及郑州大学基础医学院等逐步深入交流与合作的过程。我们期望这类合作能够持续进行并不断深化，陆续涌现更多优秀的成果，共同推进中国考古学的发展。

在南洼遗址田野考古及室内整理过程中，除上述专家外，还先后有国内外高校与科研机构的其他学者来访或参观，包括袁广阔、许宏、刘绪、陈星灿、刘莉、栾丰实、孙华、李水城、罗泰和赵春青等诸位先生，这里还恕不能一一列举。通过交流，我们意识到了不足或失误，也丰富了研究视角。感谢所有给予指点的学界前辈与同仁，并希望报告出版之后，能够继续得到批评和指教！

由于我们的缘故，报告定稿经历的期限较长，给科学出版社张亚娜编辑增添了很大工作量，这里特别表示歉意，并衷心感谢她的任劳任怨与辛勤劳动。

最后需要说明的是，由于南洼遗址考古资料已陆续有部分前期研究成果发表，若有与本报告不一致之处，请以本报告为准。

编　者
2014 年 5 月

彩版一

1. 2004年秋季主要发掘成员

2. 2005年秋季主要发掘成员

主要发掘人员

彩版二

1. 遗址南眺（北—南）

2. 遗址北部（南—北）

3. 遗址东部（西—东）

环境风貌

1. 2004年春季Ⅱ区T6302与T6502（东—西）

2. 2004年秋季Ⅰ区T6640～T7041（东—西）

主要发掘区现场（一）

彩版四

1. 2004年秋季Ⅰ区T7037～T7438（西—东）

2. 2006年秋季Ⅰ区T4717（南—北）

主要发掘区现场（二）

1. 2005 I T6936东壁（西—东）

2. 2005 I T4821西壁（东—西）

探方剖面

彩版六

1. T5G1解剖（北—南）

2. T5G1①兽骨（北—南）

3. T3G3解剖（南—北）

4. T3与T6内G1和G3（南—北）

二里头文化沟状遗迹

彩版七

1. T2G3解剖（北—南）

2. T2东壁剖面（西—东）

3. 洭水东岸G1剖面（西北—东南）

4. 洭水东岸G3剖面局部（西北—东南）

T2内G3解剖洭水东岸G1、G3剖面

彩版八

1. 2005F1房址（西—东）

2. 房址内遗迹（西北—东南）

3. 2004ⅡT6301内二里头文化墓葬（2004M2~M7，北—南）

二里头文化房址与墓葬

彩版九

1. 2004M1平面（南—北）

2. 2004M1面部扇贝覆面（南—北）

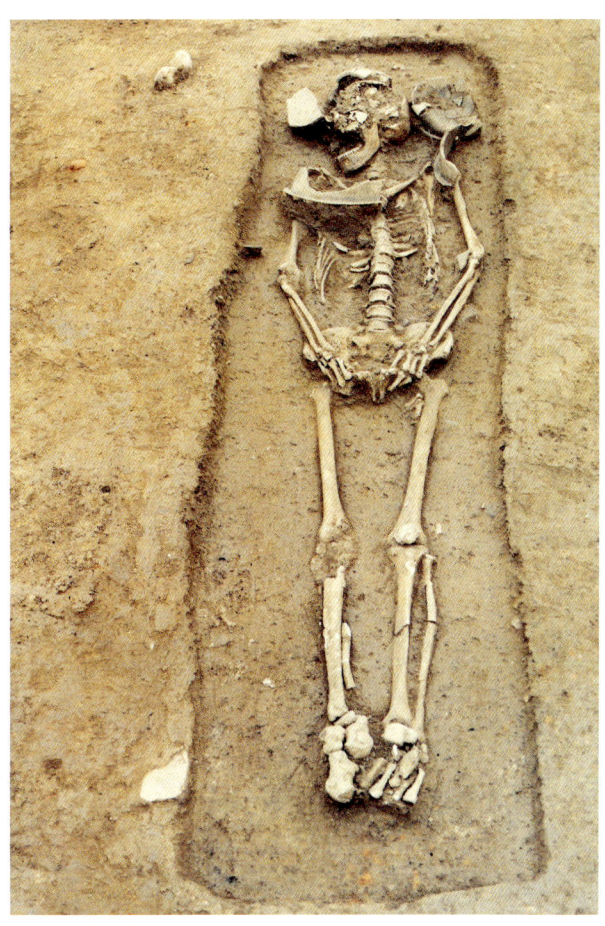

3. 2004M9平面（南—北）

二里头文化墓葬

1. 2004M14平面（西—东）

2. 2005M5平面（北—南）

二里头文化墓葬

1. 2004Y1平面（南—北）

2. 2005Y1平面（东北—西南）

3. 2004Y2平面（南—北）

4. 2004Y2南壁工具痕（北—南）

二里头文化陶窑

1. 2005Y6平面（北—南）

2. 2004J2平面（北—南）

3. 2004H438井口及脚窝（西—东）

4. 2004H19平面（东南—西北）

二里头文化陶窑、水井及灰坑

彩版一三

1. 2005H15平面（北—南）

2. 2005H55平面（北—南）

3. 2005H206及H207（东—西）

二里头文化灰坑

彩版一四

1. 绿松石坠饰（2004H379：1）

2. 绿松石坠饰（2004M9：5）

3. 绿松石坠饰（2004T6941④：2）

4. 泥质粉砂岩坠饰（2004H19：30）

5. 石英网坠（2004H431：4）

6. 伊利石坠饰（2004H19：19）

二里头文化石饰与绿松石饰

1. Ba型锛（2005H81：1）

2. B型石凿（2004H250：1）

3. 蚌贝（2004H84：4）

4. 扇贝覆面（2004M1：1）

5. 白陶仿贝饰（2005H185：32）

6. 陶质仿贝饰（2005T7741③：27）

二里头文化石器、蚌贝及饰品

1. 鬶（2004H19：109）

2. 鬶（2005H133：95侧视）

3. 鬶（2005H133：95俯视）

4. 爵（2005H56：70）

二里头文化白陶鬶和爵

彩版一七

1. 觚 (2004H17:10)

2. 罐 (2004H120:2)

3. 罐 (2005H133:109)

4. 盉盖 (2004H149:1)

5. 铃 (2004H418:10)

6. 铃 (2005T6836⑤:50)

二里头文化白陶盉盖、觚、罐和铃

1. 平底（2004H228∶51）

2. 平底（2004H265∶3）

3. 圜底（2005H255∶20）

4. 实足（2004J2∶161）

5. 实足（2005H96∶153）

6. 下：A型网坠（2004H441∶20）
上：B型网坠（左：2005ⅠT7442③∶40、右2005H111∶10）

二里头文化白陶器底、实足及网坠

彩版一九

1. Bc型鼎（2004H19∶86）

2. A型Ⅰ式深腹罐（2005H217∶2）

3. 高领罐（2004J2④∶10）

4. 原始瓷器（2005H107∶102）

二里头文化陶器与原始瓷器

彩版二〇

1. 陶祖（2005ⅠT6835④∶3）

2. 陶权形器（2004H20∶23）

3. 青铜刀（2004H120∶3）

4. 青铜刀（2005H147∶15）

5. 铜凿（2004J1∶10）

二里头文化陶器和青铜工具

1. 2004H87（南—北）

2. 2005H158（西—东）

殷墟文化灰坑

彩版二二

1. 2004M16（北—南）

2. 2004M32（北—南）

3. 2004M32腰坑（北—南）

殷墟文化墓葬

1. 2004M19（东—西）

2. 2005M10腰坑（东北—西南）

3. 2005M10（西南—东北）

殷墟文化墓葬

彩版二四

1. 石凿（2005H249：83）

2. 石饰品（2005H26：70）

3. 骨簪（2005H146：80）

4. 骨锥（2005H146：81）

5. 卜骨（2004H225：1）

6. 卜骨（2004ⅠT7038③：1）

7. 鹿角（2004H251：1）

殷墟文化石器和骨制品

1. 2004F2（南—北）

2. 2004Y3全景（南—北）

3. 2004Y3窑室及烟道（南—北）

春秋时期房址及陶窑

1. 2005H51出土器物（西—东）

2. 2004M21（南—北）

3. 2004M15（南—北）

春秋时期灰坑及墓葬

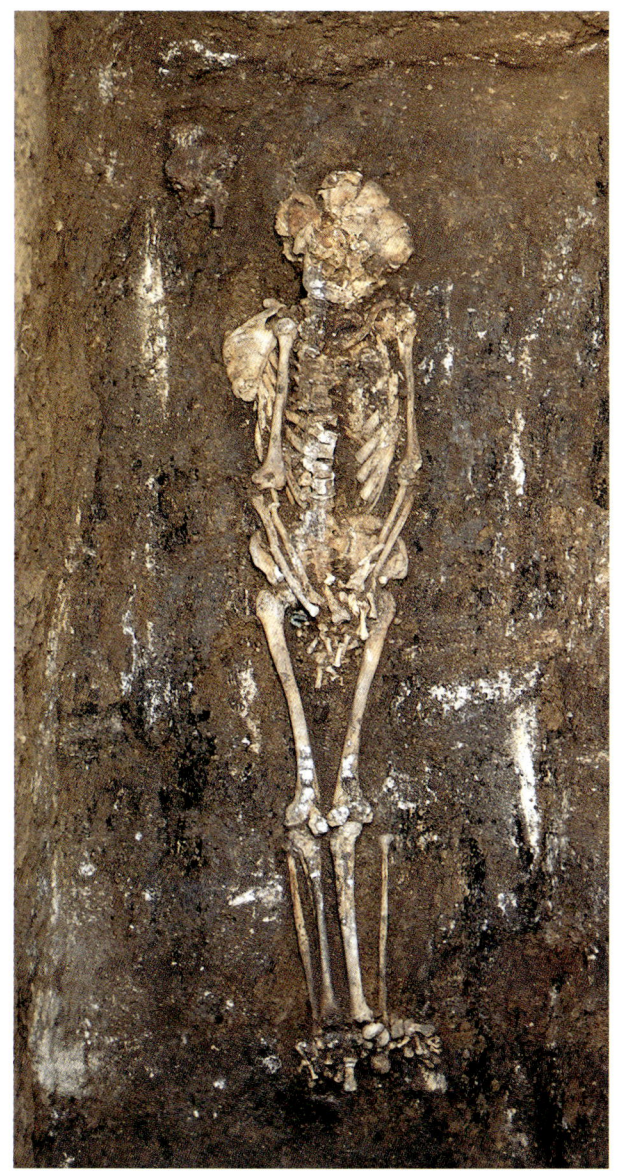

1. 2005M9平面（南—北）

2. 2005M9椁顶板痕（南—北）

春秋时期墓葬

彩版二八

1. 铜带钩（2005M9：1）

2. 原始瓷罐残片（2005H201：15）

3. 蚌镰（2004H103：3）

4. A型骨簪（2004H68：1）

5. 石圭（2004ⅠT7437⑤：2）

春秋时期遗物

1. 瓷碗（2004H275：1）

2. 瓷罐（2004H275：2）

3. 绿釉灯（2004H69：1）

4. 铁镂铧（2005H14：5）

5. 铜镜（2004M31：4）

6. 贝壳（2004M31：14）

唐至元代遗物

1. 2004M18平面（西—东）

2. 2004M18颈下铅钡玻璃项饰（西—东）

3. 铅钡玻璃项链（2004M18∶1）

宋代墓葬

彩版三一

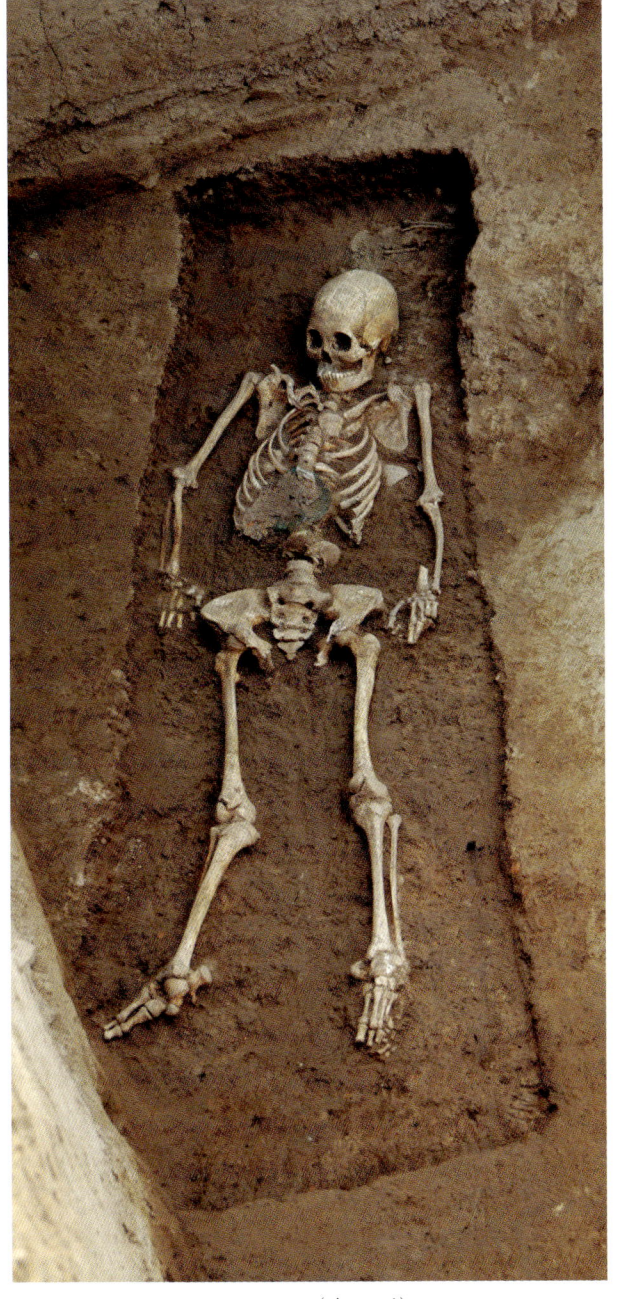

1. 2004M26(东—西)

2. 2004M26头部饰品

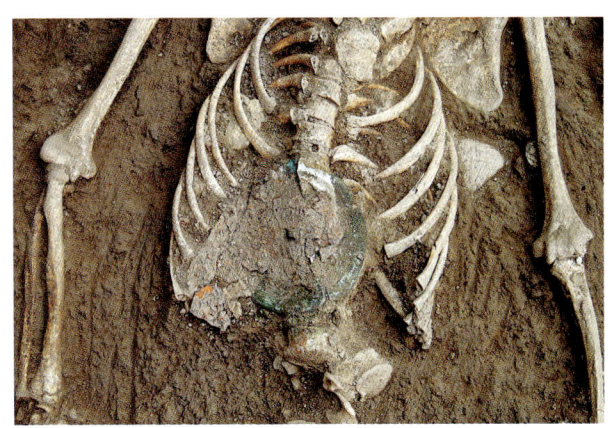

3. 2004M26腹部铜镜

宋代墓葬

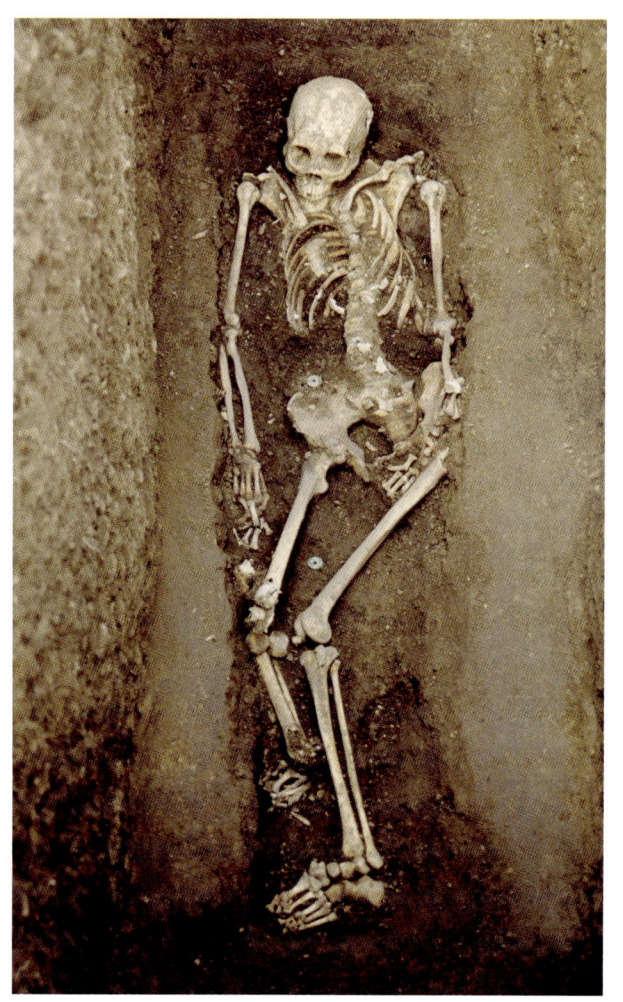

1. 2005M3（南—北）

3. 2005M3内的镇墓石（南—北）

4. 2005M3朱砂符板瓦（南—北）

2. 2005M3壁龛

金代墓葬（2005M3）

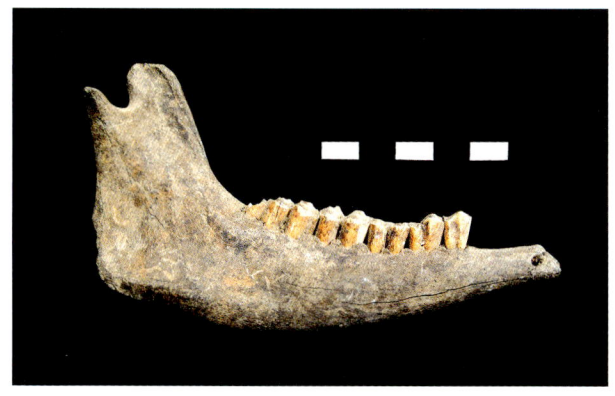
1. 绵羊下颌（右，2005H83）

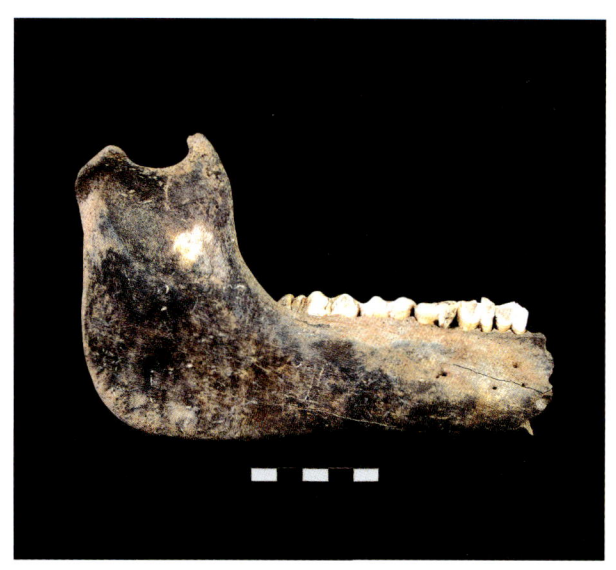
2. 猪下颌（右，2004H242）

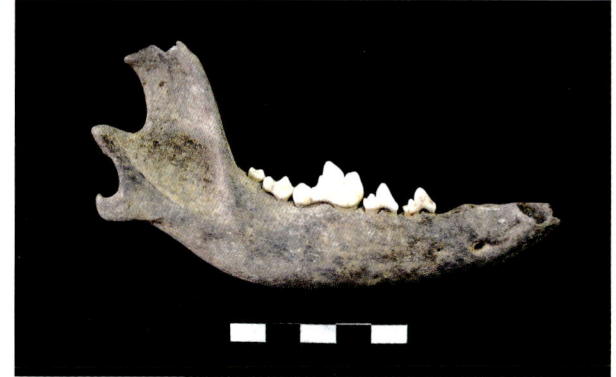
3. 狗下颌（右，2005H136）

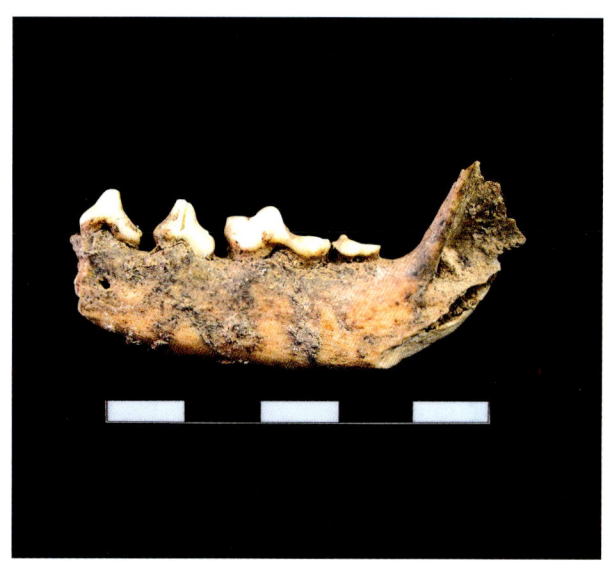
4. 貉下颌（左，2005H107）

5. 麋下颌（右，2004H373）

6. 猫下颌（左，2004J1）

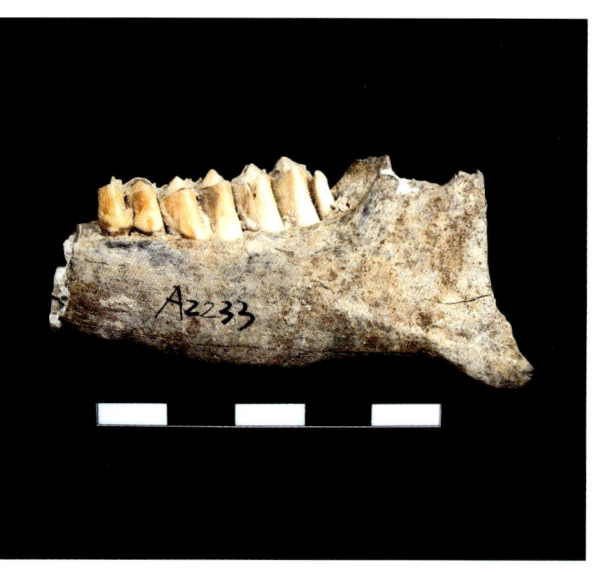
7. 狍下颌（左，2004H32）

遗址出土绵羊、猪、狗、貉、麋、猫和狍遗骸

彩版三四

1. 黄牛胫骨（左右，2004T5G1①）

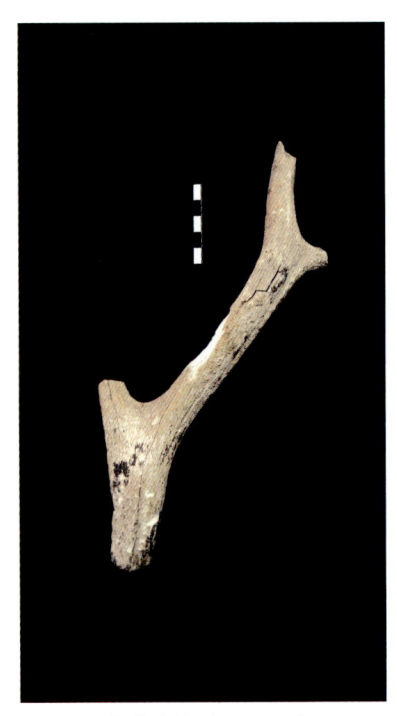
2. 梅花鹿角（2004H19）

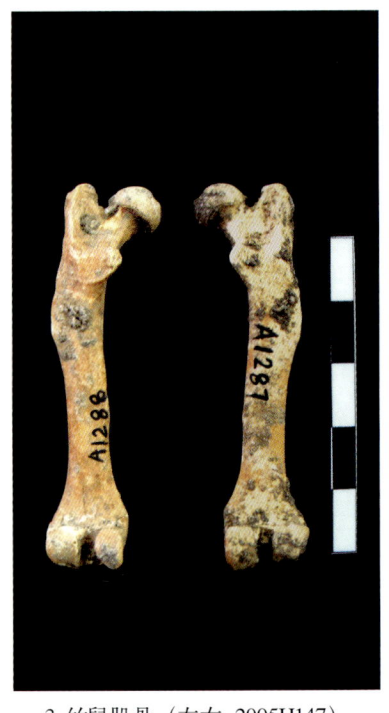
3. 竹鼠股骨（左右，2005H147）

4. 兔胫骨（左，2005H16）

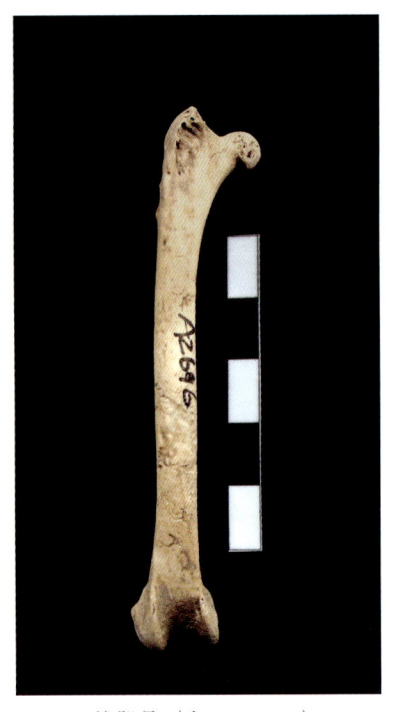
5. 雉股骨（左，2004H10）

6. 鳖甲（2004H36）

遗址出土黄牛、梅花鹿、竹鼠、兔、雉和鳖遗骸

彩版三五

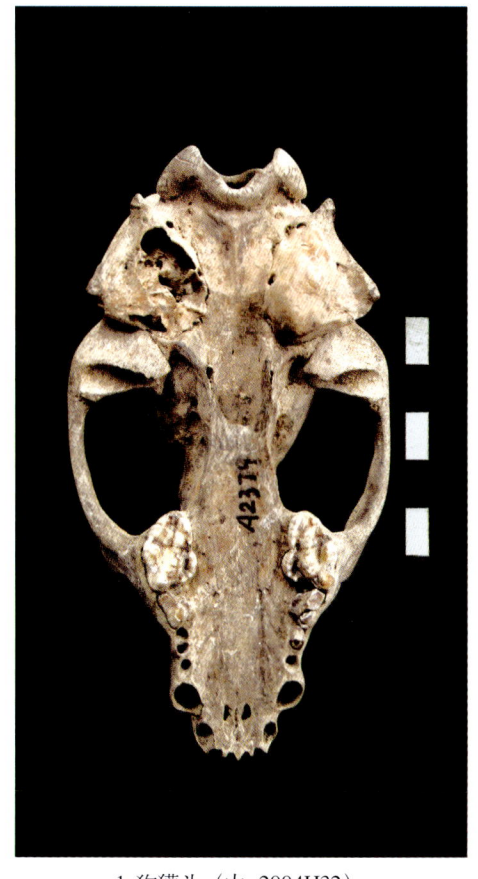
1. 狗獾头（内，2004H32）

2. 狗獾头（外，2004H32）

3. 丽蚌（右，2004H430）

4. 射线裂脊蚌（2005H145）

5. 圆田螺（2005H122）

遗址出土狗獾、丽蚌、射线裂脊蚌和圆田螺遗骸

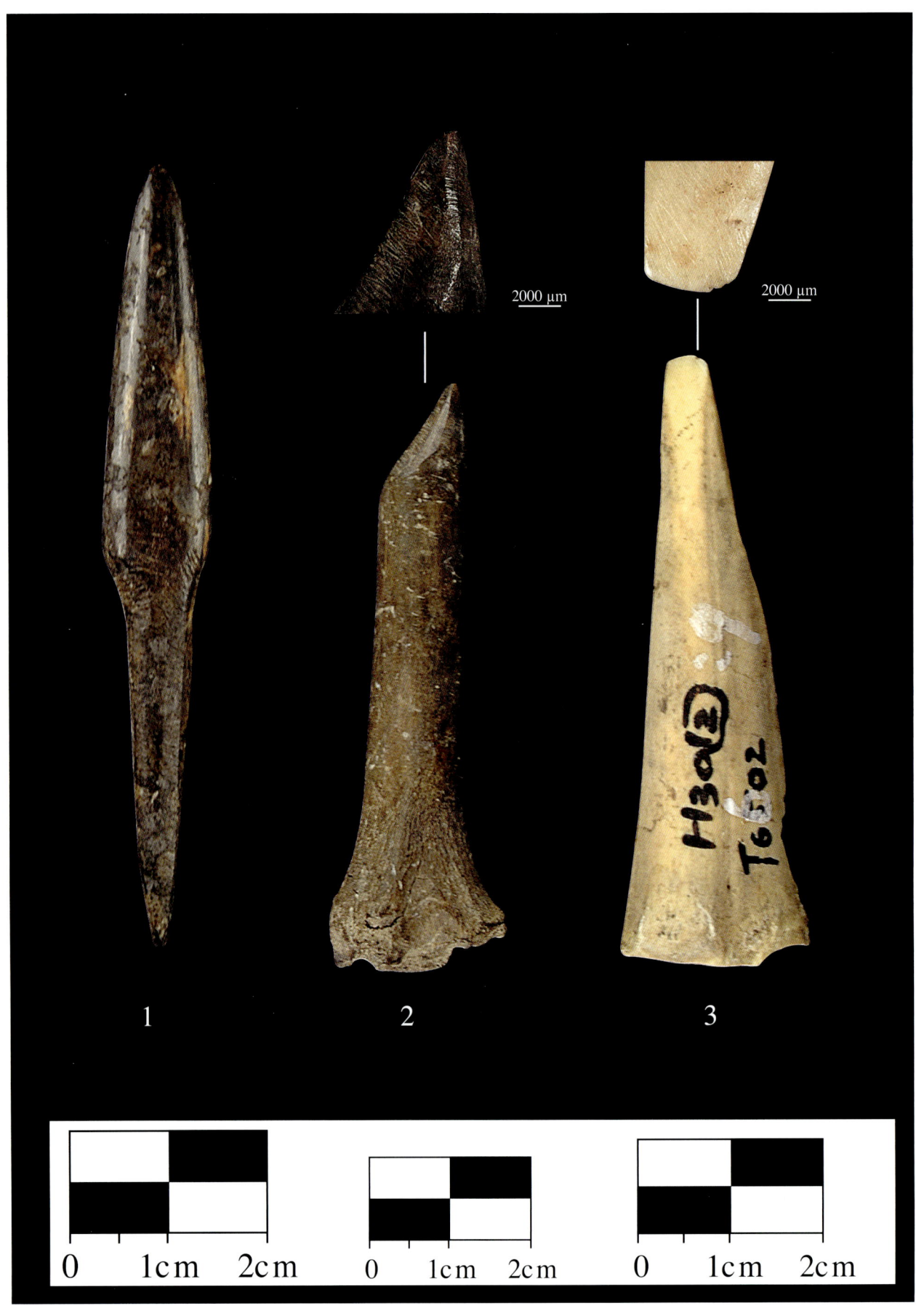

遗址出土二里头时期骨镞、锥和凿

遗址出土二里头时期骨匕和刀

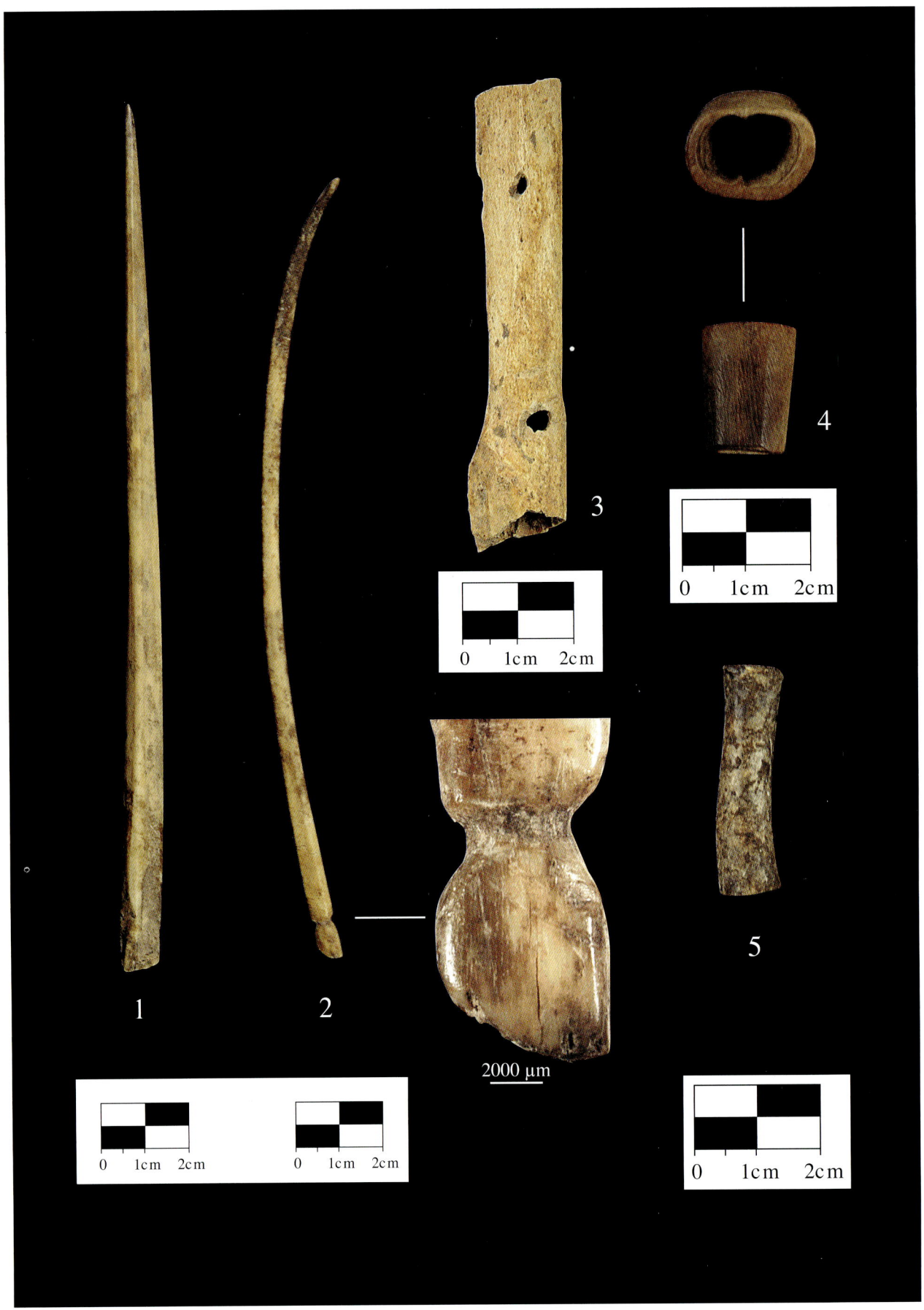

遗址出土二里头时期骨簪和管

遗址出土二里头时期骨柄和针

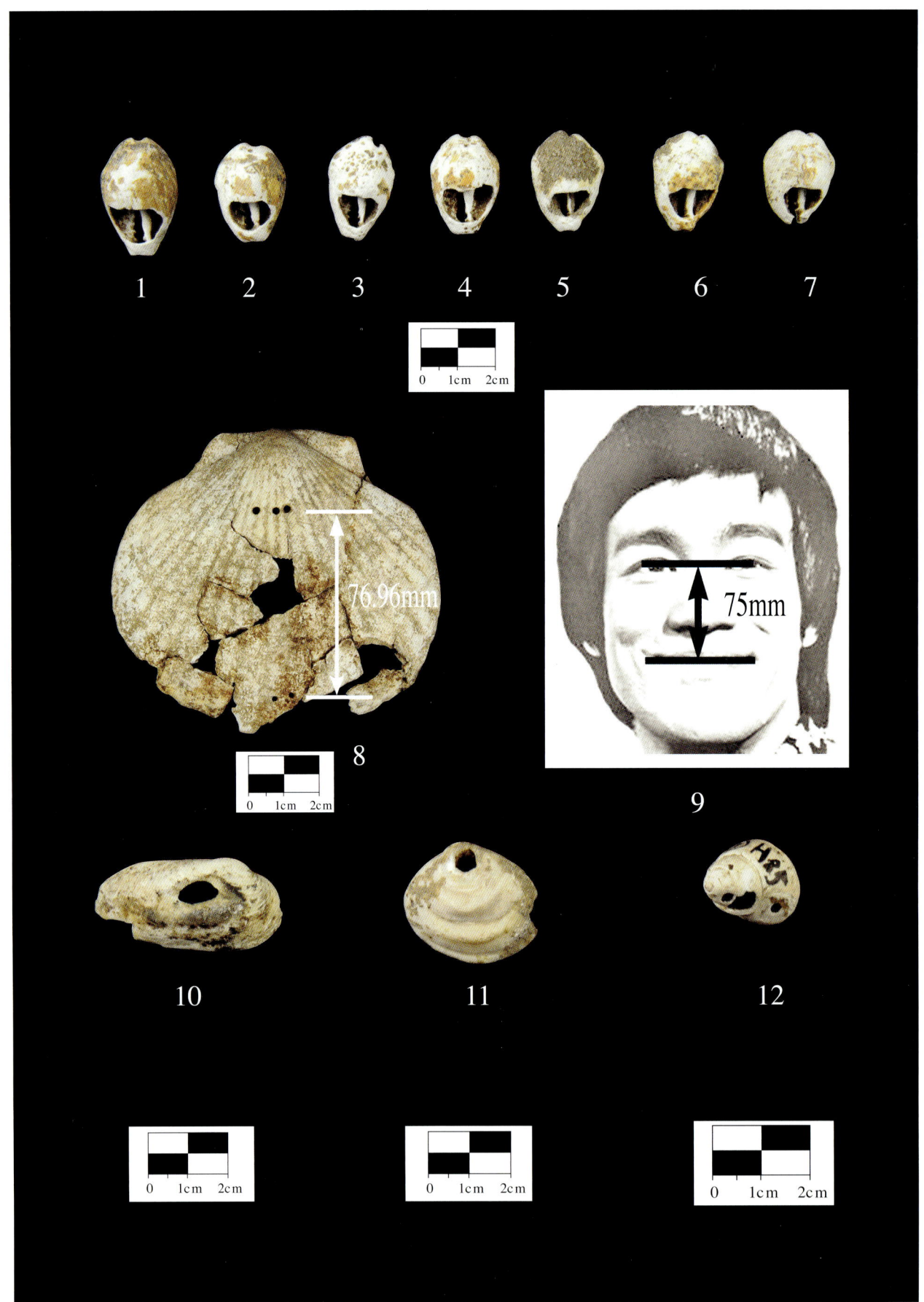

遗址出土二里头时期贝制品

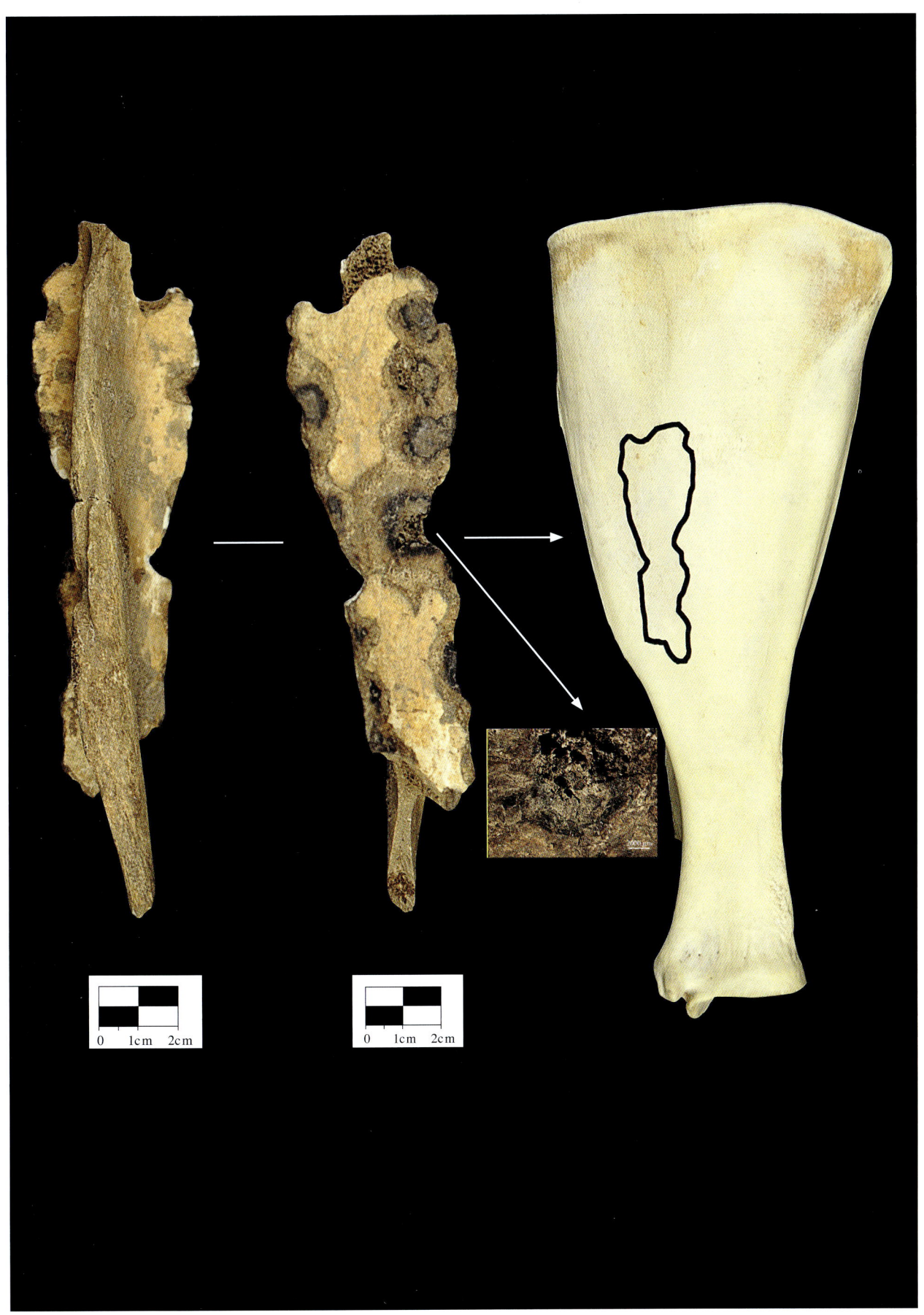

遗址出土卜骨（2004H78∶5）

彩版四二

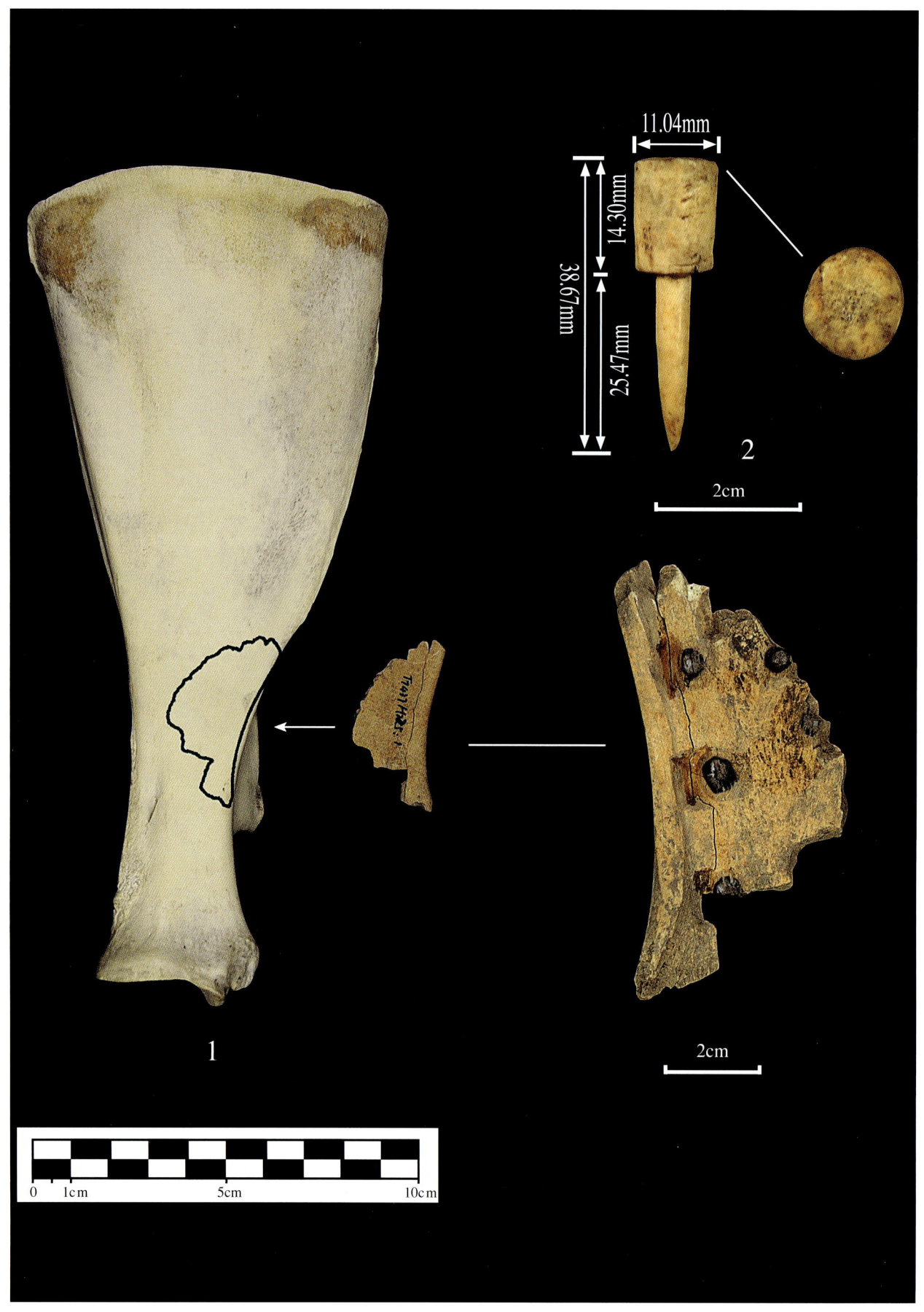

遗址出土卜骨和骨锥

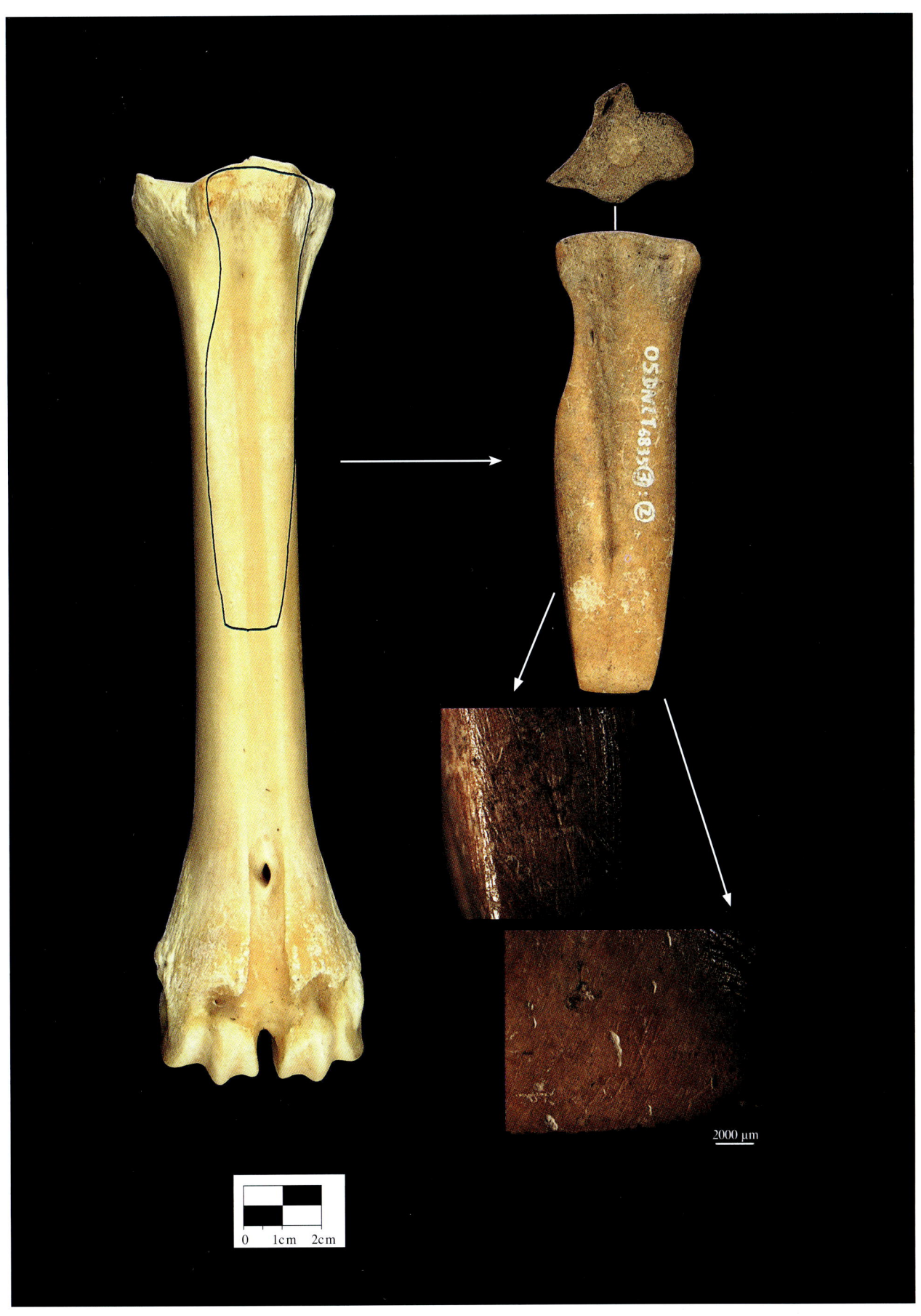

遗址出土骨凿（2005T6835③：3）

1. 石斧（2005H133∶26）

2. 石刀（2004H206∶278）

3. 石锛（2005H69∶87）

二里头文化石器制作工艺

1. 石钺（2005ⅠT7842④∶70）

2. 石凿（2004H120∶1）

3. 石支脚（2005H90∶223）

4. 石支脚（2005H90∶223）

二里头文化石器制作工艺

1. 石刀（2004H363∶1）

2. 石刀（2004H363∶1）局部

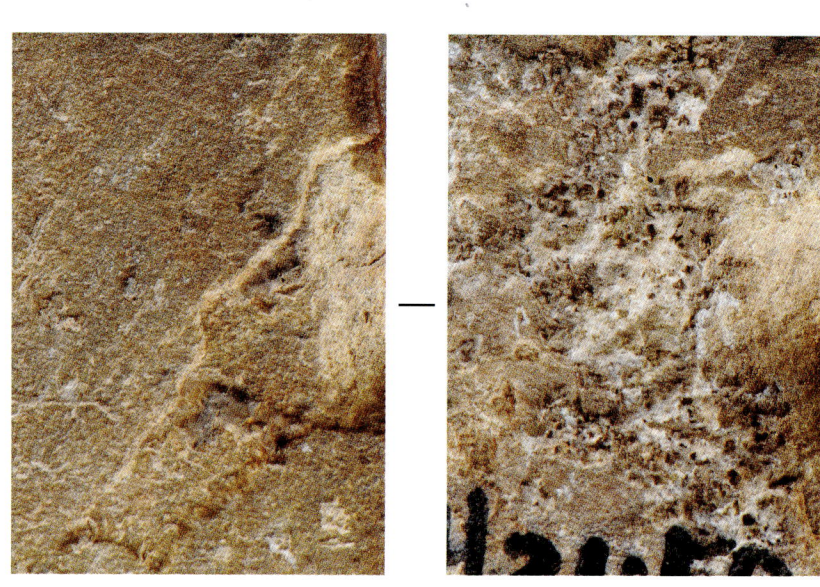

3. 石刀（2006H31∶50）局部

4. 石刀（2006H31∶50）

二里头文化石器制作工艺

彩版四七

1. 石刀（2004H431∶2）

2. 网坠（2004J1∶8）

二里头文化石器制作工艺

彩版四八

1. 石钺（2005H166∶1）

2. 石钺（2005H166∶1）局部

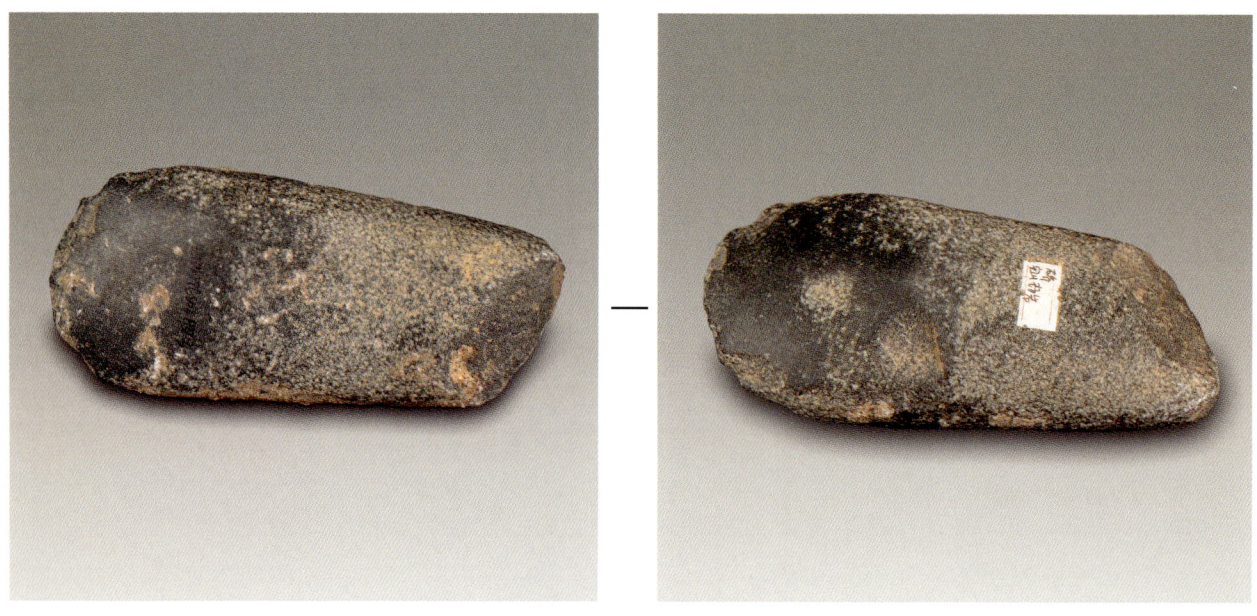

3. 石锛（2004H32∶3）

二里头文化石器制作工艺

1. 残石斧（2004H331∶3）

2. 石锛（2005H122∶151）

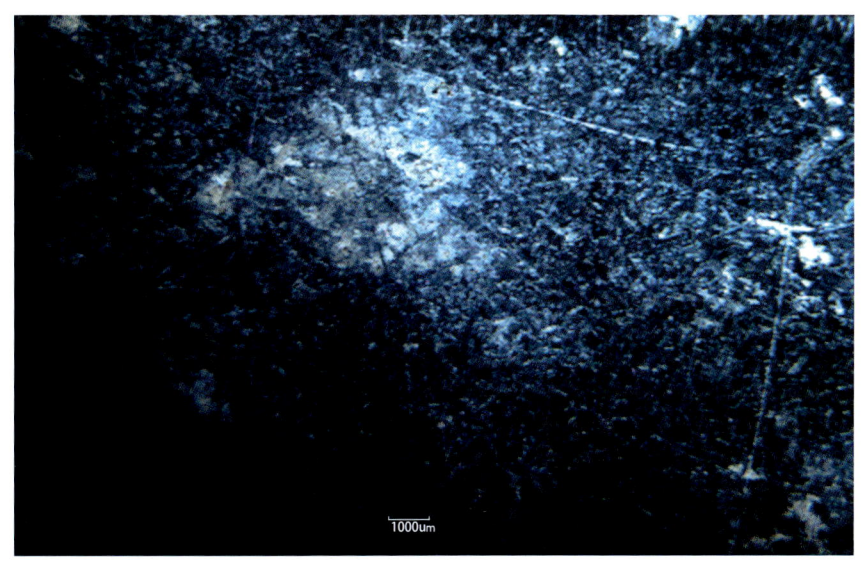

3. 石锛（2005H122∶151）微痕照片

二里头文化石器制作工艺

彩版五〇

1. 石刀（2004H19：68）

2. 石刀（2004H19：68）局部

3.（2004H20①：24）

4.（2004H20①：24）局部

二里头文化石器制作工艺

1. 石刀（2005H251∶27）

2. 石刀（2005H251∶27）局部

3. 石钺（2005H147∶522）

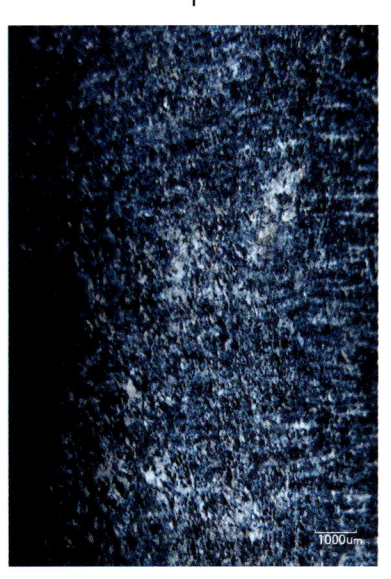

4. 石钺（2005H147∶522）局部

二里头文化石器制作工艺

彩版五二

1. 石锛（2004T6841③∶108）

2. 石锛（2004T6841③∶108）局部

3. 刃缘再修锐石器（2005H88∶68）　　　　　　4. 刃缘再修锐石器（2005H88∶68）局部

二里头文化石器制作工艺

图版一

1. A型石铲（2005H15∶72）

2. B型石铲（2004H19∶7）

3. Aa型石斧（2004H19∶1）

4. Ba型石斧（2004H90∶2）

5. Ba型石斧（2005H96∶96）

6. Bb型石斧（2004J1∶1）

二里头文化石铲和石斧

图版二

1. Ab型石锛（2004H19∶33）

2. Bb型锛（2006H10∶4）

3. Ba型石锛（2004H30∶4）

4. Ba型石锛（2004ⅠT6841③∶108）

5. Bb型石锛（2005H69∶75）

6. 石钺（2005H166∶100）

二里头文化石锛和石钺

图版三

1. Aa型石凿（2004H19：22）

2. Aa型石凿（2004H406：1）

3. Ac型石凿（2004H3：1）

4. B型石凿（2004H250：1）

5. B型石凿（2005H133：27）

6. A型石镞（2004T3G3：65）

二里头文化石凿和石镞

图版四

1. Aa型石刀（2004H19∶68）

2. Aa型石刀（2004H142∶2）

3. B型石刀（2005H117∶10）

4. C型石刀（2005H251∶27）

5. 半月形双孔石刀（2004H66∶1）

6. 石戈（2004H19∶72）

二里头文化石刀和石戈

图版一三

1. Aa型小口尊（2004H19：85）

2. A型I式瓮（2004H19：84）

3. Aa型I式器盖（2004H19：91）

4. Aa型I式器盖（2004H19：92）

5. A型I式捏口罐（2004H19：77）

6. A型I式捏口罐（2004H19：76）

二里头文化二期2004H19出土陶器

图版一四

1. A型Ⅰ式捏口罐（2004H19∶82）

2. 盂（2004H19∶44）

3. 盂（2004H19∶45）

4. 盂（2004H19∶98）

5. Aa型Ⅰ式缸（2004H11∶1）

6. A型Ⅱ式深腹盆（2004H17∶11）

二里头文化二期2004H19、2004H11和2004H17出土陶器

图版一五

1. Ca型Ⅱ式圆腹罐（2005H96：8）

2. Ca型Ⅱ式圆腹罐（2005H96：7）

3. Cb型Ⅰ式圆腹罐（2005H96：3）

4. A型Ⅰ式刻槽盆（2005H96：5）

5. Cc型Ⅱ式圆腹罐（2005H167：10）

6. A型Ⅱ式瓮（2005H167：1）

二里头文化二期2005H96和2005H167出土陶器

图版一六

1. A型Ⅰ式平底盆（2005H96∶6）

2. 盂（2005H96∶4）

3. 盅（2005H96∶23）

4. 盅（2005H96∶9）

5. 盅（2005H96∶11）

6. 罐（2006H16∶1）

二里头文化二期2005H96和2006H16出土陶器

图版一七

1. A型Ⅰ式平底盆（2005H107：1）

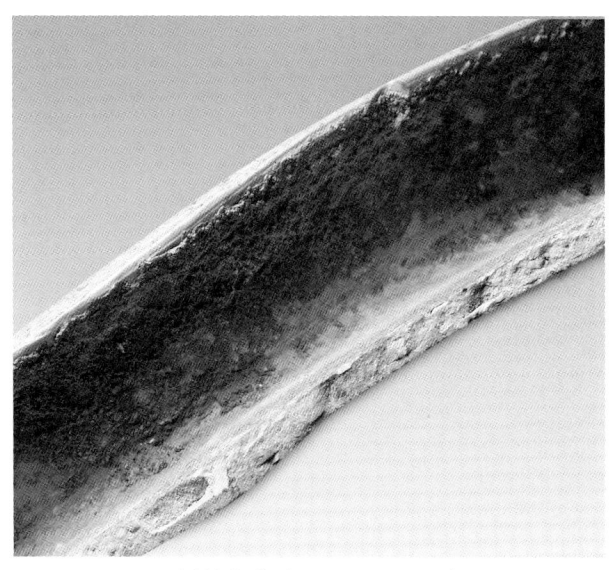

2. 原始瓷罐（2005H107：102）

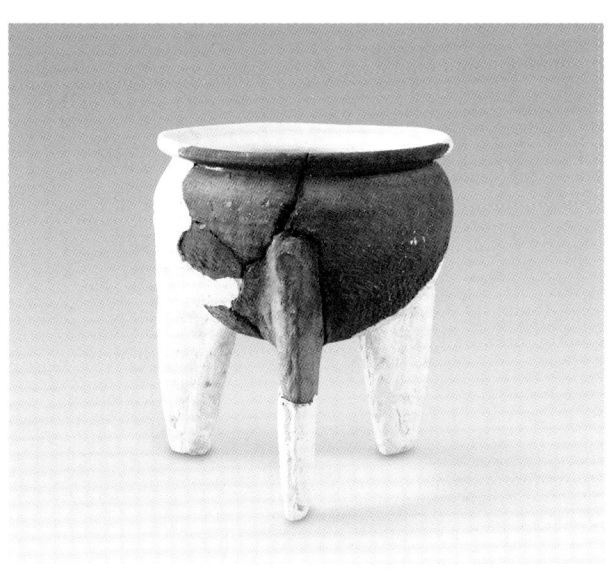

3. A型Ⅰ式鼎（2005H130：2）

4. A型Ⅱ式瓿（2005H130：1）

5. B型圈足盘（2005H137：3）

6. Bb型鼎（2005H261：1）

二里头文化二期2005H107、2005H130、2005H137和2005H261出土陶器

图版一八

1. A型Ⅰ式敛口罐（2005T7642⑤：2）

2. C型甑（2005T7642⑤：1）

3. A型Ⅱ式敛口罐（2005H9：1）

4. Cc型Ⅱ式圆腹罐（2005H55：3）

5. Ab型Ⅱ式深腹罐（2006H14：3）

6. Ⅰ式三足盘（2006H14：2）

二里头文化二期2005H9、2005H55、2005T7642⑤和2006H14出土陶器

图版一九

1. Ab型Ⅰ式深腹罐（2004J2③：23）

2. Ac型Ⅰ式深腹罐（2004J2⑤：37）

3. C型Ⅱ式深腹罐（2004J2④：22）

4. Ca型Ⅱ式圆腹罐（2004J2④：30）

5. Cb型Ⅱ式圆腹罐（2004J2⑤：31）

6. A型Ⅱ式刻槽盆（2004J2④：32）

二里头文化三期2004J2出土陶器

图版二〇

1. A型Ⅱ式深腹盆（2004J2③：19）

2. Ab型Ⅱ式缸（2004J2③：17）

3. Aa型小口尊（2004J2⑥：40）

4. A型Ⅱ式捏口罐（2004J2⑤：45）

5. Ca型Ⅱ式圆腹罐（2004H72②：1）

6. 刻槽棒（2004T6740③：1）

二里头文化三期2004J2、2004H72和2004T6740③出土陶器

图版二一

1. Ⅱ式三足盘（2004H142：3）

2. Ⅲ式三足盘（2004H32：33）

3. 蛇首（2004H173：2）

4. 兽首（2004H412：1）

5. 袋足模（2004T6841③：1）

6. A型Ⅲ式甑（2004H32：101）

二里头文化三期2004H32、2004H142、2004H173、2004H412
和2004T6841③出土陶器

图版二二

1. A型Ⅲ式豆（2004H20③：132）

2. Ab型Ⅱ式缸（2004H20：130）

3. B型圈足盘（2004H20：133）

4. A型Ⅲ式豆（2004H32：28）

5. A型Ⅰ式刻槽盆（2004H32：29）

6. A型Ⅱ式甑（2004H36：1）

二里头文化三期2004H20、2004H32和2004H36出土陶器

图版二三

1. A型Ⅱ式豆（2004M1:4）

2. A型Ⅲ式敛口罐（2004M1:5）

3. Ba型Ⅱ式瓮（2004M1:6）

4. 爵（2004M1:7）

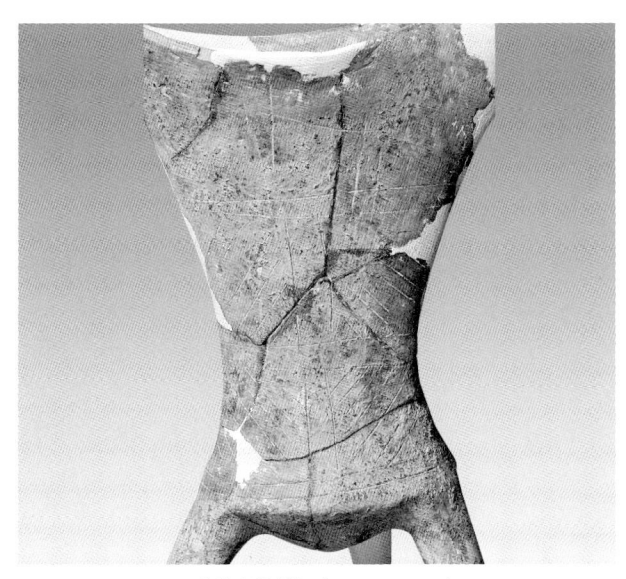

5. 爵腹刻划纹（2004M1:7）

6. A型Ⅱ式敛口罐（2005H16:1）

二里头文化三期2004M1和2005H16出土陶器

图版二四

1. Cc型Ⅰ式圆腹罐（2005H166∶5）

2. A型Ⅰ式捏口罐（2005H47∶1）

3. A型Ⅱ式深腹盆（2005H69∶1）

4. Ca型Ⅱ式圆腹罐（2005H69∶2）

5. A型Ⅱ式甗（2005H133∶2）

6. Ba型鼎（2005H166∶1）

二里头文化三期2005H47、2005H69、2005H133和2005H166出土陶器

图版二五

1. A型Ⅱ式深腹盆（2005H56∶1）

2. Ab型Ⅱ式深腹罐（2005H56∶2）

3. 小罐（2005H56∶15）

4. 钵（2005H56∶11）

5. A型Ⅱ式甑（2005H79∶1）

6. A型Ⅱ式甑（2005H79∶2）

二里头文化三期2005H56和2005H79出土陶器

图版二六

1. C型器盖（2005H116∶1）

2. A型Ⅲ式甑（2005H126∶1）

3. A型Ⅲ式甑（2005H126∶3）

4. A型Ⅲ式甑底（2005H126∶3）

5. A型Ⅱ式豆（2005H126∶8）

6. Cd型Ⅰ式圆腹罐（2005H126∶2）

二里头文化三期2005H116和2005H126出土陶器

1. Aa型小口尊（2006H36∶4）

2. A型Ⅳ式豆（2004M9∶2）

3. Cd型Ⅱ式圆腹罐（2004M9∶3）

4. Cb型Ⅳ式圆腹罐（2004M11∶1）

5. B型Ⅱ式深腹盆（2004H41∶1）

6. 纺轮（2004H71∶7）

二里头文化三期2006H36及四期2004H41、2004H71、2004M9及2004M11出土陶器

图版二八

1. Ac型Ⅰ式深腹罐（2004H360：01）

2. 坠饰（2004H360：1）

3. 陶垫（2004T7138⑤：34）

4. A型Ⅲ式甑（2005H19：2）

5. A型Ⅲ式鼎（2005H65：2）

6. Ⅱ式大口尊（2005H115：1）

二里头文化四期2004H360、2004T7138⑤、2005H19、2005H65和2005H115出土陶器

图版二九

1. Ab型Ⅲ式深腹罐（2005H15∶5）

2. Ab型Ⅲ式深腹罐（2005H15∶7）

3. Ca型Ⅱ式圆腹罐（2005H15∶3）

4. Cb型Ⅲ式圆腹罐（2005H15∶8）

5. Cb型Ⅲ式圆腹罐（2005H15∶10）

6. Cc型Ⅱ式圆腹罐（2005H15∶9）

二里头文化四期2005H15出土陶器

图版三〇

1. A型Ⅲ式甑（2005H15∶2）

2. A型Ⅲ式刻槽盆（2005H15∶11）

3. A型Ⅳ式豆（2005H15∶4）

4. Bb型Ⅱ式瓮（2005H15∶16）

5. B型Ⅰ式缸（2005H15∶1）

6. Ⅰ式大口尊（2005H15∶6）

二里头文化四期2005H15出土陶器

图版三一

1. Ab型Ⅱ式器盖（2005H15∶12）

2. Ca型Ⅲ式圆腹罐（2005H90∶9）

3. Cb型Ⅲ式圆腹罐（2005H90∶11）

4. Bb型鼎（2005H90∶2）

5. Bc型鼎（2005H90∶27）

6. A型Ⅳ式刻槽盆（2005H90∶10）

二里头文化四期2005H15和2005H90出土陶器

图版三二

1. B型Ⅱ式深腹盆（2005H90∶4）

2. Ba型Ⅲ式瓮（2005H90∶5）

3. Bb型Ⅱ式瓮（2005H90∶8）

4. Bb型Ⅱ式瓮（2005H90∶6）

5. B型Ⅰ式缸（2005H90∶1）

6. Ⅰ式大口尊（2005H90∶3）

二里头文化四期2005H90出土陶器

图版三三

1. Cb型Ⅱ式圆腹罐（2005T7036④∶1）

2. A型Ⅱ式圆腹罐（2006H32∶4）

3. C型Ⅱ式深腹罐（2006H37∶2）

4. Cb型Ⅲ式圆腹罐（2006H37∶1）

5. Cb型Ⅳ式圆腹罐（2005H206∶1）

6. Cc型Ⅳ式圆腹罐（2005H206∶2）

二里头文化四期2005T7036④、2006H32、2006H37和五期2005H206出土陶器

图版三四

1. Cc型Ⅳ式圆腹罐（2005H206：3）

2. Cc型Ⅳ式圆腹罐（2005H206：4）

3. A型Ⅲ式甑（2005H206：54）

4. A型Ⅱ式捏口罐（2005H207：1）

5. B型Ⅱ式甑（2005H207：10）

6. B型Ⅱ式缸（2005H207：59）

二里头文化2005H206和2005H207出土陶器

图版三五

1. Cc型Ⅲ式圆腹罐（2005H147∶36）

2. Cc型Ⅳ式圆腹罐（2005H147∶1）

3. Cc型Ⅳ式圆腹罐（2005H147∶2）

4. A型Ⅳ式豆（2005H147∶8）

5. Cc型Ⅳ式圆腹罐（2005H253∶4）

6. A型Ⅲ式鼎（2005H253∶2）

二里头文化2005H147和2005H253出土陶器

图版三六

1. A型Ⅲ式甗（2005H147∶3）

2. A型Ⅳ式甗（2005H147∶4）

3. A型Ⅳ式甗（2005H147∶5）

4. 杯（2005H147∶31）

5. 杯（2005H147∶41）

6. 杯（2005H147∶56）

二里头文化2005H147出土陶器

图版三七

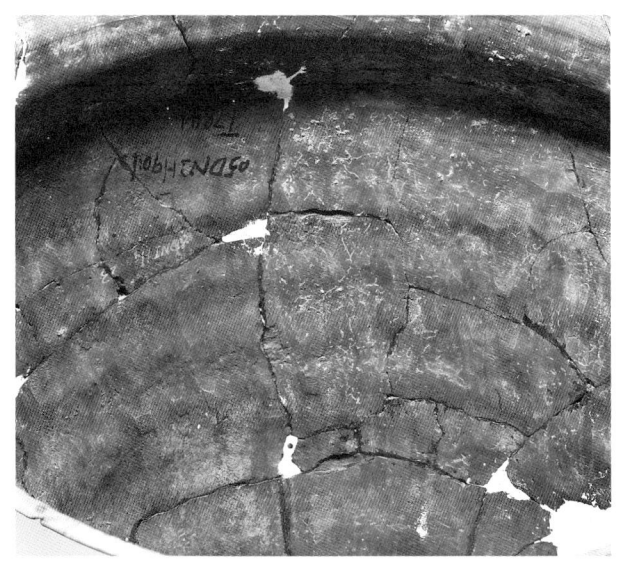

1. 缸内壁泥条圈筑及垫窝痕（2005H90：1）

2. 盂内壁泥条缝（2004H19：44）

3. 圆腹罐内壁泥条缝及湿手抹平痕（2005H126：2）

4. 碗底快轮制陶痕（2004H200：8）

5. 豆柄内壁快轮制陶痕（2005H15：28）

6. 白陶袋足内壁模制痕（2004H242：2）

二里头文化陶器成形工艺

图版三八

1. 甑底箅孔（2004H19：75）

2. 白陶鬶袋足与腰部接缝（2004H19：154）

3. 白陶鬶裆部结合（2004H19：153）

4. 鸡冠耳脱落痕（2004H19：93）

5. 深腹盆鸡冠耳结合痕（2005H55：7）

二里头文化陶器成形工艺

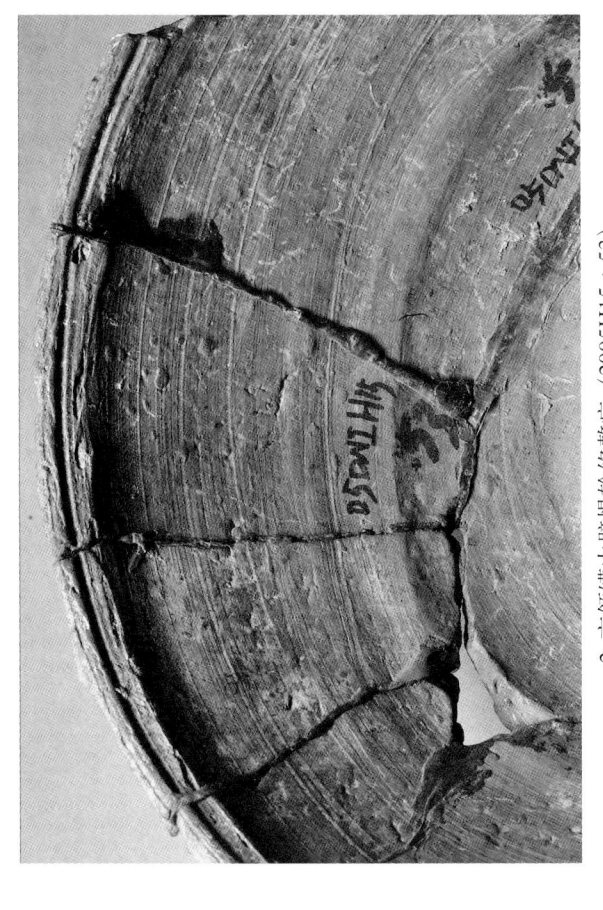

1. 豆柄内壁慢轮修整痕（2005H147∶8）　2. 高领罐内壁慢轮修整痕（2005H15∶53）　3. 内壁垫窝痕（2005H55∶2）　4. 器盖内壁湿手抹平痕（2005H116∶1）

二里头文化陶器修整工艺

图版四〇

1. 甲Aa鬲（2004H87∶68）

2. 甲AbⅠ鬲（2005H26∶1）

3. 甲AbⅡ鬲（2004H428∶39）

4. 甲Ba鬲（2004F1∶4）

5. 乙Aa鬲（2004M19∶1）

6. 乙Ab鬲（2004M16∶1）

殷墟文化陶鬲

图版四一

1. 异类鬲（2004M17∶1）

2. C簋（2006Y7∶1）

3. Aa型盆（2006TG9⑤∶2）

4. B型盆（2005H91∶1）

5. Aa型瓮（2004H87∶3）

6. B型甗（2006G9⑤∶3）

殷墟文化陶器

图版四二

1. 石锛（2005T6835③：1）

2. 石圭（2005T6936③：1）

3. 石圭（2004T7437⑤：4）

4. 石璧（2004T7337⑥：2）

5. 陶垫（2004H103：1）

6. 陶垫（2004H103：2）

春秋时期出土遗物

图版四三

1. Aa型Ⅱ式鬲 (2005H51:8)

2. A型Ⅱ式豆 (2004H212:8)

3. 盖豆 (2005H51:3)

4. Aa型盆 (2004M23:1)

5. Cb型盆 (2005H51:2)

6. Ab型盂 (2004H54:6)

春秋时期出土陶器

图版四四

1. Ac型盂（2004H230∶1）

2. Ba型盂（2005H51∶5）

3. Aa型罐（2004M21∶1）

4. Ba型罐（2004M33∶1）

5. A型Ⅱ式甑（2005H51∶1）

6. 瓮（2005H51∶4）

春秋时期出土陶器

1. Ab型Ⅲ式豆（2004IT7037③：11）

2. 甑（2005H51：7）

3. 耳饰（2004M26：2）

4. 陶罐（2004M31：1）

5. 陶瓶（2004M31：2）

6. 陶壶（2004M31：3）

春秋时期、唐宋时期出土遗物

图版四六

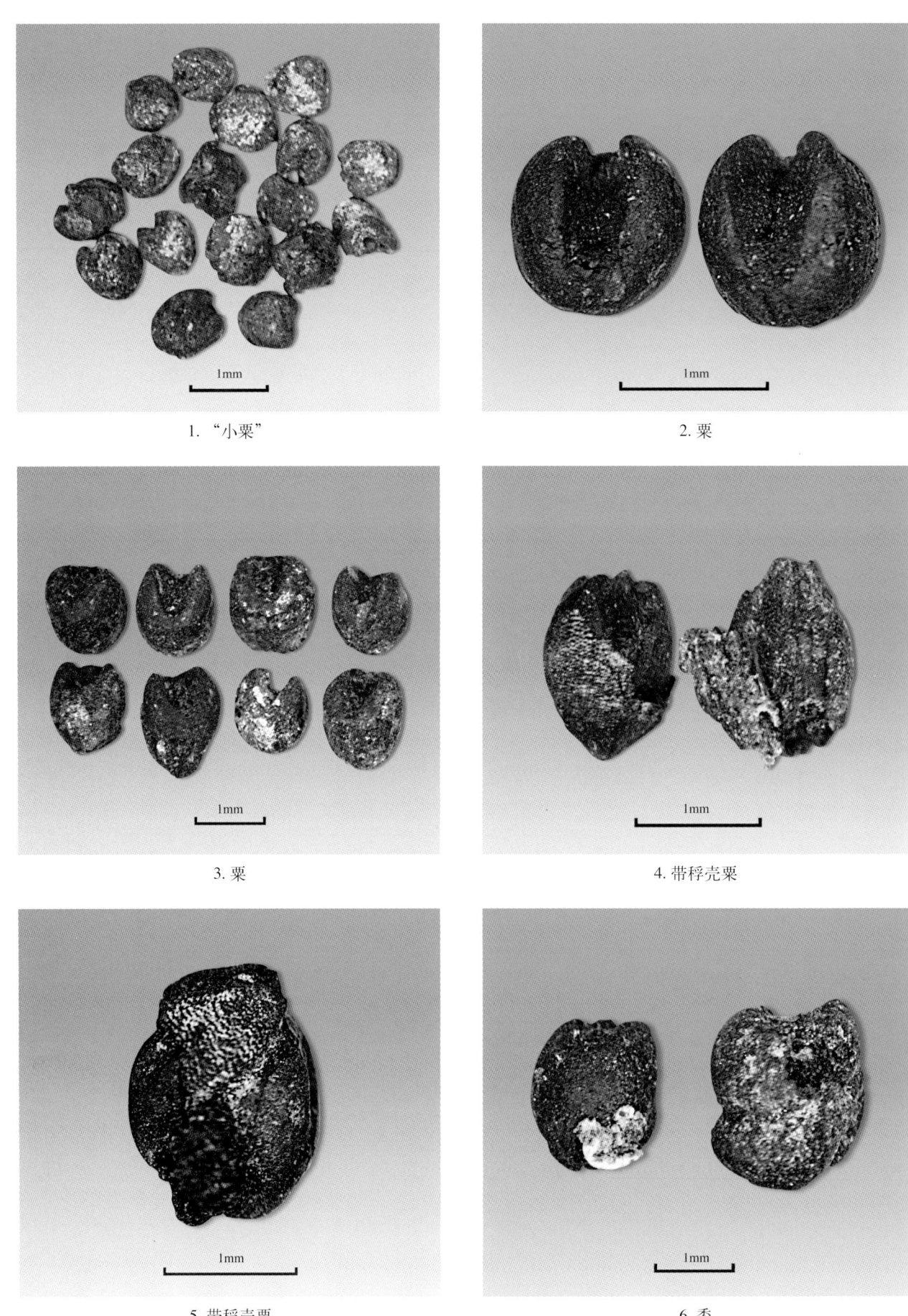

1. "小粟" 2. 粟
3. 粟 4. 带稃壳粟
5. 带稃壳粟 6. 黍

遗址出土粟和黍等

1. 瘦长形黍 2. 未成熟黍
3. 圆形黍 4. 小麦
5. 小麦 6. 大豆

遗址出土黍、小麦和大豆

图版四八

1. 大豆　2. 大豆　3. 大豆　4. 藜科（属）　5. 水稻　6. 凹肚稻

遗址出土大豆、藜科（属）植物和水稻

图版四九

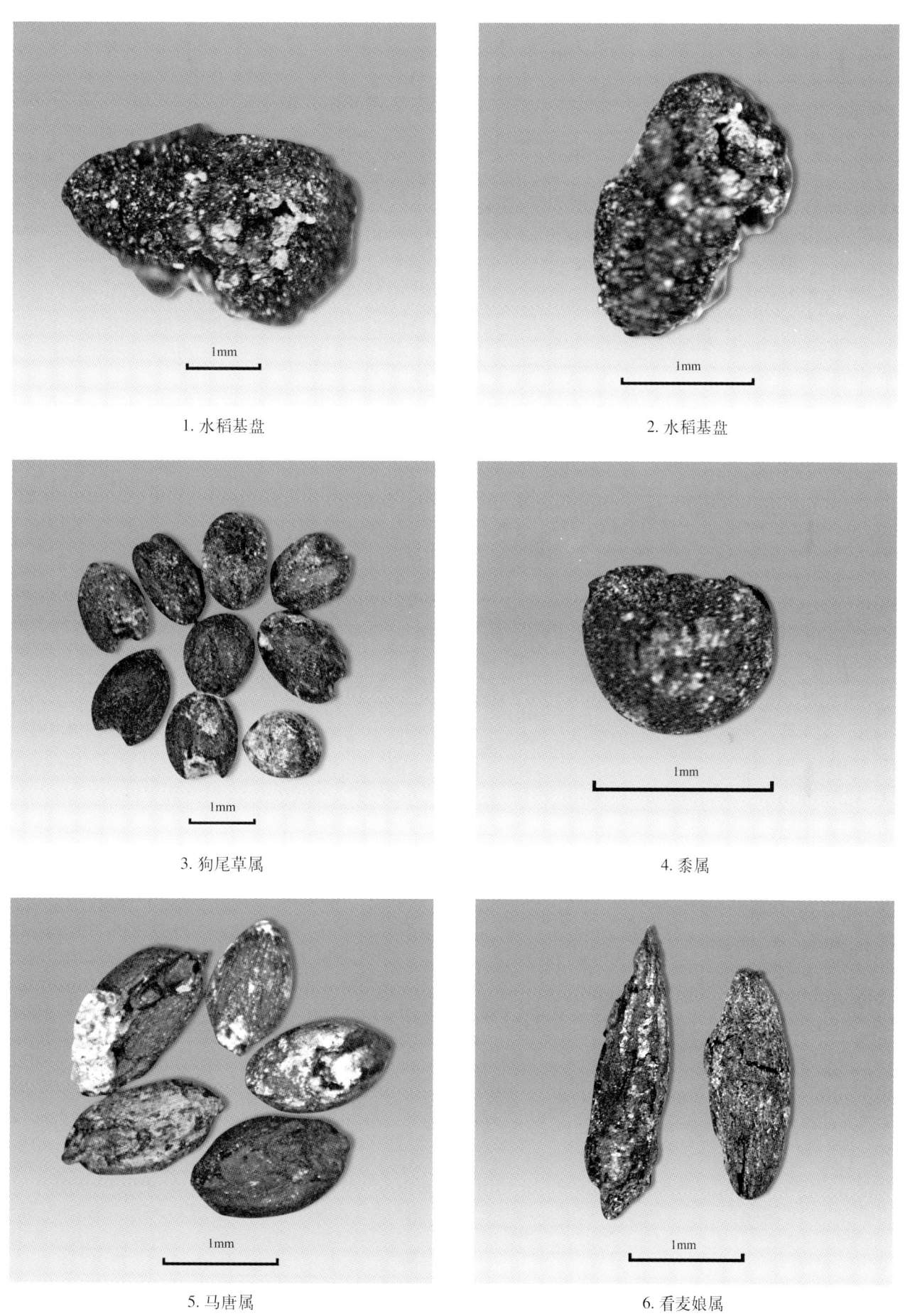

1. 水稻基盘
2. 水稻基盘
3. 狗尾草属
4. 黍属
5. 马唐属
6. 看麦娘属

遗址出土水稻基盘、狗尾草属、黍属、马唐属和看麦娘属植物

图版五〇

1. 牛筋草
2. 未知禾本科
3. 野大豆
4. 豆科决明
5. 绿豆
6. 藜科

遗址出土牛筋草、野大豆、豆科决明、绿豆和藜科植物

图版五一

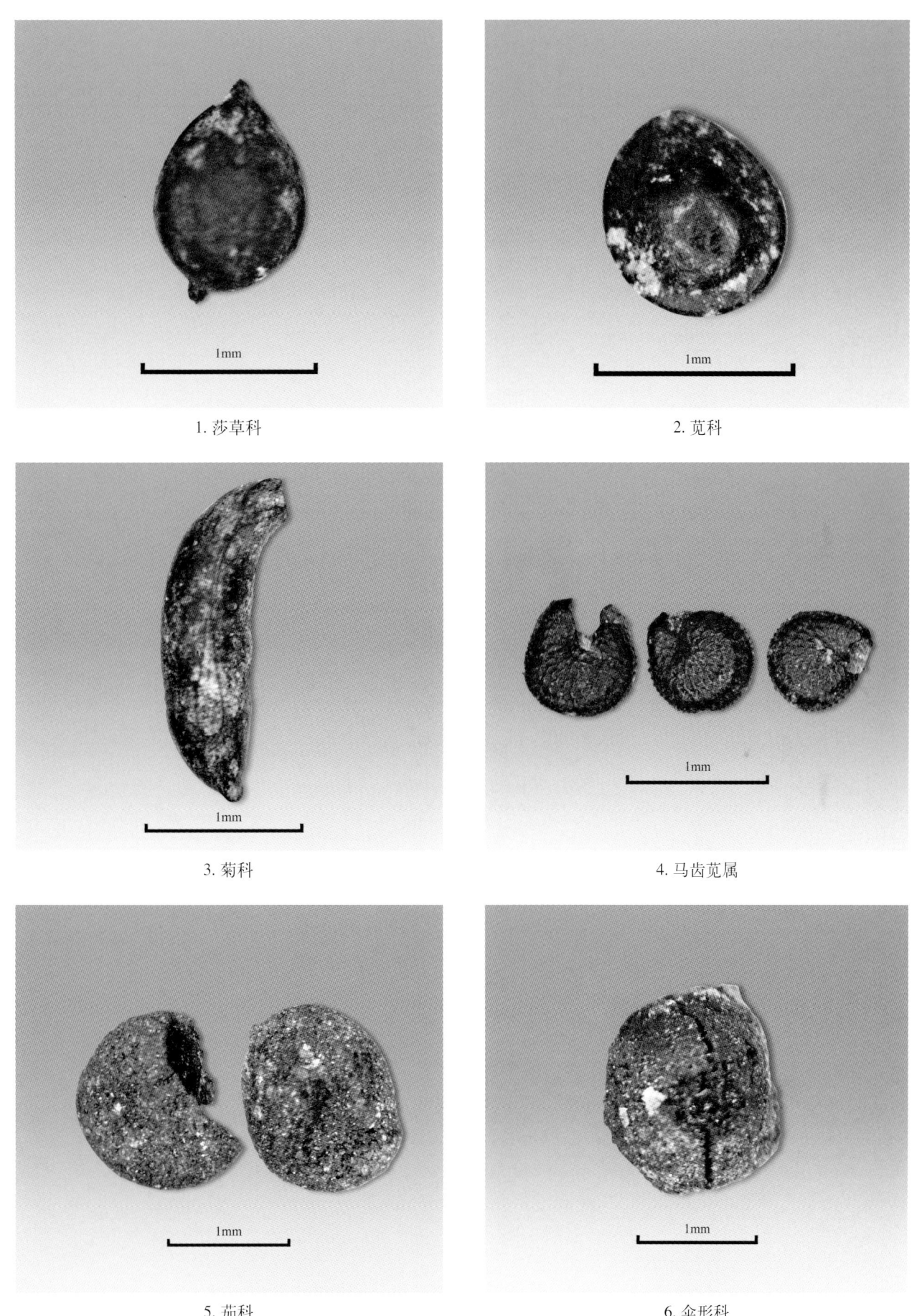

1. 莎草科
2. 苋科
3. 菊科
4. 马齿苋属
5. 茄科
6. 伞形科

遗址出土莎草科、苋科、菊科、马齿苋属、茄科和伞形科植物

图版五二

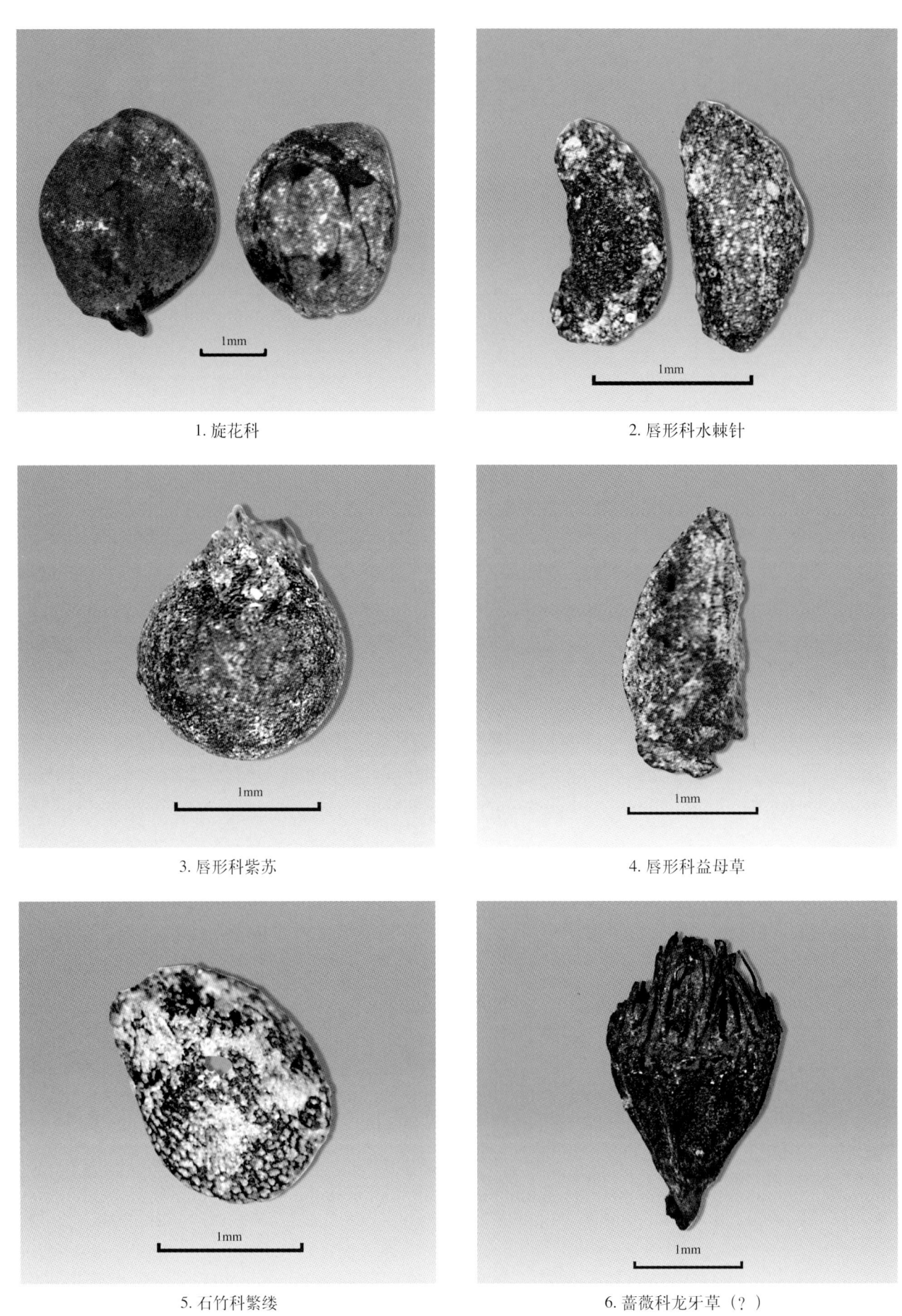

1. 旋花科
2. 唇形科水棘针
3. 唇形科紫苏
4. 唇形科益母草
5. 石竹科繁缕
6. 蔷薇科龙牙草（？）

遗址出土旋花科、唇形科水棘针、唇形科紫苏、唇形科益母草、石竹科繁缕和蔷薇科龙牙草（？）

图版五三

1. 豆科胡枝子属
2. 豆科苜蓿属
3. 蓼科
4. 蓼科酸模属
5. 稗属
6. 蔷薇科悬钩子属

遗址出土豆科胡枝子属、豆科苜蓿属、蓼科、稗属和蔷薇科悬钩子属植物

图版五四

1. 块茎
2. 桃核碎片
3. 植物枝芽
4. 胚组织（？）
5. 植物茎秆
6. 植物穗轴
7. 植物纤维部
8. 枣核碎片

遗址出土块茎、桃核碎片、枣核碎片、胚组织（？）和植物枝芽、茎秆、穗轴、纤维部

图版五五

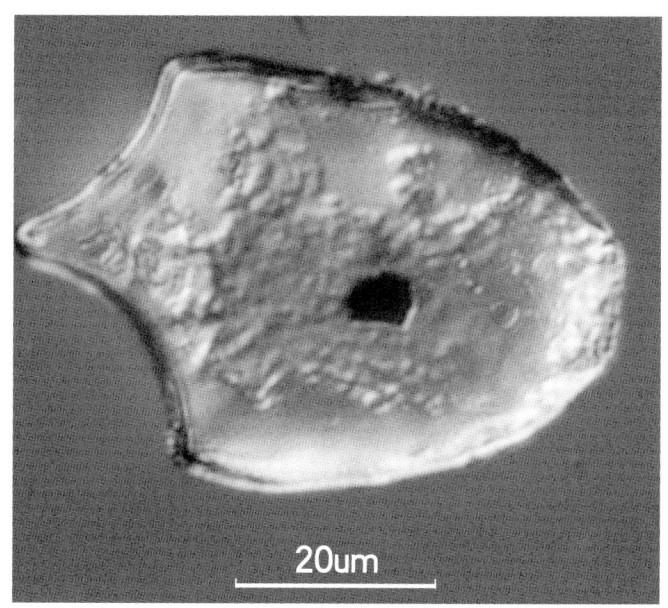

1. 芦苇扇型

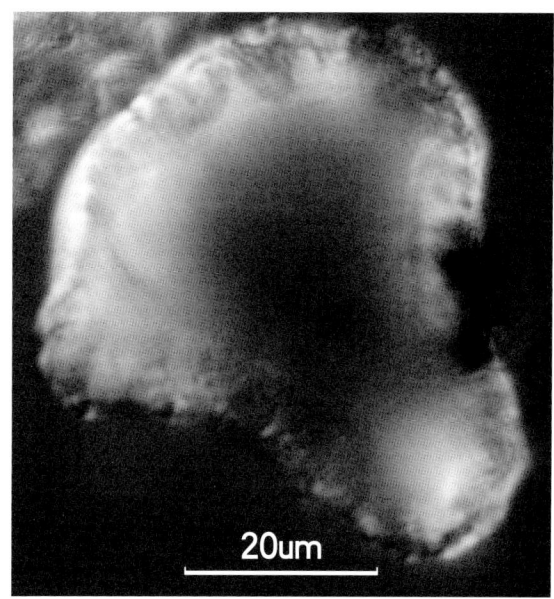

2. 扇型

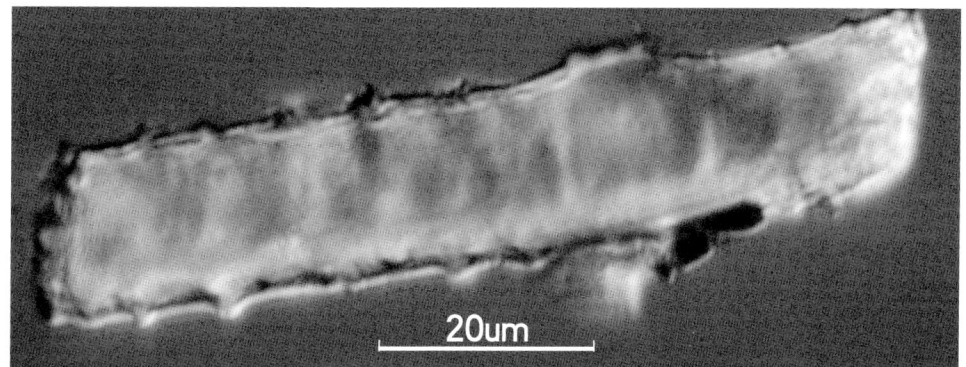

3. 平滑棒型

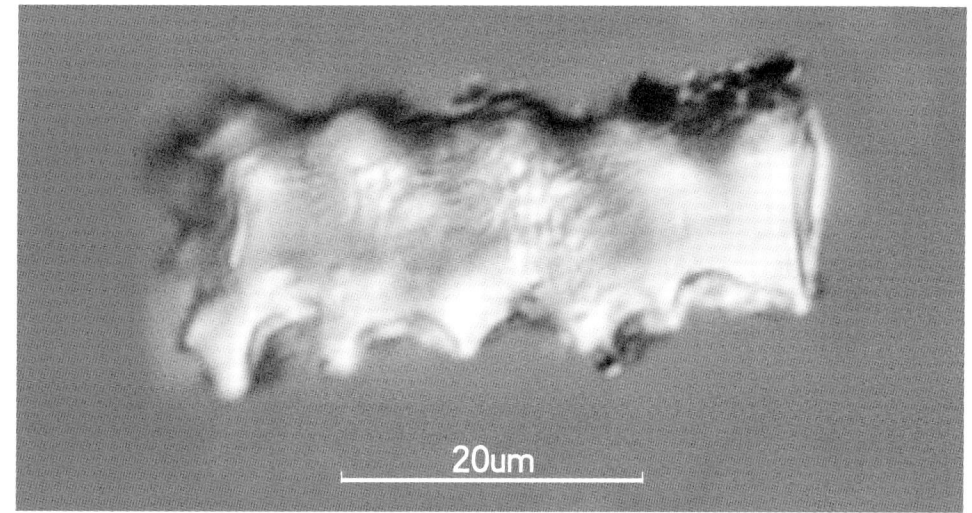

4. 刺状棒型

二里头时期植硅体

图版五六

1. 板状棒型

2. 长方型

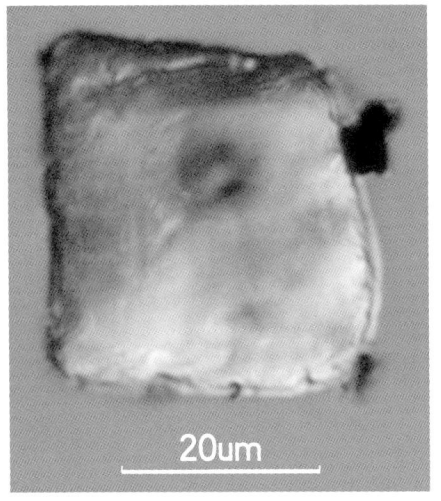
3. 方型

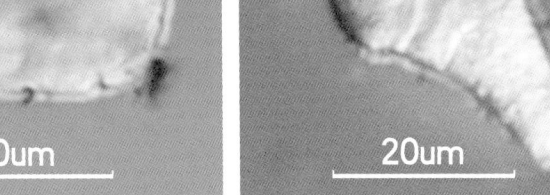
4. 尖型

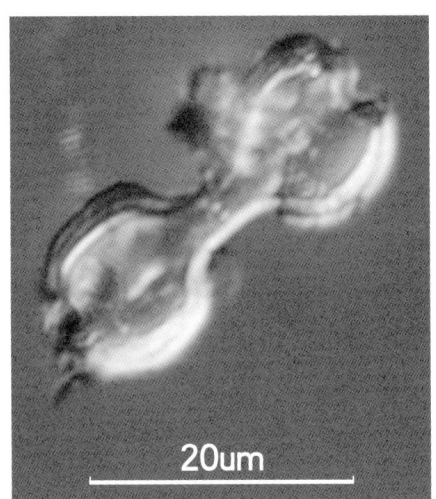
5. 哑铃型

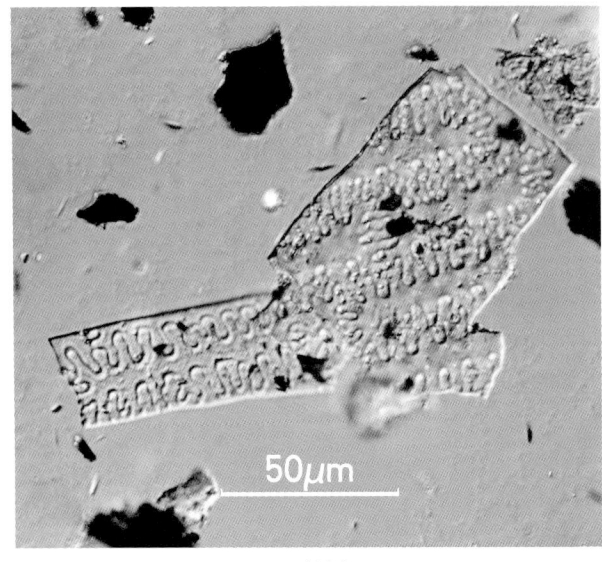
6. 粟稃壳

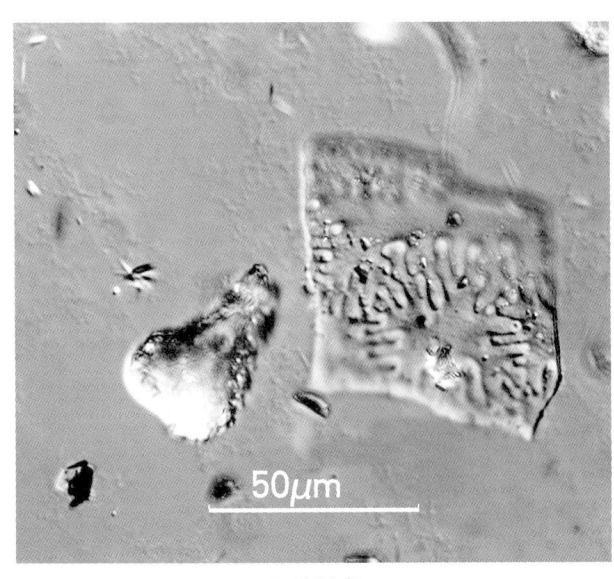
7. 黍稃壳

二里头时期植硅体

图版五七

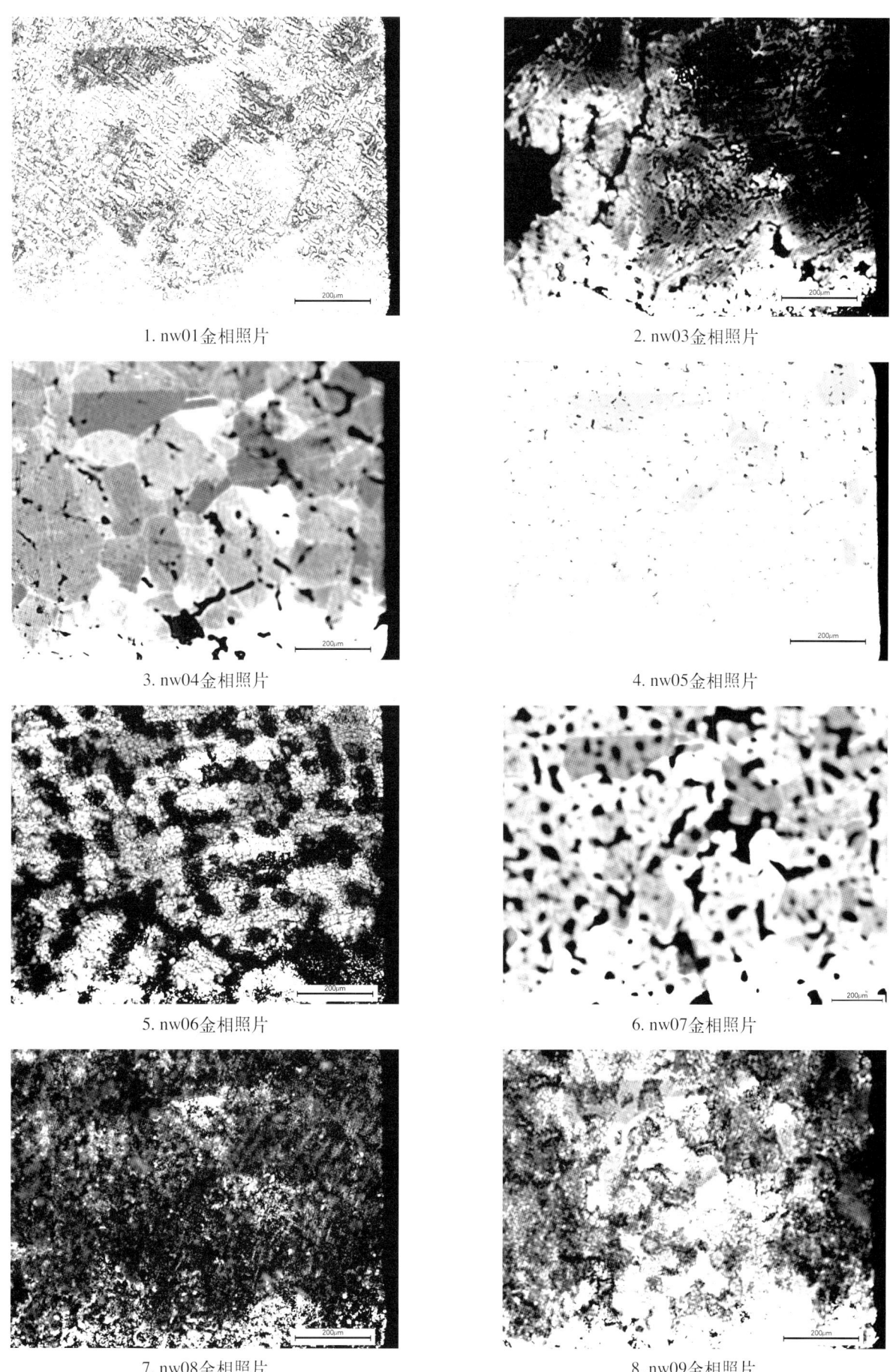

1. nw01金相照片
2. nw03金相照片
3. nw04金相照片
4. nw05金相照片
5. nw06金相照片
6. nw07金相照片
7. nw08金相照片
8. nw09金相照片

遗址出土部分金属金相照片

图版五八

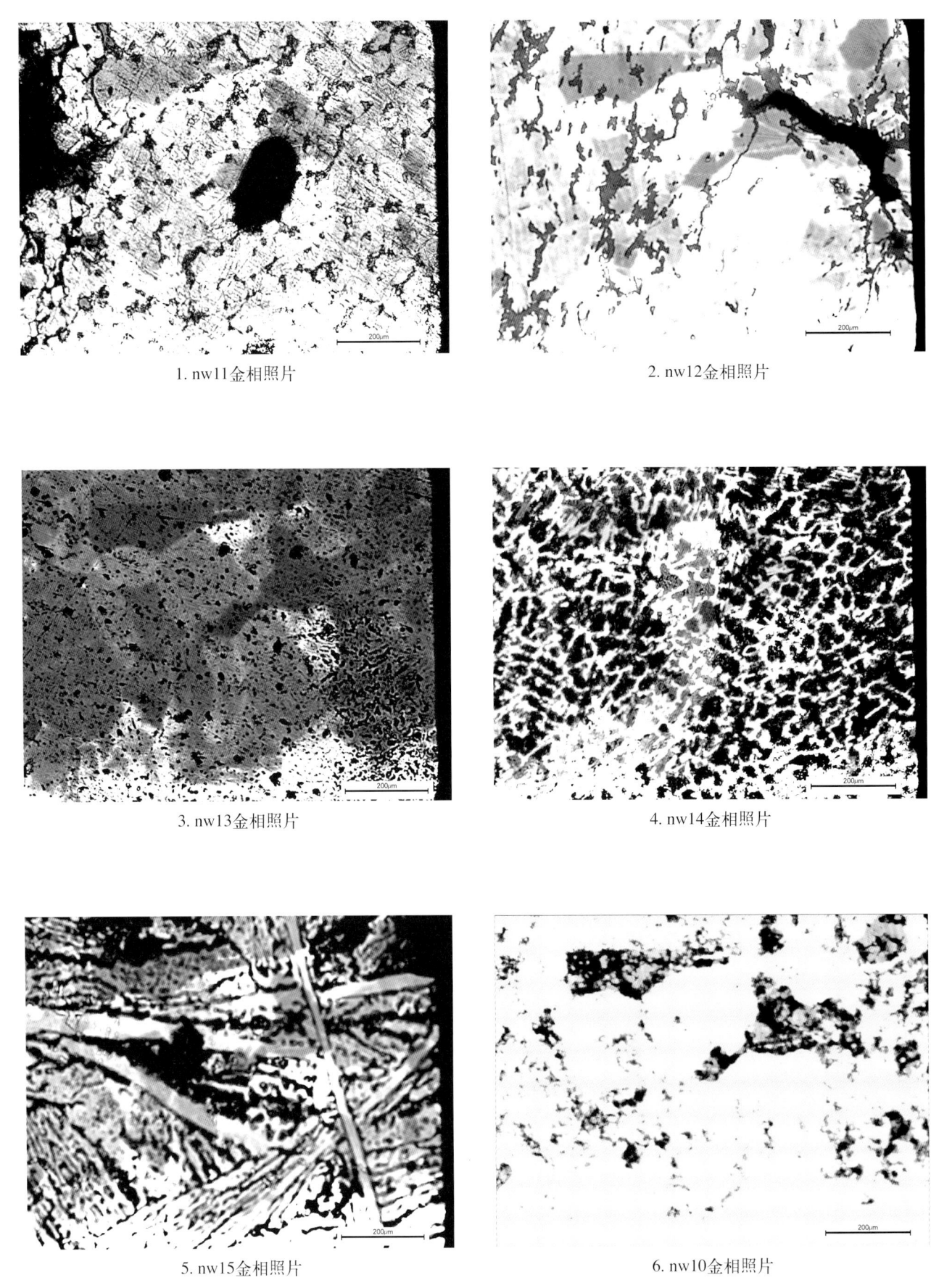

1. nw11金相照片
2. nw12金相照片
3. nw13金相照片
4. nw14金相照片
5. nw15金相照片
6. nw10金相照片

遗址出土部分金属金相照片

图版五九

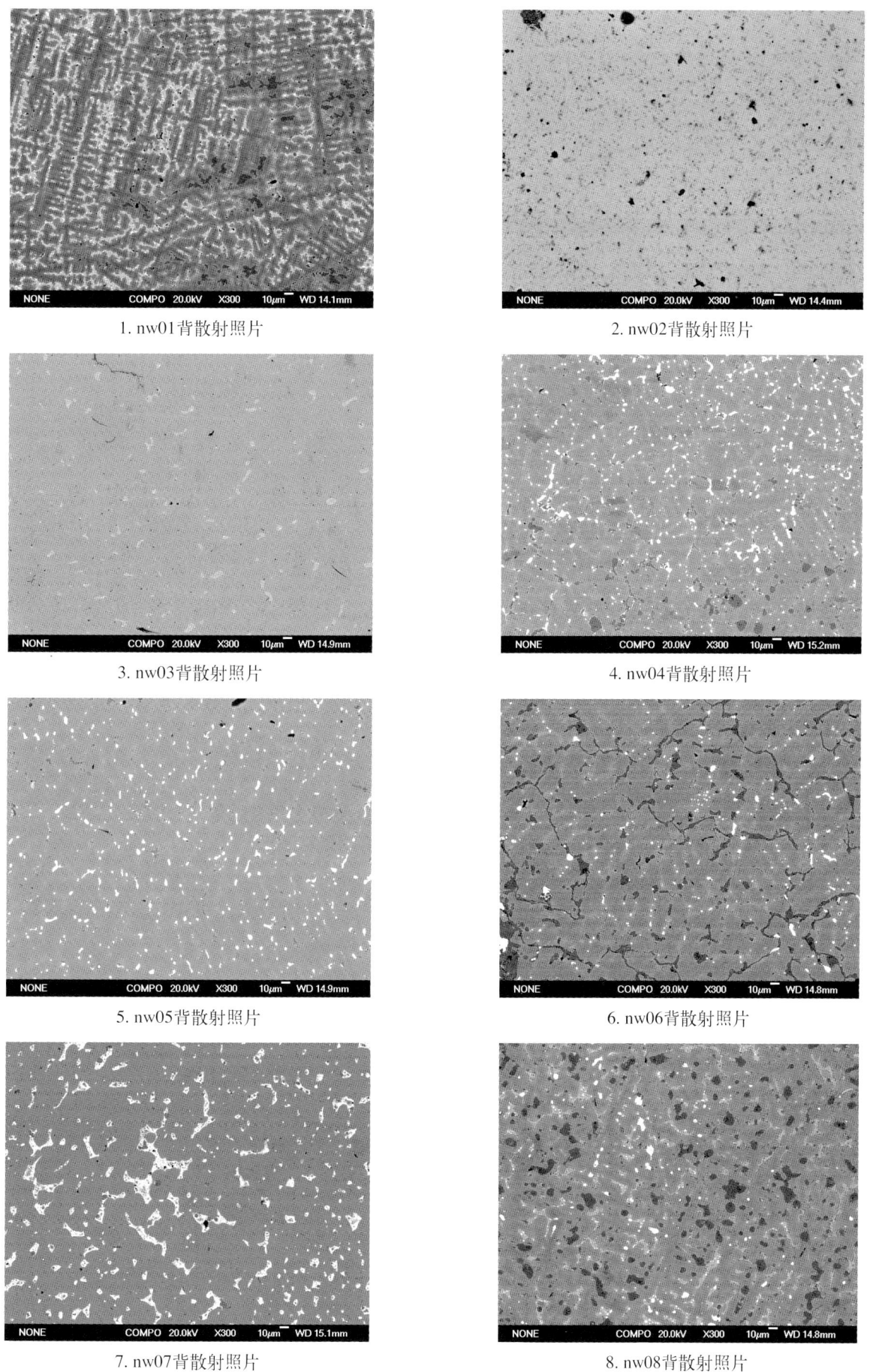

1. nw01背散射照片
2. nw02背散射照片
3. nw03背散射照片
4. nw04背散射照片
5. nw05背散射照片
6. nw06背散射照片
7. nw07背散射照片
8. nw08背散射照片

遗址金属样品SEM及能谱分析

图版六○

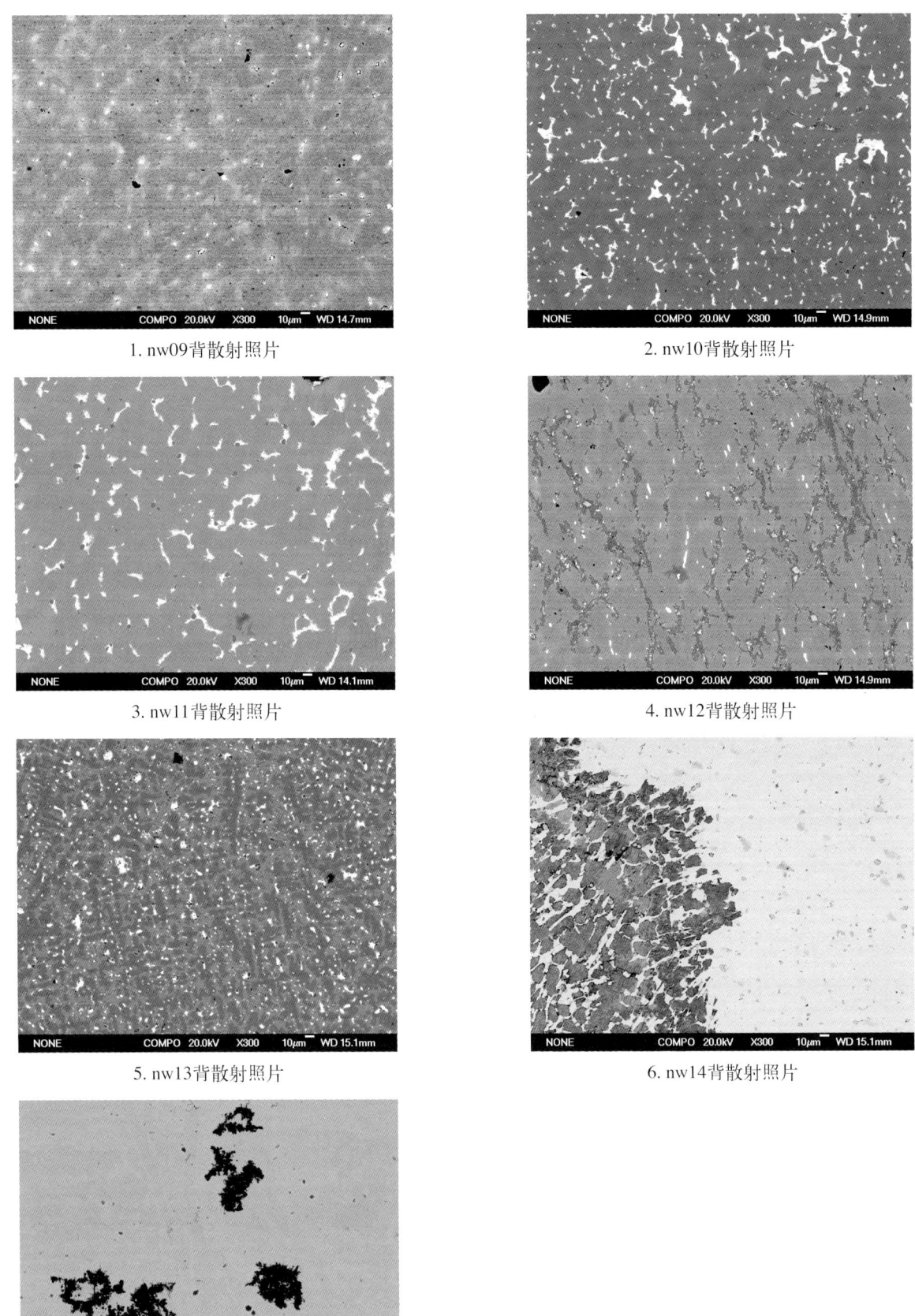

1. nw09背散射照片
2. nw10背散射照片
3. nw11背散射照片
4. nw12背散射照片
5. nw13背散射照片
6. nw14背散射照片
7. nw15背散射照片

遗址金属样品SEM及能谱分析